谨以此书献给恩师张舜徽先生

WUHAN
PUBLISHING HOUSE

● 武汉出版社 版

CHUNQIU CHUSHI

■ 程涛平／著

春秋楚史

（一）

（鄂）新登字08号

图书在版编目（CIP）数据

春秋楚史：全四册 / 程涛平著. — 武汉：武汉
出版社，2024. 11. — ISBN 978-7-5582-7255-4

Ⅰ. K231.07

中国国家版本馆 CIP 数据核字第 20247632PD 号

春秋楚史（一）
CHUNQIU CHUSHI

著　　者：程涛平

责任编辑：王　超

封面设计：刘福珊

出　　版：武汉出版社

社　　址：武汉市江岸区兴业路 136 号　　　　邮　　编：430014

电　　话：（027）85606403　　85600625

http://www.whcbs.com　　E-mail: whcbszbs@163.com

印　　刷：湖北金港彩印有限公司　　　　经　　销：新华书店

开　　本：787 mm×1092 mm　　1/16

印　　张：41.75　　字　　数：561 千字　　插　　页：6

版　　次：2024 年 11 月第 1 版

印　　次：2024 年 11 月第 1 次印刷

定　　价：780.00 元（全四册）

目　录

8

17

18

 自

 序

《春秋楚史》是拙著《先楚史》的续篇，是本人在1987年撰写博士论文《楚史稿——楚国农业及社会分册》后觉得意犹未尽而勉力完成的。随后还有《战国楚史》，正在紧张撰写中。我自不量力，计划《先楚史》《春秋楚史》《战国楚史》全部正式出版后，根据学术界的反馈，再形成《楚国通史》。2019年7月《先楚史》上、中、下三册出版，142万字，在武汉出版社召开的座谈会上，不少知名学者热心建议随后撰写楚国春秋部分的著作，依时间先后，分别命名为《春秋楚史》和《战国楚史》。春秋部分书稿即将完成之际，武汉出版社总编辑邹德清先生力劝我接受。反复揣摩后，觉得众人言之有理，本书遂定名《春秋楚史》。

本书书前声明"谨以此书献给恩师张舜徽先生"，这是我的肺腑之言。我1984年报考张舜徽先生的博士研究生，幸运被录取，先生循循善诱，引导我走上学术研究的道路，1988年毕业之际，我由一个只有初中文凭、曾经的"老三届"知识青年，一跃成为历史学博士，无异于重生。师恩没齿难忘，学生唯有终身继承先生的学术衣钵，方对得起先生。

先生倡导以史学研究报效祖国。他在《中华人民通史》"自序"中以龚自珍语"亡人之国，必先去其史"开头，引申说："一个国家的人民，如果对本国的地理环境、历史演变，以及制度文物、创造发明的成就，千百年来的优良传统，亿万众中的英杰人物，茫然无知，或者早已淡忘了，便自然没有爱国思想，并且不知国之可爱者何在，更谈不上关心国家的兴亡了。甚至国家被人征服以后，也就觍颜事仇，不以为耻。这样的民族，便永远不得翻身。此种事实，在中外历史上是很多的。由此可见，一个国家的历史记载，实关系到民族的成败兴衰，必须鼓励人民学习它，精熟它，以发挥很大的作用。"这段话将历史记载同国家的治乱兴衰联系起来，是先生撰述的思想根源。

师兄周国林最近在《光明日报》上撰文《张舜徽：敷文华以纬国典》①介绍："先生出生于书香世家，家富藏书。在父亲的指导下，张舜徽自幼在家中自修文史，走自学成才之路。到十多岁时，他在古代经典、历代文辞方面已经打下良好基础。"先生一生笔耕不辍，给后世留下了1000多万字的学术著作。先生对自己关注的课题孜孜不倦地追求，厚积薄发。《史通平议》早在1948年完成初稿，《通志总序平议》《文史通义平议》则在1952年的四五月完成初稿。1976年，"文革"尚未结束，先生对长沙马王堆出土帛书《老子》甲乙本加以校读，完成《老子疏证》。1979年，又完成《叙录》一篇。1979年3月，中国历史文献研究会成立，先生被推举为会长。他从"文献"二字的原义出发，确定文献学的研究范围，着手编纂《中国文献学》，于1982年出版。与此同时，他还广泛汇集历代重要的文献学名篇，编为《文献学论著辑要》，与《中国文献学》相辅而行，在中国学术界产生深远的影响。1982年出版《周秦道论发微》，1983年出版《史学三书平议》。从1980年到1992年，他几乎每年都有一部甚至两部著作出版。某部著作选择在何地出版，也是有讲究的，如《说文解字约注》在河南出版，《郑学丛著》在山东出版，就考虑了许学、郑学的诞生地这一因素。

1984年夏，我考取先生的博士研究生，成为先生的弟子，从此离开《江汉论坛》编辑部，脱产学习三年。1986年，先生在与我讨论博士论文的内容时，要求我自报选题。我向先生汇报了自己此前计划分九个专题撰写《楚史稿》一书的追求。提出将原拟的第一个专题"楚史稿——楚国农业及社会分册"作为博士论文的题目，获得先生的首肯。先生鼓励我立志撰写《楚国通史》，并现身说法，说自己正在撰写《中华人民通史》，分地理、社会、创造、制度、学艺、人物六编。读博三年时间，1985—1987年，我完成了30万字的博士论文《楚史稿——楚国农业及社会分册》，先生则完成了一部100万字的《中华人民通

---

① 周国林：《张舜徽：敷文华以纬国典》，《光明日报》2021年11月15日。

史》。先生的著作学术深厚，好评如潮。先生鼓励我早立志向，确定高目标，幽默地说："求乎其上，得乎其中。"同时，先生要求我以一己之力写作，切记"不假手于人"，以毕生精力向《楚国通史》进军。2012年，我博士论文更名为《楚国农业及社会研究》，由湖北教育出版社出版；2017年，先是被台湾昌明文化有限公司出版，接着又被《荆楚文库》编纂出版委员会和湖北教育出版社收入《荆楚文库》。我站在导师张舜徽这位学术巨匠的肩上，登高望远，九天揽月，得天独厚，受益良多。每思及此，我感慨万千，愿将所有研究成果献给恩师。

本书的编纂体例，经历过由以对楚国九大专题研究为主的"楚国志"到以交代楚国历代楚王在位期间发生的大事件为主的"楚国通史"的演变。

《历史研究》1983年第6期发表我撰写的论文《春秋时期楚国的平民阶层》，恰逢《历史研究》1983年开展首届优秀论文评奖活动，我的这篇论文荣获《历史研究》首届优秀论文奖。此奖开全国史学论文评奖风气之先，备受史学界瞩目。湖北省社会科学院院长密加凡在全院大会上号召全院科研人员向我学习，鼓励我继续前进，向更高的目标攀登。在这种氛围中，我的心态由自视卑微迅速膨胀为心雄万夫，不知天高地厚，欲乘获奖东风撰写楚国通史，仿林剑鸣《秦史稿》而定书名为《楚史稿》。为追求著作具有一定的深度，《楚史稿》拟分九册：一、农业社会经济分册，含楚地自然环境、先楚农业传统、农业生产工具、水利、粮食作物、物产、农业科学技术、农产量、农业劳动者及其地位。二、手工业社会经济分册，含青铜冶炼、铸造、工艺技术、大冶铜绿山铜矿、铁矿、冶铁作坊、冶铁鼓风炉、冶铁技术、铸铁铸造工艺、铸铁柔化技术、渗碳制钢技术、铁工具的广泛使用、纺织技术、丝绸、江陵马山"丝绸宝库"、建筑技术、制漆、制陶、制革、酿酒、弓箭、车辆、船舶、竹器编织、玉制品、乐器、手工业作坊、手工业劳动者及其社会地位。三、商业社会经济分册，含四方物产的交流、物物交换到以货币为媒介的交换、货币体系、郢爰、蚁鼻钱、其

他辅币、商业网点、官商机构、市场、交通运输、经商路线、鄂君启节、商人及其社会地位。四、城市社会经济分册,含丹阳地望、郢都地望、历次迁都、楚都纪南城、形制及规模、规划结构、宫殿区、商业区、手工业作坊区、居民区、墓葬区、道路、城门、城墙、防御系统、与诸国都城的比较、楚皇城、郢陈、钜阳、寿春、其他都邑、军事重镇、城市人口及不同阶层的社会地位。五、政治分册,含国家的形成、国家机器的逐渐完备、主要机构、君主制、官制、县制、封君制、俸禄制、国野制、葬制、土地制、赋税役制、刑法、外交、贵族阶层享有的特权、平民阶层的实际地位、奴隶阶层的悲惨处境。六、民族分册,含族源(北来、东来、西来、南来、土著诸说)、民族结构、民族思想、民族政策、与周边民族的关系、民俗、姓氏、婚姻、伦理、图腾、方言、饮食、服饰、宗法制、祭祀、宗法性公社、家庭、共财制、私有制、族葬制、宗教、神话传说、巫术、神职人员及其社会地位。七、军事分册,含兵制、王师、县师、私卒、历次重大战争、城濮之战、邲之战、鄢陵之战、吴师入郢之战、白起拔郢、灭国、战略战术及兵法的讲求、车战、步卒、荆尸之阵、攻城、野战、疆域的拓展、国灭、军队人员结构及不同阶层的社会地位、战争大事记。八、人物分册,含楚王、令尹、贵族阶层、平民阶层、奴隶阶层。九、学艺分册,含哲学思想、经济思想、法律思想、文字、教育、文学、天文、历法、数学、医学、音乐、美术、舞蹈。每册计划30万字,全书计划300万字。我于1985年2月13日向中国社会科学出版社致函,倾诉自己对楚文化研究的热爱,附上自己拿手的小楷书法写就的《楚史稿》初拟目录,设定为九个分册,每个分册30万字,总字数约300万字,并与该社签订撰著出版《楚史稿》的合同。中国社会科学出版社高度重视,编辑部主任林光异亲笔回信,给予支持。

接到林光异主任的亲笔信,内心非常激动,于4月22日回信。不想两个月后又接到林光异主任的亲笔回信,信写得很长。他在信中委婉表达了对九分册《楚史稿》计划的不认可。捧读林光异主任的来信,

我的心情难以平静。当时，我已经报考华中师范大学历史文献研究所张舜徽先生的博士研究生，因外语没有把握，正全力复习，不知是否考得上，打算如果没有考取，继续在《江汉论坛》当历史编辑，便按照出版社的要求，撰写一部综合性的总字数为 30 万字左右的《楚史稿》，如果考取，则征求博士导师意见，按照《楚史稿》拟定的九个分册，先将第一分册完成。喜出望外的是，导师张舜徽非常爽快地答应了我的要求，同意我的博士论文以原拟第一个分册《楚史稿——农业及社会分册》为题目进行。我高兴极了，1986 年至 1987 年，用两年的读博时间完成了博士论文，并顺利通过答辩。不可否认，在确定博士论文内容时，我有两种选择，既可以写 30 万字的高度概括全部楚国历史的《楚国史》，也可以写侧重某一个方面的楚国历史，两相比较，以某一个侧面写楚史，可以写出一定的深度，容易通过博士论文答辩，而农业和社会研究，是楚国立国的基础，故我决定先写出原定的第一个分册《楚史稿——农业及社会分册》，放弃中国社会科学出版社要求的综合性的简明楚史。

在博士论文顺利通过答辩以后，我一直盘问自己，到底是中国社会科学出版社要求写简明的综合性的楚史体例好，还是以九个专题为内容的楚史体例好？由于获得博士学位后，我先后到中共武汉市委研究室和市政府计划委员会等非学术单位工作，一时无暇深究。时隔多年，2004 年春，华中师范大学召开楚文化研究国际学术研讨会，邀请我参加。其间，中华书局副编审陈虎先生受命向我约稿《楚国通史》，我想到当年中国社会科学出版社对于篇幅浩大的楚国通史的排斥态度，同时，张正明先生已经组织全国著名楚史学者主编出版了多达 18 册的《楚学文库》，便向陈虎先生请教，有无必要再组织撰写大部头的《楚国通史》。陈虎先生沉吟片刻，很严肃地告诉我，中华书局领导都是学术眼光很高的大学者，他们一致认为《楚学文库》是知名楚文化学者既有成果的汇编，没有一个统领全局的、科学的提纲贯穿始终，不是严格意义的通史类著作。现在，楚文化和楚国历史研究遍地开花，

成果分散，迫切需要集人成的《楚国通史》总揽其成，篇幅达到三百万字是合适的。陈虎先生一席话，使我茅塞顿开，大为释怀，坚定撰写《楚国通史》的原有想法，经请示市领导同意后，遂与中华书局签订了合同。

与中华书局签订《楚国通史》的合同后，再仔细审视遭到中国社会科学出版社否定的《楚史稿》九分册的体例，反复斟酌，觉得九个分册对历任楚王的活动没有系统展现，各专题与楚王的活动脱节，是大的缺憾，明显不符合通史的要求，便在陈虎先生的指导下，将原拟定的《楚史稿》九个分册的书目全部打散，以楚王为主，重新布局，拟定新的详细写作提纲，交付有关学者讨论，前后八易其稿，方觉满意。新提纲将楚国的全部历史按时间划分为"先楚""春秋""战国"三个部分。之后，因与中华书局的合同逾期自动失效，武汉出版社出于对本地楚国历史文化研究的支持，主动承接了出版任务。鉴于篇幅过大，为分批争取国家出版基金，武汉出版社总编辑邹德清先生建议暂不使用《楚国通史》之名，分册申报，由武汉出版社次第出版。2019年7月，《先楚史》出版，《春秋楚史》上接已出版的《先楚史》，下启《战国楚史》，各自独立成书。由于《先楚史》着眼交代楚国的立国，截止于春秋早期创立楚国的楚武王，而《春秋楚史》又以春秋时期为时间起点，势必涉及进入春秋早期的若敖、宵敖、蚡冒和楚武王，存在重复。同理，《春秋楚史》与《战国楚史》也存在衔接问题。史学界公认春秋战国之交的具体时间在公元前476年至公元前475年之间，如果按照如此划分，楚惠王十三年以前属于春秋时期，楚惠王十四年至五十七年则属于战国时期，只能尊重普遍规律，将楚惠王拆开介绍。以后待《先楚史》《春秋楚史》《战国楚史》三部书均面世后再统稿为《楚国通史》时，统一章节目录，调整文字，使之自然衔接，浑然一体。

需要说明的是，本书书名《春秋楚史》，是有关楚国在春秋时期的历史研究，不是现今人们习惯称之为的"楚文化研究"。楚国历史研究与侧重于考古成果研究的楚文化研究有所不同。楚文化研究主要是对

出土文物、遗址的研究，是对考古工作的总结，为楚国历史研究提供依据，是楚国历史研究的一部分；楚国历史研究，是考古成果和文献记载并重，强调楚国动态的历史进程，重点是每一位楚国君王在位期间发生的大事记，这些大事记包括内政上的国君继位，官吏任免，人物活动，宫廷政变，变法改革，外交上与周王朝及各诸侯国的来往、礼聘、盟会等，当外交上的矛盾不能调和时，就会爆发战争，由战争导致疆域变迁。这些大事件涉及的内容广泛，无所不包，各种战争的发生均事出有因，逐步升级，时间性强，错综复杂。中国春秋时期的文献典籍如《左传》等，多是以纪年为主，为方便利用文献资料，本书采取"编年"的形式，介绍各位楚王在位每年或几年之间的大事活动。重点是都城(包括陪都)的确定、迁移，战争的进程与战后楚国的疆域变迁。

对楚国重大专题分时期进行深入研究是本书的特色。本书力图做到大事记与专题研究相结合，做到纵(大事记)横(专题)交叉，相得益彰。专题按照"春秋中期""春秋战国之交""战国中期""战国晚期"四个大的时间段，对楚国政治、军事、经济、文化、思想等各个领域，尽可能将已问世的全部研究成果，熔于一炉，作全面介绍。四个时期的专题内容，纵观可上下衔接，形成楚国的专题史。这种安排，对史识的要求极高，而且，不同时期专题的衔接，难度极大，衔接不足，便会脱节，衔接过余，便会重复。只能倍加小心，勉力避免。最难的是不同时期的专题内容，衔接时犹如文学创作，剧情发展必须有"起承转合"，对"转"的交代至为关键，最能考验自己驾驭史料的能力。

回想 20 世纪 80 年代初，"文革"结束不久，百废俱兴，科学的春风吹拂祖国大地，湖北省社会科学院应运组建，时值随县曾侯乙编钟出土不久，全国掀起楚文化研究热潮，湖北省社科院适时引领楚文化研究，成果斐然，全国瞩目。当时有两位领军人物，格外醒目，对我产生了深远的影响。一位是楚史研究所所长张正明先生，一位是江汉论坛杂志社历史组组长何浩先生。

湖北省社会科学院楚史所所长张正明先生，早年研究中国民族史，博学多识，声名卓著，是一位具有统帅气质的学者。毕生以研究楚文化为己任，高瞻远瞩，统揽全局，在全国的楚史研究尚处于摸索阶段的时候，短短几年，他探讨楚史写作的各种体例，率领楚史所的全体研究人员，编出了全国第一部《楚文化志》。我有幸见证张正明先生艰难探索的历程。他主编《楚文化志》时，反复推敲书名和目录，区别"志"和"史"的不同——"志"属于专题性特别强的文体。不久，张正明先生率先垂范，出版了《楚文化史》和《楚史》两部著作，标志其能够掌握与《楚文化志》不同的撰写体例。此后他又再接再厉，在湖北教育出版社的支持下，组织湖北、河南、湖南、安徽四省的学者，编撰出版多达 18 册的《楚学文库》，这个成果，有力地证明了长江文明绝不亚于黄河文明，震惊了中国学术界。张正明先生对振兴楚文化研究有筚路蓝缕之功，无愧为中国楚史研究的旗手。

张正明先生主编的《楚学文库》所采取体例，又从另一个侧面给人以莫大的启示，促使我平衡"大事记"与"专题"之间的比重。

《楚学文库》在 20 世纪 90 年代出版，出自多人之手。张正明先生坦言"这套文库的 18 本专著没有统一的学术见解和著作体例"是可以的。《春秋楚史》和《战国楚史》作为晚出的通史类著作，出自本人一人之手，没有统一的体例却是说不过去的。在统一的通史体例中，关键有两点，一是要"通"，将楚国的来龙去脉说清楚；二是要"并重"，掌握好反映每一位楚王纪年活动的"大事记"与分为"春秋中期""春秋战国之交""战国中期""战国晚期"四个时间段介绍楚国"专题"内容之间的合理比重。楚国的发展历程波澜壮阔，跌宕起伏，丰富多彩，张正明先生在《楚文化史·目录》中对楚文化的历史分为"滥觞期的楚文化""茁长期的楚文化""鼎盛期的楚文化""滞缓期的楚文化"四个时期①是很好的。

---

① 张正明：《楚文化史》，上海人民出版社 1987 年。

湖北省社会科学院内研究楚史的另一位领军人物何浩先生，早年参加革命，是新四军五师老战士，20 世纪 60 年代被下放到省五七干校。湖北省社科院成立，由湖北省五七干校并入，为院刊《江汉论坛》历史组组长，是我的"顶头上司"。何浩先生开全国风气之先，率先在《江汉论坛》开辟"楚文化研究"专栏，提倡开创式研究，通过专栏持续发表高质量文章，在全国各地发现和培育了一大批楚国史研究学者，引领了全国楚史和楚文化的研究方向，其贡献堪与张正明先生比肩。何浩先生尽管身体极差，全身佝偻，但生命不息，战斗不止，平时审稿严格，一丝不苟，治学严谨，长于考订。其专著《楚灭国研究》，在全国影响很大。他重视出土《包山楚简》的价值，撰文作开拓性研究，成果丰硕。我与何浩先生朝夕相处，他对我耳提面命，平时的议论中，谈及战争及疆域变化是楚史研究的薄弱环节，楚史研究应该文献和考古成果并重。受此启发，本书对每一位楚王名下分别设"疆域变迁""考古发现"专题。

　　我在《江汉论坛》编辑部当编辑，还有幸结识了宋公文先生。宋老师长我十余岁，现已年过八十，退休前是湖北大学教授。宋老师是研究楚史的大家，由于常向《江汉论坛》投研究楚史的稿件，与我频繁接触。我在看稿过程中，甚为佩服宋老师的学识和文采，常常向他请教不懂的问题，宋老师对我这样的自学者竭诚欢迎，有问必答，倾心相助。宋老师平时热心助人，不惜一切，久而久之，我们之间推心置腹，无话不谈，结下了深厚的友谊。1988 年，他的《楚史新探》①问世，将楚国的官制研究得极为透彻，是中国楚史研究的一座高峰，我佩服之至，心底以他为师。在撰写本书的过程中，涉及楚国制度、人物等诸多方面，都受到宋老师的很大影响，得到他的直接指导，这是十分荣幸的。

　　本书按照楚王的编年来介绍楚国的历史，得益于拜读《武汉春秋》

---

① 　宋公文：《楚史新探》，河南大学出版社 1988 年。

杂志郑昌琳老先生的《楚国编年资料》。此书1980年由省社科院历史所内部印行，40余万字，将散见于各种文献典籍的记载按照楚王的纪年编排在一起，非常适用于自学楚史，初见即爱不释手。后向郑老当面求教，郑老告知，研究和撰写楚国历史，必须从楚王的纪年入手。自古无成套的楚国史，司马迁的《史记·楚世家》只是世系有系统，其余史料分散在各种古籍中。《春秋》《左传》按年系事，《国语》《战国策》及诸子书偏重纪事本末，纪年不详，历代各家注释更是散见于各种史料中。楚国史料庞杂分散，由此，撰写楚国历史著作最好采用楚王编年的体例，没有捷径可走。1999年，郑老在原有的《楚国编年资料》的基础上进行修改和补充，保留古资料的原貌，强调辑和注，正式出版新作《楚国史编年辑注》。① 此书出版不久，郑老以八十余岁高龄去世。本书即以该书为依据，介绍楚国的大事记均纳入楚王的纪年。

本书叙述楚国的战争，不厌其详，得益于慕中岳先生。慕中岳先生是国民党起义将领，早年参加北伐战争，解放战争时于成都起义，晚年就职于武汉文史馆，致力于撰写多卷本的专著《中国历代战史》，其中先秦时期战争部分，已与武国卿先生合著出版。② 可惜至九十余岁逝世时，《中国历代战史》元至近代部分尚未完稿。先生在日记中留有遗言，希望由我整理出版。慕中岳先生身经百战，有丰富的战争阅历和军事知识，其中，特别重视地图对于战争的作用，对中国发生的历次大小战役，均亲手绘制地图。本书重视战争研究，多用地图，即是受慕中岳先生影响的结果。收录的地图，只要有助于说明问题，不避来源。

还有张良皋先生，华中科技大学教授，中国民族建筑事业终身成就奖获得者，在武汉地区声望很高。我博士毕业到中共武汉市委研究

---

① 郑昌琳：《楚国史编年辑注》，湖北人民出版社1999年。
② 慕中岳、武国卿：《中国战争史》，金城出版社1992年。

室工作，临时被指派参加东湖楚城的筹建工作，与他结下了不解之缘。楚城很多的构思，来自他的启发。2009 年我策划扩建辛亥革命元勋黎元洪墓时，曾当面向他请教，得到过他的鼎力支持。他诲人不倦，本人受益良多。张良皋先生 2015 年去世，享年 92 岁。《春秋楚史》写到楚国与巴国的关系时，我认真拜读他的著作《巴史别观》①，蓦然发现他关于"盐"的深刻论述，能够合理解释楚国和先秦史中的很多疑团，这是以前自己未曾注意到的。拜读之余，突然悟到，以前总是对楚国的老对手、春秋时期的晋国和战国时期的魏国为何异乎寻常强大，十分不解，原来是晋国和魏国先后掌握了盐湖解池，有致富之源"河东盐"所致，故而大为钦佩。我想，这是张良皋先生在冥冥之中，继续对我的帮助吧。

需要说明的是，近百年来，出土简帛材料大量涌现，据不完全统计，从 20 世纪初至今，国内各地有关简帛的发现有一百多次，出土的地点多达 18 个省区，出土简帛已达 30 多万枚，内容极其丰富，对既往楚国史的研究形成巨大的冲击。尤其是著名的清华简，2008 年 7 月 15 日抢救入藏清华大学，2008 年 12 月，受清华大学委托，北京大学加速器质谱实验室、第四纪年代测定实验室对清华简无字残片样品做了 AMS 碳-14 年代测定，经树轮校正的数据判断，竹简年代为公元前 305±30 年，即相当于战国中期偏晚，这与此前由 11 位专家组成的鉴定专家组②对于清华简的时代判定完全一致。③ 这批简全部是秦火以前的写本书籍，对中国古代历史文化的研究具有非常重要的意义。李学勤指出："学者认为这批竹简的出现，堪与前汉的孔壁、西晋的汲冢

① 张良皋：《巴史别观》，中国建筑工业出版社 2006 年。
② 组长由北京大学李伯谦教授和复旦大学裘锡圭教授担任，这些鉴定专家还包括：北京大学李家浩教授、吉林大学吴振武教授、武汉大学陈伟教授、中山大学曾宪通教授、香港中文大学张光裕教授、国家文物局宋新潮研究员、中国文化遗产研究院胡平生研究员、上海博物馆陈佩芬研究员、荆州博物馆彭浩研究员等。
③ 刘国忠：《走近清华简》，清华大学出版社 2020 年，第 70 页。

媲美，也未为过誉。"①截至 2019 年 11 月，清华大学出土文献研究与保护中心已经完成了九辑清华简的整理工作。每一辑清华简整理报告的推出，都引起了中外学术界的广泛关注，掀起了一次又一次清华简研究的热潮。以李学勤先生为代表的大批学者孜孜不倦，整理研究硕果累累，这对楚国历史研究是最好的机遇。其中，依靠清华简《楚居》，我们得以了解早年芈族先民和历代楚王迁徙的历程，依靠清华简《系年》，我们得以了解从春秋时期楚国、晋国到战国七雄等诸侯国一些未见于传统文献记载的活动，非常难得。这些对拙著的撰写提出了更高要求。本书力图吸收新出土简帛文献的研究成果，尽力有所创新。王国维说："古来新学问起，大都由于新发现。"②目前的先秦史研究，以新出材料为热点，有越新越热的态势。清华简《楚居》和《系年》在 2010 年出版，研究的热度一直持续。其他较早发表的出土材料探讨却渐趋冷却。以战国简为例，上博简的研究成果较清华简少很多，而包山简、曾侯乙简、新蔡简等的研究就更少。重大艰深的历史问题，往往需要较长时间的沉淀与思考，正如刘国忠所言："当前，简帛研究主要有两种趋向：一种是古文字学和文献学的途径，以文字、音韵、训诂、校勘等方法，对简帛文献进行研究、考订、校释；另一种是学术史的途径，对简帛文献的思想内涵作出分析，对其史料价值进行发掘，辨章学术，考镜源流。这两种途径彼此补充，交相为用。没有前者则后者失其基础，流于浮泛；没有后者则前者不得引申，简帛佚籍的重要意义无法显示出来。"③本书试图两种途径结合，加强传统文献与不同时期出土文献的综合系统分析，以切实推动对楚史重大问题的深入研究。其中，以清华简《楚居》为主要依据考证每位楚王定居的都城，历代楚王对楚都的频繁迁徙，不敢怠慢，力求自成体系，尤费心力。

① 李学勤：《走近清华简·序》，载刘国忠《走近清华简》，清华大学出版社 2020 年。
② 王国维：《最近二三十年中国新发见之学问》，《学衡》1925 年第 45 期。
③ 刘国忠：《走近清华简》，清华大学出版社 2020 年，第 44 页。

春秋时期，楚国与晋国争夺霸权，是当时的主旋律，本书在介绍楚国方方面面的同时，注意与晋国进行比较。郭永琴指出："与其他国别史研究相比，晋国史研究的系统性著作屈指可数。诸如晋国的城市与建筑、经济、文化、思想、服饰、文学、艺术等方面的研究专著基本没有，晋国史的专题性研究尚需加强。"①其实，对楚国的研究何尝不是如此？本书企图通过努力，使楚国史研究达到新的高度。

春秋晚期，楚国与吴国生死厮杀，不再是名义上的争霸，而是争夺土地与人口，其兼并性质无异提前进入战国时期。本书力图以展现楚、吴之争的方方面面为主线，深入介绍楚国的发展。

本书本着老实做学问的态度，力争做到"六求"。一是求全：将专题分为四个时间段。力求面面俱到，上下贯通，删繁就简，力避重复。同时迎难而上，不避难点。如对天文历法，尽可能深入浅出地介绍。二是求简：所述史实，以楚国为主，非楚国从略。三是求深：如重视人口、军力分析，通过不同渠道广泛采用地图，注重对孔子等思想家在楚国活动的介绍。四是求通：以楚王为纲，以年纪事，仿纪事本末体风格，使大事件首尾相接，形成规范通史。五是求新：忌人云亦云。如：对城濮之战，楚令尹子玉的实际参战兵力少于晋国进行分析；对吴师入郢之战，分成两个阶段，第一阶段依据清华简《系年》的新资料，推陈出新，证明晋参战，攻占不羹，攻下方城，成功吸引楚国大部分的兵力于北线，第二阶段在晋国抽身应付中山国的情况下，吴军独自乘虚从东线潜邑(安徽霍山东北)出发穿过大别山到达柏举(麻城龟山)，攻入位于宜城楚皇城的楚都为郢；同时对伍子胥"复仇"持负面评价。六是求文采：对每位楚王，力图用中国特有的骈文风格，进行述评，高度概括所述楚王的一生，仿《史记》太史公曰，以"涛平赞曰""涛平论曰"对每位楚王发表简短评论。

本书力求具有以下特点：一是动态的框架结构。从动态研究的角

---

① 郭永琴：《百年来晋国史研究的回顾与展望》，《山西师大学报》2017 年第 2 期。

度出发，尽可能以时期划分篇章，能明显地看出每个楚王主政时期的发展变化，起伏转折，综合起来就能反映出楚国的发展趋势，使楚史具有活力和动感。二是语言表达规范。使用规范的现代汉语，以稳重、平和而严肃的笔调描述历史事实，力求通畅顺达，朴实无华。语言风格既要有学术性，又要有可读性，强调学术性时，避免艰涩难懂；强调可读性时，防止口语化。三是采取记述类文体。以记述历史事实为主，以正面介绍为主，把历史的发展变化展现在读者面前。四是注重宏观研究，通过史料研究形成观点，用观点驾驭史料，史料运用得当，不把对楚国历史的宏观研究变成史料汇编。五是谨慎进行微观研究，力避学术"碎片化"，对一些未定论的问题如实介绍，对未达成共识的问题少作繁琐的考证，对不合己意的观点少作商榷，避免不必要的论战。六是力避脱离文献的叙述轻率认定，信口开河。行文过程中，尽量穿插历史文献的原文，以示言必有据。七是善用他山之石。为腾出精力用于攻克未知难题，减少重复劳动，故凡有现成研究成果，尽可能引用，间下己意，当然注意交代出处，绝不掠人之美。对不同意见的研究成果，亦适当介绍，供学者参考。

如今，民族复兴，盛世成书。楚文化考古和楚史研究成果层出不穷，硕果累累，中外学者专著数十成百，论文何止成千上万。众多学者和考古学家，为楚史研究，从青年到老年，穷其一生，殚精竭虑，孜孜以求，群星灿烂。他们多年来的研究成果，亦浩如烟海，不乏见解卓越，非同凡响之作。如同出土的楚文物，同样是中国思想文化的宝贵财富。在此基础上，深入研究楚国历史，形成体系，以南方楚国的国别史充实中国历史的源头先秦史，意义重大。本人平时购买、阅读新出中国通史类的著作，习惯性地看其吸收了多少新出论著和论文，见有的颇负盛名的著作，一味引经据典，自顾自说，全文竟然看不到引用新发现的楚国简帛和他人新出的研究成果，怀疑是以多年前旧作滥竽充数，不禁大失所望。心想，如果我也降低要求，写出此等著作，固然省心省力，却对不起读者。一部著作，大量吸取众多论文

和专著的研究成果，有诸多不易：一是须有不惜代价，动脑动脚动手广泛收集资料的硬功夫；二是须有研读论文和专著的火眼金睛、沙里淘金善于摘录的硬功夫；三是引用易被误认为剽窃，须有站在巨人肩上攀登高峰的坦然心态。这里，关键是必须自成体系，全局在胸，谋篇布局，按需索骥。他山之玉，引必注明，提要钩玄，拾遗补阙，兼收并蓄，海纳百川。至少能够"集大成"，亦为美名。

本书的撰写程序是，先依据类似著作的体例，反复揣摩，深思熟虑，列出章、节题目初稿，每章为构建体系的重要支柱，每节即为支撑体系中的一个个重要专题，逐节深入、递进，由章、节题目形成详细提纲。随即广征博求专家学者和出版社编辑的意见，反复调整补充，前后费时数年，八易其稿。章节基本确定后，按照每节的内容，尽可能博览群书和论文，收集资料，勤于动手，制作卡片，分门别类，汇集有关专著和专题论文，不厌其详，形成完备、详实的资料长编。待到该节资料基本齐全，足够满足该节的内容需求，再才正式撰写。撰写时亦对章节随机调整，拾遗补阙，对纳入每节的资料按照时间先后和内容的具体要求，整理、调整顺序，淘汰重复，反复推敲，力争逻辑严明，层层递进，逐步深入。继而衔接、精简、疏通、打磨文字，字斟句酌，力求文从意顺，畅所欲言，表达充分，无所遗漏。最后仔细核对原始文献引文和引用之文，按照出版要求逐一标明出处。方才定稿。

本人认为，撰稿之前不惜花费气力先作资料长编至关重要。披沙可淘金，竭泽方得鱼，集腋能成裘，牛刀更杀鸡。纵然限于学识与才气，做不到论皆己出，但能够达到自成体系，网罗天下有用之文、之书而熔于一炉，为后来学者当垫脚石，提供方便，亦是贡献。如果在占有资料的基础上，能够有所发挥，发人所未发，推出新见，或更具深度，为学者肯定，那就是莫大的荣幸了。本人奢望《春秋楚史》能够上接《先楚史》，下启《战国楚史》，成为资料详赡、论述有据，自成体系，上下贯通，纵横有序、互有交叉，重点突出、适当比较，人

无我有、特色鲜明的著作。历史是现实的一面镜子，通晓楚国历史，可以知荣辱、知兴衰、知更替、知得失。知史方能以史为鉴，使谋学者明，谋吏者清，谋国者智，谋策者度。本人追求拙著能够集楚史研究之大成，成为传世之作，成为探索楚国的发展路径，总结楚国的经验教训，揭示楚国兴衰变化规律的中国先秦史新著，为实现中华民族伟大复兴贡献绵薄之力。

程涛平

2022 年 3 月 31 日

春秋时代因鲁史《春秋》而得名。鲁国史官依照当时"赴告"制度，及时将各国报告的事件，按年、季、月、日记录下来。一年中以春秋二季最为重要，如《周礼·地官·州长》"春秋以礼会民"、《左传》僖公十二年"若节春秋来承王命"等，都以春秋时节为朝聘、聚会时节，故以春秋代表一年。

楚人亦习称楚国的历史为"春秋"。《国语·楚语上》记楚庄王请士亹给太子箴当老师。为教好太子，士亹请教楚国大学问家申叔时，申叔时说："教之《春秋》，而为之耸善而抑恶焉，以戒劝其心。"韦昭注："以天时纪人事，谓之《春秋》。耸，奖也，抑，贬也。"吴曾祺认为："观此，则知凡诸侯之史，皆谓之《春秋》，不独鲁也。"①可见楚国有本国的国史《春秋》。太子箴长大后继承王位，为楚共王，是个有作为的国君，到了晚年自知因病不能长久，召集大臣们说了一番发自肺腑的自我反省的话，见于《国语·楚语上》："共王有疾，召大夫曰：'不穀不德，失先君之业，覆楚国之师，不穀之罪也，若得保其首领以殁，唯是春秋所以从先君者，请为"灵"若"厉"。'"《楚语上》所记，表明楚共王敬畏于楚国的国史《春秋》，在即将离开人世之时，想得最多的是自己在国史上会留下何种记载。共王出于自责，建议对自己使用恶谥"灵"和"厉"，遭到大臣们的反对。到下葬议谥之时，大臣们评价他"赫赫楚国，而君临之，抚征南海，训及诸夏，其宠大矣。有是宠也，而知其过，可不谓恭乎"，最终被确定为"共"。由《楚语上》记载的这段佳话，可见在楚国也有名之为《春秋》的国史。

当时，不止一国的史记以"春秋"命名，如《墨子·明鬼下》有"著在周之《春秋》""著在燕之《春秋》""著在宋之《春秋》""著在齐之《春秋》"的记载。孙诒让《墨子间诂》记述《墨子》佚文称："吾见百国《春秋》。"可见"春秋"是当时各国史记的通名。

本书为春秋楚史，自然涉及春秋时期的上限。

---

① 转引自徐元诰：《国语集解》，中华书局 2002 年，第 485 页。

关于春秋时代的上限，目前一般都是从公元前770年周平王元年迁都洛邑算起。但是，清代许多专著将春秋时代的上限定在公元前722年。

本书在以上两种春秋时代上限之间，取公元前722年。对于楚国来说，公元前770年尚未立国，稍嫌早。公元前770年为芈族酋长若敖二十一年，拙著《先楚史》论证江汉流域芈族与荆蛮正在进行融合，尚未完成合并。芈族辗转迁徙，尚局限在汉江中下游，荆蛮居地星散于江汉流域与长江中下游的广大地区，在周王朝的打击下，尚苟延残喘，荆蛮与芈族两大部族尚未形成合力。按照以发生大事为进入春秋时代的原则，若敖的弟弟熊通继位后，发生了翻天覆地的变化，故楚国进入春秋时代应以熊通继位为准。公元前722年，是熊通十九年，18年后，公元前704年，熊通三十七年，熊通无视周天子，自称楚王，这是当时惊世骇俗的大事，从此楚国正式成立，登上历史舞台。这与众多史著认可的以公元前722年为春秋时代上限，仅晚18年。

春秋时期至哪一年结束，历来有不同的说法，大体以三家分晋为界。具体年限，比较通用的是司马迁《史记·六国年表》中的说法，即公元前476年。这一年周敬王死，其子元王即位。这一分期方法在目前我国大中小学的历史教科书以及各种历史普及读物中被广泛采用。

但是，传统的史著多认为春秋时代的下限应该在公元前481年。清人顾栋高《春秋大事表》写到公元前481年孔子绝笔时止。吕思勉《先秦史》将春秋史限定在公元前770年到公元前481年；钱穆《国史大纲》定在公元前722年至公元前481年之间。20世纪50年代以后，范文澜修订《中国通史简编》时，将春秋史的起止时间定在公元前722年至公元前481年。范氏的分期方法在吕振羽的《简明中国通史》、白寿彝的《中国通史纲要》、张传玺的《中国通史讲稿》等多部著作中被采纳。杨宽《战国史》亦采此说。

此外，还有公元前473年为春秋下限说。有人依据《左传》划限，

由公元前722年叙述至公元前473年越灭吴，如清人高士奇的《左传纪事本末》。同时还有公元前453年为春秋下限说。有人依据《左传》，由公元前722年叙述到公元前453年韩、赵、魏三家灭智氏，如马骕的《左传事纬》。金景芳《中国古代史分期商榷(下)》一文，提出以公元前453年韩、赵、魏三家联合灭掉智氏三分晋室这一重大历史事件作为划分春秋、战国时期的分界线，得到许多学者的赞同。[①] 罗勇通过分析春秋战国时期的时代特征，结合大量的先秦史料，亦得出了相同的结论，即以公元前453年韩、魏、赵三家灭智氏，秦、楚、齐、韩、赵、燕、魏七国并存局面的大体形成作为战国时代开始。[②] 顾德融、朱顺龙认为，公元前453年韩、赵、魏灭智氏，实际上已三家分晋，战国七雄并列的局面大体已形成，这符合现代史学的分期原则。同时，三家灭智氏正是《左传》最后提到的内容，这也与中国古史的记载相吻合。"所以，我们同意将公元前770年至前453年作为春秋时代的起讫年代。"[③]王美凤、周苏平、田旭东也认为以公元前453年作为分界线比较合理。[④]

反复权衡，本书将楚国春秋史的下限定在公元前477年，楚惠王十二年。楚惠王享国57年，从惠王十三年起列入战国时期。

春秋时代概略地说是300年。这300年间，中国社会经历了深刻的变革。其中，在春秋中期即公元前546年，列国开"弭兵盟会"，又把这段历史政治形势划了一条界线，此前是以大国之间争霸战争为主，以后就转变为以列国内部斗争为主，社会变革愈益激烈和深刻，一直延续到战国时代。

---

① 金景芳：《中国古代史分期商榷(下)》，《历史研究》1979年第3期。
② 罗勇：《春秋战国史断代新议》，载《中国史研究文集》，陕西人民出版社1990年，第29—38页。
③ 顾德融、朱顺龙：《春秋史》，上海人民出版社2001年，第3页。
④ 王美凤、周苏平、田旭东：《春秋史与春秋文明》，上海科学技术文献出版社2012年，第3页。

春秋这个变革时代，在中国古代史上占有重要的地位。它上承夏、商、西周统一王朝，下启列国并立、争奇斗艳的局面。春秋时期，神圣统一的西周王朝变成了五颜六色的碎块，盘根错节的古代宗法制度，开始分裂解体，如同长期冻结的河水，在春风飘拂之下，逐渐融化，逐渐清流激湍。

春秋时代，春代表春意盎然，蓓蕾初绽，预示着新的社会制度的诞生，秋代表秋光绚丽，霜叶凝红，昭示新的社会制度逐步走向成熟。中国大地在春秋时代变革的广阔背景上，才华绝伦的人物辈出，群星灿烂。妙语连珠的议论，出奇制胜的谋略，威武雄壮的场面，跌宕起伏的情节，呈现出一幅幅壮丽的历史画卷。

中国的春秋时代是社会大转变的时期，有以下主要特点，

第一，春秋时代是大国争霸的时代。由于周天子东迁后王权的衰落，春秋时代由统一走向分裂，出现了各国诸侯竞相争霸的局面。先由郑庄公繻葛之战大败周桓王，挑战了周天子的权威，一度形成郑国独强的形势。接着齐桓公打着"尊王攘夷"的口号首先称霸；继齐之后晋文公城濮之战胜楚，形成了晋国的霸业，从此晋楚开始了争夺。楚庄王邲地胜晋，成为公认的霸主。晋灭狄后国势恢复；晋楚长期相持，至息兵大会召开，出现暂时和平的局面。随着北方政局的缓和，南方的吴、楚、越进行混战，楚、吴矛盾逐渐激化，楚国死而复生。吴、越先后北上争霸，春秋时代至此结束。综观春秋时期的历史，主要是晋楚之间的长期争霸，到后期由南、北争霸变为南方吴、越争霸，这种历史重心的转移，正是春秋时代南方经济发展的必然结果。

春秋时战争频繁，导致军事体制包括军队组织、作战兵种、武器装备、军赋征收等制度都比以往完备。在总结实战经验的基础上，军事理论有了充分的发展。

罗勇通过对春秋"五霸"的认定分析，指出"五霸"应为齐桓公、晋文公、楚庄王、吴王夫差、越王勾践。他认为，最能反映春秋这一时

代特征的当推争霸战争。① 邓曦泽认为，春秋时期称霸者应有 14 个，分别是郑庄公、齐僖公、齐桓公、宋襄公、晋文公、秦穆公、晋襄公、楚穆王、楚庄王、晋景公、晋悼公、吴阖闾、吴夫差、越勾践。②

第二，春秋时代是民族大纷争、大迁徙、大融合的时代。在人口增多，土地开辟，共主政治衰弱，诸侯不断强盛的同时，夷蛮戎狄不断扩张，空前活跃，常见于先秦史籍的外族诸部有山戎、鲜虞、北戎、淮夷、赤狄、白狄、义渠诸戎、长狄、骊戎、戎蛮、茅戎、庐戎、姜戎、伊洛之戎、犬戎、群舒、众嬴、九夷、群蛮、林胡、楼烦、中山、胡貉、东胡、匈奴等，华夏族只是相对集中在几个大的据点上。如今山东有齐国、鲁国，今河南、山西有宋、卫、晋等国，今河北、北京有燕国，今陕西渭水流域是周的根据地。在这几个华夏族居住的大据点之间和周围，也都交错杂居着夷蛮戎狄。在南方的江汉流域，楚国在春秋早期较彻底地完成芈族与荆蛮的合并。整个中国仍然是夷狄交侵、"中国(中原)不绝如缕"。春秋时期，"尊王攘夷"的口号叫了百年以上，实际上民族融合成了大趋势。这一时期民族意识逐渐模糊，民族壁垒逐渐泯灭，民族情感逐渐融洽，民族关系逐渐和谐。虽然各族之间常有战争发生，但融合的主流始终贯穿春秋时代。东方的许多少数族裔融合于齐国，北方的晋国和燕国也融合了分布于今天山西、河北、河南地方的少数族裔。至春秋晚期，大部分居住于中原或靠近中原地区的少数族裔，都被融合进了华夏族或与华夏族处于大杂居、小聚居状态。

楚国春秋早期便实现了华夏族与荆蛮族的较为彻底的融合，故春秋时得以对外避免两线作战，埋头开疆拓土，春秋中期与晋国争霸，春秋晚期应付吴国的进攻。而以晋国为代表的各诸侯国从春秋直到战

① 罗勇：《春秋战国史断代新议》，载《中国史研究文集》，陕西人民出版社 1990 年，第 29—38 页。
② 邓曦泽：《冲突与协调——以春秋战争与会盟为中心》，人民出版社 2015 年，第 132—134 页。

国时期，既要与楚争霸，还得忙于与戎狄作战。晋国对戎狄采取了战争及和平两手。晋国从武、献之世起，在开疆拓土对诸小国大举进军的同时，对于周围戎狄诸部采取小心翼翼的防御政策。晋襄公即位后，晋与戎狄力量的对比，发生了根本性的变化。有的戎狄成了晋国的附庸，如陆浑、伊洛之戎及中山（狐氏）。晋平公即位后，晋、楚第二次弭兵成功，得以腾出手来对付戎狄。平公后期，晋国用兵主要对象是北部的北戎，河北的白狄，河南的陆浑戎。前541年，荀吴、魏舒北上太原击溃了北戎，晋国版图向北发展。从前530年起，荀吴又两次偷袭了鲜虞，攻灭了肥、鼓。前525年，荀吴再灭南边有叛晋之兆的陆浑之戎。五六年后，晋国周边的戎部族靡有孑遗。同时，晋国长期采用"和戎"政策，第一、二次"和戎狄"活动分别发生于晋惠公、晋景公时期，第三次大规模的"和戎狄"活动发生在晋悼公时。《国语·晋语七》："诸戎来请服，使魏庄子（魏绛）盟之，于是乎始复霸。"晋国恢复了中原霸主地位，盛极一时。秦国长期受困于西戎。西戎逐步接受中原文化，被秦人远驱到瓜州的姜戎氏，其首领自言"我诸戎饮食衣服不与华同，贽币不通，言语不达"，但他却能赋《青蝇》之诗以见志。战国中期以后，秦国不仅独霸西戎，又先后征服了巴、蜀，西北兼并义渠，秦国在兼并六国的同时，相继征服了瓯越、闽越和南越，并加强了对西南夷的管理，最终统一了中国，建立起了统一的多民族的中央集权国家。

第三，春秋时代是政治制度大变革的时期。庶族夺嫡，卿大夫僭越，"国人"暴动，奴隶逃亡，层出不穷，原来西周宝塔式的统治等级——天子、诸侯、卿大夫、士的地位逐层崩塌。各诸侯国政权相继更迭，晋、齐、鲁、宋、郑等国自下而上夺权执政，楚、吴、越、秦等国自上而下进行改革，社会剧烈震荡。

各诸侯国内部社会各阶层剧烈斗争和重新组合。贵族阶层中，新旧贵族之间不断争斗和兼并。西周时期宗族关系十分严密的世袭宗族贵族，到春秋时代因井田制和宗法制的瓦解而逐渐分化。平民阶层中，

随着井田制形式的宗族公社在春秋时代开始瓦解，出现了国家剥削小自耕农、地主剥削佃农的封建生产关系的萌芽。同时，春秋晚期因私学的兴起，士阶层渐由"武士"开始向"文士"转变，"士"的力量不断壮大。奴隶阶层中，虽然西周、春秋时代奴隶的数量相当多，但占主要地位的却是从事家内事务，以"臣妾"为代表的家内奴隶。

在西周分封制和宗法制的基础上形成的世族和世官制，到春秋中期以后逐步被君主集权的官僚制度代替。随着楚武王率先实行县制，各诸侯国地方行政组织逐步由采邑制转变为县、郡制。春秋各诸侯国的刑法也有了实质性的突破，有些诸侯公布了成文法，从此法律公之于众成了常态，这是中国古代法律制度上的一大变革，

第四，春秋时代"礼崩乐坏"，风俗礼仪大变迁。西周的礼仪制度被打破，"吉、凶、宾、军、嘉"五礼均已起了巨大变化，原来天子、诸侯、卿大夫、士的等级被颠倒，下级僭越上级礼制的情况普遍发生。各国间频繁的战争和外交活动，以及各国内部激烈的斗争，使得诸侯大夫间的聘礼、会盟、校阅、通婚等宾、军、嘉等礼仪进一步发展。

春秋时代出现了一系列互相矛盾交错的社会情况。人们既仍普信原始宗教礼仪，部分士人又怀疑和反对巫术迷信；婚姻习俗既自由混乱，又提倡妇女遵守贞节；丧仪制度既不相统一，又逐渐创新趋同；人殉制既普遍继续，又开始动摇；等等。

春秋时代衣、食、住、行各方面的风俗习惯，也因各国经济的发展而呈现区域性的变异。西周以来的尚武民风至春秋后期开始向尚文转化，贪利纵奢和避利节俭之风相互交叉，反映了春秋时代大变动的社会风貌。

第五，春秋时代已经进入铁器时代，经济大发展。过去学术界一般认为战国时期中国才进入铁器时代，但随着考古发掘的深入，不断有新的发现，各地出土了相当数量的西周末至春秋早、中、晚期的铁制武器、工具和农具，证明铁器生产由西向东、由北向南逐渐扩展，最终使春秋列国的生产力发生根本性的变化，由青铜时代逐步过渡到

铁器时代。

由于进入了铁器时代，春秋时农业、手工业、商业都有明显的发展，农业中铁、铜金属工具的使用，促进了垦荒和水利事业的进步。手工业因铁器工具的应用，出现了线刻、金银错等许多新的工艺。工艺美术突破旧礼制的束缚，向更实用、更精美的方向迈进。器械制造、天文学、数学等有明显的进步。商业的发展，表现为春秋后期金属货币的广为流通，城市和私商的普遍出现，反映了商品经济的长足发展。春秋时代的经济，无论是农业、手工业还是商业，都出现南方长江流域地区后来居上的发展势头。

第六，春秋时代社会思想文化急剧变化。在统一的多民族国家的形成过程中，大一统观念起到了不可忽视的先导作用。原来被视为蛮夷之国的楚国，成为"冠带"之国，自称华夏之民，纵横捭阖。在不同的地域如齐、鲁、晋、楚、吴、越、秦等诸侯国，出现了同宗共祖的五帝传说，彼此的祖先之根都可以追寻到遥远的五帝，形成了文化上同宗共源的观念。兴起于春秋末年的百家争鸣，无论诸子们提出的是王道还是霸道，或是"合纵""连横"，其宗旨都是为统一天下出谋划策，为天下由分裂重新走向统一寻求治理的方略。可以说，百家争鸣不仅为统一的多民族国家的出现奠定了思想和文化基础，也为中国此后两千多年政治和文化的发展奠定了厚重的思想基础。

春秋时期的思想家打破了原始宗教的迷信禁忌，人本主义的思想大发展。春秋后期更出现了主张"道"为万物之源的老子和提倡人道主义的以"仁"为本的孔子，众多的思想家群星灿烂，冠绝一时。

春秋时代的文化各方面均有新的发展。各诸侯国都有史官，都有自己的国史。齐之《乘》、鲁之《春秋》、楚之《梼杌》是其代表，可惜只有鲁国最早的纪年体史著作《春秋》得以保存。春秋时民间和地区性诗歌蓬勃兴起，北有《诗经》，南有《楚辞》。此外，还出现了以编钟为代表的乐器和孔子的音乐理论，等等。

作者将楚国历史分为三大部分，对发生在熊通建立楚国之前的历

史冠名为《先楚史》，熊通继位后至楚惠王十三年期间的历史冠名为《春秋楚史》，楚惠王十四年至楚王负刍期间的历史冠名为《战国楚史》。

春秋时代是一个创造出繁荣经济与文化的辉煌时代，也是一个政治家、军事家和学术大师辈出的时代。值得注意的是，楚国处于春秋时期政治发展变迁的中心地位。清人顾栋高曾有"三大变"之说，其中的两大变都与楚国有关：

> 《春秋》二百四十二年，时势凡三大变。隐、桓、庄、闵之世，伯事未兴，诸侯无统，会盟不信，征伐屡兴，戎、狄、荆楚交炽，赖齐桓出而后定，此世道之一变也。僖、文、宣、成之世，齐伯息而宋不竞，荆楚复炽，赖晋文出而复定，襄、灵、成、景嗣其成业，与楚迭胜迭负，此世道之又一变也。襄、昭、定、哀之世，晋悼再伯，几轶桓、文，然实开大夫执政之渐，嗣后晋六卿、齐陈氏、鲁三家、宋华向、卫孙宁交政，中国政出大夫，而春秋遂夷为战国矣。[①]

顾氏概括春秋历史，所论甚精辟。春秋前期，即顾氏所言鲁国的隐、桓、庄、闵之世，可以称为"小霸"时期，"戎、狄、荆楚交炽"。春秋中期，即鲁的文、宣、成、襄时期，霸权迭兴，"荆楚复炽"，一浪高过一浪。春秋后期，即鲁的昭、定、哀之世，霸权已成明日黄花，晋、齐、鲁、宋、卫诸国困于内政，颠覆国君，政权下移，终以三家分晋为标志，进入战国时期。春秋三个时期的这三大变局，构成了中国古史上空前的政治波涛。其汹涌澎湃之势正是社会革故鼎新的巨大动力。由此可见，在春秋前期、中期的两大变局中，楚国一直居于中国政治的旋涡中心。而在春秋晚期普遍出现的政权下移的第三大变局

---

① 顾栋高：《春秋大事表·读春秋偶笔》，中华书局1993年，第32页。

中，始终坚守君权至上传统的楚国可以算是幸免于难。

《春秋楚史》采用纵横结合、兼顾他国的方法，力求较为全面、详尽地介绍楚国的全部历史。这里有四个问题需要说明：

一是纵向叙述楚国历史采用楚王纪年。

目前已经问世的介绍楚国历史进程的专著，都是从楚国的大事件入手，突出重点，兼顾专题，好处是言简意明，不足是某些楚王隐而不彰，其在位时发生的宫廷斗争、战争、盟会、人物、都城、疆域变迁、考古发掘等容易遗漏。实际上，楚国从公元前704年熊通称王正式立国时算起，至公元前223年楚王负刍被秦国俘虏灭亡时止，存国481年，共历18世25君，分别是武王、文王、堵敖、成王、穆王、庄王、共王、康王、郏敖、灵王、平王、昭王、惠王、简王、声王、悼王、肃王、宣王、威王、怀王、顷襄王、考烈王、幽王、哀王、负刍。在这些楚王中，享国时间长短不一，最长的是楚惠王，达57年，最短的是楚哀王，只有几个月。一位楚王代表一个有独特印记的时代，采用楚王纪年的方法，可以将每位楚王继位的宫廷斗争顺势展开，亦可以将已有楚国人物、考古、楚简帛文字的研究成果与同期楚王挂钩，由楚王的更替，逐步展现历次战争、盟会和相应疆域变迁。

中国的史学书籍浩如烟海，大体分"纪传体""编年体""纪事本末体"数类，以"二十四史"最为权威，"二十四史"中，都是以皇帝纪年，全面反映同期政治、经济、军事、科技、人物等，非常严密。春秋战国时期，诸侯林立，纷繁错乱，楚国是贯穿春秋战国全部历史的南方大国，历史文献丰富多彩，考古发掘硕果累累，研究成果层出不穷，以楚王纪年，便于将有关楚国汗牛充栋的史料有条不紊地归纳、整理，对楚国的全部历史进行总结。

每位楚王，各有特点，既有有为者，也有平庸者，本书专设"楚王述评"，对每位楚王作出评价，涉及某个楚王的章节，拟题目时，力求概括此王在位期间的作为，如第一章楚武王创建楚国扬威汉东，第二章楚文王雄踞汉阳，第三章楚王堵敖命丧宫廷，第四章楚成王抗

衡中原开疆拓土，第五章楚穆王小霸初步北上东进，第六章楚庄王称霸中原及东扩南渐，第十五章楚共王与晋国第一次息兵，第十六章楚康王攘外安内及楚晋第二次息兵并平分霸权，第十七章楚王郏敖王位不稳，第十八章楚灵王力扩及稳定东境，第十九章楚平王施新政及勉力应对吴国，第二十章楚昭王失国及复兴，第二十一章楚惠王蒙难及抗吴联越。各章标题与楚王述评串起来，就是波涛起伏、波澜壮阔的楚国发展轨迹。

二是横向介绍楚国的专题研究成果，按四个时期叙述。已有介绍楚国历史的专著，有的不分时期，集中在书末笼统介绍楚国的政治、经济、军事、科技、文化等，没有时代区别，显得极为单薄。有的按春秋晚期和战国晚期两个阶段介绍，虽有所充实，仍觉不足。楚国是走完春秋战国全部历程的大诸侯国，政治、经济、军事、科技、文化等各方面都有一个逐步演化、发展的过程，需要与时俱进，多阶段地反映楚国各方面逐步发展的历程。楚国在春秋早期方才立国，为生存而战，故春秋早期政治、经济、军事、科技、文化各方面乏善可陈，但到了春秋中期，楚庄王成为春秋五霸之一后，楚国走向强盛，政治、经济、军事、科技、文化各方面跃上新台阶，到春秋战国之交，随着铁器的广泛使用，楚国各方面走向成熟，光辉灿烂的楚文化开始发出绚丽夺目的光彩。到战国中期，楚国变法图强，开疆拓土，达于极盛，经济繁荣，科技发达，大国气象，蔚为壮观，值得大书特书。然而从楚怀王晚年始，国势渐颓，勉力支撑，直到战国末期，军事雄风不再，屡战屡败，终被灭国，但经济、科技、文化仍然具有相当实力，不可不书。有鉴于此，本书和《战国楚史》选择"春秋中期""春秋战国之交""战国中期""战国末期"四个历史断面，分期归纳楚国政治、经济、军事、科技、文化的专题研究成果。这样，虽难度大为增加，各阶段之间的进步难以截然划分，不可避免有所交叉重复，但有利于展现楚国发展的渐进历程。

在《春秋楚史》中，"春秋中期"的专题有以下诸章：第七章楚国

君位继承制的演进，第八章春秋中期楚国的政治制度，第九章春秋中期楚国的社会阶层，第十章春秋中期楚国的军事，第十一章春秋中期楚国的人口、都邑与交通，第十二章春秋中期楚国的农业，第十三章春秋中期楚国的手工业及经济管理，第十四章春秋中期楚国的社会风俗与思想文化。"春秋晚期"的专题有：第二十二章春秋战国之交楚国的军事，第二十三章春秋战国之交楚国的人口、都邑、交通和建筑，第二十四章春秋战国之交楚国的政治与经济，第二十五章春秋战国之交楚国的农业和手工业。

专题研究中，农业至关重要。我 1987 年完稿的博士论文《楚国农业及社会研究》，至今已过 30 余年，当时，研究楚国农业资料奇缺，研究薄弱，本人意图披荆斩棘，自诩博士论文为楚国农业研究的开拓之作，其实力所未逮。后见贾兵强在其博士论文基础上完成的《楚国农业科技与社会发展研究》一书，对楚国农业科技的研究，全面深入，论据充分，分析得当，新见迭出，深为叹服。贾兵强把楚国农业科学技术史分为以下三期：早期楚国的农业科技（公元前 847—前 741 年），从熊勇元年至蚡冒十七年，共 106 年，大致与西周末年至春秋初年相当，该时期是楚国农业科技的萌芽期或初步发展期；中期楚国的农业科技（公元前 740—前 402 年），从武王元年至声王六年，共 338 年，大致与春秋初年至战国初年相当，该时期是楚国农业科技的发展期；晚期楚国的农业科技（公元前 401—前 223 年），从悼王元年至楚王负刍五年，共 178 年，大致与战国中晚期相当，该时期是楚国农业科技的持续发展期。[①] 由于我认为熊勇元年至蚡冒十七年这一段楚国尚未成立，楚武王称王之时才昭示楚国成立，与贾兵强对楚国建国的起始时间看法不一，故我还是将楚国的农业按春秋中期、春秋战国之交、战国中期、战国晚期四个阶段进行介绍。

三是楚国为主，兼顾他国。楚国在先秦时期不是单独的存在，同

---

① 贾兵强：《楚国农业科技与社会发展研究》，科学出版社 2012 年，第 37 页。

时期诸侯国众多，彼此之间犬牙交错，你争我夺，错综复杂。大体说来，整个春秋时期楚国与晋国争夺霸权贯穿始终，到春秋晚期楚国与吴、越的矛盾上升，到战国后期形成楚秦两大阵营，各国谋士朝秦暮楚、非秦即楚，故在述楚史时较多兼及晋国、吴国、越国、秦国交集纠结时期的历史。

本书力图创新，完全说清楚国历史已属不易，创新尤难。我们能"预流"于千年一见之时代际遇①，已为大幸，何敢言又何必言个人之小小创新？顾炎武言著书之难时云："今人书集……其必古人之所未及就，后世之所不可无而后为之，庶乎其传也欤！"②顾氏此言极确，今日所谓"创新"当至"古人之所未及就，后世之所不可无"之境界，但今人著述又有几成至此境界？本书追求可以弥补现有研究不足以及对后来研究略有小补，能够被认为有所创新，也就心满意足了。

---

① 关于历史研究需要注意新出土资料，陈寅恪曾提倡"预流"之说，参见陈寅恪：《陈垣敦煌劫余录序》，收入陈著《金明馆丛稿二编》，上海古籍出版社 1980 年，第 236 页。
② 顾炎武：《日知录》卷十八。

第 一 章

楚武王创建楚国
扬威汉东

第一节　熊通杀叔继位与春秋早期的中原乱局

"楚国正式进入文明社会以及正式建成国家机器，是在蚡冒去世之后的武王、文王时代。"①这是张正明在《楚史》中所作的论断。蚡冒继承芈族首领职务时，值周平王十四年。

蚡冒熊眴是熊勇之兄，在位期间，文韬武略，颇有作为。蚡冒完成了与荆蛮的合并，为以后楚国的建立打下了坚实的基础。应该说，这些都是周平王时期的大事。

公元前770年，周平王东迁洛邑以后，离洛邑不远拥有实力的西虢国国君虢公翰为控制周王室，在携地(位于镐京附近)拥立余臣为周天子，称携王。周二王并立。此时，西边一直默默无闻的秦国，秦襄公因护送平王东迁有功，始被封为诸侯，并获赐岐西之地，开始有了立足之地。周平王二年，郑国向东发展，郑武公灭郐而有其地，郑亦东迁，两年后，郑又灭郐国附近的东虢，成功开疆拓土，从关中地区移到了河、颍之间，成为周王朝南部的主要诸侯大国。周平王九年，秦文公从岐西之地东进，至汧水、渭水之会，营造了新的都城，实力进一步增强。晋国为周平王排忧解难，晋文侯杀携王余臣，周王室终于统一，部分恢复了周王室的权威。各诸侯国又向周王室靠近。最典型的是秦国，公元前750年，周平王二十一年，蚡冒八年，秦文公伐戎，败之于岐，因而拓地至岐，秦文公将岐以东之地献周，借以讨得平王欢心。

眼看郑国、秦国开疆拓土，晋国挟制周王，蚡冒焉能不急？《国语·郑语》："及平王之末，……楚蚡冒于是乎始启濮。"开拓濮地是芈族长期的梦想，在蚡冒时期终于开始付诸实践。

公元前741年，周平王三十年，蚡冒十七年，蚡冒去世。按常理，

———————

① 张正明：《楚史》，湖北教育出版社1995年，第65页。

继任者一般会是其子。但是《史记》的有关记载出现了异常。《史记·楚世家》："蚡冒十七年，卒，蚡冒弟熊通弑蚡冒子而代立，是为楚武王。"熊通继位19年后，公元前722年，史家公认的春秋时代的起点、鲁国国史《春秋》才开始记事。

关于熊通继位，文献有两处矛盾的记载。《史记·楚世家》："蚡冒十七年，卒，蚡冒弟熊通弑蚡冒子而代立，是为楚武王。"而在《左传》文公十六年"先君蚡冒所以服陉隰"下杜注："蚡冒，楚武王之父。"赵炳清指出："从清华简《楚居》所载世系考察，应以杜注为是，史公记载有误。武王所弑非蚡冒之子，而是宵敖之子。"①

熊通是蚡冒之子，按照西周时期通行的嫡长子继承法，接蚡冒之位为芈族首领天经地义，理所当然，宵敖之子为熊通之叔，蚡冒之弟，是企图以弟接兄位，熊通与叔争位，杀宵敖之子夺位，未见激烈的反抗，显然熊通得到了多数人的拥戴。分析其中原因，还是楚国实行嫡长子继承为主与兄终弟及补充的君位继承制度。

西周实行宗法制度，要求实行严格的嫡长子继承制。在宗法制度下，继承宗嗣的，必须是嫡夫人所生的长子。《公羊传·隐公元年》说："立適(嫡)以长不以贤，立子以贵不以长。"就是说，立嫡夫人之子应选取其长者，如果嫡夫人无子而要立其他夫人的子，应选取其贵者。"贵"是贵族选取继承人的主要标准。这种嫡长子继承制的确立，很明显，是为了把"宗子"继承的制度固定下来，防止发生争夺和内乱，从而巩固宗族组织及其统治力量。但实际上，西周时的这种嫡长子继承制，在有些诸侯国并没有严格执行。

弟接兄位，是春秋时期的普遍现象。秦国在初年，有些国君也是兄死弟及的。他们到春秋中期以后才遵守嫡长子继承制。即使是在礼仪之邦的鲁国，在鲁庄公以前，亦常有弟接兄位的。《史记·鲁世家》

---

① 赵炳清：《楚国疆域变迁之研究——以地缘政治为研究视角》，复旦大学博士学位论文，2013年，第100页。

载叔牙说："一继一及，鲁之常也。"《集解》引何休说："父死子继，兄死弟及。"这与《左传》文公元年记令尹子上对楚成王说"楚国之举，恒在少者"非常相似。"少"即小儿子，兄弟之弟。楚令尹子上这里说的是"楚国的大发展总是由年纪小的弟弟实现"，也就是兄死弟接位，由弟弟担任国君。蚡冒之前，芈族远祖中，重黎与吴回是兄弟，弟接兄位。以后王族熊胜与熊杨、熊挚红与熊延、熊霜与熊徇，均是兄弟关系，弟接兄位，成为常态。这些史实，必然对宵敖之子企图夺熊通之位有着潜移默化的影响。

《左传》昭公十三年记晋卿叔向对韩宣子说："芈姓有乱，必季实立，楚之常也。"所谓"必季实立"的"季"，有两种不同的身份，其一是幼弟，其二是小叔。在楚国历史上，幼弟杀其兄而自立的有三例，即熊徇杀伯霜，成王杀堵敖，平王逼杀灵王和公子比、公子黑肱；小叔杀其侄而自立的也有一例，即灵王杀郏敖。此外，有和平方式的兄终弟及四例，即熊胜传熊杨，熊勇传熊严，肃王传宣王，幽王传哀王，后两例是因兄无子而传弟，估计前两例也如此。确实，当芈姓有乱时，在君位继承问题上，"季"有明显的优势。推测蚡冒去世之时，宵敖之子拥有一定实力，但熊通作为蚡冒之子，未见有年少继位的记载，显然已经成年，辅佐蚡冒南征北战，开发濮地，融合荆蛮，在芈族中拥有较高的威信。以嫡子的身份继承君位，符合常态，当为部族默认。

熊通杀叔夺位，某种意义上体现了时代的进步。熊通称王之前，芈族尚处于原始的酋长制末期，随着芈族与荆蛮成功合并，财富和权势的持续增长，对外频繁战争，地盘逐渐扩大，部落贵族和部落平民都需要强有力的军事首领带领大家继续前进，稚君幼主或者庸君容易被淘汰。为了强化对外的掠夺和征服，内部对君权的争斗和篡夺日益激化势所必然。

熊通继位之际，正值周平王东迁不久。东迁之后，周室一蹶不振，无力收回岐山以西被占据的领土，只好将之赠予秦国。在很长的一段时间之内，王室甚至需要仰仗晋、郑的支持来维持，随着诸侯的逐渐

坐大，西周立国以来建立起来的森严的等级制度也遭到破坏，周天子权威逐渐下降，甚至受到诸侯直接挑战，春秋初期就发生了影响很大的"周郑交质"事件。不过，东迁之后周室权威虽然下降，但春秋初期，各路诸侯势力尚未达到称雄天下的地步，周天子作为天下共主，仍然具有一定的号召力，各路诸侯还基本上按照西周时期的惯例，向王室承担贡赋，定期朝聘。但在周郑繻葛之战中，"祝聃射王中肩"，王军战败，周天子颜面扫地，威信一落千丈。繻葛之战后，王室内乱不断，王畿之地缩减到仅剩一二百里。平王去世之后，曾派人求赙于鲁国。周桓王死后因财政紧张，七年之后才得下葬。王室的种种窘境，说明周室天下共主的地位已经名存实亡。

熊通处在这种社会转型的大潮中，顺流者意气风发，逆流者苟延残喘。王室势衰，周郑交恶，晋、齐、鲁内乱不止，秦为列国所阻，难以向东发展。历史留给崛起的楚国以绝好的时机。

第二节　江汉流域的政治环境与
楚随交兵、始开濮地

楚国成立之初，活动地域在江汉之间。汉水大致从西向东流经上游山地后，在襄阳接纳唐白河折为由北向南流，后又在潜江向东流而汇入长江。因此，以汉水为界，江汉之间可以划为汉阳与汉阴两片地区。汉阳也大致可以分为汉东和汉北地区，今枣阳以东为汉东，以随枣走廊为主体，包括大洪山南麓与汉江之间的地区；今襄阳以北为汉北，以南阳盆地为腹心，也包括汉江上游的陕东南地区。而汉阴主要是指汉水以南以西地区，包括今江汉平原西部的沮漳河流域，长江三峡和鄂西北山地。在这一大的地理空间里，楚人必须不断地统合各区域间的政治力量，建立以楚国为中心的地缘政治体系，将疆域从汉西发展到汉东，再扩展到汉北，形成楚国的西部疆域，奠定楚国强盛的

基础。

熊通继位之时，面临严峻的局面。这一时期的江汉之间，分布着为数众多的封国、方国及族群。其中既有周初分封的同姓和异姓诸侯国，也有西周中期以后而分封的诸侯国，还有商代以来就建立于此的一些方国和部族。这些政治势力构成了一张地缘关系的网络，号称"汉阳诸姬"，是熊通必须面临的首要问题。在汉东地区，由于随枣走廊是"金道锡行"的交通要道，因此，汉东大部分政治势力布局于此。据文献记载，汉东地区主要有随、厉、郧、贰、轸等国。在汉北地区，由于属于周代南土范围之内，周人封建了大批的诸侯，以屏障周室。在南阳盆地主要有申、吕、唐、蓼、邓等；在汉江中上游的陕东南地区，主要有巴、麋、绞、鄀等；在汉阴地区，江汉平原主要有权、州等；鄂西北主要有庸、谷、卢、罗等；长江三峡则是夔国。除了上述周人封建的诸侯和方国之外，江汉地区还生活着众多的部落族群，主要为百濮和扬粤。百濮主要分布在鄂西北的武当山周围地区及汉水北部一带；扬粤主要分布在汉水中下游与长江之间及以南的地域。

如此斑驳陆离的地缘政治环境，对新生的楚国来说是有利也有弊。小国、部族的星罗棋布，势力分散，有利于楚人的各个击破；但各据一地的杂处群居方式，使得政治离心力始终存在，不利于楚人的政治整合和民族融合，因此，楚人的开疆拓土，如轻重失衡、缓急失宜，都有可能受挫。这些不利因素，对于熊通来说，都是严峻的考验。

熊通当时的当务之急是要向北方淮河流域发展，面临着复杂的地缘关系。一条淮河贯穿东西，将淮河流域分为淮南、淮北两个部分。淮北部分主要为黄淮平原，即黄河以南、淮水以北、伏牛山以东的平原地区。在黄淮平原西部有汝、颍二水自西北向东南流过，构成淮北的汝颍地区，楚人出南阳盆地东北的方城口，即进入这一地区，争霸中原，因此，汝颍地区是楚人经营东国的基础，又是保障江汉间安全的屏障。淮南部分主要为江淮平原，指六安、舒城、霍山、巢湖等大别山以东地区，楚人与吴人征战于此，争夺对江淮间的控制权。此时

的淮水流域除了周人分封的诸侯以外，还分布着众多的方国和族群。在汝颍地区，主要有应、房、道、柏、沈、胡、养、蔡、顿、项、陈、许、厉等，在淮水中上游两岸地区则有江、息、弦、黄、蒋、蓼、樊、番、钟离、徐等，在淮南地区，有英、六、宗、巢、舒及群舒等。赵炳清指出：这些诸侯国和方国占据着不同的地理区域和节点，一起构成了复杂的地缘关系，成为楚人经营东国的地缘政治环境。①

周王室为了抵御淮夷的入侵，维护周人的南土地缘政治秩序，在淮汝颍地区，周宣王分封了一大批的同姓和异姓诸侯，其中的姬姓诸侯，被称为"汉阳诸姬"。于薇认为汉阳是指今汉水与桐柏山、大别山之间的地区，在此区域内并不存在诸多姬姓封国，进而指出"汉阳诸姬"并不实际存在，是一个伪命题。② 其实，在周人的南土地理形势中，现代地理意义的"汉阳"是与淮阳连在一起，构成周人南土地缘关系，因此，不能用今天的"汉阳"地理观念取代古人的"汉阳"地理观念，周人地理观念中的"汉阳"不仅包括今天的"汉阳"，还包括南阳和汝颍淮阳一带。从上述诸国的地望来看，王室分封的诸侯无不占据着最为有利的地形，在嬴姓、偃姓方国的西边或北边，而嬴姓、偃姓方国则多分布淮河的南岸或东侧，其西进北上的路线正好被周王朝的封国所控制。如姬姓的蔡、胡、应三国就控制了整条汝水的水道，并与方城内的申、吕、唐相呼应；而归姓胡国与顿、项、陈、许、郑则沿颍水一字排开，控制了整条颍水的水道，并与洛邑相呼应。息、弦阻碍了江、黄的西进，蒋、蓼遏制了英、六、群舒的北上，这些周王朝的封国与江汉间的诸侯一起，构成了捍卫王室的屏障。他们成为这片地域上的一大政治势力。除此之外，域内边沿还有郑、宋、鲁、卫等，域外还有齐、晋、吴、越等国。他们与楚人一样，都想成为这片土地

① 赵炳清：《楚国疆域变迁之研究——以地缘政治为研究视角》，复旦大学博士学位论文，2013年，第115页。

② 于薇：《"汉阳诸姬"：基于地理学的证伪》，《历史地理》第24辑，上海人民出版社2010年，第231—243页。

的主宰，建立起以自己为主导的地缘政治秩序。

熊通面临的地缘形势，是十分复杂的。赵炳清分析，楚人以江汉之间为基地，以方城要塞为门户，是进可攻、退可守，得地利之优势；楚人北出方城，东出冥轭，来往汉淮之间十分便利，不需劳师袭远。而晋、吴两国，虽有山河之利，但争霸中原，一要过黄河，一要渡长江，不得交通之便；齐国更有鲁、曹、宋等国相隔，假道伐远也甚为不便。[①] 因此，熊通对于楚国将来的发展，可谓雄心万丈。

熊通即位，时当公元前740年，周平王三十一年。

熊通即位后，直接继承了蚡冒完成芈族与荆蛮合并的成果，首先将两大族群集团的军队加以整顿，使之成为一支能与"汉阳诸姬"相匹敌的力量。

合并前的芈族军队，从熊咢、若敖能够轻松灭掉郧国来看，当拥有相当实力。郧国为姬姓之国，地在汉水流域，遭到芈族进攻之际，邻近的"汉阳诸姬"，必然出手相救，不经过一场恶战，芈族不可能灭掉郧国。联系到早在西周中期的周穆王时期，芈族奉穆王之命单独出兵抵抗兵锋甚劲的徐偃王并获得胜利，其军事实力当与周王朝的"西六师"旗鼓相当。从西周中期到春秋早期，芈族的军事实力当更加强大，只不过由于受制于周王朝的统治，局促于所封之地，只能"筚路蓝缕，以启山林"，埋没于深山老林之中，没有施展拳脚的机会。芈族与荆蛮合并后，两大部族集团合并促成军队合并后的军事实力，当然格外强大。宋人马端临《文献通考》说："（楚）武王始为军政。"正是基于强大的军事实力，熊通才有底气，《史记·楚世家》载熊通说，"我有敝甲，欲以观中国之政"，说话的口气特别大。

大约经过两年时间，熊通完成了对军队的整合和训练。《左传》桓公六年载楚武王大臣斗伯比说："我张吾三军而被吾甲兵，以武临

---

① 赵炳清：《楚国疆域变迁之研究——以地缘政治为研究视角》，复旦大学博士学位论文，2013年，第127页。

之。"两年后，而随国的大臣季良对楚国的三军有具体分析："楚子伐随，军于汉、淮之间。季梁请下之，弗许而后战……随侯御之，望楚师。季梁曰：'楚人上左，君必左，无与王遇。且攻其右，右无良焉，必败。偏败，众乃携矣。'"可见熊通早在公元前706年就将两大部族集团的军队统一整编为左、中、右三军。73年以后，《左传》僖公二十七年，公元前633年，"晋文公作三军"，李亚峰考证"一军12500人，三军37500人，约4万人"①。楚国军力大致与晋国相当，可见熊通"三军"的兵力应在4万人以上。

依仗雄厚的军事实力，熊通雄心勃勃，彻底改变以往芈族一向龟缩于山林的形象，破天荒地直接率军北上，向位于南阳的强国申国发起进攻。《竹书纪年》记熊通即位后的第三年："(周平王)三十三年，楚人侵申。"②《诗经·王风·扬之水》序笺："申国在陈、郑之南，迫近强楚，王室微弱而数见侵伐。"可见熊通不止一次发兵攻打申国。

熊通数次北上攻打申国，兵锋所指，声势浩大。这对邻近申国的各诸侯国在心理上自然是莫大的威慑。《左传》桓公二年(公元前710年)："蔡侯、郑伯会于邓，始惧楚也。"蔡国、郑国、邓国都是拥有一定实力的诸侯国，这三国居然害怕熊通，可见熊通的军事实力确实强大。

更有甚者，熊通还直接向"汉阳诸姬"之首的随国发起挑战。"汉东之国，随为大"，熊通偏偏专门盯住随国，接二连三地进攻随国。考古成果证明，随国即曾国。[见图1-1：考古推测春秋早期随(曾)国地域范围]

熊通攻打随国的情况，文献记之甚详：

第一次：楚武王三十五年(公元前706年)，伐随大军到瑕地，按兵不动，又打又拉，威逼随国。《左传》桓公六年：

---

① 李亚峰：《晋国人口知多少？》，《晋阳学刊》2006年第4期。
② 方诗铭、王修龄：《古本竹书纪年辑证》，上海古籍出版社2005年，第265页。

楚武王侵随，使薳章求成焉，军于瑕以待之。……随侯
惧而修政，楚不敢伐。

楚武王向随国提出"请王室尊吾号"即承认"楚王"称号合法的要求。《史记·楚世家》：

三十五年，楚伐随，随曰："我无罪。"楚曰："我蛮夷也。
今诸侯皆为叛相侵，或相杀。我有敝甲，欲以观中国之政，请
王室尊吾号。"随人为之周，请尊楚，王室不听，还报楚。

第二次，楚武王三十七年（公元前 704 年）。周王室拒绝了熊通"尊吾号"的请求，熊通怒而称王。随国没有参加楚国主持的"沈鹿之会"，熊通第二次发兵讨伐随国。这一次爆发了战争，楚国在"速杞"之地将随国打得落花流水，差一点将随侯俘虏。随国被迫向楚国求和。《左传》桓公八年：

楚子伐随，军于汉、淮之间。……战于速杞，随师败绩。
随侯逸，斗丹获其戎车，与其戎右少师。秋，随及楚平。楚子
将不许，斗伯比曰："天去其疾矣，随未可克也。"乃盟而还。

杨伯峻注："速杞，随地，当在今湖北省应山县治西。"[①]
熊通进攻随国，是北上战略使然。速杞之战中，双方斗智斗勇。战前，熊通与大臣斗伯比正确分析敌情："随少师有宠。楚斗伯比曰：'可矣。仇有衅，不可失也。'"（《左传》桓公八年）斗伯比认为这时的随国内部不团结，有隙可乘，机不可失，主张再次伐随，得到熊通采纳。说明熊通及大臣们善于捕捉战机。

---

① 杨伯峻：《春秋左传注》（修订本），中华书局 1990 年，第 122 页。

两军对垒之际，随国方面将帅意见有分歧。《左传》桓公八年：
"季梁请下之：'弗许而后战，所以怒我而怠寇也。'少师谓随侯曰：
'必速战。不然，将失楚师。'随侯御之，望楚师，季梁曰：'楚人上
左，君必左，无与王遇。且攻其右，右无良焉，必败。偏败，众乃携
矣。'少师曰：'不当王，非敌也。'弗从。"随国贤臣季梁建议随侯示弱，
不要仓促应战，故意激起我军士气，让楚军懈怠后再战。随少师则主
张速战，说必须速战，不然就将丧失战胜楚军的机会。随侯昏庸，决
定不顾一切开战。两军逼近，即将交战之时，随贤臣季梁再一次建议
随侯针对楚军的特点采用正确的战术：楚人以左为尊，国君一定处在
左军之中。不要和楚王正面作战，姑且攻击右军，楚右军没有良将，
一定失败。楚国的偏师一败，大军就会溃散逃离。但随少师坚决反对，
说不和楚王正面作战，这就表示随国与楚国不能堂堂正正对等作战。
昏庸的随侯再次否决了季梁的正确意见。听从少师，坚持尚右的传统，
仍随右军行动，命少师为戎右，下令进攻楚国的左军。

速杞之战的结果："随师败绩。随侯逸，斗丹获其戎车，与其戎
右少师。"（《左传》桓公八年）冲锋之后，胜负立决。随师大败，随侯
落荒而逃，他的戎车和车右少师一起被楚师俘获。

随国大败，随侯吓破了胆，急忙求和。熊通本想将随国就此灭掉，
但大臣斗伯比劝谏，随国虽败，然此战只是帮随国除掉了佞臣，随国
贤臣还在，实力尚强，灭随时机不成熟。熊通接受斗伯比的意见，不
灭随国，而让随侯在表示愿意悔改之后与其会盟。这事使楚武王在
"汉阳诸姬"中博得美名。从此，随国再也不敢开罪于楚国，服服帖帖
地按照楚国的要求办事。

从速杞之战随国大败的战例中可以看出，楚国的军力对于随国占
压倒性优势。很明显，这是在蚡冒完成与荆蛮的合并后，两大部族集
团的军力得以集中的结果。熊通掌握芈族与荆蛮合并后的强大军队，
在江汉流域简直所向无敌。

《史记·楚世家》记，楚与随结盟后，楚武王"于是始开濮地而有

之"，占领了濮人大片土地，使其成为楚国的腹心之地。蒙文通指出：自此，一部分濮人与楚人杂居、融合，另一部分向湖南、四川、贵州、云南等地迁移。①

第三节　熊通自号楚武王，楚国始立

公元前704年，熊通在位三十七年夏天始称王。这里自然就出现了一个问题，即在此以前，熊通的称号是什么？罗运环指出："根据熊通之兄熊眴、祖父熊坎、曾祖父熊仪均称敖来看，熊通从即位到三十七年夏天以前也是称敖的。此后才称为王。"②

关于"敖"的解说历来极多。《左传》昭公十三年孔颖达疏困于诸敖之复杂，留下阙疑："不知敖是何义？"杨伯峻《春秋左传注》对《左传》中的阎敖、若敖、堵敖等，都没有阐明"敖"的具体含义。有认为是地名的，如易本烺说："若敖是地名，先君所葬，犹后世称某陵，而后遂以为族氏也。"又说："窃疑敖为水名。"③有认为是地貌的，如顾颉刚说："楚、吴、越王之名、号、谥"条，将敖一释为丘陵，一释为酋豪，不能下结论："二说孰是，尚待讨论。"④

"敖"应为古时氏族首领称名的遗迹。《尚书·旅獒》："惟克商，遂通道于九夷八蛮。西旅厎贡厥獒，太保乃作《旅獒》，用训于王。"此篇为太保召公劝诫武王之词。陆德明《释文》引马融：獒，"作豪，酋豪也"。孔疏引郑玄："獒，读曰豪。西戎无君，名强大有政者曰酋豪，国人遣其酋豪来献见于周。"酋豪其实就是氏族首领。由此可见，在熊通之前，芈族称酋长为"敖"，是顺理成章的。《史记·楚世家》

---

① 蒙文通：《周秦少数民族研究》，龙门联合书局1958年，第47—48页。
② 罗运环：《楚国八百年》，武汉大学出版社1992年，第127页。
③ 易本烺：《春秋楚地答问》，收入《丛书集成初编》第九册，中华书局1985年，第3049页。
④ 顾颉刚：《史林杂识初编》，中华书局1977年，第212页。

称楚君为王自楚武王始。楚武王之前，有若敖、宵敖、蚡冒。若敖之前只有人名排列。

楚武王之前的"敖"即君主。《左传》宣公十二年："若敖、蚡冒筚路蓝缕，以启山林。"称熊仪为若敖，称熊坎为宵敖，称熊眴为蚡冒（"冒"与"敖"在楚国古文字中均音通，可互用）。楚国最早的若敖、宵敖、蚡冒，皆为芈姓楚人的最高统治者。芈族虽已受封子男之田，但仍然在很大程度上保留了芈姓氏族集团的特点，称其君为敖。熊通以"蚡冒（敖）"谥熊眴，若其未称王，无疑也会被谥为某敖。刘信芳指出：至于作为称号的"敖"，则可以肯定，与地名有关。曾为楚君的"郏敖""訾敖"，死后分别葬于"郏""訾"，当是归葬各自封地。①

由称"敖"到称"王"，是芈族走向发达、实现建国伟业的标志。

熊通称王并非首创。在芈族的历史上，曾经有过称王的记载，如西周中期周夷王时，熊渠曾经冒冒失失地将三子封王，《史记·楚世家》："熊渠生子三人。当周夷王之时……乃立其长子康为句亶王，中子红为鄂王，少子执疵为越章王，皆在江上楚蛮之地。及周厉王之时，暴虐，熊渠畏其伐楚，亦去其王。"不料此番称王之举，极其短命，到周厉王登位，以暴虐闻名，熊渠吓得自行取消三子"王"的称号。这说明"称王"有严重后果，若不及时取消王号将会直接导致灭族。西周时期著名的东夷族首领徐偃王，就是因为称王，遭到周穆王数千里奔袭，以及芈族的军队先行助战，被残酷镇压。由此可见，"称王"有招致天子率军讨伐的风险，是非常危险的举动。

熊通称王，与熊渠三子在周王朝军力尚强大时的冒失称王显然不同，是芈族与荆蛮合并后，由于始终得不到周王室承认，不得不采取的无奈之举。

熊通称王，经历了两个阶段。第一阶段，"请王室尊吾号"；第二阶段，自立为武王。

---

① 刘信芳：《楚国诸敖琐议》，《江汉论坛》1987年第8期。

获得周王室的认可，是熊通梦寐以求的大事。自从芈族与荆蛮合并以来，虽有众多的人口，部分荆蛮族群原本分布的江汉流域和长江中下游的广大地域，都需要得到周天子的承认，才算是合法拥有。在与荆蛮合并之前，熊通拥有的，只是熊绎时周成王给的不足百里的封地和"子"爵，在诸侯国中，地位低下。芈族长期"土不过同"，局限于汉江流域，实在憋屈。熊通太需要周王室的一个名号了。

但是熊通要想获得周王室的承认，难于上青天。因为荆蛮从来都是周王室的死敌，周昭王死于荆蛮之手，历代周王一直耿耿于怀，进入春秋时期，芈族未经批准与荆蛮合并，组建联合体，周王室视之为芈族与荆蛮同流合污，恨之入骨，怎么会授予正式的名号？

周代的诸侯国有着极为严格的爵位制度。《国语·周语中》："昔我先王之有天下也，规方千里以为甸服，以供上帝山川百神之祀，以备百姓兆民之用，以待不庭不虞之患。其余以均分公侯伯子男，使各有宁宇，以顺及天地，无逢其灾害。"《礼记·王制》："王者之制禄爵，公、侯、伯、子、男，凡五等。……天子之田方千里，公侯田方百里，伯七十里，子男五十里。不能五十里者，不合于天子，附于诸侯，曰附庸。"《孟子·万章下》："北宫锜问曰：'周室班爵禄也，如之何？'孟子曰：'其详不可得闻也，诸侯恶其害己也，而皆去其籍；然而轲也当闻其略也。天子一位，公一位，侯一位，伯一位，子、男同一位，凡五等也。君一位，卿一位，大夫一位，上士一位，中士一位，下士一位，凡六等。天子之制，地方千里，公侯皆方百里，伯七十里，子、男五十里，凡四等。不能(足)五十里，不达于天子，附于诸侯，曰附庸。"

西周时期，诸侯国不是平等的，其地位根据封爵来定。王是指周天子而言。另有个别非周天子的王者，如吕王、丰王等，都属夷狄首领。身居高位的天子重臣称公，所见有周公、召公、毕公、明公、井公、毛公、芮公等。称公诸侯国有宋国。侯国有燕、鲁、康、邢、蔡、滕、虞、荀、随(曾)、铸、陈、纪等。称伯的有荣、井、杜、单、

散、过、夷等。春秋时代有郑伯和曹伯。金文中的子有北子和沈子。文献中的其他诸子，尚无金文印证。芈族的君主初始的正式记载为子爵。周代"公侯伯子男"爵位，等级森严，若有特殊贡献，可以提升一级爵位，如齐桓公会盟诸侯一同尊周王后，周王给予升爵一级的奖励，从侯爵升为公爵。没有对周王室的特殊贡献，要想提升爵位，谈何容易！

熊通要求"请王室尊吾号"，一定程度上是出于攀比心理。周天子对待诸侯国厚此薄彼，对芈族完全不公平，这让芈族历代首领一直忿忿不平。

在周康王时，同样是分封，对齐、晋、鲁、卫四国赏赐丰厚，对熊绎的待遇就要差得多。《左传》昭公十二年载楚灵王发牢骚说："昔我先王熊绎与吕伋、王孙牟、燮父、禽父并事康王，四国皆有分，我独无有。今吾使人于周，求鼎以为分，王其与我乎?"楚灵王想向周天子讨要镇国重器铜鼎，被大臣右尹子革拦住，解释说，此四国都与周天子有特殊的亲戚关系："齐，王舅也；晋及鲁、卫，王母弟也。楚是以无分，而彼皆有。"

到周穆王时，芈族接令率先抵挡徐偃王的进攻，事后没有得到周王室的任何赏赐，倒是为穆王驾车的赵国始祖造父得到王室的封地。《史记·赵世家》："造父幸于周缪(穆)王。缪(穆)王使造父御，西巡狩，见西王母，乐之忘归。而徐偃王反，缪(穆)王日驰千里马，攻徐偃王，大破之。"以此，造父获得周穆王的嘉奖，被赐以赵城(在今山西洪洞)。从此，造父的氏族就改称赵氏。

熊通为争取周天子的承认，可谓煞费苦心。秦国有为王室养马和护送平王东迁之功，熊通没有这种技能和机会，其他诸侯国与周王室有姻亲关系，熊通没有。过去芈族为争取王室封赐，主要靠进贡祭祀用的桃木弓箭和沥酒用的苞茅，现在靠这些东西不行了。芈族受荆蛮连累，地位太低，连朝觐周王的机会都没有。怎样获得周王室的青睐呢? 挖空心思，熊通终于找到了一个两全其美的办法，就是通过汉水

流域与周王室关系最好的随国作中间人，寻找合适的时候，通过随国向周王室提出要求。

熊通非常有耐心，在位的第三十四年，他终于等来了向周王室提出要求的"合适的时候"。这个时机源于周王室与郑国之间的矛盾冲突，周王室伐郑失败，威信下降之际，对楚国求取名号的要求，容易批准。

周郑矛盾的起因，是春秋初郑武公和郑庄公两度做过周平王的卿士，在王朝内有相当大的权力。周平王为了削弱郑在朝的权势，想让郑、虢二卿共同主持朝政，郑庄公因此怨恨平王。为了安慰郑，平王就让王子狐到郑国，郑公子忽到周，互换人质，史称"周郑交质"。周平王去世后，周桓王即位，继续执行平王意图，加大虢公权力。郑庄公知道后，派兵把周王畿温地的麦和成周之地的谷子割去，于是，周王室和郑国关系恶化。公元前707年，周王完全剥夺了郑在朝的权力，郑伯不再朝觐天子。这年秋，矛盾激化为武装冲突，周桓王集结虢、蔡、卫、陈等国的军队伐郑，郑起兵抵抗，双方在繻葛（今河南长葛北）开战。周军大败。周桓王被郑军的箭射中肩膀。繻葛之战后，郑的国势达于极盛，郑庄公实际上成了春秋初期中原地区的霸主。周天子的威信一落千丈，原来尚能维持的"王命"已失去作用，周天子再不是天下的共主了。这时，有诸侯国能够前来朝觐周王就是很大的面子了，这样，熊通向周天子提出要求就有了可乘之机。

繻葛之战的第二年，熊通为逼迫随国为自己效劳，加大了对随国的进攻。汉东诸国，随国为大。汉阳诸姬，随国为首。《左传》桓公六年："楚武王侵随，使薳章求成焉，军于瑕以待之。随人使少师董成。斗伯比言于楚子曰：'吾不得志于汉东也，我则使然。我张吾三军，而被吾甲兵，以武临之，彼则惧而协来谋我，故难间也。汉东之国，随为大，随张，必弃小国。小国离，楚之利也。'"这次伐随的时机选择得很好，熊通接受了先前单纯"伐兵"的教训，实行以"伐谋"佐"伐兵"。他所追求的不是摧毁随国，而是让随国做楚国与周王室的中间

人。因此，行近随都时，熊通命其侄薳章入随都见随侯以"求成"。大军在瑕地等待，向随侯显示楚国的实力和决心。所谓"求成"，即用和平方式解决争端。随侯无奈，命少师随薳章到楚师驻地去"董成"。所谓"董成"，即充当和谈的全权代表。和谈的内容，《史记·楚世家》有所反映。《史记·楚世家》记载："（楚武王）三十五年，楚伐随。随曰：'我无罪。'楚曰：'我蛮夷也。今诸侯皆为叛相侵，或相杀。我有敝甲，欲以观中国之政，请王室尊吾号。'随人为之周，请尊楚，王室不听，还报楚。"

在和谈中，熊通请随国传话给周天子。要求不高，只是"请王室尊吾号"。随侯慑于楚国的兵威，照办不误，派使者去向周天子报告。

"请王室尊吾号"，这是熊通向周王室提出的最低要求。既没有要土地，也没有要祭祀铜器，而是一个空头的"号"。这个"号"，可能是爵位，如同秦国一样，由"子"爵升到"伯"爵，也可能是只承认芈族与荆蛮合并后形成的联合体，如同秦国在平王元年被封为诸侯国一样，同意这个联合体成为诸侯国中的新成员。可以说，这个要求是不过分的。但是周桓王还是毫不犹豫地拒绝了熊通的要求，随侯没有办法，只好将周王室的回答如实向熊通回复。

周桓王的答复在两年后才传达到熊通，此时已是周桓王十六年，公元前704年。熊通的反应是勃然大怒。《史记·楚世家》："（楚武王）三十七年，楚熊通怒曰：'吾先鬻熊，文王之师也，蚤终。成王举我先公，乃以子男田，令居楚，蛮夷皆率服，而王不加位，我自尊耳。'乃自立，为武王。"

熊通有足够的理由发怒。仅仅要求"请王室尊吾号"便遭到拒绝，以前费尽心机地想同周王室搞好关系的良好愿望彻底破灭，逼得熊通不得不重新考虑今后的行动方向。"称王"，是将周代"公侯伯子男"的爵位制一脚踢开，从此可以不再受周王室的约束，放开手脚大干。

熊通称王，时机恰当。马骕《左传事纬》论及熊通称王，是趁周

王室之危：

> 周夷王之世，熊渠僭王，然而寻去其号，是犹知畏天子也。及平王末，蚡冒于是乎启濮，是犹未蚕食诸夏也。武王之立，当王室益衰，诸侯多故，曲沃庶也逼晋，郑伯臣也而抗王，鲁、卫、陈、宋臣弑其君，中国多难，自顾不遑，自是荆蛮之主，侈然不复避中国矣。蔡、郑及邓，密迩长蛇，邓尤逼处，甘为地主。三国震动协谋，《春秋》伤之，曰此楚二百年来猾夏之始事，故谨而书之也。[1]

马骕就熊通称王事大发议论，认为"此楚二百年来猾夏之始事"，是有道理的。

熊通称王，开诸侯僭号称王的先河，一石激起千层浪，引起轩然大波，持续二百年之久。"楚二百年来猾夏之始事"，稍觉抽象，具体说，就是指熊通称王，是春秋时期由尊王攘夷转向争夺霸权持续二百年的起点。从公元前704年熊通称王算起，争夺霸权的战争如果到公元前546年第二次弭兵之会止，有158年，如果到公元前473年越灭吴，有231年，可以概言之"二百年"。

熊通称王，表明楚国与蛮夷有根本的不同。蛮夷对周王朝，只有经济企图，而无政治与文化企图；而楚国对周王朝，主要不是经济企图，而是政治和文化企图。楚国不满意的是自己处于当时天下秩序的边缘，对天下秩序没有话语权。经济上，楚国愿意向周天子纳贡，召陵之盟中，楚国承认不纳贡之过，说明此前楚国就有纳贡义务。但政治上，楚国却有很大的野心。楚国对周王朝的政治、文化野心表现为：进入周朝体系的核心，成为主导者。概言之，楚国的野心不是谋财，而是争霸。楚国这种野心，在熊通之前表现为熊渠三子称王，在熊通

---

[1]　马骕：《左传事纬》，徐连城点校，齐鲁书社1992年，第25页。

之后，又发生了楚庄王问鼎之事，《左传》宣公三年："楚子伐陆浑之戎，遂至于雒，观兵于周疆。定王使王孙满劳楚子。楚子问鼎之大小、轻重焉。对曰：'在德不在鼎……周德虽衰，天命未改。鼎之轻重，未可问也。'"三件事一以贯之，意味着熊通称王的目的与蛮夷不同，就是要争夺天下的主导权（霸权）。

熊通称王，是对"尊王"传统的挑战。西周以来一直有"尊王"的传统。诸侯必须承诺拥护周王室，承认周王室的权威，在大政方针上服从周王室的领导，此即尊王。换成现代的表达则是：地方政府必须服从中央政府。进入春秋，发布命令者不是周初享有崇高威望的文、武、成、康，而是周平王、周桓王，但周王的命令仍然是合法性的来源。这说明周王室是天下的公共权威，是天下的共主，对任何一个国家来说，地方政府服从中央政府的领导，都是必要的。不论一个国家的领域之大小，也不论一个国家政治控制之松紧，地方权力都必须服从中央政府。地方的治权可以很大，但再大也必须在中央政府所规定的框架内。一个国家再小，它也有中央政府，而只要它不想解体，地方权力就必须服从中央政府。如果地方权力可以不服从中央政府的领导，那意味着国家一定解体。熊通称王，表明楚国不服从周王室的领导，从此天下大乱，陷入无序状态，这是导致周王室解体的第一步。

熊通称王，使诸侯国可以堂而皇之以"保卫王室"的名义向楚国发动战争，从此战火连连，小国和百姓遭殃。西周时，诸侯尊王的举措主要表现在几个方面：向周王室尽纳贡等一般义务；遵守周王室颁行的礼制；服从王命；保卫王室。其中以保卫王室最为重要。过去，王室拥有强大的军队，天下秩序由周天子节制，即"礼乐征伐自天子出"。后来，天子手中军队减少，并逐渐丧失威信，但几百年的稳定导致的尊王惯性，使尊王还是能够得到大多数诸侯的认可，一旦有人挑战周王室，一定会有诸侯挺身而出，代替天子维护周朝的秩序，借尊王掌握主导权。争霸的实质是什么？周王朝及众诸侯国乃是一个体

系，周朝的诸侯国具有准国家性质，因而，争霸乃是争夺体系的主导权。《孟子·公孙丑上》："以力假仁者霸，霸必有大国。"大国争霸必须打着正义的旗号，师出有名，也就是"假仁"。很显然，如果大国不打着正义的旗号，则其行为没有合法性，它也无法号召其他诸侯。熊通称王，为这些想主导天下的大国发动战争以称霸提供了靶子，大国何乐而不为？

综上所述，春秋初期熊通开僭号称王之先河，是春秋时期从"尊王"转向称霸，出现旷日持久争霸战争的源头。

第四节　可观的兵力及卓越的军事谋略

楚武王在位 51 年，南征北战，胜多败少，扬威汉东，有两个有利条件，一是有雄厚的兵力，二是有卓越的军事谋略。

楚武王拥有的兵力，在《先楚史》第十六章第五节"楚武王时楚国的人口"中有过介绍。熊通即位后，楚国约有 220 万人口，15 万左右兵力，拥有的兵力非常可观。

公元前 740 年（周平王三十一年、鲁惠公二十九年）熊通夺位前后，中原地区王室动荡，晋国内乱，郑国东扩及内乱，卫国和鲁国先后发生弑君事件，西边秦国初立，地位提高，天下乱纷纷。而南方江汉流域大体稳定，一来周王室通过封地，加强充实"汉阳诸姬"，导致人口不断向江汉流域迁移，二来南方没有大的战乱，吸引"流民"南下，江汉流域人口大幅增加，故熊通夺位后至称王前的 37 年期间，楚国的人口基数又有所增加，因而兵源更加充足，这就使得熊通有底气向周王朝提出"请王室尊吾号"的要求。

公元前 710 年，即熊通称王的前 6 年，也是郑庄公三十四年，《左传》桓公二年记载："蔡侯、郑伯会于邓，始惧楚也。"这是一条值得重视的信号，表明楚国不光兵源充足，而且军队有相当强的战斗力，使

得郑国都感到害怕。要知道郑伯"始惧楚"之后仅3年,即公元前707年,郑庄公三十七年,爆发缙葛之战,郑大败周王室与虢、陈、蔡、卫联军,势力大盛。隔了一年,郑国纠合齐、卫军队攻伐周的盟邑和向邑。原来此二邑是周给郑的,事后背离了郑,郑打败王室,又来夺取,周无力保卫,只能还给郑国,将二邑居民迁走。就在熊通称王的第三年,公元前702年,郑国联合齐、卫侵伐鲁国,在郎(今山东曲阜近郊)开战。次年齐、卫、宋和郑在恶曹会盟。过去宋、卫都是郑的敌国,现在变成了郑的与国,唯郑之命是从,说明这时郑的国势已达极盛,郑庄公实际上成了春秋初期中原地区的霸主。熊通称王前后实际上直接面对郑国这样的霸主,居然能够让郑庄公"始惧",说明熊通确实拥有较强的军事实力。

熊通的军事实力从何而来?拥有充足的兵源,不一定能够拥有强的战斗力。要知道,在芈族与荆蛮合并之前,芈族虽然人数较少,但军队训练有素,讲究战法。荆蛮虽人数较多,但素无有效的训练,自由散漫,散兵游勇,单个人的逞强斗狠可以,有组织的排兵布阵则无从谈起,一到战场,遇见中原诸侯国的战车就傻了眼,这也是自周宣王以来荆蛮屡战屡败的主要原因。熊通的军事才能在于:

第一,重视车兵。

熊通深知,在春秋时代,荆蛮士兵必须成为车兵,才能具备战斗力。

有关熊通训练荆蛮士兵成为合格车兵的具体情况,没有文献可以证实。但是从熊通孙子楚成王时城濮之战前楚令尹子玉严格训练士兵的记载中可以想见:

> 楚子将围宋,使子文治兵于睽,终朝而毕,不戮一人。
> 子玉复治兵于蒍,终日而毕,鞭七人,贯三人耳。[1]

---

[1] 《左传》僖公二十七年。

楚令尹子玉训练士兵，只一天工夫，就鞭打 7 人，有 3 位士兵的耳朵被刺穿，可见训练之残酷。楚武王时是否以这样残酷的方法训练原荆蛮部族士兵，不得而知，但是在称王之前就已经成功地训练出具有战斗力的战车军队，从而使郑国、蔡国"始惧"，是不争的事实。

　　郭德维指出："不论熊渠的军队，还是熊通初年的军队，严格来说，都不能算正规的军队。这种军队和原始社会军事民主时期的军队没有大的区别。实就是氏族中或部落联盟中的成年男子，平时狩猎、采集、搞生产，战时聚拢起来，手持武器，在头领的带领下，一哄而起，一拥而上，很难说有严密的组织，更难说经过了严格的训练。……中原有车兵，也就是有正规军；楚无车兵，也就是无正规军，这是很明显的事实。车兵，必须经过严格的训练、进行严密的组织才能作战，特别是其骨干必须是职业兵，临时征召来是不行的。楚于何时才有一支正规军呢？公元前 706 年，《左传》桓公六年载斗伯比的话说'我张吾三军，而被吾甲兵，以武临之'，可见此时(已是熊通三十五年了)楚已有了车兵。'三军'，是指车兵的左、中、右三军；'甲兵'，是指穿着甲胄的武士。当时，只有车上的武士才穿甲胄，通常称甲士，故车兵又称甲兵。这是楚有甲兵的最早最明确的记载。"①

　　根据《左传》桓公六年的这段记载，熊通在称王之前两年，就已经训练出严格意义上的车兵。在蚡冒以前，楚国只有北方称为"徒兵"而南方有时称为"陵师"的步兵。对付群蛮，只要有精锐的徒兵就可以稳操胜算了；对付诸夏，却非有精锐的车兵不可，否则无异乎以卵击石。楚武王伐随，不可避免地要进行车战，这比起伐庸、伐权来，要难得多。熊通伐随，必须组建一支能在随枣走廊里驰骋的车兵，这非作多年努力不可。《左传》桓公六年记楚武王三十五年时大夫斗伯比对

---

① 郭德维：《论楚武王》，载《楚史·楚文化研究》，湖北人民出版社 2013 年，第 10—11 页。

熊通说"吾不得志于汉东也"，证明楚国在这之前就曾用兵于汉东，未能成功。有可能就是在与随国进行车战的过程中失利，熊通痛定思痛，加紧训练车兵。终于达到"被吾甲兵"即建立车兵的程度，使得随国"惧而修政"。两年之后，《左传》桓公八年又记："楚子伐随，军于淮、汉之间……战于速杞，随师败绩。随侯逸，斗丹获其戎车，与其戎右少师。"这明显是进行的车战，随侯有"戎车"，有"戎右少师"，可见号称"汉阳诸姬"之首的随国，摆出的是"左中右"三军车阵，与楚国大臣斗伯比所称的"张吾（楚国）三军而被吾甲兵"对阵。这场车战，随国被打得一败涂地，楚国车兵的威力，于此可见。此战之后两年，熊通称王。可以说，熊通称王，是建立在强大的车兵基础上的。

楚随速杞之战 16 年之后，公元前 690 年，楚武王五十一年，楚国车兵的战斗力又得到极大的提升。《左传》庄公四年记："令尹斗祁、莫敖屈重除道、梁溠，营军临随。随人惧，行成。"这里，"除道、梁溠"，就是在溠水上面架设桥梁，说明楚国有了为兵车平整道路、架设桥梁的工兵。

本来，随国就是倚仗临近溠水，让天堑阻止楚国的车兵，没有想到楚国的车兵配备了工兵，能够以很快的速度，神不知鬼不觉地在溠水上架起了桥梁，楚国的兵车得以长驱直入，兵临城下，只吓得随人魂飞魄散，赶紧求和。熊通训练出的楚国车兵，战斗力之强，当然令人敬畏。

第二，农闲出兵。

楚武王一生征战，打仗无数，但从来不误农时，除被迫应战外，每次出兵，总选在楚农历正月，也就是农闲之时。《左传》庄公四年："春，王三月。楚武王荆尸，授师孑焉，以伐随。""王三月"就是楚国的正月，正是农闲之时。张君指出："由于春秋中期以前，楚国历代统治者基本上均能恪守正月出兵、不误农时的祖训和传统，加之，随着楚人军事艺术的提高与阵法的日臻完善和多样化，作为'阵法'的'荆尸'也逐渐被淘汰并丧失其含义，至于春秋中期时'荆尸'遂又成为

楚正月的代月名，并单纯地作为代月名传至战国以迄于秦。"①

第三，仪式授兵。

春秋时期，兵器由国家统一管理，到出兵时举行仪式再统一授予士兵。在《周礼·夏官·司弓矢》中，弓矢、弩等兵器都有专职人员掌管："司弓矢：掌六弓、四弩、八矢之法，辨其名物，而掌其守藏与其出入……凡师役、会同，颁弓弩各以其物，从授兵甲之仪。"在遇到战争时，要由有关职官来颁发军器，如司兵要按照军队的编制授兵，战事结束后再将兵器收回。春秋时期授兵的仪式，古书多有记载，《左传》隐公十一年："郑伯将伐许，五月甲辰，授兵于大宫。"《左传》昭公十八年："火之作也，子产授兵登陴。"《左传》记楚武王出兵时亦有授兵举动。《左传》庄公四年："春，王正月。楚武王荆尸，授师孑焉，以伐随。"其中，"授师孑焉"，就是指颁发兵器之时陈列兵器。扬雄《方言》："孑者，戟也。然则楚始于此参用戟为陈。"在颁发兵器前，要将兵器陈列。杨伯峻《春秋左传注》："孑，戟也。孑为戈矛合体之武器，柄前安置刃以刺，旁有横刃可以勾啄，兼有勾与刺两种作用。"②这说明楚武王在出征前曾经举行隆重的授兵仪式，仪式上，以戟为代表的武器排列得整整齐齐，有关官员将兵器授予士兵代表。整个仪式庄严肃穆，极大地鼓舞了士兵的士气。

第四，坐阵诱敌。

楚武王还有一种阵法叫"坐阵"。史载楚武王伐绞国时曾以坐阵诱敌。《左传》桓公十二年记载楚武王四十一年时伐绞，命令军士"坐其北门而覆诸山下"，是采取坐阵同时设伏兵于山下。杜预注："坐犹守也。"蓝永蔚指出："这些用以诱敌的坐阵，其基本结构自然都是圆阵。采用这样的队形，当然是为了保持戒备，以防敌人的突袭。"③

军阵采取坐姿有时是为了减少士兵的恐慌，防止士兵的逃散，维

---

① 张君：《荆尸新探》，《华中师院学报》（哲学社会科学版）1984 年第 5 期。
② 杨伯峻：《春秋左传注》（修订本），中华书局 1990 年，第 163 页。
③ 蓝永蔚：《春秋时期的步兵》，中华书局 1979 年，第 166 页。

持军阵的队形。《尉缭子·兵令上》中说"坐陈所以止也"，坐阵可以用来停止士兵的行动，军阵由动态变为静态，而变为静态的原因可能就是因为军阵中的士兵产生了恐惧并发生了慌乱。《孙膑兵法·十阵》中提到"甲恐则坐"和"甲乱则坐"[①]，所以坐阵还有另外一个功效就是阻止军阵内士兵的恐慌，用坐姿来使士兵安静，以免发生士兵四散奔逃的情况。古罗马韦格蒂乌斯也曾经强调："有一件事应当明确，而且要千方百计地尊奉：在交战之初，第一排和第二排的队伍要岿然不动，后备兵甚至要坐地伫候。"[②]以坐姿迎战，其目的就是求"稳"求"固"，应当像铜墙铁壁一样坚不可摧。

由于坐阵只能用于防守，无法发动及时有效的攻击，所以坐阵给人的感觉是一种消极防御，消极防御可以使敌人产生不会构成威胁的错觉，因此坐阵有时会被用为诱敌之阵。这也是坐阵的另外一种功效。《孙膑兵法·十问》中说道："告之不敢，示之不能，坐拙而待之，以骄其意。"这里的"坐拙"就是以坐阵来对敌。士兵不仅是坐着，而且向敌人展示"拙态"，摆出对敌人漫不经心没有防备的姿态，如此一来敌人必骄，骄兵必败，所以坐阵是一种诱敌之阵。

坐阵是与立阵相对而言的。《尉缭子·兵令上》："坐之兵剑斧，立之兵戟弩。"坐阵和立阵各自使用不同的兵器，坐阵使用"剑""斧"这样的短兵器，而立阵则使用"戟""弩"这样的长兵器和远程攻击兵器。这是因为坐阵中的士兵只能采取跪、坐、伏的姿势，而这三种姿势使用短兵器更加方便。由于坐阵的机动性较差，士兵的作战距离也无法展开太远，更加适合近距离作战，剑和斧在近距离作战中更加灵活。据此可以推测士兵在作战中应该会配备长短两种兵器，在坐阵和立阵攻守转换的时候长短两种兵器也交替更换，以适应战场上的形势变化。

---

① 银雀山汉墓竹简整理小组：《银雀山汉墓竹简·贰》，文物出版社 2010 年，第 189 页。

② [古罗马]弗拉维乌斯·韦格蒂乌斯·雷纳图斯：《兵法简述》，袁坚译，解放军出版社 2006 年，第 108 页。

第五，先礼后兵。

楚武王十分注意战争之前先发动外交攻势，使战争与会盟相结合，先会盟，后战争。具体表现是，先有沈鹿之会，之后才攻打随国。

公元前704年，楚武王三十七年，《左传》桓公八年记："夏，楚子合诸侯于沈鹿。黄、随不会。使薳章让黄。楚子伐随，军于汉、淮之间。"这年夏天，武王邀请若干诸侯到沈鹿（在今湖北钟祥东）会盟，黄、随两国的国君缺席，这就使武王发动战争有了借口。因黄国离沈鹿很远，楚武王只是派薳章专程前往黄国去责备黄君，不再追究。而随国离沈鹿不远，随侯拒不到会，就是藐视楚国，由此，攻打随国名正言顺。楚武王先召开盟会再发动战争的做法十分高明，迫使随国乖乖就范。

同样，熊通称王，也是先礼后兵。熊通非常注意策略，吸取熊渠封三子为王失败的教训，没有贸然行动，先低调通过随国作为中间人向周王室表达"尊吾号"的意愿，避免陡然称王遭到众诸侯国群起而攻之。周王室多次拒绝熊通对起码名号的要求后，熊通才行动升级，由要求"尊吾号"到宣布称王，使得周边诸侯国逐渐适应，予以默认。周天子也被堵住嘴，不能迅速采取行动，只是在若干年之后，由齐桓公前来声讨。齐桓公讨伐楚国，师出无名，只是责问楚国贡品不足及周昭王南征不复之事，未提熊通称王。可见熊通称王，实系精心操作，循序渐进，先礼后兵，水到渠成。

第六，重用谋士。

楚武王功勋卓著，却不是刚愎自用的人。他有一个长处，就是非常善于倾听不同意见，特别是谋士的意见，及时采纳，有效避免了决策失误。例如，楚国的邻国随国，是一个大国，如何对待随国，是一味蛮干硬打，还是有勇有谋，甚至让随国的奸臣为楚国服务，就需要很高明的谋略和智慧。楚国的斗伯比具有这种智慧，深得武王信任。

史载楚武王非常尊重谋士斗伯比，采纳了他妥善接待随国使者少师的建议：

楚武王侵随，使薳章求成焉，军于瑕以待之。随人使少师董成。斗伯比言于楚子曰："吾不得志于汉东也，我则使然。我张吾三军，而被吾甲兵，以武临之，彼则惧而协来谋我，故难间也。汉东之国，随为大，随张，必弃小国。小国离，楚之利也。少师侈，请羸师以张之。"熊率且比曰："季梁在，何益？"斗伯比曰："以为后图，少师得其君。"王毁军而纳少师。少师归，请追楚师，随侯将许之。[①]

楚武王攻打随国，为了迫使随国投降，便将军队驻扎在瑕地，派薳章作谈判代表，随国派出少师作谈判代表，准备到楚国军营中来进行谈判。少师是随国著名的奸臣，怎样对待少师？是威吓他，羞辱他，驱赶他，还是以礼相待，让他为楚所用？斗伯比非常精明地分析了随国的情况，认为如果楚国一味以武力压随国，随国会因为害怕而与汉东的诸小国联合起来对付楚国，如果善待随国，怂恿随国以大国自居，抛弃周边小国，只会对楚国有利。斗伯比还分析随国少师在国内一贯骄奢淫逸，目空一切，建议乘他来楚军营谈判时，用羸弱的老兵守卫，给少师造成楚军不堪一击的假象，使随军轻率追击，容易打败。这时，楚大夫熊率且比担心随国的贤臣季梁会识破这一计谋，斗伯比不慌不忙回答，以后再逐步对付随国的季梁，目前少师正得随侯的宠信，少师完全可以影响随侯，季梁不足为虑。楚武王听了斗伯比的建议，心里有底了，马上将原来安排的用以威吓少师的威武雄壮的卫兵撤走，用弱军接待少师。少师回到随国，果然中计，要求随侯追击楚军。虽然随侯被季梁劝阻，但少师依然能够左右随侯。

过了两年，到了楚武王三十七年，《左传》桓公八年又记：

---

① 《左传》桓公六年。

随少师有宠。楚斗伯比曰：“可矣。仇有衅，不可失也。”夏，楚子合诸侯于沈鹿。黄、随不会。使蒍章让黄。楚子伐随，军于汉、淮之间。季梁请下之，弗许而后战，所以怒我而怠寇也。少师谓随侯曰：“必速战。不然，将失楚师。”随侯御之，望楚师，季梁曰：“楚人上左，君必左，无与王遇。且攻其右，右无良焉，必败。偏败，众乃携矣。”少师曰：“不当王，非敌也。”弗从。战于速杞，随师败绩。随侯逸，斗丹获其戎车，与其戎右少师。秋，随及楚平。楚子将不许，斗伯比曰：“天去其疾矣，随未可克也。”乃盟而还。

一切正如斗伯比所料，少师仗着随侯的宠信，更加飞扬跋扈，随国出现内乱苗头。斗伯比看准时机，对楚武王说，随国无德者受宠，就有了嫌隙，可以再次进攻随国了，机不可失时不再来。楚武王听了，马上行动，大概也是斗伯比建议，楚武王召集诸侯国到沈鹿盟会，大家都去了，唯独随国和黄国没有到会，这一下楚国就有理由了，楚武王一面派出蒍章到黄国，责问黄国为何不到会，同时发兵攻随。楚国的军队浩浩荡荡，驻扎在淮河与汉水之间。随国紧急应对楚国的进攻，贤臣季梁与奸臣少师发生争执，季梁主张拒绝楚国的一切谈判，借以激怒士兵，再与楚决战，少师却主张速战速决。随侯在战车上遥望楚军，没有主张。两军逼近，季梁建议进攻楚较薄弱的右军，避免与战斗力最强的楚王所在的左军作战。少师反对，坚持与楚王正面交锋。结果，在速杞之地两军大战，随国大败。随侯侥幸逃脱，少师被俘。这时随侯求和，楚武王想拒绝，一鼓作气灭掉随国，斗伯比劝楚武王说：“少师被俘，是老天爷帮助随国除掉了祸害，随国不是短期能灭掉的，还是应接受随国的求和。”楚武王又听从斗伯比的意见，同随国结盟后，楚国大军凯旋而还。

《左传》以上的两段记载，一方面充分说明了斗伯比有过人的谋略，另一方面更说明楚武王从谏如流，善于听取谋士的意见，及时采

纳，从而总是取得胜利。

第七，军纪严明。

楚武王能够战无不胜攻无不克，原因之一在于治军严格，赏罚分明。其中，从楚武王起，楚国败军之将必须自杀谢罪，成为楚国的传统。典型的事例发生在楚武王四十二年时，楚军败于罗与卢戎两军的意外夹击，主帅莫敖屈瑕不得不自杀。《左传》桓公十三年记：

> 十三年春，楚屈瑕伐罗……及鄢，乱次以济。遂无次，且不设备。及罗，罗与卢戎两军之。大败之。莫敖缢于荒谷，群帅囚于冶父以听刑。楚子曰："孤之罪也。"皆免之。

楚莫敖屈瑕讨伐罗国，过于轻敌，在全军渡过鄢水时，秩序混乱，缺少必要的戒备，到达罗国的时候，没有防备罗国暗中联络卢戎，突然两军夹击，致使楚军大败。屈瑕作为败军之将，在荒谷之地上吊自杀，其他的将领也都自觉地自囚于冶父，听候处分。楚武王说，这次失利，都是我的责任，赦免了大家。莫敖之职，春秋初期位高权重，由屈瑕自杀开头，以后楚国的败军之将，都是自杀身亡，成为楚国的特有传统。这个传统，促使楚国军事将领率兵作战不得不小心谨慎，避免不必要的失误，同时也确保了楚国王权的巩固。

第五节　以武立国与荆尸阵法

春秋初期，诸侯国之间进行战争，多为车战，必须讲究排兵布阵。《诗·大雅·常武》："左右陈行。"其中"左右"为左军与右军，二军皆结成军阵而行进。

克劳塞维茨曾说过："古代各民族是在没有任何障碍的开阔的战场上进行战斗的，这是一切部署的根据，因此当时的全部军事艺术都

表现在军队的部署和编组上，也就是表现在战斗队形上。"①"开阔的战场"成为军阵部署以及展开的必要条件。春秋时期的战争，大部分都是在完成军队的部署和编组之后展开的，这种军队的部署和兵力的编组，就称之为"阵"，"阵而后战"也成为当时一种主要的战斗形式。

战前布阵在《左传》中常有记载，如"晋师陈于莘北"(《左传》僖公二十八年)"既陈，以其属驰秦师"(《左传》文公二年)"郑陈而不整，蛮军而不陈"(《左传》成公十六年)，等等。所提到的"陈"古同"阵"，即"布阵"之意。因此在春秋时期，战前布阵是较为常见的。金大伟指出：战前布阵的目的就是对持有不同冷兵器的兵力进行合理的配备，长短结合，前后掩护，在保护自身的同时，将对敌人的进攻力发挥到最高程度。②

战前布阵包括车阵。赵旭腾指出："最早的阵法正是由战车组成的。先秦时期以车为主的战争，使得兵阵离不开车。"③车阵的威力是非常惊人的。根据《战国策》记载，齐国的战车有"疾如锥矢，战如雷电，解如风雨"之誉。而根据《六韬》的记载，在平地作战时，一辆战车相当于10名骑兵、80名步兵，百辆战车能发挥近万人的战斗力。在险阻之地时，只要运用得当，一辆战车也能发挥相当于6名骑兵、40名步兵的战斗力。《史记》描述商汤周武王"汤武之士不过三千，车不过三百乘"，"戎车三百乘，虎贲三千人"。此外，还有附属于车的徒兵，这些徒兵地位较甲士低，多由平民和奴隶充任。军队在战斗时，只有车兵、徒步甲士与步卒达到协同一致才能发挥出战斗力。在这种条件下，车战一开始就采取了非常简单的战斗形式，也就是冲锋，战车在前，凭借冲击力冲击敌军，同时车左持弓射击，徒步甲士与步卒

① ［德］卡尔·冯·克劳塞维茨著，中国人民解放军军事科学院译：《战争论》，解放军出版社2008年，第267页。
② 金大伟：《春秋军阵研究》，中国社会科学出版社2016年，第11页。
③ 赵旭腾：《中国古兵阵》，人民出版社2022年，第69页。

在后推进，两军一经交锋，阵形即乱，因为战车并不是很灵活。战阵在交战后难以重新排列，因此这一次冲锋就可以决定战斗的胜负，这就要求车阵的结构一定要稳定，结构越稳定，冲击力越强的一方，取胜机会越大。因此，这一时期的战斗时间显得非常短。

以战车布阵取得胜利的典型之战是周取代商的牧野之战。《逸周书·克殷解》的记载为"周车三百五十乘，陈于牧野"；而商军这边也是严阵以待，"殷商之旅，其会如林"（《诗经·大雅·大明》），周武王"以虎贲、戎车驰商师，商师大崩"。显然，这就是以车阵冲锋的形式进攻商军。尽管文献没有直接记载周武王所采取的阵形，但从《诗经·大雅·大明》"牧野洋洋，檀车煌煌，驷騵彭彭。维师尚父，时维鹰扬。凉彼武王，肆伐大商，会朝清明"的记载来看，很有可能采取了"人"字形的冲锋阵形，也就是"雁行之阵"。古人很早就注意到了大雁飞行的阵形，也就是"人"字形。春秋末期的思想家墨子更是声称距其一千多年前的商汤伐夏就是用的"雁行之阵"。据《墨子·明鬼下》记载："汤以车九两，鸟陈雁行。汤乘大赞，犯遂下众。"这里说的就是商汤将战车布成雁行之阵，进攻夏军的事。墨子距离商汤年代久远，商汤伐夏未必用的就是"雁行之阵"，但也可以看出，在墨子的时代，"雁行之阵"已经是一种比较常见的阵法。

古人为何选择"人"字形的"雁行阵"，古代兵书为我们提供了答案，《孙膑兵法》："雁行之阵者，所以接射也。"《武经总要》："雁行前锐后张，延斜而行，便于左右，利于周旋。"综合起来，就是雁行之阵有利于集中射击，而且具备左右兼顾、利于掩护周旋的特点。这在先秦时代以车战为主的战斗中具有非常大的优势。先秦时期的车战，是以战车为主、步兵为辅的兵种搭配，在商周时期，多采取战车在前，步兵在后的队列形式。将军队排成雁行之阵后，战车在前呈"人"字形排列，每辆战车的前进、周转、射击都不会受到前车的影响，不仅能保证冲击力（人字形保证了冲击的锋锐），同时在接战时，战车上的射手视野开阔，可以充分发挥战车的威力，在此基础上，"雁行阵"的前

后左右都能相互支援掩护，在以正面冲击为主要作战方式的商周时期，其优势是非常明显的。楚武王就是看到了车战列阵的威力，从而非常重视建立车兵，积极训练士卒，练习布阵。

史载楚武王善于排兵布阵。先是《左传》桓公六年载楚武王三十五年时宣称"我张吾三军而被甲兵"，此时楚武王军队编制是三军，三军呈品字形推进，排的是"三阵"。《左传》庄公四年又载楚武王五十一年"楚武王荆尸，授师孑焉，以伐随"。对于其中的"荆尸"二字，历来有阵法和月名两种解释。李学勤认为，"荆尸"既是月名又是阵法。他说："庄公四年传杜注释'荆尸'为陈兵之法还是不中不远的。这么说，是否《左传》的'荆尸'同楚月名全不相干呢？我认为不是的。楚月名各个的涵义，我们还不清楚，似若与各月行事，或者历史上一定事件有关。'荆尸'之月可能宜于征召兵员，也可能过去曾在该月有一次著名的举兵之事，后来楚月名的'刑夷'还是由春秋时的'荆尸'而来。"[①]这里，我们对"荆尸"的两种含义中，主要取阵法之义。

"荆尸"阵法的具体内容，无论是《春秋》《左传》还是《国语》《战国策》，这些先秦史书的记事重点都不是兵阵，只有只鳞片羽的记载，后代兵书的作者则根据这些零星的记载，结合当时的军阵，力图将其复原，虽然不能说是百分之百的还原，却也颇具先秦阵法的精髓。根据明代人的"考证"，楚武王的"荆尸阵"，其编制不同于周制"两二十五人，卒百人，旅五百人，师二千五百人，军万二千五百人"（《周礼·地官·小司徒》郑玄注），而通常是以五十人为两，百人为卒。因为当时楚国的地形多山泽而少平地，因此楚军之中，一辆战车对应的人较多，楚军以十五乘战车为一偏，每乘战车后跟一百五十人。"荆尸阵"分为三军，上军、中军与下军均为方阵。其中上军和下军分列左右，位居阵前。中军为大将亲自指挥，位居中央，又别置左右二广作为亲军，位居中军左右。每广各有一偏的编制，即十五乘战车和附属

---

① 李学勤：《〈左传〉"荆尸"与楚月名》，《文献》2004年第2期。

的士兵。在中军之后，还有一支预备部队，被称为游阙。（见图 1-2：明代复原的"楚荆尸阵图"）

《左传》庄公四年所记楚武王排的是荆尸之阵，此阵是"五阵"。陈恩林指出，《左传》宣公十二年讲楚行军阵法："军行，右辕，左追蓐，前茅虑无，中权后劲。百官象物而动，军政不戒而备，能用典矣。"就是标准的"荆尸"之阵，是一个由开路的先锋军，保护兵车的右军，搜寻粮草的左军，主力中军和殿后的精兵组成的"五阵"。[①]

楚武王的荆尸阵形与齐国的军阵相似。《左传》襄公二十三年记齐国讨伐卫国："秋，齐侯伐卫。先驱，谷荣御王孙挥，召扬为右；申驱，成秩御莒恒，申鲜虞之傅挚为右。曹开御戎，晏父戎为右。贰广，上之登御邢公，卢蒲癸为右；启，牢成御襄罢师，狼蘧疏为右。胠，商子车御侯朝，桓跳为右；大殿，商子游御夏之御寇，崔如为右；烛庸之越驷乘。自卫将遂伐晋。"齐国出兵的阵容是"先驱、申驱、贰广、启、胠、大殿"。这里，"先驱"杜注"前锋军"，"申驱"杜注"次前军"，"贰广"杜注"公副车"，"启"杜注"左翼曰启"，"胠"杜注"右翼为胠"，"大殿"杜注"后军"。[②] 可见楚国的荆尸阵与齐国的"先驱、申驱、贰广、启、胠、大殿"之阵，同属"五阵"，说明"五阵"为春秋时期诸侯国通用。

楚武王荆尸阵的"五阵"阵形，在秦兵马俑军阵能够得到部分印证。刘德增对四号坑没有兵马俑军阵的情况作出分析，认为四号坑其实就是左军阵，之所以没有成形，是因为秦末农民起义扰乱并打断了四号坑的建设进程。他猜测当时应该有计划建造五号坑以为后军阵，所以秦始皇陵兵马俑军阵本应具备前、后、左、中、右五个军阵。[③]

楚国的荆尸阵的"五阵"阵形与古罗马的行军阵形有一定共通之处。韦格蒂乌斯在《兵法简述》中曾经这样描述古罗马的行军阵形：

① 陈恩林：《先秦军事制度研究》，吉林文史出版社 1991 年，第 126 页。
② 参见杨伯峻：《春秋左传注》（修订本），中华书局 1990 年，第 1076 页。
③ 刘德增：《秦始皇陵兵马俑军阵实即八阵中的方阵》，《文博》1994 年第 6 期。

"先头部队最好是骑兵，步兵尾随其后；辎重、驮兽、辎重兵和车马居中央位置，再配置一部分骑兵和步兵殿后，准备击退来袭之敌。"①从其中所绘的行军队形图来看，也是由前卫、主力、左右翼侧和后卫五个部分组成，这五个部分的功能与荆尸阵中的"右辕，左追蓐，前茅虑无，中权，后劲"类似，如前卫的职能是察看前方的地形，探明前后左右的整个地势，要躲开敌人可能设伏的地块。"这与荆尸阵中'前茅虑无'的职责是相似的。"②

第六节　灭权设县，首创中国县制

从楚所处的地缘关系来看，楚国附近有权国；北边过蛮河，则有罗、卢戎二国；在卢戎北面，汉水北岸有邓国；东边过汉水，则有郧、轸等；随枣走廊有曾、厉、贰等；西边隔着荆山山脉，在南河流域有谷国，堵河流域有庸国，三峡地区有夔国。因此，就对楚国的威胁而言，无疑以同处汉西的权、罗、卢三国威胁最大，而三国之中，又以权国的威胁为最。于是，楚武王的开疆拓土从灭权开始。

据《左传》庄公十八年记载："初，楚武王克权，使斗缗尹之。以叛，围而杀之。迁权于那处，使阎敖尹之。"权国是商代中期以后南迁的殷人建立的，国土虽不广，国力却不弱。熊通灭权国，置权县，表明楚国已从汉江流域向南扩展。楚武王灭权后，曾任命斗缗进行管理，结果斗缗据权而叛乱，楚武王平定叛乱后，将权国民众迁居到那处，又任命阎敖进行管理。那处，当位于当时楚国的核心区域之内，在楚人的严密控制之下。杜预注："南郡编县故城东南有那口城。"编县见于《汉书·地理志》，但不见于张家山汉简、松柏汉牍、秦汉封泥等出

---

① ［古罗马］弗拉维乌斯·韦格蒂乌斯·雷纳图斯著：《兵法简述》，袁坚译，解放军出版社 2006 年，第 139 页。

② 金大伟：《春秋军阵研究》，中国社会科学出版社 2016 年，第 3 页。

土文献，当是西汉较晚设置的县。据谭其骧主编《中国历史地图集》考察，编县位于荆门市西北与南漳县交界一带①，则那处当在编县东南不远。

灭掉权国，不仅有利于楚人巩固自己的后方，更有利于楚人进据沮漳河流域。从目前学术界对沮漳河流域的考古研究成果来看，普遍认为从西周晚期开始，楚人就进入了沮漳河流域。沮漳河流域的西周晚期的文化遗存与襄宜平原的真武山文化遗存在文化面貌上更为接近，二者的陶系、器类基本相同，器物形制也很类似，而且此类遗存与东周时期的楚文化遗存是一脉相承的。因此，有学者根据中心位置理论模式，比较了汉水中上游山地区、襄宜平原及随枣走廊区、沮漳河及江汉平原区和峡江地区的文化遗址分布数量和规模，认为西周晚期以后的楚文化中心是在沮漳河流域。②确实，权国的灭亡，无疑加速了楚人开发沮、漳、江、汉的步伐，使得沮漳河与江汉平原成为楚国的经济、文化中心，为楚国的迅速发展和开疆拓土奠定了坚实的基础。

楚武王对于楚国乃至中国有一大贡献，就是灭权后建立了权县，首创了县制。

先秦最早设立的县是权县。《左传》庄公十八年：“初，楚武王克权，使斗缗尹之。以叛，围而杀之。迁权于那处，使阎敖尹之。”楚国县的长官称为公，这是就其官爵而言，称尹则是就其官职而言。顾颉刚说：“在这段文字里，虽没有说明灭权以为县，但他设置‘尹’的官，和此后楚的‘县尹’一样，则实是建立权县的证明。这是从《左传》记载中找寻出来的第一个县。”③顾德融、朱顺龙指出：“公原为西周分封诸侯的称号，楚为抬高自己的地位，自称为王，故把所灭之国改置县，

① 谭其骧主编《中国历史地图集》第二册，中国地图出版社 1982 年，图 22-23。
② 笪浩波：《由楚文化遗存的分布特点看早期楚文化的中心区域》，《华夏考古》2010 年第 1 期。
③ 顾颉刚：《春秋时代的县》，《禹贡》半月刊卷七，第六、七期合刊。

县的长官称为公，以此相比原来周天子所分封的公侯。……楚国县官的地位，仅次于令尹和司马。楚县尹可直升为司马……县尹权力极大，可直接握有重兵，有直接的征兵权和征税权，在战时还可以将中军。"①由此，可见楚国的县，通过对县尹的任命由国君直接控制。

楚武王调动大军攻打权国，克权后设置权县。杨伯峻《春秋左传注》："权，国名。据《新唐书·宰相世系表》，为子姓，商王武丁之后裔，今湖北省当阳县东南有权城。"②权的故地在今湖北当阳市东③，其公族为子姓，是商代中期以后南迁的殷人。国土虽不广，国力却不弱。楚人从熊渠到蚡冒都未能把它击灭，直到熊通才实现了先君的夙愿。

县名之始，当推楚国，顾颉刚认为，权不仅是楚国最早的县，而且也是"春秋第一个县"。④ 顾氏的观点在史学界达成共识。

楚武王克权置县，确立县制，并非一帆风顺，是两任县尹、两代楚王探路的结果。《左传》庄公十八年有两条记载与权县县尹有关。

一是《左传》庄公十八年："初，楚武王克权，使斗缗尹之。以叛，围而杀之。迁权于那处，使阎敖尹之。"在灭掉权国后，如何就地管理权国旧有君、臣和平民，是熊通面临的大难题。在此之前，周王室灭商后对商遗民采用的是"分封"的办法，将灭国旧地封给商旧贵族，同时部分土地赐给周王室的亲戚作为封地，监督商旧贵族，不料事与愿违，发生商旧贵族与周新贵串通一气谋反的"三监之乱"，而直接分封给周贵族的商旧地，由于实行世袭制，时间一长，都与周王室离心离德，不仅荒怠朝觐贡赋，而且还互相攻杀，或者内乱不止，严重动摇了王室的统治。楚武王权衡分封利弊，决定摒弃分封，采取一

---

① 顾德融、朱顺龙：《春秋史》，上海人民出版社 2001 年，第 279—280 页。

② 杨伯峻：《春秋左传注》(修订本)，中华书局 1990 年，第 208 页。

③ 详见拙著《先楚史》第十一章第四节。程涛平：《先楚史》，武汉出版社 2019 年，第 983—988 页。

④ 顾颉刚：《春秋时代的县》，《禹贡》半月刊卷七，第六、七期合刊。

种可以直接控制灭国国土的办法，将灭国之地的原君臣和移民以及全部土地交官员管理，临时任命，赋予权限，随时撤换，杜绝世袭。楚武王将这种土地称之为"县"，意即"悬"在很远地方的土地。"县（縣）"字在古文字中象断首倒悬之形，其初意是悬挂，借用为县鄙的县，指系悬于远离国君的行政区域。楚武王将权国旧贵族及土地全部交给斗缗管理，任命斗缗为县尹，由此开了春秋置县之先河。不料斗缗与权国旧贵族暗中勾结举事叛楚，楚武王不得不镇压，杀掉斗缗，第一任由楚王直接任命的县尹就此完结。这时，县制是否继续推行？楚武王颇费踌躇，思来想去，觉得设县的方向没错，关键是县的官员要选可靠的人，于是楚武王又"迁权于那处，使阎敖尹之"，即将权人迁往那处，并于那处设县，任命阎敖为第二任县尹来管理权人。这里所迁之"权"，当指权国的旧贵族和部分平民，而权地的大多数平民仍当留于权国故地，不将他们全部迁走，使权故地成为无人区。这一次，在那处的权县很稳定，但好事多磨，楚武王去世之后，由权县开创的县制又经受了一次大的考验。

二是《左传》庄公十八年："及文王即位，与巴人伐申而惊其师。巴人叛楚而伐那处，取之，遂门于楚。阎敖游涌而逸。楚子杀之，其族为乱。"权县遭到巴人叛楚的袭击，并被巴人占领，本来管理权县的县尹阎敖，没有很好地组织迎战，保卫权县，而是吓破了胆，通过水路仓促出逃，致使权县轻易被巴人占领。事后，楚文王追查原因，不得不将阎敖杀死。谁知阎敖的族人不服，认为阎敖作为县尹，逃走实出无奈，被杀是无辜的。阎敖族人愤愤不平，以致发生骚乱。

尽管楚国设立的权县因两任县尹的被杀而一波三折，此后楚文王仍然坚持将灭国移民置县，并将其作为楚国的一项基本国策确定下来。以后历代楚君，将楚武王设县的这一创举继承下来，发扬光大，成为楚国建立地方政权的一大特色。

楚武王设县，晋齐随之也设县，但它们设县的途径因国而异："楚县是灭国并土的产物；晋县多是灭族分邑的产物，也有少数是在

69

扩张的国土上建立的；齐县则最初是行政区域体制改革的产物。"①

楚国之所以把灭亡的国家改建为县，直属于中央，目的之一在于加强边防。在灭国为县后，为了加强边境的防御力量，楚国陆陆续续把边境上被灭之国原有重要的"都"也改置为县，使其成为分布在楚边境的直属于中央的军事重镇。吸取权县遭到巴人进攻并一度被占领的教训，楚国以后采取了防范措施："楚县内自建军队，称县师。县师给养自理，并可在县内配田。"②

县之始设，自楚武王始，史家已有定论。清人洪亮吉说："《秦本纪》孝公十二年并诸小乡聚集为大县，县一令，凡四十一县。……然其制实自楚创始之。……盖春秋时已有改封建为郡县之势，创始于楚而秦与晋继之。至战国而大邑无不为县矣。"③

秦国设县比楚国略晚。秦武公"伐邦、冀戎，初县之"（《史记·秦本纪》）。事在楚武王克权之后。时为公元前688年，楚武王去世两年之后。明代董说在《七国考》中认为："楚灭陈为县，见《史记》，县名始此，非始于秦也。"④虽然董说认为楚县始于陈不够准确，但指楚县早于秦国却是正确的。

林剑鸣认为楚县晚于秦县：说斗缗这个"尹"是县的长官"未免太武断"，"因此，有明确记载的最早的县，出现于秦而不在楚"。⑤张正明驳斥说："斗缗所'尹'的权位于楚国南鄙，是由一个小国改制而成的一级地方政权。楚国一级地方政权的长官，实称之则为尹，敬称之则为公，即县尹或县公。当时，在楚国的地方政权中，除县尹外，别

① 顾久幸：《春秋楚、晋、齐三国县制的比较》，载《楚文化觅踪》，中州古籍出版社1986年，第216页。
② 顾德融、朱顺龙：《春秋史》，上海人民出版社2001年，第280页。
③ 洪亮吉：《春秋时以大邑为县始于楚论》，载《洪北江诗文集》，商务印书馆1935年，第987—988页。
④ 董说：《七国考》卷十四《楚琐征》，载缪文远《七国考订补》，上海古籍出版社1987年，第755页。
⑤ 林剑鸣：《秦史稿》，上海人民出版社1981年，第54页。

无他尹。所以，斗缗这个尹必然是县尹，而且只能是县尹，合乎事理的推论不得谓之武断。秦国在公元前 688 年始设邽县和冀县，时为楚文王二年，即楚武王逝去已约两年，权县已存在多年了。"①

阴法鲁主编的《中国古代文化史》一书认为："县是我国最早出现的行政区划单位名称，始于春秋初期，最初设县在边地，带有国防作用，据现有文献记载，最早设县的是西方大国秦。"②但是，有关秦国设县的记载全部出自《史记》，《左传》中没有秦国设县的记载。《史记·秦本纪》记秦武公十年，"伐邽、冀戎，初县之"。又十一年，"初县杜、郑"。《史记》所述，本于《秦记》，故秦县的原始面貌，因载籍不详，无法确知。童书业指出："《秦本纪》载武公所立县，或即'县鄙'之意，以春秋时秦国尚甚落后，未必能有县制。《史记·秦本纪》及《商君传》载商鞅变法，始'并诸小乡聚，集为大县'。"③顾德融、朱顺龙指出："据秦国制度，在商鞅变法之前，落后于中原甚远。因此，它的县制，据估计可能如《周礼》所记的'都鄙'之县，在性质上也没有中原先进。"④

晋国设县是否早于楚国？杨宽《战国史》称："春秋初期秦、晋、楚等大国为了加强中央集权，加强边地防守力量，往往把新兼并得来的小国改建为县，不用作为卿大夫的封邑。到春秋中期，楚国新设的县已逐渐多起来。"⑤

李孟存、李尚师大胆提出晋国设县早至周宣王时："如果把晋穆侯七年(前 805 年)伐条戎、占条地，伐千亩、败戎狄，派员防守，看作晋灭国置县之始，那它置县的时间则大大提前。"⑥晋穆侯七年时在

① 张正明：《秦与楚》，华中师范大学出版社 2007 年，第 61 页。
② 阴法鲁、许树安主编《中国古代文化史(一)》，北京大学出版社 1989 年，第 296 页。
③ 童书业：《春秋左传研究》，上海人民出版社 1980 年，第 185 页。
④ 顾德融、朱顺龙：《春秋史》，上海人民出版社 2001 年，第 282 页。
⑤ 杨宽：《战国史》，上海人民出版社 2019 年，第 245 页。
⑥ 李孟存、李尚师：《晋国史》，三晋出版社 2015 年，第 269 页。

西周晚期的公元前 805 年，周宣王二十三年，时值芈族熊徇十七年，大大早于楚武王。但是说晋穆侯"派员防守"，究竟派的是何人，姓甚名谁，有何头衔，是否设尹治理，或者有其他称呼，一概不明。这里，最关键的前提是晋国既然在条地设县，条地是否为晋国占有？

条地史籍有载。《史记·晋世家》："（晋穆侯）七年，伐条，生太子仇。十年，伐千亩，有功。生少子，名曰成师。"《左传》桓公二年："初，晋穆侯之夫人姜氏以条之役生大子，命之曰仇。"《竹书纪年》："王师及晋师伐条戎、奔戎。"《后汉书·西羌传》："后五年，王伐条戎、奔戎，王师败绩。"顾栋高指出："旧以直隶河间府景州有古条为晋条地，汉周亚夫所封。今按其地太远，穆侯时疆土疑不到此。"①马保春《晋国历史地理研究》在"条地"的注解中通过分析，令人信服地指出："晋穆侯伐条，是否占有了条地，仅凭文献记载，还很难确定，因为此一役晋人或败，因而命大子曰仇，《左传》桓公二年杜注：'意取于战相仇怨。'既败则或不有其地。"②既然条地未被晋国占领，晋国在此设县云云也就是子虚乌有。

文献记载晋国设县最早在公元前 661 年，晚于楚国。《左传》闵公元年："晋侯作二军……以灭耿、灭霍、灭魏……赐赵夙耿，赐毕万魏，以为大夫。"这里虽未明言设县，但实际相当于县。这时已是楚武王的孙子楚成王十一年的事情了。

晋国设县的初衷与楚国不同。春秋初期，晋国疆域不断开拓，征服土地忽得忽失极不稳定，晋君的出发点是把这种土地赏赐给在战争中立了功的将领，发挥臣下的积极性，固守既得的领地，使之逐步稳定化，因此，晋县不可避免地实行世袭制，仍形同采邑，作为赏赐臣下的一个单位。《左传》僖公三十三年："以再命命先茅之县赏胥臣。"《左传》宣公十五年："亦赏士伯以瓜衍之县。"邹昌林指出："晋国有

①　顾栋高：《春秋大事表》，中华书局 1993 年，第 801 页。
②　马保春：《晋国历史地理研究》，文物出版社 2007 年，第 185 页。

的地方虽设县，但还明显看得出采邑的特点。比如，南阳地区的温、原，从文公起就设县。但是，这两县又常和食邑混称。如其中温数易其主，时称县，时又称邑。"①

除秦国、晋国外，其他诸侯国也有在春秋早期实行县制的。齐国设县的年代大致与秦国设县相距不远，在管仲向齐桓公提出的内政改革计划中，就有"三乡为县，县有县帅；十县为属，属有大夫"。(《国语·齐语》)春秋后期，吴国也实行了类似晋国封邑性质的县制，《史记·吴太伯世家》记"吴予庆封朱方之县，以为奉邑"。"可见当时吴国也有了县，但创自何时则不得而知。"②

春秋时期各国实行的县制，是对周王室分封制度的否定，是时代进步的体现。由楚武王开设县之先河，说明楚国自武王建国，在治理楚国的道路上别具一格，独树一帜，为楚国后来的繁荣昌盛奠定了坚实的基础，意义重大。

第七节　楚宗族的形成及蓬氏、芳氏概况

周人在立国之初，创设出一套以嫡长子继承为基础的分封子弟之制。如王国维《殷周制度论》所说：

> 周人即立嫡长，则天位素定，其余嫡子、庶子，皆视其贵贱贤否，畴以国邑。开国之初，建兄弟之国十五，姬姓之国四十，大抵在邦畿之外；后王之子弟，亦皆使食畿内之邑……而天子诸侯君臣之分，亦由是而确定者也。③

① 邹昌林：《晋国土地制度》，社会科学文献出版社 2014 年，第 79 页。
② 顾久幸：《春秋楚、晋、齐三国县制的比较》，载《楚文化觅踪》，中州古籍出版社 1986 年，第 216 页。
③ 王国维：《观堂集林(外二种)》，河北教育出版社 2003 年，第 238 页。

周初以降，这一分封制度得以普遍推行。以周公旦之子为例，长子伯禽受封于鲁，次子君陈则继承周公的王朝职位和畿内采邑，辅佐周天子。《礼记·檀弓上》孔颖达《正义》引郑玄《诗谱》说："（周公）元子伯禽封鲁，次子君陈世守采地。"司马贞《索隐》也说："周公元子就封于鲁，次子留相王室，代为周公。"矢令尊（《集成》06016）、矢令方彝（《集成》09901）铭文有周公之子明保任职、辅佐周室的记录，陈梦家认为明保即君陈。与周公长子、次子分别封国畿外、食邑畿内类似者，还有虢国与虢氏、燕国与召氏、芮国与芮氏、虞国与虞氏等。可以想见，嫡长子封国、次子辅佐周室，是西周分封诸侯子弟的普遍做法。

东周时期，诸侯政事，在于大夫，那些累代守土相传的世家大族，就成为当时社会之重心。楚国宗族的历史脉络相当复杂，其宗族结构、宗族分布、宗族政策等，在各阶段呈现出较强的时代特点。由于宗族结构、政策等方面的差异，东周时期楚国宗族的历史过程非常复杂。

楚国分封同姓子弟，至迟不晚于西周晚期。楚国自"若敖、蚡冒至于武、文，土不过同"（《左传》昭公二十三年），故当时楚宗室规模不可能很大。

蔿氏是起源甚早的楚国宗族，但直到楚君季纮（前821—前800年）时期才见诸史册。① 蔿氏之得氏，可能因"远仲"（亦是部族名称）之名，也可能因远仲及其后人的居地或封邑。从支持叔熊复国的举动判断，《国语·郑语》所见的"蔿氏"当非后人追称，而是已经命氏立族的实况。支持叔熊争政失败后，蔿氏大概遭到沉重打击②，此后很长一段时间不见踪迹，直到武王（前740—前690年）时期，才又出现

<hr>

① 《国语·郑语》"桓公为司徒"章，史伯答郑桓公之语："夫荆子熊严生子四人：伯霜、仲雪、叔熊、季纮。叔熊逃难于濮而蛮，季纮是立，蔿氏将起之，祸又不克。"

② 张君：《楚国斗、成、蔿、屈四族先世考》，载《楚文化觅踪》，中州古籍出版社1986年，第181页。

蓮氏。《左传》桓公六年(前706年)载"楚武王侵随，使蓮章求成焉"。鲁桓公九年，邓人杀死楚、巴之间的使者，"楚子使蓮章让于邓，邓人弗受"。从以"蓮"为氏看，蓮章应是《郑语》所见"蓮氏"的后裔。过去或称蓮章是蓮氏先祖、蚡冒之子，大概只是因武王时出现蓮章其人做出的揣测之词。

出土文物证实了蓮氏家族的存在。1978年、1979年和1990年，考古工作者在河南淅川下寺、和尚岭和徐家岭先后发掘一批东周楚墓，出土大量有铭铜器。铭文资料显示，三处墓地均与楚国蓮氏宗族有关。《淅川下寺春秋墓》出版后，相继有学者对蓮氏的族源、氏称、世系等进行研究，提出不少富有启发的见解。此后，《淅川和尚岭与徐家岭楚墓》《河南淅川县徐家岭11号楚墓》及清华简《楚居》等陆续刊布，为全面研究蓮氏宗族提供了更多资料。涉及蓮氏的古文字材料，上起春秋中期，下至战国中晚期，基本没有长段缺环。

学界较一致的看法是，淅川下寺墓地是楚蓮氏的族墓地。① 该墓地共出土9件标示族氏来源的"楚叔之孙"铜器，器主分别是以邓和佣。贾连敏通过考释铭文，讨论了淅川和尚岭与徐家岭楚墓的墓主："在淅川和尚岭、徐家岭已发掘的12座楚墓中，出土了蓮子受、蓮子孟青妳、蓮子辛、蓮子昃等蓮氏贵族青铜器，在距和尚岭楚墓群仅400米的下寺楚墓群中，也发现了7件蓮氏有铭铜器，这充分说明这一带是蓮氏家族墓地。"② 后发掘的M11与M10相距仅6米，南北并列，发掘者认为，M11与M10关系密切，时代相同，为战国早期墓，

---

① 可以参阅的论文有李零：《"楚叔之孙佣"究竟是谁——河南淅川下寺二号墓之墓主和年代问题的讨论》，《中原文物》1981年第4期；李零：《化子瑚与淅川楚墓》，《文物天地》1993年第6期；李零：《再论淅川下寺楚墓——读〈淅川下寺楚墓〉》，《文物》1996年第1期。

② 贾连敏：《淅川和尚岭、徐家岭楚墓铜器铭文简释》，载《淅川和尚岭与徐家岭楚墓》，大象出版社2004年，第363页。

墓主为蒍夫人，即所出有铭小口鼎的器主。①

江苏吴县何山东周墓也出土过一件"楚叔之孙"盉。为便于讨论，择其铭文分录如下：

> 隹正月初吉丁亥，楚叔之孙以邓，择其吉金，铸其䵼鼎，永宝用之。
>
> 楚叔之孙倗之饮盨。
>
> 楚叔之孙途为之盉。

三则铭文分别见于下寺 M8 之 8 号鼎、下寺 M1 之 65、66 号鼎及吴县何山东周墓途为盉。何山东周墓简报认为，该墓葬是吴墓，墓中器物分属楚、吴，楚器很可能是公元前 506 年吴伐楚所获，器形与下寺器物相似，大致可信。②

三则铭文都提到"楚叔"，故确定"楚叔"的身份，就可以厘清楚蒍氏的族源。李零引《国语·郑语》："夫荆子熊严生子四人：伯霜、仲雪、叔熊、季纣。叔熊逃难于濮而蛮，季纣是立，蒍氏将起之，祸又不克。"叙述蒍氏始于熊严四子争位之乱。这里提到季纣即位，蒍氏想再起叔熊而立之，未能成功，显然蒍氏是叔熊的有力支持者。这里的"蒍氏将起之"，我们认为应是后人追述的，正像《左传》常用死谥称呼生人、用后立之氏称呼前人一样，应为叔熊的族人。叔熊的族人，在当时尚未立氏，但依照《左传》隐公八年"诸侯以字为谥"即以"王父字为氏"，应是从叔熊之孙而立族，时间当为熊徇或熊咢在位期间。叔熊不得立，按鲁"三桓"（仲孙氏、叔孙氏、季孙氏）之例，其孙辈正应称为"楚叔之孙"。李零认为"楚叔"是熊严之子叔熊。田成方认为，

① 赫玉建、乔保同、柴中庆：《河南淅川县徐家岭 11 号楚墓》，《考古》2008 年第 5 期。
② 参河南省文物研究所等编《淅川下寺春秋楚墓》，文物出版社 1991 年，第 6、8、54 页；张志新：《江苏吴县何山东周墓》，《文物》1984 年第 5 期。

"楚叔"可能是清华简《楚居》简 2 所载季连次子、绹白(伯)之弟远仲(中)。[①] 远仲既是绹伯之弟,当然就是楚君之叔。绹伯、远仲、侸叔、丽季则是季连氏部族衍生出来的氏族分支,这些部族分支的称谓,亦可能取自个人之名号。远仲及其部族,与楚君丽季(即熊丽)代表的楚君部族,在亲属关系上属于共出一源的同胞昆弟,故远仲后裔得以"楚叔之孙"自居。也就是说,"楚叔"这个称呼是芈姓楚人对支系血亲的敬称,如同楚君称昆吾为"皇祖伯父"。《左传》昭公十二年(前 530年)载楚灵王语:"昔我皇祖伯父昆吾,旧许是宅。"杜注:"陆终氏生六子,长曰昆吾,少曰季连。季连,楚之祖,故谓昆吾为伯父。昆吾尝居许地,故曰旧许是宅。"可见,楚人在称呼支系亲戚时,以伯叔相称,这反映出他们受周人宗法制度之影响。

《包山楚简》远氏计七人,有官莫嚣者,有官县公者,有官司败者,均为地方官。分别见 28、56、89、60、164、193 简。刘信芳指出:此远氏即文献习见之"蔿氏",《潜夫论·志姓氏》谓楚公族有"芬氏","蚡冒生芬章者,王子无钩也"。芬章,《左传》作蔿章。《通志·氏族略五》:"蔿氏,亦作芬,芈姓,楚蚡冒之后,蔿章食邑于蔿,故以命氏。"[②]

从《左传》的记载来看,蔿章(王子无钩、无钩章)主要活动于武王时代。蔿章出现的场合,都与外交活动有关。楚武王三十五年,公元前 706 年,楚伐随之时,武王派蔿章前去随都求成。两年后,武王在沈鹿举行诸侯盟会,因黄、随二国拒绝与会,由蔿章代表楚王赴黄声讨其国君。下一年,因邓国南鄙的鄾人杀害楚、巴两国使者,武王又派遣他前去责让邓国。虽然没有关于蔿章在楚国担任何种职务的记载,但从这些材料我们可以总结两点:其一,蔿章应该是一个具有相当文化修养、擅长外交与辞令的楚大夫,所以深受楚王信任与倚重,

① 田成方:《东周时期楚国宗族研究》,武汉大学博士学位论文,2011 年,第 17 页。
② 刘信芳:《〈包山楚简〉中的几支楚公族试析》,《江汉论坛》1995 年第 1 期。

屡屡派遣他专职处理外交事务。其二，蓬章不擅长军事指挥。此后蓬氏家族因为不擅长军事在楚国沉寂了相当长的时间，就连基本的家族世系也模糊不清。

蓬章之后，蓬氏大宗有约一个半世纪不见于史册。直到春秋晚期，蓬氏大宗贵族才再次活跃起来。楚康王、楚灵王时期有大夫蓬罢、蓬启彊，分别官至令尹和太宰。楚康王、楚灵王时期还有大夫蓬居。楚平王时期有大夫蓬越。楚惠王时期有大夫蓬固。《左传》所记以"蓬"为氏者，从蓬章起共计八人：章、启彊、罢、射、泄、居、越、固。除蓬章生活在楚武王时代外，余者皆处于春秋中晚期。直到战国时期，曾经显赫一时的蓬氏宗族，没有实现复兴。包山楚简记载有七位以"远"为氏者，其中四位是楚国地方官员或地方官员的属官，身份是下层贵族或士，也有一些以"远"为氏者沦落入社会底层。简文材料说明了蓬这一古老宗族在战国中晚期的没落状况。①

蒍氏是蓬氏的一支。楚国蒍氏的家族史，亦即蒍氏的起源，杜预与孔颖达的注疏都没有给出明确的解答。田成方认为，蓬、蒍虽共祖，却并不同宗。蓬是大宗，蒍是小宗。蓬、蒍既为族称，也是采邑之名，总言称蓬，析论则谓蓬、蒍。②

楚成王时有蒍吕臣(叔伯)。③

《左传》僖公二十三年(前637年)："子文以为之功，使(成得臣)为令尹。叔伯曰：'子若国何?'"杜注："叔伯，楚大夫蒍吕臣也。以为子玉不任令尹。"蒍吕臣在鲁僖公二十八年接替自杀的子玉(成得臣)担任令尹，而僖公三十三年楚国令尹就换成了子上(斗勃)，期间不见楚王撤换或杀死大夫的记载，有可能蒍吕臣是因为高寿而卒于任上。

---

① 田成方：《东周时期楚国宗族研究》，科学出版社 2016 年，第 17—24 页。

② 田成方：《再论楚蓬氏的族称和宗支》，《古籍整理研究学刊》2018 年第 1 期。

③ 蒍吕臣或为蓬章之子。从杜预开始，常将蓬、蒍混一。《新唐书·宰相世系表》："楚蚡冒生王子蒍章，字无钩，生蒍叔伯吕臣。孙蒍贾伯嬴，生蒍艾猎，即令尹叔敖，亦为孙氏。"

蒍吕臣任令尹为蒍氏家族的兴起奠定了重要基础。

楚成王重用蒍吕臣只是为打击若敖氏家族的嚣张气焰，同时让楚国有喘息的时间。但是楚国对外开拓的雄心，依然要靠能征善战的若敖氏来实现。在蒍吕臣就任令尹后不到五年，楚国就产生了新的令尹——子上（斗勃），《左传》僖公三十三年，公元前627年："楚令尹子上侵陈蔡。"令尹的职位又回到了若敖氏手中，并且被长期把持。蒍吕臣的传人蒍贾此时年龄还不大，《左传》僖公二十七年记载说当时"蒍贾尚幼"，那么鲁僖公三十三年时蒍贾仍然很年轻，难堪重任，所以蒍氏的发展进入一个低潮期。到楚庄王三年，公元前611年，在此之前，蒍贾已经官至工尹。但是蒍贾介入若敖氏家族内部的争权夺利之中。他栽赃当时的令尹斗般（子扬），将其迫害致死，然后帮助若敖氏另外一位族人斗椒（子越）登上令尹之位，从而实现自己的晋升——由工尹升至司马。他以外族人身份介入若敖氏内部纷争，招致若敖氏对蒍氏家族的仇视，斗椒很快就抛弃了这个昔日盟友，若敖氏与蒍氏之间积累的嫌怨爆发。楚庄王九年，斗椒动用全族军事力量将蒍贾困于辕阳而杀之。楚庄王以雷霆手段族灭若敖氏，保留更加容易控制的蒍氏。被保留下来的蒍氏自然被推上了前台。蒍贾之子孙叔敖（蒍艾猎）从楚庄王十六年起任令尹，引领蒍氏家族走向高峰。

孙叔敖最晚见于《左传》宣公十二年，公元前597年，可能终于子佩担任令尹的楚庄王（前613—前591年在位）晚期。[①] 而蒍子冯最早见于《左传》襄公十八年（前558年），与孙叔敖行年悬隔近五十载。比照美国学者蒲百瑞梳理的楚王室谱系[②]，孙叔敖大约相当于楚王室的第五世，蒍子冯则与第七世大略同时。孙叔敖、蒍子冯之间应间隔一代。

---

① 宋公文：《春秋时期楚令尹序列辨误》，载《楚史新探》，河南大学出版社1988年，第47页。

② ［美］蒲百瑞：《春秋时代楚王宗族世系疏证》，载《石泉先生九十诞辰纪念文集》，湖北人民出版社2007年，第295—298页。

结合下寺蔿氏家族墓地来看，孙叔敖之后当是下寺 M8 墓主"以邓"。李零先生认为下寺 M8"应是春秋中期晚段，年代已接近于晚期，或者说是春秋中、晚期之交的墓葬，按楚国的纪年，大概是楚共王（前 590—前 560 年在位）时的墓葬"①。所以，以邓主要活动在楚共王时期，处于孙叔敖和蔿子冯之间，他是孙叔敖子辈的可能性大。略晚于下寺 M8 的下寺 M36，李零认为其墓主是介于"以邓"和蔿子冯之间的一代。下寺 M36 的年代比以邓墓要晚，墓主或是以邓之弟、孙叔敖幼子。

孙叔敖死后，直到蔿子冯任楚国司马，蔿氏便又出现兴盛的机遇。蔿子冯在个人能力上更接近于蔿贾，文武兼备。蔿子冯被任命为司马，显然有着军事指挥方面的突出才能。他在任期间，曾率领楚师在郑国境内迂回作战，当令尹子庚去世后，他听从申叔豫的建议，用装病的办法推脱令尹的任命，连楚康王都拿他没有办法。担任令尹后，蔿子冯在是否应该讨伐舒鸠的问题上向楚王提出清醒的意见，使此后楚国可以名正言顺地灭舒鸠。

蔿子冯的儿子蔿掩，曾担任大司马。鲁襄公二十五年，公元前 548 年，令尹子木使司马蔿掩"数甲兵"、治赋，杜注以为"掩"是"蔿子冯之子"。同年，楚康王赏赐"灭舒鸠"的功臣，令尹子木以为"先大夫蔿子之功"，遂让于蔿掩。蔿掩能独享先父遗惠，表明他很可能是蔿子冯之嫡长子。鲁襄公三十年，公元前 543 年，郏敖二年，"楚公子围（即楚灵王）杀大司马蔿掩而取其室"。《左传》昭公十三年在回顾灵王初年的政局时说："故薳氏之族及薳居、许围、蔡洧、蔓成然，皆王所不礼也。"此处的"薳氏之族"显然特指蔿掩族人。蔿掩被灵王杀死并被"取室"，其族也为楚王"不礼"，这在下寺墓地亦有反映。蔿掩卒于公元前 543 年，年代上早于下寺 M10、M11。下寺 M10、M11 的年代，一般定在春秋晚期晚段，M10 稍早。②

---

① 李零：《再论淅川下寺楚墓——读〈淅川下寺楚墓〉》，《文物》1996 年第 1 期。
② 从墓葬年代早晚和下寺墓地埋葬序列看，M11 墓主可能是 M10 墓主的同辈或子辈。M10 墓主的活动年代大致在前 500 年左右，较蔿掩晚一至两代。

第八节　芈姓子弟屈氏的受封

楚国见于《左传》之家族，以斗氏、屈氏、成氏、蒍氏四族为多。其中，屈氏家族当是最为独特的存在。屈氏自楚武王时期直到战国末年，一直是楚国的强宗大族，是春秋初期斗、成、蒍、屈四大家族中唯一一个在战国时期依旧强大的家族，在战国时期昭、景、屈三大家族中历史最为悠久。"莫敖"一职在整个东周时期始终由屈氏家族成员担任，这是其他家族所没有的独特现象。可以说，屈氏家族与楚国的兴盛衰亡紧密相连。纵观整个东周时期，楚国的重大政治军事决策中多见屈氏家族成员的身影，屈氏家族是楚国谋求霸业的重要力量，也见证了楚国的兴盛衰亡。

屈氏为楚国望族，因屈原而名噪于世。以往研究者，多出于了解屈原身世的目的，较少着眼于该族自身的发展脉络，关于屈氏的族源，研究文章有楚武王说、蚡冒说、伯庸说等，汗牛充栋，但缺乏文献学和考古上的证据。近年来，记载屈氏的出土资料不断刊布，为全面审视该族的族源、世系、封邑等提供了条件。其中，新发现清华简《楚居》，证明楚屈氏的族源，可能与《楚居》所载参与熊绎"卜徙于夷屯"的屈䋅有关。

清华简《楚居》(简4)记载：

> 畲簧(绎)与屈约(䋅)，思(使)若(郜)菻(噬)卜遷(徙)于
> 壴(夷)屯。[1]

① 清华大学出土文献研究与保护中心编，李学勤主编《清华大学藏战国竹简》(壹)，中西书局2010年，第181页。

根据这个记载，田成方认为此中的屈约（绌）有可能是屈氏先祖。[1]
屈绌与熊绎大约同时，不称熊某或某熊，概因不是芈族领袖。但他又
与熊绎并称，参与部族重大决策，并被列入楚先人世系，说明其地位
的重要。春秋铜器有楚屈叔沱戈（《集成》11393），胡部有铭文："屈
□之孙，楚屈叔沱。"据《集成》11393-2收录拓片，所缺之字左半部残
泐，右旁与《楚居》屈约之右旁相似。铜铭器主自报身世时若单称"某
某之孙"，"孙"一般泛指裔孙，"孙"作裔孙之义亦见于传世文献，如
《左传》哀公十五年载："子，周公之孙也。"杨伯峻注："孙犹后代之
义。公孙宿之于周公，已六七百年矣。"[2]而"孙"实指祖孙之孙，多出
现在"某某之孙、某某之子"句式，楚屈叔沱戈铭中的"孙"字，应释为
裔孙。"屈□"应是屈叔沱的先祖，即《楚居》中的屈绌。屈叔沱自称
"屈绌之孙"，类似于金文中的"楚叔之孙"，意在强调其尊显的宗族身
世。屈氏家族在楚国世代显赫，一直担任大莫敖一职，直到战国晚
期。[3]这种崇高的政治地位，大概与屈绌在楚人早期"筚路蓝缕"创业
进程中的贡献有关系。

在《楚居》问世之前，一般认为屈氏出于楚武王之子屈瑕。较早
的记载是郑樵在《通志·氏族略三》中说："屈氏。芈姓，楚之公族
也。莫敖屈瑕食邑于屈，因以为氏。三闾大夫屈平字原，其后也。"楚
武王的长子"赀"，在武王死后继位为楚文王，楚武王的次子瑕则被封
于屈地，公子瑕便成为了屈氏家族的始祖，这也符合《礼记·大传》
中的"别子为祖，继别为宗。继祢者为小宗"[4]之说。因此，清华简整
理者指出，屈约（绌）"与楚武王后裔屈氏无关"[5]。陈颖飞也赞同此观

① 田成方：《东周时期楚国宗族研究》，武汉大学博士学位论文，2011年，第39页。
② 杨伯峻：《春秋左传注》（修订本），中华书局1990年，第1693页。
③ 何浩：《春秋战国时期楚屈氏世系考述》，《中南民族学院学报》1984年第4期。
④ 阮元：《十三经注疏》，中华书局1980年，第1508页。
⑤ 清华大学出土文献研究保护中心编，李学勤主编《清华大学藏战国竹简》（壹），
   中西书局2010年，第184页。

点，她认为"屈约(纱)与屈瑕虽同为屈氏，但皆因地名而得氏，两者从西周初到春秋初相距三百余年，'屈'地不排除有改封的可能，未必是一脉所传"①。郭子英认为，田成方把拓片所缺之字与屈约(纱)之约(纱)字相似作为证据，但拓片所缺之字十分模糊，无法确认是"约"(纱)字，因此其结论并不可靠。而且屈瑕在任莫敖时，不仅能够独自领兵打仗还可以自行与他国结盟，实际权力当仅次于楚武王。若屈瑕是屈约(纱)的后代，武王如此重用一个与自己几乎没有血缘关系之人，便不合情理。并且史书中曾明确记载屈瑕是受封于屈地之后才以"屈"为姓的，这也表明了屈瑕与《楚居》中的屈约(纱)无关，屈氏始祖当是楚武王子屈瑕无疑。②

这两种不同的看法，各有一定道理，综合考量，应以田成方主张的清华简《楚居》出现的"屈纱"为屈氏始祖。

屈氏的封地，众说纷纭。一是"二屈说"。杨德春认为地在今山西吉县县城正北七公里处。③ 二是"州屈说"。高士奇说："或曰，州屈在今凤阳府附郭凤阳县西。"④周笃文认为"州屈"是今湖南临湘市。⑤ 黄崇浩认为当在河南西南部。⑥ 三是"秭归说"。郦道元认为秭归县是屈瑕受封之地。⑦ 四是"大屈说"。何光岳认为"今湖北房县西北堵河南岸有屈家坡，传说有古遗址，或即其地。"⑧五是"汉寿说"。韩隆福认为

① 陈颖飞：《楚官制与世族探研——以几批出土文献为中心》，中西书局2016年，第230页。
② 郭子英：《东周时期楚国屈氏家族研究》，苏州大学硕士学位论文，2020年，第14页。
③ 杨德春：《屈氏起源考论》，《辽东学院学报》（社会科学版）2013年第5期。
④ 高士奇：《春秋地名考略·楚下》卷九，《影印文渊阁四库全书》第176册，台湾商务印书馆1983年，第600页。
⑤ 周笃文：《屈原的首丘情节及屈氏封地考略》，《云梦学刊》2006年第4期。
⑥ 黄崇浩：《"州屈"不在湖南而应在河南》，《云梦学刊》2007年第5期。
⑦ 陈桥驿：《水经注校证》，中华书局2013年，第757页。
⑧ 何光岳：《楚源流史》，湖南人民出版社1988年，第347页。

屈氏采邑应该在武王时期楚国的中心区域汉寿附近。[①] 六是"句亶"说。赵逵夫认为屈氏受姓之祖为句亶王熊毋康,即屈原所说的"伯庸",地在"钖穴以东、句澨以西",今湖北郧西县五峰乡一带。[②] 七是"江陵说"。[③]

相较于以上诸多观点,屈氏最初封地以位于江陵的观点为优。孙作云依据《楚辞·九章·哀郢》一文中的"去故乡而就远兮,遵江夏以流亡"及"发郢都而去闾兮,怊荒忽其焉极"两句,指出屈原的故乡即当时的楚国都城郢。[④] 喻宗汉据《左传》所记"莫敖缢于荒谷",指出:"罗与荒谷相距数百里,屈瑕并非受追兵所迫,群帅因于冶父而有时间'以听刑',说明屈瑕自缢是从容就死的,将荒谷作为自缢之地也是自行选定的。荒谷,非楚都所在且远离战场,只能在屈氏封地。"此说颇有见解。屈瑕战败于罗却选择在荒谷自缢,的确不符合常理。荒谷既不是战场,也不在率军返回都城的途中,屈瑕特意选择此处自缢,证明了荒谷必然有其特殊性。喻宗汉又类比了蘧越在封地自缢一事,认为:"楚将兵败,似有在封地自缢的传统。"据此,喻宗汉认为荒谷当是屈瑕所封之屈地的一部分。"荒谷在今江陵东某地,屈则应是比荒谷相对要大得多的一片地域,即在今江陵、沙市一带。"[⑤]

另据《水经注·沔水》记载:"陂水又径郢城南,东北流,谓之扬水。又东北,路白湖水注之。湖在大港北,港南曰中湖,南堤下曰昏官湖,三湖合为一水,东通荒谷,荒谷东岸有冶父城,《春秋传》曰:'莫敖缢于荒谷,群帅囚于冶父。'谓此处也。"[⑥] 由此来看,荒谷、冶父

① 韩隆福:《论楚国的屈氏家族和屈原的故乡》,《湖南文理学院学报》(社会科学版)2006 年第 4 期。

② 赵逵夫:《屈氏先世与句亶王熊伯庸——兼论三闾大夫的执掌》,《文史》1985 年总第 25 辑。

③ 喻宗汉:《屈原故乡考》,《江汉论坛》1988 年第 5 期。后收入《宗汉存稿》,长江出版社 2017 年,第 122—125 页。

④ 孙作云:《屈原的故乡是哪里(问题答疑)》,《历史教学》1956 年第 5 期。

⑤ 喻宗汉:《屈原故乡考》,《江汉论坛》1988 年第 5 期。

⑥ 陈桥驿:《水经注校证》,中华书局 2013 年,第 642 页。

都在纪南城东南附近，即今荆州江陵附近。

据统计，见诸史籍的楚国屈氏贵族有 20 余人。楚武王时期有屈瑕和屈重。屈瑕官居莫敖，始于鲁桓公十一年以前。王逸《楚辞章句》云屈瑕为武王之子，食采于屈。屈瑕始见于《左传》桓公十一年，公元前 701 年。他采纳斗廉建议，败郧师，盟贰、轸。桓公十二年，他设计败绞，缔结城下之盟。桓公十三年伐罗兵败后，屈瑕自缢荒谷。屈重见于《左传》庄公四年，公元前 690 年。是年武王卒于伐随之途，令尹斗祁、莫敖屈重临危受命，帅师兵临随都，求成、盟会而还。周代实行嫡子继承、支子别封之制，屈重既身居莫敖，说明他宗族地位颇高，很可能是屈瑕的嫡长子。高士奇《春秋左传姓名同异考》："屈重，屈瑕子。"①洪亮吉亦说"屈当系屈瑕之子"②，不无道理。

楚成王时期有屈完和屈御寇。屈完见于《左传》僖公四年，公元前 656 年。齐桓公率诸侯之师伐楚，屈完奉命前去谈判，他劝说桓公"以德绥诸侯"，陈述楚人将以方城、汉水为屏障的防御优势，迫使以齐为首的诸侯之师结盟而还。《楚世家》称"将军屈完"，"屈完'将兵'和签盟的权能，颇类其前的莫敖屈瑕和屈重，故可推知召陵之盟前后他职为莫敖"③。然无从考证其任莫敖的起止时间。高士奇言完是屈重子，参考两人活动时间，存在这种可能。屈御寇，字子边，成王时为息公。美国学者蒲百瑞认为子边之父是屈完或其同辈④，何浩亦认为屈御寇是屈完之子。⑤ 比较子边与屈完的主要活动时间，蒲、何二人的意见是可取的。

楚穆王时期有屈子朱，始见于《左传》文公三年，公元前 624 年。

① 高士奇：《春秋左传姓名同异考》卷二，《续修四库全书》第 121 册，上海古籍出版社 2001 年，第 237 页。
② 洪亮吉：《春秋左传诂》，李解民点校，中华书局 1987 年，第 235 页。
③ 宋公文：《楚史新探》，河南大学出版社 1988 年，第 261 页注③。
④ [美]蒲百瑞：《春秋时代楚王宗族世系疏证》，载《石泉先生九十诞辰纪念文集》，湖北人民出版社 2007 年，第 295—298 页。
⑤ 何浩：《春秋战国时期屈氏世系考订》，《中南民族学院学报》1984 年第 4 期。

是年楚穆王派息公子朱率军围攻江国，晋国先仆率军攻打楚国以期解江国之围。后来，晋国将楚国围江之师告知周天子，于是王叔桓公、晋阳处父联合率军攻打楚国以期解救江国。闻知晋军前来，子朱放弃了围攻江国，在率军回国途中遇到了晋军，晋军也率军返国。由记载可看出此时的子朱确为息县县尹，掌握着息县之师，在楚国绝对属于握有实权的重臣。《左传》文公十年记，楚穆王与郑伯、宋公到孟诸田猎，子朱及文之无畏任左司马。子朱族属史书失载，《春秋分记》云其为屈御寇之子、屈荡之父。何浩认为"子朱与屈御寇的活动时间极为相近，或为屈御寇之弟"[①]。息公子朱又称"屈子赤目"，赤目是名，子朱是字，"屈子"则是屈氏宗子之专称。从先后担任息公一职分析，屈御寇是子朱之父的可能性大。

楚庄王时期有屈荡、屈巫臣等。屈荡，字叔伦，见于《左传》宣公十二年，公元前597年。晋、楚邲之战，屈荡担任"车右"，随楚王乘车追逐晋将赵旃。屈荡力大无穷，与赵旃搏击，"得其甲裳"。屈巫臣字子灵，又称屈巫，始见《左传》宣公十二年、《国语·楚语上》"椒举娶于申公子牟"章。清华简《系年》第十五、二十章作繻（申）公屈晋（巫）（简75、108）、繻公（简76、77、78、79）[②]。公元前597年，申公巫臣随庄王伐萧。前595年子重因围宋有功，"请取申、吕以为赏田"。巫臣认为此二邑为楚国赋邑重地、北防重镇，强烈加以劝阻。其后出于私人目的，他又先后阻止庄王、子反娶夏姬为妾。鲁成公二年，公元前589年，屈巫臣借出使齐国之机，携带家眷及夏姬奔晋。晋人封之于邢，称作"邢大夫"。此后，屈氏宗族中的屈巫臣支系脱离楚国。子重、子反为报复屈巫臣，杀掉滞留楚国的巫臣近亲，包括子阎、子荡、清尹弗忌、襄老之子黑要，将他们的财产、家室统统瓜分。这件事对整个屈氏家族造成了重创，可以称为屈氏家族历史上的重大

---

① 何浩：《春秋战国时期楚屈氏世系考述》，《中南民族学院学报》1984年第4期。
② 清华大学出土文献研究与保护中心编，李学勤主编《清华大学藏战国竹简》（贰），中西书局2011年。

转折点。自公元前589年屈巫臣出使齐国之后，三十余年间楚国朝堂上未能出现屈氏家族成员的身影。"可以说，巫臣之祸对楚国屈氏家族造成了重创，中断了屈氏家族长久以来蒸蒸日上的发展局面。"①

　　楚康王时期有屈到（字子夕）、屈建（字子木）。屈到，见于《左传》襄公十五年、《国语·楚语上》"屈到嗜芰"章和"司马子期欲以妾为内子"章。公元前558年，屈到始任莫敖，迄于公元前551年其子屈建继任。结合《世本》关于屈荡是"屈建之祖父"的记载，《左传》襄公二十五年"屈荡为莫敖"句杜注引《世本》说："屈荡，屈建之祖父。"应该说，屈荡、屈到、屈建三代人之间的辈分关系是比较明朗的。屈巫臣奔晋及其宗族近亲遭难以后，屈荡一支取而代之，成为屈氏大宗，出任莫敖一职，子孙世袭。屈建字子木，上博六《景公虐》作屈木（简4）②，清华简《系年》作"命（令）尹子木"（简96）。③《国语·楚语三》中记对屈到的追述之语："夫子承楚国之政，其法刑在民心而藏在王府，上之可以比先王，下之可以训后世，虽微楚国，诸侯莫不誉。"可以看出，屈到的地位与威望不仅在楚国，乃至中原各国都是很高的。屈到作为引领屈氏家族重新崛起的关键性人物，为屈氏家族在楚国的绵延不绝、在楚国政坛的再次扎根立足，发挥了无可替代的作用。继其莫敖之位的屈建，更是将屈氏家族带到了一个全新的高度。屈建始见《左传》襄公二十二年，公元前551年，被任命为莫敖。《左传》襄公二十五年记芳子冯卒，屈建继为令尹。屈建应是在屈到死后以屈氏宗子身份继任莫敖一职，在屈建继任莫敖的次年，襄公二十三年，"陈侯如楚，公子黄诉二庆于楚，楚人召之。使庆乐往，杀之。庆氏以陈叛"。面对庆氏叛乱，楚康王令"屈建从陈侯围陈"。最终屈建成功纳

①　郭子英：《东周时期楚国屈氏家族研究》，苏州大学硕士学位论文，2020年，第50页。
②　马承源主编《上海博物馆藏战国楚竹书（六）》，上海古籍出版社2007年，第172页。
③　清华大学出土文献研究与保护中心编，李学勤主编《清华大学藏战国竹简》（贰），第180页。

公子黄于陈。由此记载可看出，此时的莫敖仍旧有领兵出征的职能，与春秋前期相较差别不大。屈建卒于鲁襄公二十八年，公元前545年。据《国语·楚语上》"屈到嗜芰"章记载，屈到喜欢吃芰，临终嘱托宗老以芰祭祀。屈到死后，屈建以违反"祭典"为由将芰从祭品中撤去。这段记载进一步证明屈建应是屈荡之孙、屈到之子。

楚灵王时期有屈申和屈生，屈申始见《左传》昭公四年，公元前538年，楚王伐吴，"使屈申围朱方"。昭公五年，屈申因贰心于吴被杀。屈生，见于《左传》昭公五年，是年屈生接替屈申出任莫敖，并与令尹子荡(蔿罢)共赴晋国为楚灵王娶亲。《左传》昭公五年"以屈生为莫敖"句杜注云屈生是"屈建子"①，当是。"综合来看，楚康王、楚灵王时期屈氏家族实现了全面的复兴。"②

楚平王时有屈罢。屈罢见于《左传》昭公十四年，公元前528年。平王派遣屈罢检阅驻扎在召陵的"东国之兵"，抚民济困，结交邻邦。从记载中可以看出，屈罢是楚平王时期屈氏家族的重要成员，是楚国一位非常重要的地方行政长官，掌握有地方军权。他是自申公巫臣之祸后，第一位见于记载的担任楚国地方长官的屈氏成员，由此也可看出此时期的屈氏家族在楚国朝堂中的地位已经身份稳固，与申公巫臣时期相差不大。

楚昭王时有莫敖大心。大心见于《战国策·楚一》"威王问于莫敖子华"章。莫敖子华云："昔者吴与楚战于柏举，两御之间，夫卒交，莫敖大心抚其御之手，顾而大息曰：'嗟乎子乎，楚国亡之月至矣！吾将深入吴军，若扑一人，若捽一人，以与大心者也，社稷其庶几乎?'故断脰决腹，一瞑而万世不视，不知所益，以忧社稷者，莫敖大心是也。'"据楚国莫敖继承之例，大心应是屈氏贵族。大心晚于屈申、

---

① 孔颖达：《春秋左传正义》卷四十三，载《十三经注疏(附校勘记)》(阮元校刻)下册，第2041页。

② 郭子英：《东周时期楚国屈氏家族研究》，苏州大学硕士学位论文，2020年，第55页。

屈生等人，应是他们的子侄辈。

楚惠王早期有屈庐、屈固、屈春。屈庐见于公元前 479 年白公胜之乱。《新序·义勇》："白公胜将弑楚惠王，王出亡，令尹司马皆死，拔剑而属之于屈庐……"屈固见于《史记·楚世家》，"白公之乱"时，"惠王从者屈固负王亡走昭王夫人宫"，而《史记·伍子胥列传》作"石乞从者屈固负楚惠王亡走昭夫人之宫"。惠王统治中后期有屈春，见于《说苑·臣术》："楚令尹死，景公遇成公乾曰：'令尹将焉归?'成公乾曰：'殆于屈春乎!'"①

楚悼王时期有屈宜臼。《淮南子·道应训》作"屈宜咎""屈子"，《说苑·指武》称"屈公"："吴起为苑守，行县，适息，问屈宜臼曰：'王不知起不肖，以为苑守，先生将何以教之?'屈公不对。"屈宜臼当是息县之长(即县公)，才有吴起行县适息之间。"屈公"的称谓，代表了他的政治地位(县公)和宗族身份(宗子)。

楚威王时有屈章。屈章字子华，黄丕烈云"章当是子华之名"②，见于《战国策·楚一》"威王问于莫敖子华"章，楚威王向莫敖子华询问是否存在"不为爵劝、不为禄勉"的"忧社稷者"，子华以令尹子文、叶公子高、莫敖大心、棼冒勃苏、蒙穀等五位楚先贤为例加以阐明。何浩认为："《楚策一》所记子华，有名而无氏。但莫敖一职于楚臣中只见有屈氏子孙担任，故可断定，此莫敖子华为屈氏。"③

楚宣王时有屈原之父伯庸。屈原《离骚》云"朕皇考曰伯庸"，"伯"字点明其父是屈氏某宗长子。参照屈原行年推测，伯庸主要活动在楚宣王时期，约与莫敖子华同时或稍早。

楚怀王时期有屈匄和屈原。屈匄，匄亦作"丐"，两字通假，见《史记》中的《秦本纪》《楚世家》《韩世家》《田敬仲完世家》等。楚怀

① 一说屈春为楚灵王、平王、昭王时人，见郭子英《东周时期楚国屈氏家族研究》，苏州大学硕士学位论文，2020 年，第 57 页。
② 诸祖耿：《战国策集注汇考》，江苏古籍出版社 1985 年，第 770 页注[3]。
③ 何浩：《春秋战国时期楚屈氏世系考述》，《中南民族学院学报》1984 年第 4 期。

王十七年，公元前 312 年，秦、楚两军大战于丹阳。楚师丧甲士八万，大将军屈匄、裨将军逢侯丑等七十余人被俘。据《战国策·秦二》"甘茂约秦魏而攻楚"一章记载："楚之相秦者屈盖，为楚和于秦，秦启关而听楚使。"顾观光考据此事发生在周赧王三年即公元前 312 年[1]，何浩认为"屈匄"和"屈盖"不是同一人，并进一步指出此二人应为同辈。[2] 郭子英认为何浩忽略了屈匄为秦所俘后又被释放回楚国的可能性，先秦时期战败被俘后释放回国的例子很多，如孟明视战败之后就被放回了秦国，而且回国后秦穆公又派他再次攻打晋国。屈匄在史籍中着墨很少，未记载其被释放之事是符合常理的，因此屈匄被俘后能再次出使秦国是合理的，不能以此认为"屈匄""屈盖"为两人。[3] 屈原的事迹主要见于《楚世家》《屈原贾生列传》等，古今中外已有较多研究。一般认为，屈原约生于楚宣王晚年，怀王十一年(前 318 年)左右出任左徒，怀王十八年曾出使齐国。从活动时间看，屈原应是莫敖子华之子佺、屈匄的同辈。

楚顷襄王时有屈署和屈景。屈署为太子横顺利回国即位并保证初期统治稳定作出了极大的贡献。此事见于《战国策·楚四》"长沙之难"章："太子曰：'善。'遽令屈署以东国为和于齐。"[4]楚怀王被秦扣押，屈署"求和于齐"发生在太子横归国不久，公元前 299—前 298 年，故他可能是屈匄之子佺辈。"此时屈署为楚东境淮北守将。"[5]屈景见于《说苑·君道》："燕昭王问于郭隗……于是燕王常置郭隗上坐南面。居三年，苏子闻之，从周归燕；邹衍闻之，从齐归燕；乐毅闻之，从赵归燕；屈景闻之，从楚归燕。四子毕至，果以弱燕并强齐。"屈景

① 诸祖耿：《战国策集注汇考》，江苏古籍出版社 1985 年，第 252 页。
② 何浩：《春秋战国时期屈氏世系考述》，《中南民族学院学报》1984 年第 4 期。
③ 郭子英：《东周时期楚国屈氏家族研究》，苏州大学硕士学位论文，2020 年，第 75 页。
④ 诸祖耿：《战国策集注汇考》，江苏古籍出版社 1985 年，第 834 年。
⑤ 何浩：《春秋战国时期屈氏世系考述》，《中南民族学院学报》1984 年第 4 期。

"从楚归燕"，表明他原是楚人。

除文献记载外，出土文字资料所见屈氏人物也很多。与屈氏相关之铜器铭文主要集中于春秋时期，包括屈子赤目簠、屈喜戈、屈叔佗戈。与楚屈子赤目簠同出铜器，有铭者包括曾子原彝簠、息子行盆、曾仲之孙戈各1件，无铭铜鼎2件、戈3柄。

楚屈子赤目簠，赵逵夫认为器主即见于《左传》文公三年、十年的息公子朱，赤目是名，子朱是字。[①] 息公子朱主要活动于楚穆王时期，公元前625—前614年，与屈子赤目簠年代接近。赤目自称"屈子"，与子朱先后担任息公、左司马的身份亦能吻合。赤目与子朱，名、字相应，也符合当时的人名规律。所以，屈子赤目应即息公子朱。

楚屈喜戈，出土于河南南阳八一路一座东周墓葬。胡部刻1行5字铭文："楚屈喜之用。"发掘简报认为"楚屈喜戈形制与淅川下寺春秋墓所出王子午戟基本相同，时代上属春秋晚期"[②]，屈喜活动年代与典籍记载的屈荡、屈巫臣几乎同时，他们是同代的可能性大。

楚屈叔佗戈，共有两件。其一由湖南省博物馆征集收藏[③]，胡部刻铭1行7字（《集成》11198），"楚屈叔佗之元用"。器主自称"楚屈叔佗"，"楚"标示国属，"屈"是族氏，"叔佗"乃其字，司职楚王元右。元右即《左传》宣公十二年（前597年）的"车右"，《周礼·夏官·司马》之"戎右"。

战国时期的曾侯乙简、新蔡简、包山简、楚燕客铜量等文字材料中，也载有楚屈氏的一些信息（见表1–1）。新蔡简载有"屈九之述"，屈为氏，九为其名。宋华强认为新蔡简"某人之述"之"某人"是所居间

① 赵逵夫：《楚屈子赤角考》，《江汉考古》1982年第1期。
② 林丽霞、王凤剑：《南阳市近年出土的四件春秋有铭铜器》，《中原文物》2006年第5期。
③ 周世荣：《湖南楚墓出土古文字丛考》，载《湖南考古辑刊》第1集，岳麓书社1982年，第89页。

里的官吏或望族之人。① 与"司马鱼之述"（甲三 316）、"司城均之述"（甲三 349）比较，简文不载屈九的官衔，似乎反映其社会地位不可能很高，或许只是闾里间有一定声望的下层贵族或平民。

包山楚简所载屈氏 11 人，其中大莫嚣屈易为、大敿尹屈逦②、新大厩屈为人是楚国中央机构官员③，郊郢大宜屈㐌、互思（即期思）少司马屈挈、鄢（战国时期楚别都）④攻尹屈惕是地方行政官员。屈犬、屈就、屈贾是平民。屈貉不著官职、籍里，大约也是平民。另有贞人屈宜，亲自为左尹昭㐌卜筮疾病，亦是具备一定文化素质的贵族。

另上博九《陈公治兵》载"屈岢与郫命（令）尹战于堨"（简 3）。⑤ 屈岢其人其事史籍失载，活动时间亦不详，疑属屈氏贵族。

表 1-1：战国竹简中的屈氏

名字	身份	资料出处
屈易为（屈春）	大莫嚣、令尹	曾侯乙简 1；新蔡简甲三 296；（据甲三 36 补）⑥

---

① 宋华强：《新蔡葛陵楚简初探》，武汉大学出版社 2010 年，第 324—333 页。
② 刘钊认为敿尹之敿疑读"虞"，即虞衡之虞，掌山林之官，还有人据上博简《景公疟》简 8"吴（虞）守"与"敿守"并称，认为敿尹是另一职官，参陈伟等：《楚地出土战国简册[十四种]》，经济科学出版社 2009 年，第 59 页注[8]。
③ 刘玉堂认为新大厩或为新设之机构，也可能为"新"地之大厩，参刘玉堂：《楚国经济史》，湖北教育出版社 1996 年，第 253 页。文炳淳据"奉之新造戈"铭指出"新大厩"之"新"不可能是地名，参文炳淳：《包山楚简所见楚官制研究》（修订稿），台湾大学中国文学研究所硕士学位论文，1998 年，第 32、33 页。包山简 154 载"王所舍新大厩以蔵之田"，"新大厩"直接受楚王舍田，说明极可能是中央机构。
④ 石泉主编《楚国历史文化辞典》，武汉大学出版社 1996 年，第 431 页。
⑤ 马承源主编《上海博物馆藏战国楚竹书（九）》，上海古籍出版社 2012 年，第 171—172 页。
⑥ 河南省文物考古研究所：《新蔡葛陵楚墓》第 190、198 页；清华简《系年》第二十一章；李学勤：《清华简〈系年〉及有关古史问题》，《文物》2011 年第 3 期；《清华大学藏战国竹简》（贰），第 189 页；上博八《命》，上博八《王居》（简 5），《上海博物馆藏战国楚竹书（八）》，第 191—202、210 页。

名字	身份	资料出处
屈九		新蔡甲三 324：屈九之述
屈易为	大莫嚣	包山简 7：大莫嚣屈易为
屈遹	大敚尹	包山简 121：大敚尹屈遹
屈为人	新大厩	包山简 176：新大厩屈为人
屈𦬒	郊邮大宫	包山简 67：郊邮大宫屈𦬒①
屈挐	亙思少司马	包山简 130：亙思少司马屈挐
屈惕	鄢攻尹	包山简 157：鄢攻尹屈惕②
屈犬	里人	包山简 62：安陆之下隋里人屈犬③
屈就	邑人	包山简 169：湛母邑人屈就④
屈贾	东宅人	包山简 190：东宅人登环、屈贾⑤
屈宜	贞人	包山简 223：屈宜习之以彤屈笭为左尹昭𦬒贞
屈貉		包山简 87：屈貉

录自田成方：《东周时期楚国宗族研究》，科学出版社 2016 年，第 56 页

田成方指出：屈氏是楚国唯——支在春秋战国时期历久不衰的大宗族。"屈氏的硕果仅存、后来居上，当与其他三族过早消耗于权力

---

① 参白于蓝：《包山楚简零拾》，《简帛研究》第 2 辑，法律出版社 1996 年，第 37—38 页。
② 鄢字原释"郊"，今从周凤五改释。参周凤五：《包山楚简文字初考》，载《王叔岷先生八十寿庆论文集》，台北大安出版社 1993 年，第 371—377 页。
③ 陈伟等：《楚地出土战国简册[十四种]》，经济科学出版社 2009 年，第 18 页。
④ "就"字从李零释。参李零：《古文字杂释（两篇）》，载《于省吾教授百年诞辰纪念文集》，吉林大学出版社 1996 年，第 272—273 页。
⑤ "宅"字原释作"反"，据陈伟等改，贾字原释"贮"，今从李学勤释"贾"。均参陈伟等：《楚地出土战国简册[十四种]》，经济科学出版社 2009 年，第 90 页注[139]、59 页转引。

角逐，而屈氏始终不是斗争焦点有关。"①世袭莫敖一职是屈氏保持长久不衰的制度保障。大莫敖领有"莫敖之军"，掌握一定数目的军队，在政治军事形势纷杂多变的春秋战国时期，这也是屈氏能够一枝独秀的重要因素。②

第九节　连环出击，抱病征随，扬威汉东

在实现初服随国、自立称王之后，雄心勃勃的楚武王便把目光放到汉水以东"汉阳诸姬"控制的区域上面。

公元前706年，《左传》桓公六年记："楚大夫斗伯比言于楚子曰：'吾不得志于汉东也。'"斗伯比此话，实际道出了楚武王的心声。楚武王三十七年与随国爆发速杞之战，小胜随国后，乘胜前进，采取了一系列军事行动，极大地拓展了楚国在汉东的势力，并以武力回击不断骚扰楚边境的周边小国，有效地巩固了楚疆。

一是占领濮地。《史记·楚世家》："（楚武王）三十七年，楚熊通……乃自立为武王。与随人盟而去，于是始开濮地而有之。"《史记》这段记载，表明在随国承认熊通称王并与楚订立盟约后，楚国才始开濮地，显示出濮地可能为随国控制。

在熊通之父蚡冒时，曾经"始启濮"，见于《国语·郑语》："及平王之末……楚蚡冒于是乎始启濮。"蚡冒时刚完成芈族与荆蛮的合并，很多看起来属于荆蛮的土地实际上是荆蛮与濮族杂处而已。故蚡冒的"启濮"，仅仅只是荆蛮旧地的土地开发，不涉及土地所有权问题。而在楚武王时，进一步发展为"始开濮地而有之"，这表明熊通此时是完全占有濮地，将原住民进行驱赶或者俘为奴隶。

濮并不是一个邦国，没有形成统一的政权，故《牧誓》称之为"濮

---

① 李零：《"三闾大夫"考——兼论楚国公族的兴衰》，《文史》2001年第1辑。
② 田成方：《东周时期楚国宗族研究》，科学出版社2016年，第37—65页。

人"，直到春秋时期，濮还处在各自"离居"的状态。《左传》文公十六年："百濮离居。"杜预《春秋释例·土地名》："无君长总统，各以邑落自聚，故称百濮。"濮族活动在江汉流域，顾颉刚认为西周时濮在武当、荆、巫诸山脉中。[①] 石泉考证春秋时期的古麇国、楚麇邑地在今随枣走廊西段，即今枣阳市境，与之相邻近的百濮，其地当在今枣阳市境桐柏、大洪两山脉间的山区丘陵地带。[②] 结合清华简《楚居》记载芈族曾经居住于"乔多"，此时熊霜去世，三弟争立，老二仲雪死，老四季纣(熊徇)接位，老三叔堪，很方便地逃到濮地。"乔多"位于今襄阳楚王城遗址附近的许家河遗址[③]，接近于濮，不然叔堪难以成行。由此可见，楚武王时的濮地，大体散居于汉水中游两岸地区。那时汉阳诸姬随为大，濮族基本依附随国，故楚武王在服随之后，乘机将汉水中游两岸过去与荆蛮杂处的大量濮地攫为己有，将原住民濮族尽行驱赶或者俘虏。

二是联巴伐邓围鄾。巴国处于陕东南安康盆地一带，北面受秦岭山脉的阻挡，又有秦和诸夏的限制，西面却是蜀国的势力范围，城固一带已受其控制，受地理条件的限制，发展十分有限。而东面和南面有庸国与麇国，实力都比较弱小，故此，巴国一直图谋向东面和南面发展，消灭庸国与麇国，只有与楚人联合，形成两面夹击，才有可能。因此，在开疆拓土的共同政治目标上，巴、楚两国有了联盟的愿望和条件。《左传》桓公九年记载：

> 巴子使韩服告于楚，请与邓为好。楚子使道朔将巴客以聘于邓。邓南鄙鄾人攻而夺之币，杀道朔及巴行人。楚子使薳章让于邓，邓人弗受。夏，楚使斗廉帅师及巴师围鄾。邓

---

① 顾颉刚：《史林杂识初编》，中华书局1963年，第31页。
② 石泉：《春秋"百濮"地望新探》，载《古代荆楚地理新探·续集》，武汉大学出版社2004年，第10—11页。
③ 程涛平：《先楚史》，武汉出版社2019年，第528页。

养甥、聃甥帅师救鄾。三逐巴师，不克。斗廉衡陈其师于巴师之中以战，而北。邓人逐之，背巴师而夹攻之。邓师大败，鄾人宵溃。

这是在楚武王称王的第二年，汉水上游的巴国派使者韩服到楚国来，请求楚国协助巴国与邓国通使修好。于是，楚使道朔陪同巴使韩服访问邓国。不料，刚走到邓国南部的鄾邑，就遭受暴徒袭击，道朔、韩服及随从都被杀死，礼币则被抢走。薳章奉武王命向邓国提出抗议，邓侯竟拒不接受。由此，楚、巴合兵伐邓，包围了鄾邑。邓侯命大夫养甥、聃甥率援军救鄾邑，攻击楚巴联军。楚巴联军的主帅是斗廉，斗廉佯败诱敌，邓军陷入楚巴联军重围，兵败如山倒。鄾邑的守军和居民见势不妙，连夜逃散。这次行动，促成了巴、楚两国的结盟。斗廉作为这场战役的楚军主帅，卓越的军事才华展露无遗，他将凶悍的楚师摆在巴师之中，隐藏实力，采用诈逃之术，诱敌深入，再前后夹击，将敌人一举歼灭，楚与巴伐邓大获全胜。

三是破除郧、随、绞、州、蓼的联盟。楚武王称王以后，虽国势渐强，但楚国在汉水流域的局势依然严峻。公元前 701 年，《左传》桓公十一年记：

楚屈瑕将盟贰、轸。郧人军于蒲骚，将与随、绞、州、蓼伐楚师。莫敖患之。斗廉曰："郧人军其郊，必不诫，且日虞四邑之至也。君次于郊郢以御四邑。我以锐师宵加于郧，郧有虞心而恃其城，莫有斗志。若败郧师，四邑必离。"莫敖曰："盍请济师于王？"对曰："师克在和，不在众。商、周之不敌，君之所闻也。成军以出，又何济焉？"莫敖曰："卜之。"对曰："卜以决疑，不疑何卜？"遂败郧师于蒲骚，卒盟而还。

在楚武王称王三年之际，注意与周边贰、轸两个邻国搞好关系，

特派莫敖屈瑕领兵东行，以期与贰、轸两国会盟。郧国是楚国的宿敌，唯恐楚与贰、轸会盟，对郧国不利，竭力破坏。考虑单独对付楚国，兵力不够，妄图利用过去与随、绞、州、蓼诸国有同盟关系，策动四国联兵截击楚师。贰、轸、随、绞、州、蓼、郧、罗均为西周时在汉水流域的古国。依杜预的注解，贰在今广水，轸在今应城，随在今湖北随州境，州在监利东，蓼在今河南唐河县南郊近湖北枣阳的湖阳镇一带，罗在今湖北宜城市西北，郧在今湖北安陆、京山一带。

绞国①、州国②、蓼国③，三国表面响应，实际按兵不动。郧师急不可耐，先行一步，将军队集结在郧郊的蒲骚之城，随时准备出动。④楚军主帅莫敖屈瑕得到情报，不知所措。副帅斗廉分析敌情，认为郧国屯兵于本国边邑城池，必然掉以轻心，一心盼望四国之兵到达，会合在一起再出动，故不必紧张。建议屈瑕领大军驻扎郊郢(在今湖北钟祥郢中镇)⑤，堵住随、绞、州、蓼国军队与郧国会合之路，斗廉请求让自己带领一支精兵奇袭蒲骚城，判断郧师只会龟缩在城中，依赖城池固守，不敢出城迎战。屈瑕觉得没有把握，先是想请武王增兵再说，继而打算卜问吉凶，再行决策。斗廉认为没有卜问的必要："卜

---

① 绞国的地望，杜预仅说是"国名"，未详所在。郦道元作《水经注》，已失其地。拙著《先楚史》第十章第四节"周初江汉流域的古国"，考证在郧县与谷城之间的今丹江口市习家店镇下绞村为古绞国遗址。程涛平：《先楚史》，武汉出版社2019年，第634—638页。

② 考古工作者在今洪湖市乌林镇胡家湾村发现小城濠城址。据明嘉靖《沔阳志》和清《湖北通志》《沔阳州志》载，该城址可能为州国故城。此遗址现已列入洪湖市文物保护单位。详见拙著《先楚史》第十章第四节的考证。程涛平：《先楚史》，武汉出版社2019年，第641页。

③ 蓼国有三，此为西蓼。在西周晚期或更早一些，蓼国就已在今唐河县南的湖阳镇及蓼阳河一带，详见拙著《先楚史》第十章第五节的考证。程涛平：《先楚史》，武汉出版社2019年，第706—707页。

④ 蒲骚城地望，杨伯峻注："蒲骚，郧国地名，在今湖北应城县西北三十五里。"杨伯峻：《春秋左传注》(修订本)，中华书局1990年，第130页。

⑤ 详见拙著《先楚史》第八章第九节的考证。程涛平：《先楚史》，武汉出版社2019年，第542页。

以决疑，不疑何卜?"成功地促使屈瑕打消了顾虑。斗廉统率精兵兼程东行，势如破竹，一举攻破了蒲骚城，打败了郧国。屈瑕得以按原定计划与贰、轸结盟，率军凯旋。这场楚国与郧国的战争后被称为"蒲骚之役"。

蒲骚之役告诉人们，楚武王立国之初，周边环境非常险恶。郧国在楚国打败随国之后，依然坚持与楚国为敌，熊通称王，郧国完全不买账，而且郧国与随、绞、州、蓼四国有同盟关系，对楚国形成了包围。这些国家，除随国外，都是周王室分封"汉阳诸姬"之外的敌对势力，对楚国均构成一定威胁。杨伯峻在注释"卒盟而还"时推测："此年楚仅败郧，成七年《传》楚有郧公锺仪，则其时郧已早为楚所灭，变为一县矣。"①成公七年是公元前 584 年，则郧国在此年前已被楚灭。

速杞之役和蒲骚之役确立了楚国在汉东的霸主地位，此后汉东尽管还有一些反复，但大局已定。

四是攻打罗国。《左传》桓公十三年记：

> 楚屈瑕伐罗……莫敖使徇于师曰："谏者有刑。"及鄢，乱次以济。遂无次，且不设备。及罗，罗与卢戎两军之。大败之。莫敖缢于荒谷，群帅囚于冶父以听刑。楚子曰："孤之罪也。"皆免之。

公元前 699 年，楚武王四十二年讨伐近邻罗国。主帅还是莫敖屈瑕。年事已高的斗伯比为屈瑕送行，见屈瑕有骄矜之色，深为担忧。屈瑕求胜心切，挥兵直趋罗国都城。②屈瑕一心催促全军尽快渡过鄢水(今南漳蛮河)，队列错乱也在所不惜，毫不防备罗国的偷袭。大军

---

① 杨伯峻：《春秋左传注》(修订本)，中华书局 1990 年，第 131 页。

② 杨伯峻注："罗，熊姓国。今湖北省宜城县西二十里之罗川城乃罗国初封之故城。"杨伯峻：《春秋左传注》(修订本)，中华书局 1990 年，第 135 页。今湖北南漳县东南的罗家营遗址相传是古罗国遗址。

行近罗都时，正面遇到罗师迎击，背面突然遭到卢戎国军队的偷袭。[1]楚师腹背受敌，迅即溃败。屈瑕惊慌失措，率残部仓皇南逃，从汉水边一口气逃到了长江边荒谷一带。荒谷可能是屈瑕的封邑，屈瑕自感军法难容，无路可去，只能回到封邑，向族人交代后事，自缢而亡。随屈瑕打了败仗的其他将领则自囚，听候处理。武王宽宏大量，认为这是自己决策有误，主动承揽了罪责，宽宥了全体将士。伐罗之败给了楚国惨痛的教训，武王对周边局势的严峻有了清醒的认识，不能只图远略、不恤近患，从此对死心塌地与楚为敌的近邻毫不留情。

攻罗失败后武王改变了作风，先从巩固周边入手，稳步推进，巩固汉水两岸，再行北图。此后，楚武王先后攻灭了近在肘腋之间的罗国、卢国、鄢国以及较远的州国和蓼国。张正明指出："楚灭州、蓼，见《左传·哀公十七年》。楚灭罗、卢、鄢，文献阙如，但据武王末年伐随和文王元年迁郢推测，这三国最迟在公元前 691 年已为楚所灭。"[2]罗国被楚所灭，时间约在楚武王五十一年，公元前 690 年。楚武王灭亡了罗国之后，完全控制了汉水的交通要道，为吞并汉阳诸姬和北向中原，打下了巩固的基础。

五是征服鄀国。楚武王跨越汉水进攻鄀国，俘获鄀国将领观丁父，使鄀国成为楚国属国，从而占据丹江下游一带地区，将鄂西北大部分地区纳入楚国疆域。《左传》哀公十七年载子毂追述之语："观丁父，鄀俘也，武王以为军率，是以克州、蓼，服随、唐。"这样，以楚国为中心的江汉间政治体系就更加巩固了。

六是最后一搏攻打随国，追求对汉东地区的完全控制。武王五十一年时，依然壮心不已。回顾汉东地区，总觉得不够稳定，不光一些

---

① 湖北襄阳泥咀镇翟家垱子遗址可能就是西周时古卢戎国国都。详见拙著《先楚史》第十章第三节的考证。程涛平：《先楚史》，武汉出版社 2019 年，第 604—610 页。

② 张正明：《楚史》，湖北教育出版社 1995 年，第 78 页注释。

小国经常骚扰，以随国为首的"汉阳诸姬"，与楚国也貌合神离。寻思若有机会，对随国再敲打一下，震慑诸姬。这年，周天子召见随侯，指责他以熊通为楚王而事之。由此，随国对楚国的态度不免有些不敬。武王觉得机会来了，以此为借口，又一次大举伐随。在大军即将出征而斋戒、祭祀之时，出现了意想不到的情况，武王感觉"心荡"。《左传》庄公四年记：

> 四年春，王正月，楚武王荆尸，授师子焉，以伐随。将齐，入告夫人邓曼曰："余心荡。"邓曼叹曰："王禄尽矣。盈而荡，天之道也。先君其知之矣。故临武事，将发大命，而荡王心焉。若师徒无亏，王薨于行，国之福也。"王遂行，卒于樠木之下。令尹斗祁、莫敖屈重除道、梁溠，营军临随。随人惧，行成。莫敖以王命入盟随侯，且请为会于汉汭而还。济汉而后发丧。

武王在伐随誓师大会上突然感到"心荡"，非常难受，难以坚持随军远征，小声告诉夫人邓曼。邓曼强忍悲痛，为之叹息不已，坦然对武王说：大王的福寿怕是要到头了！只要将士没有损失，即使大王不幸在征途中与世长辞，国家还算是有福的。武王就这样视死如归，义无反顾地出征了。大军越过汉水，到汉水东岸后不久，武王果然心疾猝发，不得不坐在一棵樠树下休息，当即去世。今钟祥东有樠木山，应即武王病故之处。令尹斗祁和莫敖屈重决定严密封锁武王去世的消息，率领全军继续前进，修整了道路，在溠水上架设了浮桥，并在靠近随都的地方扎下了营垒。以示楚师有久战之意和必胜之志。随人见楚兵从天而降，不胜惶恐，请求议和。杜预注："时秘王丧，故为奇兵，更开直道。溠水在义阳厥县西，东南入郧水。梁，桥也。随人不意其至，故惧而行成。"莫敖屈重代表武王进入随都，与随侯会盟。会盟既毕，楚人才收兵回国。到汉水西岸后，才为武王发丧。楚武王一

代绝世英雄，生时轰轰烈烈，创建楚国，死时感天动地，悲壮殉国，让人肃然起敬。

第十节　疆域初定

按照华夏传统，周代的诸侯国会很小心地在边界上封疆立界，在边界上设立某种人工标志，如疆界上堆土插茅，设置"寓望"，使之容易识别。《周礼·封人》疏："诸侯百里以上至五百里，四边皆有封疆而树之，故云封其四疆也。"《国语·周语中》："国有郊牧，疆有寓望。"《左传》桓公十七年："齐人侵鲁疆，疆吏来告。"楚国当与鲁国、齐国等诸侯国一样，有专职"疆吏"，守望疆域边界。

楚武王在位五十一年，以武立国，开疆拓土，不遗余力。楚国"通过楚武王晚年的经营，逐步在汉水中游两岸廓清了障碍，站稳了脚跟，为今后的更快拓展奠定了有利的基础"①。攻邓国鄳邑和伐绞，使楚国的疆域西北至今日的丹江口水库；伐蓼使楚国的疆域北及桐柏山；联贰、轸和蒲骚之战、速杞之战，其疆域东北抵信阳南的义阳三关，攻州国及楚将在冶父、荒谷自囚、自杀，显示楚国疆域已南达长江北岸江陵、监利附近，已经打通了汉江与长江的通道。

公元前699年，楚武王四十二年，楚南境已达长江中游今江陵一带。《左传》桓公十三年："楚屈瑕伐罗……及罗，罗与卢戎两军之，大败之。莫敖缢于荒谷，群帅囚于冶父以听刑。"这里提到的"荒谷"与"冶父"，都临近长江。《后汉书·郡国志四》荆州南郡"江陵，有津乡"下，刘昭补注引《荆州记》："（江陵）县东三里余，有三湖；湖东有水，名苌谷；又西北，有小城，名曰冶父。《左传》曰：'莫敖缢于荒谷，群帅囚于冶父。'县北十余里，有纪南城，楚王所都。"《水经

---

① 徐少华：《周代南土历史地理与文化》，武汉大学出版社1994年，第259—260页。

注》沔水篇"扬水"条也有类似记载："江陵城西北，有纪南城……三湖合为一水，东通荒谷。荒谷东岸有冶父城。《春秋·传》曰：'莫敖缢于荒谷，群帅囚于冶父'，谓此处也。"《荆州记》和《水经注》这两条南北朝时的史料可以互相补充，荒谷《荆州记》称"苌谷"，是水名，其东岸就是冶父城。楚师大败于罗之后，统帅屈瑕及属下的"群帅"在冶父城，听候楚王的处分。屈瑕畏罪自杀于荒谷水侧，群帅则得到赦免。[1]

熊通不满足于"江上楚蛮之地"，他所关注的更多的是汉北和汉东。兵锋所向，及于南阳盆地的申国、丹江中游的郡国和绞国，襄宜平原西部的邓国，随枣走廊的随国，以及更在其东的郧国。申是汉北最大的姜姓国，随是汉东最大的姬姓国。伐申仅一次，小试牛刀而已。伐随有多次，必使其成为附庸而后已。随成为楚的附庸之后，从鄂邑到楚都的"红铜之路"就可以畅行无阻了。郡和绞都离楚人的旧乡即鬻熊的丹阳不远，伐郡和伐绞表明楚人有收复旧乡的实力了。伐郡还有一个特殊的战果，即俘虏并降服了郡国的主帅观丁父，熊通信而用之。后来观丁父攻灭南阳盆地南部的蓼国和云梦泽东面的州国，立了大功。邓与楚是姻亲，但开罪了楚和巴，由此，楚、巴合兵大败邓国。江汉之间有一个权国，公族为子姓殷人遗民，其都在今湖北当阳市，成为楚人南进的障碍。熊通灭权国，置权县，楚国势力大发展。楚都迁郢后，楚武王以此为中心，相继在汉水中游地区开展了一系列的军事行动，败绞，伐罗，克权置县，最后因伐随而卒。楚武王通过晚年的经营，逐步在汉水中游两岸廓清了障碍，站稳了脚跟，为今后的更快拓展奠定了有利的基础。[2] 张正明总结："这时的楚人则满怀着自信心和自豪感，奋发进取，不惮躐等破格。周室对南土已失控，只能以愤懑和忧虑的心情坐视楚国在楚蛮中崛起。楚人因自己国家有铜、锡

---

① 石泉：《楚都何时迁郢》，《江汉论坛》1984 年第 4 期。
② 徐少华：《周代南土历史地理与文化》，武汉大学出版社 1994 年，第 261 页。

102

之饶而趾高气扬，北方的诸侯只能眼红。这时楚国贵族的作风是敢想敢做，乃至不惜独行其是。楚人已经隐约看到自己国家的灿烂前景，载欣载奔。"①

第十一节　楚武王述评

楚武王在位五十一年，于公元前 690 年去世。楚王之中，其在位时间之长，仅次于春秋战国之交在位时间五十七年的楚惠王。

司马迁在《史记·陈杞世家》对楚武王有一个中肯的评价："楚武王卒，楚始强。"

清人马骕在《左传事纬》中评论楚武王：

邓之会，传曰："始惧楚也。"曷言乎始惧也？中国患楚自此始。周夷王之世，熊渠僭王，然而寻去其号，是犹知畏天子也。及平王末，蚡冒于是乎启濮，是犹未蚕食诸夏也。武王之立，当王室益衰，诸侯多故，曲沃庶也而逼晋，郑伯臣也而抗王，鲁、卫、陈、宋臣弑其君，中国多难，自顾不遑，自是荆蛮之主，侈然不复避中国矣。蔡、郑及邓，密迩长蛇，邓尤逼处，甘为地主。三国震动协谋，《春秋》伤之，曰此楚二百年来猾夏之始事，故谨而书之也。考武之伐随也，曰："我有敝甲。欲以观中国之政，请王室尊吾号。"随侯为之请于王，王室不听。既而曰："吾先鬻熊，文王之师也。"蛮夷皆率服，而王不加号，乃自立为王。然则会邓之日，楚尚未王，而诸姬恐惧，假令不死，方城之外非中国有也，其为患宁止随、黄、绞、罗之区耶！夫随以汉东小侯，惕于季梁之言，楚终不能得志，至成王、子文出师，仅亦取成。春

① 张正明：《秦与楚》，华中师范大学出版社 2007 年，第 53 页。

秋之国小而能自强者，信莫如随矣。今三国不能自立，而止为会以求安，自是邓灭、蔡虏，郑伐，不闻其相救焉。君子曰："政之不修，会无益也。"吾观楚自武王卒于伐随之役，而文王卒于伐黄之师，天方授楚，历世好兵，至死罔懈，穆、庄之业已基于此。而东诸侯之支楚，曾无自强如随者，中国之不竞，又何足怪也哉。①

熊通，春秋时楚国君，芈姓，名通（一作"达"），熊眴（号蚡冒）之子。公元前740—前690年在位。公元前741年其父蚡冒死后，其叔欲争位，杀其叔而立。即位以来，着力经营汉西，巩固扩大了荆山至汉水西侧的楚境。灭权后，使斗缗尹之，一般被认为是楚人灭国设县的最早例证。又于汉北侵伐邿与申、吕，试图进军中原。后用观丁父为军率，进伐随、唐，征服州、蓼。稍后，楚扩境于濮，击败邓师、绞师，吞并罗与卢戎，与邓、巴、贰、轸结盟，楚势由此大张。周桓王十四年，公元前706年，熊通宣称："我有敝甲，欲以观中国之政。"（《史记·楚世家》）并请周王晋封爵位。周王不听。公元前704年，熊通自加尊号，称为"武王"，以示与周对抗。速杞之役和蒲骚之役确立了楚国在汉东的霸主地位，打败了随国之后，武王就曾移师西进，击败濮人，拓宽和加固了后方。

楚武王熊通在楚国历史上是一个很重要的人物，干了许多前所未有和别人不敢干的事，作出的贡献很大。他的见识、胆识和作为，在当时乃至整个先秦阶段的诸侯国君中，很少有人能匹敌。楚在春秋战国时代成为显赫的大国，然而作为真正意义的诸侯国来说，是从楚武王开始的。楚武王确立了楚国的建国方略，在楚国建立起政治制度、军事制度和其他各项制度，为以后楚国的发展指明了方向，因此楚武王应视为楚的开国之君。

---

① 马骕：《左传事纬》，徐连城点校，齐鲁书社1992年，第25—26页。

涛平赞曰：

赫赫楚国，武王肇其端，开国之功，无人能及。建国方略，谋定而动，制度建设，眼光长远。尊周能不以蛮夷为耻，称王敢俯视汉阳诸姬。以武立国讲究阵法，创立县制遗泽中华。汉江中游建立伟业，开疆拓土扬威汉东。国重君轻身先死，征随路上泪满襟。

第 二 章

楚文王雄踞汉阳

第一节　楚文王继位及浪子回头(文王元年)

公元前 689 年，周庄王八年，鲁庄公五年，楚武王逝世后，其子熊赀继位，是为文王。《春秋会要》："文王，名赀，武王子。鲁庄公五年立，在位十五年。谥曰'文'。"①

熊赀是按照父死子继的周代传统继承法继位的。史籍没有记载熊赀是否是嫡长子，是否还有兄弟与他争位，但可以推知。《左传》桓公十三年："楚子(楚武王)辞焉，入告夫人邓曼。"可知楚武王的嫡夫人为邓曼。又《左传》庄公六年："楚文王伐申，过邓。邓祁侯曰：'吾甥也。'止而享之。"故文王应该是邓曼的嫡子，邓曼为邓祁侯的姊或妹，故邓祁侯才会认熊赀为"甥"。《国语·楚语上》"昔令尹子元之难"韦昭注："子元，楚武王子，文王弟王子善也。"王准指出："未闻文王有兄长，他应当为嫡长子身份。"王准列举楚国的正常继位案例，自若敖至惠王，楚国在春秋时期总共有 17 位国君更替。在此 17 位国君中，11 人为正常继位，另外 6 人则是篡夺君位。②

由楚武王在位长达 51 年之久来看，熊赀接位时，可能已经人到中年。

熊赀为太子时，受过严格的教育。他的师傅史称"葆(保)申"，《淮南子·说山训》作"鲍申"。这说明楚武王重视太子的教育。有人指保申系楚武王特地从临近楚国的通晓中原礼仪的申国请来。保申认真履行师傅的职责，对熊赀要求严格，竭尽所能教育熊赀，是可以想见的。因此，熊赀是有文化素养的。

熊赀出生时，有生理缺陷。"(楚)文王污膺，鲍申伛背，以成楚

---

①　王贵民、杨志清：《春秋会要》，中华书局 2009 年，第 15 页。
②　王准：《春秋时期晋楚家族比较研究》，湖北人民出版社 2016 年，第 98 页。

国之治。"高诱注："污膺，陷胸也。"①今人谓之"瘪胸"，伛背是指驼背，师生两人都有些畸形。但是，这两个有身体缺陷的人，却使得楚国大治，国力在楚武王的基础上，又迈上新的台阶。

保（葆）申作为师傅，是怎样教育已经登上王位的楚文王的呢？《吕氏春秋·直谏》：

> 荆文王得茹黄之狗，宛路之矰，以畋于云梦，三月不反；得丹之姬，淫，期年不听朝。葆申曰："先王卜以臣为葆，吉。今王得茹黄之狗，宛路之矰，畋三月不反；得丹之姬，淫，期年不听朝，王之罪当笞。"王曰："不榖免衣褓襁而齿于诸侯，愿请变更而无笞。"葆申曰："臣承先王之令，不敢废也。王不受笞，是废先王之令也。臣宁抵罪于王，毋抵罪于先王。"王曰："敬诺。"引席，王伏。葆申束细荆五十，跪而加之于背，如此者再。谓："王起矣。"王曰："有笞之名一也。"遂致之。申曰："臣闻君子耻之，小人痛之。耻之不变，痛之何益？"葆申趣出，自流于渊，请死罪。文王曰："此不榖之过也，葆申何罪？"王乃变更，召葆申，杀茹黄之狗，析宛路之矰，放丹之姬。后荆国兼国三十九。令荆国广大至于此者，葆申之力也。极言之功也。

楚文王熊赀继位后，一度沉湎于美色和畋猎。在得到了属邑进献的良犬、利箭和一位号为"丹之姬"的美女后，竟然三个月不回都，即使回到都城，整年不上朝。保申认为这是自己教育不够的责任，找到文王，坚决要求文王接受"笞"的惩罚。文王从小受保申的教育，畏惧保申，苦苦哀求免罚，保申不从，说自己是受命于先王来教导大王的，宁开罪于大王，不开罪于先王楚武王。文王不得已而"敬诺"，趴在地

---

① 陈广忠：《淮南子译注》，吉林文史出版社 1990 年，第 798 页。

席上受罚。保申用扎成一捆的细荆条在文王的背上轻轻打了几下。文王觉得虽有"受笞"之名，但一点也不痛，受不受罚一个样。保申对文王说，君子以受笞为辱，小人以受笞为痛，大王竟然不以受笞为耻，我这荆条是白打了。保申对文王的表现失望至极，"自流于渊，请死罪"。文王见保申如此认真，深受触动，决心痛改前非，杀死了良犬，折断了利箭，放逐了美女丹之姬。从此以后，楚文王认真处理国事，如同父亲楚武王一样，驰骋疆场，灭掉申、息等国，楚国版图迅速扩张，成为大国。楚文王由此成为可以与父亲楚武王媲美的一代明君。

陈奇猷在校释中对文王放逐的美女丹之姬详加考证，认为"丹山与巫山相近，为楚地。丹之姬即丹山之姬也。据吕氏此文，楚文王得丹之姬，爱之，以葆申之谏放之，遂成恨事。宋玉《高唐》《神女》二赋谅即指此事而言。《高唐》《神女》所谓楚襄王实指楚文王，巫山实指丹山，巫山之女、神女实即指丹姬。文王、丹姬相遇不久，遽成永别，何异南柯之梦。故二赋皆以襄王与神女梦中相遇喻之也"①。楚文王杀犬折箭，并且放逐美貌如宋玉笔下巫山神女的丹之姬，则是需要痛下决心的。这说明楚文王知错就改，属于中国民间所谓"浪子回头"的典型。

据《吕氏春秋·长见》记载，苋嘻大夫恪守礼仪，多次冒犯文王，他在旁边时文王心情紧张，他不在旁边时文王怡然自得。但文王说："不以吾身爵之，后世有圣人，将以非不穀。"于是，赐苋嘻爵五大夫。申侯善于揣摩文王的心思，文王想要办的事，往往还没说出口申侯就办到了。申侯在旁边时文王觉得自在，不在旁边时文王便若有所失。先王的训诫，师傅的教导，加上自己的阅历，使文王渐渐学会了分辨直臣和佞臣。申侯亦见于《左传》僖公七年，是文王的宠臣，文王弥留之际，知道申侯有"专利而不厌，予取予求"的劣迹，赐之以璧，嘱咐他尽快离开楚国。申侯果然在文王下葬后出奔郑国，有宠于郑厉公，

---

① 陈奇猷：《吕氏春秋校释》，学林出版社1984年，第1545页。

留居 21 年之久，终因涉嫌谋叛，被郑文公诛杀。

楚文王浪子回头，开始专心治理国事。他发现，先王楚武王给自己留下的政治遗产非常丰富。张正明以抒情的笔调概述："武王所留下的，有清朗而安宁的江汉平原。文明的灿烂阳光，从江汉平原的西部照到了东部，从汉水的西边照到了东边。国与国相伐，部与部相攻，这样的人祸近乎绝迹了。铜矿的开采，铜器的铸造，都有蒸蒸日上之势。随国在楚国的卵翼下，正走向更为文明昌盛的未来。……武王所留下的，有一套粗具规模的国家机器。王的下面，有令尹总揽军民大政，有莫敖掌军，有县尹为一县之长。当然还有其他官职，只是文献没有一一记录下来。……武王所留下的，还有为北上中原而建立的两个前哨，左翼是都，右翼是蓼，相向窥伺着南襄夹道。下一步所要做的，就是打通南襄夹道和占领南阳盆地了。在武王的遗产中，尤为珍贵的是发愤图强的锐志和标新立异的勇气。"①

文王的师傅保申和楚国的大臣们，帮楚文王分析国情和周边的形势，使文王认识到，目前正是向外发展的绝好时机。楚文王继位之时，中原地区各诸侯国的势力大致均衡，没有一个特别强大，对于楚国的发展十分有利。

齐国在春秋初年南靠泰山，西有黄河，东临大海，三面有天然阻隔，地势险要，易守难攻。东面虽有莱、夷等族，但较弱小，未构成对齐国的威胁。西面的卫国较弱，只有南面的鲁国当时稍强，可与其一争雌雄。齐国有鱼盐之利，经济富庶，为以后争霸提供了物质条件，不过在春秋初资源尚未很好开发。齐领土虽大但势力未强，公元前 706 年北戎伐齐，齐僖公还求郑国派兵相救。

鲁国北依泰山，东有大海，南邻淮夷，西南接宋，西北连齐。由于它的平原沃田均与宋、齐接壤，因此为了争夺领土常与宋、齐两国发生摩擦，但在春秋初谁也不具有压倒对方的优势。

---

① 张正明：《楚史》，湖北教育出版社 1995 年，第 80—81 页。

宋国是商的后代，周王之所以封其在睢水流域平原之地，就是为了便于控制它。但春秋初宋的南面和东面是一些力量薄弱的陈、蔡等小国或夷邦，而北面的鲁、卫等国势力也不是特别强大，只有西面的郑国略强，对宋构成威胁，因此春秋时宋和郑矛盾较大。

　　卫国在春秋初年西面和北面都与戎狄为邻，东接齐国，南连郑、宋，正夹在一些较强的国家之间，四面受敌。由于共同的命运，春秋初卫和宋往往联合起来抗击别的强国。

　　陈、蔡两国在中原都是弱国，因均邻近宋，在春秋初楚国势力尚未北上时，它们往往依附于宋，与较强的郑为敌。

　　郑国北靠黄河，西连周王室，虽国土不大，但郑伯是王室的卿士，地位特殊；加上地处中原的中心，交通便利，经济发达，使之在中原各小国中独居首位，在齐、晋、楚等大国没有强大起来之前成为中原较强的国家，为周边诸小国所畏惧。

　　晋国地处黄河中游，土地肥沃，虽是扶助周王室的姬姓重国，但在春秋初疆域尚小，其周围戎狄杂居，楚武王时大体相当于晋国曲沃代翼时期，晋（包括翼、曲沃两个政权）的版图为"太岳山西麓以西，黄河东岸以东，北到今尧都区河西和浮山县西部一线，南至闻喜、夏县，及汾水与浍河交汇地带及其周围地区"[①]。此时晋国内部正在进行激烈的争夺权力的斗争，使其不能外顾。

　　秦在西方，三面有戎狄包围，楚武王逝世时为秦武公八年，秦国战胜犬戎之一的位于洛水中上游的彭衙戎，继而南下华山，基本控制了除河西外的关中，占据了周王室东迁前在关中的所有区域。但主要的精力只可能经营黄河以西之地，无力东向中原发展。

　　从以上各国的形势看，春秋初期，周平王东迁之后没有一个诸侯国对王室构成威慑，各国势力大体处在相对平衡的状态，致使东周王朝的统治能够苟安。当然，中原地区的均势不可能长期保持，随着各

---

① 　李尚师：《晋国通史》，山西人民出版社2014年，第1122页。

国力量的消长，平衡终会被打破。

在楚文王之前，这种平衡已经部分被打破。由于郑国地位特殊，国力渐强，首先由它冲破了这种暂时均衡的局面。公元前722年，楚武王十九年，叔段发兵进攻郑庄公，庄公发兵讨伐，命公子吕率兵车二百乘伐京。京居民反叛叔段，叔段退至鄢（今河南鄢陵西北），郑军攻鄢，叔段只能出奔共国（今河南辉县）。郑庄公平定了叔段的叛乱，使其政权进一步巩固。叔段奔共同时，其子公孙滑出奔卫。卫为公孙滑出兵伐郑报仇，夺取了廪延。郑国就借周王和虢国的军队进攻卫南部边境，又请邾出兵，与邾在翼（今山东费县西南）结盟。次年郑军伐卫。

公元前719年，楚武王二十二年，卫国发生内乱，州吁收聚卫国外逃者回国袭杀了卫桓公，自立为君。州吁为郑叔段之事想伐郑，同时也想用对外战争来巩固自己的权力。于是就策动宋、陈、蔡共同起兵伐郑，将郑的东门围了五天。这就开创了诸侯联合伐某国的先例。"从此东方诸侯分裂，郑、齐为一派，宋、陈、蔡、卫为另一派，互相对立。"①

过去，楚武王在这两派之间，处于中立的地位，这是楚国发展良好的外部条件。楚武王充分利用这有利时机，扬威汉东，为楚国的发展奠定了坚实的基础。如今，楚国所处的外部条件依旧，就看楚文王如何施展了。

接受保申死谏而彻底醒悟的楚文王，决心继承楚武王留下的政治遗产，充分利用中原自顾无暇的有利时机，有所作为，干出比先王更加辉煌的伟业。

---

① 顾德融、朱顺龙：《春秋史》，上海人民出版社2001年，第48页。

第二节 免郢被淹及徙湫郢、樊郢

正当文王摩拳擦掌，急于北上之际，一场突如其来的大祸，降临在楚武王生前定居的免郢。迫使文王火烧眉毛只顾眼前，先解决好新都问题，再忙其他。

清华简《楚居》记楚武王、文王时期的居处，在名叫"免"的地方："至武王酓䵣(达)自宵遷(徙)居免。"免郢即今湖北钟祥胡集镇东的罗山遗址。由于免郢紧临蛮河到汉江的入水口，地势低洼，遇雨常常积水，居住多有不便，楚都建在这样地势低洼的地方，大家都颇有怨言，将免郢称之为容易积水的"疆浧"，将淹没免郢的洪水称之为"疆浧之波"。《楚居》对此形象地描述为"众不容于免"，只是碍于武王坚持，众大臣均不敢作声。

等到楚武王驾崩，这股怨气自然随时会爆发。楚武王是在出征随国的途中去世的，按照楚国出兵不误农时的惯例，可推知楚武王逝世在春季，文王继位只能在春季以后，在六、七月间的雨季之前。最大的可能是，事有凑巧，文王继位之年的六、七月间，天连降暴雨，洪水来得突然，楚人赖以生存的保护免郢的堤防决堤，致使免郢部分淹没，泡在水里。

免郢被淹，众人原本积压的怨气这一次总爆发，纷纷强烈要求刚登位的文王赶快迁都。文王只得带领大家临时迁移到附近不会被水淹的高岗地带。这事在《楚居》中记载如下：

众不容于免，乃渭(溃)疆浧之波(陂)而宇人女(焉)。氏(抵)今曰郢。至文王自疆浧遷(徙)居湫郢。[1]

---

[1] 清华大学出土文献研究与保护中心编，李学勤主编《清华大学藏战国竹简》(壹)，中西书局 2010 年，第 181 页。

114

从《楚居》所记，可知文王将楚都从凫郢迁到了名叫"湫郢"的地方。

湫，整理者怀疑从禾声。按湫，《说文》："湫，隘下也。……一曰有湫水，在周地。《春秋传》曰：'晏子之宅秋隘。'安定朝那有湫泉，从水，秋声。"（后面为了方便，湫写作湫。）"湫郢"位于今天何地？学者们众说纷纭。其一，认为"湫郢"即湖北宜城楚皇城遗址。"颇疑楚皇城就是湫的遗迹。"[1]牛鹏涛赞同其说，以为今襄阳宜城东南的楚皇城即为"湫郢"。[2] 其二，认为"湫郢"在湖北宜城小胡岗遗址。"小胡岗遗址的年代与成王时期相合，这也反证了小胡岗遗址可能为'湫郢'。"[3]其三，认为"湫郢"在河南泌阳象河关。黄灵庚提出，湫郢即《鄂君启节·车节》所记"象禾"。[4] 又据谭其骧《鄂君启节铭文释地》，以为"湫郢"即今河南泌阳北象河关，"车行出方城伏牛山隘口，折东南抵此"[5]。对于上述看法，徐文武评论：以上关于"湫郢"地望的诸种说法，证据并不充足，难以令人信服。[6]

"湫城"之地名，最早见于西晋杜预《春秋左氏经传集解》。《左传》庄公十九年记楚文王伐黄返楚"及湫"，杜预为"湫"作注："南郡郡县东南有湫城。"由此可见，杜预认定《左传》所记"湫"即"湫城"。古本《水经注》中也载有"湫城"，不过，在传世诸本中，均将"湫城"

① 赵平安：《试释〈楚居〉中的一组地名》，《中国史研究》2011 年第 1 期。
② 牛鹏涛：《清华简〈楚居〉武王、文王徙郢考》，载《楚文化研究论集》（第十一集），上海古籍出版社 2015 年。
③ 笪浩波：《多维视野下的春秋早期楚国中心区域——清华简〈楚居〉之楚王居地考》，《长江大学学报》（社会科学版）2017 年第 4 期。
④ 黄灵庚：《〈楚居〉与〈楚辞〉互证五事》，载姚小鸥《清华简与先秦经学文献研究》，生活·读书·新知三联书店 2016 年。
⑤ 谭其骧：《鄂君启节铭文释地》，载《中华文史论丛》第二辑，中华书局 1962 年，第 182 页。
⑥ 徐文武：《清华简〈楚居〉"湫郢"考》，《长江大学学报》（社会科学版）2023 年第 3 期。

讹写作了"狄城"。徐文武从《水经注》入手探讨"湫郢"地望，指出《水经注·沔水》对"湫城"（讹作"狄城"）所在地的水系有较为清晰的记载，这是迄今所见研究"湫城"地望最有价值的资料。[1] 清武英殿聚珍本《水经注》卷二十八"沔水"记，沔水（汉水）过宜城县城后，东南流，东岸有郡县故城、狄城。杨守敬、熊会贞在《水经注疏》"清写本"（北平科学社影印）和"最后修订本"（台北中华书局影印，也称"定稿本"）中早有订正。1988 年谢承仁主编《杨守敬集》，进一步将"狄城"订正为"湫城"：

> 沔水又东，敖水注之。水出新市县东北，又西南径大阳山，西南流径新市县北，又西南而右合枝水。水出大洪山而西南流，径襄阳郡县界西南，径湫城东南，左注敖水。敖水又西南流，注入沔，是曰"敖口"。[2]

熊会贞在"湫城"下特意注明："朱'湫'讹作'狄'。全、赵、戴同。会贞按：《左传》庄十九年，楚子伐黄，还及湫，有疾。杜注，'南郡郡县东南有湫城'。《续汉志》'郡县'注引《左传》及杜注同。准以地望，即此《注》所指之城，'湫'、'狄'形近，则'狄'为'湫'之误无疑，今订。在今钟祥县北。"[3]

钟祥市境内有汉水及其支流敖水、枝水，无论是河流名称，还是河流走向，以及主流与支流的分合关系，都与《水经注》所记完全一致。清顾祖禹《读史方舆纪要》卷七十七"湖广三"之"承天府"载："直河在府北十五里，其水直入汉江，故名。俗讹为'池河'。府北三十里又有瓦埠河，流入直河。《志》云：池河，即《水经》所载枚水也。源出大洪山，西南流经襄阳宜城县界。又有激水，在府北六十里，合

---

① 徐文武：《清华简〈楚居〉"湫郢"考》，《长江大学学报》（社会科学版）2023 年第 3 期。
② 谢承仁主编《杨守敬集》第四册，湖北人民出版社 1988 年，第 1734 页。
③ 谢承仁主编《杨守敬集》第四册，湖北人民出版社 1988 年，第 1734 页。

流而西南注于沔水。"《大清一统志》记在今湖北钟祥市北有直河，直河古称"枝水"，又称"长寿河"，发源于大洪山，今"直河"因《水经注》所记"枝水"而得名。清同治《钟祥县志》卷三"直河"条记：直河"直入于汉，俗讹为池河"。又记："直河即所谓枝水也。"直河有一条与枝水同发源于大洪山的支流，名曰"敖水"，又称"激水"，也称"敖河"。《大清一统志》卷二六五"安陆府·山川"记："敖水，在钟祥县北，今名直河。"

结合《水经注·沔水》所记，枝水"西南径湫（狄）城东南"，大致可以确定古湫城的地理位置，应在今钟祥市长寿镇一带。在古代文献的记载中，关于"湫城"的定位，多是以钟祥、宜城作为参照点进行描述的。如《大清一统志》卷二六五记载："湫城，在钟祥县北。"《春秋大事表》"襄阳府"条：宜城县"东南有湫城，为楚湫邑。"[1]杨伯峻《春秋左传注》："湫音剿，《清一统志》谓湫在湖北省钟祥县北，《春秋大事表》谓在湖北省宜城县东南，其实一也。"[2]今长寿店正位于钟祥市以北、宜城市东南方向，这与古代文献中对湫城的定位完全吻合。张修桂在《〈水经注·沔水〉襄樊——武汉河段校注与复原(上篇)》一文中，根据谭其骧《中国历史地图集》，将"湫城"定位"在今钟祥长寿店附近"[3]，结论可信。

今钟祥市有一处古城遗址，国家文物局组织编写的《中国历史文化名城词典》称该城址为"长寿城址"，并认定该城址为"东周时期旧城"。[4] 长寿城址位于钟祥长寿镇西北约 500 米处，呈不规则长方形，长 700 米宽 500 米，城垣厚约 6 米，城门 4 个，环城河宽约 4 米，发现水井多处。现存土城长 35 米，宽 10 米，高 1.5 米。结合古湫城的地理位置来看，长寿城址应该就是东周时期的湫城城址，也就是清华简

---

① 顾栋高：《春秋大事表》，中华书局 1993 年，第 683 页。
② 杨伯峻：《春秋左传注》(修订本)，中华书局 1990 年，第 211 页。
③ 张修桂：《龚江集》，上海人民出版社 2014 年，第 81 页。
④ 国家文物局编：《中国历史文化名城词典》，上海辞书出版社 2000 年，第 81 页。

《楚居》所记的"湫郢"遗址。（见图2-1：楚文王湫郢位置图）

据《楚居》，文王、成王都曾居湫郢，惠王在白公之乱后徙袭湫郢，改名为"肥遗"，在惠王离开肥遗，徙居鄢郢及司吁之后，惠王太子"以邦复于湫郢"，悼王在"中谢起祸"后，也曾袭徙肥遗，后来在"邦大瘠"的情况下才离开肥遗。由此可见，湫郢在楚国政治中的地位非同一般。尤其是在"白公之乱"和"中谢起祸"后，楚王都徙居肥遗，似乎暗示肥遗不同于一般的楚王居住地，具有陪都性质。

肥遗郢并见于新蔡葛陵楚简和清华简《楚居》中：

王自肥遗郢遷（徙）于郜郢之岁，亯月（甲三：240）①

白公记（起）祸，女（焉）遷（徙）袭（袭）湫郢，改为之，女（焉）曰肥遗，……至恕（悼）折（哲）王猷居郇（鄩）郢。审（中）醓（谢）记（起）祸，女（焉）遷（徙）袭（袭）肥遗。邦大瘠（瘠），女（焉）遷（徙）居郜郢。②

迁都湫郢，人们再也不必担心水灾了，人心安定，楚文王获得大家的一致拥护，声望迅速上升。但此时文王头脑十分清醒，他不满足于湫郢的安逸，急于北上，开疆拓土，建功立业。

文王最想进攻的目标是位于南阳盆地的申国。从湫郢出发，进军申国，路途遥远，运输不便，前方战事接应不及。文王深知，最好的办法是在靠近前线的地方再建新的都邑，以利接应。他看好湫郢正北方的樊地，为此，在樊地再建新都邑，命之曰"樊郢"。清华简《楚居》明确记载：

---

① 武汉大学简帛研究中心、河南省文物考古研究所编著：《楚地出土战国简册合集》(二)：葛陵楚墓竹简、长台关楚墓竹简》，文物出版社2013年，第14页。
② 清华大学出土文献研究与保护中心编，李学勤主编《清华大学藏战国竹简》(壹)，中西书局2010年，第182页。

至文王自疆浧遷（徙）居湫郢＝（湫郢，湫郢）遷（徙）居樊
郢＝（樊郢）。①

樊郢，整理者指出："《水经·沔水注》载，沔水经平鲁城南，
'东对樊城，仲山甫所封也。……城周四里，南半沦水。'在今湖北襄
阳市樊城，但西周仲山甫所封未必可信。"②李守奎指出："《路史·国
名纪丁·商氏》后篇樊下：'今襄之邓城有樊城镇。汉之樊县有樊古
城、樊陂，樊侯国也。'樊邓地近，古人常樊、邓联称……樊在汉水沿
岸，是春秋早期楚人活动的中心地带，把'藜'释为'樊'很合适。"③黄
灵庚将"藜"地释为"鄂君启节"和《左传》中的繁阳，在今河南新蔡
北。④牛鹏涛认为黄说失之较远，楚文王时期向北努力拓疆，《左传》
和清华简《系年》都记文王"封畛于汝"而已，汝水流域作为楚之北疆
是不稳固的，且蔡国仍很强大，楚文王徙都于繁阳的可能性较小。樊
郢定在今襄樊市樊城是可信的。⑤

循此线索，搜索湖北襄阳的古遗址，与樊郢相对应的是楚王城遗
址。"楚王城遗址在襄阳县黄龙镇高明村油坊湾东北 300 米，属新石器
时代到周代遗址。湖北省文物保护单位。相传楚王曾在此建城，故
名。"⑥表明此地作为"樊郢"完全有可能。

---

① 清华大学出土文献研究与保护中心编，李学勤主编《清华大学藏战国竹简》
　（壹），中西书局 2010 年，第 181 页。
② 清华大学出土文献研究与保护中心编，李学勤主编《清华大学藏战国竹简》
　（壹），中西书局 2010 版，第 188 页。
③ 李守奎：《〈楚居〉中的樊字及出土楚文献中与樊相关文例的释读》，《文物》2011
　年第 3 期。
④ 黄灵庚：《清华战国竹简〈楚居〉笺疏》，《中华文史论丛》2012 年第 1 期。
⑤ 牛鹏涛：《清华简〈楚居〉武王、文王徙郢考》，载《楚文化研究论集》（第十一
　集），上海古籍出版社 2015 年，第 322 页。
⑥ 国家文物局主编《中国文物地图集·湖北分册（下）》，西安地图出版社 2002 年，
　第 72 页。

樊郢位于汉水北岸，是交通要道，商业发达，人口众多，物资充足。楚文王徙都汉北之樊郢，是为进攻申国作准备。与此同时，楚国原有的免郢、湫郢都继续存在，发挥都邑的作用。樊郢，作为楚国军队锐意北上的大本营，蓄势待发。从樊郢出发的隆隆战车，将驰骋南阳盆地，直扑申国。

第三节　楚巴联军伐申及巴楚生隙（文王二年）

楚文王二年便进攻申国，意义非同小可。其父楚武王扬威汉东，只是用武力威胁利用"汉阳诸姬"的领头羊随国，提出一些政治要求，征服江汉流域不属于"荆蛮"的周边戎族和小国。武王最后死在攻打随国的征途上，只争得随国的讲和结盟而已，不可能真正触动"汉阳诸姬"。而文王出兵攻打申国，将直接面对周王室多年以来苦心经营的南方防御体系。

西周中期以后，特别是力图重振成康时期雄风的穆王和宣王，又在具有战略地位的南国再次进行分封，以图加强周边国土的安全。

周昭王三征南蛮，打击荆蛮，结果是未达目的，昭王自身葬身江汉。[①] 穆王即位后，吸取其父南征不返的惨痛教训，认识到南方防御力量薄弱，荆蛮才敢于东进和北犯王朝疆土，故穆王在把防御重点从北线转向南线的同时，建立以成周为中心的防御体系：崤函险道东端的伊洛平原，是周王朝东都成周所在地。这座根据周武王遗愿营建的大都邑，是西周时期天子统治东方的政治中心和军事大本营。这里有周王朝在东方的军事指挥中枢，并驻有周初组建的"殷八师"或曰"成周八师"的重兵，直辖派驻东方战略要地的部队，调遣坐镇一方的东土侯伯军队，通过"周道"将各种武装力量连接起来，构成一个比较完

① 见程涛平：《先楚史》第十三章第九、十、十一节，武汉出版社 2019 年，第 1308—1326 页。

整的军事防御体系。"这个体系以成周为中心，分为南北两线，由于西周前后期防御重点的不同，防御体系也就随之进行了调整，把重点从北线移向南线，适应保卫王朝东国和南国疆土免遭侵犯的军事斗争。"①

为防御南土，周穆王特意将辅佐他作《吕刑》的重臣封到今河南南阳西，为吕侯，是为姜姓侯国。"穆王封吕是很有战略眼光的，是在楚人北进的路途上设置的障碍。因此吕是西周中晚期把守南国大门的重要侯国。"②继穆王之后，周宣王又将申国封到南阳。申国，姜姓，被封在今河南省南阳市北。近年这里发现西周晚期申国遗址。据《诗经·大雅·崧高》载，申伯原为王朝的执政大臣，协助宣王治国，文武双全，品德高尚，又是宣王长舅，故被分封到南方。申国与吕国一起，构成王室在南国的屏障，担当捍卫王室的中流砥柱。

周初自南阳至汉东广大地域分封许多姬姓和异姓侯国，是保卫成周之南边境安全和贡道畅通的重要举措。先后在这一带立国的有姞姓鄂国，都城在今南阳市北石桥镇；姜姓申国都于谢（南阳市东南）；姜姓吕（又称甫）国，在南阳市西有吕城；曼姓邓国，建都于原湖北樊城③，这里是自南阳入汉江的要津；姬姓曾国是南土势力最强的侯国，随枣走廊经常有曾国铜器出土，春秋战国时都城在今随县；祁姓唐国建都于随州西北唐城镇；姜姓厉（赖）国都城在随州北厉山店；等等。这些大大小小的诸侯国在周昭王以前几乎布满了南阳至随枣走廊，组成捍卫南国的屏障。淮河流域的姬姓侯国集中在汝河两岸，包括汝河之东蔡叔度的封地蔡国；武王弟聃季封国聃；武王第四子封国应；颍水中游的沈国；淮河北岸息县与罗山之间的姬姓息国；周公第三子伯龄封国蒋，等等。这些诸侯国东达颍水，南到淮河中游两岸，保护成周南下通道。

① 罗琨、张永山：《夏商西周军事史》，军事科学出版社1998年，第295页。
② 罗琨、张永山：《夏商西周军事史》，军事科学出版社1998年，第265页。
③ 石泉：《古邓国、邓县考》，《江汉论坛》1980年第3期。

但是，周朝的南方防线还是有薄弱的一面。周王室在分封过程中，过分强调原商王畿及其周围与国的战略重要地位，把有军事实力的大国都安排在东方和北方，南方包括淮河中下游和王畿西部的诸侯军事实力不强。在淮河两岸及其支流颍水中下游、南阳地区没有一个实力雄厚的大国镇守。同时，周王室军队的实力逐渐下降。西周晚期，王室东、西两线作战，军队疲于奔命。周王室本有强大的军队，但在与春秋初霸郑国的较量中实力大伤，而且由于财政匮乏，到楚文王时，已濒临解体。楚文王继位一年之际，连续迁都湫郢、樊郢，安定了后方，随即接受保申及众大臣的劝谏北上，全力以赴筹备进攻中原事宜，爆发出了惊人的能量。他看准了周王室南方防御体系的薄弱之处及周王室的兵力衰竭，乘机果断出击。《左传》庄公六年记载："楚文王伐申。"鲁庄公六年，即楚文王二年，公元前688年，表明文王乘父亲武王初服江汉之威，剑指北方，向申国进军了。

申是周宣王为保南土封其元舅申伯于南阳盆地所建，在今河南南阳市东北，处于北上中原的要冲，是东周雒邑的屏障。楚人伐申的目的，就是要打通通往中原的交通，北上争霸，问鼎周室。

值得注意的是，《左传》庄公十八年记："及文王即位，与巴人伐申，而惊其师。巴人叛楚而伐那处。"表明文王伐申开始时是联合了邻近的巴人，组成联军向申国进军的。巴人能够随楚文王出征申国，是延续楚武王时期形成的巴楚联盟的一致行动。

西周以来，巴国处于陕东南安康盆地一带，由于受地理条件的限制，发展十分有限。故巴国在春秋早期只有向东向南发展，巴只有与楚人联合，才有出路。此时，楚武王开拓汉东，很需要盟友。因此，在开疆拓土的共同目标上，巴、楚两国都有结成联盟的愿望。《左传》桓公九年，公元前703年，"巴子使韩服告于楚，请与邓好"。楚国非常欢迎，热情接待："楚子使道朔将巴客以聘于邓。"谁知在两国的特使一齐在出使邓国的路上，路过邓国所属的鄾邑时出了意外："邓南鄙鄾人攻而夺之币，杀道朔及巴行人。"

对于这一拦路抢劫并杀人的恶性事件，楚、巴两国都作出了愤怒的反应："楚子使薳章让于邓，邓人弗受。"外交上的交涉没有结果，矛盾迅速升级，爆发战争，楚、巴两国都出动军队，组成联军，进攻邓国的鄾邑。战斗的结果："邓师大败，鄾人宵溃。"这场战争发生在公元前703年，楚武王三十八年，武王称王的第二年，是见诸文献的巴楚两国第一次联合作战。楚人在巴国的帮助下，取得了鄾地，巴国也在楚人的支持下，报了使者被杀之仇。双方各得其所，开始结成联盟。

张良皋提出：这一场战争的原因值得思索，巴人何故要假道楚国，越境与邓"修好"？只有一个原因，为了作越境贸易：巴人最值钱的商品只有盐，这是一场巴人为开辟食盐市场而发动的战争。① 任乃强先生其实也看出这一点："春秋之世，巴国实力已大于楚。邓国故地，在今河南省南阳地区，其南鄙之鄾，当在今襄阳北界，与巴江州相去一千余里，中隔楚境六七百里。巴欲通好于邓，不过欲将商业通向中原，要楚王为之介绍。"②

不过任乃强先生未将"商业"指明为盐业。其后巴和楚还联军伐申，申更在邓之北。这说明巴国在贩卖盐的利益驱使下，愿帮助楚国，共同行动。也说明文王伐申，不只是楚国的孤军，而是与巴国联合行动，由此形成了伐申的浩大声势。

但是这次楚巴联军伐申，没有结果。原因是半路上巴、楚两军发生了分歧，楚师"惊"了巴师。《左传》庄公十八年："文王即位，与巴人伐申而惊其师，巴人叛楚而伐那处。"巴国军队掉头南下，进攻楚国南方重镇那处。这到底是怎么回事呢？

"惊"巴师的原因，杨伯峻在《春秋左传注》中作了说明："楚师惊巴师也。陶鸿庆谓惊、警字通，此谓戮辱巴人以警惧之，故致叛。说

---

① 张良皋：《巴史别观》，中国建筑工业出版社2006年，第143页。
② 任乃强：《华阳国志校补图注》，上海古籍出版社1987年，第11页注释。

见《左传别疏》。"杨伯峻的注提示我们，不是巴楚联军在伐申行进的路途中发生了什么冲突和摩擦，而是巴师中途得到了消息，有巴人在"那处"之地受到了戮辱。①

巴师浩浩荡荡，不几日便到达那处，将那处团团围住，《左传》庄公十八年形象地记录当时的场景及阎敖逃跑的狼狈："巴人叛楚而伐那处，取之，遂门于楚。阎敖游涌而逸。"楚武王三十八年起结盟至今的巴楚关系，此时已降至冰点。

进军申国途中，巴国军队不辞而别，楚文王只得率领楚国人马，硬着头皮单独攻打申国，这样一来，进攻申国的声势当然要小了很多。申国早已得到消息，厉兵秣马，严阵以待，楚国军队只是将申国的都城虚张声势地包围了几日，无功而返。大军返回途中，又经过邓国，《左传》庄公六年："还年，楚子伐邓。"表明楚文王因伐申国出师不顺，心情烦躁，迁怒于邓，不顾楚国与邓国是甥舅关系，下令攻打邓国。从此，楚国与邓国撕破了脸皮，为10年后楚灭邓埋下了伏笔。

文王回到樊郢，很快查明巴师不辞而别的原因及占领那处的情况，立即下令处死阎敖。谁知一波未平一波又起，阎敖族人众多，有很强的势力，处死阎敖之后，阎敖的族人不服，聚众为乱。文王出动军队将阎敖族人镇压下去。《左传》庄公十八年对此的记述是："阎敖游涌而逸，楚子杀之。其族为乱。"

但是，经历了这场风波，巴楚之间仇恨的种子已经种下，关系完全破裂，巴国在这年的冬天，举兵攻楚。《左传》庄公十八年（楚文王十四年）追记："冬，巴人因之以伐楚。"巴人在楚武王时期的这次伐楚，没有结果，可能是楚武王早有准备，巴师只是虚张声势骚扰而已。至此，巴楚关系完全破裂。巴国长期占据那处，与楚国对峙，这种局面长达12年，直到楚文王十三年，巴人再次从那处举兵攻楚，声言进

---

① "那处，楚地，今湖北省荆门县东南有那口城，当即其地。"杨伯峻：《春秋左传注》（修订本），中华书局1990年，第209页。

攻楚新都为郢(今宜城楚皇城遗址),楚文王迎战,两军在津地打了一场遭遇战,楚军大败,巴军心中怨气得以发泄,乘胜撤离那处,权县才回归楚国。

第四节　应邀攻蔡,猎艳灭息(文王六年)

楚文王伐申铩羽而归,心中不甘心北上受挫,苦于没有机会。到楚文王六年,突然接到息侯的邀请,要求他出动军队,惩罚蔡侯。不禁大喜,立即整军,直奔蔡国。

蔡国是文王垂涎已久的北上目标,位于今河南上蔡县。蔡国始封之君为蔡叔度,本是周文王之子,与武王、周公旦皆为同母兄弟。蔡叔后来参与了殷武庚的叛乱,以致失国,其子胡发愤图强,后复封于蔡。蔡国原封地实际疆界:东至顿国、沈国,南近息国、江国,西临房国、道国,北有陈国、许国。地处淮河上游北部,是当时疆域较大的诸侯国。文献所载西周蔡国的历史较为简略,从铜器铭文有关蔡国先后与王室重臣尹氏等结为姻亲的史实分析,作为周王朝在淮域的同姓封国,蔡国不仅与王室关系密切,同时也具有一定的实力和地位,起着屏藩王室、镇抚淮夷的重要作用。

春秋早期,郑国实力最强,有"郑庄小霸"之称,但蔡不惧郑。《左传》隐公四年:"宋公、陈侯、蔡人、卫人伐郑,围其东门,五日而还。"蔡国多次与鲁、宋、陈等国联盟伐郑,说明这时蔡国仍具有一定实力。与此同时,楚国崛起,对周边诸侯国形成巨大的威胁。《左传》桓公二年:"蔡侯、郑伯会于邓,始惧楚也。"这时还在楚武王称王之前,蔡国便对楚国有畏惧心理。至楚文王时,这种恐惧心理会更强烈。正因如此,蔡国时刻提防楚国,使楚国无从下手。

息国与蔡国相邻,公元前684年,楚文王六年,息侯邀楚攻蔡,其中大有文章。《左传》庄公十年披露了息侯邀楚攻蔡的内情:

蔡哀侯娶于陈，息侯亦娶焉。息妫将归，过蔡。蔡侯曰：
"吾姨也。"止而见之，弗宾。息侯闻之，怒，使谓楚文王曰：
"伐我，吾求救于蔡而伐之。"

　　原来是息侯不能忍受蔡哀侯对夫人的不尊重而求助楚国报复的。
息是蔡的南邻，故址在今河南息县。蔡夫人和息夫人是姐妹，都出身
于陈国公室。蔡侯先娶，息侯后娶。息夫人貌美，自陈到息，经过蔡
国，蔡哀侯以姐夫名义阻留求见，有轻浮的言谈举止。息侯闻知此事，
大怒，派使者到楚国，向文王献伐蔡之计，请楚伴为伐息，息乃求救
于蔡，蔡救息，楚即可半路袭蔡，蔡没有防备，必败无疑。文王大喜
过望，迅即出师。

　　按照《左传》的记载，息侯仅仅因为蔡哀侯对息侯夫人的"弗宾"
即不尊重或者有调戏的行为，就请求楚国出面诉诸战争惩罚蔡国，
有反应过度之嫌。近年新发现的清华简《系年》对此亦有类似的记
载，其中第五章专叙楚、蔡、息三国间的纠葛，与《左传》文字稍有
不同：

　　　蔡哀侯娶妻于陈，息侯亦娶妻于陈，是息妫。息妫将归
于息，过蔡，蔡哀侯命止之，曰："以同姓之故，必入。"息
妫乃入蔡，蔡哀侯妻之。息侯弗顺，乃使人于楚文王曰：
"君来伐我，我将求救于蔡，君焉败之。"文王起师伐息，息侯
求救于蔡，蔡哀侯率师以救息，文王败之于莘，获哀侯以归。①

　　《系年》直接点明"蔡哀侯妻之"。这比《左传》所记的"弗宾"要严
重得多了，息侯冲冠一怒为夫人，大有男子汉的血气，自知凭息国的

---

① 清华大学出土文献研究与保护中心编，李学勤主编《清华大学藏战国竹简》
　　（贰），中西书局 2011 年，第 147 页。

军力打不过蔡国，由此请求楚国出兵也就可以理解了。

楚文王受邀，按照约定，楚军北上，战车隆隆，旌旗猎猎，故意扬言讨伐息国。走到莘地，果然遇到前来救息的蔡国军队，打了个伏击战，蔡哀侯完全没有防备，措手不及，当了俘虏。

莘地的地望，有"安徽界首"和"河南汝南"两种解释。《中国历代战争年表》的解读是："莘之战：楚文王六年，楚应息侯之请伐蔡，在莘（安徽界首北）击败蔡军，俘蔡侯。"①《中国历史地名大辞典》的介绍是：莘，春秋蔡地。在今安徽界首市北。《春秋》"庄公十年（前684），荆败蔡师于莘"，即此。②杨伯峻的解释是："莘，蔡地，当在今河南省汝南县境。"③对照地图，息国在蔡国东南，蔡哀侯从今上蔡县出发救息，必走直线，经河南汝南，没有必要往正东方，通过安徽界首，再绕大圈往西南到位于今河南息县的息国。莘地地望当以杨伯峻所言的汝南为是。

楚文王借助息侯对蔡哀侯的不满，轻而易举地俘虏了蔡哀侯。楚文王志得意满地来到息国。《系年》《左传》与《吕氏春秋》均记录了楚文王赴宴及灭息的整个过程：

> 文王为客于息，蔡侯与从，息侯以文王饮酒，蔡侯知息侯之诱己也，亦告文王曰："息侯之妻甚美，君必命见之。"文王命见之，息侯辞，王固命见之。既见之，还。明岁，起师伐息，克之，杀息侯，取息妫以归。④

---

① 《中国军事史》编写组编：《中国历代战争年表》，解放军出版社2003年，第43页。

② 史为乐主编《中国历史地名大辞典》，中国社会科学出版社2005年，第2070页。

③ 杨伯峻：《春秋左传注》（修订本），中华书局1990年，第181页。

④ 清华大学出土文献研究与保护中心编，李学勤主编《清华大学藏战国竹简》（贰），中西书局2011年，第147页。

蔡哀侯为莘故，绳息妫以语楚子。楚子如息，以食入享，遂灭息。以息妫归，生堵敖及成王焉。①

楚王欲取息与蔡，乃先佯善蔡侯，而与之谋曰："吾欲得息，奈何?"蔡侯曰："息夫人，吾妻之姨也。吾请为馂息侯与其妻者，而与王俱，因而袭之。"楚王曰："诺。"于是与蔡侯以馂礼入于息，因与俱，遂取息。②

息国这场酒席，可谓千古奇宴。酒席有三个诸侯国的国君参加，其中一个的身份是俘虏。蔡哀侯在酒宴上知道自己中了息侯精心谋划的骗局后，假装敬酒，附在文王耳边轻声说："息侯之妻甚美，君必命见之。"听到此话，文王强硬表示无论如何也要请息侯夫人出来相见。息侯万般无奈，只得传令请夫人出来。文王见到息侯夫人的那一刻，被其美貌所深深吸引，文王不动声色，礼貌告辞，带蔡哀侯回到军营，随即押回楚国。对于蔡哀侯在同文王赴息国之宴后的结局，文献有两种不同的记载。《史记·楚世家》："（楚文王）六年，伐蔡。虏蔡哀侯以归，已而释之。"《史记·管蔡世家》："楚文王从之，虏蔡哀侯以归。哀侯留九岁，死于楚。凡立二十年卒。"结合蔡哀侯后来的命运，两相比较，还是《管蔡世家》较为可靠。

文王在息国赴宴后回到楚国，办完公事之余，总是对息夫人念念不忘。大约一年之后，腾出手来，经过充分的准备，率师灭掉息国，杀死息侯，如愿以偿地掳掠息夫人回国。

从《左传》的记载可以看出，楚灭息是由楚伐蔡和楚灭息这两大部分组成的。这段记载与《系年》较为接近，比《系年》简略。《系年》的叙述比《左传》和《吕氏春秋》更为完整和生动，在莘之战后增加

① 《左传》庄公十四年。
② 《吕氏春秋·长攻》。

了"文王为客于息，蔡侯与从，蔡侯以文王饮酒，蔡侯知息侯之诱己"这样一个重要环节。"在《系年》的记载中，整个事件由三部分组成。……通过与传世文献的对比，可以看出《系年》的记载最完整。"①

息国被灭，是春秋时期的大事。息侯过于天真，欲借楚国之手报己之仇，导致家破国亡，实属咎由自取。楚文王灭息，巧妙地利用了息、蔡之间的矛盾，控制两国，得来全不费功夫。

蔡地处汝水上游，即今河南上蔡，控制的汝水水道，是通往陈、许、宋的交通要道。因此，占据了蔡就可以说占据了汝颖间的中心，战略价值特别重要。楚在对待蔡、息的策略上却迥然不一，息被楚灭，纳入楚国疆域，而蔡却被楚封存，成为楚人附庸。究其原因，可能是蔡近中原，若灭，影响甚大，易招致诸侯恐慌，形成结盟，不利于楚人对淮域的开拓；服而存之，不仅符合周人礼制，而且也宣扬了楚人信义，易使中原诸侯亲近而服。

作为一个古老的方国，息国在商代便已存在于豫南地区，与商王朝有着良好的关系，并且与商王朝通婚。息国在商代，主要活动于淮河上游南岸的信阳、罗山、光山与息县境内。从出土的青铜器来看，早在商王朝时期，青铜制造技术已达到很高的水平。商代息国的存在说明了早在夏商时期淮河流域上游地区便已得到很好的开发，其文化自成一体，同时也深受商文化的影响。

至西周时期，周王朝灭掉古老的息国，在其旧地重新分封同姓诸侯国，也称为"息国"，活动中心向北移至淮河流域，主要在今天信阳息县境内。周代姬姓息国建立的时间，文献没有具体记载。《史记·周本纪》记：周武王克商之后，"封诸侯，班赐宗彝，作分殷之器物。武王追思先圣王，乃褒封神农之后于焦，黄帝之后于祝，帝尧之后于蓟，

① 张启珍：《清华简〈系年〉与晋、楚邦交策略研究》，烟台大学硕士学位论文，2014年，第20—21页。

帝舜之后于陈，大禹之后于杞。于是封功臣谋士，而师尚父为首封。封尚父于营丘，曰齐。封弟周公旦于曲阜，曰鲁。封召公奭于燕。封弟叔鲜于管，弟叔度于蔡。余各以次受封"。这是西周第一次大规模分封诸侯，时间约在公元前1046年，息国被周人用来镇守豫南，当属"余各以次受封"之列，在周武王时受封。

息国周时由伯爵进为侯爵。《左传》隐公十一年载："郑、息有违言，息侯伐郑。"《左传》里凡是提到息君，都称"息侯"，可见在春秋时期息为侯爵。然而从出土文物来看，息国最早的爵位并非为侯爵。息国青铜器传世的有息伯卣，《息伯卣铭文》："隹王八月息伯赐贝于姜，用作父乙宝尊彝。"[1]刘启益定其为周康王时器。[2] 由此可证息国最早分封为伯爵。可能在西周中期之后，随着息国地位的提高而加封其为侯爵。

息国在春秋初年颇有实力，敢于单独挑战"春秋小霸"郑国。在息侯求楚报复蔡哀侯的28年前，公元前712年(郑庄公三十二年，楚武王二十九年)，息国曾经伐郑。《左传》隐公十一年："郑、息有违言，息侯伐郑，郑伯与战于竟(境)，息师大败而还。君子是以知息之将亡也：不度德，不量力，不亲亲，不征辞，不察有罪，犯五不韪，而以伐人，其丧师也，不亦宜乎?"郑国是进入春秋后的强国，郑庄公时达到极盛，实际上成了春秋初期中原地区的霸主。面对这样的强国，息国还是敢于对抗，为讨好周室，居然以一国之力讨伐郑国。息国毫无悬念地大败，但也反映出息国还是有一定实力。当时，楚武王尚未称王，未对"汉阳诸姬"形成威胁，息国安享太平，加上作为侯爵，高于郑庄公的伯爵，自不量力也是事出有因。也正是因为败于郑国，息国从此元气大伤，一蹶不振。在息夫人被蔡哀侯欺侮后，息侯因自知没有把握与蔡国开战取胜，才求助楚国，引狼入室。

---

① 罗振玉：《三代吉金文存》卷十三，中华书局1983年。
② 刘启益：《西周康王时期铜器的初步清理》，载文化部文物局古文献研究室编《出土文物研究》第1辑，文物出版社1985年。

息国灭亡之后，息国遗民的信息再也没有出现在文献之中。考古发现了息国后裔的蛛丝马迹。1975 年在湖北陨阳出土了一批铜器，其中有一件铜盆，盆的器、盖内壁各有铭文 2 行 11 字："郎子行自作食盆，永宝用之。"①"郎子"即"息子"。由于春秋时的文献中称息君皆为"息侯"，不见称为"息子"者，所以徐少华认为器中的郎子"或为息侯余子、庶子之类，当非爵称"。②楚灭息后，息国故土为楚所有，但楚人并没有灭绝其族人，而是将其迁入楚境安置。当时楚人被周王室封为子爵，作为楚附庸之国的息君自然不敢沿用故有的侯爵，而自称为"子"。

息国故地后成为楚国的一个县，由楚贵族管理，称为"息公"。《左传》文公三年，公元前 624 年，楚穆王二年，"楚师围江。晋先仆伐楚以救江。冬，晋以江故告于周，王叔桓公、晋阳处父伐楚以救江，门于方城，遇息公子朱而还。"杜预注："子朱，楚大夫，伐江之帅也。"可见子朱是息灭之后，楚人任命的息公之一。楚人在息故地置县，将其变成了进攻中原诸国的前沿阵地。

息在淮水上游北岸，地当冥轭之口，控制着渡淮的要津，是通往汝水的门户。楚人占据息后，不仅保障了江汉间的安全，而且也获得了东进淮南、北上中原的关键据点，战略价值特别重要。

楚文王七年灭息，掳掠息夫人以归，息夫人成了文王夫人。随后便有无数关于她的故事流传至今。息妫入楚后，经历了"未言"和"爱楚"两个阶段。

张正明评论说，这位文王夫人在文王面前少言寡语，几乎从不先开口。《左传》庄公十四年记文王曾问她何以如此不欢，她说："吾一妇人，而事二夫，纵弗能死，其又奚言？"此事也撩动了后世文人的诗兴，竞相吟咏，而各以己意出之。唐代王维《息夫人》诗有句云："看

① 程欣人：《随县陨阳出土楚、曾、息青铜器》，《江汉考古》1980 年第 1 期。
② 徐少华：《周代南土历史地理与文化》，武汉大学出版社 1994 年，第 84 页。

花满眼泪，不共楚王言。"如此想象，增强了哀艳的情调，这是诗人的意匠。唐代汪遵作《息国》诗有句云："家国兴亡身独存，玉容还受楚王恩。衔冤只合甘先死，何待花间不肯言？"如此谴责，实为拿后世的道德标准去衡量前代的人物行状，作诗的精粗巧拙可见仁见智，其于论史则一如隔靴搔痒。文夫人沉默的缘由恐怕不止一个，其中也含有假手于文王以报复蔡侯的意图。① 宋公文评论说：像息妫这样有着显赫家世、有着侯夫人荣耀的高贵女子，骤然间从天堂坠入地狱，变成了一个被掠夺的对象，变成了一个家、国俱亡的苦命人，其奇耻巨辱莫大于此！所以，入楚三年(若以公元前683年被掳来算)，她虽然情非所愿地成了人妻人母，但黄连般悲苦的心情并未稍减。《左传》所谓"生堵敖、成王，未言"，就是对她这一时期精神情状的真实记录。"看花满眼泪，不共楚王言"，王维对"未言"二字的这一形象诗解，更是将一个身心遭受巨创、处境无比凄惨的女子的形象，活脱脱地展现在了人们的面前。②

但是，随着在楚时日的伸延，息妫的心路历程也在慢慢发生着变化。儿子被立为王储，文王对她的疼爱有加，文王为国而战且最终死于征途。这桩桩事情无不触动着她的情感，使其心境较入楚初期的"未言"阶段有了明显的转变。尤其在文王去世，两个儿子先后继位之后，她不能不更多地关注军政大事，忧心于楚国的命运了。文王之弟令尹子元荒于大政，"欲蛊文夫人，为馆于其宫侧而振万(摇铃铎跳万舞)焉。夫人闻之，泣曰：'先君(文王)以是舞也，习戎备也。今令尹不寻诸仇雠，而于未亡人(古时寡妇自称)之侧，不亦异乎(不是很奇怪吗)！'"③在这里，她第一次正面赞扬了文王"习戎备"、力征战，并以文王为榜样，谴责了其弟子元荒政湎色的祸国行径，显现了她对楚

① 张正明：《楚史》，湖北教育出版社1995年，第83—84页。
② 宋公文：《息夫人论考》，载《楚简楚文化与先秦历史文化国际学术研讨会论文集》，湖北教育出版社2013年。
③ 《左传》庄公二十八年。

132

国前途和命运的高度关注。可见，经过漫长的岁月，她从厌恶、憎恨楚文王，到慢慢对其产生一定的感情，乃至于心系楚国的命运了。

第五节　灭申、应（文王七年）

楚文王灭申，经过了两次。先灭西申，再灭东申。顾铁符指出：周平王奔西申，就是南阳之申。"既有西申，另一个可能就是东申，东申就是信阳的申。"①何光岳指出："的确，在信阳北六十里的长台关，发现有古城址，从史书地方的记载上都说是申国都城，这个申国位于南阳之东，可称为东申。"②自从文王二年第一次伐申因中途巴国士兵不辞而别没有如愿以来，文王将精力全部用在对付蔡国和息国之上。楚文王六年灭了息国，扣留了蔡哀侯，扫清了北上中原的两个障碍，得以第二次专心讨伐申国。

楚文王第二次讨伐申国，遇到了申国的微弱抵抗。申国的统帅彭仲爽，前来迎战，申军大败，彭仲爽成了俘虏。《左传》哀公十七年"彭仲爽，申俘也"，记载了彭仲爽在战场上的被俘。楚文王欣赏彭仲爽在战场上的表现，特意亲自审问。彭仲爽虽败，犹不服气。文王很有好感，放了彭仲爽，随即让他带领楚军攻打申国都城，试一试他的才能。

申国的士兵大多是周王室从周畿派遣过来戍守申国的。东周之初，周平王为了报答申侯的拥立之恩，抽调了"王师"加强申、吕的军事力量，旷日持久，以致引起士兵们的归家之思和劳苦之怨，这在《诗经》中有集中体现。如《诗经·扬之水》：

> 扬之水，不流束薪。彼其之子，不与我戍申。怀哉怀哉，

---

① 顾铁符：《信阳1号墓的地望与人物》，载《故宫博物院院刊》1979年第2期。
② 何光岳：《楚灭国考》，上海人民出版社1990年，第121页。

曷月予还归哉？

　　扬之水，不流束楚。彼其之子，不与我戍甫。怀哉怀哉，
曷月予还归哉？

　　扬之水，不流束蒲。彼其之子，不与我戍许。怀哉怀哉，
曷月予还归哉？

　　《诗序》曰："《扬之水》，刺平王也。不抚其民，而远屯戍于母
家，周人怨思焉。"

　　彭仲爽不负所望，很快攻破申都，获得楚军士兵的一致拥护。文
王想到，何不委任彭仲爽为令尹，让他率领楚军呢？彭仲爽担任令尹
之后，大展宏图，南征北战，将楚国的疆域一直向北扩展到了汝水南
岸。《左传》哀公十七年载："彭仲爽，申俘也，文王以为令尹，实县
申、息，朝陈、蔡，封畛于汝。"据罗运环考证，"彭仲爽为令尹当在
文王初年或初年以后到杜(堵)敖被袭杀之时的时间之内，其任期为十
年左右"[1]。

　　楚国的军队在彭仲爽的带领下迅速占领了申国国都(今河南上蔡
县)。因为申国军士普遍厌战，在楚国军队面前，一触即溃。

　　申国约在楚文王七年为楚所灭，成为楚的一个县。其后，镇守申
县的最高行政与军事长官称为"申公"，但这个申公并不是申国的遗民
姜姓贵族，而是彭氏家族。在一个比较长的时期内彭氏家族世袭申公
之位。彭仲爽作为申国的军队将领被楚人俘虏，楚文王破格委任其为
令尹，这也是楚国历史上非楚贵族而为令尹的先例。彭仲爽为报答文
王的知遇之恩，率领军队灭申、息，立其为县，并使陈、蔡屈服。彭
仲爽功劳卓著，因此，彭氏家族深得楚人重用。

　　春秋时期，申地既是楚人经营淮河流域和进军北方的重要基地，
也是阻挡中原诸侯南侵的最后屏障。公元前584年，《左传》成公七

---

[1]　罗运环：《楚国八百年》，武汉大学出版社1992年，第141页。

年："楚围宋之役，师还，子重请取于申、吕以为赏田，王许之。申公巫臣曰：'不可。此申、吕所以邑也，是以为赋，以御北方。若取之，是无申、吕也。晋、郑必至于汉。'王乃止。"由此可见申地对楚人的重要性。

春秋中后期，申国遗民经历了多次迁徙。《左传》昭公十三年："楚之灭蔡也，灵王迁许、胡、沈、道、房、申于荆焉。平王即位，既封陈、蔡，而皆复之，礼也。"从这条记载来看，楚灭申之后在南阳设立申县并直接控制这一地区，并没有取消申国，而是将它迁移至其他地方安置，所以才有灵王迁申于荆和平王再次恢复申国的事情。

从史料来看，申国东迁之地东申在今天河南信阳的谢城。

信阳谢城有两处：

其一，信阳市区西北有谢城。《读史方舆纪要》说："谢城，县西北六十里，盖古申伯所都。"①明、清《一统志》均载："谢城在信阳州西北六十里，周申伯所封。"《汝宁府志》说："申伯墓在信阳州境，谢城即申伯封邑，今有高冢，相传为申伯墓。"②民国时期续修《信阳县志》卷四载："谢城在县西北六十里淮河北，浉河西北。《方舆胜览》云：'申伯所封之地。'即今平昌关北之古城。"以上所记载的古谢城在今天信阳市平桥区的平昌乡，淮河从其西南流过，属于古代重要的军事要冲。

其二，罗山县境有谢城。《汝宁府志》说："罗山县在府城南二百四十里。《禹贡》豫州之域。周初为谢国地。宣王封申伯于谢，因为申国地。"③明、清两朝的《罗山县志》都表明罗山县西北有"谢城"，其地理位置就在今天罗山县西北与平桥区邻近的高店乡。高店乡有古城遗址："位于县城西北 15 公里，高店乡政府所在地高店，东距浉河 1.5 公里，北距淮河 7 公里。……1968 年以来，在城址不断出土的器物

---

① 顾祖禹：《读史方舆纪要》，中华书局 2005 年，第 2380 页。
② 王增：《重修汝宁府志》，汝南县志编委会 1983 年校印，第 98 页。
③ 王增：《重修汝宁府志》，汝南县志编委会 1983 年校印，第 10 页。

中……春秋战国时期的青铜器 27 件。"①

两地均有谢城，信阳谢城是申国遗民迁徙之地，罗山高店乡谢城为楚平王复申后的都城。信阳谢城由南阳申国谢城而来。申伯在南阳建国，用的是谢国之旧地和谢国之民，虽然申国在宛地另行建都，但谢城还是申国重要的城邑。当申国遗民东迁信阳之时，谢地人也随之一起东迁至信阳，并将"谢城"的地名一起带到这里，体现了申遗民对自己故土的眷恋。

信阳之申的地域包括今信阳市的平桥区、浉河区，罗山县西北部。其西南有随国，西北临道国，北接江国，东近息国。申国、息国设县较早，地处军事要冲，常常联合行动，《左传》多称之为"申息"之兵，成为楚人与北方诸侯争战的主力军。

楚文王此次北上灭申，服吕之时，回军时顺便对申国附近的应国进行了扫荡，并灭了应国。

应地当成周之南，稍偏东。《汉书·地理志》"颍川郡"："父城，应乡，故国，周武王弟(应为'成王弟，武王子')所封。"《水经·滍水注》："……牛兰水，又东南径鲁山南。阚骃曰，鲁阳县，今其地鲁山是也。水南注入滍。滍水东径应城南，故应乡也，应侯之国。"《括地志》"鲁山县"条："故应城，因应山得名，在汝州鲁山县东三十里。"《太平寰宇记》卷八汝州之"叶县"条和"鲁山县"条也指出："叶县，古应侯之国"；"应国在襄城父城县西南"。汉代父城，即今河南宝丰东，鲁山东北、襄城西之翟集南古城遗址；其"西南"就是滍水(今称沙河)北岸的滍阳镇，位于鲁山、襄城、叶县三县之间。邓国嫁女于应的媵器邓公簋和应国作祭祀之用的"应事"诸器，出土于滍阳镇外，也表明这里确为古应国的中心地区。滍阳镇北距汝水约五十华里，所以应国地域也包括在春秋时的"汝阴之地"的范围之内。②

① 罗山县志编委会：《罗山县志》，河南人民出版社 1987 年，第 492—493 页。
② 何浩：《应国兴亡史略》，载《楚灭国研究》，武汉出版社 2019 年，第 141—142 页。

《左传》哀公十七年记子穀追叙说：楚文王时"县申、息，朝陈、蔡，封畛于汝"。意即兼并申、息以为楚县，征服陈、蔡，开拓疆域达于汝水。何浩指出："应地在滍北、汝南。这就是说，南阳盆地直到汝水以南的申、缯、应国故地，楚文王时就纳入了楚国的版图。"[1]

应国被楚所灭，通过考订陉地可证。《春秋》僖公四年记载：楚成王十六年，公元前656年，齐桓公"伐楚，次于陉"。杜注："陉，楚地，颍川召陵县南有陉亭。"地在今河南偃城东，位于应之东，郑之东南。《史记·楚世家》的记载是："齐桓公以兵侵楚至陉山。"[2]《正义》引《括地志》："陉山在郑州西南一百二十里。"地在今河南新郑西南，位于应之北、郑之南。无论是应北的"陉山"或者是应东的"陉"，都可以说明，楚自文王时占有应地后，楚师还曾向应以东、以北扩境。史有明文记载的陉（或陉山）已经是楚地，这证明，应国所在的汝南，确实早为楚占。《太平寰宇记》卷八汝州"叶县"条也说："叶县，古应侯之国，后为楚地，秦为父城县。"[3]这是符合史实的。叶县紧邻鲁山以东的滍阳镇（现属平顶山市），至少是叶县西北境，当属古应国地域。

楚国大举进军申、吕，拓展至汝水流域，恰在鲁庄公十年亦即楚文王六年以后，应国及其西南的缯国，被楚国兼并。何浩指出：应国此时被灭，文献鲜有记载，原因是当时楚未"通上国"，告命未达于中原诸侯。不告，因而不"书于策"，这是很自然的。[4] 因此，《春秋》及《左传》对楚灭应未留下明确的记载。应地与申、缯等地一起，在楚国"封畛于汝"的同一个时期内为楚所占，这实际上表明应国已为楚灭。

---

① 何浩：《应国兴亡史略》，载《楚灭国研究》，武汉出版社2019年，第142页。
② 另见《左传》僖公四年及《国语·齐语》。《齐语》说齐桓公"南征伐楚，济汝，逾方城"，说明齐师是南渡汝水进入楚境的。
③ 乐史：《太平寰宇记》，中华书局2007年，第146页。
④ 何浩：《应国兴亡史略》，载《楚灭国研究》，武汉出版社2019年，第146页。

应在申、缯之北，则应国从春秋诸侯兼并的政治版图上消失的时间，虽然也当在楚文王三年至六年，即公元前687—前684年之内，但也很有可能要稍晚于申、缯的被灭。以此计算，自周成王时封应以来，姬姓应国共延续了大约三百五十来年。这也可以说是一个立国时间较长的小国了。"汉阳诸姬，楚实尽之"。人们往往困惑于为楚所灭的"汉阳诸姬"的难以寻觅。如从广义的"汉阳"这个角度来说，周武王后裔的应国，就是最早为楚所灭的姬姓封国之一。

楚文王灭申、缯、应国，进据南阳盆地，对于之后楚国的政治作为和疆域拓展来说具有极其重要的意义，这是楚文王开疆拓土的阶段性成果。南阳盆地是古代中国军事战略上的要地，位于今河南西部的唐、白河中上游流域。其西部、北部、东北部为伏牛山脉，东与桐柏山低山丘陵接壤，其间的孔道是通往中原的门户，中间为堆积平原，南界为襄阳与大洪山北麓一线，属于典型的箕形地势。因此，其周围的高山峻岭可为控扼之塞，其盆地内的宽城平野可为屯兵之地，可谓是进可攻、退可守的天下形胜。楚人据此，既可北出方城，争霸中原，又可东进淮域，抗衡吴越。这些都说明南阳盆地是楚国腹心的屏障。

第六节　申俘彭仲爽为令尹与外来彭氏宗族

《左传》哀公十七年载子榖追叙楚国史事时说："观丁父，鄀俘也，武王以为军率，是以克州、蓼，服随、唐，大启群蛮。彭仲爽，申俘也，文王以为令尹，实县申、息，朝陈、蔡，封畛于汝。"楚武王时期重用鄀俘观丁父，任命观丁父担任"军率"一职，"克州、蓼，服随、唐，大启群蛮"。这给楚文王以很好表率。楚文王仿效其父，大胆任用申俘彭仲爽为令尹，为楚国开疆拓土到汝水南岸。

彭仲爽当初是由古彭国进入申国，受到重用，成为申国的贵族。古彭国、彭族、楚彭氏之史事是这些年学界讨论较多的课题。徐少华

《彭器、彭国与楚彭氏考论》，全面钩稽、分析传世文献和考古发现中的彭国、彭族资料，从彭国地望、传世彭器的年代与族属，从新出彭器看彭国历史与楚的关系、楚系彭器与楚彭氏等方面展开讨论，提出较多新见，如认为"彭氏入申，当与春秋早期的兼并形势有关"；铭文中的"彭宇""彭无所""彭子中"及文献中的彭仲爽、彭名、彭生等，都属于"由彭入申，再由申入楚的彭氏家族"。① 该文还指出："申公彭宇墓发现于明清南阳城西关外，亦在故宛城、申城以西，说明其死后即葬于所任职的申县附近；彭无所墓与彭宇墓相近，位于同一墓地，该地或有可能是彭宇及其后人的家族墓地。"② 2008 年，南阳市文物考古研究所在上述两座墓葬附近又发掘了 17 座东周墓葬，出土了一批彭氏贵族铜器，证实彭无所墓和彭宇墓所在之域即楚彭氏的家族墓地（**见图 2-2：南阳彭氏墓地位置图**）。彭氏墓地资料的陆续刊布，有利于深入探研该家族的世系、采邑及有关问题。

彭氏的存在，见于发现的一批彭氏铜器。1974 年，河南南阳西关煤场一座春秋墓葬出土一批铜器，礼器有鼎 3、簋 2、壶 2，其中两件簋内底均有铭文 5 行 32 字。③ 由铭文"宇其眉寿万年无疆"句判断，宇当是器主的名，"彭宇"之"彭"是氏称，故命名为"彭宇簋"。圆壶的其他几处铭文第一行或第二行曾被锉刮，当与器物易主有关。学界认为彭伯壶铭文被刮掉存在两种可能：一是楚灭彭国后，将掠夺的彭国铜器赠予彭宇，以笼络和威慑故申国贵族，一是早年彭国公室内部因权力之争造成器物易主以致铭文受损。④ 根据形制、纹饰和铭文格式，

① 徐少华：《彭器、彭国与楚彭氏考论》，载《古文字与古代史》第二辑，台北"中研院"历史语言研究所 2009 年，第 279—302 页。
② 徐少华：《彭器、彭国与楚彭氏考论》，载《古文字与古代史》第二辑，台北"中研院"历史语言研究所 2009 年，第 296 页。
③ 《集成》04610—04611。
④ 参尹俊敏：《〈南阳市西关出土一批春秋青铜器〉补记》，《华夏考古》1999 年第 3 期；徐少华：《彭器、彭国与楚彭氏考论》，载《古文字与古代史》第二辑，台北"中研院"历史语言研究所，第 289 页注 49。

可知彭宇墓所出两件圆壶的年代约在两周之际，至迟在春秋初年，而同墓所出的三件铜鼎及一对铜簠的形制和纹饰特征都显现春秋中期前段的风格。① 一般认为，铭文中的"彭伯"是彭国之君，彭宇是彭伯之后。若考虑到铭文受到破坏的情况，彭伯壶显然有易主的经历，而非彭宇的家传重器。也就是说，彭宇很可能不是彭伯的直系后代。彭宇自称申公，即楚申县县公，是最早一批"由申入楚"的彭氏贵族。

2003 年，南阳市八一路物资城工地 1 号墓（彭宇墓以南约 100 米）出土一组彭无所铜器，铜礼器计有鼐鼎 5、汤鼎 1、簠 4、敦 1、缶 2、盘 1、匜 1 等。② 其中汤鼎、一件鼐鼎和四件铜簠上铸有铭文："彭公之孙无所自作汤鼎，眉寿无期，永保用之。"鼐鼎铭文作："申公之孙无所自作鼐鼎。"铜簠的盖和器之内壁亦铸有铭文："彭公之孙无所自作飤（饲）匜（鼐），其眉寿万年无期，羕（永）保用之。"③2001 年和 2008 年，南阳市文物考古研究所在彭无所墓以南先后发现 3 组（6 座）夫妻异穴合葬墓，发掘清理了其中的 5 座，由北到南依次为 M38（彭子射墓）和 M35（未发掘），申公彭子寿墓和 M44，M1（彭启墓）和 M2。④ M38 位于彭无所墓西南六七十米处，随葬一椁重棺，椁内西侧为一殉葬棺，东部为一主棺，皆悬底，棺底铺朱砂。墓主头向朝南，随葬品丰富，计有铜礼器、兵器、车马器、玉器等。铜礼器有盂鼎 2、繁鼎

① 徐少华：《彭器、彭国与楚彭氏考论》，载《古文字与古代史》第二辑，台北"中研院"历史语言研究所，第 287 页。
② 铭文信息参董全生、李长周：《南阳市物资城一号墓及其相关问题》，《中原文物》2004 年第 2 期。
③ 林丽霞、王凤剑：《南阳市近年出土的四件春秋有铭铜器》，《中原文物》2006 年第 5 期。
④ 乔保同等：《河南南阳楚墓发掘取得重大收获》，《中国文物报》2008 年 8 月 29 日第 2 版；柴中庆等：《南阳市新发现春秋楚国贵族墓》，《中国文物报》2009 年 5 月 15 日第 4 版；乔保同等：《南阳发现楚国贵族墓》，《文物天地》2009 年第 3 期；乔保同：《最新考古发现：南阳楚彭氏家族墓》，《文史知识》2009 年第 6 期；南阳市文物考古研究所：《河南南阳春秋楚彭射墓发掘简报》，《文物》2001 年第 3 期。

3、汤鼎1、簠4、尊缶2、盏1、浴缶2、盘1、匜1等，其中大多铸有"申公之孙彭子射儿""彭子射儿""彭子射""彭射""射"等铭文。① 彭子射墓的年代当与芄子冯墓的年代接近，约公元前550年。

申公彭子寿夫妇墓在彭子射墓东南约50米处，其中彭子寿墓的资料尚未刊布。44号墓东距彭子寿墓约7米，遭破坏严重，仅存铜礼器鼎2、簠2、敦2。申公彭子寿，疑即《左传》哀公四年（前491年）记载的"申公寿馀"②，申公寿馀与申公彭子寿均活跃在春秋晚期，官职相同、名字相近，应是同一人。

彭启夫妇墓位于彭子寿墓西南约30米处。彭启墓（编号M1）为一椁两棺，随葬铜礼器有鼎5镈、簠4、尊缶2、盖豆1、浴缶2、勺1、盘1、匜1，以及钮钟9件、镈钟8件，此外还有兵器、车马器及玉器。其中，4件铜簠和2件铜戈上铸有铭文，一件戈铭作"彭启之戈"，簠铭亦有彭启铸器的文字。③

彭氏墓地的排列状况：申公彭宇墓—彭×墓（彭子中?）—彭×墓—彭无所墓—彭子射夫妇墓—彭×—申公彭子寿夫妇墓—彭启夫妇墓。从春秋中期偏早的申公彭宇至春秋战国之交的彭启约有两百年，彭氏贵族八代相传，基本符合三十年一世的世系规律。④

彭氏入楚，与春秋早期楚人兼并申国的历史有关。从其以"彭"为

---

① 南阳市文物考古研究所：《河南南阳春秋楚彭射墓发掘简报》，《文物》2011年第3期。

② 《左传》哀公四年："夏……左司马眅、申公寿馀、叶公诸梁致蔡于负函，致方城于缯关。"

③ 据2010年8月初田成方在南阳市博物馆访问所获资料。

④ 古者"三十年为一世"，见《说文·卅部》"世"条、《论语·子路上》"必世而后仁"何晏集解引孔安国曰、《孟子·离娄下》"君子之泽五世而斩"朱熹注。参许慎撰，徐铉校定：《说文解字（附检字）》，第51页上；程树德撰，程俊英、蒋见元点校《论语集释》卷26，中华书局1990年，第910页；朱熹：《四书章句集注》，中华书局1983年，第295页。

氏推测，原应是彭国人，即彭公族之人入申者①，颇有道理。以名称看，彭仲爽之"彭"属以国名为氏，《通志·氏族略二》"周同姓国"条郑樵按语："以国为氏者有二，诸侯之子，在其国称公子，在他国则称国；国亡无爵者亦称国。"②彭仲爽以国名为氏，乃因"在他国"的缘故。仲是其兄弟排行，即伯仲叔季之仲，爽是表字。与彭伯壶器主"彭伯"相比，彭仲爽只是彭国公室的庶支。彭仲爽仕申，彭宇墓出土被刮削铭文的彭伯壶，很可能与彭仲爽并非彭国公族的嫡系有关。一般认为，申公彭宇是彭仲爽之子，"彭仲爽协助楚文王取申、息以为县，楚文王则任用曾为申人的彭仲爽之子为申县县公，管辖申国故地，意在安抚申国的臣民，以便为楚所用，是完全可能的。③所以，曾任楚国令尹的彭仲爽，其墓葬大概也在彭氏墓地。

楚庄王、共王时期有大夫彭名④，彭名是庄王、共王的贴身侍臣，又是重要之军事统帅，其地位不亚于申公彭宇。彭名的活动时间大约在彭子中和彭子射之间，正好可以弥补考古资料中彭氏世系的缺环。从社会地位和活动时间看，彭名介于申公彭宇和彭子中之后、彭子射之前，为彭氏嗣子，则是完全可能的。

彭名之后有彭生。《左传》昭公四年，公元前 538 年，"楚子欲迁许于赖，使斗韦龟与公子弃疾城之而还……东国水，不可以城，彭生罢赖之师。"杜注："彭生，楚大夫。""罢赖之师"发生在楚灵王三年，

① 徐少华：《彭器、彭国与楚彭氏考论》，载《古文字与古代史》第二辑，台北"中研院"历史语言研究所，第 288 页。
② 郑樵：《通志二十略》，王树民点校，中华书局 2009 年，第 42 页。
③ 徐少华：《彭器、彭国与楚彭氏考论》，载《古文字与古代史》第二辑，台北"中研院"历史语言研究所，第 293 页。
④ 《左传》宣公十二年，公元前 597 年，楚、晋邲之战时，庄王之师分作左、右两广，"许偃御右广，养由基为右，彭名御左广，屈荡为右"。鲁成公二年，公元前 589 年，楚、鲁、齐等国在蜀地会盟，"彭名御戎，蔡景公为左，许灵公为右"。鲁成公十六年，楚、晋鄢陵之战时，"彭名御楚共王，潘党为右"。鲁襄公四年，公元前 569 年，"楚师为陈叛故，犹在繁阳……夏，楚彭名侵陈，陈无礼故也"。

约相当于下寺 M3 墓主之年代。因此，作为"楚大夫"的彭生当是介于彭子射和申公彭子寿之间的一代彭氏贵族。

文献资料记载的彭仲爽、彭名、彭生等彭氏贵族，可以弥补考古资料中彭氏世系链条之缺断，有助于构建东周时期彭氏家族发展的较完整脉络。

第七节　外来宗族申氏（大宗）和申叔氏（小宗）

楚国灭申、设置申县以后，申国降为楚国附庸，申国公族被安置。据《左传》等文献记载，仕楚的申氏贵族约有两支：申氏和申叔氏。从称谓上看，申氏应是大宗，申叔氏则是别系，即小宗。楚申氏出自姜姓申国。下面以申包胥、申舟等为例，分析申氏之族属。

史书记载，申包胥应是客居楚国的异姓之臣。《史记·范雎蔡泽列传》载范雎斥责须贾时说：

> 昔者楚昭王时而申包胥为楚却吴军，楚王封之以荆五千户，包胥辞不受，为丘墓之寄于荆也。今雎之先人丘墓亦在魏，公前以雎为有外心于齐而恶雎于魏齐，公之罪一也。

范雎称申包胥"为丘墓之寄于荆也"，自比范氏寄居魏国。这里，"寄"当作寄寓、客居讲。《左传》《史记》中多次提到的"羁旅之臣""羁""羁臣"等，分见《左传》庄公二十二年、昭公元年、昭公七年。均指客居他国的外来之臣。《左传》庄公二十二年，公元前 672 年，齐桓公欲使奔齐的陈公子完为卿，完以"羁旅之臣"推辞。《左传》昭公十一年，公元前 531 年，申无宇劝诫楚灵王"亲不在外，羁不在内"，"羁"与"亲"对文，分指楚公族和异姓贵族。所以，申包胥"为丘墓之寄于荆也"，意思是说其祖宗坟墓寄居在荆楚之地，证明申包胥家族

在楚国的客居身份。

申舟，名无（毋）畏，字子舟，又称文之无畏、文无畏、申无畏。①清华简《系年》第十一章（简58—59）载："（楚）庄王即位，使孙伯无畏聘于齐，假路于宋，宋人是故杀孙伯无畏，夺其玉帛。"孙伯无畏，整理者读作申伯无畏②，即文献记载的申无畏。结合近出的申文王之孙州桊簠、申王之孙叔姜簠等铜器铭文来看，申无畏很可能是姜姓南申国后裔入楚为臣者。文之无畏是"以谥为氏"，但此"文"并非指楚文王，而是"申文王"。清华简《系年》所载申伯无畏的称谓，与《诗·大雅·崧高》之申伯、仲爯父簠（《集成》04189）中的南申伯、申伯彦多壶（《新收》0379）等相互印证，是楚申氏出自南申国的又一证据。

1990年，湖北郧县肖家河一座春秋晚期楚墓出土一批青铜器。这批铜器的形制、纹饰的时代应为春秋晚期。③ 这批铜器中，铜簠（XM：5）的器盖与内底壁均刻有铭文3行19字："釁（申）王之孙叔姜自作飤（饲）匜，其眉寿无諆，永保用之。"④裘锡圭、李家浩有专文详论。⑤ 作为国族之名，李学勤最早指出即周宣王时改封南阳的姜姓申国。⑥ "申王之孙叔姜"一语，表明器主为女性，出自姜姓申国，也即仲爯父簠铭所见的南申。铭文中的"孙"字，很可能指裔孙。叔姜自称"申王之孙"，说明她出自申国王族。据铜器和墓葬年代，可知叔姜大约生活在公元前500年。

2002年，黄锡全公布了一张私人收藏的铜簠铭文拓片（《铭图》

---

① 申舟，见于《左传》宣公四年；文之无畏、子舟见于文公十年；毋畏，见于宣公十五年；文无畏，见于《吕氏春秋·行论》《淮南子·主术》；申无畏，见于《潜夫论·志氏姓》。

② 清华大学出土文献研究与保护中心编，李学勤主编《清华大学藏战国竹简》（贰），中西书局2011年，第161页注[12]。

③ 胡文魁：《湖北郧县肖家河春秋楚墓》，《考古》1998年第4期。

④ 《集成》04188—04189。

⑤ 裘锡圭：《谈曾侯乙墓钟磬铭文中的几个字》（与李家浩合写），载《古文字论集》，中华书局1992年，第422—428页。

⑥ 李学勤：《论仲爯父簠与申国》，《中原文物》1984年第4期。

05943），文字乃楚系风格，计5行27字："隹正十月初吉庚午，鬴（申）文王之孙州菜，择其吉金，自作飤（饲）匜，永保用之。""鬴"裘锡圭释读为"申"。此"申"，应当也是位于南阳盆地、后降为楚人附庸的姜姓"南申"。器主名"州菜"，自称"申文王之孙"，身世讲得更为具体。"申文王"之称也是首次发现，表明申国有国君死谥作"文"，州菜是其直系后代。

上述两器，叔姜簠铭字体修长、波折，艺术化倾向明显，时间上晚于州菜簠。州菜簠铭的字体大约处在楚系金文向线条化、窄长化发展之初期。徐少华认为，叔姜簠自称"申王之孙"，与文献记载和此前出土铜器铭文称"申伯""南申伯"的材料有别，存在两种可能："一是南土之'申'确曾一度称王，与其同宗近邻的吕国铜器自称'吕王''吕王之孙'的情况相同。……二是申国并未称王，叔姜器铭'申王之孙'，是其对先君的溢美之辞，与包山楚简卜筮祭祷简文：'舉祷荆王，自熊绎以庚武王（按：绎当为鹿，庚为就）①五牛，五豕。'称熊绎等为'荆（楚）王'的情况类似，'叔姜'可能是有意显赫自己的家世。"②上述两件铜簠的铭文相互印证，说明申国确有称"王"之举，这是史籍所未曾记载的。

申文王之孙叔姜簠、申文王之孙州菜簠的发现，为揭开申包胥、申无畏的身世之谜提供了重要物证。结合上文对传世文献所见申包胥、申无畏材料的梳理，可以得出以下认识：《国语·吴语》之所以称

---

① 熊鹿，刘信芳、何琳仪等认为即楚君熊丽。清华简《楚居》简7有"宵敖熊鹿"，整理者认为即包山简246中的"熊鹿"，都指《史记》卷四〇《楚世家》中的宵敖熊坎。孟蓬生指出，若将包山简246"熊鹿"定作宵敖，"举祷荆王自熊鹿以就武王"一句难以释通，"比较稳妥的做法是把这两个'熊鹿'加以区别"。参刘信芳：《〈包山楚简〉中的几支楚公族试析》，《江汉论坛》1995年第1期；何琳仪：《楚王熊丽考》，《中国史研究》2000年第4期；清华大学出土文献研究与保护中心编，李学勤主编《清华大学藏战国竹简》（壹），中西书局2011年，第187页注［38］；孟蓬生：《〈楚居〉所见楚王名考释二则》，《清华简研究》第一辑，中西书局2012年，第303—307页。

② 徐少华：《从叔姜簠析古申国历史与文化的有关问题》，《文物》2003年第3期。

申包胥为"王孙包胥"，是因他出自申国公族，"王孙"之称亦是申国一度称王的反映；申无畏又称文之无畏，也即"申文王之孙无畏"，表明他与铜簠器主州桀一样，都是申文王的后代。从活动时间看，申无畏远早于州桀，而州桀可能是申无畏之后代。

据田成方研究，楚申氏的称谓、族史与南申国的历史演进密切相关。[①] 楚文王取申设县以后，申国降为楚国附庸，形式上保留了"申伯"的名号，并一度称王，但实际上有名无实。申国先后多次被迫迁徙到淮域、荆等地。[②] 在这样的历史背景下，出于笼络、利用附庸国的需要，楚国吸纳、任用了一批优秀的申氏贵族。除申无畏、申包胥外，春秋时期楚国以申为氏者，大概都出自姜姓申国公族。仕楚的申国公族后裔"以国为氏"，成为寄居楚国的外来者。

申氏大宗，史书记载有申无畏(字子舟)、申犀、申骊、申无宇、申亥、申包胥等。申无畏主要活动于楚穆王、楚庄王时期。《左传》文公十年，公元前617年，楚人伐宋前夕，楚穆王受邀"田孟诸"，无畏担任左司马，因坚持鞭笞宋公随从而闻名。鲁宣公十四年，公元前595年，楚庄王在申舟将聘齐国时，命令其"无假道于宋"。此举激怒宋人，导致申舟被杀，楚庄王借机围宋。又，申舟聘齐以前，"见犀而行"，杜注："犀，申舟子。以子托王，示必死。"说明申犀确是申无畏之子。申犀事迹又见于《左传》宣公十五年楚围宋，当时楚人欲罢师释宋，申犀稽首庄王马前，指斥庄王"弃言(不为无畏报仇)"，力保楚师不退，最终迫使宋人缔结盟约。

申骊，《左传》襄公二十六年作"申丽"。鲁成公八年，公元前583年，晋、楚桑隧之战中，申骊隶属申、息之师，被晋军生俘。申骊所在的申师，大概由申邑子弟构成，其前身或是申国之师。因此，申骊应该也是仕楚的申国后裔，约与申犀同辈或稍晚。

---

① 田成方：《东周时期楚国宗族研究》，科学出版社2016年，第167—169页。

② 徐少华：《从叔姜簠析古申国历史与文化的有关问题》，《文物》2003年第3期。

申骊之后有申无宇、申亥父子。申无宇，《汉书·古今人表》作"申亡宇"，又称芋尹无宇、范无宇。① "灵王城陈、蔡、不羹"章。芋尹是其所任之官，掌管芋园事务②，范则是无宇的封邑。申无宇是楚灵王时期著名的政论家。《左传》襄公三十年，公元前543年，公子围杀大司马芳掩取其室，申无宇指斥其"祸国"，预言其必不免。鲁昭公四年，公元前538年，灵王大会诸侯于申，遂执徐子、杀齐庆封、灭赖，申无宇以为"楚祸之首，将在此矣"。据《左传》昭公七年记载，申无宇对灵王招纳罪人、充实王宫的做法非常不满，于是亲自缉拿遁入章台之宫的阍人，并说服灵王释放王宫内收容的其他罪犯。公元前531年，灵王用蔡世子祭祀冈山，申无宇认为"不祥"，对于随后"灵王城陈、蔡、不羹"的举动，指出将"害于国"。

申无宇去世后，其子申亥袭任为芋尹。申亥事迹，见于《左传》昭公十三年、《楚语上》"司马子期欲以妾为内子"章、《吴语》"吴王夫差既许越成"章、《楚世家》等文献，因在灵王落难之际，回报其惠父之恩而闻名。③

申亥之后有申包胥。公元前506年，吴师破郢后，申包胥赴秦请求援兵。申包胥上距申亥二十余年，可能较申亥晚约一代。1984年，湖北当阳曹家岗5号墓出土一件王孙霖(雹)簠，整理者认为王孙雹即申包胥(王孙包胥)。④ 该墓头向朝南，与南阳彭氏墓地、江陵天星观

---

① 申无宇，见《左传》襄公十年；芋尹无宇，见《左传》昭公七年；范无宇，见《国语·楚语上》。

② 左言东编著：《先秦职官表》，商务印书馆1994年，第327页。

③ 上博七《君人者何必安哉》载楚王与范戊的对话，范戊简文又作范乘、戊，整理者认为即范无宇，研究者或从整理者之说，或认为是范无宇之子申亥，或认为是楚悼王时期的人物，莫衷一是。详参马承源主编《上海博物馆藏战国楚竹书（七）》，上海古籍出版社2008年，第191—218页；陈美兰：《战国竹简东周人名用字现象研究——以郭店简、上博简、清华简为范围》，台北艺文印书馆股份有限公司2014年，第175—177页；曹方向：《上博简所见楚国故事类文献校释与研究》，武汉大学博士学位论文，2013年，第84—86页。

④ 赵德祥：《当阳曹家岗5号楚墓》，《考古学报》1988年第4期。

潘胜夫妇墓等楚国异姓贵族墓葬一致，而与芈姓贵族头向朝东有别，说明曹家岗 5 号墓可能是楚国异姓贵族的墓葬。①

申叔氏是申氏的别系，概因先祖为某宗之幼子，故以"叔"字缀后，以别于大宗。《春秋世族谱》在申氏外另列申叔氏，也有学者将二氏决然割裂。② 均不可取。《春秋释例》《春秋大事表》等将申叔氏合于申氏③，是正确的。文献所见申叔氏有申叔时、申叔展、申叔跪、申叔豫、申叔仪等，史书或称申叔时为叔展、申叔（《左传》宣公十二年），称申叔豫为叔豫（《左传》襄公二十一年）、申叔（《左传》襄公二十二年），证明他们"皆连叔为名，则亦申氏也"④。而作为申叔展、申叔豫简省的"申叔"之称，已经具有氏称化的趋向。

申公叔侯见于《左传》僖公二十六年，公元前 634 年。又称申叔，见于《左传》僖公二十八年。清华简《系年》所见"�公叔侯"（简 57），当是申伯无畏之误记。⑤ 叔侯是其名，申公是其所任之职，申叔是其族氏。方炫琛说："楚称某公者，为某地之守邑大夫，则申公叔侯者，即守申之大夫也。"⑥故史家言其官爵称申公叔侯，言族属则称申叔。申叔侯活跃于楚成王（前 671—前 626 年）晚期，是文献所见最早的申叔氏贵族。

楚庄王时期有申叔时、申叔展，其中申叔时名气最大。《左传》宣

---

① 田成方：《东周时期楚国宗族研究》，科学出版社 2016 年，第 158—166 页。
② 陈厚耀：《春秋世族谱》卷下，《四库全书》第 178 册，第 384 页；"文渊阁四库全书"编纂者的按语，参杜预《春秋释例》卷九《世族谱下》，《四库全书》第 146 册，第 256 页。
③ 杜预：《春秋释例》卷九《世族谱下》，《四库全书》第 146 册，第 256 页；顾栋高：《春秋大事表·春秋列国卿大夫世系表》，中华书局 1993 年，第 1375 页。
④ 顾栋高：《春秋大事表卷·春秋列国卿大夫世系表》，中华书局 1993 年，第 1375 页。
⑤ 清华大学出土文献研究与保护中心编，李学勤主编《清华大学藏战国竹简》（贰），中西书局 2011 年，第 161 页注[9]。
⑥ 方炫琛：《左传人物名号研究》0635 条"申公叔侯"，花木兰文化工作坊 2017 年，第 250 页。

公十一年，公元前598年，楚庄王灭陈设县，诸侯县公皆来庆贺，惟申叔时独不贺，"教庄王封陈氏之后而霸天下"（《淮南子·人间训》）。《左传》宣公十五年，楚师围宋，庄王采纳仆御申叔时的"筑室反耕"计策，迫使宋人结盟。而申叔时在太子教育上提出的重要言论，显示其深厚的文化素养。① 关于其任职，《国语·楚语上》"庄王使士亹傅太子箴"章韦注说："叔时，楚贤大夫申公。"恐不可信。屈巫臣在公元前598至前590年担任申公，故申叔时在此间必非申县县公。申叔时是庄王称霸的得力助手，又是共王（前590—前560年）倚重的干练老臣②，服务于朝廷、侍王于左右的可能性更大。与申叔时大约同时的申叔展，仅见于《左传》宣公十二年（前597年）伐萧之役，政治影响不大。申叔时和申叔展上距申叔侯近四十年，可能是申叔侯之子辈或孙辈。之后有申叔跪，见于《左传》成公二年（前589年）。申叔跪随父前往郢都，路遇"巫臣尽室以行"。按杜注，"叔跪"为"申叔时之子"。申叔时父子前往郢都，大概是去参加共王的登基典礼。

康王（前559—前545年）时期有大夫申叔豫，以善于观察政治闻名。《左传》襄公二十一年，公元前552年，令尹子庚卒，申叔豫以为"国多宠而王弱"，建议薳子冯推辞令尹之命。次年，令尹子南因观起之祸被杀，薳子冯继任。申叔豫说服令尹薳子冯辞掉宠臣八人，使其避免重蹈前任之覆辙。杜注申叔豫是"叔时孙"，并未直言为申叔跪之子，或为申叔跪的子侄。申叔豫活跃于康王中期，上距申叔跪三十余年，相当于一世。申叔时、申叔跪到申叔豫，当是连续的祖孙三代。叔豫之后，申叔氏不复见于楚史，可能与奔吴有关。到公元前482年，《左传》哀公十三年所载吴国大夫申叔仪，疑与伍子胥、伯嚭一样，都是由楚入吴者。

总之，申氏和申叔氏是活跃于楚国历史舞台上的重要宗族。从

---

① 《国语·楚语上》"庄王使士亹傅太子箴"章。
② 如《左传》成公十六年（前575年），鄢陵之战前，司马子反特意向申叔时请教如何治兵作战。

史籍记载看，该族"有较高的文化修养传统，在楚国贵族中颇受尊敬"①。

第八节 伐郑及灭邓(文王十二年)

楚文王灭申服吕灭应，楚国的疆域向北大大推移，周王朝苦心经营的南方防线已经崩溃。按理说，楚文王应该就此收手，不再向北推进。然而，楚文王依然雄心勃勃，继续前进。

楚文王开始面对齐桓公的崛起。楚文王十年，公元前680年，中原各诸侯国之间互相攻伐。因为宋违背北杏之盟，齐桓公邀集陈、曹两国合兵伐宋，又请周王室派王师参加，周王派单伯带兵与三国军会合共同伐宋，宋只能屈服。这是齐桓公继郑庄公之后，首次"挟天子以令诸侯"。

这一年，郑国再次内乱，外逃的郑厉公以其据点栎进攻郑都(今河南新郑)，实现了复辟的目的。郑厉公复位后为了找靠山，与齐结盟，齐桓公邀请单伯与宋、卫、郑三国在鄄(今山东鄄城西北)会盟。第二年(前679年)春天，齐、宋、陈、卫、郑五国再次在鄄会盟，这样就开始了齐桓公的霸业。②

鄄地会盟后，郑、宋两国之仇没有完全解除。这年秋天，齐、宋、郳三国共伐郳国(今山东滕县附近)，郑国乘机击宋。于是第二年，楚文王十二年时，齐、宋、卫三国联兵伐郑。楚文王这时正想继续北上，便趁机凑热闹，借口郑厉公告诉楚国有关郑国之事较晚，是对楚国的不尊重，也起兵讨伐郑国，一直打到栎地(今河南禹县)。《左传》庄公十六年："郑伯至栎入，缓告于楚。秋，楚伐郑，及栎，为不礼故也。"

---

① 段志洪：《周代卿大夫研究》，(台北)文津出版社1994年，第153页。
② 《左传》庄公十五年："春，复会焉，齐始霸也。"

楚文王伐郑的借口也堂堂正正，郑国内乱，郑厉公被臣子所逼，出逃到当太子时的旧邑栎地，赢得众诸侯同情，"冬，（诸侯）会于袤，谋伐郑，将纳厉公也，弗克而还"（《左传》桓公十五年）。郑厉公之后离开栎地，回到了郑都，成功复国。楚文王觉得郑厉公没有及时通告，是不尊重自己。

顾德融、朱顺龙指出："齐、宋、卫三国联兵伐郑。楚国也借口郑厉公告诉楚国回郑国之事较晚而伐郑，一直打到栎地。这就开始了以郑为焦点的楚、齐之争。"[1]

栎，郑厉公出奔时所居，是为郑国别都，楚文王进军至郑国的栎地，意义重大。"栎即今河南省禹县，在郑都之西南九十里。"[2]楚文王"及栎"，表明楚军已攻至今禹州市，大大地跨过汝河，而到达中原的腹心地带颍河流域。"楚伐郑，这是为逐鹿而深入到中原的腹地去了，也是向正在成为霸主的齐示威。"[3]楚人及栎，也表明其势力越过汝水上游而达到了颍水上游地区。地处方城口外、今沙河之上的应国已被楚人所灭，因为应正处在这次用兵的路线之上。应国的灭亡，使楚出入方城更加地方便，保证了楚人对方城口的控制，保障了江汉间的安全。楚文王十二年，公元前678年，楚文王率军伐郑凯旋，大军归国途中，车辚辚，马萧萧，好不威武。再次过境邓国时，楚文王驻足不前，他这次下了决心，趁军力正盛，顺道灭掉邓国。

长期以来，邓之于楚，如骨鲠在喉，不除不快。邓国离楚都樊郢太近了。离开樊郢，向西北走十余里，就是邓国。

以前，楚军伐申，邓在楚、申之间，必须假道于邓。邓与楚为姻亲，当时的邓君祁侯是文王之舅。楚文王虽有伐邓之意，一时尚无口实，不得不向邓假道。文王二年引兵过邓时，邓曾有三位大夫劝说邓

① 顾德融、朱顺龙：《春秋史》，上海人民出版社2001年，第78—79页。
② 杨伯峻：《春秋左传注》（修订本），中华书局1990年，第196页。
③ 张正明：《楚史》，湖北教育出版社1995年，第85页。

侯乘机杀死文王，邓侯不从，按正规的仪礼接待了文王①，但文王过邓时，总是有些提心吊胆。楚文王二年假邓伐申，与此后的晋献公假虞伐虢十分类似，但比晋国假虞伐虢要早30年。楚文王在以后灭申返还时，已经撕破脸皮讨伐过邓国②，此次伐郑之初，大军从樊郢出发，绕道于邓，冤枉耗费了不少时间。由于已经灭掉申国，控制了吕国，邓国紧邻楚都樊郢，长期横亘在楚与申、吕中间，造成诸多不便。他想将汉水流域的楚地与南阳之地连成一气。由此，邓国不灭不行。

邓国位于汉水北岸、南阳盆地南端、唐白河和汉水的冲积平原上，是一片肥土沃壤，也是沟通南北交通、连接江淮和巴蜀的重要枢纽。所以在楚国初步强大向北发展之时，作为楚之姻族的邓国乃首当其冲地成为楚所兼并的目标。从楚国的发展战略来看，也必须先灭邓国，控制这一交通要津，然后才能向北、向东大力发展。

西周时的邓国，与周王室及姬姓族团婚姻密切，关系特殊，先后与井（即邢）、应等联姻，并且还与媿姓的复、嬴姓的蒲姑氏以及夏后的姒姓之国通婚，春秋初期的邓国仍与北方强国郑和南方新起的楚有着婚姻关系。据《左传》记载，郑庄公和楚武王的夫人都是邓女。③ 邓国女子在郑国参与政事，楚武王夫人邓曼，更是因规劝武王以国事为重，即使身体不适也要按时出兵攻打随国，青史留名。

春秋早期的邓国军事实力，从楚武王三十六年(鲁桓公七年)的邓侯访鲁，楚武王三十八年(鲁桓公九年)楚巴联兵伐邓，经过几次进退才打败邓师的史实来看，邓国是具有一定文化经济水平和军事实力的重要诸侯国。邓国为楚所灭，一方面是楚国势力的迅速增长，急于北

---

① 《左传》庄公六年："楚文王伐申，过邓。邓祁侯曰：'吾甥也。'止而享之。骓甥、聃甥、养甥请杀楚子，邓侯弗许。三甥曰：'亡邓国者，必此人也。若不早图，后君噬齐，其及图之乎？图之，此为时矣。'邓侯曰：'人将不食吾余。'对曰：'若不从三臣，抑社稷实不血食，而君焉取余。'弗从。"
② 《左传》庄公六年："还年，楚子伐邓。"杜预注："伐申还之年。"
③ 参《左传》桓公十一年、桓公十三年。

上争霸，另一方面是邓国所处地理位置过于靠近楚国，成了楚人北上中原的障碍，必然会成为楚国兼并的对象。

史载楚文王在伐邓的过程中，令行禁止，军威雄壮。为维护军令，甚至不惜杀掉违法的两个王子。《说苑·至公》载：

> 楚文王伐邓，使王子革、王子灵共捃菜。二子出采，见老丈载畚，乞焉，不与；搏而夺之。王闻之，令皆拘二子，将杀之。大夫辞曰："取畚信有罪，然杀之非其罪也，君若何杀之？"言卒，丈人造军而言曰："邓为无道，故伐之。今君公之子搏而夺吾畚，无道甚于邓！"呼天而号。君闻之，群臣恐。君见之，曰："讨有罪而横夺，非所以禁暴也；恃力虐老，非所以教幼也；爱子弃法，非所以保国也；私二子，灭三行，非所以从政也。丈人舍之矣，谢之军门之外耳。"

两个王子在伐邓途中抢夺老丈的农具，楚文王视之为"恃力虐老"，险些杀死。

在楚国强大的攻势下，邓国很快灭亡。《左传》庄公六年："（鲁庄公）十六年，楚复伐邓，灭之。"《史记·楚世家》："（楚文王）十二年伐邓，灭之。"鲁庄公十六年正值楚文王十二年，次年灭邓，符合情理。《左传》庄公十六年所记："郑伯至栎入，缓告于楚。秋，楚伐郑，及栎，为不礼故也。"灭邓正是在楚国伐郑之后，时间正相衔接。可知是文王在伐郑归国时顺道灭邓。

楚国灭邓后设立邓县进行管理，有出土铜器铭文可以证明。1974年，襄阳山湾墓地出土了一件"邓公乘鼎"，鼎为子母口，圆鼓腹，圜底，方形附耳，兽蹄足弧弯外撇，盖面隆起，中部有环状抓手，器身、盖均饰蟠虺纹及绚索纹，器、盖同铭：

邓公乘自作飤𫂛，其眉寿无期，永保用之。①

鼎的形制呈江汉地区典型的"楚式鼎"作风，相比而言，略晚于河南淅川下寺 1 号墓出土的 II 式鼎，而又早于寿县蔡侯墓所出的同类鼎②，当属春秋晚期的前段。此器时代，上距楚灭邓约一个半世纪，所以不可能是曼姓邓国的遗物，而应是楚器，器铭之"邓公"只能是楚之邓县县公。③ 此器的出土表明：楚灭邓后，即因邓之故地而设立邓县，与《左传》所载楚灭息后即因其地而设息县的情形一致。楚于邓地设县，毫无疑问会对邓国在汉北地区长期开发所奠定的经济、文化基础，加以充分利用。

据《左传》《史记》记载，楚文王十二年，公元前 678 年，楚人灭邓。然而据新见邓子午鼎（《集成》02235）、邓子与盘（《新收》1242）等铭文资料来看，"楚文王兼并邓国置县后，并未使邓亡国绝嗣，而是保留了邓之族民与国祀，作为附庸存于楚境"④。

楚文王灭邓之后，楚国北境连成一气，由汉水流域直达南阳盆地，国势豁然开朗。"方城就成了楚的大门，南阳盆地就成了楚的门厅，南襄夹道则成了楚的门廊。"⑤

第九节　楚文王"以启汉阳"与晋武公统一晋国

申、吕的入楚，使周王室失去了南土的重要屏障，清人顾栋高为此而论曰："余读《春秋》，至庄六年楚文王灭申，未尝不废书而叹也，

---

① 杨权喜：《襄阳山湾出土的鄀国和邓国铜器》，《江汉考古》1983 年第 1 期。
② 安徽省文物管理委员会等：《寿县蔡侯墓出土遗物》，科学出版社 1956 年。
③ 《左传》庄公三十年载有"申公斗班"，杜预注曰"申，楚县也，楚僭号，县尹皆称公"，是为明证。
④ 徐少华：《邓国铜器综考》，《考古》2013 年第 5 期。
⑤ 张正明：《楚史》，湖北教育出版社 1995 年，第 85 页。

曰天下之势尽在楚矣!"①《史记·楚世家》说:"(楚文王)六年,伐蔡。虏蔡哀侯以归,已而释之。楚强,陵江汉间小国,小国皆畏之。"楚文王北进中原,将楚国版图向北方大为推进,这一功绩从清华简《系年》的记载中得到证实。

《系年》记载了从周初到战国前期(楚悼王时期)的重要历史事件,李学勤认为《系年》的写作时间大约在楚肃王时期(或楚宣王时期)。由于在战国初期中原地区仍然主要是三晋和楚在争夺,秦国尚未崛起,因此《系年》以晋、楚为视角来看别的国家。

《系年》第二章的最后一句涉及楚国:

> 楚文王以启于灘(汉)旁(阳)。

"楚文王以启于灘(汉)旁(阳)。"这句话十分重要,表明楚国在文王时已经与晋、郑、齐国比肩而立。楚文王已经全面占领了汉水以北至汝水的广大地域。应为楚人登上历史舞台,发迹之始。

罗运环认为,此"汉阳"是一种泛指,相当于《系年》第五章末所言"文王以北启出方城,圾□(表)于汝,改旅于陈,焉取顿以赣(恐)陈侯。"②子居在《清华简〈楚居〉解析》中分析:"楚文王所伐灭的诸国,大致分布于楚之西北至楚之东这个范围,若与《楚居》篇中的楚文王徙居过程相对应的话,那么就是居疆郢时灭郧、罗,居樊郢时灭申、息、缯、应、邓,居为郢时灭厉、贰、蓼、州,然后还居大郢。"③其中和《系年》所记"启汉阳"相应的关键事件,主要是楚文王居樊郢、为郢阶段。④

梁中效指出:楚文王任用申国俘虏彭仲爽,灭申、息之后相继置

① 顾栋高:《春秋大事表·楚疆域论》,中华书局 1993 年,第 525 页。
② 李松儒:《清华简〈系年〉集释》,中西书局 2015 年,第 73—74 页。
③ 子居:《清华简〈楚居〉解析》,山东大学简帛研究网,2011 年 3 月 30 日。
④ 李松儒:《清华简〈系年〉集释》,中西书局 2015 年,第 73—74 页。

县，迫使陈、蔡臣服，完全控制了南阳盆地。南阳盆地北瞰长河，南望大江，西据秦岭山地，东凭淮阳山系；山环水抱，形势险要，是南北方必争的战略要地。从这里西出武关可以通秦陇，北上中原可以达洛邑，东通江淮可以运谷粟，南达荆楚可以取货财。当西周强盛时，"汉阳诸姬"曾为周之屏翰，当楚国灭申之后，中原门户洞开。①

如果将楚文王"以启汉阳"的功绩放在春秋早期的诸侯国发展历史上看，只有北方晋武公统一晋国之事才能与之相提并论。

晋国和楚国，是春秋时期势均力敌的两个大国。春秋中期的全部历史基本由两国争夺霸权主宰，两国之间或者两国的代理国之间，打了一系列的战争，人称"春秋无义战"。到春秋晚期，由宋国倡导"息兵"活动，两国平分霸权，天下才稍得安宁。但在春秋初期，两国的发展路径却完全不同。晋国是周王朝的股肱之国，周成王封弟叔虞于晋，晋国始立，比楚武王称王要早三百多年。由于晋国处于戎狄的包围之中，历代晋国国君均致力于与戎狄作战，伐条戎，败白戎，攻犬戎，救周平王。到公元前750年，晋文侯三十一年，杀与周平王并立的周携王，灭掉韩国，疆域扩大，开始了晋国的勃兴。谁知好景不长，雄才大略的晋文侯死后，其子晋昭侯继位，犯下了一个致命的错误，封其叔父、晋文侯之弟成师于曲沃，从此，曲沃与晋国的都城翼并立，势力急剧膨胀，成为晋国长期分裂的根源。春秋时期，列国间杀君篡位的事例数不胜数。但是像晋国这样以公室都城翼和小宗都城曲沃为代表的国内分裂长达67年，晋公室作为王族大宗，被曲沃小宗连杀五君而逐一君，斗争波及周王室以及郑、邢、荀、董、虢、芮、梁、贾八国，斗争的反复性之大，实在是绝无仅有。

楚文王在位之时，正是晋国由长时期分裂到统一之时。曲沃小宗武公的势力如日中天。晋国公室在周王室的支持下苟延残喘地生存

① 梁中效：《楚国"汉北"的战略地位述论》，载《楚简楚文化与先秦历史文化国际学术研讨会论文集》，湖北教育出版社2013年，第552页。

着，翼都与曲沃的对峙就这样延续了20余年。在这段时期内，曲沃重点自强发展，暂缓进攻翼都，消灭了几个小国。直到周桓王死后，公元前678年，曲沃武公才公开举兵进攻翼都，一举消灭了奄奄一息的晋国公室，杀死晋侯缗，尽取晋国重器宝玉，贿赂周王室新君周釐王。周釐王册封曲沃武公为侯爵，批准他拥有一军的兵力，正式列为诸侯，做了晋国的国君，是为晋武公。晋武公放弃曲沃，始都绛邑，晋国从此复归统一。

曲沃代翼是晋国公室贵族内部争夺政权的殊死斗争，以小宗代替大宗的方式结束。所以这对西周以来的宗法礼制是一个极大的破坏。宗法观念的淡薄为以后晋国异姓、异氏的成长提供了条件。晋武公以后的晋国历代国君，总是表示要"继文（侯）绍武（公）"，可知文侯、武公两代国君在晋国历史上的地位之高。如果说晋文侯的功绩在于第一次使晋国发展壮大起来，那么晋武公的功绩则在于使分裂了的晋国复归统一，为晋国的第二次大发展奠定了基础。

楚文王"以启汉阳"与晋武公的重新统一晋国，是春秋早期同时发生的两件大事，值得大书特书。在此之前，楚国王权巩固，开疆拓土，晋国长期分裂，自相残杀。由此，楚国北上有了可乘之机。在晋武公统一晋之后，晋国王权重新巩固，迅速崛起。此后，楚国北上，总是遇到晋国这个强劲的对手，夹在两国之间的众多中小诸侯国成为两国争夺的对象，构成春秋史的主要内容。

第十节　封畛于汝与始筑长城

楚文王北进中原，纵横疆场，灭息降蔡，灭申服吕，攻郑灭邓，使楚国的北境前所未有地到达汝水，这是其父楚武王想做而不可能做到的伟业。

对于楚文王向北扩境，清华简《系年》第五章有很好的总结：

文王以北启，出方成（城），圾蘱于汝。①

《系年》对楚文王北进中原称之为"北启"，具体指出楚文王已经出了方城。此后楚文王有一个重大行动："圾蘱于汝。"《左传》哀公十七年记载："彭仲爽，申俘也，文王以为令尹，实县申、息，朝陈、蔡，封畛于汝。"

对于《系年》第五章的"圾蘱于汝"，罗运环指出：蘱字在句中应用为"表"……"圾"字当为"及"字的异体，"圾蘱于汝"，用现代汉语解读应为"在汝水边树立标识（界标）"。这样圾（及）字解读为"至"，就前后贯通了。就是"至汝水边树立标识（界标）"。也就是"北启出方城"后，开拓疆域达到了汝水。②《左传》哀公十七年所记的"封畛于汝"，杜注："开封畛比至汝水。"还有《左传》昭公七年杜注云："启疆北至汝水。"与《系年》所记"圾蘱于汝"完全一致。都是说文王将楚国的北境推进到了汝水，只是《系年》中文王还有一个动作，在汝水树立标识。

楚文王"封畛于汝"，表明楚国完全控制了南阳盆地。清人顾栋高说："楚横行南服，由丹阳迁郢，取荆州以立根基。武王旋取罗、郧，为鄢郢之地，定襄阳以为门户；至（文王）灭申，遂北向以抗衡中夏。"③

建筑方城是楚文王巩固北境的重要措施。为了捍卫以南阳盆地为核心的"汉北"战略要地，楚文王下令在南阳盆地的北部边缘，依群山之势，修筑长城，又叫方城。《左传》僖公四年记载："楚国方城以为城，汉水以为池。"杜预注："方城山在南阳叶县南。"楚国的长城，以

---

① 清华大学出土文献研究与保护中心编，李学勤主编《清华大学藏战国竹简》（贰），中西书局 2011 年，第 147 页。
② 李松儒：《清华简〈系年〉集释》，中西书局 2015 年，第 119 页。
③ 顾栋高：《春秋大事表·楚疆域论》，中华书局 1993 年，第 525 页。

申为中心，依山势而建，形成一个半环城，故又称方城。①

方城是伏牛山东端的山名，在今河南方城县与叶县之间，控扼着伏牛山与桐柏山之间的孔道，是联结黄淮平原和南阳盆地的枢纽。有一种说法："春秋时，这里只有城堡，没有长城。战国时，这里才断断续续地筑成了长城，经过方城，因而称长城为方城。"②霍金峰不同意这种说法，他认为，春秋时期楚文王"伐申""过邓"之后、"还年伐邓"之前，曾面临南北夹击的危机，需要采取防御措施，楚国有必要、有条件在申、缯故国北部边境一带修筑长城，具体修筑时间在楚文王"伐申""过邓"之后，"还年伐邓"之前。楚武王时楚国还没有扩张到汉水以北，没有与中原诸侯发生摩擦之条件，楚国不可能在申、缯故国北部修筑长城。而楚文王"伐申""过邓"后，楚国就有必要和有条件修筑长城了。结合当时中原地区诸侯争霸史实，楚文王"伐申""过邓"成功之后，在申、缯以北有齐、晋、郑、宋、陈、蔡等争霸中原，申、缯以南有邓侯三甥威胁和"汉阳诸姬"伺机而动，确实处在南北夹击之中，这样，楚文王组织当地军民，利用"还年伐邓"之前草木凋枯的冬春时节，于伏牛山、桐柏山之间，因山水形势构筑一道军事性防御设施体系——长城，不仅可以防御中原诸侯伺机进攻南方，切断南方诸姬后援之途，迫使随、邓、唐、蓼、郧、罗等南方诸侯俯首听命，而且可以保障伏牛、桐柏以南的申、缯故国成为楚国安全可靠的重要军事基地，正式确立楚国的南方霸主地位，进而为"争强中国"创造必要的先决条件。这对楚文王来说，无疑是完全必要和十分及时的。贺金峰分析："相反，如果楚文王在占据了申、缯故国以后，不在伏牛、桐柏之间的天然地堑地带设关置塞，构筑长城，白白放弃冬春草木凋枯适宜修筑长城的大好季节，白白舍弃中原诸侯内部相斗而无暇南顾

① 梁中效：《楚国"汉北"的战略地位述论》，载《楚简楚文化与先秦历史文化国际学术研讨会论文集》，湖北教育出版社 2013 年，第 552 页。
② 张正明：《楚史》，湖北教育出版社 1995 年，第 85 页。

的绝佳机遇，则是违背常理而又无法令人相信的。"①

　　楚长城建筑的时间很早。杨晓宇认为，春秋楚长城是我国最早修筑的长城，其最早的建造年代应以楚方城塞的建造为起点，大概在公元前688年（楚文王二年）楚文王灭申置县。公元前678年（楚文王十二年）文王"封畛于汝"，直至公元前656年（楚成王十六年），这22年是楚长城初具规模的时间。楚长城真正达到固若金汤，应该到公元前631年（楚成王四十一年）楚成王入居于申之时，前后达57年之久。②

　　楚长城建筑的规模，史无明载。肖华锟、艾廷和认为：楚长城就目前考察发现的是三道长城，即东起唐河，沿泌阳、叶县、方城、鲁山，西到南召乔端的长城（这段长城从古到今一直叫"方城"），我们称它为东段楚长城。从西峡县汉王城北，到内乡、镇平、邓州土谷山的长城（史料中一直叫"长城"），我们称它为西段楚长城。位于邓州市西南杏山村，位于丹江水库（古丹阳）南端的一段15公里的长城，我们称它为南部楚长城。……楚长城依山而筑、因地制宜、就地取材，其建筑方式是石垛或土筑，主墙体为单护城栏型长城。③

　　楚文王时期虽北上拓境成功，但并不具备雄厚的人力和物力，建设长城，如此浩大的工程，需要动员的人力、物力，不是楚文王时期的楚国可以完成的。楚长城一定是几百年来，历代楚人接续完成的。楚文王虽然不可能修建绵延多少公里的长城，但在某两个山头之间修建一个关隘，"在方城县独树镇伏牛山两边夹击处留出的孔道上建筑关城，尔后向两边展筑"，则是做得到的。

　　楚文王是有战略眼光的。他深知，淮汉之间是当时东西南北文化交会的一个十字路口。谁占领了这个十字路口，谁就能得到来自四面

① 贺金峰：《楚方城新考》，《荆楚学刊》2014年第3期。
② 杨晓宇：《春秋楚长城：中国最早的长城》，《许昌学院学报》2003年第6期。
③ 肖华锟、艾廷和：《楚长城的建筑时间和形式考》，《江汉考古》2003年第4期。

八方的信息，谁就能掌握东来西往和南来北往的锁钥。由此有必要在某些重要的隘口设置关城，有效掌控淮汉之间的重要通道。以后经过历代楚王的不断整修，直到战国中后期才形成规模庞大的楚长城。因此，说楚长城的源头在楚文王时期，是可以的。

第十一节　定都"为郢"于宜城楚皇城
（文王十二年）

楚文王北上"封畛于汝"之后，注意力逐渐南移。原来意图靠近前线指挥的楚国都城樊郢（今襄阳樊城），距离邓国只有十余公里，灭掉邓国之后，樊郢与邓国旧地连成一气。这时，楚文王开始考虑都城向南迁徙，回到樊郢之前的都邑湫郢。

湫郢（今湖北钟祥长寿古城遗址）是楚武王时都城免郢（今湖北钟祥罗山遗址）遭到水淹之后楚文王临时选定的都邑。定都湫郢不久，因为北上攻打申国的需要，物资运输不便，又临时将都邑北迁至樊郢。如今樊郢完成了历史使命，楚文王想得最多的是回到湫郢，但是遭到大臣们的一致反对。大家觉得，湫郢虽然地势较高，不会再遭水淹，靠近蛮河，可确保生活水源，但是为了巩固南方，大家的意见是在湫郢以北的汉水南岸，选择新都。

为郢在清华简《楚居》有载：

至文王自疆浧遷（徙）居湫＝郢＝（湫郢，湫郢）遷（徙）居＝爂郢＝（樊郢，樊郢）遷（徙）居为＝郢＝。①

为郢，整理者指出："为郢，楚文王始居，此后成为楚之重要都

① 清华大学出土文献研究与保护中心编，李学勤主编《清华大学藏战国竹简》（壹），中西书局 2010 年，第 181 页。

邑，穆王、庄王、共王、康王、郏敖、灵王、昭王都曾居此郢。阖庐
所破之郢即此。"①

清华简《楚居》整理者的意见非常重要，确定为郢的位置，对于
弄清楚国的历史，有着至关重要的意义。因为《楚居》所记历代楚王，
迁都频繁，却以"为郢"作为都邑的频率最高。请看表2-1：

表2-1：《楚居》载楚武王至楚惠王时期楚王所居都邑表

楚王名(在位时间，在位年数)	所居都邑
武王(前740—前690年，在位51年)	宵→免郢(疆浧)
文王(前689—前675年，在位15年)	免郢(疆浧)→湫郢→樊郢→**为郢**→免郢(福丘)
堵敖(前674—前672年，在位3年)	福丘→都郢
成王(前671—前626年，在位46年)	都郢→湫郢→睽郢
穆王(前625—前614年，在位12年)	睽郢→**为郢**
庄王(前613—前591年，在位23年)	**为郢**→樊郢→同宫之北→蒸之野→**为郢**
共王(前590—前560年，在位31年)	**为郢**
康王(前559—前545年，在位15年)	**为郢**
郏敖(前544—前541年，在位4年)	**为郢**
灵王(前540—前529年，在位12年)	**为郢**→秦溪之上
平王(前528—前516年，在位13年)	秦溪之上
昭王(前515—前489年，在位27年)	秦溪之上→媺郢→鄢郢→**为郢**→秦溪之上→媺郢
惠王(前488—前432年，在位57年)	媺郢→**为郢**→湫郢→酉澫→鄢郢→鄩吁

---

① 清华大学出土文献研究与保护中心编，李学勤主编《清华大学藏战国竹简》
(壹)，注释四四，中西书局2010年，第188页。

由上表可知，楚国从楚武王至楚惠王这 13 任楚王中，就有 9 任楚王曾居为郢，特别是楚昭王时期，曾经发生吴师入郢的大事。《楚居》明确吴师进攻的目标是为郢，楚昭王由为郢出逃。故为郢之于楚国，至关重要。

《楚居》载楚文王自樊郢初徙居为郢，此后楚穆王、楚庄王、楚共王、楚康王、郏敖、楚灵王连续 6 代楚王主要居于为郢，再后楚昭王、楚惠王都曾徙居为郢。楚文王徙居为郢可能为时过短。楚穆王徙袭为郢后，楚国基本以为郢为都，直至楚灵王时代，为郢仍为楚都。为郢(宜城楚皇城)很可能是春秋中晚期及战国早期的楚国都城。

确定为郢的具体位置极为重要。关于为郢地望，清华简《楚居》整理者模糊地说为郢与楚芳邑有关。① 有的学者将目光锁定在雎漳河流域。子居认为为郢在今湖北荆州市荆州区。② 笪浩波认为为郢即季家湖楚城。③ 有的学者觉得为郢应该在汉水中游的蛮河流域。尹弘兵、赵平安认为，西周末年至春秋战国之际，楚都一直在蛮河流域，郭家岗很可能为楚都。④ 赵庆淼指出为郢即楚别都鄢，今宜城楚皇城遗址。⑤

分析以上诸说，为郢地望以蛮河流域为佳。楚昭王时期，曾经发生吴师入郢的大事，《楚居》明确吴师进攻的目标是为郢，楚昭王由为郢出逃，根据石泉的研究，按照《左传》所记的昭王逃跑路线，从汉水中游的宜城楚皇城为出逃的出发点，最为合理。结合吴师进军路线，石泉认为吴师入郢的行军路线大致为："首先自本国乘船溯淮水西上，

① 清华大学出土文献研究与保护中心编，李学勤主编《清华大学藏战国竹简》(壹)，中西书局 2010 年，第 188 页。
② 子居：《清华简〈楚居〉解析》，山东大学简帛研究网，2011 年 3 月 30 日。
③ 笪浩波：《从清华简〈楚居〉看"为"郢之所在》，《中国历史地理论丛》2016 年第 4 期，第 27 页。
④ 尹弘兵：《楚国都城与核心区探索》，湖北人民出版社 2009 年，第 272 页。赵平安认为为郢即郭家岗遗址，详见赵平安《〈楚居〉"为郢"考》，《中国史研究》2012 年第 4 期。
⑤ 赵庆淼：《〈楚居〉"为郢"考》，《古籍整理研究学刊》2015 年第 3 期，第 25 页。

在蔡国境内登陆，会合蔡师，共同西进；越过楚方城南段的隘道到达唐国，会合唐师，继续沿今唐河岸西南进，自豫章大陂进到汉水北岸，与楚军夹汉对峙；之后楚令尹子常率大军渡过汉水，在汉东（偏北）的小别、大别向吴反攻，双方随即于大别西北的柏举展开决战，楚师大败；向清发（今清河）溃退，被吴师追击，又败；南退至汉水北岸的雍澨（今樊城），又败。于是吴军渡汉水南下，迅速攻陷了郢都。"①简言之，吴师先溯淮而上，然后弃舟登岸，越过方城南段的隘口，西进至襄阳附近，与楚人夹汉对峙，并最终渡汉入郢。由此可判断，"为郢"应在汉水之南，且距汉水不远的宜城一带。

宜城楚皇城遗址及其周邻存在一个巨大的东周聚落群，计有东周遗址和墓地80余处。其中面积超过10万平方米的有14处之多。更为重要的是，相当多的遗址有西周和春秋时期的文化堆积。② 如1979年，曾在骆家山遗址发现春秋晚期铜器。③ 1988年，武汉大学考古专业人员在骆家山和凤凰山一带的墓葬中，发掘出土春秋中期的铜礼器。④依据考古材料，特别是文物普查所发现的特大东周聚落群的分布情况，锁定春秋、战国楚郢都的核心区域，应分别在宜城楚皇城聚落群与江陵纪南城聚落群。⑤

楚文王在楚皇城建设为郢，主要是着眼于周王城和各诸侯国的国都都有一定规模，楚国不甘人后。当时各国建都城风起云涌。位于今河南洛阳涧河与洛河交汇处的东周王城洛邑，东西长3公里，南北宽2公里，总面积约6平方公里。⑥

为郢建于楚文王十二年，时在公元前678年。两年后，西北秦德

① 石泉：《古代荆楚地理新探》，武汉大学出版社2013年，第353页。
② 国家文物局主编《中国文物地图集·湖北分册》，西安地图出版社2002年。
③ 张吟午、李福新：《湖北宜城骆家山一号墓出土青铜器》，《江汉考古》1983年第1期。
④ 宜城市博物馆资料。
⑤ 王红星：《楚郢都探索的新线索》，《江汉考古》2011年第3期。
⑥ 许宏：《先秦城市考古学研究》，北京燕山出版社2000年，第64页。

公刚继位不久，便急急忙忙建设了秦国的第一个都城雍城。城址位于今陕西凤翔县城南，平面呈不规则方形，东西长 3480 米，南北宽 3130 米，总面积逾 10 平方公里。[①]

楚文王初创为郢，意味着楚国将重心沿汉水南移，从今襄阳樊城南移至宜城。为郢经过楚文王至楚惠王前后共 9 任楚王的经营，不断增补、完善，到战国时期，更加完备。

第十二节　楚巴津地之战（文王十五年）

楚文王封畛于汝，又迁都为郢（湖北宜城楚皇城遗址）。就在此时，突然接到警报，南方发生巴人攻楚的事件。

早在楚武王时，楚国灭权（湖北荆门市东南）为县，以斗缗为县尹。权县的设立，改变了列国以灭国土地作为贵族封地的惯例，是楚武王的开创之举。不料斗缗与权国旧贵族暗中勾结，举事叛楚，楚武王不得不镇压，杀掉斗缗。楚武王又"迁权于那处，使阎敖尹之"（《左传》庄公十八年），即将权人迁往那处（今荆门东南），并于那处设县，任命阎敖为第二任县尹来管理权人。这一次，在那处的权县很稳定，县尹阎敖尽职尽责，各项事务处理得井井有条，百姓拥戴，颂声大起。但是，又出了意外，《左传》庄公十八年关于那处又有第二条记载："及文王即位，与巴人伐申而惊其师。巴人叛楚而伐那处，取之，遂门于楚。阎敖游涌而逸。楚子杀之，其族为乱。"权县遭到巴人叛楚袭击。本来管理权县有方的县尹阎敖，手中没有军队，亦没有应变才能，吓破了胆，通过水路仓促出逃，致使权县轻易被巴人占领。事后，楚文王追查原因，不得不将阎敖杀死。事情本来就这样结束了，谁知在楚国，宗族的传统势力太大，阎敖被处死，其族人不服。他们聚集在一起发动骚乱。一晃十余年过去，楚巴矛盾愈演愈烈，由于那处距离

---

① 许宏：《先秦城市考古学研究》，北京燕山出版社 2000 年，第 90 页。

楚都为郢很近，直线距离约50公里，到楚文王十四年，巴人干脆直接向文王的新都为郢进军，想一举颠覆楚国。

文王调兵遣将，迎战企图向为郢进攻的巴军。考虑到楚国大军刚完成灭邓的任务，需要休整，同时觉得这些鼓噪向为郢进攻的巴人，不过是一群亡命之徒，乌合之众，便下令调少数楚军前往迎敌。这支楚军由文王直接率领，文王希望将这次巴人骚乱扼杀在萌芽状态，故令楚军轻装前进，直奔那处。过去楚文王出征，都是由令尹彭仲爽直接指挥，自己在军中，有事商量一下而已。但这次迎战巴人，可能是彭仲爽去世或者是别的原因不在军中，文王只好亲自指挥。楚军行进很快，到达那处时，巴人已经往西南方向离开，楚军紧追不舍，在经过一个名叫"津"的地方，追上巴人的军队。

津地所在，历来有两种解释。

一种是枝江说。《水经注》："（枝江）县治洲上，故以枝江为称……县西三里，有津乡。津乡，里名也。《春秋》庄公十九年巴人伐楚，楚子御之，大败于津。……此津乡殆即其地也。应劭曰：'南郡江陵有津乡，今则无闻矣。'郭仲产云：'寻楚御巴人，枝江是其涂便，此津乡殆即其地也。'"日人竹添光鸿《左氏会笺》："楚地，或曰江陵县有津乡也。笺曰，今荆州府枝江县西三里有津乡，津乡，里名也。楚出御巴人，枝江是其涂便，此津乡殆即其地也。"[1]

另一种是江陵东说。晋杜预注《左传》："江陵县有津。"应劭曰："南郡江陵有津乡。"熊会贞在《水经注疏》中列举："《左传》杜注：或曰：'江陵县有津乡。'盖本应（劭）说。《续汉志》江陵有津乡，《通鉴》'晋义熙元年'注引《荆州记》：'江陵县东三里有津乡。'《后汉书·岑彭传》：'津乡当荆州要会。'注：所谓'江津'也。"[2]

彭万廷指出：津地应为枝江。先从地理位置来看，我们认为《水

---

① ［日］竹添光鸿：《左氏会笺》，巴蜀书社2008年，第293页。

② 杨守敬、熊会贞：《水经注疏》，载谢守仁主编《杨守敬集》第四册，湖北人民出版社1988年，第2079页。

经注》中列举郭仲产的看法颇有见地。他在《荆州记》中说："巴都江州，在今四川巴县（重庆），楚都郢，在今湖北江陵。枝江在巴之东，楚之西，故为楚御巴人必由之道。"就是说，"津"或"津乡"应当在枝江。[①] 彭万廷的看法是对的。

分析楚巴津地之战，很有意思。楚军从"为郢"出发，越过"那处"，往西南，在"津"地（今枝江）与巴人交战，有悖常理。按照《左传》庄公十八年所记："冬。巴人因之以伐楚。"是说巴人主动向楚进攻是在楚文王十四年的冬天，而《左传》庄公十九年则记为"十九年春，楚子御之"，是指楚巴之战是在巴人占领那处的第二年的春天，亦即楚文王十五年的春天。交战地点本应在那处和为郢之间，那处之北，而实际地点却在那处的西南。这只能解释为冬天声称要向北进攻为郢的巴人，见楚文王于春季亲自领兵，气势汹汹南下前来，早有准备，有意撤离那处，向西南大本营佯装畏惧逃离，并故意慢走，在津地埋下伏兵，待楚军到达，伏兵四起，楚军本来兵力不足，加上没有防备，措手不及，为巴人所败。楚文王遇伏，临危不乱，楚军训练有素，各自为战，且战且退，损失不大。但楚文王一生南征北战，"北战"所向披靡，"南征"却师出不利，颜面丢尽。赵炳清说："巴人反叛，攻克了那处，威胁到楚国的都城。巴人叛楚，并不是要颠覆楚国，而是为了出心中的一口怨气而已。得胜之后，就自行撤退了，但也给江汉间造成了一定程度的震荡。"[②]

巴人从此以后乘胜向西、北、东南方向发展。向西抵成都平原，向北抵陕西汉中，向东南抵洞庭湖。（**见图2-3：巴人迁徙图**）到战国时期，巴竟然发展成为介于楚秦之间的大国。这是后话。

楚军败于巴军，当楚文王领着败军疲劳不堪地回到为郢时，却出现了令人意外的情况，文王竟然被为郢的守门人鬻拳拒之门外。

① 彭万廷：《古津乡考》，《武汉师范学院学报》（哲学社会科学版）1983年第2期。
② 赵炳清：《巴与楚》，科学出版社2016年，第149页。

第十三节　灭西黄国，病卒淅郢（文王十五年）

楚文王英雄一世，晚年率兵南征，平定巴人之乱，不料中伏兵败，回军途中，心中的愤怒与无奈，可想而知。这时，他身心俱疲，想赶快回到为郢（宜城楚皇城），好好休息一下。

到了为郢城下，守门人鬻拳却拒不接纳文王入城。因为按楚国传统，败军不能入都城。《左传》庄公十九年记载："巴人伐楚，楚子御之，大败于津。还，鬻拳弗纳。"

楚文王本是血性之人，鬻拳的话，使得他怒火攻心。随行的军士情绪激昂，无奈之下，文王只得率军转而去讨伐西黄国。讨伐西黄国，师出有名，楚武王三十七年曾经召集"沈鹿之会"，只有随国和西黄国拒不参加，武王当时急于与随国决战，只是派大臣蓬章到西黄国责备一番，没有动武，让西黄国苟活至今。《左传》桓公八年："夏，楚子合诸侯于沈鹿。黄、随不会。使蓬章让黄。楚子伐随，军于汉、淮之间。"这次就近灭掉西黄国，正好弥补当年的缺憾。主意拿定，文王大声下令："向西黄国进军！"楚军将士登时群情激奋，欢呼雀跃，大家憋在心中的一肚皮怨气，找到了最佳的发泄点。

西黄国距离为郢不远。石泉分析："楚文王大败之余，回郢都，被守门人鬻拳所拒，只得以疲敝之残军转道伐西黄，这种情况下，恐很难具备渡军汉水的条件，疑西黄仍当在汉水以西。《水经注·江水篇》（卷35）记晋南平郡江安县（原是华容县南乡）下游右岸（西岸）有'黄州'，下游不远则为阳岐山，山东有城，为故华容都尉旧治。此'黄州'之位置与'西黄'大体相合，又皆以'黄'为名，则西黄故址颇有可能即在此。"[①]何浩进一步指出："显然，黄地当在沿汉水南下的行程中，即由淯水入汉后至夏水入汉处之间的汉水沿岸。换一种说法，

---

① 石泉：《古云梦泽研究》，载《石泉文集》，武汉大学出版社2006年，第363页。

黄地当在今襄樊市东南至天门县北境(钟祥县南境)之间。"①也就是说,可能在今宜城东南至天门县境之间。此外,黄国与随国连称,表明这两国地理位置较近,关系密切,较有实力,敢于一起联手对抗楚国。1966年在湖北京山东北境宋河区平坝公社的苏家垄(位于漳水东岸,平坝镇西北,紧靠随州市市边界,在随州城南约八九十里)出土西周晚期至春秋早期的曾国铜器97件,其中包括"黄□□鬲"2件②,说明曾国与黄国有婚姻关系。这个与随国相去不远的黄国,应是楚文王所攻掠之西黄国,必在汉水流域。由此看来,春秋时期汉水流域有一个西黄国,可能在今宜城以南,汉水与蛮河的夹角地带。

楚文王的大军掉头往北,直奔西黄国而来。西黄国得知消息,马上派兵阻截,两军很快在一个名叫"蹗陵"的地方相遇。蹗陵,杜注仅云"黄地",石泉认为其地望已不可确考③,只能推测大体是在"为郢"之东,汉水与蛮河的夹角地带。俗话说,两军相逢勇者胜,楚军是泄愤而来,加上早就有"沈鹿之会"的积怨,士气正旺。西黄国仓促应战,准备不足。故两军交手不久,楚军便占上风,西黄国的军队抵挡不住,渐渐败退,继而大败而逃。楚军乘胜追击,直捣西黄国的国都。一个汉水流域的古国,就这么被灭了。

楚文王处置西黄国的国君,按照以往灭申、息诸国的习惯做法,令西黄国君保留宗祠,仍旧带领族人原地栖息,将西黄国的国土纳入楚境。从此,楚都腹心地带,少了一个隐患,汉水南岸楚国内地为郢与免郢(钟祥罗山遗址)之间的疆域,连成了一片。

文王率得胜之军,改变主意,东渡汉水,继续北上,踏上奔赴湫郢的路途。这次与被巴人打败不同,大军喜气洋洋,昂首阔步,一路欢声笑语。但是,文王却笑不起来。他的身体明显垮了下来,与巴人

① 何浩:《西黄地望续考》,载《楚灭国研究》,武汉出版社2019年,第192页。
② 湖北省博物馆:《湖北京山发现曾国铜器》,《文物》1972年第2期。
③ 石泉:《古云梦泽研究》,载《石泉文集》,武汉大学出版社2006年,第363页。

的败仗对他的打击太大，败军回城被拒，使他几乎崩溃。尽管踏陵一仗获得胜利，灭掉了西黄国，但这迟到的胜利并不能给他带来欢欣，他觉得身体越来越沉重，在直奔旧都湫郢（钟祥长寿古城遗址）之时，他感觉支撑不住，吩咐大军停下，想暂停几天，再去为郢。

湫郢曾经作为楚国的国都，为文王所喜爱。谁知躺下之后，文王就再也起不来，到了夏天，在湫郢悄然病逝。

文献记载楚文王死后葬于一个名字叫"湫"的地方。《左传》庄公十九年："十九年春，楚子……遂伐黄，败黄师于踏陵。还，及湫，有疾。夏六月庚申卒，鬻拳葬诸夕室。"文王伐黄得胜，凯旋归来，就住在湫地，不久生病，死于湫地，鬻拳将他安葬在湫地附近名为"夕室"的地方。

鬻拳是一位对楚文王忠心耿耿的臣子。《左传》庄公十九年记载："初，鬻拳强谏楚子，楚子弗从。临之以兵，惧而从之。鬻拳曰：'吾惧君以兵，罪莫大焉。'遂自刖也。"楚人以其忠心耿直，任为大阍，典守郢都城门，谓之"大伯"，并使其后裔掌此官。在安葬完楚文王后，他也随之而去，自杀殉主，葬于绖皇。对此，《左传》借君子之口赞美之："鬻拳可谓爱君矣：谏以自纳于刑，刑犹不忘纳君于善。"楚文王君臣相知相得，堪为君臣关系之典范。

楚文王病逝之前，最不放心的有三件事，一件是夫人息妫所生的两个儿子都还幼小，不足以继承大位。另一件是想放弃为郢，重新还都武王创立的免郢。第三件是希望由息妫主政，王弟子元辅佐。这说明文王在彭仲爽之后，没有任命令尹。子元是文王之弟，文王驾崩时尚未领令尹之职。"子元为令尹，首见于楚成王六年，但始任此职可能在成王初年。"[1]弥留之际，他把师傅保申、王弟子元和息妫叫到身边，将自己的心事对三人讲明。特别强调息妫稳重心细，主政可国事无忧。文王逝后，文夫人将大儿子继位之事交给保申，迁都之事交给

---

① 宋公文：《楚史新探》，河南大学出版社 1988 年，第 35 页。

王弟子元，自己精心照看两个幼童。王弟子元传达王兄迁都遗命，众大臣没有一人反对，便很快实施，重新还都于免郢（今钟祥罗山遗址）。这事在清华简《楚居》有明确记载："至文王自疆郢徙居湫郢，湫郢徙居樊郢，樊郢徙居为郢，为郢复徙居免郢，焉改名之曰福丘。"①从此，免郢又热闹起来。

张正明说："楚文王一生只打了一次败仗，这次败仗对楚国没有重大影响，与秦师因轻敌而为芮师所败相似，说得宽容一点，情有可原。然而，已是跛子而守卫宫门的鬻拳居然不许楚文王入宫。楚文王为了将功补过，居然不进宫门，重整旗鼓，伐黄获胜，但在归途中因积劳和染疾而死。显然，有一种习惯法调节着当时楚国的君臣关系，这种习惯法是从原始社会向文明社会过渡之际的军事民主制传统留下来的，要求国君必须为社稷的安危和国人的荣辱承担责任。尽管这种习惯法在王权的强光中正在褪色，但这时仍为忠臣所恪守。"②

楚文王临终前对异姓宠臣的赏赐，很有节制。《左传》僖公七年："（申侯）有宠于楚文王，文王将死，与之璧，使行，且告之曰：'……后之人将求多于女，女必不免，我死，女必速行。'"当初，楚文王灭申为县，这位申侯是申国女子所生。虽然申侯被楚文王宠爱，可是在楚国同姓贵族眼中，异姓贵族不过是"羁人""细人"。在政治上对其严加防范，不使其处于朝廷中枢。文王将死，仅是赐予他玉璧，让他从速逃跑。

楚文王与他的父亲楚武王一样，都是在战场上倒下的英雄，他们都是以自己的生命殉楚国，充分体现了楚国"以武立国""国重君轻"的优良传统。

---

① 清华大学出土文献研究与保护中心编，李学勤主编《清华大学藏战国竹简》（壹），中西书局 2010 年，第 181 页。
② 张正明：《秦与楚》，华中师范大学出版社 2007 年，第 62 页。

第十四节 疆域变迁

楚文王开疆拓土研究成果丰硕。清人顾栋高感叹："余读《春秋》至庄六年楚文王灭申，未尝不废书而叹也。曰：'天下之势尽在楚矣！'申为南阳，天下之膂，光武所发迹处。是时齐桓未兴，楚横行南服，由丹阳迁郢，取荆州以立根基。武王旋取罗、鄀，为鄢郢之地，定襄阳以为门户。至灭申，遂北向以抗衡中夏。然其始要，非一朝一夕之故也。平王东迁，即切切焉。戍申与甫、许，岂独内德申侯为之遣戍，亦防维固围之计，有不获已。逮桓王、庄王六七十年之久，楚之侵扰日甚，卒为所灭。自后灭吕、灭息、灭邓，南阳、汝宁之地悉为楚有。如河决鱼烂，不可底止，遂平步以窥周疆矣。故楚出师则申、息为之先驱，守御则申、吕为之藩蔽。"① 可见楚文王开疆拓土卓有成效。《左传》哀公十七年：楚文王时"县申、息，朝陈、蔡，封畛于汝"。应地在潢北、汝南。这就是说，南阳盆地直到汝水以南的申、缯、应国故地，楚文王时就纳入了楚国版图。

楚文王占领南阳盆地，意义至为重大。南阳盆地的面积约有2.7万平方千米，东、北、西三面都有山险，中部和南部是宽阔的河湖冲积平原，海拔在100~150米，地表有和缓的波状起伏，无霜期较长，降水量适中，发展农业的自然条件比楚人旧居蛮河中游好得多。春秋时期楚国的第一大县申县，就是以申国故土设立的。向东，经由方城隘道通向中原；向西，经由丹江北岸荆紫关至武关一线通向关中；向南，经由汉南的襄宜平原和汉东的随枣走廊，可深入长江中游的腹地。从交通上说，叫作南襄隘道。一出方城就到了淮北平原的西部，无论北上，还是东下，俱无险阻。春秋时期楚国的第二大县息县，就是以息国故土设立的。楚文王伐申还师，便立即伐邓，9年后（楚文王十二

---

① 顾栋高：《春秋大事表·楚疆域论》，中华书局1993年，第525页。

年，鲁庄公十六年，公元前678年)灭邓，至此，整个南阳盆地，除了东部的唐国、西部的鄀国前已依附于楚，作为附属存在外，盆地南部、中部和北部的主要地区均入楚版图，成为楚人进兵中原、东略淮域的前进基地，位于今南阳市的申国故地，尤为楚国重兵所集的战略要邑。

约鲁庄公十年冬至十二年间，公元前684—前682年，楚文王乘胜灭息，开始在方城外、淮河上游北岸建立起新的前沿据点。《左传》哀公十七年载楚大夫子谷对楚惠王说，"彭仲爽，申俘也，文王以为令尹，实县申、息，朝陈、蔡，封畛于汝。"杜预注："楚文王灭申、息以为县"，"开封畛北至汝水"。接着，楚师北上，"伐郑，及栎"，可见楚之声势已越过汝水，北至颍水上游南岸，而处在方城口外、汝水以南的应国，以及淮河上游、今河南信阳附近的樊、番等国均或在此间(或稍迟)为楚所并，或灭或迁，故地入楚。《说苑·正谏》说楚文王"兼国三十"，虽不无夸张之嫌，但亦可见其开疆拓土之广。[①]

春秋中期楚文王还将其灭国罗国遗民迁徙至汨罗江下游，即今汨罗市翁家港至马头槽一带(今屈原农场蚕种场)，至今罗城尚存，说明至迟在春秋中期，汨罗江一带已归楚所有，同时也说明这一带尚属楚的南部边境。[②]

在湘江流域，楚人的势力大抵在春秋早期就已进入了湖南省的北部。因为楚灭罗后，楚文王即将罗由枝江迁徙至湖南汨罗。[③]

楚人对湖南地区的开发，始于春秋中期晚段。长江中游南岸楚系青铜器的出现，是直接的证据。洞庭之地位于长江南岸，纵贯湖南的湘、资、沅、澧四水，最终注入湖区。其东、西、南三面环山，是沟通南北的战略要地。在今洞庭湖东岸地区，已经发现多座东周城址。其二是汨罗的罗城。文献记载楚文王将罗子国的遗民从枝江迁徙到了

---

① 徐少华：《周代南土历史地理与文化》，武汉大学出版社1994年，第261页。

② 高至喜：《湖南楚墓与楚文化》，岳麓书社2012年，第2页。

③ 刘玉堂、袁纯富：《楚国水利研究》，湖北教育出版社2012年，第3页。

湖南汨罗。《汉书·地理志》长沙国"罗"县条下，应劭注："楚文王徙罗子自枝江居此。"①现已在汨罗河乡李家河与汨水相会处发现一城址。城址东西长490米，南北长400米，城址东面出土有一些东周时期陶片。② 这里很有可能即为罗子国遗民的迁徙之地。"当时楚国把罗子国的遗民迁往江南，其所迁之地，应是楚国版图。"③

楚国势力沿洞庭湖东部，进入现今岳阳、长沙地区，以达湘中。这是楚开拓湖南的第二条路线，但其年代晚于西部的路线。这与地理条件也有很大关系，湖南东部，距楚的政治中心较远，中间又隔着难于通行的云梦泽地，楚国只有在越汉水征服"诸姬"，向东发展到相当程度时，才有可能在北向发展受阻的情况下，再折而南下，从洞庭湖东部进入湖南。

从史料看，最早沿第二条路线南下的行动，是楚文王徙罗子国于洞庭东南的岳阳、汨罗一带。《左传》桓公十二年杜预注，"罗，熊姓国，在宜城西山中，后徙南郡枝江县"，文王迁都枝江，又远徙罗子于后来的岳州。《水经注》载：罗县，本罗子国，"故在襄阳宜城县西，楚文王移之于此"。伍新福指出："楚文王是公元前689年至公元676年在位，即在武王'开濮地'数十年之后。这时，楚借助同姓罗子国，占有了现今岳阳、汨罗一带地方。这可认为是楚国势力由洞庭湖东部路线进入湖南之始。"④

---

① 班固：《汉书·地理志》，中华书局1999年，第1309页。
② 湖南省文物管理委员会：《湖南湘阴古罗城的调查及试掘》，《考古通讯》1958年第2期。
③ 袁艳玲：《楚人经营湖南地区的考古学观察》，载《楚文化与长江中游早期开发国际学术研讨会论文集》，武汉大学出版社2021年，第73页。
④ 伍新福：《楚国对湖南的开拓述论》，《求索》1986年第5期。

第十五节　楚文王述评

楚文王，芈姓，名赀。楚武王之子。公元前 689—前 675 年(一说前 677 年)在位。楚文王二年，借道邓国，北进伐申，不久灭申为县。文王六年，利用蔡、息矛盾，败蔡师于莘，俘蔡哀侯。又东进淮河流域，入息，袭杀息侯，得息妫，灭息以为楚县。陈、蔡南服于楚，楚境北抵汝水。在此前后，汉东地亦多为楚有，文王得以游猎于云梦之野。十二年，北向伐郑，及栎。同年，灭其舅邓侯之国，楚江汉腹心地遂与南阳盆地连成一片。十五年，率楚师御巴，被巴人击败于津。旋伐黄，败黄师于踖陵。还师途中发病，夏六月卒，葬诸夕室。在位期间，制订、颁布了惩罚窝赃之法，规定凡隐藏赃物者与盗贼同罪，称为"仆区之法"。①

楚文王雄图与霸气兼备。其元年，遵先王遗规，徙都于郢。其二年，假邓伐申，先灭申，继灭邓，这比晋献公假虞伐虢早 33 年。其六年，应息侯之请，去讨伐据说好色而无礼的蔡侯，俘蔡侯而归。未几，伪称通好，引兵访息，灭其国，俘其君，把貌美逾常的妫姓息夫人变成了自己的文夫人。申在方城内，是长江中游最大的一个姜姓国；蔡在方城外，是中原南部最大的一个姬姓国。楚国灭了申，服了蔡，使诸夏为之不安。楚文王选贤举能，不拘一格，发现申俘彭仲爽有帅才，以为令尹。彭仲爽不负所望，使申国和息国都成为楚县，使蔡君和陈君都朝于楚君。为献玉受刑的和氏昭雪的，是楚文王；制定《仆区之法》以惩治盗物者和窝赃者的，也是楚文王。胜败乃兵家常事。楚文王一生只打了一次败仗，这次败仗对楚国没有重大影响。

武王与文王的重要区别只有两点：其一，是武王享年长，享国久，资历比臣僚深，功劳比臣僚大。文王则不然，他是被一群资历深、功

---

① 石泉主编《楚国历史文化辞典》，武汉大学出版社 1996 年，第 477 页。

劳大的臣僚拥戴着并胁持着的一位国君，往往身不由己。其二，武王的性格刚而又刚，文王的性格刚中有柔。武王对内、对外都是令人敬畏的，文王则不然，对外他也是一位叱咤喑呜千军俱废的雄杰，对内他却是一位经常需要老臣耳提面命，甚至不妨用鞭策和戈矛来配合语言迫使他就范的领袖。即使武王也有保申这样的师傅和鬻拳这样的大阍，他们也是不敢举起荆条来教训他，不敢操起兵器来威逼他的。武王之所以为"武"，文王之所以为"文"，可谓良有以也。[①]

涛平赞曰：

楚有文王，国力大张。不愧武王之子，承绪楚国荣光。太子时虽顽劣，沉湎美色游猎，幸有保申，不负先烈。荆条笞背，以死相谏，终致浪子回头，及时醒悟，洗心革面。继位后奋发有为，重振山河，一马当先。直面汉阳诸姬，力破周王防线，北进伐申，楚军实力展现。"应邀"攻蔡，灭息兼顾猎艳，掳掠息妫，难得钟情不变。勇气与谋略并存，雄图共谨慎兼备，灭申、服吕，灭应、降蔡，伐郑、灭邓。惜乎楚巴失和，津地失利，却喜并灭西黄，挽回颜面。呜呼！楚文王"以启汉阳"，北向大踏步拓土，致楚疆于汝水之边。封畛于汝，始筑长城，与晋武公统一晋国，南北交相辉映，均称雄于诸侯，差可比肩。

---

① 张正明：《楚史》，湖北教育出版社 1995 年，第 90 页。

第 三 章

楚王堵敖命丧宫廷

第一节　堵敖幼童继位（堵敖元年）

公元前 675 年，一代雄主楚文王病逝，享国十五年。

文王的在位年数，《左传》与《史记》不同。《史记·楚世家》记"十三年，（文王）卒，子熊艰立。"是指楚文王在位只有十三年。楚文王十三年相当于鲁庄公十七年，而在两年之后的《左传》庄公十九年，楚文王仍在世，先是在春季与巴国作战，打了败仗，接着讨伐西黄国，打了胜仗，直到"夏六月庚申卒"。很明显《史记》有误。

楚文王离世，遗留的最大问题是王位的继承。

楚文王去世时有个特定情况，两个儿子都是幼童。先由长子熊囏继位。《春秋会要》："堵敖，名囏，文王子。鲁庄公二十年立，在位三年，为弟颊所弑。"[1]刘信芳由于误用《史记》熊囏在位仅 3 年的记载，得出熊囏 4 岁登位的结论："据《左传》庄公十四年（前 680 年），楚文王如息，'以食入享，遂灭息，以息妫归，生堵敖及成王焉'，文王得息妫在六月，生堵敖当在次年，即庄公十五年（前 679 年），堵敖即位在前 676 年，竟不足四岁。"[2]张正明推断："大约在公元前 683 年，息夫人一变而为文（王）夫人。八年之后，文王去世。在八年中，文王喜得二子，长子名艰（囏），次子名恽。熊艰继位时，至多不过七岁。"[3]张正明的推断是正确的。

幼童继位，不可能有决策能力。在这种情况下，最简单而又可靠的办法应该是由某一王叔接位。王叔年龄较大，经验丰富，能够担当治理国家的重任。但实际情况是，文王去世后，尽管长子熊囏只有 7 岁，仍然被推上王位，王叔子元靠边，明显不合楚国常理。三年以后，

---

① 王贵民、杨志清：《春秋会要》，中华书局 2009 年，第 15 页。
② 刘信芳：《楚国诸敖琐议》，《江汉论坛》1987 年第 8 期。
③ 张正明：《楚史》，湖北教育出版社 1995 年，第 93 页。

8 岁的弟弟取代 10 岁的哥哥继承王位，未见楚国震荡。其中的玄机，由于史籍缺载，扑朔迷离。

据《左传》推算，楚文王在位只十五年，《史记·楚世家》的记载有十三年。由此文王的大儿子堵敖继位时最多只有 9 岁，在位仅 3 年便被杀，死时也不过 12 岁，其年幼不能主事可知。《史记·楚世家》记堵敖欲杀其弟，随即被弑一事，很明显出于楚国贵族的任意废立，并非楚成王的本人意志。

熊艰在位仅 3 年，楚国实际由令尹子元主政，文夫人息妫垂帘听政。

第二节　迁都郢郢（堵敖元年）

堵敖继位后，令尹一职由子元接任。子元何时接任令尹之职，史无明文，但是《左传》庄公二十八年（楚成王六年）明言"楚令尹子元欲蛊文夫人"，则至少在楚成王六年时，子元已任令尹。文夫人与令尹子元商议，将都城迁徙到郢郢。

清华简《楚居》：

> 至壴（堵）嚻（敖）自福丘遅（徙）袭（袭）箸（郢）郢。①

本来，文王逝世，遗言迁都免郢，一番忙碌，好不容易从汉水南岸的为郢（今宜城楚皇城）搬到其下游免郢（今钟祥罗山遗址）。郢郢是楚先祖熊仪曾经居住的故都。清华简《楚居》说"若敖禽义徙居郢"，表明熊仪最后选定的都邑名叫"郢"。② 郢地在乔多（今湖北襄阳黄龙

---

① 清华大学出土文献研究与保护中心编，李学勤主编《清华大学藏战国竹简》（壹），中西书局 2010 年，第 181 页。
② 拙著《先楚史》第八章第七节"宣王攻楚，熊仪迁都"中对郢地有详细的论证。程涛平：《先楚史》，武汉出版社 2019 年，第 532—537 页。

镇)正南，汉水东岸今湖北钟祥市丰乐镇附近的李陈岗遗址。《水经注·沔水中》记："沔水又径鄀县故城南，古鄀子之国也。秦楚之间，自商密迁此，为楚附庸，楚灭之以为邑。县南临沔津，津南有石山，山上有古烽火台。县北有大城，楚昭王为吴所迫，自纪郢徙都之，即所谓鄢、鄀、卢、罗之地也。"杨守敬在《水经注图》"南八西二"中，将"鄀"地定在汉水与丰乐水交汇夹角处，并注明："故鄀国自商密迁此。"

由《水经注》的记载，可以看出，鄀郢不仅是周宣王时熊仪定居之地，还是后来春秋晚期楚昭王逃难暂羁之地，与楚国历史息息相关。

鄀郢得名源自鄀国。鄀国是商代古国。据《世本》记载："鄀，允姓国，昌意降居为侯。"[1]昌意相传是黄帝次子，这说明鄀是由古老部族发展为国家的，与中原华夏族有一定的历史渊源关系。《竹书纪年》："昌意降居若水。"按"若"与"鄀"通，是则鄀部族起初当因居若水而得名。有学者认为昌意族活动的若水，即今之河南汝水。[2]汝水流域与鄀国以后活动的丹淅流域相去不远，如鄀部族早期在汝水流域活动，而后南迁，经南阳盆地北部西至丹淅一带，比较便利。

郭沫若研究鄀国铜器，根据鄀公敄人簋称"上鄀"，鄀公誡簋称"下鄀"，论定鄀有上下之分，认为上鄀和下鄀并存。[3]上、下鄀由鄀部族到西周中期分流而来。其中，上鄀仍在今河南西峡县老灌河(淅水)与丁河交汇处的鄀国故城[4]，下鄀则在今河南淅川县淇河与丹江交汇处寺湾一带，为古商密之地，位于丹江北岸。其北为荆子关，当南

① 《世本·氏姓篇》秦嘉谟辑补本，《世本八种》，商务印书馆1957年，第303页。
② 田昌五：《夏文化探索》，《文物》1981年第5期。
③ 郭沫若：《两周金文辞大系图录考释》(三)，《郭沫若全集·考古编》第八卷，科学出版社2002年，第340、356—357页。
④ 见国家文物局主编《中国文物地图集·河南分册》"西峡县文物图"，中国地图出版社1991年，第226页。

北水路之咽喉，地理位置非同一般。^① 可能是周夷王时熊渠大扩张，出于防止周王朝军队顺丹江而下的目的，在下都驻扎重兵，逼迫下都居民沿汉水顺流而下，迁到今钟祥丰乐镇附近汉水北岸，重建鄀国城。到熊仪时，因都邑乔多被周宣王的军队破坏，残破不堪，寻找新地，觉得鄀国城十分理想，便决定在此定居。

经过若干年的经营，鄀国城雄踞汉水北岸，易守难攻。

熊仪所居之都，有考古遗迹可寻。今湖北钟祥丰乐镇和潞市镇之间，汉水东岸，周代遗址密布。列有以下 5 处遗址：

李陈岗遗址。位于丰乐镇邢台村西北 1 公里，属省文物保护单位，面积约 7 万平方米，文化层厚 1.2~2 米。出土西周陶片以泥质灰陶为主，泥质黑陶次之，纹饰有弦纹、方格纹、绳纹、附加堆纹，器形有鬲、豆、罐、盆、缸等。

洪山寺遗址。位于丰乐镇洪山村东北 800 米，属市文物保护单位，面积约 1200 平方米，文化层厚 1.8 米左右。出土西周陶片以泥质灰陶为主，夹砂红陶次之，纹饰有绳纹，器形有鬲、豆、罐、盆等。

岩骨山遗址。位于潞市镇峰岭村东北 500 米，属市文物保护单位，面积约 1 万平方米，文化层厚 1.5 米左右。出土西周陶片以泥质红陶为主，夹砂灰陶次之，纹饰有绳纹，器形有鬲、豆等。

五家冲遗址。位于潞市镇峰岭村北 500 米，属市文物保护单位，面积约 1.2 万平方米，文化层厚 1.5 米左右。出土西周陶片以泥质灰陶为主，泥质黑陶次之，纹饰有弦纹、绳纹，器形有鼎、罐、缸等。

蒋台山遗址。位于潞市镇峰岭村东北 300 米，属市文物保护单位，面积约 2.8 万平方米，文化层厚 1~1.7 米。出土西周陶片以泥质红陶为主，夹砂红陶次之，纹饰有弦纹、方格纹、附加堆纹，器形有鬲、罐、盆、缸等。

---

① 见国家文物局主编《中国文物地图集·河南分册》"淅川县文物图"，中国地图出版社 1991 年，第 228 页。

这五处遗址中，以李陈岗遗址为熊囏继位之初所迁都郢的可能性最大。

熊囏继位之初，楚都刚由为郢迁到免郢不久，文夫人和令尹子元为何急于迁到郚郢（今钟祥李陈岗遗址），令人不解。子居猜测："堵敖即位之前，阎敖之族为乱，巴人乘乱攻楚。故堵敖即位后由福丘迁至郚郢。"[①]有一定道理。楚文王去世的前一年，因巴人在那处发难，声称进攻为郢，文王率兵迎击，与巴人在津地（今湖北枝江）打了一仗，文王大败。巴人得胜后，泄愤的目的达到。但实际上巴人没有走远，过了一段时间又聚集在一起，吵吵嚷嚷又要攻打楚国的新都免郢。免郢位于蛮河入汉水处，汉水西岸，距离那处（今荆门南）不远，比为郢更近，更容易受到攻击，文夫人与令尹子元及时迁都郚郢，就是将都邑从汉水的西岸迁过汉水，到达汉水东岸的郚郢，由此达到将巴人隔开的目的。

第三节　周王室内乱与文夫人治楚
（堵敖元年至三年）

楚文王去世，7岁的大儿熊囏继位，楚国诸事赖文夫人勉力支撑，楚国进入了艰难时期。与此同时，周王朝也进入了多事之秋。

熊囏继位之年当周惠王三年，这时，周王室的力量已日渐削弱，各诸侯国不断扩大自己的势力和领土，周王的统治范围日趋缩小。平王初迁洛邑时，尚有方六百里的土地，比列国大得多，后来有的送人，有的被诸侯吞没，有的被戎狄侵占，有的封给公卿大夫作采邑，"王畿"紧缩，最后仅剩下一二百里的土地。国境北、西、南三面被晋、秦、楚包围，国内又有扬拒、泉皋、伊雒（洛）之戎和大夫采邑分割，天子自有的土地和人民实已所剩无几。

---

① 子居：《清华简〈楚居〉解析》，山东大学简帛研究网，2011年3月30日。

公元前 675 年，周惠王即位第二年，熊囏继位的前一年，周王室又发生内乱。起因是周庄王的爱妾姚生了儿子子颓，周庄王喜欢子颓，令大夫劳国为子颓的老师，故劳国在王室很有地位。周惠王厌恶子颓，即位以后，为清除旧势力，采取了一些过激行为：夺了劳国的园圃为王的宫苑，同时占取了大夫边伯靠近王宫的房舍，还将大夫子禽、祝跪与詹父的田地据为己有，并收了膳夫石速的秩禄。受到打击的这五位大夫，心中不服，五位大夫群起作乱，拥戴子颓。遭到失败后，劳国等逃至苏氏之温邑，子颓逃奔卫国，寻求庇护。卫和燕两国同情子颓，联合发兵讨伐周惠王，立子颓为王。此举惹怒小霸郑国。第二年，郑国调解王室内的纠纷，没有达成盟约，逮捕了南燕国的国君仲父。这年夏天，郑国迎接周惠王归国，在栎地暂住。秋，郑军拥周惠王向王都成周进发。先是进入邬地，再打到成周，遇到顽强抵抗，只是取得周的宝器而还。这年冬，王子颓在成周犒劳政变的大夫，高兴过头，僭用了黄帝、尧、舜、夏、商、周六代之乐。[1] 郑国知道后，更为愤怒，联合虢国，共同举兵进攻成周，叛军没有防备。郑军从圉门入，虢军自北门入，杀了王子颓及五大夫。郑国帮周惠王成功复辟，郑国宴请周王，也用了六代之乐。惠王非常感激两国的帮助，为了报答，在周王室已经十分狭小的土地中，又将虎牢以东的地方赐给郑，酒泉之地赐给虢。"于是王畿更小，与列国相差无几，王室的地位至此只能靠各大诸侯国来扶持了。"[2]

熊囏幼童在位，不可能有所作为，楚国诸事全凭文夫人与令尹子元商议。在周王室遭遇"五大夫之乱"之际，文夫人闻乱不惊，胸有城府。她在文王逝后新君幼小群龙无首的特殊时刻挺身而出，不动声色地做了两件确保楚国长治久安的大事：一是起用文王的老臣。王弟子元，血气方刚，有勇有谋，在最有可能与大儿熊囏争夺王位之时，没

---

[1] 《左传》庄公二十年："冬，王子颓享五大夫，乐及遍舞。""乐及遍舞"有二义：一为六代之舞；一为诸侯及大夫遍舞。此用前义。
[2] 顾德融、朱顺龙：《春秋史》，上海人民出版社 2001 年，第 54 页。

有异常举动，避免了楚国的震荡，值得信任，可以担当令尹之责。文夫人要求子元像文王一样，以武立国，率兵出征，并灭小国，开疆拓土。① 斗氏是楚国的大族，人才济济，文夫人留意在斗氏中选拔人才，作为辅佐之臣。② 二是注意与周王室建立良好的关系。熊囏在位的第二年，周惠王在郑国、虢国的帮助下成功复辟，重新回到成周，文夫人特意遣使至成周祝贺，并送上厚礼，给经济窘迫的周王室一丝安慰。③ 这可视为文夫人在楚成王登基之前预先铺垫的结果。这两件大事，文献并无明确的记载，但以楚成王熊頵(恽)8 岁即位，却有良好开局来看，不能不归功文夫人的深谋远虑，提前布局。

楚国实行的是嫡长子继承与兄终弟及继承并重的王位继承制度。有时候，兄终弟及更为众人接受，一旦兄弟抢夺兄长的王位或者兄长将王位让给兄弟形成事实，大家一般都顺水推舟地接受。《左传》文公元年子上说"楚国之举，恒在少者"，说明在楚国，由年纪较小的弟弟继承王位时有发生。

第四节　令尹子元灭厉、贰、(西)蓼、州国与晋献公攻骊戎

在楚熊囏幼童当位之时，王弟令尹子元指挥军队，文夫人责令其尽力并灭周边小国，开疆拓土。子元作为令尹，对文夫人非常听从，率领军队，向都郢周边的小国发起系列进攻。

何浩在《楚灭国研究》中列"楚灭国及其疆域演变大事纪要"，在"楚文王及堵敖三年"这一阶段注明："楚侵凌江汉间小国，先后灭厉，

---

① 据《左传》庄公二十八年，子元在楚成王六年时便已担任令尹多年，不排除楚文王逝世时便成为令尹。
② 楚成王的辅佐大臣令尹子文，功勋卓著，应视作文夫人的提前选拔。
③ 参《史记·楚世家》："成王恽元年，初即位，布德施惠，结旧好于诸侯。使人献天子，天子赐胙，曰：'镇尔南方夷越之乱，无侵中国。'于是楚地千里。"

灭贰，灭蓼（己姓），灭州。"①楚文王主要是北上，在南阳盆地和淮河流域用兵，灭申、息、邓，服蔡、吕诸国，在江汉流域用兵很少，只是在津地（今湖北枝江）与巴人打过一仗，大败之后回为郢（今宜城楚皇城遗址）时被拒，不得已就近攻打为郢附近的西黄国，在踳陵大胜，灭掉了汉水西岸的西黄国。此外未见文王在江汉流域灭国。因此，何浩所列楚国在楚文王及堵敖三年"先后灭厉，灭贰，灭蓼（己姓），灭州"，当是堵敖在位三年期间子元用兵的结果。

先秦时期共有两个厉国，一为随州之厉，一为鹿邑之厉。② 子元所灭的厉国，当是位于随州的厉国。文夫人命保申护佑熊頵到了随国，对随国周边的小国可能对随国的干扰十分注意。

随州厉国为姜姓国，炎帝之裔。③ 清顾栋高《春秋大事表》载："厉，姜姓，厉山氏后，今湖广德安府随州北四十里有厉山，山下有厉乡。"④古厉山氏，其兴起之初，就活跃在随枣走廊内的厉山一带。

随州之厉在随枣走廊内今湖北随州东北百里殷店镇一带，为远古烈山氏之后，至迟于西周初年已经立国，属周之南土。《世本·氏姓篇》载："厉氏，国名，神农生于厉乡，所谓烈山氏也，春秋时为厉国。"⑤

随州之厉不见于《春秋》《左传》等史籍。金荣权怀疑："随州之厉国之所以不见载于史书，可能是因为它的近邻随国，在西周时期厉国就为随人所吞并。"⑥其实应为楚国堵敖时所灭。

① 何浩：《楚灭国研究》，武汉出版社 2019 年，第 340 页。
② 徐少华：《周代南土历史地理与文化》，武汉大学出版社 1994 年，第 199 页。拙著《先楚史》第十一章第五节介绍了位于随州的厉国。程涛平：《先楚史》，武汉出版社 2019 年，第 1015—1019 页。
③ 罗泌：《路史》（四库全书本），上海古籍出版社 2003 年，第 256 页。
④ 顾栋高：《春秋大事表》，中华书局 1993 年，第 584 页。
⑤ 宋衷注，张澍稡集补：《世本》，中华书局 1985 年，第 38 页。
⑥ 金荣权：《周代淮河上游诸侯国研究》，河南大学出版社 2012 年，第 54 页。

贰国，姬姓国，今湖北应城市境。①

《左传》桓公十一年："楚屈瑕将盟贰、轸。"杨伯峻注："贰、轸两国名。《春秋传说汇纂》以为贰在今湖北省应山县境，轸在今应城县西。两国其后皆为楚灭。"②顾栋高《春秋大事表》："贰，在今湖广德安府应山县境。桓十一年见。不知何年灭于楚。"③按照何浩的研究，贰国在楚武王时与楚国建立了同盟关系，得以延续。楚文王时期忙于北上，平安无事。到堵敖时被楚所灭。

（西）蓼国，己姓。④

先秦时有三个蓼国，一在南阳盆地的唐河县南，二在淮河中游的支流今史河中下游，三是"群舒"之一，位于江淮之间今安徽省境的舒蓼。三个蓼国于春秋时期先后为楚所灭，故地并入楚境。为便于区别，文中分别称之以（西）蓼国、（东）蓼国和舒蓼。子元所灭的蓼国应为（西）蓼国。

（西）蓼国的族姓，早期文献无载，自宋代以后志书多言其为己姓之飂嗣叔安之后⑤，杨伯峻《春秋左传注》昭公二十九年"昔有飂叔安"句下注明："杜注，飂，古国也，叔安，其君名。飂，音了，《汉书·地理志》作廖，在今河南省唐河县南八十里。"⑥若此，古蓼国当是祝融之裔，与楚人同源。

对于《左传》桓公十一年记载中的古蓼国，历代地理著作比较一致地认为在今河南唐河县南。如《汉书·地理志》、《水经注》、《隋书·地理志下》、《通典·州郡七》、《太平寰宇记·山南东道一》、

---

① 程涛平：《先楚史》，武汉出版社2019年，第1158—1159页。

② 杨伯峻：《春秋左传注》（修订本），中华书局1990年，第130页。

③ 顾栋高：《春秋大事表》，中华书局1993年，第577页。

④ 拙著《先楚史》第十章第五节有过介绍。程涛平：《先楚史》，武汉出版社2019年，第706—708页。

⑤ 参阅《路史·国名纪三》，《春秋地名考略》卷一。

⑥ 杨伯峻：《春秋左传注》（修订本），中华书局1990年，第1500页。

《大明一统志》南阳府山川"蓼山"条、《大清一统志》南阳府山川、《读史方舆纪要·河南六》南阳府唐县、《春秋大事表》等，皆是。杨伯峻《春秋左传注》："蓼，音了，国名，亦作廖，古为飂国，详高士奇《春秋地名考略》，在今河南省唐河县南稍西八十里。"[1]

(西)蓼国在楚武王时期曾经是楚的敌对国。《左传》桓公十一年，公元前701年："楚屈瑕将盟贰、轸。郧人军于蒲骚，将与随、绞、州、蓼伐楚师。"

(西)蓼国春秋初年被灭于楚国，有两个时间点。一是灭于楚武王时。《左传》哀公十七年载楚大夫子穀回忆春秋初年情况时说："观丁父，鄀俘也，武王以为军率，是以克州、蓼，服随、唐，大启群蛮。"则蓼当于楚武王晚年灭于楚。第二个可能的时间是在堵敖时期。楚武王当年只是"克"(西)蓼国，并未将其灭国。文王北上灭申、息、邓诸国，与此相邻的(西)蓼国岌岌可危，但文王来不及继续北上扩大战果便因巴人作乱而仓促南下，兵败津地不久去世，让(西)蓼国得以苟延残喘，至堵敖时子元最终灭掉(西)蓼国。

南州国。[2] 西周时南北并存两个州国。其中，北州国，建都淳于(今山东安丘东北)，故可名北州国。北州国见于《春秋》桓公五年："冬，州公如曹。"杨伯峻《春秋左传注》桓公五年："州，姜姓国，都淳于，今山东省安丘县北之淳于城。"子元所灭的州国应是南州国。

南州国之姓氏，《路史·国名纪乙》："少昊后，偃姓。""《姓纂》引《姓考》云州为'近楚小国'。《左传》：'随、绞、州蓼伐楚，败郧。此州国偃姓，非姜州也。'"[3]

学者一般认为南州国在监利市东或者与之邻近的洪湖市东北。顾栋高《春秋大事表·列国爵姓及存灭表》、张琦《战国策释地》卷下，

---

① 杨伯峻：《春秋左传注》(修订本)，中华书局1990年，第130页。

② 拙著《先楚史》第十章第四节有过介绍。程涛平：《先楚史》，武汉出版社2019年，第638—641页。

③ 何浩：《楚灭国研究》，武汉出版社2019年，第186—187页。

都认为"今湖广荆州府监利县东三十里有州陵城"，为"古州国"地。杨伯峻《春秋左传注》桓公十一年注明："州，国名，即今湖北省监利县东之州陵城。"①潘新藻在《湖北省建制沿革》中指出："《春秋传说汇纂》：监利县东三十里有州陵城。徐广注明州侯国即在州陵城。《水经注》：'江水东北流，径石子冈。冈上有故城，即州陵县之故城也。'"②1992 年，考古工作者在洪湖市乌林镇胡家湾村发现小城濠城址。③ 城址面积约 10.8 万平方米。据明嘉靖《沔阳志》和清《湖北通志》《沔阳州志》载，该城址可能为州国故城。"④

南州国的活动在《左传》中有两次记载，都是与楚武王为敌。一次是在《左传》桓公十一年："楚屈瑕将盟贰、轸。郧人军于蒲骚，将与随、绞、州、蓼伐楚师。"再一次是《左传》哀公十七年："观丁父，鄀俘也，武王以为军率，是以克州、蓼，服随、唐，大启群蛮。"

楚武王"克州"，只是意味着曾经打败了州国，可能并未将其灭国。延至楚文王时，一心北上，对南方控制不严，南州国距离巴人经常作乱的那处不远，文王与巴人作战大败，南方更不稳定。故子元在堵敖时期灭南州国，在情理之中。

楚国在堵敖时期灭掉上述的湖北随州附近的厉国、湖北应城市境的贰国、河南唐河县南的(西)蓼国、湖北监利洪湖一带的南州国，一定程度扫清了楚国在江汉流域的障碍。这些被灭之国的国土和人口都纳入楚国，无疑使楚国的实力更为壮大。

在楚国堵敖时期发展的同时，北方的晋国也在进步。

公元前 677 年，曲沃武公在完成了晋国统一大业后列为诸侯的第

① 杨伯峻：《春秋左传注》(修订本)，中华书局 1990 年，第 130 页。
② 潘新藻：《湖北省建制沿革》，湖北人民出版社 1987 年，第 145 页。
③ 余向东：《湖北省洪湖市小城濠、大城濠、万铺塬遗址调查》，《江汉考古》1992 年第 4 期。
④ 国家文物局主编《中国文物地图集湖北分册(下)》，西安地图出版社 2002 年，第 189 页。

二年就死去了。他的儿子诡诸继位做了国君，这就是晋献公。两年后楚国熊囏即位，故楚国堵敖时期相当于晋献公三年至五年。

献公初期的晋国，除了他的始祖叔虞以"武王之穆"在诸侯中曾居于特殊地位，以及晋文侯有过"夹辅王室"的大功劳外，就其领地之大小，实力之强弱，在海内诸侯中，并不能算是一个十分耀眼的角色。由于长期内战，晋国根本无力外争。所以在齐桓公开创霸主政治之后的"国际舞台"上，甚至还没有他的席位。前672年晋大夫郭偃（一名卜偃）曾说："今晋国之方，偏侯也，其土又小，大国在侧……"（《国语·晋语》）这正是当时晋国"国际地位"的最好说明。

公元前676年，晋献公继位的第一年恰逢周惠王同年继位，且惠王正要办理婚事。这对献公来说是一个难得的良机。于是献公亲往成周去朝见周天子，他以重礼晋见周惠王。《左传》庄公十八年说："虢公、晋侯（献公）朝王。王飨醴，命之宥。皆赐玉五瑴，马三匹，非礼也。王命诸侯，名位不同，礼亦异数，不以礼假人。虢公、晋侯、郑伯使原庄公逆王后于陈。"这说明晋献公颇得惠王的宠信，周天子以超过当时晋侯应有的礼仪接待了献公，使献公取得了与周卿士平等的地位，这无疑在诸侯中提高了晋献公的声誉。献公成功地解决了"国际地位"问题。

晋献公即位前，先娶于贾，其贾女号贾君，无子，不得立为夫人。于是献公纳父妾齐姜，生秦穆夫人和太子申生；又娶大戎狐姬和小戎子，分别生庶子重耳和夷吾。齐姜早逝，献公即位，夫人位置一直空缺。晋国一直面临戎狄的威胁，其中以骊戎为甚。献公五年，亦即楚堵敖三年，《国语·晋语》："献公伐骊戎，克之。灭骊子，获骊姬以归，立以为夫人。"这件事发生在晋献公五年。骊戎居于今陕西省临潼一带。《左传》庄公二十八年："晋伐骊戎，骊戎男女以骊姬。"杜注："骊戎在京兆新丰县，其君姬姓，其爵男也，纳女于人曰女。"晋献公五年为公元前672年，既获骊姬，说明骊戎战败，必有一场大战。献公纳骊戎二女为室，立骊姬为夫人。骊姬姐妹天生丽质，皆有天姿

国色，献公得之"俱爱幸之"（《史记·晋世家》），于是决意册立骊姬为夫人。这是晋国历史上的一件大事，二十年后，在晋献公晚年，骊姬为立自己的儿子奚齐成为晋君兴风作浪，将晋国引入战乱与衰亡。

第五节　秦都雍城与秦、晋冲突

楚堵敖时期虽短，仅有三年，但同期诸侯国变化很大，以秦国为最。在楚文王二年锐意北上，伐申伐邓之际，秦武公挥师西进天水一带，"伐彭戏氏，至于华山下"（《史记·秦本纪》）。又"伐邽、冀戎，初县之"（《史记·秦本纪》）。邽戎、冀戎当是分布于天水一带的两个西戎分支，武公伐灭邽戎、冀戎，标志着天水一带秦人故地再次失而复得。秦武公十一年，公元前687年，秦人又东进伐戎，至华山下，取杜国（今陕西西安东南）、故郑国（今陕西华州），并设杜、郑二县。还灭了小虢国（今陕西宝鸡）。秦武公时秦国疆域已经西起天水，东至华山。秦武公在位二十年而卒，其弟秦德公即位。秦德公于即位年，公元前677年，将都城迁往雍城。

雍城是秦国历史上极为重要的一座都城，秦自"德公元年，初居雍城大郑宫"，至献公二年，城栎阳止，历时294年。司马迁在记述德公居雍后，接着说"后子孙饮马于河"（《史记·秦本纪》），足见雍城非同寻常。它是秦国发展史上的一座里程碑。雍城在今凤翔南，北枕汧山山脉，南濒雍水，西依灵山（或称雍山），东接广袤的关中平原。其西有大道直通甘青，南经宝鸡可抵巴蜀，东流的渭水能泛舟楫，形胜冲要，易守难攻。此外，雍城四周宽阔平坦，土地肥沃，河水密布，植被茂盛，早在新石器时代就有人类在此生活、繁衍。西周时代为周畿腹地，人文荟萃。

雍城是一座经过精心设计的都城。总体格局是由城址、陵区、国

人墓地及郊外离宫别馆四部分组成。南垣之下雍水自西北向东南流去，雍水之南为国人墓地，再南便为秦公陵园，陵墓隔河与雍城相望。离宫别馆则分布在城之东、南、西三面，如同繁星拱月一样，拱卫着都城。由于年代久远，雍城的地面设施已荡然无存，埋在地下的遗迹亦遭到一定程度的破坏。勘探表明，雍城的东南两面依河构筑城垣，南之雍水与东之塔寺河于城东南角汇合，东南流入渭水。雍水的上游流经城之西郊，白起河穿城而过，由西北流向东南，于城之南垣外注入雍水。雍城坐北朝南，为长方形，方向北偏西14°，南临雍水北岸，北伸入今凤翔县城南墙之北约150米，东起塔寺河，西至西古城村东约500米。城址东西长3480米，南北宽3130米，总面积1089万平方米。[①]

秦人自中潏至秦襄公，十三代秦人在陇右历经300多年完成了由流徙小族到兴起建国的悲壮历史。再加上从秦文公东迁关中到秦德公建都雍城，秦人四代五公历时的80余年。这两段共400余年的历史，构成了秦人历史的早期阶段。

崛起于汧陇之间的秦国，并不甘心仅仅占有关中西部，屈居一隅，而是雄心勃勃，虎视眈眈，决心使"子孙后世饮马于河"，逐鹿中原。但都邑平阳地处渭河盆地，不仅地势低洼，而且夹于渭河、秦岭与雍岭（凤翔原）之间，地窄路隘，无论是东进西守，抑或向南北拓展，都受到极大限制。因此，另行选择一座地势开阔，既可固守，又利东进的新都，已是不容迟缓的了。当他们走上雍岭，眼前就出现了一片辽阔的原野。这里不仅地势较高，向东具有俯冲之势，而且还是通向西北西南的交通枢纽。这里还是郑桓公始封之故地，人文聚集，相当繁荣。于是，经过五次迁都的秦国终于找到当时最为理想，也最符合秦国当时实际情况的建都地区。秦人的第六座都城——雍城，便顺应历史的发展，就在那时还颇有点名气的雍水北岸诞生了。如果说秦襄公

---

① 王学理等：《秦物质文化史》，三秦出版社1994年，第72页。

受封立国是秦国历史上一件划时代的事件，那么，秦建都雍城则是在此之后的又一件具有时代意义的大事。秦国只有在建都雍城以后，才真正揭开了其争霸中原，称雄海内的历史画卷。[①]

秦德公迁都雍城后，秦国由此开启了走出关中，参与大国争霸的新的历史阶段。这时，正值楚文王十三年亦即堵敖即位的前3年。应该说，仅从秦国拥有完备的都城雍城而言，秦国此时的起点，高于楚国。楚国武王、文王时都城移徙不定，楚文王时期的最大都城为郢，位于今湖北宜城东南7.5公里郑集镇的楚皇城遗址，其四面城垣保持较为完整，除东垣蜿蜒曲折外，其余三面城垣均较平直，平面略呈矩形，方向约为20°，偏于东南。城垣周长6440米。东垣长2000米、南垣长1500米、西垣长1840米、北垣长1080米。面积约为300万平方米，是秦雍城1089万平方米的27%。

楚堵敖三年，为秦宣公四年，这年，秦"与晋战河阳，胜之"（《史记·秦本纪》）。《春秋》及三传俱不记。河阳，春秋晋邑。在今河南孟县西三十五里。《春秋》僖公二十八年，前632年："天王狩于河阳。"杨伯峻注："河阳在今河南省孟县西三十五里。"[②]这是秦国初次越过崤山，到崤函以东晋国南部的腹地作战，秦军孤军深入，长途奔袭，竟然取胜。这无疑刺激了秦国冒险东向扩张的胃口。张正明分析："秦师出崤函，估计只是试探。河阳在今河南孟津县与孟州市之间，南面不远就是王畿，秦国是没有任何口实派兵到那里去的。秦师与晋师不期而遇，交锋之后就各自撤退了。虽说只是突如其来，突如其去，但秦国对中原的垂涎之意灼然可见。"[③]不过，这也引起了晋国的防范

---

① 对于秦德公建都雍城的意义，有的学者看法不同。张正明说："秦德公徙居雍，缘由不明，可能只是为了避开位于渭河之阳而夏令气温较高、湿度较大的平阳，迁到一个干爽而广阔的原上去。从平阳到雍城去是从东南方向朝西北方向迁徙，直线距离不足30千米。雍城在今凤翔县城南，遗址尚在。"见张正明：《秦与楚》，华中师范大学出版社2007年，第64页。

② 杨伯峻：《春秋左传注》（修订本），中华书局1990年，第50页。

③ 张正明：《秦与楚》，华中师范大学出版社2007年，第65页。

意识，为后来晋国在崤山全歼再次贸然东犯的秦军埋下了伏笔。

秦国与晋国是一对天生的冤家。秦国东进，逐渐与晋国接壤，晋国就像专门盯着秦国的对头，秦国想要再向东发展，势必与晋国发生冲突，春秋时期晋胜多败少，秦远望中原而兴叹。三家分晋给了秦国机遇，晋国被肢解为三，战国时秦国才得以各个击破，最终与楚国直接对决。南方的楚国与西方的秦国，天各一方，各自发展，都以逐鹿中原为目标。楚国得益于晋国这个挡箭牌，长期以来与秦国没有直接利害冲突，一直与秦国保持良好的关系，乐见秦晋之间长期死缠烂打，坐收渔人之利。这一次秦对晋国的河阳之战，是秦晋此后系列冲突的开端。

第六节　熊頵(恽)自随归国，熊囏身亡
(堵敖三年)

堵敖继位后，熊頵(恽)来到随国，跟随师傅保申，度过了三年艰苦的学习生涯。《国语·楚语上》记载楚国对太子的教育内容，极其完备："教之春秋，而为之耸善而抑恶焉，以戒劝其心；教之世，而为之昭明德而废幽昏焉，以休惧其动；教之诗，而为之导广显德，以耀明其志；教之礼，使知上下之则；教之乐，以疏其秽而镇其浮；教之令，使访物官；教之语，使明其德，而知先王之务用明德于民也；教之故志，使知废兴者而戒惧焉；教之训典，使知族类，行比义焉。"保申严格按照当年对楚文王当太子时的教育要求，对熊頵(恽)施教。诸如中原礼仪、楚国传世典籍《三坟》《五典》《八索》《九丘》。[①] 又教熊頵(恽)如何待人接物，做到以诚待人，等等。熊頵(恽)聪慧伶俐，一点就通，一学就会，对礼仪之邦的鲁国非常崇拜。

---

① 具体内容拙著《先楚史》第十四章第七节"荆蛮对芈族文化典籍的艳羡"有详细介绍。程涛平：《先楚史》，武汉出版社 2019 年，第 1382—1399 页。

文夫人身在楚国，心系随国，随时打探小儿子熊頵(恽)的学习情况。预定三年时间已到，文夫人遣使通知保申，可以结束教学，携熊頵(恽)按期归国。随侯听说，不敢怠慢，急忙派出军队，一路护送，在快到都郢的时候，乐声阵阵，旌旗猎猎，好不热闹。沿途的老百姓不知是怎么回事，只是看见来的是随国的军队，听说是送熊頵(恽)到楚国来抢王位的。流言以讹传讹，变成随国派军队袭杀堵敖，帮熊頵(恽)抢夺王位，以致后世连司马迁也不辨事情真相，在《史记·楚世家》中认真地记载："庄敖五年，欲杀其弟熊恽，恽奔随，与随袭弑庄敖代立，是为成王。"

从《左传》庄公二十八年所记文夫人在楚成王登基后斥责令尹子元的话语中，可知文夫人一直执掌楚国大权，故熊頵(恽)归国、登基，由文夫人一手策划下令促成，方符合情理。所谓熊頵通过随国派兵"袭杀"其兄，抢夺了王位的说法，很难成立。所以堵敖具体死因仍无法确定，只能暂且认为是楚国上层权力斗争的结果。

熊艱安葬之后，文夫人召集群臣，按照惯例，讨论给熊艱的谥号。大臣们面面相觑，说熊艱年纪太小，在位3年，从未上朝，国家大事，未有寸功，自杀凶死，无法谥以王号。[1] 保申提出折中办法，按照芈族先祖中熊仪称"若敖"、熊坎称"霄敖"的旧例，建议熊艱的谥号不用王而为"敖"。文夫人和令尹子元采纳了保申的建议，说熊艱葬地名堵，就给熊艱以"堵敖"的谥号吧。群臣一致赞同。张正明指出，熊艰(艱)，《史记·楚世家》称之为庄敖，《左传》称之为堵敖。按，楚辞《天问》也称之为堵敖，应以堵敖为是。称"敖"，是因为严格说来他还不成其为国君。冠以"堵"字，则是因为他葬在名为堵的地方。[2]

---

① 刘信芳认为熊艱死后未得谥为楚王，或者就因为卒时尚未成年，在位时间又不长的缘故。当然在这里不能完全排除堵敖、熊恽皆非息妫所出的可能，只是无从资证。目前只能据《史记》《左传》以作推论。刘信芳：《楚国诸敖琐议》，《江汉论坛》1987年第8期。

② 张正明：《楚史》，湖北教育出版社1995年，第93页。

熊囏谥号堵敖，为下列史料确认：

《左传》庄公十四年："楚子如息，以食入享。以息妫归，生堵敖及成王焉。"①

清华简《楚居》："至堵敖自福丘徙袭都郢。"②

屈原《天问》："吾告堵敖以不长。"

《史记·十二诸侯年表》："乙巳年。楚堵敖囏元年。"

关于楚王堵敖的资料，有一件楚王领器值得注意。

楚王领器有钟和瓶各一，均为传世器。楚王领钟（《集成》053）原为罗振玉贞松堂旧藏，收录于《三代吉金文存》（简称《三代》），后流散于日本，为私人所收藏。楚王领瓶③，传出自山东，现为私人收藏。楚王领钟铭文分布于钲间、右鼓和背面，共有铭文 19 字："隹（唯）王正月初吉丁亥，楚王领（囏）自乍（作）铃钟，其聿（律）其言（歆）。"④楚王领瓶的瓶内壁，有铭文 36 字："隹（唯）八月初吉丁亥，楚王领媵徐季芈朔母媵瓶，用享以孝，用祈万年眉寿，子子孙孙永宝用之。"⑤由铭文内容看，此瓶当为媵器，是楚王领为嫁往徐国的季芈所做。[**见图 3-1：传世楚王领（囏）钟和瓶**]

关于楚王领器器主身份，学界仍有较大争议，主要有楚堵敖说、成王说、穆王说、共王说、郏敖说、灵王说、昭王说、悼王说 7 种观点，从器形、纹饰及铭文字体综合来看，楚王领器的年代当为春秋早期晚段至中期早段，故后五说均不在楚王领器的年代范围，则仅剩楚堵敖说、成王说以及穆王说。楚成王说以罗振玉为代表⑥，楚穆王说

① 杨伯峻：《春秋左传注》（修订本），中华书局 1990 年，第 198 页。
② 清华大学出土文献研究与保护中心编，李学勤主编《清华大学藏战国竹简》（壹），中西书局 2010 年，第 181 页。
③ 《商周青铜器铭文暨图像集成》15148，后简称《铭图》，上海古籍出版社 2012 年。
④ 铭文采自《铭图》第 27 卷，器号 15184，上海古籍出版社 2012 年，第 133 页。
⑤ 铭文采自《铭图》第 7 卷，器号 03358，上海古籍出版社 2012 年，第 241 页。
⑥ 罗振玉：《贞松堂集古遗文》第一卷 14 号器，北京图书馆出版社 2003 年，第 58 页。

以刘彬徽为代表①，但罗振玉所说的"颟"与"领"不能通假，刘彬徽后声明放弃，遂只剩堵敖说。

堵敖说最先由何琳仪提出②，刘彬徽从之。③"领"释为"囏"，"领"与"囏"古音可通，堵敖说在上文形制、纹饰、铭文字体考订的年代范围内。所以楚王领当为楚堵敖熊囏。④

第七节　楚王堵敖述评

熊囏，春秋时楚国君。芈姓，名囏（古艰字）。号堵敖。楚文王长子。公元前674—前672年在位。公元前675年，楚文王卒，熊囏继为楚君。熊囏三年，欲杀其弟颟。颟奔随，借随人之助袭杀熊囏。⑤

涛平论曰：

楚王堵敖7岁继位，在位3年而亡，未获楚王的称号，这在楚国的历史上是少有的。堵敖应该是其父楚文王和其弟楚成王之间的过渡人物，在周代推行嫡长子继承制的情况下，楚国由堵敖这样的幼童登上王位，毫无作为，是不奇怪的。有关楚国堵敖时期的文献记载很少。司马迁《史记·楚世家》说随国助熊颟（恽）夺位派兵"袭杀"堵敖，难以成立。故对于堵敖的评价，很难着笔。撇开扑朔迷离的表象，从堵敖死后其弟楚成王成就楚国的大业来看，堵敖之死对于楚国的发展来说，是一件幸事。史载阙如的背后，可以明显看到有一只无形的手在

---

① 刘彬徽：《楚系青铜器研究》，湖北教育出版社1995年，第302页。
② 何琳仪：《楚王领钟器主新探》，《东南文化》1993年第3期。
③ 刘彬徽：《楚季钟及其他新见楚铭铜器研究》，载《湖南省博物馆馆刊》第9辑，岳麓书社2012年，第203—204页。
④ 王冠涛：《春秋铜器所见楚君名号集证》，载《楚学论丛》第八辑，湖北人民出版社2019年，第4—12页。
⑤ 石泉主编《楚国历史文化辞典》，武汉大学出版社1996年，第479页。

操纵楚国这一至关重要历史阶段由危机走向光明的发展进程。这只无形的手，应该就是文夫人。

文夫人前有国破家亡的惨痛经历，后有助成王让楚国迅速走向正轨的不朽功绩。惊人的美貌是她陷入灾难的根源，又使她在文王去世后获得"国母"的至高无上地位。历史记载曾经大肆渲染她的美貌，却对她教育楚成王、让成王成长为一位优秀君主的功绩闭口不言。文夫人在楚国特殊时期的短暂主政在春秋初期并非孤例，与此前郑国"郑武夫人"的作为有类似之处。清华简《郑武夫人规孺子》记郑武公去世之后，郑武公夫人不允许被其称作"孺子"的嗣君治理郑国之政，要求其把政权交付大臣三年，引起大臣与嗣子的一系列反应。这是春秋初年郑国的重大历史事件，与二十余年后"郑伯克段于鄢"并置姜氏于城颍有密切关联。①

堵敖之死是楚国的大事，更是楚国的幸事。屈原在《天问》中问："吾告堵敖以不长，何试（弑）上自予，忠名弥彰？"历代注家都视之为屈原是在追查弑杀堵敖的责任。其实不然，屈原应是在感慨：堵敖的寿命不长，弑杀堵敖的人，其实应是"忠名弥彰"。

---

① 李守奎：《〈郑武夫人规孺子〉中的丧礼用语与相关的礼制问题》，《中国史研究》2016年第1期。

第 四 章

楚成王抗衡中原
开疆拓土

第一节　主动尊周，拓境千里（成王元年）

公元前 671 年，在文夫人和令尹子元的精心安排之下，熊頵（恽）顺利登位，是为楚成王。成王登位时，年约 8 岁，应该说，他登位伊始的一系列作为，是母亲文夫人及诸位大臣辅佐的结果。

成王元年，史载年幼的成王做了三件大事。

第一件事，遣使聘鲁。

《春秋》庄公二十三年："荆人来聘。"杨伯峻注："荆人，楚人。楚之通鲁自此始。《楚世家》云：'成王恽元年，初即位，布德施惠，结旧好于诸侯。'"①鲁国史官认真地记载楚成王刚即位时便遣使聘鲁，足见这事使鲁国很有面子。鲁庄公二十三年当楚成王元年，这种举动的宣传效应是显而易见的。中原诸国一向视楚国为蛮夷之邦，对楚国北进中原咄咄逼人的势头十分畏惧，成王遣使聘鲁，使诸国对楚国的印象，有所改善。

第二件事：向周惠王呈献贡品。

《史记·楚世家》："成王恽元年，初即位，布德施惠，结旧好于诸侯。使人献天子，天子赐胙，曰：'镇尔南方夷越之乱，无侵中国。'于是楚地千里。"周王室财政窘迫，内乱频繁。楚成王元年为周惠王六年，楚国是在周惠王最困难的时候呈献贡品，这对于周惠王来说，无异于雪中送炭。

"天子赐胙"，指周惠王以祭肉赐给楚成王。据清代许宗彦《鉴止水斋集·文武世室考》："宗庙胙肉，只分同姓。"周天子赐楚以胙肉，即是承认楚不再是蛮夷之国。这就给楚很大的荣誉，提高了楚在诸夏国家中的声望。②最有意义的是周惠王授权楚国"镇尔南方夷越之乱，

---

① 杨伯峻：《春秋左传注》（修订本），中华书局 1990 年，第 225 页。

② 李玉洁：《楚史稿》，河南大学出版社 1988 年，第 64 页。

无侵中国"。这就使得楚国从此可以名正言顺地以南方霸主的身份，向南方地域广大的夷越进军，这对于楚国此后的开疆拓土，有着至关重要的意义。

得到周王室的承认，是楚国数代君王梦寐以求的。楚武王为了得到周王室的认可，低声下气哀求随国向周王美言，碰了一鼻子灰，一直得不到周王室的承认，内心的痛苦与无奈是可想而知的。楚文王北上中原，灭申灭息，封畛于汝，目的是打破周王对楚国的封锁。多少年来，楚国与周室，一直是敌对关系。楚成王即位之初，即以呈献贡品的方法，轻松地将周、楚之间历来的敌对关系改变成合法的隶属关系，得到了过去梦寐以求的东西。这是了不起的智慧之举，是楚国的外交杰作。楚成王8岁即位，开局良好，不能不归功于文夫人及一干大臣们的精心谋划，运筹帷幄。

第三件事：拓境南疆。

周惠王的授权，让楚国如虎添翼，不失时机地掉头南下，向南方的夷越全面进军。

何浩在《楚灭国研究》一书所列"楚灭国及其疆域演变大事纪要"中，在"前671年(楚成王元年)"时间段，标明"楚成王进军江南，征伐夷越，楚疆扩至千里"[1]。这是完全可信的。

楚国是由芈族与荆蛮合并而成，荆蛮在合并前的领地遍布江汉流域及长江中下游地区。而在长江以南，主要是湘江流域，是荆蛮在商末周初活动的地方。其中，湘江中游的湖南宁乡炭河里还一度是荆蛮的大本营。[2]荆蛮周初北上，以湖北黄陂的鲁台山为大本营之后，长江以南的湘江流域一带就被泛称"夷越"的部族占据。这些夷越部族，同百濮一样，散漫无君长，啸聚山林，纵横河渠，对周王室有强烈的敌意，时常向周王室发起攻击，故周惠王在接受楚国的贡品后，授权

---

① 何浩：《楚灭国研究》，武汉出版社2019年，第340页。
② 程涛平：《先楚史》，武汉出版社2019年，第404—423页。

楚成王大权："镇尔南方夷越之乱，无侵中国。"

　　刚刚登上王位的楚成王，对诸侯和周室屡示友好。为了解除北进中原的后顾之忧，巩固后方，在成王初年，暂时停止了对北方的进攻。在成王元年至五年中，史书上确无任何楚国进军中土的记述，楚甚至对其西境和东境以外，也未用兵。成王把主要精力投放到南境，镇压湖南北部的"夷越之乱"，整顿内政，发展生产。楚成王曾以一定时间趁势南侵，进一步扩大了南疆的地盘。结合自新中国成立以来相关考古发掘的材料来看，"此时楚师必已跨过洞庭湖，影响及湘水、资水中下游一带，囊括了洞庭湖地区，它的地盘从北至南已有千里之遥了。也正因于此，《史记·楚世家》才专有一笔'于是楚地千里'。夷越之乱的平定，是成王称霸的第一步，它不仅开拓了楚国南境，加速了楚和夷越各族的融合，增强了政治军事兵力，进而解除了北进中原的后顾之忧"①。

　　对楚成王初年"楚地千里"，罗运环有个解释：从文王的卒年到成王元年仅三年之隔，其间并无开拓疆土的活动，为何突然由文王时的"土不过同"变为"楚地千里"呢？细审文义，问题不难解决。原来"于是楚地千里"是上承周天子的话而来，"天子赐胙，曰：'镇尔南方夷越之乱，无侵中国。'于是楚地千里"。说要楚国镇守其南方，讨平楚蛮百越之地的叛乱，就是承认楚国邦畿千里，及楚国的王权，至此，楚人终于实现了请周天子"尊号"的愿望。"镇尔南方夷越之乱"，尔即你，是周天子说这话时，南方夷越之地已为楚人所掌握，周天子只不过是承认既成事实而已。这个千里如同诸侯百里一样，只是一个虚数，并非实指。②

　　楚国得到周王的首肯，征讨夷越师出有名，赶紧发兵，向南进发，直奔夷越腹地湘江流域，横扫夷越。由于没有具体记载，不知道楚国

---

①　彭明哲：《略论楚成王称霸》，《湘潭大学学报》(社会科学版)1986 年第 3 期。
②　罗运环：《楚国八百年》，武汉大学出版社 1992 年，第 142 页。

的军队与夷越的作战地点，战争规模。很可能在楚成王接到周惠王"镇尔南方夷越之乱，无侵中国"的命令后，一鼓作气，首先占领了以湘江流域为代表的湘西北地区。"湘西北可能早就是楚国之境，而后来又在洞庭湖东岸越江南下，发展自己的势力。例如，在今长江以南的长沙、常德、衡阳一带，都发现了春秋中期以后的楚墓，可见楚人是在此沿湘江向南发展的"①。"春秋时期楚人的墓葬在湖南的分布就更多了，如澧县、常德、益阳、长沙、湘乡、衡阳、郴州，从南到北，都有早期楚墓出土"②。

楚成王得到周王室的承认之后，《史记·齐太公世家》还记："初收荆蛮而有之。"这是芈族与荆蛮两大部族集团合并后，对江汉流域以南地区的荆蛮零星部族的收并，使得楚国更加壮大。

《史记·楚世家》记楚成王初年楚国的疆域达到"土数圻"，杜预注："方千里为圻。"何光岳认为：楚成王初年楚国南疆甚至南达广东连江流域和北江上中游一带。"从南到北，从东至西恰都在三千多里左右。相当于今湖北、湖南、江西(除信江流域外)、安徽(长江以北的西半部)、河南(南半部)以及陕西的东南角、广西的东北角、广东北部等大片土地。比起西周末年时的楚国，增大了十倍左右，疆域之大，为春秋列国之首。"③

楚成王被周王室授权征讨夷越不是孤例。齐国也曾经被授权征讨他国。

齐国故地，本殷诸侯蒲姑氏所居，周围皆是东夷部族及其所建小国，《史记·齐太公世家》载曰，封师尚父于齐营丘，太公黎明至国，

---

① 俞伟超：《关于楚文化发展的新探索》，载《楚文化新探》，湖北人民出版社 1981 年，第 10 页。

② 高至喜、熊传新：《楚人在湖南的活动遗迹概述——兼论有关楚文化的几个问题》，《文物》1980 年第 10 期。

③ 何光岳：《楚国疆域的开拓和演变》，载《楚灭国考》，上海人民出版社 1990 年，第 13 页。

"莱侯来伐,与之争营丘。营丘边莱。莱人,夷也。"初封时齐地不大。《孟子·告子下》曰:"太公之封于齐也,亦为方百里也。"由于吕尚是周初开国功臣,其地又远离宗周,且处于戎夷之间,故周天子特赐齐侯对周围各国有征讨的特权。《左传》僖公四年载管仲谓楚使说:"昔召康公命我先君大公曰:'五侯九伯,女实征之,以夹辅周室。'赐我先君履,东至于海,西至于河(即古黄河,约经今河北的武强、束鹿、宁晋、巨鹿、魏县及河南的滑县一线),南至于穆陵(今山东临朐东南大岘山上),北至于无棣(今河北盐山南宣惠河一带)。"此处所述四至,当指可以征伐的范围,非指西周初齐之国界。当时齐之疆土,至成王时因周之法制,才赐齐地五百里,即郑玄《诗谱》笺曰"齐受上公之地,更方五百里"是也。但实际疆土,远不足此数。①

第二节　子元被杀及子文主政(成王六年)

楚成王少年登基,其母文夫人于后宫精心谋划,除外交上向周惠王呈献贡品、主动遣使聘鲁外,还及时配齐百官,辅佐成王。其中,任命子元为令尹。

子元是楚武王之子,楚文王之弟,楚成王之叔。《国语·楚语上》韦昭注:"子元,武王子,文王弟,王子善也。"晋杜预注:"子元,文王弟。"子元为令尹始见于《左传》庄公二十八年,时为楚成王六年,公元前666年。《左传》此前无载。子元在成王六年之前当已就任令尹之职。此年,楚伐郑之役,随军的将领之中有斗御疆、斗班。楚国讨伐郑国的军事部署:"子元、斗御疆、斗梧、耿之不比为旆,斗班、王孙游、王孙喜殿。"子元、斗御疆、斗梧、耿之不比率领前军,斗班、王孙游和王孙喜殿后。从几人出现的顺序来看,子元当时位居令

---

① 钱林书:《春秋战国时齐国的疆域及政区》,《复旦学报》(社会科学版)1993年第6期。

尹之位，由他统帅楚师伐郑，叙述上排在第一位理所当然。

子元是成王初年的关键人物。他在楚国历史上多次兄终弟及的情况下，在文王的两个儿子都幼小的情况下，没有谋求篡夺王位，已是难能可贵。按照楚国挑选令尹的若干条件，子元是合乎的。在成王六年以前，可能早在楚文王驾崩不久，子元就担任令尹，还算兢兢业业，恪尽职守，但到了成王六年，令尹子元便开始忘乎所以，骄横跋扈起来。他看见寡嫂文夫人美貌依然，居然产生了一个荒诞的想法，《左传》庄公二十八年记为"楚令尹子元欲蛊文夫人"。杜预注："蛊、惑以淫事。"令尹子元的这个想法，放在以前荆蛮原始部落内，兄死弟占其嫂是可以的，但在已经与中原诸国文化同一的楚国，是万万不可的。这就埋下了他以后被杀的祸因。

楚成王六年，令尹子元为与寡嫂亲近，在文夫人的住所附近建造馆舍，摇铃振铎跳"万舞"，企图诱惑文夫人。《左传》庄公二十八年：

> 楚令尹子元欲蛊文夫人，为馆于其宫侧而振万焉。夫人闻之，泣曰："先君以是舞也，习戎备也。今令尹不寻诸仇雠，而于未亡人之侧，不亦异乎！"御人以告子元。子元曰："妇人不忘袭仇，我反忘之！"

令尹子元在文夫人住所附近大张旗鼓地组织跳"万舞"，是明目张胆的挑逗行为。

"万舞"是一种大型宫廷舞蹈。万舞见于《诗经·邶风·简兮》介绍卫君的宫廷大舞会。一个贵族妇女爱上领队的舞师，作这首诗来赞美他："简兮简兮，方将万舞。日之方中，在前上处。硕人俣俣，公庭万舞。有力如虎，执辔如组。左手执籥，右手秉翟。赫如渥赭，公言锡爵。山有榛，隰有苓。云谁之思？西方美人。彼美人兮，西方之人兮！"诗中描述：开舞会前先击鼓，奏鼓简简，正是要跳万舞。万舞先是武舞，舞者手拿兵器，后是文舞，舞者手拿鸟羽和乐器。日在正

午的时分，领舞者处于队伍前列的上头，一群身材高大魁梧的人，在宫廷跳起万舞。在武舞阶段，舞者手拿兵器，象征作战，显示出力量如虎。武舞第二阶段，舞者手拿缰绳，象征驾车。在文舞阶段，舞者左手执排箫，右手执野鸡尾羽，舞师的面色如赤土，跳得激动人心。卫君高兴，赏赐舞者一杯酒。周代的"万舞"是经过了周礼规范的一种大型舞蹈。楚之万舞当自周人而来，徐俊在《春秋时期楚军的训练和军法》中便言振万舞以习戎备为楚人所固有的练军方式。①

排演练习战斗舞蹈"武舞"本来是军事训练中的重要项目。参加武舞的人员，一般都手持一盾，模拟基本战斗动作，既用来激励舞者本人和旁观者的战斗激情与尚武精神，又促使参加舞蹈者熟悉作战动作的要领，为实战做必要的准备。但是令尹子元将以卫国宫廷为代表的这种万舞搬到文夫人的住所附近，其喧闹的声浪，是洁身自好的文夫人不能忍受的。文夫人义正词严地责问子元："先君文王以这种万舞训练士兵，今天令尹不去训练士兵，而在未亡人之侧跳这种舞蹈，岂不是有伤风化吗？"文夫人的这话通过身边的侍女传达到子元，使得子元大为惭愧。这说明文夫人在楚国始终保持"国母"的人格，是非分明，大义凛然，这也是其子楚成王得以成为一代明君的重要保证。

令尹子元想入非非，竟然心血来潮，想通过对外使用武力，制造"胜仗"来博取文夫人的好感。因楚国的北疆已经临近郑国，子元动用手中的军事指挥权，突然发令指挥军队进攻郑国。《左传》庄公二十八年记：

> 秋，子元以车六百乘伐郑，入于桔柣之门。子元、斗御彊、斗梧、耿之不比为旆，斗班、王孙游、王孙喜殿。众车入自纯门，及逵市。县门不发，楚言而出。子元曰："郑有

---

① 徐俊：《春秋时期楚军的训练和军法》，《华中师范大学学报》1987 年第 2 期。

人焉。"诸侯救郑，楚师夜遁。郑人将奔桐丘，谍告曰："楚幕有乌。"乃止。

令尹子元于楚成王六年伐郑，纯属无端启衅。楚师多达六百乘，这在当时算得上是一支罕见的大军，浩浩荡荡，一口气冲进了郑国外城的"桔柣之门"。这次是郑国没有防备，连外城的城门都没有关上。子元率领几员武将，分成前军和后军，阵容严整。子元、斗御彊、斗梧率领前军，斗班、王孙游和王孙喜殿后。

伐郑途中，斗御彊、斗梧、耿之不比挥舞着前军的大旗"旆"，威风凛凛地走在前面。春秋时期的军阵中，前军有一个标志性的旗帜，即"旆"。这里的"旆"所指的就是前军。"斗班、王孙游、王孙喜殿"，殿就是后军。

由于事出突然，郑人无备，楚师轻易地冲进了郑都的外城。随即到了郑国的外郭门"纯门"，继而到了大路上的市场。可是，当子元一行冲到内城，见内城的门悬起，居然没有放下，似乎是郑人故意要引诱楚师闯进去。子元不禁满腹狐疑，同随行的将领商议，怕郑人听明白，不敢说夏言，只是用楚言说："郑国有人才。"子元判断，郑国内城一定有伏兵，便命令全军退到城外安营。到了城外，子元又听说郑国正在联络齐国、宋国派兵援郑，心中很慌，连夜不声不响地退了兵，把帐篷丢在原地迷惑郑军。次日黎明，郑国的谍报人员发现楚营的帐篷上立着乌鸦不飞走，断定其中无人，立即上报，郑国的君臣获悉楚师退尽，才安下心来。其实，当子元和随行的将领在外城商议时，郑国的君臣在内城正慌作一团，准备逃到"桐丘"去。（**见图 4-1：周代郑城推测复原示意图**）

令尹子元率六百乘兵车，兴师动众，铩羽而归，颜面丢尽。但他还是不思悔改。《左传》庄公三十年记："楚公子元归自伐郑而处王宫，斗射师谏，则执而梏之。"子元伐郑无功而返，干脆住进王宫，仍然想讨得文夫人的欢心，文夫人依然毫不理会。这种僵持局面大约有两年

之久，到楚成王八年，公元前664年，斗射师①忍不住劝谏子元，却被子元下令缚住双手，投入监牢。由此，引爆了楚国上下对令尹子元的不满。但子元手握兵权，大家都对他奈何不得。到这年秋天，情况突变。远在北方的申县县公斗班，忍无可忍，公开率领申县的军队讨伐子元。《左传》庄公三十年："秋，申公斗班杀子元。"申公随即班师回营，楚国的局势马上恢复平静。

杀死子元，楚国除掉了一个大害。这时，迫在眉睫的事情是重新任命新的令尹。《左传》庄公三十年："斗榖於菟为令尹，自毁其家以纾楚国之难。"文夫人胸有成竹，她经过多年的考察，认为楚国大族斗氏的斗榖於菟即子文能够担任令尹，立即予以任命。

令尹子文，大有来历。《左传》宣公四年："初，若敖娶于䢵，生斗伯比。若敖卒，从其母畜于䢵，淫于䢵子之女，生子文焉。䢵夫人使弃诸梦中，虎乳之。䢵子田，见之，惧而归，夫人以告，遂使收之。楚人谓乳榖，谓虎於菟，故命之曰斗榖於菟。"楚武王的父亲若敖(熊仪)有一位夫人是䢵国公族女子，生了斗伯比。这位夫人不是若敖的正妻，因而斗伯比只是若敖的庶子。若敖死，长子宵敖、次子蚡冒先后接位。当时的楚国没有严格的礼法，国君去世后，并非正妻的夫人可以不必留居夫国。尚在幼年的斗伯比，便随其母住在䢵国。斗伯比长大后，同䢵君的一个女儿在"云梦"野合，生下一个男孩。屈原在《天问》中写道："何环穿自闾社丘陵，爰出子文?"说的就是斗伯比和他所钟情的䢵女相约出游，绕过闾，穿过社，到丘陵幽会，以致后来生下了子文。斗伯比的舅母䢵夫人见他竟和自己的女儿生下了一个男孩，觉得名声不好，大怒，派人把这个男孩扔到野地里去了。事有凑巧，䢵君到云梦去打猎，正好经过那里，看到一只雌虎正在给一个弃婴喂奶，大惊失色，当即罢猎而归。䢵君向䢵夫人说起这件怪事，䢵夫人惶恐不已，急忙派人去把弃婴抱了回来。因此，䢵君给这个外孙取名

---

① 杜预认为斗射师即斗廉。

208

"穀於菟"。《左传》宣公四年："楚人谓乳穀，谓虎於菟。"加上属斗氏，全称就是"斗穀於菟"，字子文。张君据唐嘉弘"若敖"即家族长的说法，认为此人乃若敖熊仪之子，别封斗邑，为斗氏之祖，在其家族中被尊为"若敖"。① 可备一说。罗运环进一步认为，斗伯比之父本以先君熊仪之谥号"若敖"为氏，因食采于斗，亦称斗氏。总之，若敖氏源出楚君若敖熊仪，子文则为若敖氏或斗氏的子弟。②

《左传》庄公三十年记子文上任后所采取的第一个行动，就是"自毁其家以纾楚国之难"。楚国当时到底面临何种困难，《左传》《史记》都未明说。当时，楚国对外最大的强敌当属齐国，但在成王初即位这段时间，齐国正忙于在北方地区经营，无暇南下，楚国不存在外患的问题。此时的楚国面临的困难，应当就是成王夺得兄位及讨伐郑国带来的国库空虚。成王即位，依靠随国的救援，必然会有一场政治交易，以大量物资报答随国，造成楚国国库空虚；特别是令尹子元贸然讨伐郑国，师出无名，引来诸侯对郑国的救援，无功而返，必然导致楚国国力的减退。"自毁其家"，从字面上看，是子文把自己家族的大宗财产献出来以缓和国家的财政困难。其实不然。这条记载隐晦地反映了子文初任令尹即带头削减自己的封邑，以此号召楚国贵族中有封邑的封君也削减封邑，以此充实国库，保证国家支出。《中国历代战争史》指出：令尹子文执政，彼鉴于令尹子元以公室作乱，由于封邑过大之故，乃采用中央集权政制，割取各大臣氏室封邑之半，归还公室，由自己率先实行。《左传》称其"自毁其家以纾楚国之难"，即指此事。在重要的关头，子文毅然捐赠家财给国家，这些家财，必是斗氏合族商议而拿出，不会只是子文一支的财物。斗氏合族共力帮助楚王，此举彰显了斗氏的忠君爱国之情，当然得到楚王的大力信任，稳固了子文的令尹之位。子文任令尹后，选贤任能，努力开发江汉间可耕土地，

---

① 张君：《楚国斗、成、薳、屈四族先世考》，载《楚文化觅踪》，中州古籍出版社1986年。

② 罗运环：《楚国八百年》，武汉大学出版社 1992 年，第 145 页。

一面治兵讲武，因此楚国日益富强。①

　　子文作为楚令尹，辅佐楚王，总揽楚国一切军、政、外交大权。举凡内政纲要、征伐灭国、对外会盟等各种大事，令尹子文无不主谋决断，躬亲料理，是"执一国之柄"的至尊人物。不仅朝堂之上决策果断，稳定楚国政局，更能亲临战场，领军开疆拓土，可谓文可安邦，武可定国。如楚成王十七年，公元前655年，子文率军灭亡弦国（今河南光山），这是见于史册记载的子文的第一次出征。成王二十四年，公元前648年，子文又率军灭亡黄国（今河南潢川）。成王二十七年，公元前645年，子文败徐国于娄林，使得楚国的势力进一步向东部进发。成王三十二年，公元前640年，随国企图趁楚国将重点转向江淮流域时，以汉东诸侯叛楚②，同样也由子文帅师平定。

　　令尹子文集各种美德于一身。一是生活节俭。《国语·楚语下》记："成王闻子文之朝不及夕也，于是乎每朝设脯（肉干）一束、糗（干饭）一筐，以羞（进）子文，至于今秩之。成王每出子文之禄，必逃，王止而后复。"《战国策》卷十四记令尹子文"缁帛之衣以朝，鹿裘以处"。《潜夫论·遏利》说：令尹子文"有饥色，妻子冻馁"。二是秉公执法。《说苑·至公》："楚令尹子文之族，有干法者，廷理拘之。闻其令尹之族也，而释之。子文召廷理而责之，曰：'凡立廷理者，将以司犯王令而察触国法也。夫直士持法，柔而不挠，刚而不折。今弃法而背令而释犯法者，是为理不端，怀心不公也。岂吾营私之意也，何廷理之驳于法也！吾在上位以率士民，士民或怨，而吾不能免之于法。今吾族犯法甚明，而使廷理因缘吾心而释之，是吾不公之心，明著于国也。执一国之柄，而以私闻，与吾生不以义，不若吾死也。"三

---

① 台湾三军大学：《中国历代战争史》，中信出版社2012年，第154页。
② 《左传》僖公二十年："随以汉东诸侯叛楚。"

是不贪恋权位。宋公文考证①，令尹子文至迟生于武王三十五年前②，卒年或在成王之末。③ 楚成王八年代子元为令尹，成王三十五年让位于司马子玉(即成得臣)。28 年中，传其曾"三仕""三已"令尹④，但除让位于子玉之外，其他已无可考稽，故其为政只能概定于成王八年至三十五年的 28 年时间。四是主张睦邻，结好与国。在其主政期间，楚成王嫁妹仲南于江国国君，楚国与江国成为姻亲。五是有战略眼光。随着齐国的势力逐渐向南方渗透，中原诸国联合起来共同抵抗楚国，楚国北上道路受阻，子文便将征伐的重点转向夷越之地，借助周天子"镇尔南方夷越之乱"的"尚方宝剑"，向长江中下游平原扩展，使楚国实现了战略转移。六是善于利用斗氏宗族的力量辅佐楚王。斗氏作为楚国第一公族，人才济济，当时的重大事件，斗射师与申公斗班都有参与，斗章在军事上也颇有才华，斗宜申在楚国的外交中也发挥过重要作用。很多斗氏族人在令尹子文的带领下，在楚国的内政、外交、军政、地方等诸多领域颇有建树，成为楚王的重要辅佐。

随着斗縠於菟成为一代名相令尹子文，辅佐楚成王，楚国迅速崛起。从此，楚国的历史掀开了新的一页。

第三节　若敖氏(斗氏与成氏)崛起

斗氏和成氏是楚君若敖的后代，合称若敖氏。若敖氏如同鲁之三桓，郑之七穆，晋国的桓族、庄族，宋国的戴族，是"某诸侯后裔组

---

① 宋公文：《楚史新探》，河南大学出版社 1988 年，第 197 页。
② 子文为斗伯比"淫乎邧子之女"所生。后伯比返楚为官，于武王三十五年见《传》，故子文至迟生于是年之前。
③ 刘文淇在其《春秋左氏传旧注疏证》中，推断子文之死"或在僖公末也"。僖公末即成王之末(僖公三十三年为成王四十五年)。
④ 见《论语·公冶长》《国语·楚语下》等。

成的近缘氏集团"①，并非独立的宗氏。楚君若敖之后代，唯斗、成两族最显，故以若敖氏称之。春秋早中期，楚国权势最重的宗族，非斗、成二氏莫属。若敖氏之兴，约始于楚武王中后期。之后的近百年，斗氏、成氏轮番执政，几乎垄断了楚国的令尹、司马之位。②

斗氏有私卒，在早期典籍有明确记载。《左传》僖公二十八年，公元前632年，晋、楚城濮之战时，"子玉以若敖之六卒将中军"，杜注："六卒，子玉宗人之兵六百人。"子玉即令尹成得臣，是若敖六卒的统帅。这支族兵将领如伯棼（斗椒）、斗勃等，都参加了城濮之战。"若敖氏之六卒"是成氏与斗氏私兵的联军，可以说是成氏和斗氏私兵家兵的联合。"这些私卒和家兵在对外战争中有跟随楚王征伐的义务。他们是由采邑主的族人组成，是属于采邑主的军事力量。这些军队和武装完全为采邑主服务，他们只对贵族家长负责，而不对楚王负责。"③若敖氏之六卒作为楚军中军出战，可见其实力之强。

关于斗氏族源的直接证据，见于《左传》宣公四年：

> 初，若敖娶于䢵，生斗伯比。若敖卒，从其母畜于䢵，淫于䢵子之女，生子文焉。䢵夫人使弃诸梦中，虎乳之。䢵子田，见之，惧而归，夫人以告，遂使收之。楚人谓乳穀，谓虎於菟，故命之曰斗穀於菟。以其女妻伯比。实为令尹子文。

因子文被虎乳的故事过于离奇，这段记载的可靠性受到质疑。④

① 谢维扬：《周代家庭形态》，黑龙江人民出版社2005年，第228页。
② 从文献所见的首位令尹斗祁，到若敖氏被击灭时的斗椒，共11位令尹，若敖氏占据8席（斗氏5，成氏3）；同期司马6位，若敖氏占得5席（斗氏4，成氏1）。参宋公文：《春秋时期楚令尹序列辨误》《春秋时期楚司马序列考述》，载《楚史新探》，河南大学出版社1988年，第35—36、261—263页。
③ 李玉洁：《楚史稿》，河南大学出版社1988年，第48页。
④ ［美］蒲百瑞：《春秋时代楚王宗族世系疏证》，载《石泉先生九十诞辰纪念文集》，湖北人民出版社2007年，第305页。

然而结合其他一些史料来看，斗伯比及子文在邧国的经历绝非全然杜撰。《左传》昭公十四年（前528年）记载，楚平王使斗辛为郧公，以让他"无忘旧勋"。杨伯峻指出："旧勋恐不仅指子旗佐立之功，令尹子文曰斗縠於菟，为楚令尹者二十八年，楚庄所谓'子文无后，何以劝善'者也。楚平盖亦指此。"[①]平王任命子文的后代为郧县之长，"以无忘旧勋"，子文却恰好诞生于邧（邧即郧），恐怕不是偶合，而是平王有意为之。

成氏亦出自楚君若敖。公元前530年，《左传》昭公十二年载：

> 楚子（灵王）谓成虎，若敖之余也，遂杀之。

杜注："成虎，令尹子玉（案：即成得臣）之孙，与斗氏同出于若敖。宣四年，斗椒作乱，今楚子信谮而托讨若敖之余。"这条史料也说明，成氏是若敖的直系后裔，而非斗氏别支。

斗氏始封何时，缺乏明确的文献记载。按照子文出生故事的叙述，似乎楚君若敖（约前790—前764年）在位时期，斗氏已经立族。传统学者根据"若敖娶于邧生斗伯比"的记载，多认为斗伯比是若敖之子。[②]斗伯比的活动见于《左传》桓公六年至十三年（前706—前699年），晚于若敖之卒（前764年）约五十年，两人中间应有一个世代的缺环。斗伯比不可能是若敖之子。斗伯比在《左传》中多次出现，均不以"公子"称呼，可见他是楚君之子的可能性不大。张君提出："在楚君若敖与斗伯比之间事实上还隔着一代人，此人乃楚君若敖之子，

---

① 杨伯峻：《春秋左传注》（修订本），中华书局1990版，第1366页。
② 程公说：《春秋分记》卷十四《世谱五》、卷十六《世谱七》，《四库全书》第154册，第124、150页；陈厚耀：《春秋世族谱》卷下，《四库全书》第178册，第382页；顾栋高：《春秋大事表·春秋列国姓氏表》，中华书局，第1156页。

别封斗邑，为斗氏之祖，在其家族中被尊称为'若敖'。"①若敖是熊仪死后追授的尊号②，与莫敖等楚官之称有本质区别。春秋时期，职官可以世袭，国君谥号则绝无可能。因此，斗伯比之父、若敖之子，不可能被称作若敖。此处的"若敖"，或可理解为"若敖氏"，犹如若敖氏族兵在传文作"若敖之六卒"(《左传》僖公二十八年)，若敖氏叛乱在《楚居》作"若敖起祸"。故此处娶于邙之"若敖"，并非指楚君若敖，而是若敖氏的简称。这位娶于邙的若敖氏贵族，很可能是斗伯比之父、斗氏之祖。

若上述推论成立，则斗伯比应是楚君若敖之孙、第一代斗氏。《左传》直呼其为"斗伯比"，表明至迟在他在世之时已得氏，约在公元前706年之前。斗伯比的后人——邙公斗辛，在追叙家族历史时说："吾先人以善事君……自斗伯比以来，未之失也。"③这段话出自斗氏后人之口，可信度高，证明斗伯比确实是斗氏先辈中最早的一代。

斗氏之勃兴，始于斗伯比。与伯比同时者，有斗廉、斗缗、斗丹、斗祁、斗文。④概属第一代斗氏。楚武王中后期，中原诸国政局普遍不稳。武王趁机对周边小国，展开一系列用兵行动。第一代斗氏中，斗伯比、斗丹及令尹斗祁，先后参与公元前706年、前704年、前690年的三次伐随活动。公元前703年，斗廉帅楚师及巴师大败邓人，为后来灭邓奠定基础。两年后，斗廉协助莫敖屈瑕大败郧师，并与贰、轸会盟。大约在楚武王三十四年至五十年(前707—前691年)，楚克权设县，由斗缗尹之。上述开疆拓土的艰苦历程中，第一代斗氏贵族勋劳卓著，为宗族地位的确立和子孙后代的繁盛奠定了基础。

---

① 张君：《楚国斗、成、薳、屈四族先世考》，载《楚文化觅踪》，中州古籍出版社1986年，第183页。

② 石泉主编《楚国历史文化辞典》，武汉大学出版社1997年，第510页。

③ 《国语·楚语下》"吴人入楚，昭王奔郧"章。

④ 《通志·氏族略五》以谥氏为氏"斗文氏"条，引《姓纂》云："楚若敖生斗文，子因氏焉。"郑樵：《通志二十略》，王树民点校，中华书局1995年，第173页。

斗氏第二代，有斗穀於菟、斗子良、斗班、斗御彊、斗梧、斗章、季融等。斗穀於菟字子文，斗伯比与䢵女之子①，上博九《成王为城濮之行》篇作子亹（甲1、2）、穀虘（甲3），清华简三《良臣》作命（令）君（尹）子鼏（简5）。② 子文于楚成王八年到三十五年（前664—前637年）担任令尹，子文上任伊始，楚国正遭受经济困难，他"自毁其家，以纾楚国之难"（《左传》庄公三十年），后遂灭弦，伐随取成，"于是楚地千里"。子文之弟子良，斗越椒之父③，是见于史籍的楚国首任司马，其任司马一职当在楚成王（前671—前626年）中期。④

同时期的斗班，事迹见于《左传》庄公二十八年，令尹子元伐郑，及庄公三十年以申公身份杀令尹子元。斗射师仅见于《左传》庄公三十年，因制止公子元"处王宫"被执而梏之。今人或认为斗射师因制止子元"处王宫"被执而梏之，故杀令尹子元。⑤

斗御彊、斗梧见于公元前666年令尹子元伐郑。斗章在鲁僖公二年（前658年）楚伐郑时，囚郑聃伯。三人都活跃于楚成王（前671—前626年）前期，应是令尹子文同代。季融仅见于《世本》"楚斗廉生季

---

① 见《左传》宣公四年。
② 《成王为城濮之行》整理者原释作子巤，认为指蘧伯玉，今从陈伟、苏建洲等改，参马承源主编《上海博物馆藏战国楚竹书（九）》，上海古籍出版社2012年，第143—153页；陈伟：《〈成王为城濮之行〉初读》，简帛网，2013年1月5日；苏建洲：《初读〈上博九〉札记》，简帛网，2013年1月6日；穀虘即穀菟，参陈剑《〈成王为城濮之行〉的"受"字和"穀菟余"》，复旦大学出土文献与古文字研究中心网站，2013年10月21日；鼏字隶定，参陈美兰：《战国竹简东周人名用字现象研究——以郭店简、上博简、清华简为范围》，台北艺文印书馆2014年，第148页。
③ 《左传》宣公四年传文，及"楚司马子良生子越椒"句杜注，参孔颖达：《春秋左传正义》卷二十一，《十三经注疏（附校勘记）》（阮元校刻）下册，第1869页。
④ 宋公文：《春秋时期楚司马序列考述》，载《楚史新探》，河南大学出版社1989年，第261页。
⑤ ［美］蒲百瑞：《春秋时代楚王宗族世系疏证》，载《石泉先生九十诞辰纪念文集》，湖北人民出版社2007年，第306页；服虔以斗射师即斗班，详见李世佳：《斗强、斗班、斗廉考辨》，《中国史研究》2012年第2期。

融"①，其人事迹不详。

城濮之战，楚军统帅令尹子文的接班人子玉（亦即成得臣）惨败，虽然城濮之战后子玉自杀，但若敖氏不论是成氏还是斗氏皆未因此而受到波及。子玉死后，虽有表现较好的蒍氏蒍吕臣继任为令尹，但继蒍吕臣后成为令尹的子上（斗勃）、成大心、成嘉、斗般、斗越椒等，均属若敖氏宗族。成大心是子玉之子，成嘉是成大心之子，斗氏也有三人。从若敖氏继续"垄断"令尹一职来看，它依然延续上升的发展态势。

纵观成王之朝，从始至终，以子文为代表的斗氏和成氏家族都常伴左右，在内政、军政、外交、地方县治等领域发挥了重要作用。虽则这一时期齐国与晋国相继崛起，阻扰了楚国进取中原"以观中国之政"的进程，但楚国君臣能适时地转变策略，收服夷越之地，进攻江淮流域，将楚国的版图进一步扩大。由此观之，斗氏家族厥功至伟，逐渐迎来家族的鼎盛时代。

之后有斗勃、斗宜申、斗克、斗般、斗越椒、斗耆等，属斗氏第三代。其中斗勃、斗般、斗越椒先后任令尹，斗宜申、斗克分别任司马和申公。由于家族势力的急剧膨胀，斗氏的擅权引起王室及其他家族的不满，第三代斗氏贵族，鲜有善终者。斗勃，字子上，在城濮之战将右军，楚师败后反被擢升令尹，公元前627年遭太子商臣诬陷，被杀。斗宜申，字子西，在城濮之战将左军，败后黜为商公、工尹。鲁文公十年，楚穆王九年（前617年），谋弑穆王，被杀。斗克，字子仪，又称申公子仪、申公子仪父②，清华简《系年》作"繡（申）公子义"

---

① 林宝撰，岑仲勉校记：《元和姓纂（附四校记）》卷八，中华书局1994年，第1186页。
② 《国语·楚语上》"椒举娶于申公子牟"章说他是庄王之师，韦注："仪父，申公斗班之子大司马斗克也。"参徐元诰撰，王树民、沈长云点校《国语集解》，中华书局2002年，第490页。斗克出任申公，当袭自其父申公斗班。史籍未见斗克任大司马的记载，不详韦昭何据。

（简 40）、"繻（申）公义"（简 48）①，清华简六《子仪》作"楚子义"（简3）、义父（简 3）、"子义"（简 5、7 等）。② 申公子仪于鲁僖公二十五年（前 635 年）戍守商密，为秦师囚禁而去。据《楚居》第八章、《子仪》和《左传》文公十四年记载，崤之战败于晋后，秦穆公迫于压力，释放子仪归楚求成，但子仪此后未被重用，于前 613 年与公子燮作乱被杀。斗般，字子扬，令尹子文之子③，遭芈贾诬陷被杀。

令尹子上（斗勃）是一个悲剧人物。楚成王临终前欲立商臣为太子，征询斗勃的意见。斗勃说："君之齿未也，而又多内爱，绌乃乱也。"（《史记·楚世家》）斗勃是说，大王正值壮年，且又有很多宠爱的儿子，一经立商臣为太子，日后再贬黜他，一定会生乱啊。成王未听从，依然立商臣为太子，故太子商臣对子上颇多怨恨。楚成王四十五年，公元前 627 年，"晋阳处父侵蔡，楚子上救之，与晋师夹泜而军"（《左传》僖公三十三年）。双方隔河对峙时，晋军本来胆怯。提出一方后退一舍，待渡河再进攻，子上顾虑晋军乘楚军半渡时袭击，同意先后退一舍，再与晋军决战，不想楚军刚后移，却被阳处父宣扬"楚师遁矣"，太子商臣趁机诬告子上："受晋赂而辟之，楚之耻也，罪莫大焉。"（《左传》僖公三十三年）子上蒙冤被杀，且罪名是叛国罪，比起子玉因战败而自杀，罪名更严重些。但子上死后，他的家族并未被波及，斗氏仍被重用，即使是后来商臣即位，也未见有冷落斗氏的倾向。这表明，作为第一公族的斗氏，随着实力的不断壮大，虽有个别犯下重罪的人存在，只要斗氏不是举合族之力对抗王权，在楚王权控制的范围之内，楚王仍旧会重用他们。

---

① 清华大学出土文献研究与保护中心编，李学勤主编《清华大学藏战国竹简》（贰），中西书局 2011 年，第 150、155 页。
② 清华大学出土文献研究与保护中心编，李学勤主编《清华大学藏战国竹简》（陆），中西书局 2016 年，第 128—129 页。
③ 《左传》宣公四年"斗般为令尹"句杜注，参孔颖达：《春秋左传正义》卷二十一，《十三经注疏（附校勘记）》（阮元校刻）下册，第 1869 页。

楚庄王初立时（公元前 613 年），将伐群舒，公子燮和子仪守国。子仪是谁？《国语·楚语上》有更明确的记载："昔庄王方弱，申公子仪父为师，王子燮为傅，使师崇、子孔帅师以伐舒。"子仪父，就是子仪，申公斗克，袭父斗班申公之位，《国语》注解并指出斗克为当时大司马。自楚成王三十七年，公元前 635 年，斗克帅申师戍商密，到今已有二十余年，斗班一系已经世袭申公之位，掌管楚国申师，镇守楚国的北方，且官至大司马，职权与实力同样突出。这样的军力和实权，标志着斗氏的实力达到了巅峰，甚至已经到达实力膨胀的地步，以至于敢于同楚王相抗。

让斗氏遭受灭顶之灾的人是斗越椒。斗越椒字子越，又称椒、伯棼、子越椒，乃斗伯比之孙、司马子良之子。①《左传》文公十年，楚穆王八年，公元前 618 年，斗椒聘鲁，"执币傲"，鲁大夫叔仲惠伯就指责他"傲其先君"，断言"是必灭若敖氏之宗"。楚庄王九年，公元前 605 年，《左传》宣公四年载，斗椒"狼子野心"，为夺取族权和令尹大位，谮杀族兄斗般，之后又觊觎君位，竟然在皋浒叛乱，攻打楚庄王，直接导致若敖氏被灭。

皋浒之战后，若敖氏遭受重创，幸免于难者无几。斗般之子箴尹克黄②，适逢出使齐国，又因令尹子文之孙的缘故，庄王"使复其所，改命曰生"。亦有为避祸出奔他国者。如斗椒之子贲（棼）皇奔晋，晋授之苗邑，称苗贲皇。③《英贤传》载斗伯比之孙斗耆仕晋④，亦可能出于避难的原因。自此以降，文献所见楚斗氏贵族，可能均出自斗克黄

---

① 《左传》宣公四年传文及僖公二十八年"子玉使伯棼请战"句杜注，参孔颖达：《春秋左传正义》卷十六，《十三经注疏（附校勘记）》（阮元校刻）下册，第 1824 页。

② 《左传》宣公四年"其孙箴尹克黄使于齐"句杜注："克黄，子扬之子。"

③ 《左传》襄公二十六年（前 547）载："若敖之乱，伯贲之子贲皇奔晋。"《国语·晋语五》"靡笄之役"章作"苗棼皇"，杨伯峻注："伯贲，宣四年传作伯棼，古字通。"参杨伯峻：《春秋左传注》（修订本），中华书局 1990 年，第 1122 页。棼皇之称，当是以父字为氏。

④ 郑樵撰：《通志二十略》，王树民点校，中华书局 1995 年，第 169 页。

一系。

斗克黄之后，有斗弃疾、斗韦龟、斗成然、斗辛、斗怀、斗巢祖孙四代。[①] 所以，从斗伯比至斗辛，斗氏大宗的世系是连续无缺的：斗伯比—斗縠於菟—斗般—斗克黄—斗弃疾—斗韦龟—斗成然—斗辛、斗怀、斗巢。

与子文一支同样幸免于难的，还有斗越椒之子贲皇，他选择了一条和斗克黄完全不同的道路，境遇也大不一样。贲皇逃到晋国，晋国将苗（今河南济源西）作为贲皇的封邑，此后贲皇也被称为苗贲皇。晋国如此礼遇苗贲黄，目的在于"以为谋主"，将苗贲黄和苗城作为抵御楚国的第一防线。公元前575年，晋楚鄢陵之战，苗贲黄凭借其对楚军内情的熟悉，为晋军的胜利提供很大的帮助。《左传》成公十六年对这次战役记载较为详细：鄢陵之役，楚军在清晨压晋军而陈。苗贲皇曰："楚之良在其中军王族而已。请分良以击其左右，而三军萃于王卒，必大败之。"晋人从之，楚师大败。苗贲黄非常了解楚军的行军布局，楚军的重兵在楚王周围，两翼较为薄弱，建议晋军分些许军队牵制楚军两翼，重点进攻楚中军，获得胜利。经此一役，苗贲黄在晋国朝堂站稳了脚跟。此后，在晋国的历史发展中，偶尔能看见苗贲黄的踪迹。苗贲黄本人有才华，被逼逃到晋国仍能够凭自身努力占据一席之地。刘向《说苑·善说》中蘧伯玉出使楚国，与楚王谈到"楚国多士"，而"楚最多士而楚不能用"举的就是苗贲黄的例子："蚡蚠黄生于楚，走之晋，治七十二县，道不拾遗，民不妄得，城郭不闭，国无盗贼。蚠黄生于楚，而晋善用之。"蚡蚠黄即苗贲黄，从蘧伯玉话中可知，苗贲黄奔走晋国，政绩突出。此后，苗也成为他新的氏。《通志·氏族略》《元和姓纂》《风俗通》都言苗先祖是斗越椒后人，逃到

---

① 《左传》昭公六年"获宫厩尹弃疾"句杜注，弃疾是"斗韦龟之父"。昭公十三年"又夺成然邑"句杜注："成然，韦龟子。"昭公四年"使斗韦龟"句杜注："韦龟，子文之玄孙。"再据昭公十四年、定公四年传文及"郧公辛之弟怀将弑王"句杜注，斗辛、斗怀、斗巢均系斗成然之子。

晋国被封苗，此后以苗为氏。这样斗氏得以幸免的另一支在异国生存下去，逐渐脱离若敖氏的影响，成为新的氏族。

楚国另有斗且及其弟，见于《国语·楚语下》"斗且廷见令尹子常"章，记述斗且往见令尹子常之后，讲给"其弟"的一段时政看法。子常于楚平王十年至昭王十年（前519—前506年）担任令尹，那么斗且及其弟大概与斗辛属于同代。

庄王（前613—前591年）晚期和共王（前590—前560年）时期，斗氏贵族在政治上鲜有作为。楚灵王（前540—前529年）篡位后，为削弱"公子群"及艻氏贵族的势力，扫清执政障碍，重用旧族，斗氏即在其列。斗弃疾在灵王时任宫厩尹，公元前536年被吴人俘获。鲁昭公四年（前538年）灵王欲迁许于赖，派斗韦龟和公子弃疾城赖。在楚平王（前528—前516年）争夺王位的过程中，斗成然（字子旗）功劳甚大，故公元前529年被任命为令尹。但他恃功贪婪，次年即被杀掉。其子斗辛被命为郧公，斗怀、斗巢亦从居于郧。从此以后，斗氏在楚国中央朝廷的势力不复存在。吴师入郢时，斗辛、斗巢虽有复楚之功，但对斗氏的复兴而言，此时已无济于事。

最早载诸史籍的成氏贵族是成得臣，始见于公元前637年，《左传》僖公二十三年，上距楚君若敖之卒（前764年）有一百二十多年。关于若敖与成得臣的辈次关系，杜预说："若敖，楚武王之祖父，葬若敖者，子玉（即成得臣）之祖也。"[①]杨伯峻疏解道："若敖为楚武王之祖，楚君之无谥者，皆以'敖'称，而冠以所葬之地……则若敖者，为楚君之葬于若者，实亦子玉之祖也。"[②]要厘清若敖与成得臣的关系，需明确成得臣之前成氏的世代数。《左传》僖公二十三年，成得臣因伐陈、城顿有功，子文传之令尹一职。子文担任令尹约二十八年（前664—前637年），卸任之时已近迟暮。公元前632年城濮之战时，子

---

① 见《左传》僖公二十八年"唯西广、东宫与若敖之六卒实从之"句杜注。
② 杨伯峻：《春秋左传注》（修订本），中华书局1990年，第457页。

玉之子成大心（即大孙伯）已是成人，那么成得臣始任令尹当在四十岁左右，时值壮年。所以，成得臣应比子文晚约一代。子文属于楚君若敖的曾孙辈，那么成得臣应是若敖的玄孙辈。根据周代宗法制度，成氏只能以斗伯比为先祖，不可能系之若敖。再者，斗伯比是子文之父，子文又比子玉早一代，子玉不可能是伯比之子、子文之弟。所以，斗、成二氏虽然同为若敖之裔，但分别为独立的宗族。

斗氏、成氏均是若敖的直系后代，以斗氏相对连续的早期世系为基准，大致能够推算出成氏的早期世系。成得臣比令尹子文晚一代，故他很可能是第三代成氏贵族①，与斗氏的子扬、子越、子西同代，都是楚君若敖的玄孙辈。《左传》僖公二十六年，子玉为令尹、子西为司马，一起率师灭夔、伐宋。公元前632年晋、楚城濮之战，子玉将中军，子西、子上分领左、右军。从共同参与这些重大军事活动来看，子玉、子西同属若敖玄孙的可能性较大。根据各种分析，成氏获氏立族的时间，大概与斗氏接近，约在公元前7世纪上半叶偏早。

成氏立族初期，并不如同祖的斗氏繁荣强大。历经数代政治积累，凭借显赫的出身以及与斗氏的近亲关系，成氏亦跻身楚国豪族之列。成得臣、成大心、成嘉等先后担任令尹，权倾一时。作为若敖玄孙的成得臣（字子玉），清华简《系年》作"命尹子玉"（简43）。② 公元前637年至前632年出任令尹。成得臣的活动轨迹，主要集中于楚成王时期。《左传》僖公二十三年率师伐陈，取焦夷、城顿（是年子文任之为令尹），此后相继率师围陈、纳顿子于顿（前635年），灭夔伐宋（前634年），治兵于蒍（前633年）。城濮之战败于晋后，子玉畏罪自杀。

---

① 或认为得臣可能是若敖玄孙，参［美］蒲百瑞：《春秋时代楚王宗族世系疏证》，载《石泉先生九十诞辰纪念文集》，湖北人民出版社2007年。

② 清华大学出土文献研究与保护中心编，李学勤主编《清华大学藏战国竹简》（贰），中华书局2011年，第153页。

之后的成大心(又称大孙伯、孙伯),杜预说是成得臣之子[1],后世学者多从之。据《左传》记载,成大心于城濮之战后,随令尹子上率师救蔡(前627年),率师灭六(前622年),败麇师于防渚(前616年),颇有战功,故穆王(前625—前614年)任命他担任令尹,终卒于鲁文公十二年(前615年)。

晋、楚城濮之战时,成嘉未见参战,或处在幼年。若成嘉是大心之子,则他至少于城濮之战前后已出生,其至二十多岁即出任令尹,难以为信。[2] 所以,成嘉不可能是大心之子,两人当是同辈。

成嘉之后,成氏式微。公元前605年,楚国爆发以斗椒为首的若敖氏叛乱,成氏亦卷入其中。这次叛乱被楚庄王镇压后,成氏同样遭受重创。《左传》昭公十二年,公元前530年,灵王杀成氏之余成虎(经文作成熊,虎、熊当一名一字),杜注成虎为"子玉之孙",顾栋高已辨其误。[3] 成虎距成大心之卒有八十五年。比照斗氏世系,中间至少相隔2~3代,故成虎不可能是子玉之孙。楚灵王杀成虎后,成氏几近灭族。

战国时期若敖氏的状况,传世史料缺乏记载,大概地位更加衰落。包山简载有约140个族氏,大致反映了当时楚国宗族的构成情况。景、昭、屈等大族都屡见记载,却极少见到斗氏和成氏的记录。[4] 这在一定程度上说明,战国中晚期的楚若敖氏后代,人口规模较小,社会地位不高。[5]

---

① 见《左传》僖公二十八年"大心与子西使荣黄谏"句杜注,文公十一年"成大心败麇师于防渚"句杜注。

② 楚国对令尹的才德、功绩要求很高,任令尹者需具备相当的资历,参宋公文《楚史新探》,河南大学出版社1988年,第80—92页。

③ 顾栋高:《春秋大事表·春秋列国卿大夫世系》,中华书局1993年,第1368页。

④ 李零:《"三间大夫"考——兼论楚国公族的兴衰》,《文史》2001年第1辑。

⑤ 田成方:《东周时期楚国宗族研究》,科学出版社2016年,第73—90页。

第四节　楚徙湫郢与三伐郑国（成王十三年开始）

令尹子文上任后做的一件大事就是将楚国都邑从郚郢迁徙到湫郢（钟祥长寿古城遗址）。清华简《楚居》：

至成王自箸（郚）郢遷（徙）袤（袭）湫郢。①

令尹子文将楚都从郚郢回迁到楚文王喜爱并病逝的湫郢，很明显是接受文夫人的请求。子元在郚郢为所欲为，在文夫人的住所公然跳万舞，后又长达两年住在文夫人寝宫附近，闹得郚郢乌烟瘴气，天怨人怒。只有放弃郚郢，才能彻底摆脱子元的影响。迁徙湫郢之后，楚国一切走向正轨。楚成王逐步成年，令尹子文辅佐成王，开始谋划伐郑之事。

位于楚国北方的郑国，自从子元无端伐郑，继而荒唐撤军，沦为笑柄。郑国人由此看不起楚国。郑国在楚成王早期国力因内忧外患而大幅下滑。在春秋初年郑庄公时，郑国国力强盛，一度是春秋小霸。但郑庄公死后，郑国两公子争位，造成内乱。郑庄公先娶邓国女邓曼，生下了后来的郑昭公。后娶宋雍氏之女雍姞，生下后来的郑厉公。郑厉公母亲的族人利用宋国的力量强迫郑国大臣祭仲让郑厉公继位。还逼郑厉公答应事成后给予宋国贿赂，这样，哥哥郑昭公被迫出奔到卫国，弟弟郑厉公得以继位。宋国随之索贿，郑厉公不堪忍受，联络纪国、鲁国及齐国，形成联军，与宋国、卫国、燕国形成的联军打了一仗。到了鲁桓公十四年，郑厉公三年的冬天，宋国的军队攻打郑国，长驱直入，火烧郑国都城西北面的渠门，进入渠门后，来到北面外城

① 清华大学出土文献研究与保护中心编，李学勤主编《清华大学藏战国竹简》（壹），中西书局 2010 年，第 181 页。

的大逵，也就是楚国令尹子元曾经到过的"逵市"，因郑国防守严密，宋军转而杀到东郊，占领了郑国东部都邑牛首，骚扰一阵才撤兵。第二年，曾经扶持郑厉公得位的郑国大臣祭仲，权势越来越大，郑厉公又不能忍受，密令祭仲的女婿雍纠杀祭仲，消息被祭仲的女儿雍姬知道。雍姬在丈夫与父亲之间权衡，出卖了丈夫，急告父亲祭仲，祭仲杀死雍纠。郑厉公见阴谋泄露，不得已逃奔蔡国避难，后潜回郑国的栎地(今河南禹州)长期盘踞。这样，哥哥郑昭公得以继位。但一年之后，郑昭公因旧怨被大臣高渠弥杀害，由公子亹继位，这事使郑国的名声很坏。齐襄公打着为郑国伸张正义的旗号，派兵到宋国的首止(今河南睢县)，趁公子亹及高渠弥前来拜会，将二人杀死。郑国随即由公子婴接位。逃奔到蔡国的郑厉公无时无刻不梦想复辟，在栎地私立武装。到郑子婴十四年，终于等到机会，派其私卒侵入郑国南部都邑大陵，俘虏了郑国大臣傅瑕。傅瑕怕死，保证杀死郑子婴，让郑厉公继位，以后果然都做到了，郑厉公成功复辟。这时已是楚文王十一年。

郑厉公复辟时有一个疏忽，没有及时通告楚文王，楚文王曾经以此为理由，在北上灭申之时，顺带堂而皇之讨伐过郑国，一直打到了郑国的栎地。楚文王进军至郑国的栎地，意义重大。杨伯峻指出："栎即今河南省禹县(今禹州市)，在郑都之西南九十里。"[1]楚文王"及栎"，表明楚军已攻至今禹州市，大大地跨过汝河，到达中原的腹心地带颍河流域。郑厉公复辟7年而卒，郑文公继位，一年后，楚成王即位。到楚成王十三年时，已是郑文公十四年，楚国恢复元气，君臣和睦，羽翼丰满，再一次讨伐郑国。

顾栋高在《郑疆域论》中评论郑国：

> 入春秋后，(郑)庄公以狙诈之资，倔强东诸侯间。是时

---

① 杨伯峻：《春秋左传注》(修订本)，中华书局1990年，第196页。

楚僻处南服，而晋方内乱，庄公与齐、鲁共执牛耳。其子昭公、厉公，俱枭雄绝人。使其兄弟辑睦，三世相继，郑之图伯未可知也。乃三公子争立，卒归厉公，与虢郋定王室，庶几桓、文勤王之义。然自是而楚患兴矣，齐、晋迭伯，与楚争郑者二百余年。是时郑西有虎牢之险，北有延津之固，南据汝、颍之地，恃其险阻，左支右吾。盖荥阳、成皋自古战争地，南北有事，郑先被兵，地势然也。①

顾栋高的评论，非常深刻。郑庄公在春秋初年与齐、晋共执牛耳。但是郑庄公之后，郑国诸公子争位形成长时期内乱，致使国力大衰。到郑厉公之时，与虢国有勤王之功，国势稍强。随着楚国的日益强大，齐国和晋国相继成为霸主，郑国夹在这三大国之间，从此开启了这三个大国争夺郑国长达二百年的序幕。这时，郑国尚能依靠西、北、南方的险阻之地勉强应付。然而，"南北有事，郑先被兵，地势然也"。春秋时期郑国战争特别频繁，归根到底就是郑国的地理位置夹在晋、齐、楚三大国之间。

在晋、齐、楚三大国之间，当时以齐国的军力最强，晋国是在晋献公大刀阔斧灭国后实力才真正强大起来。郑文公一心依靠齐国，对楚国并不尊重。令尹子文为重振楚国雄风，一扫子元在楚成王六年无端伐郑狼狈而归造成楚国颜面尽失的窘境，决意重启伐郑。

令尹子文伐郑，经过充分准备。在就任令尹之职 5 年之后，楚国的国内事务已基本理顺，于楚成王十三年发动首次伐郑。多种文献对于楚令尹子文伐郑均有记载：

《春秋》僖公元年："楚人伐郑。八月，公会齐侯、宋公、郑伯、曹伯、邾人于柽。"

《公羊》《穀梁》同年均记："楚人伐郑。"

---

① 顾栋高：《春秋大事表·郑疆域论》，中华书局 1993 年，第 536 页。

《左传》僖公元年："秋，楚人伐郑，郑即齐故也。盟于荦，谋救郑也。"

楚国伐郑，是继楚文王北上灭申、息之后的又一次大规模北上，军旗猎猎，气势逼人。与成王六年子元伐郑率六百战车冒冒失失地直奔都城不同，这次楚国伐郑，出动的战车多于子元，出兵后兵行有序，稳扎稳打。郑国事先知道楚国来伐，将都城的城门全部关闭，据城死守。楚国大军将郑都团团围住。郑文公心惊胆战，急派人赴齐国求援。齐国与郑国的使者，还有宋、曹、邾国的使者在宋国的荦地相会并结盟。《左传》僖公元年的荦地就是《春秋》僖公元年所提及的柽地，在今河南淮阳西北，宋国南境与陈国接壤处。① 齐国只是与各国会商了一下，并没有采取军事行动。杨伯峻分析："救郑之师不见于《经》《传》，或是谋而未行，或是楚师自退，皆不可知。"② 其实，最大的可能是经过荦地会商，齐国纠集宋、曹、邾诸国的军队形成联军，迅速前来为郑国解围，令尹子文见形势于楚不利，下令班师回营，楚成王十三年的第一次伐郑行动落下帷幕。

第二年，楚成王十四年，郑文公十五年，令尹子文又发起第二次伐郑。见诸文献：

《春秋》僖公二年："秋九月，齐侯、宋公、江人、黄人盟于贯。冬十月，不雨。楚人侵郑。"

《公羊》《穀梁》："楚人侵郑。"

《左传》僖公二年："冬，楚人伐郑，斗章囚郑聃伯。"

一般来说，《春秋》惜墨如金，记事极为简略。但《春秋》僖公二年对楚国为何在第二年冬天再次伐郑的原因，交代得清清楚楚。就是因为秋天齐国加大了与其他诸侯国联络的强度，齐国在宋国的贯地③

---

① 杨伯峻：《春秋左传注》（修订本），中华书局1990年，第276页。
② 杨伯峻：《春秋左传注》（修订本），中华书局1990年，第278页。
③ 杨伯峻注："贯，宋地，当在今山东省曹县南十里。"杨伯峻：《春秋左传注》（修订本），中华书局1990年，第280页。

召开的盟会给楚国造成了巨大的压力。楚国抢在冬天攻打郑国，是在与齐国较劲，以降服郑国来降低齐国的影响。

第二次楚国伐郑，郑国不甘示弱，派兵迎战。双方短兵相接，爆发了战争。楚国的军队战斗力较强，在与郑国军队交战的过程中，楚国将军斗章俘获了郑国的聃伯。楚国大胜，押着聃伯，得意而归。

聃国本与郑国相邻，郑国用联姻的方法灭亡了聃国。《国语·周语中》富辰谏周襄王以狄女为后时说："昔鄢之亡也由仲任，密须由伯姞，郐由叔妘，聃由郑姬，息由陈妫，邓由楚曼，罗由季姬，卢由荆妫，是皆外利离亲者也。"东周初年，郑国东迁后，郑武公吞并了附近的虢国、郐国，成为大国，与聃国相邻。郑国一举灭掉了聃国。随后指定一块土地，封给聃国国君的后裔作为采邑。江永《春秋地理考实》："《国语》：聃由郑姬。盖因郑姬而亡。僖二年，郑有聃伯，似郑灭之以为采邑，当在开封府境。"

令尹子文的第二次伐郑，虽然取得胜利，俘获了郑国的聃伯，却还是没有降服郑国，没有与楚国签订弃齐从楚的盟约。故楚成王不满足，要求令尹子文于次年第三次伐郑，务必让郑国降服。

第三次楚国伐郑，改变了策略，声称这次伐郑，不是为了灭亡郑国，而是希望与郑国签订盟约，建立同盟关系。楚国这样宣传，郑文公动了心，与大臣们商议。《左传》僖公三年记载，楚人伐郑，郑伯欲屈服，孔叔不同意，说："齐方勤我，弃德不祥。"郑国的大臣孔叔坚决反对，理由是，齐国目前对待郑国很好，如果与楚国签订盟约，势必得罪齐国，齐国的军事实力高于楚国，这样做后果严重。郑文公一听，觉得有理，打消了向楚国求和的念头，加强了防御，让楚国无隙可乘。楚国第三次伐郑，注意力放在诱降上，见郑国无意求和，防守严密，虚张声势地围住郑都，过了几天，不得不收兵回营，准备以后找机会再来。

从楚成王十三年开始，楚人连续三年出兵伐郑。据《左传》僖公元年"秋，楚人伐郑，郑即齐故也"的记载，楚伐郑是因为郑与齐人亲

近，意图谋楚。虽然俘获了郑聃伯，郑文公也打算投降，但由于诸侯救郑，楚人并没有达到征服郑国的目的。

郑国位于颍水上游地区，不仅控制着东方诸侯朝觐周王室的要道，而且也处于中原的腹地，故此成为了楚人征伐的首选。对此形势，清人顾栋高引用王葆的观点：“齐方图伯，楚亦浸强，北伐不已，陈、蔡、郑、许适当其冲，郑之要害，尤在所先，中国得郑则可以拒楚，楚得郑则可以窥中国。故郑者，齐、楚必争之地也。”[①]

世界上的事情常常是出人意表。楚国屡次伐郑，逼迫郑国屈服，没有如愿，此后十余年，楚国暂时丢开郑国，先是与齐国短兵相接，签订对楚国毫无损失的召陵之盟，随即大刀阔斧地向东方进军，肆无忌惮地灭掉弦国、黄国，讨伐徐国，楚国的势力如日中天。郑文公此间恰巧因首止之会逃盟得罪了齐国，遭到齐国连续数年的穷追猛打，遂彻底倒向楚国。公元前642年，楚成王三十年，郑文公三十一年，郑文公主动朝拜楚国。《左传》僖公十八年：“郑伯始朝于楚，楚子赐之金，既而悔之，与之盟曰：‘无以铸兵。’故以铸三钟。”至此，楚成王才算完全达到了控制郑国的目的。

第五节　齐楚召陵之盟与楚联吴越抵御齐桓公
（成王十六年）

正在楚国连续三年伐郑，急欲控制郑国之际，东方大国齐国，联络数国，突然举兵向楚国进攻。一时间山雨欲来，楚国不得不全力以赴对付齐国。

《春秋》僖公四年：“四年春，王正月，公会齐侯、宋公、陈侯、卫侯、郑伯、许男、曹伯侵蔡。蔡溃，遂伐楚，次于陉。……楚屈完来盟于师，盟于召陵。”

---

① 顾栋高：《春秋大事表·郑疆域论》，中华书局1993年，第1954页。

齐国的南下，看似十分突然，其实与楚国的连续伐郑息息相关。公元前659年，楚成王十三年，首次发兵伐郑，郑国向齐国求救，齐桓公邀集宋、郑、曹、邾等国诸侯在柽(即莘，今河南淮阳西北)会盟，共谋救郑。第二年，楚国第二次伐郑，齐国邀宋、江、黄等国在贯地(今山东曹县南)会盟。江、黄原是楚的与国，此时也归附了齐。第三年楚又侵郑，齐桓公又在阳谷(山东阳谷北)与宋、江、黄等国会盟，共谋伐楚。可以说，齐桓公对于进攻楚国，准备很充分。楚成王第三次伐郑的次年，楚成王十六年，正值齐桓公三十年，公元前656年，这年春，齐桓公率领由鲁、宋、陈、卫、郑、许、曹等诸侯国组成的联军，先伐楚的与国蔡国，蔡人溃散，联军就直接讨伐楚国。

齐桓公时期，齐国的军事实力十分强大。徐勇认为，齐桓公在位时已摆脱了"周礼"的束缚，建立了"三军"的编制，其中，海军为1万人。而实际上，当时齐国军队的总兵力远远不止3万人，而有十几万人之多。《尉缭子·制谈》中"有提九万之众而天下莫能当者，谁？曰桓公也"的记述。《国语·齐语》中记载齐国当时已"有革车八百乘"。[①]

平王东迁以后，周天子威望日减，势力大弱。南夷北上，北狄南下，威胁中原各国。在此之时，齐桓公根据管仲主意，打出"尊王攘夷"的旗号，即代天子以行征伐，诛暴禁邪，匡正海内。《史记》所谓齐桓公"兵车之会三，乘车之会六，九合诸侯，一匡天下"，成了春秋时期第一个霸主。齐桓公虽然武功显赫，但其势力只限于东方，且又以道德威望而服诸侯，所以当时所得土地远不如有些史书所载。《管子·小匡》曰："桓公知天下小国诸侯多与己也，于是又大施忠焉，可为忧者为之忧，可为谋者为之谋，可为动者为之动。伐谭、莱而不有也，诸侯称仁焉。"《史记·燕召公世家》载，燕庄公二十七年，山戎侵燕，"齐桓公救燕，遂北伐山戎而还。燕君送齐桓公出境，桓公因割燕所至地予燕，使燕共贡天子，如成周时职"。

---

① 徐勇：《齐国军事史》，齐鲁书社2015年，第102页。

根据《国语·齐语》的记载，齐桓公正封疆，"地南至于饴阴，西至于济，北至于河，东至于纪鄣"。《管子·小匡》也说，齐"正其封疆，地南至于岱阴，西至于济，北至于海，东至于纪随"。饴阴不可考，或即岱阴，指今泰山北；济，即古济水，齐境之济水相当于今黄河；海，当指今渤海；河，指古黄河，当时齐北境黄河从今河北武强县东北流，在天津市南界入今渤海；纪，为纪国，都城在今山东寿光南纪台村，鄣为纪邑，在今青州市西北；随，其地已不可考，当离纪、鄣不远。则当时的齐国疆域，东不过今山东半岛西部之弥河，南不过泰山，西在今山东齐河县一带，北在今天津市南界以南。如《管子·小匡》所谓齐"地方三百六十里"。可见齐桓公初期疆土比吕尚初封"百里"仅增加了两倍多。后来桓公使齐之疆土进一步开拓，故《管子·轻重丁》载管子问于桓公曰："敢问齐方几何里？"桓公曰："方五百里。"当至此时，周成王所赐齐地五百里才真正达到使为本土。[①]

齐国的联军来势凶猛，给楚国造成从未经受过的巨大压力。《左传》僖公四年十分传神地记载了楚国如何抵御齐国的这次进攻：

> 四年春，齐侯以诸侯之师侵蔡。蔡溃，遂伐楚。楚子使与师言曰："君处北海，寡人处南海，唯是风马牛不相及也。不虞君之涉吾地也，何故？"管仲对曰："昔召康公命我先君大公曰：'五侯九伯，女实征之，以夹辅周室。'赐我先君履：东至于海，西至于河，南至于穆陵，北至于无棣。尔贡包茅不入，王祭不共，无以缩酒，寡人是征；昭王南征而不复，寡人是问。"对曰："贡之不入，寡君之罪也，敢不共给？昭王之不复，君其问诸水滨。"师进，次于陉。
>
> 夏，楚子使屈完如师，师退，次于召陵。齐侯陈诸侯之

① 钱林书：《春秋战国时齐国的疆域及政区》，《复旦学报》（社会科学版）1993年第6期。

师，与屈完乘而观之。齐侯曰："岂不榖是为？先君之好是继。与不榖同好，如何？"对曰："君惠徼福于敝邑之社稷，辱收寡君，寡君之愿也。"齐侯曰："以此众战，谁能御之？以此攻城，何城不克？"对曰："君若以德绥诸侯，谁敢不服？君若以力，楚国方城以为城，汉水以为池，虽众，无所用之！"屈完及诸侯盟。

第一轮较量是舌战。年轻的楚成王派使者与齐桓公交涉，义正词严地责问齐国远道而来，师出无名。管仲辩解，搬出楚国不向周天子进贡、周昭王南征没有回去两大罪状。楚使只承认没有向周天子纳贡包茅之罪，对周昭王南征不复之事拒不认错。第二轮较量军事行动升级。齐桓公进兵到陉地(今河南郾城南)，妄图对楚国形成威压。齐国及伐楚联军行动缓慢，一直拖到夏天，楚王又派使者屈完到军中讲和并观察动向。齐国朝东北方向后撤了一天或两天的路程，移驻召陵(今河南郾城东)，第三轮较量舌战再次开始，齐桓公让诸侯军队列阵，然后与屈完一起乘车检阅。桓公问屈完，言语中颇为得意，意图压服。屈完强硬回答："君若以德绥诸侯，谁敢不服？君若以力，楚国方城以为城，汉水以为池，虽众，无所用之！"屈完说的"汉水以为池"，是把不是护城河的水当做护城河；"方城以为城"，是把不是城的山当做城，以此抵御齐国的大军，表明齐国军队再多，也难操胜算。齐桓公面对楚使屈完，无可奈何。

屈完面对齐桓公率领的八国伐楚之师毫不畏惧，不卑不亢地应对齐桓公的层层诘难，并力谏齐桓公作为霸主应该"以德绥诸侯"，而不应选择用武力征服。最终屈完成功与齐桓公率领的诸侯之师结盟，为楚国避免了一次难以取胜的大战，保存了楚国以后继续进军中原的军事力量。

不同于《左传》中强调屈完是通过唇枪舌剑说服齐桓公，进而实现结盟息战的一面，《史记》在记载此事时，还强调了屈完作为楚国将军领兵御敌的一面。《史记·楚世家》："(成王十六年)楚成王使将军

屈完以兵御之，与桓公盟。"《史记·齐太公世家》中也有相似的记载："(齐桓公三十年)夏，楚王使屈完将兵扞齐，齐师退次召陵。"结合这两处记载，可以看到屈完文武双全、有勇有谋，用智慧和勇气，帮助楚国渡过难关。

齐国率联军伐楚，雷声大雨点小，既然楚国已经有对不贡包茅认错的表示，就适可而止，决定同楚国会盟，签订对楚国毫无损伤的盟约，以此下台阶，与众诸侯国打道回府。"齐桓公面对不屈服的楚使，只能答应他与诸侯结盟。这事说明齐、楚当时力量相当，谁也不可能压服谁。"①

齐桓公春秋首霸，其影响只局限在山东诸国，即征服鲁、宋，救邢、存卫。与楚国的争衡，也仅限在召陵盟会上允许楚国的加盟而已，并未对楚国构成较大影响。

学界对于齐桓霸业不能波及楚、晋，已经多有注意。顾栋高谓："(齐桓公)明天下之大患在楚，而未暇以楚为事，以为王畿之郑能不向楚，则事毕矣，故终其身竭力以图之。至如楚之江、黄，晋之虞、虢，桓公以为鞭长不及，无如何也。"②顾氏复对比齐桓公的召陵之盟与晋文公城濮一战的影响，而谓："召陵虽盟，而楚灭弦围许，毫无顾忌，蔡、郑亦未敢即从齐。至如城濮一胜，而天下诸侯如决大川而东之，其功之大小宁可以数计哉！"③童书业的总结尤为全面："统看齐桓公的霸业，他的势力实在只限于东方一带。黄河上游的秦、晋，和南方的楚，北方的狄，他并不能把他们征服。他的实力实在还很单薄，只靠了诸侯的团结，才勉强做出一点场面来。至于他的功绩，约略说来，在安内方面，是有相当的成就的；对于攘外，却多半只做出一些空把戏。"④

① 顾德融、朱顺龙：《春秋史》，上海人民出版社2001年，第83页。
② 顾栋高：《春秋大事表》，中华书局1993年，第1951—1952页。
③ 顾栋高：《春秋大事表》，中华书局1993年，第1981页。
④ 童书业：《春秋史》，上海古籍出版社2003年，第173页。

但是从齐桓公争霸之路而言，召陵之盟确实具有很大的意义。邓曦泽将齐桓公争霸分为四个阶段，其中第三阶段，齐桓公主要进行了讨罪和攘夷的战争。"在此阶段，最重要的事件是齐桓公率领诸侯之师，威逼北犯的楚国。楚国是大国，它对中华共同体的威胁最大，并且它对中华共同体不但有政治、领土野心，还有文化野心，所以，遏制楚国的进逼是维护中华共同体安全的关键。齐国以实力、正义加智慧，不战而屈人之兵，达成了召陵之盟，使楚国退师，从而缓解了中华共同体的安全威胁。召陵之盟后，齐国全面控制天下秩序，齐国进入鼎盛阶段。""在南方，齐国做得最重要工作就是拒楚，与楚国达成召陵之盟（鲁僖公四年，公元前 656 年）。召陵之盟乃是齐国实现霸业的标志性事件，它迫使楚国暂时不敢北侵，从而彻底完成其霸业的建立，进入巩固期。"①

齐桓公率诸侯救郑，不仅成功地阻止了楚人战略目标的实现，而且还讨伐了楚的属国蔡，并拉拢江、黄、徐等国，形成了抗楚的联盟。彭明哲评论："齐率八国之师压迫楚境而不能屈楚，充分显示了楚国的实力。此盟虽说双方各得其利，但从事实上说，较大的受益者是楚而不是齐。楚赚取了八国的退兵，使楚免遭破坏，保存了称霸的实力，更加增添了成王逐鹿中原的信心，而齐桓劳师远袭，无功而还，在人力、物力上都有较大的损失。此盟使楚的声望和地位，在中原诸国中大大提高。"②

召陵之盟后，楚国没有受到实质性伤害，仍然继续发展。《史记·楚世家》载："齐桓公称霸，楚亦始大。"《史记·齐太公世家》还记载："周室微，唯齐、楚、秦、晋为强。"表明东方的齐国、南方的楚国、西方的秦国和中原的晋国号为当时之"四强"。

---

① 邓曦泽：《冲突与协调——以春秋战争与会盟为中心》，人民出版社 2015 年，第 206、392 页。

② 彭明哲：《略论楚成王称霸》，《湘潭大学学报》1986 年第 3 期。

第六节　楚齐争强：灭弦救郑释许，灭黄灭英氏伐徐（成王十七至二十八年）

齐国在淮河流域势力强大，属国众多。"江、黄、道、柏，方睦于齐。"《左传》僖公五年的这句话，道尽了齐国在淮河流域的强大影响。楚国在召陵之盟后，从楚成王十七年到三十年与宋国争雄之前，集中兵力向齐国在淮河流域的势力发起挑战。

第一步，灭掉弦国。

灭弦在楚成王十七年。[①] 弦国源于北方狄人的一支隗姓的赤狄，是古老的炎帝部族的后裔。南宋罗泌《路史·国名二》说它是少昊之后，"嬴姓国"。[②] 清人顾栋高《春秋大事表》不同意嬴姓说，指出："弦国，子爵，隗姓，今湖广黄州府蕲水县西北四十里有轪县古城，为弦国地。又河南光州西南有弦城，盖因光山西有侨置轪县故城而误。或曰弦子奔黄时所居也。僖五年见。为楚所灭。宛溪氏曰昭三十一年传吴围弦，盖楚复其国也。"[③]

《左传》僖公五年："楚斗榖於菟灭弦，弦子奔黄。于是江、黄、道、柏方睦于齐，皆弦姻也。"所谓"弦姻"，说明江、黄等国与弦国长期保持着通婚关系。按照周代同姓不婚的原则，通婚说明弦国与江、黄这两个嬴姓国家不是同宗。

隗姓的弦国是在商代时期就南迁至中原的赤狄的一支，周王朝将其封于豫南地区，与姬姓的蒋国、道国及随国，偃姓的六国，嬴姓的江国和黄国杂处，一方面是为了平衡淮河上游各部族的力量，起到相

---

①　拙著《先楚史》第十章第八节"商周时期淮河流域的其它族姓部族及方国"中对弦国有过介绍。程涛平：《先楚史》，武汉出版社2019年，第787—791页。

②　罗泌：《路史》（四库全书本），上海古籍出版社2003年，第275页。

③　顾栋高：《春秋大事表》，中华书局1993年，第582页。

互牵制的作用，另一方面也是为了使其成为抵御南方楚国势力的一道重要屏障。

春秋时古弦国的中心地带应在今河南光山西部、北部和罗山东部一带，其都城当在今光山西北部，距今天光山县仙居店东十里处。其北边是姬姓的息国，西北为嬴姓之江国，东边紧邻嬴姓之黄国。境内有竹竿河、寨河两条河流穿过。这里是一大片淮河南岸的冲积平原，土壤肥沃，水利条件好，是古代发展农业的理想地方。

楚文王和成王时期，开始征服和吞灭江、汉和淮河流域之间的诸侯国。《史记·楚世家》："楚强，陵江、汉间小国，小国皆畏之。"在征服江、汉间小国之后，楚人实力得以向北大大延伸，并以江、汉为大前方，沿淮河东进，先后服陈、蔡，灭息、邓。在楚人的军事打击下，汉、淮间诸侯国不得不纷纷向楚人称臣、纳贡。这些小国又不甘心长期臣服楚人，为求自保，淮河上游诸小国便结成同盟，投靠中原大国，寻求保护。当时的北方诸侯霸主齐桓公为了孤立楚国，也有意拉拢淮河上游的小国，在这种背景下，江、黄、弦、道、柏等国便加入了以齐国为首的北方联盟。

江、黄、弦、道、柏等国加入齐国的联盟，让楚人感到这些小国的不可靠。为建立稳固的淮河南方基地，楚人快速剿灭那些心存异志者。此前息国已沦为楚国的一个县，紧靠息国的弦国和弦国东边的黄国正是楚人要打击的主要目标。公元前655年，楚成王以子文为大将，在弦国毫无戒备的情况下，突然袭击，一举灭掉弦国。弦国国君只身逃至其同盟国黄国。齐国对此无可奈何。

第二步，力救郑国。

救郑在楚成王十八年。郑国远齐而近楚，过去因亲齐疏楚，遭到楚国在成王十三年、十四年、十五年连续三年的攻击。每次攻击，齐国都不能及时相救，只是频繁召集盟会遥加声援。郑文公在第三年已经动摇，想弃齐从楚，只是由于大夫孔叔的坚决反对，没有实行。次年，齐桓公组织联军伐楚，虽然与楚国签订了召陵之盟，仍然不能解

除楚对郑国随时可能发生的战争威胁，所以，郑文公弃齐从楚的决心更大。事有凑巧，齐桓公霸业越来越大，与周王室也产生矛盾，周惠王想废黜太子郑，立少子带。齐桓公偏支持太子郑。在召陵盟会的第二年，公元前655年，即楚成王十七年秋，齐桓公又在卫国的首止（今河南睢县东南）举行盟会，议题之一是"会王大子郑，谋宁周也"。周惠王怨齐桓公支持太子郑，加上曾赐胙楚成王，一直对楚成王印象颇好，派大臣周公宰孔私下劝郑文公说："吾抚女以从楚，辅之以晋，可以少安。"杨伯峻解释："首止之盟，所以定王世子之位，非惠王本意，惠王恨之，召郑伯使之叛齐。楚、晋未与齐盟，故藉之以安郑。"①郑文公一直害怕得罪齐国，得到周王授意弃齐，有恃无恐，便不听大臣孔叔的再次劝阻，不参加诸侯结盟，独自逃回国去，由此得罪齐国。齐桓公大怒，抛下楚国不顾，盯住郑国不放。次年，公元前654年，齐桓公大动干戈，因郑逃盟事联合诸侯军共伐郑，包围了郑国的新城（今河南密县东南），大有灭掉郑国之势。

面对齐国对郑国的穷追猛打，楚国采取与齐国过去虚张声势、遥为声援完全不同的做法。郑国之南有许国，是齐国死心塌地的盟国，攻许齐国必救。楚成王十八年"秋，楚子围许以救郑，诸侯救许，乃还"（《左传》僖公六年）。许为姜姓，是齐的盟国，位于郑、楚之间。楚围许，迫使六国联军弃郑救许。齐桓公大惊，赶快率诸侯联军救许。诸侯联军赶到许都，发现楚师已经退走，不便久留，就各回其国了，郑国之围由此遂解。这是我国历史上最早见于记载的围此救彼的战略战术。张正明说："楚师围许救郑是一个战略范例，比公元前353年齐师围魏救赵早301年。"②郑国经此一战，对楚国感恩戴德，以后郑文公专程朝拜楚国。郑对楚的依从关系从此确立。齐国阵营也由此大为削弱。

---

① 杨伯峻：《春秋左传注》（修订本），中华书局1990年，第360页。
② 张正明：《秦与楚》，华中师范大学出版社2007年，第68页。

第三步，受降许国。

许国为姜姓之国，是远古时代炎帝部族的后裔。西周初期，周武王克商之后，始封炎帝之裔于此。其第一代君主为文叔。在整个西周时代，许国的地理位置在今天许昌市、漯河市和平顶山市三地之间，处于中原腹地，土地平坦、肥沃，灌溉便利。顾栋高《春秋大事表》："许：男爵。始封伯夷后文叔。今河南许州府治东三十里故许昌城是。"[1]西周时期许国比较安宁。西周晚期，郑国尚未迁于许国附近，楚人势力也没有进入中原，所以没有受到生存的威胁。进入春秋初年，王室渐弱、列强代兴，郑国东进，与许国相邻。郑国南邻的许国则日益受到郑国的压力和侵凌，成为郑吞并的主要目标。许人为求自保，加入了齐、鲁集团，从此，随齐、鲁两国东征西讨。[2]

楚成王十八年，在目睹楚国灭掉近邻弦国之后，许国吓破了胆。楚国围许救郑，许国在被围之时，领略了楚军的凌厉攻势。当齐桓公率诸侯联军赶到，楚国撤围而去，无影无踪。许僖公惊魂未定，知道楚师仍在方城内外，旦夕可至，不胜惶恐，决定干脆主动向楚请降。有趣的是，许国的请降，不是直接找楚国，而是通过楚国的盟友蔡国进行。于是，在楚成王十八年，许僖公通过蔡穆侯而降楚。《左传》僖公六年记：

> 冬，蔡穆侯将许僖公以见楚子于武城。许男面缚、衔璧，大夫衰绖，士舆榇。楚子问诸逢伯，对曰："昔武王克殷，微子启如是。武王亲释其缚，受其璧而祓之。焚其榇，礼而命之，使复其所。"楚子从之。

在冬季，蔡穆侯陪着许僖公专程赶到武城请降。据杨伯峻注，武

① 顾栋高：《春秋大事表》，中华书局 1993 年，第 570 页。
② 对于许国的历史，拙著《先楚史》第十一章第五节"周王朝分封姜姓诸侯国"中对许国有介绍，可参阅。程涛平：《先楚史》，武汉出版社 2019 年，第 1000—1004 页。

城在今河南南阳市南。① 请降的场面十分肃穆。许僖公为表示请降的诚意，特将自己双手反绑，口中衔璧，率领穿着丧服、抬着棺材的许国贵族，向楚成王请求死罪。许僖公在这里行使的是一种非常庄重的灭国国君请降礼节。先秦时期，家亡国破乃切齿之痛，为家国之巨不幸，若投降则有降礼。曹建墩指出：先秦降礼，亡国之君或肉袒牵羊而降，此礼最早可以上溯到殷商时期。《史记·宋微子世家》记载周武王克殷，"微子乃持其祭器造于军门，肉袒面缚，左牵羊，右把茅，膝行而前以告"。《索隐》曰："肉袒者，袒而露肉也。面缚者，缚手于背而面向前也。"这是殷商时期的投降礼节。② 衔璧，杨伯峻谓"古人死多含珠玉，此所以示不生"，"楚王受璧，示许其生"。③ 楚成王仿照周武王宽待宋微子的先例，亲自为许僖公松绑，接受了许僖公献的璧，命人把棺材烧掉，表示赦免许僖公，不再灭掉许国了。《史记·楚世家》所记略异："成王以兵北伐许，许君肉袒谢，乃释之。"许僖公的这种苦肉计大获成功，保住了许国不被灭国。许国的附楚，巩固了楚国在汝颍间的疆域，北方的局面得以维系，从而让楚国有时间在江淮间开疆拓土。

第四步，灭掉黄国。

黄国一直死心塌地跟随齐国，在淮河流域有很大的影响。④ 黄国出于上古东方部族，为少昊氏后裔。至舜、禹之时，其近祖伯益（伯翳）与偃姓的皋陶同时受封于山东和淮河中下游地区，为嬴姓，与秦、徐、郯、莒、江等诸侯国同祖同宗。商代时，黄国已南迁于今河南潢川县，建立了黄国。西周初年，殷之遗民协同管叔、蔡叔叛乱，东夷诸部族闻风而起，周公平定管、蔡之乱以后，挥师东进，剿灭东夷和

---

① 杨伯峻：《春秋左传注》（修订本），中华书局 1990 年，第 314 页。
② 曹建墩：《先秦礼制探赜》，天津人民出版社 2010 年，第 157 页。
③ 杨伯峻：《春秋左传注》（修订本），中华书局 1990 年，第 314 页。
④ 对于黄国的历史，拙著《先楚史》第十一章第六节"周王朝分封嬴姓诸侯国"中有过介绍。程涛平：《先楚史》，武汉出版社 2019 年，第 1028—1034 页。

淮夷部族，归顺周王朝的部族被封赏。当时已进入淮河上游的黄国没有卷入战争，死心塌地追随周王室，受到信任，不光得以保全，周王室在为对付荆蛮而分封"汉阳诸姬"时，还将在汉阳诸姬东面的黄国作为周王朝的南方屏障而封为异姓诸侯国。

清人顾栋高指出："今河南光州西十二里有黄城。桓八年见。僖十三年灭于楚。"①在河南潢川县城西约6公里的隆古乡发现了黄国故城，与文献记载的位置一致。城址位于淮河南岸，小潢河之西。这是我国目前保存较完整的诸侯国都城垣之一。② 1986年列为省级重点文物保护单位。黄国一系列出土墓葬证实黄国的疆域以今天的河南潢川县为中心，包括今河南潢川全部，光山、罗山、信阳、商城的大部及鄂东北边缘地带。

黄国与楚，一向不和。早在春秋初年，楚武王为了树立自己在诸侯中的威信，选择在楚国的沈鹿(今湖北钟祥东)约会诸侯："夏，楚子合诸侯于沈鹿。黄、随不会，使薳章让黄。楚子伐随，军于汉、淮之间。……秋，随及楚平。楚子将不许，斗伯比曰：'天去其疾矣，随未可克也。'乃盟而还。"③这是楚国第一次以主人身份会盟北方诸侯，试探一下汉江和淮河流域诸侯国的反应，只有随国和黄国没有参与此会。楚军先沿汉水流域北上，报复随国。在大败随国之后，楚与随盟约而去。因黄国距离较远，楚武王尚没有实力继续向东进攻黄国。黄人决心与楚为敌，以齐国为保护伞。公元前658年，楚成王十四年，齐桓公与宋国等中原大国会盟于贯(今山东曹县南)，商讨对付楚国北进，黄国闻讯，主动参加。"贯之盟，不期而至者，江人、黄人也。"(《穀梁传》僖公二年)齐桓公为春秋首霸，第二年，齐、宋等盟于阳谷(今山东阳谷县境)，黄国再一次与会。第三年，齐、鲁、宋、陈、

---

① 顾栋高：《春秋大事表》，中华书局1993年，第575页。
② 杨履选：《春秋黄国故城》，《中原文物》1986年第1期。
③ 《左传》桓公八年。

卫、郑、许、曹诸国组成联军，浩浩荡荡西行，攻击楚盟国蔡国，与楚盟于召陵(今河南郾城东)。随后，楚国反击。召陵之盟次年(前655年)，楚成王十七年，楚国以子文为大将，率师灭弦，弦国为黄国近邻，弦君逃到黄国，利用姻亲关系，串通和鼓动江国、黄国、道国、柏国等靠近齐国。《左传》僖公五年："弦子奔黄。于是江、黄、道、柏方睦于齐，皆弦姻也。"弦国灭亡之后，土地沦为楚人所有，楚之国境从此与黄国接壤。黄国的被灭，由此在所难免。可悲的是，黄国完全没有自知之明，死到临头却全然不察，《左传》僖公十二年记："黄人恃诸侯之睦于齐也，不共楚职，曰："自郢及我九百里，焉能害我?"楚成王二十三年，楚国以"黄人不归楚贡"为由，举兵讨伐黄国。黄国仗着城坚池深，一边拼命抵抗，一边向齐国紧急求援。但是，齐国的救援迟迟未至。齐国距离黄国较楚国为远，以前，齐桓公拉拢黄国加入贯之盟时，管仲就曾经提醒过他："江、黄远齐而近楚。楚，为利之国也。若伐而不能救，则无以宗诸侯矣。"(《穀梁传》僖公十二年)桓公不听，遂与黄盟。"管仲死，楚伐江灭黄，桓公不能救，故君子闵之也。"(《穀梁传》僖公十二年)战争持续到第二年，楚国的攻势愈加猛烈，黄国终于支撑不住，城门被楚国攻破。公元前648年，楚成王二十四年，终于灭掉了黄国。这对齐桓公来说，是不小的打击。齐国坐视不救，说明齐国的霸业已经走了下坡路。

弦、黄的灭亡，对于楚人在淮水中上游两岸及淮南的疆域拓展具有重要意义。弦、黄处于淮水南岸最西段，紧邻大别山三关出口，是楚人翻越大别山所最先到达的地带。这里不仅最靠近汝水下游地区，是楚人渡淮水北上中原的必经之地，又是楚人沿淮水流域继续东进的门户。从抵御南下或东来的敌人方面来说，这一地区也是楚人保卫东北方大别山关口的一个缓冲区。

第五步，灭掉英氏。

英氏是夏代时古国。① 偃姓。《史记·夏本纪》载：英氏"帝禹立而举皋陶荐之"，皋陶卒后封皋陶之后于英、六。《古今姓氏书辩证》："英出自偃姓皋陶之后，封国于英。春秋时，楚灭英，子孙以国氏。"②顾栋高《春秋大事表》："英氏：偃姓。皋陶后。"③英氏位于今安徽金寨、霍山间，与其东北的同姓六国紧相毗邻。顾栋高《春秋大事表》："英氏：……今江南六安州有英氏城。僖十七年见。后灭于楚。"④

春秋早期楚国向淮河流域扩展，与齐国和徐国发生冲突，英氏原属徐国的势力范围，楚国东扩，首当其冲。楚国在灭掉黄国之后，疆域逐渐抵近英氏，《史记·楚世家》："（楚成王）二十六年灭英。"这样，楚国东境迅速扩大，齐国的影响力大幅削弱。

第六步，伐徐。⑤

徐族系东夷族少皞氏之支裔。为嬴姓。夏商时期，发源于燕山一带，是由燕族最早分出来的一支部族。商代，徐族迁徙到今河北徐水之徐水流域。周取代商，徐国被视为商王朝的同党，"殷民六族"之一，面临灭顶之灾。徐国为壮声威，索性自称为王，其首领自称"徐驹王"。

周公旦用了三年时间，平定了亲商的强大势力。把徐国驱逐到了山东，分配给新封的鲁国作附庸国。《左传》定公四年："分鲁公……殷民六族，条氏、徐氏、萧氏、索氏、长勺氏、尾勺氏。使帅其宗氏，辑其分族，将其类丑，以法则周公。用即命于周。"《左传》昭公元年："周有徐、奄。"从此徐国就成为山东之国。徐国被驱逐到山东，安置于今山东滕州市南。此地紧邻曲阜东南，适合作为鲁国的附庸国地位。

---

① 拙著《先楚史》第十章第七节"西周时期淮河流域的偃姓部族与方国"有过对英氏的介绍。程涛平：《先楚史》，武汉出版社 2019 年，第 767—769 页。
② 邓名世：《古今姓氏书辩证》，江西人民出版社 2006 年，第 229 页。
③ 顾栋高：《春秋大事表》，中华书局 1993 年，第 584 页。
④ 顾栋高：《春秋大事表》，中华书局 1993 年，第 584 页。
⑤ 拙著《先楚史》第十章第六节"商周时期淮河流域嬴姓部族与古国"对徐国曾作介绍。程涛平：《先楚史》，武汉出版社 2019 年，第 719—730 页。

徐国不服从鲁国的统治，受到鲁国的镇压。

鲁国把徐国赶出，迫使徐人不得不向南方淮北低湿的地区退避，到达今安徽泗县北，和早已移居此地的亲族淮夷联合，继续抗周。其首领自称徐偃王，一度势力强大，周穆王时打到洛邑附近，后被周穆王调兵紧急镇压。楚王族先祖熊䰣曾经受命参与镇压，立下汗马功劳。徐国在淮北的都城即今安徽泗县北。《诗经·大雅·常武》说"率彼淮浦，省此徐土"，说明徐国已迁国至淮水之滨，成为淮水流域的国家。

进入春秋以后，周王朝国势衰落，无力东顾，但徐国北面的齐、宋，西面的楚和南面的吴却强盛起来，徐国便成为四方诸强国交相争夺的要地。公元前668年，齐桓公十八年，楚成王四年，齐、鲁、宋联合伐徐，徐君被逼得嫁女于齐，尊齐为盟主。公元前645年，楚成王二十七年，楚国在灭英氏的次年，腾出手来，顺势派军伐徐。从楚成王二十四年到二十七年，三年之内，楚人从淮水上游进取中游，从淮水中游袭击下游，速度之快出乎中原诸侯意料。

楚成王二十七年春，楚师伐徐。此时已到齐桓公四十一年，齐桓公此前眼睁睁地看见楚国灭黄，灭英氏，一直按兵未动，这时坐不住了。因为徐国与齐国，还有姻亲关系，齐桓公的夫人徐嬴，是徐国之女，眼见母国危急，缠着齐桓公救徐。齐桓公虽说已到风烛残年，仍不得不奋起余威，纠集鲁、宋、陈、卫、郑、曹、许等国，形成联军救徐。

楚国伐徐，从春到冬，几乎用了一整年。《左传》僖公十五年："十五年春，楚人伐徐，徐即诸夏故也。三月，盟于牡丘，寻葵丘之盟，且救徐也。孟穆伯帅师及诸侯之师救徐，诸侯次于匡以待之。"楚师春季远道奔袭，进攻位于今江苏泗洪东南的徐国都城。齐桓公急了，赶快在齐国的牡丘(今山东聊城东北)①召开盟会，重温6年前著名的

---

① 杨伯峻注："牡丘，据《方舆纪要》，即《齐语》桓公所筑之牡丘，在今山东省聊城县东北七里。"杨伯峻：《春秋左传注》(修订本)，中华书局1990年，第349页。

葵丘之盟，商议如何救徐。

葵丘之盟是齐桓公霸业的顶峰，齐桓公三十五年，公元前651年，桓公趁前两年安定周襄王的功劳，约鲁、宋、卫、郑、许、曹等国在葵丘(今河南兰考东南)相会修好。周襄王派大臣宰孔赐桓公祭肉，齐桓公形式上坚持下阶跪拜，登堂再拜，接受祭肉，恪守礼仪以尊周天子，实际上挟天子以令诸侯，威望如日中天。这年秋天，齐桓公又与诸侯在葵丘结盟，发出宣言："凡我同盟之人，既盟之后，言归于好。"①又申明周天子的禁令：不可壅塞泉水，不可多藏粮谷，不可更换嫡子，不可以妾为妻，不可让妇人参预国政。② 这次历史上有名的葵丘之盟，获得诸侯国的一致拥护。公元前645年，众诸侯国又盟于葵丘，同意救徐，组成联军，由齐国将军孟穆伯率领。由于畏惧楚军，一路小心翼翼，走到匡地(今山东金乡)③，就按兵不动，等待事态的变化。楚军见齐桓公率联军到来，也不恋战，撤围而去，联军亦各自解散。

楚师第二次进攻徐国在秋季。《春秋》僖公十五年："秋七月，齐师、曹师伐厉。"《左传》僖公十五年："秋，伐厉，以救徐也。"齐桓公秋季救徐，来不及拼凑八国联军，只能就近拉着曹国的军队一起出发。两国采取围厉救徐的战略，包围了位于淮北鹿邑之厉国。深通围甲救乙之道的楚成王不为所动，楚师长驱直入奔向位于今江苏泗洪县东南的徐都。徐国仗着有齐曹联军来救，主动出城迎战，两军在徐都北面的娄林相遇。

楚徐两军在娄林短兵相接，一场混战。楚军兵力雄厚，训练有素，

---

① 《左传》僖公九年。
② 《穀梁传》僖公九年。
③ 杨伯峻指出："据杜注，匡为卫地，当在今河南省长垣县西南十五里之匡城。然江永《考实》谓长垣之匡去徐甚远，今河南省睢县西三十里有匡城，属宋，据泗稍近，次师或当在此。沈钦韩《地名补注》又据《山东通志》谓匡城在今山东省金乡县凤凰山北。江说较合理。"杨伯峻：《春秋左传注》(修订本)，中华书局1990年，第349页。

徐军本来指望齐、曹来救，没想到楚师猝然而至，战不多时，徐师不支，被楚师击溃。齐桓公及曹军回救不及，只得收兵。齐桓公晚年由此受到重创。（**见图 4-2：楚徐娄林之战示意图**）

徐曾为"齐桓通伐楚之境"而取楚之属国舒，楚国以徐为仇，必欲得之而后快。更重要的是，楚国以伐徐来打击齐桓公的势力，以伐徐来惩戒那些死心塌地忠于齐桓公并与楚为敌的其他诸侯国。齐桓公迫不得已"合八国之师以救之"①。"公孙敖帅师及诸侯之大夫救徐"②。楚师毫不畏惧，齐不敢直撄楚锋，而遣齐、曹之军伐厉以救徐。但是"楚卒败徐于娄林，则此役为无用"③。再加上"宋乘虚而捣曹，同盟之内自相攻击"④，欲以抗楚，实属徒然，反使得自己处于东西两线进退维谷的难堪局面，最后不得不从匡地撤军。

娄林一战，齐虽动众兴师，然其力量和作用实微不足道。这是楚齐争霸实力见底的较量，对楚的发展有重要影响。齐桓公以八国之众不能敌千里奔袭之楚兵，清楚地反映了齐桓公的所谓"安攘之志"已力不从心，而楚势方兴未艾，蒸蒸日上。

楚成王与齐桓公争抢势力范围，楚国获得全面胜利。伐徐之后不久，年事已高的管仲和齐桓公相继于周襄王八年、十年逝世，齐国的霸业走向终点。这对楚国非常有利。李孟存、李尚师指出："齐孝公入国即位后，齐、鲁关系日趋恶化。前 643 年（楚成王二十九年），齐师伐鲁，鲁畏齐国所逼，乞师于楚，楚国说服鲁国攻入齐国，取齐谷邑（今山东阿县）而戍之。鲁国为钳制齐国，与在齐国西方的卫国结为联盟，而楚国也企图隔离宋齐、晋齐的关系，与卫国联姻，这样楚国与鲁、卫从右侧形成一条足以威胁齐、晋、宋三国的东方阵线。"⑤

① 顾栋高：《春秋大事表·齐楚争盟表》，中华书局 1993 年，第 1964 页。
② 《左传》僖公十五年。
③ 顾栋高：《春秋大事表·齐楚争盟表》，中华书局 1993 年，第 1966 页。
④ 顾栋高：《春秋大事表·齐楚争盟表》，中华书局 1993 年，第 1966 页。
⑤ 李孟存、李尚师：《晋国史》，山西古籍出版社 1999 年，第 96 页。

齐桓公一死，齐国马上陷于内乱，赖宋襄公扶持齐孝公继位，几经反复，中间还与齐国叛军在甗地打了一仗①方稳定了齐国的政局。齐国从此仅能借桓公霸业之余威，屹立于东方不倒而已，不再构成对楚国的威胁。而宋襄公在平定齐国的内乱中，树立了威望，加上宋国周初始封"公"爵，于群诸侯中，爵位最尊，遂有继承齐桓公自为霸主，领导众诸侯的念头，处处与楚国作对。由此，楚成王的主要对手，由齐桓公转成了宋襄公。

第七节　后院救火，汉东服随灭谷灭绞
（成王三十二年）

公元前640年，楚成王三十二年，晋献公去世十多年后，正在楚宋争雄的紧要关头，出现了一个惊人的消息，随国串通汉东的小国背叛楚国，楚国的后院起火了。《左传》僖公二十年：

> 随以汉东诸侯叛楚。冬，楚斗穀於菟帅师伐随，取成而还。君子曰："随之见伐，不量力也。量力而动，其过鲜矣。善败由己，而由人乎哉？《诗》曰：'岂不夙夜，谓行多露。'"

自楚武王后，随国从属于楚国，多年来一直非常稳定，被楚国视之为"后院"。其中，楚文王去世时，先由长子熊囏继位，是为堵敖，文夫人为保护幼子熊頵(恽)，特意命保申护送幼子到随国，按楚国对太子进行教育的标准，将熊頵(恽)培养成合格的国君，楚成王就是在随国度过了童年的美好时光。楚成王归国时，随国还派军队护送，为成王登基立下汗马功劳。随国这次突然叛楚，十分蹊跷，叛楚的不只是随国，还有"汉东诸侯"，说明楚国在北上与宋国争雄时，江汉流域

---

① 《春秋》僖公十八年："五月戊寅，宋师及齐师战于甗，齐师败绩。"

发生大的动荡，楚国的后院很不平静。

由于史料缺乏，对随国叛楚的具体原因尚不得而知。分析《左传》"随以汉东诸侯叛楚"文意，是指有"汉东诸侯"串通随国叛楚。很可能"汉东诸侯"胁迫随国，以为宋襄公继承齐桓公对楚国的高压态势，楚国一定不能抵御。此时正值宋襄公召开"鹿上之盟"的前夕，宋国联合齐国一起向楚国施压，要楚国承认宋襄公为盟主。有可能是宋国策划"汉东诸侯"叛楚。随侯懦弱，随波逐流。楚成王得到消息，一面与宋襄公周旋，一面紧急命令令尹子文率兵赶到随国，做好镇压的准备。谁知随国根本无心与楚国为敌，见到斗縠於菟率领楚国的大军到来，完全不抵抗，马上与楚军签订盟约，保证永不再叛。楚国也就不再追究，让随国一如既往，在楚国的后院安享太平。日人竹添光鸿《左氏会笺》对随国发表评论："笺曰：季梁以一言存随，楚不敢伐者四十年。观随能以汉东诸侯叛楚、则知世守明训，而亲兄弟之国也。但其妄动、所以招败、故左氏以为不量力、而引行露之诗，极有精神。自此经之后、随不复书，至哀元年始有随侯，可见永为楚私属。"①张正明对楚国明智地处理随国的反叛十分感慨，说："这是汉东诸国试图挽回往昔的光荣的最后一次尝试，结局还是失败。令尹子文一出兵，它们就求和了。成王和令尹子文以罕见的大度处理了楚随关系，一度飘荡在汉东上空的阴霾迅即消散，随侯保持了自己的安富尊荣，随人保持了自己的宗庙和制度，只是随国成为楚国忠顺的附庸近三个世纪。允许在自己的腹地保留一个在内政上高度自主的国中之国，如果不是第一流的政治家，一定不会有如此超卓的见识和如此恢宏的气度。"②

随国迅速平定，策划叛乱的元凶是谁？令尹子文当然要一查究竟。很快查清，原来是汉水流域的谷国和绞国唆使随国发动叛乱。

---

① ［日］竹添光鸿：《左氏会笺》，巴蜀书社 2008 年，第 510 页。
② 张正明：《楚史》，湖北教育出版社 1995 年，第 103—104 页。

何浩在《楚灭国研究》附录"楚灭国及其疆域演变大事纪要"中，提出在楚成王二至十六年期间，楚国灭掉了谷国、绞国。① 何浩提出的谷国和绞国被楚灭的结论是对的，但时间推断在楚成王十六年前，似乎过早。顾栋高《春秋大事表》言及谷之存灭，说："桓七年见，后地入于楚。"② 何浩指出："谷之灭，肯定是在鲁桓公七年以后。但其下限不明，也使人难于妄定。"③

谷国是商代古国，为嬴姓。④ 谷人最早的居留地在山东。约到西周时期，部分谷国族人迁到河南渑池县一带的谷水。谷国后来又南迁至今湖北谷城县北。谷国国小力微，对楚国没有威胁，至楚武王以至文王之时，楚人没有急于对谷国下手。楚武王四十一年楚师伐绞，只是针对绞与郧、随共谋伐楚而作出的报复行动，此役，楚与绞订立"城下之盟而还"，并未兼并绞地。对谷国，更未直接触及。1977 年，在湖北谷城县新店一处春秋楚墓中出土了一批青铜器，"其作器年代当在春秋中期前段，上限可能早到春秋早期"；同出的陶器，"从形制和纹饰上看，亦应是春秋早中期之际的遗物，故这座土坑墓的时代属于春秋中期前段"⑤。一般说，楚人进入某地的时间，要早于该地始有楚墓的时间。据此分析，还在春秋中期之前，楚人就占有了原谷国地。否则，这里是不会出现楚人墓葬的。看来，谷之灭，无疑是在春秋早期或早中期之际。

绞国至迟是西周晚期存在于江汉流域的偃姓古国。⑥ 绞国最早见于《左传》桓公十一年，绞国的地望，杜预仅说是"国名"，未详所在。

①　何浩：《楚灭国研究》，武汉出版社 2019 年，第 340 页。
②　顾栋高：《春秋大事表》，中华书局 1993 年。
③　何浩：《楚灭国研究》，武汉出版社 2019 年，第 189 页。
④　谷国，拙著《先楚史》第十一章第六节有过介绍。程涛平：《先楚史》，武汉出版社 2019 年，第 1047—1050 页。
⑤　陈千万：《谷城新店出土的春秋铜器》，《江汉考古》1986 年第 3 期。
⑥　绞国，拙著《先楚史》第十章第四节有过介绍。程涛平：《先楚史》，武汉出版社 2019 年，第 634—638 页。

郦道元作《水经注》，已失其地。唐代以来，不少学者竭力论证绞国地望，认为古绞国在随州。到清代，绞国地望逐渐明晰。《春秋楚地答问》《春秋地理考实》《春秋传说汇纂》《春秋大事表·列国爵姓及存灭表》等历史地理著作均认为绞在今湖北郧县。现代学者基本肯定郧县说，谭其骧《中国历史地图集》、石泉《楚都何时迁郢》、潘新藻《湖北建制沿革》、王光镐《楚文化源流新证》均赞同郧县说。1996 年，十堰市博物馆与丹江口市博物馆联合组成调查组，在距丹江口市约 80 公里的习家店镇发现一处周代遗存，"据民间传说，该遗址为古绞国的都城"①。下绞遗址地处汉水上游，鄂豫陕三省交界处，是南北的过渡地带，正好在郧县与谷城之间。

这两个小国，谷国在今湖北谷城县北，绞国在今湖北丹江口市习家店镇南，均距随国不远，对楚国有一种仇视的心理，他们欢迎齐桓公和宋襄公对楚国的打压，不愿意看到楚国在与宋国的争雄中获胜，故趁楚国大军北上与宋相争，"后院"空虚之时，鼓动随侯叛乱。没有想到楚国反应很快，斗榖於菟率大军杀回，随侯见风使舵，与楚国签订永不反叛的新盟约，将反叛的责任一股脑儿全部推掉。谷国与绞国马上受到了孤立，策划叛乱的阴谋全部暴露。令尹子文没有客气，在与随国签订盟约之后，马不停蹄，先向谷国，后向绞国杀去。两国本是小国，兵力少，城池小，经不起楚国大军的强攻，都城先后被攻破，国君被掳，两国遂次第而亡。两国被灭的确切时间，应该是在楚成王三十二年，即公元前 640 年。

新近出土的曾国铜器铭文证实了随国曾经反抗楚国。楚武王五十一年，公元前 690 年，随国（曾国）在楚武王"除道梁溠，营军临随"的威慑之下缔结城下之盟。至此，随不得不屈服于楚，成为楚的附庸国。据《左传》僖公二十年记载，不甘心失败的随人曾在公元前 640 年纠结

---

① 祝恒富、李海勇、杨学安等：《丹江口市下绞遗址调查简报》，《江汉考古》1997
年第 1 期。

"汉东诸侯叛楚"。曾侯畎铭文有"复我土疆"的记载①，与曾侯与钟"改复曾疆"意相近，也正是这一局势的反映。由此可见，在这个较量过程中，随人实际上是周王室在南方的代表，与周王室关系密切。只是当时的形势是楚人蒸蒸日上，欲"得志于汉东"，兵锋所向，当者披靡。周王室昔日在南土的屏障最终没有能阻挡楚人东进和北上的步伐。

第八节　楚宋争雄：宋国征楚与泓水之战
（成王三十四年）

　　管仲与齐桓公相继逝世，中原混乱无主，宋襄公在平定齐国内乱中，心想事成，尤其鹿地战胜了齐军，强立公子昭为君，扶持齐孝公登位，掌控了齐国，便"期然自喜，以为天下莫与之敌"②，忘乎所以，居然想继齐桓公而为霸主。

　　楚成王认为此时为重入中原之良机，对于宋襄公不自量力，妄欲图霸中原的野心，嗤之以鼻。在楚成王心目中，宋之国力原不能与楚为敌，其声望与势力亦不足以领导诸侯，若宋国屈服，则可掌控中原，故采取的方略为"打击宋襄公以威服中原"。

　　宋襄公的德行，差齐桓公甚远。宋襄公学齐桓公，频繁召集盟会。公元前641年，楚成王三十一年，宋襄公召集睢上（今河南商丘睢水上）之会。曹、邾之君如期而至，滕宣公后至。宋襄公将滕子当场抓住以示警告，滕子以重贿逃得一死。又与曹、邾等国会盟于曹南，鄫国国君来不及赴会，后到邾去会盟，宋襄公就命令邾人把鄫君拘捕，作为牺牲祭祀次睢之社（水神），以此威服东夷。宋襄公像杀牲畜一样杀害鄫国国君，大耍淫威，是借小国诸侯的鲜血为自己立威。同年秋，

①　郭长江、凡国栋、陈虎等：《曾公畎编钟铭文初步释读》，《江汉考古》2020年第1期。
②　顾栋高：《春秋大事表·春秋宋楚争盟表》，中华书局1993年，第1969页。

又因四国盟于曹而曹不修地主之礼，宋襄公率师围曹。宋襄公的倒行逆施，激起诸侯们的极大反感。曹、鄫因此而背宋，尽服于楚国。

楚成王首先制定了利用矛盾，争取多数，孤立并打击宋襄公的策略。公元前641年，楚成王三十一年，"会陈人、蔡人、楚人、郑人盟于齐"（《左传》僖公十九年）。此盟亦是成王抓住了齐、鲁嫉忌宋霸，特别是齐孝公以霸统在己而不欲宋霸的心理，精心导演的一出离间戏，虚以齐为盟主，成功地起到了分裂齐、鲁与宋关系的作用；同时，还有助于楚国借齐霸之余威以联合诸侯，减轻齐、鲁对楚人的敌视态度，集结了反宋势力。这次盟会，楚不仅更加坚定了陈、蔡、郑等属国对自己的服从，而且与齐、鲁取得了遏制宋霸的默契。在宋襄公作睢上之会与兴兵伐曹之际，楚成王针锋相对，应陈穆公之邀与齐、陈、蔡、郑诸国会盟于齐。楚国的齐都之会与宋襄公的睢上之会实际上形成了分庭对立的局面。童书业《春秋左传研究》说，此盟"实际楚已为盟主"[1]，竹添光鸿《左氏会笺》亦载："楚之横行于中国者，皆此盟为之地也。"[2]

楚成王与宋襄公的争夺霸权，堪称斗智斗勇。大体分为竞相盟会、盟会劫持、战场对决三个阶段。

竞相盟会阶段：

宋襄公一心图霸，天真地以为霸主不一定要有强兵和奇才，只要能做到有几次邀集诸侯主持会盟，就可以成为霸主。宋襄公见中原诸侯唯楚国马首是瞻，踊跃参加齐都之会，与对待睢上之会的冷淡形成尖锐对立，很不甘心。公元前639年春，楚成王三十三年，宋襄公邀请齐侯及楚王会盟于鹿上（宋地，今山东巨野西南），齐侯未允与会。宋襄公乃向楚成王求其领导诸侯与会。楚成王大怒，他觉得宋襄公太不识相，已经主持了一次不该由他主持的盟会，怎么还想再来主

---

① 童书业：《春秋左传研究》，上海人民出版社1980年，第53页。
② ［日］竹添光鸿：《左氏会笺·僖公十九年》，巴蜀书社2008年，第508页。

持一次呢？楚成王正想借机打击宋国，乃佯许之。宋襄公答应了。《史记·宋微子世家》记宋公子目夷谏曰："小国争盟(争为盟主)，祸也。"宋襄公愚而不察，顾栋高评说："以楚之强悍，肯以诸侯授宋而己屈伏其下者乎？"[①]是年秋，诸侯会宋公于盂，与盟的有宋、楚、陈、蔡、郑、许、曹七国之君。其中，"陈、蔡、郑、许皆楚之党"[②]。曹新叛见伐而怨宋。宋襄公孤立至此，而求助于楚，无异于与虎谋皮。

盟会劫持阶段：

宋襄公邀请楚、陈、蔡、郑、许、曹诸国的国君到宋的盂邑(今河南睢县西北)会盟。当时的盟会有两种：一种是乘车之会，与会的诸侯不带武器赴会；还有一种是兵车之会，与会的诸侯都可以带一定数量的兵车去。宋襄公将赴会，太宰子鱼请以兵车戒备。宋襄公认为这是以"仁义"约诸侯为乘车之会，不能失信于诸侯，乃以国政付托于大司马公孙固，而自与太宰子鱼赴会。是会陈、蔡、郑、许、曹之君均到会，齐、鲁、卫三君未参加。楚成王后至，却带兵车参会。会前，楚兵多露甲，宋襄公知为楚所欺，乃令子鱼速归国。在会上，成王突出伏甲，将宋襄公擒获。宋襄公被押回楚国，缧绁为辱，威风扫尽。宋国大乱，一筹莫展。

楚成王既执宋襄公，遂进兵围攻宋都睢阳(今河南商丘)，并告诉宋人："子不与我国，吾将杀子君矣。"宋太宰子鱼回答："吾赖社稷之灵，吾国已有君矣。"(《公羊传》僖公二十一年)楚成王以胁宋未果，进围宋都，宋都坚固，数月又不能下。楚成王乃使斗宜申献俘于鲁以辱宋襄公，并约鲁僖公会于亳。冬十二月鲁僖公赴会。楚、鲁、陈、蔡、郑、宋等国在宋的亳邑(即"薄"邑，今河南商丘北)会盟，楚成王见拘留宋襄公没有价值了，才释放了宋襄公，以争取鲁国。鲁自是坚附于楚。

---

① 顾栋高：《春秋大事表·春秋宋楚争盟表》，中华书局 1993 年，第 1975 页。
② 顾栋高：《春秋大事表·春秋宋楚争盟表》，中华书局 1993 年，第 1974 页。

战场对决阶段：

宋襄公被释放以后，羞愤难当，既痛恨楚成王之欺，更深恶诸侯不与宋亲。他想称霸的固定思维还是没有变化，觉得郑文公及其夫人芈氏刚朝拜楚国，得到了楚国赠送的珍贵铜料，尤为可恨，仗着宋国的军力，还是可以通过伐郑以取威而定霸。大司马公孙固与太宰子鱼苦劝，宋襄公不听。

宋国兵力，差楚国甚远。宋之军制，当为周初之旧制。太宰主政教文德，司马主军旅。国有税有赋，税以足食，赋以足兵。宋国之兵力，史无明文记载。周初之制，天子六军，大国三军，次国二军，小国一军。宋于周代封爵为公，当为大国。但太宰子鱼一再称宋为小国，《中国历代战争史》估计："春秋全期之作战中，迄未见其运用三军之兵力也。则其军力似为一军或二军。"[1]

楚国之兵力，在楚成王初年，除楚王的禁卫军和强宗大族的私卒外，有常备兵车六百乘。《左传》庄公二十八年记楚成王六年，楚令尹子元伐郑，《中国历代战争史》估计："率车六百乘。约合为周制五军之车数(周制每军车一百二十五乘)，楚军兵车之兵制与周制不同。楚军每兵车一乘，辅以步卒一百五十人，再加勤务人员，概为二百人。"[2]楚军兵力当远比宋军多。然而宋襄公既然敢于与楚国斗胜逞强，表面上两国拥有的战车数应该相差无几，楚宋泓水之战，楚国的常备军六百乘应该全部出动，楚成王御驾亲征，其禁卫军"东广、西广及若敖氏六卒"二百一十乘当全部参加，共计出动战车八百一十乘，宋国是小国，只有常备军，大约与楚国的常备军相当，不会少于六百乘。这样，楚国的兵力比宋国占优。

公元前638年夏，楚成王三十四年，宋襄公兴兵伐郑。郑文公闻宋来攻，告急于楚。是年十月，楚成王兴兵救郑。楚军救郑，依然运

---

① 台湾三军大学：《中国历代战争史》，中信出版社2012年，第150页。
② 台湾三军大学：《中国历代战争史》，中信出版社2012年，第154页。

用智谋，直捣宋都睢阳。宋襄公闻楚出兵杀向宋都，不得不丢下郑国，急忙回军御楚。

到十月末，心急如火的宋襄公催促宋军从郑国返抵宋境，楚军犹在陈国境内向宋国前进途中，宋襄公抢在了楚军的前面。估计楚军攻宋，必过宋都南面的泓水，提前驻军于泓水之北。十一月初一日，楚军进至泓水之南，宋襄公知楚军已至，于泓水北岸列阵以待。

泓水在宋都睢阳与柘城二地之间，距睢阳（河南商丘）六十里，距柘城西北四十里，与流经商丘以西之涣水相会。南流而东至商丘之南与亳（今安徽亳州）之北各七十里处，入于睢水（今浍河）。其上游自葛城（今河南旧宁陵县城）南十里处，更有两源。东源即涣水，出自菏泽之大渚；西源出自内黄（今河南兰封东）之西陈留浚仪之狼汤水。两源会合于白羊陂，自白羊陂流出之后，始称泓水。水南有鄢城，城北之泓水附近，即为宋楚当年决胜之战场。

楚军渡过泓水时，宋大司马公孙固建议襄公乘楚军半渡而击之。襄公自命为"仁义"之师，不愿乘敌人之危而图胜，不予采纳，楚军乃得从容渡水。及楚军上岸后列阵，太宰子鱼建议乘其列阵未毕而击之，宋襄公亦不听从。当楚军从容布阵之际，宋军见楚军兵力众多，军容壮盛，不免心慌。楚军布阵已成，宋襄公亲自击鼓令全军向楚军进攻，宋襄公身先士卒，领军前进。正当宋军向楚军中央突进之时，不提防楚军两翼忽向宋军左右包抄，宋军很快陷于楚军四面包围之中。时间不长，宋军大败。司马公孙固护卫宋襄公突出重围，宋襄公始得脱身。是役宋襄公腿上中了箭，门官（国君的亲兵）皆战死，士卒死伤甚众。这就是著名的泓水之战。（**见图4-3：楚宋泓水之战示意图**）

战后，国人都怪罪于宋襄公，宋襄公却振振有词地为自己辩解道："君子不重伤，不禽二毛。古之为军也，不以阻隘也。寡人虽亡国之余，不鼓不成列。"宋襄公认为，自己这么做都是符合古礼规定的，君子不伤害已经受伤的敌人，不俘虏头发斑白的敌人，古人行军打仗，不凭险要的地方来求得胜利。他虽然是殷商亡国的后代，也绝不进攻

还没摆好阵势的敌人。正如《淮南子》所说的那样，宋襄公的行为"于古为义，于今为笑"。"从传统的伦理学视角来看，他应当是一个道德高尚的古代君主，讲仁爱，讲宽恕。但从战争学的视角来看宋襄公，他完全是一个思想保守、死抱着过时教条的时代落伍者。"[1]他不听从子鱼等良臣的一再劝谏，不顾自身有限的国力和恶劣的外交环境，执迷于称霸事业，最终落得个贻笑后世的结果，既可怜又可悲。

宋襄公于泓水之战次年夏因伤重病死，中原诸侯从此没有再起而抗楚者。中原形势，又陷于分崩离析的状态。楚国自击败宋国后，一时声势之盛，无与伦比。

楚成王为向中原诸侯示威，从宋国班师回军之际，特意绕道经过郑国，举行盛大的凯旋仪式。郑文公率同夫人芈氏亲至劳军，楚成王"示之俘馘"（俘为俘虏，馘为战场杀死者之耳，用以计算杀伤之数）。郑人感恩戴德，隆礼相待。《左传》僖公二十二年："丁丑，楚子入享于郑，九献，庭实旅百，加笾豆六品。享毕，夜出，文芈送于军，取郑二姬以归。"[2]郑文公邀请楚成王赴郑都，所用物资，极其奢华，以天子之礼接待。楚成王娶郑文公之二女而归。

泓之战后，中原诸侯纷纷成为楚的与国或属国。楚成王为笼络中原人心，做了一些与人为善的事情。娶卫文公之女为夫人，以结好于卫；并与曹国、鲁国通使聘问。

楚成王虽无霸主之名，却有霸主之实。楚国势力扩展到颍水以北以东地区。成王三十五年，陈人叛楚亲宋，楚成王命成得臣（即子玉）率兵伐陈，讨其过去助宋之罪。楚人伐陈，取其焦、夷二邑。同时，

---

[1] 田昭林：《中国战争史》第1卷，江苏人民出版社2019年，第133页。

[2] 杨伯峻指出："九献者，主酌献宾，宾酢主人，主人酬宾为献。如此者九。庭实旅百亦见庄二十二年《传》，然彼为诸侯所以献王，此则郑伯所以享楚子。旅，陈也。庭实，陈于庭中之礼品，谓所陈凡百品。《后汉书·班固传》'于是庭实千品'，又十倍于此矣。"杨伯峻：《春秋左传注》（修订本），中华书局1990年，第399页。

又为被陈所逼而南迁的顿筑城，顿成为楚人属国。取焦、夷，将之纳入疆土，这对楚人开疆拓土、争霸中原来说意义十分重大。二邑处于陈、宋之间，是陈、宋的交通要道，而顿是蔡、陈之间的交通要道。因此，楚人占据二邑，不仅将疆域拓展到了颍水以东地区，而且也控制了蔡至宋的交通路线，无疑出师是更加方便和快捷。楚成王三十七年，楚人"围陈，纳顿子于顿"（《春秋》鲁僖公二十五年），陈终向楚屈服。这时，淮北平原地区完全受到楚人控制，楚国初步建立了以楚人为首的中原联盟。

公元前634年，楚成王三十八年，齐国兴兵伐鲁，鲁僖公派臧文仲与公子遂来楚国求救。臧文仲动员楚令尹成得臣兴兵伐宋，并以伐齐。楚成王以机会难得，遂命成得臣与司马子西为将，率兵围宋缗邑，并以一部兵力向东北进，占领齐之谷邑（今山东东阿）。一面为促成齐国之内乱且伺隙以控制齐国计，收纳齐桓公之子七人为楚大夫，且拥立齐桓公之子雍于谷城，而令申公叔侯领兵驻守之。这些，使得楚成王声誉日隆。童书业评论："及楚败宋后，楚始第一次列于最强国之林，几成霸矣。"[①]

打败宋国及进驻齐国谷邑以后，楚国势力急剧向北进展，中原形势已全为楚国所控制。但是以晋献公、晋文公为代表的晋国崛起，似一堵铜墙铁壁，严严实实挡住了楚国的进一步北上之路，楚国独霸天下的美梦，终究难圆。

第九节　晋国崛起：晋献公与楚成王并驾齐驱

楚成王在位46年，其享国久长，政局稳定，带领楚国走向繁荣昌盛。而春秋时期楚国的真正对手晋国，也正是在楚成王时期。晋献公时晋国快速崛起，成为能够与楚国匹敌的大国。

---

① 童书业：《春秋左传研究》，上海人民出版社1980年，第49页。

楚成王在位的前 20 年与晋献公同时，这段时间，楚、晋两国埋头于并灭周边的中小国家，疆域得以大幅度增加。晋献公在位 26 年，兼并近邻众国、拓地开疆，至公元前 651 年（楚成王二十一年）去世时，灭国达 18 国之多，使晋国由小国一跃成为大国。楚国此时亦由灭国众多成为大国。楚成王与晋献公，一南一北，恰成灭国竞赛局面。

公元前 676 年晋献公继位之时，正值周惠王登基。晋献公抓住时机，亲入成周朝见周惠王，取得周惠王信任，受到赏赐，声望渐高。接着着手削弱晋室内部各公子的势力，首先除掉"桓、庄之族"，离间曲沃桓叔与庄伯后裔的关系，使他们互相残杀。最后又将群公子统统杀死，实现了"国无公族"，彻底解决了周王室及各诸侯国普遍存在的公族争夺君位的问题。众公子势力一除，内患缓解，政权便集中于献公手中。献公随后确立了太子，解决了继承人的问题。此后，献公扩建了绛都，大兴土木，加高、加大都城及其宫殿，开始向外扩展。献公统治中期，晋国呈现出君臣和睦，人尽其才，群僚竞进的局面。

晋献公在国内安定、国力强盛、诸侯间声望渐高的优越环境下，"作二军"，增强了武装力量。公元前 661 年，晋献公十六年（楚成王十一年），晋献公始"作二军"。《周礼·夏官·叙官》云："凡制军，万有二千五百人为军。王六军，大国三军，次国二军，小国一军。"据说每军约有战车五百乘。现在献公在其先君武公的"一军"基础上扩为"二军"，说明晋国从"小国"开始升格为"次国"了。

军力扩充后，晋献公便施展其联远袭近、各个击破的策略，以报在曲沃代翼中诸邻帮助翼伐曲沃之仇，逐步实现了他的兼并近邻众国、拓地开疆的计划。同时起兵灭耿（今山西河津东南）、霍（今山西霍州西南）、魏（今山西芮城东北）三国，把耿、魏分赐给臣下赵夙和毕万，埋下了以后三家分晋的根子。次年，派太子申生带兵伐狄族东山皋落氏（今山西垣曲东南），败狄兵于稷桑。公元前 658 年，晋献公十九年，献公为了报复虢国起兵侵晋之仇，采用大夫荀息的计谋，把

珍藏屈地的良马和垂棘的宝玉送给虞国(今山西平陆东北),向其借道伐虢。虞君贪婪,见宝物就一口答应,并与晋合兵伐虢,攻下虢国的下阳(今山西平陆南)。事隔三年,晋又向虞国借道伐虢。虞公认为晋和虞同宗,不会害自己,所以再次借道给晋,不久,晋军攻破虢都上阳(今河南三门峡),将虢灭掉,接着回兵灭了虞国,虞、虢相继灭亡,晋国势力日强。《左传》襄公二十九年说:"虞、虢、焦、滑、霍、杨、韩、魏,皆姬姓也,晋是以大。若非侵小,将何所取?武(公)、献(公)以下,兼国多矣。"这八国多数灭于献公。"此外还有黎、郇、董、芮、耿、贾六国被晋献公所灭。"①晋献公在晋文侯第一次拓展疆土的基础上,迅速向南发展,直至跨过黄河到今河南省的三门峡市一带,甚至西抵今陕西省的华州地区,实现了晋国历史上的第二次大发展。晋献公时晋国的疆域"北达霍山,南及河外,东到太岳、乌岭山脉,西渡河与秦为界"②,一跃而成为当时北方的一流强国。

晋献公晚年,宠信骊姬,骊姬为使自己的儿子奚齐继位,在肉中放毒,诬陷、害死太子申生。骊姬又诬告公子重耳和夷吾皆参与其事,献公派人去杀二公子。重耳逃到蒲,又至狄国,夷吾逃至屈,后转梁国。二公子逃亡后,骊姬之子奚齐被立为太子。公元前651年,晋献公病笃,将奚齐托付给荀息。献公一去世晋国就发生政变,大夫里克等想立重耳为国君,便纠合三公子(申生、重耳、夷吾)的党徒在丧事中发难,威逼荀息,荀不屈从,里克等杀死了奚齐,荀息立卓子为君。不久,里克又杀了卓子,荀息自杀。晋国一时处于无君的混乱中。公子夷吾在梁国,向秦国求援,并提出成功后将河西、河南、河东八城送给秦国③,秦国为了向东方发展,就同意助夷吾复国。秦穆公联合齐国和周王室送夷吾回国即位,是为晋惠公。惠公回国后,杀了里克

---

① 李孟存、李尚师:《晋国史》,山西古籍出版社1999年,第41—57页。

② 马保春:《晋国历史地理研究》,文物出版社2007年,第248页。

③ 《左传》僖公十五年:"赂秦伯以河外列城五,东尽虢略,南及华山,内及解梁城,既而不与。"

等人，又想赖掉答应秦国的割地之约，造成内外不和。不久晋发生饥荒，向秦国乞籴，秦国给了晋粮食。过了几年，秦发生灾荒，向晋乞籴，晋国拒绝。于是晋秦失和，秦穆公起兵伐晋，秦进入韩原（今山西河津市、万荣县之间），交战之后，晋军大败，惠公被秦俘虏。周天子因晋是周的同姓，就派人来说情。秦穆公夫人是晋惠公的姐姐，听说惠公被俘，带了儿女登台，脚踏薪柴，穿戴丧服，以死要挟穆公，逼其与晋讲和。在这种形势下，穆公释放惠公回国。晋惠公回国后，献河西等地给秦国，并将太子圉送到秦国做人质。秦将宗室女儿怀嬴嫁给太子圉，又将晋地还给晋国。这时，狄人乘晋新败，起兵侵晋，夺取狐厨、受铎两地，渡过汾水，直打至昆都。在秦为人质的晋太子圉在公元前638年（楚成王三十四年）逃回晋。不久晋惠公去世，太子圉即位，是为晋怀公。

骊姬之乱的时候，公子重耳被迫从蒲城逃亡到狄国。重耳在狄国待了12年，欲投奔齐国，沿黄河南下，在今潼关转折向东，出函谷关、崤山古道，再沿黄河东去。经过卫国时，卫文公以其为逃难之徒而对之"无礼"①，他们愤而离去。过卫邑五鹿（今河南濮阳南）时，他们向当地乡民乞食不得，而受其辱。《左传》僖公二十三年："出于五鹿，乞食于野人，野人与之块。公子（重耳）怒，欲鞭之。子犯曰：'天赐也。'稽首，受而载之。"乡下人给了他们一块泥土，子犯认为土地是土地的象征，表示上天将赐予重耳土地，即能回国当国君，因此劝重耳郑重接受。再东行，重耳等人到达齐国。重耳在齐国受到齐桓公的优厚礼遇，赐给重耳马20乘（80匹），以宗室女嫁重耳为妻，重耳在齐国留居了五年，亲眼看到了桓公死后齐国出现的像晋献公死后那样的混乱景况。重耳主仆认为依靠齐国为后援已经没有可能了，于是决定离开齐国，去投奔楚国，路经曹国。重耳一行，遇曹共公轻薄无礼，曹共公听说重耳"骈胁"（古人称肋骨连在一起为"骈胁"），借

① 见《史记·卫康叔世家》。

258

重耳沐浴之际，设帘而窥，他们受辱，气忿而去。一路衣食无着，其苦难言。他们到了宋国，正当宋襄公新败于泓，宋国希望与晋国建立同盟，共同对付楚国，赠马20乘以示友好。重耳一行离开了宋国来到郑国，郑文公却以"不礼"而待之，他们随即南向入楚。

楚成王以国君相见之礼接待重耳，重耳提出由楚国护送回晋国的要求。楚成王认为晋、楚相距遥远，越数国而送重耳入晋，颇多不便。正在楚国为难时，秦穆公（《史记》作"缪公"）"闻重耳在楚，乃召之"（《史记·晋世家》）。于是楚成王决定送重耳去秦。重耳在楚国已住了数月，临别时，楚成王设宴款待重耳一行，主宾之间有一次别开生面的对话。《左传》僖公二十三年是这样记载的：

> （晋公子重耳）及楚，楚子飨之，曰："公子若反晋国，则何报不穀？"对曰："子女玉帛则君有之，羽毛齿革则君地生焉。其波及晋国者，君之余也，其何以报君？"曰："虽然，何以报我？"对曰："若以君之灵，得反晋国，晋、楚治兵，遇于中原，其辟君三舍。若不获命，其左执鞭弭，右属橐鞬，以与君周旋。"子玉请杀之。楚子曰："晋公子广而俭，文而有礼。其从者肃而宽，忠而能力。晋侯无亲，外内恶之。吾闻姬姓，唐叔之后，其后衰者也，其将由晋公子乎。天将兴之，谁能废之？违天必有大咎。"乃送诸秦。

重耳的回答，充分地表现了他的爱国之情和不屈的性格。楚令尹子玉以重耳之言不逊请王杀之。然而，成王以其为贤才，《史记·晋世家》还记："成王曰：'晋公子贤而困于外久，从者皆国器，此天所置，庸可杀乎？且言何以易之！'居楚数月，而晋太子圉亡秦，秦怨之，闻重耳在楚，乃召之。成王曰：'楚远，更数国乃至晋。秦晋接境，秦君贤，子其勉行！'厚送重耳。"

楚成王从继位到三十六年，见证了晋国在晋献公时的崛起和他晚

年一手造成的晋国长时期内乱，见证了重耳由于颠沛流离而积累了丰富的经验。在这漫长的岁月里，楚成王先是面对齐国的大兵压境，后是被迫与宋国争雄，在令尹子文的辅佐下，成王长袖善舞，应付自如，继承了武王时期"以武立国"精神，文王时期"封畛于汝"的辉煌成果，进一步发扬光大，开疆拓土，使楚国与晋国并驾齐驱，同步发展。

第十节　楚秦偶撞：秦袭鄀国俘楚将

西面的秦国，与楚国相隔遥远，本书前文第三章第五节"秦都雍城与秦、晋冲突"，介绍了秦德公继位后，迁都至雍城（今陕西宝鸡）。秦国在建都雍城以后，揭开了其争霸中原，称雄海内的历史画卷。秦德公死，长子秦宣公即位，越过崤山，长途奔袭，在河阳（今河南洛阳孟津区与孟州市之间）与晋国交战，取得了胜利，是为秦晋的第一次交手。秦宣公死，其弟秦成公即位。公元前659年秦成公死，其弟秦穆公嗣位，已至楚成王十三年。秦穆公享国39年，楚成王享国46年，在秦穆公三十四年时楚成王方去世，可以说，秦穆公与楚成王是同时期人。秦穆公时期，楚成王在令尹子文的辅佐下，奋力抵御齐桓公南侵，与宋襄公争雄，并灭周边小国，与秦穆公基本没有往来。而在楚成王时，秦国又获得长足的发展。

秦国僻处西方，刻意与晋国搞好关系。秦穆公登基不久，娶了晋献公女儿为夫人，与晋联姻通好。秦穆公此后集中精力消灭边境和境内外的戎狄势力。在今天的山西和陕西交界之处、山西省平陆附近，当时散布着许多戎人，他们被称为"茅津之戎"。[①] 当秦国在关中初步稳固之后，就开始向茅津之戎进攻。公元前659年，秦穆公即位后第一年，亲率大军"伐茅津"（《史记·秦本纪》），取得胜利。秦穆公二

---

① 《括地志》："茅津及茅城在陕州河北县西二十里。《水经注》云：'茅亭，茅戎号。'"

十年，将边境上的两个小国梁国和芮国灭国，国土大为扩张。秦国周边有陆浑之戎，他们又被称为允姓之戎或姜戎。这二支戎人祖居在瓜州，后居于陆浑。① 公元前 638 年(秦穆公二十二年)，秦国用武力将陆浑之戎赶走，晋国却将这些戎人"诱以来"，安置于荒凉的伊川。伊川本是富庶、繁华的地区，西周末年以后，由于人民逃亡以及灾荒、兵祸，使这里变成狐狸出没、豺狼嗥叫的荆棘之地。陆浑之戎被迁往伊川以后，陆浑之地就为秦所有。

伐茅津戎和赶走陆浑戎以后，秦就向威胁最大的西戎进攻。所谓"西戎"，乃是泛指散布于今甘肃以西广大地区的许多戎族。《史记·匈奴列传》："自陇以西，有绵诸、绲戎、翟、獂之戎；岐、梁山、泾、漆之北，有义渠、大荔、乌氏、朐衍之戎。……各分散居溪谷，自有君长，往往而聚者百有余戎，然莫能相一。"秦穆公时，西戎的戎王派使者由余到秦国来观察国情。由余来到秦国以后发表的一些见解，切中秦之时弊，如对穆公的穷奢极侈很不以为然。秦穆公得知由余竟有如此之远见卓识，大为惊异，设法使由余降秦，迫使他为己所用。通过由余，穆公对西戎的山川形势、内部情况了如指掌。公元前 623 年，秦穆公三十七年，秦穆公突然向西戎发动进攻。西戎的军队在秦兵突然袭击下，根本来不及抵抗，秦穆公一举打败了西戎，出现了《史记·秦本纪》所说的"秦用由余谋伐戎王，益国十二，开地千里，遂霸西戎"的局面。

秦国一直高度关注晋献公以后晋国的乱局，力图控制晋国。秦穆公二十四年，机会来了，晋国臣民久乱思治，出现了拥护公子重耳归国的动向，秦国赶紧将滞留在楚国的重耳接回，派军队护送公子重耳回国继位，是为晋文公。秦穆公由此对晋文公有拥立之功，晋文公对秦穆公心怀感激。秦晋关系进入蜜月时期。

---

① 据《左传》襄公十四年及昭公九年杜预注云：瓜州地在今敦煌。一说在秦岭高峰之南北两坡。

秦穆公雄才大略，不拘一格网络人才。《史记·秦本纪》记秦穆公重用百里傒的故事："既虏百里傒，以为秦缪公夫人媵于秦，百里傒亡秦走宛，楚鄙人执之。缪公闻百里傒贤，欲重赎之，恐楚人不与，乃使人谓楚曰：'吾媵臣百里傒在焉，请以五羖羊皮赎之。'楚人遂许与之。当是时，百里傒年已七十余。缪公释其囚，与语国事。……语三日，缪公大说，授之国政，号曰五羖大夫。"百里傒本是虞国大夫，先是成为晋国的战俘，作为秦穆公夫人的陪嫁到秦，后偷跑到楚国的宛地。但因有贤名，获得秦穆公的重视，以五张羊皮的代价买回，授以国政。百里傒熟悉楚国的山川地理，一旦掌权，楚国就有危险了。

楚国与秦国，一向互不侵犯，友好相处，这种局面从楚武王立国至今，一直未变。而在秦穆公二十五年，楚成王三十七年，百里傒参与秦国国政之后，发生了少见的楚秦战争。很明显，这是百里傒向秦穆公献出的计谋。

百里傒从秦国逃到楚国的宛地，生活多年。宛地扼守南阳通道，是楚国防守北方的申县之师驻扎重地，百里傒对宛地周边的地理地貌相当了解，知道楚国边防的薄弱环节不在北方，而在西方的丹江上游地区。

丹江上游地区有一个郡国①，是先秦时期一个历史悠久、具有一定影响的古国，是芈姓王族商末从今河南伊洛河流域越过伏牛山迁徙到山南的丹江支流淅河时，最先接触的诸侯国。郡国是商代古国。据《世本》记载："郡，允姓国，昌意降居为侯。"②昌意相传是黄帝次子，这说明郡是一个由古老部族发展为国家的，与中原华夏族有一定的历史渊源关系。《竹书纪年》："昌意降居若水。"按"若"与"郡"通，是则郡部族起初当因居若水而得名。有学者认为昌意族活动的若水，即今

---

① 拙著《先楚史》第十章第四节对郡国有过介绍。程涛平：《先楚史》，武汉出版社2019年，第616—621页。

② 《世本·氏姓篇》秦嘉谟辑补本，《世本八种》，商务印书馆1957年，第303页。

之河南汝水。① 汝水流域与鄀国以后活动的丹淅流域相去不远，很可能鄀部族早期在汝水流域活动，而后南迁，经南阳盆地北部西至丹淅一带。

郭沫若研究鄀国铜器，根据鄀公敚人簋称"上鄀"，鄀公誠簋称"下鄀"，论定鄀有上、下之分。认为上鄀和下鄀并存。② 上、下鄀由鄀部族到西周中期开始分流而来。其中，上鄀仍在今河南省西峡县老灌河(淅水)与丁河交汇处的鄀国故城③，下鄀则在今河南淅川县淇河与丹江交汇处寺湾一带，为古商密之地，位于丹江北岸，其北为荆子关。④《水经注·丹水》："丹水又径丹水县故城西南，县有商密乡，古商密之地，昔申息之师所戍也……"这段记载表明：丹水县故城在丹淅会流前的丹江东北岸(左岸)，鄀故都应在《水经注》所载的"丹水故城"。马世之指出，今河南省淅川县西北有寺湾古城遗址，应即下鄀所在。⑤ 可见，下鄀的地望大致不出今河南省淅川县寺湾镇一带，位于丹江北岸，其北为荆子关，当南北水路之咽喉，正在春秋秦、楚界上。秦国所偷袭的鄀国，正是下鄀。

秦国偷袭下鄀的情况，《左传》僖公二十五年有详细介绍：

> 秋，秦、晋伐鄀。楚斗克、屈御寇以申、息之师戍商密。秦人过析，隈入而系舆人，以围商密，昏而傅焉。宵，坎血加书，伪与子仪、子边盟者。商密人惧，曰："秦取析矣！戍人反矣。"乃降秦师。秦师囚申公子仪、息公子边以归。楚

① 田昌五：《夏文化探索》，《文物》1981年第5期。
② 郭沫若：《两周金文辞大系图录考释》(三)，《郭沫若全集·考古编》第八卷，科学出版社2002年，第340，356—357页。
③ 见国家文物局主编《中国文物地图集》河南分册"西峡县文物图"，中国地图出版社1991年，第226页。
④ 见国家文物局主编《中国文物地图集》河南分册"淅川县文物图"，中国地图出版社1991年，第228页。
⑤ 马世之：《中原古国历史与文化》，大象出版社1998年，第443页。

令尹子玉追秦师，弗及。

秦军对下都的偷袭很有戏剧性。首先，探听到楚国的两员大将斗克和屈御寇接到楚新任令尹子玉保护都国的命令，率领楚国的地方武装申、息之师，正在按正常行军速度走在往都都商密的路上。为避免与楚国的军队正面交锋，秦军特意绕开商密北边荆紫关，从附近的丹江弯道，绕道到商密北面的都国所属析邑（今河南西峡县），杨伯峻指出："析，此时当是都之别邑，据《大事表》七之四，今内乡县、淅川县之西北境皆析地。"①神不知鬼不觉地来到了商密的东面，正好是楚军往商密的来路方向。秦军为迷惑都国的守军，造成已经打败楚军的假象，把自己的一些随军役徒捆绑起来冒充楚军的俘虏，趁暮色渐重之时兵临商密城东，在闪烁的火光中，装模作样地与假装的两位楚将掘地为坎，杀牲取血告神，歃血会盟。都人因天色已暗，看不真切，以为析邑已被秦人攻克，楚国的援军已经与秦军握手言和，不免恐慌，觉得再固守没有意义，便向秦师投降。商密遂为秦占有。秦军埋伏在商密城内，专等斗克和屈御寇率领的大批楚军进城。斗克和屈御寇没有发觉，冒失进城，成了秦师的俘虏。秦军不想让事态扩大，只将两位楚将带走②，迅速撤离商密。令尹子玉得知，亲率楚师急追秦师，没有追上。13年后，《左传》文公五年追记都国投降秦军是有意为之："初，都叛楚即秦，又贰于楚。"这样看来，都作为独立小国，并不真心附庸于楚，楚国的两位将军也可以说是被都国出卖。（见**图 4-4**：

---

① 杨伯峻：《春秋左传注》（修订本），中华书局1990年，第435页。

② 斗克被囚，为崤之战后秦急欲与楚和好启用斗克为和谈使者埋下了伏笔。《左传》文公十四年追述："初，斗克囚于秦，秦有崤之败，而使归求成。"斗克字子仪。清华简有《子仪》简，《子仪》简记载的主要内容并不是概述穆公这七年的事迹，而是集中描写在崤之战后，为了要对抗晋国，转而谋求与南方的楚国联盟，秦穆公将长期囚禁在秦国的楚国重臣申公斗克（字子仪，简文作子义）释放，举行隆重的礼仪送回楚国，以此向楚成王示好。简文叙述的，便是穆公送行时的种种情节。

264

秦楚商密之战图）

秦楚商密之战是秦国与楚国之间进行的，与晋国没有关系。因为当时晋文公刚继位一年，无暇西顾。都地距晋遥远，作战经过全不涉晋国。清人洪亮吉已对此提出疑问："按：都在秦、楚界上，与晋地悬隔，且晋文方启南阳，围樊、围原，何暇会秦远伐小国？传中无一语及晋可见。'晋'字为衍文。"①说明此役纯系秦与楚之间的战争，与晋无涉。

但是清华简《系年》第六章却记叙了有"二国"一起征伐都国的史事：

二邦伐都，徙之中城，围商密，止申公子仪以归。②

这"二国"，明显是指秦、晋二国。清人洪亮吉认为晋文公方启南阳，围樊、围原，无暇会秦远伐小国，《左传》没有言及晋国的作用，因而质疑晋国是否参与了伐都的战役。杨伯峻指出晋分兵助秦，亦无不可，并认为杜注"不复言晋者，秦兵为主"可通。③有学者认为这次战争中，晋人大约也像秦人在城濮之战中一样，仅仅给了秦人以声援。④

秦楚之间的这次冲突，只能算是"偶撞"。林剑鸣指出：楚国同秦国很少发生正面冲突。这是因为在秦穆公以前，秦国无力向关中以外的地区发展，而秦穆公时期，向东发展首先遇到的则是晋的阻碍，所以秦的劲敌是晋，而不是楚。春秋前期，秦国同楚的战争只有二次：第一次在公元前635年(秦穆公二十五年)，这一年秋，秦派兵攻打秦楚间的都国。这一次秦国取胜，主要是谋略成功，双方军队并未展开

① 洪亮吉：《春秋左传诂》，李解民点校，中华书局1987年，第323页。
② 李松儒：《清华简〈系年〉集释》，中西书局2015年，第4页。
③ 杨伯峻：《春秋左传注》(修订本)，中华书局1990年，第434页。
④ 李孟存、常金仓：《晋国史纲要》，山西人民出版社1988年，第56页。

激战。第二次是在公元前632年，晋、楚间发生"城濮之战"时，秦国站在晋国一方，派人至晋师参加对楚作战。春秋前期，秦楚之间只有以上两次冲突。[1]

第十一节　令尹子玉围陈伐宋攻齐纳曹联卫

楚成王三十五年，有一件大事，就是在令尹子文的极力推荐下，令尹之职由同为斗氏家族的成得臣担任。《左传》僖公二十三年：

> 秋，楚成得臣帅师伐陈，讨其贰于宋也。遂取焦、夷，城顿而还。子文以为之功，使为令尹。叔伯曰："子若国何？"对曰："吾以靖国也。夫有大功而无贵仕，其人能靖者与有几？"

在秋季，担任司马之职的成得臣率军北上，讨伐一直跟着宋国跑的陈国，夺取了陈国的焦、夷两邑。[2] 让楚国的版图扩展到了沙水之北。又帮助受陈欺凌而不得不迁都的顿国营建了新都。顿国姬姓，原在今河南项城市，清人顾栋高指出："或曰顿国本在今（项城）县北三十里，顿子迫于陈而奔楚，自顿南徙，故曰南顿。"[3]成得臣帮助顿国建设新城，令尹子文大为赞赏，认为成得臣的能力出类拔萃，便积极向成王推荐，由成得臣代替自己担任令尹之职。没有想到，子文的推荐引起了争议，楚大夫蒍吕臣（叔伯）反对，认为成得臣干具体事可以，但主持整个楚国的军政大事则不行。令尹子文反驳，认为成得臣对于楚国已有大功，是楚国不可多得的人才，应该给予相应的高位使

①　林剑鸣：《秦史稿》，上海人民出版社1981年，第116页。
②　杨伯峻注："焦、夷皆陈邑，焦当今安徽省亳县，夷在亳县东南七十里。"杨伯峻：《春秋左传注》（修订本），中华书局1990年，第402页。
③　顾栋高：《春秋大事表》，中华书局1993年，第586页。

其安心。在令尹子文的坚持下，成王从其请，成得臣终于被任命为令尹。成得臣字子玉，是楚国最大宗族若敖氏的后人，人称令尹子玉。

令尹子玉上任，挟着一股锐气，楚国的面貌焕然一新。为贯彻楚国历来奉行的北上争夺中原的目标，原来令尹子文辅助楚成王推行的稳步推进、步步为营的大政方针，被令尹子玉弃用，更换为跳跃式推进、中心开花的方针。

令尹子玉的战略思维是：楚国北上，不再局限于争夺临近楚国的宋国，还要跳跃式前进，北及卫国和曹国，在齐国和晋国之间插上一个楔子，继而向东控制齐国，向西包围晋国，最后跨过黄河，消灭晋国，称霸天下。

这是一个雄心勃勃的计划。如果这个计划能够实施，楚国当然可以从此称霸天下。但这个计划的风险很大：一是晋文公的军事实力远强于齐桓公和宋襄公；二是作为"楔子"的卫国和曹国，离楚远而距晋近，没有军事实力，晋国可以很轻易地控制二国。然而令尹子玉是一介武夫，只会简单计算楚国阵营内可以出动的战车多于晋国阵营，看不到这种风险。

令尹子玉上任，抓紧时间，短短数年，对外完成了以下几件大事：

第一，再次围陈，逼迫陈国从属于楚国。同时安顿好顿国国君。

楚成王三十七年，《左传》僖公二十五年记："楚令尹子玉追秦师，弗及，遂围陈，纳顿子于顿。"此前两年，楚成王三十五年，子玉方为司马时，就曾经讨伐陈国，无奈陈国没有屈服。不久，子玉就任令尹，等了两年，陈国还是没有反应。令尹子玉按捺不住，在领兵追击秦国偷袭郜国的军队之后，就势掉头北上，再次包围陈国的都城。这一次陈国抵挡不住，表示屈服，子玉欣然接受。这样，晋国的盟国，除齐、秦、宋外，几乎全部从属于楚国。子玉随即将顿国的国君安置到新建成的顿国都城，了却了一件多年的心事。这两件事情做完了，令尹子玉的新计划初具雏形。李孟存、李尚师评论："前635年，楚师围陈而纳顿子归国，陈服于楚。城濮战前，除了北方的齐、晋、秦三大国外，

267

楚国几乎控制了黄河以南的所有地区。"①

第二，伐宋，长期包围宋国的缗邑。

在宋襄公死后，宋国内乱迭起，赖楚国帮助平定，宋国非常感激，宋成公专程到楚国朝拜楚成王。《左传》僖公二十四年(楚成王三十六年)记："宋及楚平。宋成公如楚。"

但是，因为晋文公当年作为公子重耳逃难时，宋襄公曾经赠送过重耳重礼②，有恩于晋国，故宋国觉得从此可以依靠晋文公了，随即变脸。《左传》僖公二十六年记："宋以其善于晋侯也，叛楚即晋。"这个变化，令尹子玉猝不及防，大为愤怒，随即领兵，再次长途奔袭，杀向宋国。"冬，楚令尹子玉、司马子西帅师伐宋，围缗。"缗邑位于宋国北部，在今山东省金乡县东北二十五里，与曹、卫、鲁相邻，离齐国也很近。子玉选择包围宋国北部的缗邑，很明显，是瞄准齐国，策应曹、卫等国。

第三，攻占齐国的谷邑，长期派兵驻扎。

楚成王三十八年，令尹子玉从包围宋国缗邑的军队中分出一支人马，在鲁国的带领下，直奔齐国，包围了齐国的谷邑(今山东东阿)。

> 晋文公立四年，楚成王衔(率)者(诸)侯以回(围)宋伐齐，戍穀(谷)，居鑢(缗)。③

> 公以楚师伐齐，取谷。凡师能左右之曰以。置桓公子雍于谷，易牙奉之以为鲁援。楚申公叔侯戍之。桓公之子七人，为七大夫于楚。④

---

① 李孟存、李尚师：《晋国史》，山西古籍出版社1999年，第97页。
② 《左传》僖公二十三年，"(重耳)及宋，宋襄公赠之以马二十乘。"
③ 李松儒：《清华简〈系年〉集释》，中西书局2015年，第140页。
④ 《左传》僖公二十六年。

（楚成王）三十九年，鲁僖公来请兵以伐齐，楚使申侯将兵伐齐，取谷，置齐桓公子雍焉。齐桓公七子皆奔楚，楚尽以为上大夫。①

以上三种文献，均记载公元前 634 年，楚成王三十八年，因齐一再伐鲁，鲁不胜其扰，鲁僖公命公子遂和臧文仲向楚求援。臧文仲多谋善言，自请为楚做伐齐和伐宋的向导。令尹子玉被臧文仲说动了。冬天，子玉、子西引兵东征，包围了宋国的缗邑。接着移师伐齐，攻克了齐国的谷邑。对待齐国，楚国预有安排，齐桓公死，诸子争立，卫姬所生公子无亏被害，郑姬所生公子昭继位为孝公，其余 7 位公子都逃到了楚国，楚国把他们都封为上大夫。这 7 位公子中，最有希望取代公子昭的是齐桓公宠姬宋华子所生的公子雍。子玉携公子雍随军东征，在攻克齐国的谷邑之后，把公子雍安置在那里，派申公叔侯率领约有三百乘的兵力戍守②，自己和子西则班师回国。张正明评论："这样在一个遥远的地方扶植一个傀儡政权，维持一支卫戍部队，在中国历史上还不曾有过。"③

第四，接纳曹国进入楚阵营。

曹国更在宋国之北，与楚国距离遥远，国力弱小，距离晋国较近，随时可能遭到晋国的攻击。曹国因为在过去接待逃难的公子重耳时，有不尊重的行为④，得罪了重耳。重耳成为晋文公后，声言将报复过去曾经侮辱过他的人，因此曹君惶惶不可终日，急于投靠楚国，以图自保。

---

① 《史记·楚世家》。
② 见钱宗范：《关于城濮之战的晋楚兵数》，载《中国古代史论丛》第一集，福建人民出版社 1981 年。宋公文由此估计守卫齐国谷邑的军队为 300 乘。见宋公文：《楚史新探》，河南大学出版社 1988 年，第 313 页。
③ 张正明：《楚史》，湖北教育出版社 1995 年，第 109 页。
④ 《左传》僖公二十三年："（重耳）及曹，曹共公闻其骈胁，欲观其裸。浴，薄而观之。"

曹国若成为楚的盟国，将会成为楚国很大的包袱，但令尹子玉认为，楚阵营越大越好，曹国将来可以成为进攻晋国的跳板，欣然接纳。清人顾栋高回顾曹国在宋国、晋国的夹缝中生存，最后被宋国所灭的历史，不胜感慨：

> 至桓之耄年，宋襄与曹同受牡丘之盟，而旋伐曹，此时已有吞曹之志，顾方以图伯为事，未敢遽肆兼并。逮泓败身伤，而曹、许俱折而入于楚矣。晋文执曹伯，畀宋人，合诸侯以图许，宋、郑于此非无耽耽朵颐之意，然迫于公义，欲私攘尺寸之地，而诸侯环视，莫敢先动。……至曹之事大国尤恭谨，尤非许之甘心从楚比也。方齐桓之世，存三亡国，曹与宋比肩同事。晋累世执霸权，兴师征召，曹未尝不在诸侯之列，止以地近于宋而畏宋。宋襄始伯而伐曹，宋景再伯而旋灭之。桓、文以定人国为事，而宋至殄文、昭之裔，斯又足悲也。[①]

曹国加入楚国阵营，信心倍增，很快遭到晋国的猛烈进攻，曹国士兵守城坚决，一度给予晋军很大的杀伤。

第五，与卫联姻，使楚阵营北至卫国。

卫国距离楚国，较曹国更远，本来与楚国没有关系，但是一听说当年逃难来的晋国公子重耳成为晋文公，掌握对周边诸侯国的征伐大权，卫文公心里就慌了。因为在五年前，晋公子重耳四处流浪，曾经到过卫国，受到欺负。《左传》僖公二十三年："（重耳）过卫，卫文公不礼焉。出于五鹿，乞食于野人，野人与之块。公子怒，欲鞭之。子犯曰：'天赐也。'稽首，受而载之。"这事发生在卫文公时。重耳继位

---

① 顾栋高：《春秋大事表·春秋齐纪郑许宋曹吞灭表》，中华书局 1993 年，第 2481—2482 页。

不久，卫文公死，儿子卫成公继位，听说晋文公将要对当年受到的欺负进行报复，吓得厉害，为求自保，得到楚国的保护，想来想去，找到联姻的形式，遂主动向楚国求亲。楚成王非常高兴，在成王三十九年，将自己的妹妹嫁给了卫成公。[1] 从此，楚、卫两国，成为姻亲关系，卫国由此有了安全感。

令尹子玉在不长的时间里完成了上述数件大事，精心构筑了新的楚阵营。这时的楚阵营，除晋、齐、秦、宋以外，几乎所有的中原诸侯国都聚集在楚国的大旗之下，楚成王可以一呼百应。

第十二节　西进灭夔，拥有巴盐

楚成王三十八年秋，令尹子玉腾出手来，率军向西长途奔袭，直取位于长江三峡以东地区楚国西部的夔国。灭掉一直闹独立的夔国，杜绝楚国的西部隐患。

《左传》僖公二十六年，楚成王三十八年："夔子不祀祝融与鬻熊，楚人让之，对曰：'我先王熊挚有疾，鬼神弗赦，而自窜于夔。吾是以失楚，又何祀焉？'秋，楚成得臣、斗宜申帅师灭夔，以夔子归。"夔国原是中原古国，辗转迁徙至长江三峡地区今湖北秭归县，熊渠次子熊挚，因有疾遭芈族驱赶，别居于夔，后为夔国国君。[2] 因临近巴人，夔国已经巴化，也就不再祭祀楚祖祝融和鬻熊。令尹子玉派使者去责问夔子，夔子竟说："我先王熊挚有疾，鬼神弗赦，而自窜于夔。吾是以失楚，又何祀焉？"夔子说出的是实话，当年熊挚逃离时，举目无亲，夔国从血缘上不再与楚国有关，熊挚的后人也就没有祭祀芈族先祖的名义。楚国不能容忍夔子公然背祖离宗，决定予以严惩。令尹子

---

[1]　《左传》僖公二十七年："狐偃曰：'楚始得曹而新昏（婚）于卫。'"

[2]　拙著《先楚史》第八章第四节"熊挚、熊延，'旁岍''乔多'"对熊挚有过介绍。程涛平：《先楚史》，武汉出版社 2019 年，第 525—529 页。

玉和司马子西(斗宜申)引兵灭夔，将夔子押解到为郢去。从此，夔国就不复存在了。"公元前634年，楚国以夔子不祀祖先祝融、鬻熊为借口出兵伐灭同姓附庸国夔国，将三峡东部一带纳入楚疆。也正是在这一时期，独具特色的楚文化正式形成。伴随着楚国的军事占领，峡东地区旋即被纳入楚文化分布区，楚国经营西部及楚文化西渐的序幕由此正式拉开。"①

楚国灭夔，实际上是楚成王深谋远虑，溯长江大举西进，与巴国争夺盐泉的重要行动。

人类对巴盐的开发历史悠久。任乃强首先注意到《山海经·大荒南经》中的"载民之国"：

> 有载民之国。帝舜生无淫，降载处，是谓巫载民。巫载民盼姓，食谷。不绩不经，服也；不稼不穑，食也。爰有歌舞之鸟，鸾鸟自歌，凤鸟自舞。爰有百兽，相群爰处。百谷所聚。

这样的极乐世界，却并非神话，而在人间。任乃强作了唯物的、可信的解释：

> 此言载民不耕不织，衣食之资自然丰足，岂非因为他拥有食盐，各地农牧人，都应其所需求，运其土产前来兑盐，遂成"百谷所聚"之富国乎?②

衣食丰足，才能创造文化。正所谓"衣食足而礼义兴"，"行有余力，则以学文"。载民之国有盐换取衣食，乃有余力余时，创造文化。

---

① 朱萍：《楚文化的西渐——楚国经营西部的考古学观察》，巴蜀书社2010年，第281—282页。
② 任乃强：《华阳国志校补图志·说盐》，上海古籍出版社1980年，第53页。

这个道理，简单得无须证明。

巴盐产区是中华文化最古的宗源之地。因为这里恰有巫山猿人和元谋猿人化石之出土。其中巴东盐源特别值得注意，这一带有众多的江河支流盆地可供原始人类活动，可以除渔猎之外，首先发展原始农业，中华古人首先在这里跨入文明。巴东盐源以东以北，有江汉平原、汉中盆地和南阳盆地，在巴东盐源的支持下，逐步发展了农业。大溪遗址的发现为任乃强的学说提供了物证，那里墓葬大量用鱼殉葬，若不经腌制，鱼会很快腐臭，使任先生能确切推断此地必已大量用盐，而在三峡南北两岸都是产盐带，特别是大宁河上游巫溪盐泉，至今仍然丰沛。大溪在当地读如"黛溪"。所以任乃强认为："大溪沟是载溪沟音变。从'至'之音，皆具'岱'音。此地是与巫溪盐泉区同在一个峡江内的自然区。正是巫载文化的核心地区。他们是食盐有余的。所以稍有地位的人，都能用大量的盐腌鱼殉葬。"①

夔地古为传说时代有名的巫载国。《山海经·大荒南经》："帝舜生无淫，降载处，是谓巫载民。"夔地的盐，属于"巴盐"，开采比晋国南部今山西运城南有名的"盐池"解池，或者齐国的海盐，较为容易。张良皋指出，巴盐裸露的岩盐最易被发现，也最易被取用。岩盐晶莹朗彻，味道纯正，不难采取，当然会首先充食。海盐则最难。因为海水含盐量通常不到3%，煮熬需大量燃料，复杂设备；日晒须整治盐田，控制水量，比熬煮更须高度技术化，所以海盐之出现理当最晚。解池的池盐则介乎此二者之间。有的盐分含量大，经常处于饱和状态，随时结晶析出，只须捞采，便可供用。有的盐池早已干涸，例如青海察尔汗盐湖到处是盐，以致公路也用盐筑，形成"万丈盐桥"的奇观。有的盐池则因有淡水注入，浓淡不定，甚至半截淡水，半截咸水，例如巴尔喀什湖，这类盐池，开发不易。② 楚成王对于巴盐的重要，心

① 任乃强：《华阳国志校补图志·说盐》，上海古籍出版社1980年，第55页。
② 张良皋：《巴史别观》，中国建筑工业出版社2006年，第154页。

知肚明，他知道晋国的富强，离不开"盐池"解池。《左传》僖公二十三年，楚成王三十五年，楚成王隆重接待逃难的重耳，故意问："公子若反晋国，则何以报不穀？"晋文公回答："子女玉帛则君有之，羽毛齿革则君地生焉。其波及晋国者，君之余也，其何以报君？"这个回答明显地与事实不符。因为晋国拥有盐池，而盐是楚国一直仰慕而不可得之物。

楚成王与重耳会谈五年以后，楚国的这个无盐的劣势彻底改变。楚国灭夔，拥有了巴盐，源源不断地运送到楚国全境，保证了楚国的需求。所以子玉率兵灭夔，为楚国立下大功，得到了举国赞颂。令尹子玉志得意满，率领楚军，投入春秋时期与晋争雄的第一场大战——城濮之战。

第十三节　对晋城濮之战大败（成王四十年）

楚国在齐国的谷邑公然驻扎军队，长时期包围宋国的缗邑。这是楚国向北方阵营的挑战，其势咄咄逼人。面对楚国新组建的阵营和直接挑战，晋国感到了恐慌。清人马骕对其时形势作出综合分析：

> 宋襄不竞，楚氛日恶，蚕食中国，凌虐诸姬。泓战一胜，而宋求成。顿子既纳，而陈听命。且齐孝废职，鲁人求援，以宗国之大，俨然托重于蛇豕。晋若不起，中国之势必至大溃，区区宋、齐而可与抗乎？[1]

马骕指出，当时楚对中原进逼引起中原的恐慌乃是城濮之战爆发的深层原因，非特其围宋伐齐而已。晋国处在与楚国全面对抗的风口浪尖。

---

[1]　马骕：《左传事纬》，徐连城点校，齐鲁书社1992年，第105页。

关于城濮之战，清华简《系年》第七章集中叙述此事：

晋文公立四年，楚成王衔（率）者（诸）侯以回（围）宋伐齐，戍毂（谷），居鐪（缗）。晋文公囱（思）齐及宋之惠（德），乃及秦臼（师）回（围）曹及五鏖（鹿），伐衛（卫）以敓（脱）齐之戍及宋之回（围）。楚王豫（舍）回（围）归，居方城。命（令）尹子玉述（遂）衔（率）奠（郑）、衛（卫）、陈、鄵（蔡）及群鑾（蛮）尼（夷）之臼（师）以交（邀）文＝公＝（文公。文公）衔（率）秦、齐、宋及群戎之臼（师）以败楚臼（师）于城儳（濮），述（遂）朝周襄王于衡滪（雍），献楚俘馘，畀（盟）者（诸）侯于堳（践）土。①

简短的文字，交代了城濮之战的直接起因、交战双方、战争结果，可谓言简意赅。

此外，上博简已出九册中有关春秋楚国史事 14 条，《成王为成（城）僕（濮）之行》（第九册）甲乙本记载有关城濮之战的史实。这些文献可与《左传》相印证，具有很重要的意义。

《左传》僖公二十七年记载楚成王"围宋、伐齐、戍谷"之事，正好为"晋文公立四年"时事，详细记载了城濮之战及践土之盟的经过。这一重大事件也见于出土的"子犯编钟"，现藏台北"故宫博物院"，8 枚 1 组，铭文 130 字，合为完整一篇。两组 16 枚，两篇文字相同。《近出殷周金文集录》有著录。② 裴锡圭《也谈子犯编钟》释文：

[第一钟]惟王五月初吉丁未，子犯佑晋公左右，来复其邦。诸楚荆[第三钟]不听命于王所，子犯及晋公率西之六师

① 李松儒：《清华简〈系年〉集释》，中西书局 2015 年，第 140 页。
② 刘雨、卢岩：《近出殷周金文集录》第一册，中华书局 2002 年，第 16—36 页。

搏伐楚荆，孔休。[第二钟]大上楚荆，丧厥师，灭厥孤。子犯佑晋公左右，燮诸侯，俾朝[第四钟]王，克奠王位。王锡子犯辂车、四马、衣、裳、带、市、佩。诸侯羞元[第五钟]金于子犯之所，用为和钟九堵[第六钟]孔淑且硕，乃和且鸣，用燕[第七钟]用宁，用享用孝，用祈眉寿，[第八钟]万年无疆，子子孙孙，永宝用乐。①

上述铭文记载史实主要为重耳返国、城濮之战及践土之盟。铭文开头"子犯佑晋公左右，来复其邦"，当指鲁僖公二十四年(楚成王三十六年，晋文公元年，前636年)子犯跟随晋文公重耳由秦返国之史事。本铭"惟王五月初吉丁未"，表明晋奉周天子正朔。

城濮之战是春秋时期晋国和楚国为争夺中原霸权而进行的第一次大规模战略决战，对当时中原局势的演变具有重大而深远的影响。参加这场战争的诸侯国，楚联军中包括了陈、蔡、郑、许，共五国；晋联军中包括了齐、宋、秦，共四国。

城濮之战的参战双方，《春秋》僖公二十八年云："晋侯、齐师、宋师、秦师及楚人战于城濮。"《左传》同年云："晋侯、宋公、齐国归父、崔夭、秦小子憖次于城濮。"《左传》中实际作战双方，晋国方面似乎是晋国独当一面，楚国则有陈、蔡之兵。据子犯编钟，城濮之战中晋公帅"西之六师"，对抗"诸楚荆、大(太)上楚荆"。张光远指出："所谓'太上楚荆'，当时应指楚成王所主的楚国，而'诸楚荆'应是泛称楚国统御出战的一些附庸小国。"②"诸楚"与《系年》的记载有所呼应，而"西之六师"则存争议，或以为晋国三军三行有六军之实。据《韩非子·难一》《吕氏春秋·义赏》的记载，城濮之战确是晋寡楚众。童书业认为城濮之战以自力七百乘独当楚(包括申、息)、陈、蔡三国

① 裘锡圭：《裘锡圭学术文集》第三卷，复旦大学出版社2012年，第83页。
② 张光远：《故宫新藏春秋晋文称霸"子犯和钟"初释》，《故宫文物月刊》1995年总第145期。

联军，以寡胜众，晋方之宋、齐、秦，楚方之郑、许，皆未参战。①
然据清华简《系年》，晋国方面有秦、齐、群戎之师，不见宋，多出此
前未见的群戎；楚国方面则有郑、卫、陈、蔡、群蛮夷之师，多出卫、
群蛮夷之师。《系年》的记载为我们探讨城濮之战作战双方提供了新的
线索。从《系年》看，城濮之战固然以晋、楚为主角，但其他诸国也
当出动军队了，至于楚国为何有群蛮夷之师的加盟，比较容易理解，
楚国辖下，本多蛮族。至于晋国方面有群戎之师，需要结合晋国与戎
狄的密切联系予以讨论。② 晋献公所娶骊姬、晋文公生母以及所娶戎
女等，均出自戎狄。而在崤之战中，晋国也出动了姜戎的兵力。可见
城濮之战有群戎之师参与并不奇怪，《系年》的记载弥足珍贵。③

城濮之战整场战争可以分成"外围战""外交战""心理战""正面对
决""战后结局"五大阶段。

城濮之战双方投入的兵力(战车数)是动态的，分为前期和后期。
前期是外围战时期，后期是楚成王离开后两军正面对决时期。

第一阶段：外围战。

外围战阶段楚联军的兵力是逐步增加的，最高峰时累计出动的战
车约为1710乘，其中楚常备军600乘、楚王禁卫军210乘、申息县之
师300乘、陈蔡之师300乘、许郑之师200乘，鲁国的100乘。晋联
军开始时只有晋国出动的700乘④以及齐国与占领谷邑楚军对垒的300
乘、宋国保卫都邑的300乘，共1300乘。楚联军占压倒优势。

外围战的直接起因是楚国应鲁国的要求，发动攻势，长途奔袭，
先行攻占了齐国的谷邑，并长期驻守。戍谷邑的军队由申叔率领，当

---

① 童书业：《春秋左传研究》，中华书局 2006 年，第 53 页。
② 李孟存、常金仓：《晋国史纲要》，山西人民出版社 1988 年，第 248—261 页。
③ 胡凯、陈民镇：《从清华简〈系年〉看晋国的邦交》，《邯郸学院学报》2012 年第
2 期。
④ 《左传》僖公二十八年："晋车七百乘。"

为申县之军。^① 出动申息之师 300 乘^②，接着又增兵先后包围了宋国的
缗邑和国都睢阳。宋国地处鲁、郑、卫之间，楚成王三十八年叛楚亲
晋。于是楚国兴师伐宋。楚国出动常备军 600 乘围其缗邑（今山东金乡
东北），次年又联合陈、蔡、郑、许四国包围了宋国都城睢阳（今河南
商丘南）。^③ 共出动陈蔡之师约为 300 乘^④，许郑之师应比陈蔡之师略
少，估计约为 200 乘。随后，楚成王率领禁卫军东广、西宫及若敖氏
之六卒计 210 乘后续大军赶到包围宋都的前线。这样，楚军出动的兵
车数这时累计达 1610 乘，可谓气势汹汹，不可一世。

宋遣其大夫公孙固使晋乞援，晋文公与群臣商议对策。《左传》僖
公二十七年："冬，楚子及诸侯围宋。宋公孙固如晋告急。……狐偃
曰：'楚始得曹而新昏于卫，若伐曹、卫，楚必救之，则齐、宋免
矣。'"晋大夫狐偃主张攻打曹、卫，因为曹刚成为楚国的附庸，卫和
楚则是姻亲，曹、卫若被围，楚必往救，则宋围可解，而齐患可纾。
晋文公接受了他的意见。

晋国初战时出动战车 700 乘，浩浩荡荡东进，原计划假道卫国，
南下击曹。《左传》僖公二十八年："二十八年春，晋侯将伐曹，假道
于卫，卫人弗许。还，自南河济。侵曹伐卫。"卫国拒绝晋假道本国，
晋军退到南河（又称南津、棘津、济津、石济津，在今河南淇县之南，
延津之北，故河道今已湮），再渡过黄河，从卫国之南进攻曹国的国

---

① 《史记·楚世家》："（楚成王）三十九年，鲁僖公来请兵以伐齐，楚使申侯将兵伐
齐，取谷，置齐桓公子雍焉。"申叔，即申公叔侯，他在公元前 635 年申公子仪被
秦俘获后接任申县县公。依常例，申、息二县之军一般都由本县县公率领，参加
楚的对外征戍。如公元前 635 年申公子仪和息公子边率领申、息之军戍商密，即
是其例。

② 据钱宗范估计，戍谷的军队估计为 300 乘，见钱宗范：《关于城濮之战的晋楚兵
数》，载《中国古代史论丛》第一辑，福建人民出版社 1981 年，第 376—383 页。

③ 《春秋》僖公二十七年："冬，楚人、陈侯、蔡侯、郑伯、许男围宋。"

④ 钱宗范估计陈、蔡之军为 300 乘左右，见钱宗范：《关于城濮之战的晋楚兵数》，
载《中国古代史论丛》第一辑，福建人民出版社 1981 年。宋公文赞同钱说。见宋
公文：《楚史新探》，河南大学出版社 1988 年，第 313 页。

都陶丘。

晋军在围攻曹都陶丘的同时，以300乘兵力偏师伐卫。《左传》僖公二十八年："晋侯……伐卫。正月戊申，取五鹿。……晋侯、齐侯盟于敛盂。卫侯请盟，晋人弗许。卫侯欲与楚，国人不欲，故出其君以说于晋。卫侯出居于襄牛。"晋军包围攻打卫国的大邑五鹿(今河南濮阳南)重镇。此时，楚的盟国鲁国为讨好楚成王，也出动兵车100乘①，协助防御卫国的五鹿②，卫军和鲁军联合作战，拼死抵抗，战争一度呈胶着状态。这时，楚联军的总兵力陆续投入战场，总数累计高达1710乘。

晋军勇不可当，战局逐渐转变。正月戊申(初九日)，晋军攻克了五鹿，卫国危若累卵。卫成公顿时恐慌起来，无心抵抗，听说晋文公将与齐昭公盟于卫地敛盂(今河南濮阳东南)，卫成公要求参加，与晋议和，晋文公不同意，卫人将卫成公驱逐于卫邑襄牛(今河南范县境)，卫大夫元咺扶立成公子叔武为君，卫国通过更换君主，背楚服晋了。

鲁国本在楚阵营中，但在五鹿邑被晋攻破之后对楚联军的态度大变。《左传》僖公二十八年："(鲁国派)公子买戍卫，楚人救卫，不克。(鲁)公惧于晋，杀子丛(公子买)以说焉。谓楚人曰：'不卒戍也。'"本来，鲁国作为楚的盟国，特地派出公子买率师帮助守御卫国。没有想到楚联军救卫没能解五鹿之围，五鹿失守，鲁国害怕了，慌忙命公子买回国，鲁国300乘的兵力全部撤走，再杀公子买以求得到晋国的谅解，同时骗楚国说杀公子买是因其没有完成守御卫国的任务。这样，鲁国也背楚服晋了。

晋军再以剩下的400乘战车的兵力包围了曹都陶丘(今山东定陶)，遭到坚决抵抗。《左传》僖公二十八年："晋侯围曹，门焉，多

① 鲁当时为"革车千乘"之大国，有出兵实力。《左传》定公十年记齐、鲁夹谷之会，齐曾胁迫鲁出300乘兵车助己征战。
② 《左传》僖公二十八年："(鲁国派)公子买戍卫。"

死。曹人尸诸城上，晋侯患之。听舆人之谋曰：'称舍于墓。'师迁焉。曹人凶惧，为其所得者，棺而出之。因其凶也而攻之。三月丙午，入曹。"曹都久攻不下，晋军死伤甚众。曹人将晋军的尸体陈列于城头，以惧晋人。晋军则扬言掘曹人的墓葬以相报复，曹人恐惧，将晋军的尸体殡殓送出城外。不料晋军借送棺椁的曹军回城时突然冲进城，晋军在三月丙午日，攻进了曹都，活捉了曹共公。由此，晋国完全控制了曹国。

不到三个月的时间，晋军以 700 乘战车，接连攻破曹都、卫邑，控制了曹、卫、鲁三国，城濮战前的外围战以晋国的全胜而结束(**见图 4-5：晋楚城濮外围战示意图**)。晋军的快速反应能力和强悍的攻城拔寨能力，足以与楚军相抗衡。楚国此前抵御齐桓公的讨伐，并没有发生战争，泓水之战与宋襄公的争雄，双方各出动 600 乘，因宋襄公的过于迂腐，楚军得到便宜，不足以显示楚军的战斗力。晋军具有强大的战斗力，非齐国、宋国可比，是楚国从未遇到过的劲敌。此时楚晋双方兵力分布见表 4-1：

表 4-1：城濮外围战楚晋双方兵力分布

单位：乘

交战地点	楚联军							晋联军			
构成	常备军	禁卫军	申息	陈蔡	许郑	鲁国	合计	晋军	齐军	宋军	合计
齐谷邑		300					300	300			300
宋都睢阳	600			300	200	100	1200			300	300
卫五鹿								300			300
曹都陶丘								400			400
机动		210									
							1710				1300
备注	申息、陈蔡、许郑为两者总数							齐、宋为抵抗用兵			

第二阶段，外交战。

晋楚外交战的核心是争取中立国齐国和秦国。晋国在城濮战前，是孤军对付楚联军。晋师经过惨烈的战斗，死伤甚众，方才攻下了卫国的五鹿，攻破了曹都，已属难得，但却于事无补，因为楚联军共计1200乘战车仍然紧紧包围宋国都城睢阳，日夜攻打。楚仍攻宋不止。宋向晋告急。晋国原计划通过打击卫国和曹国来解宋围的目的没有达到。《左传》僖公二十八年："宋人使门尹般如晋师告急。公曰：'宋人告急，舍之则绝，告楚不许。我欲战矣，齐、秦未可，若之何？'"

晋文公举棋不定，召集将佐商议，问道："寡人想同楚国打一仗，可是齐、秦两国未必肯帮助我们，我们该怎么办才好？"

晋文公的这个担忧，说出了问题的实质。晋国在与楚联军的对垒中，完全是孤家寡人，除宋国死心塌地跟随晋国外，齐秦两个大国其实在袖手旁观。这样，仅以晋国的700乘战车，加上齐国自卫的300乘，宋国自卫的300乘，晋联军总兵力1300乘对阵楚成王、令尹子玉所率领的楚联军的1710乘战车，晋联军是绝对的劣势。这个问题非常严峻，无论如何得设法解决，唯一的办法是设法促使齐、秦二国率兵参战，晋国君臣为此绞尽脑汁，晋文公一度丧失信心，准备逃遁。[①]

关键时刻，晋国足智多谋的先轸提出了一个绝妙的贿赂齐秦二国率兵参战的建议。《左传》僖公二十八年："先轸曰：'使宋舍我而赂齐、秦，藉之告楚。我执曹君而分曹、卫之田以赐宋人。楚爱曹、卫，必不许也。喜赂、怒顽，能无战乎？'公说，执曹伯，分曹、卫之田以畀宋人。"先轸向晋文公献计，宋国为求自保，会不惜财力，让宋国去给齐国、秦国赠送财礼，使齐、秦去向楚国求情，听任曹、卫被晋占领。我们已经逮住曹国国君，卫国新君又很听话，可以分曹、卫的田地给宋国，弥补宋国送礼造成的损失。这样一来，楚国与曹国、卫国

---

① 《国语·楚语上》："及城濮之役，晋将遁矣。"

亲善，必定不答应齐和秦的请求。齐国和秦国收了宋国的财礼，会对楚国的不给面子感到愤怒，他们就会与晋国站在一起，参与对楚国的战争。晋文公照计去办，赶紧逼迫曹国和卫国的国君，分曹、卫之田给宋，宋国赶紧分头向齐、秦二国送礼。事情的发展全部不出先轸所料，齐、秦二国很快不再观望，派出军队参战[①]，与晋国站在一起。齐国派出归父、崔夭，率兵车300乘[②]，秦国派出小子憖，率兵车100乘[③]，再加上宋国在楚联军撤围后自身压力消除，也有可能派兵参战，估计100乘[④]，接受晋军的统一指挥[⑤]，这样一来，晋联军的总兵力由700乘增加到1200乘，晋文公笼络两国的目的完全达到。

与晋国千方百计拉拢齐、秦二国扩军备战相反，楚国的楚成王与令尹子玉对战争的下一步走向发生严重分歧，不仅干扰了对齐国和秦国的争取，而且使楚联军的兵力大幅度减少。《左传》僖公二十八年："楚子入居于申，使申叔去谷，使子玉去宋，曰：'无从晋师。晋侯在外十九年矣，而果得晋国。险阻艰难，备尝之矣；民之情伪，尽知之矣。天假之年，而除其害。天之所置，其可废乎？《军志》曰："允当则归。"又曰："知难而退"又曰："有德不可敌。"此三志者，晋之谓

---

① 《左传》僖公二十八年："夏四月戊辰，晋侯、宋公、齐国归父、崔夭，秦小子憖次于城濮。"

② 宋公文估计："齐派往城濮的兵力当有二、三百乘左右。"参见宋公文《楚史新探》，河南大学出版社1988年，第313页。

③ 宋公文估计："秦离城濮太远，在集团划分上它虽为晋的盟友，但它原来并无参战的打算。待晋设计使它决定参战时，已离决战为时不久了，故它不可能于旬月之间从遥远的西方调军赶来城濮。因之，它用于参战的兵力当只是小子憖出行中原的自卫武装，顶多只有百乘左右。"见宋公文：《楚史新探》，河南大学出版社1988年，第313页。

④ 宋公文估计："宋在城濮战前仍受楚围。子玉撤围北上击晋时，它虽暂时免除了威胁，但惊魂未定，故未必敢抽出较多兵力而置国都于不顾。因此，达于城濮的宋成公的属众应比齐军为少，当只有百乘或百余乘左右。"见宋公文：《楚史新探》，河南大学出版社1988年，第313页。

⑤ 宋公文认为："齐、秦、宋三国之军，皆按原建制编入晋之三军。"见宋公文：《楚史新探》，河南大学出版社1988年，第301页。

矣。'"楚成王的话，表明楚成王经验丰富，善于思索，他从晋军连续攻破卫国和曹国的都邑中，看出晋国是个难于对付的对手，没有取胜的把握，于是决定从前线撤出。自己先撤到申地，命令已经占领齐国谷地的申叔从谷地撤出，包围宋都的令尹子玉撤围，随后全军回国。楚成王是个很细心的人，十分耐心地向臣子们讲清全线撤退的道理，说晋文公在外漂流十九年，备尝艰难险阻，难以对付，引经据典，说明应知难而退的道理。楚成王的这番话，深思熟虑，语重心长。本来，楚王的权力至高无上，楚成王决定撤退，是不可违抗的，谁知令尹子玉当面抵制，坚决请战。《左传》僖公二十八年记："子玉使伯棼请战，曰：'非敢必有功也，愿以间执谗慝之口。'王怒，少与之师，唯西广、东宫与若敖之六卒实从之。"

立功心切且心胸狭隘的令尹子玉，完全看不到面临的危机，认为胜利唾手可得，满脑子是有了大功后如何堵住谗慝之口。在楚国，楚王是绝对权威，令尹子玉的当面顶撞，这在楚国历史上，是绝无仅有的。楚成王登时大怒，本想发作，喝令坚决撤退，但又忌惮子玉身后势力强大的若敖氏家族，同时基于晋联军投入战场的只有700乘，还是有取胜的把握，便采取了折中的办法，同意子玉留下，单独对付晋国，但减少兵力，"少与之师"，主要是楚国的中央常备军600乘，全部随楚王回到楚国的申地。"唯西广、东宫与若敖之六卒实从之"，就是只让子玉带上申息之师，西广、东宫和若敖之六卒，共210乘。楚成王的这个决定，明显有意气用事的因素，直接造成以后正面决战时楚联军右军兵力严重不足，导致了楚联军的战败。"第一次城濮之战，晋文公面对的不是全部楚军，而是子玉率领的部分楚军。"[①]是有道理的。此时楚晋双方兵力变化见表4-2：

---

① 顾德融、朱顺龙：《春秋史》，上海人民出版社2001年，第163页。

表4-2：城濮之战楚成王撤兵前后楚晋联军兵力变化

单位：乘

时间	楚联军						晋联军				
构成	常备军	禁卫军	申息	陈蔡	许郑	合计	晋	齐	秦	宋	合计
楚王撤离前	600	210	300	300	200	1610	700	0	0	0	700
楚王撤离后	0	210	300	300	200	1010	700	300	100	100	1200
说明	城濮正面战场对垒晋联军总兵力						齐秦宋正面战场先为0				

　　楚王带上楚常备军600乘离阵，使双方的实力天平发生倾斜，楚联军总兵力少于晋联军，晋联军马上胜券在握。最早看出这种结局的是楚叛臣王孙启。《国语·楚语上》记："（令尹子元的儿子）王孙启奔晋，晋人用之。及城濮之役，晋将遁矣，王孙启与于军事，谓先轸曰：'是师也，唯子玉欲之，与王心违，故唯东宫与西广实来，诸侯之从者，叛者半矣，若敖氏离矣，楚师必败，何故去之！'先轸从之。"出身于楚国贵族的王孙启洞悉楚国上层的内幕，告诉先轸，楚王与若敖氏历来有矛盾，令尹子玉只能指挥得动东宫与西广这两支禁卫军，参战的诸侯国半数不听子玉的指挥，即使若敖氏掌管的队伍，也都不欲作战，因此预言楚军必败。晋文公由此安了心。

　　楚成王率部分军队先行回到申地，原为晋楚两个阵营、两位国君的对垒，变成晋君对楚臣，格局大变。按照周代等级森严的理念，楚有以下犯上之嫌。楚令尹子玉没有楚成王的管束，更加随心所欲。

　　令尹子玉也曾想过通过谈判避免战争，派使者宛春对晋国的君臣说：只要晋国允许曹、卫复国，楚国就可以从宋国撤军。这是一个极好的建议，既顾全了晋、楚两国的体面，又保全了宋、曹、卫三国的社稷。可见，子玉并非有勇无谋之辈。先轸认为子玉的建议"有礼"，宋、曹、卫三国都会欢迎的。晋国如果悍然拒绝，这三国就会怨恨晋国。先轸分析：如晋答应了楚人的和谈条件，虽然盟友宋国之围可解，但楚国盟友曹、卫得以复国，楚人一计可定三国（宋、卫、曹），晋则

处于被动地位；如果不答应楚使和谈条件，既抛弃了宋国，又无法面对刚拉进晋阵营的齐、秦二国。聪明的先轸想到一个新的对策：私下允许曹、卫复国，条件是要公开声明叛楚从晋；同时，扣留楚使，借以激怒子玉，只要与楚早日开战，齐、秦二国就不得不卷进战争。晋文公采纳了他的计谋：一面允许曹、卫在战后复归其君的条件，迫使曹、卫"告绝于楚"，一面拘留了宛春，进一步迫使楚军决战。

楚令尹子玉果然中计，接到曹、卫的告绝文书，得知使者宛春被拘，怒火中烧，丧失理智。子玉头脑简单，并没有想到如何争取齐、秦二国，按捺不住怒火，不假思索就拒绝了齐、秦二国先后的调停，无形之中将二国推到了晋阵营。更严重的是贸然放弃楚军耗费巨大人力物力方完成的对宋都的包围，挥兵北进，直逼晋军。本来，楚军围宋都，战争的主动权在楚国；楚军愚蠢地自行撤围，此前晋国攻打卫、曹两国未能达到逼楚撤宋围目的，此时无形达到。

掌握了战争主动权的晋国，为了将楚联军引进理想的战场，借口晋文公曾答应楚国"退避三舍"的承诺，主动向北撤退，并借以激励士气。楚联军跟进，据险扎营，与晋军对阵于城濮（今山东鄄城西南），一场春秋时期规模最大的战役终于爆发。

第三阶段：心理战。

心理战主要体现在晋文公的犹豫不决上。

夏四月初一日，晋文公、宋成公、齐国大夫国归父和崔夭以及秦穆公的儿子憗一起驻军在城濮。楚军背靠险要之地扎营，晋文公对楚军有恐惧心理，十分忧虑，所幸经过子犯和栾贞子的劝解，坚定了大战的决心。《左传》僖公二十八年记述：

> 楚师背酅而舍，晋侯患之，听舆人之诵，曰："原田每每，舍其旧而新是谋。"公疑焉。子犯曰："战也。战而捷，必得诸侯。若其不捷，表里山河，必无害也。"公曰："若楚惠何？"栾贞子曰："汉阳诸姬，楚实尽之，思小惠而忘大耻，

不如战也。"

子犯是从正反两方面综合分析了这一战的得失收益，如果取胜，就可以获得诸侯的拥护，成为霸主；即使失败了，晋国凭借"表里山河"的地理优势，也不会受到什么损害。获胜取得的收益远远大于失败带来的危害，应该进行决战。栾贞子则举了楚国吞灭"汉阳诸姬"的例子，借此告诉晋文公不必再挂念楚国当年收留的小恩惠。

在此前后，晋文公还做了一场噩梦，《左传》僖公二十八年："晋侯梦与楚子搏，楚子伏己而盬其脑。"晋文公梦的是楚子伏在他身上吮吸他的脑浆。由此可见晋文公在城濮之战战前思想上高度紧张，幸亏后来被子犯化解，"子犯曰：'吉。我得天，楚伏其罪，吾且柔之矣。'"晋文公这才重新树立战胜楚国的信心。

第四阶段：正面对决。

春秋时期，诸侯之间进行的战争，有规定的礼仪。正式开战前，必须致师。城濮大战是这方面的表率。《左传》僖公二十八年记载了城濮开战前一天两军的致师："子玉使斗勃请战，曰：'请与君之士戏，君冯轼而观之，得臣与寓目焉。'晋侯使栾枝对曰：'寡君闻命矣。楚君之惠，未之敢忘，是以在此。为大夫退，其敢当君乎？既不获命矣，敢烦大夫谓二三子，戒尔车乘，敬尔君事，诘朝将见。'"楚令尹子玉派大夫子上（斗勃）向晋文公请战说："请让您的将士同楚国的将士做一场角力游戏，请国君靠在车轼上观赏，让得臣也开开眼界。"晋文公派将军栾枝回答说："寡君没有忘记楚君的恩惠，所以退到了这个地方。原来我们以为大夫（子玉）也退走了，敝军难道敢拦阻贵军吗？既然贵军不退走，那就有劳大夫（子玉）转告贵军的各位将领，收拾好你们的战车，处理好你们的事情，明天一早来和我们相见吧！"

《左传》僖公二十八年记双方布阵：

晋师陈于莘北（城濮），胥臣以下军之佐当陈、蔡。子玉

以若敖之六卒将中军，曰："今日必无晋矣。"子西将左，子
上将右。

两军对阵。子玉将中军，子西将申、息之师为左军，子上将陈、
蔡之师为右军。晋以中军当楚中军，以上军当楚左军，以下军当楚右
军。直到开战前夕，楚令尹子玉还不知道晋联军中增加了齐国、秦国、
宋国的生力军500乘，总兵力已经超过楚联军近200乘。故临战时，
子玉还夸口说："今天一定要让晋师不复存在！"

台湾三军大学编著的《中国历代战争史地图册》绘出了城濮之战
的两军阵形概况图。（见图4-6：晋楚城濮之战两军阵形概况图）

综合各方面情况，结合图4-6，对阵双方的兵力部署见表4-3：

表4-3：城濮决战晋楚三军实际兵力部署

单位：乘

	楚联军						晋联军			
	禁卫军	申息	陈蔡	许郑	合计		晋	齐 秦	宋	合计
左军		150		200	350	上军	100	300		400
右军		150	300		450	下军	300	100	100	500
中军	210				210	中军	300			300
合计					1010					1200

从双方的兵力部署中，可以看出，楚联军的右军和中军明显弱于
晋联军，这正是楚令尹子玉一直不敢动用中军支持左军和右军，一见
情况不妙赶紧退出战场的原因。

交战经过之一：晋下军先发制人进攻楚右军。

《左传》僖公二十八年："胥臣蒙马以虎皮，先犯陈、蔡。陈、蔡
奔，楚右师溃。"晋联军的下军，由栾枝率领晋国的300乘，组合秦军
100乘和宋军的100乘，共500乘，对阵楚联军由子上率领的息县之师
150乘，陈蔡之师300乘，共450乘，晋联军已占据优势。根据楚叛臣

287

王孙启的提示，晋联军对由息县之师与陈蔡之师组成的楚右军的战斗力了如指掌，知道楚右军陈、蔡比较软弱，他们是作为附庸来帮忙的，以保全自己为天职，顺境下尚能冲锋陷阵，逆境下势难坚守顽抗。先轸看准了楚师这个致命的弱点，命令晋下军佐胥臣疾攻楚右军的陈蔡之师。晋军在战前进行了精心的安排和训练，晋军300乘的马匹全部披上虎皮，以迅雷不及掩耳之势，突然出现在楚右军陈蔡之师阵前。陈、蔡的战马未经训练，受了惊，拖车乱跑，战阵乱了套。陈、蔡的将士见状，争相跳车逃散。晋军追击，胥臣斩蔡公子印。楚申县之师勉强支撑，哪里压得住阵脚，只能且战且退，楚右军慢慢溃退下来。（见图4-7：晋下军攻楚右军）

交战经过之二：大风突起刮倒晋中军大旗造成混乱，幸得狐毛及时补救转危为安。

晋楚两军接战开打不久，《左传》僖公二十八年突然记载称晋军"狐毛设二旆而退之"，耐人寻味。"旆"是有尾饰旗帜的通称，狐毛设立二旆令人奇怪，狐毛军自身必有一旆以为标志，今另设"二旆"，则上军至少有三面标旗，势必造成旗号的紊乱、难以识别，狐毛这样做完全是自乱阵脚，联系到《左传》僖公二十八年还有一句"城濮之战，晋中军风于泽，亡大旆之左旃"，就好理解了。原来，此时"晋中军风于泽"，杨伯峻解释："晋中军行于泽中而遇大风也。"[1]中军佐祁瞒掌管的中军旗帜倒下，晋军顿时混乱，"狐毛设二旆而退之"，与"栾枝使舆曳柴而伪遁"，同属于伪装撤退的行动，使混乱变得有序。晋军原计划由中军负责伪退诱敌任务，由于中军的旗帜被风刮倒，失去诱敌作用，狐毛及时补救，竖二旗伪装中军撤退。《左传》僖公二十八年于战后补记："城濮之战，晋中军风于泽，亡大旆之左旃，祁瞒奸命，司马杀之，以徇于诸侯，使茅筏代之。"这说明，晋军城濮战前的阵容本来是非常严整的，为了利用楚子玉骄傲轻敌、寻找主帅决战的心理，

---

① 杨伯峻：《春秋左传注》（修订本），中华书局1990年，第470页。

晋中军树起大旆伪退，诱敌深入。不料大风猝起，中军误走泽中，兵车陷于泥潦，大旆亡失左旃，失去了中军的标志，由是晋军的整个作战计划被打乱。此时，上军主将狐毛急中生智，主动设立二旆冒充中军撤退，下军主将栾枝知情况有变，也乘风"使舆曳柴而伪遁"，加强了伪装作用，意在把楚军吸引过来，勿使其陷中军于死地，他们都达到了目的。这种意外的险情，使晋军统帅先轸措手不及，甚至一度产生"将遁"的念头。城濮大战结束。后来亡失大旆左旃的祁瞒被杀①，这说明大旆关系到晋军诱敌的成败和战斗的胜负。晋楚城濮大战，"似乎晋军是在有条不紊地进行作战，其谋划之允当，实施之成功，臻于美善，几乎无懈可击。然而笔者认为晋军是在打乱仗，不过乱而不散、乱中取胜而已"②。

交战经过之三，晋上军与晋中军夹击楚左军。《左传》僖公二十八年载：

> 栾枝使舆曳柴而伪遁，楚师驰之。原轸、郤溱以中军公族横击之。狐毛、狐偃以上军夹攻子西，楚左师溃。

晋军又采用诱敌出击，尔后分割聚歼的战法对付楚的左军。晋军上军主将狐毛，故意在车上竖起两面大旗，引车后撤，假装出退却的姿态。同时晋下军主将栾枝也在阵后用战车拖曳树枝，扬起地面的尘土，假装后面的晋军也在撤退，以引诱楚左军出击。子玉不知是计，下令左军追击。晋中军主将先轸、佐将郤溱见楚军中了圈套，便立刻指挥最精锐的中军横击楚左军。晋上军主将狐毛、佐将狐偃也乘机回军夹攻。楚左军遭此打击，退路被切断，完全陷入了重围。（**见图4-8：城濮之战晋上军和晋中军夹击楚左军**）

---

① 杨伯峻注："不知是因亡左旃而犯军令，亦或亡左旃即犯军令。"杨伯峻：《春秋左传注》（修订本），中华书局1990年，第471页。
② 吴家璧：《从"设二旆而退之"看城濮之战的过程》，《江汉论坛》1987年第4期。

晋中军敢于"横击"楚上军，是要冒相当大的风险的。如果楚中军发现，正面压过来，晋中军很难抵御。所幸楚中军兵力不足，令尹子玉只有210乘禁卫军，心中无底，不敢贸然出击，另外晋下军栾枝以车拽树枝，利用风向与大量尘土，遮挡楚中军的视线，造成楚中军不知虚实，不敢正面压过去，听任晋中军横击楚左军，继而晋中军与晋上军夹击楚左军。造成楚左军的失败。

交战经过之四：楚中军见左右两军溃退，及时退出战场。

楚联军左右两军均告失利，楚中军就非常危险了。但是，令尹子玉临危不乱，加之楚中军是由楚国最精锐的210乘禁卫军组成，战时以一当十，进退有据。《左传》僖公二十八年："楚师败绩。子玉收其卒而止，故不败。"（**见图4-9：城濮之战楚中军撤退**）

从图4-9中，可见令尹子玉在得知左、右两军失利的情况下，没有盲目前冲，而是"收其卒而止"，避免了楚中军被晋军的包围，使楚中军得以保全，全身而退。这是楚军平时训练有素，战时善于使用阵法有效保护自己的结果。

第五阶段：战后结局。

令尹子玉的结局很悲惨。《左传》僖公二十八年："既败，王使谓之曰：'大夫若入，其若申、息之老何？'子西、孙伯曰：'得臣将死，二臣止之曰："君其将以为戮。"'及连毂而死。"子玉率残部回楚国，行近方城时，成王派使者对子玉说：大夫要是进方城去，怎么向申县和息县的父老交代呢？子玉无以自白，在到达方城之外的连毂后自缢身亡。

城濮之战是我国春秋时期晋、楚两国为争夺中原霸权而进行的第一次战略决战，它对当时中原局势的演变具有重大而深远的影响，使原从属于楚国的鲁、曹、卫、陈、蔡、郑诸国脱离楚国，重新回到中原集团，结束了齐桓公死后十余年间中原"诸侯无伯"的混乱状态，确立了以晋为霸主的相对和平稳定局面。同时也造成了楚国最终不能独霸中原。自此之后，在晋国的领导下，中原诸侯与楚国抗衡达百年左

右，春秋历史进入了晋、楚长期争霸中原、互有攻守、相持不下的阶段。从这一点上说，城濮之战的意义远远超出了一次重大战役的本身。

城濮之战是一场多民族参与的大战。《系年》第七章载："令尹子玉遂率郑、卫、陈、蔡及群蛮夷之师以交文公，文公率秦、齐、宋及群戎之师以败楚师于城濮。"①《系年》中的"群蛮夷之师"和"群戎之师"不见于《左传》《国语》《史记》等文献。不过，晋阵营中的"群戎之师"可以从《左传》推测出。《左传》襄公十四年载："将执戎子驹支，范宣子亲数诸朝……对曰：'昔秦人负恃其众，贪于土地，逐我诸戎。惠公蠲其大德，谓我诸戎是四岳之裔胄也，毋是翦弃。赐我南鄙之田，狐狸所居，豺狼所嗥。我诸戎除翦其荆棘，驱其狐狸豺狼，以为先君不侵不叛之臣，至于今不贰。昔文公与秦伐郑，秦人窃与郑盟，而舍戍焉，于是乎有殽之师。晋御其上，戎亢其下，秦师不复，我诸戎实然。譬如捕鹿，晋人角之，诸戎掎之，与晋踣之，戎何以不免？自是以来，晋之百役，与我诸戎相继于时，以从执政，犹殽志也。岂敢离遏？'"②其中戎子驹支所称的"诸戎"当是《系年》中的"群戎"，即以姜戎为首的北方戎族。说明了晋国的称霸，戎族所起的作用。姚磊指出，这"也从另外一个侧面看出，城濮之战是一场多民族参与的大战，而非小规模战役。楚国方面有郑、卫、陈、蔡、蛮、夷；晋国方面有秦、齐、宋、戎。两方阵营实力相当，无论从哪个方面看，这场战役都不会小。这一史料的出现对于平息学界关于城濮之战规模、晋楚兵力的争议，具有重要意义"③。

城濮之战，楚师战败的战略原因：

一是君臣不和。楚成王审时度势，部署撤兵，命令戍守谷邑的申公叔侯以及正在围攻宋都的令尹子玉都领兵回国。但出乎成王的意

① 清华大学出土文献研究与保护中心编，李学勤主编《清华大学藏战国竹简》（贰），中西书局 2011 年，第 153 页。
② 杨伯峻：《春秋左传注》（修订本），中华书局 1990 年，第 1005—1007 页。
③ 姚磊：《先秦戎族研究》，武汉大学出版社 2016 年，第 223 页。

料，子玉竟派大夫子越(斗越椒)到申县去，代他向成王请战，实际上是拒绝执行。若敖氏权可敌君，子玉即成得臣属于若敖氏的分支，是当时楚国势力最大的一个家族，楚成王允许留下以若敖氏家族武装为主的军队，应是顾全以斗穀於菟为首的若敖氏元老的情面。同时，对齐、秦二国的参与预计不足，留下的队伍过少，造成兵力不足而失败。战后楚成王逼迫子玉自杀，有楚王借机打压若敖氏势力的因素。楚王和若敖氏这种失和的局面，一直到楚庄王时期平定以斗越椒为首的若敖氏叛乱，若敖氏几乎被赶尽杀绝，楚王与若敖氏的矛盾才告终结。楚成王既已决心退却，却又抱侥幸取胜心理，未坚决制止子玉的错误，也不增派更多的军队。这种内部的分歧以及由此引起的指挥混乱，是使军队陷于失败命运的决定性因素之一。

二是两线作战。楚国在城濮战前既应鲁国的请求出兵伐齐救鲁，就应该以齐为主要打击目标，集中力量对齐，然后西向对晋，先弱后强，各个击破，而不应半途改变主要攻击方向，去对付宋国。"在宋背楚向晋的情势下，攻宋势必引起晋的干预，楚会提前与强晋交锋，陷于被动。但楚国君臣不能审时度势，贸然分兵伐宋、伐齐，这样就犯了两线作战的错误。"[①]

三是战线过长。楚国外围战对宋都久攻不下，救曹救卫，均告失利，实属鞭长莫及，力不从心。楚国北进的战线过长，战略有误。

四是忽略争夺盟国。楚军在泓水之战胜利后骄傲自满，不重视争取盟国和利用同盟军，得不到鲁国等同盟军的配合策应。骄横的子玉拒绝了齐、秦二国的调停，将两国推到了战争的对立面，为丛驱雀，陷于外交上的孤立，在战略指导上犯下无可挽回的错误。

楚军战败的战术原因：

一是右军弱。楚右军由息县之师和陈、蔡之师组成，力量比较弱，陈、蔡之师是作为附庸来帮忙的，以保全自己为天职，顺境下尚能冲

---

① 黄朴民：《春秋军事史》，军事科学出版社1998年，第213页。

锋陷阵，逆境下势难坚守顽抗。二是接战慢。晋下军先疾攻楚右军，这时楚军未动，这是很吃亏的。以后的晋楚邲地之战，楚军冲击在前，就是吸取了城濮之战的教训。三是马匹差。晋军马蒙虎皮，竟能导致陈、蔡之师的马匹受惊，说明陈、蔡之师的训练不足。楚军没有这类准备，亦未防备，是明显失误。四是中军反应慢。楚中军被烟尘隔开，不知晋中军右移夹攻楚左军，对右军的失利反应过慢，实际闲置。

城濮之战初期，晋军兵力劣于对手，又渡过黄河在外线作战，处于相对不利的地位。但是晋文公能够善察战机，虚心采纳先轸、狐偃等人的正确建议，选择以邻近晋国的曹、卫这两个楚的盟国为突破口，先胜弱敌，调动楚军北上，解救宋围。随后又根据楚军没有北上，解围目的未曾达到这一新的形势，审时度势，及时运用高明的谋略，争取齐、秦两个大国与自己结成统一战线，激怒楚国主帅，诱使其失去理智而蛮干，从而使晋军夺取了军事上的主动权，为赢得决战的胜利奠定了牢固的基础。

城濮之战后，晋文公向周王室报捷，周襄王闻晋军凯旋，亲往迎接，晋人"作宫于践土"（衡雍东南不远处），以为天子行宫。朝见时，晋人献所俘楚之战利品"驷介百乘，徒兵千"，献了披甲的战车百乘，徒兵千人。襄王随即"策命晋侯为侯伯"，并赐给晋文公"大辂之服，戎辂之服，彤弓一、彤矢百，玈弓矢千，秬鬯一卣，虎贲三百人"，即回赐以天子之车（"大辂之服"）和元帅之车（"戎辂之服"），红色的弓一张、箭千支，黑色的弓十张，箭千支，黑黍和郁金香草酿制的香酒一卣，以及号为"虎贲"的卫士三百人。

城濮战败，导致楚阵营全面瓦解。"城濮之战，楚国虽然在军事上受到一定损失，然而无伤其大体。楚国最大的损失在于晋国几乎夺去了它在中原的所有盟国，楚国被孤立在江汉流域。"①战前，郑文公认为楚强，所以曾亲自入楚朝拜，答应出兵助战。现在晋人以全胜姿

---

① 李孟存、李尚师：《晋国史》，山西古籍出版社 1999 年，第 154 页。

态兵归临郑，郑人惧，忙派其大夫到晋营谢罪，晋使栾枝先盟郑文公。郑人叛楚附晋，郑文公前往衡雍驻地与晋文公会盟，加入晋国阵营。城濮之战，晋、宋、齐、秦是战胜国，郑、鲁因楚败而首先改变立场，求和于晋。战后惩罚的主要对象是曹、卫二国，郑国次之。

曹共公因国破被擒，关押在晋，晋人不愿放共公归曹，迫使曹国改立新君，改善晋、曹关系。曹的始祖是武王之弟曹叔振铎，晋文公迫于同姓相煎的舆论压力，才释放了曹共公归国。但曹国需以割地给诸侯为交换条件。晋国分割战败国土地给诸侯的原则是"不以固班，亦必亲先者"。(《国语·鲁语》)鲁国虽在战前倾向于楚，但非楚之中坚盟友，且晋文公亡外时未经鲁地，无前怨相结，两国容易相亲。鲁在晋新建的联盟中，积极亲近晋国，得其好感，晋国盟主地位刚刚确立，也正需要这样的追随者，所以鲁国"获地于诸侯为多"。(《国语·鲁语》)鲁国不战而得到的大片土地，《左传》僖公三十一年记载大约是"自洮(今山东鄄城西南)以南，东傅于济"，即今天的山东东平、巨野及旧寿张诸地间。其地就是后来屡成纠纷的"汶阳之田"。曹国领地被分割后，其国势转弱。

卫成公在晋国攻占卫五鹿后出奔卫邑襄牛，在楚国战败后逃往楚国。卫大夫元咺是卫国的亲晋派，拥立卫成公之弟叔武为卫君，战后卫成公回国，杀死叔武，元咺逃到晋国。公元前632年冬，晋文公与齐昭公、鲁僖公、宋成公、蔡庄公、郑文公、陈共公、莒子、邾子及秦大夫，会盟于温。会上，卫成公与其大夫元咺争讼，请晋文公仲裁，结果卫成公败诉。晋人杀成公之代表士荣，砍了铖庄子的脚，拘留成公于晋京师。晋人本不愿让成公归卫执政，密使医衍鸩杀卫侯，卫大夫宁俞贿赂了医衍，衍因受贿而下毒甚薄，卫成公才幸免于死，但卫人终于立公子瑕为新君。

城濮之战前，郑公子兰因国乱而出奔居于晋国，公元前630年，晋、秦共伐郑，虽秦师不配合而自退，但晋军势重，迫使郑国答应接受公子兰回国为太子，郑人慑于晋军压力，只好派大夫石甲父、侯宣

多为特使，从晋国东部边界迎回公子兰，做了太子，两国媾和。晋事实上等于改易了郑君。

城濮之战后，建立了以晋国为中心的政治秩序，晋文公令各诸侯国"各复旧职""三岁而聘，五岁而朝，有事而会，不协而盟"（《左传》昭公三年）。晋国通过挟天子以令诸侯，削弱曹国，迫使郑、卫易君，怀柔鲁国，使楚国同盟中的中坚成员国一个个俯首就范，确立和巩固了晋国的盟主地位。《左传》僖公二十八年记晋国在践土周王行宫与诸侯会盟并宣布盟约："皆奖王室，无相害也！有渝此盟，明神殛之！俾队其师，无克祚国，及而玄孙，无有老幼！"诸侯同心协助王室，不相互侵害，谁背盟，天神下罚，使其兵败国亡，祸及子孙及老幼。践土之盟是齐桓公葵丘之盟之后又一次盛大的诸侯会盟，晋文公正式被命为侯伯，成为春秋时代第二个霸主。

对于晋文公通过城濮之战建立霸业，清人马骕的评论十分精彩：

晋文之入国也，年已六十二矣。路车乘黄，方报秦施，而吕、郤之难复作焉。以迟暮之年，当患难之后，霸业一成，数世因之，何其遇之艰而功之伟乎！宋襄不竞，楚氛日恶，蚕食中国，凌虐诸姬。泓战一胜，而宋求成。顿子既纳，而陈听命。且齐孝废职，鲁人求援，以宗国之大，俨然托重于蛇豕。晋若不起，中国之势必至大溃，区区宋、齐而可与抗乎？文公见晋霸之成在此一举也，即诸夏之振在此一举也，示信义以服民，用《诗》《书》以选将，计成谋定，奋志决策，先挟必胜之势，而后用兵焉。一战得隽，荆蛮败衄，楚方收其残夷，而晋之霸业已赫然于天下矣。昔齐桓之世，楚非不强也，然用师不过淮、汉之间，中国诸侯未至大病，既而召陵观兵，屈完来盟，齐无亡矢遗镞之费，而楚服焉。今日者楚势方炽，号召中国，盟薄以来，诸夏咸拱手以听命，非用大创，楚岂轻服，即中国之诸侯亦未敢辄相信也。文公复二

国以助己，执一使以怒敌，我得其利，楚受其愚。城濮一捷，诸侯景赴，于是鹫冕上赐，牛耳独执，中国日以睦，楚人乃不敢北视矣。故召陵之师，较晋为逸，而城濮之绩，视齐为烈，时势不同，迟速异效，桓、文之事，正未可以低昂也。说者谓文之入也，龙蛇作歌，胼胝居后，诛观状于郑国，责乘轩于曹人，请隧召王，威逼天子，凡其举动，大抵报复私仇，不顾礼义，则较之齐桓为不侔焉。然孔子不云乎："晋文谲而不正，齐桓正而不谲。"论其功，虽无大小之殊，而考其心不无邪正之异也。至于齐桓方没，五子交争，晋文既薨，数世继霸，则善后之术，是又文之胜于桓者尔。①

马骕将晋文公与齐桓公、宋襄公进行比较，认为齐桓公、晋文公各有千秋，但在阻止楚国北上方面，晋文公的作用远大于齐桓公、宋襄公。楚国经过城濮一战，北进的势头严重受挫，则是无可否认的。

但是，城濮战后，出现了一个有利于楚国的事情，就是晋、秦的分裂。

秦国在城濮之战中，实际是被利用来为晋文公争霸效力的。秦穆公很快就意识到了，不愿再为晋国效力。公元前 630 年(秦穆公三十年，楚成王四十二年)，秦穆公按照翟泉盟约，率兵配合晋文公向郑国进攻。借口是当年晋文公出亡过郑时，郑国对他招待不周，"无礼于晋"；而且对晋的敌国楚表示友好，"且贰于楚"。(《左传》僖公三十年)问罪之师浩浩荡荡向郑开来，九月，秦、晋大军迫郑境，晋军驻函陵(今河南新郑北)，秦军扼氾南(河南中牟南)，郑国的形势十分危急。这时，郑国派谋臣烛之武出城与秦穆公相见，晓以利害。烛之武对秦穆公说：秦、晋联合来攻郑，把郑灭亡是不费什么气力的。但是，消灭郑国以后，将要得到好处的是晋国，而不是秦国。郑距晋近

———————————
① 马骕：《左传事纬》，徐连城点校，齐鲁书社 1992 年，第 105—106 页。

而离秦远，秦助晋灭郑，是"亡郑以陪邻"。晋国强大起来后，对秦国是很大的威胁，因为晋今天图郑，明天就会攻秦。所以，秦助晋攻郑的结果，就是使秦受到损失而让晋国从中取利，"阙秦以利晋"。(《左传》僖公三十年)烛之武对于秦、晋两国间的矛盾了解得比较透彻，所以能从秦国统治者的立场出发分析形势，这就有力地打动秦穆公。秦穆公听了烛之武一番游说之后，决定不再替晋国当马前卒，下令单独撤兵，同时与郑国结盟，并派攻郑的杞子等三大夫率兵帮助郑国守城。"晋文公见秦穆公单独撤兵，也无可奈何，他估量晋军暂时无法灭亡郑国，也不得不随之撤兵而去。"[1]秦晋此次的小分裂，为数年后发生的秦晋崤之战，楚国与秦国形成盟友的关系，埋下了伏笔。

第十四节　徙居睽郢，环绕睽郢建筑楚长城
（成王四十一年）

城濮战败，楚国多年来的盟友丧失殆尽，楚国的北方边境的形势顿时紧张起来。为巩固边防，从楚成王四十一年起，成王做了两件事：一件是将都城从为郢迁徙到睽郢，一件是修筑长城。

清华简《楚居》：

> 至成王自箬（郜）郢遷（徙）袤（袭）湫＝涅＝（湫涅，湫涅）遷（徙）□□□□居睽（睽）郢。[2]

对于《楚居》中的"睽郢"，《楚居》整理者指出："睽郢，'睽'即'睽'，字见于西周金文（参看《金文编》，第二三五页）。《左传》僖公

---

① 林剑鸣：《秦史稿》，上海人民出版社 1981 年，第 124 页。
② 清华大学出土文献研究与保护中心编，李学勤主编《清华大学藏战国竹简》(壹)，中西书局 2010 年，第 181 页。

二十七年：'楚子将围宋，使子文治兵于睽。'杜预注：'睽，楚邑。'"①学者公认嬰郢就是《左传》中的睽邑，但其地望所在，历年来学术界并没有解决。

不光睽邑，还有连带的艻邑，都不知地望所在。在城濮大战之前，为备战，令尹子文和子玉分别在楚国的睽邑和艻邑训练士兵。《左传》僖公二十七年："楚子将围宋，使子文治兵于睽，终朝而毕，不戮一人。子玉复治兵于艻，终日而毕，鞭七人，贯三人耳。"杜预："睽，楚邑。""艻，楚邑。"究竟在何处，没有指明。杨伯峻注直接挑明："睽，楚邑。不详今所在。""艻，楚邑，今亦不详所在。"②"嬰"即是《楚居》中的"睽"，"艻"即是《楚居》中的"为"。鲁僖公二十七年即楚成王三十九年，"睽是楚成王最后一个都城，楚成王率子文等长时间在这里指挥作战"③。

如果清华简《楚居》没有记载楚成王曾经迁都睽郢，那么这个楚国的睽邑，没有必要进行考证，可让它永远成谜。既然《楚居》有载，这个睽邑成为了"睽郢"，就一定得考证清楚。众多的《楚居》考证者，对"睽郢"均一笔带过，不得要领，有的考证睽邑在今湖北秭归，明显错误。④

楚成王迁都，由为郢迁到睽郢，必须结合其大的军事背景来分析。

---

① 清华大学出土文献研究与保护中心编，李学勤主编《清华大学藏战国竹简》（壹），中西书局 2010 年，第 188 页。

② 杨伯峻：《春秋左传注》（修订本），中华书局 1990 年，第 444 页。

③ 赵平安：《〈楚居〉"为郢"考》，《中国史研究》2012 年第 4 期。

④ 子居猜测："睽郢似当即熊挚所奔之夔，今湖北秭归地区。《左传》僖公二十六年：'夔子不祀祝融与鬻熊，楚人让之，对曰："我先王熊挚有疾，鬼神弗赦而自窜于夔。吾是以失楚，又何祀焉？"秋，楚成得臣、斗宜申帅师灭夔，以夔子归。'《左传》僖公二十七年：'楚子将围宋，使子文治兵于睽，终朝而毕，不戮一人。子玉复治兵于艻，终日而毕，鞭七人，贯三人耳。'可见睽郢是出现在楚成王灭夔的次年，与《楚居》相比较的话，不难看出，很可能就是楚成王徙居为郢，然后灭夔，灭夔之后置其为睽郢。"见子居：《清华简〈楚居〉解析》，山东大学简帛研究网，2011 年 3 月 31 日。

楚成王三十八年灭夔，次年子文练兵于睽，再次年即成王四十年发生城濮之战，北进失利。《楚居》说成王由为郢迁到睽郢，没有具体时间，如果定在灭夔后即迁都于秭归，那么成王次年北上攻齐，围宋，往北远超楚文王的"封畛于汝"，可谓千里迢迢，楚大本营若设在长江三峡一带的秭归，是不可想象的。唯有从位于汉江之畔的为郢，今湖北宜城楚皇城遗址出发，才顺理成章。而城濮败后，楚国的北方边境岌岌可危，急需将国都北移，巩固边防，才会产生迁都的需要，由此，睽郢必在为郢之北，才合逻辑。赵平安认为："楚成王伐宋时，使子文治兵于睽，使子玉治兵于芳。可以想见，睽、芳都应在楚的北境。"①这种推测是很有道理的。

综合各方面的情况分析，笔者认为楚成王在城濮之战后将楚都从为郢(今湖北宜城楚皇城遗址)北迁至位于今河南南阳的楚国申地，定名"睽郢"。依据如下：

第一，申地为楚北境重镇，是楚国北上的战略重地，成为睽郢，地理上最合适。

楚国的申地原是古申国的旧地。《水经注》卷三十一，经：(淯水)又东过宛县南。注："淯水又南径宛城东。其城，故申伯之都，楚文王灭申以为县也。"②古申国从周宣王时受封于南阳，申伯就封南国，事见于《诗经·大雅·崧高》："亹亹申伯，王缵之事。于邑于谢，南国是式。王命召伯，定申伯之宅。登是南邦，世执其功。……申伯番番，既入于谢。"周平王死后，申国逐渐失去王室的保护。楚国崛起，楚武王开始向汉水、淮河流域扩张。楚文王继位后，于鲁庄公六年(前688年)"伐申"，于是申国首次出现在《左传》中。楚国取申应在灭息之前，何浩定于鲁庄公七至十年(即楚文王三至六年，公元前

① 赵平安：《〈楚居〉"为郢"考》，《中国史研究》2012年第4期。
② 拙著《先楚史》第十一章第五节"周王朝分封姜姓诸侯国"曾经介绍过申国的来历。程涛平《先楚史》，武汉出版社2019年，第1004—1015页。

687—前684年)之间。① 依此，古申国从周宣王时受封于南阳，成为南土大国，到入楚为县，前后只百余年时间，申国成为楚的一个县。其后，出现了镇守申县的最高行政与军事长官"申公"，这个申公是彭氏家族。1975年3月在南阳市西关发现的一座古墓里，发掘出随葬的青铜器等遗物，其中有一件铭文为"申公彭宇"的铜簠，研究者认为这是一座春秋中前期的墓葬②，"申公彭宇"当为申县的最高行政长官。春秋时期，南阳的申地既是楚人经营淮河流域和进军北方的后方基地，也是楚国抵挡中原诸侯南侵的重要屏障。《左传》成公七年载："楚围宋之役，师还，子重请取于申、吕以为赏田，王许之。申公巫臣曰：'不可。此申、吕所以邑也，是以为赋，以御北方。若取之，是无申、吕也。晋、郑必至于汉。'王乃止。"可见申地长期以来对楚国防御北方具有重要地位。不过，这条记载也反映出子重居然要求将楚国曾经的媵郢作为赏田，胃口也是大得惊人。

第二，申地是城濮之战的指挥中枢，是楚成王回撤和处理后事的地方，已经担负郢都功能。

在城濮决战之前，楚成王看见晋国连续攻克卫国的五鹿及曹国的都城陶丘，知道晋国是劲敌，知难而退，先行从围宋的第一线撤退到了申地。《左传》僖公二十八年："晋侯……侵曹伐卫，正月戊申，取五鹿。……楚子入居于申，使申叔去谷，使子玉去宋。"这里透露出一个重要信息，楚成王先回撤到申地，再发布一系列命令，申地俨然成为成王的战时司令部。申地发现有楚文王的行宫："据《史记》、《南阳地区志》和《南召县志》记载，楚文王二年(公元前688年)，楚伐灭申国(南召境属申国)，灭申后即在南召县鹿鸣山下的云阳镇内修建楚王行宫，这是国内发现的唯一一处楚王行宫。"③到城濮之战楚国战败，

---

① 何浩：《西申、东申和南申》，《史学月刊》1988年第5期。
② 高明：《中原地区东周时代青铜器研究(中)》，《考古与文物》1981年第3期。
③ 南召县人民政府2002年接待国家文物局罗哲文等专家前来考察后的总结材料，见南召县人民政府《楚长城的新发现与其宝贵价值》，2002年5月。

申地又成为楚王处理战争后事的场所。《左传》僖公二十八年："既败，王使谓之曰：'大夫若入，其若申、息之老何？'"这里，楚成王所言"大夫若入"，就是指进入申地，否则子玉不存在面临申、息父老的问题。将城濮战前和战后的这两件事情联系起来，可以看出，申地是楚王处理政务之地，已经担负着楚国的郢都功能，作为《楚居》中的睽郢，是完全可能的。

第三，申地是交通要道，百里奚出逃之地，有成为睽郢的优越地理条件。

《史记·秦本纪》记秦穆公发现百里奚的故事："既虏百里傒，以为秦穆公夫人媵于秦，百里傒亡秦走宛，楚鄙人执之。穆公闻百里傒贤，欲重赎之，恐楚人不与，乃……'以五羖羊皮赎之'。楚人遂许与之。当是时，百里傒年已七十余，穆公释其囚，与语国事。……语三日，穆公大说，授之国政，号曰五羖大夫。"百里奚先是晋国送给秦国的虞国战俘，作为秦穆公夫人的陪嫁到秦，后偷跑到楚国的宛地，成为逃犯，但因有贤名，获得秦穆公的重视，以五张羊皮的代价买回，授以国政。百里奚通晓天下地理，从秦国出逃到楚国的宛地，是有选择的，证实宛地当时人口众多，市场活跃，容易生存，是当时楚国扼守南阳通道的重镇。从百里奚奔宛，在宛地被执，以五张羊皮的代价被秦国买走，证实宛地存在进行奴隶交易的场所，宛地成为楚国的睽郢，十分自然。

第四，南阳现有"宛城"遗址，申地成为睽郢有考古依据。

今南阳市有宛城遗址。宛城遗址位于南阳市老城区东北蔡庄村，目前仅断为西汉时期。但宛城附近今南阳市还有西关墓区，面积约2平方公里。先后发掘墓葬6座，出土铜器有铜壶、鼎、簠、盘、罍等。其中"申公彭宇簠"是研究古申国的实物资料。文物断代为春秋时期。综合考虑，现宛城遗址为《楚居》中的睽郢，存在考古依据。

楚国的宛地在汉代成为一个大都会。张衡作《南都赋》："于显乐都，既丽且康。陪京之南，居汉之阳。割周楚之丰壤，跨荆豫而为疆。

体爽垲以闲敞，纷郁郁其难详。尔其地势，则武阙关其西，桐柏揭其东。流沧浪而为隍，廓方域而为墉。汤谷涌其后，淯水荡其胸。推淮引湍，三方是通。"

睽郢的得名可能与《周易》有关。《易经》有睽卦，是《周易》六十四卦中的第三十八卦。睽卦卦辞为"小事吉"，有可能是楚成王为图吉利而亲自定名。

楚成王迁都睽郢，是一件影响楚国历史进程的一件大事。定都睽郢之后，成王以睽郢为中心，在有生之年，一口气筑成了楚国的北方和东方长城。

史料证明，楚国的北部长城应该是逐步修筑的。楚文王"封畛于汝"，楚国的北境才到达汝水流域，但楚文王不久去世，最多在通往北境的某些隘口设置关口，不可能大规模修筑长城。到楚成王时，情况就大不一样，城濮战败，楚国北进势头严重受阻，甚至还有可能面临晋国裹挟其他中原诸侯国从北方南侵，由此，楚成王不得不认真考虑巩固北方的边防。楚成王享国久长，楚国的国力比楚文王时强得多，因此，从楚成王开始，历代楚王大规模修筑楚国的北方长城，将其顺理成章地提上了议事日程。楚成王之后，楚国的长城发挥了巨大的作用。从楚长城数次成功抵御晋国的进攻可以倒推楚北部和东部长城基本上为楚成王在城濮战败后所建。

楚成王的儿子是楚穆王。楚穆王二年，公元前624年，《左传》文公三年："楚师围江。晋先仆伐楚以救江。冬，晋以江故告于周。王叔桓公、晋阳处父伐楚以救江。门于方城，遇息公子朱而还。"杨伯峻在"门于方城"之下解释："此方城当指方城山之关口。"[1]肖华锟的解读是："晋国的阳处父伐楚以救江，打到楚方城就被挡回去了。"[2]这有力地证明，在楚成王去世仅两年，楚长城便已经起到"御敌于国门之外"

---

[1] 杨伯峻：《春秋左传注》（修订本），中华书局1990年，第531页。
[2] 肖华锟：《中国最早的长城——南阳楚方城》，《河南社会科学》1997年第4期。

的作用。晋军为救江,想通过直接"伐楚以救江",最便捷的方式是偷袭楚国的国都——位于今南阳的睽郢。没有想到,遇到坚不可摧的方城,不能前进,随即息公子朱率领息县之师杀来,晋军知道偷袭不可能成功,便知难而退,铩羽而归。这里,方城起到了楚国不战而屈人之兵的作用。

从晋军为救江而袭楚,"门于方城",在方城被挡住,可推知楚成王颇有预见,早已将方城的关口及其延伸长城建筑得固若金汤。江国位于睽郢即今南阳正东偏南,晋军为救江国伐楚,必从睽郢之东而来,故楚成王加强了对睽郢东面长城的建设。

楚成王是以睽郢为腹地来规划建设楚长城的,故不仅是睽郢东面,对于睽郢正北面的长城也精心设计规划建筑。楚成王在城濮战后,一直到去世,抓紧时间,充分利用国家机器,动员无数的人力物力,建设了围绕都城睽郢东面和北面分布的楚国长城。(见图4-10:**楚成王围绕睽郢东方和北方建筑楚长城**)

楚成王所建的北方长城在他死后41年发挥了巨大的作用。楚共王六年,《左传》成公六年:"楚子重伐郑,郑从晋故也。……晋栾书救郑,与楚师遇于绕角。楚师还,晋师遂侵蔡。楚公子申、公子成以申、息之师救蔡,御诸桑隧。赵同、赵括欲战,请于武子,武子将许之。知庄子、范文子、韩献子谏曰:'不可。吾来救郑,楚师去我,吾遂至于此,是迁戮也。戮而不已,又怒楚师,战必不克。虽克,不令。成师以出,而败楚之二县,何荣之有焉?若不能败,为辱已甚,不如还也。'乃遂还。"绕角,杨伯峻注:"绕角。据杜注为郑地,江永《考实》云'当是蔡地',在今河南鲁山县东南。江说较可信。"[1]可知绕角在睽郢的北面。晋栾书与楚师相遇于绕角,正靠近楚北方长城。晋楚两军没有交战,晋军东向攻打蔡国,楚军又去救蔡,在桑隧之地构筑

---

[1] 杨伯峻:《春秋左传注》(修订本),中华书局1990年,第830页。

了防守阵地，严阵以待。桑隧，杨伯峻注："桑隧在今河南确山县东。"①在睽郢（今南阳）正东，背后正是楚长城。结果晋军知难而退。晋军救郑和攻蔡的路线，正是楚长城向北向东的防御线，可以说，晋军是沿着楚长城的外围行动的，楚长城御敌于国门之外，成就显著。

楚成王所建的北方长城后来在楚康王时也发挥了巨大的作用。楚康王三年，公元前557年，《左传》襄公十六年记："晋荀偃、栾黡帅师伐楚，以报宋杨梁之役。楚公子格帅师及晋师战于湛阪，楚师败绩。晋师遂侵方城之外，复伐许而还。"湛阪位于睽郢北方。杨伯峻注："湛水源出于今河南宝丰县东南，东经叶县，至襄城县境入于北汝河。湛水之北山有长阪，即此湛阪，在今平顶山市北。"②湛阪之战，楚军战败，晋军正可以长驱直入，攻取曾经的楚都睽郢，今南阳之地，但晋军没有这样，而是只在方城之外骚扰一番，攻打位于睽郢北面的许国便收兵回营。"晋国的荀偃、栾黡帅师伐楚，进到方城，见方城固若金汤，只好退避三舍。"③楚长城的御敌作用，由此可见。

需要思考的是，为何认定由楚成王基本建成北部和东部长城？这是因为，第一，楚成王是众多楚王中能够居安思危之人。建筑长城与楚成王谨慎小心的心理息息相关。城濮之战，楚成王开战前夕洞察各种危机，临时决定回撤至申地，避免了更大的失败。城濮战败，楚成王刻骨铭心，预见晋国将不断南下侵犯，由此未雨绸缪，建筑长城，顺理成章。第二，以睽郢为中心布局楚长城，是唯有楚成王才可能有的战略考虑。清华简《楚居》记楚成王晚年迁都到睽郢，其子楚穆王还在睽郢居住相当长时间，这种以睽郢为中心建筑长城的思维背景是其他任何楚王都不具备的。第三，楚成王在位46年，享国久长，威信崇高，城濮战后主政仍有6年，能够很方便地举全楚之力建筑长城。

---

① 杨伯峻：《春秋左传注》（修订本），中华书局1990年，第830页。

② 杨伯峻：《春秋左传注》（修订本），中华书局1990年，第1028页。

③ 肖华锟：《中国最早的长城——南阳楚方城》，《河南社会科学》1997年第4期。

第四，楚成王城濮战后与晋讲和，晋楚之间相安无事，楚国有安定环境，楚成王能够从容不迫建筑楚长城。相对而言，楚成王之后春秋时期的有所作为的楚王，如楚穆王、楚庄王、楚共王等，或战事连连，或东向拓展，或内乱不止，没有以今南阳为中心全面建筑楚长城的战略思维和安定的条件。

楚成王所建楚东部和北部长城，先御晋，后抗吴，不战而屈人之兵。此后楚国多次与晋大战，进退自如，晋军只能到方城而止。楚长城保障了楚国以南阳为中心的腹心地域数百年的安宁。到战国时期，楚怀王和顷襄王为抵御秦国的进攻，先后在今南阳的西面又建筑了西部长城，从而使楚长城成为完整的马蹄形。

第十五节　晋文公霸业及晋楚讲和
（成王四十四年）

楚成王三十六年，晋文公继位，到楚成王四十四年，晋文公逝世，晋文公在位仅 9 年时间。在这 9 年里，晋文公充分展示了他治国理政的卓越才能。

公元前 636 年，晋文公回国即位，进行了一系列改革。《国语·晋语》对此有很好的表述："公属百官，赋职任功。弃责薄敛，施舍分寡。救乏振滞，匡困资无。轻关易道，通商宽农。懋穑劝分，省用足财。利器明德，以厚民性。举善援能，官方定物，正名育类。昭旧族，爱亲戚，明贤良，尊贵宠，赏功劳，事耇老，礼宾旅，友故旧。胥、籍、狐、箕、栾、郤、柏、先、羊舌、董、韩，实掌近官；诸姬之良，掌其中官；异姓之能，掌其远官。公食贡，大夫食邑，士食田，庶人食力，工商食官，皂隶食职，官宰食加。政平民阜，财用不匮。"尤其是，晋文公手下有一帮能臣如狐偃、先轸、赵衰等辅佐他成就霸业，君臣上下团结一致，积极对外扩张，发动或参与了一系列战争，见表 4-4：

表 4-4：晋文公参与战争表

交战时间				战争名称	描述
公元	晋文公	楚成王	鲁僖公		
前 635 年	二年	三十七年	二十五年	勤王之役	(春)晋文公勤王，三月，次于阳樊，右师围温，左师逆王。
				晋围阳樊	(夏)阳樊不服，晋围阳樊。
				秦晋伐都	秋，秦晋伐都，秦以计降商密。
				晋侯围原	冬，晋侯围原，原降。
前 632 年	五年	四十年	二十八年	晋侯侵曹	春正月，晋侯侵曹，围曹，三月入曹。
				晋侯伐卫	春正月，晋侯伐卫，取五鹿。
				城濮之战	夏四月，晋齐宋秦与楚战于城濮，楚师败绩。
				晋等讨卫	冬，晋会诸侯于温，讨不服，执卫侯，归之于京师。
				晋等围许	(冬)晋等诸侯继续讨不服，围许。
前 630 年	七年	四十二年	三十年	晋人侵郑	春，晋人侵郑，以观其可攻与否。
				晋秦围郑	秋九月，晋秦围郑，以其无礼于晋。郑烛之武退秦师，晋亦退师。

引自邓曦泽：《冲突与协调——以春秋战争与会盟为中心》，人民出版社 2015 年，第 210 页表 13

306

从表中可知，晋文公在位 9 年，领导晋国一共参与了 11 次战争。这些战争中，最重要的战争是勤王之役。晋文公即位之初，虽然晋国经历了争夺君位的动乱，但只是上层的局部性动乱，未伤及国家实力。由于支持者甚众，晋文公一即位就能整合、调动各方力量。晋国积聚起实力后，等待的就是机会。晋文公二年，公元前 635 年，机会终于来了。公元前 636 年，周襄王胞弟王子带与其嫂子隗氏即周襄王新立的狄后私通，周王废黜隗氏，颓叔、桃子遂尊奉王子带，以狄师攻周襄王，襄王出奔郑国的氾。于是，周襄王向鲁、晋、秦等诸侯告难。公元前 635 年春，同样有称霸野心的秦国也准备纳王，但晋国抢了先机。勤王之举，公私兼顾，既维护了周朝秩序，也获得了诸侯的尊重，还获得了周王赏赐的土地（阳樊、温、原、横、茅之田），扩大了自己的实力。在晋国新获土地中，阳樊，即今之济源，位于洛邑（今洛阳）西侧 75 公里，直线距离 50 多公里，这不但为晋国势力向中原扩张提供了极大方便，并且周王的赏赐也为晋国借尊王之名四处扩张提供了合法性。

晋文公五年爆发的城濮之战，晋国大胜，确立了晋文公的霸主地位，楚国北进锋芒严重受挫，中原诸侯几乎完全朝宗晋国，当然也有不服者如卫国、许国。战后，诸侯在践土为周襄王作了行宫，晋文公朝觐了周襄王。接下来，诸侯在践土周王行宫达成著名的践土之盟。在践土之盟中，晋文公善于协调诸侯关系。郑国、卫国本属于楚国阵营，但晋国不计前嫌，与郑国订盟，也允许卫侯派人参加王庭之盟，因此有效地团结了诸侯，削弱了楚国阵营。城濮之战后，天下的主导权控制在晋国手里。针对卫国、许国的不服，晋文公战后继续讨卫、围许。《左传》僖公二十八年记晋文公"冬，会于温，讨不服也"。晋国强行裁判卫侯与其臣子的官司，"卫侯不胜……执卫侯，归之于京师，置诸深室"。晋国围许的原因，是温之会许国公然不至，故晋国发动诸侯伐许。侵郑的原因是晋文公逃难时，郑文公有失礼行为，晋文公报复，也算是师出有名。后再次围郑，晋联合秦，继续攻打郑国。

不想因为郑国的烛之武一番言辞游说秦国，成功使秦国退师，晋国不得不退师，惩罚郑国的目的没有达到，秦、晋之间反倒产生了裂痕。

晋文公为晋国一代雄主，晚年身体多病，但面临诸多国情，不得不勉力支持。在晋楚城濮之战前，狄族先后侵齐、围卫，逼卫迁于帝丘(今河南濮阳西南)。城濮之战晋打败楚军后，可能文公病已加重，临终之年，决意一方面为了对付狄族，另一方面报答赵衰从亡19年之劳及归国后让贤使晋众臣和睦之功，把"三行"改为上、下新军，"使赵衰将新上军，箕郑佐之；胥婴将新下军，先都佐之"(《国语·晋语四》)。晋文公在三军之外另立步兵，后又改作五军，使赵衰领新上军，胥婴领新下军。不久狄国有乱，卫起兵侵狄，以报前一年狄围卫之仇，狄人请和，卫、狄结了盟。

这时已是城濮之战后四年，公元前628年，楚成王四十四年。可能是楚成王这时也是年事已高，倦于国事，见晋国整军经武，国势蒸蒸日上，知道暂时不可力争，主动派楚使斗章到晋国聘问，建议晋楚修好。《左传》僖公三十二年："春，楚斗章请平于晋，晋阳处父报之。晋、楚始通。"晋使阳处父到楚国回聘，表示晋国也有修好的诚意。这是晋、楚之间第一次见于经传的外交活动。这一次外交活动，意义重大，晋、楚两个大国停止战争，使得众多诸侯国也得以喘息。是年冬，晋文公去世。

晋文公的去世，使楚成王少了一个强有力的竞争对手，为楚国争取了休养生息的时间。在晋文公去世后，晋国与秦国的矛盾陡然上升，秦国主动与楚国联手，楚国趁机致力于东部发展，大得其利。

第十六节　崤之战后秦楚联手(成王四十五年)

楚成王四十五年，也就是晋文公去世后的第一年，晋楚关系虽然缓和了，晋国阵营却发生了严重的分裂：晋、秦两国由同盟关系变成

了敌对关系，晋国不得不全力以赴对付秦国，让楚国坐收渔人之利。

秦穆公欲控制晋国称霸中原，但他三置晋君(惠公、怀公、文公)而不获成功。晋文公即位后晋国反倒做了中原的霸主，秦国却僻居于关西，一直没有时机会染指关东，对此耿耿于怀。公元前628年，晋文公九年十二月，晋文公离开人世，他的儿子骧即位，是为晋襄公。恰在这一年里，郑文公亦死去，其子太子兰即位，是为郑穆公。晋、郑同时处于国丧之中，成为秦人进军中原千载难逢的机会。《左传》僖公三十二年记，当是时，秦国戍郑的杞子密告秦伯穆公说："郑人使我掌其北门之管，若潜师以来，国可得也。"

秦穆公访询大臣蹇叔，蹇叔认为："劳师以袭远，非所闻也。师劳力竭，远主备之，无乃不可乎？师之所为，郑必知之。勤而无所，必有悖心。且行千里，其谁不知？"[1]然而，秦穆公求霸心切，不顾蹇叔垂泪死谏，决计以占领郑国为目标，进兵中原，派孟明视(百里奚子)、西乞术、白乙丙三人领兵。秦军在东门外誓师出发，《左传》僖公三十二年记蹇叔对随军出征的儿子说：晋人必在崤山二陵之间设伏，秦军"必死是间，余收尔骨焉"。秦穆公直怪蹇叔太老，昏悖不能用。

秦师从都城雍(今陕西宝鸡)出发，沿渭水而下，越桃林之塞，穿秦岭与黄河间的走廊前进。这里是晋国南疆要地，再过稠桑原出函谷，涉弘农涧，至旧灵宝。经上阳(今三门峡市郊)，再东便是险峻的崤山古道。《元和郡县志》："自东崤至西崤三十五里，东崤长坂数里，峻阜绝涧，车不得方轨，西崤全是石坂十二里，险绝不异东崤。"据蒋若是考证，古时此地有南、北二道，秦师袭郑走的是南道。二陵在此南道之中。南道自南县以下穿行于群山峡谷之中，前行于10公里至夏后皋之墓，南临雁翎关。两山对峙，形如雁行。再南行五六公里至宫前村，有唐行宫故址。在此15公里的故道中，两山之间最窄处不及50

---

① 《左传》僖公三十二年。

米。一道穿行其中，形势险绝。盖即杜预所言"此道在二崤之间南谷中，谷深委曲，两山相嵌，古道由此"者。谷中有水北流，应即《水经注·崤水》所说"水出石崤山，山有二陵"之崤水。今路之东有"夏后皋墓"，应即蹇叔所说之"南陵"。北道盖于战国始通，魏武侯重修。南道为西北、东南走向，习称道之东西两山为"二崤"。① 秦师自以为晋、郑居丧无备，军心骄放，纪律松弛。次年（前627年）春，秦军行至成周，过周北门。周大夫王孙满见了，断言这样的军队必然要吃败仗。

秦军在山间行走，速度很慢，直到次年秦军东征到滑国（今河南偃师附近），郑商弦高将到周去经商②，迎面遇见秦军，无法躲避，知道他们来意不善，急中生智，一面以4张熟牛皮和12头牛犒劳秦军，一面派人紧急回郑报告。《左传》僖公三十三年记郑穆公得到报告，就派人侦察秦军驻守的馆舍，只见秦兵"束载、厉（砺）兵、秣马"。于是郑穆公急忙备战，命大夫皇武子通知戍郑秦兵退出，并积极做好各种防备。秦杞子知道阴谋已败露，逃奔齐国，另外两个秦大夫逢孙、扬孙逃奔宋国。孟明视探知郑有准备，不可能以突然袭击、里应外合的方式攻郑，只得撤军。在回师的路上，路经滑国，心有不甘，顺便灭了滑国。

晋得知秦军灭滑回师的消息，晋正卿先轸认为"一日纵敌，数世之患也"（《左传》僖公三十三年）。他排除了对秦施恩不报、晋文公刚死、晋居丧期间不宜作战等异议，调集卒乘准备截击，并传告陆浑之戎就近埋伏于崤山两侧，以为援军。是时，晋襄公尚居丧间，依照旧礼制应穿白色孝服，且不宜出征。为不违旧制，晋染孝服为黑色，从此晋国的孝服改用黑色，并成为一种制度。晋襄公亲征，先轸统率全军，发兵南下，偃旗息鼓而行。晋军沿虞坂古道翻过今中条山，经茅

---

① 蒋若是：《春秋"殽之战"战地考实》，《史学月刊》1987年第1期。
② 《吕氏春秋·悔过》："郑贾人玄高、奚施将西市于周。"《淮南子·人间》谓"郑之弦高、蹇他"。《秦本纪》《晋世家》则从《左传》只有弦高一人。

津渡(今山西平陆茅津渡)潜师过了黄河，进入崤山埋伏，静待秦军。

崤山古道是秦军回师的必经之路。秦军于四月十三日进入崤山古道，便遭到晋、陆浑之戎联军的伏击。这次战役的打法，参加崤之战的陆浑之戎的后代首领戎子驹支对晋大臣范宣子有很形象的描述，《左传》襄公十四年记述："晋御其上，戎亢其下，秦师不复，我诸戎实然。譬如捕鹿，晋人角之，诸戎掎之，与晋踣之。"李尚师解释：这就是说，秦军在崤山古道的南、北二陵之间，被埋伏在那里的晋国及其陆浑之戎的军队打了一个夹击。他们封住了峡谷的两头，把秦军装在这个长约15公里的口袋里。晋、戎联军奋力击杀，秦军尸骨遍野。《公羊传》记秦军"匹马只轮无反(返)者"，秦国三帅皆成了晋国的阶下囚。①

崤之战，开创了我国历史上集中优势兵力的伏击歼灭战的先例，使秦国从此约300年间不能逞志东进中原争霸，困阻于西北一隅之地。崤之战还结束了晋、秦之间短暂的友好史，拉开了两国长期战争的序幕，使晋人成功地阻止了秦人东进中原，并获得了滑国之地，但却由此造成了两国的长期对峙。秦国由晋国的友邦渐渐变成了楚国的同盟军。两次由宋国倡导的晋楚弭兵大会，秦国都是以楚的盟国身份出席大会。

晋、秦对峙延续长达八十多年，在晋景公、晋厉公时期，秦从右侧配合楚国攻晋，形成了晋国霸业的危机。直到公元前548年，秦景公二十九年，晋平公十年，秦、晋讲和，秦国表示愿意与晋恢复友好关系，才告结束。

由崤之战秦晋结怨而导致的秦国联楚抗晋，在新发现的清华简《系年》中有明确记载。

清华简《系年》第八章：

---

① 李尚师：《晋国通史》，山西人民出版社2014年，第683页。

（晋）襄公新（亲）衔（率）启（师）御秦（师）于嶚（崤），大败
之。秦穆公欲与楚人为好，女（焉）繁（脱）繘（申）公义（仪），
囪（使）归求成。秦女（焉）始与晋敳（执）乱，与楚为好。①

在崤之战以前，秦、晋两国曾多年交好，《系年》记载崤之战后
晋、秦决裂，秦国转而求盟于楚，是政局的一大转变，对后来的历史
发展有相当大的影响。

"《系年》第五章以后，则主要围绕晋、楚争霸，叙写晋楚之间、
晋楚与其他国家之间的关系。第五章写楚国向北方开拓，取得克蔡、
改旅陈的成绩，是楚与晋相争的前奏。第六、七、八、九、十章蝉联
为一，围绕晋、楚争霸写秦国对于晋国霸业的影响。晋人正是在秦国
的帮助下，赢得对楚国城濮之战的胜利；秦、晋崤之战则使晋国失去
秦国的结盟并使秦国转而采取与楚结盟的策略，晋国的霸业岌岌
可危。"②

另外，清华简《子仪》，简长约41.5厘米，现存简20支，从简的
残损和文句衔接情况看，有两处缺简，所失简数不好确定。简文也有
关于春秋时期的崤之战的记载。晋国在崤奇袭、全歼秦军，是当时的
重大事件。

《子仪》简从秦国"既败于崤"说起，篇首一段记述秦穆公在国内
施行惠民政策，激励大众，重新组建军队，"取（训仪）及七年，车逸
于旧数三百，徒逸于旧典六百"。按秦穆公在位共39年，这里说的
"七年"是他自崤之战后的最后七年。

不过《子仪》的主要内容并不是概述穆公这七年的事迹，而是集
中描写他在崤之战后，为了要对抗晋国，转而谋求与南方的楚国联盟。

---

① 清华大学出土文献研究与保护中心编，李学勤主编《清华大学藏战国竹简》
（贰），中西书局2011年。
② 侯文学、李明丽：《清华简〈系年〉与〈左传〉叙事比较研究》，中西书局2015年，
第32页。

他将长期囚禁在秦国的楚国重臣申公斗克（字子仪，简文作子义）释放，举行隆重的礼仪送回楚国，以此向楚成王示好。简文叙述的，便是穆公为子仪送行时的种种情节。

子仪被秦国俘获，事见《左传》僖公二十五年："秋，秦、晋伐鄀。楚斗克、屈御寇以申、息之师戍商密……秦师囚申公子仪、息公子边以归。"自那时到秦穆公送他归楚，子仪的囚禁生活已经有多年了。秦穆公送子仪归楚，见于《左传》文公十四年的追述："初，斗克囚于秦，秦有殽之败，而使归求成。"

《子仪》简文所记秦穆公送子仪的具体时间是不难估定的，因为秦、楚这次结盟，楚国一方是楚成王。这一点，文献中有明确证据。一个证据是《左传》成公十三年载晋厉公命吕相绝秦："……是以有殽之师，犹愿赦罪于（秦）穆公。穆公弗听，而即楚谋我。天诱其衷，（楚）成王陨命，穆公是以不克逞志于我。"另一个证据是宋代发现的秦惠文王时的《诅楚文》，其中说：

> 昔我先君穆公及楚成王，是僇力同心，两邦若壹，绊以婚姻，祫以斋盟，曰世万子孙，毋相为不利。亲印大沈厥湫而质焉。[1]

这句话今译为："从前我的先君秦穆公和楚成王，确是同心协力，两国亲如一家，互相缔结婚约，共同斋戒盟誓。誓约说：'世代子孙，永远不做不利于对方的事情。'双方在厥湫大水神您的面前封缄加印做了保证。"[2]这些都表明结盟的是楚成王。殽之战发生于公元前627年，到第二年，即秦穆公三十四年，楚成王四十六年的十月，楚成王就被弑身亡了。因此，《子仪》简记秦穆公送子仪这件事，只能在秦穆公三

① 王美盛：《诅楚文考略》，齐鲁书社2011年，第9页。
② 王美盛：《诅楚文考略》，齐鲁书社2011年，第12页。

十三年四月崤之战到三十四年十月之间。

在简文里，秦穆公对与楚结盟的政治目的，讲得颇为坦率。他说："君及不穀专心戮力，以左右诸侯，则何为而不可？"但是在送行典礼中，穆公和子仪多用诗歌和譬喻的形式，互相沟通和表达。从这一方面来说，《子仪》简还可从文学史的角度来研究。①

秦、楚两国长期联合以对付晋，这是历史事实，至于秦穆公同楚成王结盟、联姻的史实未见其他文献记载，只见于《诅楚文》。其中提到"绊以婚姻，袗以斋盟"，当是可信的。唯在穆公及成王共同在位之何年，文中无线索可寻。林剑鸣考证：秦穆公在位39年，即公元前659年至公元前621年，楚成王在位46年，即公元前671年至公元前626年。他们俩同时在位的时间，是从公元前659年至公元前626年，也就是说有33年的时间，楚成王和秦穆公同时在位。究竟在哪一年结盟，确切时间无可考。但"城濮之战"时，秦国尚参与晋国一方与楚为敌。可见，若有盟誓必在公元前632年晋楚城濮之战以后。由此，可以大致断定，《诅楚文》中所说秦、楚间立盟誓的时间，必在公元前632年至公元前626年这八年的时间内。②

第十七节　晋楚隔泜水对峙及楚灭轸
（成王四十五年）

楚成王勤于政事，从不懈怠。在晋国、秦国公开决裂，秦国与楚结盟之后，晋国的威胁大为减轻，楚成王虽然年事已高，仍然抓住时机，继续北上，与晋争雄。

在城濮之战后，楚国的盟友大多背楚事晋，唯有许国不屈不挠，一心跟随楚国，晋国视之为眼中钉，肉中刺。晋文公去世后，晋国仍

---

① 李学勤：《有关春秋史事的清华简五种综述》，《文物》2016年第3期。
② 林剑鸣：《秦史稿》，上海人民出版社1981年，第130页注释5。

然不放过许国，晋襄公继位当年，又纠集陈国和郑国，发动对许国的讨伐。《左传》僖公三十三年："晋、陈、郑伐许，讨其贰于楚也。"面对这一情况，楚成王不再隐忍，命令令尹子上迅速领兵救许。

楚成王四十四年，楚令尹子上出兵救许，途中，子上审时度势，认为陈国附从晋国攻打许国，实在可恶，同时原来的盟友蔡国背楚事晋，也罪不可恕。这次楚成王发令救许，令尹子上认为是到了还击晋国及其从属国的时候了。子上没有直接到许国与晋、陈、郑联军作战，而是直扑陈国国都，打了陈国一个措手不及。陈国因为在城濮之战中被晋军打败，不得已顺从晋国，面对楚国来犯，心中有愧，故没有认真抵抗，就宣布求和。令尹子上大喜，乘胜前进，直逼蔡国。蔡国原为楚盟国，与陈国一样，也是在城濮战后违心屈从于晋国的，见陈国从楚，也表示求和。《左传》僖公三十三年："楚令尹子上侵陈、蔡，陈、蔡成。"这样一来，城濮战前的楚阵营又得到了很大的恢复。

陈国和蔡国重新回到楚阵营，楚国声势大盛。令尹子上腾出手来对付郑国。这次子上预做准备，随军带上郑国的公子瑕。公子瑕是郑文公之子，因郑国内乱和不被郑文公信任而逃楚。《左传》僖公三十一年："郑洩驾恶公子瑕，郑伯亦恶之，故公子瑕出奔楚。"公子瑕奔楚两年后，楚军伐郑，公子瑕随楚军到郑，可以借助楚国的力量获取郑国君位，从而使郑成为楚的属国。谁知天有不测风云，《左传》僖公三十三年："楚令尹子上……遂伐郑，将纳公子瑕，门于桔柣之门。瑕覆于周氏之汪，外仆髡屯禽之以献。文夫人敛而葬之郐城之下。"楚国军队攻到郑都的桔柣之门时，公子瑕因车遇水坑翻倒，被郑人所杀。楚国的计划落空，只得放弃攻打郑国，郑国逃过一劫。

晋国联军围许未达到目的，反而丢失了陈、蔡，当然大为恼火，随即改变策略，调转方向，扑向蔡国，楚国得知，也针锋相对，驱军直奔蔡国救蔡。《左传》僖公三十三年："晋阳处父侵蔡，楚子上救之，与晋师夹泜而军。"泜水即溱水，今名沙河。疑在沙河下游近蔡地。晋国和楚国的军队隔着泜水扎营，双方虎视眈眈，互不相让，这是城濮

战后从未出现过的。这说明晋文公去世后，晋国实力大为下降，楚国养精蓄锐，重整旗鼓，晋楚争霸的局面重新出现。

晋楚两军隔岸对峙，双方都骑虎难下。《左传》僖公三十三年："阳子患之，使谓子上曰：'吾闻之，文不犯顺，武不违敌。子若欲战，则吾退舍，子济而陈，迟速唯命。不然，纾我。老师费财，亦无益也。'乃驾以待。子上欲涉，大孙伯曰：'不可。晋人无信，半涉而薄我，悔败何及？不如纾之。'乃退舍。阳子宣言曰：'楚师遁矣。'遂归。楚师亦归。"

这种对峙局面十分滑稽。双方都没有真正作战的决心，但谁也不能示弱，就这么僵持着。还是晋军首领阳处父打破僵局，率先提出一个双方都可以体面收场的建议：楚军如果要战，晋军退后一舍（三十里）之地，让楚军渡河上岸布阵，再堂堂正正厮杀。反过来，楚军退后，等晋军渡河上岸布阵，再行决战。这个建议，双方对等，十分公平。

令尹子上打算先过河与晋决战，但楚将大孙伯阻止，认为晋国的信誉度很差，如果在楚军半渡时突然袭击，楚军必败无疑，不如楚军后退一舍之地，放晋军过河再战保险。子上一听有理，便传令楚军后退一舍（三十里）之地，等待晋军过河后再决战。谁知阳处父根本不打算与楚军交战，见楚军后退，命军士们大声叫喊："楚师逃跑了！"叫喊一番过后，晋军没有过河，而是直接返回晋国。令尹子上见晋军撤退，也顺势撤退，率军回国。

通过泜水对峙，晋军不战而退，令尹子上看透了晋军已经是外强中干，更加放手并灭周边小国。何浩在《楚灭国研究·楚灭国及其疆域演变大事纪要》中，提示在楚成王晚年"楚灭汉东轸国"[①]，但未做具体论证。

有关轸国的历史记载很少。顾栋高《春秋大事表》："轸，在今德

---

① 何浩：《楚灭国研究》，武汉出版社2019年，第340页。

安府应城县西。桓十一年见。不知何年灭于楚。"①陈槃《春秋大事表列国爵姓及存灭表撰异》对轸国的来历作了考订："轸，皋陶后，偃姓。《路史·后纪七·小昊纪》《古今姓氏书辩证》二五'偃姓'条并同。《通志·氏族略》二以为周不得姓之国。"陈槃认为："案以上之说，并未详所据。沈钦韩以为贰、轸二国祖姓，自来地志所不载，罗泌妄人臆造也。轸国之都在今德安府应城县西。《地名致略》卷十三、《汇纂》桓十一年条同。"②

轸国曾经是楚武王的盟友。楚武王四十年，《左传》桓公十一年："楚屈瑕将盟贰、轸。郧人军于蒲骚，将与随、绞、州、蓼伐楚师。……（楚师）遂败郧师于蒲骚，卒盟而还。"表明楚国不顾郧国、随国、绞国、州国和蓼国的反对，坚持与贰国和轸国缔结盟约。此后没有轸国的任何消息。可以设想，轸国后成为楚国的属国，与楚国一直和平相处。七十余年过去，到了楚成王晚年，晋文公去世后，有余力清理周边门户，轸国在汉江流域今湖北应城附近，处于楚国的腹心地带，"卧榻之侧，岂容他人鼾睡"，令尹子上在奉命救许返国后，顺便灭了轸国，是完全可能的。

第十八节　熊掌难熟，雄主悲歌（成王四十六年）

楚成王一生处事谨慎，阅人无数。晚年有一心病，淤积心中，无法排遣，就是一直没有确定最佳接替君位之人。

楚成王立嗣长期以来是个大难题。拖到了楚成王四十六年，仍没有解决。《左传》文公元年载：

> 初，楚子将以商臣为大子，访诸令尹子上。子上曰：

---

①　顾栋高：《春秋大事表》，中华书局 1993 年，第 557 页。
②　陈槃：《春秋大事表列国爵姓及存灭表撰异》，上海古籍出版社 2009 年，第 429 页。

"君之齿未也，而又多爱，黜乃乱也。楚国之举，恒在少者。且是人也，蜂目而豺声，忍人也，不可立也。"弗听。

　　楚成王在儿子商臣还是小孩的时候，按照楚国继承君位的通行做法，打算确定嫡出的儿子商臣作太子，但又拿不定主意，便征求子上的意见。子上此时尚不是令尹①，深受成王信任，子上劝成王不要仓促决定，说成王年岁不算大，一旦立了太子，便不能更改，在楚宫中，楚王的内宠很多，如果将后来得宠的其他人接替君位而罢黜商臣，楚国必然生乱。子上认为，在楚国，能够继承大业的人常常是年少者，商臣其人相貌狰狞丑陋，说话声音像豺狼，让人害怕，不能立为太子。不过，成王身为楚王，习惯一意孤行，我行我素，当时认为子上有点危言耸听，没有听进，仍然决定商臣为太子。

　　随着时间的推移，太子商臣慢慢长大，各种坏毛病逐步显现出来。其中最突出的是心术不正，陷害于人。最典型的例子是陷害令尹子上。令尹子上为人正直，作战有勇有谋，对成王忠心耿耿，深得成王信任，就是因为当年反对立商臣为太子，使得商臣对子上怀恨在心，一直伺机报复，设法除掉令尹子上。当看到令尹子上率军救蔡，与晋国阳处父在泜水对峙，没有交战便撤兵回国，觉得机会来了，向楚王进谗言，污蔑令尹子上是收受了晋人的贿赂而撤兵的。《左传》僖公三十三年："晋阳处父侵蔡，楚子上救之，与晋师夹泜而军。……（晋人）遂归。楚师亦归。大子商臣谮子上曰：'受晋赂而辟之，楚之耻也，罪莫大焉。'王杀子上。"这是商臣有意进谗。成王未能察觉，一怒之下，没有

---

① 杨伯峻注："楚子之于子上，当在子上未为令尹时。盖僖二十八年夏，令尹子玉死，劳吕臣为令尹，而后子上始为令尹，则子上之为令尹，当在僖二十九年以后，去今不过数岁。成王之生当在庄十四年以前，至僖之二十九年，亦五十以上，不得云君之齿未也，故知访诸子上，当更在其前。《传》云'令尹子上'者，以最后官阶言之。"杨伯峻：《春秋左传注》（修订本），中华书局1990年，第513页。

318

细察，下令杀了令尹子上。商臣的阴谋得逞。

楚成王杀令尹子上，可能还与斗氏专权威胁到王权有关系。商臣的即位是斗氏之族的严重威胁。楚成王四十六年，公元前626年，楚成王又改变主意，想废掉太子商臣，立商臣的庶弟王子职，这也可能是斗氏一族的阴谋所致。商臣面临这样的变动，要么束手待毙，要么铤而走险，情有可原。

令尹子上被杀，成王的夫人郑瞀以自杀来为其鸣不平。《古列女传·楚成郑瞀》卷五：

> 郑瞀者，郑女之嬴媵、楚成王之夫人也。……王将立公子商臣以为太子，王问之于令尹子上，子上曰："君之齿未也，而又多宠子，既置而黜之，必为乱矣。且其人蜂目而豺声，忍人也，不可立也。"王退而问于夫人子瞀，曰："令尹之言，信可从也。"王不听，遂立之。其后商臣以子上救蔡之事，谮子上而杀之，子瞀谓其保曰："吾闻妇人之事，在于馈食之间而已；虽然心之所见，吾不能藏。夫昔者，子上言太子之不可立也，太子怨之，谮而杀之，王不明察，遂辜无罪，是白黑颠倒，上下错谬也。王多宠子，皆欲得国，太子贪忍，恐失其所；王又不明，无以照之，庶嫡分争，祸必兴焉！"后王又欲立公子职。职，商臣庶弟也。子瞀退而与其保言曰："吾闻信不见疑，今者王必将以职易太子，吾惧祸乱之作也，而言之于王，王不吾应，其以太子为非吾子，疑吾谮之者乎。夫见疑而生，众人孰知其不然；与其无义而生，不如死以明之。且王闻吾死，必寤太子之不可释也。"遂自杀。保母以其言通于王。

成王通过夫人郑瞀之死，痛惜之余，觉得商臣行为不端，不是理想的太子人选，更加坚定废商臣而改立其庶弟王子职为太子。这样一

来，手握太子宫甲的商臣必然反抗，楚国的宫廷登时危机四伏。

商臣夺位，与其师潘崇有直接关系。《左传》文公元年记：

> （楚成王）既，又欲立王子职而黜大子商臣。商臣闻之而未察，告其师潘崇："若之何而察之？"潘崇曰："享江芈而勿敬也。"从之。江芈怒曰："呼，役夫！宜君王之欲杀女而立职也。"告潘崇曰："信矣。"潘崇曰："能事诸乎？"曰："不能。""能行乎？"曰："不能。""能行大事乎？"曰："能。"冬十月，以宫甲围成王。王请食熊蹯而死。弗听。丁未，王缢。谥之曰"灵"，不瞑；曰"成"，乃瞑。

楚成王想废掉商臣的太子职位，另立庶出的儿子王子职为太子。商臣听到了一丝风声，苦于不明究竟，向其师潘崇求教。潘崇想出一个办法来，教商臣设宴款待成王的妹妹江芈①，席间故意失礼，惹江芈生气，听她会说出些什么来。商臣依潘崇之计行事。果然，江芈骂商臣："怪不得君王想杀你而立王子职为太子呢！"一语泄露了天机。商臣又去向潘崇问计。潘崇问："你能侍奉王子职吗？"商臣说："不能。"潘崇又问："你能够逃走吗？"商臣说："不能。"潘崇最后追问："你能做大事吗？"商臣说："能。"所谓"大事"，就是不择手段自立为王。在潘崇的提示下，商臣率领太子自有的宫甲包围了王宫，逼迫成王自尽。成王万万没有料到自己会死在亲生儿子手上，要求在就死之前煮一只熊掌吃，因为熊掌难熟，成王意在拖延时间等候救援。但商臣不允许，成王被迫自缢。楚国的一代雄主，就此结束了波澜壮阔的一生。

---

① 杨伯峻注："杜注：'江芈，成王妹嫁于江。'但《楚世家》作'飨王之宠姬江芈而勿敬也'，以江芈为成王宠姬，两说不同。据《秦本纪·太史公赞》及《陈杞世家·索隐》引《世本》，江为嬴姓。江芈若为成王宠姬，则当称为江嬴，今称为江芈，明是芈姓。郭沫若《大系》有器铭'楚王媵江仲芈'语，则成王妹。"杨伯峻：《春秋左传注》（修订本），中华书局 1990 年，第 514 页。

第十九节　疆域变迁

楚国的疆域到楚成王时有大的拓展。

楚成王初继位，是在公元前671年。《史记·楚世家》记载："成王恽元年，初即位，布德施惠，结旧好于诸侯。使人献天子，天子赐胙，曰：'镇尔南方夷越之乱，无侵中国。'于是楚地千里。"这标志着楚国的国土已经达到"千里"之多。"千里"是个宽泛的概念，相对于以前"若敖、蚡冒至于武、文"的"土不过同"，是一个大的飞跃。到公元前626年楚成王去世，经过南征北战，西进东扩，楚国的疆域又大有扩展。具体如下：

北境：随着楚国的迅速扩展，内顾无忧，楚成王挥师北上，目标首先指向郑国。楚成王十三至十五年，公元前659—前657年，楚人连续三年伐郑，以图征服郑国，控制中原腹地。春秋首霸齐桓公屡次以诸侯之师出兵救郑，于楚成王十六年春率领齐、鲁、宋、陈、卫、郑、许、曹等八国之师伐楚，次于陉，迫楚定盟于召陵，使楚国北向发展受到遏制。位于淮水上游地区的江、黄、道、柏、弦诸国亦连襟抗楚。召陵之盟，使楚国在中原的发展受到了暂时的约束。面对不利形势，楚成王审时度势，避实就虚，兵锋东转，经略淮域。楚成王十七年，楚令尹子文率师灭弦。楚成王二十三年冬，伐黄。次年夏"楚人灭黄"，接着又"灭英"。楚成王二十七年，"楚人伐徐"，败之于娄林，楚国势力扩展到淮河中游以南。与此同时，位居方城以北的许国，因楚国的军事压力，于"召陵之盟"后仅两年，服属于楚。公元前643年，齐桓公死，齐国内乱，以齐为首的中原诸侯联盟也随之解体，邻近楚国的中原诸侯又转而顺从楚国。楚成王乘机向北扩张。这时，宋襄公因助平齐国内乱而声势上升，意图继齐称霸，不断侵伐附近小国，楚成王北进受阻。楚宋两国终于在楚成王三十四年冬爆发了泓水之战，宋师大败，楚在中原之势大振。次年，楚师进攻仍然亲宋的陈国，

占领了陈国东境的焦、夷二邑(在今安徽亳州附近),同时帮助陈国南邻、一向受陈国威逼的顿国(在今河南项城境)加固城垣。这时,楚国势力向北越过淮北的涡水中游建立了新的据点,直逼宋国南境。位于方城山丘陵地以东、淮汝之间的道、柏、房,以及汝颍之间的沈、胡、养诸国,均约在此时先后服属于楚。

西北境:晋支援秦国侵伐秦楚边境上的附楚小国——鄀国,楚则以申、息之师助守鄀都商密,由于秦师以诈计迫使鄀降秦,导致楚申息之师的两员将领在商密被俘,楚令尹子玉率师救援,秦晋之师已退。丹水流域,为楚之根本,商密之败,只是楚人在西北边境的一次小挫。楚随后迁鄀人于汉水中游的鄀县,鄀都商密成为楚在丹水流域的重要城邑。商密,与其北面位于丹江通道一线的楚之商县、析县互为掎角之势,加强了对这一地带的重点防御。有效地阻止了秦、晋势力。直到战国中期,丹江流域一直为楚所控制。

楚成王四十年四月爆发晋楚城濮之战,楚师大败。原附楚的陈、蔡、郑、许、曹、卫诸国纷纷倒向晋国,晋文公取得中原霸主地位,楚国北进势头再次受到阻遏。晋文公卒,晋襄公继位虽仍能保持霸业,但因与秦失和,此后十余年两国之间断断续续发生了一系列战争,晋虽多胜,然国力却受到一定的牵制。楚趁机北侵处于汝颍地区的陈、蔡、许等国,郑国等只得依违于晋、楚之间,成为拉锯地带。

楚成王时,楚国大举向南方扩张。周天子有意把楚国的进攻方向引向南方的百越之地,于是楚成王就展开大规模南征,其势力也由此而扩展到洞庭湖以南的湘中地区。这个时期,楚国在江西的占领也不断扩大,逐渐占领鄱阳湖以西大片土地,后来经过长期的征服与开拓,楚国统治势力迅速从西向东、向南扩展,到春秋后期就达到了鄱阳湖以东的余干等地,并在此建立军事重镇——番邑。至此,赣境北部地区基本由楚控制。①

---

① 钟立飞:《试析江西楚文化》,《江汉考古》1994 年第 2 期。

楚成王三十八年灭夔，标志着楚国西进成功。本来夔是楚的别封之国，始君为熊渠次子熊挚，故址在今湖北秭归，土著是巴人。夔子已经巴化，而且认为楚国歧视夔国的先君，拒不祭祀楚祖祝融和鬻熊。子玉引兵灭夔，从此夔国不复存在，楚国势力从此抵达夔地。

楚文王以后楚对南境的开拓，规模较大的有三次。第一次便是成王初年。《史记·楚世家》："成王恽元年，初即位，布德施惠，结旧好于诸侯。使人献天子，天子赐胙，曰：'镇尔南方夷越之乱，无侵中国。'于是楚地千里。"这说明南方此时已经发生了大规模的"夷越之乱"，周天子授权楚成王镇抚。楚成王一至五年中，无任何楚国侵犯中土的记述，甚至对其西境和东境以外也没有用兵，很可能把主要兵力投入南境了。夷越是扬越的一个支派，属于百越，原分布在今湖南北部。[①] 成王趁势南侵，进一步扩大了南疆的地盘。《史记·楚世家》记："于是楚地千里。"所谓"千里"，当然只是相对于过去楚国"土不过同"的概数。楚成王南越洞庭，千里之数，略有超过。这与《史记》所记，大体一致。结合湖南省1949年以来考古发掘的材料来看，此时楚师已跨过洞庭湖东南的汨罗江一线，进至湘水、资水中下游间。现有考古资料表明，湘、资、沅、澧流域早在春秋前即已开发。新中国成立以来，湖南省发掘了不少器物组合以具有鬲或鬲形器为特色的楚墓。湖南省博物馆定其为春秋墓。这些墓分布在湘水流域的长沙、湘乡、湘潭、耒阳、株洲、衡阳、衡南，沅江流域的常德，资江流域的益阳，澧水流域的澧县等地。[②] 另外，还在石门县发现春秋时的古城堤城址[③]，在长沙太子冲发现春秋时楚人居住和生产的聚落遗址。[④] 这些楚人的墓葬、古城、聚落，与商周人留下的遗址的范围大体一致。

---

① 吕荣芳：《楚越同姓析》，《江汉论坛》1980年第3期。
② 以上春秋楚墓分布情况，参阅文物编辑委员会编《文物考古工作三十年：1949—1979》中的《三十年来湖南文物考古工作》等文，1979年。
③ 周世荣：《湖南石门县古城堤城址试掘》，《考古》1964年第2期。
④ 周世荣：《长沙太子冲文化遗存》，《文物》1960年第3期。

可见楚人进入湖南，与商人和周人一样，仍然是沿着湘资沅澧四大水系向前推进的。

由以上楚国的四境，绘出楚成王末期楚国的疆域。

徐少华绘出了楚成王时楚国的北境、东境和西北境线。（**见图4-11：楚成王时疆域示意图**）

第二十节　楚成王述评

楚成王熊頵，芈姓，名頵，又名恽，一作"髡"①。楚文王子。公元前671—前626年在位。即位之初，为稳定局势，对内布德施惠，对外结好诸侯，遣使向周王朝贡，借周惠王之命，镇抚南方夷越。楚成王六年起，复用兵于中原。成王十六年，齐桓公为阻止楚人北进，纠合诸侯伐楚。楚成王不拟与霸业正盛的强齐决战，派屈完与诸侯盟于召陵而还。鉴于北进受阻，次年转而向东扩张，先后灭弦、黄、英等国，形成"楚地千里"的局面。齐桓公死后，宋、楚皆欲代齐称霸。成王三十四年，楚救郑伐宋，与宋师战于泓水，射伤宋襄公，大败宋师。诸侯由是多从服于楚。三十九年冬，楚、陈、蔡、许围宋。次年春，晋文公亲率三军救宋，晋、楚战于城濮，楚师大败。诸侯纷纷背楚，晋文公成为中原霸主。成王四十四年，楚遣使请聘于晋，晋、楚媾和。次年，楚师接连侵蔡、陈及郑，晋师亦再度南下，楚、晋又恢复对峙局面。四十六年，成王欲废太子商臣。商臣以宫甲围王宫，熊頵被迫自缢。据载，初谥为"灵"，熊頵不瞑目。改谥号为"成"，双目始闭合。②

"楚自武王以来，日以强暴，其灭人国也，直取之尔。文王嗣位，始侵诸姬，经犹书之曰荆，至成王而书楚矣。享年永久，身历二霸。

---

①　《春秋》作"頵"，《史记》作"恽"，《穀梁传》作"髡"。

②　石泉主编《楚国历史文化辞典》，武汉大学出版社1996年，第478页。

当齐桓公为贯之盟，管仲曰：'江、黄远齐而近楚。楚，为利之国也，若伐而不能救，则无以宗诸侯矣。'桓公不听，卒与之盟。管仲死，而楚人伐江灭黄，齐果不能救也。霸主尚在，楚犹不逞，况其后乎？"[1]

"楚之图北方久矣，成王在位四十余年，无日不以争霸为事。召陵以后，楚人敛翼，窥桓公之没，越汉东以陵上国。晋文奋起而战城濮，楚氛始息。伺衅则起，势阻则退，鸷鸟伏攫，战守并用，其才类有能过人者，然卒不能大得志于中国，以中国之有霸故也。"[2]

"楚国的霸业无疑是在成王时奠基的。假如置北方诸夏的偏见于不顾，专论诸侯的功业，那么，说成王已是霸主也不算过分。五霸为谁，诸说不一。通常以《春秋》所记为准，五霸即齐桓公、晋文公、秦穆公、宋襄公、楚庄王。阖庐、句践，年代太晚，而且只是小霸。楚庄王是无可争议的霸主，但年代也较晚，无幸与其他霸主周旋。宋襄公虽曾主盟，但只演了几场闹剧，号为霸主，滥竽充数而已。秦穆公是关中的霸主，在中原却不曾得志。楚成王与齐桓公、晋文公、秦穆公、宋襄公并世而立。论治国的成效，只有齐桓公与楚成王差可比肩；论用兵的艺术，只有楚成王之孙楚庄王可以与乃祖相提并论；论主盟，楚成王虽不及齐桓公而超过晋文公。假如说，楚成王在郑国有违礼之举，那么，晋文公召周襄王就是违礼之尤；假如说，楚成王有城濮之败，那么，秦穆公的崤之败损失更为惨重。总之，不管拿什么条件来衡量，楚成王都曾是真正的霸主。春秋五霸，楚成王不在其列，这是因为其孙楚庄王的形象更加高大，论者乃舍其祖而取其孙了。"[3]

涛平赞曰：

壮哉楚成王！继楚武王、楚文王之余烈，奠基楚国霸业。尊周王扩南疆千里，御齐桓仗汉水方城。兵车会玩宋襄股掌之上，泓水战笑

---

[1] 马骕：《左传事纬》，徐连城点校，齐鲁书社1992年，第69页。
[2] 马骕：《左传事纬》，徐连城点校，齐鲁书社1992年，第124页。
[3] 张正明：《楚史》，湖北教育出版社1995年，第117页。

宋军迂腐至极。与晋献公竞争灭国，开疆拓土难分伯仲；同晋文公惺惺相惜，殷勤迎送战场争雄。锐意北上攻齐围宋兵锋凌厉，争夺激烈援曹救卫道义凛然。召陵盟而不屈，城濮挫而愈坚。秦穆公东进心切长驱直入致崤山大败，楚成王稳扎稳打西进灭夔绳夔子而归。大步东进灭小国利落干净，谨慎小心筑方城步步为营。享国久长持续开拓楚国四境，诸国雄主辈出无愧与之同台。

第 五 章

楚穆王小霸
坚定北上东进

第一节　太子商臣弑父夺位

公元前 625 年，太子商臣即位，是为楚穆王。商臣作为楚成王的长子，本来就应该继承王位。楚成王有许多王子，内宠很多，这些王子都是商臣继位的障碍。令尹子上借口商臣的长相不佳，"蜂目而豺声"，劝成王另定他人，楚成王未听，还是立了太子商臣。商臣因此与斗氏结下仇隙，十分自然。商臣夺位对于楚成王来说，是弑父继位，大逆不道；但对于楚国来说，却是后继有人。

商臣作为太子，掌握了太子宫甲，拥有了一定实力。商臣与父亲的关系应该一直不错。楚成王四十五年，公元前 627 年，晋、楚有夹泚之役，令尹子上未战而还，商臣在楚成王面前说令尹子上退兵避敌，致使楚成王杀了令尹子上，史籍都认为商臣是卑鄙小人。其实不然。楚国以武立国，在城濮之战大败后，需要对晋国的胜利以鼓舞士气。令尹子上未战而还，错过了取胜的机会，商臣对此有意见是有道理的。

商臣在其太傅潘崇的帮助下，从江芈口中知晓成王欲另立太子事，迅速以由太子掌握的宫甲包围了楚成王。这体现了商臣的智慧和果断。只是楚成王为拖延时间，请求食熊蹯而死。商臣担心时间一长太子宫甲难以支撑，逼着楚成王自缢而死。这就有悖人伦了。

张正明曾评论说："回顾中国古代三千余年福祸倚伏的政局，臣弑其君者虽不可胜数，亲子杀亲父而篡位的事却殊属罕见，商臣逼杀成王是情节尤为恶劣的一例。极度的贪婪和残忍在楚国的历史上写下了至可厌恶的一页。"[1]

但是我们不能仅从一件事上去判定一个君主的优劣，对于楚穆王的评价应从更广阔的历史视角上去评定。邓曦泽列出春秋争霸霸主评价表，将楚穆王与楚庄王并列，认为楚穆王属于"小霸"之列，是春秋

---

① 张正明：《楚史》，湖北教育出版社 1995 年，第 124 页。

时期争霸的十四个霸主之一。① （见表5-1）

表5-1：春秋争霸霸主评价表

阶段	霸主	在位时间	霸主类型
1	郑庄公	前743至前701年	小霸
2	齐僖公	前730至前698年	小霸
3	齐桓公	前685至前643年	第一霸主
4	宋襄公	前650至前637年	小霸
5	晋文公	前636至前628年	霸主
6	秦穆公	前659至前621年	霸主
7	晋襄公	前627至前621年	小霸
8	楚穆王	前625至前614年	小霸
9	楚庄王	前613至前591年	小霸
10	晋景公	前599至前581年	小霸
11	晋悼公	前572至前558年	小霸
12	吴阖闾	前514至前496年	霸主
13	吴夫差	前495至前473年	小霸
14	越勾践	前496至前465年	小霸

  此表中的"霸主类型"，采用的是霸主和小霸的区分，而且特别将齐桓公作为第一霸主。其中，楚穆王被列入小霸，说明其在位期间，还是有所作为的。

  清华简《楚居》记楚穆王的父亲楚成王去世时，曾经居住在睽郢（南阳宛城遗址）：

---

① 邓曦泽：《冲突与协调——以春秋战争与会盟为中心》，人民出版社2015年，第132页。

至成王自箬(鄀)郢遷(徙)衮(袭)湫=浧=(湫浧，湫浧)遷(徙)□□□□居䙴(睽)郢。[①]

楚穆王夺位成功，想做的第一件事就是迁都。《楚居》记载："至穆王自睽郢徙袭为郢。"楚穆王在位，一直以为郢为都，说明为郢(宜城楚皇城)的地位在楚国日渐重要。

第二节　灭江六蓼蒋，大步东进(穆王二年)

国都既定宜城楚皇城的为郢，楚穆王无后顾之忧，开始图谋发展。由于城濮之败，北上受阻，便沿淮东进。楚穆王初为国君，一心想振兴楚国，放开手脚大步东进。沿淮东进，面临诸多小国。他循序渐进，逐步吞并。

第一步，灭掉江国。[②]

江国在淮河北岸，被蔡、息、道等姬姓国家所包围。江国本为小国，军事力量与经济实力都十分有限，与诸侯无争胜之心，在西周时代和春秋前期，中原诸侯的军国大事和诸侯间的交流，江国很少参与，故能够安然生存。《国语》《春秋》《左传》等史书对江国的记载较少，直到《春秋》与《左传》鲁僖公二年(前658年)江国才首次出现。

江国与楚国有姻亲关系。《左传》文公三年载楚大夫潘崇说："享江芈而勿敬。"《史记·楚世家》以江芈为成王之"宠姬"，裴骃《集解》指出"姬当作妹"。楚国从楚武王、楚文王到楚成王，楚国三代国君先后灭掉申、吕、邓，攻随，伐蔡，侵郑，此时，淮河上游的随、蔡、道、黄、息等小国纷纷依附或灭于楚。为了笼络江国，楚成王把自己

① 清华大学出土文献研究与保护中心编，李学勤主编《清华大学藏战国竹简》(壹)，中西书局2010年，第181页。

② 江国，拙作《先楚史》第十一章第六节"周王朝分封嬴姓诸侯"有过介绍。程涛平：《先楚史》，武汉出版社2019年，第1035—1040页。

的妹妹嫁到了江国，史称"江芈"。《左传》文公元年杜注："江芈，成王妹，嫁于江。"可知江芈为楚文王的妹妹。

由于江国与楚的特殊关系，在楚成王时代，尽管弦、黄等国相继灭亡，而比黄、息都要弱小的江国却得以保存。不过江国也几乎成了楚国的附庸，是楚人与北方诸侯争胜的前沿阵地。此时楚国已经灭掉了江国的邻邦息国，势力范围到达了江国的东境。

江，嬴姓。《汉书·地理志》汝南郡"安阳县"颜注引应劭曰："故江国，今江亭是。"《后汉书·郡国志》汝南郡"安阳侯国"司马彪自注曰："有江亭，故国，嬴姓。"《左传》僖公二年杜注曰："江国在汝南安阳县。"可见，汉晋安阳县即故江国所在。而《读史方舆纪要》载："今汝宁府真阳县东南有故江城。"①新息县即今河南息县，真阳县即今河南正阳县。二者所指为一，赵炳清指出，故江国当位于二县相界的淮河北岸、近浉河西岸一带。②

为了自保，江国与自己的同盟国黄国一起寻求中原诸侯的保护。此时，齐桓公九战以服中原诸侯，成为可以号令中原诸侯的霸主。《春秋》僖公二年记，江国首次参加了中原诸侯会盟："秋九月，齐侯、宋公、江人、黄人盟于贯。"杨伯峻引杜预注："江、黄，楚之与国也，始来服齐，故为合诸侯。"③鲁僖公二年即齐桓公二十八年，楚成王十四年。由于齐桓公声威如日中天，远在淮河流域的江国投附于齐。次年，江国再次参加阳谷会盟："秋，齐侯、宋公、江人、黄人会于阳谷。"（《春秋》僖公三年）江国投靠齐国，尽管未参加伐楚行动，仍然会引起楚国的不满。楚国采取各个击破的办法，瓦解齐国的同盟国。《左传》僖公五年记楚人在公元前655年灭掉了与齐国关系最密切的弦国，弦国国君逃奔到黄国。"江、黄、道、柏方睦于齐，皆弦姻也。

---

① 顾祖禹：《读史方舆纪要》卷一，中华书局2005年，第18页。
② 赵炳清：《楚国疆域变迁之研究——以地缘政治为研究视角》，复旦大学博士学位论文，2013年，第122页。
③ 杨伯峻：《春秋左传注》（修订本），中华书局1990年，第283页。

弦子恃之而不事楚，又不设备，故亡。"弦国在今河南光山县境，与江国相距不远。江国从此直接面临楚国的威胁。

楚穆王是痛恨江国的。楚穆王为太子时，曾经面临过其父楚成王欲废太子的危机，关键时刻，商臣非常想得到父王身边的人的支持，哪怕只是透露一丁点消息。而成王已经嫁到江国的妹妹江芈，是知道成王废立太子消息的人。但遗憾的是，江芈一直不喜欢太子商臣。商臣想从姑姑江芈那儿打听消息，却无从下手。正在商臣抓耳搔腮，无计可施的时候，师傅潘崇出了个绝妙的主意，让他宴请江芈，席间故意失敬，惹得江芈发怒，结果江芈中计，席间脱口而出："你这样不懂礼貌，怪不得大王要换太子！"一语泄露了天机，直接导致商臣弑父夺位。可见江芈在楚成王面前具有重要地位。商臣弑父后，成为楚穆王，一朝权在手，是不会饶恕江芈的。楚穆王连自己的父亲都敢杀，对自己的姑姑更不会手软，连带江芈的婆家江国，遭到殃及，也是情理中事。由此，楚国与江国的姻亲关系基本终结，江国也就面临灭亡的命运。

楚穆王继位之后的第二年，迫不及待地让镇守息县的息公子朱率兵攻打江国，遭到晋国的阻击。《左传》文公三年："楚师围江，晋先仆伐楚以救江。冬，晋以江故告于周，王叔桓公、晋阳处父伐楚以救江。门于方城，遇息公子朱而还。"这次楚国包围江国，江国得益于晋国的及时相救，死里逃生。不久，晋、秦战于彭衙，晋国的注意力转移至秦国，次年，楚穆王三年公元前 623 年，楚穆王借秦、晋正在交战之机，最终把江灭了。

江国灭亡，秦穆公感到十分悲哀。《左传》文公四年记载："楚人灭江，秦伯为之降服、出次、不举，过数。大夫谏，公曰：'同盟灭，虽不能救，敢不矜乎！吾自惧也。'"一个小诸侯国的灭亡，使秦伯为之素服，避正寝不居，去盛馔而撤乐，以至超出哀悼的正常礼数。这是因为江与秦同为嬴姓，乃同宗之国。江人国灭祀绝，故远在关中的秦穆公为之举哀。

第二步，灭掉六国。[①]

六国，子爵，偃姓，乃东夷族皋陶的少子。皋陶为东夷集团的一支，起于山东曲阜。其子仲甄先居于今山东鄄城，再西迁到陆终氏曾居住过的大陆泽，因改国号为六。据文献记载，六在夏代即为皋陶少子的封国。顾栋高《春秋大事表》："六国：偃姓。皋陶后。今江南六安州。"[②]六国首封于夏时，夏亡后，从属于商，是商人在山东的一个方国。

六国在周初鲁伯禽驱赶淮夷和徐国势力时，也和偃姓诸族一道从山东被驱赶到淮河流域。周初，徐与淮夷随"三监"叛乱，事败之后，向南逃遁，来到今鲁西南、皖东北、苏西北交界处，正是淮河的下游。联系同一时间的周公南征，便不难明白周朝此举有乘胜剿灭徐与淮夷之意，六正是这一时间臣服于周的。

六国地望，《汉书·地理志》六安国"六县"："故国，皋陶后，偃姓，为楚所灭。"汉称六县，曹魏改为六安县，晋初复为六县，刘宋废。隋属霍山县地。唐开元二十七年改霍山县为盛唐县，移治驺虞镇。宋开宝四年改盛唐为六安军，元为六安县，明初省县入州。民国初降州为县。据《嘉庆重修一统志》记载盛唐故城，即"今州治"，也即驺虞镇。又载："六县故城，在州北。"[③]故春秋六国在今六安北。

进入春秋以后，六国逐渐衰微。这时楚国兴起，不断蚕食江淮诸小国，自己有被灭国的危险。为求自保，六国不得不求助于东夷。《左传》文公五年："六人叛楚即东夷。秋，楚成大心、仲归帅师灭六。"这里，还算是交代了六国被灭的原因："叛楚即东夷。"其实，六国即使没有叛楚，没有与东夷联盟，也一样会被楚穆王所灭。公元前622年，周襄王三十年，楚穆王四年，在并灭江国之后，一路往东，

---

① 六国的历史，拙作《先楚史》第十章第六节"西周时期淮河流域偃姓部族与方国"有过介绍。程涛平：《先楚史》，武汉出版社 2019 年，第 764—767 页。

② 顾栋高：《春秋大事表》，中华书局 1993 年，第 590 页。

③ 参见《嘉庆重修一统志》卷一三三，六安州古迹"六县故城"条。

旋即剑指六国。《春秋》《公羊》《穀梁》文公五年均载："楚人灭六。"《史记·陈杞世家》载："皋陶之后，或封英、六，楚穆王灭之。"古六国至此灭亡。

第三步，灭掉(东)蓼国。[①]

(东)蓼国，姬姓，庭坚之后。[②] 在今河南固始县。周代历史上出现过三个以"蓼"命名的诸侯国。其一在河南南阳的唐河县湖阳镇，为祝融八姓之中己姓的一支，远祖为颛顼，近祖为飂叔安，舜时封于飂川，为夏所灭，子孙迁移至南襄盆地立国，周代称蓼国，为"(西)蓼国"，公元前690年之前亡于楚；其二在安徽舒城县附近，属于淮夷群舒部族的一支，皋陶之后，偃姓，公元前601年为楚所灭，为"舒蓼"；其三，活动于今河南省固始县中部与北部地区的蓼国，位于淮河上游与中游结合部的淮河南岸，姬姓，公元前622年为楚所灭，故城在今固始县城北，也是汉晋时期蓼县故城，为"(东)蓼国"。三个蓼国在西周至春秋时期同时存在，前后灭亡时间相差近百年，从其灭亡可以看到楚国从西向东攻略汉水流域和淮河流域的历史过程。

(东)蓼国《左传》仅一见。《左传》文公五年载："六人叛楚即东夷，秋，楚成大心、仲归帅师灭六。冬，楚子燮灭蓼。"楚国灭六国的将领是成大心、仲归，灭蓼国的将领则是子燮。《史记·楚世家》："穆王四年，灭六、蓼。"这段记载告诉我们：六与蓼分别在同年秋、冬两季灭于楚，时间是鲁文公五年，即楚穆王四年，公元前622年。

(东)蓼国的被灭，连同六国的被灭，时间相距很近，在当时影响

---

① (东)蓼国，拙作《先楚史》第十一章第十一节"周王朝在江淮流域分封'汉阳诸姬'及芈姓'楚封国'"有过介绍。程涛平：《先楚史》，武汉出版社2019年，第1164—1168页。

② 对于庭坚与皋陶是否为一人，存有争议。杜注谓："庭坚即皋陶字。"雷学淇《世本校辑》云："皋陶自出少昊，其后为六，偃姓；庭坚乃出颛顼，其后为蓼，姬姓。二国之姓，并详见《世本》。《史记·楚世家》则称："六、蓼，皋陶之后。"杨伯峻认同雷学淇的观点。杨伯峻：《春秋左传注》(修订本)，中华书局1990年，第540页。

很大。《左传》文公五年："冬，楚子燮灭蓼。臧文仲闻六与蓼灭，曰："皋陶、庭坚不祀忽诸。德之不建，民之无援，哀哉!'"悲哀之情，溢于言表。臧文仲是鲁国掌管龟卜的大夫，是享有盛名的智者。六国与蓼国相继被灭，分别使其先祖皋陶、庭坚从此没有后人祭祀，臧文仲认为这是两国没有建立德行，致使老百姓不愿给予援助的结果，由此表示哀叹。可见这两国的被灭，在当时引起了强烈的反响。

第四步，灭掉蒋国。①

蒋，姬姓。从《左传》僖公二十四年"凡、蒋、邢、茅、胙、祭，周公之胤也"来看，蒋为周公后代。其地望，《汉书·地理志》汝南郡"期思县"颜注曰："古蒋国。"汉期思县，文献记载紊乱。石泉进行了详细的考订，认为汉期思城在魏晋期思县东北的古期思城，即今河南固始县东北、史灌河以东近淮河南岸处。②

蒋国为周公旦第三子伯龄始封之国，其始封时间当在周公去世之后，周成王亲政之时。

蒋国约在楚穆王四年灭于楚。楚国于城濮大败，兵锋受挫。楚穆王继位，一时无力北进，于是再度东向经略淮域，楚穆王三年，公元前623年，灭江，次年灭了蓼、六，蒋与蓼邻近，楚之灭蒋可能与灭蓼同时。

楚穆王灭蒋，使楚国的东境越过今河南固始县，将江国、六国、蓼国至蒋国的土地连成一片，为以后楚庄王时令尹孙叔敖在这一带大规模地兴修水利奠定了坚实的基础。事实证明，楚穆王十分完美地继承了其父楚成王的衣钵，有着超常的开疆拓土能力。不过，他可能比乃父的运气更好一些，没有乃父城濮战败的伤疤，甚至即位后从未打过败仗。

---

① 蒋国，拙作《先楚史》第十一章第三节"西周初年分封姬姓诸侯"有过介绍。程涛平：《先楚史》，武汉出版社2019年，第953—958页。

② 石泉：《古期思——零娄灌区（期思陂）在今河南固始县东南境考辨》，载河南省水利史志编纂办公室编《河南水利史料》1988年第1期。

第三节　晋赵盾主政，晋秦生隙及中原乱局

楚穆王是个幸运的人。在继位之前几年，其父楚成王的老对手晋文公去世了，晋国的新一代国君是晋襄公，能力不如其父晋文公。这就给楚穆王创造了发展的机会。

晋襄公享国短促，在位 7 年便去世，当晋襄公去世的时候，晋国六卿的内斗便如火如荼地展开。

首先发难的是赵衰的儿子中军将赵盾。当年晋文公流亡之时，赵衰与晋文公娶了一对狄族美女叔隗和季隗，姐姐叔隗为赵衰生下了长子赵盾。晋文公 19 年的流亡生涯结束之后，为感谢赵衰在患难中一直跟随自己，又将亲生女儿嫁给了赵衰，这位公主生下了赵同、赵括、赵婴齐三兄弟。赵衰晚年立嗣的时候，着实费了一番脑筋。一边是正妻叔隗所生的长子赵盾，另一边是公主所生的几个儿子，难以选择。最后还是深明大义的晋国公主替赵衰解围，表示应该立赵盾为嗣。这样，赵衰去世后，赵盾成了赵氏家族的宗主。

公元前 622 年，楚穆王四年，晋文公曾经倚为股肱的老臣，一下子死掉了 4 个：赵衰（赵成子）、栾枝（栾贞子）、先且居（霍伯）、胥臣（臼季）。军中缺乏统帅，晋国不能继续维持晋文公八年设立的"上、中、下和新上、新下"五军建制①，并且在贵族中选拔新秀以充三军之卿，这就给赵盾上台执政提供了可能。

公元前 621 年春，晋襄公决定整编军队，选拔统帅，同时废掉新上、新下二军，恢复三军制。按照晋襄公的意图，要用司空士谷（士芳子）为中军将，梁益耳为中军佐；中军以下循阶提拔，以箕郑（又称箕郑父）、先都分别为上、下军主将。晋大夫先克（先且居之子）党于赵氏，因此提议中军帅的人选应在狐、赵两功勋之后中进行挑选，于

---

① 《左传》文公六年："晋蒐于夷，舍二军。"

是晋襄公放弃原来的计划，确定以狐偃的儿子狐射姑（贾季）为中军将，以赵衰的长子赵盾为中军佐。阳处父曾是赵衰的下属，因此又改易了中军，使赵盾居上做中军将。

晋襄公临逝之前，托付赵盾和狐射姑两位大臣，一定要立太子夷皋为国君。当着弥留之际的国君，赵盾和狐射姑都发誓，一定不负国君重托，保太子夷皋平稳登基，全心辅佐。想不到晋襄公去世后，晋国人以国难之故，欲立年长者为君。赵盾提议废掉太子夷皋，改立身在秦国的公子雍为国君。狐射姑则转而扶持另一个身在陈国任职的相对有实力的公子乐。当赵盾和狐射姑分别选定晋国接班人之后，秦康公派兵护送公子雍回国，陈共公也派兵护送公子乐回国。赵盾、狐射姑二人各自拥立与自己关系亲近的公子来即位，便于掌控。两人在晋国朝堂上当众翻脸，谁也不肯让步。只是两人的实力有个高低，赵盾继承了赵衰的强大人脉关系，在"六卿"中有箕郑父和荀林父支持，这不是狐射姑能比的。赵盾出动兵力，派兵中途截杀公子乐，狐射姑得到风声，提前逃跑，狐氏家族就在这次变故后，从晋国政坛消失。晋国军队主要将领依次是中军将、中军佐、上军将、上军佐、下军将、下军佐六卿，中军将军权最大。

秦康公已经派兵护送公子雍，大军正在路途中，得到赵盾铲除政敌的消息，秦康公很高兴，预感到秦国再次控制晋国的机会来了。倒是赵盾开始担心，如果有秦国支持的公子雍即位，秦国会与自己算旧账吗？

正在赵盾盘算的时候，晋襄公的夫人穆嬴每天抱着小太子夷皋，一次次地闯进朝堂，请求大夫们看在先君的份儿上，重新立太子夷皋为国君。看到哭哭啼啼的可怜的穆嬴，晋国大夫们一个个老泪纵横。当初赵盾认为公子雍很有能力，而且有秦国支持，与自己关系也不错，才选中了他。那时候赵盾是出于对晋国和自己都有利的原则。但迫于襄公夫人的胁迫，赵盾想，与其从秦国迎来公子雍，日后受秦国摆布，还不如拥立年幼的太子夷皋。这样做个顺水人情，也不负先君所托。

于是赵盾就在朝堂上宣布，遵从先君旨意，立太子夷皋即位，是为晋灵公。

但是秦康公送公子雍的大军已经启程，难以应付。赵盾不得已，亲自统领晋国三军前去与秦军相会，阻止公子雍回国。赵盾并没有渡过黄河到达秦国河西境内，而是在黄河边的一座小山中，埋伏好大军，自己只带少量军队迎接秦军的到来。深夜，赵盾令晋军人马都饱食一顿，然后衔枚疾走，快速靠近秦军。突然鼓角齐鸣，满山呐喊，杀入秦军营寨。秦军本就不是来作战的，面对意外情况，战士来不及取兵器，人马到处乱窜，营寨内外乱作一团。本来要去绛都继承君位的公子雍，于乱军中被杀。

赵盾在几个月之内，赶走政敌狐射姑，杀死有一半秦国血统的公子乐，又杀死与秦国关系密切的公子雍。公元前620年，楚穆王六年，赵盾代表盟主国晋国，召集齐昭公、宋昭公、鲁文公、卫成公、陈共公、郑穆公、许昭公、曹共公在郑国扈地结盟。其他各国都是国君亲自参会，只有晋国是中军将赵盾前来，并且主盟，可见赵盾的权势之大。

但是，由晋国的国卿主持诸侯国的盟会，暴露出中原秩序的混乱。《左传》文公九年："（楚大夫）范山言于楚子曰：'晋君少，不在诸侯，北方可图也。'"楚穆王听从了他的建议，萌生了再次北上争夺霸权的念头。

第四节　秦楚暗斗，秦入上鄀，楚迁下鄀
（穆王四至六年）

楚国与秦国的关系，一直都非常微妙。在秦国南部秦岭之上，有个叫商密的地方，那里是丹水的发源地，鄀国的国都就在这里。鄀早先是西周时期位于丹江上游的一个封国，芈族在商末周初从河南河洛

之地溯伊水越过伏牛山到达丹江流域，第一个遇见的便是位于丹江与丁河交汇的鄀国。清华简《楚居》记载，芈族首领因为太穷，偷鄀国的小牛用于祭祀，而与鄀国发生过冲突。芈族在丹江流域站稳脚跟，楚武王建立楚国，鄀国一直是楚国的属国，为楚国看守对秦国的门户。鄀国因靠近秦国，不得不在秦、楚两个大国之间左右摇摆，成为秦楚之间爆发冲突的定时炸弹。

楚成王时，秦楚之间偶然发生冲突，秦国突然袭击鄀国，鄀国没有进行有效抵抗，秦俘虏了驻守商密的楚将申公子仪和息公子边。这次冲突没有扩大，鄀国国都商密仍旧为楚门户。秦楚双方和睦相处，维持现状。

公元前623年，楚穆王三年，楚灭江。因江与秦同姓，秦穆公为之举哀。一年之后，秦又一次突然攻鄀，入其都，显然是对楚灭江的报复。

秦国这一次完全占领了鄀都商密。《左传》文公五年谓："初，鄀叛楚即秦，又贰于楚。夏，秦人入鄀。"称"入"，表明攻取了鄀都。杨伯峻《春秋左传注》："此时鄀盖仍都商密，秦人入鄀，则取商密并入己国。鄀未亡，迁都今湖北省宜城县东南，为楚附庸。《水经·沔水》：'沔水又经鄀县故城南。'注：'古鄀子之国也，秦、楚之间自商密迁此为楚附庸，楚灭之以为邑县'是也。"[1]

楚国对于秦国的再一次攻鄀，采取了回避的态度，将鄀国迁往楚国的腹心地带汉水中游。张正明说："鄀国因朝秦暮楚，被秦人击破，南迁到楚国腹地，其新址在今湖北钟祥县西北。楚国在鄀国故址商密设县，谓之'上鄀'，鄀国在钟祥的新址则为'下鄀'。"[2]楚人采取了忍让的态度，将鄀都商密让给秦人，将鄀国的遗民东迁。故秦、楚关系未因秦人袭鄀而恶化。这次秦为报复楚灭江国而攻入鄀都，是一时泄愤，总体来说，秦楚关系因为秦晋战乱不休而大体保持良好。

---

① 杨伯峻：《春秋左传注》（修订本），中华书局1990年，第539页。
② 张正明：《楚史》，湖北教育出版社1995年，第125页。

郡国所迁的下都，一度成为楚国的行都。楚昭王在吴师入郢之战后，颠沛流离，曾经迁都于郡，就是下都。

公元前627年（楚成王四十五年）的崤之战，使秦、晋两国成为世仇，秦、楚之间的关系顿时好转。崤之战后，秦穆公释放了在8年前攻郡时所获的楚将申公子仪和息公子边，让他们回到楚国，转达秦人修好于楚的意愿。当时正是楚成王的末年，楚国急于选立合适的继承人，无暇留意外事，秦、楚未能立刻携起手来。再过7年，公元前620年，楚穆王六年，晋、秦为嗣君问题再度开战，赵盾袭击了送公子雍的秦康公，秦、晋关系再次处于冰点，这就给楚穆王北上创造了十分有利的机会。

第五节　北上伐郑又伐陈，郑陈求和（穆王八年）

楚穆王八年，公元前618年，楚穆王看准晋国与秦国杀得难分难解，无暇他顾的大好时机，率兵北上。

在楚穆王继位之初，晋国纠集诸侯国鲁、宋、陈、卫、郑，讨伐沈国，理由是，沈国是楚的盟国。沈国一触即溃，不得不转向晋国。此事对穆王刺激很大，发誓一定要把众诸侯国从晋国的手中夺回来。楚穆王的目标，是恢复城濮之战以前的势力范围，让郑国、陈国、宋国重新回归楚国的阵营。为此，楚穆王采取了若干行动。

第一步，迫使郑国屈服。

《左传》文公九年：“楚子师于狼渊以伐郑。囚公子坚、公子龙及乐耳。”

楚穆王亲自率军，浩浩荡荡杀奔到狼渊，便驻扎下来，很快与郑国的军队遭遇，双方爆发了战争。狼渊在郑国与楚国之间。杨伯峻注：“狼渊当在今河南省许昌市西，《太平寰宇记》谓之狼沟，《水经·溱水注》谓之狼陂，云：‘陂南北二十里，东西十里，《春秋》《左传》曰

楚子伐郑师于狼渊是也。'"①楚国的军队自从城濮败后，一直未能北上，多年未与郑国的军队交手。这一次伐郑，可以说憋了很久。楚军在狼渊遇见郑国的军队，不由分说，战车奔驰，恶狠狠地冲上前去。郑军在城濮之战以后，依附晋国，有恃无恐，指望与楚军交战，可以得到晋国的救援。不料晋国与秦交战，难以抽身。郑军望援不至，难以单独抵挡，很快败下阵来。郑国的三位将领公子坚、公子龙和乐耳被俘。楚军大胜。楚军乘胜前进，一举包围了郑都。

郑军惨败，震惊了郑国朝野，郑国不得不赶紧四处求救。《春秋》文公九年："楚人伐郑。公子遂会晋人、宋人、卫人、许人救郑。"郑国大夫公子遂赶到晋国，报告楚国来侵，郑军大败的消息。晋国虽然与秦国厮杀，但还是很好地接待了郑国的公子遂。《左传》文公九年："公子遂会晋赵盾、宋华耦、卫孔达、许大夫救郑，不及楚师。"赵盾不得不会同鲁、宋、卫、许诸侯之师救郑。这些救郑的诸侯国军行动迟缓，等到晋国临时拼凑的众诸侯国援军拖拖拉拉赶到郑都时，已经晚了。《左传》文公九年："郑及楚平。"郑国的国君郑穆公等不及，早已与楚穆王签订了城下之盟，宣布成为楚国的盟国。

第二步，迫使陈国屈服。

《左传》文公九年："夏，楚侵陈，克壶丘，以其服于晋也。秋，楚公子朱自东夷伐陈，陈人败之，获公子茷。陈惧，乃及楚平。"

在降服郑国不久，当年的夏天，楚穆王一鼓作气，领兵侵陈。此前楚国讨伐郑国，楚穆王仅听从楚大夫范山"北方可图也"的建议，便采取行动，没有任何理由。这次伐陈，楚穆王注意了策略，冠冕堂皇地提出声讨陈国的理由是"以其服于晋也"。楚国的大军直奔陈国，首先占领陈国的边邑壶丘（今河南新蔡东南），按兵不动，等待陈国求和。一直僵持到了秋天，楚国的另一路人马，在公子朱率领下，从东夷过来，欲到壶丘与楚穆王会合，共同进攻陈国的都城。可能是过于

---

① 杨伯峻：《春秋左传注》（修订本），中华书局 1990 年，第 573 页。

轻敌，也可能是陈国尚有较强的军事实力，不甘心被楚国欺凌，趁公子朱不备，发起突然袭击，公子朱措手不及，楚师被陈师击败，手下大将公子茷被陈师俘获。陈以小胜大，显示了自己的军事实力，见好就收，主动向楚请和。楚穆王本来为公子朱的失利大为恼火，见陈国主动求和，挽回了颜面，喜出望外，急忙答应。

楚穆王初次北上，大体顺利，郑国和陈国这两个中原诸侯国先后附楚，让楚穆王心想事成，如愿以偿。由此，楚国也在客观上配合了秦国伐晋的军事行动。因为就在楚国伐郑、伐陈后的第二年，楚穆王九年，《左传》文公十年记："十年春，晋人伐秦，取少梁。夏，秦伯伐晋，取北徵。"秦、晋两国互相攻伐，互不退让，各自损失惨重。楚穆王的北上，间接帮助了秦国，使晋国处于两面受敌的困境。

第六节　平定子西、子家谋弑之内乱（穆王九年）

正在楚国接连降服郑国和陈国，楚穆王尚沉浸在胜利的喜悦之时，突然国内传来惊人消息，有人密谋弑君。楚穆王大惊，急忙从陈国的壶丘之地赶回郢都，紧急处理谋弑之事。

楚穆王回到为郢，很快查明是工尹子西和大夫子家密谋作乱。

密谋作乱的主谋是司马斗宜申。斗宜申，斗氏，名宜申，字子西。杜预《世族谱》说是斗廉之孙，程公说《春秋分记》、顾栋高《春秋大事表》则说是斗班之子，不一而足。斗宜申在楚成王时，因作战勇猛，深受成王信任。《春秋》僖公二十一年记，在楚成王三十三年秋，宋襄公在盂地召集诸侯结盟，楚执宋襄公并伐宋。同年冬，楚成王派遣使臣斗宜申赴鲁，以伐宋所获至鲁献捷，宣传楚师战绩，出尽风头。在楚成王三十八年，斗宜申随同令尹子玉西征，不顾道路险阻，艰难行军，奇袭成功，一举灭夔，战功显赫，从此自命不凡，趾高气扬。在楚成王四十年城濮之战中，担任司马之职，指挥左军。由于令尹子玉

指挥的一系列失误，斗宜申的左军在楚右军先被击溃的情况下，又遭到晋军的中军和上军的夹击，在力量对比悬殊的情况下，虽作了最大努力，终被晋军击溃。城濮之战败后，斗宜申作为左军将领，负有一定责任，由于楚成王与若敖氏存在不可调和的矛盾，按照楚国以武立国，败军之将必须引咎自杀的传统，子玉被迫自杀，斗宜申作为左军统帅，不得不也引咎自杀。斗宜申很聪明，估计楚成王只是对令尹子玉不满，子玉必死无疑，自己作为令尹副手，罪不至死，便故意采取拖延的办法，采取死得较慢的自缢方式自杀，还特意选择质量较差的绳子，有意磨磨蹭蹭上吊。估摸成王的赦命很快到达，这才上吊。他身材高大，上吊后绳子自然断了，他爬起来，再慢腾腾地接续绳子，终于等来了楚成王的赦令，遂得免死。楚成王爱才，任其为商县县尹，掌管商县军政大权。楚商县位于今河南淅川县西南。斗宜申被任命为商县县尹，还是甚觉不安，他铤而走险，顺汉水而下，进入郢都，图谋叛乱。幸而他在将入郢时，为成王的王者之威慑服，不敢轻举妄动，于是找借口说有人进谗言说他要逃亡，他此来是请求交司败处死领罪。于是楚成王将其改任为工尹。[①] 但他仍怙恶不悛，长期隐忍不发，等待时机。到楚穆王九年，穆王御驾亲征北上，讨伐陈国，长期驻扎在陈国的壶丘，不在为郢，斗宜申觉得机会来了，便与另一位对楚穆王不满的楚大夫仲归常在一起，密谋在穆王回到郢都时刺杀穆王。

楚大夫仲归，字子家。曾经在楚穆王四年，与令尹成大心共同率师灭六，立下战功。但是，一直没有得到穆王的重用，郁郁寡欢，时常口出怨言，被工尹斗宜申听见，引为同好，遂交往密切。由于文献没有具体记载此二人如何密谋弑王，分析可能是府中暗藏兵械，二人成天鬼鬼祟祟，来往过于密切，被人察觉，密告穆王。穆王闻讯，赶回为郢，很快查实，毫不手软，于楚穆王九年五月将二人诛杀。

---

① 工尹为楚中央机构中主管百工之官。

楚穆王镇压了子西和子家，是楚国政坛的一件大事，《左传》文公十年对此有一段颇具神秘色彩的记载：

> 初，楚范巫矞似谓成王与子玉、子西曰："三君皆将强死。"城濮之役，王思之，故使止子玉曰："毋死。"不及。止子西，子西缢而县绝，王使适至，遂止之，使为商公。沿汉溯江，将入郢。王在渚宫，下，见之。惧而辞曰："臣免于死，又有谗言，谓臣将逃，臣归死于司败也。"王使为工尹，又与子家谋弑穆王。穆王闻之，五月，杀斗宜申及仲归。

楚范巫矞似，预言楚成王、令尹子玉和斗宜申（子西）三人都不会善终，结果全部应验：楚成王被太子杀死，令尹子玉被楚成王杀死，工尹斗宜申（子西）又被楚穆王杀死，三人均不得善终，印证了范巫矞"三君皆将强死"的预言。孔颖达疏："强，健也，无病而死，谓被杀也。"这三个人的结局，充分表明楚国国内政治斗争的激烈。

第七节　访鲁，伐宋，厥貉之会及孟诸围猎（穆王九年）

楚穆王在降服郑国、陈国之后，平定了国内子西、子家之乱。穆王没有了后顾之忧，更加集中精力图谋北方。

吸取父亲楚成王在城濮战前轻视外交的教训，楚穆王觉得楚国要想与晋国争雄，首先就要与晋国争夺与国。当初，楚国应鲁国攻打齐国的要求，派兵长期占领齐地，鲁人感激，当晋国进攻楚与国曹国时，楚军求援，鲁国主动派兵参加，与晋军作战，表现很好。城濮之战是因楚国战败，鲁国才倒向晋国，不能一味责怪，故楚穆王原谅了鲁国。在接连与郑国和陈国签订盟约之后，楚穆王特意派出斗越椒，拿上战

胜郑国的战利品，专程赴鲁国"献捷"，表达善意，借此与鲁国恢复盟友关系。鲁国因为前不久还派兵参加了援助郑国抵抗楚国的狼渊之战，看到楚国派使节前来，于心有愧，见到郑国、陈国进行抵抗的结局，知道难以与楚国抗衡，自然对楚"献捷"的真实意图心领神会，以隆重的礼仪，接待斗越椒，表示一定与楚国站在一起，共同对付晋国。

随着郑、陈、鲁诸国的陆续归附，楚穆王心满意足，盘算可以收拾老对头宋国了。城濮之战时，宋国跟随晋国最紧，对楚国造成的伤害最大，难以原谅。为了增强把握，在楚穆王九年冬，楚穆王与郑穆公、陈共公在息县会盟，随即携两位国君同赴厥貉（在今河南项城），与蔡庄侯、麇子会合，商议组成联军，共同伐宋。会上，楚穆王没有看见麇国的国君，询问之后，方知擅自逃会回国了。楚穆王大怒，发誓定要捉拿麇国国君，以泄心头之恨。

厥貉之会后，发生了一件大事。清华简《系年》十一章记：

> 楚穆王立八年①，王会诸侯于厥貉，将以伐宋。宋右师华孙元欲劳楚师，乃行，穆王使驱孟诸之麋，徙之徒菌（林）。宋公为左盂，郑伯为右盂。申公叔侯知之，宋公之车暮（迟）驾，用抶宋公之御。②

厥貉之会，楚国发动诸侯国配合楚国的行动，声势浩大，先声夺人，宋昭公吓破了胆，急得团团转，知道与楚国结怨已深，难以抵御，没有办法之中想出一法，宋昭公派出专使华元到厥貉慰劳楚师，表示诚心从楚，并建议楚穆王到厥貉附近著名的围猎胜地孟诸围猎。这样一来，楚穆王满意了。能够不战而屈人之兵，再好不过。于是，伐宋之议撤销。

---

① 应为楚穆王九年，详见孙飞燕：《释〈左传〉的厉之役》，《深圳大学学报》2012年第2期。

② 李松儒：《清华简〈系年〉集释》，中西书局2015年，第173—184页。

孟诸在今河南商丘东北，是一处天然的名胜，野兽众多，久有盛名。围猎尚未正式开始，就捕获不少野兽，穆王传令将先行捕获到的麋鹿送到楚国名叫"徒林"的园囿。待诸侯到齐，正式田猎开始，宋昭公见楚穆王高兴，急令按围猎的要求部署名之为"盂"的军阵。据《左传》文公十年杜预注："盂，田猎陈（阵）名。"楚穆王居中路，郑穆公以贵客居尊位为左翼（"左盂"），宋昭公以主人居卑位为右翼（"右盂"）。《左传》文公十年还记楚息公子朱和子舟（申舟、文无畏）为此次围猎行动的左司马，楚期思公为右司马。左司马行令执法，吩咐诸军要带取火用的阳燧，以备烧烤猎获物。参与围猎的各路人马一早就做好驾车准备，临出发之际，左司马检查取火用的燧，宋昭公的车迟到，属于违令，楚王孙子舟不讲情面，当众责打了宋昭公的御者，并在军前示众，弄得宋昭公十分尴尬。宋昭公心里痛恨楚人淫威，但慑于楚国的兵威，只好暂且隐忍不发。

此次围猎，楚穆王大出风头，非常满意。陈共公、蔡庄公见楚国的目的达到，借口家中有事，向楚穆王告辞，先行回国。罗运环评论："这是楚穆王北图中原最盛之时。"①

此次围猎，宋、郑二国向楚完全低头。邓曦泽对于宋、郑二国的附楚进行了细致的分析："在晋楚拉拢诸侯国的过程中，宋国是晋国的稳定盟友，而郑国则时而与晋为友与楚为敌，时而与楚为友与晋为敌。晋、楚就交相伐郑，使得郑国不得不经常改变立场。由于郑国的地理位置是楚国西进，威逼成周京畿及与晋国争霸的必经之地，所以，郑国是楚国的战略重点。楚国对郑国投入了很多力量，一方面大力拉拢郑国，另一方面如果郑国背叛楚国，则大力打压，所以郑国被迫主要依附楚国。"②李孟存、李尚师指出："当晋国集中兵力忙于西线战场

① 罗运环：《楚国八百年》，武汉大学出版社 1992 年，第 165 页。
② 邓曦泽：《冲突与协调——以春秋战争与会盟为中心》，人民出版社 2015 年，第 234 页。

上与秦人进行拉锯战争的时候，无力和楚国争夺中原诸侯。晋国原来盟友中的陈、郑、宋三国被迫不同程度地附楚。"①

第八节　伐麇，清理西北(穆王十年)

威服陈、郑、宋三国，楚穆王志得意满，趁晋国与秦争战正酣，赶紧清理周边门户，把目标盯紧西北的麇国。②

麇国的国姓有两说。一说芈姓，与楚国沾亲带故。麇国原是祝融氏吴回之孙季连的后裔。马骕博集古籍，辑成的《绎史》世系图里，列麇子为楚祖季连所出，是附沮的兄弟。③清华简《楚居》中季连与妣佳结合后，生子绁伯、远(嫥)仲弟兄二人，疑麇国系远(嫥)仲后裔之一。罗泌《路史·国名纪丙》："麇，芈姓子(爵)。"《路史·后纪八》："濮、罗、归、越、窦、麕、麇、芈蛮，皆芈分也。"何光岳认为，这"麇与楚是亲族。季连姓芈，麇也姓芈，麇与芈，音相近"。④另一说嬴姓。马端临《文献通考》："麇，嬴姓，子爵。国近楚，在今均州郧乡。"明廖道南《楚记》："麇，嬴姓，子爵。国小地狭，处郧乡。"当以芈姓为是。

麇国最初以鹿为名，由麇的图腾形象而变为国名，又作麋国。齐文心论证，在商代，大量卜辞证实了麇国的存在，与商王朝关系良好。⑤麇国曾在保卫商朝西南疆土的安全方面承担重任。可见商代麇国的政治地位比其父季连及哥哥绁伯的部族要高一些。尽管甲骨文中

① 李孟存、李尚师：《晋国史》，三晋出版社 2015 年，第 125 页。
② 麇国的概况，拙著《先楚史》第十章第四节"周初江汉流域的古国"中有过介绍。程涛平：《先楚史》，武汉出版社 2019 年，第 664—667 页。
③ 马骕：《绎史》，中华书局 2002 年，第 7 页。
④ 参见何光岳：《楚源流史》第十二章"麇国的来源与迁徙"，湖南人民出版社 1988 年，第 291—308 页。
⑤ 齐文心：《探寻商代古麇国》，载《殷商文明暨纪念三星堆遗址发现七十周年国际学术研讨会论文集》，社会科学出版社 2003 年。

没能看出商代麇国的具体位置，但从其担任的军事重任来看，当离商王朝的都城殷墟不远。周取代商后，与商王朝关系密切的麇国自然受到打击，从商朝的都城附近逃离。这时，哥哥绖伯的部族已沿伊水翻越伏牛山，再沿淅河到达丹水下游定居，迫使麇部族另觅新地，循丹江上溯，以"钖穴"为都。

《水经注·沔水》："麋（麇）子国都钖穴。"唐李吉甫《元和郡县图志》、宋乐史《太平寰宇记》等均记：（钖穴）位于郧乡县西一百二十里。元马端临《文献通考》："麋……国近楚，在今均州郧乡。"明廖道南《楚记》："麋……国小地狭，处郧乡。"（按：今湖北郧阳晋至元时为郧乡。）清高士奇《春秋地名考略》："钖穴为麋子国都城。"清代《郧县志》也记载，县城以西一百二十里处，曾是古代麇国都城所在地。《清一统志》卷二七二二郧阳府："春秋时为麋（麇）、庸二国地。"

考古成果证实麇国的地望在十堰市郧阳区（原郧县）。十堰市郧阳区肖家河村乔家院连续多次出土有铭青铜器，铭文内容与麇国有关。郧阳区曾发掘了一座春秋中晚期的夫妻异穴合葬墓，这是湖北迄今为止发现的最高规格的春秋时期人殉墓葬。该墓发掘地属古代麇国地域，墓主夫妻很可能是麇国王室贵族。郧阳区肖家河村约在城西 120 里处，与郧西县天河口隔汉江北向相望。遗址与有关文献记载吻合。[①]

麇国临近楚，与楚一度结为联盟。故参加楚穆王召集的厥貉之会。大约是在此会上楚穆王过于盛气凌人，引起麇国国君的反感，中途逃会。"厥貉之会，麇子逃归"（《左传》文公十年），说明麇子国开始摆脱与楚国的联盟。麇国国君逃会，楚穆王非常丢脸，难以容忍，对于麇国这种同为芈姓的远亲，楚穆王毫不手软予以打击。第二年，楚穆王十年，公元前 616 年，为了扫除北向扩张的后患，楚穆王兴兵伐麇。

楚穆王讨伐麇国，连续两次发兵。第一次，楚将"成大心伐麇，败麇师于防渚"。接着，"潘崇复伐麇，至于钖穴"（《左传》文公十一

---

① 康安宇：《十堰方国考·麇国考》，湖北人民出版社 2006 年，第 22—36 页。

年）。一年中，楚穆王两次派重臣率兵攻打麇国，痛下杀手。

麇国被打得节节败退，从防渚（今湖北房县）一直退到国都锡穴（今湖北郧阳）。《左传》文公十一年没有记载麇国在退到锡穴后是否抵抗，估计是在楚国兵临城下之后，麇国退无可退，只好表示屈服，与楚国签订城下之盟。但是内心是不服的，总是希望伺机再起，与楚国对抗。

楚穆王在世时未能灭掉麇国。5年之后，亦即楚穆王逝世两年之后，至公元前611年，楚庄王三年时，麇国确实又东山再起。《左传》文公十六年记，麇国趁"楚大饥，戎伐其西南，至于阜山，师于大林，又伐其东南，至于阳丘，以侵訾枝。庸人帅群蛮以叛楚"，楚国面临卢戎、庸的夹击，几乎陷于灭顶之灾之时，"麇人率百濮聚于选，将伐楚"。麇国抓住时机，联络一向与楚国为敌的百濮，直接进攻楚国。造成楚国"于是申、息之北门不启，楚人谋徙于阪高"的危急局面。麇、庸、卢戎和群蛮、百濮结成联盟，声势浩大，围攻楚国。麇成为百濮的盟主，楚国受到了严重的威胁，一度计划迁都以避。可见麇国反抗的顽强。

第九节　执舒、宗之君，围灭巢，始控制江淮间铜矿基地（穆王十一年）

楚穆王十一年，西北面麇国刚暂时屈服，东边警讯又起。史载"群舒叛楚"。

群舒，是若干个舒部族的合称。《世本·氏姓篇》："偃姓，舒庸、舒蓼、舒鸠、舒龙、舒鲍、舒龚。"《左传》宣公八年还有"众舒"的称呼，杜预注："群舒，舒庸、舒鸠之属。"杨伯峻指出："舒，据文十二年《传》孔疏引《世本》，有舒庸、舒蓼、舒鸠、舒龙、舒鲍、舒龚六名，恐皆同宗异国，统称之曰群舒，大致宗（主）国在今安徽省舒城

县，而散居于舒城县、庐江县至巢县一带。"①徐旭生考证，江淮地区属于淮夷即群舒的居地："当日淮水南，大江北，如今霍邱、寿县、六安、霍山、合肥、舒城、庐江、桐城、怀宁等县，西不过霍山山脉，东不过巢湖，这一平坦的地带，除了六、蓼、钟离各国以外，全属群舒散处的地域。"②

史籍既言"群舒叛楚"，一个"叛"字，表明群舒此前为楚国的属国。楚穆王是逐一对付群舒各国的。首先派出楚将子孔率军进攻舒国。《左传》文公十二年："群舒叛楚。夏，（楚将）子孔执舒子平及宗子，遂围巢。"杜注："宗、巢二国，群舒之属。"舒和它的附庸国宗国一同被楚所灭。清人顾栋高称："舒国，今江南庐州府舒城县，僖三年徐人取舒，后复见。至文十二年楚子孔执舒子平，疑自后遂灭于楚。"③

楚穆王此次所镇压的"群舒"，当包括散居于舒城县、庐江县至巢湖市一带的舒龙、舒鲍、舒龚这三个小国，因为此后不见此三国的踪迹，当为楚国所灭。《左传》文公十二年提及的宗国，地望约在今巢湖市北30公里的柘皋镇。旁有柘皋河。皋或为皋陶之裔所在而得名，故舒分封支裔于此以奉宗庙，国名叫宗。《左传》文公十二年所记"宗子"下杨伯峻注："宗为国名，宗子者，宗国之君也。宗国之地，杜注未言，顾栋高《春秋大事表》谓在今安徽省舒城县及庐江县东之古龙舒城之间，虽无确证，群舒之地固在今安徽省舒城以及庐江县巢县一带，宗国当亦在其间。"④

宗与舒同被楚所灭，表明楚穆王开疆拓土，对今安徽舒城县、庐江县、巢湖市一带变间接控制为直接控制。与此同时，楚穆王又顺势包围了群舒中的大国巢国。《左传》文公十二年："楚令尹大孙伯卒，成嘉为令尹。群舒叛楚。夏，子孔执舒子平及宗子，遂围巢。"

---

① 杨伯峻：《春秋左传注》（修订本），中华书局1990年，第284页。
② 徐旭生：《中国古史的传说时代》，科学出版社1960年，第180页。
③ 顾栋高：《春秋大事表》，中华书局1993年，第582页。
④ 杨伯峻：《春秋左传注》（修订本），中华书局1990年，第588页。

巢为群舒之一。《左传》文公十二年杜预注："宗、巢二国，群舒之属。"《水经注·沔水》："巢，群舒国也。"

巢为商代古国。至春秋时期由山东辗转迁到今安徽巢湖市东。宋乐史《太平寰宇记》淮南道四庐州巢县："古巢伯之国。"《读史方舆纪要》无为州巢县："居巢城，县治东北五里。古巢伯国。"[①]《大清一统志》庐州府古迹："居巢故城在巢县西南，……按旧志云，居巢故城在巢县东北五里。据《寰宇记》，古居巢城陷为巢湖。"《春秋大事表》卷四《春秋列国疆域表》："巢，伯爵，今江南庐州府巢县东北五里有居巢城。"[②]道光《巢县志》卷一"沿革"记载春秋巢国、汉代居巢在今安徽巢湖市东北。杨伯峻指出："今安徽省巢县东北五里有居巢故城，当即古巢国。"[③]

巢国被楚国大军包围，结局不言而喻，楚国自此完全控制巢国。按照《左传》文公十二年所记"子孔执舒子平及宗子，遂围巢"，说明楚穆王已经完全控制了群舒，控制了宗国及巢国所属的流经今安徽六安市、巢湖市、安庆市的长江安徽地段广大地域。

据《尚书·禹贡》记载，夏时，南方的荆、扬两州是重要的产铜基地，扬州"厥贡惟金三品（金银铜）"，向北输送到中原。而古扬州之域唯安徽沿江地区铜矿资源最丰富，发现的古矿冶遗址最多。夏商时期，安徽为扬州之域，属于文献记载中产铜之地的范围。西周时期的噩生盨等铜器铭文记载有周王朝多次向南淮夷地区发动战争，将金（即铜）作为最重要战利品的史料，如"王征南淮夷，噩生从。……执讯折首，俘戎器，俘金""伐南淮夷，俘金，用作宝鼎""克狄淮夷，抑燮繁汤，金道锡行"等，这些铭文反映了周王朝向枞阳所在的南淮夷之域掠取铜料并保证运铜道路安全畅通的情况，也在一定程度上反映

① 顾祖禹：《读史方舆纪要》，中华书局 2005 年，第 1286 页。
② 顾栋高：《春秋大事表》，中华书局 1993 年，第 590 页。
③ 杨伯峻：《春秋左传注》（修订本），中华书局 1990 年，第 585 页。

了这一地区铜矿开采业的发展盛况。[①]

考古发掘揭示群舒广泛分布于安徽江淮地区。从目前已发现的墓葬及其所出青铜器的数量和规模来看，舒城应是群舒遗存分布较为集中的区域之一。如舒城九里墩、凤凰嘴、河口、五里、许家山嘴、春秋塘、百神庙等地，还有沿淮地区的庐江盔头、岳庙、三塘，蚌埠双墩、凤阳卞庄、大东关，合肥乌龟岗，肥西小八里、金牛，六安燕山、思古潭，寿县魏岗，桐城长岗，怀宁杨家牌，望江竹山，潜山黄岭，无为大童、文思等。(**见图 5-1：以舒城为中心的周代铜器出土地点**)[②]

在上述安徽境内长江淮河之间的地域中，长江北岸的枞阳尤为重要。楚穆王平定群舒，抓住了群舒之一宗国国君，便直接掌握了今安徽枞阳一带的铜矿。

据张爱冰等研究[③]，在今江淮南部、长江北岸的安徽枞阳地区，自商代晚期到西周、春秋时期，存在着颇具特色的青铜文化。枞阳青铜文化遗存内涵丰富，集矿冶遗址、聚落遗址和墓葬及其所出青铜器三位一体，是不可多得的青铜时代考古和青铜文化研究的个案。枞阳北接江淮，南与铜陵、池州隔江而望，是中原、江淮与长江以南地区文化交流的重要通道。

长江安徽地段的两岸，安徽境内长江淮河之间的广大区域，是中国古代重要的铜矿地带，此前基本由群舒控制。楚国镇压群舒，控制了这一地带，其意义非同小可。它意味着楚国从此掌握了对于一个诸侯国来说至关重要的铜矿资源，楚国完全可以充分利用这些铜资源，大量制造兵器，从此军队的战斗力迅速提升。楚穆王之后，其子楚庄王的突然崛起，问鼎周郊，对周王的使者王孙满吹嘘"楚国折钩之喙，足以为九鼎"(《史记·楚世家》)，应该与此有直接的关系。

---

① 张爱冰等：《群舒文化研究》，上海古籍出版社 2018 年，第 166—170 页。
② 张爱冰等：《群舒文化研究》，上海古籍出版社 2018 年，第 74—75 页。
③ 张爱冰等：《群舒文化研究》，上海古籍出版社 2018 年，第 161—162 页。

第十节　秦晋河曲之战及晋阵营的恢复
（穆王十一年）

楚穆王是幸运的，他向东拓展，镇压群舒，控制铜矿，势如破竹，没有遭到楚国的老对手晋国的阻扰，因为此时晋国被秦国死死缠住，无法分身。

一条宽阔的黄河，将晋国和秦国隔开，这两个诸侯国常年征战，彼此都大伤元气。

从晋、秦的地缘关系来看，双方以黄河为界，黄河距离晋国都城绛都的距离，大约是距离秦国都城雍都的三分之一。这种地缘关系，晋国明显吃亏，绛都受到的威胁，远远大于雍都。

刚取得晋国执政卿地位的赵盾，野心勃勃。他的如意算盘，是要越过黄河，占据河西秦国的地盘，将晋秦两国的国境推进到洛水，以洛水为界。这样双方都城所受的威胁就平衡了。只有这样，晋国才敢长期将主力调到南边与楚国作战，抑或调到东方与齐国开战。

秦穆公时期，秦国益国十二，开地千里，遂霸西戎，声名远播，成为春秋五霸之一。穆公离世后，康公继位。在秦康公统治的年代里，秦、晋多次交兵。

公元前 619 年，楚穆王七年，秦国因晋衰而进伐，夺取了晋的武城（今陕西华州东北），终报令狐之役战败之仇。晋国对这一苦果势难容忍。两年之后，楚穆王九年，公元前 617 年，急不可耐的赵盾纠集郑、宋等国，统领诸侯大军，浩浩荡荡地渡过黄河，大肆侵占秦国河西领土。赵盾想拿下整个河西，将秦国的势力范围打回关中。当赵盾统领大军，攻占了河西秦国的少梁城（今陕西韩城）之后，便按兵不动，等待秦军主力决战，以图击败秦军主力后再逐渐占领秦河西全境。赵盾十分自信，认为晋军的军力绝对强过秦军。

秦国见晋来势汹汹，采取避实击虚的办法，与晋周旋。同年夏，秦又伐晋，取北徵(今陕西澄城)。秦军看透晋军的意图，不再主动出击，据城坚守。见晋军来势很猛，秦康公在士会的建议下，在河西大力筑城，并积极练兵，在黄河沿岸侦探晋国军情，在河西北部和南部都保留有据点。有效地挡住了晋军无数次潮水般的进攻，双方形成拉锯状态，晋国的兵力被秦国牢牢拖住。

晋秦两国间拉锯式战争以河曲之战为高峰。楚穆王十一年，公元前615年冬，秦康公经过充分准备，亲自率领秦国全体将士发起反击，欲给晋国一次大的打击。秦军渡过黄河，深入晋地，大军直取晋邑羁马(今山西永济南)，晋国仓猝应战，三军尽出。赵盾帅中军，荀林父为佐；郤缺帅上军，臾骈为佐；栾盾帅下军，胥甲为佐。范无恤为戎车御，急逐秦师至河曲(今山西芮城西风陵渡地区)①，双方在河曲摆开了决战的架势。

晋人认为，秦军远道而来，利在速战，所以赵盾采纳了上军佐臾骈的建议，筑垒固守，欲待秦师懈怠退军时予以歼击。秦军面对晋军的壁垒，无计可施，秦康公询问晋国降将士会，了解晋的谋士用兵情况。《左传》文公十二年记载，士会出了一个绝妙的主意，设法激怒晋军年轻将领赵穿应战："赵氏新出其属曰臾骈，必实为此谋，将以老我师也。赵有侧室曰穿，晋君之婿也，有宠而弱，不在军事，好勇而狂，且恶臾骈之佐上军也。若使轻者肆焉，其可。"

秦康公采纳了士会的计谋，派出一支秦军，专门在晋国上军青年将领赵穿阵前连续挑战，百般辱骂，激怒赵穿。晋上军不为所动，唯赵穿果然中计，不听将令，独率其私属追击秦师。赵盾发现情况不对，着急地说："秦获穿也，获一卿矣。秦以胜归，我何以报？"于是只得急令全军出击救援赵穿。两军刚一接触就彼此退兵。各自收军回营。

秦康公通过白天的交战，领略到晋军的战斗力，确实是十分强悍，

---

① 靳生禾、谢鸿喜：《春秋战略重镇羁马遗址考》，《中国史研究》1994年第1期。

如此再硬拼下去，秦军的有生力量将被消耗殆尽。秦康公深知自己处境险恶，有全军覆没的危险，便萌生退意。《左传》文公十二年记其派行人连夜通知晋人：“两君之士皆未慭也，明日请相见也。”当天夜里，秦康公派人到晋国军营，约定第二天早上摆开阵势大战一场。臾骈识破秦人的缓兵脱身之计，他说：“使者目动而言肆，惧我也，将遁矣。薄诸河，必败之。”臾骈从秦使者的表情失常中，推测秦军将要逃遁，要求晋军将其逼至河上追杀，敌人必定大败。但遭到赵穿的坚决阻拦，晋军正要出击时，下军佐胥甲和赵穿立马于军营大门，对众将大喊：“秦军定有埋伏，今夜出击等于送死。”赵盾也怀疑秦军有埋伏，放弃在这一夜突袭秦军，临阵寡断，铸成了大错，听任秦军“夜遁”而去。晋军也只得退兵。秦军逃走途中又进攻了晋的其他地方，一度进入了晋国的瑕地(今山西芮城南)。次年，晋国又夺回秦向东进攻的咽喉之地瑕。表面看，秦、晋势均力敌，但实际上，秦国已开始走下坡路。“河曲大战，晋秦双方拉锯战，晋给秦军以重创，此战使秦人在三十多年中不敢有大的举动。从此晋国又移兵南线对付楚军。”[1]

　　次年，楚穆王十二年，晋、秦之间出现了微妙的变化。河曲之战结束后，晋怕秦军再犯，派大夫詹嘉驻瑕，戍守桃林之塞(今河南灵宝西)以堵秦东进。晋国认为，多年来由于秦重用晋逃臣士会，与秦作战屡次失利，一定要想办法召回士会。《左传》文公十三年记，公元前614年夏，晋六卿在诸浮会见，共商如何召回外逃的贤才，赵盾提出：“随会(士会)在秦，贾季(狐射姑)在狄，难日至矣，若之何？”赵盾暗派魏地(今山西芮城东北)的守将魏寿余假意以魏叛晋降秦，去引导士会回国。赵盾把寿余的妻子儿女拘捕，让寿余连夜逃走。秦康公接受了寿余以魏归降。寿余在上朝时暗踏士会的脚，向他示意。士会心领神会。寿余诱使秦康公领军驻河西，准备接收河东的魏邑。向秦康公建议派在秦的晋人和自己先去告喻魏守吏献地。秦康公中计，派

① 李孟存、李尚师：《晋国史》，三晋出版社2015年，第122—125页。

士会代表秦国前往接收，士会假意推辞一番，迷惑秦王，等到士会渡过河，魏人欢呼着将其拥还。秦康公知道后，才明白中计，却无可奈何，只好将士会的妻子和儿女放归。士会回归晋国以后，晋国与秦作战，再也不用顾虑有晋逃臣帮助秦国，逐渐占据了对秦作战的主动权，从而腾出手来对付楚国。

晋国专心对付楚国，并没有急于发动战争，而是从夺回被楚国争取的盟国入手，一步步削弱楚国的阵营。恢复城濮之战后形成的晋阵营。

推测晋国恢复原阵营，十分注意策略，使用了若干手段。

第一步，主要使用威胁的手段，对倒向楚国的鲁国施加了强大的压力，迫使鲁国转变态度，为晋国服务。鲁国此前因为楚国用"献捷"的手段受到感动而与楚国结为盟友，此番见晋国卷土重来，没有怪罪自己，也就顺水推舟，向晋国靠拢。鲁文公至晋进见晋灵公，重修前盟。

第二步，通过鲁国争取卫国、郑国。卫侯一直对晋国心存畏惧，见鲁国与晋修好，趁鲁文公经过卫地，主动要求与鲁文公在沓地相会①，请其代向晋讲和。鲁文公答应，向晋国转告了卫国的要求，晋国自然高兴，对鲁文公大为奖赏。鲁文公自晋回国途中，经过郑国，郑伯同样有对晋国畏惧的心理，也主动要求与鲁文公在郑国的棐地相会②，请他代向晋通好。鲁文公又积极撮合郑国与晋国的关系，郑国又成为晋的盟国。

第三步，召集盟会，晋阵营重新亮相。当卫、郑又转向晋的第二年，公元前613年，赵盾邀集鲁、宋、卫、郑、陈、许、曹各国在新城(今河南商丘西南)会盟。这次会盟，是晋国阵营的一次展示，借此

① 杜注："沓，地阙。"徐卓《经义未详说》："鲁都兖州，晋都平阳，郑、卫相错于晋、鲁之间。鲁公如晋，必历郑、卫之郊。……卫侯会公于沓，请平于晋，沓当在卫地。"见杨伯峻：《春秋左传注》(修订本)，中华书局1990年，第593—594页。

② 杜注："棐，郑地。"在今河南省新郑县东二十五里。见杨伯峻：《春秋左传注》(修订本)，中华书局1990年，第594页。

告知各诸侯国，城濮之战后的晋国阵营已经恢复。

第四步，讨伐楚盟国蔡国。蔡国一直是紧跟楚国的，新城盟会，蔡国未与会。晋国杀鸡给猴看，于次年命郤缺率上、下两军讨伐蔡国。晋军行动迅速，一路势如破竹，攻入蔡都。楚国援救不及，无可奈何地看着蔡国与晋人结城下之盟。

短短一年，楚穆王在位12年期间费了九牛二虎之力重新建立的楚阵营，被晋国轻易颠覆，晋国在对楚国的外交战中又占上风。

第十一节　穆王之后阳氏及外来潘氏的立氏

楚穆王在位仅12年即逝。《史记·楚世家》："十二年，（穆王）卒，子庄王侣立。"据记载，其后代有的以婴齐、子重为氏，《通志·氏族略》："婴齐氏，楚穆王之子、公子婴齐之后也。"又："子重氏，楚公子婴齐字子重之后。"①

楚阳氏是楚穆王之子王子扬的后代，其子孙以王子扬之名为氏。晋、鲁亦有阳氏之族，与楚阳氏并非同姓，如晋阳处父（《左传》成公十一年），鲁阳虎、阳越（《左传》定公八年）。《左传》昭公十七年："阳匄为令尹，卜战，不吉。"杜注："阳匄，穆王曾孙令尹子瑕。"孔颖达《正义》进一步补充道："依《世本》，穆王生王子扬，扬生尹，尹生令尹匄。"②比较可知，杜预的说法很可能采自《世本》。

王子扬、王孙尹的事迹史书失载，但根据阳匄（字子瑕）能够出任令尹的情形，此二人在楚王室应该有着较高的地位。楚平王即位初年，公元前528年，杀掉襄助他上台的令尹子旗（斗成然），随后任命同是穆王曾孙的子瑕为令尹，平王杀掉令尹子旗后，任命阳匄为令尹③，

---

① 刘秉忠、李丽：《楚国公族姓氏考略》，《江汉考古》1999年第1期。
② 孔颖达：《春秋左传正义》，《十三经注疏（附校勘记）》（阮元校刻）下册，第2084页。
③ 宋公文：《春秋时期楚令尹序列辨误》，《江汉论坛》1983年第8期。

以加强王室对政权的控制。直至公元前519年死去，子瑕一直担任令尹一职。这个时期，平王推行对外收缩、对内"抚民"的政策，令尹子瑕在其中的作用可谓举足轻重。《左传》昭公十九年，公元前523年，楚人迁"阴"于"下阴"，令尹子瑕"城郏"，以避免与晋人发生直接冲突。之后两年，因平王夺太子妻自娶，子瑕亲自"聘于秦，拜夫人"。在楚与吴的竞争中，令尹子瑕的态度也极为保守。《左传》昭公十七年，楚、吴长岸之战前夕，尽管楚师占据优势，子瑕依然不欲迎战。后来，在他的建议下，平王还释放了吴国俘虏公子蹶由。上述事件，无疑表明令尹子瑕既是平王保守政策的制定者，也是忠诚的执行人。他对楚平王只有服从，既不阻止平王夺太子妻、流放太子建，也没能解决执政期间谗臣乱政的问题。楚平王晚年及昭王时期楚国内部的政治混乱和对外的节节败退，令尹子瑕难辞其咎。

子瑕卒后，其子阳令终任中厩尹。楚昭王元年，公元前515年，阳令终及其弟完、佗因牵连郤宛之难，被令尹子常杀掉，阳氏宗族受到重创。之后，阳氏一蹶不振，匿迹于楚国政治舞台。

包山简所见以𥅀为氏者有20人（见表5-2）。据田成方考证，𥅀氏是芈姓王族，应该就是《左传》记载的楚阳氏。因此，古文字材料中𥅀用作氏称时，或释作场，读作唐①，不确，应读作楚阳氏之阳。

表5-2：包山简所见𥅀氏

名字	身份	资料出处
𥅀非	菁陵司败②	简40
𥅀申	安陆之少宫	简62
𥅀义	周赐之大夫	简65

① 李零：《包山楚简研究（文书类）》，载《李零自选集》，广西师范大学出版社1998年，第141页。

② 菁字从林沄、汤余惠释。参林沄：《读包山楚简札记七则》，《江汉考古》1992年第4期；汤余惠：《包山楚简读后记》，《考古与文物》1993年第2期。

名字	身份	资料出处
𨺏倚	长沙之旦	简 78
𨺏晨	锤缶人	简 85
𨺏疆	鄬阳人	简 87
𨺏军	鄬阳人	简 87
𨺏遏	鄬阳之櫨官	简 87
𨺏缓	潩安南易里人	简 96
𨺏年	漾陵人，𨺏锄之父	简 126、127
𨺏必	郐连嚣，𨺏锄之季父	简 127
𨺏锄	原为漾陵州里人，后随季父居于郪	简 126、127
𨺏余可	陵辻尹之相①	简 149
𨺏己	𨺏己之人	简 176
𨺏	竞贾之州加公	简 180
𨺏胜	邯君新州里公	简 180
𨺏暑	羕人	简 184、185
𨺏悆	与𨺏暑可能同为羕人	简 185
𨺏晋	新大厩	简 189
𨺏女	篁令州加公	简 190

录自田成方：《东周时期楚国宗族研究》，科学出版社 2016 年，第 100—102 页

从包山简反映情况来看，楚怀王时期，以𨺏为氏者不仅人数众多，地域分布也相当广泛，其社会身份以中下层贵族为主。这些人都是楚穆王之子王子扬的后代。只是到战国中晚期，阳氏分化出诸多宗支，建立在宗法基础上的一统的阳氏宗族显然不存在了。这与当时屈氏、昭氏的状况大致相同。出土资料也说明，楚阳氏在郤宛之难中并没有灭族，只是被驱逐到楚国政治权力核心之外，逐渐沦为一般贵族或庶

① 相字考释，参袁国华：《包山楚简文字考释》，载香港中文大学《第二届国际中国古文字学研讨会论文集》，第 439—440 页。

民了。[1]

楚穆王夺位成功，对其支持最为得力的是太师潘崇。《左传》文公元年，公元前 626 年记，太子商臣在潘崇襄助下夺取君位。穆王夺位后，"以其为大子之室与潘崇，使为大师，且掌环列之尹"，掌管宫廷禁卫。穆王时期和庄王初年，潘崇颇受器重，先后率师伐麇、袭群舒[2]，地位仅次于当时的令尹成大心、令尹成嘉。"潘氏之立家盖从此始。"[3]

据田成方研究[4]，潘氏见诸史籍的名人有潘崇、潘尫、潘党等，见诸出土资料的则有鄱(潘)子成周、邸阳君潘胜，是具有一定影响的楚国外来宗族。

潘氏的族源、族姓，传统典籍说法不一。《元和姓纂》《通志·氏族略三》等称它是"周文王子毕公高后"，或"楚公族，芈姓之后"[5]，《古今姓氏书辩证》则认为"出自姬姓"[6]。大量文字材料表明，楚潘氏并非姬姓，亦不属楚公族，而是出自己姓番国，"应是番国贵族仕于楚者"[7]。有力的证据是天星观出土的祭祷简中有"番先"。晏昌贵指出："番先当指邸阳君番胜的祖先。值得注意的是，包山楚简、望山楚简、葛陵楚简均祭祷楚先公、先王，但天星观楚简中祭祷的对象却只有'番先'，不见'楚先'。"[8]可见潘胜是己姓番国后代，无权祭祀芈姓"楚先"，潘氏是楚国出自番国的外来宗族。

① 田成方：《东周时期楚国宗族研究》，科学出版社 2016 年，第 100—102 页。
② 见《左传》文公十一年、文公十四年；《国语·楚语上》"椒举娶于申公子牟"章。
③ 段志洪：《周代卿大夫研究》，文津出版社 1994 年，第 154 页。
④ 田成方：《东周时期楚国宗族研究》，科学出版社 2016 年，第 151—158 页。
⑤ 林宝：《元和姓纂(附四校记)》卷四，桓韵"潘"条，岑仲勉校记，中华书局 1994 年，第 512 页；郑樵：《通志二十略》，王树民点校，中华书局 1995 年，第 118 页。
⑥ 邓名世：《古今姓氏书辩证》卷八，桓韵"潘"条，江西人民出版社 2006 年，第 124 页。
⑦ 徐少华：《周代南土历史地理与文化》，武汉大学出版社 1994 年，第 132 页。
⑧ 晏昌贵：《天星观卜筮祭祷简释文辑校》，载《简帛数术与历史地理论集》，商务印书馆 2010 年，第 144 页。

目前所见番国铜器，根据器主称谓和身份，大致可归纳为番君（伯、子）器、番仲器、番叔器三类，分别代表番国公族的不同支系。

由出土番国有铭铜器可知，番国公族在春秋时期至少分出有三支：番伯（国君）、番仲、番叔。文献记载的楚潘氏，应是番叔之后仕楚者。楚穆王之师潘崇，又称"师叔"（《左传》文公十四年），师是其所任之官，叔是"番叔"简称。庄王时期的太师潘尪，亦被尊称为"师叔"（《左传》宣公十二年），邲之战、鄢陵之战中以善射著称的潘党，又称"叔党"（《左传》宣公十二年），是潘尪之子。① 潘崇、潘尪、潘党，均以"叔"字相称，三人都排行叔字的可能性较小，应是出自番国公族之小宗番叔的缘故。

自潘崇之后，潘氏见于文献的有潘尪。《左传》文公十六年记楚人灭庸，其中扮演关键角色的"师叔"，杜预认为指"楚大夫潘尪"。杨伯峻进一步申说："由宣十二年传文，知师叔即楚大夫潘尪。"② 《左传》宣公十二年载："师叔入盟，子良在楚。"联系上下文，可知参与邲之战的师叔即潘尪，此无疑问。

其实，《左传》文公十六年记参与灭庸的"师叔"，与潘崇袭群舒仅隔一年，指潘崇的可能性更大。潘崇是太师，《国语·楚语上》称其作"师崇"。公元前 613 年，潘崇、子孔率师奔袭远在今安徽的群舒，驻守后方的王子燮和申公仪父趁火打劫，"施二帅而分其室，师还至，则以王如庐，庐戢黎杀二子而复王"③。潘崇、子孔率师返还后，谋反者挟庄王逃往庐，被庐戢黎杀掉。据《楚语》叙述，可知潘崇、子孔在此次叛乱中安然无恙。一年以后，楚人兴师伐庸，出谋划策、运筹帷幄的师叔，显系经验丰富的老将，非太师潘崇莫属。而潘尪最早见于公元前 597 年的邲之战，较灭庸之役晚了近十五年。在年龄上似乎不符合上述"师叔"的条件。所以，《左传》文公十四年、《左传》宣公

---

① 参见《左传》宣公十二年"叔党命去之"句杜注："叔党，潘党，潘尪之子。"

② 杨伯峻：《春秋左传注》（修订本），中华书局 1990 年，第 618 页。

③ 参见《国语·楚语上》"椒举娶于申公子牟"章。

十二年的"师叔"并非同一人，前者指潘崇，后者指潘尪。潘尪称"师叔"，大概因为他在潘崇之后继续担任太师一职，都是潘叔后代。据周代宗法继承制和世官之传统，潘尪很可能是潘崇之子。

《左传》宣公十二年载晋栾武子语："师叔，楚之崇也。"此"师叔"即公元前597年庄王伐郑、与郑人盟的潘尪，他颇为楚人所崇敬。潘尪之子潘党，先后参加晋、楚之间的邲之战和鄢陵之战，以善射著称。不过鄢陵之战中，共王被晋将吕锜射中眼睛，时任共王车右的潘党，恐难辞其咎。之后潘氏在楚国式微，不知是否受此影响。

潘党之后的楚潘氏宗族状况，出土的战国竹简资料，透露了潘氏宗族这些方面的信息。1978年，荆州市博物馆在今荆州市沙市区观音垱镇天星观村发掘一座战国楚墓（天星观M1），据随葬卜筮祭祷简文，可知墓主是邸阳君潘胜，墓葬年代在公元前350年左右。[①] 2000年，考古工作者又在天星观M1东南不远处发掘一座战国楚墓，出土了一批精美文物。发掘报告根据这两座墓的形制、随葬品、年代及位置关系，认为天星观M1、M2是潘胜夫妇异穴合葬墓。[②]

天星观祭祷简祭祀对象有惠公（简121）、季父（简214）、东城夫人（简122）等。"惠公"当是潘胜的父亲，简文祭祷"季父"，表明潘胜的季父业已离世。潘胜之父简文虽不见明确提及，推测其在世的可能性极小。简文中的"东城夫人"，当是潘胜的亲母。东城大概是潘胜母亲的娘家，故称"东城夫人"以示敬意，犹如称平王所娶秦国女子为"秦嬴夫人"（包山简132）。

天星观遣册简还记载有前来助丧的"番之里人"，徐少华认为"当

---

① 湖北省荆州地区博物馆：《江陵天星观一号楚墓》，《考古学报》1982年第1期；李学勤考订简文中两条纪年材料分别为公元前340年、前339年，与发掘报告所定年代接近，详见李学勤：《试说江陵天星观、秦家嘴楚简的纪年》，载《简帛研究二○○四》，广西师范大学出版社2006年，第146页。

② 湖北省荆州博物馆：《荆州天星观二号楚墓》，文物出版社2003年，第211—215页。

即番国故地族人，其为番勋助丧，说明番勋是番国后人于楚为显贵者，可见番人楚化之踪迹"①。"番之里人"不写作番里人、番人，说明此处的"番"是高于里的行政单位，也表明独立的番国当时不存在了，己姓番人已编入楚国户籍。简文表明，战国中期的潘胜，与番国故族之人仍然保持交往、联络。不难推断，春秋时期仕楚的潘氏贵族，同宗主国之间的联系或许更频繁，关系也会更密切。潘胜之案例表明，异姓之臣入楚以后，并非完全脱离了与故国的亲属关系或政治联络，其仕楚之行为，只是楚人附庸体系下的无奈之举。

第十二节　疆域变迁

楚穆王在位仅 12 年，楚穆王时期的楚国疆域，比其父楚成王时扩展很多。楚成王时"城濮之战，使楚失却了几乎已经在握的中原霸权"②。直到 5 年之后，晋文公死了，楚国才又重整旗鼓，把注意力集中于淮水中游和附近的残余小国。于楚穆王三年(公元前 623 年)灭江(今河南正阳西南)。次年灭六(今安徽六安)、蓼(今河南固始北)、蒋。蓼灭之次年，晋襄公病死，嗣君晋灵公幼小，国内大夫争权，变乱不断发生，晋国的霸业由此中衰。穆王相准时机，发兵北略，访鲁，伐宋，会厥貉，田孟诸，重服郑、陈、蔡、宋。伐麇，清理西北。楚穆王十一年(公元前 615 年)又灭宗(今安徽巢湖北)，把疆土伸展到皖东。楚国对中原地区采取了咄咄逼人的进攻态势，开始迈向真正的称霸时期。

---

① 徐少华：《周代南土历史地理与文化》，武汉大学出版社 1994 年，第 135 页。
② 宋公文：《春秋前期楚北上中原灭国考》，《江汉论坛》1982 年第 1 期。

第十三节　楚穆王述评

"穆王弑立，辄复荐食，秦伯降服，臧孙兴叹，亦何能救。楚始日有图霸之志，而北方之诸侯咸重足而莫敢侧视矣。入春秋来，灭国之多，无过于楚，而灭国之易，亦无过于楚，幅圆广则甲兵日盛，中国之霸是以难也。"[1]

"穆王弑立，晋襄不能正其罪，使得肆其兵力，蚕食小国，江、六之区，骚然烦苦焉。既而襄公即世，晋亦不支，楚于是乘间窃发，观兵中原，二年之中，而郑、陈、蔡、宋靡然影从，其图北方也锐于成王矣。夫穆王之蜂目豺声，其凶忍虽不亚于父，其远略未必能及父也，然而战胜攻取，师出必利，十二年间，未尝一跌，较之成王，其功尤烈。此其故何哉？则时势之不同尔。晋立灵公，方在褓抱。秦、晋日战，楚反休息。盾不能和辑国家，专务杀戮，处父、射姑之流，相继死亡焉。晋之不在诸侯也，夫人而知之矣，岂止范山哉？蛮夷伺隙，又谁能御。厥貉之役，宋人望风而服，固其宜也。天祐其衷，穆王陨命。庄王身坐钟鼓之间，尚未北顾，是以晋国稍得息肩，而从楚之国于是渐服。穆若不死，野战伏尸，恐将见也。方穆之欲弑君也，先除子上，蓄谋而发，国人莫问。及子西谋弑，漏言身死，又何益乎。稔恶无咎，为诸夏患。读《春秋》者，至于楚穆之事而思霸更深矣。"[2]

楚穆王，芈姓，熊氏，名商臣。楚成王子。公元前625—前614年在位。成王时被立为太子。公元前626年逼死其父自立为王后，着重向东扩展，经营淮河流域，竭力改变楚在城濮之战后的劣势。先后灭江、六、蓼及舒、宗，征服群舒，进一步控制了江淮地区。其间，得悉工尹子西等欲作乱，当即诛杀子西、子家，稳定了内部局势。穆

① 马骕：《左传事纬》，徐连成校点，齐鲁书社1992年，第69页。
② 马骕：《左传事纬》，徐连成校点，齐鲁书社1992年，第124—125页。

王后期，重又挥师北侵，时晋灵公年少，心志不在称霸，晋师尽力避免与楚正面交锋，陈、郑、蔡、宋等国皆从服于楚。[1]

楚穆王在位十二年，忠实地继承了父亲楚成王的战略意图，大举东进，开疆拓土，频繁北上，威逼晋国，一举扭转楚国城濮之战以来的被动局面，创造了楚国"小霸"的奇迹。[2]《春秋会要》："穆王，名商臣，成王子。鲁文公二年弑父自立，在位十二年。谥曰'穆'。"[3]

涛平赞曰：

楚穆王弑父夺位，继位之初即有恶名，加之太子时谮言父王至令尹子上被杀，恶名更加确定。然观穆王在位期间，所作所为，仍不失为一代枭雄。所创楚国新都为郢，延续到战国时期，奠定楚国基业，居功厥伟。在位期间，看准晋国陷于与秦征战不休的良机，重整旗鼓，挥戈北上，一挽楚国城濮败后的颓势，灭江而秦国悲伤，灭六、蓼而国土东扩，伐郑师于狼渊，侵陈国而克壶丘，致郑、陈求和。恩威并施，主动聘鲁，致鲁国亲楚。继而剑指宋国，厥貉之会以伐宋相号召，致宋因惧而邀猎孟诸，手段高矣。田猎场上，众诸侯国君前呼后拥，一时风云际会，何等意气风发，楚阵营终于恢复城濮战前原貌，为乃父楚成王所难企及。尤可赞者，平定群舒叛而稳定东土，占据铜矿致军力骤强。史家评论，谓楚穆小霸，奠定楚国霸主基业，堪与春秋五霸之一的楚庄王比肩，何其伟哉！

---

① 石泉主编《楚国历史文化辞典》，武汉大学出版社 1996 年，第 378 页。
② 邓曦泽：《冲突与协调——以春秋战争与会盟为中心》，人民出版社 2015 年，第 133 页。
③ 王贵民、杨志清：《春秋会要》，中华书局 2009 年，第 15 页。

第 六 章

楚庄王称霸中原
及东扩南渐

第一节　继位之初危机四伏（庄王元年）

公元前 614 年，穆王卒，其子旅（或作侣、吕，皆同音通用）即位，是为楚庄王。穆王之死，未见有谋弑之类的事情发生，应该是因病逝世。清华简《系年》第十一章有记："穆王即世，庄王即位。"《国语·楚语上》"庄王使士亹傅太子箴"，韦昭注："成王之孙、穆王之子旅。"《左传》宣公十二年载楚少宰曰："寡君少遭闵凶。"《国语·楚语上》："昔庄王方弱。"韦昭注："方弱，未二十。"言楚庄王即位之初，尚不足二十岁。《春秋会要》："庄王，名旅，穆王子。鲁文公十四年立，在位二十三年，谥曰'庄'。"①

楚穆王系正常传子庄王。《国语·楚语上》："昔庄王方弱，申公子仪父为师，王子燮为傅。"穆王为庄王选定太师与太傅，显然庄王为太子。其母当是穆王嫡夫人。根据《左传》宣公十一年："楚左尹子重侵宋。"杜注："子重，公子婴齐，庄王弟。"楚庄王应当是楚穆王的嫡长子。

按照清华简《楚居》所记，"至穆王自朕郢徙袭为郢"，知楚穆王去世时，仍以"为郢"为都，楚庄王继位，仍当居住在今湖北宜城楚皇城遗址的"为郢"。

楚庄王继位之时有内忧也有外患。

在外事方面，楚国面临晋国的全面反扑。晋国刚结束与秦国的河曲之战，逼退秦师，获得边境的暂时安宁，得以腾出手来对付楚国。公元前 613 年，楚庄王元年六月，晋赵盾在宋国的新城（今河南商丘西南）召开一次诸侯盟会，参加者有宋昭公、鲁文公、陈灵公、卫成公、郑穆公、许昭公、曹文公。因为晋国取得了对秦的胜利，所以"从楚者服"（《左传》文公十四年）。这显示楚穆王数年苦心恢复的楚阵营已

---

① 王贵民、杨志清：《春秋会要》，中华书局 2009 年，第 15 页。

经土崩瓦解，尚待其子楚庄王收拾残局。

新城之盟，楚的与国纷纷倒向晋国，唯有蔡国没有参加盟会，晋不肯放过。《左传》文公十五年记，公元前612年，晋国上军将郤缺统帅上、下军讨伐蔡国，其理由是蔡人没有参加去年的新城之盟。在晋军的压力下，蔡人只得与晋签订城下之盟。至此，中原的众诸侯大都服于晋国，仅剩下东方的大国齐了。

晋国穷追猛打，又于同年的十一月在郑地扈邑（今河南原阳西）召集诸侯会盟，这时的晋灵公已成年，主持了有宋昭公、卫成公、蔡庄公、陈灵公、郑穆公、许昭公、曹文公参加的盟会。应鲁国的要求准备讨伐齐国，齐人自知不支，低头贿赂了晋国，晋人方肯作罢。鲁文公因为与齐国有边土之争，为晋食言不伐齐之故而未肯赴扈之盟。郑国因为地理上近楚，处于两大国的夹隙之间，明亲晋暗附楚。至此，楚在中原的与国尽失。晋与楚重新对垒，对楚国构成了严重的威胁。

在国内方面，楚又有边境之乱和贵族之乱两大忧患。《国语·楚语上》："昔庄王方弱，申公子仪父为师，王子燮为傅，使师崇、子孔帅师以伐舒。"楚国东部边境，再次面临群舒叛乱。尽管庄王年幼，急需大臣在身边强力辅佐，但主政的楚令尹子孔和太师潘崇不得不率兵征伐群舒，致使庄王身边没有得力的人护卫左右，给企图谋反的人留下了可乘之机。留守郢都的公子燮与子仪（大司马斗克）乘机作乱，造成了严重危机。

子仪与公子燮本是楚庄王的师与傅，在楚成王三十七年（公元前635年）秦伐都时，子仪为秦所俘。当时秦楚矛盾突出，子仪长期羁押在秦，无人问津。后来，秦晋爆发了崤之役，秦全军覆没，秦晋矛盾达到高峰，秦怨恨晋国，结好于楚，便释放子仪，"使归而求成（和）"。秦楚两国终于和好。子仪一跃成为秦国的上宾，肩负秦、楚两国和好的使命回国。子仪不负所托，上下奔走，致使秦、楚两国关系缓和，获得两国的一致赞扬。不想子仪因此居功自傲，欲望甚高，未能得到满足，即所谓"成而不得志"，心怀不满。而公子燮则因"求

（要求做）令尹而不得。故二子作乱"（《左传》文公十四年）。

子仪父，就是子仪，申公斗克，袭父斗班申公之位。《国语》注解并指出斗克为当时大司马。自楚成王三十七年，斗克帅申师戍商密，到今已有二十余年，斗班一系已经世袭申公之位，掌管楚国申师，镇守楚国的北方，且官至大司马，职权与实力同样突出。也正因其军力和实权兼备，以至于敢于同楚王相抗衡。

《左传》文公十四年记载这次政变：

> 楚庄王立，子孔、潘崇将袭群舒，使公子燮与子仪守，而伐舒蓼。二子作乱，城郢，而使贼杀子孔，不克而还。八月，二子以楚子出。将如商密，庐戢梨及叔麇诱之，遂杀斗克及公子燮。

《国语·楚语上》也有类似的记述，其中"燮及仪父施二帅（子孔、潘崇）而分其室"，可与《左传》互补。

公元前613年，楚庄王元年，鉴于东境不稳，令尹子孔和太师潘崇率楚师主力再次讨伐群舒。子仪和公子燮乘机作乱。二子作乱，危害甚大，声言令尹子孔和潘崇有大罪，居然擅自行动，肆意瓜分了他们的资财和仆妾。随即在郢都筑城，准备据守。同时派刺客潜往前线去刺杀子孔，未有成功。令尹子孔和潘崇闻变，率军回师，在大军压境之时，子仪和公子燮与析公串通，竟然挟持庄王逃离了郢都，计划逃往秦楚交界之地商密，负隅顽抗。子仪和公子燮一行走到庐邑（卢戎故址，今湖北南漳东北），受到当地的大夫戢梨（"梨"又称"黎"）和叔麇的"热情"接待，庐大夫戢梨及其辅佐叔麇声言支持，安顿人马休息，在半夜时突然包围馆驿，捉住子仪和公子燮，当场杀死，析公侥幸逃脱，奔往晋国。至此，年轻的楚庄王才得以恢复自由。

斗克与公子燮趁子孔伐舒之时造反，失败后竟挟持楚庄王逃往商密，虽最后失败被杀，但此时斗氏的实力，尤其是军力，仅是斗强、

斗班这一脉的断绝，申师易主，而斗氏的绝对主力，子文、子良的这两支并未受影响，斗氏的核心力量，"若敖氏之六卒"也未曾动摇。

庐邑大夫戢梨智杀斗克与公子燮，护送庄王回到。经历这次惊心动魄的动乱，楚庄王日渐成熟。这主要体现在他能够汲取以往重用叛臣的教训，独立思考，装作不问国事，借以暗中考察真正的忠臣。《史记·楚世家》记，庄王"日夜为乐，令国中曰：'有敢谏者死无赦！'"大夫伍举冒死以讲谜语为名变相进谏。伍举的谜语是问一只鸟儿何以三年不飞不鸣，庄王不假思索答复："此鸟三年不飞，飞将冲天；三年不鸣，鸣将惊人。"其实这正是庄王所期待的。于是，庄王临朝听政，斥退了十人，提拔了五人。① 随即楚庄王在伍举的帮助下，确定了联合巴人、结好秦人的国策。这些举措，为后来的灭庸之战奠定了取胜的基础。

楚庄王刚登位时的"三年不言"，不是孤例。史上商王武丁继位也有类似记载。② 杨华认为，楚庄王继位时年龄"方弱"，对外正处于晋楚争霸的关口，同时内部又发生了子仪与公子燮的内讧，可谓内忧外患。③ 尤其棘手的是，内讧之人子仪和公子燮分别是他的师和傅。对于少年君主庄王来说，最好的办法自然是"三年不言"。于是他做出"即位三年，不出号令，日夜为乐""不听而好谲"等种种表象，以麻痹朝野。直到庐戢梨诱杀其师、傅二人，使庄王"复王"，他这才"一飞冲天，一鸣惊人"，最终完成"观兵问鼎"的霸业。其实，在其"不飞""不言"期间，他并没有真正淡泊国政，否则他不至于一恢复听政，便"所诛者数百人，所进者数百人"，收到国人大悦、群臣相贺的政治效应。

---

① 人数从《吕氏春秋·重言》所记。
② 《史记·殷本纪》："帝武丁即位，思复兴殷，而未得其佐。三年不言，政事决定于冢宰，以观国风。"《国语·楚语上》白公子张劝楚灵王纳谏："昔殷武丁能耸其德，至于神明，以入于河，自河徂亳，于是乎三年，默以思道。"
③ 杨华：《古礼新研》，商务印书馆 2012 年，第 53 页。

第二节　天灾人祸，避居樊郢(庄王三年)

公元前 611 年，楚庄王三年，楚国发生饥荒，庸国和麇国煽动蛮、濮反叛，进军郢都，郢都风声鹤唳。《左传》文公十六年记：

> 秋……楚大饥，戎伐其西南，至于阜山，师于大林。又伐其东南，至于阳丘，以侵訾枝。庸人帅群蛮以叛楚。麇人率百濮聚于选，将伐楚。于是申、息之北门不启。

"楚大饥"，是指楚国发生了严重的饥荒。《穀梁传》襄公二十四年："五谷不升为大饥。一谷不升谓之嗛，二谷不升谓之饥，三谷不升谓之馑，四谷不升谓之康，五谷不升谓之大侵。"《公羊传》襄公二十四年："大饥"，何休注："有死伤曰大饥，无死伤曰饥。"按照何休的注释，在楚庄王继位不久，楚国发生了大面积饿死人的严重饥荒。饥荒会导致饥民离开故土，大规模迁徙，造成社会动荡。

楚国这一次大饥荒不是因为战争，可能是天灾所致。同年，《左传》记载宋国也发生了饥荒："宋公子鲍礼于国人，宋饥，竭其粟而贷之。"春秋时期楚国发生的"大饥"仅此一例，可能是这次大饥荒刺激了楚庄王发奋发展农业，孙叔敖因在淮河流域大力兴修水利，得到楚庄王重用，楚国农业大兴，理应与此有关。

由大面积的饥荒导致反叛楚国的大动乱，愈演愈烈。反楚者除戎人、庸人、麇人外，还有群蛮、百濮。首起者是戎人，实力最大的则是庸人，皆从不同的方向对楚发起进攻和准备进攻，形势十分严峻。戎是山间之民，夷为四方总号，故云'戎，山夷也。'"戎人向楚国的西南进攻，到达离庸国不远的阜山[1]，今房县一带，接着又进军至位于

---

[1] 杨伯峻注："阜山，楚邑，据《读史方舆纪要》，在今湖北省房县南一百五十里。"杨伯峻：《春秋左传注》(修订本)，中华书局 1990 年，第 617 页。

今湖北荆门西北的大林①，接着，在遭到楚军的阻击后，戎人又向楚国的东南进攻，到达楚邑阳丘②，准备向位于今湖北省枝江市的訾枝③进攻。而最大的敌人庸国则广泛联络了群蛮，与楚国对抗。在这节骨眼上，麇国也趁火打劫，率领百濮聚集在今湖北省枝江市一带的选地④，准备讨伐楚国。这时，若晋等中原诸侯趁机而入，后果不堪设想。不过，楚国加强了北部边防，封锁了通往中原的门户，《左传》文公十六年明确记载"申、息之北门不启"。可见，当时楚国的形势非常严峻。

庸国曾经助周灭纣，军力强悍。《尚书·牧誓》记述周武王伐纣，率八国盟军进军周郊牧野，整军誓师，盟军之首即为庸国。西周时期，最迟在周夷王时，庸与楚之间就互有攻守，长期以来都是楚国西方的大患。《史记·楚世家》："熊渠……当周夷王之时，王室微，诸侯或不朝，相伐。熊渠甚得江汉间民和，乃兴兵伐庸、扬粤，至于鄂。""至西周中晚期，楚君熊渠乘王室衰微、诸侯攻伐、天下动荡之机，率领楚人闯出荆、睢山区，创建江汉基业，首先征伐的就是庸。庸大概也是为熊渠所伐，而成了'属楚之小国'。"⑤楚人东进，最忌庸人袭其身后。庸人此次伐楚是政治性与经济性并举的，但最终还是政治性的。他们抓住这个普遍饥荒的机会，从客观上利用了饥不可耐的巴人、

---

① 杨伯峻注："大林，盖楚师于大林将以御敌也。大林，楚邑，据《汇纂》，当在今湖北省荆门县西北。"杨伯峻：《春秋左传注》（修订本），中华书局1990年，第617页。

② 陈伟《〈左传〉文公十六年伐楚之戎地望辨析》一文重点考证了阳丘在南阳方城东，认为伐楚主要为陆浑之戎，从楚国北来。见陈伟：《燕说集》，商务印书馆2011年，第53页。

③ 杨伯峻注："訾枝，楚邑，顾栋高《大事表》谓在今湖北省钟祥县境。沈钦韩《地名补注》谓当在今枝江县，以'伐其东南'断之，沈说近是。"杨伯峻：《春秋左传注》（修订本），中华书局1990年，第617页。

④ 杨伯峻注："选，楚地，据《汇纂》，当在今湖北省枝江县境。"杨伯峻：《春秋左传注》（修订本），中华书局1990年，第617页。

⑤ 蔡靖泉：《庸人、庸国、庸史》，《江汉论坛》2010年第10期。

麇人、群蛮、百濮共同兴师。至于麇国，国小势微，此次"率百濮聚于选"是因风造势的做法，叛楚并不坚决。庸国这次充当了叛乱的中坚。楚国的执政大夫方寸大乱，甚至商议用迁都的办法来躲过这场灾难。

楚大夫劳贾反对迁都，他说：我们能去的地方，敌人也能去，迁都是无益的。为今之计，莫如伐庸。庄王从其议，决定伐庸，这是擒贼先擒王的上策。不久前解救庄王立功的庐戢梨，受命为帅，统领大军进攻庸国。麇人和百濮见楚师大动干戈，都散伙了。楚师集结在庐邑，戢梨用官仓的储粮供应军需。前锋推进到庸国的"方城"，与拒守的庸师交战。这个"方城"是庸国为防御楚、秦等国而建的，故址在今湖北竹山县。

在与庸国正式决战之前，楚庄王虽然否决了迁都的意见，但为暂避气势汹汹的庸国之锋，特意将前线指挥机构从为郢（宜城楚皇城遗址）往东北暂迁至今湖北襄阳楚王城的"樊郢"。清华简《楚居》记："至庄王徙袭樊郢。"

第三节　巴秦相助，灭庸灭麇（庄王三年）

楚庄王坐镇"樊郢"指挥与庸国的战争。这场战争，一波三折。开战前，楚臣们的争论非常激烈。《左传》文公十六年："使庐戢黎[①]侵庸。及庸方城。庸人逐之，囚子扬窗。三宿而逸，曰：'庸师众，群蛮聚焉，不如复大师，且起王卒，合而后进。'师叔曰：'不可。姑又与之遇以骄之。彼骄我怒，而后可克，先君蚡冒所以服陉隰也。'又与之遇，七遇皆北，唯裨、鯈、鱼人实逐之。庸人曰：'楚不足与战矣。'遂不设备。"战争刚开始，庸国据城坚守，伺机反击，楚将庐戢黎没有攻坚的经验，初战不利。大夫子扬窗被庸人捉去，被关了三天，

---

① 即"庐戢梨"。

伺机逃回楚营，主张等主力赶到后再战。大夫潘尫（师叔）认为不妨暂且让庸人得胜，使他们因骄傲而懈怠，再去打败他们。庐戢黎从潘尫之议，令楚师七战七退。庸人果然以为楚师不堪一击，便只派裨、鯈、鱼三部蛮卒追逐楚师。楚军故意"七战七退"，为确保决战取胜争取了大量时间。在这段时间内，足智多谋的楚庄王派出使者多人外出求援，秘密动员秦人，笼络巴人，争取蛮人，充分运用外交手段，使庸国陷于孤立。秦国、巴国本来与庸国和平相处，互不侵犯，接到楚国的求援，迅速派兵，不顾山高路险，昼夜奔驰，赶到前线，配合楚军向庸国进军。（见图6-1：巴、秦助楚灭庸运兵地形图）

当各路兵马就绪，集结待命，庄王乘着飞奔的邮路专车"驲车"，随同主力赶到了前线。楚师分为左右两翼，在秦师、巴师的配合下，对庸展开钳形攻势。《左传》文公十六年记："楚子乘驲，会师于临品，分为二队，子越自石溪，子贝自仞，以伐庸。秦人、巴人从楚师，群蛮从楚子盟，遂灭庸。"大军从"临品"今湖北均县（丹江口市）出发，兵分两路，一路名"石溪"，一路名"仞"，都在今湖北丹江口市范围内。[①]在数路夹攻之下，群蛮又从内部叛庸，庸国遂无力抵抗，国都很快被攻破。楚庄王出师镇抚。百濮罢兵。古老的庸国，就此灭亡。灭庸之后，群蛮跟从楚庄王立盟。于是，楚国转危为安。（见图6-2：楚灭庸之战图）

楚人能度过这场空前的危机，一举灭庸，是伐谋、伐交的结果。在秦人、巴人的帮助下，楚人灭庸，维护了江汉间的稳定，恢复了以楚国为中心的政治秩序。

灭庸之役，体现了巴、楚两国的友谊，也使两国变成了近邻。当然，巴国参与灭庸行动更多的是利益使然，因为庸是群蛮之首，它的存在，始终是巴国向东向南发展的障碍。庸国的灭亡，对于巴国来说，

[①] 杨伯峻注："临品，《汇纂》谓当在今湖北省均县内。""石溪、仞，据《汇纂》，皆在今均县界，为入庸之道。"杨伯峻：《春秋左传注》（修订本），中华书局1990年，第619页。

意义特别重大。因为巴国开始由汉水上游安康一带向川东嘉陵江流域、长江两岸发展，先前巴人于商末流徙于鄂西、重庆、川东等区域，很不稳定。灭庸之后，巴国得到了鱼①及竹山、房县等至三峡的大片庸地。同时，巴、楚两国是传统盟国。在楚武王时期，巴国曾与楚国联合行动，助力楚国灭亡邓国，一度形成巴楚联盟。在楚文王时期，巴楚联盟有所松动，巴国多次攻击并占领楚国南境的权县，巴国与楚国一度成为一对冤家，多次发生武装冲突，迫使楚文王北进中原中途而返，巴国后来打败楚文王亲自率领的救援部队，让楚文王无颜回到郢都，受到守门官员鬻拳的羞辱，巴楚联盟完全破裂。可能是楚成王汲取父亲楚文王的教训，对巴国采取和好的政策，巴楚联盟逐渐恢复，致使关键时刻巴国鼎力相助，助楚灭掉庸国。巴楚联盟关系的恢复，楚国后方稳定，疆域巩固，楚人得以集中力量经营中原，从而成就了楚庄王的霸业。

公元前 611 年，庸人出兵骚扰楚国，结果被巴、楚联合消灭，这便是所谓"世上本无事，庸人自扰之"。在战后的利益分配上，巴人得到了"宝泉山盐池"，而楚人则获取了上庸盆地。

庸位于秦、楚之间，秦助楚灭庸，是崤之战后联楚方针的具体体现。秦康公出兵助楚灭庸，表达了秦国愿与楚国结成牢固的政治军事同盟的决心，对秦楚关系具有深远影响。王夫之在《春秋世论》中分析说：

> 庸者，秦、楚之争地也。秦得庸，则蹑楚之背；楚得庸，则窥秦之腹。秦得庸，则卷商析以临周；楚得庸，则通武关以间晋。楚方病，秦人扶之，西为之通巴，南为之距戎，俾楚获安足矣。得庸不有而授之楚，秦之亲楚何其至也。秦楚之相亲，晋故焉耳。秦戒晋，而楚挠其南，则晋掣；楚争晋，

① 鱼，杜预注："鱼复县，今巴东永安。"即今重庆奉节县。

而秦挠其西，则晋疾视楚而不敢争，故秦之谋此甚深也。[①]

这段话把春秋时期各诸侯国间复杂的矛盾斗争关系分析得淋漓尽致。庸国在秦、楚之间，秦得庸如蹑楚之背，楚得庸如窥秦之腹。这么重要的一处地方，秦国对其肯定也是垂涎欲滴，但是攻灭庸之后，秦国心甘情愿地将其奉送给楚，原因就在于晋国，秦国希望与晋国作战时，楚国骚扰晋国南面，使得晋国腹背受敌。帮助楚国平定叛乱，楚国就会专心在中原与晋国相争，秦国正好可以乘机进攻晋国西部。正是由于这一层利害关系，秦国一直希望与楚国联合。

秦康公援楚灭庸，不仅有利于秦国向东南伸展力量，大大改善了秦国的战略地位，同时在一定程度上左右着楚、晋争霸的局势，是楚、秦友好关系史上的一个重要里程碑。楚国及其属国庸国，在秦国的东南方向，秦国自穆公时起就极力推行东进政策。受阻于晋后，援楚灭庸，与楚结盟、联姻，不仅仅是为了迂回东进，避开晋国的阻挠，而且以支援楚国争霸，从而间接牵制晋国，秦国遂"独霸西戎"，在西方发展经营。秦国倚仗楚秦联姻，连续向晋国发动了凌厉的攻势，声威大振。秦国成为春秋列国交往中一颗很重的砝码。马非百评价道："总其所以制晋之术，尤莫妙于康公十年之助楚灭庸。"[②]

灭庸对楚有极大的政治意义和战略意义。顾栋高《春秋大事表》说："自灭庸之后，楚遂不可制。晋益孤而楚益炽矣。"[③]

楚人灭庸无疑是艰辛的。14年后，《左传》宣公十二年记晋人栾武子在追忆这次战争时说："楚自克庸以来，其君无日不讨国人而训之于民生之不易、祸至于无日、戒惧之不可以怠；在军，无日不讨军实而申儆之于胜之不可保、纣之百克而卒无后，训之以若敖、蚡冒筚

---

① 王夫之：《船山全书·春秋世论》，岳麓出版社1986年，第443页。
② 马非百：《秦集史》，中华书局1982年，第26页。
③ 顾栋高：《春秋大事表》，中华书局1993年，第1992页。

路蓝缕，以启山林。"可以想像，楚人此番在大饥荒中奋起反击外患，一定是经过了艰苦卓绝的努力、克服了重重困难才得以成功。灭庸在楚人中间以及中原各国之间都造成了相当影响。楚庄王以后经常训诫楚人民生不易，祸患无常，应时刻保持警惕等，正好从一个侧面说明了楚人在一定程度上对此役还心有余悸。

灭庸之后，楚庄王对一度与庸国联手攻楚的麇国穷追猛打。早在灭庸之前，楚穆王便对麇曾经大打出手，《左传》文公十一年载："十一年春，楚子伐麇，成大心败麇师于防渚。潘崇复伐麇，至于锡穴。"当年楚子伐麇，当由厥貉（今河南项城南）一带出发，经南阳盆地分二路讨伐麇国。其中一路楚军即由成大心率领，经今湖北襄阳、南漳、保康一线，进入防渚；另一路楚军由潘崇率领，从河南南阳或内乡县一带出发，经湖北郧县攻打麇都锡穴。后一条路线，在春秋直至战国时期，都是楚人入秦、秦人伐楚和早期麇、庸、绞人与"汉阳诸姬"往来的重要通道。

《左传》宣公元年记楚庄王挥师北上侵陈伐宋，时在楚庄王六年即公元前 608 年。据此，可以推测，麇灭国当在此年楚侵陈伐宋之前上推至楚灭庸之间，即公元前 611 年至前 608 年间。

楚灭麇是灭庸的继续。"楚欲北进中原，必须消除后院隐患。楚境北之戎，楚境西之庸、麇不灭，楚想图霸中原即受其牵制。尽管帅群蛮之庸已灭，率百濮之麇不除仍是心腹之患。只有彻底消除庸、麇的威胁，才能使'百无统长'的群蛮、百濮臣服于楚。庸亡，群蛮盟于楚；麇灭，则百濮自会从于楚。所以在灭庸之后北进伐陈征宋之前灭麇是顺理成章的。"[1]

---

[1] 高至喜：《楚文化的南渐》，湖北教育出版社 1996 年，第 35—36 页。

第四节　北灭吕国（庄王四年）

在灭庸之后，楚庄王将目光锁定了位于庸国、麋国的东方，楚国东北方的吕国。

《春秋》及《左传》无一字提及吕国史事。史籍中既无吕国的灭年，也无"吕公"之称或"县吕"之说。由于吕国与申国同在南阳，通常是以申定吕，认为吕国应与申国同时为楚所并。后来出土了两件吕器，却使人不得不重新考虑并更改原有的看法。

1980 年，在河南固始发掘的一座春秋晚期墓中，出土一件铸有铭文的吕王剑。[①] 该剑"年代可能为春秋中期"，晚于楚文王。这说明尚在称王的吕国，也许比申国存在得略长一些。1979 年，河南淅川下寺10 号楚墓出土的编钟和镈钟，同铸一篇铭文。其后半段为："龖，余吕王之孙，楚成王之盟，仆男子之执，余不贰在天之下，余臣儿难得。"[②]器"铸于春秋中期"，器主为了表明忠于"楚成王之盟"，示以臣服之心，诚惶诚恐地宣称不贰于楚，并且仅称"吕王之孙"而不自称"吕王"，可见此时吕国已完全沦为楚国附庸，仰楚人鼻息以图生存。钟铭表露了器主对楚王以"臣儿"自居的窘态，显示了吕国将亡的征兆。不过，既然表面上还能对等地与楚王订立盟约，也说明器主仍保有吕国国君的名义。如果器主属于社稷不存的吕人后裔，那就谈不上什么"楚成王之盟"了。看来，至少在楚成王时，吕国尚未被楚人兼并。

楚成王之后，楚穆王时没有吕国动静，到楚庄王时，史载吕国已经成为楚县了。《左传》成公七年载："楚围宋之役，师还，子重请取

---

① 欧潭生、詹汉清、刘开国：《固始白狮子地一号和二号墓清理简报》，《中原文物》1981 年第 4 期。

② 赵世纲：《楚人在河南的活动遗迹》，《楚文化研究论文集》，中州书画社 1983年，第 57 页。

于申、吕，以为赏田，王许之。申公巫臣曰：'不可。此申、吕所以邑也，是以为赋，以御北方。若取之，是无申、吕也，晋、郑必至于汉。'王乃止。"围宋之役在楚庄王十九、二十年，即公元前595、前594年。这就是说，除早已成为楚县的故申国地外，至迟在公元前595年之前，故吕国地也成为楚邑，楚已兼并吕地。《国语·周语下》载，周灵王二十二年，公元前550年，太子晋追叙诸国兴替演变时说："有夏虽衰，杞、鄫犹在；申、吕虽衰，齐、许犹在。"这也证明此前吕国已亡。

上述吕器，虽然只是吕国延存到春秋中期的实证，但同时也给我们提供了用以判断其灭年的参考依据。参照文献可以认为，吕国之灭，大约在楚成王之后的楚穆王元年至楚庄王十八年，即公元前625年至前596年这30年之间。而在这30年的后半段时间内，即楚庄王继位以来，正是楚人问鼎周畿、与晋人争霸，并且终于称霸中原的时期。

楚国灭掉吕国，在楚庄王时势在必行。当时楚北与晋争，频仍用兵，必须全面、直接地控制南阳盆地，才能"以御北方"。继续保留仅存虚名的吕国，已无必要。何浩指出："吕灭于楚庄王前期的可能性要更大一些。"[①]

继并灭吕国之后，楚庄王已经完全控制了南阳盆地，再往北，已临蔡、陈等晋国势在必争的中原中等国家。

第五节　楚晋较劲，斗智斗力争夺盟国
（庄王六至七年）

楚自克庸以后，境内安宁，国力恢复，打算北上与晋争霸。晋、楚争战又起。

---

① 何浩：《楚灭国研究》，武汉出版社2019年，第205页。

晋、楚先是外交争战。晋国在楚国面临天灾人祸之际，忙于召集盟会，处理属国之间的矛盾，树立晋国在诸侯国之间的权威。公元前612年，楚庄王二年，晋入蔡，齐伐鲁，鲁告难于晋。晋灵公在黄父（一名黑壤，今山西翼城东北）举行大蒐之礼后，再次会合诸侯于郑国的扈地（今河南原阳），商议讨伐齐国，齐国得知，好汉不吃眼前亏，私下贿赂晋国，晋不再坚持伐齐，诸侯之师乃还。鲁国空欢喜一场，对晋大失所望。

两年后，公元前610年，楚庄王四年，楚国成功灭庸，继而灭吕，疆域急剧扩张，晋国仍忙于协调属国。晋赵盾以宋公子鲍杀其君宋昭公为由，命晋、卫、陈、郑之师伐之，宋赂晋，四国之师乃还，仍然让公子鲍为宋君。当诸侯在扈相会时，晋因郑国心向楚，不见郑穆公。郑国惧，派其大夫子家（公子归生）写书信给赵盾，详细叙述了郑服事晋国之事，以表忠诚，又写屈从楚国之不得已，最后强硬地申诉说："居大国之间，而从于强令，岂其罪也？大国若弗图，无所逃命。"（《左传》文公十七年）晋对郑国的这种态度也无办法，只得派大夫巩朔到郑国去修好。郑国以其太子夷及大夫石楚入质晋国，晋亦以大夫赵穿和公婿池出质于郑，晋、郑遂媾和。郑表面上与晋和好，但看到晋国在处理宋国和齐国的问题上无所作为，便私下又与楚结盟，并公开参与楚军的军事行动，为晋国嫉恨。

晋、楚争霸，秦国举足轻重。秦自崤之役为晋所败之后，一直是楚的同盟。楚灭庸时更是助了一臂之力。是时，由于争霸的需要，晋也想拉拢秦国。《左传》宣公元年："晋欲求成（讲和）于秦。赵穿曰：'我侵崇（秦的与国），秦急崇，必救之。吾以求成焉。'冬，赵穿侵崇。秦弗与成。"晋国想借侵崇来与秦求和，结果不仅遭到秦的拒绝，反而还招致次年"秦师伐晋，以报崇"（《左传》宣公二年）之役。秦愿作楚的盟友而不与晋和，无疑为楚国取得霸权创造了一个重要的条件。

晋、楚的外交战逐渐演变到武装冲突。公元前608年，楚庄王六年，楚国会同郑国向倒向晋国的陈国和宋国发动进攻。晋国急忙救援，

赵盾亲自率军与宋、陈、卫、曹联军在棐林会合，攻打郑国。楚将芳贾领军救郑，晋、楚两军遇于北林(今河南郑州东南，新郑之北)。这场武装冲突，楚军展现了强悍的战斗力，激战中，晋大夫解扬为楚俘去，赵盾不敢抗争，忍气退兵。晋国的声望一落千丈，赵盾不甘心。第二年春，卷土重来，晋、宋两国又伐郑，以报北林之仇。宋、郑两国在大棘(今河南睢县南)开战，宋大败。郑俘宋帅华元，缴获战车四百六十乘，俘虏二百五十人，斩割了敌尸耳朵一百只。事后宋用百乘兵车和四百匹毛色漂亮的马匹向郑赎取华元。赎物交付了一半，华元已潜逃回来。晋国，视郑为眼中钉，同年夏，联合宋、卫、陈再一次伐郑。楚庄王毫不退让，急派楚将斗椒率大军救郑，晋见势不妙，不敢接战，急忙撤军。

在晋国节节败退之际，秦又在晋国背后捅上一刀。次年，公元前607年，楚庄王七年，秦师伐晋，围晋焦城(今河南陕州南)，赵盾不得不亲自率军救焦，秦师自退，驻军于阴地(今河南卢氏东北)。晋军两头奔波，无可奈何。

晋楚的这一轮较量，楚国明显占上风。郑国叛晋，秦军出击，体现了人心所向，晋数次攻郑，都没有得逞，对阵楚军时，难以抵挡楚军的攻势，产生畏惧心理，数次不战而退。这些都反映了在楚、晋之争中，楚渐强、晋渐弱的趋势。

与楚争战失利，导致晋国国内动荡。公元前607年，晋国国君晋灵公暗杀赵盾未遂，赵穿杀死晋灵公。灵公一死，赵盾就让赵穿到周王处迎文公的庶子公子黑臀回国即位，是为晋成公。成公即位后，下令以国卿的嫡子作为"公族"，分给他们田地，让他们作为公族大夫，并把官职授给卿的其他儿子，让他们担任"余子"之职，他们的庶子担任"公行"之职。晋国从此恢复了公族、余子、公行三种官职。自此晋国卿族的势力日益发展，公室日渐衰落，种下了以后"六卿专政""三家分晋"的根子。晋赵氏专政，对楚国的竞争力大为减弱。《左传》宣公元年记："于是晋侯侈，赵宣子为政，骤谏而不入，故不竞于楚。"

楚庄王面临强劲对手消失的大好时机。从当时国际环境来看，强劲争霸对手的消失是楚庄王取得巨大功绩的外因。以楚庄王继位当年即公元前613年为界，"春秋五霸"中与楚庄王地位平齐、称霸40年的齐桓公已经去世30年；长期流亡，备尝艰辛，阅历丰富，故能对楚"一战而霸"的晋文公已经去世15年；春秋五霸中有争议的、被称为"小霸"的宋襄公和秦穆公已经分别去世24年和8年；吴王阖庐、越王勾践在七八十年以后才出生，楚庄王在位期间能继续与楚争霸的也还是晋国。可在楚庄王在位期间，晋灵公昏暴，下及成、景，守成之君，均不足以言霸。中原其他各国内乱频繁，郑灵公、陈灵公和宋昭公先后被杀，中原大地没有一个雄才大略的君主可与楚庄王抗衡，南方吴、越羽毛未丰。可以说，楚庄王在位期间没有任何强有力的争霸对手，故楚庄王可以大显身手。

第六节　伐戎，阅兵，问鼎，挺进"桐之北"
（庄王八年）

楚庄王灭庸、灭吕之后，乘胜前进。晋国的内乱，对于楚庄王来说，是天赐良机。楚庄王在度过天灾人祸之后，西进东扩，连续得手，不免志得意满，踌躇满志，觉得此前历任楚王在北进中原上，步伐还不够大，他要乘胜前进，从新兼并的庸、麇故地北上，直奔周王室的都城洛邑，显示武力，威服诸侯。这样，位于楚国与周都之间的陆浑之戎，便横亘在楚国面前。

陆浑之戎[1]始见于《左传》僖公二十二年："秋，秦、晋迁陆浑之戎于伊川。"杨伯峻注："陆浑之戎盖其本名，本居于瓜州，晋惠公始诱而迁之于伊川。昭九年《传》云：'先王居梼杌于四裔，以御螭魅，

---

[1]　陆浑之戎，拙著《先楚史》第十章第五节"商周时期南阳及伊洛河流域土著部族与古国"有过介绍。程涛平：《先楚史》，武汉出版社2019年，第688—690页。

故允姓之奸居于瓜州。伯父惠公归自秦，而诱以来，使逼我诸姬，入我郊甸'者是也。至僖十一年《传》之伊雒之戎或者为其地之土著，或者为先至其地者，以其事在迁陆浑之戎以前十一年也。"①说明陆浑之戎是从西方的"瓜州"迁到伊河流域的。晋惠公先是将此戎由瓜州迁往今河南伊洛河流域的嵩县，迁来后，仍以陆浑为族名，故汉代将陆浑之戎所居之地置为陆浑县，至今这里仍有陆浑水库存在。

秦国、晋国将陆浑之戎迁往伊洛河流域，是鉴于周王室内乱。伊洛之戎曾应王子带之召攻入周王室的王城，火烧东门，幸得秦、晋二国拼命救驾，周王室才得保全，秦、晋为加强保卫周王室的力量，才将陆浑之戎从瓜州迁往周王室附近。陆浑之戎迁来后，长期依附于晋国，是晋国用以抗拒秦国的重要力量。顾栋高指出："秦、晋迁陆浑之戎于伊川，意必以藩卫王室为名，用蛮夷以制蛮夷也。卒之果得其用，伊洛之戎就衰，旋服于晋。"②

陆浑戎所占据的地区，是今河南陕州至嵩县，黄河以南秦岭山脉以北的一大块地盘③，正在晋国的南方。陆浑戎拱卫周王室，成为晋国的得力盟友。陆浑戎在晋国争霸的过程中，作为一支同盟军，助晋在崤山抗秦，起了独特的作用。《左传》襄公十四年记载戎子驹支说："昔文公与秦伐郑，秦人窃与郑盟，而舍戍焉，于是乎有崤之师。晋御其上，戎亢其下，秦师不复，我诸戎实然。譬如捕鹿，晋人角之，诸戎掎之，与晋踣之。戎何以不免？自是以来，晋之百役，与我诸戎相继于时，以从执政，犹崤志也。"

陆浑戎对一直力图北上与晋国争霸的楚国是很大的威胁。后来陆浑戎真像有的学者说的那样，"晋人使陆浑戎处伊川，西以塞秦人东

① 杨伯峻：《春秋左传注》（修订本），中华书局 1990 年，第 394 页。
② 顾栋高：《春秋大事表》，中华书局 1993 年，第 2164 页。
③ 赵瑞民：《晋国与陆浑戎》，《晋阳学刊》2003 年第 3 期。

下之路，南以御楚师北上"①。楚庄王在羽翼丰满之际，欲问鼎中原，就必然与夹在楚国和晋国之间的陆浑戎发生冲突。

公元前606年，《左传》宣公三年："楚子伐陆浑之戎，遂至于洛，观兵于周疆。"楚庄王只有先讨伐陆浑戎，才能到达周王室的王城之下，可见陆浑之戎对于保卫周王室起到的作用至关重要。

楚庄王讨伐陆浑之戎，走的是大道。陈伟推测："这条道路还有一些伸向西北的支线，大约是在与汝、颖二水的相交处溯流而上，深入豫西山地，并且可以翻越淮水水系与黄河水系之间的分水岭，进入伊水河谷，抵至周京。《左传》昭公十六年和哀公四年楚两征蛮氏，即进至今河南临汝、汝阳一带。在此以西不远，就是居于伊川的陆浑之戎，其间并无太大险阻。宣公三年庄王讨伐陆浑之戎，并问鼎周室，似即经由此途。"②

楚庄王率兵讨伐陆浑之戎，是虚张声势的恫吓，实际上与陆浑之戎并没有发生战斗，甚至连小规模的冲突都没有。陆浑之戎多年来在晋国的卵翼之下，按照自己的部落生活习惯，四处散居，与世无争。陆浑之戎从遥远的西北方迁徙到黄河中游，就是因为躲避秦国的屠杀。秦之立国，也是靠伐戎起家，《史记·秦本纪》载："襄公以兵送周平王。平王封襄公为诸侯，赐之岐以西之地。曰：'戎无道，侵夺我岐、丰之地，秦能攻逐戎，即有其地。'与誓，封爵之。襄公于是始国，与诸侯通使聘享之礼。"这也奠定了秦对戎以攻杀消灭为主的政策。《史记·秦本纪》所载"秦戎关系"便是以战争为主，对陆浑之戎而言，迁徙摆脱了对秦的恐惧，避免了被秦国消灭的命运。故陆浑之戎对楚国军队的突然杀来，充满了恐惧，避之唯恐不及。

楚国的军队在楚庄王的率领下，经过灭庸等一系列的战斗，攻无

---

① 刘德岑：《秦晋开拓与陆浑东迁》，《禹贡》半月刊第四卷第八期，台湾大通书局影印本。

② 陈伟：《楚"东国"道路——兼谈影响先秦交通的社会因素》，载《燕说集》，商务印书馆2011年，第103页。

不克，战无不胜，士气高昂，在讨伐陆浑之戎的征途中，如入无人之境，一路耀武扬威，高歌猛进。楚国军队一向训练有素，行军时颇有章法，威武齐整，虽然通过陆浑之戎的地盘多为山路，崎岖不平，但楚军依然保持队形，旗帜飘扬，前后呼应，有一股震撼人心的力量。

陆浑戎在楚庄王"伐陆浑之戎"81年之后还是被晋国所灭。《左传》昭公十七年记，晋顷公元年，公元前525年，晋卿荀吴率师灭掉陆浑之戎，其国君逃奔楚国。这是后话。

楚军"伐陆浑之戎"，很快穿过陆浑之戎所居地域，眼看快到周都洛邑了，楚庄王下令，举行阅兵。《左传》宣公三年："楚子伐陆浑之戎，遂至于雒，观兵于周疆。"《史记·楚世家》："八年，伐陆浑戎，遂至洛，观兵于周郊。"可知楚庄王在周朝的王都前，实实在在地举行过一次规模盛大的阅兵活动。

楚庄王为何要在王都前阅兵？春秋时期，讲究"军礼精神"，军事行动不以歼灭对方为最高准则，达到威慑目的即可。《左传》中记叙了诸多围城之战，出兵更多是为了得到对方心理上的驯服。甚至不经过战争，只进行阅兵便可达到这个目的。

周都洛邑城外，地势平坦，便于排兵布阵，楚庄王在王都前的阅兵，可能将楚武王的"荆尸之阵"排练了一番。一时王城外旌旗猎猎，鼓角齐鸣，车驰卒奔，喊声阵阵，明显有炫耀武力的意味。这种声势浩大的行动，引得王城居民蜂拥出城，人流涌动，万众观看，当然惊动了刚登王位不久的周定王。周定王急忙派出特使王孙满，慰问楚军，会见楚庄王，王孙满与楚庄王由此产生一场经典的"问鼎"对话，被史籍广泛记载。

《左传》宣公三年记载：

> 楚子伐陆浑之戎，遂至于雒，观兵于周疆。定王使王孙满劳楚子。楚子问鼎之大小轻重焉。对曰："在德不在鼎。昔夏之方有德也，远方图物，贡金九牧，铸鼎象物，百物而

为之备，使民知神奸。故民入川泽山林，不逢不若。螭魅罔
两，莫能逢之，用能协于上下，以承天休。桀有昏德，鼎迁
于商，载祀六百，商纣暴虐，鼎迁于周。德之休明，虽小，
重也。其奸回昏乱，虽大，轻也。天祚明德，有所厎止。成
王定鼎于郏鄩。卜世三十，卜年七百，天所命也。周德虽衰，
天命未改，鼎之轻重，未可问也。”

　　楚庄王“问鼎”，对于周王朝和中原诸侯国来说，无异于大逆不
道，犯上作乱。历史上的“九鼎”，是否真有其物，是否频繁迁徙，早
已扑朔迷离。[①] 但毫无疑问，此时九鼎代表周王朝。杜预注：“示欲逼
周取天下。”楚国一向被视为蛮夷，问鼎意味着楚国觊觎周天子的地
位，欲取而代之。故对于楚庄王“问鼎”，历代史家对此多有微词。清
人顾栋高称，“春秋大患在楚”，“罪莫大于观兵问鼎”，楚庄王问鼎，
则是“天下大势去矣”！[②]

　　值得注意的是楚庄王在与王孙满对话时，对铸造九鼎所需要的
铜，不屑一顾。《史记·楚世家》载，楚庄王说：“子无阻九鼎！楚国
折钩之喙，足以为九鼎。”楚庄王夸口，用楚军所携带的青铜武器就足
够铸造九鼎。这是文献第一次记载楚国拥有丰富的铜资源。很显然，
这是因为楚庄王的父亲楚穆王此前镇压了“群舒叛楚”，控制了淮河和

---

① 《左传》桓公二年：“武王克商，迁九鼎于洛邑。”杨伯峻注：“九鼎，宣三年传谓
　　为夏代使九州岛贡金所铸。《战国策·东周策》云‘昔周之伐殷，得九鼎，凡一鼎
　　而九万人挽之，九九八十一万人’云云，言虽夸张过甚，九鼎或是九个大鼎，当
　　实有其事。宣三年《传》王孙满之言曰：‘成王定鼎于郏鄩。’据《尚书》，武王亦
　　无经营雒邑之事。成王之营雒邑，先卜其地，则迁鼎恐亦非武王事。一九六二年
　　出土何尊为成王五年器，云：‘唯王初迁宅于成周。’又云：‘唯珷王既克大邑商，
　　则廷告于天，曰：余其宅兹中国，自之□民。’似武王早有迁筑王城意，成王不过
　　禀承父命而行。昭二十八年《传》言：‘昔武王克商，其兄弟之国者十有五人，姬
　　姓之国者四十人。’古人常以成王事归武王。雒邑即成周，在河南省洛阳市西
　　南。”杨伯峻：《春秋左传注》（修订本），中华书局 1990 年，第 89—90 页。
② 顾栋高：《春秋大事表·读春秋偶笔》，中华书局 1993 年。

长江中游地区的铜矿，军队的武器有了根本的改善，从而有了夸口的本钱。

需要指明的是，楚庄王洛邑阅兵之后对周王室没有越轨之举，对周没有造次。他陈兵于周疆的目的是炫耀武力，并非要攻城略地。楚庄王没有取周，非不能也，乃不为也。假若根据问鼎之事就说楚庄王有代周之志，是不正确的。楚庄王多受周文化影响，并没有覆周取鼎之意。楚庄王在讲武功七德时多次引用《诗经·周颂》的诗句，对周武王克商以后的"载戢干戈"推崇备至。楚庄王为太子选师傅时就考虑以《诗》《礼》《春秋》等为教育太子的内容。这些举动和中原诸侯并没有多少不同。楚庄王的目标在于建立霸业，并非要取周而代之，成为天下共主。他没有以尊王为号召，这是楚国历史传统影响的结果。无论是周王室的军队，抑或是王孙满的长篇言论，都没有折服楚军的神力，促使楚庄王从周郊返归的根本因素还在于中原文化的影响。

楚庄王阅兵，问鼎，无疑身处洛邑，已到中原的腹心之地。问鼎周郊，他的虚荣心得到满足，应该打道回府，回到楚国。但是结合清华简《楚居》的记载，此时楚庄王没有急于回国。清华简《楚居》：

至庄王迁(徙)袭(袭)樊郢，樊郢迁(徙)居同宫之北。①

"同宫之北"的"同宫"，即商贤相伊尹囚禁太甲让太甲思过的地方，《书序》："太甲既立，不明，伊尹放诸于桐。"《左传》襄公二十一年："伊尹放大甲而相之，卒无怨色。"杜预注："太甲，汤孙也，荒淫失度，伊尹放之桐宫，三年改悔而复之。"《史记·殷本纪》："帝太甲既立三年，不明，暴虐，不遵汤法，乱德，于是伊尹放之于桐宫。"

学者对桐宫的地望有过激烈的争论，大体认为桐宫位于今河南偃

___

① 清华大学出土文献研究与保护中心编，李学勤主编《清华大学藏战国竹简》(壹)下册，中西书局 2010 年，第 188 页。

师一带。《孟子·万章》："大甲颠覆汤之典刑，伊尹放之于桐。"《史记·正义》引《晋太康地记》："尸乡南有亳坂，东有城，太甲所放处也。"杨伯峻注："尸乡在今河南偃师县西南五里。"①《括地志》："洛州偃师县东六里有汤冢，近桐宫。"偃师商城发掘后，邹衡于1984年撰文论定偃师商城"实为太甲所放处桐宫，乃早商时期商王之离宫所在"②。1995年王立新、林沄写出《桐宫再考》一文，对此提出不同看法③，1998年邹衡又发表《桐宫再考辨——与王立新、林沄两位先生商谈》，说："我认为太甲所放处就在偃师商城……偃师商城内曾发现几座宫殿遗址，我曾怀疑其中或有一座宫殿名曰唐宫（即汤宫）或桐宫。"④子居认定："同宫之北"的"同宫"，即伊尹放太甲之桐宫。⑤ 杜金鹏考证："《括地志》所载汤冢、桐宫的地望。……既然初唐时偃师县城与中唐时偃师县城，都在今老城镇，则桐宫的地望只有在今老城镇东或东南数里处求之。"⑥

楚庄王在洛邑阅兵、展示武力之后，为何来到位于偃师附近的桐宫？这是因为，清华简《楚居》所记的芈族先祖季连部落晚商时的大本营名为"盘"地⑦，就在离偃师很近的今河南巩义花地嘴遗址。⑧ 从周都洛邑，顺洛河东行数十里，便到偃师"桐宫"，再向东顺伊洛河而下数十里，便到伊洛河入黄河口附近，位于今巩义站场镇的芈族昔日大

① 杨伯峻：《孟子译注》，中华书局1960年，第224页。
② 邹衡：《偃师商城即太甲桐宫说》，《北京大学学报》（哲学社会科学版）1984年第4期。
③ 王立新、林沄：《"桐宫"再考》，《考古》1995年第12期。
④ 邹衡：《桐宫再考辨——与王立新、林沄两位先生商谈》，《考古与文物》1998年第2期。
⑤ 子居：《清华简〈楚居〉解析》，山东大学简帛研究网，2011年3月31日。
⑥ 杜金鹏：《偃师商城初探》，中国社会科学出版社2003年，第23页。
⑦ 清华大学出土文献研究与保护中心编，李学勤主编《清华大学藏战国竹简》（壹），中西书局2010年，188页。
⑧ 详见拙著《先楚史》第六章第一节"晚商季连，浪漫追婚"的考证。程涛平：《先楚史》，武汉出版社2019年，第454—457页。

本营"盘"地，今花地嘴古遗址。楚庄王相信，到黄河南岸祭先祖季连，楚先祖会保佑楚国，带来好运，尤其是到祭祀商汤的地方桐宫祭祖，意义更大。九年之后，公元前597年，楚庄王十七年，楚国在邲地大胜晋国后，楚庄王再一次来到黄河边，"祀于河，作先君宫，告成事而还"（《左传》宣公十二年）。两件事都是同一个心理。

第七节　若敖氏叛乱（庄王九年）

楚庄王在中原大地炫耀武力，志得意满地回到郢都后，突然接报，楚国最有权势的家族若敖氏的代表人物令尹斗越椒叛乱，直接威胁到楚国的王权。

若敖氏是楚国的旧贵族，犹如晋之"桓、庄之族"、鲁之"三桓"、郑之七穆以及齐之国、高、崔、庆诸氏。若敖氏之名来自西周至春秋早期的楚君若敖。《左传》宣公十二年记楚人"训之以若敖、蚡冒筚路蓝缕，以启山林"，可见若敖是楚君中的开拓性人物。若敖周宣王三十八年至周平王七年在位（公元前790—前764年），享国27年。若敖氏是出自楚先王若敖熊仪的楚王族的一支，其后子孙繁衍，分为斗氏与成氏两支。斗氏见《左传》宣公四年追述说："初，若敖娶于䢵，生斗伯比。"成氏见《国语·晋语》韦昭注："子玉，楚若敖之曾孙、令尹成得臣也。"

若敖氏在楚庄王平叛之前长期居于楚国的权力中心，集中体现在占据楚国的最高官职令尹一职。楚国令尹最早见于《左传》庄公四年："楚武王荆尸，授师孑焉，以伐随。……令尹斗祁、莫敖屈重除道梁溠。"此年即楚武王五十一年，公元前690年。令尹为斗祁，系若敖氏。自此，春秋之世，若敖氏一门见于记载的令尹共有9人。第一位是令尹斗祁（楚武王五十一年在任）。第二位是斗穀於菟（子文，楚成王八年至三十五年）。《左传》宣公四年："初，若敖娶于䢵，生斗伯比。

……(伯比)淫王于䢵子之女，生子文焉。"第三位是成得臣(子玉，楚成王三十五年至四十年)。第四位是斗勃(子上，楚成王？年至四十五年)，世系不可考。第五位是成大心(大孙伯，楚成王四十五年至楚穆王十一年)。《左传》文公十一年杜注："成大心，子玉之子，孙伯也。"第六位是成嘉(子孔，楚穆王十一年始任)。《左传》文公十二年杜注："若敖曾孙子孔。"《春秋分记·世谱七》："得臣之后为成氏，生二子，曰大心，曰嘉。"第七位是斗般(子扬)。《左传》宣公四年杜注："般，子文之子子扬。"第八位是斗椒(子越、子越椒，楚庄王？年至九年)。《左传》宣公四年："司马子良生子越椒。"杜注："子文，子良兄。"第九位是斗成然(子旗，楚灵王十二年至楚平王元年)。《左传》昭公十三年杜注："(斗)韦龟，令尹子文玄孙。成然，韦龟子。"

田成方综合各种文献记载，列出了斗氏世系图。(**见图6-3：斗氏世系图**)

若敖氏出自楚君若敖，是王族的支脉，斗氏、成氏皆其脉。若敖氏一门九令尹，仅比王族少，比其他世族的总和还多，堪称春秋早中期楚国最有势力的世族。子文担任令尹之前，若敖氏曾出过一位令尹，即最早见于记载的楚武王时期的令尹斗祁。楚成王初期的令尹是成王的叔叔、文王的弟弟子元，这是史载的第一位王族出身的楚令尹。从目前材料看，子元及其以前，"令尹"尚未在某一世族或王族中连任，斗祁也并没有能像后来的令尹子文一样把令尹一职传给同族。换言之，此时的"令尹"尚未为某一世族或王族所垄断。子文任令尹后，情况发生改变，若敖氏长期垄断令尹一职的局面开始形成。子文治理楚国有大功，任令尹达27年之久，具有决定令尹人选的权威。楚国令尹大都死于任上，但子文是个例外，他生前就让位于同族的成得臣，即子玉。子文让位，使若敖氏得以蝉联令尹一职。这是楚史所载首次同一世族连任令尹，对春秋时期楚令尹的更替乃至楚国整个政治格局影响重大。从子文上任至若敖氏之乱(楚成王八年至楚庄王九年，公元前664—前605年)，59年内，除子玉兵败自杀后令尹一度为蒍氏的蒍

吕臣外，其他令尹皆为若敖氏，达七位之多。其中，除斗勃的父系无考外，子玉与其子成大心、成嘉，子文与其子斗般、侄斗椒，皆是二代三令尹。正因为若敖氏长期占据令尹一职，一族独大，才能杀司马䓕贾，进而反叛王室，出现了对楚国影响深远的若敖氏之乱。

若敖氏一度左右王权。太子商臣弑楚成王，等不及熊掌煮熟，轻而易举夺位，成为楚穆王，没有引起明显的动荡。何以如此？关键在于若敖氏中立，袖手旁观。楚成王之死，一定程度在于性情刚愎的子玉为令尹，凡事喜自作主张，对楚成王不尊重，令不行，禁不止，君臣之间就难免产生隔阂、磨擦乃至冲突。城濮决战之前楚成王突然部分撤军，使子玉不得不以少敌多。城濮之败，楚成王逃避责任并迫使子玉自杀，使若敖氏的一颗明星颓然坠落。对此，若敖氏不会责怪保全了中军的子玉，只会埋怨成王对子玉支持不力。这种埋怨情绪经年积月，累积至深，导致了楚成王的悲剧。因此，楚穆王夺位可以说是若敖氏拥立的，对若敖氏自然百般呵护，百依百顺，王权与大族之间基本和谐。但楚穆王的儿子楚庄王，年少登位，登位之初就面临天灾人祸的考验，锻炼出刚毅果敢的性格，凡事独立决断，令行禁止，不会依附若敖氏，若敖氏多少有所落寞。他们眼见进入春秋时期，各诸侯国国君都斗不过卿大夫，权力下移成为规律，难免也想入非非，有意无意挑战楚王的权威。时间一长，由性格暴虐的斗椒出头利用手中掌握的令尹的权力向楚庄王发难，也就不是偶然了。

这一次若敖氏的叛乱，源于斗氏与䓕氏这两大家族之间为争权夺利导致的互相猜忌及残杀。《左传》宣公四年：

> 及令尹子文卒，斗般为令尹，子越为司马。䓕贾为工正，谮子扬而杀之，子越为令尹，己为司马。子越又恶之，乃以若敖氏之族，圄伯嬴于辕阳而杀之，遂处烝野，将攻王。

若敖氏的代表人物子文为楚令尹时，其弟子良为司马，掌握了楚

国的大权。子文之子斗般继成嘉之后做令尹，子良之子子越继父为司马，斗氏在朝中独揽大权。蒍氏常以屈居斗氏之下为憾，子越欲做令尹，利用蒍贾不甘为工正的心理，唆使蒍贾(伯嬴)在楚庄王面前说斗般(子扬)的坏话，楚庄王误信，杀了令尹斗般。很快，子越如愿做了楚国的令尹，蒍贾如愿迁升为司马。好景不长，子越怀疑蒍贾在庄王面前说自己的坏话，如果庄王听信，自己将如同刚被杀死的令尹斗般，性命难保，便先下手为强，动用若敖氏的私卒，在辚阳(今河南南阳西)①囚杀了司马蒍贾。他深知楚庄王率大军尚在今河南偃师附近的桐宫，不会善罢甘休，索性学晋公卿反叛晋公室的榜样，率全部"若敖氏之私卒"驻扎烝野(今河南新野)②，做好了向楚庄王军队进攻的各种准备。

楚国的军队由王师、县师和宗族私卒三部分组成。城濮之战中，楚成王临阵抽兵，"王怒，少与之师，唯西广、东宫与若敖之六卒实从之"(《左传》僖公二十八年)。让令尹子玉仅率"若敖氏之私卒"及王室卫队组成禁卫军共210乘，加申息陈蔡许郑之军，楚联军共1010乘，抵挡晋联军的1200乘。③《左传》还记："子玉以若敖之六卒将中军"，其战斗力之强，在左右两翼均被击溃，楚阵营面临兵败如山倒的情况下，犹能稳定战局，"楚左师溃。楚师败绩。子玉收其卒而止，故不败"。故子越所率的若敖氏私卒战斗力非常强悍，足以与楚庄王所率的王师匹敌。楚庄王面临的若敖氏叛乱的局面相当严峻，可以说，楚国的王权已经到了生死关头。

---

① 杨伯峻注："辚阳，杜注只云'楚邑'，未云所在。……沈钦韩《地名补注》则以潦河之阳当之。潦河之源有二，一出河南省南阳县西马峙坪，一出县北曹峰山，南流合为一，经镇平县东为三澜河，又南流至新野县界合淯水。"杨伯峻：《春秋左传注》(修订本)，中华书局1990年，第681页。

② 杨伯峻注："顾栋高《春秋舆图》谓烝野亦在江陵县境，沈钦韩《地名补注》谓即今河南省新野县。"杨伯峻：《春秋左传注》(修订本)，中华书局1990年，第681页。

③ 见本书第四章第十三节"对晋城濮之战大败"中通过列表对双方兵力的计算。

清华简《楚居》记："若嚣(敖)起祸,焉徙居承之坺。"①与《左传》的记载高度一致。《楚居》中的"承之坺"就是《左传》宣公四年中的"烝野"。楚庄王率军迅速赶到今河南新野,楚王的王师与若敖氏的私卒两军对垒,一场同宗的厮杀眼看就要发生。

楚庄王是仁德之君,不愿意看到同宗相残,主动低头,提出"以三王之子为质焉"(《左传》宣公四年)。庄王派使者告诉子越,愿以楚文王、楚成王、楚穆王三位先王的儿子作为人质,保证不杀子越。这不失为一个避免楚国自相残杀的好办法。但是,穷凶极恶的子越想要取代楚王,不假思索就予以拒绝。谈判破裂,楚庄王迫不得已,便下令大军在"漳澨"②驻扎,择日与子越决战。

第八节　皋浒平叛,徙居鄩郢(庄王九年)

《左传》宣公四年:"秋七月戊戌,楚子与若敖氏战于皋浒。"两军决战的日子定在了秋七月的九日,决战之地在"皋浒"。

皋浒地望所在历来认为在古皋地。高士奇《春秋地名考略》:"路史曰:英、六、贰、轸,古皆皋地,皋陶之所封也,后皆属楚。"《水经注》载:"澧水出南阳雉山,又东南,与皋水合,水出皋山。"皋浒为皋水之浒说最早见于清代学者徐文靖的《管城硕记》,杨守敬对此曾有辨析:"传上言师于漳澨,漳水去此甚远,则皋浒非此水之浒也。此

---

① 清华大学出土文献研究与保护中心编,李学勤主编《清华大学藏战国竹简》(壹)下册,中西书局 2010 年,第 181 页。

② 杨伯峻注:"楚庄王师于漳澨也。杜注曰:'漳澨,漳水旁。'漳水源出今湖北省南漳县西南之蓬莱洞山,东南流经钟祥、当阳合沮水,又东南经江陵县入于江……若辕阳、烝野如沈钦韩说在河南省新野,则此漳澨当在荆门县西,漳水东岸。"杨伯峻:《春秋左传注》(修订本),中华书局 1990 年,第 681 页。

水在今叶县西南。"①楚庄王继位初年，楚国对方城山外的地区尚未实现有效控制，故杨氏的分析可信。

沈钦韩《春秋左氏传地名补注》在探讨皋浒地望时，在《水经注》里找到有力证据："《水经注》：'沔水东径万山北下水曲之隈，云汉女昔游处也。张衡《南都赋》曰：游女弄珠于汉皋之曲。汉皋，即万山之异名也。'《名胜志》：'万山，在襄阳府城西十里。'"杨伯峻进一步指出："顾栋高《春秋舆图》谓皋浒在湖北省枝江县，沈钦韩《地名补注》谓在湖北省襄阳县西，沈说似较确。"②

"襄阳县西"的万山，又有汉皋山之称。从张衡《南都赋》云"游女弄珠于汉皋之曲"来看，万山在东汉时被称作汉皋山。至东晋，万山之称已经出现，并逐渐取代了汉皋的位置。今湖北襄阳襄城区以西有万山，紧邻汉水曲隈之南岸，应即《南都赋》中的汉皋山。然而汉皋并不等于皋浒，两者是有区别的。"浒"在我国古代专指水边之地。《诗经·王风·葛藟》："绵绵葛藟，在河之浒。"毛《传》："水厓曰浒。"《尔雅·释水》："浒，水厓。"郭璞注："水边地。"邢昺疏："谓水边厓岸之地别名浒，李巡曰：'浒，水边地名，厓也。'《诗·大雅·江汉》云'江汉之浒'是也。"皋浒的地名构成方式，类似于《左传》"句澨""薳澨"等，都是通过地名专称和统称的结合，组成新的地名称谓。田成方正确指出："皋浒即汉皋山旁侧的浒地，具体指汉水南岸、汉皋山附近的区域。"③

皋浒之战，这场纯粹的楚国内战进行得很有意思。《左传》宣公四年记载：

秋七月戊戌，楚子与若敖氏战于皋浒。伯棼(子越)射

---

① 杨守敬、熊会贞：《水经注疏》卷二一，载谢守仁主编《杨守敬集》，湖北人民出版社1988年，第1769页。
② 杨伯峻：《春秋左传注》(修订本)，中华书局1990年，第681页。
③ 田成方：《东周时期楚国宗族研究》，武汉大学博士论文，2011年，第80页。

王，汰辀，及鼓跗，著于丁宁。又射，汰辀，以贯笠毂。师惧，退。王使巡师曰："吾先君文王克息，获三矢焉，伯棼窃其二，尽于是矣。"鼓而进之，遂灭若敖氏。

这段记载，看不出是大战，内容有些模糊。过去晋楚大战，都是两军对阵，晋之上中下军分别对阵楚之左中右军，开战后战车驰骋，三军尽出，捉对厮杀，即使是机动部队，也没有闲着，最后都派上用场。而这次楚庄王平叛，却完全不见三军的行动，只有子越一人，弯弓搭箭，单射楚庄王。这哪里是平叛，分明是在比赛射箭。叛军主将伯棼（即子越，又名斗椒）向楚庄王射出两箭，强劲有力，第一箭飞过车辕、穿过鼓架之足，射在了用于鸣金收兵的"钲"上；第二箭飞过车辕，射中了车盖。两箭都几乎射中楚王，可谓危急万分，自然王师大惊，产生畏惧而不由自主后退。对于《左传》的这段记载，可以理解为皋浒大战开始之前，子越抢先向楚庄王射箭，没有射中楚王，王师暂退，经楚王宣传动员，王师重整旗鼓，士气大振，三军一拥而上，打败若敖氏。也可以理解为楚庄王为了避免楚国军队的自相残杀，提议两军士兵都不动，原地观战，让子越先射王一箭，再行决战。子越自恃是神箭手，有侥幸心理，想借此射死楚庄王，便爽快答应，不料楚庄王身手矫捷，善于躲避，子越向楚庄王射出一箭落了空，慌忙补射一箭又落空，随即楚庄王迅速退后，得以死里逃生，从容动员全军出动，一举打垮了叛军。如果是后一种打法，则完全为了避免同族相残，体现了楚庄王的大智大勇，将个人生死置之度外，一举平定了叛乱。

楚庄王平叛的过程，还有一种传说，子越与楚国的神箭手养由基约定在河两岸隔河对射，三箭定输赢，先由子越射三箭，均被养由基躲过，轮到养由基了，养由基先是虚放弓弦，待子越躲箭时再一箭射去，正中子越咽喉，一箭而平叛。养由基的名声很大，此故事流传很广。《战国策·西周策》："楚有养由基者，善射，去柳叶百步而射之，

百发百中。"《吕氏春秋·精通》："养由基射兕，中石。矢乃饮羽。"但是这个故事与情理不合，子越作为若敖氏的代表人物，目空一切，只有楚王以性命与之相赌才会动心，不可能同意与楚国异姓善射人士赌射。楚庄王平叛，以《左传》宣公四年的记载较为可靠。（**见图 6-4：楚庄王平定若敖氏叛乱"皋浒之战"示意图**）

战场上打败叛军之后，楚庄王痛定思痛，出于除恶务尽的想法，决心对若敖氏斩草除根，不留后患。子越之子贲皇得知消息，逃奔晋国，晋君赏以苗邑，遂以苗为氏，称苗贲皇。斗毂於菟之孙、斗班之子斗克黄为谏臣箴尹①，奉使至齐国，归途中经过宋国，听到了若敖氏被灭的消息。《左传·宣公四年》记随从劝告斗克黄不要回国，斗克黄说："君，天也，天可逃乎？"照常回国，先向庄王复命，再向司败投案。司败是大法官，但对此类特殊人物的特殊案件不敢擅自论处。斗克黄克尽厥职的行为使庄王大为感动。庄王说，斗毂於菟不能没有后人，命斗克黄仍为箴尹，而改其名为"生"。

楚庄王是暂时以鄢郢为都，平定若敖氏叛乱的。清华简《楚居》：

> 若嚻（敖）迅（起）祸，女（焉）遷（徙）袭（袭）居承之墊（蒸之野，蒸之野）□□□，□袭（袭）为郢。②

"蒸之野"下原缺约四字，可试补为"居□"或"袭□"。子居认为，由《左传》及《楚居》篇之文推测，所缺四字或为"徙居鄢，徙"，即全句为"蒸之野徙居鄢，徙袭为郢"。③

《楚居》所记的"鄢"，在今湖北宜城西南。在宜城楚皇城遗址的西面，与楚皇城遗址直线距离约 7.5 公里。

---

① 《吕氏春秋·勿躬》高诱注："楚有箴尹之官，谏臣也。"
② 清华大学出土文献研究与保护中心编，李学勤主编《清华大学藏战国竹简》（壹），中西书局 2010 年，第 181 页。
③ 子居：《清华简〈楚居〉解析》，山东大学简帛研究网，2011 年 3 月 30 日。

楚庄王移都于鄢郢（今湖北宜城西南），处理若敖氏叛乱善后事宜，联系到此前楚庄王的行踪，一路由北向南，顺理成章。楚庄王即位之初因天灾人祸一度避居位于"樊郢"（襄阳楚王城），灭庸后，天灾人祸解除，回到位于宜城楚皇城的为郢。于是进军中原雄心萌发，从为郢北上"伐陆浑之戎"，继而东行在周都洛邑阅兵、问鼎，接着沿洛河东到"同宫之北"即今河南偃师祭祀楚先祖，随即南下到"烝之野"即今河南新野与若敖氏叛军对峙，又南下在今襄阳西的"皋浒"与叛军进行决战，从洛邑到偃师到新野到襄阳西，一路往南，再到鄢郢，十分顺畅。

镇压若敖氏叛乱是楚国历史上的一件大事。清人马骕在《左传事纬》中专列"楚越椒之乱"，评论这次叛乱：

> 楚庄初立，外有庸、麋、百濮之虞，内有仪、燮、越椒之乱，国亦称多故矣，而皆不能为患者，庄有以胜之也。史谓庄之立也，左郑姬，右越女，坐钟鼓之间，三年不出号令。伍举进谏，乃罢淫乐而听政。是盖三年之内，楚政方怠，故庸、濮、仪燮，乘隙交起。至乎子越之乱，则在三年之外矣。励政方新，首干宪典，宜其不能久也。子文具知几之哲，良不能从，卒为大患。及若敖灭，王为立后以劝善焉。虽曰善人有后，阙为天道。而庄王之权谋霸略，实见于此。其为楚之雄主也，不亦宜乎！[1]

楚庄王在位，先后发生子仪、子燮和斗越椒两次大的叛乱，每次都是直接威胁王权。而若敖氏之乱，因为其代表人物身为楚国最高官职令尹，能够指挥军队直接与楚王对阵，性质尤为严重。纵观整个春秋时期楚国令尹的更替，楚国令尹人选有以下规律：最早是楚成王八

---

[1]　马骕：《左传事纬》，徐连城点校，齐鲁书社 1992 年，第 148 页。

年即公元前 664 年之前，令尹在世族、王族中流转，未为某一世族垄断。在世族、王子中不固定、不续任。从楚成王八年至楚庄王九年，即公元前 664 年至公元前 605 年，发展到若敖氏一族的二代 7 人连任。从楚庄王晚年至楚康王九年，公元前 551 年，令尹皆由王子 6 人连任。楚康王九年以后一直由不同世族出任，最终又回归于王子及王孙。楚令尹更替过程中，若敖氏之乱是影响楚国令尹更替乃至楚国官制体系的最重要因素。若敖氏能与王室争权，是基于其长期职掌令尹、司马等职，若敖氏之乱以前，若敖氏二代有 7 位令尹、5 位司马，位高权重，不可一世。针对此弊，楚庄王很可能从令尹、司马的任用人选入手，将令尹、司马一职逐渐转为王子担任，以防若敖氏之类的强族出现；同时从令尹、司马的职务本身入手，设立新的要职，如左右尹、左右司马，使之仅次于令尹、司马，以分令尹、司马之权。

张正明评论："公元前 605 年 (楚庄王九年)，令尹斗椒率若敖氏反，楚庄王灭若敖氏。若敖氏多良将，它的覆灭暂时地削弱了楚国的兵威，但庄王把成王和穆王都没有解开的一个死结剪除了，对楚国的强盛利多而弊少。"[①]如果当年楚庄王没有能够镇压若敖氏的叛乱，楚王的王权将成为虚设，楚国与晋、齐、鲁、郑诸国"国卿大于王室"的发展趋势将完全一样。

斗越椒帅若敖氏之族叛乱，转眼之间，这个曾经纵横楚国数百年的氏族灰飞烟灭，令人深思。斗越椒叛乱，有个渐进的过程，《左传》行文之间有过多次的铺垫。第一次，斗越椒初出场时的"执币傲"，叔仲惠伯言其"是必灭若敖氏之宗"，杜预注云："为宣四年楚灭若敖氏张本。"第二次，斗越椒救郑，赵盾言"彼宗竞于楚，殆将毙矣"。杜预注："欲示弱以骄之，为四年楚灭若敖氏张本。"第三次，出自子文临终之语："鬼犹求食，若敖氏之鬼，不其馁而！"实际上也是为斗越椒引发若敖氏叛乱而张本。《左传》三次张本，次次言明斗越椒必灭若敖

① 张正明：《秦与楚》，华中师范大学出版社 2007 年，第 105 页。

氏之宗，是将若敖氏之乱的原因归结到斗越椒身上。《左传》中这种"预言"式的写法非常多，现在学者的观点一般认为这些"预言"应是在事情发生之后，再将其附加上去，为历史事件的走向寻找合理的依据，实际上也是反映了当时的人们对该事件的看法。而《左传》三次采用这种"预言"，直指斗越椒的狂妄骄奢，也从侧面表明，当时的人们是将这场变乱完全归结在斗越椒头上的。

若敖氏被镇压，反映了一个规律。春秋时代动乱不停，的确有不少的世族更迭不休。而若敖氏之乱，一般认为是楚王王权加强的必然结果，是王权与公族权力博弈的结果。春秋之世，公族权力大于王权，以晋国最盛，楚国最弱，但楚国公族权力最弱只是相对而言的，并不是没有任何掣肘王权的地方。童书业分析："若敖氏之乱在楚庄时，此时楚势全盛，然大夫专权亦萌于此。若若敖氏不灭，楚政将亦下移，为晋之续。春秋中后期之形势将丕变矣。观若敖氏之乱，子越专杀大臣，以其族攻王，王以三王之子为质且弗受，意图篡弑矣，谓春秋时楚国贵族不专横，殊不合事实也。"①楚国的公族，以斗氏为代表，权力不可小觑，斗氏的壮大必然与王权的强化产生不可化解的矛盾，不是斗越椒一人的行为导致的。斗氏与楚王的对立，非诉诸战争手段不能终结，这已经成为必然。

皋浒之战直接的结果是若敖氏从此一蹶不振。皋浒之役，几乎使若敖氏全族覆灭。楚国从武王到成王，所倚重的都是若敖氏。若敖氏执政既久，其后人多飞扬跋扈。楚庄王试图调和若敖氏与蒍氏的矛盾，但无效。若敖氏与蒍氏旧怨新仇的爆发，使楚庄王卷入了漩涡的中心。事态的恶化迫使楚庄王在非此即彼的抉择中投向便于控驭的一边，果断地攻灭了若敖氏。这样，为楚国的勃兴作出了最大贡献的一个家族，终于被消灭了。张正明感慨："若敖氏覆灭，这发生在仍然盛行血族连坐和血族复仇的楚人社会中，必然使玉石为之俱焚。这个家族太大

---

① 童书业：《春秋左传研究》，中华书局 1980 年，第 63 页。

了，它的历史光辉使任何其他家族都有高山仰止之感。它的敌人为了防止它死灰复燃，不惜罪及全族。在它的敌人看来，甚至在它看来，这样都不算是滥杀无辜，毕竟，人是和他的家族同荣辱，共存亡的。"①

楚庄王念令尹子文治楚有功，赦免斗越椒的儿子克黄，克黄及其后人成为斗氏宗族幸存下来的一支。此后七十余年，斗氏贵族销声匿迹。直到楚灵王时期，史载有斗韦龟、斗成然父子，先后被灵王夺去采邑。此后，斗成然助楚平王篡位，被任命为令尹，次年又因恃功和贪婪被杀。平王任命斗成然之子斗辛为郧公，其弟怀、巢随兄长居住于郧县。从此，斗氏宗族势力由中央贬至地方。楚昭王时吴师入郢，郧公斗辛及斗巢保护昭王，立下复国之功，并未获取明显的政治好处。此后的斗氏宗族，势力大概一直局限在郧县（今十堰市郧阳区）一带。

值得注意的是，皋浒之战还导致了"公子群"政治的形成和蒍氏家族的崛起。若敖氏叛乱失败后，楚国宗族结构发生重大变化。年少继位的楚庄王已长大成人，"公子群"逐渐占据楚国权力中枢。若敖氏遭灭族后，蒍氏崛起也是楚国政治领域的显著变化。楚庄王击灭若敖氏的过程中，可能得到了蒍氏宗族的襄助。故斗越椒倒台后，蒍艾猎（孙叔敖）迅速被推为令尹。田成方总结说："总之，楚庄王结束若敖氏世代为政的局面后，力图通过改革选官制度，使政治生态呈现多元化，故形成楚国此后'公子群'与世宗大族的交替当权。"②

第九节　沈尹子桱推荐令尹及沈尹氏的形成

镇压了若敖氏的叛乱，楚国的王权空前巩固。这时，楚国东方的边境逐步稳定，楚穆王新控制的群舒地带，源源不断为楚国的军队提

---

①　张正明：《楚史》，湖北教育出版社 1995 年，第 133 页。
②　田成方：《东周时期楚国宗族研究》，科学出版社 2016 年，第 90 页。

供优良的青铜武器装备。楚国兵多将广，武器精良，楚庄王很自然地想到要发展楚国的经济。他迫切需要一位能够振兴楚国经济的人才作为令尹。为此他刻意搜罗人才。

楚庄王平定若敖之乱后，对强大世族必有戒心，很可能曾经在强大世族之外寻找"令尹"人选。楚庄王灭若敖氏到任用孙叔敖之前，即公元前605年到约前598年所任令尹，《左传》《国语》等未载，但后世文献有"楚庄聘北郭先生"故事与此相关。"楚庄聘北郭先生"的故事见于《韩诗外传》卷九：

> 楚庄王使使赍金百斤，聘北郭先生。先生曰："臣有箕帚之使，愿入计之。"即谓夫人曰："楚欲以我为相，今日相，即结驷列骑，食方丈于前，如何？"妇人曰："夫子以织屦为食，食粥毚履，无怵惕之忧者，何哉？与物无治也。今如结驷列骑，所安不过容膝；食方丈于前，所甘不过一肉。以容膝之安，一肉之味，而殉楚国之忧，其可乎？"于是遂不应聘，与妇去之。诗曰："彼美淑姬，可与晤言。"

楚庄王欲聘北郭先生落空，反映出平定若敖氏之乱后选任令尹的困境。

子越死后，楚国令尹的职位空缺，其后至庄王十六年，公元前598年，《左传》未载楚令尹事迹。其间任令尹者究竟是谁？顾栋高在《春秋楚令尹表》中，想当然地认为："宣四年斗椒（子越）围其（孙叔敖）父伯嬴而杀之，斗椒诛则叔敖自当用，故知即继子越为令尹也。"[1]这种立论，想当然地认为斗氏灭亡，其政治对手蒍氏父死子继，缺乏必要的史料依据。

史载楚庄王在令尹子越之后，曾任用"沈尹"。沈尹之名多不同，

---

[1] 顾栋高：《春秋大事表》，中华书局1993年，第1821页。

或作蒸、筮、巫、茎，盖字形近而异书。这几个不同的称谓实指一人。先秦时期的一些学者，认为孙叔敖任令尹，并非上承子越，在孙叔敖之前还有一任令尹。这一任令尹，或被说成是沈尹、沈尹茎和沈令尹，或被说成是虞丘子。成书于战国末期的《吕氏春秋》，多处谈到沈尹对庄王的影响。《尊师》："楚庄王师孙叔敖、沈尹巫。"《当染》："荆庄王染子孙叔敖、沈尹蒸。"《察传》："楚庄闻孙叔敖于沈尹筮。"《赞能》："沈尹茎辞曰：'期思之鄙人有孙叔敖者，圣人也，王必用之，臣不若也。'荆王于是使人以王舆迎叔敖以为令尹。"《赞能》还说："庄王霸，此沈尹茎之力也。"秦汉时期的《说苑》借用孔子之语，列举大量史实，说明贤者必逢机遇才能发挥才干。所举例子中就有沈尹。《说苑·杂言》："沈尹名闻天下，以为令尹，而让孙叔敖。"特别强调"沈尹名闻天下"。可见"沈尹"绝非虚构人物，庄王时必当真有其人。关于他曾为庄王之令尹，并让位于孙叔敖的事迹，还见于《韩诗外传》卷七："虞丘子于天下为令尹，让位于孙叔敖。"此节卷二亦载此事，但虞丘子被换称为"沈令尹"。《新序·杂事一》："于是（虞丘子）辞位，而进孙叔敖为楚相。"《古列女传》："于是（虞丘子）避舍使人迎孙叔敖而进之，王以为令尹。"各书记载此事如此普遍，而又不见他人驳难，则此事当不为无据。若然，继子越为令尹者应是沈尹，而非为沈尹所让贤的孙叔敖。

韩席筹在《左传分国集注·楚庄霸业》"沈尹将中军"下按语："按，……淮南新序并曰虞丘子，惟外传则曰沈令尹。乃知沈尹即虞丘子，本为令尹，以孙叔敖为贤，而荐之于王使为令尹，故但曰沈尹。因其本为令尹，为王所亲任，故将中军，职掌在子重子反之上也。"①肯定了沈尹的存在。不可否认，各书记载沈尹让位事也有差别，如有的说是主动荐贤、让贤，有的说是被迫逊位。但都是指沈尹任令尹在孙叔敖之前。显然，在楚令尹序列中，沈尹介于子越和孙叔敖之间。

---

① 韩席筹：《左传分国集注》，江苏人民出版社 1963 年，第 643 页。

在清理典籍无果的情况下，沈尹的存在与否似乎成为悬案。庆幸的是，近年发现的上博简之六《庄王既成》明确记载楚庄王向"沈尹子桱"询问子孙后世保持霸业的办法。① 传世与出土文献互证，表明楚庄王时确有沈尹子桱其人。《吕氏春秋》载其名为蒸、巫、茎、筮②，李学勤指出，《新序》作沈尹竺，实为同一字的讹变。③ 据上博简《庄王既成》简 2 判断，本字作茎或桱的可能性较大。子桱应是沈尹的字，并非其名。④ 秦汉典籍中，沈尹子桱又被称作虞丘、虞丘子，除前面所举《新序·杂事》《列女传》《韩诗外传》外，尚未见到关于虞丘的更早记载。虞丘有可能是地名，是沈尹子桱的采邑，以邑为氏，故沈尹子桱又称虞丘子。

作为文献所见最早、最知名、也是唯一可确定的沈尹，沈尹子桱与沈尹氏的诞生有重大关系。汉晋学者言沈尹氏出自庄王，大概是因沈尹子桱活跃于庄王时期的缘故，其实并无可靠依据。田成方认为，子桱更有可能是楚穆王之子。理由是，其一，与子桱同僚的子重、子反均是穆王子。⑤ 公元前 605 年，楚庄王灭若敖氏后，三人掌控了庄王晚期、共王时期的军政大权。晋楚邲之战（前 597 年），他们是三军的统领。公元前 584 年，他们又共同瓜分子阎、子荡等屈氏贵族的财产，扫除了屈巫族人在楚国的残余势力。若敖氏族灭后，楚王室加强对中央权力的控制，公族小宗力量遭到极大削弱。而子重、子反、子

---

① 马承源主编《上海博物馆藏战国楚竹书（六）》，上海古籍出版社 2007 年，第 239—252 页。

② 《吕氏春秋·当染》作"沈尹蒸"，《尊师》作"沈尹巫"，《察传》作"沈尹筮"，《赞能》作"沈尹茎"。

③ 李学勤：《论汉淮间的春秋青铜器》，《文物》1980 年第 1 期。

④ 楚人名、号之别，参何浩：《"王子某"、"楚子某"与楚人的名和字》，《江汉论坛》1993 年第 7 期。

⑤ 子重为庄王弟，见《左传》宣公十一年"楚左尹子重侵宋"句杜注，参孔颖达：《春秋左传正义》卷二十二，《十三经注疏（附校勘记）》（阮元校刻）下册，第 1875 页。

椤正代表了王室利益。其二，子椤曾任令尹，当是芈姓贵族。春秋时期，除彭仲爽担任过令尹外，令尹一职由芈姓贵族垄断。王室之外，令尹非斗、成、薳、屈四大公族莫出。斗氏、成氏当时已遭族难。孙叔敖即薳敖，与子椤不同族。子椤参与瓜分屈氏财产，不可能是屈巫族人。因而，他是楚王室成员的可能最大。早期文献对尚未另立门户的诸侯子孙，一般不署以姓氏。[①] 沈尹子椤在文献中仅见官职、名字，或与他的王室身份有关。其三，按楚国之例，令尹一般由德高望重者担任，因此楚君在位时，没有其子出任令尹的情况。子椤出任令尹约在庄王中期，所以他不大可能是庄王之子。且沈尹子椤、孙叔敖在楚国颇有威信，庄王对他们亦是毕恭毕敬，更说明子椤不会是庄王子。基于上述三个理由，田成方认为，"子椤很可能是楚穆王之子，与子重、子反同是庄王的兄弟。也就是说，楚国的沈尹氏宗族，大概出自楚穆王"[②]。

沈尹氏之得名来自子椤以官名"沈尹"为氏。《左传》关于子椤的记载仅两条：除邲之战外，还有鲁成公七年他参与子重、子反瓜分屈氏财产的活动。《左传》叙述人物事迹时，鲜有仅称族氏者。"沈尹将中军""沈尹与王子罢"等传文，表明沈尹是子椤的官职。以官职作为代称，在传文习见，如《左传》成公十六年："楚子救郑，司马将中军，令尹将左，右尹子辛将右。"即以司马、令尹指代公子侧（子反）、公子婴齐（子重）。因此，沈尹是子椤所任之官，应无可疑。由此，子椤立氏，以官名"沈尹"为氏，也就清楚了。可以推测，子椤推荐孙叔敖为令尹，获得各方面的赞扬，更加赢得楚庄王的尊重，在后来著名的晋楚邲地之战中，庄王深知两人一定会配合默契，让沈尹统领中军，配合令尹孙叔敖指挥战斗，表明沈尹地位虽较令尹低，但绝非县邑之官所能匹敌。邲之战，楚庄王单车冲进晋营，子椤指挥的中军跟进非

---

① 何浩：《"王子某"、"楚子某"与楚人的名和字》，《江汉论坛》1993 年第 7 期。
② 田成方：《东周时期楚国宗族研究》，科学出版社 2016 年，第 96 页。

常及时，功不可没，战后，子𣹁急流勇退，向庄王提出以"沈尹"立氏，以管理沈尹宗族为务，获得庄王首肯，"沈尹"宗族就此产生。

沈尹的职责，有神职色彩。甲骨文"沈"字从水从牛，祭名，沉牛羊之祭也。[①] 楚简沈字在右边上部尚存牛角之状，可能是从甲骨文发展而来。沈尹之得名、职责，大概与古人沉牛羊于水中的祭祀活动有关。包山简177记载的"大室沈尹溺"，供职于国家宗庙，是与祭祀有关的神职官员。另据《左传》等文献，沈尹似乎还有占卜预知的职能，大概可分成一般性质的贞卜和荐才预测性质的卜问，如天星观简"顿沈尹过以漆箸为君月贞"，即定期贞问，属一般性质的卜事。推荐贤才、预知未来，也是卜者应有的基本素养，这在沈尹氏或沈尹之官身上亦多有呈现。《吕氏春秋》等记载沈尹子𣹁举荐孙叔敖为令尹，《庄王既成》篇楚庄王向他询问楚国后事，都展现了沈尹子𣹁预卜人事的能力。《左传》哀公十七年，公元前478年，楚人攻取陈麦前夕，沈诸梁参与惠王的卜帅、选帅。同年，惠王枚卜令尹，沈诸梁、沈尹朱都参与其中，后者还对龟兆进行了解读。

据田成方研究[②]，沈尹子𣹁之后，《左传》所载称沈尹者有七人：沈尹寿、沈尹射、沈尹赤、沈尹戌、沈(尹)诸梁、(沈尹)后臧、沈尹朱。沈尹赤、沈尹射二人均见于《左传》昭公五年楚灵王伐吴之役，二人同时活动，当不全是沈尹之官，至少有一人是以沈尹为氏。[③] 沈尹戌与赤、射二人活动年代相近，鲁昭公二十七年、三十年、三十一年皆称"左司马沈尹戌"，则沈尹当是戌的族氏，左司马为其官职。[④]

① 于省吾主编《甲骨文字诂林》第二册，中华书局1996年，第1526—1528页。

② 田成方：《东周时期楚国宗族研究》，科学出版社2016年，第97页。

③ 两人都是中央官员，在中央机构不可能同时存在两个沈尹，参尹弘兵：载《楚沈尹戌族氏族属考》，《楚学论丛》第一辑，湖北人民出版社2011年，第82、83页。

④ 尹弘兵：《楚沈尹戌族氏族属考》，载《楚学论丛》第一辑，湖北人民出版社2011年，第77、78页。

沈诸梁及其弟后臧，按汉晋注疏，应是沈尹戌之子。[1] 蒲百瑞据其活动时间及楚宗族间世系的比较，认为此说可信。[2] 晚于沈诸梁的沈尹朱，清人陈厚耀定其为沈尹射之子[3]，与二人活动时间无矛盾，但无法求证其说。综上，射、赤必有一人属沈尹氏；沈诸梁、后臧为沈尹戌之子，父子三人也应归入沈尹氏之族。沈尹朱为沈尹射之子若成立，则沈尹朱也可能是沈尹氏一员。唯沈尹寿见于《左传》襄公二十四年，公元前549年，族系不明。此外，《吕氏春秋·去宥》载"荆威王学书于沈尹华"，沈尹华或系沈尹戌之后。因此，沈尹氏早期世系虽不明朗，但至迟在沈尹赤或沈尹射时，约公元前540年，沈尹氏宗族已存在。

第十节　孙叔敖治水、开运河及善战、兴市

在沈尹子暨的举荐下，孙叔敖很快成为令尹。

在楚国的历史中，孙叔敖是一位经历丰富的奇人。孙叔敖任令尹前，曾经过很长的隐居时间，因为在楚国的东境兴修水利，有一定政绩而崭露头角，经沈尹推荐而被任命为令尹。翻阅《左传》和其他史籍，在令尹子越被杀后的若干年内，不见有令尹孙叔敖的任何活动，而反映孙叔敖在这一时期过隐居生活的史料却比比皆是。如《通志》卷九二："庄王九年，荡贾见孙叔敖于王，既而隐于民间，不仕。"赵岐《孟子·告子下》注："（孙叔敖）隐处于海滨。"《史记·循吏列传》："孙叔敖者，楚之处士也。虞丘相进之于楚庄王以自代也。""处士"即

① 如《吕氏春秋·慎行》高诱注；《左传》昭公十九年"沈尹戌曰"句杜注；应劭《风俗通》；《国语·楚语下》"子西使人召王孙胜"章韦注。唯《潜夫论·志氏姓》以诸梁为戌之弟，不为学者所取。
② ［美］蒲百瑞：《春秋时代楚王宗族世系疏证》"沈尹（沈）氏世系疏证"章，载《石泉先生九十诞辰纪念文集》，湖北人民出版社2007年，第295—298页。
③ 陈厚耀：《春秋世族谱》卷下，《四库全书》第178册，第384页。

古之有才德而隐居不仕的人。

孙叔敖状貌奇特。据《荀子·非相》说："楚之孙叔敖，期思之鄙人也。突秃长左，轩较之下，而以楚霸。""突秃"，即发短而顶秃，"长左"，即左脚长；"轩较之下"，即站着还没有车前的直木和横木高。楚国人素来重视仪表，而孙叔敖貌丑身矮，凭相貌是不可能当上令尹的。

孙叔敖出自楚国世族"蒍"氏，本名蒍敖，是蒍贾之子。"叔"表明他有两位兄长。因有禄田在孙地，死后其子封于寝邑，"孙"通"寝"，楚人才称之为孙叔敖，号为孙叔。

蒍氏是楚国著名的"斗、成、蒍、薳、阳"诸世族之一。[①] 蒍氏的第一位令尹蒍吕臣，继若敖氏的子玉（成得臣）任令尹之职，事在楚成王四十年，公元前 632 年。《左传》僖公二十八年载："晋侯闻之而后喜可知也，曰：'莫余毒也已。蒍吕臣实为令尹，奉己而已，不在民矣。'"这是蒍氏第一次接任若敖氏为令尹。此后，孙叔敖之父蒍贾曾任工正，主管工程。孙叔敖大概是受了父亲的指点，也以规划工程和主管政务见长。后来，在楚康王时，蒍艾猎之孙蒍掩任司马，受命治赋，又显示了出类拔萃的能力。

孙叔敖与蒍艾猎应是同一人。张正明认为蒍艾猎是孙叔敖之兄[②]，有所不妥。蒍艾猎与孙叔敖是否一人，历来争论纷纭。《世本》以其为兄弟二人，《左传》杜注、孔疏皆为一人。《左传》宣十一年杜预注：

---

① 顾栋高《春秋大事表·春秋楚令尹论》："楚以令尹当国执政，而自子文以后，若斗氏、成氏、蒍氏、薳氏、阳氏，皆公族子孙，世相授受。"见顾栋高：《春秋大事表》，中华书局 1993 年，第 1840 页。

② 张正明在《楚文化史》中提出："《左传》宣公十一年，有蒍艾猎，杜注以为即孙叔敖，亦即蒍敖；孔疏则引《世本》，以蒍艾猎为兄，蒍敖为弟。按，《左传·宣公十二年》有蒍敖、孙叔敖、孙叔，细味文意，应是一人。蒍艾猎有子蒍子冯，官令尹；蒍子冯有子蒍掩，官司马，为公子围（楚灵王）所杀。任何文献都没有说蒍子冯、蒍掩是孙叔敖的子孙，只说孙叔敖的子孙有寝邑为赏田，传九世而不收。由此可知，孙叔敖与蒍敖是一人，蒍敖与蒍艾猎是两人。蒍敖为令尹后，似仍以蒍为氏。死后其子封于寝邑，楚人才追称之为孙叔。"见张正明：《楚文化史》，上海人民出版社 1987 年，第 49 页。

"艾猎，孙叔敖也。"孔颖达疏引服虔云："艾猎，蒍贾之子孙叔敖也。此年云令尹蒍艾猎，明年云令尹孙叔敖，明一人也。《世本》艾猎为叔敖之兄，《世》多误本，不必然。"《左传》宣公十一年记"令尹蒍艾猎城沂"，第二年，《左传》宣公十二年又记"令尹孙叔敖弗欲"，不可能兄弟二人两年内接着当令尹。由此可以证明孙叔敖与蒍艾猎确系同一人。

孙叔敖被任命为令尹，表明楚庄王在镇压若敖氏后仍然没有跳出楚国的世家大族圈子。陈颖飞指出："作为蚡冒支脉的蒍氏一族当时是仅次于若敖氏的强大世族。换言之，令尹一职仍由强大世族担任。从令尹子文到令尹孙叔敖，令尹一职掌于若敖氏、蒍氏这两大王族旁支强大世族之手，这一格局直到楚庄王晚期王子掌令尹之职才改变。"①

孙叔敖的籍贯，有郢都和期思县等说法。陈直在《史记新证》中提道："全后汉文卷九十九、汉孙叔敖碑云：'相君有三嗣，长子即封食邑固始，少子在江陵。'"②联系到他是蚡冒之后，其父又是任官于郢都，他的本籍应为楚郢都，清人阎若璩《四书释地》指出："（孙叔敖）出自公族，自应为楚都人，何得远在期思之鄙，意在叔敖子实不才，徒世守封土，莫显于朝，后人遂以其子孙之占籍。"袁纯富认为，"这种看法是有见识的。这就是说，孙叔敖应是楚国郢都人，他的籍贯期思之说，是出自后人的附会，是不足信的。"③

徐少华则认为传世《孙叔敖碑》是后人伪托或续刻，绝非东汉时作品④。相较而言，他更相信《荀子·非相》"楚之孙叔敖，期思之鄙人也"和《吕氏春秋·赞能》"期思之鄙人有孙叔敖者"的记载，并指出

① 陈颖飞：《楚国官制与世族探研》，中西书局2016年，第216页。
② 陈直：《史记新证》，天津人民出版社1979年，第197页。
③ 袁纯富：《孙叔敖籍贯小考》，《江汉论坛》1981年第6期。
④ 徐少华：《孙叔敖故里封地考述——兼论〈楚相孙叔敖碑〉的真伪与文本时代》，《江汉考古》2008年第2期。

期思为故蒋国，约在春秋中期为楚所并。另据《左传》文公十年载楚有"期思公复遂"，以"楚僭号，县尹皆称公"的惯例论之，认为此前楚已于蒋国故地设立了期思县。汉晋期思县的位置，一般认为即今河南固始县西北70余里的古期思集(今为淮滨县期思乡所在，1952年由固始县划出)①，石泉结合杜预《春秋释例》等相关文献分析，认为古期思集当是魏晋以后的期思县所在，先秦两汉期思城则应在魏晋期思县东北、即今固始县东北的蒋集以北近淮水南岸地带。②徐少华认为："如果这些说法不误，则孙叔敖就应是楚期思县、今固始县北境至淮滨县南境一带的人，或与古期思具有某种特别的关系。③"徐少华还解释，诸记载说孙叔敖为"期思之鄙人"，或与其父或祖辈的食邑封地有关。作为王室宗支的蒍氏，起初当因封邑——蒍地而得氏。但随着蒍氏的发展和派分，氏族内部继而分室立家的现象会不断发生，蒍贾作为王室工正和司马，职位仅在令尹之下，按常理而言，应该有其封地或食邑。现存文献中未见有关蒍贾封邑的记载。从《荀子》等所言其子孙叔敖为"期思之鄙人"的情形推测，其父辈封邑或在古期思一带，作为孙叔敖家族主要的生活、经济来源。因而称为"期思之鄙人"，是完全可以理解的。"鄙人"，并非指地位低下的平民百姓，是与国都相对而言的"郊野之人"，国都以外之人，包括贵族和平民皆称之为"郊野之人"。唐人李贤说："孙叔敖，楚庄王之相也，期思县人。"④可以想象，如果不是其先辈的封地食邑与期思有关，作为世族显贵的孙叔敖何得称为期思之人。

---

① 参阅《读史方舆纪要》卷五〇，河南五，光州固始县"期思城"条，中华书局2005年；《大清一统志》(嘉庆本)卷二二二，光州古迹"期思固城"条，中华书局1986年。

② 石泉：《古期思——雩娄灌区(期思陂)在今河南省固始县东南境考辨》，载《古代荆楚地理新探(续集)》，武汉大学出版社2004年，第32—49页。

③ 徐少华：《孙叔敖故里封地考述——兼论〈楚相孙叔敖碑〉的真伪与文本时代》，《江汉考古》2008年第2期。

④ 参阅《后汉书》卷二七《郭丹传》李贤注。

孙叔敖虽出自楚国的世家大族芳氏，却是从楚国的最基层干起，以突出的政绩，逐步成为令尹的。他的仕途并不平坦。传世典籍中常见孙叔敖"三相三去"的记载，即孙叔敖曾三次出任楚相令尹这一职务，又三次辞去之。《庄子·田子方》："肩吾问于孙叔敖曰：'子三为令尹而不荣华，三去之而无忧色。'"《吕氏春秋·知分》："孙叔敖三为令尹而不喜，三去令尹而不忧。"此外，《淮南子》《史记》《新序》等也有类似的记述。卢文弨《钟山札记》中说："《吕氏春秋·知分》虽有'孙叔敖三为令尹而不喜，三去令尹而不忧'之语，乃是子文之事误记耳。"陈奇猷针对卢文弨提出批评："不能因子文有三仕三去而证明孙叔敖无三仕三去。卢谓孙叔敖之三仕三去是子文之事误记，乃无据之谈，失之武断。"①对此，白于蓝根据郭店楚墓竹简《穷达以时》篇中"孙叔三谢期思少司马，出而为令尹"②这句话，认为孙叔敖应当只有三为期思少司马而又三去之的事迹，但因他与子文处于同时代，又都做过楚国的令尹，而他三为期思少司马又三去之的事迹与子文"三相三去"的事迹也颇有相似之处，所以子文的"三相三去"后来便被误传并且安在了孙叔敖的头上。③

孙叔敖担任令尹的时间，《左传》宣公十一年记有"令尹芳艾猎城沂"，芳艾猎就是孙叔敖，说明孙叔敖在鲁宣公十一年即楚庄王十六年时已经担任令尹。孙叔敖在楚晋邲之战后不再出现，据《左传》所记，邲之战发生于楚庄王十七年。据此推断，孙叔敖卒年上限时间不会早于庄公十七年，下限时间不明。孙叔敖的令尹在位时间，《韩诗外传》说："孙叔敖治楚，三年而楚国霸。"《吕氏春秋·赞能》载："荆王于是使人以王舆迎孙敖。以为令尹，十二年而庄王霸。"陈奇猷于此注明："此文谓荆王迎叔敖为令尹，十二年而庄王霸。韩非子《喻老》云：'楚庄王胜晋于河雍，合诸侯于宋，遂霸天下。'楚胜晋于河

① 陈奇猷：《吕氏春秋校释》，学林出版社 1990 年，第 92 页。
② 荆门市博物馆：《郭店楚墓竹简》，文物出版社 1998 年，第 145 页。
③ 白于蓝：《孙叔敖"三相三去"考》，《中国史研究》2001 年第 2 期。

雍，即《左传》宣十二年楚胜晋于邲之役，是年为庄王十七年(公元前597)。由此上溯十二年为楚庄王五年，则孙叔敖见用于庄王在庄王五年矣。征之该书《重言》谓庄王即位后之三年内，不听治，禁谏者，成公贾以隐语刺王，然后王始励精图治，进五人，退十人；《史记·楚世家》述此事，更谓其'所诛者数百人，所进者数百人'，而系此事于庄王三年与五年之间，可知庄王广求贤智之士在庄王三年与五年之间，而孙叔敖于此时得见庄王至为可能。然则上所推定孙叔敖见用于庄王在庄王五年，与楚庄王求贤之事正相融洽。"①

楚国的诸多令尹，以功业和品格而论，当推孙叔敖为第一。史家公认楚庄王称霸，得益于孙叔敖的辅佐。《韩非子·难四》："楚庄举孙叔而霸。"《墨子·所染》和《吕氏春秋·当染》都说楚庄王亲近孙叔敖和沈尹，因而成为霸主。《韩诗外传》卷二："孙叔敖治楚，三年而楚国霸。"《吕氏春秋·情欲》："世人之事君者，皆以孙叔敖之遇荆庄王为幸。自有道者论之，则不然，此荆国之幸。荆庄王好周游田猎，驰骋弋射，欢乐无遗，尽付其境内之劳与诸侯之忧于孙叔敖。孙叔敖日夜不息，不得以便生为故，故使庄王功迹著乎竹帛，传乎后世。"太史公为循吏立传，以孙叔敖为第一人。《史记·循吏列传》说孙叔敖"施教导民，上下和合，世俗盛美，政缓禁止，吏无奸邪，盗贼不起。秋冬则劝民山采，春夏以水，各得其所便，民皆乐其生"。归纳孙叔敖任令尹后对楚国的贡献，主要有以下功绩。

第一，兴建大型水利工程期思陂和芍陂，振兴了楚国的农业经济。

青年时期的孙叔敖住在一个名叫期思的小县，故址在今河南固始县。这是一个营造世家，父亲蒍贾曾任工正，精于筑城。孙叔敖受父亲熏陶，对土木工程和土石工程也发生了浓厚的兴趣。《淮南子·人间训》记："孙叔敖决期思之水，而灌雩娄之野。"这个水利工程叫期思陂。张正明指出："这个期思陂工程，用现代的标准去看只是小型的，

①　陈奇猷：《吕氏春秋校释》，学林出版社1984年，第1600页。

放在战国时代可算是中型的，而在春秋中期则是大型的。它的意义不在于算不算大型的，而在于它是中国亘古以来第一个社会性的农田水利工程。"①《史记·循吏列传》裴骃《集解》引《皇览》曰："民传孙叔敖曰：'葬我庐江陂，后当为万户邑。'"所谓"庐江陂"，应即芍陂，后名安丰塘，在今安徽寿县南，相传是孙叔敖主持兴建的。

芍陂一词，始见于《汉书·地理志》中"庐江郡·灊"："天柱山在南，有祠泚山。泚水所出，北至寿春入芍陂。"同书"六安国·六"："故国皋繇后，偃姓，为楚所灭。如溪水首受泚，东北至寿春，入芍陂。"《后汉书·王景传》将芍陂与孙叔敖联系起来："明年(东汉章帝建初八年)，迁庐江太守。先是，百姓不知牛耕，致地力有余，而食常不足。郡界有楚相孙叔敖所起芍陂稻田。"《水经注·肥水》进一步肯定芍陂与孙叔敖有关："断神水又东北径神迹亭东，又北谓之豪水，虽广异名，事实一水。又东北径白芍亭东，积而为湖，谓之芍陂。陂周一百二十许里，在寿春县南八十里，言楚相孙叔敖所造。"芍陂初建的规模，约有二三百平方公里之大，其范围大约在今天安徽寿县的淠河和瓦埠湖之间，南起众兴镇附近的贤姑墩，北至安丰铺和老庙集一带。芍陂的水源开始仅来自丘陵地区，以龙穴山水为主，水量不很充足。在其西面，正好有条水量丰沛的淠河流过，以后楚人挖了条子午渠，引淠水入渠内，使芍陂有了丰富的水源，即使在枯水季节，也能供应农田灌溉，同时还能调节、滞、蓄淠河的洪水，减少其灾害。

孙叔敖建芍陂符合楚穆王、楚庄王时东部扩疆历程。本人在《楚芍陂溯源》一文中曾分析："楚庄王十三年(公元前601年)，庄王借平定群舒之叛、灭舒蓼之机，索性对东部疆界进行清理，将东疆正式划定于滑汭(今合肥东)之地，使楚国的疆土向东又跨进一步，从此，芍陂之地，不折不扣地成为楚国的内地。"②芍陂并非晚至战国时子思所

<hr>

① 张正明：《楚史》，湖北教育出版社1995年，第153页。

② 程涛平：《楚芍陂溯源》，载《芍陂水利史论文集》，中国水利学会水利史研究会1988年编印。

建。《续汉书·郡国志四》扬州九江郡"当涂"县下，刘昭补注引三国时《皇览》云："楚大夫子思冢在(当涂)县东山乡，西去县四十里，子思造芍陂。"杨守敬怀疑："子思岂叔敖之字乎?"①罗运环提出，《水经注》所云孙叔敖造芍陂可能在此年灭舒蓼、正疆界后不久，也许修芍陂就是进一步巩固这一地区的措施之一。② 所以不可否定郦道元注。至于《皇览》说子思造芍陂事，当与嘉靖《固始县志》所云期思陂"肇自楚之孙公，汉之刘馥"之例相同，即芍陂亦肇自孙公、子思。刘玉堂、袁纯富认为："事实上，说芍陂是战国时子思始创，恐难成立。……芍陂水利工程始建于春秋，维修于战国，完善于秦汉，这是比较合乎情理的看法。"③

第二，开挖南北向运河，发展楚国水上交通。

运河是依靠人工开凿的用以沟通或衔接天然河道的人为河道。中国的自然地势特点是西高东低，数千年来，中国境内东西向的水上交通，往往比较方便，而南北向的水上交通却出现不多，皆因先天不足。为了改善这种因先天地理原因造成的东西畅通、南北阻滞的水上交通窘况，在有效利用原来天然内河主流与支流、湖泊和海洋航运的同时，人们便开始了开凿各种走向的人工河道的尝试。《史记·河渠书》介绍春秋时的运河开挖情况："荥阳下引河东南为鸿沟，以通宋、郑、陈、蔡、曹、卫，与济、汝、淮、泗会。于楚，西方则通渠汉水、云梦之野，东方则通(鸿)沟江、淮之间。于吴，则通渠三江、五湖。于齐，则通菑济之间。于蜀，蜀守冰凿离碓，辟沫水之害，穿二江成都之中。此渠皆可行舟，有余则用溉浸，百姓飨其利。至于所过，往往引其水益用溉田畴之渠，以万亿计，然莫足数也。"最早开凿运河的是楚国。《史记·河渠书》所记的"于楚，西方则通渠汉水、云梦之野"，指的就是孙叔敖曾经在楚国的西部云梦泽与汉水之间开挖出的一条人工运

---

① 杨守敬、熊会贞：《水经注疏》，江苏古籍出版社1989年，第2679页。

② 罗运环：《楚国八百年》，武汉大学出版社1992年，第181页。

③ 刘玉堂、袁纯富：《楚国水利研究》，湖北教育出版社2012年，第210、212页。

河。此条运河连接了汉水、扬水以及郢都附近的漳水、沮水。

《史记·河渠书》说楚国在东部也开凿了一条运河，同样是孙叔敖在令尹任上所为。那时楚国已扩境东方，占有蒋国故地。"该运河则联结着从安徽寿县到合肥一带的沘水、芍陂、东肥水、施水、巢湖、栅水乃至长江等水域资源，形成了一条贯通江淮之间的水道线，亦即《史记·河渠书》中所说的'东方则通（鸿）沟江、淮之间'的东方之沟。"①

第三，治军有方，慎战善战，先发制人，致邲战完胜。

孙叔敖担任令尹，便握有指挥军队全权，同样在军事上颇有建树。孙叔敖担任令尹，注重以法典治军。《左传》宣公十二年记孙叔敖："艻敖为宰，择楚国之令典，军行，右辕，左追蓐，前茅虑无，中权，后劲，百官象物而动，军政不戒而备，能用典矣。"这是指孙叔敖制定军中法典，以法典治军，规定军队在行军途中保持队形，前军侦察（虑）敌人的情况，以举茅为标识，随时报告。右军紧跟将军车辕行进方向（挟辕）而高度戒备。左军紧盯前军的茅草标识，相机接应。中军主帅指挥全军，根据敌军的各种动向作出决策，发布命令。后军以精兵殿后，防止敌军从后偷袭。楚国的军队是由前军、左军、右军、中军以及后军组成，楚国的中军还有左右两广护卫部队和机动部队"游阙"。这样严密的队形，使得敌军无从偷袭。

孙叔敖担任令尹期间，晋、楚两国爆发了一场春秋时期规模很大的邲地之战，楚国大胜晋国，楚庄王一举成为春秋霸主。《左传》宣公十二年详细地描述了战争的全过程，身为令尹的孙叔敖在邲战之前的军事会议上对于战争的态度非常谨慎：

> （晋）师遂济（渡过黄河）。楚子北，师次于邲。沈尹将中
> 军，子重将左，子反将右，将饮马于河而归。闻晋师既济，

---

① 郑若葵：《中国古代交通图典》，云南人民出版社 2007 年，第 263 页。

王欲还，嬖人伍参欲战。令尹孙叔敖弗欲，曰："昔岁入陈，今兹入郑，不无事矣。战而不捷，参之肉其足食乎?"参曰："若事之捷，孙叔为无谋矣。不捷，参之肉将在晋军，可得食乎?"令尹南辕、反旆，伍参言于王曰："晋之从政者新，未能行令。其佐先縠刚愎不仁，未肯用命。其三帅者，专行不获，听而无上，众谁适从？此行也，晋师必败。且君而逃臣，若社稷何?"王病之，告令尹，改乘辕而北之，次于管以待之。

孙叔敖处事老成持重，不打无准备之战。战前，晋军渡过黄河，气势汹汹地来寻找楚国主力决战。楚国本来只打算"饮马于河而归"，并没有与晋军决战的思想准备，连年轻气盛的楚庄王都准备退兵。在没有把握战胜晋军的情况下，孙叔敖以实际为三军统帅的令尹身份，直接下令"南辕反旆"，即命令楚军的军旗向南，全军撤退。此后，宠臣伍参单独对楚庄王讲他掌握的晋军内部的不团结、主帅没有权威、楚军胜算较大的情况，并指出退兵就是"君逃臣"（楚庄王逃避晋臣荀林父），刺激年轻好胜的楚庄王。好胜心极强的楚庄王对不战会导致"君逃臣"的评价很忧虑，倾向于与晋军决战，遂与孙叔敖重新认真商量，孙叔敖权衡伍参所言的情况，仔细思索，确有胜算，这才下令"改乘辕而北之"。孙叔敖如此谨慎是有道理的，《孙子兵法》说："兵者，国之大事也。死生之地，存亡之道，不可不察也。"孙叔敖知道两个大国的决战意味着军士的大量死亡和物资的巨大消耗，故特别慎重。

晋、楚两军很快在邲地开战，《左传》宣公十二年对孙叔敖在这场战争中起到的关键作用作了精彩的介绍：

潘党既逐魏锜，赵旃夜至于楚军，席于军门之外，使其徒入之，楚子为乘广三十乘，分为左右。右广鸡鸣而驾，日中而说；左则受之，日入而说。许偃御右广，养由基为右；

彭名御左广，屈荡为右。乙卯，王乘左广以逐赵旃。赵旃弃车而走林，屈荡搏之，得其甲裳。晋人惧二子之怒楚师也，使轺车逆之。潘党望其尘，使骋而告曰："晋师至矣。"楚人亦惧王之入晋军也，遂出陈。孙叔曰："进之。宁我薄人，无人薄我。《诗》云：'元戎十乘，以先启行。'先人也。《军志》曰：'先人有夺人之心。'薄之也。"遂疾进师，车驰卒奔，乘晋军。桓子不知所为，鼓于军中曰："先济者有赏。"中军、下军争舟，舟中之指可掬也。

晋楚邲地大战，最关键的"节点"，就在于令尹孙叔敖见楚庄王一车当先，冲向晋军，果断下令："进之!"一声令下，地动山摇，楚军全线出击，"遂疾进师，车驰卒奔，乘晋军"。晋军完全没有防备，晋军主帅荀林父惊慌失措，居然下错了命令："先济（渡河逃跑）者有赏"，致使晋军不战而竞相渡河逃跑，逃至黄河抢船，已在船上的士兵为不使船沉，挥剑乱砍扒船逃命的士兵，竟然使得船中被砍断的手指可以捧起来。场面之残酷，惊心动魄。

孙叔敖临战指挥得当，厥功至伟。春秋时的车战，讲究军礼，一般经过两军列阵、致师等程序，方才开打。此前的城濮之战，晋军是提前进攻，蒙着虎皮的上军抢先冲向楚阵营右军，由楚右军溃退导致三军失利。这次孙叔敖确实是吸取了城濮之战的教训，"宁我薄人，无人薄我"，说的正是通过城濮之战接战过慢而总结出的深思熟虑的话。可以说，后世军事家总结的著名战法"先发制人"，很大程度就是受到孙叔敖指挥邲地之战而得到的启发。

第四，繁荣楚国的市场经济。

楚国综合国力强大，是与市场经济发达分不开的。孙叔敖对发展楚国的市场经济有突出的贡献。《史记·循吏列传》载：

庄王以为币轻，更以小为大，百姓不便，皆去其业。市

令言之相曰："市乱，民莫安其处，次行不定。"相曰："如此几何顷乎？"市令曰："三月顷。"相曰："罢，吾今令之复矣。"后五日，朝，相言之王曰："前日更币，以为轻。今市令来言曰'市乱，民莫安其处，次行之不安'。臣请遂令复如故。"王许之，下令三日而市复如故。

楚庄王觉得楚国的铜钱太轻，下令改小钱为大钱，百姓深感不便，市面萧条。市令向孙叔敖诉苦，孙叔敖向楚庄王如实上报，请庄王下令仍用小钱。庄王从其议，收回成命。不久，市面就繁荣如初了。楚国的货币原为海贝，这时通行铜贝而兼用海贝。所谓"大钱"和"小钱"，或称"重币"和"轻币"，都是就铜贝面值而言的。已知楚国的铜贝号为"蚁鼻钱"或"鬼脸钱"，都是很小的。无端提高铜贝的面值，可以敛民财入府库，但必将导致物价飞涨，商、农、工、贾将俱受其害。孙叔敖体恤民情，主张仍用小钱，无疑是为了维护民众的利益。这事也说明孙叔敖作风深入，虽官至令尹，仍能与楚国的底层官员市令有良好的沟通。

《史记·循吏列传》还记孙叔敖让老百姓自发改进民间车厢高度的事：

楚民俗好庳(低下)车，王以为庳车不便马，欲下令使高之。相曰："令数下，民不知所从，不可。王必欲高车，臣请教闾里使高其梱(门限)。乘车者皆君子，君子不能数下车。"王许之。居半岁，民悉自高其车。

楚国民间多用低矮的马车，车厢较低，楚庄王准备下令把车厢升高，以便战时车辆可随时征用，奔赴战场。孙叔敖认为：凡是能够让老百姓自己自然做到的事情，就不要轻易下达行政命令。国君的命令下得太多，民众就会无所适从。如果一定要让车厢升高，有一个简单

的方法，把道路上车辙间的坎加高，让低车过不去，这样乘车的人不得不下来，把车抬过去。无须下命令，乘车的人一定会自己把车厢升高的。楚庄王从其议，果然，半年后民间的车厢都自动升高了。这事反映出孙叔敖善于管理经济，有过人的智慧。

第五，提升了楚国的建筑业。

孙叔敖善于组织领导，办事效率高。如修沂地的城墙，《左传》宣公十一年载："（孙叔敖）使封人虑事，以授司徒。量功命日，分财用，平板干，称畚筑，程土物，议远迩，略基趾，具糇粮，度有司，事三旬而成，不愆于素。"也就是说：他亲赴现场，选用得力能办事的人员，先对整个工程进行筹划计算，对物资进行充分准备，把材料与工具平均分配，使劳役与劳逸大体均等，并具体指导他们怎样夯筑，怎样称重量，怎样算运距。一句简单的话，也就是把握质量，规定各项指标，然后采用"量功命日"的办法，即按实际工作量来计算工时。同时，孙叔敖还考虑到了民工们中午带干粮的问题。正因此，这项工程只用三十天就完成了，远远超出了人们的预料。故杜预说："《传》言孙叔敖之能使民。"

第六，廉洁奉公，带头破除世官世禄。

孙叔敖的父亲蒍贾被令尹子越所杀。当时诛杀完全有可能累及子孙及家族，故孙叔敖少年时经受过磨难，备尝艰辛，故知道民间疾苦，当令尹后保持俭朴本色。《韩非子·外储说左下》："孙叔敖相楚，栈车牝马，粝饼菜羹，枯鱼之膳，冬羔裘，夏葛衣，面有饥色，则良大夫也，其俭逼下。"《盐铁论·通有》："昔孙叔敖相楚，妻不衣帛，马不秣粟。孔子曰：'不可，太俭极下。'"孔子认为孙叔敖过于节俭，说明孙叔敖的廉洁是可信的。孙叔敖的可贵之处就是将当官看得很轻，得官不喜，免官不忧。孙叔敖的仕途并不顺畅，曾经三起三落，担任期思少司马并多次被免职。因为孙叔敖所追求的是把民本思想贯注在为政的实践中，因此，有时他的意见不免与庄王相左，故他在宦海中三浮三沉。但他"不以物喜，不以己悲"，始终保持谦逊平和的心态。

孙叔敖的这个心态是其保持廉洁的根本原因。

楚国的世官世禄现象是非常严重的。孙叔敖以身作则，带头破除世官世禄。他贵为令尹，却不同意儿子在自己死后享受封邑。《淮南子·人间训》："昔者楚庄王既胜晋于河雍之间（即邲之战），归而封孙叔敖，辞而不受，病疽将死，谓其子曰：'吾则死矣，王必封女。女必让肥饶之地，而受沙石之间。有寝丘者……'孙叔敖死，王果封其子以肥饶之地，其子辞而不受，请有寝之丘。"又《史记·滑稽列传》记优孟找楚庄王为孙叔敖的儿子打抱不平："楚相孙叔敖持廉至死，方今妻子穷困负薪而食，不足为也！"楚庄王受到感动，"于是庄王谢优孟，乃召孙叔敖子，封之寝丘四百户，以奉其祀。后十世不绝"。可见孙叔敖在世时确实未为子孙后代争封邑。这种情形，在春秋时期的世族是不多见的。

第十一节　楚晋争郑，旷日持久的拉锯战（庄王八至十七年）

楚庄王平定若敖氏叛乱，选定孙叔敖为令尹，如虎添翼，楚国从此蒸蒸日上。楚庄王意欲大展宏图，首要的目标就是完全征服郑国。

楚庄王八年，在问鼎周郊后不久，因郑穆公与晋国亲近，随即讨伐郑国。《左传》宣公三年："夏，楚人侵郑，郑即晋故也。"随后发生若敖氏叛乱，楚庄王暂缓兴师。次年，因为楚人献鼋于郑灵公，引发郑国内乱，郑灵公被杀。[①] 新君郑襄公死心塌地倒向晋国。楚国随即再次征讨郑国。《左传》宣公四年："冬，楚子伐郑，郑未服也。"这之

---

① 郑国世族贵戚公子宋的食指突然跳动，自称会马上吃到奇珍异味，此时正好楚国送来大甲鱼，公子宋进宫得知后得意大笑。郑灵公想开一个玩笑，故意在宴请群臣时不给公子宋甲鱼肉，导致公子宋又羞又怒，"染指"尝了下味道便飞快逃走。郑灵公大怒，扬言要杀公子宋。公子宋恐惧，弑郑灵公。

后，从楚庄王九年到十一年，三年间，年年伐郑，都无功而返。

楚师伐郑，长期不能得胜，一个重要的原因是平定若敖氏叛乱，导致军队战斗力下降。张正明分析："若敖氏的覆灭给楚国留下了短期难以愈合的创伤。此后三年内，庄王伐郑，一而再，再而三，但都无功而返。若敖氏曾经是楚人的战神，胜利和战神一起消失了。"[①]直到楚庄王十一年，《左传》宣公六年才记载："楚人伐郑，取成而还。"

由于地缘利害关系，楚国北上争霸，一定得彻底征服郑国。郑国是楚庄王与晋争霸的焦点。郑国地处中原腹心地带，控制郑国，东西南北进退自如，可直逼王畿而更利于挟天子以令诸侯。郑国乃春秋地缘政治的枢纽。顾栋高指出："中州为天下之枢，而宋、郑为大国，地居要害，国又差强。故伯之未兴也，宋与郑常相斗争。逮伯之兴，宋、郑常供车赋，洁玉帛牺牲以待于境上，亦地势然也。"[②]郑国位于今河南新郑一带，处于东西、南北之要冲，其位置不但在军事上具有重要战略价值，在经济上也是会通之地。若齐国要称霸，向中原、西方、南方（楚国）扩张，必须通过郑国。若秦国要称霸，向东方（包括中原与山东）或南方扩张，同样必须经过郑国。楚国也是如此。如果楚国要向当时的天下中心扩张，郑横亘在楚国的征途上。所以，楚国的扩张无法绕开中原腹心宋、郑两国。同时，郑国属于中等国家，不足以独立抵抗晋或楚，且中原无大国，没有大国为郑提供可靠稳定的保护，因此，郑国成为大国必争之地。晋、楚二大国都采取威逼利诱的各种手段来拉拢郑，拉拢不成，则予以打击。所以，郑国一会儿投靠晋国而与楚国为敌，一会儿投靠楚国而与晋国为敌。但无论与谁为敌为友，都不是不可更易的真正敌友，而是不得已的存身之道。此正如《左传》襄公九年郑国公子騑所言："天祸郑国，使介居二大国之间。"亦如《左传》文公十七年郑国子家所言："居大国之间，而从于强

① 张正明：《楚史》，湖北教育出版社 1995 年，第 133 页。
② 顾栋高：《春秋大事表》，中华书局 1993 年，第 1843 页。

令，岂其罪也？大国若弗图，无所逃命。"郑国是最受大国争霸之殃的。

郑襄公在楚庄王十一年被迫与楚结盟，系勉强应付，心中并不服气。忍气吞声过了三年，在楚庄王十四年召开的"厉之会"上，擅自逃会，郑、楚矛盾再一次升级。清华简《系年》十二章专记郑国在楚庄王十四年发生大的反复：

> 楚臧(庄)王立十又四年，王会者(诸)侯于鄘(厉)，奠(郑)成公自鄘(厉)逃归，臧(庄)王述(遂)加奠(郑)喇(乱)。晋成公会者(诸)侯以救(救)奠(郑)，楚㠯(师)未还，晋成公卒(卒)于扈。①

《系年》说的是楚庄王十四年在楚国的边境地区厉地②召开盟会，这与《左传》所记略有不合。

《左传》宣公九年："楚子为厉之役故，伐郑。"杜预注曰："六年楚伐郑，取成于厉。既成，郑伯逃归，事见十一年。"《左传》宣公十一年："厉之役，郑伯逃归，自是楚未得志焉。"杜注："盖在六年。"杨伯峻认为杜预以厉之役即六年楚伐郑之役，乃推测之词。由简文可知鲁宣公九年亦即楚庄王十四年的"厉之役"，当指"王会诸侯于厉"之事③，并非杜预所说的宣公六年"楚人伐郑，取成而还"。《左传》宣公十一年所记"郑伯逃归"则是对宣公九年"厉之役"的追述，杜注亦误。胡凯、陈民镇认为，《春秋》经传对"厉之役"语焉不详，导致了后人

---

① 李松儒：《清华简〈系年〉集释》，中西书局 2015 年，第 188 页。
② 王夫之认为厉(赖)约在今河南鹿邑县境。转引自李松儒：《清华简〈系年〉集释》，中西书局 2015 年，第 189 页。
③ 孙飞燕：《释〈左传〉的"厉之役"》，《深圳大学学报》(人文社会科学版)2012 年第 2 期。

的诸多误解,《系年》的内容为澄清这一疑题提供了新的证据。①

《左传》宣公九年先记会于扈,后记厉之役,宣公十一年追述:"厉之役,郑伯逃归。"由《系年》可证实《左传》的"厉之役"实际上是"厉之会"。楚庄王召集的厉之会,郑襄公竟然逃会,楚庄王当然大兵压境,加剧郑国的动乱。晋成公亲自率军来救,楚军亦不退让,两军对垒,形成僵局。正在僵持不下的时候,传来消息,晋成公在扈地死亡。

《系年》的记载,与《春秋》《左传》略有不同,率兵救郑者是晋成公。《春秋》宣公九年:"楚子伐郑,晋郤缺帅师救郑。"《左传》宣公九年:"楚子为厉之役(会)故,伐郑。晋郤缺救郑。"两文献都说是晋将郤缺率军救郑,而不是《系年》所提的晋成公。另外,两文献都说晋成公是在召集诸侯在扈地盟会时死去的②,可证《系年》所说的"晋公卒于扈",是指晋成公救郑,先在扈地召集众属国召开讨论如何救郑的盟会,因过度忧劳,死于扈地。

就在楚国对郑国穷追猛打之际,发生了一件匪夷所思的事情:郑绝地反击,在柳棼打败了楚师!此事见于《左传》宣公九年:"郑伯败楚师于柳棼。"

以郑国的军事实力,难以与楚国抗衡,郑军居然打败楚军,印证了民间的俗话,"兔子急了也会咬人"。可能是因为晋成公在盟会时突然去世,晋阵营失去了主心骨,马上乱了套。郑襄公见没有指望,只得背水一战,在柳棼迎击楚军。柳棼,杜注:"郑地。"郑军在自家土地作战,熟悉地形,见退无可退,突然发起进攻,楚军没有防备,郑侥幸取胜。但细阅文献,在柳棼打败楚军的主力可能还是晋军。《史

---

① 胡凯、陈民镇:《从清华简〈系年〉看晋国的邦交——以晋楚、晋秦关系为中心》,《邯郸学院学报》2012 年第 2 期。

② 《春秋》宣公九年:"九月,晋侯、宋公、卫侯、郑伯、曹伯会于扈。"《左传》宣公九年:"会于扈,讨不睦也。陈侯不会。晋荀林父以诸侯之师伐陈,晋侯卒于扈,乃还。"

记·晋世家》："晋使中行桓子伐陈，因救郑。与楚战，败楚师。"又《史记·十二诸侯年表》："楚庄王十四年，伐郑，晋郤缺救郑，败我。"又指晋郤缺率军打败楚师。参考《左传》和《史记》的相关记载，楚军在郑地柳棼作战失利，可能是败于晋郑联军。

楚军在柳棼小败，当然不甘心，旋即卷土重来。晋拼命护郑，不让半分。楚、晋争郑，无休无止。第二年，楚庄王十五年，楚又伐郑[1]，郑国也学乖了，见楚军杀到，不再硬顶，马上就答应与楚签订盟约，只想把楚军哄回去，求得安宁。[2] 晋国坚决反对，急忙帅师奔救。《左传》宣公十年："楚子伐郑。晋士会救郑，逐楚师于颍北。"[3] 可见晋、楚两军陷于长期缠斗，这一次是晋士会领兵将伐郑的楚军赶跑了。

又次年，楚庄王十六年，楚再次伐郑。郑故技重施，与楚签约。《左传》宣公十一年："十一年春，楚子伐郑，及栎。子良曰：'晋、楚不务德而兵争，与其来者可也。晋、楚无信，我焉得有信。'乃从楚。夏，楚盟于辰陵，陈、郑服也。"楚兵一退，郑国故态复萌。《左传》又记："郑既受命于辰陵，又徼事于晋。"脚踩两只船。

争夺郑国，楚、晋、郑三国形成怪圈。邓曦泽归纳：晋、楚拉锯争霸期间，郑国(准确地说，对郑国的争夺)成了争霸的焦点。因郑国地处中原腹心，在地缘政治上战略意义重大，所以，晋、楚的拉锯争霸表现为以争夺郑国为焦点，并围绕这个焦点展开。当郑国跟从晋国集团，则楚国会来攻打郑国；而当楚国来攻打郑国，晋国就会救援郑国。但是，晋国的救援经常不能及时到达，郑国在楚国的威胁下，只有屈从楚国，与楚国订立盟约。当郑国与楚国订立盟约后，郑国就跟从于楚国集团，为晋国所不满，于是，晋国就把救援郑国变成了攻打

---

① 《春秋》宣公十年："楚子伐郑。"
② 《左传》宣公十年："郑及楚平。诸侯之师伐郑，取成而还。"
③ 颍北之地，杜预注：颍水出河南阳城，至下蔡入淮。《正义》："《释例》曰：颍水出河南阳城县阳乾山东南，经颍川汝阴，至淮南下蔡县入淮也。"

郑国。这时，楚国又来救援郑国。同样，楚国的救援经常不及时，郑国又不得不与晋国订立盟约，又跟从于晋国集团。于是，郑国一会儿跟从晋国，一会儿跟从楚国；而晋国一会儿救援郑国，一会儿攻打郑国；楚国也是一会儿攻打郑国，一会儿救援郑国。晋国攻打郑国，则楚国必定救援（有力不从心之时）；同样，楚国攻打郑国，晋国必定救援。甚至，可以这样描述郑国、晋国、楚国之间关系的逻辑特征——晋国攻打郑国，郑国归属楚国，楚国救援郑国；楚国攻打郑国，郑国归属晋国，晋国救援郑国。[①]

楚、晋两国，为争夺郑国，从楚庄王十四年一直打到楚庄王十七年，郑国依旧不屈服，或者说是口服心不服。楚、晋两国争郑，还是难分伯仲。不过，胜利的天平，逐渐向楚国倾斜。

楚庄王十七年春，公元前597年春，情况发生了根本改变。楚国看穿了郑国的用心，不再为郑国的表面服输所迷惑，决心攻破郑国的都城，灭掉郑国。《左传》宣公十二年记载郑国的国都终于被楚国攻破，面临灭顶之灾：

> 十二年春，楚子围郑。旬有七日。郑人卜行成，不吉；卜临于太宫，且巷出车，吉。国人大临，守陴者皆哭。楚子退师。郑人修城。进复围之，三月，克之。入自皇门，至于逵路。郑伯肉袒牵羊以逆，曰："孤不天，不能事君，使君怀怒以及敝邑，孤之罪也。敢不唯命是听？其俘诸江南，以实海滨，亦唯命；其翦以赐诸侯，使臣妾之，亦唯命。若惠顾前好，徼福于厉、宣、桓、武，不泯其社稷，使改事君，夷于九县，君之惠也，孤之愿也，非所敢望也。敢布腹心，君实图之。"左右曰："不可许也，得国无赦。"王曰："其君能

① 邓曦泽：《冲突与协调——以春秋战争与会盟为中心》，人民出版社2015年，第308页。

下人，必能信用其民矣，庸可几乎?"退三十里而许之平。潘
尪入盟，子良出质。

《左传》宣公十二年记的是楚庄王十七年之事。这年春，楚庄王的
大军将郑国的国都团团包围，一连十七天，昼夜不停地攻打。以前楚
攻，晋救随即而至，此次晋国的救援却不见动静，遥遥无期。张正明
评晋迟滞救郑："时届夏末，晋救郑，三军悉出，荀林父为元帅，先
縠为副帅。此举令人疑惑：晋人如有救郑的诚意，则在郑都被围的三
个月中早该出兵了。晋师姗姗来迟，或许是想等到楚、郑俱弊之际才
去以逸击劳。可是，晋人失计了。晋师刚走近黄河北岸，就获悉郑已
降楚。晋国的将佐商议是否继续前进，元帅与副帅意见不合，其余将
佐也颇有分歧，最终是求战的一方占了上风。于是，晋师渡过了黄
河。"①郑人眼看难以继续抵挡，问之于龟卜，卜问向楚求和的吉凶。
开卦，显示不吉利。没有办法，再卜，问以众人到太祖之庙，号哭和
祈祷，感动上天，或者将战车陈列于街巷之中，虽困不降，战斗到底，
如何？卦象显示吉利。于是，城里的人们齐聚太庙放声大哭，守城的
将士也在城上大哭。郑国城内哭声震天，楚庄王听见，传令暂时退兵。
郑人趁机赶快修筑被攻破的城墙，准备再战。楚军发觉被骗，又再次
进军包围，日夜攻城，毫不放松。经过三个月的强攻硬打，在内奸石
制的配合下，终于攻破郑都。楚庄王率领楚国大军浩浩荡荡地从郑都
的皇门进入，到达大路上。迎面看见郑襄公赤裸上身，牵着羊，在路
边迎接。郑襄公流着眼泪说："孤不能承奉天意，不能奉事君王，使
君王带着怒气到达敝国，这是孤的罪过，岂敢不唯命是听？要把孤俘
虏到江南，放在海边，全听君王吩咐。要灭亡郑国，分割郑地以赐给
诸侯，让郑国人作为臣妾，也听君王吩咐。如果承君王顾念从前的友
好，向周厉王、周宣王以及郑桓公、郑武公求福，而不绝灭郑国，让

---

① 张正明：《楚史》，湖北教育出版社1995年，第138页。

郑国改而奉事君王，等同于楚国的诸县，这是君王的恩惠，孤的心愿，但又不是孤所敢于指望的了。谨披露心里的话，请君王考虑。"郑襄公说时，语调凄凉，满脸绝望，使楚庄王深为感触，动了恻隐之心。楚庄王左右随从七嘴八舌地说："不能允许他！攻进了都城就没有赦免的道理。"楚庄王说："郑国国君能够卑躬屈膝自下于人，必然能够取信和管理他的百姓，保留郑国为楚国服务，恐怕还是很有作用的吧！"随即楚庄王下令退兵三十里，允许郑国求和。不久，在郑国举行了隆重的签约仪式，楚将潘尪进入郑国，代表楚国正式与郑国结盟，郑襄公的弟弟子良按照盟约的规定，随楚军到楚国作为人质。

从此，郑国死心塌地跟随楚国，楚庄王时旷日持久的晋、楚争郑拉锯战，终于以楚国的完胜而结束。

第十二节　灭舒蓼、州来，盟吴越，吴越溯源
（庄王十三年）

在楚庄王与晋国争夺郑国，双方打得难分难解，形成长期拉锯战之时，楚庄王十三年，楚国的东方警报频传。楚庄王见北进受阻，不与晋国恋战，虚晃一枪，向东拓展。

《左传》宣公八年："楚为众舒叛，故伐舒蓼，灭之。楚子疆之，及滑汭。盟吴、越而还。"《左传》宣公八年所记之事为楚庄王十三年，公元前601年，楚庄王在这一年动作频频，做了三件事。

第一件事，灭舒蓼。

舒蓼是群舒之一。[①] 楚国的东方，淮河与长江中下游之间的广阔地带，历来是群舒众多部族散居的地方。舒蓼为群舒中一个部族的名

---

① 　拙作《先楚史》第十章第七节"西周时期淮河流域偃姓部族与方国"对舒蓼有过介绍。程涛平：《先楚史》，武汉出版社2019年，第754—756页。

称，并非仅为舒和蓼两个部族。①

舒蓼的地望，文献记载中有两种不同的说法。

一种说法舒蓼当在安徽舒城县西。《春秋》僖公三年杜预注："舒，国，今庐江舒县。"又《左传》文公十二年杜注："舒城西南有龙舒。"顾栋高《春秋大事表》："舒蓼，偃姓。皋陶后。今江南庐州府舒城县为古舒城。庐江县东百二十里有古龙舒城。舒蓼、舒庸、舒鸠及宗四国约略在此两城间。"②杨伯峻说："据顾栋高《大事表》，今安徽省舒城县为古舒城，庐江县东百二十里，有古龙舒城，舒蓼约略在此两城间。"③这些，都认为舒蓼当在安徽舒城县西，成为流行说法。另一说法指舒蓼在安徽六安附近。此说亦出于早期文献记载，《初学记》卷八，淮南道第九"庐国、舒城"条引应劭注："《汉书》曰：庐江六县东有舒城。"又《史记》卷四〇《楚世家》楚庄王"灭舒"句下《集解》引杜预语："庐江六县东有舒城。"应劭、杜预为东汉、西晋有名的学者，其二人所说相一致，应有所据。汉晋六县，在今安徽六安市北，则位于汉晋六县东之"舒城"，当不出今六安市东北地带。张胜琳分析春秋时期的有关形势，认为应劭、杜预之说更为可信，舒及群舒不应远至舒城、庐江一带，而当在淮南不远的今六安、霍邱诸市县境④，陈伟结合江淮间出土实物资料的早晚序列和两说均有早期文献可证的史实分析，认为这一地区内舒、巢等古邑之南北并存，反映了有关小国或者其人民的迁徙情况，春秋前期的群舒诸国当在今六安市东北一带，

---

① 杨伯峻注："舒蓼为群舒之一种。文十四年《传》云'子孔、潘崇将袭群舒，使公子燮与子仪守，而伐舒蓼'，即为明证。杜于《传》注谓舒、蓼为二国，盖偶疏。舒初被取于徐，见僖三年《经》；嗣被执于楚，见文十二年《传》；蓼则于文五年已为楚所灭，复安得舒与蓼而灭之？"杨伯峻：《春秋左传注》（修订本），中华书局 1990 年，第 694—695 页。

② 顾栋高：《春秋大事表》，中华书局 1993 年，第 591 页。

③ 杨伯峻：《春秋左传注》（修订本），中华书局 1990 年，第 605 页。

④ 张胜琳：《吴楚淮域之战若干相关地名地望略考》，载张正明主编《楚史论丛》（初集），湖北人民出版社 1984 年，第 123—124 页。

后因楚人所迫，逐渐南迁至舒城、桐城地带。① 此说较流行说法更为合理、可信，与春秋时期楚人不断东向拓境、蚕食群舒之地的实际相符。

群舒是楚庄王一直深感头痛的部族。早在楚庄王的父亲楚穆王时，就发生过"群舒叛楚"事件，楚穆王费了很大气力镇压，控制了群舒掌握的铜矿，使得楚国的军队得以大量配备先进的青铜武器，在与晋国争霸的过程中占有一定优势。楚庄王刚即位，年纪很轻，迫切需要大臣的扶持，不巧群舒又发生动乱，支持庄王最得力的大臣子孔、潘崇都率楚军主力东征群舒，造成都城空虚，公子燮与子仪得以乘虚叛乱，挟持楚庄王往商密逃跑，幸得忠臣戢梨与叔麇护驾有功，及时平叛，庄王得以脱险。楚灭庸之后，尤其在讨伐陆浑戎、问鼎周郊后，声威大振，群舒慑于楚国声威，尚不敢轻举妄动。到楚晋两国争夺郑国，势均力敌，陷于长时期的拉锯战之后，群舒看准楚国无暇东顾，又蠢蠢欲动。到楚庄王十三年，按捺不住，公开反叛，扬言收回铜矿，不再受楚国管束。楚庄王接到警报，毫不迟疑，立即率兵东征。这一次虽名为"众舒"叛乱，实际上只有舒蓼一族，楚庄王鉴于舒蓼屡次叛乱，防不胜防，干脆下定决心，一举将舒蓼灭国。《左传》宣公八年记："楚为众舒叛故，伐舒蓼，灭之。楚子疆之，及滑汭。"这里，"疆之"，就是将舒蓼的土地全部占领，划定楚国东部的边界到达"滑汭"。

滑汭之地，杨伯峻注："杜注：'滑，水名。'春秋之滑水，今已不详何在。《汇纂》谓'当在今江南庐州府东境'，则当在今合肥市、庐江县之东，而在巢县、无为之间。"② 石泉主编《楚国历史文化辞典》"滑汭"条："春秋时楚东境地。《左传》宣公八年：'及滑汭，盟吴、

_____

① 陈伟：《楚"东国"地理研究》，第三章第四节"舒，巢及群舒"，武汉出版社1992年，第70—76页。

② 杨伯峻：《春秋左传注》（修订本），中华书局1990年，第696页。

越而还。' 地望不详，近人或说在今安徽巢县、无为一带。"①这就是说，楚庄王十三年楚国的东界，已经到达安徽的巢湖、无为之间。灭掉了舒蓼，表明楚国彻底控制了江淮之间的铜矿。"公元前601年——庄王十三年，群舒叛楚，楚在淮南的属县岌岌可危，有如惊涛骇浪中的数叶扁舟；楚在江南的铜矿的安全也受到威胁，如淮夷与扬越串通一气，楚就可能丧失这些铜矿。不得已，庄王倾其全力大张挞伐，攻灭舒蓼，威服舒鸠、舒庸，为群舒划定了不得擅自逾越的边界。"②

第二件事，灭州来国。

在灭舒蓼后，楚庄王审时度势，决定兵锋东指，大踏步东进，一举灭掉觊觎多年的州来国。按照何浩《楚灭国研究》所附"楚灭国及其疆域演变大事纪要"推测，州来国被灭于楚庄王四至十六年。③ 分析前后情势，以楚庄王十三年与吴越签订边界盟约时为宜。

州来④是西周古国，在今安徽凤台，濒临淮水北岸，紧邻吴国。州来国在楚庄王时夹在吴、楚两国之间，地理位置非常重要。在刚与吴、越签订边界盟约之后，楚庄王就急不可耐地灭掉州来国。《汉书·地理志》沛郡"下蔡"下注："故州来国，为楚所灭，后吴取之，至夫差迁(蔡)昭侯于此。"何浩指出，州来国被楚所灭，是楚国东扩的必然结果："自楚成王以来，至鲁成公七年，楚在淮南先后灭皖、六、蓼、舒、宗、舒蓼，奄有辽阔的东夷、群舒之地；在淮北，楚国控制了沈丘、新蔡以东的颍、沙流域，楚灭萧后更使楚境北抵泗西。州来介于这片地域之间，位于东国中心，背靠繁阳，襟带楚东，据此可以北进徐、泗，南控群舒，东御吴师。从战略位置上考虑，楚人势必在

---

① 石泉主编《楚国历史文化辞典》，武汉大学出版社1996年，第418页。
② 张正明：《楚史》，湖北教育出版社1995年，第133页。
③ 何浩：《楚灭国研究》，武汉出版社2019年，第341页。
④ 州来国，拙著《先楚史》第十章第八节"商周时期淮河流域其他族姓部族及方国"有过介绍。程涛平：《先楚史》，武汉出版社2019年，第832—834页。

成公七年之前吞并州来，只是史籍中未曾明确记载楚人何时占有该地罢了。"①

州来介于吴、楚两国之间，楚灭州来后，精心构筑防御工事，使州来国成为防御吴国侵袭的前哨阵地。

为防范吴国，楚国对州来的经营旷日持久。从楚庄王十三年即公元前601年签边界之约算起，一直到楚共王七年即公元前584年，17年过去，州来一直牢牢地为楚所控制。楚共王七年时，吴国曾经短暂地进攻州来，旋即放弃。《春秋》成公七年："吴入州来。"到公元前538年，又过了46年，楚灵王三年，《左传》昭公四年记："然丹城州来。"

楚灭州来，当然引起吴国的警觉。吴国在与楚国签订边界盟约后，视野打开，与诸侯的联系迅速建立。吴国一开始对楚灭州来并不在意，直到楚国将州来国变成楚邑，对吴国的威胁越来越大，便不再姑息，想方设法把州来夺回来。吴楚两国，为争夺州来，反复拉锯。

州来在楚平王十年（公元前519年）最终为吴夺走。"吴卓信《汉书·地理志补注》谓成七年，吴入州来，至昭四年，然丹城州来以备吴，迭属吴、楚。二十三年（楚平王十年）鸡父之战，楚师大奔，州来遂为吴所有，封季札于此，为延州来。"②

第三件事，盟吴越。

楚国灭舒蓼，拓境到滑汭，吴国和越国对此表示严重的关切，唯恐楚人得寸进尺，渡江而东，乃相继遣使来聘。庄王在离巢湖不远的地方与吴、越的使者会盟，而后班师。这次吴、越的使者与庄王会盟，揭开吴、越两国登上诸侯竞逐舞台的序幕。

吴国历史悠久。从目前研究来看，吴国族属问题很复杂，有荆蛮

---

① 何浩：《楚灭国研究》，武汉出版社2019年，第118页。

② 杨伯峻：《春秋左传注》（修订本），中华书局1990年，第832页。

族、古越族、周部族以及"夷人"说等。但主流意见是吴人为周王室之后裔。①

吴国历史的起源,《史记·吴太伯世家》中有明确的记载:"吴太伯,太伯弟仲雍,皆周太王之子,而王季历之兄也。季历贤,而有圣子昌,太王欲立季历以及昌,于是太伯、仲雍二人乃奔荆蛮,文身断发,示不可用,以避季历。季历果立,是为王季,而昌为文王。太伯之奔荆蛮,自号句吴。荆蛮义之,从而归之千余家,立为吴太伯。"从这段记载中可以明确地看出,吴国公室是周王室在南方的一个分支。

屈原《天问》云:"吴获迄古,南岳是止。孰期去斯,得两男子?"隐寓吴国于商朝武乙时代创立的史实,太伯、仲雍遵古公亶父之命来到南岳衡山地区联络苗蛮集团,实施"翦商"计划,遭到商王武乙的讨伐,率荆蛮千家沿江千里大迁徙到长江下游吴地(今江苏无锡)建国。吴地为大禹之后古越族繁衍之地,太伯、仲雍为站稳脚跟,向商王武乙上表称臣。这段罕为人知的历史隐含在《商颂》之中。

《商颂·殷武》第三、四、五章,据王力《诗经韵读》,重新划分韵段如下:

> 天命多辟,设都于禹之绩,岁事来辟,勿予祸适,稼穑匪解(锡支通韵)。天命降监,下民有严。不僭不滥,不敢怠遑(谈阳合韵)。命于下国,封建厥福。商邑翼翼,四方之极(职部合韵)。②

此段乃为当时商王武乙对战败逃到长江下游吴地的太伯、仲雍率领的"荆之旅"的谕告之辞。"设都于禹之绩"之"绩"与"迹"通假。"禹迹"范围广大,《尚书·立政》"以涉禹之迹",《左传》襄公四年记魏

---

① 吴恩培主编《吴文化概论》,东南大学出版社 2006 年,第 41 页。
② 王力:《诗经韵读 楚辞韵读》,中国人民大学出版社 2012 年,第 387 页。

绛引《虞人之箴》:"芒芒禹迹,画为九州,经启九道。""禹迹"成了泛称,举凡天下九州之地,无不属于"禹迹"。但具体到《殷武》"设都于禹之绩",则非泛称而专指古越之地。张树国认为:荆蛮战败后,在太伯、仲雍率领下从《禹贡》"荆州"之域浮江东迁,在古越之地即《禹贡》所谓"扬州"吴地(今江苏无锡)设都,并臣服于商朝。据《殷武》篇可知,太伯、仲雍是在率领荆蛮集团反抗商朝失败以后,率荆蛮千余家沿江千里大迁徙来到吴地建国。同时出于自保,臣服商朝,争取到商王武乙的宽大处理,而被封在东吴之地,此即《殷武》"命于下国,封建厥福。商邑翼翼,四方之极"诗意所在。[1]

徐中舒《殷周之际史迹之检讨》曾论及太王"翦商"与太伯、仲雍之君吴,认为吴地与周人所居之岐山相去遥远,太伯、仲雍何缘而至?尤其是吴地土著文身断发,与周部族言语文化习惯无一相同。因此徐先生推测说,"疑大伯、仲雍之在吴,即周人经营南土之始,亦即大王翦商之开端。《史记》谓大伯、仲雍逃之荆蛮者,或二人所至即江汉流域,其后或因楚之强盛,再由江汉而东徙于吴",认为大伯、仲雍二人带了周人之"远戍军"以经营南土。[2]

面对崇尚武勇的商王武乙的政治军事压力,在岐山之下稳住了阵脚的古公亶父,可能意识到了未来的危险,派太伯、仲雍来到南岳衡山地区,联络在夏商王朝以来备受打压的荆蛮集团,"实始翦商",来对抗商王武乙的军事压迫。《左传》襄公四年记韩献子之语"文王帅殷之叛国以事纣,唯知时也",可见这种兼弱攻昧之道是周部族长远的战略决策。

吴国为周王室后裔,得到考古成果证实。1955年淮南寿县出土了"吴王光鉴",上面的铭文说明了吴国君主确是姬姓:

① 张树国:《出土文献与上古历史文学研究——以楚史及屈赋为中心》,人民出版社2018年,第296—322页。
② 徐中舒:《徐中舒论先秦史》,上海科学技术文献出版社2008年,第224—228页。

唯王五月，既字白期，吉日初庚。吴王光择其吉金，玄铣白铣，台（以）作叔姬寺吁宗彝荐鉴。用享用孝，眉寿无疆。往巳（矣）叔姬，虔敬乃后，子孙勿忘。①

进入春秋，吴国历代国君，经过周章、熊遂、柯相、强鸠夷、余桥疑吾、柯庐、周繇、屈羽、夷吾、禽处、转、颇高、句卑、去齐、寿梦。②吴国在第十一世吴国国君周鹞时开始称王。周鹞以后，又陆续传递了七世吴王，这才将权柄传到十九世吴王寿梦手里。楚庄王与吴、越两国签订边界盟约时，吴国大约在寿梦之父去齐在位时期。

吴国国都的居地，早期载籍或缺乏记述，或言之不详。据《史记正义》及《世本·居篇》宋忠注说，从吴太伯起先后所居之都有梅里、余暨与苏州等地。③春秋初期，吴灭掉干国④，取邗（干）国而建都于邗（今江苏扬州）。吴王诸樊时期，吴国都城从邗城南迁至无锡西南四十五里的间江乡一带。吴王阖闾时迁都至姑苏（今江苏苏州），直至吴国灭亡。⑤从西周初年周章受封至春秋晚期吴王阖庐的漫长时间内，随着吴国国力的增强，吴国的势力从北到南，从长江中游鄱阳湖地区渐次东移，春秋中期楚庄王时吴国的都城尚在今江苏扬州一带。这样，

---

① 中国社会科学院考古研究所编：《殷周金文集成》（修订增补本），中华书局 2007 年，第 10298、10299 号。

② 马骕：《绎史·吴世系》，中华书局 2002 年，第 42 页。

③ 《史记正义》："吴太伯居梅里，在常州无锡县东南六十里，至十九世孙寿梦居之，号句吴。春梦卒，诸樊南徙吴，至二十一代孙光，使子胥筑阖庐城，都之。今苏州也。"《世本·居篇》："吴孰哉居蕃离，孰姑徙句吴。"宋忠注："孰哉，仲雍字。蕃离，今吴之余暨也。"

④ 拙著《先楚史》第十章第十节"西周时期长江中下游部族与古国"中介绍了干国，指出干国后被吴灭。郭沫若认为吴灭干，"大抵原来的邗国之灭可能在春秋以前，至迟亦当在春秋初年"。何光岳认为：塞叔因干国亡后才到秦国任上大夫，这时正是秦穆公五年（前 655 年），时当楚成王十七年，早于楚庄王。见程涛平：《先楚史》，武汉出版社 2019 年，第 872 页。

⑤ 王晖：《西周春秋吴都迁徙考》，《历史研究》2000 年第 5 期。

楚庄王与吴国在今安徽巢湖、无为一带的滑汭签订边界盟约是可能的。
（见图6-5：吴楚最初疆界图）

张志鹏考证，到吴王寿梦即位之前，吴国的疆域北邻郯国（今山东临沂、临沭、郯城一带）一线[1]；西部与钟吾国（今江苏宿迁、新沂一带）[2]、徐国（故城在今洪泽湖西北岸、江苏泗洪东南的半城镇一带）、钟离国（今安徽凤阳、蚌埠一带，今凤阳有钟离故城遗址）、州来（今安徽凤台、寿县一带）以及淮南群舒之地相邻；向南，在黄山、天目山、太湖一线与越国相邻。[3]

於越，也称于越、大越、内越，是百越的一支。最早的首领叫无余，《吴越春秋·越王无余外传》说："无余始受封，人民山居，虽有鸟田之利，租贡才给宗庙祭祀之费。乃复随陵陆而耕种，或逐禽鹿而给食。无余质朴，不设宫室之饰，从民所居。"经过若干年代后，才"稍有君臣之义"。传至允常时逐渐强大，开始称王，并与句吴交兵。[4]

楚庄王与吴、越两国签订边界盟约时，越国大约在无壬或无曎（或作瞫）时期。《史记·越王句践世家》："越王句践，其先禹之苗裔，而夏后帝少康之庶子也，封于会稽，以奉守禹之祀。文身断发，披草莱而邑焉。后二十余世，至于允常。允常之时，与吴王阖庐战而相怨伐。允常卒，子句践立，是为越王。"《史记》对允常以前世系不清，缺漏甚多，只说"后二十余世，至于允常"，对允常以前世系一无所知，甚至连越国始祖的名号也没有。

关于越国早期的历史，陈梦家曾说："上古之越，其族散居于江浙闽粤，而最初当在苏境，渐次而南。""余考春秋时吴地，皆越之故

① 《春秋》成公七年："吴伐郯。"《左传》成公七年："七年春，吴伐郯，郯成。"吴北伐郯，说明寿梦之前吴国的北部边境已经抵达郯国一带。
② 《左传》昭公二十七年："吴公子掩余奔徐，公子烛庸奔钟吾。"鲁昭公二十七年，为吴王僚十二年，公元前515年。徐、钟吾都是吴的邻国。
③ 张志鹏：《吴越史新探》，河南大学博士学位论文，2012年，第82页。
④ 辛土成：《於越名称居地和越国疆域变迁考》，《浙江学刊》1992年第4期。

土也。"①种种迹象表明，从西周中期到春秋中期，越国疆域是以太湖为中心的周边广大地区，即《吴越春秋》里吴王夫差所说的"夫越本兴国千里"。但随着吴国不断壮大，太湖北部地区的越国疆土逐渐被吴国蚕食，大概到春秋中期楚庄王十三年"盟吴越"时，直至越王允常以前的春秋末期，吴、越两国已经形成了大致以太湖为分界的格局。②

到越王勾践时，越国的历史有关文献可作弥补。《越绝书·记地传》："越王夫镡以上至无余，久远，世不可纪也。夫镡子允常。允常子句践，大霸称王。"提出越国的始祖是无余，"千有余岁而至句践"，在追述勾践先世时，较之《史记》，在允常以前追溯了一世夫镡。《吴越春秋·越王无余外传》："有人……以承越君之后，复夏王之祭……号曰无壬。壬生无曎，曎专心守国，不失上天之命。无曎卒，或为夫谭。夫谭生元常。常立，当吴王寿梦、诸樊、阖闾之时，越之兴霸自元常矣。"《吴越春秋》在夫谭(《越绝书》为夫镡)之前又追溯了无曎、无壬两世。孟文镛总结：综观《史记》《越绝书》《吴越春秋》三书，越王允常先祖世系如下：无余—(缺漏)—无壬—无曎—夫谭(夫镡)—允常(元常，金文作"得居")。③ 越王允常大约与楚昭王同时，楚庄王十三年盟吴、越时，越国大约在无壬或无曎时期。此后一直到越王允常时，越国边界一直较为稳定。据孟文镛考证："越王允常时越国的疆域，已拥有浙江全境，北到江苏昆山、上海嘉定一线长江以南地区，与吴接壤，西至江西余干，与楚相连。"④

吴王阖庐在迁都太湖东北并牢固控制了太湖北部地区之后，继续向太湖南部地区紧逼，于是出现了《史记》所记"允常之时，与吴王阖庐战而相怨伐"的局面。北部面临强吴的进逼，越王允常只好向南开拓疆土。

---

① 陈梦家：《禺邗王壶考释》，《燕京学报》1937 年第 21 期。
② 张志鹏：《吴越史新探》，河南大学博士学位论文，2012 年，第 180 页。
③ 孟文镛：《越国史稿》，中国社会科学出版社 2010 年，第 200 页。
④ 孟文镛：《越国史稿》，中国社会科学出版社 2010 年，第 205 页。

越国在钱塘江南岸的经营大概是允常称王后开始的。最明显的一个事例是允常称王后，在浦阳江边建筑句无城。欧阳忞《舆地广记》考释道："望诸暨本曰句无，越王允常之故邑，《国语》所谓'南至句无'是也。"邹身城认为：允常为南进而建句无，正如同时期吴王阖闾为东进而自梅里迁都姑苏一样。句无是越王允常时最南的城邑，也就成了他准备积极经营宁绍平原，开拓金衢盆地的指挥部。允常迁居于此是有战略眼光的。[①]

楚庄王为何与吴、越一起签订盟约？这是因为，吴国和越国在历史渊源、地理分布、文化传统等方面有许多共同性。《越绝书·纪策考》说："吴越为邻，同俗并土。西州大江，东绝大海，两邦同城，相亚门户。"《越绝书·记范伯》又说："吴、越二邦，同气共俗。地户之位，非吴则越。"《吴越春秋·夫差内传》也说："吴与越同音共律，上合星宿，下共一理。"《吕氏春秋·知化》则说："夫吴之与越也，接土邻境，壤交通属，习俗同，言语通。"汉代扬雄编纂《方言》，把吴、越作为一个方言区。可知吴、越习俗相同、言语相通，甚至于同音共律。两国的经济生活也十分相似，都是从事以种植稻谷的农业为主，手工业方面又都擅长冶铸业，均以铸剑名闻天下，如《庄子·刻意》所说："夫有干(吴)越之剑者，柙而藏之，不敢用也，宝之至也。"所以，有的学者更直接说句吴和于越是一族两国。[②] 就是这样两个有着共同的地域、共同的语言、共同的习俗、共同的经济生活的国家，在公元前6世纪中叶以前，两国之间，相安无事。故两国一起与楚庄王签订边界盟约。

由此，越国与吴国一起，作为近邻，于春秋中期携手与楚庄王签订边界盟约，顺理成章。

---

① 邹身城：《越国都邑、疆域考释》，《杭州师范学院学报》(社会科学版) 1990 年第 4 期。

② 邹逸麟：《谭其骧论地名学》，《地名知识》1982 年第 2 期。

第十三节　众楚臣争夺夏姬，徙陈国人口设夏州（庄王十五、十六年）

楚庄王在灭掉舒蓼和州来后，边境线向东方大为推进，目光又回到北方。楚国与晋国争霸，争夺属国是其重要内容。在晋、楚争夺的属国中，主要是位于两国中间地带的郑国、陈国、宋国。当时，楚、晋争夺郑国，已陷于旷日持久的拉锯战，楚国尚无暇顾及陈国，虽然楚庄王一直想对北方的陈国动手，苦于没有机会。在楚庄王十三年与吴越缔结边界之盟后不久，《左传》宣公八年记："陈及晋平，楚师伐陈，取成而还。"陈国倒向晋国，楚庄王为此讨伐过陈国。陈国很聪明，学郑国两头讨好，赶快向楚国低头求和，楚国没有理由再纠缠，只得收兵回国，心里知道陈国君臣不服，也无可奈何。不过，陈国看到楚国的势力越来越大，不敢得罪，开始尽力讨好。楚伐陈"取成"三年后，楚庄王十六年，《春秋》宣公十一年记："夏，楚子、陈侯①、郑伯盟于辰陵。"《左传》宣公十一年亦记："十一年……夏，楚盟于辰陵，陈、郑服也。"杜注："辰陵，陈地。"杨伯峻注："据清《一统志》，在今河南省淮阳县西六十里。"②

到楚庄王十五年夏，陈国发生夏徵舒之乱，楚国彻底征服陈国的机会终于来了。

夏徵舒之乱的起因是陈灵公的荒淫无道。《左传》宣公九年："陈灵公与孔宁、仪行父通于夏姬，皆衷其衵服，以戏于朝。洩治谏曰：'公卿宣淫，民无效焉，且闻不令。君其纳之！'"陈灵公与夏姬私通，

---

① 杨伯峻注："此陈侯若谓是陈成公，则此时在晋，尚未为侯，且不得离晋而与楚盟。疑是夏徵舒，则楚夏与之盟，而冬又讨杀之，故《读本》云'知讨乱非其本志'。"杨伯峻：《春秋左传注》（修订本），中华书局1990年，第710页。

② 杨伯峻：《春秋左传注》（修订本），中华书局1990年，第710页。

甚至与属下不知廉耻地穿上夏姬的贴身衣物在朝堂嬉戏。大臣洩治劝谏他为百姓做个表率，给自己留个好名声。但陈灵公和晋灵公一样，不愿听从劝谏，甚至嫉害敢于直言的忠臣。他表面上假意接受，表示愿意改过，说"吾能改矣"，实际上随后便告诉了自己的两个狐朋狗友，即陈国的卿大夫孔宁和仪行父，二人立刻请求杀洩治，陈灵公无动于衷，没有禁止，于是二人便杀掉了洩治。对此，孔子后来感慨道："《诗》云：'民之多辟，无自立辟。'其洩治之谓乎。"百姓多行邪恶，就不要再去自立法度而危及自身了。

陈灵公从此无所顾忌，依然我行我素，甚至变本加厉，最终自食恶果。《左传》宣公十年："陈灵公与孔宁、仪行父饮酒于夏氏。公谓行父曰：'徵舒似女。'对曰：'亦似君。'徵舒病之。公出，自其厩射而杀之。二子奔楚。"陈灵公三人不仅公然在夏家幽会，而且还拿夏徵舒来开玩笑，他们的肆意侮辱让夏徵舒最终忍无可忍，于是便趁陈灵公准备回去的时候在马厩中射死了陈灵公，随后自立为陈侯。陈国太子逃亡晋国避难，而两个灵公"好友"则逃亡楚国。

惜墨如金的清华简《系年》在十五章详细地介绍了楚庄王乘陈国内乱占领陈国的经过：

> 楚臧（庄）王立，吴人服于楚。陈公子謹（徵）郤（舒）取妻于奠（郑）穆公，是少盉。臧（庄）王立十又五年，陈公子謹（徵）余（舒）杀亓（其）君霝（灵）公，臧（庄）王衔（率）臼（师）回（围）陈。王命繡（申）公屈晉（巫）迌（之）秦求臼（师），昃（得）臼（师）以垫（来）。王内（入）陈，杀謹（徵）余（舒），取亓（其）室以夋（予）繡（申）公。连尹襄老与之争，敓（夺）之少盉。连尹散（止）于河澭，亓（其）子墨（黑）要也或（又）室少盉。①

---

① 李松儒：《清华简〈系年〉集释》，中西书局 2015 年，第 214 页。

《系年》介绍，楚庄王与吴国签订边界之约，被视之为"吴人服于楚"，陈国的公子徵舒娶了郑国的少𡢃为妻。到了楚庄王十五年，突然传来消息，陈国的公子徵舒杀了国君陈灵公。这可是弑君之罪，楚庄王正愁找不着干涉陈国的理由，得到这一消息，率兵讨伐陈国，把陈国的都城团团围住。为确保胜利，楚王特意派出申公屈巫到秦国求兵，屈巫请到了秦军，楚秦联军一起攻入陈都，杀掉了夏徵舒。平定陈国内乱后，楚庄王论功行赏，按照规矩处理战俘，庄王认为申公屈巫请秦师有功，便把公子徵舒的妻子少𡢃赏赐给了屈巫。没有想到楚国的大臣连尹襄老看中了少𡢃美丽异常，在庄王面前强争硬要，强行将少𡢃抢走。屈巫眼睁睁地看到心爱的人被抢走，敢怒不敢言。第二年爆发晋楚邲地之战，连尹襄老在河滩之地被俘而死，其子黑要按照楚国"烝"即子接父妾的习俗，占有了少𡢃。这为挚爱夏姬的屈巫以后与楚国结怨，继而通过帮助吴国向楚国报仇埋下了伏笔。

楚国群臣争夺女俘少𡢃即夏姬，引发春秋史上很多故事，耐人寻味。杨博认为：《左传》《史记》的记载均明确提到陈灵公与其大夫孔宁、仪行父之间以"徵舒似汝"相戏，徵舒是夏姬之子的事实更为合理，否则陈灵公的玩笑就显得无的放矢。另外，《左传》昭公二十八年还记晋叔向欲娶巫臣与夏姬女遭到其母反对事："其母曰：'子灵之妻杀三夫、一君、一子，而亡一国、两卿矣，可无惩乎？'"此处的"一子"无疑就是指夏徵舒。叔向及其母皆与巫臣、夏姬时代相近，所说可信度较高，所以母子说较于夫妻说而言理据更为合理充分。[1] 而《系年》否定了传统的说法。《系年》的整理者指出："少𡢃，即《左传》《国语》等的夏姬。"[2] 疑少𡢃与其母少妃姚子同姓，为"少"姓。先秦女子多从母姓，故疑少𡢃之姓名与其母之姓名少妃姚子有关。少𡢃的

① 杨博：《战国楚竹书史学价值探研》，上海古籍出版社 2019 年，第 291 页。
② 李松儒：《清华简〈系年〉集释》，中西书局 2015 年，第 213 页。

"少"也可能是"小"的意思。《左传》中有"少卫姬""少姜"等名字，所表示的"少"也是指其在家族的兄弟姐妹中年龄较小，史载夏姬是"郑穆少妃姚子之子"，应该是夏姬的名字。另外，清华简《系年》证实夏姬并非是夏徵舒之母，而是夏徵舒之妻。无论是《左传》宣公十年的"徵舒似女"，还是《左传》成公二年的"夭子蛮，杀御叔，弑灵侯，戮夏南，出孔、仪，丧陈国"，还是《左传》昭公二十八年的"杀三夫、一君、一子，而亡一国、两卿"，都并不能必然性地得出"夏姬为御叔之妻"的结论，但将三段内容合观，则很容易产生这样的误解。《国语》则明确记述为："昔陈公子夏为御叔娶于郑穆公，生子南。子南之母乱陈而亡之，使子南戮于诸侯。庄王既以夏氏之室赐申公巫臣，则又畀之子反，卒于襄老。"李松儒认为："从这个角度上说，也可以看出，相对于《左传》而言，《国语》的若干记载大都有着更多的衍生成分，而往往去史实更远。"①

进一步分析，郑穆公生于公元前 649 年，他在位的时间是公元前 627 年至公元前 606 年。作为郑穆公的小女儿，夏姬的年龄显然不会太大，公元前 599 年，夏徵舒不仅能射杀陈灵公，而且还能篡取陈国的君位，自立为君，说明夏徵舒已是一个孔武有力的年轻人，年纪要比夏姬更大一些。夏徵舒作为夏姬的丈夫，身份显然非常合适。如果陈灵公被杀时，夏姬只不过是一个二十岁左右的少妇，那么后来历史的发展就非常合理。传统文献对夏姬多持贬斥态度，《左传》成公二年载屈巫劝楚庄王不要自纳夏姬，说夏姬"是不祥之人也。夭子蛮，杀御叔，弑灵侯，戮夏南，出孔、仪，丧陈国，何不祥如是?"。若干年后，《左传》昭公二十八年记巫臣与夏姬在晋国定居多年之后，晋大臣叔向欲娶巫臣与夏姬之女，遭到其母反对，其母曰："子灵之妻杀三夫、一君、一子，而亡一国、两卿矣，可无惩乎?"这些都是"红颜祸水"的观点所致。

---

① 李松儒：《清华简〈系年〉集释》，中西书局 2015 年，第 214 页。

夏姬作为夏徵舒的妻子，仅仅是容貌姣好，国破家亡之际，沦为女俘，先后被数名男人追逐占有，无从反抗，何罪之有？"相对于《左传》，《系年》此章叙事情节的减省与夏姬经历的改变也为我们带来对夏姬形象的重新认识。在她身上，并不存在同时委身于两个男性的情况。每一个新男性的出现，夏姬都是被动接受，而没有选择甚至拒绝的余地。她不再是淫艳的妇人，而是颇具悲剧色彩的不幸女性，因为她的命运始终没有掌握在自己手中，而是如飘萍一般，任人取夺。陈国的内乱中，看不到她的责任；楚国权臣之间的争夺以及由此而产生的一系列后果，也与她的行性无关。"①侯文学、李明丽的评论，非常公正。

楚庄王乘陈国政变出兵，杀掉了政变者，应该说履行了霸主的义务，可以打道回府了。不想楚庄王得寸进尺，占领了陈国后，不再立陈国国君，而是让陈国绝嗣，将陈灭国。《左传》宣公十一年：

> 冬，楚子为陈夏氏乱故，伐陈。谓陈人无动，将讨于少西氏。遂入陈，杀夏徵舒，辕诸栗门。因县陈。陈侯在晋。申叔时使于齐，反，复命而退。王使让之，曰："夏徵舒为不道，弑其君，寡人以诸侯讨而戮之，诸侯、县公皆庆寡人，女独不庆寡人，何故？"对曰："犹可辞乎？"王曰："可哉！"曰："夏徵舒弑其君，其罪大矣；讨而戮之，君之义也。抑人亦有言曰：'牵牛以蹊人之田，而夺之牛。'牵牛以蹊者，信有罪矣；而夺之牛，罚已重矣。诸侯之从也，曰讨有罪也。今县陈，贪其富也。以讨召诸侯，而以贪归之，无乃不可乎？"王曰："善哉！吾未之闻也。反之，可乎？"对曰："吾侪小人所谓取诸其怀而与之也。"乃复封陈，乡取一人焉以归，谓之夏州。故书曰："楚子入陈，纳公孙宁、仪行父于陈。"

---

① 侯文学、李明丽：《清华简〈系年〉与〈左传〉叙事比较研究》，中西书局 2015 年，第178 页。

书有礼也。

楚庄王灭陈为县后，百官皆贺，唯楚大夫申叔时出使齐国回来后复命而退，不贺。楚庄王使人责问其故，申叔时以"蹊田夺牛"的故事告诫楚庄王，行义讨伐乱国之臣，诸侯是欢迎的，如因此而贪其地、灭其国，则又会失去诸侯的。楚庄王听后立时清醒过来，高兴地说："善哉！吾未之闻也。"仍恢复了陈国，迎陈灵公子午为国君，是为陈成公。孙宁、仪行父也被送回陈国。

楚庄王灭陈后又复陈一事，当时影响很大，受到普遍称赞。如《淮南子·人间训》载："诸侯闻之，皆朝于楚。"

为显耀武功，楚庄王从陈国乡取一人，集居一起，谓之夏州。夏州在今武汉市汉阳区。杨伯峻指出："刘文淇《疏证》云：'楚盖俘陈之民，乡各一人，于楚地别立夏州，以旌武功也。'江永《考实》云：'夏州盖在北岸江、汉合流之间，其后汉水遂有夏名。'据《清一统志》，夏州盖在今湖北省武汉市之汉阳北。"①

楚庄王在长江与汉水的汇流处设立夏州，是有着战略考量的。文王以前楚王建都迁徙，基本格局都是顺流而下，在汉水两岸建立都邑。楚文王时，由于免郢被淹，先后徙都湫郢（今钟祥长寿古城）、樊郢（襄阳楚王城），后定都"为郢"（宜城楚皇城）。楚成王锐意北上，靠前指挥，一度徙都于位于河南南阳的"睽郢"，随后由于城濮战败，往南收缩，楚穆王回到"为郢"。到楚庄王继位，平定若敖氏之乱后，经过"鄢郢"（今湖北宜城西南）回到为郢。鄢郢在汉水南岸，如果走陆路，是为郢到雎漳河及长江流域的必经要道。如果走水路，从为郢出发，顺流便可很方便地到达长江汉水交汇之地，进入长江。春秋时汉水呈扇形多处入江，其中一条主航道通过今武汉市入江。长江汉水交汇之地是绝佳的交通枢纽，通过这个枢纽，便可进入长江，溯江往西，

---

① 杨伯峻：《春秋左传注》（修订本），中华书局1990年，第715页。

可到达西境夒地。楚庄王占领陈国之后，听从贤臣申叔时的劝告，虽答应暂时不灭陈国，但仍采取折中的办法，掠夺陈国人口。楚庄王觉得两江交汇之地，应该新建一个都邑，作为楚国南来北往的接应之地。鉴于楚国人口不足，楚庄王干脆将陈国的一个"乡"的人口居民迁徙定居于此地，形成新的都邑"夏州"。

《左传》宣公十一年记楚"乡取一人焉以归，谓之夏州"，应读为"乡取一之人以归"，原文在传抄过程中掉了一个"之"字，是指楚国在陈国抽取一个"乡"的人口到夏州定居，成为楚国的居民。[①] 陈国一个乡具体有多少人，难以确知，但陈国和齐国，俱为中原之国，可以从齐国的"乡"推知。春秋时各诸侯国可能均有"乡"，这从齐国的有关记载可以得知。据《国语·齐语》："管子于是制国：五家为轨，轨为之长；十轨为里，里有司；四里为连，连为之长；十连为乡，乡有良人焉。"对于一个乡所掌管的人口，《国语·齐语》还记："以为军令：五家为轨，故五人为伍，轨长帅之；十轨为里，故五十人为小戎，里有司帅之；四里为连，故二百人为卒，连长帅之；十连为乡，故二千人为旅，乡良人帅之；五乡一帅，故万人为一军，五乡之帅帅之。"这样，可以推测楚庄王从陈国抽取一个乡大约有 2000 人口组成"夏州"，系成建制地整体迁徙。

楚庄王十六年建立夏州，记载见于《左传》宣公十一年，时为公

---

① 罗运环亦曾对此提出疑问，他认为"一人"当是"4人"之误："乡取一人焉以归，谓之夏州。"其中"一人"二字显然有误。自古以来竟无人提出异议，实在是一大疏忽。按《周礼·地官·大司徒》，西周时天子的国都及四郊也只有六乡。《尚书·费誓》说"鲁人三郊三遂"，三郊三遂就是三乡三遂，鲁亦只三乡。春秋齐桓公时，管仲在齐施行"叁(三)其国而伍(五)其鄙"的改革措施，也只分国(乡区)为二十一乡。陈系小国，即使改革，也不会多到二十一乡。即使有二十一乡，按《周礼》乡制计算，一州为二千五百家，乡取一人岂能成州？要之，"一人"当是"千人"之误。古文千字从人，其下之右加合文符号则为千人。而作"一人"者，可能西汉末年人将古文隶定为"今文"时所误。见罗运环：《楚国八百年》，武汉大学出版社 1992 年，第 185 页。

444

元前598年，这应该是武汉市城区形成的最早文献记载，距今有长达2600余年的历史。这条记载表明，武汉市城区的发展最早是从汉阳开始，武汉市的第一批居民是从陈国的国都，今河南淮阳一带迁徙过来的陈国人口。

夏州到战国时期已经相当繁荣，是楚威王时期楚国的重镇。《史记·苏秦张仪列传》苏秦说楚威王曰："（楚）东有夏州。"《集解》："车胤撰《桓温集》云：'夏口城上数里有洲，名夏州。'"

1957年安徽寿县邱家花园出土的鄂君启错金铜舟节，是楚怀王颁发给他的亲属贵族鄂君启运输货物特殊的免税通行证。舟节规定行驶路线和水域，自湖北鄂城出发，西过今天的梁子等湖，溯汉水而上；继又逾汉，南逾夏，入沅（涢水）；再过江，东至赣、皖的彭蠡、松易（今棕阳）等地；又溯江而上，入湘水、耒水和资、沅、澧、油诸水，上江经木关到达郢都。[①] 鄂君启节舟节规定的由汉水进入长江或者由长江进入汉水的航行路线，多经过夏州。由此，夏州在战国时期的繁荣是毋庸置疑的。

第十四节　邲地之战大胜晋国（庄王十七年）

楚庄王十七年春，楚国的大军包围了郑都，持续攻城。《左传》宣公十二年记，先是经过"旬有七日"的短兵相接，郑国寄希望晋国会救，犹拼死抵抗，谁知晋救杳无音讯，继而又经过漫长的时间，直到三个月后，郑国实在抵挡不住，绝望中，郑襄公"肉袒牵羊以逆"，彻底投降楚国。郑投降后，直到"夏六月，晋师救郑"。"当郑与楚媾和的消息传来时，晋军才抵达今河南省黄河北岸的温县地区，陷入了战略上的被动。"[②]晋国姗姗来迟，却又不愿退兵。这样，为争夺郑国，

---

① 高至喜主编《楚文物图典》，湖北教育出版社2000年，第205页。
② 黄朴民：《春秋军事史》，军事科学出版社1998年，第234页。

晋、楚两个大国便在郑国的北境邲地直接相撞，展开了春秋时期继城濮大战后惊心动魄的第二场大战。

上博简《郑子家丧》记载邲之战的另一起因，是由于郑国大夫子家（即公子归生）死亡，见于《左传》宣公十年。子家六年前曾犯下弑君之罪，见《左传》宣公四年"夏六月乙酉，郑公子归生弑其君夷"，《左传》宣公十年："郑子家卒，郑人讨幽公之乱，斫子家之棺而逐其族。"杜注："以四年弑君故也。斫薄子家之棺，不使从卿礼。"

上博简《郑子家丧》简6、7：

> 师未还，晋人涉，将救郑。王将还，大夫皆进曰："君王之起此师，以子家之古（故），含（今）晋人将救子家，君王必进师以迈之。"王焉还军以迈之，与之战于两棠，大败晋师焉。[1]

《广韵·蒸韵》："迈，往也。"迈"有"迎击"之意。《上博简（九）·陈公治兵》简4："战于深漳之浍，师绝。或（又）与晋人战于两棠，师不绝。"[2]当指楚庄王与晋师邲之战。《吕氏春秋·至忠》："荆兴师，战于两棠，大胜晋。"孙人和《左宦漫录》考证，两棠就是邲。[3] 李天虹认为，上博简《郑子家丧》可能是在楚国流传的有关晋、楚两棠之战的一个版本。[4]

邲之战前，楚庄王采取一系列"抚民"措施，确保楚国国内稳定，经济繁荣。《左传》宣公十二年记：楚国"举不失德，赏不失劳；老有

---

① 马承源主编《上海博物馆藏战国楚竹书（七）·郑子家丧》，上海古籍出版社 2008 年，第 38、39 页。

② 《上海博物馆藏战国楚竹书（九）·陈公治兵》，上海古籍出版社 2008 年，第 42 页。

③ 孙人和：《左宦漫录》，《文史》第二辑，中华书局 1963 年，第 43—50 页。

④ 李天虹：《竹书〈郑子家丧〉所涉历史事件综析》，载《出土文献》第一辑，中西书局 2010 年，185—193 页。

加惠，旅有施舍”。所谓“旅有施舍”正是指抚民性的赏赐。“旅”即旅客。“施舍”在古代文献中有两个含义，一是免除徭役，二是赏赐。杨伯峻注："盖古声舍、予相近，施舍之言赐予也。"①《左传》中的“施舍”都指赐予，楚庄王所采取的“旅有施舍”是对羁旅之人“有所赐予使不乏困”。

《中国历代战争史》指出，邲地之战的战场地形，为衡雍、邲、管诸地区。衡雍在今河南省原阳县西。邲在衡雍之西南黄河南岸，南临敖、鄗二山，北背黄河。管原为管叔封地，周公诛管叔，即撤消其封地，后改封为祭国，及周平王东迁后为郑所灭。其地居嵩山之东北，北临荥泽；荥泽当时在管之西北，为荒野丛林沼泽之地。又其东南为郑之原圃，其位置在今河南省中牟县西部。当时秦戍卒之守管，其用意即以阻拒晋军之南下，故管为当时郑北之要地，为晋楚两国所必争。此次晋、楚两军，似是隔荥泽荒野对峙而阵。因晋楚此战，为争夺对郑之控制权，故于此地展开战斗也。此时之黄河位置。当周定王五年时，黄河经今滑县大名之西而东北流，后改道经滑县大名东方，北至沧县东北入海。②

邲地大战，双方开始的态度都十分勉强。郑已降楚，晋救过迟，晋再攻楚，师出无名。故《左传》宣公十二年记晋军主帅荀林父“及河，闻郑既及楚平，桓子(荀林父)欲还”。晋下军军佐栾书坦白承认："先大夫子犯有言曰：‘师直为壮，曲为老。’我则不德，而徼怨于楚。我曲楚直，不可谓老。"而楚国这一边，降服郑国后，目的达到，楚庄王临时驻军于郔(今郑州北)③，“将欲饮马于河而归，闻晋师既济，王

①　杨伯峻：《春秋左传注》(修订本)，中华书局1990年，第724页。
②　台湾三军大学：《中国历代战争史》第1册，中信出版社2012年，第204页。
③　《左传》宣公三年："晋侯伐郑，及郔。"杜注："郔，郑地。"按宣公十二年邲之战前，楚军进军至郔，知晋军至，楚王回军，不欲与晋军为敌。后经伍参劝谏，回师北上，继续与晋军对峙。则知郔地当与邲地相隔不远。今定其于郑州市中原区西北。见黄鸣：《春秋列国地理图志》，文物出版社2017年，第140页。

欲还"，准备收兵，打道回府。

僵局的打破在于晋军内部发生严重争执，骄兵悍将不听指挥，擅自行动。在决定下一步军事行动方案之时，晋军内部发生了尖锐的分歧和激烈的争吵。荀林父认为郑既已降楚，晋军再去救郑就失去了意义，所以主张暂时不渡黄河，勒兵观察，待楚军南撤后再进兵，逼郑附己。上军主帅士会赞同荀林父的意见，强调兵只可待机而动，楚军当时正处于有理、有利、有节的优势地位，现在同它作战对晋不利，主张另待时机，再树霸权。他们的意见无疑是正确的，但是却遭到中军副将先縠的坚决反对。先縠认为晋之所以称霸中原，是因为军队勇武，臣下尽力。如今失掉郑国，称不得"力"；面临敌人而不战，称不得"武"，若是在我们这些人手上失掉霸主地位，还不如去死。在这种好战心理的驱使下，先縠不顾荀林父的军令，擅自率其部属渡河南进。他的这种行为严重干扰了晋军统帅荀林父的有效指挥。先縠擅自渡河的事件发生后，晋下军大夫荀首即认为这么做必败无疑。这时司马韩厥就向荀林父建议道：先縠以偏师攻敌，势必招致危险，您身为元帅，对此是负有罪责的。还不如命令全军渡河前进，这样，即使是打了败仗，责任也是由大家共同承担。荀林父犹豫不决，最后被迫下令全军南渡黄河。晋军渡河后进至邲地（今河南荥阳东北），自西至东依上中下三军顺序，排列驻扎，前临敖、鄗二山，后背黄河，与楚军隔荥泽原野对阵。

楚军闻知晋军渡河，内部也出现了战与不战的分歧。令尹孙叔敖主张见好就收，及时撤兵，不与晋军作正面冲突。楚宠臣伍参则认为晋军内部将帅不和，士气低落，可战而胜之，《左传》宣公十二年记："伍参言于王曰：'晋之从政者新，未能行令。其佐先縠刚愎不仁，未肯用命。其三帅者，专行不获，听而无上，众谁适从？此行也，晋师必败。'"故建议楚庄王同晋开战。令尹孙叔敖担心战事频繁会导致恶果，与主张迎战的楚王宠臣伍参产生分歧，双方展开了一场颇为风趣的对答。孙叔敖说："如果这次打了败仗，你伍参的肉够我们将士吃

448

吗?"伍参反唇相讥:"如果打了胜仗,您就是无谋。如果打了败仗,我的肉早落入晋军之手,您就是想吃也吃不到!"这段对话显示孙叔敖不欲战的立场,与后面战事发生之后的表现迥异。楚庄王采纳了伍参的意见,打消南撤念头,转而率兵向北推进,抵达今河南郑州市北的管地。① 清华简《系年》第十三章也记"晋中行林父率师救郑,庄王遂北"②。《左传》与《系年》两文献记载一致。《中国历代战争史》评论:"制晋以争郑为第一,郑既降服,更进而控制黄河以攻遏晋。楚军此种战略,均堪称许。惟黄河渡河点甚多,控制之道似以取多点监视为佳。楚军专重于邲之一面,宜其于晋军衡雍渡河时,迅即南辕反斾,始能转变当时之形势。如此举稍形迟缓,则邲战之成败利钝,殊未可逆睹。"③

就在大战一触即发的前夕,《左传》宣公十二年又记郑襄公派遣使臣皇戌前往晋营,以"楚师骤胜而骄,其师老矣,而不设备"为由,劝说荀林父进攻楚军,并允诺郑军将协同晋军作战。对郑国的这一劝战建议,晋军将帅中又发生了一场辩论。先縠力主答应郑使的要求,赞成立即出战,认为"败楚服郑,于此在矣"。晋下军副将栾书则不同意先縠的意见,认为楚军实际情况并非"骄""老"和"不备",指出郑国来劝战,纯粹是出于自身利益的考虑,希望晋、楚速战速决,以战争结局来决定郑国的去从。他认为楚、郑两国以交换人质来保证盟约,

---

① 黄鸣指出,管,郑地,在今河南省郑州市。《左传》宣公十二年:"王病之,告令尹改乘辕而北之,次于管以待之。晋师在敖、鄗之间。"杜注:"荥阳京县东北有管城,敖、鄗二山在荥阳县西北。"《水经注·渠水》:"渠水又东,不家沟水注之,水出京县东南梅山北溪,《春秋》襄公十年,楚芋子、冯公子格率锐师侵费,右回梅山。杜预曰:在密东北。即是山也。其水自溪东北流经管城西,故管国也,周武王以封管叔矣。成王幼弱,周公摄政,管叔流言:公将不利于孺子。公赋《鸱鸮》以伐之,即东山之师是也。《左传》宣公十二年,晋师救郑,楚次管以待之。杜预曰:京县东北有管城者是也。俗谓之为管水。"管城在今河南省郑州市。见黄鸣:《春秋列国地理图志》,文物出版社 2017 年,第 142 页。
② 李松儒:《清华简〈系年〉集释》,中西书局 2015 年,第 193 页。
③ 台湾三军大学:《中国历代战争史》第 1 册,中信出版社 2012 年,第 212 页。

非常牢靠："子良，郑之良也。师叔，楚之崇也。师叔入盟，子良在楚，楚、郑亲矣。来劝我战，我克则来，不克遂往，以我卜也！郑不可从。"中军元帅荀林父一时犹豫于两派的意见之间，迟迟未能作出决断。

晋、楚投入兵力，楚略多于晋。《中国历代战争史》指出："依城濮战役旧例观之，晋楚两军之兵力与车马之数，与前次战役概略相同。"[1]这次邲地之战，晋军兵力，依据《左传》僖公二十八年明确记载"晋车七百乘"，可以判定这次晋国投入的战车至少为700乘，加上有晋贵族的私卒参加，如决战时"楚熊负羁囚知罃，知庄子以其族反之"，可知知庄子是有若干私卒参战的，估计约为150乘，晋国的卿大夫势力强大，私卒多于楚国，可设想未见记载的参战私卒也有150乘，这样，晋国的兵力约为1000乘。楚国的军队，依据《左传》庄公二十八年记"子元以车六百乘伐郑"，表明楚国对外出征的常备军通常是600乘，加上曾经参加城濮之战的申息二县各150乘，此番亦势必全力参战，故楚军共900乘。城濮之战时有若敖氏私卒参战，楚庄王灭若敖氏后，这支私卒不复存在，故不考虑楚有私卒参战。但是，楚庄王有亲兵"两广"参战，楚两广共计战车60乘。黄朴民指出，楚国1广1卒，1卒分2偏，1偏15乘，1卒有30乘，左右两广则有60乘战车。[2]邲地之战与城濮之战不同，双方战前均未召开盟会，纠集属国参战，故邲地之战双方有属国参战与否未知。晋军方面，《左传》宣公十二年记郑国曾经向晋表示"子击之，郑师为承"，但遭到晋国拒绝，故郑军没有参战，也未见其他属国参战。楚军方面，则记有唐惠侯参战："使潘党率游阙四十乘，从唐侯以为左拒。"唐是小国，能够投入的兵力最多100乘。这样，楚国的总兵力约为1060乘。由此，邲地之战，应是晋国的1000乘对楚国的1060乘，楚军实际兵力多于晋军60乘，楚军略占优势。

---

① 台湾三军大学：《中国历代战争史》，第1册，中信出版社2012年，第205页。
② 黄朴民：《春秋军事史》，军事科学出版社1998年，第81页。

邲地之战，晋、楚双方战前进行布阵。《左传》宣公十二年记晋三军组成："荀林父将中军，先縠佐之。士会将上军，郤克佐之。赵朔将下军，栾书佐之。赵括、赵婴齐为中军大夫。巩朔、韩穿为上军大夫。荀首、赵同为下军大夫。韩厥为司马。"晋军的阵容与城濮大战时相似，仍然是上、中、下三军，一字排开，与楚军对垒，没有变化。但是晋上军主将士会(士季)很有头脑，见两军之间有座名字叫"敖"的小山包，可以隐藏军队，于是"使巩朔、韩穿帅七覆于敖前"。也就是在小山包隐蔽处设下七道伏兵，以备楚军冲过来时层层拦截。中军大夫赵婴齐暗地准备了万一兵败可以渡河的船只。

楚国则与城濮之战不同，排出"左拒""右拒"的进攻方阵，一律由楚将率领。例如左拒便是由楚将潘党指挥，《左传》宣公十二年载："使潘党率游阙四十乘，从唐侯以为左拒。""左拒""右拒"与中军形成"品"字形布阵，相互呼应，严阵以待。

邲地之战，晋楚双方遵守古军礼的原则作战，列阵而鼓，双方凭借各自的实力以堂堂之阵对决。由于楚军的战车多于晋军，故楚军排出"左拒""右拒"的进攻阵形，占有先天的优势，是非常明智的。(见**图6-6：晋、楚邲之战作战经过图**)

交战日期：楚庄王十七年，亦即公元前597年。晋、楚邲战之日，《春秋》宣公十二年记："夏六月乙卯……战于邲。"《左传》宣公十二年记为"丙辰"。杨伯峻《春秋左传注》解释："六月无乙卯，自亦无丙辰。以今推之，乙卯、丙辰盖在七月十三、十四日。"[①]

邲地之战，整场战争约分为五个阶段进行。

邲战第一阶段：外交。楚故意求和，以议和麻痹晋军。晋悍将搅场，内情尽露。《左传》宣公十二年记楚国两次派人求和。第一次"楚少宰如晋师"。正在晋军进退不决之时，楚庄王遣少师为使者求见晋军主帅，表示楚国这次出师北上，目的只是为了教训一下郑国，而并

---

① 杨伯峻：《春秋左传注》(修订本)，中华书局1990年，第743页。

无开罪晋国的意思。晋上军主将士会代表荀林父答复说，晋、郑共同受命辅佐周王室，如今郑怀有二心，晋特奉王命质问郑国，而与楚国无涉。回答得比较客气。晋将先縠对此大为不满，认为荀林父谄媚楚国，便派中军大夫赵括追上楚使，用挑衅性的语言更正荀林父的答复："行人失辞。寡君使群臣迁大国之迹于郑，曰：'无辟敌！'群臣无所逃命。"声言晋国出兵是为了把楚军从郑国驱逐出去，为此，不惜同楚军交锋。这样一来，晋军内部的混乱分歧，便直接暴露在楚使跟前，楚庄王从而掌握了晋军的意向和虚实。为了进一步麻痹晋军，确保作战的胜利，楚庄王再次派人以卑屈的言辞向晋军求和。荀林父原先并无决战的决心，见楚军求和，即予以答应，放松了戒备，等待正式签约，各自撤兵。这是晋军犯下的致命失误。

邲战第二阶段：致师。楚庄王见以求和的手段麻痹晋军奏效，按照春秋时的"军礼"中通行的"致师"规则，出其不意地突然"致师"。《左传》宣公十二年：

> 楚子又使求成于晋，晋人许之，盟有日矣。楚许伯御乐伯，摄叔为右，以致晋师。许伯曰："吾闻致师者，御靡旌、摩垒而还。"乐伯曰："吾闻致师者，左射以菆，代御执辔，御下，两马、掉鞅而还。"摄叔曰："吾闻致师者，右入垒，折馘、执俘而还。"皆行其所闻而复。晋人逐之，左右角之。乐伯左射马，而右射人，角不能进。矢一而已。麋兴于前，射麋，丽龟。晋鲍癸当其后，使摄叔奉麋献焉，曰："以岁之非时，献禽之未至，敢膳诸从者。"鲍癸止之，曰："其左善射，其右有辞，君子也。"既免。

当晋军一心等待结盟，放松警惕之际，楚庄王突然派兵挑战，遣许伯、乐伯、摄叔等驾单车驰入晋军。三人都有绝技，勇不可当。乐伯在高速奔驰的战车上射晋军，摄叔则突入晋营掳一人而去。晋军鲍

癸追之不及，至荥泽荒野而止。楚求和的本意是让晋军松懈，又突然"致师"挑战，是让晋军措手不及。侯文学、李明丽评论："面对三路晋军的追击，乐伯从容不迫，左射马、右射人，追兵只剩下一路，箭也只剩下一枚，在这危急关头，他用仅有的一支箭射中一头麋鹿，让车右从容献上。结果晋方的鲍癸以君子为由放过他们。事件的发展颇出人意料，却妙趣横生。"①

致师是春秋战争中的一种引敌出战的行为，在《左传》中数见。元代汪克宽《经礼补逸》、清代秦蕙田《五礼通考》、顾栋高《春秋大事表》等，皆将其归入军礼。吕思勉对致师的含义、源流作了较为仔细的研究，《周礼》"环人掌致师"，郑玄注："致师者，致其必战之志。古者将战，先使勇力之士犯敌焉。"吕思勉补充说："'致'之义，一为达之使往，一为引之使来。致师之事，见于《左氏》者，皆意在引敌出战，即兵法致人而不致于人之'致'也。"②"从目前的记载来看，作为军礼的致师只存在于春秋之时，它是一种独特的战前行为，有很强的仪式性。虽然后世沿用其名称，但已成为挑战的同义词，全无春秋时'礼'的意味了。"③

楚致师时，三个将领都非常英勇，显示了高超的作战技艺。晋军没有防备，只能被动应付。楚军致师后，晋军中两个对荀林父心怀不满的将佐魏锜和赵旃，也要求前去向楚军"致师"。《左传》宣公十二年记："晋魏锜求公族未得，而怒，欲败晋师。请致师，弗许。请使，许之。遂往，请战而还。……赵旃求卿未得，且怒于失楚之致师者，请挑战，弗许。请召盟，许之。与魏锜皆命而往。"两人的致师要求未被允许，改为要求出使请和，才被允许。两人进至楚营后，竟忘乎所以，擅自向楚军挑战："请战而还。"魏锜、赵旃到了楚营，本应谈讲

①　侯文学、李明丽：《清华简〈系年〉与〈左传〉叙事比较研究》，中西书局 2015 年，第 63 页。
②　吕思勉：《吕思勉读史札记》，上海古籍出版社 1982 年，第 318 页。
③　任慧峰：《先秦军礼研究》，商务印书馆 2015 年，第 110 页。

和之事，但这两人平日可能在晋国骄横放肆、盛气凌人惯了，到了楚军这里，仍然态度傲慢，变讲和为请战。

楚军"致师"后，面对晋军两个将领前来自不量力的挑战，迅速升级为局部冲突。《左传》宣公十二年：

> 潘党既逐魏锜，赵旃夜至于楚军，席于军门之外，使其徒入之，楚子为乘广三十乘，分为左右。右广鸡鸣而驾，日中而说；左则受之，日入而说。许偃御右广，养由基为右；彭名御左广，屈荡为右。乙卯，王乘左广以逐赵旃。赵旃弃车而走林，屈荡搏之，得其甲裳。晋人惧二子之怒楚师也，使轺车逆之。潘党望其尘，使骋而告曰："晋师至矣。"

晋将魏锜、赵旃二人赴楚军挑战。魏锜先往，即为楚将潘党所追逐。赵旃继魏锜之后进袭楚军，约于日落前突入楚军辕门内席地示威，不想楚营防守严密，针插不进，更没想到楚庄王亲自率领值班卫队"左广"①冲出来，准备生擒赵旃。赵旃见势不妙，弃车落荒而逃，在小树林中与追上来的楚将屈荡进行徒手搏斗，屈荡勇冠三军，膂力无穷，只数回合，便将赵旃身上的铠甲剥光。剥掉对手的铠甲是春秋时勇士取胜的象征，赵旃遭受的屈辱等同于被俘。

清华简《系年》也有晋将领赵旃在楚军面前表现傲慢，直接遭到楚庄王追逐的记载：

> [楚]人明(盟)。邻(赵)嬰(旃)不欲成，弗邵(召)，狭(席)于楚军之门。楚人被羍(驾)以追之，遂败晋自(师)于河[上]。②

---

① 杨伯峻注："广车，郑玄谓为横陈之车，与宣十二年楚之右广左广同为攻敌之车。"杨伯峻：《春秋左传注》(修订本)，中华书局1990年，第991页。
② 李松儒：《清华简〈系年〉集释》，中西书局2015年，第193页。

赵旃至于楚军辕门附近，示威性地"席于楚军之门"，直接引来楚庄王出人意料的单车追击，导致晋师的大败。从《系年》所叙的邲之战，可知晋军这两个将领的无组织行为，惹来大祸。赵旃完全是晋师战败的第一罪魁。当楚将潘党追魏锜不及而回军时，见魏锜前面尘土飞扬，实际上是受荀林父所派前来接应的轶车，急遣人回报中军主帅孙叔敖："晋军至矣。"（《左传》宣公十二年）这样，两军的大战全面爆发。

邲战第三阶段：楚军出击。当魏锜、赵旃相继袭击楚军，楚庄王年轻气盛，奋起追逐赵旃时，中军主帅、楚令尹孙叔敖有丰富的指挥作战经验，十分冷静地观察全局，根据潘党"晋军至矣"的报告，他唯恐晋之大军随后来攻，庄王孤军进入晋军阵地而失利，当即下令，以工尹齐率领右拒，唐侯率领左拒，自己与楚王居中，全线出击。在城濮之战中，晋军上军蒙着虎皮的战车首先冲过来，楚右军措手不及被击溃，有过惨痛的教训，孙叔敖对此刻骨铭心，故大喊："宁我薄人，无使人薄我。"下令全军出战，楚三军"遂疾进师，车驰、卒奔、乘晋军"，猛扑过去，越荥泽向晋三军分别猛攻。

楚左军在攻击前进中，与追逐赵旃之左广及楚庄王会合。时潘党既与楚王会合，楚右广亦至。楚王遂即令潘党率所部及左右两广共六十乘，即每广三十乘①，加上"游阙"车四十乘，参加左军对晋下军的作战。

楚左军向晋下军猛攻，此时晋军首先与楚军遭遇者，为荀林父所遣接应魏锜、赵旃之轶车②，当即为楚军所歼灭。晋下军尚在苦苦支

① 杨伯峻注："楚子分乘广为左右，每广三十乘。"杨伯峻：《春秋左传注》（修订本），中华书局1990年，第737页。
② 轶车，杨伯峻注，轶音屯。《说文》云："兵车也。"据襄十一年《传》述郑人赂晋侯之物，有广车、有轶车，又另有兵车，则轶车乃兵车之一种。服虔以其字从屯，谓为屯守之车，或然。杨伯峻：《春秋左传注》（修订本），中华书局1990年，第738页。

撑。可叹晋军主帅荀林父正眼巴巴地等待楚使前来签订盟约，突见楚大军如潮而至，惊讶不已，直到这时他才猛然醒悟，发觉晋军此时前临大敌，后阻黄河，已经陷入绝境。当时他既无御敌准备，又值黄昏之际，惊慌错乱，慌忙中于中军击鼓，大呼："先济者有赏。"他的主观愿望是让全军赶快向北渡过黄河以保存实力，但是由于楚大军猝然攻至，晋军事先既无渡河准备，又无其他应变措施，这个命令反而让三军手足无措，军心大乱。除在敖山设伏的上军外，晋下军和部分中军将士听到鼓声，不再苦撑，自乱阵脚，原有的阵形瞬间溃散，大军在一片混乱中涌向黄河岸边。此时晋中军除赵婴齐一部，因先有准备，驾舟先行渡河外，其余皆溃不成军，拥挤于河岸附近，争舟渡河。

晋军毕竟是一支久经沙场的部队，在一片混乱中，有两支部队没有随波逐流，依然各自为战，得以保全。

一支是晋上军，因主将士会早有准备，事先在敖山设置七道伏兵，专待楚军左拒进攻，听到荀林父退军鼓声，不为所动。《左传》宣公十二年记："晋师右移，上军未动。"楚左拒大军气势如虹，攻至敖山，为晋伏兵层层掩击，攻势顿挫。晋上军军佐郤克此时犹欲转取攻势，扭转战局，其子郤锜说："待诸乎？"询问是否要抵御楚军。主将士会说："楚师方壮，若萃于我，吾师必尽，不如收而去之。分谤、生民，不亦可乎？"说完，"殿其卒而退"。士会下令撤退，自行殿后，楚军不敢再逼，晋上军因而从容撤退，保持不败。

另一支是下军大夫荀首，他在晋军混乱争舟渡河之际，忽不见其子荀罃。听目击者讲，已为楚军所掳，荀首急火攻心，不顾自身已经登舟，大声呼喊，召集其所带私卒和下军所属，下军士卒亦多从之，复登岸，跳上战车，反身向楚追兵迎面攻击，以图夺回其子。《左传》宣公十二年记："楚熊负羁囚知罃。知庄子以其族反之，厨武子（魏锜）御，下军之士多从之。……射连尹襄老，获之，遂载其尸。射公子谷臣，囚之。以二者还。"荀首以魏锜为御，勇气惊人，适与楚将连尹襄老的战车遭遇，荀首弯弓搭箭，箭无虚发，一箭射死楚将连尹襄

456

老，又一箭射倒楚将公子毂臣，将襄老的尸体和公子毂臣一并掳回，以备战后换俘之用。荀首此举，锐不可当，虽为其子而发，但实际起到遏制楚军追击的作用，掩护了晋中下军的渡河。（**见图6-7：晋、楚邲之战图**）

邲战第四阶段：晋军大溃退。《左传》宣公十二年记，晋军主帅"桓子不知所为，鼓于军中曰：'先济者有赏。'中军、下军争舟，舟中之指可掬也。……及昏，楚师军于邲，晋之余师不能军，宵济，亦终夜有声"。晋军循着荀林父退兵的军令，尚未接战，便蜂拥逃到黄河边，人潮滚滚，狼狈不堪。大家争先抢船只逃命，没有抢到船者，跳进黄河，蚁附船缘，攀援以渡，船只因此不能开行。在船上者急于脱逃，挥刀乱砍，断臂断指掉入船中，用手都可以捧起来，其他人因践踏拥挤淹溺黄河中而死者，不计其数。晋中下军是夜通宵争舟渡河，混乱呼唤之声，彻夜不绝。"其中军之一部则因争舟不得，乃转而向右移动，遂为上军所收容而获得安全。是役也，幸楚军并无压迫晋军于河岸而聚歼之计划，中下军乃得于混乱中逃脱，此诚晋军不幸中之大幸也。"①楚军的胜利，一半应受益于晋军主帅临战的惊慌失措。

在晋军将士陷入绝境之时，被楚军狠狠羞辱致使晋军全线崩溃的赵旃却侥幸死里逃生。《左传》宣公十二年记录了逢大夫救赵旃亡二子的故事："赵旃以其良马二，济其兄与叔父，以他马反。遇敌不能去，弃车而走林。逢大夫与其二子乘，谓其二子无顾。顾曰：'赵傻在后。'怒之，使下，指木曰：'尸女于是。'授赵旃绥，以免。明日以表尸之，皆重获在木下。"赵旃让其兄和叔父乘自己好马逃脱，自己则用其他的马驾车返回。遇到了楚军，无法逃脱，于是只好弃车逃入林子中。晋逢大夫和他的两个儿子乘着战车，为了快速逃跑，他告诉自己的两个儿子不要回头看，以免被别人拖累。但他的儿子没有听他的话，

① 台湾三军大学：《中国历代战争史》第1册，中信出版社2012年，第209页。

回头看到了赵旃，说："赵老在后面呢。"逢大夫不禁发怒，叫儿子们下车，留出位置给了赵旃，他指着一棵树说："明天就在这里收你们的尸体。"赵旃因此幸免于难。逢大夫第二天去找孩子们的尸首，果然交叠着躺在那棵树下。

邲战第五阶段：楚庄王善后。见晋军溃败，为减少杀戮，楚庄王下令停止追击，帮助晋军退出战场。《左传》宣公十二年："晋人或以广队不能进，楚人惎（教）之脱扃（车上栏木），少进，马还，又惎（教）之拔旆投衡，乃出。"晋国的一些战车，混战之中陷进泥沼洼地，互相搅成一团，车上士卒眼睁睁地看见楚兵追来，动弹不得，束手待毙。追上来的楚军遵照楚庄王的命令，教晋人抽去车前的横木，拔下车上的大旗，让晋军战车一乘一乘地爬出了泥沼地，退出战场，放他们逃跑。当天黄昏，楚师在邲地宿营，不再追击，听任晋军整夜渡河逃归。

第二天，楚军打扫战场。楚将潘党提议将死亡的晋军尸体堆积起来，筑成"京观"，以炫耀楚国的武功。《左传》宣公十二年："潘党曰：'君盍筑武军，而收晋尸，以为京观。臣闻克敌，必示子孙，以无忘武功。'"

对于潘党的提议，楚庄王明确表示反对。《左传》宣公十二年记：

　　楚子曰："非尔所知也。夫文，止戈为武。武王克商，作《颂》曰：'载戢干戈，载櫜弓矢。我求懿德，肆于时夏，允王保之。'又作《武》，其卒章曰：'耆定尔功。'其三曰：'铺时绎思，我徂惟求定。'其六曰：'绥万邦，屡丰年。'夫武，禁暴、戢兵、保大、定功、安民、和众、丰财者也，故使子孙无忘其章。今我使二国暴骨，暴矣；观兵以威诸侯，兵不戢矣；暴而不戢，安能保大？犹有晋在，焉得定功？所违民欲犹多，民何安焉？无德而强争诸侯，何以和众？利人之几，而安人之乱，以为己荣，何以丰财？武有七德，我无

一焉，何以示子孙？其为先君宫，告成事而已。武非吾功也。古者明王伐不敬，取其鲸鲵而封之，以为大戮，于是乎有京观，以惩淫慝。今罪无所，而民皆尽忠以死君命，又何以为京观乎？"

楚庄王说："这不是你所知道的。说到文字，'止''戈'合起来是个'武'字。武王战胜商朝，作《颂》诗云：'收拾干戈，包藏弓箭。我追求那美德，并将此心公布于华夏，成就王业而保有天下。'又作《武》篇，它的末一章说：'得以巩固你的功业。'它的第三章说：'布陈先王的美德而加以发扬，我前去征讨只是为了求得安定。'它的第六章说：'安定万邦，常有丰年。'武功，是用来禁止强暴、消弭战争、保持强大、巩固功业、安定百姓、调和大众、丰富财物的，所以要让子孙不要忘记他的大功。现在我让两国士兵暴露尸骨，这是强暴了；夸耀武力以使诸侯畏惧，战争不能消弭了；强暴而不消弭战争，哪里能够保有强大？还有晋国存在，哪里能够巩固功业？所违背百姓的愿望还很多，百姓哪里能够安定？没有德行而勉强和诸侯相争，用什么调和大众？以别人的危难作为自己的利益，而以别人的动乱作为自己的安定，以此为自己的荣耀，用什么丰富财物？武功具有七种德行，我一种都没有，用什么昭示子孙？还是修建先君的神庙，报告战争胜利就算了。武功不是我的功业。古代圣明的君王征伐对上不恭敬的国家，抓住罪魁祸首杀掉埋葬，作为一次大杀戮，这样才有了京观以惩戒罪恶。现在并不能确指晋国的罪过在哪里，而士卒都尽忠为执行国君的命令而死，我们怎么能建造京观呢？"

楚庄王反对筑京观以炫耀武功的做法和言论，在当时是很了不起的，很快获得众诸侯国的尊重，承认楚国为霸主。

《左传》宣公十二年载楚庄王在邲之战获胜后，果然"祀于河，作先君宫，告成事而还"。这是楚庄王在黄河边祭奠楚远祖季连。楚远祖季连在晚商时定居于"盘地"，即今河南伊洛河入黄河处的巩县站街

镇花地嘴商代遗址。① 郢地距"盘地"不远，楚庄王率领大军战胜晋军，代表楚王族，北向中原，遥望祖居之地，祭奠芈族远祖季连，以所成之事告慰祖先。

晋军大败后，在如何处置当事者的问题上，晋廷做法较正确。正卿中行桓子(荀林父)主动承担了失败的责任，他向景公"请死"谢罪。《左传》宣公十二年记大夫士渥浊(士贞子，又称士伯)向景公力谏说："城濮之役，晋师三日谷，(晋)文公犹有忧色。左右曰：'有喜而忧，如有忧而喜乎？'公曰：'得臣(楚令尹子玉)犹在，忧未歇也。困兽犹斗，况且相乎？'及楚杀子玉，公喜而后可知也。曰：'莫余毒也已。'是晋再克而楚再败也。楚是以再世不竞，今天或者大警晋也，而又杀林父以重楚胜，其无乃久不竞乎？林父之事君也，进思尽忠，退思补过，社稷之卫也，若之何杀之？夫其败也，如日月之食焉，何损于明？"②晋景公采纳了士渥浊的建议，吸取了楚成王杀重臣子玉的教训，避免了楚子玉悲剧的出现，让荀林父重任中军将。

负有邲之战失败责任的晋卿先縠，遭到晋国卿大夫的齐声谴责。次年，公元前596年秋，先縠不思悔改，竟然密召赤狄伐晋，狄兵逼至离绛都不远的清原一带。事情败露后，《左传》宣公十三年记，当年冬，晋人"讨邲之败与清之师，归罪于先縠而杀之，尽灭其族"。从此晋国的先氏消亡。

晋国邲之战失败，集中暴露了晋统治集团内部的深刻矛盾。清人马骕深刻地分析了晋国邲之战失败的内因："晋政日怠，诸夏离叛，相与俛首而服楚焉。……晋自灵公无道，文、襄霸衰，盟会皆出于大夫。赵盾骤谏不入，卒有弑逆之祸，然犹曰晋侯弱故也。诸侯失望久矣，至乎成公之立，春秋幸焉，两会诸侯，公皆亲行，于黄父则执鲁宣，于扈则伐陈灵。正词讨携，张师伐罪，中国庶乎其有霸与，而究

① 程涛平：《先楚史》，武汉出版社2019年，第454—458页。
② 《晋世家》亦叙此事，但以士贞子为随会。《说苑·尊贤》亦记此事，惟误晋景公为昭公。

之陈、郑之郊，无日不有楚师，则何居乎？曰政在赵氏，成公犹灵公也，在位不永，志弗克终。"①李孟存、李尚师还指出，邲之战中晋军的指挥问题严重："邲之战，荀林父将中军，但他却根本指挥不了他的部下，当时的三军将佐除他之外……六卿六大夫之中，赵氏本族则占去了三分之一的席位，郤、韩二族又素倚赵氏，加上中军司马韩厥，赵氏势力已超越了晋军首领的半数。他们在此战争中轻敌冒进，导致了晋军的大败。"②

邲之战中楚军亦存在战术失误：一是战前楚军并未制定先发制人的战略，这从孙叔敖与伍参的对话中可以看出，这与城濮之战时晋军有计划地率先以蒙着虎皮的战车冲击楚军的战术相比，大为逊色。二是战前晋将先縠率一部擅自渡河时，没有观察判断，没有半渡而击，错失歼敌良机。三是战争中，楚庄王作为一国之君，轻率追逐前来挑战的晋将赵旃，单车冲锋，勇气固然可嘉，却风险过大。如果孙叔敖不及时发令全线出击，而晋军接应赵旃的�车先至，则庄王危矣。四是楚军体力不如晋师，晋将知庄子为救子在溃逃中召集私卒及部属反身冲锋，竟然杀伤楚军两员大将，客观上掩护了晋军的撤退，显示楚军不敌晋军强悍。五是晋军败退时未乘胜追击，虽说先秦时强调"逐奔不远，纵绥不及"③的军礼原则，但过于温情，导致邲战晋军的损失有限，仍有实力继续与楚国争霸。黄朴民认为，邲之战的影响和意义都不及城濮之战。是役楚虽胜晋，但并未予晋军以歼灭性打击；晋军虽败，但并未真正大伤元气。这就为尔后的晋继续与楚争战保存了相当的余力。④

邲之战是春秋中期的一次著名会战，是当时两个最强大的诸侯国

① 马骕：《左传事纬》，徐连城点校，齐鲁书社1992年，第163—164页。
② 李孟存、李尚师：《晋国史》，三晋出版社2015年，第139页。
③ 见《司马法·仁本》，意谓在战场上追击逃敌不要过远，在军事行动中对退却之敌不要紧追不舍。
④ 黄朴民：《春秋军事史》，军事科学出版社1998年，第238页。

晋、楚争霸中原的较量。在作战中，楚军利用晋军内部分歧、指挥无力等弱点，适时出击，战胜对手，从而一洗城濮之战失败的耻辱，在中原争霸斗争中暂时占了上风。至于楚军统帅楚庄王本人，也由于此役的胜利，而无可争辩地加入史所称道的"春秋五霸"之列。

楚庄王通过邲战而称霸，获得众诸侯公认。《孟子·公孙丑上》："以力假仁者霸，霸必有大国。"据此可知春秋霸主有两大特征：第一，必须是有实力的大国；第二，必须打着正义的旗号，也就是"假仁"。没有实力的诸侯根本无法胁迫其他诸侯，故霸主必须是大国。其次，如果霸主不打着正义的旗号，则其行为没有合法性，他也无法号召其他诸侯。春秋时期，在列国诸侯中，能威动天下，"秉直道以率诸侯"者称之为"霸主""侯伯"也。① 先秦时期，荀子、墨子认为五霸为"齐桓、晋文、楚庄、吴阖闾、越勾践"②，东汉则去吴、越而添宋襄公、秦穆公③，传至今日。然而宋襄公谋霸仅四年便被楚师击败于泓，兵败身亡，未做一天霸主；秦穆公虽能两立晋君，确有称霸意图，然而自晋城濮一战称霸诸侯后，秦已失去争霸条件，崤之战三军尽丧，东出崤函无望而转图西方，最多只算一位区域霸主；吴阖闾、越勾践也仅居于东南一隅之地，称霸时间短促，且霸主政治已发展到了尾声，只能与秦穆同论，其影响和作用远不能与齐桓、晋文相比。楚庄王的霸业，以邲之战大败晋军为标志，开启了楚国的新时代。

邲之战的胜负与城濮之战有某种类似之处，胜负不完全取决于双方军力的强弱，而在于双方战争指导者主观指挥上的正确或谬误。晋军遭受失败，一是由于援郑之师出动时机过迟，尚未渡河而郑都已破，郑已与楚讲和结盟，楚军已从围郑中解脱出来，可以集中兵力，主动地对晋军作战。晋军一开始即处于被动。二是内部将帅不和，意见分歧，主帅荀林父缺乏威信且遇事犹豫不决，不能集中统一指挥，为部

---

① 《孟子》赵岐注。
② 见《荀子·五霸》《墨子·所染》。
③ 《孟子》赵岐注。

属强迫被动应战。三是晋方轻信楚军的求和请求，在和谈尚未取得成功之时放松戒备，丧失警惕，给楚军以可乘之机。四是当个别部将的擅自挑战引起战斗全面爆发后，晋军统帅惊慌失措，轻率下令渡河退却，自陷危险。五是军队在敌人威胁下渡河，既未能组织战斗击退敌人，又未能妥善实施防御掩护退却，导致一片混乱，损失颇重，由此而丧失作战的主动权，陷于失败。

晋、楚邲之战以楚国的全胜而告结束。邲之战使楚国巩固了对陈、郑的控制，同时也进一步加速了晋国盟国的分化。从此晋国步入危机之中。

第十五节　伍参邲战立功与外来伍氏宗族

伍氏之族，春秋中期始见诸史籍。《古今姓氏书辩证》对该族的历史有一段扼要总结：

> 伍氏出自春秋时楚庄王嬖人伍参，以贤智升为大夫。生举，食邑于椒，谓之椒举，其子曰椒鸣、伍奢。椒鸣得父邑，而奢以连尹为太子建太傅，费无极谮之，王逐太子而杀伍奢及其子棠君尚。尚弟员，字子胥，奔吴事阖庐为卿，破楚入郢，以报父仇。吴夫差时，忠谏不见听，属子于齐，为王孙氏。[①]

这段文字，将伍氏在楚国的源头追溯到伍参。伍氏家族姓氏自成体系。传统观点认为伍氏为楚公族，实际上这种看法值得商榷。《通志·氏族略》："伍氏，芈姓，楚大夫伍参之后也。伍子胥奔吴，其子

---

① 邓名世：《古今姓氏书辩证》卷二四，姥韵"伍"条，江西人民出版社 2016 年，第 363 页。

又为王孙氏适齐。……又有五氏，本伍氏，避仇改为五。"还有以伍参为姓氏的。《氏族略》："伍参氏，楚伍参之后，支孙以为氏。"伍参是楚庄王时的"嬖人"，在朝廷中地位比较低贱。《释文》："贱而得幸曰嬖。"就是说地位低贱而又得到主人宠幸的人叫嬖人或嬖臣。孙叔敖就因为在楚晋之战中的正确主张出自伍参之口，并大获全胜，而深感羞愧。从孙叔敖讥讽伍参的语气①来看，伍参的职位不高。春秋时期，楚王和诸上卿的嬖人、宠臣之属，相当一部分是异姓大夫，如有宠于楚文王的申侯，受宠于灵王、被称作"楚国之望"的郑丹(《左传》襄公十九年)，令尹子南的宠臣观起(《左传》襄公二十二年)，令尹芬子冯的"宠臣八人"(《左传》襄公二十二年)等。伍参之所以为庄王嬖人，应与其异姓之臣的身份有关。在楚国，一般由世宗大族担任重要官职，像斗氏、屈氏等家族，几代人都担任楚国令尹。伍参与楚国国君的血统疏远，伍参系因功被任命为大夫，子孙辈也很有才干，故伍氏家族得以复兴。

伍举之子伍奢，生子伍尚、伍员。伍尚的后代演变出棠、堂两个姓氏。《通志·氏族略》："棠……又有楚邑，大夫伍尚所封，号曰棠(今江苏六合)君，其后亦为棠氏。"古代棠、堂通用，《万姓统谱》："堂，楚大夫伍尚之后。"

楚平王的无耻与残暴，造成了太子建之难和伍氏家族的灾难。伍员，字子胥，因太子建之祸，父兄被杀而奔吴，成为吴王夫差的宰相。由此孳乳出员、伍相、五相、王孙等姓氏。《通志·氏族略》："员氏……楚伍员之后也。"《元和姓纂》："五相氏，吴相伍员子孙，吴人号之五相之后，一作伍相氏。"吴王夫差破楚回吴后，近小人远忠臣，伍员料吴必亡，把儿子伍封送到齐国，改姓王孙氏，称王孙封。②

伍氏能够与楚国王子通婚，当非楚公族。《左传》襄公二十六年：

---

① 《左传》宣公十二年："战而不捷，参之肉其足食乎？"
② 刘秉忠、李丽：《楚国公族姓氏考略》，《江汉考古》1999年第1期。

伍举娶于王子牟，王子牟为申公而亡，楚人曰："伍举实送之。"伍举奔郑，将遂奔晋。

《国语·楚语上》"椒举娶于申公子牟"章记此事略异。韦昭注："椒举，楚大夫，伍参之子，伍奢之父伍举也。子牟，楚申公王子牟也。"① 根据蒲百瑞考证，王子牟应为楚庄王或共王之子②，属楚国王室贵族。伍举与王孙牟通婚，表明伍氏不是楚公族。

周代实行同姓不婚之制。从传世资料看，同姓不婚的禁忌，春秋时代尤为风行。《左传》僖公二十三年郑叔詹说："男女同姓，其生不蕃。"伍举"娶于王子牟"的年代，正值同姓不婚禁忌盛行之时。既然能够与楚国王族通婚，说明伍氏同属芈姓贵族的可能性不大。研究表明，传世文献关于楚与其他诸侯国联姻的记载甚少，是"楚与国内异姓贵族通婚"造成的。③ 伍氏娶王子牟之女，正是国内异姓贵族之间联姻的典型案例。

伍氏大概与彭氏、申氏、潘氏等宗族一样，最初是附庸于楚的小国贵族，后来方仕楚为臣。据田成方研究，"伍氏或可能是陈公子佗（字五父）之后"④。陈公子佗系陈文公之子、陈桓公之弟。公元前707年，陈桓公薨，公子佗杀太子免而代之，次年又被蔡人杀害。公子佗卒后，其族人不复见于陈国历史。《史记·陈杞世家》载"（陈）桓公病而乱作，国人分散"。公子佗后人为逃避灾难，趁机出奔。在位处中原的陈国内部动荡之际，江汉地区的楚人则在武王、文王的带领下，励精图治，"欲以观中国之政"，"实县申、息，朝陈、蔡，封畛于汝"。陈国地处中原的腹心地带，为楚国北上中原必经之地，控制陈

① 徐元诰：《国语集解》，中华书局 2002 年，第 488 页。
② ［美］蒲百瑞：《春秋时代楚王宗族世系疏证》，载《石泉先生九十诞辰纪念文集》，湖北人民出版社 2007 年，第 302 页。
③ 张鸿亮：《东周楚国联姻考述》，《江汉考古》2007 年第 2 期。
④ 田成方：《东周时期楚国宗族研究》，科学出版社 2016 年，第 174 页。

国是历代楚王的目标，促使楚人积极收留、笼络、利用陈国的流亡贵族。在这样的历史背景下，伍氏之入楚，顺理成章。陈公子佗后人入楚后，以先祖之字——五父作为族氏，居于楚国。若依此说，则伍氏为妫姓。

伍参从陈国来到楚国，出于在楚国生存的本能，能说会道，善于迎合楚王，很得庄王欢心，被楚庄王安排在身边，没有具体的职务，被视之为"嬖人"，即宠臣。晋楚邲地大战爆发，伍参善于分析敌情，判断晋国内部不团结，而楚国君臣一心，军队斗志旺盛，有取胜的把握，在关键时刻使一度有些犹豫不定的楚庄王下定了作战决心。楚国邲地大胜，证明伍参当初对敌情的分析完全正确。从此，伍参更加受到楚庄王的信任，在楚国宫廷中的地位更加巩固，伍氏宗族很快在楚国扎下了根。

春秋中后期，湫郢成为楚国显贵宗族伍氏封邑。南宋邓名世《古今姓氏书辩证》云："伍氏出自春秋时楚庄王嬖人伍参，以贤智升为大夫，生举，食邑于椒，谓之椒举。其子曰椒鸣、伍奢。椒鸣得父邑，而奢以连尹为太子建太傅。"南宋郑樵《通志·氏族略》亦云："伍氏以其祖伍参食邑于椒，故其后为椒氏。"自伍参始，伍氏四代相传为楚大夫。伍参辅佐楚庄王有功，受封于椒邑，其后以封邑为氏，为"椒氏"。伍参之子伍举，又称为"椒举"。《国语·楚语上》："椒举娶于申公子牟。"韦昭注："椒举，楚大夫，伍参之子，伍奢之父伍举也。"因"椒"与"湫"二字古通，椒氏之"椒"又写作"湫"。如《左传》襄公二十六年："声子使椒鸣逆之"，"椒鸣"在《国语·楚语》中写作"湫鸣"。《汉书·古今人表》中，椒举作"湫举"。杨伯峻据此认为，伍参的封地椒邑，正是《左传》所记楚文王病卒之地"湫"。[①]

伍氏是春秋中晚期楚国较显著的世族。同一时期，楚国令尹、司马、莫敖等高级官职，被群公子、若敖氏、蓬氏、屈氏、沈尹氏等芈

---

① 杨伯峻：《春秋左传注》（修订本），中华书局1990年，第211页。

姓贵族垄断。① 很显然，伍氏等楚外来宗族的"世官世禄"，只是处于相对较低的层次，根本无法与楚公族的强势相提并论。伍氏在楚国政治体系中的地位，反映出楚国异姓贵族势力弱小、发展不昌。

伍参之子伍举娶于申公王子牟，与楚国王室建立婚媾关系，反映出这个时期伍氏的政治地位有所提高。其后，申公子牟有罪而亡，伍举担心受到牵连，出奔、滞留郑国，走投无路之际，赖其友蔡声子以"虽楚有材，晋实用之"为劝，楚康王才准许"益其爵禄而复之"（《左传》襄公二十六年）。这次事件，伍举遇祸反而得福。楚灵王篡位以后，采取多项措施打击旧贵族，任用亲信近臣。伍举凭借出色的外交才能，多次受命出使郑、晋等，操办婚娶朝聘之事。《左传》昭公四年，公元前538年，楚灵王大合诸侯于申，命伍举侍奉左右，以规劝其过。《左传》昭公九年，公元前533年，伍举参与"受许男田"等活动。凡此种种，一方面说明以伍举为首的伍氏家族具备较高文化修养和外交才能；另一方面也反映康、灵之际，伍氏贵族受到器重，实力有所提升。

楚灵王享国十二载，最终被反对他的势力推翻。楚平王在公元前528年上台后，着手调整国内政治结构，恢复之前的宗族秩序。他一方面起用灵王时期"群丧职之族"；另一方面疏远、贬低前朝得势宗族。伍氏家族受此影响，处境日益艰难。伍举之子伍奢，相继担任连尹、太子师，连尹即行人，掌外事，而太子师负责教育、辅导太子，较之父辈的楚王近臣身份，地位明显降低。伍奢二子伍尚、伍员，境况愈微，只能戍守边邑，充当偏远地方的官员。由于费无极谗言，楚平王杀伍奢、伍尚父子，伍员及伍鸡奔吴。伍氏之族难，除遭受谗言的因素外，还与上述用人政策的调整有关。

平王以后至楚国灭亡，传世史籍不复见伍氏踪迹。据包山简记载，伍氏尚有留守楚国者。包山简所见以五为氏者共有6人：五皮（简

---

① 宋公文：《楚史新探》，河南大学出版社1988年，第319—331页。

33)、五庆(简 173)、五阳(简 181)、五子娉(简 185)、五佗(简 191)、五生(简 209、简 211 等)。五阳是莫嚣之州加公,即莫嚣食税州的私官。五生为贞人,多次为左尹昭佗占卜吉凶。五庆为越异之人。余者任职不详。包山简所见伍氏诸人,均属社会下层,反映出"在伍子胥助吴攻楚之后,伍氏在楚国之势力已大为减弱"[①]。春秋时期楚国伍氏世族见表 6-1:

表 6-1:楚国伍氏世族表

人名	任职	文献出处
伍参	嬖人	《左传》宣公十二年
伍举	介;使	《左传》昭公元年、昭公四年
椒鸣	不详	《左传》襄公二十六年
伍奢	连尹、太子师	《左传》昭公二十七年、清华简《系年》简 81、《左传》昭公十九年、《吕氏春秋·慎行论》
伍尚	棠君	《左传》昭公二十年
伍员	不详	《左传》昭公二十年、《国语·吴语》、《史记·伍子胥列传》等

录自田成方:《东周时期楚国宗族研究》,科学出版社 2016 年,第 174 页

《系年》第十五章载楚国伍氏还有"伍之鸡":

> (楚)灵王即世,景平王即位。少师无极谗连尹奢而杀之,其子伍员与伍之鸡逃归吴。伍鸡将吴人以围州来,为长壑而洀之,以败楚师,是鸡父之洀。[②]

《系年》记载与伍员一同奔吴的"伍之鸡"(省称"伍鸡"),是传世

① 巫雪如:《包山楚简姓氏研究》,台湾大学硕士学位论文,1996 年,第 28 页。
② 清华大学出土文献研究与保护中心编,李学勤主编《清华大学藏战国竹简》(贰),中西书局 2011 年,第 170 页。

文献失载的一位楚国伍氏家族重要成员。"伍之鸡"为"氏+之+名"结构，这一结构在传世及出土先秦文献中非常常见，如《左传》中有"宫之奇""烛之武"，清华简《系年》中有"高之渠弥""里之克"等。"之"字在此结构中用为助词，可以省略。清华简《越公其事》记"鸡父之远荆，天赐中于吴"，使得吴王阖闾破楚入郢。这条记载明确说明"鸡父"为一人名。先秦人名中常见"名字+父"结构，在这一结构中父与甫通假。《说文解字》："甫，男子美称也。"结合《系年》"伍之鸡"与"鸡父之湢"的记载，可知"鸡父"是对伍之鸡的美称。[①]

第十六节　灭萧及征服宋国，楚阵营空前壮大（庄王十七至二十年）

邲之战后不足半年，即楚庄王十七年，公元前597年冬，楚庄王欲乘邲战胜晋的余威，一鼓作气降服晋国最坚定的盟友宋国。因宋国尚有一定实力，便决定先拿下宋的属国萧国，敲山震虎。

萧国原为宋国的萧邑，夹在楚、宋之间。早在公元前683年，楚文王七年，宋闵公九年，宋鲁爆发乘丘之战，宋国的勇将南宫长万为鲁国所俘，被宋闵公营救回国后，却恩将仇报，在蒙泽地方杀死宋闵公，拥立公子游为君。宋国的群公子逃奔萧邑，萧邑的大夫萧叔大心临危不乱，联合宋历代国君戴公、武公、宣公、穆公、庄公的后裔，联络曹国的军队反攻南宫长万，获胜，南宫长万逃奔陈国。宋国用贿赂向陈国要回南宫长万，将其杀掉，拥立新君宋桓公，萧邑由此被封为萧国。此事见于《左传》庄公十二年，公元前682年："十二年秋，宋万弑闵公于蒙泽，遇仇牧于门，批而杀之。遇大宰督于东宫之西，又杀之。群公子奔萧。南宫牛、猛获帅师围亳。冬十月，萧叔大心及戴、武、宣、穆、庄之族以曹师伐之，杀南宫牛于师，杀子游于宋，

---

① 魏栋：《清华简〈系年〉鸡父之战战地探赜》，《文史》2021年第1期。

立桓公。"杨伯峻注："萧叔大心者,萧本宋邑,叔则其人之行第,大心其名。因叔大心此次讨南宫万有功,故宋封以萧使为附庸。萧即今安徽萧县。"[1]《汉书·地理志》："沛郡有萧县,故萧叔国,宋别封附庸也。"邓名世《古今姓氏书辨证》："萧,出自子姓,商王帝乙庶子微子启,周封为宋公。弟仲衍,八世孙戴公,生子衍,字乐父,裔孙大心。平南宫长万有功,封于萧,以为附庸,今徐州萧县是也,子孙因以为氏。"[2]

楚国在邲地之战后迅速出手灭萧,原想借此威胁宋国,不想由于轻敌,出师不利。《左传》宣公十二年:"冬,楚子伐萧,宋华椒以蔡人救萧。萧人囚熊相宜僚及公子丙。王曰:'勿杀,吾退。'萧人杀之。王怒,遂围萧。萧溃。"看来萧国面对邲地之战大胜晋国,军威正盛的楚国,毫不畏惧,与宋国、蔡国的援军相互配合,共同对楚。对楚作战时,萧国的军队奋勇争先,竟然将楚国的将领熊相宜僚和公子丙俘虏,并且不理会楚庄王的呼吁,将楚俘杀害,由此激怒楚庄王。楚庄王重新组织兵力,集中力量攻打萧国,萧国终于支持不住而崩溃。

史载楚国灭萧,事在冬天,经历了惨烈的战斗。申公屈巫报告庄王:天冷,士卒挨冻了。庄王巡视三军,慰勉有加。三军将士顶风冒寒,迅即包围萧都,发动了连续的强攻。次日,城破,萧彻底灭亡。

楚灭萧之战还有一段用隐语保存旧谊友人的故事。《左传》中使用"隐语"者有两处,其中一处是宣公十二年楚庄王伐萧时,萧大夫还无社与楚大夫申叔展之间的对话:

> 还无社与司马卯言,号申叔展。叔展曰:"有麦曲乎?"曰:"无"。"有山鞠穷乎?"曰:"无。""河鱼腹疾奈何?"曰:"目于眢井而拯之。""若为茅绖,哭井则己。"明日,萧溃。申

---

① 杨伯峻:《春秋左传注》(修订本),中华书局1990年,第192页。
② 邓名世:《古今姓氏书辩证》,江西人民出版社2006年,第143页。

叔视其井，则茅绖存焉，号而出之。

两国兵戎相见，萧国溃亡在即，还无社作为萧国将领，向楚国将领申叔展求救。申叔展顾念旧谊，战前二人相见，可能是碍于有人在旁，不便明言，使用隐语告诉对方逃生策略。"麦曲"，暗示平地；"山鞠穷"，暗示城中高处；"河鱼"，暗示水中。还无社于是藏身枯井，在井口摆上茅草标记。第二天萧军溃败，申叔时找到茅草标记，将还无社从枯井中救出。"《左传》中二人的对话与行为对于萧、楚之战没有发生根本影响，但这段全用隐语的对话却使左传的叙事平添一份婉曲的风味。"①

萧虽灭于楚，但因为离宋国更近，长期为宋附庸。萧人心系宋国，时刻欲反抗楚国的统治。《春秋》定公十一年："春，宋公之弟辰及仲佗、石彄、公子地自陈入于萧以叛。"这一年是公元前 499 年。看来反叛成功，杨伯峻注："则此后萧复为宋邑。"②

楚庄王灭掉萧国，除掉了楚、宋之间的障碍，随即在第二年，楚庄王十八年，公元前 596 年，兵锋直指宋国。

宋国为楚庄王与晋争霸势所必争。终春秋之世，宋国与郑国一样，都是楚与晋争霸的焦点。宋国跟晋国较紧，比郑国更甚，有所谓"郑昭宋聋"（《左传》宣公十四年）的名声，故受楚国打击更大。在邲战之前，楚国彻底征服郑国，郑襄公肉袒牵羊降楚，侥幸未被灭国，从此死心塌地跟随楚国，附晋的宋国便成为楚国打击的首要目标。宋乃春秋地缘政治的枢纽，"中州为天下之枢，而宋、郑为大国，地居要害，国又差强。故伯之未兴也，宋与郑常相斗争。逮伯之兴，宋、郑常供车赋，洁玉帛牺牲以待于境上，亦地势然也。"③

① 侯文学、李明丽：《清华简〈系年〉与〈左传〉叙事比较研究》，中西书局 2015 年，第 211 页。
② 杨伯峻：《春秋左传注》（修订本），中华书局 1990 年，第 717 页。
③ 顾栋高：《春秋大事表》，中华书局 1993 年，第 1843 页。

楚庄王想控制宋国，蓄谋已久。邲战前楚曾经多次侵宋。公元前608 年，鲁宣公元年，楚庄王六年，《春秋》："楚子、郑人侵陈，遂侵宋。"《左传》："秋，楚子侵陈，遂侵宋。"《史记·楚世家》："（楚庄王）六年，伐宋，获五百乘。"在楚庄王十六年，邲战的前一年，《左传》宣公十一年记："楚左尹子重侵宋。"当时楚庄王忙于处理陈国夏徵舒弑君事件，接受郑襄公的投降，紧接着与晋国在邲地大战，侵宋之战未及扩大。邲战之后，楚攻宋的前奏是灭掉宋的附庸萧国，得逞后，宋国遭受楚国进攻，在所难免。

楚庄王欲进攻宋国，苦于师出无名。聪明过人的楚庄王想出一计，让宋国不得不接受楚国的讨伐。楚庄王十八年，开始对宋采取行动。《左传》宣公十四年记：

> 楚子使申舟聘于齐，曰："无假道于宋。"亦使公子冯聘于晋，不假道于郑。申舟以孟诸之役恶宋，曰："郑昭宋聋，晋使不害，我则必死。"王曰："杀女，我伐之。"见犀而行。及宋，宋人止之。华元曰："过我而不假道，鄙我也。鄙我，亡也。杀其使者必伐我，伐我亦亡也。亡一也。"乃杀之。楚子闻之，投袂而起，屦及于窒皇，剑及于寝门之外，车及于蒲胥之市。秋九月，楚子围宋。

楚庄王特意派遣大臣申舟出使齐国，特意嘱咐："不要向宋国借道。"同时又派遣公子冯出使晋国，也嘱咐不要向郑国借道。借道是春秋时诸侯国必须履行的礼节，显示对所经过国家的尊重。《仪礼·聘礼》有"过邦假道"之礼。21 年前，楚穆王九年时，申舟曾经随楚穆王陪宋国国君到宋国的孟诸之地打猎，因宋君没有遵照"凤驾载燧"（早起，带上打火工具燧石）的约定，申舟鞭打宋君的仆人以示惩罚，与宋人多年来结下怨仇。申舟心里明白，此番出使齐国，经过宋国而不借道，宋人正好借机报复，必死无疑。申舟便对楚庄王讲，这次分别

出使齐国和晋国，如果不办理借道手续，郑君是个明白人，不会为难楚国的使者，但宋国不明大势，我经过宋国而不借道，必死。楚庄王安慰说，申舟，你还是必须去。如果宋国胆敢杀你，我一定讨伐他。申舟见楚王如此坚决，不再坚持，自知不可能回返，临行时，特意将儿子申犀托付楚庄王。申舟到了宋国，果然被扣，宋卿华元说："从宋国经过而不办理借道手续，是把我宋国当作楚国的边鄙小邑，这无异于宋国灭亡。如果杀了楚使，楚国必然讨伐我，宋国也会灭亡。两者都表示宋国的灭亡，是一回事。"于是宋国便杀死了申舟。楚庄王听到申舟被杀的消息，挥袖跳起来，大踏步向外走去。走到天井里，随从才给他穿上鞋。走到宫门外，随从才给他佩上剑。走到一处名为蒲胥的市区，随从才让他登上车。相传庄王当夜住在城郊，部署兴师伐宋。是年九月，楚国的大军把宋国的都城团团围住。

楚国大军气势汹汹，日夜攻城，宋国军队早有准备，顽强防守，形成僵局。宋向晋告急，晋邲战新败，接到宋国的求救信息，引起晋国朝廷君臣一番论战，最终爱莫能助，只是象征性地派出解扬一个人出使宋国，空口要求宋不要降楚。解扬未到宋国，便被郑国俘虏，押至楚营，楚诱逼解扬阵前劝宋投降，但解扬忠于职责，将生死置之度外，在阵前传达晋君的口信，要宋坚守到底。楚王见解扬忠于君命和职守，并不怕死，无奈地释放了解扬。事见《左传》宣公十五年：

> 宋人使乐婴齐告急于晋。晋侯欲救之。伯宗曰："不可。古人有言曰：'虽鞭之长，不及马腹。'天方授楚，未可与争。虽晋之强，能违天乎？谚曰：'高下在心。'川泽纳污，山薮藏疾，瑾瑜匿瑕，国君含垢，天之道也，君其待之。"乃止。使解扬如宋，使无降楚，曰："晋师悉起，将至矣。"郑人囚而献诸楚，楚子厚赂之，使反其言。不许。三而许之。登诸楼车，使呼宋人而告之。遂致其君命。楚子将杀之，使与之言曰："尔既许不榖，而反之，何故？非我无信，女则弃之。

速即尔刑。"对曰："臣闻之，君能制命为义，臣能承命为信，信载义而行之为利。谋不失利，以卫社稷，民之主也。义无二信，信无二命。君之赂臣，不知命也。受命以出，有死无霣，又可赂乎？臣之许君，以成命也。死而成命，臣之禄也。寡君有信臣，下臣获考死，又何求？"楚子舍之以归。

楚虽释放了晋使解扬，但由此知道晋国不可能来救，便放心围宋，旷日持久，无休无止，从九月拖到翌年五月，长达九个月之久，这在春秋史上是罕见的。按照楚国农闲出兵，农忙收兵，士卒回家种田的惯例①，在面临农事大忙之时，楚师不得不收兵，回国种田。但是就在楚庄王传令收兵回营之际，出现了一个意外的情况。《左传》宣公十五年：

夏五月，楚师将去宋。申犀稽首于王之马前，曰："毋畏知死而不敢废王命，王弃言焉。"王不能答。申叔时仆，曰："筑室反耕者，宋必听命。"从之。宋人惧，使华元夜入楚师，登子反之床，起之曰："寡君使元以病告，曰：'敝邑易子而食，析骸以爨。虽然，城下之盟，有以国毙，不能从也。去我三十里，唯命是听。'"子反惧，与之盟，而告王。退三十里，宋及楚平，华元为质。盟曰："我无尔诈，尔无我虞。"

申舟(申无畏)的儿子申犀拉着楚庄王的乘马不放，哭着对楚庄王说："家父明知必死而不敢违命，大王却食言收兵。"庄王无言以对。申叔时这时为庄王驾车，见状，献"筑室反耕"之计。"筑室"，即在阵

---

① 《左传》宣公十二年记晋国随武子表扬楚国尊重农时："昔岁入陈，今兹入郑，民不罢劳，君无怨讟，政有经矣。荆尸而举，商、农、工、贾不败其业，而卒乘辑睦，事不奸矣。"

474

地上建房，让守城的宋人一看到就会明白楚师还要长时间地围攻下去，"反耕"，即派一部分士卒回国去种田，以应农事之急。庄王从其计。不出申叔时所料，宋人不胜忧惧。当时城中缺粮，民众已在易子而食，拆了尸骨当柴烧，再也守不下去了。于是，由当初主谋杀死申舟的宋卿华元出面，向楚乞和。华元在夜晚偷偷潜入楚营，一直摸到楚军主帅司马子反的床前，拿刀威胁子反，进行谈判，两人各自坦率道出难以继续坚持下去的实情，宋华元提出，楚军后退三十里便唯命是听，子反答应，第二天告诉楚庄王，庄王见宋人有诚意，同意退兵。楚、宋和议既定，双方举行盟誓，其辞曰："我无尔诈，尔无我虞。"随后宋卿华元到楚国做人质，以示守信。

对于楚庄王伐宋，宋国支撑不住，终于降楚一事，清华简《系年》第十一章有专门补充：

> 穆王即世，庄王即位，使孙申伯无畏聘于齐，假路于宋，宋人是故杀申伯无畏，夺其玉帛。庄王率师围宋九月，宋人焉为成，以女子与兵车百乘，以华孙元为质。[①]

《系年》揭示，楚穆王逝世后，楚庄王即位，故意派申伯无畏（申舟）出使齐国，借道于宋，宋国杀死申伯无畏，夺走携带的玉帛礼物。楚庄王马上率大军围宋，长达九个月，终于迫使宋国投降。宋国降楚，除以宋卿华元为人质，与文献记载相同外，另外还献出女子与兵车百乘，这在《左传》等文献中没有记载。

再看传世文献对宋人杀申舟的记载。除《左传》宣公十四年有记载外，《吕氏春秋·行论》也记载了此事："楚庄王使文无畏于齐，过于宋，不先假道。还反，华元言于宋昭公曰：'往不假道，来不假道，是以宋为野鄙也。楚之会田也，故鞭君之仆于孟诸。请诛之。'乃杀文

---

① 李松儒：《清华简〈系年〉集释》，中西书局 2015 年，第 7 页。

无畏于扬梁之堤。"

楚庄王在邲战前后，运用高明的外交手腕，使楚阵营不断壮大。晋、楚争霸，秦、齐二国举足轻重，不可忽视。楚成王时与晋文公争霸之所以失败，一个重要的因素，就是没有得到秦、齐的支持，相反秦、齐却为晋人所利用。秦自崤之役以后与楚结为同盟，而与晋始终处于敌对状态，并相攻伐。齐国虽然参加了晋文公的践土盟会，但晋、齐常因争夺鲁等与国而发生冲突，晋、齐之间，貌合神离。楚庄王二年，公元前612年，齐伐鲁，鲁向晋求救，晋灵公会诸侯欲伐齐，然因齐人贿赂而作罢。晋师一撤走，齐又攻鲁侵曹，鲁被迫向齐妥协。此后相当长的时间，泗东一带成了齐人的势力范围，晋国对此无可奈何，听之任之，晋、齐间的利害冲突始终存在。楚庄王充分利用这一有利形势，巩固秦、楚联盟，积极争取齐国，孤立和打击晋国，获得成功。长时间的围宋，未见秦、齐干涉，即是明证。邲地之战以后，楚打击晋的盟国宋，不忘争取齐国。为了制造伐宋的口实，派申舟使齐，一箭双雕，申舟经过宋而不向宋借道，被宋所杀，不仅使楚有了伐宋的理由，更重要的是楚使者出使齐国而被杀，齐国自然不会相救，此举离间了宋国与齐国的关系，使齐国无形中站在了楚国一边。楚庄王以聪明才智和卓有成效的外交努力，使楚军得以围宋九个月，无人救宋，最终迫使宋国妥协。

晋、楚中间地带的中小国家是晋、楚二国争取的主要对象。这些小国在晋、楚长期的拉锯战中，往往采取"唯强是从"的政策。要争取其为盟国并不太难，但要控制这些国家并巩固其同盟关系并非易事。仅仅依靠武力是无济于事的。楚庄王采取了德（柔服为德）刑（伐叛为刑）两手，以"柔服"为主的策略，即"叛而伐之，服而舍（赦）之"（《左传》宣公十二年）。如灭陈而又复陈，破郑而不灭郑，围宋九个月，宋服而释围。陈、郑、宋三国皆先后服从楚国，均系此种外交政策奏效的体现。

宋、楚的城下之盟迫使晋国的其他盟友在晋、楚之间作出抉择。

476

宋国的屈服，震慑了鲁国。《左传》宣公十五年记："十五年春，公孙归父会楚子于宋。"鲁宣公慑于楚国的威力，在楚师围宋期间，惧宋亡之后祸及于鲁，在前594年，楚庄王二十年，派大臣公孙归父带着一份丰厚的礼物，到宋国会见了楚庄王，暗送秋波，达成默契。

李孟存、李尚师分析楚庄王外交的成功："楚是晋的头号大敌，齐与晋貌合神离，鲁为自保其安，结好楚、齐两个大国，实际上已经开始了叛晋之举；齐、鲁居于海滨，不愿为晋国火中取栗，而志在吞并莒、邾等小国以自广。莒、邾为求得生存，远附晋国。因此齐、鲁对晋国干涉他们行动的怨气很盛。这样一来，在楚、宋订盟之后，亦步亦趋附和晋国的华夏诸侯只剩下了城濮战后受了惩罚的卫、曹两国，非华之戎狄只有陆浑之戎和伊洛之戎了。"[1]这些均表明，楚庄王在邲战后，外交努力极为成功，苦心经营的结果，终于导致楚阵营空前壮大。楚国的霸业进入了鼎盛的时期。

第十七节　从鄢郢还都为郢及南向发展
（庄王二十至二十三年）

楚庄王、孙叔敖进行邲地大战，是以蛮河流域的鄢郢（宜城西南）为大本营，靠前指挥。鄢郢只是楚国的行都，有学者问："为郢"是否就是楚鄢都呢？赵平安结合《左传》《史记》所载楚灵王时期的史实，认为"为郢"就是楚鄢都[2]，赵庆淼也同意这一观点[3]，蒋秀林亦表示赞同[4]。其实，鄢郢靠近蛮河，为郢靠近汉水，虽然相隔不远，却是不同的都邑。

---

① 李孟存、李尚师：《晋国史》，三晋出版社2015年，第161页。
② 赵平安：《〈楚居〉"为郢"考》，《中国史研究》2012年第4期。
③ 赵庆淼：《〈楚居〉"为郢"考》，《古籍整理研究学刊》2015年第3期。
④ 蒋秀林：《春秋战国楚都研究》，陕西师范大学硕士学位论文，2018年，第28页。

在与晋国长时期争霸战中，楚庄王灭舒蓼，盟吴越，东方国土完全稳定。降服陈国、郑国，邲地胜晋，灭萧，围宋迫使宋国屈服，北上的局面完全打开。从楚庄王二十年至二十三年去世，楚庄王才有充裕的时间将目光扫视南方，考虑向南方拓展了。

依据清华简《楚居》的记载，可推测服宋之后，楚庄王觉得鄩郢毕竟是临时的行都，决定离开鄩郢，回到楚都为郢（宜城楚皇城）。清华简《楚居》：

> 至穆王自㵒（睽）郢遷（徙）袭（袭）为郢。至戕（庄）王遷
> （徙）袭（袭）鄝=郢=（樊郢，樊郢）遷（徙）居同宫之北。若嚣
> （敖）起（起）祸，女（焉）遷（徙）居承=之=㙴=，（蒸之野，
> 蒸之野）□□□，□遷（徙）为郢。①

鄩郢与为郢，一西一东，同在蛮河流域，从鄩郢回到为郢，应该是楚庄王打败劲敌晋国，楚阵营空前壮大，功成名就，北方无战事之时回到为郢（宜城楚皇城），最为自然。

笪浩波认为楚庄王早在平定若敖氏叛乱后就回到了为郢："《左传》宣公四年：'……秋七月戊戌，楚子与若敖氏战于皋浒。伯棼射王，汰辀及鼓跗，著于丁宁。又射，汰辀，以贯笠毂。师惧，退……'文献中未言庄王退于何处，但据《楚居》所载，可以推测此时庄王可能退守为郢。"②学者眼光，方向对头。蒋秀林认为，从《楚居》的记载来看，此事是发生在若敖起祸之后，认同楚庄王晚年徙居"为郢"结合历史文献，可知若敖起祸发生在公元前605年，因而楚庄王居"为

① 清华大学出土文献研究与保护中心编，李学勤主编《清华大学藏战国竹简》（壹），中西书局2010年，第181页。
② 笪浩波：《从清华简〈楚居〉看"为"郢之所在》，《中国历史地理论丛》2016年第4期。

鄩"应在公元前 605 年至公元前 591 年。① 但是他们二人都将楚庄王回到为郢的时间提早了。

楚庄王在平叛后，主要精力一直与晋国夺陈，争郑，服宋，直到邲地大战，完胜晋国，军队频繁赴中原地区作战，楚庄王不靠前指挥是不行的。楚国与晋国的邲地之战，楚国大军从鄢郢出发，大批主力开拔到黄河南岸的邲地，比较顺畅，合乎情理。邲地胜晋以后，楚阵营空前壮大，楚庄王没有后顾之忧，才有可能回到位于宜城楚皇城遗址的大本营为郢，开始考虑往南向发展。

为郢即宜城楚皇城遗址，楚庄王回到为郢，向南发展，最便捷的道路就是走水路，顺汉水南下，经夏州（武汉）进入长江。何浩、殷崇浩指出："楚师南下的路线大致有两条，一是从鄂出发，经嘉鱼、汩罗这两个重要据点，再沿湘水流域向南展开；另一条是从郢都出发，经今湖北松滋、湖南澧县和临澧以至常德，进入澧、沅、资流域。"② 这两条南下路线均是水路。

楚庄王时楚地深入湖南，最有说服力的是春秋楚墓的发现。目前在湖南省境内发现有春秋楚墓的地点有澧县、岳阳、汩罗、常德、益阳、桃江、长沙、湘乡等县、市，其中澧县丁家岗楚墓可早到楚庄王时的春秋中期。③

楚庄王时楚地到达湖南，还体现在安顿灭国罗国、麋国遗民。在楚庄王北上通过邲战打败晋国之后，处于晋、楚两大阵营之间摇摆不定的陈、郑、宋三国均被迫倒向楚阵营，在楚庄王二十年以后，北上、东进均心想事成，在楚庄王二十年至二十三年之间，楚庄王没有继续北上东进，从容不迫地解决或处理父亲楚穆王及过去忙于应付燃眉之急未来得及处理的事情。其中最突出的是给罗国遗民和麋国遗民进行

① 蒋秀林：《春秋战国楚都研究》，陕西师范大学硕士学位论文，2018 年，第 24 页。
② 何浩、殷崇浩：《春秋时楚对江南的开发》，《江汉论坛》1981 年第 1 期。
③ 何介钧、袁家荣、李利人等：《澧县东田丁家岗新石器时代遗址》，《湖南考古辑刊》1982 年第 1 期。

安顿。高至喜指出："最后，罗、麋两国遗民迁徙江南，定居在今湖南岳阳市境内汩罗江下游和新墙河畔。"[1]其中，罗国遗民被迁的地望当在长沙附近的湘阴县境内。据光绪《湘阴图志》卷六沿革表记："楚文王灭罗(应为楚武王)，而徙都郢，乃从宜城徙罗丹阳，已而又南徙湘水之阴，遂为罗国。"

再如麋国遗民，推测也大约是在楚庄王晚期被迁徙到湖南北部。麋即麇，清人顾栋高《春秋大事表》："麇有锡穴及防渚，为今之郧县、房县，俱属郧阳府，为接壤。时麋国地。"[2]郧县属汉水中游地区，该县北的鄂豫陕边区为丹江流域。从《史记》载"尧克三苗于丹水之浦"来看，麋国之地为三苗族裔的居地。三苗之后为荆蛮，可知楚时"麋"人亦为荆蛮的组成部分。楚国前身出自荆蛮，楚庄王亦可能念此保留麋国的族群，对其遗民采取整族迁徙的政策。

麋国灭亡后，麋国遗民迁徙何处，应是由楚庄王处理的问题。高至喜考证，麋、麇、微，古音义相通，所以麋又作麇、微。[3]《明一统志》称："麋城在(巴陵)县东南三十里。"《读史方舆纪要》卷七七说岳州"府东三十里，相传古麇子国，有东西二城"。马素臣在《长江图说》中称，岳州"府东三十里有麋城，先儒以为楚灭麋子国迁之于此"。何浩认为"岳阳'麋城'当是楚灭麋后迁此的遗留"[4]。岳阳境内与麋相通的地名、水名、山名不少。1986年以来，岳阳市进行了大规模的文物普查，先后几次对梅子市、岳阳楼附近进行专题调查，在岳阳市东南六十里有新墙河，新墙河在《水经注》中即称微水，直至民国，微水名称未变。微水注入洞庭湖之口叫麋湖口。此外，岳阳境内还有大麋湖、小麋湖、麋子湖等地名。

综上所述，楚国在兼并罗国、灭亡麋国后，在楚庄王晚年方有机

①　高至喜：《楚文化的南渐》，湖北教育出版社1996年，第31页。
②　顾栋高：《春秋大事表》，中华书局1993年，第879页。
③　高至喜：《楚文化的南渐》，湖北教育出版社1996年，第36页。
④　何浩：《楚灭国研究》，武汉出版社2019年，第201页。

会先后向南方迁罗国遗民到今湖南省汨罗江两岸，迁麇国遗民到古微水即今湖南新墙河一带。这些，均从侧面证明，楚庄王晚年时，楚境至少已经南移至今湖南汨罗河、新墙河一带。

第十八节　疆域变迁

春秋时期，齐国称霸之后，中国进入了晋楚南北对峙的阶段。在这个时期，晋文公带领晋国强大了起来，而楚国也在楚成王、楚庄王等的带领下走向了强大，将势力范围发展到了黄河流域。双方围绕黄河一线的郑、宋等国发动了几次大规模的战争，但是总体上势均力敌。除了晋、楚两强之外，该时期还有齐、秦两大强国，虽然无力争霸，都在暗中积蓄力量，兼并周边的国家。秦国基本统一了关中平原，而齐国则灭莱国等，基本统一山东半岛北部。

楚庄王时期的疆域变化很大，概括说是西扩，北上，东进，南渐。

西扩：灭庸、灭麇。楚庄王三年，公元前611年秋，楚大饥，庸人率群蛮叛楚，麇人亦率百濮伐楚。为打击庸人，慑服群蛮、百濮，楚庄王率楚、秦、巴之师西征庸国。麇人及百濮闻讯，罢兵而退。楚师进驻句澨，使庐大夫戢梨侵庸，及庸方城。庸人击败楚师，戢梨用蚡冒“彼骄我怒，而后可克”之策略，与庸人七战，皆伪败逃。结果庸人中计，军备懈怠。庄王旋使子越、子贝率师兵分二路伐庸。群蛮见楚强，惧而请和。楚遂灭庸。事见《左传》文公十六年。

北上：楚庄王八年，公元前606年春，楚庄王率师伐陆浑之戎，至周之王都洛邑，观兵于周郊。周王使王孙满慰劳楚庄王，楚庄王问及周之九鼎大小、轻重，显示占有九鼎以取代周室的雄心。周王孙满以“在德不在鼎”“周德虽衰，天命未改，鼎之轻重未可问也”答楚，使楚庄王认识到霸业在于天下人心向背，于是回师归国。事见《左传》宣公三年、《史记·楚世家》。此后，楚庄王锐意北上，先灭后恢复位

481

于中原的陈国。楚庄王十七年，公元前 597 年春，庄王围郑，随后降服郑国。六月，在今河南荥阳东北的邲地大败晋师。继而促成宋国降服。此数举奠定了楚庄王在中原的霸主地位。（**见图 6-8：楚庄王时疆域示意图**）

东进：灭舒蓼，灭州来国、萧国。楚庄王十三年，公元前 601 年夏，因群舒背叛，楚进军淮南，一举将舒蓼灭国。《左传》宣公八年记："楚为众舒叛故，伐舒蓼，灭之。楚子疆之，及滑汭。"这里的"疆之"，就是将舒蓼的土地全部占领，划定楚国东部的边界到达"滑汭"。滑汭之地，在今合肥、庐江之东，巢湖、无为之间。随即楚灭州来国，州来国是西周古国，在今安徽凤台，背靠繁阳，襟带楚东，据此可以北进徐、泗，南控群舒，东御吴师。楚庄王十七年，公元前 597 年，邲之战后，庄王率师侵伐萧国。宋华椒率蔡人救萧，萧人杀害俘虏的楚熊相宜僚及公子丙。楚庄王怒而围萧，萧溃，楚灭萧。事见《左传》宣公十二年。楚成王、穆王、庄王时，楚在淮南先后灭皖、六、蓼、舒、宗、舒蓼，奄有辽阔的东夷、群舒之地；在淮北，楚国控制了沈丘、新蔡以东的颍、沙流域，楚灭萧后更使楚境东北抵泗西。

南渐：占领今湖南北部之地。春秋时期楚人的墓葬，澧县丁家岗和岳阳箕口楚墓可早到春秋中期。袁艳玲指出：楚人对湖南地区的开发，始于春秋中期晚段。长江中游南岸楚系青铜器的出现，是直接的证据。[1]

第十九节　楚庄王述评

庄王从公元前 614 年即位，到公元前 591 年去世，在位二十三年。

彼楚庄诚一世之雄也，晋方多难，奚堪与抗耶。楚欲效桓、文之

---

[1]　袁艳玲：《楚人经营湖南地区的考古学观察》，载《楚文化与长江中游早期开发国际学术研讨会论文集》，武汉大学出版社 2021 年，第 73、75 页。

事，故强为仁义之言。其于陈也，既县而复封之，则曰不贪其富，于是乎释陈而得陈矣。其于郑也，既入而复和之，则曰其君下人，于是乎释郑而得郑矣。其于宋也，既困而复盟之，则曰"尔无我虞"，于是乎释宋而得宋矣。邲战不竟，晋国震惊，清丘弗信，卫人渝盟。庄王至此，岂犹有顾中国者乎。知三国之不可取而不取，以德为威，诸夏尽得，故申叔不贺而献蹊田之谕，子反在师而受登床之盟。君臣之间有成谋焉，为操为舍，总以收中国之霸权也。善哉晋人之料楚也，栾武子曰，楚自克庸以来，其君不骄。随武子曰："民不罢劳，君无怨讟。"夫庄之为庄，晋固已明知之矣。知之而犹与战，其罪宁止在彘子哉。①

　　熊旅，春秋时楚国君，即楚庄王。芈姓，名旅，一作"侣"，又作"吕"，楚穆王子，公元前613—前591年在位。即位之初，王子燮、子仪作乱，赖庐戢梨、叔麋诱杀二子，得以归郢复位。庄王三年，楚国发生灾荒，戎人、庸、群蛮、麇、百濮群起伐楚。熊旅率师西征，得秦、巴之助，灭庸，后又灭麇，群蛮从楚，楚境由此稳定。在位期间，大力整顿内政，任用贤才，厉行法制，兴修水利，使国力日强。虽然长期用兵，商、农、工、贾仍不败其业。庄王八年，北征陆浑之戎后陈兵周疆，向前来慰问的周定王大夫询问鼎之大小、轻重，有代周取天下之意。次年，平定斗椒之乱，灭若敖氏。庄王九年至十六年期间，灭舒蓼，与吴国及越国定盟，划定楚东部淮河中游疆界，并着力争夺中原与国。曾七次伐郑，两次伐陈，一次伐宋。庄王十七年，围郑三个月，终使郑伯降服。同年六月，晋国出动三军救郑，然政令不行，将帅间战、和意见不一。熊旅挥师至邲，以亲军乘广突击晋军，晋军措手不及，争船北渡，溃不成军。邲战结束，熊旅不愿用晋尸作"京观"以炫示武功，饮马黄河而还。同年冬，灭萧。庄王十九年，再次伐宋，围宋长达九个月。宋向晋求救，晋畏楚不敢出兵，宋终与楚

---

① 马骕：《左传事纬》，徐连城点校，齐鲁书社1992年，第164页。

盟。鲁、陈、郑等也相继从楚。楚庄王由此成为中原霸主。[①]

春秋五霸，性情最暴烈的是楚庄王，但度量最宽宏的也是楚庄王。对国外，逆者讨而威之，足见其暴烈；顺者抚而怀之，又足见其宽宏。对国内，若敖家族的乱臣贼子几乎被斩尽杀绝，足见其暴烈；平时爱护臣僚，珍惜人才，重大节而轻小过，又足见其宽宏。四年之内，伐陈而定其乱，伐郑而降其君，与晋人决战而大捷，伐萧而灭其国，伐宋而使之惟命是从。诸侯莫不重足而立，屏息而听。晋人不敢渡黄河而南进，齐人不敢逾泗上而西进，秦人不敢越崤山而东进，中原诸国则唯楚人马首是瞻。庄王的霸业达到了顶峰。[②]

世无完人，楚庄王也有做错的事，但在当时的历史条件下无可厚非。在春秋时期的诸侯中，功业与见识俱出众的，非楚庄王莫属。言必信，行必果，而且知过能改的，亦唯楚庄王一人而已。如楚庄王十六年平陈国之乱，楚庄王宣示陈人毋庸惊扰，楚师只问夏徵舒之罪，别无所求。既入陈都，却改陈国为陈县，诸侯都向楚庄王道贺。但楚庄王在听了大夫申叔时的批评之后，立即收回成命，恢复了陈国。《史记·陈杞世家》云："孔子读史记至楚复陈，曰：'贤哉楚庄王，轻千乘之国而重一言。'"[③]

庄王不仅是一位雄主，而且是一位明君。前人对庄王的评论褒贬不一。东汉以前，褒之者较多，《左传》《国语》《吕氏春秋》《淮南子》《史记》等，莫不如此。其时去春秋不远，对争霸有切实的认识。东汉以后，诸事以统一为前提，对庄王的评论就是贬之者较多了。东汉应劭在《风俗通义·皇霸》中说："庄王僭号，自下摩上。观兵京师，问鼎轻重。恃强肆忿，几亡宋国，易子析骸，厥祸亦巨。"明代杨慎《升庵全集》卷五《二伯论》曰："夫伯也者，攘夫夷者也。楚庄身夫夷者

---

① 石泉主编《楚国历史文化辞典》，武汉大学出版社 1996 年，第 477 页。
② 张正明：《楚史》，湖北教育出版社 1995 年，第 147—148 页。
③ 张正明：《秦与楚》，华中师范大学出版社 2007 年，第 105 页。

也，是高宗之所伐也，周公之所膺也，而可进乎？况又负其蛇豕之力，凶其水草之性，圣人岂以其伯而与之？若以为强而与之，则夫差也——泰伯之裔也，句践也——大禹之裔也，且犹不与之，而岂以伯而楚哉？故曰：楚，伯之寇者也。"假如说，应劭对庄王的批评还含有悲天悯人的善良愿望，那么，杨慎对庄王的诋毁就纯粹是出于贵夏贱夷的民族偏见了。《左传》记邲之战，于庄王不乏赞誉之辞，杨慎对此大惑不解，在《二伯论》中还说："邲之战，左氏假借楚子，滔滔千言，沛若有余。楚子夷且陋，又临戎当阵而引三诗、援七德，若横经之儒，其诬可知。"杨慎为明代大儒，在学术上颇有建树，但为民族偏见所蔽，对庄王的评论也是"其诬可知"的。[1]

楚庄王之所以称霸，罗运环归结为五条。其一，善于任贤。其二，虚心纳谏。其三，"惠恤其民而善用之"。其四，实行军事改革。其五，加强盟国关系。[2]

梳理《左传》的相关记载，我们看到，在《左传》作者的视野中，楚庄王是一位谙熟中原礼乐文化、宽厚仁爱、善于纳谏的贤君。很显然，相对于《系年》作者较为关注谋略与实力的较量而言，《左传》作者对于一国兴衰的道德诉求更为强烈，反映在对于楚庄王的形象塑造上，就是将之打造为一个丰满而立体的春秋霸主形象。[3]

楚庄王在位期间取得了饮马黄河、观兵周疆、问鼎周使、败晋立霸及服郑、复陈、服宋和"并国二十六，益地三千里"的巨大武功，同时国内政局相对安定，社会经济得到很大发展，达到春秋时期楚国发展的顶峰，成为"春秋五霸"之一。楚庄王取得这些功绩的原因有：强劲争霸对手的消失，适当的国际战略，此前几代楚王的奋斗，理想远大，继位前期险恶事件的历练，较强的军事和治国能力，善于发现和

① 张正明：《楚史》，中国人民大学出版社 2010 年，第 151 页。
② 罗运环：《楚国八百年》，武汉大学出版社 1992 年，第 190—197 页。
③ 侯文学、李明丽：《清华简〈系年〉与〈左传〉叙事比较研究》，中西书局 2015 年，第 135 页。

使用人才，善于纳谏并知错就改，宽容、体恤国人和抚慰士卒等。[1]

楚庄王在位 23 年。在他的争霸历程中，观兵周疆，问鼎洛邑，无疑具有典型意义。对于这种称雄争霸的功过是非，究竟该如何评论呢？春秋时代王纲解纽，列国纷争，乃是社会摆脱旧躯壳，进入新阶段的运动形式。谁为何族、谁来争霸，标准在于是否推进社会历史发展。史实表明，楚庄王的争霸及其成就，对于楚国历史的发展、楚文化的形成、多民族统一事业的发展等方面，都作出了相当的贡献。

首先，楚庄王重视经济、文化建设。他统治期间，工农商贾"不败其业"，铁器、犁耕端赖于手工业的发展。此时，楚国手工业已经赶上或超过中原水平。古代文献记载与近日出土的文物，说明春秋战国时期楚国的金属冶铸、科技、丝织等的水平，都居于前列，其他物质文化和精神文明也达到了当时社会的最高水平。在河南淅川下寺发掘出一个楚国墓葬群，5 组 26 座古墓。中间的一组，规模宏大，一座主墓附有 3 座陪葬墓和 16 座小型殉葬墓，以及一个大型车马坑。整个墓地出土随葬器物 5000 多件，其中青铜礼、乐、车马器、工具等达到六七百件。这批墓葬所有的青铜器物年代在春秋中晚期，正体现出楚文化特征从少到多而开始突出起来。这恰与楚庄王统治的国家强盛时代相合。因此，庄王时期楚国社会经济的发展，对整个楚文化的形成，产生了重大的影响。

其次，楚庄王的霸业，在古代中国多民族统一事业上的贡献，也是不可忽视的。霸主政治在中国特定条件下具有历史必然性，在中国统一政权暂时分裂的间隙中，它起着一定限度的稳定秩序、统一地区的作用。"尊王攘夷"曾经是齐桓公争霸的旗帜，对维护中原地区的礼乐文化有它的意义。但是，把这种"夷"总是指斥楚国，那就是谬误。楚国争霸，固然不尊王，而且还要"问鼎"，可他们却讲"抚征南海，训及诸夏"，那就是他们在中国南方起着统一地区、融合众多少数民

①　周家洪：《楚庄王的功绩及其原因》，《湖北社会科学》2013 年第 10 期。

族的作用。庄王时期，楚国先后吞并40多个小国，不容否认，这里有战争的破坏，但当小国降服之后，长时间里还是融合，从而逐渐地由分散落后状态变为区域性的统一，作为经济文化先进的楚国，就成为这个统一的轴心。同时，楚国北上中原，通过武装的、和平的方式，与中原各国交结，起到了南北民族经济文化交流的桥梁作用。今天我国广大地区所见的楚文化，既具有自己的异彩，又具有中原文化的一般属性，就是楚国上述历史活动的结果。这种历史活动的主体，当然包括楚国各阶段历史的统治者，更有广大人民群众。作为一个历史人物，楚庄王自然占有重要的地位，从他的武功和他对中国的贡献来看，他是大有功劳的。[①]

涛平赞曰：

楚庄王，春秋五霸之一，楚国的骄傲。继位之初，能够三年不鸣，韬晦之计深矣。面临大饥之际，尚能得巴、秦之助，灭庸灭麇，西境拓疆显矣。北灭吕国，问鼎周疆，为一时之雄矣。处变不惊，平若敖氏叛乱，慧眼识人，用孙叔敖治楚，推动楚国兴旺矣。灭舒蓼，盟吴、越，东界稳定矣。邲地之战，楚、晋争霸，运筹帷幄，身先士卒，一战而天下定，华夏震惊矣。更兼团结齐、秦，威服陈、宋，北向拓展，楚阵营壮大矣。终庄王之世，战无不胜，楚疆广大，百业兴盛，傲视群雄，奠定楚国百年基业，一代伟人矣！

---

① 周景巧：《楚庄王洛邑问鼎再认识》，《洛阳师范学院学报》2003年第4期。

第 七 章

楚国君位继承制的演进

第一节　学者对楚国君位继承制的各种看法

楚建国前的王族继承制比起楚建国后的楚王君位继承制有更长的时间跨度。这是研究楚国历史极其重要的学术问题。历代学者无不孜孜以求，借以探求楚国的社会性质。

一般而言，先秦时期诸侯国君的君位继承制的类型有以下几种：禅让、择贤而立、兄终弟及、父子相传。父子相传中有择贤而立、幼子继承、嫡长子继承等。学者将楚国的君位继承制分为四种类型。一是认为楚王是幼（或少）子继承制。二是认为楚王是嫡长子继承制。三是认为楚王是"兄终弟及"制。四是认为新立楚王是按照君王或贵族的意志，从直系诸子（嫡庶不分）中预定接班人的"立王制"。围绕这四种类型，反复讨论，聚讼不已。

最早能见到的是罗尔纲在《楚国建国考》中提到的继承制度。他认为楚国的君位继承制留有氏族社会习惯法的残留，君位在先王诸子中产生，但是不由推选，而多是争夺得来。[①] 罗尔纲的这个观点在数十年后得到响应，李衡梅在先秦各国继承制度上首创选择继承说的观点，认为在君位继承上没有规律可循，无所谓制度可言。[②] 梁中实认为："无论是少子继承论者，还是嫡长子继承论者，都不免有偏颇之误，实质上楚国实行的是选择继承制。"[③]唐嘉弘论及各国继承制的大体演进过程时说："各国都经历了大体一致的序列：氏族成员的共同平等继承制、同宗近亲兄弟子侄继承制、直系子女法定继承制。""综观中国古代封建制的长达三千年的君王继承制度中，有时虽然强调法定的嫡长子继承制，但是实际政治生活中，按照君王或贵族的意志预

---

①　罗尔纲：《楚国建国考》，《天津益世报》1935 年 12 月 24 日。

②　李衡梅：《先秦继承制为选择继承说》，《学术月刊》1987 年第 10 期。

③　梁中实：《"楚之举，恒在少者"试释》，《江汉论坛》1988 年第 3 期。

定接班人——立王制，常常占据十分重要的地位。"①

文献上有关于楚国少子继承的明确记载。《左传》文公元年记载子上之言曰："楚国之举，恒在少者。"同书昭公十三年记载晋叔向之言亦曰："芈姓有乱，必季实立，楚之常也。"《史记·楚世家》所载略同。早期研究楚国历史的学者多倾向楚王族实行少子继承制。童书业在1941年出版的《春秋史》一书中首先提出："楚国初年多行少子承继制。……到春秋中期以后才改遵嫡长承继制。"但未明言具体起于哪个王在位期间。② 吕思勉在1941年出版的《先秦史》一书中亦认为，楚国的继承制度不同于西周王朝，"与周之重适长有异"，为少子继承制。③ 其后，马长寿在《中国四裔的幼子继承权》一文中也持少子继承说。④ 新中国成立后，对此问题的研究持久不衰。姜亮夫在《三楚所传古史与齐鲁三晋异同辨》中称："少子继世之制，其与东土习性相近者，有一事，则其继世多在少子，此亦殷制也。"⑤杨宽在《试论西周春秋间的宗法制度和贵族组织》中说："楚国常因内乱，君位改由少子继承。"⑥赵锡元在《论商代的继承制度》一文中说："楚国曾经实行过幼子继承制，而这种继承原则，到春秋时代犹变相存在着。"⑦段渝在《楚人先民的继承关系——兼论幼子继承制》中说："周人实行幼子继承制。季历因幼子而得以嗣位，亦因幼子而得以继立，恰恰说明，大王之时的周人部族中的确通行着幼子继承之制。既然幼子继承制是历史的产物，并非伪造，那末楚国'必季实立''恒在少者'就真实可信。

① 唐嘉弘：《论楚王的继承制度——兼论先秦君位传袭的演变》，《中州学刊》1990年第1期。
② 童书业：《春秋史》，上海古籍出版社2003年，第67页。
③ 吕思勉：《先秦史》，上海古籍出版社1982年，第284页。
④ 马长寿：《中国四裔的幼子继承权》，《文史杂志》1945年第5卷。
⑤ 姜亮夫：《三楚所传古史与齐鲁三晋异同辨》，载《姜亮夫全集·楚辞学论文集》，云南人民出版社2002年，第133页。
⑥ 杨宽：《古史新探》，上海人民出版社2016年，第186页。
⑦ 赵锡元：《论商代的继承制度》，《中国史研究》1980年第4期。

……楚人先民的继承制度，在习惯上，是幼子继承之制，这在文献上有明确记录，幼子继承制当然不会是楚人在春秋战国时代才新创的继统制，以幼子作为父系家庭和氏族的继承者，这是父系氏族社会的特定产物，而在阶级社会，他不过仅仅是前一社会形态所残存下来的遗风故俗。"①这些都是代表性的看法。

随着研究的深入，持楚国实行嫡长子继承制观点的学者逐渐增多。20世纪80年代，王恩田的《从鲁国继承制看嫡长制的形成》一文以鲁国为例进行分析，提出先秦各诸侯国包括楚国均程度不同地实行嫡长子继承制。② 左言东提出楚国实行嫡长子继承制，他在《楚国官制考》中说："楚国没有实行西周那样的宗法分封制度，君主的嫡长子都有继承君位的权利。"③杨升南在《是幼子继承制还是长子继承制》一文中旗帜鲜明地提出楚国实行的乃是嫡长子继承制。④ 何浩、张君在《试论楚国的君位继承制》一文中秉承杨升南的观点，通过对楚国历代君王继承的分析，认为楚国的君位继承制实际是"楚国之举，恒在嫡长，而非恒在少者"⑤。台湾陈金木在《先秦楚文化试探》一文中认为楚国实行长子继承制，同于中原的嫡长子制。⑥ 杨升南还在《从殷墟卜辞中的"示"、"宗"说到商代的宗法制度》一文中提出了西周以前的商代就有了宗法制，此论述同样可以适用于楚国，反映在楚国的继承制上便是宗法制度下的嫡长子继承制。⑦ 罗运环在《论楚国家的形成》中持嫡长子继承制的观点⑧，梁中实的《"楚国之举，恒在少者"试释》一文亦

① 段渝：《楚人先民的继承关系——兼论幼子继承制》，油印未刊稿，第4页。
② 王恩田：《从鲁国继承制看嫡长制的形成》，《东岳论丛》1980年第3期。
③ 左言东：《楚国官制考》，《求索》1982年第1期。
④ 杨升南：《是幼子继承制还是长子继承制》，《中国史研究》1982年第1期。
⑤ 何浩、张君：《试论楚国的君位继承制》，《中国史研究》1984年第4期。
⑥ 陈金木：《先秦楚文化试探》，《孔孟月刊》1984年第10期。
⑦ 杨升南：《从殷墟卜辞中的"示"、"宗"说到商代的宗法制度》，《中国史研究》1985年第3期。
⑧ 罗运环：《论楚国家的形成》，《江汉论坛》1986年第7期。

持此论。① 随着讨论的深入，张正明于《楚史》中认为楚建国后，当芈姓有乱时，身为嫡幼的季具有优势，但是楚国又是一个崇尚强权的国家，故其"必季实立"的季多数讲的是小叔的继承优势，是在"乱"的前提下小叔对于侄子的继承优势，趋向于嫡长子继承制。② 刘玉堂在《楚国社会经济演进轨迹鸟瞰》一文中亦认为楚国实行的是嫡长子继承制。③ 罗运环在另一篇文章《楚国的太子制度研究》中从太子选立角度出发，提出楚国立太子一般较晚，而且倾向于立少子，并认为在选立太子之前没有嫡庶之分，只有太子选立出来了才出现了嫡庶。④

持楚国实行兄终弟及继承制观点的学者也很多。郭德维在《楚王是怎样培养接班人的》中说："楚国没有实行嫡长子继承制，虽有时为嫡长子继承，但可以兄终弟及，也可以传位于次子或幼子。"⑤李玉洁在《楚史稿》中认为："楚自建国起，就像商殷一样采取兄终弟及、父死子继的继统制度……自熊胜至武王基本上实行的是兄终弟及、父死子继的承继制度。楚武王以后，楚国的继承制度向父子继承制转化。然而楚国父死子继、兄终弟及，无嫡庶之别的传统观念使楚国君在建储立嗣问题上犹豫不定。"认为楚在春秋以后，其继统制度向嫡子继承制转化，平王时嫡子继承制确立。⑥ 这大概是最早明确提出楚国早期是兄终弟及制的著作了。郭仁成在《论楚国经济社会形态的基本特征》一文中认为，他们(楚国王室)的传统是："传弟与传子并用，传子也不必立嫡立长。"⑦魏昌在《楚国史》中认为，从鬻熊开始，一般是父死

① 梁中实：《"楚国之举，恒在少者"试释》，《江汉论坛》1988 年第 3 期。
② 张正明：《楚史》，湖北教育出版社 1995 年，第 66 页。
③ 刘玉堂：《楚国社会经济演进轨迹鸟瞰》，《江汉论坛》1996 年第 3 期。
④ 罗运环：《楚国的太子制度研究》，《江汉论坛》2000 年第 7 期。
⑤ 郭德维：《楚王是怎样培养接班人的》，载《楚史·楚文化研究》，湖北人民出版社 2013 年，第 25 页。
⑥ 李玉洁：《楚史稿》，河南大学出版社 1988 年，第 120 页。
⑦ 郭仁成：《论楚国经济社会形态的基本特征》，《求索》1989 年第 5 期。

子继，并未确立嫡长子继承制，也伴以兄终弟及。① 叶幼明认为楚国人"不采用周王朝的立长立嫡之制而承袭殷人的兄终弟及和传位少子的继承法"②。李汇洲认为："楚国早期实行的以父死子继为主以兄终弟及为辅的继承方式。……春秋末期以来，楚国在王位继承制上已经完全吸收了周人的嫡长子制。"③

从上述众多学者对于楚国实行的君位继承制的各种看法中，可以大略看出，每一位学者都有一定道理。儒家对此是一种和稀泥的态度。《礼记·礼运》："今大道既隐，天下为家，各亲其亲，子其子，货力为己。大人世及以为礼。"清人孙希旦集解："今，谓三代以来也。隐犹微也。天下为家，传子而不传贤也。大人，诸侯也。父子曰世，兄弟曰及，谓父传国于子，无子则传弟也。"④儒家认为君位传承的"世"（父死子继）与"及"（兄终弟及）两种方式都是客观存在的，都是合礼的。另外，《左传》襄公三十一年记："大子死，有母弟，则立之；无，则立长。年钧择贤，义钧则卜，古之道也。"《左传》哀公六年记楚昭王死后，其弟公子启推辞王位说："君王舍其子而让群臣，敢忘君乎？从君之命，顺也；立君之子，亦顺也。二顺不可失也。"《左传》这两条记载都是认为君位继承要具体情况具体分析，"立长"与"择贤"均可，"立子"和"立弟"均顺，为延续国运可以灵活处置。

如果分析从楚王族远祖的历史，直至楚王族春秋战国时期每一位楚王继位的经历，可知楚国君位继承制有一个发展、演进的历程，不同时期实行了不同的继承制度。

① 魏昌：《楚国史》，武汉出版社 2002 年，第 52 页。
② 叶幼明：《楚国王位继承考》，载《楚史与楚文化研究》，求索杂志社 1987 年，第279 页。
③ 李汇洲：《试析楚国越国享国时间长短与王位继承制度的关系》，载《楚文化研究论集》第 11 集，上海古籍出版社 2015 年，第 466 页。
④ 孙希旦：《礼记集解》，中华书局 1989 年，第 583 页。

第二节　远祖时期的楚王族父子继承制

楚人的远祖颛顼至吴回部落时期为确立父系社会阶段，实行父子相继辅以兄终弟及制。

人类社会是从母系社会进化到父系社会。楚王族的先民，最早可上溯到五帝时代的颛顼。"与楚同姓"的屈原在追忆远祖之时曾说："帝高阳之苗裔兮，朕皇考曰伯庸。"《史记·楚世家》："楚之先祖出自帝颛顼高阳。高阳者，黄帝之孙，昌意之子也。高阳生称，称生卷章，卷章生重黎。重黎为帝喾高辛居火正，甚有功，能光融天下，帝喾命曰祝融。……而以其弟吴回为重黎后，复居火正，为祝融。吴回生陆终。陆终生子六人，坼剖而产焉。其长一曰昆吾；二曰参胡；三曰彭祖；四曰会人；五曰曹姓；六曰季连，芈姓，楚其后也。"《国语·郑语》中有祝融八姓："祝融亦能昭显天地之光明，以生柔嘉材者也，其后八姓于周未有侯伯。佐制物于前代者，昆吾为夏伯矣，大彭、豕韦为商伯矣。当周未有。己姓昆吾、苏、顾、温、董，董姓鬷夷、豢龙，则夏灭之矣。彭姓彭祖、豕韦、诸稽，则商灭之矣。秃姓舟人，则周灭之矣。妘姓邬、郐、路、偪阳，曹姓邹、莒，皆为采卫，或在王室，或在夷、狄，莫之数也。而又无令闻，必不兴矣。斟姓无后。融之兴者，其在芈姓乎？"李学勤根据《史记》《国语》《大戴礼记》等文献，于《谈祝融八姓》[①]中列出了楚远祖的世系：

$$
\text{高阳—称—卷章—重黎—吴回（弟）—陆终}
\begin{cases}
\text{樊，即昆吾（己姓）}\\
\text{惠连，即参胡（董姓）}\\
\text{篯，即彭祖（彭姓、秃姓）}\\
\text{莱言，即会人，又称云郐人（妘姓）}\\
\text{安，即曹姓（斟姓）}\\
\text{季连（芈姓）}
\end{cases}
$$

---

① 李学勤：《谈祝融八姓》，《江汉论坛》1980 年第 2 期。

"祝融八姓"中的"姓"，是母系氏族制的遗留，是该母系氏族的女性祖先的代称或帜别。周代常说"女子称姓，男子称氏"，反映了"姓"是由母系氏族制度所伴生。既然妇女已经称姓，男子当不再以此为标志。进入父系氏族制度以后，对于这个以男方计算世系的共同体，因其早先已有妇女称姓的"姓"，它本身就是由母系氏族孕育产生，作为残余，大量遗存下来，故只能以"氏"去进行区分和标志。《左传》所说的"因生赐姓，胙土命氏"，基本上反映了这一情况。同时，"姓千万年而不变"，"男女同姓，其生不蕃"，因此"姓"成了外婚制的界划。祝融八姓的时代，可能刚进入了父系，而非母系，这些姓仅仅表明他们早先所归的母系。唐嘉弘指出，顾炎武曾说在《左传》上，二百五十五年之间，男子均不称姓。西周以上更应如此。历史进入以父系计算世系以后，男子称"氏"，命氏之法日益扩展，《左传》的命氏法，已出现了或以名字，或以谥法，或以官称，或以邑名等数种。《太平御览》引《风俗通义》，对命氏之法讲得更细一些："或氏于号，或氏于谥，或氏于爵，或氏于国，或氏于官，或氏于字，或氏于居，或氏于职。"到宋代郑樵作《姓氏略》时，又综合各代，推而广之，得命氏之法，凡三十有二类。总之，到了战国、秦汉时，"姓""氏"才逐渐不加区分。[①]

根据中国古代赐姓命氏之法，楚人先民不与帝高阳同姓，暗藏着从母系社会向父系社会的转变，颛顼和祝融(重黎、吴回)的时代，已进入父系氏族制了。从史籍来看，自帝颛顼以降至陆终，均为有名无姓，或者说，其先所属母系的姓已经不可稽考。但陆终之后则有姓，即是《国语·郑语》所载"祝融八姓"。祝融八姓的姓，固然也可视为"女生为姓'的姓，但在陆终这一代里，却是指儿子之母分别从不同姓的另外八个氏族中为陆终所娶，八姓仅仅代表八子之母各自所属的母系集团。例如，"芈姓季连"，就是指季连为芈姓女所出，芈姓为季连

---

① 唐嘉弘：《释"祝融八姓"》，《江汉论坛》1981 年第 3 期。

母亲所属的母系集团的姓。"季连"，季为排行，幼也，少也；连则是名。段渝指出："陆终及其八子均不称姓而称名，表明陆终的氏族已经是比较稳定的父系氏族，而陆终之后形成八个不同称呼的血缘组织，则表明陆终时期的父系氏族部落组织已有一定发展，以至不得不从中分化离析出新的氏族结构，一变为八，更庞大的血缘纽带关系产生出来。"①在陆终氏族这种父系社会性质的部落联盟中，告别了母系社会，酋长的职务已经父子相袭。

在楚远祖世系父子相继的链条中，发生过一件异常的断裂，就是担任祝融职务的重黎因为失职，被其弟吴回取代。《史记·楚世家》："重黎为帝喾高辛居火正，甚有功，能光融天下，帝喾命曰祝融。共工氏作乱，帝喾使重黎诛之而不尽。帝乃以庚寅日诛重黎，而以其弟吴回为重黎后，复居火正，为祝融。"这是一个哥哥身亡，由弟弟接位的大事件，弟弟吴回取代了哥哥重黎的祝融职务，开创了兄终弟及的先河。

第三节 陆终至季连时的楚幼子继承制

吴回传至季连时实行的是幼子继承制。

在陆终氏族裂变形成的八个新氏族中，芈姓的季连是原先陆终氏族的直接继统者。《国语·郑语》记载周太史史伯论祝融八姓之辞曰："昆吾为夏伯矣。大彭、豕韦为商伯矣。……董姓鬷夷、豢龙，则夏灭之矣。……秃姓舟人，则周灭之矣。妘姓邬、郐、路、偪阳，曹姓邹、莒，皆为采卫，或在王室，或在夷狄，莫之数也。……斟姓无后。"可见，在史伯列举的这七姓中，除斟姓早已绝嗣外，其余六姓都从陆终的氏族中陆续分离出去。这种从早先的氏族中分化离析出去从而形成新氏族的现象，古人称为"别封"。昆吾等七姓离开了原先的氏

① 段渝：《楚人先民的继承关系——兼论幼子继承制》，油印未刊稿。

族，从中分离出去，"别为氏族"，与早先的基本氏族之间关系逐渐疏远。祝融八姓当中既有的七姓，先后离析出来，离开陆终大氏族，最小的芈姓季连部落作为基本氏族被保留下来。这样，形成新的谱系：

高阳—称—卷章—重黎—吴回（弟）—陆终—季连……

为什么芈姓季连部落没有离析出去呢？原因很简单，季连是陆终的幼子。"季"者，幼也。古代父系氏族社会的初始阶段，在很多地区和部族，幼子多留居父系氏族，以供奉先祖，继承家产，成为这个父系氏族的直系后裔。

楚先祖季连部落对于吴回部落的继承制度，是远古典型的幼子继承之制。《左传》文公元年记载子上之言："楚国之举，恒在少者。"《左传》昭公十三年记载晋叔向之言："芈姓有乱，必季实立，楚之常也。"《史记·楚世家》所载略同。这些文献记载指的就是季连部落对于陆终部落顺理成章的独家继承。

以幼子作为父系家庭和氏族的继承者，这是父系氏族社会的特定产物，是前一社会形态所残存下来的遗风故俗。联系楚国历史，段渝指出："依据《左传》和《史记》所载的'楚国之举，恒在少者'、'必季实立，楚之常也'这种幼子继承制，毫无疑问，芈姓季连作为陆终的幼子，是陆终氏族中'法定'的继承者。"①楚王族及其先民所实行的幼子继承制起源于帝颛顼的时代，成为习惯通行之法，世代因袭，直到春秋时代，还不时被人提及，体现了一种顽强的历史记忆。由此，史学大家童书业、吕思勉、姜亮夫、杨宽等人认为楚国实行幼子继承制是有道理的。

但是，如果在研究楚国时，认为"幼子继承制"贯穿楚国的所有历

---

① 段渝：《楚人先民的继承关系——兼论幼子继承制》，油印未刊稿。

史阶段，将会带来很多问题。季连之后，楚王族便完全以"父死子继"与"兄终弟及"并行的方式延续基业。从楚王族延续的史实来看，楚国的君位继承制，父死子继和兄终弟及制并行不悖一直是主流。可以明显排除的倒是幼子继承制。陶亮指出："从现有资料来看，这一时期没有一例是由幼子直接继承君位的。顺延几代至于武王，亦没有证据显示有幼子直接继承君位者。"①在楚武王创建楚国之后，楚国的君位继承制逐步规范，到战国时期实行嫡长子继承制，更没有实行幼子继承制的可能。

楚先民在季连时期实行过的这种幼子继承制，在今天仍有遗迹可寻。《中国风俗辞典》"幼子继承制"词条："旧时景颇族父权家庭继承制。流行于云南德宏傣族景颇族自治州。起源久远。传说最大的祖先鬼（亦说天鬼）'木代'即为幼子。当始于父系氏族制初期。幼子在家庭中处于优越地位。平时父母在感情上亦多偏爱之。其住房一般都靠近供祖神处，以示将来由其继承家业，赡养父母，祭祀祖先。长子及其他儿子婚后皆另立门户，幼子留守老家，继承全部家产。父母亡时，若其他儿子能用牛祭祀，可分得少量田产，但分配权属于幼子。"②张正明分析："从民族史和民族志的资料来看，凡实行幼子继承制的，大致有两种因由，其一是长子非己出，其二是长子非嫡出，而根源是两种不同的婚姻关系。长子非己出，原因在于夫妻双方在婚后的一定期限内仍有性自由，这是原始的婚姻关系的残迹；长子非嫡出，原因在于男子先纳妾、后娶妻，妾先妻而生子，这是在宗法制度下发展起来的婚姻关系可能发生的后果。早期的楚国似乎不以长子非己出为怪，中期以后的楚国则长子非嫡出较为多见。在芈姓无乱时，自然是身为嫡长的'伯'有继位的无可争议的优先权；在芈姓有乱时，则是身为嫡幼的'季'有继位的无与伦比的竞逐力。"③

---

① 陶亮：《楚国君位继承制研究》，吉林大学硕士学位论文，2005年，第9页。
② 叶大兵、乌丙安主编《中国风俗辞典》，上海辞书出版社1990年，第579页。
③ 张正明：《楚史》，湖北教育出版社1995年，第66—67页。

楚国春秋战国时期君位继承的下传，无一例为少子直接继承，往往都是通过武力。可见有关楚幼子继承的传说纯属对楚王族远古历史的无奈记忆。

第四节　商至春秋时楚父死子继与兄终弟及并行

商代的继承制度是兄终弟及。王国维《殷周制度论》考证："商之继统法，以弟及为主而以子继辅之，无弟然后传子。自成汤至于帝辛三十帝中，以弟继兄者凡十四帝。其以子继父者，亦非兄之子而多为弟之子。"[1]但是到周代，兄终弟及不再继续，改以父死子继。王国维说："舍弟传子之法实自周始。当武王之崩，天下未定，国赖长君。周公既相武王克殷胜纣，勋劳最高，以德以长，以历代之制，则继武王而自立，固其所矣。而周公乃立成王而己摄之，后又返政焉。摄政者，所以济变也；立成王者，所以居正也。自是以后，子继之法，遂为百王不易之制矣。由传子之制而嫡庶之制生焉。夫舍弟而传子者，所以息争也。"[2]王国维高度概括的由商代的兄终弟及转为周代父死子继的规律是相当精辟的。

王国维概括的这个规律是否适用于楚国？

《史记·楚世家》："季连生附沮，附沮生穴熊。……周文王之时，季连之苗裔曰鬻熊。……其子曰熊丽。熊丽生熊狂。熊狂生熊绎。……熊绎生熊艾，熊艾生熊䵣，熊䵣生熊胜。熊胜以弟熊杨为后。熊杨生熊渠。熊渠生子三人。……后为熊毋康，毋康蚤死。熊渠卒，子熊挚红立。挚红卒，其弟弑而代立，曰熊延。熊延生熊勇。……熊勇十年，卒，弟熊严为后。……熊严卒，长子伯霜代立，是为熊霜。……熊霜六年，卒，三弟争立。仲雪死；叔堪亡，避难于濮；而少弟

---

① 王国维：《观堂集林》，中华书局 1959 年，第 454 页。
② 王国维：《观堂集林》，中华书局 1959 年，第 456 页。

季徇立，是为熊徇。……二十二年，熊徇卒，子熊咢立。熊咢九年，卒，子熊仪立，是为若敖。……二十七年，若敖卒，子熊坎立，是为霄敖。霄敖六年，卒，子熊眴立，是为蚡冒。……蚡冒十七年，卒。蚡冒弟熊通弑蚡冒子而代立，是为楚武王。……"归纳楚王族在战国前的世系如下：

季连—附沮—穴熊—鬻熊—熊丽—熊狂—熊绎—熊艾—熊䗥—熊胜—熊杨(弟)—熊渠—熊挚红—熊延(弟)—熊勇—熊严(弟)—熊霜—熊徇(弟)—熊咢—熊仪(若敖)—熊坎(霄敖)—熊眴(蚡冒)—武王熊通(弟)—文王熊赀—庄敖熊囏(《左传》为堵敖)—成王熊恽(弟)—穆王熊商臣—庄王熊侣—共王熊审—康王熊招—郏敖熊员—灵王熊围(弟)—訾敖熊比(弟)—平王熊居(弟)—昭王珍(轸)—惠王熊章

这里，熊胜传予熊杨，熊挚红传予熊延，熊勇传予熊严，熊霜传予熊徇，蚡冒传予楚武王，堵敖传予楚成王，楚共王的4个儿子先后均为楚王。此世系所直接反映的这7例皆为兄终弟及，证实了王国维概括的商代王位继承规律适用于楚王族。

第一例，熊胜传予其弟熊杨。《史记·楚世家》明言"熊胜以其弟熊杨为后"，看来是熊胜在位时就明确由其弟熊杨接位，没有考虑由其子继位。由于史籍缺载，熊胜是否有儿子，并不清楚，但其弟熊杨继位看来十分顺利，没有遇见抵抗，没有发生流血事件。当时似乎有不成文的"兄终弟及"的规则，起到了约定俗成的作用，使大家接受了熊杨。

第二例，熊挚红传予其弟熊延。《楚世家》载："（熊渠）后为熊毋康，毋康早死。熊渠卒，子熊挚红立。"在熊渠的君位传承中，长子熊毋康的早死，导致了继承上的混乱。熊挚红死后，熊延弑挚红子而自立。《楚世家》载："挚红卒，其弟弑而代立，曰熊延。"挚红既卒，其

弟熊延弑而代立，熊延所杀的只能是挚红之子，为叔杀侄之例。此一继承虽非正常继位，充满血腥，但是按照商代兄终弟及的先例和《礼记·礼运》所宣扬的"大人世（父死子继）及（兄终弟及）以为礼"即传弟与传子皆合礼的原则，挚红之弟熊延是有权继承君位的。大概熊挚红执意传位于子，而其子年幼或没有实力，其弟熊延弑挚红子而代立，为楚王族所默认。

第三例，熊勇传予其弟熊严。何浩、张君提出："（熊勇）显然属于嫡长子继位后无子（无后）故由其弟代立，以保证君统的延续。"①这一说法没有依据。《姓觹》"勇"姓下引《姓源》云"楚子熊勇之后"，不可轻言熊勇无后。《楚世家》论及熊勇的君位继承："熊勇十年，卒，弟熊杨为后。"而不言熊勇无后，比照《楚世家》"肃王卒，无子，立其弟熊良夫，是为宣王"，明言肃王无子，可见熊勇不一定没有儿子，仍然传位给熊严。不能断言其因无子而传弟。因此，熊勇传位予熊严一事，应当作为君位继承制中兄终弟及的常态来看。

第四例，熊霜传位于熊徇。《楚世家》载："熊霜六年，卒，三弟争立。"何浩、张君说："从熊霜在位仅六年而卒可以推知，熊霜之后这场群弟争立的混战，是因熊霜无子、君统的正常继承中断而引起的。"②这种"推知"依据不足。从楚国历史看，在位六年而有子继位者多矣，霄敖在位只有六年，不妨碍其子蚡冒继位为楚王，声王在位仅六年，不妨碍其子熊疑继位为楚王，故不能以熊霜在位仅六年而推知其无子。另外，《姓觹》"霜"姓条下引《姓考》"楚熊严子伯霜之后"，这是熊霜有子的佐证。《楚世家》明言三弟争立，而非三弟与伯霜之子争立。那么，熊霜是名正言顺地传位予其弟的，只是诸弟之间互相不服，才导致了三弟争立这一事件。熊霜有子不传而传予其弟，是当时有"兄终弟及"传位惯例的明证。三弟堂而皇之地"争立"，后面隐藏着

① 何浩、张君：《试论楚国的君位继承制》，《中国史研究》1984年第4期。
② 何浩、张君：《试论楚国的君位继承制》，《中国史研究》1984年第4期。

楚王族实行"兄终弟及"继承制的常法。

第五例，蚡冒传位至武王。《楚世家》："蚡冒十七年，卒。蚡冒弟熊通弑蚡冒子而代立，是为楚武王。"后世不少学者认为武王为蚡冒弟之说不可信。认为《楚世家》载蚡冒在位17年，假若武王为蚡冒弟，霄敖子，则继位最少当在18岁。其在位第51年御驾亲征随国，此时最少当是69岁，一个近古稀之年的国君出征他国实在很难想象。晋代杜预注《左传》文公十六年："蚡冒，楚武王父。"以武王为蚡冒子。其实《楚世家》所记没有错误，杜预误注误疑。楚武王熊通是蚡冒弟，18岁时，血气方刚，与其兄蚡冒可能相处不够融洽，导致杀侄自立，反而证实楚王族有实行"兄终弟及"继承制的惯例。蚡冒因性格暴戾，谥号为"楚厉王"。《韩非子·和氏》："厉王薨，武王即位。"《韩非子·外储说左上》："楚厉王有警，为鼓以与百姓为戍。饮酒醉，过而击之也，民大惊。使人止之，曰：'吾醉而与左右戏，过击之也。'民皆罢。居数月，有警，击鼓而民不赴。乃更令明号而民信之。"张守节《史记正义·谥法解》："杀戮无辜曰厉。"《春秋谥法表》谥"厉"下曰："《周书》暴慢无亲曰厉，杀戮无辜曰厉，独断暴虐无亲曰厉。"因此说蚡冒性格暴虐大体是不错的，否则不会得"厉"之谥。先秦文献对于蚡冒，除了"厉"谥号外，多为褒词，盛赞其开拓和启濮之功。如《左传》宣公十二年载"若敖蚡冒，筚路蓝缕，以启山林"，《国语·郑语》载"楚蚡冒于是乎始启濮"，则蚡冒又武功赫赫。蚡冒临死，传位其子，十分自然，可能是其子不肖，不足以担当楚王族发展重任，熊通在众人议论纷纷之际，趁机出手，杀侄自立，未发生动乱，表明熊通为大家所接受。陶亮猜测："关于这一段史实，合理的解释应当是：蚡冒时期的楚国武功颇盛，但由于蚡冒的暴虐，楚国贵族在蚡冒死后废他指定的继承人而改立熊通。"[1]可见，这里是"兄终弟及"的旧传统发挥了作用。

① 陶亮：《楚国君位继承制研究》，吉林大学硕士学位论文，2005年，第17—18页。

第六例，堵敖被杀，弟楚成王立。《楚世家》："庄敖五年，欲杀其弟熊恽，恽奔随，与随袭弑庄敖代立，是为成王。"《左传》庄敖作堵敖，"庄"字当是"堵"字之误，以下作堵敖。屈原《楚辞·天问》"吾告堵敖以不长"，指堵敖未及成人而死。《左传》庄公十四年（楚文王十年）载："楚子如息，以食入享，遂灭息。以息妫归，生堵敖及成王焉。"《左传》所载此事属倒叙，楚文王死时，堵敖最多也就 9 岁，在位 3 年，被杀时也不过 12 岁，其年幼不能主事可知。《楚世家》关于 12 岁的堵敖欲杀其弟，比他更小的弟弟却杀了堵敖代立一事，显然，两位年幼的当事人都没有这种残酷行事的能力，只能解释为纯属出于楚国贵族的"立王"意愿。张正明认为废立堵敖，斗毅於菟为主谋。[①]但依据《左传》庄公二十八年记"楚令尹子元欲蛊文夫人"，及庄公三十年记"楚公子元归自伐郑，而处王宫"等一系列嚣张行为，似乎拥立成王一事的主谋当为令尹子元，年幼的楚成王平稳接位，子元有拥立之功，故而在成王面前嚣张。还有一种看法，是息妫成为"文夫人"之后，从楚国的发展出发，以"贤"取人，在两子之中选择了小儿子。可见成王以弟继位，符合"兄终弟及"原则，得到楚国贵族集团的认可。

第七例，楚共王众子中四兄弟先后继立。这是楚国执行"兄终弟及"继承制最集中的体现。《左传》昭公十三年追述说："初，共王无冢适，有宠子五人，无适立焉。"五位"宠子"分别为公子招、公子围、子干、子晳、弃疾，皆庶出。楚共王不知将王位传给谁为好，便别出心裁采取"神示"的办法："（共王）无适立焉。乃大有事于群望，而祈曰：'请神择于五人者，使主社稷。'乃遍以璧见于群望，曰：'当璧而拜者，神所立也，谁敢违之？'既，乃与巴姬密埋璧于大室之庭，使五人齐，而长入拜。"张正明评论："这样离奇的占卜方式，是旷古未有的。"[②]神选的结果虽是"拜"于最后的弃疾"厌（压）纽"，但最后还是立

---

① 张正明：《楚史》，湖北教育出版社 1995 年，第 96 页。
② 张正明：《楚文化史》，上海人民出版社 1987 年，第 117 页。

了长子招，即后来的楚康王。由最初听命于群望，到最后决意择长，反映出共王在选嗣问题上曾长时间举棋不定。康王之后，三位弟弟先后为王，十三年中发生了三起篡弑事件。《左传》昭公元年载，楚令尹公子围杀楚君郏敖，是为第一起。《左传》昭公十三年载，灵王的三个弟弟杀灵王太子禄及公子罢敌，灵王自缢而死，公子比为王，是为第二起。十多天后，公子比为弃疾用计致死，弃疾登位，是为第三起。可以说，这是楚国历史上王室诸公子兄弟之间争位最频繁、激烈的一个时期。《楚世家》记载：（郏敖四年）十二月，己酉，围入问王疾，绞而弑之，遂杀其子莫及平夏。"楚公子围遂成为楚灵王。他热衷于对外扩张，又征发民役大肆筑城，并率楚之主力东向伐吴，未能注意腋下之患，使得最小的弟弟弃疾有了发动政变的有利时机，弃疾的两个哥哥子干、子晳也积极参与政变。《史记·楚世家》载："公子比见弃疾，与盟于邓。遂入杀灵王太子禄。"子干（公子比）一度为王，谥訾敖。张正明用诙谐的语言总结："共王死，老大嗣立，是为康王；康王死，其子嗣立，是为郏敖；老二杀郏敖自立，是为灵王；灵王末年，老三、老四和老五发动政变，灵王和老三、老四相继自尽，老五即位，是为平王。这个埋璧卜嗣的故事充满了神秘化的气氛，与之相关的史实则贯串着戏剧性的情节，令后人将信将疑。"[①]唐代的元稹作《楚歌》十首，其一有句嘲云："当璧便为嗣，贤愚安可分？"[②]值得注意的是，楚共王诸子立王之乱，从公子围弑郏敖而始，由平王诈弑两王自立结束，从公子招（康王）—公子围（灵王）—公子比（訾敖）—弃疾（平王）四兄弟继位顺序来看，是严格按照"长幼次第以及"的常态顺序。这是商代典型的"兄终弟及"式的传统继承思维。

除了实行"兄终弟及"继承制外，楚国商周至春秋时期并不强调嫡长子继承。叶幼明认为，楚武王之子楚文王乃邓曼之子，邓曼为楚武

①　张正明：《楚史》，湖北教育出版社 1995 年，第 215 页。
②　张正明：《楚文化史》，上海人民出版社 1987 年，第 117 页。

王夫人。楚国与中原各国不同，夫人为姬妾之称而非王后，后的称呼才应当是嫡夫人。《礼记·曲礼》："天子之妃曰后，诸侯曰夫人。"本来，王之正妻称后，诸侯之正妻称夫人，楚自楚武王开始称王，其正妻则当称后，妃嫔则称夫人。故《战国策·楚策》载楚怀王有南后，而其所幸宠姬郑袖则称夫人。邓曼为夫人，则非王后，楚文王之非嫡长子也就无疑了。①

楚文王之子堵敖和楚成王，皆息妫之子，而息妫乃楚文王灭息国时所得的俘虏，虽受宠幸，却非正妻。楚文王六年，息侯诱楚伐蔡，败蔡师于莘，还俘虏了蔡哀侯献舞以归。后蔡哀侯献舞为报此恨，就向楚文王夸耀息妫的美貌，楚文王出师灭息，"以息妫归，生堵敖及成王焉"。楚文王得息妫当在鲁庄公十二年亦即楚文王八年，公元前682年左右。楚文王在位15年就死了，这时堵敖最大也不过7岁，以非嫡长子身份继承王位。三年之后（鲁庄公二十二年，公元前672年），楚贵族杀堵敖而立熊頵，为楚成王，年龄最大也不到10岁，当然不是嫡长子。

楚庄王侣（旅）也不是嫡长子继位。《左传》宣公十二年，楚少宰说："寡君少遭闵凶。"《国语·楚语上》载："昔庄王方弱。"韦昭注："方弱，未二十。"言楚庄王即位之初，尚不足20岁。而他的父亲楚穆王在楚成王"君之齿未也"②的时候就做了太子，楚成王在位46年，楚穆王在位12年，前后共58年，嫡长子理当年长，而楚庄王继位时还不足20岁，可见其不是嫡长子。

楚庄王之子楚共王即位之初，据他自己说是："不穀不德，少主社稷。生十年而丧先君，未及习师保之教训而应受多福。"（《左传》襄公十三年）令尹子重也说："君弱，群臣不如先大夫。"（《左传》成公二年）楚共王此时才10岁，"未及习师保之教训"，表明未被立为太子，

---

① 叶幼明：《楚国王位继承考》，载《楚史与楚文化研究》，求索杂志社1987年，第275页。

② 《左传》文公元年杜注："齿，年也，言尚少。"

未受到太子才能享受的教育待遇，亦可见其非嫡长子。

楚康王也非嫡长子继位，《史记·十二诸侯年表》记："楚康王昭元年，共王太子出奔吴。"共王在临死前是指定了王位继承人的，但《左传》昭公十二年载"共王无冢適"，说明这个太子没有得到贵族们的认可。康王为庶出，虽由庶出之长而得到王位，却非嫡长子。

楚平王是楚共王5个儿子中最小的一个，其非嫡长子可知。

楚平王之子昭王珍（轸），其母乃是原为太子建所聘之秦女。据《左传》昭公十九年所载，在楚平王即位之后6年"楚夫人嬴氏至自秦"。7年之后，楚平王就死了。故楚昭王即位之初，不过六七岁，且其母秦嬴亦只为夫人。楚平王死后，令尹子常欲立子西，说："太子壬弱，其母非適也，王子建实聘之。"（《左传》昭公二十八年）可见楚昭王不是嫡长子。

《史记·楚世家》："昭王病甚，乃召诸公子大夫曰：'孤不佞，再辱楚国之师，今乃得以天寿终，孤之幸也。'让其弟公子申为王，不可。又让次弟公子结，亦不可。乃又让次弟公子间，五让，乃后许为王。"楚昭王临死，传位于其弟公子启（即子间）。昭王死后，公子启谦让，说："君王舍其子而让群臣，敢忘君乎？从君之命，顺也。立君之子，亦顺也。二顺不可失也。"于是他与子西、子期商议，"逆越女之子章立之"（《左传》哀公六年）。杜预注："越女，昭王妾。"即《左传》哀公十年所称之"昭夫人"。可见楚惠王亦非嫡长子。

从以上春秋时期可以考证其出生的楚王的身世来看，他们皆非嫡长子，而且大都年纪很小就即了王位。由此可知，春秋时期嫡长子继承制在楚国起码不是占主要地位的继承方式。

楚人缺乏宗法制的传统，他们的传统是传弟与传子并行、且传子也不必立嫡长，所谓"楚国之举，恒在少者"，凡此都跟西周宗法制和分封制格格不入。刘玉堂在其《楚国宗法制度与等级构成兼析楚国的社会性质》一文中对这一问题给予了详细的论述。楚国自熊渠以来，传弟有五例，五次传弟都属于特殊情况，即不是先王无后就是弟凭借

暴力夺取王位。既然不是正常情况下的王位递接，就不能说是楚国的"传统"。关于"楚国之举，恒在少者"，在楚国享国的八百年间，少子继承王位者三例，均属弑兄而立；庶子继承王位一例，也属弑立。二者数例，没有一例是合法继承的。"楚国之举，恒在少者"只能局限在特定的历史条件下，即唯有发生"以弟废兄的举动"才能成立。[①]

第五节　战国时期楚国始实行嫡长子继承制

王国维在《殷周制度论》中很快又发现，父死子继的办法，依然宽泛，还需要缩小范围，调整为以嫡长子继承："然使于诸子之中，可以任择一人而立之，而此子又可任立其所欲立者，则其争益甚，反不如商之兄弟以长幼相及者犹有次第矣。故有传子之法，而嫡庶之法亦与之俱生。"[②]

嫡长子继承制应该包含两方面的内容，一是立嫡立长立贵，二是嫡穷济补原则。《公羊传》隐公元年谈及春秋时期鲁国君位继承原则时说："立嫡以长不以贤，立子以贵不以长。"这一原则也为当时大多数诸侯国所遵从。《左传》昭公二十六年记载这么一件事："楚平王卒，令尹子常欲立子西，曰：'大子壬弱，其母非嫡也，王子建实聘之。子西长而好善。立长则顺，建善则治。王顺、国治，可不务乎？'子西怒曰：'是乱国而恶君王也。国有外援，不可渎也；王有嫡嗣，不可乱也。败亲、速仇、乱嗣，不祥。我受其名。赂吾以天下，吾滋不从也，楚国何为？必杀令尹！'"子常欲改立昭王，先找"其母非嫡"的借口。何休在《公羊传解诂》隐公元年做了这样的解释："嫡，谓嫡夫人之子，尊无与敌，故以齿。子，谓左右媵及姪娣之子，位有贵贱，又

---

① 刘玉堂：《楚国宗法制度与等级构成——兼析楚国的社会性质》，《荆州师专学报》1994 年第 1 期。

② 王国维：《观堂集林(外二种)》，河北教育出版社 2003 年，第 234 页。

防其同时而生，故以贵也。"可见，原则上，只有在无嫡子可立的条件下，才按照选贵的原则来立诸子。

陶亮认为：共王四子先后代立，史实详见《左传》和《楚世家》。代立之乱政从围弑郏敖而始，由平王诈弑两王自立结束。同前述两例一样皆是非正常继位，但是从招—围—子比—弃疾的继位顺序来看，又是非常态中包含着长幼次第以及的常态。《左传》与《楚世家》皆记载了这么一件事情：共王无嫡子，埋璧于庭，卜立太子，从卜的结果来看，当是幼子弃疾立。然而最终康王以年长得立，合于《左传》襄公三十一年所载的"太子死，有母弟则立之，无则立长，年均择贤，义均则卜。古之道也"的嫡穷济补原则。据此陶亮得出结论："此时楚国嫡长子继承制已开始确立。"[1]

楚惠王以后，战国时期，楚国的君位继承为完全的嫡长子继承兼嫡穷济补。

《楚世家》所载战国时期楚国世系情况如下：

惠王—简王—声王—悼王—肃王—宣王(弟)—威王—怀王—顷襄王—考烈王—幽王—哀王(弟)—负刍(弟)

从上列世系可以看出，除肃王至宣王一传，幽王至哀王又至负刍二传为兄终弟及之外，其余君位继承皆父死子继。《史记·楚世家》："肃王卒，无子，立其弟熊良夫，是为宣王。"则肃王是因无子而立弟。又"(幽王)十年，幽王卒，同母弟犹代立，是为哀王"。《史记·春申君列传》载楚考烈王无子，春申君患之，进美女于王，卒无子，赵人李园女弟侍春申君，有孕进之于王，生子，立为太子。《史记·春申君列传》把此事列在春申君为相22年条下，则幽王得立之时年幼可知。考烈王在位25年，即便以考烈王继位便以春申君为相，幽王得立

①　陶亮：《楚国君位继承制研究》，吉林大学硕士学位论文，2005年，第19页。

时最多也只 3 岁。并且幽王立十年而亡，史料未载其是否有后，大体因早亡无后才立母弟哀王。以上两例为非常态继承。从第二例中可以看到的是，负刍为哀王庶兄，然幽王死立母弟，以嫡而不以长，还是可以看到符合《左传》襄公三十一年所载"太子死，有母弟则立之，无则立长，年均择贤，义均则卜。古之道也"的嫡穷济补原则。

除去以上两例特殊情况之外，剩下基本上为太子继位为王，即嫡长子继承。楚惠王在位共 57 年，文献没有惠王在临死前一年改立太子的记载。故简王为惠王太子可知。《史记·孙子吴起列传》："悼王既葬，太子立。"《史记索隐》以为"肃王臧也"，则肃王为悼王太子。《史记·楚世家》："齐王卒用其相计而归楚太子。太子横至，立为王，是为顷襄王。"则顷襄王为怀王太子。《史记·楚世家》："三十六年，顷襄王病，太子亡归。秋，顷襄王卒，太子熊元代立，是为考烈王。"则考烈王亦为顷襄王太子。《史记·春申君列传》载楚王召李园女弟入幸之，"遂生子男，立为太子，以李园女弟为王后。……于是遂使吏尽灭春申君之家。而李园女弟初幸春申君有身而入之王所生子者遂立，是为楚幽王"。则幽王为考烈王太子，且李园妹立为王后，幽王为考烈王嫡长子可知。

陶亮指出，以上为文献确切记载楚君继位前为太子身份的，计有 5 君。另有一些楚王继位前的身份，文献未载其是否为太子，但是从考察此前楚国有了明确的太子制度，并且都是太子继位为君来看，我们有理由认为这些楚君原则上都是以太子身份直接继承楚君之位的。①

第六节　楚国君位继承制的成功与不足

楚国逐步演进的君位继承制对于维护楚国的王权起到了保证作用。一方面，强大的王权是战国时期楚国嫡长继承制得以顺利实行的

---

① 陶亮：《楚国君位继承制研究》，吉林大学硕士学位论文，2005 年，第 34 页。

支柱和保证；另一方面，嫡长继承制的巩固和完善，又成为楚王权强大和国内政局稳定的前提和因素。这是因为，每任楚君均非大臣"立私"的产物，这样，楚君就不必在即位后回报中原列国那种心挟私利的公卿大夫，大臣也就难以乘机窃取国柄，玩弄君主于股掌之上；其次，君统递承的稳定，也防止和减少了包括王室成员在内的统治阶级上层可能发生的无休止的争斗，以及由此造成的政局动荡。作为西周、春秋时期带有根本性影响的宗法制，其核心和实质，就是通过大小宗的区分和嫡长继承权的确认，协调贵族内部对于权力、财产、爵位（包括王位在内）的分配，以保证贵族统治的稳定。由于楚国君位之传让受别国因素的干扰较少，很少打破王位继承的正常规则，故较能反映君位的正常继承状态。一般说来，楚国的君权没有发生下移现象，国家在权力交接时十分稳定。比较典型的是《国语·鲁语下》所载鲁襄公君臣赴楚国途中对楚康王死时楚国正常实行君位继承的评价：

　　襄公如楚，及汉，闻康王卒，欲还。叔仲昭伯曰："君之来也，非为一人也，为其名与其众也。今王死，其名未改，其众未败，何为还？"诸大夫皆欲还。子服惠伯曰："不知所为，姑从君乎！"叔仲曰："子之来也，非欲安身也，为国家之利也，故不惮勤远而听于楚，非义楚也，畏其名与众也。夫义人者，固庆其喜而吊其忧，况畏而服焉？闻畏而往，闻丧而还，苟芈姓实嗣，其谁代之任丧？王太子又长矣，执政未改，予为先君来，死而去之，其谁曰不如先君？将为丧举，闻丧而还，其谁曰非侮也？事其君而任其政，其谁由己贰？求说其侮，而亟于前之人，其仇不滋大乎？说侮不懦，执政不贰，帅大仇以惮小国，其谁云待之？若从君而走患，则不如违君以避难。且夫君子计成而后行，二三子计乎？有御楚之术而有守国之备，则可也；若未有，不如往也。"乃遂行。

鲁襄公到楚国去，拜访楚康王，走到汉水时，突然听说楚康王驾崩，很失望，下令结束行程，返回鲁国。同来的鲁国臣子议论纷纷，激烈辩论。大夫叔仲昭伯反对马上返回鲁国，说："我们这次来楚国，并不是为楚王一人，而是冲着楚国大国盟主的名声和它的辽阔疆土以及众多的兵甲。现在楚王死了，它的大国地位没变，军队也没衰败，为什么回去？"不想鲁国众位大夫都归心似箭，子服惠伯说："既然大家都不知道怎么办好，就姑且听襄公的话，回国吧。"叔仲昭伯说："你们这次来，不是为自己求安身，而是为了国家的利益。我们之所以不怕路远辛劳而拜访楚国，表面是同楚国讲仁义，实际上是畏惧它的威名和兵力。同楚国讲仁义，当然要庆贺人家的喜事及吊唁人家的丧事，何况是畏服于人呢？本来是由于畏服人家，而前往楚国，现在突然听说楚王死了，便半路返回，不妥。楚国的芈姓王族有完善的继承制度，谁能代替他们主办丧事吗？楚王早前立的太子已长大成人，当政掌权的大臣都一如既往，没有变动，国势稳定，我们为拜访楚康王而来，听说楚康王去世就打道回府，谁能说楚国的新君就不如先君？如果在鲁国听到楚国有丧，还免不了要来吊丧，如今半路听说有丧事，反倒要转回去，谁能说这不是在侮辱楚国呢？楚臣事奉自己的国君必然维护国家尊严，谁愿意看到友好国家有贰心呢？楚国君臣要摆脱这种不尊的侮辱，一定比以前还要急迫，这样鲁、楚两国间的仇恨不就大了吗？楚国要摆脱侮辱就不会示弱，新的楚王不容别国背叛，就会把我国当做大仇敌，统率军队来威胁我们，谁又能抵御呢？假如听从襄公的话，轻率回国，让鲁国走向祸患，不如违背襄公的意愿，继续前往楚国，但愿能避开祸患。君子考虑成熟才能行动，你们各位都认真考虑了吗？如果有抵御楚国的办法，有守卫鲁国的装备和实力，大家就可以就此全部回国，如果没有，不如到楚国去。"鲁襄公觉得叔仲昭伯说得有道理，收回成命，于是鲁国君臣维持原先拜访楚国的计划不变，继续前往楚国。从鲁大夫叔仲昭伯的言论中，可见鲁国对楚国君位继承的评价是很高的，楚康王父死子继，楚国的运行一切照常，

鲁国作为小国，不得不依然小心谨慎，对新的楚王保持尊重。

一个国家，稳定的君位继承，至关重要。《吕氏春秋·慎势》说："故先王之法，立天子不使诸侯疑焉，立诸侯不使大夫疑焉，立適子不使庶孽疑焉。……妻妾不分则家室乱；適孽无别则宗族乱。"又，《左传》桓公十八年记周大夫辛伯语曰："并后，匹嫡，两政，耦国，乱之本也！"春秋战国时期，各诸侯国继承制五花八门，致使动乱迭起，难以遍举。如东周王室，在庄、襄之间相继发生的王子克、王子颓、王子带的争立，加速了东周的衰亡。晋国彻底否定嫡长制、小宗代大宗、诛灭公族、用异性宗族，导致众卿坐大，瓜分晋国。再如宋国，《史记·宋微子世家》载："宣公有太子与夷。十九年，宣公病，让其弟和曰：'父死子继，兄死弟及，天下之通义也。我其立和。'和亦三让而受之。弟和立，是为穆公。"宋宣公传位于其弟和，结果引起了"十世不宁"纷争不休的局面，削弱了宋之国力。何浩、张君指出："由此可见，楚国之所以一旦崛起后，雄踞江、汉、汝、淮，包囊洞庭、苍梧，历久而不衰，在很大程度上，是因为有着由稳定的君统所造成的稳定的政局为基础的。"[①]

先秦时期各诸侯国的君位继承制度，为避免争夺王位导致国家的混乱，一般严格按照周礼的要求，父子相传，实行严格的嫡长子继承制，那种"兄终弟及"或者由君王择贤而立的类型，一般受到谴责和排斥。而楚国由来自中原的芈族和江汉流域土著荆蛮合并成立，楚武王称王，遭到中原各国的强烈抵制，在楚成王之前，一直得不到周王室的承认，楚国自称"蛮夷"，故不受周礼的约束，能够独立自主地实行具有楚国特色的君位继承制。楚王继承制有自己特色，致王权更加巩固。

战国时期楚国在王位继承制上已经完全吸收了周人的嫡长子继承制。嫡长子继承制在规范王位继承上确实有其特殊的贡献，但是也带

---

① 何浩、张君：《试论楚国的君位继承制》，《中国史研究》1984 年第 4 期。

来了负面影响。僵硬执行嫡长子继承制，使得楚国幼君继位现象比之他国更为严重，这使得楚国君权的行使不够充分，对王权的加强以及整个国家的发展十分不利。再如本意是为了转移楚王其他公子觊觎王位而设的封君之制，长期实行的结果，反而使得楚国在战国后期封君太众，楚王权力不能集中。虽然楚国王权从未被下替，但部分被封君分散，削弱了楚国的实力。因此，战国以来的楚国虽号称强大，带甲百万，其地数千里，却始终难以形成统一宇内的宏大气势。

第七节　楚君称敖制和楚君的谥号

楚贵族中，称"敖"者甚多，除莫敖之外，还有若敖、霄敖、堵敖、郏敖、訾敖、芴敖、阎敖、连敖等。诸敖之间，关系甚密。它们或为国君之称，或为楚王未得王谥之号，或为氏族之名，或为官名。《史记·楚世家》："熊咢（熊渠四世孙）九年，卒，子熊仪立，是为若敖……（若敖）二十七年，若敖卒，子熊坎立，是为霄敖。霄敖六年，卒，子熊眴立，是为蚡冒。"这些"敖"的称谓可分类看待，文炳淳认为：

> 楚国称"敖"者可分三大类：一、"敖"即"国君"，如若敖、霄敖、蚡冒。二、武王以后未得谥号者，如堵敖、郏敖、訾敖。三、大氏族首领，如芴敖、阎敖、莫敖、连敖。①

这种分类除第三点略有瑕疵外，大致可行。史传所载莫敖、连敖，均是官称，尽管多由芈姓贵族宗长担任，但职官名称与氏族首领称谓毕竟有别，不能等同，故第三类似应看作职官名称。国君之外称"敖"

---

① 文炳淳：《包山楚简所见楚官制研究》，台湾大学硕士学位论文，1997年，第131页。

的芈姓上层贵族在脱离部落酋长的原始形态后，演变成国家职官体系的一部分。①

楚君中，熊仪为若敖，若敖子熊坎为霄敖，"敖"字在楚国古文字中皆作嚣。② 嚣、敖、冒均音通，可互用，蚡冒的冒当为嚣或敖的假借字，表明熊仪、熊坎、熊眴祖孙三代皆称"敖"。此外，春秋时代，楚武王改称王以后，仍有三位国君称敖：其一为堵（或作杜、庄）敖，即文王子熊囏；其二为郏敖，即康王子熊员；其三为訾敖，即共王子、康王和灵王之弟子比（字子干）。这 6 位国君的称谓后都有一个"敖"字，即"某敖"。显然，"敖"是这 6 位国君的一种通称。

楚国称"敖"的短命君主有堵敖、郏敖、訾敖。郏敖见于《左传》昭公元年："葬王于郏，谓之郏敖。"《左传》昭公十三年："葬子干于訾，实訾敖。"堵敖在位五年，郏敖在位四年，訾敖为王仅几天。《天问》中有"吾告堵敖以不长"句，王逸注明："楚人称未成君者为敖。"同样，杜预注"訾敖"说："不成君，无号谥者，楚皆谓之敖。"总之，这三位"敖"都是在楚君已称王并有号谥之后，才有"敖"之称，因在位时间短，未能真正履行君王的职责，故楚人不承认其君王的合法地位，乃沿用旧称随意给予的名号。

称"敖"并不是楚王族特有的现象。早在尧、舜之时，就有用"敖"字命名的人物或氏族部落，如《庄子·人间世》载"昔者尧攻丛枝胥敖"，《吕氏春秋·召类》载"禹攻曹魏、屈骜、有扈"。唐嘉弘指出，西周时期，铜器铭文上还常出现以"敖"字命名的酋长或"邦君"。如乖伯簋"二月，眉敖至见，献帛"，"王命益公征眉敖"；岐山出土九年卫鼎，上有铭文"眉敖者肤为吏（使）"。可见，以"敖"名官在尧、舜时期就已存在了，"敖"多半为少数民族的部落首长。③

---

① 田成方：《东周时期楚国宗族研究》，武汉大学博士学位论文，2011 年，第 54 页。

② 罗运环：《古文字资料所见楚国官制研究》，载楚文化研究会编《楚文化研究论集》第二集，湖北人民出版社 1991 年，第 275 页。

③ 唐嘉弘：《先秦史新探》，河南大学出版社 1988 年，第 160 页。

归纳"敖"的含义，内容广泛，主要有六种意思：

其一，酋豪说。《尚书今古文注疏·书序下》载"西旅献獒"。孙星衍注："马融作'豪'，曰酋豪也；郑康成曰'獒读若豪，西戎无君，名强大有政者为酋豪。'"马、郑二家明确指出"敖"与"豪"通。顾颉刚《史林杂识》还说："楚王之无谥而称敖者，盖即酋豪之义。"[①]杨伯峻《春秋左传注》于若敖、郏敖下均注为"酋长"。

其二，无谥号楚王说。杜预在《左传》昭公十三年"訾敖"注："不成君无号谥者，楚皆谓之敖。"顾颉刚《史林杂识》认为："仪与坎在有谥前，麇与员在有谥后，而麇为其弟熊貲所弑，员为其季父公子围所弑，其无谥宜也。"[②]

其三，地名说。清人易本烺《春秋楚地答问》认为："若敖是地名，先君所葬，犹后世称某陵，而后以为族氏也。"并说"窃疑敖为水名"；楚之未成名者曰敖，如堵敖、訾敖、郏敖，则别是一义。顾颉刚《史林杂识》说此"敖"当为"楚语丘陵之意"[③]。杨伯峻《春秋左传注》于昭十三年訾敖下注："楚君王无谥者，多以葬地冠'敖'字，如《楚世家》有杜敖，僖二十八年传有若敖，昭元年传有郏敖。顾栋高《春秋大事表》谓訾在河南信阳县境。"[④]张正明说："郏敖葬于郏地，訾敖葬于訾地，因名。则若、霄、堵也应是地名。霄无可考。堵的地望应在后世的堵阳或与堵阳相近，据《史记·张释之冯唐列传》张守节《正义》引'应劭曰'及《括地志》，在今邓县境。"[⑤]

其四，宗族说。姜亮夫"疑莫敖之官比于后世秩宗宗正"[⑥]。楚国

---

① 顾颉刚：《史林杂识》，中华书局 1977 年，第 212 页。
② 顾颉刚：《史林杂识》，中华书局 1977 年，第 212 页。
③ 顾颉刚：《史林杂识》，中华书局 1977 年，第 212 页。
④ 杨伯峻：《春秋左传注》（修订本），中华书局 1990 年，第 1348 页。
⑤ 张正明：《楚国社会性质管窥》，载《张正明学术文集》，湖北人民出版社 2007 年，第 349 页。
⑥ 姜亮夫：《屈原列传疏证》，载《姜亮夫全集·楚辞学论文集》，云南人民出版社 2002 年，第 7 页。

的国君称"敖",始于熊渠,其后熊仪称"若敖",熊坎称"霄敖"。楚王熊渠时曾谓自己"蛮夷也,不与中国之号谥",并一度封三子为王,但终因惧怕周王室而去其王号。及春秋,楚熊通见周衰微,遂自称王,以至于战国。楚君之下其世袭贵族的首领或族长也称"敖"。如"若敖""莫敖""苀敖"等,他们的子孙宗族,亦同样称为"若敖""莫敖""苀敖"。谭黎明认为,诸敖与楚国君为同宗族的人,具有血缘关系,"敖"是楚国王室裂变出来的家族长,楚国的"敖",可以承担楚国的内政、外交、祭祀和军事等工作。①

其五,官名说。唐嘉弘认为,"敖"是一种社会现象,不会一成不变,它由共名而专名,由泛称而专称,最初出现于原始社会的氏族制中,带有普遍性,进入国家政权后,具备职官性质,纳入行政管理系统之中。② 敖随着历史的演进,由国君降而为统帅,由统帅降而为主将,终至于消失。在整个发展过程中,氏族血缘组织的烙印由深变浅,由浅变无,君王的专制权力则按反比增强了。楚国的官制乃至政体与时俱进,并不株守成法,从敖的始末也可见一斑。张正明则认为,敖比后世的王略卑,比先世的酋长兼大巫稍尊。后世有莫敖掌军,秦末楚人的连敖也掌军。由此可知,敖应是楚族军事首领的尊号。③

其六,楚言说。姜亮夫认为"敖"疑为含某种意义之楚语。④ 张正明认为,敖应是楚言,恐不可据夏言求其正解。⑤

上述诸说,皆有一定依据。故对于楚国的"敖",应该综合理解其

---

① 谭黎明:《春秋战国时期楚国官制研究》,社会科学文献出版社 2017 年,第 16—18 页。
② 唐嘉弘:《释"莫敖"》,《江汉论坛》1982 年第 11 期。
③ 张正明:《楚国社会性质管窥》,载《张正明学术文集》,湖北人民出版社 2007 年,第 349 页。
④ 姜亮夫:《史记屈原列传疏证》,载《姜亮夫全集·楚辞学论文集》,云南人民出版社 2002 年,第 7 页。
⑤ 张正明:《楚国社会性质管窥》,载《张正明学术文集》,湖北人民出版社 2007 年,第 349 页。

兼有之义。

部分楚君称"敖"，还有可能是楚君的谥号，叫作"敖谥"。楚君之所以以"敖"为谥号，与熊渠宣称"不与中国之号谥"有直接关系。以"若敖"为例，楚人名"敖"而实为楚王，"若"必为谥号。"若"意即顺，《尚书·尧典》有"乃命羲和，钦若昊天"，楚人认为熊仪顺天应时，德合天地，开国兴民，慈和遍服，应该为敖（王）。司马迁述《楚世家》，强调熊仪之立，"是为若敖"，说明楚已进入一个新的历史阶段。"若敖"名号的出现，是楚王族脱离蛮夷的表现。至于熊眴的谥号，《左传》《史记》均作"蚡冒"，《韩非子》《新序》均作"厉王"。这似乎矛盾，其实，这正是熊通先称敖后改称王的反映。熊通即位之初，便以蚡冒谥熊眴，即是使用敖谥，熊通三十七年改称王，又以"厉王"谥熊眴。故熊眴有两个谥号。总之，这种"敖谥"在熊渠时代已经存在。霄敖熊坎时楚王族已实施"敖谥"制度是没有疑问的。

总的来说，楚国谥法起源于西周中叶，楚人"不与中国之号谥"，实行"敖谥"制，独具一格。春秋早期，楚国国君称王，引入周礼谥法，实行"王谥"制。在楚国除国君之谥以外，尚数见封君之谥，时在春秋战国之际，大体与楚国封君兴起时代相当。而楚国令尹等卿大夫无谥，与楚国较早实行专制集权制政治体制有关。

谥法起源研究是一个重要课题，历来受到学术界的重视。学术界关于整个古代社会的谥法起源，久讼未决，众说纷纭，归纳起来有以下几种说法：其一，原始社会说①；其二，殷商时期说②；其三，西周

① 吴静渊：《谥法探源》，朱东润等主编《中华文史论丛》1979 年第 3 辑，上海古籍出版社 1979 年。

② 屈万里：《谥法滥觞于殷代论》，载《历史语言研究所集刊》第 13 期，1948 年；黄奇逸：《甲金文中王号生称与谥法问题的研究》，载《中华文史论丛》1983 年第 1 期；彭裕商：《谥法探源》，载《中国史研究》1999 年第 1 期。

初期说①；其四，西周中期说②；其五，战国时代说。③谥法乃周初所创，为周王朝礼制的重要内容之一，以谥号评定君王一生功过，可彰明和儆戒后世，有利于王朝的巩固和发展。楚人建国既仿效周的王制，也必然要借鉴周的礼制。《礼记·檀弓上》载："死谥，周道也。"《通志·谥略》载："以讳事神者，周道也。周人卒哭而讳，将葬而谥。……生有名，死有谥，名乃生之辨，谥乃死之辨，初不为善恶也。"这就是说，谥号，最初并不讲善恶，最主要的是"将葬而谥"。杨树达提出："据《史记·楚世家》，楚王之有号谥始于楚武王熊通，武王以前皆无谥是也。"④此说明显不妥。《史记·楚世家》记："熊渠曰：'我蛮夷也，不与中国之号谥。'"可知楚武王之前的熊渠之时，楚人便有自己的不同于中原诸国的谥法。

张懋镕、李零认为周初的谥法分商、周二系，即：商人及商代遗臣习用日干名或日干名加美称，西周人则用美称（即周礼谥法）。⑤罗运环指出，西周时楚国君王的"敖谥"，即在敖前冠以葬地名，既不属于日干名类，也不属于美称类，则应属于另一系，即楚系。⑥

先秦谥法的内涵丰富。《礼记·檀弓上》将人生分为四个阶段，即："幼名，冠字，五十以伯仲，死谥。"死谥是人生最后阶段的称号。故谥法是一种有关人生的礼制，又称"谥礼"，其内涵包括一定的程

① 薛金玲：《谥法起源浅析》，载《西北大学学报》（哲学社会科学版）2000 年第 1 期；常金仓：《二十世纪古史研究反思录·周公制谥及文献与考古发现的契合》，中国社会科学出版社 2005 年。
② 王国维：《观堂集林·遹敦跋》，中华书局 1959 年；童书业：《春秋左传研究·周代谥法》，上海人民出版社 1980 年；汪受宽：《谥法研究》，上海古籍出版社 1995 年。
③ 郭沫若：《谥法之起源》，载《郭沫若文集》卷十四，人民文学出版社 1963 年。
④ 杨树达：《积微居金文说·乖伯簋再跋》，科学出版社 1959 年，第 185 页。
⑤ 张懋镕：《周人不用日名说》，《历史研究》1993 年第 5 期；李零：《楚景平王与古多字谥》，《传统文化与现代化》1996 年第 6 期。
⑥ 罗运环：《楚国谥法研究》，载《纪念徐中舒先生诞辰 110 周年国际学术研讨会论文集》，巴蜀书社 2010 年，第 357 页。

式，如议谥原则、谥号用字，等等。

谥法的关键是"议谥"。"议谥"又称"谋谥""命谥""制谥"。议谥的时间，一般在死者待葬之时，即所谓"谥礼，侍葬而谥"①。

"议谥"的内容，极有讲究。谥有善谥和恶谥，大多是群臣根据君王生前的表现，给予评功摆好的善谥，如"文""桓""武"，对不得其终或中衰之主谥为"昭"，短寿者谥为"悼""哀""闵""怀"，被杀或不得好死者谥为"隐"，其中属于恶谥的为"幽""厉""灵"等，失国者谥为"出"。《逸周书·谥法解》："死而志成、乱而不损、极知鬼事、不勤成名、死见鬼能曰灵，不显尸国、隐拂不成曰隐，早孤有位、雍遏不通、动祭乱常曰幽，致戮无辜曰厉。"童书业在《春秋左传研究·周代谥法》中对各诸侯国国君所受的各种谥号详加列举：

> 读《左传》《史记》等书，知西周中叶以来，列国君臣以至周天子谥号，多与其人之德行、事业以至考终与否大略相当。
>
> 如谥为"文"者，多彼时所谓令王或有功烈者：晋文侯有宁王室之勋，秦文公有逐犬戎之劳，楚文王有县申息、强楚国之功，卫文公复兴卫国，晋文公为霸主，鲁文公、宋文公、郑文公、邾文公皆令主，鲁季文子、臧文仲、齐陈文子、晋赵文子等，皆有令德之大夫，即鲁文姜虽被"淫乱"之名，然实参与鲁庄国政，与强齐周旋，亦大有造于鲁者也。
>
> 谥为"桓"或"武"者，多为武功昭著之君（即周桓王虽有繻葛之败，然固能合诸侯以讨强郑，尚有"王亦能军"之誉）：齐桓公为霸主，鲁桓公时国势极盛（别有考），郑桓公东取虢、郐，建立新国，曲沃桓叔建国强于晋，卫武公"佐周平

---

① 谯周：《古史考》，转引自欧阳询《艺文类聚》卷四十《礼部下·谥》，上海古籍出版社 1982 年，第 725 页。

戎甚有功",曲沃武公并晋,秦武公屡伐戎狄,楚武王时楚始强称王,此皆所谓善谥也。

谥为"昭"者,则多中衰之主与不得其终者:周昭王"南征而不复",鲁昭公被逐,齐昭公、晋昭公时皆中衰,晋昭侯、宋前昭公无道被杀,卫昭公、郑昭公、蔡昭侯皆被杀,楚昭王尝失国,周甘昭公作乱被杀,鲁叔仲昭子受竖牛之赂,叔孙昭子为季氏排挤而死,臧昭伯被逐,邱昭伯被杀(以上三人皆与于鲁昭之难,君臣皆以"昭"为谥,自非偶然),齐高昭子被逐,晋范昭子被逐亡家,秦太子昭早卒,均是("昭"至战国似已转为美谥,如韩昭侯、燕昭王、秦昭王皆令主)。

谥为"悼""哀""闵""怀",均其人不寿或不获令终,可哀悼怀闵者:周悼王立七月而卒(按之《史记》实被杀),晋悼公不及三十岁而卒,齐悼公立四年被杀,卫悼公立五年卒,郑悼公立二年卒,蔡悼侯立三年卒,燕悼公立七年卒,曹悼公立九年卒于宋,周甘悼公被杀,鲁季悼子立不久即卒,齐田悼子立五年卒,晋献公子卓(悼)子立而见杀,许悼公尝药而死(《春秋》书"弑"),鲁悼公时"三桓胜,鲁如小侯,卑于三桓之家"(盖为季氏所杀,别有考),楚悼王死后尸被残毁,秦悼武王举鼎绝膑死,悼太子质魏死,赵悼襄王"不得意而死"(《韩非子·饰邪》),宋悼公即见执于韩文侯之"宋君"。周哀王立三月遇杀,鲁哀公被逐出国(且有被杀之嫌),庄夫人哀姜为齐人所杀,文夫人哀姜大归于齐,齐哀公为周夷王所烹,宋哀公立一年卒,郑哀公被杀,晋哀侯为曲沃武公所获,晋哀公失政,楚哀王立二月馀见杀,燕哀侯立二年卒,陈哀公自杀,蔡哀侯为楚人所虏,韩哀侯被杀。鲁闵公立二年见杀,齐闵王失国见杀,宋闵公被杀,陈闵公亡国身死。卫怀公被杀,怀君为魏囚杀,晋怀公被杀,秦怀公自杀,楚

怀王囚死于秦，陈怀公客死于吴。

谥为"隐"者，其死或非其罪：鲁隐公让国而为弟桓公所杀，曹隐公亦为亲族所杀，蔡隐太子被杀。

谥为"出"者，失国之谓：卫出公、晋出公，秦前后二出子皆是，于义尤显。

"幽""厉"均恶谥，谥为"幽"者，盖非令主，且不得其死：周幽王见杀于犬戎而亡其国，鲁幽公被杀，郑幽公为韩人所杀，晋幽公淫妇人为盗所杀，楚幽王时楚大乱，曹幽伯被杀，赵幽缪王亡国。

谥为"厉"者，皆有昏德或不终者：周厉王放于彘，齐厉公暴虐见杀，宋厉公杀君自立，晋厉公被杀，秦厉公时国亦不宁，郑厉公尝见逐，陈厉公淫乱见杀。

"灵"之为谥，略近于"厉"：周灵王"防斗川以饰宫"，死后王室始乱(《周语》)，《史记·封禅书》又载苌弘以方怪事之，大似周厉之信卫巫。卫灵公、郑灵公、晋灵公、楚灵王、齐灵公、陈灵公、蔡灵侯，皆无道或见杀，秦灵公时秦国势方衰，而灵公务为神怪(见《史记·封禅书》)，赵武灵王虽有武功，然废长立幼，卒致内乱，身死为天下笑。①

童书业对各诸侯国国君的谥号，无论"善谥"或"恶谥"，均归纳得很仔细。那么，各国君临死之际对自己将来得到的谥号，究竟是好的还是坏的，当然是非常关心的，尤其害怕得到恶谥。

就楚国而言，楚王特别害怕恶谥。楚成王被迫自缢，尚未瞑目。群臣为之择谥，《左传》文公元年载："谥之曰'灵'，不瞑；曰'成'，乃瞑。"春秋时期以群臣对楚共王的议谥最为有趣。《左传》襄公十三

---

① 童书业：《春秋左传研究·周代谥法》，上海人民出版社1980年，第382—384页。

年载：

> 楚子疾，告大夫曰："不穀不德，少主社稷。生十年而
> 丧先君，未及习师保之教训而应受多福，是以不德，而亡师
> 于鄢，以辱社稷，为大夫忧。其弘多矣。若以大夫之灵，获
> 保首领以殁于地，唯是春秋窀穸之事，所以从先君于祢庙者，
> 请为'灵'若'厉'。大夫择焉。"莫对。及五命，乃许。秋，楚
> 共王卒。子囊谋谥。大夫曰："君有命矣。"子囊曰："君命以
> 共，若之何毁之？赫赫楚国，而君临之，抚有蛮夷，奄征南海，
> 以属诸夏，而知其过，可不谓共乎？请谥之'共'。"大夫从之。

这是一场生动的议谥活动。主持者为执政大臣令尹子囊，参加者
有"大夫"，即群臣，当然还有新即位的国君。共王临终前谋谥在先，
遗嘱"请为'灵'若'厉'"，到共王去世，待葬议谥之时，群臣提出"君
有命矣"，意在尊重共王临终前的选择，谥号为灵王或者厉王，令尹
子囊不同意，觉得共王临终遗嘱过于自责，主张根据共王一生对楚国
的贡献来定谥。子囊评价被谥者生平事迹是："赫赫楚国，而君临之，
抚有蛮夷，奄征南海，以属诸夏，而知其过，可不谓共乎？"子囊说得
振振有辞，有理有据，其主张给予"共"的谥号，获得群臣一致通过。
此谥号属于善谥，或者美谥，史籍记载的楚国群臣对楚共王的这场议
谥活动，有情有义，合乎情理，十分精彩。

楚国的谥法用字，即谥号，有单字谥和双字谥两种。单字谥，以
"敖谥"最早。最早使用"敖谥"的是若敖。若敖以后，还有霄敖、蚡冒
（敖）。楚武王称王后，还有三位采用"敖谥"的楚君，即前面提到过的
堵（杜）敖、郏敖、訾敖。"王谥"最早的楚厉王熊眴，为楚武王称王后
所定。从厉王熊眴开始，单字谥的楚国诸王，有武王、文王、成王、
穆王、庄王、共王、康王、灵王、昭王、悼王、肃王、宣王、威王、
怀王、幽王、哀王。罗运环指出，"敖谥"用字则独具一格，体现出楚

人早期的谥法特点。中原列国国君大都在西周中叶使用周礼谥法，其中鲁国从考公始用周礼谥法，时在西周早期的康昭之际，均为单字谥。①

春秋时期双字谥的使用楚国为最早。目前所知楚国最早的双字谥是竞（景）坪（平）王，即楚平王，于前528至前516年在位。楚平王的双字谥，不仅比周王朝使用双字谥的周贞定王（前458—前441年）早，而且也比诸侯列国中最早使用双字谥的秦厉共公（前476—前443年）还要早。罗运环认为："故就现有资料而言，楚用周礼谥法比中原列国晚，而用双字谥在周代则为最早。"②熊贤品指出：楚谥法中的双字谥者见于金文、竹简的有竞（景）坪（平）王、献惠王、柬（简）大王、圣（声）桓王，见于传世文献的有顷襄王、考烈王。双字谥在实用时多见简称。双字谥简称有两种形式：或取第二字而简称，如竞（景）坪（平）王简称平王，献惠王简称为惠王，顷襄王简称为襄王；或取第一字而简称，如柬（简）大王简称为简王、圣（声）桓王简称为声王。③

需要指出的是，在楚国，除了楚王，楚国的世卿贵族不能用谥号。清人顾栋高指出：

> 郑夹漈著《谥法略》，谓谥有美而无讥，臣子当大故之际而加讥贬乎君父非先王之法。楚颊谥之曰灵，不瞑，曰成乃瞑，此蛮夷之习也。呜呼！郑氏好为异论，而不自知其显同于始皇之见。且郑氏独未闻孟子乎，"名之曰幽、厉，虽孝

---

① 罗运环：《楚国谥法研究》，载《纪念徐中舒先生诞辰110周年国际学术研讨会论文集》，巴蜀书社2010年，第361页。

② 罗运环：《楚国谥法研究》，载《纪念徐中舒先生诞辰110周年国际学术研讨会论文集》，巴蜀书社2010年，第361页。

③ 罗运环：《楚国谥法研究》，载《纪念徐中舒先生诞辰110周年国际学术研讨会论文集》，巴蜀书社2010年，第361页。

子慈孙，百世不能改”。孟子系周时人，幽、厉岂非恶谥，其疏谬不待辨而可知矣。乃余遍考春秋之世，通君臣皆有谥者，惟鲁、卫、晋、齐四国为然，然皆卿有谥，而大夫无谥，公族世卿有谥，而庶姓无谥。其余远国如秦、楚，中夏如宋、郑，则君有谥而臣无谥。至吴、越、徐、莒，则君臣皆无谥。秦之蹇叔、百里奚，楚之令尹子文、孙叔敖、子重、子反，皆位为正卿，著有功业，不闻以谥称也。[1]

顾栋高对比春秋时期各诸侯国的国君和贵族实行谥法的情况，指出谥法中有恶谥。一般来说，臣子在议谥时，并没有借立谥来讥讽刚去世的君王，如熊颠在弥留之际，听说谥号为灵王时，不闭眼睛，直到得知谥号为成王时，才欣然闭眼，顾栋高认为喜欢美谥属于蛮夷之习。谥号有严肃性，一旦议定，百世不能改。在当时，各诸侯国的谥法范围有所不同：鲁、卫、晋、齐四国，国君和公族世卿有谥，大夫和庶姓无谥；吴、越、徐、莒四国，君臣皆无谥；而秦、楚、宋、郑四国，则国君有谥，臣子无谥，楚国最著名的大臣令尹子文、孙叔敖、子重、子反，都没有谥号。这说明楚国的谥号仅对楚王实行。罗运环认为：“楚国令尹等卿大夫无谥，殆与楚国较早实行专制集权制政治体制有关，也是楚国‘不与中国之号谥’传统思想的一种表现。”[2]

但是，楚国谥法的范围，到春秋晚期有所改变。出土文献中，除楚王之谥外，还出现有楚封君的谥号，时在春秋战国之际，大体与楚国封君兴起的时代相当。如坪夜文君、鲁阳文君、盛武君、成君等。楚国封君的谥号可能是请谥于楚王所得。当然，也有可能封君在封国内自行议谥。楚国封君所见皆用单字谥，在这些单字谥中，封君之谥字与“王谥”用字同类，采用周人谥法用字。

① 顾栋高：《春秋大事表·列国谥法考》，中华书局 1993 年，第 2624 页。
② 罗运环：《楚国谥法研究》，载《纪念徐中舒先生诞辰 110 周年国际学术研讨会论文集》，巴蜀书社 2010 年，第 362 页。

楚国对楚王的谥号是有所限制的。马俊才指出，通常情况下，"后世子孙用王之谥号的，其本人可称王子或王孙，三代之后就不能冠以王字了，这大概是楚加强王权防止子孙乱争王位的规定"①。

第八节　楚国君位继承与晋齐宋吴秦的比较

晋国的君位继承，与楚国的父死子继、兄终弟及并行到嫡长子继承的作法完全相反，彻底否定了嫡长子继承制，以小宗代替了大宗，甚至诛灭公族，重用异姓宗族，酿下了晋国分裂的恶果。

晋国自从叔虞封唐，经历8世，传至晋穆侯，在嫡长继承问题上首次出现危机。晋穆侯死后，太子未能继承君位，而是穆侯之弟殇叔自立为君，太子被迫出亡。4年后，太子率众袭杀殇叔，夺回君位，这就是晋文侯。晋文侯死后，晋公室内部展开了长达半个多世纪的夺权斗争，先后发生了"曲沃代翼"和"诛灭公族"两大事件，晋国社会陷入空前的动荡之中。

"曲沃代翼"事件中，"翼"即晋国早期都城，又称绛或故绛，位于今翼城县境。"曲沃"在今闻喜县东北，是晋国第二大城邑。事件缘起于晋文侯之子晋昭侯继位后，将其父文侯的同母弟成师封于曲沃，号"曲沃桓叔"。按嫡长继承的宗法制，桓叔一族属于晋国公族的小宗，无权继承君位；但被封于曲沃的桓叔却与都城翼分庭抗礼，各方面力图超越翼都，经过祖孙三代历经六七十年之久的曲折而残酷的夺权斗争，桓叔之孙晋武公终于取代了晋国国君，掌握了晋国政权。这是晋国历史上空前的内乱。代表"小宗"的曲沃城取代了代表晋公室"大宗"的翼都。在这场历时六七十年之久的内乱中，晋昭侯以下五代国君接连被杀，晋鄂侯弃城出逃。上至周室天子，下至邻国诸侯，悉被卷入，

---

① 马俊才：《也论楚景昭二姓》，载《楚文化研究论集》（第十一集），上海古籍出版社2015年，第358页。

斗争旷日持久、残酷激烈而又波澜迭起，历尽曲折。

晋武公于"曲沃代翼"实现后的第二年死去，其子晋献公继承了君位。他一不做二不休，进一步"诛灭公族"。当时，能够威胁君权的晋国势力主要来自桓庄一族的新公室贵族。《史记·晋世家》记载，"故晋之群公子多"，晋献公从巩固君权出发，采纳大夫士蒍的建议，"尽杀群公子"。晋献公废掉嫡长子申生的太子名分，逼其自杀，另立宠妾骊姬所生庶子奚齐为继承君位的太子，公子重耳（晋文公）和夷吾（晋惠公）被逼出逃。李元庆指出："晋国历代国君不仅有庶子、甚至有叔继侄位者。如晋惠公、晋文公都曾是年幼的庶子，晋襄公也不是嫡子，晋成公继承晋灵公为君，便是叔父继侄子。至此，国君系统的嫡长制已从根本上冲毁了。"[1]《国语·晋语二》记晋献公"乃立奚齐焉。始为令，国无公族焉"，"自是晋无公族"（《左传》宣公二年）。直到半个多世纪后的晋成公时代，晋国再也没有形成新的公族。晋成公即位后虽复设公族大夫之职，却多是由赵氏、韩氏、智氏、中行氏、范氏等异姓、异氏宗族轮流担任，国君系统的同姓、同氏宗族完全禁绝于公族大夫之职以外。

最奇特的是，晋献公此后大力扶植非血缘亲的异姓、异氏势力，他所倚以为重的人物如士蒍（范氏）、赵衰、毕万（魏氏）、荀息（后别为智氏、中行氏）等，都是异姓或异氏贵族。他们后来都担任了晋国的军政首脑卿大夫之职，成为真正握有晋国军政实权的显赫强族。清人高士奇在《左传纪事本末·晋卿族废兴》中说，当时，"按列国之卿，强半公族"，"惟晋，公子不为卿，故卿多异姓"。异姓强族的崛起，你争我夺，相互之间势同水火，不断挤压晋国公室的生存空间，从此把晋国带到了分裂的悬崖。相较之下，楚国走的是一条较为传统的君位继承道路，在父死子继、兄终弟及、嫡长子继承等方面自我调节，楚国的王权始终牢牢地掌握在楚王手中，使楚国一直稳定

---

[1] 李元庆：《三晋古文化源流》，山西古籍出版社1997年，第185页。

发展。

齐国在齐桓公之后，出现了楚共王去世时的情况，也是五公子争位，引起连年战乱，使齐国失去了霸主地位。齐桓公为公认的春秋首霸，齐国一代雄主，在世时已立太子昭，因宠信易牙等权臣，导致晚景凄凉。齐桓公四十三年，公元前643年，桓公病重，竟然被易牙等权臣软禁在宫中，病饿而死。桓公死后，易牙等权臣杀害桓公手下大批官吏，立无亏为太子，太子昭被迫奔宋。群公子忙于争夺君位，致桓公的尸首在床上67天无人收殓，蛆虫爬满门户内外，3个月后才发丧。次年，宋襄公依桓公生前嘱托，率曹、卫、邾国军队平定齐国内乱，送太子昭回国即位。齐人杀无亏，欲立太子昭为君，桓公的四个儿子公子潘、公子商人、公子元、公子雍，联合抗拒宋军，被宋军打败，公子昭才得以被立为齐君，是为齐孝公。原作乱的四公子及其党羽被鲁国保护下来。公元前633年，齐孝公卒，立有太子，其弟公子潘杀侄自立，是为齐昭公。公元前613年，齐昭公卒，本已将儿子公子舍立为嗣君，但被其弟公子商人杀害，自立为君，是为齐懿公。懿公暴虐，不久为仆人所杀，又由其弟公子元继位，是为齐惠公。齐惠公在位10年，齐国才稍微安定下来。这样，齐国兄弟相残几十年，比楚共王五公子争位更为血腥，让齐国大伤元气。

宋国与楚国相似，较长时间实行父死子继和兄终弟及并行的制度。《史记·宋微子世家》记载了春秋时期及之前三例常态下的兄终弟及的王位传承：一次是"微子开卒，立其弟衍"，一次是"湣公共卒，弟炀公熙立"，一次是宣公有太子与夷不立而立其弟和。另有两例非常态下的兄终弟及王位继承：一次是公子御说继湣公而立，一次是文公继昭公而立。《史记·宋微子世家》记载宋宣公说过一句名言："父死子继，兄终弟及，天下通义也。"他在宋国选择继承人上，是在父死子继与兄终弟及两者之间择善而从，理直气壮。

吴国早期较好地实行了父死子继的君位继承制。《史记·吴太伯世家》载："太伯卒，无子，弟仲雍立，是为吴仲雍。仲雍卒，子季简

立。季简卒，子叔达立。叔达卒，子周章立。"可见仲雍之后一直是父死子继。王恩田怀疑仲雍、季简、叔达三人并非父子关系，认为极有可能为兄弟关系①，没有依据。分析周武王求太伯仲雍之后以封，不可能混淆父子关系，只是尚没有实行嫡长子继承制。从"季""叔"的排行可知，季简非仲雍长子，叔达亦非季简长子。吴国在寿梦后也实行了兄终弟及制，《史记·吴太伯世家》："季札贤，而寿梦欲立之。"以至季札之兄诸樊、馀祭、馀昧相继即位，必致王位于季札。从《左传》《史记》来看，季札辞不受位，意图要吴用周制，实行嫡长子继承制。季札诸兄按照兄终弟及的继承方式传承，起码透露出兄终弟及在吴国君位继承上是被认可的。这与楚国是大体相似的。

秦国，从史籍记载来看，君位继承传子与传弟并用的时代很长，相当普遍。《史记·秦本纪》："二十年，武公卒……有子一人，名曰白，白不立，封平阳。立其弟德公。""十二年，宣公卒，生子九人，莫立，立其弟成公。""成公立四年卒，子七人，莫立，立其弟缪公。"这是秦国明文记载有子不立而立弟的继承现象，是在没有任何外力干预下的君位继承。

综合比较楚国与晋、齐、鲁、宋、吴、秦诸国的君位继承的情况，可以看出，楚国的君位继承还是比较稳定的。晋国走极端，小宗取代大宗，将晋国的君主彻底颠覆，小宗取得了政权，这在楚国是不可想象的。楚国的王权素来坚如磐石，对楚贵族觊觎王权的行为毫不留情，历经多年大权没有旁落，是很不容易的。楚国的兄终弟及制在齐国、宋国都有表现，说明这种继承形式有普遍性。此外，楚、吴、秦三国之所以早期在王位继承上保留了兄终弟及制，乃是由于其发展程度落后于中原各国所致。吴居东南，秦僻在西陲，楚居蛮夷之地，一方面受周王朝嫡长子继承制的影响较少，被中原各国以夷狄视之；另一方面也因为较少受到别国的政治干预而较好保留了自然的王位继承

---

① 王恩田：《〈史记〉西周世系辨误》，《文史哲》1999 年第 1 期。

状况。

楚国逐步完善的君位继承制，能够一直行使君主制的权威，令行禁止，始终保持楚王行使中央集权，始终保持楚王对贵族的控制，始终保持楚王对军队的控制，与秦国相当，比起晋、齐、宋、吴有极大的优势。

第 八 章

春秋中期楚国的
政治制度

第一节　楚王的配偶制和太子制

楚王的配偶制，一般遵循帝王时代的通例，"子以母贵，母以子贵"（《春秋公羊传》隐公元年）。按照《礼记·曲礼》的说法，"天子有后，有夫人，有世妇，有嫔，有妻，有妾"。诸侯配偶的名分共四等："公、侯有夫人，有世妇，有妻，有妾。"

春秋时期诸侯国君流行聘娶多人。《春秋公羊传》庄公十九年说，诸侯的配偶"一聘九女"。多名配偶之间，又有等级之分，《礼记·曲礼》孔颖达疏解诸侯四等配偶名分时说："独言'公侯'，举其上者，余从可知也。既下于天子，不得立后，故但得以一人正者为夫人。……有妻者，谓二媵及侄、娣也，凡六人。有妾者，谓九女之外，别有其妾。……愚谓诸侯之适妻曰夫人，其尊与天子之夫人同也。其次妻曰世妇，与天子之世妇同也。又其次曰妻，《丧大记》谓之'诸妻'，与天子之御妻同也。其贱者曰妾。"[①]这些都反映春秋时期诸侯国君普遍存在多配偶的情况。

在人类社会早期历史上，多妻是一个不可忽视的问题。《尚书·尧典》："厘（命令）降二女于妫汭，嫔于虞。"娥皇、女英当不至于有妻妾之分的，亦不可能存在其一为媵的情况。《大戴礼记·帝系》："帝喾卜其四妃之子，而皆有天下。上妃，有邰氏之女也，曰姜原氏，产后稷；次妃，有娀氏之女也，曰简狄氏，产契；次妃曰陈隆氏，产帝尧；次妃曰陬訾氏，产帝挚。"虽然《帝系》所载是个传说，但是也能反映出一些问题。假如帝喾时已有正妃次妃之别，则说明已经有了嫡庶之分。如果嫡庶已明，则继承上当以嫡子为先。按理后稷当为后，考之古史，帝喾死，帝挚继之，后继之以尧。如此则并非由嫡子继承。嫡庶之分自周代始产生。那么对于正妃、次妃之说，也是以后代之事

---

① 　孙希旦：《礼记集解》，中华书局 1989 年，第 146 页。

看前代问题。同样,皇甫谧和司马贞关于黄帝有四妃①,亦当同为妻而无妻妾之别。从甲骨卜辞中我们可以看到商王多妻的现象,即商王有多个地位相仿佛的配偶。常玉芝在《论商代王位继承制》一文中研究了这个现象。②

楚国历史上存在过多妻现象。《战国策·秦策》载楚人陈轸说秦王:"楚人有两妻者,人诳其长者,长者詈之;诳其少者,少者许之。居无几何,有两妻者死,客谓诳者曰:'汝取长者乎?少者乎?'曰:'取长者。'客曰:'长者詈汝,少者和汝,汝何为取长者?'曰:'居彼人之所,则欲其许我也。今为我妻,则欲其为我詈人也。'"证实楚人可有二妻。《淮南子·说山训》载楚申喜寻母故事:"老母行歌而动申喜,精之至也。"注云:"申喜,楚人也。少亡二母,听乞人行歌声,感而出视之,则其母也。"③此二母恐是申父的第二个妻子,故申喜以母视之。

在楚国,楚王不仅配偶多,而且夫人或与夫人同列者往往不止一人。如楚成王时夫人为秦嬴,后又以秦嬴的媵女郑袖为夫人。立郑袖为夫人事见《列女传》卷五。《列女传》虽出西汉刘向之手,但其所载之事与史传所云成王"多爱""多内宠"的情况可相印证,其基本内容具有信史价值。罗运环指出:就现有资料而言,楚王配偶分为两大类,大凡出身较为卑贱者称谓为"美人",出身尊贵者称谓为"夫人"。战国中期以后,至尊者称"王后",王母称"大(太)后"。④

楚庄王的夫人樊姬,又有十"美人"与其同列,《韩诗外传》记:

　　楚庄王听朝罢宴。樊姬下堂而迎之……姬曰:"妾得侍

---

① 见《史记·五帝本纪》的《史记集解》和《史记索隐》所引。
② 常玉芝:《论商代王位继承制》,《中国史研究》1992 年第 4 期。
③ 陈广忠:《淮南子译注》,吉林文史出版社 1990 年,第 764 页。
④ 罗运环:《楚国的太子制度研究》,载《出土文献与楚史研究》,商务印书馆 2011 年,第 245 页。

于王，上汤沐，执巾栉，振衽席，十有一年矣。然妾未尝不遣人之梁郑之间，求美人而进之于王也。与妾同列者十人，贤于妾者二人。妾岂不欲擅王之爱，专王之宠哉？不敢以私愿蔽众美也。"

由于众多配偶并列，先秦诸侯国君普遍存在"并后"的现象。这对于国家的安危有极大的隐患。周王室存在"并后"现象，《左传》桓公十八年："初，子仪有宠于桓王，桓王属诸周公，辛伯谏曰：'并后，匹嫡，两政，耦国，乱之本也。'"

王准指出：楚国不存在"并后"现象。所谓"并后"，据《左传》桓公十八年杜注"妾如后"，也就是指在天子、诸侯的后宫中，普通妃子（妾）能够与嫡夫人（后）平起平坐，是从根本上动摇嫡庶之制、妻妾之别的现象。但楚国实际上并不存在"并后"的现象。① 楚成王先后立有两位夫人。《列女传·节义传·楚成郑瞀》："郑瞀者，郑女之嬴媵，楚成王之夫人也。"郑女为姬姓，应当是成王明媒正娶的夫人，故而有郑瞀作为陪嫁的媵女。其中的"嬴"字，可能是郑瞀的姓，子瞀为其名。"嬴媵"并非表示子瞀是秦嬴之媵女，根据《渚宫旧事》卷一："郑子瞀者，成王夫人郑姬之媵者"②可推断得知。根据《列女传》的记载，成王并不是在迎娶郑姬的同时立子瞀为夫人，而是在偶然条件下发现子瞀"徐行不顾"，才心血来潮立为夫人。当时郑姬可能已殁，嫡夫人空缺，故新立夫人不应视为"并后"。庄王夫人为樊姬。③ 樊姬自述为庄王于郑、卫之间搜求美人，得"贤于妾者二人，同列者七人"（《列女传·贤明传》）。《新序》《韩诗外传》记载略同。值得注意的是，这里的"同列"，并不是表示七人地位与夫人樊姬同列。樊姬是在与庄王讨

① 王准：《春秋时期晋楚家族比较研究》，湖北人民出版社2013年，第97页。
② 余知古撰，杨炳校校释：《渚宫旧事校释》，武汉出版社1992年，第27页。
③ 参见《列女传·贤明传》："樊姬，楚庄王之夫人也。"又《新序》卷一："樊姬，楚国之夫人也。楚庄王罢朝而宴，问其故。"

论大臣虞丘子没有推荐贤人时，特意以自己为例作为比较。"同列"是指搜寻来的美人在女性特有的品行、能力方面都接近于樊姬本人。"同列"之前的"贤于妾者"也非常清楚地表明此处比较专就品行而言，非指地位。夫人樊姬的地位在诸美人中间是高高在上的：她代表庄王在各国搜寻美人，独自拥有向楚王推荐嫔妃的权力；同时她推荐的美人甚至有"贤于妾者二人"，其他人至少也是同等水准，说明樊姬在后宫中有充分自信能够掌控这些普通妃子的手段——嫡夫人的身份。所以庄王时代嫡庶之别是很明显的。楚平王虽娶过两位夫人，即太子建之母蔡女与太子珍之母秦嬴。蔡女与平王原是不媒之合。"楚子之在蔡也，郹阳封人之女（蔡女）奔之，生大子建。"（《左传》昭公十九年）"奔"，《礼记·内则》："聘则为妻，奔则为妾。及《国语·周语上》"有三女奔之"韦注云："奔，不由媒氏也。"蔡女因未经媒妁之约，原本不能成为平王之正妻。但平王即位后，蔡女已经是嫡夫人身份了。《左传》昭公二十三年记载："楚大子建之母在郹……吴大子诸樊入郹，取楚夫人与其宝器以归。"蔡女之子建能立为太子，即为立嫡长子之制。[①] 但从《史记》记载其"无宠于王"来看，应该很快就被废黜了。杜预亦注："郹，郹阳也。平王娶秦女，废太子建，故母归其家。"所以吴人接走的蔡女，已经被平王离弃，回到娘家郹。根据诸侯出夫人的惯例，平王在世时她的真实身份已经是前楚国夫人。秦嬴本是平王为太子建迎娶的儿媳，因佞臣费无忌怂恿，平王自娶秦女，立为夫人，"楚夫人嬴氏至自秦"（《左传》昭公十九年）。当平王娶秦女为夫人时，蔡女仅为妾的身份，所以不算"并后"。排除了"并后"的可能，则楚国公室始终保持较为严格的妻妾之别。在此基础上，楚国所立之太子基本上都是楚王夫人所生之嫡长子。[②]

春秋时期，楚国明确嫡庶之制，不以妾为妻的观念被接受。《国

---

① 《史记·楚世家》记载平王二年，"建时年十五矣"，则平王篡位时，太子建已有十四岁，未见其有兄长。

② 王准：《春秋时期晋楚家族比较研究》，湖北人民出版社 2016 年，第 96—97 页。

语·楚语上》记"司马子期欲以妾为内子"。春秋时期所谓"内子"乃卿之嫡妻。左史倚相说："君子之行，欲其道也，故进退周旋，唯道是从。"子期乃止。由此可见楚国的妻妾之别十分严格。

齐桓公时列国公室的尊卑之别、嫡庶之制是严格分明的。《孟子·告子下》载齐桓公葵丘大会上，所定公约的第一条就是："诛不孝，无易树子，无以妾为妻。"赵岐曰："树，立也。已立世子，不得擅易也。不得立爱妾为嫡也。"正因为有嫡庶之制的原则在，故齐桓公加以极力维护。

楚人不仅可娶两个妻子，而且于二妻或一妻之外，仍可占妾，其妻妾名分之严格亦与中原一样，就是贵族也不能任意休妻扶妾为正。屈赋中大量的嫉妒和争宠的描写就是妻妾名分严格的反映。

《离骚》："众女嫉余之娥眉兮，谣诼谓余以善淫。"《九章·哀郢》："众谗人之嫉妒兮，被以不慈之伪名。"《九章·惜往日》："妒佳冶之芬芳兮，嫫母姣而自好。虽有西施之美容兮，谗妒入以自代。"屈赋中举出大量的争宠事例，反映出楚国的妻妾名分严格，令人注意。《左传》《史记·楚世家》皆记商臣为成王太子，罗运环《楚国后妃考》据《列女传·节义传》认为商臣之母郑瞀为楚成王夫人，查《列女传》卷五"楚成郑瞀"条："子瞀退而与其保言曰：'吾闻信不见疑，今者王必将以职易太子，吾惧祸乱之作也。而言之于王，王不吾应。其以太子为非吾子，疑吾谮之者乎？……'"则子瞀非商臣母可知。罗运环把此句断为"……其以太子为非，吾子疑吾谮之者乎？"因此错解郑瞀为商臣之母。又《列女传》明言"郑子瞀者，郑女之赢媵"，且《渚宫旧事》载："郑子瞀者，成王夫人郑姬之媵者。"则楚成王当有郑姬为夫人。未知商臣是否为郑姬之子，唯其为成王太子可知。

楚国后妃的历史，是楚国历史的一个侧面。所谓后妃，包括有"妃""夫人""王后"三种称谓。言"某妃"，意如《左传》隐公元年"惠公元妃孟子"疏："妃者，名通嫡妾"，"非有尊卑之异"；言"某夫人"，意如《穀梁传》僖公八年"言夫人必以其氏姓"注"夫人者，正嫡

之称"；言"某王后"，意如《白虎通·嫁娶》云"天子妃至尊，故谓后也"。凡此，虽为三种称谓，由于"夫人"与"王后"相等，实则只有两类。凡明确为正嫡者，或称夫人，或称王后；凡嫡妾不明者，或明属于妾者统称为妃。罗运环指出：周楚婚姻礼制，在春秋战国时期往往无差别。[1]

楚国后妃的特点：其一，继位的国君多为嫡夫人之子。凡可以考定的某王或某太子为某后妃所生者有 9 人：其中文王、堵敖、成王、共王、昭王、幽王、哀王等 7 人明系嫡夫人或王后之子。太子建曾立为太子，其母曾是夫人。故太子建亦算作嫡夫人子。惠王系姬妾子而被立，是因父王嫡夫人齐女早卒而无子之故。可见 9 人中实有 8 人属嫡夫人或王后子，一人为姬妾子。在嫡子 8 人中，文王、堵敖、太子建、昭王、幽王属于嫡长子。共王有弟兄而不明长幼。成王、哀王是因同母长兄无子而即位的。

其二，楚国后妃的称谓，有一个历史的演变过程。战国中期以前，楚王的嫡配通称为夫人。战国中期以后，楚王的嫡配通称为王后，子辈称父王之王后为太后。这里还必须指出，战国中期在出现王后称谓的同时，仍然存在夫人的称谓。如怀王夫人郑袖就是在有了王后称谓的情况下，仍称夫人的。但这种夫人与《礼记·曲礼》所载"天子有后，有夫人"之"夫人"同，其地位次于王后且比过去夫人称谓地位也低一个等级。

其三，楚国的婚姻礼制，与周礼相同。楚灵王在娶丰氏之女以前，郑国国君曾对楚灵王说，将要让丰氏把女儿嫁给他做妻子。这正是《礼记·曲礼》所谓的"行媒"。《礼记·文王世子》云："取妻必告。"楚灵王娶丰氏女就曾先祭告祖与父之庙才来迎娶，与《礼记》合。楚灵王迎娶丰氏女时的婚礼是在丰氏祖庙中举行的，正是《仪礼·士昏礼》所谓娶女"受诸祢庙"之礼。楚灵王娶晋女，使令尹子荡和莫敖屈

① 罗运环：《楚国后妃考》，《江汉论坛》1985 年第 3 期。

生迎娶，楚平王娶楚嬴，使费无忌到秦迎娶，此即是《左传》隐公二年所谓"卿为君逆"之举。楚灵王娶晋女时晋人有送女之礼，第二年楚使公子弃疾到晋，报答晋人送女到楚之礼，此即答礼。楚共王夫人秦嬴为了回娘家省亲，楚司马子庚特地到秦国聘问，《左传》以为合于礼。此即所谓"归宁"之礼。凡此均反映了楚国的婚仪礼制。

其四，婚姻对象广泛，楚国国君的婚姻通常有政治因素。楚国后妃凡可考者计有25人：其中明确为夫人或王后者10人，妃嫡不明者和明确为妃者15人。从诸后妃的娘家来看，除丹姬为楚丹阳之女、樊姬为姬姓樊人之女外，其余为邓、陈、郑、越、秦、巴、晋、蔡、齐、曾、魏、赵等国之女。由此可见，春秋战国时期楚同各诸侯国一样，没有固定的通婚集团。从诸后妃出嫁楚国的背景来看，楚与诸国往往有着政治上的利害关系。如楚灵王娶晋女时，晋国打破传统的婚礼制，国君亲送女出国境，上卿上大夫送女至楚，是晋国畏楚敬楚的反映。晋国嫁女于楚灵王，显然是为了与楚结好。又如楚平王死后，令尹子常欲立子西为王。子西不肯，理由之一是："国有外援，不可渎也。"（《左传》昭公二十六年）可见楚平王娶楚嬴以及平王死后立楚嬴之子，都是为了"国有外援"，博得秦人的欢喜。再如楚顷襄王与秦本有杀父之仇，但却是"忍其父而婚其仇"。这是楚因弱不能与秦争斗而作的妥协。凡此，表明此时楚与诸国的婚姻同政治的关系是密切相关的，婚姻关系实际上是一种政治关系。

在楚国，楚王夫人在没有确立太子以前，不存在严格意义的嫡夫人。"母以子贵"和"子以母贵"并存。如果一旦确立了太子，太子生母即为嫡夫人。楚王的嫡夫人，有的是长夫人，如楚庄王时的樊姬、楚平王时的蔡女（即郹阳封人之女）。更多的受宠幸的其他配偶，多为年纪较小的少夫人，其所生之子一旦被立为太子，她们也随之取得嫡夫人的地位。这是即位的楚王多为少子（最小的儿子）的一个重要因素。

楚国诸王子，在确立太子以前，一般没有嫡庶之分，如果一旦确立了太子，楚国诸王子间就出现了嫡庶关系。如楚共王最初没有立太

子，而有宠子五人。这五人间原本没有嫡庶之分，均为宠子，以至于共王不知立谁为好，不得不借助神灵来择立。后来，一旦选立长子招（康王）为太子，五子中就出现了嫡庶之别。共王宠子中的第二子围（后为灵王）、第三子比（子干）就被称为"庶子"了。

楚国受中原文化影响，逐渐改变传统的王位继承方式而严格区别嫡庶，当是战国中期以后的事。从楚怀王开始，就有后，而和夫人、太子和庶子有区别。楚怀王有南后，又有夫人郑袖。楚怀王二十六年，齐、韩、魏三国共伐楚，楚使太子入质于秦而请救，知此前已立太子横。楚顷襄王二十七年，入太子为质于秦，知此前已立太子。楚考烈王召入春申君之妾，李园之女弟入宫，幸之，生子男，立为太子，而以李园母弟为王后。"立子以贵不以长，立嫡以长不以贤。""子以母贵，母以子贵"的制度就正式确立。"楚国历史上五次预立太子，而三次在楚怀王之后，立王后亦开始于楚怀王。这证明至战国中期楚国也慢慢在向立长立嫡之制转变，也证明在此之前楚国是没有实行立长立嫡之制的。"①

西周时，楚君预定继承人不称太子，而称"后"。最早见于记载的是熊渠时代。《史记·楚世家》："熊渠生子三人……后为熊毋康（长子），毋康蚤（早）死。熊渠卒，子熊挚红（中子）立。"此"后"即"后子"。《荀子·正论》："圣不在后子，而在三公，则天下如归。"王先谦注："后子，嗣子也。"太子，在《左传》和楚国出土文献中均作"大子"，而在《史记·楚世家》中均作"太子"。楚王的继承者称太子（大子），最早见于记载的是楚成王时代，《左传》文公元年："初，楚子将以商臣为大子，访诸令尹子上。子上曰：'君之齿未也，而又多爱，绌乃乱也。……'弗听。"楚成王以后，楚人均称楚王继承人为"大（太）子"，可见楚国春秋时对太子以"大子"之号取代原有"后"的称呼。

---

① 叶幼明：《楚国王位继承考》，载《楚史与楚文化研究》，求索杂志社 1987 年，第 283 页。

楚国出现的太子之制，由立嫡立长制度发展而来，嫡长子的合法继承权因其被立为太子而受到制度上的保障。嫡长子一般被立为太子，太子称为储君，是楚王的合法继承人。因此太子制度的形成使嫡长子继承制制度化、合法化。"如果一旦确立了太子，太子生母即为嫡夫人。"①这是"母以子贵"。然而还有"子以母贵"的一面，即其母若被立为夫人，一定立其子为太子。考楚国历史，除去昭王因生前未立太子，惠王继位，其母立为昭夫人之外，其余楚王所立太子皆是因其母乃为楚王夫人之故，多属"子以母贵"之列。也就是说楚国太子地位由其母决定。

随着太子制度的出现，出现了辅弼太子的官职——太子太傅、太子少傅。《楚世家》："平王时，伍奢为太子太傅，无忌为少傅。"出现了太子的卫戍部队——东宫之甲。《左传》僖公二十八年载："王怒，稍与之师，唯西广、东宫与若敖之六卒实从。"又《左传》文公元年："冬十月，以宫甲围成王。"此宫甲为东宫太子之私兵。还出现了专门针对太子的整套教育制度。《国语·楚语上》载："教之《春秋》，而为之耸善而抑恶焉，以戒劝其心；教之《世》，而为之昭明德而废幽昏焉，以休惧其动；教之《诗》，而为之导广显德，以耀明其志；教之《礼》，使知上下之则；教之《乐》，以疏其秽而镇其浮；教之《令》，使访物官；教之《语》，使明其德，而知先王之务用明德于民也；教之《故志》，使知废兴者而戒惧焉；教之《训典》，使知族类，行比义焉。"

楚王立太子，常常是楚王临死之前指定，或死后由大臣议定王位继承人，保持着原始氏族社会的酋长选举制和禅让制的遗意。在楚国四十二个王中间，只有五个王预立过太子，即楚成王预立太子商臣，楚平王预立太子建，楚怀王预立太子横，楚顷襄王预立太子熊元，楚考烈王预立太子熊悍。这五个太子，据其所出生的情况来看，大都非

① 罗运环：《楚国的太子制度研究》，《江汉论坛》2000 年第 7 期。

嫡长子，而是楚王为怕死后引起混乱而预先指定的合法继承人，明显是受中原各国影响而采取的一种权宜之计。如楚平王立的太子建，乃是楚平王为公子时去聘问蔡国，"郹阳封人之女奔之"而生，杨伯峻《春秋左传注》："娶女不以礼曰奔，犹近代之姘居。"①如此所生之子，非嫡长子可知，其中只有考烈王的太子熊悍，其母乃李园之女弟，"楚王召入，幸之，遂生子男，立为太子，以李园女弟为王后"，可以说是嫡长子。楚怀王虽有王后南后，但太子横是否是南后之子，史无明文。在王位继承制问题上，集中表现了君王的情感和理智的冲突。在理智上，虽有嫡长子继承制来遵循，大体能保持稳定，可以减少变乱的因素。但是在情感上，君王也总是倾向于立自己所喜爱的儿子。因此原则归原则，变通归变通。只要在立谁为嫡问题上倾向于自己的好恶，那么自己的情感就与理智渐趋相同。君位继承在实际的操作过程中受到人为因素影响也是需要考虑在内的。大体来说，君权强大时，国君意志很重要；在君权削弱时，卿大夫意志很重要。可以说，不预立太子是给楚王"择贤"留有余地，便于调节。

楚国正式立太子常常滞后。楚王如果第一夫人无子，不得不立年纪较轻的其他宠妃之子为太子，如此一来，新立的太子继位为王，总是年龄尚轻，年轻的楚王觉得来日方长，往往并不急于册立太子，逐渐形成了楚国迟迟不立太子的情况。楚昭王在位长达 27 年，估计至死亦未能超过 40 岁，临去世时未及立太子，其根本的原因当与楚王自己的年龄有关。文王、成王、庄王、共王、昭王均是年轻即位。看来在楚国，国君年轻不立太子是一种常态。

楚王的"夫人""美人"众多，年轻时容易喜新厌旧，若太子立得过早，一旦想废除，就会发生动乱。楚王尚年轻便急着立太子倒会招致非议，如楚成王立商臣为太子时，征询令尹子上的意见。子上说"君之齿未也"，就是以成王年纪尚轻作为主要理由来反对。成王不听子

---

① 杨伯峻：《春秋左传注》（修订本），中华书局 1990 年，第 1401 页。

上之言，先立商臣后又欲废商臣而立职，结果因此丧身。楚平王先立太子建，后因娶了"绝美"的秦女，又加上费无忌的谗言，竟然废除太子建而立秦女所生之子珍为太子，结果给楚国埋下了祸难之根，其后所发生的"伍子胥奔吴""吴师入郢""白公之难"皆与此有关。所以楚王年轻时一般不立太子。

但楚王长时期不立太子，同样也会成为楚国动乱之源。这以楚共王最为典型。《说苑·建本》：

> 楚恭王多宠子，而世子之位不定。屈建曰："楚必多乱。夫一兔走于街，万人追之，一人得之，万人不复走。分未定，则一兔走，使万人扰；分已定，则虽贪夫知止。今楚多宠子，而嫡位无主，乱自是生矣。夫世子者，国之基也，而百姓之望也。国既无基，又使百姓失望，绝其本矣。本绝则挠乱，犹兔走也。"恭王闻之，立康王为太子，其后犹有令尹围、公子弃疾之乱也。

楚共王没有立太子，而有宠子五人。他长期犹豫不决，最终选择借助"神灵"选立长子招(后为康王)为太子，依然不能杜绝其他兄弟相残，绵延多年，使楚国大伤元气。

由于楚王立太子一般都比较晚，所宠幸的配偶及子亦多，而且在确立太子以前，诸子没有嫡庶之分，皆享有王位继承权。因此，楚王立太子时所择立的多是受宠幸的配偶(主要是少夫人)及少量长夫人所生之子，或者从诸宠子中选立长子。

楚王大约在40岁之前立太子为正常。《列女传》记载：楚顷襄王好淫乐，好台榭，出入不时，"行年四十，不立太子，谏者蔽塞"。其中有一位名叫庄侄的女子认为襄王"春秋既盛"，不立太子对国家不利，前往进谏。可见楚王"年四十"，"春秋既盛"，不立太子就会受到世人的谴责，忧国忧民之士就会不断地进谏。这表明楚王40岁，

是其立太子的年龄的下限。罗运环认为：楚王超过40岁不立太子均属非正常现象。估计其立太子的正常年龄当在"春秋既盛"时，即30多岁。[①]

楚国的太子制度执行较好。由于楚国君位之传让受别国因素的干扰较少，很少打破王位继承制度的正常原则，故较能反映君位的正常继承状态。并且从楚国嫡长子继承制确立以后的实行情况看，比很多中原国家都更为严格。在嫡长子继承制确立的过程中，为保持公族的安定，楚王经常选择公子为最高执政长官——令尹。一般说来，终春秋战国之世，楚国的君权没有发生下移现象。

第二节　楚王的熊氏及余子的分族命氏

"熊"是楚君专用的氏，所有的楚王，除去少数特例，都是在本名上冠以"熊"字，楚君的兄弟姊妹则不以"熊"为氏。楚王是有专用姓氏"熊"和私名的。《左传》昭公十三年记公子弃疾曾为楚的蔡公，名闻诸侯，但不著"熊"字。政变夺权成功后，专门将私名由"弃疾"改为"熊居"，可知楚国未继王位的公子们是不能用熊姓的。在位过短或死于政变的非正常死亡的楚王不仅没有"王"字谥号，还只能用"敖"的称呼，如楚康王子，在位5年的郏敖熊麇。楚王自作用器则铭"楚王熊某"，不用谥号，如澳门铜器群中的"楚王熊休"盘匜和李三孤堆的楚幽王"楚王熊悍"诸器。马俊才指出：楚国后世子孙用王之谥号的，其本人可称王子或王孙，三代之后就不能冠以王字了，这大概是楚加强王权防止子孙乱争王位的规定。[②] 足见楚王都是以熊为氏。

楚王为何专用熊氏，是楚国史研究的一个不解之谜。这"熊"字引

---

① 罗运环：《楚国的太子制度研究》，《江汉论坛》2000年第7期。

② 马俊才：《也论楚景昭二姓》，载《楚文化研究论集》（第十一集），上海古籍出版社2015年，第358页。

起了后人的种种猜测和推断。葛志毅提出，这是源于图腾信仰的姓。是以熊为图腾的。"考之先秦史籍，可以确定为春秋时代以前且可能与动物图腾有关的姓氏，仅可举出狸姓、芈姓、熊氏等少数几例。《国语·周语上》：'使太宰以祝史帅狸姓。'据韦注，狸姓乃尧子丹朱之后。芈乃楚人之姓，……熊为楚人之氏，应与熊图腾有关。此皆周代之前的古老姓氏。""楚人作为一个历史绵长的古老民族，其芈姓熊氏亦反映出自己不同于周人的独特文化传统。楚人与动物图腾有关的姓氏，与周人姓氏制度绝异，这也可以解释为周人何以始终视楚人为蛮夷的重要原因之一。"①

　　葛志毅以楚国向周王室进贡有名的"桃弧棘矢"作为楚王熊氏的有力证据。指出《史记·五帝本纪》黄帝所率六个动物图腾氏族中，第一个是熊氏族，这是见于记载的最早以熊为图腾的古老氏族。周代有以方相氏蒙熊皮驱疫逐鬼的活动②，即装扮成熊形，模仿熊的状态跳舞。此应与黄帝熊氏族的图腾舞蹈遗俗有关。楚国灭亡后，直至汉代，仍有此方相氏驱除疫鬼的风习，但文献记载，除蒙熊皮之外，又增加以桃弧棘矢作为傩舞的道具。《续汉书·礼仪志》刘昭注引《汉旧仪》："方相帅百隶及童女，以桃弧棘矢土鼓，鼓且射之，以赤丸五谷播洒之。"按桃弧棘矢乃楚人供献周室的方物，《左传》昭公十二年载楚灵王之言："唯是桃弧棘矢，以共御王事。"汉人继续把楚国的特产桃弧棘矢作为方相氏傩舞的道具，实相当于肯定了黄帝熊氏族与楚王熊氏之间有联系。据说方相氏所逐疫鬼乃颛顼之子，《续汉书·礼仪志》刘昭注引《汉旧仪》："颛顼氏有三子，生而亡去为疫鬼。一居江水，是为虐鬼；一居若水，是为罔两域鬼；一居人宫室区隅，善惊人小儿。"楚人自称为颛顼高阳之后，屈原于《离骚》中自言为"帝高阳之苗裔"，可见汉代方相氏继续蒙熊皮跳傩舞，应与作为颛顼后裔的楚国具有

---

① 　葛志毅：《先秦图腾信仰与楚君熊氏之关联》，《社会科学战线》1995 年第 6 期。
② 　《周官·夏官·方相氏》。

某种关系，实从一个侧面反映出楚君熊氏与黄帝熊氏族的熊图腾有关联。

进一步说，楚王称熊氏的来历，由楚祖季连所居今河南新郑古地名"有熊国"及附近地名"熊耳山"而来。据《史记·五帝本纪》，最早以熊为名号者乃黄帝，称有熊氏。黄帝曾率熊罴貔貅䝙虎六个氏族与炎帝战，其中为首的熊氏族是黄帝氏族的主体，故黄帝称有熊氏。据《帝王世纪》载，黄帝所都称"有熊"。《竹书纪年》："（黄帝）元年，帝即位，居有熊。"有熊国的地望在今河南新郑一带。《史记·周本纪》正义引《括地志》："郑州新郑县，本有熊氏之墟也。"殷末周初，周文王之臣搜求天下宝物献于商纣，其中包括"有熊九驷"，可见此时有熊国还存在。

有熊国声名显赫，因黄帝定都于此，使新郑一带有熊国的地名长久地沿袭下来。与此相关，在较早的记载中离有熊国不远又有熊耳山之名。《尚书·禹贡》称"导洛自熊耳"，导山又有"熊耳、外方、桐柏至于陪尾"之说。《史记·夏本纪》说熊耳为九山之一。其实以熊耳名山者还不限于这个范围。《史记·封禅书》有"南伐至召陵，登熊耳山"，此齐桓公所登熊耳山，当距召陵不远，可能是在今河南郾城附近。[①] 熊耳山，为秦岭东段规模较大的山脉之一，分布在洛河与伊河之间，山脉总体呈西南—东北向延伸，西起卢氏县，向东北绵延至伊川县折而向东，南接伏牛山系，北邻崤山，《水经注》载熊耳山"双峦竞举，状同熊耳"，双峦，指主峰金宝山和李岗寨峰。葛志毅指出，称熊耳山者虽不止一山，但其分布主要在今河南省。如果再加上新郑有熊国，则以熊为名的地区，其分布范围大致以伊洛地区为中心，西起陕西商州，东至新郑，北抵黄河，南至汝、颍二水中游。此分布范围正是古代华夏族的主要活动地区。这些以熊为名的地区的形成，应

---

① 《史记·五帝本纪》载黄帝登熊、湘，或谓此熊山在今河南偃城县境。参见江应梁主编《中国民族史》上册，民族出版社1990年，第49页。

是黄帝氏族的影响渐次扩大所致。①

先秦命氏方式，多种多样。学者归纳有"以国为氏""以邑为氏""以字为氏""以官为氏""以名为氏""以居地为氏""以谥为氏""以爵为氏""以身份为氏"等②，其中之一是因地名为氏。楚王熊氏的得名就是典型的因地名为氏，最早的依据是清华简《楚居》记楚祖"季连初降于隈山"。③

"隈山"，《楚居》整理者指出："疑即騩山，《山海经》中有楚先世居騩山之说，《西山经·西次三经》云：三危之山'又西一百九十里，曰騩山，其上多玉而无石。神耆童居之。'郭璞注：'耆童，老童，颛顼之子。'"④《楚居》篇中的隈山，即老童所居之騩山，当为大騩之山，又名具茨山，在河南省禹州市、新郑市、新密市三市交界处，为伏牛山之余脉。《国语·郑语》："若前华后河，右洛左济，主芣騩而食溱、洧。"韦昭注："騩，山名。"《庄子·徐无鬼》："黄帝将见大隗乎具茨之山。"《释文》："具茨，山名也，司马(彪)云，在荥阳密县东。"《汉书·地理志》："(河南郡)密，故国，有大騩山，溱水所出，南至临颍入颍。"《水经注·溱水》："溱水出河南密县大騩山。大騩即具茨山也。黄帝登具茨之山，升于洪堤上，受《神芝图》于华盖童子，即是山也。"学者共识楚祖季连最初生活在今河南新郑的新密一带⑤，证明季连的出生地就在黄帝时的"有熊国"的范围内。加上有熊国附近有著名的熊耳山，季连建氏更与熊字有关。《左传》隐公八年记："天子

---

① 葛志毅：《楚君熊氏发覆》，《烟台师范学院学报》(哲学社会科学版)1996年第2期。

② 参见张淑一：《先秦姓氏制度考索》，福建人民出版社2008年，第62—73页。

③ 清华大学出土文献研究与保护中心编，李学勤主编《清华大学藏战国竹简》(壹)，中西书局2010年，第181页。

④ 清华大学出土文献研究与保护中心编，李学勤主编《清华大学藏战国竹简》(壹)，中西书局2010年，第182页。

⑤ 拙著《先楚史》在第三章第七节"季连芈姓的由来及出生地"中进行了考证。程涛平：《先楚史》，武汉出版社2019年，第198—205页。

建德，因生以赐姓，胙之土而命之氏。诸侯以字为氏，因以为族。官有世功，则有官族。邑亦如之。"按照"胙之土而命之氏"，季连降生于有熊国，很自然地以熊为氏，将自己的后代取名为"穴熊"，亦即鬻熊。[①]

鬻熊以后，楚人的熊氏便来自"以父名为氏"了。宋代邓名世《古今姓氏书辩证》介绍"熊"氏："熊，出自芈姓。祝融曾（裔）孙鬻熊，为周文王师，其子事文王，早卒。曾孙熊绎，以王父字为氏。成王封为荆子，后僭号楚王，由绎而下，为楚君者，皆以熊连名称之，如熊通、熊虔、熊居之类，盖姓芈而氏熊也。"[②]宋人郑樵《通志·氏族略》："熊氏，楚鬻熊之后，以名为氏。"综合以上记载，可知楚君的熊氏，最初属于"以居地为氏"，由楚祖季连降生在今河南新郑古有熊国的地境而来。鬻熊以后，属于"以父名为氏"。

楚王称熊氏，还可以上溯自远祖祝融，由纪念祝融而来。

楚人在血统上真正引为始祖的应是祝融与鬻熊。包山楚简第217号简载："举祷楚先老僮、祝融、鬻熊各一牂。"[③]在三位"楚先"中以祝融、鬻熊最为重要。《左传》僖公二十六年载，因"夔子不祀祝融与鬻熊"，楚国灭夔。祝融与鬻熊应是楚人祀典中的常祀对象。楚人祀典中的祝融与鬻熊，二者相比，祝融在楚人世系中较鬻熊更为重要和突出，楚人居地虽累迁，而尊祖祝融之礼从来不变，祝融被不断神化。在长沙出土的《楚帛书》中有"炎帝乃命祝融以四神降"之说，是楚人从本族立场出发，把炎帝及祝融从南方的地方神超拔为中央至上之神，楚王称熊氏，亦有以楚王比附祝融之意。

---

① 清华简：《楚居》记季连"爰生䋹伯、远仲"，接着是"穴酓（熊）迟徙于京宗"。子居提出：穴熊为谁人之子，《楚居》所记似不清晰。《史记·楚世家》："附沮生穴熊。"若所记不误的话，"则季连至鬻熊间，或非止一世"，见子居：《清华简〈楚居〉解析》，山东大学简帛研究网，2011年3月30日。

② 邓名世：《古今姓氏书辩证》，江西人民出版社2006年，第6页。

③ 湖北省荆沙铁路考古队：《包山楚墓》，文物出版社1991年，第366页。

楚王熊氏之源可溯自祝融。《左传》昭公十七年："郑，祝融之虚也。"祝融氏居新郑，完全可能因居地为有熊国而确定熊氏作为自己的族氏。葛志毅指出：祝融居于郑，其地为熊，其义取融。在读音上，熊、融古读同在东部，音近可通。熊、融在意义上亦有相通之处。熊，《说文》谓："从能，炎省声。"炎为火光，有光明之义。《山海经·西次三经》："其光熊熊。"郭璞注："光气焰盛，相焜耀之貌。"可证熊有光明之义。融，《释名·释丘》："融，明也。"《国语·郑语》韦注同。融又同大火星相关，《左传》昭公十八年："融风，火之始也。"是熊、融二字皆同光明之义相关。融同大火星相关，与郑地所在本为火房相联系，《左传》昭公十七年："郑，祝融之虚也，皆火房也。"郑地为火房，同十二次大火分野有关。上述熊、融所具火光、光明之义，亦同郑地为火房相合。祝融是被封于火房之郑地，司掌光明之大火星。《国语·郑语》言重黎被高辛氏封为火正，"以淳耀敦大，天明地德，光照四海，故命之曰祝融"。《史记·楚世家》亦指"重黎为帝喾高辛居火正，甚有功，能光融天下，帝喾命曰祝融"。都指火正之职有"光照四海""光融天下"的特征。重黎以封地为氏当称熊，为火正司大火星光融天下则为融。融即熊，故祝融之后皆以熊为氏。[1] 对葛志毅熊氏源于祝融的解释，还可作一定补充。《春秋外传》："颛帝裔孙曰黎，为高辛氏火正，实能光融天下，以功大，故号祝融，后人氏焉。"[2]张舜徽《说文解字约注》："凡称火光为熊熊，乃炎之借字。"[3]据《汉语大字典》，"融"字有多重含义，一是大明；大亮。《广韵·东韵》："融，朗也。"《左传》昭公五年："明而未融，其当旦乎！"杜预注："融，朗也。"孔颖达疏："明而未融，则融是大明，故为朗也。"二是火神祝融的省称。《墨子·非攻》："天命融隆。"孙诒让《间诂》："《国语·周

① 葛志毅：《楚君熊氏发覆》，《烟台师范学院学报》（哲学社会科学版）1996 年第 2 期。
② 邓名世：《古今姓氏书辩证》，江西人民出版社 2006 年，第 6 页。
③ 张舜徽：《说文解字约注》，华中师范大学出版社 2009 年，第 2442 页。

语》：'内史过说夏亡，回禄信于聆隧。'韦注云：'回禄，火神；聆隧，地名'，……是融即回禄。"《国语·周语》："融降于崇（嵩）山。"韦昭注："融，祝融也。"①

　　文献记载楚王的熊氏，在金文和楚简中的楚王却是"酓氏"。现有的楚国铜器铭文中，楚王都自称为"酓"某。如随州出土的楚王酓章镈②、楚王酓璋戈③，铭文中楚王是"酓章"，而非"熊章"；寿县朱家集李三孤堆出土的楚王酓忎鼎和楚王酓肯铫鼎，铭文中楚王是"酓忎"和"酓肯"，而非"熊忎"和"熊肯"。④ 在清华简《楚居》中有"穴酓迟徙于京宗"句，文献中的穴熊也写作"穴酓"。⑤ 张正明、张胜琳认为："酓"即"饮"。金文的"酓"字，状人饮酒。周天子举行祭祀，要把酒灌在茅上，使酒渗入茅中，沥于茅下，象征为神所饮，这个仪式叫作"缩酒"。《国语·晋语八》"楚为荆蛮，置茅蕝"句，韦昭注："蕝，谓束茅而立之，所以缩酒。"楚地产茅，贡茅是楚君的职分。《左传》僖公四年记齐桓公兴师问罪于楚，令管仲责楚人："尔贡苞茅不入，王祭不共，无以缩酒。"那时，祭祀是国家大事。对楚君来说，贡茅是他的重要职责。不尽贡茅之职，楚君就不成其为合法的诸侯之一了。因此，楚君以职为氏，在名上冠以"酓"字，这无疑是光荣的。所以，"熊"是一个带有荣誉称号意味的特殊的氏。⑥ 将"酓"字解释为"饮"，表明楚王以职为氏，很有创见。谭步云考释了甲骨文与金文中的"飲""歈"

①　汉语大字典编辑委员会：《汉语大字典》，湖北辞书出版社、四川辞书出版社1993年，第1200页。
②　酓章镈见曹锦炎主编《商周金文选》，西泠印社出版社2011年，第165页。
③　酓璋戈见曹锦炎主编《商周金文选》，西泠印社出版社2011年，第166页。
④　高至喜主编《楚文物图典》，湖北教育出版社2000年，第23页。
⑤　清华大学出土文献研究与保护中心编，李学勤主编《清华大学藏战国竹简》（壹），中西书局2010年，第181页。
⑥　张正明、张胜琳：《楚君姓氏辨》，《江汉论坛》1983年第6期。

"酓"字，总结说："甲骨文、金文另有'酓'字，也用为'饮'。"①

但是"酓"字是可以直接读成"熊"字的。包山二号墓楚简中卜筮祭祷部分记有楚先祖名老僮、祝融、媸酓、荆王、武王等人②，李学勤对其中"媸酓"中的"酓"字进行考证，认为"酓"字常见于楚国文字中的王名，前人已指出相当于文献中楚王名的"熊"字。如胡光炜说："（酓字）以声求之，当读为楚氏之'熊'。《楚世家》记战国以下之楚王名，或单称名，或加氏称熊某（如悼王称熊疑，宣王称熊良夫，威王称熊商，怀王称熊槐，考烈王称熊元，皆是）。'熊'读入喻纽，'酓'读入影纽，古读清浊不分，于声至近。……知此文之'酓'可读为'熊'。"③在古文字里，只有秦国的诅楚文刻石楚王名直接用"熊"字，郭沫若对此有详论。④李学勤的结论是：既然楚国文字把熊某的"熊"写作"酓"，某熊的"熊"也可能写作"酓"。⑤这就证实"酓"字与"熊"字完全相通。楚王在金文和楚简中记载的酓氏就是熊氏。

除楚王用"熊"氏外，楚国公族的氏，早在熊通建国之前，在漫长的岁月中多有分化。

先秦时代，姓与氏含义不同，使用也非常严格。姓为氏之本，氏自姓出，二者是源与流、干与枝的关系。到汉代混而为一，姓与氏合流，称姓、氏，或姓氏合称。

《史记》记载楚国的先祖出自黄帝之孙、帝颛顼高阳，高阳生称、称生卷章、卷章生重黎，重黎居火正为祝融，因没能平定共工氏的叛乱而被诛，以其弟吴回为后，仍为祝融。吴回生陆终，陆终生子六人，最小的叫季连，芈姓，这是芈姓得姓之始，楚国公族就是其后代，其

---

① 潭步云：《故字考释三则：释狐、释蘷、释飲/歆/酓》，《中山大学学报》（社会科学版）2013 年第 6 期。

② 包山墓地竹简整理小组：《包山二号楚墓竹简概述》，《文物》1988 年第 5 期。

③ 胡光炜：《寿春新出楚王鼎考释》，《国风半月刊》1934 年第 4 卷第 3 期。

④ 郭沫若：《石鼓文研究　诅楚文考释》，科学出版社 1982 年。

⑤ 李学勤：《论包山简中一楚先祖名》，《文物》1988 年第 8 期。

子孙也有以季、季连为氏的。季连生附沮，附沮生穴熊，其后家族中衰，世系不明。周文王时，季连的苗裔鬻熊归附方兴未艾的周国，为文王之师，后代嫡系子孙以熊为氏，旁系子孙中也有以鬻为氏的。其子为熊丽，熊丽生熊狂，熊狂生熊绎。周成王分封文王、武王时代有功之臣的后裔，封熊绎于荆山，赐以子男之田，姓芈氏。周代爵位分为公、侯、伯、子、男五个等次，子爵和男爵是最低的，国土方圆不过五十里。熊绎爵低国小，在诸侯中没有什么地位。熊绎五传而至熊渠，逐渐成为江汉之地的强国，熊渠对周分封的低等爵位甚为不满。封长子康为句亶王、中子红为鄂王、少子执疵为越章王。周厉王时，熊渠害怕厉王的暴虐，去掉三个儿子的王号，熊红被分封在鄂，后代以鄂为氏。熊渠先有一子名无庸，其后以无庸为氏。熊渠嫡长子熊挚后代分化出夔、能等姓氏。《史记正义》："熊渠嫡嗣曰熊挚，有恶疾，不得为后，别居于夔(今秭归)，为楚附庸，后王命曰子国也。"所谓"恶疾"，可能是麻风病，既治不好，又影响形象，因而失掉了君位。《通志·氏族志》："夔氏，楚君熊挚之后……，僖二十六年，楚灭之，子孙以国为氏。"又云："能氏……楚熊挚之后，避难改为能氏。"熊渠三传而至熊勇，后代以勇为氏，《姓源》：勇，"楚子熊勇之后"。熊勇传弟熊严，熊严传子熊霜，因是长子，称伯霜，后代有的以霜为氏。《姓考》："霜氏，楚熊严子伯霜之后。"伯霜三传而至熊仪，字若敖，又名斗强，其后代以若敖、斗、斗强为氏。熊仪两传而至熊眴，是为蚡冒，其后代有的以蚡冒、蚡、冒等为姓氏。蚡冒死，弟熊通杀其子而代立，自号武王，开诸侯国君称王之先河。

楚武王子瑕，食采于屈，子孙以屈为氏。屈瑕的后代屈到为令尹，其后以到为氏。屈荡之子屈巫，字子灵，被楚庄王封于申，后逃奔晋国，去屈以巫为氏，名臣，称申公巫臣，由此分化出子灵、灵、巫臣等姓氏。《元和姓纂》："子灵氏，楚屈荡生子灵，因氏焉。""巫臣氏，屈荡之子申公巫臣之后。"《风俗通义》：灵，"楚大夫子灵之后，以王父(祖父)字为氏"。楚令尹屈建，字子木，后代有的以子木为氏，还

有以连尹、襄、襄老为姓氏的。《元和姓纂》：连尹，"楚屈氏之后有连尹襄老，后世子孙以官为氏"。《风俗通义》："襄氏，楚大夫襄老之后。"《路史》："楚有襄老氏。"楚武王卒，子熊赀立，是为文王。楚文王之后有卜梁、轩丘等姓氏。《姓苑》："楚文王子食采于卜梁，为卜梁氏。"《风俗通义》："楚文王庶子食采于轩丘，其后为氏。"楚文王两传至成王熊恽，其后有的以名为氏，姓恽。有的以爵谥为氏。《通志·氏族略》："成王氏，楚成王之后。"楚成王太子商臣弑父自立，是为穆王，其后代有的以婴齐、子重为氏。《通志·氏族略》："婴齐氏，楚穆王之子公子婴齐之后也。"又："子重氏，楚公子婴齐字子重之后。"

楚穆王卒，子庄王熊侣立。其后有的以谥号庄为氏，并从中又分化出严、滇等姓氏。《通志·氏族略》："严氏，楚庄王后，以谥为氏，避汉明帝讳改为严。魏晋之际，有复本姓者，故有严、庄二氏。"战国末期，楚将庄蹻南征入滇（今云南），未几楚亡，遂称王于滇，汉武帝时，滇王降，后代以国名滇为氏。《通志·氏族略》："囊氏，出楚庄王公子贞，字子囊，其孙囊瓦，字子常，为令尹，以王父字为氏。"从这一支中分化出了子囊、囊两个姓氏。楚庄王后代中还有以子南、诸梁、上官为氏的。《元和姓纂》："楚庄子追舒，字子南，其后为子南氏。"又："楚庄王少子兰为上官（今河南滑县东南）大夫，后以为氏。"有一子的采邑在诸梁，后代以诸梁为氏。《通志·氏族略》："楚沈尹戍生诸梁，食采于叶，因氏焉。"沈尹戍是楚庄王的曾孙，楚平王、昭王时为司马，与伍子胥所率吴兵作战阵亡，楚昭王封其子沈诸梁（字子高）于叶，称叶公，其后代分化出沈、沈尹、叶等姓氏。

楚庄王死后，子共王熊审立，其后代有的以共王的名字为氏。《路史》："楚公族有审氏。"有的以黑肱为氏。《通志·氏族略》："黑肱氏，楚共王之子黑肱之后也。"共王卒，子康王立，康王卒，子熊员立，楚共王子熊围弑熊员自立，是为灵王。《姓氏考略》："楚公子罢

敌，灵王子，后以为氏。"

楚共王的五个儿子经过自相残杀之后，最小的儿子弃疾继位，改名熊居，是为楚平王，其后代有的以弃疾为氏。楚平王为太子建到秦国娶妻，见此女很漂亮，平王"卒自娶秦女，生熊珍"。太子建之子胜对失去楚国君位耿耿于怀，后作乱，史称"白公之乱"，失败后奔山中自缢死。楚国经此变故，又分化出建、子建、白、白公等姓氏。

概括楚武王熊通建立楚国后，楚国公族姓氏有以下特点：

楚国公族姓氏来历复杂。一是以国名为氏，荆、楚、夔、滇四个姓氏属于这种情况。本来是楚国所封的附庸，后来周天子又封其为子爵之国，与楚国的爵位相同。二是以邑名（实质上也是地名）为氏，楚国封给同姓子孙和功臣采邑，后代有的便以采邑的名称为氏，如屈、芳、白、叶等。三是以先人的名字为氏，一般是以祖父的名、字为氏，如季、熊、斗、恽、建等。四是以官职为氏，如令、令尹、连尹、厩、厩尹等。五是避讳或避难改氏，庄氏为避汉明帝刘庄讳改为严氏，熊、伍两个姓氏因避难改为姓能、五。

国力昌盛或国家多难之时往往是姓氏产生的高峰期。熊仪（若敖）至武王熊通、楚庄王、楚平王三个时期，是楚国公族姓氏的高产期。熊仪至楚武王时期，是楚国由小到大、由弱变强的重要转变时期，楚国在庄王时达到了鼎盛时期。楚平王时楚国多难。一般而言，进取意识强的君主，往往体质强劲，子孙众多，事业兴旺，导致功臣辈出；无耻的君主，造成有关家族和人物的命运多舛，这样受封者必众，姓氏的产生与分化就在所难免了。

楚国公族姓氏发展分化比较明显。先秦时代宗法制度下的风尚是姓"别婚姻"，氏"明贵贱"。姓是永恒不变的，季连的后代都姓芈，不论经过多少代，以什么为氏，都不能通婚。而氏若相同，只要不是源于同一姓，均可通婚。氏数代一变，一代一变，甚至一代数变，相对

公族嫡系子孙(君位继承者)而言，越是后出的氏，与国君血统越近，就越尊贵；相对支庶子孙而言，越是后出的氏，与国君血统越远，就越低贱。"君子之泽，五世而斩"，刘秉忠、李丽指出，超过了五代，就不存在亲属关系了，氏的多变的特点，致使许多氏来去匆匆，迅速消亡。①

楚国嫡长子继承制的确立，必然要把余子排斥在权力继承之外，因此余子逐渐脱离公室，分族命氏。分族命氏的进程其实早在楚国建国之初已经开始，不过，嫡长子继承制的创立，大大加快了这一进程。《太平御览》卷三六二引《风俗通义》佚文曰："盖姓(氏)有九，或氏于号，或氏于谥，或氏于爵，或氏于国，或氏于官，或氏于字，或氏于居，或氏于事，或氏于职。"

上面所述诸氏皆为直接出自楚王室的余子，其关系稍远的尚未列入，如从春秋时期若敖氏又分出楚季、季融、斗强、班、斗乳、斗文、斗班、申公、苗、箴、箴尹、蔓、厥、厥尹诸氏；屈氏又分出三闾、屈南(屈男)、子乘、乘、巫臣、子木、连尹、襄等氏。如果按照《左传》隐公八年杜注"公孙之子以王父字为氏"的原则，其氏姓的真正形成又应当在所出楚王下延三世。楚国历年从公室分出的氏族是非常多的，仅《潜夫论·志氏姓》所载就有40多。然而从上述的分析可以看出，真正的分族命氏应该在若敖以后才大规模出现，并在春秋以后完善，达到顶峰。

从《左传》来看，楚国确切可考的国君余子分族命氏的当属若敖氏。《左传》宣公四年"初，若敖娶于邧"，杨伯峻注："楚先君若敖当西周之末，东周之初，与此若敖恐非一人。"②看来令尹子文之祖若敖者当为楚君若敖之后，凡未继君位的若敖余子，在文献中皆被称为若敖氏之族，如同鲁有三桓，郑有七穆。文献中尚记载有鬻氏为鬻熊后，

---

① 刘秉忠、李丽：《楚国公族姓氏考略》，《江汉考古》1999 年第 1 期。
② 杨伯峻：《春秋左传注》(修订本)，中华书局 1990 年，第 682 页。

熊丽氏为熊丽后，春秋之世，其族皆不显于楚国，这种所谓的"楚君之后"当为楚大规模分族命氏的前奏。因此，我们有理由相信大规模余子命氏分族当从春秋初年的若敖氏始。

据陶亮研究，综合其他研究成果，楚国各时期分出的氏姓情况见表 8-1[①]：

表 8-1：楚国各时期分出氏姓情况表

源出楚王	衍生氏姓	文献记载
若敖以前	圈氏	《元和姓纂》卷六引《风俗通义》佚文曰："圈氏，楚鬻熊之后。"
	赟氏	《路史》："楚熊绎之后有赟氏。"
	熊相氏和熊鹿氏	刘信芳在《〈包山楚简〉中的几支楚公族试析》一文[②]中以为熊鹿氏即文献记载的熊率氏，为熊丽之后，熊相氏当为熊霜之后。然文献记载熊相氏为熊相宜僚之后，熊率氏为熊率且比之后。在此从刘先生说法。
	勇氏	《姓源》以为"楚子熊勇之后"。
	无庸氏	《通志·氏族略四》："芈姓，《姓氏英贤传》：'楚熊渠生无庸，因氏焉。'"
	霜氏	《姓考》："霜氏，楚熊严子伯霜之后。"

① 陶亮：《楚国君位继承制研究》，吉林大学硕士学位论文，2005 年，第 34—35 页。

② 刘信芳：《〈包山楚简〉中的几支楚公族试析》，《江汉论坛》1995 年第 1 期。

续表

源出楚王	衍生氏姓	文献记载
若敖以前	屈氏	传统看法如王逸《楚辞章句》、张守节《史记正义》、林宝《元和姓纂》以及郑樵的《通志》都以为屈氏出自武王子屈瑕。张君《楚国斗、成、蒍、屈四族先世考》中没有触动屈氏出自屈瑕的传统说法，但是以为屈瑕乃为武王弟。赵逵夫《屈氏先世与句亶王熊伯庸》中以为屈氏出自熊渠之子熊毋康，考辨诸说，当以赵逵夫所说近是。①
	蒍氏	《潜夫论·志氏姓》以为蚡冒子公子无钩之后。李零在《楚国族源，世系的文字学证明》一文中以为蒍氏出自叔熊。但是证据尚嫌不足。考之《国语·郑语》"叔熊逃难于濮而蛮，季钏是立，蒍氏将起之，祸又不克"来看，蒍氏应当在叔熊之前。
若敖	斗氏	《左传》宣公四年。
	成氏	《通志·氏族略三》："楚若敖之后，以字为氏。"
蚡冒	棼冒	《战国策补》："楚之同姓，即蚡冒。"
	蚡	《说苑》："楚之同姓，蚡冒之后，亦作羒。"
	冒	《姓氏考略》："楚蚡冒之后。"
	无钩	《潜夫论·志氏姓》："楚蚡冒生子蒍章，为王子无钩，氏焉。"

---

① 张君：《楚国斗、成、蒍、屈四族先世考》，载《楚文化觅踪》，中州古籍出版社1986年；赵逵夫：《屈氏先世与句亶王熊伯庸》，载《文史》第25辑，中华书局1985年。

源出楚王	衍生氏姓	文献记载
文王	卜梁氏	《姓苑》："楚文王子食采于卜梁，为卜梁氏。"
	轩丘氏	《风俗通义》："楚文王庶子食采于轩丘，其后为氏。"
成王	成王氏	《通志·氏族略五》："成王氏，楚成王之后。"
	恽氏	《姓氏寻源》："其先出楚成王，为熊姓，盖以成王名恽故也。"
穆王	婴齐氏	《通志·氏族略四》："芈姓，楚穆王之子公子婴齐之后也。"
	子重氏	《通志·氏族略三》："芈姓，楚公子婴齐，字子重之后。"
	左尹氏	《姓觿》引《姓考》云："楚大夫左尹子重之后。"
	侧氏	《路史》："楚公族有侧氏。"考之楚大夫子反字子侧，或许即子反之后，子反为穆王之子，因此暂把侧氏系在穆王之下。
	阳氏	《世本》："穆王生王子扬，扬生尹，尹生匃。"匃即阳匃。
	奋氏	《路史》："楚公族有奋氏。"又《姓源》曰："《左传》楚司马奋扬之后。"奋扬为平王时司马，具体出自哪位楚王无法考证，故上推三世暂系于穆王名下。

续表

源出楚王	衍生氏姓	文献记载
庄王	庄氏	《通志·氏族略四》："芈姓楚庄王后，以谥为氏。"
	伥氏和楚庄氏	刘信芳在《〈包山楚简〉中的几支楚公族试析》中以为此二姓俱出庄王。[①]
	囊氏	《通志·氏族略三》："芈姓，楚庄王子，子囊之后也，公子贞，字子囊，以字为氏。"
	子囊氏	《通志·氏族略三》："芈姓，楚公子贞字子囊之后也。"
	子南氏	《元和姓纂》："楚庄子追舒，字子南，其后为子南氏。"
	上官氏	《元和姓纂》："楚庄王少子兰为上官大夫，后以为氏。"
	午氏	《姓苑》："楚公子午之后。"
	子午氏	《世本》："楚公子午之后。"
	子庚氏	《通志·氏族略三》："芈姓，楚公子午字子庚，其后以王父字为氏。"
共王	审氏	《路史》："楚公族有审氏。"
	黑肱氏	《通志·氏族略四》："黑肱氏，楚共王之子黑肱之后也。"
灵王	禄氏	《姓林》云："楚太子禄之后。"
	罢敌氏	《姓氏考略》："楚公子罢敌，灵王子，后以为氏。"

---

① 刘信芳：《〈包山楚简〉中的几支楚公族试析》，《江汉论坛》1995 年第 1 期。

续表

源出楚王	衍生氏姓	文献记载
平王	王孙氏	《姓觿》引《姓考》云："楚平王之孙亦有王孙氏。"
	弃疾氏	《通志·氏族略四》："楚平王名弃疾，后人为氏。"
	建氏	《元和姓纂》卷九引《风俗通义》佚文曰："楚太子建之后。"
	子建氏	《万姓统谱》："子建氏，楚太子建之后"。
	白公氏	《姓觿》："白公氏，楚白公胜之后，有为氏者。"
	白氏	《通志·氏族略三》："芈姓，楚白公胜之后也。"
	子西氏	《世本》："楚平王子公子申，字子西，死于白公之难，其后以王父字为氏。"
	子期氏	《古今姓氏辩证》："楚平王子结，字子期，为大司马，死于白公之难，后世以其字为氏。"
	它氏	《世本》："楚平王子孙有田公它成。"
	鲁阳氏	《通志·氏族略四》："鲁阳氏，芈姓，楚公族有鲁阳氏。"楚平王孙有鲁阳文子，鲁阳氏应该出自鲁阳文子。
昭王	昭氏	文献未记其具体所出，但是《通志·氏族略四》把"昭"氏列入"以谥为氏"例，且又出自楚王室，则很可能为昭王之后。①

---

① 包山楚简中多见昭氏家族先人祭祀。吴郁芳考订，昭王之子子良封平舆君，谥昭文，为昭氏之祖。包山简为昭氏出自楚昭王提供了确实的证据。见吴郁芳：《包山二号墓墓主昭佗家谱考》，《江汉论坛》1992 年第 11 期。

续表

源出楚王	衍生氏姓	文献记载
声王	声氏	《姓觿》引《路史》云："楚公族。"而《通志·氏族略四》曰："姬姓蔡大夫声子之后也。"那么声氏盖有两支，一为蔡公室之后，另一支为《路史》所记声氏，或当声王之后以声王之谥为氏。
肃王	臧氏	不见于文献记载，唯见包山楚简中，刘信芳认为"楚臧氏或由楚肃王熊臧之孙受封得氏"①。
怀王	怀氏	《汉书·高帝纪》："汉高帝徙齐楚大族昭氏、屈氏、景氏、怀氏、田氏五姓关中。"怀氏大概是以楚怀王谥为氏。
顷襄王	襄氏	吴郁芳在《楚项氏与楚"三闾"》中以为顷襄王之后。②
虽出自楚王室但出于何王已不可考	邓陵氏	《古今姓氏辩证》："楚公子食采于邓陵，后以为氏。"
	仲熊氏	《通志·氏族略四》："芈姓，《潜夫论》云楚公族有仲熊氏。"《路史》"仲雄氏，楚公族之后"中的"仲熊氏"应即《通志·氏族略》之仲熊氏。
	子季氏	《世本》："楚公族有子季氏。"
	屠住	《英贤传》："楚公子屠，食采于住乡，因氏焉。"
	景氏	《通志·氏族略四》："景氏，芈姓，楚公族也。"包山楚简中有竟氏，当为文献之景氏。③

① 刘信芳：《〈包山楚简〉中的几支楚公族试析》，《江汉论坛》1995 年第 1 期
② 吴郁芳：《楚项氏与楚"三闾"》，《江汉论坛》1992 年第 1 期。
③ 刘秉忠、李丽在《楚国公族姓氏考略》中认为怀王时期的昭雎和景快是平王时期的，从而认为景氏要早于平王时代，因此结论有误。刘信芳在《〈包山楚简〉中的几支楚公族试析》中认为："可以初步推定，景氏应是楚宣王之前的某一代楚王所封。"

源出楚王	衍生氏姓	文献记载
虽出自楚王室但出于何王已不可考	潘氏	《通志·氏族略三》:"潘氏,芈姓,楚之公族,以字为氏。"
	观氏	《通志·氏族略五》以为芈姓,且《国语·楚语下》有观射父其人,为主祭祀的官员,因此应当出自楚公室。
	喜氏	见于包山楚简中,应当即《路史》"鬻连之后有鼇氏"的"鼇"氏,其得氏未详。
	公房氏	《姓觿》引《姓考》云:"楚公子房之后。"
	申叔	《姓觿》引《姓考》云:"楚公族之后。"
	列宗氏	《通志·氏族略四》:"《潜夫论》楚公族列宗氏,芈姓。"
	楚宗氏、五相氏、后氏、庞氏、利孙氏、韵氏、监氏、濮氏、逯氏、吉白氏、莫嚻氏、白南氏、赤章氏、即氏、公建氏、期思氏、围氏、舒坚氏、辛廖、穿氏、县氏、沮氏	皆为《姓觿》引《路史》以为出自楚公室者。

第三节　楚国的官制及集大权于一身的令尹

楚武王始建立楚国官制。中原国家多实行自西周以来的"三公六卿"制,楚国没有三公六卿的提法。自熊通起,在中央才正式设置了

官职，见于文献记载的一为令尹，一为莫敖。楚国的官有些称尹，如令尹、左尹、右尹、县尹等。实际上这是仿自商代的官称。商代的尹是中央政府的最高政务官，而楚国的尹则是楚王最亲近的大臣，常侍王左右，辅佐楚王处理国家大事。《史记·殷本纪》索隐说："尹，正也，谓汤使之正天下。"正即长，也就是说尹是天下百官之长。楚国在武王后期，正式设令尹一职，楚的令尹就相当商代的尹。熊通设立令尹一职，后来楚国一直沿用，几百年始终没有改变，直到终楚之时。明人董说《七国考·楚职官》说："春秋诸国，惟楚英贤最多，而为令尹执国政者，皆其公族，少有偾事，旋即诛死。所以强大累世，而威略无下移，固其君之强明，亦其传国用人之制独善也。"[①]

令尹还有副职，这就是左尹和右尹。楚武王之际，虽无左尹和右尹的明确记载，但楚后世之官，有许多是沿袭武王之时而来的。《左传》宣公十一年有"楚左尹子重侵宋"，《左传》昭公二十七年有左尹郤宛，《左传》成公十六年有右尹子辛，《左传》昭公十二年有右尹子革。曾侯乙墓遗策中所记楚国赠马者有左尹和右尹，包山2号墓墓主为左尹邵佗(该墓中出土许多楚国的法律文书，死者生前很可能与立法或司法有关)。子重、子辛、郤宛生前都领兵，子革为灵王的高参，都是一些极重要的工作，并且当令尹去世之后，子重、子辛便接替为令尹，故他们为令尹的副手应是没有问题的。

熊通还设有莫敖一职，主管军事。然因莫敖屈瑕伐罗的失败，莫敖的权职似有所削弱。武王之后莫敖的官职虽还保留，但主管军事的职能由司马(大司马)取代，司马之下有左司马、右司马两个副职。

熊通还设有太子的师、保官。《说苑·正谏》和《吕氏春秋·直谏》都载，楚文王初年，因游乐期年不理朝政，保官申谏曰："先王卜以臣为保，吉。"于是，保官便以先王的遗命鞭笞文王。这个故事虽有些传奇色彩，但从后世楚一直都有师、保之官来看，武王已设此职是

---

① 董说著，缪文远订补：《七国考订补》，上海古籍出版社1987年，第65页。

可信的。再如楚成王时，潘崇为太子之师；楚庄王幼时，申公子仪父为师，王子燮为傅；楚平王时，伍奢为太子太傅，费无极为少傅。《国语·楚语上》还详细记载了楚庄王为太子选择师、傅和考虑教学内容的情况。《左传》成公九年载，钟仪说楚太子"其为大子也，师、保奉之"。这些师、保之官有的有官职，如楚庄王的老师子仪父(斗克)在楚庄王的父亲楚穆王时期为司马，楚庄王初期还当了令尹；有的没有明确记载。有其他官职的当为兼职，无明确官职的为专职。从整个楚国历史看，专职的师、保之官多不直接参与政事。

罗运环认为："令尹、司马、莫敖实为楚廷三公。"①莫敖在楚武王时代一度是军事最高长官，楚武王之后军事最高长官由司马取代，莫敖的地位已在司马及其副手(左、右司马)之下，这从《左传》襄公十五年叙述顺序可见："楚公子午为令尹，公子罢戎为右尹，蒍子冯为大司马，公子橐师为右司马，公子成为左司马，屈到为莫敖。"有的时候，其地位也可能与左司马相当，缪文远订补《七国考·楚职官》引沈钦韩云："按《楚策》：'断脰决腹以忧社稷者，莫敖大心是也。'考诸定四年传，即左司马沈尹戌，则莫敖为司马之官明矣。"②由这条记载看，莫敖的司职还是在军事方面，只是其地位已在司马之下。

楚国没有中原诸国通行的"六卿"制，但同类的官是存在的。周室"冢宰"是管治百官之官，这就相当于楚国的令尹。周室"司徒"，金文载为司土，有的文献中称司农或司事，主管农事和治民，农事也就是民事。楚有司徒一职，如《左传》宣公十一年："令尹蒍艾猎城沂，使封人虑事，以授司徒。"周室"宗伯"主管宗教和礼制，楚有卜尹和陵尹，应是宗伯属官。周室"司马"主管军事，楚武王时有莫敖，后来也成了司马。周室"司寇"主管司法、诉讼，楚有同样的官，只是其名称为司败。周室"司空"，金文载为司工，其职责是主管工程，楚没有司

---

① 罗运环：《楚国八百年》，武汉大学出版社1992年，第127页。
② 董说著，缪文远订补：《七国考订补》，上海古籍出版社1987年，第75页。

空的名称，却有(大)工尹等官职。工尹，《左传》文公十六年杜预注：
"掌百工之官。"

楚国的官制有"五官"。《战国策·楚策一》："昭王反郢，五官失法，百姓昏乱；蒙谷献典，五官得法，而百姓大治。"何谓五官？古代治理民事，多称五官，并非楚国的专称。如《礼记·曲礼下》载："天子之五官，曰司徒、司马、司空、司士、司寇，典司五众。"司士即大宗伯。由此可见，五官即六卿中除冢宰之外的官，换言之，冢宰加五官即为六卿，与楚官相对应，则应为令尹加五官也即楚之"六卿"。楚既有"五官"，说明类似周室六卿的官是存在的。

楚国到后来出现了许多不同于中原的官名。顾炎武在《日知录》中指出："春秋时列国官名，若晋之中行，宋之门尹，郑之马师，秦之不更、庶长，皆他国所无。而楚尤多，有莫敖、令尹、司马、太宰、少宰、御士、左史、右领、左尹、右尹、连尹、箴尹、寝尹、工尹、卜尹、芋尹、蓝尹、沈尹、清尹、莠尹、嚣尹、陵尹、郊尹、乐尹、宫厩尹、监马尹、扬豚尹、武城尹，其官名大抵异于他国。"[1]由于文献记载的不足，其中许多官职具体管哪些方面的事，尚不清楚。郭德维指出："除令尹、司马、莫敖、工尹等比较明确外，大都应是'五官'或'六卿'的属下。"[2]

楚国的官职与中原诸国有所不同。张正明指出："诸夏的长处是有完备的官僚机构，群蛮的长处是简朴，楚人也兼而有之，模仿诸夏而有所损，参酌群蛮而有所益，也建立了一套官僚机构，可是事简职专，不像诸夏那么繁琐，而且有一套特殊的行政系统。这样兼采夷夏之所长，既是主动的，又是被动的，总之，是一种调适。成功的调适不是拼凑，而是创造。"[3]

---

① 顾炎武著，陈垣校注：《日知录校注》，安徽大学出版社2007年，第231页。
② 郭德维：《论楚武王》，载《楚史·楚文化研究》，湖北人民出版社2013年，第14页。
③ 张正明：《楚史》，湖北教育出版社1995年，第123页。

楚国的官制，从形式上看，与诸夏同少异多。如楚官多称尹，成为一大特色。以尹名官虽始于商朝，但楚国以尹名官应是向周朝学来的。楚官从上至下，从中央到地方，普遍称尹，少有例外，形成了一套独特的体制。这是由于那时的楚人为了求得独立和尊严，故意我行我素，其指导思想就是楚武王宣布的"我自尊耳"。

令尹是楚国继承商、周尹官之制所独创之官。这个迥异于他国宰辅的新奇称谓，从春秋至战国，历时近五个世纪。楚国的官制，和其他国家有着非常显著的差异，楚国始终未出现过"宰辅""相位"等指代称谓，中原诸国亦均未曾设过"令尹"一职。"令尹"二字，据《说文解字》记载，"令"为"发号也"，"尹"为"治也，从又、丿，握事者也"。两个字结合起来看，便是宋公文所说的："令尹就是处于发号地位的尹，亦即号令众尹（官）之尹。它迥异于一般的握事者，而是统领全局的握事者。"①总之，楚国的"令尹"是继承商、周"尹"之名称，并加"令"字而来的。贯穿春秋战国之世，为楚国所独有的宰辅官名。《说苑·至公》载："（令尹）执一国之柄。"对内职掌政治、军事、司法，对外代表楚王处理外交事务。集政治、军事、司法、外交大权于一身。

楚令尹不能世袭，令尹的任免全凭楚王的决断，这无疑有利于加强王权和中央集权的发展，对楚国乃至整个春秋时代产生深远的影响。《左传》庄公四年记载："令尹斗祁、莫敖屈重除道、梁溠，营军临随。随人惧，行成。"这是楚国"令尹"最早的出处。顾栋高评价："楚之令尹，俱以亲公子为之，一有罪则必诛不赦，所以权不下替而国本强盛。"②

楚国的令尹制度稳定，到了战国时期，楚国也没有改变令尹制。楚国自公元前704年楚武王自封为王时正式建国，到公元前223年被秦所灭，享国481年。自从若敖氏之乱公室受到威胁后，楚庄王就着

---

① 宋公文：《楚史新探》，河南大学出版社1988年，第3页。
② 顾栋高：《春秋大事表》，中华书局1993年，第1204页。

重让王室的公子来执政，形成楚国"内姓选于亲，外姓选于旧"的人事特色。

春秋战国时期楚国有实迹可考的宰辅共46人。从首任斗祁到末任李园，均称令尹。① 大量先秦、秦汉文献均作如此记载。

难得的是，迄今已发现的十余则考古资料，所记楚宰辅名称也全作"命（令）尹"。据许慜慧研究，金文和楚简中有大量涉及楚国令尹的铭文和文字。②

其一，1979年河南淅川县下寺2号春秋楚墓出土的"王子午鼎"，铭文："佳正月初吉丁亥，王子午择其吉金，自乍彝盥鼎，……命（令）尹子庚殹（緐）民之所呕，万年无谋，子孙是制。"③铭文中的"命尹子庚"，就是令尹子庚。④ 其二，1978年所掘湖北随县擂鼓墩1号墓即曾侯乙墓，出土竹简记载致送丧礼的赗车人中有楚之令尹："命（令）尹之畋车，丽两。"⑤其三，1986年出土的包山楚简中，记有令尹之事："大司马卲（昭）鄗（阳）败晋市（师）于鄟（襄）陵之岁，夏柰（夕）之月庚午之日，命（令）尹子士、大市（师）子佩命龚陵公邟（于）罶为鄙鄁赀（贷）邼（越）异之铼金一百益（镒）二益（镒）四两。"⑥文献记载与考古资料相吻合，这是"令尹"为楚宰辅专称的铁证。

春秋战国时期，他国宰辅名称繁多，变化多端。如：晋宰辅先后称"司徒""中大夫""中军"（"元帅"），三家分晋后，又改称"相"或

---

① 参见宋公文：《春秋时期楚令尹序列辨误》，《江汉论坛》1983年第8期；宋公文：《战国时期楚令尹序列考述》，《江汉论坛》1987年第12期。此二文共列出令尹46人。

② 详见许慜慧：《古文字资料中的战国职官研究》，复旦大学博士学位论文，2014年，第125页。

③ 铭文拓本见中国社会科学院考古研究所编《殷周金文集成》，香港中文大学中国文化研究所2001年，第377页。

④ 赵世刚、刘笑春：《王子午鼎铭试释》，《文物》1980年第10期。

⑤ 简文见陈伟等：《楚地出土战国简册[十四种]》，武汉大学出版社2016年，第365页。

⑥ 朱晓雪：《包山楚简综述》，福建人民出版社2013年，第243页。

"相国"；齐宰辅先后称"宰"（泛称）、"左、右相"；鲁宰辅先后称"司徒""相"；宋宰辅不依卿之位次，"右师""左师""司城"均可担任；郑宰辅先后有"为政"（"听政"）、"少正"之名；秦宰辅先后称"大庶长""大良造""相""左、右丞相"；周宰辅先后称"卿士""太宰""相"或"相国"。

据宋公文统计，春秋战国时楚国令尹计 46 人，其出身见表 8-2[①]：

表 8-2：楚国令尹表

令尹	出身、籍贯	任职时间
斗祁	王子	楚武王五十一年（前 690 年）
彭仲爽	申俘	楚文王伐申、灭申期间至"县申息"以后（约前 687 年至前 682 年间）
保申	出身未详，楚人	楚文王时，在彭仲爽之后
子元（王子善）	王子	楚成王六年至八年（前 666 年至前 664 年）
子文（斗榖於菟）	王孙	楚成王八年至三十五年（前 664 年至前 637 年）
子玉（成得臣）	王孙	楚成王三十五年至四十年（前 637 年至前 632 年）
蒍吕臣（叔伯）	王孙	楚成王四十年至楚成王？年（前 632 年至前？年）
子上（斗勃）	王族（若敖氏之裔）	楚成王？年至楚成王四十五年（前？年至前 627 年）
成大心（大孙伯）	王族（若敖氏之裔）	？年至楚穆王十一年（前？年至前 615 年）

---

① 宋公文：《楚史新探》，河南大学出版社 1988 年，第 75—80 页。

续表

令尹	出身、籍贯	任职时间
成嘉 （子孔）	王族 （若敖氏之裔）	楚穆王十一年至楚庄王元年（前615年至前613年）
斗般 （子扬）	王族 （若敖氏之裔）	在子越之前任令尹
斗椒 （子越、子越椒）	王族 （若敖氏之裔）	楚庄王？年至楚庄王九年（前？年至前605年）
沈尹 （虞丘子）	出身未详，楚人	在孙叔敖之前任令尹
孙叔敖 （蒍艾猎、蒍敖）	王族 （蒍氏之裔）	楚庄王十六年至楚庄王十七年（前598年至前597年）①
子佩	王族	在子重之前任令尹
子重 （公子婴齐）	王子	楚共王二年至二十一年（前590年至前570年）
子辛 （公子壬夫）	王子	楚共王二十一年至二十三年（前570年至前568年）
子囊 （公子贞）	王子	楚共王二十三年至楚康王元年（前568年至前559年）
子庚 （公子午）	王子	楚康王二年至八年（前558年至前552年）
子南 （公子追舒）	王子	楚康王八年至九年（前552年至前551年）
蒍子冯 （蒍子）	王族 （蒍氏之裔）	楚康王九年至十二年（前551年至前548年）

---

① 孙叔敖为令尹在宣十一年"城沂"之前，其终则不知。

568

续表

令尹	出身、籍贯	任职时间
屈建 (子木)	王族 (屈氏之裔)	楚康王十二年至十五年(前548年至前545年)
王子围 (公子围)	王子	楚郏敖元年至四年(前544年至前541年)
薳罢 (子荡)	王族 (薳氏之裔)	楚郏敖四年至楚灵王五年(前541年至前536年)
子晰 (公子黑肱)	王子	楚灵王十二年(前529年)夏,公子比为楚王时期
子旗 (斗成然)	王族 (若敖氏之裔)	楚灵王十二年至楚平王元年(前529年至前528年)
阳匄 (子瑕)	王族 (阳氏之裔)	楚平王四年至十年(前525年至前519年)
子常 (囊瓦)	王族 (囊氏之裔)	楚平王十年至楚昭王十年(前519年至前506年)
子西 (公子申)	王子	楚昭王十二年至楚惠王十年(前504年至前479年)
叶公子高 (沈诸梁)	王族 (沈氏之裔)	楚惠王十年秋至十一年秋(前479年至前478年)
公孙宁 (子国)	王孙	楚惠王十一年(前478年)
吴起	客卿	楚悼王时期
州侯	王族	楚宣王时期
昭奚恤 (昭子、江君)	王族 (楚昭王之裔)	楚宣王时期
鄂君子晰	王子	楚威王时期

令尹	出身、籍贯	任职时间
昭鱼 （昭献）①	王族 （楚昭王之裔）	楚怀王时期
昭阳 （昭子）	王族 （楚昭王之裔）	楚怀王时期
张仪	客卿	楚怀王时期
景翠	王族	不详
唐昧	出身未详，楚人	不详
子兰	王子	楚顷襄王时期
子椒	王子	楚顷襄王时期
昭雎	王族 （楚昭王之裔）	楚顷襄王时期
州侯	王族	楚顷襄王时期
春申君 （黄歇）	王族	楚考烈王时期
李园	客卿	楚幽王时期

楚令尹名号在诸侯国中独树一帜。以令尹称名的楚宰辅之制，相较于诸夏各国的宰辅之制，有着其本身所独有的一些鲜明特征。

楚令尹制具有宗法分封制所遗留下来的旧贵族政治的明显特点。楚国建立后，往昔那种重血缘、重宗法世袭的旧贵族政治，在国家统治机构中，仍然明显存在。令尹特别重视王族血统。表中可知，令尹中楚人42人、外籍4人。可见楚国令尹主要来自楚国。

楚国这种按血统授官的做法，给令尹制涂上了一道浓厚的宗法血

---

① 骆科强考证，包山楚简中的命（令）尹子士，即为昭鱼。骆科强：《楚令尹昭鱼考》，《武汉文博》2010年第4期。

缘色彩。另外，即使在王族内部选择令尹，也因亲疏不同而存在着差异。从表面上看，王子王孙 17 人，要少于其他王族成员的 25 人。但实际上，王子王孙担任令尹的比例，要远高于王族支裔的其他成员。这是因为：17 个王子王孙仅系于楚王一家，而其他 25 人，则来自 10 多个王族支裔家族，说明王子王孙任令尹的机遇要远比其他王族支裔成员为多。

楚令尹握有全楚最高的军政和外交大权，其表现在以下四个方面：

第一，令尹握有全楚最高的内政管理权。

在《左传》《说苑》等文献记载中，称某人将任令尹为"将知政"，既任令尹为"持国政""为政"，前令尹让贤为"传政"，"将知政""为政""传政"，这些表示权能职事的措辞，均突出一个"政"字，说明掌治内政大权，为令尹的根本要务。

令尹的内政管理权，主要表现为：提出并实施有关国家政治体制革新的重要方案。春秋时期最具代表性的就是令尹彭仲爽提出并被楚文王采纳的"县申、息"的做法。将被灭的申、息二国改为县，具有划时代的意义。县制的创立，是古代中国由分封制过渡到专制主义中央集权制的发端，楚国由此走上了推进县制、扬弃古老的分封制的道路。一个强大的，以楚王为核心的君主集权政体的建立和巩固，为楚国成为强国奠定了基础。战国时期楚令尹提出并推行具有全局性的富国强兵方略，吴起变法是突出的例证。针对当时楚国"大臣太重，封君太众""上逼主而下虐民"的"贫国弱兵"（《韩非子·和氏》）的现状，吴起经悼王批准，制定并颁行了一系列具体政策如，"使封君之子孙三世而收其爵禄"（《韩非子·和氏》）；"废公族疏远者"（《史记·孙子吴起列传》）；"令贵人往实广虚之地"（《吕氏春秋·贵卒》）；"损不急之官，绝灭百吏之禄秩。"（《韩非子·和氏》）。收回封君、公族和其他一些贵族的特殊经济权益以为国有，精兵简政以节约开支，以上述办法获得的财政收入用来"抚养战斗之士"（《史记·孙子吴起列传》），"砥砺甲兵"（《淮南子·道应训》）。吴起的这套富国强兵方略的贯彻实施，

短短几年内，就使楚国取得了"南平百越，北并陈蔡，却三晋，西伐秦"（《史记·孙子吴起列传》）的可观战果，使楚悼王成了当时天下的霸主。

除彭仲爽、吴起两位令尹所提出并实施的带有全局性的战略方针以外，众多的楚令尹在内政方面还提出并推行了一些具体的治国举措。如楚庄王时令尹孙叔敖发展水利事业和实施货币改革政策。楚共王时期的令尹子重，是楚共王的重要谋臣。共王初期，由于巫臣奔晋，撮合晋、吴以制楚，楚陷入两面受敌的不利境地。为摆脱这一被动局面，子重协助共王制定了一项占领或破坏晋、吴通道，以隔绝其联系的战略方针。当时晋、吴联系的通道是莒地和彭城。《左传》成公九年载："冬十一月，楚子重自陈伐莒。"莒国遭到沉重打击。莒于这一年的正月曾参加晋在蒲地召开的盟会，成为晋的盟国。经过这次战争，莒乃畏楚而"不与晋盟"。这时，晋、吴仍有彭城相通。素有"夷庚"（平坦大道）之称。其地属宋，宋又为晋之盟友。楚共王十五年，公元前576年，宋国统治集团发生内讧。左师鱼石、大司寇向为人等五人叛宋逃楚。楚利用这个机会，于共王十八年夏六月，出兵攻占彭城，将宋鱼石等五人安置其中，并留下兵车三百乘为之戍守。这种借宋人占宋地，"塞夷庚"而"惧吴晋"的策略，正是出自令尹子重之手。楚康王时令尹子木接受蔡声子的进言，使逃晋之伍举返回楚国，制止了人才外流。楚昭王时期，令尹子西提出谋北方之策，《左传》哀公四年载："夏，楚人既克夷虎，乃谋北方。"具体的计划，就是派遣左司马眅、申公寿馀和叶公诸梁等筹集军队，攻灭蛮氏。子西之所以选择此时兴兵北方，是因为晋国内正经历"范、中行氏之难"，楚可乘此机会，完成自己的意愿。这次军事行动，楚国迅速灭掉蛮氏。蛮氏的消亡，开拓了楚国的西北疆域。战国时期，令尹昭阳提出以数倍土地与田婴交换薛邑的战略。《战国策·齐策一》载："昭阳请以数倍之地易薛。""易薛"计谋，遭到田婴拒绝，昭阳就发兵攻薛，齐宣王"疾兴兵救之"（《战国策·齐策三》），薛未被攻下。昭阳的计划虽然失败，但为我们提供了战国时楚令尹有权谋划战略的证据。

楚令尹有权荐举官吏,整顿吏治。楚国重要官吏,包括令尹的任免权皆操于楚王之手。但是,令尹出于治国安邦的需要,对一些高级官吏,也有荐举、决定之权。《左传》僖公二十三年载:"楚成得臣帅师伐陈,讨其贰于宋也。遂取焦、夷,城顿而还。子文以为之功,使为令尹。"成得臣即令尹子玉。《左传》哀公十六年载:"沈诸梁兼二事,国宁,乃使宁(公孙宁)为令尹,宽(公孙宽)为司马。"可见,楚令尹还有权直接决定下届令尹以及重要官吏司马的人选。《左传》哀公十六年载,惠王二年,(令尹)子西召回太子建子胜,"使处吴竟,为白公"。《史记·春申君列传》载:"春申君相楚八年,以荀卿为兰陵令。"可见,令尹具有任命县公、县令等重要职官的权力。

在特殊的历史时期,楚令尹参与谋立新君,甚至主持国务。楚国王位继承经历了父死子继与兄终弟及的阶段,于春秋末年,逐渐确立了嫡长子继承制。在正常的情况下,令尹无权干涉,因为王位继承按嫡长子继承制进行。所谓特殊时期,是指前王猝死未定储君,国家处于非常时期。当前王死去,嗣君年幼时,令尹经常直接主持国政。如楚文王死,其子堵敖继位。三年后,成王立,也是年幼即位,军政大权由令尹子元掌握。楚共王年幼时,亦由其叔令尹子重主持国事。楚平王死时,也曾发生过令尹谋立新君之事,即令尹子常欲立平王长庶子子西为王,而废掉既定嫡嗣,即秦女之子壬。由于子西的抵制,"令尹惧,乃立昭王(壬)"(《左传》昭公二十六年)。《左传》哀公六年载,是年秋七月,楚昭王率军救陈,病于军中。昭王死前"命公子申(令尹子西)为王,不可;则命公子结(司马子期),亦不可;则命公子启(子闾),五辞而后许"。昭王死后,子闾欲让王位于昭王之子,乃"与子西、子期谋",迎越女之子章而立,是为惠王。令尹子西与子期、子闾改立新君,目的是维护既定的君统法:立君以嫡不以庶,无嫡立庶,庶众从长。在昭王生前未定嫡嗣的情况下,他们决定迎立昭王庶子章。这种做法符合楚国的传统制度,有利于稳定楚国的政治局势。

第二,令尹握有楚国最高军事指挥权。

令尹的军事指挥权主要表现在制定争霸、争强方略。春秋战国时期，楚国对外争霸、争强，长达五个世纪，不同时期争战方略的制定，主要落在了令尹身上。如楚成王时令尹子文制定与齐、宋争霸的方略。齐桓公是进入春秋后的首任霸主，国力异常强盛。面对此种情况，令尹子文在较长时间内避开了与其正面交锋，量力而行，稳妥前进，在齐桓公率众诸侯国攻楚的重大危机时刻，令尹子文稳住阵脚，与齐缔结对楚没有损失的"召陵之盟"，促使齐国不战而退，使楚得以保存实力。在接踵而来的同宋襄公争夺霸权的斗争中，令尹子文协助楚成王制定了利用矛盾、争取多数、孤立并打击宋襄公的策略，通过与宋决战的泓水之战，彻底击垮了宋襄公。令尹子文卸任前，楚成王已成了中原事实上的霸主。

　　楚令尹有权督管各项战备工作。一是督建军事城堡。如令尹孙叔敖"城沂"；令尹王子围督使部下城犨、栎、郏；令尹子瑕城郏。① 二是辖制兵赋。"楚蒍掩为司马，（令尹）子木使庀赋，数甲兵。……既成，以授子木……"（《左传》襄公二十五年）是为其例。三是战前负责整训练兵。令尹子玉战前"治兵"之事，史载甚多，如"子玉复治兵于睽""楚子重伐吴，为简之师""子庚帅师治兵于汾"等。② 四是楚令尹出战必任统兵主帅。在楚国所开展的对外战争中，凡令尹出战，几乎全任三军主帅，城濮之战中"子玉以若敖之六卒将中军"；令尹将左军而为三军统帅，见《左传》襄公十八年；令尹将右军而为三军主帅，见《左传》襄公二十五年；令尹出战，有时不具体将三军，仍为全军主帅，如晋楚邲之战中的令尹孙叔敖，见《左传》宣公十二年。令尹、司马同时参加的战役，据宋公文统计，《左传》记二者同时出战计 12 次，《传》文列出令尹、司马名序的有四次，令尹均列于司马之前，说明前者为主而后者为副。③ 这十二战中，唯有鄢陵之战，司马将中军

---

① 《左传》宣公十一年、昭公元年、昭公十九年。
② 《左传》僖公二十七年、襄公三年、襄公十八年。
③ 宋公文：《楚史新探》，河南大学出版社 1988 年，第 131—132 页。

为主帅，而令尹"将左"。这次司马子反军权的骤然提升，是因为他力主与晋军开战，投合了楚共王的心愿。但即便如此，他对令尹子重也不敢以领导者自居。临战时，"子重以太宰伯州犁侍于王后"（《左传》成公十六年），以备顾问，说明子重仍然统摄作战全局。战后子重追究失败责任，迫令子反自杀，子反不得不伏剑而死。

总之，令尹主宰军事是全面的，而不是片面的；是长期的，而非一时的。这种全面、长期宰制军事的状况，决定了令尹在楚国的最高军职地位，即使专职武事的司马亦不得不受其节制。王夫之在《读通鉴论·汉文帝》中说："古之将相合一者，列国之事尔，楚之令尹，楚之帅也。"王氏在这里所说的"帅"，不单指战场上带兵之帅，它的实质意涵为总统军事，是讲令尹为楚国最高军事首长。

第三，令尹主管外交事务。

楚国的外交，不外亲秦、联齐、友越数项。起决定作用的是令尹。先看亲秦方面。春秋时期，楚庄王三年（前611年），"庸人帅群蛮以叛楚"，令尹子越（斗椒）执行楚庄王联秦、巴灭庸的外交策略，与子贝率军分两路突入庸境，"秦人、巴人从楚师"（《左传》文公十六年），遂灭庸。共王后期，"楚弱于晋"，为加强同晋争夺中原的力量，共王二十九年（前562年），"楚（令尹）子囊乞旅于秦"，秦派"右大夫詹帅师从楚子"伐宋、争郑。（《左传》襄公十一年）公元前523年，楚平王娶秦女嬴氏为夫人，是年夏，"令尹子瑕聘于秦，拜夫人也"（《左传》昭公十九年）。意在通过这种婚姻礼节的往来，以加强楚国同秦的政治同盟关系。再看联齐方面。楚成王后期，宋襄公不自量力，欲取齐霸而代之。令尹子文协助成王精心谋划了"齐之盟"，参与此盟者有楚、齐、鲁、陈、蔡、郑六国。此盟打着陈国所提出并为楚国所力推的"修桓公之好"的旗号，虚以齐为盟主，起到了团结中原诸国以孤立宋襄公的作用。楚则借此奠定了败宋称霸的基础。城濮战后，晋楚矛盾上升为列国间的主要矛盾。这期间因晋霸中原而伤害了大国齐的利益，致使两国爆发了大规模的鞌之战。楚瞅准时机，于楚共王二年，

公元前 589 年，由令尹子重率军北上，发起阳桥之役以援齐，一时压住了晋的兵锋，而将庄王时期楚的霸业推向了高峰。三看友越方面。春秋大国争霸之中后期，晋用叛楚降晋的巫臣之计，开始联吴以制楚，使楚处于北、东两面对敌的不利境遇。楚因吴越世为仇敌，遂采取结越抗吴的方针，从而给吴国带来了威胁。楚平王十一年，公元前 518 年，"楚子为舟师以略吴疆"，越公子仓及寿梦"帅师从王"，给楚以有力支持。(《左传》昭公二十三年)楚昭王十年，公元前 506 年，吴伐楚入郢，次年"越乃伐吴救楚"(《史记·吴太伯世家》)。公元前 489 年，楚昭王救陈，病死前线，令尹子西等决策，"逆越女之子章，立之"(《左传》哀公六年)。是为楚惠王。子西置昭王其他诸子于不顾，专立越姬之子，明显是着眼于联越抗吴之大局。

令尹的外交主管权，还表现在有权决定对外缔结重要盟约。发生在春秋中后期的"弭兵会盟"，前后有两次。公元前 579 年第一次"弭兵之盟"的主盟者，晋方为执政士燮，楚方即为令尹子重。公元前 549 年第二次"弭兵之盟"的主盟者，晋方为执政赵武，楚方则为令尹子木。通过两次"弭兵之盟"，可清楚看到楚令尹主管外交的权力有多么大。楚令尹主管外交，还可充当婚使、聘使、会使、吊使，职任不一而足。楚令尹除了与他国缔结盟约等重大外交活动之外，还奉命出国，执行其一些重要外交使命。如《左传》昭公元年载："元年春，楚公子围聘于郑，且娶于公孙段氏。"据同年《左传》知，在晋楚第二次弭兵之会之后，楚国决定在虢地召开一次诸侯会盟，以重温第二次弭兵之会的形式，进一步巩固自己的霸主地位。因虢为郑地，因此，会前令尹公子围须先行聘礼于郑，以表示对东道国在礼节上的尊重。《左传》昭公五年载："(灵王)以屈生为莫敖，使与令尹子荡如晋逆女。"这就是说，楚国派出以令尹为首的高级官吏迎娶晋平公之女，以为楚灵王夫人。可见，楚令尹还担任各种专使，这就突出了令尹在外交活动中的地位和影响。再如，《史记·韩世家》载："(秦)甘茂与(楚)昭鱼遇于商於。"韩襄王五年(前 307 年)，楚发兵围攻韩国的雍氏，秦"阳言

576

与韩"，实乃欲趁韩、楚相争之机而取渔翁之利。令尹昭鱼了解了秦的企图后特约秦相甘茂会于商於，昭鱼说他此次来秦是"欲得秦官之印玺"，实乃欲与秦密订盟约，使秦"阴善楚"。韩国闻知此情，"以国合于齐楚"，"于是楚解雍氏围"。令尹昭鱼的灵活外交，破坏了韩、秦关系，取得了韩国"合于楚"之效，达到了预期的外交目的。[①]

第四，令尹有司法权。

春秋时期楚国设立"司败""廷理"之官以职掌司法。由于司法之事十分重要，它对于稳定社会秩序，对于国家长治久安，关系重大，因此，司法也受制于令尹。《说苑·至公》载孙叔敖经虞丘子之荐，担任令尹后不久："虞丘子家干法，孙叔敖执而戮之。虞丘子喜，入见于王，曰：'臣言孙叔敖果可使持国政，奉国法而不党，施刑戮而不骫，可谓公平。'"可见，令尹可以撇开廷理、司败，直接惩处案犯。《说苑·至公》又载："楚令尹子文之族，有干法者，廷理拘之，闻其为令尹之族也而释之。子文召廷理而责之，……廷理惧，遂刑其族人。"这说明令尹对廷理的执法具有监督之权。从《说苑·至公》记载的史实看，楚令尹执法严明，大公无私，即使是族人犯了国法，也同样要受到严惩。战国时期楚国设"左尹"一官以职掌司法，而司败则降为县级主管司法职官。此时，令尹司法权发生了变化，令尹只侧重于法令建设和侦破冤案，而对司法刑狱的裁决权则收归楚王。战国时期楚国司法刑狱裁决权收归楚王，县级政府或部门不能判决的案件要呈报左尹，左尹不能裁决的则呈报楚王。

楚令尹与诸夏的宰辅有所不同。诸夏宰辅的权力，从春秋到战国，经历了一个由军政统理到名为宰辅实为国君，再到将、相分职后的"相"或"相国"的起伏变化，反差巨大。而楚令尹军政外交三权在握的权位却几无动摇。楚宰辅大权的相对稳定性，对保持楚王的权力稳定，

---

① 谭黎明：《春秋战国时期楚国官制研究》，吉林大学博士学位论文，2006 年，第 40 页。

稳固楚国的政局，不无作用。但这种宰辅权力的相对凝固性，却使令尹制变得迟滞落后和保守了。他国宰辅将、相分职，原有宰辅的大权被一分为二，这有利于国君实现分而治之的专制独裁。而令尹制始终未能把军权从令尹身上剥离出去，以至于楚国的君主集权制始终未能前进至君主独裁专权制。楚令尹制与中原六国"相制"的区别在于，战国时期，秦国和中原三晋对于"设立相位"一职，都经历了一个由文武兼职到单一划分为独立文官职责的过程。而楚国的"令尹制"始终都是一种"将相合一"的制度，所以带有的军事色彩非常浓厚，即便是到了战国末期，他国的文官已经占到百官之长的主导地位，楚国内部依旧是以武将为核心。所以，在战国前期，中原各国的"相位"和楚国的"令尹"没有太大层面的区分，只是到了后期，中原相位剧变，楚国还在坚守。与此同时，在人员配比上，楚国也和中原有所差别，从《左传》《战国策》的记载看，楚国的令尹官位同一时期未曾出现两人以上共同执政的情况，当中原开始实行多人为"相"，秦国设置左右丞相时，楚国的令尹依旧是按照单轨发展的趋势。

楚国令尹人员的选择，和中原的相位人员选择也有所不同。众所周知，战国时期中原各国有"游士"的风气，凭借着自己能力的士人可以游走到其他国家担任官职，其中以秦国为典型。楚国不同，前文曾提及楚国的官僚政治模式是"宗法一体"的，所以基本是从国内选拔，要么来自王室公子，或者其宗室下的同姓成员，这就和其他六国形成鲜明的对比。可见，战国时期的楚国在"设相"一事上非常薄弱，其主要原因是对令尹制的延续发展和完善。令尹一职实际上和其他六国的相位职责没有太大的差异，均为百官之长，辅助君王的第一人物。当各国都在变法改革发展，废除周王室流传下来的世卿世禄时，楚国却保守地秉承旧制度，让宗室贵族把持朝政。正是因为这种因循保守的姿态，令尹制的一些显性职责，也在随时不断调整和完善。不过凡事都有两面性，这也就成了楚国后期发展的严重阻碍。古代法则不管怎么变革，都是为了让制度适应政治需求，这就是令尹制虽不直接改名

为"相"，但也能继续依附楚国生存的原因。

与楚令尹的血亲任官制有别，齐、晋、秦等大国的宰辅则多杂异姓。齐宰辅非公（王）族出身者有鲍叔牙、管仲、晏婴、阚止、田常、田乞、吕礼、邹忌、苏秦等；晋宰辅非公族出身者有赵盾、赵武、赵鞅、荀林父、荀偃、知䓨、知瑶、士会、士匄、范鞅、先轸、先且居等。其非公族出身而为宰辅的人数均远超楚令尹中的异姓者。秦宰辅非公（王）族出身者更是占了压倒的优势，从穆公到秦王政，异邦异姓人执政者多达 60 余人，公（王）族血统的宰辅却寥寥无几，至战国中后期，甚至已被排除殆尽。相比之下，齐、晋宰辅制度之宗法血缘色彩显然较楚令尹制为淡，秦宰辅制则基本上不具有这种色彩，而呈现了客卿制的特点。再者，上述三国也有封君制存在，但此三国的封君则多因事功、军功而被封，不像楚封君，基本上都出身于宗亲贵族，其中还有因出卖色相或阿谀奉承而得封号者。楚国因防止"三家分晋"这类的威胁，借用中原盛行的宗法制来维护巩固楚国的中央集权制，从而形成了一套"宗法一体"的官僚政治体系。所以，当中原各国随着卿大夫僭越君主权力，国家权力逐步下放时，楚国在相对封闭的环境当中，仍旧把君主权力视为最高统治权，其内部的以"令尹制"为主导的官僚系统也在有条不紊地持续着。

第四节　从军事统帅到族长的莫敖

莫敖是楚国特有的职官，《左传》已多见，但其名称及职掌等问题，孔颖达撰《左传》襄公十五年疏时已称难解："官名临时所作，莫敖之徒，并不可解。"此后历代多有学者为"莫敖"释名[1]，但难有定论。

---

[1] 详参唐嘉弘：《释"莫敖"》，《江汉论坛》1984 年第 11 期；又见《"莫敖"和"令尹"——楚官探源之一》，载《先秦史新探》，河南大学出版社 1988 年，第 158—164 页。

近代以来，这一疑难问题颇为学界关注，尤其是近三十年来，多有专文研究。有的学者进一步将莫敖与屈氏结合起来系统讨论，如姜亮夫、何浩等系统排列了楚国屈氏并对莫敖进行了论断①，蔡靖泉、赵逵夫等直接以莫敖与屈氏为题进行专门研究②，田成方的博士学位论文专节讨论了屈氏。③ 近年来，随着新材料陆续出现，对于莫敖的研究又有新进展。如李守奎、苏建洲就清华简《系年》新材料中的"莫嚣易为"作了专门考辨。④ 这些研究推动了对"莫敖"这一职官的认识。

"莫敖"一名，始见于《左传》桓公十一年。杜预《左传集解》注："莫敖，楚官名。"杜氏此解，古今史家大多从之，无甚异议。楚国重要官职的设置，大都定名稳定，持续不断，既见载于春秋典籍，亦出现在战国史册。独有莫敖，其名在春秋典籍间或偶见，在战国史册中仅出现一次。其位或高或低，变化很大。清代学者顾栋高评论楚国的莫敖一职：

> 楚自桓公六年武王侵随始见《左传》，其时斗伯比当国主谋议，不著官称。十一年，莫敖屈瑕盟贰、轸，败郧师于蒲骚，时则莫敖为尊官，亦未有令尹之号。至庄四年，武王伐随，卒于樠木之下，令尹斗祁、莫敖屈重除道梁溠，营军临随。令尹与莫敖并称，亦不知其尊卑何别也。嗣后莫敖之官，或设或不设，间与司马并列令尹之下。⑤

---

① 何浩：《春秋战国时期楚屈氏世系考述》，《中南民族大学学报》（哲学社会科学版）1984 年第 4 期。

② 蔡靖泉：《楚国的"莫敖"之官与"屈氏"之族》，《江汉论坛》1992 年第 2 期；赵逵夫：《莫敖的职掌与屈氏》，载《屈原与他的时代》，人民文学出版社 1996 年，第31 页。

③ 田成方：《东周时期楚国宗族研究》，武汉大学博士学位论文，2011 年。

④ 李守奎：《清华简〈系年〉"莫嚣易为"考论》，《中原文化研究》2014 年第 2 期；苏建洲：《也论清华简〈系年〉"莫嚣易为"》，《中原文化研究》2014 年第 5 期。

⑤ 顾栋高：《春秋大事表·春秋令尹表叙》，中华书局 1993 年，第 1811 页。

敖本为楚武王称王前楚君之称号。熊通称王之后，为了与"王"的制度相称，臣属也相应升格，疑"敖"便由楚君的称号下移为楚国的职官名。与此同时或稍后，"敖"前添"莫"字加以彰显。"莫"训大，《淮南子·修务训》"莫嚣大心"高诱注"大也"，《庄子·逍遥游》"广莫之野"简文帝注"莫，大也"。"莫敖"即大敖。

史籍有关莫敖活动的记载很多。例如：

《左传》桓公十三年(楚武王四十二年)："楚屈瑕伐罗，斗伯比送之……大败之。莫敖缢于荒谷，群帅囚于冶父以听刑。"

《左传》庄公四年(楚武王五十一年)："令尹斗祁，莫敖屈重除道梁溠，营军临随。随人惧，行成。莫敖以王命入盟随侯。"

《左传》襄公十五年(楚康王二年)："楚公子午为令尹，公子罢戎为右尹，蒍子冯为大司马，公子橐师为右司马，公子成为左司马，屈到为莫敖，公子追舒为箴尹，屈荡为连尹，养由基为宫厩尹，以靖国人。"

《左传》襄公二十二年(楚康王九年)："复使蒍子冯为令尹，公子齮为司马，屈建为莫敖。"

《左传》昭公五年(楚灵王四年)："楚子以屈伸为贰于吴，乃杀之，以屈生为莫敖，使与令尹子荡如晋逆女。"

战国时的莫敖，仅《战国策·楚策一》一见，任此职者是楚威王时的子华。《战国策·楚策一》"威王问于莫敖子华"章：威王问于莫敖子华曰："自从先君文王以至不榖之身，亦有不为爵劝，不为禄勉，以忧社稷者乎?"莫敖子华对曰："如华不足知之矣。"王曰："不于大夫，无所闻之。"莫敖子华对曰："……故断脰决腹，一瞑而万世不视，不知所益，以忧社稷者，莫敖大心是也。"

以上所见莫敖都是中央机构官员——大莫敖的活动，其主要职事是领兵打仗，其次则是作为楚王使臣，出外朝聘会盟。从上引楚威王向莫敖子华询问"忧社稷者""不于大夫，无所闻之"的说辞看，莫敖很可能还负责掌管宗族有关事务。

出土文字资料中也有莫敖活动的记载，包山 2 号墓竹简记载楚中央王朝的官名有"大莫敖"，地方政府机构有"莫敖"。

王廷于蓝郢之游公，安命大莫嚻(敖)屈昜为命：邦人内(入)其溺籍。(包山简 7)①
鄝莫嚻(敖)邵(昭)步、左司马旅殹为鄝贷越异之金七益(镒)。(包山简 116)

上引简文有关诸莫敖的记载，使我们加深了对战国楚莫敖的了解。战国时代"大莫敖"是楚国中央王朝的职官，"莫敖"是楚国地方职官。

应该说，莫敖一职从春秋早期至战国晚期楚国灭亡，一直绵延存在。中央一级称作大莫敖，地方一级则称某某莫敖。姜亮夫在《绎史》基础上，曾编制出东周时期楚莫敖简表。② 其后，宋公文遍稽传世文献所见莫敖资料，制订出详细的"莫敖表"，其中关于诸莫敖任职时间的考订尤其精核。③ 然宋公文"莫敖表"下限止于莫敖大心，未能悉数收入战国时期的材料。田成方以宋公文的"莫敖表"为基础，增添莫敖阳为、子华和屈昜，并在备注中注明诸人的系谱位置，列出表 8-3：

表 8-3：春秋战国时期楚国大莫敖表

莫敖名	任职时间	资料出处	备注
屈瑕	武王四十至四十二年	《左传》桓公十一年至十三年	
屈重	武王五十一年	《左传》庄公四年	重为瑕子，嗣父职

---

① "溺"字从黄盛璋释，参黄盛璋：《包山楚简中若干重要制度发覆与争论未决诸关键词解难决疑》，《湖南考古辑刊》第 6 辑，岳麓书社 1994 年，第 187—188 页。
② 姜亮夫：《屈原事迹续考》，载《国学丛考》，浙江大学出版社 2008 年，第 94—95 页。
③ 宋公文：《楚史新探》，河南大学出版社 1988 年，第 329—330 页。

莫敖名	任职时间	资料出处	备注
屈完	成王十六年	《春秋》僖公四年	完为莫敖
屈到	康王二至九年	《左传》襄公十五年	屈荡子
屈建	康王九至十二年	《左传》襄公二十二年	建为到子
屈荡	康王十二年	《左传》襄公二十二年	荡为建叔父
屈申	灵王三至四年	《左传》昭公五年	申为荡之子
屈生	灵王四年	《左传》昭公五年	生为建子
大心	昭王十年	《战国策·楚策一》	
阳为	惠王五十六年以前至简王九年以后	据李学勤《清华简〈系年〉及有关古史问题》,《文物》2011 年第 3 期所引《系年》、擂鼓墩一号墓简及新蔡葛陵楚简	
子华	威王时期	《楚国策·楚策一》	
屈易	怀王十三年	包山简 7	

录自田成方:《东周时期楚国宗族研究》,武汉大学博士学位论文,2011 年,第 57 页

熊通称王是楚国历史乃至春秋史的一个重大事件。楚武王名号僭越的同时,相应制度也将建立,官制便是重要一项。熊通称王,意味着不是套用诸侯国的官制,而是要采用"王"的官制。文献中"莫敖""令尹"等最重要的楚国职官,初见于楚武王时期,反映了楚国官制已初步建立。从目前的文献记载来看,"莫敖"的设立,应是楚武王建立王朝官制的第一步。"莫敖"见于文献,在《左传》桓公十一年,距楚武王熊通称王仅 3 年。熊通称王,随即面临官制变革问题,最简便的方法就是设立一个新的职官,将楚君自己原有称号下移给这个职官。

疑熊通采用了这一方法，将原属于楚君专称的"敖"设为职官，为显楚之强大，名为"莫敖"，并授予自己的儿子屈瑕。这便是楚史上第一位莫敖。初立的"莫敖"，承接了原楚君拥有的尊号"敖"，以及一部分权力，地位应仅居楚王之下，为百官之长。这位首任的"莫敖"，受封于屈而得氏，系屈氏始祖。

楚官"莫敖"的职掌权限，历来争论不休。主要有三说。

一是司空说。南宋孙逢吉《职官分纪》认为莫敖职守相当于司空①，明人董说更直接说"楚改司空为莫敖"②。陈颖飞认为，"司空"说没有佐证，恐属臆断。③

二是司马说。清人顾栋高将莫敖和令尹并称，"亦不知其尊卑何别也"，"莫敖之官或设或不设，间与司马并列令尹之下"。④ 与此类似还有莫敖等同县公说。缪文远将莫敖的职掌称为"职主将兵"。认为莫敖的职守，与楚所设县公大体一致，"皆防卫与组织北部军力"。"司马"说已由缪文远据《左传》襄十五年莫敖、司马两官同见而辨明其非。⑤

三是宗正、宗伯类官说。认为莫敖就是主管王族事务，教育王族子弟。姜亮夫认为莫敖即左徒，又将屈原所任三闾大夫与之相联系，认为三闾大夫"即后世宗正，亦即屈家世守之莫敖"⑥，左言东等也持此说。⑦ 宗正这项工作对维护王族利益、巩固王族权力十分重要，故

---

① 孙逢吉：《职官分记》，载《四库全书》第 923 册，台湾商务印书馆 1983 年，第 33 页。

② 董说著，缪文远订补：《七国考订补·楚职官》，上海古籍出版社 1987 年，第 74 页。

③ 陈颖飞：《楚官制与世族探研——以几批出土文献为中心》，中西书局 2016 年，第 238 页。

④ 顾栋高：《春秋大事表·春秋令尹表叙》，中华书局 1993 年，第 1811 页。

⑤ 董说著，缪文远订补：《七国考订补·楚职官》，上海古籍出版社 1987 年，第 75 页。

⑥ 姜亮夫：《左徒、莫敖辩》，《责善半月刊》1940 年第 20 期。

⑦ 左言东：《楚国官制考》，《求索》1982 年第 1 期。

西周初年已为此设官。降至东周，列国皆置公族大夫，因其位高权大，王室故慎而命之，卿士故争而为之。楚立国后，亦以王室子弟担此要务。楚武王之世，莫敖之位仅次于令尹，其后莫敖地位时升时降，但始终距令尹尊位不远。历代楚王依靠莫敖教训王族子弟，通晓典籍，常让其在内与王图议国事，以备征询；在外受命出使、应对诸侯，明于治乱、娴于辞令，间或还将兵出征。战国时期的莫敖除了职掌军事之外，还似乎职掌与王族有关的事务，《战国策·楚策一》载威王问于莫敖子华曰："自从先君文王以至不穀之身，亦有不为爵劝，不为禄勉，以忧社稷者乎？"似为楚王顾问。可见战国时期的莫敖，也可以答楚王咨询，参与楚王族事务。

诸家对莫敖职守的理解，各有一定根据，如能联系其历史源流考察，可能会更为全面。应当看到，国家及其职官的完善有一个较长的过程，分工的细密、稳定和系统化是逐渐形成的，楚国的官制当然不能例外。

史籍虽未明载莫敖具体职责，但从莫敖及莫敖氏族人物的活动和言行中已有清楚反映。《左传》僖公四年记齐桓公率诸侯之师伐楚，楚成王派莫敖屈完应对，屈完以不卑不亢的态度、软硬兼施的辞令折服诸侯，终于与齐桓公盟于召陵，避免了战争。如《战国策·楚策一》记楚威王问政于莫敖子华，子华乃历陈先世名臣治国的情况，显示出其有近侍君王左右，日备咨询的特殊作用。至战国后期，屈原"为怀王左徒"，左徒一官始见。《史记》所述左徒职掌，与史籍所载莫敖职掌相合；且屈原《离骚》自述"余既滋兰之九畹兮，又树蕙之百亩"，显然是以教育王族子弟为主职。《楚辞·渔父》中称屈原为三闾大夫，王逸《楚辞章句》谓："三闾之职，掌王族三姓曰昭、屈、景。"据此，左徒当是莫敖的易名。其后春申君黄歇亦任左徒，非为屈氏，屈氏没有世袭莫敖之职，这或许是楚国效法战国诸强实行变法革新，改革官僚制度的结果。

莫敖的职掌并非一成不变。随着国土日增，政务亦益繁；战事愈

多，军务也更重；为适应国家发展迅速以及与列国争夺日益激烈的形势，楚武王不断完善国家政权组织，逐步建立了以令尹"执一国之柄"的楚国官僚制度。依照常理，楚武王时的令尹似应由莫敖氏族人担任，但武王末年的令尹却是若敖氏族人斗祁，而莫敖屈重则居令尹之下。这是楚国历史发展的必然结果。其时楚国的军政事务繁重而紧张，作为"楚之帅"的令尹，不仅需要治世理国和富国强兵的谋略，更必须具备克敌制胜的军事才能和主盟服众的外交手段。屈瑕以莫敖身份当政之际，若敖氏族人斗伯比、斗廉均显示出运筹谋于帷幄之中、决胜负于千里之外的将相之才，若敖氏自然声望日隆。屈瑕伐罗大败，莫敖氏的声望自然大受影响。因此，楚武王设置令尹高位，将令尹之职授予若敖氏。这正是楚国社会进步的反映。屈瑕的失败，逼得楚武王不得不在一定范围内使亲亲尊尊的原则服从举贤授能的原则，使家族利益服从国家利益，以后莫敖之职不但低于令尹，亦低于司马，也是社会进步的反映。

莫敖从百官之长到位居令尹之下，是楚国官制的一变。屈瑕兵败自杀应系其转折点，疑莫敖地位变迁之时，即首任莫敖屈瑕亡而第二位莫敖继任之际。莫敖地位下移，有屈瑕和屈重两方面的原因。以往学者虽已注意屈瑕获罪而亡对莫敖地位的消极影响，但忽视了屈重的积极因素。屈重作为屈瑕的儿子，资历比屈瑕浅，再居百官之长，必将难行。如此形势下，莫敖这一职官的位次随人势而变迁，自然退居于令尹之后。陈颖飞指出：莫敖、令尹位次的变化，终为定制，形成了令尹居百官之长的楚官制格局。①

莫敖的职掌权限和政治位次在春秋战国的不同阶段有一个演变过程。从《左传》襄公十五年、《左传》襄公二十二年的记载看，莫敖在春秋早期的政治地位仅次于楚王，经常与令尹并驾齐驱。但到楚康王

① 陈颖飞：《楚官制与世族探研——以几批出土文献为中心》，中西书局 2016 年，第 230—231 页。

时期，其权势已不如从前，排在了左、右司马之后。穆、庄、共三朝，未见莫敖活动踪迹，这与莫敖地位之下降不无关系。莫敖与司马并列的时间并不长，据《左传》襄公十五年的记载："楚公子午为令尹，公子罢戎为右尹，芬子冯为大司马，公子囊师为右司马，公子成为左司马，屈到为莫敖。"可见莫敖在楚国的官场中的排位已降至第六位。到战国时期，莫敖地位进一步下降，楚地方职官中也设有"莫敖"一职。进入战国时期，莫敖已沦为地方官员。

不仅如此，春秋时莫敖多为屈氏子孙充任，战国时非屈氏之人任莫敖的情况，未见文献记载，简文却显示，楚地方职官中的"莫敖"，有非屈氏所任。春秋以来的屈氏世袭"莫敖"的现象已成为历史。《战国策》所载的莫敖子华，族属不明，为王室子弟的可能性较大。包山竹简有邵（昭）步为莫敖的明确记载。罗运环指出，这至少可以证实屈氏大家族世任莫敖的局面已被打破。①

第五节　中央主要部门职官

春秋战国时期楚国中央设置宰辅制，即令尹制。令尹对内执国事、对外主战争，总揽政治、军事、司法和外交等大权于一身，其权势经久不衰。令尹权力强大，但受楚王制约，是楚王之下的最高长官。

伴随着楚国王权的不断强化，楚国政治体制也随之渐趋完备。除了武王时期先后出现的莫敖、令尹两个职官，成王在位时期又新设了司马一职主管军政。至此令尹、莫敖、司马构成了楚国的三公。三公之职大都由楚国家族或王族子弟担任，虽实行世族世官之制，但由于楚王对臣子可以随意任免，生杀予夺，因此世族世官的选官制度并未威胁到楚王的君权独揽。

① 罗运环：《古文字资料所见楚国官制研究》，载《楚文化研究论集》（第二集），湖北人民出版社 1991 年，第 275—278 页。

令尹之下又设有军事职官、司法监察职官、手工业职官、教育职官、史官和乐官等中央重要职官。

楚是从北方迁到南方的封国。其典章制度虽有自己的特点，但不能不受商周影响，这种影响反映在官制上，就是从中央到地方，职官多称尹。但是，商周时期，以尹名官时，"尹"可单独使用。而楚国以尹名官，多是尹前加限定成分，有的冠以左右，如左尹、右尹。有的冠以职事，如工尹、监马尹、宫厩尹、玉尹、卜尹、乐尹、蓝尹、连尹、陵尹、中厩尹、大厩（尹）、芊尹、清尹、箴尹、环列之尹、门尹、集豆尹等；有的冠以地名，如武城尹、沈尹、郊尹、县尹。有的冠以一些其他名称，如莠尹、嚣尹、亚尹、寝尹、郎尹、豚尹、集尹、少集尹、士尹等。总之，楚的"尹"是官吏长官通称。①

楚国春秋时期的职官，分别为军事职官、司法职官、工官、史官、宫廷教育职官、乐官、神职官员和其他中央职官。

军事职官：

司马（大司马）。 楚国司马一官出现较晚。《左传》僖公二十六年："楚令尹子玉、司马子西帅师伐宋，围缗。"时在公元前 634 年，这是第一次见到楚国有司马之官。楚司马一般又称"大司马"，如《左传》襄公十五年："蒍子冯为大司马，公子橐师为右司马，公子成为左司马。"加一"大"字是为区别于左、右司马。《左传》襄公三十年："公子围杀大司马蒍掩而取其室。申无宇曰：'……司马，令尹之偏，而王之四体也。'"由此可证，司马和大司马实为一职，都是地位仅次于令尹的职官。平时司马掌管军赋、军队装备。楚康王时令尹屈建使司马蒍掩整顿全国军赋，清点武器之数，蒍掩于是把全国的土地进行重新丈量，按土质地形不同分为九等，"量入修赋"，定出全国可出战车、战马及各种兵器之数，然后上报给令尹屈建。丈量土地在中原诸国是司空的职责，而在楚一并归于司马，这是楚国军职区别于中原国家的

---

① 谭黎明：《春秋战国时期楚国官制研究》，吉林大学博士学位论文，2006 年。

特点之一。楚国除中央设有司马外，重地也设司马。如城父是楚通往北方的要道，也是方城之外的大城，楚平王置太子建于此，命奋扬为城父司马。

左司马、右司马。楚在中央还设有左司马、右司马作为大司马的助手。《左传》襄公十五年："蒍子冯为大司马，公子橐师为右司马，公子成为左司马，屈到为莫敖。"楚国左司马、右司马的地位很高，虽在大司马之下，却能单独率兵作战。如《左传》昭公三十一年："吴师围弦。左司马戌、右司马稽帅师救弦，及豫章，吴师还。"楚国有时还在军中临时设置左司马、右司马派遣出征，如《左传》文公十年："（楚子）田孟诸，宋公为右盂，郑伯为左盂，期思公复遂为右司马，子朱及文之无畏为左司马。"杜注："将猎，张两甄，故置二左司马，然则右司马一人当中央。"两甄即两翼。可见左司马、右司马乃楚王因围猎之需而临时设置。

左尹、右尹。左尹、右尹，也为楚国军事职官，并非大司马之副。"左尹"，最早见于《左传》宣公十一年："楚左尹子重侵宋。"杨伯峻注："子重，公子婴齐，楚庄王之弟。"①另《左传》昭公十八年，楚左尹王子胜言于楚子曰："……楚子使王子胜迁许于析，实白羽。"《左传》昭公二十七年载："左尹郤宛、工尹寿帅师至于潜。""左尹"一官由楚王之弟担任，可以直接"言于楚子"。右尹，《左传》襄公十五年："楚公子午为令尹，公子罢戎为右尹，蒍子冯为大司马。"《左传》成公十六年："楚子救郑，司马将中军，令尹将左，右尹子辛将右。"《国语·楚语上》："右尹子革侍。"这些记载说明，右尹的排列在令尹之下，对外作战时可以率重兵出征。

环列之尹、剧尹、大剧、践、剧。楚中央军事职官还有环列之尹。《左传》文公元年："穆王立，以其为大子之室与潘崇，使为大师，且掌环列之尹。"杜注："环列之尹，宫卫之官，列兵而环宫。"可见环列

① 杨伯峻：《春秋左传注》（修订本），中华书局1990年，第711页。

之尹是宫廷亲兵的军事长官。

军需职官：

宫厩尹、中厩尹、监马尹。宫厩尹，《左传》襄公十五年："楚公子午为令尹，公子罢戎为右尹，劳子冯为大司马，公子橐师为右司马，公子成为左司马，屈到为莫敖，公子追舒为箴尹，屈荡为连尹，养由基为宫厩尹，以靖国人。"可见，宫厩尹与令尹、大司马同是楚国统治集团中的重要职官。记载宫厩尹的还有《左传》昭公元年"宫厩尹子皙出奔郑"，《左传》昭公六年吴人"获宫厩尹弃疾"。《说文》释"厩"为"马舍也"。《周礼》："马有二百四十匹为厩，厩有仆夫。"宫厩尹应是掌宫内养马之官。中厩尹，《左传》昭公二十七年，沈尹戍言于子常："夫左尹与中厩尹莫知其罪，而子杀之。""中厩尹"当为楚宫内养马之官。监马尹，《左传》昭公三十年："（楚）使监马尹大心逆吴公子，使居养。"监马尹应与中厩尹、宫厩尹相类，也是朝廷养马之官。陈颖飞认为，厩"本是马舍，战马皆系于厩"中，故"厩"演变为掌管这些马及车乘的机构，是楚国的一个军事机构，在中央和地方皆有设置。楚国的"厩尹""厩令"等厩官不太可能仅是掌管马匹的职官。宫厩尹是职位较高的军官。①

军正、右领、嚣尹。军正，《列子·说符》："鲁施氏之子好兵，楚王以为军正。"《史记·司马穰苴列传》："庄贾后期，司马穰苴问军正：'军法期而后至者云何？'对曰：'当斩。'"可见，军正是军中司法官，执掌军法。右领，《左传·哀公十七年》："子谷曰：'右领差车与左史老皆相令尹司马以伐陈。'"可见，右领是军中将领。嚣尹，《左传·昭公十二年》："楚子狩于州来，次于颍尾，使荡侯、潘子、司马督、嚣尹午、陵尹喜帅师围徐以惧吴。"可见，嚣尹曾经是军事职官。

司法职官：

司败。《左传》文公十年载楚王使子西为商公，子西辞曰："臣免

---

① 陈颖飞：《楚官制与世族探研——以几批出土文献为中心》，中西书局2016年，第110页。

于死，又有谗言，谓臣将逃，臣归死于司败也。"杜注："陈、楚名司寇为司败。"此"归死于司败"，与襄三年《传》"请归死于司寇"文意同。楚国司败与中原诸国的司寇相同，是春秋时代楚国中央朝廷职掌刑狱的最高司法职官。并且，司败之称不为楚国所独有，陈国、唐国亦有之。战国时代，楚国司败在文献中没有记载。出土的古文字资料填补了这一空白。包山2号墓竹简记载，楚县、封君的封邑及朝廷某些部门均设有"司败"。① 战国时期，司败只是县级(包括封君封邑、朝廷某些部门)专职司法官吏，负责一个地区或一个部门的司法工作，与春秋时代楚国司败不同。

廷理。廷理(或称"理")，《韩非子·外储说右上》："荆庄王有茅门之法曰：'群臣大夫诸公子入朝，马蹄践霤者，廷理斩其辀，戮其御。'"《韩诗外传》："楚昭王有士曰石奢，其为人也，公而好直，王使为廷理。"《说苑·至公》："楚令尹子文之族有干法者，廷理拘之，闻其令尹之族而释之，子文召廷理而责之曰：'凡立廷理者，将以司犯王令而察触国法也。'"上述材料表明，廷理是春秋时代楚国的司法职官，职掌刑法。

工官：

工尹。《左传》文公十年载："王使(子西)为工尹。"杜注："掌百工之官。"《左传》成公十六年又载："郤至三遇楚子之卒，见楚子必下，免胄而趋风。楚子使工尹襄问之以弓。"工尹还兼管军事、神事等职责。工尹在战争期间，还可以率师出征，《左传》中楚工尹率师出征的记载很多，如宣公十二年"工尹齐将右拒卒以逐下军"，昭公二十七年"工尹寿率师至于潜"等。工尹的属僚如铍尹、陵尹等，也可以率师出征。详见《左传》定公四年、《左传》昭公十二年。《左传》哀公十八年："王(楚惠王)曰：寝尹、工尹，勤先王者也。""勤先王"即事奉先君，工尹兼管神事，从春秋时就开始了。楚国工尹的属僚主要有蓝尹、

---

① 参见"简15"。

连尹、陵尹、玉尹、集尹、裁尹、裁敝（令）、中织室、吏臣、工师、冶师和佐、集醻，等等。

蓝尹。《左传》定公五年载："王之奔随也，将涉于成曰。蓝尹亹涉其帑，不与王舟。"《周礼·冬官·考工记》载："帵氏湅丝以涗水，沤其丝七日，去地尺暴之，昼暴诸日，夜宿诸井，七日七夜，是谓水湅。"郑玄注："沤，渐也，楚人曰沤，齐人曰湄。"《周礼》作者从楚称而不从齐称，可见湅丝技术以楚国为最有名。蓝尹就是职掌染湅之官。

连尹。《左传》宣公十二年："射连尹襄老，获之。"《国语·晋语七》："获楚公子谷臣与连尹襄老。"《史记·货殖列传》载："长沙出连锡。"《集解》引徐广曰："连音莲，铅之未炼者。""连"就是铅矿。《汉书·食货志》："铸作钱布，皆用铜，淆以连锡。"师古注引李奇云："铅锡璞名曰连。"这里称未炼的铅锡矿石曰连。由于铅锡是青铜器和钱币的主要原料，因而需要大量开发。因此，连尹就是主管铅锡矿的职官。[①]

陵尹、陵迅尹。《七国考》引《通志氏族略》载："陵尹氏，楚大夫陵尹喜、陵尹招之后。陵尹，楚官。""陵尹""陵迅尹"为中央职官。

玉尹。《新序》卷五载："荆人卞和得玉璞而献之。……武王使玉尹相之。"明董说《七国考·楚职官》载："玉尹，掌玉之官也。"[②]

吏臣和工师。漆器制造业是春秋时期楚国手工业生产中的一个重要行业，当有漆器制造业的职官。缪文远《七国考订补》引楚漆奁刻文："廿九年六日□月作造，吏臣向、右工师、工六人台。"[③]这应该是楚国漆器制造业中管理者和生产者的记录。所谓"吏臣"，大概是负责漆器制造业的行政职官。"工师"，或许是这一行业的技术员。"工"，

---

① 郭仁成：《试探楚工官》，《益阳师专学报》1987 年第 4 期。
② 董说著，缪文远订补：《七国考订补》，上海古籍出版社 1987 年，第 93 页。
③ 董说著，缪文远订补：《七国考订补》，上海古籍出版社 1987 年，第 103 页。"工六人台"或为"工大人台"，见李学勤：《战国时代的秦国铜器》，《文物参考资料》1957 年第 8 期。

应当是具体生产者，即工匠。可见，春秋时期的楚国从漆器生产到管理具备一整套较为完整的体制。

集醻。《三代吉金文存》卷三著录寿县出土铸客鼎之一，铭文："铸客为集醻为之。"①陈秉新认为，"醻当读为酋，与酋古音同隶幽部，醻属舌面禅纽，酋属齿头从纽，两纽相近，可以通转。"②《礼记·月令》郑玄注："酒熟曰酋，大酋者，酒官之长也，于周则为酒人。"许慎《说文》："酋，绎酒也。《礼》有大酋，掌酒官也。"可见，集醻当为总管宫廷酿酒机构的长官，其职相当于《礼记》所记的大酋。

工正。《左传》宣公四年："及令尹子文卒，斗般为令尹，子越为司马。蒍贾为工正……"《左传》庄公二十二年记陈公子完奔齐，齐桓公"使为工正"。杜注："掌百工之属。"工尹，杜预也说是"掌百工之官"，故其职掌应相似；又据《尔雅·释诂》郭注称"正"，"谓官长"，即古时一官之长曰"正"，故从字义上讲工正与工尹也相类。据此可说，工尹与工正或是一官二名。

史官：

左史。依据周制，春秋战国时期楚国设左史一官。王应麟《玉海》载："左史，楚之史官也。"春秋时期，中原诸国均设史官，鲁、齐、郑曰"太史"，晋同楚曰"左史"。楚左史的职权和作用如下。第一，能读古籍。《左传》昭公十二年："左史倚相趋过。王曰：'是良史也，子(指右尹子革)善视之。是能读三坟、五典、八索、九丘。'"这些书据说是记载三皇五帝及九州地理概况的典籍，可见楚人对远古及当时的地理地貌都有了较深的研究。第二，能道训典，通鬼神。《国语·楚语下》载："左史倚相，能道训典，以叙百物，以朝夕献善败于寡君，使寡君无忘先君之业；又能上下说于鬼神，顺道其欲恶，使神无有怨痛于楚国。"第三，识天象。《韩非子·说林下》载楚吴对阵时云：

---

① 罗振玉：《三代吉金文存》，中华书局 1983 年，第 288 页。

② 陈秉新：《寿县楚器铭文考释拾零》，载《楚文化研究论集》第 1 集，荆楚书社 1987 年，第 336 页。

"雨十日夜，星。左史倚相谓子期曰：'雨十日，甲辑而兵聚，吴人必至，不如备之。'乃为陈，陈未成也而吴人至，见荆陈而反。"第四，修史书。楚国在史官记载史事的基础上，也曾经修过史书。春秋时期楚国左史对古代文化有重要贡献，但其社会地位远不如西周时期史官的社会地位高。《左传》哀公十七年载："楚子问帅于大师子榖与叶公诸梁，子榖曰：'右领差车与左史老，皆相令尹、司马以伐陈，其可使也。'子高曰：'率贱，民慢之，惧不用命焉。'"杜注："右领、左史，皆楚贱官。"

宫廷教育职官：

依据周制，春秋战国时期楚国设置太子师、保、傅职，作为楚国辅导训育太子的职官。

大师。《通典·职官》载："周以太师、太傅、太保曰三公。"大师为三公之最尊者。《左传》文公元年载："穆王立，以其为大子之室与潘崇，使为大师。""大师"，《史记》作"太师"。《史记·楚世家》："穆王立，以其太子宫予潘崇，使为太师，掌国事。"潘崇原为太子商臣师，因替商臣策划弑其父成王有功，商臣即位穆王后，尊其为大师，可见，大师是由师演变而来的，地位高于师。《左传》哀公十七年载："楚子问帅于大师子榖与叶公诸梁。"叶公诸梁是平定白公之乱的主要人物，而大师子榖排名在其前列，表明大师地位很高。从潘崇"掌国事"看，大师并非虚设而是握有大权的。可见，"大师"是地位很高的职官。大师一职只与楚王有关，是楚王的老师或顾问。

师和少师。楚还设师和少师。《左传》文公元年："既，又欲立王子职，而黜大子商臣。商臣闻之而未察，告其师潘崇……"《左传》昭公十九年："楚平王时，使伍奢为之（太子建）师，费无极为少师。"《说苑·至公》："楚庄王之时，太子车立于茅门之内，少师庆逐之。"潘崇就是太子商臣之师，费无极是太子建的少师。可见，师与少师都是教育太子之官。

傅、太傅、少傅。太子的辅导之官为太傅、少傅，或曰傅。《国语》《史记》皆载有傅、太傅、少傅。《国语·楚语上》载"申公子仪父

为师，王子燮为傅"。又载"庄王使士亹傅太子箴"。《史记·楚世家》载平王时："伍奢为太子太傅，无忌为少傅。"说明傅、太傅、少傅是教导太子之官。

保、三闾大夫。《左传》成公九年，锺仪对晋侯叙述楚王时说："其为大子也，师、保奉之，以朝于婴齐而夕于侧也。"《左传》襄公十三年载，楚共王临终时告大夫云："不穀不德，少主社稷，生十年而丧先君，未及习师、保之教训……"这里的"未及习师、保之教训"，意即楚共王自认为年幼时没有认真接受师、傅的训育。上述材料说明，保的职责就是辅导训育太子。春秋战国时期楚国宫廷教育中还有辅导贵族子弟的职官三闾大夫。屈原曾做过三闾大夫，职掌王族中昭、景、屈三姓子弟的教育之事。

乐官：

乐尹。《左传》定公五年载，楚昭王之妹嫁与锺建为妻，昭王使锺建"以为乐尹"。杜注："乐尹。司乐大夫。"乐尹之下还设有乐师、乐人和泠人。

乐师。《左传》僖公二十二年："郑文夫人芈氏、姜氏劳楚子于柯泽。楚子使师缙示之俘馘。"杜注："师缙，楚乐师也。"张守节《正义》："书传所言师旷、师曹、师蠲之类皆是乐师，知此师缙亦乐师也。"《吴越春秋·阖闾内传》："乐师扈子非荆王信谗佞，杀伍奢、白州犁而寇不绝于境，至乃掘平王墓，戮尸……乃援琴为楚作穷劫之曲，以畅君之迫厄之畅达也……"乐师的职责，主要是在军队凯旋时掌奏军乐，以示庆贺。至于展示俘虏以耀其军威，或是偶为之。

乐人。《史记·滑稽列传》："优孟，故楚之乐人也。长八尺，多辩，常以谈笑讽谏。"司马贞《索隐》："优者，倡优也。孟，字也。"董说《七国考·楚职官》引焦竑云："予得汉延熹中碑云：'优孟，楚之乐长。'"[1]楚官称"人"者，于史屡见，如泠人、封人、正仆人、涓人等

---

① 董说著，缪文远订补：《七国考订补》，上海古籍出版社1987年，第94页。

皆是。楚人尚乐，故乐官也受到重用。优孟能"常以谈笑讽谏"楚王，可见其地位不低。乐人当亦为乐尹之属僚，而又同乐师各有专司。

泠人。《左传》成公九年载，晋侯见郑人所献的楚囚锺仪时："问其族，对曰：'泠人也'。公曰：'能乐乎？'对曰：'先人之职官也，敢有二事。'"杜注："泠人，乐官。"泠人也作"伶人"或"伶官"。《国语·周语》有："伶人告和。"《诗·邶风·简兮序》笺："伶官，乐官也。伶人世掌乐官而善焉，故后世多号乐官为伶官。"

神职官员：

春秋时期楚国与中原诸国一样，也迷信巫术。《汉书·地理志》说楚国"信巫鬼，重淫祀"。西周初年，楚君熊绎"唯是桃弧、棘矢以共御王事"，即用桃木做的弓和棘枝做的箭贡奉周天子以除邪驱灾。《国语》记载，由于民间巫者众多，为了区别，楚国男巫师叫"觋"，女的叫"巫"。[①] 由于楚巫闻名，各国都特请其来本国行巫术。如齐景公专请楚巫微来祭五帝，齐景公见到楚巫，叩头于地，令百官供给其斋戒用的物品，送其至住所，非常恭敬。楚国虔信巫术，所以在军队将帅的选定上以枚卜决定。如公元前478年，楚惠王十一年，楚发生白公之乱，陈国乘机攻楚，楚惠王以枚卜决定统帅，公孙朝得吉兆当选。楚人相信鬼巫的情况也反映在他们的墓葬中。在湖北、湖南、河南等地的楚墓中，都出土了大量的"镇墓兽"，这成为楚墓有别于他国墓葬的一个特征。"镇墓兽"的作用是辟邪驱鬼，它的普遍采用是楚人深信鬼神巫术的标志。

卜尹(开卜大夫)。卜尹，卜筮之长。《左传》昭公十三年："(平王)召观从，王曰：'唯尔所欲。'对曰：'臣之先佐开卜。'乃使为卜尹。"《左传》哀公十八年："右司马子国之卜也，观瞻曰：'如志。'"杜注："观瞻，楚开卜大夫，观从之后。"杜预所说的"观从"，即《左传》昭公十三年中的"卜尹观从"，可见开卜大夫即卜尹之别称。这二者可

---

① 《国语·楚语下》："在男曰觋，在女曰巫。"

以通称，其原因在于尹位大夫之故，《史记·楚世家》集解引贾逵曰：
"卜尹、卜师，大夫官。"可证。

寝尹。《左传》哀公十八年："王(楚惠王)曰：寝尹、工尹，勤先
君者也。"杜预注："柏举之役，寝尹吴由于以背受戈，工尹固执燧象
奔吴师，皆为先君勤劳。"寝尹为神职官员。

其他中央职官：

箴尹。《左传》襄公十五年有"公子追舒为箴尹"，《左传》宣公四
年有"箴尹克黄"，《左传》哀公十六年有"箴尹固"。《吕氏春秋》高注
云："楚有箴尹之官，谏臣也。""箴尹"是掌谏议的职官。

郎尹。《淮南子·人间训》："楚令尹子国伏郎尹而笞之三百。"注：
郎尹，郎官之尹也。"郎官应职掌楚王警卫。

主酒吏。董说《七国考》引许慎《淮南注》："楚会诸侯，鲁、赵皆
献酒于楚王。主酒吏求酒于赵，赵不与。吏怒，乃以赵厚酒易鲁薄者，
奏之。楚王以赵酒薄，遂围邯郸也。"依据此材料可知，主酒吏职掌
供酒。

封人。《左传》宣公十一年："令尹艻艾猎(孙叔敖)城沂。使封人
虑事，以授司徒。"杜注："封人，其时主城筑者，虑事，谋虑计公
功。"正义曰："周礼封人，凡封国封其四疆，造都邑之封城者亦如
之。"刘文淇《疏证》："此城沂，盖斥造都邑封城，封人官卑于司徒，
而先虑事者，盖如今土木之役，属官计算工需，上于所司也。"封人是
执掌城郭建筑的职官。

莠尹。《左传》昭公二十七年："楚莠尹然、工尹麇帅师救潜。"
《左传》文公十年："王使(子西)为工尹。"杜注："掌百工之官。"可见，
工尹"麇帅师"是临时率兵出征，原职掌应为掌百工之官。这样，"莠
尹"也应是临时率兵出征，原职掌不详。

太官。《史记·滑稽列传》载，楚庄王的爱马死，欲以大夫礼葬
之。"乐人优孟曰：'请为大王六畜葬之，以垅灶为椁，铜历为棺，赍
以姜枣，荐以木兰，祭以粮稻，衣以火光，葬之于人腹肠。'王乃以马

属太官。"据《汉书·百官公卿表》，"少府属官有太官"，师古曰："太官主膳食。"可见这里的太官，应与汉之太官相类，主膳食。

太宰。《左传》成公十年载，晋使如楚，"报大宰子商之使也"。《左传》成公十六年载："子重使大宰伯州犁侍于王后。"《国语·楚语上》有"太宰启疆"。"宰"相当于"相"，但顾栋高认为："楚以令尹、司马为要职，太宰之官非楚所重。"①太宰可能是楚王的侍从。

少宰。据《左传》宣公十二年载："楚少宰如晋师。"杜注："少宰，官名。"少宰疑为太宰之次官。

阍和大阍。阍，《左传》昭公五年："以韩起为阍。"杜注："刖足使守门。"《说文》则释阍说："常以昏闭门隶也。"又据《左传》昭公七年，楚子为章华之宫，无宇之阍入焉，说明不仅楚王，而且大夫之家也有守门隶。大阍，《左传》庄公九年："初，鬻拳强谏楚子，楚子弗从，临之以兵，惧而从之。鬻拳曰：'吾惧君以兵，罪莫大焉。'遂自刖也。楚人以为大阍，谓之大伯，使其后掌之。"杜注："若今城门校尉官。"

正仆人。《左传》昭公十三年记载，陈、蔡如楚，"蔡公使须务牟与犹史先入，因正仆人杀太子禄及公子罢敌"。杜注："须务牟、犹史，楚大夫。蔡公之党也。正仆，太子之近官。"《仪礼·大射礼》："仆人正徒相太师，仆人师相少师。"注云："仆人正，仆人之长，师其佐也。"仆人正即正仆人，为仆人之首。

铜官。《七国考》引《图书记》云："楚设铜官，铸钱洲上，遂名铜官。"又按《一统志》载："铜官渚在湖广长沙府城北六十里，有洲。旧传楚铸钱处。"即"铜官洲也"。依据此材料，铜官疑职掌铸钱。

市令。《史记·循吏列传》："庄王以为币轻，更以小为大，百姓不悦。市令言之相……"市令是管理市场的官员。

① 顾栋高：《春秋大事表·春秋列国官制表》，中华书局 1993 年，第 1033—1034 页。

郎中。《战国策·楚策四》:"(朱英谓春申君曰)君先仕臣为郎中。君王崩,李园先入,臣请为君剚其胸,杀之。"郎中是楚王侍卫。

谒者。《韩非子·说林上》载:"有献不死之药于荆王者,谒者操之以入。"《战国策·楚策三》载:"(苏秦)对曰:'楚国之食贵于玉,薪贵于桂,谒者难得见如鬼……'"谒者职掌引见宾客。

御士。《左传》襄公二十二年:"(令尹)子南之子弃疾为王御士。"杜注:"御王车者之官也。"可见御士是楚王侍从。

庖宰、监食。《七国考》引《贾子》云:"楚惠王食寒菹而得蛭,因遂吞之,腹有疾而不能食。令尹入问曰:'王安得此疾?'王曰:'吾食寒菹而得蛭,念谴之而不行其罪乎?是法废而威不能立也,非所闻也。谴而行诛,则庖宰监食者,法皆当死,心又弗忍也。故吾恐蛭之见,遂吞之。'"庖宰、监食职掌御膳之事。

阍(奄、阎)尹。淅川和尚岭楚国墓地 M2 曾出土有阎尹朕鼎,"阎尹",或隶定为"阍尹",金文中"言""音"形近。阎尹不见于文献。疑即文献中的"阍尹"。"阍尹",见于《吕氏春秋·仲冬纪》:"是月也,命阍尹,申宫令,审门闾,谨房室,必重闭。""阍尹"亦作"奄尹"。从这些材料看,阍(奄)尹,是执掌内宫事务职官。同类的职务楚国有"司宫",《左传》昭公五年:"楚子朝其大夫,曰:'晋,吾仇敌也。苟得志焉,无恤其他。今其来者,上卿、上大夫也。若吾以韩起为阍,以羊舌肸为司宫,足以辱晋,吾亦得志矣。可乎?'大夫莫对。"陈颖飞指出:"'阍尹''司宫'这两种职官,前者可能来自本土,后者来自中原王朝,可以并存于楚官系统。"[①]

豚尹。《左传》襄公十八年:"楚子闻之,使杨豚尹宜告子庚。"杜预注:"子庚,楚令尹公子午。"梁履绳曰:"《说苑·奉使篇》:'楚庄王欲伐晋,使豚尹观焉。'因疑豚尹如《周官》冢人、羊人之属,扬其

---

① 陈颖飞:《楚官制与世族探研——以几批出土文献为中心》,中西书局 2016 年,第 71 页。

氏，宜其名也。"

地方官制：

县尹(县公)。春秋时期县制首先出现在楚国。春秋时期楚国灭国置县之后就要派官吏去管理，这个主管官在楚国叫作"尹"或者"公"。《左传》庄公十八年："初，楚武王克权，使斗缗尹之。"《左传》昭公八年：楚灭陈后，"使穿封戌为陈公。"楚国县尹又称县公，高诱注《淮南子》说："楚僭号称王，其守县大夫皆称公。"《左传》庄公三十年杜注："楚僭号，县尹皆称公。"县公当是对县尹的尊称。春秋时期楚国的县尹、县公是一回事。童书业认为，"楚之县等于小国，楚君称王，故其县令称公"①。杨宽认为，在一般场合都尊称县尹为县公，只有在正式场合使用正式的官名称为县尹。② 楚国的县尹、县公是由楚王族及其旁系分支的贵族担任。表现了楚国贵族政治的特点。楚国的县公、县尹地位极高，仅次于令尹、司马。

地方其他职官：

关吏。《吴越春秋》："子胥到昭关，关吏欲执之。伍员因诈曰：'上所以索我者，美珠也。今我已亡矣，将去取之。'关吏因舍之。"《周礼》有司门、司关，司门掌授管键，以启闭国门。司官掌国货之节，以联门市。关吏与司门、司关相类，职掌防守边关。

郊尹。《左传》昭公十三年："(楚子)夺成然邑，而使为郊尹。"杜注："郊尹，治郊竟(郊区)大夫。"《尔雅·释地》释"郊"为"邑外为之郊"。郊尹所治应当在此范围，郊尹当为地方官。

少司马。《左传》昭公二十一年载："豻为少司马，多僚为御士。"《周礼·夏官》有"小司马"。《左传》中的"少司马"，应为地方职官。

春秋时期楚国官制见表8-4：

① 童书业：《春秋左传研究》，上海人民出版社1980年，第184页。
② 杨宽：《春秋时代楚国县制的性质问题》，《中国史研究》1981年第4期。

表8-4：春秋时期楚国官制表

序号	职官名称	职位或职掌	出处
1	令尹	总理国家政务	《左传》庄公四年
2	莫敖	掌军政大权，掌王族事务	《左传》桓公十一年、庄公四年
3	右尹	掌军事	《左传》成公十六年
4	左尹	掌军事	《左传》宣公十一年
5	司马（大司马）	掌军事	《左传》僖公二十八年
6	右司马	大司马助手	《左传》文公十年
7	左司马	大司马助手	《左传》襄公十五年
8	将军	军中将领	《史记·楚世家》
9	军正	军中将领	《列子》
10	封人	掌建筑城郭	《左传》宣公十一年
11	郊尹	掌郊区	《左传》昭公十三年
12	陵尹	掌税收	《七国考》引《楚书》
13	莠尹	未详	《左传》昭公二十七年
14	蓝尹	掌印染	《左传》定公五年、《周礼·考工记》
15	豚尹	掌养猪羊	《左传》襄公十八年、《说苑·奉使》
16	县尹	掌县政	《左传》庄公十八年、襄公二十六年
17	市令	掌市场	《史记》
18	玉尹	掌玉器	《新序》
19	工尹	掌百工	《左传》文公十年
20	司败	掌司法	《左传》文公十年、宣公四年

序号	职官名称	职位或职掌	出处
21	廷理	掌刑法	《韩非子·外诸说右上》
22	连尹	掌矿藏	《左传》宣公十二年、《史记·货殖列传》
23	关尹	掌关	《七国考》引《吴越春秋》
24	左史	掌典籍历法	《国语·楚语上》、《左传》昭公十二年
25	卜尹	掌卜事	《左传》昭公十三年、襄公十八年
26	乐尹	掌音乐	《左传》僖公二十三年、定公五年
27	乐师	掌音乐	《左传》僖公二十二年
28	乐人	掌音乐	《史记·滑稽列传》
29	泠人	掌音乐	《左传》成公九年
30	太师	楚王师	《左传》文公元年
31	少师	太师之副	《左传》昭公十九年
32	师	太子师	《左传》文公元年
33	傅	辅导楚王	《国语·楚语上》
34	太傅	辅导太子	《史记·楚世家》
35	少傅	太傅之副	《史记·楚世家》
36	保	掌训育太子	《左传》成公九年
37	太宰	楚王侍从	《左传》成公十六年
38	少宰	楚王侍从	《左传》宣公十二年
39	太官	掌膳食	《史记·滑稽列传》
40	司宫	掌宫内事务	《左传》昭公五年

序号	职官名称	职位或职掌	出处
41	寝尹	掌神事	《左传》哀公十八年
42	箴尹	掌谏议	《左传》宣公四年
43	正仆人	仆人长	《左传》昭公十三年
44	大阍	掌宫门	《左传》庄公十九年
45	阍	掌宫门	《左传》昭公五年
46	右领	军中将领	《左传》昭公二十七年、哀公十七年
47	御士	为王驾车	《左传》襄公二十二年
48	宫厩尹	军事职官并掌宫内养马	《左传》襄公十五年、昭公元年
49	中厩尹	军事职官并掌宫内养马	《左传》昭公二十七年
50	监马尹	掌宫内养马	《左传》昭公三十年
51	环列之尹	掌王宫警卫	《左传》文公元年
52	嚣尹	军中将领	《左传》昭公十二年
53	乐长	掌音乐	《七国考·楚职官》
54	工正	掌手工业	《七国考·楚职官》
55	芋尹	守门官	《左传》昭公七年

录自谭黎明：《春秋战国时期楚国官制研究》，社会科学文献出版社 2017 年，第 181—184 页

第六节　灭国性质与附庸国体系

楚国是春秋战国时期的一个大国，历史悠久，何光岳指出：楚从周初一个"土不过同"的子爵小国，发展成为战国时期的"地方五千里，

持戟百万"的大国，从周初只能为周武王守燎火而没有资格参与盟会的弱国，一举成为战国时代"中分天下"的强国，这期间，主要是依靠不断吞并蚕食邻近小国而发展壮大起来的。据初步统计，这一段时期内，主要是春秋战国期间，为楚所灭的国家和部族有六七十个之多。从公元前700年到公元前445年这一段时期内，楚就陆续蓟灭了郧、罗、彭、鄢、卢戎、申、吕、应、息、邓、谷、轸、绞、弦、道、柏、黄、蒋、英、夒、江、六、蓼、都、舒、宗、舒蓼、萧、舒庸、龙舒、舒鲍、舒龚、皖、舒鸠、陈、蔡、东不羹、西不羹、顿、唐、杞等国和民族。因此可以说，楚国的历史是由被其并吞的那些国家和民族与楚国人民共同创造的，而灿烂的楚文化也是融合了众多的国家和民族的文化而成的。①

　　春秋时期，楚国灭国最多。清高士奇《左传纪事本末》说：

　　　　春秋灭国之最多者，莫楚若矣……夫先世带砺之国，棋布星罗，南捍荆蛮，而北为中原之蔽者，最大陈、蔡，其次申、息，其次江、黄，其次唐、邓，而唐、邓尤逼处方城之外，为楚门户。自邓亡，而楚之兵申、息受之；申、息亡，而楚之兵江、黄受之；江、黄亡，而楚之兵陈、蔡受之；陈、蔡不支，而楚兵且交于上国矣。②

　　高士奇阐述了楚人北上灭国的大致进程。据何浩统计，东周时期楚人灭国之总数，大约有六十。若考虑到名姓不详、史籍失载的无闻小国，则楚人实际灭国数目可能会更多一些。③ 笔者统计，整个春秋战国时期楚共灭国(族)约86个，广泛分布于今湖北、河南、安徽、山东、浙江、江苏、湖南、江西、广西、广东及陕西、四川诸地(见

①　何光岳：《楚灭国考·序言》，上海人民出版社1990年，第1页。
②　高士奇：《左传纪事本末》，中华书局1979年，第660页。
③　何浩：《楚灭国研究》，武汉出版社2019年。

表8-5）。这些被灭国的遗民在国破之后，除少数仕于楚国的贵族外，一般都处在社会的底层。

表8-5：楚灭国(族)地点分布表(今地)

湖北境		河南境			
权①	当阳东南	（上)都	淅川西南	胡	郾城
那处②	荆门东南	蓼(己姓)	唐河南	蛮氏	临汝西
鄾③	襄阳西北	息	息县	蔡	上蔡
谷	谷城西	西申	南阳北	陈	淮阳
鄀④	宜城西南	吕	南阳西	西不羹	襄城西
罗	宜城西	东吕	新蔡	东不羹	舞阳北
卢戎	南漳东	弦	潢川西北	项	项城
鄖	安陆	黄	潢川	缯	方城
贰	应山西南	东申	信阳北	应	襄城西南
轸	应山西	江	正阳东	赖	息县东北
绞	郧县西北	都	淅川	许	许昌
州	监利	柏	西平西	霍	临汝西南
邓	襄阳东北	道	确山东北	养	郏县
夔	秭归东	房	遂平县房城	宋⑤	商丘
庸	竹山东	蒋	固始县东蒋乡	白	息县西南
厉	随州北	顿	项城北	夏	桐柏东
唐	随州西北	康	禹县西北	郦	内乡东北
樊	襄阳			畴	襄城西南
西黄	宜城南				
随	随州				
鄂	大冶西				

续表

安徽境		山东境		其他	
蓼(偃姓)	霍邱至寿县	鲁	曲阜	麇	陕西白河东
宗	巢县北	杞	安丘东北	夷虎	淮河上游大别山
巢	巢县北	郳	邹县东北	越	浙江江苏一带
舒蓼	舒城西	莒	莒县	群蛮	湖南沅陵、芷江
舒庸	舒城东	小邾	枣庄西北	百濮	散布鄂湘川滇
舒鸠	舒城	郯	郯城西南	扬越	鄂赣湘桂粤间
舒龙	舒城西				
舒鲍	舒城西				
萧	萧县西北				
舒	庐江西南				
六	六安市北				
英氏	金寨东				
桐	桐城北				
舒龚	潜山北				
皖	潜山				
潜	霍山东北				
慎	颍上西北				
淮夷	淮河之南				

注：

①郭沫若：《中国史稿》第一册附表五"东周列国存灭表"将权列为巴国所灭，不知何据。

②那处一名郢，楚武王时灭，楚后迁权于此地，设县。

③鄾，何浩《春秋时楚灭国新探》认为是邓的属邑，不应称之为国，不确。《荆州记》卷三、《水经注》卷三一、《太平寰宇记》均记为"鄾子国"，《读史方舆纪要》卷七九"襄阳府"条："城在府东北十二里，古鄾子国。"

④鄾，何浩《春秋时楚灭国新探》依据《左传》昭公十三年"王沿夏，将欲入鄢"，

杜注和《水经注》均未注为"鄀国",而将鄀排除在楚灭国之外,对此,冯永轩先生则于《说楚都》(文载《江汉论坛》1980 年第 2 期)一文中引吴卓信《汉书地理志补注》说:"鄀本古国,后入楚为别都。"《读史方舆纪要》记:"鄀城在宜城县西南九里,古鄀子国,楚为鄀县。"江永《春秋地理考实》:"今襄阳府宜城县南有宜城故城,即古鄀国也。"冯先生据此论证鄀为古国名,被楚灭,并且明确指出:"都、鄀两城相距不远,楚昭、楚惠先后居此,因这两地都曾为楚之统治或住过,故鄀都并称。"有鉴于此,笔者仍将鄀列入楚灭国之列。

⑤宋国系楚顷襄王十三年(公元前 286 年)楚与齐国、魏国共同所灭。楚分得商丘以南一带土地。

"灭国"二字,非常残酷。先贤对早期典籍,特别是《左传》中"灭"字一直存在误读。这种误读最早可能在太史公的时代已经发生,但影响最大者却是注释《左传》的西晋学者杜预。《左传》文公十五年阐述该书写作体例时说:"凡胜国,曰'灭之';获大城焉,曰'入之'。"杜注:"胜国,绝其社稷,有其土地。"换言之,杜预认为《左传》一书中使用的"灭之",是指"绝其社稷,有其土地"。后来,一些学者意识到这种解释可能存在问题,清人惠士奇《惠氏春秋说》:

> 是故灭者,灭其君也,不灭其国,仍立其子孙之贤者,以君其国焉……而《春秋》书灭,亦非尽有其地,又有灭而仍存者。宣十二年"楚子灭萧",萧者,宋附庸……萧灭于宣十二年,复见于定十一年"宋公之弟辰入于萧以叛",则是萧仍为附庸于宋,楚未尝有其地也。成七年"吴入州来",昭十三年"吴灭州来",昭二十三年传称"吴人伐州来",楚薳越奔命救州来。吴既灭州来而有其地矣,曷为吴人复伐之、楚人复救之哉!然则楚之州来犹宋之萧,虽灭而仍存也。①

---

① 惠士奇:《惠氏春秋说》卷七,《四库全书》第 178 册,第 800 页。

为了圆通杜预的解释，杨伯峻据鲁襄公十三年"用大师曰灭"，认为《左传》中的"灭"字存在两义："用大师"和"绝其社稷、有其土地"。① 除此二义外，"灭"字在《春秋》及《左传》的文义中还有两种解释：一是"据国言灭，邑言取"②，意思是只要占领敌方的都邑就可以称作"灭"；二是"国虽存，君死曰灭"③。即君主死，也可称作"灭"。早期楚国灭国，首要的是要诛杀国君。如对息国，《左传》庄公十四年："楚子如息，以食入享，遂灭息。"《吕氏春秋·长攻》："吾请为飨息侯与其妻者，而与(楚)王俱，因而袭之。"这就是说，楚文王用"以食入享"之计袭杀息侯，息国乃灭。《左传》昭公十一年："楚子在申，召蔡灵侯……三月丙申，楚子伏甲而飨蔡侯于申，醉而执之。夏四月丁巳，杀之。刑其士七十人。……冬十一月，楚子灭蔡，用隐大子于冈山。"楚灵王认为，诛杀蔡侯及其太子，是断绝蔡国君统的最好办法。

　　但是，在楚灵王之后，或许出于道义考虑和舆论压力，楚国再没有一味诛杀国君。从楚平王开始，楚国实行新政，让一度被灭的蔡国、陈国复国，退还其土地，降其为附庸，变成楚属国，允许祭祀本族祖先。

　　近年来，楚灭国的程度问题引起学界重视。一些学者认为，《左传》《史记》等所载楚灭某国，往往不是简单地杀死国君，将之亡国绝嗣，而是保留国君及政权机构，降作附庸，纳为属国。例如，根据《左传》记载，过去一般将楚灭申的年代定在楚文王三年至六年，公元前687年至公元前684年，徐少华在分析洛阳出土的申伯彦多壶及随县曾侯乙编钟铭文后认为："位于南土的申于春秋晚期、战国早期一直存在，与姬姓曾(随)国颇有相似之处，结合《左传》申于春秋晚期仍在淮域活动的记载分析，春秋早期楚文王'实县申、息'之时，并未

---

① 杨伯峻：《春秋左传注》(修订本)，中华书局1990年，第613页。
② 《公羊传》隐公十年及庄公十年何休注，参何休注、徐彦疏：《春秋公羊传注疏》，《十三经注疏(附校勘记)》(阮元校刻)下册，第2210、2231页。
③ 《春秋》昭公二十三年"胡子髡、沈子逞灭"句杜注。

灭申，而是降为附庸迁往淮域重新安置。"①楚在克服申、吕二国，于两国故地设置申、吕二县后，将他们迁往淮域安置，作为附庸长期存留于楚境。类似的情况，还见于养、许、蔡、陈、息等楚系附庸。

尽管没有"绝其国嗣""尽有其地"，"灭"国行动在当时仍具有相当重要的意义。楚人通过一系列武力征服活动，"灭"某国而复奉其社稷，在法理上达到亡之而再封的效果。所以，这些国家名义上是楚王封赐的诸侯，理所当然也就成为楚之附庸。②《春秋》昭公十三年"蔡侯庐归于蔡、陈侯吴归于陈"，杜注："陈、蔡皆受封于楚，故称爵。"这件事情的背景是鲁昭公八年、十一年楚人相继"灭"陈、蔡。昭公十三年之所以称"灭"国之君为陈侯、蔡侯，是由于两国受到了楚王的复封。又如《春秋》哀公元年"楚子、陈侯、随侯、许男围蔡"，杜注："随世服于楚，不通中国。吴之入楚，昭王奔随，随人免之，卒复楚国。楚人德之，使列于诸侯，故得见《经》。定六年，郑灭许，此复见者，盖楚封之。"

保留被灭国国君，体现了楚国的胸怀。陈、蔡、随、许等国"灭而复存"，国君显然受到了楚王赐封，成为楚国的"私属"。当然，复封和存国的条件是被灭国国君必须臣服楚国，听从楚人指挥。《左传》昭公二十一年载楚平王宠臣费无极的话说："（蔡）平侯与楚有盟，故封。其子有二心，故废之。"不听话的诸侯国君，随时面临被废黜甚至绝嗣的危险，如《左传》定公十五年载胡国之灭："吴之入楚也，胡子尽俘楚邑之近胡者。楚既定，胡子豹又不事楚，曰：'存亡有命，事楚何为？多取费焉。'二月，楚灭胡。"胡国趁吴师入郢侵占楚邑，后来又不事楚，终为楚灭。

清华简《系年》记载，属国之君，遂成"楚邦之诸侯"③，地位与楚

① 徐少华：《周代南土历史地理与文化》，中西书局 2021 年，第 47 页。
② 郑、许亦存在灭而复存的关系，许是郑之"俘邑"，《左传》昭公十八年"郑曰余俘邑也"句杜注："隐十一年，郑灭许而复存之，故曰我俘邑。"
③ 清华简《系年》第十五章简 83。

国县公无异。此一情形，在诸多文献中得到体现：

《左传》宣公十一年，楚庄王"县陈"之后，"诸侯、县公皆庆"，前来庆贺的"诸侯"显系楚之附庸，其位次与楚国县公对等。

《左传》宣公十二年，楚师围郑，郑伯肉袒牵羊，示服为臣仆，请求楚王"使改事君，夷于九县"，"事君"之国与"九县"亦相提并论。

《左传》定公六年："四月己丑，吴大子终累败楚舟师，获潘子臣、小惟子及大夫七人。"潘子臣、小惟子均不在"大夫七人"行列，其地位又与"大夫七人"持平，显然是附属于楚的潘、小惟之国君。

《左传》昭公十二年："楚子狩于州来，次于颍尾，使荡侯、潘子、司马督、嚣尹午、陵尹喜帅师围徐以惧吴。"杜预以"五子"乃"楚大夫"，不甚确切。荡侯、潘子应是附属于楚的国君，地位近于楚国县大夫。

《新序·杂事三》"楚庄王问于孙叔敖"章，楚庄王"愿相国（令尹孙叔敖）与诸侯、士大夫共定国事"。此处与相国、士大夫等楚贵族共商大事的诸侯，也即楚之附属。

属国之君虽名为一国之主，实则楚王的盟仆、臣仆，职责近于楚国县公、士大夫，须担负勤王之役。淅川下寺 M10 出土鼈钟[1]、鼈镈[2]，铭文写道："余吕王之孙，楚成王之盟仆，男子之执，余不贰甲天之下，余臣儿难得。"[3] "楚成王之盟仆男子之执"虽有不同的句读和解释，但研究者都赞同这段铭文反映出作器者与楚国之间的政治服属关系[4]，器主吕王之孙鼈，与上引郑伯肉袒牵羊时的表态一样，强调自己作为楚王盟仆、臣儿之忠心不贰。所谓"不贰"，主要体现在"附庸对所依附的国家，有承担贡赋、劳役的义务"[5]。

---

① 《新收》0485。

② 《新收》0489—0491、0493、0495。

③ 关于这套编钟及铭文的详情，参河南省文物研究所等《淅川下寺春秋楚墓》，第257—287 页。

④ 陈伟：《同盟中的诸侯——关于鼈钟铭文的一些推测》，载《燕说集》，商务印书馆 2011 年，第 125—129 页。

⑤ 陈伟：《春秋时期的附庸》，《武汉大学学报》（哲学社会科学版）1996 年第 2 期。

除国君外，处理好被灭国的遗民，体现了楚国人的智慧。李学勤指出："从现有文献及考古材料看，楚之称王设立了一套有王朝气象的制度，与徐、吴、越等王有所不同。例如，随县擂鼓墩一号墓遣策，即表明其时曾（随）国虽为姬姓诸侯，与楚所封县公地位无异。楚王所属有公有侯，这何止是霸主，简直是同周天子抗衡了。"①除了附庸国君地位近于楚县公外，这套"有王朝气象的制度"还有另一重要特征，即附庸国公族大批仕楚为臣，形成楚国的外来宗族。

根据入楚原因的不同，楚国外来宗族大致分为三类。一是战争中遭楚人生俘者，如观丁父（观氏）、彭仲爽（彭氏）等。二是被降服之诸侯国公族供职于楚者，如楚申氏、潘氏、养氏、邓氏。三是因国内祸乱奔楚者，如齐桓公之子七人②，周王子朝及其党羽③，晋栾盈④，伯氏⑤，郑公子瑕⑥，蔡公子履⑦，吴夫概王（堂谿氏）、夫㮙王（堂谿氏）⑧，然丹⑨，公子掩馀、公子烛庸等。⑩

这些人属于偶然避难性质，暂居楚国，影响有限。栾盈在楚一年而奔齐；伯氏贵族伯州犁、郤宛先后被杀，伯州犁之孙伯嚭奔吴；周

① 李学勤：《何浩〈楚灭国研究・序〉》，武汉出版社2019年，第2页。
② 见《左传》桓公二十六年："桓公之子七人，为七大夫于楚。"
③ 周王子朝等，见《左传》昭公二十六年："王子朝及召氏之族、毛伯得、尹氏固、南宫嚚奉周之典籍以奔楚。"《左传》定公五年："王人杀子朝于楚。"
④ 见于《国语・晋语八》"平公六年，箕遗及黄渊、嘉父作乱，不克而死"章："栾盈出奔楚。""叔向见韩宣子"章："（栾盈）离桓之罪，以亡于楚。"
⑤ 见《左传》成公十五年："晋三郤害伯宗，谮而杀之，及栾弗忌。伯州犁奔楚。"
⑥ 郑公子瑕奔楚在《左传》僖公三十一年，次年楚人纳公子瑕，"瑕覆于周氏之汪"。
⑦ 见《左传》襄公二十年："蔡公子燮欲以蔡之晋，蔡人杀之。公子履，其母弟也。故出奔楚。"
⑧ 见《左传》定公五年："九月，夫㮙王归，自立也，以与王战而败，奔楚，为堂谿氏。"
⑨ 郑丹字子革，又名然丹，郑穆公之孙，在国内遭族难而逃楚，见《左传》襄公十九年："（郑国内乱）子革、子良出奔楚，子革为右尹。"
⑩ 见《左传》昭公三十年："吴子使徐人执掩馀，使钟吾人执烛庸。二公子奔楚，楚子大封而定其徙。使监马尹大心逆吴公子，使居养。莠尹然、左司马沈尹戌城之，取于城父与胡田以与之。将以害吴也。"

王子朝、郑公子瑕也在奔楚不久被杀或死去；其余如齐桓公七子、吴夫槩王等均在楚国历史上影响不大。其中第二类入楚者，构成楚国外来宗族的主体，在楚史影响最大。异姓宗族在楚国的大量出现、繁衍，成为春秋时期楚式附庸体系的重要表征，反映出楚国尝试构建自身统治模式的企图。

第七节　逐步完备的县制

春秋时期，楚国设县最早。

清人洪亮吉对比秦、晋等国的县，围绕楚国最早设县问题，有系统的论证：

《秦本纪》孝公十二年并诸小乡聚集为大县，县一令，凡四十一县。《汉书·百官表》县令、长皆秦官。万户以上为令，秩千石至六百石；减万户为长，秩五百石至三百石，皆有丞尉。然其制实自楚创始之。《左传》宣十一年楚子入陈，杀夏徵舒，因县陈。十二年郑伯对楚庄王曰："使改事君，夷于九县"，杜预注："楚灭九国以为县。愿得比之。"《正义》言："楚灭诸国见于《经》《传》者，哀十七年称文王县申、息，庄六年称楚灭邓，十八年克权，僖五年灭弦，十二年灭黄，二十六年灭夔，文四年灭江，五年灭六，又灭蓼，十六年灭庸，凡十一国。苏氏、沈氏以权为小国，庸先属楚。除二国外，为九也。"襄公二十六年伯州犁言："穿封戌，方城外之县尹。"此见于《左传》者也。其见于《史记·楚世家》者，则子革对灵王曰："且入大县而乞师于诸侯。"又惠王之十年，是岁也，灭陈而县之是也。此外，晋自文、襄以后，大邑亦名县。《左传》僖公三十三年，晋襄公以再命先茅之县

赏胥臣。宣十五年,晋人赏士伯以瓜衍之县。襄公二十六年,楚声子欲复椒举,谓令尹子木曰:"晋人将与之县,以比叔向。"昭公五年,蓬启彊谓楚子曰:"韩赋七邑,皆成县也。"又云:"因其十家九县,其余四十县"云云。二十八年,晋杀祁盈及杨食我,分祁氏之田以为七县,分羊舌氏之田以为三县是也。盖春秋时已有改封建为郡县之势,创始于楚而秦与晋继之。至战国而大邑无不为县矣。①

洪亮吉所论,县制"创始于楚而秦与晋继之",十分精辟。

对于春秋时期楚国最早设县,有学者持否定观点。虞云国认为县制始于晋国,依据是《左传》昭公二十八年记载的晋县史料:"魏献子为政,分祁氏之田为七县,分羊舌氏之田以为三县,司马弥牟为邬大夫,贾辛为祁大夫,司马乌为平陵大夫,魏戊为梗阳大夫,知徐吾为涂水大夫,韩固为马首大夫,孟丙为盂大夫,乐霄为铜鞮大夫,赵朝为平阳大夫,僚安为杨氏大夫。"虞云国说,《左传》昭公二十八年保存的晋县史料是迄今所能见到的关于春秋县制最早、最可靠的文献资料。由此可以推断,县制产生年代为公元前六世纪末叶。② 阴法鲁主编的《中国古代文化史》一书认为秦国是最早置县的国家。书中说:"县是我国最早出现的行政区划单位名称,始于春秋初期,最初设县在边地,带有国防作用。据现有文献记载,最早设县的是西方大国秦。"书中引用《史记·秦本纪》记载,武公十年,公元前688年,"伐邽、冀戎,初县之";武公十一年"初县杜、郑"。③

对于秦武公时代就有了县制一说,童书业早就予以驳斥:"春秋时有较正式之县制者,似唯晋楚,其他各国虽在记载中有'县''郡'等

① 洪亮吉:《春秋时以大邑为县始于楚论》,《更生斋文甲集》第三册,中华书局2001年,第983—984页。
② 虞云国:《春秋县制新探》,《晋阳学刊》1986年第6期。
③ 阴法鲁:《中国古代文化史》第一册,北京大学出版社1991年,第294页。

记载，似皆尚有问题。……《秦本纪》载武公所立县，或即'县鄙'之意，以春秋时秦国尚甚落后，未必能有县制。《史记·秦本纪》及《商君传》载商鞅变法，始'并诸小乡聚，集为大县'。在此之前，似未有真正之县制也。"①由此可知，秦国武公所立之县，是"县鄙"之县，而到了商鞅变法之后，秦国才有真正的县制。童书业之说甚是。

归纳春秋时期楚国诸王先后设立的楚县如下。

楚武王所设县：

权县。楚国第一位县尹就是斗缗，是若敖之子，斗伯比、斗廉、斗祁的同族兄弟。《左传》庄公十八年："初，楚武王克权，使斗缗尹之。"顾颉刚说："在这段文字里，虽没有说明灭权以为县，但他设置'尹'的官，和此后楚的'县尹'一样，则实是他建立权县的证明。这是从《左传》的记载中找寻出来的春秋第一个县。"②楚武王在位时间是前740—前690年，设权县具体何年不知。现在知道的楚县，没有比这个更早的。权县在今湖北当阳东南。权县尹斗缗被杀之后，权县迁于那处，则权县或不复存在。

那处。武王设立权县之后，以斗缗为县尹，斗缗叛楚，楚武王杀了他，并且"迁权于那处"，重新任命阎敖做县尹。那处县的设立也在楚武王设权县之后，具体何年不知。那处在权东南的那口城。③ 文王时那处曾为巴人所占据。《中国行政区划通史》推测那处地处楚国的腹心，故推测巴人据有那处应仅为一时之事。④ 该说可从。

湖阳。《左传》哀公十七年："观丁父，鄀俘也，武王以为军率，是以克州、蓼，服随、唐，大启群蛮。""蓼当于楚武王晚年灭于楚。楚武王死于鲁庄公四年，蓼灭于楚当在桓公十一年至庄公四年（公元

---

① 童书业：《春秋左传研究》，上海人民出版社1980年，第184—185页。

② 顾颉刚：《春秋时代的县》，《禹贡》半月刊卷七，第六、七期合刊。

③ 杨宽：《春秋时代楚国县制的性质问题》，《中国史研究》1981年第4期。

④ 周振鹤、李晓杰：《中国行政区划通史·先秦卷》，复旦大学出版社2009年，第258页。

前 701—前 690 年)间。……以春秋时期楚灭国多设县的策略论之，武王灭鄀之后不久，当因鄀国故地设县，改称湖阳。……汉置湖阳县或因楚县旧制而来。"①湖阳在今河南唐河县南。《中国行政区划通史》认为，《竹书纪年》载"楚共王会宋平公于湖阳者矣"，说明楚共王时代鄀国故地已经称为湖阳。② 以上两说或是。

楚文王所设县：

申县。《左传》哀公十八年："彭仲爽，申俘也，文王以为令尹，实县申、息，朝陈、蔡，封畛于汝。"则是楚文王时，以申为县。申是周宣王时分封的姜姓诸侯国，在今河南省南阳市，地当楚国北进要冲，所以为楚所灭，成为楚国要县之一。洪亮吉认为楚文王县申在鲁庄公六年。③《左传》庄公六年"楚文王伐申"，未言灭。何浩认为当在庄公七年(楚文王三年)到十年(楚文王六年)之间。④ 何说或是。申是楚重要的县，有重兵于此。《左传》僖公二十五年"以申、息之师戍商密"，成公六年"楚公子申、公子成以申、息之师救蔡"，襄公二十六年"(晋)败申、息之师于桑隧"，都说明申县在楚国军事力量中有重要作用。

息县。息县也在楚文王时设置。息本是西周分封的姬姓诸侯国，其地在今河南息县西南。《左传》庄公十四年："蔡哀侯为莘故，绳息妫以语楚子。楚子如息，以食入享，遂灭息。以息妫归，生堵敖及成王焉。……楚子以蔡侯灭息，遂伐蔡。秋七月，楚入蔡。"楚子灭息之事是入蔡的前因后果，并非楚子此年灭息，则灭息在庄公十四年(楚文王十一年)之前。楚灭息后以之为县，《左传》文公三年："门于方

① 徐少华：《周代南土历史地理与文化》，武汉大学出版社 1994 年，第 56 页。
② 周振鹤、李晓杰：《中国行政区划通史·先秦卷》，复旦大学出版社 2009 年，第258 页。
③ 洪亮吉：《春秋时以大邑为县始于楚论》，《更生斋文甲集》第三册，中华书局2001 年，第 983 页。
④ 何浩：《西申、东申和南申》，《楚灭国研究》，武汉出版社 2019 年，第 207 页。

城，遇息公子朱而还。"子朱当是息县息尹。申息之师是楚国的重要军事力量，息县也是重要的楚县之一。

吕县。《左传》成公七年："楚围宋之役，师还，子重请取于申、吕以为赏田，王许之。申公巫臣曰：'不可。此申、吕所以邑也，是以为赋，以御北方。若取之，是无申、吕也，晋、郑必至于汉。'"申县是楚国的县，《左传》说"此申、吕所以邑也"，则吕也是楚国的县。吕是西周所分封的姜姓诸侯国，在今河南南阳西。文献中申、吕并称，如《国语·郑语》"申、吕方强"。杨宽认为："从申公巫臣同时反对以申、吕之田作为赏田的话来看，吕县可能是申公所兼管的，因此文献上不见有吕公的记载。"①杨说有一定道理。

邓县。《左传》庄公七年："（楚文王）楚复伐邓，灭之。"邓是曼姓小国，其地在今湖北省襄阳市西北。1974 年在襄阳山湾墓地出土了邓公乘鼎，铭文："邓公乘自作飤繇，其眉寿无期，永保用之。"②徐少华认为此器是春秋晚期器，邓公当指楚邓县县公，故知楚在灭邓国后设县。徐说可从。

楚成王所设县：

商县。《左传》文公十年（楚穆王九年）："初，楚范巫矞似谓成王与子玉、子西曰：'三君皆将强死。'城濮之役，王思之，故使止子玉曰：'毋死。'不及。止子西，子西缢而县绝，王使适至，遂止之，使为商公。"此段追述的是僖公二十八年（楚成王四十年）子西为商公的事，则商为楚县应当在此之前。商即商密，今河南省淅川县西南。

武城县。武城县可以追溯到楚成王时期，延续至战国时期。《左传》僖公六年（楚成王十八年）："冬，蔡穆侯将许僖公以见楚子于武城。"杨伯峻注："武城，今河南省南阳市北。"③《左传》成公十六年（楚共王十六年）："十六年春，楚子自武城使公子成以汝阴之田求成于

---

① 杨宽：《春秋时代楚国县制的性质问题》，《中国史研究》1981 年第 4 期。
② 释文据徐少华《周代南土历史地理与文化》，武汉大学出版社 1994 年，第13 页。
③ 杨伯峻：《春秋左传注》（修订本），中华书局 1990 年，第 314 页。

郑。郑叛晋，子驷从楚子盟于武城。"《左传》昭公四年（楚灵王三年）：
"宋大子佐后至，王田于武城，久而弗见。椒举请辞焉。王使往，曰：
'属有宗祧之事于武城，寡君将堕币焉，敢谢后见。'"《左传》定公四
年："武城黑谓子常曰……"杜预注："黑，楚武城大夫。"武城大夫当
即武城县县公，其为楚昭王十年（前506年）时事，可推测至迟该年前
已设武城县。《左传》哀公十七年（楚惠王十一年）："王卜之，武城
尹吉。"

楚穆王所设县：

郧县。楚穆王四年，（上）郧国受秦威胁，自商密（今河南淅川）南
徙宜城，"楚灭之而县其地"。[1] 郧本是允姓的小国，为楚所灭。1979
年，河南淅川下寺8号墓出土一件春秋中期的上郧公簠，铭文"隹正
月初吉丁亥，上郧公择其吉金，铸其叔妳番妃滕簠，其眉寿万年无期，
子子孙孙永宝用之。"[2] 徐少华认为"妳"即"芈"之本字，妳、簠古本同
音。如是，此上郧公已非原来的允姓郧人，而是芈姓楚人了，以楚县
大夫均称公的惯例，此上郧公应是楚于郧国故地所置的郧县县公。[3]
徐说可从。《中国行政区划通史》以为郧在穆、庄之世设置郡县。[4]
或是。

期思县。《左传》文公十年："期思公复遂为右司马。"杜预注：
"复遂，楚期思邑公。"则文公十年前已经有期思县。徐少华认为蒋之
灭亡应在楚穆王四年或稍早。楚穆王继位，一时无力北进，于是再度
东向经略淮域，穆王三年灭江，次年即灭了蓼、六，蒋与蓼邻近，楚
之灭蒋可能与灭蓼同时。[5] 徐说或是。期思原是西周分封的姬姓诸侯

---

[1] 顾祖禹：《读史方舆纪要》卷七九，中华书局2005年，第3712页。

[2] 释文据徐少华《关于春秋楚县的几个问题》，《江汉论坛》1990年第2期。

[3] 徐少华：《关于春秋楚县的几个问题》，《江汉论坛》1990年第2期。

[4] 周振鹤、李晓杰：《中国行政区划通史·先秦卷》，复旦大学出版社2009年，第264页。

[5] 徐少华：《周代南土历史地理与文化》，武汉大学出版社1994年，第117—118页。

国蒋国的都城，在今河南淮滨东南期思乡。①

楚庄王所设县：

庐县。《尚书·牧誓》记庐本为随周武王伐纣的八国之一。春秋时又称庐戎。《左传》文公十四年："楚庄王立，子孔、潘崇将袭群舒，使公子燮与子仪守，而伐舒蓼。二子作乱。城郢，而使贼杀子孔，不克而还。八月，二子以楚子出。将如商密。庐戢梨及叔麇诱之，遂杀斗克及公子燮。"杜预注："庐，今襄阳中庐县。戢梨，庐大夫；叔麇，其佐，斗克子仪也。"《国语·楚语上》："昔庄王方弱，申公子仪父为师，王子燮为傅，使师崇、子孔帅师以伐舒，燮及仪父施二帅而分其室。师还至，则以王如庐，庐戢黎杀二子而复王。"韦昭注曰："庐，楚邑也。戢梨，庐大夫也。"由上述所载可知戢梨（黎）为庐邑大夫，亦即庐县县公，是楚春秋时置有庐县。徐少华认为楚庄王初年即已置庐县，设县大夫及县佐，以为汉水中游南岸要邑。② 其说甚是。

析县。《左传》襄公二十六年（楚康王十四年）："子仪之乱，析公奔晋。"《国语·楚语上》："或谮析公臣于王。"此析公当为楚县的县公。子仪之乱在鲁文公十四年，楚庄王元年，析县应当在此年前设立。《春秋》昭公十八年："冬，许迁于白羽。"《左传》昭公十八年："冬，楚子使王子胜迁许于析，实白羽。"《左传》襄公二十六年杜注："析，楚邑，一名白羽。"则昭公十八年许国迁于此，析不再为楚县。《春秋》定公四年："许迁于容城。"《左传》哀公四年："（楚）司马起丰、析与狄戎。"则析可能是定公四年许国迁走之后，又为楚县，所以哀公四年始有征兵之事。杨宽指出，析是楚国北边的别都，在今河南西峡县。③

上庸县。《春秋》文公十六年（楚庄王三年）："楚人、秦人、巴人

① 周振鹤、李晓杰：《中国行政区划通史·先秦卷》，复旦大学出版社 2009 年，第263 页。
② 徐少华：《周代南土历史地理与文化》，武汉大学出版社 1994 年，第 283 页。
③ 杨宽：《春秋时代楚国县制的性质问题》，《中国史研究》1981 年第 4 期。

灭庸。"《左传》文公十六年："秦人、巴人从楚师，群蛮从楚子盟，遂灭庸。"《水经·沔水注》："《春秋》文公十六年，楚人、秦人、巴人灭庸。庸，小国，附楚，楚有灾不救，举群蛮以叛故楚灭之以为县。"庸是历史比较悠久的小国，在商末已经存在，据《尚书·牧誓》，庸国还跟随武王参加过伐纣的活动，其地在今湖北省竹山县西南。①

陈县。原为西周初年分封的妫姓诸侯国，国都在今河南淮阳。《左传》宣公十一年："（楚庄王）遂入陈，……因县陈。"由于楚大夫申叔时的力谏，不久"乃复封陈。"《春秋》昭公八年："冬，十月壬午，楚师灭陈。"《左传》同年："九月，楚公子弃疾帅师奉孙吴围陈，宋戴恶会之。冬十一月壬午，灭陈。……使穿封戌为陈公。"昭公八年当楚灵王七年，此年灭陈为县，使穿封戌为县公，昭公十三年楚公子弃疾弑其君灵王，为楚平王，为了得到国内国外力量的支持，复封陈、蔡。《左传》哀公十七年："秋七月己卯，楚公孙朝帅师灭陈。"陈再度被灭，此后陈应当是楚国的县。

沈县。《左传》宣公十二年（楚庄王十七年）："楚子北师次于郔。沈尹将中军。"此沈尹可能就是孙叔敖。杨伯峻据《墨子》"楚庄染于叔孙、沈尹"等材料，认为沈尹与孙叔敖是两个人，沈尹是沈县之大夫。② 杨宽同。③ 二说可从。是宣公十二年之前，楚已经设置沈县。楚沈县在今安徽临泉。④ 此沈县与沈国不同，大概是取沈国一部分设立的。顾栋高、杨伯峻已经详辨之。⑤ 沈县县公后为沈诸梁，《左传》昭公十九年（楚平王六年）："楚人城州来。沈尹成曰：……"《左传》哀

① 周振鹤、李晓杰：《中国行政区划通史·先秦卷》，复旦大学出版社 2009 年，第264 页。
② 杨伯峻：《春秋左传注》（修订本），中华书局 1990 年，第 728 页。
③ 杨宽：《楚国沈县考》，《杨宽古史论文选集》，上海人民出版社 2003 年，第 80—81 页。
④ 徐少华：《周代南土历史地理与文化》，武汉大学出版社 1994 年，第 276 页。
⑤ 顾栋高：《春秋大事表》，中华书局 1993 年，第 8 页；杨伯峻：《春秋左传注》（修订本），中华书局 1990 年，第 729 页。

公十六年(楚惠王十年)："诸梁兼二事,国宁,乃使宁为令尹,使宽为司马,而老于叶。"《国语·楚语下》："(楚惠王时令尹)子西使人召王孙胜,沈诸梁闻之,见子西曰:……"沈县在今河南固始。

成县。传世文献所载楚之"成县"见于《吕氏春秋》和《说苑》。《吕氏春秋·重言》:"荆庄王立三年,不听而好讔。成公贾入谏。"《说苑·辨物》:"王子建出守于城父,与成公乾遇于畴中,问曰:'是何也?'成公乾曰:'畴也。'"成公贾、成公乾应均为成县县尹。成县所在,顾久幸以为在成臼附近。[1]《中国行政区划通史》认为在今河南省襄城县西(即宝丰县东)。[2] 此说合理,应可凭信。

综上所述,春秋早、中期楚国置县情况,可列出表8-6:

表8-6:春秋早中期楚国置县表

时期	县名	今地	文献依据
武王	权县	湖北当阳东南	《左传》庄公十八年:"斗缗尹之。"
	那处	湖北荆门东南	《左传》庄公十八年:"阎敖尹之。"
	湖阳	河南唐河南	《左传》哀公十七年:"是以克州、蓼。"蓼后改称湖阳
文王	申县	河南南阳北	《左传》成公七年:"子重请取于申吕以为赏田。"
	息县	河南息县西南	《左传》庄公十四年、文公三年
	吕县	河南南阳西	《左传》成公七年:"子重请取于申、吕以为赏田。"
	邓县	湖北襄阳西北	《左传》庄公七年:"楚复伐邓,灭之。"

---

① 顾久幸:《春秋楚晋齐三国县制的比较》,载河南省考古学会、河南省博物馆、河南省文物研究所编《楚文化觅踪》,中州古籍出版社1986年,第215—229页。

② 周振鹤、李晓杰:《中国行政区划通史·先秦卷》,复旦大学出版社2009年,第255页。

续表

时期	县名	今地	文献依据
成王	商县	河南淅川西南	《左传》文公十年："子西……使为商公。"
	武城	河南南阳北	《左传》僖公六年、昭公四年、哀公十七年
穆王	郡县	湖北宜城	楚穆王四年,(上)都国受秦威胁,自商密(今河南淅川)南徙宜城,"楚灭之而县其地",见《读史方舆纪要》卷七九
	期思	河南固始	原蒋国地,见《左传》文公十年
庄王	庐县	湖北襄阳西南	《左传》文公十四年有"庐戢梨",系庐县县公
	析县	河南西峡	《左传》襄公二十六年："子仪之乱,析公奔晋。"
	上庸县	湖北竹山西南	见《水经注·沔水注》
	陈县	河南淮阳	《左传》宣公十一年
	沈县	河南固始	《左传》宣公十二年、昭公十九年
	成县	河南宝丰东襄城西	《吕氏春秋·重言》："荆庄王立三年,不听而好谲。成公贾入谏。"

由上表可见,春秋中期楚国所置之县多是在所灭之国的城邑而设,如庐县设在原庐戎的都邑,湖阳县设在原蓼国的都邑,期思县设在原蒋国的都邑。

楚武王最初建立的县是什么样子,因文献记载太少,我们无法知道。而陈伟通过《包山楚简》的研究,对战国时代的楚县,已有了较深的认识。[①] 这些,对帮助了解春秋时代的县很有好处。县在中央政府的控制下,具有如下职权一是司法权。受理县内居民的讼案,并由

---

① 陈伟:《包山楚简初探》,武汉大学出版社 1996 年。

县级官府主理、决断(判决)，解决不了的呈报上级(或中央)；还要承接上级(或中央)交付办理的案件。有时，上级官署常常要求县级官员传某人出庭受审，在这种情况下，县府官员仍然起着基本的保障作用。在有的简文中，传达的王命是"速为之断"，并未提出倾向性的意见，似乎体现了尊重、依靠主办官府，不做过多干预的精神。这充分体现了县有独自办案的权力。但也不是不受制约，楚国的法律允许上诉，如判得不公，上级和王就会干涉。因此，县是楚国司法系统中最基本、最关键的环节，也是楚国最基层的治狱机构。二是名籍管理权。县级官员有著录名籍的任务，所登录的名籍存于这级官府之中，必要时加以查核，他们还要掌握属下人口的异动情况。如有的官员能确切知道有的居民迁居后的去向。从简文还得知，当时登记名籍，大体上是每年一次，不同年份的名籍是分开存放的。名籍登记的对象主要是平民和奴隶，并只限于男子。对这些人进行名籍登记，可能与这些人服徭役有关。郭德维指出，据陈伟的研究，县一级还设有宦大夫、司马、莫敖(嚣)、工尹、司败等官职。宦大夫应就是县尹，当为一县(一邑)之长，这些官的司职，看来与中央是对应的，也就是中央有什么官，地方上也就有什么官，只是权力的大小不一。①

对楚国所设之县的性质，杨宽指出春秋楚县有三个来源：有许多县是灭亡边境附近小国之后改建而成；也有不少是利用原来边境附近小国的旧的国都改建而成；又有少数是利用原来设在边境的别都改建而成。因此这些县的建置，不同于一般地方政权，具有边防重镇的作用是很明显的。"②

春秋中期的楚县具有边防重镇特点。

第一，楚县驻有重兵。杨宽认为："(楚)县都设在边境的交战地

---

①　郭德维：《论楚武王》，载《楚史·楚文化研究》，湖北人民出版社 2013 年，第15 页。

②　杨宽：《春秋时代楚国县制的性质问题》，《中国史研究》1981 年第 4 期。

区，具有边防重镇的作用。"①楚县随楚国开疆拓土而来，其设置之初自然是在边境地区。春秋时期各国均无常备之军，作战都要临时征发，所谓兵农合一，战时为兵，平时为农。申息之师、陈蔡之师，必然也是如此。陈伟指出："申、息之师的这类活动集中于成、穆、庄、共四世的几十年间，在后来的记载中不再可见。……申、息之师也许是一个特定时期的特殊建置。"②陈说很有见地，正是因为征发皆是临时，故而有事则发，无事则否。在成、穆、庄、共时期，楚国战线在方城一线，故多征发申、息之师。《左传》成公六年晋大夫说："成师以出，而败楚之二县。"杜注："六军悉出，故曰成师。"则楚国申、息两县之师与晋国六军相拮抗，其数即便稍少于晋师，也是十分惊人的。可见楚国县师往往可以很庞大，国君对县尹的控制相当强，楚县由国君直辖，边防重镇性质突出。楚县具有重大的军事职能，特别是一些大县，完全是一处军事重镇，如申、息、叶等都养有军队。由楚县的设置时间来看，主要以楚穆王、楚庄王时期为主，楚穆、庄二王时期，正是楚国疆域积极向外拓展的重要时期，灭国置县主要以边境为主。不过，早期的楚县由于是边防重镇，直接掌管庞大的武装力量，容易形成"尾大不掉"的局面，这一弊病直到楚灵王时期才有所遏制。同时，因一切服从边防，早期楚县内部的管理职能是简单的，这也得到春秋后期历代楚王的重视，加大了楚县作为"县鄙之县"的职能，逐渐进行了弥补。

第二，楚县由楚王直辖，县官非世袭。楚县的行政首长称为县尹或县公。高诱说："楚僭号称王，其守县大夫皆称公。"③杜预也说："楚僭号，县尹皆称公。"④高、杜之意，当是以公为爵称，如侯、伯、子、男之类。因楚称王，故县称公。杨宽指出："在一般场合都尊称

---

① 杨宽：《春秋时代楚国县制的性质问题》，《中国史研究》1981年第4期。
② 陈伟：《楚"东国"地理研究》，武汉大学出版社1992年，第191页。
③ 《淮南子·览冥训》高注。
④ 《左传》庄公三十年杜注。

县尹为县公，只有在正式场合才使用正式的官名称为县尹。"①楚县县官非世袭。日本学者平势隆郎把楚国历任的申公一一作了考察，除了第一、二任申公斗班与申公斗克出于世袭以外，其余申公不见有世袭的，申公以外的县公也不见有世袭的。②顾德融、朱顺龙指出，既然只见一二任县公世袭了职位，就不能以偏概全，将春秋时县官指为世族世官制。春秋时设县，特别是楚县，其军事意义不容低估。但春秋时随着疆土的开拓及政治制度的渐变，国界、政区的观念有所发展，县的建立，正是这一政治制度演变的重要内容之一。就这一意义而言，春秋时县的建立除了有军事作用外，不能不说它在政治方面也有积极的作用。③

楚国县尹由楚王任命、迁调。《左传》僖公二十六年载"秦师囚申公子仪"，《左传》僖公二十七年载"楚申公叔侯戍之"。申公子仪被秦师所俘，楚王马上派叔侯补缺。是县尹由楚王按需要任命。《国语·楚语上》："昔庄王方弱，申公子仪父为师，王子燮为傅，使师崇、子孔帅师以伐舒。"此事亦见于《左传》，是鲁文公十四年（楚庄王元年）事。则申公子仪由秦归楚后不再为县尹，而是迁为"师"。从以上史实可以看出，县尹不世袭，可随时调转、任免。派往各县的县公、县尹，皆在楚王直接控制之下，楚王对他们可以随时任免。城濮之战，司马子西败，楚成王赦其不死，使为商公。子西后擅离职守，欲入郢都，楚穆王又罢其商公之职，使为工尹。申公子仪被秦师擒获，返楚后，据《国语·楚语上》载，为庄王之师，似未复县尹原职，这说明县尹可以改任。又《左传》襄公二十六年记穿封戌原为"方城外之县尹"，后来为陈县县尹，可见楚县尹可以调任。

谭黎明研究认为，《左传》中所记的沈尹主要有楚庄王和楚共王时

① 杨宽：《春秋时期楚国县制的性质问题》，《中国史研究》1981年第4期。
② ［日］平势隆郎：《楚王与楚县》，载《日本中青年学者论中国史》，上海古籍出版社1995年，第212—234页。
③ 顾德融、朱顺龙：《春秋史》，上海人民出版社2001年，第284页。

的沈尹，楚康王时的沈尹寿，楚灵王时的沈尹射和沈尹赤，楚平王和楚昭王时的沈尹戌，还有楚惠王时的沈尹朱。如此众多的沈尹，他们之间似没有世袭关系。《左传》中第一次记载沈尹是在公元前597年，到其后的沈尹寿，中间相距48年，不见他们之间有任何家族关系。沈尹戌的儿子沈诸梁也没有继承父职为沈尹，而是去叶县担任县公了。由县公、县尹的不世袭，证明楚县并不是封地，县公、县尹也不是本县的领主，只是本县的行政军事长官。楚庄王时的沈尹，担当过楚王的辅佐。沈尹戌原为县尹，但在楚昭王元年又担任了左司马，这时沈尹戌的主要职责是军事指挥，以御吴为重点。《左传》定公四年记，吴师经淮到豫章，而后与楚夹汉而陈。到淮汭前，必经沈县，此时沈尹戌不在沈县，而与令尹共御吴师，对沈县只是遥领。

谭黎明统计了《左传》中的沈尹先后任职情况，以此为例，他认为春秋时期楚国县公、县尹不世袭，楚国县制是中央集权政治的产物。①

第三，楚国县公、县尹人选不限于楚族人。《左传》定公四年载吴楚之战，说沈尹戌曾经"臣阖庐"并"耻为禽焉"，所以"谓其臣曰：'谁能免吾首?'吴句卑曰：'臣贱，可乎?'"由此可知，沈尹戌为吴人之奔楚者。沈尹戌的下属吴句卑，似亦为吴人。《左传》定公五年："叶公诸梁之弟后藏从其母于吴，不待而归，叶公终不见正视。"诸梁是沈尹戌之子。由此可知，沈尹戌之妻与其另外一子还在吴国，后来该子又逃到楚国，只剩下沈尹戌之妻仍留在吴国。从上述引文可知，沈尹戌确是从吴国逃亡至楚的。这样一位吴国的叛臣受到楚王的重用，被委任为楚国东门沈县的县尹。在后来的军事和政治活动中，证明沈尹戌的确是一位难得的人才。沈尹戌之子沈诸梁，则被楚王派遣到楚国北门叶县任县公，作为主要决策人和主要执行人，参预楚国的重大政治事件，有力地维护了楚国王权的集中与巩固。沈县、叶县是

---

① 谭黎明：《春秋时期楚国的县制》，《吉林师范大学学报》2005年第2期。

楚国两个重要的县，其县公、县尹由异国人担任，看来，楚王任命县公、县尹不完全局限于楚王族子弟，只要是有利于楚王权巩固和边境安宁的贤能之士，皆可以担任。

第四，楚县排斥封邑及世族控制。《左传》成公七年记："楚围宋之役，师还，子重请取于申、吕以为赏田，王许之。申公巫臣曰：'不可。此申、吕所以邑也，是以为赋，以御北方。若取之，是无申、吕也，晋、郑必至于汉。'"这里，明显看出楚县对于贵族封邑是排斥的，因为县担负着保卫国土安全之责，保证边防安全是其第一要务，一旦作为贵族的封邑，以贵族的一己之力，是无法抗御强大外敌入侵的。

楚县排斥世族控制。楚国整体实行世族世官制，但对于楚县是例外。楚国早期武王到庄王时期，担任县尹的共有10位，楚国实际掌握政权的若敖氏家族占有6位，另外斗氏有4位。楚庄王剿灭若敖氏，破除了县尹任命的世族专权，任用孙叔敖、沈尹、伍氏、潘氏、养氏以及群公子等担任县尹。楚庄王之后改成群公子执政，庄王时期的四位县尹，屈巫、沈尹巫、析公臣、庐戢梨，扭转了早期楚县一度由某族专权的倾向。

春秋时期楚国的县在军队建设、土地经营、赋税征收以及人口管理等方面都有较为完善的处理措施，楚县已经具备多种功能，只是军事职能所占比重过大罢了。可以说，楚县不是单一的军事组织，而是地方政权。春秋时期楚国灭国之后，由楚王派遣县尹、县公对各县进行治理，意味着中国古代官僚制度的萌芽。

楚国县公、县尹握有兵权，权力很大，这在申公的活动中得到了集中的反映。《左传》庄公三十年"秋，申公斗班杀子元"，这是指申公敢于杀掉不得人心的令尹。《左传》僖公二十五年"秦师因申公子仪、息公子边"，这是指申公单独领兵作战不幸被俘。《左传》僖公二十六年"公以楚师伐齐，取谷……楚申公叔侯戍之"，这是指申公能够率师单独在齐国的谷地驻军。《左传》宣公十二年载"冬，楚子伐萧……申

公巫臣曰："师人多寒。"王巡三军，拊而勉之"，这是指楚王非常尊重申公的意见。《左传》襄公二十六年"王子牟为申公而亡"，这是指楚王子可以担任申公。《国语·楚语上》"灵王虐，白公子张骤谏。王患之，谓史老曰"，韦昭注云"楚申公史老也"，这是指申公有时被楚王视之为智囊。《左传》哀公四年"夏，楚人既克夷虎，乃谋北方。左司马眅、申公寿馀、叶公诸梁致蔡于负函"，这是指申公承担了楚国的外交事务。

第八节　日臻完善的司法制度

春秋时期，楚人在发展道路上长期奉行混一夷夏的路线，坚持外求诸人以博采众长，内求诸己而独创一格。在精神文化上，尤其是礼法制度建设上，一向是承袭周制，师法华夏，"抚有蛮夷，奄征南海，以属诸夏"（《左传》襄公十三年）。楚国的司法制度，继承于周制。就法制规范而言，楚国有对"以妾为妻"的禁止，此为周之礼制，目的是为防止妻妾乱序，以保证嫡长子的宗子地位。包山楚司法简所见到的"以妾为妻"的禁止性规范，正是楚制有部分源自周制的一个例证。楚人的法律思想也深受周的影响，如周人所提倡的"明德慎罚"思想，也是楚人所认同的。《左传》成公二年记载申公巫臣在谏阻庄王时就曾引用："《周书》曰：'明德慎罚。'"另外，《左传》昭公七年载，楚文王时作"仆区之法"，王捷认为，姑且不论"仆区"到底内容为何，但从楚人称赞楚文王的"仆区之法"，并将其与周文王之法并列共称"二文之法"，可见楚人以楚制可以与周制并称为荣。由此可见，在立法方面，楚人也受到周制影响。[①] 据学者研究，西周时期已在刑法、民法、婚姻法、行政法、经济法和诉讼法等各个部门法中制定了不同的法律规范，已初步形成体系，各具风格，彼此有别，并在各种不同的社会生

---

① 王捷：《包山楚司法简考论》，上海人民出版社 2015 年，第 210—212 页。

活中发挥着各自的特殊作用。① 无论是从法学理论上，还是从楚国自身建设上来推断，楚国的法律体系已经具备了一定基础。可以说，楚人重法治，春秋时期，楚人在继承商周、师法华夏的基础上，参酌本国国情，探索出了一条特殊的法制建设之路，建立了一套详密完备的法律制度，无论是在内容上，还是在形式上，均走在了时代的前列。

陈绍辉指出："楚国的法制建设是从武王时期正式开始的，因为在此之前，楚还不是一个真正意义上的文明国家。直到武王时期，楚国才真正跨入阶级社会的门槛，正式组建了完全意义上的国家机关，有了常规军队和各类职官，原始社会遗留的各种习惯和统治阶级的整体意志才得以上升为国家意志，并获得了国家强制力的保障。"②

从文献记载来看，楚武王时期楚国的立法活动至少有三次。第一次是创制综合性的刑法。《左传》桓公十三年有如下记载："楚屈瑕伐罗，斗伯比送之。还，谓其御曰：'莫敖必败。举趾高，心不固矣。'遂见楚子曰：'必济师！楚子辞焉。入告夫人邓曼。邓曼曰：'大夫其非众之谓，其谓君抚小民以信，训诸司以德，而威莫敖以刑也。……'莫敖使徇于师曰：'谏者有刑！'及鄢，乱次以济，遂无次，且不设备。及罗，罗及卢戎两军之，大败之。莫敖缢于荒谷，群帅囚于冶父以听刑。楚子曰：'孤之罪也。'皆免之。"这一次战争中显示出楚国的多种刑法：一是战败自杀法，二是谏者有刑法，三是军中次要将领的惩罚法。第二次立法活动是制定单行的军事法规。《左传》庄公四年："楚武王荆尸，授师孑焉，以伐随。"这可能是楚国在军事方面最早的立法记载。第三次立法活动，见于《吕氏春秋·直谏》："荆文王得茹黄之狗，宛路之矰，以畋于云梦，三月不反；得丹之姬，淫，期年不听朝。葆申曰：'先王卜以臣为葆，吉。今王得茹黄之狗，宛路之矰，畋三月不反；得丹之姬，淫，期年不听朝。王之罪当笞。'王

---

① 胡留元、冯卓慧：《西周法制史》，陕西人民出版社 1988 年，"前言"第 1 页。
② 陈绍辉：《楚国法律制度研究》，湖北教育出版社 2017 年，第 1 页。

曰：'不穀免衣褓裯而齿于诸侯，愿请变更而无笞。'葆申曰：'臣承先王之令，不敢废也。王不受笞，是废先王之令也。臣宁抵罪于王，毋抵罪于先王。'王曰：'敬诺。'引席，王伏。葆申束细荆五十，跪而加之于背，如此者再，谓王：'起矣！'王曰：'有笞之名一也。遂致之。'"葆申所谓的"先王之令"，实际上就是武王创制的一部法令，规定楚王有过受笞。

楚文王时期，楚国国力大增，疆域不断扩大，财富日益增长，楚文王从立法上加大了保护财产的力度，及时制定了以保护私有财产为中心的成文法典。《左传》昭公七年："（楚灵王）为章华之宫，纳亡人以实之。无宇之阍入焉。无宇执之，有司弗与，曰：'执人于王宫，其罪大矣。'执而谒诸王。王将饮酒，无宇辞曰：'……周文王之法曰，"有亡，荒阅"，所以得天下也。吾先君文王，作仆区之法，曰"盗所隐器，与盗同罪"，所以封汝也。若从有司，是无所执逃臣也。逃而舍之，是无陪台也。王事无乃阙乎？昔武王数纣之罪，以告诸侯曰："纣为天下逋逃主，萃渊薮"，故夫致死焉。君王始求诸侯而则纣，无乃不可乎？若以二文之法取之，盗有所在矣。'王曰：'取而臣以往，盗有宠，未可得也。'遂赦之。"杜预注："仆区，刑书名。"服虔注："仆，隐也。区，匿也。为隐匿亡人之法也。"显然，"仆区之法"是楚文王仿效周文王"有亡荒阅"之法而作的一部惩治隐匿亡人，即逃亡奴隶的成文法律。楚文王就盗贼罪颁布过专门的单项刑事法令。明董说《七国考》引刘向《孟子注》："楚文王墨小盗而国不拾遗。"又据《说苑·至公》："楚文王伐邓，使王子革、王子灵共捃菜。二子出采，见老丈人载畚，乞焉，不与；搏而夺之。王闻之，令皆拘二子，将杀之。"楚文王时应当已有专门惩治抢劫之类犯罪的法律，否则文王是无从直接下令诛杀二王子的。可见，在楚文王时期，楚国已经有了保护私有财产的法律条文。

楚成王时期，楚地千里，正式步入大国行列。楚国的法律体系和法治理念已经发展到了一个较高的水平。《左传》文公十年记城濮之战

后，子西曰："臣免于死，又有谗言，谓臣将逃，臣归死于司败也。"考虑到子西因城濮之败，自请归死于司败，我们完全有理由相信此时楚国已经设置有专门司法机关，这就意味着楚国的法制建设已经从立法层面深入到司法层面。《说苑·至公》载："楚令尹子文之族，有干法者，廷理拘之，闻其令尹之族也，而释之。子文召廷理而责之曰：'凡立廷理者，将以司犯王令……'遂致其族人于廷理。曰：'不是刑也，吾将死。'廷理惧，遂刑其族人。成王闻之，不及履而至于子文之室……于是黜廷理而尊子文，使及内政。国人闻之，曰：'若令尹之公也，吾党何忧乎？'乃相与作歌曰：'子文之族，犯国法程，廷理释之，子文不听，恤顾怨萌，方正公平。'"通过楚人的言行我们可以看到，楚国的法条内容已经深入到社会生活的各个方面，楚君臣率先垂范，自觉维护法律的尊严和权威。子文的大公无私、方正公平，成王的赏罚分明、严于责己，均堪称典范。

楚庄王时期，楚国法制全方位走向成熟，臻于全盛。《左传》宣公十二年载，楚庄王任用孙叔敖进行改革，使"君子小人，物有服章。贵有常尊，贱有等威，礼不逆矣"。这实际上就是要求社会各阶层按等级名分之高下而行事，显然这种礼法制度已经具有与法律制度同等的作用了。另据《国语·楚语》记载，楚庄王在给太子指定的必读教科书中，既有《礼》和《乐》，又有《令》，显然是法治与礼制有机结合的。蔡靖泉指出，据此可知当时的楚国法律已经大备。[1]

随着楚国专制王权的固化和强化，自楚庄王起，楚国专制王权就成为一种法律形式。《左传》宣公十五年："（楚）君能制命为义，臣能承命为信。"大臣"知死而不敢犯王命"。楚王具有超乎法律之上的权力。楚王的意志，楚王发布的命令就是最高效力的法律形式。楚国的立法活动由此日趋频繁，立法种类和数量激增，法律清理和法典编订的立法活动亦随之出现。楚庄王时期的茅门之法，这是有关王宫的禁

---

[1] 蔡靖泉：《楚文化流变史》，湖北人民出版社 2001 年，第 140 页。

卫之法。《韩非子·外储说右上》记:"荆庄王有茅门之法曰:'群臣大夫诸公子入朝,马蹄践霤者,廷理斩其辀,戮其御。'于是太子入朝,马蹄践霤,廷理斩其辀,戮其御。太子怒,入为王泣曰:'为我诛戮廷理。'王曰:'法者,所以敬宗庙,尊社稷。故能立法从令尊敬社稷者,社稷之臣也,焉可诛也?夫犯法废令不尊敬社稷者,是臣乘君而下尚校也。臣乘君,则主失威;下尚校,则上位危。威失位危,社稷不守,吾将何以遗子孙?'于是太子乃还走,避舍露宿三日,北面再拜请死罪。"庄王的这句话,简练而生动地阐释了当时的楚国统治者对法治的深刻认识,彻底否定了"刑不上大夫"(《礼记·曲礼上》)的传统观念,表明楚人的法治思想又向前进了一大步,已经形成了较为系统、明确的法治理论。又《史记·循吏列传》载:"庄王以为币轻,更小以为大,百姓不便,皆去其业。市令言之相曰……相言之王曰:'前日更币,以为轻。今市令来言曰:"市乱,民莫安其处,次行之不安。"臣请遂令复如故。'王许之,下令三日而市复如故。"楚国币制改革令的颁布,说明这一时期楚国的立法范围已经深入到经济立法领域。

另据《左传》宣公十二年记载,孙叔敖为令尹时,"择楚国之令典,军行,右辕,左追蓐,前茅虑无,中权后劲。百官象物而动,军政不戒而备,能用典矣。"杨伯峻注:"令,善也;典,法也,礼也。"意即孙叔敖选择楚国有关行之有效的法令规章,进行系统整理,用以指导军事和行政改革,成效卓著。《左传》文公六年记:"告之训典,教之防利。"杜预注:"训典,先王之书。"《国语·楚语下》:"又有左史倚相,能道训典以叙百物。"杨伯峻注:"训典盖典章制度之书。"可见,"典"是楚国历代楚王编纂并流传下来的有关典章制度方面的书籍,具有法律的性质,为官员治理国家行使权力的依据。顾久幸据此认为,楚庄王时期出现了具有综合性质和普遍意义的成文法律条文,以供百姓和官员遵守执行。①

---

① 顾久幸:《楚国法律的起源及法律形式),《江汉论坛》1996年第10期。

楚庄王之后，楚国的立法活动无亮点可言，文献所见到的只是些暂时性的、特殊性的单行法律法规的颁布，反映了在社会动荡不安的形势下，专制王权对社会管控的强化。如楚灵王时期，认真实行仆区之法这一惩治窝藏逃犯的法令。楚平王时期，《史记·楚世家》记："锏人曰：'新王下法，有敢饷王从王者，罪及三族。'"《吕氏春秋·异宝》："荆国之法，得五员者，爵执圭，禄万担，金千镒。"这两条单行法规均为楚平王所颁布，都具有很强的针对性和时效性。

　　楚昭王时期产生了楚国的基本大法——《鸡次之典》。《战国策·楚策一》载："吴与楚战于柏举，三战入郢。君王身出，大夫悉属，百姓离散。蒙毂给斗于宫唐之上，舍斗奔郢，曰：'若有孤，楚国社稷其庶几乎?'遂入大宫，负鸡次之典，以浮于江，逃于云梦之中。昭王反郢，五官失法，百姓昏乱；蒙毂献典，五官得法，而百姓大治。此蒙毂之功多，与存国相若。"《鸡次之典》是一部具有普遍效力、综合性质的成文法典，对整个国家和社会的建设作出制度性的设计和安排，说它与近现代的宪法大致相当，未尝不可。吴永章指出，从失去该典就失去一切来看，说明《鸡次之典》应该是法律大全一类的国典，从该典关系楚国的治与乱一事，说明其对楚国有着十分重大的意义和作用。[1]

　　从春秋时期开始，楚国法制观念逐步地建立起来。叶公高向孔子问政，讲述了一个案例：楚国有一个非常诚实的人，他的父亲偷了别人家的一只羊，这个人就到官吏那里去告发。[2]孔子听说过这件事后，认为这位做儿子的不该把父亲的不良行为说出去，应该子为父隐，父为子隐。顾久幸认为："这与楚国的观念是大相径庭的。在楚国，法制得到官员老百姓上下人等的重视，有一个重要的原因是：在楚国

①　吴永章：《论楚刑法》，载《楚文化新探》，湖北人民出版社 1981 年，第 185 页。
②　《论语·子路》。

君王的心中，法律是保证国力强大、保障王权有力的一个重要因素。"①

楚国主要法律及其内容如下：

军事法律：

战败自裁法。自楚武王时莫敖屈瑕伐罗失败，"缢于荒谷，群帅因于冶父以听刑"（《左传》桓公十三年），之后，败军之将，一律自裁，以谢国人，成为不刊之制，并严格执行，终楚国灭亡而不替。楚成王时，城濮之战，楚军败北，令尹子玉归途自杀。楚共王时，司马子反醉酒而兵败鄢陵，令尹子重援引成例，促令子反自杀，子反言："侧（子反名）亡君师，敢忘其死？"（《左传》成公十六年）随即引剑自尽。楚平王时，司马薳越在"鸡父之战"中被吴王僚带兵打得大败。接着，吴国因故还军，掳走平王夫人，薳越带兵追赶，没有追上，便引咎自杀。

将遁之法。楚成王时，令尹子上率军征伐陈、蔡，促成两国与楚媾和。后来，晋军南下侵蔡，与楚军隔水列阵。后晋师因故而退，楚师亦归，子上却因此背上逃跑之罪名，遭到诛杀。董说《七国考》引《淮南子》说，楚国法律规定："楚发兵相战而将遁者诛，若不及诛而死，乃为桐棺三寸，加斧锧其上，以狗于国。"《吕氏春秋·高义》载："荆人与吴人将战，荆师寡，吴师众。荆将军子囊曰：'我与吴人战，必败。败王师，辱王名，亏壤土，忠臣不忍为也。'不复于王而遁。至于郊，使人复于王曰：'臣请死。'王曰：'将军之遁也，以其为利也。今诚利，将军何死？'子囊曰：'遁者无罪，则后世之为王臣者，皆依不利之名而效臣遁。若是，则荆国终为天下挠。'遂伏剑而死。王曰：'请成将军之义。'乃为之桐棺三寸，加斧锧其上。"《说苑·立节》对此亦有记载。

---

① 顾久幸：《楚制典章：楚国的政治经济制度》，湖北教育出版社2001年，第106—107页。

荆尸征兵法。《左传》宣公十二年记："荆尸而举，商、农、工、贾不败其业。"李学勤提出，"荆尸"应是组织兵员的一种方式。楚国的"荆尸之法"，意为"荆尸"之月可能宜于征召兵员，也可能过去曾在该月有一次著名的举兵之事。[①]

刑事法律：

茅门之法。《韩非子·外储说右上》载："荆庄王有茅门之法曰：'群臣大夫诸公子入朝，马蹄践霤者，廷理斩其辀，戮其御。'""楚国之法，车不得过茆门。"《说苑·至公》《楚史梼杌·茅门令第二》均有此记载。茅门，即宫门。可见这是一部保护楚王人身安全的刑事法律。

仆区之法。楚文王时作。《左传》昭公七年载楚芋尹申无宇说："吾先君文王，作仆区之法，曰'盗所隐器，与盗同罪'……若以二文之法取之，盗有所在矣。"杜预注："仆区，刑书名。"服虔云："仆，隐也。区，匿也。为隐匿亡人之法也。"可见，仆区之法，是一部专门惩治盗贼及窝藏行为的刑事法律。

禁止采金法。楚国实行"黄金国有"政策，法律严厉禁止私采黄金。《韩非子·内储说上》："荆南之地，丽水之中生金，人多窃采金。采金之禁：得而辄辜磔于市。甚众，壅离其水也，而人窃金不止。""辜磔"系古代的一种酷刑，即通常所说的车裂分尸。可见，楚国对私采黄金者处以极刑。显然，这是一部具有经济属性的特殊刑事法律。

株连之法。即一人有罪，刑及父母、妻子、兄弟甚至其他亲族。《史记·楚世家》记销人曰："新王下法，有敢饷王从王者，罪及三族。"《吕氏春秋·贵卒》载："荆国之法，丽兵于王尸者，尽加重罪，逮三族。"

赎罪之法。允许犯罪者以钱赎罪的法律。赎罪之法，出现较早。《尚书·舜典》："金作赎刑。"《吕氏春秋·精通》记："钟子期夜闻击磬者而悲，使人召而问之曰：'子何击磬之悲也？答曰：'臣之父不幸

---

① 李学勤：《〈左传〉"荆尸"与楚月名》，《文献》2004 年第 2 期。

而杀人，不得生；臣之母得生，而为公家为酒；臣之身得生，而为公家击磬。臣不睹臣之母三年矣。昔为舍氏睹臣之母，量所以赎之则无有，而身固公家之财也。是故悲也。"从击磬者回答之言中可知，楚国有赎罪之法。

行政法律：

有功受奖法。主要规定对有功于国家和社会之人予以各种奖励。《淮南子·缪称训》："楚庄（王）谓共雍曰：'有德者受吾爵禄，有功者受吾田宅。'"《战国策·楚策一》记："蒙榖之功，多与存国相若，封之执圭，田六百畛。"

二世收地法。《韩非子·喻老》："楚邦之法，禄臣再世而收地。"《吕氏春秋·孟冬纪》："楚功臣封二世而收。"《楚史梼杌·寝丘》："楚国之俗，功臣二世而夺其爵。"《淮南子·人间训》："楚国之俗，功臣二世而夺爵禄。"

行政管理法规：

鸡次之典。《战国策·楚策一》载：吴与楚战，吴人三战入郢。蒙榖"负鸡次之典，以浮于江，逃于云梦之中。昭王反郢，五官失法，百姓昏乱；蒙榖献典，五官得法，而百姓大治"。典，本身就具有法的意思，"鸡次之典"，应是楚国综合性的行政成法法典。

祭典。"国之大事，在祀与戎。"（《左传》成公十三年）春秋时期，楚人尤重祭祀。《国语·楚语上》记："楚国之政，其法刑在民心而藏在王府，上之可以比先王，下之可以训后世，虽微出国，诸侯莫不誉。其《祭典》有之曰：'国君有牛享，大夫有羊馈，士有豚犬之奠，庶人有鱼炙之荐，笾豆、脯醢则上下共之。不羞珍矣，不陈庶侈。'"

训典。《国语·楚语上》记申叔时曰："教之《春秋》，而为之耸善而抑恶焉，以戒劝其心；教之《世》，而为之昭明德而废幽昏焉，以休惧其动；教之《诗》，而为之导广显德，以耀明其志；教之《礼》，使知上下之则；教之《乐》，以疏其秽而镇其浮；教之《令》，使访物官；教之《语》，使明其德，而知先王之务用明德于民也；教之《故志》，

使知废兴者而戒惧焉；教之《训典》，使知族类，行比义焉。"又《国语·楚语下》记："又有左使倚相，能道训典，以叙百物，以朝夕献善败于寡君，使寡君无忘先王之业。"在古代，先王之言，是具有法律效力的。因此，记载先王典制的训典，实际上就是一部行政法典。①

刑罚种类：

杀。 即用刀处死，通常和"刑"连用，即"刑杀"。《左传》僖公三十三年记楚成王时，令尹子上领兵与晋作战，因晋使诈，未开战就无功而返。太子商臣趁机谮子上曰："受晋赂而辟之，楚之耻也，罪莫大焉。"王杀子上。

戮。 也叫斩或诛。楚庄王颁布的茅门之法就规定，车子进了王宫的门，车夫就要"执而戮之"。《韩非子·十过》记载，楚共王与晋厉公战于鄢陵，"共王欲复战，令人召司马子反，司马子反辞以心疾。共王驾而自往，入其幄中，闻酒臭而还……斩司马子反以为大戮。"《淮南子·人间训》："斩司马子反为戮。"司马子反因战争失败而获罪，对他的执行方式是先斩首而后示众。另《左传》昭公四年记："（楚灵王）执齐庆封而尽灭其族。将戮庆封。"

辕。 又称车裂。《左传》宣公十一年载：陈灵公私通夏姬，夏徵舒杀灵公。楚庄王率诸侯来，"杀夏徵舒，辕诸栗门"。《左传》襄公二十二年记："楚观起有宠于令尹子南，未益禄而有马数十乘。……杀子南于朝，辕观起于四竟。"楚国杀陈国的夏徵舒和楚国的大夫观起，就是采用的这种刑法。

爇及炮。 即火刑，指用火烧死。《左传》昭公二十七年记："郤宛直而和，国人说之。鄢将师为右领，与费无极比而恶之。令尹子常赇而信谗……遂令攻郤氏，且爇之。子恶闻之，遂自杀也。国人弗爇，令曰：'不爇郤氏，与之同罪。'或取一编菅焉，或取一秉秆焉，国人投之，遂弗爇也。令尹炮之。尽灭郤氏之族党。"楚国的忠诚之士郤

---

① 陈绍辉：《楚国法律制度研究》，湖北教育出版社2012年，第2页。

宛，遭奸臣费无极的陷害，费无极逼着老百姓用火烧他。

烹。用大铜鼎或锅将人煮死的酷刑。《说苑·奉使》记载，解扬背弃约定后，"楚庄王大怒，将烹之"。此事最终虽未成行，但可证楚国有烹刑。春秋末年，楚国的白公之乱失败后，他的死党被平叛者烹死。

磔。又称辜或辜磔，谓裂其肢体而杀之。《韩非子·内储说上》记载，荆南产金，凡私采者，"得而辄辜磔于市"，并说"大罪莫重辜磔于市"。

缢。通常指自缢。但也可指被他人绞死。《左传》昭公元年："冬，公子围将聘于郑，伍举为介。未出竟，闻王有疾而还，伍举遂聘。十一月己酉，公子围至，入问王疾，缢而弑之。"晋杜预注："缢，绞也。"

灭族。这是一种一人犯罪，亲族连坐的死刑。亲族一般都是指三族，即父族、母族、妻族。也有灭九族的。郤宛被费无极害死以后，他家人还遭到灭九族的迫害。

弃市。在人众聚集的闹市执行死刑，以示为大众所遗弃。《释名·释丧制》："市死曰弃市。市众所聚，言与众人共弃之也。"《礼记·王制》："刑人于市，与众弃之。"明董说《楚国考》引《亢仓子》云："楚平王弃左右近席三人于市。"可见楚有此刑。

宫刑。破坏人的生殖器官。楚国人将执宫刑之人看作一种下贱的职业，楚国人曾经想侮辱晋国，便打算让晋国的官员到楚国来作执宫刑之官。《左传》昭公五年记载，楚灵王对大夫说："晋，吾仇敌也。苟得志焉，无恤其他。今其来者，上卿、上大夫也。若吾以韩起为阍，以羊舌肸为司宫，足以辱晋，吾亦得志矣。"杜预注："加宫刑。"

刖刑。断足的酷刑。楚国为王宫或王城看守大门的人，一般都是受过刖刑之人。楚和氏献璧，先后被楚厉王、楚武王刖去双足。

劓刑。割人的鼻子。《左传》昭公十三年记楚乾溪之乱，公子比派观从通告楚灵王的部属"先归复所，后者劓"。以劓刑来震慑犯罪，想必劓刑在楚国已经十分流行。

墨刑。在人的脸上刺字，留下永远的印记。楚国对于一般犯小偷小摸之罪的人采取的大多是黥刑，意在将印记永远留在犯罪者的脸

上，以免重犯。在楚国，墨刑的适用非常普遍。《七国考》引刘向《孟子注》："楚文王墨小盗而国不拾遗，不宵行。"

笞刑。用荆条抽打，前面讲过，楚文王受的就是这种刑。吴永章认为，笞的部位为背部，刑具为楚国所产之荆，规格为五十条为一束，最高笞数为三百。[①]

鞭刑。用皮鞭或者其他的鞭子抽打，主要用来军中惩罚士兵。《左传》僖公二十七年记，楚令尹子玉治兵于蒍，"鞭七人"。

贯耳。是一种用箭镞穿耳的刑罚，也是在军中运用。《左传》僖公二十七年："子玉复治兵于蒍，终日而毕……贯三人耳。"

司法职官：

春秋时期楚国既然已有了严峻的刑法，也就必然有执法机构及其司法职官。从楚史文献记载中，考查整理出一批楚国重要的司法职官，如司败、廷理等。详见本章第五节。

司法程序：

《礼记·王制》曾载周之司法诉讼程序：

> 成狱辞，史以狱成告于正，正听之。正以狱成告于大司寇，大司寇听之棘木之下。大司寇以狱之成告于王，王命三公参听之。三公以狱之成告于王，王三又，然后制刑。

此段记载中其所用之专有术语和司法程序有很多在楚国司法中都可以找到对应物，如负责审理者（成狱辞者）为"史"，"史"审理完毕后向上级"正"报告，"正"再上报给"大司寇"，"大司寇"再将之向周王汇报。这样审案的流程，几乎和楚王参与的直诉程序相同。在包山楚简中所见的左尹官署下属的官吏中就有类似于"史"的，称为"李"（此即"吏"，"吏""史"相通），其上一级称为"正"，"正"向左尹（如

---

① 吴永章：《论楚刑法》，载《楚文化新探》，湖北人民出版社1981年，第184页。

周王之"大司寇")报告案件情况，左尹也是对楚王直接负责。由此可见周司法制度对楚国的影响。

楚国法律的执行程度从楚国司法程序中可以略知一二。楚国在春秋初年就已经有了专职的司法官员，他们是司败和廷理，但这时大多数的行政官员仍兼有司法官的职责，很多官员都有司法审判的权力。从令尹到基层行政机构的小官，都可以接受诉讼，审案子。顾久幸指出，早期楚国的司法程序比较简单，楚庄王时期廷理为太子违犯茅门之法而进行的处理程序就是如此。廷理得知案情后，马上处罚了车夫，砍了太子的车子，这件事就算了结了。没有发现有谁提出诉讼请求，或者一审二审之类的程序。到春秋后期，楚国的司法程序中有了诉讼和听证这样一些内容。楚昭王时期，叶公子高与孔子曾经会面，有过一段对话，叶公子高说："我们这里有一种坦白正直的人，他的父亲偷了别人的羊，而他却跑到官吏那里去告他的父亲。"①叶公的意思就是说，我们楚国是以这样的人为正直的人，楚国就是专选这样的人担任司法的官员。楚昭王时有一个士名叫石奢，为人公正而又直率，于是楚王就任命他为楚国的廷理之官。② 这种观念不仅说明楚国任命执法官员的基本标准，而且说明楚国的法治思想已经开始深入民心，有人犯了罪，就会有人到官府去告官，由官员出面来处理，这是较早的诉讼程序，而且官员也支持这种做法。③

第九节　初期世族采邑制

西周晚期至春秋前期周室衰微，"礼乐征伐自诸侯出"，各诸侯强国通过兼并和扩张，所辖领地大增，他们纷纷效法周室，在各自境内

---

① 《论语·子路》。
② 《史记·循吏列传》。
③ 顾久幸：《楚制典章：楚国的政治经济制度》，湖北教育出版社2001年，第107—108页。

分封授采，采邑制逐渐成为各国普遍施行的一种政治制度。楚国在春秋时期也有一些王族、世族受封食采，见于记载的有蒍氏、屈氏、斗氏等，他们的食邑长期存在，对楚国的中央和地方政治体制的发展产生了深远的影响。

春秋时期楚国贵族拥有采邑。楚国职位高、功劳大的贵族之家，除室而外，拥有食邑。贵族食于某邑，非常荣耀，常常以该邑之名为氏，从而与楚君以熊为氏有别。楚国贵族有功，喜欢向楚王请求赏邑。《左传》成公七年记："子重请取于申、吕以为赏田，王许之。"这与晋国的风气是一样的。《史记·晋世家》记载的随同晋文公逃难的贱臣壶叔要赏，就是一个典型例子："从亡之贱臣壶叔曰：'君三行赏，赏不及臣，敢请罪。'文公报曰：'夫导我以仁义，防我以德惠，此受上赏。……若以力事我而无补吾缺者，此复受次赏。三赏之后，故且及子。'晋人闻之，皆说。"晋文公即位后，连壶叔这样的贱臣都公开要赏，可见公开要禄要赏的人之多。故楚王对各级贵族广泛赏赐采邑，是势在必行的，不然就不能维持统治。

楚国早期的食邑，可考而知的有斗、蒍、屈三地，斗为若敖子的食邑，蒍为蚡冒子的食邑，屈为武王子的食邑。

楚国的食邑制与诸夏的食邑制有一定差别。第一，面积不一。中原诸夏食邑的通例，数量很多，《左传》襄公二十七年记"卿备百邑"。杨伯峻引《齐子仲姜镈铭》，指出齐国有一次所赐邑近三百的。而在楚国，即使是令尹，食邑通常只有一个或两个。功大名高如孙叔敖，死后楚王以寝丘为其子食邑，也不过四百户，与诸夏列卿的食邑相较，实在很小。第二，不能世袭。诸夏的食邑可以传之于子孙，楚国的食邑只能传一代至两代。《韩非子·喻老》说："楚邦之法，禄臣再世而收地"，只有孙叔敖子孙的食邑因又远又瘠，"故九世而祀不绝"。《吕氏春秋·异宝》所记，与《韩非子》略同。《淮南子·人间训》也指出："楚国之俗，功臣二世而爵禄收，唯孙叔敖独存。"楚国所谓"赏田"，其实也是食邑，也免不了"再世而收"。第三，承担军赋。《左传》成

公七年记："子重请取于申、吕以为赏田，王许之。申公巫臣曰：'不可。此申、吕所以邑也，以御北方。若取之，是无申、吕也，晋、郑必至于汉。'王乃止。"申、吕都是楚县，要"为赋"的。《左传》昭公十六年记子产说："立于朝而祀于家，有禄于国，有赋于军……"春秋各国，莫不如此。楚庄王允许子重请赏田，不是把申、吕两县都赏给子重，而是在申、吕两县划出一些土田民人赏给子重为采邑，所以叫"取于申、吕以为赏田"。

楚国早期的采邑在豫西南。称"敖"的楚君先后有 5 人，通例在"敖"字前冠以地名。若敖的"若"也应是地名。若敖疑即都敖，生前曾伐都，占有其地，因名。都都商密，在今淅川县西境大石桥乡的柳家泉村。正是因为在南阳盆地的西边有了若敖氏的领地，楚武王才得以北上伐都，占领其地。楚庄王元年，若敖氏出身的斗克会同公子燮作乱，劫持了庄王，逃出郢都，打算跑到商密去，无疑是要凭借若敖氏的领地顽抗。由此可想而知，若敖氏的封邑应与商密相距不远。楚庄王九年，令尹斗椒作乱，《左传》宣公四年："（斗椒）乃以若敖氏之族圄伯嬴于辕阳而杀之，遂处烝野，将攻王。王以三王之子为质焉，弗受，师于漳澨。"斗椒率若敖氏私卒经辕阳、烝野南下，渡汉水至皋浒。本书第六章论及这条进兵的路线，表明若敖氏的领地确实在南阳盆地的西边。

楚国的封邑，流行说法是始于楚武王封公子瑕于屈。屈氏的始受封地，本书在第一章第八节"芈姓子弟屈氏的受封"中曾经列举，屈氏的封地，众说纷纭。一是"二屈说"。杨德春认为地在今山西省吉县县城正北七公里处。① 二是"州屈说"。高士奇认为州屈在凤阳府，附郭凤阳县西。② 周笃文认为"州屈"是今湖南临湘市"。③ 黄崇浩认为当在

① 杨德春：《屈氏起源考论》，《辽东学院学报》（社会科学版），2013 年第 5 期。
② 高士奇：《春秋地名考略》卷九（楚下），《影印文渊阁四库全书》第 176 册，台湾商务印书馆 1983 年，第 600 页。
③ 周笃文：《屈原的首丘情节及屈氏封地考略》，《云梦学刊》2006 年第 4 期。

河南西南部。① 三是"秭归说"。郦道元认为秭归县是屈瑕受封之地。四是"大屈说"。何光岳认为，今湖北房县西北堵河南岸有屈家坡，传说有古遗址，或即其地。② 五是"汉寿说"。韩隆福认为屈氏采邑应该在武王时期楚国的中心区域汉寿附近。③ 六是"句亶"说。赵逵夫认为屈氏受姓之祖为句亶王熊毋康，即屈原所说的"伯庸"，地在"锡穴以东，句澨以西"，今湖北郧县五峰一带。④ 七是"江陵说"。⑤ 相较于以上诸多观点，屈氏最初封地以位于江陵的观点为优。

　　蓮氏的封邑。《通志》载："蓮氏，亦作'芀'，芈姓，楚蚡冒之后。蓮章食邑于蓮，故以命氏。按楚有地名芀，又有蓮澨，则知蓮为楚邑矣。"李零认为"楚芀氏一支是出于叔熊"，以鲁国"三桓"比之，则相当于"楚国的叔孙氏"。⑥ 芀氏的封邑应在豫西南近丹淅之会处。芀氏是蚡冒的后裔。《战国策·楚策一》称申包胥为"棼冒勃苏"，"勃苏"即"包胥"，"棼冒"即"蚡冒"。颇疑"蚡"即"申"，"冒"即"敖"，楚言之则为"蚡冒"，夏言之当为"申敖"。或许"蚡冒"生前伐申有功，因名。如此说不谬，则芀氏的领地也应在豫西南。田成方据淅川下寺出土青铜器铭文等材料，清理了蓮氏的族源及相关宗支，认为其采邑可能在今淅川县西南、丹江西岸。⑦

　　斗氏的封邑。斗氏为楚君若敖一支，《左传》宣公四年："初，若敖娶于䢵，生斗伯比。若敖卒，从其母畜于䢵，淫于䢵子之女，生子

---

① 黄崇浩：《"州屈"不在湖南而应在河南》，《云梦学刊》2007 年第 5 期。
② 何光岳：《楚源流史》，湖南人民出版社 1988 年，第 347 页。
③ 韩隆福：《论楚国的屈氏家族和屈原的故乡》，《湖南文理学院学报》（社会科学版）2006 年第 4 期。
④ 赵逵夫：《屈氏先世与句亶王熊伯庸——兼论三闾大夫的执掌》，《文史》1985 年总第 25 期。
⑤ 喻宗汉：《屈原故乡考》，《江汉论坛》1988 年第 5 期。后收入《宗汉存稿》，长江出版社 2017 年，第 122—125 页。
⑥ 李零：《楚国族源、世系的文字学证明》，《文物》1991 年第 2 期。
⑦ 田成方：《楚公族诸氏源流、封邑及相关问题探析：以蓮、斗、成、沈尹、景等氏为例》，武汉大学硕士学位论文，2008 年，第 5—20 页。

文焉。"郑樵《通志》认为斗氏以受封地为氏："斗氏，芈姓，若敖之后，按若敖名熊仪，其先无字，斗者必邑也。其地未详。"由于史书所载若敖与斗伯比活动年限之间相差过大，很难为父子关系，故杨伯峻注云："楚先君若敖当西周之末、东周之初，与此若敖恐非一人。"[①]罗运环则说，"斗伯比之父本以先君熊仪之谥号'若敖'为氏，因食采于斗，亦称斗氏"。[②] 若依此说，则斗氏之始封者为斗伯比之父，约在西周末至春秋初年受采。斗氏始封地所在，按《左传》昭公十四年（前528年）"楚子杀斗成然，而灭养氏之族。使斗辛居郧，以无忘旧勋"的记载，或在"郧"地附近。徐少华指出，郧公斗辛所居之楚郧县在今钟祥市北境的汉水东岸一带，又，古郧国在今京山、钟祥之间。[③] 二者较为临近，斗氏始封之邑可能就在此区域附近。

楚文王时期的封邑，有轩丘、诸梁。

轩丘。宋罗泌《路史》载："轩丘，楚文庶子采邑。"郑樵《通志》："轩丘氏，芈姓。楚文王庶子食采轩丘，因氏。汉有梁相轩丘豹。"地望无考。

诸梁。《元和姓纂》认为是楚文王子的采邑，其后以之为氏："诸梁，楚文子食邑诸梁，因氏焉。"《路史》："诸梁，楚文子采。"认为诸梁虽为楚文王子采邑，但其后世并未以之为氏，后世之诸梁氏乃叶公诸梁之后。又言："沈逞奔楚，曾孙诸梁为右司马，采于叶，为叶氏、尹氏、诸梁氏。"《通志》则认为诸梁氏为楚庄王之后："诸梁氏，楚庄王之后，食邑诸梁，因氏焉。"虽然对具体受采者分歧很大，但多认为诸梁曾为楚文王子采邑。诸梁地望不详。

楚成王时期的采邑，有蒍氏封邑。《左传》僖公二十七年："楚子将围宋，使子文治兵于睽，终朝而毕，不戮一人。子玉复治兵于蒍，终日而毕，鞭七人，贯三人耳。国老皆贺子文，子文饮之酒。蒍贾尚

① 杨伯峻：《春秋左传注》（修订本），中华书局1990年，第682页。
② 罗运环：《楚国八百年》，武汉大学出版社1992年，第145页。
③ 徐少华：《周代南土历史地理与文化》，武汉大学出版社1994年，第280页。

幼，后至，不贺。"楚成王三十九年，前任令尹子文阅兵于睽邑，现职令尹子玉阅兵于蒍邑，以备伐宋。楚军主力屯聚申县，阅兵应在申县或者离申县不远的地方举行。其中蒍邑应是蒍氏的领地，所以少年蒍贾有机会去观看子玉阅兵。张正明指出，下寺2号墓的墓主"倗"应即蒍贾孙蒍子冯，他显然是归葬的。由此可知，蒍氏的领地就在下寺一带。① 蒍邑的始封者是蒍吕臣，《左传》僖公二十八年："蒍吕臣实为令尹。"时为楚成王四十年，可能为最早受封蒍邑者。另，《史记·楚世家》："(楚成王)三十九年，鲁僖公来请兵以伐齐，楚使申侯将兵伐齐，取谷，置齐桓公子雍焉。齐桓公七子皆奔楚，楚尽以为上大夫。"《说苑·君道》："楚庄王既服郑伯，败晋师。将军子重三言而不当。庄王归，过申侯之邑。申侯进饭，日中而王不食，申侯请罪。"申侯的封邑应该在申县境内，齐桓公七子奔楚后是否得到封邑不详。

楚庄王时期，孙叔敖及其蒍氏后人，食采于寝丘。《韩非子·喻老》："楚庄王既胜，狩于河雍。归而赏孙叔敖，孙叔敖请汉间之地，沙石之处。楚邦之法，禄臣再世而收地，唯孙叔敖独在。此不以其邦为收者，瘠也，故九世而祀不绝。"寝丘地望约在今皖西北临泉县一带。②《韩非子·喻老》说孙叔敖封地"九世而祀不绝"，《吕氏春秋·异宝》《淮南子·人间训》《史记·滑稽列传》也有类似记载，内容大体一致。从时间上看，从始受封至战国末年的400年内，孙叔敖其子的封地有可能经历了九传或十传。

郑威指出，从对楚国采邑始封状况的分析可见，西周至春秋中期采邑制在楚国逐渐兴起和发展，并呈现出以下几个特征：其一，受封者多为楚王直系后代，其后多以采邑为氏；其二，见于史籍的上述受封者又多发展成为楚国大的氏族，对楚国世族世官体制的形成有重大

---

① 张正明：《豫西南与楚文化》，《张正明学术文集》，华中师范大学出版社2007年，第466页。

② 徐少华：《孙叔敖故里封地考述——兼论〈楚相孙叔敖碑〉的真伪与文本时代》，《江汉考古》2008年第2期。

影响；其三，采邑与县邑并存，都是楚国地方政治体制的重要组成部分。① 春秋中期以前之楚世族采邑见表8-7：

表8-7：西周至春秋中期楚世族采邑表

采邑名	受封时间	始受封者	今地
薳	春秋早期	薳章	河南淅川
屈	早于楚武王	屈紃	湖北江陵附近
斗	春秋早期	斗伯比之父	湖北钟祥
蒍	春秋中期	蒍吕臣	河南淅川
轩丘	楚文王	文王庶子	不详
诸梁	楚文王或庄王	文王子或庄王后	不详
申	楚成王	申侯	河南南阳
寝丘	楚庄王	孙叔敖子	安徽临泉附近

---

① 郑威：《出土文献与楚秦汉历史地理研究》，科学出版社2017年，第6—10页。

CHUNQIU CHUSHI

春秋楚史

四

■ 程涛平/著

● 武汉出版社版

WUHAN
PUBLISHING HOUSE

（鄂）新登字08号

图书在版编目（CIP）数据

春秋楚史：全四册 / 程涛平著 . — 武汉：武汉
出版社，2024. 11. — ISBN 978-7-5582-7255-4

Ⅰ. K231.07

中国国家版本馆 CIP 数据核字第 20247632PD 号

春秋楚史（四）
CHUNQIU CHUSHI

著　　者：程涛平
责任编辑：刘　洪　朱金波
助理编辑：曾思浩
封面设计：刘福珊
出　　版：武汉出版社
社　　址：武汉市江岸区兴业路 136 号　　　　邮　　编：430014
电　　话：（027）85606403　　　85600625
http://www.whcbs.com　　　E-mail:whcbszbs@163.com
印　　刷：湖北金港彩印有限公司　　　　　经　　销：新华书店
开　　本：787 mm×1092 mm　　　1/16
印　　张：28.25　　字　　数：428 千字　　　插　　页：35
版　　次：2024 年 11 月第 1 版
印　　次：2024 年 11 月第 1 次印刷
定　　价：780.00 元（全四册）

第 二 十 二 章

春秋战国之交
楚国的军事

随着北方政局趋于缓和，南方吴、越进行混战，并先后北上争霸，春秋时代逐渐落下帷幕。综观春秋大国争霸，主要是晋楚之间的长期争霸，到后期由南北争霸演变为南方吴越争霸。这种历史重心的转移，正是春秋时代南方经济发展的必然结果。①

第一节　春秋时期兵要地理的三个地带及春秋会盟的三大协调机制

西周末年，犬戎偕申侯、缯侯攻破镐京，杀死幽王，泾渭平原听任戎骑横行，平王被迫放弃丰镐故地，东迁洛邑。全国政治力量的分布态势从而发生了重大变化。王室领土狭小，势力衰弱，丧失了对诸侯邦国的军事优势和统治权力，王室所在的伊洛平原因而不再是政治上的中心地域，一时出现了群雄并起角逐的混乱局面，正如《史记·楚世家》中楚武王熊通所称："今诸侯皆为叛相侵，或相杀。"经过数十年的兼并战争，到公元前7世纪初期，齐、晋、秦、楚实力强盛，脱颖而出，成为中华大地上对峙争霸的一流强国。《史记·十二诸侯年表·序》载，它们的领土扩张，构成了新的政治地理格局："晋阻三河，齐负东海，楚介江淮，秦因雍州之固，四海迭兴，更为伯主。"

宋杰认为，按照当时各个邦国、部族集团在政治活动中地位、影响的差别，中国可以划分为三个较大的地理区域，那就是周王室、华夏和东夷中小诸侯所在的中原地带，齐、晋、秦、楚及后起的吴国等诸强盘踞的弧形中间地带，戎狄、西南夷、南蛮和越人等落后少数民族主要活动的周边地带。②

一、中原地带

中原地带的范围由东往西，以沂山、泰山、黄河中游河段为北界；

---

① 顾德融、朱顺龙：《春秋史》，上海人民出版社2001年，第22页。

② 宋杰：《中国古代战争的地理枢纽》，中国社会科学出版社2009年，第60—65页。

至洛阳盆地的西端折向东南，沿伏牛山、桐柏山、大别山脉到长江下游为南界，顺流而至东海。其外围是齐、晋、秦、楚及吴等争霸强国的疆土。

中原地带的西部、尤其是中部为其主要部分，包括伊洛平原、豫西山地的东段，嵩高、外方以东的豫东平原、鲁西南平原，以及豫南汝、颍流域的丘陵地区，居住有周王室及郑、宋、鲁、卫、陈、蔡、曹、许等众多华夏中小邦国。其地理位置处于东亚大陆的核心，就自然条件而言，是当时全国最为优越的，有着温暖湿润的气候，适宜于人们居住及农作物的生长。黄河从孟津以下流势渐缓，支流分泻而出，经过多年堆积，形成辽阔的黄淮海平原及汝颍流域的丘陵坡地，土质肥厚软沃，易于耕作，早在新石器时代便得到了开发。

豫东、鲁西南平原，在古代地势卑湿，湖沼密布。据谭其骧统计，自鸿沟、汝、颍以东，泗、济以西，黄河以南，长淮以北，曾有较大的湖泊约 140 个。[①] 较为著名的如孟诸、巨野、雷夏、荥泽等，不胜枚举。湖沼附近草木丛生，鸟兽繁息，有利于采集、渔猎活动的开展，可以作为农业生产的补充。

中原地带的西部、中部，河流众多，除了黄河、济水、淮河等巨川之外，还交织着伊、洛、汴、睢、濮、涡、汝、颍等诸条水道，对发展航运业和灌溉业亦较为理想。因为当地具有许多优越条件，自武王克商、周公东征以后，西来的征服民族——周族便逐步占据了这片沃土，原有的土著民族——东夷、殷人则受到他们的驱逐或统治。如杨伯峻所言："姬姓所封诸国，多在古黄土层，或冲积地带，就当时农业生产而论，是最好或较好之土地。"[②]

在经济活动方面，中原华夏诸邦有着"重农"的历史传统。《史记·货殖列传》载，宋地居民"好稼穑"，邹鲁"地小人众，颇有桑麻

---

① 谭其骧：《黄河与运河的变迁》，《地理知识》1955 年 8 月号。

② 杨伯峻：《春秋左传注》，中华书局 1990 年，第 423 页。

之业"。手工业的发展水平也很高，很多产品闻名遐迩。《周礼·冬官·考工记》就称赞道："郑之刀，宋之斤，鲁之削，……迁乎其地而弗能为良。"那里地势平坦，车马行驰便利，周之洛邑与曹、宋的陶地均被称为"天下之中"，这两地与郑都是交通枢纽，道路交会，是四方邦国、部族贸易往来的必经之处，因而成为春秋时期繁荣的商业都市。不过在当时的政治领域里，中原诸侯只是扮演二三流的附庸角色，受到弧形中间地带诸强的操纵和压榨，不能独立自主。西周时期，王室为天下共主，西有六师，东有八师，其实力足以震慑海内，征讨不庭；鲁、卫也是周公所褒封的大国，为天子股肱。然而到了春秋时期，它们在激烈的社会变革中迅速衰落，王室仅仅保持着虚有的头衔，正如《论语·季氏》所言，"礼乐征伐自诸侯出"——鲁、卫、宋等国必须倚仗晋国的保护，以免被齐、楚吞并；而陈、蔡、许等皆仰楚国之鼻息，乃至社稷几度覆灭。

在意识形态方面，中原地带为华夏古邦所萃聚，有着较高的文明程度和教育水平，周、鲁藏有丰富的典籍。《左传》昭公二年载："二年春，晋侯使韩宣子来聘，且告为政而来见，礼也。观书于太史氏，见《易》、《象》与《鲁春秋》，曰：'周礼尽在鲁矣，吾乃今知周公之德与周之所以王也。'"《左传》昭公二十六年载："王子朝及召氏之族、毛伯得、尹氏固、南宫嚚奉周之典籍以奔楚。"这个地带因之也是春秋时期两大思想家老子、孔子的主要活动地点。

从社会风尚和民间习俗的地域差别来看，可以分为两类。

一类是偏近东部的鲁、邹、宋等以农为本的国家，好学重礼，民风淳朴平和。《史记·货殖列传》载："邹、鲁滨洙、泗，犹有周公遗风，俗好儒，备于礼，……（宋地）昔尧作于成阳，舜渔于雷泽，汤止于亳。其俗犹有先王遗风，重厚多君子。"《汉书·地理志》载："（鲁地）其民有圣人之教化，……是以其民好学，上礼义，重廉耻。"《管子·水地》载："宋之水轻劲而清，故其民间易而好正。"此类邦国民风之弊有二：一是被传统礼法所束缚，显得拘谨、保守、胆怯，甚至有些愚钝。如《管子·大匡》载："鲁邑之教，好迩而训于礼。"《史记·货殖列传》称，邹鲁"俗好儒，备于礼，故其民龊龊。……畏罪远邪"。先秦寓言中的"守株待兔""揠苗助长"，都是讽刺宋人愚拙的作品。而最典型的代表就是宋襄公行"仁义之师"，作战中不禽二毛、不击半渡、不鼓不成列的事例。二是过于注重节俭而演化为小气、吝啬。如《史记·货殖列传》载：邹鲁"地小人众，俭啬"；宋人"能恶衣食，致其蓄藏"——显得缺乏大度和勇于进取的精神。

另一类是周、郑、卫、陈等地，处于四通八达之衢。商业活动较为发达的周、郑，民风受其影响。

特点之一是居民的头脑精明灵活。如《左传》宣公十四年载当时俗称"郑昭宋聋"，《吕氏春秋·异宝》载伍员登太行而望郑曰，郑国"地险而民多知"。其弊病则在于投机取巧，唯利是图。如《汉书·地理志》载："周人之失，巧伪趋利，贵财贱义。"社会习俗对于国家政治亦发生重要作用，如宋、郑两国相邻，而对外政策却截然不同。宋国从晋抗楚的态度始终很坚决，甚至在邲之战后晋国无力庇宋的情况下，做出不理智的举动，杀掉不肯假道的楚使，招来兵祸，几乎亡国。郑国则是朝晋暮楚，反复无常，如《左传》襄公八年载，"牺牲玉帛，待于二竟，以待强者而庇民焉。"清人顾栋高曾分析过这两国的外交情况，将其各自特点概括为"黠（狡狯）"和"狂（发昏）"。清人顾栋高《春秋大事表·春秋郑执政表叙》载：

> 世尝谓郑庄公炼事而黠，宋襄公喜事而狂。然此二者，两国遂成为风俗。宋之狂，非始于襄公也。殇公受其兄之让，而旋仇其子，至十年十一战，卒召华督之弑，此非狂乎？下及庄公冯以下诸君，以及华元，不忍鄙我之憾，而旋致析骸易子之惨。……至郑则不然，明事势，识利害，常首鼠晋、楚两大国之间，视其强弱以为向背，贪利若鹜，弃信如土。故当天下无伯则先叛，天下有伯则后服。

郑、宋两国施政方针的强烈反差，恐怕与各自重农、重商传统所形成的不同性格心理有着密切的关系。

特点之二是流行骄逸之风，和鲁宋之民的淳朴、重厚有别。《汉书·地理志》称郑之西境，"土狭而险，山居谷汲，男女亟聚会，故其俗淫。""卫地有桑间濮上之阻，男女亦亟聚会，声色生焉，故俗称郑卫之音。"《诗经》中有《陈风》十篇，专叙陈国风俗。当地的统治者信巫鬼，喜歌舞，"民风化之"。而君臣往往游荡无度，荒淫昏乱。《汉书·地理志》亦言陈国，"妇人尊贵，好祭祀，用史巫，故其俗巫鬼。《陈诗》曰：'坎其击鼓，宛丘之下，亡冬亡夏，值其鹭羽。'又曰：'东门之枌，宛丘之栩，子仲之子，婆娑其下。'此其风也。吴札闻陈之歌，曰：'国亡主，其能久乎！'"

上述各种弱点对中原邦国政治上的发展显然是非常不利的。

中原地带的东部是泗水流域和淮河中下游地区，即滨近大海的鲁南、江北平原及丘陵。这片区域在春秋时期被称为"东方"，是风姓、任姓和盈姓等少数民族集团居住活动的地方。《左传》僖公四年载："陈辕涛涂谓郑申侯曰：'师出于陈、郑之间，国必甚病。若出于东方，观兵于东夷，循海而归，其可也。'"如鲁南的郳、薛、鄫、杞等国，虽与夏人杂处，但仍保持着自己的"夷礼"。《左传》僖公二十七年载："杞桓公来朝，用夷礼，故曰子。"两淮居民则被统称为"淮夷"，如淮北的徐、萧、同、胡，淮南的群舒、邢，等等。滨海区域由于偏僻荒凉，地浸盐碱，上古时多是被放逐或未开化之民族生活的地方。如《左传》宣公十二年郑伯出降楚师时所言："孤不天，不能事君，使君怀怒以及敝邑，孤之罪也，敢不唯命是听？其俘诸江南，以实海滨，亦唯命……"《国语·越语下》范蠡曰："昔吾先君固周室之不成子也，故滨于东海之陂，鼋鼍鱼鳖之与处，而蛙黾之与同渚。"

东夷诸邦亦以农业为主要经济，杂以渔猎、采集，较之华夏诸侯落后。在政治上，东方小国林立，分散衰弱，是春秋大国兼并的首要对象。齐、楚、吴都曾向该地积极扩张势力，鲁、宋等中等诸侯国也乘机征服和驱逐它们，使其成为自己的属国，或者干脆将它们灭掉。《左传》昭公十三年载："邾人、莒人诉于晋曰：'鲁朝夕伐我，几亡矣。'"《左传》定公元年载，宋仲几曰："滕、薛、郳，吾役也。"薛国之宰也说："宋为无道，绝我小国于周，以我适楚，故我常从宋。"整个春秋历史阶段，东方诸夷的众多小邦并无作为，它们的活动对全国政局没有起到重要影响，如清人顾栋高在《春秋大事表·春秋四裔表叙》中所称："东方之夷曰莱，曰介，曰根牟。后莱、介并于齐，根牟灭于鲁，不复见经。惟淮夷当齐桓之世，尝病鄫，病杞，后复与楚灵王连兵伐吴，然皆窜伏海滨，于中国无甚利害。"

总而言之，尽管中原地带有着优越的农业资源条件，生产和贸易比较发达，人口稠密，但是那里的华夏诸侯与东夷邦族在政治上相比，力量分散，相当软弱，无法和外围的弧形中间地带列强抗衡。

二、弧形中间地带

从齐国所在的山东半岛、鲁西北平原向西方延伸，经过晋国的东阳与河内（冀中、冀南平原），河东（晋南盆地），至秦国的泾渭平原、商洛山地，再向东南过楚国的南阳盆地、江汉平原，到大别山以东与吴国交界的淮南，在东亚大陆上构成了一个巨大的弧形。春秋中叶，齐、晋、秦、楚的领土逐渐接壤，对中原地带形成了半包围的状态。

弧形中间地带的内缘，大致北在齐、晋两国的南疆——泰山、沂山与黄河中游河段——向西延至伊洛平原的西端，再沿着伏牛山、桐柏山、大别山脉至长江下游河道。其外缘北边即齐、燕、晋、秦等国的北疆，约在冀北山地、晋北及陕北高原的南端，西至陇坂，再向东南折至秦岭、巴山及巫峡东段。南边随着楚国势力的扩张，由长江中游推移到五岭。东到楚吴边境的昭关、州来、居巢。

春秋初年，这个地带的齐、晋、秦、楚等国领土狭小，与鲁、卫、郑、宋等中原诸侯国相比并不占有多少优势。但是它们都在数十年内脱颖而出，成为地方千里、甚至是数千里的一流强国，在政治舞台上叱咤风云，更迭称霸。

从其疆域的发展过程来看：齐国初封于营丘，不过区区百里之地，桓公建立霸业时吞并弱小，领土剧增。《荀子·仲尼》载："（齐桓公）并国三十五。"《韩非子·有度》载："齐桓公并国三十。"《管子·小匡》载，当时的齐国"正其封疆，地南至于岱阴，西至于济，北至于海，东至于纪随"，国土方五百里。春秋后期进一步扩大。《左传》昭公二十年载，齐景公时晏子称齐国疆域的范围是"聊、摄以东，姑、尤以西"。齐灭掉东莱后，遂占据了整个山东半岛，东疆亦达于海滨，西境至黄河下游河道，与晋国隔岸相峙。

晋国初封于唐，领土亦为偏狭，《国语·晋语一》载郭偃曰："今晋国之方，偏侯也，其土又小，大国在侧。"自献公时起，屡屡兼并邻近小国，同时驱逐戎狄，疆域显著扩大。清人顾栋高曾论曰："晋所灭十八国。又卫灭之邢、秦灭之滑皆归于晋。景公时翦灭众狄，尽收其前日蹂躏中国之地。又东得卫之殷墟、郑之虎牢。自西及东，延袤二千余里。"[①]其基本统治区域在太行山脉两侧，西、南、东三面受黄河环绕，与周、秦、郑、卫、齐等国夹河相邻。继献公灭虢，抢占豫西走廊西端后，悼公时又城虎牢而戍之，从而控制了豫西走廊的东端，并在伊洛之上的山间谷地保有一线领土，即所谓"阴地"。杨伯峻在《春秋左传注》宣公二年中说："阴地，据杜注，其地甚广，自河南省陕县（今河南省三门峡市陕州区）至嵩县凡在黄河以南、秦岭山脉以北者皆是。此广义之阴地也。然亦有戍所，戍所亦名阴地，哀四年'蛮子赤奔晋阴地'，又'使谓阴地之命大夫士蔑'是也。今河南省卢氏县东北，旧有阴地城，当是其地。此狭义之阴地也。"

秦在西周时期被孝王封为附庸，立国在今甘肃省清水县的秦亭附近。据《史记·秦本纪》载，周孝王封秦时曰："朕其分土为附庸。邑

---

① 顾栋高：《春秋大事表》，中华书局1993年，第517页。

之秦。"《史记正义》引《括地志》云:"秦州清水县本名秦,嬴姓邑。"周王室东迁洛邑后,秦襄公得赐"岐以西之地"。经过一百多年与戎狄的奋战,控制了甘肃中部东至华山、黄河的广阔领土,至穆公时,政治、经济、文化都有很大进步,国势日盛,"东平晋乱,以河为界,西霸戎翟,广地千里,天子致伯,诸侯毕贺,为后世开业,甚光美"。后又占据商南、秦岭北麓,与楚国隔少习山相对。但其东进的要道——豫西走廊被晋国占领,无法与列国逐鹿中原,只能偏居西陲一隅。清人顾栋高《春秋大事表》卷四《春秋列国疆域表》载:"秦以西陲小国,乘衰周之乱,逐戎有岐山之地。是时兵力未盛,西周故物未敢觊觎也。值平、桓懦弱,延及宁公、武公、德公以次蚕食,尽收虢、郑遗地之在西畿者。垂及百年至穆公,遂灭芮筑垒为王城,以塞西来之路。而晋亦灭虢,东西京隔绝。由是据丰、镐故都,判然为敌国,与中夏抗衡矣。"

楚原居于荆山(今湖北南漳县西北)漳水流域,自西周末年吞并弱邻,发展壮大。清人高士奇在《左传纪事本末》中曰:"春秋灭国之最多者,莫楚若矣。"据何浩统计,"春秋时期(楚)灭国四十八"。楚在春秋全盛时,东抵豫章、番、巢、州来及赣江上游,北据陈、顿、应、不羹,至汝水流域;西北到商於,西起巫峡东段、神农架,南到今长沙、常德、衡阳一带,方圆近三千里。《韩非子·有度》载:"荆庄王并国二十六,开地三千里。"当今湖北、湖南及陕西大部,安徽(西北部)、河南南部及陕西东南一隅,以及广西东北角与广东北部,均属楚国,因此其为春秋列国中疆域最广者。

"弭兵之会"以后,齐、晋、秦、楚因为国内社会矛盾激化,势力略衰;而崛起于东南的吴国先后挫败楚、齐两强,成为新兴的霸主。弧形中间地带的范围得以从楚国东境继续向东方延伸,经过吴国占据的太湖流域、江北平原而抵达海滨,彻底完成了对中原地带的封闭。与中原地带的华夏诸邦相比,弧形中间地带诸强领土的经济发展环境(包括自然条件或外部社会条件)要略差一些。齐、秦、楚为异姓诸侯，晋、吴虽为姬姓，但和周王室的关系比较疏远，因此它们起初受封的国土偏远荒凉，又紧邻蛮夷戎狄等落后民族，屡受其侵扰，战事不断。即使到后来，它们扩张为大国时，其农业资源，除了秦国，也多不如其他中原诸侯国丰衍。例如，《汉书·地理志》载："齐地负海舄卤，少五谷而人民寡。"《盐铁论·轻重》亦载："昔太公封于营丘，辟草莱而居焉。地薄人少。"

晋国统治的两大区域，太行山以东的河内、东阳，处于黄河下游支流分布地段；《尚书·禹贡》称其"北播为九河，同为逆河，入于海"。夏季洪水横溢，湖沼罗列，冲积土层中亦含有盐碱，《尚书·禹贡》称其为"白壤"，肥力不高。《史记·货殖列传》也称："中山地薄人众。"太行山以西的晋南地区，河谷丘陵纵横分割，间杂小块盆地，并无辽阔的平原沃野，又屡受游牧民族侵袭。如《左传》昭公十五年籍谈所言："晋居深山，戎狄之与邻，而远于王室，王灵不及，拜戎不暇其何以献器？"

秦国起初远在陇西，平王率众东迁后，关中平原沦为戎骑出没之地，田地多荒，周族遗民难以正常生活。《史记·秦本纪》载，平王仅许秦以空头人情，"秦能攻逐戎，即有其地"。秦与戎狄的战争频繁残酷，相持了近百年才得以在泾渭流域立足。

《左传》昭公十二年载，楚建国之初，"辟在荆山，筚路蓝缕，以处草莽"，也经过艰苦努力。其统治中心区域为江汉平原，此地在古代川泽密布，草木繁茂，夏秋两季亦饱受洪水泛滥之害。清人顾祖禹曾引方志谈到当地的情况："汉水由荆门州界折而东，大小群川咸汇焉，势盛流浊，浸淫荡决，为患无已。而潜江地居汙下，遂为众水之壑，一望弥漫，无复涯际，汉水经其间，重湖浩渺，经流支川不可辨也。"[1]明清时尚且如此，先秦时代开发之难可以想见。

《史记·货殖列传》也记载了楚地的贫瘠，"夫自淮北、沛、陈、

---

[1] 顾祖禹：《读史方舆纪要》，中华书局 2005 年，第 5443 页。

1808

汝南、南郡，此西楚也。其俗剽轻，易发怒，地薄，寡于积聚。……
衡山、九江、江南、豫章、长沙，是南楚也，其俗大类西楚。"《汉
书·地理志》亦载："沛楚之失，急疾颛已，地薄民贫。"楚国西、南部
邻近百濮、群蛮，虽然楚势力占优，但是国内若遇到灾变，也常常会
遭受他们的袭击。如《左传》文公十六年载："楚大饥，戎伐其西南，
至于阜山，师于大林。又伐其东南，至于阳丘，以侵訾枝。庸人帅群
蛮以叛楚。麇人率百濮聚于选，将伐楚。于是申、息之北门不启。"

《左传》昭公三十年载："吴，周之胄裔也，而弃在海滨，不与姬
通。"吴国所在的太湖流域，也是水网交织，荆棘丛生，直到春秋中叶
尚未得到充分治理。《吴越春秋·阖闾内传》载，吴王阖闾对伍子胥
言："吾国僻远，所在东南之地，险阻润湿，又有江海之害。君无守
御，民无所依，仓库不设，田畴不垦。为之奈何？"

弧形中间地带诸强的兴起，需要一定的经济实力作为基础，而在
西周时期，由于当时的农业生产工具主要是木器、石器等，青铜农具
极少，而这一地带(除了关中平原)的耕垦开发要比中原困难得多。
春秋时期铁器的推广为这些区域的普遍垦殖和繁荣提供了必要条件。
如齐地的盐碱瘠土逐渐被改造利用，《史记·齐太公世家》载，"自
泰山属之琅邪，北被于海，膏壤二千里"，显然已不复当初的情
景了。

尽管生存的自然环境、社会环境要比中原诸邦艰难恶劣，但是弧
形中间地带的列国却在春秋政局中发挥着最为重要的影响。较之另外
两个地带，这个区域占据着国力上的明显优势，对于当时的历史进程
起着主导作用，是名副其实的政治重心地区。

首先，春秋的时代特点是王室衰弱，其原有的地位和统治权力被
霸主所取代。争霸战争中获胜的诸侯主持会盟，向与盟的中小邦国、
部族责纳财赋、调发兵马，操纵其政治、外交，主盟国家实际上发挥
着以往周王室的政治影响。而春秋时期的霸主全是处于弧形中间地
带，又没有一个强国能够长期垄断霸主的位置，自齐桓公、晋文公下

至吴王夫差，是由这一地带内的各个大国更替称霸的，正是《汉书·地理志》所谓"五伯迭兴，总其盟会"。所以说，这个地带在中华大地的政治格局中占据着优势地位。

其次，弧形中间地带的各个大国处于势均力敌的对峙状况，虽然在每个阶段只有一个国家称霸，但是其他的诸强仍能大体上和主盟国维持均势，它们或是霸主的盟友，或保持中立，即使被击败，也只是暂时退出争霸的行列，并没有降为附庸、朝请纳贡，仍然具有可观的实力和独立自主的政治地位。霸主只能统率中小诸侯，无法支配弧形中间地带内的其他强国。如《左传》襄公二十七年载赵孟所言："晋、楚、齐、秦，匹也，晋之不能于齐，犹楚之不能于秦也。"像《左传》成公二年载，鞌之战后，齐国被晋国挫败，遣使求和。但是当晋提出苛刻的条件，要求齐国母后萧同叔子做人质，把田垄改成东西走向时，立即遭到齐使的严词拒绝，并声称不惜为此再战，"请收合余烬，背城借一"。鲁、卫两国都认为晋无必胜把握，"齐、晋亦唯天所授，岂必晋?"说服晋国让步，使双方媾和。

在中原争霸受挫的强国，继续在自己的势力范围内对弱小邻邦盘剥役使，充当局部地区的"霸主"。如秦穆公受挫于晋，无法东进，还可以称霸西戎。鄢陵之战楚国失败后，暂无力量与晋国角逐，也还能向南方扩张，征服和统治周边的蛮夷。

出于争霸战略的需要，诸强对失败的邻国有时并不落井下石，反而伸出援助之手，拉拢、扶植它们，以便共同对付自己的主要敌人。如齐在鞌之战受挫后，被迫退出侵占鲁国的汶阳之田。而晋国为了联齐抗楚，事后又逼着鲁国将其地返还于齐。《左传》成公八年载："八年春，晋侯使韩穿来言汶阳之田，归之于齐。"柏举之战后吴师入郢，楚国危在旦夕，秦国亦出兵车五百乘助其复国，以牵制自己的强邻——晋国。齐、晋、秦、楚之间的抗衡均势一直延续到春秋末叶，因为四强实力相当，它们的政治地位彼此又比较接近，但是和另外两个地带的中小诸侯、少数民族则有明显的差别。春秋时期政局的发展变化，主要是由于这几个国家的活动所支配、决定的，所以应把弧形中间地带视为那个历史阶段的政治重心区域。[①]

三、周边地带

位于中华大地的外缘，是春秋时期落后少数民族的主要活动区域。这个地带呈巨大的半环状，其北部自东北平原、内蒙古高原和冀北山地向西推移，含有楔入晋国领土的太行山脉，经过晋北、陕北、甘肃地区的黄土高原，缘及青海东部，转而南下，过四川盆地、云贵高原再折向东方，越过岭南的珠江流域、浙闽丘陵，抵达东海之滨，将中原和弧形中间地带的齐、晋、燕、秦、楚、吴等国围拱起来。

周边地带的北部和西北海拔较高，气候较为寒冷，干旱少雨。和战国以降的情况不同，春秋时期北方游牧民族的主要活动区域不是在蒙古高原，而是在后来长城以南的冀北山地，晋北、陕北及陇西的黄土高原与丘陵沟壑区域。这些地段的山坡和沟道上，古代曾生长着茂密的森林，而且其上的草原分布面积较广，适于畜群的放牧。因为当地岭谷交错，土地瘠薄，特别是水源短缺，在夏商周三代普遍以使用木石农具为主的条件下，华夏农耕民族还未能普遍开发那里的资源。春秋时期，铁器刚刚在内地涌现出来，尚未波及周边，所以上述地区仍为游牧民族戎狄所占据。《史记·匈奴列传》曾概述过秦、晋、燕北的戎狄分布情况："秦穆公得由余，西戎八国服于秦，故自陇以西有绵诸、绲戎、翟、獂之戎，岐、梁山、泾、漆之北有义渠、大荔、乌氏、朐衍之戎。而晋北有林胡、楼烦之戎，燕北有东胡、山戎。各分散居溪谷，自有君长。"清人顾栋高《春秋大事表·春秋四裔表叙》也做过概略的统计，说戎狄"春秋之世，其见于经传者名号错杂。然综其大概，亦约略可数焉。戎之别有七（骊戎，犬戎，允姓之戎，扬、拒、泉、皋、伊、洛之戎，茅戎，山戎，己氏之戎），……狄之别有三，曰赤狄，曰白狄，曰长狄。长狄兄弟三人，无种类。而赤狄之种

---

① 宋杰：《中国古代战争的地理枢纽》，中国社会科学出版社 2009 年，第 69—74 页。

有六，曰东山皋落氏，曰廧咎如，曰潞氏，曰甲氏，曰留吁，曰铎辰。……白狄之种有三，其先与秦同州，在陕之延安，所谓西河之地。其别种在今之真定藁城、晋州者，曰鲜虞，曰肥，曰鼓"。

戎狄以游牧、射猎为生，食肉衣皮，披发左衽，语言习俗与中原农耕民族有很大区别，彼此也缺乏正常、友好的交往。如《左传》襄公十四年载戎子驹支所言："我诸戎饮食衣服不与华同，贽币不通，言语不达。"少数戎狄部族被晋、秦等强国征服后，迁徙到内地务农，并与之建立了隶属关系。

在社会组织方面，戎狄多处于原始社会氏族制末期的军事民主制阶段，文明程度较低，习性强悍好战，劫掠成风，华夏诸邦多受其害。王国维在《观堂集林·鬼方昆夷猃狁考》中论道："戎与狄，皆中国语，非外族之本名。戎者，兵也。《书》称'诘尔戎兵'，《诗》称'弓矢戎兵'，其字从戈、从甲，本为兵器之总称。引申之，则凡持兵器以侵盗者亦谓之戎。狄者，远也，字本作'逖'。《书》称'逖矣，西土之人'。《诗》称'舍尔介狄'，皆谓远也。后乃引申之为驱除之于远方之义，……因之凡种族之本居远方而当驱除者，亦谓之狄。且其字从犬，中含贱恶之意，故《说文》有'犬种'之说，其非外族所自名而为中国人所加之名，甚为明白。……（戎狄）为害尤甚，故不呼其本名，而以中国之名呼之。"

戎狄多事寇盗又尚未开化，故受到华夏民族的仇恨、蔑视，甚至譬为禽兽。其民风的突出特点，就是贪婪自私，缺乏仁义礼孝等道德观念的约束。《左传》隐公九年载："戎轻而不整，贪而无亲，胜不相让，败不相救。"《左传》襄公四年载："戎狄无亲而贪。"《国语·晋语七》载："戎、狄无亲而好得。"

西周末年，北方旱灾严重，水草枯竭，[①] 亦迫使游牧民族纷纷南

---

① 参见《古本竹书纪年》厉王二十二至二十六年"大旱"。宣王二十五年"大旱"。又《诗经》载西周末年时旱状，见《大雅·云汉》："旱既太甚，涤涤山川，旱魃为虐，如惔如焚。"《小雅·谷风》："无草不死，无木不萎。"

下，对中原地区大肆掠夺。当时西周王朝的统治已然腐朽没落，华夏诸邦的防御能力明显下降，使戎狄在军事上屡占上风，不断向黄河流域进逼，至镐京陷落，幽王被杀而达到顶点。清人顾栋高《春秋大事表·春秋四裔表叙》载，平王东迁后，戎狄继续为害，"春秋初，尝侵郑，伐齐，已而又病燕。""盖春秋时，戎、狄之为中国患甚矣，而狄为最。……然狄之强，莫炽于闵、僖之世，残灭邢、卫，侵犯齐、鲁。"其势力已渗入弧形中间地带乃至中原腹地，与华夏民族杂居并处。如《国语·晋语二》载，晋国在献公时，"景霍以为城，而汾、河、涑、浍以为渠，戎狄之民实环之"。《国语·晋语四》载，晋文公率师赴洛邑勤王，还要行贿于"草中之戎""丽土之戎"才能顺利通过。《左传》哀公十七年亦载："（卫庄）公登城以望，见戎州。"《通典》州郡七"古荆河州睢阳郡楚丘县"条曰："古之戎州己氏之邑。盖昆吾之后，别在戎翟中，周衰入居中国。己氏，戎君姓也，汉曰己氏县也。"王畿之内亦杂有诸戎。《后汉书·西羌传》载："齐桓公征诸侯戍周。后九年，陆浑戎自瓜州迁于伊川，允姓戎迁于渭汭，东及辗辕。在河南山北者号曰阴戎。"就是在齐、晋、秦、楚崛起之后的一段时间内，"戎"还能和它们并列称强。《左传》成公十六年，晋国范文子曰："吾先君之亟战也，有故。秦、狄、齐、楚皆强，不尽力，子孙将弱。"

然而，戎狄本身在政治上有无法克服的弱点，难以发展成为主宰当时政局的支配力量。其原因如下：

一是部族分立、不相统属。春秋时期北方的游牧民族分裂为许多部落或小邦，相互联系比较松散，不像后代的匈奴、突厥等那样，能够统一成为强大的力量，这和他们主要居住地域的环境特点有关。太行山区、冀北、晋北、陕北及陇西的山地、高原，峡谷纵横，地形崎岖，交通不便，使各个游牧部族之间难以沟通交往和建立密切的联系，这对它们政治上的发展产生了阻碍，以致邦族众多，名号繁杂。如《史记·匈奴列传》所称春秋诸戎，"往往而聚者百有余戎，然莫能相一。"顾栋高《春秋大事表·春秋四裔表叙》也对此评论说："意其种豪自相携贰，更立名目，如汉之匈奴分为南北单于，而其后遂以削弱易制。"戎狄的分散孤立，削弱了其自身的力量和政治影响力。

二是文明程度较低。多数处在原始社会氏族制向奴隶制社会的过渡阶段，对于华夏文明的先进内容，远未普遍吸收。与中原的农耕民族相比，戎狄没有较为完备的国家政治组织和法令制度，如《孟子·告子下》所言："无城郭、宫室、宗庙、祭祀之礼，无诸侯币帛饔飧，无百官有司。"在上层建筑方面还不具备作为统治民族所必需的条件，就像《史记·秦本纪》秦穆公所言："中国以诗书礼乐法度为政，然尚时乱，今戎夷无此，何以为治，不亦难乎？"

受以上情况的影响，春秋时期的戎狄始终充当着往来劫掠的流寇角色。如《左传》昭公四年司马侯所称："冀之北土，马之所生，无兴国焉。"齐、晋、秦等诸侯国通过改革内政，富国强兵，很快扭转了局势，在与戎狄的交锋中掌握了主动权，并逐步驱迫他们，将自己的领土向北方、西方扩张。自春秋中叶，许多戎狄部族沦为弧形中间地带诸强的附庸，受其号令驱使。如《左传》襄公十四年戎子驹支所言："晋之百役，与我诸戎相继于时。"它们对当时的政局也不再产生重大影响。

周边地带的南部气候潮湿炎热，平原地区在夏季多为水乡泽国，丘陵山地则往往覆盖着原始森林；东南地域的红壤质地较硬，又难于翻耕。当时铁器刚刚在中原出现，至春秋后期才随着楚人势力的南渐而流入江南一带，而此时尚未得到推广。南方多数地区的生产力仍处在青铜时代，以木石农具为主，砍伐丛林、开垦农田均有较大难度，多采用"火耕水耨"的原始耕作法，农业发展水平很低，居民经常要兼营采集、渔猎活动。社会组织也相当落后，基本处于氏族部落阶段。正如《吕氏春秋·恃君览》所言："扬、汉之南，百越之际，……多无君。"居民的族称有越（粤）、夷、群蛮、百濮等，俗为《史记·赵世家》所言之"翦发文身，错臂左衽"，或椎髻箕坐。政治上亦普遍呈分散孤立及弱小状态，除了浙地的越人在春秋末叶强盛起来之外，其余的蛮夷、百越在与楚人的冲突中始终处于下风，被征服者、驱逐者甚众，在全国的政治领域内没有什么重要地位，如清人顾栋高《春秋大事表·春秋四裔表叙》所言："南方之种类不一，群蛮在辰永之境，百濮为夷，卢戎为戎。群蛮当楚庄王时，从楚灭庸，自后服属于楚，鄢陵之役，从楚击晋。而卢戎与罗两军屈瑕，后卒为楚所灭，率微甚无足道者。"

在周边地带的南部，自然条件和经济开发较好的区域当属四川盆地。那里资源丰富，灌溉便利，农业、手工业、采矿业和商业均有一定程度的发展。如《史记·货殖列传》称："巴蜀亦沃野，地饶卮、姜、丹砂、石、铜、铁、竹、木之器。"《汉书·地理志》亦载："巴、蜀、广汉本南夷，秦并以为郡，土地肥美，有江水沃野，……民食稻鱼，亡凶年忧。"早在商代，这里就出现了像三星堆文化遗址那样发达的文明。春秋时当地有巴、蜀等小国，经济、文化水平均高于越、群蛮。但是民众缺乏刚勇的气质，"俗不愁苦，而轻易淫泆，柔弱褊阸。"在东边受到楚人的压迫，亦没有大的作为。①

春秋时期，由于周天子衰微，致使诸侯争霸，产生大量纷争和战争。为了减少纷争和战争，诸侯在交通不便、路途遥远的情况下，组织了大量会盟。仅据《春秋》记载，在242年间，列国进行的战争共483次，朝聘盟会450次。②战争与会盟，成为春秋时期的主旋律。春秋会盟得以经常发生的历史条件有：第一，诸侯国有天下共主周王室。第二，从西周初期到春秋初期，周王室为了联络诸侯，建立了会盟制度，已经形成了会盟传统。经过历次春秋会盟，逐步形成了激励、惩罚、评判三大协调机制。③

① 宋杰：《中国古代战争的地理枢纽》，中国社会科学出版社2009年，第65—69页。
② 朱绍侯、张海鹏、齐涛主编《中国古代史·上》，福建人民出版社2000年，第125页。
③ 邓曦泽：《冲突与协调——以春秋战争与会盟为中心》，人民出版社2015年，第303—330页。

其一，激励机制。春秋会盟制度，作为维系和协调诸侯国关系及诸侯国与周王室关系的重要任务、重要手段，激励机制起到很大的作用。任何一个组织要维护其存在、延续、发展与壮大，激励机制乃是基本的机制。因为，任何一个成员要加入某个组织，乃是为了增加自己的利益。组织必须为成员提供一定的利益，否则，成员就不会忠于该组织，甚至退出组织。同盟国会相互提供安全保护。安全，是一个国家(及任何行为者)的最基本利益要求。一些诸侯国成为同盟国后，同盟国之间会相互保护，尤其是，作为霸主的大国要保护同盟国，否则同盟国就不会跟从该大国，转而投靠另一集团。《左传》记载了许多同盟国相互救援的事件，其中，主要是晋楚两个大国各自保护自己的盟国。如楚国保护它的盟国，两次救蔡。《左传》僖公三十三年载："晋阳处父侵蔡，楚子上救之，与晋师夹泜而军。"这是晋侵蔡，楚救蔡。《左传》成公六年载："楚师还，晋师遂侵蔡。楚公子申、公子成以申、息之师救蔡，御诸桑隧。"这是晋又一次侵蔡，楚救蔡。还有晋伐郑，楚侵陈救郑，《左传》成公九年载："秋，郑伯如晋。晋人讨其贰于楚也，执诸铜鞮。栾书伐郑，郑人使伯蠲行成，晋人杀之，非礼也。兵交，使在其间可也。楚子重侵陈以救郑。"这表明，盟国之间应相互救助，尤其是霸主要承担跟从于它的同盟国的相当一部分安全责任，否则，同盟国就会背叛霸主。由此可见，晋楚两大霸主的确是这样做的。提供保护，及时救援，就能够激励盟国死心塌地追随自己。

其二，惩罚机制。诸侯若不参加会盟便会被惩罚。如诸侯不参加会盟，属于退出组织的表现，所以，它会受到同盟国尤其是霸主的惩罚。如晋国讨伐蔡国，讨其不盟，《左传》文公十五年载："新城之盟，蔡人不与。晋郤缺以上军、下军伐蔡。"又如晋伐陈，讨其不会。《左传》宣公九年载："会于扈，讨不睦也。陈侯不会。晋荀林父以诸侯之师伐陈。"同时，诸侯若违反会盟规定，也会被惩罚。在春秋时期，霸主或盟主，有维护盟约权威的责任。《左传》昭公二十三年载："所谓盟主，讨违命也。"说的就是霸主或盟主的责任，如宋无信而被伐。

《左传》桓公十二年载："公欲平宋、郑。秋，公及宋公盟于句渎之丘。宋成未可知也，故又会于虚；冬，又会于龟。宋公辞平，故与郑伯盟于武父。遂帅师而伐宋，战焉，宋无信也。"再如，秦背盟而被伐。《左传》成公十一年载，秦晋在令狐会盟后，"秦伯归而背晋成"，于是公元前578年，晋对秦发动了麻隧之战。《左传》成公十三年载，在晋宣布讨秦的诸多理由中，特别强调秦国违背盟约："秦桓公既与晋厉公为令狐之盟，而又召狄与楚，欲道以伐晋，诸侯是以睦于晋。……五月丁亥，晋师以诸侯之师及秦师战于麻隧。秦师败绩。"

其三，历史评判机制。历史评判，既可以表彰，也可以贬斥，因此它与激励机制、惩罚机制是相容的，也是交叉的。历史评判机制之所以具有一定效用，乃是基于人们对荣誉的渴望，这种渴望可以激励人们多做善事，少做或不做恶事。孔子通过作《春秋》来对历史上具体的人和事进行描述和评价，以此树立一种导向。这种历史评价的效果，《孟子·滕文公下》说，"孔子成《春秋》而乱臣贼子惧"，起到了很大的作用。各国的史官如孔子一样，对重大历史事件无不秉笔直书，形成传统。相对而言，历史评判机制并不需要一套专门的制度、机构（如司法机关），也不需要专门的财政支持，且在一定历史时期能形成不小的惯性制约力量，因而，它是一种成本低廉且效果不错的制约机制。

春秋时期兵要地理的三个地带，敌对双方的势力范围犬牙交错，各种矛盾一触即发，是当时战争频发的重要原因。会盟的三大协调机制，使局部战争经常得以暂停，反映了人民对和平的期望。但打打停停，反而导致战争更加旷日持久。晋楚争霸，战争持续了百余年，直到双方都打得精疲力尽，谋求息兵，争霸战争才告一段落。这是研究春秋史不得不注意的。

春秋诸侯大国简图**见图22-1**。

第二节　联盟战略及与诸侯国之间的政治婚姻

春秋时期，大国推行强权政治的争霸战争形势，改变了传统上"以王命讨不庭"的征伐战争格局。据《春秋》记载，242 年间共有战争竟达 483 次之多。何平立指出，在这些争霸战争过程中，朝聘会盟则有 450 次。会盟以其特殊的政治、军事和宗教仪式上功能发挥着极其重要的作用。同时，正是由于频繁的会盟，方导致大规模集团战争的出现。这一方面是强国利用主盟地位纵横捭阖、实现争霸战略制敌意图；而另一方面则是弱国利用战略折冲樽俎、求存图强。会盟改变了各方势力的平衡，为了重新寻求均势，战争爆发不可避免，呈现出"春秋必联与国而后战"的局面。①

考察中国历史，霸权的兴起与联盟有着密切的联系。早期的霸主经常采取会盟的方式，即明确诸侯之间的联盟关系，通过在联盟中行使领导权，来确立霸主地位，所以古籍中霸主又称"盟主"。在春秋时期，各诸侯国为争夺霸权而进行了长期的斗争。在斗争实践中，古代的战略家们逐渐认识到"联盟"在争霸战争中的作用。如《史记·晋世家》载，在晋献公准备假途伐虢之时，虞国大夫宫之奇说："虞之与虢，唇之与齿，唇亡则齿寒。"唇亡齿寒的客观形势决定了结盟的必要性和可能性。《管子·霸言》认为，诸侯争霸固然要以本国实力为本，但在相同的实力面前，运用不同联盟战略，却可以出现很大的差异。"诸侯皆合己独孤，国非其国也。"同样是大国强国，联盟战略的正确与否，直接关系到霸业的成败。《管子·霸言》载："夫轻重强弱之形，诸侯合则强，孤则弱。骥之材，而百马伐之，骥必罢矣。强最一伐，而天下共之，国必弱矣。"所以，"强国得之也以收小，其失之也以恃

---

① 何平立：《略论春秋时期会盟、争霸战争与战争观》，《军事历史研究》2008 年第
　　2 期。

强。小国得之也以制节，其失之也以离强。"国家无论大小，都应处理好与盟国的关系。《管子·霸言》还认为，要达到战略目的，仅仅使用武力征伐是不够的："夫欲臣伐君，正四海者，不可以兵独攻而取也。"强调必须审时度势，采用灵活的策略，"必先定谋虑，便地形，利权称，亲与国，视时而动，王者之术也"。管子把"亲与国"，即密切与盟国的关系看作战略筹划的重要内容。《左传》中也有不少关于联盟战略的论述。如《左传》昭公二十三年载："古者，天子守在四夷；天子卑，守在诸侯。诸侯守在四邻。诸侯卑，守在四竟。慎其四竟，结其四援，民狎其野，三务成功。"善于运用盟国的力量，就可以更好地保卫国家的安全。

中国古代的战略家不仅认识到联盟与霸业的密切关系，而且在如何处理盟国之间的关系上，也有独到的见解。如《史记·晋世家》认为"救菑恤邻，国之道也"，提出了善待盟国的思想。《管子·四称》认为，"外内均和，诸侯臣服，国家安宁，不用兵革。受其币帛，以怀其德。昭受其令，以为法式。此亦可谓昔者有道之君也。"他强调霸国对弱小的盟国应给以一些特别的优惠，从经济上给盟国以援助，这才能算是一个有道之君。《国语·齐语》载，管仲把"亲邻"作为政治战略的重要内容。他说："君欲从事于天下诸侯，则亲邻国。"管仲所说的邻国，不仅仅为齐的周边国家，而是联盟体系内的所有国家。《左传》闵公元年载管仲之言："戎狄豺狼，不可厌也。诸夏亲昵，不可弃也。"只有把中原华夏国家团结起来，结成巩固的联盟，才能成就霸业。《国语·齐语》载，"亲邻"使齐桓公获得了诸侯的支持，"天下诸侯称仁焉。于是天下诸侯知桓公之非为己动也，是故诸侯归之"。善待邻国，为齐桓公的霸业奠定了政治基础。

老子也对盟国之间的关系进行了论述，主张大国小国各安其位，和平相处。《老子》载："大国者下流，天下之交，天下之牝。牝常以静胜牡，以静为下。故大国以下小国，则取小国；小国以下大国，则取大国。故或下以取，或下如取。大国不过欲兼畜人，小国不过欲入事人。此两者各得其所欲，大者宜为下。"老子认为，大国应善待小国，以取得小国信任，小国对大国应尊重，也可为大国所信任。

通过联盟改变诸侯国之间的力量对比，是大国成就霸业的关键因素。在大国争霸、小国图存的春秋时期，各诸侯国之间利益交错，从而使得每一场战争都伴随着激烈的外交斗争。在外交斗争中，联盟战略运用得当，往往能够获得政治优势，赢得战略上的主动。所以当时诸侯称霸都要通过武力征伐和主持诸侯间的会盟两种手段，会盟即是确立诸侯间联盟关系的行为，是当时诸侯间进行政治和外交方面的联络与斗争的重要方式。大国运用会盟争霸，并以当上盟主作为称霸的标志。春秋时期最负盛名的霸主齐桓公"九合诸侯"，以"盟主"身份号令诸侯，借用联盟的力量以众制少，由此成为春秋时期各霸主所效仿的楷模。齐桓公死后，中原大国继续使用会盟的方式争夺霸权，于是有鹿上之盟、盂之会、蒲之盟、践土之盟，等等。

由于联盟的稳定性既决定于联盟与联盟之间实力对比的稳定程度，也决定于实力对比的悬殊程度，所以春秋时期，在中原大国的争霸斗争中，用联盟争夺其他力量，改变同对手的实力对比，成为图霸的关键。大国争夺的重点往往是地理位置重要的或实力较强的国家。当时，陈、郑、宋之国都均位于黄河以南的战略要地，郑在西，宋在东，陈则处于宋、郑之间。控制郑国就可以控制西方诸侯，控制宋国就可以控制东方诸侯，而控制陈则是制服郑、宋的关键。因此，当时的大国除进行征战外，还采用各种手段诱迫这些诸侯国归附自己。《左传》成公九年载："楚人以重赂求郑，郑伯会楚公子成于邓。"《左传》成公十六年载："楚子自武城使公子成以汝阴之田求成于郑。郑叛晋，子驷从楚子盟于武城。"楚国采用贿赂的方式求得郑国的归附，可见郑国的战略地位有多么重要。

力量较强的诸侯国在大国争霸中所起的作用更是不可低估。从某种意义上说，它们的向背往往可以决定争霸的成败。所以，大国常千方百计对较强国（如齐、秦等）进行拉拢，力图使自己与对手的实力对比发生变化。例如，在晋楚争霸中，实力较强的秦就是重要的中间势力。城濮之战，晋联合秦等国重创强楚，使楚长时间不敢北顾。后来经过崤之战，秦晋联盟破裂，秦从晋的阵营中分离出去，倒向楚并与之联盟，楚才能与晋相抗衡。在此后晋景公复霸的谋略中，实力强大的齐国又成为晋国争取的对象。鲁成公二年（公元前589年），晋军在鞌之战中大败齐军，逼齐割地求和，周定王十九年（鲁成公三年，公元前588年），齐顷公亲自到晋国结好，晋景公厚礼相待，周简王三年（鲁成公八年，公元前583年），晋景公又与鲁国国君商量，把鞌之战后齐国割予鲁国的汶阳之田归还齐国，这种恩威并施的手段，巩固了晋齐联盟，解除了晋国的东顾之忧；同时，晋景公还采纳了投奔晋国的楚人申公巫臣的建议，联吴制楚，并派遣巫臣父子将随带兵车及步卒做示范，教吴人射箭、驭马、车战、步战之法，唆使吴国向楚国的东南方向不断进犯，使楚国陷于两线作战的不利境地，并最终在鄢陵之战中打败了楚国，扭转了战略上的不利局面，恢复了晋国在中原地区的传统影响力。可见，在晋楚实力相当、相互僵持的情况下，其争霸斗争就表现为争取各诸侯国的斗争，谁的联盟战略运用得当，谁的联盟越稳固，谁就在战略上居于优势地位。

联盟是确立"国际"秩序，推行霸政的有效手段。春秋时，霸主不但借助联盟争取各诸侯国，以壮大自己的实力，同时也在联盟内部确立"国际"秩序，推行霸政，维护霸主地位。《国语·晋语七》载："（悼公）四年，诸侯会于鸡丘，于是乎布命结援，修好申盟而还。"霸主通过诸侯盟会，发布命令，确立秩序，推行霸政。

错误的联盟战略会恶化霸业的安全环境。联盟的目的是保障国家安全，要实现这一目标，必须选择正确的盟友和结盟方式。需要战略家的远见卓识和纵横捭阖的能力，否则会适得其反。春秋时期不乏因错误的联盟战略而导致国家安全环境恶化的事例。晋因与齐、秦等国结盟，得以在城濮之战中战胜楚国，取得中原霸权。但晋文公死后，晋国统治者因缺乏长远战略眼光，在公元前627年的崤之战中全歼秦国伐郑大军，斩断了与秦的友好关系，迫使秦国与楚结盟，使自己陷于两线作战的不利地位。同时也忽视了与齐国的友好关系，历晋襄公、晋灵公、晋成公三世，都不与齐国聘问。齐国不但不归附晋国，反而长期派兵侵袭亲晋的卫、鲁等国，谋求在东方的霸权。为此，晋在鲁文公、鲁宣公年间数次讨伐齐国。与此同时，楚庄王则乘机积极拉拢齐国。晋国因失去秦国、齐国两个重要盟友，从而在与楚国的争霸斗争中一度处于不利的地位，直到晋景公重修晋齐联盟，晋国才逐渐恢复了中原霸主的地位。

对于在夹缝中求生存的小国来说，联盟战略甚至关系到国家的存亡，结盟不当，就有亡国的危险。历史经验表明，在联盟战略中，没有永恒的朋友，也没有永恒的敌人，只有永恒的利益。选择盟友必须以国家安全利益为本，随着战略格局的转换，原来的敌人可能会成为朋友，原来的朋友也可能成为敌人，这就需要决策者具有敏锐的洞察力，保持对国家长远利益的清醒认识，理性对待历史宿怨，正确选择盟友。否则就会自陷于敌，恶化自身的安全环境。

晋楚争霸时期，处于两个大国之间的中原小国为了生存，常常不得已而晋强附晋，楚强则附楚。晋楚两国也把争夺盟国作为军事对抗的重要内容。在这种情况下，道德信义依然是维持联盟稳定的重要因素。鲁成公十六年(公元前575年)，楚为救郑而与晋战于鄢陵，楚共王被射伤眼睛。《左传》襄公二年载，郑成公病重，郑国执政大臣请求归附晋国。郑成公说："楚君以郑故，亲集矢于其目，非异人任，寡人也。若背之，是弃力与言，其谁昵我？"他认为楚君既然为救自己而伤了眼睛，自己就不能背叛他。如果背信弃义，就没有人敢来亲近自己。《左传》成公八年载，鲁国执政大臣季文子曾说："大国制义以为盟主，是以诸侯怀德畏讨，无有贰心。"所以春秋时期，道德信义对于霸主凝聚盟国之间的向心力是非常重要的。

在联盟关系确立以后，霸主还要领导诸侯国以盟约的形式，协调各自的经济利益，促进国家之间的经济联系。因为中国是农业社会，水利灌溉对农业社会的发展有着重大的影响，所以春秋时列国经常会以盟约的形式规范各国的行为，协调彼此的利益，避免各国在水利问题上一味从自己的利益出发，而不考虑他国利益。葵丘盟辞规定"无曲防"，阳谷约文有"无障谷"，亳邑盟辞规定"无雍利"，一再强调不能因专水利而阻断川谷。

另外，葵丘盟辞中还规定"无遏籴"；阳谷约文有"无贮粟"，何休注云："有无当相通"；亳邑盟辞有"无蕴年"，杜预注曰："蕴积年谷而不分灾。"这些约文包含两层意思：一是盟国平时互通有无，二是遇灾时盟国大力赈济。①《左传》中也有诸侯国遭受灾害，盟国给予救助的事例。如《左传》襄公三十年载："为宋灾故，诸侯之大夫会，以谋归宋财。"宋国遭受灾害，卿大夫们盟会于澶渊，商议支援宋国财货以救灾。

熊梅指出：通过联盟增强盟国之间经济上的依存关系，既促进了当地经济的发展，也起到维护联盟稳定的作用，往往能使霸权国家在管理联盟上事半而功倍。②

正因联盟有着巨大的作用，各国为巩固联盟，不惜采取各种不同手段。其中之一，就是相互联姻。从目前可见材料来看，楚国的联姻对象较为广泛，有郧、邓、卢、郑、陈、卫、江、樊、巴、嘉、秦、曾(随)、徐、蔡、越、齐、黄、滕、晋等国。与齐、宋、陈等异姓国从西周早期以来就一直和周王室及其他姬姓国关系密切不同，楚国很长一段时间游离于中原之外，其所联姻的国族虽也有姬姓，然却并非主体，这一点与秦国有些类似。不同之处在于，秦国虽然僻处雍州，不与中原诸国会盟，被视为夷狄，然而却是周王室西边的屏障，与王室关系较为密切，对保护西垂贡献较大。特别是周平王东迁之时，秦襄公一路护送，以功劳被封为诸侯。而楚国却长期处于荆蛮之地，虽然其先祖鬻熊在西周早期曾事周文王，后来熊绎又与鲁国、晋国、齐

---

① 张全民：《试论春秋会盟的历史作用》，《吉林大学社会科学学报》1994 年第 6 期。
② 熊梅：《论春秋时期的联盟战略与霸权迭兴》，《军事历史研究》2004 年第 3 期。

国的后裔共同辅佐周成王，然自熊通自称楚武王以后，与周王室格格不入，抵制"汉阳诸姬"，未与中原交集，不为中原诸国所重视，无法参与中原事务之中。直到楚成王熊恽时，布德施惠，结旧好于诸侯，才改变了楚国这种不与中原交集的状态。楚国的联姻情况反映了这种变化。

楚国早期的联姻对象多为其周边国族，如郧、邓、卢等。这一方面是结其四境、稳固统治的需要，另一方面也是稳固后方，为其北上做铺垫。何浩认为若敖娶于郧，则使楚国与其郢城东南的汉东郧国建立了友好关系，增强了汉东一侧的安全因素。……其实就是为打通荆山、郢城间的北线通道。① 李零也指出，伐唐、曾，灭郧，控制襄阳到鄂城之道；灭邓，控制襄阳到南阳之道；灭申、吕，控制南阳到洛阳之道；灭商、郿，控制南阳到丰镐之道；灭夔，控制楚通巴蜀之道。② 这是有道理的。楚国在征服申、吕、邓等南阳地区后，即开始向北经略，与息、蔡、陈、郑、卫等国的联姻就是其北上的重要步骤。郑国地处要冲，拱卫洛邑，而卫、曹、宋是齐、鲁的屏障，楚国表现出了"欲以观中国之政"的强烈意图。《左传》昭公元年记子羽言楚国，"将恃大国之安靖己，而无乃包藏祸心以图之"，一针见血地点明了楚国的野心。

春秋早期偏晚，晋楚之间的矛盾逐渐凸显，两国争霸成为春秋时期的政治主题，很多联姻其实都是围绕着两国争霸而展开的。从春秋中期开始，楚国的联姻范围进一步扩大，可以较为明显地看出，这些联姻对象大部分是夹处晋楚之间、生存艰难之诸侯国，如郑国、卫国、樊国、蔡国等。这些诸侯国在楚国的威慑之下，不得不积极与楚国联姻，以求依附图存。除了与北方中原诸侯国联姻之外，楚国在春秋中期还与西方的秦国、巴国和蜀国，东南边的徐国、越国联姻，与西方、东南方这些诸侯国的联姻一方面有其开拓疆域的目的，另一方面与晋

① 何浩：《楚灭国研究》，武汉出版社 1989 年，第 29 页。
② 李零：《说晋楚争霸（下）》，《读书》2018 年第 6 期。

国争霸也有关系。晋楚争霸，双方各有胜负，对于楚国而言，联合新崛起的强秦对抗晋国是一个不错的选择，事实证明，秦楚联姻确实促成了两国军事联盟的形成。而与东边徐、越的联姻，其实与楚国因晋国北上受阻，又因秦国西进受阻，转而东进淮水、汝水流域的战略有关。所以除了联姻，更多的是武力兼并，如灭弦、息、江、黄、陈、蔡、群舒等国族。晋国与楚国虽为仇敌，然而在晋平公时两国之间也有过一次联姻，无论是两国对于此次联姻表现出来的态度，还是郑国在此次联姻过程中的积极作为，都特别值得玩味。楚国在这次联姻中似乎略显不甘，《左传》昭公五年记载楚灵王对其大夫们言："晋，吾仇敌也。苟得志焉，无恤其他。"可见，此时楚国势力较晋为弱，两国联姻，似是楚国不得已而为之。

从楚国娶入和嫁出数量对比来看，楚国娶入数量明显高于嫁出数量。一般而言，娶入情况与嫁出情况和国家整体实力及实力变化相关。实力强者，则娶入较多；实力弱者，则嫁出较多。比如齐桓公、晋文公作为诸侯霸主，娶入数量较其他诸侯要多很多，这彰显了大国地位。春秋早期到春秋中期是楚国娶入数量最多的一段时期，特别是楚成王和楚庄王时期，这是楚国势力急剧膨胀，积极尝试北上争霸的一段时期。楚庄王问鼎中原就是楚国实力的展现。随着晋楚争霸战争的发展，一方面楚国积极与强国联姻以抗晋，另一方面夹处两国之间的国族迫于楚国威慑，纷纷纳女以图存。刘丽指出：可以看到，春秋中期到春秋晚期，楚国娶入数量并未减少，春秋晚期虽然楚国重心转移，从晋国逐渐转向吴国，但联姻数量以及联姻对象还是较为稳定，并未发生太大变化。①

归纳春秋时期楚国与各诸侯国的政治婚姻，可以大体分为三个阶段：

第一阶段是联姻继承与变革的时期。各国基本上延续了西周以来的联姻传统，异姓诸侯国继续保持与周王室以及其他姬姓国的联姻，

---

① 刘丽：《两周时期诸侯国婚姻关系研究》，上海古籍出版社 2019 年，第 172—175 页。

各姬姓国也继续致力于与周边异姓国族联姻。不过，较西周时期，春秋时期各诸侯国的自主性和自觉性明显增强，这不仅表现在各国联姻范围和对象较西周时期有了较为明显的扩展，而且各诸侯国之间的联姻逐渐成为主流，而与王室以及世族联姻急剧减少。这一方面与王室衰微局面的出现有关，另一方面与诸侯国联姻结盟以御强敌有一定关系。此阶段婚姻关系还有一个较为显著的新变化，那就是世婚制开始从王室扩展到诸侯，很多诸侯国开始拥有稳定的联姻对象，以婚姻为纽带的政治联盟形成。

第二阶段的联姻主要围绕晋楚之争而展开。当时的大多数国家基本上都被卷入其中，特别是夹处两者之间的郑、陈、蔡、宋、卫等国，更是首当其冲。或属于晋国之从，或属于楚国之从，或游离于两者之间，朝晋暮楚。在此阶段，很多国家都依据形势，调整了邦交政策。具体以婚姻关系而言，此段时间内，除了晋楚两国，其他国家的联姻对象和范围均较春秋第一阶段有所缩减，大多缩减至其周边国家，以及与晋或楚相关国家。与晋楚联姻，以求依附，与周边国族联姻，则为求联合以自保。可以说，政治局势左右了诸侯国婚姻的选择，而婚姻的选择在某种程度上又改变了政治局势。

第三阶段的联姻也是一个延续与变革时期。在此阶段，晋楚争霸依旧，然晋国公室力量逐渐衰弱，而楚国却保持着强劲的势头，晋楚争霸开始逐渐淡出政治舞台。与此同时，新兴的吴国，一方面积极与中原诸国联姻，试图增加其在中原列国的影响力，另一方面吴国强烈的西进势头，使得吴楚矛盾激化，这对春秋晚期政治局势变化发展产生了重要影响。中原大国相继卷入吴楚争霸战中，打破了春秋中期以来晋楚两大集团争霸的局面，在某种意义上宣告了晋楚争霸的结束。吴国的崛起，不仅对南方局势造成了极大影响，对北方中原诸国也造成了很大冲击。就诸侯国婚姻而言，在此阶段，也随局势发展而出现了一些新的变化，由春秋中期依附于晋楚逐渐转为依附于吴楚。由此可见，政治局势变化对诸侯国婚姻影响较大，在错综复杂而多变的政治局势下，婚姻成为政治的风向标。

表 22-1：春秋时期楚国娶入情况一览表

序号	时间	出嫁者	出嫁国	出嫁者身份	娶入者	娶入者身份	资料出处
1	春秋早期	邓曼	邓		楚武王	国君	《左传》桓公十三年
2	春秋早期	荆妫	卢				《国语·周语下》
3	春秋早期	息妫	陈		楚文王	国君	《左传》庄公十四年
4	春秋中期	郑姬	郑				《左传》僖公二十二年
5		郑瞀	郑	郑女之媵女	楚成王	国君	《列女传》
6		卫女	卫				《左传》僖公二十七年
7		秦女	秦				《诅楚文》
8	春秋中期	楚嬴	秦?		楚成王?	国君	楚嬴匜，楚嬴盘
9	春秋中期	楚叔妊					鲁伯鼎
10	春秋中期	乐姬			乐氏?	宋国?	鲁伯鼎
11	春秋中期	郑姬	郑				《史记·楚世家》
12	春秋中期	越女	越		楚庄王	国君	《史记·楚世家》
13	春秋中期	樊姬	樊				《列女传》

续表

序号	时间	出嫁者	出嫁国	出嫁者身份	娶入者	娶入者身份	资料出处
14	春秋中期	秦嬴	秦	秦景公之妹	楚共王	国君	《左传》襄公十二年
15	春秋中期	巴姬	巴				《史记·楚世家》
16	春秋中期	叔嬴	郕			贵族	郕伯受簠
17	春秋中期	仲改卫			以邓	贵族	仲改卫簠
18	春秋中期	东姬	雍	宣王之孙，雍王之子	以邓	贵族	东姬匜
19	春秋晚期	公孙段氏	郑		楚灵王	国君	《左传》昭公元年
20	春秋晚期	晋女	晋	晋平公之女		国君	《左传》昭公五年晋公盆
21	春秋晚期	鄀阳封人之女	蔡		楚平王	国君	《左传》昭公十九年
22	春秋晚期	秦嬴	秦				
23	春秋晚期	贞姬	邓？		白公胜	贵族	《列女传》
24	春秋晚期	叔曼	滕		佣	贵族	邓子与盘
25	春秋晚期	孟滕姬	黄？			贵族	孟滕姬缶
26	春秋晚期	子季嬴青				贵族	子季嬴青簠
27	春秋晚期	鄬仲姬丹	蔡		鄬子倗	贵族	蔡侯盘

续表

序号	时间	出嫁者	出嫁国	出嫁者身份	娶入者	娶入者身份	资料出处
28	春秋晚期	仲姬	曾？		兗黄	贵族	仲姬弯敨
29	春秋晚期	酅姬	曾		傿氏	贵族	酅姬盘
30	春秋晚期	叔姜	申国？申氏？	申王之孙		贵族	叔姜簠
31	春秋晚期	蔡姬	蔡		王孙霣	贵族	王孙霣簠
32	春秋晚期	楚仲姬姣	蔡				楚仲姬姣簠
33	春秋晚期	越女	越	勾践之女		国君	《左传》哀公六年
34	春秋晚期	蔡姬	蔡		楚昭王	国君	《列女传》
35	春秋晚期	贞姜	齐	齐侯之女			《列女传》

录自刘丽：《两周时期诸侯国婚姻关系研究》，上海古籍出版社 2019 年，第 176—178 页

表 22-2：春秋时期楚国嫁出情况一览表

序号	时间	出嫁者	出嫁者身份	娶入者	娶入者身份	娶入国	资料出处
1	春秋早期	芈氏		郑文公	国君	郑	《左传》僖公二十二年
2	春秋早期	邛仲芈孋？				邛	楚王钟
3	春秋早期偏晚	曾孟芈				曾	曾孟芈谏盆
4	春秋中期	仲芈黄				曾？	楚屈子赤目簠盖
5	春秋中期	嘉芈				嘉	王子申盉
6	春秋中期	叔芈					上鄀公簠
7	春秋中期	番改					上鄀公簠
8	春秋中期偏晚	随仲芈加				随	楚王鼎
9	春秋中期偏晚	徐季芈				徐	楚王领瓶
10	春秋晚期	楚女		蔡灵侯	国君	蔡	《左传》襄公三十年
11	春秋晚期	猛芈玄				曾	猛芈玄簠

录自刘丽：《两周时期诸侯国婚姻关系研究》，上海古籍出版社 2019 年，第 178—179 页

楚国在发展进程的不同阶段中，其联姻的对象也有所不同。在奠基阶段，楚国打击的主要对象是汉阳诸姬，从这一战略目标出发，楚与郧、邓、息、陈、江等周边国家联姻，以创建和平友好的周边环境。在发展阶段，楚国以北上中原称霸诸侯为主要任务，为此楚与郑、卫、秦联姻，以争取盟友，遏制晋国；在振兴阶段，楚国打击的重点是吴国，因此与越国联姻，借越国的势力削弱吴国。宋公文、陈慧君指出：终春秋之世，楚国在与晋国争霸的过程中，始终把楚秦联姻当作外交政策的重要内容，长期与秦保持着友好关系。①

　　诸侯间的婚姻在客观上是为政治服务的。两国为巩固联盟而联姻，一经联姻，双方都要承担一些义务，相互保护对方的利益，从而加强两国的力量，此即《左传》昭公二十六年所谓"国有外援，不可渎也"。这就是政治婚姻所带来的外交上的实际利益，也是各国热衷于政治联姻的根本原因。楚秦联姻以后，先在对晋的战争中结为同盟，联合起来，相互支持，发挥了打击晋国的巨大作用。楚与秦在对诸侯国的多边战争中亦是一个巩固的同盟，吴师入郢，秦师东出，与楚人并肩作战，其实是上承秦康公助楚灭庸的传统外交政策。从此以后，直至战国时期，楚怀王入秦，秦楚绝交以前，两国之间仍然嫁女娶妇，信使往来不绝，历时一百多年，未有间断。

第三节　楚晋春秋争霸历程及中原诸侯配合楚国征战

　　春秋初期时局纷乱。西周王朝在历经270多年的风雨之后，于公元前771年灭亡，靠"分封""井田""宗法""采邑"支撑起来的周王朝已经落后于生产力的发展，而风雨飘摇的周王室这之后尚能坚持数百年而仍然没有灭亡，其原因之一在于此时诸侯国虽多，但并没有哪个

---

① 　宋公文、陈慧君：《试论春秋时期的楚秦联姻》，《襄樊学院学报》2000年第3期。

能够鹤立鸡群般傲视群雄。其原因之二在于周礼的影响力还在，给那些觊觎天下的野心家造成了一股无形的阻力。

在平王东迁的时候，周王室倚重的是与周王室几乎同时东迁而来的同姓郑国，结果郑庄公对于周王室毫不尊重，双方矛盾日益尖锐，终于导致在周桓王时双方爆发了"繻葛之战"，周王室所率领的诸侯国联军大败于郑国军队，连周桓王也被箭射中了肩膀，这一切让周天子颜面扫地，周室之衰已不可挽回了。之后又几经反复，最终竟然弄得周天子惶惶然如丧家之犬，后来在晋文公的帮助下，周襄王才重新回到了都城"洛邑"。其实在崇尚周礼的各个诸侯国的眼中，周平王得位不正，加上之后郑庄公挟天子以令诸侯的行为，周天子的威信已经日益沦丧。这同时也导致各个诸侯国的王公贵胄们也纷纷玩起了弑君夺位这套把戏，子杀父、臣弑君、手足相残这类人间惨剧在各个诸侯国不断地上演着。

随着生产工具的革新，生产力大幅提高，进而滋生了各国对土地、人口，尤其是对耕地的疯狂追求。在周王室的影响力日益衰落的背景下，各国间的兼并战争却愈演愈烈。到了春秋晚期，只有秦、晋、楚、齐、燕、鲁、卫、宋、陈、蔡、郑、吴、越等十几个实力强大的诸侯国。春秋时期纷乱的状况由此可见一斑。

邓曦泽以表格的形式，开列了春秋时晋楚争霸的 14 个阶段，共列出郑庄公、齐僖公、齐桓公、宋襄公、晋文公、秦穆公、晋襄公、楚穆王、楚庄王、晋景公、晋悼公、吴王阖闾、吴王夫差、越王勾践共14 位霸主，并详细介绍了每位霸主的业绩。其中，楚国的霸主为楚穆王和楚庄王。① 随后，又开列了《春秋霸主战争胜负对比简表》。表中，晋文公胜战率为 100%、齐桓公胜战率为 90%，意味着历史上所

---

① 邓曦泽：《冲突与协调——以春秋战争与会盟为中心》表 3《春秋争霸历程表》，人民出版社 2015 年，第 132 页。

称齐桓公、晋文公为春秋时期最重要的两大霸主，得到统计学支持。①

晋楚在中原的争霸，其主要目的是抢夺诸侯国。诸侯归附的多少，代表着霸业的兴衰。因此，除了这层政治意义之外，还有着地缘上的意义。郑国对于楚国来说，地缘关系最为重要，这不仅是因为郑处天下之中，交通四通八达，控制着中原的北部，而且还因为郑处于黄河南岸，是晋国出入中原的必经之地，控制了郑，就等于断了晋国的门路，而中原诸国皆非楚国敌手。因此，楚得郑，实质就得了中原。陈则次之。陈处中原南部，南临楚国疆土，控制着颍水中游，是楚通往宋、鲁、齐的交通要道。若陈不稳，不仅影响到楚的中原争霸，而且也危及楚国东部疆土的安全。宋则再次之。宋地处中原东部，扼制着齐、鲁等向中原的发展，也控制着东南吴、越与中原交往的交通。因此，楚若得宋，不仅掌控了南北之间的联系，而且也控制了东部诸侯，完成霸业的最后拼图。赵炳清分析：对于晋国来说，地缘关系最为重要的无疑是郑、卫二国，它们是晋出入中原的门户，二者若失，则晋就失去了争霸中原的道路。次之为宋。宋是晋在中原较为忠实的盟友，是晋联系吴的纽带。再次之为吴。吴本处江南，与晋天南地北，没有地缘上的联系，但为了击败楚国，争霸中原，它们结成了地缘联盟。②

冯帆归纳晋楚争霸的历程③：晋、楚二国，一个是山河表里的北方大国；另一个是长江为险的南方大国。春秋晋楚两国之间的争霸斗争是《左传》叙事的重点，其从公元前 632 年的城濮之战开始正式拉开序幕，至公元前 546 年第二次弭兵之盟结束，两国南北对峙的局面持

① 邓曦泽：《冲突与协调——以春秋战争与会盟为中心》表 10《春秋霸主战争胜负对比简表》，人民出版社 2015 年，第 188 页。

② 赵炳清：《楚国疆域变迁之研究——以地缘政治为研究视角》，复旦大学博士学位论文，2013 年，第 139 页。

③ 冯帆：《〈左传〉晋楚争霸的战争叙事研究》，西南大学硕士学位论文，2019 年，第 16—62 页。

续了八十余年。从纵向时间段的分期来看，《左传》中记录的晋楚争霸可以分为三个时期：霸业蓄势期、霸权交替期和霸业相持期。它们分别对照霸业铺垫阶段、三大战争阶段和弭兵和平阶段。

第一阶段：霸业蓄势期。

齐桓公死后中原暂失霸主。在这种形势背景下，晋楚两国抓住机遇开始为自己的霸业铺垫蓄势。晋国经过"曲沃并晋"，实现统一后，开始走向由衰至盛的上升期。晋国的做法：一是去群公子以集权。晋国群公子势力很大，严重威胁公室。如《左传》庄公二十五年载："晋侯围聚，尽杀群公子。"八族公子势力一除，内患缓解，使政权集中在晋君手中。[①] 晋国两次除掉群公子都发生于晋献公时期，经过内乱，晋献公前后两次集权，为晋国全力外扩提供了重要前提。后连灭耿、霍、魏、虢、虞五国，兼并扩张使晋国的疆域急速扩展，其势力在此时进一步强大，为晋国的称霸奠定了坚实的基础。二是联秦以示好。第一次的秦晋联姻为解救晋惠公产生了实质性的影响，秦归夷吾，与晋相盟，夷吾献其河西地，"晋大子圉为质于秦，秦归河东而妻之。"促成了秦晋间的第二次联姻。因丽姬之乱，重耳不得不开始长达19年的逃亡之旅。鲁僖公二十三年到达秦国时，秦穆公又促成了秦晋间的第三次联姻："秦伯纳女五人，怀嬴与焉。"晋文公归国时"逆夫人嬴氏以归"，以示对秦国的尊重。作为晋国第一个合作伙伴，秦国成为晋国一个强有力的外援，后来秦晋联合伐都攻楚即是体现。三是尊王以立威。《国语·周语上》记载在晋文公继位时，周襄王使太宰王子虎及内史兴去晋国册封，种种行为都体现了晋文公对于周王室的尊重，《左传》记载第二次王子带叛乱，周天子逃亡郑国，住在氾地。僖公二十五年秦伯师于河上，将纳王。晋文公听取狐偃的建议，抓住机会，辞秦师，送周襄王复位，并杀死王子带，走上了尊王求诸侯的道路。最终结果是获得了阳樊、温、原等地，晋国通过"尊王"之举，扩大了

---

① 顾德融、朱顺龙：《春秋史》，上海人民出版社2001年，第88页。

地理版图，同时又取得了诸侯之间的威望。

楚国地处长江流域，在晋楚正式争霸之前，楚国所采取的蓄势手段主要有兼并战争扩张和联络中原两种途径。具体做法：一是积极兼并，扩张领土。楚文王时期，其积极向外拓土，通过兼并战争深入中原使中小国灭亡或臣服，引起诸侯国恐慌。楚国对外的攻略分为两个阶段，第一阶段从楚武王三十五年到楚文王十二年（鲁桓公六年到鲁庄公十六年）。这一时期的楚国扩张以抢夺归属权为主，"侵随、败绞、灭邓息"都是楚对其版图的图谋和对其他小国的震慑手段。第二阶段从楚文王十二年到楚成王三十八年（鲁庄公十六年到鲁僖公二十六年），在这一阶段所记载楚国的兼并攻伐发生了转变，由以往的"征服"攻伐为主变成了"维护"属权的攻伐为主，不论是伐郑、随、陈，还是灭弦、黄、夔，都是因为这些小国对楚国的依附产生了动摇，"楚国控制了宜城通往汉水中游的大片区域和大洪山东侧涢水流域的区域。……楚国已经使汉东最为强大的随国与邓国臣服于己，基本实现了自己'得志汉东'的夙愿"[①]，为其后来与晋争霸提供了实力基础。二是试探联络，初露锋芒。楚国借助征伐的手段结合联姻、会盟等形式，加强与中原各国的联系，在中原的政治舞台上日趋活跃。楚国为扩张屡次攻打郑国，齐桓公积极谋划救郑，齐楚爆发召陵之役。齐楚召陵之盟是楚国与中原诸侯大国的第一次盟约，一方面这意味着楚国已经具备与中原诸侯大国对抗的话语权，另一方面也可以看出楚国外交政策的转变，对大国的征讨能避其锋芒，保存实力。楚成王对晋文公礼遇并送之于秦，施恩于晋。芈氏、姜氏嫁到郑国是楚国与郑国的联姻。城濮之战中，狐偃曰："楚始得曹，而新昏于卫。"与鲁国交好，应鲁要求以楚师伐齐，取谷。说明了楚国能够运用施恩、联姻的方式与中原各国积极联络。鲁僖公二十二年楚宋泓之战，楚国初露锋芒，

---

① 陈元秋：《春秋时期楚国扩张路线研究》，华东师范大学硕士学位论文，2017 年，第 27 页。

打压了宋襄公欲接替齐桓公而称霸的野心，其霸业蓄势达到了一个新的高度。

第二阶段：霸权交替期。

第一次霸权之争的结果，霸权归晋。在晋楚之间第一次霸权确立之前，两国有了一次正面的军事交锋，即郜之战。战争由秦晋两国联合攻楚，是秦晋两国对楚国实力的刺探。

晋之夺霸：城濮之战至邲之战。在晋楚争霸第一阶段中，秦国成为晋国的心腹之患，秦晋之好在发生于鲁僖公三十年的"烛之武退秦师"事件后开始破裂，崤之战、彭衙之役、王官之役、令狐之役、河曲之战等多数晋胜秦败，反复征讨使得秦晋关系降至冰点，晋迫使秦退居河西，有效遏制了秦国东进称霸的野心。晋楚两国间的摩擦则由少到多。城濮之战后到楚庄王五年(鲁文公十八年)，二十余年的时间里，晋楚直接对抗只在楚穆王二年(鲁文公三年)"楚师围江，晋先仆伐楚以救江"出现过一次。对晋联盟集团内部，晋又修明德行，以德绥众，与鲁、卫交好，并组织衡雍之盟、新城之盟、黑壤之盟等多次会盟加强晋联盟国之间的凝聚力，在外交方面赢得了良好的口碑。晋国内部则重组六卿，赵盾执政，内政的有效处理成为维护霸业的有力保障。公元前632年，晋楚之间爆发了历史上有名的城濮之战，晋国一举击败楚国，夺得霸主地位，自此晋楚两国开始正式走上争霸之路。自晋文公始，春秋第一强国的地位就此奠定，晋襄公将晋国霸业推上了更高峰，成功守霸。晋国的霸业几近百年而后衰。晋国与楚国在此后持续争霸，逐步形成春秋中后期以晋楚争霸为中心的政治格局。

楚蓄势待发：楚国在城濮之战中痛失霸权。此后，楚国由于楚成王四十六年(鲁文公元年)发生了"商臣之乱，楚成王卒"，楚庄王元年(鲁文公十四年)发生了"子仪、公子燮之乱"，战后损伤和两次内乱放缓了楚国争霸步伐。故城濮之战后楚转移策略，把攻略重点放在了叛楚的小国之属，不与晋国和中原诸侯中小国有过多直接冲突，而是通过连续歼灭或兼并小国以维持威信。后期于楚穆王八年(鲁文公九年)

范山言于楚子曰："晋君少，不在诸侯，北方可图也。"楚国逐渐调整争霸目标对象，返归争霸战场，从楚穆王八年(鲁文公九年)开始到楚庄王十七年(鲁宣公十二年)期间，八次伐郑，六次伐陈，四次伐宋，对中原争霸战场上的主要诸侯国开始新一轮抢夺。

第二次霸权之争的结果，霸权归楚。

楚之夺霸：邲之战至鄢陵之战。晋文公、晋襄公先后逝世，继任国君幼小，大夫掌权，内乱不断，秦晋之好已经破坏，晋国面对四伏的危机和强楚的挑战，霸业呈现出晋衰楚强的趋势，第二次晋楚之间的霸权争夺不可避免，邲之战在此情况下爆发。邲之战后楚国一跃成为当时诸侯中的军事大国，迅速发展，携邲之战胜利余威进逼中原，迫使许归附，继而灭萧；引诱宋杀申舟，围宋九月，迫使宋求和；侵鲁，迫使鲁亦服于楚。由此，原本亲晋的宋、鲁两国归附楚国，晋国联盟集团出现瓦解。楚共王继位，沿袭庄王霸业，合齐、鲁、宋、卫、郑、陈、蔡、许、秦、曹、邾、薛、鄫达成蜀之盟，楚国霸业达到顶峰。

晋之失霸：邲之战至鄢陵之战。楚庄王二十年(鲁宣公十五年)"楚子围宋"，晋国无力施救，只能避楚锋芒。邲之战不可避免地影响了晋国在诸侯间的威望和诸侯国的向背。邲之战到鄢陵之战期间，晋国盟会组织次数明显增多。鲁宣公十二年清丘之盟、鲁宣公十七年断道之盟、鲁成公五年虫牢之盟、鲁成公七年马陵之盟、鲁成公九年蒲之盟、鲁成公十五年戚之盟，其他还包括单独与鲁国举行的鲁宣公十八年赤棘之盟、鲁成公三年"晋侯使荀庚来聘，且寻盟"。通过如此多的会盟加强晋国与鲁、宋、卫、曹的关系，维持联盟内部的稳定。晋楚争霸在这种情况下很容易发生新的变化。"晋中衰的原因在于内部矛盾，所以随着晋内部相对团结，加之对狄人的征服，晋楚之间的较量仍会出现倒转之势。"[1]

---

[1] 顾德融、朱顺龙：《春秋史》，上海人民出版社 2001 年，第 121 页。

第三次霸权之争的结果，霸权复归晋。

晋之夺霸：随着晋悼公继位，对内整顿乱政，采取魏绛之策，"举不失职，官不易方，爵不逾德，师不陵正，旅不逼师，民无谤言"，使得国力恢复，将晋楚鄢陵之战中夺得的霸权优势推向了高峰，故史书言"晋悼公复霸"。安定后方的同时，晋国投身霸业恢复之中，对外采用"北和戎狄、中争郑宋、南联吴抗楚"的三大战略。鲁襄公四年(公元前568年)，因"和戎有五利"晋使魏绛盟诸戎，晋戎关系缓和。对于与楚相争最主要的宋、郑两国，晋国也占据了优势，此阶段宋国完全归附晋国，五次伐郑，尤其是楚共王二十八年(鲁襄公十年)、楚共王二十九年(鲁襄公十一年)晋国的三次兴兵伐郑，而楚不能与之相争。晋楚之间的争夺明显晋国居于优势。

楚之失霸：鄢陵之战后，晋楚仍然在短期内不分伯仲。楚国继续采用联秦的策略对抗晋国。但随着楚国经鄢陵之战、湛阪之战两度败北，楚国实力大减，众叛亲离。楚国的侧翼吴国，在晋国的支持下逐渐强大起来，"蛮夷属于楚者，吴尽取之"，晋采用联吴制楚的策略，对楚进行侧面打击，从楚共王二十一年(鲁襄公三年)到楚康王十三年(鲁襄公二十六年)，两国之间进行了7次军事行动，使楚国"一岁七奔命"，楚国与晋国争霸的实力开始消损，楚国已无力再争霸权。

第三阶段：弭兵和平期。

在晋楚长期对峙的形势中，中原诸中小国苦不堪言，渴望和平。长期争霸的晋楚均没有压倒性的优势，两国反而因战争而精疲力竭，国力变弱，这为弭兵的实现提供了客观条件。对于晋国而言，鄢陵之战虽然获胜，但是反而加剧了晋国内部的争斗，国内矛盾急剧上升为主要矛盾，"公室"和"私室"之争削弱了争霸的力量。对于楚国而言，此时致力与吴国的斗争，无暇也无力外争，故希望与对方达成和解。所以在宋大夫向戌的积极沟通联络下，在宋都西门外召开第二次"弭兵"之会。晋楚取得和解，给中原诸国带来了和平，也标志着晋楚争霸之局面接近尾声。此时的霸权并没有旁落，而是两国并立，达到

"晋楚之从交相见"，晋楚共衰之时，双方争盟趋于终结，遂成晋楚共盟之势。

晋楚联姻争让：楚国主动向晋国求婚，晋君不惜僭越周礼亲自出面隆重送女出嫁，还让晋国的上卿和上大夫送亲至楚国，以表示对楚国的尊重。冯帆认为，此次联姻晋国尽显诚意。但相对于晋国，楚国却欲用侮辱晋国送亲使者的方式来报复晋国，但最后被劝罢，两国终联姻。①

早在先秦、两汉时代，人们对"春秋五霸"的构成就存在争议。后来治史者在此问题上更是聚讼纷纭、莫衷一是。到今天，概括起来，关于"春秋五霸"的说法有十种左右。其中最有影响力的来源于《史记索隐》中的"齐桓公、晋文公、秦穆公、楚庄王、宋襄公"，压根就没有将吴王阖闾、越王勾践放到春秋五霸中来。很多史学家不同意将吴王阖闾和越王勾践评为春秋五霸，认为勾践灭吴本身就带有兼并的性质，属于战国兼并，这是不正确的。吴王阖闾通过刺杀吴王僚而夺回王位，任用伍子胥、孙武等振兴国力，并在柏举一役破楚入郢。《越绝书》称："阖闾之时，大霸。"尽管他后来在槜李被越国打败而死去，但以其柏举之战对整体战略格局的重大影响而言，仍是当之无愧的霸主。而其子夫差虽有黄池会盟的巅峰，但其对整体战略格局的影响没有阖闾的柏举之战大，而且在夫椒之战后夫差放过勾践，留下后患，终致国灭身死，其不为霸主也宜。对于越王勾践入选"五霸"，《史记·越王句践世家》是持肯定态度的："句践已平吴，乃以兵北渡淮，与齐、晋诸侯会于徐州，致贡于周。周元王使人赐句践胙，命为伯。句践已去，渡淮南，以淮上地与楚，归吴所侵宋地于宋，与鲁泗东方百里。当是时，越兵横行于江、淮，东诸侯毕贺，号称霸王。"对春秋五霸理解不同，自然衍生不同的版本。将吴、越放到春秋五霸之列，

---

① 冯帆：《〈左传〉晋楚争霸的战争叙事研究》，西南大学硕士学位论文，2019 年，第 45—46 页。

出现在《荀子·王霸》中，荀子认为春秋五霸应该是"齐桓公、晋文公、楚庄王、吴王阖闾、越王勾践"。随着历史研究的深入，学者越来越偏向于荀子的五霸版本。

桑东辉根据参与争霸诸侯对战略格局嬗变的霸业强度值来判断，通过有关统计数字来进行比较，有关战争和会盟的统计以《左传》记事为依据。霸业强度值的计算公式为：该诸侯国君在位期间，其诸侯国参战获胜比例与参加会盟的主盟比例之和，其中受到周王赐封、兴灭继绝、灭国、毙俘敌方国君或主帅者每次在总分基础上加0.5分。数值越高，其霸业越强。认为春秋近三百年间，整体战略布局共出现过三次重大转折，并由此将春秋时期战略格局划分为三个阶段。

表22-3：春秋战略格局嬗变与诸侯争霸强度统计表

战略分期	转折点	特点	五霸人选	霸业强度值	备注
第一阶段（公元前770年—公元前679年）	公元前679年齐桓公会诸侯于鄄，始霸	群龙无首	郑庄公 齐僖公	1.3 1.3	
第二阶段（公元前679年—公元前627年）	公元前627年秦晋崤之战	先后以齐晋为首的中原集团对抗荆楚集团	齐桓公 宋襄公 晋文公 秦穆公	2.9 0.73 2.47 1.74	
第三阶段（公元前627年—公元前506年）	公元前506年吴楚柏举之战	晋齐联盟对抗秦楚联盟	晋襄公 楚穆王 楚庄王 晋景公 楚共王 晋悼公	0.95 2 2.6 2.2 1.19 1.44	受战略格局的制约，这个阶段的霸主主要在晋楚两国中产生

战略分期	转折点	特点	五霸人选	霸业强度值	备注
第四阶段 （公元前 506 年— 公元前 453 年）	公元前 478 年 吴越笠泽之战	吴越争霸， 问鼎中原	吴王阖闾 吴王夫差 越王勾践	2.44 1.42 2.57	勾践的强度值仅计算《左传》所记事略

录自桑东辉：《"春秋五霸"与战略格局的嬗变》，《军事历史研究》2006 年第 3 期

桑东辉提出，从霸业强度显示，齐桓公、晋文公、楚庄王、吴王阖闾、越王勾践确为当之无愧的"五霸"正选。他们置身于春秋战略格局之中，顺应政治军事变革的趋势，成为时势所造就的英雄。同时，又以其积极的争霸活动深刻影响并推动着战略格局的嬗变。

从周平王东迁到齐桓公称霸的这段时间，是春秋初期，其特点是群龙无首，表现为郑、宋、鲁、卫、陈、齐等诸侯国之间交相征战，基本没有结成较为稳固、同仇敌忾的军事政治同盟，也没有提出被各诸侯国普遍认同的口号，几个在春秋初期觊觎霸业的诸侯国在实力上旗鼓相当，相差不大，诸侯争雄而无人能执牛耳，成为春秋初期的基本态势。正当郑庄公汲汲于争霸的同时，齐、楚、秦、晋的势力不断地潜滋暗长，据《史记》载："平王之时，周室衰微，诸侯强并弱，齐、楚、秦、晋始大，政由方伯。"《国语》载："及平王末，而秦、晋、齐、楚代兴，秦景、襄于是乎取周土。晋文侯于是乎定天子，齐庄、僖于是乎小伯，楚蚡冒于是乎启濮。"随着齐、晋、楚、秦四强的日益崛起，各诸侯国力量均衡、交相攻伐的混战局面被打破，新的战略格局被势大力强的霸主所奠定。这一使命历史地落到了齐桓公的肩上。

春秋战略格局第一阶段为齐桓、晋文的霸业，华夏联盟对付楚国。齐桓公吸取了郑庄公争霸失败的教训，采取与郑庄公挑战王权相反的

做法，高扬"尊王攘夷"的大纛，宣扬"蛮夷服膺、荆舒是惩"，以此把中原华夏诸国团结成一个在民族心理上彼此认同的政治军事同盟，开始实施争霸计划。一方面，齐桓公抓住周王室内乱的机会，以王命讨伐曾参与立王子颓的卫国，《左传》庄公二十七年载："王使召伯廖赐齐侯命，且请伐卫，以其立子颓也。"这说明齐桓公已是受到周王正式认可的诸侯长。《左传》僖公九年载，葵丘会盟上，周襄王使宰孔赐齐侯胙，并尊之"以伯舅耋老，加劳，赐一级，无下拜"的优宠，进一步确认了齐桓公的霸主地位。另一方面，面对日益加剧的民族危机，齐桓公率军解救了被山戎困扰的燕国，将地处狄人侵袭前沿的邢、卫迁到安全地带。对于以"夷狄自置"、自称"我蛮夷也，不与中国之号谥"且不向周王室按时纳贡，还肆无忌惮侵蔡、灭息、伐郑的南方强国楚国，公元前656年齐桓公率齐、鲁、宋等八国军队大举伐楚，与楚国盟于召陵。此后，楚国北进中原的势头虽然受到一定程度的遏制，但华夏族团与楚国之间的南北对抗非但没有因此而消失，反而变本加厉起来。召陵会盟的次年，楚王就发兵灭掉了弦国，原因是"江、黄、道、柏方睦于齐，皆弦姻也。弦子恃之而不事楚"。不久，楚又灭掉黄国。公元前645年，楚国伐徐，齐桓公会盟诸侯于牡丘、次于匡以救徐。从战略角度看，齐楚之间的对峙和较量开启了中原华夏诸侯联盟与荆楚集团之间两相抗衡的战略新格局，结束了在此以前的群龙无首的混乱局面，中原诸侯多团结在齐国周围共抗强楚，齐桓公因此建立了"九合诸侯，一匡天下"的赫赫霸业。《公羊传》僖公四年称："桓公救中国，而攘夷狄，卒怗荆，以此为王者之事也。"

在齐桓公身后，最先垂涎霸业的是宋襄公。宋襄公采取伐齐立公子昭、执滕宣公、使邾文公用鄫子于次睢之社、围曹讨不服等一系列军事和外交活动，希望继齐桓公之后成为新的霸主。宋襄公图霸中原之举必然与楚国北上争锋发生冲突，在鹿上之盟，"楚执宋公以伐宋"。随后的宋楚泓之战中，宋襄公伤股而死，再一次证明，小国争霸只能自取其辱。这之后，楚伐陈戏宋伐齐，北上兵锋，所向披靡，大有瓦解华夏诸侯联盟、改变南北对峙战略格局之势。恰恰在这时，晋文公重耳结束了长达19年的流亡生活，入嗣晋国，选贤任能，励精图治，振兴国力，欲夺取中原霸鼎。晋文公继承了齐桓公"尊王攘夷"的衣钵，于公元前635年平定太叔带叛乱，恢复了周襄王的正统地位；随后又围原以讨不服、释原之围以取信于天下，并于公元前632年以解宋之围的名义，与楚联军爆发了历史上著名的城濮之战。晋文公依靠城濮之战的胜利巩固了中原联盟，将楚国势力压缩到江汉流域。清人顾栋高《春秋大事表》称，城濮之战使"楚威稍挫，中国得安枕者十五年"。晋国的中原霸业也从此确立，先后会于温、盟于翟泉。周天子也被请来狩于河阳，并策命晋文公为侯伯，赋予了华夏诸侯联盟以合法性。晋文公成为真正意义上的霸主，正如《春秋大事表》所言，一时间"天下翕然宗晋"，形成了晋国独霸中原的局面。

从齐桓到晋文，这一时期的战略格局主要表现为以齐（或晋）为首的中原华夏诸侯联盟与荆楚集团之间的对抗。尽管齐桓公所奠定的战略格局由晋文公接续维系，但在这种表象下却潜伏着深刻的危机和严重的失衡。不论是前期齐国的一枝独秀，还是后来晋国的独步天下，战略格局都呈单边发展态势。而随着时代发展，各诸侯国的国力、国势发展不均衡，大吞小、强并弱的兼并战争已打破了"天子之地一圻，列国一同"的传统规制，晋、楚、齐、秦都已发展成为诸侯强国，于是就出现了改变晋国独霸天下单边格局的呼声和诉求，重新划分战略格局的时机和条件逐渐成熟。而战略格局的又一巨变就是以秦晋殽之战为开端的。

春秋战略格局第二阶段为争霸日炽，晋齐联盟对峙秦楚联盟。秦穆公问鼎霸业早在殽之战前就已着手实施。晋献公时，秦国就与晋国结成了秦晋之好，以后又数靖晋乱救灾输粟，并先后扶持了晋亡公子夷吾和重耳入嗣晋国。《左传》成公十三年记，从晋献公到晋文公期间，秦晋一直是"勠力同心，申之以盟誓，重之以婚姻"的密切盟友，并曾多次协同作战，无役不从，并肩驰骋中原。然而，城濮之战后战略格局的失衡，特别是晋国的强大，且扼住桃林之塞，阻断了秦国东进中原的争霸之路。为了争夺霸权，改变现实，秦穆公开始千方百计扩大自己在中原的势力，以对抗晋国炙手可热的中原霸权。公元前630年秦晋围郑时，秦单方面与郑媾和、撤军，并一俟晋文公刚刚死去、尚未下葬，就公然发兵袭郑，直接向晋的中原霸主地位挑战。晋国方面也深知要维持自己的霸主地位，必须压制、打击楚、秦、齐等大国。在崤之战前，齐服楚却，只有秦尚跃跃欲试。因此，晋国必须对秦军袭郑之举给予坚决回击。于是，晋国"子墨衰绖"，在丧出师，在崤函力挫秦师，使秦军匹马只轮无返。因此，崤之战实质上就是典型的争权夺利的战争，并兼具"一个强国为了经济上和政治上的理由，它会设法夺占在天然形势上有利的疆界"和"为了减弱一个具有危险性的敌人的力量，或是遏制它的侵略野心，也可以发动战争"①的双重因素。崤之战不仅成为春秋战略格局变化的一个重要转折点，而且彻底破灭了秦穆公的争霸梦想。在总结秦穆公霸业未成的原因时，晁福林认为是时运所致，"秦穆公这位恢宏大度、雄姿勃发的一代英主，尽管锐意东进，但却损兵折将而碰壁，因此只能在关西一隅之地纵横驰骋。惜哉，时也！"②其根本原因还在于战略格局中晋国的强大阻断了秦国争霸中原之路。崤之战后秦晋关系彻底恶化。清人顾栋高《春秋大事表》载："秦、晋兵争始此，嗣后报复无已，秦之伐晋八，晋之伐秦七，直至襄十四年十三国之伐然后止，首尾历七十年。"清人马骕《绎史·秦晋为成》载："干戈日寻，疆场暴骨，兵连祸结，未有如二国者也。"秦晋交恶又导致了战略格局的重新分化重组。在此后的争霸斗争中，秦晋双方各自寻找新的盟友，大致形成了两大对立军事联盟：秦楚联盟与晋齐联盟。这两大军事集团的对峙构成了春秋战略格局第二阶段的主线。

---

① ［瑞士］约米尼：《战争艺术》，钮先钟译，广西师范大学出版社2003年，第6页。
② 晁福林：《霸权迭兴——春秋霸主论》，生活·读书·新知三联书店1992年，第178页。

秦楚结盟是在崤之战后开始的。崤之战后，秦穆公放归楚俘斗克（公子仪），与楚国求成。在此后百余年的时段里，秦楚两国基本成为勠力同心、联以婚姻、彼此救助的盟友：秦有晋患，则楚助之；楚有晋（吴）难，则秦救之。秦楚两国在对抗晋国这一共同敌人的基础上结成了春秋时期较为稳定的联盟。正如清人顾栋高《春秋大事表》所指出的："前城濮之役，秦助晋以攘楚，今助楚以灭庸，自灭庸之后，楚遂不可制，晋益孤而楚益炽矣。此皆崤之役为之也。"而相比之下，晋齐联盟则不如秦楚联盟稳固。所谓"晋楚齐秦匹也"，既然秦楚两个大国结成军事联盟，势必要求晋齐也结成同盟关系，否则不足以与秦楚联盟相抗衡。因而，尽管晋齐之间的合作早在城濮之战、践土之盟时即已开始，但只有在崤之战以后才具有新的战略意义，形成了在战略格局上相对于秦楚军事集团而言的又一大军事集团。

但晋齐联盟远没有秦楚联盟那样长期稳定。齐自桓公后霸业衰落，但毕竟是老牌的大国，不甘心受晋国的控制，屡有"高固逃盟""齐楚结好"之举。乃至公元前589年，晋军大败齐军于鞌。清人顾栋高《春秋大事表》载：晋"自战鞌立威，得齐……伯业得赖以不坠焉"。但并没有像某些学者所说的那般，从此"齐成为晋的可靠盟国"[1]，而仍存在一种离心倾向，齐对晋始终是时叛时服、反复无常，终于在吴楚柏举之战后分道扬镳。

从争霸与战略格局嬗变的关系看，崤之战到柏举之战的一百多年间，战略格局始终以秦楚联盟与晋齐联盟的对峙为主，其中又以晋楚争霸最为突出。这一时期比较活跃且积极参与争霸战争的强势诸侯国君相对最多。根据表22-3统计的第三阶段霸业强度值来看，楚庄王的强度值最高，其次是晋景公、楚穆王，此后才是楚共王、晋悼公、晋襄公，体现出晋楚争霸的特点。在此期间，虽然爆发了邲之战、鄢陵之战、鞌之战等规模较大的战争，但都不具有改变整体战略格局的

---

① 李玉洁：《楚史稿》，河南大学出版社1988年，第126页。

意义。即使在这一阶段后期，出现了以弭兵代替武力对抗的趋势，其仍是以秦楚与晋齐两大联盟对峙的形式出现的，也没有根本改变战略格局。

春秋战略格局第三阶段为异军突起，吴越争霸。在秦楚联盟与晋齐联盟对立的主格局外，随着战争的需要，出现了晋吴联合抗楚、楚越联合制吴的次格局。自崤之战后，晋在对抗秦楚联盟的斗争中，不堪忍受"楚攻其南，秦扰其西"的窘迫局面，便如《左传》成公七年所载，派申公巫臣"通吴于晋。以两之一卒适吴，舍偏两之一焉。与其射御，教吴乘车，教之战陈，教之叛楚。……吴始伐楚、伐巢、伐徐。……蛮夷属于楚者，吴尽取之"。楚不胜吴之侵扰，采用以其人之道还治其人之身的对策，于公元前537年始启越以困吴，吴、越之间开始了争霸战争。吴越的异军突起及其争霸中原的活动强烈冲击了秦楚、晋齐两大对立军事联盟相互颉颃的战略格局，并因而引发了春秋时期战略格局上最后一次意义重大的转折。转折点是公元前506年的吴楚柏举之战。柏举之战不仅重创强楚，而且更具有战略上的意义。一是暴露了秦楚联盟的裂隙。早在弭兵以后，秦楚联盟就出现了分化瓦解的征兆。柏举之战对楚是一次空前的浩劫，而作为楚的盟国秦却不愿意出兵救楚，只是有感于《左传》定公四年楚大夫申包胥所言的"吴为封豕、长蛇，以荐食上国，……'夷德无厌，若邻于君，疆场之患也'"的利害关系才放弃隔岸观火的心态，出兵救楚，最后吴军大败。二是瓦解了晋齐联盟。在柏举之战前，蔡侯在受到楚国侮辱后，首先是投靠晋齐联盟，希望借助中原诸侯联盟的力量来伐楚复仇。晋国虽召集诸侯会盟于召陵谋划伐楚，却不了了之。蔡国转而求助于后起之秀的吴国，遂爆发了吴楚争战以来规模最大的柏举之战。楚几乎亡于吴国的事实与晋会诸侯伐楚而又不了了之的事实形成了强烈反差，"晋于是乎失诸侯"，以晋齐为中心的中原诸侯联盟土崩瓦解。

僻处东南一隅、断发文身的吴、越，何以能在春秋争霸中异军突起，问鼎霸业？分析其原因，主要还在于地区间的政治经济发展不平衡。中原一带在长期战乱兵燹下备受蹂躏，经济遭到严重破坏，政治也日趋混乱，已沦落到"礼乐征伐自大夫出"，乃至"陪臣执国命"的地步。各诸侯国内部都发生了不同程度的内乱，如晋国六卿倾轧，齐有陈(田)氏之患，楚有白公胜夺权之乱，郑有七穆之争，鲁有三桓之乱，即便号称强大的晋国，这时也发出了"虽吾公室，今亦季世也"的感慨。而与此相反，吴越地区的政治、经济、文化不断发展。据《吴越春秋·阖闾内传》载：吴国冶铁业相当发达，已能铸造出"干将""莫邪"这样的宝剑，同时农业生产也进一步发展，加之吴王阖闾任用楚亡臣伍子胥等改革内政，吴国势力蒸蒸日上。正是这一力量的消长，使吴、越有了争霸中原的实力和机会，吴、越的兴起争霸，反过来要求战略格局做相应的改变。这时期人们的战争观念，已不再囿于传统的"攘夷狄"观念，而根据功利主义战争观，把功利作为衡量敌友的标准。一些后起的周边异族部族便成为因战争需要而联合的对象。晋国正是基于完全功利的考虑，联吴制楚。楚不堪吴的侵扰，也启越以困吴，在吴越之间制造摩擦。

柏举之战揭开了战略格局的新篇章。从柏举之战到春秋时期结束，在战略布局上又可分为两个时段：前一时段表现为吴国图霸；后一时段表现为越国称雄。吴、越争霸则成为贯穿前后两个时段的主线。柏举之战后，正当吴国沉浸在胜利的喜悦之中，如《穀梁传》定公四年所说，"君居其君之寝，而妻其君之妻；大夫居其大夫之寝，而妻其大夫之妻"，俨然以胜利者自居时，越国乘吴国远在楚境、国内空虚之机攻入吴都，从此揭开了春秋末期历史上吴、越争霸的序幕。基于吴、越两国生活环境相同，一如《国语》所说"三江环之，民无所移，有吴则无越，有越则无吴"这一残酷现实，吴、越之间的争霸，实际上是生死角逐。公元前 496 年，吴、越槜李之战，吴王阖闾受伤死去。继位的吴王夫差立志复仇，经过三年养精蓄锐，在夫椒山大败越国。越王勾践仅以甲楯五千，退保会稽，卑辞乞和。此后，吴王夫差自恃强悍，北略中原，先后征服鲁、卫等国，还开凿了沟通南北的水上通道邗沟。公元前485年，吴王率鲁、邾、郯海陆两路伐齐。转年，吴在艾陵大败老牌劲旅齐国，达到登峰并乘机迫使晋国盟于黄池，与昔日不可一世的超级霸主晋国一争先后。在吴国肆意争锋、驰骋中原时，越王勾践卧薪尝胆，"十年生聚，十年教训"，国力也在范蠡、计然、文种等人的辅弼下日渐恢复，并于公元前482年趁吴王夫差北上会盟诸侯于黄池之机，大举伐吴。吴国由于常年穷兵黩武，民力凋敝，终于在公元前473年为越国所灭。尔后，代吴而起的越国积极插手中原角逐。如执邾子，立公子何，率领鲁、宋，伐卫，纳卫出公等，很快成为新的霸主。

柏举之战至春秋结束这一时期，在战略布局上表现为吴、越先后称霸，晋、楚、齐、秦四强这时已在内忧外患中落伍了，中国社会进入一个新旧交替的变革时代。桑东辉指出：尽管吴、越在春秋末年先后建立了辉煌一时的霸业，但都已是昙花一现，争霸中原已是强弩之末了，战略格局也必将在新旧交替中发生根本变化。①

春秋时期各国的战争谋略是与争霸对手的邻国结盟，迫使敌人两线作战。弧形中间地带的诸强彼此势均力敌，要想单独打败对手、摘取霸主的桂冠，是相当困难的。此外，在南北对抗的形势下，齐晋与吴楚之间被中原地带分隔，没有领土接壤。它们的交锋需要长途跋涉，费时劳苦，大军的粮草物资供应也很难解决。如果能够和敌国的邻邦结盟，在两条战线上进攻对手，这样既改变了双方的力量对比，又会造成敌人的兵力分散、顾此失彼，形成非常被动的局面。因此，这种战略在春秋诸侯的争霸斗争中获得广泛运用。一是晋合秦、齐以败楚。《左传》僖公二十五年载，晋文公与楚争霸时，先联合秦国出师以伐鄀，从侧翼袭击楚国，取得了攻克商密，俘获楚军子仪、子边的胜利。晋军在城濮与楚军决战时，亦有齐国的归父、崔夭、秦小子憗领军相助，促成了晋国的获胜。二是楚与秦结盟抗晋。秦国在崤之战后与晋

---

① 桑东辉：《"春秋五霸"与战略格局的嬗变》，《军事历史研究》2006年第3期。

反目成仇，楚国则乘机与秦国联盟，如《战国策·齐策一》所说："今秦、楚嫁子取妇，为昆弟之国。"如秦《诅楚文》所追述："昔我先君穆公，及楚成王，是勠力同心，两邦若壹，绊以婚姻，祓以斋盟。"与此同时，还进行了一系列军事合作，楚国从中获益甚多。又如：秦军长期袭扰晋国西境，牵制和削弱了晋国的兵力，有助于楚国在中原地带开展的争霸作战行动。秦国还曾直接派兵协同楚师进攻中原，公元前547年，秦楚合兵侵郑。《左传》襄公二十六年载："楚子、秦人侵吴，及雩娄，闻吴有备而还。遂侵郑。"楚国几次遇到危难，都得到秦军的有力支持。公元前611年，《左传》文公十六年载："楚大饥，戎伐其西南，至于阜山，师于大林。又伐其东南，至于阳丘，以侵訾枝。庸人帅群蛮以叛楚。麇人率百濮聚于选，将伐楚。……"秦国出师会合楚人灭庸，消除了重患。公元前506年，楚军惨败于柏举，吴师长驱入郢，楚国危在旦夕，秦亦派子蒲、子虎率兵车五百乘救楚，击退吴师，扭转了战局，使楚国收复失地。

秦楚结盟后，晋国腹背受敌，陷于被动，终在邲之战中惨败于楚，丢掉盟主地位。事后晋国总结教训，调整了战略部署，积极与其他大国结盟，共同对付楚国。一是联齐。晋国在文公去世以后，西与秦国交恶，东边与齐国的联系也日趋淡漠。邲之战的失利，晋国霸业被楚国取代，和它失去齐国的支持也有一定关系。[1] 赵孟何曾就此说道："自晋文公卒，齐不复从晋盟，晋是以不竞于楚，而历三君，问不及齐。齐，东方大国也。晋不得齐，则诸侯不附。"楚国为了孤立晋国，亦与齐国通使结好。《左传》成公元年鲁臧宣叔言："齐、楚结好，我新与晋盟，晋、楚争盟，齐师必至。虽晋人伐齐，楚必救之，是齐、楚同我也。知难而有备，乃可以逞。"晋国为了扭转不利的局面，对齐国采取了软硬兼施的手段。一方面伙同鲁、卫、狄人，在鞌之战中打败齐军，迫使齐与楚绝交，转而支持晋国。另一方面，为了笼络齐国，

---

① 顾栋高：《春秋大事表》，中华书局1993年，第1998页。

又逼鲁国割汶阳之田予齐。此后齐国多次参加晋国主持的盟会，并派兵助师伐秦、伐郑，为晋厉公、晋悼公的复霸给予帮助。二是通吴。晋景公派降将巫臣出使吴国，帮助吴国训练军队并怂恿其攻楚。《左传》成公七年载："与其射御，教吴乘车，教之战陈，教之叛楚。置其子狐庸焉，使为行人于吴。吴始伐楚、伐巢、伐徐，……蛮夷属于楚者，吴尽取之。"晋通吴，开辟了另一条对楚战线。此后，楚国频繁出兵应付吴之袭扰，疲于奔命，难以再投入大量兵员、财力与晋国在中原进行逐鹿争霸了。

面对晋国的攻势，楚国针锋相对，联越击吴。"弭兵之会"以后，晋楚平分霸权，在中原休战，而楚国与东邻吴国的交兵却屡遭败绩，继柏举之战失利、为郢（湖北宜城楚皇城遗址）弃守之后，公元前504年楚国水陆两军又受吴国重创。《左传》定公六年载："四月己丑，吴大子终累败楚舟师，获潘子臣、小惟子及大夫七人。楚国大惕，惧亡。子期又以陵师败于繁扬。令尹子西喜曰：'乃今可为矣。'于是乎迁郢于都，而改纪其政，以定楚国。"楚被迫迁都（湖北钟祥李陈岗遗址）以避其锋。为了减缓吴国的军事压迫，楚与太湖之南的越国结盟修好，挑动它在背后袭击吴境，牵制吴军。楚王曾娶越女，《史记·楚世家》载昭王领兵救陈御吴时患病，死于军中，楚大臣相谋，"伏师闭涂，迎越女之子章立之，是为惠王"。《史记集解》服虔曰："越女，昭王之妾。"楚国群臣立庶出之子为君，主要考虑其母是越人，是想借此来进一步维护两国的盟友关系，共同对吴作战。另外，辅助越王勾践卧薪尝胆、打败吴国的两位股肱之臣——范蠡、文种两个人，也都是楚人，曾出任过要职。《史记·越王句践世家》引《吴越春秋》载："大夫种姓文名种，字子禽。荆平王时为宛令。""（范）蠡字少伯，乃楚宛三户人也。"二人由楚至越后主持军政事务。《史记·越王句践世家》载："欲使范蠡治国政，蠡对曰：'兵甲之事，种不如蠡；填抚国家，亲附百姓，蠡不如种。'于是举国政属大夫种。"宋杰指出：越本是蛮夷小邦，能够在二十余年内富国强兵，灭亡吴国，范、文二人居功甚伟，楚国亦因此除掉了心腹大患。①

春秋争霸形势图**见图22-2**。

晋楚争霸过程中，楚国得到诸侯国的支持甚多。齐桓公去世后，天下格局主要是晋楚对峙，攘夷的主导权掌握在晋国手里。晋国领导诸侯抗楚的事件虽然很多，但诸侯之"统一战线"却很脆弱。一方面，诸侯视楚国为敌，希望抵抗楚国。春秋时期，楚国被视作异族，从公元前710年（鲁桓公二年）起，中原诸国开始惧楚。《左传》桓公二年载："蔡侯、郑伯会于邓，始惧楚也。"在当时看来，拒楚是道义的，而齐桓公、晋文公等都为攘夷作出了努力，并产生了一定成效。另一方面，中原诸侯之"统一战线"并不牢固。这是由于某些时期中原诸侯国中没有霸主组织、统率诸侯，《左传》僖公十八年引杜预注："中国无霸故。"也由于霸主经常借助攘夷牟取私利，导致诸侯之"统一战线"比较脆弱，且越来越脆弱。中原诸侯之"统一战线"的脆弱性表现在两个方面。其一，有些诸侯主动与楚国结好。例如，公元前642年，《左传》僖公十八年载："郑伯始朝于楚，楚子赐之金，既而悔之，与之盟曰：'无以铸兵。'故以铸三钟。"这是中原诸侯主动朝拜楚国的肇端。此时，正值齐桓公去世之期，中原诸侯缺乏一个强有力的领导者，诸侯的力量无法组织、团结起来一致对外，导致某些诸侯恐惧楚国而主动向楚国示好。其二，更严重的是，有不少中原诸侯还配合楚国与其他中原诸侯交战。《左传》一共记载了39次中原诸侯配合楚国的战争，邓曦泽《冲突与协调——以春秋战争与会盟为中心》一书，专门列"中原诸侯配合楚国征战表"②，归纳出中原诸侯配合楚国的战争的一些特点：

第一，有不少中原诸侯国作为楚国联军成员配合楚国征战。这说明，中原诸侯联盟并非一个牢固的联盟。

第二，有一些中原诸侯听令于楚国，为楚国进行代理战争。这更

---

① 宋杰：《中国古代战争的地理枢纽》，中国社会科学出版社2009年，第99—102页。
② 邓曦泽：《冲突与协调——以春秋战争与会盟为中心》，人民出版社2015年，第149页。

加说明了中原诸侯联盟并非一个牢固的联盟。春秋时期的代理战争一共有 12 次①，其中，以楚国为指使国的代理战争就有 3 次。

第三，中小国家跟从楚国，都是受其胁迫的。除了秦国，配合楚国征战的都是中小国家，齐、晋两国都没有配合楚国征战。而有中原诸侯开始配合楚国征战，是在鲁僖公二十七年，楚成王三十九年，公元前 633 年。是时，齐桓公已逝，中原暂无霸主(次年，城濮之战后，晋国才称霸)，楚国进军中原的势头又咄咄逼人。在这种情况下，中原中小诸侯国无法自保，只得屈从。尤其是宋、郑两国，在地缘上，处于楚国与中原的过渡地带。若大国要控制天下，宋、郑两国为必争之地，所以，宋、郑两国，一会儿从楚，一会儿从晋。这说明，中小国家在大国争霸的斗争之间，难以独立自主。而此期间，晋楚争霸正处于拉锯状态。

第四，秦国与楚国合谋，不是受胁迫，而是秦国为了自己的战略利益。因为秦楚相距较远，楚国既不能直接威胁秦国，也没有实力胁迫秦国。秦国自愿与楚国合作，有一个重大目的，就是要遏制、削弱晋国。如果楚国壮大，它就可以更直接且更有力地威慑晋国，从而减轻秦国的压力。例如，秦国配合楚国伐宋，是为了报复晋国，因晋国侵略了楚国的盟国郑国。显然，伐宋，有助于削弱晋国的盟国，进而削弱晋国，以降低晋国对秦国的威胁，从而有利于秦国的战略利益。秦国配合楚国侵郑，也是因为郑国转而投靠晋国。秦国两次配合楚国而与吴国交战，则是另一种合纵连横、强楚遏晋之术。是时，楚国面对吴国的威胁，如果吴国战胜楚国，则楚国势必衰弱而无法威逼晋国，则晋国的压力将会减轻，晋国将有更多力量来对付秦国，从而使秦国面对更大的压力。因此，秦国帮助楚国战胜吴国，就是间接帮助自己。

正是在部分诸侯国的支持下，楚国与晋国的争霸战争才得以长期持续，最终握手言和，平分秋色。

---

① 邓曦泽：《论春秋时期的代理战争》，《云南大学学报》2011 年第 6 期。

第四节　晋军频繁改编扩充及楚军兵力规模

春秋时期，晋楚两国的争霸战争，进行得如火如荼，各诸侯国无不卷入其中，各国军队人数，无不一再增加。楚晋争霸期间，两国的军队急剧膨胀。晋国的情况，尤为典型。晋武公元年，公元前678年，周王命晋武公以一军为晋侯，晋献公十六年，公元前661年，扩编为上、下两军；晋文公四年，公元前633年，扩编为上、中、下三军；次年，在三军之外，增编三支独立的步兵部队——三行；晋文公八年，公元前629年，将三军和三行改编为上、中、下和新上、新下五军；晋襄公七年，公元前621年，撤销新上、新下二军，恢复上、中、下三军；晋景公十二年，公元前588年，扩编为上、中、下和新上、新中、新下六军；晋厉公三年，公元前578年，晋、秦麻隧之战时将新三军缩编为一军，成为上、中、下、新四军；晋悼公十三年，公元前560年，因无合适人选任新军主帅，撤销了新军。晋悼公在对法律制度进行改革的同时，对于原来的军事制度也进行了不少的改革。

晋文公以前历代国君的御戎、车右，皆是国君在战时才临时任命的。晋文公以前，国君为军队的总指挥。城濮之战时，文公改其为中军卿指挥全军，权力下移，其车御必然地位上升。悼公即位后，取消了卿的御戎，但国君的御戎仍然存在。如他当时以弁纠（栾纠）为自己的御戎，其地位在太傅、司空之下，却在其戎右、军尉、司马之上。悼公时的御戎，不负责对卿大夫御戎的训练。晋献公时，卿大夫战时的御、右、尉是分开设立的，如伐东山皋落氏，梁余子养御罕夷，先丹木为右，羊舌大夫为尉。则悼公以前的御戎、军尉等，且各军将佐之御都有定员定人，悼公则"立军尉以摄之"。（《左传》成公十八年）合并起来，统一组织训练管理，战时分派到各级使用。悼公在四军中，各设军尉，"正行伍，连什伯，明鼓旗"。（《淮南子·兵略》）中军尉为祁奚，羊舌职佐之；上军尉为铎遏寇。晋国的司马，为主管军队的纪律，似乎为今日的军事法官。如晋惠公时，他使司马杀庆郑；城濮之战时，"祁瞒奸命，司马杀之"。（《左传》僖公二十八年）以后的历次大战时，皆设有司马随军而行，韩厥曾三任此职，但似乎三军仅设司马一人。悼公为了加强军队的法治，在各军中皆设司马之职。如命魏绛为"元司马"，即中军司马，负责全军纪律。上军司马（《国语·晋语七》称之为舆司马）为籍偃。晋景公时代，在鞌之战中设有候正之职。候正为军中主管侦探敌情的谍报工作官员，还负责侦察地形工作，《淮南子·兵略》载："见敌知难易，发斥不亡遗，此候之官也。"其职位在司马、司空、舆帅之下，在亚旅之上。悼公改候正称之候奄（《国语·晋语七》称之元候），并提高了其地位，仅在中军尉、中军司马之下，但在上军尉、上军司马之上。悼公以张老"智而不诈"（同上），而任此职。悼公命这些军尉、司马、候奄共同训练步卒、车兵，使卒、乘之间步调一致，以便战时相互配合作战。战车是春秋时期作战的重要武器，驾车战马必须训练有素，方能出战。悼公便设立专职乘马御（《国语·晋语七》作赞仆）之职，命程郑任其职，据唐孔颖达《左传正义》引《世本》云，程郑为荀氏别族。《晋语七》韦《注》云："程郑，荀骓之曾孙，程季之子。""六驺属焉"，其中，"六驺"即六闲（马厩）之驺，驺为官名。据《周礼·校人》说，天子有十二闲，诸侯有六闲，每闲有马二百一十六匹。唐孔颖达《左传正义》据《校人》计算，六闲之驺有一百零八人，驺主管驾车与卸车。程郑的职责，当为训练众驺之官，知律守纪，加强对军马的训练。[①] 据《左传》襄公九年所记，晋悼公采纳中军帅荀罃的建议，"三分四军，以逆来者"，即将中、上、下、新四军各分为三部，出征时每军只调用一部，这是使楚人疲于奔命的良策。[②]

---

① 李孟存、李尚师：《晋国史》，山西古籍出版社 1999 年，第 198—200 页。
② 张正明：《楚史》，湖北教育出版社 1995 年，第 174 页。

晋平公二十二年，公元前536年，再度扩编为六军。晋国的军制变化，依次见：《左传》庄公十六年"王使虢公命曲沃伯以一军为晋侯"；《左传》闵公元年"晋侯作二军"；《左传》僖公二十七年"作三军"；《左传》僖公二十八年"晋侯作三行以御狄"；《左传》僖公三十一年"秋，晋蒐于清原，作五军以御狄"；《左传》文公六年"晋蒐于夷，舍二军"；《左传》成公三年"晋作六军"；《左传》成公十三年只剩四军；《左传》襄公十三年"新军无帅，晋侯难其人，使其什吏率其卒乘官属以从于下军"，《史记·晋世家》载晋平公扩编为六军。《中国历代军事制度》认为：晋军的频繁改编，在初期或与经济、兵源、作战等因素有关，后期则主要是受卿、大夫之间权力分配的影响。[①]

各国军队编制在春秋晚期急剧扩张。如晋军在鲁僖公二十八年（公元前632年）晋楚城濮之战时，仅有兵车七百乘，至鲁昭公十三年（公元前529年）平丘之会时，晋国兵车的数量已扩充至四千乘。《左传》昭公十三年叔向说："寡君有甲车四千乘在，虽以无道行之，必可畏也，况其率道，其何敌之有？"除此之外，当时晋国尚有数量众多的徒兵和戎狄参战。

楚国的兵力扩充也极为迅速。在城濮之战时，楚国只有左、中、右三军，至春秋中叶晋楚邲之战时，除三军之外，楚王还有"二广"的亲兵。到春秋后期，鲁昭公十二年，公元前530年，楚灵王在陈、蔡和东西不羹筑城，"赋皆千乘"，仅这四县的兵力就有四千乘，超过了晋国车兵的总和，加上申、息等国及楚国本土的军队，楚国的总兵力可能已过万乘。春秋末年，"千乘之国，摄于大国之间"（《论语·先进》）。春秋初期的"千乘"大国，到此时已不算稀罕了。[②]

对春秋不同时期兵力的研究，难度极大。1984年，尚志发就有关史料，对"弭兵之盟"（公元前546年）到鲁昭公十三年（公元前529年）

① 《中国军事史》编写组编著《中国历代军事制度》，解放军出版社2006年，第53页。
② 杨华、段君峰：《先秦财政史》，湖南人民出版社2013年，第240—241页。

之间，各国(主要是几个大国)的兵力、军赋及编制情况进行了考究。①

公元前 546 年，由宋国出面，串联十四个诸侯国，召开"弭兵大会"，会议决定各诸侯小国对晋楚两国都要进贡，又承认齐秦与晋楚地位相等，其实是承认晋、楚、齐、秦"四分天下"(《墨子·非攻下》)。晋国赵孟说："晋、楚、齐、秦，匹也，晋之不能于齐，犹楚之不能于秦也。"(《左传》襄公二十七年)可见，这四国之兵力定是旗鼓相当的。

晋：《左传》昭公五年(公元前 537 年)记："韩赋七邑，皆成县也。羊舌四族，皆强家也。晋人若丧韩起、杨肸，五卿八大夫辅韩须、杨石，因其十家九县，长毂九百，其余四十县，遗守四千。"《左传》昭公十三年(公元前 529 年)又记："七月丙寅，治兵于邾南，甲车四千乘"，再有叔向曰："寡君有甲车四千乘在，虽以无道行之，必可畏也。"此时晋国的战车不少于四千九百乘。

楚：《左传》昭公十二年(公元前 530 年)，楚灵王对子革说："昔诸侯远我而畏晋，今我大城陈、蔡、不羹，赋皆千乘，子与有劳焉。诸侯其畏我乎?"子革对曰："畏君王哉！是四国者，专足畏也。又加之以楚，敢不畏君王哉?"又，西汉贾谊《新书·大都》载："昔楚灵王问范无宇曰：'我欲大城陈、蔡、叶与不羹赋，赋车各千乘焉，亦足以当晋矣。'"由上引可见，楚此时的兵力至少为四千乘。如果加上郢都及其他诸城的兵力，绝不会少于五千乘。

秦：秦景公三十六年，公元前 541 年，《史记·十二诸侯年表》载："公弟后子奔晋，车千乘。"《左传》昭公元年又载："秦后子有宠于桓，如二君于景。其母曰：'弗去，惧选。'癸卯，针适晋，其车千乘。"《国语·楚语》载："晋有曲沃，秦有征、衙……"昭注："征、衙，桓公之子、景公之弟公子针之邑。"可见秦一席封地或食邑，竟有千乘之兵。《韩非子·十过》载：晋公子重耳返国时，穆公竟派"革车

---

① 尚志发：《春秋后期人口新证》，《求是学刊》1984 年第 2 期。

五百乘，畴骑二千，步卒五万"护送。《史记·秦本纪》载，在楚昭王十一年，吴攻楚，楚大夫申包胥如秦乞救，秦派"子蒲、子虎帅车五百乘以救楚"。"弭兵之盟"时，秦为四霸之一。可见此时秦之兵力绝不会弱于楚、晋、齐诸国。而秦与齐则应更为接近。如果我们把秦与齐视为次于晋与楚的二等国家，其兵力至少也要在三千乘或四千乘。否则，便无从谈起"四分天下"矣！

齐：《国语·齐语》载，远在齐桓公时，"有革车八百乘，择天下之甚淫乱者而先征之"。当时，齐国人口已达到两百多万人。……进入春秋中后期，随着城市人口猛增，军队人数也大大膨胀，征兵出征已不光是国人的事了，农家野人也得应征了。"五属之制"绵延整个春秋时代。到春秋后期，齐国已从昔日霸主地位跌落下来，但"五属之制"未改。弭兵之时，每一属有近十万户人家是没有问题的。十万户可以赋千乘，"五属"计赋五千乘是不算高的。《吕氏春秋·不广》载，"廪丘之役"，齐败给三晋，三晋"得车二千，得尸三万"。"廪丘之役"，齐国参加作战的兵车当有三千乘左右。此时，齐国的兵力已大衰，尚有如此兵力，可想"弭兵会盟"时，齐国以四霸之一的实力逐鹿中原，虽不及晋楚两国，也与秦国匹敌。如果我们推断此时齐国的兵力亦如秦国，即在三千乘或四千乘之间，将是比较适当的。

"晋、楚、齐、秦，匹也。"弭兵盟会之时，四国兵力总计当不少于一万六千乘。

鲁：《诗经·鲁颂·閟宫》说："公车千乘，朱英绿縢，二矛重弓。"可见春秋后期，鲁之战车不会少于千乘。

宋：楚于庄公六年伐之。《史记·楚世家》说："伐宋，获五百乘。"宋当时参加作战的兵车也当在千乘左右。

吴：柏举一战，大败强楚。秦救楚时派"子蒲、子虎帅车五百乘"。吴兵入楚，力战两军，其参战兵车亦不会少于千乘。而吴又绝不会倾全国之兵以侵楚，它总要防备强邻越国，吴之兵力当在千乘以上无疑。

越：越在春秋后期步入强国之林，曾大败强吴。其兵力当然也是相当可观的。

尚志发指出：尽管除"四霸"之外，还有较强之国，但考虑到其时泗上小侯中不乏弱者，我们把四霸之外的十几个小国，估计平均每国为五百乘，我想这是无论如何不会被指责为夸大的吧？至此，春秋后期(从弭兵会盟到鲁昭公十二年之间)，各国战车数量总计为二万五千乘应该是可信的，甚至可以说是较保守的推断。[①]

春秋晚期楚国的军力，可以已知楚庄王在邲地之战投入的兵力与随后楚灵王占有陈、蔡、不羹四邑后的四千乘简单相加求得。本书第六章第十四节"邲地之战大胜晋国"中考证邲地之战是晋国的 1000 乘对楚国的 1060 乘，楚军实际兵力多于晋军 60 乘，楚军略占优势。邲地之战发生在公元前 597 年，经过楚共王、楚康王、楚王郏敖，到楚灵王十年(公元前 531 年)，"大城陈、蔡、不羹(东不羹及西不羹)"，4 邑净增加兵车 4000 乘，楚军拥有兵车即有 5060 乘，66 年时间，平均每年增加 60.6 乘，从楚灵王十年(公元前 531 年)到春秋战国之交的楚惠王十三年(公元前 476 年)，又过了 55 年，其中，楚昭王经历柏举之战，战后恢复迅速，军力急速发展，继续与吴争战，兵力占优。考虑到楚国既要与吴国作战，还要保留足够的兵力防范晋国，持续扩军备战必不可免，按照从邲地之战到楚灵王时的战车每年增加 60.6 乘的速度，又可以净增加 3333 乘，5060 乘再加上 3333 乘，达到 8393 乘。这是一个惊人的数字，不可能如此之多，拟适当压缩，控制在 7000 乘左右，较为合适。

2007 年，焦培民收集各种文献资料，列举鲁国至春秋后期，鲁人大蒐于红，仍是"革车千乘"。晋景公十二年(公元前 588 年)，晋国扩大到六军。公元前 589 年，晋在鞌之战中，投入兵车仅 800 乘。春秋末年，鲁昭公十三年(楚灵王十二年)，平丘之会，晋兵车 4000 乘。

---

① 尚志发：《春秋后期人口新证》，《求是学刊》1984 年第 2 期。

估计此时晋兵车已达 5000 乘左右，晋兵已达 50 万人，晋国人口则有
250 万人。秦国在春秋后期鲁昭公时，秦后子奔晋，其车千乘，此虽
非尽兵车，然秦之兵车亦不可能在两千乘以下。郑至春秋后期鲁襄公
二十五年（公元前 548 年），郑子展、子产以七百乘伐陈，则郑之兵当
在千乘左右。春秋末，齐卫伐晋，卫派兵车五百乘，盖已恢复"千乘
之国"矣。吴在春秋后期足以入楚、败齐。艾陵之战，吴有四军，众
于齐军，其实力亦约当中原大国二三千乘之谱。越军数量至少在春秋
末期与吴约略相当。①

表 22-4：春秋中后期主要诸侯国兵力统计表

国家	童书业考证	备注	车数（乘）	兵数（万）
齐国	哀公时二三千乘左右	齐强，估为三千乘	3000	30
鲁国	春秋初年即为千乘		1000	10
宋国	春秋初年即为千乘		1000	10
卫国	春秋初年即为千乘		1000	10
郑国	襄公时郑以七百乘伐陈	郑略小，亦近千乘	1000	10
秦国	昭公时不在二千乘之下		2000	20
晋国	昭公时五千乘左右		5000	50
楚国	昭公时数千乘或近万乘	估为七千乘	7000	70
吴国	实力约当二三千乘	折中计之	2500	25
越国	越在春秋末与吴略当		2500	25
燕国		春秋中期当有千乘	1000	10
周王	西周后期有二三千乘	春秋微时或有千乘	1000	10
春秋中后期各国兵车数、兵员数合计			28000	280

录自焦培民：《先秦人口研究》，郑州大学博士学位论文，2007 年，第 147 页

---

① 焦培民：《先秦人口研究》，郑州大学博士学位论文，2007 年，第 144—146 页。

根据上述尚志发的分析，结合焦培民的估算，[1] 可以列出下表：

表22-5：春秋战国之交主要诸侯国兵车表

国家	文献依据	尚志发分析	焦培民估计	拟定乘数
楚国	《左传》昭公十二年	绝对不少于五千乘	7000	7000
晋国	《左传》昭公五年、昭公十三年	不少于四千九百乘	5000	5000
秦国	《左传》昭公元年	至少三千乘或四千乘	2000	3000
齐国	《吕氏春秋·不广》	三千乘或四千乘之间	3000	3000
鲁国	《诗经·鲁颂·闷宫》	不会少于千乘	1000	1000
宋国	《史记·楚世家》	当在千乘左右	1000	1000
吴国		当在千乘以上无疑	2500	2500
越国		兵车相当可观	2500	2500
合计		总计二万五千乘	28000	28000

由上表可知，到春秋战国之交，楚国的兵车数达到7000乘。这个兵力，正好占焦培民列表估计"春秋中后期各国兵车数"28000乘的四分之一。这与苏仲湘指出的"荆占四分之一"的比例[2]，完全吻合。

第五节　小国之间的代理战争及沉重负担

春秋时期，在争夺势力范围的过程中，晋楚两国为了尽可能保存或扩大自己的实力，削弱对方的实力，还指使小国为之进行代理战争。代理战争是在国际关系中，依附于大国的小国在大国的指使下，服从

---

① 焦培民：《先秦人口研究》，郑州大学博士学位论文，2007年，第147页。
② 苏仲湘：《论"支那"一词的起源与荆的历史和文化》，《历史研究》1979年第4期。

于大国的目的而与其他国家进行的战争。《左传》记载了12次代理战争①，根据《左传》记载和《春秋左传代理战争表》，归纳出春秋代理战争的以下特征：

第一，在代理战争发生前后一段时间，代理国与指使国（或代理人与指使人，下同）的实力是不对等的，代理国弱于指使国。这一点从某种意义上讲是不言而喻的。试问：小国怎么能够指使大国呢？由于代理国的实力弱于指使国，延伸出二者关系的下一特征。

第二，在代理战争发生前后一段时间，代理国与指使国的地位不是平等的，代理国低于指使国，对指使国具有依附关系。《左传》昭公二十三年吴公子光曰："诸侯从于楚者众，而皆小国也，畏楚而不获已。"说的就是大小国之间的强弱、依附关系。

第三，代理战争一定是大国指使小国进行的战争，这一特征可以把代理战争与庇护战争区别开来。庇护战争是小国请求大国为之进行的战争。

第四，代理国所进行的战争是直接为了实现指使国的目的。当然，这不否定代理国可能借机谋利。

第五，指使国不参与战争。这一特征可以把代理战争与联合战争区别开来。春秋有许多大国、小国并肩作战的战争，但这些战争不是代理战争，而是联合战争。

第六，指使国对代理国的战争示意是命令性质的。这可以看《左传》记载指使国对代理国进行战争示意时使用的用语。如《左传》宣公二年记载："二年春，郑公子归生受命于楚，伐宋。宋华元、乐吕御之。二月壬子，战于大棘，宋师败绩。"此战的命令特征就非常明显。

第七，至少从短期看，指使国在代理战争中的成本很低廉，风险很低。因为指使国不参战，所以无论战争发展态势对指使国是有利还

---

① 邓曦泽：《冲突与协调——以春秋战争与会盟为中心》表18，人民出版社2015年，第237页。

是有弊，指使国都可根据自己的利益最大化考虑或进或退。如果代理战争整体失利，对指使国而言，最直接的损失就是丧失代理国，丧失一个很好的盟友或协作伙伴。

第八，通过归纳，可以发现，代理国通常具有独特的地缘政治特征。一方面，在春秋时期宋国、郑国作为中等诸侯国，具有非常重要的地缘政治价值。清人顾栋高所言的"中州为天下之枢，而宋、郑为大国，地居要害"①，放在现代学术中看，即是基于地缘政治学的评论。另一方面，中原无大国保护其他中小国家。于是，宋、郑两国就成为大国必争之地，两国经历的战争也特别多。② 两国常常作为大国的代理国去攻打他国，或者成为其他代理国的攻打对象，甚至两国中一国被指使而攻打另一国。

代理战争的实质，乃是大国争夺霸权的一种具体手段，并且是大国之间避免直接交锋而保存、壮大自己和削弱敌方的手段。霸权思维导致所有国家都把自己国家以外的世界当作实现自己利益最大化的工具，而小国的命运就是走卒。小国在大国争霸的格局中，难以存身，更难以安生。某些小国成为大国的代理国而与其他国家交战，成为大国斗争的走卒，乃是一种无可奈何的必然。

小国成为大国的代理国，背负极为沉重的经济负担。公元前529年，晋昭公召集齐、鲁、宋、郑、曹、莒、邾、滕、薛、杞、小邾等国诸侯，以及周卿士在平丘(今河南封丘东)举行盟会，盟会上涉及小国向大国交纳贡赋问题，郑国的政治家和外交家子产做了一场关于"班贡争承"的著名辩论。《左传》昭公十三年载：

> 及盟，子产争承，曰："昔天子班贡，轻重以列，列尊贡重，周之制也。卑而贡重者，甸服也。郑伯，男也，而使

---

① 顾栋高：《春秋大事表》，中华书局1993年，第1843页。
② 宋杰：《春秋战争之地域分析与列国的争霸方略》(下)，《首都师范大学学报(社会科学版)》1999年第3期。

从公侯之贡，惧弗给也，敢以为请。诸侯靖兵，好以为事。行理之命无月不至，贡之无艺，小国有阙，所以得罪也。诸侯修盟，存小国也。贡献无极，亡可待也。存亡之制，将在今矣。"

所谓"争承"，杜注说即争"贡赋之次"。子产说，过去对周王室的贡赋多少是按照其分封爵秩的高低顺序来定的。地位尊贵的，贡赋便重些；地位低下而贡赋重的，那是由于他属于畿服体系中的甸服。郑国爵位属于男爵，然而却让它按公侯的级别进贡，会有问题。接着，郑国请求当下的诸侯息兵而和平相处（"靖兵"），这样小国便不会疲于进贡了。现在大国的贡纳要求每月都来（"行理之命无月不至"），贡纳又没有限度（"无艺"），小国动辄得罪，甚至亡国。子产的这番话，非常准确地反映了春秋时期由对周天子纳贡转向对强国霸主纳贡的现实，弱小的郑国因不堪重负，随时有灭国危机，所以长于外交的子产提出此问题，请求减少贡纳。为此，他与主持此次盟会的盟主晋国国君进行争辩，从中午争到晚上，晋国终于答应了郑国的请求。《左传》昭公十三年："自日中以争，至于昏，晋人许之。"

与对待周王室不同，诸侯霸主以强大的武力作为后盾，对不服从自己的小国动辄武力相逼，甚或灭亡它们。特别是春秋中期以后，争霸战争日渐激烈，加上宗主国内部的腐败和贪欲无度，对诸侯盟主的贡纳成为弱小国家一项沉重的财政负担。例如，楚国以"蛮夷"自称，雄踞江汉一带，其周边的小国大部分被纳入楚国的势力范围。《左传》僖公十一年载："黄人不归楚贡。冬，楚人伐黄国。"可见，此前黄国等小国一直有进贡楚王的义务，否则便会遭到武力讨伐。第二年，黄国仗着齐国的势力继续"不供楚职"（不向楚国纳贡），结果楚国干脆灭掉了黄国。

对于春秋中后期中小国家对霸主国的贡纳负担，早在公元前551年，郑国子产出使晋国，当晋国向郑国索贡时，子产就有一段长篇的抱怨。《左传》襄公二十二年载：

……谓我敝邑，迩在晋国，譬诸草木，吾臭味也，而何敢差池？楚亦不竞，寡君尽其土实，重之以宗器，以受齐盟。遂帅群臣随于执事，以会岁终。贰于楚者，子侯、石盂，归而讨之。湨梁之明年，子蟜老矣，公孙夏从寡君以朝于君，见于尝酎……间二年，闻君将靖东夏，四月，又朝以听事期。不朝之间，无岁不聘，无役不从。以大国政令之无常，国家罢病，不虞荐至，无日不惕，岂敢忘职？大国若安定之，其朝夕在庭，何辱命焉？若不恤其患，而以为口实，其无乃不堪任命，而翦为仇雠？敝邑是惧，其敢忘君命？

这段记载至少说明以下问题：其一，郑国等小国夹在几个大国之间，它们必须依附于某一大国以在它的护佑下生存，如同风中的小草。《左传》襄公二十七年载，楚国的子木对宋国的向戌说："请晋、楚之从交相见也。"杜注："使诸侯从晋、楚者更相朝见。"这便是让夹缝中的小国对两边大国都行"朝见"贡纳之礼。其二，小国对于盟主国的贡纳，是通过"朝见"之礼来实现的。昔日周天子命"朝聘之数"于诸侯的制度，到春秋时期变成诸侯盟主们的特权。小国有纳贡、服役之责，并且这项负担很重，除了正常的朝贡之外，不朝期间也是"无岁不聘，无役不从"，每年都要到盟主国君那里去聘问、服役。其三，春秋中后期，大国政令无常，许多小国不胜贡纳负担，产生了逆反情绪。其四，向霸主的贡纳物资，主要有土特产、重要的礼器和劳役。

郑国的情况，集中反映了争霸战争期间中小国家的生存状况，它们必须随时准备好并服从霸主的征调，贡纳与否、贡纳多少和贡纳哪个大国，常常成为生死攸关的政治抉择。《左传》襄公八年载：

八年春，公如晋，朝，且听朝聘之数……五月甲辰，会于邢丘，以命朝聘之数，使诸侯之大夫听命……冬，楚子囊伐郑，讨其侵蔡也。子驷、子国、子耳欲从楚，子孔、子蟜、子展欲待晋。子驷曰："……民急矣，姑从楚以纾吾民。晋师至，吾又从之。敬供币帛，以待来者，小国之道也。牺牲玉帛，待于二竟，以待强者而庇民焉。寇不为害，民不罢病，不亦可乎？"

郑国内部，关于向晋国朝贡还是向楚国朝贡产生了分歧。子驷的话说明，在两强相争的夹缝中，"牺牲玉帛，待于二竟"，即在两个强国的边境都准备着朝贡的物资，以待强者。他将其视为立国护民的两全之策。

盟会和战争都以掠夺财富为赤裸裸的目标。《左传》襄公二十九年载："鲁之于晋也，职贡不乏，玩好时至，公卿大夫相继于朝，史不绝书，府无虚月。"即使是以保存周礼著称的鲁国，也不免向强国贡纳，对晋国的索求丝毫不敢怠慢。

为了寻求更多的贡纳财源，大国极力将小国纳为自己的附庸，小国也多依附于大国，以图谋生存。如邾国依附齐国，滕国依附宋国。公元前569年，鲁国派使者出使晋国，鲁襄公"如晋听政"，所谓出使晋国"听政"，实际就是去"受贡赋多少之政"。在晋侯的宴会上，鲁襄公"请属鄫"，即请求让鄫这样的小国划归自己，以"助鲁出贡赋"。《左传》襄公四年载，鲁国的孟献子讲了一通理由：

公如晋听政，晋侯享公。公请属鄫，晋侯不许。孟献子曰："以寡君之密迩于仇雠，而愿固事君，无失官命。鄫无赋于司马，为执事朝夕之命敝邑，敝邑褊小，阙而为罪，寡君是以愿借助焉。"晋侯许之。

孟献子的理由是，鲁国周边都是仇敌，而鲁国还是坚持向晋国纳贡，从来没有违背晋国的意志。现在晋国经常向鲁国征纳贡赋，鲁国

1865

不敢开罪于晋侯，而鄅国这个小邦又没有向晋国纳贡，所以鲁国才想将其纳入自己的势力范围，让它为自己"助贡"。晋侯于是同意了鲁国的请求。

《春秋》和《左传》中常见"请某国"，大都是小国以"助贡"名义，请求大国把更小的国家纳入自己的势力范围，以增加自己的财政收入。实际上，这是小国为了减轻自身的财政负担，转而侵略更弱小的国家，以向它们索取财物的一种办法。就在晋侯答应鲁国将鄅国为其"助贡"之后四十年（公元前529年），鲁昭公想让更多的弱小国家归附于己，于是"治兵"，开始做出向周边小国进攻的姿态，引起了邾、莒、杞、鄅等小国的恐慌，于是纷纷向晋国求救，声称鲁国将随时讨伐它们。于是晋侯做出怨恨鲁国的姿态，派叔向来进行外交威胁。《左传》昭公十三年载：

> 叔向曰："寡君有甲车四千乘在，虽以无道行之，必可畏也，况其率道，其何敌之有？牛虽瘠，偾于豚上，其畏不死？南蒯、子仲之忧，其庸可弃乎？若奉晋之众，用诸侯之师，因邾、莒、杞、鄅之怒，以讨鲁罪，间其二忧，何求而弗克？"鲁人惧，听命。

鲁国讨伐邾、莒等周边小国的目的就是索取财物，殊不知这触犯了晋国的根本利益，因而遭到晋国的恐吓，不得不放弃对它们的征讨。这说明，小国通过向大国贡纳而维系国运，反之，这种贡纳收入则成为霸主国家的一项重要财政来源，绝对不容他国染指。

公元前482年，吴国霸业渐起，吴国人准备带着鲁哀公去会见晋定公，以此来象征鲁国是吴国的附庸。《左传》哀公十三年载，鲁国的子服景伯对使者说：

> 王合诸侯，则伯帅侯牧以见于王。伯合诸侯，则侯帅子、

男以见于伯。自王以下，朝聘玉帛不同。故敝邑之职贡于吴，有丰于晋，无不及焉，以为伯也。今诸侯会，而君将以寡君见晋君，则晋成为伯矣，敝邑将改职贡：鲁赋于吴八百乘，若为子、男，则将半邾以属于吴，而如邾以事晋。且执事以伯召诸侯，而以侯终之，何利之有焉？

子服景伯说，鲁国既向吴国纳贡，也向晋国纳贡，而且对吴之贡丰于对晋之贡。鲁国如果随着吴国朝见晋国，则意味着以晋国为霸，那么鲁国对吴国的贡赋便会减少。当时鲁贡于吴的具体数量是八百乘，如果随吴朝晋，那么鲁之贡赋将按照邾国六百乘的数量而减半，变为三百乘。

这是文献记载当时诸侯之间贡赋时少有的精确数字。这个数字的来源，见于《左传》哀公七年的记载。该年，鲁国进攻邻邦邾国，弱小的邾国向远方的吴国求救，说："鲁赋八百乘，君之贰也。邾赋六百乘，君之私也。"根据杜注，这八百乘是指"鲁以八百乘之赋贡于吴"。①

第六节　兵器装备的完善、车阵及《司马法》对军阵的总结

楚国在春秋早期，社会经济并不发达，兵器还谈不上精良。在征服了江淮间随国以后，开始逐渐发展，并于春秋中晚期逐步强盛起来。

春秋中期和晚期楚国的兵器。从这个时期楚墓中出土的青铜兵器来看，量多且质优。已发现的有戈、矛、戟、殳、剑、钺、匕首和镞，以戈、矛为主，戟、殳尚少，钺可能只作仪仗用，匕首无关紧要，镞的出土数量较大。

---

① 杨华、段君峰：《先秦财政史》，湖南人民出版社 2013 年，第 223—228 页。

楚国戈、矛、戟的特点，一是长大，二是锋利。下寺8号墓所出戟一件，援长逾30厘米，2号墓所出矛一件，身骹长度也有30余厘米。一般的戈，援长近20厘米，一般的矛，长度在15厘米左右。戈多隆脊，矛多隆脊带血槽。矛呈三棱形者别称殳，杀伤力更强。上等贵族所用的矛，装饰讲究。如下寺楚墓所出长大的矛，身上满铸云纹，有的叶上有镂空花纹；最短的方銎有格矛，格上铸兽面纹。上等贵族所用的戈、矛、戟、殳装饰华丽，通常有铭文，甚至是错金铭文。

下寺楚墓所出土的剑只有两件，都与巴式剑相似。山湾春秋楚墓所出土的剑也只有2件，其中1件是巴式柳叶形短剑，另1件为剑锋残片，剑身形状不得而知。江陵雨台山春秋楚墓出土剑11件，其中10件是春秋晚期的，只有1件是春秋中期的。

青铜兵器中，已知属于楚共王、康王时代的青铜兵器，有戈、矛、戟、殳、剑、钺、匕首、箭镞和铠甲等，显然以戈居多，矛较少，戈矛合体的戟更少，殳尚罕见，剑尚在引进、仿造阶段，钺可能只作为仪仗用，匕首无关紧要，箭镞的性能优良，铠甲有多种。这时的战争以车战为主，戈、矛、戟、殳都是车战的利器。

楚人引进和仿造的剑，起初是巴式柳叶形剑，后来是越式剑、吴式剑。越人和吴人的铸剑技术举世独步，楚人虽竭力模仿，仍自愧弗如。楚国军队的用剑数量以及青铜剑生产工艺，一度远远落后于吴、越。吴、越兵种，由于受到地理条件的影响，主要是徒兵和骑兵。吴国精锐步兵部队的英姿，在夫差争夺中原霸主地位的黄池(今河南封丘西南)之会上，进行过一次展示。楚国与吴国频繁交战，带动了楚国步兵的发展，部队装备的用剑数量和质量需求日增。在当时铸剑工艺落后于吴、越的情况下，楚国势必向吴、越学习铸剑技术。

这个时期的楚国，在铸剑工艺方面仍落后于吴、越，原因大概有两个：一是吴、越的铸剑技术本来就妙绝天下，楚国一时还学不到家，二是吴、越徒兵多，车兵少，徒兵的利器以剑为最，所以吴、越特别重视提高铸剑技术。文献所记的先秦宝剑，都是吴、越所产，文献所记的先秦铸剑名师，都是吴、越之民。如《周礼·冬官·考工记》载："吴、粤之剑，迁乎其地而弗能为良：地气然也。"

在《越绝书外传·宝剑之十三》中记载了这样一个故事，说欧冶子铸了5柄宝剑，其一曰湛卢之剑，为吴王阖闾所得。不想这湛卢之剑是神剑：

> 阖庐无道，子女死，杀生以送之。湛卢之剑，去之如水，行秦过楚，楚王卧而寤，得吴王湛卢之剑。……楚王召风胡子而问之曰："寡人闻吴有干将，越有欧冶子，此二人甲世而生，天下未尝有。精诚上通天，下为烈士。寡人愿赍邦之重宝，皆以奉子，因吴王请此二人作铁剑，可乎？"风胡子曰："善。"于是乃令风胡子之吴，见欧冶子、干将，使之作铁剑。欧冶子、干将凿茨山，泄其溪，取铁英，作为铁剑三枚：一曰龙渊，二曰泰阿，三曰工布。毕成，风胡子奏之楚王。楚王见此三剑之精神，大悦风胡子，问之曰："此三剑何物所象？其名为何？"风胡子对曰："一曰龙渊，二曰泰阿，三曰工布。"楚王曰："何谓龙渊、泰阿、工布？"风胡子对曰："欲知龙渊，观其状，如登高山，临深渊；欲知泰阿，观其釽，巍巍翼翼，如流水之波；欲知工布，釽从文起，至脊而止，如珠不可衽，文若流水不绝。"晋郑王闻而求之，不得，兴师围楚之城，三年不解。仓谷粟索，库无兵革。左右群臣、贤士，莫能禁止。于是楚王闻之，引泰阿之剑，登城而麾之。三军破败，士卒迷惑，流血千里，猛兽欧瞻，江水折扬，晋郑之头毕白。楚王于是大悦，曰："此剑威耶？寡人力耶？"风胡子对曰："剑之威也，因大王之神。"

上述传说，扑朔迷离，由湛卢之剑又引出泰阿之剑，实际是说楚国学得吴、越高超铸剑技艺，在战争中发挥了巨大作用。

在已出土的楚国青铜器中，以剑的数量最多。据不完全统计，已有报告发表的 3000 多座楚墓中，共出土青铜剑 600 余件。其中，江陵天星观 1 号楚墓出土 32 件，江陵雨台山 558 座楚墓出土 172 件，长沙 209 座楚墓出土 82 件，汨罗 67 座楚墓出土 27 件。这些青铜剑共分四大类型，即柱脊剑、空茎剑、实茎剑和扁茎剑。① 不只是青铜剑，楚国铁剑的数量也是铁兵器中首屈一指的。据不完全统计，已出土的楚国铁剑有 31 件。②

据考古资料证实，楚国有锻制钢剑，绝非虚传。湖南长沙扬家山春秋晚期的一座楚墓中，曾有出土过一把铜格钢剑。钢剑是用含碳量达 0.5%~0.6% 的中碳钢反复锻打和退火处理锻成的。③

楚国的兵器，到春秋晚期得到长足发展，这从墓葬中的相关陪葬品可以反映出来。在纪南城四周楚墓中，不论大墓与小墓，随葬青铜兵器是很普遍的。不只数量多，品种全，而且制作精细。从数量来看，雨台山 558 座墓中，有 216 座出土兵器，共 518 件；张家山 75 座墓中，出土兵器 61 件。兵器中还有盾、弓、弩机及兵器的附件，如剑盒、箭箙、戈镈、矛镦和长兵器杆等。

迄今为止，所发掘楚墓铜器上有铭文的都出现在兵器上，如"楚王孙渔"之戟、"越王勾践自作用剑"、"越王州勾自作用剑"、拍马山"鄂君用宝"戈、雨台山"周阳之戈"和"隊作宝戈"。这些铭文都为推测墓主的年代与身份提供了极珍贵的资料。④

其他楚国的兵器，及远的兵器只有弓箭。据文献记载，仅以弓而言，楚弓之著名者就有大屈弓、鸟嘷弓、繁弱弓等。弓身易折，属于这个时期的完整实物，非常珍贵。楚墓中已出土弓 60 余件。至于楚墓

① 刘玉堂：《浅议楚人的竞技项目及其水平》，《江汉考古》2003 年第 3 期。
② 张正明主编《楚文化志》，湖北人民出版社 1988 年，第 243 页。
③ 肖梦龙：《论吴楚文化的交融》，载《楚文化研究论集》第九集，上海古籍出版社 2011 年，第 184 页。
④ 郭德维：《楚系墓葬研究》，湖北教育出版社 1995 年，第 137—138 页。

中出土的铜箭镞，更是难以计数。楚国箭镞的形制较多，其中多数为长铤修尾，刃作三棱；少数则为无铤无尾，身作矛状。在湖北江陵和湖南长沙的战国中晚期楚墓中，还出土了一批铁尾铜镞。这种镞的铁尾较铜尾长，可使箭在飞行中保持平衡。文献也记载楚国有名矢曰"忘归矢"，这些当是楚国弓射之风颇为盛行的实证。箭镞有两种形式：一式为双刃形，两叶如翼后掠，有倒钩，身扁平；二式为三棱形，有倒刺，身细长。据文献所记，楚国的箭杆也很好。《周礼·冬官·考工记》载，"荆之干"，"材之美者也"。楚国的弓十分有名，弓力强劲，《左传》成公十六年记养由基和潘党比赛射甲，他俩居然射穿了七层皮甲。楚国的对外赏赐是保守的，在有限的对外赏赐中，《左传》昭公七年记："楚子享公于新台，使长鬣者相。好以大屈。既而悔之。"大屈即大屈弓，是春秋时期闻名于世的宝物。蓬启彊听闻楚王赐弓又"既而悔之"一事，故意一本正经对鲁昭公说："齐与晋、越欲此久矣。寡君无适与也，而传诸君，君其备御三邻，慎守宝矣，敢不贺乎？"鲁昭公吓得赶紧将大屈弓奉还。可见，春秋时期许多大国都意欲得到大屈弓，甚至会为了它而发动战争。楚国后来在弓箭的基础上发展了弓弩，兵器水平进一步提高。

楚国从一个蕞尔小邦发展到地半天下的南方大国，缺少不了先辈们的苦心经营。立国之初，楚人居住于荆山与雎山之间，山深林密；而楚人先辈们依旧艰苦跋涉，把势力扩大到古云梦泽，那里遍布飞禽走兽，《墨子·公输》所谓"荆有云梦，犀兕麋鹿满之"。正因为拥有如此特殊的地理环境，楚人多习射猎之术，在此环境中逐渐形成了善射的传统。而历史上有着"射石没羽有四人"的典故，其中有两位就是楚人，即熊渠和养由基。熊渠作为楚国早期一位颇有雄才大略的君主，曾一度开拓了"江上楚蛮之地"。西汉刘向在《新序》中记载："昔者楚熊渠子夜行，见寝石，以为伏虎，弯弓射之，灭矢饮羽。下视之，知石也。"我们从中可以看出熊渠射技之高超，极富胆识与勇气。而《史记·龟策列传》中也记载："羿名善射，不如雄渠、蠭门。"雄渠就是熊渠。至于养由基，其射技更是达到了出神入化的地步，除了能百步穿杨之外，还可以做到射蜻蜓而只"拂左翼"。在晋楚鄢陵之战中，楚共王被敌方射伤了一只眼睛，大为恼火，于是给了养由基两支箭命他为自己报一箭之仇，而养由基仅仅用了一支箭就射中了吕锜的脖子，使之毙命。种种记载都说明了养由基的射技在楚国善射者中都是出类拔萃的。楚国还有一位身怀绝技的射手，他就是蒲且子。据《淮南子·览冥训》记载，"蒲且子之连鸟于百仞之上。"高注云："蒲且子，楚人，善射者。"蒲且子能信手射中飞翔于百仞之上的鸟，足见其射技之高超。

张正明指出，春秋、战国之际楚国的青铜兵器有以下三个发展趋向：其一是戈、矛、戟越来越精了。戟原来是由一戈一矛合成，这时楚国已有双戈戟和三戈戟，可能是向吴人学来的。其二是剑越来越多了。楚墓如墓主为男性，多随葬兵器。江陵发掘的一些小型楚墓，各随葬铜剑一件，而其他兵器无所见。其三是出现了弩机。当时在平原上作战，仍为车兵与徒兵混合编队。随着剑和弩的逐渐推广，徒兵的作用逐渐增大了。①

楚军的装备盾和甲，在春秋时期也日臻改进。楚军起初大概以木甲、木盾为主，一般的士兵还穿不上革甲。《左传》定公四年记吴楚柏举之战，楚国的大夫武城黑说："吴用木也，我用革也，不可久也，不如速战。"旧说，"用木""用革"都指战车而言。其实不然，它们所指应是甲、盾。这时，或许士兵身披革甲、手持革盾，因为天气不好，革受了潮容易被刺穿，反而不如木，所以武城黑要求速战。据文献所记，楚人用犀牛皮和鳄鱼皮制甲，可能有其事，但至今还没有在考古工作中发现犀皮甲、鳄皮甲实物。1984年当阳曹家岗5号墓出土铅锡合金铠甲，含铜量很小，可以弯曲而不易刺穿，在先秦的防护性兵器中实属罕见。

春秋晚期楚军就多用革甲、革盾了。《左传》成公十六年记，养由

---

① 张正明：《楚史》，湖北教育出版社1995年，第271页。

基和潘党比赛射甲，两人都射穿了革甲的七层皮张。《国语·晋语》载晋大夫叔向语："昔吾先君唐叔射兕于徒林，殪以为大甲，以封于晋。"这"大甲"大约就是所谓"阙巩之甲"。春秋时期的车战盛行以皮甲作为甲士护体之装备。《考工记》的制甲工人分为"函人""鲍人"两种。制甲的材料主要是牛皮，有时要用贵重的犀（犀牛）兕（野牛）之皮。考古发现证明我国从殷代就使用皮甲了，最初是以整张皮革制成铠甲，这种皮甲行动不便，影响甲士操兵战斗，于是制甲工艺出现了革新，革工先把熟革裁成长约 15 厘米~25 厘米，宽约 11 厘米~13 厘米的长方形或角形的碎片，革片上下穿孔，用皮条整齐地串成一排，每个革片叫作一"札"（因像书写的简札，故称札），每一排叫作一"属"，每件甲衣由五至七属组成，上身的甲衣叫"上旅"，下身的甲裙叫"下旅"。为了使铠甲更加坚固，就剔去革肉而取双层皮革做成甲札，这样的甲叫作"合甲"。制甲时，革工首先要审视生革是否丰厚结实，皮下有无败楘，以便选优质生皮进行锻革。锻革有一定限度，欠熟易折，太熟则不坚。甲札做好后，通身髹以一层朱漆或黑漆。为了进一步增强防护能力，还要用青铜铸成的环状甲泡缀在甲胄、皮靴上。皮革是楚国手工业的重要原料之一，皮革主要用来制造铠甲、固车、蒙鼓，造作弓箭矢箙，或者做成皮橐，用以鼓风、冶炼铜铁，等等。楚国有相当发达的畜牧业，皮革的来源十分丰富。春秋后期，楚灵王派人修筑了陈、蔡、西不羹和东不羹四座大城，"赋皆千乘"，单说战车上的甲士、战马装备的皮甲一项，所用之皮革就是一个惊人的数字。

甲兵即穿着铠甲的士兵，先秦铠甲保留下来的非常稀少，以楚地发现最为完整，如长沙春秋浏城桥楚墓、江陵楚墓、藤店楚墓、曾侯乙墓都有皮甲出土。长沙楚墓的一件彩绘俑，描绘了一个披甲武士，为我们研究甲兵提供了很好的参考资料。曾侯乙墓出土的竹简里有"真楚甲""真吴甲"等，可见吴楚甲制在当时颇有区别。①

---

① 陈伟：《楚地出土战国简册［十四种］》，武汉大学出版社 2016 年，第 454 页。

楚国的战马也披马甲。驾车的骖马，作战时要服马甲。据《左传》僖公二十八年记，在晋楚城濮之战中，"胥臣蒙马以虎皮，先犯陈、蔡"，这可能是临战用整张的兽皮草率制成的马甲。正式的马甲大概是由众多的甲札连缀而成。战马的头部披有护面帘，用整片皮革制成，表里髹漆，从马首的顶部，经鼻梁至口唇为中线，左右对称折下，遮住马的两颊。马甲耳部留孔，将马耳伸出孔外；眼部亦留孔，使马目可以外视。山湾2号楚墓属春秋晚期，出土马甲漆片约一百块，呈长方形、正方形或不规则状，每块有两层，四周有小圆孔四至十个，应是马甲的残片。[①]

春秋时期主要是车战，两军对战之前，必须布阵。战前布阵和阵形齐整是春秋时期战场作战必须遵守的铁血规则，各国列阵的特点各有千秋。

楚国的军阵，在楚武王时就有"荆尸之阵"，很有章法。在楚庄王时，军阵训练有素，军容齐整，相互呼应，车卒协调。《左传》宣公十二年记晋楚邲地之战，楚国"车驰卒奔"，获得大胜，楚国军阵作战威力达到鼎盛。但在楚共王时，有所下滑。楚国军阵的弱点，在鄢陵之战中有充分暴露。《左传》成公十六年晋楚鄢陵之战，晋国郤至说"楚有六间（弱点），不可失也"，其中有"四间"与楚国的车阵有直接或间接的关系。一是"郑陈而不整"，而郑军为楚军之主要盟军。二是"蛮军而不陈"（蛮夷从楚，不结阵），这暴露出楚军阵营有大的漏洞，易于攻打。三是"陈不违晦"，晦即月终、阴之尽，古时为兵家禁忌，出战不利，影响士气。四是"在陈而嚣，合而加嚣"，古时车战，交战双方必须聚精会神，全力以赴，随令旗和鼓声而冲杀，不容噪声干扰，而"嚣"，即喧哗，是一种无组织无纪律的乱喊乱叫。由此可见，晋国将领郤至洞察楚国的"车阵"，十分准确。鄢陵之战，楚国战败，并非偶然。

---

① 张正明：《楚文化史》，上海人民出版社1987年，第92—93页。

对于楚国的车战阵形，以前只能依据文献记载进行研究。近年河南淅川下寺 M36 车马坑①、湖北江陵九店楚墓车马坑②、湖北宜城罗岗楚墓车马坑③、湖北枣阳九连墩楚墓车马坑④，陆续发现楚国的军阵。黄文新通过对车马坑中车马的摆放方式、车舆的实测数据梳理，结合河南淮阳马鞍冢 2 号车马坑等⑤其他相关考古资料，对楚国车马阵容进行了推测复原。

通过研究，春秋战国时期楚国车阵的特点和规律有如下两点。第一，从春秋晚期开始，历经战国早、中、晚期，楚国车马的排列方式一直是单行或双行横向并列式的，但在战国末期开始出现横向与纵向结合式。因此，横向并列式应是楚国车阵的一个明显特点。楚国的车阵与晋国⑥、虢国⑦车马坑的纵列式的车阵特点有较大的差别。楚国战国末期出现的横向与纵向结合式(河南淮阳马鞍冢 2 号车马坑)，主要是殉葬车子的大小、数量与坑的宽窄有关。第二，楚国横向并列的车阵，由不同形制的车组成，各车的马匹配置，都有一定规律，这与当时楚国的排兵布阵密切相关。

车马阵形推测复原：枣阳九连墩 1 号车马坑，车马排列方式为双行横向并列式。1 号车至 12 号车为一前一后摆放，第 5、6、11、12 号车的车型较小，车栏有辐或为方格栏，其他车的车型较大，车无格栏。

① 河南省文物研究所、河南省丹江库区考古发掘队、淅川县博物馆：《淅川下寺春秋楚墓》，文物出版社 1991 年，第 47 页。
② 湖北省文物考古研究所编著《江陵九店东周墓》，科学出版社 1995 年，第 133 页。
③ 湖北省文物考古研究所、襄樊市博物馆、宜城县博物馆：《湖北宜城罗岗车马坑》，《文物》1993 年第 12 期。
④ 湖北省文物考古研究所资料。
⑤ 河南省文物研究所、周口地区文化局文物科：《河南淮阳马鞍冢楚墓发掘简报》，《文物》1984 年第 10 期。
⑥ 山西省考古研究所、太原市文物管理委员会：《太原金胜村 251 号春秋大墓及车马坑发掘简报》，《文物》1989 年第 9 期。
⑦ 中国科学院考古研究所：《上村岭虢国墓地》，科学出版社 1959 年，第 42—47 页。

这 12 乘车分成两组，每组 6 乘，前 4 乘车较粗笨，后 2 乘车较小巧。从车厢结构看，其排列阵容应是前 4 乘车为两排，后 2 乘车为单车，即 2、2、1、1 的排列阵容。按 1 号～12 号车一前一后摆放的规律来看，13 号车应该摆在前排 11 号车的右侧，但此车位却空置。13 号车被摆在了后排 12 号车的右侧，从而形成一个错位。在后排，13 号车的右侧依次摆放 15 号车和 16 号车；在前排，14 号车摆放在与 15 号车前后相对应的位置，其两侧各空一个车位。很显然，这 4 乘车构成了一个相对独立的单元组合。尤其值得注意的是其马匹配置：前排的 14 号车配 2 匹马，后排中间的 15 号车配 6 匹马，15 号车两侧的 13 号车、16 号车均配 4 匹马。这种配置主次分明，形成了一个以 15 号车为主体，以 13 号车、14 号车、16 号车为副翼的三角形车阵组合。根据这一阵形组合的相对位置关系，黄文新推测前排的 2 匹马车当为前驱车，后排中间的 6 匹马车为主车，两侧的 4 匹马车则为护卫车。

黄文新分析：上述现象表明，九连墩 1 号车马坑在车马下葬时，即已充分考虑到车马排列的阵容。所以将 33 乘车分成三个部分，每部分又分成几组。南部共 3 组，第一组和第二组各为 6 乘车，第三组为 4 乘车。中部共 2 组，第一组为 6 乘车，第二组为 3 乘车。北部虽因车厢腐烂严重而不见车舆痕迹，难以分辨其组合规律。但北部后排的 27、29、31 号车，却因其车辕的特殊放置方式而显露出较明显的车阵组合。这 3 乘车均配 2 匹马，车厢已腐烂，车辕却保存较好。车辕很长，头粗而圆，尾细且尖，并上翘。辕作龙形，通体髹黑色漆底，头上部用玉石镶嵌成龙眼，身上用红漆绘以鳞纹，鳞纹大小依辕部位的粗细变化而变化，整体观之与龙身完全相似。这 3 乘车的车辕摆放方式很特殊，中间 1 乘车(29 号车)的辕头向前伸，两侧车的辕头偏向中间，即左侧车(27 号车)的辕头偏向右，右侧车(31 号车)的辕头偏向左。从平面上看，两侧的车辕都向中间的车辕看齐，形成一个由龙辕组合的车阵。①

此后，考古又发现湖北熊家冢车马坑有巨大的实物军阵，属于春秋战国之交的军阵，可供进一步研究。据武家璧、贾汉清、丁家元研究，熊家冢有庞大车马阵。其车阵既有中原车阵特征（25乘为一偏），也有楚式车阵特征（15乘为一广）。横阵中，有左偏、中军、右三军编列，行进中，前广、中军、后殿三军齐备。

熊家冢陪葬大车马坑中的车阵，是墓主生前的仪仗队，来源于当时的战争实际。据史籍记载，在赵武灵王"胡服骑射"以前，骑兵作战并不普遍，车战是当时战争的主要形式。春秋时代的车战，作战双方往往排成整齐阵列，然后交战，谓之"偏战"。所谓"偏战"主要是车战，步兵(伍)居于从属地位。《孔子家语·六本》曰"战阵有列矣"，《吴子》曰"行阵居列"。所谓"成列"，就是将纵行的车队排成横列的车阵。春秋时车战讲究"军礼"，乘对方未阵而败之就是"诈战"，为时人所不齿。

春秋时两军对阵，胜负主要取决于前排车阵的冲锋，如若一方的车阵被对方打乱，就很难重整队伍继续作战，胜负很快就决定了。《左传》庄公十年载，齐鲁长勺之战，曹刿"下视其辙，登轼而望之……视其辙乱，望其旗靡"，就判断齐军被打败了。《六韬·均兵》载："车者，军之羽翼也，所以陷坚陈，要强敌，遮走北也；骑者，军之伺候也，所以踵败军，绝粮道，击便寇也。故车骑不敌战，则一骑不能当步卒一人。三军之众成陈而相当……夫车骑者，军之武兵也。十乘败千人，百乘败万人。十骑败百人，百骑走千人，此其大数也。"故在车战时代，车兵是战争的决定力量，骑兵和步兵处于从属地位。②

熊家冢大车马坑中的车阵，是一个比较完整而又基本的"偏阵"。

① 黄文新：《试论楚国车马阵容》，载《楚文化研究论集》六集，湖北教育出版社2005年，第580—582页。
② 武家璧、贾汉清、丁家元：《横式车阵——熊家冢车马坑研究之一》，载《荆楚文物》第2辑，科学出版社2015年，第66—75页。

其"中军"由矮墙内的十五辆戎车组成，合一广之数，其车皆有华丽伞盖，显然不是作战部队，其作战部队是"偏之两"即左右两偏："左偏"由前排的左广车 15 辆、后排的左殿车 10 辆（含战车、辎重车各五辆）共 25 辆组成；"右偏"由前排的右广车 15 辆、后排的右殿车 10 辆（含轻车、辎重车各五辆）共 25 辆组成，皆合于《司马法》"车战二十五乘为偏"之说。由于只有"偏之两"而没有"卒之两"，故不能称为"鱼丽阵"。整个车阵主要由"两偏一广"构成，即左右两偏、中军一广，而每偏又由前广、后殿组成，姑且称之为"偏广之阵"。如果使用文献上的称呼，那么它是减掉步兵配置的"鱼丽阵"，或者叫"横阵"。武家璧、贾汉清、丁家元三位将所有战车调整为驷马驾车，复原熊家冢的偏广之阵。

熊家冢"车阵——偏广之阵"复原示意图**见图 22-3**。

复原后的阵势，是一个相对独立完整的左、中、右"三军"战斗系列，作为墓主的陪葬仪仗，反映了楚国王族生前使用"三军"仪仗队的情形。由于没有骑兵，故不宜称之为"车马阵"。对于实物遗存，可以使用考古界的习惯叫法"车马坑"，但不应称之为"车马阵"，以免产生歧义。因为"车马阵"应该由"车阵（车兵）"和"马阵（骑兵）"共同组成，这里没有出现"马阵（骑兵）"，甚至没有出现"步阵（徒兵）"，故只能叫"车阵"。

总之，熊家冢大车马坑中的车阵，与文献记载的东周战阵基本符合，它既具有中原车阵的特点（二十五乘为一偏），又具有楚国车阵的特征（十五乘为一广）。列而为横阵，则有左偏、中军、右偏三军；行进中的车队，则列而为前广、中军、后殿三军。这是武家璧、贾汉清、丁家元三位把出土遗存与传世典籍相互结合，初步研究得出的一个基本结论。[1]

---

[1] 武家璧、贾汉清、丁家元：《横式车阵——熊家冢车马坑研究之一》，载《荆楚文物》第 2 辑，科学出版社 2015 年，第 66—75 页。

春秋战国之交，战争的规模不断扩大，兵种的运用也日益复杂，兵家开始对以往战争的规则进行总结，其中自然也包括对兵阵的总结。兵家对兵阵的总结，其代表性著作是春秋时期军事家司马穰苴的《司马法》，《司马法》是否为司马穰苴所著，历史上尚有争议，但是《司马法》反映的是中国早期的军事思想则是无疑的，它代表了司马穰苴所处的春秋时期的军事思想，包含了对楚国军阵的总结，是中国古代著名兵书。

在《司马法》中，兵阵的核心就是"巧"与"练"。首先，"巧"是布阵的总则，也就是从宏观层面阐释如何布阵，怎么样才能布好阵。《司马法》开宗明义，"阵，巧也。"那么，什么样的阵才能算得上是巧呢？《司马法》给出了三条标准：强大坚固、力量雄厚、繁复多变。强大坚固指的是兵阵的攻守能力，车兵与步兵行动迅捷，具备强弓利箭足以固守；力量雄厚指的是军队既能保持安静，又能保持强大的实力；繁复多变则是指上级对下级没有多余的干预，士兵训练有素，就能操练繁复的阵形。在这个基础上，还要做好情报工作与多兵种的配合，既要在布阵前估算敌我双方的力量，也要勘探地形，根据力量对比和地形选择阵形，又要让车兵和步兵相互配合，无论是进攻防守还是前进后退，都要配合有序。这样才能发挥兵阵的威力。而且，在布阵的选择上，行进时要稀疏，战斗时要密集，兵器要配合使用。《司马法》列出的布阵总则堪称精要。

"练"则是阵形的具体操练。《司马法》非常重视阵形的演练，认为列阵作战，难的并不是阵法本身，也不是让兵士学习阵法，而是让兵士将阵法运用到实战中，让兵士知道阵法是容易的，但要让兵士能够操演阵法却不是易事。为了让兵士能够把阵法用于实战，就要正确操练士兵。其中，第一要务就是将兵士编队，让他们编成队形，了解各种信号的含义。然后要根据实际的战况来安排阵形。比如军心畏惧时要采取密集的阵形，车阵采取密集队形易于镇守，同时步兵要保持坐姿，要甲胄重而兵器轻。此外还有关于阵形的细节，比如安营时要注意兵器甲胄的放置，行军时要注意阵形的整齐，作战时要注意前进与停止的节奏。《司马法》还提到了战争中立阵与坐阵的用法，只是未加以阐述，之后的《尉缭子》，则对《司马法》进行了继承与发扬。《尉缭子》提出："阵以密则固，锋以疏则达。"也就是阵形密集有利于坚守，行列疏散则有利于进攻，布阵要注重结构。立阵用于进攻，使用戟弩等用于远战的兵器；坐阵用于防守，使用剑斧等用于近战的兵器。采取立阵还是坐阵，应该根据军队的攻守情况来决定。

第七节　步兵的重新崛起

由于战车有较多弊端，车战的频率逐渐减少，步战的频率逐渐增多，甚至还出现单独的步战。据《左传》等文献的记载，春秋前期诸侯列国中建立步兵并单独用于作战的，主要有郑、晋诸国。郑国立国于无险可守的平原地区，最早使用步兵守卫疆土和反击戎狄少数民族的袭扰。如《左传》隐公四年记载，郑国在抗击宋、卫多国联军的作战中，曾动用步卒应敌，"诸侯之师败郑徒兵，取其禾而还"。又如《左传》襄公元年记载，郑国又一次以步兵抵御诸侯之师，"晋韩厥、荀偃帅诸侯之师伐郑，入其郛，败其徒兵于洧上"。这表明，郑国的确拥有独立的步兵部队，且经常投入战斗。在平原地带，在极具冲杀力的战车面前，步兵往往处于劣势地位，很难与车兵相抗衡。但郑国步兵并未因此而没落，仍在一定的条件下起到独特的作用，如曾在镇压"萑苻之盗"的作战中发挥了较强的战斗力，《左传》昭公二十年载："（大叔）兴徒兵以攻萑苻之盗，尽杀之，盗少止。"

由于地形多山，邻接戎狄的晋国也较早地注意建立独立的步兵部队，其名称为"行"。晋国在献公时即已建有左行与右行。《左传》僖公二十八年载，到晋文公时，更在作"三军"的同时，又作"三行以御狄"，即在原有二行的基础上增设中行。《左传》昭公元年载，公元前

541 年，晋国在攻伐太原一带的"无终戎"和"群狄"时，晋将魏舒曾"毁车以为行"："晋中行穆子败无终及群狄于大原，崇卒也。将战，魏舒曰：'彼徒我车，所遇又厄，以什共车，必克。困诸厄，又克。请皆卒，自我始。'乃毁车以为行，五乘为三伍。"就是将车兵全部改作步兵，组成了第一个独立的步兵方阵。这一"毁车以为行"之举，是春秋后期步兵全面复兴的重大标志，实为步兵发展史上的一座里程碑。从此，步兵迅速发展，在战争中发挥出越来越大的作用。《左传》哀公二年载，在公元前 493 年的晋郑铁丘之战中，晋军将领公孙龙以五百名步兵乘夜偷袭郑军，夺回赵鞅的帅旗，就明显地反映出步兵重新崛起后，它在战争中所具有的优越性。"行"不隶属于战车部队的编制，主要承担与戎狄作战、保卫和开拓晋国疆土的任务。但是，总的看来，在春秋早期、中期，步兵尚被笼罩在车兵的阴影之中，发展速度缓慢，数量规模有限。

到春秋后期，步兵开始全面复兴。这一现象的发生，主要是缘于与戎狄作战之急切需要的驱使。当时戎狄擅长于步兵作战，而受地形限制、队形较稀疏、攻防阵形较呆板的战车部队难以应付灵活机动的步兵进攻的现实，极大地推动步兵的发展。此时，随着井田制逐渐瓦解，"国人当兵，野人不当兵"的传统遭到重大冲击，普通民众(庶人、野人)被允许加入军队。他们从军后，由于没有当甲士的权利和受"射""御"等专业训练的条件，只能充当徒卒，所以造成军队成分的改变，步兵数量剧增。

春秋后期南方地区步兵的重新崛起，与吴、越诸国参与中原争霸直接有关。当时地处东南一带的吴、越等国，国势勃兴，丘陵、水网等特殊地形条件，不利于车战，造成步兵十分发达。吴师的主力是徒兵。以徒兵在平野上与车兵作战，无异于以卵击石。精明如伍员、孙武，当然明白，但对吴师来说，步兵可以利用南方多山和水网密布的地形实行奇袭。翻山越岭虽辛苦些，但可以扬徒兵之长而避徒兵之短。徒兵遇山能登，车兵遇山辄止。如《吕氏春秋·简选》载："吴阖庐选多力者五百人，利趾者三千人，以为前阵，与荆战，五战五胜，遂有郢。"吴国的步兵由精心挑选的五百名大力士和三千名善于奔走的勇士组成，作为先头部队，善于长途奔袭。在实战中，吴国的步兵有突出的表现，在战事中发挥了重要的作用。吴王阖闾伐楚之所以能够长驱直入，五战入郢，主要原因之一，就在于拥有一支轻甲利兵的步卒队伍。如《墨子·非攻》载："古者吴阖闾教七年，奉甲执兵，奔三百里而舍焉。"将楚军追赶得没有喘息的空隙，一直攻入楚国的郢都。

步兵的长处在于可以出敌不意，避实击虚。《孙子·计篇》载："攻其无备，出其不意。"同书《虚实篇》载："故善攻者，敌不知其所守。"楚人轻视吴国的步卒，根本没有想到吴国步卒竟然会舍坦途而取险径。吴国步卒的进军路线，充分体现了孙武出其不意的兵法精髓。

越国同样以步卒战胜了吴国。吴越笠泽之战中，越军以两翼步兵佯攻，掩护越王勾践率主力偷渡，一举大败吴军。这次战斗中，越王的中军就是由六千"私卒君子"组成的步兵。中原诸国为了同它们抗衡，也自然要进一步重视对步兵的建设，如此南北呼应，遂有力地促进了步兵的全面复兴，为战国时期步兵再次跃居各兵种之首，成为战场的主宰者，奠定了坚实的基础。《国语·吴语》载，黄池之会上，吴国曾"陈王卒，百人以为彻行，百行"。韦昭注："彻，通也。以百人为一行，百行为万人，谓之方陈。"用步兵排列阵势，威慑晋等诸侯，即是盛行步战刺激的结果。

楚国的步卒，在与吴国的长期交战中得到加强。吴国擅长以步卒作战，逼得楚国被迫改变战术，以步卒对抗步卒。在第二次息兵之后，楚国与晋国握手言和，楚晋之间以车战为主的作战方式告一段落，转为楚吴之间以步卒交战为主的作战方式。春秋晚期，楚灵王、楚平王到楚昭王期间，楚吴之间的战争，除了水上的舟师交战，就是陆上的步卒交战，或者是水陆并用的混合交战。楚灵王率众国伐吴，克朱方，吴国袭击楚国的鹊岸之战，楚平王时吴国攻楚的长岸之战、鸡父之战，由争桑引起的吴取楚巢邑之战，楚昭王时楚吴争夺潜邑之战，吴楚间之柏举之战，吴取楚的番地之战，基本上都是步卒之战。吴师入郢之战后，楚昭王痛定思痛，总结战败的教训，想必会采取各种措施，以提高楚国步卒对吴作战的能力。在越国于槜李之战获胜，吴王阖闾伤重而亡之后，楚国步卒的实力已经能够同吴国相抗衡，在随后楚吴争夺陈国之际，两国的步卒均出动，实力相当，相持不下，还是晋国出面斡旋，吴国无奈退兵，此举显示楚国的步卒实力，已经超过被越国削弱的吴国。

春秋时期步兵的编制，没有可靠的史料可考。仅从公元前482年黄池之会时吴国三军的三个步兵方阵的排列看，似乎仍沿用西周初期十进位的编制：十人一队，十队（百人）一行，十行（千人）一旌，十旌（万人）一军。《国语·吴语》载："……陈王卒，百人以为彻行，百行。……十行一嬖大夫，建旌提鼓……十旌一将军，……万人以为方陈。"可见吴国步卒大约有三万人。楚国的人口基数远大于吴国，楚国在黄池之会时的步卒规模，当超过吴国。

春秋战国之交步兵的重新崛起，大大提高了军队行动的机动能力，在南方复杂地形、西北山地和要塞城邑的攻坚战中，步兵都是不可或缺的重要角色，从而使冷兵器时代的战争又呈示出新的面貌、新的特点。这在中国古代兵学发展史上的意义是不容低估的。[1]

第八节　舟师及水战、水攻

战船是由于战争的需要，从一般船只中分化出来的。若干艘战船在一起，形成舟师。在春秋时期以前的战争，主要方式是陆战，交战双方除步兵外，还配备一辆辆四匹马拉的战车，排成阵形，进行攻击或防御，所以这种战法又叫"车阵战"。公元前1046年，周武王率众伐纣，双方在商都南郊牧野（今河南卫辉）进行的一次决战中，周就使

---

① 黄朴民主编《中国兵学通史·先秦卷》，岳麓书社2022年，第127页。

用了"战车三百乘，虎贲（冲锋兵）三千人，甲士（士卒）四万五千人"，但未见有水战的记载。舟船在商周时期就已被用于军事行动，但基本上局限于军事后勤补给等范围。到了春秋时期，随着战争扩大到江、河、湖、海等各类水域，舟兵遂得到初步创建。当时，齐、楚、吴、越等国相继建立了舟师，开展水战，在战争中发挥独特的作用，舟师遂成为这些诸侯国的独立新兵种。春秋时期，由于各诸侯之间的争霸兼并，战争四起，特别是那些蓄谋称霸的大国，既勾结又争夺，都想用战争的手段并吞对方。战争的烽烟滚滚，从辽阔的陆地，扩大到浩瀚的江河湖海，适应水战的主要工具——战船，迅速发展起来。诸侯国之间经常发生大规模水战的要数齐、楚、吴、越四国。这四国濒水傍川，都有广袤的水域，自古就是造船和航运的基地。它们利用这些优越的自然条件，积极扩充水军，建立强大的舟师，兴造各种类型的战船。

齐国地处渤海之滨，"通齐国之鱼盐于东莱"。居住在山东半岛东部的劳动人民，为了捕鱼晒盐等海上生产的需要，很注重造船技术。从"齐景公游于海上而乐之，六月不归"这个传说，可见齐国的造船水平和规模。如果说，没有适应航海性能的大船，没有庞大的船队和高明的航海技术，齐景公在海上玩6个月恐怕是不可能的。渤海之滨的齐国舟师十分强大，公元前485年，《左传》哀公十年有关吴王夫差"从海上攻齐，齐人败吴"的记述，说明齐国舟师比较强大，吴国未入齐境就被挫败。

春秋战国时期，吴国的战船是最为出名的。吴国地处长江下游，国都就在今苏州市，西临太湖，东通大海，是一个一日不能废舟楫的国家。公元前514年，吴王阖闾任用从楚国逃难到吴国的伍子胥为谋臣。伍子胥对建设水军战船很有研究。据记载，吴国的战船主要有"艅艎"和"三翼"。艅艎是王侯们乘坐的大型战船，水战时可作为指挥船。它体形宽大，首尾高耸，船首绘有鹢鸟。这种大型战船，晋人葛洪在《抱朴子》一书中曾称它为"涉川之良器也"。"三翼"战船有三种不同的型号，据《物原》载：大翼广（阔）一丈五尺，长十丈；中翼广一丈三尺，长七丈；小翼广一丈二尺，长五丈六尺。"大翼"可乘士卒90余人，其中划桨手为50人，管理舳舻（船的头尾）3人，专管武器的4人。船上的武器有长钩、长矛、长斧各4把，弩32把，箭矢3200支，军盔32个。

据《越绝书》载："阖闾见子胥，敢问船军之备何如？对曰：'船名大翼、小翼、突冒、楼船、桥船。令船军之教，比陵军之法，乃可用之。大翼者，当陵军之重车。小翼者，当陵军之轻车。突冒者，当陵军之冲车。楼船者，当陵军之行楼车。桥船者，当陵军之轻足骠骑也。"又如《越绝书》载："大翼一艘，广一丈五尺二寸，长十丈。容战士二十六人，棹五十人，舳舻三人，操长钩矛斧者四，吏仆射长各一人，凡九十一人。当用长钩矛长斧各四，弩各三十二，矢三千三百，甲兜鍪各三十二。"经过伍子胥的帮助，吴国水军和陆军的素质提高了，装备也较为精良了。吴国舟师常集中在太湖进行训练。从地理环境来看，吴国地处太湖流域，且东临海岸线，越国位于杭州湾沿岸和钱塘江流域，齐国地处济水流域和渤海之间，楚国的中心在汉水流域和长江中游。多水的地理环境决定了吴、越、齐、楚多水战。① 据《左传》《国语》等典籍记载，吴、楚、越、齐等国之间，曾多次爆发规模不小的战争，其舟师在其中扮演了较为重要的角色。这表明至迟到春秋晚期，随着驾舟作战技术的进步和造船能力的提高，舟师已开始在战争中崭露头角了。据文献记载，吴、楚、越诸国舟师的主要职能有两项：一是作为辅助部队运输陆战主力抵达预定作战区域及时投入战斗。《国语·吴语》载越王勾践"率师沿海溯淮以绝吴路"，"率中军溯江以袭吴"，都反映了当时舟师运输陆战部队的助战性质，表明水军在当时已有了较大的发展，成为南方诸国军队中一支比较重要的兵

---

① 张启珍：《清华简〈系年〉与晋、楚邦交策略研究》，烟台大学硕士学位论文，2014年，第29页。

种。二是以作战主力投入水上会战，控制水上作战的主动权，进而实现既定军事战略目标。《左传》哀公十年载，吴大夫"徐承帅舟师自海入齐，齐人败之，吴师乃还"。应该说，水上作战是舟师存在和发展的根本条件，是舟师成为独立兵种的基本标志。

楚国"舟师"的组建在春秋中晚期。春秋早期，大国争霸战争多在地势比较平坦的中原地区进行，交战双方以车战为主，车战甲士是各国军队的主力。楚国地处江淮水乡，木舟早已有之，但未正式组建"舟师"。当时的船只虽有时用于战争，但仅仅是一种运载工具，或如《诗经·大明》所说"造舟为梁"，作为架设浮桥使用。如《左传》庄公四年载："楚武王荆尸，授师孑焉，以伐随。……令尹斗祁、莫敖屈重除道、梁溠，……济汉而后发丧。""梁"即"桥"，此时楚尚无舟师，将许多船只系在一起，作为浮桥。春秋后期，吴国崛起，经常以"舟师"攻楚，为适应这种作战方式，楚国在楚共王二十一年与吴国的"衡山之战"中首次正式使用"舟师"。《左传》襄公三年记，楚共王二十一年，公元前 570 年，"楚子重伐吴，为简之师，克鸠兹，至于衡山"。《春秋大事表》卷四载："子重之克鸠兹也，为今太平之芜湖，此用水也。""用水"，即水战。以后，《左传》襄公二十四年，楚康王十一年，公元前 549 年，"夏，楚子为舟师以伐吴，不为军政，无功而还"。表明尚处于初期的楚国水军，各项制度还很不健全。

马端临认为，楚国的舟师是在楚康王时建立的。据《文献通考》"兵考一"条载："楚用舟师，自康王始。考之经传，吴自成七年始入州来，暨共王卒，继侵楚。明年，败楚于皋舟之隘。是吴利在舟师，楚惧无以敌吴。后十年，康王始为舟师，以略吴疆。"

马氏此说，比顾栋高所指，时间稍晚。

楚国水上力量的发展，得到越国的帮助。从"越公子仓赠送楚平王座船"来看，越国的舟船文化也很发达。吴国与越国是邻国，国人多为断发文身的越人，这使得两国的文化表现出以舟船文化为主的文化共性，与中原的车马文化有着明显的区别。但这两个国家之间的战争却频繁而残酷。《左传》《国语》等书籍中关于越国的记载，大多是越国与吴国之间的战争。《左传》襄公二十九年记载："吴人伐越，获俘焉，以为阍，使守舟。吴子馀祭观舟，阍以刀弑之。"从这则记载可以得知，越国人多熟悉水性，擅长舟楫。吴国人俘虏越国人，砍断他们的双脚，让他们为吴国人守护舟船。无法从舟上逃跑的越国人，只能以舟代步，为吴国人服务。吴国这则残酷的做法，使得与守舟越人的积怨很深，最终导致杀死吴王馀祭的事件发生。

因为吴越乃世仇，所以越国不遗余力地帮助楚国发展舟师，致使楚国对吴国水上作战的实力迅速发展。楚国于公元前549年正式建"舟师"以伐吴。之后，楚又多次使用水军作战。如：

> 《左传》昭公十七年（楚平王四年，公元前525年）载："吴伐楚，……战于长岸。子鱼先死，楚师继之，大败吴师，获其乘舟馀皇。"
>
> 《左传》昭公十九年（楚平王六年，公元前523年）载："楚子为舟师以伐濮。"
>
> 《左传》昭公二十四年（楚平王十一年，公元前518年）载："楚子为舟师以略吴疆。"
>
> 《左传》昭公二十七年（楚昭王元年，公元前515年）载："与吴师遇于穷。令尹子常以舟师及沙汭而还。"
>
> 《左传》定公二年（楚昭王八年，公元前508年）载："秋，楚囊瓦伐吴，师于豫章。吴人见舟于豫章，……败之。"

《左传》昭公十七年记，吴楚长岸之战，由于楚舟师控制了大江上流，结果击败了吴舟师，俘获吴子馀昧所专乘的战船"馀皇"；吴、楚两国争夺"馀皇"，除它是吴国"先王之乘舟"外，更重要的是对先进造船技术的争夺。"馀皇"是供吴王乘坐的大型座船，在战争时"馀皇"也用作大将的指挥船。楚国军队"大败吴师，获其乘舟馀皇"，此时"馀皇"是作为指挥船被楚国俘获的。《史记·吴太伯世家》载，吴公子光在吴王僚二年(公元前525年)的伐楚战争中"败而亡王舟。光惧，袭楚，复得王舟而还"。《左传》昭公十七年载，为了防止"馀皇"被吴国夺回，楚国"使随人与后至者守之，环而堑之，及泉，盈其隧炭"。丢失王舟"馀皇"是死罪，因惧怕降罪，吴公子光夜袭楚军，"复得王舟而还"，可以看出"馀皇"对吴国来说是非常重要的。王风利认为，楚国派专人看守"馀皇"，并在"馀皇"周围挖沟设防，体现了楚国对"馀皇"的重视，更表现了楚国渴望获取吴国先进的造船技术。而吴国誓死夺回"馀皇"，则反映了吴国对先进造船技术的垄断与把控。①

楚与吴水上交战，互有胜败。清人顾栋高总结说："夫长江之险，吴、楚所共，而楚居上游，……故吴楚交兵数百战，从水则楚常胜。"②由于吴人强烈地意识到长江水战"仰攻不能胜"，"故吴用兵常从淮右北道"。《左传》定公四年(楚昭王十年，公元前506年)载，"蔡侯、吴子、唐侯伐楚。舍舟于淮汭。"淮汭在光(今河南潢川)、颍(今安徽阜阳)，均属淮水上游。吴人选取了淮右北道用兵，即"伐巢、伐徐、伐州来，争斗于庐州、凤阳之间"，其用心是"从东北以出楚之不意"，从而减轻长江水路战线的压力。吴国经过一番准备，率"馀皇""三翼"等各种战船，溯长江西上攻楚，成功吸引了楚军的注意力，另一支步卒从潜邑穿过大别山，出其不意地在柏举击败楚军，遂一直攻进楚国的郢都，几乎使楚国灭亡。

除了在江淮水域与吴国进行水战以外，楚国的舟师还在其他地区广泛出兵。《左传》昭公十九年(楚平王六年，公元前523年)载，"楚子为舟师以伐濮。""濮"是我国古代南方一个很大的族系，这说明楚国为了开拓南方，统一融合群蛮，曾在河流纵横的江南水域大兴水战之

① 王风利：《论先秦吴楚关系》，《洛阳理工学院学报》(社会科学版)2016年第4期。
② 顾栋高：《春秋大事表》，中华书局1993年，第544页。

师。"舟师"，作为楚国一支独立的军种，已出现在春秋后期的战场上了。

东南沿海地区的越国，具备良好的造船和水运条件，有越人"善于造舟"之说。公元前11世纪周成王时，就有"于越献舟"的记载。越王勾践曾描述越人是"水行而山处，以船为车，以楫为马"。越国的战船主要是楼船和戈船。戈船是在船上装备戈矛等武器，也就是战船。夫椒一战，越王勾践被俘，当了吴王夫差的仆从，后被释放回国。勾践"卧薪尝胆"，立志复仇，采取很多措施，其中之一就是积极制造战船。勾践在灭吴后五年，将都城从会稽（今浙江绍兴）迁往琅琊（今山东日照东北）时，有"死士八千人，戈船三百艘"的庞大战船队伍。越国除了资助楚国，间接与吴国抗衡以外，还与吴国直接进行水战，也有很多战例。① 公元前494年，《左传》哀公元年记吴、越两国在太湖的西南方向展开激战，吴王夫差在"馀皇"大船上擂鼓督战，大败越军于夫椒。公元前482年，《左传》哀公十三年记吴、晋黄池争盟，越乘机攻吴，"六月丙子，越子伐吴，为二隧。畴无馀、讴阳至南方，先及郊。吴大子友、王子地、王孙弥庸、寿于姚自泓上观之"。这次战役的方式是陆路与水路并进，二者相互配合，破吴都姑苏（今江苏苏州），吴请和。四年之后，《左传》哀公十七年记："三月，越子伐吴，吴子御之笠泽，夹水而陈。越子为左右句卒，使夜或左或右，鼓噪而进。吴师分以御之。越子以三军潜涉，当吴中军而鼓之，吴师大乱，遂败之。"吴、越双方都在水上列阵，展开生死决战。可见，越国的水上力量也是非常强大的，足以与吴国抗衡。《越绝书·越绝内传陈成恒第九》中记有吴、越两国水军在太湖西南激战，"吴晋争强，晋人击之，大败吴师。越王闻之，涉江袭吴，去邦七里而军阵。吴王闻之，去晋从越。越王迎之，战于五湖。三战不胜，城门不守，遂围王宫，

---

① 张玉林：《先秦秦汉水军战船概述》，《武汉船舶职业技术学院学报》2010年第4期。

杀夫差而僇其相。"

越国的楼船，取代了吴国的馀皇，成为先秦至秦汉时期被经常使用的大型水军战船，裴骃《集解》引应劭云："时欲击越，非水不至，故作大船。船上施楼，故号曰'楼船'也。"楼船在水战中除了作为指挥战船和作战战船使用以外，在水战中还承担着运送兵力和战略物资的重要作用。春秋战国时期，楼船军曾是越国的重要运输部队，其部近三千人，[①]据《越绝书·越绝外传记〔越〕地传第十》记载："句践伐吴，霸关东。从琅琊，起观台。台周七里，以望东海。死士八千人，戈船三百艘。"

在越灭吴后，楚、越之间的矛盾上升为主要矛盾，楚、越舟师之间同样发生过大规模的水战。《墨子·鲁问》对此曾予以追叙："昔者楚人与越人舟战于江，楚人顺流而进，迎流而退，见利而进，见不利则其退难。越人迎流而进，顺流而退，见利而进，见不利则其退速。越人因此若势，亟败楚人。"楚、越两国的舟师多次在长江中交战，楚国的舟师战船较大，装备较好，但总在上游，越国的舟师则适得其反。顺流而进的退走时慢，逆流而进的退走时快，因而楚人屡屡失利。此外，《墨子·鲁问》还记："公输子自鲁南游楚，焉始为舟战之器，作为钩强之备，退者钩之，进者强之。"张正明评论：鲁国的巧匠公输般(鲁班)应聘到楚国，设计了一种"钩强之备"。"钩"，就是把掉头逃走的敌船钩住；"强"，就是把迎面冲来的敌船顶住。至于"钩强之备"的构造，则莫知其详。只要能把敌船钩住或顶住，楚人的优势装备——尤其是这时已用于实战的弩就可以使他们稳操胜算。否则，如果短兵相接，楚人怕就斗不过一向善于步战的越人了。据说，自从楚人有了"钩强之备"，在水战中屡屡失利的就是越人了。[②]

楚国舟师不断发展壮大，在对吴战争中所体现出的重要性日益增

---

① 陈恩林：《中国春秋战国军事史》，人民出版社 1994 年，第 76—80 页。
② 张正明：《楚史》，湖北教育出版社 1995 年，第 267—268 页。

强。徐俊指出：总之，楚国"舟师"的组建，不是偶然发生在战场上的孤立的军事现象，而是吴楚战争发展的必然结果。① 楚国的水军"舟师"在其军队中逐渐占有相当显赫的地位。楚国最高行政长官令尹子常、令尹子重、令尹子瑕都曾亲率水军指挥水战。到了春秋后期，楚国水军的指挥系统已渐臻完备，并设有"舟师之帅"。《左传》定公六年记，"吴大子终累败楚舟师，获潘子臣、小惟子及大夫七人"。杜预注："二子楚舟师之帅。"史籍中关于楚国"舟师"具体编制的记载不详，但它既是一支专门从事水上作战的部队，又必然分级并配有专门的指挥官。

及至战国，"舟师"已是楚军中一支重要的攻伐力量。战国开始以后，水域争霸逐渐进入尾声。公元前 473 年，越灭吴，夫差自杀。公元前 355 年，楚宣王十五年，楚一度灭越。楚与其他诸侯国角逐的战场转移到中原。楚国在统一吴越以后，楚国水军的职责一是转为水路运输，二是用以经略南方。据出土文物《鄂君启节》铭文记载，楚国以一百五十舟为一支船队。这样庞大的船队不仅畅行于长江，而且随着楚国疆域的南移，到了珠江流域。这说明楚国水军此时仍有强大的生命力。②

春秋时期的战船名目繁多。三翼是战船之名，即大翼、中翼、小翼。吴国大夫伍子胥在论述各种水军战船时说："大翼者，当陵军之重车。小翼者，当陵军之轻车。"楚国的水军战船中也有"大翼、中翼、小翼"，"大翼一艘长十丈，中翼一艘长九丈六尺，小翼一艘长九丈"。③《伍子胥水战兵法内经》载："大翼一艘，广一丈五尺二寸，长十丈。中翼一艘，广一丈三尺五寸，长九丈六尺。小翼一艘，广一丈二尺，长九丈。"《越绝书》记载，大翼乘 90 人左右，其中三分之二左

① 徐俊：《春秋时期的楚军建制》，《华中师院学报》（哲学社会科学版）1982 年第 3 期。
② 郭力宜：《楚国水军初探》，《求索》1985 年第 6 期。
③ 萧统编，《文选》引张协《七命》李善注引，上海书店影印出版 1988 年。

右驾驶船只，仅击棹一项就需要 50 人，其余部分是战斗人员计 32 人，除两名指挥人员外，还有 4 人专门在两船接舷时钩推敌船，所有的战斗人员都装备有保护身体的盔甲、兜鍪及弓弩；小翼则如《墨子·备水》所讲，只能乘 30 人，既要击棹行船，又要进行战斗。但是，其船型瘦长，桨手多，速度很快。伍子胥向吴王建议训练水军时，就曾说，"桥船者，当陵军之轻足骠骑也"，桥船是一种快速攻击型的战船。

楚国的舟师，除文献记载外，从考古成果也可以得到证实。截至目前，已经发现了 4 件反映春秋战国时期水军活动的文物：第 1 件和第 2 件是"战国水陆攻战铜鉴"两件，1955 年河南汲县（今河南卫辉）山彪镇一号墓出土；第 3 件是"嵌错图像铜壶"一件，1965 年成都百花潭中学十号墓出土；第 4 件是"宴乐铜壶"一件，北京故宫博物院收藏。4 件文物器表上所镶嵌的关于水战方面的图案，构图形制极为相似。这表明，春秋时期水域诸侯的战船形制、兵器装备基本上是相同的。

嵌错图像铜壶上的图像，很可能反映的是楚国的舟师。这件由工匠们巧夺天工般制成的青铜器，经考古鉴定，属于春秋末期至战国前期的遗物。在镶嵌有三层图景的圆形铜壶上，既有携篮采桑和仰射飞鸟的劳动者形象，也有统治阶级在亭台楼阁中穷奢极欲、宴乐歌舞的场面。在铜壶下层是一组水陆攻战的图像，左边是登城攻防，城下兵弩俱上强行进攻，城上守兵居高临下奋力坚守，一攻一防，扣人心弦。右边更是一场惊心动魄的水战，双方都使用了有两层甲板的战船，上层立戈悬剑，摇帜擂鼓，兵士戴盔穿甲，使戈射箭，下层的划桨手奋力划长桨，各自向对方猛冲，这时，已是两船交舸，短兵相接，左方短剑刺去，右方长戟刺来，船上船下展开激烈的厮杀。四川成都百花潭中学出土的嵌错图像铜壶和河南汲县山彪镇出土的"战国水陆攻战铜鉴"，以及北京故宫博物院收藏的"宴乐铜壶"，图像内容都极为相似。这些珍贵的文物，为我们研究当时生产、生活、战争武器、舟楫等方面，提供了宝贵的资料。郭宝钧在鉴定河南汲县山彪镇战国水陆攻战铜鉴图案时指出，图案含义是东周战况的写实，又似有中原部族与吴越部族交绥的故事隐于其中。试看甲组、壬组皆左胜而右伏（伏首意），伏者都是短发。丁、戊、己三组都是左侧取攻势，右侧匿而不见。乙组、丙组虽右胜而左伏，但左侧伏者仍是短发部族。《左传》哀公十一年："公孙挥命其徒曰：'人寻约，吴发短。'"《穀梁传》哀公十三年："吴，夷狄之国也，祝发，文身。"注："祝，断也。"中国古代风俗是蓄发的，这图案中短发而习水战的部族，似非中原部族，也就是作鉴者的敌方。[①] 郭力宜认为，如果说，水战图案中的短发右伏者是吴、越水军，那么束发左胜者极有可能是楚国水军。因为吴、楚正是当时水战的敌对双方，而且楚人是"上（尚）左"的。退一步说，即如郭宝钧所指，作战双方似为"中原部族与吴越部族"，而吴、越后来亡于楚国，则楚国水军亦可包括吴、越水军在内，那么，我们将图案中水军，统一作为楚国舟师来进行分析研究，也就不为过了。[②]

透过"嵌错图像铜壶"文物器件上所展示的水战图案，可以看到，楚国舟师是一支堂皇的水上专用部队。图案中可见楚国水军已经具有完整的指挥设施，战船前部立着旌旗，以为标志，尾部设置金、鼓，指挥人员用槌击鼓、鸣金，以调动水军进击与退却。说明楚国舟师不仅拥有多种型号的战船，而且具有完整的军事装备。所用的武器包括防御、进攻、远射三大类，有盾牌、短剑、长戈、长矛和弓矢等，几乎囊括了全部车战兵器。

春秋战国时期水战图**见图 22-4**。

值得重视的是，随着春秋水战规模的不断扩大，楚国水军的军事编制逐渐完善，战略战术应运而生，从而使楚国水军的自身建设步入了一个崭新的阶段。

春秋时期著名的水战军事家伍子胥，曾为楚臣，就曾将战船与战

---

① 郭宝钧：《山彪镇与琉璃阁》，科学出版社 1959 年，第 23 页。
② 郭力宜：《楚国水军初探》，《求索》1985 年第 6 期。

车相提并论："大翼者，当陵军之重车。小翼者，当陵军之轻车。突冒者，当陵军之冲车。楼船者，当陵军之行楼车。桥船者，当陵军之轻足骠骑也。"

《孙膑兵法·下编·十阵》中有"水战之法"：

> 水战之法，必众其徒而寡其车，令之为钩楷苁柤贰辑□绛皆具。进则必遂，退则不蹙，方蹙从流，以敌之人为招。水战之法，便舟以为旗，驰舟以为使，敌往则遂，敌来则蹙，推攘因慎而饬之，移而革之，阵而□之，规而离之。故兵有误车有御徒，必察其众少，击舟颈津，示民徒来。水战之法也。①

程郁译文：水战的方法如下，必须多组织士兵，而只要少量战车，令士兵准备好舟楫钩叉等水战工具。船队前进时要首尾衔接，后退时不要挤成一团，或者并船顺流而下，瞄准敌人放箭。水战之时，要用轻便船只为指挥船，用快船来传令，敌人退却就追击，敌人进攻就阻击，击退敌军后还要谨慎防备，敌军移动便妨碍它，敌军陈兵不动就袭击它，敌军严整就设法分割它。军队有船有车，还分步兵骑兵，一定要查清其多少，然后攻击敌船，封锁渡口，并把敌步兵到来的情况告知兵民。这就是水战之法。② 这种水战之法，实际上是寓水战于车战、步战之中。

清人顾栋高在《春秋大事表》中总结春秋时用兵之制说："曰偏两、曰卒伍、曰乘广、曰游阙，其阵法则为鹳，为鹅、为鱼丽之阵、为支离之卒。"③这里主要是指车兵和步兵，但对水军亦不无借鉴。因此，可以结合当时对车战、步战军事理论的剖析，找到楚国水军兵制

---

① 程郁注译：《孙子兵法》，花城出版社 1998 年，第 106 页。
② 程郁注译：《孙子兵法》，花城出版社 1998 年，第 106 页。
③ 顾栋高：《春秋大事表》，中华书局 1993 年，第 2529 页。

及其战略战术方面的蛛丝马迹。

第一，楚国水军战船上各类人员的配备关系，实行"卒伍"之制。"大翼一艘……容战士二十六人，棹五十人，舳舻三人，操长钩矛斧者四，吏仆射长各一人。"①这说明，楚国水军已经按照一定编制来配备每只战船上所属的士卒数额。第二，楚国水军出征时，常常是取"乘广"队形，即分为左右两支，并驾齐驱。犹如"水战之法"中所描述的那样："进则必遂（前后有序），退则不蹙（相互紧靠），方蹙从流（听从号令），以敌之人为招（战斗目标）。"至于"游阙"，是正式编制外的机动兵力。晋楚邲之大战，楚军曾出动"游阙四十乘"去补足左翼方阵。水军亦当属如此。第三，楚国水军的战略战术，突出地体现了一个"变"字。变幻多端的水战阵法，客观地反映出水域战争的复杂性。例如"鱼丽之阵"，在步战的特点是："它的步卒的队形采取了环绕战车的疏散配置。"在水战中当为轻型扁舟环绕指挥舰，在战斗中不仅能够集中优势兵力进击敌舰，而且还能够进行穿插，然后各个击破。

郭力宜指出：水战，为漫长的春秋争霸战争提出了一个新的军事课题。楚国水军凭借这一时机，迅猛地发展、壮大，"世愈降，则战愈力，而谋益奇"。它的历程，是我国古代军事史上重要的一页。②

舟师在楚国"带甲百万，车千乘，骑万匹"的浩荡大军中，仅是一个偏师。当水军在春秋中、后期崭露头角时，车、步两大军种已经走过了漫长的战斗历程，形成了一整套军事编制体系和战略战术理论。因此，水军的军事编制体系和水战的战略战术，受到陆军和陆战的深刻影响，甚至有所因袭，是不可避免的。

"水攻"是春秋时期普遍利用的辅助作战方式。《孙子兵法·火攻》："故以火佐攻者明，以水佐攻者强。"人们利用水的特性，以水代兵，可以漂城、灌军、浸营、败将。从史料记载看，严格意义上的水

---

① 李昉等：《太平御览》卷三一五引《越绝书》，中华书局 1960 年，第 1450 页。
② 郭力宜：《楚国水军初探》，《求索》1985 年第 6 期。

攻出现在春秋时期，水攻的实施离不开自然河流水体，利用水势"以水代兵"。春秋时期各诸侯国割据分裂，各国境内都有许多大河，各诸侯国的地理疆域亦多以河流为界，这些共有的边境河流地段，便成为相互防御的重要屏障，而国内的大小河流，也常常用于攻防。各国"雍防百川，各以自利"，水攻普遍运用。

水攻和堤防密不可分。堤防起源于人类对水害的治理。相传尧时"洪水横流，泛滥于天下"，尧用鲧治水，鲧"障洪水"，即采用堤防雍塞的办法，结果失败。远古的治水传说反映了人们已经掌握了障、雍、防等治水方法。《管子·度地》曰："大者为之堤，小者为之防。"可见堤防连称并用，同于堤堰，其实一也。春秋时期，各国常在河流两岸修筑堤防，一方面用于防止河水泛滥，另一方面又增强地形之险要，防御外侵。由于可以利用堤防害敌自利，所以春秋时期各国之间为避免"以水代兵"，多次制定禁止修筑堤防的盟约。如《公羊传》僖公三年载阳谷之盟规定"无障谷"，葵丘会盟规定"无曲防"。朱熹《集注》曰："无曲防，不得曲为堤防，雍泉激水，以专小利，病邻国也。"

水攻主要利用水的动能和势能，"激水之疾，至于漂石者，势也。"[1]故"行水得其理，漂石折舟"（《孙膑兵法·奇正》）。这都是对水的动能和势能的认识。水的动能可用于冲击，势能可用于淹灌，"或引而绝路，或堰以灌城，或注毒于上流，或决雍于半济"（《武经总要·水攻》）。善用水攻者，必须根据地形，因水之势来选择水攻的方式。崔向东归纳，春秋时期的水攻大体分为三种方式：一是筑堰开渠，决水或引水浸灌城池，主要用于攻城；二是利用堤防淹杀敌人，常用于运动战、防御战；三是利用河流"半渡而击之"。[2]

1. 决水或引水灌城。即利用河水淹灌城邑。这有两种情况，一是利用地势差所造成的水的冲击力冲灌城邑。《左传》昭公三十年，公元

---

[1] 郭化若译注：《孙子译注》，上海古籍出版社 1984 年，第 124 页。

[2] 崔向东：《论春秋战国时期的水攻》，《北京大学学报》（哲学社会科学版）2012 年第 5 期。

前512年，楚昭王四年载："吴子执钟吾子。遂伐徐，防山以水之。己卯，灭徐。"杜注曰："防壅山水以灌徐。"这是在地势较高的地方筑坝拦蓄山水，然后决堤以泄水灌城。杨伯峻认为，"此盖利用堤防以山水攻城最早记载。"[1]公元前506年，楚昭王十年，"吴通漳水灌纪南入赤湖，进灌郢城，遂破楚。"[2]吴国伐徐，煞费苦心以水攻城，正是冬天，吴人在山口筑大坝，蓄河水，灌徐都，才得以告捷。这是先秦时期最早使用水攻的一个战例。徐君章禹自断其发，表示遵从吴俗，偕夫人拜见阖闾。阖闾向章禹表示哀悼和慰问，允许章禹及其夫人携近臣奔楚作寓公。沈尹戍受命把章禹一行安置在夷邑，也为他筑了城。[3]

2. 利用堤防淹杀敌人。这种水攻方法有二：一是筑堤壅水以淹敌。公元前656年，楚攻宋，"要宋田夹塞两川，使水不得东流，东山之西，水深灭垄，四百里而后可田也"。注曰："楚人又遮取宋田，夹两川筑堤而壅塞之，故水不得东流。两川，盖雎、汴也。"[4]楚军在雎、汴二水修筑堤防，改变水的流向，淹没宋国四百里，迫使宋国投降。为此齐桓公出兵干涉，要求楚国拆除堤坝。二是决堤防以利用水的冲击力打击敌人，常用于行军、驻军时。《孙子兵法·火攻》曰："以水佐攻者强。水可以绝，不可以夺。"所谓"绝"，历来解释不一。曹操认为"水佐者，但可以绝敌道，分敌军，不可以夺敌蓄积"。杜牧认为"绝敌"之意即"水可绝敌粮道，绝敌救援，绝敌奔逸，绝敌冲击"。张预认为"水能分敌之军，彼势分则我势强"。[5] 这些解释虽有所不同，但都承认"绝"是利用河水直接攻击敌人。

3. 利用河流半渡而击。利用水体障碍，在敌人渡河时"半渡而击

---

① 杨伯峻：《春秋左传注》，中华书局1990年，第1508页。
② 顾祖禹：《读史方舆纪要》，中华书局2005年，第3659页。
③ 张正明：《楚史》，湖北教育出版社1995年，第225页。
④ 黎翔凤撰、梁运华整理：《管子校注》，中华书局2004年，第459页。
⑤ 《孙子十家注》，天津市古籍书店1991年，第486—487页。

之"，也是水攻方式之一。《六韬·犬韬·武锋》讲了十四种打击敌人的战机，其中之一是"济水可击"。《左传》僖公二十二年载，宋、楚两军隔泓水对峙，楚军欲渡泓水到对岸与宋军交战；"宋人既成列，楚人未既济"，宋军司马建议宋襄公乘楚军半渡而击之。宋襄公拒绝采用，导致宋军战败。《左传》僖公三十三年载，晋侵蔡，楚子上救蔡，与晋师夹泜水对阵，晋军企图让楚军渡河，"半渡而击之"。楚将"子上欲涉，大孙伯曰：'不可。晋人无信，半涉而薄我，悔败何及？不如纾之。'乃退舍"，没有上晋国的当。"半渡而击之"也适用于敌人撤退时。当敌人撤退遇到河流时，宜在敌人半渡时击之。《左传》定公四年载，吴、楚柏举之战，楚军败逃至清发水，吴王夫槩认为在楚军渡河时再发动攻击，史载："困兽犹斗，况人乎？若知不免而致死，必败我。若使先济者知免，后者慕之，蔑有斗心矣。半济而后可击也。"这是让敌人感到有逃生的机会，进而瓦解敌人的斗志，待其半渡时发起攻击，可以彻底击溃敌军。

在水攻中，无论是攻还是防，都需要很多工程器具或战具。从史料记载看，水攻工程器具或战具主要有：

1. 水平。即测量水位、坡度和城邑高下的器具。古人很早就掌握了水准测量技术。大禹治水，"行山表木，定高山大川"，就是最原始的水平测量。春秋战国时期，为适应战争和生产的需要，人们已经发明了水平仪。《周礼·考工记·匠人》："匠人建国，水地以县。"水地，即用水准仪定平。

2. 度竿。与水平相配合使用的刻有尺度的木杆或竹竿。度竿长二丈，其上刻有尺度，"立竿以照版映之，眇目视之，三浮木齿及照版黑映齐平，则召主板人以度竿上分寸为高下，递相往来，尺寸相乘，则水源高下可以分寸度也"。[①]

---

① 李筌：《太白阴经》卷四《战具》，载《中国兵书集成》编委会编《中国兵书集成》第 2 册，解放军出版社 1988 年，第 525 页。

3. 照版。与度竿相配合使用，放在度竿前的指示板。由于度竿的刻度太小或施测距离较远，很难看清度竿上的刻度，因此使用照版协助测量。测量时，立竿者手持照版在度竿前上下移动，当照版的标示和水平板上三浮齿在同一水平线上时，照版指示的度竿尺寸即为所测量的高程。

4. 测瓦。即测水位高低之瓦"置则瓦井中，视外水深丈以上，凿城内水渠"，岑仲勉解释说："则瓦者测水之瓦，吾县俗呼'测'为'则'，盖水势常趋于平准，城外水高，城内之井水亦必随之而高，故每当若干深度，即在井墙置瓦为记，约与今之水涨表同。"①测瓦当标有刻度，置于井水中，用于防止水攻时测量城外水深，当城外水深超过一丈，便在城内开凿水渠、暗沟或漏泉以泄水。

5. 防表。堤防为测量水量多少，置有防表。《荀子·儒效》："君子言有坛宇，行有防表。"杨倞注曰："防，堤防。表，标也。……行有防表，谓有标准也。"②可见，防表主要用于测量水量变化。

6. 斗舰。在壅水灌城时，进攻方要在城四周筑起一道围堤，这种围堤一般与城墙高度相仿，有的甚至超过城墙。由于城外水很深，进攻方可以利用舰船攻城，而守城方也可以利用舰船破堤。双方水战的斗舰主要有蒙冲、辒辌等。蒙冲以生牛皮蒙船，左右前后有弩窗、矛、丸，使"敌不得近，矢石不能败"。此船务于疾速，乘人之不及。辒辌乃破堤防之船，由冲裂城垣的四轮战车而得名，"视水可决，以临辒辌，决外堤"。

7. 方。破堤堰工具。"并船以为十临，临三十人，人擅弩，计四有方。"③岑仲勉认为"计四有方"应为"什四有方"。关于"方"，看法不一。毕沅认为"有方"应为"有弓"，孙诒让认为是"酋矛"，吴毓江认为是盾，岑仲勉认为是锄类。秦彦士认为，"这是一种似戟的轻便武

① 岑仲勉：《墨子城守各篇简注》，中华书局 1958 年，第 49 页。
② 王先谦：《荀子集解》，中华书局 1988 年，第 146 页。
③ 岑仲勉：《墨子城守各篇简注》，中华书局 1958 年，第 49 页。

器，只是它的矛尖不是垂直于杆成直角，而是呈弧形向上弯曲。这种武器不仅便于夜袭携带，而且用它划破堤埂时声音极小，不易被敌人发现。"[①]

第九节　国野普遍兵役制、车乘编制演变、兵役、军赋

春秋前期各国仍保持着"国人当兵，野人不当兵"的传统，当时列国军队的兵员来源主要是国人。他们平时"三时务农而一时讲武"，积极备战，交纳军赋；战事发生，就有"执干戈以卫社稷"的权利与义务。但是，这种格局随着时间的推移已越来越难以维持下去。自春秋中期起，"国人兵役制"开始向"国人""庶人"（野人）共同参与的普遍兵役制方向过渡。

一方面，这一变化是当时大规模扩军引起的直接后果。以晋国为例，晋在公元前677年还只有一军；公元前661年，"作二军"；公元前632年，"作三军"；公元前629年，"作五军"；公元前588年，"作六军"。89年间，军队竟扩大了6倍。其他如郑、宋等二等国的军力也随之攀升。这样的扩军速度使各国均感兵源匮乏，于是不得不设法在"庶人"阶层的身上打主意，以寻求兵源问题的解决。这说明由国人兵役制向普遍兵役制的过渡已成为国家的必需。另一方面，由于生产力的发展，人口增殖迅速，居民点密集，"国""野"之间有了较多的交往与渗透，两者的界限已不太分明，特别是大量自耕农的出现更是提高了"庶人"的身份地位。这说明当时由国人兵役制向普遍兵役制的过渡较易实施。

正是这双重原因，各国先后废除了"国人"才能当兵的特权，扩大

---

① 秦彦士：《古代防御军事与墨家和平主义——〈墨子·备城门〉综合研究》，人民出版社2008年，第47—48页。

了征兵范围，实行普遍兵役制。《左传》僖公十五年载，公元前 645 年，晋国首先"作州兵"，把征兵范围从"三郊"扩大到"三遂"（野）。徐中舒认为，"作州兵"是"使野人也服兵役"（《左传选》）。蒙文通提出，"作州兵就是取消三郊服兵役的限制，扩大出于三遂。"①鲁、郑等国也纷纷效法，打破了国人与野人的界限，如鲁国在鲁成公元年"作丘甲"，郑国在鲁昭公四年"作丘赋"，把国人服兵役的权利给予野人，同时把国人承担的军赋义务也加到野人的身上。

国野普遍兵役制的实行不但扩大了军队规模，也改变了车兵与步兵的比例，使军队编制体制发生了重大的变化，战车一乘从 30 人制变为 75 人制，楚国更扩大为 100 人制。使步兵在兵员构成中的比例明显增加，从而带来了军事上的一系列新的特点，即车战形式减少，战车在战争中逐渐退居次要地位，由步兵作战取而代之。这就为战国时期四大兵种协同作战，步骑作战逐渐成为战争的主要方式开辟了道路。而"庶人"阶层在取得了当兵的权利后，又转而促使其社会地位获得提高，最后导致"国""野"界限趋于消失。在春秋战国之交，步兵中不仅有庶人、手工业者、商人，还有人臣、隶、圉人及各色奴仆，立了军功，庶人可以晋升甲士，奴仆可以获得自由，《左传》哀公二年载赵简子的著名"铁地誓师辞"，进一步打破了甲士的限制，提高了步兵的地位，这就又提高了"野人"当兵的积极性。

春秋时期军队编制相当复杂，按性质区分，可以有三种分类：一般编制及隶属系统，协调兵种合成的车步混合编制，以及用于实践的临时战斗编制。由于春秋时期兵役、训练等制度不断处于调整、发展之中，当时的军队编制亦非一成不变，而是经常有所变化。

一般编制及隶属系统：春秋时大多数诸侯国大体上执行《周礼·夏官·大司马》所说的"军、师、旅、卒、两、伍"六级编制。其中"军"是春秋时期新出现的最高建制单位。在"伍"至"军"六级编制

---

① 蒙文通：《蒙文通文集·经史抉原》（第三卷），巴蜀书社 1995 年，第 199 页。

中，逐级相辖，层层递进，最终构成了"万人"左右的最大战役集团——"军"。晋国的军队编制继承周制，代表了当时军队编制的一般状况，它分别拥有"军、师、旅、卒、两、伍"的编制单位，晋国先后作"二军""三军"乃至"六军"。另外，晋国军队中有"师""旅"的建制。《左传》襄公二十五年载："百官之正长、师旅及处守者皆有赂。"也有"卒、两、伍"的建制。《左传》成公七年载"以两之一卒适吴"；《国语·周语中》载"卒伍整治，诸侯与之"。与《周礼·夏官·大司马》所载军队编制系统相一致。

各国军队编制有所不同。如齐国实行的是"军、旅、卒、小戎、伍"五级编制，分别辖有万人、二千人、二百人、五十人和五人。又如吴国，以现存文献考察，其军队编制似乎只有四级，即"军、旅、卒、伍"。其中伍为五人，卒为百人，《国语·吴语》载"陈士卒百人，以为彻行百行"，旅为千人，"十行一嬖大夫"；军为万人，"十旌一将军……万人以为方阵"。这在《孙子·谋攻》中亦有间接反映，"全军为上""全旅为上""全卒为上""全伍为上"等，即透露了这方面的相关信息。

车步混合编制及其变化："乘"是春秋时期车战占主导形态的最核心的基本编制单位，属于车兵与步兵两大主力兵种混合编组的基本形式，体现了车步协同作战条件下军事编制的主要属性和根本要求。从这层意义上说，"乘"是服务于实战的军事编制，而前述"军、师、旅、卒、两、伍"则是平时军队内部隶属关系的编制安排。

在"乘"这一级编制之中，战车居于中心的位置，车兵与步兵的配置都围绕它而展开，每乘战车配备有一定数量的甲士与步兵，以隶属系统而言，它相当于《周礼》六级编制中的"卒"。在春秋早期和中期，"乘"的兵力配备与西周的编制相同，即实行 30 人制，每辆战车配有甲士 10 人，步兵 20 人。甲士 10 人中有 3 人居战车上，分任御者、车左、车右，另 7 人配置于战车左右两翼。步卒 20 人中战斗人员 15 人，另 5 人为后勤保障人员。"30 人制"，最主要的史料依据为《周礼·地官·小司徒》郑玄注引《司马法》文说："革车一乘，士十人，徒二十人。"另外，它还可以从《诗·鲁颂·閟官》、《吕氏春秋·简选》、《左传》闵公二年、《孟子·尽心》等文献记载中获得充分的佐证。

春秋后期，"乘"的编制有了很大的变化，其显著的标志，就是随着军赋征收标准的改变，每乘30人制开始向每乘75人制过渡。徐鸿修提出："我们的基本结论是：攻车30人和75人制都是实战编制，但时代有早有晚。30人制是西周春秋时的编制，75人制是战国时代的制度。从30人制扩展为75人制，大约发生于战国初期。"①《左传》成公元年服虔注引："长毂一乘、马四匹、牛十二头、甲士三人、步卒七十二人，戈楯具备，为之乘马。"每乘中士减为3人，即战车上的御者和车左、车右，而步兵数则激增到72人。一乘的兵力相当于三个"两"的编制（十五个伍）；加上附属的"守车"（辎重车）上的后勤补给人员25人，计100人。是四个"两"，也即一个"卒"。依《周礼·夏官·司马》所示"五进位制"，则一军当有兵车125乘，甲士与步卒之数合计12,500人。

春秋时期的步兵编制，史籍记载语焉不详。大致情况是，最基本编制单位为"伍"，"伍"以上相对固定的组合有两、卒。当时最大的编制单位当是"行"。据《左传》僖公二十八年载，晋"作三行以御狄"，到了鲁僖公三十一年，更作五军以御敌，罢去三行，改置上下新军。可知"行"的兵力规模当略小于"军"而稍大于"师"，大约在7000至8000人之数。

战车与步兵的战斗编制：春秋时期各国的步兵与车兵还有形式不一的战斗编制，它们具有临战排阵编组的性质，往往是战场指挥员应敌变化，随机处置的产物。"偏"与"两"是战车战斗编制的主要形式，每两由数量不等的"乘"组成，并分为两"偏"，一般多称为"左偏""右偏"。根据实战的需要，"偏""两"的兵车数可随时作出调整。故文献

① 徐鸿修：《西周春秋军事制度的两个问题》，《文史哲》1995年第4期。

上有大偏、小偏之分。据《左传》桓公五年、宣公十二年注引《司马法》逸文，当时有以 9 乘为小编，15 乘为大偏，或 25 乘为偏，50 乘为两（或为卒），81 乘为专，125 乘为伍等不同的战斗编组形式。

麋振玉指出：步兵的战斗编成仅见于《左传》昭公元年的记载，晋国魏舒"毁车以为行"后，步兵的具体战斗编组是"为五阵以相离，两于前，伍于后，专为右角，参为左角，偏为前拒"。并在此基础上，组合为一个统一的作战整体投入战斗。[1]

兵役制度是维持战争的保障措施。春秋时期实行世兵制与民军制相结合的兵役制度。

世兵制的出现。

西周以来，"国人"所受的经济剥削虽然比"庶人"轻得多，但他们在军事上的负担却异常沉重。进入春秋以后，频繁的战争和大量的会盟、观兵等军事行动，不仅造成大批人员的伤亡，而且经常使"国人"有田不能耕种，还要自备军服、口粮和马革等军需物资，使得"国人"负担不起；特别是各国常备军的普遍建立，使大量"国人"长期在军营服役，更造成"国人"的贫困和流亡。"国人"阶层的分化和没落，当然要削弱诸侯和贵族们的军事实力。各国统治贵族为了维持并扩大自己的军队，增强军队的战斗力，就不得不采取措施解决这一问题。如《国语·齐语》载，齐桓公就采纳管仲之谋，积极推行"叁其国而伍其鄙，定民之居，成民之事"，以为民"纪"的政策。把"国人"中适合服兵役的战士，单独划为一个阶层，与工匠、商人分区居住，不准迁徙，专服兵役，世代相传。这样就可以保证有充足、固定的兵源。如果担任伍长，就可以专食田禄，不参加劳动生产。《国语·晋语四》："公食贡，大夫食邑，士食田，受公田也。"根据在军中所任职务的高低，所食禄田数亦不同。《礼记·王制》："上农夫食九人……诸侯之下士视上农夫，禄足以代其耕也。中士倍下士，上士倍中士，下大夫倍上

---

[1] 麋振玉等：《中国军事学术史》，解放军出版社 2008 年，第 111—114 页。

士，卿四大夫禄。"在军营服现役的战士，可以安心服役，未服现役的战士，也有充裕的时间在家研究战法和学习作战技术。世兵制隶属关系固定，官兵相互熟悉了解，做到《管子·小匡》所说："夜战其声相闻，足以无乱；昼战其目相见，足以相识。"这样就提高了军队的士气和战斗力，于是世兵制便逐渐形成了。各国的常备军，主要是由这一阶层的战士组成。为了扩大兵源，齐桓公还推行了在鄙野"选民之秀者为士"的政策，选拔优秀的"庶人""野人"升为战士。各国先后也都采用了同样的政策，因而各国常备军士兵的成分也开始有所改变。

兵役范围的扩大。

从西周末年周宣王放弃对籍田的直接经营开始，以集体耕作和集体剥削为主要特征的井田制度逐渐崩溃，到春秋时蔓延至各国。既然各级奴隶主贵族从籍田和公田里剥削不到更多的产品，自然要改变剥削方法，于是相继废除了三年换土易居的土地分配制度，将籍田和公田也作为财产分配给奴隶和"庶人"固定使用，实行"相地而衰征"的政策，按照土地的多少与好坏，以一定的比例征收实物。这样，集体耕作变为个体耕作，对集体的劳役剥削，变为对个体的实物剥削，于是大量"庶人"逐渐由农业奴隶的地位转化为农民，上升到与过去国人差不多的社会地位，为扩大兵源奠定了牢固的基础。当然，这种转变并不是一下子完成的，而是经过了整个春秋时期的漫长过程。

民军制的出现。

战争频率的提升，战争规模的扩大，迫使各国统治阶级设法增加士兵的来源。而随着战争规模越来越大，原本只限于在"国人"范围内实施的兵役制度，就扩大到由"庶人"转化成的农民阶级中来。如晋国的"作州兵"，鲁国的"作丘甲"，郑国的"作丘赋"，以及楚国的"量入修赋"等，都是这种性质。其实质就是将战争动员与赋税收入统一起来，以扩大士兵的来源，增加国家的税收。

在一般农民中所实行的兵役法，基本上仍是西周预定编制及隶属关系民军制的沿袭。农民平时在家生产，发生战争时，根据需要征集一定数量的农民入伍，编组成军，随同作战，战争结束后即解甲归田。整个春秋时期，实行的都是常备军与民军相结合的军事体制。

军赋制度的发展。

西周时期的赋，仅指兵役、车马兵甲等军事费用与祭祀禄食等行政费用同出于公田收入。至春秋后，税、赋开始分离，行政费用的征收，称税，军事费用的征收与兵役合并起来，称赋。《汉书·食货志》载："赋共车马兵甲士徒之役，充实府库赐予之用。税给郊社宗庙百神之祀，天子奉养。百官禄食庶事之费。"

各国、各阶段的军赋制度不尽相同，对农民的剥削程度也不一样，但由于他们处于同一历史时期，各方面的条件也大致相仿，随着交往的增多，各国之间又相互影响，所以除了名称不同外，各国军赋的内容差别不大。据古籍记载，春秋各国的征兵量与西周基本相同，最高不超过每家一人。军赋征收的基本单位，是根据军队基本建制单位"乘"规定的。《司马法》说甸是征收军赋的基本单位，一甸五百七十六户，应出车一辆，甲士三人，徒兵七十二人，马四匹，牛十二头，服虔注《左传》引《司马法》："四丘为甸，甸六十四井，出长毂一乘、马四匹、牛十二头、甲士三人、步卒七十二人、戈盾具备，为之乘马。"即一乘之人员、装备，这可代表春秋前期的军赋制度。公元前590年，鲁成公"作丘甲"后，改丘为征收军赋的基本单位，《左传》成公元年杜预注"作丘甲"说："此甸所赋，今鲁使丘出之。"一丘一百四十四户，即出原一甸应出之赋，人民的负担比前期增加近三倍。这基本上代表了春秋中、后期的军赋制度。

楚国在楚康王时通过楚司马"蒍掩庀赋"实行过军赋改革。"蒍掩庀赋"，先进行"书土田"。所谓"书土田"，只是把楚国的土田分类登记，并制定"量入修赋"的政策，因此能在甲午一天之内毕其功。蒍掩把楚国一切有出产的土田，连同山林、草地和湖沼，都登记下来，而不问其为贵族所占有抑或为结成里社的庶人所占有。"蒍掩庀赋"，即改订章程，兵赋将普行于一切土田而无所豁免。"蒍掩庀赋"的动机，在于征收军赋，扩充军备，以抵御吴国军队的进攻，并攻灭舒鸠国，可以说与晋、鲁诸国一样也是战前的临时性的军赋改革措施。《左传》以"礼也"作评，说明它符合中原礼制规定。

军赋中所规定的车马兵甲等军事装备，不是由民自行携带入伍的，而是通过赋的形式，向国家缴纳一定数量的农产品，作为国家制造和保管这些军事装备的费用。春秋时的服役年限及免役法规，基本上与西周相同，没有大的变化。不过必须加以说明的是，虽然春秋各国的军赋及服役年限等都有法定制度，但是国君、卿和大夫等都有改变规定的权力，可以按个人的意志倍征或免征。[1]

第十节　外围军事防御体系及楚军文武分职

楚国以军事立国，在春秋时期，对外的军事战争贯穿楚国社会历史的始终。值得注意的是，尽管存在许多不利因素，楚国在春秋时期军事战争中却一直处于较为有利的地位，不仅屡次打败中原诸侯，而且其本土纵深地带甚少遭受其他诸侯国的袭扰。之所以如此，这与楚国注重建立稳固的军事防御体系有着直接的关系。

楚国传统的军事防御思想是"慎其四竟"和"守在四竟"，即统治者十分注重对周边地区的军事防御。《左传》昭公二十三年记楚司马沈尹戌说："古者，天子守在四夷；天子卑，守在诸侯。诸侯守在四邻。诸侯卑，守在四竟。慎其四竟，结其四援，民狎其野，三务成功，民无内忧，而又无外惧，国焉用城？"道出了楚国重在建立外围军事防御体系的战略思想。

楚国处于弧形中间地带，而楚方城又成为楚国疆域分为东西两部

---

[1] 《中国历代军事制度》编写组编著《中国历代军事制度》，解放军出版社 2006 年，第 53—56 页。

分的分界线。

在《左传》《国语》的记载中，春秋时期楚人对于楚国的疆域有着明确的地理认识，是将其分为东西两部。《左传》昭公十四年记载："夏，楚子使然丹简上国之兵于宗丘，且抚其民。分贫，振穷；长孤幼，养老疾，……使屈罢简东国之兵于召陵，亦如之。"上国，杜注："在国都之西。西方居上流，故谓之上国。"杨伯峻认为上国是指楚国西部，那么东国显然是指楚国东部。又据《国语·吴语》记载申胥谈到"楚灵王不君"时，说灵王"罢弊楚国，以间陈、蔡。不修方城之内，逾诸夏而图东国，三岁于沮、汾以服吴、越"。从其所论来看，方城之内明显是指楚江汉之间，即楚国西部，东国与"方城之内"相对应，即楚方城之外的疆域。可见，方城一线也是楚人划分楚国东西部疆域的分界线。其以东即楚东国地域，为楚国东部疆域；其以西即方城之内，为楚国西部疆域。

"方城"的含义，学界多有探讨。一种意见认为"方城"是城名，是楚人修建用于防御的长城。如杨宽就认为楚"方城"从今河南鲁山西南鲁阳关起，向东经𬭁县，到达𣸣水，折向东南，到达沘阳，形成矩形。[①] 另一种意见认为方城是山名，并且非止一山，清人姚鼐《左传补注》云："楚所指方城，据地甚远，居淮之南，江、汉之北，西逾桐柏，东越光黄，只是一山。……《淮南子》曰：'绵之以方城。'凡申、息、陈、蔡，东及城父，《左传》皆谓之方城之外。"杨伯峻深以其说为然，在《春秋左传注》中云："说方城者甚多，唯姚说最为有据。"如今，随着考古工作的开展[②]，楚"方城"的面貌越来越清晰地展现在大家面前，确实是一条楚人以山为屏障修建的一条长城，用于保护楚国江汉核心区的安全。赵炳清指出：楚国的这条防线并不是单一的，而

① 杨宽：《战国史》，上海人民出版社 2019 年，第 320 页。

② 李一丕、杨树刚等：《豫南地区楚长城资源调查、发掘与研究》，载《楚文化研究论集》第十集，湖北美术出版社 2011 年，第 334—348 页。

是连接桐柏山、大别山一线的防御体系，因此，广义的楚"方城"应是指方城、桐柏山、大别山一线的楚国防御防线。[①]

与方城一线相连接的还有楚国在鄂东的军事防御线。鄂东地区发现的春秋中期楚文化遗存除女王城及附近李家湾墓地位于举水中游，与长江之间有一定距离外，其他如鲁台山、熊家岭、汪家冲和周家垴等墓地均位于长江沿线。李海勇认为，春秋中、晚期，楚人对鄂东地区的开发采取"以点为主、点线结合"的方式，"只求控制一些交通要道和战略要地"。[②] 从这种分布格局推测，当时楚人进入鄂东地区的路线很可能是从汉西越过汉水，沿大洪山南麓，经今钟祥、京山、天门、汉川等地，到达今武汉市西部。其中一部分楚人沿滠水、倒水、举水等河流北上到达今黄陂鲁台山、麻城女王城等地，而另一部分则沿长江及周边湖泊深入今黄冈、鄂州和大冶等地。鉴于当时吴楚在淮河中游的军事活动频繁，当时可能还有部分楚人活动在淮河与鄂东北之间的河谷通道。春秋晚期，楚文化遗存的分布范围有所扩大，新出现了白骨墩、吴益山和滠口等分布点，武汉市新洲区发现了珠山、鲁家墩、八房嘴、林家稻场等东周遗址。[③] 朱继平指出，这说明楚人加强了对女王城及长江沿线等战略要地和交通要道的控制，形成鄂东的军事防御线。[④]

楚国建立外围军事防御体系，主要靠驻守在楚国边境地带的县师，其中主要是申、息之师来完成。申、息之师驻守在靠近中原地区的楚国边境地带，熟悉对中原诸国的作战，其主要战斗地点在中原地

---

① 赵炳清：《楚国疆域变迁之研究——以地缘政治为研究视角》，复旦大学博士学位论文，2013 年，第 91 页。

② 李海勇：《楚人对湖南的开发及其文化融合与演变》，武汉大学博士学位论文，2003 年，第 39 页。

③ 国家文物局主编、湖北省文物事业管理局编制《中国文物地图集·湖北省分册（下）》，西安地图出版社 2002 年，第 36 页。

④ 朱继平：《鄂东楚文化的历史进程与特征》，武汉大学硕士学位论文，2005 年，第 61 页。

区，主要是同北方的郑、宋、齐等国作战。

见诸《左传》记载的有关申、息之师参与重大战争的记载主要有：公元前669年，楚成王三年，即鲁庄公二十五年的申公斗班率申师随令尹子元的伐郑之役；公元前635年，楚成王三十七年，即鲁僖公二十五年，"楚斗克、屈御寇以申、息之师戍商密"；公元前633年，楚成王三十九年，即鲁僖公二十七年申、息之师参加城濮之战；公元前623年，楚穆王三年，即鲁文公四年，息公子朱率息师伐江及催，息公子朱自东夷伐陈；公元前613年，楚庄王元年，即鲁文公十四年，申公子仪与公子燮伐舒蓼；公元前597年，楚庄王十七年，即鲁宣公十二年，申公巫臣随庄王伐萧；公元前585年，楚共王六年，即鲁成公六年，申、息之师救蔡并参加桑隧之役；公元前574年，楚共王十七年，即鲁成公十七年，"楚公子成、公子寅戍郑"，同年"楚公子申救郑，师于汝上"；等等。

从上述记载看，楚国于边境作战，申、息之师几乎无役不从。申、息之师是一支劲旅，楚国在饮马黄河、问鼎中原的诸侯争霸战中，申、息之师起到了决定作用。楚利用这两支地方武装力量同列国作战，胜利了则言楚师之胜，失败了则言楚之二县，虽败犹荣。如果说楚灭申、息是打开了楚国北进中原的大门，那么楚在申、息两地建立申、息之师，则为楚国守护边境，构建外围军事防御体系奠定了坚实基础。

在"守在四竟"，构建楚国外围军事防御体系时，楚国还重视建立外围军事防御设施。

春秋时期，各诸侯国一般并不驻守关塞。一国之军通常都在国郊之内，遇有征战大事则由军将召集于国（都城）门。这从《周礼》《国语》等史籍记载中可以获得证实。如《国语·吴语》说越王勾践"乃命有司大令于国曰：'苟任戎者，皆造于国门之外。'"又如《周礼·大司马》郑玄注曰："古者军将盖为营治于国门。"这就是《孙子·军争》所云，"将受命于君，合军聚众"的意思。这种情况存在的原因，当与该时期的战争形势相关，即当时的战争是由双方军队的一次性会战来决定胜负，胜利者可以对战败国提出条件，占据战败国的领土对于会战并不具有什么意义，故通常不必驻守关塞。当然，春秋时期也有少数列国开始在一些关塞驻防。如《左传》文公十三年说"晋侯使詹嘉处瑕，以守桃林之塞"，《左传》昭公二十六年说晋国派遣"女宽守阙塞"，等等。但从总体来看，对关塞要津的驻防，在春秋时期始终未成为普遍的现象，这正如清人顾栋高所指出的那样，"春秋时列国用兵相斗争，天下骚然。然其时禁防疏阔，凡一切关隘厄塞之处，多不遣兵设守，敌国之兵平行往来如入空虚之境"。①

从文献材料和考古材料可知，楚国打破了列国边境一般不设防御设施的惯例。归纳楚国建立的外围军事防御设施，主要有以下五类：

一是方城。

楚方城的军事防御功能十分有效、可靠。从春秋早期楚文王始筑方城至战国晚期的370余年间，中原诸侯多次与楚国发生战争，兵锋曾至于方城之下，但一直未能越过方城。如《左传》文公三年载，王叔桓公、晋阳处父"伐楚"，"门于方城，遇息公子朱而还"。《左传》成公六年载，晋楚在方城之外的"绕角"相遇，"楚师还"，但晋师未能攻入方城。《左传》襄公十六年又载，楚晋师"战于湛阪，楚师败绩。晋师遂侵方城之外，复伐许而还"。

楚方城的北线为东—西—西南走向。《水经注》称"即此城之西隅，其间相去六百里"，是指自东部的叶县向西经鲁山县、南召县至内乡县长城之间的大约距离，四分之三在南召县境内，共发现石砌关城53座，重要关门有鲁阳关、野牛岭关、分水岭关等，都分别扼守着自洛阳南下的南北古道。鲁阳关，位于南召县东北部，南召与鲁山两县交界处。《水经注》载："其水南流径鲁阳关，左右连山插汉，秀木干云。"《淮南子·览冥训》载："鲁阳公与韩构难，战酣日暮，援戈而挥之，日为之反三舍。"，可知此关因鲁阳而得名；明嘉靖《南阳府志》

① 顾栋高：《春秋大事表》，中华书局1993年，第995页。

载：鲁阳关"两山壁立，中有流水，盖鲁山南去之关"，又称三鸦路之第三鸦口；《南召县志》云，鲁阳关前名武城，又名武延城、平高城，鲁僖公引蔡穆公会楚成王于此。旧时关门跨古道而建，民称过风楼，已毁废，现遗存有鲁阳关寨和老雪顶寨遗址。野牛岭关，关门在崇岭之巅(已毁废)，扼守着洛阳经嵩县南下的马市坪古道，又称灌沟孔道。岭脊上有"楚界碑"，并有 8 千米长土夯墙长城遗址；周围有东寨、西寨、土门寨、白庄寨、穆老庄寨、黄鸡朵寨等石寨城，显示其战略地位十分重要。分水岭关，亦为南召、鲁山两县分界，两山夹峙，十分险峻，旧时有关门跨古道而立，并有敌台，已毁废；现残留有800 余米边墙，锁住古道，周围还有北寨、南寨、青石板寨三座石寨城。《南召县志》记载：分水岭关紧锁着由鲁山县通向南召县的回龙沟古道，县内长 18 千米。楚长城北线还遗留有玉皇顶寨、双朵寨、东西花园寨、演艺山寨、上官庄寨、老虎头寨、毛家寨(群寨)、荆子朵寨、周公朵寨、昭君朵寨等著名石寨城。[①]

二是前沿军事据点。

为了威慑中原诸侯，楚灵王时，楚国在方城之外至汝水之间广置军事据点，作为方城外围的屏障和进攻中原诸侯国的前哨。《国语·楚语上》记载楚灵王在陈、蔡、不羹三县筑城，"赋皆千乘"，称为"三国"。楚灵王之后，在方城之外设立军事据点的战略部署被保存下来。《左传》昭公十九年记载楚平王"大城城父"，使太子建居于城父，目的是"以通北方""得天下"。《史记·楚世家》记载楚平王六年"使太子建居城父，守边"。

楚国北境还有一些军事据点，如叶邑，驻扎有精锐楚师，成为楚国北境的重要屏障。《左传》昭公十八年楚左尹王子胜言于楚子曰："叶在楚国，方城外之蔽也。"杜预注："为方城外之蔽障。"其他如偏西

---

①　河南省南召县人民政府：《楚长城的新发现与其宝贵价值》，载《中国青山关长城学术研讨会论文集》，中国经济出版社 2004 年，第 92—101 页。

地带的犨、栎、郏，偏东地带的息、城阳和州来。《左传》昭公元年记载楚公子围(即后来的楚灵王)"使公子黑肱、伯州犁城犨、栎、郏"，导致"郑人惧"。犨在河南鲁山县张官营乡前城、后城村一带。栎在今禹州市。郏在今郏县城关汝水北岸。息原为息国故地，位于今河南息县一带。终春秋之世，楚东征中原，东攻夷地，这里与申一样都是楚国的军事要地。在防御方面，息和申遥相呼应，共同承担着楚国北大门藩蔽的作用。信阳北的楚王城可能也是楚人长期经营的一个军事据点。该城址位于长台关一带，城西南外约400米即著名的长台关楚墓。城址分内、外两城。小城位于外城西南隅，平面略呈梯形，周长1800余米，有护城壕。大城系在小城北墙、西墙的基础上向东、向北扩建而成。此城始建于春秋，扩建于战国。《战国策·楚策四》有"襄王流掩于城阳"的记载，有人考证此"城阳"可能即楚王城。白起破楚国郢都之后，楚顷襄王曾逃至城阳避难，并把此地作为临时国都，后再迁至陈地。[1]

楚国东境也有一些军事据点，如钟离，在今安徽凤阳县东北。居巢，在今安徽省巢湖市境。楚惠王二年(公元前487年)，任命白公胜为"巢大夫"，派重兵镇守。《史记·楚世家》还记载楚昭王时设置六、潜、豫章、番等军事重镇。其中六在六安市北，潜在霍山县东，豫章在霍邱县一带。番邑，一说在今赣北，《史记正义》引《括地志》云："饶州鄱阳县，春秋时为楚东境。"一说在今河南固始、淮滨一带。[2] 此外，考古工作者在湖北省孝感市草店坊发现一战国城址[3]，整体呈不规则形，面积约11万平方米。此城地处南北交通要道，城垣规模小，城壕坚固，城垣上筑有用于瞭望敌情、进行军事防御的楼橹设施，且只设一南门，其性质应是楚国的一座重要的军事城堡。

---

① 欧潭生：《信阳楚王城是楚顷襄王的临时国都》，《中原文物》1983年特刊。
② 徐少华：《周代南土历史地理与文化》，武汉大学出版社1994年，第133页。
③ 草店坊城联合考古勘探队：《孝感市草店坊城的调查与勘探》，《江汉考古》1990年第2期。

三是军事重镇与别都。

为了巩固楚国北境的军事防线，便于就近指挥方城内外的军事战争，楚国在方城内侧邻近地区和汉水沿岸设立多处军事重镇。这些军事重镇一般成为楚国较为固定的别都。

申是一姜姓封国，位于今河南省南阳市。楚文王时，申被楚灭亡，其地成为楚国一处军事重镇，也是楚国方城内的政治首府。据史料记载，楚王经常居申，并在此会合诸侯，发号施令。如《左传》僖公二十八年载："楚子入居于申。"《左传》昭公四年载："楚子合诸侯于申。"楚人对申的军事作用和经济地位十分看重，这里属盆地地貌，群山环绕，物产丰富，在此筑城池，派重兵把守，完全可以成为楚国汉水之北的坚固堡垒和征战中原的军事基地。《左传》成公七年载："楚围宋之役，师还，子重请取于申、吕以为赏田，王许之。申公巫臣曰：'不可。此申、吕所以邑也，是以为赋，以御北方。若取之，是无申、吕也。晋、郑必至于汉。'"据此可知，申公巫臣阻止楚王把申、吕之地赏给子重的原因，是由于二邑在"御北方"上起着关键作用。

武城位于今河南省南阳市北，也是楚的别都之一。《左传》昭公四年载："（楚灵）王田于武城。……王使往，曰：'属有宗祧之事于武城，寡君将堕币焉，敢谢后见。'"楚王在武城也举行一些重要的政治活动、军事活动。《左传》成公十六年载："十六年春，楚子自武城使公子成以汝阴之田求成于郑。郑叛晋，子驷从楚子盟于武城。"

鄢位于今湖北省宜城市西南，是郢都之北重要的门户和军事重镇，又是楚的别都。秦将白起拔郢之前，先沿汉水南下攻鄢。楚灵王曾驻跸于鄢，据《史记·楚世家》载："（楚灵）王乘舟将欲入鄢。"《集解》引服虔说："鄢，楚别都也。"清人顾栋高《春秋大事表》卷七《春秋列国都邑表》也说："本为楚别都，故灵王欲入。"

四是大江大河。

楚境内河流纵横，水量充沛。据史料记载，在春秋时期，楚国把长江、汉水、颍水、汝水及其他河流作为其军事防御体系的重要组成部分。《左传》僖公四年记载楚屈完答齐桓公曰："君若以德绥诸侯，谁敢不服？君若以力，楚国方城以为城，汉水以为池，虽众，无所用之！"《史记·齐太公世家》也载，楚国屈完对齐桓公语："则楚方城以为城，江、汉以为沟，君安能进乎？"这里称长江、汉水是楚国赖以防御的天堑。《荀子·议兵》载："（楚国）汝、颍以为险，江、汉以为池。"《淮南子·兵略训》载："楚人……颍、汝以为洫，江、汉以为池。"这里则言江、汉、颍、汝为楚国重要的军事防御屏障。据《史记·楚世家》记载，楚昭王十年吴伐楚之役，楚使令尹子常"以兵迎之"，楚军与吴军"夹汉水阵"，即吴、楚军队对峙于汉水两岸。据此可知，汉水在楚、吴之战中起着重要作用。

五是山脉与关隘。

春秋时期，中原诸侯国在战争中大多使用车兵和步兵。而车兵只适合平原地区作战，不能登山。若阻塞山间孔道，甲车就无法通过。楚地山脉有许多天然的峡谷和山间小径，楚人利用峡谷和山间小径建筑关隘，易守难攻，具备很强的军事防御功能。

据史料记载和考古资料，楚国北境的主要关隘有方城塞、象禾、连堤，以及大隧、直辕、冥厄等。《吕氏春秋·有始览》《淮南子·地形训》把方城、冥厄列于天下"九塞"之中，可见其地位之重要。方城塞又称缯关，在今河南省方城县独树乡的大关口。此关隘两侧山峰夹峙，中有一孔道，形成一天然关口。在关口两侧的山坡上分别筑有南北两道土石城垣，东西长 1419 米，南垣与北垣相距 250 米 ~ 380 米。象禾在今河南省泌阳县象河关，这里东为五峰山，西为关山，两山之间有城垣连接。连堤在今河南省泌阳县沙河店。① 关于大隧、直辕、冥厄三关，在今河南、湖北两省交界的三个关隘。大隧在东，今名九里关；中为直辕，今名武胜关；冥厄亦曰黾塞，在西，今名平靖关。冥厄有大小石门，凿山通道，极为险隘。

---

① 尚景熙：《楚方城及其与楚国的军事关系》，《中原文物》1992 年第 2 期。

豫西南、鄂西北通往陕西之间的重要关隘是著名的武关（今陕西丹凤县东南），武关是秦、楚交往的必经之地，也是秦、楚军事对峙的重要关口。《战国策·楚策一》记苏秦为赵合纵于楚威王曰：“大王不从亲，秦必起两军，一军出武关，一军下黔中。若此则鄢、郢动矣。”又记张仪为秦破合纵而连横、威胁楚怀王话语：“秦举甲出之武关，南面而攻则（楚）北地绝。”《史记·张仪列传》也有类似的记载。这些文献皆称武关对于楚国北境的军事防御具有举足轻重之地位。

综上可知，楚国建立在“守在四竟”的军事防御体系，使楚国中心区域在春秋时期甚少遭到列国侵扰。张国硕指出，楚国的防御体系以多种、多重自然和人工防御设施组合配置为特色。其防御重点在北方，防御设施最为稳固；东方防御略显薄弱，曾被强吴攻破；西方、南方防御较为有效。[①]

春秋早、中期官吏普遍文武不分。列国政令、军令系统的职官设置，体现着“官事可摄”的传统，权责不分的现象司空见惯。在军令系统，当时各国一般都实行“军将皆命卿”的制度，表现为军与政的统一，其执政首领或上卿，在平时是诸侯以下全国的政务官，在战时就是高级的战场指挥官，构成了以国君为核心、卿将合一的军事指挥体制。在这种体制之下，军队的将帅基本上由“命卿”和有卿爵者担任。[②]换言之，军令系统的文武同途、卿将合一在当时各国之间是普遍实行的。例如，周王室二卿士平时辅佐周天子处理政务，但遇有战事时则领兵作战，虢公、周公在缬葛之战中分将左军、右军即是明证。又如晋国的执政之卿，既是国内政务上的执政，又是中军元帅，可谓是“出将入相”。再如楚国，长时间实行二执政制，二执政一为令尹，一为司马，表面上，似乎令尹多偏重治文，司马多偏重经武，但实际上令尹、司马皆亦文亦武，职权可以互摄，并无严格的分工。另外，像

---

① 张国硕：《论东周楚国的军事防御体系》，《中州学刊》2004 年第 1 期。
② 刘展主编《中国古代军制史》，军事科学出版社 1992 年，第 79 页。

齐国的国、高"二守"，鲁国的司徒，郑国的当国与为政，宋国的左师与右师，其性质也与晋之卿、将，楚之令尹与司马相同，既是政务长官，又是军事长官。

然而，在春秋中期以后，随着社会经济、军事、政治、文化等领域各种新因素的出现，职官制度方面也呈现了权限分工逐渐明确化的趋势，并酝酿着军令系统文武分职的因素。当时人们已比较倾向于用"将军"或"将"来称呼军事主官。如晋国的"六卿"，《墨子》即称为"六将军"；《吴问》也明确提到"六将军专守晋国之地"①。又《左传》昭公二十八年载，阎没、女宽谓魏舒曰："岂将军食之而有不足?"杜预注："魏子中军帅，故谓之将军。"可见，春秋晚期晋国的"军将"已普遍被称为"将军"了。另外在《国语·晋语四》中还有"郑人以(叔)詹为将军"，《国语·吴语》中有"十旌一将军"等记载。当然从总体上看，他们基本上仍合兵政于一身，正如韦昭注云："十旌，万人。将军，命卿。""平时为卿，而此时为将军，故《周语》云：军将皆命卿也。"而非纯粹意义上的专职军事统帅。

但"将军"称谓的出现，毕竟意味着军令方面的文武分职、将相分职的存在。所以到了春秋末年，军令方面的文武分职萌芽已是依稀可见。据《论语》记载，孔子的两个学生冉有、子路同为季孙氏家宰。孔子认为冉有"千室之邑，百乘之家，可使为之宰也"，像是偏于文职；而子路，孔子认为"千乘之国，可使治其赋也"，似乎是偏于武职。至于将相间比较明确的分职，亦当是发生在春秋战国之交。《战国策·赵策一》追述张孟谈告赵襄子语："故贵为列侯者，不令在相位，自将军以上，不为近大夫。"就是这种历史文化现象萌芽的证据。成书于春秋末的《孙子兵法》十三篇，亦多处提到"将"，如"将者，智、信、仁、勇、严"，"料敌制胜，计险厄远近，上将之道也"，"将

---

① 银雀山汉墓竹简整理小组编《银雀山汉墓竹简(壹)》，文物出版社 1985 年，第 30 页。

能而君不御者胜"，"将之至任，不可不察也"等，此处的"将""上将"等，已是比较纯粹意义上的专职将帅了。糜振玉指出：这也从一个侧面进一步证实了军令系统的文武分职之萌芽滋生于春秋之末，它为战国时更广泛的文武分职局面的形成奠定了基础。①

春秋时期，由于战事频繁、军队扩大，以及职官制度逐步走向健全成熟，各国军事行政系统的职官设置及职能的确定也有了改进，呈现出一种文武分职的趋势：

第一，司马的普遍设置和职权的相对明确。有些诸侯国的司马，已经开始偏重统兵作战，如宋国、楚国的大司马及下设的左、右司马或少司马。据《左传》成公十六年记载，鄢陵之战中，楚司马子反任中军帅，协助楚共王统兵出征，这突出了楚国司马的军事职能。而更多诸侯国所设的司马，则基本上成为该国各级车、马、军赋等军事事务的具体管理者，如鲁国的都司马、家司马，以及楚国的县司马，等等。②

第二，新设军事行政事务系统的职官。据《左传》成公十八年记载，晋国根据军事活动的需要，在晋悼公即位伊始，就任命了一批执掌军事行政事务的职官，其中，公族大夫荀家等主持贵族子弟的文化教育和军事训练，御戎弁纠负责全军御者的平时训练，司马籍偃主管车兵与步兵的协同作战技能的训练，乘马御程郑负责管理和培训全军养马人员。他们都属于比较专职的军训事务方面职官。除此之外，晋国基层的军政职官还有"三十帅""军大夫""军尉""军司马""侯奄"等。

第三，大量设置军事后勤职官。春秋时期专职军事行政职官的设置，在很大程度上体现为军事后勤职官体制的日趋完善和具体化。这些职官各司其职，为军队从事征战活动提供了较充分的保障。如《周礼·夏官·司兵》："掌五兵、五盾，各辨其物与其等，以待军事。"

---

① 糜振玉等：《中国军事学术史》，解放军出版社 2008 年，第 116—118 页。
② 黄朴民：《中国军事通史·春秋军事史》，军事科学出版社 1998 年，第 59 页。

《周礼·夏官·司戈盾》："掌戈盾之物而颁之。"《周礼·夏官·校人》："掌王马之政……凡军事，物马而颁之。"据《左传》襄公九年载，宋国"使皇郧命校正出马，工正出车，备甲兵，庀武守"。这里的"司兵""司戈盾""校人""校正""工正"等，均属于军事后勤系统中的专职官员。

春秋晚期，楚国的文武分职已经明晰，司马主管军事。刘信芳《楚系简帛释例·职官名例》中，收集大量简帛记载，专门罗列包括楚国武官，例如"司马、大司马、少司马、左司马、右司马、宫司马"的例句。其中：对于简帛中的"司马"，刘信芳评论：按楚"司马"《左传》多见，昭公十二年有"司马督"，据文义是直属国家的官吏。上引"司马徒""子司马"亦是直属国家的官吏。地方或官府之"司马"例冠以地名或官府名，其中"敔司马"即"圄司马"，是牢狱官。封君之司马则具有私官的性质。

对于简帛中的"大司马"，刘信芳评论：按《左传》襄公十五年有"芳子冯为大司马"。简文"卲阳"即昭阳。《战国策·齐策二》："昭阳为楚伐魏，覆军杀将得八城。"《史记·楚世家》："(怀王)六年，楚使柱国昭阳将兵而攻魏，破之于襄陵，得八邑。""柱国"应是昭阳的爵称。包山简 267 作"大司马悼(悼)戕(滑)"①，并读为"淖滑"，字或作"卲滑""召滑""卓滑"。《战国策·楚策一》："且王尝用召滑于越而纳句章。"又《战国策·楚策四》："齐明说卓滑以伐秦。"又《战国策·赵策三》："楚、魏憎之，令淖滑、惠施之赵，请伐齐而存燕。"《韩非子·内储说下六微》："干象曰：'前时王使卲滑之越，五年而能亡越。'"《史记·甘茂列传》："王前尝用召滑于越而内行章义之难，越国乱，故楚南塞厉门而郡江东。"由史实可知，"大司马"是主要军事首领。

对于简帛中的"少司马"，刘信芳评论：按《左传》昭公二十一年

①　陈伟等：《楚地出土战国简册〔十四种〕》，武汉大学出版社 2016 年，第 153 页。

载："宋华费遂生华貙、华多僚、华登。貙为少司马，多僚为御士。"《周礼·夏官》有"小司马"。上引简文少司马均为地方官。

对于简帛中的"左司马""右司马"，刘信芳评论："左司马迪""左司马适"是直属国家的官吏。"右司马愒"应是直属国家的右司马。《左传》一书中"左司马""右司马"屡见，且均为楚官，昭公三十一年："左司马戌、右司马稽帅师救弦。"《战国策·燕策三》："楚王使景阳将而救之。暮舍，使左右司马各营壁地，已，植表。"

对于简帛中的"邕司马"，刘信芳评论："邑"有可能指县官府之所在，那么"邕司马"乃县属司马。简文称"邕司马"为"兵甲执事人"，可见是管理地方军队的官员。

《周礼·夏官·叙官》云："乃立夏官司马，使帅其属而掌邦政，以佐王平邦国。政官之属：大司马，卿一人；小司马，中大夫二人。"楚国诸司马应是参照周制而设。周官"夏官"均是军职，在这一基本点上，楚官与周官同。①

春秋晚期，楚国的文武分职还体现在《墨子》所述楚国的基层军事指挥系统。

墨家的军事防御理论中，组织系统十分清晰，上下级之间的关系十分明确，一切都有条不紊，使敌人无机可乘。

首先，要构成一个严密的军事管理层次，上下级关系一定要明确。在《迎敌祠》中，墨子道："城上步一甲、一戟，其赞三人。五步有五长，十步有什长，百步有百长。"就是说，守备在城上的武装力量，每隔一步有一人穿甲、一人持戟，三人辅助，形成一个基本的武装力量团体。每五步设伍长一人，每十步设什长一人管其事，每百步设百长一人。《备城门》中说："百步一亭，高垣丈四尺，厚四尺，为闺门两扇，令各可以自闭。亭一尉，尉必取有重厚忠信可任事者。""城上四隅童异，高五尺，四尉舍焉。"《迎敌祠》中说："旁有大率，中有大

_____

① 刘信芳：《楚系简帛释例》，安徽大学出版社 2011 年，第 5—7 页。

将。"《号令》中说："守将营无下三百人，四面四门之将，必选择有功劳之臣及死事之后重者，从卒各百人。"这几句话是说，每百步和城的四角要设置守望亭台，各有一尉官管辖。镇守四门还要设将军，军中还要有大帅。尉官和将军要从烈士遗属之中选拔忠诚能干的人担任，将帅手下还要配备相应的卫兵。这样便构成了从伍长、什长、百长、亭尉、将军到大帅的军事管理层次，为统一指挥、统一协调做好准备。

其次，为了保证军队的集中统一和行动准确迅速，各级官兵应有不同的着装和徽章，以旗号为令，进行指挥。《旗帜》中说："城中吏卒、民男女皆辨异衣章徽。城上吏卒置之背，卒于头上；城下吏、卒置之肩，左军于左肩，中军置之胸。"要求官吏、战士、男人和女人，都穿不同的衣服，佩戴不同的徽章，还对徽章的部位都作了明确的规定，以便于指挥调动。又说："城将为绛帜，长五十尺。四面四门将长四十尺。其次，三十尺；其次，二十五尺；其次，二十尺；其次，十五尺；高无下十五尺。""亭尉各为帜，竿长二丈五、帛长丈五、广半幅者大。"规定不同等级的军官有不同制别的旗帜，便于识别，利于调度。在《旗帜》中还说："守城之法：木为苍旗，火为赤旗，薪樵为黄旗，石为白旗，水为墨旗，食为菌旗，死士为仓英之旗，竟士为零旗，多卒为双兔之旗，五尺男子为童旗，女子为梯末之旗，弩为狗旗，戟为蒩旗，剑盾为羽旗，车为龙旗，骑为鸟旗。凡所求索，旗名不在书者，皆以其形名为旗。城上举旗，备具之官致财物，之足而下旗。"这一段中，墨子详细地阐述了如何以旗帜为联络信号。

再次，在队伍中，还专门设置了通信人员，《号令》说："传言者十步一人，稽留言及乏传者，断。诸可以便事者，亟以疏传言守。吏卒民欲言事者，亟为传言请之吏，稽留不言诸者，断。"所谓传言者，就是传达军事信息的通信员，规定十步一人，"传言者"的责任在于传言，如果把该传之言延误了，或者传言不准确，不管是一般的小卒，还是管事的官吏，都要受到相应的处罚，尤其是对官吏的处罚还要严厉些。

　　熊泽文指出，墨子提出的这一套军事指挥系统，是军队在守御中取得胜利的重要保障。[①] 楚国在春秋战国之交吸收墨家思想后开始的文武分职，是楚国在战国时期军力强大的保证。

第十一节　申叔时和老子的军事思想

　　晋楚争霸之战虽是春秋时代最重要的战争，但仔细分析，双方先后打了四次大仗，但真正的大决战只有一次。第一次城濮之战，晋文公面对的不是全部楚军，而是楚国大将子玉率领的部分楚军；第二次邲之战，晋国因内部矛盾而退兵，双方也未进行决战；第三次鄢陵之战，晋楚两军才真正展开决战；第四次湛阪之战，晋军打败的是楚公子格率领的部分楚军。与晋楚决战少相比，晋与秦、齐，楚与吴的大决战倒有数次，这种现象可能与晋楚尤其是与晋统帅将领的战略思想有关。《左传》宣公十二年载，邲之战时，晋国的士会说："见可而进，知难而退，军之善政也。兼弱攻昧，武之善经也，……犹有弱而昧者，何必楚？"将战争的重点放在攻打弱小和昏昧的国家上，不和强大的楚国决战，这也许是晋国将领的一贯思想。所以，晋楚两国宁可攻打较弱小的国家，相互间尽可能不进行决战。[②]

　　春秋时期楚国的军事思想以申叔时为代表。徐文武指出，申叔时不仅是杰出的教育家，还是杰出的军事思想家和军事战略家。[③] 申叔时的军事思想主要记载于《左传》宣公十一年、成公十五年、成公十六年。《左传》成公十二年载，楚共王十二年，公元前 579 年，楚晋盟于宋，约定弭兵言和。楚共王十五年，公元前 576 年，楚人毁约，北

---

① 熊泽文：《〈墨子〉的防御之术与古代军事防御理论之奠基》，《中华文化论坛》2002 年第 2 期。

② 顾德融、朱顺龙：《春秋史》，上海人民出版社 2001 年，第 163 页。

③ 徐文武：《楚国思想史》，湖北人民出版社 2003 年，第 56 页。

伐郑、卫。其时，共王弟子囊认为刚订和约，不应背盟。司马子反则主张有利则进，不必守盟。申叔时闻知此事，预言子反背盟必败。次年，子反率师北进，经过申地，求见申叔时，向其询问出征前景，申叔时说：

> 德、刑、详、义、礼、信，战之器也。德以施惠，刑以正邪，详以事神，义以建利，礼以顺时，信以守物。民生厚而德正，用利而事节，时顺而物成。上下和睦，周旋不逆，求无不具，各知其极。故《诗》曰："立我烝民，莫匪尔极。"是以神降之福，时无灾害，民生敦庞，和同以听，莫不尽力以从上命，致死以补其阙。此战之所由克也。今楚内弃其民，而外绝其好，渎齐盟，而食话言，奸时以动，而疲民以逞。民不知信，进退罪也。人恤所厎，其谁致死？

这段文字全面地反映了申叔时的军事思想。申叔时的战争观是一种全面的战争观。他认为，战争不是孤立的军事行为，它与政治、经济、伦理等有着密切的关系。在申叔时对子反的谈话中，从战争与"六器"（德、刑、详、义、礼、信）、战争与经济、战争与民心三个方面陈述了他的军事思想。

第一，论战争与"六器"的关系。申叔时认为"德、刑、详、义、礼、信"为"战之器"，是战争取得胜利的武器。"六器"中首先是"德"与"刑"，申叔时说："德以施惠，刑以正邪"，所谓"德"就是要加惠于民众与兵士，所谓"刑"就是要以刑罚来惩戒那些违反军令的人。德刑并用，是保证战争取胜的最有效手段。据《楚宝·知谋一》载，楚武王夫人邓曼提出以"训诸司以德，威莫敖以刑"治国的思想，强调"德""刑"在政治上的运用，申叔时则把德刑思想运用到军事上。晋楚邲之战前，晋国的士会分析楚国在军事上"叛而伐之，服而舍之，德、刑成矣"，做到了"德立""刑行"。申叔时是楚庄王的主要军事谋臣，

1923

曾随军为楚庄王出谋划策。楚军能做到"德立""刑行"，与申叔时军事思想的运用有着密切的关系。

"义"与"不义"是春秋时期衡量战争合理性的根本标准。何谓"义"，《吴子·图国》的解释是："禁暴救乱曰义。"申叔时的军事思想中也强调了"义"，即主张"义战"。申叔时强调"义"的同时，也不否认"利"，并提出了"义以建利'的命题，即强调战争中获得利益应该是建立在"义"的基础上，背离"义"而获"利"是他所反对的。《左传》宣公十一年载，楚庄王灭陈，并置陈为楚县。群臣皆贺，唯独申叔时不来祝贺，楚庄王问："夏徵舒为不道，弑其君，寡人以诸侯讨而戮之，诸侯、县公皆庆寡人，女独不庆寡人，何故？"楚庄王认为，陈国的夏徵舒杀了陈国的国君，楚庄王出兵灭掉陈国正是"禁暴救乱"的义举，但申叔时却提出了不同的看法：

> 夏徵舒弑其君，其罪大矣；讨而戮之，君之义也。抑人亦有言曰："牵牛以蹊人之田，而夺之牛。"牵牛以蹊者，信有罪矣；而夺之牛，罚已重矣。诸侯之从也，曰讨有罪也。今县陈，贪其富也。以讨召诸侯，而以贪归之，无乃不可乎？

申叔时肯定楚庄王出兵伐陈是"义"的表现，同时他又认为，讨伐有罪之人后又取其国归为己有，正如牛践踏了他人的庄稼后，庄稼受损的人将牛收归己有一样，其性质已经发生了变化。为"贪其富"发动战争是为"利"而战而不是为"义"而战，因而战争的性质也就发生变化了。由此可见，申叔时提出"义以建利"的命题，是强调在整个战争中，始于"义"而终于"义"，"利"只能建立在"义"的基础之上，而不能违背"义"。楚庄王接受了申叔时的劝说，取消陈县，恢复陈国。

申叔时的军事思想带有浓厚的西周时期"军礼"的特色，在战争指导上，奉行《司马法》"以礼为固，以仁为胜"，以重礼、重信为主导思想。他在"六器"理论中，提出"礼以顺时，信以守物"，强调了礼与信在战争中的作用。如《左传》成公十五年载，楚国司马子反要违背晋楚两国既定的盟约，向中原出兵。申叔时说："信以守礼，礼以庇身，信礼之亡，欲免得乎？"申叔时认为，在战争中，"军礼"是应该遵守的基本原则，而礼是依靠信用来保障的。如果在战争中不讲"礼"，也不讲"信"，那么战争的结局一定会是失败。

虽然在申叔时的军事思想中强调信用和诚信，但是并不排除使用"诡道"，《孙子兵法》说"兵者，诡道也"，强调以谋取胜。申叔时首创的"筑室反耕"的兵法，就是他在战争中擅长运用"诡道"，以谋取胜的明证。如《左传》宣公十五年载：楚庄王率军围攻宋国，久攻不克。城内的宋人易子而食，城外的楚军也仅剩数日之粮。正当楚庄王准备退兵的时候，申叔时向楚庄王献计说："筑室反耕者，宋必听命。"让楚庄王在宋国都城外建造房舍，垦地耕作，以示不攻下宋城绝不撤围的决心。楚庄王采纳了申叔时的计策，宋人大恐，主动要求媾和，与楚国签订"城下之盟"。申叔时的"筑室反耕"之计，既动摇了敌方的军心，也巩固了己方的士气，从而达到"不战而屈人之兵"的目的。

第二，论战争取胜的经济基础。在"六器"之论后，申叔时强调了战争与经济的关系，强调战争胜利必须以经济基础作为保障。如《左传》成公十六年载："民生厚而德正，用利而事节，时顺而物成。上下和睦，周旋不逆，求无不具，各知其极。"申叔时提出的"民生""德正""利用"，源自《尚书·虞书·大禹谟》"正德，利用，厚生，惟和"，在春秋时代被称之为"三事"。《左传》文公七年记晋国贵族郤缺说："正德、利用、厚生，谓之三事。""三事"分而言之是指生活丰厚、器用便利和德行端正，这是当时政治家共同关注的问题。成语"利用厚生"也由此而来，用以指"物有所用，民有所养"。

第三，论战争取胜的民心基础。春秋时期，列国竞争，诸侯争霸，战争越来越激烈、频繁。当时的军事思想家们越来越认识到民为争战之本。《左传》僖公二十八年载，晋楚城濮之战，楚将子玉大败，楚大夫荣季评论说："非神败令尹，令尹其不勤民，实自败也。"荣季把战争失败的原因归结为失去民心。又《左传》成公十六年载，晋楚争郑之战前夕，申叔时也强调"和民则胜"的道理："民生敦厖，和同以听，莫不尽力以从上命，致死以补其阙。此战之所由克也。"百姓生活富足，齐心一致地听从，没有不尽力服从上面命令的，也会不顾性命来弥补死去的战士的空缺，这就是战争所以能够胜利的原因。申叔时针对楚国的情况，预言说：今楚国内弃其民，疲民以逞，楚必败无疑。后来事实果如其所论。申叔时强调让百姓"和同以听"为国争战的思想，到战国时期发展为"乐战"的思想。法家主张"乐战"，《商君书·赏刑》甚至主张，要使得"民闻战而相贺也，起居饮食所歌谣者，战也"。

黄朴民总结春秋时期的军事思想，认为军事思想作为对军事实践活动的理性总结和抽象提炼，在春秋时期业已进入相当繁荣和成熟的阶段。造成这一局面的背景不外乎两个方面的因素，首先是战争实践发展到军事思想本身的呼唤；其次是当时整个社会思潮发展在军事领域内的客观反映。

战争历史的悠久长远，战争经验的丰富深刻，战争方式的复杂多样，战争意义的鲜明突出，一句话，战争的丰富实践，到春秋时期业已为军事理论家系统构筑军事理论体系，指导战争实践创造了条件，提供了契机。时代已经伸开了巨臂，准备迎接兵学巨子投向它的怀抱了。沧海横流，方显英雄本色，以孙子为代表的军事思想家勇敢地响应了时代的呼唤，睿智地承担起光荣的使命，立足现实，回溯过去，瞻望未来，源于战争，高于战争，终于向历史递交了一份份圆满的答卷。

春秋时期军事思想的繁荣，也在于受到了当时社会思潮的澎湃激荡。我们知道，军事思想作为整个思想文化形态的重要组成部分，它的发生、发展、成熟与完善，与人类社会的思想意识形态总体发展演化之间，存在着深刻的历史与逻辑的一致性。军事思想在春秋期间的繁荣与成熟，战争活动固然毫无疑问是最为直接的动因，然而古代社会思潮的逻辑发展，同样也是其中一项不可忽视的因素。从某种意义上说，春秋军事思想不过是整个人类思维理性进化过程作用于当时军事文化领域的产物，是古代思想发展长链上的一个重要环节。春秋直至战国是中国古代社会思潮发展史上的第一座高峰。在当时，哲学政治、经济思想都已呈现出辉煌的新气象。与此相适应，军事思想也不可避免地要反映社会思潮的总体发展趋势。而事实上，当时整个社会思潮的氛围，也已经具备了形成成熟意义上军事思想的条件，这就是春秋军事思想之所以繁荣的深层思想文化背景。一句话，文化的绿洲，培植了一棵棵军事思想的参天大树。

春秋时期军事思想走向繁荣和成熟的外在标志，主要表现为三个方面：第一，是在《左传》《国语》等历史典籍中，对军事问题予以大量记载和高度重视，就战争观念、治军原则、作战指导等军事理论内涵进行了充分阐述，在此基础上初步形成了独到的军事理性认识。第二，在老子、孔子等著名思想家的著作里，对军事问题的思考和论述，占有重要的篇幅，曾就战争观、战争指导、作战指导理论和治军思想提出了重要的命题，大大丰富和深化了中国古代有关军事问题的理性认识。所以在历史上，《老子》曾被许多人视为兵书，而孔子及其思想载体——《论语》也当之无愧地成为儒家军事思想的总源头。第三，出现了孙子、伍子胥、范蠡等一批杰出的军事理论家。他们的军事实践和兵学理论创造，为春秋时期军事思想的繁荣和成熟，规范了基本的面貌，注入了最大的动力，充当了卓越的代表。尤其是孙子，他作为中国古代最著名的军事学家，其兵学思想集中反映了春秋时期军事理论的伟大成就和最高水平，并对中国古代军事文化的成熟和发展产生了极其深远的影响。

军事思想在春秋时期的成熟，就其内涵而言，具体表现为以下几个方面：

第一，战争观念的系统化、理性化。

首先，它表现为人们对战争在整个社会生活中重要性的充分肯定。《左传》成公十三年记载刘康公的话说："国之大事，在祀与戎。"这表明当时人们已明确认识到战争为国家政治生活中最重要的活动之一，并认为它具有"禁暴、戢兵、保大、定功、安民、和众、丰财"等多项功能和意义。《孙子·计篇》在这方面的论述则尤为深刻而精辟："兵者，国之大事。死生之地，存亡之道，不可不察也。"

其次，它表现为对战争采取慎重的态度，既主张通过有限的战争手段来达到一定的政治目的和经济目的，又提倡慎重地对待战争大事，反对穷兵黩武，轻敌妄动。如《左传》一方面反对"去兵"，认为"谁能去兵？兵之设久矣"，另一方面又主张区分战争的性质，提倡义战，反对非正义的穷兵黩武之举，"不义而强，其毙必速"。又如《老子》一方面承认在一定条件下从事战争的合理性，"不得已而用之"，另一方面更强调慎重地对待战争，反对"以兵强天下"。指出"夫兵者，不祥之器也"，"祸莫大于轻敌，轻敌几丧吾宝"。孔子对战争的态度同样慎重、严肃，《论语》载："子之所慎，齐、战、疾。"既批判否认非正义战争，又肯定、赞扬反抗强暴、保卫祖国的正义战争。至于孙子更是"慎战"与"备战"并重，"安国全军"的理念有如一曲主旋律，在《孙子兵法》全书中缭绕不绝："主不可以怒而兴师，将不可以愠而致战。合于利而动，不合于利而止"，"故用兵之法，无恃其不来，恃吾有以待也。"

其三，它表现为将战争同社会政治、经济诸因素加以全面联系，综合考察。如揭示战争胜负与政治得失的关系，《左传》成公十六年指出："德、刑、详、义、礼、信，战之器也。"《老子》强调："夫慈，以战则胜，以守则固。"《孙子》更明确将"主孰有道"置放在考察战争胜负诸要素的首位，并提倡"修道而保法"。又如主张争取民心，以赢得战争的胜利。《左传》提出"师克在和，不在众"，强调"无民，孰战""无众必败"。孔子主张取信于民，"足食，足兵，民信之矣……自古皆有死，民无信不立。"孙子提倡"上下同欲"，要求造就"令民与上同意"的清明政治局面，为战争胜利提供保证。

1928

第二，治军理论的进步化、丰富化。

春秋时期治军理论的丰富和进步，突出表现为在汲取"礼"的部分合理内涵的同时，开始在治军上引入"法"的原则和具体规范。既立足和尊重传统，又勇于接受新鲜事物，丰富和发展治军的基本理论。如《左传》在治军问题上主张德、刑并重，把礼作为道德手段，法作为强制手段，用来经武治军，即所谓"礼以行义""刑以正邪"，从而沟通了"礼"与"法"之间的联系。以礼系法，以法明礼。这两点到了孙子那里有了更深入的论述和阐发，其最核心的精神，就是"令之以文，齐之以武"，强调治军必须拥有文武两手，做到恩威并施，如《孙子兵法》载："卒未亲附而罚之，则不服，不服，则难用也；卒已亲附而罚不行，则不可用也。"从这个核心精神出发，春秋时期的军事家、政治家、思想家在治军问题上普遍提倡赏罚严明，严格训练，重视选将，注重将德修养，将权贵一，统一号令，爱卒善俘等具体主张，这样就大大丰富了中国古代的治军基本理论，为当时和后世的治军实践活动提供了思想上的指导。

第三，战略和作战指导思想的全面化、深刻化。

战略和作战指导思想是军事思想中的主体构成部分，是决定军事思想基本面貌和价值所在的根本因素。春秋时期军事思想的繁荣和成熟，最重要的标志，就是战略、作战指导思想有了长足的进步，顺应了历史发展的潮流，丰富了其主要范畴及具体原则，满足了指导军事斗争实践的需要，奠定了中国古代战略思想、作战指导理论发展的坚实基础。这在《左传》那里，其占主导地位的作战指导原则，表现为：一是审时度势，正确地选择和把握有利的战机；二是主张知己知彼，正确选择攻击方向；三是强调有备无患，"不备不虞，不可以师"。这在《老子》那里则表现为：一是"善胜敌者不与"的战略指导；二是对"不敢为天下先"后发制人，以柔克刚原则的阐发。而在孔子那里则表现为：一是文武并举，政治与军事相互倚重，所谓"有文事者，必有武备；有武事者，必有文备"；二是提出了"临事而惧"的作战原则。

在范蠡那里表现为：一是"随时以行"的攻守原则；二是变易主客的实力运用方针；三是因情用兵的制胜之道。

黄朴民认为，一部三百余年的社会嬗变史，一部三百余年的军制发展史，一部三百余年的战争演进史，一部三百余年的兵学成熟史，春秋军事史包含着极其丰富的内涵，显示着相当鲜明的特征，展现着殊为突出的地位，提供着久盛不衰的启示，它的重要性是不言而喻的。在今天用科学理性的态度和方法对其进行全面的考察和认真的总结，无疑具有十分重要的意义。①

春秋以前的军事征伐的战略目标，都在于追求建立一种以王为核心的礼制秩序，如"溥天之下，莫非王土；率土之滨，莫非王臣"，"自彼氐羌，莫敢不来享，莫敢不来王"。因此战争或军事冲突的目的往往是为了建立华夏部族的文化优势和发展空间，故战争的观念是"德以柔中国，刑以威四夷"（《左传》僖公二十五年）。而至春秋时代，从一方面而论，"诸侯结盟，本非正道，有何合礼？"②另一方面而论，诸侯争战目的是受利益驱使，缔约结盟也完全是以功利为基础，故背盟弃约之事屡屡发生。此时，会盟往往已成为诸侯邦国间钩心斗角的手段。因此这种时代背景，对战争观也产生影响。以往"有德不可敌"，以礼治军的传统价值观，逐渐被"不任德而任力"和"合于利而动，不合于利而止"的功利主义战争观所替代。据统计，将记载西周军事思想和战争礼仪伦理的《司马兵法》和成书于春秋战国之际《孙子兵法》比较研究："德"在《司马兵法》中出现 5 次，《孙子兵法》中没有涉及；"仁"在《司马兵法》中出现 10 次，《孙子兵法》中出现 3 次；"礼"在《司马兵法》中出现 5 次，《孙子兵法》中没有涉及；"信"在《司马兵法》中出现 15 次，《孙子兵法》中出现 4 次；"义"在《司马兵法》中出现 21 次，《孙子兵法》中仅出现 1 次；而"利"在《孙子兵法》

---

① 黄朴民：《春秋军事历史概论》，《军事历史研究》1998 年第 3 期。
② 陆淳：《春秋集传辨疑》，江苏巡抚采进本。

中竟出现52次，在《司马兵法》中出现20次，但其中包含有对利贬斥的内容，如"争义不争利"等。从这一比较分析，可以看出在春秋时期军事与战争的思想伦理中，仁义礼德之观念地位已逐渐被"利"所替代，"捐礼让而贵战争，弃仁义而用诈谲"已开始占据上风，无怪乎孔子曰"春秋无义战"。如《左传》哀公二年载，在晋郑铁丘之战中，晋国卿大夫赵鞅即首次明确提出："克敌者，上大夫受县，下大夫受郡，士田十万，庶人工商遂，人臣隶圉免。"这种在军功面前人人平等，不仅体现了一种功利主义原则，而且推行开放型的军功爵制，有力地影响了新封建制军事思想的形成。①

春秋晚期，《老子》的军事学术思想很有特色。道家是中国历史上与儒家齐名的思想学派，《老子》是该学派的代表性著作，包含着丰富多彩的军事学术思想。与孔子的著作一样，《老子》一书对战争基本持反对和否定的态度。明确认为战争是不吉利的事物，《老子·三十一章》载："兵者不祥之器，非君子之器，不得已而用之。"强调指出，对战争应采取远而避之的立场，"故有道者不处"。换言之，就是主张"以道佐人主"，而反对"以兵强天下"。

在表明自己反战立场的同时，《老子》也初步探讨了战争的起因问题，这在中国古代军事思想发展史上具有首创的意义。《老子》认为有"五音""五色""五味""驰骋畋猎""难得之货"等享受，就会大大刺激人们的欲望和邪念，有欲望就会引起争夺，争夺发展到一定程度就会导致战争。在它看来，当时社会上之所以会出现战争不休、兵连祸结的"不道"现象，在于统治者受到贪得无厌的欲望的驱使，而不能做到清静无为。《老子·四十六章》载："祸莫大于不知足，咎莫憯于欲得。"为此，《老子》向统治者们发出警告说，"故知足之足，恒足矣。"这种对战争起因加以探讨的情况表明，《老子》不但旗帜鲜明地反对战

---

① 何平立：《略论春秋时期会盟、争霸战争与战争观》，《军事历史研究》2008 年第 2 期。

争，而且已开始注意寻找消弭战争的根本途径了。

《老子》否定和反对战争，但这并不意味着它忽视对军事问题的思考和探讨。为了达到有限的政治目的，进而减少战争的损失，最终消弭战争，《老子》提出了不少重要的军事原则，作为在"不得已"情况下实施战争的指导。而其丰富的朴素辩证法思想，更与军事斗争有着密不可分的联系，成为指导战争的有益思想启示。

首先，表现为"善胜敌者不与"的战略指导。《老子》从"不以兵强于天下"的基本立场出发，明确提出在战略上所应追求的最高理想境界为"善胜敌者不与"。《老子·六十八章》载："善为士者不武，善战者不怒，善胜敌者不与，善用人者为之下。"所谓"不与"，就是"不争而善胜"，即避免和敌人做正面的冲突，以"无为""不争"的方式来实现战略上的全胜。《老子》的这一思想和《孙子》中"善用兵者，屈人之兵而非战也，拔人之城而非攻也，毁人之国而非久也，必以全争于天下"，"不战而屈人之兵，善之善者也"的全胜战略颇有相通之处。只不过《孙子》所说的"全胜"立足于"兵不顿而利可全"的原则，且有"伐谋""伐交"等积极有效的手段作为保障；而《老子》所言的"不与"，则是其"无为"思想在战争问题上的演绎、贯彻，同时也未曾提出保证其得以实现的具体方法，仅仅是侈谈"以无事取天下"，这样就不免陷于主观臆想的泥淖中。

其次，表现为揭示了用兵打仗的基本特点，以及克敌制胜的重要条件。《老子·五十七章》在中国历史上第一次区别了治国与用兵的不同方法要领："以正治国，以奇用兵。"这充分体现了它对从事军事活动和政治活动不同特点的认识，准确概括了军事斗争崇尚奇变、诡诈为本的本质属性，这也是对西周以来旧"军礼"传统的一个否定。尽管《老子》对"奇""正"范畴的基本内容，以及如何"以奇用兵"还没有作出具体深入的阐述，但提出"奇""正"范畴这件事的本身，已足以表明《老子》开始触及军事斗争的内在规律，这对于中国古代军事思想的充实和发展是具有深远影响的。

最后，也是最为重要的一点，就是《老子》的战争指导思想，表现为对"不敢为天下先"后发制人原则的阐发。"后发制人"是军事学上的一个重要命题，其实质就是积极防御，即以防御为手段，创造有利条件，以实现反攻歼敌为目的的攻势防御。它与"先发制人"是辩证的对立统一，"先发制人"重在先机之利，而"后发制人"重在待机破敌。古代兵家都重视后发制人在战争中的作用，早在《军志》中就有"后人有待其衰"（《左传》昭公二十一年）的论述。

《老子》是中国历史上从军事哲学高度阐述"后发制人"作用和地位的第一家。《老子》思想的基本特色之一，是主张以退为进，以柔克刚。这反映在战争指导上，就是欲取先与，后发制人，即所谓"将欲翕之，必故张之"（《老子·三十六章》）。其含义就是：要战胜敌方，首先要实施退却防御，使对手骄横自满，忘乎所以，然后再寻找战机予以打击，一举破敌。在《老子》看来，如果主动进攻，便会陷于失败："舍后且先，死矣"（《老子·六十七章》），真正高明的战争艺术，在于"进道若退"，在于"不敢为天下先"。①

《老子》军事思想要义：

一、老子从顺其自然、无为而治的"道"的理念出发，提出了"兵者不祥之器"，"不得已而用之"和反对"以兵强天下"的战争观。

无为而治，是老子哲学思想的核心内容，也是他"道"理念中精彩的部分。老子这一思想的影响十分深远。老子认为，圣人应该："是以圣人处无为之事，行不言之教"，才符合万物变化发展的规律。因而，老子反对违背自然本性即"道"的战争活动，认为战争是不吉利的事情，应否定之。"夫佳兵者，不祥之器，物或恶之，故有道不处。君子居则贵左，用兵则贵右。兵者不祥之器，非君子之器，不得已而用之。"这就是说，战争是不吉利的事情，谁都厌恶它，所以有"道"之人都不愿意接近它。君子平时以左为贵，战时以右为贵（古人谓吉事

---

① 糜振玉等：《中国军事学术史》，解放军出版社2008年，第126—131页。

上左，凶事上右，故如此）。所以，战争不是君子的东西，是不吉祥的东西，迫不得已才使用它。老子认为，战争是"有为（即妄为，无事生非）"，与"无为"相对立，它违背自然本性，给社会民众的生计造成严重破坏，用兵打仗这种事情，很容易得到报应："师之所处，荆棘生焉；大军之后，必有凶年。"这就是说，打仗的军队经过驻扎过的地方，荆棘丛生，颗粒无收；大战之后，必定是饥荒的年份。

同时，老子认为，战争必然导致重大的人员伤亡，战争杀人众多，要以参加丧礼的心情去参加战争，要以悲痛的心情来对待战争，就是打了胜仗，也要用丧礼的仪式来处理（"杀人众多，以悲哀莅之。战胜，以哀礼处之"）。所以，老子提出："以道佐人主者，不以兵强天下……故善者果而已，不以取强。果而勿骄，果而勿矜，果而勿伐，果而不得以，是果而勿强。"这就是说，用"道"辅佐君主的人，不靠武力逞强于天下……所以会打仗的人，获得胜利就适可而止，不要用武力逞强。胜利了不要骄傲自大，不要夸耀，要认为这是出于不得已，也不要逞强。基于上述认识，因而，老子提倡"慎战"。

有的学者对老子对战争基本持否定的态度颇有微词，说他对战争，不分正义与非正义，是一种遁世主义，云云。这实在是对2500年前的老子的一种误解，或者说是用今人的思想水平来苛求于古人。通览《老子》全书，充满朴素的军事辩证法思想，老子在对战争基本持否定态度的同时，又承认战争不可避免的现实，不得已时是可以用之的。老子生活在战争频繁、杀戮惨重的春秋时代，对于战争给生产力带来的破坏有着深切的忧虑，对于和平安定的理想社会有着热烈的渴望，尤其对于人的生命及权益更为重视。在先秦诸子百家中，老子最先否定了天命鬼神的力量，提出了人是宇宙中最重要的组成部分，而且是位居第一，"道大，天大，地大，人亦大。域中有四大，而人居其一焉"。由此可知，老子把人在宇宙中的地位提升到前所未有的高度。可见，《老子》是从战争与人的对立面来阐述战争的"天道"的。因而，老子从爱护人这一"有生之最灵者"出发，强烈抨击战争给人们带来的危害，渴望安居乐业的理想社会，为此老子提出了一套特有的治国平天下的理论。他并没有反对一切战争，只是提出不要轻易进行战争，即"不得已而用之"。

二、老子以"以正治国，以奇用兵，以无事取天下"的治国平天下理论，提出了以退为进的后发制人的军事战略思想。

"以正治国，以奇用兵，以无事取天下。"可以说，这是老子治国安邦理论的精髓。《老子·五十七章》中所说的"正"，指的是法制禁令；"奇"，说的是权诈之术。

如何"以奇用兵"呢？老子提出了以退为进的后发制人的军事战略。在先秦兵家与诸子的军事思想中，多数推崇"先其所爱"的先发制人的作战指导原则，强调作战行动的突然性、进攻性和运动性。只有老子与战国黄老学派、墨家学派倾向于积极防御，主张后发制人。后发制人是《老子》着意阐述的一个命题，被他奉为自己的"三宝之一"（慈、俭、后）。如《老子》载："用兵有言：吾不敢为主，而为客；不敢进寸，而退尺。是谓行无行；攘无臂；扔无敌；执无兵。"这就是说，兵家告诉我一般规律，我不先采取进攻行动，而宁愿采取防御守势；我不先进攻一寸，而宁愿后退一尺再待机而进。这样，我之布阵就像没有布阵一样，伸出胳膊要像没有伸出胳膊一样，进攻敌人的态势要布置得像没有进攻的态势一样，拿着武器就像没有拿着武器一样。老子认为，要达到后发制人的目的，必须采取隐蔽、待机歼敌的积极防御部署，轻敌必败。"祸莫大于轻敌，轻敌几丧吾宝。故抗兵相若，哀者胜矣。"老子阐述的轻敌必败、哀兵必胜的军事哲理，实是千古名言，为古今中外战争史所证实。

同时，老子将以退为进的后发制人的战术原则，提升到战略原则的高度进行阐述。老子总结自己的人生成功经验时说：我采取后发制人的战略，所以能成为天下人所仰望的伟人（"不敢为天下先，故能为成器长"）。老子认为，他之所以成为天下的伟人，关键是掌握三件法宝，并时常珍惜它，"我恒有三宝，持而宝之：一曰慈，二曰俭，三曰不敢为天下先。""今舍其慈，且勇；舍其俭，且广；舍其后，且先；则死矣！"这就是说，如果君王对民众舍去"柔慈"的爱民之心，只要民众去勇敢打仗；君王舍去"俭约"的美德，只讲自己的奢侈"豪广"享受；舍去退守防御，只讲抢先进攻，那就必定要灭亡了。

老子还十分强调人民群众的支持即人心所向，对达成后发制人的战略目的，争取战争胜利具有决定作用及其意义。"夫慈，以战则胜，以守则固。天将建之，如以慈垣之。"认为统治者如能以柔慈的态度对待民众，废除苛捐杂税就会赢得他们的信任，获得他们的支持。让他们去进攻敌人，就能胜利；让他们去守卫国土，就能稳固。而且，老子还把民众对战争的支持看作是"天"意的行为，在他看来，民众对战争的支持拥护程度，是战争胜负的决定因素。

为了实现后发制人的战略目的，老子还提出了采取"柔弱胜刚强"的斗争策略。老子认为，天下最柔弱的东西，能够战胜天下最刚强的东西。没有体形的东西，能够渗透进没有间隙的地方。据此，老子强调应当根据不同的作战对象、敌情，而采取不同的斗争策略及其方法："将欲翕之，必故张之；将欲弱之，必故强之；将欲废之，必固兴之；将欲夺之，必固予之。"这样就能做到"柔弱胜刚强"。老子提出的翕张、弱强、废兴、夺予等命题，充满了对立统一的哲学辩证法思想，深刻地揭示了宇宙间一切事物"物极必反"的发展规律。因而，弱小者要战胜强大者，不要与其正面对抗，应该采取迂回曲折的途径，创造条件推动强大一方向其极端发展，这样强大一方势必会走向自己的反面，由强大走向衰亡。

三、老子提出优秀将帅应具备不逞强、不激怒、不硬拼和谦虚团结人的德才要求。

将贤则国安。如何选拔优秀的将帅，是中国历代有作为君王非常重视的一个大问题。"权敌审将，而后举兵"，首先应慎重地选择将帅，然后才能出兵作战，几乎成为一条准则。在先秦诸子百家中，《老子》首先提出了将帅人才观，此后的孙子、吴子、尉缭子等军事家则进一步发展和丰富了老子的军事人才观点。老子认为："善为士者不武，善战者不怒，善胜敌者不争，善用人者为之下。"这就是说，会当将帅的人不逞武勇，善于打仗的将帅不容易被敌人激怒，善于胜敌的将帅绝不跟敌人硬拼，善于用人和爱惜人才的将帅总是对人非常谦虚。这里，老子对优秀将帅的德才提出了四条要求。第一，不逞强，因为战争是"凶器""不得已而用之"，征战不休就是"天下无道"。第二，不易怒，急躁的脾气性格是为将的大忌，容易被敌方利用，被诱中计或轻敌都必败无疑。第三，不与敌发生正面冲突，这是要求将帅在指挥作战时讲求灵活机动的战略战术，要善谋而不硬拼，即"不争而善胜"。这印证了老子"柔弱胜刚强"的战略思想。第四，谦虚、胸襟宽广，这是优秀将帅应具备的品格修养。"江海所以能为百谷王者，以其善下之。"心怀大度，就能谦虚、容人，听取不同意见；气量狭小的将帅则易怒、好逞强，刚愎自用，听不进不同意见，且疑心甚重，打击报复心强，因而不能"用人之力"，他带的部队就必然缺乏战斗力。

四、老子"柔弱胜刚强"思想对后世军事思想的影响。

首先应该指出的是，在先秦诸子百家中，老子第一次提出"道"这个概念，而"柔弱胜刚强"则是他认为的"大道"之一。此后，《孙子》《孙膑兵法》《六韬》《尉缭子》等兵学名著，都纷纷借用老子的"道"大做文章，可谓仁者见仁，智者见智。就是2500多年后的今天，如何理解"道"，仍然众说纷纭，难以达成共识，果真验证了如老子自己在《老子》一书开篇时所说的"道"是"玄之又玄，众妙之门"。

老子"柔弱胜刚强"的思想及为达此目标而采取以退为进、后发制人的战略，是他竭力推崇并阐明的一个重要命题，基本形成框架体系，虽然有其局限性，但其中充满丰富的军事辩证法，揭示事物对立统一的发展规律，却给弱小者战胜强大者提供了有力的思想武器和精神支柱。

春秋末期越国大夫范蠡非常赞赏后发制人的防御思想。在五湖之战中，面对吴军的多次挑战，他仍坚持避敌锋芒，以逸待劳，不要轻易与敌交战，"今其来也，刚强而力疾"。《吴子》汲取老子"柔弱胜刚强"的思想，提出了"兵兼刚柔"的命题。[①]

第十二节　频繁战争中诡诈用兵的趋势

春秋时期，国家实力纵然是维系国家之间平衡发展的决定性因素，但以礼乐文明为内核的等级秩序、文化归属同样也是维系各诸侯国之间关系平衡发展的重要因素。虽然当时周天子式微、礼崩乐坏，但是礼乐文明体系仍然以其高度的文化韧性、共同的思想认同等从文化层面维持着天下秩序的基本稳固。然而到春秋中后期，随着战争规模的扩大，诡诈用兵的不断运用，约束和规范战争的古军礼制度已难以应付时势的变化，具有"每战必诈"特点的吴楚战争则在一定程度上撕裂了这一维系、控制战争的文化纽带，同时也全面动摇了春秋时期大国争霸的权力格局。失去了礼乐文明从文化层面对当时秩序的维系和稳固，列国之间便抛开了温情脉脉的礼乐宗法，从而转向了赤裸裸的杀戮争夺，国家之间的对抗也开始从争霸走向兼并。

春秋时期楚国战事频繁，13位君主，除3位因幼弱、短祚而无战事，其余皆曾戎马倥偬，冒矢疆场。楚庄王在邲之战中，一马当先，率先冲入晋军阵地，楚军三军受其鼓舞，掩杀而前，迅速摧垮晋军，从而确立了楚国在春秋时期的霸主地位。还有几位楚王抱病亲征，或病倒于征途，或死于前线，如楚武王在第三次伐随前，身体不适，仍亲自领兵出征，病死于征途中；楚共王曾亲冒矢石，冲锋在前，被晋军一箭射中眼睛，晚上仍带伤与楚将商议军情；楚昭王也是拖着病体与吴争战，死于攻吴救陈的战争前线。蔡礼彬、王莹指出，春秋时期楚

---

① 刘庭华：《〈老子〉军事思想要义简述》，《军事历史》2001年第5期。

国是采取各种措施，最大范围地动员全国的兵力，全力以赴地投入战争。①

到了春秋晚期，战争的特点发生了微妙的变化。诸葛瑞强、黄朴民研究，春秋时以晋楚为首的大国争霸是春秋时代战争的主线，而吴楚战争只能作为其中的一个插曲，然而就战术而言，吴楚战争比之晋楚争霸可谓有过之而无不及，表现出了诸多超越中原战争的"诡诈"特征。②

以诡诈奇谲为特色的战争指导原则，在春秋前中期的一些战例中即已初露端倪。例如郑卫制北之战中郑军"以正合，以奇胜"而打败燕师，就是迂回作战，兵分奇正而用的先例。又如晋借道灭虢吞虞之战，晋以"借道"为名，行攻伐之实，一石二鸟，兼并对手。另外像郑抗北戎之役中的设伏诱敌，齐鲁长勺之战中的后发制人，晋楚鄢陵之战中楚军晦日用兵，出其不意，先敌列阵等，都无不充满了作战指导上的诡诈特色。然而需要指出的是，与大量"军礼"笼罩下的军事行动相比，这类战争指导在当时并不占据主导地位，到了春秋后期，欺敌误敌，示形动敌，避突击虚的诡诈战法遂进入全面成熟的阶段。当时南方地区的吴、楚、越诸国之间的几场大战就是这方面的典型例子。多运用设伏诱敌、突然袭击、避实击虚、奇正相生、攻其不备的诡诈奇谲的战争指导。在这里已很难看到做法，也不曾见到像鄢陵之战中郤至遇敌君必下奔退战，"免胄而趋风"这类现象，更不曾听到类似于宋襄公"不禽二毛""不鼓不成列"那样的"宏论"。而所谓"出奇设伏，变诈之兵并作"亦由此而得到历史的验证。

诡诈用兵乃是悖礼弃信之举，《孙子兵法》将其概括为"诡道"。春秋时期凡是有悖于或不符合古军礼规范的用兵规范，笼统都可称为

① 蔡礼彬、王莹：《试谈先秦时期军事动员》，《江南社会学院学报》2002年11月第4卷增刊。
② 诸葛瑞强、黄朴民：《春秋时期的吴楚战争与诡诈用兵》，《湖北社会科学》2019年第7期。

诡诈用兵。有学者指出，吴楚战争表现出了比中原战争更为灵活机动、不拘一格的特征，如吴楚战争中为求"速战"而采取的诸多不循常规的战术。

春秋时期的吴楚战争，指的是自公元前584年，楚共王七年，吴国始伐楚，至公元前504年，楚昭王十二年，楚国被迫迁都的80年间，吴楚之间爆发的系列战争。吴楚战争主要包括前后相承的两个阶段：第一阶段中，吴国作为晋国的附庸，协同晋国，常年从侧后方袭扰楚国；第二阶段则为日益壮大的吴国同楚国围绕江淮流域的争夺而爆发的系列战争，吴楚矛盾不断升级，逐渐演变为生死对立的国家大战。在长时段、大跨度的战争过程中，前期楚国居于主动、强势地位，胜多负少，后期随着吴国的强盛等因素的影响，态势逐渐扭转，最终以吴国"五战入郢"重创楚国为终结，此后直至越灭吴，吴楚两国基本再无战事发生。其间，吴楚两国交兵断断续续，规模或大或小，双方的矛盾愈演愈烈，以致演变成灭国并地式的兼并战争。

吴楚战争率先全面地挣脱了古军礼的束缚，战争中双方展开激烈交锋，都力图置对手于死地，最终在各种因素的作用下，吴楚战争以楚国实力大衰而收场。而随之而来的吴越战争，则将灭国并地变成了实践，相比于吴楚战争，吴越战争可谓无所不用其极，完全以报复或消灭对手为唯一目的，双方在槜李之战、笠泽之战等战斗中不遗余力地使诈用计、出奇设伏，在诡诈用兵上一较高低，最终以越国灭掉吴国，并有其地而告终。越国不仅在战争中每战必诈，而且在对外关系中频繁使诈，将诡诈用兵推向了新高度。吴越战争宣告了一个以兼并战争为特征的新时代的到来，而吴楚战争引领的作战方式、思维的全面变革则是这一趋势的先声。[①]

春秋后期，随着社会变革的日趋剧烈，战争也进入了崭新的阶段，

---

① 诸葛瑞强、黄朴民：《春秋时期的吴楚战争与诡诈用兵》，《湖北社会科学》2019年第7期。

集中表现为战争指导观念的根本性进步。新型战争指导观念的形成，主要取决于战争方式的演变，在春秋中叶以前，军事行动中投入的兵力一般不多，范围尚较为狭小，战争的胜利主要通过战车兵团的会战来取得，在很短的时间之内即可决定战争的胜负。而进入春秋晚期之后，随着"作丘甲""作丘赋"等一系列改革措施的推出，"国人当兵，野人不当兵"的旧制逐渐被打破，军队人员成分发生巨大变化，与此同时，战争地域也明显扩大，战场中心渐渐由黄河流域南移至江、淮、汉水流域。加上弓弩的改进，武器杀伤力的迅速提高，故使得作战方式也发生重大的变化，具体表现为：步战的地位日渐突出，车步协同作战增多，激烈的野战盛行，战争较为持久，进攻方式上也带有运动战性质。以吴军破楚入郢之战为例，其纵深突袭、迂回包抄等特点，体现了运动歼敌、连续作战的新战法，这是以往战争的规模和方式所无法比拟的。

与上述变化相适应，春秋晚期起战争的残酷性也达到了新的程度。《墨子·非攻下》云："入其国家边境，芟刈其禾稼，斩其树木，堕其城郭，以埋其沟池，攘夺其牺牷，燔溃其祖庙，劲杀其万民，覆其老弱，迁其重器"，即是形象的描述。张德苏指出："到了春秋晚期，欺敌误敌、示形动敌、避实击虚的诡诈作战遂进入了全面成熟的阶段。"[①]

相比于中原诸国的军事较量，吴楚交兵的过程可谓不厌诈伪，几乎达到了"每战必诈"的程度，诡诈用兵可以说是贯穿吴楚争雄的一条主线。春秋时期，《司马法》"以礼为固，以仁为胜"的古军礼影响虽已衰微，但仍然是列国之间进行军事较量的基本军事规范，《司马法·仁本》"成列而鼓，是以明其信也""逐奔不过百步，纵绥不过三舍"等原则仍是多数情况下诸侯国奉行不悖的准则。吴楚交兵不厌诈

---

① 张德苏：《从"礼崩乐坏"到"克己复礼"：周室衰乱与孔子救世的人性思索》，齐鲁书社 2008 年，第 145 页。

伪，以取胜逐利为主要目的，这虽与春秋时期古军礼的衰微密切相关，但它的发展变化却较中原诸国更为快速和剧烈，以致在吴楚交兵的后期造成了整个春秋时期古军礼制度的崩溃。春秋后期战争最大的特色，在于当时战争指导观念的重大变化。这就是"诡诈"战法原则在战争领域内的普遍运用，过去那种"鸣鼓而战"，堂堂之阵的战法遭到全面的否定。吴楚积怨已久，交兵不断，见于史料记载的即有二十余战，小规模冲突更是不计其数。由于诸多原因，不再是"大服小"之争，也不是霸主之争，而是生死之争。因此，在诸多的军事对抗中，两国都表现出了复杂多样、远远超出古军礼束缚的诡诈用兵特征。从历次吴楚交兵的作战特点来看，这种诡诈用兵主要表现在诱敌、袭击、包围和"因丧攻敌"等方面，这虽与春秋时期古军礼规范下的作战方式相去甚远，但却表现出极大的机动性、灵活性和主动性，无疑更符合当时战争环境的实际要求。

诱敌是通过物质利益、战术欺骗等手段诱使敌人犯错的一种战术，以此造成敌人的错觉、大意，从而取得战争的胜利。诱敌战术的使用不循常规，灵活多变，往往能够使敌人无从辨识。相比之下，古军礼规范下的作战样式，讲求列阵冲锋，且往往是正面冲锋对战，军事实力强大者胜，阵形严密、攻势凌厉者胜，表现出些许"力胜"的特点。古军礼的这种特点，恰恰为诱敌战术的发挥提供了便利。在吴楚战争中，诱敌战术的使用形式主要包括私卒诱敌、饵兵诱敌、乱阵诱敌等，其核心主旨为示弱诱敌，即通过战术运作，向敌人显示己方的弱点，造成敌人的疏忽大意，使其做出错误的军事决策，从而为击败敌人创造条件。在吴楚战争中，双方通过各种诱敌骗术的运用，可谓无往不胜。

其一，以偏师、私兵诱敌。吴楚庸浦之战，楚军即以私兵诱引吴军，从而大败吴军。《左传》襄公十三年载，公元前 560 年，吴国不遵从"不因丧"的古军礼，乘楚共王丧礼期间，向楚国发动攻势，楚将养由基认为吴军乘楚国国丧而来，必然轻视楚军，且戒备不严，因而献计以部分兵力引诱吴军，而后予以围歼。楚国司马子庚采纳了他的计谋，并设置三支伏兵以待吴军入网，结果"战于庸浦，大败吴师，获公子党"。

公元前 548 年，吴楚舟师之战，楚军同样以诱敌战术击败吴军。《左传》襄公二十五年载，是年，楚军伐舒鸠，吴军来救，两军相持不下，楚军左师将领子强献策以私兵诱吴军，同时楚军挑选精兵严阵以待，即"请以其私卒诱之，简师，陈以待我。我克则进，奔则亦视之，乃可以免。不然，必为吴禽"。楚军从其计，吴军虽比较谨慎，在与楚军先头部队接触过程中先行后撤，然而却并没有识破楚军计谋，在匆忙观察楚军动向后随即率军掩杀过去，结果楚军挑选的精兵和诱敌私兵合军一处，大败吴军。与庸浦之战不同的是，此战楚军并非先诱吴军然后包围、伏击之，而是先诱吴军，使之轻敌，然后大军随即跟进，最后大败吴军。

发生在公元前 525 年的吴楚长岸之战也属于楚军先以私卒诱敌，大军继之，最后大破吴军的战例。《左传》昭公十七年载，是役，楚军司马子鱼以占卜不符合程序为由，推翻了卜战不吉的战前预测，要求在自己报告战场形势的情况后，再行占卜。他打算以私兵先行与吴军交战，然后楚军大部跟进，并希望大胜吴军，结果第二次占卜为吉。随后整个战斗的发展如他计划一样，最终楚军大败吴军。

其二，以饵兵、乱阵诱敌。《左传》昭公二十三年载，公元前 519 年，吴楚鸡父之战，吴军进攻楚邑州来，楚军率多国联军救援，不料楚国令尹子瑕卒，致使楚军士气低迷。但诸国联军实力仍不可小觑，于是吴公子光在充分分析联军形势的情况下，认为联军多是小国组成的弱旅，人数虽多，战斗力并不强，于是向吴王提出"示弱诱敌"的策略，即所谓"请先者去备薄威，后者敦陈整旅"，以骄敌志，"薄威"即阵形松散，从而向联军示弱。吴王采纳了公子光的计谋，并"以罪人三千先犯胡、沈与陈"，示弱诱敌，而以阵容齐整、实力强劲的士卒组成后继方阵，严阵以待，适时出击。战斗中，胡、沈、陈三国联军为争抢吴国罪人作为俘虏，而致阵形大乱。吴军后继方阵趁机予以掩杀，大败联军，并且俘虏胡、沈的国君和陈国大夫，楚军闻讯溃逃。吴军用不习战囚徒以"示弱"的假象来欺骗敌人，使弱敌变成骄兵与乱军，再以锐师战胜他们。实质上，"示弱诱敌"是吴军战术运用的关键一招，吴军诱敌的前敌方阵，三千罪人既是诱饵，又是示弱的弱旅，联军成分杂乱，弱而贪功，因此争抢罪人以为俘虏，故而致败。

其三，诱杀敌军主帅。《左传》襄公二十五年载，公元前548年，为报复舟师之役的失利，吴王诸樊率军伐楚，先与吴楚边境的巢国部队接触。"巢牛臣曰：'吴王勇而轻，若启之，将亲门。我获射之，必殪。是君也死，疆其少安。'从之。吴子门焉，牛臣隐于短墙以射之，卒。"此次伐楚之役，因吴王战死无功而返，大伤元气，致使在此后十年左右无力对楚发动新的战争。

战争中，诱杀敌国最高统帅，不仅在春秋时期只此一例，而且在整个中国历史上也极为少见。晋齐鞌之战中，虽然韩厥几乎生擒齐顷公，但这却使他一直愧疚不已，故而鄢陵之战中不敢再犯郑伯之尊，自叹"不可以再辱国君"。晋楚鄢陵之战中，虽然有魏锜射伤楚共王眼睛的小插曲，但更有晋军统帅郤至每遇楚王而行礼致意的君子之风，即"郤至三遇楚子之卒，见楚子必下，免胄而趋风"，这不仅表现了古军礼规范下的"礼制化"战争形态，更体现了礼乐文明、等级尊卑养成下的贵族风范。而在吴楚战争中，两国则冲破了一切礼制，没有规则可言，一切为了战争胜利而无所不用其极。

在吴楚战争中，楚军十分擅长使用诱敌之术，而吴军则在不断受挫中模仿学习楚军，同样也将诱敌之术运用得淋漓尽致。吴楚战争后期的诸多战事，如公元前508年的吴楚豫章之战，公元前506年的柏举之战等，吴军都曾娴熟地使用诱敌战术，从而战胜楚军。

第十三节　残酷灭国，数目惊人

纵观春秋时期的地缘政治活动，不外乎两种形式，一种是战争，一种是盟会。其目的是一致的，都是要取得中原诸侯的臣服，以确立霸权，建立以自己为主宰的中原地缘政治体系和新的秩序。因此，战争和盟会是相辅相成的。战争是臣服诸侯的主要手段，而盟会则是巩固战争的成果。晋楚之间的战争，就是如此，战争获胜的一方就取得了战败一方的臣服，然后再利用盟会来约束臣服于己的诸侯，以建立霸权。

春秋时期的盟会，通常的形式是由某一大国主持，一些中小诸侯国来参加，从而形成一个相对稳固的地缘政治共同体。主持盟会的大国就被称为"盟主"或"伯"。而参与盟会的中小诸侯国有的是大国的属国，称之为附庸；有的则是大国的友好国家，称之为与国。比如在楚共王二年，公元前571年，楚人在鲁国蜀邑举行盟会，参加的有齐、鲁、卫、秦、郑、陈、宋、蔡、曹、邾、鄫、薛等诸侯国，在这些诸侯国中，只有陈、蔡、郑、宋是楚的属国，其他的都是楚的与国。虽然鲁、卫是迫于兵威而服楚，但并不是楚的附庸，而齐、秦等大国就更不可能是楚的附属了。因此，对于一些学者认为盟主国居于支配地位，在政治、经济、外交和军事等方面享有一定的特权，而参与盟会的国家则处于从属地位的看法，显然是没有分清参与盟会中的与国和属国之间的不同。

俗话说"春秋无义战"，但与战国时期的兼并战争相比，春秋时期的战争多是取服而已，并不兼并土地，从前文所述的晋与楚对郑、宋两国的争夺就可以看出这一点。楚庄王十七年，公元前597年楚围郑都，郑人肉袒请服，楚本可灭之，但仍让其作为诸侯而存在。楚庄王十九年，公元前595年楚围宋都，宋人易子而食，然后请服，楚也可灭之，然仍让其存在。可见，楚人的本心并不是要消灭郑、宋两国，其征伐的目的只是要两国臣服而已，只要请和，征伐自然就停止了。

据相关学者研究，春秋时期附庸的特点主要表现为四个方面，即领地褊小，自有社稷、君统，依附于某个诸侯国和无独立出席诸侯间盟会的资格。[1] 就一般情况而言，确实如此，但具体到楚国的附庸，则会随着楚国国力的变化而变化。比如郑国，从《左传》宣公十二年的记载来看，显然成为楚的附庸。而鲁国在楚庄王、楚共王之际，也臣服于楚。此两国虽是附庸，但具有独立出席盟会的资格。

在西周初期，楚因"荆蛮"的低下地位，无参与盟会的资格。据《国语·晋语八》记载："昔成王盟诸侯于岐阳，楚为荆蛮，置茅蕝，设望表，与鲜卑守燎，故不与盟。"但到春秋早期，楚国建立，随着楚国国力的提升，楚人自己主持盟会，召集江汉间诸侯国会盟。这一时期，楚人在江汉间有楚武王三十七年的沈鹿之盟，三十八年的贰轸盟会，以及服随、唐等，使江汉间诸国成为楚的附庸，楚人一统江汉之间。春秋中期，随着楚国国力的强大，楚人北出方城，争霸中原，使得中原南部和淮域的一些中小诸侯国和族群成为楚国的附庸，先后有蔡、许、柏、房、道、沈、胡、顿、陈、厉、江、黄、蓼、六、群舒等。对于这些楚人控制比较严密的附庸，我们可以将其领土算在楚国疆域之内，但对于某一时段成为楚国属国的郑、宋、鲁等诸侯国，我们则不能将其纳入楚国疆域。

关于楚国对附庸的特权或政策，有学者作了深入的研究，[2] 主要有以下五点；一是外交上的控制权，从属国必须对盟主专一不二，一般不得与敌国结盟，国君也不得赴敌国朝见，而在必要去时必须征得盟主的同意。二是对从属国之间或从属国内部的纠纷有权进行裁定。

① 陈伟：《春秋时期的附庸》，《武汉大学学报》（哲学社会科学版）1996 年第 2 期。

② 陈伟：《楚"东国"地理研究》，武汉大学出版社 1992 年，第 175—178 页；李严冬：《春秋时期楚国附庸政策浅论》，《沈阳农业大学学报》（社会科学版）2002 年第 4 期。

三是有权向从属国征收职贡。四是有权调发从属国军队参战。五是有权迁徙某些从属国，对该国版图做出有利于己方的安排。这是盟主所享有的权利。对于盟主所负有的义务，就是保卫属国的安全，当属国遭到外敌入侵时，盟主有责任派兵或召集其他属国的军队一起救援。确实，楚国的附庸政策有利于楚国对属国的控制和管理，但楚国并没有掌控属国的内政权力，尽管属国在政治上服从楚国的统治，但属国能自行处理自己的内政事务，还是具有一定的独立性。因此，当楚国在地缘政治中遭遇敌手或国家力量处于削弱时期，属国就纷纷反叛，致使楚国疆域发生极大的变化。

楚成王时期，齐在管仲的治理下，称霸诸侯，成为楚国的地缘敌手。在淮水上游的楚属国弦、江、黄等乘机叛楚，形成一个小集团的亲齐反楚的地缘联盟。后来，汉东诸侯乘楚伐徐之机，也纷纷叛楚。楚庄王初期，楚国贵族掌权，内乱不已，加之天灾，庸、麇等属国率群蛮、百濮叛楚，给楚疆域核心区域造成巨大的冲击。吴人崛起，成为楚人新的地缘对手，楚从属的六、群舒等族群在吴的挑唆下叛楚。特别严重的是，在楚昭王初期，蔡、唐在楚将子常的贪婪威逼下叛楚，给吴师入郢打开了方便之门。吴师入郢后，楚东部疆域的属国纷纷叛楚，并蚕食其周边的楚邑，使得楚国疆域大为缩小，疆土丧失十分严重。当然，在晋楚中原争霸的岁月中，中原的陈、郑、宋等国对楚时叛时服，如风信鸡一般。

由此可见，春秋时期楚国疆域的形成与变迁同楚国附庸的叛服有极大的关系，当它们从属于楚的时候，楚国疆域就有较大的拓展；当它们反叛于楚的时候，楚国疆域就会缩小。这一切变化的根源取决于楚国军事实力的大小。

赵炳清认为，楚人的这种盟主与附庸的政治地理结构无疑是模仿周人的诸侯分封制度。附庸在政治上是臣属楚王，要向楚王定期朝觐、纳贡并率领军队出征，这与诸侯对周王室的义务极其相似。同样，楚王也不干预附庸内部的行政事务。因此，楚王与附庸的关系是一种政治的统属关系，而无行政的治理支配关系，也就不存在中央与地方的行政关系。楚人的这种政治结构只不过是把周王室的诸侯变成了楚王的诸侯而已，是一种统而小治的地理结构。[①]

春秋时期楚国的附庸与属国，服叛的变化各不相同。对楚国最为忠顺的是庸国和唐国，长时间为楚附庸，然其反叛带来的灾难也影响甚巨，开门引吴，动摇楚国根本，几使楚迁都以避的程度。尽管随国在春秋早期叛服不定，但此后仍一心向楚，故到战国中期依然存在。

中原诸小国由于地缘关系，对楚叛服无常，其中，尤其以郑国为剧，次则陈国，再次则宋国，反映了三国在中原所处的地缘位置和晋楚争霸的焦点所在。从时间节点来看，在反叛年代上有两个时间点值得注意，一个是公元前632年城濮之战后，中原诸侯国全部叛楚亲晋；一个是公元前507年吴师入郢前，以晋、吴为首的反楚地缘大联盟形成，楚的属国几乎全部叛楚。这两次的众叛亲离，带来的效果却不同。第一次的城濮之战，楚虽战败，然元气未伤，五年之后即展开了反击。而第二次的吴师入郢，不仅大伤楚国的元气，而且动摇了根本，以致楚国东部疆域回到了最初的起点。在从属年代上看，江汉间的属国多在楚武王时期服楚，中原诸侯国则多在楚成王和楚庄王时期服楚。楚成王虽无霸主之名，却有霸主之实；楚庄王是一代雄主，将楚国的霸业推向了高峰。

对于长时间存在于楚国疆域之内或楚国势力范围内的附庸，楚国多是报之以德，给以相应的照顾和支援，而附庸也是事之以忠，在楚国危难之际施以援手，形成了一种特殊的两国关系。如随国，本为"汉阳诸姬"，是周人在南土的倚重，楚武王时渐服于楚；楚成王时曾一度反叛，然楚国并不以为意，使其保存社稷，作为楚国的附庸而长

---

① 赵炳清：《楚国疆域变迁之研究——以地缘政治为研究视角》，复旦大学博士学位论文，2013年，第154—156页。

期存在。随感恩于楚，在吴师入郢时庇护楚昭王，保存了楚国。其他的如蔡、唐、许、柏、房、顿、胡等附庸，楚国也是给以支援，准许其迁入楚境，帮助其筑城，进行安顿。楚国这样做的目的，一方面固然是出于加深盟主与附庸的良好关系，以维护疆域的稳定；另一方面也是以附庸为号召，以实现称霸中原的政治目标。然而客观上却加强了楚文化的交流和传播，实现了文化和族群的融合。

至于中原的郑、陈、宋，以及鲁、卫等华夏集团的主要成员，由于具有一定的政治实力，加之有文化方面的心理优势和多变的地缘关系，它们对楚国时叛时附，成为晋楚争夺的焦点，因为谁控制了它们，谁就取得了中原政局的主导权，所以战争也多是围绕着争夺它们来进行。它们的向背，无疑影响到楚国疆域的稳定，给楚国疆域带来一定的变化。比如吴师入郢之后，郑国乘机灭许，据有楚汝北之地；而蔡也北上灭沈，取周边楚邑，侵占楚国的疆土。

历史进入春秋末期，随着新的生产关系的产生，土地成为国家的重要财富，兼并战争成为取得土地的主要方式，一种新的政治地理结构也应运而生，因此附庸的存在就显得没有必要。楚国无疑顺应了历史发展的潮流。

春秋早期大国争霸的内容主要表现为中原大国霸主以"尊王攘夷"为旗帜，联合中原地区的华夏诸国共同讨伐周边的戎、夷、蛮、狄各族，以后就逐渐演变为大国对小国、弱国的激烈兼并。随着连绵不断的兼并战争的进行，"有国强者或并群小以臣诸侯，而弱国或绝祀而灭世。"《晋书·地理志》载："春秋之初，尚有千二百国；迄获麟之末，二百四十二年，弑君三十六，亡国五十二，诸侯奔走不得保其社稷者不可胜数，而见于《春秋》经传者百有七十国焉。百三十九知其所居，三十一国尽亡其处，蛮夷戎狄不在其间。"另有记载，齐桓公"并国三十五"，晋献公"并国十七，服国三十八"，楚庄王"并国二十六，开地千里"，秦穆公"兼国十二，开地千里"。列国在对外兼并战争中掠夺了大量的人口和城邑，扩充了自身的实力。

孔子反对灭国，与楚国的扩张理念不合。据《论语·季氏》载，季氏准备攻打和消灭风姓小国颛臾，派冉有、季路去征求孔子的意见。孔子表示反对，认为颛臾是周天子所封"社稷之臣"，为什么要讨伐呢？冉有说：颛臾国城墙坚固，靠近季氏领地费邑，"今不取，后世必为子孙忧"。孔子不同意，将季氏和冉有、季路都批评了一通。太史公在《自序》中言："春秋之中，弑君三十六，亡国五十二，诸侯奔走不得保其社稷者不可胜数。"清人顾栋高在"楚疆域表"中曾感叹："余读《春秋》至庄六年楚文王灭申，未尝不废书而叹也。曰：'天下之势尽在楚矣。'申为南阳，天下之膂，光武所发迹处。是时齐桓未兴，楚横行南服，由丹阳迁郢，取荆州以立根基。武王旋取罗、卢，为鄢郢之地，定襄阳以为门户。至灭申，遂北向以抗衡中夏。然其始要，非一朝一夕之故也。平王东迁，即切切焉。戍申与甫、许，岂独内德申侯为之遣戍，亦防维固圉之计，有不获已。逮桓王、庄王六七十年之久，楚之侵扰日甚，卒为所灭。自后灭吕、灭息、灭邓，南阳、汝宁之地悉为楚有。如河决鱼烂，不可底止，遂平步以窥周疆矣。"①

回顾春秋时期楚国疆域拓展的脉络和具体进程，清人高士奇说："夫先世带砺之国，棋布星罗。南杆荆蛮，而北为中原之蔽者，最大陈、蔡，其次申、息，其次江、黄，其次唐、邓，而唐、邓尤逼处方城之外，为楚门户。自邓亡，而楚之兵申、息受之；申、息亡，而楚之兵江、黄受之；江、黄亡，而楚之兵陈、蔡受之；陈、蔡不支，而楚兵且交于上国矣。"又说："然自楚灭邓，县申、息，残江、黄，以至六、蓼诸国，无不兼并，地几半天下。"②可见，从武王、文王时"土不过同"的蕞尔小邦，发展到成王时"楚地千里"，再到庄王时"开地三千里"，至惠王时"广地至泗上"的地跨数千里的泱泱大国。

---

① 顾栋高：《春秋大事表》，中华书局 1993 年，第 525 页。
② 高士奇：《左传纪事本末》，中华书局 1979 年，第 660 页。

在春秋时期，尽管战争多以取服为主，但兼并战争也还是存在，特别是楚国。据《韩非子·有度》载："荆庄王并国二十六，开地三千里。"《说苑·正谏》也称楚文王"兼国三十"。在《春秋》《左传》中，明确记载的楚灭国的有息、邓、弦、黄等十七国，不见于经传记载的当更多了。

关于春秋时期楚灭国的研究，学界是硕果累累。清人顾栋高在《春秋大事表》中对楚人灭国作过系统的研究，在卷四的"楚疆域论"中，他认为"楚在春秋吞并诸国凡四十有二"，并列举出具体的国名；在卷五的"列国爵姓及存灭表"中，又加上了萧、舒、英氏、不羹及百濮，共四十七国。[①] 近人梁启超在《春秋载记·霸政前纪章第三》中说："春秋为楚所灭之国见于经传者凡四十二。实则犹不止此数。"[②] 在《春秋载记》的"周代列国吞并表"中，梁氏开列了楚所灭国名，共四十九个。郭沫若主编的《中国史稿》第一册中，认为"在春秋时代将近三百年内，楚国灭了四、五十国"，并在该书附表五"东周列国存灭表"中列出了为楚所灭者，计有四十一国。[③] 何浩著有《楚灭国研究》一书，在其"春秋时期楚灭国示意图"中标有灭国名称和序号，共四十八国。[④] 顾德融、朱顺龙著有《春秋史》一书，在其"春秋楚国灭国表"中列出了灭国名称及年代，计有六十一个。[⑤] 为了以示其差异，赵炳清将春秋时期各家研究的楚灭国名称排列出来。[⑥]

---

① 顾栋高：《春秋大事表》，中华书局 1993 年，第 563—608 页。
② 梁启超：《春秋载记》，中华书局 2015 年，第 21 页。
③ 郭沫若：《中国史稿》第一册，人民出版社 1976 年，第 293—309 页。
④ 何浩：《楚灭国研究》，武汉出版社 1989 年，第 148 页。
⑤ 顾德融、朱顺龙：《春秋史》，上海人民出版社 2001 年，第 263—267 页。
⑥ 赵炳清：《楚国疆域变迁之研究——以地缘政治为研究视角》，复旦大学博士学位论文，2013 年，第 160—161 页。

表 22-6：春秋时期楚灭国研究各家差异表

	顾栋高	梁启超	郭沫若	何浩	顾德融、朱顺龙
楚灭国名称	权，郧，鄩，谷，鄾，罗，卢戎，鄀，郧，贰，轸，绞，州，蓼，息，邓，申，吕，弦，黄，夔，江，六，宗，巢，庸，道，柏，沈，房，蒋，舒蓼，舒庸，舒鸠，赖，唐，顿，胡，蛮氏，陈，萧，舒，英氏，不羹，百濮	群蛮，宛，随，邹，小邾，毛，郧，陈，百濮，鄾，权，谷，罗，卢戎，鄀，郧，贰，轸，绞，蓼，息，邓，申，吕，弦，黄，夔，江，六，宗，蓼，麇，庸，道，柏，房，蒋，舒蓼，舒庸，舒鸠，赖，唐，顿，胡，蛮氏，萧，舒，英氏，不羹	夷虎，鄩，随，陈，牟，谷，卢戎，鄀，郧，贰，轸，州，蓼，息，邓，申，吕，弦，黄，夔，江，六，蓼，麇，庸，道，柏，房，舒蓼，舒庸，舒鸠，赖，唐，顿，胡，蛮氏，萧，舒，英氏，不羹	权，罗，卢戎，郧，申，息，缯，应，邓，厉，贰，蓼，州，谷，绞，西黄，弦，黄，英氏，蒋，皖，夔，道，柏，房，轸，江，六，蓼，鄀，舒，宗，吕，庸，麇，舒蓼，州来，萧，巢，舒庸，舒鸠，养，不羹，赖，唐，顿，胡，蛮氏	麇，夔，罗，彭，郧，鄾，胡，道，霍，应，蓼，蔡，随，唐，蒋，息，邓，那处，申，吕，东吕，厉，许，卢戎，缯，权，桐，潜，萧，江，黄，谷，弦，慎，淮夷，舒，舒庸，舒鸠，舒蓼，宗，巢，绞，贰，轸，皖，蓼，英氏，六，郧，州，沈，邓，鄩，蛮氏，上鄀，陈，房，柏，庸，东不羹，西不羹

从表中可见，上述各家之说，大家一致认可的有罗、卢戎、谷、蓼(己姓)、申、吕、邓、夔、郧、贰、轸、厉(烈山氏)、绞、庸、麇、唐、息、鄀、弦、黄、江、六、英氏、蓼(姬姓)、道、柏、房、舒、舒蓼、舒庸、舒鸠、顿、胡、蛮氏、不羹、萧、蒋等37个国家或部族为楚所灭。

各家皆有"州"，独梁氏不取。据《左传》哀公十七年记载子谷之语曰："观丁父，鄀俘也，武王以为军率，是以克州、蓼，服随、唐，大启群蛮。"可见，州应为楚所灭。各家皆有"沈"，何浩认为沈为蔡所灭，非为楚所灭，故不取。① 各家皆有"郜"，但郜为秦所灭，非为楚所灭，应不取。郭氏不取"权""宗""巢"为楚所灭。关于权国，应为春秋时期楚灭国之始。宗国，据《左传》文公十二年载："群舒叛楚。夏，子孔执舒子平及宗子，遂围巢。"可见，"宗"与"舒"一起为楚所灭。关于巢国，据《左传》文公十二年的记载来看，楚人围巢；又从《左传》成公七年记载吴人伐巢，子重奔命救援来看，巢应已成为楚邑，故巢为楚所灭。除此之外，何浩还提出了缯、应、厉、西黄、皖、州来、养为楚所灭。② 笔者认为除西黄、皖外，其余诸国为楚所灭都甚为有理。关于"皖"，在《左传》中找不到一点影子，虽唐杜佑《通典》有关于古本《史记》对"皖"的记载，然在《通典》之前的各类文献中，并无所谓古本《史记》中有"皖"的记载，至于其后的文献记载，当来自对《通典》的转述，故不可为据。

被楚所灭的还有樊、番二国，虽不见于文献，但有出土的铜器铭文为证。此外，胡有二国，归姓胡国为楚所灭，《左传》记载明确。而姬姓胡国何时为楚所灭，则文献失载。姬姓胡国在今河南省漯河市东，正临古汝水北岸，控制着通往陈、许的要道，为战国时期楚北塞陉山所在。从楚人北进中原的历程来看，姬姓胡国可能灭于楚成王时期。陈国，被楚灭了三次。楚庄王以平定夏徵舒之乱为由而灭陈，经申叔时的开导而复陈；楚灵王为加强对疆土的控制而灭陈，楚平王为结好诸侯而复陈；楚惠王时乘吴越交兵而最终灭陈。然何浩认为陈又复国，战国时期才为吴起所彻底消灭。③《史记·吴起列传》载：吴起相楚，"于是南平百越，北并陈、蔡，却三晋；西伐秦。诸侯患楚之强"。有学者以"并"通"屏"，认为是打退了三晋的进犯，守住了陈、蔡之地。④

① 何浩：《楚灭国研究》，武汉出版社 1989 年，第 126 页。
② 何浩：《楚灭国研究》，武汉出版社 1989 年，第 128—142 页。
③ 何浩：《楚灭国研究》，武汉出版社 1989 年，第 127 页。
④ 陈伟：《楚"东国"地理研究》，武汉大学出版社 1992 年，第 110 页。

甚是。此"陈、蔡"当指楚疆土陈、蔡之地，非陈、蔡之国。因此，陈当是春秋楚惠王时为楚所灭。至于各家所持的"郧、鄢"，本为地名，非为国名，何浩论述甚详，[1] 此不赘述。[2]

赵炳清将春秋时期楚国灭国的历程以楚庄王为界分为两个时间段，在楚庄王及其以前的历史时期，是楚人积极向外开疆拓土的重要时期，表现出一种蓬勃向上的积极进取精神，所灭之国也最多和最为普遍，除去不知灭亡时间的樊、番而外，在所灭的 47 国之中，这一时间段占有 37 个国家，因而楚国的疆域急剧地扩大，从江汉之间延展到淮水流域，奠定了楚国疆域的基础。而在楚庄王之后的时间段，楚人所灭之国多为反叛的附庸，缺乏积极开拓的奋斗精神，抱残守缺而已，因而楚国的疆域因附庸的反叛和被消灭处于不断变化之中。[3]

确定楚国灭国的数目是一个难度非常大的学术问题。本人对楚灭国问题的研究，始于 1983 年，[4] 曾经对楚国灭国的情况进行过统计，按照今天的省级区划湖北、河南、安徽、山东，列出下表。

---

① 何浩：《楚灭国研究》，武汉出版社 1989 年，第 127 页。
② 赵炳清：《楚国疆域变迁之研究——以地缘政治为研究视角》，复旦大学博士学位论文，2013 年，第 161 页。
③ 赵炳清：《楚国疆域变迁之研究——以地缘政治为研究视角》，复旦大学博士学位论文，2013 年，第 162—165 页。
④ 程涛平：《春秋时期楚国的平民阶层》，《历史研究》1983 年第 6 期。

表 22-7：1983 年程涛平关于楚灭国（族）地点分布研究统计表

湖北境		河南境				安徽境		山东境	
权	当阳东南	（上）鄀（己姓）	淅川东南	胡	郾城区	蓼（偃姓）	霍邱至寿县一带	鲁	曲阜
郧	荆门东南	息	唐河南	蛮氏	汝州西	宗	巢湖北	杞	安丘东北
鄾	襄阳西北	西申	息县	陈	淮阳	巢	巢湖北	邾	邹城东南
谷	谷城西	吕	南阳北	西不羹	襄城西	舒蓼	舒城西	莒	莒县
鄀	宜城西南	东吕	南阳西	东不羹	舞阳北	舒庸	舒城东	小邾	滕州
罗	宜城西	弦	新蔡	项	项城	舒鸠	舒城	鄟	莒县东北
卢戎	南漳东	黄	潢川西北	缯	方城	舒龙	舒城西	郯	郯城西南
鄖	安陆	东申	光州	应	襄城西南	舒鲍	舒城西		
贰	广水应山城区西南	江	信阳北	赖	息县东北	萧	萧县西北		
轸	广水应山城区西	江	正阳东	许	许昌	舒	庐江西南		
绞	十堰郧阳区西北	鄀	淅川	霍	汝州西南	六	六安北		

续表

湖北境		河南境				安徽境		山东境	
州	监利	柏	西平西	养	郏县	英氏	金寨东		
邓	襄阳东北	道	确山东北	宋	商丘	桐	桐城北		
夔	秭归东	房	遂平西房城	白	息县西南	舒龚	潜山北		其他
庸	竹山东	蒋	固始蒋乡	夏	桐柏东	皖	潜山	麇	陕西白河东
厉	随州北	顿	项城北	俪	内乡东北	潜	霍山东北	夷虎	淮河上游大别山
唐	随州西北	康	禹州西北	畴	襄城西南	慎	颍上西北	越	浙江、江苏一带
樊	襄阳	蔡	上蔡			淮夷	淮河之南	群蛮	湖南沅陵、芷江
西黄	宜城南							百濮	散布鄂湘川滇
随	随州							扬越	鄂赣湘桂间
鄂	大冶西								

1956

在此表中，楚国的灭国(族)数目多达 87 个。数目多的原因之一是将有些同名但地理方位不同的小国，如黄国(今河南潢川)之外还有西黄(今湖北宜城南)；郡，分别为郡和上郡；蓼，分别为己姓蓼和偃姓蓼；申，分别为西申和东申；吕，分别为吕和东吕；群舒分别为舒、舒蓼、舒庸、舒鸠、舒龙、舒鲍、舒龚；邳分别为邳和小邳。另外，据文献记载楚国所灭的部族，涉及淮夷、群蛮、百濮、夷虎的一部分，也一并列入。

拙文之后，有两部集中研究楚灭国的著作出版，一本是何光岳的《楚灭国考》，笼统地说："楚国灭国，有的说四十二，有的说六十，其实远不止此数，只是因秦焚典籍而失传罢了。"[①]一本是何浩的《楚灭国研究》，确定楚灭国有 48 国。[②] 这两部书，都有翔实考订。

再后有顾德融、朱顺龙合著的《春秋史》一书，在其"春秋楚国灭国表"中列出了灭国名称及年代，计有 61 个。[③] 但没有考证，仅以表罗列。这三部著作比起笔者所列的楚灭 87 国(族)，数目相差悬殊。其实，楚灭 87 国(族)，仍旧是"其实远不止此数"，仅与《楚灭国研究》所列对照，就有少数差异。如何浩提出的州来、番国，应为楚所灭，明显是笔者 1983 年研究中所遗漏的，应加上。这就不止 87 国(族)了。想进一步清理，无奈一直没有机会着手。直到 2019 年《先楚史》的出版，方才能根据相关研究成果，列出下表。

表 22-8：2023 年程涛平关于楚灭国(族)地点分布研究统计增补表

序号	国名	族姓	地望	被楚灭时间	《先楚史》考证	备注
1	上郡	允	河南西峡县丁河镇	西周晚期	第 616—621 页	为芈族所灭
2	举国		湖北麻城东	西周晚期	第 625—628 页	为荆蛮所灭

① 何光岳：《楚灭国考》，上海人民出版社 1990 年，第 19 页。
② 何浩：《楚灭国研究》，武汉出版社 1989 年，第 148 页。
③ 顾德融、朱顺龙：《春秋史》，上海人民出版社 2001 年，第 263—267 页。

续表

序号	国名	族姓	地望	被楚灭时间	《先楚史》考证	备注
3	"中"国		湖北孝感	西周晚期	第628—630页	为荆蛮所灭
4	绞国		湖北丹江口习家店镇	楚武王时	第634—638页	
5	彭国	彭	湖北谷城	楚武王时	第648—654页	
6	句亶国		湖北南漳宜城一带	熊渠时	第657—660页	
7	越章国		湖北南漳	熊渠时	第660—664页	
8	麇国	芈	湖北十堰郧阳区	楚庄王时	第664—667页	
9	商国		陕西商洛	楚庄王时	第672—678页	
10	神国		重庆奉节一带	楚庄王时	第678—680页	
11	儵国		重庆奉节一带	楚庄王时	第678—680页	
12	鱼国		重庆奉节一带	楚庄王时	第678—680页	
13	复国	隗	湖北仙桃西南沔城	约楚庄王时	第680—682页	
14	戈国	姒	河南杞县通许一带	春秋晚期	第682—686页	
15	风国	风	湖北天门	春秋初期	第686—688页	
16	戎蛮子国	曼	河南伊川	楚平王时	第690—694页	
17	光国	姞	豫南	楚成王时	第710—713页	
18	垃国		河南固始东北	春秋时	第769—771页	
19	鄸国	偃	河南鄸城	春秋时	第773—774页	
20	繁国	繁	河南新蔡北	春秋晚期	第795—799页	
21	番国	己	河南固始	楚穆王时	第800—806页	
22	阳夏国		河南太康	楚庄王时	第815—816页	
23	东胡国	归	安徽阜阳	楚昭王时	第819—824页	
24	昆吾国	己	河南许昌	楚灵王时	第824—828页	
25	娄国	姒	河南项城	楚成王时	第828—830页	
26	州来国		安徽凤台	楚灵王时	第832—834页	
27	录国		山东梁山	春秋战国时	第836—837页	大保簋铭文

序号	国名	族姓	地望	被楚灭时间	《先楚史》考证	备注
28	邳国	任	江苏邳州	楚考烈王时	第858—860页	
29	(南)梁国	姬	河南临汝西南	战国时期	第970—972页	
30	微国	子	湖北竹山	楚庄王时	第972—976页	
31	(东)蓼国	姬	河南固始	楚穆王时	第1164—1168页	

由此表可见，在前表所列楚国所灭之87国（族）的基础上，又增加了31国（族）。这样一来，楚国灭国的总数为87国（族）加31国（族），共为118国（族）。

春秋时代，当一个国家被灭后，被灭亡的诸侯国统治者，包括其子民对胜利者往往有抵触情绪，甚至进行反抗，故春秋时期，当一国打败另一国后，战胜国总要设法将战败国的国君、贵族或人民迁离原地，以绝后患。灭国迁离是当时战胜国的常用方法，每灭一国定有大批人被迁离故土，每一次灭国也就意味着一批人口被强迫迁离，因灭国而迁徙成为人口流动的重要形式。如公元前693年，楚武王四十八年，《左传》庄公元年载："齐师迁纪郱、鄑、郚。"杨伯峻注曰："郱、鄑、郚为纪国邑名，齐欲灭纪，故迁徙其民而夺其地。"公元前684年，楚文王六年，《左传》庄公十年载："三月，宋人迁宿。"杨伯峻注曰："迁其民而夺其地也。"公元前567年，楚共王二十四年，《左传》襄公六年载：齐"迁莱于郳"。公元前530年，楚灵王十一年，《左传》昭公十二年载，秋，晋国"灭肥，以肥子绵皋归"。公元前520年，楚平王九年，《国语·晋语九》载，晋将荀吴袭灭鼓国，"以鼓子苑支来……非僚勿从"。

春秋时楚灭国，往往保留被灭国的宗庙社稷，允许遗民进行祭祀活动。灭国不绝祀是古代的传统，即失败一方作为国家虽然灭亡了，但战胜者对战败者仍保留其社稷，让其祭祀他们自己的先祖。遗民常被迁徙，有的可能被迁徙多次，有的则可能循环迁徙。公元前634年，楚成王三十八年,《左传》僖公二十六年载:"秋,楚人灭夔,以夔子归。"公元前576年,楚共王十五年,《左传》成公十五年载:"许灵公畏逼于郑",楚公子申迁许于叶(今河南叶县)。公元前538年,楚灵王三年,《左传》昭公四年载:"迁赖于鄢。"赖在今河南息县东北,鄢在今湖北宜城西南。公元前533年,楚灵王八年,《左传》昭公九年载:"二月庚申,楚公子弃疾迁许于夷,实城父,取州来、淮北之田以益之,伍举授许男田。然丹迁城父人于陈,以夷濮西田益之,迁方城外人于许。"公元前493年,楚昭王二十三年,《左传》哀公二年载:"十有一月,蔡迁于州来。"蔡(今河南上蔡)避楚,迁于州来(今安徽凤台)等。春秋晚期,从江汉之间到淮泗之间的广大疆域内,除了随国还存在外,附庸诸国已不见踪迹。其土成为楚国的疆土,其民成为楚国的子民,文化的影响和民族的融合进一步加强,政治的认同和人心的凝聚进一步加深,这无疑为后来秦的统一奠定了坚实的基础。

第十四节　春秋时期楚国疆域的扩张历程

楚国从春秋早期"土不过同",到春秋晚期疆域面积为同期诸国第一,这是历代楚王率领楚军南征北战奋发有为的结果。梳理春秋时期楚国疆域的扩张历程,是很有意义的。

《史记·楚世家》对春秋时期楚国疆域的扩张有多达四十条的记载,清晰地披露了楚国的扩张历程。"熊渠甚得江汉间民和,乃兴兵伐庸、杨粤,至于鄂……乃立其长子康为句亶王,中子红为鄂王,少子执疵为越章王,皆在江上楚蛮之地。"这是周厉王前,芈族部落酋长熊渠的第一次扩张行动,但只是昙花一现,旋即放弃。楚武王三十五年,公元前706年,"楚伐随……于是始开濮地而有之"。这时楚国建国不久,只是在汉江中游活动。楚武王五十一年,公元前690年,伐随。武王卒于师中而兵罢。子文王熊赀立,始都郢。这时楚国仍局促于汉水流域。楚文王二年，公元前 688 年，伐申过邓，楚国开始向北发展。楚文王六年，公元前 684 年，"伐蔡，虏蔡哀侯以归，已而释之。楚强，陵江汉间小国，小国皆畏之"。楚国的影响力日益强大。楚文王十二年，公元前 678 年，伐邓，灭之，这是楚国向北拓土的实质性成果。公元前 671 年，"成王恽元年……使人献天子，天子赐胙，曰：'镇尔南方夷越之乱，无侵中国。'于是楚地千里"。从此楚国获得周天子的承认，国土急剧扩张。楚成王十六年，公元前 656 年，齐桓公以兵侵楚，至陉山。楚国的扩张遭到齐国的遏制，最后齐楚签订了召陵之盟，此举抑制了楚国北进的势头。两年之后，楚国突破召陵之盟的束缚，楚成王十八年，公元前 654 年，"成王以兵北伐许，许君肉袒谢，乃释之"。楚成王二十二年，公元前 650 年，"伐黄"。楚成王二十六年，公元前 646 年，"灭英"。楚成王三十四年，公元前 638 年，"楚成王北伐宋，败之泓"。楚成王三十九年，公元前 633 年，"鲁僖公来请兵以伐齐，楚使申侯将兵伐齐，取谷，置齐桓公子雍焉。……灭夔……夏，伐宋，宋告急于晋，晋救宋，成王罢归。将军子玉请战……晋果败子玉于城濮"。城濮战败，楚国北进的势头受到遏制。

到楚穆王时，楚国扩张势头恢复，楚穆王三年，公元前 623 年，"灭江"。楚穆王四年，公元前 622 年，"灭六、蓼"。楚穆王八年，公元前 618 年，"伐陈"。楚国紧逼中原。

楚庄王时，楚国大踏步北进东扩。楚庄王三年，公元前 611 年，"是岁灭庸"。楚庄王六年，公元前 608 年，"伐宋，获五百乘"。楚庄王八年，公元前 606 年，"伐陆浑戎，遂至洛，观兵于周郊"。楚庄王十三年，公元前 601 年，东进"灭舒"。楚庄王十六年，公元前 598 年，"伐陈，杀夏徵舒。……已破陈，即县之。"楚庄王十七年，公元前 597 年，春，"楚庄王围郑，三月克之……遂许之平……夏六月，晋救郑，与楚战，大败晋师河上，遂至衡雍而归"。楚庄王二十年，公元前 594 年，"围宋五月，城中食尽，易子而食，析骨而炊。宋华元出告以情。庄王曰：'君子哉！'遂罢兵去"。邲之战，楚国大胜晋国，楚庄王成为春秋霸主之一，楚国国势如日中天。

到楚共王时，吴国在晋国的扶持下渐强，楚国陷于与吴国的争战中，拓土稍抑。楚共王十六年，公元前575年，与晋大战于鄢陵，晋胜楚，楚盟国尽附于晋，拓土无多。楚康王时晋楚息兵，获得喘息。

楚灵王继位后，频繁进攻吴国，东向攻城略地。楚灵王三年，公元前538年，七月，"楚以诸侯兵伐吴，围朱方。八月，克之"。楚灵王八年，公元前533年，"使公子弃疾将兵灭陈"。楚灵王十年，公元前531年，"召蔡侯，醉而杀之。使弃疾定蔡，因为陈蔡公"。楚灵王十一年，公元前530年，"伐徐以恐吴。灵王次于乾溪以待之"。楚国声势复振。

但楚平王继位后，大踏步后退，恢复之前所灭之国，退回被楚灵王占领的土地。楚平王元年，公元前528年，"复陈蔡之地而立其后如故，归郑之侵地"。吴国乘势反攻，楚平王十年，公元前519年，"吴使公子光伐楚，遂败陈、蔡，取太子建母而去。……遂灭钟离、居巢而去。楚乃恐而城郢"。

楚昭王时，与吴屡战屡败，失土更多。楚昭王五年，公元前511年，"吴伐取楚之六、潜"。楚昭王七年，公元前509年，"楚使子常伐吴，吴大败楚于豫章"。楚昭王十年，公元前506年，"冬，吴王阖闾、伍子胥、伯嚭与唐、蔡俱伐楚，楚大败，吴兵遂入郢……昭王亡也至云梦"。在秦国的帮助下，楚国反攻，楚昭王十一年，公元前505年，六月，"败吴于稷。……楚昭王灭唐"。嗣后楚吴形成拉锯之势。楚昭王十二年，公元前504年，"吴复伐楚，取番。楚恐，去郢，北徙都鄀"。楚昭王二十年，公元前496年，趁晋国阵营没落，楚灭顿、胡，围蔡迁蔡，恢复东疆。楚昭王二十七年，公元前489年，春，"吴伐陈，楚昭王救之，军城父"。楚吴争夺陈国，难解难分。

直到春秋末期，楚惠王八年，公元前481年，"灭陈而县之"。楚国的疆域才大致稳定。

童书业认为，楚国的疆域，从春秋初年到末年，灭国不已，所以

1962

疆域极大，约有今湖北的大部，河南的南部，江西的北端，安徽的北半部，兼涉陕西南端，江苏东端等地。大致东到今苏、皖交界处，东南似沿长江为界，南到洞庭、鄱阳两湖间，西达川、鄂、陕三省交界一带，北至秦岭山脉及淮水之北，地跨七八省，为春秋第一大国。至各国疆域大小的等第，大致楚国最大，晋次之，吴次之，齐次之，鲁次之，卫、郑、周是最小。①

楚国春秋末期时的"四至"大体如下：

楚国西部疆域的奠定可以明显分为两个阶段。第一阶段为楚国江汉间疆域的形成时期。春秋早期，楚人摆脱周人势力的束缚，开疆拓土。楚武王时期灭权、罗、卢、州、蓼、谷，此时楚国的疆域大约东至大洪山山麓，南临大江，西至武当山区，拥有南河流域、丹江下游一带，北临汉江，与邓国相邻，东北拥有滚河流域，至湖阳以北与唐国为邻。楚文王时期灭绞、申、吕、邓等，一统江汉之间，此时楚国的疆域北至伏牛山，与陆浑之戎相邻，东至方城一线，南临大江，西至武当山区，江汉间疆域得以形成。随、唐、贰、轸、厉、庸、麋、郧成为楚国的属国。

第二阶段为楚国西部疆域的拓展时期。春秋中、晚期，楚人以江汉间疆域为基础，向外进行拓展，使得江汉间疆域得以巩固和扩大。楚成王时期，灭掉反叛的附庸贰、轸、厉等，与楚国东部疆域连成一片；西进三峡地区，灭掉夔国，使得楚国西部疆域扩展至三峡巴东一带。楚庄王初年，灭庸、麋；春秋晚期，楚人积极向峡江地区进行拓展，通过与巴人的争战，控制了奉节以东的三峡地区。而在湘西地区，由发掘的楚墓来看，最早有到春秋晚期的墓葬，说明楚人在春秋晚期开始进入该区域。这一时期的楚国西部疆域是：西北已达丹江上游地区，隔武关与晋接壤；西至陕西旬阳，沿今鄂、陕分界线至巫山与巴

① 童书业：《春秋史》，上海古籍出版社 2003 年，第 127 页。

相邻；西南沿长江南岸山脉，并至今湘常德市与鄂荆州市分界线达大江。① 徐中舒等据《黔书》"宋家概中国之裔，春秋时，宋为楚子所蚕食，俘其人民而放之南徼，遂流为夷""蔡家即宋人，亦为楚所俘"等记载，认为宋家是楚国开发西南地区的先驱者之一，② 这与楚国灭其他宗庙后，往往将其民迁徙至边远地区，实行"移民实边"政策是一脉相承的。邹芙都认为，楚国的以上行动，客观上对贵州的开发起了良好作用。③

楚国东部疆域的拓展是在楚庄王于邲地胜晋之后，晋国的影响被彻底逐出整个中原，楚国的霸业达到鼎盛。据《韩非子·有度》载："荆庄王并国二十六，开地三千里。"据学者研究，楚国东部疆域的北线大约沿伏牛山、外方山至郏（今河南郏县）、栎（今河南禹州）、郾（今河南郾城南）、召陵（今河南郾城东）至焦、夷（今安徽亳州一线），其间除沈、顿、蔡、胡等作为属国而外，汝颖地区的大部分土地都被纳入了楚国的疆域之内。④ 虽然以北的许、陈也是楚的属国，但楚人对其的控制并不像控制顿、蔡那样稳固，因此没有将其纳入楚国疆域之内。其东线大抵沿沙水（今涡河）至州来、巢到大江，其界线以西的淮水流域都属于楚国的疆土。春秋中晚期，虽然楚东部疆域有所变化，但大致以此为基本格局。

在楚共王、楚康王时期，晋楚处于拉锯局面，平分了中原的霸权，楚国失去了对颍水以北的控制。楚灵王时期，由于获得晋国的支持，吴国加剧了对淮域的争夺，面对吴国，楚国尚占有一定的优势，能维持疆土不失。

楚灵王在位的十二年，楚吴相争于淮河中游地区，互有胜负。吴

---

① 赵炳清：《楚国疆域变迁之研究——以地缘政治为研究视角》，复旦大学博士学位论文，2013年，第114页。

② 徐中舒、唐嘉弘：《古代楚蜀的关系》，《文物》1981年第6期。

③ 邹芙都：《论楚国对西南地区的经营》，《云南社会科学》2005年第2期。

④ 徐少华：《周代南土历史地理与文化》，武汉大学出版社1994年，第274页。

国多次深入楚境，暴露出楚国在淮河中游地域防守的薄弱，为了稳定楚国的淮北疆域，加强楚国的直接控制，楚灵王实行了灭国移民政策。尽管这一政策可能导致附庸的反叛，但从维护楚国疆域和加速民族融合来看，其积极因素是值得充分肯定的。因此，这一时期楚国东部疆域大有拓展。陈、赖灭亡，楚国东部疆域跨越了颍水，达到了中原南部地区，即今河南西华、淮阳、鹿邑，以及安徽亳州、河南永城、安徽砀山一线成为楚东部疆域的北界；其东界也大体维持在焦、夷、州来至巢一线，有时突出至钟离。①

在楚平王、楚昭王初期，吴盛而楚弱，楚昭王时吴师入郢，几致楚国灭亡，楚国不仅江淮间的领土被吴国占据，而且汝颍间也被中原小国攻占，领土丧失殆尽。在楚昭王后期，楚昭王将蔡故地之民迁至负函(今河南信阳)，将方城口外之民迁至缯关(今河南方城)，并袭梁及霍。又确立了对淮水上游及颍水以南地域的控制，其边界大致以古颍水为界，即今河南汝阳、汝州、襄城、临颍、周口、沈丘，以及安徽太和、阜阳及河南固始、安徽金寨至大别山。

楚惠王早期，励精图治，楚国疆域逐渐恢复并有极大的拓展，向北达到淮泗之间，向南至六合、扬州一线，为战国时期向泗水、沂水流域及江南的发展奠定了有利的基础。

楚国疆域的南扩发生于楚共王时。从《左传》襄公十三年和《国语·楚语》的记载来看，楚共王时，楚已"奄征南海"或"抚征南海"，楚国同岭南地区已建立政治联系，楚国文物随之传入广西是完全有可能的。广西恭城秧家春秋晚期墓出土青铜器三十余件，其中的鼎、缶、尊、钟、戈都是楚器，在整个随葬品中占有相当大的比例。② 这是一种不可忽视的现象。蒋廷瑜、蓝日勇认为，这种现象或许说明该墓的主人就是从岭北而来的楚人。楚文化随着楚人越过南岭山脉南来，开

---

① 赵炳清：《楚国疆域变迁之研究——以地缘政治为研究视角》，复旦大学博士学位论文，2013年，第146页。
② 广西壮族自治区博物馆：《广西恭城县出土的青铜器》，《考古》1973年第1期。

了以后楚越青铜文化频繁交流互相融合的先河。①

在楚平王时，楚平王面对内忧外患，无力北图和东进，改变了楚灵王灭国和移民政策，致使楚国东境防守门户洞开，但能够收缩力量经营南方。《左传》昭公十九年载："楚子为舟师以伐濮。"濮是我国古代南方一个很大的族系，有"百濮"之称。楚平王伐濮是在江南用兵。一是从鄂出发，经嘉鱼、汨罗这两个重要据点，再沿湘水流域向南展开；二是从郢都出发，经今湖北松滋，湖南澧县、临澧和常德，进入澧、沅、资流域。楚平王自长江进入沅水，水陆并进，席卷百濮散居的澧、沅流域，进而占有今湖南境内的整个资江流域，直达湘水中上游处。

春秋晚期楚国的势力扩展到澧水下游、洞庭湖南部、资水下游今益阳市北部地区。澧县皇山岗 M1②、益阳热电厂 M183、M139、M170出土有楚系青铜器③，是最直接的证据。在长沙、常德及沅水中下游开始出现中小型楚墓。同时湘水中游地区受楚文化的影响，也出现了楚系青铜器，见于湘乡何家湾 M1④。但是资水下游，可能仍为越人所据。

春秋晚期，澧水下游地区已经为楚人所控制，澧县皇山岗 M1 出土铜礼器为这一区域当时所见年代最早的楚系青铜器。该墓于农民取土时破坏，残存铜鼎、敦、尊缶、匜各一件。其中鼎为平盖的箍口鼎，盖、足均为素面，鼎足较短，微外撇，同于春秋中期晚段的当阳金家山 M235 出土铜鼎，而与春秋晚期淅川下寺 M10、M11 出土三足外撇

---

① 蒋廷瑜、蓝日勇：《广西出土的楚文物及相关问题》，《江汉考古》1986 年第 4 期。

② 澧县博物馆：《湖南澧县皇山岗楚墓发掘报告》，载《湖南考古辑刊》第 7 集，求索杂志社 1999 年第 1 期，第 128—132 页。

③ 益阳市文物管理处、益阳市博物馆编著《益阳楚墓》，文物出版社 2008 年，第 126—130 页。

④ 湘乡县博物馆：《湘乡县五里桥、何家湾古墓葬发掘简报》，载《湖南考古辑刊》第 3 集，岳麓书社 1986 年，第 39—44 页。

鼎的风格有一些差异。其他器物如敦、尊缶、匜则与淅川下寺 M10、M11 出土同类器相似。因此，该墓年代为春秋晚期。

春秋晚期，资水下游的益阳北部地区也为楚人所控制。在益阳热电厂 M139、M170、M183 出土的青铜礼器，亦是当时所见资水下游地区最早的楚系青铜器。这三座墓中，M139 出土有立耳越式鼎 1、敦 1；M170 出土有楚式鼎 1、敦 1；M183 出土有楚式鼎 1、簠 1、尊缶 1、盘 1。这批青铜器与襄阳山湾 M23、下寺 M10、M11 出土同类器相似，年代当为春秋晚期。高至喜主张春秋晚期楚人已经进入益阳一带，[①] 可信。袁艳玲认为湘乡何家湾越墓以及桃江腰子仑越墓的存在，说明春秋晚期楚人对湖南地区的有效控制区域，仍局限于今洞庭湖沿岸、湘水及澧水下游地区。[②]

邹芙都认为，春秋晚期至战国早期，楚国势力始进入湘西酉水流域，楚文化也流传进来，这与该地区发现一大批同时期的楚墓是完全吻合的。此外，由于楚人的侵逼，一部分巴人也迁徙到湘西地区，如发现了虎图案肖形印、柳叶形剑、虎钮錞于[③]等典型巴文化器物。楚人启濮，不仅开发了濮人故地，而且为后来楚国进一步向西经营打下了根基。[④]

春秋时期楚国南境示意图**见图 22-5**。

张正明认为，鼎盛期的楚文化遗存，主要是在今江陵一带和今长沙一带发现的。澧水入洞庭湖处，距纪南城只有一百余公里，水陆交通便利。因此，楚人渡江而南，最初到的是洞庭湖西侧，稍后才到了洞庭湖东侧。洞庭湖西侧的楚墓，最早的属于春秋中期。洞庭湖东侧

---

① 高至喜：《楚人入湘的年代和湖南越楚墓葬的分辨》，《江汉考古》1987 年第 1 期。

② 袁艳玲：《楚人经营湖南地区的考古学观察》，载徐少华等主编《楚文化与长江中游早期开发国际学术研讨会论文集》，武汉大学出版社 2021 年，第 76 页。

③ 熊传新：《我国古代錞于概论》，载《中国考古学会第二次年会论文集 1980》，文物出版社 1982 年，第 80—89 页。

④ 邹芙都：《论楚国对西南地区的经营》，《云南社会科学》2005 年第 2 期。

的楚墓，最早的属于春秋战国之际。楚人到达洞庭湖南侧的年代，大约也在春秋战国之际。[①]

总结春秋时期楚国疆域的拓展，清人顾栋高在《春秋大事表》中有具体的论述：

> 楚在春秋吞并诸国凡四十有二。其西北至武关，在今陕西商州东少习山下，文十年《传》子西为商公，即商州之洛南县也，与秦分界。其东南至昭关，在今江南和州含山县北二十里，昭十七年吴、楚战于长岸，即和州南七十里之东梁山，与太平府夹江相对是也，与吴分界。其北至河南之汝宁府、南阳府汝州，与周分界。其南不越洞庭湖，全有今湖北十府八州六十县之地。惟随州为随国，仅存。又全有河南之汝宁、南阳二府，光州一州，又阑入汝州之郏县、鲁山县，河南府之嵩县，开封府之尉氏县，许州府之偃城县及禹州，与郑接境。四川夔州府之奉节县与巴接境。江西之南昌、南康、九江、饶州与吴、越错壤。又全有江南之庐州、凤阳、颍州三府及寿州、和州之地。江宁府之六合、太平府之芜湖、徐州府之砀山，则与吴日交兵处也。后庐、寿之地多入于吴。[②]

何光岳认为：春秋时代，楚国最盛时的疆域，要算楚共王和楚昭王末年。东抵于豫章、番、宗、巢、州来及赣江上游，番即楚昭王十二年(公元前504年)时，"吴复伐楚，取番"。《史记正义》引《括地志》云："饶州鄱阳县，春秋时为楚东境。"即今江西鄱阳县，包括赣东北和昌江、乐安江流域。王先谦《汉书补注》卷二八"豫章郡鄱阳县"

① 张正明：《楚文化史》，上海人民出版社1987年，第138—139页。
② 顾栋高：《春秋大事表》，中华书局1993年，第524—525页。

云："故曰番，春秋楚地，吴取之。"州来和巢，是楚、吴拉锯战之地，时得时失，东北则到萧，北到陈、顿、胡、应、东不羹、西不羹、蛮氏一带，西北达商於，锡穴以西；西达巫峡东段及神农架；南面的"湘西北可能早就是楚国之境，……在今长江以南的长沙、常德、衡阳一带，都发现了春秋中期以后的楚墓，可见楚人是在此沿湘江向南发展的"。① 高至喜、熊传新认为："春秋时期楚人的墓葬在湖南的分布就更多了，如澧县、常德、益阳、长沙、湘乡、衡阳、郴州，从南到北，都有早期楚墓出土。"②甚至南达广东连江流域和北江上中游一带。俞伟超指出，这时楚国"土数圻"，从南至北，从东至西，恰都在三千多里左右。相当于今湖北、湖南、江西(除信江流域外)、安徽(长江以北的西半部)、河南(南半部)，以及陕西的东南角、广西的东北角、广东北部等大片土地。比起西周末年时的楚国，增大了十倍左右，疆域之大，为春秋列国之首。③ 这个看法是可信的。

---

① 何光岳：《楚灭国考》，上海人民出版社 1990 年，第 12—13 页。
② 高至喜、熊传新：《楚人在湖南的活动遗迹概述——兼论有关楚文化的几个问题》，《文物》1980 年第 10 期。
③ 俞伟超：《关于楚文化发展的新探索》，《江汉考古》1980 年第 1 期。

第 二 十 三 章

春秋战国之交楚国的
人口、都邑、交通和建筑

第一节　人口、人口流动及户籍管理

在春秋时期，各国主要都以增加本国人口为第一要务，故春秋时期的人口，较西周时期有一定的增长。据《春秋》记载，在春秋时期共二百余年的时间里，各国的小型战争不胜枚举，这些战争，不光以掠夺土地和财物为目的，更重要的是将土地上的人口据为己有。

周室衰弱，诸侯称霸，衡量霸主所在国的国力的简单标准，就是看这一个国家的兵车有多少辆。人口在古代社会既是生产力，也是战斗力，人口的多少决定着一个国家的国力大小。春秋时期，兼并战争激烈，各国统治者都在自己能力范围内允许不断地扩张人口、军队，以应付各种战争，因此代表一个国家兵车数量的"千乘之国""万乘之国"就是一个国家国力的具体表现。

兵车的数量和其国家的总人口数量有着相对应的比例关系。《左传》中有一个比较确切的关于卫国人口数量的记载。卫国被狄人攻灭之后，卫国的遗民共有730人，加上郊野的民众数量，卫国在没有被灭国之前的民众数量大概是5000人，而在卫国的兵车数量总共是30余辆。由此知道卫国拥有30辆兵车、5000人口，相当于1辆兵车对应170人。兵车的数量与国家的总人口数量有着相对应的比例关系。利用《左传》中的记载，大致推测出"1∶170"的比例，由此可推算出春秋时期大概的人口总数。

按照《左传》所载卫国兵车与人口的比例来推测的话，那么晋国在晋昭公时期大约有兵车4000辆，与其相对应的人口数量约有70万人，其他几个称霸国家的人口数量应该差不多，不然就不会形成相对应的割据局面，因此来判断，春秋时期五个霸主国家的人口总数约有350万人，加上南方的吴、越两国，在与中原的五国实力基本一致的情况下，那么七个国家的人口总数约有420万人。

晋国的人口数量约有 70 万人，而小国的人口数量却要少很多，不单单是因为国力不足而无法拥有更多的土地，主要原因还在于为了不被吞并而要不停地上交兵车给那些称霸的大国。据《左传》记载，鲁哀公七年(公元前 488 年)时鲁国贡献 800 辆兵车，邾国贡献 600 辆兵车给吴国；鲁哀公十三年(公元前 482 年)时，鲁国又给吴国贡献了 800 辆兵车。所以我们通过一些史册的记载，不难发现的是，大部分的人口都被那些称霸的国家以掠夺、进贡的手段给抢走了，剩下的一些小国则在夹缝之中苦苦生存，因此人口数量不是很多。

根据历史资料的分析，鲁、邾、卫、郑、宋、杞、滕、薛、小邾等国的兵车之数不定，有的约有 1000 辆，相当于晋国的四分之一；有的只有 500 辆，相当于晋国的八分之一。总共的兵车数量有 7000 余辆，人口总数不超过晋国人口的两倍，大约是 150 万人。因此在春秋时期，中原地区的总人口数量大概在 570 万人，这还并未计算在中原外的一些蛮夷的人口数量，如果将他们都算进来的话，也许春秋末年的人口数量大概有 1000 万人。

这看似比起西周时期的人口总数要多，但是实际上，人口增长的速度只不过是一倍左右。据《汉书》记载，西汉末年的人口有 5959 万人，战国末年的人口大约有 2000 万人，意味着从战国末年到西汉末年 200 年左右的时间，中原地区的人口数量大约增长了两倍，也就是多了 3959 万人，差不多 4000 万人。

从春秋末年到战国末年，200 余年却只是增长了 1000 万人左右，这个还是因为许多蛮夷民族被征服，蛮夷民族的人口大量涌入中原地区，从而令到中原地区的人口数量增加。

尽管春秋时期的生产力已经趋于稳定，但是人口却没有出现激增，主要的原因就是在春秋时期战争不断，极大程度上影响了人口增长的速度，使得人口的增长数量较少。虽然如此，但还是处于一个上升的趋势。

焦培民推测春秋时期的人口情况列表如下：

表 23-1：春秋中后期主要诸侯国人口统计表

国家	童书业考证	备注	车数（乘）	兵数（万）	人口（万）
齐国	鲁哀公时二三千乘左右	齐强，估为三千乘	3000	30	150
鲁国	春秋初年即为千乘		1000	10	50
宋国	春秋初年即为千乘		1000	10	50
卫国	春秋初年即为千乘		1000	10	50
郑国	鲁襄公时以七百乘伐陈	郑略小，亦近千乘	1000	10	50
秦国	鲁昭公时不在二千乘之下		2000	20	100
晋国	鲁昭公时五千乘左右		5000	50	250
楚国	鲁昭公时数千乘或近万乘	估为七千乘	7000	70	350
吴国	实力约当二三千乘	折中计之	2500	25	125
越国	越在春秋末与吴略当		2500	25	125
燕国		春秋中期当有千乘	1000	10	50
周王	西周后期有二三千乘	春秋微时或有千乘	1000	10	50
春秋中后期各国兵车数、兵员数和人口数合计			28000	280	1400

录自焦培民：《先秦人口研究》，郑州大学博士学位论文，2007 年，第 147 页

　　焦培民的上述推测，是可信的。其中，估计楚国在鲁昭公时拥有兵车 7000 乘，人口达到 350 万。鲁昭公时相当于楚平王至楚昭王时，而早在楚灵王时，楚国灭陈国、蔡国、东不羹、西不羹，就净增战车 4000 乘，公元前 530 年，楚灵王十一年，《左传》昭公十二年载，楚灵王对右尹子革说："昔诸侯远我而畏晋，今我大城陈、蔡、不羹，赋皆千乘，子与有劳焉。诸侯其畏我乎?"对曰："畏君王哉！是四国者，专足畏也。又加之以楚，敢不畏君王哉！"又据《新书·大都》载："昔楚灵王问范无宇曰：'我欲大城陈、蔡、叶与不羹，赋车各千乘焉，亦足以当晋矣。'"由上引可见，楚此时净增的兵力至少为 4000 乘。如

果加上楚国的常备军、申息之师，郢都及其他诸城邑的守军，当不会少于5000乘。从楚灵王经过楚平王、楚昭王到楚惠王十二年，春秋截止之年，又过了53年，楚国的国力进一步增强，特别是楚昭王十年，经历柏举之战后，医治吴师入郢的战争创伤，借秦师之力，全面驱逐吴国势力，恢复东疆，时值晋国没落，楚国国力复振。楚惠王早年，力压在对越战争中节节败退的吴国，再一次灭陈、灭蔡，收复重镇州来，国势复张。焦培民估计楚国拥有兵车7000乘、人口350万大体准确。

春秋时期，连绵不绝的战争，造成人口剧烈地流动迁徙。

一是战争引起的人口流动与迁徙。

春秋时期大国争霸，小国遭殃，战争不断升级，参战人数越来越多，时间越来越长，规模越来越大，伤亡人员急剧增多，有的战争几乎是全军覆没。公元前713年，楚武王二十八年，《左传》隐公十年载："蔡人、卫人、郕人不会王命。秋七月庚寅，郑师入郊，犹在郊。宋人、卫人入郑，蔡人从之伐戴。八月壬戌，郑伯围戴。癸亥，克之，取三师焉。"按，《左传》庄公十一年载："覆而败之曰取某师。"此战"取三师"，伤亡必多。公元前627年，楚成王四十五年，《史记·秦本纪》载：晋襄公"墨衰绖，发兵遮秦兵于殽，击之，大破秦军，无一人得脱者"。公元前570年，楚共王二十一年，《左传》襄公三年载："楚子重伐吴，为简之师，克鸠兹，至于衡山。使邓廖帅组甲三百、被练三千以侵吴。吴人要而击之，获邓廖。其能免者，组甲八十、被练三百而已。"战争给人民带来沉重灾难，如《左传》襄公二十七年载，韩宣子说："兵，民之残也，财用之蠹，小国之大灾也。"战火一起，人民遭殃，正如《管子·参患》所言："攻城围邑，主人易子而食之，析骸而爨之。"城破之日，也就是家破人亡之时。为扩张领土、掠夺财富和人口，秦国实行"计首授爵"的促战政策，以提高军队的战斗力。《左传》哀公二年载，晋定公时赵鞅规定："克敌者，上大夫受县，下大夫受郡，士田十万，庶人工商遂，人臣隶圉免"，同时严惩作战不力之人。强烈的功利性和强迫性造成军队的滥杀，如《孟子·离娄上》曾形容先秦时期的战争，"争地以战，杀人盈野；争城以战，杀人盈城，此所谓率土地而食人肉，罪不容于死"。战争劳民伤财，费用惊人。《管子·轻重甲》："今倳戟十万，薪菜之靡日虚十里之衍。顿戟一弩，而靡币之用日去千金之积。"《管子·参患》："故一期之师，十年之蓄积殚；一战之费，累代之功尽。"另一方面则是农业生产等各方面的极大破坏。《管子·揆度》说，战事发起，"民弃其耒耜，出持戈于外，然则国不得耕"，生产荒废。《左传》襄公二十五年说，军队经过的地方，"井堙木刊"。《老子》说："师之所处，荆棘生焉。大军之后，必有凶年。"《墨子·非攻下》中描写战争的景况更为具体："入其国家边境，芟刈其禾稼，斩其树木，堕其城郭，以湮其沟池，攘杀其牲牷，燔溃其祖庙，劲杀其万民，覆其老弱。"

每一次交战，时间虽然不长，但其破坏的强度异常惊人。军人战死，无辜平民被杀戮，人口损失惨重，土地大面积荒芜，农业生产处于停滞状态。战争发起，当地及附近居民都会迅速逃离，流亡他乡去寻找相对安全的避难所。卫懿公时狄人来攻，卫国惨败，卫人连夜弃城奔命。整个春秋时期，居民避战溃逃现象极为普遍。《左传》昭公十七年载，公元前525年，晋将荀吴率军从棘津渡黄河伐陆浑，"陆浑子奔楚，其众奔甘鹿"。《战国策·楚策一》载，"昔吴与楚战于柏举，三战入郢，君王身出，大夫悉属，百姓离散。"《左传》僖公元年载，公元前659年，狄人进攻邢国，"邢人溃"。《左传》庄公二十八年载，公元前666年，楚成王六年，"秋，子元以车六百乘伐郑，入于桔秩之门……众车入自纯门，及逵市……诸侯救郑，楚师夜遁。郑人将奔桐丘，谍告曰：'楚幕有乌。'乃止。"如若不是谍告"楚幕有乌"，郑国人真的要逃难了。《左传》僖公四年载，公元前656年，楚成王十六年，齐桓公"以诸侯之师侵蔡。蔡溃，遂伐楚"。《左传》文公三年载，公元前624年，楚穆王二年，春，"庄叔会诸侯之师伐沈……沈溃"。《左传》宣公十二年载，公元前597年，楚庄王十七年，冬，"楚子伐萧……萧溃"。《左传》成公九年载，公元前582年，楚共王七年，冬，"楚子重自陈伐莒，围渠丘。渠丘城恶，众溃，奔莒。……楚师围莒。莒城亦恶，庚申，莒溃"。《左传》僖公十九年载，梁伯宣称敌人要来攻打了，要民众加紧在宫室外挖沟布防。同时放出流言"秦将袭我"，结果"民惧而溃"。一句流言竟然导致民众溃散，国家被灭。春秋时期，饱受兵燹之苦的各国民众早已吓破了胆，躲避战争、迁徙流亡是他们唯一的选择。

春秋时期战争极多，据邓云特统计，"春秋二百四十二年间，发生战争达四百余次。其中僭师掠境的有六十次；声罪讨伐的有二百十三次；包围城邑的有四十四次；进入国都的有二十七次；用诡道而取胜的有十六次；全被俘虏的有三次；以力收夺其国的有十六次；袭击一次；已逃走而去追蹑的有两次；聚兵而守的有三次；两兵相接的有二十三次；驱徙其市朝的有十次；毁其宗庙社稷的有三十次。"①这仅是根据《春秋》的记载而得出的数字。在这二百多年里，必然还会有诸多次的攻杀和夷狄入侵，因史料缺乏而无法具体知其次数。每一次诸侯间的攻杀，每一次外狄入侵都必然会造成民众的死伤，正如《国语·吴语》所说，幸存者好比"群兽然，一个负矢，将百群皆奔，王其无方收也"。

二是大国扩疆引起人口流动与迁徙。

古代中国是一个农业国，土地是民众最基本的生产资料，是民众衣食住行得以实现的物质基础和保证。历代统治者都把开疆拓土，占有尽可能多的领土作为其追求的主要目标。诸侯国通过战争，获得了大片土地，开拓了边疆。为了保卫边境安全，诸侯各国又在边境修建新城。如：齐国为了攻灭莱国而城东阳；楚国为侵郑而城犨、栎、郏；为防吴国入侵，楚国大城钟离、巢、州来等。据《管子·八观》载，"室屋众而人徒寡者，其人不足以处其室"，"城域大而人民寡者，其

---

① 邓云特：《中国救荒史》，商务印书馆2011年，第88页。

民不足以守其城"。各国开疆拓土目的就在于最终占有其地。每一城池的修建必须有大批人员迁居，如果没有大量本国军民的入住，再多的土地终将会为别人所占有。《左传》僖公十八年载，公元前642年，梁国督民垦辟"新里"，因"梁伯益其国而不能实也"，最终"秦取之"，教训可谓深刻。各国统治者正是认识到这一点，在新扩之地往往要迁移大批人员居住。《左传》僖公十九年载，公元前641年，秦国占领新里后"遂城而居之"。《史记·楚世家》载，公元前534年，楚灵王"就章华台，下令内亡人实之"。章华台位于今天的湖北潜江西南龙湾一带，是新辟地区，建成后需要迁徙大批人口充实其地。"内亡人实之"应是楚国募人不及情况下的应急之策，体现了楚国统治者急需迁人以充实新占领区的急切心情。楚国在向北发展过程中，大规模扩建方城，增派、迁徙大批人员居守该地，加强城防力量，只有强大军事力量的驻守，楚国才能形成对北方的优势。[1]

楚国残酷灭国(族)多达118国(族)，见本书二十二章第十三节"残酷灭国，数目惊人"的论证。绝大部分发生在春秋时期，灭国的结果，楚国的疆域急剧扩张，由灭国造成人口流动的规模为诸国之冠。

三是战争掠夺人口引起人口流动。

春秋时代，各国都把战俘、掳掠人口作为对外战争的主要目的之一。《左传》成公六年载，公元前585年，晋伯宗、夏阳说等率领诸侯之师侵宋，师于鍼。卫国未加防备，夏阳说欲袭卫，曰："虽不可入，多俘而归，有罪不及死。"后来虽然没有行动，但是通过战争掠夺人口之目的及统治者的支持已暴露无遗。史籍关于战争俘获的记载颇多：《左传》僖公三十三年，公元前627年，楚成王四十五年载："晋侯败狄于箕。郤缺获白狄子。"《左传》宣公二年，公元前607年，楚庄王七年载："春，郑公子归生受命于楚，伐宋。宋华元、乐吕御之。二

---

① 李汉龙：《春秋时期人口流动迁徙问题研究》，河南大学硕士学位论文，2004年，第29页。

月壬子，战于大棘，宋师败绩。囚华元，获乐吕，及甲车四百六十乘，俘二百五十人，馘百人。"《左传》成公八年，公元前583年，楚共王八年载："郑伯将会晋师，门于许东门，大获焉。"《左传》襄公二十七年，公元前546年，楚康王十四年载："胥梁带使诸丧邑者具车徒以受地，必周。使乌馀具车徒以受封。乌馀以众出，使诸侯伪效乌馀之封者，……尽获之。"《说苑·权谋》载："居数年，楚王果举兵伐蔡。窥墙者为司马，将兵而往，来虏甚重，……"《左传》昭公十八年，公元前524年，楚平王五年，六月，"邾人袭鄅，鄅人将闭门，邾人羊罗摄其首焉，遂入之，尽俘以归。"《左传》定公十五年，公元前495年，楚昭王二十一年载："吴之入楚也，胡子尽俘楚邑之近胡者。"《左传》哀公四年，公元前491年，楚昭王二十五年载："将裂田以与蛮子而城之，且将为之卜。蛮子听卜，遂执之与其五大夫……司马致邑立宗焉，以诱其遗民，而尽俘以归。"交战之中抓捕俘虏在当时已成惯例，战争结束后，战俘被战胜者俘获掠走，作为劳动人口或作为奴仆赏赐臣下。战俘中除极个别有可能被释放，或被赎回，或逃归外，绝大多数将终生留居战胜国，再无回归之日。

为防止战俘逃脱，战胜者有时不惜残害俘虏的肢体。《左传》襄公二十九年，公元前544年，楚王郏敖元年载："吴人伐越，获俘焉，以为阍，使守舟。"在长期的交战中，大批人员被俘虏到新的地方，他们与当地的居民长期生活，逐步被同化，成为战胜国的臣民。

春秋时的献俘也是特殊的人口流动方式。据《左传》成公二年载，与周族犬牙交错的"蛮夷戎狄，不式王命，淫湎毁常"，给周初的统治者造成巨大威胁。西周时期一些诸侯国打败夷狄民族，将俘虏献给周天子，谓之献俘。献俘的目的在于"惩不敬，劝有功"，警示夷狄而已。至于"兄弟甥舅，侵败王略，王命伐之，告事而已，不献其功"。此时献俘的人数不会太多。春秋时代，随着战争规模的扩大，次数的增加，献俘的各项礼节因此而发生重大变化，诸侯国间争战，获胜国也向周王献俘。如：《左传》僖公二十八年，公元前632年，晋楚城濮之战后，晋"献楚俘于王，驷介百乘，徒兵千"。《左传》成公二年，公元前589年，"晋侯使巩朔献齐捷于周"。《左传》成公十六年，公元前575年，晋国在鄢陵之战大败楚军后"使郤至献楚捷于周"。春秋时代，诸侯除向周天子献俘外，还要向盟主国献俘。如：《左传》成公三年，公元前588年："春，诸侯伐郑……郑公子偃帅师御之，使东鄙覆诸鄤，败诸丘舆。"因郑依附于楚，故"皇戍如楚献捷"。《左传》襄公二十五年，公元前548年，郑国子展、子产率军攻打陈国，大有俘获，"郑子产献捷于晋"。《左传》定公六年，公元前504年，鲁国侵略郑国，"夏，季桓子如晋，献郑俘也"。缘由是鲁国依附于晋国。另外还有诸侯之间献俘。如：《左传》庄公三十一年，公元前663年："六月，齐侯来献戎捷。"此时的鲁国既非大国又非盟主。还有向诸侯大会献俘。如：《左传》襄公八年，公元前565年："庚寅，郑子国、子耳侵蔡，获蔡司马公子燮。……五月甲辰，会于邢丘……郑伯献捷于会，故亲听命。"献俘的种类既有被俘的士兵、国人，还包括乐师、技工等。如《左传》成公九年："晋侯观于军府，见钟仪。问之曰：'南冠而絷者，谁也？'有司对曰：'郑人所献楚囚也。'使税之。召而吊之。再拜稽首。问其族，对曰：'泠人也。'"

在春秋频繁的战争中，各战胜国都要向周天子、向盟主国，或者在诸侯国之间献捷献俘，弱国、战败国要向强国、战胜国贡献各类人员以求平安。这亦是人口流动的一种重要类型。

除上述几类外，诸侯国有时还会得到周天子赏赐的人口。晋楚城濮之战后，晋胜楚败，晋国向周王献俘，获周王室赏赐。《左传》僖公二十八年："王命尹氏及王子虎、内史叔兴父策命晋侯为侯伯，赐之大辂之服，戎辂之服，……虎贲三百人。"

四是弱国为躲避强国而迁徙，引起人口流动。

春秋数百年间，弱小国家时刻都面临着被攻击、被兼并的危险，在强国的一次次进攻下，只有避而远之。位于淮河流域的蔡国是周文王子叔度的封国，国都在今河南上蔡一带，楚国在向中原发展过程中多次对其攻略。《左传》庄公十年载，楚"败蔡师于莘，以蔡侯献舞归"。《左传》庄公十四年载，"楚子以蔡侯灭息，遂伐蔡。秋七月，楚入蔡"。《左传》昭公十一年载，楚灵王派兵攻灭蔡国。《左传》定公三年载，楚令尹子常因索赂不成扣押蔡侯。《左传》哀公元年载，楚国围蔡。一系列的打击使蔡无法自守，国都一迁再迁。蔡平侯时由蔡迁于新蔡，"后二世徙下蔡"。此类迁徙在春秋时频仍不绝：《左传》庄公四年载，公元前690年："纪侯不能下齐，以与纪季。夏，纪侯大去其国，违齐难也。"面对齐国的压力，纪侯率宗族向东迁徙，以避其害。《左传》桓公七年载，公元前705年："夏，盟、向求成于郑，既而背之。秋，郑人、齐人、卫人伐盟、向。王迁盟、向之民于郑。""息初在郑州以西的天息山，春秋以后与郑斗争失败，为避郑患，向南迁徙，所谓'汝南新息县'，当为息的后迁地址。"①《左传》昭公三十一年载，公元前511年："秋，吴人侵楚，伐夷，侵潜、六。楚沈尹戍师师救潜，吴师还。楚师迁潜于南冈而还。"卫国初都于朝歌，公元前460年受狄人攻击，遗民拥卫戴公迁到曹，后在齐桓公帮助下迁楚丘，因受威逼，后又迁都帝丘。春秋时期迁国，就连强大的楚国也未能幸免。楚昭王时，吴楚柏举一战，吴军长驱直入攻进楚都为郢。楚军连连败北，楚国军民人人惶恐，楚昭王被迫由为郢（湖北宜城楚皇城遗址）迁都到鄀郢（湖北钟祥李陈岗遗址），暂避锋芒，以避其害。春秋时期，诸侯并争，弱国无力抵抗强国的进攻，唯有弃国迁徙别处。这类迁徙往往造成上至王公贵族，下至平民百姓的大批人口的转移。

五是军事人口及有技能人口的流动。

新的征服者很难使处于惊恐状态下的被征服者接受统治。原始居民对外来者本能排斥，加之新统治者的剥削、奴役，甚至杀戮，往往会产生一种敌对心理及过激行为。《左传》庄公十三年，公元前681年载："齐人灭遂而戍之。冬，盟于柯，始及齐平也。"时隔数年，遂人

---

① 李玉洁：《先秦史稿》，新华出版社2002年，第160页。

仍耿耿于怀。《左传》庄公十七年，公元前 677 年载："遂因氏、颌氏、工娄氏、须遂氏飨齐戍，醉而杀之，齐人歼焉。"《左传》昭公二十二年，公元前 520 年，晋国攻取鼓国，"既献而反鼓子焉"，然而鼓人不服，"又叛于鲜虞"，这给新的统治者带来巨大灾难。《孟子·公孙丑上》说，"以力服人者，非心服也，力不赡也。"一旦被征服者力量变强大，或有适当的时机必然会发动叛乱。面对此种情况，新的统治者增派、驻扎足以震慑的强大力量方能稳定局势。晋文公面对阳人的不断叛乱，亲率大军征讨，并加强己方力量的渗入，才最终拥有此地。《左传》庄公十七年，遂人叛杀齐国驻军，齐国增派大军前往镇压，斩杀四族才得以稳定局势。《左传》昭公二十二年，"六月，荀吴略东阳，……袭鼓，灭之……使涉佗守之"，方占有其地。故此，春秋各国为保障新占有之领土，往往在新拓的土地上派兵驻守，并由统兵武官负责治理。

《左传》隐公十一年，公元前 712 年，七月，鲁、齐、郑伐灭许，齐把许之土地送给郑，"郑伯使许大夫百里奉许叔以居许东偏，……吾子其奉许叔以抚柔此民也，吾将使获也佐吾子……"《左传》庄公十三年，公元前 681 年，"齐人灭遂而戍之"，长达数年。《左传》僖公二十五年，公元前 635 年，"楚斗克、屈御寇以申、息之师戍商密。"《左传》僖公二十六年，公元前 634 年，鲁"以楚师伐齐，取谷"，"楚申公叔侯戍之"。《左传》成公十八年，公元前 573 年，"夏六月，郑伯侵宋，及曹门外。遂会楚子伐宋，取朝郏。楚子辛、郑皇辰侵城郜，取幽丘，同伐彭城，纳宋鱼石、向为人、鳞朱、向带、鱼府焉，以三百乘戍之而还。"

大量的驻军及随军人员对人口的迁移发挥着重要作用。"军事人口本身就属于流动人口，乡土观念已得到一定程度的淡化，养成了集体生活的习惯，对迁移有较强的适应能力；军事人口组织严密，训练有素，有勇于开拓和征服自然的精神和战胜困难的能力，这些优势是临时发动组织起来的迁移人群所不具备的。"①各国都把军事性移民当作最初的移民对象，每攻占一个地方必须派人守护，对其治理，对这些还不能完全归己所有的领土，由军事人员驻扎代管是当时常用之法。

诸侯大国为图谋霸业、取信诸侯，为国家将来的利益做铺垫，往往布恩施惠，对他国予以帮助，赠送各类人员，少则数十，多则数百人、上千人。如《管子·大匡》载："宋不听，果伐杞，桓公筑缘陵以封之，予车百乘，甲一千。明年，狄人伐邢，邢君出致于齐。桓公筑夷仪以封之，予车百乘，卒千人。明年，狄人伐卫，卫君出致于虚。"当时卫国逃出的人仅有 730 人，加上共、滕等地人口，总数也不过 5000 人。对于严重削弱的卫国，齐桓公不顾大臣的反对，"筑楚丘以封之，与车三百乘，甲五千"。《左传》僖公二十四年载，远居西部边陲的秦国，为了将来的利益，秦国派军队护送晋文公回国后，"晋侯逆夫人嬴氏以归。秦伯送卫于晋三千人，实纪纲之仆"。晋国用吴制楚，派申公巫臣率兵助吴，归国时尚留下部分军事人才。

春秋战争中，各诸侯国统治者唯恐别国实力超过己方，对自己构成威胁，出于戒备或为谋取对方等因素，也多会贿赂对方，以消除其戒心，最终达到削弱敌国的目的。《战国策·秦策一》载："夫晋献公欲伐郭而惮舟之侨存。荀息曰：'《周书》有言，美妇破后。'乃遗之女乐以乱其政，……又欲伐虞，而惮宫之奇存。荀息曰：'《周书》有言，美男破老。'乃遗之美男，教之恶宫之奇。"《史记·孔子世家》载，孔子执政于鲁国，业绩显著，"齐人闻而惧，曰：'孔子为政必霸，霸则吾地近焉，我之为先并矣。盍致地焉？'黎锄曰：'请先尝沮之；沮之而不可则致地，庸迟乎！'于是选齐国中女子好者八十人，皆衣文衣而舞《康乐》，文马三十驷，遗鲁君"。

一些实力较弱的国家在被打败，或无力抵抗对方进攻的情况下，也会采取向对方行贿，以人员换和平。《左传》成公二年载："冬，楚

---

① 张敏才：《军事人口在人口现代化中的地位和作用》，《中国人口科学》1989 年第 3 期。

师侵卫，遂侵我师于蜀。……楚侵及阳桥，孟孙请往，赂之以执斫、执针、织纴，皆百人。公衡为质，以请盟，楚人许平。"《左传》襄公十一年载："郑人赂晋侯以师悝、师触、师蠲，广车、軘车淳十五乘，甲兵备，凡兵车百乘，歌钟二肆，及其镈、磬，女乐二八。晋侯以乐之半赐魏绛。"《吴越春秋·勾践阴谋外传》载，越王勾践被灭国后，向吴行贿，以求东山再起，"吴王淫而好色"，勾践"选择美女二人而进之"。《吴越春秋·勾践伐吴外传》也载，勾践"卑事夫差，往宦士三百人于吴"。这些是当时弱国经常采用的外交方略。

六是因贵族出奔而造成人口流动。

周代，上至周王室、诸侯国，下至大夫的采邑之内，都可能发生尖锐的矛盾。他们为了争夺权力、地位、财产等，都会出现相互残杀、倾轧等残酷的斗争。如周王室发生的周幽王废嫡立庶，嫡长子宜臼与其舅申侯联合缯、犬戎等部攻杀幽王夺取王位，从而导致西周灭亡，周平王东迁洛邑，历史进入春秋时代。其后春秋时期的王子克之乱、王子颓之乱、王子带之乱等都是由庶子争位而引起的王室之乱。

在周王室发生争权夺利斗争的同时，各诸侯国内部卿大夫之间也在发生激烈的争夺。斗争的失败者，担心祸及自身者，在本国无法存身，纷纷离弃家园，出奔他邦，寻求新的生存空间或暂时的避难所。据《国语·晋语八》载，在鲁国，就鲁庄公的继承人选问题，三桓发生矛盾。鲁庄公死后，季友立子般为君。庆父杀子般而改立年仅八岁的公子开为君，是为鲁闵公，季友逃亡陈国。鲁闵公二年，公元前660年，庆父再杀鲁闵公，季友携公子申奔邾国。庆父连杀二君，自知罪大恶极，而亡命莒国。晋平公六年，公元前552年，"箕遗及黄渊、嘉父作乱，不克而死。公遂逐群贼"。注曰："群贼，栾盈之党，谓智起、中行喜、州绰、邢蒯之属。逐之出奔齐。"鲁国南蒯、阳虎、侯犯，齐国庆封，宋国南宫万、鱼石、华向、公子辰、桓魋、大尹，晋国范氏、中行氏等，均是作乱不成而出亡。周王室王子克、王子颓、王子带等因争夺王位失利而出奔。宋国公子冯、郑国子如、陈国公子留、吴国夫椒、莒去疾等，均属此类——卷入政治斗争的旋涡，在政治斗争中的失败者、失势者，以及涉嫌作乱的卿大夫，则有可能被驱逐出境，如鲁叔孙侨如、宋武穆之族、鲁仲梁怀、楚太子建、卫太子蒯聩、郑公子兰等。

徐杰令根据出奔者的目的动机及当时身处的环境将其分成七种类型：第一类是在朝为官，面对国君的无道行为及国家即将遭受的危局向国君进谏，在多次进言遭拒情况下弃官他去，如曹羁、虢舟之侨、宋高哀、吴公子庆忌、虞宫之奇等；第二类是按当时的继承制度，本可继承君位，出于各种原因放弃君位而远走他乡，如淳于公、纪侯、曹子臧等；第三类是因自身的行为举止违背社会道德，在本国无法存身而逃亡，如楚申侯、卫大叔疾等；第四类是在国内因私斗、国君无道、恃宠专权、政治斗争失利或受人诬陷等原因被驱逐出境，此类出奔较多，涉及齐、鲁、宋、郑、卫、晋、楚、陈、蔡等多个国家，范围广，人员多，某些国家多次发生；第五类是在争霸战争中国君因本国受到别国攻击或国家灭亡而出逃，如许庄公、谭子、温子、陆浑子等；第六类是在本国作乱或因政治斗争失利，为保全自己和全族人的生命而出奔；第七类是因其他各类复杂因素而引起的人员外逃。①

西周时期周天子把自己的亲属、功臣分封到各地做诸侯，要他们效忠王室，平时纳贡，战时出征。各国之间，遇难共济，拱卫王室，"礼乐征伐自天子出"。任何一方发动叛乱，天下共讨之。历史发展到春秋时代，这一格局发生重大变化。王室衰微，大国争霸，诸侯国内卿大夫势力膨胀发展，出现了"大夫专权""陪臣执国命"的现象。天子失去了控制天下诸侯国的能力。诸侯国各自为政，边境管理松弛，为了自己的利益，吸引人才为己所用。为争夺财富和民众，各国之间彼此征战，互不相让。特殊的社会环境为"士"阶层的流动提供了理想的契机。本国无法生存就逃往别国，甚至第二国、第三国。……他们没

---

① 徐杰令：《论春秋时期的"出奔"》，《史学集刊》2000年第2期。

必要为自己的去处大费心思。如《左传》僖公二十三年载，公元前 637 年，晋公子重耳逃出蒲城后，在狄人那里生活了 12 年，后到过齐国、卫国、曹国、宋国、郑国、楚国、秦国等，流浪了 19 年，历经八个诸侯国。在卫国吃了闭门羹，无处存身；到齐国，齐桓公不仅赠送八十匹马，还将自己的女儿嫁于重耳。曹国不礼遇，后有宋襄公危难之中八十匹马的赠礼，郑文公不接待，楚成王对重耳却隆重款待。《吴越春秋·王僚使公子光传》载，楚国太子建遭谗出奔，到宋国遇乱，后与伍子胥去郑国，"郑人甚礼之"，"太子建又适晋"，作乱被杀，其子胜与伍子胥奔吴。鲁国的阳虎也逃难数国，在鲁国失势后出奔齐国，并在一定时期受到重用，后来在齐国无法生存时，又逃奔至宋国，再转往晋国，得到赵简子的重用。

各诸侯国对于那些在他国国内受到迫害，以礼出奔的贵族有非常优厚的待遇，新的落脚国往往会按"卿违，从大夫之位；罪人以其罪降"（《左传》昭公七年）的古制，并依照"大国之卿，一旅之田，上大夫，一卒之田"（《国语·晋语八》）的待遇解决其地位与衣食问题。《史记·吴太伯世家》："齐相庆封有罪，自齐来奔吴。吴予庆封朱方之县，以为奉邑，以女妻之，富于在齐。"《左传》襄公二十一年载："邾庶其以漆、闾丘来奔。季武子以公姑姊妻之，皆有赐于其从者。"《国语·晋语八》载，楚国公子干奔晋，"其车五乘"，颇为寒酸，而同时奔晋的秦公子鍼，"其车千乘"，很是气派。晋国对此二位贫富悬殊的落难公子，按"夫爵以建事，禄以食爵，德以赋之，功庸以称之"的原则，"均其禄"，皆给予"一卒之田"，而无歧视之意。春秋时期各国之间政治经济发展极不平衡，彼此之间你征我伐，为削弱对方，不惜采用各种手段，为来投人员提供保护并给予一定的待遇。吸引他们前来为己效力，并借此打击对方。晋楚当时是对立的强国，楚国落难王公贵族奔晋均受到重用，其中许多被委以重任，效命疆场，给楚国带来极大灾难。晋国人员到楚也同样受到重用，其他强国为了在战争中立于不败之地，大量收留外来重要人员为己所用。春秋各国不管是友邦或是敌手，即使是刚刚在战场上兵戎相见的敌手，一旦来投，绝不推辞。《史记·吴太伯世家》载，公元前516年，楚平王十三年，"春，吴欲因楚丧而伐之，使公子盖余、烛庸以兵围楚之六、灊"，四月，吴发生专诸刺王僚的政变，"吴公子烛庸、盖余二人……乃以其兵降楚"，楚不计前嫌，"封之于舒"。《史记·楚世家》载，公元前505年，楚昭王十一年，曾与楚拼杀于战场的吴王弟夫槩，争夺王位失败，"奔楚，楚封之堂溪，号为堂溪氏"。

为安置逃难之人，有的国家专门以人设爵。《左传》襄公二十一年载，齐庄公"为勇爵，殖绰、郭最欲与焉"。没有封邑，国君会下令为逃难之人建邑设赏。春秋时代的逃难者，在其出奔的任何阶段，都有可能得到很好的照顾与安排，即使是一些罪不容赦的人，大多也能找到理想的避风港。强国为逃难之人提供理想的生存空间、优厚的待遇，并能以自己强大的政治实力、经济实力和军事实力保障其安全而成为理想的避难所。诸侯国之间，各种利益关系错综复杂，彼此明争暗斗，特定的社会环境为人口的流动创造了难得的机遇，提供了广阔的舞台和便利的条件。所有这一切都在某种程度上解决了流亡人员的后顾之忧，这无形中助长了人们外逃的心理。

若干年后，出奔者有的还可回归母国，因此形成了一种定期性流动移民，如郑公父定叔、周公楚齐子山等。有的则由于各种原因永远不再回国，如《通志·二十略·氏族略·田氏》载："陈厉公子完，字敬仲。陈宣公杀其太子御寇，敬仲惧祸奔齐，遂匿其氏为田。"不复归，至田和篡齐而为诸侯，成为齐国的望族。孔子祖籍宋国，为望族，《通志·二十略·氏族略·孔氏》载："桓二年，宋华父督见孔父之妻于路，目逆而送之，曰美而艳，遂杀嘉而取其妻，其子奔鲁。嘉字孔父，后世以字为孔氏，又为孔父氏。"子孙世居鲁国。《左传》襄公二十七年载，公元前546年，卫国子鲜出奔晋，发誓永不回来，竟"托于木门，不乡卫国而坐"。《吴越春秋·勾践阴谋外传》载，楚国陈音出奔越国，死"葬于国西，号其葬所曰陈音山"。亡臣伍子胥、伯嚭等至死也未回国。有的出奔者到避难国后，多娶妻生子，若干年后本人回国，其子孙则永远客居异乡，成为当地永久居民。如士会出亡秦国后成家生子，后晋国诱其回归，子孙则留居秦国，繁衍生息，称刘氏。

春秋时期，各诸侯国普遍意识到人才的重要性，采用各种方式招揽人才：鲍叔牙荐管仲，齐桓公不记带钩之恨而任管仲为相；《韩诗外传》卷三载，齐桓公"设庭燎以待士"，有人献"九九歌"而成为座上宾。又《国语·齐语》载："为游士八十人，奉之以车马、衣裘，多其资币，使周游于四方，以号召天下之贤士。"征求各方面有才干的人来为国君服务，则天下人才闻风云集，接踵而至。秦国国君思贤若渴，秦穆公得知戎族贤臣由余贤能，用反间之计迫其归己。秦穆公夫人之媵臣百里奚亡秦入楚被执，秦"以五羖羊皮"将其赎回。百里奚举荐蹇叔，秦穆公设法让其来为己服务；士会智谋，晋国派人诱其回国。优厚的用人政策造成士人在不同国家间的流动。

七是因开采黄金而造成的人口流动。

楚国是一个地广人稀的大国，最早使用黄金货币。楚国的金币资源，主要集中于今云南丽水流域。要在丽水开采黄金而且还要把开采出来的黄金运至楚国本土，必然要强迫那些被征服的民众大量南迁，为之服役。云南丽水之地，离楚国的腹地非常遥远，被视为"广虚之地"。楚国采用没收贵族封地的方法强迫贵族带领族人来到这里开采黄金。《韩非子·喻老》载："楚邦之法，禄臣再世而收地。"后来吴起为楚悼王变法图强，便利用了这一条法令。《吕氏春秋·贵卒》载："吴起谓荆王曰：'荆所有余者地也；所不足者民也。今君王以所不足益所有余，臣不得而为也。'于是令贵人往实广虚之地。皆甚苦之。"徐中舒指出：原来楚国贵族皆有采地，……他们的采地既被没收，而黄金的开采又足以诱致这些贵族率其私属向这里迁移。如果没有这些移民，丽水黄金的开采和东运又怎能实现呢？[①]

---

① 徐中舒：《论巴蜀文化》，四川人民出版社1982年，第186—187页。

春秋中期楚国向云南楚雄进行过大量的移民。楚国黄金出于丽水，其地东距楚国都城极为遥远，楚王为了管理这里黄金的开采和东运，必然要在这里派驻一位亲贵作为他的代理人。这样一位代理人，最初的驻地就在今云南省的楚雄。

1975年云南文物工作队在楚雄万家坝发掘大小墓葬79座。出土随葬品1078件，其中以青铜器占绝大多数。仅以铜器为例，这里共有五件铜鼓，器身似釜，釜底表面没有烟炱，有的釜甚至还是由铜鼓改制而成，这都足以说明这里的铜鼓，不但由釜发展而来，而且尚停留在乐器炊器分工不十分严格的初期阶段，其年代当在春秋中期。①

楚雄居龙川河上游，与雅砻江适在同一经度（东经102度）线上。就地貌言，这里原是横断山脉的东端，河流方向皆当顺应山势由北而南，但是现在的龙川河乃由南而北，完全和这里的地貌不合。往时地质学家丁文江曾在这里考察，他看到龙川河下游河床宽而河道狭窄，水量不丰，河床与河道殊不相称。他认为雅砻江、龙川河和礼社江原来就应是一条长河，其后龙川河地层因地震而上升，因此龙川河就不能再流入礼社江而改向北流。据此言之，今天的金沙江也是由于不断地震之故，截断横断山脉之间的长河而使之改向东流。《汉书·地理志》载："桓水出蜀山西南，行羌中，入南海。"这一条发源于蜀山，经过羌中，而入南海的长河，除了"雅砻江+龙川河+礼社江"和红河至越南经河内入海，就不能再有第二条入南海的长河了。龙川河河床宽广，雅砻江与龙川河之间，水量大，可通航运。春秋时代，楚国在这里设官置吏，管理丽水黄金的开采，是一个合适的地区。

春秋中期，楚国开始在楚雄设官置吏，管理丽水黄金的开采。但黄金由此东运至郢都，以及黄金在楚国市场上大量流通，其间，还是需要经历一段漫长的岁月。徐中舒指出，楚国黄金的开采始于春秋中期，而衡量黄金的天平必然要等到晚期才能大批出现，由中期到晚

---

① 云南省博物馆：《云南楚雄万家坝古墓群发掘简报》，《文物》1978年第10期。

期这一段时间，就是黄金在楚国市场上由微量到大量地流通的过程。①

人口的大流动，必然催生各国建立户籍制度。春秋时期的户籍制度以晋国建立较早。

楚国与晋国一样，有完备的户口调查登记制度。楚共王二年，公元前589年，晋国攻打齐国，楚国决定发兵救齐。将要发兵时，令尹子重建议出兵之前，做好一系列准备工作，首先施恩于百姓，以取得人心，使众人心甘情愿为国家效力。《左传》成公二年，公元前589年："乃大户，已责，逮鳏，救乏，赦罪，悉师，王卒尽行。"杜预注曰："大户，阅民户口。"大意是：令尹子重出兵之前，组织力量清理户口，一律免除出征者的债务，剔除老年鳏夫，救济经济困乏者，赦免犯有罪行的人，对全军将士包括楚王的禁卫军进行动员，楚军上下顿时士气高涨，浩浩荡荡出发。

从时间上看，楚国的"大户"比晋国的"丹书其籍"早39年。楚国"大户"的性质，与周宣王"料民"类似。不同之处是，"大户"是在军事行动之前进行，"料民"是在军事行动之后举行，但都是为了组建军队而调查户口。

在完备的户籍制度基础上，楚国还有完备的"书社"制度。

据《史记·孔子世家》载，孔子被逐于陈、蔡，于是派子贡到楚国打探楚王的态度，楚昭王热情接纳孔子，并且"将以书社地七百里封孔子"。所谓"书社"，《集解》服虔曰："书，籍也。"《索隐》则说："古者二十五家为里，里则各立社，则书社者，书其社之人名于籍。"因而所谓"书社"者，开始可能是借祭祀土地神之名而登记里中人口，以示郑重，后来演变为以里（社）为单位的定时的户口登记制度。楚昭王想以书社七百里之地封孔子，大概因为人口太多，致使令尹子西担心孔子日后会凭此图谋不轨，故谏阻昭王之封。

---

① 徐中舒：《论巴蜀文化》，四川人民出版社1982年，第174—176页。

楚昭王时期民间基层的里社有详细的里籍登记，楚地实行里社合一的基层管理体制。一定地域范围内的土地神崇拜，与该地区的行政管理体制互为表里、联合为治，这样的里社可以说是官方化的。

楚昭王欲以书社七百里之地封孔子，不是孤例，是当时诸侯国国君通常采用的网罗人才的手段。"书社"之制不仅限于楚国，齐、魏、鲁、卫、吴、越等国都有。《荀子·仲尼》载，齐桓公重用管仲，"与之书社三百，而富人莫之敢距也。"《左传》哀公十五年载，公元前480年，晋国攻打卫国，齐国为救卫国，损失了500辆战车，卫国为补偿齐国，"因与卫地……书社五百"。宋昌斌指出，可见在春秋战国时期，书社制度是被许多国家采用的户口调查、登记制度。①

第二节　郢都的频繁迁移

春秋时期，各诸侯国常因国都迁移而造成大规模人口迁徙。各国建都及民众选择住址的标准是水草丰美，食物充足。立国如《管子·乘马》所说，要考虑"高毋近旱而水用足，下毋近水而沟防省。因天材，就地利。"还要如《礼记·王制》所言："凡居民，量地以制邑，度地以居民。地、邑、民居，必参相得也。无旷土，无游民，食节事时，民咸安其居，乐事劝功，尊君亲上，然后兴学。"同时还要考虑民族、国家未来发展的前景。向最有利的地方徙居是历来人们考虑的基本法则，由此自然会造成人口的流动。

楚国的都城均称郢，郢即楚王所在之地。而国都则必须有宗庙社稷。故《周礼·考工记》记载，匠人营国（修建国都），要"左祖，右社"，《左传》庄公二十八年说得更明确："凡邑有宗庙先君之主曰都，无曰邑。"故凡是楚国的都城，就必然有楚国祭祀祖先的场所。《穀梁传》定公四年载："庚辰，吴入楚，日入，易无楚也。易无楚者，坏宗

---

① 宋昌斌：《中国户籍制度史》，三秦出版社2016年，第44—47页。

庙，徙陈器。"范宁注："郑嗣曰：'陈器，乐悬也。'"由此可见，有宗庙社稷的郢，才是楚国的都城。[①] 除了有宗庙社稷的楚都以外，楚国还有不少供楚王临时居住的行都、陪都等。这些不同性质的城邑都有完善的为楚王服务的各种功能，居住时间一长，必然聚集有相当数量的人口，形成市场，出现繁荣景象。

楚国郢都的情况，文献记载一直扑朔迷离，楚国最早的郢都到底是楚武王还是楚文王，就打过不少笔墨官司，长期激烈论战，却一直没有结果。文献记载楚国的郢都似乎一直变动不大，直到清华简《楚居》问世，文简意明，对最关键的历代楚王名字和迁徙的每一个郢都的名字都有介绍，填补了楚国郢都变迁的空白，这是非常值得庆幸的。但同时又带来新的问题，非常令人奇怪，楚国郢都的更换极其频繁，几乎新的楚王即位，都要更换都城。这种现象其实很好理解。春秋时期社会生产力低下，一座都城的建设，并不需要特别多的建筑材料，只要初步具备楚王与群臣议事的宫殿、祭祀的场所、前朝后寝的居所等设施，满足维持统治的基本需求，且楚王满意，就可以定为郢都，成为楚国的政治中心。正是因为早期郢都简陋的条件，放弃的代价不大，所以一旦新的楚王即位，放弃旧的郢都就毫不可惜，因而楚国的郢都才很多。

由清华简《楚居》，可以得知楚国的第一个郢都名为免郢（今湖北钟祥罗山遗址）。以前，楚武王时的都城，只有《世本·居篇》有过名为"郢"寥寥数语的记载，《左传》桓公十一年（公元前701年）有楚武王经过"郊郢"，而清华简《楚居》却较为详细地记载免郢建成的来龙去脉。原来是楚武王时，在汉水中游一带活动，选择了靠近汉水与蛮河汇合处的一个地势低洼的地方建立都城。免郢交通方便，便于作为大本营，向"汉阳诸姬"进攻，没想到洪水一来，免郢被淹，便不适宜再作为都城了。楚文王继位，不得不改迁至湫郢（今湖北钟祥长寿古

---

① 郭德维：《楚都纪南城复原研究》，文物出版社1999年，第34—39页。

城遗址）。这里地势较高，排除了易遭水淹的问题，易于久居，后世楚成王、楚惠王、楚简王、楚悼王也以此为都。但是楚文王锐意北上，湫郢在汉水之西，交通不便，楚文王遂将郢都移至樊郢（今湖北襄阳楚王城遗址）。这里支撑楚文王北上中原，讨伐申国，攻蔡、灭息、灭申、服吕、灭应、伐郑、灭邓，封畛于汝。楚文王晚年定都为郢（今湖北宜城楚皇城遗址）。这里交通位置极为优越，既方便北进中原，又能兼顾楚国汉西的腹地，适宜楚王久居。《楚居》记载，先后有楚文王、楚穆王、楚庄王、楚共王、楚康王、楚郏敖以为郢为楚都，足见为郢对于楚国历史的重要。楚文王长子熊囏（堵敖），幼童继位，为避内乱，迁都于郙郢（今湖北钟祥李陈岗遗址）。在息夫人（息妫）的主政下，楚文王次子熊恽继位，是为楚成王，为避开郙郢是非之地，将都城回迁于湫郢，数年后因秦国侵袭都国，楚成王又将都城迁徙至为郢（今湖北宜城楚皇城遗址）。在晋楚争霸局面形成，面临晋国进攻的形势下，楚成王靠前指挥，徙都睽郢（今河南南阳宛城遗址）。晋楚城濮之战，晋胜楚败，楚北上受阻，被迫向南发展，楚穆王由睽郢（今河南南阳宛城遗址）迁回为郢（今湖北宜城楚皇城遗址）。楚庄王继位时，天灾人祸，先是避居樊郢（今湖北襄阳楚王城遗址）。楚庄王后联合巴国、秦国，灭庸灭麇灭吕，讨伐陆浑戎，问鼎中原，继而挺进"同宫之北"，在河南偃师临时设立行都，此时猝然遭遇斗越椒率族叛乱，不得已避祸"蒸之野"，在河南新野临时设立行都，平定叛乱后，楚庄王经鄢郢（今湖北宜城西南）。随即回归为郢（今湖北宜城楚皇城遗址）。楚共王、楚康王、楚郏敖、楚灵王、楚平王均以为郢作为国都，获得长期稳定的发展。为郢的城市设施日臻完备，成为楚国的政治中心。到楚灵王时，楚国与吴国的矛盾日趋激烈，楚灵王常年坐镇北方淮河前线，以乾溪为行都，但是楚灵王遭遇政变，自缢身亡。楚平王继位，收缩战线，继续以为郢（今湖北宜城楚皇城遗址）为楚都，指挥对吴战争。楚昭王继位后，由秦溪之上徙居媵郢（今湖北当阳季家湖遗址）。这里靠近长江，水上交通四通八达，但因楚吴冲突加剧，楚昭王不得不离开媺郢，绕道鄀郢（今河南南阳一带），昭王随后到为郢（今湖北宜城楚皇城遗址）坐镇指挥，楚都为郢成为吴军攻击的终极目标。这时，晋国联合吴国，北路攻入楚国方城，吸引了楚国的注意力，不久晋国抽身北伐中山国，吴国联合蔡国、唐国，又从东路出奇兵穿过大别山，北、东两路夹攻，攻入为郢（今湖北宜城楚皇城遗址），楚昭王不得不逃难奔于随国，后在秦国的帮助下，赶走吴军，楚昭王得以返回为郢。不久，因需修缮为郢，楚昭王暂居秦溪之上，继而迁都于都（今湖北钟祥李陈岗遗址）。随着吴越矛盾加剧，晋阵营没落，楚乘机灭唐、顿、胡、道等诸侯国，围蔡迁蔡，恢复东疆，回归媺郢（今湖北当阳季家湖遗址）。在与吴争夺陈国的过程中，楚昭王抱病进驻行都城父（今安徽亳州东南），于城父不幸逝世。楚惠王幼年继位，可能是为郢整修完成，惠王从媺郢还都为郢，楚国回到柏举战前，为郢再一次成为楚国的政治中心。楚惠王十年的白公之乱，就是在为郢发生。

以上楚王的屡次迁徙，大部分未见文献记载，主要是根据近年发现的清华简《楚居》的记载，得以了解楚国春秋时期郢都变迁的全过程。列表如下：

表 23-2：《楚居》载春秋时期历代楚王迁都表

序号	"郢"名	今地	楚王	本书具体论证
1	免郢（疆郢、福丘）	湖北钟祥罗山遗址	武王 文王	第二章第二节
2	湫郢（肥遗）	湖北钟祥长寿古城遗址	文王	第二章第二节
3	樊郢	湖北襄阳楚王城遗址	文王	第二章第二节
4	为郢	湖北宜城楚皇城遗址	文王	第二章第十节
5	免郢	湖北钟祥罗山遗址	文王	第二章第十三节

续表

序号	"郢"名	今地	楚王	本书具体论证
6	郜郢	湖北钟祥李陈岗遗址	堵敖	第三章第二节
7	湫郢	湖北钟祥长寿古城遗址	成王	第四章第四节
8	睽郢	河南南阳宛城遗址	成王	第四章第十四节
9	为郢	湖北宜城楚皇城遗址	穆王	第五章第二节
10	樊郢	湖北襄阳楚王城遗址	庄王	第六章第二节
11	鄢郢	湖北宜城西南	庄王	第六章第八节
12	为郢	湖北宜城楚皇城遗址	庄王 共王 康王 郏敖 灵王	第六章第十七节 第十五章第一节 第十六章第一节 第十七章第二节 第十八章第一节
13	为郢	湖北宜城楚皇城遗址	平王	第十九章第一节
14	媺郢	湖北当阳季家湖遗址	昭王	第二十章第二节
15	鄂郢	河南南阳一带	昭王	第二十章第八节
16	为郢	湖北宜城楚皇城遗址	昭王	第二十章第八节
17	郜郢	湖北钟祥李陈岗遗址	昭王	第二十章第十四节
18	媺郢	湖北当阳季家湖遗址	昭王	第二十章第十八节
19	为郢	湖北宜城楚皇城遗址	惠王	第二十一章第一节

春秋时期历代楚王迁徙郢都，临时进驻行都，极其频繁，多达26次。毫无疑问，历代楚王的每一次迁都，势必会造成楚国人口的大规模迁徙。

第三节　地方城邑及遗址

楚康王后期，晋楚两国在宋向戍、蔡公孙朝的促成下，于宋举行弭兵之会，持续了一个多世纪的晋楚争霸中原的活动暂告一段落。楚国开始全力对付东方的吴国。楚郏敖元年到楚惠王四十二年(公元前544年—公元前447年)是吴楚争夺淮域的时期。其间，经历了吴楚相持、楚衰吴盛两个阶段，特别是在遭受了吴师入郢的重大挫折后，楚国利用吴越相争的大好时机，联越抗吴，重新获得了对淮域的控制权。与此同时，楚人开始南下开发江南。至楚惠王四十二年，公元前447年，楚再次灭蔡，最终统一了整个淮河上中游地区。春秋末年至战国初年，楚国北部疆域西起丹江上游的楚之商县(今陕西省商洛市商州区)，与秦、晋相交：东至州来、巢、舒以东与越相接，北边大致沿今河南栾川、汝阳、禹州、临颍、西华、淮阳、鹿邑、亳州、永城一线，与周、晋、宋诸国错壤，包括今湖北西北、陕西东南、河南南部和安徽西北部的广大区域。[1] 此时，楚人在鄂东地区的活动不断扩展，在较大范围内对当地原有文化造成了强烈冲击。[2]

表23-3：春秋时期楚国筑城表

时间	筑城	文献
公元前637年	秋……城顿而还	《左传》僖公二十三年
公元前598年	令尹蒍艾猎城沂	《左传》宣公十一年
公元前541年	楚公子围使公子黑肱、伯州犁城犫、栎、郏	《左传》昭公元年

---

[1]　徐少华：《周代南土历史地理与文化》，武汉大学出版社1994年，第275页。

[2]　朱继平：《鄂东楚文化的历史进程与特征》，武汉大学硕士学位论文，2005年，第21页。

续表

时间	筑城	文献
公元前 531 年	楚子城陈、蔡、不羹	《左传》昭公十一年
公元前 523 年	令尹子瑕城郏	《左传》昭公十九年
	费无极言于楚子曰："……若大城城父……"王说，从之	
	楚人城州来	
公元前 517 年	楚子使薳射城州屈，复茄人焉。城丘皇，迁訾人焉	《左传》昭公二十五年
	使熊相禖郭巢，季然郭卷	
公元前 512 年	楚沈尹戌帅师救徐，弗及。遂城夷	《左传》昭公三十年

这仅是根据《春秋》经传整理的资料，并非其筑城的全部。张正明在《楚文化志》中统计楚后期攻灭鲁邑达 62 座，而楚国本部及前期灭国城邑有 156 座，其中本部 75 座，灭国城邑 81 座。战国初年齐国已有百二十城，其中必有相当一部分是春秋时所筑。加之其他各国，城市之数目应相当可观。在诸多的筑城中，除一些老城的重建、扩建、加固外，在新扩地亦建许多城邑。每一次筑城，也就意味着一批新居民的迁入。①

为加强对江淮地区的统治，楚在江淮设立边邑，如曾易手于吴、楚之间的巢，就是楚的一个重要封邑。《史记·楚世家》载："惠王二年，子西召故平王太子建之子胜于吴，以为巢大夫，号曰白公。"可见，巢为楚之边邑。《左传》昭公三十年载，公元前 512 年，吴王使徐人执掩馀，使钟吾人执烛庸，二公子奔楚，楚又封之于舒。《左传》襄公三年载，公元前 570 年，"吴人伐楚，取驾。驾，良邑也。"驾，其

---

① 李汉龙：《春秋时期人口流动迁徙问题研究》，河南大学硕士学位论文，2004 年，第 30—31 页。

地在江淮附近，属楚之封邑。

设立军事据点，是楚统治江淮的又一重要举措，为楚争夺江淮奠定了坚实的基础。如位于江淮西部的潜，就是楚入江淮后最早设立的重要后方基地和军事戍边据点。《左传》昭公二十七年载，公元前515年，"吴子欲因楚丧而伐之，使公子掩馀、公子烛庸帅师围潜。……楚莠尹然、王尹麇帅师救潜，左司马沈尹戌帅都君子与王马之属以济师，……工尹寿帅师至于潜，吴师不能退。"四年后，《左传》昭公三十一年："秋，吴人侵楚，伐夷，侵潜、六。楚沈尹戌帅师救潜，吴师还。楚师迁潜于南冈而还。"这些军事据点对于楚之重要性可见一斑。①

楚国在春秋晚期加强了对鄂东的控制。根据考古调查，在今湖北大冶西畈村内有一古城，被称为鄂王城。现存鄂王城遗址的城垣有二十余处横断面，城垣有两次修建现象，但两次所建城垣之间夹有东周遗物，因此两次筑城的时代都不会早于东周。再从鄂王城城垣平面结构来看，其东北角、西北角、西南角均呈切角形，这种建筑形式与江陵纪南城十分近似。龚长根认为，鄂王城形成的年代应与纪南城相当，大约为春秋末至战国早期，或稍晚。② 考古成果还表明，春秋晚期在鄂城七里界、麻城吴益山、白骨墩等墓地也发现了春秋晚期的楚墓。这一时期的墓葬可分为早、晚两段，分别以鄂州周家垴 M1 和麻城李家湾 M14 为代表。周家垴 M1 为长方形竖穴土坑墓，棺椁已朽，从残痕判断为一棺一椁。随葬品包括鬲、盂、罐、豆。李家湾 M14 墓圹葬具已朽，从朽痕判断为一棺一椁，棺内发现若干不成块的朱砂。随葬品置于头箱，组合为铜鼎、敦、壶、盘、匜，铜器底部发现大量尚未腐烂的麻类物。另外，李家湾 M44 墓在随葬有日用陶器的同时，还随葬有少量铜器和玉器。还有一部分墓葬规模较小，有的带头龛，葬具

---

① 郝梅梅：《楚对江淮地区的开发》，安徽师范大学硕士学位论文，2007年，第7页。

② 龚长根：《再论鄂王城——关于鄂为别都的商榷》，载《楚文化研究论集》十一集，上海古籍出版社2015年，第155—162页。

为单棺或无棺，随葬少量日用陶器。①

表 23-4：文献记载春秋时期的楚国城邑

城名	今所在地域	主要资料来源	备注
鄾	湖北襄阳东北	《左传》桓公九年、哀公十八年	
冶父	湖北江陵东北	《左传》桓公十三年，《水经注·沔水》	
申	河南南阳	《左传》庄公六年、庄公十八年、昭公十三年、哀公十三年及杜注	楚文王二年
息	河南息县西南	《左传》庄公十四年，《元和郡县图志·河南道·蔡州·新息县》	
邓	湖北襄阳北	《左传》庄公六年，《史记·楚世家》《汉书·地理志》《括地志》《元和郡县图志》	
那处	湖北钟祥北	《左传》庄公十八年及杜注，《水经注·沔水》	
权	湖北当阳东南	《左传》庄公十八年及杜注，《水经注·沔水》	
湫	湖北钟祥北	《左传》庄公十九年及杜注	
弦	河南潢川西北	《左传》僖公五年及杜注，《元和郡县图志》	
武城	河南南阳北	《左传》僖公六年及杜注、哀公十一年	
黄	河南潢川南	《左传》僖公十二年，《史记·楚世家》司马贞索隐	
英	安徽金寨东南	《史记·楚世家》《史记·夏本纪》	楚成王
夷	安徽亳州东南	《左传》僖公二十三年及杜注	陈邑

---

① 朱继平：《鄂东楚文化的历史进程与特征》，武汉大学硕士学位论文，2005 年，第 22 页。

城名	今所在地域	主要资料来源	备注
焦	安徽亳州	《左传》僖公二十三年及杜注,《元和郡县图志·河南道·亳州》	陈邑
夔	湖北秭归	《左传》僖公二十六年及杜注,《史记·楚世家》	
睽	河南南阳	《左传》僖公二十七年及杜注、清华简《楚居》	
芴		《左传》僖公二十七年及杜注	
江	河南正阳	《春秋》文公四年,《史记·楚世家》及集解	楚穆王
蓼（缪）	河南固始东北	《左传》文公五年及杜注,《史记·楚世家》《括地志》《元和郡县图志》	
六	安徽六安北	《左传》文公五年、昭公三十一年及杜注,《史记·楚世家》	
期思	河南固始西北	《左传》文公十年及杜注,《括地志·光州·固始县》	
大林	湖北荆门西北	《左传》文公十六年及杜注	
阳丘	湖北枝江一带	《左传》文公十六年及杜注	
訾枝	湖北钟祥、枝江一带	《左传》文公十六年及杜注,《春秋大事表》《地名补注》	
庐	湖北南漳东北	《左传》文公十六年	
庸	湖北竹山东	《左传》文公十六年及杜注,《史记》《括地志》《元和郡县图志》	
麇	湖北十堰郧阳区	《左传》文公十六年	
鄛阳	河南南阳、新野一带	《左传》宣公四年及《地名补注》	

续表

城名	今所在地域	主要资料来源	备注
吕	河南南阳西	《左传》成公七年及《汉书·地理志》	
舒	安徽庐江西南	《史记·楚世家》及集解	
舒蓼	安徽舒城	《左传》宣公八年	
桐	安徽桐城北	《左传》成公二年及杜注	
沂	河南正阳北	《左传》宣公十一年及杜注	
萧	安徽萧县西北	《春秋》宣公十二年	
州来	安徽凤台	《春秋》成公七年	
鄖	湖北安陆	《左传》桓公十一年	
蒲骚	湖北应城西北	《左传》桓公十一年及杜注	
巢	安徽巢湖东北	《左传》成公七年、成公十七年及杜注	
驾	安徽无为	《左传》成公十七年及杜注	
釐	安徽无为	《左传》成公十七年及杜注	
虺	安徽庐江	《左传》成公十七年及杜注	
渠丘	山东莒县北	《左传》成公九年及杜注	
叶	河南叶县南	《左传》成公十五年及《汉书·地理志》	
新石	河南叶县	《春秋》成公十五年及杜注	
钟离	安徽凤阳东北	《春秋》成公十五年及杜注	
舒鸠	安徽舒城	《左传》襄公二十五年	
离城		《左传》襄公二十五年及杜注	
栎	河南禹州	《左传》昭公元年及杜注	
犨	河南鲁山东南	《左传》昭公元年及杜注	
郏	河南郏县	《左传》昭公元年及杜注、昭公十九年	
襄城	河南襄城县	《元和郡县图志·河南道·汝州·襄城县》	
椒邑		《国语·楚语上》及韦昭注	

续表

城名	今所在地域	主要资料来源	备注
赖	湖北随州东北	《左传》昭公四年	
棘	河南永城西	《左传》昭公四年及杜注、昭公十三年	
栎邑		《左传》昭公四年及杜注	
麻	安徽砀山东北	《左传》昭公四年及杜注	
道	河南确山北	《左传》昭公十三年、僖公五年及杜注	
房	河南遂平	《左传》昭公十三年及杜注	
柏	河南西平西	《左传》僖公五年及杜注	
固城		《左传》昭公十三年	
息舟		《左传》昭公十三年及杜注	
中犨	河南南阳	《左传》昭公十三年及杜注,《春秋大事表》	
采菱城	湖南桃源	《七国考》卷十四	
丰	河南西峡	《左传》哀公四年及杜注	
析	河南西峡	《左传》哀公四年及杜注、昭公十八年,《史记·楚世家》《史记·越王句践世家》《括地志·邓州·内乡县》	
下阴	湖北老河口西	《左传》昭公十九年及杜注	
州屈	安徽凤阳西	《左传》昭公二十五年及《春秋地名考略》	
丘皇	河南信阳	《左传》昭公二十五年及杜注,《春秋大事表》	
卷	河南叶县西南	《左传》昭公二十五年及杜注	
潜	安徽霍山东北	《左传》昭公二十七年及杜注	
养	河南沈丘东南近安徽界首处	《左传》昭公三十年及杜注	
南冈	安徽霍山东北	《左传》昭公三十一年	潜邑

续表

城名	今所在地域	主要资料来源	备注
容城	河南鲁山南	《春秋》定公四年	
脾洩	湖北江陵	《左传》定公五年及杜注，《钦定春秋传说汇纂》	
唐	湖北随州北	《史记·楚世家》	
顿	河南项城西	《左传》僖公二十三年及《史记·楚世家》	楚昭王
胡	安徽阜阳	《左传》定公十五年及《史记·楚世家》	楚昭王
负函	河南信阳	《左传》哀公四年及杜注	
缯关	河南方城	《左传》哀公四年及《春秋地理考实》	
蛮城	河南临汝西南	《左传》哀公四年、昭公十六年及杜注	
梁	河南临汝西	《左传》哀公四年及杜注，《国语·楚语下》	
霍	河南临汝西南	《左传》哀公四年及杜注	
白邑	河南息县东	《左传》哀公十六年及杜注，《史记·楚世家》及裴骃《集解》	
慎	安徽颍上北江口集即古慎城	《左传》哀公十六年，《汉书·地理志》王先谦《补注》	
鸣鹿	河南鹿邑西	《左传》成公十六年及杜注，《元和郡县图志·河南道·亳州·鹿邑县》	公元前478年
苦邑	河南鹿邑东	《史记·老子韩非子列传》《元和郡县图志·河南道·亳州·真源县》	公元前478年
番	河南固始	《史记·吴太伯世家》	
鲁阳	河南鲁山	《史记·楚世家》《汉书·地理志》	
棠邑	江苏六合	《括地志·扬州·六合县》	

续表

城名	今所在地域	主要资料来源	备注
寝丘	河南固始	《吕氏春秋·异宝》《淮南子·人间训》《列子·说符》《史记·滑稽列传》《元和郡县图志·河南道·颍州·汝阳县》	
南顿	河南项城西	《元和郡县图志·河南道·陈州·南顿县》	
召陵	河南郾城东	《左传》昭公十四年及《元和郡县图志》	
东阳	河南邓州	《国语·楚语上》韦昭注	
竟陵	湖北钟祥	《史记·白起王翦列传》	
邓城	河南郾城东南	《左传》桓公二年及杜注,《括地志·豫州·吴房县》	
郧	山东滕州东	《春秋》庄公五年及《春秋大事表》	
贰	湖北广水	《左传》桓公十一年及杜注	贰国
轸	湖北应城西	《左传》桓公十一年及杜注	轸国
绞	湖北十堰郧阳区	《左传》桓公十二年	
蓼(鄝)	河南唐河南	《左传》桓公十一年及杜注、哀公十七年	
州	湖北洪湖东北	《左传》桓公十一年、哀公十七年及杜注	
罗邑	湖北宜城西	《左传》桓公十三年及杜注	罗国
罗	湖北枝江	《汉书·地理志》	楚武王
罗侯城	湖南湘阴东	《汉书·地理志》《史记·屈原贾生列传》张守节《正义》	
棠溪	河南西平西	《史记·楚世家》	
施城		《管子·戒篇》	
壶丘	河南新蔡东南	《左传》文公九年	
厉	湖北随州北	《左传》僖公十五年	

录自邓莉:《楚国城市的性能与层级探讨》,华中师范大学硕士学位论文,2018 年,第 71—74 页

第四节　陆路交通及邮驿

春秋时期，楚国的陆路交通已相当发达，其中往北的道路，最著名的是夏路。由襄阳往北即达南阳，南阳东北，即方城、叶县。出方城口，就可通中原了。此道在南阳盆地东南，从桐柏山与伏牛山的隘口通过，是一条天然隘道。顺此隘道，从襄阳可直通南阳，故称"南襄隘道"。春秋阶段楚国对中原的用兵，多次伐郑，与晋的几次大战，大多都是走的这条路线。如公元前632年晋楚城濮大战，楚的军队就是通过这条路，作战前夕，《左传》僖公二十八年载："楚子入居于申。"又《左传》成公十六年载，公元前575年，楚共王十六年，"楚子救郑……过申"，便导致了晋楚鄢陵大战。再如《左传》襄公十六年载，公元前557年，楚康王三年，晋伐楚，败楚于湛阪，"晋师遂侵方城之外"。这些都是空前的大战，双方出动的战车都有数百辆之多，必然有车道运兵。

楚人控制了随，就控制了随枣走廊，由随枣走廊东行就可抵义阳三关，这正是自春秋以来，楚出义阳三关的重要通道。郢都迁至纪南城后，这仍是一条主要通道。《史记·苏秦列传》载："寡人积甲宛东下随，智者不及谋，勇士不及怒，寡人如射隼矣。"公元前278年，秦拔郢，的确可能利用了这条路。非常有意思的是，楚顷襄王往东北撤兵，也可能走的是这条路。①

春秋时期，楚国利用殷商时期开通的陆路交通路线，加以发展完善。北上控制夏州(今湖北汉阳)、柏(今河南舞阳)、道(今河南确山)、江(今河南正阳)、黄(今河南潢川)等处交通枢纽，利用"宛夏干线(今南阳到武汉)""管夏干线(今郑州到武汉)""老居干线(今开封到巢湖)"等交通要道，将影响力扩大到中原各地。与此同时，楚国还

---

① 郭德维：《楚都纪南城复原研究》，文物出版社1999年，第200页。

修筑了冥厄(即"平靖关",位于今河南信阳浉河区)、大遂(即"九里关""黄岘关",位于今河南信阳平桥区)、直辕(即"武胜关",位于今湖北广水武胜关镇)等处要塞,号称"义阳(信阳)三关",严密控制边防通道,随即又修建方圆五百里的"方城"。方城,即"万城""列城",是春秋时期楚国在河南南部修建的一系列边防城堡的总称,实际上是一座约呈方形的边防长城。据考古发现,已探明城堡 207 座,边墙 1.21 万米,关垒 18 处,隘口 36 处,分布于河南鲁山县、叶县、泌阳县、镇平县、内乡县等地。掌控桐柏山与大别山之间的交通线,阻止晋国从申邑(今河南信阳平桥区平昌关镇)、许邑(今河南许昌魏都区)南下扩张。①

春秋大国争霸,大规模的经济文化交流、军事外交活动和人员物资聚散,都极大地推进了道路的建设。除周代的道路继续发挥其中轴线的重要作用外,在其两侧还进一步完善了纵横交错的陆路干线和支线,再加上水运的发展,把黄河上下、淮河两岸和江汉流域有效地连接起来。这个时期修建的主要道路工程有许多,并出现了专门用于行车的车道。

春秋时期的道路分布如下:

春秋时期,华夏大地出现了自夏商西周以来第一次的大分裂局面,大国争霸,虽令周天子有名无实,但因为周王室所在的中原腹心地区成周(今河南洛阳)始终具有重要的战略钳制意义,故此时期的道路交通仍然显现出以成周为中心向列国地区辐射的格局,并形成了东通宋、鲁、齐,西至秦、陇,南连楚、吴,北达晋、燕等多条重要的主干道路或路线。其中,涉及楚国的道路如下:

一、东方大道。春秋时期的东方大道是在西周时期周道东段的基础上进一步发展完善的东方道路网线,这一道路网线可以从周天子王都所在地成周通向东部齐、鲁等国的道路网线为代表。其总的走向是

---

① 秦国强:《中国交通史话》,复旦大学出版社 2012 年,第 149—150 页。

沿周道东段向东行，首先出虎牢关(今河南荥阳西北汜水镇)途经管(今河南郑州)到老丘(今河南开封东北)，之后又出现了东行和北行两条支线。其中，东行线是继续向东到葵丘(今河南兰考)，然后转向东南到达曹都陶丘(今山东定陶西南)，从陶丘又向东经缗(今山东金乡)，从缗转向西北到任(今山东济宁)，再从任向东略偏北到负瑕(今山东兖州)，然后朝东直奔鲁都曲阜；若在曹都陶丘折南，则可到宋都商丘，然后东行到彭(今江苏徐州)，从彭南过符离塞(今安徽宿州)一带然后转向东到达徐、邳亦即今江淮地区；而北行线则从老丘北上，经黄池(今河南封丘)、帝丘(今河南濮阳)然后折东，再途经莘(今山东莘县)、聂北(今山东聊城)、北杏(今山东东阿)、鞍(今山东济南)等地，最后到达齐都临淄。此外，以此两条干线为基础，东部各国之间和东部与北国燕蓟、南国吴越之间也都建立有可以直接相互沟通联系的道路网络子线。如从齐国临淄北上，经贝丘(今山东博兴)、饶安(今河北盐山)、浮阳(今河北沧州)、青(今河北青县)至无终(今天津蓟州区)的大道，便沟通了北方大道之一的东段"无终道"，在齐国救燕伐山戎的战争中发挥了重要的作用。若从鲁都曲阜南下，经郯(今山东郯城)、邳(今江苏睢宁)、末口(今江苏淮安)、邗(今江苏江都)、朱方(今江苏镇江)、延陵(今江苏常州)等地，即可抵达吴都姑苏(今江苏苏州)；从姑苏再往南行，经檇李(今浙江嘉兴)、钱塘(今浙江杭州)，最后便可抵达越都会稽(今浙江绍兴)。

二、南方大道。春秋时期的南方大道大致包含两条重要的干线。

第一是从成周向南行到达楚都郢和蔡鄂，以及下蔡与夏汭的干道。该干线是从成周直接南行，经陆浑(今河南伊川县境)、容城(今河南鲁山东南)到达宛(今河南南阳)后，也出现了继续南行和东行两条支线。其中，继续南行线是经邓(今湖北襄阳)到楚国都城郢(今湖北江陵)，再从郢东行经雍筮(今湖北京山)、蒲骚(今湖北应城)两地，最后到达蔡鄂(今湖北武汉)；而东行支线则是从宛转向东，经阳丘(今河南方城)、象禾(今河南泌阳)、冨焚(今河南遂平)、繁阳(今河南新蔡北)等地，到沈(今安徽临泉县南)汇入东南行的干道，再循胡(今安徽阜阳)、慎(今安徽颍上)东南行到蔡都下蔡(今安徽凤台)等地。

第二是从成周向东南行直到下蔡、夏汭的大道。该道路从成周循东南向出发，途经阳城(今河南登封)、阳翟(今河南禹州)、许(今河南许昌)、陈(今河南淮阳)、项(今河南沈丘)、沈、胡、慎等地，最后到达下蔡、夏汭。这是一条从成周开始呈东南走向较直的大道。

三、西方大道。春秋时期的西方大道大约有三条重要干线。一线，是从成周西行到陇西的路。具体路线是从成周出发，途经陕(今河南三门峡一带)出函谷关，过桃林塞，经郑、戏(今陕西临潼东)、镐(今陕西长安西北)、雍(今陕西凤翔)、汧(今陕西陇县)等地，然后抵达陇西(今甘肃临洮)。秦穆公"三十七年，秦用由余谋伐戎王，益国十二，开地千里，遂霸西戎"。西方大道也随之得到进一步的开通和拓展。二线，是从西周旧都镐京到绛的道路。具体走向又分二道：一道是从镐京向东北行，途经高陵、临晋(今陕西大荔)，到蒲津渡过黄河后，再经安邑(今山西夏县)、王官(今山西闻喜)等地，最后抵达绛(晋国故都，今山西曲沃)，与北方大道的一条干道会合；另一道是经咸阳、高陵、贾(今陕西蒲城)、梁(今山西新绛)最后抵达绛城。这是春秋时期秦、晋世为婚姻、友好往来之路，也是兵戎相见、征战所经之道。三线，是从镐京到宛的道路，亦称"武关道"。此道走向是从镐京出发向东南行，途经蓝邑(今陕西蓝田)、商邑(今陕西商洛东南)、武关(今陕西商南县境)到达宛后与上述的南方大道之一相衔接。这条被称为"武关道"的大路，是在春秋时期秦、楚相互攻伐又友好结盟的关系中开辟出来的。

四、北方大道。春秋时期的北方大道大致形成三条重要干道。

第一条干道，是从成周到晋阳的路线。该干道又可分两路。第一路是从成周北渡黄河后直接略偏西北上，途经孟津、阳樊(今河南济源南)、皋落(今山西垣曲东南)到绛,从绛开始略改向偏东北上,继续沿昆都(今山西临汾)、彘(今山西霍州)到达中都(今山西平遥),然后又逐渐改向东到祁(今山西祁县)、魏榆(今山西榆次),最后折西北向到达晋阳(今山西太原北)。第二路也是从成周出发,到孟津折东行到刑丘(今河南温县)后,便由刑丘改向北上野王(今河南沁阳),翻越天井关(今山西晋城南太行山上)、黎(今山西长治)、曲梁(今山西沁县)抵祁(今山西祁县)等地,然后折东到魏榆,最后抵达晋阳。春秋时期在这两条由河南通往山西的通道上,征战、会盟及使者往来十分频繁,是当时一条利用率相当高的重要干道。

第二条干道,是从成周到燕都蓟并从蓟又延伸到肃慎国境的重要通道。这条干道也是从成周出发,渡黄河到孟津后,沿太行山东麓向东行,途经邢丘、宁(今河南获嘉)到墉(今河南新乡),然后从墉改向北走朝歌(今河南淇县)、安阳(今河南安阳)、邺(今河北临漳县邺镇)、邯郸、邢(今河北邢台)、鲜虞(今河北正定)、武遂(今河北徐水)乃至武阳(今河北易县)等地,然后抵达燕都蓟(今北京西南)地。再从蓟地继续东行,又经无终(今天津蓟州区)、令支(今河北迁安)、孤竹(今河北卢龙),乃至辽西(今辽宁义县一带)和辽东(今辽宁辽阳一带)地区,最后深入肃慎(今长白山以北地区)境内。从燕都蓟经无终进入辽西的道路,史称"无终道","无终道"是当时东北地区直通中原的一条车行大道。《史记·齐太公世家》载:公元前663年,"山戎伐燕,燕告急于齐。齐桓公救燕,遂伐山戎,至于孤竹而还。燕庄公遂送桓公入齐境"。齐桓公、燕庄公所走的道路,便是从临淄北上,经贝丘(今山东博兴)、饶安(今河北盐山)、浮阳(今河北沧州)、青(今河北青县)到达无终的大道。从齐军与山戎作战,需有大量战车随行的情况看,此条南起临淄北连无终道的道路也是一条可以行车走马的南北大道。

第三条干道,是从燕都蓟到无穷之门的大道。具体路线是由蓟朝西北向直行,过居庸塞,途经上谷(今河北怀来)、屠何(今河北张家口宣化)等地，最后抵达无穷之门(今河北张北南)。这是春秋时期北方大道开拓中的一条重要支线。①

春秋时期的道路交通干线的形成是频繁战争的结果。春秋时期是诸侯各国竞相争雄称霸的大比拼时期。频繁的征战引发空前的交通需求，促使道路交通迅速发展。"特别是较大的诸侯国，出于急迫的政治和军事需要，都不遗余力地在各自的都邑内开辟道路，修建桥梁，以便利的交通为前提，竞相争霸，促使地区性的道路交通得到改善。"②据专家们研究，春秋时期已经形成18条道路交通干线，总计行程约1.325万千米。

楚昭王时，由于柏举之战的需要，致使楚国通往唐国的道路也畅通。唐国，姬姓，春秋晚期被楚所灭。《左传》定公三年载，公元前507年，唐成公入楚，奉献宝马；《左传》定公四年载，公元前506年，唐侯与蔡侯、吴子联合伐楚；《史记·楚世家》载，公元前505年，楚昭王灭唐，同年九月，楚师"归入郢"。这说明，春秋时楚为郢(今湖北宜城楚皇城遗址)与唐国之间，有一条可供车马通行的道路。这条道路的走向，基本上是经十里铺、荆门、宜城、襄阳，再向东经随枣走廊，然后至唐国的。除这条道路之外，还有一条自楚为郢出发，经今荆门东至钟祥，然后再翻越大洪山，可入唐国。《左传》定公四年载，公元前506年，吴师攻郢，左司马戌对楚子常说："子济汉而伐之，我自后击之，必大败之。"即可看出汉水之东，是有道路通往今安陆和随、唐、厉等诸侯国的。春秋时楚武王数次伐随；楚文王伐黄(今河南潢川)；楚灵王灭赖，并迁赖于鄢；《睡虎地秦墓竹简·编年记》载，秦昭王"二十七年，攻邓；二十八年，攻鄢；二十九年，攻安陆"。这些都证实了上述道路的存在。

刘玉堂、袁纯富指出，唐国虽然在春秋时为小国，但它和近邻的

---

① 郑若葵：《中国古代交通图典》，云南人民出版社2007年，第243—246页。

② 中国公路交通史编审委员会编著《中国古代道路交通史》，人民交通出版社1994年，第110页。

厉、随诸侯国一样，皆与周王朝有臣服关系。《中觯》铭曰："王大省公方(族)于庚(唐)，振旅，王易(锡)中马，自厉侯四骉。"庚，即唐国；厉即厉国，亦曰赖国。此铭文意为，周王在唐检阅军队，在厉国那里以好马赐予诸侯。这说明，唐国不仅有道路西南通楚，而且其东南、南、西北，即经随枣走廊亦可通达厉、随、贰、轸和周畿以及中原诸国。[1]

淮河流域的陆路交通及邮驿是很通达的。春秋时，楚国经略中原，必取道申(南阳)—方城—叶县之途，自中原经淮河流域上游通往楚都的大道通畅。晋文公早年流亡，自齐国先后经淮河流域的曹(都城在今山东定陶西南)、宋(都城在今河南商丘)、郑(都城在今河南新郑)，穿过淮河流域至楚，自当有路相通。楚国亡臣伍子胥逃亡过程中，自城父(安徽亳州境)出亡，先后历经宋、郑，穿过淮河流域，经过昭关(今安徽含山境)，过江，投靠吴国。昭关显然是扼于当时道路的要冲之处，沿途定有道路相衔接。孔子周游列国，其中，经过的鲁、陈、曹、宋、郑、蔡、叶都在淮河流域，说明孔子周游列国期间的大部分时间是周游淮河流域各国。当时孔子是率领众弟子乘车周游的，说明当时这些国家之间都有能通行车马的道路相连。郑国在春秋初年迁居今河南新郑，在春秋早期成为强国。其商业交通素称发达，成为沟通东南西北的交通枢纽和商业都会。春秋中期以后，因地处晋、楚、齐强国之间，遂成为列强争夺之国，特别是晋楚争相加以控制。如《左传》僖公三十三年(公元前627年)记："楚令尹子上侵陈、蔡。陈、蔡成，遂伐郑，将纳公子瑕。"郑国已成为常引起晋楚冲突的战略要地。陈国则是另一沟通中原与东部、南部地区的交通枢纽。还有楚丘(今山东曹县东南)，是鲁、郑之间往来的必经之地。徐国(今安徽泗县北)亦为东南地区通往中原的交通孔道。[2]

① 刘玉堂、袁纯富：《楚国交通研究》，湖北教育出版社2012年，第86—87页。
② 李修松：《试论春秋时期淮河流域之交通》，《安徽史学》2003年第1期。

春秋时期的霸主召集各国诸侯的盟会，必于交通四达之所，而淮河流域常为盟约之地。如齐桓公时就曾会盟于柽(今河南淮阳东南)、淮、首止(今河南睢县东南)和葵丘(今河南民权东)。如，《左传》隐公十年载，公元前713年，六月，齐、鲁、郑三国诸侯会盟于老桃(宋国地)；《左传》僖公二年载，公元前658年，秋九月，齐侯、宋公、江人、黄人会盟于贯(今山东曹县)；《左传》僖公五年载，公元前655年，齐、宋、鲁、陈、卫、郑、许、曹等国诸侯会盟于首止(今河南睢县东南)；《左传》成公十五年载，公元前576年，晋侯率齐、鲁、宋、卫、郑、邾等国与吴国会盟于钟离(今安徽凤阳临淮关附近)；《左传》襄公二十七年载，公元前546年，晋楚等10国会盟于宋(今河南商丘)。在重要的盟会中，往往有关于共同维护交通秩序的公约。如《左传》成公十二年记，晋楚会盟于宋："凡晋、楚无相加戎，……交贽往来，道路无壅。"大凡春秋时期的盟会，多有"道路无壅""毋忘宾旅"之类的盟约，在一定程度上保证了道路的通畅。

春秋时期，大国争霸，中小国家常随霸主会盟。淮河流域各诸侯国位于各大国之间，往往需在敌对双方周旋，所以迎接往来、传递文书信息往往特别频繁，故此邮驿制度也随之发展起来。当时沿大道每隔一定的距离要设置传驿之所，备有递(用车)、驿(用马)、徒(步行)传递文书信息。据《左传》僖公三十三年载，公元前627年，楚成王四十五年，秦穆公派军队偷袭郑国，路遇郑国大商人弦高。弦高一方面用4张熟皮子和12头牛，假托奉郑君之命犒赏秦军，使秦军误以为郑国已知悉秦军偷袭，早有防备。另一方面使"递"(按：一作"遽"即传车)告于郑，使郑君很快得到了消息。

春秋晚期邮驿制度发达，以单骑快递和接力传递通信的出现为重要标志。它们的出现，可以说是中国邮驿制度发展史上一次具有重大历史意义的变革。

春秋中期楚国便有"驲车"，《左传》文公十六年有"楚子乘驲，会师于临品"，楚庄王乘坐驲车赶到临品平定叛乱，时为楚庄王三年。

杜预注："驲，传车也。"郑昌琳指出："驲是楚国邮车最早的记载。"①

楚国的驲车一直使用良好，楚康王十四年，又有"驲"车发挥作用的记载。《左传》襄公二十七年载，公元前546年，楚国令尹子木在宋都商丘与晋、宋等国诸侯代表会谈过程中，"使驲谒诸王"，向楚王紧急请示。驲是高级官员乘坐的传车。李修松考证，楚国令尹子木所派高级官员，乘驲从商丘出发，须向西经陈(今河南淮阳)、顿(今河南商水)、召陵(今河南郾城东)、胡(今河南郾城南)，再经缯关(今河南方城)、申(今河南南阳)、邓(今湖北襄阳)，南行至楚都郢(今湖北江陵)。这条穿过淮河流域的邮驿之路里程上千里。②

大约驾马的邮车速度比不上单骑快马的速度，到春秋后期，驲车便被单骑快马所取代。单骑快马传递的最早记录或认为始于公元前540年郑国相国子产之"乘遽"，据《左传》昭公二年载："秋，郑公孙黑将作乱，欲去游氏而代其位，⋯⋯子产在鄙，闻之，惧弗及，乘遽而至。"遽即传车或驿车。但这个"遽"，不是一般的传车或驿车，速度超过"驲"。它是当时邮驿中新出现的速度最快的以快马单骑为特征的邮驿工具。

邮驿以道路畅通为前提。《左传》昭公元年载："癸卯，鍼适晋，其车千乘。书曰：'秦伯之弟鍼出奔晋。'罪秦伯也。后子享晋侯，造舟于河，十里舍车，自雍及绛。"在鲁昭公元年期间，鉴于秦景公的弟弟鍼被迫从秦地出走到晋国的原因，秦晋之间开通了一条邮驿大道，在这条大道上的跨越黄河处架设有舟船浮桥，且每隔十里路则设置备有驿传车马的馆舍一处，驿道从秦国都城雍(今陕西凤翔)起一直通到晋国的都城绛(今山西绛县)止。依据对这条驿道的"十里舍车，自雍及绛"的记述分析，从秦雍之地到晋绛之地全长距离大约千里，按十里一舍和每舍可能备有八乘马车的情况推知，这条秦晋驿道可能共设

---

① 郑昌琳：《楚国史编年辑注》，湖北人民出版社1999年，第138页。
② 李修松：《试论春秋时期淮河流域之交通》，《安徽史学》2003年第1期。

驿舍上百处，备有专供驿传通信用的马车共八百辆左右。这种"十里舍车"的驿道设置，或认为就是当时已出现接力运输或通信传输的直接陈述。按十里一舍的规则，每辆邮传车每次只需跑十里路程便可完成邮传任务，千里传书，百舍接力，这样既保证了每一舍段马车行驶的高速高效，同时也保障了整个邮驿全程的高速高效，从而有效地克服了由于长距离单车行驶或单马奔驰而造成的人、马疲劳给邮传速度和时间效率带来的负面影响。郑若葵指出，对以人力和畜力为主要交通动力的中国古代而言，这种接力式运输和传递方式，无疑对中国古代邮驿的发展乃至社会交通的发展具有重要的影响意义。①

第五节　汉江、长江、淮河流域的水上交通

从文献记载到考古发现都已证实，我国在原始社会末期，就已有了舟楫，到春秋的时候，用舟楫已经历了3000多年的历史。楚国是春秋时代南方的大国，特别重视水上交通运输，在楚境内，凡能通航的江河湖泊，几乎都有舟船沟通。春秋时期，楚主要的河道是江、汉、沮、漳，以及湘、资、沅、澧、淮的一部分；进入战国，楚国的领土向南、向东扩展，最南到两广，最东到江浙，楚国的船舶顺着水路，也就到达了这些地方。楚国的这些水路，是互相贯通的。② 楚国境内的水路交通大致可以分为汉江水系、长江水系、淮河水系三大网络。

汉江流域：

楚国早期的都城丹阳位于丹淅之会。丹水源出陕西省商洛市商州区西北，东南流经河南省，至湖北省丹江口市入汉江。淅水为丹水重要支流，又名老灌河。

汉水为楚人向北、向东的水上通道。周昭王曾于十六年、十九年

---

① 郑若葵：《中国古代交通图典》，云南人民出版社2007年，第257—258页。
② 郭德维：《楚都纪南城复原研究》，文物出版社1999年，第225—226页。

下半年两次伐荆蛮而达于汉水，由于不习水战，最后竟丧师身死。《史记正义》引《帝王世纪》云："昭王德衰，南征，济于汉，船人恶之，乃胶船进王，王御船至中流，胶液船解，王及祭公俱没于水中而崩。"由于北方诸侯国不习水战，因而在春秋时期，汉水成为楚国的天然屏障。楚国早在熊渠之时，就已占领了今汉江中游地区，《史记·楚世家》云："熊渠甚得江汉间民和，乃兴兵伐庸、杨粤，至于鄂。"又封三子为王，"皆在江上楚蛮之地"。石泉先生考证此"江"为汉江。汉水全长 1577 千米（以河源沮水计），基本无霜冻。雾日也较少，绝大部分河道（特别是中下游）一年四季可以通航。楚国早期，主要活动在江汉平原，对外打交道的国家主要是中原各诸侯国与秦国，这样，汉水就发挥着更重要的作用。

楚武王时期，楚人为打通沿汉江北上的通道，采取了一系列重要的军事行动，据《左传》哀公十七年、桓公十二年载，楚国先后征服权国，"大启群蛮"，随后又吞并了罗国与卢戎。楚武王四十一年："伐绞之役，楚师分涉于彭。"彭水为今鄂西北汉水支流南河，流经宜城市南，入于汉水。自此以后，楚国已打开北上与东进的通道。《左传》庄公四年载，公元前 690 年，楚武王五十一年，"令尹斗祁、莫敖屈重除道、梁溠，营军临随。随人惧，行成"。

楚文王定都为郢（今湖北宜城楚皇城遗址），为郢在汉水中游，水上交通非常发达，从为郢沿汉水顺流而下，可以很快与支流蛮河交汇，溯蛮河而上，便可以到达楚国的湫郢（今湖北钟祥长寿古城遗址），靠汉江和蛮河，将楚国不同时期的郢都紧密相连。

楚成王依靠汉水，抵御齐桓公的讨伐。《左传》僖公四年载，公元前 656 年，楚成王十六年，"楚国方城以为城，汉水以为池，虽众，无所用之！"

汉江是楚国的主要航线之一。《左传》文公十年载，公元前 617 年，楚穆王九年，穆王使子西为商公，子西从商"沿汉溯江，将入郢。王在渚宫，下，见之"。商，依杜预注，在今陕西商洛，而清人江永所著《春秋地理考实》认为即商密(今河南淅川西南)。总之,都在汉水上游。

楚庄王继位之初,避居位于汉水中游的樊郢(今湖北襄阳楚王城遗址),指挥灭庸、灭麇的战争,在问鼎中原、平定斗越椒叛乱后,回归汉水中游,经鄢郢(今湖北宜城西南)回为郢(今湖北宜城楚皇城遗址)。无疑,汉水早就可以通航,在镇压陈国的内乱之后,楚庄王将陈国一个乡的人口迁移到汉水下游与长江交汇处(今武汉市汉阳区),建立"夏州",使汉江与长江水道畅通。可见,至少在春秋中期,楚国就可从汉水顺流而下转入长江。

楚共王、楚康王、楚郏敖、楚灵王、楚平王、楚昭王、楚惠王均持续以汉水中游的为郢为都,表明楚国一直以汉水为腹心地带。特别是楚昭王时期吴师入郢,就是占领楚都为郢,整个汉水流域成为战场。汉水流域水上交通的发达,是显而易见的。涢水(今府河)为汉水支流,源自今湖北随州西大洪山,南经安陆、云梦入汉水。吴师入郢之时,曾沿涢水与楚军发生激战,《左传》定公四年载,公元前506年,楚昭王十年,"吴从楚师,及清发",乘楚师半济而击之,大败楚师。清发即今湖北安陆一带的涢水河段。

油水又作"淯水",今名白河,源出今河南嵩县南伏牛山,南流至今湖北襄阳入汉水。据《鄂君启节》载:"自鄂市,逾油,上汉。""油"读为"淯"。淯水乃楚国北出达于方城的运输线。以上为汉江水系。

长江流域:

楚武王时,开启濮地,向东南拓展。长江上游,水流湍急,春秋时已通航。据一些学者研究,巴蜀的船可能在"三峡航道之上即转入清江,至湖北宜都重入长江,以避三峡之险"。[①] 童恩正认为:"古代清江的水量比现在要大,恩施境内可以通航,这种现象到北魏仍然可

---

① 吴郁芳:《先秦三峡航运质疑》,《江汉考古》1991年第4期。

见。"而且，"古代的大溪是穿过了长江与清江的分水岭而进入恩施境内的，这样它就必然与东西走向的清江相距不远或甚至相连接。正因为如此，就有人认为清江是长江的分流，而称之为'沱'"。①

近年来，在三峡区内已发现了数十处从新石器时代到商周时期的遗址，其中，经过发掘的有十多处，此外，还有一些采集点。据考古资料证实，从新石器时代起三峡区内与其上游、下游有着密切交往，这些交往，肯定不会全是通过陆路，陆路更困难，更有可能是通过水路。三峡区的遗址都有一个鲜明的特征，出土鱼骨很多，表明人们从江中捕鱼为食，是其主要生活来源之一。这也说明楚地先民很早就在和水打交道，三峡即使不能全线贯通，但局部早已通航又是可想而知的。②

楚国对长江上游的开发，主要在楚成王时。楚成王三十八年（公元前634年）秋，直取位于长江三峡以东地区的夔国。灭掉夔国，杜绝楚国的西部隐患。《左传》僖公二十六年载："夔子不祀祝融与鬻熊，楚人让之。对曰：'我先王熊挚有疾，鬼神弗赦，而自窜于夔。吾是以失楚，又何祀焉？'秋，楚成得臣、斗宜申帅师灭夔，以夔子归。"夔国原是中原古国，辗转迁徙至长江三峡地区今湖北秭归县，熊渠次子熊挚，因有疾遭芈族驱赶，逃到夔国被收留，后为夔国国君，楚国不能容忍夔国公然闹分裂、搞独立，决定予以严惩。令尹子玉和司马子西（斗宜申）引兵灭夔，将三峡东部一带纳入楚疆。据《汉书·扬雄传》载，扬雄的先祖逃至楚巫山安家，楚汉之际，又"溯江上，处巴江州"。可见楚通巴蜀，不论通过三峡或绕过三峡，楚都有水路可通，利用通航到达长江上游绝大部分地区是没有问题的。《左传》昭公十九年载，公元前523年，楚平王六年，"楚子为舟师以伐濮"，杜预注："濮，南夷也。"由楚武王至楚平王，两百余年间，楚国对濮地屡有征

① 童恩正：《古代的巴蜀》，四川人民出版社1979年，第13页。
② 三峡考古资料较集中的有《葛洲坝工程文物考古成果汇编》，武汉大学出版社1990年。

讨，是为了巩固自己的大后方。当时濮人散居于今湘、鄂西及滇、黔等地。楚平王四年，公元前 525 年，吴楚的水军还在长江下游的长岸(今安徽当涂西南)打了一场大仗，楚还曾一度俘获吴王所乘馀艎之舟。吴越水师出入长江，据《国语·吴语》载，吴王夫差说："余沿江溯淮，阙沟深水，出于商、鲁之间，以彻于兄弟之国。"公元前 473 年，当越灭吴，后来越又被楚所灭，长江中下游悉属楚境，通航就更没有问题了。

章华台运渎。楚灵王六年，公元前 535 年，在云梦泽中的离湖畔(今湖北潜江西南)修建了一座以高台为主体建筑的豪华离宫，名曰章华台。落成之日，楚王邀请诸侯登台同庆。事载《左传》昭公七年及杜预注。离宫内不仅筑有高台和宫殿，而且还开挖有运渎。《水经注·沔水》记，江陵东南有"水东入离湖，湖在县东七十五里……言此渎灵王立(章华)台之日，漕运所由也"。这条珍贵记载，告知人们，当初楚灵王在修建章华台时，曾特地开凿一水道至章华台，运输各种物资。显然，这条运渎是专为章华台离宫运输各种食物和日常用品的。它从离宫出发向北通至扬水(扬水运河)之后，必然再循着扬水北通楚都为郢(今湖北宜城楚皇城遗址)，与王宫取得联系；以及循着扬水东通汉水，与外界相接触。因此当时在开挖这条离宫运渎中，很可能对扬水也进行了疏浚、改造等工程，则使原为自然河流的扬水，成为名副其实的江汉运河。

楚灵王开凿的这条漕运河道，据清人杨守敬《水经注图》，大约连接今纪南城东南约 30 里的三湖(古离湖的一部分)。古离湖一直延伸至江东七十五里处，"湖旁边有楚灵王建的章华台，相传建台时由这里漕运，湖水北入扬水"。[1] 故在此姑且将楚灵王所开的这条运渠名之为章华台运渎。《国语·吴语》同样有一段关于楚灵王于章华台附近营

---

① 武汉水利电力学院、水利水电科学研究院《中国水利史稿》编写组编《中国水利史稿》上册，水利电力出版社 1979 年，第 288 页。

建的记载："昔楚灵王不君，其臣箴谏不入，乃筑台于章华之上，阙为石郭，陂汉，以象帝舜。"韦昭注："阙，穿也。陂，壅也。舜葬九疑，其山体水旋其丘，故壅汉水使旋石郭，以象之也。"所记的"陂（壅塞）汉（水）"，在很大程度上仍是通过扬水运渠引水，到章华台附近，使其壅塞成湖，扩大了离湖的蓄水量，使水环绕建在章华台的石郭。因此，《国语》中的这条记载同样也反映出章华台运渎的开凿始于楚灵王。章华台运渎最初是为了楚灵王营建章华台的需要而开凿的，这表明楚国在灵王时期即已形成了一种相当于漕运的制度。郦道元认为"灵王立台之日，漕运所由也"，是很有道理的。据记载，楚国的"章台之役"动用舟船之多，持续时间之长，远远超过了当年秦晋的"泛舟之役"，可以想见，当年的章华台运渎，在楚国的经济中一度发挥过重要的作用。

当年，楚灵王为营建章华台离宫，曾占用了许多农田耕地，耗费了大量钱财和资源，引起楚国百姓和有正义感的官员的强烈不满。说明建造章华台离宫完全是楚灵王的一意孤行。《国语·楚语上》还记载了"伍举论台美而楚殆"一事，说的是章华台建成之初，楚灵王邀请大夫伍举（伍子胥的祖父）登台观赏，楚灵王得意地对伍举说："你看，这台建造得多美啊！"伍举回答道："我听说过作为一国之君，有因德行而受人赞扬的，因能体恤百姓疾苦而受到拥护的，这才是美；却没有听说过因建造高大的台榭和雕梁画栋而被称为美的。……所谓美，对于上下、内外、大小、远近等都应该没有妨害。如果将从百姓处征收来的民脂民膏，用来满足自己的享乐，虽然眼前看到美景，而百姓却因此贫困，这能算什么美呢？您若是觉得这章华台美而认为应该建造的话，那楚国就危险了。"过了没几年，楚灵王终因骄奢暴虐，内外交怨，在一次宫廷政变中被赶下台而自杀。楚灵王一死，章华台离宫随之逐渐败落，这一条往日运输繁忙的离宫专用运渎，也就时过境迁，湮废无闻了。

渎水运渠。楚昭王时还在扬水运渠附近开辟了一条"渎水运渠"。

据《水经注·沔水》载："沔水又东南与扬口合，水上承江陵县赤湖。江陵西北有纪南城，楚文王自丹阳徙此，平王城之。班固言：'楚之郢都也。城西南有赤坂冈，冈下有渎水，东北流入城，名曰子胥渎。盖吴师入郢所开也，谓之西京湖。'"所谓"所开也"，当是指疏浚、拓宽之意，不可能是开挖新水道。

清人顾祖禹认为当年伍子胥率领吴军不仅疏浚了扬水以便从水路向纪南城进军，而且还利用河水进行灌城。据《读史方舆纪要》卷七十八"江陵县赤湖"条下引《荆州记》说道："（楚）昭王十年吴通漳水灌纪南（城）入赤湖，进灌郢城，遂破楚。"所谓伍子胥引漳水灌纪南城和郢城时所用的水道，可能就是以上《水经注》所说的今湖北江陵纪南城西南赤坂冈下的子胥渎。

此说子胥渎为吴师入郢所开，完全是牵强附会，将楚惠王时期才建成的纪南城人为提前至其父楚昭王时期。根据清华简《楚居》，吴师入郢的郢都是为郢，为郢在今湖北汉水南岸的宜城楚皇城遗址，不在今江陵纪南城，这样楚昭王逃难至随的路线方才合理。本人考证纪南城是楚惠王时期才确定为楚国的国都，将在下一部专著《战国楚史》中详加考证。故伍子胥在今湖北江陵纪南城附近开"子胥渎"云云，是人们出于对伍子胥这位历史人物的尊敬和怀念。退一步说，伍子胥在追击楚昭王的紧迫时间里，哪儿来得及开挖新河？故可以推断，将今江陵纪南城附近的水利工程附会到伍子胥身上而称之为子胥渎，系民间长期流传所致。

由于《水经注》在叙述扬水的流经路线过程中，曾先后两次提及子胥渎，由此可以认定，所谓开子胥渎，就是疏浚扬水。从涉及这一段地理的文献分析，渎水已被改造为可通长江的漕运河渠，《水经注·江水》载："（江水）又南过江陵县南，县北有洲，号曰枚回洲……其下谓之邴里洲，洲有高沙湖，湖东北有小水通江，名曰曾口。"枚回洲，在今湖北荆州城西约17千米处的梅槐桥至万城一带。邴里洲，在今湖北荆州城西约8千米处的秘师桥一带。曾口，在今湖北荆州城西约 3 千米处栗林口附近。结合当地的地貌分析，今八岭山南端脚下的八宝至纪南城内东北流向的灌渠，完全可与先秦时期的大江在今栗林口附近相通。这就是说，考古工作者认定的楚都纪南城遗址内的古河道，出西城门不仅可以与纪山诸水相连，[①] 而且也可经纪南城西城门外的"渎水"或穿过龙陂与长江相通。刘玉堂、袁纯富指出："如此看来纪南楚郢都在当时就形成了东可经扬水入汉水，西北可穿过今荆州区（原江陵县）望山岗地（在八岭山北，孙叔敖所凿）入沮漳水，西南可经龙陂入长江，陂水又可经纪南城南入扬水的水陆交通网系。"[②]

楚国的水运干线，直接、间接与长江相通，包括后来归入楚境的钱塘江，早在吴越的时候就已通长江了，不过其间还加有人工河道。《越绝书·吴地传》载："吴古故水道，出平门，上郭池，入渎，出巢湖，上历地，过梅亭，入杨湖，出渔浦，入大江，奏广陵。""百尺渎，奏江，吴以达粮。"郭德维指出：大江当指长江，百尺渎奏江，非长江，当指吴江。百尺渎可能是人工河。吴越之间的几次大战，如笠泽之战、夫椒之战、干隧之战和越灭吴的吴江之战，都是水战，说明吴、越之间早有水路相通，也就是都可以通长江。[③]

淮河流域：

至楚文王之时，楚国往北已进抵淮河上游。据《左传》哀公十七年载："实县申息，朝陈、蔡，封畛于汝。"汝水源自河南嵩县南，东南流至洪河口入淮。《左传》僖公二十二年载，公元前 638 年，楚成王三十四年，楚与宋战于泓水，楚军渡泓而大败宋师。《左传》僖公三十三年载，公元前 627 年，楚成王四十五年，"晋阳处父侵蔡，楚子上救之，与晋师夹泜而军"。泜即后世潕水，今沙河，源出河南鲁山县，

① 文必贵：《纪南城考古勘探简报》，载《楚都纪南城考古资料汇编》，湖北省博物馆 1980 年，第 15—21 页。
② 刘玉堂、袁纯富：《楚国水利研究》，湖北教育出版社 2012 年，第 90 页。
③ 郭德维：《楚都纪南城复原研究》，文物出版社 1999 年，第 228—232 页。

东流入汝水。楚人以丹、淅为后备，以方城为据点，在淮河上游与中原各诸侯国展开了长期的争夺。春秋中期，强凌弱，大并小，从楚成王十七年(公元前655年)楚灭弦开始，崛起的楚国不断向东吞并淮河流域的国族，疆域很快便达于皖东。

楚庄王之时，向东拓展，盟吴、越，令尹孙叔敖在淮河流域兴建了以芍陂为代表的水利设施。楚国在先后灭州来(今凤台境)、钟离(今凤阳临淮关附近)、巢(今巢湖境)、六(今六安境)、蓼(今信阳固始境)等国之后，已将江淮一带视为楚之东土。公元前601年，楚庄王率舟师，至江淮一带巡视，直达滑汭(今安徽无为境)。

楚共王时，吴国崛起于东方，与楚争夺江淮之间的群舒及淮河中下游地区，迫使楚放慢了东扩的进程。由于淮河流域地处晋、楚、吴、齐等大国之间，加之各大国之间的交往、交流、战争，促使淮河流域交通也得到较快的发展。在楚国东向、吴国西向武力扩张的过程中，由于当时长江流域自然环境过于险恶，吴楚两国的交通往来及战争主要取道淮河流域，例如《左传》襄公十六年载，公元前557年，楚康王三年，"楚公子格帅师及晋师战于湛阪"，招致失败，晋师南侵至方城之外。湛水源自今河南宝丰县，为汝水支流。湛阪即湛水北岸山坡。楚人北上遇晋师受阻，军事势力始终未能越黄河以北。此后兵锋东向，与吴国在淮南争夺，拉锯式的战争长达八十余年。楚共王二十一年(公元前570年)克鸠兹(今安徽芜湖附近)的衡山之役便是通过淮水前往的。能说明这个问题的例证还可以举出许多。当时淮泗之间的徐(都城在今安徽泗县北)，淮南的钟离(今安徽凤阳临淮关附近)，涡口的向(今安徽怀远东北)，颍尾的州来(今安徽凤台境)等，都是南下长江、北通中原有关南北交通的重要城邑。特别是位于淮河中游的州来，更是水路四通八达：由此溯淮西上，连通荆楚；顺淮东下，通过淮北泗水北上，交通东方齐鲁；北经焦(今安徽亳州)、夷(今亳州城父集)，抵达宋(都城在今河南商丘)、郑(今河南新郑)；南出淮汭，经施、肥二水和巢湖南下而达于江上，通向吴越。

《左传》襄公二十四年载，公元前 549 年，楚康王十一年："楚子为舟师以伐吴。"《左传》襄公二十六年载，公元前 547 年，楚康王十三年："楚子、秦人侵吴，及雩娄，闻吴有备而还。"楚康王亲征吴国，到达雩娄(今安徽霍邱境)，闻吴人有备，半道而返。

公元前 537 年，楚灵王四年，楚与蔡、陈、许、顿、沈、徐、越等诸侯国联合伐吴，这是越与楚首次配合与吴作战。越大夫常寿过领兵与楚灵王相会于琐(今安徽霍邱东)。常寿过所带的无疑是舟师，不可能经吴地溯淮水而去，只可能经巢湖东西迂曲的河道而去。……自公元前 518 年起，楚联越制吴，越联楚击吴。是年冬，楚平王以舟师伐吴，越大夫胥犴在豫章之汭(今地不详)迎候并慰问楚平王，越公子仓送给楚平王一艘乘舟，越师随楚师行进，直到圉阳(今安徽巢湖南)。由此可知，巢湖东西确实有连接越与楚的水道。[①]

春秋晚期，楚与吴在淮河流域争夺，动用水师。《左传》昭公二十四年载，公元前 518 年，楚平王十一年，"楚子为舟师略吴疆"。吴后来侵占楚的巢(今巢湖境)与钟离(今凤阳临淮关附近)，这二处都在淮河流域。

《左传》昭公二十七年载，公元前 515 年，楚昭王元年："令尹子常以舟师及沙汭而还"，沙水见《水经注·渠水》，上游自今河南开封南至淮阳一带，即蒗荡渠，下游东南至今安徽怀远县入淮。沙汭即沙水入淮处。《左传》定公四年载，公元前 506 年，楚昭王十年，吴人伐楚，并非沿江直达，而是舍舟淮汭(今河南潢川一带的淮河上游地区)，可见淮河在水运上发挥过重要作用。

直至楚惠王年间，吴被越所灭，楚国才逐渐控制了淮河中下游，据《史记·楚世家》载："是时越已灭吴而不能正江、淮北；楚东侵，广地至泗上。"泗水源出今山东泗水县东蒙山南麓，西流转南，历兖州、鱼台及江苏沛县、徐州等县市，东南至淮阳北入淮。

---

① 张正明：《秦与楚》，华中师范大学出版社 2007 年，第 112—113 页。

淮河流域水道畅通，码头很多。楚国不同时期的郢都和一些主要楚邑，均依水而建，随水网而星罗棋布，颇有特色。刘玉堂、袁纯富指出，依赖考古发掘，发现这些城邑建有码头。[①] 如，息邑码头。故息城当在今县西部偏南的淮水北岸。公元前684年至公元前682年间，息被楚所灭。[②] 息邑码头是春秋时期楚国北上中原的水陆交通孔道之一，并与申县(今河南南阳)遥相呼应，共同起着"北大门"的作用。这表明楚都与各城邑之间，有发达的水上交通。当时息邑水陆交通四通八达，其北经陆路可至郑、宋，南经大隧、直辕、冥阨三关可至楚、随，东走水路沿淮可至淮夷、吴越，西溯淮水可至江、汉，是春秋时期楚国北部淮水上游地区的江防要地。据地理环境分析，今息县地处淮汝冲积平原，先秦时期属水乡泽国。其西北有鸿隙陂之饶，西南、东南有舟楫之利。自息邑溯淮经今浉河可入城阳(今河南信阳)，东西沿淮溯潢水可至春秋时黄国(今河南潢川)和弦国(今河南光山)。这说明，息邑在春秋时期不仅通过水陆两路可达江、淮南北各地，而且与诸侯国的往来也颇为便捷。近年来，在今河南信阳、潢川、光山等地发现不少楚国、黄国、江国在此活动的遗址和遗物，即可证明上述诸国间的政治、经济往来十分频繁。[③] 因此，春秋时期的息邑当有水运码头。

水文资料表明，今息县及其周围的南北水系至今仍可通航。今息县淮水段虽然河面不甚宽阔，但运行百吨木船是毫无问题的。从地貌上分析，先秦时期息邑淮水水面比今要宽阔，息邑故城地势颇高，淮水靠近息邑城南东行，其下游有弋阳山顶托，于是这里的水势平缓，有利于船只停泊和摆渡。虽然春秋时的息邑古渡码头今已难寻，但从

① 刘玉堂、袁纯富：《楚国交通研究》，湖北教育出版社2012年，第163—170页。
② 宋公文：《春秋前期楚北上中原灭国考》，载《楚史新探》，河南大学出版社1988年，第276—286页。
③ 信阳地区文物管理委员会编《豫南史话》第2集，超星电子图书1982年，第5、11、21页。

今息县西南有诸水系入淮的情况看，息邑码头当在今息县西南即《水经注·淮水》所说的谷水东北入于淮处的南北两岸。[①]

淮河流域春秋早期还有黄邑码头。黄国位于今河南潢川，其被楚所灭的时间是公元前648年，楚成王二十四年。春秋时期黄国的水陆交通是通达的，从黄国沿潢水而下入淮可至吴越，北溯颍、汝、沂、泗可达郑、蔡、齐、鲁诸国，南下经陆路或潢水转倒水、㵐水，可抵楚、随地。根据春秋时江、弦、息、柏、蒋等诸侯国的分布情况看，黄国与它们间的来往一般多取水道，黄国在淮水流域具有十分重要的战略地位。清人顾祖禹《读史方舆纪要》卷五十"河南五光州"条认为，此地在春秋时期为楚之咽喉要道，颇有见地。《穀梁传》僖公十二年说黄国是"楚，为利之国也"，可见楚人在此有所经营。楚灭黄后，黄邑长期作为楚的汉淮门户而存在，当是春秋战国时期楚国重要的军事码头之一。据《水经注·淮水》记载，潢水是淮水的支流，源于今湖北麻城与河南新县交界的大别山分水岭，东北流入淮，全长100多千米。故黄国都城位于今潢水中下游西岸，当时水流量很大，河面比今宽，可行舟楫。黄国的水运活动主要是在淮、潢、颍、汝等水系上，当年黄国与淮北江、息诸侯国间的往来，若取水路都要经淮、潢，而陆路主要是在经信阳"义阳三关"的楚、随间。1966年在故黄国西高稻场出土的"蔡公子义工"铭文青铜器，以及在邻近的罗山县高店出土的"奚君单"和潢川县城附近出土的"侯季宿车"等青铜器，[②] 说明春秋时期的黄国在水陆交通方面有驿站、码头设施。根据多年前这里的考古调查分析，故黄邑的主要水运码头当在今潢川县西12里的隆古乡黄城遗址东面的潢水边上。1979年，在隆古集附近发现一座南北长约1500米、东西宽约1300米的春秋至秦汉时期的古城遗址。该城址西部是一处密集的古墓葬区，地势颇高，城东邻近潢水，且有车路和支流通达城内，

---

① 刘玉堂、袁纯富：《楚国交通研究》，湖北教育出版社2012年，第245—247页。
② 李学勤：《论汉淮间的春秋青铜器》，《文物》1980年第1期。

可看出城址东的潢水边上和城内有水运码头。此城的护城河故道与潢水可以沟通，亦可证实上述推论。[①]

不仅淮水及其各大小支流直接成为水上通道，而且还挖掘有人工运河，这表示春秋时水路交通的开发已有质的进步。《水经注·济水》记载，"（徐）偃王治国，仁义著闻，欲舟行上国，乃通沟陈（今河南淮阳）、蔡（今河南上蔡）之间。""通沟陈、蔡"的这条运河很可能是历史上最早的人工开挖的运河。

楚惠王三年，公元前486年，吴国为北上争霸，大兴徭役，自邗沟城（今江苏扬州）开通了沟通江淮的邗沟运河。《左传》哀公九年载："秋，吴城邗，沟通江、淮。"据考证，挖掘此河先是引长江水至邗沟城下，然后以邗沟城为起点向北，打通较为低矮的江淮分水岭——蜀冈，经武广、陆阳两湖（今江苏高邮西南）之间，进入樊良湖（今高邮北部10千米），再转向东北接博芝（距今江苏宝应东南约45千米）、射阳（距今江苏淮安35千米）两湖，再折向西北，出夹邪（今宝应北，淮安南），至山阳（今淮安北）进入淮河。当时开凿此条运河是利用江淮间地势，用人工挖通自然湖泊和低下之地而形成的，所以河道迂回曲折。[②]

《左传》哀公十一年载，公元前484年，楚惠王五年，吴王夫差率师北上渡淮，溯淮北支流泗水北上，假道鲁国，在艾陵（今山东莱芜境）击败强齐，从而与远在黄河以北的晋国争霸。《左传》哀公十二年载，吴国在橐皋（今安徽巢湖西北柘皋）大会鲁、卫等诸侯之后，再次挥师渡淮，沿泗水北上，《国语·吴语》载，在泗水与黄河支流济水之间的沼泽地带，"阙为深沟"，成为"通于商、鲁之间"的菏水，沟通了泗水与济水。次年，夫差亲率大军再次北上入淮。从淮入泗，由泗入菏，由菏入济，顺水道直达黄河之畔的黄池（今河南封丘西南），与晋

① 刘玉堂、袁纯富：《楚国交通研究》，湖北教育出版社2012年，第247—249页。
② 李修松：《先秦史探研》，安徽大学出版社2006年，第236—237页。

定公举行黄池之会。这条运河直接将淮河流域与中原连接起来，不仅在吴国北上争霸的过程中发挥了作用，更重要的是贯通了南北水运，从根本上促进了淮河流域水路交通的发展。

春秋晚期海上航行也有所发展。据《国语·吴语》记载：越之入吴也，"于是越王句践乃命范蠡、舌庸，率师沿海溯淮以绝吴路"。李修松认为这是有关淮河流域海运的最早记载。[1]

除了这些主要河道外，楚境内还有许多河流，尽管文献上没有记载其运输情况，然而从汉水、湘水、沅水等上游、支流、小支流的情况看，它们应都可以通航。有的虽可能会有季节性，但在江南地区，大部分河流都常年保持有一定水量，通不了大船，可以通小船。王箐指出，楚国在长期征战中，打通了南半个中国的水上通道，为秦汉以后中国南部水运事业的兴盛，奠定了基础。[2]

第六节　交通工具——车、船、肩舆

楚国的交通工具，陆地通行以车为主，楚国的车，在春秋时期不断改进，春秋早期、中期和晚期都有所不同。春秋中期，楚国普遍通行库车，据《史记·循吏列传》载："楚民俗好库车，王以为库车不便马，欲下令使高之。相曰：'令数下，民不知所从，不可。王必欲高车，臣请教闾里使高其梱。乘车者皆君子，君子不能数下车。'王许之。居半岁，民悉自高其车。"这是民间自发地改进车辆的高度，说明楚国是不断对车辆进行改进。

春秋中晚期河南淅川楚墓所出土的楚车和战国中期九店、战国晚期淮阳楚墓所出土的楚车，时间上相距 200 年~300 年，楚车的变化趋势是，轨宽基本上没有变化，车辕没有缩短，还有加长趋势，轮辐略

---

① 李修松：《试论春秋时期淮河流域之交通》，《安徽史学》2003 年第 1 期。
② 王箐：《楚国物质生活文化研究》，安徽大学博士学位论文，2018 年，第 112 页。

有增减，因此楚车与中原车的发展趋势都不相同。

轮是一部车最主要的构件，据《周礼·冬官·考工记》载："察车自轮始。"轮由毂、辐、辀等部件构成。毂是轮中心的圆木，它的周围凿一圈榫眼装辐，毂当中的大孔名薮（亦名壶中——毂竖起来看很像古代的壶），用以贯轴。行走时，轴是固定的，靠毂不停地转动。毂孔靠车舆的一端较粗，称贤端，靠轴末的一端较细，名轵端。

楚国车轮的最大特点是毂长。由于车舆靠毂支撑，毂愈长，支撑面也愈大，行车时更加安稳，此是长毂车的一大优点。作为战车，长毂车再装上长矛车軎，杀伤面会更大，杀伤率也更强。这是长毂车的又一大优点。但长毂车也有它的弱点，这类车在车子倾斜时受到轴的扭压力矩更大，毂口容易炸裂，所以在车轮内外（主要是靠轵端）加铜箍以确保牢固。车毂长还有一个缺点是两车相错时，毂外之軎（俗称车轴头）容易互相碰撞，即所谓毂击。据东汉桓谭《新论》载："楚之郢都，车毂击，民肩摩"，就是指郢都街上车撞车、人挤人的情况。《楚辞·国殇》有"车错毂兮短兵接"，古代的战车由四马驾驭，正面马对着马就无法交战。只有两车相错，才能互相击杀。因只有错毂之后，两车才能相近，才可短兵相接。王逸解释为"错，交也。短兵，刀剑也。言戎车相迫，轮毂交错，长兵不施，故用刀剑，以相接击也"。实际上，此处的短兵是指车战的短兵，车战的短兵并非指刀剑，而是指戈，车战的长兵是指矛、戟。刀、剑当时只是一种护体武器，并非车战武器。

《老子》里有"三十辐共一毂"。对于这一句话，以前有的学者作了较牵强的解释，如姜亮夫在《楚辞通故》中说："辐数据近世考古发现资料论之，……殷车为十八辐，西周二十一或二十五，春秋二十五，战国二十六。《老子》言三十者，举成数也。"[①]姜先生说的是中原地区的车制情况，并不符合楚的实际，老子是楚人，这里说的情况恰恰是

---

① 姜亮夫：《楚辞通故》第 3 辑，云南人民出版社 2002 年，第 21 页。

指楚车。以出土文物论之，如淅川下寺春秋楚墓 2 号车马坑所出土的楚车，辐数为 28 根~30 根，淮阳马鞍冢战国楚车，辐数为 32 根，即从春秋到战国，辐数有增加的趋势，然都靠近 30 根，老子为春秋时人，春秋时楚车辐数正是 30 根左右。

淅川下寺春秋楚墓 2 号车马坑两轮装于轴之两端，外套铜车軎，軎中部有长方形辖孔，内插长方形车辖管住，使之不致脱落。4 号车轴长度 294 厘米，呈圆形，直径 11 厘米。轴承车舆处有伏兔相连接，伏兔与车舆底架连为一体。车马坑辕在车舆下与轴的中点垂直相交，长度 340 厘米，前端呈椭圆形，径 8 厘米~10 厘米，舆下部分偏宽，宽 10 厘米，高 8 厘米。辕体较直，前端上翘，辕轫处持衡。一衡二轭，缚在一起，衡两端细，断面呈圆形；中间粗，断面呈椭圆形。衡的两端有铜质衡头，衡头内侧各缚系一枚铜铃。在銮铃与衡头之间各有一轭，缚于衡上。铜质轭首正视为漏斗形，断面呈椭圆形，上安一枚銮铃。轭首下接圆管状铜轭颈，轭颈下为断面椭圆形的铜轭裤。轭裤内插木质轭架，宽 5 厘米，两轭外侧轭枝各系结一半圆形铜环，当为靷环。轭通高 94 厘米。战国以后的车多为双辕，驾马的方法与单辕车也有很大的不同。单辕必须有两匹以上的马方能驾驭；双辕车一匹马(或牛)就可驾驭。故此，单辕车前必有衡，有轭。[1] 对于这一点，后代的注家因见不到实物，常理解有错。如对轭的解释，有的认为即衡，也有的认为即衡上之附件。现有实物出土，这些问题也就迎刃而解了。

春秋时驾车的马数量不等，对驾车的马如何称呼，古文献的记载不明确，后代一些注家的解释往往有错，曾侯乙墓竹简帮助解决了这一大题。简文凡言用两马驾车时，其马称左服、右服；凡言四马驾车时，其马称左骖、左服，右服、右骖；用六马驾车时，其马称左骓、

---

① 笪浩波：《通衢大道：楚国的城市建筑与交通》，湖北教育出版社 2001 年，第 113—114 年。

左骖、左服，右服、右骖、右骒。两服居中，两骖居服之外，两骖之外为两骒，所记顺序由左及右，绝无例外。对三马驾车，其马称左骖、左服、右服。由此可见，在车辕两侧必称服，三马驾驭只是在左侧服马外加一骖马，故称左骖。《说文》对"骒"字的解释是"骖旁马"，意思是说骒是骖外边的马。

至于专门用于运输的驾牛大车，虽然目前尚未见其实物，但对其形制，也可做些探讨。《考工记·舆人》言兵车的特点是"轮崇、车广、衡长"，这正是针对兵车而言的，则大车的特点应与之不同。《考工记·车人》言之最详，归纳起来，大车主要是双直辕，长方厢（长度大于宽度），矮轮，驾牛。对于双辕车，姜亮夫认为："依近世考古发掘所得资料证之，则殷、西周、战国皆无两辕之车，仅有独辕之车。①

文献记载，楚、吴制车的用材有区别。吴人之车以纯木打造，楚人之车则以胶革连缀固定。据《左传》定公四年载，公元前506年，楚昭王十年，吴人伐楚，楚武城黑权衡两国优劣，认为战车方面楚国不占优势，应当速战速决："吴用木也，我用革也，不可久也。"

楚国水上交通工具主要是船，船在先秦阶段一般被称为舟。楚国自身的造船技术是比较先进的，特别是在制造大船方面。到楚国灭了越国后，吸收了吴越先进的造船技术，楚国的造船技术更有长足的进步，不仅能在大江上航行，也能够出海了。

春秋晚期楚国造的船有多种多样。按船的功用来说，有渡船（过渡）、渔船（捕鱼）、运输船（或短途代步、或长途运送）和战船等；按船的活动范围来说，有内湖船、小河船、大江船和海洋船等；按船的行进方式来说，有自流（竹筏、木筏放排）、撑篙和划桨；按装载（吃水）多少来说，有小船和大船。船的功用、活动范围、船型结构、行进方式和船的大小都不一样。总的来说，楚国的船，可分为小船类和大船类两种类型。

---

① 姜亮夫：《楚辞通故》第3辑，云南人民出版社2002年，第15页。

第一类是小船类。小船多用于过渡、短途代步、捕鱼和采菱等。常出现在内湖、小河，行进方式为撑篙或划桨。小船有的单独活动，也有两船并在一起，还有的作为大船的附属船。小船最小者只能容纳一至二人，稍大者可容纳四至五人。据《楚辞·涉江》载："乘舲船余上沅兮，齐吴榜以击汰。"王逸注："舲船，船有窗牖者。吴榜，船棹也。汰，水波也。言己始去乘窗舲之船，西上沅、湘之水，士卒齐举大棹而击水波。"洪兴祖补注："《淮南》云：'越舲蜀艇。'高诱注：'舲，小船也。'"屈原所乘的船，需"齐吴榜"，即王逸所说要"齐举大棹"，看来船上至少要有四五人，不然就谈不上"齐"。高诱认为舲是小船，这样，四五人划的船，仍应归在小船之列。楚国较为讲究的小的民船有桂舟等。据《楚辞·九歌·湘君》载："美要眇兮宜修，沛君乘兮桂舟。令沅湘兮无波，使江水兮安流。"以桂为舟，取其美好之意。《湘君》又云："桂棹兮兰枻。"连划船的工具亦用桂木，以象征船主之高洁。①

有人认为，屈原所乘的舲船，有可能和江陵所出土的西汉早期木船相似。江陵凤凰山 8 号和 168 号西汉墓，各出土木船（模型）一艘，②两船大小形制很相近，船体细长，两端呈流线型起翘，头部较窄，尾部较宽，最广在中部，全长 71 厘米，中部最宽处 11 厘米。中部船面有活动舱房，其上搭成两面坡水的悬山式房顶，舱房有前后山墙，一端山墙开有门，两侧壁板无存，有无窗牖，无法断定。舱房外船面两旁有舷板，有桨，无舵。每条船有桨五支，船工（俑）五个。船工皆双手曲肘于胸前做划桨状，双腿作跪坐状，俑高 10.5 厘米。船工约相当真人的 1/10～1/12，按此比例来推测复原，船长约 7 米～8 米，宽

① 王箐：《楚国物质生活文化研究》，安徽大学博士学位论文，2018 年，第 112—113 页。
② 长江流域第二期文物考古工作人员训练班：《湖北江陵凤凰山西汉墓发掘简报》，《文物》1974 年 6 期；湖北省文物考古研究所：《江陵凤凰山一六八号汉墓》，《考古学报》1993 年 4 期。

1.1 米~1.3 米。纪南城发掘的南水门，有三个门道，门道内宽 3.03 米~3.5 米，一个门道同时进出两条这样的船没有问题，因此这样复原符合当时的实际。

楚国还有一种广而宽的船，这就是《释名·释船》所载的舠，"舠，貂也；貂，短也。江南所名短而广，安不倾危者也。"屈原被流放，路途遥远，除走大江外，还走沅、湘等一些水流湍急的地方，故需"齐吴榜"或"楫齐扬"。故《楚辞·哀郢》中有"楫齐扬以容与兮"之句，这样，只有短而广的船，才会更安全，也才利于长途跋涉。舠也是一种小船。据《方言》载："南楚江湘凡大船者谓之舸，小舸谓之艖。艖谓之𦩀艞，小𦩀艞谓之艇，艇长而薄者谓之艒，短而深者谓之𦩷。"

楚国比艇更小的船是采菱船和钓鱼船。《楚辞·招魂》中有《采菱曲》，湖北江陵望山 1 号墓等还出土过菱角，说明楚人确有采菱之举。据《水经注·㴲水》载："弱年崽子，或单舟采菱，或叠舸折芰。"楚国的采菱船是什么模样，目前难以稽考，然单舟采菱之遗风，在湖北广大农村至今犹存。湖北有的地方不称舟船，叫腰盆，实是椭圆形大木盆，一般也仅能容纳一人。从楚墓多次出土菱角来看，就说明菱角种植广泛，这些菱角很可能正是通过单舟采摘的。

关于钓鱼船，最早见于《淮南子·说林训》载："钓鱼者泛杭。"高诱注："杭，航'通'，动。"《淮南子·主术训》载："大者以为舟航柱梁。"高诱注："方两小船并与共济为航。"《说文·方部》作舫，"方舟也"。用方舟钓鱼、捕鱼，在湖北农村，至今还存在，不过形式略有变化。有一种用鱼鸟捕鱼的小舟，就是用两小舟相并，两小舟之间有一定距离，用木板连接起来，恰成方形，可能此即"方舟"之由来。此种方舟行于小河、湖汊之所，它小而轻，主要用竹篙撑之行进，并利用竹篙指挥鱼鸟，不可能到大江和深水的地方去。船上所载，仅渔夫一人及所载鱼鸟十来只。说它轻，因在需要转移场所时，如水路不通，渔夫一人便可将方舟及所附鱼鸟一起挑起来行走。由此也可见这种方舟之小。

文献中所说的"航"，并不都是指这种捕鱼的方舟。《淮南子·氾论训》载："乃为窬木方版以为舟航。"高诱注："舟相连为航也。"《楚辞·惜诵》载："昔余梦登天兮，魂中道而无杭。"王逸注："杭，度也，一作航。"洪兴祖补注："杭与航同。"《水经注·渐江水》载："江水又东南径剡县……西渡通东阳，并二十五船为桥航。"《晋书·五行上》载："海西太和六年六月，京师大水……朱雀大航缆断，三艘流入大江。"由此看来，航不止并两船，还可并很多船，构成浮桥。用船连起来构成浮桥，春秋早期楚武王时就存在。《左传》庄公四年载，公元前690年，楚武王五十一年，武王伐随，"除道梁溠，营军临随。随人惧，行成"。溠，溠水；梁，桥也。即在溠水上将船并拢，上铺木板，搭成浮桥，故称梁。楚军不意而至，兵临城下，随人害怕，只得求和。这种构成浮桥的船，都是小船。

楚国小船的动力全靠人力。船的大小之分，主要看水域的深浅与装载的多少，小船的行进方式有划桨、撑篙的不同，摇橹是秦汉以后的事。桨在《楚辞》中被称为棹、楫、枻、吴榜。《释名》载："在旁拨水曰棹，棹，濯也，濯于水中也。且言使舟棹进也。又谓之札，形似札也。又谓之楫。楫，捷也，拨水使舟捷疾也。"《楚辞·湘君》载："桂棹兮兰枻。"王逸注："棹，楫也。枻，船旁板也。一作栧。五臣云：'桂兰，取其香也。'"洪兴祖补注："枻，音曳。楫谓之枻，一曰桅也。"

有人将枻理解为舵，认为楚人的船可能已使用了舵，这一点尚未经证实，故难以成立。江陵、长沙西汉早、晚期墓出土的木船模型，均没有舵，广州出土的东汉陶船模型，才出现舵的雏形。[①]

《楚辞》记载的桨还有桡，《楚辞·湘君》载："荪桡兮兰旌。"王逸注："荪，芳草也。桡，船小楫也。"《后汉书·吴汉传》载："装露桡

① 长沙西汉晚期木船模型见中国科学院考古所编著《长沙发掘报告》，科学出版社1957年，第154—160页；广州东汉陶船模型见中国科学院考古所编著《新中国的考古收获》图版捌拾，文物出版社1961年。

船”，李贤注："桡，短楫也。"可见桡是一种短楫或小楫。不过也有的注家将桡说成是棹(篙)，如《淮南子·主术训》载："夫七尺之桡而制船之左右者，以水为资。"高诱注："桡，刺船棹也。"用桨划船，水深必须达到一米多以上，否则无法荡桨，桨也可能碰到泥沙，触及礁石，受到损坏。

水浅时行船靠撑篙，楚时早已有篙。《吕氏春秋·异宝》载：伍子胥逃离楚国往吴时，"到江上，欲涉，见一丈人，刺小船，方将渔，从而请焉"。又《乐府解题》载：成连"乃与伯牙俱往，至蓬莱山，留宿伯牙，曰：'子居习之，吾将迎师。'刺舡而去，旬时不返"。所谓刺舡，就是用篙撑船。《玉篇》载："篙，竹刺船行也。"

小船的载重量有限。《释名》载，小船有"三百斛""二百斛"。《说文》载："斛，十斗也。"《正字通·斗部》："斛，今制：五斗曰斛，十斗曰石。"据陈梦家考证，从战国至东汉，200毫升相当一升，[1] 则一石(斛)相当2万毫升，也即20千克，200斛则为4000千克；300斛则为6000千克。一条小船的基本载重量：大型小船，可载重6吨；中等船，可载重4吨；最小的船，当然载重更少。这种载重量和今日湖北、湖南民间一些小船的载重量大体相当，因此这种推算是可信的。

楚国民船最简陋者有竹木筏。《楚辞·九章·惜往日》载："乘泛泭以下流兮，无舟楫而自备。"《尔雅·释水》载"庶人乘泭"，郭璞注："并木以渡。"这种竹木筏至今仍多见，犹以山区小溪水浅之处，竹木筏顺水漂流，很是便利。

第二类是大船类。大船主要行于大江、大湖。

楚占领吴越旧地后，依然需要航行于海上。大船不仅船体大，装载多，而且结构复杂，制造技术难度大。当时最先进的造船技术，都集中在造"舟师"之船上。在舟师船(战船)基础上发展改造大型舟船，又增加了许多特殊要求：如速度要求更快，船体要求更坚固，既要讲

---

① 陈梦家：《战国度量衡略说》，《考古》1964年第6期。

求安全、稳定，又要讲求机动、灵活，且适应作战要求。

楚国的舟师出现很早，《左传》襄公二十四年，就记载有"楚子为舟师以伐吴""吴人为楚舟师之役故"等。可见，这是楚国正规的水军，并已有一定规模，从初创到形成规模显然还经历了一段时间，因此楚国舟师的出现还应更早一些。楚国舟师所造的都是大船，据《越绝书·佚文》记载的吴国水军船只情况，可供参考：

> 《伍子胥水战兵法内经》曰：大翼一艘，广一丈五尺二寸，长十丈。容战士二十六人，棹五十人，舳舻三人，操长钩矛斧者四，吏仆射长各一人，凡九十一人。当用长钩矛长斧各四，弩各三十二，矢三千三百，甲兜鍪各三十二。中翼一艘，广一丈三尺五寸，长九丈六尺。小翼一艘，广一丈二尺，长九丈。
>
> 阖闾见子胥：敢问船军之备何如？对曰：船名大翼、小翼、突冒、楼船、桥船。令船军之教，比陵军之法，乃可用之。大翼者，当陵军之重车。小翼者，当陵军之轻车。突冒者，当陵军之冲车。楼船者，当陵军之行楼车。桥船者，当陵军之轻足骠骑也。

战国时一尺相当于23厘米，以此来换算，则大翼广3.5米，长23米；中翼广3.1米，长22米；小翼广2.8米，长20.7米。

上述尽管是吴国水军船只的情况，却同时也反映了楚国舟师船只的水平。道理很简单，吴本是一个偏僻落后之国，吴国的车战技能是楚国人教的。《左传》成公七年载，公元前584年，楚共王七年，楚叛臣巫臣入吴，"教吴乘车，教吴战陈，教之叛楚"，于是"是以始大，通吴于上国"。吴国的水军也是楚叛臣伍子胥去吴以后帮助组建的，吴国造船的规模与编制，显然也是从楚人那里学来的。

春秋后期，楚国的舟师主要是为了对付吴国，楚的版图、人口与经济实力各个方面都大大超过吴国，故楚国的战船绝不会亚于吴，至少是旗鼓相当或略胜一筹。吴后为越所灭，越又灭于楚，故吴、越的造船技术，包括造海船的技术，悉为楚所有，吴、越的技术水准，均变成了楚的水准。基于此，以上所列吴国的水军船只配备情况，也就反映了春秋后期楚国的舟师船只配备水平。

楚国的水上交通工具还有民用帆船。中国木板船上的风帆设置始于何时，学术界有不同的推测。1956年，湖南常德采集到1件属东周时期的人像钮铜錞于，该器底部发现帆船纹图案一幅。该帆船纹呈现出帆形物形态。郑若葵推测：结合此时期吴、越国经常在近海航行的文献记录情况看，东周时期当已出现高挂云帆并至少在近海地带频繁活动的帆船。[①]

楚人在舟船的建造方面，有许多重要的贡献。从《包山楚简》180、157、168可知，楚国设有专司舟船管理的"舟室"，有从事舟船管理的职官"司舟""司舟公"。

楚国设有襄阳北津造船厂。汉水自西而来，过襄阳故城，流经张家湾，再经东津湾、老营，于岘山东侧向东南流入宜城境。由于汉水受岘山顶托，在襄阳岘山东北侧形成了一块三面环水、一面依山的冲积滩地。据《襄阳府志》记载："鱼梁，亦曰槎头，在岘津上，水落时洲人摄竹木为梁，以捕鱼。"结合《水经注·沔水》记载分析，当今的鱼梁洲与汉魏时期的鱼梁洲方位大体上是一致的。从这里的地貌情况看，今万山（即岘山）东北庞公陶家湾一带当是古代舟楫往来聚集停泊的场所。《荆州记》有"庞德公居汉之阴，司马德操宅州之阳，望衡对宇，欢情自接，泛舟褰裳，率尔休畅"的记载，唐代孟浩然《夜归鹿门山歌》有"渔梁渡头争渡喧"的诗句，即说明此处自古以来是襄阳南北交通的重要津梁。《襄阳记》说："楚有二津，谓从襄阳渡沔，自南阳界出方城关是也。"而此处很可能就是当年楚人渡沔进入中原的其中一

---

① 郑若葵：《中国古代交通图典》，云南人民出版社2007年，第300页。

津。《读史方舆纪要》说襄阳城东五公里有东津渡关，为控汉江之险。即表明这里在春秋时是一处官船码头和水师集结地。

至于楚的北津造船场地在今何处，文献中无明确记载。但是，根据实地调查和有关文献记载，很可能在今湖北襄阳东北汉水北岸的张湾和故檀溪入河口处。据《梁书·武帝纪》载："弘策还，高祖乃启迎弟伟及憺，是岁至襄阳。于是潜造器械，多伐竹木，沉于檀溪，密为舟装之备……永元二年冬……收集得甲士万余人，马千余匹，船三千艘，出檀溪竹木装舰。"另据《元和郡县图志·山南道》载："邓塞故城，在县东南二十二里。南临宛水，阻一小山，号曰邓塞。昔孙文台破黄祖于此山下。魏常于此装治舟舰，以伐吴，陆士衡表称'下江、汉之卒浮邓塞之舟'，谓此也。"刘玉堂、袁纯富指出：这说明，故襄阳汉水南北两岸都是很适宜人们修造船只的。再结合今襄阳南北两岸在春秋时分布有樊、邓、鄾等诸侯小国看，在汉水边上设置修造船场地和军用港口是完全有可能的。[①]

肩舆(轿子)是最早在楚国出现的人力交通工具。

肩舆是轿子的古名，是一种无轮的乘舆，是通过利用他人的肩扛加脚力行走使乘坐者在坐的状态下达到行走目的的一种人力交通工具。

1978—1979年，河南固始侯古堆春秋末期大墓中出土3乘新型交通工具——肩舆。肩舆由底座、立柱、栏杆、舆杆和抬杆等部分组成。3顶肩舆大同小异，有4人抬、2人抬两种。4人抬的则可分为用抬杆抬和直接抬舆杆的两种。"肩舆"，汉代称"舆"，是中国后世用人力抬的最基本的代步工具。这是中国考古史上的首次发现，是研究中国古代肩舆形制珍贵的实物资料。此3乘肩舆舆身、舆顶及舆杆、抬杠保存都较为完整，造型大方，结构复杂，从形态特点看，可区分出金字顶屋式和伞顶方身围栏式两种类型。[②]

---

① 刘玉堂、袁纯富：《楚国交通研究》，湖北教育出版社2012年，第268—269页。

② 固始侯古堆一号墓发掘组：《河南固始侯古堆一号墓发掘简报》，《文物》1981年第1期。

金字顶屋式肩舆的主体用料为竹、木质地，整个底盘为目字形框架结构，内由4人抬乘，肩舆中部乘坐之处由木条围成一座小型房屋，周围有栏杆，并有立柱，再上有顶盖，四面起坡。底盘由竹条构成，两侧有舆杆，前后两端皆有抬杠、立柱的支撑，顶盖的转角处和舆杆、抬杠的两端分别套有三通、插管、龙头等不同的装饰构件，舆杆上刻有交叉的三角形纹饰，其间用云纹勾勒，显得庄重华丽。由于椁室塌落，肩舆已压毁，但构件尚存，可以复原。肩舆原涂有黑漆，顶盖和四周可能有帷幔设施，现已朽毁无存。肩舆的底部，未发现任何座榻、台、凳等设施，其上铺垫竹篾编席。肩舆底盘长1.34米，宽0.94米，通高1.23米。舆身栏杆是由凿有榫眼的方木套合而成，其上用竹条并用藤条打结相互牵连。前端有门，高82厘米，宽38厘米。舆杆为椭圆形，中间粗，两端较细，全长4.84米，中间宽8.8厘米，厚7厘米，原放在底盘两侧，使用时可能捆绑在底盘的边框上。舆杆尽头各有一横杆，并凿榫后插入舆杆的长方孔内，便于支撑和固定舆杆。抬杠两根，椭圆形，通体刻云纹，长1.5米，宽6厘米，厚4.8厘米。研究者曾对该肩舆进行过复原，复原模型长3米，高1.5米（**见图23-1**）。从形制特点上看，该肩舆应为东周时期贵族内眷出行时的代步之具。李修松指出，这次在淮河流域发现的肩舆，是我国最早的肩舆实物，这与春秋时期淮河流域交通的迅速开发是一致的。[①]

　　该肩舆主体使用竹木材料制成。乘舆下为方形底盘，并有木质的小方格栏杆，四角有立柱，上有横木接连，底盘和上沿均以透雕铜饰镶嵌扣合，既华丽又坚固，舆顶为伞形，伞顶方身围栏式，虽已压毁塌落，但伞股还清晰可辨，伞中间为一圆形木柱，下端残断，残高39厘米，径4.5厘米。伞柱中部凿有间距相等的六个方眼，由六个盖弓式的伞骨插入，向周围伸出。根据盖弓的复原长度计算，伞盖略超出舆身上沿，这在造型设计上也是合理的。这顶舆身形制小巧，制作

---

① 李修松：《试论春秋时期淮河流域之交通》，《安徽史学》2003年第1期。

精致，围栏较低，前后无门，乘坐时需要越栏跨入，然后安坐其中。舆底也发现竹篾编席，仍是就席而坐。舆身做正方形，长宽皆为90厘米。两根舆杆分别置于底盘两侧，八菱形，中间粗大，两端较细，顶端皆套有铜饰构件。舆杆全长3.47米，中间宽8厘米，厚7厘米。舆杆的两端均凿有方孔，由横杆插入。另有抬杆两根，杆身扁平，断面做椭圆形，两端均装有兽形铜饰包头。

郑若葵指出，上述肩舆在制作设计和加工技术上，都显示出一定的成熟性和完善性。结合出现不同形类的情况分析，或可认为，东周时期已是中国古代肩舆发展的成熟期，而肩舆的发明和渊源则可能应上溯到更早的夏、殷商或西周等时期。[①]

第七节　建筑、筑造技术、设计形态

在数百年的发展演变中，楚国建筑呈现出鲜明的地域色彩，形成了浪漫奔放、因地制宜、崇尚自然、实用美观、兼容并蓄、博采众长、趋时拓新的建筑艺术脉络。其风格特征可以归纳为以下几个方面：其一是楚建筑之台基高筑。楚王"好筑台"，其中章华台影响最大。高台建筑直接影响了秦汉以后的高层建筑。其二是楚建筑有美观的山墙。楚国的地面建筑虽然已经荡然无存，但有"山墙"建筑形态遗泽后世。楚地山墙有人字形山墙、三花形山墙、单拱形山墙、连拱形山墙、五花阶梯山墙，以及组合式山墙等。山墙体现了地域特色与各民族建筑互相融合的特征，还具有防火功能。其三是楚地尚存深挑的屋檐。屋檐深挑可以有效防止雨水与烈日，常见的建筑结构有天斗、屋檐、天井、悬山、硬山、散水、歇山等，它们都是深檐架构，与现代建筑中的曲面、盝顶、尖顶、体量挑出、片板挑出、斜面挑出等相似。其四是楚建筑结构复杂多样。楚地传统民居具有非常丰富的结构样式，且

---

① 郑若葵：《中国古代交通图典》，云南人民出版社2007年，第286—287页。

很多结构设计巧妙，主要有斗拱、落桩式、挑梁、悬山穿斗、板凳挑、槽门式、伞把柱、干栏式木柱、架空式、穿台式、阳台式和悬垂式等结构。[1] 其五是楚建筑制造精巧美观。楚国民居一般在屋檐下墙体上彩绘，色泽淡雅，门窗木雕做工精致，形态优美细腻。其六是以黑、红、黄为主。楚国建筑所用的黑、红、黄三色，是楚人远古图腾观念、祖先崇拜意识，以及尚赤、尚黑之风和崇鸣凤习俗的体现。[2]

张宗登指出：先秦时期的楚国经济实力雄厚，建筑水平高超，曾建造了种类繁多、规模浩大的楚国建筑，它们在建筑布局、形体、结构、制作工艺等方面都特色鲜明，只是由于年岁久远，现在已很难见到其原貌。根据考古遗址与文献资料的记载，楚国的建筑主要有城市建筑、宫室建筑、墓葬建筑、矿井建筑和水井建筑等五类。这些建筑类型多层面、多角度、多阶段地体现了楚国建筑的技术成就与建造特征。[3] 下文仅叙述楚国城市建筑、宫室建筑和墓葬建筑三个方面情况。

一、楚国城市建筑

自从西周初期周公创建东都成周，开创小城连着大郭的布局，"筑城以卫君，造郭以居人"，这种方式不仅成为此后建设都城的准则，而且成为设置所有城邑的原则。自从郡县制度推行，所有郡城和县城也都是小城连着大郭的布局。随着商品经济的发展，为满足居民生活上的需要，"城"和"郭"中常设有"市"，"郭"中的"市"就有一定的规模和设施。据《考工记》说：匠人建筑国都"面朝后市"，所以要规定国都的建筑前面为朝廷而后面为市，也就是这个缘故。这个"面朝后市"的国都建设的规范，一直被后世所遵循。

春秋战国间，由于农业和手工业生产的发展，以及商品经济的发展，城市也随着发展起来。这时城市人口也随之增多，一方面是由于

---

① 刘玉堂：《有无相生 道法自然——楚国的建筑艺术》，《政策》1998 年第 12 期。

② 郭习松、彭一苇：《追问"荆楚派"》，《湖北日报》2015 年 3 月 16 日。

③ 张宗登：《先秦时期楚国设计艺术的多元融合研究》，九州出版社 2022 年，第 289—290 页。

人口的增加，另一方面是由于农村人口不断向城市集中。有些大城市方圆不止三里，户口也不止万家。一般说来，当时郡城的规模要比县城大一倍以上，国都的规模又要比郡城大一倍以上。

在各国的国都中，以齐国都城临淄（今山东临淄北）规模为最大，也最繁华。《战国策·齐策一》《史记·苏秦列传》曾这样描写临淄的繁荣情况：临淄城中共有七万户人家，每家有三男子，就有二十一万男子。城市中的娱乐，有吹竽、鼓瑟、击筑、弹琴等音乐活动，有斗鸡、走犬、六博、踏鞠（踢球）等娱乐活动。道路上来往车辆很拥挤，常常车轮和车轮相撞；来往的行人也是肩膀碰着肩膀。人们的衽（衣襟）连起来可以合成帷，人们的袂（衣袖）举起来可以合成幕，大家一挥汗就好像下雨一般。人们都"家敦而富，志高而扬"。临淄城中最热闹的街道叫作庄，是一条直贯外城南北的"六轨之道"。这条街道附近最热闹的市区叫作岳，在北门以内，是市肆和工商业者聚集之所。所谓"庄岳之间"，是当时齐国人口最密集且最繁华的地方。

临淄城中被称为庄的街道和被称为岳的里，春秋时已有。据《左传》襄公二十八年载，"得庆氏之木百车于庄"。杜注："庆封时有此木，积于六轨之道。"又载，庆封"还伐北门，克之。入，伐内宫，弗克。反，陈于岳，请战，弗许，遂来奔"。杜注："岳，里名。"可知岳在北门以内，内宫之北。另据《左传》昭公十年载："五月庚辰，战于稷、栾、高败，又败诸庄。国人追之，又败诸鹿门。"可知庄可通东南的鹿门，庄应为直贯外城南北的大道。

春秋时期，楚国的城市建筑，以为郢最有特色。

"为郢"的空间布局：

宜城楚皇城遗址，位于今湖北省宜城市郑集镇东面的一处岗地上。北至宜城市区 7 千米左右，东距汉水不到 6 千米，南至赤湖约 4 千米，西距蛮河约 8 千米，是春秋中后期楚国都城"为郢"之所在。从现存城址的规模来看，南北长约 2 千米，东西宽近 1.5 千米，大致呈矩形，面积近 3 平方千米，规模较大。从考古发掘的情况来看，整个城址主要包括城垣、城门、瞭望台、道路、内城、制陶作坊等部分构成。楚都"为郢"布局图见图23-2。

从此图看，楚皇城的城垣、城门布局十分清晰。

据考古调查，整个城址坐北朝南，北偏西20度左右。四周城垣保存较好，西、南城垣和北城垣西段较直，北城垣东段和整个东城垣依地形蜿蜒曲折，整个城址平面大致呈矩形。据测量，东南西北四面城垣分别长2000米、1500米、1840米、1080米，城垣周长6440米。城垣均为土筑，现存城垣底部宽24米~30米，上部略窄，宽12米~21米，墙体高1.5米~2.5米，东墙较高，西墙稍矮。

1976年至1977年，楚皇城考古发掘队曾对该城址进行了勘测发掘。在东城墙一处缺口，对城墙进行了挖掘分析，城墙由夯筑的墙体、墙基和护坡三部分组成。修筑城墙时，应是先平整土地夯筑墙基，墙基上窄下宽，剖面呈梯形，再在墙基上夯筑墙体。墙体内侧与墙基齐平，外侧则留出来2米左右，墙体同样是上窄下宽，采用版筑，夯土为灰褐、黄褐色黏土，夯筑结实。同时在墙体内外，还夯筑有护坡，墙体外侧的护坡夯筑于伸出来的墙基之上，内侧护坡则倚墙体和墙基夯筑。[①] 这种修筑方式，使得城墙外侧整体坡度比内侧更陡，有利于抵御敌人的进攻。

城垣每边各有两个缺口，当地人称之为大、小城门。由于几个缺口大都有积水，钻探较为困难，当时只对东城垣偏北的一处缺口进行了钻探，发现有路土，因而大致可以判断该处缺口应为城门，其余缺口大小相似，也应是城门无疑。这样"为郢"四面城垣各有两门，共有八座城门。此外，在城墙的四角，明显隆起，除西北城角遭破坏外，其余均保存较好，东南城角隆起最为明显，当地群众称之为"烽火台"或"观楼子"，登上可俯瞰整个城址。因而城墙四角当时应修筑高大的夯土台，作用类似今天的瞭望塔，可以进行警戒瞭望。

---

① 楚皇城考古发掘队：《湖北宜城楚皇城勘查简报》，《考古》1980年第2期。

楚皇城内城。结合几处城门的位置，大致复原出城内道路布局，因每边都有两个门，纵横交错，构成城内"井"字形道路网。在"井"字形道路网偏东北位置，尚有一块台地，当地群众称之为"金城""紫禁城""小皇城"。根据考古钻探，该台地的东、南、西三面原有城墙，北面倚大城北城垣，共同围合成内城，面积有 0.38 平方千米，暂且称之为金城。进一步发掘表明，金城城墙为夯筑，夯土层内夹杂有绳纹瓦片和几何花纹砖，而这都是典型的汉代遗物，加上金城地表尚存很多汉代遗物，故考古报告认为"金城的时代比大城晚得多"。① 但是从金城西南挖掘的桃林探方来看(深 2.7 米，大小 4 米×6 米)，在最下一层，虽然文化层较薄，但仍发现有一些瓦片、陶豆和陶罐的残片，年代早于秦汉，大概在春秋战国时期。据此可作进一步推测，这些残存的瓦片和陶器残片，表明在春秋战国时期，这一带为居住生活区，因而在遗存中会有瓦片等建筑材料和各种日用陶器残片。

同时，在金城南部偏东，有一处高坡，据当地群众反映，暴雨过后，坡地周围经常可以捡到金屑，所以当地人称之为"散金坡"或"晒金坡"。据考古工作者判断，"这些金屑实际是斫金的碎屑"，而且1977 年 5 月初，考古工作者还在宜城银行见到了一块楚皇城出土的金子，重 7.45 克，字迹虽有斫伤，但从形制上来看，应是"郢爰"。"郢爰"作为楚国特有的一种货币，目前在安徽寿县楚都遗址内②和湖北荆州纪南城遗址③均有发现。从整个城址内的地势来看，位于城址东北方的金城地势最高，是一处台地，而城内其余地区则为平地。再联系"金城""晒金坡"等地名，加上金城一带曾有"郢爰"出土，据此推测金城一带很可能是当时的宫殿区。④

① 楚皇城考古发掘队：《湖北宜城楚皇城勘查简报》，《考古》1980 年第 2 期。
② 涂书田：《安徽省寿县出土一大批楚金币》，《文物》1980 年第 10 期。
③ 荆州博物馆：《湖北江陵首次发现郢爰》，《考古》1972 年第 2 期。
④ 蒋秀林：《春秋战国楚都研究》，陕西师范大学硕士学位论文，2018 年，第 31—32 页。

二、楚国宫室建筑

春秋时期各国的建筑蓬勃发展，考古发掘展示出各国宫殿建筑相当庞大。洛邑东周王城及郑、赵、韩、魏、燕、中山、齐、鲁、秦、楚、邾、滕、薛、黄、蔡、蒋、蓼、宋等国的都城大都已经被考古发掘揭示出来，其中，一些大国都城中的宫殿遗址规模十分惊人。宫殿都建在宫城内，一般筑有高台，在台四周建屋，形成在台基最上层建主殿，四周廊屋环抱的台榭高层建筑。与之相匹配的是平地上的多重庭院，即所谓台榭建筑。仅楚国江陵纪南城（郢都）内就有夯土台基84个，这应是84处宫殿建筑的遗存。据文献记载，齐景公的路寝台和柏寝台、晋灵公的九重之台、吴王夫差的姑苏台、越王勾践的燕台、楚灵王的章华台等，都是春秋时期非常有名的台榭建筑。齐国宫内有"桓公台"，呈椭圆形，高14米，南北长86米，周围有多处夯土基址，当时周边应有大片建筑群。[①]

楚灵王修建的章华台，宏伟华丽，"台高10丈（约30米），基广15丈（约45米）"。该建筑形式也曾风靡一时，《楚辞·招魂》中有"网户朱缀，刻方连些""仰观刻桷，画龙蛇些"的描述，说明楚国的木结构建筑形制独特、雕刻精美、色彩华丽。先秦时期，楚国建筑制造技术影响较大，各诸侯国竞相效仿。据《左传》襄公三十一年载："公作楚宫。"杜预注："适楚，好其宫，归而作之。"说的是鲁襄公喜欢楚宫，在自己的国境也建造了一座楚宫。

楚宫章华台复原图**见图23-3**。

湖北潜江龙湾放鹰台是另一重要的楚国宫室建筑遗址。其规模很大，同时期遗物覆盖面积达到500万平方米。放鹰台坐落在离地5米左右的土堆上，南北长为75米，东西宽为60米。放鹰台遗迹可以分为两层，上层较小，下层较大。台基用碎瓦片、烧红的夯土，以及泥

---

① 中国社会科学院考古研究所编著，张长寿、殷玮璋主编《中国考古学·两周卷》，中国社会科学出版社2004年，第229、251、261—262页。

土混合垒筑，台基上部的墙体用砖坯砌筑。放鹰台为坐北朝南布局，东西长约 38 米，南北长约 25 米，南北向的为正殿，东西向的为偏殿。在放鹰台下层较大的台基上，遗留有数量众多的板瓦、筒瓦、瓦当楔形方砖，以及残门环等建筑构件。此外，在台基内还发现有居住面、贝壳路、砖坯墙、门道、柱子洞、散水等建筑遗迹。被发现的瓦件大多为手工制作而成，结构不规整，表面凹凸不平，反面有菱形、方格、蓝纹、绳纹等，瓦当多为素面。有的筒瓦上还留有安装瓦钉所需的孔，筒瓦的反面专门设计了一个圆锥形的小弯钩，可以连接其他木质的构件，设计非常巧妙。大量板瓦、筒瓦的发现，说明在楚国建筑上，瓦已经非常普及，且用板瓦垫底，檐口装有瓦当加固瓦片，便于向下排放雨水。

楚国建成章华台之际，各国的宫殿建筑尚未起步。到战国时期，每个国都的宫城中，都有规模宏大的宫室。例如《史记·商君列传》载，秦孝公迁都至咸阳，就曾模仿鲁、卫等国的宫室规模，"筑冀阙宫庭于咸阳"。而且有的国都不止一个宫室，例如秦国还有咸阳南宫。据《史记·秦始皇本纪》载："秦王乃迎太后于雍而入咸阳，复居甘泉宫。"《集解》引徐广曰："《表》云咸阳南宫。"《史记·吕不韦列传·集解》引徐广语也说："入南宫。"当以作"咸阳南宫"为是。《史记·赵世家》载，赵国有信宫、东宫，赵武灵王就曾在这里上朝。《孟子·梁惠王下》载，齐国有雪宫，那是国君游乐的处所。在其他的都市，各诸侯国国君也往往建有供其游乐的宫室，例如秦国在雍有秦孝公所建的橐泉宫、秦昭襄王所建的棫阳宫，在陈仓（今陕西宝鸡东）有秦昭襄王所建的羽阳宫，在美阳（今陕西武功西）有宣太后所建的高泉宫，在虢（今陕西宝鸡东虢镇）有宣太后所建的虢宫。[①] 韩国在成皋、荥阳有鸿台之宫。赵国在沙丘（今河北巨鹿东南）有沙丘宫。秦的都城雍（今陕

---

① 孙楷著，杨善群校补《秦会要》，上海古籍出版社 2004 年，第 554—555 页。

西凤翔），从春秋时代一直沿用到战国初期。[①]

楚国建筑建成有落成之礼。古代宫室建成，庙建成，均会举行落成之礼，衅以祭之，饮酒庆贺。据《礼记·杂记下》载："衅屋者，交神明之道也。"《左传)昭公七年载："楚子成章华之台，愿与诸侯落之。"注："宫室始成，祭之为落。"《礼记·杂记下》载："成庙则衅之，其礼：祝、宗人、宰夫、雍人，皆爵弁、纯衣。雍人拭羊，宗人祝之，宰夫北面于碑南，东上。雍人举羊升屋，自中，中屋南面刲羊，血流于前，乃降。门、夹室皆用鸡，先门而后夹室，其衈皆于屋下。割鸡：门当门，夹室中室。有司皆乡室而立，门则有司当门，北面。既事，宗人告事毕，乃皆退，反命于君曰：'衅某庙事毕。'"注："庙新成必衅之，尊而神之也。"《大戴礼记·诸侯衅庙》载："成庙，衅之以羊"，"雍人举羊，升屋自中，中屋南面，刲羊，血流于前，乃降。门以鸡。有司当门北面，雍人割鸡屋下，当门。郏室割鸡于室中，有司亦北面也"。《说文》载："衅，血祭也。"

三、楚国墓葬建筑

楚国民众普遍具有浓厚的"事死如事生"的观念，认为人死之后，在阴间仍然过着类似阳间的生活。从已发掘的楚墓来看，楚人建造了诸多适合不同身份地位死者的墓室建筑，多为土坑木棺墓和土坑单棺墓，可以从侧面表现楚国的建筑状况。

目前已经发现的楚国墓葬有数千座。按照棺椁的形制，这些墓可以分为大、中、小三种类型。楚人非常重视墓地的规划与布局。在湖北江陵纪南城遗址附近，发现有大量的楚墓遗址，层次不一。其中，江陵八岭山是楚国贵族"公墓"所在，墓葬大且规整；雨台山以中小型楚墓群为主，为楚国的"邦墓"区。[②] 此外，楚国墓葬区大多三五成群，互相连成一片，这体现了一定的血缘关系，即是"家族"的墓地。这种

① 杨宽：《战国史》，上海人民出版社 2019 年，第 126—127 页。
② 湖北省荆州地区博物馆：《江陵雨台山楚墓》，文物出版社 1984 年，第 142 页。

现象在今天的湖南、湖北还广泛存在，即相同姓氏的族亲安葬在同一个区域。楚人对墓地的选择也非常讲究，墓葬大都安葬于坡面之上，土质以黄、褐土层为佳。坡面含水量少，土质细腻，结构相对比较紧密，落葬时施工也比较方便——回填的土层经夯实之后，可以高度密封棺椁。楚人高超的土建能力，在单体墓葬中也有所体现。如楚墓墓葬大多呈半圆形，墓葬之上均留存封土，大于墓口，多经夯打，结构紧密，既可以展示墓主的身份，又可以加大墓坑土层的密封性能。墓坑形制有竖穴土坑、带斜坡墓道的竖穴土坑、带墓道与台阶的竖穴土坑三种。墓坑越大越复杂，墓主的身份就越高。

在楚国墓葬建筑中，频繁出现以青铜等金属为代表的连接件，有铜抓钉、铅攀钉，主要用于木构件的拐角处。这说明楚国土木建筑工艺已经达到很高的水平。

在楚国中小型墓葬建筑中，出现了几种比较有特色的木构榫接方式：一是扣接法。因木构件各部位不同，分别采用边沿扣接、对角扣接、子母扣接等方式，对木构件进行连接。边沿扣接在两板的平列处比较多见，一般是在两块木板的边沿错位处凿槽，再将两板互相搭扣，也有在两块木板的边沿处都凿成阶梯形，再相互扣合的。对角扣接可分为单扣、双扣两种。单扣是在两块木板一端各切出二分之一的三角状，再叠合，类似边沿扣合。边沿子母扣接一般用于棺盖与棺体扣合的部位。二是套榫。套榫分为半肩套榫与浅槽套榫两种。半肩套榫一般在挡板两端各制出两个长方形榫，然后在侧板上凿出方形榫眼和榫槽相结合，再进行套合，常用于棺墙板与挡板结合处。三是锁榫。一般用于垫木的加长和棺的拐角处，均束腰形，使两块木板不易脱开。四是栓榫。类似今天的木销，常见于棺盖、底板及棺墙板的结合处。[①]

从墓葬建筑陈设推测来看，楚人的室内陈设也是有一定规律的。使用者已经具备基本的功能分区概念，能根据用途划分不同的室内空

---

① 王从礼：《楚国的土木建筑技术成就及特点》，《荆州师专学报》1991 年第 3 期。

间。由于当时"席地而坐"是常见的起居方式，因此室内陈设最多的是竹席。竹席上面一般摆放着几与案，多为木质，形似今天的长条小板凳。楚墓中常见的几有平板几与立板几两种，平板几主要用于凭依休息，立板几用于放置物品。平板几大多设计成微弧形或微弧面，板面高度与人跪坐时相当，这样更加适合人们凭依，符合人体学。楚墓中除了几还有大量的案，说明几与案是楚人家中必备的陈设品。

张宗登评价：总体来看，楚人土木建筑知识丰富，土木建造技术精炼、娴熟。楚人的建筑构造中，无论是位置选择、建筑布局，还是方案设计、施工技术的处理等都恰到好处，说明当时的楚国建筑整体上达到了较高水平。[①]

楚国筑造技术在先秦时期也是独树一帜：

其一，地基的建造技术。楚国建筑在筑造时都有清理基址的工序。基址设施有多种，根据地形、地理位置、土质和建筑物的情况而灵活采用清理方式。如在楚国都城纪南城北门遗址，发现在建造城门之前，工匠已将城门建设处周边的松土、淤泥、腐朽植物等杂物清理干净，地基打牢后，再用夯土将其夯实，整座城门修筑在坚固的生土或夯土上面。为了确保整个建筑结构不下沉，除填筑夯土外，工匠们往往还会挖基填物，使承重部位变得坚固。湖北潜江龙湾章华台遗址的"上层台基位于夯土台基中间部位，先将夯土台基下挖20厘米，填红烧砖坯、瓦片以作台基基础"[②]。宫殿建筑与上层台基构筑在台基基础之上，除采用常见的木柱承重之外，建筑一般还会采用挖槽方式筑基，有的还使用特制材料直接筑基。纪南城北门门道城垣与房屋墙基采用挖槽方式筑基，城垣基槽设在墙体内外侧，宽约250厘米，深约50厘米，门房墙基槽宽约100厘米，根据土质不同确定基槽深度，最深处

---

① 张宗登：《先秦时期楚国设计艺术的多元融合研究》，九州出版社2022年，第298页。

② 陈跃钧：《湖北省潜江龙湾章华台遗址的调查与试掘》，载《楚章华台学术讨论会论文集》，武汉大学出版社1988年，第4—5页。

达 140 厘米。地基是建筑物下面的支承基础，先秦时期楚国民众已经掌握了比较先进的地基建造方法，并对后世土木建筑的修建起到重要的推动作用。

其二，木质框架夯筑技术。楚国所处的江汉平原为典型的淤积平原，汉水、长江、沮漳河的交汇处，雨水充足，湖泊众多，终年潮湿，土质不硬，楚都纪南城便建于此处，建在淤积平原的基址容易下沉，夯垣、台基也易于崩塌，为了解决台基崩塌、下沉的难题，木质框架式夯筑法被广泛采用。楚都纪南城西南的拍马山有一遗留的夯土台基，台基上木质梁柱和隔板纵横交错于夯土之内，呈方格状，这是典型的木质框架式夯筑法。木质框架式夯筑法通过木板分隔、纯土夯实，可使台基高筑坚挺，解决地势低洼、土质潮湿、台基下沉的难题，这种方法在楚国城垣构筑中比较常见。楚国陈城遗址位于淮阳，在修复城垣时，夯层的栓用横木制作，用数万根圆木有序排列，[①] 这是早期的"锚拉技术"，土建专家认为它是"钢筋混凝土"思想的开端。[②]

其三，筑土烘烤技术。先秦时期的建筑城垣、台基大多用夯土筑基，用木板筑墙。在楚国章华台遗址，发现室内建筑的建造工艺使用了烘烤技术。高温烘烤纯土可以使土质硬化、防水。章华台遗址室内居住的地面，夯土台基的表面，墙内柱洞的内壁，四周的墙面，门道的内壁，都采用了高温烘烤技术。墙壁外面已基本烘烤成砖质，长为60.5 米，平均高度在 2 米，厚约 5 厘米 ~ 6 厘米。这样规模的红烧土面，平整、均匀，显然是人为有意烘烤的。经此高温烘烤技术处理的建筑表面，防潮、防塌性能显著提升，这种方法对处于江汉平原地区的民众非常实用，因此在楚国遗址中比较常见，体现了早期楚国民众较高的建筑智慧。在章华台遗址的发掘报告中，被烘烤过的建筑土层被称为"砖坯"。从遗留下来的实物看，"砖坯"质地类似砖，且连成一

---

① 曹桂岑：《楚都陈城考》，载《中原文物：河南省考古学会论文选集》1981 年特刊，第 37—40 页。

② 张正明主编《楚文化志》，湖北人民出版社 1988 年，第 137 页。

块，不区分，而没有进行烘烤之前的"红烧土"为搅拌泥，是土坯的一种。章华台宫门两侧的门垛，使用经过烘烤但不甚规则的"砖坯"筑砌，这种"砖坯"与砖近似，是使用废弃建筑物的红烧土加工而成的，还不能叫作"砖"，应该是砖的最早雏形。

其四，木工制作技术。木质材料保存时间有限，先秦时期的木质建筑一般很难保存到今天。非常难得的是，在楚国境内，发现有矿井支架、水城门木结构遗迹、陵墓棺椁、水井支架等木结构。在湖北大冶铜绿山矿井的坑道中，发现一种木质支护框架，该框架为"鸭嘴"与"亲口"相结合的搭接式，由立柱 2 根带叉，地梁 1 根，横梁 1 根，内撑木 1 根组成。湖北江陵溪峨山二号楚墓的椁室长 352 厘米，宽 172 厘米，高 150 厘米，椁室由棺室、头室、边室三部分组成。从功能分区来看，棺室为卧室，头室为堂厅，边室为仓库，结构非常完整。头室隔梁下设有门，门楣、门框和门板均有。门板表面雕刻有"斗"字图形，用凸榫装在门框榫眼内；门楣有浮雕几何纹和透雕长方孔，棺室与边室之间设格子窗。① 湖北江陵天星观 1 号楚墓，棺椁用木材 150 多立方米，木料砍制平整，均为楠木，椁室长 820 厘米，宽 750 厘米，高 316 厘米，椁室内使用了垒砌、浅槽套榫等技术，内部分为七间。整个椁室彩绘带有非常精致的花纹。棺木非常坚固严密，内壁彩绘壁画有 11 幅。棺室与东、南、西三室之间饰有彩绘门窗，体现出较高的技术水平。棺椁使用了楔木、套榫、浅槽套榫、扣接、粘料、暗榫、锁榫等多种连接方式，连接或转角处用铜、铅等金属结合加固。② 从以上遗址的木质建筑构件可以看出，木质构件在楚国建筑中具有重要地位，从地基到墙壁、屋顶，基本上都使用了木质榫卯结构。

楚国建筑蕴含多元的设计形态。《楚辞·招魂》中有关楚国建筑的描述，"高堂邃宇，槛层轩些。层台累榭，临高山些"，形象地介绍了

① 杨定爱：《江陵溪峨山楚墓》，《考古》1984 年第 6 期。

② 湖北省荆州地区博物馆：《江陵天星观 1 号楚墓》，《考古学报》1982 年第 1 期。

楚国宫室建筑的特点。文学作品毕竟具有一定的艺术性和夸张性，仅看文献记载很难清楚表述楚国建筑的设计特征。根据前文提到的宫室建筑遗址、墓葬形制、工程建筑遗址，可以大致归纳出楚国建筑具有以下设计特点。

第一，"坐北朝南"的建筑方位布局。墓葬建筑是地面建筑形式的反映，楚国建筑具有"坐北朝南"的特点，从楚国墓葬建筑中可以得到印证。湖北江陵雨台山楚墓群共发掘558座墓葬，其中，有405座为南向，占比约73%；湖北当阳赵家湖楚墓群，已经发掘297座楚墓，其中，有200座为南向，占比约70%；湖北江陵拍马山楚墓群，已经发掘27座楚墓，其中，有24座为南向，占比约90%。此外，楚都纪南城遗址基本上遵循南北走向，其宫室台基为南向微偏东。由此可以看出，楚国建筑大多遵循"坐北朝南"的特点。从风水学的角度看，"坐北朝南"的建筑布局与楚地的地理环境是紧密相关的。楚国地处亚热带气候区，房屋坐北朝南，在夏季可以避免阳光的直接照射，在冬季可以避免北风的影响，且面朝南可以较长时间受到阳光的照射。楚国建筑设计布局，是民众在长期的生活实践中积累的结果，也在功能上满足了实际的需要。直至今天，楚地的建筑大多遵循"坐北朝南"的设计布局。

第二，"因地制宜"的干栏式建筑形制。干栏式建筑一般底层架空，具有通风、防潮、防兽等优点，多用于气候温热、潮湿多雨的南方地区。干栏式建筑被认为是楚国建筑的一个特色。张良皋在论述楚国宫室建筑结构时，提出了"楚宫以台榭为特色"[①]的观点。"榭"就是干栏结构的意思。从现代气象学的资料可知，楚国中心区域——江汉平原年平均温度约为17℃，属于亚热带季风气候，全年温暖潮湿、雨热同期、热量充足，年平均降雨量达1100毫米~1300毫米之间。为了克服住房潮湿对身体造成的危害，生活在江汉平原的劳动人民，很早

---

① 张良皋：《论楚宫在中国建筑史上的地位》，《华中建筑》1984年第1期。

便创造了在建筑物内用红烧土、白膏泥铺地的技术。干栏式建筑的设计目的是防潮防湿。先秦时期，楚人已经广泛建造干栏式建筑，这在楚国墓葬建筑中可以获得佐证。楚国的悬底棺所采用的就是干栏式结构——棺木的侧板支撑棺木悬空，这在楚国墓葬中非常常见。在湖北江陵雨台山的楚墓群中，共发掘楚墓 558 座，结构清晰的 224 座棺木中，悬底棺达到 222 座。悬底棺是仿造地上建筑而设计制造的，这种不接触地面的结构形式，可以有效防止棺木受潮而被腐蚀。

第三，"对开式"的板门设计结构。"对开式"的板门在楚国建筑中比较常见，这一点可以在楚国墓葬建筑中获得佐证。板门在楚墓中数量丰富，结构完整，精雕细刻，遵循典型的黄金分割法则，其美观程度与现代的板门相似。[1] 从出土的板门来看，板门高度固定，结构耐看，符合黄金分割比例，门高需符合人体身高尺度，约为 200 厘米。通过测定楚墓中多具人体骨架的尺寸，发现当时楚人的平均身高与今天楚地民众的身高相差不大，因此板门高度设置为 200 厘米是比较合适的。为了使板门门洞符合黄金分割比例，板门的宽度大多保持在 140 厘米~150 厘米左右，也就是每扇门的宽度为 70 厘米~80 厘米。楚墓出土板门都是通过门轴、门臼与门框连在一起，与现实生活中的板门相同。楚国的设计者通过减轻板门的重量，缩短门的重心与门轴之间的距离，可以有效减少摩擦力。制作者大多通过缩短门的重心与门轴之间的距离来减少板门门轴与门臼之间的摩擦力。[2] 此外，为了统一形式与协调各功能之间的关系，使板门门洞保持黄金分割比例，板门设计者制作出对开板门，这样开启比较方便，开启后门扇所占的空间也比较小。采用对开式板门，是楚人在房屋建筑中的一项创造性设计。"对开式"板门的设计符合黄金分割比例的几何美，且开关方便，能将功能与美观统一起来。

---

① 后德俊：《从楚墓室门的比例看我国早期建筑中对"黄金分割"的运用》，《华中建筑》1985 年第 1 期。
② 后德俊：《从楚墓室的构造看楚国建筑的几个问题》，《华中建筑》1986 年第 3 期。

第 二 十 四 章

春秋战国之交楚国的
政治和经济

第一节　诸国君弱，楚王始终控制军政大权

春秋时期，各诸侯国政治的最大变化，是王权不断下移，其中，以晋国、齐国、鲁国为典型。但与晋国、齐国、鲁国国君情况相反，楚国国君的地位一直异常稳定，且始终执掌军政大权。

"国家之势，不外重则内重，外重之弊，权夺于异姓，内重之弊，势落于宗藩。……楚以蛮夷之国，而自春秋迄战国四五百年，其势常强于诸侯，卒无上陵下替之渐者，其得立国之制之最善者乎!"清人顾栋高在《春秋大事表·春秋楚令尹表》中将春秋之势说得非常明白，同时也提出了一个问题，就是楚国王权在春秋战国时期四五百年的历史中始终保持着对公卿的控制，较好地处理了内重与外重的问题，而这一点的实现可能与其立国之制有相当大的关系。后来的学者对此问题仍保持着较大关注，如童书业提出："城濮之战，子玉自杀；鄢陵之战，子反自杀。柏举之战，囊瓦奔郑；与晋荀林父及列国诸臣战败后少见处罪者迥不相同。春秋之末，虽王族子西、叶公等执掌大权，然未闻抗王命也。"[1]这里面显然也提出了楚国王权在春秋时代的特殊性的问题。

纵观楚国历史，历代楚王为了防止王权的旁落，做了很多努力，极力控制当时王权最主要的威胁者——世族，并给予他们严厉的打击。

一、楚王压制世族的军事权力

军事是一个世族力量的表现。春秋时期世族可拥有的军事力量主要有两种：一种是采邑兵，即由采邑提供军赋(给养、车马、武器)，列入国家军队的正规编制，由国君统一调动，由采邑主直接指挥的军队。一种是属于世族的私属武装，即文献中所谓族兵、私属、私卒之类。楚王对楚国世族的军事武装始终充满戒心，因而对其进行了严格

---

① 童书业：《春秋左传研究》，上海人民出版社 1980 年，第 335 页。

的限制，主要针对的也是上述两种武装，即采邑兵和私属武装。

楚国世族没有采邑兵。根据文献记载，楚国军事力量主要有直属于楚君的"王卒""宫甲"，还有县师，如"申、息之师""陈、蔡、不羹、许、叶之师"，还有属于世族的"族兵"和蛮夷之族的"蛮军"，没有关于世族采邑兵的记载。有学者认为："楚大夫之封邑乃只有经济意义的食邑，而具有军事意义的县、邑则由国君掌握，委派大夫去治理。"因此，春秋时期的楚国，世族的封邑是不出军赋的。[①]

楚国世族没有采邑兵，这极大地限制了楚国世族军事力量的发展。鲁、晋等国卿大夫的强横，就是凭借其庞大的采邑兵。楚国的薳启彊曾说过一段话，可以非常清楚地表明晋国卿大夫的军事力量。据《左传》昭公五年载："韩赋七邑，皆成县也。羊舌四族，皆强家也。晋人若丧韩起、杨肸，五卿八大夫辅韩须、杨石，因其十家九县，长毂九百，其余四十县，遗守四千。"长毂九百，即兵车九百乘。韩氏有七县的实力，拥有兵车七百乘，而当时晋国总体兵车数是四千乘左右，韩氏一族占到晋国整体兵车数的六分之一左右。韩氏（韩宣子）当时是晋国上卿，晋国其余五卿所拥有的军事力量也不会太少，那么晋国公室的军事力量一定是非常有限的。至于鲁国，春秋中晚期后，其军事力量主要控制在"三桓"的手里。鲁国季孙氏、叔孙氏、孟孙氏于襄公十一年"正月，作三军，三分公室而各有其一"，杨伯峻注："盖鲁国之军，本为公室所有。今作三军，以三军改为季孙、叔孙、孟孙三族所私有。"到鲁昭公五年的时候，又"四分公室，季氏择二，二子各一"，可见"三桓"的军事力量急剧增强。另据《左传》哀公十一年载："鲁之群室，众于齐之兵车。一室敌车，优矣。"这是说鲁国卿大夫的兵力几乎可以和齐国的兵力相当，虽不可确信，但鲁国卿大夫私家兵力的强盛可见一斑。所以，晋权落于异姓，鲁权分于"三桓"，公室失

---

① 段志洪：《周代卿大夫研究》，台湾文津出版社 1994 年，第 146 页。

去了和卿大夫相抗衡的军事保障，最后被取代。[①]

　　相较于这些国家，楚国的世族没有采邑兵，从而没有形成可以和公室抗争的力量，所以历次楚国世族与楚王相争，均是以楚王获胜而告终的。

　　楚国世族私属武装力量规模小。楚国卿大夫的私属武装见于记载的，有阎敖之族，《左传》庄公十八年载，"阎敖游涌而逸。楚子杀之，其族为乱"。有若敖之六卒，《左传》僖公二十八年载，在城濮之战中，楚子玉"以若敖之六卒将中军"。杜预注："六卒，宗人之兵六百人。"有郤宛的族兵，《左传》昭公二十七年载："郤宛直而和，国人说之，……无极曰：'令尹好甲兵，子出之，吾择焉。'取五甲五兵，曰：'置诸门，令尹至，必观之，而从以酬之。'及飨日，帷诸门左。无极谓令尹曰：'吾几祸子。子恶将为子不利，甲在门矣。'"有子强等五人的私卒，《左传》襄公二十五年载："舒鸠人卒叛楚，令尹子木伐之，及离城，吴人救之。……子强、息桓、子捷、子骈、子盂……五人以其私卒先击吴师。"

　　若敖氏之乱后，楚王限制了世族私属武装的发展。楚王可能采取了某种措施来控制世族拥有成规模的私属武装，这可以从若敖氏叛乱前后世族军事武装的对比情况来证明。若敖氏叛乱之前，阎敖之族可以族为乱，来抗拒楚王杀死阎敖的事件。若敖氏的军队经常随楚王出征，在城濮之战中，还作为中军，是整个战争的主力军。在若敖氏的叛乱中，以楚王的态度，"王以三王之子为质"要求停战来看，若敖氏之私属力量已经不容庄王小觑了。

　　若敖氏叛乱之后，世族私属军事武装受到了楚王的限制，乱臣主要依靠的往往是县兵的力量，而不是自己的族兵。如《左传》昭公十三年载："楚公子比、公子黑肱、公子弃疾、蔓成然、蔡朝吴帅陈、蔡、不羹、许、叶之师，因四族之徒，以入楚。"公子弃疾等是利用了

---

① 段志洪：《周代卿大夫研究》，台湾文津出版社 1994 年，第 242—245 页。

陈、蔡、不羹、许、叶之师，以及四族的族兵。陈、蔡、不羹是楚国的大县，"赋皆千乘"，每县拥有一千乘，那么这次依靠的陈、蔡、不羹、许、叶之师至少有三千乘兵力，这应该是其主要兵力。而《左传》哀公十六年的白公胜之乱，白公胜曰："王与二卿士，皆五百人当之。"其亲信石乞曰："不可得也。"可见白公胜的私属力量是非常有限的，后来其可以入楚都弑君而自立，凭借其私属力量显然是不可能的，他依靠的应该是白县的兵力。

通过比较可知，若敖氏叛乱之前，楚国世族可以凭借其族自身的力量和楚公室进行对抗。而若敖氏叛乱之后，楚国世族的私属力量受到限制，不再是能和公室进行对抗的单独力量，而必须借助楚县的军事力量。尽管在一些对外战争中依然出现如子强等五人的私卒，但是在历史的进程中，楚大夫私兵的作用是愈来愈小的。可以说，楚王对于世族军事武装的控制是成功的。将楚国主要的军事力量集中在公室，以及楚王对世族军事力量的限制，这些举措对楚王加强中央集权是至关重要的。

二、楚王限制世族的参政权力

楚王在世族内部进行制衡。春秋时期，楚国世族在政治上的发展经历了一个变化。

春秋前期，若敖氏的政治权力非常大，楚国最高的执政人员几乎圈定在若敖氏家族以内。在庄王灭若敖氏之前，楚国的令尹除了彭仲爽、子元、蒍吕臣之外，全部来自若敖氏之族。这个时期，楚国司马一职主要也是由若敖氏家族的人来担任，如子良、子玉、斗宜申、斗克、斗椒，"彼宗竞于楚"是当时人对若敖氏的评价。杨伯峻注："彼宗，斗椒，若敖氏之族也。若敖氏自子文以来，世为令尹。"正如童书业先生在《春秋左传研究》中所云："如若敖氏不灭，楚政亦将下移，为晋之续。"

若敖氏之乱对于楚国世族的发展是一个转折点。它让楚王清楚地认识到来自世族的威胁，于是开始限制世族在政治上的权力。其主要表现有二：

一是在庄王灭若敖氏之后，楚国没有世族世代担任令尹和司马。楚庄王灭若敖氏之后，世族中担任令尹的蔿氏有蔿艾猎、蔿子冯和蔿罢。蔿艾猎任职于楚庄王时期，而蔿子冯任职于楚康王时期，蔿罢则任职于楚郏敖时期。担任令尹的还有沈氏的沈诸梁，屈氏的屈建和斗氏的斗成然，沈氏也进入了楚国政权的顶端。世族成员中担任司马一职的有蔿子冯、蔿掩、蔿越、沈诸梁，虽然前三人都出自蔿（蔿）氏一族，但其担任司马的时间并不相连。蔿子冯担任司马的时间是楚康王二年至楚康王九年，蔿掩担任司马的时间是楚康王十二年到楚郏敖二年，中间隔了公子嫡。蔿越担任司马的时间则是楚平王四年至楚平王十年，中间隔了公子弃疾。由此可以看出，担任令尹和司马的世族成员不再局限于一个世族，而是交叉分散在不同的世族之中，蔿氏、屈氏、斗氏、沈氏均有成员担任"二卿士"。

二是世族分散参与政治。楚国的官吏分布在不同的世族成员之中。任县尹的世族成员，权县县尹有斗缗和阎敖，申县县尹有申公斗班和斗克，有申公叔侯，有申公巫臣，有申公寿馀。息县县尹有屈御寇，还有期思公复遂，郧公锺仪和斗辛，陈公穿封戌，叶公沈诸梁等。可见，楚国县公是楚王从不同世族中挑选出来的，涉及的世族比较多，有斗氏、屈氏、蔿氏，还有楚国的小世族，如申叔氏、沈氏、锺氏，还有一些不明其世族的，如复遂、穿封戌等。如任左司马的世族成员，穆王时期是文之无畏，昭王时期是沈尹戌。任右司马的世族成员，穆王时期是复遂，任太宰的世族成员，有伯州犁，有蔿启疆。还有任师的世族官员，穆王师为潘崇，庄王师为斗克，太子建师为伍奢。可见，楚国官吏分布非常广泛，楚国世族大范围参政，可以有效分散权力，不至于形成一家独大的情况。

为了限制世族在政治上的权力，楚王引入公子执政。族是当时的社会活动单位，世族成员之间的利益关系非常紧密，"一荣俱荣、一损俱损"。因此，当时社会总是有一族霸占某一国的政治势力的事情，如鲁国的"三桓"，郑国的"七穆"，晋国的韩氏、赵氏、魏氏等。相较于世族，公子和国君的关系则更为紧密。从势力上来讲，公子身后没有一个庞大的家族作为支撑，表现为个人参政。从利益上来讲，公子的政治利益没有集团性，所以参政公子如果要和谁联合，也只是一种政治上的临时联合，没有那么强的凝聚力。公子参政还表现为"一朝天子一朝臣"，每位楚王即位，随之就会有他的兄弟子孙跟着一起上台。公子的这些特点，使得楚王对公子的控制相较于世族而言，显得容易一些。

楚国公子在政治舞台上非常活跃。楚国公子担任官职的特别多，从楚国的执政"二卿士"，到县公、左右尹、左右司马等都有他们的身影。① 担任楚国"二卿士"中令尹的有斗祁(楚武王晚期到楚文王初期)、子元(楚成王时期)、公子婴齐(子重，楚共王元年至楚共王二十一年)、公子壬夫(子辛，楚共王二十一年至楚共王二十三年)、公子贞(子囊，楚共王二十三年至楚康王元年)、公子午(子庚，楚康王二年至楚康王八年)、公子追舒(子南，楚康王八年至楚康王九年)、王子围(楚郏敖元年至楚郏敖四年)、公子黑肱(子晳，楚郏敖四年至楚灵王十二年)、公子申(子西，楚平王十年至楚惠王十年)、公孙宁(子国，楚惠王十年始)。担任司马的有公子侧(子反，楚庄王十七年至楚共王二十六年)、公子何忌(楚共王十六年至楚共王三十年)、公子午(子庚，楚共王三十年至楚康王二年)、蒍子冯(楚康王二年至楚康王九年)、公子齮(楚康王九年至楚康王十二年)、公子弃疾(楚灵王十二年)、公子鲂(子鱼，楚平王元年至楚平王四年)、公子结(子期，楚平王十一年至楚惠王十年)、公孙宽(文子，楚惠王十一年始)。担任县公的有斗缗(权县)、公孙朝(武城县)、公子申(申县)、王子牟(申县)、子朱(息县)、公子成(息县)、公子弃疾(蔡县、陈县)、王孙胜(白县)。担任左右尹的有公子婴齐(左尹)、王子胜(左尹)、公子壬

① 宋公文：《楚史新探》，河南大学出版社 1988 年，第 80 页。

夫(右尹)、公子罷戎(右尹)、王子比(右尹)。担任左右司马的有公子朱(左司马)、公子成(左司马)、公子申(右司马)、公孙宁(右司马)。楚国公子的大规模参政,是楚王限制世族势力的一种手段。限制了世族参与政治的权力,就相当于削弱了世族的政治保障,是楚王限制世族的一种有效手段。

正是通过对世族的严格管理和限制,才使得楚国国力强盛,安定团结,终在春秋时期成为一霸,并且保持王权的强盛。这不能不说是楚王驭下的独到和成功之处。[①]

春秋时期楚县军队由楚王调遣。如《左传》僖公二十五年载,秦、晋两国伐鄀,楚就派申公斗克和息公屈御寇率领申、息之师戍守商密。再如《左传》僖公二十六年载,楚出兵救鲁伐齐,攻取齐的谷邑,派申公叔侯前往戍守。《史记·楚世家》载,楚成王三十九年:"鲁僖公来请兵以伐齐,楚使申侯将兵伐齐,取谷,置齐桓公子雍焉。"此事与上引《左传》僖公二十六年所记略同。这是楚县之师被调往国境之外协同作战并驻扎在外的例子。直到两年后,晋楚城濮之战前,驻扎在齐国谷地的申县之师才被楚王调回,又与息师一起参加了城濮之战。由此可见,楚县军队完全由楚王直接控制和管理。

楚王非常注意从军事方面加强对县邑的控制与管理。楚王会定期派官员对县邑军队进行训练,据《左传》昭公十四年载:"楚子使然丹简上国之兵于宗丘……使屈罢简东国之兵于召陵,亦如之。"杜注:"简,选练也。"又说:"上国,在国都之西,西方居上流,故谓之上国。"东国之兵应是"兵在国都之东者"。由此可见,县邑军队应该是直属于楚王的。

王准《春秋时期晋楚家族比较研究》一文中认为,春秋时期楚公室地位是有起伏的,而学者一般认为春秋时期楚国公室非常强大。童书业在《春秋左传研究》"楚、秦、吴、越公室之强"札记条下曾写道:

---

① 白松梅:《论楚王对世族政治军事权力的限制》,《山西大同大学学报》(社会科学版)2010 年第 3 期。

"楚、秦、吴、越在边陲，独不闻卿族专擅侵陵公室之事。"①这是楚国公室的总体特点，而且与普遍存在于中原各国、被《论语·季氏》描述为"政逮于大夫四世矣"的局势相比，这一特点更加突出。与晋国公室地位每况愈下的情形相比，楚国公室在整个春秋时期基本上保持了平稳的发展态势。然而若因此以为楚国集权于中央、君权独盛，则似乎又言过其实。春秋时期，楚国公室的地位也不时遭到各方面的挑战。

楚武王两传至堵敖。据《史记·楚世家》载，堵敖五年，堵敖之弟熊恽与随袭弑堵敖代立，是为成王。堵敖与成王皆为文王夫人息妫之子。《左传》庄公十四年载，楚文王"以息妫归，生堵敖及成王焉"，二子出生当在鲁庄公十四年以后。堵敖五年(鲁庄公二十二年)时，堵敖至多不过 8 岁，成王年龄更小。总角之稚童，何生手足相残之心？显然是两个人的支持者在背后操控。但是不论幼童是否懂得政治的险恶，熊恽乃是以公族身份被支持者推上历史舞台。因此，这一事件仍然应该被定性为内乱。成王即位时连 13 岁都不到，故而大政交由令尹子元代理。《左传》庄公二十八年载，令尹子元专权，竟敢公然蛊惑文王夫人，又《左传》庄公三十年载"处王宫"，俨然一副楚王的做派，嚣张至极。此时的成王，完全没有抗拒的能力。幸有令尹子文毁家纾难，楚公室才得以渡过难关。

《左传》文公元年载，公元前 626 年，楚成王四十六年，成王欲改立太子，太子商臣"以宫甲围成王"，弑父代立，是为穆王。接连两代的内乱，严重削弱了楚国公室的力量。《史记·楚世家》载，楚成王一上台，即"布德施惠，结旧好于诸侯"，改善了楚国的对外邦交，舒缓了来自各诸侯国的压力。尽管如此，楚国公族却开始逐步紧逼。城濮之战中负有战败之责的司马子西(斗宜申)，得到穆王的宽宥，受命为工尹，却最终"与子家谋弑穆王"。楚公族成员已经敢于谋划弑君，显示穆王时期楚国公室力量仍然较为虚弱。子西(斗宜申)是楚国狭义公

---

① 童书业：《春秋左传研究》，上海人民出版社 1980 年，第 335 页。

族若敖氏的族人，他谋划叛乱虽然还未举事就失败，却几乎成为此后若敖氏全族叛乱的一次预演。

《左传》文公十四年载，公元前613年，楚庄王元年，公子燮与子仪（斗克）在郢都作乱，派人刺杀令尹子孔不成，"二子以楚子出"。两位楚大夫为内政之争竟然能够挟持楚王，可见当时卿大夫之强横，而楚公室面对这种突发事件，也是无可奈何。虽然斗氏家族已先后有两位族人曾谋划或发动叛乱，但是楚庄王仍然没有丧失对若敖氏家族的信任。毕竟，若敖氏家族在春秋早期先后有8位族人担任过楚国令尹，在楚国的地位未可轻易撼动。但若敖氏势力逐渐坐大，与公室发生冲突并威胁到公室的存在是迟早的事情。果然，楚庄王九年，公元前605年，令尹斗越椒以若敖氏叛，庄王试图"以三王之子为质"也未能求得转圜余地，其欲弑君的意图已经很明显。若敖氏的叛乱在此前已经有过征兆，而楚国公室未能及时处理，导致庄王时期卿族势力汇集后总爆发。庄王求和不成，转而采用武力强行灭掉若敖氏一族，此举对于楚国公室有着非同寻常的意义。童书业说："若敖氏之乱在楚庄时，此时楚势全盛，然大夫专权亦萌于此。如若敖氏不灭，楚政将亦下移，为晋之续。春秋中后期之形势将丕变矣。"[1]其言甚是。由于灭掉了若敖氏，楚国公室的地位才不至于持续下滑，楚国此后始终未出现类似郑之七穆、鲁之三桓的强大公族组织。

楚共王熊审即位时年龄很小。《左传》襄公十三年载，据他死前自述："不毅不德，少主社稷，生十年而丧先君。"其父庄王去世时，熊审还只是一个十岁少年，所以令尹子重在共王二年时才会形容楚国"君弱"。当时共王确实仅十二三岁，正是"习师保之教训"的年龄，未能参与国事，国政就完全交给令尹子重处理。因此子重大权在握，楚王又不能对其直接制约，所以子重开始有专权的苗头。申公巫臣携夏姬奔晋，子反曾向庄王提出"以重币锢之"，即以送重礼要求晋国不要

① 童书业：《春秋左传研究》，上海人民出版社1980年，第63页。

录用巫臣。庄王念及巫臣之旧功，未再追究，此事本已成定案。然而共王即位后，《左传》成公七年载，子重、子反突因私怨而尽灭巫臣之族，"杀巫臣之族子阎、子荡及清尹弗忌及襄老之子黑要，而分其室"。对此，楚共王也是无可奈何。

康王时期楚国卿族的实力继续膨胀，公室再度感受到威胁。据《左传》襄公二十一年载，当时楚国的贤者申叔豫这样描述楚国的形势："国多宠而王弱，国不可为也。"楚国有太多恃宠而骄的大夫，他们的实力扩充太大，以至于楚王的权力都被削弱。据《左传》襄公二十二年载，令尹子南之家臣观起，"未益禄而有马数十乘"。观起只是做官的庶人，却拥有与其身份极不匹配的车马。另据《荀子·强国》载："大功已立，则君享其成，群臣享其功，士大夫益爵，官人益秩，庶人益禄"，证观起乃是庶人在官者。引《尚书大传》"庶人木车单马"证观起坐拥数十乘与其身份不配。其家主令尹子南的家族势力与嚣张气焰则可以据此而知。康王杀子南与观起，改任薳子冯为令尹。然而新令尹的情况更甚于前任。"有宠于薳子者八人，皆无禄而多马。"薳子冯的家臣皆无禄，应该连官职都没有，地位低于观起，却也受宠多蓄马匹。康王杀子南与观起，目的在于防止类似若敖氏聚族为乱的局面再次出现。从后来薳子冯主动辞退八位家臣的举动来看，楚王室遏制卿族势力过度膨胀的努力起到一定成效。

楚康王过世后，公族侵凌公室的事件再次发生。康王有宠弟四人，已经从公室分出，形成有实力的公族。先有令尹公子围弑郏敖而自立为灵王，后又有宠弟公子比、公子弃疾一先一后篡夺灵王之位。十二年间，楚国已经是四王更立。看来，自康王始，楚国没有处理好先王遗留下来的群公子，才导致公室屡遭变故。

平王传位于昭王熊轸时，熊轸仍是一位幼年即位的楚王。《左传》昭公二十六年令尹子常说："大（太）子壬弱，其母非適也，王子建实聘之。"太子壬（熊轸）的母亲就是平王原本为太子建所娶之秦女。据《左传》昭公十九年载，该年楚平王为太子建娶妇而自取之。即使秦女于当年生下太子壬，至平王去世时（鲁昭公二十六年）也不过七岁而已。这样的少年国君是不可能治国理政的，所以国家政务完全由大夫处理，而当时执政的令尹子常因此得以擅权。《左传》哀公元年载，楚平王庶弟子西先称赞吴王"阖庐食不二味，居不重席"，随后话锋一转，"吾先大夫子常易之，所以败我也"。子西批评子常擅权如同吴王。由此显示"似楚国政权一度确曾入囊瓦（子常）等卿族之手"。① 而且囊瓦在平王去世后，试图操控楚王之废立（废太子壬而立子西），已经表现出很强的专权意味。最后囊瓦因战败而逃，卿族擅权虽从此告一段落，吴国的军队却攻破了郢都。惠王即位，任用忠心耿耿的子西为令尹，公室实力稳步回升，但是在实力不断膨胀的卿族面前，仍显脆弱。白公之乱就是很好的证明。白公胜身为县公，以一县之兵而作乱于郢都，杀令尹、司马，自立为王，其实力自是不容小觑。楚公室无法独立平叛，要依靠另一位卿族叶公沈诸梁方能击败白公之党。由一场叛乱就能引出两位实力强大的卿族，看来楚王室即使不能说是式微，也是时时笼罩于卿族的强大势力之下。

总结春秋楚国公室地位受到的挑战，我们会发现主要来源于三个方面。首先，如果楚王即位时年龄很小，公室极易受到伤害。或者辅政的叔父辈弑君篡位，例如公子围弑郏敖。或者辅政大臣贪暴擅权，例如成王时的令尹子元、共王时的令尹子重、昭王时的令尹子常。在整个春秋时代，各国因君主年幼即位而导致的大夫侵犯公室事件数不胜数，故此种事件不足为奇。其次，曾经深受信任的若敖氏家族的立场发生松动，逐步挑战公室地位。穆王时有工尹子西谋划弑君，庄王时先有斗克挟持楚王，后有令尹斗越椒带领若敖氏族人发动叛乱。若敖氏的叛乱使楚国公室重新审视对于令尹的选拔方式。在斗越椒以前，若敖氏几乎长期垄断楚国令尹之职，而此后，令尹不再专任于某一个家族。绝大多数的令尹在血缘更加亲近的王子、王孙中选择。因

---

① 童书业：《春秋左传研究》，上海人民出版社 1980 年，第 97 页。

此在春秋时期楚国不再有像鲁国、郑国那样的世族出现。最后，卿族大夫势力的膨胀，时代愈晚愈明显，从而构成对公室的威胁。对于公室来说，这也是最难应对的挑战。从康王时期的公子追舒、芋子冯，到惠王时期的白公胜、叶公沈诸梁，卿族大夫实力的膨胀显示出不可遏制的趋势。但这个问题在春秋时期还不算严重，真正的爆发是进入战国以后。

王准认为，总的来说，在春秋时期楚国公室地位虽受到部分挑战，但仍保持比较稳定，未见明显下降。这受益于楚王室对于手握重权的卿大夫从制度上维持了比较严格的控制，权力并未分散。①

春秋后期，楚国的王权总体稳固。

楚国的王权与世家大族在春秋中期的楚庄王时、春秋后期的楚灵王时、战国早期的楚悼王时发生过三次剧烈的冲突。张正明指出：从庄王到悼王之世，楚国的族权与王权发生了下列三次重大的冲突。第一次重大的冲突，就是若敖氏攻楚庄王，楚庄王灭若敖氏，结局是王权加强了。第二次重大的冲突，发生在楚灵王末年。楚灵王即位前后，杀芋掩而取其室，夺芋居田，夺斗韦龟邑，夺蔓成然邑，灭蔡时杀蔡洧之父，迁许时以许围为质，会诸侯于申而辱越大夫常寿过。"故芋氏之族及蓮居、许围、蔡洧、蔓成然，皆王所不礼也，因群丧职之族启越大夫常寿过作乱。""楚公子比、公子黑肱、公子弃疾、蔓成然、蔡朝吴，帅陈、蔡、不羹、许、叶之师，因四族（杜注：'四族，芋氏、许围、蔡洧、蔓成然。'）之徒以入楚。"政变成功之后，公子弃疾即位为楚平王。王权经过调整，对族权作出了某些让步。但事过不久，楚平王鉴于斗成然（即蔓成然）和养氏贪求无厌，杀了斗成然，灭了养氏，恢复了王权对族权的控驭。这次冲突牵连较广，历时较长。第三次重大的冲突，发生在楚悼王末年，向为史家所重视。……②张正明

---

① 王准：《春秋时期晋楚家族比较研究》，湖北人民出版社 2013 年，第 77—80 页。

② 张正明：《楚国社会性质管窥》，载《张正明学术文集》，湖北人民出版社 2007 年，第 344—345 页。

的论断符合实际。

纵观春秋后期，楚王除对发动战争、主要官员和军事将领的任免保持绝对权力外，还进一步强化对世家大族的控制或限制，体现在以下方面：

第一，对世族占有土地严格控制。

这里以春秋晚期的楚国执政沈诸梁和公孙宁为例。沈诸梁受封的采邑是叶，公孙宁受封的采邑是析。《左传》哀公十八年载，子国败巴，"故封子国于析"。沈诸梁和公孙宁都是春秋晚期楚国的令尹，文献记载中他们都只拥有一处采地。见于记载的楚国其他卿大夫的采邑，往往也是只有一处。楚国世族有斗氏、成氏、屈氏、芴(蒍)氏、阳氏、襄氏、子南氏、沈氏、申氏、申叔氏、伍氏、潘氏、观氏、连尹氏、工尹氏、熊氏、季氏、锺氏、史氏等。① 见于记载的世族采邑，面积都很小。在春秋尚战的时期，战功是获得赏田最主要的方式，但是也没有记载楚王给予哪个将领得到赏田。《左传》成公七年载，子重因围宋之役有功，向楚共王"请取于申、吕以为赏田"，楚共王没有批准。

第二，对世族军事武装严格限制。

军事力量是一个世族力量的表现。春秋时期世族可拥有的军事力量主要有两种，一种是采邑兵，即由"采邑提供军赋(给养、车马、武器)，列入国家军队的正规编制，由国君统一调动，一是由采邑主直接指挥的军队"。② 一种是属于世族的私属武装，即文献中所谓族兵、私属、私卒之类。楚王对楚国世族的军事武装充满戒备之心，进而对其进行严格限制，主要针对的也是上述两种武装，即采邑兵和私属武装。楚国的卿大夫私属武装见于记载的，春秋早期有阎敖之族，《左传》庄公十八年载："阎敖游涌而逸。楚子杀之，其族为乱。"有若敖之

---

① 程发轫编著《春秋人谱》，台湾商务印书馆 1990 年。陈厚耀撰《春秋世族谱》（二卷），清光绪二十五年(公元 1899 年)西湖书院正学堂刻本一册。

② 吕文郁：《周代的采邑制度》(增订本)，社会科学文献出版社 2006 年，第 171 页。

六卒，《左传》僖公二十八年载，在城濮之战中，楚子玉"以若敖之六卒将中军"。杜预注："六卒，宗人之兵六百人。"正是因为有了若敖氏武装叛乱的惨痛教训，后世楚王对私属武装均严加限制。春秋后期有郤宛的族兵，《左传》昭公二十七年费无极要郤宛"取五甲五兵"，以接待令尹，但又向令尹揭发郤宛埋伏私甲欲加害于他，谋害郤宛，此举说明郤宛有私甲。另外，还有子强等五人的私卒，《左传》襄公二十五年载，"舒鸠人卒叛楚，令尹子木伐之，及离城，吴人救之。……子强、息桓、子捷、子骈、子盂……五人以其私卒先击吴师"。《左传》哀公十六年记白公之乱，白公谓石乞曰："王与二卿士，皆五百人当之，则可矣。"其亲信石乞曰："不可得也。"可见白公胜的私属力量是非常有限的，楚国世族的采邑兵数量很少，没有形成可以和楚王抗争的力量。李玉洁说："在历史的进程中，楚大夫的私兵的作用是愈来愈小的。"①所以历次楚国世族与楚王相争，均是以楚王获胜而告终。

第三，对世族当官严加控制。

莫敖是楚国唯一可以世袭的官职，由屈氏世代担任。但是楚王有权在屈氏家族内进行选择，如《左传》襄公二十二年载："复使蒍子冯为令尹，公子齮为司马，屈建为莫敖。"可见，屈建任莫敖是由楚王任命的。对令尹的任命，则更加严格。又如楚康王在位十五年，他的令尹有子囊、子庚、子南、子冯、子水五人。《左传》襄公二十一年载，"夏，楚子(康王)庚卒，楚子使蒍子冯为令尹"，子冯推病，"乃使子南为令尹"；《左传》襄公二十二年载，"冬，……王遂杀子南于朝，……复使蒍子冯为令尹"；《左传》昭公十三年载，"弃疾(平王)即位，……使子旗为令尹"。由这些令尹人选，我们可以发现，楚王对于令尹的选择，多来自王室贵族和王子王孙，是在王族范围内，采用"亲疏参用"的原则，选任贤能。楚王非常重视"贤能"，要是有贤能，楚王会破格录用。司马是楚国专司武事的官吏，和令尹一起被称

① 李玉洁：《楚史稿》，河南大学出版社1988年，第112页。

为楚国的"二卿士"。对于司马的任选，楚王多亲力亲为。如公子齮任司马就是由楚王亲自选任的，《左传》襄公二十二年载，"冬，……王遂杀子南于朝，……公子齮为司马"，足见楚王的重视。县尹是楚国较为重要的官吏，对于县尹的选任，楚王也很谨慎，多亲自选任，如楚灵王任命公子弃疾为蔡公，为此楚灵王还专程找申无宇商量，《左传》昭公十一年载，"楚子城陈、蔡、不羹。使弃疾为蔡公"；《史记·管蔡世家》载，"……令公子弃疾围蔡。十一月，灭蔡，使弃疾为蔡公。"可见楚灵王十分慎重。

第四，引入公子和外来人员参政，平衡朝廷人员结构。

族是当时的社会活动单位，世族成员之间的利益关系非常紧密，"一荣俱荣、一损俱损"。因此，当时社会总是有一族霸占某一国的政治势力的事情，如鲁国的"三桓"，郑国的"七穆"，晋国的韩氏、赵氏、魏氏等。相较于世族，公子和国君的关系则更为亲密。从势力上来讲，公子身后没有一个庞大的家族来支撑，表现为个人参政；从利益上来讲，公子的政治利益没有集团性，所以参政公子如果要和谁联合，这就只是一种临时的政治联合，而没有那么强的凝聚力。公子参政还表现为"一朝天子一朝臣"，每位楚王即位，随之就会有他的兄、弟、子、孙跟着一起上台。公子的这些特点，使得楚王对公子的控制相较于世族而言，就显得容易一些。楚庄王之前，令尹一职几乎被若敖氏所垄断，楚庄王镇压若敖氏之乱后，楚国公子在政治舞台上就非常活跃，担任官职的特别多。从楚国的令尹，到左右尹、左右司马，再到县公等官职都有他们的身影。

春秋早中期，楚王对于外来投附的官员绝少封赏采邑，到了春秋后期虽有封赏，但是数量仍很少。楚国对于外来投附的官员，虽也任用其为官，但在采邑的封赏上，却是非常谨慎的。春秋后期，楚国的外来投附人员有子革、掩馀、烛庸、鍼宜咎、申鲜虞、伯州犁、郤宛、管修等，其中，被楚王任以官职的有伯州犁，楚共王任其为太宰；子革，楚康王任其为右尹；鍼宜咎，楚灵王任其为箴尹；申鲜虞，楚康王任其为右尹；郤宛，楚昭王任其为左尹，其中，获得封地的有夫槩、掩馀和钟吾。据《史记·楚世家》载："夫槩败，奔楚，楚封之堂溪。"掩馀、钟吾的采邑是养地，《左传》昭公三十年载："二公子奔楚。楚子大封，而定其徙。使监马尹大心逆吴公子，使居养。"杜预注："大封，与土田，定其所徙之居。"这两处对外来投附人员的封邑都是在春秋晚期所封的，并且都是吴国来楚之人。这和春秋中晚期吴国崛起成为楚国最大的威胁是相关的，而且就土地数量而言，也只有这两处。

第五，以多设县来控制封邑。

不管楚国在春秋时期扩张了多少土地，对其国内来讲，楚王和世族各自拥有的土地呈现此消彼长的关系，这是非常好理解的。楚王开创了设县管理土地的制度，并且大范围推广使用这种制度。它将新占领的土地以制度形式归入楚王名下，而不将其作为采邑分封给卿大夫。这使得楚王在与世族争夺这些新土地的过程中居于主动地位，并且大大地扩大了楚王直属领地之范围。县的设立是楚王抑制世族扩张土地的一种非常有效的手段。

第六，楚国出征的将领由楚王任命。

从《左传》的记载我们可以看出一个现象，就是尽管楚国令尹掌有非常大的内政、军事权，但是外出打仗时，楚军的将领就不一定是令尹，有时也由别的官员担任，如司马，甚至县尹。如《左传》桓公九年载，"楚使斗廉师师及巴师围鄾"；《左传》成公十六年载，"楚子救郑，司马将中军，令尹将左，右尹子辛将右"；《左传》昭公四年载，"楚子以诸侯伐吴"；《左传》昭公六年载，楚子"使薳泄伐徐"；《史记·楚世家》载，楚灵王"使公子弃疾将兵灭陈"，楚昭王十年，阖闾率吴军攻楚，"楚使子常以兵迎之"；等等。可见楚国对外征战中将领是由楚王来任命的。对于楚王任命将领记载较为详细的是《左传》哀公十八年载："巴人伐楚，围鄾。初，右司马子国之卜也，观瞻曰：'如志。'故命之。及巴师至，将卜帅。（惠）王曰：'宁如志，何卜焉?'使帅师而行。请承，王曰：'寝尹、工尹勤先君者也。'"可知，令尹可以向楚王推荐将领，在几个既定人员中通过占卜的方式确定。楚王对此是有参与权和决定权的。

此外，楚王对那些获得权力后忘乎所以敛财的"权臣"，也会痛下杀手。一是贪求无度者杀。子辛于共王二十一年春被任命为令尹，上任后贪性大发，勒索无度。《左传》襄公三年载，"楚子辛为令尹，侵欲于小国"，即向小国多次求取财物，而小国所献不能满足其贪欲，就侵伐小国。小国陈被逼无奈，叛楚投晋，给楚国的外交声誉造成极坏的影响。楚共王为了维护楚国的声誉，下令将子辛处死。令尹子旗，即斗成然，为斗韦龟之子。因食邑于蔓，又被称为蔓成然，是平王弃疾的令尹。在公子弃疾所发动的政变中，子旗立有大功。他率领族人佐公子弃疾以"陈、蔡、不羹、许、叶之师"攻入郢都，使在外征战的灵王归路断绝，死于山野；他又受公子弃疾之命，吓死公子子干、子晢，为公子弃疾上位扫除了最后的障碍。公子弃疾即位为平王，子旗因有佐立之功，被任为令尹。《左传》昭公十四年载，上任后，子旗居功骄逸，"不知度。与养氏比，而求无厌"，平王忍无可忍，将其处死。二是培养个人私属势力过度者杀。楚王不允许臣子发展其私人势力，康王的令尹子南仗其权力，发展个人势力，遭到楚王的打击。《左传》襄公二十二年载，"楚观起有宠于令尹子南，未益禄而有马数十乘"。楚王对此深感不安，后来楚王"杀子南于朝，辕观起于四竟"。芳子冯继为令尹，"有宠于芳子者八人，皆无禄而多马"，几至重蹈子南之覆辙，后经申叔豫提醒，"辞八人者，而后王安之"。这充分表明，楚王对贵族之私属力量非常戒备。

楚庄王以前，楚国的中央实权长期为若敖氏所掌控，楚庄王九年，公元前605年，在灭若敖氏之后，王权开始变动，从庄王至平王，是春秋时期楚国王权更替最为频繁的时期。学者们已多就此展开过探讨，日本学者安倍道子认为从庄王至康王，权力并未直接转移到楚王手中，而是先由若敖氏当政时的"取自楚王的环绕形的世族政权"向庄王时"取自楚王的环绕形的公子群政权"转移，从康王九年开始，又倾向于转回到大世族政权，灵王夺权后，则意图将权力集中到楚王手中，并执意于改革，灵王败亡后，平王在恢复旧秩序的同时，又着力于建立新的王权基础。① 美国学者蒲百瑞认为春秋时期楚国长期处于大宗世族和小宗世族交替或平衡专权的状态之中，楚王"从未成功地剥夺他们参政的权力和根除他们控制王权的可能性"。② 郑威等学者基本认同庄王、灵王、平王时期政策调整最大，而灵王的变革对地方政治体制的影响最大。③

楚王对世家大族的掌控，成果是显著的。楚王的王位趋于稳定，较少再发生君王被臣子弑杀的现象。春秋时期，各诸侯国臣子弑君之现象，相当普遍，其中，以晋国和齐国最为突出。

在晋国，除了早先的几位曲沃小宗连弑五位大宗晋君之外，奚齐和卓子是被里克杀的，怀公是被重耳的臣子杀的，灵公是被赵穿杀的，厉公是被栾书、中行偃杀的。因为晋国的形势一直都是异姓极有权威，这几位被杀的国君除厉公之外，其余都是弱势君主，厉公时代，诸大族也渐有横行之态，所以臣弑君甚易。

齐与晋相似。早期的弑君如襄公、无知、昭公之子、懿公（懿公为小臣所弑，但背景仍是宗室行为），都在宗室间进行，后来的庄公、悼公、简公为臣所弑，这时的臣子实际是大权在握，弑君颇易，被弑的国君实际在弱者一方，反而深得后世同情。④

而在楚国，虽发生过楚王被弑，但多数是宗室所为，如楚国被杀的四位国君，即文王长子被成王所杀，成王被儿子穆王所杀，康王儿

① ［日］安倍道子：《关于春秋时代的楚王权——从庄王时代到灵王时代》，后德俊译，载《楚史研究专辑》1982年，第244—263页。
② ［美］蒲百瑞：《春秋时代楚国政体新探》，《中国史研究》1998年第4期。
③ 郑威：《西周至春秋时期楚国的采邑制与地方政治体制》，《江汉考古》2009年第3期。
④ 舒大清：《伍子胥和楚国的复仇模式》，《中国文化研究》2004年第2期。

子郏敖被灵王所杀，灵王被平王所杀，这充其量只算是宗室内讧。楚国发生过若干次臣子叛乱的事件，最突出的是斗越椒之乱，但由于楚王的权威过于强大，叛乱刚一发生就被楚王派兵强力镇压，根本掀不起什么大浪，楚王对于臣民，则拥有绝对权威，生杀予夺，一言九鼎，容不得半点冒犯，大臣们在楚王面前，只有唯唯诺诺，唯命是从，哪怕是蒙冤致死，也不容分说。长此以往，助长楚王的独断专行，刚愎自用，又导致走向危害楚国的反面——激烈的君臣矛盾在王权之下暗流涌动，出现一系列唯有楚国才有的乱象。

第二节　君臣矛盾及楚材晋用、叛臣复仇乱象

春秋时期楚国的王权特别强大，使得楚国君位巩固，国家稳定，这无疑是大好事。但王权过于强大，就容易造成君臣矛盾，于楚国不利。对于楚臣来说，在楚王的威压之下，成天战战兢兢，长期处于一种压抑的状态，是不正常的。群臣素质良莠不齐，彼此勾心斗角，互相排斥，是每个诸侯国常有的现象。楚王居中协调沟通，才能使群臣团结，君臣一心，才可能消除君臣矛盾。有的楚臣对楚王忠心耿耿，却因各种原因，遭到他人排挤或诬陷，由于楚王偏听偏信，君臣缺少沟通，致使君臣之间的矛盾上升。矛盾积累多了，便如同暗流汹涌，随时都会爆发，稍微处置不当，就会得到激化。楚王动辄收田夺室，杀人灭族。蒙受冤屈的楚臣只有逃往他国，且多数投奔与楚国争霸的晋国，以保住自己的性命。逃往他国的楚臣一般都颇有能力，怀着对楚王的深仇大恨，为了生存，仗着自己熟悉楚国，成为楚国的叛臣，竭力为晋国出谋划策，报复楚国，给楚国造成特别巨大的伤害。叛臣的数量逐年增多，形成春秋时期独有的"楚材晋用"现象。

《左传》襄公二十六年(楚康王十三年)集中记载了这种"楚材晋用"现象：

初，楚伍参与蔡太师子朝友，其子伍举与声子相善也。伍举娶于王子牟，王子牟为申公而亡，楚人曰："伍举实送之。"伍举奔郑，将遂奔晋。声子将如晋，遇之于郑郊，班荆相与食，而言复故。声子曰："子行也！吾必复子。"及宋，向戌将平晋、楚，声子通使于晋。还如楚，令尹子木与之语，问晋故焉。且曰："晋大夫与楚孰贤？"对曰："晋卿不如楚，其大夫则贤，皆卿材也。如杞、梓、皮革，自楚往也。虽楚有材，晋实用之。"子木曰："夫独无族姻乎？"

对曰："虽有，而用楚材实多。归生闻之：'善为国者，赏不僣而刑不滥。赏僣，则惧及淫人；刑滥，则惧及善人。若不幸而过，宁僣无滥。与其失善，宁则利淫。无善人，则国从之，……今楚多淫刑，其大夫逃死于四方，而为之谋主，以害楚国，不可救疗，所谓不能也。

"子仪之乱，析公奔晋。晋人置诸戎车之殿，以为谋主。绕角之役，晋将遁矣。析公曰：'楚师轻窕，易震荡也。若多鼓钧声，以夜军之，楚师必遁。'晋人从之，楚师宵溃。晋遂侵蔡袭沈，获其君；败申、息之师于桑隧，获申丽而还。郑于是不敢南面。楚失华夏，则析公之为也。

"雍子之父兄谮雍子，君与大夫不善是也。雍子奔晋。晋人与之鄐，以为谋主。彭城之役，晋、楚遇于靡角之谷。晋将遁矣。雍子发命于军曰：'归老幼、反孤疾，二人役，归一人，简兵蒐乘，秣马蓐食，师陈焚次，明日将战。'行归者而逸楚囚，楚师宵溃。晋降彭城而归诸宋，以鱼石归。楚失东夷，子辛死之，则雍子之为也。

"子反与子灵争夏姬，而雍害其事，子灵奔晋。晋人与之邢，以为谋主。扞御北狄，通吴于晋，教吴叛楚，教之乘车，射御驱侵，使其子狐庸为吴行人焉。吴于是伐巢，取驾，克棘，入州来。楚罢于奔命，至今为患，则子灵之为也。

"若敖之乱，伯贲之子贲皇奔晋。晋人与之苗，以为谋主。鄢陵之役，楚晨压晋军而陈，晋将遁矣。苗贲皇曰：'楚师之良，在其中军王族而已。若塞井夷灶，成陈以当之，栾、范易行以诱之，中行、二郤必克二穆。吾乃四萃于其王族，必大败之。'晋人从之，楚师大败，王夷师熸，子反死之。郑叛吴兴，楚失诸侯，则苗贲皇之为也。"

子木曰："是皆然矣。"声子曰："今又有甚于此。椒举娶于申公子牟，子牟得戾而亡，君大夫谓椒举：'女实遣之！'惧而奔郑，引领南望曰：'庶几赦余！'亦弗图也。今在晋矣。晋人将与之县，以比叔向。彼若谋害楚国，岂不为患？"子木惧，言诸王，益其禄爵而复之。声子使椒鸣逆之。

　　这段记载集中介绍楚国的一系列叛臣复仇故事——析公奔晋、雍子奔晋、巫臣奔晋、苗贲皇奔晋，每次都对楚国利益造成了巨大的危害，他们复仇的模式都很相似。

　　楚臣逃亡异国，在春秋时期，文献称之为"出奔"，是各国普遍存在的现象。春秋时期各国接受出奔者次数如下：晋37人次，齐、鲁各35人次，楚32人次及召氏之族，卫19人次，郑、宋各18人次，莒12人次，陈11人次，吴8人次，燕、秦各4人次，随、翟（狄）、邾、越各3人次，蔡、周、许各2人次，魏、虞、鲜虞、钟吾、虢、梁、黄、莱、棠、北燕各1人次。①

　　所谓"出奔"，杜预《春秋释例》解释说："奔者，迫窘而去，逃死四邻；不以礼出也。"按照杜氏的解释，出奔是一种危急情况下的外逃避难行为。事实上，当时的出奔并非完全如此。逃亡人员多会有一定的时间做各项准备。《左传》文公十八年（前609年），齐邴歜与阎职"谋弑懿公，纳诸竹中。归，舍爵而行"。清人沈钦韩解释"归，舍爵

① 徐杰令：《论春秋时期的"出奔"》，《史学集刊》2000年第2期。

而行"为"告奠于庙而去也"。《左传》定公八年(前502年),"子言辨舍爵于季氏之庙而出"。杨伯峻注:"偏实酒于爵,以置于祖祢之前,此古人将出奔告别之礼。"[①]这类举行告庙礼后出奔在当时是很普遍的。不举行告庙之礼的可"哭于墓而后行"(《礼记·檀弓下》),让先祖知道自己的子孙将要避难于他国。出亡时又或拖家带口、携族而行。如《左传》成公二年,公巫臣逃奔晋国时"尽室以行"。《左传》襄公二十八年,齐国庆封逃奔吴国时"聚其族焉而居之"。某些有才能、有影响的人因故出亡时多会受到"挽留"的恩遇,如《左传》襄公三十年,郑国子产奔晋,子皮止之;游吉出奔,驷带劝止;卫国大叔文子、子鲜出奔时,卫献公派人劝阻,等等。

楚国的析公奔晋,雍子奔晋,巫臣奔晋,苗贲皇奔晋,具有以下特点:

第一,所有的仇恨,都从个人矛盾开始,以君臣冲突结束。析公奔晋发生在子仪之乱时,大概是有人说析公对年幼的庄王不忠,"或谮析公于王,王弗是",析公莫辩,只好逃跑。显然,进谗者是析公的仇人。遗憾的是,楚庄王不辨黑白,懵然听信,这样,析公和奸人的矛盾,因庄王处置失当,而变成君臣仇怨。雍子奔晋跟析公颇为相似,不同的是,他的仇人是至亲近属。《左传》襄公二十六年:"雍子之父兄谮雍子,君与大夫不善是也。雍子奔晋。"真所谓肇起骨肉,祸出萧墙。对这种家庭矛盾,如果稍微忍耐,完全可以消解于无形,万一不能消除,国君劝谕,也不至于骨肉相图。但楚王偏偏糊涂,不仅未主持公道,反而火上浇油,"王弗是",致矛盾激化。毕竟一国之君可以力挽狂澜,纠正臣下错误。此外,大夫们在其中推波助澜,不能矫君之失,也使结果弄得不可收拾。雍子在楚国众叛亲离,举目无助,只有远走异乡,可以想见他的怨恨程度。其怨恨的对象必指向楚王。

子灵即申公巫臣,声子说"子反与子灵争夏姬,而雍害其事"。他

---

① 杨伯峻:《春秋左传注》,中华书局1990年,第1570页。

逃离楚国，表面原因在子反，促使巫臣竭力与楚为敌，终极原因在于楚共王没有制止子反对巫臣家族的报复。从巫臣个人来说，不当之处甚多，他多情好色，为了女人，费尽心机，因此与楚共王君臣结下大仇，导致家族在楚国覆灭。当楚庄王灭了陈国，准备收纳夏姬时，巫臣劝阻庄王，接着楚国司马子反也想争得夏姬，巫臣又说夏姬是祸害，子反也信从，于是，庄王就把夏姬赐予连尹襄老。襄老不久于邲之战中阵亡，襄老之子按照当时通行的习俗"烝娶"了她，但巫臣许诺夏姬回到郑国便娶她。这意味着明媒正娶，使得夏姬心动，和巫臣有了默契。巫臣、夏姬联合欺骗庄王。很快，巫臣出使郑国，带上夏姬，投奔晋国。狭隘而一样好色的子反对巫臣的欺骗深为不满。另外，子重也深恨巫臣，早年楚庄王包围宋国，降服了宋人，子重居功，要楚王把申、吕两地的良田赏给他，庄王答应，但巫臣谏阻了庄王，由此子重也怨恨巫臣。在巫臣离开楚国，共王即位后，子反与子重联合，杀了巫臣的族人子阎、子荡和清尹弗忌、襄老的儿子黑要，并分其家产。这时楚共王刚即位不久，子反、子重有较大的权力，即使如此，共王照样可以制止他们的过火行为。因为在此之前，当子反因巫臣在夏姬问题上欺骗自己和庄王，要楚共王花大钱买通晋国，以禁锢巫臣时，便受到共王拒绝，说明共王是能够阻止子反、子重的，而子反、子重后来倒行逆施，对巫臣家族斩尽杀绝，不留丝毫情面，凶恶至极，共王竟无半点举动。在此问题上，无论共王有多大难处，也难脱干系，其罪过不能排除。因此，巫臣对楚共王的仇恨绝不会少。巫臣和子反、子重的矛盾，最后演变成与楚共王的矛盾。

声子还提到苗贲皇的仇怨。其实，苗贲皇奔晋完全不是楚国的错，他的父亲是斗越椒，越椒谋反，要杀楚庄王，一时声势很大，但终归失败。苗贲皇出逃，唯一的价值是保得自己的性命，没有正义可言。尽管如此，毕竟也是君臣仇恨，其危害也不应轻视。声子如今又看到这种现象的苗头，伍举与王子牟结亲，王子牟因得罪楚王而逃跑。楚国的大夫们说伍举曾经送别王子牟，伍举和王子牟是一路，也有叛楚

2076

之心，楚康王和令尹子木也相信此话，伍举百口莫辩，只好外逃。声子警告令尹子木说，这件事如果不采取措施，又会酿成新的仇恨。所幸令尹子木这回听从劝谏，饶恕了伍举，让他回来，避免了又一场悲剧。

以上四例中，除苗贲皇外，前三者最初都是由个人私怨引起，本来都不会扯进楚王，但凭着楚王的权威，如果楚王处置得当，矛盾不难妥善解决。遗憾的是，或因楚王年幼，判断有误，或因楚王糊涂，偏信谗言，错上加错，而铸成冤案，受屈者就把仇恨指向楚王，最终个人矛盾变成君臣仇恨。

第二，都是借外国的力量报仇。如果仇恨只限于私人，在楚国国内便可以解决，这些矛盾只是君臣恩怨，而楚王又一意孤行，楚臣在国内昭雪困难，矛盾便迅速升级。如果楚王宽宏大量，收回成命，受屈者还能留在楚国。偏偏"楚多淫刑"，楚臣一旦与楚王结仇，或死或流，如令尹、司马、宗室公子、大夫，只要得罪楚王，无不被诛杀，到春秋后期，尤其残酷无情，或全家处死，或株连九族，这时楚臣不逃跑无异等死。因此，只要君臣结仇，楚臣的唯一出路，只有投往敌国，图谋报仇。

但是，要想复仇，谈何容易。必须依靠大国，在春秋中前期，是晋楚争霸，除了晋国能够威胁楚国之外，他国无能为力。楚国的逃臣要想逃命并报仇，通常最先跑到中立国宋、郑，随后投奔晋国。这些楚臣逃到敌国后，一旦受到重用，过去的积怨马上爆发，立即对楚国复仇，并且不择手段，唯一的目标便是最大程度地损害楚国，报复楚王。

析公是跑到晋国的，雍子和苗贲皇也是如此。巫臣最先本想到齐国，后来因考虑齐国刚败于晋国，于是也投奔晋国。《国语》中的"声子论楚材晋用"中，还记载有一个得罪楚成王的王孙启，照样是投奔晋国的。"王弗是，王孙启奔晋"，表明晋国是他们共同的归宿。这是因为当时晋国是能给楚造成麻烦的国家，晋既强大，又与楚争霸，对这些楚叛臣的到来，晋无不欢迎，于是给他们封地赐爵，加以利用。如对析公，“置诸戎车之殿”，雍子是“晋人与之鄐”即封以鄐地，巫臣是封以邢城，苗贲皇则封以苗城。对即将到来的伍举，同样计划给予他一个县的封地，和晋对叔向的待遇一样。因为楚国的逃臣对楚国的形势更加熟悉，用他们的智力来谋害楚国，那效果会更好。因此晋国都让这些人“为谋主”，削弱楚国的霸权。一旦逃臣们被晋国厚赏重用，必然对晋竭心尽智。又是这种力量，使晋国每每乘楚之隙，报以重创，从而让楚国逃臣的报仇愿望得到一定程度的实现。因此晋楚大战中，总能看到楚国谋臣的身影，楚国也因此屡败于晋。在晋楚绕角之战中，析公贡献谋议，让楚军宵溃，使得郑国不敢南向接近楚国。在晋楚彭城之战中，是雍子的建议，使楚军宵溃，晋降彭城而归诸宋，楚失东方。而巫臣的叛逃，先到晋，后入吴，使晋吴联合，共同骚扰楚国，结果吴国攻打巢城，夺取驾地，拿下棘城，进入州来，让楚国疲于奔命，始终为患。在晋楚鄢陵之战中，照样是苗贲皇的主意，导致楚国大败，共王受伤，主将自杀，郑国投入晋国的怀抱，楚国失去霸业，吴国因此兴起。在《国语》中声子说王孙启到晋国后，晋楚城濮之战，王孙启的谋划导致楚国之败。总之楚国每次战争失败的一个重要原因，就是楚国的叛臣起到了重要作用，带给楚国的重大损失。而叛臣的出逃，由君臣仇怨引起，足以显示这个问题带给楚国何等严重的后果！

如果在声子讲述了楚材晋用的典故后，楚国君臣始终铭记它的血的教训，楚国的历史不会重演这些悲剧。遗憾的是，楚人从未意识到这一点，因此楚人仍然会让这种历史重复下去，且变本加厉。灵王时期，部分重演，导致他自己的垮台，平王时期，臻于极致，终于让楚国尝到最厉害的报复，酿下最惨痛的悲剧。

到了春秋后期，“出奔”的对象有所改变。晋国国内六卿专政，大族横行，勾心斗角，无心与楚争雄，楚国的逃臣，不得不寻找能够与楚为敌的国家，借以自保并复仇，这就是新崛起的吴国。吴国与楚接壤，与周王室同宗，更重要的是，晋衰落后，吴人自认为能继承晋国的霸业，乐于接纳楚国的叛臣。这时，"楚材晋用"便变成"楚材吴用"了。最典型的人物是伍子胥。伍子胥的登场，拉开了"楚材吴用"的序幕。

伍子胥是辗转逃到吴国，借助吴国的力量来向楚平王复仇的。他的复仇，一度使楚国几乎灭亡，可以说，复仇获得了成功。伍子胥的复仇，具有以下特点：

第一，伍子胥的仇怨，和雍子巫臣等人一样，始于私人恩怨，终于君臣大恨。伍氏始于子胥的曾祖父伍参，在晋楚邲之战，伍参献谋，楚军大胜，伍参的儿子为伍举，伍举的儿子伍奢即子胥的父亲，又成为平王太子的师傅，伍氏家族如果照这样平稳发展，不可限量。但当伍氏渐趋隆盛之时，也就是大祸临头之日。在他们家族的面前，出了个楚国历史上最邪恶奸险的费无极，他几乎使伍氏家族受到毁灭性的打击，差点灭亡。费无极嫉妒心极强，他和伍奢同为太子的老师，太子偏向伍奢，不喜欢他，他想害太子，他劝平王从秦国为太子娶妻，又说秦女美丽惊人，劝平王自娶，这样就与太子结仇。当平王攻下一片濮人的土地后，他说如果平王经营楚国的南方，让太子负责北方，可得天下，于是就把太子调到城父。太子到了城父，他又说太子和伍奢以楚国的北方地区叛变，危害楚国。楚平王信了，就叫回伍奢询问，伍奢说平王糊涂，不能害了太子，平王关了伍奢，又派人杀太子，杀手奋扬放了太子，使其逃出楚国，到郑国居住。但伍奢还有两子，且多才能，于是又骗子胥兄弟说，你们回来，就放你们的父亲，子胥刚烈，决定逃跑报仇。平王杀了伍氏父子，以为天下从此太平。更加昏庸的平王，信谗任奸，结果费无极的仇人变成平王的敌人。

第二，借吴国的力量复仇。逃臣单凭个人的气力报仇，绝非易事。首先，必须保存自己的性命，不会像后世的臣子那样，即使是君要杀臣子，臣子也只能俯首就死，而在伍子胥这里则是异于后世，躲避追杀。《史记·伍子胥列传》载，楚王使者要他和伍尚一起回到都城受死，伍子胥断然拒绝，且劝伍尚和他一起逃跑，其兄不听，伍子胥独自逃跑，出楚至宋，与先前出逃的太子建会聚，又和太子一起奔郑，不久，因秦国指使，得罪郑国，太子被杀，子胥和太子建的儿子胜去郑投吴，"到昭关，昭关欲执之，伍胥与胜遂独身步走，几不得脱。追者在后。至江，江上有一渔父乘船，知伍子胥之急，乃渡伍胥。伍胥既渡，……伍胥未至吴而疾，止中道，乞食。"在逃难时，伍子胥历经千难万险，终于抵达吴国。

按一般习惯，吴与楚为敌，对楚国的叛臣都应立即欢迎。然而，《左传》昭公二十年载，伍子胥入吴，初言伐楚之利，公子光说："是宗为戮，而欲反其仇，不可从也。"伍子胥发现了公子光的企图，是想夺吴王僚的王位，伍子胥觉得既然公子光想夺位，那就帮他除掉王僚，一旦实现，岂不是吴王就成了伍子胥的人吗？伍子胥异常果断，不择手段，寻找刺客杀了王僚，公子光成了新的吴王，是为阖闾。阖闾既得王位，就回报伍子胥，将吴国的全部力量用到对楚国的复仇上。对于阖闾来说，灭掉楚国也有莫大的好处，既可以解除西边的最大威胁，也可报历年楚吴相争中吴对楚的仇恨，一旦灭了楚国以后，疆域可以大为扩张，吴国称霸天下的梦想得以实现。阖闾与子胥一拍即合，于是吴国便大规模地进攻楚国。《左传》昭公三十年载，伍子胥建议："楚执政众而乖，莫适任患。若为三师以肄焉，一师至，彼必皆出，彼出则归，彼归则出，楚必道敝，亟肄以罢之，多方以误之。既罢，而后以三军继之，必大克之。""阖闾从之，楚于是乎始病。"通过这种战略，楚国处处被动。

第三，复仇给楚国造成的危害极大。《左传》昭公三十一年："秋，吴人侵楚，伐夷，侵潜、六，楚沈尹戌率师救潜，吴师还，楚师迁潜于南冈而还。吴师围弦。左司马戌、右司马稽帅师救弦，及豫章。吴师还。始用子胥之谋也。"楚国好像被吴国牵着鼻子走，被动的态势一下子就露出来了。《左传》定公二年："秋，楚囊瓦伐吴，师于豫章。吴人见舟于豫章，而潜师于巢。冬十月，吴军楚师于豫章，败之。遂围巢，克之，获楚公子繁。"吴人大败在豫章的楚军，攻克巢城，俘虏公子繁，楚国受到重大打击。楚令尹囊瓦侮辱蔡、唐二国国君，导致二国的叛变，蔡、唐迅速靠近吴国，吴人联合蔡、唐从楚国的东北方大举进攻楚国。《左传》定公四年还记："冬，蔡侯、吴子、唐侯伐楚。……十一月庚午，二师陈于柏举。阖庐之弟夫槩王，晨请于阖庐曰：'楚瓦不仁，其臣莫有死志，先伐之，其卒必奔。而后大师继之，必克。'弗许。夫槩王曰：'所谓臣义而行，不待命者，其此之谓也。今日我死，楚可入也。'以其属五千，先击子常之卒。子常之卒奔，楚师乱，吴师大败之。子常奔郑。史皇以其乘广死。吴从楚师，及清发，将击之。夫槩王曰：'困兽犹斗，况人乎？若知不免而致死，必败我。若使先济者知免，后者慕之，蔑有斗心矣。半济而后可击也。'从之，又败之。楚人为食，吴人及之，奔食而从之。败诸雍澨，五战及郢。己卯，楚子取其妹季芈畀我以出，涉雎。箴尹固与王同舟，王使执燧象以奔吴师。庚辰，吴入郢，以班处宫。"吴楚柏举之战是春秋后期最经典的战役，这次战役以楚国的失败而告终，楚国的精锐之师基本上被歼灭，不久吴师入郢，昭王君臣仓皇出逃。《史记·伍子胥列传》："伍子胥求昭王，既不得，乃掘楚平王墓，出其尸，鞭之三百，然后已。"吴军入郢，彻底达到了伍子胥个人复仇的愿望。

伍子胥的复仇，超越一般的复仇者而名震万古，使后世的一切复仇行动显得渺小不足。这一切原因，在于春秋时代大国对立所造成的较好的报仇条件。楚国的君权强大而又残酷无情，以及伍子胥个人的坚韧不拔的超人意志，使得他能够完成无法想象的臣子报复暴君大仇的事业，也使他在中国的复仇史上，地位显赫而独特。以后楚臣复仇的条件越来越差，虽有许多君臣仇怨，再未见到伍子胥这样的成功故事。

如何看待伍子胥的复仇？有人以欣赏的眼光，称其为"复仇的哲学"。司马迁以《左传》的记载为线索，参以其它典籍，写成了《伍子胥列传》的相关内容。其中，司马迁对伍子胥大为称赞："向令子胥从奢俱死，何异蝼蚁？弃小义，雪大耻，名垂于后世。悲夫！方子胥窘于江上，道乞食，志岂尝须臾忘郢邪？故隐忍就功名，非烈丈夫，孰能致此哉？"但是，司马迁的这种观点，失之偏颇。与伍子胥同为楚臣的屈原，对伍子胥的态度，却是直接视之为叛臣，极其蔑视。

屈原名篇《天问》结尾有这么一段话：

> 薄暮雷电，归何忧？厥严不奉，帝何求？伏匿穴处，爰何云？荆勋作师，夫何长？悟过改更，我又何言？吴光争国，久余是胜，何环穿自闾社丘陵，爰出子文？吾告堵敖，以不长，何试上自予，忠名弥彰？

这段话自王逸以来，注家不知提出过多少解释，但没有一种是大家满意的。刘永济在"荆勋作师"下说："此问事亦不详，语意亦不完，疑有脱文。"又在"悟过改更"句下说："此亦语意未完，疑有脱文，故韵亦单出。"[1]游国恩罗列了清代以前众多的说法后下按语说："自此以下，旧本错简讹脱凌乱殊甚，故不特文意不属，韵事参差，且句读亦多有误。自来注家不悟，而又强为之说，句读任情，韵叶随意，且有谓隔句叶韵者，拘牵错互，缪辀难通。"又云："本篇末数韵词义不属，韵复不谐，读者每病其难晓，良由错简讹脱，是以注家强为笺释，迄未能安。"[2]为了将这段话讲通，游先生将句子重新作了排列。尽管如此，还是不通。其实，屈原这段话并无错简，诸家之所以疏而不通，关键是他们不知"勋"为子胥之名，因而也就想不到这句话是针对子胥之事而言的。勋为楚人，故曰"荆勋"，犹下文(吴王阖闾名)为吴人而称"吴光"。由"吴光"而知"荆勋"为伍子胥无疑。今将这段文字疏通如下，以印证勋确为子胥之名。

"薄暮雷电，归何忧？"古以无云而雷电发作为人臣反叛之象。《太

---

① 刘永济：《屈赋音注详解》，武汉大学出版社2013年，第437页。
② 游国恩主编《天问纂义》，中华书局1982年，第471页。

平御览》卷一三引《书·洪范》(按：当指刘向《洪范传》)："秦二世元年，天无云而雷。雷，阳也，云，阴也，有云然后有雷，象君臣也。故云雷相托，阴阳之合也。今二世不恤人，人臣叛之，故无云而雷也。"大概在有关子胥的传说中有无云而雷电发作之兆，古人迷信天象，楚王派人捉拿子胥，雷电之兆当也是原因之一。《左传》昭公二十年载："无极曰：'奢之子材，若在吴，必忧楚国。盍以免其父召之，彼仁，必来。不然，将为患。'王使召之曰：'来，吾免尔父'，棠君尚谓其弟员曰：'尔适吴，我将归死。吾知不逮，我能死，尔能报。闻免父之命，不可以莫之奔也。亲戚为戮，不可以莫之报也。奔死免父，孝也。度功而行，仁也。择任而往，知也。知死不辟，勇也。父不可弃，名不可废，尔其勉之，相从为愈。'伍尚归。"《史记·楚世家》记伍奢之言曰："胥之为人，智而好谋，勇而矜功，知来必死，必不来。然为楚国忧者，必此子。"

"厥严不奉，帝何求？""严"谓严亲，指伍奢。《墨子·非儒下》："秉辔授绥，如仰严亲。"《韩非子·难一》："举琴而亲其体，虽严父不加于子。"《周易·家人·象传》："家人有严君焉，父母之谓也。"可知先秦时期，"严"已常指父母而言。"帝"指楚平王。楚平王要伍奢召子时，伍奢已明告平王，子胥"势必不来"。故屈子问曰：既已知子胥不奉父命，平王又何必诈称相召？这是指责平王逼子胥反叛。

"伏匿穴处，爰何云？"爰，于也，"云"不入韵，疑为"亡"字形误，与下句"长"谐韵。《战国策·秦策三》："伍子胥橐载而出昭关，夜行而昼伏。"逃亡之时穴居野处，昼伏夜行。故屈子问曰：伏匿逃窜，欲流亡何方？意谓无须背叛祖国。

"荆勋作师，夫何长？""荆勋"一语，旧解甚夥。或解作"楚怀王追求功勋"，或释为"功业显赫的楚国曾经振兴武力"，或以为"勋"字是"动"字之误，或以为是"荆师作勋"之倒，不是臆说无据，就是牵强难通。今知勋为子胥，则诗句贯通无碍。长，益也。《国语·齐语》"不月长"，韦昭注："长，益也。"《广雅·释诂一》："长，善也。"善与益义通。子胥被吴王夫差赐死，弃之江中，故屈子问曰：你荆勋兴师伐楚，得到什么好处？终不免一死而已。

"悟过改更，我又何言？"此紧承上句而言。谓子胥既终无益处，则伐楚为其大错，若早能悟此过错，今我又有何可责备的呢？此句"言"不入韵，解者或以为错简，将此二句移置"爰何云"句下，以求与"云"谐韵。此说非是。《诗经·大雅·抑》九章"言""行"押韵，知"言"可与阳部相谐，然元部与阳部尾韵不同，何得相谐？屈子当以方言入韵，故自雅言音系观之，"言"不入韵，自方言音系观之，"言"自谐韵也。

"吴光争国，久余是胜，何环自闾社丘陵，是淫是荡？"环，围攻。闾，民户聚居处。《广雅·释诂二》："闾，居也。"又《释宫》："闾，里也。"屈原曾任三闾大夫，三闾泛指楚王族，穿，挖掘。穿社，毁坏神社。吴人攻入郢都后，抢占宫室，大肆搜掠破坏。《左传》定公四年载："吴入郢，以班处宫。子山（吴光之子）处令尹之宫，夫槩王欲攻之，惧而去之，夫槩王入之。"杜预注："以尊卑班次，处楚王宫室。"①《吕氏春秋·首时》："（子胥）九战九胜，追北千里，昭王出奔随，遂有郢。亲射王宫，鞭荆平之坟三百。"《淮南子·泰族训》："阖闾伐楚，五战入郢，烧高府之粟，破九龙之钟，鞭荆平王之墓，舍昭王之宫。"社神是国家的保护神，是国家的象征，因此是兵家必然要摧毁的对象。《吕氏春秋·贵直》："（晋）周卫取曹，拔石社。"《史记·秦本纪》："宁公二年，公徙居平阳，遣兵伐荡社。"《礼记·檀弓下》："吴侵陈，斩祀杀厉。"郑玄注："祀，神位有屋树者。""屋"，指宗庙，"树"，指神社。《左传》襄公二十五年："初，陈侯会楚子伐郑，当陈遂者，井堙木刊。郑人怨之。"这从侧面反映了战争中常用刊木斩祀作为打击敌方的有力手段。屈原的意思是说：吴光夺得王位后，子胥为之伐楚，屡次战胜我们，此于复仇亦足矣，何致竟攻入郢都，搜掠宫室，毁坏神社，进而掘墓鞭尸，放荡暴虐？

---

① 杨伯峻：《春秋左传注》，中华书局1990年，第1545页。

"爰出子文？吾告堵敖以不长，何试上自予，忠名弥彰？"这几句言楚令尹子文事。爰，焉也。据《左传》宣公四年记载，子文是斗伯比淫于䢵子之女而生出来的。生下后被弃之于云梦泽中。老虎给他喂奶，䢵子收养了他。因子文身世怪诞，故屈子疑而问之曰：子文是怎样生出来的？诸家皆将"何环穿自闾社丘陵，爰出子文"作一层理解，既不谐韵，又与上文脱节，故所不取。"吾"读为"语"。马王堆汉墓帛书《五十二病方·㿉》："神女倚序听神吾。""听神吾"即听神之语告。不长，犹言"不君"，谓不守为人兄长之道。试，通弑。堵敖是楚文王的儿子，继文王位而立，后被其弟熊恽所弑。熊恽立，是为楚成王。而子文为成王令尹。熊恽弑兄自立，子文当参与其事。然古来盛传子文为忠臣，故屈子疑而问之曰：子文宣告堵敖不循兄长之道，何以弑上夺位忠名反而愈彰？董楚平在《楚辞译注》中说："文王死时，熊囏与熊恽都还年幼，五年后的内讧，当有旁人教唆，子文后来做了成王熊恽的令尹，可能起过这种作用。"……"在传统观念里，楚成王与子文是一对明君贤臣，素享美名，屈原却揭了他们的老底，颇有非议。"[1]此言甚是。

杨琳通过以上疏解，认为若从子胥事迹出发来理解这段被认为"凌乱殊甚"的诗句，则文从字顺，条理贯通，无须求助于错简、脱漏、牵强附会等手段而强作解释。[2]由此，可见屈原对伍子胥是持谴责的态度。

《天问》中还有这样几句诗也需要我们重新考虑：

> 勋阖梦生，少离散亡，何壮武厉，能流厥严？

杨琳指出，这几句诗也当说的是子胥之事。勋，子胥名。阖，通

① 董楚平：《楚辞译注》，上海古籍出版社 1986 年，第 105 页。
② 杨琳：《伍子胥事迹的新发现——〈天问〉"荆勋""勋阖"破译》，《社会科学战线》2000 年第 4 期。

盖。《左传》襄公十七年"皆有阖庐",《晏子春秋·内篇谏下》作"皆有盖庐"。《周礼·夏官·圉师》:"茨墙则剪阖。"孙诒让正义:"阖即盖之借字。"皆可为证。伍子胥和阖闾大约都有为其母梦中所生的传说,屈子将信将疑,故曰:"勋阖梦生"。楚平王派人捕捉子胥,子胥先逃往宋国,又投奔郑国,郑杀太子建,子胥又亡命奔吴。诗中"少"与"壮"相对。《礼记·曲礼下》:"三十曰壮。"可能子胥背井离乡到处流亡是三十岁以前的事情,故曰:"少离散亡。"阖闾夺得王位后以子胥为谋主,大举攻楚,五战五捷,攻克郢都,此即所谓"武"。子胥掘墓鞭尸,此即所谓"厉"。子胥身为楚人,却引狼入室,为暴虐之行,忠君爱国的屈原必然深恶痛绝之。如此之人,竟流美名于后世,故屈原质疑:子胥既壮,好战暴厉,如此之人何能传庄正之名于后世耶?[①]

以上分析屈原《天问》对于伍子胥的评价,是出乎很多人的意料之外的。"屈原与子胥在个人遭遇上有很大的相同。伍子胥从吴国的利益出发屡次劝谏吴王伐越,反因太宰进谗言而被赐死,后来吴国终被越国所灭,这是在当时看来是因忠得祸的典型事例,屈原从楚国的富强着想,力劝楚王革新内政,实行法制,楚王听信上官大夫之流的谗言,疏远乃至放逐了他,结果楚国被拖入绝境,这也属于忠臣得祸一例。"[②]但是,屈原在《天问》中对伍子胥的态度如此严厉,是很多学者没有想到的。过去,鉴于对屈原《天问》的研究尚浅,没有涉及伍子胥其人,总以为屈原与伍子胥的遭遇有相似之处,屈原一定与伍子胥惺惺相惜。杨琳之文,通过深层次剖析《天问》原义,得出了屈原极度鄙视伍子胥的结论,这使我们进一步看到屈原对于楚国真诚无私的热爱,并深刻认识伍子胥狭隘的复仇行为,个人的私怨高于一切,并不可取,伍子胥对于吴国可谓忠臣,对于楚国,实为罪大恶极的叛臣。

---

① 杨琳:《伍子胥事迹的新发现——〈天问〉"荆勋""勋阖"破译》,《社会科学战线》2000年第4期。

② 王锡荣:《〈惜往日〉作者问题驳议》,载《社会科学战线》编辑部编《古典文学论丛》第一辑,齐鲁书社1980年,第25—26页。

楚国为何接二连三地出现"楚材晋用"现象和伍子胥这样的叛臣，深层次的原因，还是在于楚国的王权过于集中。在这种王权至上的体制下，对于楚王而言，容易助长楚王的任性，认为君尊臣卑，故刚愎自用，偏听偏信，一意孤行，恣意妄为，即使有错，也是拒不认错，甚至将错就错，滥用生杀大权，随心所欲，赶尽杀绝，不计后果。结果使楚国蒙受了巨大的损失，喝下的苦酒，其实是自酿的。对于楚臣而言，他们的理想，是君臣平等。他们信息灵通，都知道中原的诸侯国，如晋国、齐国、鲁国等，大夫专政，弑君如儿戏，故并不畏君。不过在楚国王权之下，楚臣有过反叛行为，却没有弑君行为。楚臣的出走，大都是不适应楚王的高压，幻想与楚王平等相处，君臣和谐，以理服人，一旦与他人冲突上升到与楚王发生矛盾，有性命之忧，便意气用事，不顾一切出走，个人私怨第一，国家利益第二，无所谓"爱国"可言，对楚国造成再大的损害也在所不惜。在这种君臣仇视的心理下，出现以伍子胥为典型的叛变楚臣，是毫不奇怪的。由此，可以说，楚国的王权过于集中，其实是一柄双刃剑。

第三节　县制向淡化军事职能演变

春秋后期楚县的设立同楚国领土的扩张分不开，由江汉地区而至南阳盆地，由南阳盆地发展到淮河上游、汝颍流域，再而推行于淮河中游、江南地区，这一过程，实际上反映了楚国疆域扩展的基本脉络。[①] 也就是说，楚国疆土扩展到哪里，哪里就有楚县的设立。

楚国疆域的急剧拓展，需要楚人创立一种新的政治管理形式。显然，楚国在春秋早、中期吸取了周人分封诸侯的教训，要将土地和人口直接控制在王权之下，因而在春秋后期创立了县制。

关于楚国的县制或春秋时期的县制，学术界是成果丰硕。其中，

---

① 徐少华：《周代南土历史地理与文化》，武汉大学出版社 1994 年，第 288 页。

李晓杰总学界之大成，对春秋战国时期的县制进行了详尽的研究。①李晓杰认为，春秋初年，是县、邑通称时期，此时行政单位仍是以邑为通称，但已加上县的称呼，县、邑等同，直到春秋中期，县作为行政单位与邑还没有大的区别。但县作为国君直属地的性质却与采邑有所不同，这尤其表现在边境县上。在春秋后期，晋国县的性质发生了变化。到战国时期，各国的县都由县邑发展到郡县，地方行政制度形成。

春秋后期的楚国所设县，按设立时所处楚王的时代顺序，介绍如下。

楚共王所设县：

郧县。郧亦作䢵，原是楚国边境旁的小国。《左传》成公七年（楚共王七年）："秋，楚子重伐郑，师于汜。诸侯救郑。郑共仲、侯羽军楚师，囚郧公锺仪，献诸晋。"郧公当即郧县的县公。可见楚共王时已设郧县。过去一般认为郧县在今湖北安陆。李晓杰指出："郧本为楚边境旁的小国，被楚灭后改置为县。郧县之地望，在今湖北省钟祥市北境、汉水以东的丰乐镇附近。"②

楚灵王所设县：

州来县。《左传》昭公九年（楚灵王八年）："二月庚申，楚公子弃疾迁许于夷，实城父，取州来淮北之田以益之。"李晓杰认为，至迟灵王四年（《左传》昭公四年，前538），州来由吴属楚，楚于是置州来县。州来原为春秋时吴、楚境上小国。其地在今安徽省凤台县。③州来县存在的时间不长，楚平王继位不久，吴灭州来，州来又为吴国所有。楚平王六年前，楚又取得州来，且城州来，再置为楚县（《左传》昭公十九年）。

---

① 李晓杰：《中国行政区划通史·先秦卷》，复旦大学出版社2009年，第240—251、292—294页。
② 李晓杰：《中国行政区划通史·先秦卷》，复旦大学出版社2009年，第256页。
③ 李晓杰：《中国行政区划通史·先秦卷》，复旦大学出版社2009年，第256页。

叶县。《左传》昭公九年(楚灵王八年)："二月庚申，楚公子弃疾迁许于夷，实城父，取州来淮北之田以益之。伍举授许男田。然丹迁城父于陈，以夷濮西田益之。迁方城外人于许。"楚公子弃疾将因避郑而迁都于叶地的许国复国于夷地，从而重新掌握了叶及其邻近要地，叶地处方城之外，对楚来说，其地理位置十分重要，楚据此可加强方城内外的控制和防御，并可缓冲北方郑、晋等国的侵扰。李晓杰指出："疑在许从叶迁走后不久，楚便在该地设置了具有军事防御性质的县。"①叶县后来长期存在，《左传》昭公十八年(楚平王五年)："楚左尹王子胜言于楚子曰：……'叶在楚国，方城外之蔽也。'"叶县的县公对于楚国有很大的影响力，《左传》哀公十六年(楚惠王十年)："楚大子建之遇谗也，自城父奔宋。……其子曰胜，在吴。子西欲召之。叶公曰……。"叶县的地望，《春秋》成公十五年杜预注："叶，今南阳叶县也。"《大清一统志》卷二一一《南阳府·古迹·叶县故城下》："在今叶县南三十里，名旧县店，春秋时楚邑。"叶县。《左传》定公五年(楚昭王十一年)："叶公诸梁之弟后臧从其母于吴，不待而归。叶公终不正视。"杜注："诸梁，司马沈尹戌之子，叶公子高也。"②楚县尹称公，则叶公当是叶县的县公，定公五年前楚已有叶县。叶是西周所封的姜姓诸侯国许国的都城，在今河南叶县西南。③昭公九年(楚灵王八年)："迁许于夷。"李晓杰据此推测许从叶迁走之后不久，楚便在该地设置了具有军事防御性质的县。④ 其说或是。

东不羹、西不羹。《左传》昭公十一年(楚灵王十年)："楚子城陈、蔡、不羹。"昭公十二年："王曰：'昔诸侯远我而畏晋，今我大城陈、蔡、不羹，赋皆千乘，子与有劳焉，诸侯其畏我乎？'对曰：'畏

---

① 李晓杰：《中国行政区划通史·先秦卷》，复旦大学出版社 2009 年，第 256 页。
② 杨伯峻：《春秋左传注》，中华书局 1990 年，第 1552 页。
③ 杨宽：《春秋时代楚国县制的性质问题》，《中国史研究》1981 年第 4 期。
④ 李晓杰：《中国行政区划通史·先秦卷》，复旦大学出版社 2009 年，第 268 页。

君王哉！是四国者，专足畏也。'"杜注："四国，陈、蔡、二不羹。"①
二不羹指东不羹、西不羹。"国"谓大都大邑，其时陈、蔡皆为楚县，
二不羹也当是楚县。则至晚在鲁昭公十一年，二不羹已经为楚县。东
不羹在今河南舞阳东北，西不羹在今河南襄城东南。②《国语》韦昭注
"三国，楚别都也"，杨宽据此以为二不羹是楚别都，可从。李晓杰认
为，至迟灵王十一年(《左传》昭公十二年)，东、西二不羹当已为楚
县。东不羹在今河南舞阳县西北，西不羹在今河南襄城县东南。此二
县可能是由原楚北部的别都改建而成。③

　　蔡县。 蔡是西周所封的姬姓诸侯国，其地在今河南省上蔡县城关
一带。④ 楚灵王十一年，楚王以蔡灵侯弑杀其父，诱蔡侯于申会宴，
事先埋伏好甲士，趁蔡侯喝醉之时，将其及同来的士卒七十人一并杀
死。然后楚灵王又令公子弃疾围蔡。灭之，并置为县，使弃疾为蔡公。
见于《左传》昭公十一年(楚灵王十年)，"冬十一月，楚子灭蔡，用隐
大子于冈山。""楚子城陈、蔡、不羹。使弃疾为蔡公。"《史记·管蔡
世家》："(蔡灵侯)十二年，楚灵王以灵侯弑其父，诱蔡灵侯于申，伏
甲饮之，醉而杀之，刑其士卒七十人。令公子弃疾围蔡。十一月，灭
蔡，使弃疾为蔡公。"是楚灵王十年蔡为楚县。李晓杰推测蔡国旧地上
蔡仍为楚县，⑤ 应当是合理的。

　　公元前 529 年，楚公子弃疾(蔡公)诈取了王位，是为楚平王。他
为了获得诸侯国的好感，将陈、蔡复国。蔡景侯迁蔡于新蔡，在今河
南新蔡县西。不过，复国后的陈国，完全丧失了独立的地位，仅仅是
楚国的傀儡而已。

　　白县。《国语·楚语(上)》："灵王虐，白公子张骤谏。王患之。"

①　杨伯峻：《春秋左传注》，中华书局 1990 年，第 1340 页。
②　杨宽：《春秋时代楚国县制的性质问题》，《中国史研究》1981 年第 4 期。
③　李晓杰：《中国行政区划通史·先秦卷》，复旦大学出版社 2009 年，第 256 页。
④　杨宽：《春秋时代楚国县制的性质问题》，《中国史研究》1981 年第 4 期。
⑤　李晓杰：《中国行政区划通史·先秦卷》，复旦大学出版社 2009 年，第 270 页。

韦昭注：子张，楚大夫白公也。可证楚灵王时有白公子张，是楚灵王时已置有白县。白县之地望，自古即无定说。《左传》哀公十六年(楚惠王十年)："其子曰胜，在吴。子西……召之使处吴竟，为白公。"杜预注："白，楚邑也，汝阴褒信县西南有白亭。"《水经注·淮水》："淮水又东径淮阴亭北，又东径白城南，楚白公胜之邑也，东北去白亭十里。"李晓杰认为，白在今河南息县东北。[①] 据上述所载，则白县之地望，当在今河南省息县东北(或淮滨县西南)。

巢县。巢本为群舒之一，《左传》文公十二年(楚穆王十一年)杜预注"宗、巢二国，群舒之属"可证。《左传》昭公四年(楚灵王三年)载："冬，吴伐楚，入棘、栎、麻，以报朱方之役。楚沈尹射奔命于夏汭，箴尹宜咎城钟离，薳启彊城巢，然丹城州来。东国水，不可以城。"其时为楚灵王四年(前538年)，楚欲城巢，故可知巢国是时已为楚所灭，并作为楚国的一个邑而存在。由此颇疑楚灵王时已置巢县。《左传》定公二年载："冬十月，吴军楚师于豫章，败之。遂围巢，克之，获楚公子繁。"杜预注曰："繁，守巢大夫。"[②]据此可知《左传》昭公二十四年(即楚平王十一年，前518年)吴取巢后，至《左传》定公二年(即楚昭王八年，前508年)间，楚又曾收回了巢，并再置为县，此点徐少华业已指出。[③]《史记·伍子胥列传》："吴使公子光伐楚，拔其钟离、居巢而归。"司马贞《索隐》曰："二邑，楚县也。"巢和钟离为楚灭东夷小国后于淮河中游南北所置的两县，以为军事重镇。巢县地望所在，唐宋以降的文献，如《太平寰宇记》《大清一统志》等一般皆以为在今安徽巢县东北。今人对此提出异议。黄盛璋、何浩二位学者

① 李晓杰：《中国行政区划通史·先秦卷》，复旦大学出版社2009年，第270页。
② 杨伯峻：《春秋左传注》，中华书局1990年，第1529页。
③ 徐少华：《周代南土历史地理与文化》，武汉大学出版社1994年，第282页。

结合有关文献及考古资料，认为应在今六安县东北。[①] 当是。

钟离县。钟离本是春秋小国。《左传》昭公四年(楚灵王三年)载：“冬，吴伐楚，入棘、栎、麻，以报朱方之役。楚沈尹射奔命于夏汭，箴尹宜咎城钟离，薳启彊城巢，然丹城州来。东国水，不可以城。”楚欲城钟离，故可知钟离国是时已为楚所灭，并作为楚国的一个邑而存在。由此颇疑楚灵王时已置钟离县。《水经注·淮水》：“《世本》曰：钟离，嬴姓也。应劭曰：县，故钟离子国也，楚灭之以为县。”《史记·伍子胥列传》：“吴使公子光伐楚，拔其钟离、居巢而归。”司马贞《索隐》曰：“二邑，楚县也。”十分明确。巢和钟离为楚灭东夷小国后于淮河中游南北所置的两县，以为军事重镇。《汉志》九江郡钟离县下颜师古引应劭曰：“钟离子国。”故其地一般认为即汉钟离县所在。顾栋高《春秋大事表》卷七《春秋列国都邑表》楚钟离邑下：“今江南凤阳府凤阳县东四里有钟离旧城。”《大清一统志》卷一二六凤阳府“古迹”之“钟离故城”条：“在凤阳县。”故楚钟离县应在今安徽凤阳东北临淮关。

鄢县。《左传》昭公十三年(楚灵王十二年)：“王沿夏，将欲入鄢。”唐代成书的《元和志》卷二一襄州宜城县“故宜城”条：“故宜城，在(唐代宜城)县南九里。本楚鄢县。地在湖北省宜城县南。”刘家和谈道：“楚灵王灭陈、蔡，用为争霸中原的军事重镇……被楚灭了的国家虽然变成了楚邦的县，原来的国君为楚王所任命的县尹所代替，不过原先的国人仍旧出赋从军，履行的是国人而不是野人的职责。原先的国人、贵族机体似乎也没有被打散，其贵族可能还多少受到一点尊重。……这种在楚王任命的县尹主持下，原先国人仍基本保持其原有地位的县，实际是由楚王控制了其军事和外交权力的不成为邦的邦。

---

① 黄盛璋：《关于鄂君启节交通路线的复原问题》，《中华文史论丛》第五辑，中华书局 1964 年，第 143—168 页；何浩：《巢国史迹钩沉》，《中国史研究》1983 年第 2 期。

（以其内部结构来说未变）。"①郑威也认为陈、蔡之师在灵王末年的变乱中起到了很重要的作用，平王即位后二国的复国也很顺利，这都说明其原有的政治和宗族结构在置县的短时期内破坏不大。②

楚平王所设县：

城父县。楚国北境重镇。《左传》昭公十九年（楚平王六年）："楚子为舟师以伐濮。费无极言于楚子曰：'晋之伯也，迩于诸夏，而楚辟陋，故弗能与争。若大城城父，而置大子焉，以通北方，王收南方，是得天下也。'王说，从之。故太子建居于城父。"《说苑·辩物》："王子建出守于城父，与成公乾遇于畴中。"《史记·楚世家》："（楚平王）六年，使太子建居城父，守边。"成公乾应即城父县县公。太子建后在城父遭难。《左传》昭公二十年（楚平王七年），楚平王听信费无极谗言，以为太子反叛，"王执伍奢。使城父司马奋扬杀太子。未至，使遣之。三月，大子建奔宋。王召奋扬，奋扬使城父人执己以至。"孔颖达疏引服虔云："城父人，城父大夫也。"徐少华以为："以'楚邑大夫皆称公'，'凡以邑名，皆县尹也'之例言之，城父大夫即楚之城父县公，则楚设有城父县。当即《说苑》所载太子建出居城父时遇于畴中之'成公乾'，成、城音同互通，并为太子建居城父时事，可互相印证。"徐说可从。城父在今安徽省亳州市东南。

下阴县。《左传》昭公十九年："十九年春，楚工尹赤迁阴于下阴。"楚平王六年，楚工尹赤所迁阴戎到下阴。楚当在此后不久，即于其地置县，以管理阴戎之民。此下阴县之所在，在今湖北老河口北。杨伯峻注："下阴在今湖北光化县（今老河口市）西，汉水北岸。"③徐少华认为："阴大夫管修当即楚之阴县大夫、阴公。此阴，应是鲁昭公十九年楚工尹赤所迁阴戎之下阴、汉晋阴县，故址在今湖北老河口市

---

① 刘家和：《楚邦的发生和发展》，载日知主编《古代城邦史研究》，人民出版社1989年，第305页。

② 郑威：《出土文献与楚秦汉历史地理研究》，科学出版社2017年，第15页。

③ 杨伯峻：《春秋左传注》，中华书局1990年，第1401页。

北。若是，在工尹赤迁阴戎于下阴之后不久，楚即于其地置县，以管理阴戎之民。汉晋阴县，实因楚县而来。"①徐说正确。

棠县。《左传》昭公二十年（楚平王七年）："（楚）棠君尚谓其弟（伍）员曰……"杜预注："棠君，奢之长子尚也，为棠邑大夫。"②《经典释文》卷一九："棠君尚，君或作尹。"由上述所引可知伍尚当为棠县之县尹（大夫）。楚称君与称尹不同，杜预显然是认为伍尚是楚棠县之县尹，而不是封君。《左传》中楚县无称某君者，据何浩研究，封君之称是最早见于楚惠王时期。③《左传》昭公二十年为楚平王七年，公元前522年，则至迟是年前楚国已置棠县。棠县之地望，杨伯峻引沈钦韩《春秋左传地名补注》谓即棠溪城，即今河南遂平县西北百里。④

楚昭王所设县：

武城县。《左传》定公四年（楚昭王十年）："武城黑谓子常曰……"杜预注："黑，武城大夫。"李晓杰以为武城大夫或者就是武城县的县公。其地在今河南信阳东北。⑤若是，定公四年前楚有武城县。

蓝县。《左传》定公五年（楚昭王十一年）载："（楚）王之奔随也，将涉于成臼。蓝尹亹涉其帑，不与王舟。"《国语·楚语下》亦载此事，其中提及"蓝尹亹"，杜预注："亹，楚大夫。"是亹当为蓝县之县尹。徐少华赞同此说。⑥其时为楚昭王十一年，公元前505年，则至迟该年楚已有蓝县。此蓝县之地望，于史无载。然由上引《左传》定公五年之文可知蓝当在成臼附近。杨伯峻《春秋左传注》："成臼即臼水，亦名臼成河。臼成河源出湖北京山县聊屈山，古时此河西南流入于沔，据《水经·沔水注》，昭王奔随，即于此渡河，窃疑即今钟祥市南之旧口。"⑦李

① 徐少华：《周代南土历史地理与文化》，中西书局2021年，第339页。
② 杨伯峻：《春秋左传注》，中华书局1990年，第1408—1409页。
③ 何浩：《论楚国封君制的发展与演变》，《江汉论坛》1991年第5期。
④ 杨伯峻：《春秋左传注》，中华书局1990年，第1408页。
⑤ 李晓杰：《中国行政区划通史·先秦卷》，复旦大学出版社2009年，第273页。
⑥ 徐少华：《关于春秋楚县的几个问题》，《江汉论坛》1990年第2期。
⑦ 杨伯峻：《春秋左传注》，中华书局1990年，第1553页。

晓杰疑蓝县即为战国时位于今湖北省钟祥县西北的蓝田。[①] 二说或是。

楚惠王所设县：

慎县。《左传》哀公十六年（楚惠王十年）："吴人伐慎，白公败之。"慎县地在安徽颍上县。楚平王之孙公孙胜曾经担任慎县的县尹，在吴兵来袭时，率慎县之兵击退吴兵，以此为资本，要求向楚王献俘，得以率兵进入郢都，发动叛乱。《中国历史地名大辞典》"慎"：春秋楚慎邑。在今安徽颍上县西北江口镇。《左传》哀公十六年，公元前479年，"吴人伐慎，白公败之"。战国秦置慎县。[②]

鸣鹿县（苦县）。鸣鹿县由陈国旧辖地"鸣鹿"改名而来。陈国在楚庄王时被灭过一次。《左传》宣公十一年（楚庄王十六年）："冬，楚子为陈夏氏乱故，伐陈。谓陈人无动，将讨于少西氏。遂入陈，杀夏徵舒，辕诸栗门。因县陈。申叔时（反对）……乃复封陈，乡取一人焉以归，谓之夏州。"楚灵王七年，陈国再次被灭。《左传》昭公八年："陈公子招归罪于公子过而杀之。九月，楚公子弃疾帅师奉孙吴围陈，宋戴恶会之。冬十一月壬午，灭陈。……使穿封戌为陈公。"杜预注："戌，楚之大夫，灭陈为县，使戌为县公。"[③]楚平王继位不久，《左传》昭公十三年："平王封陈、蔡，复迁邑。"陈国得以复国，苟延残喘，直到《左传》哀公十七年（楚惠王十一年）："（楚惠）王卜之，武城尹吉。使帅师取陈麦。陈人御之，败。遂围陈。秋七月己卯，楚公孙朝帅师灭陈。"陈国才最终成为楚县。陈国素有地名"鸣鹿"，《左传》成公十六年（楚共王十六年）记晋楚鄢陵之战，晋国获胜，"（晋）知武子佐下军，以诸侯之师侵陈，至于鸣鹿。"郦道元《水经注》："涡水又东径鹿邑城北，世谓之虎乡城，非也。《春秋》之鸣鹿矣。"杜预注："陈国武平西南有鹿邑亭，是也。"分析楚惠王将陈国设置为陈县，存在管

① 李晓杰：《中国行政区划通史·先秦卷》，复旦大学出版社2009年，第273页。

② 史为乐主编《中国历史地名大辞典》（增订本），中国社会科学出版社2017年，第2900页。

③ 杨伯峻：《春秋左传注》，中华书局1990年，第1304页。

辖地域过大，不便管理的问题，有可能将陈国旧地的重要城邑设置为县，一直到楚怀王时期长期存在。这种分析在《包山楚简》中得到证实。《包山楚简》174 简："乙酉，郦(鹿)邑人阳越、吴晋。"[1]徐少华认为"简文之'鹿邑'，当即春秋之鸣鹿，隋至金代的鹿邑县所在。……当不出今河南鹿邑县以西的试量镇至辛集乡一带，约在故陈城(今河南淮阳)东北 60 里左右。"[2]楚惠王在推行封君制之际曾多处改动地名，因楚平王之孙和昭王之子多分封在楚国北疆，即析、申、鲁阳、方城、负函、息、上蔡、平舆、陈等地。作为楚国北略中原、守护楚国的重要门户，这些地方是惠王考量的重点，在城池强化、兵力部署上，不得不重新打破、划定各君(公)辖制的范围，有些地域被重新命名，包括申更名为宛，负函更名为城阳，将鸣鹿更名为鹿邑，也应当在此时。鹿邑地名延续到西汉。《楚国历史文化辞典》："汉魏陈国武平县西南有鹿邑，约在今河南鹿邑县西。楚鹿邑或许是其前身。"[3]李晓杰提出："《史记》卷 63《老子列传》载：'老子者，楚苦县厉乡曲仁里人也'，据此春秋时期楚应置有苦县。"[4]可备为一说。可能是到西汉时，鹿鸣旧地又被改为苦县。

根据以上考证，作春秋后期楚国置县表如下：

表 24-1：春秋后期楚国置县表

时期	县名	今地	说明
共王	郧县	湖北安陆与京山之间	《左传》成公七年(楚共王七年)："囚郧公锺仪，献诸晋。"郧公当即郧县的县公。

① 朱晓雪：《包山楚墓文书简、卜筮祭祷简集释及相关问题研究》，吉林大学博士学位论文，2011 年，第 271 页。
② 徐少华：《"包山楚简"地名数则考释》，《武汉大学学报》(哲学社会科学版)1997 年第 4 期。
③ 石泉主编《楚国历史文化辞典》，武汉大学出版社 1996 年，第 381 页。
④ 李晓杰：《中国行政区划通史·先秦卷》，复旦大学出版社 2009 年，第 273 页。

时期	县名	今地	说明
灵王	州来	安徽凤台	见《左传》昭公九年。
	叶县	河南叶县西南	《左传》定公五年(楚昭王十一年)有"叶公诸梁",楚县尹称公,则叶公当是叶县的县公。
	东不羹	河南舞阳西北	《左传》昭公十一年(楚灵王十年):"楚子城陈、蔡、不羹。"
	西不羹	河南襄城东南	
	蔡县	河南上蔡县城关一带	《左传》昭公十一年(楚灵王十年):"楚子城陈、蔡、不羹。使弃疾为蔡公。"
	白县	河南息县东北	《国语·楚语》:"灵王虐,白公子张骤谏。"
	巢县	安徽六安东北	《左传》昭公四年(楚灵王三年)载:"箴尹宜咎城钟离,薳启彊城巢。"
	钟离	安徽凤阳东北	《左传》昭公四年(楚灵王三年)载:"箴尹宜咎城钟离,薳启彊城巢。"
	鄢县	湖北宜城西南	唐《元和郡县志》卷二一襄州宜城县"故宜城"条:"故宜城,在(唐代宜城)县南九里。本楚鄢县。"
平王	城父县	河南宝丰县东四十里	《左传》昭公十九年(楚平王六年):"太子建居于城父。"
	下阴县	湖北老河口市	《左传》昭公十九年(楚平王六年):"十九年春,楚工尹赤迁阴于下阴。"
	棠县	河南遂平西北	《左传》昭公二十年(楚平王七年):"棠君尚谓其弟员曰……"

续表

时期	县名	今地	说明
昭王	武城县	河南信阳东北	《左传》定公四年（楚昭王十年）："武城黑谓子常曰……"
	蓝县	湖北钟祥西北	《左传》定公五年（楚昭王十一年）："（楚）王之奔随也，将涉于成臼。蓝尹亹涉其帑，不与王舟。"
惠王	慎县	安徽颍上县	《左传》哀公十六年（楚惠王十年）："吴人伐慎，白公败之。"
	鸣鹿县（苦县）	河南鹿邑县	《左传》成公十六年（楚共王十六年）、《包山楚简》174 简、《史记·老子列传》

由上表可见，春秋后期楚国所置之县多是在所灭之国的城邑而设。这些楚县作为楚王直属的城邑，无疑是王权加强的一种表现。这些楚县，人口较多，具有很强的实力，但比较春秋早、中期所设的县，明显具有较强的行政性质。

第一，春秋后期楚县由边防重镇转为县鄙之县。这时的楚县应当从中心与统辖地区角度考虑。在春秋早期各国都大肆拓张领土，领土可以分成层次。晏昌贵研究了楚国的政治地理结构，指出："春秋楚王权的地域构成按时间先后依次表现为江汉（方城之内）、淮域和方城之外三个较大的地理区域，这三个区域在职能上又可区分为本土（国）、县和盟国三种不同的形式，亦即楚国的政治地理结构为：邦国、县、诸侯盟国三个层次。……考察春秋楚国政治地理的层次结构，发现它与西周的畿服制度有着若干关联性。"①晏氏之说从地理的角度揭示了楚国领土的层次，晏氏所说的江汉、淮域与方城之外与邦国、县、盟国也不是完全一一对应的，但是从政治结构的布局上看，有一

---

① 晏昌贵：《春秋楚王权与楚国政治地理结构》，《江汉论坛》1998 年第 3 期。

个类似《周礼》中的同心政治结构。即以楚都为中心,以县作为外围,诸侯国又在更外围。县应当从中心的外围理解,而不能理解为国土的边境。中国的同心的政治结构中边境的概念往往是暂时而模糊的,而中心则是明确不变的,所以楚县应当是以《周礼》所描述同心结构县制的一种模仿。

第二,春秋后期的楚县不再拥有重兵。上列举的楚共王至楚惠王时期的数县,大部分没有证据说明有重兵。特别是在对吴国的战争中,楚国始终没有建立如陈、蔡、不羹一样的"赋皆千乘"大县的地方军,而是主要靠中央军以及临时征调属国、近县来"奔命"。《左传》成公七年:"吴始伐楚、伐巢、伐徐,子重奔命。马陵之会,吴入州来,子重自郑奔命。子重、子反于是乎一岁七奔命。"究其原因,很可能是楚平王认识到大县拥有军权对于王权的侵害,不肯设置地方军,这样,只有靠中央军来回奔命了。陈伟认为:"(春秋中期)申、息之师也许是一个特定时期的特殊建置,难以看作春秋楚县的通例。在春秋后期的楚、吴争战中,楚方主力始终是中央军队。除了《左传》哀公十六年'吴人伐慎,白公败之'这条简略的记载之外,淮水两侧的县级武装没有什么突出的表现。"[①]所以楚县到春秋后期作为边防重镇的性质已经明显弱化。

第三,楚县的规模逐步缩小。对于楚县的广大,学者多有认识,顾颉刚就已经提出:"在春秋初期,楚已有县制;而且灭了一国建立一县,县的面积甚为广大。"楚县广大的体现是《左传》昭公十二年所说的:"今我大城陈、蔡、不羹,赋皆千乘。"陈、蔡、不羹为楚县,其赋千乘,同时期的晋县不过百乘,则楚县有晋县十倍之大。有千乘之赋的县,必定有很大的土地面积。以古时流行的一成出革车一乘计算,则方十里为一乘,方百里为百乘,千乘是方百里者十,则陈、蔡、不羹之县总面积是很大的。大县的县公级别也较高。楚县的长官称县

---

① 陈伟:《楚"东国"地理研究》,武汉大学出版社1992年,第191页。

尹或县公,《左传》宣公十一年(前598年)记载楚庄王平定陈国之乱后说:"诸侯、县公皆庆寡人",杜预注曰:"楚县大夫皆僭称'公'。"①清人王引之则称:"县公,犹言县尹也……则公为县大夫之通称,非僭拟于公侯也。"②不论是僭越还是通称,以某公来称呼某县长官是当时的惯例,而县公与诸侯并提,则说明其地位与附庸于楚国的小国国君相当。《左传》襄公二十六年(楚康王十三年)记穿封戌为"方城外之县尹也",至鲁昭公八年(楚灵王七年)楚灵王灭陈,使穿封戌为陈公,曰:"城麇之役不诶。"则穿封戌明显是升迁。由普通的县尹,升级为大县的县尹。《史记·楚世家》:"且入大县,乞师于诸侯。"所说的大县就是这种规模往往可以达到千乘之县。申县是楚国的大县,陈剑揣测:"申县后期不见于史籍,大概是有所缩小。"③灵王时期对陈、蔡等大县时人已经提出其对王权潜在的威胁。鲁昭公十一年(楚灵王十年):楚灵王城陈、蔡、不羹。使公子弃疾为蔡公。楚灵王问申无宇:"国有大城,何如?"对曰:"郑京、栎实杀曼伯,宋萧、亳实杀子游,齐渠丘实杀无知,卫蒲、戚实出献公。若由是观之,则害于国。末大必折,尾大不掉,君所知也。"此后三年,公子弃疾以陈、蔡、不羹人叛,弑灵王代立,为楚平王。战线南移,楚国复封陈、蔡,二不羹也不见史籍。楚平王一度城城父,使太子居之,以通北方,时为鲁昭公十九年,楚平王六年。但是次年,楚平王担心太子据城父大城叛乱,太子出奔。楚昭王四年,从城父分出部分田地给养(昭公三十年),城父大县地位不保。

第四,春秋后期楚县的经济管理和赋税征收功能加强。《左传》昭公十二年载楚灵王所说:"今我大城陈、蔡、不羹,赋皆千乘。"陈、蔡、不羹为楚县,其赋千乘。楚大县千乘之赋,就是芍掩治赋所说的

① 杨伯峻:《春秋左传注》,中华书局1990年,第714页。
② 王引之:《经义述闻》卷一八《春秋左传中七十六条》"县公"条,商务印书馆1936年,第689—690页。
③ 陈剑:《先秦时期县制的起源与转变》,吉林大学博士学位论文,2009年,第223页。

基于井田的军赋。楚康王十三年，《左传》襄公二十六年记："楚蒍掩为司马，（令尹）子木使庀赋，数甲兵。甲午，蒍掩书土田，度山林，鸠薮泽，辨京陵，表淳卤，数疆潦，规偃猪，町原防，牧隰皋，井衍沃，量入修赋，赋车籍马，赋车兵、徒兵、甲楯之数。既成，以授（令尹）子木，礼也。"李学勤指出：蒍掩所治之赋，指军赋，不是一般的赋税。土地可以分为九等，即文中所说的，"书土田，度山林，鸠薮泽，辨京陵，表淳卤，数疆潦，规偃猪，町原防，牧隰皋，井衍沃"，九等土地都可以换算成平原的井田，并以此为基础征收军赋。楚军赋是建立在井田制的基础之上的。[①] 楚康王时楚国国势稳定，楚国的司马本是军事长官，这次奉令尹之命"书土田"，是履行经济管理的职责，对全国土地进行分类统计，并按照井田制公田的比例换算各地应该缴纳的军赋。只有经过这种大规模的统计，楚王才会有底气地宣布楚大县"赋皆千乘"。蒍掩治赋说明，到春秋后期，楚县内部的统计职能在楚灵王之时颇有基础，到楚康王时期得到了加强。

春秋后期的楚县，性质有很大的变化。

楚国县的设置之初，便同采邑有本质的区别。《左传》僖公二十四年说，西周时期"封建亲戚，以蕃屏周"。楚灭国后继而设县，县制与分封制是根本对立的。楚县是王权的根基：楚国的县或大或小，大县等于一个小国。与北方各国相比，楚国多大县。这是因为楚人灭掉了许多中小诸侯，即以其地置县，便于利用原有的管理系统。这些被灭的国作为诸侯是中等或小国，作为县的体量就大了。如申和息原是两个中小诸侯国，被灭后成为两个大县，可以合编为一军。灵王一度灭陈、蔡为县，加上边境大城不羹，三县各有千乘之赋，比申和息都大。

县邑多而且大，赏邑少而且小，这是楚国王权的特殊做法。楚国公室特别强大，王权特别牢固，发生了多次叛乱也不会没有旁落，这是因为楚人偏爱王权吗？不，这是因为楚王明智地采取了以谷禄取代

---

① 李学勤：《论蒍掩治赋》，《江汉论坛》1984 年第 3 期。

土地的方法，确保了王权的绝对优势。

楚国的县，是楚王维持统治、驾驭群臣的柱石。到春秋后期，楚王有意削弱楚县的军事职能，是楚国重大的政治变革。这种变革是基于国外晋国的教训和国内灵王是教训而作出的。晋国的教训在于晋县演变为可以同晋君抗衡的私邑。

与楚县不同，晋县可以世袭并且可以转让。晋县起初是晋国公室设置的，由国君委任各县的大夫，如晋文公获得南阳八邑后，以赵衰为原大夫，以狐溱为温大夫。晋国边地的县与内地的都邑长期共存，由于晋兼国特多，边界特长，县较之于都邑发展更快。随着公室的衰微和强家的崛起，卿大夫蚕食公室领地，县又向内地发展。晋悼公以后，如六卿灭了祁氏、羊舌氏后将他们的采邑分为十县。卿大夫用他们在边鄙地区惯用的县制改造内地的地方组织的名称，本身就意味着一种革新。晋国的县最后发展到多少，没有明确的记载。公元前537年，《左传》昭公五年记载，晋国韩起、叔向出使楚国。楚王欲辱晋使，楚大夫蘧启彊说："韩赋七邑，皆成县也。羊舌四族，皆强家也。晋人若丧韩起、杨肸，五卿、八大夫辅韩须、杨石，因其十家九县，长毂九百，其余四十县，遗守四千，奋其武怒，以报其大耻……其蔑不济矣。"所谓成县即大县，每县地域方百里，可赋六千四百，兵车百乘。考韩起于韩万，兴于韩厥，晋灵公五年韩厥始仕为中军司马，景公十一年入卿，悼公元年为执政卿，悼公八年告老，其子韩起继父位，起之子韩须。韩氏在短短几十年内暴发为七邑大家，反映了晋国卿大夫势力发展之迅猛。查羊舌四（三）族即羊舌职四（三）子——羊舌赤、羊舌肸（叔向）、羊舌虎（叔虎，时已死，不可计）、羊舌鲋（叔鱼）。晋武公之子伯乔生文，文生突，突受封为羊舌邑大夫，其子羊舌职袭父邑。官至中军尉之佐。官爵虽不大，然其子竟暴发为四（三）强家，与韩氏七邑同语于书，可见羊舌氏暴发之迅猛。其他五卿、八大夫，共占有县邑四十有余，再加韩氏七县，羊舌四县，估计晋平公时全国至少有五十余县。晋国县制到这时已经普及全国了。

晋国的县制在它刚刚兴起的时候，各县长官的称号、权力、政治职能几乎与采邑的主人没有什么差别，县的长官叫县大夫，由国君委任。但由于晋国卿族势力太强，国君对县的控制又不严，有的县设立之后便逐渐脱离了公室的控制而变为世袭。例如赵衰的原县就是如此。赵衰死后，其子赵同继为原大夫，称为原同，其后原就成为赵氏世守之地。《列国纪闻》云："襄子尝居原。"襄子即赵鞅之子赵无恤。可见直至春秋之末赵衰的后裔仍食采于原。再如申公巫臣入晋之后，受封为邢大夫，他死后其子继任又为邢大夫，称邢侯、邢伯，邢也就变成了世袭。春秋末年，随着六卿势力的进一步增强，晋国县的设置及县大夫的委任之权便落入了六卿之手。祁氏、羊舌氏族灭后，把他们的采邑划分为十县，就是由魏献子主持的。而这十县的县大夫，多数由六卿的子弟来担任，他们各家的支庶享有领地世袭的特权，故《史记·赵世家》说，六卿"各令其子为大夫，晋益弱，六卿皆大"。《左传》襄公三十年记，"赵孟问其县大夫，则其属也"。杨伯峻注："即赵武之属吏"①。即是说，绛县的县大夫是赵武的属臣。可见绛县的县大夫不是晋国君任命的，而是由正卿赵武任命的。鲁哀公二年，晋、郑两军遇于铁，赵简子誓词曰："克敌者，上大夫受县，下大夫受郡，士田十万。"为臣下赏赐县、郡、田地的已不是晋国国君，而是赵简子了。六卿往往任用其家臣、养士去做某县某邑的长官，这些家臣和士由于与主人没有宗法上的联系，因此也不得将采邑世袭，如赵简子令尹铎治晋阳，则不闻尹铎的内子孙仍领晋阳；张柳朔为范氏治柏人，亦不能以柏人传之于子弘孙。晋国的世袭制就这样解体了，这些家臣就成了封建社会食禄官吏的前身。②

楚国自身的教训在于楚灵王时其弟蔡公弃疾利用楚县的实力推翻了楚灵王。

① 杨伯峻：《春秋左传注》，中华书局 1990 年，第 1172 页。
② 李孟存、李尚师：《晋国史》，山西古籍出版社 1999 年，第 270—272 页。

楚王与县公之间历来是直接的统辖关系，在人事上，县公由楚王任命，很少世袭，直接听命于楚王。楚王对县师可以直接征调，对县邑的所属土地和人口可以任意处理。时间一长，楚县的这种军事实力便容易失控。

楚灵王一心与吴国争霸，忽略了楚县已经尾大不掉，早已成为楚王的潜在威胁。灵王早期的变革主要有两个方面：其一，灭国、置县、迁民并举。灵王夺位后，意欲兴霸，故在楚灵王三年（前538年）会诸侯于申，后灭赖（厉），迁之于鄢，复迁许于赖；灵王七年与十年，分别灭陈、蔡，并县之；后又"迁许、胡、沈、道、房、申于荆焉"。灭国与迁民对诸小国原有的政治与宗族体系破坏极大，一些小国可能因此而无力复国，或复国后也势力大减，少见于史载；相对而言，在短时期内，灭国置县对原有的政治和宗族结构破坏可能略小，复国也更容易些。据《左传》昭公九年记载："楚公子弃疾迁许于夷，实城父。取州来淮北之田以益之，伍举授许男田。然丹迁城父人于陈，以夷濮西田益之。迁方城外人于许。"可见，楚王不仅把县的土地授人，更是将县的居民进行迁移。楚县的军事职能被强化是可以肯定的，特别是一些大县，以前完全是一处军事重镇，有县师，如申、息之师，独当一面四处征战，势力迅速膨胀，灵王末年，无底线信任其弟弃疾，任命弃疾兼领陈、蔡两个大县的县公，弃疾利用楚县的平台，故作姿态，声誉鹊起，不少受到灵王压制的旧贵族在楚国蔡县的羽翼下，兴起作乱，蔡公（或称陈蔡公）弃疾见时机成熟，率陈、蔡、不羹等大县之师攻入郢都。灵王死后，弃疾又迫使子干和子皙自杀，最终即位称王。在这场战争中，县公弃疾掌握的可以调动县师的军事指挥权是他成功的基础和保证。

在灵王之前，县大夫基本上是忠于楚王的，即使有像斗缗那样个别意欲谋反者，也很快被杀，势力难与楚王抗衡。在昭王至惠王前期，发生了三次关乎楚王性命安危的事件。

第一次是吴师入郢，楚昭王出奔，蓝尹拒载。楚昭王十年，公元前505年，《左传》定公五年载："王之奔随也，将涉于成臼。蓝尹亹涉其帑，不与王舟。"第二次是《国语·楚语》所记，"昭王奔郧，郧公之弟怀将弑王。"第三次是楚惠王时，白公叛乱与叶公平叛。楚国统治集团在此次叛乱中消耗极大，令尹、司马皆死于此乱。白公和叶公分别为白、叶二县县公。可以说，乱起于县公，亦平复于县公。

楚国在春秋晚期这三次重大事件，每一次都与县尹（公）息息相关，显然县尹（公）的权力已经相当大，很难为楚王所驾驭。

回顾楚灵王至惠王时期，对县尹（公）势力难以驾驭，深层次的原因在于楚国很多县邑规模偏大，楚王对不少县公和县尹缺乏有效的约束，容易形成在一地任职过久，势力迅速膨胀，县公、县尹等地方势力容易借此机会扩张势力，向楚王进攻。如果楚王不采取紧急措施，必然如同晋国等国一样，君死国亡。

楚王认识到楚县失控的危害，是从楚平王开始的。蔡公弃疾利用蔡公的身份发动颠覆灵王的叛乱，获得成功，当然会特别加以防范，到弃疾成为楚平王后，则不见县师四出御敌，而只在重镇驻军，如在巢、州来、繁阳等都驻有重兵，主要作防守之用。至昭王和惠王时期，楚王逐渐有意识地控制县公的势力，开始寻找可以依靠的新的政治力量，如王族近亲等，将一些地方城邑交给他们，而不是设立县尹。这也是导致此后楚国封君出现较多的一个客观原因。

第四节　采邑制向禄田制过渡

春秋时期楚国对世宗大族、有功之臣普遍实行采邑制。从传世文献记载来看，楚国采邑的设置在春秋中晚期更显集中。

现将楚国春秋后期实行采邑制的情况简要梳理如下。

楚共王时有伯州犁的封邑。伯州犁是晋伯宗之子，从晋国逃奔至楚国。公元前576年，楚共王十五年，《左传》成公十五年载："晋三郤害伯宗。……伯州犁奔楚。"伯州犁奔楚后不久官至太宰，在晋楚鄢陵之战中与楚共王一起登上巢车，向共王仔细分析晋军的动向，发挥过很大作用。伯州犁历经共王、康王，在郏敖四年王子围（即楚灵王）的篡位争斗中被杀。

伯州犁奔楚后，被封楚国的锺地，或者锺离之地。《通志》载楚有锺氏和锺离氏："晋伯宗之后，伯宗，晋之贤者也，为郤氏所潜，被杀。子伯州犁奔楚，邑于锺离，今濠州也。子孙以邑为氏，或言锺，或言锺离。"①《左传》成公十五年在记载伯州犁奔楚之后，又说："十一月，会吴于锺离，始通吴也。"杜注："锺离，楚邑。"②可见锺离在楚共王时属楚，伯州犁被封至锺离是可能的。楚共王以后，楚灵王、平王、昭王之世，楚吴之间反复争夺锺离、州来诸地，锺离时而属楚，时而属吴，这是后话。

楚共王时，一些楚国的王族和大臣可能还曾获得过楚王的赏田。《左传》成公七年记载说："楚围宋之役，师还，子重请取于申、吕以为赏田，王许之。"杜预注："子重请取于申、吕以为赏田。"申、吕为楚灭国后所置的楚县，楚令尹子重向庄王索取的赏田应是县邑的一部分而不是全部，其规模当小于采邑。吕文郁在对西周时期赏田进行探讨后说："其封授土田规模大者为采邑，其规模小者为赏田。""赏田是否可以像采地那样由子孙世袭，因史料不足征而难以断定。"③就楚国来说，刘玉堂认为："楚国所谓'赏田'，其实不过是'食邑'的别称，因为从赏田的性质上，找不出异于食邑的特征，故分之可称之为赏田、食邑，合之则可称为食邑"。④可以说，楚国的赏田与采邑性质大致相同，但相对来说赏田规模偏小，也许是城邑的一部分。

楚康王时，有伍举的封邑。伍举被封于椒（或作"湫"）邑，故被称

① 郑樵：《通志二十略·氏族略》第三，王树民点校，中华书局1995年，第91页。
② 左丘明撰，杜预集解：《春秋经传集解》，上海古籍出版社1997年，第743页。
③ 吕文郁：《周代的采邑制度》，社会科学文献出版社2006年，第145页。
④ 刘玉堂：《楚国经济史》，湖北教育出版社1995年，第18页。

之为"椒举"。《左传》襄公二十六年和《国语·楚语上》中，"椒举"和"伍举"的记载共同存在，韦昭注："椒举，楚大夫，伍参之子，伍奢之父伍举也。"又云："椒，邑也。"①伍氏为芈姓，应是楚王族的一支，始受氏者伍参，其子伍举封于椒，以邑为氏，又名椒举，故伍举之后亦称椒氏，如继承椒邑的伍举次子鸣又称椒鸣。公元前547年，楚康王十三年，《左传》襄公二十六年载，伍举滞留在郑国引领观望时，楚康王时令尹子木"益其禄爵而复之"。伍举的封邑很有名，宋代《通志》多处记载。"椒氏，楚伍参之后也。或为伍氏，或为椒氏。"②"伍氏，芈姓，楚大夫伍参之后也。"③

伍氏"椒"邑所在，说法各异。其一，在楚文王时楚都湫郢附近。公元前675年，《左传》庄公十九年载，楚文王伐黄后，"还，及湫"，杜预注曰："南郡郡县东南有湫城"，杨伯峻指出，《清一统志》谓湫在湖北省钟祥县北，《春秋大事表》谓在湖北宜城县东南的大洪山西侧，"楚灵王时为伍举采邑"。④ 其二，《水经注·淮水》有"焦陵陂"，杨守敬引《新唐书·地理志》"汝阴南三十五里有椒陂塘"，又引《元丰九域志》"汝阴有椒陂镇"，认为"椒、焦音同，即此陂也"，应在今阜阳市南；《淮水》篇复有"淮水又北，左合椒水"的记载，熊会贞按云："椒水即今之焦冈湖，今县西南南五十里淮北岸鲁家沟"，⑤ 在今凤台县西南。比较这两种说法，后一说较优。"焦陵陂"与"椒水"都在淮水北岸，地望相去不远，伍举采邑有可能在这一区域，即今淮河以北的阜阳至凤台一线附近。

楚灵王时有斗韦龟封邑。公元前529年，楚灵王十二年，《左传》

① 徐元诰撰，王树民、沈长云点校：《国语集解》，中华书局2002年，第488页。
② 郑樵撰：《通志二十略·氏族略第三》，中华书局1995年，第118页。
③ 郑樵撰：《通志二十略·氏族略第四》，中华书局1995年，第139页。
④ 杨伯峻：《春秋左传注》，中华书局1990年，第211页。
⑤ 郦道元注，杨守敬、熊会贞疏：《水经注疏》卷三〇《淮水》，江苏古籍出版社1989年，第2517、2522页。

昭公十三年记云："王夺斗韦龟中犫"，杜预注："韦龟，令尹子文玄孙。中犫，邑名。"①斗韦龟受封在楚灵王时期。中犫邑在楚王郏敖时便存在。《左传》昭公元年："楚公子围使公子黑肱、伯州犁城犫、栎、郏。"杜注："犫县属南阳，郏县属襄城，栎今河南阳翟县，三邑本郑地。"②杨伯峻注："犫在今河南鲁山县东南五十里。"③中犫邑的地望，《水经注·滍水》："滍水又东径犫县故城北，《左传》昭公元年冬，楚公子围使伯州犁城犫是也。"顾栋高谓"疑当在南阳府境"。④中犫地望也许与犫相近，亦在鲁山县(今属平顶山市)附近。犫在楚边地，城于公子围(楚灵王)夺郏敖位前夕，若中犫在犫附近的话，也有可能在同一时期筑有城邑。"犫"，古同"犨"。顾氏所言有一定道理。楚王郏敖在位仅4年，无甚作为，则斗韦龟受封很有可能是在郏敖后的楚灵王时期。

楚灵王时，斗韦龟之子斗成然，封于蔓邑。《左传》亦称作"蔓成然"。公元前529年，楚灵王十二年，《左传》昭公十三年："(灵)王……又夺成然邑，而使为郊尹。"《通志》："楚有斗成然，食采于蔓，曰蔓成然，其后以邑为氏。"⑤蔓地望古人无考。田成方以《后汉书·郡国一》河南尹新城县之"鄤聚"系之，以其在今河南伊川县东南，⑥有一定的道理。

楚昭王时，吴公子掩馀、烛庸奔楚，封于养邑。公元前512年，楚昭王四年，《左传》昭公三十年："吴子使徐人执掩馀，使钟吾人执烛庸，二公子奔楚。楚子大封，而定其徙，使监马尹大心逆吴公子，

① 杨伯峻：《春秋左传注》，中华书局1990年，第1344页。
② 左丘明撰，杜预集解：《春秋经传集解》，上海古籍出版社1997年，第1205页。
③ 杨伯峻：《春秋左传注》，中华书局1990年，第1223页。
④ 顾栋高辑，吴树平、李解民点校：《春秋大事表·春秋列国都邑》，中华书局1993年，第855页。
⑤ 郑樵撰：《通志二十略·氏族略第三》，中华书局1995年，第91页。
⑥ 田成方：《楚公族诸氏源流、封邑及相关问题探析》，武汉大学硕士学位论文，2008年，第27—28页。

使居养，莠尹然、左司马沈尹戌城之，取于城父与胡田以与之，将以害吴也。"说的是吴国两公子奔楚后，楚昭王以"养"地封之，并筑城于此，又取临近的城父、胡之田益之。这个记载十分具体地反映出了吴公子封地的构成，除有城邑外，可能还食有附近之"田"。此"养"，约在清代河南沈丘县东，杨伯峻等很多先生均已辨明。① 徐少华指出，今地"当在今安徽省界首至太和县一带，位于古胡国西北、城父之西南"。②

楚昭王时，吴王之弟夫棨奔楚，被封于棠溪（或作堂溪）。公元前505 年，楚昭王十一年，《左传》定公五年："九月，夫棨王归，自立也，以与王战，而败，奔楚，为堂溪氏。"《史记·伍子胥列传》："夫棨败走，遂奔楚。楚昭王……封夫棨于堂溪，为堂溪氏。"此棠溪地望所在，各类文献的记载多有抵牾之处，徐少华认为"吴夫棨王所封之古堂溪城、汉晋堂溪亭，当位于今河南遂平县西北境地，去西平县西南界不远"。③

上述楚国诸采邑均见载于先秦典籍，除此之外，唐宋之后的文献中还有两位楚国"公子"受封食采，以邑为氏的记载，这些记载时代偏晚，录以备考。

邓氏楚公子食采邓陵。唐《元和姓纂》记载："邓陵，楚公子食邑邓陵，因氏焉。"④宋代《通志》承袭这一说法。邓氏在战国时，墨家有邓陵子。《韩非子·显学》载："自墨子之死也，有相里氏之墨，有相夫氏之墨，有邓陵氏之墨。故孔墨之后，儒分为八，墨离为三。"墨家三支之一为邓陵氏，南方邓陵子当为楚邓陵氏之后。邓陵地望无确切记载。楚文王灭邓，邓地入楚后，邓陵所指的或许是邓地附近地域，可能不出故邓国范围，约在今襄阳市以北。邓氏封邑大约为春秋时期

① 杨伯峻：《春秋左传注》，中华书局 1990 年，第 1507 页。
② 徐少华：《周代南土历史地理与文化》，武汉大学出版社 1994 年，第 216—217 页。
③ 徐少华：《周代南土历史地理与文化》，武汉大学出版社 1994 年，第 155 页。
④ 林宝：《元和姓纂(附四校记)》卷九，岑仲勉校记，中华书局 1994 年，第 1358 页。

所封。

利氏楚公子食采利邑。宋郑樵《通志》记载："利氏，或言楚公子食采于利，后以为氏。利，今之葭萌也。"①宋《路史》引《邵姓录》云："楚公子食采为氏，为今利州。"②"葭萌"多见于史书，《史记·货殖列传》有"处葭萌"的记载，裴骃《集解》引徐广曰"属广汉"，张守节《正义》："葭萌，今利州县也。"③郑威认为，唐葭萌县在今川北嘉陵江流域，春秋时应非楚地，此"利"恐另在他地。

郑威综合以上楚国诸采邑，列表如下：

表 24-2：春秋后期楚国采邑(封地)表

邑(封地)名	受封时期	始受封者	今地
椒	康王	伍举	安徽淮河以北阜阳市至凤台县一带
中犫	灵王	斗韦龟	河南鲁山县附近
蔓	灵王	斗(蔓)成然	河南伊川县东南
养	昭王	掩馀、烛庸	安徽界首市至大和县一带
棠(堂)溪	昭王	夫槩	河南遂平县西北
邓陵	不明	楚公子	湖北襄阳市西北
利	不明	楚公子	不详

录自郑威：《楚国封君研究》(修订本)，湖北教育出版社 2017 年，第 36 页

与西周至春秋前期相比，春秋晚期楚国采邑制的发展表现出新的动向。郑威认为，首先，见于史载的采邑数量明显增加，采邑主身份趋于多样化，伍举、斗韦龟、斗成然等为楚国固有贵族，夫槩则是新附的卿大夫，他们都不是楚王的直系后代，这与前一时期相比有很大

---

① 郑樵：《通志二十略·氏族略》第五，王树民点校，中华书局 1995 年，第 196 页。
② 罗泌：《路史·国名纪三》卷二六，《四库全书》第 383 册，影印文渊阁本，台湾商务印书馆 1983 年，第 287 页。
③ 司马迁：《史记》，中华书局 1982 年，第 3278 页。

改变；其次，采邑主的势力较弱，楚王可以轻易地收回和赐予采邑，如斗韦龟父子采邑为楚灵王所夺，楚昭王使夫槩居棠溪等。[①] 郑威的这一看法是有道理的，他看出了楚国的封邑在春秋不同时期采邑主的成分和势力有所变化，但是，还应看到，楚国在春秋后期的封邑与谷禄制并存，楚国的贵族对土地和人口的控制在春秋晚期进一步减弱。

谷禄制的产生，是取消分封制，瓦解贵族宗族的又一个重要因素。在分封制下，贵族及其宗族成员皆仰给于食邑，如《左传》成公元年："人君赐臣以邑，令采取赋役，谓之采地。"那么，在楚国普遍实行县制，县赋又为国家直接收取的情况下，贵族依靠什么为生呢？获得赏田的贵族毕竟只占少数，多数贵族虽可从宗邑中获取一部分土田作为室产，但国家显然还应另外给予一定的酬劳。《左传》昭公十三年载：灵王"夺成然邑而使为郊尹"，杜注："郊尹，治郊竟大夫。"[②] 蔓成然被夺蔓邑与任命为郊尹是有关联的，这启示我们，楚国贵族在已有采邑的情况下，另行任职则将采邑收回。这样，另行任职则将另有收入。

根据史籍中的大量记载，可以认定这个收入就是战国时通行于各国的官员俸禄。据文献所示，楚国从采邑制向谷禄制过渡当中曾有过禄田制这么一个阶段。按禄分配在分封制盛行的时代即是指采邑，禄的多少与爵称的高低是对应的，《左传》昭公十六年记，"有禄于国，有赋于军"，贵族只有享有食邑收入，才有负担军赋的义务，即"军出，卿赋百乘"。但这种称食邑为"禄"与谷禄之"禄"在本质上是不同的，春秋中期以后，适应士阶层上升的趋势和官僚政治产生的需要，爵称划分更细，名目更多，禄的实物形态随之也由若干土地形成食邑转变为数量不等的谷物了。《淮南子·缪称训》记楚庄王谓共雍语曰："有德者受吾爵禄，有功者受吾田宅。"此为同义反复和对称的句式，说明禄即是田宅，亦即禄田，随着谷禄制的进一步完善，禄田之田便

---

① 郑威：《西周至春秋时期楚国的采邑制与地方政治体制》，《江汉考古》2009 年第 3 期。

② 杨伯峻：《春秋左传注》，中华书局 1990 年，第 1344 页。

由实际上享有某块田地，过渡到以田为计算谷物多寡的单位了。张君指出，《吕氏春秋·异宝》记载渡伍子胥过河的老丈人语曰"荆国之法，得伍员者，爵执圭，禄万担，金千镒"，此例说明春秋中期以后楚国已变以田计禄为以担计禄了，而禄以担计，这不是谷物，又是什么呢？再如《国语·楚语下》载观射父语"天子之田九畡，以食兆民，王取经入焉，以食万官"。韦昭注："经，常也。常入，征税也。"王取九畡之田的收入供给万官，这正是谷禄制的典型表述。[①]

春秋前期，官员仍然像西周一样，任官受爵的同时也被封赐采邑，官员实行世卿世禄制。正如齐思和所说："盖古者有爵必有位，有位者必有禄，有禄者必有土。故封建、命官，其实一也。"[②]例如，秦国的后子跑到晋国做官，随从的车乘有一千辆；楚国的公子干也来到晋国做官，随从的车乘只有五辆。这时叔向任晋国太傅，掌管晋国的俸禄等级（"实赋禄"），韩宣子问及对秦、楚二公子的俸禄待遇，叔向说："大国之卿，一旅之田；上大夫，一卒之田。夫二公子者，上大夫也，皆一卒可也。""一旅"为五百人，则"一旅之田"就是五百顷；"一卒"为一百人，则"一卒之田"为一百顷。当时的俸禄即赠予土地作为"禄田"，但这种禄田已非商周时期的采邑。据《韩诗外传》说晏婴也曾"位为中卿，食田七十万"。

楚国谷禄制的出现和县制的产生一样，是一项带有鲜明时代印记的政治、经济制度的改革。谷禄制和县制，是楚国用以取代分封制的缺一不可、相辅相成的两项制度。

楚国以谷禄制取代采邑制，核心在于采邑对于田地和附着于田地的人口有很大的管理和处置权，自有"私卒"，容易尾大不掉，形成与楚王对抗的势力。而谷禄制则不允许有私人武装，只允许贵族单纯收取一定面积土地的有限收获物。这种收获物被称为官员的"俸禄"，故

① 张君：《论楚国宗族制解体的历史原因》，《安徽史学》1984 年第 6 期。
② 齐思和：《周代锡命礼考》，载《中国史研究》，中华书局 1981 年，第 50 页。

这种性质的田地被称为"禄田"。

在世卿世禄时代，各国兼并战争中攻取夺占的土地和城邑，都会根据其与国君血缘关系的远近及其等级秩序，而封赏给贵族作为采邑领地。但是春秋晚期以后，各国兼并的土地和城邑，都被纳入郡县体制中，成为国家的郡或县，然后由国家派遣官员去做郡守或县令，这些新的郡县首领只食国家发给的俸禄，而不再是"领土领民"，其经济待遇也不再世袭传承，这就是官僚制度和俸禄制度的实质。

郭仁成认为，在楚国的王田中，臣子被分给一定的禄田，但只能收取田租，境内人民还是由王的代理人县尹（公）管理。其根据有三：第一，《淮南子·缪称训》载："楚庄（王）谓共雍曰：'有德者受吾爵禄，有功者受吾田宅。'"所谓"有德者受吾爵禄"，指的是在职官员必分予禄田，如《左传》昭公十三年所称"有禄于国"，杜预注："受禄邑"，就是这种禄田。第二，《韩非子·喻老》称："楚邦之法，禄臣再世而收地。"而《淮南子·人间训》则称："楚国之法，功臣二世而夺禄。"《吕氏春秋·贵卒》亦云："楚功臣封二世而收。"后两书以"禄臣"为"功臣"，是把这两种制度混为一谈了。只有"禄臣"才会"再世而收地"，所以孙叔敖一死，他那个没做官的儿子便不能继承他的禄田，只好上山砍柴来维持生计。第三，文献对禄田的单位有明确的记载，如《战国策·楚策》称"叶公子高食田六百畛"，又云"蒙谷之功，……封之执圭，田六百畛"。《淮南子·道应训》谓子发攻蔡有功，楚宣王"列田百顷而封之执圭"。《吕氏春秋·异宝》称"荆国之法：得伍员者，禄万担，爵执圭，金千镒"。可见大约爵至执圭，食禄田六百畛，百顷，可收租谷万担。①

就禄田而论，禄田与采邑是有本质区别的。首先，禄田的负担比采邑重。禄田多位于"国"中的乡、遂之地，剥削对象是地位较高的"国人"，而不是野人，因此，禄田出税重，而不是如采邑一样出税

---

① 郭仁成：《楚国经济史新论》，湖南教育出版社 1990 年，第 47—48 页。

轻。例如，一乘兵车承担的军赋，郑注《小司徒》："井十为通，士一人，徒二人；通十为成，革车一乘，士十人，徒二十人……"此谓公卿、大夫采地出军之制也。而《司马法》："……长毂一乘，甲士三人，步卒七十二人"，有可能采邑内实行的是效率较低的井田制生产方式，而禄田则与乡、遂一样，废止了残留的井田制，出的军赋要高。

其次，禄田是不能世袭的。采邑可以传代，而禄田则不能。对此，与楚国相关的文献不乏明确的记载。《韩非子·喻老篇》："楚邦之法，禄臣再世而收地。"《淮南子·人间训》："楚国之俗，功臣二世而收爵禄。"请注意，所谓二世而收的都是禄田，而不是采邑。禄田一般只许让传给儿子，传至孙子时就被国家收回了。

韩非子为战国末年人，记战国事应当可信。《韩非子》记战国初年的吴起所说："使封君之子孙二世而收爵禄。"这里吴起是针对战国时楚国爵禄已经泛滥的社会现实，重新提起在楚国曾实行过的对禄田二世或三世而收的政策，而不是吴起始作主张，重新采取楚国在春秋早期和中期实行过的采邑政策。吴起变法遭到楚国贵族的一致攻讦，吴起本人在楚悼王刚死时即被乱箭射死。如果对禄田"二世而收"是吴起的主张，那么，随着其变法的失败，"二世而收"就会自然消失。但事实并非如此，战国及西汉诸子之书，莫不众口一词地认为楚国始终实行"二世而收"的政策，这就充分证明"二世而收"收的是禄田，而不是采邑，这也证实楚国确实是实行"禄田"即谷禄制的传统政策。对禄田"二世而收"并不是楚国专有的一项政策，卿大夫身后或在世时即"归邑""致邑"，在春秋时期也屡见于中原列国。《左传》襄公十年载，"郑公孙黑有病，归邑于公"；《左传》襄公二十九载，齐大夫晏婴纳吴公子季札之言，"纳邑与政"；同年齐大夫高坚也先致卢邑后奔晋。上述三例中的"邑"都是"公邑"，其性质与禄田相同，不是采邑，所以才存在一个"归邑于公"的问题。

应该承认，楚国的禄田制在世袭问题上并不彻底。《左传》宣公十二年载，春秋时期楚国"内姓选于亲，外姓选于旧"，亲亲主义极其盛行，虽在名义上和制度上规定爵禄二世而收，但因世族子弟往往有着任官职的优先权，所以，实际上爵禄往往由贵族所垄断，并世世承袭的。如《说苑·指武》载吴起欲"均楚爵""平楚禄"，同篇又记屈宜臼答吴起语曰"楚国无贵于举贤"，均证明楚之爵禄为贵族所把持。另从《国语·楚语下》所载观射父语："王公之子弟之质能言能听彻其官者，而物赐之姓，以监其官，是为百姓。"也可见楚之王子王孙和贵族子弟不再被别封赐土享有采邑后，不论贤与肖，大多都能委以官职，享有禄食，被称为"官族"。这种"官族"世代继承，其禄田实际上也就有变相世袭的味道。

应当指出的是，在楚国禄田虽然被贵族阶层控制和把持，但在具体存在形式和剥削方式上与采邑还是有根本的区别。禄田的实物形态表现为"禄万担"，表明土地对贵族而言退居次要地位。谷禄作为从国家总的剥削收入中分割出的那一部分有量的限制，而过去贵族直接向采邑内人民的掠夺和剥削则几乎是毫无限制的。由此可见，楚国以禄田制取代采邑制，是时代的进步。

楚国的这种进步，在其他诸侯国也有体现。中原诸侯根据才能或功劳选用郡守县令，也赐之禄田。明确地以一县之地的租税作为赏赐，见载于《左传》宣公十五年："晋侯赏桓子狄臣千室，亦赏士伯以瓜衍之县。"桓子受赏的千户之民，士伯受赏的是"瓜衍之县"，二者意义相同，瓜衍之县并不是士伯的采邑，而是赏赐他享食该县人口的租税。

春秋晚期，郡县官吏每年要向国君"上计"，以接受诸多方面的政绩考核。《荀子·王霸》说，国相的功能是："论列百官之长，要百事之听，以饰朝廷臣下百吏之分，度其功劳，论其庆赏，岁终奉其成功以效于君，当则可，不当则废。"禄田一般于任职时授予，离任时需归还。《孟子·离娄下》谓，如果大臣不愿为君效命，离去故国三年不返，国君"然后收其田里"，这才算是有礼。汉代赵岐注："田，业也；里，居也。"官员由国君授予土地作为俸禄，授予房宅以安其居。

由于国家掌握的编户齐民的不断增加，以及上计制度的推行，财政收支大权逐步统一到君主手中，致使诸侯国财政收入大增。有了这些财政收入，才使得国家有可能通过直接支付谷物来维持庞大的军费开支和俸禄开支。官员数量的增加及人口的急剧增长，以致春秋末年许多诸侯国已是"地狭人众"，国家已没有足够的土地来支付禄田。在这种情况下，官员的俸禄便由禄田制逐步转向了实物廪禄制。[①]

实物廪禄制，就是以粮食折算的方式来作为俸禄的计算单位。[②]《史记·孔子世家》载，孔子周游至卫国，卫灵公问他在鲁国时的俸禄是多少（"得粟几何"），孔子回答说"俸粟六万"，结果卫国"亦致粟六万"，愿意用同等待遇即小米六万来支付他，俸禄便是粟米来计算的。唐代张守节《史记正义》认为此处所列为周代小斗，六万小斗相当于唐代二千石。《吕氏春秋·期贤》载，魏国和齐国的俸禄都以"钟"为计量单位。魏文侯要招纳段干木，"乃致百万，而时往馆之"。《史记·魏世家》载，魏成子在魏国"食禄千钟"。《孟子·离娄下》载，齐国用租税作为俸禄，以"田里"为计算单位，离职即"收其田里"。这种以"田里"为计算单位的，是把所受职田上的租税全部作为报酬。《孟子·滕文公下》载，齐国的陈戴食盖地之禄"万钟"。《孟子·公孙丑下》载，孟子辞去在齐的客卿官爵，齐王挽留他，说要"授孟子室，养弟子以万钟"。《墨子·贵义》载，墨子推荐弟子到卫国做官，本来答应"待汝以千盆"，结果只得到"五百盆"，可见卫国俸禄的计量单位是"盆"。楚国俸禄的计量单位是"担"。《史记·燕召公世家》载，燕王哙欲禅让王位给相子之，"收印自三百石吏已上而效之子之"，其计算单位是"石"。低级官吏的俸禄称之"斗食"或"稍食"，例如《史记·秦本纪》载，秦国王翦将兵，"军归斗食以下，什推二人从军"。《汉书·百官公卿表》说："百石以下，有斗食，佐史之秩。"《史记·秦本纪》载，吕不韦死后，政府对他的门客大加打击，秦人中若六百石以

① 杨华、段君峰：《先秦财政史》，湖南人民出版社2015年，第263页。
② 黄惠贤、陈锋主编《中国俸禄制度史》，武汉大学出版社1996年，第21页。

上官员参加其丧礼者"夺爵，迁"，五百石以下官员没有参加其丧礼的，"迁，勿夺爵"。可见秦国和秦朝的官吏俸禄按"石"计算，郡守两千石，令千石至六百石，长五百石至三百石。

古制一石为120斤。《说文》："秅，百二十斤也。"一千石即12,000斤。根据出土的秦权重量，研究得出，每斤约折合256.3克。[①] 所以，当时的12,000斤(一千石)粮食相当于现在的6151斤。

春秋战国时期财政收支体系的不断完善，一方面保证了国家财政收入的稳定增长，另一方面也保证了俸禄制度的有效实施。到战国后期，官员俸禄的发放标准逐渐统一，任职受禄成为当时舆论所向。《孟子·万章下》："抱关击柝者，皆有常职以食于上；无常职而赐于上者，以为不恭也。"

有时候官员可以将自己的俸禄直接兑换成金钱。《韩诗外传》卷九载，田子(或作田稷子)为相，三年归休，"得金百镒奉其母"，其母问："子安得此金？"田子说："所受俸禄也。"虽然这个故事的结局是，田子的百镒之金有贪污受贿的成分，但离任时将俸禄兑换成金钱而告归，应为不虚。[②] 在楚国，常以黄金作为俸禄或赏赐的手段。《吕氏春秋·异宝》："荆国之法，得伍员者爵执圭，禄万担，金千镒。"

第五节　贵族土地兼并及小私有土地普及

土地所有制的形式及其体系结构，是社会经济制度和政治制度的主要基础，对社会历史发展进程有举足轻重的影响。

楚国的土地所有制，在春秋时期经历了一系列的演变，经历了从春秋早期土地全部属楚王所有，到春秋中期楚王与一部分贵族共同占有，到春秋后期楚国平民也占有一部分土地的过程。这种土地的混合

---

① 丘光明：《试论战国衡制》，《考古》1982年第5期。
② 杨华、段君峰：《先秦财政史》，湖南人民出版社2015年，第246—248页。

所有制形态是楚国土地制度深层次的进步。

春秋早期，熊通称王后，整军经武，锐意扩张，将所灭之国视为己有。这时的楚国土地所有制是完全的楚王专有制。《左传》昭公七年记载楚芋尹申无宇同楚灵王议论楚国土地制度时，说过这么一段话：

> 天子经略，诸侯正封，古之制也。封略之内，何非君土？食土之毛，谁非君臣？故诗曰："普天之下，莫非王土；率土之滨，莫非王臣。"

这段话将楚国土地所有制与《诗经》中"普天之下"的"王土"相联系，含义完全相同。何浩指出："对于楚国来说，楚王是土地的最高所有者。"①

楚国的王室直接垄断全国的土地。《国语·楚语下》记观射父对楚昭王追述历代楚王的祭祀制度为："兆民经入畡数以奉之。"观射父还以此同周制作了比较："天子之田九畡，以食兆民，王取经入焉，以食万官。"孙诒让认为，"九畡"之田是"专据邦畿言之"，即王室直接控制的畿内之地；所谓"经入"即"京入"，也就是京畿九畡之田的收入。②可见，楚王"经入畡数"就是仿照周天子的做法，直接掌管都畿内的耕地，以此项收入解决供奉祭祀、王室生活费用、百官俸禄和军队粮饷等。

随着楚国疆域的拓展，王田也逐渐突破都畿范围。自从楚武王克权为县以后，楚王的王田已开始扩大到一切县邑，凡是设县的地方，其田皆由王室直接管辖，任命县尹（公）处理县内军政事务，组建"县师"，随同中央军南征北战，开疆拓土，这是楚王权日益扩大的经济基础。

---

① 何浩：《试论西周春秋时期的楚国土地占有制度》，《江汉论坛》1983 年第 4 期。
② 孙诒让：《国语九畡义》，载许嘉璐主编《籀顾述林》，中华书局 2010 年，第 91—93 页。

但是，随着时间的推移，一代又一代的楚王交相更替，这种纯粹的楚王专有土地制度渐渐发生潜移默化的变化。历代楚王推行文治武功，无论治理国家，收取税赋，管理人口，还是整军经武，对外扩张，战胜强敌，都离不开治世能臣的辅佐，他们必须依靠众多楚臣的聪明才智。为了楚国的长治久安，对于有功于国的楚臣，楚王必须给予赏赐，而赏赐的内容，又以土地对楚臣最有吸引力。这样，楚国的王田通过采邑的形式经历代楚王之手，部分地赏赐给了楚臣，成为了楚臣的财产。由此，楚国的土地，便不再是全部为楚王专有了。楚人实行采邑制，大概至庄王方成定制。《楚史梼杌·虞丘子》称："（庄王）赐虞丘子菜（采）地三百（户），号曰国老。"在楚国，能够得到楚王赏赐土地的楚臣，绝大多数是楚国的世宗大族，这些世宗大族，依靠采邑的土地，发展壮大。

贵族在自己的采邑内有充分的统治权力，既可以收取田税，又可以奴役人民。楚王在贵族的采邑内无权直接干预，只能按贵族的等级征收贡赋，征发军队参加战争。贵族食采于某邑，即以该邑之名为氏，从而与楚君以熊为氏有别。早期的采邑，有斗、芳（蒍）、屈三地，斗为若敖子采邑，芳为蚡冒子采邑，屈为武王子采邑。

楚国的采邑普遍小于诸侯国。春秋中期以后，因平定白公之乱有大功于国的叶公诸梁，只得田六百畛，而《战国策·楚策》的评价，这还是"丰其禄"的奖励。与北方诸国相比，这是很少的，齐国可以一次授三百个县，尽管齐县比楚县小得多，但县数达到三百，其面积肯定要比楚国的一两个食邑大得多。楚国采邑制的这个重要特征，是保证楚国王权政治和经济绝对优势地位的必要条件。

楚国所谓"赏田"，其实不过是采邑的别称，分之可称之为赏田、采邑，合之则可统称采邑。《左传》成公七年："楚围宋之役，师还，子重请取于申、吕以为赏田，王许之。申公巫臣曰：'不可。此申、吕所以邑也，是以为赋也，以御北方。若取之，是无申、吕也，晋、郑必至于汉。'王乃止。"申、吕作为楚国的北方大县，是楚国军赋的重要来源。楚共王起先允许子重请赏田，并非把申、吕两县都赏给子重，而是在申、吕两县内分割出一些土田民人赏给子重为采邑，所以叫作"取于申、吕以为赏田"，不能理解为"以申、吕为赏田"。从申、吕划出赏田来，这两县的王田民人就要减少，这既减少了申、吕两县的赋税，又削弱了申、吕两县的军事实力，故申公巫臣要竭力反对，并极而言之："若取之，是无申、吕也，晋、郑必至于汉。"意思是说，如果那样做，等于是架空了申、吕，而这样一来势必招致"晋、郑必至于汉"的严重后果。楚王只能按贵族领有采邑的等级征收田税，以及征发军队参加战争，但封地内的军赋却由采邑主征集，是为私属或宗族之卒。《左传》僖公二十八年城濮之战中，楚子玉所率"若敖之六卒"，就是由他的宗人和私属所组成的。又《左传》襄公二十五年记楚吴之战中，蓬子彊请"以其私卒诱之"。县邑的赋税由楚王直接征收，申公巫臣极力阻挠从县邑分割采邑，其实也是从国家利益的角度考虑的。

到了春秋后期，楚国贵族的采邑制度面临难以为继的困局。主要是楚王用于赏赐的土地来源减少。用于赏赐的楚王之田有以下几个方面的来源。第一个来源是未设县的边防要地。《史记·楚世家》载张仪所说："（怀王）私商於以为富。"所谓"私商於"，自然不是说商於是怀王的私邑，而应是商於由以怀王为首的楚王室直辖的意思。仅商於一处就有六百里王田，足见楚王田规模之大。第二个来源是被没收的贵族的赏田或封邑。第三个来源是山林和川泽。董说《七国考·楚职官》云："蓝尹、陵尹分掌山泽，位在朝廷。"楚蓝尹见于昭王十一年，陵尹见于灵王十一年，楚置官分掌山林川泽，说明山林川泽直接由王室管辖。①

楚王土地的来源减少，楚国贵族获得土地的欲望不能得到满足，就会出现两种情况。一是拼命延长土地的使用期限，使采邑成为世袭。

---

① 殷崇浩：《春秋战国时楚国土地制的变革》，《江汉论坛》1985 年第 4 期。

这个问题到春秋晚期已经十分严重。《越绝书》卷七载："昔者范蠡其始居楚，曰范伯。自谓衰贱，未尝世禄，故自菲薄，饮食则甘天下之无味，居则安天下之贱位。"此"世禄"，即世袭爵禄。据此可知，范蠡居楚或更早的时候，楚国已出现事实上的世袭制，故范蠡才会因衰贱以至不能享此厚遇而伤感。据《史记·越王句践世家》记载可知，范蠡在公元前494年即已至越，其时当楚昭王二十二年。这就是说，至迟在此时楚国已开始出现封邑世袭制复盟的现象了。如果那时楚国食邑不存在事实上的世袭，吴起也不会作出"使封君之子孙三世而收爵禄"的举措了。二是贵族之间疯狂地恶斗，进行土地兼并。这种现象在春秋中期的楚庄王时期已经初露端倪。《国语·楚语上》："昔庄王方弱，申公子仪父为师，王子燮为傅，使师崇、子孔率师以伐舒。燮及仪父施二帅而分其室。"韦昭注："室，家资也。"①所谓"家资"，即贵族的主要资产，当包括土地和民人。

进入春秋后期，从楚共王时期始，贵族之间的土地兼并如火如荼。《左传》成公七年，楚共王七年："及共王即位，子重、子反杀巫臣之族子阎、子荡及清尹弗忌及襄老之子黑要，而分其室。子重取子阎之室，使沈尹与王子罢分子荡之室，子反取黑要与清尹之室。"这里的"室"，应如杨伯峻所注："室，家财。"②这件事激起楚国政权的剧烈动荡。"巫臣自晋遗二子书曰：'尔以谗慝贪惏事君，而多杀不辜。余必使尔罢于奔命以死。'"此后巫臣的报复，让楚国蒙受了巨大的损失。

到了楚灵王时期，贵族之间的土地兼并愈演愈烈。《左传》昭公十三年追记："楚子(灵王)之为令尹也，杀大司马蒍掩而取其室。及即位，夺蒍居田。……王夺斗韦龟中犫。又夺成然邑而使为郊尹。"楚灵王利用权力公然夺取贵族采邑的行为，纯属贵族之间的土地兼并。表明楚国贵族之间互相抢夺土地，已经到了白热化的程度了。

① 徐元浩撰，王树云、沈长云点校：《国语集解》，中华书局2002年，第489页。
② 杨伯峻：《春秋左传注》，中华书局1990年，第834页。

到楚平王时，伯嚭进谗谋害伍奢一家，背后也隐藏了土地兼并的影子。《左传》昭公十九年："楚子之在蔡也，郹阳封人之女奔之，生大子建。及即位，使伍奢为之师。费无极为少师，无宠焉。"伯嚭借平王之刀杀害了伍奢及长子伍尚，而伍奢和伍尚的采邑很难说最终不是归伯嚭所有。

楚昭王时，令尹囊瓦贪得无厌。《国语·楚语下》："令尹问蓄聚积实，如饿豺狼焉。"即囊瓦向蔡、唐二君索贿不成，竟将二君拘押三年，得贿方放，直接导致二君引吴国攻入楚国。《左传》定公四年："（楚将）史皇谓子常（囊瓦）：'楚人恶子而好司马。'"可见囊瓦在楚国声名狼藉。《左传》昭公二十七年："郤宛直而和，国人说之。鄢将师为右领，与费无极比而恶之。令尹子常贿而信谗。无极潜郤宛焉，……令尹炮之。尽灭郤氏之族党，杀阳令终与其弟完及佗与晋陈及其子弟。晋陈之族呼于国曰：'鄢氏、费氏自以为王，专祸楚国，弱寡王室，蒙王与令尹以自利也，令尹尽信之矣，国将如何？'令尹病之。"其间不排除其中亦有土地兼并之事。

楚惠王时，白公胜仗着自己的采邑实力雄厚，居然散小财以收买人心，向楚惠王发难。《淮南子·人间训》记："屈建告石乞曰：'白公胜将为乱。'石乞曰："不然。白公胜卑身下士，不敢骄贤，其家无筦籥之信，关楗之固。大斗斛以出，轻斤两以内，而乃论之以不宜也。'屈建曰：'此乃所以反也。'居三年，白公胜果为乱。杀令尹子椒司马期。"白公胜这是以退为进，实际上心里嫌自己的采邑过小，觊觎楚王的王田。他通过施行小恩小惠收买人心来谋反，实质上也是一种变相的土地兼并。

楚国春秋后期贵族之间的土地兼并，反映了经济发展到一定程度，土地制度必然发生兼并的演变规律。几乎与贵族之间剧烈土地兼并的同时，楚国民间的小土地私有制却得到迅速的发展。

小私有土地在春秋晚期的楚国广泛存在。春秋中期，楚国已出现了自耕农。有自耕民当然就有小私有土地，最早的小私有土地是宅地。

《左传记事本末·晋楚争伯·补遗》引《尸子》："（楚庄王）使巡国中，求百姓、宾客之无居宿、绝粮者，赈之。"既然存在有"无居宿""绝粮"的无宅地者，便有居宿而不缺粮的有宅地者。又《战国策·楚策》："郢人有狱三年不决者，故令请其宅以卜其罪。"由此看来，自春秋中期以降楚国中相当部分人都是有宅地的。《说苑·辨物》载："昔者庄王伐陈，舍于有萧氏，谓路室之人曰：'巷其不善乎？何沟之不浚也？'"庄王停留之地似在"野"地，说明"野"人中有小块宅地。又如《史记·楚世家》所记，观从在乾溪对楚军将士说："国有王矣。先归，复爵邑田室。"这里的田室主要包括私人宅地，其性质是私家的，若无变故，则世代相传。

除宅地外，小私有土地还有三个来源。一是贵族封君的子孙，由于被人侵占或不善经营等缘故，所占土地越来越少，最后只有躬耕自给。二是流入的邻国人民被分给小块土地，而且免除赋役。《周礼·地宫·旅师》："凡新甿之治皆听之，使无征役，以地之媺恶为之等。"郑玄注："新甿，新徙来者也。治，谓有所求乞也；使无征役，复之也。王制曰：'自诸侯来徙家，期不从政，以地善恶为之等；七人以上，授以上地；六口，授以中地；五口以下，授以下地，与旧民同。'"这种优待外来移民的土地与赋役政策，为春秋时期各国所通行，目的在于"以广招徕"，为发展本国经济，楚国自然不会例外。《孟子·滕文公上》："有为神农之言者许行，自楚至滕，踵门而告文公曰：'远方之人，闻君行仁政，愿受一廛而为氓。'"正因为许行习知楚优待移民的政策，也因此推测到滕国也会得到优待。果然，许行和他的弟子都得到了滕国分给的土地，过着自耕而食的生活。[1] 三是因故被迁的贵族所开垦的荒地，自然归己所有。吴起变法中"往实广虚之地"的"贵人"即属此类。[2]

①　郭仁成：《楚国经济史新论》，湖南教育出版社 1990 年，第 48—51 页。
②　刘玉堂：《楚国经济史》，湖北教育出版社 2019 年，第 18 页。

楚国在春秋后期自耕农的来源之一，是那些被征服的小国的农民。楚国每每将被灭亡国和属国人民迁于其境内，有的小国还不止迁一次。如《左传》昭公十三年记（楚）灵王迁许、胡、沈、道、房、申于荆焉，其中，许国曾四次被迁。在楚国，诸如此类的"迁"，"被迁的并不是被灭国的全部人口，主要是贵族及少量臣妾，而亡国之民人和土地则是楚国设县的基础。如灵王迁申于荆，申国旧民随之变为楚国申县县民"。① 又如《左传》庄公十八年记："楚武王克权，使斗缗尹之，以叛，围而杀之。迁权于那处，使阎敖尹之。"楚武王克权后，立即在权地设县，使斗缗为县尹，原权国旧民必然变成县民。不久，权县发生叛乱，楚人又把权县人民迁往别处，照旧设县，使阎敖为县尹。在平叛后的迁徙中，不论权县旧民还是滞留原地抑或迁往别处，都未能改变其县民的身份，而县民应是依附于土地之上的自耕农。刘玉堂指出："所谓迁国，实际上是将所灭之国及属国的贵族与民众分而治之，并非将被灭国的部分民人迁往荒远之地垦辟经营，变为自耕农。"②这样，楚国的小私有土地便日益普及了。

第六节　听任盗贼横行，治盗远逊他国

《穀梁传》哀公四年记载《春秋》有三"盗"："微杀大夫谓之盗，非所取而取之谓之盗，辟中国之正道以袭利谓之盗。"③其中，除常见的所谓非法窃取之意外，杀害他人父兄、大夫及卑微之人都可称之为"盗"。"盗"与"贼"并称，表现为以武力残害他人，造成社会混乱。治理盗贼是治理国家的主要内容。

春秋时期，各诸侯国普遍存在盗贼问题。盗贼问题产生的原因主

---

① 张胜琳：《春秋时期楚国异族人的来源及其处境》，《江汉论坛》1984年第6期。
② 刘玉堂：《楚国土地制度综议》，《湖北大学学报》（哲学社会科学版）1996年第3期。
③ 承载：《春秋穀梁传译注》，上海古籍出版社2004年，第749页。

要是：第一，统治阶级腐朽。统治阶级腐朽造成社会矛盾加剧，如出现灾害天气便会加重社会危机。据《穀梁传》僖公十九年记载："湎于酒，淫于色，心昏耳目塞，上无正长之治，大臣背叛，民为寇盗，梁亡。"①统治腐败带来的可悲后果是民众成为寇盗，直至亡国。第二，礼崩乐坏及旧体制的衰落。西周时期，国家相对稳定，加之各个阶层界限分明，盗贼很少成为一个社会问题。进入春秋后，礼崩乐坏，再加上奴隶制度崩溃，盗贼已经成为各国所面临的严重问题。盗贼甚至被引入朝廷的宫廷斗争。《史记·管蔡世家》："昭侯将朝于吴，大夫恐其复迁，乃令贼利杀昭侯。"这一时期，不仅民众间不断出现盗寇及贼杀现象，而且大夫间相互攻杀，许多国君也被盗贼所弑杀。

楚国是春秋时期各国中盗贼问题最严重的国家之一。楚国之盗贼实则聚众作乱之徒。楚国国土辽阔，丘陵山泽众多，楚国政治相当时期内又较腐败，所以楚国的盗贼问题可谓由来已久，根深蒂固。春秋早期，楚国国土狭窄，人口稀少，盗患尚不严重。楚文王时，锐意北进，"封畛于汝"，楚疆大幅扩充，盗患开始时有发生，楚文王大力推行专门对付盗贼是"仆区之法"，使盗患有所平息。楚成王时，与周王朝关系缓和，拓境千里，《左传》僖公二十三年（楚成王十五年）记载，楚成王接待逃难的晋公子重耳，"（晋公子重耳）及楚，楚子飨之，曰：'公子若反晋国，则何报不穀？'对曰：'子女玉帛则君有之，羽毛齿革则君地生焉。其波及晋国者，君之馀也，其何以报君？'"这段对话说明楚国地大物博，边远地区很多，是盗贼容易生存的地方。楚穆王、楚庄王时，楚晋争霸达到白热化的程度，尤其是楚庄王通过邲地之战战胜晋国，使得楚国国力盛极一时。《左传》宣公十二年记晋人评价楚国："昔岁入陈，今兹入郑，民不罢劳，君无怨讟。政有经矣。荆尸而举，商农工贾不败其业，而卒乘辑睦，事不奸矣。"这段文字说明庄王时期楚国国内治安良好，盗贼问题无由发生。

---

① 承载：《春秋穀梁传译注》，上海古籍出版社2004年，第264页。

进入春秋后期的楚国，楚庄王时的霸气不再，从楚共王时起，楚晋争霸难以继续，不得不与晋国息兵，随后陷于与吴国的长期缠斗，又加上国内君臣矛盾加剧，以致人才流失，楚材晋用，土地兼并，叛乱迭起，不一而足。此时楚王无不疲于应付，焦头烂额。而内乱中，盗贼横行成为最令楚王头疼的事情。

面对这些情形，楚共王也只能竭力维持国内的安定。楚共王二年，《左传》成公二年载，楚共王接受令尹子重建议："'无德以及远方，莫如惠恤其民而善用之。'乃大户，已责，逮鳏，救乏，赦罪，悉师。王卒尽行。"楚共王的"大户"即清理人口，"已责"即免除平民债务，"赦罪"有可能是赦免有小偷小摸行为受到处罚之人的罪行，如果不取消债务，不赦免罪行，有些人就会走投无路，有可能成为新的盗贼。楚共王的这些措施，无疑对抑制盗患起到作用。

但是，到楚康王时，楚国的盗患开始严重起来。楚国境内，出现了"东阳之盗"。《国语·楚语上》载，楚共王时出现"东阳之盗"，顾名思义，此盗出现在楚国的"东阳"之地。楚康王时的东阳之地，是楚国北部的小城，[①]大约在与吴、越接境的地方，或者在云梦泽一带人烟稀少的地方。

《国语·楚语上》记载了蔡国的大夫声子与楚令尹子木的对话，楚令尹子木断然否定了蔡声子借"东阳之盗"的手除掉伍举的建议。

> 椒举娶于申公子牟，子牟有罪而亡，康王以为椒举遣之，椒举奔郑，将遂奔晋。蔡声子将如晋，遇之于郑，飨之以璧侑。……还见令尹子木，子木与之语，……"今椒举娶于子牟，子牟得罪而亡，执政弗是，谓椒举曰：'女实遣之'。彼惧而奔郑，缅然引领南望，曰：'庶几赦吾罪。'又不图也，乃遂奔晋，晋人又用之矣。彼若谋楚，其亦必有丰败也哉！"

---

① 薛安勤、王连生：《国语译注》，吉林文史出版社1991年，第688页。

子木愀然，曰："夫子何如，召之其来乎？"对曰："亡人得生，又何不来为？"子木曰："不来，则若之何？"对曰："夫子不居矣，春秋相事，以还轸于诸侯。若资东阳之盗使杀之，其可乎？不然，不来矣。"子木曰："不可。我为楚卿，而赂盗以贼一夫于晋，非义也。子为我召之，吾倍其室。"乃使椒鸣召其父而复之。[①]

楚臣椒举也就是伍举，与王子牟联姻，王子牟因犯罪而逃离楚国，楚康王以为是伍举教唆所致。伍举得知消息，惶恐不安，急忙投奔郑国，之后又准备投奔晋国。在郑国时，伍举与好友、蔡国的大夫声子相遇，他乡遇故交，两人便在郑国的路边聚餐饮酒畅谈。蔡声子是出使晋国路过郑国的，他得知伍举的遭遇，决心为好朋友帮忙，在去往晋国完成外交使命返程蔡国的途中，特意绕道到楚国，找到楚令尹子木，向令尹子木说明，伍举实为蒙冤，在逃到晋国后还在观望，仍希望能够得到赦免，但一直未能如愿。蔡声子还分析道，如果伍举一心帮助晋国危害楚国，楚国将蒙受巨大的损失。令尹子木也希望蔡声子帮忙将伍举召回来，但蔡声子表示为时已晚，建议令尹花钱请楚国的"东阳之盗"杀死伍举，以绝后患。令尹子木一听，断然拒绝，说，万万不可，我作为楚国的令尹，花钱雇请楚国的"东阳之盗"跑到晋国刺杀伍举没有道理，还是请声子帮忙召回伍举，并承诺加倍给予伍举的赏邑。不久，性急的令尹子木直接通知伍举的儿子椒鸣召回伍举，恢复了伍举的职务。这就是成语"班荆道故"的由来。

由这则故事可以看出，在楚国确实是存在"东阳之盗"的。此盗势力早已坐大，似可与楚国官府并世而立，竟达到可以接受楚令尹的钱财、完成刺杀任务的程度，说明官匪之间可以互为交易，早已成为一家。这与《史记·管蔡世家》记载的"昭侯将朝于吴，大夫恐其复迁，

[①] 薛安勤、王连生：《国语译注》，吉林文史出版社1991年，第684—685页。

乃令贼利杀昭侯"如出一辙。

楚康王时存在的东阳之盗为害一方，严重影响楚国的治安。《国语·楚语下》还记载楚国政治腐败，"盗贼司目，民无所放"，这是官府不能禁止甚至纵容的结果。

到了楚康王的儿子楚灵王时代，其放任盗患不管，使得楚国的盗患愈演愈烈。《左传》昭公七年载，楚灵王违反专治盗贼的《仆区之法》，庇护有盗贼嫌疑的人员：

> （楚灵王）及即位，为章华之宫，纳亡人以实之。无宇之阍入焉。无宇执之，有司弗与，曰："执人于王宫，其罪大矣。"执而谒诸王，王将饮酒，无宇辞曰："……今有司曰：'女胡执人于王宫？'将焉执之？周文王之法曰'有亡，荒阅'，所以得天下也。吾先君文王，作《仆区》之法，曰'盗所隐器，与盗同罪'，所以封汝也，若从有司，是无所执逃臣也。逃而舍之，是无陪台也。王事无乃阙乎？昔武王数纣之罪，以告诸侯曰：'纣为天下逋逃主，萃渊薮。'故夫致死焉。君王始求诸侯而则纣，无乃不可乎？若以二文之法取之，盗有所在矣。"王曰："取而臣以往，盗有宠，未可得也。"遂赦之。[1]

楚灵王即位不久，就建造了宏伟壮丽的章华台，由于缺少宫廷服务人员，竟然招纳社会上的无业游民、逃亡人士，这里面就混进很多曾经犯有偷盗罪行的人员。楚臣无宇的看门人逃到章华台应聘，无宇率人赶到章华台，捉住了此人，没有想到遭章华台的守卫拦阻，并被守卫扭送到楚灵王那里，君臣二人遂展开激烈的辩论。无宇振振有词，引经据典，指责楚灵王让章华台招聘社会上的无业游民和逃亡人士，

---

[1] 杨伯峻：《春秋左传注》，中华书局 1990 年，第 1283—1285 页。

违反了楚文王制定的《仆区之法》，表示这是纵容盗贼的行为，如同商纣王包庇盗贼导致灭亡一样，如果严格按照《仆区之法》仔细搜查章华台招聘的人员，里面一定有盗贼混入。没有想到，楚灵王满不在乎地说，你将你的守门人领回，但是你指责章华台招聘的人员中混进了盗贼，要求将他们全部清理出去，这里完全做不到的，楚国的盗贼已成气候，谁也拿他们没有办法。楚灵王的这个态度，当然导致楚国的盗患日益猖獗。

楚灵王高度信任其弟蔡公弃疾，弃疾阴谋发动了政变，逼得灵王在荒郊野外之地自杀。楚国民众不知道灵王的下落，人心惶惶，社会很不安定。弃疾为稳定人心，杀掉一个囚犯，丢入汉江，冒充被盗贼杀死的楚灵王，掩盖了逼死灵王的罪行。《左传》昭公十三年："丙辰，弃疾即位，名曰熊居。葬子干于訾，实訾敖。杀囚，衣之王服而流诸汉，乃取而葬之，以靖国人。"这是弃疾利用楚国盗贼众多，无恶不作，嫁祸于盗，人人相信。

弃疾顺利即位，是为楚平王。面对楚国盗贼横行，平王还是束手无策，其不得已，公开向盗行贿，以金钱买得社会平安。《左传》昭公十三年："平王封陈、蔡，复迁邑，致群赂，施舍，宽民，宥罪，举职。"楚平王对灵王过去的所作所为，一概反其道而行之，如让陈国和蔡国复国回到原来的驻地，对生活困难的人给予施舍，对受到灵王迫害的人取消罪名，恢复原来的职务，等等。楚平王的这些举动都好理解，唯独"致群赂"，让人费解。但是如果联系到楚康王时令尹子木拒绝蔡声子向东阳之盗行贿刺杀伍举的建议，就可以理解了。原来，楚平王为了扭转楚灵王倒行逆施造成楚国社会一片混乱的局面，拿出大把金钱，贿赂包括东阳之盗在内的群盗。楚国从事"盗"的人很多，山头很多，平王分头贿赂，当然就是"群赂"。这样贿赂下来，楚国的群盗也就暂时安稳了。

大概是楚平王的"致群赂"有显著的效果，楚国的盗贼被买通，一度销声匿迹，社会太平，人们对楚平王一片赞扬。《左传》昭公十三年："有楚国者，其弃疾乎！君陈、蔡，城外属焉。苟慝不作，盗贼伏隐，私欲不违，民无怨心。先神命之，国民信之，芈姓有乱，必季实立，楚之常也。"这段评价中，最重要的是"苟慝不作，盗贼伏隐"，楚平王获得治理盗贼成功的美名。楚人由此推论，以为楚王族在国难关头只有排行最小的楚君才能拯救楚国。

楚平王粉饰太平、掩盖盗贼问题的做法，受到齐国晏子的嘲笑。《晏子春秋·内篇杂下》记：

> 晏子至，楚王赐晏子酒。酒酣，吏二缚一人诣王。王曰："缚者曷为者也？"对曰："齐人也，坐盗。"王视晏子曰："齐人固善盗乎？"晏子避席对曰："婴闻之：橘生淮南则为橘；生于淮北则为枳。叶徒相似，其实味不同。所以然者何？水土异也。今民生长于齐不盗，入楚则盗。得无楚之水土使民善盗耶？！"王笑曰："圣人非所与熙也。寡人反取病焉。"①

这则故事从侧面反映了楚国的盗贼已到了泛滥成灾的程度。楚平王自欺欺人，本欲嘲笑齐国多盗，却被晏子反唇相讥，说楚国的水土容易产生盗贼，成为列国的笑柄。

楚昭王时，随着楚吴矛盾的升级，吴师入郢之战爆发，楚国根深蒂固的盗贼问题被楚吴矛盾掩盖，降至次要地位。但是，当楚昭王带领群臣逃难，途经云梦泽时，却被盗袭击。《左传》定公四年："楚子涉雎济江，入于云中。王寝，盗攻之，以戈击王。王孙由于以背受之，中肩。"云梦泽的大盗十分狡猾，趁楚昭王一行疲劳至极，沉沉睡着之际，突然发动袭击，挥戈袭击楚王，幸亏王孙由于奋起掩护，以背护王，王孙由于肩部受伤。

---

① 李新城、陈婷珠译注：《晏子春秋译注》，上海三联书店2018年，第279页。

楚昭王从盗贼的戈下死里逃生，在与秦国联手赶跑吴国、楚国的社会秩序恢复正常之后，想必应该不会忘记在云梦泽遭袭的恐怖的一幕。因此其对盗贼问题心有余悸，也随之采取了一系列措施剿灭盗贼。很可惜，未见文献有这个方面记载，兹不能妄言。但是，楚国盗贼泛滥成灾，为害一方，长时期地存在，则是肯定的。

楚惠王继位后遭遇白公之乱，叶公平叛之后率领叶县的军队进入郢都，受到楚人的夹道欢迎，居然因害怕遭"盗贼之矢"而戴上甲胄面罩。《左传》哀公十六年记："叶公亦至，及北门，或遇之，曰：'君胡不胄？国人望君如望慈父母焉。盗贼之矢若伤君，是绝民望也。若之何不胄？'乃胄而进。又遇一人曰：'君胡胄？国人望君如望岁焉，日日以几。若见君面，是得艾也。民知不死，其亦夫有奋心。犹将旌君以徇于国，而又掩面以绝民望，不亦甚乎？'乃免胄而进。"这则记载表明楚国的盗贼问题无处不在，如影随形，连夹道欢迎叶公进城时，楚人还担心叶公会遭到盗的暗箭伤害。盗的普遍存在，以至于楚人杯弓蛇影，内心惶恐挥之不去。

以上列举春秋晚期楚国的几代楚王，都存在严重的盗患。楚国的盗患问题，一直异常严重，这也是春秋时期列国普遍存在的问题。但彻底根治盗贼问题在于以法治盗，而在此方面楚国严重落后于晋国和郑国。刘进有指出，在春秋之际，郑、晋等国开始铸刑书，实行法治，消除盗贼，① 盗贼之患逐步消除。

楚国在应对盗贼问题上束手无策，法律制定方面也是远远落后于他国。《战国策·韩策二》记载了进入战国时期的楚国依然存在的"楚国多盗"的现象，而且楚国的盗贼问题愈加严重。战国早期，楚国的盗越来越多，势力越来越大，危害也越来越大，竟然达到了弑杀楚王的程度。《史记·楚世家》："声王六年，盗杀声王，子悼王熊疑立。"

---

① 刘进有：《先秦盗贼问题述论》，《洛阳理工学院学报》（社会科学版）2016 年第 1 期。

从中可以看出，楚国聚众的盗匪比袭击楚昭王的盗匪还要厉害，居然能够杀死楚声王。

直到战国晚期，楚国的盗患不仅依然存在，甚至已成燎原之势。《韩非子·喻老》记载，楚顷襄王之时，"庄蹻为盗于境内，而吏不能禁，此政之乱也。"但当时已面临秦国灭楚的步步紧逼，秦将白起攻鄢陷郢，楚国即将分裂，"盗"亦不得幸免。基于民族大义，挽救楚国灭亡，庄蹻由"盗"转将，率楚东地兵收复江南十五邑，继而受命出征黔中并在滇地称王，楚国的"盗"才告最后消失。当然，这已是后话了。

第七节　赋税制及与齐、晋、鲁国赋税的比较

与土地制度关系最为密切的就是赋税制度，赋税制是保证国家生存发展的重要手段。《国语·郑语》记载史伯的话说："故王者居九畡之田，收经入以食兆民。"《太平御览》卷七五〇引《风俗通》说："十亿谓之兆，十兆谓之经，十经谓之畡。"[1]俞樾《群经评议》解释说："民之数曰兆，而田之数曰畡，正一夫百亩之制。田之数曰畡，而王取之数曰经，正什而取一之制。"邹昌林解释说，史伯为郑桓公时人，郑桓公于公元前806年至公元前770年在位，故史伯所说为西周以前之情况，证明了"什一"之制为当时对劳动者剥削的比率。[2]

春秋中后期，鲁国赋税合一，税率增加一倍。《论语·颜渊》鲁哀公答有若问曰："二，吾犹不足，如之何其彻也？"一般认为，这是"什二"的比率。随着《孙子兵法》佚文《吴问》的发现，这一点得到了证明。这时，晋国六卿除赵氏之外，其他五卿都是实行"伍税之"，即"伍一"之制的税率。[3]

---

① 杨宽：《古史新探》，中华书局1965年，第112页。
② 邹昌林：《晋国土地制度》，社会科学文献出版社2014年，第22页。
③ 邹昌林：《晋国土地制度》，社会科学文献出版社2014年，103页。

春秋时期楚国的赋税制度，包括军赋、田税、地租、户口税、关市税等。

军赋。 军赋也称兵赋，是楚国最主要的赋税之一。《左传》成公七年记："楚围宋之役，师还。子重请取于申、吕以为赏田，王许之。申公巫臣曰：'不可，此申、吕所以邑也，是以为赋，以御北方。若取之，是无申、吕也。晋、郑必至于汉。'王乃止。"杜预注："言申、吕赖此田成邑耳。不得此田，则无以出兵赋，而二邑坏也。"①从上引传、注中，至少可以得到以下启示：一是在春秋中期，楚国已有了比较完备的军赋制度。因为"楚围宋之役，师还"时值鲁宣公十四年(楚庄王十九年，前595年)，这就是说，最迟在楚庄王十九年之前，楚国已有军赋。二是申、吕原为小国，楚灭二国后设县，所谓"是以为赋，以御北方"，证明县邑的军赋由国家通过县这个政权机构直接向土地占有者征收，而采田或曰赏邑则由贵族代为征收。② 三据杜注，"不得此田，则无以出兵赋"可知，楚国军赋是从田不从户的。

楚国大规模治理整顿军赋，使之成为一套完整的制度，是在春秋晚期，即楚康王十二年(前548年)。《左传》襄公二十五年载："楚蒍掩为司马，子木使庀赋，数甲兵。蒍掩书土田，度山林，鸠薮泽，辨京陵，表淳卤，数疆潦，规偃猪，町原防，牧隰皋，井衍沃。量入修赋，赋车籍马，赋车兵、徒兵、甲楯之数。既成，以授子木，礼也。""庀赋"，杜预注："庀，治。"孔颖达《左传正义》说，"庀训为具而言治者，以下说治赋之事，治之使具，故以庀为治也。""蒍掩书土田"，就是登记土地。蒍掩所分的九种土地是：山林、薮泽(湖泊沼泽)、京陵(丘陵)、淳卤(盐碱地)、疆潦(刚硬易潦之地)、偃猪(潴水之地)、原防(堤心间碎地)、隰皋(下湿之地)、衍沃(平原)。蒍掩就是要将这九种不同土地予以统计折算，换算后登记造册，也即"量入"，然后以

---

① 左丘明撰，杜预集解：《春秋左传集解》，凤凰出版社2020年，第351页。
② 吴永章：《楚赋税制初探》，《江汉论坛》1982年第7期。

之作为征收军赋的依据，也即"修赋"。按《周礼·大司徒》将土地分为五种类型：山林、川泽、丘陵、坟衍、原隰，大致相当于蒍掩所分的山林、薮泽、京陵、隰皋、衍沃五者，相较之下，楚国多淳卤、疆潦、偃猪、原防四类。楚人对土地的划分之所以比北方诸夏更细，是充分考虑了长江流域特殊的地理状况的。

量九土之入，是蒍掩工作的一半，另外一半就是"修赋"，亦即确定军赋征收的内容。对此，《左传》称之为"数甲兵"，孔颖达则称之为"赋税差品"。这里的"甲兵"，应指武备，即包括人马、铠甲和兵器。根据后面的传文，所修之赋的内容即为："赋车籍马，赋车兵、徒兵、甲楯之数"，已将车马、人、武器装备依次列举。

《左传》襄公二十五年关于蒍掩庀赋的一段记载还涉及楚国兵赋的征收物问题。不论是"赋车籍马，赋车兵、徒兵、甲楯之数"也好，还是"赋皆千乘"也好，并不意味着要纳税人直接交付车马、兵器、甲楯，而是纳税人用自己生产的粮食和其他物品充数。因为《左传》庄公四年载："楚武王荆尸，授师孑焉，以伐随。"孑者，杜预引扬雄《方言》释为戟，据此，清人顾栋高在《春秋大事表·丘甲田赋记》中说，"楚武王授师孑焉，以伐随，则甲杖兵器皆出自上，可知矣。"《吕氏春秋·分职》载，楚叶公平白公之乱，"出高库之兵以赋民"，足证其说不妄。又据《荀子·议兵》载："楚人，鲛革犀兕以为甲，鞈如金石，宛钜铁钝，惨如蜂虿，轻利僄遨，卒如飘风"，精良的武器装备，并非一家一户所能置办，只有依靠官营手工业作坊统一制造的武器和装备，才能赢得"天下强兵莫如楚"的美誉。

贵族的食邑或曰赏田向楚王纳军赋的主要方式，是由领主以其私卒从征。《左传》僖公二十八年（楚成王四十年）记晋楚城濮之战，"王（楚成王）怒，少与之师，唯西广、东宫与若敖之六卒实从之"。若敖之六卒便是若敖氏的私卒。《左传》宣公十二年（楚庄王十七年）记："楚熊负羁囚知罃，知庄子以其族反之，厨武子御，下军之士多从之。"杜预注："族，家兵。"《国语·楚语》韦昭注云："族，部属也。"①家兵也好，部属也好，应当都是私卒的意思。

对于春秋时期楚国所征兵赋的总额，文献语焉不详。但是，史载楚灵王与令尹子革的一段对话，则给我们提供了某些信息。《左传》昭公十二年（楚灵王十一年）："（楚灵）王曰：'昔诸侯远楚而畏晋，今我大城陈、蔡、不羹，赋皆千乘，子与有劳焉，诸侯其畏我乎？'（令尹子革）对曰：'畏君王哉？是四国者，专足畏也，又加之以楚，敢不畏王哉！'"这里的不羹，包括东、西两个不羹，故称陈、蔡、不羹为四国。其时，此四国均为楚灭而城之为县邑，成了楚国的四个大县，故又称之为"大城"。这段记载表明，楚灵王时，此四县"赋皆千乘"，则共为四千乘。依《司马法》所记载，每乘包括甲士十人，徒卒二十人，共计三十人，则四千乘共有十二万兵力。就是说，仅此四个县本身，就要承受十多万兵力的军役和军备负担。一县拥有"千乘"的兵力，或许有夸大之处，但楚国县师的兵力十分强大则是毫无疑问的。如《左传》成公六年（楚共王六年）载，楚公子申、公子成曾率"申、息之师"救蔡，申、息之师能解救处于重围的蔡国，足见其军队实力之雄厚。而这两支军队所需军赋当取之于该县，最终必将转嫁到力耕的农奴和其他依附农民乃至平民的身上。这是因为楚县的土田，大部分为里社所占用，而里社的土地主要由庶人耕种。正是由于庶人承担的兵赋很重，所以统治阶级往往辅之以"抚民"措施。《左传》昭公十四年（楚平王元年）记："楚子使然丹简上国之兵于宗丘，且抚其民。……使屈罢简东国之兵于召陵，亦如之，好于边疆。息民五年，而后用师，礼也。"楚国统治者经常在战争前采取宽松的抚民政策，其根本原因就在于兵赋过于繁重，如不抚民，恐生大患。《左传》昭公二十四年（楚平王十一年）所记，"楚子为舟师以略吴疆，沈尹戍曰：'此行也，楚必亡邑。不抚民而劳之，吴不动而速之，吴踵楚而疆场无备，

---

① 杨伯峻：《春秋左传注》，中华书局1990年，第742页。

邑能无亡乎?"这说明统治集团中的有识之士已清醒认识到抚民与强国的辩证关系。

春秋早中期楚国所征军赋的分配是不大均衡的,其中大部分出自县鄙之地,小部分出自贵族的采邑(赏田)。到春秋晚期楚康王时芴掩庀赋以后,开始不分公田和私田,一律"量入修赋",即军赋普行于一切土田而无所豁免,这种兵赋制度打破了贵族和平民的界限,缩小了国人与野人的差别,是楚国赋税制度的一次重大改革,在中国古代赋税制度史上具有不容忽视的地位。

楚国的兵赋制度同周制相比,可谓异同互见。《国语·鲁语》载孔子之言:"先王制土,……赋里以入,而量其有无,……有军旅之出则征之,无则已。其岁(注,有军旅之岁也)收,田一井,出稯禾秉刍缶米。"周制的"赋里以入,而量其有无",与楚芴掩"量入修赋"甚合,即都是根据土地的级差和数量征收军赋,这是二者的相同之处。但周制是"有军旅之出则征之,无则已",楚国则带有完整的制度性质,无论有无"军旅之出"皆征不免,这是二者的不同之处。①

田税。田税也称田赋,但田赋之名是后起的,故似以称田税为宜。

田税是按土田的占有情况来征收的。《绎史》卷五七引《孙叔敖碑》记孙叔敖为令尹,"布政以道,考玉象以度,敬授民时,聚藏于山,殖物于薮,……钟天地之美,收九泽之利,以殷润国家,家富人喜"。所谓"收九泽之利",即收各种土田之所产以为税,所谓"以殷润国家,家富人喜",即上交国家财政,以保国富民安。这说明此税非指军赋,因为军赋只能充实国家兵力,并不能增强国家财力。由此可见,田税与军赋是两种不同的赋税项目。

楚国田税始于何时,文献无明确记载。有些著述仅仅依据前引《左传》成公七年(楚共王七年)记申公巫臣言"此申、吕所以邑也,是以为赋",就断定以土地为征收对象的田税在春秋时楚已有之。这似

---

① 刘玉堂:《楚国经济史》,湖北教育出版社 2019 年,第 36 页。

乎是把军赋与田税混为一谈了，事实上二者却是同时存在的两种不同税目。应该说，杜注已经讲得很明白："不得此田，则无以出兵赋"，并不涉及田税。不过，我们还是可以从这段史料中捕捉到楚人实行田税制度的一些消息，这同采邑、赏田的性质有关。孙诒让《周礼正义》称："是凡赏田，皆赐以田，而不得有其邑，与家邑异。"赏田是否"与家邑异"姑且勿论，但赏田不属于王田范围则是无疑的。由于从县邑中分割出去的赏田的所有权将由县邑转移到田主手中，这自然影响县邑的收入，所以申公巫臣作为县尹当然要出来反对。但是，向楚王要求从王室请赏田的事情肯定还是很普遍的。申、吕之田虽因巫臣的干涉而没有为子重所取，但更多的情况恐怕是已为楚王所特许。随着赏田及其他具有某种私有性质的土地日益增多，楚王直接控制的土地自然相对减少，这自然影响政府的财政收入。为了弥补这个损失，一种由政府向土地占有者征收的田税便应运而生。郭仁成认为，由此看来，楚国在子重请赏田的时候，即鲁宣公十四年(楚庄王十九年)以前就可能已经有田赋(税)了。[①]

战国时期，楚国继续实行田税制度，《墨子·贵义》载，"子墨子南游于楚，见楚献惠王，献惠王以老辞，使穆贺见子墨子。子墨子说穆贺，穆贺大说，谓子墨子曰：'子之言则成善矣，而君王天下之大王也，毋乃曰贱人之所为，而不用乎?'子墨子曰：'唯其可行，譬若药然，草之本，天子食之，以顺其疾，岂曰一草之本而不食哉！今农夫入其税于大人，大人为酒醴粢盛，以祭上帝鬼神，岂曰贱人之所为而不享哉！'"所谓"农夫"，指自耕农、农奴或其他依附农民，他们有义务向"大人"纳田税。所谓"大人"，指楚王及地方官吏，他们按土地面积征收田税，供军事以外的各项开支。正因为田税是国家最主要的一种经常性税收，所以观射父回答楚昭王关于先王遗制的提问时说，"天子之田九畡，以食兆民，王取经入焉，以食万官。"韦昭注："经，

① 郭仁成：《楚国经济史新论》，湖南教育出版社 1990 年，第 49 页。

常也，常入，征税也。"此"经入"即指经常性的田税。

考古资料中也有楚国在战国时期仍征收田税的明证。如包山楚墓出土竹简第81简记："冬柰之月癸丑之日，周赐讼鄘之兵虘(甲)执事人宫司马竞丁，以其政其田。"①"政"，借作"正"，即"征"。《周礼·夏官·司勋》："惟加田无国正"，郑玄注引郑司农云："正谓税也。"陆德明释曰："正，本亦作征。"由田税征收问题引起诉讼，说明楚国对田税的征收是十分严格的。战国时期，田税在楚之赋税收入中占有极其重要的地位。《战国策·楚策》和《史记·苏秦列传》都说楚国"粟支十年"，《越绝书·越绝外传记吴地传》记："吴两仓，春申君所造。西仓名曰'均输'，东仓周一里八步。"足见楚国粮仓储备之丰，而这些粮食当主要来自田税。

由于山泽也属土田范围，故山泽的物产也在田税之列。楚国自然条件优越，物产富饶。从山林池泽中取税，既是楚国田税的内容之一，也是楚国的一项重要的财政收入。《国语·楚语》载，楚王孙圉对晋赵简子说："山林薮泽，足以备财用，则宝之。"而楚国之宝则"有薮曰云连徒洲，金、木、竹、箭之所生也。龟、珠、角、齿、皮、革、羽、毛，所以备赋，以戒不虞也"。此处所谓"备赋""备财用"，都是指从中征税以实国用之义。这是田税包括山林薮泽之税的力证。②

地租。一般认为，封建地租包括劳役地租、实物地租、货币地租三种不同的形态。《孟子·滕文公》说："夏后氏五十而贡，殷人七十而助，周人百亩而彻。"贡是贡纳，助是服役，彻是一定数量的实物地租。彻本意是彻取公社土地十分之一作为公田，但彻田须借民力耕种，因此又称为藉田。杨向奎认为，贡是公社向国王交纳的贡赋，助是劳役地租，彻是实物地租，它们代表着三个不同的历史阶段。③ 王玉哲说，西周的井田制度实行于"野"中，对农奴实行劳役地租的剥削（助

---

① 陈伟等：《楚地出土战国简册[十四种]》，武汉大学出版社2016年，第46页。
② 刘玉堂：《楚国经济史》，湖北教育出版社2019年，第37—39页。
③ 杨向奎：《试论先秦时代齐国的经济制度》，《文史哲》1954年第11、12期。

法）；与此同时，在"国中"还实行一种非井田系统的土地制度，即抽什一之税的彻法。贡纳什一之税者身份为自由农民，这种身份使得他们在纳税时多少带点主动性，所以孟子说"使自赋"。① 郭仁成则认为，如果把《孟子》的"徹（彻）"字解释为"撒"字，问题便可迎刃而解了。……撒去公田，只从总收获量中分出若干作为实物地租上缴领主。② 总的说来，郭仁成对"彻"的解释，优于此前诸说。

楚国实物地租实行十分之一的比例，从文献能够得到证实。《国语·楚语下》记观射父语："天子九畡之田，以食兆民，王取经入焉，以食万官。"韦昭注："经，常也，常入，征税也。""王取经入"就是说由楚王统一征税，而"以食万官"则无疑是以收取的赋税作为百官禄食。俞樾《群经平议》分析："民之数曰兆，而田之数曰畡，正一夫百亩之制，田之数曰垓，而王所取之数曰经，正什而取一之制。"在楚国，最早的地租很可能是缴纳十分之一的实物。

春秋战国之交，随着楚国土地兼并的加剧，工商业的发展，小私有土地获得了较大发展，与之同时，因军功而获得土地者也日见其多。所有这些，都为新兴地主阶级的产生准备了条件，于是，"土地所有的双重性日益明显，公法上的土地国有和私法上的土地私有便逐渐分离了"。③ 获得土地的新兴地主把赋税负担转嫁到新兴的农民身上，理想的转嫁形式便是向农民收取地租。春秋末叶发端至战国中晚期盛行的以"畛""顷"乃至"国""县"为封地计算单位，正是楚国地租从萌芽至茁壮成长这一过程在土地制度上的反映。④

户口税。《史记·孔子世家》载，"楚昭王将以书社地七百里封孔

① 王玉哲：《两周社会形态的探讨（重印附记）》，载历史研究编辑部编《中国的奴隶制与封建制分期问题论文选集》，生活·读书·新知三联书店 1956 年，第 274—275 页。
② 郭仁成：《楚国经济史新论》，湖南教育出版社 1990 年，第 47 页。
③ 郭仁成：《楚国经济史新论》，湖南教育出版社 1990 年，第 47 页。
④ 刘玉堂：《楚国经济史》，湖北教育出版社 2019 年，第 39—41 页。

子"。《索隐》："古者，十五家为里，里则各立社，则书社者，书其社之人名于籍。"杨倞注云："书社谓以社之户口书于版图。"郭仁成据此认为，从这件封赠的事例中可以看到，楚国当时以土地封赠的同时，也征收一种以户为单位的赋税。[①]

虽然迄今未能确考楚户口税实行的具体时间，但根据文献记载分析，至少在春秋中期已经开始。《楚史梼杌·虞丘子》称："（庄王）赐虞丘子菜地三百（户），号曰国老。"《史记·滑稽列传》也称楚庄王封孙叔敖之子"寝丘四百户"，该列传又称，庄王马死，优孟请"奉以万户之邑"。封赠既以户来计算，只能说明其时已出现在封域内征收户税的制度，否则就毋须以户计了。

《左传》成公二年（楚共王二年）载，楚令尹子重为阳桥之役以救齐，将起，子重曰："且先君庄王之属曰：'无德以及远方，莫如惠恤其民而善用之。'"子重"乃大户，已责，逮鳏，救乏，赦罪，悉师，王卒尽行"。"大户"，杜预注为"阅民户口"。即对户籍重新清理检阅，并在此基础上，视具体情况采取免除逋欠、宽宥孤寡、赈济贫穷等"惠恤"楚民的措施。这和《管子·国蓄》所记"以正户籍，谓之养赢"可以说是异曲同工。"大户"与"正户籍"均属清理户籍与征收户籍的举措。又《左传》昭公十四年（楚平王元年）载，楚平王即位后，为巩固其统治地位，采取了大规模的"抚民"措施，即"分贫振穷，长孤幼，养老疾，收介特，救灾患，宥孤寡，赦罪戾，诘奸慝，举淹滞"。"宥孤寡"，杜预注为"宽其赋税"，孔颖达疏作"孤子寡母，宽其赋税"，由此可见，这里所"宽"的"赋税"，当系户口税，因为它不仅仅限于成人，而且及于孤儿。还有一条史料，似乎也可作楚有户口税的证据。《左传》昭公二十七年（楚昭王元年）记："楚左司马戌帅都君子与王马之属以济师。"杜预注："在都邑之士有复除者。"有的学者因此认为，"复除"指免除其徭役与赋税，则说明一般都邑之士原来也是要缴纳户

---

① 郭仁成：《楚国经济史新论》，湖南教育出版社1990年，第56页。

口税的。①

关市税。《孟子·滕文公下》说，春秋战国时期，各国均有"关市之征"。随着商品经济的迅速发展，向工商业征收的关市税，日益成为楚国赋税收入的一个极其重要的来源。

（1）关税。楚国境内设有很多关卡，其中最著名的是昭关。《史记·伍子胥列传》："郑定公与子产诛杀太子建。建有子名胜。伍胥惧，乃与胜俱奔吴。到昭关，昭关欲执之。伍胥遂与胜独身步走，几不得脱。追者在后。"《索隐》："其关在西江，乃吴楚之境。"此昭关就是楚国设在吴楚边境上的关卡。既在国境上盘查过路人员，保证国家安全，同时也向出入国境的商人征收关税。

关税的征收与市税密切相关，某些货物已征收市税后便不再征收关税，有的货物则关税、市税全征。还有的货物在过关入市前已一次性征了关市税，在过关时自然免征关税了。《古玺汇编》收录一枚楚玺刻"勿正关钵"四字，据专家考证，该玺是用以加盖免征关税通行证的，其条件当然是已经缴过关市税款了。②

（2）门税。关税之外还有门税。门税较关税轻，通常情况下只言关税而未言门税。除前述"勿正关钵"外，《古玺汇编》还著录有两枚楚玺：一为该书收录的一枚阴刻白文古玺，文曰"南门出钵"；另一枚为同书收录的白文玺印，其上镌刻六字，右行三字已磨蚀难辨，左行三字经辨认为"之出钵"。或许楚国规定某类货物已征于关后不再征于门，所以才用"出钵"这类玺节加盖在已纳关税者的通行证上，以便放行。③

市税。随着城市和商业的发展，各诸侯国均在城中设"市"作为交易场所。《礼记·月令》对市场的管理、市税的征收作了如下记述：

---

① 刘玉堂：《楚国经济史》，湖北教育出版社 2019 年，第 42—44 页。

② 汤余惠：《楚玺两考》，《江汉考古》1984 年第 2 期。

③ 刘玉堂：《楚国经济史》，湖北教育出版社 2019 年，第 45—46 页。

"易关市，来商旅，纳货贿，以便民事。四方来集，远乡皆至，则财物不匮，上无乏用，百事乃遂。"各诸侯国管理市场的官员为"市吏"[1]，楚国管理市场的官员为"市令"，《史记·循吏列传》载，楚庄王更换币制，引起市场混乱，民弃其业。"市令"将此情禀之于相，相复言之于王，王从其计，许复之，一度混乱的市场又恢复了稳定。市令既然为市场之总管，征收市税则当责无旁贷。

楚国市税主要面向商人征税。《韩诗外传》卷八载，跟随楚昭王逃难的屠商透露："楚国之法：商人欲见于君者，必有大献重质而后得见。"既曰"国法"，当然是由来已久。由此可以窥见商贾与国君的经济关系，以及作为"楚人重商"的一个重要证据。楚君是通过这种朝见取得税收以外的巨额贡献，而商贾则借此换取政府特许的种种优惠待遇，以便牟取更大的利润。

据《周礼·地官·廛人》说，某些已征门、关通过税的货物，入市不再征收货物税。但是，须另征"廛布"——货物囤放官方仓库之税；征"絘布"——列肆开店税；征"总布"——掌斗斛铨衡者之税。这类税，可称之为工商管理税，与严格意义的市税略有区别。据文献记载分析，楚国也有"廛布"之属的工商税，《孟子·滕文公上》记楚人许行，"自楚至滕，踵门而告文公曰：'远方之人，闻君行仁政，愿受一廛而为氓。'文公与之处，其徒数十人，皆衣褐，捆屦织席以为食。"许行至滕伊始，即向滕文公提出希望能得到"一廛"，这分明是比照楚国的受"廛"之制，否则不会凭空提出这一要求。由此，楚国有"廛布"是无疑了。楚人重商，市场经济相当发达，在楚国集市上，各类专业市场一应俱全。《左传》宣公十四年载，楚郢都有"蒲胥之市"，这"胥"就是司市的属官。"胥师"，是管理市场的基层官员。[2]《庄子·外物》说楚有"枯鱼之肆"和"庸肆"，《韩诗外传》称楚有"屠羊之肆"，

① 郭仁成：《楚国经济史新论》，湖南教育出版社1990年，第55页。
② 郭仁成：《楚国经济史新论》，湖南教育出版社1990年，第55页。

《庄子·则阳》记"孔丘之楚，舍于蚁丘之浆"，是指孔子就舍于卖浆之肆。可以说，楚市是店铺林立，货物充盈，而政府所获得的工商税也必然十分丰厚。

按照列国的通例，市税往往有以产品充税者。如《周礼·地官·廛人》规定："凡屠者，敛其皮角筋骨，入于玉府。"郑玄注："以当税，给作器物也"。屠肆能征收实物，其他类似的工肆或许也有以征收实物为主者。①

楚国的赋税与齐国有所不同。齐国的赋税制体现在"相地而衰征"。"相地而衰征"是公元前685年管仲相齐时提出的一项财政改革方案，见于《国语·齐语》：

> 桓公曰："伍鄙若何？"管子对曰："相地而衰征，则民不移；政不旅旧，则民不偷；山泽各致其时，则民不苟；陆、阜、陵、墐、井、田、畴均，则民不憾；无夺民时，则百姓富；牺牲不略，则牛羊遂。"②

韦昭注曰："相，视也；衰，差也；视土地之美恶及所生出，以差征赋之轻重也。""衰征"又作"衰政"，见于《荀子·王制》："相地而衰政。"杨倞注曰："政，或读为征。"古"政""征"通，《管子·小匡》亦云："相地而衰其政。"依照韦注，"相地而衰征"的意思既是按照土地的美恶及其出产之物，分别征收数量不同的赋税：肥沃的土地赋重、贫瘠的土地赋轻。这是传统观点对这一财政改革措施的理解，这一措施也被不少学者认为是井田制被废除的象征。

管仲回答如何"伍鄙"问题时，"相地而衰征，则民不移"列于首位，因为这是"定民之居"必要前提。要"定民"而不使他们迁徙，管仲

---

① 刘玉堂：《楚国赋税制度综议》，《湖北大学学报》（哲学社会科学版）2002年第6期。

② 薛安勤、王连生注译：《国语译注》，吉林文史出版社1991年，第266—267页。

的解决之策是"相地而衰征";"相地而衰征"的目的是安民、定民。关于"相地而衰征"的具体内容,《周礼·地官·大司徒》云:

> 以土均之法辨五物九等,制天下之地征,以作民职,以令地贡,以敛财赋,以均齐天下之政……凡造都鄙,制其地域而封沟之。以其室数制之:不易之地家百亩,一易之地家二百亩,再易之地家三百亩。乃分地职,奠地守,制地贡而颁职事焉,以为地法而待政令。[①]

《大司徒》所云"地均之法",是制定授田及赋税标准的依据,根据当地家庭的数量及土地状况,分别分给"不易之地""一易之地"和"再易之地",且分地数量以贫瘠状况而不等,总体上保障每家每年都有百亩可耕之地。银雀山汉墓竹书《田法》亦云:

> 岁收,中田小亩亩廿斗,中岁也。上田亩亩廿七斗,下田亩十三斗,大(太)上与大(太)下相复(覆)以为衔(率)……州、乡以地次受(授)田于野……
> ……循行立稼之状,而谨□□美亚(恶)之所在,以为地均之岁……□巧(考)参以为岁均计,二岁而均计定,三岁而一更赋田,十岁而民毕易田,令均受地美亚(恶)□之数也。[②]

《田法》所述乃战国时期齐国制度,反映了此前齐国在土地授受方面的情况,也反映了春秋中后期的土地制度。据《田法》所述,根据土地的"美恶",每隔一段时间都要重新分配土地,以便所有人都能够耕种到上田、中田与下田,"十年而民毕易田",即通过十年的时间,

---

① 陈戌国点校:《周礼·仪礼·礼记》,岳麓书社 2006 年,第 24 页。
② 银雀山汉墓竹简整理小组:《银雀山汉墓竹简(壹)》,文物出版社 1985 年,第 127—153 页。

土地完全轮流分配一次，民众总体上耕种的土地"美恶"均衡。

根据上述《周礼》及银雀山竹书的相关内容可以看出，至少在春秋时期，根据土地贫瘠状况分别授予不等数量土地的做法已较普遍，与此相应的还有定期轮流分配土地的制度，以保证农人所耕土地"美恶"总体上均衡，这当是管仲"相地"的内涵所在。

"相地"之后如何"衰征"呢?《管子·乘马》:

> 地之不可食者，山之无木者，百而当一。洇泽，百而当一。地之无草木者，百而当一。楚棘杂处，民不得入焉，百而当一。薮，镰缰得入焉，九而当一。蔓山，其木可以为材，可以为轴，斤斧得入焉，九而当一。汎山，其木可以为棺，可以为车，斤斧得入焉，十而当一。流水，网罟得入焉，五而当一。林，其木可以为棺，可以为车，斤斧得入焉，五而当一。泽，网罟得入焉，五而当一。命之曰:地均，以实数。[①]

这里的"百而当一""九而当一""十而当一""五而当一"，是将不毛之地、山林薮泽等不易耕种之地与易于耕种的良田进行折算的比例。这里的"一"有标准田的意思，当即当时流行的"百亩"之田。之所以要进行这样折算，目的就是按照这个比例授予田地，以百亩"不易之地"（上田/上地）为标准，按照这个比例，"一易之地"授两百亩，"再易之地"授三百亩，"九而一"之地授田九百亩……以此类推，目的是保证承担赋税之人能够耕种大致相同数量的土地，以保证他们能安心生产、按时上缴赋税。

综上，"相地而衰征"的主要内容是在负担公平的原则下，区分土地的优劣情况，并据此公平地进行土地分配，以保证耕地的民众有一

---

① 耿振东译注:《管子译注》，上海三联书店 2018 年，第 62 页。

个大致相等的耕作条件，在此基础上，按一定税率征收实物地租。其具体措施就是按照土地等级的不同，以百亩"不易之地"为标准，其他土地按照不同的比例加以分配，这就是《管子·乘马》所谓的"均地分力"。"均地"不是表面上的平均土地面积，而是根据土质的肥沃程度分配不同面积的土地，打破了井田制下不论土地面积和产量多少都统一征收什一之税的办法，这是此项财政政策的变革之处，也是"相地而衰征"的财政改革意义之所在。总而言之，齐国"相地衰征"的实质是一种田租改革。[①]

此外，齐国还在灾年减税。齐国农业有一个具体目标，《管子·揆度》："一岁耕，五岁食，粟贾五倍；一岁耕，六岁食，粟贾六倍，二年耕而十一年食，夫富能夺，贫能予，乃可以为天下。上农挟五，中农挟四，下农挟三。上女衣五，中女衣四，下女衣三。"这是要求耕种一年能吃五六年，有五六倍的商品粮贮存，富有的可以拿出来补助贫困的，这样才能"为天下"。"挟"是供给的意思，是说上等的农民一个人耕种要能供给五个人的粮食、果蔬，上等女人一个人纺织要能供五个人穿衣。其在经济政策上有两项措施：一是"均地实数"：把全国土地按好坏分等征税；二是"轻征"：在遇有灾害的年份，按灾情减税。为此，齐国制定了一套农业气象指标。"秋日大稽，举民数得亡。一仞见水不大潦，五尺见水不大旱。一仞见水，轻征，十分去一，二则去二，三则去三，四则去四，五则去半，比之于山。"历史上的尺以周尺为最小，约合 19.91 厘米。这样，地下水达到 159.28 厘米（1仞）就不算大旱，地下水位达到 99.55 厘米（5尺）就不算大涝（潦）。由此可以算出《管子》的旱涝指标及减税率：

旱灾指标（见水）		轻征（%）
1仞	159.28cm	10
2仞	318.56cm	20

[①] 杨华、段君峰：《先秦财政史》，湖南人民出版社 2015 年，第 201—208 页。

3 仞	477.84cm	30
4 仞	637.12cm	40
5 仞	796.40cm	50

涝灾指标(见水)		轻征(%)
5 尺	99.55cm	10
4 尺	79.64cm	20
3 尺	59.73cm	30
2 尺	39.82cm	40
1 尺	19.91cm	50

大致地说，地下水位在 1 米~1.6 米之间是正常气候，不轻征。低于(大于)1.6 米为偏旱，高于(小于)1 米为偏涝，都要视具体情况而减税轻征。

谢世俊指出，齐国这样具体规定旱涝等级和轻征比例，是文献的第一次记录。这可视为最早的旱涝指标。文中有"比之于山"，"比之于泽"，看来干旱山地和低洼地的赋税，大约只有平地的一半。①

楚国在春秋晚期楚康王时的"量入修赋"，进行赋税改革，与晋国在此之前、春秋早期的"作爰田"与"作州兵"异曲同工。

公元前 645 年，楚成王二十七年，秦、晋发生了韩原之战，晋惠公兵败被俘。经过激烈的争论之后，秦国决定让惠公子到秦国为质，放晋惠公回国。在此之前，晋惠公派遣郤乞回去活动，为其回国做准备。对此，《左传》僖公十五年载：

> 晋侯使郤乞告瑕吕饴甥，且召之。子金教之言曰："朝国人而以君命赏，且告之曰：'孤虽归，辱社稷矣，其卜贰圉也。'"众皆哭，晋于是乎作爰田。吕甥曰："君亡之不恤，

---

① 谢世俊：《中国古代气象史稿》，武汉大学出版社 2016 年，第 305—307 页。

而群臣是忧，惠之至也，将若君何?"众曰："何为而可?"对曰："征缮以辅孺子。诸侯闻之，丧君有君，群臣辑睦，甲兵益多。好我者劝，恶我者惧，庶有益乎!"众说，晋于是乎作州兵。①

关于"作爰田"的具体含义，历代存有争议。《左传》杜注认为是以公室应得公田之税赏众人。《国语·晋语》注引贾逵等人的观点，认为是改变旧有田界、赏众以田。李贻德《辑述》认为，晋惠公之前古制已废，惠公此时是恢复古制，即田分三等，每三年换土易居，以达到"财均力平"之效。马宗琏《补注》谓，"爰田"即赏田，是为了弥补换土易居过程中得上、中田者不复换田之弊，给国人的额外优惠。姚鼐《补注》释"爰"为"于"，认为"爰田"即分公田赏众，国家不复收回，令民世代自爰其处。惠栋《补注》认为，"爰田"是田制改易之始，相当于后来鲁国哀公的"用田赋"。高亨《周代地租制度考》认为"作爰田"是取消公田、解放农奴，改劳役地租为实物地租。② 杨伯峻在考论诸说之后认为，晋国的"作爰田"与商鞅变法时"制辕田"相同，晋惠公意在以大量土田分赏众人，必然要更改此前的土地所有制，改立田界，另开阡陌，以便分别疆界。战国时期的商鞅变法"制辕田，开阡陌"，而后秦国"东雄诸侯"，其作用与之相似。③

关于"作州兵"，一般认为是一次兵制改革，但后人对具体含义的见解又略有不同。《左传》杜注认为，五党为州，每州三千五百家，"作州兵"就是"又使州长各缮甲兵"，即在原来的田租之外另征甲兵的军赋。沈钦韩《补注》引申杜注，认为是扩大甲兵制造场所。惠栋则将之视为与鲁国的"作丘甲"一类的改革。洪亮吉《春秋左传诂》认为

---

① 杨伯峻：《春秋左传注》，中华书局1990年，第360—363页。
② 高亨《周代地租制度考》，载清华大学国学研究院主编《高亨文存》，江苏人民出版社2018年，第304—338页。
③ 杨伯峻：《春秋左传注》，中华书局1990年，第360—362页。

"作州兵"是增加兵额征发，不仅仅是修缮甲兵。蒙文通认为是扩大征兵范围，取消仅限于"三郊"内服兵役，扩大至"三遂"。[①] 李亚农则认为这是晋国开始建立地方兵团。[②] 杨伯峻认为，"作州兵"确实是一种兵制改革，其中也包括扩充军器的制造。[③]

纵观诸说，结合此次事件的前因后果及历史背景，我们可以得出的结论是："作爰田"与"作州兵"是晋惠公的应急之举，为了得到国人的支持，扭转晋国因兵败而导致的军力空虚局面，便以土田赏赐众人，紧接着便扩大兵源及军赋征收，以增强与秦国谈判的政治和军事砝码。史实证明，晋国这次的"作爰田""作州兵"达到了预期的目的，秦国在晋国上下勠力同心、修缮甲兵以为君援的情势之下，经过一番讨论之后，最终决定放晋惠公回国。从当时的大形势出发考虑，晋惠公所举并非偶然，其影响也远远超出了惠公一代。杨华、段君峰评价：晋国"作爰田"是一种田租改革，"作州兵"是一种军赋改革。[④]

春秋晚期，晋悼公即位后，除调整了景、厉两代的打击强臣方针外，还实施了一些对国人的宽惠政策。悼公初政，他首先放弃了公私旧债，并拿出粮食布帛组织赈救，减轻赋税力役，缩减公私开支，禁止铺张浪费，释放罪人。《国语·晋语七》说，悼公"毕故刑，赦囚系，宥闲罪，荐积德，逮鳏寡，振废淹，养老幼，恤孤疾"。这样政策推行的结果，必然在一定程度上有利于阶级矛盾的缓和，使社会的生产力有所恢复和发展。[⑤] 晋悼公与楚共王差不多同时，其对赋税的改革，早于楚康王时的"量入修赋"。

晋六卿取消公田，废止了劳役式的做法，改行按亩征收实物税。《左传》哀公二年说："初，周人与范氏田，公孙尨税焉。"《孙子兵

① 蒙文通：《孔子和今文学》，巴蜀书社 2022 年，第 1—81 页。
② 李亚农：《西周与东周》，上海人民出版社 1956 年，第 170—171 页。
③ 杨伯峻：《春秋左传注》，中华书局 1990 年，第 363 页。
④ 杨华、段君峰：《先秦财政史》，湖南人民出版社 2015 年，第 208—211 页。
⑤ 李孟存、李尚师：《晋国史》，山西古籍出版社 1999 年，第 196 页。

法·吴问》屡言"伍税之"，就是什二之税。鲁国取消公田实行税亩后，《论语·颜渊》鲁哀公说："二，吾犹不足。"春秋中后期实行了实物税的国家大约都采取十分之二的税率。李孟存、李尚师分析，《吴问》中说赵氏既实行最大亩制，又"公无税焉"，可能是赵氏为了与范、中行、知、韩、魏各家争夺人民的一种手段。他们暂不向小农征税，财政开支主要依靠向中小地主和富商巨贾征收的田亩税、市廛关梁之税，故曰"公家贫"，"主金臣收，以御富民"。①

鲁国的赋税改革是"初税亩""作丘甲""用田赋"，总体上早于楚国。

鲁国的"初税亩"始于春秋中期，大致为鲁宣公十五年(楚庄王二十年，前594年)，《左传》宣公十五年记载："初税亩，非礼也。谷出不过藉，以丰财也。"藉，籍田，即公田。在此之前，鲁国实行的是"谷出不过藉"的传统税收政策，即采用"藉田以力"的劳役地租形式，通过农人在井田上的耕作为国家提供财政收入，对其"私田"并不征税，以维持他们的正常生活。而"税亩"则变劳役地租为实物地租，此次"税亩"变革的目的也是"丰财"，但增加的是国家的财政收入，而非为农夫着想，所以被认为是"非礼"之举。

"初税亩"四年之后，鲁成公元年(楚共王元年，前590年)，鲁国"为齐难故，作丘甲"。对于"作丘甲"的理解，杜预注引《周礼》"九夫为井，四井为邑，四邑为丘"的建制，解释为："丘十六井，出戎马一匹，牛三头。四丘为甸，甸六十四井，出长毂一乘，戎马四匹，牛十二头，甲士三人，步卒七十二人。"②也就是说，一个丘的社区单元，要出一匹马、三头牛；一个甸(四丘为一甸)的社区单元，要出四匹马、十二头牛，外加三名甲士和七十二名徒兵。显然，这都是为作战而征敛的军赋。

---

① 李孟存、李尚师：《晋国史》，山西古籍出版社1999年，第266页。
② 杨伯峻：《春秋左传注》，中华书局1990年，第783页。

"作丘甲"的原因，《左传》说是"齐难"，因为从鲁宣公晚年起，齐、鲁两国一直矛盾重重，甚至发生武装冲突。鲁宣公十八年（楚庄王二十三年），鲁国本欲借楚师伐齐，因楚庄王卒而作罢。继而鲁又欲借晋师伐齐，鲁、晋的亲近导致楚、鲁两国关系紧张，齐国也趁机拉拢楚国。于是这年冬天，"臧宣叔令修赋、缮完、具守备，曰：'齐、楚结好，我新与晋盟，晋、楚争盟，齐师必至。虽晋人伐齐，楚必救之，是齐、楚同我也。知难而有备，乃可以逞'"。由此看来，"作丘甲"的目的是缩小纳军赋的单位，增加军赋，保卫国家安全。问题的实质在于，这种临时性的备难措施此后很可能被制度化，以不断增强军力，应对日渐衰微的国势。

　　约百年之后的公元前483年（楚惠王六年），已在鲁国专权的大夫季孙氏，继续采取了增加财政收入的新举措。《左传》哀公十一、十二年：

　　　　季孙欲以田赋，使冉有访诸仲尼。仲尼曰："丘不识也。"三发，卒曰："子为国老，待子而行，若之何子之不言也？"仲尼不对，而私于冉有曰："君子之行也，度于礼：施取其厚，事举其中，敛从其薄。如是，则以丘亦足矣。若不度于礼，而贪冒无厌，则虽以田赋，将又不足。且子季孙若欲行而法，则周公之典在；若欲苟而行，又何访焉？"弗听。

　　　　十有二年，春，用田赋。

　　这是文献中首次用到"田赋"一词，时间是公元前483年，值春秋战国之交。此次"以田赋"的具体如何操作，史载不明，或许是在前一次（楚共王元年，前590年）按田亩征收田租的基础上，再按田亩摊派军赋。但从孔子之言可以看出，此举无疑增加了民众的经济负担，是继"税亩"之后的又一项旨在增加财政收入的措施。孔子指出：赋税征收应遵循"从其薄"的原则依礼而行。退一步说，即使不按以"井"出赋的传统，推行以"丘"出赋的措施，只要"度于礼"，不要贪得无厌，也是可以的。但如果得寸进尺，为了弥补巨额开支而肆意增加赋税征收量，即使以"田"出赋也不足以支撑财政支出的无底洞，还会出现国用不足的状况。

《国语·鲁语下》载有孔子的实际想法，井田制下租税原则应是"籍田以力"（按照劳力强弱来实现田租）、"砥其远迩"（按照土地远近来调节田租收入）、"任力以夫"（分派劳役按照男丁数量），田租的总量是"其岁收，田一井，出稷禾、秉刍、缶米"，不能超过这个标准。这个标准中包含了什一之税的原则，孔子之所以批判季氏的做法，显然是由于后者的征收比例超过了井田时代。虽然季孙氏的想法遭到了孔子的批判，但面对捉襟见肘的财政状况，鲁国还是推行了这一措施。

鲁国的"初税亩"改革源自其国内严重的财政危机，是在井田制日渐崩溃的情况下作出的无奈之举。"初税亩""用田赋"的本质意义在于，它在土地国有制的前提下，打破了井田制下只税"公田"不税"私田"的传统，按照劳动者实际耕种的土地面积来征收赋税。此举有效避免了《吕氏春秋·审分览》所说"公作则迟，有所匿其力；分地则速，无所匿迟"的情况，调动了劳动者的生产积极性，保证了国家的财政收入。杨华、段君峰指出，"初税亩"是鲁国按实际田亩征收的田租，而"作丘甲"是为战时动员而按社区单元(户籍)征收的军赋。[1]

第八节　金币"郢爯"、金器

楚国的货币体系至春秋晚期日益完备。其中，金属货币"郢爰"尤其引人注目。

史载楚国富产黄金。《韩非子·内储说上》云："荆南之地，丽水之中生金，人多窃采金。采金之禁，得而辄辜磔于市，甚众，壅离其

---

① 杨华、段君峰：《先秦财政史》，湖南人民出版社 2013 年，第 208—216 页。

水也，而人窃金不止。"说"雍离其水"诚然是夸张了，但楚人采金于丽水之中应为实有之事。

丽水，即金沙江，其地距楚甚远，非楚所有，且不在荆南，因而学者鲜从之；或以为即今湖南四水之一的澧水，其地恰在荆南，确曾产金，因而学者多从之。楚人逾长江而入湖南，最早到的就是澧水下游和湘江下游。澧县丁家岗1979年发掘的一座楚墓，年代约为春秋中期。澧县境内，经文物普查已发现楚墓近千座，已发掘80余座。[①] 湖南临澧县1980年发掘的九里1号楚墓是封君级大墓，年代为战国。[②] 从考古发现的迹象来看，楚人在澧水中采金的起始年代，可能在春秋晚期，甚至早至春秋中期。

除澧水外，楚国还有其他产金的地方。《管子·轻重甲》云："楚有汝、汉之黄金。"《史记·货殖列传》："豫章出黄金。"周代，诸国除沿用海贝为货币外，俱用铜币，唯独楚国还有金币。

楚国的金币始铸于何时，现在尚难断定。张正明认为："可能早到春秋晚期，不会晚于战国中期。币形，多数为方形板，有印文；少数为圆形饼，无印文。枚形金币所钤的印文，多为两个字，但也有一个字的。两个字的板形金币，第一字多数为'郢'，少数为'陈'，个别为其它字样，显而易见是地名；第二字，前人释为'爰'，形似而义通，近人多从之，以致'郢爰'几乎成为楚国金币的代称了。后来，日本学者林巳奈夫以为，不应隶定为'爰'，而应隶定为'爯'。友人赵德馨君对楚国货币的研究，钻研最深，创获良多。我在主编《楚学文库》时，请赵君写了皇皇巨著《楚国的货币》。赵君亦认为'爯'是而'爰'非，论证细密。赵君指出：楚金币五项职能齐全，已是真正的货币。所谓'五项职能'，一为价值尺度，二为贮藏手段，三为支付手段，四

① 高至喜：《楚文化的南渐》，湖北教育出版社1996年，第46—48、61—62页。
② 湖南省文物局：《1979年以来湖南省的考古发现》，载文物编辑委员会编《文物考古工作十年》，文物出版社1991年，第211页。

为国际货币，五为流通手段。楚金币俱有之。①"赵德馨所著即《楚国的货币》，其二至五章专论楚金币。②

考古发现证明，被中原视为蛮夷之地的楚国是黄金大国。楚地黄金矿藏之丰富，《禹贡》中就已提及。《管子》说："楚有汝、汉之金"。《战国策》中更是直言"黄金、珠玑、犀象出于楚"。而将黄金作为称量货币、制成器皿使用，更是开风气之先。马克思说："金银天然不是货币，但货币天然是金银。"由于黄金价值高、易分割、体积小、好携带、耐存储等特点，使其在战国时期，作为货币开始履行一般等价物的职责。从目前的考古发现来看，楚国的黄金流通最为盛行，其金币的出土数量远超其余诸国的总和。其中，湖北随州曾侯乙墓出土金器重逾 8000 克；河南扶沟古城村出土金币重逾 8000 克；安徽寿县南郊出土金币重逾 5000 克；安徽寿县双桥镇东津乡出土郢爯金币重逾 10000 克。

1982 年出土于江苏盱眙南窑庄的郢爯（图 24-1），其金版大体呈长方形，底边不太规则，整体有些弧度。上面有完整的"郢爯"阴文印记 35 个，半印 11 个，这些印文应该是用铜质模具凿打而成。这种整块的金版为一次铸成，大宗交易可以使用整块，小额交易则要切割成一小块一小块的。由于要先用天平称量之后才能支付，因此它属于称量货币。

1974 年 8 月河南省扶沟县扶沟古城村孙本立、赵根旺二人在古城西门内挖石灰池时，发现窖藏楚国金币（图 24-2）。该窖藏金币共 392块，总重达 81833 克。扶沟古城村这个地方，位于鄢陵与淮阳之间。战国时鄢陵属楚，淮阳古称陈，也是楚地，还曾作过楚国的首都。因此，扶沟古城村出土如此大量的楚国金币，便也很好理解。

在诸种金属中，黄金具备流通、支付的功能。这些功能大部分在

① 赵德馨：《楚国的货币》，湖北教育出版社 1996 年，第 178—188 页。
② 张正明：《秦与楚》，华中师范大学出版社 2007 年，第 223 页。

战国时代已初步形成。《管子·乘马》："黄金一镒，百乘一宿之尽也。无金则用其绢，季绢三十三制当一镒……黄金百镒为一箧。"由此可知，黄金与其他物品的比值已出现。

楚金币是楚国以黄金作为币材而大量铸行流通的货币，也是中国历史上唯一大量正式铸行的完全意义上的金币。战国时期楚国的"郢爰"距今已有约2500年历史，是目前中国发现最早的黄金货币。关于楚金币的形制问题，因为所发现的楚金币都是剪切过的碎片，所以两千多年来人们对于楚金币形制的真面目均不得而知。在出土楚币中，有龟版形金币、长方形金币、瓦形金币和圆饼形金币，从所发现的这四个类型来看，楚国对金币铸造的形制未有统一规定。

楚国的黄金货币之所以名"郢"，是因为郢曾为楚国的国都。商承祚先生在《长沙古物闻见记》中作过精辟的论述："郢者楚都之通称也。楚都纪曰郢；后都鄢曰鄢郢，曰郢；最后徙寿春亦命曰郢，盖郢者楚人所以名城。"[1]也就是说，"郢"在楚人那里就是"城"的意思，也是楚国都城的通称。"爰"则为货币的重量单位。楚国金币主要根据上面的刻文来命名，比如"郢爰""陈爰""融爰""卢金"等，其中"郢爰"最常见，因此也用它来代指"爰金"。古城村同窖藏出土的"卢少"金币，其刻文是比较少见的一种。

楚国的金币在宋代就有被发现的记载，北宋沈括的《梦溪笔谈》中曾将其称为"印子金"。只不过，他将上面的刻文误读成了"刘主"，以为是汉代淮南王刘安的"药金"。无论是整版的"郢爰"，还是切割后的小块，称为"印子金"其实也很形象的。

春秋晚期楚国市场上流遇的金币，有两种形制的金币。一种是圆形的金饼，一种是版状的金钣。《尔雅·释器》"钣金谓之钣"，指的就是这两种形制的金币。中华人民共和国成立后，在陕西临潼废丘遗址

---

[1] 商承祚：《长沙古物见闻记》，载桑椹编纂《历代金石考古要籍序跋集录》卷五，浙江古籍出版社2010年，第2581页。

和安徽阜阳，皆有金饼发现。这种金饼都是楚国市场上早期流通的金币。1954年湖南长沙左家公山楚墓中出土泥质金饼十余块。1966年湖北江陵楚墓中出土外包金银箔的铅质金饼数十枚。这些金饼都是作为明器用的冥币，可见金饼已在楚国市场上流通甚广，所以才有这些仿制的冥币出现。江陵是楚国的旧都，长沙在公元前278年秦取鄢、郢设南郡以前，也是楚国繁荣的都市，这里有仿制的金饼，说明在楚国市场上流通的金饼必然是公元前278年楚国东迁寿春以前的遗物。废丘的金饼想必也是从楚国输出的金币。阜阳发现的金饼只有一些零碎的金块，当是前一时期遗存之物。

目前考古发现的战国金币可以分为金饼和金钣两种。湖北宜昌前坪M7西汉墓出土的金饼，长3.5厘米，宽2.6厘米，厚1.6厘米，重62克，为楚国称量货币，约为完整金饼的四分之一。湖北宜昌前坪M7西汉墓又出土"郢爯"金钣，呈不规则形，长约2.4厘米，宽1.6厘米，重36.42克，包含一块基本完整的和两块残缺的小方版。小方版正面均戳印"郢爯"二字。"郢爯"是楚国的一种称量货币。"郢"是楚都王宫的称呼，"爯"指称量。使用时一般是根据需要将金钣切割成小块，通过称量进行换算。

金钣上钤有"郢爯"小方印的金币，出现的时间较晚。中华人民共和国成立前出土的"郢爯"，相传出于安徽寿县和凤阳。中华人民共和国成立后，安徽阜阳、六安发现了数量较多的金钣，其中有三块比较完整，前两块各钤有"郢爯"小方印，共十六方，后一块共有十九方。凤阳、阜阳、六安皆去寿县不远，这些金币应该都是楚国迁都寿春以后的金币。这种金钣，除钤有"郢爯"小方印外，还有一种为数很少的"陈爯"。"陈爯"是楚失鄢郢之后，顷襄王东保于陈城（今河南淮阳）所铸的金币。楚顷襄王在陈不过数年，即东迁寿春，仍号寿春为郢。因而"郢爯"金钣在楚国市场的流通，尚在"陈爯"之后。

金币之外，楚国的金器具有鲜明的特色。

春秋金器有枣阳郭家庙墓地出土的金银合金虎形饰和鎏金铜虎形

饰。鎏金铜虎形饰是迄今所见长江流域时代最早的鎏金器。战国金器主要有随州曾侯乙墓出土的11件金器和900多件金箔，战国中期的江陵望山M3楚墓出土的1件鎏金铜带钩，战国晚期的九连墩M1楚墓及其车马坑出土少量贴金的铜节约及饰件。器类方面有器皿、服饰器、生活用具、称量货币等几类。器皿5件，均出自曾侯乙墓，有金盏、金匕、金杯及金器盖。服饰器仅有带钩，共5枚。其中曾侯乙墓的4件金带钩，含金量都在90%以上，皆出自主棺，应属曾侯乙殓葬服饰。另外1件是鎏金铜带钩，出自望山M3楚墓头箱，为送葬衣服所属。生活用具有曾侯乙墓的2件金弹簧形器。所谓金弹簧形器，是以丝绳串起的数百段无弹性的金弹簧，具体用途尚不明，净重分别为235.2克和239.7克。出自前坪M7西汉墓的"郢爯"金版和金饼，应是楚国曾使用的黄金货币的存世品。

带钩相当于皮带扣，有些也可用来悬挂随身物品，流行于春秋战国和秦汉时期。楚国带钩制作精美，有表面镶嵌金丝的鎏金的铜带钩和错金银的铁带钩。1965年湖北江陵望山1号墓出土了一件鎏金龙犀纹铜带钩（**见图24-3**），钩头较小，钩身较宽，精铜铸造，立体感很强，表面鎏金，呈长条形，长14.3厘米，头宽0.7厘米，尾宽2.6厘米，面微弧，钩面浮雕两龙，相互缠绕，通体鎏金。另一件错金银龙凤纹铜带钩同样出土于江陵望山1号墓，这件带钩在墓内被放置于墓主头部左侧。长46.2厘米，宽6.5厘米，厚0.5厘米。错金银铁带钩呈弧形，钩首作龙首形，背面有两个圆形的凸钮。龙首用金片和金丝嵌龙的眼、耳、鼻、嘴。龙颈两侧用金丝嵌饰卷云纹，颈背用金片和金丝镶有圆、卷纹等纹样。器身从中部分成两组，镶嵌基本对称的图案，用金丝镶圆圈纹，用银丝嵌成云纹图案。它的工艺精湛，制作考究，是楚国错嵌工艺的代表作。这样宽大而制作精美的错金银铁带钩，为迄今所仅见，应是楚贵族在重大的祭祀或宴飨场合使用的，是研究战国时期楚地鎏金和错金工艺制作衣饰用具的重要实物资料。

金虎饰（**图24-4**），2015年出土于湖北枣阳郭家庙曹门湾墓地。

片状，长 12.4 厘米。虎大嘴张开，上颌上卷，圆目，微抬头，四肢趴伏，勾爪，卷尾。虎身锤揲出中脊线、虎斑，单面抛光。虎的颌、头、背、臀、足部分钻有双穿孔。该饰品为金银合金，含金量约为 87%，采用了锤锻、模锻、冲孔等工艺，为目前我国考古发现的最早采用这些工艺的实证。

楚地出土的黄金器皿，数量多，分量重，工艺精，造型美，湖北随州战国时期的曾侯乙墓出土的一批金器中有 1 件金盏，是先秦时期金制器皿的首次成批发现。盖面呈半球形，盖边内沿有 3 个等距离的衔扣，正好卡在杯内，可谓匠心独运。（**见图24-5**）

蟠螭纹金盏为盛食物的用具，口径 15.1 厘米，通高 11 厘米，重 2150 克，含金量约 99%。该用具弧腹，平底，三矮足，有盖。上腹部有对称环耳，三足均呈倒置凤首状。盖顶有圆环形捉手，盖缘有三个等距的外卡用以卡住口沿。器身口沿下饰一周蟠螭纹。盖捉手饰一周涡云纹，其下盖面饰数周花纹，有蟠螭纹、绹纹、勾连雷纹等。整个器物系铸造而成，采用分铸法的铸造工艺，先将捉手、盖、身、足几部分分开铸造，然后再将这些铸好的附件通过合范浇铸，不能合范的部分采用焊接工艺，最后成器。此件金盏是目前出土先秦金器中最大、最重的一件。全器由器身和器盖两部分组成，盏身为平口，口沿下饰一周凸起的蟠螭纹，并饰两环形耳，三条器腿呈倒凤首形。可别小看这些蟠螭纹，它的上面还浮雕有尖状云纹，细如毫发，其铸工之精，远远超过同一时期中原铜器上的类似纹饰，是已知早期金质器皿和战国黄金浇铸技术的顶级杰作。该金器器形别致、庄重美观，具有鲜明的荆楚特征。

蟠螭纹金盏出土时盏内还有一把镂空金漏匕（**见图24-6**），长 13 厘米，柄末宽 1.7 厘米，重 56.45 克。勺部圆形，圈底，柄扁平，微弧。匕身镂空变形龙纹。出土时，金匕置于金盏内。这是专为从汤中捞取食物的用具，类似于现在的汤匙与漏勺。匕的首端为椭圆弧形，饰镂空变形龙纹，柄身扁平细长而微带弧度，含金量达 87.45%。

金盏龙凤纹盖(**图 24-7**)为曾侯乙墓出土。金盖直径 7.1 厘米，重 157.35 克。圆形，盖面隆起，盖顶衔环钮。盖面以麻点纹为地，饰数圈花纹，有变形龙凤纹、变形龙纹、重环纹等。盖面留有四道范线痕。含金量 85.66%。

春秋晚期，楚国有金饼和金钣两种金币在全国市场上流通。加上众多的金器，故徐中舒说，楚国黄金之多，在世界史上，可以说是空前的。[①]

---

① 徐中舒：《论巴蜀文化》，四川人民出版社 1981 年，第 166 页。

第 二 十 五 章

春秋战国之交楚国的
农业和手工业

第一节　农业科学技术的进步

春秋时期楚国农业科学技术的进步，集中体现在施肥、选种、火耕水耨和轮作、复种、一年两熟上。

施肥是农业生产的极为重要的环节。楚人开始的刀耕火种，只不过是放火烧荒留下草木灰作为肥料的来源，自然肥效很低。人们在耕作中，很快土地肥力耗尽，便不得不将土地撂荒，实行田莱制，不断拓展新的土地再行垦荒。在漫长的岁月中，人们逐渐发现了人工施肥可以保持地力的持久，也就出现连作的"不易之田"。于是，人们少受迁徙之苦，开始有意识地对土地施加肥料。

关于我国古代何时在田间施肥？根据对甲骨文的研究，胡厚宣认为殷商时代已有施肥。[①] 梁家勉根据《礼记·月令》中关于季夏之月"烧薙行水，利以杀草，如以热汤，可以粪田畴，可以美土疆"的记载，认为至迟至春秋时代我国农民已掌握除草制肥的技术。[②]

向土地施肥的物质，人们在农业生产中经历了一个由单一的草木灰到人粪、畜粪多种施用的过程。施单一的草木灰，《吕氏春秋·任地》中有一段介绍："人肥必以泽"，据陈奇猷的解释，"人肥"系指人工施肥，"泽"系指土地湿润。"人肥必以泽"是指凡是人工施肥，必在土地湿润之后施用。因为"古代所用肥料系草木灰，故于土湿润之后施用，一则不致为风吹去，一则是草灰润湿后一如泥土，可以使苗加固。又草灰润湿，与泥土混合后，可使泥土疏松。虽古人未必明瞭此种物理原理，但从实地观察亦可得土地润湿后施灰肥则土松疏之现象"。[③]《吕氏春秋》的最后四篇被公认是古农书，其中许多追述上古君

---

① 胡厚宣：《殷代农作施肥说》，《历史研究》1955 年第 1 期。
② 梁家勉主编《中国农业科学技术史稿》，农业出版社 1989 年，第 120 页。
③ 陈奇猷：《吕氏春秋校释》，学林出版社 1984 年，第 1744 页。

民并耕的话与楚国"有为神农之言者"许行如出一辙，^① 故这种对于施草灰肥的看法，可以找到楚国的影子。

由施草灰肥到施人粪，是农业的一大飞跃，这一点，正是楚国劳动人民所实行的。最早反映出施用人粪的记载要数春秋晚期的孔子亲眼看见楚国的农民正挑着满桶的人粪尿往田地上施肥。此事见于《论语·微子》：

> 长沮桀溺耦而耕，使子路问津焉。

这里，"耦而耕"是指两个人正在田间劳作。"长沮"不是人的名字，而是指使用长锄头正在薅草的人，而"桀溺"同样也不是指人名，系指一位正担着尿准备施肥的农耕者。^②"桀"即是担的意思，《左传》成公二年："桀石以投人"，杨伯峻注："桀，举也。"^③"溺"则是古尿字。《史记·范蔡泽列传》："魏齐大怒，使舍人笞击睢，折肋摺齿，睢佯死，即卷以箦，置厕中。宾客饮者醉，更溺睢。"张守节《正义》即云："溺，古尿字。"因此，《论语》所言桀溺者，其实是路遇而不知其名，只看见其人正担着尿在劳动，便笼统以"担尿的人"（桀溺）称之。幸得孔子周游列国，在楚国田间走了一趟，亲眼见到楚国的农夫耕作的情况，并记了下来，我们才得以知道。原来，文字记载最早使用人尿以肥田者，是为楚人。

在农田施肥技术方面，楚国对农肥的认识更加科学。《周礼·地官·遂人》中有"上地，夫一廛，田百亩，莱五十亩，余夫亦如之；中地，夫一廛，田百亩，莱百亩，余夫亦如之；下地，夫一廛，田百亩，莱二百亩，余夫亦如之"的记载，按照郑玄的解释，"莱"就是"休不耕

---

① 刘玉堂：《〈神农〉作者考辨》，《中国农史》1984 年第 3 期。
② 何直刚：《长沮桀溺解诂》，《东岳论丛》1985 年第 2 期。
③ 杨伯峻：《春秋左传注》，中华书局 1990 年，第 791 页。

者”，即休闲地。由此可知，我国直至春秋时期仍实行休闲制。因此，春秋以前虽然可能已行施肥，但不会太普遍。从文献记载上看，直到战国时期我国才出现农田施肥的明确记载。如《韩非子·解老》中的“积力于田畴，必且粪溉”，《荀子·富国》中的“多粪肥田，是农夫众庶之事也”，等等，反映出战国时期农田施肥已很普遍。[①] 另外，楚国成熟的火耕水耨耕作方式，也是间接的农田施肥方法。因此，我们可以知道该时期楚国农田施肥已很普遍，以此来改良土壤。

到了战国时代，楚人对于施肥更为重视，肥料的来源更为广泛。对此，楚兰陵令荀子在所著书中一再进行肯定，这在先秦史籍中，并不多见。《荀子·富国》说：“掩地表亩，刺草殖谷，多粪肥田，是农夫众庶之事也”，这是说，在翻地修好田埂、除草下种之后，施肥是最重要的工作，野草在土中腐烂可以作为肥料。荀子并不直接从事农耕，这当然是楚国农耕者在生产实践中对于施肥的经验总结。又《荀子·致士》说“树落则粪本”，这是指落叶可以作肥料。对照《礼记·月令》篇所述的“土润辱（溽）暑，大雨时行，烧薙行水，利以杀草，如以热汤，可以粪田畴，可以美土疆”，我们可知，这是把落叶如同割下的草一样，或焚烧，或是用水灌上，使之腐烂，便可以作肥料，改良土壤。直到今天，农民在使用化肥的同时，仍不能不采用这种方法积农家肥。对于施肥之后，农作物产量成倍提高，荀子亦作了充分的估计，《荀子·富国》篇云“田肥以易，则出实百倍……田瘠以秽，则出实不半”，十分精辟。楚国人民对这种积肥、施肥的重视，为提高农业产量创造了重要条件。在欧洲，要到十一世纪，才开始施肥，相形之下，楚国农业技术的先进性，是不言而喻的。

晋人也知通过人工施肥提高土地肥力。甲骨学家就指出过，在殷商时代，我国劳动人民已经懂得了人工施肥。那时候养猪的圈牢往往就是人们储积便溺的茅厕。《国语·晋语》说“少溲于豕牢”，韦昭注：

---

① 彭世奖：《从中国农业发展史看未来的农业与环境》，《中国农史》2000 年第 3 期。

"豕牢，厕也。"目前我们在文献上或考古发掘中还找不到晋人用人畜粪便肥田的直接证据，但是晋景公病危如厕溺死在粪坑中的故事却告诉我们，二千五百年前人们确实普遍挖掘窖穴式的粪坑储积粪便，以便使之腐熟而变成易为庄稼吸收的肥料。①

选种是保证农业产量的一个极为重要的环节，历来受到劳动人民的高度重视。《诗经》中就有很多关于农作物选种的记载，如《诗经·大雅·生民》中说："种之黄茂"，意思是播种时要选择色泽光亮美好的种子，才会长出好苗来。《生民》篇还说："诞降嘉种，维秬维秠，维糜维芑"，把"秬""秠""糜""芑"看作是"嘉种"，说明当时已有优良品种的概念。《诗经·鲁颂·閟宫》："黍稷重穋，稙稚菽麦"，《毛传》说，"后熟曰重，先熟曰穋"，"先种曰稙，后种曰稚"，这种早熟、晚熟、早播、晚播的不同品种概念，反映了我国古代农作物选种技术的重要进展。楚国劳动人民，在长期的生产实践中，也逐步认识到选择"嘉种"的重要，在选种技术上总结了较为丰富的经验，这种经验，主要体现在传为楚人亢仓子（关于亢仓子为楚人，《亢仓子》一书非伪书，另有专文论证，此处从略）所著的《亢仓子·农道》篇分别提出的六种农作物的良种标准：

表 25-1：《亢仓子·农道》提出的良种标准

名称	要　　求
粟（禾）	穗大，粟圆，糠薄，米粔而香，易舂。
黍	穗生芒，穗长，搏米寡糠。
稻	茎葆（盛），稇（附着谷粒的梗）长，穗如马尾。
麻（糜）	节疏，色阳（颜色鲜明），枲（秸）坚，本（根）小。
菽（大豆）	足（开杈以下至地面之总干）短，茎（开杈处以上）长，每排七荚，两排，枝多，数（多）节，竞叶（叶密而相竞），繁实（结实多），称之重，食之息（食之使人气顺畅）。

① 李孟存、李尚师：《晋国史》，山西古籍出版社 1999 年，第 305 页。

续表

名称	要　求
麦	稠(附着麦粒的梗)长，颈(颖，即茎)簇，二七以为行(两行小穗，每行七个)，翼(麦粒外的颖壳)薄，色䵍(黄)，食之使人肥且有力。

录自《百子全书·亢仓子》(八)，浙江人民出版社 1984 年

在选种方法上，从《亢仓子》的上述标准看，当时已有株、穗、粒选。所谓“茎葆”“节疏”“枲坚”“本小”“足短”“茎长”“数节”“颈簇”“竞叶”等，意味着株选；所谓“穗大”“穗生芒”“穗长”“穗如马尾”“稠长”等，意味着穗选；所谓“粟圆”“米搏”“繁实”“称之重”“翼薄”“色䵍”，意味着粒选。

《亢仓子·农道》上述良种标准的记载，与战国晚期的《吕氏春秋·审时》篇相比，内容大致相同而更简略。不少文字，比《吕氏春秋·审时》更为准确。可见以上所列《亢仓子》反映出楚人的选种标准，当属可信。

从古农书及历史文献的记载看，楚国之后，我国劳动人民发现穗选法等，最早还见于公元前 1 世纪的《氾胜之书》，北魏《齐民要术》里关于人工选择良种的记载更多。反映出我国不仅已形成了一套完整的选种和育种制度，而且还建立了相当先进的种子田制度。这些与《亢仓子·农道》篇保存下来的楚国选种方法一起，再结合《诗经》中反映出的西周时期选择“嘉种”的片段记载，可知我国对于农作物品种培育，源远流长，积累有丰富的经验，充分反映出，楚国古代劳动人民在栽培植物选种方面早已创造了辉煌的业绩。

火耕水耨，是楚国不同于原始垦荒式的刀耕火种作法于水田里采取的一种较为先进的耕作方法。

楚国在种植水稻时实行“火耕水耨”的耕作方法，见于记载的有《史记》《汉书》《晋书》《隋书》等。《史记·货殖列传》：“楚越之地，

地广人稀，饭稻羹鱼，或火耕而水耨。"《汉书·地理志》："楚有江汉川泽之饶，江南地广，或火耕水耨，民食鱼稻，以渔猎山伐为业。"《晋书·食货志》："江西良田，旷废未久，火耕水耨，为功差易。"《隋书·地理志》："江南之俗，火耕水耨，食鱼与稻，以渔猎为业。"这些记载，表明楚地确曾长期实行过"火耕水耨"的耕作方法。

"火耕水耨"的具体做法，南朝史学家裴骃《集解》云："烧草，下水种稻，草与稻并生，高七八寸，因悉芟去，复下水灌之，草死，独稻长，所谓火耕水耨也。"唐人张守节《正义》也说"火耕水耨"是"言风草下种，苗生大而草生小，以水灌之，则草死而苗无损也。耨，除草也"。

对于上述记载，有的学者认为，所谓"火耕水耨"，其特点在于"烧""耜""耨"相结合的连续生产过程，是南方早期水稻种植的两个阶段。"火耕"，是放火烧地，烧去野草和割稻后留下的禾稿，然后"耜之"，即翻土，这是备耕阶段。"水耨"是水稻种植后的除草方法，这种除草方法有两种，一是将杂草单独除掉后，放水灌田，将除下的杂草沤烂腐化后作肥料，二是利用杂草生长慢于禾苗的特性，因势利导，把水灌至杂草没顶处，将杂草慢慢闷死。[①]

再看《周礼》中有关水田内除草的记载，也会有助于对这种"火耕水耨"耕作法的理解。《周礼·薙氏》中说："薙氏，掌杀草。春始生而萌之，夏日至而夷之，秋绳（孕）而芟之，冬日至而耜之。若欲其化也，则以水火变之"，意思是薙氏掌理除草，春天野草开始萌芽时，挖土去草，夏天用镰刀于根茎处割草，秋天去掉含实的野草，冬天以耒耜伐土灭草。如果要除草的地方土质肥美，就要把除下的草用火焚烧，然后再灌水使其沤烂。这种"水火变之"的方法，与楚国的"火耕水耨"完全一致。此外，《周礼·稻人》中说："稻人，掌稼下地……凡稼泽，夏以水殄草而芟夷之"，这种"以水殄草"法，实际也是"火耕水耨"。

---

① 黄展岳：《"火耕水耨"与楚国农业考》，《中国农史》1985 年第 3 期。

对于水稻种植除草的方法叙述得较为详尽的是北魏大农学家贾思勰的《齐民要术·水稻》：

> 稻，无所缘，唯岁易为良。选地欲近上流。三月种者为上时，四月上旬为中时，中旬为下时。先放水，十日后，曳陆轴十遍。地既熟，净淘种子，渍经三宿，漉出，内草篅中裹之。复经三宿，芽生长二分，一亩三升掷。三日之中，令人驱鸟。稻苗长七八寸，陈草复起，以镰侵水芟之，草悉脓死。稻苗渐长，复须薅。薅讫，决去水，曝根令坚。量时水旱而溉之。将熟，又去水。霜降获之。北土高原，本无陂泽，随逐隈曲而田者。二月，冰解地干，烧而耕之，仍即下水。十日，块既散液，持木斫平之。纳种如前法。既生七八寸，拔而栽之。溉灌、收刈，一如前法。畦塍大小无定，须量地宜，取水均而已。①

从贾思勰的记载中，我们则可知道，原来，"火耕水耨"，正是水稻种植过程中的除草良法，是劳动人民种植水稻经验的总结。正如晋杜预所言："诸欲修水田者，皆以火耕水耨为便。"先秦时期的楚国人民种植水稻便能采取这种方法，说明其稻作技术是十分成熟的。

轮作、复种是在一年一熟的基础上逐步发展起来的。一年一熟制的缺点，在于春种作物自秋收后，地即空闲起来，留待来年春种，秋播作物至来年夏收后地亦空闲起来，留待秋后再种。这两种作物之间间隔好几个月的时间，土地未被利用，是十分可惜的。春秋以前，人们遵守传统习惯，对这种土地，尽管已经较为肥沃，仍然习于一年一熟，未想到如何改进，以后，只有在遇到较严重的灾害等情况，人们

---

① 贾思勰著，缪启愉、缪桂龙译注：《齐民要术译注》，上海古籍出版社 2021 年，第 135 页。

另思良策，利用各种农作物生长期的差别，轮作、复种的必要性才逐渐被人们所认识。例如，《左传》庄公七年记载：

> 秋（大水），无麦、苗，不害嘉谷也。

对此，杜注："今五月，周之秋，平地出水，漂杀熟麦及五稼之苗"，"黍稷尚可更种，故曰不害嘉谷"。[1] 这是说，水灾使麦苗遭受毁灭性的打击，但水退之后，犹可以补种黍、稷，使人们的粮食来源不至断绝，灾害迫使人们从复种中找出路，赶快种上黍、稷，作为一种临时应急措施。这样经历的次数多了，约到了战国时期，人们就干脆直接将生长期短的作物进行轮作，将去年秋种、今年夏收之谷物，与今年夏种、秋收的作物连续种植，一旦都获得好收成，比常年的收入增加一倍，当然令人欢喜，这就是《吕氏春秋·任地》篇所记的"今兹美禾（粟），来兹美麦"（今年丰收了美禾，接着又种麦，来年又丰收了美麦）的景象，这样，虽然人较辛苦，土地的利用率则提高了一倍，农业生产的效率无疑是大大提高了。

以上所述的，是先秦时期各国农作物栽培的一般规律，这是随着农业生产水平的逐步提高很自然地形成的。这种规律，在楚国的农业生产中体现得尤为明显。

楚国约在战国中期实行了轮作、复种制度，较为直接的依据，见于《楚辞·招魂》中"稻粢穱麦"的记载。东汉王逸注："穱，择也，择麦中先熟者也。"宋洪兴祖补注不同意王逸的解释，指出"穱，音捉，稻处种麦也"。两相比较，以洪兴祖注为确。东汉张衡《南都赋》中，在述及今河南省南阳一带的农业景象时说"冬稌（稻）夏穱，随时代熟，其原野则有桑漆麻苎，菽麦稷黍，百谷蕃庑，翼翼与与。"也明显是指在种稻后复种麦，这与《吕氏春秋·任地》"今兹美禾，来兹美麦"即

---

① 杨伯峻：《春秋左传注》，中华书局 1990 年，第 171 页。

种粟时复种麦的记载属于同种类型，表明楚国其时农作水平大为提高。

复种的结果，直接形成农业的一年两熟制，而先秦时明确反映出农业上存在一年两熟制的，则又在楚国境内。一度为楚兰陵令、晚年又在楚著书的荀子在《荀子·富国》篇中说：

> 今是土之生五谷也，人善治之，则亩数盆，一岁而再获之。

这是先秦时唯一一条关于农作物一年两熟的记载，其中意义之大，是不言而喻的，由轮作、复种到较普遍实行一年两熟制，是农业逐步由粗放经营走向精耕细作的标志。这样做的结果，使耕作者的时间、土地、人力、畜力能够充分利用，对整地、中耕、除草、施肥、排灌等提出了更高的要求。这是农业生产技术上的一个大的飞跃。可以说，从《荀子》记楚农作物"一岁而再获之"之日起，楚国的农业科学技术就开始达到了一个新的高度。

关于生物界的互相制约现象，我国先民早有深入的观察和认识。《诗经·小雅·小苑》中的"螟蛉有子，蜾蠃负之"是最早的文字记载。楚国生物防治技术也有很大发展。如《战国策·楚策四》中记载了庄辛和楚襄王的一段对话："王独不见夫蜻蛉乎？六足四翼，飞翔乎天地之间，俯啄蚊虻而食之。"《庄子·山木》写道："一蝉方得美荫而忘其身，螳螂执翳而搏之。"贾兵强指出：由此可见，如果蜻蛉食虻、螳螂捕蝉已成楚国人民的生活常识，那么楚国利用生物界互相制约的关系以及天敌防治害虫、害兽来保证农业生产免受虫灾的方法也可能已经出现。[①]

楚国农业科学技术水平的提高，不是孤例。吴国提高粮食的产量，也在这方面采取了有力的措施，如扩大耕地面积兴修水利等。因而"禾

---

① 贾兵强：《楚国农业科技与社会发展研究》，科学出版社 2012 年，第 52 页。

稼登熟"，曾一次借贷给越稻米十万石。同时，设立专业化养鸡场，如
《越绝书·越绝外传记吴地传》载："娄门外鸡陂墟，故吴王所畜鸡，使
李保养之。"所以农业丰收，因而"仓库实"，广积粮的工作完成了。[①]

第二节　农业工具的改进

春秋晚期，楚国的铜工具得到普遍使用。当时用青铜铸造的农器
和匠器，有钁、斧、锛、镰、凿、削、锥等。当然还有其他器类尚未
面世，原因是农器和匠器不登大雅之堂，惯例不用来随葬，故而考古
中发现很少。而且，木制的器具埋在地下易朽，铜制的器具到不堪复
用时要回炉，以免浪费当时被认为"美金"的铜料，故而考古中发现的
铜农器也不多。

淅川下寺楚墓24座，唯独2号墓有青铜制作的农器和匠器共26
件出土。在23座陪葬墓和殉葬墓的随葬品中，农器和匠器一无所见。
已知属于这个时期的楚国的农器和匠器，形制与中原同期同类器大致
无异。唯独带锯齿的铜镰有南方特色，无疑是用来收割水稻的。在境
土相接、商旅相通的列国之间，生产工具的民族风格和地方风格是不
会怎么突出的。[②]

在先秦文献中，记录的铜资源丰富的地域首推荆、扬两州。如
《尚书·禹贡》称："荆及衡阳惟荆州，……厥贡……惟金三品。""淮
海惟扬州，……厥贡惟金三品。"郑玄注"金三品者，铜之色也"，意指
不同质地与色泽的铜料。《山海经·中山经》说："荆山，其阴多铁，
其阳多赤金。"《周礼·职方氏》也说："东南曰扬州，其川三江，其浸
五湖，其利金、锡、竹箭"，"荆扬……左陵扬之金"。可见，楚国的
铜资源丰富。

---

① 辛土成：《春秋时代句吴社会经济初探》，《中国社会经济史研究》1984年第3期。
② 张正明：《楚史》，湖北教育出版社1995年，第187页。

西周晚期至春秋初期，虽然楚国有少量的青铜器诸如礼器、兵器和乐器相继出土，但仍未发现有青铜生产工具。这也表明，当时的楚国虽说已有了青铜冶铸业，但是因为青铜的珍贵和稀缺，很可能尚未将青铜应用于农业生产领域。考古发现表明春秋晚期，楚国不但已经使用青铜农具，而且随着青铜农具普遍使用，农业生产有了较大发展。

楚国的青铜农具主要分布在湖北、河南、湖南、安徽和江西等省，以春秋中晚期的镢（钁）、锸、镰、铚、斧、锄、铚等为主。湖北当阳、襄阳、江陵、大悟、红安等地发现的青铜农具有钁（镢）、锸、镰、锄等。其中，当阳唐家巷 3 号墓中，发现春秋时期铜钁和铜锸。钁 1 件（M3∶9），残，双面刃，弧刃微外撇。椭圆形銎，近銎口有一圈凸棱。出土时銎内残存木柄。长 13.5 厘米，刃宽 6.5 厘米。锸 1 件（M3∶11），单面刃，弧刃外撇，圆角长方形銎口，近銎口有一圆孔和一曲形孔。长 9.8 厘米，刃宽 3.5 厘米。[1] 同时，在当阳赵巷春秋晚期楚墓中也发现有铜钁。[2] 在襄阳山湾楚墓中出土了春秋晚期的斧、锸和镰，其中 1 件青铜镰刀为齿刃，另 2 件均有装柄的銎孔。锸为细长条形，中间略窄而两端略宽，较薄。锸全长 10.7 厘米，刃宽 3.4 厘米，方銎，銎口平整，銎内残存有朽木。刃为单面。[3] 在江陵雨台山墓中，出土战国早期青铜镰 1 件，整个器形略呈半月形，一面有箆齿纹，至刃成齿，另一面平，约长 11.2 厘米，宽 2.7 厘米。[4] 另外，江苏六合程桥镇东的陈岗坡地东周墓中也出土了铜镰。[5] 大悟雷家山出土 1 件铜农具，长 7 厘米，刃宽 5.1 厘米，銎长 3.4 厘米，宽 1.3 厘米，长方形身，一面稍斜，銎外二道凸棱、弧刃。[6] 由于器身上下弯

---

① 宜昌市博物馆：《湖北当阳唐家巷三号楚墓》，《文物》1995 年第 10 期。
② 蒋迎春：《当阳发现春秋人殉楚墓》，《中国文物报》1997 年 4 月 13 日。
③ 湖北省博物馆：《襄阳山湾东周墓葬发掘报告》，《江汉考古》1983 年第 2 期。
④ 湖北省荆州地区博物馆：《江陵雨台山楚墓》，文物出版社 1984 年，第 89 页。
⑤ 南京博物院：《江苏六合程桥二号东周墓》，《考古》1974 年第 2 期。
⑥ 熊卜发等：《大悟发现编钟等铜器》，《江汉考古》1980 年第 2 期。

曲，又比较短小，既不宜为斧，也不宜为锛，故应为锄。^① 在红安金盆遗址中出土1件铜镰，1件铜铚。^② 红安出土的铜镰，有学者认为是我国目前所见的最早踏犁。^③ 铚是装有短柄或直接套在手上以收割庄稼的镰刀。《说文》："铚，获禾短镰也。"《尔雅》又称："禾穗谓之颖，截颖谓之铚。"湖南长沙仰天湖墓中，出土了一批楚简，其中，在第16简中发现一重要的字，史树青释读为"铚"。^④ 由此可见，铚作为农具在楚国确实使用过。同时，在宜昌至重庆之间的长江峡区发现有楚国春秋早期的青铜斜刃斧、刀等。^⑤

河南的青铜农具在南阳、淅川和叶县主要发现了镰、锛、镰、铚和斧等。如在淅川下寺楚墓中，出土春秋中晚期青铜镰4件、铜锛4件和铜镰2件等农具。其中，青铜镰为方銎箅形纹铜齿镰，銎口与襄阳齿镰十分相似，但均有箅形纹。两件大小一致，长11厘米，柄长7.1厘米，最宽处3厘米，銎口尺寸为1.8厘米×1.5厘米，刃口与柄夹角约115°。^⑥ 在淅川徐家岭楚墓中还发现铜斧。^⑦ 另外，在南阳西关墓中，出土春秋晚期铜镰和铜铚各1件。^⑧ 叶县旧县4号墓中，出土春秋时期铜斧和锛各1件。^⑨

湖南韶山、长沙、湘潭、岳阳等地发现有铲、斧和铚等青铜农具，与湖北出土的青铜农具相比，其数量和类型都相对较少。在湘乡新坳

① 陈振中：《青铜农具——镈》，《古今农业》1991年第3期。

② 湖北省文物管理处：《湖北红安金盆遗址的探掘》，《考古》1960年第4期。

③ 宋兆麟：《我国古代踏犁考》，《农业考古》1981年第1期。

④ 史树青：《长沙仰天湖出土楚简研究》，群联出版社1955年，第29页。

⑤ 黄尚明：《楚文化的西渐历程——兼论楚文化的"峡区类型"》，《华中师范大学学报》(人文社会科学版)2004年第6期。

⑥ 河南丹江库区文物发掘队：《河南省淅川县下寺春秋楚墓》，《文物》1980年第10期。

⑦ 刘先琴等：《南水北调中线段发现楚国贵族墓葬》，《光明日报》2007年1月2日。

⑧ 南阳市文物工作队：《南阳市西关三座春秋楚墓发掘简报》，《中原文物》1992年第2期。

⑨ 平顶山市文物管理局、叶县文化局：《河南叶县旧县四号春秋墓发掘简报》，《文物》2007年第9期。

墓中，出土春秋时期铜铲1件。铲体长方形，窄肩，粗銎，弧刃，刃角微外侈。銎中部有一突脊，銎口呈长方形。长6.6厘米，宽5.2厘米。[①] 在长沙浏城桥一号墓中，出土春秋晚期铜斧1件，长方形銎，有肩，刃作弧形，两面刃。斧长6.9厘米，刃宽4.8厘米。銎上安一直木柄，长11.4厘米，再在直柄距上端4厘米处斗横柄，斗榫处钉有竹钉，防柄脱出。横木柄长33.5厘米。这种装柄方法过去少见。过去一般称这类型斧叫铲，其实应是用于砍削的小斧。[②] 另外，湖南湘潭青山桥、岳阳等地出土了青铜锸套刃。[③]

在安徽舒城九里墩墓中，出土春秋晚期铜铲3件和铜镰9件。其中，铜镰为无銎箆纹齿刃铜镰，整个器形略呈不规则的平行四边形，但较窄长。9件同式，背面光滑平整，正面为箆齿纹，齿刃，末端有上下两个突脊。标本85号，长16.3厘米，宽4.3厘米，厚0.3厘米，装柄处有一穿孔。[④] 对于安徽出土的青铜铲，陈振中把中间有方孔、长方形銎、高7.8厘米、刃宽9.4厘米的定名为回字形锄，[⑤] 赞同此说。在江西清江田家村战国墓中出土的2件锄，器身断面呈拱桥形，两刃尖稍向外移，弧刃，銎口不卷边。一长9.4厘米、刃宽6.8厘米、上宽4.7厘米，一长9.7厘米、刃宽6.1厘米、上宽4.7厘米。[⑥] 江西武宁毕家坪墓中出土战国早期的1件铜锸，呈凹字形。[⑦]

总的来说，春秋战国之交楚国的青铜农具主要以镰、锸、钁（镢）和锛为主，斧、铲、铚相对较少。在青铜农具中钁用于翻土，锛用于

---

① 湖南省博物馆：《湖南韶山灌区湘乡东周墓清理简报》，《文物》1977年第3期。

② 湖南省博物馆：《长沙浏城桥一号墓》，《考古学报》1972年第1期。

③ 高至喜：《湖南商周农业考古概述——兼论有关古代农业的几个问题》，《农业考古》1985年第2期。

④ 安徽省文物工作队：《安徽舒城九里墩春秋墓》，《考古学报》1982年第2期。

⑤ 陈振中：《青铜农具——镈》，《古今农业》1991年第3期。

⑥ 程应麟、秦光杰：《江西清江出土一批铜兵器》，《考古》1962年第7期。

⑦ 向安强：《春秋战国时期楚国农业探研》，《农业考古》1997年第3期。

破土，锸用于起土，镰用于收割，斧则用于砍伐树木、烧荒和造田等，均为农业生产过程中的工具。从青铜农具在楚国境内的分布及农具种类可以推断，无论是森林砍伐、土地开垦，还是水稻的耕种或收获，在春秋战国之交楚国已普遍使用青铜工具。铜镰的出现说明农作物产量的提高，农业生产技术的日趋成熟。

楚国在春秋战国之交农业的进步，体现在不仅广泛使用铜工具，而且铁工具已广泛出现。顾德融、朱顺龙指出：陕西、甘肃、河南、湖北、江苏、浙江等地先后出土了秦、虢、楚、吴、越等国在春秋时期的铁器，证明了中国确实在春秋时已进入铁器时代。①

从文献来看，《诗经·秦风·驷驖》用"驷驖孔阜"来形容秦襄公的马色黑如铁，这说明，人们对铁已是相当熟悉了；《左传》昭公二十九年则记载了晋国用铁铸刑鼎一事。从考古发掘来看，考古工作者在湖南、湖北、河南、山西、江苏等省都曾发掘出春秋时期的铁器，但这些铁器大都是铁刀、铁剑、铁削、铁条、铁块等，且这些铁器都是量少型小器形简单。所以，从文献和考古情况来看，春秋时期，铁器极可能只运用于刑罚和军事中。《管子·海王》中记载齐国"一女必有一针一刀""耕者必有一耒一耜一铫""行服连轺輂者，必有一斤一锯一锥一凿"，然后才能成事。② 春秋后期，人们把牛称为"犁牛"。《论语·雍也》记孔子曾说过"犁牛之子骍且角。虽欲勿用，山川其舍诸"。说明已有了专门的耕牛，并且已被人们所熟知与重视。所以人们常用牛来命名：或名牛字耕，或名耕字牛。如孔子弟子冉伯牛名耕，司马耕字子牛，晋大力士姓牛名子耕。

春秋晚期，我国冶铁技术已达到很高的水平，特别是战国时期生铁柔化等技术的发明，比欧美各国约早 2000 年以上。③ 从铁器的出土

① 顾德融、朱顺龙：《春秋史》，上海人民出版社 2019 年，第 20 页。
② 朱丽娟：《中国铁农具与牛耕究竟源于何时》，《中学历史教学参考》1999 年第 11 期。
③ 杜石然等：《中国科学技术史稿》，科学出版社 1982 年，第 91 页。

地点来看，主要在"春秋五霸"和"战国七雄"各国所在的地区。① 长沙战国楚墓中有 10% 的器物为铁器，186 座楚墓中出铁器达 30 种 241 件，② 其中农具占 14.5%。铁农具有可能逐步限制了青铜农具在楚国农业生产中的作用。③ 因此，在春秋时期，楚国的农业生产工具是青铜农具与铁农具并存，而且处于青铜时代向铁器时代的过渡阶段。由于"楚人发展冶铁业，主要用于制作农业生产工具和手工工具"，④ 所以在战国时期楚国铁器中，生产工具占有很大比重，而用于农业生产的铁农具又在生产工具中占主要部分。由此可知，楚国的冶铁技术是非常先进的。

雷从云对湖南长沙、衡阳 61 座楚墓中出土的铁器中生产工具的比例以及农业工具在生产工具中所占的比例统计情况如下：出土铁器总数 70 余件，生产工具数 21 件，生产工具占出土铁器总数的比重为 30%；铁农具 17 件，铁农具与生产工具的百分比为 80.9%。⑤ 在楚都纪南城出土的 33 件铁器中约有铁农具 19 件，铁农具与铁器的百分比为 58%；⑥ 湖南资兴旧市 23 座战国墓中出土铁器 32 件，其中铁农具 17 件，铁农具占铁器的百分比约为 53%。⑦ 陈振中曾统计 1956—1984 年楚地共出土战国铁器 30 余次，其中江陵一带占了大半，主要是农具

① 王宝卿：《铁农具的产生、发展及其影响分析》，《南京农业大学学报》（社会科学版）2004 年第 3 期。
② 高至喜：《从长沙楚墓看春秋战国时期当地经济文化的发展》，载中国考古学会编《中国考古学会第二次年会论文集 1980》，文物出版社 1982 年，第 61 页。
③ 董希如：《论春秋战国时期楚国的青铜冶铸业》，《中国社会经济史研究》1987 年第 1 期。
④ 高至喜：《楚文化的南渐》，湖北教育出版社 1996 年，第 288 页。
⑤ 雷从云：《战国铁农具的考古发现及其意义》，《考古》1980 年第 3 期。
⑥ 湖北省博物馆：《楚都纪南城考古资料汇编》1980 年，第 58 页。
⑦ 湖南省博物馆：《湖南资兴旧市战国墓》，《考古学报》1983 年第 1 期。

类生产工具。[1] 在楚国出土的 79 件铁制农具中，锄有 43 件占 54%，加上 5 件铲，中耕农具占到 60% 以上，而且集中在战国中晚期。[2] 考古材料证明《孟子·滕文公上》关于楚国许行"以铁耕"的记载属实。这表明到战国时期，楚国的铁农具已普遍使用。

关于楚国的铁农具，参阅下表。

表 25-2：春秋战国之交楚国铁农具一览表

省	出土地点	斧	铲	镰	钁	锄	锸	锛	资料来源
湖北	大冶铜绿山	7				1		2	《文物》1975 年第 2 期
	襄樊欧庙					△			《江汉考古》1980 年第 2 期
	纪南城南垣					△			《考古学报》1982 年第 3 期
	纪南城松柏区	4				1			《考古学报》1982 年第 4 期
	秭归柳林溪					2			《考古与文物》1986 年第 6 期
	潜江龙湾	△						△	《江汉考古》1987 年第 3 期
	宜昌白庙子					△			《中原文物》1988 年第 2 期
	宜昌朱其沱					1			《江汉考古》1989 年第 2 期
	荆门响岭岗	△				△		△	《江汉考古》1990 年第 4 期
	宜昌上磨垴					△	△		《考古》2000 年第 8 期
	秭归台丘					1			《湖北库区考古报告集第一卷》2003 年
	秭归张家坪	△				△	△		《重庆师范大学学报》（哲学社会科学版）2005 年第 4 期

---

[1] 陈振中：《青铜生产工具与中国奴隶制社会经济》，中国社会科学出版社 1992 年，第 487—491 页。

[2] 郭胜斌：《考古所见楚国铁农具初论》，载楚文化研究会编《楚文化研究论集（第二集）》，湖北人民出版社 1991 年，第 17—23 页。

续表

省	出土地点	斧	铲	镰	镢	锄	锸	锛	资料来源
湖南	长沙魏家堆					1			《文物参考资料》1955 年第 10 期
	长沙丝茅冲					1			《文物参考资料》1955 年第 11 期
	长沙沙湖桥				1				《考古学报》1957 年第 4 期
	长沙识字岭					1			《长沙发掘报告》1957 年
	长沙近郊	3	2			1			《考古学报》1959 年第 1 期
	长沙左家塘					△			《文物》1978 年第 10 期
	桃江腰子仑						△		《考古学报》2003 年第 4 期
河南	淅川下寺			△					《文物》1980 年第 10 期

注：本表数据统计截止时间为 2009 年 12 月，依据已经公开发表的考古报告或考古简报，主要收录有确切数字记载的楚国农具，原报告未注明确切数据者，用△符号表示。录自贾兵强：《楚国农业科技与社会发展研究》，科学出版社 2012 年，第 104 页

春秋晚期和战国初期，考古发现楚国的铁农具主要有镰、锸、锛、锄和铲等，主要分布在湖北和湖南。在湖北荆门响岭岗遗址中，出土的春秋晚期铁农具有斧、锛和锸，斧的形制可以分为钺形弧刃和梯形平刃，一件锛为梯形，一面垂直，一面倾斜，弧形刃，长方形直銎，长 8.4 厘米，刃宽 2.8 厘米。一件锸为凹字形，双面弧形刃，长 9 厘米，刃宽 9.4 厘米。① 在老河口杨营遗址中，出土的春秋晚期铁农具较多，锄 3 件，锸 6 件，镰 9 件和铲 4 件。锄为木叶前端所套接的铁口。凹形，弧刃，两侧銎作"匚"形，以纳木叶。其中一件锄，长 6.6 厘米，刃宽 8.8 厘米。锸 6 件，均残，刃口两侧外侈成三角形銎与锄同。镰 9 件，均残，长条弧形，体扁平，末端窄，内侧有弧刃。锛 2 件，长方形，单面刃，上端有长方形銎。铲 4 件，梯形，体扁平，

---

① 荆门市博物馆：《荆门市响岭岗东周遗址与墓地发掘简报》，《江汉考古》1990 年第 4 期。

断面弧形，刃口在前端。① 在宜昌朱家台遗址中，发现战国早期的凹字形铁锸 7 件。② 在潜江龙湾的郑家湖湖底淤泥层下发掘出土了大量春秋中晚期至战国时期的铁斧和铁锛等铁制工具。③ 纪南城发现有凹口铁锄、铁锛、铁锸、铁镰和铁斧等农具。④ 在秭归柳林溪遗址地层中发现春秋时期铁锸 2 件，保存完好，一件锸形制为凹字形，弧形刃，上宽下窄的内凹槽，两侧面为斜形。长 9.1 厘米，刃宽 9 厘米。另一件锸锈蚀严重，但尚可见的内凹槽，残长 8 厘米，残宽 4.2 厘米。⑤ 同时，在宜昌朱其沱遗址⑥和朱家台遗址⑦中也分别发现有铁锸。

另外，在宜昌上磨垴遗址周代(春秋) 文化层中发掘出了凹口锸、锛等铁制农工具。其中，凹口锸可分为 3 式：2 件凹口、弧刃，1 件锋刃两端平直。刃宽 10.7 厘米~11 厘米，高 9.4 厘米~10 厘米。锛，直装銎，銎呈方形，弧形刃，刃宽 7.1 厘米，高 8.8 厘米。⑧ 秭归柳林溪、张家坪和宜昌上磨垴等地春秋中期铁器的出土，为我们研究中国早期冶铁业的历史提供了极为珍贵的实物资料。⑨

① 湖北省文物考古研究所、老河口市博物馆：《湖北老河口杨营春秋遗址发掘简报》，《江汉考古》2003 年第 3 期。

② 湖北省博物馆三峡考古队第三组：《宜昌朱家台遗址试掘》，《江汉考古》1989 年第 2 期。

③ 荆州地区博物馆、潜江县博物馆：《湖北潜江龙湾发现楚国大型宫殿基址》，《江汉考古》1987 年第 3 期。

④ 湖北省博物馆江陵纪南城工作站：《一九七九年纪南城古井发掘简报》，《文物》1980 年第 10 期。

⑤ 陈振裕、杨权喜：《1981 年秭归县柳林溪遗址的发掘》，载国家文物局三峡工程文物保护领导小组湖北工作站编著《三峡考古之发现》，湖北科学技术出版社 1998 年，第 103 页。

⑥ 三峡考古队：《宜昌朱其沱遗址发掘简报》，《江汉考古》1994 年第 1 期。

⑦ 湖北省博物馆三峡考古队第三组：《宜昌县朱家台遗址试掘》，《江汉考古》1989 年第 2 期。

⑧ 湖北省文物考古研究所：《湖北宜昌县上磨垴周代遗址的发掘》，《考古》2000 年第 8 期。

⑨ 杨华：《三峡地区春秋战国时期冶铁业的考古发现与研究——兼论楚国对巴蜀地区冶铁业的影响》，《重庆师范大学学报》(哲学社会科学版)2005 年第 4 期。

楚国早期活动中心区域在沮漳河之西的鄂西地区，其中包括了长江西陵峡一带。上磨垴、柳林溪两处遗址中出土的春秋中期铁器是我国目前发现的时代最早的铁器。西陵峡地区是目前在春秋战国文化层中唯一较普遍发现冶铁、用铁遗存的地区，这个地区可能是楚国最早冶铁和使用铁器的地区，也可能是我国最早将铁器应用于农业生产的地区。①

湖南省出土的春秋战国时期的铁农具有铲、锄和镰等，集中分布在长沙楚墓中，以春秋中晚期的铁铲、铁口锄为主，尤其是发现有凹字形铁锄4件。② 另外，在长沙识字岭314号楚墓、③ 长沙丝茅冲楚墓④和长沙左家塘44号楚墓⑤中都出土了铁凹口锄。同时，在河南淅川下寺的春秋楚墓中，出土了铁镰等，⑥ 这是春秋时期发现的唯一一把铁制收割农具。

第三节　历法中独特的记月名
及岁首"建正"的众说纷纭

楚国的历法与众不同，在于记年和记月都与众不同。王胜利介绍，楚国实行的是独特的大事纪年法。楚国纪年主要采用过两种方法。一是以各代楚王在位年数纪年。例如，楚王酓章钟、镈上的铭文记云："惟王五十又六祀，返自西阳，楚王酓章乍曾侯乙宗彝。"《史记·楚世家》所记楚国历史，完全是以这种方法纪年。这也是春秋战国时期诸

---

① 杨权喜：《试论楚国铁器的使用和发展》，《江汉考古》2004年第2期。

② 湖南省博物馆：《长沙楚墓》，《考古学报》1959年第1期。

③ 中国科学院考古研究所：《长沙发掘报告》，科学出版社1957年，第66页。

④ 高至喜：《湖南古代墓葬概况》，《文物》1960年第3期。

⑤ 长沙铁路车站建设工程文物发掘队：《长沙新发现春秋晚期的钢剑和铁器》，《文物》1978年第10期。

⑥ 河南丹江库区文物发掘队：《河南省淅川县下寺春秋楚墓》，《文物》1980年第10期。

侯各国所普遍使用的一种纪年法。二是以当时的重要事件纪年。这种纪年法在地下出土的楚文物的铭文中最为多见，却见不到其他诸侯国使用的痕迹，所以它当为楚国所独创和独用。

楚国还实行独特的楚月名。归纳起来，楚国记月至少采用过四种方法。

一是用数字记月。对于一年十二个月，除一月单用正月表示以外，其他十一个月均用数字表示。例如，楚公逆镈记："惟八月甲申，楚公逆自作吴雷镈……"楚王领钟记云："惟王正月初吉丁亥，楚王领自作铃钟……"等等。这是一种诸侯各国所普遍使用的记月法。

二是用春、夏、秋、冬四时记月，即把一年十二个月平均划属春、夏、秋、冬四时，并分别冠以孟、仲、季来作为月份的名称。这种方法首见于《尚书·尧典》，其文记云："日中星鸟，以殷仲春"；"日永星火，以正仲夏"；"宵中星虚，以殷仲秋"；"日短星昴，以正仲冬"。据研究，《尧典》所记四仲月星象系楚族先民在殷末周初时所测。因此，这种记月法亦可能为楚族先民所创造。楚国诗人屈原在其诗赋中曾两次用过此法记月。如：《怀沙》云"滔滔孟夏兮，草木莽莽"；《抽思》云"望孟夏之短夜兮，何晦明之若岁"。此记月法在其他诸侯国亦有使用，如秦国文献《吕氏春秋·十二月纪》对于一年十二个月都是用此法记述的。

三是用"陬、如、寎、余、皋、且、相、壮、玄、阳、辜、涂"等十二个名字记月。西汉文献《尔雅·释天》释云："正月为陬，二月为如，三月为寎，四月为余，五月为皋，六月为且，七月为相，八月为壮，九月为玄，十月为阳，十一月为辜，十二月为涂。"屈原在《离骚》中曾经用"孟陬"表示"孟春正月"，如其诗云："摄提贞于孟陬兮，唯庚寅吾以降。"1942 年在长沙子弹库出土的楚帛书，使用这十二个月名分别阐述了一年中各个月份的宜忌。这种记月法亦通行于其他诸侯国，如《国语·越语》"至于玄月，（越）王召范蠡而问焉"；1972 年在重庆涪陵小田溪出土了一柄秦戈，其上铭文为"武二十六年皋月武造"。

四是用“冬夕、屈夕、援夕、刑尸、夏尸、纺月、夏夕、爨月、献马”等特殊名称记月。例如，1975年在湖北云梦睡虎地十一号秦墓出土的竹简《日书》中，有如下一份“秦楚月份对照表”：十月楚冬夕日六夕十；十一月楚屈夕日五夕十一；十二月楚援夕日六夕十；正月楚刑夷日七夕九；二月楚夏尿日八夕八；三月楚纺月日九夕七；四月楚夏夕日十夕六；五月楚八月日十一夕五；六月楚九月日十夕六；七月楚十月日九夕七；八月楚爨月日八夕八；九月楚献马日七夕九。表中的楚月份，除了八、九、十等三个月使用数字表示以外，其他九个月份都是用特殊名称表示的。1987年在湖北荆门包山二号楚墓出土的大批竹简中，所使用的特殊月名与云梦秦简所记基本相同，仅缺少了“献马”。另外，江陵望山一号楚墓竹简中记有“晋尿之月、爂月、献马之月”；江陵天星观一号楚墓竹简中记有“屈夕之月”，安徽寿县鄂君启金节铭文中记有“夏尿之月”；《左传》在庄公四年和宣公十二年所记楚国事件中均使用了月名“荆尸”，等等。这些特殊月名未见其他诸侯国有使用的记录，因此，它们当为楚人创造并独自使用的一种记月名称。①

在中国传统社会里，历法是一个重要的政治标志，也是一个王朝的象征之一。因此每逢改朝换代，经常要做的一件事就是改变历法，旧称改正朔。所谓“正”是正月，一年的第一个月。传统认为夏商周三代历法的不同正在于此。所以要想搞清楚一种历法，就必须先确定其一月是什么时候，这就是所谓“建正”的问题。

鲁国使用多个“建正”。据考察，鲁国“隐、桓之正皆建丑，庄、闵、僖、文、宣之正建子与建丑者相半，至成、襄、昭、定、哀之正而又建子，间亦有建戌建亥者”。可见，鲁国不仅在不同时期使用不同的历法，而且也有同一时期不同历法间用的现象。

春秋战国时期，各诸侯国都颁行自己的历法。各国历法的重要区

① 王胜利：《独特的楚国历法》，《理论月刊》1994年第9期。

别之一，就是一年的第一个月(岁首)所安排的季节各不相同。为了对各国历法的不同岁首进行比较，汉代学者利用北斗星斗柄在不同季节黄昏时所指示的不同方向，为一年十二个月分别确定了名称。例如，冬至节所在月份因为斗柄黄昏时指向正北方的子位，所以叫作子月；子月的下一个月因为斗柄黄昏时指向东北方的丑位，所以叫作丑月；再下一个月因为斗柄黄昏时指向寅位，所以叫作寅月；如此类推，十二个地支名称分别代表一年十二个月。这种区别月份的方法即为"斗建"。汉代学者还认为，夏、商、周三代历法的岁首互不相同：夏历的正月建寅，殷历的正月建丑，周历的正月建子。所以，《史记·历书》说："夏正以正月，殷正以十二月，周正以十一月。盖三王之正若循环，穷则反本。"根据《春秋》《左传》和《史记》等文献所记史料，人们研究发现，春秋时期的晋国历法属于夏正，鲁国历法在春秋前期属于殷正，春秋中期以后则改为周正；战国后期的秦国颛顼历则是以夏正十月为岁首，等等。不过，各国历法的正月都没有超出夏正、殷正、周正等三正的范围。

楚国历法中，确定岁首之月十分重要。岁首之月一般称之为"正月"，以何月为正月又称之为"建正"，正是在这个"建正"问题上，近年来学者看法不同，展开激烈的争论。

关于楚国历法的岁首，由于史料所限，长期以来，人们只能根据战国《楚辞》中有关物候现象的描述，推测楚国当时使用的是夏正历法。例如，《怀沙》云"滔滔孟夏兮，草木莽莽"，《抽思》云"望孟夏之短夜兮"，《九歌·礼魂》云"春兰兮秋菊"，等等，这些诗句所描述的江汉地区的自然景象均符合夏历记时的特点。不过王胜利否认《楚辞》对于楚历有借鉴作用。指出："至于战国《楚辞》中所反映出的夏正历法，可能主要为楚国民间在农业生产和日常生活中使用，而非楚国正式颁行的国家历法。"[1]

---

① 王胜利：《独特的楚国历法》，《理论月刊》1994年第9期。

值得庆幸的是，近几十年来的考古新发现终于为人们揭开了楚国历法的神秘面纱，使人们得知：楚国从春秋后期至战国末期行用的是一种与诸侯各国历法都不相同的历法，而在此以前则行用的是周正历法。考古发现中最珍贵、最能说明问题的，就是上面所提到的那份云梦睡虎地秦简《日书》中的"秦楚月份对照表"，因为，这份"对照表"不仅并列记载了秦、楚两国历法的各个月份，而且列出了反映各个月份昼夜长短变化的"日夕表"，这样，根据这份"日夕表"，人们就能够准确地判断"对照表"中的楚月份究竟属于何种历法。

1975 年湖北云梦县睡虎地秦墓所出竹简有秦楚月份对照表如下：

表 25-3：秦楚月份、日夕对照表

秦	十月	十一月	十二月	正月	二月	三月	四月	五月	六月	七月	八月	九月
楚	冬夕 亥月	屈夕 子月	援夕 丑月	刑夷 寅月	夏栔 卯月	纺月 辰月	七月 巳月	八月 午月	九月 未月	十月 申月	爂月 酉月	献马 戌月
日夕	日六 夕十	日五夕 十一	日六 夕十	日七 夕九	日九 夕八	日九 夕七	日十 夕六	日十一 夕五	日十 夕六	日九 夕七	日八 夕八	日七 夕九

"对照表"中的楚月份是由三个数字月名和九个特殊月名拼合而成的。按照数字月名"八月、九月、十月"的排列顺序逆推，可知排在首位的特殊月名"冬夕"是为正月，"屈夕"是为二月。而按照"日夕表"所显示的各个月份的昼夜长短情况，可知与"日五夕十一"相对应的"屈夕"是为一年中白昼最短，黑夜最长的月份，即冬至节所在的子月；由此前推，则排在首位代表楚正月的"冬夕"是为亥月。这说明，"对照表"中的楚月份属于一种以亥月为正月的历法。关于这种亥正历法的使用年限，从《春秋》《左传》和《史记》有关楚国同一事件的记事日期上可知，它至迟从春秋后期的楚王郏敖在位时就已正式行用。例如，《春秋》昭公八年云："冬十月壬午，楚师灭陈"，而《左传》昭公八年则云"冬十一月壬午，（楚）灭陈"。又如，《春秋》昭公十三年云"夏四月，楚公子比……弑其君虔"，而《左传》昭公十三年则云"夏五月……（楚）王缢"。在这两个例子中，关于楚国同一事件的记载，《春

秋》都比《左传》早一个月。这是由于《春秋》记事用鲁历，而《左传》记事用楚历所致。因为，楚历的正月（亥月）在鲁历正月（子月）的前一个月，这样，就同一个月份来说，鲁历的月序数字都要比楚历小"一"，因而就显得早一个月。再如，《春秋》昭公元年"冬十一月己酉，楚子麇卒"，《左传》昭公元年"十一月己酉，公子围至，入问王疾，缢而弑之"；而《史记·楚世家》却云"郏敖四年（鲁昭公元年）……十二月己酉，围入问王疾，绞而杀之"。这也是因为《春秋》、《左传》俱用鲁历，故云"十一月"，而《楚世家》用楚历，故云"十二月"。

先秦时期的各种历法，无论岁首如何，其月份与春、夏、秋、冬四季的对应关系都遵循正、二、三月为春，四、五、六月为夏，七、八、九月为秋，十、十一、十二月为冬的划分原则。按照此原则考察"对照表"中"冬夕、屈夕、援夕……"这套特殊的楚月名，可以发现，它们的名称并不符合亥正历法的四季划分原则。例如，从名称上看，"冬夕"本应属于冬季，"夏栾"本应属于夏季，但在亥正历法中，它们却分别代表着属于春季的正月和属于秋季的七月。另外，这套特殊楚月名也不符合夏正历法和殷正历法的四季划分原则，例如，"夏尿"在亥正历法中代表着夏五月，但对于夏正历法来说，它只能相当于春二月；对于殷正历法来说，它只能相当于春三月。这说明，"夏尿"的名称与夏正历法和殷正历法的季节都不相符。然而，这套特殊楚月名的名称却与周正历法的四季分配原则完全相符。例如，对于周正历法来说，"冬夕"相当于冬十二月，"夏尿"相当于夏四月，"夏栾"相当于夏六月。由此可见，这套特殊楚月名本来属于周正历法，楚国曾经颁行过这种周正历法；后来，当楚国改用亥正历法的时候，这套特殊月名被继续使用在新历中，从而造成了月份名称与季节不相符合的现象。关于楚国使用周正历法的具体年限，尚有待进一步考证。

罗运环认为，楚国使用地地道道的颛顼历。历法本是用以把握大自然规律而制定的，但新的王朝统治者把"改正朔"视为新王朝的起点，表示"受命于天"。故三代不同历法，而有所谓夏正、殷正、周正的区分。楚人很早就宣称"不与中国(中原)之号谥"，历法亦不奉周人正朔，最初可能用夏正。楚武王自称王以后，可能在夏正基础上改为建亥的楚正，并使用自己的一套月名。《左传》庄公四年载："(鲁庄公)四年春王(周庄王)三月，楚武王荆尸授师孑(戟)焉，以伐随。"荆尸(楚四月)就是楚历月名，相当于周历三月，夏历的正月。此时楚人还没有用兵避太岁的习惯，且严寒已过，又是农闲之时，对外征伐不误农时和各业，故一般都在此月用兵。如《左传》宣公十二年载，楚庄王时，仍然还是"荆尸而举，商、农、工、贾不败其业"。楚人所使用的这种历法，文献中虽无法得知其详，但考古有重要发现可以补充。

战国时期楚简、楚金文纪月所用的就是这种建亥的楚历。其月序为：冬夕之月、屈夕之月、援夕之月、刑层夷之月、夏栾之月、纺月、七月、八月、九月、十月、爨月、献马之月。[①]

20世纪70年代在湖北云梦县睡虎地秦墓所出秦简《日书》的秦楚月份对照，[②] 进一步证实这种楚历是建亥历。对照表中的秦历建亥，以夏历十月为岁首，但没有更改月序。表中的楚月份与战国中期楚简中的月份相符。楚历虽也建亥，但改变了月序，即以冬夕(正月)当夏历(或秦历)的十月作为岁首，以献马(十二月)当夏历(或秦历)的九月而为岁末。[③]

对于楚国历法的"建正"而言，学者的看法不一，众说纷纭。大致有"岁首建寅说""岁首荆层说""岁首建丑说""岁首建亥说"。下面分别介绍。

岁首建寅说：

张闻玉认为，对秦楚月名对照如此理解，是楚行寅正所确定了的。楚行寅正，书多例证。《九章·抽思》："望孟夏之短夜分，何晦明之

---

①　饶宗颐、曾宪通：《楚地出土文献三种研究》，中华书局1993年，第344页。
②　睡虎地秦墓竹简整理小组编《睡虎地秦墓竹简》，文物出版社1990年。
③　罗运环主编《荆楚文化》，山西教育出版社2006年，第461—462页。

若岁。"孟夏四月，近于夏至（寅正五月）日长夜短，故称"短夜"。《九章·怀沙》："滔滔孟夏兮，草木莽莽。"寅正四月，南方正值草木茂盛之时，才用"莽莽"加以描写。《湘夫人》"袅袅兮秋风，洞庭波兮木叶下"，正合夏正秋风落叶。《九辩》有"秋既先戒以白露兮，冬又申之以严霜"，"无衣裘以御冬兮，恐溘死不得见乎阳春"，符合寅正九秋十冬，节气有白露、霜降、冬至、大寒，才可言白露、严霜。至于衣裘御寒之时，必在寅正冬季，才有"不得见乎阳春"之说。又认为，《左传》庄公四年"春王三月，楚武王荆尸授师孑焉以伐随"，杜注误释，不足据。"荆尸"即"刑夷"，即寅正正月。齐鲁尊周，建子为正，王三月楚刑夷（荆尸）恰是楚行寅正，不同于周正（子正）的铁证。①

岁首荆夷说：

陈伟提出，楚历中的岁首之月，众说纷纭。我们曾据包山简的有关记载，推定应是荆夷。荆夷为岁首，但楚历四季的划分要比夏历晚出一月。② 在九店日书《建簜》中，正是荆夷列于十二月之首；而在睡虎地日书甲种《秦除》、乙种《徐》篇中，相应的月份又恰好是正月。……如然，则荆夷之下的地支亦与睡虎地日书甲种《除》、乙种1—25号简中的正月一致。此外，在《岁》《内月》《朔》诸篇中，楚历荆夷与夏历正月的对应也都分明可见。荆夷应即楚历岁首，由此获得进一步的证明。③ 刘乐贤最初认为"秦楚月名对照表"中的楚历，是以建亥冬夕为岁首的，④ 但后来同意"荆夷"为每年的第一个月。⑤ 邴尚白认为楚历在春秋前期可能行子正，后期则可能行亥正。战国时期楚历以荆夷为岁首应可成定论。但从数词月名仍沿袭行用亥正时的旧称看

① 张闻玉：《云梦秦简〈日书〉初探》，《江汉论坛》1987年第4期。
② 陈伟：《包山楚简初探》，武汉大学出版社1996年，第1—9页。
③ 陈伟：《新出楚简研读》，武汉大学出版社2010年，第68页。
④ 刘乐贤：《睡虎地秦简日书研究》，文津出版社1994年，第107页。
⑤ 刘乐贤：《九店楚简日书补释》，载中国社会科学院简帛中心编《简帛研究》第三辑，广西教育出版社1998年，第83—95页。

来，有可能仅改岁首而未改建正。① 李家浩认为楚月名本身反映的历法，月序用的是颛顼历，四季用的是周历，这是楚月名在早期使用的情况。但至少到了战国中期的楚简里，使用的历法应是以荆夷为岁首的夏历。九店楚简《日书》的"建除"等都是从荆夷为岁首，九店楚简《日书》"移徙"中四季划分也是以荆夷为岁首划分的。② 宋华强认为新蔡楚简中"卒岁贞"所表示的时间终点为当年年终，并据"卒岁贞"在献马和冬栾举行，指出"冬栾"说与"屈栾"说的不合理性，以此来支持当时所用历法是以荆夷为岁首的夏历的说法。③

岁首建丑说：

根据九店《日书》"建除"篇有关建神在各月值日的记载，其简 13 至简 24 记云："[譻]屄：建于辰……。简 21 壹[献]马：建于子……。简 22 壹[冬栾：建于]丑……。屈栾：建于寅……。"建神在楚历正月——冬栾的值日并不是亥，而是丑。为什么会出现这种情况呢？王胜利认为，这可能与楚国曾经遵奉周王正朔有关。在关于楚国特殊月名的讨论中，王胜利曾经证明，楚国在春秋以前尚未自己编历之时，曾经行用过周室历法；④ 而在关于西周历法的讨论中，王胜利又指出，西周历法以及春秋前期的东周历法是"以建丑为主"。⑤ 这就是说，在西周时期以及春秋前期，遵奉周王正朔的楚国，其所行用的历法也应该是以丑月为正月。因此，王胜利认为，九店《日书》"建除"篇中建

---

① 邡尚白：《楚历问题综论》，载《古文字与古文献》试刊号，楚文化研究会筹备处 1999 年，第 146—187 页。

② 李家浩：《包山祭祷简研究》，载李学勤、谢桂华主编《简帛研究 二〇〇一》，广西师范大学出版社 2001 年，第 25—36 页。

③ 宋华强：《从楚简"卒岁"的词义谈到战国楚历的岁首》，《古汉语研究》2009 年第 4 期。

④ 湖北省文物考古研究所、北京大学中文系编《九店楚简》，中华书局 2000 年，第 45—56 页。

⑤ 王胜利：《西周历法的月首、年首和记日词语新探》，《自然科学史研究》1990 年第 1 期。

神在楚历正月(冬栾)值丑日的现象，很可能是楚国在西周时期和春秋前期曾经行用过建丑周历的历史遗痕。①

岁首冬栾说：

曾宪通最初认为楚在战国时已用夏历，即以建寅之夏正为岁首，②但后来改从冬栾为岁首的说法。③ 刘彬徽认为岁首为冬栾④，但他不同意"并行两历"的说法，认为问题的症结在于要将历法与季节的关系予以区别。楚历冬栾虽为楚历岁首之月，对应于夏正历为十二月，但仍属季冬，而非孟春，夏栾仍属季夏，而非孟秋。即是说，楚历岁首与夏历不同，但季节的划分与夏正历全同。⑤ 王红星认为楚历在发展过程中曾改建正，早期为子正，岁首屈栾，至迟在战国中期，楚已改冬栾建丑，即便在战国用行丑正殷历的同时，民间也并行寅正夏历。⑥武家璧最初认为楚用亥正，⑦ 何琳仪认为"冬栾"为楚之一月，相当秦之十月。⑧ 于成龙认为楚之岁首冬栾是夏历十月，楚人以夏历划分四

① 王胜利：《九店楚简历法考》，载楚文化研究会编《楚文化研究论集》第 9 集，上海古籍出版社 2011 年，第 37 页。
② 曾宪通：《楚月名初探——兼谈昭固墓竹简的年代问题》，《中山大学学报》(哲学社会科学版)1980 年第 1 期。
③ 曾宪通：《楚文字释丛》，载《古文字与出土文献丛考》，中山大学出版社 2005 年，第 41—48 页。
④ 刘彬徽：《建除资料与楚历研究》，载长沙市文物考古研究所编《长沙三国吴简暨百年来简帛发现与研究国际学术讨论会论文集》，中华书局 2005 年，第 294—296 页。
⑤ 刘彬徽：《包山楚简研究二则》，载《早期文明与楚文化研究》，岳麓书社 2001 年，第 206—214 页。
⑥ 王红星：《包山楚简所反映的楚国历法问题——兼论楚历沿革》，载湖北省荆沙铁路考古队编《包山楚墓》，文物出版社 1991 年，第 521—532 页。
⑦ 武家璧：《楚用亥正历法的新证据》，《中国文物报》1996 年 4 月 21 日。后来又同意刘彬徽楚国用丑正殷历的观点。武家璧：《包山楚简历法新证》，《自然科学史研究》1997 年第 1 期。
⑧ 何琳仪：《战国古文字典》，中华书局 1998 年，第 267 页。

季，至迟始于战国中期，楚用颛顼历，兼行夏时，与秦人相同。① 此说中还有丑正，岁首冬柰的说法。

岁首建亥说：

何幼琦认为，秦简表明秦人是重法轻教，只宣布了一条法令而没有进行解释，居民在恐惧中发生误解，以为是将原来的十月改称为"正月"，于是就形成了一套"正月建亥"的月序，在当地一定范围内应用，秦简中七月至十月就是其中的 4 个，但是，我们对此不能误解，认为楚国传统的历法就是正月建亥，……秦简中的 12 个楚月，分明是由两套拼凑出来的，即 8 个楚国的专名，4 个楚地被占领后的新名。其所以要拼凑的原因，多半是喜在任职的初期，只接触到那 8 个专名，其他 4 个专名打听不出，由此可以看到楚人对秦的敌忾心理与不合作态度，以后喜才将经常见到的数词月名，补充了进去。到了秦国统一中国甚至早几年在秦国灭楚之后，这一套正月建亥的月名也就会自行结束，即居民在认识了自己的误解以后，统一行用《颛顼历》的月名。这一套正月建亥的月名，就在特定的范围内，也不过只行用了 50 来年。② 何幼琦还认为楚历的年始是冬柰(十月) 建亥，其性质是巫师专用的神历，绝非民用的楚历，中国从来就没有正月建丑的历法，殷历和楚历都不是正月建丑。③ 王胜利认为楚月的八月、九月、十月这三个月的月序，跟颛顼历的月序相同，所以楚用的历法显然也是亥正。楚国在春秋时用周历，楚称五月为夏尿，七月为夏柰，十月为冬柰，原是用周历时所定名。到战国时代改以夏正的十月为一月，和秦以十月为岁首相同，但是秦虽以十月为岁首，仍沿用夏正的月份，因此秦

① 于成龙：《楚礼新证——楚简中的纪时、卜筮与祭祷》，北京大学博士学位论文，2004 年，第 4 页。

② 何幼琦：《论楚国之历》，《江汉论坛》1985 年第 10 期。

③ 何幼琦：《论包山楚简之历》，《江汉论坛》1993 年第 11 期。

与楚的月份不同。① 罗运环认为，楚人最终制定了建亥的楚历，这只是一种官方历法，但在民间占星家和术数家那里，以及民间用以指导农时的仍然是夏历。所谓"悲秋风之动容兮"，"曼遭夜之方长"，"望孟夏之短夜兮"；"滔滔孟夏兮，草木莽莽"。"秋之为气也，萧瑟兮，草木摇落而变衰"；"秋既先戒以白露兮，冬又申之以严霜"。以夜晚的长短、草木盛衰、白露、严霜等所区分不同的季节，皆与夏历吻合。甘德的历法、《楚帛书》中所反映的历法以及屈原所自述的生日，等等，皆与夏历同。为了调和官民所用不同历法，楚国官方历法采用了调和的办法，即官方历法的月名大都沿用传统习惯的旧名，以与夏历对应，仅改年中五、六、七月为八、九、十月，以示区别。同时又以冬季为四季之首，即冬、春、夏、秋，亦与夏历的四季完全吻合。楚历在古代中国可谓独树一帜。②

田成方以青铜器铭文中的历法记载补充论证楚历实行岁首建亥。提出，伵子受编钟铸有"惟十又四年三月月唯戊申"的纪年铭文，弄清其铸造时间，涉及楚历建正问题。发掘报告认为楚人用周历，推算东周时期楚王在位十四年三月戊申日相合者有楚庄王十四年（前 600 年）、楚惠王十四年（前 475 年）、楚简王十四年（前 418 年），再结合编钟形制，定其年代在公元前 600 年（楚庄王十四年）。③ 也有学者认为编钟铸造于楚惠王十四年或简王十四年。④ 刘彬徽主张楚历建丑，

---

① 王胜利：《包山楚简历法刍议》，《江汉论坛》1997 年第 2 期；王胜利：《睡虎地〈日书〉"除"篇、"官"篇月星关系考》，《中国历史文物》2004 年第 5 期。

② 罗运环主编《荆楚文化》，山西教育出版社 2006 年，第 461—462 页。

③ 河南省文物考古研究所等：《淅川和尚岭与徐家岭楚墓》，大象出版社 2004 年，第 118—119 页。

④ 求实：《河南淅川和尚岭楚墓年代刍议》，《中国文物报》1992 年 10 月 18 日第 3 版；赵世纲：《鄘子受钟与鄂国史迹》，《江汉考古》1995 年第 1 期。

定铸器时间在楚昭王十四年(前502年)。[1] 然目前学界多认为春秋中后期以后楚历行亥正。[2] 若以建亥为是,据张培瑜《中国先秦史历表》推算,符合十四年三月戊申日者有昭王(前502年)、惠王(前475年)、简王(前418年)。结合其他器物来看,伅子受升鼎的形制、纹饰与克黄升鼎接近,具有春秋晚期偏晚至战国早期的特点。升鼎、铜鬲是楚国高等级贵族墓葬中常见的随葬器类,出土伅子受升鼎和伅子受鬲的徐家岭M9,理论上应是伅子受墓。该墓出土的鸟嘴首纹鼎、簋、浴缶、斗等,与和尚岭M2出土的同类器在形制、纹饰上近似或稍晚。张昌平认为墓葬年代大概已是战国早期"接近偏晚阶段"。[3] 那么伅子受的活动年代大概在春秋战国之际或战国早期,估计亦是伅子辛的子侄辈。[4]

朱晓雪对楚历研究情况进行了总结,主张暂不讨论春秋时期楚历的情况,从包山、九店等楚简来看,战国时期,楚历岁首为"冬柰""屈柰"的说法已经不能成立,以"荆柰"为岁首的观点得到学界的认同。但是,关于战国时期楚国历法问题,还有疑问存在。……虽然提出这些疑问,但却不能轻易否定"荆屄说",因为岁首为"远柰"的证据还不是十分充足。朱晓雪建议:楚国历法本身就是一个十分复杂的问题,这个问题姑且存放于此,期待有更多的新材料可以提供线索。[5] 目前只能如此。

---

① 刘彬徽:《楚系金文订补(之一)》,《古文字研究第二十三辑》,中华书局、安徽大学出版社2002年,第89—90页;《楚国历法的建正问题辨证》,《古文字与古代史(第一辑)》,台北"中研院"历史语言研究所2007年,第335—362页。

② 关于楚历建正和岁首等问题的综合讨论,参邴尚白《楚历问题综论》,载《楚国卜筮祭祷简研究》,花木兰文化出版社2012年,第245—284页。

③ 张昌平:《曾国青铜器研究》,文物出版社2009年,第102—103页。

④ 田成方:《东周时期楚国宗族研究》,科学出版社2016年,第31页。

⑤ 朱晓雪:《包山楚简综述》,福建人民出版社2013年,第749—750页。

第四节　发达的铜矿开采业

春秋后期楚国的铜矿开采业，主要在湖北大冶铜绿山铜矿和湖南麻阳九曲湾铜矿。

春秋时期，楚国的采矿业已有相当的规模。我国春秋时期及之前的古代铜矿井，目前已发现了3处，其中1处在燕国北部，另外2处均在楚国境内。湖北和湖南先后发现了春秋时楚人开采的古铜矿遗址，其生产工具和采矿技术均比较先进。

楚国的矿井建筑设施先进。古矿井中的木构建筑是安全采矿的一种重要设施，在一定层面上反映了当时楚国的建筑水平，对分析楚国建筑起着补充作用。

湖北大冶铜绿山古铜矿井遗址是采掘时间最早、保存最好、最完整、冶炼水平最高、规模最大的古铜矿井。[①] 该地的矿井主要有三种：横巷框架、竖井架以及马头门。常用方木或圆木制作。在制作方式上，用半肩榫或子母榫连接。竖井架一般采用分层叠起的方式，每层框架的四角用木棒支撑，连接部位用竹篾捆扎，便于上下两层连接紧密。为了使木架更好地插入井壁，框架的两端一般会削成三角形。每组框架用木棒、木板、竹片做成挡板，防止矿渣崩塌。横巷框架的制作与竖井架类似，但立柱加粗，上横立柱，用圆榫穿接，下设地袱或地梁以承受井上部的压力。这种框架结构在安装与拆卸时存在困难，使用不便。而后，竖井架的结构得到了改良，采矿工人将圆木制成两分对榫，四根圆木对头搭扣，这样，框架空间增大，施工时有足够的场地。同时，安装、拆卸也变得方便。直至今天，部分煤矿仍使用这种构造。

此外，在矿井中还发现了用于储水的水槽，可以将矿井中的地下

---

① 铜绿山考古发掘队：《湖北铜绿山春秋战国古矿井遗址发掘简报》，《文物》1975年第2期。

水顺利地引入出水坑中。矿井中还建造了纵横交错、层层叠压的井巷，以利用矿井的高差产生不同的气压而形成自然风流。其设计非常巧妙。

约从春秋末、战国初起，铜绿山的冶铜业实现了某些技术革新。竖井的木构框架改用"密集法搭口式"，从井口到井底，层层迭压，内径由先前约60厘米放大到80厘米甚至更大些。在1号矿体的12线，用这种框架的竖井有八座。马头门所用的木料由较细变为较粗，有些地方还用方柱替代了圆柱。横巷的框架变得又高又宽，可以承受更大的压力了。作为采掘工具的斧形凿，已由铜制的变为铁制的。还有锄板单薄的铁锄，大概是用来扒集矿石或废石的。在1号矿体的24线发现一根长2.52米的辘轳轴木，当初应是横放在井口的支架立柱上，用以提升矿石或积水的。仅从井巷的结构和采掘的工具来看，就能使人们确信当时的开采效率必已有所提高。张正明评价，大冶铜绿山发现的古矿井和古炼炉，表明春秋时代的采铜、炼铜工艺达到了当时的世界最高水平。[①]

楚国经营湖南麻阳九曲湾铜矿，获得大量的青铜。九曲湾古铜矿位于湖南麻阳县城东32公里，紧靠辰溪县界。在此已发现古矿井14处，其中一处为露天开采，其余为矿井式地下开采。一般是在地表沿矿脉露头处开口，沿矿脉进行斜井开采。在开采中由于"舍贫矿、取富矿"，故使矿井宽窄高矮不一，很不规则。采幅一般为0.8米~1.4米，最大采幅达3米。为了采矿安全，在斜井内用木柱支撑。先在矿井顶部普遍留有一层厚约40厘米的矿石层不加开采，作为天然护顶，在跨度大的采区还留有"I"字形矿柱或隔墙，并在相邻矿柱之间辅以木支柱，木柱分两排排列，间距为0.35米~1.1米。其中黄栎木、白栎木支柱均已腐朽，唯有板栗木支柱未腐，尚存原位。有的木柱顶端加有木楔，使木柱固定，或加长方形木板，以增加木柱支撑的面积。在上下运输线及人行道还铺有地栿，以方便运输和确保安全。经初步

① 张正明：《楚史》，湖北教育出版社1995年，第119—122页。

估算，此矿开采面积约 32351 平方米，共采矿石约 175365 吨，按平均品位 4.86% 计算(实际开采的品位应更高一些)，矿含铜金属 8525 吨。这说明其开采规模较大，开采时间较长。

在矿井淤泥和废矿石中发现的采矿工具有圆柱状铁锤 2 件，大者重达 7.8 公斤，四棱尖锥状铁凿 1 件，小铁凿 1 件，木工具有木槌 10 件，还有木撮瓢、木舀瓢、木撬棍、木楔、木手铲、藤条，以及供照明用的竹片等。生活用具多是陶器，以泥质灰陶为主，外表有黑衣。器形有折沿鼓腹圆底内凹的罐达 51 件，上饰粗、细绳纹或间断绳纹，还出有浅盘豆 1 件。①

九曲湾古铜矿的开采年代，用 2202"老窿"出土木槌经碳 14 测定其年代为距今 2730±90 年，即使"除去测定时的误差以及树的成长年龄之外"，此矿的开采年代也应在春秋时期。古矿井中出土的绳纹圜底陶罐，是湖南长沙、益阳、常德、溆浦等地春秋晚期至战国早期楚墓中的常见器物，② 也常见于湖北当阳、江陵等地。③ 春秋中晚期的楚墓和遗址中，在溆浦马田坪乡高低村已发现有"比春秋晚期略早的楚墓"。④ 因此，出土遗物说明九曲湾古铜矿在春秋时期就已经开采了。⑤

湖北大冶铜绿山也发现春秋战国时的古铜矿遗址，先后经一次调查和二次发掘，获得了丰富的资料。其中，1973 年的调查，发现有铜斧(其中大型 11 件、小型 2 件)、铜锛、铜锄、铜凿和铁斧、铁锤、铁

① 湖南省博物馆等：《湖南麻阳战国时期古铜矿清理简报》，《考古》1985 年第 2 期；吴铭生：《楚国采矿工艺综述》，载湖南省楚史研究会主编《楚史与楚文化研究》，1987 年，第 239—247 页。

② 高至喜：《再论湖南楚墓的分期与年代》，载楚文化研究会编《楚文化研究论集第 1 集》，荆楚书社 1987 年，第 24—34 页。

③ 刘彬徽：《纪南城考古分期初探》，《江汉考古》1982 年第 1 期。

④ 怀化地区文物工作队等：《溆浦县高低村春秋战国墓清理简报》，载湖南省文物考古研究所等编《湖南考古辑刊 5》，1989 年，第 46—50 页。

⑤ 高至喜：《楚文化的南渐》，湖北教育出版社 1996 年，第 44 页。

耙等金属工具，以及木槌，木钩，藤篓、麻绳等竹木工具。① 1974 年发掘了 12 线老窿和 24 线老窿，据判断，12 线老窿属春秋时代，出土有木槌，船形木斗、木瓢、竹篓、陶片等。虽未见生产工具出土，但 1973 年调查采集的金属工具，就在其附近所得，时代相同，可互相补充。② 1979 年冬，又对一号点再次进行发掘，进一步弄清了竖井、斜井和平巷支护、框架结构的 4 种形式，并发现了比较完整的排水系统。矿井的时代，经碳 14 测定为 2515±90 年至 2810±130 年之间，应属春秋时代的遗址，其上限可能到西周。③

湖南麻阳九曲湾发现古矿井五处。这些古矿井由山顶开口，依矿脉走向，采用斜井开采，深度有的达百余米，宽度 2 至 4 米。井内支架保存完整，并遗留有木槌、铁凿和铁锤等生产工具和一些残陶器。在斜井的顶部，仍有清晰可见的铁凿的痕迹。古矿井内的木槌年代经碳 14 测定为 2730±90 年。④ 这是我国目前发现的最早用铁器开采的古铜矿之一，也是春秋早期楚国已使用铁器的一个例证，值得引起我们的重视。⑤

湖南麻阳县的九曲湾古铜矿，开采年代的上限可能早于战国，但吴铭生和湖南的几位考古学家据出土遗物推断，主要的开采年代应是战国。那时，这个古铜矿的所在地已纳入楚国的版图了。在邻近的辰溪县境内，曾发现战国楚墓。因此，可以确认这个古铜矿曾为楚国所有。⑥

---

① 湖北省博物馆：《湖北古矿冶遗址调查》，《考古》1974 年第 4 期。

② 铜绿山考古发掘队：《湖北铜绿山春秋战国古矿井遗址发掘简报》，《文物》1975 年第 2 期。

③ 段玮璋：《湖北铜绿山东周铜矿遗址发掘》，《考古》1981 年第 1 期。

④ 高至喜、熊传新：《楚人在湖南的活动遗迹概述——兼论有关楚文化的几个问题》，《文物》1980 年第 10 期。

⑤ 黄崇岳、徐兆仁：《春秋时期楚国的经济发展——兼论我国历史上开发南方的第一个高潮》，载河南省考古学会编《楚文化觅踪》，中州古籍出版社 1986 年，第 245 页。

⑥ 张正明：《楚文化史》，上海人民出版社 1987 年，第 140 页。

楚国的铜矿开采的先进，可以与同期燕国的铜矿比较。辽宁林西大井燕国古铜矿遗址，是包括露天初采、选矿、冶炼、铸造等全套工序，有一定规模的古代铜矿遗址。在矿坑上的房址中出有夏家店上层文化陶鬲，碳14测定年代为距今2700—2900年，[①] 可见其时代与楚地湖北铜绿山古铜矿遗址和湖南麻阳九曲湾古矿井遗址相当或稍早，但它只是使用石器在露天开采，矿坑浅小，深不及10米，与使用铜铁工具开采的麻阳和铜绿山古矿，有深达数十米至百余米，宽2米至4米的矿井，且有复杂坚固的支护设备和完整的排水设备等相比，实不可同日而语。黄崇岳、徐兆仁指出：楚国的采矿业无论在矿山规模，发掘工具，矿井设备和开采技术上，都大大超过了目前所知的时代相近的燕国的采矿业，亦可看出当时南北方采矿技术的相差悬殊。[②]

第五节　青铜器、铁器的制造

楚国青铜器的制造，在春秋中晚期日趋成熟。总体风格是器型清秀，工艺精巧，纹饰富丽。由高足、束腰等特征所构成的亭亭玉立的体态，由细密的熔模铸造工艺所呈现的玲珑剔透的结构，整体达到富丽堂皇而优雅。春秋中期以后，楚国青铜器大量出现，仅河南淅川下寺楚墓就出土了青铜礼器168件，乐器52件，还有许多车马器、兵器等。[③] 下寺楚墓所出某些铜鼎纹饰的凹入部位，镶嵌着光洁乌亮的黑漆，衬托着纹饰的凸出部位。这在北方的铜器上是见不到的。

[①] 辽宁省博物馆文物工作队：《概述辽宁省考古新收获》，载《文物考古工作三十年（1949—1979）》，文物出版社1979年，第84—99页。

[②] 黄崇岳、徐兆仁：《春秋时期楚国的经济发展——兼论我国历史上开发南方的第一个高潮》，载河南省考古学会编《楚文化觅踪》，中州古籍出版社1986年，第244页。

[③] 河南省丹江库区文物发掘队：《河南省淅川县下寺春秋楚墓》，《文物》1980年第10期。

初见于春秋中期与晚期之际的楚式鼎是罐形鼎，有平盖或拱盖，直领小口，宽肩，圆腹，圜底，肩上附直耳，矮兽面蹄足。最早的3器分别出土于下寺1、2、3号墓，其中3号墓的一件有铭文，称器名为"浴缶"。此型小口鼎的形制，为中原所不见，也是典型的楚国风格。

除鼎而外，楚国其他铜礼器有盏、簠、浴缶、尊缶、盘、匜、簋、鬲、敦、鉴、盂等，此外，如球形敦、兽头提梁盂（镳壶）、环钮夔足盘、平底着地匜等，也有较浓的楚国风格。

楚国青铜器形制与中原同期同类器相比，或同多异少，或同少异多。以特色较鲜明的盏为例。自铭为"盏"的铜礼器独见于楚国，是铜礼器中的"四不像"，曾有多种异称。大致说来，盏是鼎式器，与鼎不同的主要特点是：盖上有四个环钮，盖口缘有四个扣卡，上腹有四个与环钮大小略同的环耳，四个环钮间距相等，卡、环耳也如此，钮、卡、耳上下对应或相错，三足特矮如簋。制作最精的盏出自下寺1号墓，圈顶，环耳和足部都有华丽的镂空附饰。程欣人、刘彬徽研究了盏的出土地点、制作年代和铭文，认为盏是楚式器，春秋中期至晚期流行于楚地，中原虽有类似盏的器物，但不自铭为盏，也不流行，形制又与楚国的盏略异。[①]

楚国青铜铸造工艺，大体有分范合铸、焊接、铸镶错嵌。

下寺楚墓所出土的青铜器，主要是用分铸法制成的。只有少量的器物和部件，如鬲身连同鬲足，以及器盖、提手等，用了早期青铜铸造工艺的浑铸法。春秋时代的分铸法，中原以先铸附件、后铸器身为常规。下寺的青铜器则不然，多数是先分别铸出器身和附件，再用铜或锡作焊剂，把器身和附件焊接起来。这是一种新兴的生产工艺。[②]

楚国青铜铸造工艺的成就之一，是娴熟地掌握了熔模铸造法。所谓熔模铸造法，就是用熔点和硬度都很低的材料做成模子，在模子上

① 程欣人、刘彬徽：《古盏小议》，《江汉考古》1983年第1期。
② 汤文兴：《淅川下寺一号墓青铜器的铸造技术》，《考古》1981年第2期。

淋浇泥浆并涂抹耐火材料，硬化为铸型，加热使模料熔化并流出，然后浇铸成器。模料通常是蜡，所以这种铸造法俗称失蜡法。熔模铸造法可以制作复杂而精密的器件，因而号称精密铸造法。我国熔模铸造法创始的年代，从文献中考查，只能定在中古。下寺所出土的青铜器，以及不知何所出而现已流落海外的楚共王熊审盂，[①] 证明楚国早在春秋中期就已有高度发达的熔模铸造工艺。淅川2号墓所出土的铜禁（禁是器座，长方形，有足）一件，器身有多层透雕云纹，器周有上下两层共24只镂空透雕的攀附兽和兽形足，就是熔模铸造法的杰作，工艺水平之高超，即使放在今天也会令人感叹巧夺天工。淅川2号墓所出土的55号大鼎，有6只镂空透雕的攀附兽，通体无合范毗缝和锻打或焊接的痕迹，也一定是用熔模铸造法做成的。西方的熔模铸造法，发明虽比中国的早，发展却比中国的慢。西方任何古国遗留下来的熔模铸造法制成品，与楚国的熔模铸造法制成品相比，无不显得既简单、又粗糙。大致说来，凡是初见于春秋中期楚墓的鼎，都有与中原同期鼎明显不同的风格。只有一个例外，即折沿侈耳鼎，酷像中原同期同型鼎。但此型折沿侈耳鼎一过春秋中期就不复可见。

楚铜器铸造方法之一是分铸法。所谓分铸法，即器身连同附件不是一次铸成的。或者先铸耳足等附件、后把附件嵌入器身的范内浑铸为全器；或者先铸器身，后把附件铸接上去。春秋时期，先铸附件，后铸器身是分铸法的主流。下寺的青铜器，多数是先分别铸出器身和附件，再用铜或锡作焊剂把器身和附件焊接起来。这种新的工艺，标志着楚国当时的分铸法已达到了新的阶段。

下寺楚墓所出土的青铜器，主要用分铸法做成。以1号墓所出土的55号大鼎为例，此器无盖，侈口，浅腹，平底，蹄足，侈耳立于沿上，沿下有六只镂空浮雕兽，全器高60厘米，重68千克。汤文兴指

① 饶宗颐：《楚恭王熊审盂跋》，载《中国文哲研究集刊》创刊号，台北"中研院"中国文哲研究所1991年。

出："从大鼎上的铸痕可知，鼎身是由六块、鼎底是由四块外范拼成，鼎足是由三块外范组成。鼎体、鼎足、鼎耳分别铸出以后，利用不同的方式焊接在一起。鼎体的浇口和冒口设在底部，表明是鼎底朝上进行浇铸的。另外，在鼎的底部合范毗缝上留下的三个蘑菇状榫头和鼎体六块合范毗缝上留下的6个铸出孔，都是为了焊接鼎足和6只浮雕兽而有意设计出来的。鼎耳是空心的，高12厘米，重4.5千克，每个鼎耳由六块外范拼合铸成。它与鼎体的对接，采用了以'耳垫'为中间媒介铸接鼎体的方法。"

汤文兴指出楚国青铜器分铸后的焊接方法，共有三种。[①]

第一种，是榫卯焊接法。榫头3个，在鼎底外侧，是按照设计要求，在浇铸鼎体时一并形成的，起铆钉作用。焊接前，鼎足内的泥芯要挖出圆窝。焊接时，先把3只鼎足放在一个平面的适当位置上，与3个榫头正相对应，待把焊剂倒入圆窝后，再抬起鼎体，把三个榫头压进圆窝。待焊剂冷却后，就焊接成功了。经考察，所用的焊剂大概是锡。

第二种，是铸出孔焊接法。铸出孔6个，在鼎壁上，为长方形，内宽外窄。焊接时，先把镂空浮雕兽的铸口对准铸出孔，捆扎牢固，再从铸出孔的内口注入铜液。大鼎出土后，六只镂空浮雕兽都脱落下来了，这是因为当初省略了把被焊的两个铜件同时加热的必要工序，企图利用铸出孔内宽外窄的构造使焊接牢固，终因与焊液温差过大和孔壁过薄，未能持久。但这个大鼎入墓前6只镂空浮雕兽不曾脱落，与其说是匠师故意偷工取巧，还不如说是因为他们还不了解减少一道加热的工序能不能经受长期埋在地下的考验。

第三种，是用"耳垫"作媒介的特殊焊接法。耳垫是实心的特制青铜构件，每个耳垫有三个榫头，一个向上，可插入空心鼎耳；两个向下，可分别插入鼎的方唇沿内和口沿下腹壁内。焊接有三个步骤：先

---

① 汤文兴：《淅川下寺一号墓青铜器的铸造技术》，《考古》1981年第2期。

把向上的一个榫头插入挖掉了少许泥芯的鼎耳，从鼎耳内侧浇入铜汁，把鼎耳与耳垫焊接起来；再把向下的两个榫头插入内范与外范之间的型腔，在浇铸鼎体时，将榫头与鼎体铸接在一起；最后，把榫头的露出部分磨平。耳垫的厚度，与鼎壁的厚度接近，这是为了避免因冷却快慢不同而产生的应力把铸接部位拉裂。

55 号大鼎的六只镂空浮雕兽，通体无合范毗缝和锻打或焊接的痕迹。外形透空而且弯弯曲曲，精巧玲珑，也显然不是分型范铸而成的。由此可以推定，它们都是用失蜡法或漏铅法铸出的。自湖北随州市擂鼓墩曾侯乙墓的带盘铜尊出土之后，人们知道战国早期就可能有发达的失蜡法铸造工艺了。此后不久，下寺楚墓的铜禁面世，失蜡法创始的年代就可能更往前推到春秋中期了。

根据现有的资料，我国的失蜡法铸造工艺可能是楚国首创的。对于失蜡法，有过争论，因为蜡在 40℃ 就要软化，到 63℃~67℃ 就要熔化，质地松脆，而擂鼓墩曾侯乙墓所出铜尊和下寺楚墓所出铜禁的镂空附饰异常繁复精致，很难做成物理性能稳定和立体纹饰完好的蜡模。由此，李志伟认为所用的应是漏铅法而非失蜡法。[①] 所谓漏铅法，是用属于易熔金属的铅为熔模的模料。判断当时实际应用的究竟是失蜡法还是漏铅法，须经由复制实践的检验方能判定。

淅川下寺 2 号墓出铜禁 1 件。它是长方形的器座，长 130 厘米，通宽 67.60 厘米，通高 28.80 厘米，器周有多层透雕云纹。器缘有攀附兽 12 只，器底有兽形足 12 只，也都是镂空透雕的（见图 25-1）。下寺 2 号墓和 1 号墓出土的某些鼎和盏，也有镂空透雕的兽形附饰。擂鼓墩 1 号墓有铜尊和铜盘各 1 件，出土时尊在盘中。尊唇和盘口俱为宽沿外折，遍布多层镂空透雕的蟠螭纹和蟠虺纹，玲珑剔透，穷极工巧。

---

① 李志伟：《曾侯乙墓编钟及尊、尊座铸造方法新探——兼论先秦青铜铸工艺》，载张正明主编《楚史论丛初集》，湖北人民出版社 1984 年。

1979 年 6 月，中国机械工程学会铸造分会召开的传统精密铸造工艺鉴定会，结论是上述尊唇、盘口和同墓出土的另外一些铜器部件都是用失蜡法铸造的。未几，下寺出土的铜禁器周纹饰和诸多兽形附饰，也被认为是失蜡法铸造的成果。此后多年，未闻异议，遂成定论。还有比下寺铜禁更早的，即楚王酓审盂（又作楚恭王熊审盂，此器现藏美国。下寺 2 号墓的墓主是公元前 548 年或公元前 552 年去世的，楚王酓审即楚共王则是公元前 560 年去世的）也被认为是由失蜡法铸成的。2006 年，有学者对上述"定论"采取否定态度。周卫荣、董亚巍、万全文、王昌燧四位学者发表了他们合作研究的成果《中国青铜时代不存在失蜡法铸造工艺》。[①] 不久，同年 6 月 21 日—22 日，北京举行了一个小型的冶金考古研讨会。[②] 中国先秦时期是否有失蜡法铸造技艺成为会议热点。会后，周、董、万、王四位又发表了《失蜡工艺不是中国青铜时代的选择》。[③] 周、董、万、王四位学者的意见，不是源于理论的推导，而是基于实物的观察。他们发现，先前被认为是失蜡法铸件的那些器物部件，"表面大多留有范缝和浇口，而连接不同单元的焊接痕迹也清晰可见"。他们的意见值得学术界相关人士研究，但还不能说可以确立不移，因为他们所观察的只是实物的器表和高像素照片，未必确凿无疑，这样的观察尚难洞悉全器，达到无微不至的程度。如下寺 1 号墓出土的 55 号大鼎的 6 只镂空透雕兽，当初汤文兴做过精细的观察，发现它们通体无合范毗缝和锻打或焊接的痕迹，应为失蜡法铸造无疑。[④] 2006 年 8 月 13 日—15 日，华觉明、谭德睿同河南博物院任常中、王玮、李宏、杜安，以及河南文物考古研究所郝本性、李京华、赵世纲、陈彦堂等专家，一起考察了淅川楚墓所出铜禁等青铜器件，并且同参与了铜禁修复全过程的郭移宏、马新民两位专

①　该文载《江汉考古》2006 年第 2 期。
②　杨益民：《冶金考古研讨会综述》，《中国文物报》2006 年 7 月 14 日。
③　该文载《中国文物报》2006 年 7 月 21 日。
④　汤文兴：《淅川下寺一号墓青铜器的铸造技术》，《考古》1981 年第 2 期。

家进行了座谈，然后到叶县去考察了春秋许墓出土的透空饰件等青铜器件，结果是"再次确认淅川铜禁和叶县透空饰件均由失蜡法铸造成形"。① 赵世纲基于考古界对于失蜡法的争论，对失蜡法重新进行了细致的分析，确认楚国的青铜器铸造采用的是失蜡法。② 张正明总结："根据截至目前的研究，我们认为楚国曾用失蜡法铸造青铜器是确凿的，而且可以说中国的失蜡法是楚国铸造匠师戛戛独造的神乎其技。"③

楚国青铜器的器型，多种多样。较为有特色的有青铜礼器、青铜乐器、青铜镜三种类型。

青铜礼器鼎：鼎为青铜礼器之冠，青铜礼器的系属和特色首先显示在鼎上。楚式鼎令人耳目一新，在春秋时代可谓鹤立鸡群。

初见于春秋中期的楚式鼎有两型，一是升鼎，一是于鼎。

升鼎器型特殊，自铭为"鼒"，因而考古学界名之曰升鼎。升鼎体形较高大，折沿，立耳外撇，束腰，浅腹，平底，蹄足。腹周有攀附兽六只或四只，作等间距排列，首近沿，尾近底。其精品在口沿、腰周和底缘都有繁缛的环形纹饰，蹄足上部有扉棱。升鼎在各型楚式鼎中不但形制独异，而且地位突出。通常组成列鼎，成奇数，数量的多寡与墓主等级的高低相称。因此，作为列鼎的升鼎，仅见于大型的楚墓中。如下寺2号墓所出列鼎为升鼎7件，与墓主的令尹身份相称。其最大者通高67厘米，口径66厘米，最小者通高60厘米，口径58厘米。每件升鼎的盖、颈、腹和内壁上，都有铭文。纹饰繁缛，耳、沿和腰部圆形凸带上都饰有浅浮雕花瓣纹，腿部饰有兽形扉棱，6只攀附兽为凸雕夔龙。这组列鼎虽比战国初期曾侯乙墓的列鼎少两件，

① 华觉明、谭德睿：《中国失蜡法的研究、鉴定和著述纪略》，《中国文物报》2006年9月15日。

② 赵世纲：《春秋时期失蜡法铸造工艺问题探讨》，载《赵世纲考古文集》，科学出版社2012年，第329页。

③ 张正明：《秦与楚》，华中师范大学出版社2007年，第122—123页。

但壮美程度较其有过之，显示了楚文化的气派。

楚王和上大夫以及附庸诸侯所用的祭器升鼎尤为奇特，此类鼎始见于春秋中期。升鼎的怪异和工巧都出人意表，最能显示出长期楚文化的独创性。曾国也有升鼎，始见年代与楚式升鼎相近，平底和束腰与楚式升鼎相似，但总体风格与楚式升鼎不同。楚式升鼎与曾式升鼎可能有源流关系，战国时代的曾侯可能仿制出了比较粗劣的楚式升鼎，由此可知，最初曾仿楚的可能性大于楚仿曾的可能性。

已知年代最早的楚式鼎不是升鼎，而是始见于春秋早期的一种折沿附耳鼎。下寺1号墓出土于鼎10件，包括对鼎四组、单鼎两件。每组对鼎尺寸、形制全同。最大的一对有6柱圈顶，盖和腹都有细密的纹饰，足有兽纹。通高46.5厘米，口径47.7厘米。另外三对大小递减。所有10件，每件都是精工铸作。此类鼎的形制显然取法于西周末、东周初的一种周式鼎，可是，进入春秋中期以后，它由不束颈变为束颈，由不折肩变为折肩，足渐高，壁渐直，腹渐圆，有了凸棱子母口，外加圈顶盖，体态由浑朴渐变为精巧，形制由量变达到了质变。自铭为"鯕"，考古学界称之为于鼎。周制鼎用奇数，楚制不尽然，升鼎也用奇数，于鼎却用偶数。春秋时期的于鼎是一种盖鼎，其深腹、圜底、附耳、蹄足的特征与中原同期的盖鼎相似。但中原同期的盖鼎通常无凸棱子母口，腹由近乎浑圆渐变为扁圆，而于鼎有凸棱子母口，腹在浑圆与扁圆之间。就全器的造型来看，于鼎比中原同期的盖鼎精致。郑国和徐国也有于鼎，年代较晚而工艺较劣，无疑是仿楚之作。

楚国有青铜乐器编钟。与青铜礼器不同，青铜乐器须发出声音，故青铜铸钟有其特殊的难点。事先必须设计好各件钟的不同音响，制作好各件钟的不同铸模，调剂好铜、锡、铅的配比。古人没有现代的科学仪器，铸钟全凭经验，这是非有精深的乐律知识、敏锐的辨音能力和娴熟的加工技艺不可的。《国语·周语》记公元前522年周景王铸大钟，单穆公以为不可，说："先王之制钟也，大不出钧，重不过石。"石为周制120斤，相当于今制50余斤。周景王不听，强迫匠师铸了一枚大钟，乐工谎报说成功了。一年后，周景王去世，乐工才承认失败了。淅川下寺所出土的甬钟，最大的一枚通高 1.22 米，重达 160.5 公斤，估计比周景王所铸的大钟重一倍有余，然而是真正成功的。[①]

春秋时代楚国用青铜铸造的乐器，笼统说来，只有一样：钟。至于铙、钲、铎之类，尚无实物出土。文献所记有钲（丁宁），而无铙和铎。但楚国的钟洋洋大观，音色固好，造型亦佳。

楚国的钟又分为甬钟、钮钟、镈钟三类，各有从大到小不可颠倒失次的组合关系，因而又称为编钟。下寺 1、2、3 号墓出土编钟四套共 52 件。其中：甬钟一套，26 件，最大的一件通高 1.22 米，重 160.5 公斤，最小的一件通高 24 厘米，重 3.1 公斤；钮钟两套，每套 9 件，最大的一件通高 21.1 厘米；镈钟一套，8 件，最大的 1 件通高 26.3 厘米。

铸钟有其特殊的难点。钟的器形不像镂空的铜禁、铜尊那么复杂，用不上失蜡法或漏铅法之类的绝技。可是，钟的铜、锡配比与礼器、兵器不同，配比不当带来的后果又比礼器、兵器严重，一点微细的瑕疵就会使音质为之减色。浇铸虽不很费事，然而事先必须设计好各件钟的不同音响，制作好各件钟的不同铸模，分寸稍有不当之处，便会因其音不能够调整而报废，难就难在这里。古人没有现代的科学仪器，调音全凭经验，这是非有精深的音律知识，敏锐的辨音能力和娴熟的加工技艺不可的。

下寺 1 号墓出土的钮钟，经使用现代技术测试鉴定，是一套音质最佳的编钟，[②] 黄翔鹏认为，这套编钟与西周编钟相比，是在"羽、宫、角—徵、羽—宫"的基础上，增铸了最低音的"徵"，以及"宫"与"角"之间的"商"，并且在"徵"和"商"为隧音时将鼓旁部调成大 3 度

① 张正明：《楚史》，湖北教育出版社 1995 年，第 188—189 页。
② 参见《河南出土一套我国音质最好的铜编钟和一件珍贵的石排箫》，《人民日报》1979 年 4 月 6 日。

音程，从而使全部乐音系列可以奏出七声或六声的音阶。①

与中原同期的编钟如侯马 13 号墓出土的编钟相比，下寺 1 号墓这套编钟的铸造工艺和音乐性能都是出色的。

楚国有名的青铜器还有铜镜。

中国的铜镜出现得很早，可是直到春秋晚期还很少。进入战国时代之后，楚国的铸镜业逐渐兴旺起来。铜镜数量的增长，质量的提高，以及款式的更新，都相当迅速。迄今已有的先秦铜镜，绝大多数是楚镜。贵族之家固然必有铜镜，一些平民之家也有了铜镜。铜镜是梳妆用具，它的普及也反映了生活状况的进一步改善和审美意识的进一步觉醒。

楚国铜镜制作形成较为详备的工艺体系和发展序列约为春秋晚期。从宏观视野看，不管是作为整体的青铜器，还是铜镜本身及依附于铜镜的纹饰，都遵循兴起、发展、全盛、衰败、消亡这样一个过程。

楚国铜镜的纹饰经历了由"大传统"到"大变革"的演进，首先来自社会思潮与文化的变迁，其次来自技术的革新。楚国社会思潮的变化带来铜镜全新的发展方向，从威严肃穆的礼法时代进入"礼崩乐坏"导致的百家争鸣时代，体现这一过程的是青铜器制造的重心由形制规整的礼乐重器到精致的生活实用器的转移；技术革新带来全新的铸造工艺和装饰手法，如楚镜中的镂空装饰显然来自失蜡法在铜器铸造中的成熟运用。就纹饰发展的"小传统"而言，尽管铜镜纹饰带有鲜明的时代特色，如楚镜的灵秀、汉镜的雄浑和唐镜的雍容，但是从素镜到有纹饰，从孤例出现到成系列出现，从七星纹的不可解释到山字镜的众说纷纭，从铭文铜镜的可考可释到仙人画像镜的一望而知，铜镜纹饰所代表的含义一步步更清晰，其内涵逐渐具象化、世俗化。商周时期，人与神以及人与人之间贯穿着代表等级关系的礼制秩序。这一时期的青铜礼器是森严礼制和等级秩序的具象化，装饰有类似叶脉纹的商代

① 黄翔鹏：《先秦编钟音阶结构的断代研究》，《江汉考古》1982 年第 2 期。

2206

铜镜，大多是斜线和直线的组合。而叶脉纹是南方地区印纹硬陶器上常见的纹样，在陶器、原始瓷器上均较常见，与同时期的礼器之严谨肃穆基本无联系。铜镜有独立发展的工艺传统，商及商以前的铜镜纹饰，跟铜镜这一生活用具在青铜器中的地位极其接近——可有可无，近乎缺位。

对于北方规整肃穆的文化而言，南方青铜器包括礼器一开始就带有更多的灵动与奇秀，动物纹饰栩栩如生，天人合一的思想观念和浪漫特质贯了南方整个青铜时代。逐渐地，楚式铜镜的影响力超出楚国地域范围。

楚镜从春秋晚期就开始采用本地分层装饰的布局方式，最早发现的是湖南湘乡东周4号墓出土的羽状地纹四山镜、衡阳楚墓出土的铜镜，时代应是春秋晚期。楚境范围内，凡有铜镜出土，基本都是楚式镜，极少有中原其他地区的铜镜。制作精美的，大多是出土的楚镜以及仿制楚式镜风格的铜镜，虽有一些本地特色的铜镜，但数量较少且工艺大多是对楚国青铜礼器纹饰的模仿。对同时代其他铜镜来说，楚镜的审美与技术有巨大的优势。

考察楚式镜纹饰的发展脉络，发现其对青铜礼器上的纹饰，既有吸收也有创新，诸多纹饰的表达极具设计感与艺术感。部分楚式镜借鉴漆器制作手法，采取彩绘图案，部分采用失蜡法，制作镂空的镜钮和镜面纹饰。主地结合的装饰手法，就是在借鉴巅峰时期礼器纹饰的地纹和主纹二层分布的基础上，独创以草叶纹形成的分区模式，其精细布局极大提升了铜镜纹饰的艺术感。主地纹相结合的表现方法，在其他地区最早到战国早期才出现，甚至到战国中期才大规模流行。以战国中期最为流行的山字镜为例，最底层以地纹铺满，中间以草叶纹作为分隔装饰，最后山字纹为主体纹饰点睛。楚镜在视觉艺术上也有从简单质朴到复杂精细的过程。从最开始的素面镜，到纯地纹镜，到双层布局的草叶镜，直至战国晚期线条精致华美的龙凤纹镜。这类龙凤纹镜的细节刻画生动、线条流畅，体现出来的力量与张力、生机与神韵甚至超过同时代的青铜礼器。[①]

中国铜镜的出现，最早可以追溯到新石器时代晚期，但从这时起，一直到西周时期这一漫长的时间里，目前发现的铜镜数量甚少，不过20余面，出土的地点范围也窄，主要集中在陕西、河南这两个商周时期的中心区域。此外在甘肃、河北、内蒙古有零星发现。进入春秋时期以后，情形突变，异军突起的楚文化以横空出世的姿态，将铜镜的铸造带上了它历史上的第一个高峰，为铜镜发展史写下了浓墨重彩的一章。纵观这一时期楚式铜镜的发现，北方地区无论是以前的传世品，还是考古发掘品，即使加在一起也不过百余面而已。而南方地区的楚国境内，仅1949年以后考古发掘出土的铜镜即已多达上千面，其情形已远非北方这一中国铜镜发祥地可以比拟了，"淮式镜""楚式镜"甚至一度成为了春秋战国时期铜镜的代名词。学者们分析造成这种南北巨差的原因，大约楚国是铸镜业最发达的地区，同时以铜镜随葬的风气非常盛行。

《淮南子·修务训》有"明镜之始下型，矇然未见形容，及其粉以玄锡，摩以白旃，鬓眉微豪，可得而察"的记载，可证明楚人镜面镀锡的妙用。通过对楚地出土的千余面铜镜进行分析研究，可知楚镜的铸造原料是铜锡合金的锡青铜。其中铜的含量约在70%～80%左右，锡的含量在20%左右，另有少量的铅。锡和铅能使青铜合金的熔点降低，从而有利于在铜镜较小的镜背上铸出漂亮的纹饰。此外，铸镜所用的青铜合金，含锡量较之一般的青铜器要高，这主要是由于含锡量越高，青铜合金的颜色便越接近于白色，经打磨光滑以后，更能清晰地反射人的影像。何堂坤等指出：在出土铜镜中，常在其表面附着有一层黑漆色的薄层，经分析其含锡量很高，常在60%～70%以上，推测它们是采用了在镜面镀锡的工艺，这样在打磨光滑以后，能更清晰

---

① 潘钰：《铜镜纹饰变迁中的"大传统"与"小传统"——再谈楚镜与汉镜》，《中国文物报》2021年7月20日。

地照射出人的面容。①

从出土铜镜分析，楚国的铸镜工匠当时已掌握了让镜面微凸，以使较小的镜面能将人的面部全部映射出来的原理。出土的千余面铜镜中，绝大部分的镜面都有一定的曲率，一般直径较大的铜镜镜面曲率较小，直径较小的铜镜则镜面曲率较大，说明楚国的工匠已经熟练地掌握这一原理，并能在铸造工艺上加以控制。

此外，楚地还发现了一种特殊的铜镜，就是透光镜。湖南攸县的一座墓葬中出土了一面铜镜，其直径为 21.8 厘米，镜背中心是三弦钮，镜背纹饰为纠缠在一起的蟠螭纹，而这些纹饰在镜面上也隐隐约约能看出一些痕迹。承受日光照射时，镜背的纹饰能够清晰地反射出来。从这面铜镜的纹饰特点来看，其时代大约在战国时期。②

同时，楚国境内发现的这千余面铜镜，也为我们了解楚文化提供了另一个途径。学者们根据其镜背纹饰的变化，将这些铜镜分成素镜、纯地纹镜、花叶镜、山字镜、菱纹镜、禽兽纹镜、蟠螭纹镜、羽鳞纹镜、连弧纹镜、夹层透纹镜及彩绘镜等 11 大类，每一大类又可分为若干小类，由此构成了丰富多彩的楚镜文化。

所谓素镜，即指镜背没有纹饰，或者仅有一至数周弦纹。这种铜镜的存在，大约不仅仅是简单的时代早晚的因素（相比较有纹饰的铜镜而言），更主要的也许是为了满足不同阶层的需要，因为这种铜镜从春秋晚期开始，一直可以延续至战国晚期甚至于西汉初年。

纯地纹镜，指镜背只有一种花纹，这是相对于其他铜镜有 2~3 层花纹而定名的。这种铜镜的纹饰，一种是成羽毛状或涡粒状的异化的蟠螭纹，一种是几何形的所谓云雷纹。这些都是商周时期的青铜器上常见的纹饰风格。

花叶镜、山字镜、菱纹镜、蟠螭纹镜、羽鳞纹镜、连弧纹镜、禽

---

① 何堂坤等：《安徽出土铜镜表面分析》，《文物研究》1989 年第 5 期。
② 贺鸿武：《湖南攸县发现一件古代透光镜》，《文物》1989 年第 3 期。

兽纹镜，则是在前述的地纹上，各以花叶花瓣、"山"字形纹、菱形纹、蟠螭纹(一种简化的龙纹)、连接的弧线纹、羽毛鱼鳞形纹及各种飞禽走兽纹在镜背构成主题纹饰。

夹层透纹镜可以说是一种较为特殊的工艺镜。它由两块铜片相合而成，其中一块完整无缺作为镜面，另一块则透雕成了各种纹饰，分别铸制，然后嵌合在一起，于是就成了这种所谓的夹层透纹镜。透纹镜的纹饰有的为双龙，有的为蟠螭纹，镜形则有方有圆。

彩绘镜也是一种特殊的工艺镜，它镜背的纹饰不是通常所见的铸制的，而是以颜料绘成各种各样的纹饰。这种纹饰可以直接绘制在素面镜上，也有的是绘在地纹镜上。纹饰包括有用朱、黑等颜料绘出的云纹，有用各种彩色绘出的菱形纹，还有用黑、黄、银灰三色绘成的缠绕在一起的龙纹。

楚镜镜背的主体纹饰，既有云雷纹、菱纹、山字纹等几何图案，也有花叶、花瓣、花朵等植物纹，还有写实与非写实的龙、凤、鸟、蟠螭、长尾兽等动物纹。这些纹饰有的来源于传统的青铜器纹饰，如云雷纹、羽状纹等等，而更多的则是受当地发达的丝织品及漆器图案的影响，例如菱形纹、花瓣纹、花叶纹、龙凤长尾兽动物纹等等便常见于出土的楚国纺织品及漆器图案中。这些纹饰构成了楚镜文化明快流畅的地方文化特征。

在楚镜的纹饰中，最具特色也最为盛行的是山字纹铜镜。它一般是以数量不等的花叶、花瓣作为底纹，烘托出数量不等的山字形主题纹饰，包括三山、四山、五山、六山等不同形式。关于山字纹及其寓意，学术界有着不同的看法。有的学者认为这种纹饰就是汉字中的"山"字，它是"刻四山形以象四岳，此代形以字"，并且由于山在中国古代往往有稳重、宁静的象征，因此它同福、禄、寿、喜等字一样，都含有吉祥的寓意，而山字镜也正是表达了这一思想。有学者认为此"山"字应释为丁字，但其中含义却未能明了。还有的学者则认为，此山字形的写法与春秋战国山字写法有异，因此，它不是一个汉字，也不存在所谓吉祥的寓意，它不过是商周青铜器纹饰中一些动物纹的局部或几何纹经过演变、夸张以后形成的一种抽象的纹饰。因此，这种所谓的"山"字纹的真正寓意，同楚文化的众多谜团一样，有待于我们去撩开它那神秘的面纱。

楚镜在以它多变的纹饰、明快的手法、广泛的社会使用而将铜镜装饰文化带到一个新的高峰的同时，它对铜镜装饰文化做出的另外一个革命性的贡献，就是多层纹饰的采用。此前的铜镜纹饰，都是单层的主题纹饰，铸造者想要表达什么，便直截了当地将这种纹饰铸在镜背上，而多层纹饰则首创了以羽状纹、云雷纹、涡纹等相对简单的纹饰作为底纹，底纹之上再以龙、凤、兽、几何纹等作为主题纹饰，并配以花叶、花瓣等辅助纹饰。底纹与辅助纹饰一起，对主题纹饰起到了烘云托月的作用，由此共同构成了一组繁复绮丽的图案，形成了独具特色的楚镜装饰文化，并对当时楚以外的地区以及西汉早期的铜镜铸造及装饰文化产生了极为广泛而深远的影响。[①]

我国何时开始用铁，目前在学术界还是一个争论的问题。关于我国开始用铁时代的讨论，郭沫若认为不能早于西周；杨宽主张出现于西周；童书业主张出现于殷代；李亚农主张在周宣王后到鲁宣公前。章鸿钊以及郭宝钧认为三代已有了铁，到春秋战国之际才使用了铁器。

实际上，楚国铁器的制造，到春秋晚期已经初具规模。顾德融、朱顺龙在《春秋史》绪论中归纳春秋时代的主要特点时，认为春秋时代已进入铁器时代。上世纪80年代的学术界一般认为战国时期中国才进入铁器时代，但80年代以来铁器不断有新的发现，各地出土了相当数量的西周末至春秋早中晚期的铁制武器、工具和农具，证明铁器生产由西向东、由北向南逐渐扩展，最终使春秋列国的生产力发生根本性的变化，由青铜时代逐步过渡到铁器时代。由于进入了铁器时代，

---

① 孔祥星等：《中国古代铜镜》，文物出版社1984年。转引自罗运环主编《荆楚文化》，中华书局、安徽教育出版社2006年，第417—420页。

春秋时的农业、手工业、商业都有明显的发展。农业中因铜、铁金属工具的使用，促进了垦荒和水利事业的进步。手工业因铁器工具的应用，出现了线刻、金银错等许多新的工艺。[①]

楚国鄂邑的矿是铜铁共生矿体，铁矿层多在铜矿层之上，现在俗称"铁帽"。要开采铜矿石，非同时开采铁矿石不可。当地的铁矿石含铁量较高，宜于炼铁，只是由于先秦时期当地炼炉的炉温为1200℃左右，用来炼熔点为1083℃的铜（纯铜）虽绰绰有余，但炼熔点为1537℃的铁（纯铁）则不足。因此，春秋中期以前，楚国所炼的只有铜，没有铁。

随着楚国炉工对铁矿石性质认识的提高，以铁矿石为熔剂，开始用竖炉炼铁。当炉温超过1100℃时，被木炭还原而生成的固态铁就开始吸收碳分子，铁中含碳量的增多，使铁的开始熔化温度和全部熔化温度都下降了。当含碳量超过4.3%时，矿石中的铁全部在1146℃熔化。张正明指出，在春秋晚期，楚国的越人炉工已经掌握这个技术经验，能随心所欲炼出铁来了。[②]

楚国生产的铁主要是可锻铸铁，性能比锻铁好，用途比锻铁广。西方发明炼铁比东方早1000多年，可是西方使用可锻铸铁却比东方晚1700年左右。春秋战国之际，楚国已经创造了冶炼可锻铸铁的技术，这是一项重大的发明，不仅使楚国在东亚抢先打开了铁器时代的大门，而且使中国冶炼可锻铸铁的技术领先于西方约1700年。当时西方冶炼的是锻铁，用途不如可锻铸铁广泛。楚国制作了大量铁器，主要是农器和匠器。至于兵器，通常仍用青铜制作。

现知最早的铁器不是在楚地出土的，但从春秋晚期到战国晚期，楚地出土的铁器却最多。黄展岳综理了历年来楚地出土铁器的资料，著有专论，统计所得，自1951年至1979年，共发现楚国铁器58批，

---

① 顾德融、朱顺龙：《春秋史》，上海人民出版社2001年，第21页。
② 张正明：《秦与楚》，华中师范大学出版社2007年，第195页。

计 168 件(其中包括秦人发冢所用的少量铁工具)。按器物年代区分，春秋晚期的有 8 件。[①]

1964 年，从六合程桥 1 号墓中，出土了铁丸一件，金相检验为白口生铁。1972 年，从六合程桥 2 号墓中，出土了铁条一件，金相检验为块炼铁锻件。1976 年，从长沙杨家山 65 号楚墓中，出土了剑、刮刀、鼎形器各一件，金相检验，剑为含碳约 0.5% 的中碳钢，可能经过高温退火处理；鼎形器为白口生铁件。上列 3 座墓的时代都是春秋晚期，六合程桥 1、2 号墓是略带楚风的吴墓，杨家山 65 号墓是楚墓。此外，按发掘年代先后，从 1951 年到 1978 年，还有长沙识字岭 314 号墓出土铁凹口锄一件，长沙龙洞坡 826 号墓出土铁刮刀一件，常德德山 12 号墓出土铁刮刀一件，淅川下寺 10 号墓出土铁剑一件，这 4 座墓的时代也是春秋晚期；长沙丝茅冲 1 号墓出土铁凹口锄一件，长沙窑岭 15 号墓出土重 3.25 公斤的铁鼎一件，这两座墓的时代是春秋战国之际。现知更早出现的铁器，只有 1977 年甘肃灵台景家庄 1 号墓出土的铜柄铁剑一件，时代为春秋早期，然而剑叶锈蚀过甚，无法判定是否人工冶炼的铁器。[②]

如上所述，春秋晚期的楚国和吴国都有了块炼铁和白口生铁，楚国还有了块炼渗碳钢。大约在春秋战国之际，楚国又有了韧性铸铁。从此，楚国就奠定了普及铁器的技术基础。已有的考古发现，不能证明先秦的任何其他国家比楚国更早地获得这样的技术基础。

铁器制造业发展最早的可能就是楚国。黄展岳和华觉明都认为，楚国可能在春秋晚期之前就有冶铁业。[③]

楚国与晋国在铁器制造方面并驾齐驱。春秋时期，晋国的冶铁业

---

① 黄展岳：《试论楚国铁器》，载湖南省博物馆、湖南省考古学会编《湖南考古辑刊第二集》，岳麓书社 1984 年，第 142—156 页。

② 黄展岳：《试论楚国铁器》，载湖南省博物馆、湖南省考古学会编《湖南考古辑刊第二集》，岳麓书社 1984 年，第 154—155 页。

③ 华觉明：《汉魏高强度铸铁的探讨》，《自然科学史研究》1982 年第 1 期。

毫无疑问已发展到铸铁阶段。公元前513年，楚昭王三年，《左传》昭公二十九年载，晋卿赵鞅和中行寅在汝水之滨修筑城邑，借此机会"遂赋晋国一鼓铁，以铸刑鼎，著范宣子所为刑书焉"。对这条材料历来有不同的看法，如李学勤在《文物》1959年第12期上发表的《关于东周铁器的问题》一文中引周永年《抱经堂文集·与周林汲太史书》云："'铁'当作'钟'，鼓、钟皆量名。'一'乃齐一之义。毁其不齐者，更铸以给焉。又取其余，以为铸刑鼎之用也。古人铸鼎皆以铜，未闻以铁。杜氏不考古制，乃云'鼓'为鼓橐。凡铸钟鼎，谁非鼓橐者？何必以是为文耶？"这一推测是相当敏锐的。早于杜预的王肃所辑《孔子家语·正论解》所引《左传》此节，铁字正作钟，并注明为量名，据此，这节传文应这样标点："遂赋晋国、一鼓钟，以铸刑鼎……'赋晋国'，即令晋国中行赋制；'一鼓钟'即统一量制，都是变法措施。"张鉴模认为，军赋制度，古已有之，不待赵鞅创始；"一鼓钟"与下文"以铸刑鼎"毫无关系，当以杜解为正。这是晋人使用铸铁在晋国文献上的第一次确切的记载。一鼓铁，据说为480斤，用这样多的铁铸成大鼎，并且把一部法典铸在鼎上，充分说明晋国的冶铁业已发展到相当可观的水平。山西多山，盛产铁矿，这些矿床，据地质学家研究，应属于石炭纪褶皱带铁矿。[①] 见于《山海经》记载的有盂县的白马之山。《山海经》记载的产铁的地方，据郝懿行、吴任臣考证，在今陕西者有六山：符禹之山在华阴县南、英山在华县、竹山在渭南县东南、泰冒之山在延安县、龙首之山在长安县、岐山在岐山县。在今河南者也有六山：密山在新安县、橐山在陕县东、夸父之山在旧阌乡东南、少室之山在登封县、役山在新郑、大騩之山在密县。在今山西者有一山：白马之山在今山西盂县北。[②] 晋国地跨河北、山西兼有河南北部与陕西东南部，所以在河南、陕西的产铁之山中亦必有在晋境者。战

---

① 张鉴模：《从中国古代矿业看金属矿产的分布——兼论"历史报矿"》，《科学通报》1955年第9期。
② 李孟存、李尚师：《晋国史》，山西古籍出版社1999年，第335页。

国时著名的以铁冶致富的卓氏，最初就在邯郸劈山冶铁。近年考古发掘所得的铁器，除长治分水岭 M14、M12 的 9 件农具外，1959 年侯马北西庄所出土的残铁铧、西侯马所出土的一枚铁针，[①] 侯马东周殉人墓出土的铁带钩，都有力地证明春秋时晋人已经熟练地掌握了铸铁技术，把这种新产品应用于生产和生活中了。[②] 这些与楚国的进度是一致的。

楚国在采矿、冶铁的制造工艺、产品数量以及质量均在当时名列前茅。从考古材料看，我国南方的楚、吴、越是最早制造和使用铁器的几个国家，尤其是楚国，已掌握了当时炼铁和炼钢的"尖端"技术。

冶铁业的出现，是我国劳动人民冶铸铜器和用陨铁锻造工具的长期经验积累的结果。春秋时代我国的早期铁器目前多出于南方各国，这一情况十分引人注目。1964 年和 1972 年在江苏六合程桥清理了两座东周墓。[③] 其中 1 号墓出土 9 件编钟，铭文为"攻敔"，（即句吴，为吴王夫差时代的国名）按此可以推断为春秋末期的墓葬。1 号墓出土的铁弹丸经金相检查表明为生口铁铸成，2 号墓出土的铁条是块铁锻成。这是我国迄今考古学年代上比较可靠的铁器资料，说明生铁与块铁在我国可能是同时发明的。欧洲最早的生铁则出现在公元十三世纪末至十四世纪初，比起我国来晚了 1900 多年。实际上，我国生铁起源可能还要早些，因为从生铁的出现到铸件的柔化处理及其应用，必然还有个发展过程。

这一时期，楚国铁器有更多的发现。仅长沙 17 座春秋中晚期楚墓中，就出土了铁器 20 件。除 4 件铁锸外，还有铁鼎、铁剑、钢剑、铁

---

① 山西文管会侯马工作站：《侯马北西庄东周遗址的清理》，《文物》1959 年第 6 期。
② 李孟存、李尚师：《晋国史》，山西古籍出版社 1999 年，第 334 页。
③ 《江苏六合程桥东周墓》，《考古》1965 年第 3 期；《江苏六合程桥二号东周墓》，《考古》1974 年第 2 期。

削、铁码子、铁环形器等。① 在河南淅川春秋晚期 10 号楚墓中，出土了一件玉茎铁匕首，极为精致。② 表明铁器已运用于生产和生活的各个领域。

出土的楚国春秋时期的铁器中，已经有了容器、生产工具、兵器和其他 4 类。一是容器。鼎形器 1 件，出于湖南长沙杨家山 65 号小型楚墓中。器形较小，竖耳，敞口，口沿下有一道凸弦纹，收腹，平底，三蹄足很短小。残高 6.9 厘米，足高 1.2 厘米。取样作金相检测为白口铸铁。时代定为春秋末年。它是目前所见楚国最早的一件铁容器，也是目前唯一的楚国春秋铁容器。二是生产工具。发现了近 40 件，分凹口锋刃、铲、刀、削、刮刀和锥六种。凹口锋刃 20 余件。形式清楚的有 14 件，分 4 式。还有刀 3 件，宜昌上磨垴遗址第 5 层出土 1 件，第 4 层出土 2 件。3 件形制基本相同。削 4 件，全部出土于上磨垴第 4、5 层。另有刮刀 3 件，铲 1 件，锥 2 件。三是兵器。3 件，有剑和镞铤两种。四是其他。有铁丸、铁条和铁圈共 3 件。

出土的楚国春秋时期的铁器数量有限，器形也不多。其中最为常见、数量最多的是生产工具中的凹口锋刃。这种器物除长沙识字岭 314 号墓的 1 件出于墓坑填土中之外，其余均出于遗址地层堆积中，说明它是不作随葬品的一种实用器物，而是装于木质工具的刃部，起锋刃作用。在考古发掘中，农具的木质部分一般腐朽无存而多被称为铁锸。铁凹口锋刃有多种功用，不但可装成锸（或铲），而且可装成锄，还可成双，装成耒耜。锸（或铲）、锄、耒耜都属于耕地掘土的农具。墓葬填土中出土的"锸"，应是掘墓坑时所遗弃的。

春秋晚期楚墓随葬品中有铁剑和铁刮刀。这些以铁制成的利器，

① 高至喜：《从长沙楚墓看春秋战国时期当地经济文化的发展》，载中国考古学会编《中国考古学会第二次年会论文集 1980》，文物出版社 1982 年。

② 黄崇岳、徐兆仁：《春秋时期楚国的经济发展——兼论我国历史上开发南方的第一个高潮》，载河南省考古学会编《楚文化觅踪》，中州古籍出版社 1986 年，第 239 页。

器形不大，小巧玲珑。铁刀和铁削，器形简单，为长扁形，锋刃明显锋利，是日用利器。作随葬品的铁剑，用铜或玉作装饰，制作相当精致。出土的楚国早期铁制利器，表明春秋时期楚国已将铁器的应用从农业开始扩展到了军事和手工业方面，但数量有限，器体尺寸较小。杨权喜认为：楚国大约从春秋战国之交开始，铁生产工具已代替了铜生产工具，铁器已被广泛应用于人们生活的各个领域，这时楚国已经跨入了铁器时代。[1]

春秋晚期楚国不仅能生产生铁，而且掌握了冶金技术的"尖端"——炼钢。1976年，长沙杨家山65号墓中出土一柄铜格钢剑，长38.4厘米。经金相鉴定，此为"含有球状碳化物的铁素体组织"，原件可能相当于约0.5%的碳钢，经高温回火的处理状态，即"退火中碳钢"。[2] 此墓还出有陶钵、陶壶，推断时代可早到春秋晚期。

淅川下寺标本M10：33，出土近似匕首的短剑。剑身属铁质，呈柳叶状，前锋圆钝。柄茎为青白色玉，无格，有彘和首，饰窃曲纹和云纹。长22厘米，铁剑身长12厘米，宽2.2厘米。杨家山M65的一件，剑身较长。镡为铜质，余为碳钢，茎作圆柱形，剑微脊部隆起，但无明显隆脊。长38.4厘米，茎长7.8厘米，剑身宽2厘米~2.6厘米。剑身断面有反复锻打的层次，金相鉴定为含有球状碳化物的碳钢。基体晶粒平均直径约0.003毫米，是含碳0.5%左右的中碳钢，当为锻造加工退火得到的钢。杨权喜认为，这是目前发现的楚国最早的一把钢剑。[3] 黄崇岳、徐兆仁指出：这样就把我国钢的出现时间从以往所说的战国中期提前到春秋晚期。[4]

---

① 杨权喜：《试论楚国铁器的使用和发展》，《江汉考古》2004年第2期。

② 长沙铁路车站建设工程文物发掘队：《长沙新发现春秋晚期的铁剑和铁器》，《文物》1978年第10期。

③ 杨权喜：《试论楚国铁器的使用和发展》，《江汉考古》2004年第2期。

④ 黄崇岳、徐兆仁：《春秋时期楚国的经济发展——兼论我国历史上开发南方的第一个高潮》，载河南省考古学会编《楚文化觅踪》，中州古籍出版社1986年，第239页。

第六节　漆器、竹器、玉器及石质乐器的制作

楚文化所处的长江中下游地区气候温和、雨量充沛，适合漆器使用与保存；楚地的丧葬习俗也有利于漆器的保存——下葬时，人们会在棺椁外侧敷上青膏泥或白膏泥，这会给陪葬的漆器提供密闭且恒温恒湿的环境；因而楚国所属的江汉平原、湘江流域均有大量漆器文物出土，这对我们全面了解楚国漆器的设计特征以及楚国民众的生产生活方式具有重要的价值。

中原地区最早掌握漆器制作技术，是先秦时期的漆器制作中心，对先秦时期楚国的漆艺生产产生了深刻影响。同时，楚国的漆器也继承和发展了当地土著民众的制漆、用漆技巧。春秋中期以后，楚国的手工业和商业就较为发达，楚人通过跟晋、齐、鲁等国的贸易往来，逐渐掌握了中原地区的髹漆技术，通过与秦、吴、巴、蜀等国交流学习，漆器制作工艺得到了迅速的发展。楚国漆器工艺的发展与楚国疆域的开拓、社会经济和文化的发展密切相关。在楚国的疆域内，人们曾发现不少西周至春秋时期的漆器，一般多为木胎，其器形风格、特点与其他地区都有所区别。这表明了当地的漆器生产已经具备了很高的水平——既吸收了北方中原先进文化，又发挥了自身的积极因素，从而形成了有楚国自身特征的漆器工艺系统，精细化的分工以及程序化、标准化的生产方式，为楚国漆器异军突起奠定了良好的基础。从已出土的实物来看，楚国漆器的制作分工明确，包括涂漆、制胎、描绘、打磨等多种工序，在生产中已经出现系列化的趋势，注意规格和形体的相近，并开始引入制作精美的金工扣器。

楚墓出土的大量漆器实物，根据楚国漆器的用途，可以将其分为日常实用漆器和丧葬用漆器两类。日用漆器出土实物非常多，涉及人们的衣、食、住、行、娱乐、军事、商业经济、政治外交等诸多方面。

皮道坚提到楚国上层社会就是一个漆器社会。[1] 从日用漆器的使用功能来看，可以分为五类：一是家具类漆器，包括漆榻、漆屏、漆禁、漆俎、漆床、漆几、漆案、漆衣箱、漆笥等；二是日常生活类漆器，有梳妆用器、食器、溺器、雨具、唾器等种类，如漆耳杯、漆豆、漆卮、漆勺、漆盘、漆盒、漆奁、漆梳、漆箅、漆扇、漆虎子、漆麻鞋等；三是军事准备类漆器，包括漆车伞、漆车盖、漆车栏、漆盾、漆箭镞、漆弓、漆甲、漆剑椟，以及漆矛柲、漆戈柲、漆敌柲等；四是娱乐奏乐类漆器，如箫、瑟、琴、鼓、笛、鼓槌、笙、木编钟架、木编磬架等；五是其他类型的漆器，如漆量具、漆量器升、漆舞具、漆纹盾、漆制文具、漆墨盒和对弈娱乐的漆六博盘等。丧葬用漆器与楚国的丧葬制度关系密切，既有虚构的明器物象，如漆棺、漆琴床、漆镇墓兽等，又有再现日常生活情境的物象，如漆木俑等。从漆器的分类来看，当时漆器的种类相当丰富，制作工艺精湛，产品功能细分明显，如唾器、溺器、雨具等。这些漆器的出现，显示出漆器的制作已关注到人们生产活动的细微之处。家具类漆器关注了民众坐、卧、倚靠、储物等多方面的生活需求，出现了比较轻巧的折叠漆木床。[2] 娱乐休闲用漆器的广泛使用，说明当时楚国民众生活安定，生活质量已达到较高水平。

楚国漆器工艺不断革新。在制漆技术方面，漆树流出的漆液呈乳白色，称为生漆。在割取生漆时，取漆工人一般会将生漆遮盖起来，以延缓其氧化的速度。黑、红二色是楚国漆器的主要颜色，先秦时期的漆器大多使用这两种色彩。有的漆器内外均髹红色，有的漆器则外部髹黑色内里髹红色。黑、红均为底色，彩绘色彩有蓝、绿、银、白、黄、金等多种。在漆胎工艺方面，楚国漆器主要以木胎、竹胎为主，也有少量的铜胎和皮胎。漆器的制备有着规范的程序：首先是选择便

---

[1] 皮道坚：《楚艺术史》，湖北美术出版社2012年，第117页。
[2] 湖北省荆沙铁路考古队：《包山楚墓》，文物出版社1991年，第72页。

于斫制或凿制的竹料、木料，制作漆胎；接下来需对漆胎雕刻塑形，有的可以直接髹漆；髹漆工艺需要多次重复；到地漆干燥后，再进行彩绘或表面镶嵌。春秋晚期，楚国漆器髹漆技艺已经相当精湛，胎料、漆质、髹饰均有考究。[①] 战国早期，木、竹和皮是制漆胎的主要原材料。制漆工艺流程开始细分，匠人们会根据器型与胎质材料的差异因材施艺。工艺要求较高的薄木胎漆器也有少量出土。由于木材的可塑性强，取材方便，因此木胎漆器种类最多。在实际生产过程中，各种制胎工艺和技法不是完全分开的，有时制作一件漆胎需要多种制法工艺的互相配合，这种现象是比较普遍的。比如彩绘木雕座屏，就需要用凿制、斫制、雕刻等多种方法共同完成；还有些漆器是先单独制作构件，然后用榫卯接合（如豆、案、几等），或者黏接而成（如椟、剑鞘等）。战国中期，楚国漆器的制胎工艺有了新的进展，除了常见的木胎、竹胎、皮胎、铜胎外，出现了骨胎、角胎和夹纻胎。湖北江陵马山一号墓的漆圆奁，奁盖与奁底为凿制的厚木内胎，漆奁盖侧壁与漆奁侧壁使用卷曲的薄木内胎。造型繁复的立体仿生型漆器一般不是一次成形的，而是将漆器拆分为几个部件，雕刻完成后再用榫卯拼合。如明器虎座飞鸟（立凤），属于仿生器型，髹漆前，需将飞鸟的头颈、身体、双足等多个部位雕刻完成后，再与鹿角、虎座互相组装拼合。漆器使用竹胎也比较广泛，除了采用凿制和锯制等方法外，还有使用竹篾编织后作为内胎，再髹漆制作的。此类竹胎漆器主要有竹扇、竹笥、竹席等家居用品。当然也可以反向制作，即先髹漆再编织。皮胎类漆器有盾、甲、胄、鼓等。甲、胄的制作方法还是使用模制法，盾、鼓的制作方法则是将皮料先裁剪好，然后蒙在器型的表面，再用竹钉和胶粘好。骨胎、角胎材质较硬，不好加工，一般是磨制成形后，再钻孔髹漆。铜胎漆器一般是在铸造完成的胎体上髹漆。

战国中期，楚国漆器制作工艺已经达到了高峰。到了战国晚期，

---

① 陈振裕：《试论战国时期楚国的漆器手工业》，《考古与文物》1986 年第 4 期。

漆器的选材与制作工艺变化不大。木胎仍是内模的首选材料，铜胎、竹胎、皮胎、夹纻胎也偶有使用。骨胎、角胎的使用原本只是出于上层贵族的猎奇心理，因其加工制作难度较大，这类漆器基本消失。

楚国漆器器型有一个演变的历程。漆器盛行之后，楚国出现了仿青铜器、陶器的漆礼器，漆器成为先秦礼乐制度中的一部分。通过模仿和借鉴青铜礼器、陶礼器而制作的漆礼器有漆俎、漆豆、漆壶、漆盘、漆簋、漆禁等。春秋后期，楚墓出土了少量仿生设计的镇墓兽、漆木雕龙等器型，由于保存欠佳，遗留不多。战国中后期，除漆制簋、盘、案、卮、几、豆、禁、俎、盒外，出现了仿制青铜器器型的漆制勺、鼎、敦、斗、匜、盏等。这时漆器的设计也有了新的发展，同一种漆器产品根据不同的使用功能，出现了不同的形态。战国晚期的楚国漆器在形制上与战国中期基本相似，在漆器的结构设计上有了新的突破。其中最为典型的是漆器与金属材料的结合，即在漆器经常接触受力的部位使用了铜制的部件，称之为扣器。如湖北江陵九店楚墓有一件盒形漆木墩，木墩边缘安装有扁形铜钮饰，外壁靠近盒口处镶辅有对称的首衔环，盒盖顶部配有铜环提钮，盒底镶嵌有矮铜蹄足。同时出土的另一漆圆盒，盒盖顶部同样安装了铜质提环加固。

在已出土的楚国漆器实物中，其装饰纹样题材涉及的范围特别广泛。楚国漆器的纹样在先秦时期呈现出动态变化的趋势，不同时期的纹样类型有一定的差异。春秋时期主要有几何纹样、动物纹样和自然纹样。几何纹样有圆点纹、菱形纹、三角纹、网纹、长方形纹、方格纹等。动物纹样的装饰手法有组合、分解、重复、夸张、变形等，种类丰富。此外，漆器中还出现了模拟青铜纹饰的蟠虺纹、兽面纹和窃曲纹等，有临摹自然界的鸟、鹤、鹿的纹样，也有创新的凤、龙、镇墓兽等动物纹样。自然纹样的种类也比较多，有勾连云雷纹、波折纹、云纹、水波纹、卷云纹、银齿纹、环带纹等。战国早期楚国漆器上出现了植物纹样和以描绘社会生活场景为主的漆画，动物纹样、自然纹样、几何纹样在数量上也有明显的增加。除常见的龙、凤纹样外，增加了虎纹、蛇纹、蛙纹、鹿纹、鸟纹以及其他怪兽纹等。纹样的设计也有了新的变化，有时同一动物纹样出现了多种不同的形态。其中龙纹的变化最为明显，在装饰中出现了双首龙、独龙、三首龙、人兽双身龙、四首龙、青龙、鸟龙共身、鸟首龙、人首四身龙等十余种纹样。植物纹样在战国中期主要为附属纹饰，以烘托动物纹饰或整体画面为主，很少作为独立的装饰，多以树枝、树纹、花瓣纹为主。1987年湖北荆州包山出土一件圆形漆奁，漆奁表面装饰有五棵杨柳，杨柳随风摆动、形态各异，以烘托画面人物活动的场景。这一时期漆画内容大多描绘贵族阶级狩猎、宴乐、出行等生活场景。湖北荆州包山的漆圆奁，其装饰图像为楚国贵族参加仪式活动的场景，画面中装饰有人物26个、马车4乘、马10匹以及狗、猪、飞鹤等动物纹样，随风柳树起点缀作用，形象生动地描述了楚国贵族乘车出行时的宏大场面。为了遵循修养之礼，楚国制作了比较特殊的漆器，其中最具代表的是漆制座屏。屏是障的意思，起着分割作用，用来遮挡光线，出土的楚国漆制屏风体型小巧，在东周墓中偶有发现。湖北江陵望山楚墓彩绘木雕小座屏最具代表性。座屏由一块完整的木头雕刻而成，通高15厘米，长51.8厘米，分为屏、座两部分。屏内用透雕、圆雕、浮雕相结合的手法，以凤鸟为中心，塑造出鹿（4头）、凤（4只）、鸟（4只）、蛙（2只）、大蟒（26条）、小蟒（15条）等55只动物。[①] 座屏的主题是凤蟒相斗，动物交错穿插，变化多样且有规律。外框与雕屏有鸟尾、小蛇相连接，座与屏以蟒头或蛇尾相交织，整体结构呈左右对称，构成形制巧妙，工艺精美的图像。[②]

楚国漆器表面刻画的线条错落有致，外壁图案的组合高端典雅，整体色彩的搭配安静平和，漆器造型的设计别具匠心。楚人通过无限的想象，运用巧妙和娴熟的手法，使得楚国漆器的装饰纹样迥乎不同。

---

① 湖北省文物考古研究所：《江陵望山沙冢楚墓》，文物出版社1996年，第137页。
② 张宗登：《先秦时期楚国设计艺术的多元融合研究》，九州出版社2022年，第238—254页。

有的是描绘人物，他们都是跃跃欲试的状态，仿佛是要从画里跳出来的一个个活人，让围观者叹为观止；有的是描绘自然景象，又以崇高和敬仰的虔诚来表现对神明的敬畏之心。但凡是楚国漆器的装饰纹样，无一不具备灵活飘逸的线条，生动而不张扬，灵活而不虚华。先秦楚人具有浪漫主义色彩，追奇逐新是其造物过程中表现出来的重要特点。漆器色彩在黑红二色的基础上，还搭配有多种其他色彩进行点缀。春秋至战国早期，楚国漆器除黑红二色外，还有白、黄、褐等颜色；战国中期，楚国漆器用色更加丰富，除黑红二色外，还有灰、黄、白、青等色彩，根据明度与纯度的差异，每种色彩又衍生出多种近似色，如有黄色系的土黄、橙黄、淡黄、石黄、金黄等，有红色系的橘红、深红、棕红、赭石等，有青色系的青蓝、靛蓝、青绿等。战国晚期，随着楚国国力的衰落，点缀色相对较少，颜色以红、黑、黄为主。在色彩应用的过程中，楚国民众充分利用黑色所具有的调和性，采取不同色彩多层勾勒的方式达到目的。① 湖北荆门包山二号墓出土的婚庆酒杯凤鸟双连杯，采用多色勾勒，黑色调和，形成艳丽繁缛的装饰艺术风格。湖北江陵楚墓出土的虎座飞凤和彩漆凤鹿木雕座屏则表现为非常耀眼的红、黄、黑相搭配的色块组合，形态抽象自由，色彩对比强烈，具有强烈想象力与浪漫主义意味。楚墓出土的蟠蛇卮、镇墓兽、漆棺等明器色彩神秘深邃，营造出空灵幽远的灵界氛围。楚人崇凤，尚赤，这是对先祖祝融的崇拜与沿袭。楚漆器以红、黑色为主色调，辅以五彩色为点缀色，营造出深邃、明快、华丽、绚丽、斑斓、幽远、缤纷、悦目等多种视觉效果，给人带来的心灵震撼与感官享受奇特地交汇融混合在一起，大大增强了楚国漆器的视觉观赏性和艺术美感。②

张正明评价："楚国的漆器达到了并世无匹的水平。"此言不虚。③

---

① 吴海广：《楚漆器艺术的审美意蕴》，《湖北社会科学》2010 年第 12 期。
② 王祖龙：《楚美术的色彩取向与色彩观念》，《三峡大学学报》2009 年第 5 期。
③ 张正明：《楚文化史》，上海人民出版社 1987 年，第 84 页。

楚国所处的长江流域，是竹材生长的主要产区，也是竹制器具的主要发源地。

楚国竹制器具品类繁多。近年来，考古工作者先后从湖南长沙、常德，安徽，湖北江陵、大冶以及河南信阳等楚墓中发掘了数万件竹制器具，这些印证着历史的竹制器具蕴含着以下特点。

一是竹编器具。湖南、湖北楚墓出土的竹编器具品种多，数量大，大致可以分为三类：一是用于丧葬的竹席、竹帘等，二是用于日常生活的竹笥、竹扇、竹篓和竹篮等，三是作为生产工具的竹簸箕、竹筐和竹提篓等。用于丧葬的竹席有大小两种，大的竹席一般放于椁盖板，长度3米~5米不等，宽度一般为1.2米~3米，篾宽1.3厘米，厚约0.1厘米。放于棺底板上的竹席与日常生活中常见的竹席类似，长度在2米左右，宽度为1米左右，篾的宽度与厚度与大竹席类似。根据湖南长沙五里牌、黄泥坑、广济桥，湖北江陵葛陂寺、望山、拍马山、太晖观、马山砖厂等处的考古文物，发现这些地区出土的楚墓均有竹席，且竹席的编织纹样都是人字纹。与竹席一同存在的丧葬用具还有竹帘。竹帘一般由竹条与布带编串而成，常见的竹帘由数十根长约2米，宽10厘米，厚0.8厘米的竹条组成，竹帘中间使用金属配件(如锡、铜等)加以连接组合。在湖北江陵太晖观、溪峨山、雨台山、湖北鄂城鄂钢等地的楚墓中均发现有竹帘。

楚墓出土的竹器种类非常丰富，涵盖了日常生活的诸多方面。如有用于饮食的竹勺、竹篮、竹筷、竹碗等，用于居家就寝的竹枕、竹席、竹帘、竹扇等，用于生产的竹筐、竹篓、竹簸箕等，用于娱乐休闲的竹排箫、竹笛、竹篪等，用于书写记录的竹笔、竹简等。楚墓出土的竹制生活器具如竹笥、竹扇、竹篓和竹篮等，都是作为陪葬用品置于古墓中的，一般放于棺外的头端或器物箱中。在湖南、湖北、河等地楚墓出土的竹笥(箱)有百余件，这些竹笥以长方形、方形居多，圆形竹笥比较稀少。竹笥一般由细篾编织成矩纹的内胎(俗称锁壳编)，外部用竹片夹紧，有的竹笥在竹片与内胎连接部位还用细藤条加固，与今天的竹笥有相似之处。出土的竹笥中一般放有毛笔、砝码等生活器物。竹扇比较少见。1982 年在江陵马山一号墓中出土了一把短柄的梯形竹扇，竹扇的扇面用涂红、黑漆的细薄篾片交叉编织成矩形图案，并在矩形纹里又编织连续的小"7"字形纹和回形纹，靠近柄的一侧有两个长方形孔，制作相当精巧。① 竹篓与竹篮在湖南、湖北的很多楚墓中均有出土。竹篓一般以粗竹片为干，细竹篾编织花纹。有六角编织和三角编织两种方式，跟今天湖北境内盛放果蔬的竹篓相似。楚墓出土的竹篮一般采用菊花底编织法，竹篾篾片薄而细，口沿用宽面片加固，底部呈圆形，单提梁或双耳提梁，编织精细。

在湖北大冶铜矿遗址中，发现有大量竹编器具，主要有竹筐、竹簸箕、竹提篓等。这些竹器主要用于搬运和装载铜矿石。竹编器具的编织形态与方法与现在的竹制器具很相似，编织方法有矩纹编织、方格编织、六角编织、三角编织等。

二是竹雕竹刻器具。最早的竹刻艺术品是湖北荆州拍马山楚墓出土的三蹄足兽竹卮，它又被称为辟邪，是迄今为止发掘的最早的竹雕器具。制作者利用竹根的自然形态，稍加雕琢处理，便使竹根呈现出虎头、龙身等形状。竹根的主体部分雕有蛇螭、雀蝉蜂等图像。将其放入墓内，象征一种驱邪灭灾的力量，这与楚民众崇神、崇巫、崇祖的观念是相呼应的。该物也反映了两千多年前楚国先民的雕塑技艺和审美内涵。楚国的竹刻技艺起源于竹简，通过竹刻来传承文化和思想。楚人将成片的文字符号刻画在竹片上，将其串联起来便成为"竹书"，也就是"竹简"。就竹刻技法而言，先秦时期的竹简主要雕刻手法为阴刻，其功能也比较单一，主要用于记事。楚墓出土的楚竹书数量众多，居先秦之冠。这些楚竹书大多用毛笔书写，字体飘逸灵动，风格独特、地域特性鲜明，而用于书写文字的毛笔正是竹制器具之一。②

---

① 陈振裕：《楚国的竹编织物》，《考古》1983 年第 8 期。
② 聂菲：《湖南楚汉漆器制作工艺探讨》，《湖南省博物馆馆刊》2013 年第 10 期。

三是竹胎漆器。先秦楚国漆器制作工艺达到了发展的高峰，就湖南、湖北、河南等地楚墓出土的漆器来看，楚国漆器在种类和数量上，均远远超过先秦时期其他区域。很多漆器的内胎使用竹器。从楚墓出土的竹胎漆器来看，竹胎种类有四种，分别是竹筒漆胎、竹竿漆胎、竹片漆胎和竹篾漆胎。这些竹胎展现了比较精湛的雕刻技艺，如透雕、浮雕、圆雕等手法，说明当时工艺水平已经相当高超。荆州马山一号墓出土的矩纹彩漆竹扇，就是采用竹编做胎的漆制竹扇。漆扇由扇柄和扇面两部分组成，整体呈矩刀形，竹扇外侧长 24.3 厘米，宽 16.8 厘米，扇柄长 40.8 厘米，扇面靠握柄部位留有两方形孔，便于持扇者一边摇扇一边观察前方。这是目前发现最早的漆制竹扇。据记载，这种扇被称为"户扇"，是平扇的一种。古人出行时，扇子可以遮挡阳光和风沙，遇到不想打招呼的熟人，主人可以"以此自障面，则得其便"，因此也称为"便面"。①

四是竹制兵器。竹弓与竹柲属于兵器，竹弓比较常见。由于竹材具有良好的韧性和强度，直至今天，我们还可以在民间见到各种竹制弓箭。在军用物资相对缺乏的冷兵器时代，竹制弓箭的应用非常广泛，这在湖南、湖北楚墓的出土物中可以得到印证。竹柲是指使用竹材做把柄的兵器，如矛、戈、戟等。柲通"柄"，也称"积竹木柲"。根据考古发现，"积竹木柲"的结构比较复杂，中间是一根以硬质木材为材料的细木棍，木棍外面用 0.3 厘米左右的竹青篾包裹，有的包裹一层篾片，有的包裹两层篾片，竹片的外面用优质藤条和丝线紧密缠绕，然后在上面涂上生漆，使竹、木、藤等材料紧密结合成一体。它从侧面反映了楚国先民对复合材料的巧妙运用。

五是其他竹器。楚墓出土的竹器除了竹编、竹刻和竹胎器具外，还有通过切削竹竿或竹片而制成的竹器，如竹筷、竹弓、竹柲、竹笔、竹枕等。目前保存在湖北宜昌博物馆的一双楚国竹筷，其大小、长度、

---

① 陈振裕：《楚国的竹编织物》，《考古》1983 年第 8 期。

粗细、上方下圆等形态结构跟今天的竹筷相差无异，它是目前可以考证的最早的竹筷。竹枕发现的数量较少，从湖北江陵楚墓出土的竹枕来看，楚国竹枕的制作工艺水平较高，竹枕表面用竹片镶嵌，留竹青部，不上色，竹枕的后部通过镂雕的方式雕刻有装饰纹样，髹朱、黑二色。[①]

总之，先秦时期的楚国疆域广阔，以浪漫主义为特征的楚文化孕育了瑰丽精巧的造物文明。楚国品种繁多的竹器，向人们展示了一个物质丰富、经济发达、造物水平先进的古老国度。

楚国的玉器极其有名。楚人卞和两次向楚王献玉璞，因无识者，先后被刖去双足。后来，楚文王派玉人"理其璞而得宝焉，遂命曰'和氏之璧'"。和氏璧后来流传到赵国，秦昭王要以十五个城向赵国交换和氏璧，引出了历史上著名的"完璧归赵"的故事，足见当时名贵的玉器是价值连城的。《国语·楚语下》记载：楚大夫王孙圉聘于晋，"定公飨之，赵简子鸣玉以相，问于王孙圉曰：'楚之白珩犹在乎？'……'其为宝也，几何矣？'"楚国收藏的白珩在当时是闻名诸侯的。楚国好玉，小国常以玉作礼品。《左传》定公三年载："蔡昭侯为两佩与两裘以如楚，献一佩一裘于昭王。"这里所说的"佩"就是佩玉。

楚国设有专门的机构——玉府，《周礼·天官·玉府》载："玉府掌王之金玉、玩好、兵器，凡良货贿之藏。"凡国家或贵族的重要活动，如吉礼、军礼、凶礼、宾礼、嘉礼，都要使用玉器，其中尤以玉圭使用得最多，如《周礼·春官·宗伯》："四圭有邸，以祀天、旅上帝……圭璧以祀日、月、星、辰……"包山二号楚墓墓主邵𩼙生前任左尹，曾多次用玉祭祀众神，"赛祷大佩玉一环，后土、司命、司祸各一小环，大水佩玉一环，二天子各一少环，峗山一钮"。[②] 一次私人的祭祀用玉数量为七件，国家的祭典用玉数量则更多。

---

①　张宗登：《先秦时期楚国设计艺术的多元融合研究》，九州出版社 2022 年，第370—377 页。

②　湖北省荆沙铁路考古队：《包山楚墓》，文物出版社 1991 年，第 74 页。

楚国佩玉的种类和数量都比较多，常见的有下面几种：

璧环。楚人并未把璧和环区分开来，只是笼统地称作环。因此，我们也采用这种标准来区分楚人所用的璧和环。璧大多为贴身携带的佩玉，出自墓葬的棺椁之中。常见的璧色有浅绿色、黄色、白色、灰色等。璧体型较小，外径不超过 20 厘米，以谷纹、蒲纹、圆圈纹、云纹、涡纹为主。环的体型较大，以白色居多，夹有蓝、紫等色彩，也有无色透明的环，且其截面有多角形、扁圆形等多种。大多数的环都是素面，无纹饰，只有一种纽丝环，周圈做成斜向细绳纹。从璧的出土位置和内孔的直径来看，大孔璧有的是套在手臂上的，相当数量的璧是用作佩挂的饰件。环也是佩挂件。

璜。《说文》云："璜，半璧也。"也就是说，璜为"璧"的一半，是一种半圆形的玉器。从墓葬中出土的璜来看，璜为弧状，弧度有大有小，一般不超过180°，与磬近似。璜可两面装饰，常饰有云气纹、谷纹、兽首纹等。[①] 在出土的玉器中，很少见到透雕的璜，仅在河南信阳长台关一号楚墓发现有一件透雕蟠螭璜，其结构中间对称，通体满饰各种云纹、龙纹、蟠螭纹等纹样，形态美观。楚墓出土的璜，在外弧顶和内弧两端均凿有用以穿系的小洞，少数璜的孔超过三个，这跟服饰的款式以及穿戴方式有关。

觿。《说文》载："觿，佩角，锐耑（端）可以解结，从角，巂声。"常见的觿有角质材料的，也有玉质材料的，两种。楚国墓葬中曾出土了一种角质觿，两端尖细，呈半圆弧状，觿身雕刻有细密的竖线纹，应该是服饰"佩角"处的装饰物；还有一种觿是玉质的，器型为细圆柱形，呈弧状，一端比较尖且细，另一端是兽首。觿与古籍中所说的冲牙十分相似，是一种佩挂玉饰。在战国晚期的楚墓曾出土一件玉觿，一端较宽，另一端尖细，中间呈扁平状，觿身的较宽端雕刻成卷曲状的龙头。玉觿使用时会跟其他佩玉串挂在一起，在行走的过程中，它

---

① 熊兆飞：《诗意的存在：先秦楚地服用玉器研究》，华中科技大学出版社 2018 年。

们会发出清脆悦耳的撞击声。

管。"管"本是一种乐器，在玉器中为一种中空、长短不一、呈圆柱形的玉质串饰。管的表面雕刻有蟠螭纹、云纹、谷纹等，也有的管素面无装饰。藤店一号墓棺内出土了一件用玻璃（琉璃）为原料制作的管，上面的纹饰非常鲜艳。

韘。《说文》云："射决也，所以拘弦，以象骨、韦系著右巨指。"意思是说韘为古代射箭时戴在拇指上用来拉弓的扳指，是一种射箭的工具。后来将佩戴韘之人看作是掌握射艺之人。韘的材质有玉质与骨质两种，表面鲜有装饰。《诗·卫风·芄兰》："童子佩韘"，《毛传》："韘，决也。能射御则佩韘也。"在江陵杨场的一座楚墓中曾经发现过一组佩饰由组带串套着。[①] 它是用一根组带对折成两段，上端穿一个琉璃珠，下端的一段上系着一件骨韘。

珮。珮是指造型、刻纹复杂，形状不规则的玉佩。龙形珮是数量最多的一种佩。从构图看，有龙、单龙和四龙，龙形珮造型各异，制作精致。1979 年河南淅川下寺发掘了春秋时期的 25 座楚墓，有大墓 9 座，小墓 16 座，另外还有 5 座车马坑，是春秋时期典型的楚国上层贵族墓葬。在 9 座大墓中共出有 3000 余件玉饰，有玉璧、玉璜、玉牌、玉觽（原报告称作角形饰）、各种兽形饰、珠等。这些玉饰不仅数量和种类多，而且制作十分精细。在楚人的一椁二棺墓或一椁三棺墓的内棺中，都发现有较多的珮玉。望山一号墓中有一玉璧、环、料珠等，望山二号墓则有玉璧、璜、珮等。这些珮玉个体大，雕琢精致。其中一对龙纹玉珮长 28 厘米，宽 5.6 厘米，厚 0.4 厘米，最大的一件玉璧直径 21.7 厘米，玉璜的外弧长 30.4 厘米。[②] 它们都是楚墓中不多见的大玉佩。安徽长丰杨公二号墓的棺内出土各种珮玉 50 余件，仅玉璧就

---

① 彭浩：《楚人的纺织与服饰》，湖北教育出版社 1996 年，第 89 页。
② 湖北省文化局文物工作队：《湖北江陵三座楚墓出土大批重要文物》，《文物》1966 年第 5 期。

有36件。[①] 安徽杨公楚墓中出土的一件镂空龙凤纹珮，左右各饰有一个龙头，与龙身构成拱形，拱下有一对凤鸟，左右对称，造型生动、细致、精巧。[②] 常见龙形珮平面形似扇形，左右均衡，设计精美，与服饰相匹配。在楚墓中曾经发现过一些成组的珮玉，一些木俑身上也绘有珮玉，这些都可以帮助我们了解珮玉的实际使用情况。马山一号楚墓中的一组珮饰则是由黄色组带穿着一件琉璃珠和一件玉管，这组珮饰的上端系在腰带上，是目前所见到最简单的珮饰。

凌家滩遗址所展现的玉器文明体现了江淮地区玉器业发展的原有基础。随着楚势力对江淮地区的渐进，玉器雕琢技术有了较大的进步。江淮流域已出土许多此时的精美玉器，如寿县西门内蔡昭侯墓地出土玉饰5件，其中瓦形碧玉饰长、宽各2.5厘米，两侧厚0.3厘米，重3.1克，呈长方形，色泽青润，两侧各有小缺口与背面相应处对钻成穿孔，正面中部饰束带纹、方纹。蚕形玉饰形状弯曲似玉璜，两面均有带形纹7道，带纹上有6道斜线纹，1道人字纹，使蚕呈动态，头部以穿孔作为蚕的眼睛，颇为珍贵。[③] 1988年舒城河口清理的春秋早期土坑墓出土玉玦26块，这在一定程度上反映了皖西地区此时的玉器加工业状况。[④] 楚国中型以上的墓葬中出土的珮玉不仅数量多，而且种类也多。和江陵楚墓相比，河南淮阳楚墓和安徽长丰杨公楚墓出土珮玉的数量较多。就这三个地点的楚墓年代而言，江陵楚墓的年代显然更早一些，而淮阳楚墓的年代多数是公元前278年楚迁都陈(今河南淮阳)前后，长丰杨公楚墓的年代则是楚迁都寿春前后，已经接近公

① 安徽省文物工作队：《安徽长丰杨公发掘九座战国墓》，中国社会科学出版社1982年。
② 侯力丹等：《先秦楚地龙形玉器纹饰审美文化刍议》，《中华文化论坛》2016年第10期。
③ 安徽省文管会、安徽省博物馆：《寿县蔡侯墓出土遗物》，科学出版社1956年。
④ 郝梅梅：《楚对江淮地区的开发》，安徽师范大学硕士学位论文，2007年，第15页。

元前 223 年楚国灭亡之时。[1]

楚国有石质乐器。乐器中钟与磬是相配的。钟发声洪亮，磬收韵清越，所谓"金声玉振"，就是这个意思。但玉磬难得，而石磬常用。古代的"八音"，金为第一，石为第二，金即钟，石即磬。

下寺楚墓出土编盘磬 3 套，每套 13 件，都用硅质灰岩制成。像编钟那样，一套之中，由大到小，然而形制相同。可惜多已破，勉强修复之后，试敲，音已不准了。音乐中的"八音"，除金、石外，还有土、革、丝、木、匏、竹。《国语·楚语上》记伍举答楚灵王问，说到了"金、石、匏、竹"，这是取八音的头尾来代表八音的全体。看来，春秋时代的楚国是八音俱全的。土、革、丝、木、匏、竹之类乐器，长久埋在地下容易朽坏，因而出土实物极少。湖北当阳曹家岗 5 号墓出土的漆瑟两件，是仅存的硕果，但也或多或少朽坏，一件有彩的已无法修复，一件无彩的要修复也很难了。

出人意外的是，下寺 1 号墓出土了排箫一件，竟是石制的。假使它是竹制的，恐怕早已变为灰土了。在考古史上，石排箫是初次发现。这件石排箫有 13 个音管，最长者 15 厘米，最短者 3 厘米，管壁厚仅 1 毫米，相邻两管的间距则不足 1 毫米。它的上部有凸雕的宽带环绕，犹存捆扎之状，是仿竹排箫而制作的。第 7 管口部已残，令人有美中不足之叹。另外 12 个管都还可以吹奏，让今人能听到当年楚人所听到的乐音。排箫别名"参差"，屈原《九歌·湘君》"望夫君兮未来，吹参差兮谁思"，便是对这种排箫的赞美。[2]

---

① 张宗登：《先秦时期楚国设计艺术的多元融合研究》，九州出版社 2022 年，第 344—351 页。
② 张正明：《楚文化史》，上海人民出版社 1987 年，第 97—98 页。

第七节　葛麻、桑蚕、纺织的发展

楚国的衣服，与诸国一样，先是以葛、麻织成，后逐步用以丝绸。

春秋时期，葛的种植面积扩大。葛不但在南方大量种植，北方也多有种植。这在春秋时的诗歌中多有反映。《诗经·魏风·葛屦》"纠纠葛屦，可以履霜"，《诗经·齐风·南山》"葛屦五两，冠绥双止"，反映出北方的魏国及齐国等也种有葛，葛的种植面积较前扩大了。诗歌中也反映出当时人们已经不再是简单地使用葛，而是通过煮葛提取纤维，对葛施行脱胶处理。《诗经·周南·葛覃》中的"葛之覃兮，施于中谷，维叶莫莫。是刈是濩，为绤为绤。"孔颖达疏："于是刈取之，于是镬煮之，煮治已迄，乃缉绩之，为绤为绤。"①记述了提取纤维织布的全过程，先是将葛在水中煮烂，然后在流水中清洗，提取纤维后，绩成纱，用于织布。葛纤维较短，在脱胶时还要留存部分胶质，即半脱胶，所以脱胶的时间和火候要有精确的掌握。从葛织成的布，有粗的"绤"，细的"绤"来看，当时葛纺织技术已达到成熟水平。

葛在南方更为普遍。《越绝书·越绝外传记越地传》载，春秋时，越王勾践曾命人在"葛山"上"种葛"，"葛山者，勾践罢吴，种葛，使越女织治葛布，献于吴王夫差"。所以才能一次就送给吴王"葛布十万"。这说明南方包括楚国也开始人工种植葛，且产量很大。

葛织品是当时服饰的主要原料，以粗细可分为绤、绤、绤。《诗经·鄘风·君子偕老》有"蒙彼绉绤"，毛传："绉绤，绤之蹙蹙者。"孔颖达《正义》："绤者，以葛为之，精曰绤，粗曰绤，其精尤细靡者，绤也。言细而缕绤，故笺申之云：'绉绤，绤之蹙蹙者。'"《说文》："绤，绤之细者也。"绤主要供贵族穿着，如《礼记·月令》中的"孟夏之月"、"是月也，天子始绤"，孟夏时要换上绤衣，是因为葛制品吸

---

① 《十三经注疏》上，中华书局1980年，第276页。

汗，透气性好，多作为夏季衣料。《论语·乡党》有"当暑，袗绤绤，必表而出。"《诗经·邶风·绿衣》："绤兮绤兮，凄其以风。"都是记载夏季衣葛的情形。后来随着丝纺业的发展，贵族多穿着丝制品，葛制品渐成为楚国平民所穿之物。

麻的种植和纺织也有发展。《诗经·齐风·南山》："蓺麻如之何？衡从其亩。"说明至西周时已有大面积的麻田。《诗经·王风·丘中有麻》："丘中有麻，彼留子嗟。"《诗经·陈风·东门之池》："东门之池，可以沤麻。"《诗经·陈风·东门之枌》："不绩其麻，市也婆娑。"

麻纤维的使用也要经过脱胶处理，如直接使用则较硬易断。人们在长期实践过程中发现，在潮湿环境下的麻茎易于剥离，且纤维长韧性大，所以人们就开始采用人工浸渍的方法进行脱胶，这种方法就是沤渍法。沤渍法依今天科学原理来解释就是，在阳光充足的、流动性不强的池中来沤制麻，水温升高，水中微生物繁殖快，麻皮在水中膨胀后释放出碳水化合物，为微生物提供养分，加速了生物酶的分泌，酶分解了麻纤维上的果胶及半纤维素，这就是现代解释的微生物脱胶工艺技术。[①]

楚国产有麻布。《尚书·禹贡》："豫州"即今河南省，"厥贡漆、枲、绤、纻，厥篚纤、纩，锡贡磬错"。"绤"是细葛布，"枲"是质地精良的大麻布，"纻"是苎麻布，都是贵重物品，要上贡天子。大部分的麻织品为大麻及苎麻制物。楚国自楚文王北上，灭申、应、邓国，"封畛于汝"，拓境至汝河，就占有豫州部分土地。

春秋时期蚕桑业有较好的发展。从商周时期出土的丝织物和蚕形实物的分布来看，我国的大部分地区都有发现，说明对蚕茧的利用和驯化是在不同地区独立地进行的。由此，学者们认为我国的蚕丝业起源有多个中心。[②] 其中主要以黄河流域及长江流域发展最快。《禹贡》

---

① 吴爱琴：《先秦服饰制度形成研究》，河南大学博士学位论文，2013 年，第 115—119 页。
② 蒋猷龙：《家蚕的起源和分化》，江苏科技出版社 1982 年，第 10 页。

是我国现存最早的一部经济地理专著，一般认为系战国人所作，其记载夏分置的九州中，有六个州记载有养蚕和出产丝织物：其中兖州："桑土既蚕，……厥贡漆丝，厥篚织文"，兖州指今河北东南部、山东西部一带，产丝、织文，"织文"是一种多色的丝织物。青州："岱畎丝枲，……厥篚檿丝。"青州即今山东泰山北、山东辽东两半岛，产绨、丝、纨、绮绣纯丽物，《汉书·地理志下》："齐地……其俗弥侈，织作冰纨绮绣纯丽之物。"徐州："厥篚玄纤缟。"徐州指今江苏、安徽及山东南部，产玄纤缟，"玄纤缟"是"赤而有黑色，以为之袞，所以祭也"的黑红而细的丝织品。荆州："厥篚玄纁、玑、组。"荆州包括今湖南湖北及江西河南南部一带，"玄纁"指黑中有红色的丝织品。豫州："厥贡漆、枲、绨、纻，厥篚纤、纩。"豫州包括今河南大部，湖北、山东、陕西一小部。孔颖达说："纩是新绵，纤是细绵。"扬州："厥篚织贝。"扬州包括今江苏、安徽南部，江西、浙江北部。"贝，锦名也。《诗》云：'成是贝锦。'凡织者，先染其丝，织之即成文矣。"[①]扬州产的"织贝"为贝纹锦。

从《禹贡》记载可知，春秋时全国大部分地区都种桑养蚕，楚国也不例外。由于各诸侯国对葛麻业及蚕桑业的重视，为纺织业的发展打下坚实的基础。先秦时期的纺织物虽然出土不多，但在全国各地都有发现，说明它和人们的生活息息相关。这一时期出现的纺织品类，按其原料来分有：毛织物、葛织物、麻织物、丝织物，每类又因织造方式的不同，可分为更细的品类。纺织品类的多样反映了纺织业的蓬勃发展。

中国传统的丝织工艺，在世界上独树一帜，享有盛誉。楚地所出土的丝织品，则为我国上古丝织先进工艺的代表作。楚地丝织工艺具有悠久的传统，据《尚书·禹贡》篇所载，夏禹划分九州，凭土作贡，荆州是六个出产丝织品的大州之一，在规定的向中央王朝上贡的贡品

---

① 《史记》集解引郑玄注。见《史记·夏本纪》，中华书局1959年，第60页。

中，就有彩色丝绸和用丝带串着的珍珠，还要用竹筐包装，即所谓"厥筐玄纁、玑、组"。及至周代，楚芈族受周封，仍然有向周王朝上贡包括丝织品在内的贡物的义务。《国语·齐语》载，齐桓公还曾以楚不向周进贡等为借口，亲自率军征伐楚国，"使贡丝（以丝为代表的各种贡物）于周而反"。由此可见，西周时，楚地仍是我国丝织品的重要出产地。

春秋时代，随着丝织业的逐渐兴旺发展，丝织品的用途和使用范围日益扩大。贵族大都追求华丽的丝织服饰。《战国策·楚策一》载，楚成王时，令尹子文夏季常穿素净的黑色丝织品上朝，即所谓"缁帛之衣以朝"，被视为"廉其爵，贫其身"的范例，为历代所传颂。《史记·滑稽列传》载，楚庄王时其所喜爱的马"衣以文绣"，即把刺绣的丝织品披到了马的身上。《盐铁论·通有》载，令尹孙叔敖其"妻不衣帛"，被认为是"大俭逼下"，还因此遭到孔子的非议。《左传》襄公三年载，楚共王时，曾以丝带缀连甲片，称之为"组甲"，用以武装其伐吴的精锐部队。《左传》襄公三年载，楚康王时，大臣蒍子冯辞避令尹一职，在家里卧床装病，所盖的"重茧"，就是指两床丝棉被。《左传》僖公二十年载，楚生产的丝织品不仅多为楚人所享用，丝帛之余还"波及晋国"等地。①

春秋时期，桑、麻等纺织原料的生产已成为淮河流域人民的重要副业。《史记·伍子胥传》载："楚平王以其边邑钟离（安徽凤阳境内）与吴边邑卑梁氏（安徽天长西北）俱蚕，两女子争桑相攻，乃大怒，至于两国举兵相伐。"这说明春秋时蚕桑生产已向南推广至江淮一带，并已成为人们的重要副业。当时不仅桑、麻的种植面积广，其纺织水平之高也是不容忽视的。《诗经·周南·葛覃》云："葛之覃兮，施于中谷，维叶莫莫，是刈是濩，为绨为绤，服之无斁"，可知，当时已采用水煮脱胶法提取葛纤维以纺纱织布。1959 年，安徽舒城龙舒公社（今

---

① 罗运环主编《荆楚文化》，山西教育出版社 2006 年，第 431 页。

龙舒乡)春秋墓出土的青铜器表面黏附许多绢、布残迹。[1] 经分析,绢为平纹组织,缕细而均匀,且有光泽,每平方厘米内经线25根、纬线17根,麻布每缕粗细不均,无光泽,其组织有粗细两种,粗的每平方厘米内经纬线各17缕,细的各24缕。细布的经纬线几乎与现在的棉布相等,足见当时纺织技术水平之高。[2] 寿县西门内蔡昭侯墓地出土玉饰5件,其中含有蚕形的瓦形碧玉饰长、宽各2.5厘米,两侧厚0.3厘米,重3.1克,呈长方形,色泽青润,两侧各有小缺口与背面相应处对钻成穿孔,正面中部饰束带纹、方纹。蚕形玉饰形状弯曲似玉璜,两面均带形纹7道,带纹上有6道斜线纹,1道人字纹,使蚕呈动态,头部以穿孔作为蚕的眼睛,颇为珍贵。[3]

春秋战国时期,家庭纺织业成为当时主要的手工业形式,"男耕女织"成为农村普遍现象。《墨子·非命》载:"今也农夫之早出暮入,强乎耕稼树艺,多聚叔粟,……今也妇人之所以夙兴夜寐,强乎纺绩织纴,多治麻统葛绪,捆布缘,而不敢怠倦者。"当时治葛麻,纺纱织布已成为农妇的日常工作。

春秋战国时期,各国的纺织业已成一定规模,产量和数量及质量上都有大提高,当时已设立有官营的纺织作坊。《左传》成公二年,楚侵鲁,鲁"赂之以执斲、执针、织纴,皆百人"。"执针"和"织纴"是从事缝纫及织丝绸的工人,鲁国对楚赂以百人,说明当时鲁国的官营手工业作坊具有相当规模。《左传》哀公二十五年载,"因三匠与拳弥以作乱",卫国爆发了织、染、缝纫三种工匠起义,反映春秋末年卫国纺织、染色、缝纫手工业已有一定规模,从业人数也应不少。《左传》襄公二十九年载,吴公子季札"聘于郑,见子产,如旧相识,与之缟带,子产献纻(麻布)衣焉",说明吴国和郑国的丝、麻织物的质量

---

① 安徽省文化局文物工作队:《安徽舒城出土的铜器》,《考古》1964年第10期。
② 李修松:《先秦史探研》,安徽大学出版社2006年,第296—297页。
③ 安徽省文管会、安徽省博物馆:《寿县蔡侯墓出土遗物》,科学出版社1956年,第6—16页。

相当好，可用来作为礼品。吴爱琴指出：东周时，丝织业已相当的发达，形成了著名的丝织品产地，如"齐纨""鲁缟""荆绮""卫锦"等。[①]

第八节　度量衡制度的完善

楚国的度量衡制度是在周王室实施度量衡制的基础上逐步完善的。《周礼》是记载周代各种典章制度的重要典籍，书中多涉及度量衡。《周礼·天官·冢宰》载，内宰"出其度量淳制"，即设定长度、容量和布帛广狭、长短的标准。《地官·司徒》载："司市掌市之治教政刑，量度禁令……以量度成贾而征侯……凡万民之期于市者，辟布者，量度者，刑戮者，各于其地之叙。"质人"同其度量，壹其淳制，巡而考之，犯禁者举而罚之"，这是说司市掌理治教政刑和量度禁令，按照斗斛丈尺等量度标明货物的定价，以便招徕顾客。凡是百姓于约定日在市中进行交易的，如果发生银钱纠纷或量度上的争执等事，就在各自所在的市场中处理。质人统一度量、划一布匹的广长，并随时巡行加以抽查，如有违反禁令的，就没收他们的货物，并加以处罚。《夏官·司马》说合方氏"同其数器，壹其度量"，即统一各地的计数法和度量衡单位。《秋官·司寇》载：大行人"达瑞节，同度量，成牢礼，同数器，修法则"，是指检视（各诸侯国的）瑞节，统一度量制度，平成牢礼之数，统一衡器，修订法则。这些都说明西周时期量衡器具已普遍使用于市场，政府颁发并统一度量衡器具及标准，度量衡制度至此已完全形成。

春秋时期的手工业获得了前所未有的大发展，手工业是促使度量衡制度成熟的重要因素。当时的手工业包括官营、家庭和个体手工业三大类。官营手工业是以官府主办的手工工场的形式进行手工生产，产品以贵族和官僚生活用品及军工产品为主，其法规严谨，分工细致

---

① 吴爱琴：《先秦服饰制度形成研究》，河南大学博士学位论文，2010年，第120页。

缜密，号称"百工"。官营手工业由于产品重要，对产品长度、容量、重量以及角度、硬度等作有详细的规定。官营手工业繁杂的工种和严格的检测要求促进了度量衡制度的成熟。《考工记》是齐国政府指定的指导、监督和考核官府手工业的官书，主体内容编纂于春秋末至战国初，部分内容补于战国中晚期。书中分类别对不同官营手工业器具有着度量衡方面的细致要求。

商业的繁荣促进了度量衡的普及。春秋战国之交，新的政治体制和经济形态促进了农业和手工业的大发展，农业剩余产品、手工业品大量涌入市场，给商业带来更多的物品来源。度量衡是商业流通中的重要媒介，它通过衡量物体的大小、容量和多少，来标明物体的价值。反过来，商业的发展和繁荣，也促进了度量衡器的发展和普及。《孟子·滕文公上》载："布帛长短同，则贾(价)相若；麻缕丝絮轻重同，则贾(价)相若；五谷多寡同，则贾(价)相若；屦大小同，则贾(价)相若。"可见度量衡已经成为衡量商品价位高低的工具。繁荣的市场迫切需要随时可用的度量衡器具来度量商品的大小、容量和轻重，此时，度量衡器具的普及就成了不可阻挡的趋势。但由于诸侯割据，各国经济、文化发展水平不一，各诸侯国形成了地域特征明显、各不相同却均已成熟的度量衡制度。

春秋时期，诸侯各国形成了地域特征明显的度量衡制度。这种地域特征，突出表现在各国度量衡单位制度的明显差异。

楚国量制的发现情况：

1978年河南淅川下寺3号春秋楚墓出土了一件春秋时代的铜量（M3：28），铜量为素面，大口微敛，鼓腹，腹侧铸一小环钮，下壁内收成小平底。此种形制的器物，无疑是量器。据发掘报告，此器通高11.5厘米，口径16.5厘米，腹径18.4厘米。[①] （见图25-2）

从器形看，此量器基本以中腹棱为中线，分为上下两个比较规则

---

① 河南省文物研究所等：《淅川下寺春秋楚墓》，文物出版社1991年，第235页。

的锥台体,据图测上中下口径之比为27∶29∶15,底径约为9.3厘米。根据报告所见数据并测量线图来计算,该量的容积在2296毫升左右。这个数值与长沙郾客铜量所见的2300毫升非常接近。因此,有理由认为,这是级别为"半"的楚量。

1984年在湖南长沙还发现了1件郾客铜量。器型同前,器外壁上有1处方框,内有铭文6行共56字,但未涉及容量。该器容积2300毫升。[①] 1985年湖北大冶发现1铜量反扣于13枚铜环权之上,铜量器壁多已破碎,根据其一边完整边壁的深度和底径,测算其容积为746.7毫升。[②]

楚国衡器的发现情况:

楚国除使用蚁鼻钱外,还大量使用黄金作为"上币"。由于价值珍贵,黄金在交易时,需要进行非常精细的称量。多年来,在楚国故境已发现了400余枚铜环权,还间有衡杆和铜盘出土。大量资料表明,楚国当时已经形成了益(镒)、两、朱(铢)制的重量单位。

多年来,楚国铜环权的重要发现层出不穷。1954年,长沙另两座楚墓出土两套共15枚铜环权。[③] 1955年,湖南长沙两座楚墓出土两套共18枚铜环权。[④] 1957年,湖北江陵雨台山419号楚墓出土一套8枚铜环权。[⑤] 1958年,湖南常德出土两套共10枚铜环权。[⑥] 同年,长沙一座楚墓出土一套共7枚铜环权。[⑦] 1959年,长沙一楚墓出土一套共7枚铜环权。[⑧] 除此之外,自20世纪50年代至90年代期间,长沙地

① 周世荣:《楚邢客铜量铭文试释》,《江汉考古》1987年第2期。
② 熊刚达:《大冶出土一套楚国青铜砝码》,《中国文物报》1986年5月2日。
③ 丘光明:《中国历代度量衡考》,科学出版社1992年,第294页。
④ 高至喜:《湖南楚墓中出土的天平砝码》,《考古》1972年第4期。
⑤ 国家计量总局主编《中国古代度量衡图集》,文物出版社1984年,图161。
⑥ 丘光明:《中国历代度量衡考》,科学出版社1992年,第292—293页。
⑦ 丘光明:《中国历代度量衡考》,科学出版社1992年,第294页。
⑧ 丘光明:《中国历代度量衡考》,科学出版社1992年,第296—297页。

区的 11 座楚墓还出土了 11 套共 60 枚铜环权。[①] 1967 年，安徽淮南八公山出土一套 6 枚铜环权。[②] 1970 年，江苏江宁报桥出土一套共 6 枚铜环权。[③] 1975 年，湖北江陵雨台山两座楚墓出土两套共 6 枚铜环权。[④] 1978 年，湖南益阳县赫山庙战国楚墓出土一套共 7 枚铜环权。[⑤] 1980 年，湖北江陵县张家山墓葬出土一套 5 枚铜环权。[⑥] 1981 年，湖北江陵楚墓还出土两套 12 枚铜环权。[⑦] 1982 年，湖南溆浦县马田坪战国楚墓出土一套共 7 枚铜环权。[⑧] 1986 年，湖北大冶县出土一套共 13 枚铜环权。[⑨] 20 世纪 80 年代，湖北江陵九店出土一套共 7 枚铜环权。[⑩] 1990 年，湖南沅陵出土一套 5 枚铜环权。[⑪] 中国国家博物馆还藏有两套共 16 枚铜环权。[⑫] 这些铜环权的重量大体以倍数关系依次递增，各自构成一个较为完整的组合。

1933 年，湖南长沙发现(或言安徽寿县楚墓出土)的一套完整权衡器，包括 6 枚铜环权、1 件木质衡杆和 2 个铜盘，同时置于一竹笥内。木质衡杆中间有提纽，两端各以 4 根丝线系铜盘。6 枚环权重量按倍数递增，依次重 3.7 克、7.6 克、15.6 克、31.4 克、62 克、125.5 克，分别相当于 6 铢、12 铢、1 两、2 两、4 两、8 两。其中第 4 枚权上刻"贤子之佸银"。"贤子"为合文，"佸银"当为官府颁发的标准器。

① 湖南省博物馆等：《长沙楚墓》，文物出版社 2000 年，第 286—296 页。
② 丘光明：《中国历代度量衡考》，科学出版社 1992 年，第 300 页。
③ 国家计量总局主编《中国古代度量衡图集》，文物出版社 1984 年，图 163。
④ 丘光明：《中国历代度量衡考》，科学出版社 1992 年，第 288—289、296 页。
⑤ 湖南省博物馆等：《湖南益阳战国两汉墓》，《考古学报》1981 年第 4 期。
⑥ 湖北省博物馆江陵工作站：《江陵溪峨山楚墓》，《考古》1984 年第 6 期。
⑦ 丘光明：《中国历代度量衡考》，科学出版社 1992 年，第 298—299 页。
⑧ 湖南省博物馆：《湖南溆浦马田坪战国西汉墓发掘报告》，载湖南省文物考古研究所：《文物资料丛刊》，岳麓书社 1984 年，第 38—69 页。
⑨ 熊刚达：《大冶出土一套楚国青铜砝码》，《中国文物报》1986 年 5 月 2 日。
⑩ 湖北省文物考古研究所：《江陵九店东周墓》，科学出版社 1995 年，第 254 页。
⑪ 郭伟民：《沅陵楚墓新近出土铭文砝码小识》，《考古》1994 年第 8 期。
⑫ 丘光明：《中国历代度量衡考》，科学出版社 1992 年，第 296—299 页。

1945 年，湖南长沙近郊出土的一套共 10 枚铜环权，其重量大体以倍数递增。其中 9 号环权上刻有二字，原释"钧益"，也有学者释为"埄益"，即"半益"，[①] 应当是可信的。"益"即镒。9 号权重 124.4 克，10 号权重 251.3 克，当为 1 镒。其余 1 至 8 号环权依次重：0.69 克、1.3 克、1.9 克、3.9 克、8.0 克、15.5 克、30.3 克、61.6 克，分别相当于 1 铢、2 铢、3 铢、6 铢、12 铢、1 两、2 两、4 两，9、10 号权则分别相当于 8 两(半镒)、16 两(1 镒)。10 枚环权总重约 500 克，相当于 2 镒。楚国当时对贵金属的称量采用的是益(镒)、两、朱(铢)的衡制单位，其 1 益约等于秦国等地的 1 斤，约 250 克，合 16 两。

1954 年，湖南长沙左家公山 15 号楚墓出土的一套完整的权衡器，包括 9 枚铜环权和 1 件木衡杆，还有铜盘、丝线。木衡杆呈扁条形，正中钻有一孔，孔内穿有丝线作为提纽。杆两端内侧 0.7 厘米处各有一穿孔，内穿 9 厘米长的丝线以系铜盘。铜盘底略圆，直径 4 厘米。9 枚铜环权大小依次递减，最大的环权外径 4.95 厘米，最小的外径 0.72 厘米，组合使用时可依次摞成宝塔形使用。环权重量依次分别为 0.6 克、1.2 克、2.1 克、4.6 克、8.0 克、15.6 克、31.3 克、61.8 克、125 克，大体以倍数递增，应分别为 1 铢、2 铢、3 铢、6 铢、12 铢、1 两、2 两、4 两、半斤权，折合 1 益(斤)合今 250 克。

1975 年，湖北竹山县城北郊发现一套共 8 枚铜环权。铜环权形制相似，大小不等，依次递减，环径从 3.6 厘米至 1.4 厘米不等，制作较为规整，表面无纹饰。8 枚环权的重量依次为 1.67 克、2.01 克、2.8 克、5.5 克、6.01 克、8 克、10.85 克、15.06 克，应分别为 2 铢、3 铢、4 铢、8 铢、8 铢、12 铢、16 铢、24 铢。据此，除去第 1 枚和第 5 枚折合的单位量值偏高外，其余 6 枚折合的 1 斤量值合今在 241 克~

---

① 李学勤：《楚简所见黄金货币及其计量》，载中国钱币学会编《中国钱币论文集》（第 4 辑），中国金融出版社 2002，第 61—64 页；李守奎：《楚文字编》，华东师范大学出版社 2003 年，第 759 页。

269克之间。①

春秋时县官食禄，就是给予一定重量单位的粮食。孔子不少弟子为家臣或出任低级官吏，他们领取报酬的形式就是"谷"或"粟"。如《论语·雍也》："原思为之宰，与之粟九百。"《论语·泰伯》："三年学，不至于谷，不易得也。"《论语·宪问》："邦有道，谷，邦无道，谷，耻也。"《史记·孔子世家》："卫灵公问孔子：'居鲁得禄几何？'对曰：'俸粟六万。'卫人亦致粟六万。"《墨子·贵义》记载："子墨子仕人于卫，所仕者至而反。子墨子曰：'何故反？'对曰：'与我言而不当，曰：待我以千盆，授我五百盆，故去之也。'子墨子曰：'授子过千盆，则子去之乎？'对曰：'不去。'子墨子曰：'然则非为其不审也，为其寡也。'"这是以"盆"为计算单位。

齐、魏用"钟"来计算粮食。如《战国策·齐策四》田骈在齐国有"訾养千钟"，《史记·魏世家》魏国文侯时，魏成子"食禄千钟"。秦、燕用石计算，如《韩非子·定法》载："商君之法曰：'斩首一级，欲为官者，为五十石之官；斩首二级爵二级，欲为官者，为百石之官。'"

---

① 赵晓军：《先秦两汉度量衡制度研究》，上海交通大学出版社2017年，第101—103页。

退休之后从容不迫地著书立说的感觉真好。年过七旬后，我总结中国年轻学者的写作一般有两大特点，一是"著书皆为稻粱谋"，二是"行文多为急就章"。撰述为评职称。每年有规定任务必须完成，顾不得精雕细琢，构建体系，以一得之见，匆匆完稿，应付一时。受此影响，学术研究的"碎片化"当然在所难免。哪像退休之后的著书立说，无人要求，无人催稿，无人问津，宠辱皆忘，板凳奇冷，天高任鸟飞，节奏自调节。

本人在 2010 年年满六十。正式卸任后，无官一身轻，时间可以由自己支配，"忽如一夜春风来，千树万树梨花开"，庆幸人生的第二个黄金时代终于开始。按照早就拟定的人生规划，随即开始了长达 6 年的《先楚史》写作，而《春秋楚史》则是《先楚史》交稿后才开始动笔的。

难忘《先楚史》的交稿日期是在 2016 年 5 月。当时正躺在病床上，全家人焦急万分，因为被告知得了胰腺癌。在病床上胡思乱想，最担心的是《先楚史》不能出版，但全书还有若干文字尚未完善，临近手术前拖着病体回家，几乎一整夜，将文字作最后调整，存入 U 盘，心里才踏实。第二天，趁武汉出版社总编辑邹德清先生来医院看望，将 U 盘郑重交出，嘱咐如果病逝，出书时将本人的名字用黑框框上，作为"遗著"出版。

武汉出版社接稿后，立即组织审稿和编辑，不承想因为拙稿古文字较多，审稿和编辑难度太大，《先楚史》一度难产，直到编辑出版过何浩先生《楚灭国研究》的老将王远彦先生接手，才进入正轨。王远彦先生审稿火眼金睛，编辑经验老到，甚至拙稿很多因突然患病而来不及完善的文字都被王远彦先生妥善处理。

在焦急盼望早日出版《先楚史》的过程中，本人病体稍愈，资料准备就绪，从 2018 年 3 月 1 日起，正式动笔，全力投入《春秋楚史》的写作。从 2016 年 5 月《先楚史》交稿至 2023 年 5 月《春秋楚史》，每天争分夺秒写作，一晃过去了几年。

《春秋楚史》是堂堂之阵，与《先楚史》大为不同。长达142万字的《先楚史》是以奇取胜，在众多的楚国族源的研究中，众学者大都是只盯着楚王族的来龙去脉研究楚国的历史，本人可谓独辟蹊径，从研究江汉流域的荆蛮入手，研究楚国的族源。清华简《楚居》为我的新思路提供了将楚王族与荆蛮分开研究的依据，能够从"融合"上得出楚国成立的结论。这有点与众不同，因出奇而制胜。但写作《春秋楚史》则不同，我与其他楚史研究者一样，都是处在同一起跑线，没有捷径可走，必须笨鸟先飞，当苦行僧。收集资料详尽而完备，行文论述推陈出新，力争做到人无我有，人有我优，人优我详，人详我新，人新我特，人特我深。

撰写《春秋楚史》，成功在于资料的收集。获取资料有两种途径，一是大量购书，将最新出版的涉及楚史的专著买到手。我在北京育孙兼写作时，必去北京琉璃厂、王府井、清华大学万圣书园、三虎桥人文考古书店等处，不惜金钱，购得必需书籍，保证了写作的正常进行。二是从网上大量下载研究论文。如今科技发达，在网上可以查到海量的考古和研究成果，有引用价值的论文必须下载，打印。在武汉市，查阅资料和下载论文最方便的地方是在湖北省图书馆。感谢湖北省图书馆的李茜，不辞劳苦、不厌其烦，为我查阅和下载论文提供了无微不至的服务，甚至有的论文在省图书馆无法查到，硬是联系国家图书馆，将需要的论文找到，让我感激莫名。

本人撰写《春秋楚史》的过程，有点颠沛流离，充满艰辛。从2016年《先楚史》交稿时算起，到《春秋楚史》完稿，先后在武汉、北京，以及美国多地写作。

孙子程熙博2013年在北京出生，从此育孙的任务在所难辞。我和夫人彭善玲每半年与亲家"轮岗"照料孙子，非轮岗时间，我尚能够在武汉藏书丰富和下载打印论文设备完备的书房，心无旁骛，潜心写作。到了轮岗时间，则必须离开武汉，到北京育孙兼写作。儿子、儿媳在京工作，一切从零开始，贷款买房，早出晚归，艰辛工作，是为人们俗称的"北漂"，我和夫人到京育孙，面临住房狭窄、书桌不足、诸事繁杂、生活不便的矛盾，为确保孙子正常上学和作息，我还面临写作时间不能保证及书籍在汉、难以动笔的窘境。

2019年2月，我在汉照例争分夺秒地写作，突然得知敬爱的李学勤先生去世，感觉天就要塌下来了。急忙与在清华大学的师姐赵丽明教授联系，向她表达哀悼之情。师姐建议我写一段文字，由她转告李学勤先生治丧委员会。遵嘱，我含泪写了下列文字：

今天，2019年2月24日，惊悉李学勤先生去世，心情格外沉痛。往事历历在目，难以忘怀。我与李学勤先生于20世纪80年代初相识，那时我是湖北省社会科学院《江汉论坛》杂志社历史编辑，负责"楚文化研究"专栏的初审，李学勤先生是楚国史研究的权威，在学术研讨会上经常见面。1983年杂志历史组组长何浩要我专程赴京向李先生约稿，我得以到李先生家与他长谈。李先生颇有长者之风，总是鼓励我，在我的楚史论文于1984年获得《历史研究》首届优秀论文奖后，高度评价，以后就成了忘年交了。2000年武汉市召开盘龙城学术研讨会，有幸请李先生到会，由此得以再次畅谈。当时我赠送由我任执行主编的《楚文化知识丛书》，一套20册，李先生非常高兴，浏览全书，赞不绝口，但称身体不好，手不能提重物，嘱我直接寄到北京家中。我近年撰写《先楚史》一书，主要依赖李先生和他的团队整理《清华简》的成果。先生著述宏富，我见著必买，写作时常阅常新，颇多引用。我在《先楚史》前言中以相当篇幅谈到李先生对楚史研究的巨大贡献，以及我对他的崇敬。本来计划140万字的《先楚史》出版后，我携书专程拜访，向他汇报，请他写个书评，不料《先楚史》2016年8月交稿，出版社至今未能出书，半年前签的合同，要到2019年5月出版，使这一设想成为永远

的遗憾！祝愿李先生一路走好。程涛平

　　我的这一段文字，通过手机微信传到赵丽明教授，很快便向社会公布，后查有关追悼李先生的资料，无意间发现我写的这段文字在列，心头有些许慰藉。

　　2019 年 7 月，责任编辑王远彦先生通知，凝聚他无数心血审稿、改稿的拙著《先楚史》，终于完成全部编辑程序，正在湖北省新华印刷厂作最后装订。因"轮岗"时间到，我和夫人照例得到京育孙，我欲睹新出《先楚史》而不得，不得不离开武汉写作条件较好的书房。到京不久，儿媳申请到美国富布赖特访问学者，要访学一年，需带孙子到美国宾夕法利亚大学附属小学读一年级，我和夫人随即前往陪读。小学设在美国费城西南郊风景如画、古木参天的百年小镇斯沃斯莫尔（Swarthmore）内。我们在小镇租房，待了一年，领略了美国小学的教育，以及华人在美国的生活。小镇犹如孤岛，只有一个孤零零的小超市，对外交通非常不便，全凭自驾车出行，日常生活必需品必须驱车半小时以上到数十公里外的费城附近大超市购买。在美国小镇，每天接送孙子上学、放学之余，我很快恢复了正常写作，将带到美国的 U 盘上下载的数千篇有关论文按需要打印，按照既定的写作提纲，扫描文字，编排组织史料，起早贪黑，直到凌晨一两点。成天冥思苦索，消化相关论文，争分夺秒写稿。自信在美国小镇，我最晚熄灯。《春秋楚史》相当部分就是在美国小镇完成的。

　　2020 年，新冠疫情暴发，我们原定只在美国待半年，等亲家到美接岗，由于中美停航，亲家不能来美，我们只好硬着头皮在美国待下去。

　　直到 2020 年 8 月，历经千辛万苦，我们才辗转离美回京，随后回汉，于 2020 年 9 月终于在武汉出版社见到问世已经一年的《先楚史》。手抚印刷精美的三大册《先楚史》，回想围绕写作此书及写作《春秋楚史》前前后后的艰辛经历，禁不住悲喜交集，感慨万千。

拿到《先楚史》后，我第一时间将《先楚史》面交给我写过书面推荐意见的大恩人、九十高龄的章开沅先生。万万没有想到，面交不久，2021 年 5 月 28 日，敬爱的章开沅先生去世。我与章开沅先生于 1984 年 4 月底在北京领取《历史研究》首届优秀论文奖时相识，他代表获奖的 12 名学者在授奖大会上发言，鼓励我以同等学力报考华师的博士研究生，一直对我关爱有加，可谓恩重如山。为此，我于当天写诗《沉痛悼念章开沅老校长》，追忆与老校长交往的件件往事：

华师校长教育家，著作等身学问佳。大爱无疆蒙教诲，巨星陨落泪雨下。一九八四同赴京，老少领奖传佳话。辛亥革命和楚史，两篇文章两朵花。初中文凭欲考博，校长鼓励不再怕。严格考试终破格，有幸华师大门跨。爱听校长作报告，风趣幽默魅力大，举手投足学者风，掌声雷动演说家。博士证书校长印，见证华师育英华。效力武汉先生喜，文化项目不吝夸。中山舰前慷慨语，神话园内乐开花。承蒙推荐《先楚史》，书成又得高评价。坚辞待遇人敬仰，勤于著述学无涯。恩重如山先生逝，叫我如何来报答！

《春秋楚史》撰写过程与新冠疫情相伴始终。为早日完成《春秋楚史》，每日奋笔疾书，不知不觉中，到 2022 年国庆节了。按照惯例，又得与夫人一起到北京轮岗育孙，谁知此时疫情反复。儿子在京网购了汉口到北京的高铁，随后也只得无可奈何马上退票。到 11 月底，才算顺利到京。疫情过后，我才恢复到聚精会神、正常著书的状态。

本书临近完稿之际，2023 年 1 月 12 日下午 13：42，突然接到湖北大学宋公文教授发来的微信，告知冯天瑜先生上午 10：40 去世。一时蒙了，不敢相信冯天瑜老师的突然离世！因为一个月前，世界杯足球赛期间，他频繁预测，无不应验。2022 年 12 月 6 日凌晨 1：56，我正在写作，接到他发来长篇微信，谈论克罗地亚加时赛战胜日本；当天上午 8 点又发来微信告知："3 点场未看，晨起获悉巴西胜韩 4 : 1，预测正确"；8 : 36 第三次发来微信，分析克罗地亚队获胜原因。这些微信，给人他精力充沛的印象，怎么突然就去世了？冯天瑜先生享年八十，是武汉大学的资深教授，著作等身，是名副其实的学术泰斗。20 世纪 70 年代，我通过友人引荐，拜访冯老师，遂结下友谊。1980 年起我担任湖北省社会科学院《江汉论坛》杂志的历史编辑，与经常投稿的冯老师来往更加密切。1987 年，我完成博士论文《楚国农业及社会研究》，在出版时蒙冯老师高度评价，亲为作序。2010 年起我开始动笔撰写《楚国通史》，冯老师提醒，人生无常，不要等到全书几百万字写完才联系出版，应该分阶段，完稿即出。我接受建议，将《楚国通史》拆分成《先楚史》《春秋楚史》《战国楚史》三部，写出一部出版一部。冯老师还特意向武汉出版社书面推荐出版其中第一部《先楚史》。142 万字的《先楚史》出版，冯老师关爱至多。本书《春秋楚史》，亦得到冯老师的再次书面推荐。回想我的成长，每一步都与冯老师的帮助、指导息息相关，每思及此，怎不涕零！在本书即将交付出版之际，我默默祈祷，祝冯老师在天国安息！

程涛平

二〇二四年五月

插

图

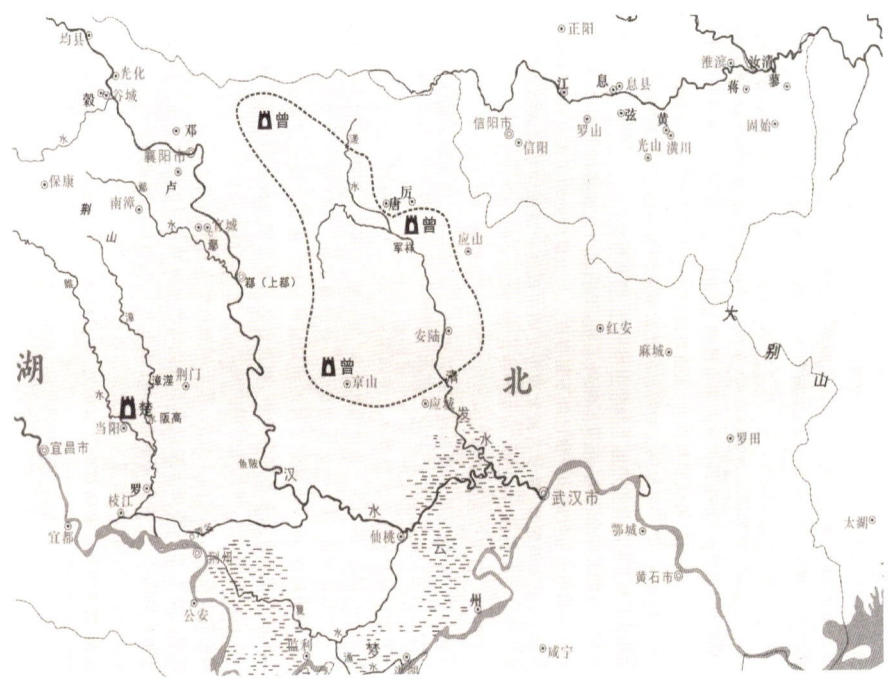

图 1-1：考古推测春秋早期随（曾）国地域范围

录自方勤：《曾国历史与文化——从"左右文武"到"左右楚王"》，上海古籍出版社 2019 年，第 107 页

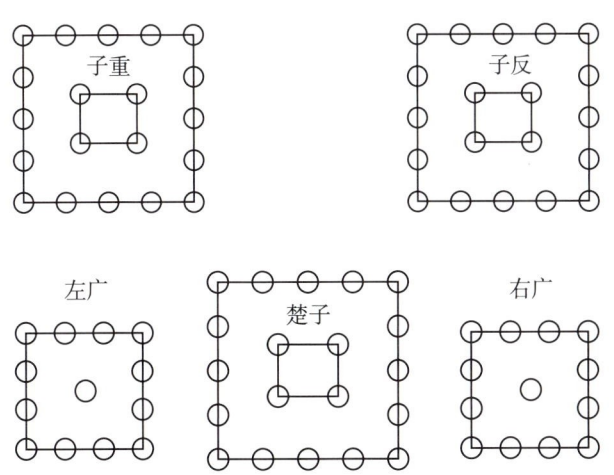

图 1-2：明代复原的"楚荆尸阵图"

录自赵旭腾：《中国古兵阵》，人民出版社 2022 年，第 87 页

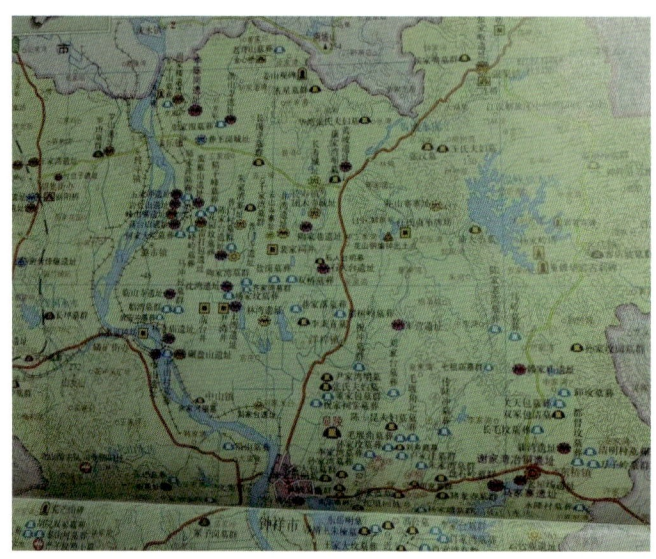

图 2-1：楚文王湫郢位置图

录自国家文物局主编《中国文物地图集·湖北分册
（上）》"钟祥市文物图"，西安地图出版社 2002 年，第 207 页

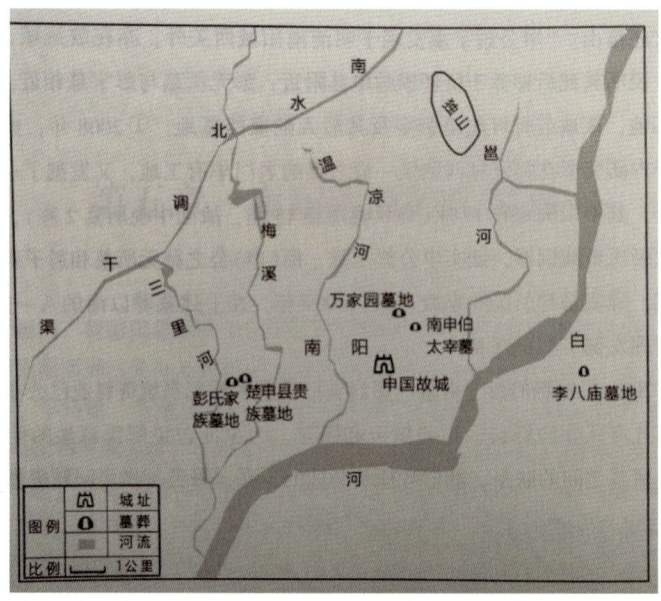

图 2-2：南阳彭氏墓地位置图

录自田成方：《楚系家族墓葬研究》，武汉大学出版社 2021 年，第 166 页

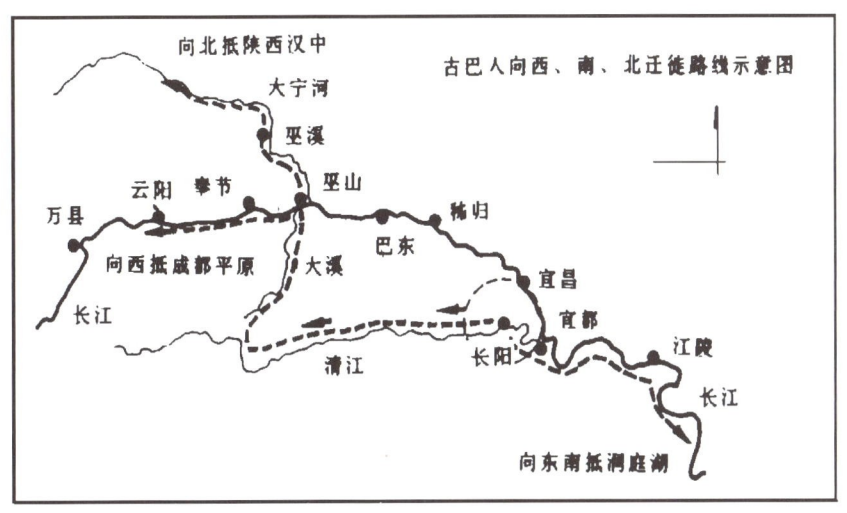

图 2-3：巴人迁徙图

录自赵万民：《"巴"文化与三峡地域聚居形态》，《华中建筑》1997 年第 3 期

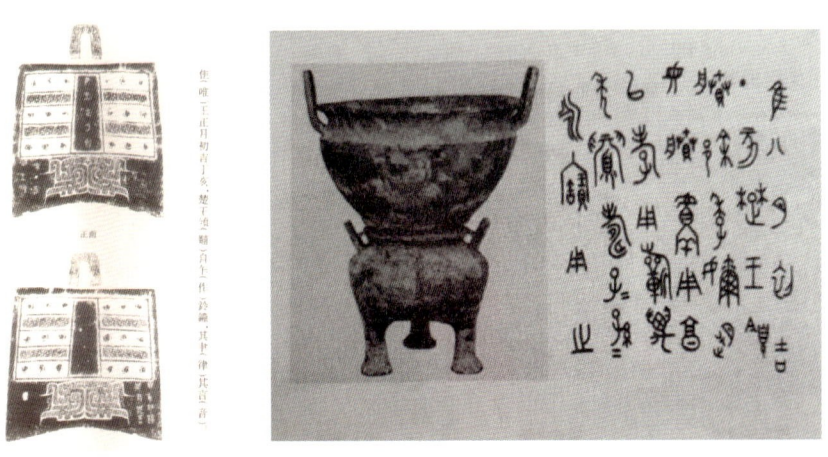

图 3-1：传世楚王领(龒)钟和鼎

左图录自刘彬徽、刘长武：《楚系金文汇编》，湖北教育出版社 2009 年，第 56 页。右图录自王冠涛：《春秋铜器所见楚君名号集证》，载《楚学论丛》第八辑，湖北人民出版社 2019 年，第 10 页

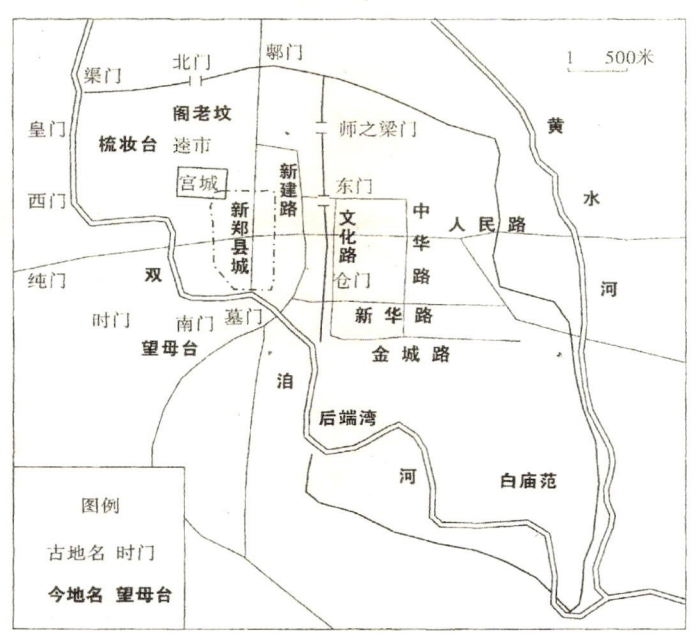

图 4-1：周代郑城推测复原示意图

录自曲英杰：《史记都城考·周代郑国及韩国都郑城》，商务印书馆 2007 年，第 349 页

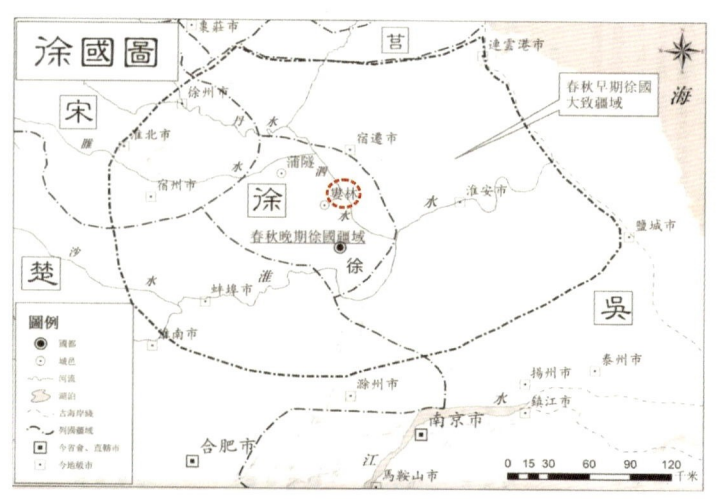

图 4-2：楚徐娄林之战示意图

录自黄鸣：《春秋列国地理图志》，文物出版社 2017 年，第 254 页

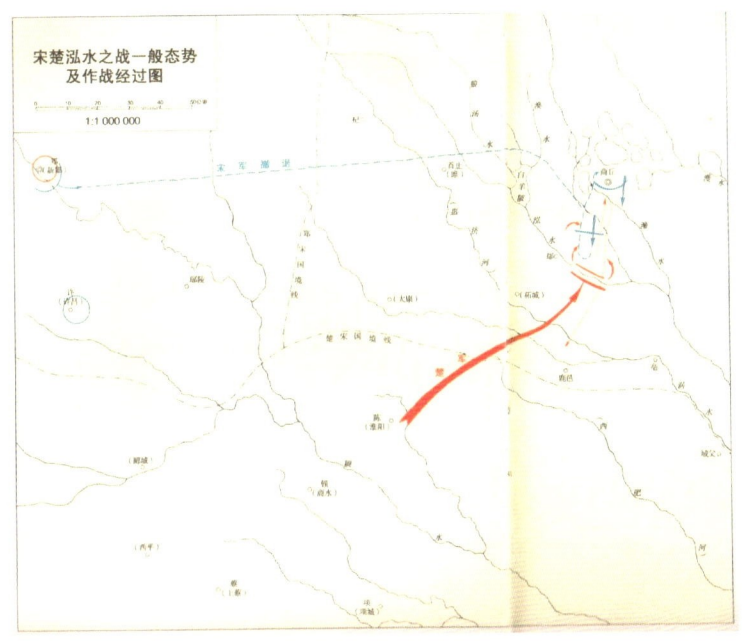

图 4-3：楚宋泓水之战示意图

录自台湾三军大学：《中国历代战争史·地图册》第 1 册附图 1-14，中信出版社 2012 年

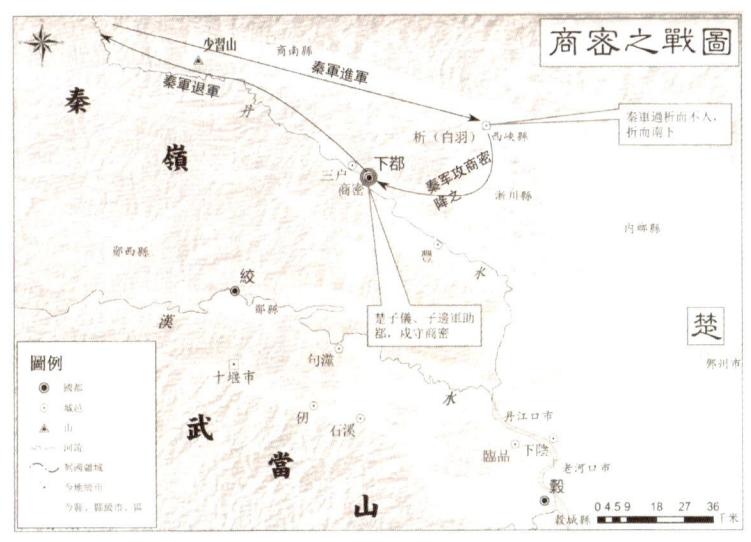

图 4-4：秦楚商密之战图

录自黄鸣：《春秋列国地理图志》，文物出版社 2017 年，第 349 页

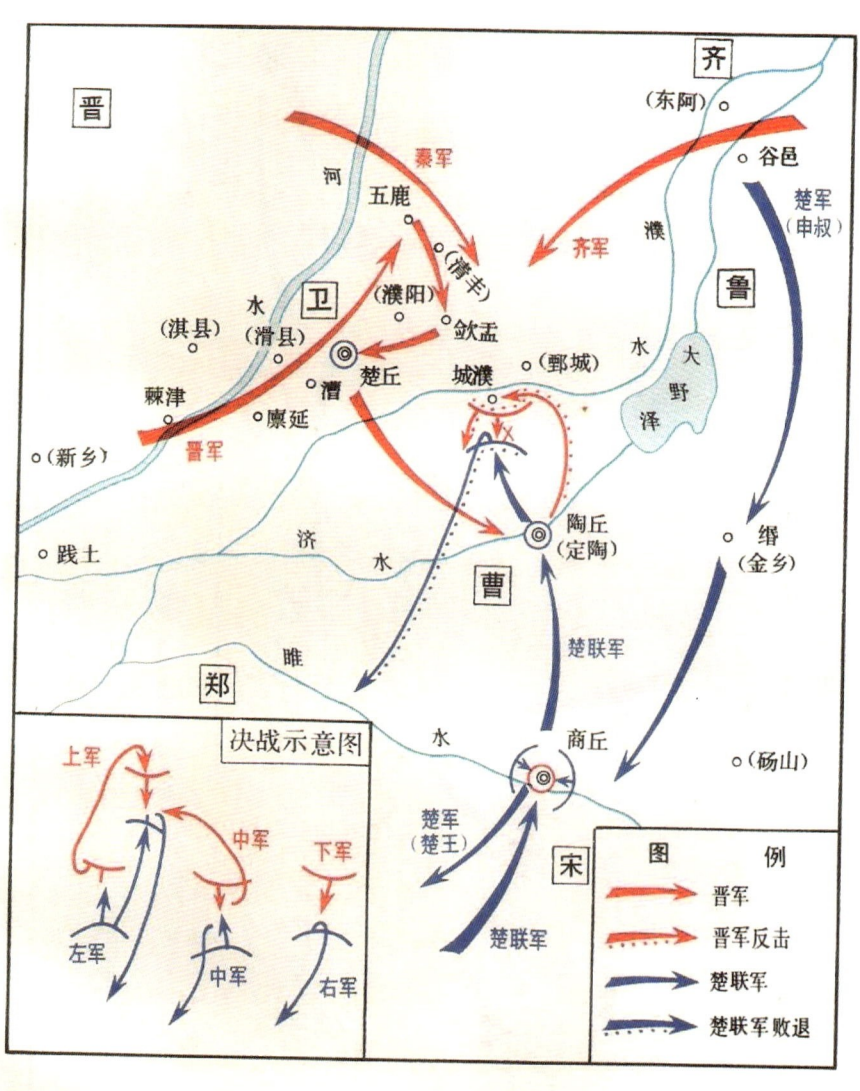

图 4-5：晋楚城濮外围战示意图

录自黄朴民：《春秋军事史》附图 3，军事科学出版社 1998 年

2258

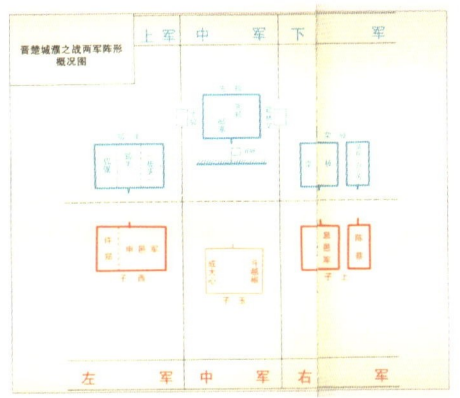

图 4-6：晋楚城濮之战两军阵形概况图

录自台湾三军大学：《中国历代战争史·地图册》第 1 册附图
1-17，中信出版社 2012 年

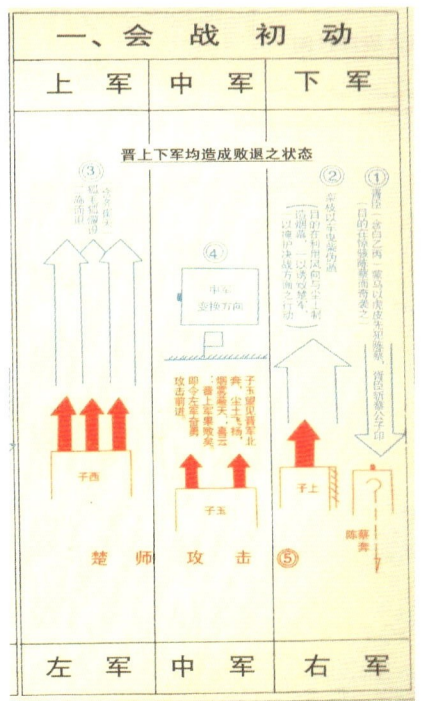

图 4-7：晋下军攻楚右军

录自台湾三军大学：《中国历代战争史·地图册》第 1 册附图
1-18"一、会战初动"，中信出版社 2012 年

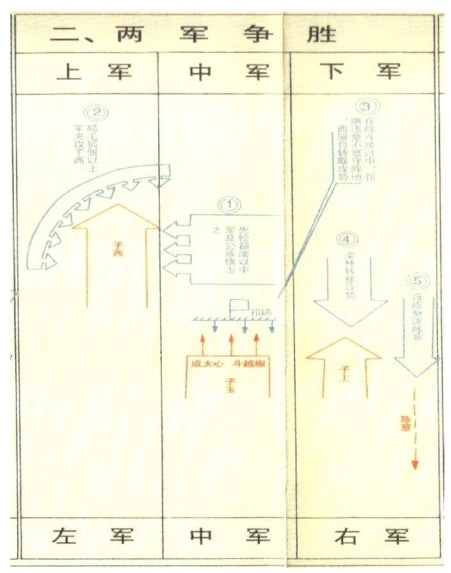

图4-8：城濮之战晋上军和晋中军夹击楚左军

录自台湾三军大学：《中国历代战争史·地图册》第1册附
图1-18"二、两军争胜"，中信出版社2012年

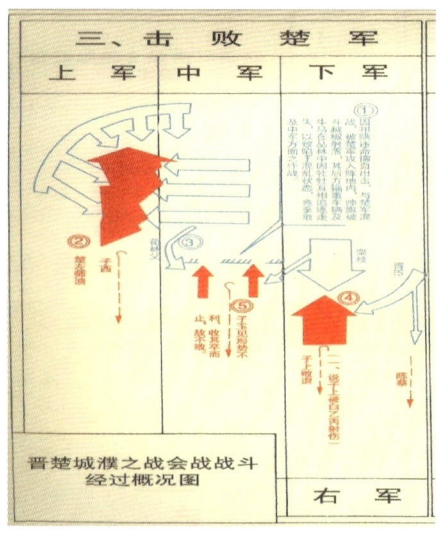

图4-9：城濮之战楚中军撤退

录自台湾三军大学：《中国历代战争史·地图册》第1册
附图1-18"三、击败楚军"，中信出版社2012年

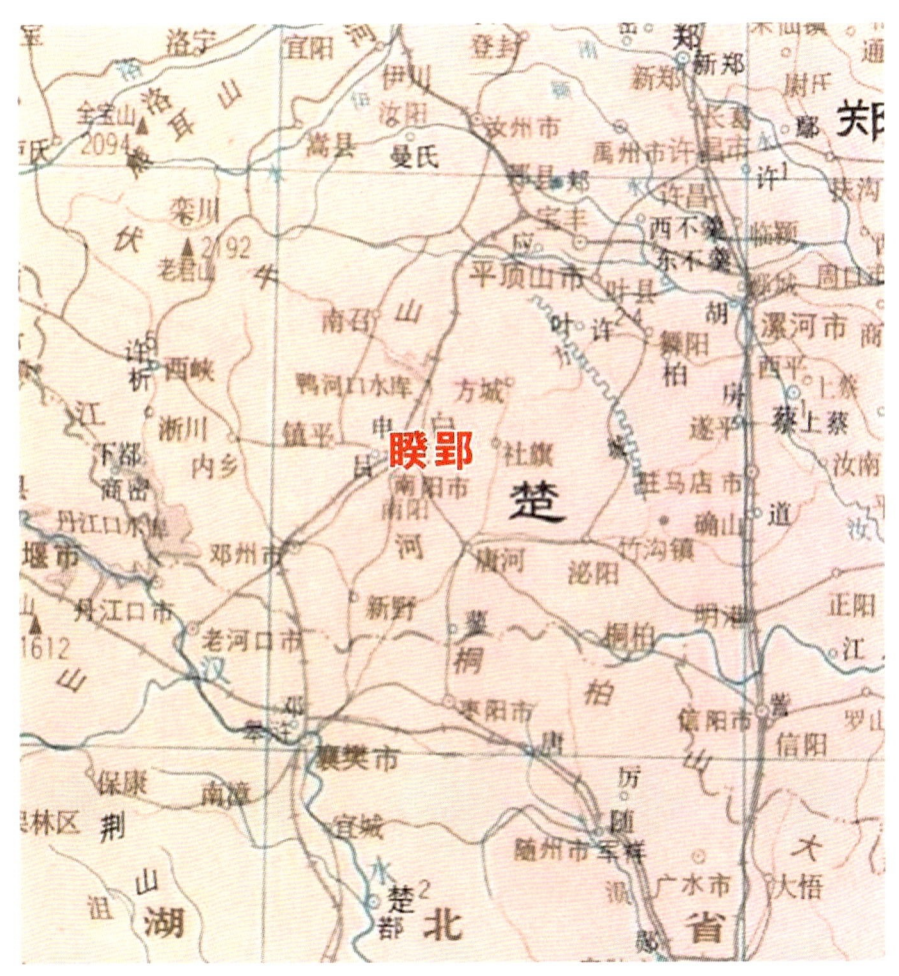

图 4-10：楚成王围绕瞇郢东方和北方建筑楚长城

录自国家文物局主编《中国文物地图集·河南分册》，中国地图出版社 1991 年，第 11 页

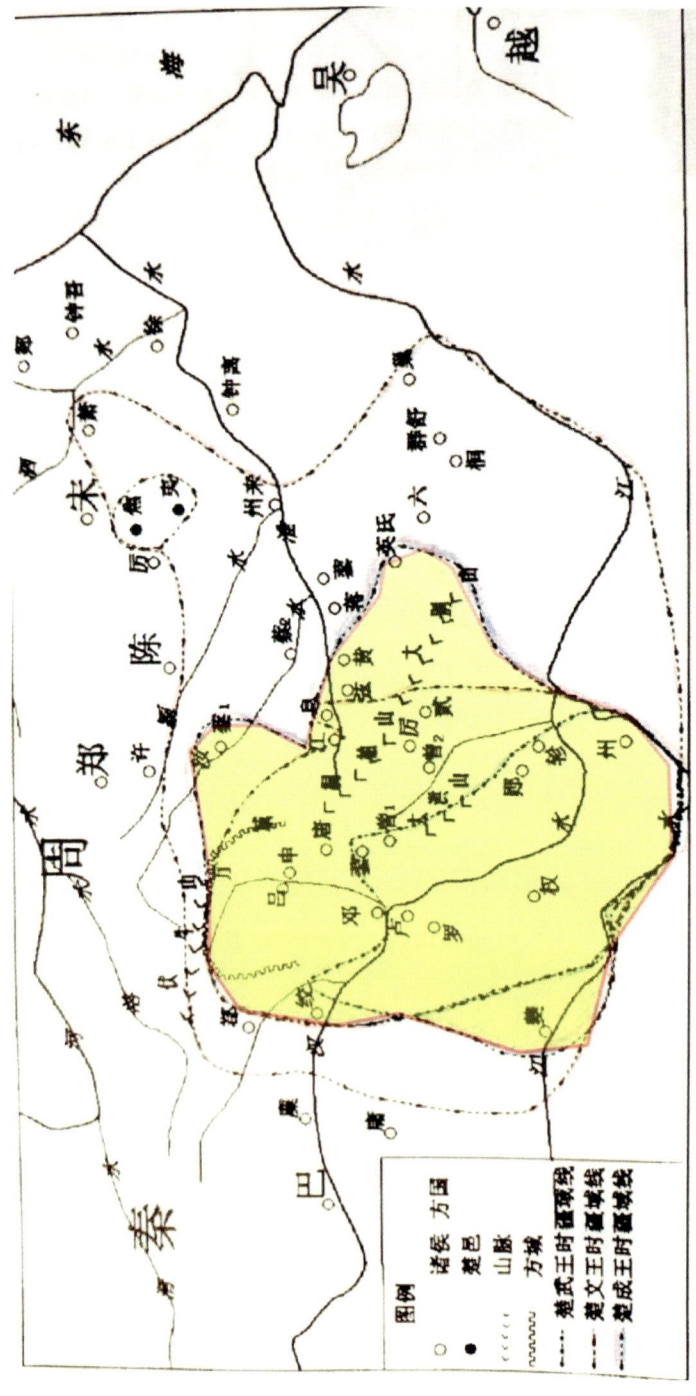

图 4-11：楚成王时疆域示意图

录自赵炳清：《楚国疆域变迁之研究——以地缘政治为研究视角》，复旦大学博士学位论文，2013年，第169页

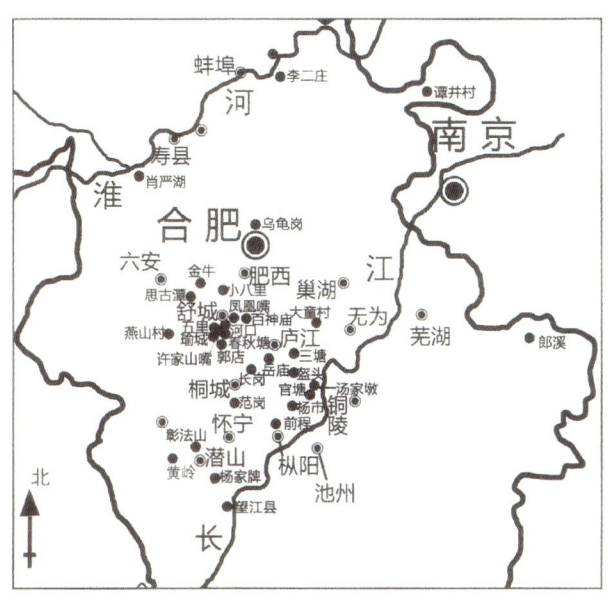

图 5-1：以舒城为中心的周代铜器出土地点

录自张爱冰等：《群舒文化研究》，上海古籍出版社 2018 年，第 75 页

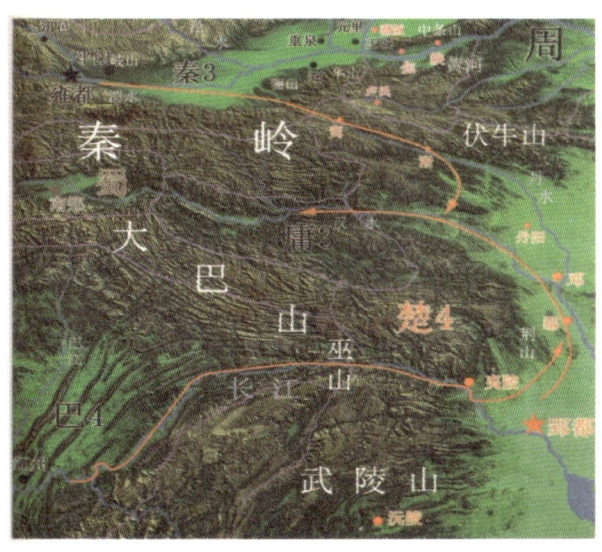

图 6-1：巴、秦助楚灭庸运兵地形图

录自风长眼量：《地图里的兴亡·秦，从部落到帝国(上)》，中国地图出版社 2015 年，第 151 页

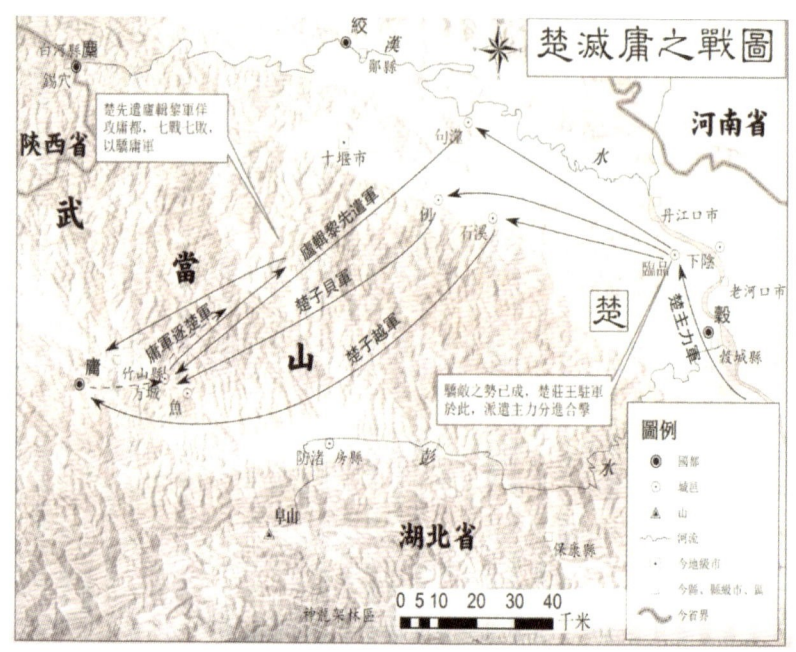

图 6-2：楚灭庸之战图

录自黄鸣：《春秋列国地理图志》，文物出版社 2017 年，第 356 页

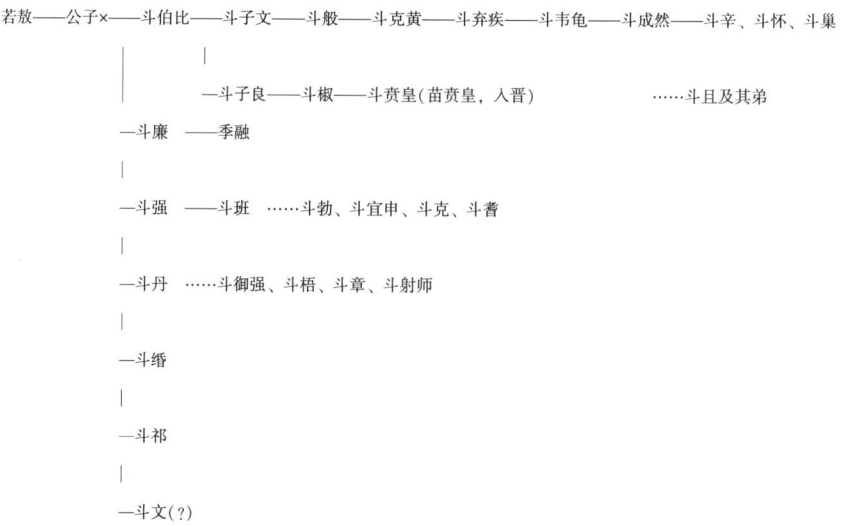

图 6-3：斗氏世系图

录自田成方：《东周时期楚国宗族研究》，科学出版社 2016 年，第 258 页

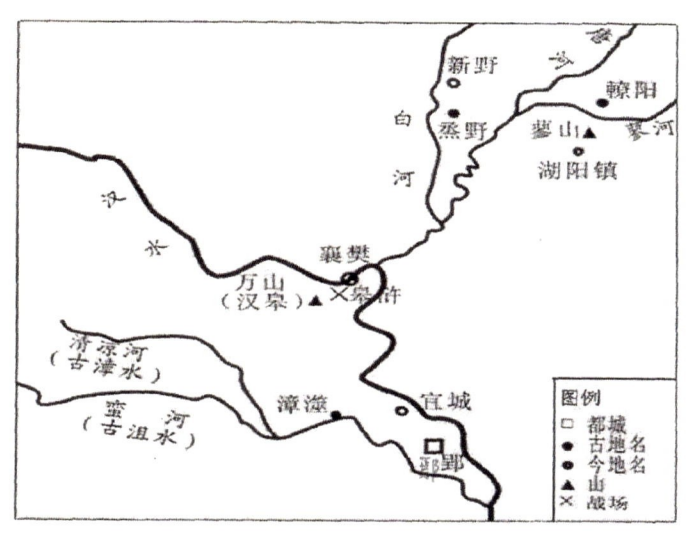

图 6-4：楚庄王平定若敖氏叛乱"皋浒之战"示意图

录自田成方：《东周时期楚国宗族研究》，科学出版社 2016 年，第 88 页

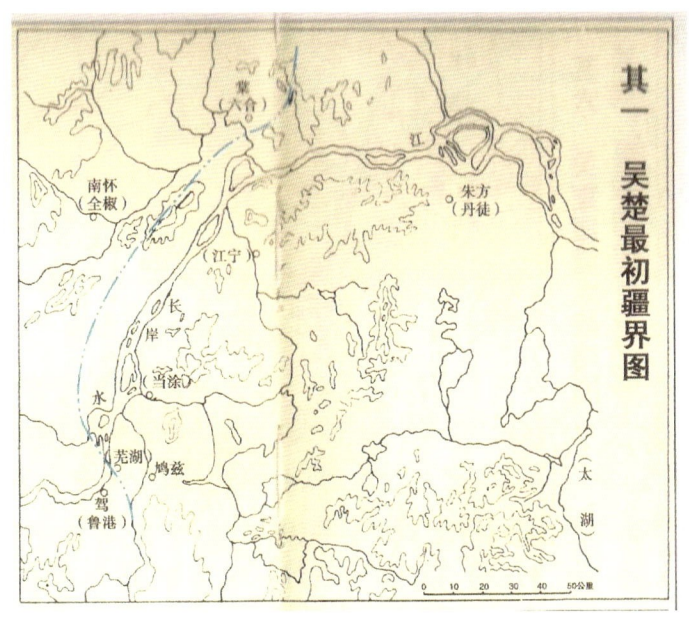

图 6-5：吴楚最初疆界图

录自台湾三军大学：《中国历代战争史·地图册》第 2 册附图 2-34，中信出版社 2012 年

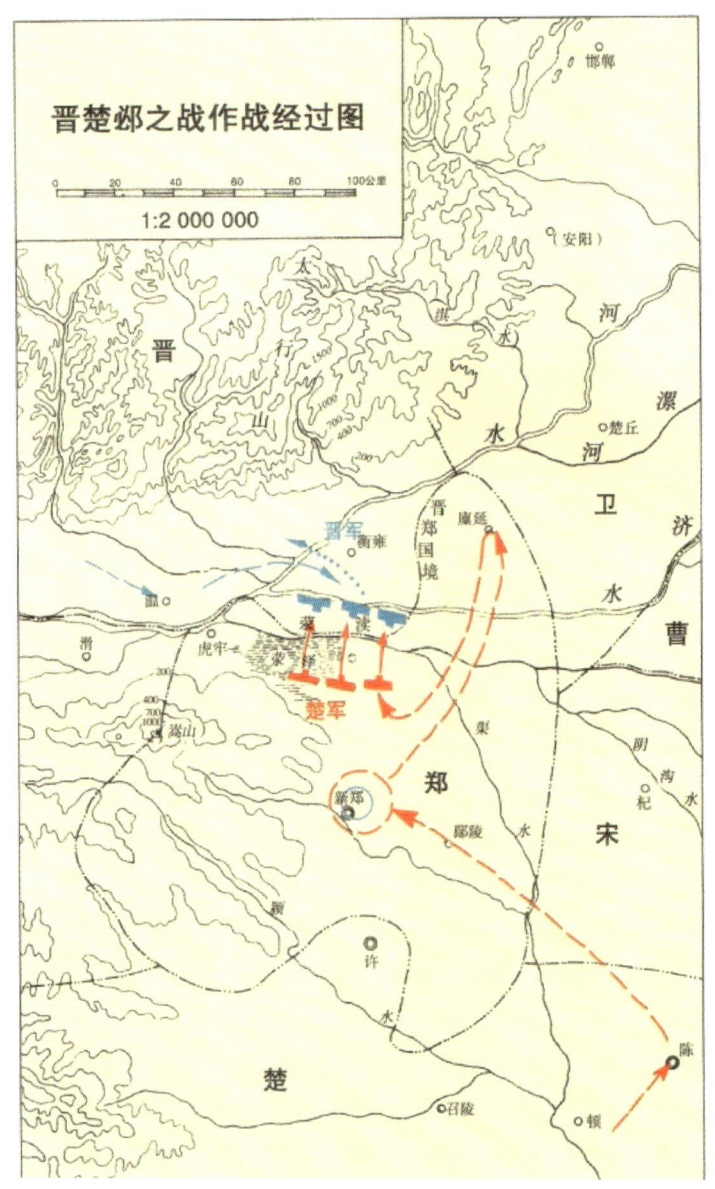

图 6-6：晋楚邲之战作战经过图

录自台湾三军大学：《中国历代战争史·地图册》第 1 册附图 1-20，中信出版社 2012 年

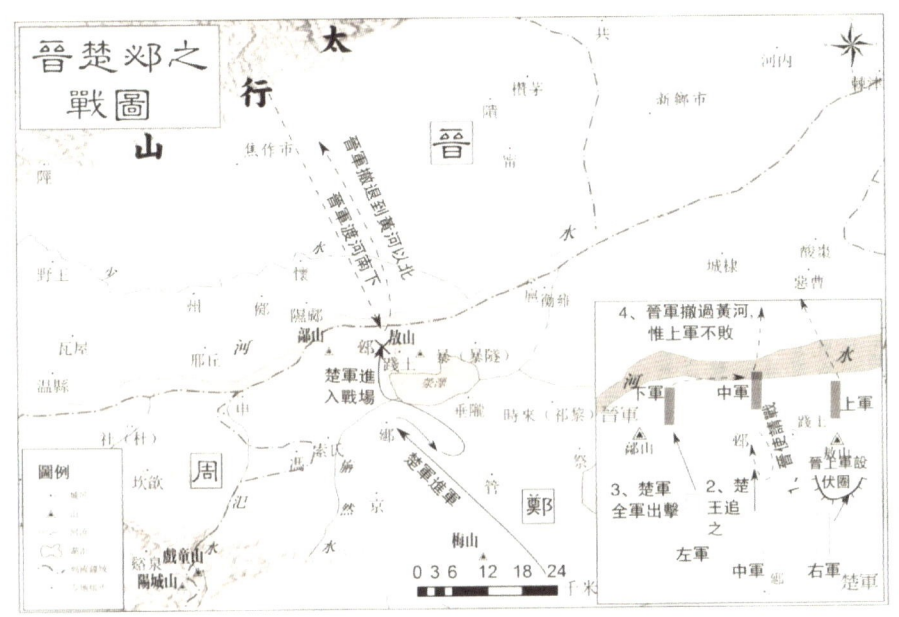

图 6-7：晋楚邲之战图

录自黄鸣：《春秋列国地理图志》，文物出版社 2017 年，第 141 页

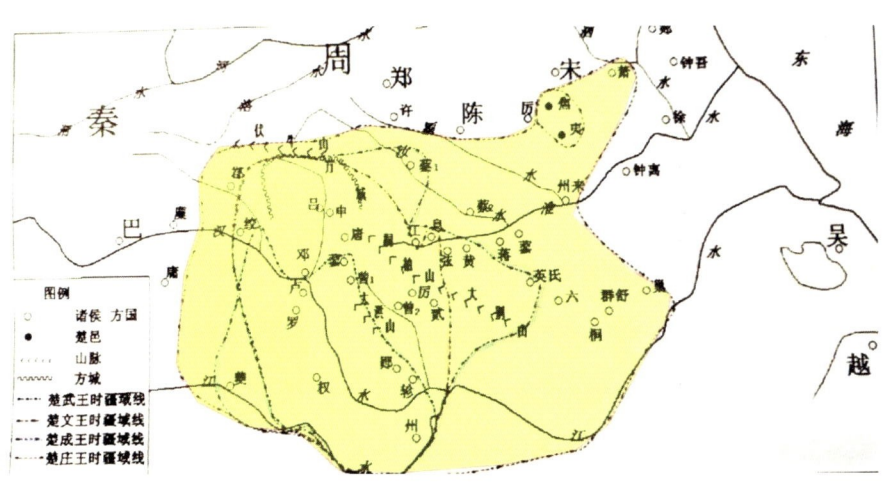

图 6-8：楚庄王时疆域示意图

录自赵炳清：《楚国疆域变迁之研究——以地缘政治为研究视角》，复旦大学博士学位论文，2013 年，第 169 页

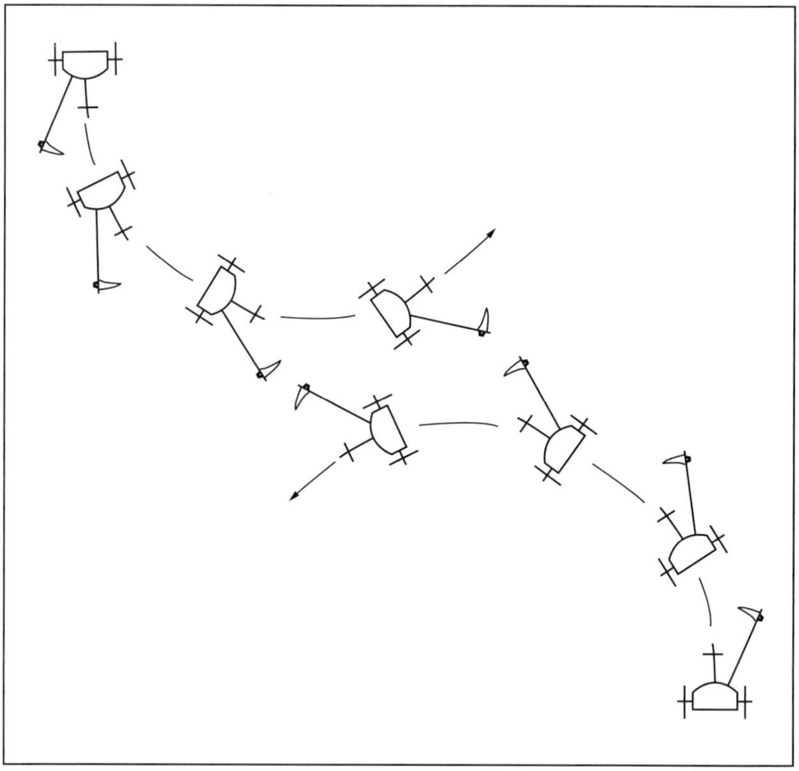

图 10-1：车战中的"左旋"

录自孙机：《中国古代车战没落的原因》，《中国国家博物馆馆刊》2014 年第 11 期

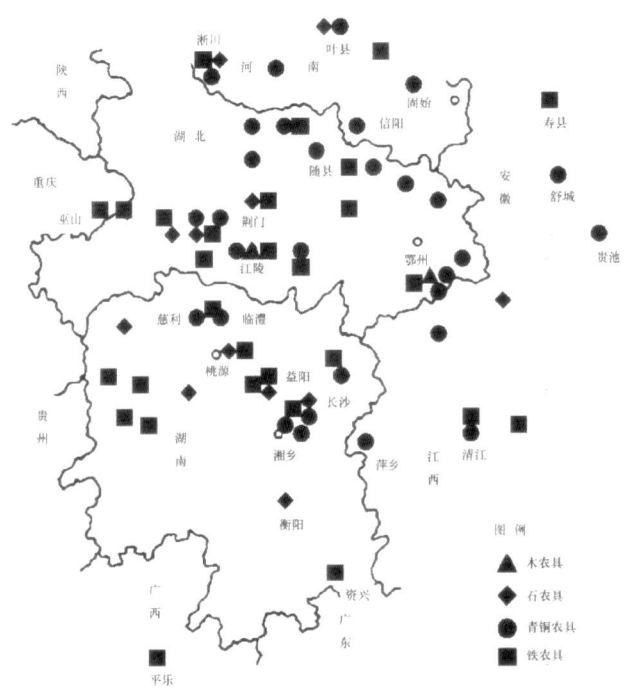

图 12-1：楚国出土农具分布示意图

录自贾兵强：《楚国农业科技与社会发展研究》附图二，科学出版社 2012 年

图 12-2：山西浑源县出土的牛尊

录自李夏廷、李劲轩：《晋国青铜艺术图鉴》，文物出版社 2009 年，第 64 页

图 12-3：河南嵩山古观星台

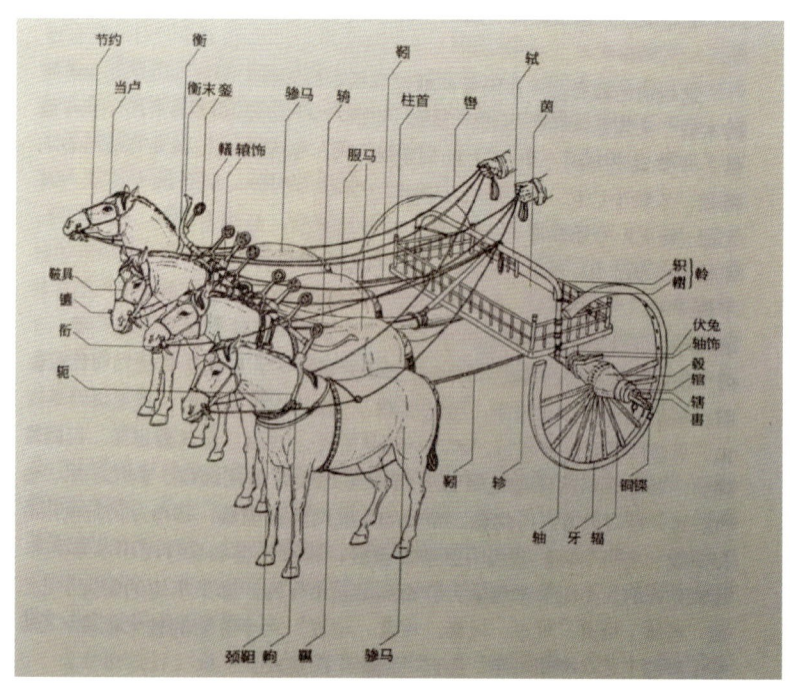

图 13-1：先秦战车结构图

录自张宗登：《先秦时期楚国设计艺术的多元融合研究》，九州出版社 2022 年，第 321 页

图 13-2：楚国六马拉的战车

湖北省博物馆"楚国八百年"展览陈列（复制）

图 13-3：国家博物馆藏鬼脸钱

录自申素：《论楚国蚁鼻钱与巫觋文化》，《区域金融研究》2017 年第 11 期

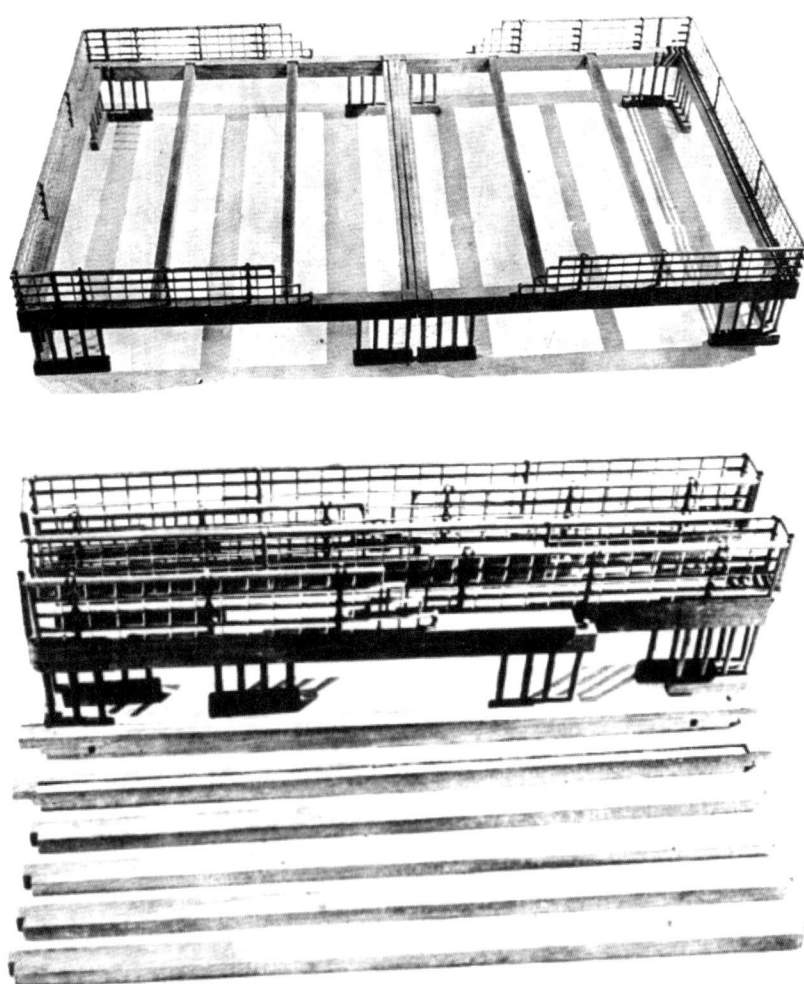

图 14-1：包山楚墓出土的漆木折叠床

录自湖北省荆沙铁路考古队：《包山楚墓》，文物出版社 1991 年，第 31 页

图 14-2：长沙出土的漆制器虎子

录自张立东：《"脚盆"与"虎子"：性别考古的新视角》，《大众考古》2018 年第 9 期

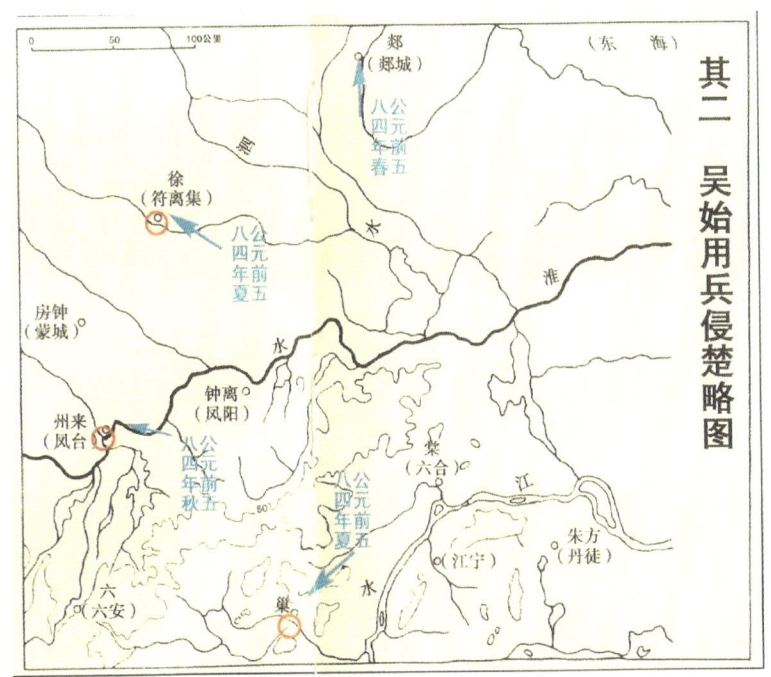

图 15-1：吴攻郯、巢、徐及侵州来示意图

录自台湾三军大学：《中国历代战争史·地图册》第 2 册附图 2-34，中信出版社 2012 年

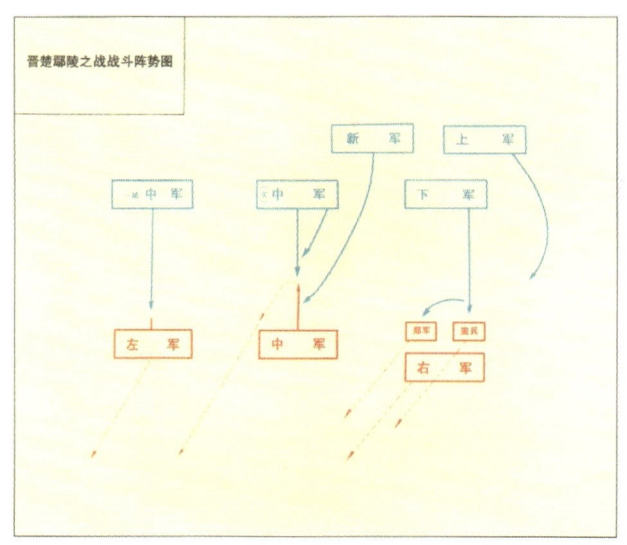

图 15-2：晋楚鄢陵之战战斗阵势图

录自台湾三军大学：《中国历代战争史·地图册》第 1 册附图 1-26，中信出版社 2012 年

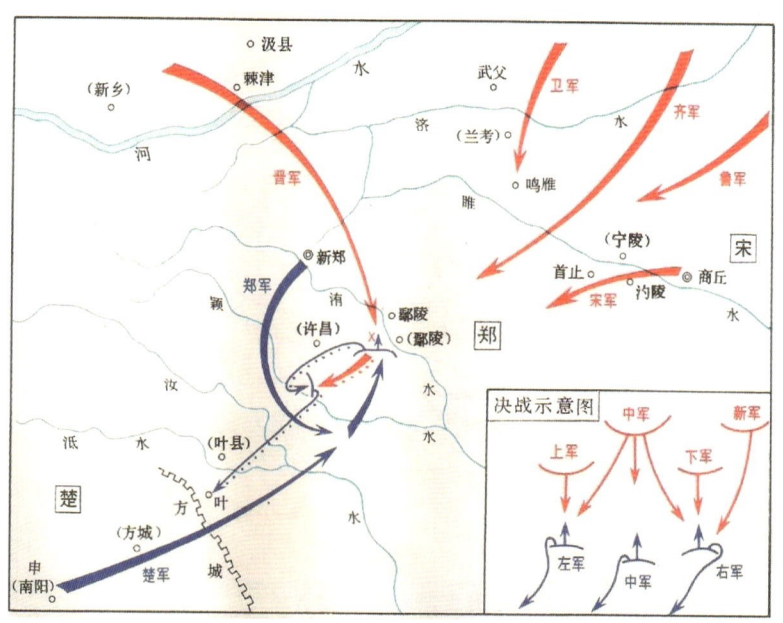

图 15-3：晋楚鄢陵之战示意图

录自黄朴民：《春秋军事史》附图 6，军事科学出版社 1998 年

图 15-4：舒庸导吴侵楚略图

录自台湾三军大学：《中国历代战争史·地图册》第 2 册附图 2-34，中信出版社 2012 年

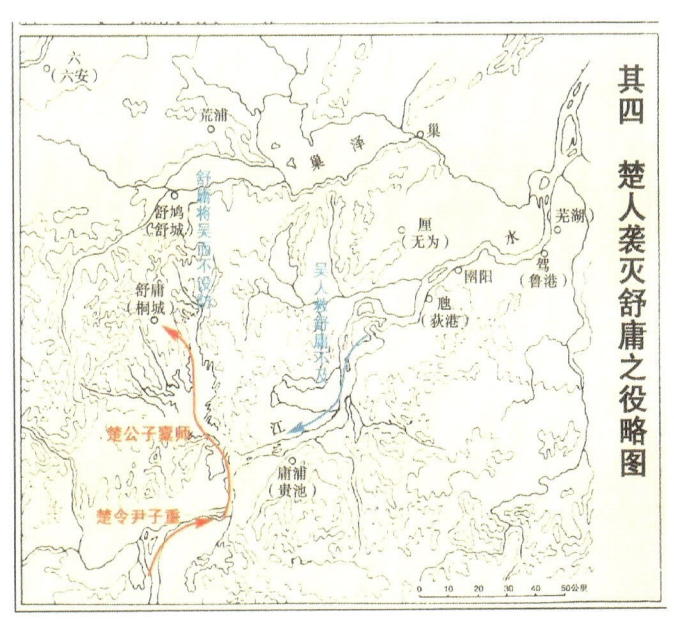

图 15-5：楚人袭灭舒庸之役略图

录自台湾三军大学：《中国历代战争史·地图册》第 2 册附图 2-34，中信出版社 2012 年

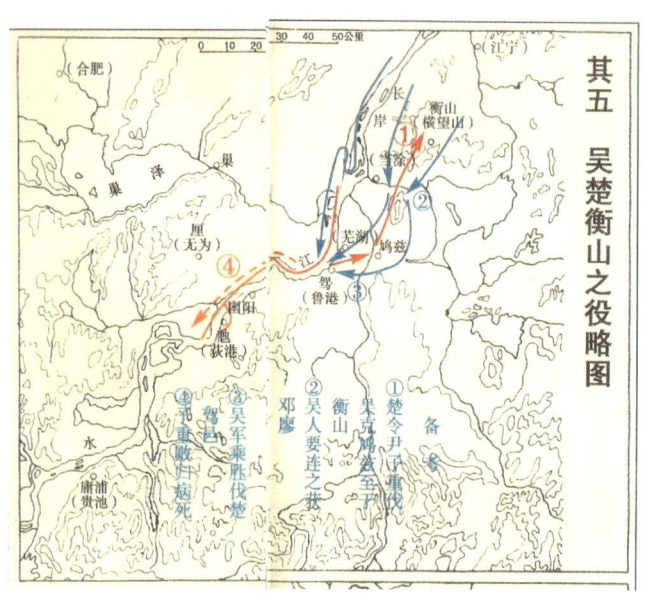

图 15-6：吴楚衡山之役略图

录自台湾三军大学：《中国历代战争史·地图册》第 2 册附图 2-35，中信出版社 2012 年

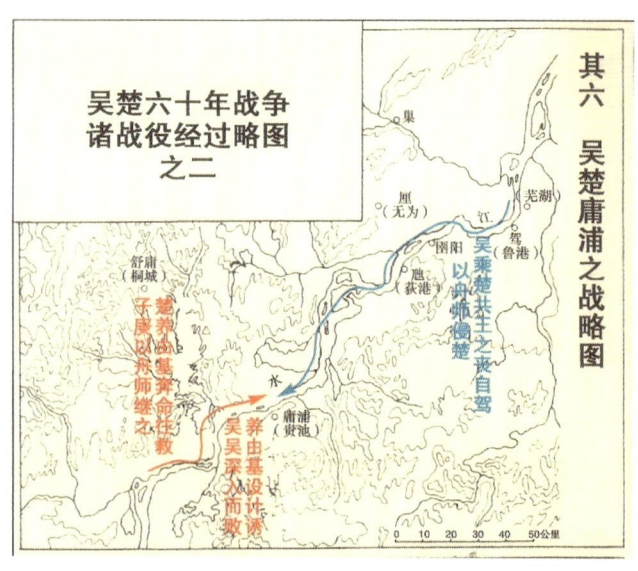

图 15-7：吴楚庸浦之战略图

录自台湾三军大学：《中国历代战争史·地图册》第 2 册附图 2-35，中信出版社 2012 年

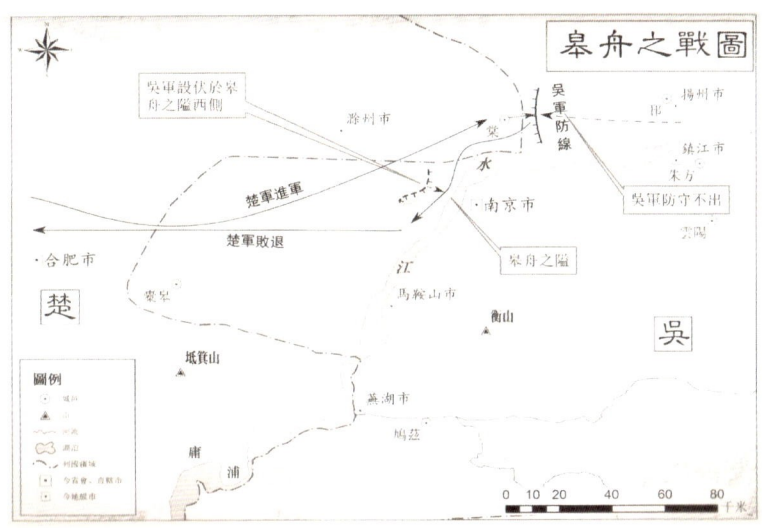

图 16-1：吴楚皋舟之战图

录自黄鸣：《春秋列国地理图志》，文物出版社 2017 年，第 247 页

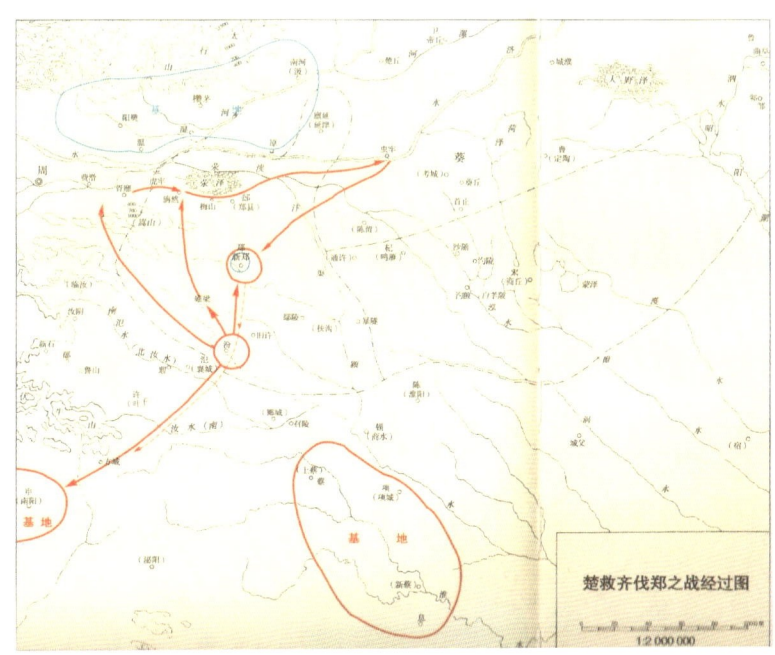

图 16-2：楚救齐伐郑之战经过图

录自台湾三军大学：《中国历代战争史·地图册》第 1 册附图 1-30，中信出版社 2012 年

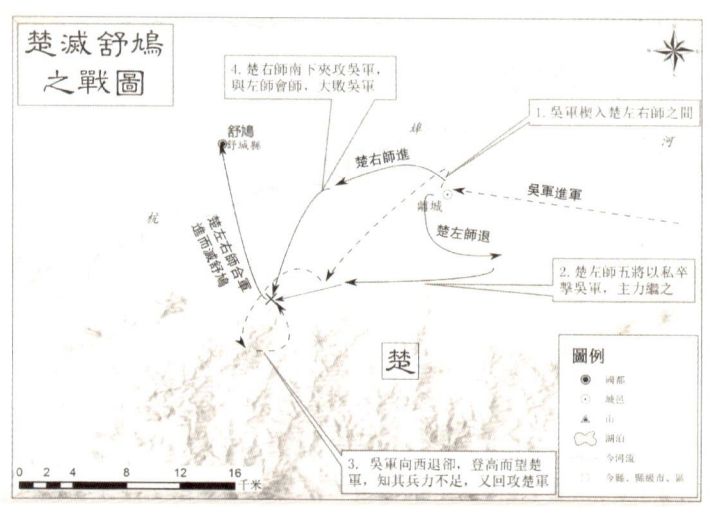

图 16-3：楚灭舒鸠之战图

录自黄鸣：《春秋列国地理图志》，文物出版社 2017 年，第 374 页

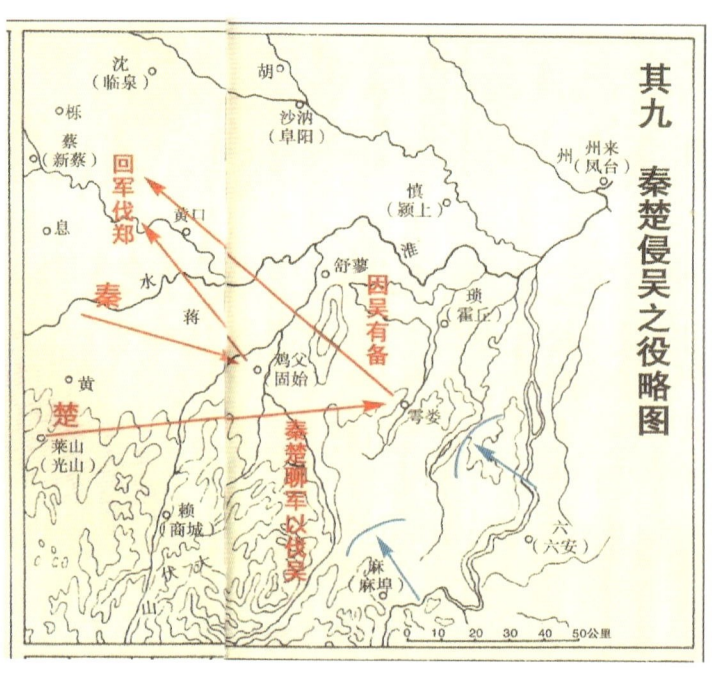

图 16-4：秦楚侵吴之役略图

录自台湾三军大学：《中国历代战争史·地图册》第 2 册附图 2-36，中信出版社 2012 年

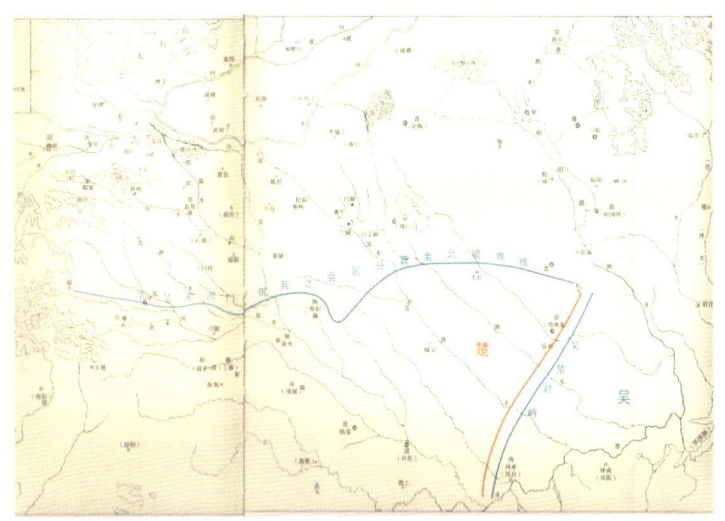

图 16-5：吴楚东西对峙形势图

录自台湾三军大学：《中国历代战争史·地图册》第 1 册附图 1-32，中信出版社 2012 年

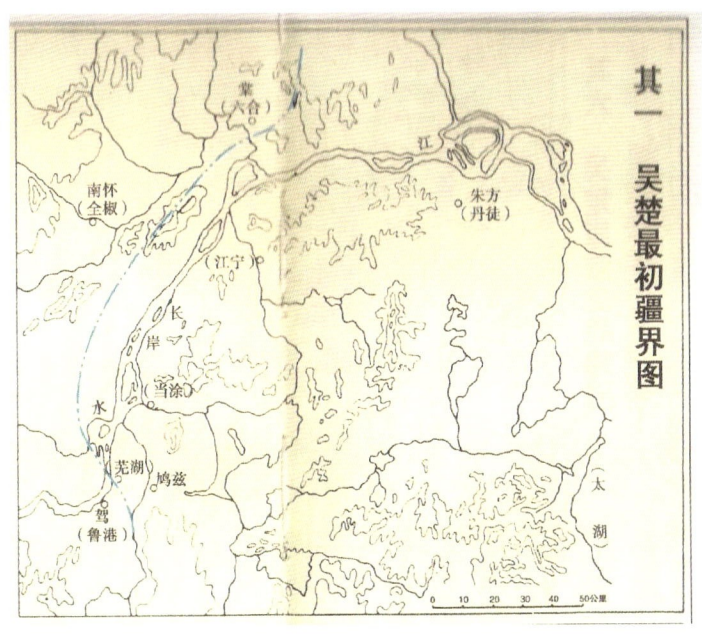

图 18-1：楚、吴最初疆界图

录自台湾三军大学：《中国历代战争史·地图册》第 2 册附图 2-34，中信出版社 2012 年

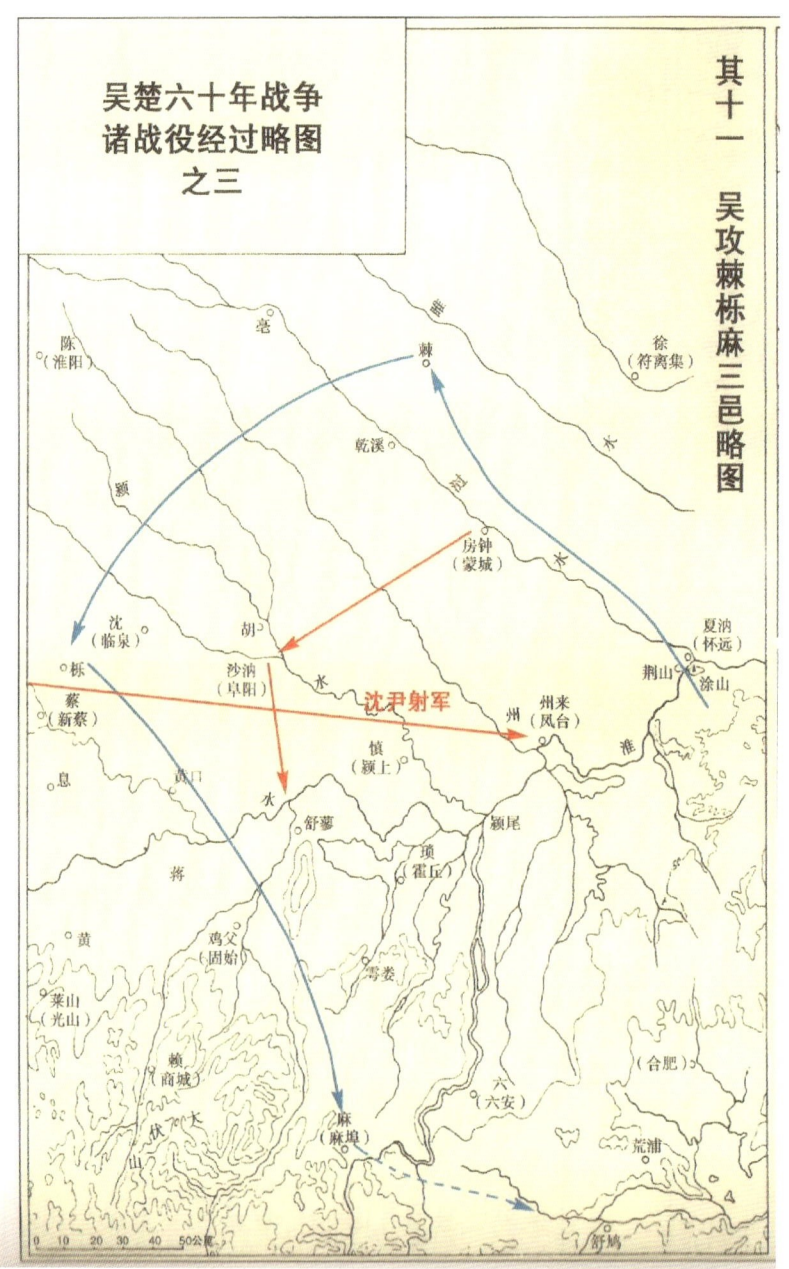

图 18-2：吴攻楚棘栎麻三邑略图

录自台湾三军大学：《中国历代战争史·地图册》第 2 册附图 2-36，中信出版社 2012 年

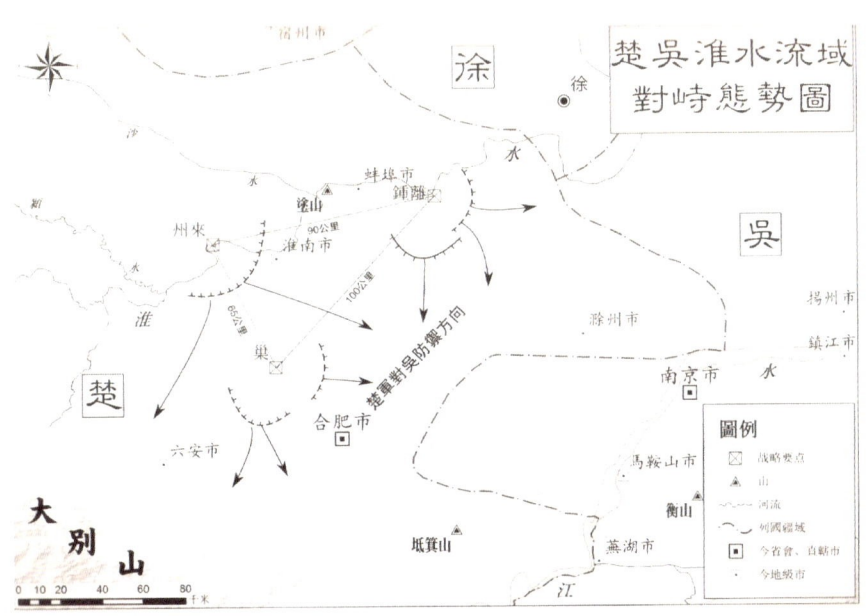

图 18-3：楚筑钟离、巢、州来三邑与吴对峙示意图

录自黄鸣：《春秋列国地理图志》，文物出版社 2017 年，第 195 页

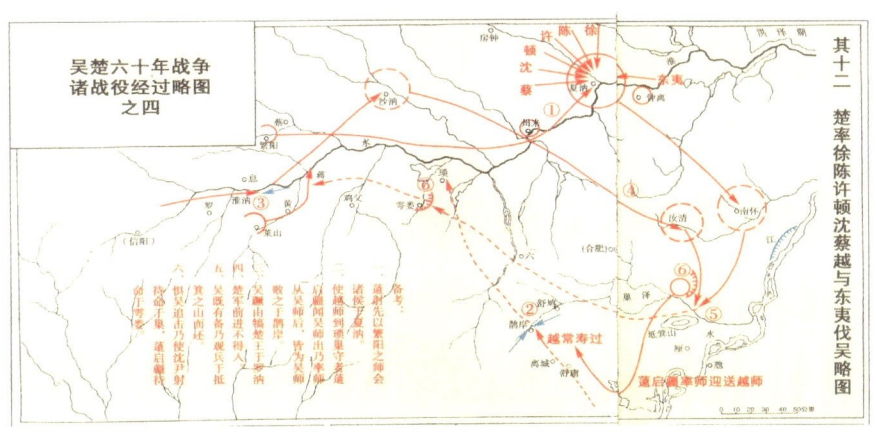

图 18-4：楚、吴鹊岸之战示意图

录自台湾三军大学：《中国历代战争史·地图册》第 2 册附图 2-37，中信出版社 2012 年

2281

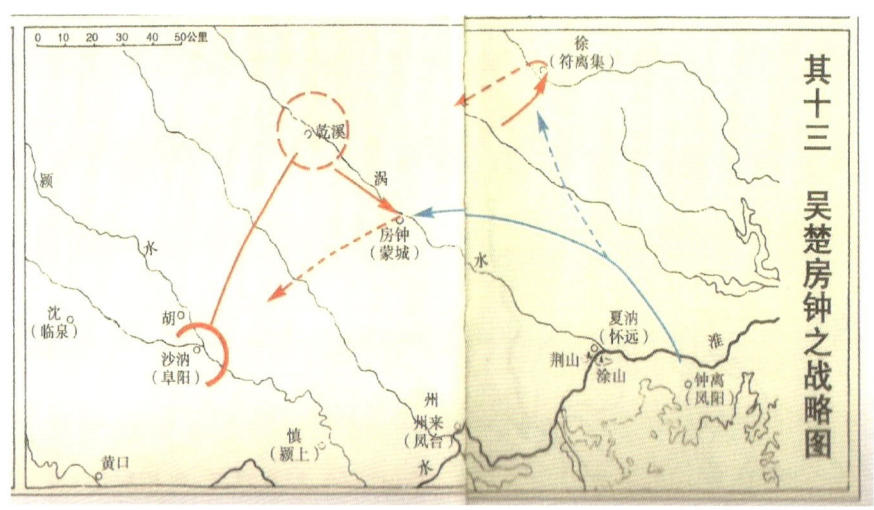

图 18-5：楚、吴房钟之战略图

录自台湾三军大学：《中国历代战争史·地图册》第 2 册附图 2-37，中信出版社 2012 年

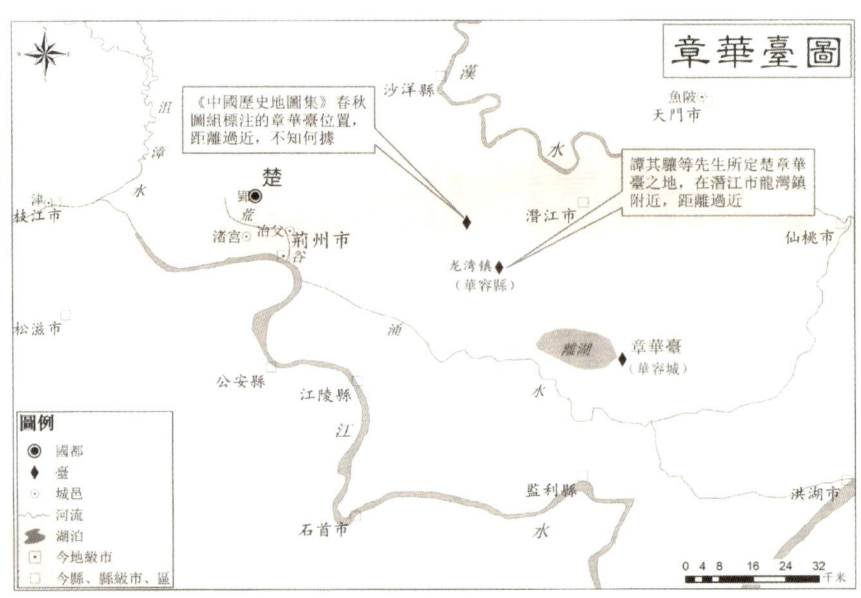

图 18-6：章华台位置示意图

录自黄鸣：《春秋列国地理图志》，文物出版社 2017 年，第 185 页

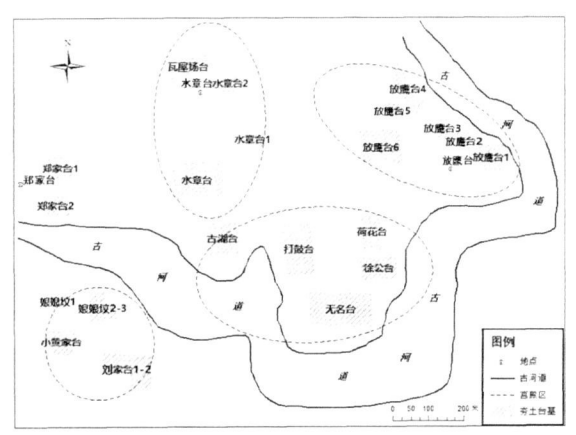

图 18-7：潜江龙湾章华台宫殿基址分布图

录自蒋秀林：《春秋战国楚都研究》，陕西师范大学 2018 年硕士学位论文，第 36 页。
本图根据《潜江龙湾（上）》所绘《龙湾楚宫殿基址及发掘区分布图》改绘。参见湖北省潜江博物馆、湖北省荆州博物馆《潜江龙湾（上）》，文物出版社 2005 年，第 10 页

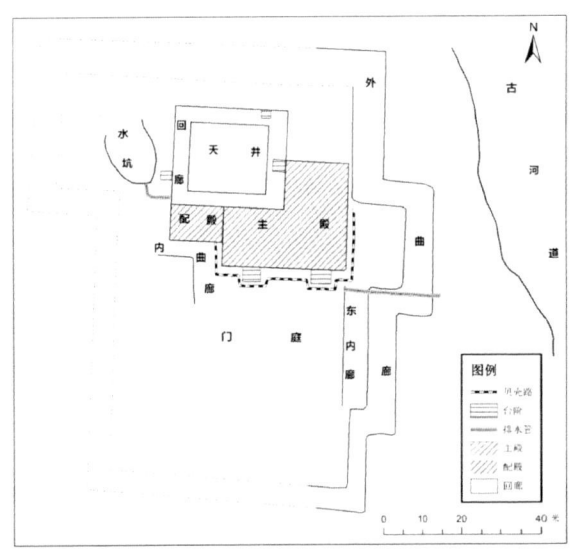

图 18-8：潜江龙湾章华台 1 号宫殿平面布局图

录自蒋秀林：《春秋战国楚都研究》，陕西师范大学 2018 年硕士学位论文，第 37 页。
本图根据《潜江龙湾放鹰台 1 号楚宫基址发掘简报》一文所绘《放鹰台 1 号台基宫殿基址平面布局示意图》改绘，虚线部分为未发掘部分。参见荆州博物馆、潜江市博物馆：《湖北潜江龙湾放鹰台 1 号楚宫基址发掘简报》，《江汉考古》，2003 年第 3 期，第 3—15 页

图 18-9：章华台复原示意图

录自 2020 年 1 月 7 日网络"今日头条"都城岁月

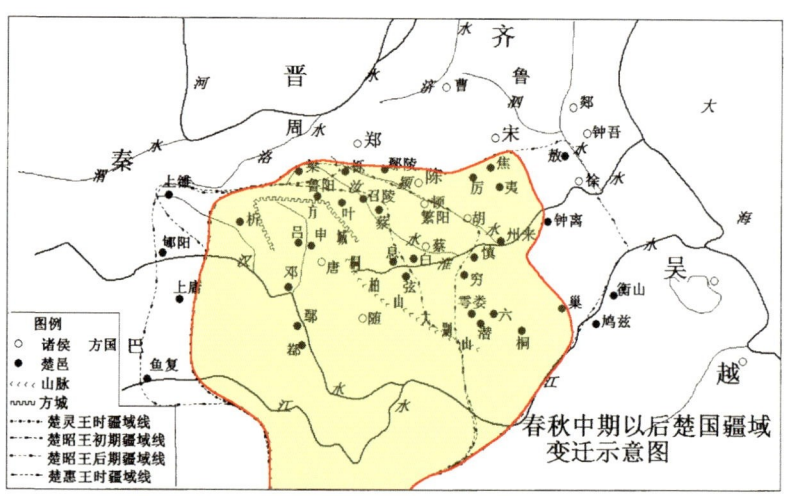

图 18-10：楚灵王时疆域图

录自赵炳清：《楚国疆域变迁之研究——以地缘政治为研究视角》，复旦大学博士学位论文，2013 年，第 170 页

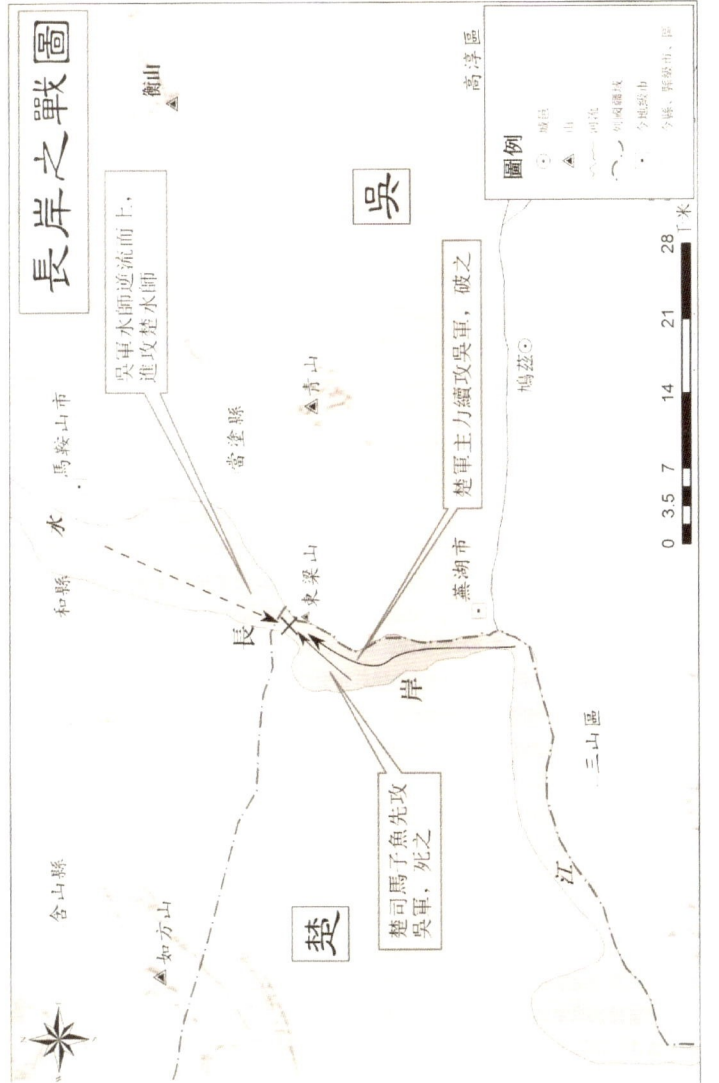

图 19-1：吴楚长岸之战图

录自黄鸣：《春秋列国地理图志》，文物出版社 2017 年，第 176 页

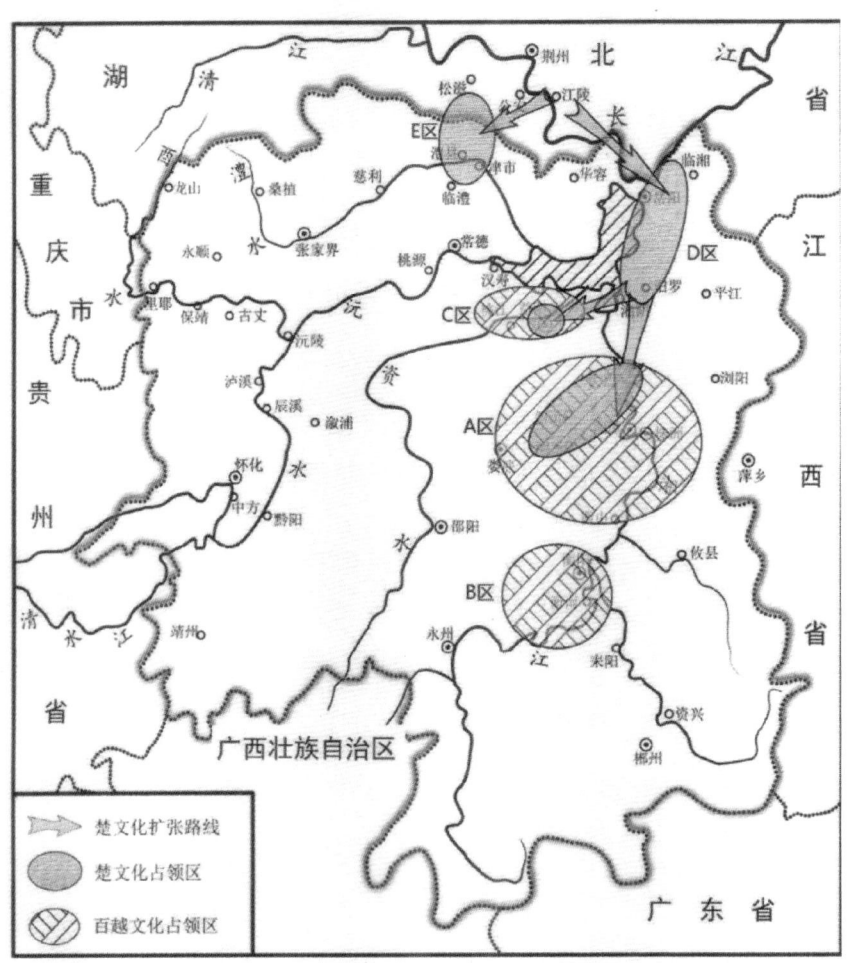

图 19-2：楚平王南下进入洞庭湖区图

录自胡平平：《楚文化南渐的考古学观察——以洞庭湖水系区东周秦代墓葬为中心》，吉林大学博士学位论文，2019 年，第 213 页

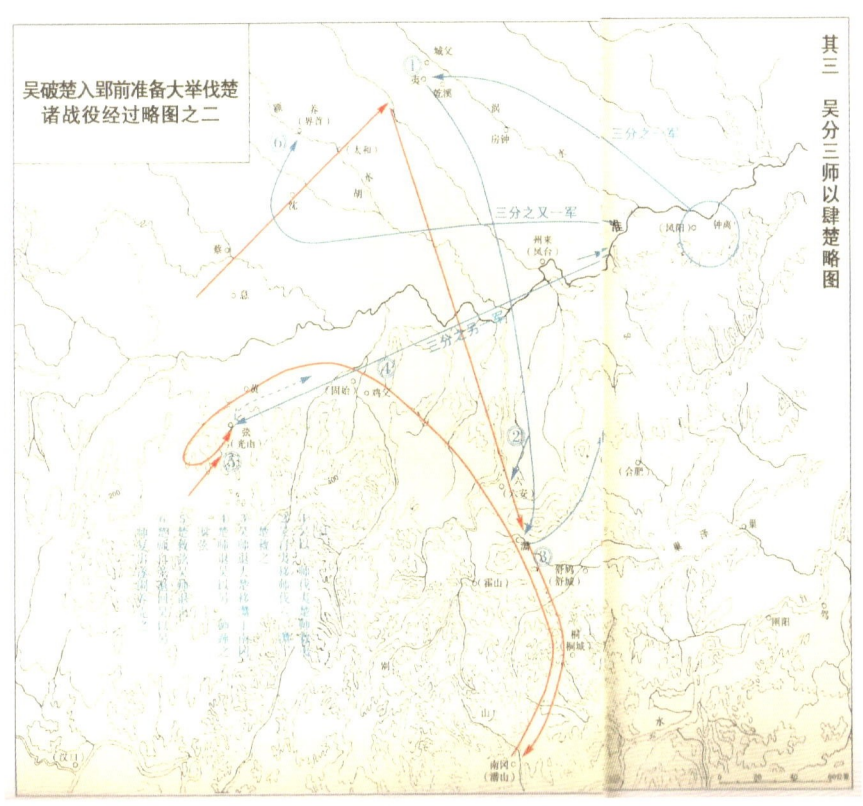

图 20-1：吴三路轮番袭楚示意图

录自台湾三军大学：《中国历代战争史·地图册》第 2 册附图 2-41，中信出版社 2012 年

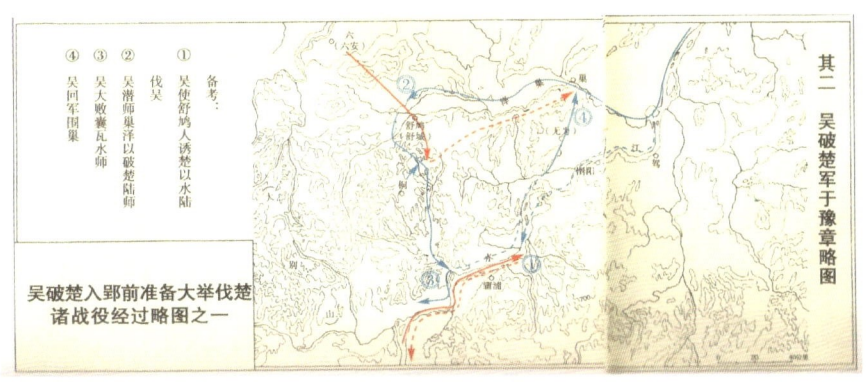

图 20-2：吴破楚军于豫章（大别山东）略图

录自台湾三军大学：《中国历代战争史·地图册》第 2 册附图 2-40，中信出版社 2012 年

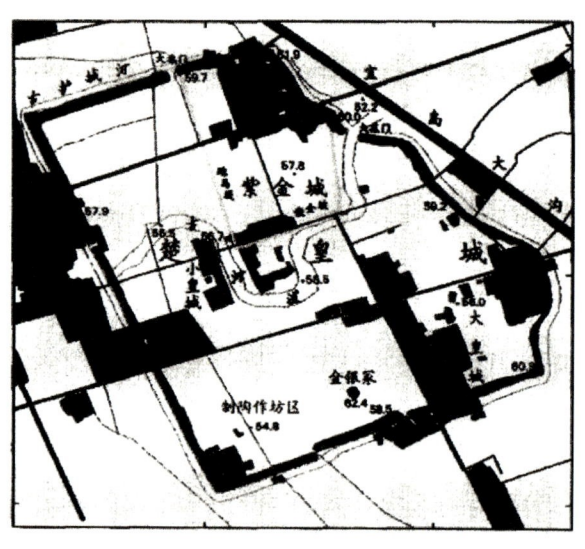

图 20-3：宜城楚皇城遗址平面图

录自 2020 年 1 月 7 日网络"今日头条"都城岁月

图 20-4：为郢（宜城楚皇城遗址）复原图

录自 2020 年 1 月 7 日网络"今日头条"都城岁月

图 20-5：许国屡次迁都图

录自黄鸣：《春秋列国地理图志》，文物出版社 2017 年，第 288 页

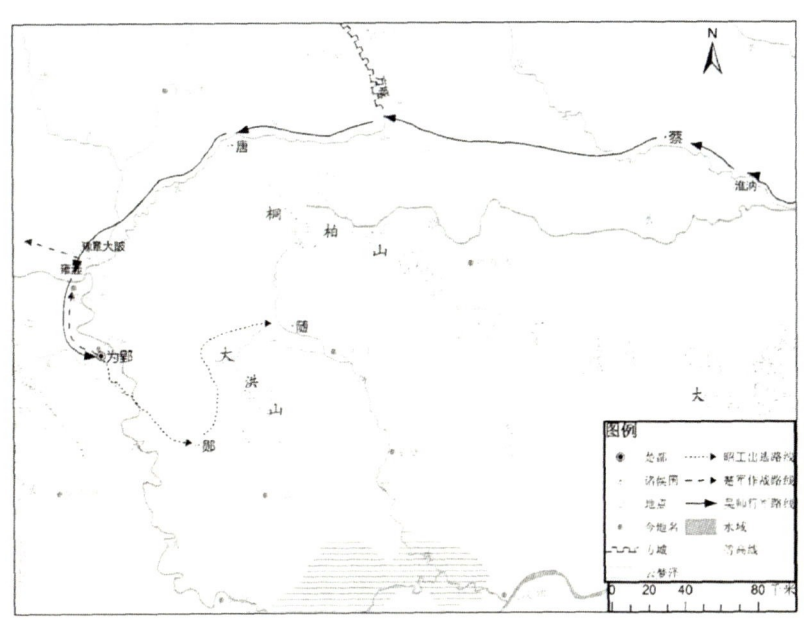

图 20-6：吴北路进攻楚都为郢路线图

据蒋秀林：《春秋战国楚都研究》，陕西师范大学 2018 年硕士论文第 28 页改绘

2289

图 20-7：大别山北麓安徽金寨古遗址分布图

底图国家文物局：《中国文物地图集·安徽分册(上)·金寨县文物图》，中国
地图出版社 2014 年

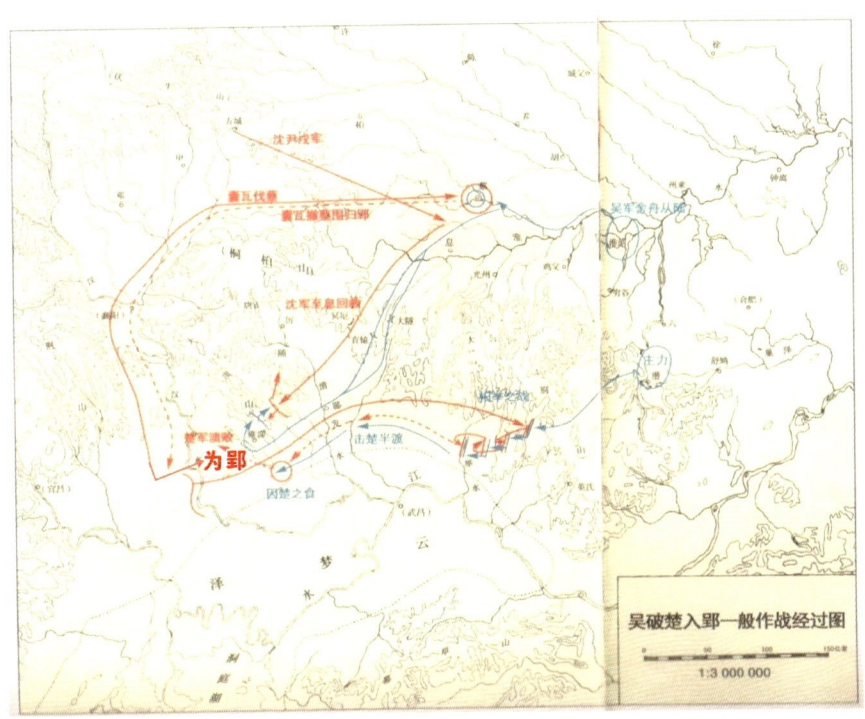

图 20-8：吴蔡唐联军北路东路攻入楚都为郢经过图

根据台湾三军大学：《中国历代战争史·地图册》第 2 册附图 2-42 改绘，中信

出版社 2012 年

图 20-9：吴师入郢之后楚国北疆概况

录自徐少华：《周代南土历史地理与文化》附图2，武汉大学出版社1994年

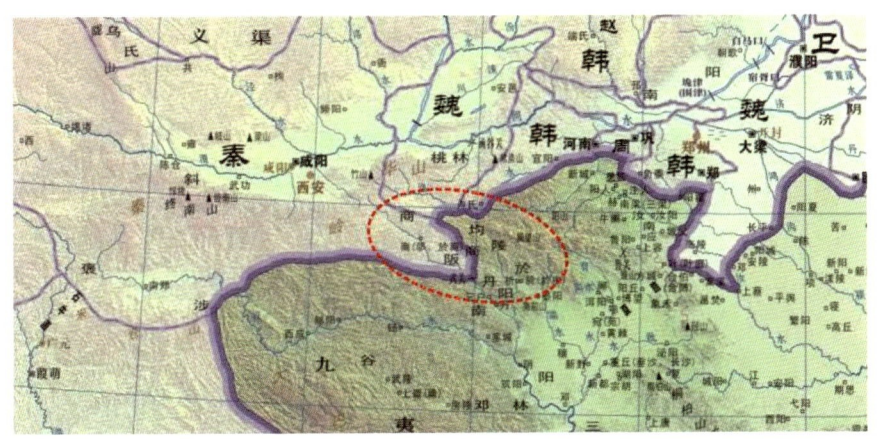

图 20-10：楚秦边境商於之地位置图

录自朱本军：《战国诸侯疆域形势图考绘》，北京大学出版社 2019 年，第 666 页

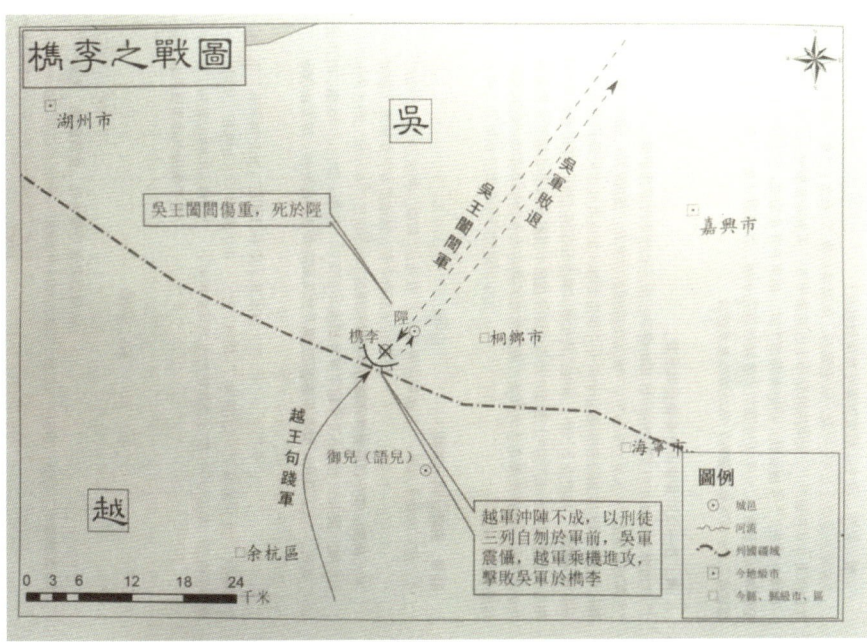

图 20-11：吴越槜李之战示意图

录自黄鸣：《春秋列国地理图志》，文物出版社 2017 年，第 249 页

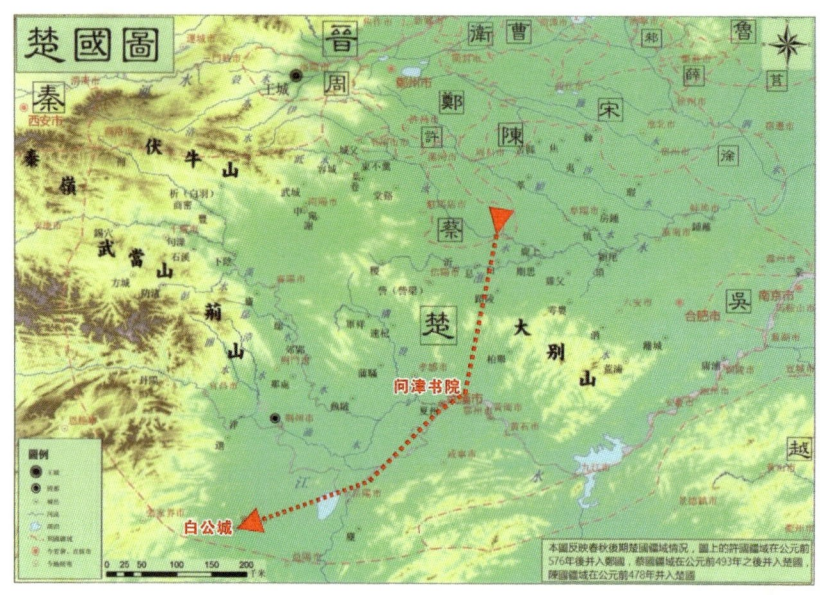

图 20-12：孔子赴白公城经过新洲问津书院路线图

根据黄鸣：《春秋列国地理图志》彩图八"楚国图"改绘，文物出版社 2017 年

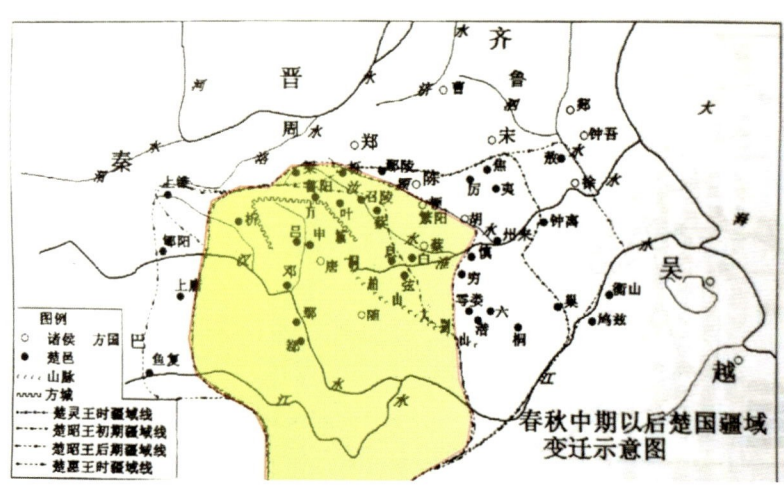

图 20-13：楚昭王后期疆域图

录自赵炳清：《楚国疆域变迁之研究——以地缘政治为研究视角》，复旦大学博士学位论文，2013 年，第 170 页

2294

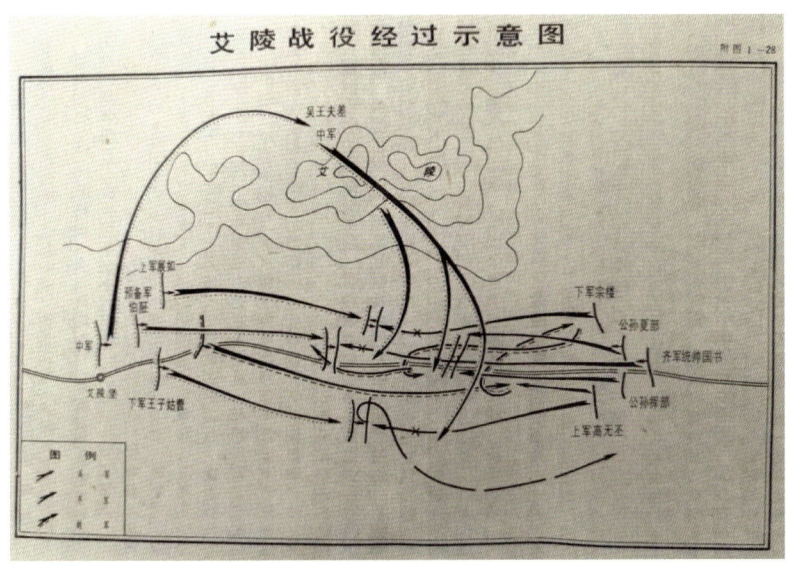

图 21-1：吴齐艾陵之战经过示意图

录自慕中岳、武国卿：《中国战争史》，金城出版社 1992 年，第 240 页

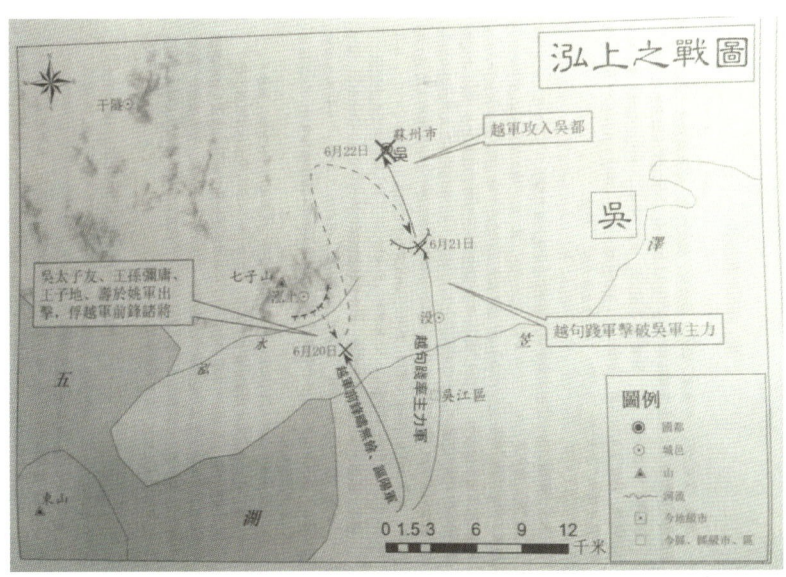

图 21-2：越攻吴泓上之战示意图

录自黄鸣：《春秋列国地理图志》，文物出版社 2017 年，第 244 页

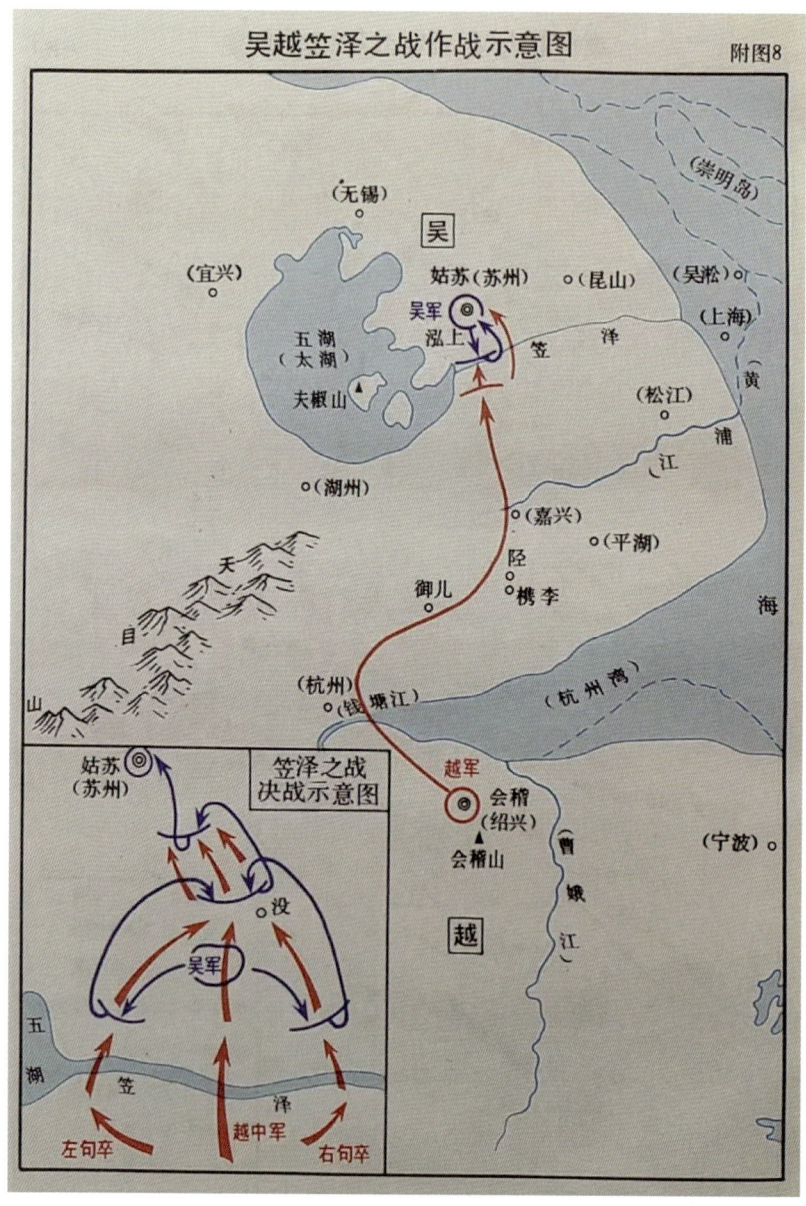

图 21-3：吴越笠泽之战示意图

录自黄朴民：《春秋军事史》附图 8，军事科学出版社 1998 年

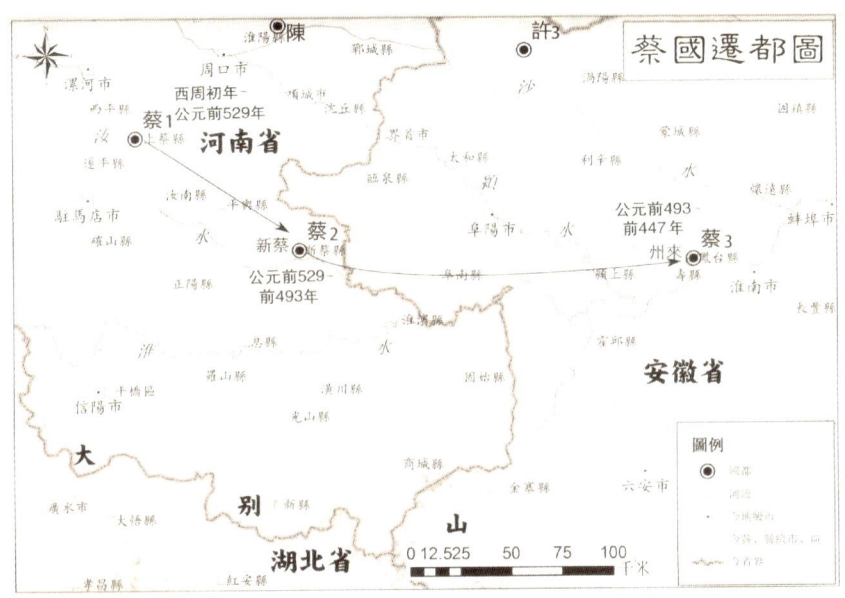

图 21-4：蔡国历次迁都图

录自黄鸣：《春秋列国地理图志》，文物出版社 2017 年，第 231 页

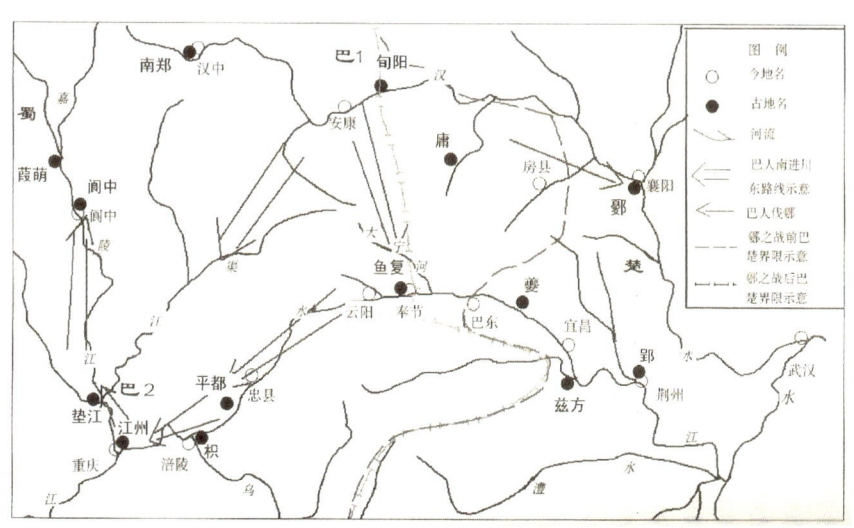

图 21-5：春秋时期巴人立国川东示意图

录自赵炳清：《巴与楚》，科学出版社 2016 年，第 154 页

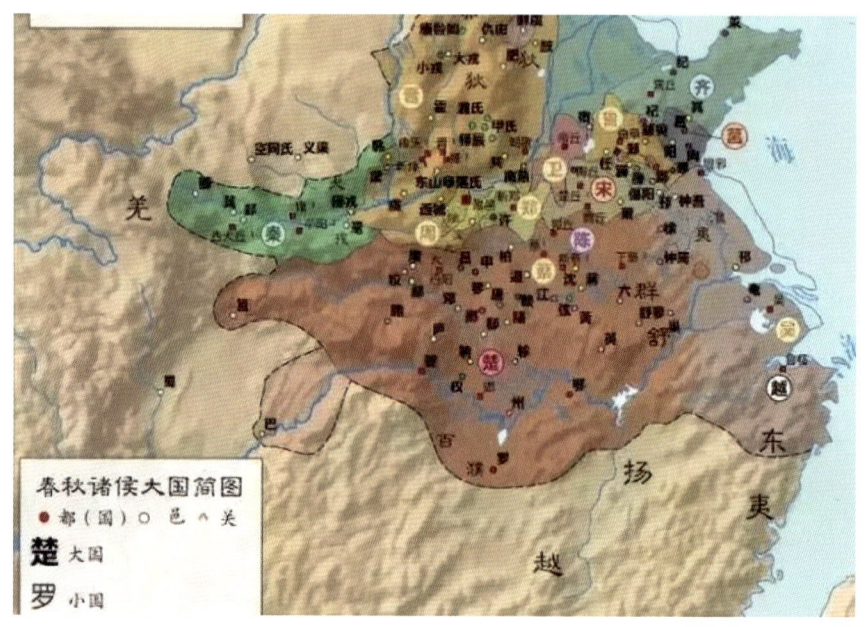

图 22-1：春秋诸侯大国简图

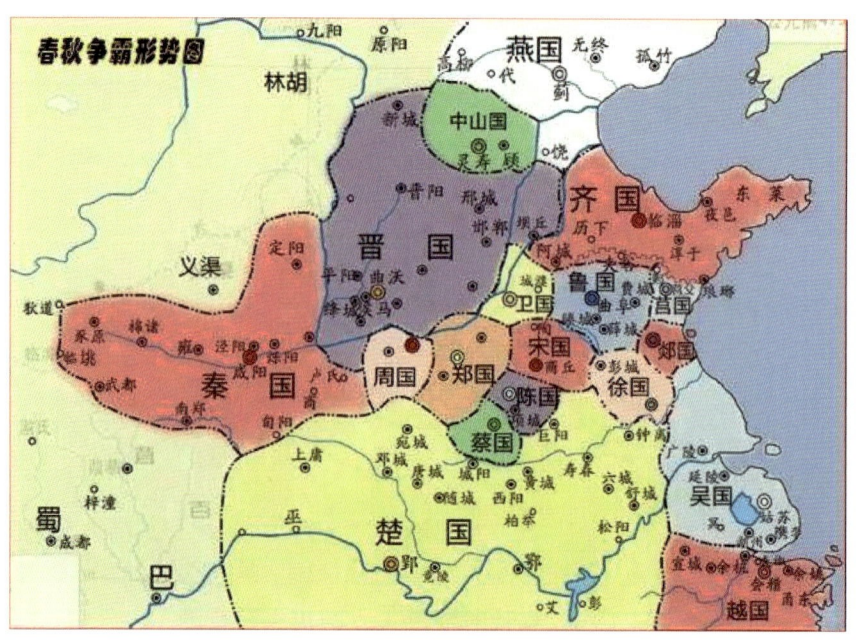

图 22-2：春秋争霸形势图

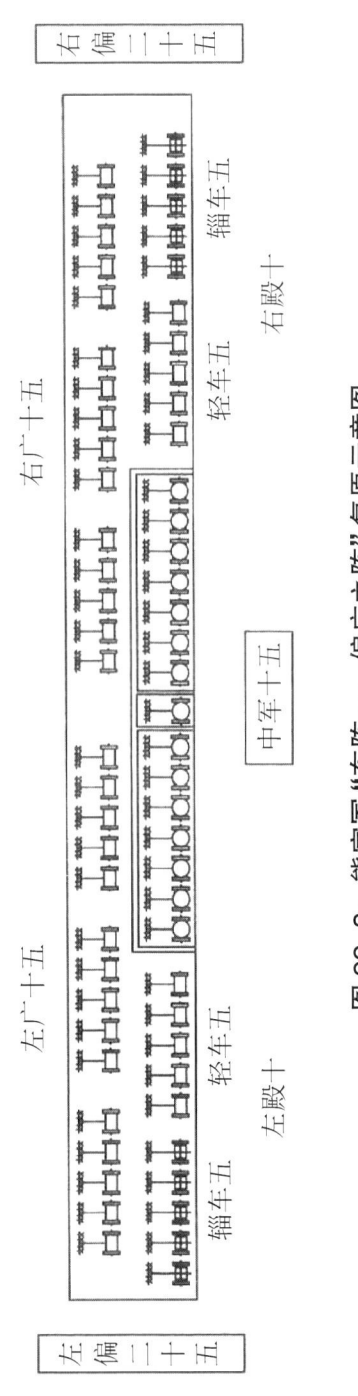

图 22-3：熊家冢"车阵——偏广之阵"复原示意图

录自武家璧、贾汉清、丁家元：《横式车阵——熊家冢车马坑研究之一》，载《荆楚文物》第2辑，科学出版社2015年，第74页

2299

图 22-4：春秋战国时期水战图

录自［日］桑田悦等：《兵战事典.1，中国古代篇》，张咏翔译，生活·读书·新知三联书店 2020 年，第 98 页

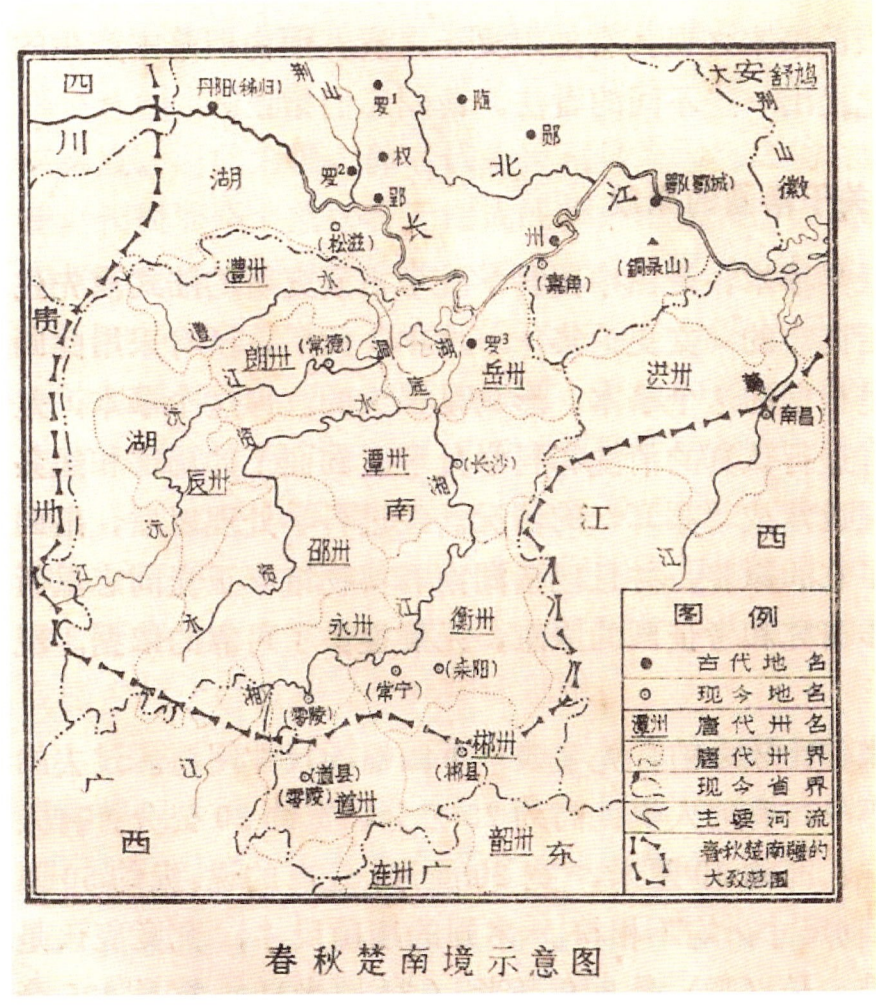

春秋楚南境示意图

图 22-5：春秋时期楚国南境示意图

录自何浩、殷崇浩：《春秋时楚对江南的开发》，《江汉论坛》1981 年第 1 期

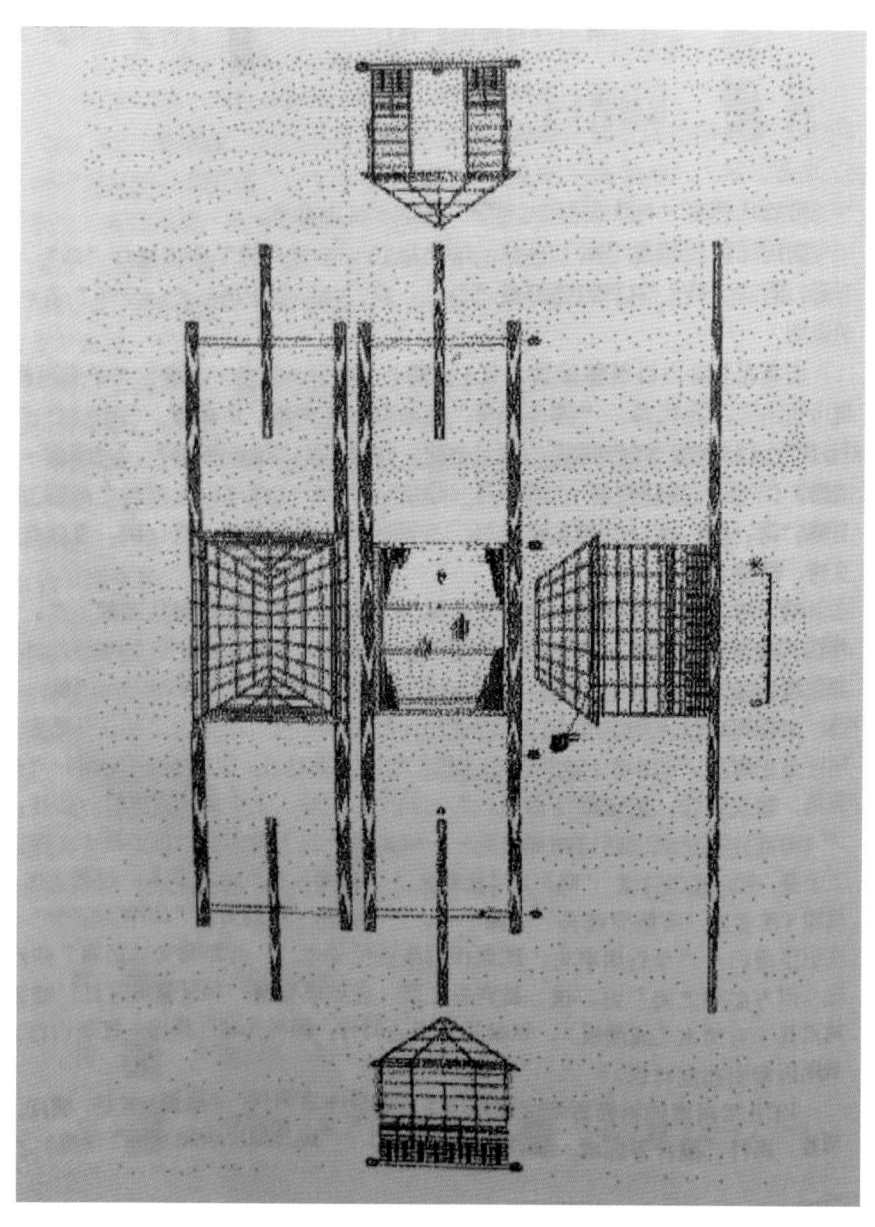

图 23-1：固始侯古堆屋式肩舆模型

录自郑若葵：《中国古代交通图典》，云南人民出版社 2007 年，第 287 页

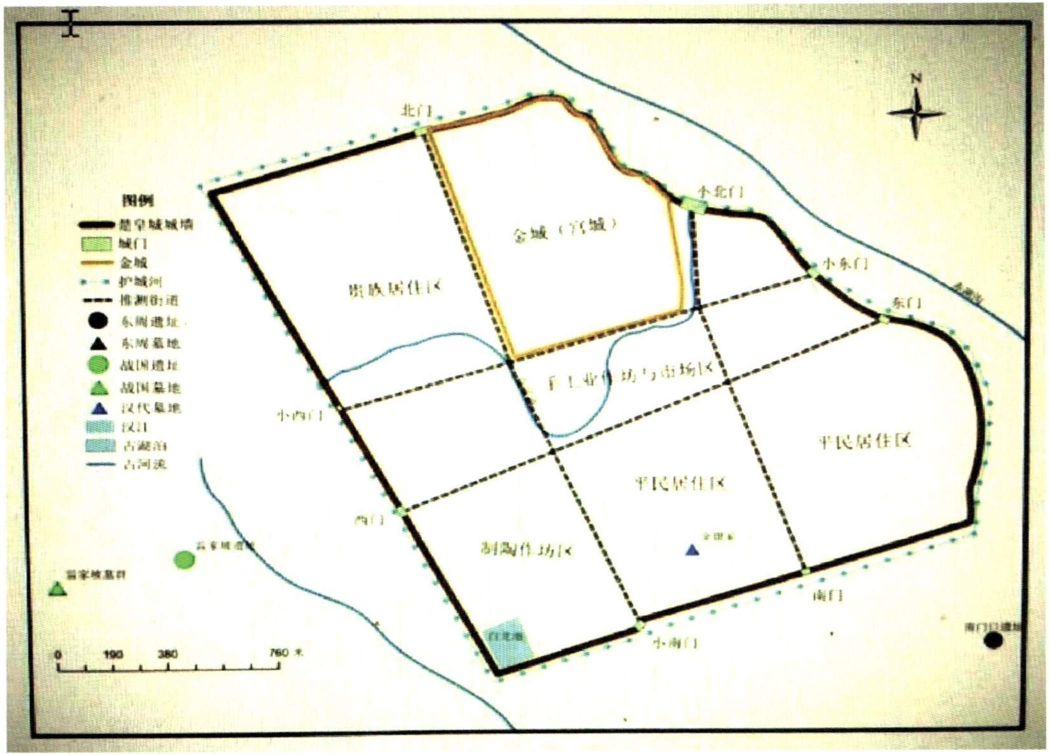

图23-2：楚都“为郢”布局图

录自王琢玺：《周代江汉地区城邑地理研究》图3-2，武汉大学博士学位论文，2019年，第110页

图 23-3：楚宫章华台复原图

录自张宗登：《先秦时期楚国设计艺术的多元融合研究》，九州出版社 2022 年，第 289 页

图 24-1：江苏盱眙南窑庄的郢爰

图24-2：河南扶沟县扶沟古城村的郢爰

图24-3：望山鎏金龙犀纹铜带钩

图24-4：枣阳金虎饰品

图 24-5：蟠螭纹金盏（正面与俯视）

图 24-6：镂空金漏匕

图 24-7：金盏龙凤纹盖

图 25-1：河南淅川下寺云纹铜禁

采自湖北省博物馆编《图说楚文化》，湖北美术出版社 2006 年，第 18 页

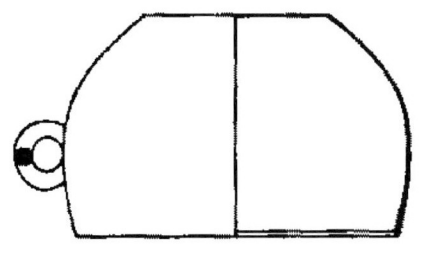

图 25-2：淅川下寺 3 号墓春秋晚期铜釦盏

采自河南省文物考古研究所：《淅川下寺春秋楚墓》，文物出版社 1991
年，第 235 页，图一七五，图版八六，1

■ 程涛平/著

CHUNQIU CHUSHI

春秋楚史

（二）

WUHAN PUBLISHING HOUSE

武汉出版社版

（鄂）新登字08号

图书在版编目（CIP）数据

春秋楚史：全四册 / 程涛平著. — 武汉：武汉
出版社，2024. 11. — ISBN 978-7-5582-7255-4

Ⅰ. K231.07

中国国家版本馆 CIP 数据核字第 20247632PD 号

春秋楚史（二）
CHUNQIU CHUSHI

著　　者：程涛平

责任编辑：郭庭军

助理编辑：曾思浩

封面设计：刘福珊

出　　版：武汉出版社

社　　址：武汉市江岸区兴业路 136 号　　　　邮　　编：430014

电　　话：（027）85606403　　　85600625

http://www.whcbs.com　　E-mail: whcbszbs@163.com

印　　刷：湖北金港彩印有限公司　　　　经　　销：新华书店

开　　本：787 mm×1092 mm　　　1/16

印　　张：34.75　　字　　数：467 千字　　　插　　页：5

版　　次：2024 年 11 月第 1 版

印　　次：2024 年 11 月第 1 次印刷

定　　价：780.00 元（全四册）

第 九 章

春秋中期楚国的
社会阶层

第一节　宗族、贵族及士阶层

在楚国，贵族按血缘的统系组成大小不等的许多族和家。族源即氏，氏衍分而为族。家源即族，族衍分而为家。家与族联结起来，则是所谓宗。宗是血缘团体，族主要是政治兼军事团体，家主要是经济团体。

追寻楚国宗法的起源，自当上溯远古时代。楚国宗法制度渊源于远古父系氏族制度。在远古社会解体后，楚国芈姓和荆蛮先民的血缘组织结构并没有被打破。楚国芈姓先民出自夏王朝的腹心地带，由于夏王朝只是改变原有氏族组织性质，其组织结构被保留并被加以利用，故而保留了原有的血缘组织结构。芈姓楚先南下与荆蛮土著先民结合，历经夏、商，在商末周初宗法制度形成的同时，也建立了系统的宗法制度。

"内姓选于亲，外姓选于旧。"(《左传》宣公十二年)这是楚国宗法制度作用下的选人用人原则。

春秋时期，"楚国世族的血缘团聚力很强，往往以大宗族为单位参加国家的统治"①。楚公族权势之盛，不逊于鲁之三桓、晋之六卿、齐之国高、郑之七穆。以立族先后为序，楚国在春秋时期有蓮氏、屈氏、若敖氏(斗氏和成氏)、沈尹氏、阳氏、囊氏，在战国时期则有景氏、昭氏、悼氏等。显宗大族轮番执政，兴替相继，成为楚国宗族社会的显著特点。

春秋晚期以后，随着县制和官僚制度的发展，楚国逐渐以禄田制、谷禄制取代食邑制。战国时期虽然有昭、屈、景等世家大族，但已没有了族兵等制度，世家大族的力量进一步受到削弱。

东周时期，楚国统治集团由三大宗族力量构成：以楚王为首的王

---

① 段志洪:《周代卿大夫研究》，天津出版社 1994 年，第 143—144 页。

室、楚公族诸氏和外来宗族。王室与楚公族诸氏之间及楚公族诸氏之间的权力争夺，是楚国政治领域的主要矛盾。楚王室为控制内政，经常安排诸昆弟执政，或者培植亲己的同姓羽翼，导致楚国经常出现"群公子政治"或大族专政的局面。群公子和执政大族均出自楚王室，楚国政权曾长期控制在芈姓上层贵族手中。这种情况与鲁、卫、郑、宋等公族势力强大的中原诸国类似，但也与晋、齐等公族权力旁落的国家颇有不同。

与其他诸侯国相比，楚国在春秋时期已拥有一定规模的外来者。这些外来者在楚国宗族结构中处于微妙的位置。统治者提倡他们与楚公族之间的"族姻"，以达到笼络和怀柔的目的，因为在对外征伐战争和地方行政管理方面，外来宗族的作用不容小觑。但楚王又忌惮楚公族与外来公族比党结私，危及王权，因此严厉打击他们比党结私的行为。《左传》昭公十四年："楚令尹子旗有德于王，不知度，与养氏比，而求无厌。王患之，九月甲午，楚子杀斗成然，而灭养氏之族。"杜注："养氏，子旗之党，养由基之后。"《左传》昭公二十七年："（楚）尽灭郤氏之族党，杀阳令终与其弟完及佗，与晋陈及其子弟。"杜注："晋陈，楚大夫，皆郤氏之党。"这样的严厉打击下，外来宗族在楚国内政上难有大的作为。但外来者的涌入和繁衍，带来楚国人口结构的变化。不同族源、族姓的群体在同一个的政权下相互往来、交流及融合，使统治阶层由芈姓公族的单一结构发展成诸族并存的复杂形态，为战国时期职官制的全面推行奠定了基础。

纵而观之，楚国的宗法家族没有中原列国昌盛势大。宗法制一方面在一定程度上制约了楚国的发展，但另一方面它以血缘为纽带维系了楚国的稳定，为楚国经济、文化的发展创造了条件，并以特有的价值观发挥作用。

楚国大的宗族绵延数代，成为世族，是楚王依靠的重要对象。除因权力斗争失败导致少数宗族没落、子孙降为士或平民外，他们一般都属于楚国的贵族阶层。

春秋晚期，与各诸侯国一样，楚国的宗法制度逐渐走向衰落。促使宗法制度走向瓦解的外部因素有三：第一，楚国的王权强大，抑制了宗族的发展。周代起实行宗法制度，目的之一是要以族权来维护君权。春秋时期，随着历史的发展，"宗法制对于国君来讲已经是害多利少了"①。楚王鉴于鲁国的三桓、郑国的七穆、宋国的华向、齐国的崔庆、晋国的六卿等，无不凭借其宗族势力与国君争权，令公室吃尽苦头。作为形成割据势力的基础，宗族的壮大必然遭到楚王的打压。第二，春秋时楚国贵族间的斗争异常激烈，一些卿大夫家族在斗争中惨遭失败，"坠命亡氏"。如楚国的若敖氏、养氏、郤氏、费氏、鄢氏等，这与各诸侯国的情况一样。晋国的郤氏、栾氏、祁氏、羊舌氏、范氏、中行氏、智氏，宋国的武、穆之族，齐国的崔氏、庆氏、二惠、鲍氏，卫国的宁氏等，均因遭受打击而破败。这些破败的家族，其家族成员流散于社会，或臣事新主；或流亡他国，侨居异乡，其中大部分沦为平民。《左传》昭公三年："栾、郤、胥、原、续、庆、伯降在皂隶。"《国语·晋语九》："夫范、中行氏不恤庶难……今其子孙将耕于齐，宗庙之牲为畎亩之勤。"宗法制度的瓦解在这些没落的家族中首当其冲。第三，宗族失去采邑的支撑，不能持久。采邑是宗族存立的经济基础。《礼记·礼运》："大夫有采以处其子孙。"没有采邑，宗族失却了祭祖收族的根本。《礼记·曲礼》："无田禄者，不设祭器。"《荀子·礼论》："持（通恃）手而食者，不得立宗庙。"春秋中后期，列国不再命族立家，以"限制国家（或公室）的土地在分封制名义下再流向任何私家，从而……扼制了封建制的再生"②。楚国直到楚惠王时期开始实行封君，封君之外的一些宗族得不到更多的土地，势必没落下去，部分宗族成员也不得不离开宗族，另谋生路。在此种情势之下，宗法组织的破坏和血缘关系的淡化自是不可避免了。楚国宗法制度的

---

① 金景芳：《中国奴隶社会史》，上海人民出版社1983年，第259页。
② 朱凤瀚：《商周家族形态研究》，天津古籍出版社2004年，第528页。

延续及其瓦解，正是春秋时代过渡性特点的一种反映。

宗法制度的瓦解产生了大量的士，士的地位在贵族中是最低的。春秋时期，宗法制渐趋完备，西周社会广泛推行宗法分封制是贵族最低级身份之士形成的根本原因。[①]《礼记·王制》："诸侯之上大夫卿、下大夫、上士、中士、下士，凡五等。"根据出身的不同，春秋时把国人归为十等，即《左传》昭公七年所载的王、公、大夫、士、皂、舆、隶、僚、仆、台。士是下级奴隶主，处于其下的皂、舆、隶、僚、仆、台便是服各种杂役的庭内奴隶，结构呈金字塔状。周代建立宗法制度的目的在于维护"天子、诸侯、卿、大夫、士、庶民"这一等级序列，此种等级的形成及保持长期稳定实有赖于各种相关制度的有效执行及顺利实施。

士的形成与西周社会最重要的两项制度——宗法制和分封制密不可分。宗法的核心是嫡长子世袭制和大小宗统属关系。[②] 楚国在立国后继承了西周的嫡长子世袭制和大小宗关系，《左传》桓公二年载有"天子建国，诸侯立家，卿置侧室，大夫有贰宗，士有隶子弟"的等级制度。但这一宗法制下的分封制度发展到后来，随着层层地向下分封，各阶层不断扩大，大夫阶层人数日益增加，在只有嫡长子能继承正统的前提下，众庶子纷纷沦为"士"一级。《左传》哀公十六年所记楚国的熊宜僚，《通志·氏族略》指其为"鬻熊之后"。实际上，尽管熊宜僚是鬻熊后裔，其时已沦为野人，贵族身份早已不在。[③] 熊宜僚其先祖或当为楚王后裔，但处于宗法制下的分封制，本身几乎是一个无限的递增量，所以发展到春秋中后期其身份跌落为庶民。当时楚国贵族的衰落程度由此可见一斑，众多楚国贵族后裔的衰落就形成了楚士阶

① 沈少英：《论周代士人身份的演变》，陕西师范大学硕士学位论文，2006 年，第 4 页。
② 邓宏亚：《论楚"士"的形成与发展》，《郧阳师范高等专科学校学报》2013 年第 1 期。
③ 程涛平：《楚国野地居民社会形态研究》，《历史研究》1990 年第 1 期。

层最初的庞大一支。①

楚国之士为楚贵族最低之级别。《国语·楚语上》记载楚子木说："国君有牛享，大夫有羊馈，士有豚犬之奠，庶人有鱼炙之荐，笾豆、脯醢则上下共之。"这里虽指祭典，但"祀，国之大事也"，祭典的规格无疑显示着等级的尊卑。又《国语·楚语下》载观射父曰："天子举以大牢，祀以会；诸侯举以特牛，祀以太牢；卿举以少牢，祀以特牛；大夫举以特牲，祀以少牢；士食鱼炙，祀以特牲；庶人食菜，祀以鱼。"表明庶人是祭典的最低级别。综上可知，作为楚国早期最低贵族身份的士，源于楚国的宗法制与分封制产生的等级差别之中。

随着宗法制、分封制的发展，其经济基础井田制在春秋中晚期逐步解体，致使传统"学在官府"向下层转移，私学兴起为士阶层的壮大开辟了道路。《吕氏春秋·博志》："宁越，中牟之鄙人也，苦耕稼之劳，谓其友曰：'何为而可以免此鄙也？'其友曰：'莫如学，学三年则可以达矣。'"正是当时平民通过求学来改变命运的典型例证。因此楚之庶民或奴隶亦可借由获得知识而跻身士阶层，而这又离不开当时楚国一批教育家的重要贡献。其中有老子回到苦县后设坛讲学，开启其传道授业的教育生涯。农家学派大师许行，从楚国来到滕国，其徒数十人，皆靠编鞋织席为生。战国晚期影响最大的教育家荀子，曾任楚兰陵令，被黜后在兰陵著书讲学。这些均是楚之私学兴起的典型例证。私学兴起为楚国培养了大批的读书人，极大地促进了教育的普及与民间化，壮大了楚国"士"的队伍。

---

① 钟海北：《楚士阶层壮大原因与时代影响：兼论楚国人才观》，《郧阳师范高等专科学校学报》2014 年第 4 期。

第二节　楚王集权制及楚王对世宗大族的抑制

楚王集权制是楚国政治最突出的特点，也是楚国历春秋战国全过程屹立不倒的关键。顾栋高评论：

> 楚以蛮夷之国，而自春秋迄战国四五百年，其势常强于诸侯，卒无上陵下替之渐者，其得立国之制之最善者乎！楚以令尹当国执政，而自子文以后，若斗氏、成氏、蒍氏、蓬氏、阳氏，皆公族子孙，世相授受，绝不闻以异姓为之，可以矫齐、晋之弊。然一有罪戾，随即诛死。①

"立国之制之最善者"，就是指楚国至高无上的王权。

"庄王以前，楚国的中央实权长期为若敖氏所掌控，在公元前605年庄王灭若敖氏之后，王权开始变动，从庄王至平王，是春秋楚王权变动最为剧烈的时期。"从庄王至康王，权力并未直接转移到楚王手中，而是先由若敖氏当政时的"取自楚王的环绕型的世族政权"向庄王时"取自楚王的环绕型的公子群政权"转移。从康王九年(前551年)开始，又倾向于转回到大世族政权。灵王夺权后，则企图将权力集中到楚王个人手中，并执意于改革。灵王败亡后，平王在恢复旧秩序的同时，又着力建立新的王权基础。② 春秋时楚国长期处于大宗世族和小宗世族交替或平衡专权的状态之中，楚王并未"根除他们控制王权的可能性"③。庄王、灵王、平王时期政策调整最大，而灵王的变革对地

---

① 顾栋高：《春秋大事表·春秋楚令尹论》，中华书局1993年，第1840页。
② ［日］安倍道子，后德俊译：《关于春秋时代的楚王权——从庄王时代到灵王时代》，载湖北省楚史研究会、武汉师范学院学报编辑部合编《楚史研究专辑》，1982年，第244—263页。
③ ［美］蒲百瑞：《春秋时代楚国政体新探》，《中国史研究》1998年第4期。

方政治体制的影响最大。"楚国成为大国以后，能长期保持不衰，既没有像中原的强国晋那样被三家分割，也没有像东方的大国齐一样被田氏取代。其之所以能做到这一点，与楚坚强的领导核心是分不开的。在楚国历史上，出过许多有名的君主，尽管时代不同、情形各异，他们都能奋发进取，有着各自的闪光点。①

楚王集权制的形成是有一个过程的。楚国的王权与世宗大族的族权在春秋中期的楚庄王时、春秋后期的楚灵王时、战国早期的楚悼王时发生过三次剧烈的冲突。"从庄王到悼王之世，楚国的族权与王权发生了下列三次重大的冲突。第一次重大的冲突就是若敖氏攻楚庄王，楚庄王灭若敖氏，结局是王权加强了。"②楚庄王经过与若敖氏的殊死搏斗，痛定思痛，开始对楚国的世宗大族有强烈的戒心，设置了对世宗大族的若干限制政策，从而强化了楚王集权制。

楚宗族实力不强，在政治、经济、军事领域都受到楚王的制约。首先，从楚国的官制看，楚武王在着手建立国家机器时，一开始就为这些官职打上非世袭的标签，无论是位高权重的令尹，还是司马、工正、县公等大夫阶层，其任免完全由楚王决定，楚王对其有着绝对的话语权。以令尹为例，武王到庄王九年的楚令尹中，虽斗氏和成氏占据其中大多数，但这种继任不是以世族血缘为基础，而是均由楚王任命，且稍有不慎，这些令尹就面临丧命的结局。这些人中，除去子文因政绩突出任多年令尹外，成得臣、成嘉、斗勃、斗般、斗越椒为楚王所杀，彭仲爽、劳吕臣等在位时间不长即被楚王撤换，没有哪一个世族能够真正把持这个职位。斗氏虽然有多人担任令尹，但在楚王绝对掌控生杀大权的前提下，不会对王权构成实质性威胁。其次，从封邑来看，楚国最早实行县制，且有大城设县、小城设邑的传统。斗氏

---

① 郭德维：《楚王是怎样培养接班人的》，载《楚史·楚文化研究》，湖北人民出版社 2013 年，第 24、28 页。

② 张正明：《楚国社会性质管窥》，载《张正明学术文集》，湖北人民出版社 2007 年，第 344—345 页。

家族的兴起虽得益于封地斗邑，有了食邑，也就有了家族壮大的政治经济基础，但这也只是从楚国国内情况来看的，与同一时期中原诸国的公族封邑相比，斗氏的封邑只有斗、中鞶、郧等，但中鞶、郧地是若敖氏之乱后楚王赐予子文的子孙的，都不是大邑，权、申只是楚王任免的县公，其任免也完全取决于楚王。由于封邑狭小，自身经济实力受到很大的制约，使得斗氏在与楚王的博弈中明显实力不足。再次，拥有了封邑，并不意味着拥有私兵。"楚大夫之封邑乃只有经济意义的食邑，且具有军事意义的县、邑由国君掌握，委派大夫去治理。"[1]斗氏的军事力量只能依靠其族人组成的"若敖氏之六卒"，虽然从城濮之战可以看出若敖氏之六卒也是强悍的武装力量，但和拥有"王卒""宫甲"的楚王相比，力量悬殊，不能抗衡。最后，楚数次迁都对斗氏造成不利影响。楚国"国都屡迁，不闻抗行，楚材多走他国。此正反映其定居之思想不严，家族之纽带不强也"[2]。王权的强大必然导致强宗大族的衰弱。斗氏的衰亡，根本原因是斗氏的日益强大威胁到楚王的王权。斗氏自身实力达不到与楚王相抗衡的境地，王权与宗室权力博弈，其结果显然是楚王赢得胜利。斗氏强大威胁到楚王王权，从子上谏成王不立商臣、斗克的叛乱、若敖氏的叛乱，都可以看出端倪，斗氏虽然顶着"楚第一公族"的名号，学术界也认为楚"宗室独强，政不下移"，但楚"宗族独强"也只是和楚外姓世族比较而言的，宗族尤其是斗氏的实力并没有想象中那么强大，而造成这种局面的正是楚国特殊的政治环境。毫无疑问，以若敖氏之乱为分界点，斗氏在楚国的权势瞬间急转直下，由楚武王至楚穆王时代的第一强宗大族，沦落到子孙四散走失、艰难喘息的境地，最终湮没在历史的滚滚洪流之中。

楚王集权制的要旨，就是由楚王亲自掌握对国家大事的决策权和处理权，绝不下放权力，具体体现在以下五个方面：

---

① 段志洪：《周代卿大夫研究》，天津出版社 1994 年，第 146 页。
② 姜亮夫：《三楚所传古史与齐、鲁、三晋异同辨》，《历史学》1979 年第 4 期。

第一，发动战争，攻灭他国或抵御入侵，皆由楚王决定。

先秦时期，"国之大事，在祀与戎"。楚国以武立国，历任楚王无不锐意开疆拓土，热衷于灭国占地。这就涉及对战争的发动及推进的决策权。楚武王北上，对随国发动了一系列的进攻，甚至带病出征，至死方休。楚文王横扫"汉阳诸姬"，灭申、息，"封畛于汝"。楚成王与晋国城濮大战，掌握战争的全过程。楚穆王挥兵北上，战果累累。楚庄王先是抵御庸国的进攻，继而问鼎中原，邲地之战率先冲锋，终于一雪前耻。可以看出，每一次大的军事行动都是由楚王亲自决定、亲自领兵，绝无大权旁落的现象。没有经过楚王同意而发动的战争，少之又少，而且受到抵制。如楚文王去世不久，年幼的楚成王尚未亲政，令尹子元为讨好文夫人率兵车六百乘擅自发动对郑国的战争，铩羽而归，受到文夫人的严厉指责，不久即被杀。

第二，任免令尹、任将和调兵、惩罚和奖励将领，皆由楚王决定。

令尹是楚国最高的行政、军事官员。楚国的令尹不是世袭的，多来自王室贵族和王子王孙，由楚王在王族范围内采用"亲疏参用"的原则，选任贤能。"楚国的令尹……一般由楚王来任命。"[1]如《左传》哀公十七年"彭仲爽，申俘也，文王以为令尹"。楚成王选择令尹子文，楚庄王选择令尹孙叔敖，皆为一代名相，辅佐楚王建功立业。楚国军败必罚，主帅多被杀。《左传》桓公十三年载："十三年春，楚屈瑕伐罗，斗伯比送之……遂无次，且不设备。及罗，罗与卢戎两军之。大败之。莫敖缢于荒谷，群帅囚于冶父以听刑。"莫敖屈瑕的死开启楚国军帅兵败自杀的先例。每遇战争，楚王都会亲自调兵遣将。城濮之战中，楚成王看出令尹子玉的骄横，临时决定少与之兵。《左传》僖公二十八年载，子玉兵败，楚成王使谓子玉："大夫若入，其若申、息之老何？"逼令尹子玉自杀。"楚的令尹和其他官员都不是终身制，有问题或不能胜任，都要随即被撤换掉。故每一个楚王名下都有好几个令

---

① 宋公文：《楚史新探》，河南大学出版社 1988 年，第 160 页。

尹。如楚庄王在位二十三年，他手下的令尹就有子孔、子扬、子越、虞丘子、孙叔敖、子佩六人，有的令尹干了仅几个月，最多的也只两三年。总之，不好就换，或曰让贤。"①令尹尚且如此，对于其他官吏的任免，更是不在话下，楚王的权威不容置疑。

第三，建都、置县等，皆由楚王决定。

楚国的都城有主都和陪都、行都之分，随着楚国国土的变化，楚国的都城也不断发生变化。清华简《楚居》揭示，从芈族的都邑到楚国的都城，从商代芈族首领季连到战国时期的楚悼王，楚都频繁迁移，次数大大超过文献的记载。楚武王建国后，每一次的都城迁徙，都是由楚王作出决定、全体国民执行。设县是国之大事，要听从楚王的决定。《左传》宣公十一年记载的楚庄王伐陈，平乱，县陈。申叔自齐还，对楚王说出了县陈的不妥之处，获得楚王的认同，楚王决定恢复陈国。《史记·楚世家》对于此事也有类似记载。说明臣子只是陈述意见，影响楚王，而具体决定则由楚王做出。

第四，对外盟会及派出使节，皆由楚王决定。

先秦时期诸侯国盟会频繁，《左传》成公十六年记，春秋首霸齐桓公率八个诸侯图气势汹汹地伐楚，来至陉山，"楚（成）王使将军屈完以兵御之，与桓公盟"。屈完不辱使命，回答齐桓公咄咄逼人的问话，不卑不亢，对齐国炫耀武力嗤之以鼻，最终不战而屈人之兵，代表楚国与齐国签订了充分维护楚国利益的"召陵之盟"，证明楚成王完全掌握着外交大权。

在先秦外交中，使节代表国家的形象，楚国使节均由楚王派出。《左传》桓公六年，"楚武王侵随，使薳章求成焉"；《左传》鲁桓公八年，楚武王"使薳章让黄"；《左传》鲁桓公九年，"楚子使道朔将巴客以聘于邓，……楚子使薳章让于邓"；《左传》僖公四年，"楚子使屈

① 宋公文：《楚史新探·令尹原任官职表》，河南大学出版社 1988 年，第 90—91 页。

完如师";《春秋》僖公二十一年,"楚人使宜申来献捷";《左传》宣公十四年记楚庄王为了找到侵宋的理由,"楚子使申舟聘于齐",过宋而不准借道,造成申舟被杀,终于堂而皇之侵宋。这些楚国使节,均忠于王命,虽死不辞。

第五,世宗大族的采邑和赏田,皆由楚王控制。

春秋时期,世族占有的土地主要有采邑、赏田。楚王对世族占有土地的控制非常严格,每个采邑主只受封一处土地。[①] 如见于记载的屈瑕和子文的采邑都只有一地。"见于记载的楚世族采邑,有斗氏的采邑,斗(采邑主为子文)、蔓(采邑主为斗成然)和中鄬(采邑主为斗韦龟),屈氏的采邑屈(采邑主为屈瑕),蓬氏的采邑蓬(采邑主为蓬启疆),伍氏的采邑椒(采邑主为伍举)、棠(采邑主为伍尚),伯氏的采邑钟离(采邑主为伯州犁),沈氏的采邑叶(采邑主为沈诸梁)。"[②] 即便是这样在政治上非常有影响的世族,每个采邑主拥有的采邑见于记载的也都只有一处。楚王极少封赏土地。楚成王时子文是楚国历史上有名的令尹,曾"自毁其家,以纾楚国之难",对楚国的政治、经济、军事的发展都有很大贡献,但是除了子文的采地斗邑,没有史料记载子文从楚成王那获得了其他的土地。楚穆王傅潘崇,在穆王弑成王自立的过程中,为穆王出谋划策,只是得到了官职和一些财物,《左传》文公元年记,"穆王立,以其大子之室与潘崇,使为大师,且掌环列之尹",其所得只是财物,而非土地。楚庄王时的令尹孙叔敖本人没有获得土地。《史记·滑稽列传》载,孙叔敖临死前告诉他儿子:"我死,汝必贫困。""为我死,王则封汝。汝必无受利地。"孙叔敖死后,其子靠砍柴为生,优孟打抱不平,楚庄王乃召孙叔敖子,"封之寝丘四百

---

① 屈氏是楚王族之后,且莫敖屈瑕在当时为楚最高执政。但据各种文献记载,屈瑕尽管身居高位,但其所拥有的采地仅有屈地一处,王逸《楚辞章句》说:"楚武王子瑕食采于屈,因氏焉。"

② 吕文郁:《周代的采邑制度》附表《春秋列国采邑表》,社会科学文献出版社 2006年,第 279—288 页。

户，以奉其祀。后十世不绝"。《吕氏春秋·孟冬纪》对此事也有记载。楚王给孙叔敖儿子的赏田，是条件极差的"寝丘"，值得注意的是孙叔敖告诫其子"必无受利地"，说明楚王只有对"寝丘"这一类贫瘠的土地才可能不予收回。在楚国，封君采邑的世袭也受到楚王的限制。"春秋中期以前，采邑制是主要的分封形态，各贵族的采邑是世袭的，以初封采邑所在地名作为受封王族或显贵的姓氏是很普遍的，此期楚国的四大贵族斗、成、屈、蒍以采邑为姓氏，为大多数学者公认。采邑制的最大特点是可以世袭，因楚王夺大姓之封邑引发叛乱的例子就有数个。"①

楚王与诸官员尤其是令尹的关系，最能体现楚王的权威。楚国最高职务是令尹，是百官之长，但令尹行使大权始终受到楚王的严密监督和制约。这种制约，主要表现在如下诸方面：

其一，楚王掌握内政外交的决策权。内政方面，令尹制定大政方针，选任高官要员，以及处理重大司法案件，都不得超越楚王而独行其是。军事方面，调兵之权，命将之权，亦均操于王手，令尹一般不得干预。外交方面，出聘官员之选派，在王而不在令尹。令尹制定对外方略，释放拘楚之他国使臣，须经楚王批准。对令尹的对外缔约结盟权，楚王也掌握着最后拍板定案的权力。

其二，楚王掌握官员的任职权。楚国已知的 46 位令尹，除极少数为他人荐举而由楚王认可外，其余全由楚王自定。对在任令尹，楚王也并非全都官其终身，而是根据其表现以决定去留。这种任免制度对保障王命的贯彻执行、实现集权政治显然有着重要作用。令尹的职权虽然很大，但是楚王掌握有任免令尹的权力。例如：《左传》哀公十七年载："彭仲爽，申俘也，文王以为令尹。"《左传》襄公二十一年："楚子庚卒，楚子使蒍子冯为令尹。"蒍子冯在拜访贤者申叔豫后，托病请辞令尹，楚康王"乃使子南为令尹"。《左传》襄公二十二年：

---

① 　马俊才：《也论楚景昭二姓》，载楚文化研究会编《楚文化研究论集》第十一集，上海古籍出版社 2015 年，第 359 页。

"（楚康）王遂杀子南于朝……复使薳子冯为令尹。"《左传》昭公十三年："（楚平王）弃疾即位，名曰熊居。……使子旗为令尹。"还有部分令尹是由前任举荐，但最终还要经过楚王的批准。例如，虞丘子让令尹位于孙叔敖，《说苑·至公》记载："楚令尹虞丘子复于庄王曰：'……臣窃选国俊下里之士孙叔敖，秀赢多能，其性无欲，君举而授之政，则国可使治而士民可使附。'……庄王从之。"孙叔敖虽得到虞丘子推荐，仍然需要"庄王从之"才可。《左传》僖公二十三年记大夫子玉伐陈凯旋，令尹子文"以为之功，使为令尹"。虽未提及楚王，但从《左传》僖公二十七年蒍贾说"子之举也，举以败国"来看，这里的"举"与《说苑·至公》中的"君举而授之政"类似，说明子文还是向楚王作过请示并得到肯定答复后，才使子玉就任令尹的。《左传》哀公十六年："诸梁兼二事，国宁，乃使宁为令尹，使宽为司马。"叶公诸梁当时兼任令尹与司马，推荐子西之子宁（子国）为令尹。最后子国出任令尹却并非诸梁一人可以决定。《左传》哀公十七年："王与叶公枚卜子良以为令尹。……他日，改卜子国而使为令尹。"还是需要楚王参与才能最终完成令尹的任命。

其三，楚王掌握官员的免职权。楚王对令尹的免职权与任命权同等重要。在很多情形下，楚王对令尹的任命不可能做到知人善任。例如，楚成王即位时年龄尚小，不可能有意识地选择令尹，所以只能听任他的叔父、文王庶弟子元担任令尹。与此类似的还有郏敖时代的令尹公子围、共王时代的令尹子重、昭王时代的令尹子常。这些令尹都是楚王的叔父辈，在君主年幼时代辅政掌权。这些叔父辈的令尹几乎全都出现了专权的现象，子元调戏王母、入居王宫，公子围弑君代立，子重滥杀申公巫臣之族，子常贪暴奢靡、临阵脱逃，几乎没有一个称得上是称职的令尹。如果要对他们进行约束，免职权的重要性就会凸显出来。[①]

---

① 王准：《春秋时期晋楚家族比较研究》，湖北人民出版社 2013 年，第 81—83 页。

由于种种制约措施的推行，楚王就能在相当程度上左右令尹的意志和行动，限制令尹对王权的离心力，使令尹成为辅佐王权的力量。正是从这个意义上来讲，令尹制是一种深深被王权控驭的宰辅制度。诸夏一些国家，由于较长时间未能确立起一套比较完整的制约宰辅权力的制度，宰辅之权时或大于君权，所以这些国家的王权在较长时期就不如楚国王权那么稳定。

其四，楚王掌握官员的杀戮及灭族权。"春秋诸国，惟楚英贤最多，而为令尹执国政者，皆其公族（王族），少自偾事，旋即诛死，所以强大累世，而威略无下移，固其君之强明，亦其传国用人之制独善也。"①楚王杀戮大臣的原则是：丧师辱国者杀，贪财无厌者杀，私人势力过大者杀，叛乱篡权者族灭。在楚王制约令尹的各种措施中，这种措施算是最严厉的了。鲁僖公二十八年晋楚城濮之战，令尹子玉"刚而无礼"，没有听从楚成王"无从晋师""允当则归"的指示，指挥错误，当晋军退避三舍之后，还坚持与晋军在城濮决战，以致大败。为此，楚成王立即追究责任，派人斥责子玉说："大夫若入，其若申、息之老何？"子玉回师途中，一直没有得到楚王的赦令，被迫自杀。公元前 627 年，楚成王四十五年，晋楚有夹泜之役（泜水，河南鲁山东）。《左传》僖公三十三年："（晋）阳处父侵蔡，楚子上救之，与晋师夹泜而军。阳子患之，使谓子上曰：'吾闻之，文不犯顺，武不违敌。子若欲战，则吾退舍，子济而陈，迟速唯命，不然纾我。老师费财，亦无益也。'乃驾以待。子上欲涉，大孙伯曰：'不可。晋人无信，半涉而薄我，悔败何及。不如纾之。'乃退舍。阳子宣言曰：'楚师遁矣。'遂归。楚师亦归。太子商臣谮子上曰：'受晋赂而辟之，楚之耻也，罪莫大焉。'王杀子上。"晋军统帅阳处父，不愿与楚交锋，派使者告诉楚军统帅令尹子上愿意退军，让楚退泜水来一场决战。令尹子上恐其半渡而击，愿退军让晋先渡河，再进行决战。不想晋乘楚退军时，

①　董说：《七国考·楚职官》，中华书局 1956 年，第 29 页。

扬言："楚军遁矣。"晋阳处父随即率军还晋，楚军亦还。太子商臣在楚成王面前告令尹子上有遁逃避敌的行为，楚成王杀了令尹子上。《左传》襄公三年（楚共王二十一年）载："楚子辛为令尹，侵欲于小国。"孔疏曰："（子辛）多有所欲，求索无厌，侵害小国，故小国怨也。"于是小国陈叛楚投晋。《左传》襄公五年（楚共王二十三年）载："楚人讨陈叛（楚）故，曰：'由令尹子辛实侵欲焉。'乃杀之，书曰：'楚杀其大夫公子壬夫'，贪也。""壬夫"即令尹子辛。可见，楚共王诛杀令尹子辛的原因是子辛对小国陈进行勒索，导致小国陈叛楚投晋。为了惩治贪污勒索，也为了维护楚国在诸侯国的声誉，楚共王才诛杀令尹子辛。从当时人评论"楚共王于是不刑"（《左传》襄公五年）来看，应该是楚共王亲自下的命令。观起为子南的私宠，并无功劳，而有马数十乘。《左传》襄公二十二年（楚康王九年）载："楚观起有宠于令尹子南，未益禄而有马数十乘。"这与其身份极不相称。楚康王为改变"国多宠而王弱"的局面，遂"杀子南于朝，轘（车裂）观起于四竟"，以振国威。子南被杀后，楚康王任命蒍子冯为令尹。子冯在任期间，又有私宠"八人，皆无禄而多马"。子冯之党申叔豫见此遂不敢与子冯言，再三回避子冯。子冯追问其故，申叔豫说："昔观起有宠于子南，子南得罪，观起车裂，何故不惧?"子冯听了甚为惶恐，立辞私宠八人。可见楚王对令尹结党营私深恶痛绝，不准令尹倚仗权势，侵害小国。又比如，令尹子旗（斗韦龟）因拥立平王的大功，恃宠而骄，"不知度……而求无厌"，令楚平王无法忍受，"九月甲午，楚子杀斗成然"（《左传》昭公十四年）。

其五，楚国的法律有力地维护了楚王的权威。楚国作为春秋时期疆域最大的诸侯国，为了适应扩疆的需要，以军功成败论将，以政绩治理责官，王子犯法与庶民同罪，有着严明的惩罚制度。前699年，楚国莫敖屈瑕伐罗。屈瑕作为主将，拒绝谏议，不知设防，军纪不整，结果楚军大败。归楚途中，据《左传》桓公十三年记载，主将"莫敖缢于荒谷，群帅囚于冶父，以听刑"。楚国对败军之将予以惩处的刑律，应当是在此之前便已经制定出来，并且足以震慑像莫敖这样身份的重要官员，否则，屈瑕决不会在离郢都不远的荒谷自缢。楚国严惩犯法贪污受贿失职的官员。楚共王时，王宫被盗，因没有及时破案，郢大夫江乙被罢官。前 571 年，楚右司马公子申多受小国之贿，因而被杀。前 537 年，楚灵王因"屈申为贰于吴，乃杀之"（《左传》昭公五年）。

春秋时期，见于经传记载的楚国令尹共有 31 人，被迫自杀或被诛杀的竟有 9 人，可见在楚国法律根本上是为王权服务的。可以说，楚国王权支持了法律，楚国法律又维护了王权。

第三节　国野制和书社制

先秦各诸侯国普遍实行"国""野"之制，这是先秦历史中维系贵族统治的一项重要制度，是剖析先秦社会的一把钥匙。

先秦的"国""野"之分，通常是指国都及其四郊之地与郊外之地的区分。所谓"国"者，诸侯国都城圈以内之谓也。① 圈外即是"野"了。这种"国"的范围，以郊为界。在这"国"和"野"两大区域中，"郊"是个分界线，"郊"以内是"国中及四郊"，"郊"以外即是"野"。"郊"的得名，就是由于它是"国"和"野"的交接之处。② 关于"郊"，有几种说法，一种是笼统地说"距国百里为郊"，如《说文》。段玉裁《四与顾千里书论学制备忘之记》："此郊之本义也，谓必至百里而后为郊也。"或者如《周礼》中郑玄注："地距王城二百里以外至三百里曰野。"③另一种说法则分层次，如《尔雅·释地》："邑外谓之郊。"清人郝懿行疏云："此邑即国都矣。郊者，《说文》云距国百里为郊，此据王畿千里

---

① 童书业：《春秋左传研究》，上海人民出版社 1980 年，第 366 页。
② 杨宽：《古史新探》，上海人民出版社 2016 年，第 138 页。
③ 《周礼注疏》下册，中华书局 1980 年，第 2086 页。

而言。设百里之国，则十里为郊矣。郊有远近，以国为差……周制天子畿内千里，远郊百里，以此差之，远郊上公五十里，侯四十里，伯三十里，子二十里，男十里也，近郊各半之。"如果按《周礼》所揭示的乡遂制度来看，野地还应摒除郊内"六乡"之广大地域。《周礼·地官》记"小司徒"的职掌为"掌建邦之教法，以稽国中及四郊都鄙之夫家九比之数……颁比法于六乡之大夫"，春秋时代以齐国实行这种乡遂制度最为显著，《国语·齐语》记齐桓公时管仲施行"参(三)其国而伍(五)其鄙"的政策，把"国"分为二十一乡，其中工商之乡6个，士乡(《管子·小匡》作"士农之乡")15个。这些乡都相当于《周礼》的"六乡"，其地域不可谓不广，野人所居之地当不在其列。据记载，齐国之外，宋、鲁、郑都实行这种乡遂制度。[①]

楚国亦实行国野之制，国都与野之间，亦有"郊"为界。如《左传》昭公十三年先记楚内乱，进攻郢都的部队"及郊"，后记楚灵王闻群公子之死，自投于车下，右尹子革曰："请待于郊，以听国人。"楚国的官职中，有"郊尹"一职，见于《左传》昭公十三年"楚子夺成然邑而使为郊尹"，杜注："郊尹，治境郊大夫。"楚国的郊尹似相当于《周礼》中的"乡大夫"[②]、郑国的"郊人"、宋国的"乡正"。《左传》襄公九年记宋国"命四乡正敬享"。按照《周礼·比长》所记，国都以"郊"为界，与野地的界限十分森严："徙于国中及郊，则从而授之，若徙于他，则为之旌节而行之，若无授无节，则唯圜土内之。"郑注："圜土者，狱城也。""国人"从国越郊迁居至野，须"为旌节以行之"，否则要遭拘捕；那么，"野人"从野越郊入"国"居住，当然更加困难。《吕氏春秋·慎小》记卫国野人不能居国例："卫庄公立，欲逐石圃，登台以望，见戎州(戎之邑也)而问之曰：'是何为者也?'侍者曰：'戎州也。'庄公曰：'我姬姓也，戎人安敢居国?'使夺之宅，残其州。"

① 杨宽：《古史新探》，上海人民出版社2016年，第148页。
② 《周礼·地官》："乡大夫之职，各掌其乡之政教禁令。"

楚之"郊尹"，除管理郊内之事外，还似以把住"郊"界，防止"国""野"不分为重要职责。

分析有关楚史资料，楚国的野地具体由三个方面的土地组成，即楚县辖有的土地、楚贵族占有的土地、其余的空地。

第一，楚野地包括楚县辖有的土地。

楚国的野地，除贵族占去一部分外，还有相当部分为楚县所占有。楚国得以雄踞南方，争霸中原，一个重要的原因是没有采取西周的那种分封的办法，而是采取设县的办法来管理国土，建立起直接隶属于中央的地方政权。

楚县制有四个特点。一是设置早。《左传》昭公十八年载："初，楚武王克权，使斗缗尹之。以叛，围而杀之。迁权于那处，使阎敖尹之。"这是楚王亲派县尹而置县的最早记载，也是我国现存史籍中有关置县的最早记载。历来认为秦国的县制最先进，但楚县的设置比之秦县至少要早半个世纪。二是地位重要。楚所置县，一般都起着边防重镇的作用，"县师"可以单独与敌军周旋，御敌于国门之外，《左传》宣公十一年记楚庄王灭陈为县，得意地对申叔时宣称"诸侯、县公皆庆寡人"，可见县公的地位更等比诸侯。三是数量多。楚设县众多，早在楚庄王时，就有"九县"（《左传》宣公十二年）之说。四是具有一定的独立性，拥有军队，有就地征收赋税等特权。楚所置县，一般都自有军队，如申县、息县有"申、息之师"①，陈、蔡等县也有军队，见于《左传》昭公十三年："楚公子比、公子黑肱、公子弃疾、蔓成然、蔡朝吴，帅陈、蔡、不羹、许、叶之师，因四族之徒，以入楚。"正由于县拥有军队，就有一个兵员军队给养来源的问题，据《左传》成公七年申公巫臣语"申、吕所以邑也，是以为赋"，可知县师的给养只会通过该县自理军赋解决。楚县的上述四个特点，说明县地是楚国野地的一个重要组成部分。

---

① 《左传》僖公二十五年："楚斗克、屈御寇以申、息之师戍商密。"

第二，楚野地包括贵族占有的土地。

先秦各诸侯国内，其贵族一般都有采地和封邑。《尚书大传》："古者诸侯始受封，必有采地；百里诸侯以三十里；七十里诸侯以二十里；五十里诸侯以十五里。其后子孙虽有罪绌，其采地不黜，使其子孙贤者守之，世世以祠其始受封之人。"《礼记·礼运》记："故天地有田以处其子孙，诸侯有国以处其子孙，大夫有采以处其子孙，是谓制度。"《仪礼·丧服传》并云："君，谓有地者也。"郑注："天地诸侯及卿大夫有地者皆曰君。"这些记载都说明，在一个诸侯国的国土内，不少土地是被贵族占据的。

这些贵族占据的土地多处于国都"郊"外、广大的野地之中。《周礼·遂大夫》记载对野地的管理，其中有"令为邑者"，郑注："容公邑及卿大夫、王子弟之采邑，政令、戒禁，遂大夫亦施焉。"《周礼·地官·载师》记载师掌"任土之法"，谓"以家邑之田任稍地，以小都之田任县地，以大都之田任畺地"，说的是以距王城二百里至三百里之间的稍地和三百里至四百里之间的县地、四百里至五百里之间的畺地分别作为大夫采邑（"家邑"）、卿采邑（"小都"）、国君同母弟及王之庶子所食邑（"大都"）的有效占有范围。从这条记载中也可知道，贵族的采地、封邑又可以等级而言有"大都""小都""家邑"等不同的名称。这些被称为"都"的贵族采邑，与国都相比，又有"上都""下都"之别，顾炎武《日知录》卷二二谓"上都，国都之都；下都，都鄙之都"。这里的"都鄙"即指卿大夫的采邑或封邑。"卿大夫的采邑称为'都鄙'。就'野'的广义而言，指郊外的所有地区，包括'六遂'和（贵族的）'都鄙'等。"①

以上所述，只是就春秋战国时各诸侯国贵族占有土地的一般情况概而言之。史料证明，在楚国，贵族们确实占有一定数量的土地，而

---

① 杨宽：《古史新探》，上海人民出版社 2016 年，第 136 页。

这些土地都在离国都较远之处，广泛分布于广大的野地之中①，就春秋时期楚贵族占有的土地而论，这些贵族领地，星散于楚国各地，占地当有一定面积。以申地为例，便可知贵族占地之众多。②

申地，楚文王灭掉申国之后，其地属楚，楚文王便以部分土地封给申国的旧臣申侯。③ 这是申地最初的采邑。文王之后的楚成王时，亦有申侯。《史记·楚世家》："（楚成王）三十九年鲁僖公来请兵以伐齐，楚使申侯将兵伐齐取谷，置齐桓公子雍焉。"楚穆王时，有文之无畏。杜注："文之无畏即申舟。"清人梁履绳《左通补释》云："文盖以谥为氏者，申，其食邑。"这说明在楚庄王时的令尹子重要求以申、吕为赏田之前，申地原就有食邑；楚庄王时，又有"申侯之邑"④。楚庄王时还有名臣申叔时。《通志·氏族略·以邑为氏》："楚大夫申叔时，食采于申。"可见庄王时申地有两个采邑。除此之外，史载伍氏之先又名申氏，表明其在申地也有采邑。《国语·吴语》记伍子胥名"申胥"，对此，韦昭注："申胥，楚大夫伍奢之子子胥也，名员。鲁昭公二十年奢诛于楚，员奔吴，吴与之申地，故曰申胥。"此乃误解。《说苑·奉使》："荆平王为无道，加诸申氏，杀子胥与其兄，子胥被发乞食于吴。"汪远孙《国语发正》云："申是楚地，伍氏之先盖尝食采于申，故一氏申也。"又申包胥，《战国策·楚策一》作棼冒勃苏，"盖即申包胥之异称。棼冒即盼冒，楚武王之兄，而申包胥之所自出。勃苏疑其名。

---

① 《通志·氏族略》"以邑为氏"条记：楚斗氏即因被封在斗地而因以为氏，蒍章食邑于蒍故为蒍氏，莫敖屈瑕食邑于屈因以为氏，伯州犁奔楚后"邑于钟离"，斗成然"食采于蔓"故又名蔓成然，沈诸梁食采于叶，楚文王庶子食采轩邱，楚公子食采邓陵，楚庄王之后食邑诸梁，吴王阖闾弟夫槩奔楚被封于棠溪，楚大夫工尹麇之后受封于南郡麇亭，楚公子食采于南阳俞豆亭，等等。

② 何浩：《战国时期楚封君初探》，《历史研究》1984 年第 5 期。

③ 《左传》僖公十七年："申侯，申出也，有宠于楚文王。"

④ 见于《楚史梼杌》："（楚）庄王既服郑伯，败晋师……归，过申侯之邑。"对《楚史梼杌》的史料价值，向有争议。据陶宗仪《辍耕录》，系元人吾邱衍所作。《四库提要》指出"衍特捃摭旧事，偶补二书之阙，原非作伪"，有一定的参考价值。

又称申包胥者，或食采于申，因以为氏，包胥则其字乎"①。

以上史实表明，仅南阳申地这块不大的地域内，前后便有七个楚国贵族在此拥有土地。由申地看整个楚国，证实在楚国的广大野地之中，不少地域为楚贵族所占据。这些贵族在自己的领域之内拥有军队，自征赋税，有完整的自我服务体系，是研究楚国野地时不可忽略的部分。

第三，楚野地包括贵族领地和县辖地之外的一切空地。

在楚国，贵族领地和县辖地虽然有较大的面积，但不能囊括楚国的全部野地。史实表明，楚野地除去贵族封地和设县之地外，还有极为广阔的地域面积。这是一个很大的生存空间，然而又常常处于被人遗忘的地位。这些地域大多具有较特殊的地理、地质特点，一般来说，它的土地不甚肥沃，故不为贵族青睐；它并不处于边防要地，故没有设县、常驻军队的必要。正因如此，楚国贵族对这些地方的政治统治和经济剥削较为薄弱。

《商君书·算地》曾对当时一国之内不同土地的比例进行测算，大体是"山林居什一，薮泽居什一，溪谷流水居什一"；《商君书·徕民》云："都邑溪道居什一，恶田居什二，良田居什四。"②总的来说，便是山林占十分之一，池泽占十分之一，河涧流水占十分之一，城市村庄道路占十分之一，坏田占十分之二，好田占十分之四。此中山林、池泽、河涧流水诸地出产较少，一般不为贵族所注目，楚令尹孙叔敖之子请求以贫瘠的寝丘之地为食邑，被传为美谈，楚令尹子重要求以申、吕为赏田，与申县的申公巫臣发生了争执，双方积怨甚深，成为以后楚吴之争的潜在因素。这两例从不同的角度说明，较为富庶的土地，一般都为楚贵族和楚县所占有，那些较为贫瘠的、不能生产粮食的土

---

① 杨伯峻：《春秋左传注》，中华书局1990年，第1548页。
② 据俞樾考证，此句"都邑溪道"下有阙文。《商君书·徕民》云："都邑溪道居什一，恶田居什二，良田居什四"，可补此阙。

地诸如山林、沼泽等，在当时生产力较低、人力较少的情况下，只好任其荒置了。

楚国这种类型的空地甚多，见于史籍中较著名的是《左传》襄公二十五年的一段话：

> 楚蒍掩为司马，子木使庀赋，数甲兵。甲午，蒍掩书土田，度山林，鸠薮泽，辨京陵，表淳卤，数疆潦，规偃猪，町原防，牧隰皋，井衍沃，量入修赋。赋车籍马，赋车兵、徒卒、甲楯之数。既成，以授子木，礼也。

这段珍贵的史料，所述的正是楚国的改革家蒍掩在国家遭到困难时，将增加收入的目光放到山林和资源较为匮乏的池沼地(薮泽)、各种丘陵高地(京陵)、盐碱地(淳卤)这一类过去认为没有多大利用价值而荒废的空地上来，重新进行统计，并纳入国家的管理之中。改革的措施是组织人力办小型水库(规偃猪)、将堤防间不规整的隙地划分为小块耕地(町原防)、在水草茂盛之地组织放牧(牧隰皋)、对少数较平整尚有一定肥力的土地划为一个个"井"字形的便于计算面积的小方块田(井衍沃)，再根据收获量来确定各自的赋税额和上缴之数，编制全年的征收计划。

这些山林、薮泽、京陵、淳卤、疆潦之地之所以被认为是空地，而不是贵族封地或楚县之地，其根据有三：

其一，土质有别。贵族封地和楚县地一般均系较肥沃的土地，而蒍掩所统计的薮泽、京陵、淳卤、疆潦之地，大多为不宜农作的贫瘠之地(除少数衍沃之地外)。贫瘠到何种程度？参考《管子·乘马》对"地之不可食者"(不生长五谷之地)实行"地均以实数"，即按照出产把山林河泽等折合成相应比例的耕地面积，便可大体知晓：

> 地之不可食者，山之无木者，百而当一。涧泽，百而当

一。地之无草木者，百而当一。楚棘杂处，民不得入焉，百而当一。薮，镰缲得入焉，九而当一。蔓山，其木可以为材，可以为轴，斤斧得入焉，九而当一。汛（高）山其木可以为棺，可以为车，斤斧得入焉，十而当一。流水，网罟得入焉，五而当一。林，其木可以为棺，可以为车，斤斧得入焉，五而当一。泽，网罟得入焉，五而当一。命之曰：地均以实数。

由上可知，芴掩统计的这些土地，其收获量远远低于可耕地，贵族们当然不感兴趣了。当时贵族占地的通例是越肥沃越好，唯一的例外是孙叔敖。《吕氏春秋·孟冬纪》："孙叔敖有功于国，疾将死，戒其子曰：'王数欲封我，我辞不受。我死，必封汝，荆楚间有寝丘者，其为地不利，而前有妒谷，后有戾丘，其名恶，可长有也。'其子从之，楚功臣封二世而收，唯寝丘不夺也。"这个例子恰好从反面证实楚贵族一般占据较肥沃的土地，可以排除在芴掩所统计的土地之外。

其二，纳税量有别。山林之地，过去（芴掩治赋前）向不征收赋税，而贵族的封地上缴给国家的赋税量则向有定额，如《周礼·夏官·司勋职》："掌赏地之政令，凡颁赏地，三之一食。"郑玄注："玄谓赏地之税，参分计税，王食其一也，二，全入于臣。"孙诒让云："此赏地三分，受者食其一，其不食者二分，入于王"。贾公彦疏："赏地与采邑为一物。"唐杜佑《通典·食货》说的有所不同："采地食者皆四之一，其制三等。百里之国凡四都，一都之田税入于王；五十里之国凡四县，一县之田税入于王；二十五里之国凡四甸，一甸之田税入于王。"上述记载，不论是上缴三分之一说、三分之二说、四分之一说，总之，可以肯定的是，贵族占有封地后并非完全不向国家承担经济义务。楚县较之贵族封地，承担的经济义务更多。《左传》成公七年记申公巫臣反对将申、吕作为子重的赏田，理由是"此申、吕所以为邑也，是以为赋，以御北方，若取之，是无申、吕也"，足证楚县上缴的赋税相当可观，大大超过贵族的封地。而楚国的山林等空地，至芳掩治赋前，向来不征赋税。如《史记·循吏列传》记："孙叔敖……三月为楚相，施导教民，上下和合，世俗盛美，政缓禁止，吏无奸邪，盗贼不起。秋冬劝民山采，春夏以水，各得其所便，民皆乐其生。"可见楚庄王时期山林是不征税的。这里还可以借用《孔子家语·正论》所记有名的"苛政猛于虎"的例子，那个为被虎吃掉亲人而在泰山脚下哭泣的妇人，被问及为何来到这猛虎出没的深山居住时，回答是深山"无苛政"，于是孔子慨叹："苛政猛于虎！"这与孙叔敖"劝民山采"相印证，可见深山里的居民是可以逃避赋税或免税的。在春秋时期，山林属公共之地，各国都存在农民有权使用的传统，国家对山林的管理，仅限于规定农民每年在一定时间内可以无偿地去利用这些自然资源，谈不上征税。如《礼记·王制》云"林麓川泽，以时入而不禁"；《周礼·地官·山虞》更明确规定"令万民时斩材，有期日"；同时"凡邦工入山林而抢材，不禁"。《荀子·王制》亦云："山林泽梁，以时禁发而不税。"按楚国素有专管山泽之官，明董说《七国考》记："《楚书》云，蓝尹、陵尹，分掌山泽，位在朝廷。"这都证实，山林之地的所有权属国家，系国家直接管理，仅按时开放，并未征税，贵族亦无法染指。而楚县赋税重于贵族封邑，县公对县地又系直接治理，当然也不宜把素不征税的山林划为县辖地，这是山林之地有别于贵族封邑、楚县的重要之处。

其三，国家控制的程度有别。对于楚县，楚王控制极严，所有被派往各县的县尹，都在楚王的直接控制之下，楚王可以对他们随时任免或迁调。如《左传》僖公二十五年"秦师囚申公子仪"，子仪返楚后，《左传》记之则不再称申公，故子仪未恢复或兼任县尹原职。又《左传》襄公二十六年记穿封戌为"方城外之县尹"，后来《左传》昭公八年又记"（楚灵王）使穿封戌为陈公"，但五年之后，《左传》昭公十三年载晋叔向语"（楚）弃疾君陈、蔡"，杜预注曰"时穿封戌既死，弃疾并领陈事"，证实楚县尹由楚王亲自任命，并不世袭。此外，县的武装力量，亦由楚王直接调遣。对贵族封邑，楚王的控制更严，大体有四个方面：一是限制土地世袭程度；二是限制封土地域；三是减少赏田对象；四是限制占田数量。[①] 这样做的结果，使得贵族的政治权力逐渐与土地占有权相脱节，国君只以爵禄换取臣下的效忠，故楚未出现鲁之三桓、晋之六卿那种世卿贵族与国君相对抗而大量消耗国力的局面。相形之下，楚国对山林薮泽等空地的控制要薄弱得多。楚国山林薮泽的代表是有名的"云""梦"之地。《左传》宣公四年："初，斗伯比淫于郧子之女，生子文焉。夫人使弃诸梦中。虎乳之，郧子田，见之，惧而归，以告，遂使收之。"谭其骧曾指出先秦时的"云梦"之地就是指一片广大的、包括各种地貌(当然也包括湖泽)、到处孳育繁衍着野生动物、植物的未经开发的地区。这里，除了有时作为猎场之外，平时都是荒芜的。此虎乳之"梦"即是芍掩后来"书土田"的对象。《楚辞·招魂》有"与王趋梦兮"的文句，王逸注云"梦，泽中也。楚名泽中为梦中"，又云"梦，草中也"，南宋洪兴祖补注云"楚谓草泽曰梦"[②]。这些地方，平时人迹罕至，统治者鞭长莫及，同时草深林密，便于隐没出入、退守进攻，故反抗统治者之"盗"一般多选择在这种草泽地带活动，如《左传》定公四年记："楚子(昭王)涉睢济江，入于云中。王寝，盗攻之，以戈击王，中肩，王奔郧。"不惟楚国如此，《左传》昭公二十年载"郑国多盗，取人萑苻之泽"，《韩非子·七术》亦言"郑少年相率为盗，处于萑泽"，都足以说明这种地方长期是政治统治的真空地带，与贵族封地和县地判然有别，亦是楚野地的重要组成部分。

春秋时期各诸侯国普遍存在书社制度。楚国的书社，见于《史记·楚世家》："昭王将以书社地七百里封孔子。"《史记·孔子世家》："昭王将以书社地七百里封孔子。"《说苑·杂言》："楚昭王召孔子，将使执政而封以书社七百。"

---

① 程涛平：《春秋时楚国贵族对土地的占有及所受的限制》，《中国社会经济史研究》1984 年第 2 期。
② 洪兴祖撰；白化文点校：《楚辞补注》，中华书局 1983 年，第 214 页。

这三条记载中，以《说苑·杂言》的记载最为贴切，就是昭王已经召见孔子的代表，正式宣布将聘任孔子为楚国的执政，亦即成为楚国的令尹，并许诺将给予孔子书社地七百里的封地。

"书社"是楚地的社庙中专书里社成员的社籍册。齐、鲁、卫、赵、越等地都有"书社"的记载。其时基层之社的特点是里、社合一，聚族而居。

先秦时期，书社之封，史籍常见。齐桓公有"以书社五百封管仲"（《晏子春秋·内篇杂下》），越王因喜爱墨子之学，谓墨子弟子公上过曰："子之师苟肯至越，请以故吴之地，阴江之浦，书社三百，以封夫子。"（《吕氏春秋·高义》）社者，土也，土因民附，民以土存，盖以编户二十五家为一社，书之于简策以类分，是为书社也。孔子曾在三十六岁时到过齐国，见过齐景公，崭露头角。《史记·孔子世家》记，齐景公曾两度向孔子问政。孔子一次回答说"君君，臣臣，父父，子子"，另一次说"政在节财"，都恰中齐景公的心病。所以齐景公很喜欢，"将欲以尼谿田封孔子"（《墨子·非儒下》），也就是封他做有采邑的齐国贵族。但后来因晏婴和齐国贵族的反对而未成功。

"书社"一词最早涉及周武王。《商君书·赏刑》说武王伐纣，"大破九军，卒裂土封诸侯，士卒坐阵者，里有书社。"《吕氏春秋·慎大览》："武王胜殷……三日之内，与谋之士，封为诸侯，诸大夫赏以书社。"《管子·版法解》记载："武王伐纣，士卒往者，人有书社。"

《左传》中关于书社的记载很多。《左传》昭公二十五年鲁昭公逊于齐，齐侯曰："自莒疆以西，请致千社。"这儿的"千社"也应该是书社。《左传》哀公十五年，齐与卫地，"自济以西，禚、媚、杏以南，书社五百"。所谓书社就是将家长或男丁的名字书于版图，置于社中，以便按照户数的多少及各户的情况来平均其负担。书社和社是两个不同的概念。"社"就是土地神。《说文解字》示部云："社，地主也。"它原是祭祀土谷之神之所在，是我国古代村社组织进行集体活动的地方。后世的城隍庙、土地庙就是由此演变而来。西周时的社还保留着原始"社"作为祭祀和活动中心的功能。统治者常在此举行出军或禳灾的大典，也常开展各种传统娱乐活动。但这时社的含义已有所变化，国中的社被称为社稷，变成了政权的象征。西周时血缘关系的作用依然十分强固，所以国对野的剥削无法跨越宗族落实到家族内的个人，只能通过家长，由村社中的家族长代表整个家族纳贡或派子弟服役，即能够满足国家对赋税和兵役的需求，因而国家无需了解每个家族的具体人数，更不必要把每个人都登记在册。到了春秋时期，这种情况发生了变化。究其原因有三点：一是春秋时由于生产力的发展，出现了"辟土服远"浪潮，人口流动频繁，贫富分化加剧，导致家族血缘关系开始走向解体，家族开始瓦解。二是春秋时地缘关系和地缘组织有了发展，表现是各国已普遍设立乡，乡以下又有里，里成为基层的居民组织，里的首长被称为司里、里人、里旅，司里或里人的职责中有负责安排里中新来居民的内容，地位较低，更接近于一种行政职务，里中居民也不再像西周那样，以族为单位聚族而居的现象被打破，各族杂居的程度已在加深。三是劳动组合由大变小。春秋时期已经出现了零星的个体劳动者，但占主导地位的依然是集体劳动。这时集体劳动的规模估计已变得较小。集体劳动的规模逐渐变小，就必然要求将家族共同占有的土地在各个小家族间分配，规模庞大的父系大家族就陆续分解为一个个规模有限的父权制大家庭。父权制大家庭日益成为一个具有相对独立性的生产和生活单位。如上所述，春秋时整个社会发生了这么多的变化，再像西周那样，以整个家族作为纳贡、服役的单位已不可能。于是在一些先进的地区，便出现了书社组织。书社既保留了家族血缘性的特点，又不完全排斥地缘关系，成为一个集地缘关系和血缘关系于一身的组织，这正体现出春秋时期的过渡特点。

春秋时期，越、齐、楚、卫、秦都有书社，尤以齐国为多。《左传》哀公十五年："齐为卫故，伐晋冠氏，丧车五百，因与卫地，自济以西，禚、媚、杏以南，书社五百。"《荀子·仲尼》记载："(齐桓公)遂立(管仲)以为仲父。……与之书社三百，而富人莫之敢距也。"《管子·小乘》记载："(齐)公子开方以书社七百下卫矣，食将不得矣。"
《吕氏春秋·知接》数与此殊。《晏子春秋·内杂上》记"景公予鲁君
地，山阴数百社，使晏子致之。"《晏子春秋·内杂下》记景公谓晏子
曰："昔吾先君桓公，以书社五百封管仲。不辞而受。"《墨子间诂·贵
义》记载楚惠王"使鲁阳文君……以书社五里封之，(墨子)不受而去"。

关于书社的规模，当时的文献并无记录，后世注家的说法则各不
相同。《左传》杜预注曰"二十五家为社"。《荀子·仲尼》杨琼注："书
社，谓以社之户口书于版图。"《周礼》："二十五家为社。"《管子·小
乘》尹知章注："古有群居二十五家则共置社。"二十五家为社，这样整
齐的划分在当时的社会有些不太现实。《国语·齐语》："管子于是制
国：五家为轨，轨为之长；十轨为里，里有司……""制鄙，三十家为
邑，邑有司；十邑为卒，卒有卒帅……"可见齐国有三十家之邑和五
十家之里两种不同的基层组织，其他国家肯定还会有不同的设置，怎
么可能所有的国家会有一样的设置呢。

社的性质是什么？史书中关于书社记载的共同点都是以书社作为赏
赐单位。可以肯定的是，书社包含有一定的人口和土地，既是具有一定
人口、一定方域土地的地缘编组单位，又是国家政权的基层组织单位。

在春秋时期家族制解体的情况下，书社的出现，说明过去征税、
征兵以家族为单位的做法已有所改变。春秋时有很多史实能够说明书
社作为社会发展的新产物，使春秋时征税、征兵的做法突破了家族的
范围，征税、征兵的范围被扩大，超越了家族，甚至将赋税直接落实
到户。《国语·晋语九》："赵简子使尹铎为晋阳。请曰：'以为茧丝
乎？抑为保障乎？'简子曰：'保障哉！'尹铎损其户数。"茧丝比喻赋税，
损其户口，则每户的负担就可减轻，所以后来智伯围赵襄子于晋阳，
引汾水以灌之，"沉灶产蛙，民无叛意"。这充分说明"赵氏在其采邑
中，已是按户计征，而户数的多少，则完全可以由邑宰掌握"[1]。《左

---

① 赵世超：《周代国野制度研究》，陕西人民出版社1991年，第249页。

传》宣公十五年记载鲁国实行"初税亩"，实际上就是国家按照每户实耕地的数量计亩征税。它所体现的变化除了废止部分白工劳役改作敛取实物外，主要是超越族团，将赋税直接落实到户。当然，春秋时的户，大都还不是个体的小家庭，但按户出负担的形式既已出现，这就向前迈进了一大步。

除了税之外，还有赋。赋在古代专指军赋，古代用车战，故征发军役主要是出战车和战士。《左传》中每有赋若干乘的说法，即指此。西周时，"执干戈以卫社稷"，是国人的权利和义务，野人无权问津。到春秋后期，战争规模扩大，兵源紧缺，于是，各国纷纷征兵于野。但由于野之面积太大，加上血缘关系的松弛，按家族征兵已不可能，于是，各国先后进行改革，把征赋的范围扩大到野，并按地域进行摊派。僖公十五年晋国为复韩原之战惠公被俘之仇，"作州兵"；成公元年鲁国"为齐难故，作丘甲"；《左传》襄公二十五年，楚司马蒍掩先"书土田"然后"量入修赋"；《左传》昭公四年，"郑子产作丘赋"，等等，都是破除旧制，开始对野人征赋。这里的"州""丘"均是人民聚居之地，说明地域组织对国家的军事发挥着越来越重要的作用，这为战国时期提供征兵依据奠定了基础。

总之，春秋时期书社作为地缘编组单位和基层组织单位，集地缘关系和血缘关系于一身，发挥了过渡时期的重大转折作用。从遗留下来的史料看，有关书社的记录中并没有出现户籍所应具备的基本内容，但是家长或男丁的名字已经书于版图，并有了一个专门置放的场所——社，按户出负担的形式也出现了，这些变化是具有转折意义的。后世较完备的户籍制度正是在书社的基础上发展而来的：从只记录家长或男丁的名字发展到记录所有家内成员的名字，再进而扩展到登记籍贯、年龄、身份等；从专门置放版书的"社"发展到有了户籍的专门管理单位，例如战国时的乡、里就是户籍的基层管理单位；从按户出负担形式的出现到后世的以"户"为单位来统计人口作为政府授田计税征兵的主要依据。这充分说明，书社是战国乃至后世户籍制度的雏形。

楚昭王准备封赐给孔子的"书社地七百里"，是一份厚礼。《史记索隐》谓："古者二十五家为里，里则各立社，则书社者，书其社之人名于籍。盖以七百里书社之人封孔子也。"可见，楚昭王时期民间基层的里社均有详细的里籍登记，楚地实行里、社合一的基层管理体制。一定地域范围内的土地神崇拜，与该地区行政管理体制互为表里、联合为治，这样的里社可以说是官方化的。

　　楚国存在"里"的基层组织。在下葬年代为公元前 316 年的包山 2 号楚墓中，出土了大批竹简，简文反映，"里"是当时楚人进行法律诉讼的基本单位。[①] 见于简文的里，有"鄝里"（简 7）、"南阳里"（简 96）、"山阳里"（简 121）等名称，据学者统计，包山楚简中所记的里名，共有 22 处之多。[②] 在河南新蔡平夜君成墓的卜筮祭祷简中，提到里的材料共 24 条，如"缰子之里"（甲二 27）、"竽我之里"（甲三 179）、"杨里"（零 72）、"堵里"（零 116）、"楷里"（零 529）等，都非常典型。[③]

　　里中之居民叫"里人"，屡见于简文。如"里人青辛"（简 31）、"冠陵之勘里人石绅"（简 150）等。这些里人，当即这些里社的成员，如同老子是"楚苦县厉乡曲仁里人"（《史记·老子韩非列传》）、刘邦是"沛丰邑中阳里人"（《史记·高祖本纪》）一样。里社之社员，亦即后世所谓"社人"。如《旧唐书》卷一六《穆宗本纪》："令五十人为一社，每一马死，社人共补之，马永无阙。"天星观 1 号楚墓遣策中有"番之里人"的字句，显然这是墓主番勒同里之人助丧赗物的记录，这对楚地里社的经济互助的社会功能，是很好的说明。[④]

　　管理里人者为"里公"。包山楚墓的简文中提到多名"里公"，如

---

① 　陈伟：《包山楚简初探》，武汉大学出版社 1996 年，第 81 页。

② 　陈伟：《包山楚简所见邑、里、州的初步研究》，《武汉大学学报》（人文社科版）1995 年第 1 期。

③ 　河南省文物考古研究所、河南省驻马店市文化局、新蔡县文物保护管理所：《河南新蔡平夜君成墓的发掘》，《文物》2002 年第 8 期。

④ 　荆州地区博物馆：《江陵天星观 1 号楚墓》，《考古学报》1982 年第 1 期。

"里公隋得"（简22）、"里公登婴"（简27）、"里公娄毛"（简37）、"里公苛藏"（简42）等，这些"里公"应即地方基层之社——里社之长。[1]

里中有可以祭祷社神的"社"。河南新蔡平夜君成墓简文中有大量祭祷社神的记录，据统计，共出现56条，如果将其中"二社""三社"视为祭祷两个社或三个社的话，那么，平夜君封地周围社的分布应当相当广泛。[2] 郭店楚简《六德》篇中有"里社"二字的合文，更足以说明战国时期里、社合一的特点。[3]

对于社的祷祀，在卜筮祭祷类楚简中记载尤多，有的直接称为"社"，在天星观1号楚墓的卜筮祭祷简中，有"冬夕至，尝于社，特牛"的记载。[4] 新蔡平夜君成墓所出楚简中还有"……司城均之述（遂），刲于洛、翟二社……"（甲三349），显然也是向洛、翟二社坛致牲的行为。"新蔡平夜君成墓的年代初步断定为战国中期楚声王至楚肃王时期，略早于包山楚墓，从中可以看到，彼时楚国的里人与自己所属的里社之间，存在着紧密的经济和精神联系。"[5]

春秋时各国流行赏赐采邑以笼络异国人才，楚昭王欲以书社地七百里封孔子，不是孤例，而是当时诸侯国国君经常采用的笼络人才的手段。

第四节　农业劳动者——国野制下的野人

"野人"，顾名思义，源于所居之地为野地之人。

---

① 湖北省荆沙铁路考古队：《包山楚墓》，文物出版社1991年，第349—369页。
② 河南省文物考古研究所、河南省驻马店市文化局、新蔡县文物保护管理所：《河南新蔡平夜君成墓的发掘》，《文物》2002年第8期。
③ 见《郭店楚墓竹简·六德》简22，此"里社"下有合文符，原整理者无释。另参见李守奎《楚文字编》，华东师范大学出版社2003年，第872页。
④ 滕壬生：《楚系简帛文字编》，湖北教育出版社1995年，第28页。
⑤ 杨华：《古礼新研》，商务印书馆2012年，第354页。

先秦时期，在野地居住、生息的野人是一个十分活跃的社会阶层。《史记·秦本纪》记载了一个十分著名的事例：

> （秦）与晋惠公夷吾合战于韩地。……晋击（秦）缪公，缪公伤，于是岐下食善马者三百人驰冒晋军。晋军解围，遂脱缪公而反生得晋君。初，缪公亡善马，岐下野人，共得而食之者三百余人。吏逐得，欲法之。缪公曰："君子不以畜产害人，吾闻食善马肉不饮酒伤人。"乃皆赐酒而赦之。三百人者闻秦击晋皆求从，从而见缪公窘，亦皆推锋争死，以报食马之德。

此事《史记·晋世家》《淮南子·氾论训》《左传》僖公十五年、《国语·晋语》和《吕氏春秋·爱士》诸篇均有类似记载。这一段资料十分重要，首先可以看出秦国"野人"的一般状况。秦国的野人竟能将国君的善马杀来吃掉，而且参加这一行动的竟有三百人之多，据考古工作者调查，今陕西凤翔东之义乌堡，即春秋时的野人坞，是秦穆公时野人食善马肉的地方。

这里说的是秦国野人活动的情况，证明其有知恩图报的美德。对秦之野人，《吕氏春秋·高义》曾引《墨子》云："秦之野人以小利之故，弟兄相狱，亲戚相忍。"这是说秦国野人还有重利而自相残杀的另一面，可见不能以一个模式看待野人。

检点史籍发现，先秦时期野人的活动遍布于各个诸侯国。诸如，在齐国，《晏子春秋·外篇第八》载："有二女托于晏子之家焉者，曰：'婢妾，东廓之野人也，愿得入身，比数于下陈焉。'"又，《孟子·万章上》记咸丘蒙请教对孔子某段话应如何理解，孔子的话似乎答非所问，孟子云："否，此非君子之言，齐东野人之语也。"这是齐国的野人说的。卫国的野人亦十分著名，《国语·晋语四》记："（晋）文公在狄十二年……乃行，过五鹿，乞食于野人。野人举块以与之，公子怒，将鞭之。子犯曰："天赐也。民以土服，又何求焉！……其有此土乎！……'再拜稽首，受而载之。"这里，野人"举块"被视作可以取得土地的象征了，逃难的贵族重耳向看不起他的野人作揖，其场面也十分滑稽。《左传》定公十四年记："卫侯为夫人南子召宋朝，会于洮。大子蒯聩献盂于齐，过宋野，野人歌之曰：'既定尔娄猪（母猪），盍归吾艾豭（公猪）。'大子羞之。"唱的内容译成今文是"已经满足了你们的母猪（南子），何不归还我们那漂亮的公猪（宋公子朝）"。这里，宋国的野人又是典型的讽刺家的形象了。还有，《孔子家语·困厄》记："孔子厄于陈、蔡，从者七日不食……。告籴于野人，得米一石焉。"陈、蔡的野人给米孔子比卫国的野人只给土块于逃难的公子重耳要好得多。

上面所举数例，足证先秦时野人是普遍存在的。他们不是浑浑噩噩，而是有自己的喜怒哀乐与爱憎，情感十分丰富。

楚国的野人与各诸侯国一样，也在史籍中留下了自己的印记。《史记·楚世家》记暴虐的楚灵王被颠覆失位后，孤身逃到深山，"灵王于是独彷徨山中，野人莫敢入王"。说明楚国有山野之人居于深山老林中人迹罕至之地。对于灵王的暴虐，这些野人早已深恶痛绝，毫不同情，此时的楚灵王，求为野人也不可得了。

楚国野人的踪迹，不少见于孔子游楚的记载中。《韩诗外传》卷一第三章记："孔子南游适楚，至于阿谷之隧，有处子佩璜而浣者。孔子曰：'彼妇人其可与言乎'……妇人对曰：'吾野鄙之人也，僻陋而无心，五音不知，安能调琴？'"《庄子》记孔子游楚的过程中，对楚野人的生活亦有所了解："丘也尝使于楚矣，适见豚子（小猪）食（乳）于其死母者，少焉眴若，皆弃之而走。"表明楚野地居民有畜养猪等家畜者。

还有一则孔子与野人交往的记载。《吕氏春秋·必己》："孔子行道而息，马逸，食人之稼，野人取其马，子贡请往说之。毕辞，野人不听。有鄙人始事孔子者，曰请往说之。因谓野人曰：'子不耕于东

680

海，吾不耕于西海者，吾马何得不食子之禾？'其野人大悦……解马而与之。"这完全是楚人说话的语气。"此盖用《左传》僖公四年（楚屈完回答齐桓公）'君处北海，寡人处南海，惟是风马牛不相及也'之文而变其说耳。"①

这些野人，与《史记·楚世家》"鄙语曰：'牵牛径人田，田主取其牛。'径者则不直矣，取之牛不亦甚乎"这段记载相比，也十分相似。看来，楚野地存在不少这种不大讲"理"的野人。

除此例中为孔子做说客的"鄙人"之外，文献中还有其他楚"鄙人"活动的记载。如《史记·秦本纪》记："百里傒亡秦走宛，楚鄙人执之。（秦）缪公闻百里傒贤，欲重赎之，恐楚人不与，乃使人谓楚曰：'吾媵臣百里傒在焉，请以五羖羊皮赎之。'楚人遂许与之。"《荀子·非相》亦有"楚之孙叔敖，期思之鄙人也"的记载。上列史料，都是对楚野地的居民直接冠以"野人""鄙人"的名称，足证楚野人存在不诬。

还有一些史料，反映的是楚国"丈人"（老者）的活动。《说苑·至公》记："楚文王伐邓，使王子革、王子灵共捃菜，二子出采，见老丈人载畚，乞焉，不与，搏而夺之。"《韩诗外传》卷七第十二章记："孙叔敖遇狐丘丈人，狐丘丈人曰：'仆闻之有三利必有三患，子知之乎？'"②《列子·黄帝》记："仲尼适楚，出于林中，见痀偻者承蜩，犹掇之也……孔子顾谓弟子曰：'用志不分，乃疑于神，其痀偻丈人之谓乎！'"《庄子·天地》："子贡南游于楚，反乎晋，过汉阴，见一丈人方将为圃畦，凿隧而入井，抱瓮而出灌，搰搰然用力甚多而见功寡。"《吕氏春秋·异宝》："（伍子胥）如吴，过于荆，至江上，欲涉，见一丈人，刺小船，方将渔，从而请焉。丈人度之，绝江，问其名族，则不肯告。"

这几例所记的楚国这些上了年纪的人，分别"载畚""承蜩""抱

① 陈奇猷：《吕氏春秋校释》，学林出版社 1984 年，第 842 页。
② 此文还见于《列子·说符》《淮南子·道应》，均著"狐丘"地名。唯《说苑·敬慎》亦载此文，但只作"老父"。

瓮""刺小船"，都是直接进行生产活动。每例都从侧面告诉我们，这些长者居住之处均在"国"之外的野地，均可视作野人。

楚国有众多明显不同于"国人"的劳动者，分别从事农耕、打鱼、养蚕、砍柴、采玉、淘金、卖浆等职业，应引起我们的重视。如《说苑·正谏》："楚庄王筑层台，延石千重，延壤百里……有诸御己者，违楚百里而耕……委其耕而入见庄王。"《越绝书》卷六记：（伍子胥）"笞平王墓，久而不去，意欲报楚。楚乃购之千金，众人莫能止之。有野人谓子胥曰……子胥乃知是渔者也，引兵而还。"《说苑·贵德》："孔子之楚，有渔者献鱼，甚强。孔子不受，献鱼者曰：'天暑远市，卖之不售，思欲弃之，不如献之君子。'"《史记·伍子胥列传》："楚平王以其边邑钟离与吴边邑卑梁氏俱蚕，两女子争桑相攻，乃大怒，至于两国举兵相伐。"《史记·循吏列传》：孙叔敖……秋冬则劝民山采，春夏以水，各得其所便，民皆乐其生。"《韩非子·和氏》："楚人和氏得玉璞楚山中，奉而献之厉王。"《韩非子·内储说上》："荆南之地，丽水之中生金，人多窃采金。"《庄子·则阳》："孔子之楚，舍于蚁丘之浆（卖浆水人家）。"上述众多从事各类职业的人物，都从不同的侧面说明，楚国的野人——这些最广大的劳动群众是怎样一代又一代生息、繁衍在这块土地上，为人们探寻楚国乃至先秦时的农业劳动者的情况提供了绝好的线索。

笔者曾写就一篇文章[1]，认为楚国社会存在一种既无贵族身份而又不是奴隶的"民"，属于楚国的平民阶层，是楚国的农业劳动者。文中只是较为笼统地指出"楚国的平民阶层分布于'国''野'的广大区域"，即认为"国人""野人"都属于平民阶层，不过，在"楚国平民阶层内部，因血缘关系和居住地域的不同，各自的身份、社会地位亦有一定程度的不同，一般地说，居于'国'中的平民其社会地位稍高，居于'野'中的平民其社会地位较低"。全文基本上不分"国人""野人"，

---

[1]　程涛平：《春秋时期楚国的平民阶层》，《历史研究》1983 年第 6 期。

概而论之。鉴于楚国的农业劳动者主要来自野地，促使我们重点对楚国"野地"的劳动者进行深入的研究。

楚国的野人，一是来源于自身的繁衍。楚王族先民历尽艰辛，开创百代之基业，鬻熊佐周王有功，熊绎更得周封，熊渠封三子为王，至楚武王时芈族与荆蛮合并，创建楚国，国势日张。在这漫长的岁月里，楚族的族人基本没受到外力大的摧残，因此，楚人自身的繁衍得以顺利进行，人口必当逐年增加，并逐渐由聚于一处发展到多处居住。"国有限，野无限，国中人口渐聚，不得不移居于野"①，道出了其中的必然性。这些逐渐分散移居于野地的人，多为楚族庶出之人。《左传》昭公三十二年："三后(虞、夏、商)之姓，于今为庶。"这些人，由于生计所迫或其他各种原因，散处于各地，既有仍在通都大邑操持手工业或其他行业以营生，亦有远离国都在野地以农耕为业，自食其力。这些人，由于系自然法则的安排流落到野地，故一般安于农作，他们是楚国统治者实行"保民"政策的主要对象。

《左传》昭公十四年记载，楚平王"使然丹简上国之兵于宗丘，且抚其民"，"使屈罢简东国之兵于召陵，亦如之，好于边疆，息民五年"。宗丘与召陵，都是楚国野地，楚平王所"抚"的这些"民"，其中必有楚族人。对于这些楚人，楚国的国策是尽量鼓励生育，抚育年幼的孤儿("长孤幼")，奉养有病的老人("养老疾")，收容单身汉("收介特")，实行"叙旧"，奖赏功勋，和睦亲族("禄勋合亲")的政策。②这些来自楚族的野人，占楚国人口的相当部分，其对楚王的忠君意识最强，是楚国野人中的主干。

二是来自中原各国自愿迁来的流民。楚国地广人稀，"荆所有余者地也，所不足者民也"(《吕氏春秋·贵卒》)，"荆之地广而都狭"(《说苑·政理》)，为加强国力，楚国的有识之士从来就主张招徕邻国

---

① 吕思勉：《先秦史》，上海古籍出版社 1982 年，第 292 页。
② 均见《左传》昭公十四年。

的流民，以增加本国的人口。《国语·楚语上》记伍举与楚灵王的对话，要楚灵王警惕不要出现"迩者（境内之人）骚离而远者（邻国之人）距违"的局面。整个春秋战国时期，各诸侯国的劳动者无不信奉"普天之下，莫非王土"的信条，故对所在之国的去留与否，均取实用主义，"若夫野人，则供租税，服徭役。上以仁政抚我，则姑与之相安，而不然者，则逝将去女，适彼乐土而已"①。

正是因为各国野人有易于流动的特性，故文献中常将他们称之为"浮萌"。《韩非子·和氏》记有"官行法，则浮萌趋于耕农"。这些"浮萌"到一个新地方定居下来，又有新的名称。如《周礼·旅师》"凡新甿之治皆听之"，就是将新迁来的农业生产者叫作"新甿"；《吕氏春秋·高义》载墨子说"翟度身而衣，量腹而食，比于宾萌，未敢求仕"，"宾萌"即是"新甿"。② 这些流动人口，到得一地，使该国的统治者直接增加了赋、税、役的来源，并且还获得了"惠政"的好名声，故各国统治者无不以尽力招徕邻国流民为国策。战国时期，商鞅入秦，所献之策，有"徕民"专篇，对其所举之义，阐述甚详。楚国由于地广人稀，对招徕流民更为重视，并采取不少举措，对流民具有一定吸引力。《左传》昭公十四年楚平王抚"宗丘""东国"之民时，还有"礼新、叙旧"之举，"礼新"即为礼遇新来之人，"叙旧"即是对楚族人或累代居于楚国的异族人表示尊重，从中可见，"新""旧"相处，结为邻里，是楚国野地的一大特色。这些自愿迁入楚境的流民人数较少，零星而至，分散而居，一般不会形成很大的势力。他们在楚国受到尊重，并将中原地区先进的技术带到楚国，一般能和楚人和楚野地其他居民和睦相处。

三是来自楚境周围蛮、夷、越等土著民族归附的人口。从中原各国招徕流民，数量毕竟太小，不能解决楚国劳动力严重不足的问题，

---

① 吕思勉：《先秦史》，上海古籍出版社1982年，第292页。
② 杨宽：《古史新探》，上海人民出版社2016年，第137页。

楚统治者很自然地将目光放在周围的蛮夷身上。楚曾被视为蛮族，亦常以蛮夷自诩，《史记·楚世家》："（楚武王）三十五年，楚伐随，随曰：'我无罪。'楚曰：'我蛮夷也，今诸侯皆为叛相侵，或相杀；我有敝甲，欲以观中国之政，请王室尊吾号。'随人为之周，请尊楚，王室不听，还报楚。"从感情上楚族与蛮族是相通的。楚立国之初，无疑处在蛮夷的汪洋大海之中，南有蛮，东有夷，西有戎。早在熊渠之世，"甚得江汉间民和"，所封三子为王，"皆在江上楚蛮之地"。以后蚡冒启濮，楚武王"始开濮地而有之"（《史记·楚世家》），楚庄王灭庸，而群蛮"自后服属于楚"①，楚共王"抚征南海"（《国语·楚语上》），楚惠王十三年，"楚沈诸梁伐东夷，三夷男女及楚师盟于敖"（《左传》哀公十九年）。及至战国中期，"吴起相悼王，南并蛮越，遂有洞庭苍梧"（《后汉书·南蛮传》），其间，蛮族之人成为楚民者，不可胜数。最著名的例子是楚平王三年，"闻蛮氏之乱……使然丹诱戎蛮子嘉，杀之，遂取蛮氏，既而复立其子焉"（《左传》昭公十六年）。过了三十五年之后，楚昭王二十五年，又采取"（诈称）致邑、立宗焉，以诱其遗民，而尽俘以归"（《左传》哀公四年），这更是赤裸裸地以掳掠蛮氏人口为务了。此外，楚国与各国征战，一些被楚所灭之国以前所控制的蛮夷人口，如江汉平原的南蛮，江淮平原的东夷，随着所居之国的覆亡而大量地转为农民。例如，楚灭鲁之后，不等到"秦灭六国，其淮泗夷皆散为民户"，"而绝大部分的东夷，早已成了楚国的百姓"。②《左传》哀公四年，楚"司马起丰、析与狄戎，以临上洛"，威胁晋国交出蛮子，其中的狄戎，如楚国的丰邑、析邑一样，受楚指挥，显然早与楚人融为一体。《说苑·善说》记载一位能够唱出"越人歌"的船夫同楚王母弟鄂君子皙在舟中尽欢的故事，表明原为扬越族的这些异族野人在成为楚民之后与楚人的融洽关系。这些蛮夷由于以前一般停

---

①　顾栋高：《春秋大事表》，中华书局 1993 年，第 2161 页。
②　顾铁符：《楚国民族述略》，湖北人民出版社 1984 年，第 70 页。

留在部落社会的阶段里，平素"散漫无君长""各以夷落自聚"①，其归附于楚，很大程度出于自愿，故成为楚民之后，接受楚国较为先进的生产技术和文化，一般能安于新地，被当地楚人同化，成为地道的楚人。他们占楚国野人的相当部分，是楚国农业劳动力的主要来源。

四是来源于并灭中原诸小国以武力掠夺的人口。楚国是一个尚武的国家，历代楚王均以武力征伐为务，不断开疆拓土。中原诸国文化发达，生产力先进，为楚所垂涎，但这些国家的人民其思想感情与蛮夷不同，除少量流民外，非以武力临之，不足以为楚用，故楚连年兴兵，直至"汉阳诸姬，楚实尽之"（《左传·僖公二十八年》）。终春秋之世，楚灭国之多，首屈一指。《史记·十二诸侯年表》记约六十国，顾栋高《春秋大事表》卷四"楚疆域表"统计"楚在春秋吞并诸国凡四十有二"，梁启超《饮冰室合集》专集第十二册《春秋载记》所附"周代列国并吞表"开列楚灭国名 49 个，可见其数之多，楚疆几乎囊括了半个南中国。由于当时中原人民世守其居，楚占领其国，当然也就获得了当地的人口。这些被灭国的遗民与蛮夷不同，他们有自己的宗庙社稷，犹如当初周灭商之后商的遗民一样，在被征服之初，不甘心国灭祀绝，心怀故国，时有叛心，如楚灵王十二年，公元前 529 年，蔡人便为反叛的主力军，对此，楚国统治者当然不能放心，曾采取过筑城、设县等一系列措施加以防范，有时不得已对个别被灭之国存其宗庙社稷、复其国。如《左传》昭公十三年记"平王即位，既封陈、蔡，而皆复之，礼也。隐大子之子庐归于蔡，礼也。悼大子之子吴归于陈，礼也"。但对大多数被灭国来说，不能不接受楚国的统治，其遗民不得不按照楚国的需要被迁来迁去，从事各种经济开发活动，随着时间的推移，他们缓慢地与楚人同化，其隶属于楚人的性质逐步消失，成为楚国野人的重要部分，从而与楚国休戚与共了。

五是来源于本国贵族。国人因各种非正常原因出走、流落，移居

---

① 《左传》文公十六年孔颖达疏引《释例》。

于野地者。这部分野人，最容易被学者忽略，被排斥于野人之外。这类人沦为野人的原因很复杂，大致有四种类型：第一种是在权力斗争中失势，其子孙在"国"中不能立足而沦为野人。如《国语·晋语五》记"臼季使，舍于冀野。冀缺薅，其妻饁之，敬，相待如宾，从而问之，冀芮之子也"，冀缺的父亲晋贵族冀芮谋弑晋君，一度焚宫，后失败被杀，冀缺只好逃到晋邑冀地的郊外成为野人。在楚国，情况同样如此，如孙叔敖的父亲蒍贾被令尹子越所杀，当时完全有可能累及其子孙与家族，故孙叔敖被迫出走，流落至期思等地，《孟子·告子下》记"孙叔敖举于海（淮）"，汉赵岐注曰"隐处于海（淮）滨"，这样，孙叔敖成为楚野人中的一员了。在楚国，贵族之间常互相倾轧，"兼室"之事屡有发生，如《左传》成公七年记载"子重（公子婴齐）取子阎之室，使沈尹与王子罢分子荡之室，子反取黑要与清尹之室"，《左传》襄公三十年记载"楚公子围杀大司马蒍掩而取其室"，等等。兼室的结果，通常是被兼者的族人无立足之地，纷纷逃难于其他诸侯国或奔往楚之偏僻野地隐居，成为野人的新成员。此外，楚王对其官吏执法极严，上对令尹"一有罪则必诛不赦"[1]，下对百官要求自必更严，这样，楚官吏中因"有罪"遭乱而举族沦为野人者当不在少数。第二种是因楚国并未实行世卿世禄制[2]，导致一些贵族子弟贫困无食，沦为野人。《淮南子·人间训》记"楚国之俗，功臣二世而收爵禄"，《韩非子·喻老》"楚邦之法，禄臣再世而收地"[3]，这样下去的结果，不少贵族子弟若无真才实学，便不能继续为官，在其父或祖父死后，便失去采邑，只能自食其力，来到野地自谋生路。如孙叔敖虽官至令尹，死后其子仍一度"山居耕田""无立锥之地，贫困负薪以自饮食"（《史记·滑稽列传》），其他楚贵族子弟的境遇更可推知，其中当有不少人是免不了成为野人的。第三种是某些贵族、国人为自显高节，耻于利

---

[1]　顾栋高：《春秋大事表·春秋列国卿大夫世系表》，中华书局1993年，第1204页。
[2]　余天炽：《重提"世卿世禄制"》，《华南师范学院学报》1982年第3期。
[3]　这类记载还见于《吕氏春秋·孟冬纪》、《艺文类聚》卷五十一诸处。

禄，而隐身至野地居住，成为野人。其中，较为著名的代表人物是蒙毅和屠羊说二人。《战国策·楚一·威王问于莫敖子华》记："（楚）昭王反郢，五官失法，百姓昏乱；蒙毅献（鸡次之）典，五官得法，而百姓大治。此蒙毅之功，多与存国相若，封之执圭，田六百畛。蒙毅怒曰：'谷非人臣、社稷之臣，苟社稷血食，余岂悉无君乎？'遂自弃于磨山之中，至今无冒。"楚昭王还奖赏随同逃难的国人屠羊说，然而屠羊说辞赏，"遂不受命，入于涧中"（《韩诗外传》卷八，第三章）。这里，因逃赏而"自弃于磨山"的蒙毅，远离都市后，当然只能自食其力，与其子孙同成为野人的成员了。屠羊说后来还是被人找着，仍然"辞三公之位"，只同意"返乎屠羊之肆"。若当时未能找到他，数年后屠羊说同样会成为地道的野人。与这些忠于楚王室的人不同，第四种是某些贵族、国人对当时楚国的政治持不同看法，不愿与统治者合作，而隐居于楚野地。《庄子·则阳》记："孔子之楚，舍于蚁丘之浆（卖浆水人家），其邻有夫妻臣妾登极者，子路曰：'是稯稯何为者邪？'仲尼曰：'是圣人仆也。是自埋于民，自藏于畔，其声销，其志无穷，其口虽言，其心未尝言，方且与世违，而心不屑与之俱，是陆沉者也。'"楚隐居者中，最著名的有老莱子、鬼谷子、鶡冠子、公阅休诸人，这些人知识文化程度较高，说明他们以前的身份地位并不低。他们能够较深刻地感受到当时的各种社会矛盾，憎恨统治者压迫、剥削人民的一面，他们既不愿意自己的知识为楚王所用，又无力改变当时的局面，只好采取避世的态度，来到荒僻的野地自耕自食，甘心过着典型的野人困苦生活，使他们能够静心著述、讲学。极其贫困的生活，使他们明了民间的疾苦，对人民首先是对身边的野人寄予深切的同情。这种人人数不多，名气却不小，素为楚国朝野所重。孔子入楚，并未深入楚内地，就接连遇到长沮（站着使用长柄锄薅草者）、桀溺（担尿水者）、楚狂接舆等，都属于这种类型。这部分人居于野地，自食其力，故将他们列入"野人"行列。但这部分野人颇为特殊，他们是楚国野人中的精英，他们以睿智的学识、卓越的洞察力，对古往今来的各种事物发表自己独到的见解，楚国空旷的野地上，闪烁着他们理性的光芒，人称"在野之贤，萃于楚国"①，可见这些被称为"隐士"的人，亦是楚国野人的重要组成部分。

第五节　农业劳动者的社会组织

楚国的野人，在广袤的田野上劳作、生息，必然会以一定的形式进行组合，并随着时代的向前发展而逐步发生各种变化。正如马克思所指出："在东方专制制度下以及那里从法律上看似乎并不存在财产的情况下，这种部落的或公社的财产事实上是作为基础而存在的，这种财产大部分是在一个小公社范围内通过手工业和农业相结合而创造出来的，因此，这种公社完全能够独立存在，而且在自身中包含着再生产和扩大生产的一切条件。"②

马克思的论断，对我们探讨楚国野人的社会组织是一个很好的启示。楚国的历史，从最初的"筚路蓝缕，以启山林"，经历了家庭公社、农村公社的不同阶段，直到战国末期为秦所灭，这种公社组织广泛分布于楚国"郊"外广阔的土地上，构成整个社会的基础。

从宏观的角度看，楚国野地存在众多的公社组织，这与先秦各诸侯国没有什么不同，因此，对楚国野地的公社组织进行研究具有普遍的意义。但从微观的角度看，楚国野地的公社组织按其社会地位的区别又可以分成两种：一种是与各诸侯国较为一致的楚族宗法性公社；另一种是只在先秦军事大国内才存在的异族隶属性公社。在此，先分析第一种。

楚族宗法性公社，其成员系来自楚族本身繁衍而增生的人口，是

① 王应麟：《困学纪闻》卷二一"杂识"引《郡国志》。
② 马克思：《资本主义生产以前的各种形式》，载《马克思恩格斯全集》第46卷，上册，人民出版社1979年，第473页。

楚国统治者的同族之人。在这种公社里，血统关系在维系团结上起着重要的作用，公社内有一整套完整的宗法制度。这种组织内的野地居民与"郊"内从事农作的"国人"处于同等的地位，只是居住地在"郊"外罢了。我们且以熊氏为例，说明在楚国，由于人口的繁衍，势必有不少宗室公族的后裔移居野地成为"野人"，组成新的宗法性公社。

楚君自鬻熊之子熊丽之后，绝大多数均称熊。《世本》云："鬻熊为文王师，成王封其曾孙熊绎于楚，子孙以熊为氏。"有的学者认为，熊氏为楚王的专称，极其高贵。① 但是，细揆史籍，则可看见，这种高贵的楚姓，随着时间的推移，逐渐降为普通的姓氏。其演变的轨迹，可大致分为三个阶段。

第一阶段，楚王亲子可以称熊。如熊丽五代传至熊渠后，《史记·楚世家》记载"熊渠卒，子熊挚红立"，实际上是第三子熊红直接继承熊渠之位。熊挚是熊渠二子，清人梁玉绳所撰《人表考》卷六"楚熊渠"条指出："熊挚、熊红乃渠之二子，挚以疾废，红嗣渠而立。《史记》误合挚、红为一。"据此，熊渠长子熊毋康、二子熊挚均未嗣位，仍得以称熊。熊渠长子为熊毋康，均未继位，仍称熊，足见作为楚王亲子亦可称熊。

第二阶段，非楚王亲子亦可称熊。与熊毋康仅隔数代，楚武王熊通之时，《左传》桓公六年记，楚欲伐随，楚臣中有名"熊率且比"者，杜预仅注"楚大夫"，《通志·氏族略五》云"熊率氏，芈姓"，其地位距楚王已远矣。以后，至楚庄王熊侣时，《左传》宣公十二年记有"楚熊负羁囚知䓨"，同年又载"萧人囚熊相宜僚"，并"杀之"（《左传》昭公二十五年）。熊相宜僚的后代熊相祺②受楚平王之命城巢，均为大夫之辈。

第三阶段，由大夫降为平民，居于野地者成为野人。《左传》哀公

---

① 岑仲勉：《楚为东方民族辨》，载《两周文史论丛》，中华书局 2004 年，第55—62 页。
② 清梁履绳《左通补释》于宣公十二年"萧人囚熊相宜僚"条下注明"熊祺即其后"。

十六年记春秋末楚白公胜造反，与石乞拉市南熊宜僚入伙，谓"市南有熊宜僚者，若得之，可以当五百人矣"，但遭到拒绝。《通志·氏族略》指出市南熊宜僚为"鬻熊之后"，《庄子·徐无鬼》"释文"直指其为"楚之贤人，亦是勇士沈默（没）者也，居于市南，因号曰市南子焉"①，这位居于市南的勇士熊宜僚尽管是鬻熊之后，其时已完全沦为野人了。楚白公之乱，事在楚惠王十年，公元前479年，孔子亦卒于此年。孔子南游楚，并且见到市南宜僚于野地，故知在白公乱之前，市南宜僚已沦为野人。前引《庄子·则阳》记："孔子之楚，舍于蚁丘之浆（卖浆水人家）"。②"其邻有夫妻臣妾登极（爬上屋顶）者"③。孔子对子路说，这些人"是圣人仆也。是自埋于民，自藏于畔"，"是陆沉者也，是其市南宜僚邪？"说明这位市南熊宜僚居住在蚁丘，与卖浆水家为邻，修田农之业，已是地道的野人了。据《元和姓纂》："楚有熊宜僚，居市南，后裔以所居为氏。"不难看出，居于蚁丘的这些围观孔丘的众人，亦是熊氏的族人，他们定居一地，形成宗法性公社，繁衍生息。将他们称之为楚族宗法性公社是恰如其分的。

楚族宗法性公社在楚野地的分布较广。在楚西部的"宗丘"一带④，楚王曾遣使去"叙旧，禄勋，合亲"，说明其地存在一定数量的楚族宗法性公社。在楚北部，则有孔子游楚时遇到熊宜僚族人的"蚁丘"之地，有着熊氏宗法性公社。此外，在申、息之地，楚族宗法性公社亦有广泛分布。《左传》僖公二十八年记晋楚城濮之战，楚军大败，楚成王对令尹子玉说："大夫若入，其若申、息之老何？"论者多谓此"申、息之老"是被灭的申国、息国遗民。其实不然，当是移居于申、息之

---

① 郭庆藩：《庄子集释》，中华书局1961年，第851页。
② 疏文云此系"孔子适楚而为聘使，路旁舍息于卖浆水之家，其家住在丘下，故以丘为名也"。
③ 疏文云此系"孔丘应聘，门徒甚多，车马威仪，惊异常俗，故浆家邻舍男女群聚，共登卖浆，环视仲尼"。
④ 《左传》昭公十四年。杜注："宗丘，楚地。"《钦定春秋传说汇纂》谓当在今湖北秭归县。

地的楚族宗法性公社的族长一类的人物。申、息二国灭于楚，分别在楚文王二年(前 688 年)、楚文王十年(前 680 年)，此后，便有楚本族之人源源不断开进这新征服的土地，聚族而居。由于他们都出自芈姓，故而在国家组建军队时，以"王族"之姓而被借重，成为令尹子玉所掌握军队的主力。史载城濮之战前，楚成王与令尹子玉意见不一致，子玉坚持作战，成王"怒，少与之师，唯西广、东宫与若敖之六卒实从之"。这些兵力由楚王的近卫军、太子的宫甲和子玉同宗共姓的若敖氏楚民组成。据杜注，这些兵力还是"楚子还申，遗此兵以就前围宋之众"，即特地从申地派遣过来的，加上子玉原有的围宋之军，楚军兵力当然不弱。"若敖之六卒"，即是从各个若敖氏支系分布在申、息之地的宗法性公社中抽人组成。这些"宗人之兵"，既然是楚王派遣而来，当然不是子玉的私邑武装，否则，无须楚王下令，子玉自己便可以族长的身份传令前来。由此可知，"若敖之六卒"与子玉只是"同姓"而已，本身并无隶属关系。但正是因为同姓，从宗法观念上讲，一旦作战失利，战死者多，领兵的贵族便有切肤之痛，难以向本宗族各宗法性公社的族长交待。故子玉大败后，"王使谓之曰：'大夫若入，其若申、息之老何？'"子玉无颜去见居住在申、息两地若敖氏宗法性公社的族人，只好自杀。如果城濮之战中战死者全为申国、息国的遗民，子玉当然不存在何以见"申、息之老"的问题，也不会自杀了。值得注意的是，申、息二地，一在今河南南阳，一在今河南息县，并不在一处，子玉兵败不能见两地若敖氏之父老，说明若敖氏的族人并未麇集一处或某一邑聚，而是散居于申、息两地的广大地域。此外，《左传》宣公四年载，令尹斗椒讨厌司马苪贾，"乃以若敖氏之族圉伯嬴(苪贾字)于辕阳而杀之"，即是用若敖氏的家法把苪贾杀了。据沈钦韩《左传地名补注》，辕阳，在今河南省镇平县东四十里，在南阳辕河之阳。《读史方舆纪要》卷五一"南阳府·镇平县"条下有辕河，谓在"县东四十里"，亦在今河南南阳附近。辕阳当是若敖氏人口族居较为集中之处，在楚申县的辖境之内。由若敖氏支分出来的楚野地宗法性公社，已知还有数处。如城濮之战后，若敖氏的子西被封为商公，据江永《春秋地理考实》，商地即商密，位于今河南淅川西南。又如若敖氏支系成氏，即以成地得名，成地系"成臼"，地在今湖北钟祥南。[①] 还有若敖氏的另一支裔斗氏，居于郧，地约在今湖北安陆一带。《左传》昭公十四年："使斗辛居郧，以无忘旧勋。"郧之地望，杜注谓"在江夏云杜县东南"，即今湖北沔阳境，但《括地志》及《元和郡县志》皆谓在今安陆境。这些都确切地证实楚族宗法性公社在野地中存在的广泛性。

姓，是楚族宗法性公社区别于外部其他公社组织的主要标志。每一个宗法性公社人，均只保持着一个姓，作为维系公社内部最强有力的纽带。正因如此，这种血缘关系占据主导地位的宗法性公社的居民必然有着浓厚的族居特色，其居民依血缘关系实行族居、族葬。1974年到1975年，考古人员在河南淅川县南35千米老灌河(古析水)与丹江(古丹水)汇合处不远的毛坪一条土岭上先后发掘了东、西两面斜坡上相邻的两个小型楚墓群，为典型的平民墓地。淅川毛坪楚墓群，除18、22号墓较大，随葬有铜器外，其余只有陶器，有的甚至根本无一件随葬品，随葬的陶器种类少而粗糙。这些小墓的墓口一般仅长1.95米、宽0.9米，都说明墓主的身份较低，是一处平民的墓地。

"生相近，死相迫"，《周礼》对宗法性公社的这种描述对我们掌握这种公社的某些特点无疑极富启迪。生，聚族而居，死，实行族葬，这种社会团体必然与外界较少接触。我们且看楚族宗法性公社是否具有这种特点。

《老子》第八十章曾描述先秦野地中存在这样一种社区团体：

　　　　小国寡民，使有什伯之器而不用，使民重死而不远

---

① 《左传》定公五年"(楚)王之奔随也，将涉于成臼"，杨伯峻《春秋左传注》指出："成臼即臼水，亦名臼成河。臼成河源出于湖北京山县聊屈山，古时此河西南流入沔。据《水经·沔水注》，昭王奔随，即于此渡河。"杨伯峻：《春秋左传注》，中华书局1990年，第1553页。

徙……。甘其食，美其服，安其居，乐其俗，邻国相望，鸡犬之声相闻，民至老死，不相往来。

"小国寡民"乃是基于对现实的不满而在当时散落农村生活基础上所构想出来的"桃花源"式的乌托邦。在这方小天地里，社会秩序无须强制力量来维持，单凭各人纯良的本性就可相安无事。在这方小天地里，没有兵战的祸难，没有重赋的逼迫，没有暴戾的空气，没有凶悍的作风，民风淳朴真挚，文明的污染被隔绝，故而人们没有焦虑、不安的情绪，也没有恐惧、失落的感受。这单纯质朴的社区，是古代农村生活理想化的描绘。中国古代农业社会是由无数自治自足的村落形成的。各个村落间，由于交通的不便，经济上乃求自给自足，所以这乌托邦亦为当时封建经济生活分散性的反映。[①] 这种居民点的生活图景，正是楚族宗法性公社的写照。

按照楚国的传统，凡属同宗共姓，都是通过祭祀等活动，达到《国语·楚语下》所记的"于是乎合其州、乡朋友婚姻，比尔兄弟亲戚。于是乎弭其百苛，殄其谗慝，合其嘉好，结其亲暱，亿其上下，以申固其姓"。这表明，在楚族宗法性公社内部，人与人之间关系密切。牢固的血缘纽带、宗教网络，使人们结成一个整体，"死徙无出乡，乡田同井，出入相友，守望相助，疾病相扶持"（《孟子·滕文公上》）。而在公社外部，除同宗共祖的公社外，与其他公社和其他居民不相往来，其成员在宗法制的束缚下，一般不能自由远徙，这样，长年累月保持一种自我封闭的状态。这种自我封闭型的楚族宗法性公社的典型是《左传》昭公十三年所记楚灵王失国后，逃到深山老林所遇的"棘闱"。当时，楚贵族申亥到处寻找灵王，"遇于棘闱以归"，《国语·吴语》的记载是："（楚灵王）匍匐将入于棘闱，棘闱不纳，乃入芋尹申亥氏焉。"杜注："棘，里名，闱，门也。""棘闱即为城寨之类的防御

① 　陈鼓应：《老子注译及评介》，中华书局1984年，第360页。

物，（后来用土筑的则称塞，用树木则称寨……）。"①"棘闱"自身是封闭型的，外人难以贸然进去，"棘闱"内居民一般不与外界接触，是所谓"乡丘老不通谋"（《管子·侈靡》）。楚国的野地，当有众多的"棘闱"散处其间，在这些"棘闱"之间，正是一幅"邻国（公社）相望，鸡犬之声相闻，民至老死，不相往来"的图景。对这"棘围"之内居民的思想、习性，《庄子·天地》有一个记载从侧面给予了呈现："子贡南游于楚，反于晋，过汉阴，见一丈人方将为圃畦，凿隧而入井，抱瓮而出灌，搰搰然用力甚多而见功寡。"此丈人在听子贡介绍先进的提水工具桔槔时还说："吾非不知，羞而不为也。"庄子的本意是借此宣传去"机心"而保持朴质，然而我们则又看到了存在于楚国的一个不接受外来事物的自我封闭型的宗法性公社的影子。

楚族宗法性公社在楚国具有较高的政治地位。楚统治者十分重视利用血缘纽带来强固自己的统治。如屈原曾为楚"三闾"大夫，王逸《离骚序》注："三闾之职，掌王族三姓，曰昭、屈、景。"这个三闾大夫也就是统管三个不同姓氏的总族长。仅凭管理这三个大姓，族长屈原就有与楚王经常接触的机会，以自己的政见影响楚王，可见这"王族三姓"在楚受到重视的程度。屈原的职责是"序其谱属，率其贤良，以厉国士"，表明只要属王族之姓，无论是居于"国"中还是野地，都会无遗漏地被"序其谱属"，享受应得的权利。楚既设有掌管昭、屈、景三姓的官员，王室其余诸姓也必设官管理，同样对他们"序其谱属"，由这些姓的成员在野地组成的楚族宗法性公社，自必同样受到国家的重视。《国语·楚语下》载观射父劝谏楚昭王："使名姓之后，能知四时之生……氏族之出，而心率旧典者为之宗。"楚《祭典》规定"庶人有鱼炙之荐"，《国语·楚语》称"庶人食菜，祀以鱼"，便是利用经常性的祭祀活动，使楚贵族流入野地的旧姓后代享受应有的权利，从感情上得到慰藉。楚国统治者一直十分重视培养他们的忠君思

① 徐中舒：《论巴蜀文化》，四川人民出版社 1982 年，第 97 页。

想，爱国观念，"训之以若敖、蚡冒筚路蓝缕，以启山林"，即是教育这些楚族宗法性公社成员不要忘记自己的祖先开创楚国基业的艰苦奋斗的精神，将这种传统加以继承和发扬。历代楚王追求赫赫武功，无不倚这些楚族之后为中坚，以他们为主干来组建军队。《左传》成公十六年记原系楚臣的苗贲皇对晋君介绍楚军的情况说："楚之良，在其中军王族而已。"这些"王族"多是贵族子弟、国人以及来自楚族宗法性公社的野人。他们以对国家的激情、对楚王的忠诚、良好的纪律投入战斗，当然具有极强的战斗力，理所当然地得到楚国统治者的倚重。因此，可以说楚野地的这种楚族宗法性公社的成员，虽然属于楚国的平民阶层，却是楚国野人中的上层。

楚国野地的居民，主要组成部分是异族隶属性公社。

楚国野地的居民随着楚国疆土的日益扩展而不断增加，大量的被征服国家的遗民臣服于楚国的统治之下，在楚国的总人口中所占的比重越来越大，是楚国野地的主要居民。

按照先秦通例，一国被灭，其地即成为战胜国的野地。《吕氏春秋·行论》记："楚庄王使文之无畏于齐过于宋，不先假道。还反，华元言于宋昭公曰：'往不假道，来不假道，是以宋为野鄙也。'"《左传》成公十八年又记，宋人害怕宋国成为楚野鄙之地，说楚是"大国无厌，鄙我犹憾"。郑国是楚国的近邻，时时提防被楚吞并，成为楚之野地，子展曾说楚对郑是"亲我无成，鄙我是欲"（《左传》襄公八年）。

子产论及当时大国与小国的关系时，感慨地说："夫大国之人令于小国，而皆获其求，将何以给之……吾且为鄙邑，则失位矣。"[1]意指郑国要是成了大国的野地，那就失去作为一个国家的地位了。其国被灭即成为战胜国的野地，其民当然随之成为战胜国的野人了。因此，学者们一般所指的野人，大多就是指来自被征服国家的人口。

"中国最古之等级，时曰国人及野人，亦起于异部族之相争者

---

[1] 《左传》昭公十六年。

也。""国人者，战胜之部族，择险峻之地，筑邑以居，野人则战败之族，居平夷之地，从事耕耘者也……供租税，服徭役。"[1]从上文列举的楚族宗法性公社广泛地分布于野地的实际情况来看，"战胜之部族"的楚族，不一定全居于"国"中，其居于野地者仍可冠以"野人"之称，而在野地中居住的被征服的异族，无疑更属于"野人"之列。整个春秋战国时期楚共灭国(族)约88个，广泛分布于今湖北、河南、安徽、山东、浙江、江苏、湖南和江西西部、广西东北部、广东西北部及陕西东南部、重庆诸地。这些被灭国的遗民在国破之后，除少数仕于楚国的贵族外，一般都处在社会的底层，其社会地位比上述楚族宗法性公社的成员低下得多。早在商代，就有不少这种被征服的公社(邑)，如"大方(邦)伐□，鄙廿邑"[2]，就是夺取20个邑为商的边鄙，这20个邑的居民，就不得不屈从于商的统治，成为商的野人。周人以少数族入主中原，居多数的商人反而被征服，这些商人以及以前被商征服的虞、夏遗民和狄姓怀姓九宗等居于野地者，就都变成周王朝的异族野人了。这与楚国的情况十分相似。很明显，这些被灭国的遗民从国破之日起，就同楚国统治者结成新的被统治与统治、被奴役与奴役、被剥削与剥削的关系。鉴于这些遗民与上文所述存在于野地的楚族宗法性公社成员均系身份自由的平民不同，他们整族地(非单独个人)隶属于楚国的统治之下，亦以公社的形式聚族而居，姑且命之曰异族隶属性公社。

笔者在梳理楚灭国的历程时，对楚一连串的"灭国""复国""迁国""致田"等对待异族的各种举措曾疑惑不解，摸不准其目的何在。起初以为其主要目的在于占有土地，后来方知不见得如此。占有土地，这对楚建国初期"土不过同"时而言，当然不错。楚当初"僻在荆山"，势必以拓展疆土为务，夺得土地当然是第一位的。如"濮人散处武当、

---

① 吕思勉：《先秦史》，上海古籍出版社1982年，第291页。
② 郭沫若：《殷契粹编》，科学出版社1965年，第801页。

荆、巫诸山脉中"①，楚蚡冒"启濮"，楚武王"始开濮地而有之"(《史记·楚世家》)。因此，杜预在《左传》文公十五年"凡胜国曰灭之"下注云："胜国，绝其社稷，有其土地。"但是，随着楚国疆土的急剧扩张，由"土不过同"到"今土数圻"②，楚统治者又面临一个新的严峻问题——人口严重不足。战国时的吴起曾急切地向楚王发出"荆所余者地也，所不足者民也"(《吕氏春秋·贵卒》)的警报，《墨子·非攻》说楚是"十倍其国之众，而未能食其地也"。人口不足问题如此严重，已经到了须得"令贵人往实广虚之地"的程度。然而，是否只有吴起才看出此问题，或者说，是否只是到了战国时期，楚国人口不足的矛盾才特别突出呢？细揆史籍，看来并不如此。可以说，早在春秋中期，楚统治者就已注意到此问题，并由此对灭国的指导思想作了调整。

楚庄王是一个雄才大略的君主。《韩非子·有度》称"荆庄王并国二十六，开地三千里"，好似唯知以拓地为务，实则不然。《公羊传》宣公十二年记，楚庄王"胜郑而不有"，将军子重对此很不理解。庄王解释说："古者杆不穿，皮不蠹，则不出于四方，是以君子笃于礼而薄于利，要其人而不要其土。"《韩诗外传》第十八章亦记有楚庄王"要其人而不要其土"的说法。有两个例子，说明有时楚庄王灭国确实不以得其土地为主要目标。第一个例子是《左传》宣公十一年记楚庄王灭陈国之后，由于听了申叔时的劝谏，"乃复封陈"。陈国复国，成了楚的附庸国，自当会尽附庸国应尽的义务，本来事情也就可以了结了，可《左传》偏偏记载庄王归国时，对已征服的陈国"乡取一人焉以归，谓之夏州"。这明白地显示出在庄王眼中，灭国也好，复其国也好，都可商量，唯独这人口，是断不可不"取"的。申叔时可以谏庄王复陈，却未见他再谏庄王不要"取"陈民，大概他也认为，"乡取一人"乃

<hr>

① 顾颉刚：《史林杂识·牧誓八国》，中华书局 1963 年，第 26 页。
② 《左传》昭公二十三年，沈尹戌曰："若敖蚡冒至于武、文，土不过同，慎其四境，犹不诚郢。今土数圻，而郢是城，不亦乱乎？"杜注："方千里为圻。"

天经地义之事吧。此例表明楚庄王赤裸裸地掳掠陈民。第二例的记载较为隐晦，就在楚庄王对陈"乡取一人"的第二年，刚刚与晋爆发有名的邲之战不久，楚军又绕过宋国，奔袭并灭掉宋的附庸萧国。但楚并没有占领萧地，《左传》定公十一年记"宋公之弟辰暨仲佗、石彄、公子地入于萧以叛"，表明萧被灭九十九年后仍是宋的附庸。对此，清人惠士奇《春秋说》发表评论，认为这表明"春秋书灭，非尽有其地"，楚灭萧即属于"又有灭萧而存者"之列。这里，人们当然会产生疑问：既灭萧而又不得其地，那又为何叫"灭"呢？如果参照灭萧前一年楚庄王对陈国的行为，就很容易理解了。原来灭萧以后，同样也是"乡取一人焉以归"。掳掠了不少萧人方才班师回国，灭萧的目的仅在掠人，故而灭国而地不入楚。这种情况，并非仅见，如地望更在萧东北方的莒国(今山东莒县)，莒君自称"僻陋在夷"，在萧灭之后十四年(前582年)，又被楚共王所灭。莒国离楚更远，楚人"自陈伐莒"(《左传》成公九年)，为的还是掳掠人口。《左传》记楚灭莒的过程中，有一个很有趣的插曲："莒人囚楚公子平，楚人曰：'勿杀，吾归而俘。'"正好说明楚师入莒境之后以"俘"莒人为务。《左传》记载楚师灭莒时，先是"如渠丘"(今山东莒县东南)，将莒人集中的渠丘攻破，有"俘"之后，再攻莒都，"莒溃"，仍不罢休，继而，"遂入郓"(今山东沂水东北)，前后"克其三都"，盖因每次战事起，各小国一般都是将全部人口集中于各个城内自保，楚军既为掳掠人口而来，当然于克莒都之后，仍不放过莒之郓城，力图城破而将人口尽俘以归。至于莒地，并不在乎，直至"(楚)简王元年，北伐灭莒"(《史记·楚世家》)，莒地才尽归楚有，这时上距楚共王灭莒，已长达152年之久。

证实楚兴师以掠人为目标的，还有不少记载。《左传》成公二年记："冬，楚师侵卫，遂侵我(鲁)……侵及阳桥(今山东泰安附近)，孟孙请往赂之以执斫(匠人)、执针(女工)、织纴(织工)皆百人，公衡(鲁成公之子)为质，以请盟。楚人许平。"这位鲁人孟孙，极有眼光，看准了楚人是为掳掠人口而来，对症下药，赂人三百，果然无事。

继鲁孟孙之后，又有"越王勾践使廉稽献民于荆王"（《韩诗外传·卷八》），此句中"民"字有人或疑为"梅"字，不确。可见越王也善投楚所好。又，《左传》僖公二十二年还记早在楚成王三十四年时，楚打败宋襄公，回国途经郑国接受慰劳时，楚成王得意洋洋地"示之以俘、聝"。"俘"即是活着的战俘，掳掠得来的人口，"俘"系生囚，"聝"系杀死之敌的左耳，两者截然有别。金景芳论及此中区别，谓：康王时代的青铜器《小盂鼎》铭文说"王令盂，以口口伐鬼方……获聝四千八百口二聝，俘人万三千八十一人"，"聝"与"俘"分别述之。① 杨宽进一步申述："《小盂鼎》记载盂奉命征伐鬼方，第一次捉到'酋'（酉）2人、获得'聝'（战争中杀伤的俘虏）4812人、俘得'人'（战胜后俘得敌国人民）13081人、马若干匹、车30辆、牛355头、羊38头，第二次又捉到'酋'1人、获得'聝'237人、俘得'人'若干人、马104匹、车100多辆，接着盂就献俘给周王。"亦"聝""人"分别而记。② 俘人，被楚王视为最可夸耀的战利品。

《左传》哀公四年还清楚地记载着楚国为获得蛮氏人口而大动干戈之事。楚昭王二十五年，楚国尽俘蛮氏之民以归。蛮氏在楚与晋、秦之间，对楚或顺或叛，楚决定把他们迁走，以巩固北部边防。蛮氏本居于今河南汝阳县东，楚为攻蛮氏，调动大量人力物力，先是在负函（今河南信阳境）集合蔡国遗民，在缯关（今河南方城）集合方城山之外的人，袭击蛮氏的两个都邑，继而包围了蛮氏，蛮氏溃散，蛮君领众逃至晋阴地（今河南卢氏东北），楚军却仍然穷追不舍，又大张旗鼓地征召楚丰邑、析邑二地及戎狄之民为兵，兵分两路，气势汹汹地逼近晋阴地，威胁晋国交人，晋国被逼，用欺骗的手段抓住蛮君，交给楚军，楚司马假装给蛮君城邑和建立宗主，来引诱蛮氏分散的百姓，实在是煞费苦心，结果，基本将蛮氏人口全部俘虏而归。可以看出，在

---

① 金景芳：《中国奴隶社会史》，上海人民出版社1983年，第166页。
② 杨宽：《古史新探》，上海人民出版社2016年，第74—75页。

这灭蛮氏的过程中，楚国统治者对掳掠人口之事是何等重视。

被征服者成为楚国的野人后处境如何？由于具体情况不同，对楚统治者驯服的程度不同，楚国统治者对他们也就区别对待，给予不同的出路。大体上说，有小部分不愿降楚的人被囚禁，作为人祭、衅鼓、献俘、杀囚的对象，其身份为奴隶；绝大部分顺从楚国的遗民在楚野地组成隶属性公社，其身份不是奴隶。

> 春秋时代处理灭亡的国家或氏族的办法有三种：公元前五七九年楚军攻入郑国，郑襄公袒着衣，牵着羊，出来投降，请求说："其俘诸江南，以实海滨，亦唯命；其翦以赐诸侯，使臣妾之，亦唯命；若惠顾前好……使改事君，夷于九县，君之惠也。"（《左传》宣公十二年）……一个办法是把征服的居民迁到需要充实的地方，加以奴役和剥削，即所谓"以实海滨"；另一个最轻的办法是原地不动，保持原来的居住和生产组织情况，就地加以奴役和剥削，即所谓"使改事君"。当然，"夷于九县"的办法在西周时还没有。[1]

杨宽所指，极富启迪，只是"夷于九县"显系成为楚县制下的居民，在春秋时期的楚国已经常见。综合被楚灭国遗民的出路，共有三条。下面谨按杨氏所指，根据三种出路按政治地位的高低分别言之。

第一条较好的出路，"不泯其社稷，使改事君，夷于九县"，可视为楚野地的异族平民。

郑襄公在国破之日，委婉地请求得到楚国的宽恕，故意先说情愿被"俘诸江南"和"翦以赐诸侯"，随后道出真意，要求如同楚国已有的县那样，在接受楚国统治的前提下，保留郑国现有的宗族、生产、居

---

[1] 杨宽：《论西周时代的奴隶制生产关系》，载《古史新探》，上海人民出版社2016年，第82页。

住组织。并称如果这样做了，就是"（楚）君之惠也，孤之愿也"，可见这是郑所最为盼望的被灭国者除复国外最好的一条出路。

被征服者的这条出路在楚国是确实存在的。国破之时希望能"夷于九县"即等同于楚已有的诸县，《史记·留侯世家》云"今诸将皆陛下故等夷"，旧本《辞源》"等夷"条谓"言彼此平等"。可见等、夷系同义词连用，夷亦等同的意思。这可作两种理解，一是使郑国成为楚的附庸国，另一种即成为楚县之一。在楚此次攻郑之前，楚已建有数县，大都是并灭诸小国而建成的，如楚武王时建的权县，楚文王时建的申县、息县均属此类。在此之后，楚以灭国为县之例，还可见于楚共王建的郧县，楚灵王建的陈县、蔡县等。还有一些小国被灭后成为楚县，有的仅以被俘获的人口设县（如沈县等）。这些设县的被灭国遗民，从人数上讲，在被灭国中占有相当的比重。这些遗民实际上成为楚县制下的居民。从郑襄公所言"不泯其社稷，使改事君，夷于九县"的实际含义看，这些楚县制下的异族居民，原有的宗族、居住组织和生产组织均原封不动，旧俗可以不改，经济生活亦不致因亡国而遭受重大的打击、发生剧烈的动荡，他们依然可以以原有的公社形式存在于楚国的野地之中。从形式上看，与楚族宗法性公社没有两样，同系聚族而居，同在楚县的管辖下生产、纳赋、服役、从征。

楚国的这种县制对缓解被征服民族与统治民族楚族之间的矛盾起到了十分积极的作用。大量事实表明，楚县制下的异族遗民均未戴上奴隶制的枷锁。如陈、蔡在楚灵王十一年（前530年）被楚灭为楚县后，其遗民成了楚县的居民，楚灵王派少弟弃疾为蔡公，"君陈、蔡，城外属焉"[1]，治理这两县的遗民。史载弃疾对这些被征服民族与楚民族居民一视同仁，毫无歧视，各方面事务处理得井井有条，不到一年，便受到这些旧灭国遗民的拥戴。弃疾的好名声甚至传到晋国大臣耳中，《左传》昭公十三年记晋叔向发表评论说："有楚国者，其弃疾乎！

---

① 见《左传》昭公十三年杜注："城，方城。时穿封戌既死，弃疾并领陈、蔡。"

……苟慝不作，盗贼伏隐，私欲不违，民无怨心，先神命之，国民信之……"称赞弃疾"有民"并由此预言弃疾必当振兴楚国。时在弃疾治理下的这些"民"，实非陈、蔡二国的旧遗民莫属。这条记载明白显示，这些遗民的地位几乎等同于楚族平民，与楚族宗法性公社居民一样，同为楚国统治者看重。

楚县制下的异族隶属性公社居民同样有着政治上的发言权。《国语·楚语上》记楚灵王与大臣们讨论灭国设县是否会造成尾大不掉的局面，影响王权，楚臣右尹子革奉劝灵王说，这些遗民应有的权利必须尊重，因为："民，天之生也。知天，必知民矣，是其言可以惧哉！"《国语》紧接着记："三年，陈、蔡及不羹人纳弃疾而弑灵王。"这条记载，很耐人寻味，它把灵王的被杀说成是陈、蔡及不羹三国遗民对自己的统治者选择的结果，楚贵族弃疾是被这些遗民所"纳"后，顺从"民意"而弑灵王的。由此可见，灵王的被颠覆在一定程度上是陈、蔡、不羹遗民意志的体现，是这些遗民干预楚国国政的体现。值得注意的是，这些被灭国遗民入楚后，不是直接拥戴自己的旧国君以叛楚复国，而是拥戴一个更信任的楚贵族来影响楚国的国政，显示出他们已逐步与楚人同化。

《左传》哀公四年还记有一事，表明这些异族隶属性公社居民同楚族人一样受到应有的尊重：

> 夏，楚人既克夷虎，乃谋北方。左司马眅、申公寿余、叶公诸梁致蔡于负函①，致方城之外于缯关②，曰："吴将溯江入郢，将奔命焉。"为一昔（夕）之期，袭梁及霍。单浮馀围蛮氏。

---

① 杜注："此蔡之故地人民，楚国以为邑，致之者，会其众也。"
② 据江永《春秋地理考实》，缯关在今河南方城县。

楚统治者意欲掳掠蛮氏人口，将蔡国遗民和"方城之外"的县民①分别集中于负函和缯关二地，给予两地一个夜晚的准备时间，令他们分别袭击蛮氏的梁地及霍地。这又表明：一、在负函(今河南信阳)一带的蔡遗民单独居住在一起。蔡国在楚平王为其复国定都新蔡(今河南新蔡)后，因蔡君受令尹囊瓦之辱，蔡人导引吴师入郢，遂遭楚报复，楚昭王二十二年(前494年)再次灭蔡。这一次不再就地设县，而是命迁于江(长江)汝(汝水)之间，蔡昭侯惧楚，在蔡人的一片反对声中强迫蔡人迁到靠近吴国的州来，是为下蔡。这些在负函之地的蔡遗民，可能是不愿迁于州来的蔡人，楚将其安顿在负函后的第三年仍单独居住在一起生活；二、这些蔡遗民拥有自己的武装，有组织，能于一夜之间集中行动，并具有长途袭击的能力；三、楚国统治者动员这些遗民时，尚要托言"吴国将要溯江而上进攻郢都"，以此使这些人听令，说明楚人对他们并不是像驱使奴隶那样简单地下强制性的命令。

第二条出路，把征服的遗民迁到急需开发的荒远之地从事农耕("迁之江南")，可视为楚野地异族人中的中下等平民。

楚统治者兴师灭国的主要目的，很大程度在于掳掠人口，而这些人口的价值在于能够垦辟草莱、对付"广虚之地"。正如有的学者指出过的，楚国经济地理的特点，北部江淮地区的土地大多早已开发，人口稠密，经济文化发达，生产技术先进，但东方的浙、闽、赣及长江以南的广大地区，加上战国始开发的西南黔、滇一带，则是落后的多部族、多民族分布的地区，几乎都没有形成国家。这里原始森林茂密，绝大部分土地还没有垦辟。所以楚国每灭亡北方的一个小国，便把被灭国遗民从经济发达的地区迁到南方、东方经济落后地区从事开发工作。春秋中期的郑襄公在国破之日，首先请求"俘诸江南"②或者"以实

————————————

① 《左传》襄公二十六年记穿封戌为"方城外之县尹"，故知方城外之民为楚县居民。
② 《史记·郑世家》作"迁诸江南"，意更明确。

海滨"，从地理位置上讲，一个南方，一个北方，正是楚国急需垦辟之地，表明郑襄公是个明白人，对国灭之后的去向早已心中有数。

"俘诸江南"的实例，先于郑襄公国破之前约九十年被楚灭的罗国可算是一个典型。古罗子国周时本在今湖北宜城罗川城①，在楚、随（今湖北随州）之间。②罗国被灭后，正是遭到被"俘诸江南"的命运。遗民先是被楚南迁至今湖北枝江地③，继而继续南迁，直至今湖南汨罗湘阴一带。④清人顾栋高《春秋大事表》卷四有《春秋时楚地不到湖南论》，谓春秋"盖其时湖南与闽、广，均为荒远之地，如今交趾、日南相似，计惟群蛮、百濮居之，无系于中国之利害，故楚亦有所不争也"⑤。其实，春秋时楚国早在楚文王时已经开始对当时视为"荒远之地"的湖南进行开发⑥，罗国遗民于楚文王时即迁至湖南，便为明证。

因开发江南需要，被辗转迁至湖南的被灭国遗民，不独罗国，还有郧、贰、轸、南申、杞、六、蓼、麇、庸、蒋、唐、顿诸国。其具体迁地及存姓情况见表9-1：

---

① 古罗国地望，《水经注》"夷水……历宜城西山，谓之夷溪，又东径罗川城，故罗国也"，《路史·国名纪丙》亦云"在襄（阳府）之宜城"。

② 罗被楚灭在公元前690年楚武王伐随之前，《左传》桓公十三年（楚武王四十二年）记楚伐罗，被打得大败，宋邓名世《古今姓氏书辩证》卷一二记此役"其后，楚复伐罗，并其国，子孙以为氏"。罗国被灭，楚师方才可能越过其地去攻打随国。

③ 罗国被迁于枝江地，见于《通志·氏族略》"罗氏，子爵……初封宜城，徙枝江"；《路史·后纪八》说罗"初国宜城，后徙枝江"；《水经注》直指"枝江地，故罗国"。这是楚国的腹心地带。

④ 《汉书·地理志》记有"长沙国罗县"，应劭曰："楚文王徙罗子国自枝江居此。"《楚文化考古大事记》有"湖南湘阴古罗城调查"，湘阴紧挨汨罗，史学界一般认为即今之古罗城。

⑤ 顾栋高：《春秋大事表》，中华书局1993年，第555页。

⑥ 何浩、殷崇浩：《春秋时楚对江南的开发》，《江汉论坛》1981年第1期。

表 9-1：楚灭国迁徙遗民表

国名	原地望	迁徙地	存姓	资料依据
罗	湖北宜城西	湖南汨罗一带	存	上文已述
郧	湖北安陆	湖南茶陵云阳山	存	《通志·氏族略》；何光岳：《邧子国考》，《湘潭大学社会科学学报》1982年第2期
贰	湖北应山西南	湖南汉寿	存	《姓考》《万姓统谱》
轸	湖北应山西	湖南岳阳	存	《元和姓纂》
南申	河南南阳北	一支迁湖南临醴	不明	何光岳：《申国史考——申国的迁徙与楚的关系》，《信阳师范学院学报》（哲学社会科学版）1983年第2期
杞	山东安丘东北	部分迁湖南常德	存	《通志·氏族略》
六	安徽六安北	湖南醴陵、株洲之绿水	存	《万姓统谱》；何光岳：《群舒与偃姓诸国的来源和分布》，《江淮论坛》1982年第6期
蓼	安徽霍邱寿一带	先至湖北应山，后迁湖南资兴	存	《通志·氏族略》
麋	陕西白河	湖南岳阳一带	存	《通志·氏族略》；《读史方舆纪要》卷七十七岳州府"麋城"条记此处"相传古（麋）子国"
庸	湖北竹山	湖南攸县北	存	《通志·氏族略》
蒋	河南固始蒋乡	部分迁湖南湘乡	存	《唐书·宰相世系表》
唐	湖北随州西北	湖南武冈西南唐纠山	存	《通志·氏族略》
顿	河南项城北	湘西南沅水、资水上游	存	《风俗通义》

706

楚向今湖南大量迁徙遗民的史实表明，楚对江南的开发是极为重视的。春秋时期，楚成王即位时，《史记·楚世家》即记有"天子赐胙，曰：'镇尔南方夷越之乱，无侵中国。'于是楚地千里"。这正与成王之前的楚武王灭罗，罗遗民被辗转迁至湖南汨罗相印证。楚成王接受周天子赐胙之后，势必趁势南侵，跨过洞庭湖东南的汨罗江一线前往更远之地。春秋中期的楚共王又曾扩境江南，《国语·楚语》载其功绩之一是"抚征南海，训及诸夏"，表明楚对南方的经营已很有成效。春秋晚期楚平王时，曾"为舟师以伐濮"（《左传》昭公十九年），时楚平王六年。而濮此时所在地，顾栋高《春秋大事表》卷五谓或在"湖广常德、辰州二府境"，清初王鸣盛《尚书后案》指出"湖南辰州实古濮地"。此外，湘赣边界上的江西萍乡，史称其得名系楚昭王曾在此获"萍实"，乐史《太平寰宇记》云："楚昭王渡江获萍实于此，今县北有萍实里，楚王台也，因此名县。"故萍乡又称昭萍或楚萍。到战国时期，吴起又"南平百越"（《史记·孙子吴起列传》），"遂有洞庭、苍梧"（《后汉书·南蛮传》）。这些，都表明楚国的势力早已到达今湖南、江西一带，其地为楚的荒远之地。"夫地大而不垦者，与无地同。"（《商君书·算地》）楚统治者当然明白这个道理，故将北方被灭国遗民大量往南迁徙，把北方的先进生产技术带到南方来，以增强楚国的经济力量。因此，正是南方荒野之地需要大批人力进行开发，造成北方的楚灭国遗民大批南迁。郑襄公所说的"俘诸江南"，当然成为楚对待灭国遗民的一项基本国策。

这些被楚统治者迁往"广虚之地"从事垦辟的遗民，长途跋涉，经历各种难以想象的艰难困苦，将荒远之地变为楚国巩固的财赋供应地，为楚国的发展作出了重大贡献。这些开发荒野之地的主力军，没有被戴上奴隶制的枷锁，这是其主导的方面。其原因在于：第一，迁，是保证楚国国力的一项重要措施，是楚国各阶层人士都共同承担的义务。不独被灭国遗民，楚族人乃至贵族同样也得根据需要迁徙于有待开发之地。如《吕氏春秋·贵卒》所记的吴起"令贵人往实广虚之地"，这些"贵人"并非犯罪者，他们同被迁的遗民一样，当然均非奴隶。第二，与楚县的县尹、县公均为楚贵族不同，这些被迁的遗民一般都保持原有的公社形式、宗族组织形式和生产组织形式，在接受楚贵族和有关管理官员监督的前提下，具体事务由本国旧贵族或旧族人处理。《穀梁传》僖公元年云："迁者，犹得其国家以往者也。"如罗、麇等国。直至今日，在湖南的不少地方，仍以他们的族名为地名。他们聚族而居，同耕同息，且"有祭酺合醵之欢"，各种风俗习惯亦可保存，这些当然是奴隶所不可能享受的。第三，这些被迁的遗民一般都保存着自己原有的姓氏。这些姓氏的存续，表明了这些遗民原有的国属，显示出这些遗民原有的血缘，可以寄托他们对故国的思念。楚统治者允许其姓氏保留下来，是对他们尊重的表现，也是这些遗民非为奴隶的重要标志。第四，楚统治者对被迁遗民的控制仅具象征性质，较为宽松。如蔡国在柏举之战中助吴，被楚报复，再遭灭国之祸。投降后，楚人决定对蔡遗民"使疆于江汝之间（长江之北、汝水之南）"，仍由蔡君管理。不料蔡君伪装听命，待楚师撤走，于第二年偷偷率领蔡人迁到州来（今安徽凤台），求得吴国的保护。第五，被迁的遗民，其基本生活也有保障。楚统治者在迁徙他们的时候，一般精心配给土地，为其建筑居民点，使他们有居有业。如《左传》昭公九年"然丹迁城父人于陈，以夷濮西田益之"。又如《左传》哀公四年楚克蛮氏，"裂田以与蛮子而城之"。这些事虽不是发生在江南之地，但充分表明楚对异族遗民配给土地的重视。在江南荒远之地，配给土地当然更不成问题。此外，楚人还重视这些遗民的居住问题，如上引"裂田以与蛮子而城之"，"城之"即建筑居民点，供被掳掠来的蛮氏之人起居晏息。《左传》中有许多关于楚筑"城"的记载，这些"城"，虽然其中相当部分是出于军事目的，但亦有相当部分如城蛮氏那样，纯粹是出于为安顿被征服民族而筑的。如《左传》昭公二十五年记楚蘧射城州屈，即为安顿茹人。《左传》昭公三十年记楚"城丘皇"，即为安顿訾人。正是由于具备上述条件，这些遗民才可能以新的隶属性公社的形式，在楚野地定居、繁衍，并逐步与楚人同化。

但是应当看到，这些被迁的遗民还有带奴隶性质的一面，不过并不占主导地位。这主要表现在，他们牢固地附着于土地，和国有土地一起在名义上同归国家所有，楚族宗法性公社成员和楚野地的个体居民享有的迁徙自由，他们是不具备的，即使与楚县制下的遗民相比，也存在一定差别，地位相对低下。楚县制下的遗民居有定所，政治、经济地位较为稳定，特别是楚县的长官县公、县尹，一般由深受楚王信任的重臣担任，对本县的事务有很大的权力，为保证本县军队的战斗力，保证征收赋税不受干扰，对承担本县主要任务的众多遗民多采取较为坚决的保护态度，不使其他贵族染指。此中较为著名的例子是《左传》成公七年记的子重请以申、吕为赏田遭到申公巫臣的拒绝。而这些遗民，只能听凭楚统治者迁来迁去，完全身不由己，生活是不稳定的，如《左传》昭公四年记楚灵王三年"迁赖于鄢，复迁许于赖"，楚灵王八年(鲁昭公九年)"迁许于夷""迁城父人于陈""迁方城外人于许"，楚平王十二年(鲁昭公二十五年)"复茄人""迁訾人"，形成一种循环性的迁移，楚统治者对他们这样做，当然含有明显的监视性质。此外，他们随时都有连同土地被楚王"赏"给某一贵族的可能，其政治地位更为低下。

第三条出路，"翦以赐诸侯，使臣妾之"，即被楚王赏赐给贵族，从事手工业及其他各种劳作，可视为楚野地异族人中的下等平民。

以往的楚史研究者较多地注重在野地的楚国采邑主或封君占有国家土地的一面，而忽略了这些贵族大量占有国家人口亦即被灭国人口的一面。赐土必定赐民，否则等同不赐。而赐民的来源，只可能来自被征服民族。这一点，可以说是从简单地模仿周王朝对待商遗民的做法而来的。《左传》定公四年记周初大封同姓，赐土又赐民。周公之子伯禽分得土地，同时又分到被征服的殷民六族：条氏、徐氏、萧氏、索氏(绳工)、长勺氏与尾勺氏(酒器工)；康叔分到殷民七族：陶氏(制陶工)、施氏(旗工)、繁氏(马缨工)、锜氏(锉刀工)、樊氏(篱笆工)、饥氏、终葵氏(锥工);唐叔分得怀姓九宗(据杜注,为唐之余民)。有的甚至直接将灭掉的小国和盘赐予,如令鲁"因商奄之民"等。楚在此方面受周的影响很深,不过也因自身的具体情况而有所不同。

在楚国,楚王直接赏贵族以人口见于下列记载:

《史记·滑稽列传》:"于是(楚)庄王谢优孟,乃召孙叔敖子,封之寝丘四百户,以奉其祠。"

《说苑·权谋》:"(楚)共王乃封安陵缠于车下三百户。"

《楚史梼杌·虞丘子》:(虞丘子辞令尹之职)"庄王从之,赐虞丘子菜(采)地三百(户)。"

直接证实楚贵族占有人口之事,还有一例:《史记·孔子世家》:"(楚)昭王将以书社地七百里封孔子。"唐司马贞《索隐》云:"古者二十五家为里,里则各立社,则书社者,书其社之人名于籍。盖以七百里书社之人封孔子也。"司马贞所指书社即人,极为精当。《周礼·秋官·司寇》云:"司民,掌登万民之数。自生齿以上,皆书于版。辨其中国,与其都鄙,及其郊野,异其男女,岁登下其死生。"这里"书于版"者系人而非地。正是在掌握了人口之后,才可能"由是以起军旅、作田役、比追胥、令贡赋、均土地焉"。① 先有人口数,才能计算土地数,这是当时特有的计算方法。楚昭王欲以书社地七百里封孔子,此处"地"是由人口数而来的,"里"则为人口单位,并非土地面积,700里,每里25户,折算为17500户,可算是"万户侯"了。这比起春秋中期孙叔敖之子只得400户的数目大得多,但比起稍前的楚平王十三年(公元前517年)时齐景公对鲁昭公表示"自莒疆以西,请致千社"②则是小巫见大巫了。由此可见,春秋晚期贵族的人口占有数量比春秋中期时要多得多。至于战国时,规模更大得惊人。春申君一个人的封地就有淮北十二县,这十二县拥有的人口户数不明,参照秦国吕不韦一

---

① 吕思勉:《中国制度史》,上海教育出版社1985年,第508页。
② 《左传》昭公二十五年。杜注:"二十五家为社,千社,二万五千家。"

人同样占有蓝田十二县、河南洛阳十万户、又河间十五城，则春申君占有人口数亦不下数万户。正是基于这种贵族大量占有人口的严重事实，吴起在变法时疾呼楚国当时最大的症结是封君占用人口过多，声言："荆所有余者地也，所不足者民也。今君王以所不足益所有余，臣不得而为也。"《吕氏春秋校释》于此句下案云："古者封地必随之以民……今楚国地有余而民不足，若以余地为封建，是以不足之民增益于有余之地上，于是民多为封君所有矣。"①吴起慧眼看出症结所在。

楚贵族占有的这些人口，绝大多数系被灭国遗民。

"书社"是国家记录在册的人口，这只是笼统的说法。若进一步分析，则可知"书社"系单指国家掌握的被灭国遗民的人口。

依据各种索引，可知先秦及汉代文献中反映"书社"情况的，除《左传》昭公二十五年、哀公十五年外，还有《吕氏春秋》《管子》《晏子春秋》《荀子》《商君书》《史记》等，不下十余条。其中，"书社"二字出现较早的，多与周武王胜殷相联系。如：

> 武王胜殷。……与谋之士封为诸侯、诸大夫，赏以书社。②
> 武王伐纣，士卒往者，人有书社。③
> 武王与纣战于牧野之中，大破九军，卒列土封诸侯，士卒坐阵者，里有书社。④

这三条记载明确说明，当时这些"书社"之人无一例外是被征服民族，"书社"即是特指记录在册的战俘，特指以里为单位进行计算的被征服族人口。

---

① 陈奇猷：《吕氏春秋校释》卷二一《贵卒》，学林出版社 1984 年，第 1476 页。
② 《吕氏春秋·慎大》。
③ 《管子·版法》。
④ 《商君书·赏刑》。

及至战国初期，越王为笼络墨子，亦许愿以吴之遗民封墨子：

> 越王谓公上过曰："子之师（墨子）苟肯至越，请以故吴之地、阴江之浦，书社三百，以封夫子。"①

"书社"一定是指被征服族人口的原因在于，古时战争的目的多在于掳掠人口，故对俘虏的数量特别重视。灭国后的第一要事就是数俘。如《左传》襄公二十五年记："郑子展、子产帅车七百乘以伐陈，宵突陈城，遂入之……陈侯免，拥社，使其众男女别而累，以待于朝……子美（子产）入，数俘而出。""数俘"之后，当然就要书之于册，并按一定的单位进行编组，便于计算、比较和掌握。自周灭商至春秋末，向来如此。到了《周礼·秋官·司寇》追述"司民掌登万民之数，自生齿以上，皆书于版"时，则是普遍的人口登记，已经不是原来意义的"书社"了。这样一来，每当灭国，国君定当以被灭国遗民对有功的贵族进行赏赐，几乎成为规律了。这在楚国体现得特别明显，《左传》襄公二十五年记载：

> 楚子以灭舒鸠赏子木，（子木）辞曰："先大夫蒍子之功也。"以与蒍掩。

从这条记载可知，楚王在此与周天子一样，是将灭舒鸠所得人口赏给自己的大臣。至于灭舒鸠所得的土地，从楚王一贯对贵族封地的面积加以一定的限制的情况看，则不一定全赐给贵族。古书记载常过于简略，如果将此记载理解为"楚子以灭舒鸠人口若干书社赏给子木"，则似更全面些。此外，《吴越春秋》还记有"（吴）公子盖余、烛佣二人将兵遇围于楚者，闻公子光杀王僚自立，乃以兵降（奔）楚，楚

---

① 《吕氏春秋·高义》。

封之于舒"。群舒国的土地既然又被封赐给吴二公子，足见当年未被全部赏给子木或芉掩。楚封吴二公子以舒地，亦必然随赐其原来的人口，这些舒地的遗民在国灭之时，一般也会被书之于版，按二十五户为一里编组，成为"书社"之民，并以"书社"为单位赏赐给贵族。

一般论者很容易将这种遗民认定为奴隶，但是，有三种因素使我们不能下这种结论。其一，这些遗民虽被赏赐给贵族，但如同赏赐给贵族的土地一样，他们在法律上仍属国家所有。《公羊传》襄公十五年何休注："所谓采者，不得有其土地人民，采取其租税耳。"可知贵族对这些遗民如同对待土地一样，不能出卖或随意杀害。如果此贵族一旦失去权势和地位，其受赐的土地会被楚王收回，其受赐的人口同样也得收回。史载楚贵族之间"兼室"十分激烈，最突出的例子见《左传》成公七年所记："及(楚)共王即位，子重、子反杀巫臣之族子阎、子荡及清尹弗忌及襄老之子黑要，而分其室。子重取子阎之室，使沈尹与王子罢分子荡之室，子反取黑要与清尹之室。"潜在的原因，都无非是争夺这些国有的人口和土地而已。其二，这些遗民由于是随土地一起被赏赐，故亦多从事农耕。由于生产力水平低下，贵族们监督生产的能力不会很大，不可能有众多的管理人员进行监督，因而不得不利用原有的组织形式进行管理。这样，这些遗民原有的公社形式、宗法体系也就可不受破坏地保存下来。其三，这些遗民既然是以"书社"为单位赏赐给贵族，本身便包含着对这些遗民旧有的公社形式、宗法体系的承认，贵族只会乐于利用这种现存的形式，让遗民们以隶属性公社的面貌存在于自己的封邑之中。因此，在贵族的封邑内从事农耕的遗民，其基本人身权利是有保障的，其原有的生产、生活方式是得到保留的，其固有的宗族感情是得到尊重的。他们虽然较之楚县制下和被迁往待开发地域的遗民的地位更为低下，仍与完全意义的奴隶尚有一定距离。

在楚国被灭国人口中，是否存在完全意义的奴隶呢？回答是肯定的。成为奴隶的是小部分不愿降楚的人，他们被囚禁，成为人祭、衅鼓、献俘、杀囚的对象。这些不在此论述的属于平民阶层的"野人"之列，故只在后面论述楚国的奴隶阶层时再行论及，以示与楚野地的这三种异族隶属性公社的居民确有区别。

楚国野地，居住着大量不分族姓的个体居民。

楚国野地除了存在上文所述的楚族宗法性公社和程度不同的三种异族隶属性公社之外，还有一种完全摆脱了"公社"的形式，打破了清一色族姓的由个体居民组成的居民点存在着。这可从两个途径得到证实。

第一，逻辑推理的结论。楚国野人有的是来自中原各国自愿迁来的流民，有的是来自本国的贵族、国人因各种原因出走、流落、移居于野地者。这些人当然不全是楚族人，同时也不是异族中被征服的遗民。这些人抱着各种目的来到地大物博的楚国野地，有的是不堪本国重赋，来楚寻求安居之地；有的是为避亡国之祸，来楚寻求栖身之所；有的以自己具有某一方面的特长来楚寻求称心之职；也有的是看破红尘，不愿为本国或楚国当权者所羁而到地旷人稀的楚野地避世隐居。这些人从不同的地方抱着不同的目的来到楚野地定居，彼此之间不存在血缘关系、宗法关系，没有统一的姓氏，各人的财产状况、劳动技能均不相同，自然难以在一个宗法、经济实体中生活。

同时，还应看到，遍布于野地的各种公社组织，在经济规律的作用下，本身还会不断分化。楚国的许行，"种粟而后食"，穿的衣、帽系"以粟易之"，日用的锅和农具也是"以粟易之"（《孟子·滕文公上》），表明楚国野地的商品交换已经较为发达，生息于野地的楚族宗法性公社和异族隶属性公社自然会毫无例外地被卷入其内。这样，其结果是——"公社的产品愈是采取商品的形式，就是说，产品中为自己消费的部分愈小，为交换目的而生产的部分愈大，在公社内部，原始的自发的分工被交换排挤得愈多，公社各个社员的财产状况就愈加不平等，旧的土地公有制就被埋葬得愈深，公社也就愈加迅速地瓦解为小农的乡村"[1]。

———————

① 恩格斯：《反杜林论·暴力论》，人民出版社 1970 年，第 159 页。

在经济规律的作用下，楚国各种性质的公社组织必然会因不可逆转的趋势逐渐被一种新的、以个体劳动为主的形式所代替。这就是楚国野地不分族姓个体居民的由来。

第二，考古成果的证实。1973年至1976年，湖北荆州博物馆在江陵雨台山秦家咀一带前后发掘558座楚墓，时间约自春秋中期至战国中期。"雨台山已发掘的558座楚墓，仅11座出木俑，2座出车马器。可见雨台山558座墓的死者，身份等级都不高。"[①]耐人寻味的是，在这些"身份等级都不高"的众多楚墓中，表示死者生前族属、国属的头向五花八门，极不一致。头向是判断是否为楚族人的重要标志。楚人墓的头向为向南和向东，尤以向南为甚。江陵雨台山楚墓群中，非为南向和东向的那些墓主，就很有可能是生前从异国迁徙至楚的楚国野地居民。（见表9-2）

表9-2：江陵雨台山楚墓头向表[②]

头向	数量	占比
北向（0°—30°）	28座	5%
东向（80°—120°）	69座	12.3%
东南向（140°—150°）	7座	1%
南向（160°—200°）	369座	66%
西南向（204°—245°）	29座	5.2%
西向（250°—284°）	22座	3.9%
西北向（300°—345°）	2座	0.3%
头向不明	32座	5.7%
南北向	24座	4.3%
东西向	8座	1.4%

---

① 郭德维：《楚墓分类问题探讨》，《考古》1983年第3期。

② 表中数据来源于湖北荆州地区博物馆：《江陵雨台山楚墓》，文物出版社1984年，第5页。

1975 年冬至 1978 年底，湖北宜昌地区文物工作队在当阳县赵家湖以南的赵家湾、金家山、李家坰子、郑家坰子，以东的杨家山和曹家岗等六个墓区，发掘楚墓 297 座，除 25 座中型(甲类)墓外，其余均为小型(乙类)墓。这些被考古工作者称为"一般的庶民"和"一贫如洗的贫民"的小型墓墓主，不同时期的头向呈现一个奇特的规律："西周晚和春秋早、中、晚期的一般以南北向居多(200 座)，东西向较少(97 座)"，但战国初期却与之相反，"头向多数朝西"，研究者以为此现象"是从战国前期开始出现的，到了战国中期则更为普遍"①。这恰可证明，随着时代的进步，不分族姓的个体居民不仅客观存在于楚野地之中，而且在野地呈逐渐增多的趋势，在整个楚国野人中所占的比重越来越大。

先秦时期，各诸侯国内野人的居住地，有一种名之为"丘"。《韩诗外传》卷一〇第一章记："齐桓公逐白鹿，至麦丘，见邦人曰：'尔何谓者也?'对曰：'臣麦丘之邦人'……与之饮，(桓公)曰：'叟盍为寡人寿(祝)也?'对曰：'野人不知为君王之寿(祝)。'"此处"麦丘"即为齐野人的一个居民点，因为"凡言丘者，皆居之意也"②。麦丘野人自称"不知为君王之寿(祝)"，其质朴之态可掬。这种野人较为集中居住地"丘"，值得我们深入研究。

《庄子·则阳》对这种"丘"的特点有一段十分精到的论述：

少知问于大公调曰："何谓丘里之言?"

大公调曰："丘里者，合十姓百名而以为风俗也，合异以为同，散同以为异。"

① 数处引文均见高应勤、王光镐：《当阳赵家湖楚墓的分类和分期》，载中国考古学会编《中国考古学会第二次年会论文集》，文物出版社 1982 年，第 41—50 页。
② 符定一：《联绵字典》，中华书局 1954 年，第 446 页"邱墟"条。

这种"丘里"，正是由数个不分族姓的个体居民在一起形成的居民点所具有的主要特点。

这种"丘里"，既然能够"合十姓百名而以为风俗"，便确切地表明，其中的居民已经以地域关系、邻里关系取代了各种公社居民的那种血缘关系、宗法关系。从《庄子·则阳》可知，先秦时的野地，是存在这种"丘里"的。但是，其数量在整个社会中占有多大比重，则未可尽知。揆诸反映楚国的史料可知，这种"丘里"在楚野地是大量存在的。（见表9-3）

表9-3：楚国"丘"字地名表

名称	居民	记载内容	史料依据
狐丘	狐丘丈人	"孙叔敖遇狐丘丈人，狐丘丈人曰……"	《韩诗外传》卷七
僧丘	僧丘之封人	"僧丘之封人见孙叔敖曰……"	《荀子·尧问》《淮南子·道应》
苞丘	苞丘先生	"楚有苞丘先生""苞丘先生，荀卿弟子"	《广韵》《万姓统谱》
曹丘	曹丘生	"楚人曹丘生，辩士，以地为氏"	《史记·季布栾布列传》
乘丘		"悼王二年，三晋来伐楚，至乘丘而还"	《史记·楚世家》
桑丘		"魏、韩、赵伐楚，至桑丘"	《资治通鉴·周安王二年》
高丘		"哀高丘之无女"	《离骚》
椒丘		"驰椒丘且焉止息"	《离骚》
蚁丘	蚁丘之浆	"孔子之楚，舍于蚁丘之浆"	《庄子·则阳》
宗丘		"使然丹简上国之兵于宗丘"	《左传》昭公十四年
重丘		"秦、齐、韩、魏共攻楚，取我重丘而去"	《史记·楚世家》

续表

名称	居民	记载内容	史料依据
寝丘		"楚、越之间有寝丘者"	《吕氏春秋·异宝》《淮南子·人间》
戾丘		"寝丘……后有戾邱"	《淮南子·人间》高诱注
虞丘	虞丘子	"楚大夫采邑,以邑为氏"	《世本》
轩丘		"楚文王庶子食采于轩丘,因氏"	《风俗通》《通志·氏族略》
阳丘		"楚大夫食采阳丘,以为氏"	《元和姓纂》

以上带"丘"字的地名中,尽管有的部分为贵族所占据(如虞丘、轩丘、阳丘等),但楚野地这种"丘"分布之广则是基本可以肯定的。在此基础上,我们便可进一步探讨这种"丘"的居民所具有的各种特征和他们在楚国的政治地位。

个体家庭是这种"丘"的居民所具有的主要特征。当时的异族迁徙者,除原系贵族被楚统治者正式接纳予以优待者外,一般不可能是整族远徙,而多系"襁负其子而至"(《论语·子路》),因此,这些人在新的地方一般只能建立起个体家庭。至于楚贵族或楚族人因各种原因脱离其宗法性公社到某一野地定居,更只能以个体家庭为单位。这样,由若干个体家庭组合成的居民点,当然便是"合十姓百名而以为风俗"(《庄子·则阳》)了。

野地存在个体家庭的历史可以上溯至舜。舜一家的活动便是个体家庭的典型。如"舜耕历山"(《墨子·尚贤》),此外如《孟子·公孙丑上》《孟子·万章上》《庄子·天地》《荀子·成相》《韩非子·难言》《管子·版法》《战国策·齐策四》《吕氏春秋·孝行览·慎人》《史记·五帝本纪》《淮南子·原道》等史籍均有类似的记载。从舜之父、弟谋害舜时处理舜的财产"牛羊父母,仓廪父母"(《孟子·万章上》)来看,舜与其父、弟各立门户,是以个体家庭的形式存在的。

有关楚国野地的个体家庭、抽象的"家"，可见于下面零星的记载：

（孙叔敖）布政以道，考天象之度，敬授民时……家富人喜。①

（白起拔郢时）掠于郊野……楚人自战其地，咸顾其家，各有散心。②

初，吴之边邑卑梁与楚边邑钟离小童争桑，两家交怒相攻。③

归纳有关楚国野地的具体个体家庭，参见表9-4：

表9-4：楚野地个体家庭表

人物	内容	家庭成员	史料依据
楚狂接舆	"楚狂接舆躬耕以食，其妻之市未返"	夫、妻	《韩诗外传》卷二第二十一章
老莱子	"莱子逃市，耕于蒙山之阳……其妻戴畚莱挟薪樵"	夫、妻	刘向《古列女传》卷二《老莱子妻》
北郭先生	"遂不应聘，与妇去之（野地）"	父、妻	《韩诗外传》卷九第二十二章
直躬者	"叶公语孔子曰：'吾党有直躬者，其父攘羊，而子证之。'"	父、子	《论语·子路》
卖浆者邻人	"孔子之楚，舍于蚁丘之浆，其邻有夫妻臣妾登极者"	夫、妻	《庄子·则阳》

---

① 《绎史》卷五十七《孙叔敖碑》。
② 《战国策·中山策》。
③ 《史记·楚世家》。

续表

人物	内容	家庭成员	史料依据
申鸣	"楚有士曰申鸣,治园以养父母"	夫、妻、子	《韩诗外传》卷一〇第二十四章
渔丈人	"(伍子胥)如吴,过于荆,至江上,欲涉,见一丈人……丈人度之";"渔父者之子曰:'臣念前人与君相逢于途。'"	父、子	《吕氏春秋·异宝》《吴越春秋·阖闾内传》
濑水女	"妪曰:'吾有女子,守居三十年不嫁,往年击绵于此……自投于濑水。'"	母、女	《吴越春秋·阖闾内传》

上述记载有力地证实了在楚国野地存在着不少的个体家庭,这些个体家庭的存在,是对前述楚族宗法性公社和异族隶属性公社的否定。"个体家庭已成为一种力量,并且以威胁的姿态与氏族对抗了。"① 这些个体家庭的出现,是适应生产力发展需要的,从他们"独立地当作一个一个孤立的劳动者,率领他们的家人,不断生产自己的生活资料来说,显然是土地所有权的最正常的形式。……这是个人独立发展的基础,对农业的发展来说,它也是一个必要的通过点"②,因此,他在楚国的野地上,有着旺盛的生命力。

从宗法的角度看,楚野地的这些个体居民所具有的特点归纳起来大致有"三无"——无统一的姓、无社、无祭。

其一,无统一的姓,或曰杂姓。即是《庄子·则阳》所指出的"合十姓百名而以为风俗"。从楚地的狐丘丈人、僧丘之封人、苞丘先生、曹丘生诸人来看,其本为何姓,是楚族人还是异族人,都不能确知,

---

① 恩格斯:《家庭、私有制和国家的起源》,载《马克思恩格斯选集》第四卷,人民出版社 1995 年,第 158 页。
② 马克思:《资本论》第三卷,人民出版社 1956 年,第 943 页。

唯知是"某丘"之地人氏。"鬼谷子无乡里族姓名字"①,《吕氏春秋·异宝》记伍子胥"如吴,过于荆,至江上,欲涉,见一丈人,刺小船方将渔,从而请焉,丈人渡之,绝江,问其名族,则不肯告"。这种只知居住地而不知何姓、何族的现象,标志着楚野地社会的一部分成员之间,逐步以"地域关系、邻居关系代替了血统关系"②,人们之间,只能强调互相帮助,而不必言什么"名姓之后""氏族之出"(《国语·楚语上》),这当然是历史进步的表现。

其二,无社。前文已述,在楚野地生息的楚族宗法性公社成员和异族隶属性公社成员,尽管各自的社会地位不同,却都带有宗法性的特点,表现在这两种类型的野人都极其重视"社"。先秦时的野地,不少地方都是有"社"的,《淮南子·精神训》说:"今夫穷鄙之社也,叩盆拊瓴,相和而歌,自以为乐矣。"对这种野地之社,《周礼·大司徒》还具体规定:"制其畿疆而沟封之,设其社稷之壝,而树之田主,各以其野之所宜木,遂以名其社与其野。"楚国的野地,"社"亦十分普遍,屈原《天问》:"何环闾穿社,以及丘陵,是淫是荡,爰出子文?"可见,楚野地"社"与"闾"并存,这大约就是楚野地的楚族宗法性公社的"社"了。而"(楚)昭王将以书社地七百里封孔子"的"书社",即为被征服的异族人的"社",表明整族人被征服后,"社"的原有形式仍然保留下来。然而,不分族姓的个体居民,既然以家庭为主要单位,则基本无社。《管子·侈靡》曾经披露:"千聚无社,谓之陋。"这至少说明,先秦时有的地方就不存在"社",这正是指由若干个体居民混居在一起组成的居民点所特有的现象。在楚国野地,一方面普遍有"社",另一方面又有沈尹戌主张"正其疆场""明其伍候"(《左传》昭公二十三年)③,沈尹戌注重的对象显然是不分族姓、不存在"社"的居民,故

---

① 钱曾:《读书敏求记》,书目文献出版社1984年,第77页。
② 杨宽:《古史新探》,上海人民出版社2016年,第142页。
③ 杜注:"使民有部伍,相为候望。"

"明其伍候"可视为对楚野地这种不分族姓个体居民的管理。

其三，无祭。既然这种不分族姓的个体居民无"社"，自然理应无祭。这当然只是逻辑推理得出的结论，还需进一步证实。然而，《礼记·丧服》的记载中，正好有揭示先秦野人中有不事祭祀的现象存在："禽兽知母而不知父。野人曰：'父母何算焉。'都邑之士，则知尊祢①矣。大夫及学士则知尊祖矣。"唐贾公彦疏："《周礼》云，野自六尺之类者，不知分别父母尊卑也。"这里形成强烈的对比。一方面，"都邑之士"②知道祭祀其父，大夫及读书人则知道祭祀父之父等先祖；另一方面，野人连自己父、母一辈都不清楚，最起码的对父母的祭祀当然也不会进行。因此，在楚野地，这种野人没有参加一般楚族宗法性公社成员按照楚国的祭典所进行的那种"家于是乎尝祀""择其令辰，奉其牺牲"（《国语·楚语下》）一类的祭祀活动，置身于楚国"自公以下至于庶人，其谁敢不齐肃恭敬致力于神"这一圈子之外，也没有楚野地隶属性公社成员在"书社"之内有节制地祭祀自己的祖先之举，其精力、财力均全部用在谋生上，而不必为祭祀破财③、费神。《庄子·达生》和《列子上·黄帝二》均记孔子在楚野地林中遇见一痀偻丈人（驼背老人），自称"虽天地之大，万物之多，而唯蜩翼之知"（虽面对天地之大，万物之多，却只用心于蝉翼），可间接说明他们专心致志的程度。

楚野地部分族姓的个体居民是楚野人中的中等或上等平民。以上是我们从宗法的角度所分析的楚野地不分族姓个体居民"三无"的特点，还不包括他们的全部。若深入分析，这种居民因处于楚统治较为

---

① 祢，据旧版《辞源》，"父庙曰祢。生称父，死称考，入庙称祢。"
② 贾公彦疏："都邑之士者对天子、诸侯曰国、采地，大夫曰都邑。春秋左氏诸侯下大夫采地亦云邑、曰筑、曰都城"。见《十三经注疏》，中华书局1980年，第1106页。
③ 《国语·楚语下》记观射父告诉楚王，祭祀"敬不可久，民力不堪"，可知祭祀是相当耗财的。

薄弱之地，在政治上有较多的自由，大致可以用"三个自由"来概括，故而政治地位较高。

第一，来去自由。到楚国野地谋生，纯从自愿，而他们在楚生活一段时间后，因各种原因想离楚而适他国，或赴楚境内另一地方定居，均较为容易。试举三例：

> 楚狂接舆躬耕以食，其妻之市未返，楚（惠）王使使者赍金百镒造门……接舆笑而不应，使者遂不得辞而去。妻从市而来……妻曰："君使不从，非忠也；从之，是遗义也，不如去之。"乃夫负釜甑，妻戴纴器，变易姓字，莫知其所之。"①

> 莱子逃市，耕于蒙山之阳……楚（惠）王驾至老莱之门，……王去，其妻戴畚莱挟柴薪而来……遂行不顾，至江南而止。②

> 有为神农之言者许行，自楚之滕，踵门而告文公曰："远方之人，闻君行仁政，愿受一廛而为氓。"文公与之处，其徒数十人，皆衣褐，捆屦、织席以为食。"③

上述三例，是楚个体野人中较有学识、受到尊重的一个，来去是自由的。其他层次的个体野人也可自由离楚，其例可见于曾救过伍子胥的渔父之子：（伍子胥破楚后），遂引军击郑。郑定公前杀太子建而困迫子胥，自此郑献公大惧，乃令国中曰："有能还吴军者，吾与分国而治。"渔父之子应募……（与子胥）语曰："（我是）渔父者子，吾国君惧怖，令于国……臣念前人与君相逢于途，今从君乞郑之国。"④

---

① 《韩诗外传》卷二。
② 《古列女传》卷二《老莱子妻》。
③ 《孟子·滕文公上》。
④ 《吴越春秋·阖闾内传》。

按伍子胥当年逃难时，存在追捕危险的地带，只限于楚境之内，故救他的渔父当为楚野地居民。而数年后伍子胥破楚讨郑，渔父之子却在郑地出现，并称郑君为"吾国君"，为郑国的生存请吴子胥退兵。渔父父子，一为楚人、一为郑人，当然是渔父本人或其子离楚赴郑定居所致。正是由于这种野人享有较多的迁徙自由，故有时造成某一地区的人口急剧减少，成为社会问题，引起统治者的不安。《周礼·大司马》记先秦时存在有"野荒民散"的现象，唐贾公彦疏："古者量地以制邑，民居，必参相得，无旷土，无游民。今言野荒民散，由君政恶，民并适彼乐园，故民散而野荒。"这种现象，在楚国亦有体现：

> （伍举回答楚灵王说）"夫君国者，将民之与处，民实瘠矣，君安得肥？且夫私欲弘侈，则德义鲜少；德义不行，则迩者骚离而远者距违。……若敛民利以成其私欲，使民蒿焉忘其安乐，而有远心，其为恶也甚矣。"①

楚灵王后，还有孔子对楚国的评论：

> 夫荆之地广而都狭，民有离志焉，故曰（治理楚国）在于附近而来远。②

大概孔夫子游楚时已见到不少楚野地个体居民离楚而去，故郑重地向楚统治者发出告诫。这些都可以证实，楚野地中的这一部分人如果对统治者不满意，完全可以毫无顾忌地徙于他地。

第二，职业自由。来楚野地居住的这些个体野人，多系以农为主，兼营他业。如楚狂接舆，本人"躬耕以食"，而其妻则"戴纴器"③，可

---

① 《国语·楚语上》。韦昭注："骚，愁也。离，叛也。迩，境内。远，邻国。"
② 《说苑·政理》。
③ 织布帛之机，《辞源》"纴"字条："机缕也，织缯帛为纴。"

知此家庭以耕织为业；老莱子"耕于蒙山之阳"，但同时又"织畚"，即编织簸箕；许行离楚到滕国，其徒数十人随行，"捆屦、织席以为食"，可见他们在楚国居住时是兼以编草鞋或麻鞋为业；同操鞋业者，还有北郭先生，"以织屦为食，食粥毳屦，无怵惕之忧"（《韩诗外传》，《绎史》卷五七引）。此外，"荆南之地，丽水之中生金，人多窃采金"（《韩非子·内储说上》），这是兼营采金业；"楚人和氏得玉璞楚山中"（《韩非子·和氏》），则是兼营采玉业。这些，尚是楚野人兼营他业的例子。有的记载则表明，楚国有的野人索性弃农耕而作他业：

（齐）桓公……使人之楚买生鹿，楚生鹿当一而八万……楚民即释其耕农而田鹿。[①]

看来，这些野地居民以逐利为转移，他们择业谋生已达相当自由的程度了。

第三，思想自由。生活在楚野地的不分族姓个体居民，由于其在宗法上无姓、无社、无祭，在人身上又有着迁徙自由、职业自由，各方面所受束缚较少，故而思想特别活跃。从某种意义上说，我国先秦史上出现的"诸家并出""百家争鸣"的壮丽局面，很大程度是这种野地个体居民作出的贡献。就楚国而言，野地个体居民思想自由至少表现在三个方面。

一是无"国家"及宗族观念。由于他们多从各诸侯国离乡背井来到楚国，这本身就表明对其故国并不视之为国家。同样，在楚国如果不称心，亦随时可生"离志"，自主地作出抉择。与楚族宗法性公社和异族隶属性公社成员均有较浓厚的宗族观念不同，这些个体居民对本宗、本族的观念早已淡漠，在他们的头脑中，除了周天子尚具有天下

---

① 《管子·轻重戊》。

共主的权威外，其余的"国家""宗族"等概不足论。《左传》宣公十二年记楚庄王称霸一时，一度陈兵周疆，周天子派王孙满回答庄王"问鼎"时说了一句名言，"在德不在鼎"，言外之意就是说，我周天子在人们心目中的天下共主的地位，你楚国用武力是取代不了的。楚庄王自思确实如此，只好引兵而退。由此可见，大一统的思想在当时仍居统治地位。正因如此，春秋时大国争霸，争为盟主，都打着拥护周天子的旗号，即是承认这种大一统思想的结果。到战国时，"士"阶层大量出现，以游说各国诸侯为务，以同时佩各国相印为荣，"国"的观念更加淡薄。整个先秦时期，大量的楚材晋用、楚材吴用、楚材越用等，均是在这种"大一统"思想的支配下发生的。这种"大一统"思想与只知某一诸侯、某一宗族利益的思想显然是不相容的，由于这种思想昭示了中华民族一定要统一这一历史发展的总趋势，故直到今天还值得肯定。

二是无"忠君"观念。这一点是由无"国家"观念伴生而来的。在楚国野地的这些不分族姓的个体居民，其中相当一部分对楚王取大不敬态度。前述楚狂接舆面对楚王"使使者赍金百镒造门""笑而不应"，其妻的态度是"君使不从，非忠也；从之，是遗义也，不如去之"（《韩诗外传》卷二）；北郭先生亦谢绝楚王的聘请，其妇人对楚王的态度是"今如结驷列骑，所安不过容膝。食方丈于前，所甘不过一肉。以容膝之安，一肉之味，而殉楚国之忧，其可乎"（《韩诗外传》，《绎史》卷五七引）。楚狂接舆与北郭先生及他们的妻子，哪里有一点"忠君"的样子？楚惠王曾亲自登门聘请老莱子，"驾至老莱之门"，但老莱子仍然拒绝，"遂行不顾，至江南而止"，并说"鸟兽之解毛可绩而衣之，据其遗粒足以食也"（《古列女传·老莱子妻》卷二），宁肯过这样的穷困生活也不愿为楚王服务。还有曾救过伍子胥的渔父和濑水女子诸人，明知楚王正在捉拿子胥，仍敢于掩护，当然无忠君可言。齐国的麦丘野人与齐桓公对饮，当面说"野人不知为君王之寿（祝）"，是其无知呢，还是内心认为自己本来就是与国君处于平等的地位？很可能是后者。这种个体野人没有忠君思想的原因，大体是在于他们在楚野地生活，本来就只依靠自己的双手自食其力，从来没有期待楚王赐予雨露和阳光，或者期待宗族之人给予保护，其中不少有识之士更是对当时的战争、赋税等与楚王持不同政见，躲到偏僻的野地进行消极抵抗，自然更谈不上忠君了。

三是具有初步的"民主"思想。《孟子·尽心下》有云："民为贵，社稷次之，君为轻，是故得乎丘民而为天子。"此语之"丘民"，正是我们所指的这些不分族姓的个体野人。孟子的思想，当然具有理想主义的色彩，但我们联系这种"丘民"在楚国野地所处的实际地位，又怎么能说孟子所论是无稽之谈呢？在这些不分族姓的个体居民中，有各种各样的人物，他们于自由迁徙、自由交往中见多识广，透彻地了解民间疾苦，逐步以天下为己任，产生"民贵君轻"的思想，并敢于指斥统治者的过失。《说苑·正谏》记载："楚庄王筑层台，延石千重，延壤百里，士有反三月之粮者，大臣谏者七十二人皆死矣；有诸御己者，违楚百里而耕……委其耕而入见庄王。"诸御己其人"违楚百里而耕"，可算是楚野地居民，其具有敢于纠正楚庄王过失的胆略，不能不肯定他的头脑里具有一定的民主思想。《孟子·滕文公上》记许行从楚国来到滕国，生活了一段时间后发表对滕文公的评论："滕君，则诚贤君也；虽然，未闻道也。贤者与民并耕而食，饔飧而治。今也滕有仓廪府库，则是厉民而以自养也，恶得贤？"许行要求国君与民并耕而食，不得"厉民而以自养"，应当说，这在楚野地的个体居民中是有着代表性的。

第六节　农业劳动者和手工业者属于平民阶层

楚国野地社会实在是一个大千世界，犹如一幅巨型的彩色画卷。这画卷绝不是单一的颜色、同一的脸面，而是千姿百态，绚丽多彩。

楚国野地的居民，这些为区别于"国人"而被称为"野人"的人，既有属于楚族宗法性公社的成员，又有属于异族隶属性公社的成员，还有属于不分族姓的个体居民。这些不同的野人之间，绝不是彼此割裂，此疆彼界，而是随着时间的推移，你中有我，我中有你，水乳交融，一派生机。这是一个需要人们重新认识、探讨的重要阶层——完整的平民阶层。

对楚文化的研究，我国考古学界经历了以20世纪20年代中期兴起的古器物学研究为代表的第一阶段；又经历了20世纪50年代至70年代以建立东周楚墓的年代学和大体认识东周楚文化的考古学特征为内容的第二阶段；接着在20世纪80年代以来对楚文化的继续探索，又进入到重点进行楚墓分类研究的第三阶段，按照马克思主义历史唯物论的观点，对不同层次的社会阶层进行认真的分析。目前，考古工作者通过分析，将大量的小型楚墓归为乙类，并根据葬具等各种特征，大体将墓主分为乙A、乙B和丙类三种。考古学者的出发点是：人们进入阶级社会后，会分成不同的阶级、阶层以及等级。在古代和中世纪，不同的等级往往使用着不同的葬制，其墓圹、葬具和随葬品，出现级别之差。如果分析葬制，归纳出墓葬的类差，就可以进而研究当时人们的等级制度、社会关系。由于现在对部分小型楚墓已经进行了一定的分类，从而可以揭示出这些小型楚墓所包含的等级差别以及这些等级从春秋到战国时发生的历史变化，把研究的内容上升到探索社会关系的高度上来。

依据已有的考古成果，可以将在楚野地生活的楚族宗法性公社、异族隶属性公社和不分族姓个体居民这三种不同类型野人之间的区别，各自的特点，均非为奴隶阶层的具体原因与考古学上楚小型墓分类的结论相对照，列出一个楚野人内部结构表来。（见表9-5）

表 9-5：楚野人内部结构表

主要论点		考古分类意见①		
名称	社会地位	类别	葬制特征	社会地位
楚族宗法性公社	楚野人中的上层平民	乙A类墓	多系一棺一椁墓，随葬多陶器，无铜器	下层贵族中的没落阶层；春秋时比较富裕的使用日用陶器的庸人
不分族姓的个体居民	楚野人中的中层或上层平民	乙B类墓	无椁单棺墓，随葬品较少	墓主人身份属于"庶民"一级，是财富更少的庸人
楚县制下的异族隶属性公社	楚野人中的中层平民	丙类墓	墓坑小而窄，无任何随葬品	墓主人是一贫如洗的更低阶层的平民
被"迁"于未开发地区的异族隶属性公社	楚野人中的中层或下层平民	丙类墓	墓坑小而窄，无任何随葬品	墓主人是更为贫困的庶人
被赐于贵族的异族隶属性公社	楚野人中的下层平民	丙类墓	部分可见竹席包裹尸体的腐朽痕迹	更为贫困的庶人；其地位可能最低

从此表所列可知，这些小型墓的墓主人当然都不是奴隶，因为发掘资料表明，在楚国还有一种比丙类墓的墓主地位更低下的人，这就是屡见于一些大、中型楚墓中的陪葬墓和殉葬墓。乙A类墓、乙B类墓和丙类墓，都是独立存在的小型楚墓，故属于平民阶层，而陪葬墓和殉葬墓则是依附于某一个主墓而存在的，当然只可能属于奴隶阶层。

① 此表中的"考古分类意见"系参考高应勤、王光镐《当阳赵家湖楚墓的分类与分期》（载中国考古学会编《中国考古学会第二次年会论文集》，文物出版社1982年，第41—50页）与俞伟超《楚文化考古大事记》"前言"（载楚文化研究会编《楚文化考古大事记》，文物出版社1984年，序言1—13页）中的结论。

楚国的奴隶阶层基本上与农业生产无关，而楚国的农业劳动者的地位明显高于奴隶阶层，应属于楚国的平民阶层。

楚国的士兵，包括随军"役徒"，一般都属于平民阶层。楚国士兵的社会地位高于秦国，秦师与楚师不同，其中有不少是奴隶。对奴隶，是说不上"恤"和"庇"的。奴隶阵亡了，秦帅是无须向其父老做交代的，尽管在秦国的将士中也有许多是贵族和平民，如果大败特败，秦帅也不能辞其咎，但还不至于视同死罪。奴隶与农奴乃至平民的生命不等值，这是秦帅与楚帅败绩不同罪的基本缘由。① 这是很有道理的。

楚国平民阶层中的野人与奴隶阶层相比，除政治、经济地位的明显不同外，其他方面亦有诸多不同。第一，从占总人口的比例来看，平民阶层占人口中的绝大多数，而奴隶阶层的数量相对而言较少。整个奴隶阶层从数量上看，在楚国的社会中是居于次要地位的。第二，从人员分布的地域来看，平民阶层遍布于楚国的"国"中和"野"地。其中平民阶层在野地的居民广泛分布于楚县、贵族封邑、已开发的膏腴之地以及待开发的荒远之地。而奴隶阶层只能从王室的"军府"和贵族之家中寻到他们的踪影，这表明，整个奴隶阶层，对楚国社会的影响极其有限。第三，从在生产领域中所起的作用来看，平民阶层，其中主要是野人，担负了楚国最主要的生产部门——农业的全部劳作，并兼事手工业、商业和其他多种职业，是楚国赋、税、役的主要承担者。而奴隶阶层则基本上不被用来从事农业生产，其中，由战俘而成为奴隶者终生遭囚禁，其使用价值只体现为人祭、衅鼓、杀囚、献俘，与生产无关；因罪(债)沦为奴隶者，又至多被贵族用于家内劳作，进行诸如击磬、歌舞、酿酒、制作工艺奢侈品等工作，亦与农业生产关系不大。因此，整个奴隶阶层可以说是个不事农业生产的阶层，在楚国社会中当然不占主导地位。

对楚国平民阶层与奴隶阶层研究的结果，表明平民阶层(其中主要是野人)在整个社会中处于重要地位。可以说，如果把整个社会分

① 张正明：《秦与楚》，华中师范大学出版社 2007 年，第 82—84 页。

成贵族、平民、奴隶三个阶层的设想能够成立的话，其中最值得研究的不应是人数较少的贵族与奴隶阶层这"两头"，而是占人口绝大多数的平民阶层这个"中间"。因为社会经济发展的规律告诉我们，从某种意义上说，社会的前进，就是"两头"都宣告死亡或消失，而在旧社会的中间阶层中不断发生具有决定意义的裂变，从中产生新的地主阶级和农民阶级。只有到这时，中间阶层才会结束它的历史使命，整个社会又以一种崭新的面貌呈现在人们面前。因此，对先秦史的更深一步的研究，要把各诸侯国的中间阶层即平民阶层(主要是野人和国人)作为突破口。只有把主要的注意力放在平民阶层，研究其队伍发展、壮大以至裂变的轨迹，才可能掌握整个社会前进的脉搏。

第七节　奴隶阶层

人殉，是衡量是否为奴隶社会的一个重要标准。楚国存在奴隶阶层，这已被大量的文献和考古资料所证实。

楚国人殉源于何时，勾稽史籍，无从考证。但从楚国的阶级分化过程及强国历程可窥其端倪。西周早期，初封楚王族为子国，"土不过同"，生产力水平不高，与一般社会成员脱离的公共权力尚不突出，楚人以后"筚路蓝缕，以启山林"，国力逐步上升。至春秋早期楚武王熊通时正式称王，楚国诞生，产生了脱离一般公众的王权、统治机关，统治阶级与被统治阶级，主、奴名分已定，人殉产生的条件便成熟了。

奴隶阶层与平民阶层最大的区别，在于其个人的生命是否有保障。从这一根本区别出发，将广布于楚国野地的各种"野人"——楚族宗法性公社成员、不分族姓的个体居民、异族隶属性公社成员——全部归于平民阶层，因为他们在楚国，生命都是有保障的，并且还有程度不同的人身自由和其他自由。

楚国的墓葬中，有人殉现象存在。这些被殉葬的人，其生命是没有保障的，是典型的奴隶。有关楚国人殉的情况可见表9-6：

表9-6：楚墓殉葬情况

墓名	时代	殉葬人数	殉葬者性别	依附于主墓的位置	殉葬墓葬具	殉葬结论	资料依据
河南淅川下寺楚墓	春秋中晚期	16人	10至20岁女性青少年	主墓2号南北有3座大型陪葬墓，16座殉葬墓更在此陪葬墓的西、北两边	墓内只有一棺，个别墓有一二件玉器，其余无随葬品	为主墓主而随葬，作为侍从或侍婢	《河南省淅川县下寺春秋楚墓》，《文物》1980年第10期
湖北江陵纪南城水门	春秋晚期至战国	1人	男性	水门木构建筑北端正对三，四排木桩	麻鞋三双，木箧，木梳各一	可能是一个奠墓坑	《楚都纪南城的勘查与发掘（上）》，《考古学报》1982年第3期
河南固始侯古堆一号墓	春秋战国之际	17人	20至40岁9女5男，其余不明	放在主墓内外椁之间和外椁四周	有数量不等的陶器、玉器、铜带钩、削刀	显然是殉葬。可能都是墓主人的亲近奴婢	《河南固始侯古堆一号墓发掘简报》，《文物》1981年第1期
长沙浏城桥一号墓	战国早期	1人	不明	横放在主墓（两椁一棺）西边椁通南边厢处	小棺，内空无一物	殉葬棺	《长沙浏城桥一号墓》，《考古学报》1972年第1期
河南固始白狮子地一号楚墓	战国早期	13人	5具为40岁左右男性，其余不明	横放在主墓之间，西边厢通南边厢处，首尾衔接，8具在椁外，每边各8具并列工具，对称放置	小棺，内空无一物	奴隶陪葬棺。仔细观察才能辨认出咖啡色的奴隶骨质痕迹	欧潭生：《固始白狮子地及其它》，载河南省考古学会编《楚文化研究论文集》，中州书画社1983年，第166—172页
湖南临澧九里楚墓	战国早中期	4人	不明	均在主墓（中、大型墓）附近	未见棺痕迹，无任何随葬物	推测是与附近的大、中型墓同时入葬，极可能是殉葬人	《临澧九里楚墓发掘报告》，载《湖南考古辑刊》1986年，第88页
湖北鄂城百子畈五号墓	战国中晚期	2人	足端一具，从随葬品看可能是男性	椁内主棺右侧靠后一具，足端靠左一具	足端一具内有陶杯二件，铜带钩一件，有棺	殉葬人	《鄂城楚墓》，《考古学报》1983年第2期

732

此表所列殉葬人数共计 54 人，时代从春秋晚期到战国中晚期，地点分布于湖北、河南、湖南三省，表明殉葬之风直到战国晚期依然存在于楚国。

楚国的奴隶阶层，以其来源而论，大致可分为两部分，各有其不同的特点。

第一部分是因罪（或债）为奴者，此部分人数较多。

楚国是一个执法较严的国家。《庄子·则阳》记："夫楚王之为人也，形尊而严；其于罪也，无赦如虎。"《左传》襄公二十六年记"楚多淫刑"，《左传》昭公十四年记楚平王即位之始便"赦罪戾"，可见在楚国因罪为奴者当不在少数。另外，《左传》成公二年记楚共王免除一些人的债务（"已责"），可见不少人亦可能因债务为奴。这些因罪或债务为奴的人在楚国究竟是何种遭遇，下面这条记载十分典型：

> 锺子期夜闻击磬声而悲。臣召问之曰："何哉！子何击磬若此之悲也？"对曰："臣之父杀人而不得（生），臣之母得（生）而为公家隶（为酒）。臣得生而为公家击磬。臣不睹臣之母三年于此矣。昨日为舍市而睹之，意欲赎之，无财，身又公家之有也，是以悲也。"①

此段记载，较为集中而全面地反映了楚国因罪或债务成为奴隶的一些特点：

其一，在楚国，犯罪后其家人即可为奴。击磬人因其父杀人，尽管其父已被处死，自己及母亲仍然分别"为公家击磬""为公家隶（为酒）"，成为奴隶，表明楚国存在极为残酷的株连之法，由此产生不少的奴隶。此种现象非楚国独有，如在秦国，同样也把罪犯的妻子、儿

---

① 刘向：《新序·杂事第四》。又见《吕氏春秋·精通》。两书记载稍有不同。注家均认为"《新序》意较长"，故引《新序》。此段引文括号内的字均为《吕氏春秋·精通》原有，以补《新序》，意更明晰。

女一起没收为奴隶。卫鞅在秦变法，公开宣布"事末利及怠而贫者举以为收孥"，同时还迫使奴隶所生的子女继续为奴，有所谓"奴产子"。①

其二，一旦成为奴隶后，毫无任何人身自由可言。"臣不睹臣之母，三年于此矣，昨日为舍市而睹之"，此击磬者为奴三年后才偶然在市场上得见其母一面，当然谈不上有其他行动自由。《左传》昭公七年还记楚国早在楚文王时便依据周文王专门对付奴隶逃亡的"有亡（逃）荒（大）阅（搜索）之法"制定了"仆区（今言窝藏）之法"，楚贵族无宇倚仗此法甚至敢于理直气壮地闯入楚王行宫章华台捉拿逃走的奴隶，可见楚国的奴隶人身束缚之严。

其三，奴隶是有身价的。击磬者"意欲赎之，无财，身又公家之有也"。以钱赎奴隶之事，在楚国还可见于百里奚在楚以五张羊皮的赎金被秦赎走。还有，范蠡以千金赎犯有杀人罪的中男没有成功。《史记·越王勾践世家》记："朱公（范蠡）中男杀人，因于楚。朱公曰：'杀人而死，职也。然吾闻千金之子不死于市。'告其少子往视之。乃装黄金千溢，置褐器中，载以一牛车。"后因范蠡长男争行，营救快成功时又吝惜千金，遂致中男仍被杀。这两个例子，可见赎人之事非为鲜见。楚国之外，还有齐国晏婴以马赎越石父（《吕氏春秋·观世》），卫嗣君先以一百金，后以一邑向魏赎胥靡（《战国策·宋卫策》），可见奴隶有身价，且可被赎，是为各国通例。

其四，奴隶是区分男女分别计算、使用的。这可能是男奴隶与女奴隶各自的使用价值不一样，各自身价不同所致。击磬者与其母同时为奴，却不在一起，长达三年未能见面，表明奴隶因男女而别为处置，女的为某一贵族作酒，男的为另一贵族击磬，分别使用。《墨子·天志》下篇曾言古时奴隶"丈夫以为仆、圉、胥靡，妇人以为舂、酋"，指的也正是这种男女奴隶分别使用的情况。郑襄公在国破之时哀求楚

---

① 杨宽：《战国史》，上海人民出版社 2019 年，第 219—220 页。

王宽大，故意先设想最坏的情况："其翦以赐诸侯，使臣妾之，亦唯命"，这"臣""妾"二字即是分指男女，所谓"男为人臣，女为人妾"（《左传》僖公十七年），连用则指男女奴隶。再如《尚书·费誓》记"臣妾逋逃"，《吕氏春秋·察微》"鲁国之法，鲁国为人臣妾于诸侯，有能赎之者，取其金于府"，都表明"臣妾"分指男女奴隶无疑。楚国对罪奴是"使臣妾之"的，而对战争中投降的人则没有这样。《左传》哀公元年记楚为报柏举之战蔡人助吴之仇，围住蔡都，猛攻九天九夜才攻下，蔡人又按通例"男女以辨"，以作好当奴隶的准备出降，男人和女人分开以待楚军，此举后来获得楚人同情，楚人只是让其"使疆于江、汝之间（长江以北、汝水以南）"便回师了，不但没有使其男女分开，甚至听任蔡人保持原有的宗族体系和公社组织，听任蔡君继续拥有指挥权，结果大部分蔡人跟随蔡君投入吴国的怀抱。这一例子确凿证明，楚国对待罪奴远比战俘严厉。

其五，楚有拍卖奴隶的市场。击磬者欲赎之须得"舍市"，《说文》："市居曰舍。"即系牵到市场上拍卖。联系《孟子》曾云："百里奚举于市"，亦谓从楚国的市场上买来的，可见楚国是存在奴隶市场的。击磬人在被自己的主人拍卖之时，恰逢其母也被拍卖，母子俩这才见上了难得的一面。这表明奴隶市场的买卖十分兴隆。这种"市"上所贩卖的奴隶，有的还可能是从楚国之外的地方买来的，因为"齐俗贱奴虏"，并"富擅越隶"，表明齐国多从南方越族那儿掠买奴隶。《尸子·广泽》说"夫吴越之国，以臣妾为殉，中国闻而非之"，楚国靠近吴越，比较容易就近得到廉价的奴隶，带到奴隶市场转手贩卖。

其六，楚国的奴隶一般不从事农业生产，而从事家内劳作。虽然西周、春秋时代奴隶的数量相当多，但占主要地位的却是从事家内事务，以"臣妾"为代表的家内奴隶。[①] 楚国击磬者与其母同时为奴，长达三年，两人均未从事农耕，而是一个击磬，另一个酿酒。磬和酒都

---

① 顾德融、朱顺龙：《春秋史》，上海人民出版社 2001 年，第 22 页。

是贵族享受之物。从已发现的楚贵族墓葬中出土的酒器和编钟、磬等数量之多来看，楚国统治者占有的这种为自己享受服务的奴隶当不在少数。《吕氏春秋·分职》曾记"今召客者，酒酣，歌舞鼓瑟吹竽，明日不拜乐己者，而拜主人，主人使之也"，表明这种家内奴隶的存在较为普遍。

应当强调的是，从文献记载看，楚国贵族用乐多僭越周礼，其使用家内奴隶较其他诸侯国当更多。《左传》庄公十八年记："楚令尹子元欲蛊文夫人（息妫），为馆于其宫侧而振万焉。"又《左传》成公十二年记晋楚第一次息兵之后，"晋郤至如楚聘，且莅盟。楚子享之，子反相，为地室而县（悬）焉，郤至将登，金奏作于下，惊而走出"。据孙诒让《周礼·春官·钟师》"正义"：金指钟镈（似钟），奏九种夏乐，先击钟镈，后击鼓磬，谓之金奏。此处楚国所作的金奏，为九种夏乐中的一种，本是天子享元侯的乐曲，故晋郤至听到后便惊而跑到外面去。再从考古成果看，河南淅川下寺春秋楚墓中的第四组主墓 M10，规模不及第一组 M8，墓主人等级当属下大夫级，但按乐器使用制度（天子四套、诸侯三套、上大夫两套、士一套）和用簠制度规定，此墓用乐器三套、铜簠两件，则超越了上大夫一级，是僭越现象的体现。①由此可见，楚国一般贵族使用家内奴隶的数量，相当可观。

第二部分是由战俘而成为奴隶者，此部分人数较少。

正如《墨子·天志》下篇所说的，在古代战争中，战俘的结局一般只有两种："民之格者，则劲拔之，不格者则系操而归。"古时战俘的命运，一般以顺从与否被区别对待。楚国统治者发动对外战争、进行灭国的主要目的在于掳掠人口，故为数众多的战败者一旦集体表示投降，便能得到宽恕，楚统治者从便于管理、有利生产出发，很自然地将他们交予楚县管辖，或前往待开发之地，或赐予贵族，并让这些

---

① 张剑：《略论河南淅川下寺春秋楚墓的葬制特点》，载河南考古学会编《楚文化研究论文集》，中州书画社 1983 年，第 173—187 页。

遗民仍保留原有的宗族体系和公社组织形式，这些都决定了原为战俘、后为楚族异族隶属性公社的成员不是奴隶。很显然，并不是所有战俘都能得到这种待遇，战俘能够成为隶属性公社成员的，必须具备一个前提条件：顺从战胜者的意志，投降于楚国者。而对那些一直抵抗到底、至死也不屈服者，则只会是如《墨子》所言"民之格者劲拔之"，其被生俘后，一定由国家囚禁，严加看管。

这种由战俘成为奴隶者与因罪（债）成为奴隶者也有很大的不同。因他们系国家通过对外战争获得，自然归国家所有，因其不愿意投降，对楚具有一定的危险性，故不会被送到奴隶市场进行买卖，也不会流入贵族之家和民间，而始终由国家囚禁和看管，因此，这种由战俘而成为奴隶者具有不可赎性，这是他们有别于因罪（债）为奴隶者的重要之处。史料表明，楚国对这种不愿投降的战俘，除了出于某种目的主动释放外，一般不允许赎出，如晋国名将知罃被楚俘虏，始终不降，未见晋国向楚以金钱或其他物资赎知罃，这可能与楚有不赎出战俘政策有关。之后，《左传》成公三年记"晋人归楚公子榖臣与连尹襄老之尸于楚，以求知罃……楚人许之"，表明楚人只同意与他国对等交换战俘。与此相应，对于楚人成为他国战俘者，亦未见楚主动以金钱或其他物资求赎，如楚国的锺仪成为晋国的俘虏，一直戴着"南冠"，至死不降晋，未闻楚有赎人之举。又如楚公子平被莒人俘获，"楚人曰：'勿杀，吾归而俘。'"（《左传》成公九年）亦只提出与莒人对等交换战俘。这一点与秦国相似，秦国一般不接受赎出战俘，如《左传》襄公二十六年记"郑人取货于印氏以请之（赎出印堇父）……秦人不予"，又《说苑·权谋》记"楚公子午使于秦，秦囚之"，后来在晋国的威胁下，"秦恐，遂归公子午，使之晋"。郑宋两国则允许赎人；宋国的名将华元被俘，"宋人以兵车百乘，文马百驷，以赎华元于郑"（《左传》宣公二年）。

这种由战俘成为奴隶的人在楚国的命运，比因罪（债）成为奴隶者更为悲惨，生命更无保障。勾稽有关史料，他们在楚一般逃不脱下列命运：

其一，人祭。楚国以俘虏作为供奉神灵的牺牲，最著名的例子是《春秋》昭公十一年记载的"楚师灭蔡，执蔡世子有以归，用之"，此事《左传》记为"冬十一月，楚子灭蔡，用隐大子于冈山"。"用"，即杀之以祭，以人作为供奉神灵的牺牲。蔡世子有即隐太子，他被残酷地用为人祭，是因为他在父亲蔡灵侯于四月遭楚杀害后，仍毫不畏惧地率领全体蔡人顽强抵抗，一直坚守至十一月。楚国先是派弃疾围蔡，楚灵王又以全师继之，方才灭蔡，俘获蔡世子有，自然对他恨之入骨，毫不宽恕。楚以战俘为人祭之事还可见于《左传》昭公四年所记："秋七月，楚子以诸侯伐吴……八月甲申，克之，执齐庆封而尽灭其族。将戮庆封，椒举曰：'……焉用之？'王弗听，负之斧钺。"齐庆封也是进行了顽强的抵抗而被用作人祭的。楚国的人祭，从考古方面也可以得到证实，在对楚纪南城南垣水门遗址木构建筑的北端，"正对三、四排木桩，探方 10 的④A 层发现有人骨架一具，麻鞋三双，木篦、木梳各一，绳纹长颈罐一件，附近还发现有马头一具，以及其他兽骨。而人骨架的所在为一坑形，坑宽约 3.2 米，距河底深 1.2 米，因而可能是一个奠基坑。"①由此可知楚国人祭风气之盛。

其二，衅鼓。这亦是人祭的一种特殊做法。古代战争伊始，军队出征之际，常常要先祭祀神庙，并杀牲以血涂在战鼓上，即所谓"君以军行，祓社衅鼓"（《左传》定公四年），以祈祷战争取得胜利。楚国常常以俘囚衅鼓，以人的血涂在战鼓上，显示出更为野蛮的特性。《左传》昭公五年记：

　　楚子以诸侯及东夷伐吴……吴子使其弟蹶由犒师，楚人执之，将以衅鼓。王使问焉，曰："女卜来吉乎？"对曰："吉。……今君……虐执使臣，将以衅鼓，则吴知所备

① 湖北省博物馆：《楚都纪南城的勘查与发掘（上）》，《考古学报》1982 年第 3 期。

矣……使臣获衅军鼓，而敝邑知备，以御不虞，其为吉，孰
大焉……"

这段记载，表明楚国在战争过程之中常常以战俘为祭。与此记载
相类似，《说苑·奉使》还记：

秦楚毂兵，秦王使人使楚。楚王使人戏之曰："……王
方杀子以衅钟……"使者曰："秦楚毂兵，吾王使我先窥，我
死而不还，则吾王知警戒，整齐兵以备楚，是吾所以吉也。
且使死者而无知也，又何衅于钟？死者而有知也，吾岂错
秦相楚哉？我将使楚之钟鼓无声，钟鼓无声则将无以整齐
其士卒而理君军。夫杀人之使，非古之通义也，子夫试熟
计之。"

这又证明，楚常在战争之中杀俘囚以血祭鼓或钟，原是基于涂过
人血的鼓或钟在战场上可以发出更有威慑力的声响，对鼓舞士气有极
大的作用这一心理。由此推之，楚每战必以俘囚衅鼓。联系到《左传》
成公三年所记晋楚交换战俘，晋知罃被释前尚感谢楚"执事不以衅
鼓"，可见衅鼓是常事。以楚对外战事之繁，仅衅鼓一项，所杀戮的
战俘必定甚多。不过还有一种解释，衅鼓只是将人的鼻血涂在鼓上，
并不伤及人的性命。

其三，杀囚。楚国对于成为奴隶的战俘随便杀戮，有时不一定是
出于人祭或衅鼓的需要，同样随意杀之，毫不足惜。《左传》昭公十三
年记楚平王初篡位时，不知楚灵王已死，在面临谣传灵王将回郢都的
情况下，为稳定局势，"杀囚，衣之王服而流诸汉。乃取而葬之，以
靖国人"。这被杀之囚，便是由战俘成为奴隶而被囚禁者。成为奴隶
的战俘一般由国家囚禁起来，故亦可称之为囚。《左传》成公九年记楚
锺仪被囚于晋之"军府"，距其初被俘时，已长达两年，人称"楚囚"。

而晋将知罃被楚俘虏，时间很长。晋知罃被俘于鲁宣公十二年（前 597 年）晋楚邲之战时，《左传》是年记"楚熊负羁囚知罃"，其被释于鲁成公三年（前 588 年），《左传》是年记"晋人归楚公子穀臣与连尹襄老之尸于楚，以求知罃……楚人许之"，前后历时九年。其间，郑国商人曾计划用装衣物的袋子帮知罃逃出楚国，《左传》成公三年："晋荀罃（即知罃）之在楚也，郑贾人有将置诸褚中以出。既谋之，未行，而楚人归之。"可见楚人对知罃的看管很严，表明楚国也有类似晋国的"军府"这类专门囚禁成为奴隶之战俘的地方，随时需要，随时牵出"杀囚"。楚杀囚之事还见于《左传》昭公十一年"三月丙申（十五日），楚子伏甲而飨蔡侯于申，醉而执之"，同时自然俘获了不少蔡侯的随从人员，囚禁了一个月，到"夏四月丁巳（初七日），杀之，刑其士七十人"。这一次楚杀囚的规模不小，可能与蔡侯及其士被俘后毫不屈服有关，但也表明楚国统治者是毫不吝惜成为奴隶的战俘的生命的。

其四，献俘。楚国在连年对外征战中，在获得大量战俘的同时，还经常接受他国送来的战俘，如《左传》成公三年"（郑）皇戌如楚献捷"。楚人在战争中成为他国的俘虏，亦常被"献"于第三国，如《左传》僖公二十八年记晋楚城濮之战后，晋国战胜，"献楚俘于王（周天子），驷介百乘，徒兵千"。这些实质上是一种不经过奴隶市场的转让奴隶的行为，同样是对成为奴隶的战俘人格的否定。这种被"献"的奴隶，无论到何处，其政治地位没有丝毫的提高，与被用于人祭、衅鼓者没有丝毫的不同。楚国的献俘之举，有以下两例：

冬，楚人使宜申来献捷。[①]

（郑）印堇父与皇颉戍城麇，楚人囚之，以献于秦。郑人

---

① 《春秋》僖公二十一年。

取货于印氏以请之……秦人不予(赎)。①

这两例表明由战俘而成为奴隶者，其人身属国家所有，被用来进行国与国之间的交易，完全不能掌握自己的命运，处于极为悲惨的境地。

综合以上两种不同类型的奴隶各自的特点可以发现，两者间虽有不少的细微差别，但共同之处还是主要的，即他们同属于奴隶阶层，最基本的生命安全和行动自由均没有保障，没有丝毫的私有财产可言，处于社会的最底层。

① 《左传》襄公二十六年。

第 十 章

春秋中期楚国的军事

第一节　军队构成与尚武精神

楚军的组成，颇有特色。在以宗法关系为纽带的春秋时代，军队的组成脱离不了宗族色彩。王室成员和贵族在国家政治生活中占绝对支配地位，作为其统治支柱的军队，是以王室成员为骨干，以"国人"为主体组编而成的贵族军队。由于隶属关系的不同，这支军队分别由楚国的正军、楚王的亲兵、太子的"宫甲"、贵族的"私卒"和"县师"所组成。①

正军——"左、中、右"三军

殷商以来，军队的编制大体上由左、中、右或上、中、下各为一个作战单位组编而成，总称为"三军"。楚国也不例外，其国家的正军，即常备军亦为"三军"。如：

> 楚武王侵随……斗伯比言于楚子曰："我张吾三军，而被吾甲兵，以武临之。"②

> （楚）师人多寒，王……拊而勉之，三军之士 皆如挟纩。③

楚国的"三军"，在称呼上似乎承继了殷商"左、中、右"三军的称谓。如：

> 季梁曰："楚人上左，君必左，无与王遇。且攻其右。"④

---

① 徐俊：《春秋时期的楚军建制》，《华中师院学报》（哲学社会科学版）1982 年第 3 期。
② 《左传》桓公六年。
③ 《左传》宣公十二年。
④ 《左传》桓公八年。

楚子北师次于郔。沈尹将中军，子重将左，子反将右。[①]

苗贲皇言于晋侯曰："楚之良，在其中军王族而已。请分良以击其左右，而三军萃于王卒，必大败之。"[②]

由以上资料可知，左、中、右三军是楚国正军的建制。

楚国的正军，有时也有"九军"之称。《淮南子·人间训》："楚庄王曰：'陈为无道，寡人起九军以伐之。'"这里，楚庄王所讲的"九军"并非楚军军制，古人所言之"九"不过是指多数的意思，不一定是指实数，可能是楚庄王要悉师伐陈。

此外，楚军在对敌作战中，往往还根据攻战的需要临时改编。《左传》文公十六年："楚子乘驲，会师于临品，分为二队，子越自石溪、子贝自仞以伐庸。"杜预注："队，部也，两道攻之。"分兵两路攻打庸国。"二队"，亦非楚军军制。

左、中、右三军的总人数，古今史家解说不一：或说万人为军，二千五百人为师；或谓一师即一军。《国语·齐语》："管子于是制国，……万人为一军……三军……三万人以方（横）行天下。"说的是春秋前期齐国三军的总兵力。随着争霸战争的开展，军事行动的加剧，战争规模的不断扩大，军事指挥能力的提高，各国参战的人数也在逐渐增多，军队的编制暴增不已。同时，楚为南方古国，在其长期的发展进程中逐渐形成了具有自己特点的历史，军事编制与中原诸国也有所不同。

前已述及，楚军是车战兵。战车，中原诸国名之为"乘"，楚人则称之为"广"或"乘广"。《左传》宣公十二年："楚子为乘广三十乘。"

---

① 《左传》宣公十二年。
② 《左传》成公十六年。

《左传》定公四年：“史皇以其乘广死。”“广”或“乘广”是楚军的一乘战车。“乘广三十乘”，就是战车三十乘，或三十乘战车。

“广”或“乘广”作为实战工具，有驾御的车兵和随其作战的步卒。也就是说，一乘战车，是由车兵和步卒共同结合而成的组合体。

“广”上的车兵，古代称为“甲士”，是战车兵的主体。他们是戴胄披甲的武士，故名“甲士”。每“广”所乘甲士多少，有关楚国的史书均无明文记述。《汉书·刑法志》记殷周时期战车上的乘员为“甲士三人”。又《左传》成公元年服虔注引《司马法》说：“长毂一乘……甲士三人。”杨泓对此作了全面的考证：“当时一乘战车上有三名乘员，主将……在左面……右面的……为‘右’（或称‘戎右’），他是进行战斗的武士。在主将和戎右的中间，是‘御’，他的任务就是御马驾车。”①刘邵《爵制》一书中也说：“车，大夫在左，御者处中，勇士为右。”又《诗经·鲁颂·閟宫》郑笺云：“兵车之法，左人持弓，右人持矛，中人御。”以此而论，楚军“乘广”上的甲士当为三人。他们披坚执锐高踞于战车之上，属于奴隶主阶级和平民中的“士”。

“广”下的步卒，由平民中的中、下层和广大奴隶组成。每“广”的步卒人数，据《左传》宣公十二年载，“广有一卒”。一卒人是多少？服虔云“百人为卒”，每“广”配备步卒一百人。这一百名步卒在作战中要以一定的编组和队形配战车作战。其编组情况，服虔也讲得十分清楚：

> 言广有卒为承也，卒偏之两，五十人为偏，二十五人曰两，广既有一卒为承，承有偏，偏有两，故曰卒偏之两。

“卒”“偏”“两”是百名卒随一“广”作战的三级编制。即楚军的一乘战车，隶属百名步卒，卒又分为两偏，每偏各五十人；偏又分为二两，每两各二十五人。由此可知，卒是“广”的最高一级编制，偏是卒

---

① 杨泓：《战车与车战》，《文物》1977 年第 5 期。

的中级编制，两是卒的最低一级编制，是基本的战术分队。

　　这里提出一个问题，即"两"的组编形式问题，因为由二十五人所组成的"两"，在当时要求战列队形严整的情况下，作为百名步卒的最低一级编制，绝非乌合之众，需要以一定的队列形式组合起来，跟随战车出征作战。《尉缭子·制谈》说"古者士有什伍"，"什"可能是殷代军队的基本编制单位。[①] "伍"则为西周的基层编制单位，所谓"会车人之卒伍"，就是步卒要按"伍"一一组合起来，隶属固定的战车出战。《周礼·地官》族师职说"五人为伍"，由五名步卒组成"伍"。[②] 楚史亡逸，记载不详，但也不是无迹可寻的。《左传》昭公二十七年：

　　　无极曰："令尹好甲兵，子出之，吾择焉。"取五甲五兵，曰："置诸门……"

　　这"五甲五兵"，就是一伍甲士和一伍步兵。所谓"二十五人为两"，即由五伍组成，"五十人为偏"，即由十伍组成；"广有一卒"，即由二十伍组成。显然是五进位的。

　　每"广"由甲士三人和百名步卒共一百零三人组合而成，较中原各国每乘战车三名甲士和七十二名步卒，共七十五人的组合人数多二十八人。《左传》成公元年："作丘甲。"杜注："长毂一乘，戎马四匹，……甲士三人，步卒七十二人。"又《左传》僖公二十八年"晋车七百乘"，杜注："五万二千五百人。"正好是每乘七十五人。楚国地广人众，且又重视攻战，每"广"人数较中原诸国为多是不足为怪的。

　　每"广"的一百零三人中，必有统率这支人马的小军官。《周礼·夏官·司马》说："百人为卒，卒长皆上士。""上士"即"卒长"。依据"车，大夫在左"，又"楚人尚左"，和"古者聘士以弓"[③]的习俗看，

---

① 郭宝钧：《中国青铜器时代》，生活·读书·新知三联书店 1963 年，第 216 页。
② 蓝永蔚：《春秋时期的步兵》，中华书局 1979 年，第 110 页。
③ 见《左传》庄公二十二年，陈公子完引《诗》，杜预注文。

"广"上左边持弓的甲士，就是卒长。作战时，三名甲士乘车，百名步卒一伍一伍地组成四两，在卒长的指挥下，形成"车驰卒奔"颇为壮观的战斗场面。

每"广"既由三名甲士和百名步卒组成，楚国正军的总人数就不难推算了。但从《左传》记载看，当时军队的编制并不固定，且又不完全按人数计算，因战争在扩大，战车、甲士和步卒人数也随之不断增加。如晋国在前 679 年作州兵之前，仅有一军，前 666 年晋作二军，前 633 年（即城濮之战的前一年）晋始作三军，至前 530 年，晋国正军有甲车四千乘。《左传》昭公十二年："七月丙寅，（晋）治兵于邾南，甲车四千乘。"楚晋匹敌，屡屡交战，其正军编制也在逐渐增加。如前 666 年，令尹子元以车六百乘伐郑。郑为北方二等小国，楚无必要悉师攻之，故楚之正军此时当不止六百乘。又楚晋城濮之战，晋以战车"七百乘"编为三军。杜预注："五万二千五百人。"楚子玉以西广、东宫与若敖六卒将中军。子西将左，子上将右，其参战的战车和总兵力与晋军不会太过悬殊。又邲之战，则楚之西广（左边的战车队），和左、右拒的编制，当能战胜晋国的三军。由此可知楚国三军和晋国三军的总人数不相上下。随着战争规模的扩大，前 547 年，楚"量入修赋"，整顿军制，增加了正军编制。当楚灵王之时，仅陈、蔡、东西不羹四县，"赋皆千乘"，已有四千乘兵力，楚的国家正军当不止此数，不会少于四千乘。以战车为主力的春秋时期，军队作战只有当其数量达到能够形成一定战斗队形的时候，才谈得上互相对阵，否则是会吃败仗的。

楚王的亲兵——"左右广"

为了保护自己，楚王组编了一支由其宗族成员和私属组成的战车队，作为他的亲兵或禁卫军。其军事编制仍以"广"或"乘广"为计算单位。楚王有"乘广三十乘"。《左传》宣公十二年：

楚子为乘广三十乘，分为左右。栾武子言楚军制曰：

"其君之戎，分为二广，广有一卒，卒偏之两。"

杜预注："二广，君之亲兵。"楚王的三十乘战车，分为左右二广，每"广"有战车十五乘，组成左列战车队和右列战车队。"广有一卒，卒偏之两"，说的正是禁卫军的三级编制。按每"乘广"103 人计，楚王禁卫军的总兵力达 3090 人之众。

"左右广"既是楚王的亲兵，就负有警戒、保卫楚王安全的任务。平时，他们"列兵而环王宫"，《左传》文公元年："潘崇……且掌环列之尹。"杜注："环列之尹，宫卫之官，列兵而环王宫。"环列之兵，显然是禁卫军，出征宿营时要昼夜为楚王巡逻。《左传》宣公十二年："右广初驾，数及日中；左则受之，以至于昏。内官序当其夜，以待不虞。"左右二广及其军官，日夜轮班保卫楚王。

此外，左右二广还要随楚王出征。作战时，因"楚人尚左"，故楚王常乘"左广"，并由贵族中的勇力之士御戎。《左传》宣公十二年："彭名御左广……王乘左广，以逐赵旃。"楚王带领亲兵的左列战车追击晋将赵旃。由于楚王经常亲自将兵出征，他所乘的"左广"中的一乘战车，就成为指挥全军作战的指挥车了。

楚太子之"宫甲"和贵族之"私卒"

楚王建有私人卫队，楚太子和其他卿大夫也有自己的武装。

《左传》文公元年，商臣"以宫甲围成王"。"宫甲"，杜预注："宫中兵也。"楚太子居东宫，其私人武装就称为"宫甲"。商臣弑其父成王熊恽，并夺取了王位，就是依仗他直接掌握的"宫甲"之士，发动宫廷政变而登上楚王宝座的。

其他贵族的私人武装称为"卒"。《左传》僖公二十八年，楚晋城濮之战中，"若敖之六卒"参加了对晋作战。杜预注："六卒，子玉宗人之兵。"是由若敖氏同族子弟所组成的宗族部队。子玉为若敖直系，以族长身份统帅"六卒"。"六卒"，即六乘战车，每"卒"以百人计，共六乘战车六百名步卒。

这些私人的宗族武装在对外作战中，往往要听从楚王的调遣。如在城濮之战中，楚成王便将"东宫（太子的'宫甲'）与若敖氏六卒"，即兵车180乘，编入国家军队之中，调给子玉指挥。又鄢陵之战，楚国的二穆，即子重、子辛（楚穆王商臣之后，故称二穆）的族兵，也被楚共王编入正军对晋作战。又如《左传》襄公二十五年，前548年，楚康王十二年："舒鸠人卒叛楚，令尹子木伐之，及离城，吴人救之……子强、息桓、子捷、子骈、子盂……五人以其私卒先击吴师。"楚昭王十年，吴军突然大举入侵，楚军兵力空虚，令尹囊瓦贪功，率领私卒贸然迎战，与吴军隔汉水对阵，后战场转移到柏举，阖闾之弟夫槩王请求做先锋，敢于违阖闾之命，以其私卒五千冲击囊瓦的私卒，囊瓦的私卒溃散，导致楚师大败，囊瓦逃往郑国。直到春秋末年，这种卿大夫的私人武装仍然是一股不小的力量。《左传》哀公十六年记，前479年，楚惠王十年，楚国发生"白公之乱"，白公胜领私卒攻占了郢都。叶公子高率叶县县师入城，动员大夫箴尹固，"帅其属……从叶公"，打败了白公胜。

楚国的族兵与"私卒"与中原诸侯国的卿大夫比是小巫见大巫。各国的大宗族都有族有兵。族兵即文献所谓"私卒"，战时常须随同本族的将领出征。《左传》昭公十六年记郑卿子产说："立于朝而祀于家，有禄于国，有赋于军。"可见以私卒从征是贵族承担的兵赋。鲁国有三大家族——孟孙氏、叔孙氏、季孙氏，形成三个兄弟"王国"，鲁君对他们一筹莫展。鲁襄公时"作三军"，三大家族各为一军，《左传》襄公十一年称之为"三分公室而各有其一"。鲁君多悲剧人物，根源就在于"三分公室"。晋国上等贵族的食邑很大，故私卒实力最强，《左传》昭公五年记，晋国贵族韩氏和羊舌氏"十家九县，长毂九百"，即共有兵车900乘。楚国最大的家族若敖氏，极盛时期也只有"六卒"，即兵车180乘，等于晋国韩氏和羊舌氏兵车总数的1/5，而且不久就被庄王击灭，此后再也没有可与若敖氏媲美的家族了。

机动战车队——"游阙"

在楚军中，"游阙"的设置可以说是一种机动的战车队。

所谓"游阙"，即是流动补阙的车乘。杜预注："阙，空也。"当时在对敌作战中战车要排列成严整的方阵，如何处理兵阵接战后的缺损或败失，则由"游阙"之车乘补足。《国语·晋语》中所讲的"军有左右，阙从补之"，指的正是"游阙"的任务。如在邲之战中，楚庄王"使潘党率游阙四十乘，从唐侯以为左拒（方阵），以从上军"。在这次作战中，"游阙"补足唐侯左列方阵参战。看来，"游阙"不在三军之列，仅是一种机动的战车队。

地方军——"县师"

县，作为楚的地方机构，见于传记者，最早是在楚武王当政之时。《左传》庄公十八年，前676年："初，楚武王克权，以斗缗尹之。以叛，围而杀之。迁权于那处，使阎敖尹之。"楚县的县官称为"县尹"，楚县的县令叫尹或称公。《左传》襄公二十六年载："穿封戌，方城外之县尹也。"《左传》昭公八年则说"使穿封戌为陈公"，杜注："戌，县大夫，灭陈为县，使戌为县公。"宣公十二年杜预注"申公巫臣"时云："巫臣，楚县尹。"都说明县尹、县公是一码事。楚武王当政是在前740年—前690年，在位时就把新兼并的权设为县。楚文王灭申后在申地设县，之后，楚对其兼并的地方，一律设县。县，不同于卿大夫的封邑，它不仅有一套直接由楚王管辖的政治组织，而且还建有一支隶属于楚王的地方军——"县师"。《左传》僖公二十五年："秋，秦、晋伐鄀。楚斗克、屈御寇以申、息之师戍商密。"《左传》成公六年载："楚公子申、公子成以申、息之师救蔡。"显然，申、息二县各有一支武装力量。其他如陈、蔡、不羹、许、叶等县也都建有县师。可见，县师是县制出现后的产物。

由于申、息等县皆为楚北方边陲要地，县师就担负着抵御中原诸国侵犯，保卫楚国国防安全的任务，具有边防军的性质。

《左传》成公七年载："楚围宋之役，师还，子重请取于申、吕，以为赏田，王许之，申公巫臣曰：'不可，此申、息所以邑也，是以为赋，以御北方，若取之，是无申、吕也，晋、郑必至于汉。'王乃止。"可见申、吕等县对捍卫楚的国防安全起着十分重要的作用。直到春秋末年，县师仍是楚国的屏藩。

《左传》哀公十六年载，楚王召太子建之子胜，"使处吴境，为白公……吴人伐慎，白公败之"。楚县尹，亦称"公"，胜为白县县公，曾一度阻挡了吴国的进攻，保卫了楚东南边境的安全。

正因为县师有如此重大的作用，它不能轻易调动。《左传》文公十六年："楚大饥，戎伐其西南……又伐其东南……庸人帅群蛮以叛楚，麇人率百濮聚于选，将伐楚，于是申、息之北门不启。""申、息之北门不启"，是指申、息之县师须防备中原诸国的进攻，不能撤调以御戎、庸、麇和濮人的进犯。

县师，作为地方军事组织，其调遣权属中央。上文"斗克、屈御寇以申、息之师戍商密"便是一例。又《史记·楚世家》载："鲁僖公来，请兵以伐宋，楚使申侯将兵伐齐，取谷，置齐桓公子雍焉。"中央有权调遣县师，县师也确是一支用以进攻的重要力量。如：城濮之战中，申、息二师投入了战斗；楚穆王曾以息师围攻江国。楚庄王十六年，申息之师救蔡。随着战争规模的扩大，县师也在不断发展、扩充。春秋后期，北方陈、蔡等县的县师就各有千乘战车，十万兵力。所以楚灵王夸口说："昔诸侯远我而畏晋，今我大城陈、蔡、不羹，赋皆千乘，子与有劳焉，诸侯其畏我乎？"（《史记·楚世家》）不难看出，县师的组建，对于楚的国防安全、疆土的扩大和巩固有着十分重大的作用。[1]

楚国的军队，在春秋早期到中期，经过楚武王、文王、堵敖、成王、穆王、庄王六任楚王的精心经营，日渐发展壮大。这支军队数量

---

[1] 　徐俊：《春秋时期的楚军建制》，《华中师院学报》（哲学社会科学版）1982 年第 3 期。

庞大，编制齐整，结构合理，极其强悍，战斗力居于中原诸国之上。这得益于楚国以武立国，军队具有强烈的尚武精神。

先秦典籍中多有楚人尚武的言论。《左传》作为记载春秋史事的权威典籍，记录了楚国大大小小上百次战争，全面地展现了楚人的尚武精神。《管子·轻重》记齐桓公说楚"山东之强国也，其人民习战斗之道"，《战国策·秦策》记蔡泽对应侯说"楚地持戟百万"，《淮南子·兵略训》记楚"卒民勇敢"，《说苑·指武》记秦昭王说楚"士多剽悍"，等等。这些体现了楚国有着悠久的尚武传统。楚国以武立国，尚武精神是楚国成长壮大的法宝。

首先，楚人的尚武精神表现为一贯主动进攻，对外扩张。

楚人认为不出兵征伐即是贪图安逸，国君死不从礼，大夫要受国人谴责。《左传》襄公十八年，郑向楚借师，楚令尹子庚没同意，楚康王遂告子庚曰："国人谓不穀主社稷而不出师，死不从礼。不穀即位，于今五年，师徒不出，人其以不穀为自逸而忘先君之业矣。"子庚叹曰："君王其谓午怀安乎！"楚康王所谓的先君之业，即是指楚人从熊渠时就奉行的拓土开疆的扩张国策。楚国四面出击，兵锋所及，诸侯大为恐惧。正是由于这种不断的、广泛的出击，楚国被中原诸侯视为洪水猛兽，被冠以"好战"的名声。

其二，楚人的尚武精神表现为先发制人、速进速退的战术风格。

作为一个进攻型的国家，用兵于他国，拒敌于国门之外，历来是楚国的军事战略原则。如《左传》桓公六年，楚武王三十五年，楚国攻随，因随听季梁之谏而未成功。两年之后，楚武王三十七年，随少师有宠而不用季梁，"楚斗伯比曰：'可矣。仇有衅，不可失也。'"再一次对随国发起进攻。《左传》桓公九年所记的对邓之战，楚与巴联合伐邓，邓人对巴军数次发动进攻而不能取胜；楚帅斗廉将楚师在巴军中列为横阵，与邓战而诈败，诱使邓人逐之，趁机回师与巴人夹攻邓军，邓军大败。楚国采用了诱敌深入而后回军与联军夹攻的战术。典型的战例是楚武王四十年的伐郧之役，在决策过程中，斗廉表现得极其自信，坚信自己的战术必胜，所谓"卜以决疑，不疑何卜"（《左传》桓公十一年），不因为自己的军队少而对方是五国联军而畏惧，之所以如此，就是因为他已看准了对方驻扎在自己的城郊有恃无恐，又盼望联军速来，因而没有斗志的破绽。果然如斗廉所料，郧人及其联军被一举击败。春秋时期楚国与中原各国的几次大战役，都是楚国主动出击。《左传》僖公二十八年记楚成王时城濮之战，令尹子玉先下战书，并说："今日必无晋矣。"自信满满。城濮之战是陈、蔡两国先奔，楚中军不败，楚中军战斗力可见一斑。再如楚庄王灭庸之战。《左传》文公十六年，楚庄王三年，庸趁楚大饥，又有戎人来攻，帅群蛮叛楚，麇与百濮伐楚，以至于楚"申、息之北门不启"。此时有人建议迁都，但蒍贾说："不可。我能往，寇亦能往，不如伐庸。"于是主动出师，一直前进到了楚国西界。可见楚国采取主动出击、以攻为守的策略。在作战中楚人又采用示弱骄敌、攻其不备战术，一举灭掉了庸国。楚晋邲之战中，孙叔敖说的"宁我薄人，无人薄我"就是楚国主动进攻战斗风格的最佳体现。楚军进攻意识强，其进退也迅速。《左传》曾称"楚师轻窕""其行速"，就是指楚军的这一特点。邲之战中楚军"疾进师，车驰、卒奔"，形象地展现了楚人的进军之速。同样，楚军退兵也很快。《左传》庄公二十八年，楚成王六年，令尹子元伐郑，知不利而连夜退兵。楚军这种速进速退的作战方式被后人称为"轻走易北，不能坚战"（《史记·苏秦张仪列传》），也被当时晋国人讽刺为"吾不如大国之数奔也"。其实兵贵神速，速进速退对于保存实力是非常必要的。①

其三，楚人的尚武精神还表现为"不胜利，毋宁死"的态度。楚国的统帅，如有覆军之败，往往自尽以谢国人和君王。虽贵为公子王孙，位至令尹、司马，也很少有透过和偷生的。城濮之战，楚国属县申、息之师损失惨重，成王派人对令尹子玉说："大夫若入，其若申、息

---

① 喻宗汉：《楚国军事特点浅探》，《江汉论坛》1987 年第 6 期。

之老何?"(《左传》僖公二十八年)子玉随即自缢于方城之外。司马子西也引咎自缢,不料绳断人坠,正巧成王所派的赦使到达,才免于一死。楚国将帅兵败之后的自我惩罚非常严厉,《左传》桓公十三年记楚伐罗失败,统帅莫敖屈瑕自缢,群帅因于冶父以听刑。楚国的将帅对国家有着强烈的责任感,他们认为整军出战只能胜,不能败,失败就是失职,就是对国家不利,而这是罪不容诛的,只能以死向国家谢罪,任何不死的理由都是借口,都是推脱责任。楚国将帅的这种"不胜利,毋宁死"的气概,是楚人尚武精神的绝佳体现。相形之下,其他国家的将帅都做不到。邲之战,晋大败,统帅荀林父也曾请死,但有人讲情,晋君即不再追究,他也就官复原职,几乎没受到什么惩罚。《左传》僖公三十三年,楚成王四十五年,晋秦崤之战,秦军全军覆没,只有孟明视等三帅逃回,他们也没受到惩罚,仍得到秦穆公的重用,秦穆公自己承担了失败的全部责任。

其四,楚人的尚武精神表现为注重个人作战技能。

《左传》中记载了不少勇士,主要有大力士与神箭手两种,其中神箭手以楚国人为多。楚人善射是传统,《左传》所记著名的楚国神箭手有斗越椒、乐伯、潘党、养由基等。《左传》宣公四年记,斗越椒反叛,箭射楚庄王,第一箭激射而出,飞过车辕,穿过鼓架,射中钲;第二箭穿过车辕,射中车盖。两箭都差一点射中楚王,且力量极大。《左传》宣公十二年记,邲之战中楚将乐伯挑战,晋人分三路追上来,乐伯"左射马,而右射人",晋人竟无法接近,称赞其"善射"。楚国最著名的神箭手当属养由基,《战国策》《吕氏春秋》等先秦典籍中都记有其善射的故事,成语"百发百中"与"百步穿杨"都与他有关,而他这一神箭手的形象正是《左传》首先塑造的。养由基的箭术给人留下了深刻的印象,他也成了神箭手的代名词。

楚人的"尚武精神"实际上就是楚人刚健、自强、进取的民族精神。正是在这种民族精神的指引下,楚人的军事战略与作战风格都表现出典型的进攻型特征,楚国将士在战争中也表现出"不胜利,毋宁死"与注重个人作战技能的英雄主义性格。

在《左传》的记述中，楚人的"尚武精神"以刚健、进取、自尊为内核，积极而慎重，绝不是简单的好战与黩武，这种尚武精神在其立国过程中，对于保卫国土，抵制侵略，激发人民奋发图强，反抗民族歧视都有着积极意义，是一种比较成熟的战争观念。①

第二节　军事领导体制

春秋时期楚国的军事领导体制，呈现楚王集权制及楚臣军事领导权的下移趋势。

"三军"既是国家正军，在以宗族关系作为统治支柱的时代，理所当然楚王是最高军事统帅。从楚武王率军伐随起，终春秋一世，由楚王亲自率军出征之事，史不绝书。军队的各级指挥官也全由卿大夫和贵族所担任。如令尹（相当于中原各国的相或相国），不仅执掌全国的政务，也直接统帅军事，总揽文武二柄于一身。楚晋邲之战中，令尹孙叔敖随庄王出征，当时，"沈尹将中军，子重将左军，子反将右军"（《左传》宣公十二年）。孙叔敖不在三军之数，但三军的南辕反旆，皆由他指挥。春秋之世，由令尹带军征讨之事亦不胜枚举。有时，令尹同时兼任军队的最高指挥官。如《左传》哀公十六年："沈诸梁兼二事，国宁，及使宁为令尹，使宽为司马。""二事"，即令尹和司马二职。所以王夫之在《读通鉴论·汉文帝》中说："古之将相合一者……楚之令尹，楚之帅也。"将相合一之设，与当时战争频繁有关。战争的胜负，是关系国家的声誉和存亡之大事，揽一国之柄的令尹，作为辅佐楚王的执政大臣，握有军事大权，就成为必要而又自然的事情了。

有时，令尹也不统帅三军。如《左传》成公十六年："楚子救郑，

---

① 周旻：《捐躯赴国难，视死忽如归——〈左传〉中的楚人尚武精神》，《解放军艺术学院学报》2008 年第 1 期。

司马将中军，令尹将左，右尹子辛将右。"这次出战，全军由楚共王熊审亲自指挥，令尹公子婴齐将左军，只是听从楚共王的调遣，与令尹的身份也是一致的。

令尹之下，楚王还设置了"大司马""左司马""右司马"等高级军职。司马，是军官的泛称。楚国的司马有两种：一种是常任司马。如《左传》襄公十五年，楚康王任命"芴子冯为大司马，公子囊师为右司马，公子成为左司马"，此为常任司马；另一种是"出军命将"，临时派遣出征的司马，事毕则撤销。如《左传》文公十年："楚子田孟诸，宋公为右盂，郑伯为左盂，期思公复遂为右司马，子朱及文之无畏为左司马。命凤驾载燧，宋公违命，无畏抶（笞击）其仆以徇。"虽是田猎，俨然似两军对阵，违命者要处以军刑。左、右司马应是临时指派的。

"大司马"亦称"司马"。《左传》襄公三十年："公子围杀大司马芴掩而取其室。申无宇曰：'王子必不免……且司马，令尹之偏（辅佐），而王之四体也……'"是知"大司马"和"司马"实为一职，是仅次于令尹的最高武官。

左、右司马应为大司马的属官，能单独将师出战。《左传》昭公三十年："吴师围弦。左司马戌、右司马稽帅师救弦，及豫章，吴师还。"左、右司马是率军救弦的两名主将。

《左传》昭公二十七年，吴师围潜，"楚莠尹然、工尹麇帅师救潜……左尹郤宛、王尹寿帅师至于潜，吴师不能退"。楚军中虽有大司马、左司马、右司马等军政长官的设置，但他们和士卒之间似乎无固定的从属关系，其他官吏或贵族也能领兵作战。甚至连沈尹（楚沈地的县公）也能"将中军"作战。这种官兵之间无固定从属关系的现象表明，春秋时期楚军的调遣指挥权集中于中央，加强了楚王对军队的直接控制。

楚常备军的将帅除由贵族垄断指挥权外，其"甲士"也主要是由从"国人"中选拔出来的武士所组成的。他们一般住在城邑之中，是较低级的贵族，有执干戈以卫社稷的义务，故谓之"国士"。《左传》成公十六年载："伯州犁以公卒告王。苗贲皇在晋侯之侧，亦以王卒告，皆曰：'国士在，且厚（众多），不可当也。'"苗贲皇原仕楚，后离楚仕晋，当知晓楚军人员的配置情况，可见，楚之"王卒（指三军）"主要是以"国士"充当。苗又说"楚之良，在其中军王族而已"，又知由"国士"组成的"中军"，皆出自王族，是三军中训练有素、战斗力强、地位最高的一列车战兵。楚之"国士"，亦称"都君子"。《左传》昭公二十七年："楚……师救潜，左司马沈尹戌帅都君子……以济师。"这里所讲的"都君子"，即指居住在都邑中的"国士""君子"之称，以示其贵族身份，他们是贵族政治和军事上的主要支柱。

在楚国的军事领导体制中，地方武装起到重要作用。

春秋时期，地方武装力量是楚国兵力的重要组成部分。楚在灭中原诸侯国后，往往在所灭国故地设置地方军队，如楚灭陈、蔡、许、叶、不羹之后，设置陈、蔡、许、叶、不羹之师，灭繁阳之后设置繁阳之师等。申、息是楚国所灭中原诸国中较早的两个，楚在这里设置武装，一方面作为其兼并其他中原诸国的重要力量；另一方面，对申、息附近的小国（如吕、道、江、弦、黄等）进行军事威胁，使这些势弱的小国成为楚国的附属国，听从楚国的摆布，所以不难理解楚对申、息两地周围的一些小国长期实行存而不灭的政策。另外，申、息为楚所灭后，在一个较短的时期内，其贵族都可能得到楚国的重用或特殊优厚的待遇，楚在灭申后，曾任命申国的贵族彭仲爽为楚国的令尹，其子孙彭宇也当上了申县的县尹，可见楚对申人是比较宽厚的。楚在申、息两地设置武装，能够得到当地旧贵族的拥护，可谓尽得天时、地利、人和。《左传》最早明确提到"申、息之师"的是在鲁僖公二十五年（前634年，楚成王三十八年），"秋，秦、晋伐都。楚斗克、屈御寇以申、息之师戍商密。"

从《左传》的记载来看，申、息之师的直接领导权掌握在申公、息公手中。申公、息公亲率申师、息师随楚王、楚令尹和司马征战。

《左传》成公六年(楚共王六年)关于申、息之师的领导权问题说得很明白:"晋栾书救郑,与楚师遇于绕角。楚师还,晋师遂侵蔡。楚公子申、公子成以申、息之师救蔡,御诸桑隧。赵同、赵括欲战,请于武子,武子将许之。知庄子、范文子、韩献子谏曰:'不可。吾来救郑,楚师去我,吾遂至于此,是迁戮也。戮而不已,又怒楚师,战必不克,虽克,不令。成师以出,而败楚之二县,何荣之有焉?若不能败,为辱已甚,不如还也。'乃遂还。"如果申、息之师的领导权不直接掌握在申、息两县的县尹之手,而是直接掌握在楚国令尹、司马之手,则不能说"败楚之二县",子申、子成应分别是申公、息公。楚利用申、息之师以及陈、蔡、不羹、许、叶之师及繁阳之师等地方军队对外作战,即使失败了,对楚国在诸侯国中的声望也无太大影响。

楚武王称王后,楚国的县尹皆称某公,如蔡公、邓公等。楚在建立申、息之师前的申公、息公当是申、息两国的旧贵族,如在申地任用申人彭宇作申公,而在建立军队后,则任命楚国的公族充任申、息两地的县尹。如申公斗班是楚国著名的斗氏集团的贵族,斗氏在春秋时期常常担任王室大臣:斗缗(武王时的权尹)、斗祁(武王时的令尹)、斗縠於菟(成王时的令尹)、斗勃(成王时的令尹)、斗宜申(成王时的司马,穆王时的工尹和商公)、斗班(成王时的申公)等。申公巫臣和息公御寇则是楚国另一支著名公族——屈氏贵族。屈氏在春秋时期也常常担任楚王室大臣,如:屈瑕(武王时的莫敖)、屈建(康王时的莫敖和令尹)、屈重(武王时的莫敖)、屈御寇(成王时的息公)、屈巫(庄王和共王时的申公)等。这时的申公、息公由于既拥有强大的地方武装,又是楚国的显贵,其地位在楚国贵族中是比较高的。《左传》庄公三十年(楚成王八年):"秋,申公斗班杀子元(楚令尹)。"《左传》文公十四年(楚庄王元年):"楚庄王立,子孔、潘崇将袭群舒,使公子燮与子仪守而伐舒蓼。二子作乱,城郢而使贼杀子孔,不克而还。"《国语·楚语上》:"昔庄王方弱,申公子仪父为师,王子燮为傅。"孔颖达在《左传》疏中说:"公,楚之大夫也。"则申公、息公为大夫级的贵族。申公、息公因拥有兵权，竟能杀楚国的令尹，能够在朝中作乱或担任楚王的"师"，其地位显然高出其他诸"公"之上。[1]

第三节　军队兵种、编制和兵器

春秋时期，楚国地处江汉地区，北与中原诸国为敌，东南有吴国侵扰，前者长于传统的车战，后者则利在"舟师"。为适应车战和舟战的需要，楚国先后组建了一支以战车为主要装备的车战部队和一支以"舟"为作战工具的"舟师"，即水兵部队。

据徐俊研究[2]，春秋中期楚国军队兵种主要是车战兵。而舟师作为楚军的正式兵种，是在楚康王当政时开始建立的。

车战兵，是以战车作为军队主要装备的一种军队。这种战车大抵是独辕（辀）、两轮、方舆、长毂、四马驾挽的。[3]

《六韬·均兵》对战车的优势有较为透彻的分析："太公曰：'车者，军之羽翼也，所以陷坚陈，要强敌，遮走北也；骑者，军之伺候也，所以踵败军，绝粮道，击便寇也。故车骑不敌战，则一骑不能当步卒一人。三军之众，成陈而相当，则易战之法，一车当步卒八十人，八十人当一车。一骑当步卒八人，八人当一骑。一车当十骑，十骑当一车。险战之法，一车当步卒四十人，四十人当一车。一骑当步卒四人，四人当一骑。一车当六骑，六骑当一车。夫车骑者，军之武兵也。十乘败千人，百乘败万人。十骑败百人，百骑走千人，此其大数也。'"其中指出车兵、骑兵和步兵在战场上有不同的功能，车兵善于突破，可以冲锋陷阵，追击和阻击逃跑的敌人；而骑兵可以担任侦察

---

① 尹俊敏：《楚申、息之师考》，载楚文化研究会编《楚文化研究论集》第四集，河南人民出版社 1994 年，第 366 页。

② 徐俊：《春秋时期的楚军建制》，《华中师院学报》（哲学社会科学版）1982 年第 3 期。

③ 杨泓：《战车与车战》，《文物》1977 年第 5 期。

任务，也可用来追击逃跑的敌军，还可以去封锁敌军的粮道；步兵适应力强，善于短兵相接。但是，如果骑兵和车兵配置不恰当，那么一个骑兵甚至是敌不过一个步兵的。如果配置合理，那么一辆战车的战斗力相当于八十个步兵，一个骑兵的战斗力相当于八个步兵，一辆战车的战斗力相当于十个骑兵。[①]

早在殷商时期，战车部队就出现了。《诗经·商颂·殷武》说："挞彼殷武，奋发荆楚，罙（深）入其阻，裒荆之旅。""荆之旅"是楚国先民荆蛮建立的军事组织。这场战争，商王朝便动用了战车部队。西周中期，周昭王率由战车组成的"六师"南征，又被荆蛮打败。从"殷汤良车七十乘……遂有夏"（《吕氏春秋·简选》）和姬发以"戎车三百乘"（《史记·周本纪》）战败殷人而有天下的事例来看，战车是我国奴隶制时代最先进的军事装备，当时军队的主力是车战兵。《诗经·秦风·小戎》说："小戎俴收，五楘梁辀。游环胁驱，阴靷鋈续。文茵畅毂，驾我骐馵……"这首赞美秦襄公时军容的诗句，形象而又生动地说明受封诸侯国都建立了战车部队。《诗经·鲁颂·閟宫》中"公车千乘，朱英绿縢，二矛重弓。公徒三万，贝胄朱綅，烝徒增增"的描绘，表明鲁国有一支数量可观的战车部队。

春秋初，楚武王称王时，楚国已拥有一支以车战兵为主的部队。《史记·楚世家》："（楚武王）三十五年，楚伐随，随曰：'我无罪。'楚曰：'我蛮夷也，今诸侯皆为叛相侵，或相杀；我有敝甲，欲以观中国之政。'"楚武王所说的"敝甲"，就是楚国的战车部队。楚国制造战车有良好的条件，《墨子·公输》载："荆有云梦，犀兕麋鹿满之，江汉之鱼鳖鼋鼍为天下富……荆有长松、文梓、梗楠、豫章……"制革工艺极为发达。大冶铜绿山又有丰富的铜矿。所有这些，为楚国制造战车和组成一支武装精良的车战部队提供了坚实的物质基础。楚军原为徒兵，到用载时才有车兵。当初徒兵行军过河只要摆渡就行了，

① 金大伟：《春秋军阵研究》，中国社会科学出版社 2016 年，第 11 页。

到伐随时必须"除道梁溠"，即在溠水上架桥，拓宽道路，说明楚军已经用上了战车。

楚国使用战车的历史较早。《左传》僖公二十八年，记述城濮之战，楚出动"西广（左列的车阵）、东宫、若敖之六卒"，与晋国"七百乘"战车对阵。楚军中有一支"若敖之六卒"参战。若敖是继熊绎始受周封后的芈族酋长。"六卒"是由若敖氏同族子弟所组成的战车军队，是若敖当政时正式组建的，说明楚国的战车有悠久的传统。不久，楚武王熊通当政，他首创"荆尸"车战阵法，并开始向四周扩张，伐随、开濮地，战绩赫赫。《左传》庄公二十八年，记载楚令尹"子元以车六百乘伐郑"。又楚庄王"观兵于周郊"，晋楚邲之战中，楚庄王亲自"乘左广"追击敌人。楚军"车驰卒奔"，压向晋军，大获全胜。迄春秋一世，楚在与中原诸国的历次交战中，采用的都是以车战为主的作战方式。以车战兵为主力的楚军，是楚国国威的象征。①

楚王近身亲兵的兵车名为"乘广"。《左传》宣公十二年载："楚子（楚庄王）为乘广三十乘，分为左右。右广鸡鸣而驾，日中而说，左则受之，日入而说。许偃御右广，养由基为右；彭名御左广，屈荡为右。""乘广"即楚王亲军戎车。②"其（楚）君之戎，分为二广"，左、右二广各有御（驾驶战车者）。右，指立于战车右侧的力士。楚庄王右广车右为以善射出名的养由基，左广车右即屈荡。《楚屈叔沱戈》铭文有"楚王之元右"语，《周礼注疏》卷三二贾公彦释曰："戎右者，与君同车，在车之右，执戈、后备制非常。"结合上引《左传》"屈荡为右"的记载，楚人称车右为"元右"，看来也是沿袭周人。元右为楚王指挥车的保卫者，故其职位甚高。证之《左传》，闵公元年晋献公"作二军"时，"赵夙御戎，毕万为右"；闵公二年卫懿公以"渠孔御戎，子伯为右"；僖公十五年晋惠公使"步扬御戎，家仆徒为右"。御、右均为大

---

① 徐俊：《春秋时期的楚军建制》，《华中师院学报》（哲学社会科学版）1982年第3期。

② 据《左传》定公十三年所记，齐侯战车也称"乘广"。

夫一级。①

西周至春秋前期是车战的鼎盛阶段。当时的战车主要有两类：一类是用于驰逐攻击，是为"攻车"；一类用于设屏障、塞路口、运辎重，是为"守车"。《周礼·春官·车仆》将这两类战车分别命名为"戎路""轻车""阙车""革车""广车"。前三种属于"攻车"，后两种属于"守车"。"戎路"，又称"旄车"，通常是军队的指挥车，由国君、主将和部分禁卫军乘坐。"轻车"是"攻车"的主体，又称长毂、辆车、武车、战车等。"阙车"，其结构和性能与轻车同，但因其担负的作战任务特殊而单独命名，主要用于填补方阵中因战车损缺而出现的空阙，同时担任警戒、掩护任务，可见其为机动性轻车，故《左传》又称其为"游阙"。"革车"和"广车"属于防御用车。《孙子兵法》对战车则按其战术性质的不同而区分为两大类，一是驰车，即"轻车""攻车"；一是"革车"，即"守车""重车"。这些名目繁多的战车在当时都曾大显身手，在战场上扮演着类似现代主战坦克的角色。

一辆"攻车"一般载乘甲士三人，偶尔也有载乘四人的，称为"驷乘"。甲士三人按左、中、右次序排列并有不同的作战职能。左方甲士持弓主射，为一车之首，称"车左"或"甲首"。右方甲士称"车右""戎右""参乘"，手执戈、矛、戟等长兵器和盾牌主格斗，同时兼管维修车辆并负责为战车排除障碍。在轼前居中的是不直接作战的"御"，其职责是手握缰绳，驭马驾车，一般只佩带刀剑等随身短兵器。这样的战车通常采用一线横列作战，以便发挥远射兵器的威力。然后敌我互相驰冲，其近体格斗一般在两车相错时进行，近体格斗使用的兵器多为戈、矛、戟等。

指挥车"戎路"的乘员也为三人，但次序排列与职责分工则与一般轻车有别，即主将居中，击鼓指挥；参乘仍居右，负责警卫与格斗；御者居左，驾驭车马。

---

① 何浩：《〈楚屈叔沱戈〉考》，《安徽史学》1985 年第 1 期。

守车大多也以马匹挽拉，也有用牛驾挽的。它除了承担运输作战物资外，还被用来作大军宿营时的临时防御设施，或撤退时一起连成阻止敌人追击的障碍物，可见守车(辎重车)也是军队车辆装备的重要组成部分。①

比较典型的车战早期形态在牧野之战中有着生动的反映。如果把作战的全过程视为一个整体，其实施程序是首先展开步兵会战，然后以战车驰冲结束战斗。

牧野之战中，双方的军队在商都朝歌的郊外牧野遭遇。纣王的军队，《史记·周本纪》说"发兵七十万"，显然失之于夸大，但可以看出殷军是聚集了大量步兵。周军的战车部队为"戎车三百乘，虎贲三千人，中士四万五千人"，其基本编制与考古资料相符，而甲士的数目偏多；走在前阵的步兵，则是"歌舞以凌"的勇锐的巴师。双方军队的部署，当是两线配置：第一线的步兵按左、中、右列成三个大排面的密集方阵，左、右阵为三列纵深，中阵为五列纵深。第二线的战车可能是以二十五辆为单位横向编组，排成左、中、右三个平列横队。②

会战从军前誓师发布作战命令开始，尔后周军派出军将前往殷军阵前挑战(致师)，然后第一线步兵(巴师等)以整齐的大方阵队形，唱着军歌缓慢地推进，"歌舞以凌""不愆于六步、七步，乃止，齐焉"。接敌后，仍以严整方阵队形进行刺杀格斗，"不愆于四伐、五伐、六伐、七伐，乃止，齐焉"(《尚书·牧誓》)。在如此沉重有力的攻击下，殷军第一线步兵终于被击败投降，"殷人前徒倒戈"。于是武王亲率周军第二线的战车队急驰攻击，遂使殷军阵形被突破，导致全线崩溃，"纣师皆倒兵以战，以开武王，武王驰之，纣兵皆崩畔纣"(《史记·周本纪》)。

牧野之战战况显示，早期车战中的军队为了保持方阵整体的攻击

---

① 蓝永蔚：《春秋时期的步兵》，中华书局1979年，第68页。

② 蓝永蔚、黄朴民等：《五千年的征战：中国军事史》，华东师范大学出版社2001年，第34页。

能力，步兵和战车都必须以严整的队形缓慢推进，因此军队的接敌和攻击行动均在统一号令的严格规范之下。正是这一特点使得车战战术相当程式化，一般要待双方列好阵形后才以击鼓为号，发起攻击，即所谓"成列而鼓"(《司马法·仁本》)"不鼓不成列"(《左传》僖公二十二年)。尽管这种战术比较呆板，但是在广阔的平原战场上，战车横队的攻击力量较之战术同样呆板的步兵阵形仍然要大得多。到了西周后期，人们对战车的形制进行了改进，正如《司马法·定爵》所说的已着意于提高战车的综合战术性能，"周，先良也"。缩短轨距和辕长，加大车舆面积，增加车轮的辐条数，关键部位增加青铜紧固件，从而提高了战车的机动性和坚固性，增大了战车的车速和载重能力。在此基础上，以战车为中心组建部队，从此车战全面兴盛，并取代步战而成为最主要的作战方式了。①

车战相当残酷，战车驰骋，势不可挡，战车相撞，非死即伤。但从《左传》等典籍所反映的史实来看，车战开始时还是温情脉脉，一场车战一般经历次、致、阵、战四个程序：

次，或称军、舍，即敌对两军开进预定战场后首先扎营集结，准备约期会战，即《孙子兵法·军事》所说的"合军聚众，交和而舍"。

致，或称致师，即以单车或少量部队对敌进行挑战，试探敌军虚实动静。

阵，即列阵，根据兵力和敌方情况，将军队部署为军阵，准备交锋。即所谓"轻车先出居其侧者，阵也"(《孙子兵法·行军》)。

战，即两军展开决战，车驰卒奔，决定胜负。

车战交战的方式大致有三种。一是先敌发动进攻，迫击敌阵，晋楚邲之战中楚军攻击晋军即采取此法。二是固守阵形待敌来攻，齐鲁长勺之战中鲁军的作战指导即是如此。三是双方同时发起攻击。通常来说，当时车战持续时间并不长，几个时辰，最多一天就见分晓。只

---

① 糜振玉主编《中国军事学术史》，解放军出版社 2008 年，第 61—63 页。

有极个别情况是当天未决胜负，夜间暂行休战，以等待次日再战，如《左传》成公十六年记载的晋楚鄢陵之战就是这样。

与西周时期相比，车战战术在春秋时又有了相当大的发展。

其一，车战的阵形有了较大的发展。这不但表现为交战双方比较普遍采用了三军阵、五军阵，而且也表现为军阵内部车步兵力配置、战术协同、武器装备配置、实施机动等方面日益合理化，更有利于战斗力的发挥。

其二，由于阵形从密集队形逐渐改为疏散的配置，部队交战时的机动性趋于增强，反映在进攻的方式上就是速度的加快，攻击力的加强，即由传统的保持队形，徐缓推进，所谓"虽交兵致刃，徒不趋，车不驰，逐奔不逾列"（《司马法·天子之义》），向快速进击的方向过渡，形成了"疾进师，车驰卒奔"（《左传》宣公十二年）"车骤徒趋"（《周礼·夏官·大司马》）的攻击场面。

其三，出现了初步的野战防御方法。在这一时期，次军（军队屯驻）已设营垒。这些营垒一般都设有障碍物，能够阻碍或迟滞敌方战车的冲击，即所谓"深垒固军以待之"，它在一定程度上起到了使自己一方避免不利条件下交战的防御作用。

其四，战术观念逐渐发生重大的变化。这主要表现为早期战争重信轻诈的传统开始遭到冲击，"不鼓不成列"的惯例开始受到怀疑和否定，并渐渐趋于没落，趁对方尚未列好阵形就突然发起攻击的现象时有发生。

其五，战车阵地战逐渐开始运用多种较为灵活机动的作战方法。包括迂回侧后，攻其不虞；出其不意，晦日进兵；欲取先予，乱敌阵形；避实就虚，由弱及强；诱敌先进，侧翼夹击；巧妙设伏，大创聚歼，等等。[①]

楚国在楚武王时期开始高度重视对士兵的车战技术进行训练，故

---

① 糜振玉主编《中国军事学术史》，解放军出版社 2008 年，第 96—97 页。

在实战中楚军驾驶战车作战的技术超过晋军。《左传》宣公十二年：

> 晋人或以广队不能进，楚人惎之脱扃。少进，马还，又
> 惎之拔斾投衡，乃出。顾曰："吾不如大国之数奔也。"

这段文字是晋楚邲之战晋军溃退之际的一个片段。激战中，晋军有战车陷在坑里不能前进，追击的楚人教他们拔掉"插旗筒上的插销"①以脱困。晋人听从，但没走多远，马又盘旋不进，楚人又教他们拔掉大旗，放到车辕端的横木上，晋人听从，逃出之后却转头对楚人说："我们可不像大国的人屡屡奔逃，所以有经验。"寥寥数语，写出晋人既要面子又要活命的窘态。从历史叙事角度而言，这段文字对战争的进程并不发生作用，纯属闲笔而已，但从文学叙事角度看，却以其具有很强的故事性、戏剧性，让读者拨开数千年历史的隔阂，仿佛直接面对了这一场景，感受到春秋武士的可爱风度，客观上产生审美价值。②

车兵的编制，研究者争议较大。商周春秋时期盛行车战，单位是乘，即一辆马拉战车，配有甲士和徒兵。兵车一乘的人数，即关于"乘"的建制，历来争论不一。

通常的说法是西周时期和春秋初，一乘有三十人。《司马法》云："革车一乘，士十人，徒二十人。"当时是一乘三十人，甲士十人，其中三人在战车上，七人为步兵。另有二十人为徒兵。一乘与甲士的比例是1∶10，与整个兵员数量的比例是1∶30。但有的记录只提到甲士，如武王伐纣，孟子只说有"革车三百辆，虎贲三千人"（《孟子·尽心上》），实际上这三千人仅仅是甲士。对于一乘三十人之制，记载不少，如齐桓公时有"革车八百乘""君有此士也三万人"（《国语·齐语》），

① 扬之水：《诗经名物新证》，天津教育出版社 2007 年，第 407 页。
② 侯文学、李明丽：《清华简〈系年〉与〈左传〉叙事比较研究》，中西书局 2015 年，第 63 页。

此外还有"良车三百乘，散卒万人"的说法(《吕氏春秋·简选》)。

车战部队的人员编制，西周时期实行的是攻车一乘二十五人之制，其中一乘有五人作为后勤，故而实际一乘配有三十人。因为当时"一乘攻车步卒不过二十五人，前进速度缓慢，后勤供应简单，只要一辆由五名徒役看管的重车就足敷应用了。再早的时候，重车的数量还要少，甚至一辆重车可以供应几乘攻车的需用。到了春秋时期，步卒的人数骤增至七十二人"，"一乘攻车七十五人，再加上守车徒役共百人"。[1] 王冰把春秋时期的步兵分为步卒和徒两类，认为步卒是隶属于攻车的战斗步兵，而徒是隶属于守车的步兵，实际上担任了包括战车、兵器的保养等一系列后勤保障工作。[2]

楚在春秋初年，城濮之战时也有三军；春秋中期晋楚邲地之战时，楚三军外，楚王还有亲兵"二广"。楚两广应 60 乘。楚国 1 广 1 卒，1卒分 2 偏，1 偏 15 乘，1 卒有 30 乘，左右两广则有 60 乘战车。[3] 此时楚庄王"并国二十六，开地三千里"(《韩非子·有度》)，称霸中原，势力极盛。秦国与楚国相同，"秦穆公置陷阵三万，以服临敌"(《吴子·图国》)，也建立了三军。公元前 627 年，秦晋崤之战，秦有车三百乘，每乘配卒一百人。

金大伟参照楚军的有关资料，列出楚国军阵编制队伍人数，达到每车 150 人[4]，见表 10-1：

表 10-1：楚国军阵编制队伍人数

编制单位	单位之间倍数	人数	车数
伍		5 人	
两	10 伍	50 人	

① 蓝永蔚：《春秋时期的步兵》，中华书局 1979 年，第 103 页。

② 王冰：《春秋时期甲胄研究》，兰州大学 2009 年硕士学位论文，第 1—3 页。

③ 黄朴民：《中国军事通史·春秋军事史》，军事科学出版社 1998 年，第 81 页。

④ 金大伟：《春秋军阵研究》，中国社会科学出版社 2016 年，第 102 页。

续表

编制单位	单位之间倍数	人数	车数
卒	2 两	100 人	
		150 人	1 车
旅			
师(偏)		2250 人	15 车
军			

楚军的兵器名目繁多，不断丰富。两军交战，既要靠士卒手中的武器来杀伤敌人，又要依其保卫自己免受敌人杀伤。楚军的一辆战车上乘甲士三人，下随步卒百人，步卒按"五人为伍"组编，每人配备一件战术性能不同的兵器，构成五种兵器为一组配合使用，号称"步卒五兵"。三名甲士亦配五兵，称为"车兵五兵"。

"车兵五兵"：戈、殳、戟、酋矛、夷矛

《周礼·夏官·司兵》："军事，建车之五兵。"郑玄注："郑司农云：'五兵者，戈、殳、戟、酋矛、夷矛。'"

戈，称为句兵或啄兵。由援、胡、内和阑构成之装柄长兵。援，上下皆刃，可钩杀敌人，故名句兵；戈尖能啄杀敌人，亦谓啄兵。胡，接援后下部，上有"穿"（即"孔"），用以穿索缚于柄。内，为援后短柄，用以穿入木（或竹）柄，中部有孔贯索缚于柄上端。阑，接援后部及胡的下部，用以置戈体着柄后不致左右晃动。湖北江陵发现的"楚王孙渔"戈[1]，长沙浏城桥楚墓出土戈和戈柄各 7 件，其中 4 件戈柄长303～314 厘米[2]，制作十分精良，表明戈为长柄格斗武器。

殳，其形制和作用有两说：一说殳为击兵；一说殳是三棱矛。《考工记·庐人》："殳长寻有四尺。凡为殳，五分其长，以其一为之

---

① 石志廉：《楚王孙燮（渔）铜戈》，《文物》1963 年第 3 期。

② 湖南省博物馆：《长沙浏城桥一号墓》，《考古学报》1972 年第 1 期。

被而围之。参分其围，去一以为晋围。五分其晋围，去一以为首围。"又云："击兵同强。"注曰："改句言击，容殳无刃，同强，上下同也。"宋代重修《玉篇》云：殳，"长丈二尺而无刃"。又清人王晖曰："殳，即祋也。《礼书》作八觚形，或曰如杖，长丈二尺而无刃，主于击。""殳长无刃，类于有首之杖以锤人，则似可信也。"[1]

1978年，擂鼓墩一号墓出土7件通长330厘米的7件"三棱矛"，其中三件刺有篆书"曾侯邸之用殳"。[2] 程欣人力驳"殳无刃""主于击"的传统说法，以为"殳即三隅矛，三棱矛；也就是刺部横断面呈三角形的三刃矛"。[3] 殳，已得实证，当为有刃之"三棱矛"无疑。河南淅川子庚墓出土的殳[4]，是为楚兵器的实证。

矛，陈群道《礼书》："矛之为器，上锐而旁句。"为二刃一锋，有銎以安柄之兵器，以锋出刺敌人，故名刺兵。矛分酋矛和夷矛，但解说有歧，尚未统一。《诗经·郑风·风人》："二矛重英。"笺："二矛，酋矛、夷矛也。"《释名·释兵》："夷矛，夷，常也，其矜长丈六尺，不言常而曰夷者，言其可夷灭敌，亦车上所持也。"《考工记·庐人》："酋矛，常有四尺。"注："四尺曰寻，倍寻曰常。"按《说文》："酋矛建于兵车，长二丈。"于是，程瑶田以为酋近夷长。周纬不赞同此说，又无理由，只是说："余谓酋夷之分，恐不仅在其柄之长短，必尚有其他原因，非见实物不能辨之也。"[5]

戟，为戈矛合体之兵器，即柄前安直刃以刺敌人，边有横刃可句亦可啄杀敌人，兼具刺、勾、啄三个作用。《左传》庄公四年："楚武王荆尸，授师孑焉，以伐随。"[6]武王授师于孑，说明早在春秋初年，

① 周纬：《中国兵器史稿》，生活·读书·新知三联书店1957年，第98—102页。
② 湖北省博物馆：《曾侯乙墓》，文物出版社1989年，第293页。
③ 程欣人：《古殳浅说》，《江汉考古》1980年第2期。
④ 《淅川县发现楚令尹子庚墓》，《光明日报》1980年10月14日。
⑤ 周纬：《中国兵器史稿》，生活·读书·新知三联书店1957年，第98—102页。
⑥ 扬雄《方言》："楚谓戟为孑。"扬雄撰，钱绎笺疏：《方言笺疏》，上海古籍出版社1984年。

楚便用戟武装自己的军队，大大增强了战斗力。浏城桥一号墓出土一件长283.5厘米的积木竹柄铜戟，是为楚戟实证。值得注意的是，春秋楚墓中常有无内戈和有内戈组合的二戈或三戈同柲的戟出土。淅川出土的无内戈，应是多戈戟的戈；①"楚王孙渔之用"铭戈，一件有内，一件无内，合起来正是一件双戈戟。此类戟在中原罕见。

前引"建车之五兵"，贾公彦疏："凡器在车……以兵插而建之。"《庐人》注："戈、殳、戟、矛，皆插车轐。"车轐，车旁插兵器的地方。这里，有一个必须解决的疑问，三名甲士何以配备五兵呢？因为甲士是车战兵的主力，特别是对车右，即"勇士"的技艺要求高。《周礼·夏官·司右》："凡勇力之士能用五兵者属焉。"《吕氏春秋·简选》："晋文公造五两之士五乘，锐卒千人，先以接敌，诸侯莫之能难。"高诱注："两，技也，五技之人。"此五两之士，即能用车兵五兵者。每辆战车配五兵，皆插车轐，勇士根据战斗需要，交互使用。在蚡冒以前，楚国只有北方称为"徒兵"而南方有时称为"陵师"的步兵。对付群蛮，只要有精锐的徒兵就可以稳操胜券了；对付诸夏，却非有精锐的车兵不可，否则无异乎以卵击石。熊通为伐随所做的准备工作，主要是组建一支能在随枣走廊里驰骋的车兵，以及为兵车平整道路、架设桥梁的工兵。②

当时车战兵器是以五种为一组配套使用的，都插在战车的舆侧使用。淮阳楚墓车马坑出土的楚国战车两侧，就配有插兵器的筒。③

"步卒五兵"：弓矢、殳、矛、戈、戟

《周礼·夏官·司右》郑玄注引《司马法》说：步卒五兵，"无夷矛而有弓矢"。步卒五兵"无夷矛而有弓矢"，即有戈、弓矢、殳、矛、

---

① 张剑：《从河南淅川春秋楚墓的发掘谈对楚文化的认识》，《文物》1980年第10期。
② 张正明：《楚史》，湖北教育出版社1995年，第71页。
③ 郭德维：《曾侯乙墓的主要收获》，载《楚史·楚文化研究》，湖北人民出版社2013年，第332页。

载五种。然而，根据过去的出土情况，这一区分并不严格，如安阳发掘的殷代车马坑，车上三个乘员各有一套武器，其中"戎"那一组就有弓矢，此外还有戈、刀，由此可见车兵一样有弓矢。此墓出土的这些兵器恰与文献上所载车兵五兵是相符的。①

弓矢，为射击兵器。《释名·释兵》："弓，穷也，张之穹隆然也。"《说文》："弓，以近穷远也。"矢，即箭镞，以弓发射，可借弓之张力，能在较远距离杀伤敌人，为长兵之冠。早在周初，楚的"桃弧棘矢"是必须向周王室贡献的特产，故楚弓有名。"荆文王得茹黄之狗，宛路之矰，以畋于云梦。"(《吕氏春秋·直谏》)矰，《史记·老子韩非列传》说"飞者可以为矰"，为弋射之矢。《左传》成公十六年："潘尪之党与养由基蹲甲而射之，彻七札(甲)焉。"以上诸例，说明楚弓弹射力强，矢锋坚锐，穿透力大。用如此精良的弓矢武装步卒，以便在远距离内射杀敌人，消灭对方有生力量。浏城桥一号墓出土长125~130厘米的竹弓，一个竹箭箙，箙内装有8支完整的箭，箭全长75.5厘米，另有各式铜镞四卜六枚，是楚弓矢难得的实物见证。曾侯乙墓中出土的弓共55件，形制较简单。每张弓均由三块木片拼接缠绕而成，用两块带有一定弧度的木片，一端平齐较厚，一端较薄，将这两根木片较薄的一端交叠重合作为弓的中部，并在中部的外侧另加一块较短稍厚之木片，将这三片缠绕好，表面再髹漆，弓就制作出来了。在弓的两端(弧形内侧)还装有角质弓弭。②

步卒五兵之一的殳，在曾侯乙墓中出土有自铭为"殳"的实物，还有竹简遣策印证，弥补了文献的不足。出土的殳中，有7件殳头呈三棱矛状，其中3件在一侧刃上有铭文"曾侯邸之用殳"，可见这种三棱有刃的兵器即是殳。而文献记载的殳是无刃的，墓中却又恰好出土了

① 郭德维：《曾侯乙墓的主要收获》，载《楚史·楚文化研究》，湖北人民出版社2013年，第332页。

② 郭德维：《曾侯乙墓的主要收获》，载《楚史·楚文化研究》，湖北人民出版社2013年，第334页。

这种无刃殳：柲的两端均为铜套，一端呈八棱形，一端呈圆筒形，皆无刃。对照简文，有刃的殳称杸，无刃的殳称晋杸，文献中没有记载有刃的殳，此殳的出土弥补了文献的不足。

矛也是步卒五兵之一。曾侯乙墓出土矛49件。出自东室的一件，矛头较大，长22.5厘米，并有青铜矛镦，全长2.25米，出土时保存很完整。其余的矛全部出自北室，矛头均较小，长11.5～12.5厘米，而矛杆却较长。除三件较粗、不积竹外，其余的均较细、积竹。较粗的三根(有的略加拼接)全长分别为4.36米、4.18米、4.05米(此根未装矛头)，矛杆为圆形，上端径1.7～2厘米，下端径3.2厘米，外用丝线密密缠绕成宽带状，然后以黑漆为地，隔一定距离加一道红圈。端部有角质的镦。积竹的细矛杆，上端径一般为1～1.2厘米，下端径2.3～2.7厘米，保存最好(或稍经拼接)最长的有4.4米。这些矛杆是如此之细又如此之长，完全是因积竹具有弹性和韧性的缘故。积竹外亦用丝线密密缠成环带状。上类矛杆下部多作八棱形，上部棱慢慢模糊不清，变成近似圆形。

步卒五兵之一的戈。曾侯乙墓中共出土有66件，绝大部分连木柲保存完好。柲为扁圆形木杆，背侧厚、内侧薄，外用藤皮(或革带)缠绕，再髹以黑漆。柲的上端作鸟首状，其下有一窄方穿，容铜戈头的"内"部穿过。穿下柲内侧有一窄长方浅槽，刚好安插戈头的"胡"部。然后用革带捆扎，革带虽不存，但留下革带上之漆皮，故缠绕的情况清晰可见。戈在以前出土不少，但只保留有戈头而不见戈柲。此墓出土的戈头大、中、小三种形状都有，不少有铭文，如"曾侯乙之寝戈""曾侯乙之走戈""曾侯乙之用戈"。戈头虽有大、中、小之分，但戈柲长度基本相等，即1.27～1.32米左右，最长不超过1.4米，别处出土戈的长度也差不多，故《考工记》所载戈为短兵。

步卒五兵之中的戟。曾侯乙墓中出土的戟有30柄，这是在一墓之中出土最多、保存最好、式样最全的一次，并且还有不少戟上面有铭文。出土的戟有三种样式：一种为三个戟头前面带一个矛刺，戟头是戈形，故称三戈带矛戟；一种为不带矛的三戈戟；还有一种为双戈戟，比三戈就少一个戟头。这三种戟均为第一个戟头的戈有内，其余的戈无内。戈头以最上面一个为最大，其余依次递减。三种中每种都有铭文，前两种铭文都是在三个戈上铸相同的字，如"曾侯乙之用戟"；双戈戟，有的上下两个戟头铭文相同，有的铭文不一样，如有上下均为"曾侯邝之行戟"的，也有的上一个戟头为"曾侯邝"，下一个戟头为"之行戟"或"作时"，这时两个戟头的铭文必须连读。这三种戟头的秘是基本相同的。秘均为木心，外贴积竹，即用竹青片包裹于木心之外，再以丝线密密缠成宽带状。秘的上端前窄后宽，中部呈圆形或多棱形，最下端有 2.4~4 厘米的黑色角质套作戟镈。秘的长度一般为 3.2~3.4 米，故戟是长兵。①

近体格斗兵器：剑、斧、鏚、钺

剑，一锋双刃，中为脊，下为柄，柄刃之间有格，名卫手。"剑承其心"，用于近体交战，为刺杀两用之兵，亦具备砍的性能。春秋时的剑身较短，如浏城桥一号墓出土的四把铜剑，长约 50 厘米，且多为贵族佩戴，以示其特权和贵族身份。剑，作为兵器，因剑身短，只有双方扭打在一起时才能发挥作用，但在车战的条件下，这种情况是罕见的。

斧，有銎装柄之劈砍之兵。形制大小不一，名目繁多。钺，像斧，比斧大，圆刃可砍劈。《左传》昭公三年："负之斧钺。"《尚书·顾命》："一人冕，执钺。"郑玄注："钺，大斧。"

鏚，古同"戚"，一种形似斧的兵器。戚字从"未"，有小义，盖斧小于钺，而戚又小于斧也。②《左传》昭公十二年："君王命剥圭以为鏚秘。"

钺的作用，"多为工具，或用于作仪仗及斩杀有罪之器，所谓斧

① 郭德维：《曾侯乙墓的主要收获》，载《楚史·楚文化研究》，湖北人民出版社2013 年，第 333 页。
② 周纬：《中国兵器史稿》，生活·读书·新知三联书店 1957 年，第 104—108 页。

钺之诛是也"①。

"车兵五兵"和"步卒五兵"除弓矢外，戈、殳、矛、戟均为安柄之兵器，但柲与戈、殳等安合的全长有一定限度。《庐人》讲："凡兵无过三其身，过三其身，弗能用也，而无已又以害人。"浏城桥一号墓出土戈和戈柄各7件，其中11件的长度在303～314厘米之间，2件矛柄，一长280厘米，一长297厘米；4件铜矛均长13.4厘米。将柲、矛相合超过300厘米，约是人高的两倍，基本上与《庐人》的记述一致。由此可知，兵器的长短，是以人的平均身高为相对标准的，不能过长。"因为柄愈长，兵器的击刺死角愈大，对于抵近之敌的攻击能力愈差，另一方面，如以战士手握处为支点，则柄愈长，前出的力距愈大，使用起来也就愈吃力。"②

第四节　军事训练与军事指挥

春秋时期楚国逐渐发展成为"抚有蛮夷，奄征南海，以属诸夏"的军事强国，是与楚军的训练有素分不开的。正所谓"国之大事，在祀与戎"（《左传·成公十三年》），《尉缭子》说："凡兵制必先定。制先定则士不乱，士不乱则刑乃明。"治军，首先确立法制，使部队整齐统一。法制的严明，军事法纪的制定，是保证军队训练成效的前提，否则，就是一群手持武器的乌合之众。楚国军队重视以法治兵，注重平素的军事训练，增强了士卒的身体素质，实战能力大为提高。楚国以武立国，楚王五年不打仗就感到无面目见先祖，故历代楚王均十分重视楚军平时的训练。散见于史籍的零星资料，披露了楚军的五种军训方式。

一是"田猎"——模拟战争。

《左传》隐公五年："故春蒐、夏苗、秋狝、冬狩，皆于农隙以讲

① 周纬：《中国兵器史稿》，生活·读书·新知三联书店1957年，第104—108页。
② 蓝永蔚：《春秋时期的步兵》，中华书局1979年，第215页。

事也。"《尔雅·释天》："春猎为蒐，夏猎为苗，秋猎为狝，冬猎为狩。""春蒐夏苗，秋狝冬狩"都是在农闲之时，通过田猎的方式演练军阵。之所以用田猎的方式演练军阵，是因为"在很长一个时期里，战争工具和田猎工具相同，战争方式和田猎方式相同"①。《周礼·大司马》中又将这四次军事演习称作"振旅、茇舍、治兵、大阅"，更加突出了四次军阵演练的重点所在，其中尤以"冬狩"即"大阅"规模为最大，因为此次是对前三次军阵演练的检阅，所以称之为"大阅"。

历代楚王之中喜田猎者不乏其人，《湖广志》："武王山在枣阳县东五十里，世传武王常猎此。"《说苑·立节》："楚庄王猎于云梦，射科雉得之。"《说苑·至公》："楚共王出猎，而遗其弓。"《左传》昭公三年："子产乃具田备，王(楚灵王)以田江南之梦。"《左传》昭公十二年："楚子(灵王)狩于州来。"

楚王出猎，要摆设整齐的阵列，借助猎狩"以习王戎"，训练军队。《左传》文公十年载厥貉之会："(楚穆王)田孟诸。宋公为右盂，郑伯为左盂。期思公复遂为右司马，子朱及文之无畏为左司马。命凤驾载燧。宋公违命，无畏抶其仆以徇。"杜注："盂，旧猎阵名。"杨伯峻解释："盂，取于曲之义，盖圆阵也。"这种田猎俨然是两军对阵，把禽兽视为劲敌。《武经七书》之一的《李靖问对》，论证狩猎与战争的关系，谓："因之以巡狩，训之以甲兵，言无事兵不妄举，必于农隙，不忘武备也。"田猎一定要在农闲时节进行，与军训结合起来。楚穆王在厥貉之会期间组织宋国和郑国国君打猎，有意羞辱宋昭公，在田猎中宋昭公违犯"凤驾载燧"(天未亮时驾车赶到并带上灯笼)的命令，田猎左司马文之无畏"抶其仆以徇"，即对宋昭公车驾御者给予笞击的军法处分。可见，楚穆王田猎的目的不在于猎，而是借助田猎训练军队。楚穆王田猎的阵式，无异于模拟战争。

田猎时，旌是身份的象征。《左传》昭公七年："楚子之为令尹也，

---

① 杨宽：《先秦史十讲》，复旦大学出版社 2006 年，第 417 页。

为王旌以田。芊尹无宇断之，曰：'一国两君，其谁堪之?'"杜预注：
"析羽为旌，王旌游至于轸。"孔颖达疏："《周礼·节服氏》：'衮冕六
人，维王之大常。'郑玄云：'王旌十二旒，两两以缕缀连旁，三人持
之。礼，天子旌曳地。'杜以楚虽僭号称王，未必即如天子，不应建大
常旌曳地，故以诸侯解之。"可见，爵位不同，所用旌的旗幅的长度也
不相同。《新序·义勇》记楚"司马子期猎于云梦，载旗之长迤地"，
因而被芊尹文"拔剑齐诸轸而断之"，理由是司马田猎用旗的长度与其
身份不符。这说明对田猎还有着一套严格的礼俗规定。

楚王还通过田猎的方式挑选将士。《说苑·君道》："楚庄王好猎，
大夫谏曰：'晋，楚敌国也，楚不谋晋，晋必谋楚，今王无乃耽于乐
乎?'王曰：'吾猎将以求士也，其榛蓁刺虎豹者，吾是以知其勇也；
其攫犀搏兕者，吾以知其劲有力也；罢田而分所得，吾是以知其仁也。
因是道也，而得三士焉，楚国以安。'""榛蓁刺虎豹"的勇士，"攫犀搏
兕"的力士，是楚君通过田猎观察、选拔的将士。假田猎"以习王戎"，
挑选勇力之士，在于要他们参加实战。《左传》昭公十二年："楚子
(灵王)狩于州来，次于颍尾，使荡侯、潘子、司马督、嚣尹午、陵尹
喜帅师围徐以惧吴。"杜注："狩，冬猎也。"楚灵王在州来举行冬猎，
训练军队，挑选荡侯等五人"帅师围徐以惧吴"。不难想见，州来冬狩
是楚灵王借冬天打猎以围徐惧吴的战前练兵。

二是"振万"——以舞习戎。

《左传》庄公二十八年："楚令尹子元欲蛊文夫人，为馆于其宫侧，
而振万焉。夫人闻之，泣曰：'先君以是舞也，习戎备也。今令尹不
寻诸仇雠，而于未亡人之侧，不亦异乎!'御人以告子元。子元曰：
'妇人不忘袭仇，我反忘之!'"杨伯峻注："万舞包括文舞和武舞，文
舞执籥和翟，故亦名籥舞或羽舞。……武舞执干与戚，故亦名干
武。"[①]所以万舞就是武舞的一种，习练舞蹈的目的是熟悉"戎备"，当

---

① 　杨伯峻：《春秋左传注》，中华书局 1990 年，第 241 页。

时舞蹈中的"武舞"，即舞蹈者的动作中具有实战的色彩，参加舞蹈的人手拿攻击和防守的武器，展现战斗中的作战动作，利用这种方式熟悉战争动作的要领，是对实战的一种准备。闻一多在《神话与诗·说舞》中说道："除战争外，恐怕跳舞对于原始部落的人，是唯一的使他们觉得休戚相关的时机。它也是对于战争最好的准备之一，因为操练式的跳舞有许多地方相当于我们的军事训练。"①《礼记·内则》："成童象舞，学射御。"可见射和御是武舞中必有的动作。从文夫人之言可知，楚文王经常举行万舞，通过手持兵器的武舞"习戒备"，训练军队。

万舞中的武舞会呈现队列的一些变化，有军阵变化的要素。《礼记·乐记》记武舞："夫乐者，象成者也。总干而山立，武王之事也；发扬蹈厉，大公之志也。武乱皆坐，周召之治也。……故先鼓以警戒，三步以见方，再始以著往，复乱以饬归。""三步以见方"中的"方"应为"方阵"而非"方法"，方阵多用于进攻，军队的战斗队形最后以坐姿结束，坐姿则常用于防守，所以此舞蹈动作包含从攻到守的变化。②"万舞"之舞中，不仅有个人技击的实战动作，也有队列姿势的变化，由方阵化为圆阵，由攻击状态转为防守状态，因此当时楚国军士所学的舞蹈，不仅能使他们熟悉实战的动作，也能了解军阵中的变化方法。因此说当时楚国的武舞也是军阵训练的一种方式，有寓教于乐的特点。③

三是"简师"——检查装备。

"简师"，作为古代常见的一种军事用语，大体有两种含义。《左传》桓公六年："秋，大阅，简车马也。"即检阅、查看军训情况和装备。《吕氏春秋·简选》："简选精良，兵诚铦利。"《礼记·月令》："选士厉兵，简练桀俊，专任有功，以征不义。"在出兵之前，先行演

---

① 闻一多：《神话与诗》，中华书局 1959 年，第 198 页。
② 蓝永蔚：《春秋时期的步兵》，中华书局 1979 年，第 206 页。
③ 金大伟：《春秋军阵研究》，中国社会科学出版社 2016 年，第 115 页。

习，挑选优秀戎士。

《左传》襄公三年："楚子重伐吴，为简之师，克鸠兹，至于衡山。"楚将子重领兵伐吴，由于从部队中简选精良，很快攻占了鸠兹和衡山等地。又《左传》襄公二十五年："舒鸠人卒叛楚，令尹子木伐之，及离城，吴人救之，子木遂以右师先，子彊、息桓、子捷、子骈、子孟帅左师以退。吴人居其间七日。子彊曰：'……请以其私卒诱之，简师，陈以待我……'从之。五人以其私卒先击吴师，吴师奔……简师会之。吴师大败。"令尹子木所"简"之师，应是从参战的"右师"和"左师"中挑选的"精良"，再行编列演习的"简练杰俊"。短小精悍的"简师"，与训练有素的"私卒"（子彊等人的私人武装）会合，很快打败了吴师。

《左传》昭公十四年："夏，楚子(平王)使然丹简上国之兵于宗丘……使屈罢简东国之兵于召陵。"杜注："简，选练。简练者，选择而治之也。"然丹、屈罢所"简"之师，除实地检阅部队的训练情况外，还"疑包括一切武备与卒乘"①。

四是"观兵"——检阅部队。

观兵，作为军事术语，是检阅军队示人以兵威的意思。《左传》僖公四年："观兵于东夷。"杜预注："观兵，示威。"《左传》宣公三年："楚子伐陆浑之戎，遂至于雒，观兵于周疆。"这是指楚庄王率军在周天子的都城前面借阅兵来炫耀武力。《史记·楚世家》："楚庄王观兵于周郊。"楚庄王陈兵于周郊，并命令部队进行操练，以此向周天子示威。《左传》昭公五年："楚子(灵王)以诸侯及东夷伐吴……观兵于氐箕之山。"楚灵王在氐箕山(今安徽巢湖南跐蹰山)检阅军队，观看训练阵势，向吴显示兵力。史料表明，所谓"观兵"，实际上是一种特殊的军训方式。

五是"治兵"——战前演习。

---

① 杨伯峻：《春秋左传注》，中华书局1990年，第1365页。

治兵，就其军事上的意义而言，是演习操练行将参加作战的军队，按实战标准进行军事演习。《穀梁传》庄公八年解释的"治兵，习战也"，正是这个意思。《左传》僖公二十七年："楚子（成王）将围宋，使子文治兵于睽，终朝而毕，不戮一人。子玉复治兵于蒍，终日而毕，鞭七人，贯三人耳。"楚成王准备围攻宋国，命子文和子玉分别在睽、蒍两地带兵演习作战，现场检阅军训情况，检阅围宋的军事实力。由于是战前的练兵，要求很严，故子玉对怠慢者施行严厉的军刑。又《左传》襄公十八年：楚师将伐郑，"子庚帅师治兵汾"。子庚在汾地（今河南许昌西南）训练演习将要攻伐郑国的楚军。

楚国的军事训练卓有成效。《左传》宣公十二年："蒍敖为宰，择楚国之令典，军行，右辕，左追蓐，前茅虑无，中权，后劲。百官象物而动，军政不戒而备，能用典矣。"蒍敖，即孙叔敖，楚庄王时令尹。他选择楚国的军事典籍，着力训练楚军，连部队行军也注重训练。楚国军队行军时，右军从将军之旗所向进退；左军沿路为全军军马割取草料；前军探道，并以旌为信号通告后军，以防不虞；中军制谋，后军以精兵为殿，各部将帅以旌旗标明其地位与职司，并依此而行动。军之政教，不待约束，反而更加戒备森严。足见楚军是一支训练有素的武装力量。

以上所列楚军的军训方式说明，春秋时期楚军是一支训练精良的作战部队。楚军战绩赫赫，累建奇功，除他们能英勇善战之外，与他们平素严格的军事训练紧密相关。①

战争中的指挥系统至关重要。楚军在战争中的具体指挥人员包括将帅、谋士和执行指挥命令的兵员。统帅在打仗时一般居于中军的位置。如果是楚王亲自指挥，则楚王在其亲兵禁卫部队左右广之中的战车上进行指挥，身旁带有谋士。楚国的军事指挥装备齐全。在以战车

---

① 徐俊：《春秋时期楚军的训练和军法》，《华中师范大学学报》（哲学社会科学版）1987 年第 2 期。

为作战工具的春秋时代，交战双方动辄出动数百乘战车对阵，场面极大，加之"车驰卒奔"，士卒间的杀喊声、马的鸣叫声，兵器的碰击声……"言不相闻，故为之金鼓，视不相见，故为之旌旗"（《孙子兵法·军争》）。楚王和将帅的指挥是依靠具体的指挥器械来完成的。古代指挥器械主要有三种，古人称作三官。一曰鼓，用以指挥部队行动的开始和进军；二曰金，指挥撤退和结束行动；三曰旗，作为军队的标志和用以控制军队的方向、停止行动等。军队靠旌和鼓指挥。楚国这三种指挥器械皆备，发展得相当完备。

首先是金，即丁宁。丁宁亦名钲，江陵雨台山楚墓中出土有钲，《左传》宣公四年记楚庄王与若敖氏交战时，斗越椒向楚庄王射去一箭，由于箭的力量强，箭镞又锋利，箭矢飞过车辕，穿过鼓架，而后又落在钲上。由此可见，钲和鼓与楚庄王在同一乘车上。将帅与指挥器材同处一车，便于指挥。军中的钲和鼓由鼓手来专司，有时遇到危急情况或激动人心的时刻，楚王和将帅还会亲自擂鼓、鸣金。

鸣金示意停止和撤退。《尉缭子·兵教上》："击鼓而进，低旗则趋，击金而退。麾而左之，麾而右之，金鼓俱击而坐。"《吴子·应变》："鼓之则进，金之则止，一吹而行，再吹而聚。"鸣金要求士卒从行进状态转变为静止状态。《尉缭子·勒卒令》中提到"金之则止，重金则退"。鸣金有轻重之别，以此指挥军阵停止或者后退。

《左传》哀公十一年："陈书曰：'此行也，吾闻鼓而已，不闻金矣。'"陈书此去有死意，"不闻金"即不停止进攻，准备战死沙场。《六韬·龙韬·励军》中言道："武王问太公曰：'吾欲令三军之众，攻城争先登，野战争先赴，闻金声而怒，闻鼓声而喜，为之奈何？'""闻鼓声而喜"说明士卒争先奋勇杀敌以建军功，"闻金声而怒"说明士卒以退兵为辱、以败逃为耻。

其次是鼓。鼓是指挥军队进攻的工具。《左传》宣公四年："楚子（庄王）与若敖氏战于皋浒。……鼓而进之，遂灭若敖氏。"《韩诗外传》卷六："庄王援枹而鼓之，晋师大败。"所谓"鼓而进之""援枹而鼓

781

之", 是说战车跟着主帅的鼓声向前冲杀。

鼓置于战车的位置, 从甲骨文和金文鼓字的形象可以推知, 它不是像后代那样平置的, 而是横悬的。[①] 鼓在战车上安放的位置, 在皋浒之战提供了探索的依据。《国语·晋语》: "伯棼(即斗越椒)射王, 汰辀, 及鼓跗, 著于丁宁。"韦昭注: "丁宁谓钲也。"《诗经·小雅·采芑》: "钲人伐鼓。"郑玄说: "镯, 钲也, 形如小钟, 军行以为鼓节。"斗越椒所射之矢高于辀, 中及鼓旁的钲。依此可以断定, 鼓架在临近辀的上方, 靠车右(即车长)一侧。只有这样安置, 才便于主将击鼓, 指挥战斗。《隋书·音乐志》记载: "革之属五, 一曰建鼓……周人悬之, 谓之悬鼓。"可见, 悬鼓属乐器, 用于歌舞伴音。"金鼓"横悬于车上。

湖北省博物馆《楚国八百年》陈列展览介绍了湖北省荆门市沙洋县后岗镇松林村严仓古墓出土的楚宣王时期的战车, 从保存的旗杆、铜戟、铜戈、铜铙、舆外侧"漆甲"等分析, 该车属于典型的指挥战车。战车内有髹红漆木杆, 发掘者怀疑是权杖, 实际上可能是支撑鼓的支架。《荀子·议兵》中有所谓的"将死鼓", 道出了将帅以鼓指挥的重要性。随州曾侯乙墓中出土有四种不同样式的鼓, 其中有一面扁鼓无环无柄, 需用鼓架撑起来才能使用, 与文献中楚国军鼓有鼓跗的形式相似, 似即军鼓。[②]

训练士兵必须练习辨别金鼓。军队中不同等级的人所持的金鼓也不一样。其中, 王所建为路鼓, 诸侯建贲鼓, 军将建晋鼓。据清代学者郑珍考证, 这三种鼓都很大, 如果立于车上, 很难击打。[③] "战鼓在战车上是究竟怎样具体安置, 才能使它既便于使用又不致影响主将的

---

① 杨泓:《战车与车战》,《文物》1977 年第 5 期。
② 湖北省博物馆:《曾侯乙墓》, 文物出版社 1989 年, 第 151—155 页。
③ 孙诒让:《周礼正义》卷五五, 工文锦、陈玉霞点校, 中华书局 2013 年, 第 2303 页。

视线以及与敌人的搏斗，现在还不清楚，有待在今后考古工作中继续解决。"①孙诒让猜想，王、诸侯、军将所执的路鼓、贲鼓、晋鼓，并不是亲自击打，而是建于他车，王、诸侯、军将另乘一车，以鼙令鼓。他说："窃疑此经师帅执提以下，其鼓较小，皆是亲执。其军将以上职位较崇，所用三鼓广长之度绝侈，将车所不易建，当别以车载之，则三鼓不必亲执，经以与下提鼙等牵连并举，故通言执耳。《吴语》'将军建鼓'，文例亦同，实则王侯军将所亲执者仍是鼙，与大阅礼中军用鼙同也。其大师王在军临战之时，王车亦止载鼙以令鼓，而鼓人别乘副车，载路鼓以从之，如大阅中军以鼙令鼓，而后鼓人三鼓。彼鼓人即地官之属，所鼓者盖即路、鼖、晋诸鼓别载以从者也。诸侯军将以下，当亦如是。"②

在熟悉金鼓号令之后，大司马再教士卒以阵形演练。③《左传》僖公二十年记宋襄公所说古军礼中有"不鼓不成列"的规定，或许就是指根据鼓声整军，而《孔丛子·问军礼》"然后鸣金振旅"，则当是对振旅时听铙铎而动的记载。这些，同样适用于楚国。

鼓对于军队有多方面的作用。进入战国时期，楚令尹吴起所著《吴子·应变》有"鼓之则进，金之则止"的记载。《吴子·治兵》："一鼓整兵，二鼓习陈，三鼓趋食，四鼓严辩，五鼓就行。闻鼓声合，然后举旗。"依吴子所言，第一次击鼓是整理兵器，第二次击鼓是练习列阵，第三次击鼓是迅速就餐，第四次击鼓是严格检查，第五次击鼓是站队整列。这五次击鼓中只有"整兵"和"习阵"与军阵相关，所以鼓声在军中的用途是比较广泛的。

金和鼓有时候要交叉使用。昼战多旌旗，夜战多鼓、金。《孙子

① 杨泓：《战车与车战》，载《中国古兵与美术考古论集》，文物出版社 2007 年，第 112 页。
② 孙诒让：《周礼正义》卷五五，王文锦、陈玉霞点校，中华书局 2013 年，第 2304 页。
③ 任慧峰：《先秦军礼研究》，商务印书馆 2015 年，第 162 页。

兵法·军争》："《军政》曰:'言不相闻,故为鼓金;视不相见,故为旌旗。'……故夜战多火鼓,昼战多旌旗。"《孙膑兵法·陈忌问垒》:"夜则举鼓,昼则举旗。"[1]《六韬·虎韬·军略》:"昼则登云梯远望,立五色旌旗;夜则设云火万炬,击雷鼓,振鼙铎,吹鸣笳。"《吴子·应变》:"吴起对曰:'凡战之法,昼以旌旗幡麾为节,夜以金鼓笳笛为节。'"《孙膑兵法·势备》:"权者,昼多旗,夜多鼓,所以送战也。"[2]旌旗优点在于一目了然,且旌旗组合变化多于金鼓,若于白昼,旌旗指挥效率高于金鼓,然而若夜战,则旌旗受限,须靠金鼓传递军令,所以有夜战多鼓或金。

多旌旗则少鼓或金,并非不用鼓或金。若天气阴沉,光线昏暗,士卒难辨旌旗,如此则白昼也须多用金或鼓;反之,若夜色明亮,火炬举,敌我混战,声音难辨,则又须多用旌旗。《将苑·战道》中记载:"夫林战之道:昼广旌旗,夜多金鼓。""广"和"多"只是相对而言,而非绝对。

此外还有旗。旌即旗,是军事行动之信物。《诗经·小雅·出车》:"我出我车,于彼郊矣。设此旐矣,建彼旄矣。彼旟旐斯,胡不旆旆?"以旗指挥的做法在商代已产生。[3]《周礼·春官·司常》:"师都建旗。""司常掌九旗之物名,各有属以待国事。日月为常,交龙为旂,通帛为旃,杂帛为物,熊虎为旗,鸟隼为旟,龟蛇为旐,全羽为旞,析羽为旌。"楚师亦然。《史记·楚世家》:"(楚)庄王自手旗,左右麾军,引兵三十里而舍,遂许之平。"《左传》昭公七年:"楚子(灵王)之为令尹也,为王旌以田。"据上诸例,可见旗是楚军将帅地位与职司的标志,是指挥军事行动的信物。作战时,旗指挥军队进退,

① 银雀山汉墓竹简整理小组:《银雀山汉墓竹简·壹》,文物出版社 1985 年,第 48 页。

② 银雀山汉墓竹简整理小组:《银雀山汉墓竹简·贰》,文物出版社 2010 年,第 58 页。

③ 任慧峰:《先秦军礼研究》,商务印书馆 2015 年,第 78 页。

行军中"百官象物而动"。

旗帜是军队的标志，楚庄王时楚人用"前茅（旄）虑无"引申为表示军队前锋的开路作用。《左传》宣公十二年记楚军行军时"前茅（旄）虑无"，杨伯峻注：

> 茅，疑即《公羊传》"郑伯肉袒，左执茅旌"之"茅旌"，《礼记·杂记下》云"御柩以茅"，亦谓以茅旌为前导也。……茅旌者，或云以茅为之。王引之《公羊述闻》云："茅为草名，旌则旗章之属，二者绝不相涉，何得称茅以旌乎？茅当读为旄。盖旌之为饰，或以羽，或以旄。旄，牛尾。其用旄者，则谓之旄旌矣。"王说是也。古之军制，前军探道，以旌为标帜告后军，《礼记·曲礼上》所谓"前有水，则载青旌；前有尘埃，则载鸣鸢；前有车骑，则载飞鸿；前有士师，则载虎皮；前有挚兽，则载貔貅"，郑注云"载谓举于旌首以警众"者是也。[1]

可见楚人早期的旗帜是用旄制成，举在军前作为向导，探测道路，为后面的部队指明方向。

古代的旗帜没有一定的样式和颜色。《左传》桓公二年记有"三辰旂旗"，杨伯峻注："三辰，日、月、星。旂音祈。旗有九种，旂旗是其总称。天子之旗名太常，其上画日月，或云，亦画星辰。"[2]而其他将帅的旗帜也各具特色。楚国统帅战车上有旌。《左传》成公十六年记晋楚鄢陵大战："栾铖见子重之旌。请曰：'楚人谓夫旌，子重之麾也。'"楚帅的战车上立旌以指挥引导军队，但由于旌的形制特别，对方一般不容易判断其主人，"栾铖识子重之旗帜，盖由楚军被俘者所

---

① 杨伯峻：《春秋左传注》，中华书局 1990 年，第 723 页。
② 杨伯峻：《春秋左传注》，中华书局 1990 年，第 89 页。

供。……旗帜上书姓氏，自是战国以后制度。"①楚国军队有各级编制，打仗时也有战斗编组，每一级编制或编组都有自己的旗帜。因此，晋国的栾铖能够根据旗帜的样式识别出子重其人。②

旗的形制，大抵是以竹木为梃，揭布帛用为标识的式样。湖北随县擂鼓墩一号墓出土的"积竹木柲"，通长在312~326厘米之间，盖为旌旗之杆。③旗的式样、大小尺寸和旗上装饰，或所用布帛颜色，质地不同，名目繁多。《周礼·春官·司常》："全羽为旞，析羽为旌。"注："全羽、析羽皆五采，系之于旞旌之上，所谓注旄于干首也。"《公羊传》宣公十二年："庄王亲自手旌，左右挥军，退舍七里。"注："旄首曰旌。"旗，《司常》："熊虎为旗"，惟称画熊虎者为旗。又云"司常掌九旗之物名"，则亦名旗为旌旗之总称。旗用于指挥军队进退，且又标明将帅身份，因而安置在主将和各级将领的战车上，"大约是斜插在车箱的后部，一方面可以减少大旗直立而形成的阻力，同时也免得妨碍乘员进行战斗"④。

旌主要是用作将帅的指挥旗。旌者，精也。旌羽或为纯白，或为五彩，精光醒目，便于督进士卒，故《说文》云："旌，所以精进士卒也。"《玉篇》释"麾"云："麾，旌旗之属，所以指麾（挥）也。"楚庄王是以"旌"指挥作战。《公羊传》宣公十二年："庄王亲自手旌。"旌，精光壮美，可以鼓舞士气，所以，旌又常用作战鼓之饰。山彪镇水陆攻战纹铜鉴图象显示的正是饰旌之鼓。作先锋的勇士要把旌插在肩背上，称为"被羽"。《国语·晋语》："晋攻狄，郤叔虎被羽先登，克之。"《后汉书·贾复传》李贤注云："被羽即析羽之旌旗。"水陆攻战纹铜鉴图象壬组的第三人，手持长戟，肩被羽毛，真切地再现了被羽之旌的形象。商末至战国战争的主要形式是车战，因而师、田用旗多建

---

① 杨伯峻：《春秋左传注》，中华书局1990年，第889页。
② 顾久幸：《楚军建制及其指挥系统》，《理论月刊》1994年第2期。
③ 程欣人：《古殳浅说》，《江汉考古》1980年第2期。
④ 杨泓：《战车与车战》，《文物》1977年第5期。

于车上。据车马狩猎画像纹图象，旗是斜插在车厢之后。河南淮阳马鞍冢楚墓二号车马坑四号车，左右两侧车厢处各有一筒状物，简报认定为插旗筒①，甚确。②

楚国军队的前军使用旆。在旌或旗上加上的旗幅称之为旆。旆在古书中常被比喻成天空中的彗星，可知其形细长。"旆之为旗，长而垂梢，彗星之状似之，故彗星一曰孛星。孛旆俱从市声，孛之为字犹旆也……《易》曰：'丰其旆，日中见彗。'以旆为彗，与赋之以彗为旆同。"③在作旌的旗幅时，旆被引申用来指代兵车或前军。《左传》僖公二十八年"狐毛设二旆而退之"，"刘书年《刘贵阳经说》曰：'设二旆，设前军之两队也。庄二十八年《传》"楚子元、斗御彊、斗梧、耿之不比为旆，斗班、王孙游、王孙喜殿"，旆、殿对文，而曰为旆，是旆必前军。楚前军名旆，晋制亦然"'④。在曾侯乙墓简文中有许多以"旆"为名的车，如"大旆"（简1）、左旆（简16）、右旆（简36）等，这些车上都只有"一枨，二旆"或"一晋枨，二旆"。《左传》僖公二十八年，城濮之战，晋军"亡大旆之左旃"，此处的"大旆"即曾侯乙墓简文中以"大旆"为名的兵车，左旃是车上另建之旗。此种建有两旗的兵车在出土文物中仍可见到。⑤可见，用来指代兵车的旆其实是旗幅。⑥

旗上加旆是表示正式开战的标志。《诗经·商颂·长发》中的"武王载旆，有虔秉钺"，即表明了周对商朝的正式宣战。"武王载旆"，《荀子·议兵》引《诗经》为"武王载发"，《说文》引作"武王载坺"。王引之云："发，正字也。旆、坺，皆借字也。发谓起师伐桀也。《豳风·七月》笺曰：'载之言则也。'武王载发，武王则发也。"但此处"载

---

① 曹桂岑，马全，张玉石：《河南淮阳马鞍冢楚墓发掘简报》，《文物》1984年第10期。

② 杨英杰：《先秦旗帜考释》，《文物》1986年第2期。

③ 闻一多：《周易义证类纂》，载《周易与庄子研究》，巴蜀书社2003年，第12页。

④ 杨伯峻：《春秋左传注》，中华书局1990年，第461页。

⑤ 蓝永蔚：《春秋时期的步兵》，中华书局1979年，图片三。

⑥ 任慧峰：《先秦军礼研究》，商务印书馆2015年，第228页。

旆"与"秉钺"对文，都是战争开始的标志，毛传曰："建旆兴师出伐，又固持其钺，志在诛有罪也。"甚是，故从之。《左传》昭公十三年记载晋与诸侯平丘之会："八月辛未，治兵建而不旆。壬申，复旆之。诸侯畏之。"建旗而不旆，说明只是演练，是"治兵"，但此时晋国的霸主地位已经衰落，"治兵"已不足以威慑诸侯，所以第二天（壬申）晋又"旆之"，这是要动真格的了，故"诸侯畏之"。因此，"旆可以根据需要，随时取下或佩上"①。《左传》定公四年记卫祝佗追述成王分封鲁、卫等国时的情形曰："分鲁公以大路、大旂……分康叔以大路、少帛、绮筏、旃旌、大吕。"旆与其他几物并列。成王赐康叔以旆，是表示在必要的时候，康叔可以用武力镇压殷地贵族的反抗，于是温情的礼仪中便暗含了一丝杀机。旆在此处的意义十分特殊，故需单独列出，从而也可看出旆是可以取下或佩上的。②

第五节　军事装备与战车

记载楚国武器锐利的史料不绝于书，这方面的考古发掘材料层出不穷。在此，我们主要对青铜兵器、铁兵器及其他军械作一些分析。

楚国的青铜兵器不论长兵短兵，刺、钩、射、杀，种类齐全，而且坚硬、锐利、厚实、灵巧。河南淅川下寺出土铜器的九座大小春秋墓中，有 5 座出土比较完整的兵器 129 件，种类有戈、矛、剑、镞、钺、戟等。而戈、矛、戟则是楚国的步兵、骑兵、车兵通用的武器。兵器制造精良，数量之多也很惊人。公元前 606 年，楚庄王挥戈至洛邑，观兵于周郊，问鼎之轻重，大有取而代之之势，庄王对周室大臣傲慢地说："子无阻九鼎！楚国折钩之喙，足以为九鼎。"(《史记·楚世家》)这既表现出楚庄王不可一世的神态，又说明当时楚国兵器之

---

① 杨英杰：《先秦旗帜考释》，《文物》1986 年第 2 期。
② 任慧峰：《先秦军礼研究》，商务印书馆 2015 年，第 229 页。

多，把折下来的戈、戟钩口尖堆在一起就足以铸成九鼎。春秋楚墓中大量出土矛、戈、戟之类兵器，仅一个墓葬便有十数件之多。春秋时的楚剑亦以精美锐利著称。河南固始白狮子地一号墓出土的铜剑具有血槽设计，增强了杀伤力。传世或出土的吴、越铜剑，堪称精美，但春秋楚墓出土的铜剑也毫不逊色。春秋楚墓中还出土了铁剑和钢剑，不仅吴越无法相比，中原各国更是望尘莫及。

楚国还十分重视对弓箭的研制。河南淅川下寺春秋墓群中，出土铜镞80件，有镞身带双翼的，也有三棱形无翼的。长沙浏城桥一号墓中除了出土铜镞外，还出土了竹矢箙、竹弓，把各地春秋楚墓出土的材料加在一起，就可窥见箭、弓、箙全套装备的设计精良。至于楚王所用的弓就更为考究了，有所谓"大屈弓""繁弱弓""鸟嗥弓"等。神箭手养由基的故事传说之所以出于楚国，也绝非偶然巧合。

楚国除有强大的进攻性武器外，防御装备也颇为精良。湖南长沙浏城桥一号墓出土皮甲一件，皮盾把手三件。河南固始白狮子地一号墓亦出土皮甲残片三件，可见春秋时楚国的军队身上穿有皮甲，手中执有皮盾，既轻便又柔韧，可以柔克刚，比较有效地防御刀、矛、剑、戟和弓箭的穿刺。《左传》襄公三年载："楚子重伐吴……使邓廖帅组甲三百，被练三千以侵吴。"贾逵云："组甲以组缀甲，车士服之。被练以帛缀甲，步卒服之。"今出甲之墓，皆有车马器者，与文献所载吻合。楚国的甲胄久负盛名，《淮南子·兵略训》：（楚）"蛟革犀兕，以为甲胄。修铩短鏦，齐为前行，积弩陪后，错车卫旁。疾如锥矢，合为雷电，解如风雨。"这可视为对春秋时楚国军事工业发展和行军布阵的总结。①

立国于西周，强盛于春秋的楚国，其军队便是用当时最先进的武器装备起来的一支精锐部队。

---

① 黄崇岳、徐兆仁：《春秋时期楚国的经济发展——兼论我国历史上开发南方的第一个高潮》，载河南省考古学会编《楚文化觅踪》，中州古籍出版社1986年，第247—250页。

一、战车及其种类

车战，是春秋战争的特点。车，用于作战，故称"兵车"。《考工记》："故兵车之轮六尺六寸。"又称"武车"，《礼记·曲礼》"武车绥绥"；《韩非子·南面》"桓公有武车"。常称"战车"，《六韬·豹韬·林战》"以骑为辅，战车居前"；《尉缭子·兵救下》"乘于战车，前后纵横"。战车是军队的主要装备。根据战术的不同要求，战车分为不同的种类。《孙子兵法·作战》："凡用兵之法，驰车千驷，革车千乘，带甲十万。"曹操《孙子注》说："驰车，轻车也，驾驷马。革车，重车也。"杜牧注："轻车，乃战车也。古者车战，革车辎车，重车也。载器械、财货、衣装。"依此，战车分为驰车和革车，或轻车和重车两类。[①] 前者为攻战用车，后者系后勤用车。

驰车或轻车——攻战用车

战车，楚人名之为"广"或"乘广"。记载楚军战车最多的《左传》大抵是如此称呼。公元前587年，楚晋邲之战中，楚庄王"乘左广"追击晋军，其他战车也是"车驰卒奔"（《左传》宣公十二年），争先杀敌。"广"或"乘广"，当为攻车。

攻车，用于作战，要求坚实轻便，因而称为"轻车"或"驰车"。轻车"不巾不盖"（《后汉书·舆服志》），不负荷他物和不必要的装饰，一则避免战车自身过重，便于"驰敌致师"时轻快速行，二则以防蔽挡甲士和士卒的视线，影响兵器的挥舞。

楚军的战车中有一种名曰"游阙"的机动战车，它的任务是补足车战中损耗的战车，仍是用于作战的轻车。

战车，亦名"长毂"，配备一定数量士卒和用于作战的实战工具。从"长毂一乘……甲士三人""广有一卒"，服虔云"百人为卒"来看，每三名甲士和百名步卒配置一辆驷马驾辕的战车，组成一个战斗集体。[②]

---

① 蓝永蔚：《春秋时期的步兵》，中华书局1979年，第89—91页。
② 徐俊：《春秋时期的楚军建制》，《华中师院学报》（哲学社会科学版）1982年第3期。

战车的形制，综合已知殷周车子的资料考察，这时的车子基本上是“独辕(辀)、两轮、方形车箱(舆)、长毂。车辕后端压置在车箱下车轴上。辕尾稍露在箱后，辕前端横车衡，在衡上缚轭，用来驾马。轮径较大，辐条十八至二十四根。车箱的门都开在后面”。[①] 河南上村岭出土编为1227号车马坑中的三号车，是一辆春秋时期虢国的木质车，其轮径125厘米，辐28根，轴长236厘米、径6.5厘米，衡长140厘米，轨宽180厘米，箱广123厘米、进深90厘米、高33厘米，辕长约296厘米、径5.5~8厘米。[②] 春秋之世，楚用兵中原，其战车基本形制应与中原诸国相似。每辆战车驾四马，《诗经》中“四马既闲”“四牡骓骓”“乘其四骐”“四骐驥驥”的诗句便是佐证。直到战国，楚兵车的形制和辕马数量仍然如此。《楚辞·国殇》“车错毂兮短兵接……左骖殪兮右刃伤。霾两轮兮絷四马”，正是有力的说明。

革车或重车——后勤用车

“革车，重车也”，因载荷的物资以皮革覆盖其上，故名革车。

《左传》宣公十二年：“乙卯，王(楚庄王)乘左广以逐赵旃。及昏，楚师军于邲……丙辰，楚重至于邲。”“重”，杜注：“辎重也。”即楚之辎重车队，其任务是“载器械、财货、衣装”，保证士卒口粮的供应，补充作战中兵器、甲楯矢石的耗损。

据王从礼研究[③]及有关文献，楚国的辎重车有不同的称谓。

其一，軘车同兵车。《释名·释车》：“軘车，戎者所乘也。”《左传》襄公十一年：“郑人赂晋侯以……广车、軘车淳十五乘。”杜预注：“广车、軘车，皆兵车名。”孔颖达《正义》：“皆是兵车，而别为之名，盖其形制殊、用处异也。郑玄云，‘广车，横陈之车也’；服虔：‘軘车，屯守之车也。’或可因所用遂为名，及其用之亦无常也。”《左传》

---

① 杨泓：《战车与车战》，《文物》1977年第5期。

② 中国科学院考古所编著：《上村岭虢国墓地》，科学出版社1959年，第20—22页。

③ 王从礼：《楚国辎重车的形制与作用》，《长江大学学报》2021年第1期。

宣公十二年："晋人惧二子之怒楚师也，使轫车逆之。"杜预注："轫车，兵车名。"

其二，驰车与革车功能等同。《十一家注孙子》张预："驰车即攻车也，革车即守车也。其轫车与革车，可能皆为辎车。"宋叶大庆《考古质疑》卷二："古者车兼攻守，合而言之皆曰革车；分而言之曰革车，又曰轻车、重车。"其中的"重车"就是辎重车，是战备或生活中不可或缺的车型。《左传》闵公二年："革车三十乘。"杜预注："革车，兵车。"《礼记·明堂位》："革车千乘。"郑玄注："革车，兵车也。"《孙子·作战》杜牧注："古者车战，革车辎车，重车也，载车，载器械财货衣装者也。"

其三，輂、辇与辎车同。《周礼·乡师》："与其輂辇。"注："輂，驾马，辇，人挽行，所以载任器也。"輂车是驾马载重的大车。《左传》宣公十二年孔颖达疏："蔽前后谓之辎，载物必重谓之重，人挽以行谓之辇，一物也。"《后汉书·舆服志上》李贤注引《傅子》："周曰辎车，即辇也。"

其四，苹车与辎辁车同。《周礼》之"苹（屏）车"分为辎车和辁车两种。有屏蔽的车又叫"辎辁"或"衣车"。《说文》："辎，辎辁也，衣车也。耕，车前衣也；车后为辎。"《左传》宣公十二年孔颖达《正义》引《说文》："辎，一名辁，前后蔽也。"《史记·苏秦张仪列传》："（苏秦）乃行过洛阳，车骑辎重，诸侯各发使送之甚众，拟于王者。"看来，辎重车也有前后遮挡的衣物，起蔽的作用，两侧局部开有窗，以便乘者观望。再者，军中辎重上的粮草常需布幕屏蔽，故也名"辎辁"。

看来，辎重车有多种车名，也是一种多功能的车型，装饰上有别具一格的风格。龙首车辕和龙首车配件的相伴出土，表明了楚辎重车的形态与功用。在史料中，辎重车已被楚国君王及臣子们广为使用，且流行地域广，时间长，数量多，并与他车为伍。辎重车形体宽敞，载重量大，可用于运输财物和军戎器械，还可用于助丧运输。

楚人早就使用过此类车，《史记·楚世家》："昔我先王熊绎辟在荆山，荜露蓝蒌以处草莽，跋涉山林以事天子，唯是桃弧棘矢以共王事。""荜露"同"筚路"。"筚路"似与周制"木路"相当，材质上略有不同。《左传》宣公十二年："楚自克庸以来，其君无日不讨国人而训之……训之以若敖、蚡冒，筚路蓝缕，以启山林。"杜预注："筚路，柴车。"孔颖达疏："以荆竹织门谓之筚门，则筚路亦以荆竹编车，故谓筚路为柴车。"可以说，"筚路"不过是辎重车的雏形，"筚"为"荆竹"类用材。熊家冢有4乘车(即27、29、39、43号)，除用竹编制的茵板(在车底板上)之外，其余还为藤编板，武家壁在《遣车》中称为藤编车。大车马坑矮墙内的仪仗车，应是楚王的"戎路"或"筚路"，其伞盖也由藤条编织。

藤为楚地的特产，质地牢固，经久耐用，以之编车，减震性强。当车快速奔驰时则可降低车的颠簸度，减轻乘者的疲劳。从这个意义上说，楚人在造车上选材科学、品质优良、设计合理。秦始皇陵兵马俑坑的战车舆底仍在竖置纵木的框架上密集横编有长竹片，之上再铺一层斜方格纹的皮织物，这些显然受楚人减震效果的启迪。[①] 它比熊家冢藤编车要晚200多年。

大体看来，楚人以龙为装饰题材的车(辎重车)形制可分两类：一类为整体型的龙首车辕，既见于最高等级的熊家冢车马坑，又见于次等的九连墩一号车马坑中的第27、29、31号车，还见于马鞍冢的铜质龙首车辕上饰件；另一类为长沙浏城桥一号墓、天星观一号墓、九连墩一号墓的木质龙首配件和罗岗车马坑的铜质龙首车舆构件，似插在车舆两侧前后。前者的木质坚硬者，可能属于楚人崇尚的荆木；以铜质龙首为配件者，在于强调辎重车的贵重。

各类龙首车辕和龙首车配件的出土与文献记载的辎重车形体的对照，已还原了辎重车的大体形态。楚车马坑中的辎重车存放的特殊位置与墓中相关构件的存放，也说明它在楚人心目中的地位十分重要。

---

① 袁仲一：《秦始皇陵兵马俑坑出土的战车》，《文博》1989年第5期。

二、护体装备及其种类

车战，是双方战车排列成一定的队形互相接近，先是用弓矢对射，随后便是车兵和步卒间面对面的白刃格斗。为保护自己，防止被对方杀伤，除配备戈、殳等进攻性武器外，还要配给甲、胄和楯牌之类防御性的护体装备。

护首器——胄（盔）。《说文》："胄，兜鍪也，从月，由声。""兜鍪，首铠也。"《左传》襄公十六年："叶公亦至及北门，或遇之曰，'君胡不胄？……盗贼之矢若伤君，是绝民望也。'乃胄而进。又遇一人曰：'君胡胄？……国人望君，如望岁焉。……而又掩面以绝民望，不亦甚乎？'乃免胄而进。"这里说胄掩面以防矢，不胄以面对国人，是讲胄是楚军的首铠，为护头装备。

护身器——楯（盾）。《说文》："盾……所以扞身蔽目。"用作遮挡敌人兵刃矢的刺击。可见，"盾是防御的，为了保存自己。"[①]《左传》襄公二十五年："楚蒍掩为司马。子木使蒍掩数甲兵……赋车兵、徒卒、甲楯之数。"蒍掩清点包括"楯"在内的武器数量，表明盾是楚军的重要装备。长沙楚墓出土一件木胎漆盾，其上缘作花形，下绿平直，是研究楚盾的实物资料。[②]

护体器——甲。甲，防御矢石的护体装备。刘熙《释名》："或谓之甲，以物孚甲以自御也。"甲用皮革为之。"强楚劲郑，有犀兕之甲。"（《盐铁论》）甲用犀兕两种革合制而成。《荀子·议兵》："楚人鲛革犀兕以为甲，鞈如金石。"在青铜兵器占支配地位的春秋时代，"鞈如金石"的"鲛革犀兕"之甲，对防御戈、矛、戟、矢的攻击是较有效的。甲，主要武装车兵，故称"甲士"。《史记·楚世家》："我（武王）张吾三军，而被吾甲兵，以武临之。"《左传》昭公十一年："楚子（灵王）伏甲而飨蔡侯于申，醉而执之。"上列材料表明，甲作为护体器，

---

① 毛泽东：《论持久战》，1938年，第53页。
② 吴铭生：《长沙左家公山的战国木椁墓》，《文物参考资料》1954年第12期。

是楚军的重要装备之一。

甲的制作，是按护卫身体部位的不同，将皮革裁成大小不同的革片，分别缀成胸甲、背甲和肩甲。浏城桥一号墓出土一领皮甲，有六种式样。长方形：一式长 15 厘米，宽 13 厘米，上有十个穿孔；一式长 20.5 厘米、宽 13 厘米，四周均有孔。横形：一式长约 15 厘米，一式长约 9 厘米，两端中部有小孔。角形：长 12～20 厘米。枕形：长 22.5 厘米，宽 11 厘米。

如以人平均身高 1.66 米计，上身约长 70 厘米，推测两种长方形的可能是编缀成"身甲"的主要甲片，横形、角形和枕形的，可能属于甲的边缘部分。如果以甲片长 15 厘米来计算，上下接连排列七层，除去编缀肘甲片的重叠部分，至少可达 80 厘米，已足够用来防护躯干了。①

由于战争需要，楚国有时也用"甲"临时武装步卒。

《左传》襄公三年："楚子重伐吴，为简之师，使邓廖帅组甲三百，被练三千。"杜注："组甲，被练，皆战备也。组甲，漆甲成组文。被练，练袍。"贾逵云："组甲以组缀甲，车士服之。被练以帛缀甲，步卒服之。"孔颖达曰："甲贵牢固，宜皆用组，何当选不牢之甲，命步卒服之。杜言组甲漆甲成组文，今时漆甲有为文者。被练文不言甲，必非甲名。被是被覆衣著之名，故以为练袍，被于身上。"杨伯峻考之《初学记》二二引《周书》云："年不登，甲不缨组。"又《燕策》"身自削甲札，妻自组甲绊"的记述，认为"绊"是用丝绵织成的带，以之穿组甲片而成衣，则谓组甲，较之以绳索穿成者自为牢固。练是煮熟的生丝，柔软洁白，用以穿甲片成甲衣，自较以组穿甲为容易，但不如组带之坚牢。② 杨伯峻所释，至为精当。依杨氏言，邓廖率三千三百名甲士攻吴。甲主要武装车兵，步卒随车作战，身不着甲。楚攻吴的被练三千，应是作战需要，临时着甲于步卒，又织"绊"不及，而以熟

---

① 杨泓：《中国古代的甲胄》上篇，《考古学报》1978 年第 1 期。

② 杨伯峻：《春秋左传注》，中华书局 1990 年，第 925 页。

丝组编甲衣，将步卒武装成的"甲士"。

现今考古所发现的春秋时期的甲胄多集中于楚国的墓葬中，这与甲胄的材质、地域文化以及综合国力都应该是有密切关系的。所见的最早的甲胄实物则是殷墟侯家庄 1004 号墓出土的青铜胄和皮甲残片，是商晚期的物品。之后，随着我国考古工作的进一步开展，出土的甲胄实物越来越多，但它们基本上都是春秋中晚期制成的。[①] 春秋时期这种以车战为主的特殊的战争形式，决定了春秋时期的甲胄有其自己的风格和特点。

春秋时期的甲胄多为皮革所制，由甲衣、甲裳和胄三大部分组成。甲衣和甲裳是由许多的皮革甲片编缀而成，称作组甲。一般说来，甲衣由甲身、甲领、护膊和护臂四大部分合成。甲裳又称甲裙，通常较长或只是前端较长。因为在车战中，甲士都被限定在车的范围内，不可能也不必做过多的移动。做甲的皮革，《考工记》中提到了犀甲、兕甲和合甲。"函人为甲，犀甲七属，兕甲六属，合甲五属。""犀甲七属"是说由犀牛皮制的甲裙要由七排皮革甲札合成。"犀甲兕甲皆单而不合，合甲则一甲有两甲之力，费工多而价重。"所谓合甲就是由数层甲札合编而成的防护性和灵活性更强的皮甲。一般用牛皮制成，至于合甲究竟由几层甲札制成，并无确论。从考古发现来看，出土的合甲大多是两层。清代学者江永认为"合甲则一甲有两甲之力"[②]，断定合甲有两层皮革。另《左传》成公十六年记："潘之党与养由基蹲甲而射之，彻七札焉"。[③] 从文献来看，合甲的皮革层数有二到七层不等，从

---

① 2008 年 7 月，在河南省南阳发现了由 31 处墓葬组成的春秋晚期的古墓群，里面保存了大量的皮甲，为甲胄研究提供了珍贵的第一手资料。

② 江永：《〈周礼〉疑义举要》，中华书局 1985 年，第 349 页。

③ 杨伯峻先生校注的《春秋左传注》在此条下注："彻，穿透。七札，革甲内外厚薄复叠七层，见孙诒让：《周礼·考工记·函人正义》。当时革甲一般皆七札，《吕氏春秋·爱士篇》叙晋惠公之车右以戈击秦穆公，已破六札，唯一札未破；《韩诗外传》八叙齐景公射穿七札，《烈女辩通传》谓晋平公亦射穿七札，皆可证。"杨伯峻：《春秋左传注》，中华书局 1990 年，第 886 页。

现在出土的情况来看，春秋末期的两层皮甲最为多见。

步卒的甲胄。《左传》襄公三年："使邓廖帅组甲三百，被练三千，以侵吴。"这段话值得注意的地方有两处：一是它不像以往春秋时期的战争那样描述了用车多少乘，而是用了"组甲"和"被练"这样的称谓。二是"组甲"和"被练"之间的数量关系是 1∶10，这恰好也是战车和其所附属人员的比。战车的附属人员的人数是甲士 3 人，步卒 7 人，共计 10 人。这就说明所谓的组甲极有可能就是原来甲士中的车左或车右，而被练则是步卒。

春秋时期大多数步卒没有甲胄，他们只是在所穿的被练上涂上表明其身份的标志，以便于区分敌我和具体兵种，这种标志称作"徽"或"章"。[①]

马的甲胄。春秋时期的马也是有护甲的。《左传》成公二年有"不介马而驰之"的话，这显然是把马不披甲作为一种非常态而指出的。《左传》僖公二十八年："五月丁未，献楚俘于周，驷介百乘，徒兵千。"所谓"驷介"就是披甲戴胄的用于车战的战马。从以上记载来看，春秋时期车战的马也是披甲的。

此时期马甲的发展经历了一个由整片皮革制成到由多片皮革编缀而成的过程。战车的单位是乘，一乘车有马四匹，在中间的两匹马称作"服马"，把居于两边的叫作"骖马"。四匹马并不是平行站位的，而是服马在前，骖马在后。服马胸前有块皮革，这块皮革称之为"靳"，靳两旁有环，以绳贯之，绳子连接到骖马的头部。四匹马就以这样的方式被连接到一起。《左传》僖公二十八年记载："晋车七百乘，韅、靷、鞅、靽。"韅、靷、鞅、靽即是马甲的四大组成部分。马的胄和人戴的胄有相同之处，其制作材料多采用青铜，而非皮革。马胄在考古发现中较著名的是虢国墓和淅川下寺楚墓出土的青铜胄，保存得不算好。对这一时期马胄的了解多来源于战国初期曾侯乙墓出土的马胄。

---

① 王冰：《春秋时期甲胄研究》，兰州大学硕士学位论文，2009 年，第 9—15 页。

虽然曾侯乙墓属于战国早期的墓，但就马胄的形制来看，应当是无太大差异的。马的胄基本以中梁为轴呈对称的形式。马胄对马首的保护比较严密，除露出眼睛和耳朵外，马首的上半部被完全置于胄的保护之中。[①]

三、制甲皮革的选用

根据《周礼·考工记》的说法，当时制作一件好的物品需要同时占据"天有时、地有气、材有美、工有巧"四个条件。除去天和地不可抗力的因素外，"材有美"尤放在"工有巧"之前，可见当时的工匠对于材料选用工作的重视。春秋时期制作皮甲的工匠称作"函人"，《说文》说"函"取含容之义。"'函人为甲'者，亦以所作之器名工也。"[②]函人在皮甲材料的选择上大致有犀皮、兕皮、牛皮和鲛鱼皮四种。其中前三种是较为常用的，这三种材质又以兕皮最为坚韧厚实，犀皮稍次，牛皮最差。鲛鱼皮的使用仅见于楚国。

《荀子·议兵》："楚人鲛革犀兕以为甲，鞈坚如金石。宛钜铁钝，惨如蜂虿。"杨倞《荀子注》云："以鲛鱼皮及犀兕为甲，坚如金石不可入。"孔融《肉刑论》云："古圣作犀兕革铠，今有盆领铁铠。"《国语·越语上》云："吴王夫差衣水犀之甲二千。"《尔雅·翼》云："鲛出南海，状如鳖而无足，圆广尺余，尾长尺许，皮有珠文，而坚劲可以饰物。"又云："犀兕并有甲，兕之革最坚，故犀甲只寿百年，而兕甲寿二百年。"

"鲛鱼"为何物，学术界一直在争论。比较可信的说法有两种：一说是鳄鱼；一说是鲨鱼。应以前者为是。因为用鲛鱼皮制甲的记载只出现在楚国。若是鲨鱼的话，临海的齐、吴等国均应采用。兕、犀和鲛鱼均是楚国和吴、越等地的特产。这三种动物的皮革是制作甲胄的上好材料，所以盛产这些动物的楚国以其甲胄的坚实而闻名于春秋诸

---

① 王冰：《春秋时期甲胄研究》，兰州大学硕士学位论文，2009年，第17—19页。

② 孙诒让撰，王文锦、陈玉霞点校：《周礼正义》，卷七九《冬官函人》"函人为甲"条，中华书局1987年，第3285页。

国。晋国和楚国的犀、兕的数量差别极大，春秋时期由于各国的交通已比较便利，各国之间往往互通有无，由此导致了《左传》襄公二十六年所记的"皮革自楚往也。虽楚有材，晋实用之"的现象。因此，晋国也是这一时期甲胄质量最好的国家之一。但即便如此，它的质量还是要比楚国的皮甲胄差很多。到了战国，这种差距又被拉大了。在寿县出土的"鄂君启金节"上有这样的记载："母载金、革、黾、箭。"[1]其中"母"和"毋"通用。由此可见，到了战国时期，皮革作为战争的重要消耗品，已经不允许被自由买卖了。于是，作为犀和兕原产地楚国的皮甲胄的质量没有任何疑义地居于春秋各国之首。这或许可以解释为什么出土的春秋时期的皮甲胄如此集中于原楚国的墓葬中。[2]

一领皮甲的价值：日本学者若江闲二在其著作《秦律中的赎刑制度》中根据出土的云梦秦简的记载，得出了赀一甲等于赀两盾，赀一盾等于钱五千的结论。[3] 也就是说，在战国时期的秦国，一领皮甲的价值是一万钱，而那时候的一斗米只值160钱。

基于一领皮甲一万钱以及一些中小国家经济凋蔽的现实，要保证每个甲士都有一领皮甲是不可能的。拿春秋时期比较强大的晋国来说，它在春秋末期至少拥有战车三千乘，步卒三万人左右。用于直接作战的总兵力大约四万。若按照每个甲士都著甲来算，晋国当拥有皮甲一万两千领，价值一亿两千万钱，这样的数字足以拖垮晋国的经济。按照二战期间德、日、意三国军备开支占国家经济总量的比例来计算，晋国只能拥有约一万五千领皮甲，而且这样的数字还是在把晋国所有的军事经济都换算成皮甲的前提下。也就是说，在当时的现实情况下，晋国最多拥有皮甲的数量不会超过七千到八千领，这就意味着约有百

① 殷涤非、罗长铭：《寿县出土的"鄂君启金节"》，《文物参考资料》1956年第4期。

② 王冰：《春秋时期甲胄研究》，兰州大学硕士学位论文，2009年，第21—23、42页。

③ ［日］若江闲二：《秦律中的赎刑制度》，载《爱媛大学法文学部论集·人文学科编》，1985年，第18—19页。

分之三十到百分之二十五的甲士没有皮甲。要是算上下甲士和一般的步卒，则皮甲的普及率大概在百分之二十。晋国的甲士的情况尚且如此，像郑、卫、鲁等国家的境况就不言而喻了。当然，利用经济统计的方式并不适用于所有的国家，王冰估计，比如燕国，《考工记》记"夫人而能为函"，犀、兕众多的楚国，皮甲的普及率会比晋国的要高，但也不会超过百分之三十。①

总之，春秋时代，崇尚"武功"的楚国，军队的装备是诸侯国中数一数二的。驷马驾辕的双轮战车，为其征战提供了机动性；旌旗金鼓，保证了军事通讯和指挥；"五兵"等进攻性武器和甲胄盾防御性护体装备，增强了杀伤敌人、保存自己的能力。所有这些，为楚的武力扩张、称霸中原起了巨大作用。但是战车作战只能在地势比较平坦的地区进行，如遇山林沼泽便无能为力了。同时，随着铁兵器的发明，青铜兵器就相形见绌，失去其威力了。战国以后，以战车和青铜武器为主的军事装备，便成了历史的陈迹。②

第六节　排兵布阵与车战

楚国重视对战车的排兵布阵。"春秋时期作战，讲求队形严整，即讲求方阵。古代的阵形是什么样子，被认为是一个难解之谜。"③阵，同"陈"，原义是指战车步兵的排列，也就是军队的战斗队形。春秋时期的各种大的军事行动无不与阵联系在一起，所以要知道当时战术的发展，不能不考察当时军阵的有关情况。

所谓"军阵"，就是指军队在投入战斗时，根据地形条件、敌我实

---

① 王冰：《春秋时期甲胄研究》，兰州大学硕士学位论文，2009 年，第 43—44 页。
② 徐俊：《春秋时期楚军的训练和军法》，《华中师范大学学报》（哲学社会科学版）1987 年第 2 期。
③ 郭德维：《曾侯乙墓的主要收获》，载《楚史·楚文化研究》，湖北人民出版社2013 年，第 335 页。

力等具体情况而布置的一定的战斗队列和队形，从最基础的一卒、一伍、一列开始，一直到全队、全营、全军，都做到"立卒伍，定行列，正纵横"（《司马法·严位》）。这种一定的排列与布置，就是一定的"阵"。要言之，军阵就是各种战斗队形的排列和组合。每一次作战，也就是以自己一定的阵式去冲击敌人的阵，或以自己的阵去迎击敌人一定阵式的进攻。

战争是敌对双方力量的角逐，其胜负不但取决于投入车、步兵的数量的多寡，更主要的是取决于"军阵"所发挥出来的集体力量，"善于保持战术协调和队形严整的一方，必将大大优越于不能做到这一点的另一方"①。这表明，在交战中，整齐而适当的队形是将士们相互依托作战的基本要求，勇敢或怯懦者都不能独立前进或后退，它有力地保证了战斗的胜利。总之，严整而适当的队形是发挥军队整体战斗力，实现指挥意图所必须具备的条件。正是在这个意义上，古代军事家都高度重视军阵的布置和运用，提倡"阵而后战"，强调军队在行军、作战时均要严守既定的阵形，以充分保障整体作战优势的发挥。

春秋时期战争频繁，这一客观形势使得当时的"军阵"日趋进步。这表现为"军阵"名目繁多，形式复杂，实战效益突出，遂成为古代军事发展史上的一个显著标志。

第一，从军阵的基本形式看，春秋时期的军队，无论是步兵还是车兵，基本上都采用"三阵"或"五阵"。所谓"三阵"，是指中军和左翼、右翼三部队相配置的宽正面横向阵形，一般以中军为主力，以两翼相配合。繻葛之战中，郑"曼伯为右拒，祭仲足为左拒，原繁、高渠弥以中军奉公"（《左传》桓公五年），就是一种典型的"三阵"。其他像《左传》文公十年载楚子与宋公、郑伯田于孟诸，楚子居中，宋公为右盂，郑伯为左盂。《左传》僖公二十八年载城濮之战，楚令尹子玉以若敖之六卒将中军，子西将左，子上将右，晋国先轸、郤溱将中军，狐

---

① 马克思、恩格斯：《马克思恩格斯全集》第 14 卷，人民出版社 1975 年，第 32 页。

毛、狐偃将上军，栾枝、胥臣将下军，其采用的阵势也都是"三阵"。到了春秋晚期，"三阵"仍相当流行。如吴国在黄池之会上列三个万人方阵，越王勾践在破吴笠泽之战中，"乃中分其师为左右军，以其私卒君子六千人为中军"（《国语·吴语》），就是明显的例子。

所谓"五阵"，是由"三阵"发展而来的。这在春秋时期也趋于不断的完善过程之中。最早它当属于是一种行军阵法，见于《左传》宣公十二年，名曰"荆尸之阵"，"军行，右辕，左追蓐，前茅虑无，中权，后劲"。即系一个由开路的先锋军、保护兵车的右军、搜寻粮草的左军、主力中军和殿后的精兵所组成的"五阵"。其他像《左传》襄公二十年所载的齐军行军队形，也明显是以"前、后、左、中、右"结构的"五阵"。

据现存史料分析，"五阵"在春秋中期以前并不流行，它在当时更多地是作为一种行军队形，而并非作战阵形。它在春秋后期的发展，主要与步兵的重新崛起有关。晋国魏舒毁车以为行，大败无终戎及群狄于太原，其采取的步兵军阵就是"五阵"："为五阵以相离，两于前，伍于后，专为右角，参为左角，偏为前拒，以诱之。"（《左传》昭公元年）这可以说是"五阵"实际应用于作战的重要标志。所以说春秋时期的"军阵"，有一个从"三阵"独盛到"三阵""五阵"并行的演变过程，而它又与步、车战的递嬗相同步。晋国魏舒"五阵"的特点就是将甲士与步卒混合组编成五个方阵，按前拒和前、后、左、右五个方位配置，组成了第一个独立的步兵大方阵。它有较大的纵深，方阵之间易于实行兵力机动，可互相掩护，"五阵"不仅适用于步兵作战，由于春秋后期战车实行百人制，隶属步兵大增，所以"五阵"这种大纵深的疏散配置也便于战车部队展开，可充分发挥兵器威力，并提高对复杂地形的适应能力。

除"三阵"和"五阵"以外，当时也有仅以左、右相配置的阵形。如公元前704年，楚武王三十七年的速杞之战中，楚军即仅排列左、右两阵。至于最基本的单一阵形，在此时期的小型战斗中仍有使用。但它们都不是当时军阵的主导形态。

第二，在传统的上、中、下（或称左、中、右）"三阵"内部，也根据战争状况的变化而有了必要的战术编队调整和改进，从而加强了车步兵的战术协调，提高了军阵的实力。繻葛之战中的"鱼丽之阵"就是这方面的典型。据《左传》桓公五年记载，鱼丽阵的特点是"先偏后伍，伍承弥缝"。杜预注："《司马法》车战二十五乘为偏。以车居前，以伍次之，承偏之隙而弥缝漏也。五人为伍。"其特点是取消了原配置在战车前面的第一线步兵横队，把战车放在前列，提高了方阵的运动速度；将步卒疏散配置在战车的两侧和后方，密切了步车协同作战。可见，其阵是以二十五辆战车组成一个战斗单位，而将以伍为单位的徒兵疏散配置于战车之间，其位置稍居后。这就是在"三阵"框架内的车步配置的局部调整，它很好地发挥了车、步协同作战的能力，为郑军击败周王室联军提供了重要的保证。另外，繻葛之战中郑军首先攻击周室联军的左、右两翼，然后再集中兵力从三面攻击周军中军，说明当时的"三阵"已采用了侧翼攻击方法，有别于西周时期平行推进的全正面进攻。其他如以十五乘兵车为一偏，两偏为一卒；或以五十乘兵车为一个战斗单位，也都属于同样的性质。这种阵内战术单位的调整，使得战阵中的车与徒卒的配置更趋合理，反映了车战阵形的进步。其基本特征是，逐渐抛弃了西周和春秋初年步卒居前列的配置方式，而将步卒分散在战车的两侧和前后方，以加强步卒掩护战车和在四个方向上机动作战的能力。与之相适应的是战车多采用疏散的队形，方阵作错落有致的纵深配置，这样就增强了抗击敌军进攻的能力，同时也便于战车调动，适应瞬息万变的战场形势的变化，从而为快速进攻和追击创造了条件。用于追击的战斗队形在这时也产生了，它通常是在追击中迅速将军阵展开成"角"的阵势，从两侧对敌军战车和步卒实施包抄，阻止敌军逃逸，达到聚而歼之的目的。由此可见，在"三阵"为基本形式的条件下，军阵内部的结构（战术编组）是处于不断的演进改革过程之中的。其变化大体经历了三个阶段：第一阶段是春秋初期，这时的进攻队形是大正面的密集方阵；第二阶段是春秋中期，以车兵为主、步兵人数剧增的疏散方阵进攻；而第三阶段则是春秋末期的纵队进攻了。[①] 这一勾勒的大体脉络是合乎实际情况的。

第三，从军阵的战术特点看，春秋时期的军阵主要可分为方阵和圆阵两大类，而从军阵的作战方法分类，则当时的军阵还可以划分为立阵和坐阵两种。

《李卫公问对》卷中指出，阵法变化，"皆起于度量方圆也"。所谓方阵，因其呈方形或长方形而得名，这是春秋时期(也可说是整个古代)阵法的最基本形态。因为军队中各级建制单位都有自己的行伍队列，排列整齐时总是呈方形或长方形。缲葛之战中，郑军的"左拒""右拒"，也就是"左矩""右矩"，即两边呈矩形的方阵。关于春秋时期的方阵，还大量见于有关典籍的明确记载："万人以为方阵"(《国语·吴语》)"方阵而行"(《吴越春秋·吴王夫差内传》)，其主要特点是"前后整齐，四方如绳"，这大多是进攻型的阵式。

所谓圆阵，乃因其呈圆形或半圆形得名。它是方阵的变形，车队首尾连成环形，步卒紧挨战车在外围以接敌，这大多是防御型的阵式。其特点是将疏散的队伍收拢为密集的队形，消弭易遭敌人攻击的翼侧，即把防御正面缩小到最低限度，最适宜于实施野战防御。从《孙子兵法·势篇》所提到的"浑浑沌沌，形圆而不可败也"的情况来看，在春秋时期，圆阵不但已广泛应用，而且曾在防御作战中发挥了不可替代的作用。[②]

糜振玉指出：春秋时期的"军阵"，如果从作战方法和姿势上分类，则可以分为立阵和坐阵。所谓立阵，就是采取立姿作战的战斗队形；所谓坐阵，就是采取坐"跪"姿作战的战斗队形。就现存史料考察分析，立阵与坐阵基本上与步兵作战相联系，当属步兵重新全面崛起

---

① 蓝永蔚：《春秋时期的步兵》，中华书局 1979 年，第 198 页。
② 白立超、黄朴民：《中国兵学通史·先秦卷》，岳麓书社 2022 年，第 131—132 页。

后的产物。其中立阵当为进攻性阵形，坐阵则是一种用于防御的阵法。它们各有其功能与优势，"立进俯，坐进跪，畏则密，危则坐"（《司马法·严位》），在作战中交相运用，互为补充，即军阵中的士卒要根据不同的作战情况，及时变换作战姿态，所谓"立陈所以行也，坐陈所以止也。立坐之陈，相参进止"（《尉缭子·兵令上》），从而使军队的战斗力得以最大限度地发挥。

车战是春秋时期作战样式的主流。通常而言，车战是以阵战的形式进行的，所以车战的战术一般就是方阵战术。作为典型的阵地作战，车战特别适合于当时争霸战争的中心地带——中原地区的地理环境。

车战交战时的阵法。从文献记载上考察，春秋时期的战争正处于由战域小、战期短、没有战略机动的原始战争，向复杂多变、长期持久的大规模战争过渡的阶段，像战国时期那种复杂变化的"十阵"在春秋时期还找不出那样的战例。当时交战双方主要是采取以战车为中坚力量组成的方阵作为作战手段。《周礼·夏官·大司马》记载"仲冬教大阅"时摆阵的情况："以旌为左右和之门，群吏各率其车徒以叙和出，左右陈车徒，有司平之，旗居卒间以分地，前后有屯百步，有司巡其前后。"这是春秋以及西周时期最典型的车战战法，这种方阵在战国以前具有普遍性。

《左传》文公十年记楚王与宋公及郑伯田猎于孟诸，"宋公为右盂，郑伯为左盂。期思公复遂为右司马，子朱及文之无畏为左司马"。可见春秋在蒐狩时仍然沿用《周礼》田猎时规定的阵法，全军除中军主帅外，分成两个部分，即"右盂""左盂"，也即"左右之和"。实际上，这就是由三个大型方阵组成的军阵，主帅居其中，"左右之和"为两个侧翼，各国三军的建制皆仿于此。平时军训或田猎时如此，敌对双方交战时亦如此。《左传》桓公五年，周郑交恶，"郑子元请为左拒以当蔡人、卫人；为右拒以当陈人"。杜预说："拒，方阵也。"朱骏声《说文通训定声》说："拒，假借为矩。"《淮南子·齐俗训》："拘罢拒折之容。"注："拒折，方也。"①这说明"左拒""右拒"与"左右之和"，"左盂""右盂"都是由两军的兵力组成的巨大方阵。

车战的战斗方式很特殊，常常只是战车右边的武士作战。古车一般只乘二人，乘三人的车不仅出现得相对晚，而且三人中还有一人应是负有指挥战争之责的将领。《诗经·郑风·清人》："清人在轴，驷介陶陶，左旋右抽，中军作好。"郑玄说："左，左人，谓御者。右，车右也。中军，为将也。"②杜预也说："（将领）在中央当鼓，御者居左，勇力之士执戈在右。"③但车上将领击鼓的几率毕竟相对要小，所以多数战车上只有左边的御者和右边的武士，这种安排既是传统也是常规。甲骨文中记载商王田猎时，多强调猎物在右方，如"射右豕"（《合集》28305、28366。）、"射右鹿"（《合集》28327、28339。《屯南》495。）、"射右麋"（《合集》28364、28365、28377；《屯南》641。）、"射右兕"（《合集》28392。）等例。因为二人乘一车，左边是御者，所以只能由居右的持武器者射击右侧出现的猎物。又甲文称："癸未卜，王曰贞，右兕在行，其左射，及。"（《合集》24391。）这里说的"左射"指左旋而射，与《诗经·秦风·驷驖》"公曰左之，舍拔则获"的用意相同。进行车战时更是如此，双方的两辆车接近时，各自均应向左调转掉头，称"左旋"，以利于双方右侧的武士交锋。④（**见图 10-1：车战中的"左旋"**）

春秋时期车战中有共同的规则，双方都必须遵循。否则乱打一气，势必成为一场没有胜利者的混战。《诗经·郑风·清人》"左旋右抽"即指这种战斗动作而言，"车左练回旋，车右练抽刀"⑤。

《楚辞·国殇》极生动地描写了车战情景，除了没有讲战车的队列

① 陈广忠：《淮南子译注》，吉林文史出版社 1990 年，第 501 页。
② 高亨：《诗经今注》，上海古籍出版社 1980 年，第 112 页。
③ 《左传》成公三年注。
④ 孙机：《中国古代车战没落的原因》，《中国国家博物馆馆刊》2014 年第 11 期。
⑤ 袁梅：《诗经译注》，齐鲁书社 1985 年，第 249 页。

外，清楚地表现出上述关于车战的几个特点。

　　　　操吴戈兮被犀甲，（盾牌手里拿，身披犀牛甲，）
　　　　车错毂兮短兵接。（敌我车轮两交错，互相来砍杀。）
　　　　旌蔽日兮敌若云，（战旗一片遮了天，敌兵仿佛云连绵。）
　　　　矢交坠兮士争先。（你箭来，我箭往。恐后争先，谁也不
　　相让。）
　　　　凌余阵兮躐余行，（阵势冲破乱了行，）
　　　　左骖殪兮右刃伤。（车上四马，一死一受伤。）
　　　　置两轮兮絷四马，（埋了两车轮，不解马头缰，）
　　　　援玉枹兮击鸣鼓。（擂得战鼓咚咚响。）
　　　　天时坠兮威灵怒，（天昏地暗，鬼哭神号，）
　　　　严杀尽兮弃原野。（片甲不留，死在疆场上。）
　　　　……
　　　　带长剑兮挟秦弓，
　　　　首身离兮心不惩。（身首虽异地，敌忾永不变：依然拿着
　　弯弓和宝剑。）①

　　《国殇》悲壮而生动地描写了一场英勇但最终失败的战斗。它不仅
记录了车战的武器装备和指挥工具：犀甲、吴戈、秦弓、长剑、旌旗、
鸣鼓，还讲述了从远距离对射开始，经错毂格斗，直到车毁马伤，乘
员牺牲的战斗全过程，特别是还分别叙述了车上的三个乘员，依照他
们具体职责不同的英勇表现：披甲执锐、英勇杀敌的戎右，在飞矢交
坠下驾驭战车冲锋，在辕马死伤后又埋轮絷马坚持战斗的御者，直到
牺牲仍旧鼓声不绝、坚持战斗指挥的主将。最后，他们全都英勇地战
死了，"诚既勇兮又以武，终刚强兮不可凌"。诗歌结束了，但是车战

────────────

① 　郭沫若：《屈原赋今译》，人民文学出版社 1953 年，第 34—36 页。

的情景却牢牢地印在读者的记忆之中。

归纳春秋时期的车战，有以下四个特点。

第一，战车有意错开。在战车接敌的过程中，当然首先是以弓矢射杀敌人。而在战车上发射，必须将战车以舆侧向敌，因为只有这样，才会有开阔的射界。若从车的正后方射击，敌人前方有四匹狂奔的战马，不仅很难命中，而且有可能射杀自己人。因此两军的接近，不会是马头对着马头，而是有意错开。作战双方进行拼杀、格斗，必须"车错毂"。

第二，战车只能采取一线横列出战。从当时的战车来说，一乘车大约宽3米，驾上马以后，全长也有3米多，也就是说一乘战车至少要占9平方米的面积。因车体长，面积大，弓矢的射程有限。同时因车轮大、车箱短，战车行动不很灵活，加上又是单辕而用衡上的轭驾马，全靠马缰来控制四匹马，驾好车很不容易，只能采用一线横列作战。

第三，战车上的甲士长短兵器结合。就双方的车错开交战来说，要尽量避免"毂击"，以避免损坏车轮。又因当时战车的轮径大，车箱宽而且进深短，又是单辕，为了增强其稳定性，车毂必然要长，再加上轴头车軎的长度，这样车轮外的部分至少有40厘米，两边的车最近也有80~90厘米，两车间总得有一点空隙，车才能活动，因此两车总的间距可能在1.2米左右，这样，当距离稍远时，就用长兵器（矛、戟）；但长兵器有它的弱点，特别是对付近敌，不仅有刺击不到的死角，而且使用不灵活，这个缺点便需短兵器（戈）来补救；而短兵器的杀伤距离有限，易遭敌人攻击，故又需长兵器的掩护。这也就是古代兵法说的"长以卫短""短以救长"（《司马法·定爵》）。故古代的兵家还说"兵惟杂"（《司马法·定爵》），不能太单一，"兵不杂则不利"（《司马法·天子议》）。当两车相距较近时，戈也就用得上了。

第四，车战一般是速战速决。以车战为主的战斗，都是速战速决，不可能是旷日持久的鏖战。如楚庄王与晋争霸的邲之战，楚"遂疾进师，车驰卒奔"，晋军抵挡不住，很快溃退下来。春秋时期晋与楚罕见的鄢陵大战，也不过是"旦而战，见星未已"（《左传·成公十六年》）。

第七节　军事防御工程：楚长城和关隘

先秦时期中国建设军事防御的城池，与西方城市发展历程不同。中国古代的城市大多因军事功能而派生出政治和经济、文化功能，周代正是如此。《周礼·考工记·匠人》："匠人营国，方九里。"天子的都城方九里。按照上公九命、侯伯七命、子男五命的说法（所谓"命"，指国家、宫室、车旗、衣服、礼仪的等级），上公到子男的范围分别为九里、七里、五里。《逸周书·作雒》："乃作大邑成周于土中，城方千七百二十丈，郛方七十里。"周公在洛阳筑都城，城墙周长1720丈，外城周长70里。据换算，1720丈正好是9里，符合周礼对都"方九里"的规定。而发掘所见的西周丰、镐都城遗址面积约4平方公里，换算成古制，与"方九里"也差不多。① 当时天下还分布着大大小小的城池，以防御戎狄蛮夷，也防御诸侯之间的兼并。其规模按照周礼，"大都，不过参国之一；中，五之一；小，九之一"（《左传》隐公元年）。《礼记·坊记》说，较大的侯国，其都城"不过百雉"："制国不过千乘，都城不过百雉，家富不过百乘，以此坊民，诸侯犹有畔者。"按照郑玄注，城墙高一丈、长二丈为雉。所谓"百雉"就是总长为三百丈，方五百步。②

《吴越春秋》有"筑城以卫君，造郭以守民"的说法。楚国的军事防御设施，除楚都外，集中体现在楚方城上。《左传》有关楚方城的记载有许多处，除了在《左传》文公十六年中的"使庐戢黎侵庸，及庸方

---

① 钱玄：《三礼通论》，南京师范大学出版社1996年，第155—156页。
② 杨华、段君峰：《先秦财政史》，湖南人民出版社2013年，第158—159页。

城"有处方城外，其余没有其他诸侯国有方城或长城的记载，说明在春秋时期，只有楚国和庸国有长城，其他诸侯国均无长城。从《左传》的记载看，庸长城比南阳楚方城出现得晚，并且不在"夏路"上，对其他诸侯国和长城的传播没有影响作用。

前704年，楚武王三十七年，熊通自立为武王，并与随国订立盟约，"于是始开濮地而有之"（《史记·楚世家》），楚国的历史地位得以提高和巩固。前703年，楚与巴国联兵伐邓（今河南邓州），大败邓人，掌握了渡汉水向北开拓的通道。前701年，鄙人曾联合随、绞、州、蓼伐楚。楚迅速出兵，大败鄙师。四国之师被迫退回。此后，楚灭了蓼国。唐国也因而沦为楚的附庸。这时，楚在南阳盆地的势力迅速扩大。前689年，武王的儿子文王熊赀即位，锐意北上，渡汉水，伐申、蔡，灭息、邓，至此便打开了北上争霸与东进江淮的道路。前656年，楚成王十六年，齐桓公为遏制楚国北进，亲率齐、鲁、宋、陈、卫、郑、许、曹等八国军队南下攻楚，楚成王派屈完迎敌，齐桓公与楚盟于召陵，楚不战而胜。前638年，楚成王三十四年，宋襄公急于称霸，联合卫、许、滕等弱小国家攻郑以伐楚。双方在泓大战，宋军大败，宋国从此退出了争霸的历史舞台。而楚国进一步向中原挺进，并加强了对长江上游地区的控制。楚庄王励精图治，安内攘外，国势日盛。他先后吞并了四十多个较弱小的诸侯国，邲地之战大胜晋国，中原各国除晋、齐、鲁之外尽以楚庄王为尊，确立了楚庄王的霸主地位。在此时，伏牛山与桐柏山的交界要地落入楚国手中，南阳盆地大部相继成为其属地。

南阳盆地向为富庶之地，而且它还"南蔽荆襄，北控汝洛"，为保住南阳，有效控制东西走向的桐柏、大别山脉，楚国无论是修筑控扼谷地的通道和垭口的关隘、城堡，实施以点控面的防御，还是修筑带状长城城墙，实施线式防御，都是必然之举。面对周边各国的威胁，尤其是面对北方周朝军队一次又一次的南侵，楚人振军经武，枕戈待旦。战乱频仍的外因逼迫和国力强盛、人口众多、稳定霸业的内在需求，使楚国修建系统的军事防御工程迫在眉睫，这样楚长城就应运而生了。

据文献记载，楚长城西起今湖北的竹山县，跨汉水辗转至河南的邓州市，往北经内乡县，过湍河，经郦县故城北，达冀望山，复向东沿伏牛山脉，经鲁山县、叶县，往南跨过沙河经方城县直达泌阳县，总长约800公里。这是学界目前对楚长城研究形成的共识。①

楚长城的东线为北—东—南走向，其中东内线，自鲁阳关南下，沿三鸦路至南端的第一鸦。三鸦路，为洛阳南下经鲁山、南召通向南阳的著名古道，《南阳古代史话》称三鸦路为古"夏路"。三鸦路在南召境内，中流鲁阳关水（简称关水，今名鸦河）。《南召县志·交通志·古道》称："宛洛大道，即古三鸦路，亦称鲁关道，是南阳通往洛阳的一条重要通道。始建于公元前九世纪西周时期，昭王、穆王为沟通宛洛，防楚北侵，故修此道。"第二鸦所在的云阳关，鸭河、鸡河在此汇流，汇流处两山并立，三鸦路古道在此通过，故历史上被称为"北扼汝洛，南扼荆襄"的咽喉之地，为历代兵家所必争，现遗存有"古云阳"石刻。在云阳镇内有楚王行宫遗址。在其周围有九里山寨、罗圈寨、一峰寨、冯庄寨等石寨城；三鸦路第一鸦有曹店寨、东西抬头寨、白花寨（又称沽沱寨，今皇路店镇）等寨城。②

楚长城的东外线，已多见于史籍，如《水经注·沇水》称："叶东界有故城，始犨县，东至瀙水，达比阳界，南北联联数百里，号为方城，一谓之长城。云郦县有故城一面，未详里数，号为长城，即此城之西隅，其间相去六百里，北面虽无基筑，皆连山相接，而汉水流其南。"楚长城自鲁阳关向东经犨县故城（位在今鲁山县东南50里，与叶县为邻），到叶县故城（位在今叶县西南30里）再到瀙水。《水经》称

① 衡云花：《楚长城的修建及功用》，载楚文化研究会编《楚文化研究论集》第十一集，上海古籍出版社2015年，第167页。

② 南召县人民政府：《楚长城的新发现与其宝贵价值》，载董耀会主编《中国青山关长城学术研讨会论文集》，中国经济出版社2004年，第92—101页。

瀙水出舞阴县东上界山，注文说瀙水所在的沘阴又作舞阴，今为舞阳。由此可知，楚长城沿叶县、方城两县交会地东南行，直达舞阳地，再沿方城、舞阳交会地向东南行。方城县东北独树镇有大关口，又名缯关、方关、仙翁关、方城关，是历史上著名的南(阳)襄(阳)隘道，南北交通要冲。《吕氏春秋·有始》列天下九大要塞，大关口居其第四。大关口东侧为黄石山，方城、叶县各居其半，方城一侧有两道楚长城遗址和敌台、跑马道遗址。比阳，亦作沘阳，即今泌阳县。[①] 故可知楚长城又南行到泌阳县。

楚长城西线为北—西—南走向。其西内线，由南召县乔端镇的野牛岭南下，经板山坪镇的周家寨(古名金斗关)，南入镇平县，继向南入邓州市境内的穰故城。据《南召县志》记载，与西内线相联系的古道有两条：一条是马市坪古道，由洛阳向西南经嵩县沿白河入南召县乔端镇、马市坪乡、李青店(今南召县城)，南达南阳，县内总长45公里；一条为板山坪古道，由南召县城经白土岗乡、板山坪镇西入内乡县马山口，远入武关，县内总长45公里。另有白河航道，下通汉江，北至板山坪镇余坪。位于板山坪镇的周家寨，为楚长城的一座大型关城，位于金斗山上。明嘉靖《南阳府志》称"金斗山在县西南一百六十里"，并称"《明会典》有金斗关，关因山盖置，跨内乡、南召二县"；到明代更名为莲花寨，清初经此地周姓旺族复修后又更名周家寨。此寨紧锁着板山坪古道。周家寨周围沿古道分布着黄路岈寨、楼子朵寨、黑沟顶寨、小曼寨、青风崖寨等十余座石寨城，集群分布；向南入镇平县境又有菩提寺寨等有名寨城。《括地志》称"故长城在内乡县东七十五里，南入穰县"，应是指这里的楚长城西内线。

楚长城之西外线，自南召县西北乔端镇境内的京子垛寨、老界岭寨等入内乡县境。《水经注》称内乡"郦县有故城一面""湍水出弘农界翼望山……经南阳郦县故城东"；《括地志》又云长城"北连翼望山"。

---

① 臧励龢等编《中国古今地名大辞典》，商务印书馆 1931 年，第 161 页。

清康熙《内乡县志》载，郦县故城在内乡县西北二十里（一说十二里）郦城堡，此地还有长城铺、长城河，西峡县还有屈原岗等地望。从现存遗址看，西外线长城又由西峡的汉王城南入内乡县，沿湍河南行，达郦县故城，再东至镇平、内乡交界，抵邓州市西北土谷山，再南行交故穰县长城。今邓州市西南隅与淅川县交界的杏山上，也发现一段长约三十里的长城遗址，其间有军营石墙基遗址百余间，有多处烽火台，有的地方长城呈纵横交错之势。长城北部为丹江水库，即楚始都丹阳所在地。这一发现，为楚长城西线南起湖北竹山县提供了依据。[1]

春秋楚长城有五大名关[2]：

一、方城关。方城关是《淮南子》所载天下九塞之一，也是春秋楚长城最早兴建的关城，它雄踞伏牛山与桐柏山的结合凹口之处，是兵家必争的险要之地，扼守南北交通门户，仅《春秋左传》与《战国策》记载发生在该关的战事就有几十处之多，因其独特的位置及其作用，一些典籍把它与楚长城互为代指，成为春秋楚长城的象征设施。《汉书·地理志》载："南阳郡叶，楚叶公邑，有长城，号方城。"《水经注》："苦菜、于东之间有小城，名方城，东临溪水。"这里的于东山即桐柏山之余脉，俗名羊山；苦菜又叫黄城山，后因方城塞之故，又叫方城山。两山相距9公里，之间亦有小山岭相连。经实地考察，古方城塞在今河南叶县保安镇小保安村东的前古城村，距许（昌）南（阳）公路1.5公里处。同后古城村南北隔翟河相望。村子四周为隆起的台地，东南、西北高坡下有明显垒土，被村民称为东西城头。整个台地面积2平方公里，其上布满商周陶器与秦汉砖瓦残片。村中间东西街道被填平，听村民们讲，以前暴雨冲刷后，就会在沟里捡到大把大把的青铜箭头和陶器、古钱币等。村里平整土地，挖出了蛇纹砖、空心砖和十几口八角古井。东西城头原来土堆很高，是上世纪后期整修农

① 南召县人民政府：《楚长城的新发现与其宝贵价值》，载董耀会主编《中国青山关长城学术研讨会论文集》，中国经济出版社2004年，第92—101页。

② 杨晓宇：《春秋楚长城五大名关》，《平顶山师专学报》2003年第6期。

田才逐渐挖成现在的样子。前古城村东南与桐柏山脉的于东山（羊山）有近5公里之遥，更近的还有孤山等；西北与伏牛山余脉山岭仅3公里左右，正处于凹口的最短处，前后河道护卫，是理想的建关筑塞之处。站在古城堡台地东西相望，一线丘陵及小台地，存有古方城塞向左右延伸的楚长城烽台、土堡遗迹，正与史籍所载位置、形状相吻合，应是千里楚长城的第一关。

二、金斗关。 金斗关坐落于今南召县板山坪乡金斗山（今名华山）上的周家寨，是春秋战国时期楚长城抵御秦国、护卫南阳的第一大关，它控扼西出武关的古道，明嘉靖《南阳府志》对金斗关及坐落山势有明确记载："《明会典》有金斗关，关因山盖置，跨内乡、南召二县。"金斗山"在县南一百六十里"，据当地人讲，金斗山关城后废置而成民居，历代修整，成为山寨。明代时更名为莲花寨，清朝初年经周姓旺族复修后更名为周家寨，南北数十公里分布有较小的烽堡关隘，构成一道坚不可摧的防御体系。它与方城塞不同的是，关城依山就势，庞大雄伟，把海拔八百米的金斗山诸座山峰连成一个整体，整个关城遗址近20平方公里，山又是城，城又是山，让入侵者望而生畏，知难而退。几座山峰各建烽台，一方报警，四方策应，凭险守御，固若金汤，因而取名金斗关。根据实地考察，遗址现存有周家寨主寨及十余公里石城墙和王家寨、卢家寨、华家寨三个古烽堡，中心区域亦有石砌房基等。

楚长城多由列城大小关塞烽堡构成，因是依山就势，连接墙体时断时续。金斗关设在山岭之间，这一特点更加明显。秦统一六国之后，南方楚长城的防御作用逐渐消失，一些关隘城堡就成为历代百姓躲避战乱的容身之处，有的成了占山为王的地方武装盘踞之所，因而得以保存至今。

三、鲁阳关。 鲁阳关在夏商时代已有，是春秋楚长城上最险要也是最古老的一个关口，处于南阳到洛阳的古道中间。此古道南过南阳可到湖广，北过汝州可入洛阳，是历代兵家必争之地。该关正处在历史上有名的三鸦路上，三鸦路古称夏路，因南方经此路直达夏都阳翟（今禹州市）而得名，亦称鲁关道。到东汉时，相传光武帝刘秀被王莽追杀至此迷路，被神鸦指引脱离险境而又称鸦路。自南召县故向城（今南召皇路店）向北为第一鸦路，自分水岭向北为第二鸦路，再从鲁阳关北行为第三鸦路。鲁阳关的具体位置在三鸦路的第二鸦，即鲁山县与南召县交界的分水岭，这里有江淮两大水系的两个主要支流源头，一是入汉水的淯水，一是入淮水的滍水。郦道元《水经注·淯水》记载："淯水又东南流，历雉县雉衡山，东径百章郭北，又东，鲁阳关水注之。水出鲁阳县南分水岭，南水自岭南流，北水从岭北注。故世俗谓此岭为分头也。其水南流，径鲁阳关，左右连山插汉，秀木干云。是以张景阳诗云'朝登鲁阳关，峡路峭且深'，亦司马芝之母遇贼处也。关水历雉衡山西，南径皇后城西注淯水。""滍水右合鲁阳关水，水出鲁阳关分头山横岭下，夹谷东北出，入滍。"说明此鲁阳关水发源之处，就是鲁阳关所处位置，否则，郦道元也不会认为南北皆名之为鲁阳关水了。

鲁阳关正因为处于江淮水系分水岭之间，山高林密，崖陡路险，唯顺山间溪谷河道才可逾越，而在其中设置关隘，足可谓一人当关，万夫莫入。《左传》成公六年载："秋，楚子重伐郑，郑从晋故也。晋栾书救郑，与楚师遇于绕角。"《鲁山县志》载："绕角又名绕角邑，始建于西周武王时期，春秋时郑地。《读史方舆纪要》：在县城东南。"楚师退去，晋人侵蔡而还。即因为惧鲁阳关、缯关、方城关之险，而远道劫掠楚国的属国蔡国。北魏孝文帝太和二十一年（497年）兵取南阳，也是取道鲁阳关水谷道。现在鲁阳关遗址的左右山上尚残存有楚长城遗迹，因20世纪70年代修焦枝铁路，原有设施几乎荡然无存，唯有鲁阳关水冲刷出的绳纹砖瓦残片、青铜箭镞让人们想起这里曾是历代古战场。

四、犨城关。犨城关始建于前541年（楚郏敖四年）。《读史方舆纪要》"犨城"：在"县东南五十里，春秋时楚邑，昭元年，楚公子围使伯州犁城犨。"①《左传》昭公元年："楚公子围使公子黑肱、伯州犁城犨、栎、郏，郑人惧。"楚人建立犨城、栎邑、郏城，使郑国非常不安。楚国建立犨城，加强了楚长城的防线，形成了可以随时出关击郑的军事进攻的态势。直到战国末期，犨城都为保护楚国的北方边境起到了重要作用。犨城与鲁阳关、缯关形成了掎角之势，弥补了方城关与鲁阳城之间的薄弱环节，成为楚国北部边防的重中之重。

犨城遗址在鲁山县张官营乡前城北，距鲁山县城33公里。遗址中心部分是一座东西长700米、南北宽250米的土岗，俗称二道岗，最高处2.7米。遗址存有陶片、石斧、石锥、鹿角、兽骨等。上层为商周文化层，中层为龙山早期文化层，下层为仰韶晚期文化层，证明犨城也是在古邑基础上修建的。犨城的地理位置处在三条古道相交叉的米字形结合点上：一可控扼出入鲁阳关到郑、申的古道，这条古道由鲁阳关向东北经过应国故城(今白龟山水库库区)到郑(今新郑市)。二可控扼出入缯关经夏路入宛洛古道直达洛阳，也是楚国向西北扩张、问鼎周室的通道。叶公沈诸梁曾集方城外之兵力于缯关，以作御吴之势麻痹敌人，然后夜间以一夕之期到梁、霍，赶跑了戎族，收取了今汝州、伊川的大片土地，稳定了方城之外，也给晋、郑以震慑，即是取此捷径。这一仗足使楚国北境数年相安无事，得以使叶邑兴修东西二陂大型水利工程，发展农桑，固本强国。三是控扼由南阳东北越过群山，经澎河谷地出长城，东北向郑、西北到晋的古道。可以说，犨城的筑建，形成了扼关守险的中心，起到了楚国北部长城诸关兵力的调度、援守作用。

五、象河关。象河关是楚长城东线的一道雄关，坐落于桐柏山凹口之间，筑土垒石连接山体而成，长约8公里，宽约6公里，三层关堡，以利兵员调动和前后呼应，其地理形势近似方城关，而层层建堡

---

① 顾祖禹：《读史方舆纪要》卷五一"河南六南阳府汝州"，中华书局2005年，第2440页。

又有金斗关的特点。象河关的作用主要是防齐备吴，因其正处在泜水和溙水之间，又有左右高山侍卫，地形就显得特别重要，是楚通向吴越、陈蔡远达东南海隅和东北齐鲁的古道。特别是春秋后期楚、吴交战，多发生在江淮之间，象河关在北部旱路的反复争夺之中亦起到了重要作用。前506年，即楚昭王十年，吴王阖闾九年冬，蔡、吴、唐三国联合伐楚，水师沿淮河而进，至淮汭登陆，楚国左司马沈尹戍就向令尹子常献计，欲集中方城之外的全部兵力摧毁三国联军停泊在淮汭的船只，抄后路与子常夹击之。可惜令尹子常妒能贪功而不听，导致楚军大败。沈尹戍也血战重伤，最后自刎而死。《左传》定公四年记："冬，蔡侯、吴子、唐侯伐楚。舍舟于淮汭，自豫章与楚夹汉。左司马戍谓子常曰：'子沿汉而与之上下，我悉方城之外以毁其舟，还塞大隧、直辕、冥厄。子济汉而伐之，我自后击之，必大败之。'既谋而行。武城黑谓子常曰：'吴用木也，我用革也，不可久也，不如速战。'史皇谓子常：'楚人恶子而好司马。若司马毁吴舟于淮，塞城口而入，是独克吴也。子必速战！不然，不免。'乃济汉而陈，自小别至于大别。三战，子常知不可，欲奔，史皇曰：'安求其事，难而逃之，将何所入？子必死之，初罪必尽说。'十一月庚午，二师陈于柏举。……子常之卒奔，楚师乱，吴师大败之。子常奔郑。……左司马戍及息而还，败吴师于雍澨，伤。"这一战役，吴军五战及楚国郢都，楚昭王仓皇出逃，伍子胥找到平王之墓，掘墓鞭尸，楚国险亡。沈尹戍所讲集方城外之兵力，即是指楚长城东线以外楚国的控制区域，按当时与子常制定的方略，就是出象河关至淮水，毁掉吴国的战船，断其东归的退路，然后形成包围，一举歼灭入侵之敌。由于令尹子常的失误，这一决策未能实现，使沈尹戍抱憾而亡。直到昭王借秦之力复国之后，沈尹戍之子沈诸梁才被封为叶地为尹，世称叶公，佐助昭、惠二王达到楚国中兴。

直到300年以后的战国时期，各国为争强称霸，加强防卫，才学楚国在边境的地势险要之处筑造长城，但已不叫方城，而形象地称为

"长城"。楚长城最先传播到齐国，齐威王时在公元前375年左右筑造长城，西起黄河，中到泰山，东到诸城，以防燕国和楚国。齐威王沿长城长驱直入，打败赵国的入侵，各国为之大振，"莫敢致兵于齐二十余年"（《史记·田敬仲完世家》），之后，中山、魏、赵、燕、秦等列国在不到70年的时间里相继筑造了大规模的长城。秦始皇统一中国后，把秦、赵、燕的长城连接起来，加筑成万里长城。

南阳春秋楚长城，比齐国长城早约300年，比魏国和中山国长城早约310年，比赵国长城早约340年，比燕国和齐国长城早约370年，比秦始皇统一华夏后修长城早约460年。无可置疑，南阳春秋楚长城是中国历史上最早的长城。①

第八节　军礼精神

春秋时，诸侯国之间的战争讲究"尊王攘夷""取威定霸"。交战时还多少保持着"结日定地，各居一面，鸣鼓而战，不相诈也"的老规矩。②《司马法》谈战争中的六德曰："古者逐奔不过百步，纵绥不过三舍，是以明其礼也；不穷不能，而哀怜伤病，是以明其仁也；成列而鼓，是以明其信也；争义不争利，是以明其义也；又能舍服，是以明其勇也；知终知始，是以明其智也。六德以时合教，以为民纪之道也，自古之政也。"使得战争蒙有一层彬彬有礼的面纱。

楚国在春秋时期严格遵循军礼精神。晋、楚间进行城濮之战时，楚军统帅令尹子玉在阵前对晋侯说："请与君之士戏，君凭轼而观之，得臣（即子玉）与寓目焉。"（《左传》僖公二十八年）这个"戏"字有比武、比赛之意，完全看不到战争的残酷。

体现军礼精神的著名例子是宋襄公与楚人进行的泓水之战。临战

---

① 肖华锟：《中国最早的长城——南阳楚方城》，《河南社会科学》1997年第4期。
② 《公羊传》桓公十年何休注。

之际，"宋人既成列，楚人未既济。司马曰：'彼众我寡，及其未既济也，请击之。'公曰：'不可。'既济而未成列，又以告。公曰：'未可。'既陈而后击之，宋师败绩"。战后宋襄公还振振有词地说，"君子不重伤，不禽二毛(头发花白者)""不鼓不成列"(《左传》僖公二十二年)，简直把战争当成竞技表演了。

在《左传》作者的观念中，武力要受到礼义精神的制约，这就是所谓的军礼精神。① 军礼精神只能发生在春秋时期。这时在对峙的战车队列间，只要一方乱了阵脚，就很难重整队列，于是胜负立见分晓。所谓"一鼓作气""马到成功"，正可用于描述春秋车战中胜利者的气势。因此这时的大战，如城濮之战、邲之战、鞍之战等，都在一天当中结束战斗。规模空前的鄢陵之战，"旦而战，见星未已"，楚师就坚持不住，自己"宵遁"了。②

楚国在春秋时期的军礼精神是很突出的，归纳《左传》等文献记载的楚国"军礼精神"有十种具体表现。③

第一，发动战争要有正当理由。"征伐以讨其不然"(《左传》庄公二十三年)，即只有对方做出不符合礼义的事情才可以发动战争。诸侯同盟誓词有言："凡我同盟，毋蕴年，毋壅利，毋保奸，毋留慝，救灾患，恤祸乱，同好恶，奖王室。"(《左传》襄公十一年)违背上述条款者会受到同盟者的军事警告。"军礼"所主张的是征讨不义。《国语·周语上》"伐不祀，征不享"，《左传》成公十五年"凡君不道于其民，诸侯讨而执之"，《司马法·仁本》"兴甲兵以讨不义"，即只有当对方犯有"凭弱犯寡""贼贤害民""放弑其君"等九种严重罪过时，才可以兴师征讨。

楚庄王曾经借口夏徵舒弑君而灭掉陈国，楚臣申叔时认为师出无

① 侯文学、李明丽：《清华简〈系年〉与〈左传〉叙事比较研究》，中西书局 2015 年，第 81 页。
② 孙机：《中国古代车战没落的原因》，《中国国家博物馆馆刊》2014 年第 11 期。
③ 糜振玉主编《中国军事学术史》，解放军出版社 2008 年，第 93—95 页。

名，处罚太过，促使庄王收回成命。《左传》宣公十一年：

> 冬，楚子为陈夏氏乱故，伐陈。谓陈人无动，将讨于少西氏。遂入陈，杀夏徵舒，辕诸栗门。因县陈。陈侯在晋。申叔时使于齐，反，复命而退。王使让之，曰："夏徵舒为不道，弑其君，寡人以诸侯讨而戮之，诸侯、县公皆庆寡人，女独不庆寡人，何故？"对曰："犹可辞乎？"王曰："可哉！"曰："夏徵舒弑其君，其罪大矣，讨而戮之，君之义也。抑人亦有言曰：'牵牛以蹊人之田，而夺之牛。'牵牛以蹊者，信有罪矣；而夺之牛，罚已重矣。诸侯之从也，曰讨有罪也。今县陈，贪其富也。以讨召诸侯，而以贪归之，无乃不可乎？"王曰："善哉！吾未之闻也。反之，可乎？"对曰："吾侪小人所谓取诸其怀而与之也。"乃复封陈，乡取一人焉以归，谓之夏州。故书曰："楚子入陈，纳公孙宁、仪行父于陈。"书有礼也。

陈国夏徵舒弑君自立，楚庄王伐陈之举就获得了许多赞扬的声音，庄王本人也认为自己这样做是符合军礼精神的，十分得意。不想申叔时说出一番属于军礼精神的大道理，促使陈国得以复国。

楚国还有一例更为典型。《左传》庄公二十八年："楚令尹子元欲蛊文夫人，为馆于其宫侧，而振万焉。夫人闻之，泣曰：'先君以是舞也，习戎备也。今令尹不寻诸仇雠，而于未亡人之侧，不亦异乎！'御人以告子元。子元曰：'妇人不忘袭仇，我反忘之！'秋，子元以车六百乘伐郑，入于桔柣之门。子元、斗御疆、斗梧、耿之不比为旆，斗班、王孙游、王孙喜殿。众车入自纯门，及逵市。县门不发，楚言而出。子元曰：'郑有人焉。'诸侯救郑，楚师夜遁。"楚令尹子元为了讨好嫂子文夫人，竟然带兵攻打郑国，纯属师出无名，很快铩羽而归，令尹子元不久即被杀。可见，在讲究军礼精神的时代，道义的裁判胜于兵器。

春秋晚期，依然强调出兵要师出有名。《左传》哀公十年："冬，楚子期伐陈。吴延州来季子救陈，谓子期曰：'二君不务德，而力争诸侯，民何罪焉？我请退，以为子名，务德而安民。'乃还。"这是说楚人又一次伐陈，吴国的名人季札率州来的兵力来救，季札站在中间立场，对吴、楚两国的国君都深表不满，质问："二君不务德，而力争诸侯，民何罪焉？"以此抵制没有正当理由的征战。

第二，讲究战前商议及开战前的"致师"等仪式。春秋前的战争，两军交锋时，对使者保持应有的礼遇。《左传》僖公四年记齐桓公以诸侯之师伐楚，两军对峙，楚人派屈完来协商，齐桓公不仅没有伤害屈完，还带领屈完参观诸侯之师。《左传》宣公十五年记宋国的执政卿华元夜登楚司马子反之床，二人有同样的勇气，坦白各自的困境，从容不迫商讨楚国退兵。

在开战前有一系列的仪式，集合军队与誓师是其中的两项，如《左传》成公十六年晋楚鄢陵之战楚王与伯州犁的对话："王曰：'骋而左右，何也?'曰：'召军吏也。''皆聚于中军矣。'曰：'合谋也。''张幕矣。'曰：'虔卜于先君也。''彻幕矣。'曰：'将发命也。''甚嚣，且尘上矣。'曰：'将塞井夷灶而为行也。''皆乘矣，左右执兵而下矣。'曰：'听誓也。'"可见，在作战前，楚军和晋军都有召集军吏、卜问、发命、听誓等内容。

春秋时期，两国交兵，除经过宣战的手续与列阵的仪式之外，阵成之后，两方的主帅往往要到前线会面，互示敬意，说许多的客套话，最后互请先行开火。过意不去的一方，只得先动手，然后对方才开始还击。

致师，对御者、车右等都有特定的要求，其目的是"沟通"：一是表明自己求战的决心；二是为了挑衅对手，使对方与自己开战；三是通过做到致师所规定的要求，提升自己军队的士气。它与后世为了迅速解决战斗而采取的单对单的挑战是两种性质的行为。《周礼·夏官·环人》"环人掌致师"，郑玄注曰："致师者，致其必战之志。古者将战，先使勇力之士犯敌焉。"此说后人多从之，认为"致师的目的是向敌军表达我军的必战意志，表达的方式是派遣勇士冲击敌军营垒"①。

《左传》宣公十二年记邲地之战时楚国的将士致师："楚子又使求成于晋，晋人许之，盟有日矣。楚许伯御乐伯，摄叔为右，以致晋师。许伯曰：'吾闻致师者，御靡旌摩垒而还。'乐伯曰：'吾闻致师者，左射以菆，代御执辔，御下，两马、掉鞅而还。'摄叔曰：'吾闻致师者，右入垒，折馘、执俘而还。'皆行其所闻而复。"从楚国战车上三位将士的议论中可以完整地体现致师有明显的"示威"性质。

致师的仪式性还配合送礼。当时致送礼物，均先以轻物为引，而后致送重物。《礼记·少仪》中记"车则说（脱）绥，执以将命"，即以车绥代车。致师之礼，其行为方式与此相同，即在大战之前，先致对手"轻物"以为引，象征后面还有更加激烈的战斗。②

第三，战争达到威慑目的就适可而止。在楚国，战争的目的并不是简单地一味杀人。《礼记·檀弓下》："工尹商阳与陈弃疾追吴师，及之。陈弃疾谓工尹商阳曰：'王事也。子手弓而可。'手弓。'子射诸，'射之，毙一人。韔弓。又及。谓之，又毙二人。每毙一人，掩其目。止其御曰：'朝不坐，燕不与，杀三人，亦足以反命矣。'孔子曰：'杀人之中，又有礼焉。'"楚国的工尹商阳与陈弃疾追赶吴国的军队，商阳每射死一人，都要以手掩目。杀死二人后，商阳说道："（我的身份属于）上朝时没有座位，燕饮时不能参与（的等级）。现在我已经杀了三个人，足够反命了。"对此，清儒孙希旦云其"言位卑礼薄，不必以多杀为功也"，这种理解是正确的。③

《左传》中记叙了楚国参与的诸多战争，目的是得到对方心理上的

① 王太阁：《致师，独特的上古挑战方式》，《殷都学刊》1991 年第 1 期。
② 任慧峰：《先秦军礼研究》，商务印书馆 2015 年，第 117 页。
③ 孙希旦撰，沈啸寰、王星贤点校：《礼记集解》，中华书局 1989 年，第 284 页。

心悦诚服。《左传》宣公十二年记晋楚邲地之战后，潘党劝楚庄王说："君盍筑武军，而收晋尸以为京观？臣闻克敌必示子孙，以无忘武功。"京观就是将敌人的尸体收集起来筑成大丘，以纪念武功。楚庄王回答潘党："今我使二国暴骨，暴矣；观兵以威诸侯，兵不戢矣……古者明王伐不敬，取其鲸鲵而封之，以为大戮，于是乎有京观，以惩淫慝。今罪无所，而民皆尽忠以死君命，又可以为京观乎？"鲸鲵指元凶，楚庄王的意思是，古代圣明的君王征伐对上不恭敬的国家，抓住它的罪魁祸首杀掉埋葬，作为一次大杀戮，这样才有了京观以惩戒罪恶。现在并不能明确指出晋国的罪恶在哪里，士卒都尽忠为执行国君的命令而死，哪里能建造京观来表示惩戒呢？这里楚庄王将筑京观说成"观兵以威诸侯"，予以拒绝，可见其中有浓厚的军礼精神。[1]

《左传》宣公十二年还记楚庄王"武有七德"的理论："武有七德，我无一焉，何以示子孙？其为先君宫，告成事而已。武非吾功也。"这就明确战争的目的是以德服人，而不是一味杀人和强占土地。

第四，发动战争时回避国君丧葬，尊重刚去世的国君。《左传》昭公十一年，鲁国在比蒲举行盛大的蒐礼，《左传》说此举"非礼也"，因为此时襄公夫人齐归刚逝世。《左传》中数次军事行动就是因为对方正值国丧而中止：前570年，楚共王二十一年，《左传》襄公三年记，因为陈人不服，楚共王决定伐陈，而第二年春陈成公卒，正在进行的征讨行动就此作罢。《左传》襄公四年记："三月，陈成公卒。楚人将伐陈，闻丧乃止。"吴楚长期战争，吴国本来是晋国扶持的，但因为吴国是趁楚丧发起攻击，被晋国谴责，晋国并以此为由退出伐楚。《左传》昭公二十七年："吴子欲因楚丧而伐之。使公子掩馀、公子烛庸帅师围潜。使延州来季子聘于上国，遂聘于晋，以观诸侯。"结果碰了钉子。

军事行动"不加丧，不因凶"，尊重敌国国君，战斗中仍有君臣之

---

① 任慧峰：《先秦军礼研究》，商务印书馆2015年，第97页。

分，不越分。晋楚鄢陵之战时，晋军有意放跑郑国国君。郑国随楚国对晋作战。《左传》成公十六年记，"晋韩厥从郑伯，其御杜溷罗曰：'速从之！其御屡顾，不在马，可及也。'韩厥曰：'不可以再辱国君。'乃止。郤至从郑伯，其右茀翰胡曰：'谍辂之，余从之乘而俘以下。'郤至曰：'伤国君有刑。'亦止。"激战中，郑成公的战车御手左顾右盼，不在状态，郑成公眼看就要被捉住，晋国将军韩厥却制止："不可以再辱国君。"纵敌逃逸，只为保全敌国国君的颜面。另一位晋国的将领郤至，也制止捉拿郑君，高喊"伤国君有刑"。可见军礼精神对战争的严重束缚。《左传》襄公十九年载："晋士丐匄侵齐，及谷，闻丧而还，礼也。"

第五，战场交锋光明正大，不欺不诈。当正式进行战场交锋时，当时的军礼也有不少具体的原则，要求作战双方共同遵循。这在《左传》《司马法》《穀梁传》《公羊传》中均有反映。《司马法·仁本》："成列而鼓，是以明其信也。"宋襄公说："古之为军也，不以阻隘也。寡人虽亡国之余，不鼓不成列。"（《左传》僖公二十二年）《司马法》："不穷不能而哀怜伤病，是以明其仁也。"又云："见其老幼，奉归勿伤；虽遇壮者，不校勿敌；敌若伤之，医药归之。"《穀梁传》隐公五年："战不逐奔，诛不填服。"而这在宋襄公的口中，便是"君子不重伤，不擒二毛"（《左传》僖公二十二年）。这不能简单地断定为《穀梁》《公羊》的记载有误或宋襄公迂腐，恰恰应视为其对古军礼的执着。故《淮南子·氾论训》言："古之伐国，不杀黄口，不获二毛，于古为义，于今为笑。古之所以为荣者，今之所以为辱也。"

晋楚邲地之战，楚庄王与晋争夺郑国。《公羊传》宣公十二年：

　　楚子围郑。夏六月，乙卯，晋荀林父帅师，及楚子战于邲，晋师败绩。……庄王亲自手旌，左右挥军，退舍七里。将军子重谏曰："南郢之与郑，相去数千里，诸大夫死者数人，厮役扈养死者数百人。今君胜郑而不有，无乃失民臣之

824

力乎?"庄王曰:"古者杅不穿,皮不蠹,则不出于四方。是以君子笃于礼而薄于利,要其人而不要其土。告从,不赦,不详。吾以不详道民,灾及吾身,何日之有?"既则晋师之救郑者至,曰:"请战。"庄王许诺。将军子重谏曰:"晋,大国也,王师淹病矣,君请勿许也。"庄王曰:"弱者吾威之,强者吾辟之,是以使寡人无以立乎天下。"令之还师而逆晋寇。

楚庄王对晋国的盟国郑国手下留情,等到晋国救郑时才开战,随即又打败晋国,赢得光明正大。

第六,强调对等战斗,不在不平等的状态下攻击对方。这是一种朴素的对等意识。晋楚邲地之战,《左传》宣公十二年记载:"晋人或以广队不能进,楚人惎之脱扃。少进,马还,又惎之拔旆投衡,乃出。顾曰:'吾不如大国之数奔也。'"这是很著名的一个例子。邲地之战中,晋军有几辆兵车由于陷在坑中而不能前进,这时楚国的士兵并未趁机发起攻击,而是告诉他们抽掉战车前的横木,这样晋国的兵车稍稍前行了一点,但马又盘旋不止,楚国的士兵就又告诉他们将战车上的大旗和车轭去掉,晋国的战车这才成功从坑中出来,向前逃跑,而车上的晋国士兵一边逃跑一边还回头嘲笑楚国的士兵说:"我们不如你们逃跑有经验啊!"这是不肯在不平等的状态下攻击对方的表现。"以熟悉武艺为人生终极目标的战士们,在对自己的技艺及本方的战斗力充满自信的场合下,希望敌方也不失为勇猛果敢之士,而且在战场上,希望无论本方还是敌方的武艺能得到最大限度的发挥。在心理状态上,彼此都能引起唯有如此战斗才具有价值的争强好胜的共鸣。正是这种共鸣的产生,才使犒劳敌师的行为及不攻击脆弱之敌的意识具有存在的可能。"[1]

第七,珍惜阵亡将士的荣誉。《周礼·春官·冢人》:"凡死于兵

---

① 任慧峰:《先秦军礼研究》,商务印书馆2015年,第148页。

者，不入兆域。"郑玄注："战败无勇，投诸茔外以罚之。"①后人多从之。吕思勉认为郑注不妥，举《左传》哀公二年戚之战赵鞅誓师之语以驳之。赵鞅誓于师曰："若其有罪，绞缢以戮，桐棺三寸，不设属辟，素车、朴马，无入于兆。"吕思勉认为"虽曰战败，其人仍死于刑戮也"，也就是说，"死于兵者"之"兵"非指战争，而是刑法。吕思勉还举《论衡·四讳》"俗讳被刑为徒，不上丘墓。父母死，不送葬；若至墓侧，不敢临葬。甚失至于不行吊，伤见他人之柩者"为证，得出了"康成之言，于是为臆测矣"的结论。②吕思勉的这一看法，认为兵是指兵械，死于兵械不只是在战争中，而主要是刑法。他引杨宽的说法为据，认为尽管古人充满着对获得战功的渴望和对胜利者的敬意，但对战败者甚至是投降者还比较宽容，和秦汉以后以严厉手段和态度来处置那些未能"投生殉节"的败者降者的情况很不相同。任慧峰认为，郑玄的"战败无勇，投诸茔外以罚之"是汉代人的看法，从《周礼》中看不出有"罚之"的意味。从"凡死于兵者，不入兆域"的下文"凡有功者居前"来看，死于兵者指死于战争并无不妥。吕思勉之说适可补其不足。③

第八，鼓励将士在战争中充分展示人性和风度。在叙述大队人马的混战时，《左传》作者犹不忘点缀参战者的个人行为，由此，大场面的喧哗被弱化，有闹中取静的审美效果。如鄢陵之战虽然战场十分激烈，却又从中透出"雍容闲雅"的气息④，这与晋卿在战场上坚持依礼而行密切相关。《左传》成公十六年记"郤至三遇楚子之卒，见楚子必下，免胄而趋风……郤至见客，免胄承命。……三肃使者而退。"郤至与楚王的对答恭敬温雅。晋三卿甚至都放过了自己的敌人。韩厥、郤

---

① 郑玄注：《周礼注疏》卷二二，中华书局 1982 年，第 786 页。
② 吕思勉：《死于兵者不入兆域》，载《吕思勉读史札记》，上海古籍出版社 1982 年，第 277—278 页。
③ 任慧峰：《先秦军礼研究》，商务印书馆 2015 年，第 185 页。
④ 吴闿生：《左传微》，中国书店 1990 年，第 419 页。

至释郑伯，栾针释子重。彼此间的互动也是彬彬有礼：《左传》成公十六年还记晋将栾针"使行人执榼承饮，造于子重"，子重"受而饮之，免使者而复鼓"。双方均"以极潇洒儒雅之风度，使读者心志耳目洒然一变，顿开异境"①。这些属于个人行为的小情节通常都很有趣味性。再如鄢陵之战，晋厉公陷于淖中，在救驾的紧急关头，栾针仍不忘以官不可侵的大道理阻止栾书而自己施救，令其形象有一点呆气，同时也有一点可爱。更重要的是小情节在叙事脉络上还起着承上启下的作用，有"以零星点缀见姿致"②之妙。

第九，通过"观兵"进行战前或战后示威。观兵是先秦时期战争中一种显示军威的方式，观是显示的意思。刘雨将其归为军礼。③先秦典籍中关于楚国观兵的记载很多。一是《左传》僖公四年记："齐侯陈诸侯之师，与屈完乘而观之……陈辕涛涂谓郑申侯曰：'师出于陈、郑之间，国必甚病。若出于东方，观兵于东夷，循海而归，其可也。'"二是《左传》宣公三年记："楚子伐陆浑之戎，遂至于雒，观兵于周疆。定王使王孙满劳楚子，楚子问鼎之大小、轻重焉。"三是《左传》昭公五年记："楚子遂观兵于坻箕之山。"等等。

学者们一般都认为观兵是一种战前的示威手段，杨希枚对"观"在先秦时期的用法有详论④，刘雨说："古之'观兵'是进行军事威胁的一种战争手段，企图以不战而屈敌之兵。"⑤

第十，重视战争的善后，隆重举行祭祖，祷告"兵死者"。

战争获胜者，一般会隆重祭祖。楚国邲地之战大胜晋国，本应马上凯旋。但楚庄王却带领全军将士举行祭祖活动。《左传》宣公十二

① 吴闿生：《左传微》，中国书店 1990 年，第 421 页。
② 冯李骅、陆浩评辑：《春秋左绣》卷四，上海广益书局民国石印本。
③ 刘雨：《西周金文中的"周礼"》，载《金文论集》，紫禁城出版社 2008 年，第 123 页。
④ 杨希枚：《春秋隐公射鱼于棠说驳议》，载《先秦文化史论集》，中国社会科学出版社 1995 年，第 508—511 页。
⑤ 刘雨：《近出殷周金文综述》，《故宫博物院院刊》2002 年第 3 期。

年：“(楚庄王)祀于河，作先君宫，告成事而还。”楚庄王在胜晋之后，特地安排到黄河祭祖。这种做法，显得楚国文质彬彬，不忘祖宗，获得诸侯国的赞誉。

春秋时期战争结束时，失败的一方要行使战败之礼。楚国如果出征失败，主要将领必须自杀，其余军将归国时，与中原诸侯国一样，要先派人向君王报告，君王闻讯后身穿丧服，哭于门外。《礼记·檀弓》：“军有忧，则素服哭于库门之外。赴车不载櫜韔。”郑玄注：“忧，谓为敌所败也。素服者，缟冠也。兵不戢，示当报也。以告丧之辞言之，谓还告于国。櫜，甲衣。韔，弓衣。”当使者乘车归国禀告时，他的铠甲与弓不能收入袋子中，这表示还要报仇的决心。《孔丛子·问军礼第十八》中有类似的记载：“若不幸军败，则驲骑赴告于天子，载櫜韔。天子素服哭于库门之外三日，大夫素服哭于社亦如之。亡将失城则皆哭七日。”与《檀弓》不同，《问军礼》曰“载櫜韔”，当是脱一“不”字。

楚人认为死于战争的“兵死者”的鬼魂会伤害活着的人。战国出土文献中对此有记载。九店楚简中的《告武夷》提到，上帝专门命武夷掌管死于战争之人，即“兵死者”，因为“兵死者”会危害活人，故巫祝要向武夷祷告，请求他让受“兵死者”侵扰的病人之魂归来。[①] 包山简中有“思攻解于诅与兵死”(简241)[②]，天星观楚简中也有“思攻解于盟诅与强死”“盟与强死者”[③]，都说明战国时楚人对兵死之鬼的畏惧。由此可知，死于战争之人不入兆域并不是对他们的惩罚，而是怕他们的不得其死有辱祖先。对于这些不入兆域的孤魂，当时楚人还要进行祭祷，以免其危害活人。

① 李家浩：《九店楚简“告武夷”研究》，载《著名中年语言学家自选集·李家浩卷》，安徽教育出版社2002年，第318—338页。
② 陈伟等：《楚地出土战国简册(十四种)》，经济科学出版社2009年，第97页。
③ 晏昌贵：《天星观“卜筮祭祷”简释文辑校》，载《简帛数术与历史地理论集》，商务印书馆2010年，第126—156页。

第 十 一 章

春秋中期楚国的
人口、都邑与交通

第一节　人口

春秋时期，是中国社会由统一变为分裂、又从分裂走向统一的大动荡、大发展时期。这个时期，由于生产工具的改进，促进了社会生产力的发展，给社会经济、政治诸制度以深刻的影响。这个时期，既是对人的大摧残、对人的价值大破坏的时期，也是对人的价值的重新发现、对人高度重视的时期。各诸侯国的统治者，出于战争的需要，都十分重视人口的掌握、管理，采取各种措施招徕、增殖、保养人口，对户口进行调查登记，并在此基础上组织、扩建军队。

研究春秋时期的人口，是一个难度很大的工作，因为各诸侯国的人口数字是不断变化的。春秋时期是一个大兼并时代，据《左传》《史记》等记载，春秋时期共有国家140多个，到战国初年只剩十几个，其间有一百多个国家被兼并，而剩下国家的疆域也大大扩展。春秋初，各国面积不过百里左右，战国初的十几个国家，大多达到千里之巨，是原来国土面积的几十倍。在整个兼并过程中，一些小国为了避难求存，往往宗族数迁，民众颠沛流离。春秋时期，一般的国家都有数次迁都的历史，这个迁都实际上也是国家人口的迁移。春秋初年，小国多则万户之众，少则只有几千户人口，故迁移也不是难事。

春秋时期诸侯国的数量，前后变动甚大，众说不一，《汉书·地理志》称："(西周)盖千八百国。……周室既衰，礼乐征伐自诸侯出，转相吞灭，数百年间，列国耗尽。至春秋时，尚有数十国。"而皇甫谧则说："周庄王之十三年……凡千一百八十四万七千人。……其后诸侯相并，当春秋时，尚有千二百国，二百四十二年之中，杀君三十六，亡国五十二，诸侯奔走不得保其社稷者，不可胜数。至于战国，存者十余。"《晋书·地理志上》则继承此说，也认为："春秋之初，尚有千二百国：迄获麟之末，二百四十二年，弑君三十六，亡国五十二，诸侯奔走不得保其社稷者不可胜数，而见于《春秋》经传者百有七十国焉。百三十九知其所居……三十一国尽亡其处。……蛮夷戎狄不在其间。"据此所说，则春秋中后期，国家"知其所居"者还有将近 140 个。从《春秋》《左传》等文献记载来看，尚见于记载的封国和与国尚有 140 余。《春秋大事表》卷五载 147 国，《春秋会要》载 142 国，顾德融、朱顺龙《春秋史》列 154 国。我们以 1200 国作为春秋初期的数量，当时国家尚小，每一个国家约一万人。《左传》闵公二年载，卫国破于狄，"卫之遗民男女七百有三十人"，加上滕、共两地也只有五千人，可见其人口不会太多，据《逸周书·世俘解》，西周初一般国家也有 3000 至 5000 人，而宋镇豪曾据甲骨文和金文记录统计出西周早期不少地方族落平均有 8200 人，经近三百年发展，人口当有所增长，且此时齐国仅军队就有 3 万人，故以万人作为一国的人口数不会太高。这样粗略算来，整个诸侯国总人口就有 1200 万左右。[1]

春秋时楚国的全部人口，可以依据以下文献中有关中国总人口的记载进行推算：

一是汉代董仲舒所撰《春秋繁露》。《春秋繁露·爵国第二十八》在讲"周爵五等"时，提及"天子地方千里……定率得千六百万口"。这 1600 万人大约是指西周早期成康年间人口繁盛时的数字。文中对此数字的来源没有任何解释。

二是晋代皇甫谧所撰《帝王世纪》。《帝王世纪·第十》记有"星野、历代垦田、户口数"，指大禹时，"民口千三百五十五万三千九百二十三人"，周公相成王时，"民口千三百七十一万四千九百二十三人"，到东周初年的周庄王十三年，"凡千百八十四万七千人"。周庄王十三年为公元前 684 年，相当于楚文王六年，芈族与荆蛮联合的成果——楚国已经建立，《帝王世纪·第十》总结西周时全国的人口，经过昭王南征不反，穆王失荒，加以厉、幽之乱，平王东迁等一系列动

---

① 焦培民：《先秦人口研究》，郑州大学博士学位论文，2007 年，第 144 页。

乱，逐年递减，全国只有 1184 万人口，基本上是可信的。

三是唐代杜佑《通典·历代盛衰户口》记："平王东迁三十余年，庄王十三年，齐桓公二年，五千里外，非天子所御，自太子公侯之下至于庶人凡千一百八十四万一千九百二十三人。"①说明周庄王时天下人口 1184 万人。

《先楚史》对楚武王时楚国的人口，曾按两种方法推算。②

第一种方法按照梁方仲、苏仲湘提出的楚国战国时占天下人口四分之一的比例，简单倒推西周末年荆蛮与芈族合并后的人口，约为 1184 万的四分之一 296 万。但考虑到楚武王时楚国并没有大规模灭国、移民，略微保守地按五分之一推算，1184 万人的五分之一约为 236 万人。

第二种方法按楚武王拥有的兵力（芈族加荆蛮兵力总和）推算。楚武王时的兵力由芈族和荆蛮两大部分组成，其中芈族拥有的兵力约有 6 万。依据是《竹书纪年》记西周中期周穆王急调芈族的军队单独迎击徐偃王的全面进攻并取得胜利，说明芈族军队的战斗力与周穆王"西六师"相当。宣王命方叔南征荆蛮的兵力是"其车三千"。③ 清人征引文献考证这是"六军"的车数，每乘有甲士、徒兵 25 人，共 7.5 万人。④但芈族的实际兵力不可能与"西六师"相当，这是周王室所不允许的，但少于"西六师"的一半，不可能击溃徐偃王，故设芈族的兵力为"西六师"的三分之二，约为 5 万人。

楚武王时来自荆蛮的兵力，由荆蛮抵抗周王朝进攻的战争可以推知。文献表明西周早期的周昭王时和西周晚期的周宣王时均有十万之众。《竹书纪年》记周昭王"丧六师于汉"，则昭王这次讨伐荆蛮，所带周王室兵力为"六师"，至少有 7.5 万人。荆蛮迎战，取得胜利，至

① 杜佑：《通典》卷七，中华书局 1984 年，第 39 页。
② 程涛平：《先楚史》，武汉出版社 2019 年，第 1523—1528 页。
③ 罗琨、张永山：《夏商西周军事史》，军事科学出版社 1998 年，第 338 页。
④ 参见《周礼正义》疏引金鹗说。

少也得 10 万人以上。① 陈恩林认为周宣王动用了著名的"西六师"。②
按常理，荆蛮以临时拼凑的各部落聚集到一起的队伍，与周宣王训练
有素的"西六师"对阵，兵力当超过周军，10 万人以上是可能的。

　　楚国成立，由芈族的兵力 5 万加荆蛮的 10 万，楚武王时共拥有 15
万兵力，以此对付以随国为首的"汉阳诸姬"，当然绰绰有余。考虑到
春秋初期农业生产手段落后，需要较多的男性壮劳力投入农业生产，
可以较为保守地按 15 人出兵一人的比例简单推算。"一般来说全部人
口中，50% 的人口是女性，男性中有 45% 为少年儿童和老人，女人、
小孩和老人，这三者都不能服兵役，可以服兵役的青壮年男子占全部
人口的 50%×55%＝27.5%，即 1/4 强。然而社会绝不会让全部成年男
子脱离生产。……一般来说，一个国家军队最大维持量不大于全国人
口的十分之一，超过此数就有崩溃的危险。"③ 按中原诸侯国十分之一
的标准，显然太高，特别是荆蛮的人口，广布于长江中下游地区，高
度分散，生产力低下，出兵比例当更低，芈族、荆蛮平均按 15 人出兵
1 人的标准较为合适，如此，由楚武王接位时兵力 15 万，可计算出楚
国当拥有 225 万人口，与第一种方法推算的 236 万人相差不大。

　　楚武王三十七年称王，建立楚国，拥有 225 万至 236 万人口，系
公元前 704 年，时值春秋早期。到了春秋中期，楚国经过楚武王、楚
文王、楚王堵敖、楚成王、楚穆王、楚庄王六位楚王，奋发有为，锐
意北上，无情灭国，开疆拓地，楚国的疆域急剧扩张，随土地而来的
人口也急剧增加。到公元前 591 年楚庄王去世，楚国经过百余年(共
113 年)的发展，分析计算各种资料，楚庄王时的人口在楚武王的基础
上无疑有较大的增长。

---

① 周宣王讨伐荆蛮也动用了庞大的兵力。《诗经·小雅·采芑》"方叔莅止，其车三
　　千"，方叔指挥的军队竟然有三千乘之多。清人征引文献考证这是"六军"的车
　　数，每乘有甲士、徒兵 25 人，共 7.5 万人。参见《周礼正义》疏引金鹗说。
② 陈恩林：《先秦军事制度研究》，吉林文史出版社 1991 年，第 80—81 页。
③ 李亚峰：《晋国人口知多少?》，《晋阳学刊》2006 年第 4 期。

从楚武王到楚庄王，亦即春秋早期到春秋中期，楚国同晋国一样，一方面注重统计人口，另一方面采取措施控制人口流失。

楚国在楚武王之子楚文王时，制定控制人口逃亡的法律。

楚国位于南方汉水流域到长江流域的两岸。楚穆王时，先后灭掉周围的江（今河南正阳）、六（今安徽六安）、蓼（今河南固始）等小国。楚庄王时，平定内乱，改革内政，国势再振，北向"问鼎"，经邲地之战，成为霸主。与晋国一样，楚的户口调查登记制度，也只能根据有关事件来推测。

楚灵王六年（前535年），在章华之宫接纳逃亡之人，大臣无宇的门人也在里面。无宇去追要时，对楚灵王讲了一大通上下等级之制不可变乱的道理：

> 周文王之法曰"有亡，荒阅"，所以得天下也。吾先君文王作仆区之法，曰"盗所隐器，与盗同罪"。所以封汝也。若纵有司，是无所执逃臣也。逃而舍之，是无陪台也。王事无乃阙乎？昔武王数纣之罪，以告诸侯曰："纣为天下逋逃主，萃渊薮。"故夫致死焉。君王始求诸侯而则纣，无乃不可乎？若以二文之法取之，盗有所在矣。[①]

杜预注：荒，大也；阅，蒐，即搜也。"有亡，荒阅"，就是有逃亡之人，则要大搜索，不得隐匿。"吾先君文王"，是指楚文王，前689年至前676年在位。"仆区之法"，即隐匿逃亡之法。"所以封汝也"的汝，是地名。从无宇的这段话中可知，楚国早在楚文王时，已经制定了搜逋逃人之法。而"逋逃"之人，大概多是官私奴隶，也可能有少量自由民。逃亡的原因，可能是不堪忍受主人的奴役，或向往更好一点的生活，被人引诱。在春秋战国"争人以战"中，也给下层人民

---

① 《左传》昭公七年。

834

以选择的机会和投奔的处所。制定"仆区之法"，说明逃人情况严重。除了严惩隐匿逃人之家和逃人本身外，大概也有加强户口调查、管理的措施。[1]

楚国经过楚文王实行仆区之法，人口流失当有效控制。再经过楚成王46年、楚穆王12年的经营，其中包括楚庄王邲地之战大胜晋国，成为春秋五霸之一，声威大震，此时"荆庄王并国二十六，开地三千里"（《韩非子·有度》）。楚国的国势蒸蒸日上，人口有较大幅度的增加是肯定的。可以按照世界人口增长系数进行简单推算楚国从楚武王前740年继位到楚庄王前591年去世共约150年间的人口增长。

中国最早的人口数是夏禹时的13553923人，出自皇甫谧《帝王世纪》，时间大概在前2070年，距今已4000余年，约占当时世界总人口的1/3。1980年中国人口约占世界总人口的22%。1/3的数字显得很高，但是世界人口发展是不平衡的，考虑到中国古老的文化历史，中国在3000多年前，人口发展较世界大多数地方为快，1/3的比重并非不可能。如果以中国历史上第一次较为准确的普查人口数为准，在汉平帝元始二年，即公元2年，查得全国人口为5960万。若以前3000年至公元初世界人口千年增加率（6.6%）倒算过去，则夏商时人口约为1500万人，与报告人数很接近。这样杜佑在其《通典》中，根据皇甫谧所著《帝王世纪》所转述的这个数字，可能不如某些人所怀疑的那样毫无根据。这样我们对1400来万这个人口数字，便不好简单怀疑它完全是杜撰的。[2] 焦培民肯定世界人口千年增加率（6.6%）的增长公式，他认为从生态学的角度分析，中国人口在夏商时代达到1000多万也有合理性。[3]

据此，取楚武王即位时楚国的人口上限236万，按世界人口千年

---

① 宋昌斌：《中国户籍制度史》，三秦出版社2016年，第45—47页。

② 段纪宪：《中国人口造势新论》，中国人口出版社1999年，第41页。

③ 焦培民：《先秦人口研究》，郑州大学博士学位论文，2007年，第144页。

增加率(6.6‰)的增长公式,经过150年,到楚庄王时约达到250万人是完全可能的。

这种按世界人口千年增加率(6.6‰)的增长公式来计算楚国的人口增长的方法,不够准确。还有一种方法是按照楚庄王在邲地之战中出动的兵力来换算楚国的人口。

春秋时期兵车一乘的人数,历来争论不一。通常的说法是西周时期和春秋初,一乘有30人。《司马法》云:"革车一乘,士十人,徒二十人。"

于常青从文献记载介绍计算人口的方法:《左传》中唯一比较确切的人口统计数字是鲁闵公二年(前660年,楚成王十二年),卫国被狄攻灭之后,迁于楚丘时的情况:"卫之遗民男女七百有三十人,益之以共、滕之民为五千人。""(卫文公元年)革车三十乘;季年乃三百乘。"这是一条非常珍贵的人口统计数字。它的珍贵之处,不仅在于它为我们提供了前659年(卫文公元年)卫国人口的统计数字,而且为我们提供了国、野之民的比730:5000,兵、民之数的比30:5000两个重要参数。根据这两个参数,我们可以对春秋时的人口作一大致推测。首先,根据5000人口与革车30乘的比例来推测。春秋时期,兼并战争激烈,各国统治者都在自己人力、财力所允许的范围内不遗余力地扩军备战,因此代表一个国家战车数量的"千乘之国""万乘之国",就是一个国家经济实力、军事实力等综合国力的具体标志。甚至春秋末年中小国家对晋、吴等霸主的贡赋,也是以兵车数量来计算的。如《左传》哀公七年"鲁赋八百乘""邾赋六百乘",《左传》哀公十三年"鲁赋于吴八百乘"等。所以,各国兵车的数目和其人口的总数之间是有其相应的比例关系的。当时卫国5000人有30乘兵车,大约是170人一乘兵车,按此比例参数,昭公十三年(公元前529年),晋国"治兵于邾南,甲车四千乘",则应有民众70万人左右。又知,齐、楚、秦、吴、越等国与晋国实力相差不多,人口数目也应大致相同,六个霸主共有人口约 420 万人。①

邲地之战，晋、楚投入兵力，楚多于晋。"依城濮战役旧例观之，晋楚两军之兵力与车马之数，与前次战役概略相同。"②楚庄王时的邲地之战，楚国的军队，依据《左传》庄公二十八年记"子元以车六百乘伐郑"，表明楚国对外出征的常备军通常是 600 乘，加上曾经参加城濮之战的申、息二县各 150 乘，此番亦势必全力参战，故楚军共 900 乘。城濮之战时有若敖氏私卒参战，楚庄王灭若敖氏后，这支私卒不复存在，故不考虑楚有私卒参战。但是楚庄王有御林军或曰亲兵"两广"参战。楚两广共计战车 60 乘参战。楚国 1 广 1 卒，1 卒分 2 偏，1 偏 15 乘，1 卒有 30 乘，左右两广则有 60 乘战车。③

邲地之战与城濮之战不同，双方战前均未召开盟会，纠集属国参战，故邲地之战双方有属国参战与否未知。晋军方面，《左传》宣公十二年记郑国曾经向晋表示"子击之，郑师为承"，但遭到晋国拒绝，故郑军没有参战，也未见其他属国参战。楚军方面，则记有唐惠侯参战："使潘党率游阙四十乘，从唐侯以为左拒。"唐是小国，能够投入的兵力最多 100 乘。这样，楚国的总兵力约为 1060 乘。由此，邲地之战，应是晋国的 1000 乘对楚国的 1060 乘，楚军实际兵力多晋军 60 乘，楚军投入的兵力略占优势，这是楚军邲地之战取胜的重要因素。

楚庄王投入邲地之战的 1060 乘战车，如果按照春秋早期通行的每乘 100 人的编制，参战人数为 10.6 万人。一乘百人的文献记载，可略举几例。前 627 年，秦晋崤之战，秦有车 300 乘，每乘配卒 100 人。《韩非子·十过》："(秦穆)公因起卒，革车五百乘，畴骑两千，步卒五万，辅重耳入之于晋，立为晋君。"《孙子兵法·作战篇》："孙子曰：凡用兵之法，驰车千驷，革车千乘，带甲十万……日费千金，然后十万之师举矣。"张预注引曹操《新书》云："攻车一乘，前拒一队，

① 于常青：《浅析春秋时期的人口状况》，《河北青年管理干部学院学报》2003 年第 3 期。
② 台湾三军大学：《中国历代战争史》第 1 册，中信出版社 2013 年，第 205 页。
③ 黄朴民：《中国军事通史·春秋军事史》，军事科学出版社 1998 年，第 81 页。

左右角二队，共七十五人。守车一乘，炊子十人、守装五人、厮养五人、樵汲五人，共二十五人。攻守二乘，凡一百人。"从《孙子兵法》的分析可知"驰车千驷"即有攻车七万五千人，"革车千乘"即守车二万五千人，二者相加刚好为"带甲十万"。可以此为标准来推算春秋时期的人口。根据蓝永蔚的研究，西周时期实行的是攻车一乘二十五人之制，但一乘有五人作为后勤，故而实际一乘配有三十人。因为当时"一乘攻车步卒不过二十五人，前进速度缓慢，后勤供应简单，只要一辆由五名徒役看管的重车就足敷应用了。再早的时候，重车的数量还要少，甚至一辆重车可以供应几乘攻车的需用。到了春秋时期，步卒的人数骤增至七十二人"，"一乘攻车七十五人，再加上守车徒役共百人"。[1] 则楚国鄢地之战参战人数为 10.6 万人。徐鸿修不同意蓝永蔚的算法，提出："攻车 30 人和 75 人制都是实战编制，但时代有早有晚。30 人制是西周春秋的编制，75 人制是战国时代的制度。从 30 人制扩展为 75 人制，大约发生于战国初期。"[2]明显偏小。

楚国的兵车，配备后勤服务人员"役徒"较多。《左传》襄公十八年(楚康王五年，前 555 年)："楚师伐郑……甚雨及之，楚师多冻，役徒几尽。"《左传》宣公十五年记楚庄王长期围困宋国，最后采取"筑室反耕"之计，让随军的役徒故意在宋国的都城前种地，以示将长久围困，宋国这才恐惧求和。故楚国的战车随车的后勤服务人数较多。《唐太宗李卫公问对》："楚，山泽之国，车少而人多。"《武备志·荆尸阵记》："五十人为两，百人为卒，十五乘为偏。以其山泽之国车少而人多。"[3]金大伟解释，按周制 1 偏 2 乘，楚制则 1 偏 15 乘，此与楚国地形限制有很大关系，楚国山丘多于平原，车兵少步卒多是楚军的

① 蓝永蔚:《春秋时期的步兵》，中华书局 1979 年，第 103 页。
② 徐鸿修:《西周春秋军事制度的两个问题》，《文史哲》1995 年第 4 期。
③ 中国兵书集成编委会编著:《中国兵书集成》，解放军出版社 1987 年，第 2057 页。

特征。① 故楚国每乘战车的随车人员比中原诸侯国通行的每乘 100 人要多得多，可以多估为 150 人。如果按照每乘 150 人的编制，则楚国邲地之战的参战人数为 15.9 万人。再按照前文所列楚国平均每 15 人出兵一人的比例计算，楚庄王时的人口约为 238.5 万人，略少于按世界人口千年增加率（6.6%）的增长公式计算的 250 万人，与本人此前推算楚武王时的人口数 225 万~236 万人惊人吻合。

楚国的 238.5 万人口，可以与同时期同规模的大国齐国、晋国的人口数进行比较。

首先与齐国比较。齐桓公于公元前 643 年去世，楚庄王于公元前 613 年继位，时隔仅 30 年。齐桓公时齐国的人口总量，可以依文献记载直接求得。

齐桓公时，公元前 685 年—前 643 年，任用管仲变法革新，整顿包括户籍制度在内的各项内政，国力大为充实，奠定了霸业之基。齐国定时调查人口。《管子·乘马》载："命之曰正分，春曰书比，立夏曰月程，秋曰大稽，与民数得亡。"是说到秋收时进行大考核，看一看有没有奴隶逃亡，是否增加了人口。"与民数得亡"的"与"字，据俞樾等人的解释，就是记录的意思，即记录人口得失情况。前面四句的断句，注释家有分歧，但春天的"书比"、夏天的"月程"、秋天的"大稽"，是指户口调查在内的考察汇报，大致不谬。另外，《管子·度地》载："今曰：常以秋岁末之时，阅其民，案家人，比地，定什伍口数。"即每年秋天和岁末都要进行户口调查。这样，连同"乘马"中的春、夏，就是每年四季都要进行户口调查了。

齐桓公在位时期，齐国已经建立了"三军"，每军约一万人，由齐桓公、国子、高子分别统领。《尉缭子·制谈第三》："有提十万之众而天下莫敢当者，谁？曰桓公也。"《国语·齐语》说，管子"三其国而伍其鄙"，又说"管子于是制国以为二十一乡，工商之乡六，士乡十

---

① 金大伟：《春秋军阵研究》，中国社会科学出版社 2016 年，第 29 页。

五"，又说"五家为轨，轨为之长，十轨为里，里有司，四里为连，连为之长，十连为乡，乡有良人焉"，韦昭注："二千家为一乡，二十一乡，凡四万二千家。"①《齐语》管子说："制鄙，三十家为邑，邑有司，十邑为卒，卒有卒帅，十卒为乡，乡有乡帅，三乡为县，县有县帅；十县为属，属有大夫。五属，故立五大夫，各使治一属焉。"韦昭注："五属，四十五万家也。"②齐国的"国"4.2万家，"鄙"45万家，共49.2万家，"按一家有五口计算，齐国应有人口246万"③。如此，齐桓公时齐国人口246万，略多于楚庄王时的238.5万人口。楚、齐两国春秋中期的人口总数大略相当。

楚庄王时拥有238.5万人口，亦可以与晋文公时的人口进行比较。晋文公作三军，过了20年后，公元前613年，楚庄王继位，两者时间相隔不长。

晋国在晋文公时的人口。据《吴子·图国》："昔齐桓募士五万，以霸诸侯。晋文召为前行四万，以获其志。秦缪置陷陈三万，以服邻敌。"公元前633年，《左传》僖公二十七年(晋文公四年、楚成王三十九年)记，晋文公作三军，一军12500人，三军37500人，约4万人。《中国历代战争史》估计："城濮之战，晋、齐、秦联军兵力达八九万人，而楚军兵力约达十一万人，为春秋第一次大规模之作战。"据此，估计晋文公时"晋国应有人口196.8万"。④

晋国人口可以通过晋楚时晋国的兵力来求得。晋军兵力，《左传》僖公二十八年(晋文公五年，楚成王四十年)明确记载"晋车七百乘"，可以判定城濮之战晋国投入的战车至少为700乘，邲地之战时除此之

---

① 上海师范大学古籍整理组校点：《国语·齐语》，上海古籍出版社1978年，第229—230页。

② 上海师范大学古籍整理组校点：《国语·齐语》，上海古籍出版社1978年，第237页。

③ 李亚峰：《晋国人口知多少?》，《晋阳学刊》2006年第4期。

④ 台湾三军大学：《中国历代战争史》第1册，中信出版社2013年，第119页。

外加上有晋贵族的私卒参加，如决战时"楚熊负羁囚知罃，知庄子以其族反之"，可知知庄子是有若干私卒参战的，估计约为 150 乘，晋国的私卒多于楚国，其他参战的晋国贵族的私卒不会少于知庄子，设想也是 150 乘，这样，邲地之战晋国的兵力约为 1000 乘，比晋楚城濮之战由于成功动员齐、秦两国参战，晋国本身只出动的 700 乘兵力要多得多。邲地之战晋国能够出动 1000 乘，按每乘随车人员 100 人计，晋国参战人员为 10 万人，若按每车随车人员 150 人计，就有 15 万人，再按中原通行的每 10 人出兵 1 人的比例，如《管子·海王》"万乘之国，人数开口千万也"，可以推算晋国的人口为 150 万人。这样看来，春秋中期楚庄王时楚国的人口基数 238.5 万人，多于晋国的 150 万人口。

依据以上分析，可以列出表 11-1。

表 11-1：春秋中期齐、晋、楚国人口估计表

国家	考证	备注	车数（乘）	兵数（万）	人数（万）
齐国	齐桓公时 1000 乘左右	齐强，估为 1000 乘	1000	10	246
晋国	邲地之战 1000 乘	根据李亚峰的计算	1000	50	196.8
楚国	楚庄王时邲战 1060 乘	程涛平推算	1060	50	238.5

第二节　屡次迁徙的楚郢都

楚国作为春秋时期显赫一时的大国，能作为它的政治、经济、文化中心的无疑是楚的都城。楚都当时称郢。《越绝书·吴内传》："郢者何？楚王治处也。"楚王居住处理政务的地方叫郢。

为何楚人将自己的国都称为"郢都"？从字面上理解，"郢"是个会意字，其中的王指楚王，王上之口指城圈，旁边的"阝"即邑，古代的

邑就有国都之意。商代甲骨文中把王都称作“大邑”“天邑”，安阳殷墟是商代后期的都城，称作“大邑商”。《尔雅·释地》：“邑外谓之郊。”郭璞注：“邑，国都也。”邑还可以理解为人群聚居的地方。《释名·释州国》：“邑，犹俋也，邑人聚会之称也。”《说文》：“邑，国也，从口。”“凡人众所集之地，皆可称邑。故大至国都，小至部落，古皆通名为邑。”[①]由上可见，只有当楚君称王之后，楚之国都方称郢。

郢字还来自清华简《楚居》对楚武王建立第一个郢都的记载。清华简《楚居》记宵敖之后，楚武王从宵地迁徙到了“免”地：

> 至宵嚣(敖)酓鹿自焚遷(徙)居宵。至武王酓䵣自宵遷(徙)居免，女(焉)刣(始)□□□□□福。众不容于免，乃渭(溃)疆浧之波(陂)而宇人女(焉)，氐(抵)今曰郢。[②]

《楚居》这段记载，使我们知道到楚武王时，楚国的大本营又迁到了“免”地。“免”字为《清华大学藏战国竹简》(壹)原释文。《楚居》说武王迁到“免”地后，人口骤增，“众不容于免，乃渭(溃)疆浧之波(陂)而宇人女(焉)，氐(抵)今曰郢”。疆浧是湖泊沼泽的名称。《玉篇·水部》：“浧，泥也，淀也。”《集韵·劲韵》：“浧，淀也。”疆浧应是水比较少、比较浅的水域。免因为地方小，不能适应人口增长，于是对紧邻水域疆浧进行改造，扩大居住面积。改造的方法是“渭(溃)疆浧之波(陂)”——把疆浧的水放干，向水域借空间，也就是后世的“填湖造地”。可见在南方楚国，这种方法早在春秋早期就开始了。经这种方法改造的地方叫作郢，疆浧改造后称做疆郢。疆郢本是在免的基础上扩张的结果，但后来新城规模超过老城，就渐渐取代了免。《楚居》随后说楚文王“复徙免郢”，可知免地亦称之为“免郢”。

---

① 张舜徽：《说文解字约注》，华中师范大学出版社 2009 年，第 1564 页。

② 清华大学出土文献研究与保护中心编，李学勤主编《清华大学藏战国竹简》(壹)，中西书局 2010 年，第 181 页。

免郢是楚国最早的郢都。清华简《楚居》点校者注释:"《世本·居篇》:'楚鬻熊居丹阳,武王徙郢。'楚自武王之后,王居多称郢,与武王居疆涅有关,'涅'在楚简中大都读为盈,疆涅之'涅'最初可能是一种地貌特征。疆涅成为王居之后,写作'疆郢'(见一五号简)。郢不是一个固定的地名,而是武王之后王居的通称,犹西京、东京之'京'。"①可见,由疆涅可以转到疆郢,由疆郢又可以单称郢,这以后楚都称"某郢",均由此而来。过去认为从春秋早期楚自丹阳徙郢,至公元前278年秦将白起拔郢,楚以郢为都城长达400余年之久,把郢看成是一个地点,实在是一种很大的误解。看了清华简《楚居》方才知道,这中间楚人已经迁徙了好多个"郢"了。

楚人所称之"郢",主要是指国家的行政中枢,而不一定是单指楚王居住的地方。《楚居》下文中往往有楚王所在的地名不称"郢",而同一时期太子所在地称"郢"的情况,还有像秦溪、同宫之北、烝之野等也无"郢"称,这些都说明称"郢"与否只与行政中枢所在有关,而与当时楚王所在与否只有一定关系。绝大多数情况下,楚王之所在,必然也是行政中枢所在,故而才容易让人觉得楚王居住的地方全部称为"郢"。在《包山楚简》中,记载有很多郢,如栽郢、蓝郢、俩郢、栽郢等。此蓝郢,也许即文献中之南郢。楚国的都城虽均称郢,但称郢的地方并不都是楚国的都城。郢是一个会意词,即王所在的地方。而都城则必须有宗庙社稷。故《考工记》匠人营国(修建国都),要"左祖右社",《左传》庄公二十八年:"凡邑,有宗庙先君之主曰都,无曰邑。"故凡是楚国的都城,就必然有楚国宗庙先君之主。《穀梁传》定公四年载:"庚辰,吴入楚,曰入,易无楚也。易无楚者,坏宗庙,徙陈器。"范宁注:"郑嗣曰:'陈器,乐悬也。'"由此可见,有宗庙社稷的郢,才是楚国的都城。②

---

① 清华大学出土文献研究与保护中心编,李学勤主编《清华大学藏战国竹简》(壹),中西书局2010年,第187页。

② 郭德维:《楚都纪南城复原研究》,文物出版社1999年,第39页。

楚国正式称王是在武王之世，郢之名也是在武王之后出现的。见于史书有两种说法。一说是武王都郢，《世本·居篇》："楚鬻熊居丹阳，武王徙郢。"一说是文王，《史记·楚世家》："文王熊赀立，始都郢。"按照清华简《楚居》的记载，楚国的第一位楚王是楚武王，楚武王定的第一个国都名为免郢。楚国国都称"郢"由此始。

《先楚史》第十六章第三节"熊通于汉水西岸创建郢都"①，考证楚国的免郢位于今钟祥市胡集镇蛮河下游入汉水处的罗山遗址。

楚武王以免郢为楚都，开创以"郢"为楚都名称的历史。在他去世之后，其子楚文王将"郢都"又迁徙了三次。清华简《楚居》：

至文王自疆涅迁（徙）居湫郢（湫郢，湫郢）迁（徙）居鄝郢（樊郢，樊郢）迁（徙）居为郢（为郢，为郢）返（復）迁（徙）居免郢，女（焉）改名之曰福丘。②

楚文王将"郢都"连续迁徙三次，从免郢迁到湫郢（宜城郭家岗遗址）、樊郢（襄阳楚王城遗址）、为郢（宜城楚皇城遗址），转了一圈，最后还是迁回到了免郢（钟祥罗山遗址），又为免郢取了一个好听的名字为"福丘"。

楚文王去世，大儿子堵敖继位。堵敖在母亲文夫人的主持下，也将"郢都"迁徙过。清华简《楚居》：

至壴（堵）嚣（敖）自福丘迁（徙）袭（袭）箸（鄀）郢。③

---

① 程涛平：《先楚史》，武汉出版社2019年，第1507—1515页。
② 清华大学出土文献研究与保护中心，李学勤主编《清华大学藏战国竹简》（壹），中西书局2010年，第181页。
③ 清华大学出土文献研究与保护中心，李学勤主编《清华大学藏战国竹简》（壹），中西书局2010年，第181页。

堵敖在位仅 3 年，将"郢都"从福丘也就是免郢迁徙到都郢（钟祥李陈岗遗址）。其弟楚成王继位，楚成王在位时间长达 46 年，将"郢都"迁徙了两次，第一次是从都郢迁到湫郢（宜城郭家岗遗址），第二次又迁到睽郢（南阳宛城遗址）。"按照简文体例，楚王曾经居处的地方，后世再次去居处，称作'徙袭'。"①清华简《楚居》记载楚成王曾经两次迁都：

> 至成王自箬（都）郢遷（徙）袤（袭）湫㴱（湫㴱，湫㴱）遷（徙）□□□□居鄋（睽）郢。②

楚成王的两次迁都，使楚国的"郢都"逐步向北迁徙，一直到中原的腹心地带南阳睽郢。

晋楚城濮之战，楚国战败，北进势头受到遏制。楚穆王继位后，不得不将"郢都"南迁。清华简《楚居》：

> 至穆王自鄋（睽）郢遷（徙）袤（袭）为郢。③

楚穆王将"郢都"向南回迁到楚文王一度定都的今湖北宜城楚皇城遗址，命名"为郢"。从此，楚国的都城相对稳定。清华简《楚居》：

> 至臧（庄）王遷（徙）袤（袭）贊郢（樊郢，樊郢）遷（徙）居同宫之北。若嚻（敖）起（起）祸，女（焉）遷（徙）居承之埜（蒸

① 李学勤：《清华简〈楚居〉与楚徙鄩郢》，载《初识清华简》，中西书局 2013 年，第 123—127 页。
② 清华大学出土文献研究与保护中心编，李学勤主编《清华大学藏战国竹简》（壹），中西书局 2010 年，第 181 页。
③ 清华大学出土文献研究与保护中心编，李学勤主编《清华大学藏战国竹简》（壹），中西书局 2010 年，第 181 页。

之野，蒸之野）□□□，□衰（袭）为郢。①

到楚庄王时，先是受到庸国、麇国策动周边戎族的反叛，不得不从为郢转移至汉水流域的樊郢（湖北襄阳楚王城遗址）。灭庸后，楚庄王又开始锐意北上，率军讨伐陆浑戎，直逼周都洛邑，举行阅兵，问鼎周郊，并顺路到位于偃师的"同宫之北"小住。不意发生若敖氏叛乱，不得不避居"蒸野"（河南新野），平叛后又到鄢郢等地转了一圈，晚年又回到了为郢。

表 11-2：《楚居》载楚武王至楚庄王"郢都"迁徙表

楚王	在位年数	"郢都"名称及今地	累计迁都次数	论证
武王	51 年	免郢（钟祥罗山遗址）	1	《先楚史》第八章第十节
文王	15 年	湫郢（钟祥长寿古城遗址）	2	本书第二章第二节
		樊郢（襄阳楚王城遗址）	3	本书第二章第二节
		为郢（宜城楚皇城遗址）	4	本书第二章第十一节
		免郢（钟祥罗山遗址）	5	本书第二章第十三节
堵敖	3 年	郜郢（钟祥李陈岗遗址）	6	本书第三章第二节
成王	46 年	湫郢（钟祥长寿古城遗址）	7	本书第四章第四节
		睽郢（南阳宛城遗址）	8	本书第四章第十四节
穆王	12 年	为郢（宜城楚皇城遗址）	9	本书第五章第一节
庄王	23 年	樊郢（襄阳楚王城遗址）	10	本书第六章第二节
		鄢郢（宜城西南）	11	本书第六章第八节
		为郢（宜城楚皇城遗址）	12	本书第六章第十七节

从表 11-2 中可见，从春秋早期到春秋中期，从前 740 年楚武王继位开始，到前 591 年楚庄王去世，历 6 王 149 年，号称"某郢"的楚都

---

① 清华大学出土文献研究与保护中心编，李学勤主编《清华大学藏战国竹简》（壹），中西书局 2010 年，第 181 页。

有 7 个，前后累计有 12 次，不到 13 年便有一次迁都。

应该说，以上所列被称为"郢"的地方，均是楚国春秋中期以前的重要城邑，惜乎只是在清华简《楚居》中被逐一披露出名称，其具体规模，文献语焉不详，只能从考证出的相应遗址推测它们的经济发展程度。

第三节　楚别都及地方楚邑遗址

除了以郢为代表的楚国各郢都外，楚国还有一定数量的别都。别都是楚王居住之地，作临时办公或者游乐之地，没有宗庙和祭祀楚先祖的功能。此外，上节表中所列历代楚王定居过的郢都，在其后的楚王放弃后，虽然丧失了政治中心的功能，但仍然可以作为别都使用。

杨宽指出："别都指首都以外的都城。这种别都制度，在中国有悠久的历史，它的起源也很早，可以追溯到商代。这是我在研究中国古代都城的起源和发展历史的过程中提出来的。我认为，商代有范围较大的王畿，为了防守王畿的需要，在首都以外的战略要地设有别都，现在考古发现的郑州商城就是商代前期的别都，朝歌就是商代晚期的别都。"[1]本人认为，武汉北郊的盘龙城就是商代早期的别都，因只在商王巡守南土时才启用，所以又名行都。[2] 到了周代，江汉流域中楚国的每一个别都，都是具有一定人口规模的聚集之地，市场繁荣，交通发达，百业兴旺。

楚国的这些别都，有的具备楚王游宫的功能。如蓝郢（钟祥王家湾遗址），刘彬徽、何浩认为："蓝郢有楚王的游宫"。[3]

再如郊郢。《左传》桓公十一年载，楚国为分化随与汉东诸国的关

① 杨宽：《古史探微》，上海人民出版社 2016 年，第 159 页。
② 程涛平：《论盘龙城为商王南土行都》，载罗运环主编《楚简楚文化与先秦历史文化国际学术研讨会论文集》，湖北教育出版社 2013 年，第 889 页。
③ 刘彬徽、何浩：《论包山楚简中的几处郢都地名》，载湖北省荆沙铁路考古队编《包山楚墓》上册，文物出版社 1991 年，第 566—567 页。

系，"楚屈瑕将盟贰、轸。郧人军于蒲骚，将与随、绞、州、蓼伐楚师。莫敖患之。斗廉曰：'郧人军其郊，必不诫，且日虞四邑之至也。君次于郊郢，以御四邑，我以锐师宵加于郧，郧有虞心而恃其城，莫有斗志。若败郧师，四邑必离'。"杜预注："郊郢，楚地。"学者一般认为"郊郢"在今湖北省钟祥境内。① 顾祖禹《读史方舆纪要》卷七十七"湖广三承天府"条谓府治钟祥县"春秋时为楚之郊郢"。② 童书业说："四邑在北，郧在南，则郊郢亦当在郧北。郊郢或指郢都郊外之地，则似武王时楚都已在汉水中游一带。"③ 刘彬徽、何浩认为，当时楚郢在汉水西岸；除绞之外，郧、随、州、蓼皆在汉水以东。屈瑕"次于郊郢"，可"御四邑"，郊郢显然是楚人阻止诸国西袭楚郢的一道防线。由此可以看出，位于楚都外围的郊郢是在楚郢之东，其位置与《左传》桓公十一年所记形势相符，"郊郢亦当为楚国别都之一。此别都建于汉水东侧，大约是春秋早期为便于镇抚汉东而设置的"④。

楚国灭国的都城，以后便成为楚国的都邑。《左传》桓公十一年载，"斗廉曰：'郧人军其郊，必不诫，且日虞四邑之至也。君次于郊郢，以御四邑，我以锐师宵加于郧，郧有虞心而恃其城，莫有斗志。若败郧师，四邑必离。'"杜预注："四邑，随、绞、州、蓼也。"四邑分别代表随国、绞国、州国、蓼国，这四邑中，除随外，都被楚武王所灭，后来都成为了楚国的都邑。

楚国的地方城邑，很多来自贵族封邑。如楚国著名的大族劳氏的劳邑可能就是淅川龙城遗址。淅川龙城遗址位于河南淅川县香花镇徐岗村西北，西距丹江 2.8 公里。《中国文物地图集·河南分册》载：

① 谭其骧主编《中国历史地图集》第一册，"春秋·楚吴越"，中国地图出版社 1982 年，第 29—30 页；杨伯峻：《春秋左传注》，中华书局 1990 年，第 131 页；陈克炯：《左传详解词典》，中州古籍出版社 2004 年，第 1195 页。
② 顾祖禹：《读史方舆纪要》，中华书局 2005 年，第 3581 页。
③ 童书业：《春秋左传研究》，上海人民出版社 1980 年，第 231 页。
④ 刘彬徽、何浩：《论包山楚简中的几处郢都都地名》，载湖北省荆沙铁路考古队编《包山楚墓》上册，文物出版社 1991 年，第 566—567 页。

"城址平面呈正方形，长宽各 900 米。1979 年调查。夯筑城墙残高约 8 米，夯层厚 7~10 厘米，夯窝直径 8~10 厘米。夯土中有春秋时期的罐、盆等陶片，汉代板瓦、花纹砖等。"[①]淅川县位于河南省西南部，西接陕西，南与湖北为邻，北靠伏牛山，东边是开阔的南阳盆地。丹江和淅水南北贯穿全境。文献中所称"丹淅之地"就在这里。淅川县境平原甚少，主要是浅山丘陵地带。自丹江水库建成后，淅川的河谷川地都成了水库区。楚贵族墓地都分布在顺阳川库区西岸的浅山丘陵上。墓地分三个区。一般高于河床约 70 米。下寺墓区在南，1977 年发现，共 25 座，大致呈一字形排列于一个叫龙山的山脊上。其中大型墓葬 9 座，小型墓葬 15 座，另有车马坑 5 座。车马坑一般位于主墓的西边。小型墓则分布于主墓的南北两侧。[②] 徐家岭楚墓共 10 座，位于和尚岭以北约 3 公里的小山岭上，1991 年发现，同年进行发掘。其中两座大型楚墓也位于徐家岭的顶端。其他小型墓则分布于该墓的南部和东部。在大型墓的西边还有大型车马坑一座。[③] 此三处墓地，均属楚王族䓣氏的墓地。赵世纲认为，据《左传》载，楚有䓣地，但不明所在，今䓣氏之族墓地发现在淅川丹江水库西岸，䓣地也当在此处不远。[④]

春秋中叶楚国的都邑基本都位于江汉平原。迄今为止，从已发表的材料看，经考古调查、勘探与发掘的汉水流域的城邑，属于东周时期的有宜城楚皇城、襄阳邓城、随州安居城、云梦楚王城、大悟吕王城、孝感草店坊城、黄陂作京城、丹凤商邑古城、西峡析邑故城、南阳宛城以及淅川龙城、定阳城、寺湾古城、兴化城、马蹬城、罗城等十余座，主要分布在汉水中下游的南阳盆地、襄宜平原、随枣走廊及

①　国家文物局主编《中国文物地图集·河南分册》，中国地图出版社 1991 年，第 554 页。
②　河南省文物研究所等：《淅川下寺春秋楚墓》，文物出版社 1991 年，第 1—4 页。
③　曹桂岑：《河南淅川春秋楚墓简考》，《中国文物报》1992 年 10 月 18 日。
④　赵世纲：《淅川楚王族墓地的发现与研究》，载《赵世纲考古文集》，科学出版社 2012 年，第 175 页。

澴水、滠水流域。这些城址，均位于汉水及其支流岸边(或距河不远)的低丘或岗地上，周围险要，可备防守。随州安居城南傍涢水，西临溠水，北面是一条蜿蜒10多里的第四纪堆积土岗地；宜城楚皇城东去汉水6公里，坐落在一块高岗的东部边缘；襄阳邓城南接汉水，东有小清河，往北1公里为绵延的低矮岗丘地。这些城址都分布在交通要道上，如丹凤商邑城、西峡析邑城以及淅川境内的6座古城，位于著名的关中通往荆襄的丹江通道上；襄阳邓城、宜城楚皇城位于由南阳经襄阳南下荆州的南北大道上；随州安居城与云梦楚王城位于随枣走廊地带；而孝感草店坊城、大悟吕王城、黄陂作京城则位于大别山南著名的"义阳三关"道上。

春秋中叶汉水流域城邑分布最为密集的地区是襄宜平原和南阳盆地。南阳地区的城邑比文献所见的还要多一些。商洛地区的城邑密度也比较高，反映出丹江通道在当时的地缘政治格局中的重要地位。下游地区的城邑主要集中在与襄宜平原邻近的钟祥平原、今荆门北部丘陵和京山丘陵地带，江汉平原腹地则并无可以确证的城邑存在。至于上游的汉中、安康以及鄂西北地区，城邑的数量都少，而且主要集中在汉水及其支流的两岸。春秋时期汉水流域城邑分布可见表11-3：

表11-3：春秋时期汉水流域的城邑及其分布

区域	城邑	城邑密度
襄宜平原	邓、麇、罗、庐、谷、权、阴、鄀、鄢、鄀、黄	6.69
南阳盆地	上鄀、下鄀、析、鄂、申、吕、谢、唐、蓼(湖阳)、郦、穰、於、丰、武城、阳丘	6.01
商洛地区	商、上洛、菟和、仓野、少习	3.59
随枣走廊	随(曾)、厉	1.72
下游地区	州、那处、蓝、竟陵、安陆、郧	2.89
鄂西北地区	庸、绞	1.12

引自鲁西奇：《区域历史地理研究：对象与方法——汉水流域的个案考察》，广西人民出版社2000年，第151页

春秋时期，楚国都邑的规模是受到严格限制的。《左传》隐公元年载："都城过百雉，国之害也。"这里所说的雉即三堵。长一丈，高一丈的墙谓之一堵，三堵为雉，则一"雉"就是高一丈、长三丈了。《战国策·赵策二》引马服君对田单说"且古者城虽大，无过三百丈"，与上述《左传》的都城不过百雉之说可互证。当时的侯伯之城方五里，计每面长九百丈，即三百雉。大都（即城邑）不过其三分之一，故不过百雉。楚国的都邑当严格遵守这些规定。

楚国立国后，楚武王、楚文王锐意北上中原，开疆拓土，"封畛于汝"，到春秋中期，楚成王得到周王室的承认，"初收荆蛮而有之"（《史记·齐太公世家》）。但楚国的北上与齐桓公的霸业相冲突，齐迫使楚定盟于召陵，遏制了楚向中原的发展。楚成王审时度势，避实就虚，东转兵锋经略淮域。据《左传》僖公五年、十一年、十五年可知，前655年，楚成王十七年，楚令尹子文率师灭弦。前649年，楚成王二十三年冬，楚伐黄，次年夏灭黄，接着灭英。前645年，楚成王二十七年，"楚人伐徐"和舒①，败之于娄林，楚国势力扩展到淮河中游以南。鲁文公三至四年，前624至前623年，楚穆王二至三年，伐江国而灭之，使楚国在淮河上游两岸境土以息、樊、弦、黄、江等故邑为据点连成一片。次年以"六人叛楚"为由灭六，六故地在今安徽六安市北。② 同年冬天，出师灭蓼，与蓼临近的蒋国也约在此时入楚为县。《左传》文公十二年，前615年，楚穆王十一年，"群舒叛楚，夏，子孔执舒子平及宗子，遂围巢"。表明群舒此前必已附楚，时间至迟当在文公五年灭六之时。③ 楚庄王问鼎中原期间，楚国在淮域仍有一定的发展，前601年，楚庄王十三年，楚"伐舒蓼，灭之，楚子疆之，及滑汭，盟吴、越而还"（《左传》宣公八年）。

楚人东略淮域，特别是对淮河以南诸小国的军事行动，为楚人进

① 何浩：《巢国史迹钩沉》，《中国史研究》1983年第2期。
② 《左传》文公五年杜预注；《大清一统志》卷133，六安州古迹"六县故城"条。
③ 徐少华：《周代南土历史地理与文化》，武汉大学出版社1994年，第265页。

入鄂东地区提供了契机。吴国的新兴，也对楚人在这一地区的控制造成了巨大威胁。在这一大的政治、军事形势下，楚势力约在春秋中期晚段开始进入鄂东地区。

鄂东地区春秋中期的楚文化遗存有墓葬。在黄州汪家冲、麻城李家湾、鄂城周家垴、黄陂鲁台山和汉阳熊家岭等五处墓地发现了一些春秋中期的楚墓，其中以麻城李家湾M70和鄂城周家垴M8为代表。

麻城李家湾M70，长方形岩坑竖穴，棺椁已朽，从残痕判断，为一棺一椁，椁室分三室，头箱居东、边箱居南。头箱置铜鼎、簠、缶，边箱置铜车马器和兵器，棺内还有玉器随葬。

鄂城周家垴M8，长方形土坑竖穴，椁分两室，随葬品全置于边箱内，计有陶鬲、盂、绳纹双耳罐、铜剑、矛各一件。

遗址以麻城女王城、黄州禹王城、大冶铜绿山古矿冶遗址为代表，在红安、麻城等遗址中调查还发现了一些绳纹柱足膏三鬲①，年代可能早到春秋中期。

女王城位于麻城市宋埠镇东北，东南距举水河3.5公里。平面呈长方形，长约1500米，东西宽1000米，面积为1.5平方公里。地势高出东面平原6~15米。东、西、南三面断续保留了一部分城墙，西北面未发现城墙，城外四周没有发现护城河迹象。城内发现大量东周至汉代遗物，陶片以夹砂为主，纹饰多粗绳纹，另见少量弦纹，可辨器形有鬲、豆、筒瓦、板瓦、陶拍、铺地砖等。② 在麻城三河口镇余家洼村乱泥冲湾发现了东周墓葬，出土了铜鼎、杯、矛、斧等器物。③

禹王城位于黄冈市黄州区禹王街道办事处，平面略呈方形，南北

---

① 麻城市博物馆：《麻城罗家墩遗址调查简报》，《江汉考古》1993年第3期；湖北省文物考古研究所、黄冈地区博物馆等：《京九铁路(红安、麻城段)文物调查》，《江汉考古》1993年第3期。

② 湖北省文物考古研究所、黄冈地区博物馆等：《京九铁路(红安、麻城段)文物调查》，《江汉考古》1993年第3期。

③ 国家文物局主编《中国文物地图集·湖北省分册(下)》，西安地图出版社2002年，第486页。

长 1280～1420 米，东西宽 610～740 米，面积约 1.5 平方公里。城垣夯筑，宽 8～15 米，残高 5～8 米，四角外有面积约 150～250 平方米、残高 5～8 米的圆形台基。城内出土东周陶器，以泥质灰陶为主，纹饰有绳纹、弦纹，器形有鬲、豆、罐、钵等，还有铜剑、戈、镞及蚁鼻钱等。① 周围已发现国儿冲、罗汉山、龙王山、曹家岗、汪家冲、枕头地等六处东周秦汉墓地。

1976 年发掘的大冶铜绿山 11 号矿体冶炼遗址，地层堆积较丰富，其中第六层出有刻槽鬲足、矮锥尖鬲足、折肩瓮，表现出较明显的西周晚期风格。第五层矮锥尖鬲足数量减少，多见刻槽鬲足、护耳甗和折腹深盘豆，为典型扬越文化遗存。第四层虽可见部分刻槽鬲足、护耳甗，但已开始出现外撇蹄形鬲足和侈沿浅盘细柄豆等带有一定楚文化风格的器物。发掘报告将第五层、第四层年代定为春秋早、中期。② 可见，春秋中期已有少量楚文化因素深入鄂东南铜矿产地，但此时扬越文化还占有明显的优势。

第四节　汉水蛮河流域诸郢都的水上交通

楚国位于南方，历代楚王定居的郢都一般都与大江大河为邻，有着发达的水上交通。楚武王创建的楚国第一个郢都"免郢"，今湖北钟祥西北的罗山遗址，便位于汉水与蛮河的交汇处，地理位置极其优越。至春秋中期，从免郢出发，顺汉江东下，经过楚庄王时期从陈国移民建立的夏州（今武汉汉阳），便可以进入浩瀚的长江，溯长江而西上，可到达屈氏家族的封邑江陵。《左传》桓公十三年，楚武王四十二年，"十三年春，楚屈瑕伐罗……及鄢（水），乱次以济。遂无次，且不设

---

① 吴晓松：《湖北黄冈县禹王城出土一批铜蚁鼻钱和其它文物》，《考古》1984 年第 12 期。
② 黄石市博物馆：《湖北铜绿山春秋时期炼铜遗址发掘简报》，《文物》1981 年第 8 期。

备。及罗，罗与卢戎两军之。大败之"。莫敖屈瑕率军伐罗，便是从免郢出发，溯鄢水即今日的蛮河向罗国进军，由于轻敌，被罗国联合卢戎两路夹击而打了败仗。最后，"莫敖缢于荒谷，群帅囚于冶父以听刑"。荒谷、冶父均在今江陵附近的长江北岸①，免郢位于今蛮河入汉处，溯蛮河，即《左传》记载的鄢水，便与楚文王时先后建立的湫郢、为郢相连。

今南漳县境内的蛮河，春秋时又名鄢水、夷水、淇水，是楚武王和楚文王时期水上交通的主要河流。《水经注·沔水》：

> （沔水）又南过宜城县东，夷水出自房陵，东流注之。郦道元注：夷水，蛮水也。桓温父名夷，改曰蛮水。夷水导源中庐县界康狼山，山与荆山相邻。其水东南流，历宜城西山，谓之夷溪。又东南径罗川城，故罗国也，又谓之鄢水，《春秋》所谓楚人伐罗渡鄢者也。夷水又东南流，与零水合。零水即沶水也。……沶水又东历宜城西山，谓之沶溪，东流合于夷水，谓之沶口也。与夷水乱流东出，谓之淇水，径蛮城南。城在宜城南三十里。春秋莫敖自罗败退，及鄢，乱次以济淇水是也。夷水又东注于沔，昔白起攻楚，引西山长谷水，即是水也。旧堨去城百许里，水从城西灌城东，入注为渊，今熨斗陂是也。水溃城东北角，百姓随水流死于城东者数十万，城东皆臭，因名其陂为臭池。……城，故鄢郢之旧都，秦以为县，汉惠帝三年，改曰宜城。②

楚文王后期，锐意北上，一度离开蛮河流域，跨越汉水，在汉水西岸建立樊郢，以靠近北方，指挥军队北进。

---

① 详见本书第一章第八节"芈姓子弟屈氏的受封"中的考证。证明免郢与江陵一带有水道相通。

② 郦道元著，陈桥驿校证：《水经注校证》，中华书局 2007 年，第 667—668 页。

楚文王最后病逝于湫郢，表明最终还是回到了蛮河流域。经过堵敖短暂建都都郢，越过了汉水，到楚成王继位，还是回到了楚文王创建的湫郢，长期定居在蛮河流域。楚成王北上，与晋国进行城濮之战，在南阳宛城遗址建立行都瞵郢，一段时间离开了蛮河流域，但城濮之战楚国战败，楚成王很快回到蛮河流域的湫郢。楚穆王继位，将楚文王一度使用的为郢重新启用，楚国的活动中心又回到蛮河流域。特别是为郢，地处蛮河与汉水之间，左右逢源，地理位置特别重要，楚国的政治中心逐步向为郢转移。春秋晚期还成为楚昭王时吴师攻楚的目标。到楚庄王刚继位时，因天灾人祸，一度越过汉水，短暂避居汉西的樊郢，但平定若敖氏叛乱之后，特别是邲地之战大胜晋国之后，楚势力空前壮大，楚庄王从鄀郢还都为郢，楚国的统治中心又回到蛮河流域。

回顾春秋中期楚国历任郢都的迁徙历程可以清楚地看到，历任郢都都是在蛮河上下游移动，在汉水两岸间转移，如免郢在蛮河下游，鄀郢、为郢、湫郢在蛮河上游，自然拥有着发达的水上交通。这个水上交通的优势是中原诸国不可比拟的，这是楚国后来迅速发展壮大的重要原因。

清华简《楚居》所列楚国春秋中期的7个都城：免郢、湫郢、樊郢、为郢、都郢、瞵郢和鄀郢，都是因水而兴，应当都有码头设施，是楚国境内重要的水运中转站。这7个郢都，除樊郢和都郢在汉水之西外，其余全部分布在汉水的支流蛮河沿线。

分布于蛮河沿线的楚国诸郢都因水而兴，又因水而迁。

免郢是楚国最早的郢都。清华简《楚居》记楚武王从今钟祥市郢中镇东被称为"郊郢"的"宵"地迁往"免郢"，联系到《左传》庄公四年记楚武王出兵伐随，死于楠木山，楚军秘不发丧，在获胜后，"随侯且请为会于汉汭而还。（杜预注：汭。内也。水曲曰汭，谓汉西。'正义'曰：莫敖既与随侯盟，且又请随侯与楚为会，礼于汉水之汭而我还楚也。随侯畏楚遂从莫敖为会。礼会讫，随侯因济汉还国，而后发王丧也。) 济汉而后发丧。"楚武王既死，楚国军队必然回到武王最后所居住的都城或大本营举行葬礼。随国在汉水以东，楚国军队既然过了汉水便急于发丧，随国国君止步于汉汭而返，说明武王逝世时的国都在汉水之西，离汉水不远，甚至就可能在汉水西岸。由此，欲找免郢，必然在汉水西岸寻找与楚国都城或者大本营规模相称的古遗址。

搜索钟祥境汉水西岸分布的西周、春秋时期古遗址，只有唯一的一处：罗山遗址。《中国文物地图集·湖北分册(下)》介绍罗山遗址"在今胡集镇罗山村东南 200 米，为周代遗址，属于钟祥市文物保护单位，面积约 75 万平方米，文化层厚 1~2.2 米。"罗山遗址南北长 1500 米，东西宽 500 米，其地形十分特别，东、西面皆有山，南北为平原，北通蛮河入汉水处，西有发源于胡集镇之西龙会山的三条河流流过，绕过遗址流入汉江。尤为值得注意的是，罗山遗址正好处在蛮河下游入汉水处，由罗山遗址(免郢)到达六合遗址(郊郢)，由蛮河入汉水，顺流直下可达。由蛮河上溯，即进入宜城，与宜城境内三大著名古遗址小胡岗遗址、楚皇城遗址、郭家岗遗址相通，皆是春秋早期楚国的大舞台。优越的水文地理环境，使免郢具有承前启后、沟通南北地理之优势。

楚武王定都免郢，在对随战争中具有压倒性优势。在免郢周围，可通过汉水、蛮河漕运物资，水运在输送军事物资方面的作用要比陆路大，由免郢到随都，通过水路可以形成楚随航线。随国位置在今湖北随州一带，是春秋时期江汉流域众多诸侯国中的强国。"汉东之国随为大"，楚随之间的战争时有发生。楚武王三十五年、三十七年、五十一年曾三次率兵伐随。第一次是在前 706 年，楚因"吾不得志于汉东"而伐随。第二次是在前 704 年，楚国"合诸侯于沈鹿，黄、随不会"而伐随。第三次是在前 690 年，楚武王以为"随背己，伐随"。从地形图上看，楚至随，既有陆路可通，也有水路可行。楚武王第三次伐随的路线是水陆并行。《左传》庄公四年记载："王遂行，卒于橘木之下，令尹斗祁、莫敖屈重除道、梁溠，营军临随。随人惧，行成。

莫敖以王命入盟随侯，且请为会于汉汭而还。济汉而后发丧"。说的是楚武王第三次伐随时不幸"卒于樠木之下"，溠水在故随都之西。汉汭，杜预注云："汭，内也，谓汉西。"结合地形图看，汉水隈曲与其他河流交汇的地方，大致在今湖北钟祥南，即旧口至沙洋一段的转弯处。楚武王伐随的路线，当是从免郢出发，越过汉水东北行，直插位于溠水岸边的随都。因心脏病发作，在钟祥市城关附近的樠木山去世。但是楚国的军队依然爬山涉水，向溠水挺进，迫使随国投降。《左传》桓公八年记："楚子伐随，军于汉淮之间。"说明楚武王时的进军遍及汉水中、下游以及汉东地区的涢水、澴水、滠水、举水等，这些都是当时江汉地区各诸侯国间往来的天然水道。

楚文王创建的"为郢"，水运设施很有特色。为郢位于湖北宜城东南7.5公里的汉水边上的楚皇城遗址。1961年和1963年，湖北省文管会先后对其进行了两次调查，确认这里是一座楚城遗址。该城址面积2.2平方公里，1976年冬，考古工作者再次进行实地调查，从调查的情况看，大城城垣的夯土中没有发现秦汉以后的遗物，当是战国时代所筑。而城内出土的遗物，有早到春秋和春秋时期以前的，如采集的陶鬲和铜方壶等，但大量见到的还是秦汉遗物。因此，这个城址的年代，上溯至春秋，下续到秦汉以至更晚。

为郢在春秋时具有良好的水陆交通条件。为郢周边形成的水陆交通格局是楚国在南方发展的水陆交通网络中的一个重要的节点，是当时楚国南方汉水流域的一大都会。为郢最早为楚文王所建，一直是楚国征服汉东之国和郧西诸国的军事重镇。从实地调查的情况看，至今尚存的水系，无论是流向还是流域，大都与《水经注·沔水》的记述相契合。在宜城楚皇城遗址的东南面有汉水通往楚国的南北及鄂东地区，并且经扬水入长江可至渝东和鄂西地区。在楚皇城遗址的西南则是蛮河，可与鄂西北山区的卢戎、庸国取得经济联系和政治往来。为郢的东西南北方向有数条通往各诸侯国的道路。其中有经宜城通往南阳申国的道路；自宜城向西至南漳、保康、竹山，有可行步兵的道路；

自宜城向东渡汉水，有一条可至随国的道路。这说明，为郢在春秋时期水陆交通方便，具备建都的最基本地理条件。

楚庄王所建的鄢郢一直是楚国征服汉东之国和郧西诸国的军事中心。楚庄王即位之初因天灾人祸一度避居于"樊郢"，灭庸后，天灾人祸解除，回到位于宜城楚皇城的为郢。于是进军中原雄心萌发，从为郢北上"伐陆浑之戎"，继而东行在周都洛邑阅兵、问鼎，接着沿洛河东到"同宫之北"即今河南偃师祭祀楚先祖，随即南下到"蒸之野"即今河南新野与若敖氏叛军对峙，又南下在今襄阳市西的"皋浒"与叛军进行决战，从洛邑到偃师到新野到襄阳西，一路往南，再到鄢郢，十分顺畅。楚庄王移都于鄢郢，处理若敖氏叛乱善后事宜，联系到此前楚庄王的行踪，一路由北向南，顺理成章。从《左传》昭公十三年"（楚灵）王沿夏，将欲入鄢"，即可看出当时的鄢不是一般的城邑。《史记·楚世家》裴骃《集解》引服虔说："鄢，楚别都也。"这也反映出了鄢郢是当时楚国南方汉水流域的一大都会。鄢郢作为春秋时楚国郢都北边军事门户和汉水流域的物资集散地，是很适合的。

鄢郢一带是肥沃的冲积平原，处在南来北往、东奔西走的枢纽上，南瞰江汉平原，北望南襄夹道，东临随枣走廊，西控荆睢山地，是江淮之间的要冲，汉水中游的重镇。《战国策·楚策》说："鄢，郢者，楚之柱国。"这是有道理的。鄢邑的重要地位与该地的地理环境和交通条件有着密切联系。鄢郢春秋时因水而兴，战国时却因水而毁。《战国策·楚策》记苏秦为赵合纵说楚威王："大王不从亲，秦必起两军，一军出武关，一军下黔中，若此，则鄢、郢动矣。"高诱注："秦兵出武关，则临鄢；下黔中，则临郢。"很显然，前说以陆路为主，后说以水路为主。战国时期，秦将白起伐楚，先取鄢、邓，后取郢为南郡，鄢郢之重要就凸显出来了。

在鄢郢周围，除可通过汉水漕运外，大都是以陆地交通为主，主要是用于当时发达的车战和各国商人间的货物往来。在鄢郢周边形成的水陆交通格局是楚国在南方发展的水陆交通网络中的一个重要的节点。

第五节　江汉流域主要城邑的码头和水上交通

楚国分布于江汉流域重要城邑之间的水路交通十分发达，《左传》有三条记载可以证明。第一条是《左传》桓公十一年，楚武王四十年："楚屈瑕将盟贰、轸。郧人军于蒲骚，将与随、绞、州、蓼伐楚师。"第二条是《左传》庄公十八年，楚文王十三年："巴人叛楚而伐那处，取之，遂门于楚。阎敖游涌而逸。楚子杀之。"第三条是《左传》僖公二十六年，楚成王三十八年："夔子不祀祝融与鬻熊，楚人让之。对曰：'我先王熊挚有疾，鬼神弗赦，而自窜于夔。吾是以失楚，又何祀焉？'秋，楚成得臣、斗宜申帅师灭夔，以夔子归。"这三条记载中涉及的若干古国被楚灭亡以后，其故都成为楚邑，一些位于水上交通要道的楚邑被改造，楚国为便利水上运输，增设了城邑的码头，如随邑码头、州邑码头、冶父码头、襄阳北津港口、那处码头、夔邑码头等。

随邑码头：

随是西周至春秋早期江汉流域众多诸侯国中的强国，又名曾国，是"汉阳诸姬"中的最大诸侯国。随人在溠水下游的东岸筑城建都，首先发展交通，在随州城郊、安居镇、何店镇、三里岗镇、万店镇等地发现有东周时期车辆铜构件①，说明了随国对陆路交通的重视。史载楚武王曾三次率兵伐随，使随国最终成为楚的附庸，与楚患难与共，随国的交通设施亦与楚国共享，直到战国时期，楚灭随，随都成为楚邑。随都位置在今随州西北，地处丘陵与平川相间之地，水资源丰富，西濒溠水，南靠涢水，舟楫往来方便。至迟在春秋中期，随都已具备良好的水陆交通条件。随州安居镇一带的溠水在先秦时期不仅水流量比当今大，而且河床比当今宽，完全可以通行舟楫。随国人出行，一般要出溠水，顺涢水，再经古汉水主道而至楚武王所建的免郢（蛮河

---

① 黄凤春：《揭秘叶家山西周墓地》，《湖北日报》2012年2月26日。

与汉水交汇处）。同时随人亦可走涢水经古汉水口（今武汉市滠口）入长江，与吴、越进行政治、经济上的往来。

春秋时期随邑的水运码头，根据石泉的考证分析可知①，在今随县安居镇西北的溠水东岸，不仅有筑城的地理条件，而且可以利用河流作护城河以通舟楫。在安居西北，有一南北长约1.5公里、东西宽约1公里的东周古文化遗址，其东、西、北面都有古河道遗迹，南面不远处靠近涢水。遗址的东、北故水道，西北可与溠水、东南可与涢水相通，很可能是随人引用涢水开挖的一条人工护城河。此遗址西边，即《水经注·涢水》所说的"溠水又东南，经随故城西"，在今安居镇附近一带，有设置水运码头和民间渡口的可能。《左传》庄公四年记"莫敖屈重除道、梁溠，营军临随"，《随州志》也说随州西四十里有安居渡，即可看出今安居镇西北溠水和镇南涢水边上都有适合设置水运码头的水文地理条件。根据文献记载春秋早期随与鄅人、州人皆有往来的情况看，随邑与江汉间、古云梦泽之间是有舟楫活动的。春秋时"汉东之国随为大"，随都应当是涢水流域一座最大的港口城市。"成王中叶以后，楚国主要的红铜基地应在今铜绿山和附近地区，青铜铸造基地则在郢都和其他通都大邑。"②所谓通都大邑，很显然应包括涢水边上的随都大邑。大冶所产的铜矿，一般都要通过今鄂州经黄冈、新洲、黄陂、孝感、云梦、安陆一线的陆路和水路运往随都。所以，随邑应是春秋战国时期楚国汉东地区的一座水运码头和陆路中转要邑。③

州邑码头：

州邑，原是周武王所封古国州国。《中国古今地名大辞典》："《左传》桓公十一年，'鄅人军于蒲骚，将与随、绞、州、蓼伐楚师。杜

---

① 石泉：《古代曾国—随国地望初探》，《武汉大学学报》（哲学社会科学版）1979年第1期。

② 张正明：《楚文化史》，上海人民出版社1987年，第64—65页。

③ 刘玉堂、袁纯富：《楚国交通研究》，湖北教育出版社2012年，第284页。

注：州国在南郡华容县东南。'"①即今湖北监利市东之州陵城。谭其骧说古州国在今湖北洪湖市东北新滩口附近，大致不误。②

1980年，在今洪湖市东北黄蓬山一带，曾出土有东周时期遗址和遗物，恰好与文献所说契合。州国"以地望测之，当为黄蓬之支阜矣"③。今湖北监利、洪湖在周代当是古州国的地盘。

《左传》哀公十七年记："观丁父，鄀俘也，武王以为军率，是以克州、蓼，服随、唐，大启群蛮。"春秋早期州国与各诸侯国已经有了水陆交通往来。在水路方面，州人至楚可从今洪湖黄蓬山一带出发，经今东荆河水系即《水经注》所说的夏扬水系入汉水，然后再溯汉可至中原周畿，经汉水、溯涢水，亦可至随国。由于州国位于长江边上，溯江西上可至巴国，沿江东去可达吴越，渡江经水陆两路可入岭南百越。可见州国国都在当时是一个地理环境优美、水陆交通便利的国都。

无论是从州邑的政治、经济、军事地位，还是从其地理环境分析，州邑在春秋时应是楚国的一大商港。从实地考察情况看，今洪湖黄蓬山一带，在古代不仅有筑城的地理条件，而且有发展水运、建设码头的地理环境和水文方面的条件。近年来在洪湖市沿长江边上的螺山、乌林、青山、黄蓬山等地，发现有新石器至东周、秦汉时期的遗址和遗物，提供了这方面的实物证据。根据湖北省洪湖市博物馆提供的文物普查资料，楚武王克州后，州国国都成为州邑，楚国开始对州邑进行治理，州邑在春秋早期便是楚国外通长江、内连夏扬水系的一座物资转运重镇。直至战国时期，州邑在楚国的版图中仍然占有十分重要的地位。《战国策·楚策》记江乙说："州侯相楚，贵甚矣。"又记庄辛对楚襄王曰："君王左州侯，右夏侯，辇从鄢陵君与寿陵君，专淫逸侈靡，不顾国政，郢都必危矣。"说明到战国晚期，州邑仍由某位楚国

---

① 臧励龢等编《中国古今地名大辞典》，商务印书馆1931年，第314页。
② 谭其骧：《云梦与云梦泽》，《复旦学报》(社会科学版)1980年增刊。
③ 潘新藻：《湖北省建制沿革》，湖北人民出版社1987年，第130页。

的封君经营。《史记·楚世家》记载："考烈王元年，纳州于秦以平。"可见位于楚云梦区域的州邑之地，是物产最丰饶的地方之一。

在先秦时期，今监利、洪湖一带的长江河段拥有众多沙洲，沿江两岸港汊纵横交错，舟楫往来十分活跃。《水经注·江水》介绍州邑的地貌特点："江之右岸有城陵山（今湖南岳阳城陵矶），山有故城……江水左径亦谓之港口。东北流为长洋港。又东北径石子冈。冈上有故城，即州陵县之故城也。庄辛所言左州侯国矣。"①刘玉堂、袁纯富分析这段文献，认为古州邑一带凡带有"浦""口"和"港"的地名，一般来说都与古人在此从事舟楫活动有着密切的关系。②

冶父码头：

冶父地名始见于《左传》桓公十三年（楚武王四十二年）："莫敖使徇于师曰：'谏者有刑。'及鄢，乱次以济，遂无次，且不设备。及罗，罗与卢戎两军之，大败之。莫敖缢于荒谷，群帅因于冶父，以听刑。"《水经注·沔水》说："陂水又径郢城南，东北流谓之扬水。又东北，路白湖水注之。湖在大港北，港南曰中湖，南堤下曰昏宫湖。三湖合为一水。东通荒谷，荒谷东岸有冶父城。《春秋传》曰：莫敖缢于荒谷，群帅因于冶父。谓此处也。"③《读史方舆纪要》卷七八湖广四江陵县纪南城条说："冶父城在府东。"又引《荆州记》说："州东三里余，有三湖，湖东有水名荒谷。又西北有小城，曰冶父。"三湖即今荆州城东长湖，其面积达157.5平方公里，全长约45公里。先秦时期，这里水陆交通便利。之后，大抵是因江汉堤防始筑，长湖区以南的自然堤形成，以及长江在江陵以东继续通过夏水、涌水分流分沙，把上荆江东岸的陆上三角洲进一步向东向南推进的缘故，长湖北即荆门一带诸水散流，不能迅速地泄入汉江，而在此汇积，漫溢成大大小小的壅塞

---

① 郦道元著，陈桥驿校证：《水经注校证》，中华书局 2007 年，第 803—804 页。
② 刘玉堂、袁纯富：《楚国交通研究》，湖北教育出版社 2012 年，第 279 页。
③ 郦道元著，陈桥驿校证：《水经注校证》，中华书局 2007 年，第 669 页。

湖泊。故今长湖在先秦时期当是文献中所说的扬水入沔的故河道。[1]

根据《水经注》有关记载分析，荒谷当在今荆州城以东的高阳、观音垱、高岭、文岗一带，而冶父城当在此以北的长湖中即江陵天星观长湖对岸的谢家台附近。这里曾发现有东周时期古文化遗物、墓葬以及古城遗址，与文献记载相吻合。《中国历史地图集》第1册春秋楚吴越版图将楚冶父城标注在今荆州长湖中是可信的。

冶父城西距纪南城遗址约20公里水路，东距故湖水入沔处约70公里水路，位于战国时江陵楚郢都与楚竟陵城之间，是一座南靠扬水河道的码头集镇。长湖中冶父的遗址，在当时除了有西通楚都、东连竟陵、鄂郢及汉水下游各地的作用外，还沟通了故扬水南北两岸民间的商业贸易往来。刘玉堂、袁纯富认为，冶父城在当时既是扬水北岸的一个军事据点，也是一座具有水运功能的中转码头。[2]

襄阳北津港口：

北津位于今湖北襄阳汉水的南岸。《水经注·沔水》："（沔水）又东过襄阳县北，沔水又东径万山北……沔水又东合檀溪水。水出县西柳子山下。东为鸭湖，湖在马鞍山东北……溪水傍城北注……西去城里余，北流注于沔。一水东南出。应劭曰：城在襄水之阳，故曰襄阳。是水当即襄水也。城北枕沔水，即襄阳县之故城也。王莽之相阳矣，楚之北津戍也，今大城西垒是也。其土，古鄾、鄀、卢、罗之地。"[3]楚文王时，该地皆为楚有，并一直是春秋早期楚国北上中原的门户。北津戍，东汉许慎《说文解字》云："津，水渡也。"这说明，今襄阳曾以护卫楚之港口而命名。

春秋时期，襄阳居水陆交通要冲。在楚北津汉水的北岸，即今襄阳市西北余岗乡邓城村有一座古城，经考证属古邓国遗址。《左传》庄

---

① 袁纯富：《长湖的变迁及其综合治理》，《沙市纵横》1989年第3期。
② 刘玉堂、袁纯富：《楚国交通研究》，湖北教育出版社2012年，第273页。
③ 郦道元著，陈桥驿校证：《水经注校证》，中华书局2007年，第662—663页。

公六年记"楚文王伐申，过邓。……还年，楚子伐邓。十六年，楚复伐邓，灭之"。楚文王从为郢出发，伐申、灭邓，数次往返于襄阳附近汉水之上，必经襄阳北津港口。清人顾祖禹《读史方舆纪要》引《荆州记》说："襄阳者，旧楚之北津，从襄阳渡汉，经南阳出方关（楚方城），是通周、郑、晋、卫之道。其东津经江夏出平泽关（或曰平靖关），是通陈、蔡、齐、宋之道。"[1]襄阳西有水路可至秦地汉中，东南沿汉浮江，可达江南、吴越。可见襄阳北津港口在楚国有着十分重要的战略地位。

新中国成立后，在邓城遗址北约4公里的山湾，发现春秋中期至战国晚期楚人墓33座，这些楚墓中除了出土一些日常生活器具和著名的吴王夫差剑外，还出土了一些当时陆路交通所用的辕镈、车辔、马衔、马饰等物。从这些出土文物可看出，春秋时期楚北津是楚人北进中原，南至楚郢都的重要津隘关渡。北津南北两岸土地肥沃，适宜耕种水稻、小麦。在今襄阳北岸山湾楚墓中出土有收割农作物所用的镰刀两把[2]，即可反映出该地区在春秋时期粮食作物和其他经济作物的种植是较为普遍的。因此，楚人在此设置港口不仅有军事上的重要意义，而且在促进汉水两岸的经济发展和南北各诸侯国间的文化交流上起到了不可低估的作用。[3]

那处码头：

《左传》庄公十八年："初，楚武王克权，使斗缗尹之。以叛，围而杀之。迁权于那处，使阎敖尹之。及文王即位，与巴人伐申而惊其师。巴人叛楚而伐那处，取之，遂门于楚。阎敖游涌而逸。楚子杀之。"这段记载，表明楚国那处与涌水有水道相连，有设置码头的条件。那处，在今荆门市东南。申，在今河南南阳。涌，即涌水。《水经注·江水》："江水又东南当华容县南，涌水入焉。江水又东，涌水

---

① 顾祖禹：《读史方舆纪要》，中华书局 2005 年，第 3701 页。
② 湖北省博物馆：《襄阳山湾东周墓发掘报告》，《江汉考古》1983 年第 2 期。
③ 刘玉堂、袁纯富：《楚国交通研究》，湖北教育出版社 2012 年，第 266—268 页。

注之，水自夏水南通于江，谓之涌口。二水之间，《春秋》所谓阎敖游涌而逸者也。"当时巴、楚在联合伐申的过程中，突然发生矛盾，巴人反戈，攻打楚邑那处，显然是沿汉水而进。那处守将阎敖临阵脱逃，通过今荆州以东的涌水，逃到云梦泽躲避起来。楚文王率军追击，杀掉阎敖。分析"阎敖游涌而逸"，不会是阎敖一个人情急中跳水，通过游泳而逃跑，阎敖作为那处的行政长官，楚国早期的县尹，在巴人突然进攻的情况下，不可能跳水游泳，而是急忙逃到那处设在涌水的码头，跳上停泊在码头的船只，乘船逃跑。楚文王亦派兵从码头出发，乘船追到云梦泽，杀死阎敖。这个故事证明，楚国平时在那处设有码头。

夔邑码头：

《左传》僖公二十六年记："夔子不祀祝融与鬻熊，楚人让之。对曰：'我先王熊挚有疾，鬼神弗赦，而自窜于夔。吾是以失楚，又何祀焉？'秋，楚成得臣、斗宜申帅师灭夔，以夔子归。"这说明，夔在西周中晚期已成为楚人活动的地方。《水经注·江水》中说："（江水）又东过秭归县南，县故归乡。《地理志》曰归子国也。……宋忠曰：归即夔，归乡盖夔乡矣。古楚之嫡嗣有熊挚者，以废疾不立，而居于夔，为楚附庸。后王命为夔子。"[1]同书又说："江水又东南径夔城南，跨据川阜，周回一里百一十八步，西北皆枕深谷，东带乡口溪，南侧大江。城内西北角有金城；东北角有圆土狱；西南角有石井，口径五尺。熊挚始治巫城，后疾移此，盖夔徙也，《春秋左传》僖公二十六年，楚令尹子玉城夔者也。"[2]考古人员于 1979 年进行的实地调查情况与郦氏的夔邑在今湖北秭归县大江北岸的说法是符合的。[3] 在今湖北秭归县沿江一线，曾发现多处春秋早期楚人活动的遗址。结合这里的地理环境分析，秭归应是适合早期楚人生息、发展的地方，虽然山高地窄，但

---

① 郦道元著，陈桥驿校证：《水经注校证》，中华书局 2007 年，第 791 页。
② 郦道元著，陈桥驿校证：《水经注校证》，中华书局 2007 年，第 791—792 页。
③ 文必贵：《秭归鲢鱼山与楚都丹阳》，《江汉论坛》1982 年第 3 期。

自然资源是极为丰富的。早期楚国人口不多、耗量不大，楚夔地不失为一个理想的所在。不然，楚灭夔国后，楚令尹子玉就不会再次在夔筑城了。

夔邑在春秋时期是楚国西部地区一座具有重要战略地位的城邑。[①]夔邑南临长江，东近香溪。若走长江，东可至吴越，南可至湘、桂，西可至巴蜀。若行香溪水路，北可直达今兴山以北的荆山脚下，再由汉水入江，东行可至江陵楚郢都。[②]《水经注》中的记载和考古资料表明，楚夔邑在长江边上置有水运码头是没有问题的。在春秋时期今秭归附近的大江两岸皆设有民间往来的渡口极有可能。春秋时期的夔邑当是楚国西部地区川江流域一座十分重要的港口城市和水陆两军据点。[③]

众多考古成果证实，春秋时期楚国水路交通非常便利。长江沿线的秭归鲢鱼山东周遗址、宜昌下牢溪遗址、枝江百里洲遗址、公安王家岗遗址、大冶鄂王城遗址等，证实春秋时期长江中游的水运交通十分通达。在汉水的两岸，发现有襄阳邓城遗址、宜城楚皇城遗址，以及在钟祥市丰乐，荆门市的马良、沈集，潜江的油田红旗码头、龙湾，监利新沟，汉川汈汊湖，武汉蔡甸、阳逻等地都发现有东周时期古文化遗址。在清江河流域、沮漳河流域、洞庭湖北部，以及河南唐白河流域，均发现有东周时期人们活动的遗址和文物。[④] 从这些出土文物和古文化遗址的分布可清楚地看出，春秋时期楚国的水运交通网络已经基本形成。汉代班固在《幽通赋》中写："黎淳耀于高辛兮，芈强大于南汜。"楚国发达的水运交通，对早期楚国政治、经济、文化和军事

① 湖北公路史志编审委员会编《湖北公路史》，人民交通出版社1990年，第36页。
② 袁纯富、王耀明：《试论春秋时期的楚国道路》，《公路交通编史研究》1989年第3期。
③ 刘玉堂、袁纯富：《楚国交通研究》，湖北教育出版社2012年，第275—277页。
④ 文物编辑委员会编《文物考古工作三十年》，文物出版社1979年，第271—325页。

的发展起着非常重要的作用。当时各国商人之间的贸易往来，皆有"轻货行陆，重货行水"的特点，水运的作用和地位显得十分突出。楚国正是凭借南方湖泊众多、水道交错的优势迅速强盛起来，在楚庄王时成为春秋五霸之一。

应当指出的是，春秋中叶，受造船技术所限，楚国的水路交通尚不能充分利用长江水道。"在春秋时期还看不到任何大规模利用长江中下游水道进行远程航行的确切记载。"[1]

第六节　境外陆路通道

楚国在西周王朝良好的道路基础上进一步发展交通。楚武王至楚庄王的六代楚王，为进一步开辟楚国的道路，奋发有为，殚精竭虑。

楚国在楚武王立国之初，局促于汉江流域一隅，国土狭小，没有打通和开辟道路的目标和条件。随着疆域的扩大，楚国逐渐占据了整个汉江流域。《史记·楚世家》记楚武王对随侯说"我有敝甲，欲以观中国之政"，一语道尽楚国力图北上、挺进中原的雄心。由此，楚国竭力打通、控制出入中原的通道门户。

第一条通道：南襄隘道

楚国立国之初，最大的愿望是得到周王室的承认，春秋早期历代楚王所居位于汉水中游的每一个郢都，都希望与周都洛邑保持交通的畅通。由于长期得不到周王室的承认，历代楚王奋起北上，打通南襄隘道，即为最大要求。占领或控制与中原交界处的孔道，既可以保障本国的军队自由进出中原，又能阻止敌方兵力攻入自己的腹地。楚武王早就想打通这条道，没有成功，楚文王假道于邓以伐申，逐步灭申、应、吕等，将南阳盆地全部占领，继续北进，"封畛于汝"，楚疆大幅

① 陈伟：《楚"东国"的道路——兼谈影响先秦交通的社会因素》，载《燕说集》，商务印书馆 2011 年，第 113 页。

北移。南(阳)襄(阳)隘道地位更显重要。

春秋早期，楚国与中原之间有伏牛山与淮阳山地等山脉，与中原的往来必须沿着一定的交通路线进行。南襄隘道在南阳盆地东南，从桐柏山与伏牛山的隘口通过，是一条天然隘道。顺此隘道，从襄阳往北即达南阳。南阳东北即方城、叶县，出方城口就可通中原了。由于此道从襄阳直通南阳，通道并不宽阔，故称"南(阳)襄(阳)隘道"。

"南襄隘道"是今河南南阳盆地与湖北襄阳之间的古代著名道路。豫西由外方山、伏牛山等秦岭东南山地组成，因被众多南向或南北向河流切割侵蚀，形成间断起伏的山地丘陵。南阳盆地是一个碟状盆地，白河、唐河、湍河、刁河等多条汉水支流在盆地中部呈扇状相交，汇成唐白河南流至襄阳东北入汉江。盆地东北方的方城一带有个断陷，使南阳盆地与黄淮平原相通。因此道与中原诸夏相通，史称"夏路"。《史记·越王句践世家》载："夏路以左，不足以备秦。"《索隐》云："楚通诸夏，路出方城。"《太平寰宇记》引习凿齿《襄阳记》："楚有二津，谓从襄阳渡沔，自南阳界出方城关是也。通周郑晋卫之道。"在南襄隘道上，荆州、襄阳两座城池，各自南北，分别扼住江汉之间南北交通的关节点。即长江和汉江的津渡口，故历史上的军事政治地位极为重要。①

南阳盆地是楚国北上发展的枢纽之地，西、北、东三面环山，敞开的南方正对着江汉平原的北门——襄樊盆地，是江汉地区通往黄淮平原的门户。由此北上，能直抵洛阳以窥周室；由此西出，可达武关，穿越商洛山地而进入关中平原。楚国占据南阳，能够利用其外围山地的有利条件组织防御，阻止北敌侵入汉水流域。同时，楚国大军可以溯汉水而上，至襄阳后进入南阳盆地，然后穿过伏牛山、桐柏山之间的方城隘口，北过叶、许，兵临郑国，与晋国争锋，饮马黄河。由此往东，可以越过汝水、颍水，经过陈国、宋国、曹国，到达泰山以南

① 李孝聪：《中国区域历史地理》，北京大学出版社2004年，第246—248页。

的鲁国。南阳地区的经济环境亦很优越，被古人称为"割周楚之丰壤，跨荆豫而为强"（张衡《南都赋》），可以为战争提供必要的财富。《左传》成公七年载："楚围宋之役，子重请取于申、吕以为赏田，王许之。申公巫臣曰：'不可。此申、吕所以为邑也，是以为赋，以御北方。若取之，是无申、吕也，晋、郑必至于汉。'王乃止。"

清人顾栋高说："余读春秋至庄六年楚文王灭申，未尝不废书而叹也。曰：'天下之势尽在楚矣。'申为南阳，天下之臂，光武所发迹处。是时齐桓未兴，楚横行南服，由丹阳迁郢，取荆州以立根基。武王旋取罗、卢，为鄢郢之地，定襄阳以为门户。至灭申，遂北向以抗衡中夏。"[1]正是因为南阳地区在交通、军事上的重要作用，楚成王将郢都迁入中国故都，今河南南阳宛城遗址，命名"瞲郢"，并环绕瞲郢大规模地建设楚国防御北方的长城——方城，楚成王更是坐镇"瞲郢"，策划指挥对晋国的城濮大战。城濮大战是春秋时期规模空前的大战，双方出动的战车都在千乘之上，楚国利用南襄隘道上的车道运兵、运辎重，畅通无阻。楚庄王洛邑阅兵，问鼎周郊，邲地胜晋，都是得益于南襄隘道交通的便捷。申、息是楚国北进中原的前哨阵地，楚于两邑设县置公，调拨兵马军赋，组织了两支地方部队——"申、息之师"，在其北境遥相呼应，担当国防重任。"楚出师则申、息为之先驱，守御则申、吕为之藩蔽。"[2]《左传》对这两支部队的活动多有记载。

第二条通道：淮阳隘道

楚国与中原交往的另一条通道，是从江汉平原的东北，经湖北随县穿过桐柏、大别山脉会合处的城口诸隘"大隧、直辕、冥阨"，即今河南信阳与湖北应山、广水之间的大胜关、武胜关、平靖关，到达蔡国所在的汝水流域。淮河上游与汉水之间横亘着大别山，淮阳山地包

---

① 顾栋高：《春秋大事表》，中华书局 1993 年，第 525 页。
② 顾栋高：《春秋大事表》，中华书局 1993 年，第 525 页。

括豫、鄂、皖三省交界处的桐柏山、大洪山、大别山等广阔低山丘陵，是长江、淮河水系的分水岭。经过鄂、豫交界的大别山的三个隘口，楚国可进入中原地区。此三隘口就是《左传》定公四年提到的"大隧、直辕、冥阨"。杨伯峻注："杜注：'三者，汉东之隘道'，今豫鄂交界三关，东为九里关，即古之大隧；中为武胜关，即直辕；西为平靖关，即冥阨。冥阨有大小石门，凿山通道，极为险隘。"[1]春秋末年发生的吴师入郢之战，与此地有关。公元前506年，吴伐楚，楚左司马沈尹戌与令尹子常商议，计划楚军"还塞大隧、直辕、冥阨"等三隘，自后而夹击吴军。吴王阖闾在蔡、唐军队的引导下，"次注林，出于冥阨之径，战于柏举，中楚国而朝宋与及鲁"（《墨子·非攻中》），吴正是从冥阨攻入郢都的。《南齐书·州郡志》载"义阳有三关之隘，北接陈、汝，控带许、洛，素为南北兵争要地"，从此大隧、直辕、冥阨有了义阳三关之名。

淮阳隘道位置险要。楚军从淮阳隘道向北穿越义阳三关到蔡国，由蔡而发，可以北趋召陵，分赴许、郑或陈、宋等国，或沿淮而下，抵达诸夷所居的东方和吴国境界。顺义阳三关南下，即今应山、大悟一带，往南即云梦、安陆，再往南稍东，则到长江汉水交汇之地的武汉地区。

第三条通道：武关—商山道

"武关—商山道"是南阳盆地和襄阳通往关中的主要交通线。西安以东的秦岭因山体强烈抬升，渭河谷地的沉降，造成北坡陡峻雄险，流入渭河的都是些水短流急的小河。只有灞水流程略长而舒缓，而且源头与山南汉水最长的支流丹江相对，因此，被丹江、灞水连接的孔道是楚地通向关中最重要的秦岭交通，历史上称作"商山道"或"武关道"。这条道路的走向是：襄阳→邓州→南阳→内乡→少习关→商州→峣关→蓝田→灞桥→西安。

---

① 杨伯峻：《春秋左传注》，中华书局1990年，第1543页。

武关—商山道是江汉流域通向关中的交通动脉。从楚郢都经"随枣走廊"到达襄阳，经邓州到达南阳后，西行经内乡，即到达著名的少习关。少习关位于陕西省商洛市丹凤县东南武关河的北岸，与函谷关、萧关、大散关一起为"秦之四塞"。少习关历史悠久，春秋时即建置，战国时改为"武关"。《太平寰宇记》："武关，在县东南九十里。春秋时少习地，左传云：'楚使谓晋大夫士蔑曰，晋楚有盟，好恶同之。若将不废，寡君之愿也。不然，将通于少习以听命。'又云武关山为地门，《史记》云：'秦昭王与楚怀王书云：愿与君会武关，面约结盟。昭王诈令一将军出兵武关，执怀王而归。'"①关城建立在一座较为平坦的高地上，"北接高山，南临绝涧"（《直隶商州总志》）。一说旧关在现址南丹江边。楚人通过随枣走廊，经襄阳、邓州、河南西峡一线，入陕西武关而至秦，历史悠久。考古工作者在陕西岐山县曾发现有"楚子来告"甲骨卜辞，证明楚的西北部有一条周楚往来的通道。春秋晚期，《左传》定公五年记公元前505年，楚昭王十一年，秦子蒲、子虎帅兵车五百乘以救楚，走的也是这条秦出武关经随枣走廊的路线。战国后期，公元前299年，楚怀王三十年，秦昭襄王诱楚怀王会于武关，执以入秦，使其名大为显扬。商县附近一段秦岭又名"商山"，位处商洛山中，"道南阳而东方动，入蓝田而关右危"（《读史方舆纪要》），地理位置十分重要。这条路沿途物产丰富，多矿泉水。秦岭山中出药材、珍禽、娃娃鱼，多铜矿，可以铸钱。无论物资运输、公私行旅、文化沟通，此路皆有巨大作用。峣关位于黄渭水系与江汉水系的分水岭上，历史上的名称、关址多变。初以临峣山而得名，又称牧虎关（今商洛市商州区西北牧护关镇）。灞桥，亦称灞上，今西安市东郊。扼西安东去洛阳，南下襄、邓的交叉口，具有极重要的战略地位。

---

① 乐史撰，王文楚等点校：《太平寰宇记》，中华书局2007年，第2738页。

第四条通道：随枣走廊

春秋早期楚国北上中原，必经随国。随人抵达中原，一般自随都出发，经随枣走廊进入周东都洛邑。楚武王时，楚国崛起于汉水上游和中游地区，周王室通过大肆分封，控制汉水流域，有名的"汉阳诸姬"多分布于汉东一线，阻挡住楚国的发展。面对周王室的重重封锁，楚国不得不与"汉阳诸姬"进行周旋，频繁往来。汉阳诸姬随为大，楚与随国的交往日渐增多。《史记·楚世家》："（楚武王）三十五年，楚伐随，随曰：'我无罪。'楚曰：'我蛮夷也，今诸侯皆为叛相侵，或相杀。我有敝甲，欲以观中国之政，请王室尊吾号。'随人为之周，请尊楚，王室不听，还报。"从地形图上看，随至周的路线是随枣走廊，过南阳，出方城，经鲁山，而至周都洛邑。

随国位置在今湖北随州西偏北的安居镇附近，《左传》庄公四年："莫敖以王命入盟随侯，且请为会于汉汭而还。"这就是说，溠水在故随都之西南。汉汭，据杜预注云："汭，内也。水曲为汭。"结合地形图分析，汉水转弯的地方，大致在今钟祥以南，即旧口至沙洋一段的转弯处。

随国位于大洪山与荆山之间的平原地带。在春秋早期，楚武王三次伐随，使"汉阳诸姬"彻底臣服，这不仅开辟了楚往随的道路，而且楚人控制了随就控制了随枣走廊，由随枣走廊东行就可抵义阳三关，这正是自春秋以来，楚出义阳三关的重要通道。①

第七节　境内陆路通道

春秋早期至中期，从楚武王至楚庄王，楚国的国土急剧扩张，促进了楚国都城至周边地区各诸侯国之间的陆路交通网络的形成。

---

① 郭德维：《楚都纪南城复原研究》，文物出版社1999年，第200页。

一、楚国通卢戎国的道路（楚武王时）

卢戎，妫姓，是我国古老的民族之一。周代卢戎国的地望，在襄阳市石咀镇。卢戎国与楚国关系密切。《国语·周语》："庐由荆妫。"韦昭注："庐，妫姓之国；荆妫，庐女为荆夫人也。"反映了楚与卢戎之间有过姻亲关系。楚武王时，楚、卢戎间常有军事冲突。据《左传》桓公十三年载，公元前 699 年，楚武王四十二年，楚伐罗，"罗与卢戎两军之"。在这次战斗中，楚师惨败，统帅莫敖返郢途中自杀于荒谷（今湖北江陵西），其他将领也被囚，问罪于冶父（今江陵东北）。楚灭卢戎的时间，在楚庄王三年之前，据《左传》文公十六年载，楚"使庐戢黎侵庸"，杜注："戢黎，庐大夫。"楚邑长官称大夫，可见卢戎在楚庄王三年之前已被楚灭。春秋时期楚与卢戎国使臣平时相互往来，后楚国攻打卢戎国，证实楚至卢戎国有道路通达。其路线大抵上是自楚武王时楚都免郢出发，沿汉水西岸河谷地道路北上，经宜城市到达位于今襄阳城区西南泥咀镇翟家垭子遗址的卢戎国。

二、楚国通贰国、轸国的道路（楚武王时）

贰国，是西周时期涢、澴流域的小国，姬姓国，今湖北广水市境。《左传》桓公十一年："楚屈瑕将盟贰、轸。"杨伯峻注："贰、轸两国名。《春秋传说汇纂》以为贰在今湖北省应山县境，轸在今应城市西。两国其后皆为楚灭。"[1]贰国春秋早期被楚国所灭。顾栋高《春秋大事表》："贰，在今湖广德安府应山县境。桓十一年见。不知何年灭于楚。"[2]轸国邻近贰国，也是姬姓诸侯国。顾栋高《春秋大事表》："轸，在今德安府应城县西。桓十一年见。不知何年灭于楚。"[3]

楚武王时，都于免郢，楚与贰、轸之间已有盟会往来。据《左传》桓公十一年："楚屈瑕将盟贰、轸。郧人军于蒲骚，将与随、绞、州、蓼伐楚师。莫敖患之。斗廉曰：'郧人军其郊，必不诫，且日虞四邑

①　杨伯峻：《春秋左传注》，中华书局 1990 年，第 130 页。
②　顾栋高：《春秋大事表》，中华书局 1993 年，第 577 页。
③　顾栋高：《春秋大事表》，中华书局 1993 年，第 577 页。

之至也。君次于郊郢，以御四邑。我以锐师宵加于郧，郧有虞心而恃其城，莫有斗志。若败郧师，四邑必离。'……遂败郧师于蒲骚，卒盟而还。"这虽然说的是楚在联盟贰、轸两国的过程中引起了一场郧、随、绞、州、蓼五国与楚国的争战，却可看出早在公元前 701 年，楚免郢在至今湖北广水、应城一带的贰国和轸国是有道路可通的。从地望上看，楚人自楚免郢出发至贰、轸，除了有水路可走外，还有陆路可通。其陆路的走向，沿汉水河谷平原地带西南行，绕大洪山东麓至今广水、应城附近的贰国和轸国。

三、楚国通州国的道路 (楚武王时)

州国，西周时期周武王所封，其位置在今湖北洪湖东北黄蓬山附近。

在先秦时期，江汉平原已经成为可供人们耕种的地方，并非一片汪洋湖泽。在云梦泽中，可能有一条通州国的道路。《左传》桓公十一年记："楚屈瑕将盟贰、轸。郧人军于蒲骚，将与随、绞、州、蓼伐楚师。"这说明州与随、楚皆有道路可通。据有关史料分析，楚灭州国，除了有水路外，其陆路当是从当阳季家湖楚郢都出发，经今荆州马山、纪南、观音垱，潜江的浩口、熊口，监利新沟，洪湖曹市一线至州国的。因为这一线地势至今颇高，尚存有不少与古代军事有关的烽火台遗址和楚人活动过的民间传说。根据潜江市博物馆提供的文物普查资料，说明在江陵以东的古云梦泽一带，有一条较宽的车马道路。在潜江龙湾发现有楚章华台遗址，而且在章华台西北和东南方向皆有跑马道的遗迹[①]，印证了这条路线是可以通往州国的。

四、楚国通权国的道路 (楚武王、文王时)

权国之祖，系商武丁之裔，后为西周所封，其国在今湖北荆门五里镇之西王家场附近。1985 年，考古工作者曾在这里发现新石器至商

---

① 潜江文物普查组编《章华古台何处寻，茫茫水乡有遗踪》，载《古华容轶事》，1985 年，第 190 页。

周时期古文化遗址。楚武王时，楚人灭权，"使斗缗尹之"。《左传》庄公十八年，权之守臣斗缗叛楚，楚王"围而杀之"，并迁权于那处。那处，在今荆门东南沈集一带，谭其骧《中国历史地图集》第1册春秋"楚吴越"图有标注。这里近年来亦发现有东周时期古文化遗址和遗物，与有关文献记载那处位置相合。"楚人灭权、徙权于那处的路线，即是由今湖北荆门五里镇之西的王家场附近，向东经五里镇柴集，然后往北经帅家店一线，至沈集那处。"①到了楚文王时期，楚人与巴人联合攻打申国，《左传》庄公十八年："及文王即位，与巴人伐申而惊其师。巴人叛楚而伐那处，取之，遂门于楚。"巴人占领那处后，"遂门于楚"，按晋杜预的解释，就是"攻打楚城门"。楚文王时楚都在为郢，巴人能够从那处迅速移兵攻打为郢的城门，可见，春秋时位于宜城楚皇城遗址的为郢，有一条可通往权国和那处的道路。

五、楚国通邓国的道路(楚文王时)

邓国，在今湖北襄阳市西北邓城遗址，是春秋早期楚国北进中原的咽喉之地。《左传》桓公九年："巴子使韩服告于楚，请与邓为好。楚子使道朔将巴客以聘于邓。邓南鄙鄾人攻而夺之币，杀道朔及巴行人。"这说明在春秋早期，楚免郢至襄阳有一条车马可行的道路。楚武王自"始开濮地而有之"后，在公元前699年，楚武王四十二年，派"楚屈瑕伐罗"(《左传》桓公十三年)，即可为证。因为罗"在宜城县西山中，后徙南郡枝江县"(《水经注·江水》)。同时，楚武王克权(今湖北荆门南)，亦可证实楚免郢城北有一条通往邓国和中原的道路。楚文王时北上伐申，《史记·楚世家》："(楚)文王二年，伐申过邓……十二年，伐邓，灭之。"楚文王伐邓时，楚都为郢在今宜城楚皇城遗址，伐邓必须要通过襄阳北津港口。楚文王从楚都为郢出发，当时有一条大体与今襄荆高速基本相同的通往邓国和申国的道路。

---

① 刘玉堂、袁纯富：《楚国交通研究》，湖北教育出版社2012年，第84页。

六、楚国通巴国的道路（楚文王时）

春秋早期的巴国，又名巴方，在今湖北长阳境，后徙都于江州（今重庆市），其主要活动在今川东、鄂西北和陕西汉中一带。① 楚文王时与巴国关系一度密切，曾经派出官员陪巴国使者出访邓国。楚庄王继位时，突遇天灾人祸，《左传》文公十六年："楚大饥……庸人帅群蛮以叛楚。麇人率百濮聚于选，将伐楚……秦人、巴人从楚师，群蛮从楚子盟。遂灭庸。"巴国出手救楚，灭掉庸国。当年楚国通往巴国，除了有江、汉水路可走外，至少有北、南两条陆路可相互通达：北路，巴人自大巴山一带，沿着汉水谷地进入楚境，抵达楚文王时楚都为郢；南路，巴人沿长江，自长阳以南，顺流而下经今武汉市汉阳区，转入汉水航道，溯汉水抵达楚为郢。

春秋时长江南北两岸皆有通往巴国的道路。在宜都、枝江、松滋、江陵皆发现有春秋战国时期巴人的兵器，这些都是巴楚通道存在的重要的实物依据。②

七、楚国通夔国的道路（楚成王时）

夔，子爵国，在今湖北秭归。楚成王三十九年，公元前633年，因夔不祀楚之先祖祝融和鬻熊，成王灭之。《水经注·江水》记载："江水又东径一城北，其城凭岭作固，二百一十步，夹溪临谷，据山枕江，北对丹阳城。"郦氏以为此城即是"楚子熊绎始封丹阳之所都"。考古工作者曾在此处调查，也确定这里有早期楚城无疑。③ 郦道元《水经注·江水》说三峡沿江两岸有路"七百里"，说明楚都为郢依靠汉水及长江水道沿岸的陆路，可直通位于今湖北秭归的夔都。楚都为郢有一条陆路亦可通往到达鱼（今奉节）。楚成王灭夔，很可能也是自楚为郢从蛮河流域通过陆路插入沮漳河流域，再向西经枝江、宜昌，即后来战国时秦将白起拔郢火烧夷陵的路线灭掉夔国。清《秭归县志》《宜

---

① 程涛平：《先楚史》，武汉出版社2019年，第591—595页。
② 根据荆州博物馆和宜昌市博物馆提供的文物普查资料。
③ 文必贵：《秭归鲢鱼山遗址与楚都丹阳》，《江汉论坛》1982年第3期。

昌府志》对此皆有比较明确的记载。《考工记》："万夫有川，川上有路，以达于畿。"可见大山大川之上，在古代也是有陆路可通的。

八、楚国通弦国、黄国的道路（楚成王时）

史载弦国的地望在今光山县西北部的仙居一带。① 晋杜预说："弦国在弋阳轪县东。"唐《元和郡县志》卷九光州"仙居县"和杜佑《通典》卷一八一"州郡"条都载弦国在光州"仙居"。宋郑樵《通志·氏族略二》："弦氏，江、黄、道、柏之姻。杜预云，在弋阳轪县东南。按古轪城今在光州仙居北四十里。僖五年，楚灭之。"② 宋罗泌《路史·国名纪二》："弦，子爵，楚灭之。杜云弋阳轪县东南，今光之仙居东十里弦亭是也。武德三年为弦州。轪故城在仙居北四十里。"③ 清顾祖禹《读史方舆纪要》卷五〇"河南五""光州府"条载："光山县州西四十五里。南至湖广麻城县二百里。春秋弦国地。"④ 其北边是姬姓的息国，西北为嬴姓之江国，东边紧邻嬴姓的黄国。境内有竹竿河、寨河两条河流穿过。这里是淮河南岸的一大片冲积平原，土壤肥沃，水利条件好，是古代发展农业的理想地方。

弦国历史见于《春秋》与《左传》，两书均在鲁僖公五年（前655年）记载弦国。《春秋》载："楚人灭弦，弦子奔黄。"《左传》较《春秋》稍为详细："楚斗毂於菟灭弦，弦子奔黄。于是江、黄、道、柏方睦于齐，皆弦姻也。弦子恃之而不事楚，又不设备，故亡。"公元前655年，楚成王十七年，楚成王以子文为大将，在弦国毫无戒备的情况下突然袭击，一举灭掉弦国。弦国国君只身逃至其盟国黄国。7年之后，黄国也为楚国所灭。

黄国，嬴姓，颛顼之裔。⑤ 其位置在今河南潢川县西北6公里的

① 程涛平：《先楚史》，武汉出版社2019年，第787—791页。
② 郑樵：《通志》，中华书局1995年，第67页。
③ 罗泌：《路史》（四库全书本），上海古籍出版社2003年，第550—551页。
④ 顾祖禹：《读史方舆纪要》，中华书局2005年，第2384页。
⑤ 楚文化研究会编《楚文化考古大事记》，文物出版社1984年，第162页。

隆古集附近。其疆域的南部，进入今鄂东地区的红安、麻城北部一线，顾炎武认为黄与随为邻，分布着淮南地区势力较强的诸侯国。黄国与弦国是近邻，军事实力强于弦国，对楚态度强硬，"黄国恃诸侯之睦于齐也，不共楚职，曰，'自郢及我九百里，焉能害我？'夏，楚灭黄"。(《左传》僖公十二年)黄国与齐国长期保持良好的盟友关系，以致楚国不惜代价，在公元前648年(楚成王二十四年)一举灭黄。楚人灭弦、黄之后，以弦、黄两国之地为重要军事基地，向北与中原诸侯争雄，向东经略淮河中游。

楚国灭弦国、黄国，通过陆路进军。楚成王时郢都曾经两迁，先是在汉江蛮河流域的湫郢，后北上迁都淮河流域的睽郢，两处郢都都有陆路和水路通往弦国。从湫郢出发，可以越过汉水，从陆路穿过大别山的义阳三关进入弦国。从睽郢出发，沿淮河南岸的道路可进入弦国。楚子灭弦，弦子奔黄(在今河南潢川县)，可见弦国至黄国有道路通达。春秋中叶今鄂东豫南地区的交通基本上是以弦国、黄国为中心，形成了路网。从弦国、黄国回归楚湫郢的路线，大抵上翻越大别山，到汉水流域，经钟祥北，在丰乐一带渡汉水，返回汉水西岸蛮河岸边的楚湫郢。

九、楚国通庸国的道路(楚庄王时)

庸国，位于今湖北竹山县东南，其势力在西周晚期时甚大。楚庄王初立，庸国趁楚国天灾人祸，发起对楚国的进攻。《左传》文公十六年，楚庄王三年，"楚大饥，戎伐其西南，至于阜山，师于大林……庸人帅群蛮以叛楚，麇人率百濮聚于选，将伐楚……(楚师)自庐以往，振廪同食，次于句澨(今湖北丹江口西)……七遇皆北，唯裨、鯈、鱼人实逐之。庸人曰：'楚不足与战矣'。遂不设备"。这是文献记载公元前611年楚灭庸的一条行军路线。结合清华简《楚居》所记"至庄王徙袭樊郢"，楚庄王当时以樊郢为临时国都，聚集兵力向庸国反攻。这时楚都樊郢城内兵力薄弱，庸人想乘虚而入，自竹山东南直接进攻樊郢，麇人也聚百濮于樊郢以西的选，杨伯峻注："选，楚地，据《汇纂》，当在今湖北省枝江县境。"①伺机向樊郢进攻。楚庄王在樊郢调动大军，沿随枣走廊到达临品（今丹江口），伺机出击。当各路兵马就绪，集结待命时，庄王乘着飞奔的邮路专车驷车，从樊郢随同主力赶到了前线，随即命楚师分为左右两翼，在秦师、巴师的配合下，对庸展开钳形攻势。《左传》文公十六年：楚庄王"会师至临品，分为二队，子越自石溪、子贝自仞以伐庸。秦人、巴人从楚师，群蛮从楚子盟。遂灭庸"。大军从临品出发，兵分两路，一路名"石溪"，一路名"仞"，都在今湖北丹江口市范围内。在数路夹攻之下，群蛮又从内部叛庸，庸国遂无力抵抗，国都很快被攻破。从灭庸之战中可以看出，楚国境内交通便捷，一是从楚国的樊郢有直通临品的邮路，庄王可以乘坐邮车直奔前线；二是庸国偷袭楚都樊郢，证明庸国的国都（今湖北竹山）到楚都樊郢有路可通；三是从临品到庸都有两条通道可以抵达，在春秋时期，今丹江口至竹山皆有可供车辆行走的道路；四是楚庄王灭庸还动员了盟国秦国和巴国参与。其中，秦国是派遣战车参战，如果在楚西北部的山区，秦国和巴国没有可以走战车的道路通往庸国，要打如此的大仗是根本不可能的。

十、楚国通麇国的道路（楚庄王时）

麇国，嬴姓子爵国，在今湖北郧阳西。② 其国被楚灭时间应在楚庄王扫清西北威胁北上伐宋之前，《左传》宣公元年记楚庄王挥师北上侵陈伐宋，时在楚庄王六年即公元前608年。据此可以推测，麇灭国当在此年楚侵陈伐宋之前至楚灭庸之间，即公元前611年至前608年间。

楚灭麇国，有一定的通道。据《左传》文公十年载：楚穆王九年，"陈侯、郑伯会楚子于息，冬，遂及蔡侯次于厥貉，将以伐宋……厥貉之会，麇子逃归"。可见，楚穆王时的麇国已成为楚国附庸。麇子

---

① 杨伯峻：《春秋左传注》，中华书局1990年，第617页。
② 程涛平：《先楚史》，武汉出版社2019年，第664—667页。

从楚穆王参加厥貉之会，因不满楚人欺凌他国，不待会终而归麇，由此次年即遭楚人的讨伐。《左传》文公十一年记："春，楚子伐麇，成大心败麇师于防渚。潘崇复伐麇，至于锡穴。"防渚，谭其骧《中国历史地图集》第 1 册，春秋"楚吴越"版图标注，在今湖北房县。锡穴，一作阳穴，《春秋地名考略》《春秋大事表》皆认为其为麇之国都，具体位置，《读史方舆纪要》认为在郧阳西北。郧阳西 120 里处的肖家河村乔家院连续多次出土青铜器，其上一些铭文内容，专家认定与麇国有关。[1] 据此，当年楚穆王伐麇，从为郢出发，两次讨伐麇国。第一次楚军由成大心率领，经今湖北南漳、保康一线，进入防渚（今房县），打败麇国军队，麇国国君逃归国都锡穴（今郧阳西北）。第二次由潘崇率领，经湖北郧县一直攻打到麇都锡穴。不知是何原因，楚穆王没有灭亡麇国，让其苟延残喘至楚庄王继位时，麇国君臣由此常怀报复之心，在看到楚国天灾人祸时，伙同庸国趁火打劫，楚庄王联络秦国、巴国一举灭庸，继而灭麇。灭麇后，楚至麇的通道成为楚国的国内道路。据《郧西史事述略》记载："近十多年来，在天河镇对岸古城遗址锡穴附近发现很多春秋战国之际的文物和青铜箭矢以及圆孔钱币，说明春秋战国时，锡穴不仅是铜锡铸造业很发达的工商业市镇，更是一个水路交通发达的麇国都城。"[2]当时楚为郢应当有道路直接通往麇国锡穴。

第八节　驿传与通信

春秋中叶的驿传和通信，在继承西周传统的良好基础上又获得了进一步的发展和完善。各诸侯国通过利用良好的交通干线和借助制车、驾马和骑马术等不断提高的技术优势，其驿传和通信的能力也因

---

① 康安宇：《十堰方国考》，湖北人民出版社 2006 年，第 31 页。
② 康安宇：《十堰方国考》，湖北人民出版社 2006 年，第 31 页。

此迅速提高，达到了一个较高速度和较高效率的发展阶段。《孟子》说"速于置邮而传命"，当时的驿传或邮传显然已成为当时颇为时髦的高速高效的象征。

春秋之世，列国交往频繁，邮、驿通畅，高速高效的驿路或邮路交通不仅刺激了驿传通信的稳定和发展，赢得了极佳的名声和口碑，而且还诱发了时人对乘驲车、乘传车出行的兴趣与追求，出行走驿道、乘驲车已成为时尚。《国语·晋语四》说晋文公"乘驲自下，脱会秦伯于王城"。驲，是古代用来传送文件和邮件的传车的一种。诸如晋文公乘驲会秦伯等故事在《左传》和《国语》中还有多例可援。这些乘驲事例在东周古文献记载中的频繁出现，在很大程度上反映了春秋时人们对驿路和驲车速度的信赖和追求的潮流或倾向，同时也反映了当时驿道及其配套设施建设的健全完善和邮驿通信的发达繁荣景象。

上述先进的邮驿传递方法，在春秋中期以前还局限在少数场合下使用，到了春秋晚期才逐渐普及开来。诚然，尽管出现了新的邮驿方法或手段，传统的邮驿"传车"和"驲"等邮传工具仍然在社会的许多场合下发挥着其应有的作用。[1]

西周王畿内有讲究的驿站设施和严格的驿传管理制度。《周礼·地官·遗人》说："凡国野之道，十里有庐，庐有饮食；三十里有宿，宿有路室，路室有委；五十里有市，市有候馆，候馆有积。"庐是长廊或凉亭类建筑，路室是简单的客房建筑，委是指存储在路室内的食品和小额钱币，候馆是可以登高望远的楼房建筑，积是指存储在候馆内的食品和钱币。由此可见，在西周的邮传驿道上，沿途设置有用于短途歇息的"庐"，庐内提供饮食；用于中远途可以寄宿的"路室"类客房，客房并提供称为"委"的少量零花钱和食品；用于远途可以寄宿的"候馆"类客房，是规格最高的旅舍，旅舍内提供比"委"更多被称为"积"的零花钱和食品。其中"候馆"是西周驿传路上档次或规格最高的

---

① 郑若葵：《中国古代交通图典》，云南人民出版社 2007 年，第 256—258 页。

宾馆客房，房内设备齐全，有楼室，既可供休息，又可登楼瞭望，一般专供诸侯、使臣入宿。在这些路程不同且有等级区别的驿站中，都配备有必要的交通工具马车和马等供驿传人员使用，并配备专职官吏管理食宿、钱币花销和交通工具使用以及确保公文、信件的邮路畅通等事宜。西周驿道上的诸站舍因此又往往成为沿途地区政治、军事、经济、文化信息和交通的重要交会点，而由这些沿着征伐之路、封国之路或纳贡之路走向分布的诸多驿道上的交会点的组合、散布和辐射，又宛如群星捧月，编织起有序而复杂的西周驿传信息网和道路交通网。

楚国善于继承和发扬西周王朝有利于国计民生的好的做法，至春秋中叶，在国内建立起了高效的驿站设施和严格的驿传管理制度。楚庄王继位不久，就充分利用高效的驿站设施，乘驲车赶到前线指挥灭庸之战。《左传》文公十六年："楚子乘驲，会师于临品……秦人、巴人从楚师。群蛮从楚子盟。遂灭庸。"这说明，楚国拥有用来传送文件和邮件的传车"驲"。传车是指一般的邮递或公务马车，而驲车是急行马车，为过而不留、倍道兼行急事时使用，楚庄王平叛心急如火，情急之下，动用楚国现成的驿站设施驲车赶往前线，非常高明。

楚庄王十分重视驿站设施的建设。文献记载楚庄王对驿站设施中的"路室"建设十分重视。《说苑·辨物》：

　　昔者庄王伐陈，舍于有萧氏。谓路室之人曰："巷其不善乎？何沟之不浚也？"

楚庄王在伐陈的途中与"路室之人"谈话，关心"路室"周边的环境，说明在楚国确实有路室的存在，对路室周边的环境建设高度关注，对路室的管理非常重视。

第 十 二 章

春秋中期楚国的农业

第一节　土壤、自然灾害和减灾救灾

　　土壤是农作物生长的根本。楚国所在的中心区域是长江中下游地区的江汉平原。公元前 688 年(文王二年)、公元前 684 年(文王六年),楚国先后灭掉南阳盆地的申国、息国,并分别设县管理。楚文王占领南阳盆地,不仅具有重要的战略意义,还对楚国的农业发展起到了至关重要的作用。南阳盆地的面积大约有 2.7 万平方公里,东、北、西三面环山,中部和南部是宽阔的河湖冲积平原,海拔在 100～150 米,地表和缓、波状起伏,无霜期较长,降水量适中,发展农业的自然条件比楚人旧居的蛮河中游更加优越。

　　马福生依据《诗经》地域划分的内容,把西周大体分为宗周区(雍州)、魏唐区(雍、冀之交)、中原区(冀、豫、兖、徐各一部)、齐鲁区(兖、青、徐各一部)和二南区(梁、豫、荆各一部),其中二南区包括今秦巴山地、豫西山地、鄂西山地、南阳盆地及江汉平原西部一带。① 由于"二南区"的地域大致与楚国的统治中心相仿,所以我们参照《禹贡》对九州土壤的划分,选取扬、荆、豫、梁为楚国的土壤质地代表,并参照今人对其土壤的鉴定,可以大致对楚国的土壤情况有一个宏观的了解。(见表 12-1)

表 12-1:《禹贡》所记楚地土壤类型与土壤鉴定表

州别	地域范围	土壤类型	土壤鉴定	
			陈恩凤的鉴定	李约瑟的鉴定
扬州	江西、福建以及江苏、安徽南部、湖北东部	涂泥	土湿如泥,黏性湿土	草甸沼泽土和在无石灰质冲积层上灌水的老水稻土

---

① 马福生:《西周自然条件的地区差异及其对农业的影响》,《东北农学院学报》1984 年第 1 期。

续表

州别	地域范围	土壤类型	土壤鉴定	
			陈恩凤的鉴定	李约瑟的鉴定
荆州	湖南、湖北南部、贵州东部	涂泥	土湿如泥，黏性湿土	草甸沼泽土和在无石灰质冲积层上灌水的老水稻土
豫州	河南省黄河以南地、山东西部和湖北北部	壤坟垆	石灰性冲积土	如呈区域分布，土壤为碳酸盐和淋溶褐土，坟垆则为浅冲甸土及砂姜土；就垂直土壤剖面而论，皆为含砂姜土的土壤
梁州	四川、重庆、湖北西部，陕西、甘肃南部	青黎	深灰色无石灰性冲积土	山地腐殖质暗色森林土

转引自中国农业遗产研究室：《中国农学史（初稿·上册）》，科学出版社 1959 年，第 196 页

春秋战国时期的楚国是一个横跨江、汉、淮、睢流域的大诸侯国，这一区域广泛分布着平原、岗地、丘陵和山地，河流纵横，湖泊众多。其四面环山，中间为两湖平原，土质类型繁多，自然条件对农业生产也非常有利。由表我们可以知道，楚国的土壤以黏性湿土为主，在江汉地区是富含营养的冲积土，而这种土壤对稻作农业发展非常有利，一些砂姜土适应旱作农业的发展。王镇九根据古文献记载，依九州区划列出了九州物产分类比较表，所列物产达三百余种。九州之内，以荆、扬二州的物产最多，荆州占全数的七分之一，扬州占全数的五分之一。[①] 对于《禹贡》将荆州土壤命名"涂泥"，并将其列为九州土壤末位的情况，"这实际只表明这一地区较广阔的沼泽之区土地开垦远

① 王镇九：《中国上古各地物产》，《食货》1935 年第 4 期。

比北方较高爽的黄土地区困难，并不能说明江汉平原土壤质地低劣"①。所以，楚国营养丰富的土壤为农业的发展提供了较为优厚的条件。

春秋时代，风调雨顺的丰收年代尚能勉强度日，一旦遭遇自然灾害，农作物歉收，人们便无法维持生计，壮者四处逃亡，老弱死于沟壑。灾荒的不断发展，不仅陷农民于饥馑死亡的境地，摧毁农业生产力，使耕地面积缩小，荒地增加，形成赤野千里，而且使耕畜死亡，农具散失，农民往往不得不忍痛变卖一切生产手段，使农业再生产的可能性极端缩小，有时农民因灾后缺乏种子肥料及其他生产资料，以致全部生产完全停滞。灾荒所造成的直接后果就是整个农村经济的崩溃。春秋时期小农业个体生产在灾荒面前依然是很脆弱的，经不起打击。"乐岁终身苦，凶年不免于死亡"（《孟子·梁惠王上》）。

先秦时期，各类灾害的记载不绝于书。邓拓曾这样描述中国历史上的灾害："各种灾害，本来有着相互的关联，如大旱之后常有蝗灾，水旱之后常有疫疠等。如果防治疏忽，那么各种灾害的连续发生，势必难于避免，其为害也就势必更加惨重。我国历代各种灾害连续不断，甚至有同时并发的情形。"②作为中国历史重要阶段的春秋时期也不例外，《春秋》《左传》中有很多记载：

庄公二十八年："冬，饥。"庄公二十九年："秋，有蜚，为灾也。"文公九年："九月癸酉，地震。"文公十年："自正月不雨，至于秋七月。"宣公六年："秋八月，螽。"宣公七年："大旱。"昭公三年："八月，大雩，旱也。"昭公四年："大雨雹。"昭公二十四年："秋八月，大雩，旱也。"昭公二十五年："秋，书再雩，旱甚也。"

有时许多国家会同时遭灾：

---

① 朱士光：《历史时期江汉平原农业区的形成与农业环境的变迁》，《农业考古》1991 年第 1 期。

② 邓拓：《中国救荒史》，北京出版社 1998 年，第 60 页。

襄公二十九年："于是郑饥，而未及麦，民病。……宋亦饥。"昭公六年："六月丙戌，郑灾。"昭公十六年："九月，（鲁）大雩，旱也。""郑大旱。"

昭公十八年："戊寅风甚。壬午，大甚。宋、卫、陈、郑皆火。"

四国同时发生火灾，实属罕见，当与此地区的天气有很大关系。有时邻国会先后或交替遭灾。

僖公十三年："冬，晋荐饥，使乞籴于秦。"僖公十四年："冬，秦饥，使乞籴于晋。"僖公十五年："是岁，晋又饥，秦伯又饩之粟。"

《汉书·楚元王传》记刘向奏书也提到春秋时"雨雪雷霆失序相乘，水、旱、饥、蝝、螽、螟蜂午并起"。当时水灾旱灾，雪灾虫灾并起，纷然杂作。

《春秋》里的灾异现象大致分为3类15项，共128次。《春秋》242年中，有97年发现过灾异现象，都在人们心中引起了恐慌。鲁襄公二十四年，公元前549年，灾异现象最多，共4次："秋七月甲子朔，日有食之，既。""七月……大水。""八月癸巳朔，日有食之。""大饥。"这一年老百姓很不幸，精神上，接连两个月遭到日全食和日偏食的打击，遭了大水灾，又受了大饥荒。发生3次灾异现象的有5年：公元前487、前594、前517、前482、前481年。242年中，日食记载达37次，其次为旱灾31次，再次为涝灾与虫灾，各12次。以气象异常为最多。列入其他类的虫灾、地震，多数是发生在大旱的年份或其后。[①]

各种灾害的发生给人民带来深重的灾难，鲁国"天灾流行，戾于弊邑，饥馑荐降，民羸几卒"（《国语·鲁语上》）。齐国"岁适凶，则市籴釜十缗，而道有饿民"（《管子·国蓄》）。《晏子春秋·内篇谏上》记载，景公时"霖雨十有七日。……怀宝（坏室）乡有数十，饥氓里有数家，百姓老弱，冻寒不得短褐，饥饿不得糟糠，敝撤无走，四顾无告"。

---

① 《中国大百科全书·天文学》，中国大百科全书出版社1980年，第564页。

《春秋》的灾异记录，相当准确地描述出当时鲁国（今山东西南部）的气候及水、旱、虫、灾等情况。气象灾害在当时全部自然灾害中所占比例很大。《春秋》所记128次灾异现象，其中天文现象只是在人们心理上造成灾祸感，并不构成物质损失。59次气象灾异中，有54次成灾。26次其他灾异中，有22次成灾。那时最多的灾害是旱灾。

春秋时期旱涝频繁，以偏旱为主。把大旱、大雩、不雨都归为旱，把大水、大雨归为涝，可以列出表12-2。

表 12-2：春秋时期旱涝情况表

	年数	旱：涝	趋势
公元前714—前651年	63	4：10	涝
公元前650—前611年	39	7：0	旱
公元前610—前540年	70	8：2	正常
公元前539—前486年	53	9：0	旱

总的来说，公元前651年以前，涝年还较多，平均6年左右要发生一次大水灾。公元前650—前611年则明显偏旱，近40年没有水灾，旱灾则5年左右发生一次。公元前610—前540年，气候较正常，这70年虽然有涝有旱，但次数很少。公元前539—前486年又偏旱，50多年没有涝灾，但旱灾6年左右发生一次。春秋时期气候的基调是旱。除前期60余年稍有涝灾之外，以后长期基本不涝，但不能摆脱干旱之苦。

面对各种灾害，楚人以巫术设法避免，如楚国的"桃弧棘矢"有避灾作用：

以桃木为弓，以荆棘为箭，作为禳除凶邪之物。《左传》昭公四年："桃弧棘矢，以除其灾。"杜预注："桃弓棘箭，所以禳除凶邪。"《左传》昭公十二年："昔我先王熊绎，辟在荆山……唯是桃弧、棘矢以共御王事。"秦简《日书》869反面简："人毋故鬼攻之不已，是是刺鬼。以桃为弓，牡棘为矢，羽之鸡羽，见而射之，则已矣。"①

桃茢是用桃枝扎的扫帚，一说用桃枝作扫帚把。茢，苕帚。传说鬼畏桃，故以桃茢扫除不祥。《周礼·夏官·戎右》："赞牛耳桃茢。"郑玄注："桃，鬼所畏；茢，苕帚，所以扫不祥。"《左传》襄公二十九年："使巫以桃茢先祓殡。楚人弗禁，既而悔之。"孔颖达疏："茢是帚，盖桃为棒也。"②

春秋时期楚国所处的江汉流域地区，首先面临的是要这些河水、江水不致泛滥成灾，冲毁农田。因此，楚国的水利，首要的工作在于防治洪水，消除水害。春秋以前，人们对洪水的危害早已有较深刻的认识，《国语·周语》记载："防民之口，甚于防川，以壅而溃，伤人必多。"此为召公批评周厉王时所说，据推算，约当公元前844年左右。《左传》襄公三十一年"然犹防川，大决所犯，伤人必多"，表明春秋时期人们对洪水谈虎色变。楚人位于南方泽国之地，对于洪水的认识，当然更为深刻。这种认识还见于长沙子弹库出土的战国楚帛书的记载：

　　参化法逃（跳），为禹为万，以司堵壤……

"这里说参化法跳，跳指'禹跳'（《荀子·非相》），谓禹治水得偏枯之病，可见禹在荆楚的洪水神话中亦是相当重要的。"③

我们从这段楚洪水神话中又可看出楚地的先民为战胜洪水而以"壤"来"堵"水，筑堤自保的端倪。

对禹在江汉之地治理洪水之事，《墨子·兼爱中》曾有过明确的记载：

　　古者禹治天下……南为江、汉、淮、汝，东流之，注五

---

① 石泉主编《楚国历史文化辞典》，武汉大学出版社1996年，第325页。
② 石泉主编《楚国历史文化辞典》，武汉大学出版社1996年，第325页。
③ 饶宗颐：《荆楚文化》，载台北"中研院"《历史语言研究所集刊》第四十一本第二分册，1969年，第294页。

湖之处……以利荆、楚、干、越与南夷之民……

孙诒让《墨子间诂》说："此云'注五湖'，盖专据江汉言之。"以这段记载与楚帛书的记载相印证，可以知道，古时江汉地区的洪水经常泛滥，迫使楚人兴办堤防工程。

楚国历史上曾在汉水流域发生过一次著名的洪水，以至于周昭王南征楚国，在返程途中过汉水时，也死于洪水之中。《吕氏春秋·音初》记载了周昭王死亡的经过：

周昭王亲将征荆，辛余靡长而有力，为王右，还反涉汉，

梁败，王及蔡公抎（陨）于汉（水）中，辛余靡振（救）王北济，

又反振蔡公。

周昭王在征讨楚国返回的路上，经过汉水时，恰遇汉水暴发特大洪水，在周昭王等人正在过桥时，汹涌的激流一下冲垮了周军搭的简易桥梁，周昭王等人顿时落水，将军辛余靡虽然立即下水抢救，但当他先后把昭王和蔡公救出来时，二人已经淹死。

从气候史的角度看，从先秦至今，江汉地区常因暴雨形成洪水。楚国地处温带东亚季风区内，季风盛行，北方的冷气团与来自太平洋、印度洋的两个暖湿气团经常在这里交接，锋面活动非常显著，气旋过往频繁，因此，楚地雨量丰沛，大部分地区年平均降雨量在一千毫米以上。而这些降雨多集中在夏秋季节，四月至十月的雨量占全年降雨量的70%以上，冬季降雨很少，约占全年降雨量的5%～15%。在长江流域，降雨的规律一般是中下游早，上游迟，江南早，江北迟。每当季风从东南海洋吹向大陆的时候，长江流域就开始进入雨季，随着锋面的推移，雨带由东南渐次移向西北，一般是江西和湖南东南部在四至六月为多雨期。这时，长江下游沿江一带及湘赣支流先后出现洪峰，长江汉水水位也出现上涨，开始进入汛期。由于这时江湖的水位低，

调节作用大，因此，长江汉水的水位不致太高。六月以后，雨带开始西移，七至八月到四川盆地。四川雨区广阔，暴雨最为集中，形成长江干流宜昌以上地区的强大洪峰，这时长江中下游水位也开始上涨，"川水"一来，往往造成紧张形势，成为全年的主要汛期。九月以后，雨带北移，汉江流域降雨占重要地位，北岸支流洪峰出现机会较多，其余支流的水位一般回落，十月份起江湖水位逐渐降低，汛期方才结束。在气象正常年份，各地雨期相错，减少了洪水相遇的机会，这样，尽管长江及汉水每年汛期的水量很大，由于河槽的宣泄能力也大，中下游平原又有星罗棋布的大小湖泊调节，一般尚不致发生严重洪灾。但如果气候反常，主要雨区同时普降暴雨，干、支流洪峰相遇，当然就会造成洪灾。由此可见，当年周昭王兵败过汉水时遇上洪水身亡，是完全可能的。

文献上记载楚国遭受洪水之灾，蒙受巨大的损失，甚至连王妃也被水冲走：

> 楚昭王出游，留夫人渐台之上而去。王闻江水大至，使使者迎夫人……水大至，台崩，夫人流而死。①

这一场洪水，甚至造成"台崩"。

在战国的楚宣王时期，楚国又由于连降暴雨，造成严重水灾：

> 楚宣王六年，雨碧于郢。②

从常常发生洪水的这一自然现象出发，楚国人民自然地将防治洪水作为发展农业的首要前提认真对待。大筑堤防，大办水利。及至战

---

① 绿净：《古列女传译注》，北京联合出版公司 2015 年，第 178—179 页。
② 董说著，廖文远订补：《七国考订补》，上海古籍出版社 1987 年，第 732 页。

国晚期，楚国占据了长江下游的旧吴越之地后，春申君所疏浚松江，开申浦运渠，建无锡湖陂，也是在很大程度上抵御水患，变水患为水利。因此，应当看到位于南方的楚国存在水患问题，这与水稻需要大量的水一样，是楚国人民从春秋中期起，在兴办水利上投入大量人力物力、取得令人瞩目的成就的直接动力。

先秦时期灾害频发，据统计，文献记载在商、周时期的灾害总数是102次，而发生在公元前611年至公元前6世纪末的灾害竟多达83次。[①] 其中，旱灾占了30次，超过了总数的1/3，见于《左传》记载的旱灾有10多次，但关于楚国的记载仅有1次，也是楚国600多年历史中唯一的灾害记录。这次灾害即公元前611年（庄王三年），"楚大饥，戎伐其西南。申、息之门不启。……自庐以往，振廪同食"（《左传》文公十六年）。从历史记载中我们可以看出此次灾害对楚国的影响不大，因为楚庄王"振廪同食"，打开国家储备的粮库，保证军队食用，前往庸及群蛮百濮平叛。这也可以说明楚国粮食储备充足，农业发达。

楚国在奋力抗灾的同时，逐步形成了丰富的减灾和救荒思想。楚人的减灾思想主要包括灾害预测、自然保护、兴修水利、悯时疫、除害、祈禳等内容。《左传》昭公十四年记载："抚其民，分贫，振穷；长孤幼，养老疾，收介特，救灾患，宥孤寡，赦罪戾；诘奸慝，举淹滞；礼新，叙旧；禄勋，合亲；任良，物官。"其中就有"救灾患"。

"救灾患"包含灾害预测思想。楚人认为在灾害来临之前会有一些征兆，可以预知灾害。"占梦掌其岁时，观天地之会，辨阴阳之气"（《周礼·春官·占梦》），"视祲：掌十辉之法，以观妖祥，辨吉凶"，"保章氏以五云之物，辨吉凶水旱降丰荒之祲象，以十有二风察天地之和命，乖别之妖祥"（《周礼·春官·祝祲》）。《周礼》中的预测由大卜、卜师、龟人、占人、筮人掌握，形成了一套完备的卜兆制度。

---

① 邓云特：《中国救荒史》，北京出版社1986年，第43页。

在《周礼·地官·大司徒》里，大司徒要"测土深，正日景，以求地中"，因为地中是"天地之所合也，四时之所交也，风雨之所会也，阴阳之所和也"。"地中"风调雨顺，"百物阜安"，王国建在这里，可以避灾。"以土宜之法，辨十有二土之名物，以相民宅而知其利害，以阜人民"，从而达到避灾减灾的效果。

"救灾患"包含自然保护思想。从《周礼》分为天地四时六官，可以看出当时人对天人关系的重视。《地官·大司徒》"以土会之法辨五地之物生"，以不同土地辨识不同的事物，以顺自然之性。在保护自然资源上，规定非常具体，山虞"掌山林之政令。物为之厉而为之守禁。仲冬斩阳木，仲夏斩阴木。凡服耜，斩季材，以时入之。令万民时斩材，有期日。凡邦工入山林而抡材，不禁。春秋之斩木，不入禁。凡窃木者，有刑罚"。不但规定了砍伐的时间，而且有违禁的惩罚。川衡"掌巡川泽之禁令而平其守，以时舍其守，犯禁者执而诛罚之"。迹人"掌邦田之地政，为之厉禁而守之。凡田猎者受令焉。禁麛卵者与其毒矢射者"。矿人"掌金玉锡石之地，图而守之，巡其禁令"。这些措施在《礼记》中也有体现："大夫不掩群，士不取麛卵。"（《礼记·曲礼》）《周礼》关注到一切与人关系密切的自然资源。对这些资源的保护，无疑减少了灾害的发生频率和发生烈度。自然保护思想为历代所重视，并且认识到人的作用，"故人者，其天地之德，阴阳之交，鬼神之运，五行之秀气也"，"天地之心也，五行之端也"（《礼记·礼运》），古人认为人得天地、识阴阳、祀鬼神，能够在天地面前有所作为。

"救灾患"包含兴修水利思想。"以潴畜水，以防止水，以沟荡水，以遂均水，以列舍水，以浍写水。""凡治野，夫间有遂，遂上有径。十夫有沟，沟上有畛。百夫有洫，洫上有涂……"（《周礼·地官》）先秦时代与上古三代相去未远，在与水旱抗争中发展的华夏文明，水利思想的发展远远超出以诺亚方舟自得的西方文明。

"救灾患"包含悯时疫思想。《周礼》中设有三种职官，即医师、疾医、疡医，由天官冢宰管理。医师"掌医之政令，聚毒药以共医事，凡邦之有疾病者、有疕疡者造焉，则使医分而治之。岁终，则稽其医事以制其食"。医师掌管医疗措施的政令，对疾病治疗进行分工，并且根据治疗的成绩评定上下等级而给予报酬。疾医"掌养万民之疾病。四时皆有疠疾，春时有痟首疾，夏时有痒疥疾，秋时有疟寒疾，冬时有漱上气疾"。能够根据不同的季节和气候特征观其病，说明古人对致病机理有些了解，懂得一些治疗方法，"以五味、五谷、五药养其病。以五气、五声、五色视其死生"。疡医"掌肿疡、溃疡、金疡、折疡之祝药、刮杀之齐"。其治疗方法是"凡疗疡，以五毒攻之，以五气养之，以五药疗之，以五味节之"，并且认为"凡药，以酸养骨，以辛养筋，以咸养脉，以苦养气，以甘养肉，以滑养窍"，对药理已经很有研究。对驱疫消毒也有措施，方相氏"以索室驱疫"，司爟"掌行火之政令，四时变国火，以救时疾"（《周礼·夏官》）。

《周礼》对虫害也有一定的认识，设有专门的管理机构。"庶氏掌除毒蛊，以攻说禬之，嘉草攻之"，"翦氏掌除蠹物，以攻禜攻之，以莽草熏之"，"壶涿氏掌除水虫，以炮土之鼓之，以焚石投之"，表明对不同的虫害已经有明确的区别，采用了不同的除灭方法。

"救灾患"包含祈禳思想。祈禳是为了祈求天地鬼神祖先保佑，达到"以祈福祥，顺丰年，逆时雨，宁风旱"的目的。《礼记·祭统》载，在祈禳过程中，对象有上帝，"国有大故，则旅上帝及四望"；有宗庙，"凡天地之大灾，类社稷宗庙，则为位"；有各种鬼神，"以实柴祀日月星辰，以槱燎祀司中、司命、风师、雨师"；有田祖，"凡国祈年于田祖，龡豳雅，击土鼓，以乐田畯"；有四时，"凡祭有四时，春祭曰礿，夏祭曰禘，秋祭曰尝，冬祭曰烝"，因为四时时令不能相违，否则将有灾难，"仲春行秋令，则其国大水，寒气总至，寇戎来征。行冬令，则阳气不胜，麦乃不熟，民多相掠"（《礼记·月令》）。

祈禳还有一些具体的礼仪。如大雩，是天旱祈雨的巫术形式，舞师"教皇舞，帅而舞旱暵之事"（《周礼·地官》），就是用跳舞的方式求雨。女巫"掌岁时祓除，衅浴，旱暵则舞雩……凡邦之大灾，歌哭而请"（《周礼·春官·宗伯》），是用哭的方式求雨。一旦发生灾荒，王室还举行隆重的凶丧之礼，《周礼·春官·宗伯》云："司巫，掌群巫之政令，若国大旱，则帅巫而舞雩。国有大灾，则帅巫而造巫恒。"大祝，"国有大故、天灾，弥祀社稷，祷祠"。都宗人，"国有大故，则令祷祠，即祭，反命于国"。祈禳是《周礼》中减灾的重要思想，体现着先民对灾害的认识水平。

楚人的"救灾荒"思想还指对因灾害造成的饥荒的救助行为。

楚国设有治理灾害的官职"亚尹"。《七国考》："荆君熊围问水旱理乱。亢仓子曰：'水旱由天，理乱由人。若人事和理，虽有水旱，无能为害，尧、汤是也。故周之《秩官》云：人强胜天。若人事坏乱，纵无水旱，日益崩离。且桀、纣之灭，岂惟水旱?'荆君北面遵循稽首曰：'天不禁不穀，及此言也。'乃以和璧十朋为亢仓子寿。拜为亚尹。"①

楚国还设有直属国家的救灾官府"邲异"。在包山简46、包山简52、包山简173中，都可以见到"邲异"的字样。"邲异"乃楚官府名。"异"应指灾异。《春秋·公羊传》定公元年："异常大乎灾也。"《春秋繁露·必仁且知》："异者，天之威也。""邲"读为"越"，作为官府名，"邲异"应是楚特设的救灾机构。《周礼·地官·大司徒》："以荒政十有二，聚万民，一曰散利，二曰薄征，三曰缓刑……"郑玄注："荒，凶年也。"郑司农注："救饥之政十有二品，散利，贷种食也；薄征，轻租税也；弛力，息徭役也……"《左传》昭公十四年："楚子使然丹简上国之兵于宗丘，且抚其民。分贫，振穷；长孤幼，养老疾，收介特，救灾患，宥孤寡，赦罪戾，诘奸慝；举淹滞……"以此可知楚人之救灾措施与《周礼》之荒政十分相似。②

较为新奇的是，在新发现的楚竹书中，有楚国的救灾机构邲异对

① 董说著，廖文远订补：《七国考订补》，上海古籍出版社1987年，第85页。
② 刘信芳：《楚系简帛释例》，安徽大学出版社2011年，第51页。

农业提供金融支持贷款买种的信息。其借贷资金用以购买种子的时间是夏历三月，正值耕种之时；规定还贷的时间是夏历十一月，正值秋后入藏之时。贷款的性质属于救灾甚明。猛一看这好像是发生在战国时代的经济活动，但是，联系到楚庄王令尹孙叔敖对市场的扶持，由政府出面支持农民贷款买种之事，发生在春秋中期完全可能。

第二节　堤防和水井

我国堤防建筑的起源很早，到春秋时代，黄河、济水等大河流湾已筑有部分堤防，例如黄河旁边周地有名为"堤上"之地(今河南洛阳西南)，济水旁边齐地有名为"防门"之地(今山东平阴东北)。《国语·周语下》曾记载，周灵王二十二年，公元前550年，"谷、洛斗，将毁王宫，王欲壅之"。谷水和洛水同时发水，洪峰遭遇，冲毁都城王城(今洛阳)的西南部并危及王宫的安全，当时就曾筑堤防洪。

楚国的堤防在史籍上没有完整的记载，不过，从已知的零星记载看，其筑堤能力已相当惊人。早在春秋早期楚成王时，楚国大力北进中原，向宋国和郑国进攻，对当地大肆破坏。《管子·霸形》载：

> 楚人攻宋、郑。烧炳焼焚郑地，使城坏者不得复筑也，屋之烧者不得复葺也，令其人有丧雌雄，居室如鸟鼠处穴。要宋田，夹塞两川，使水不得东流，东山之西，水深灭垝，四百里而后可田也。

这里，楚人对宋地"夹塞两川，使水不得东流"，这便是在睢水上拦河筑坝，使河的上游泛滥成灾。那时宋国在睢水两岸可能也有堤防，河水能向上游淹水数百里，大约便是回水及堤防溃决所致。从中可见楚人善于筑坝拦河，自然对于筑堤有着丰富的经验。

《管子·霸形》还载，宋人遭此大难，赶紧向霸主齐桓公求救。齐桓公采取先礼后兵的方法，率军与楚军遭遇后，先与楚谈判，"因以郑城与宋水为请于楚，楚人不许"。最后，楚人表示屈服，结果"东发宋田，夹两川，使水复东流，而楚不敢塞也"。楚人确实在宋境内筑了拦河大坝。

值得注意的是，齐桓公在与楚成王谈判的过程中，还要求楚国"毋曲堤"，即毋滥修堤坝，这与公元前 651 年(楚成王二十一年)时众诸侯国在葵丘之会上订立盟约中"无曲防"(《孟子·告子下》)的水利条款完全一样，即禁止修堤时只顾自己，不顾别人，以邻为壑的行为。对此，《春秋·榖梁传》的提法是"毋雍泉"，并且说这是"壹明天子之禁"，说明西周时一向有这种不准随意拦河筑坝、堵塞河道的禁令。在那诸侯林立、各不相统的春秋时期，这种不正当的堤防定有不少。史载这种现象到战国时更为突出，各国"雍防百川，各以自利"(《汉书·沟洫志》)。直到秦统一，才"决通川防"(《史记·秦始皇本纪》)，基本结束了这种现象。

楚国历来重视堤防的建设，将筑堤防一直作为一项重要的国策加以实行。《左传》襄公二十五年记载楚国司马蒍掩大张旗鼓地对全楚的农业发展情况进行调查、规划，其中一项著名的重要措施是"町原防"。蒍掩主张"町原防"，一是为了充分挖掘生产潜力，增加赋税来源；二是针对楚国堤防内外土地没有得到充分利用的实际情况，而提出"町"的办法，加以充分的利用。《急就篇》："一曰町，治田处也。"《仓颉篇》："町，田区也。"划分为小块田地。"原"，《尔雅·释地》"可食者曰原"。"防"，《说文》"堤防"。原、防都是指堤防间的可耕地。这就很清楚地说明，楚国此时的堤防建设已经达到了一定规模。正是由于筑堤，使不少土地不再受水害，成为可耕之地，大大提高了土地利用效率，故蒍掩才可能将筑堤后而获得的土地进行规划，列为新的赋税来源。

楚国在春秋中期出现了一位著名的治水专家——令尹孙叔敖。孙叔敖治水的政绩较为全面，其中之一便是修筑堤防。宋代洪适《隶释》卷三以及清人马邦玉《汉碑录文》记载有流传下来的《孙叔敖碑》，其中记载孙叔敖兴办水利的事迹有"堤防湖浦，以为池沼"。另外，曾为楚兰陵令的荀子，在所著之书中也十分强调"修堤梁"之事(《荀子·王制》)，这说明从孙叔敖到荀子都十分重视堤防的修筑，楚国一定有较为系统的堤防。

堤防的出现不仅为楚国社会、农业的发展提供了良好的条件，从技术角度来说，堤防的应用也标志着楚国的治河理论已达到了新的水平。相传禹治水主要采取"疏"的办法，比起共工和鲧的"障"的方法进了一步，可以照顾到更大的范围。但从水利发展理论的高度看，由"障"到"疏"只能是发展的第一阶段。疏浚固然可以增加河道的泄洪能力，减轻洪水的危害，但还不能有效地控制洪水。而堤防的系统修建则可以显著加大河床容纳的水量，防止洪水漫溢出槽，从而大大提高防洪标准。可以说，由"疏"到"堤"是水利发展理论的第二阶段，体现了人们由消极防水到积极治水的新飞跃，楚国在实现这一飞跃中是作出了贡献的。

农业灌溉的水源，一般是水井。

开凿水井，发掘地下水源，是农田水利建设的一个重要方面，即使在具备自流灌溉条件的地方，汲取水井中的地下水灌溉仍然是不可或缺的。其间的道理在于，农田总是大水漫灌，最初虽每亩收获甚丰，但并不长久，以后地下水位会被逐渐抬高，经过日光的蒸发，就会形成程度不同的盐碱化的土壤。楚芍掩治赋时进行的"表淳卤"的工作，"淳卤"就是盐碱地，很可能就是地下水位抬高后的后果。土壤中盐分积累到一定程度，便影响到幼苗和作物的正常生长，造成减产。因此，凿井提取地下水以资灌溉，使地下水保持在适当的水位，始终是保证农业长时期稳产、增产的一个重要措施。在楚国，由于地处滨江傍湖地区，地下水资源丰富，易于凿井，桔槔、辘轳等汲水工具的应用，使得水井的开凿更为普及。《庄子·天地》所记"子贡南游于楚，反于晋，过汉阴，见一丈人方将为圃畦，凿隧而入井，抱瓮而出灌"，这条史料确凿地证实了楚人惯于以水井灌田的事实。

我国历史上的凿井技术在南方很早就出现了。最早见于距今约5700 年的河姆渡文化第二层，其后在太湖地区的吴县澄湖良渚文化遗址中发现了许多土井，在太史淀发现了木圈水井。[①] 从出土的水井遗址看，一般呈圆角正方形，井壁由自然圆木或劈裂的木板垒成，井架交叉处，有的用榫卯固定，建井方法是先挖井再架设井架，以加固水井，防止倒塌，这些水井既是当时食用水的来源，干旱时，又能对距离住地较近的园地或耕地作灌溉之用。[②]

比起上述早期的水井，楚国的凿井技术有了长足的进步。楚国纪南城发掘出大量的水井遗迹，其分布之密集，种类之繁多，构造之复杂，令人惊叹：

> 纪南城古井分布广、数量多，几乎凡有夯土台基之处皆有古井，目前已发现有四百余井。
>
> 井的种类亦繁，依井圈的质料可分为：陶井、木井、上陶下竹或柳条井圈之井，另外有无井圈的土井。[③]

这些井的具体情况，可见表 12-3：

---

① 黄崇岳：《水井起源初探——兼论"黄帝穿井"》，《农业考古》1982 年第 2 期。
② 杜耀西等：《中国原始社会史》，文物出版社 1983 年，第 261—262 页。
③ 陈祖全：《全国重点文物保护单位：楚纪南故城》，《文物》1980 年第 10 期。

表 12－3：楚都纪南城发掘部分水井情况表

单位：厘米

发掘时间	地点	类别	数量	断代	井口直径	井深（米）	井口形状	井圈（节）	井圈直径	井圈高	井圈厚	井圈孔个数	井圈小孔径	备注
1975年	纪南城西北垣北门	陶圈井	2	春秋晚	158		圆	2	76.5	75	1.5	2	4	粗绳纹（井圈外壁）
		土井	3	春秋晚	158	仅清1.4米	圆					2	3	外壁饰粗绳纹
1975—1976年	纪南城内东南部松柏区30号建筑遗址	陶圈井	11	春秋晚	100	已掘6.9米	圆	80		78	1.5~3	2	3	
		土井	1	春秋晚	140	4.5米，未掘到底	近圆形							
		陶圈井	176，发掘37	前600—前530年	上部105，下部72				80，上78，下68	80	3或2	2	5.5	陶圈井最下一节的底部，木架呈二、十、井形
1975—1976年	纪南城内龙桥河西段	木圈井	3	前505—前435年	上部105，下部72	2米，未到底		1	78~82	180（残）	2~6			木圈井的圈壁之外另有一层竹子编的井圈
		竹圈井	5						85	70（残）	3~6			竹圈井自下而上圈绕编织
		土井	71，发掘4		上部300，下部170未挖到底	3米	圆形竖穴式							
1965年	纪南城松柏余家湾	陶圈井	1		上部195，坑底65	7.15米	近圆形	5	83	69.5	1.5~2.5			最下一节井圈外壁另套有竹井圈直到井底

湖北省博物馆：《楚都纪南城的勘查与发掘》（上、下），《考古学报》1982年第3期、第4期

以上表中所列，按照考古工作者的考证，时间最早的可到春秋中期，一般能上溯至春秋晚期。纪南城这些密集的水井雄辩地说明，楚国利用地下水的程度和凿井技术在当时是首屈一指的。纪南城的水井中，除最普通的土坑井外，还发现了大量的陶圈井、木圈井和竹圈井，这些都是凿井技术进步的标志。陶圈和木圈是一节一节叠起来成筒状，井圈与井壁之间用土或碎陶片填实。凿井时，可能是先挖一个土井，当挖至接近水位线的流沙层时，将井圈放入井内，再从井圈内挖去沙土，井圈逐渐下沉，上边再套井圈，直挖到一定深度的水位为止。这种施工方法，和现在建桥筑桥墩时采用的沉井法相似。这种方法有效地防止了凿井过程中井壁坍塌，这在春秋时代是一种了不起的创造。在纪南城内龙桥河西段，竟然发现陶圈井多达176个，可见这种技术应用已非常广泛，令人叹为观止。使用这种技术凿的井，近年来只是在北京城西南角一带先后发现六十多口古陶井，其中绝大多数是战国时期的，可见楚国的这种凿井技术较之同时期的中原居领先地位。

楚国凿井技术的进步还体现在陶圈井最下节的底部设置木架。这是承托和固定陶圈井的设施。这种木架的设置形状有"="形、"十"形和"井"形三种，都是用二至四根木条平放而成，有的木板长82厘米，宽12厘米，厚6厘米，两块木板相距56厘米，这种设施无疑是防止水井井圈下沉的有效方法，是楚国人民在长期凿井过程中善于观察和不断改进的结果。

纪南城发掘的众多的水井多用于生活和手工业用水。若与《庄子·天地》关于汉阴丈人"方将为圃畦，凿隧而入井，抱瓮而出灌"的记载对应起来看，可以知道楚国的井广泛用于农业灌溉也是不成问题的。以楚国丰富的地下水资源，加上如此成熟的凿井技术，配之以先进的起水机械桔槔和辘轳等，显示出楚国起水灌溉早已自成体系，为农作物的正常生长创造了良好的条件。

楚国的凿井技术是相当发达的。"纪南城古井分布广，数量多，几乎凡有夯土台基之处皆有古井。目前已发现四百余井。""井的种类亦繁，依井圈的质料可分为：陶井、木井、上陶下竹或柳条井圈之井，另外有无井圈的土井。""井内出土许多日用器，以汲水罐为多。"①这些井，当然主要是用于生活的，既然城市的生活用井如此发达，那么农村的生产用井理当也不会落后，其技术水平应相一致。据《庄子·天地》记载："子贡南游于楚，反于晋，过汉阴，见一丈人方将为圃畦，凿隧而入井，抱瓮而出灌，搰搰然用力甚多而见功寡，子贡曰：'有械于此，一日浸百畦，用力甚寡而见功多，夫子不欲乎?'为圃者仰而视之曰：'奈何?'曰：'凿木为机，后重前轻，挈水若抽，数如泆汤，其名为槔。'为圃者忿然作色而笑曰：'……吾非不知，羞而不为也。'"这无疑说春秋时汉阴(楚地)的农民已用井水浇灌园圃，并且懂得桔槔是怎么回事，只是没有采用罢了。子贡自楚返晋途中见到的，就是楚国的这种灌溉技术。②

楚国成熟的凿井技术，将我国掌握这项技术的历史大大向前推进，李约瑟《中国科学技术史》中曾对我国的凿井技术的起止年代作了十分保守的估计："有一个我们在下面还要加以引证的事实，塔尔恩显然是不知道的，这个事实就是，凿深井的技术(这里我指的是钻水井，而不是只用砖石砌起来的竖坑)可以一直追溯到汉代的四川，因此在公元前100年时出现一位凿井专家似乎并不算太早。"

与此同时，李约瑟认为西方的凿井技术比中国为早："希腊人的凿井技术可由《红色海的周围》一书的作者来证明，因为他在巴鲁加扎看到过井。人们认为这些井可以追溯到亚历山大大帝的时代。的确，在亚历山大大帝身边也经常有一个凿井工程师跟随着他，我们甚至知道他的姓名(金匠古尔古斯 Gorgos)，可是巴鲁加扎的井并不是那么古老的，它们是在巴克特里亚人欧提德米特·阿波洛多都斯(Euthydemid

---

① 陈祖全：《全国重点文物保护单位：楚纪南故城》，《文物》1980 年第 10 期。
② 黄崇岳、徐兆仁：《春秋时期楚国的经济发展——兼论我国历史上开发南方的第一个高潮》，载《楚文化觅踪》，中州古籍出版社 1986 年，第 237 页。

Apollodotus）征服该地区的时候开凿的，即在公元前 177 年左右。"①

对比李约瑟所述，楚纪南城发掘的古井最早可追溯到春秋中期，一般可上溯至春秋晚期，亦即公元前 500 年左右，这无疑使中国的掘井技术提前 400 年，早于西方 300 余年，处于世界领先地位。如果我们更以距今 5700 余年的河姆渡文化遗址中发现的水井为标准，那么，中国的凿井技术更是遥遥领先了。

定居农业的一个重要标志是凿井技术的发明和运用。凿井技术的逐步成熟是台地农业向平原农业完成过渡的重要反映。② 研究表明，楚国的凿井技术、井灌技术也已经相当发达。③ 我国是世界上发明水井最早的地区，埃及在新王国二十王朝（公元前 11185—前 1070 年）时期，还未见有水井的记载。底格里斯河中游地区的亚述城邦国家，利用水井是公元前 2000 年以后的事，而古代印度有水井的记载，最早见于孔雀王朝（公元前 324—前 185 年）时期。④ 根据目前的考古发现和研究成果，我国原始水井最早见于浙江余姚河姆渡遗址第二文化层，为木构水井，由 200 余根桩木、长原木组成，分内外两部分。⑤ 截至目前的考古发现，楚国水井主要是在春秋战国时期。

春秋战国时期，我国水井的分布已十分广泛，有些地区水井的分布非常稠密，水井遗迹以湖南和湖北为中心，其他地方受其影响才得以发展。东周时期，我国水井遗迹分布相对于夏商来说，比较多且相对分散，分布在北京、天津、山东、山西、陕西、河南、河北、安徽、湖北、湖南、江苏、浙江等地，主要集中分布于河北、河南、湖北、

① 李约瑟：《中国科学技术史》第一卷第七章，科学出版社 1990 年，第 533—534 页。
② 吴存浩：《中国农业史》，警官教育出版社 1996 年，第 139 页。
③ 孟修祥：《楚国科技与楚文化》，《长江大学学报》2004 年第 4 期。
④ 马世之：《史前文化研究》，中州古籍出版社 1993 年，第 71 页。
⑤ 黄崇岳：《水井起源初探——兼论"黄帝穿井"》，《农业考古》1981 年第 2 期。

湖南。^①其中，在南方水井密集的中心地区也正是楚国水井遗迹分布区。据统计，楚国水井遗迹共有38处，分布在湖北、湖南、河南和安徽。其中，湖北有27处，占楚国水井遗迹总数的71.05%；湖南有8处，占楚国水井遗迹总数的21.05%；河南省有2处，占楚国水井遗迹总数的5.26%；安徽有1处，占楚国水井遗迹总数的2.64%。在楚国水井中，最深的水井是战国时期湖南里耶水井，深14.28米；最为密集的水井在湖北楚都纪南城，如在龙桥河西段新河道长约1000米、宽60米的范围内，发现了各类水井256座。^②无论在水井遗迹的数量上，还是在水井数量上，湖北境内的水井都占绝对多数。从目前考古发现的情况来看，楚国的凿井技术已经相当发达，除了瓦井以外，楚国的水井已经涵盖了土井、竹井、木井和陶井。

从楚国水井的分布来看，水井遗迹坐落位置并不相同，有的在聚落区域内，有的附近有沟渠，有的旁边就是窑场。可见，这些水井不仅用于生活，还用于农业和手工业生产。这些水井，有些是制陶等手工作坊用井，有些是生活用井，而相当一部分应是浇灌菜园用井。^③研究表明，无论是从历史文献记载，还是从考古发现，都可以证明先秦水井的灌溉功能。尽管在各个时期，农田灌溉并不占主要地位，但伴随着原始农业生产的发展而产生的水井，为农业生产的发展提供了可靠的保障。从某种意义上说，水井的开凿并用于原始的农业灌溉是文明社会的一种表现和重要特征。^④

在我国，井灌有悠久的历史，最早记载是《世本》的"汤旱，伊尹教民田头凿井以溉田"，这说明在商代已有了水井灌溉。

---

① 贾兵强：《先秦水井的起源与分布》，载倪根金主编《传统农业与乡村社会研究》，万人出版社2008年，第124页。
② 杨权喜：《楚纪南城水井》，《中国文物报》1994年10月16日。
③ 周国平：《略论春秋战国时期的楚国农业》，载吉林大学考古系：《青果集：吉林大学考古系建系十周年纪念文集》，知识出版社1998年，第259页。
④ 贾兵强：《中国先秦水井研究》，华南农业大学硕士学位论文，2006年，第76页。

春秋时期，井灌逐渐发展起来，北方宋、晋、卫等国都出现了利用井水灌溉的史实。当然，楚国在农业生产中也运用井灌技术，考古发现也可以证明楚国水井用于农业灌溉。在湖北纪南城内曾发现400余座水井，它们除用于手工作坊外，一部分也用于农田灌溉。[1] 纪南城的农灌井目前还不能完全加以区别，而不少井内出土耒耜、锸、镢和锄等农具则是井灌的重要旁证。[2] 在湖南澧县双堰发现东周古井群。[3] 6口井的间距在20～60米，井中出土大量残存竹竿，出土器物有陶片、豆、鬲等，生产工具如陶纺轮、石器等，水族遗存以及农作物有螺、蚌等和稻、桃、杏、梨、梅、枣、瓜等。由于周围没有发现聚落遗址，所以从出土物来推测，我们认为这是用来农田灌溉的水井，这一发现也可以进一步说明楚国存在井灌。在湖北响岭岗东周遗址与墓地中发现有春秋中期晚期3口水井，井深在6米以下，分布十分密集，几乎每20米远就有1口水井。[4] 从已发掘的水井看，由于水井地位于荆门城西南约8公里的响岭岗上，其深度均在6米左右，井内出土打碎了的陶器等遗物，我们认为响岭岗水井也是农田灌溉水井。另外，在安徽寿县邱家花园遗址中发掘2口陶井[5]，由于两井位于水渠岸边，并且中间相距仅1.2米，我们初步认为，该井主要用途也是用于农田灌溉。

从上述文献记载和考古发现，我们可以知道楚国水井已经应用于园圃和农田灌溉，且人们已知道运用桔槔作为引水装置。但是，我们应该对楚国井灌工程的作用有一个正确的认识，在当时社会条件下，水井灌溉只是农田灌溉的辅助方式，大多用于灌溉园圃，大规模地用

---

① 杨权喜：《东周时代楚郢都的农业生产考略》，《农业考古》1990年第2期。
② 杨权喜：《楚都纪南城的水井》，《中国文物报》1994年10月16日。
③ 李玉洁：《楚史稿》，河南大学出版社1988年，第178页。
④ 荆门市博物馆：《荆门市响岭岗东周遗址与墓地发掘简报》，《江汉考古》1990年第4期。
⑤ 丁邦均：《楚国寿春城考古调查综述》，《东南文化》1987年第1期。

于农田灌溉的可能性较小，我们因此根据《庄子·天地》的记载认为"楚国已经懂得桔槔的原理，普遍使用机井来灌溉农田"①的观点是值得商榷的。

第三节　农业传统

楚地农业传统极为悠久，可一直上溯至远古史上著名的神农氏时代。

神农氏重农的传说对楚农业有着巨大的影响。关于神农氏的传说，经、史、子、集均有记载。《通鉴前编》："炎帝神农氏……以火德代伏羲治天下。"《帝王世纪》："炎帝神农氏……有圣德，始教天下种五谷，故号神农氏。又作五弦之琴，以火承木，位在南方主夏，故谓炎帝。"炎帝以神农为号，以火德王，刀耕火种，开发了原始农业生产技术，其活动区域则在南方。《孟子·滕文公上》有一段记载"有为神农之言者许行"，是楚国人，他信奉的是"神农之言"。孟子对其大为不满，说楚人许行是"南蛮鴃舌之人"。《史记》明言楚人"皆江上楚蛮之地"，实与神农一样足迹布满江淮和随枣走廊。《山海经》记载："炎帝之妻，赤水之子听訞生炎居，炎居生节并，节并生戏器，戏器生祝融。"祝融是楚之先祖。长沙战国楚墓出土帛书也记载了祝融与炎帝的关系："炎帝乃命祝融以四神降……"这一记载出自楚人之手，其与史籍相符，绝非巧合。《楚辞·离骚》云："帝高阳之苗裔兮，朕皇考曰伯庸。"饶宗颐《楚辞地理考·高唐考附伯庸考》说："伯庸即祝融。"《左传》僖公二十六年说"夔子不祀祝融与鬻熊，楚人让（声讨）之"，这与《史记·楚世家》所言"楚灭夔，夔不祀祝融、鬻熊故也"正相吻合。楚人自言信奉"神农之言"，可见神农氏尚农的传统对楚人影响之深。

---

① 李玉洁：《楚史稿》，河南大学出版社1988年，第178页。

《左传》昭公十七年记："炎帝氏以火纪，故为火师而火名。"杜预注："炎帝，神农氏，姜姓之祖也，亦有火瑞，以火记事，名百官。"《淮南子·天文训》："南方火也，其帝炎帝，其佐朱明。"朱明即祝融。该书《时则训》又载："南方之极……贯颛顼之国，南至委火炎风之野，赤帝祝融之所司者，万二千里。"以"火"称神农和祝融的记载甚多，这绝非巧合或偶尔有之。《路史·前纪》说："祝诵氏，一曰祝龢，是为祝融氏……以火施化，号赤帝，故后世火官因以为谓。"炎帝之时，以火纪事，能"名百官"，说明神农部落在南方处于领导地位，祝融则是神农领导下的一个氏族部落。在原始社会，人口日益增多，部落生产不断进步，逐步由游猎生活过渡到农业定居生活，是神农氏教人们开山造田，刀耕火种，加速了氏族制度转向奴隶制度的历史进程。也正由于神农部族的农业文化向周围发展，渐渐形成多支新型氏族部落，这对以后楚人发展农业，无疑是极为有利的。

神农起于今湖北随州附近的列山。《三皇本纪》云："神农氏亦曰厉山氏。"厉山即列山，为神农兴起之所。有关列山的地望见于皇甫谧的《帝王世纪》："神农氏起列山，《三皇本纪》云：'神农本起列山，故左氏称列山氏之子曰柱，亦曰烈山氏。'""列山氏，今义阳随县厉乡是也。"《括地志》亦说："厉山在随州随县北百里，山东有石穴，神农生于厉乡，所谓列山氏也。"列山所在之地，介于大别山与桐柏山之间，既是涢水与淮水分道扬镳的要地，又是南北文化交流的通道，其文化北进可沿淮河直抵中原，南下可沿涢水畅达江汉，无论地理位置还是自然条件，都是古人类易于生存的地方。

人类的生存和发展是离不开各种自然条件的。地理环境的好坏，自然资源的丰歉，是人类活动和发展的重要因素。随州一带位于中原南缘与江汉平原之间，淮水源于随北，汉水由西向东濒境而过，涢水贯穿其中，境内群山耸立，河流纵横，水资源、动物资源和植物资源异常丰富。其地貌特点：第一，以厉山为中心，北有桐柏山脉，西南有大洪山脉，中间是陂陀岗地，兼大小冲积平原，形似盆地。北出桐柏山就是中原的淮河流域，南出大洪山就是江汉平原，既不同于多雨多湖区沼泽的江汉平原，又不同于多风沙、多水患盐碱地的中原地区，自然条件实兼南北之优。第二，桐柏山脉与大洪山脉均系东西走向，似城墙环列，削弱阻挡了北方寒冷气流的影响，而且雨量适宜，气候温和，土地肥沃。第三，随州一带有知名河流139条，多系源头，出境为巨津。发源于桐柏山的淮水，流经河南、安徽，输注东海；汉水绕大洪山而过；富水源于大洪山，经京山入江汉平原；涢水居于淮汉之间，穿随国故都经郧国，入汉水，与长江为伍，丰富的水利资源，构成天然的交通之便。第四，石灰岩丰富，形成喀斯特地貌，岩壁林立，地形复杂，有"千泉百洞"之称，实为古人类生存和洞穴栖息的理想之所。

涢水西南，汉水彼岸，便是荆山和楚民族早期活动的地方。《诗经·商颂·殷武》："挞彼殷武，奋发荆楚……维女荆楚，居国南乡。"《左传》昭公十二年："昔我先王熊绎，辟在荆山，筚路蓝缕，以处草莽，跋涉山林，以事天子。"《元和郡县志》注明："荆山在(南漳)县西北八十里。三面险绝，惟东南一隅，才通人径。"①楚人早期同神农氏均生活在淮、汉之间，后越汉水，进荆山，选定汉水、蛮河河谷地带茂密的山林和富庶的土地，为楚民族找到新的基点。同一的活动地域，使我们完全可以说，楚国的农业是直接继承了神农氏原始农业的经验。

神农氏是古书记载的能植百物的农业祖师。《淮南子·修务训》："古者民茹草饮水，采树木之实，食蠃蠬之肉，时多疾病毒伤之害，于是神农乃始教民播种五谷，相土地之宜。"《新语·道基》："民人食肉饮血，衣皮毛，至于神农，以为行虫走兽，难以养民，乃求可食之物，尝百草之实，察酸苦之味，教民食五谷。"《国语·鲁语上》："昔烈山氏之有天下也，其子曰柱，能殖百谷百蔬，夏之兴也，周弃继之，故祀以为稷。"大体来说，由神农氏形成的人类早期关于农业的经验，

---

① 李吉甫：《元和郡县图志·山南道二·襄州》，中华书局1983年，第530页。

对后起楚人的影响体现在以下方面：

一是关于火耕的经验。《史记正义》引《帝王世纪》说："神农氏……以火德王，故号炎帝。……又曰列山氏。"当时，处于新石器时代，没有铁制农具，山林茂密，难以开发。神农氏由于采取了火耕的措施，开辟了大面积的耕地，发展了农业生产。许多氏族部落认为他最会用火，所以称他为炎帝；认为他"烈山泽而焚之"搞得好，所以又叫他"列（烈）山氏"。

尧舜时代也主张火耕。《孟子·滕文公上》说："当尧之时，天下犹未平，洪水横流，泛滥于天下。草木畅茂，禽兽繁殖；五谷不登，禽兽逼人；兽蹄鸟迹之道交于中国；尧独忧之，举舜而敷治焉。舜使益掌火，益烈山泽而焚之，禽兽逃匿。……然后中国可得而食也。"

《史记·货殖列传》说："楚越之地，地广人希，饭稻羹鱼，或火耕而水耨，果隋蠃蛤，不待贾而足，地势饶食，无饥馑之患……"说明这种"火耕"方法在楚地一直采用。火耕是在实现铁耕和犁耕之前必须采取的主要措施，是垦荒必须经过的第一步，是人类战胜自然、发展农业生产的必由之路。当然，长期普遍采取火耕的结果是大量破坏山林，破坏生态平衡，会使人类受到自然界的惩罚。但是，我们不能因此否定神农氏在当时条件下实行火耕的积极作用。

二是制作和运用耒耜的经验。火耕只能把地表面的植物烧光，却不能彻底清除植物埋藏在地下的根株，如果有了铁犁，就可以地上地下一起解决了。当时没有铁犁，耒耜就在火耕后起着清除植物地下根株的作用。汉武梁祠画像中有神农氏和夏禹手持耒耜的图像，这与神农氏发明耒耜的文献记载"炎帝号大庭氏，下为地皇，作耒耜播百谷，曰神农"[①]"神农氏作，斫木为耜，揉木为耒，耒耨之利，以教天下"（《易经·系辞》）完全一致。

1979 年，在湖北省江陵县纪南城古井中出土的三件战国时期保存

---

① 《礼记·月令》正义引《春秋说》。

较好的耒耜，是楚国当时重要的农业生产工具。这种双齿耒耜木质部分在我国首次发现，双齿下端与凹字形铁口相接。随着铁农具的使用，楚国把制作和运用耒耜的经验向前发展了。

三是重视水利的经验。《水经注·潕水》："神农既诞，九井自穿，……汲一井则众水动。"①神农氏利用井水，表明他重视水利。楚人在农业生产中也发展了这条经验，既重视利用井水，也兴修了一些水利工程，包括大型水利工程，以适应水稻生产发展的需要。随着桔槔、辘轳等提水工具的应用，水井的使用在楚国当更为普遍。

四是繁殖百果百蔬的经验。神农氏会种百果，儿子能殖百蔬，楚人百蔬必然是从神农氏那里学的。楚人重视园圃经营，《庄子·天地》所言的汉阴丈人"将为圃畦"，即为一例。《韩诗外传》卷一〇第二十四章说"楚有士曰申鸣，治园以养父母，孝闻于楚"②，可见治园的作用。《新序》上还有个故事："梁大夫有宋就者，尝为边县令，与楚邻界。梁之边亭，与楚之边亭，皆种瓜，各有数。梁之边亭人，劬力数灌其瓜，瓜美。楚人窳而稀灌其瓜，瓜恶。楚令因以梁瓜之美，怒其亭瓜之恶也。楚亭人心恶梁亭之贤己，因往夜窃搔梁亭之瓜，皆有死焦者矣。梁亭觉之，因请其尉，亦欲窃往报搔楚亭之瓜，尉以请宋就。就曰：'恶是何可构怨祸之道也，人恶亦恶，何偏之甚也……'于是梁亭乃每暮夜窃灌楚亭之瓜，楚亭旦而行瓜，则又皆以灌矣。瓜日以美，楚亭怪而察之，则乃梁亭之为也。楚令闻之大悦，因具以闻楚王，楚王闻之，怃然愧，以意自闵也，告吏曰：'微搔瓜者得无有他罪乎？此梁之阴让也。'乃谢以重币，而请交于梁王。楚王时称则祝，梁王以为信。故梁楚之欢，由宋就始。"这就从园圃生产影响到国家关系了。屈原《离骚》："余既滋兰之九畹兮，又树蕙之百亩。"这也反映出战国时期的楚国，观赏植物也是园圃经营的内容。

---

① 郦道元著，陈桥驿校证：《水经注校证》，中华书局2007年，第745页。
② 韩婴撰，许维遹校释：《韩诗外传集释》，中华书局1980年，第363页。

楚人十分重视继承神农氏农业生产的经验，还可由《孟子·滕文公》所记楚人许行的行动以见一斑："有为神农之言者许行，自楚之滕，踵门而告文公曰：'远方之人闻君行仁政，愿受一廛而为氓。'文公与之处。其徒数十人，皆衣褐，捆履、织席以为食。陈良之徒陈相与其弟辛负耒耜而自宋之滕，曰：'闻君行圣人之政，是亦圣人也。愿为圣人氓。'陈相见许行而大悦，尽弃其学而学焉。"陈良是宋国人，变"悦周公仲尼之道"而学神农之学，主张"贤者与民并耕而食"，正反映了神农时代氏族社会中的酋长和成员之间关系平等，一起参加农业生产。

在西周时期，江汉地区的青铜农具如铲、镰等已经出现，如在蕲春毛家咀、红安金盆、黄陂鲁台山楚墓、秭归官坪庄、随州旭光砖瓦厂和汉阳纱帽山发现有铲、锛、镰、斧等青铜农具。[①] 在汉川市南河镇[②]、蕲春毛家咀[③]等西周遗址中均发现有大米的遗存，尤其是在蕲春不仅发现毛家咀遗址成堆的粳稻谷遗迹，还在遗址所在地的水塘和水井附近发现有小片稻谷。

楚地农业传统，集中体现在早期普遍实行粗放的火耕水耨。

《史记·平准书》记元鼎间（公元前116年—前110年）："山东被河灾，及岁不登数年，人或相食，方一二千里。天子怜之，诏曰：'江南火耕水耨，令饥民得流就食江淮间。欲留，留处。'"《史记·货殖列传》记："楚越之地，地广人希，饭稻羹鱼，或火耕而水耨，果隋嬴蛤，不待贾而足，地势饶食，无饥馑之患。以故呰窳偷生，无积聚而多贫。是故江、淮以南，无冻饿之人，亦无千金之家。"所谓"江南"，即淮河以南的楚越之地。火耕水耨，当然不是西汉才有，而是由来已久的。

---

① 后德俊：《湖北科学技术史稿》，湖北科学技术出版社1991年，第64页。
② 陈钧等：《湖北农业开发史》，中国文史出版社1992年，第11页。
③ 中国科学院考古研究所湖北发掘队：《湖北圻春毛家咀西周木构建筑》，《考古》1962年第1期。

所谓"火耕水耨",裴骃《集解》引应劭曰:"烧草,下水种稻,草与稻并生,高七八寸,因悉芟去,复下水灌之,草死,独稻长,所谓火耕水耨也。"应劭的解释大体不误,只是比较粗略。火耕是南方、北方都有的,水耨却为南方所独有。火耕在北方和南方山区沿用的时间很长,水耨则在南方水乡沿用的时间很长。火耕水耨的耕作方式,适用于荒地以及休闲一年或两年的熟地,"岁易为良"。因此,它以"地广人稀"为前提,古代的南方与北方相比,地广人稀。西汉时期,南方种稻已不全用火耕水耨的办法了。《史记·货殖列传》所记"或火耕而水耨"的"或",是说"有些地方"。所谓火耕,就是烧掉杂草,所谓水耨,就是在水中用镰芟去杂草和用手拔去杂草,并让水把杂草沤烂。①

春秋时期,楚、吴、越三国的农业生产都是以种植水稻为主的。但是,持"南方落后说"的人们认为:就是到了汉代以至隋代,江南仍存在"火耕水耨"的落后耕作方法。更有甚者,把"火耕水耨"与原始的"刀耕火种"农业混为一谈。司马迁作《史记》时,因袭旧说,或以偏概全,把江南生产描述为"火耕水耨",本已成问题。而魏徵等人修《隋书》又不顾五六百年来江南历史的巨大变化,陈陈相因,将错就错,重弹"火耕水耨"的老调。后人不加分析,抄袭古书,甚至食古不化,望文生义,把"火耕水耨"解释为原始的"刀耕火种",更是错上加错。

结合考古发现,可以证明,这种"火耕水耨"虽还较落后,但与原始的"刀耕火种"农业是完全不同的。前者指水稻种植过程中的两个阶段,"火耕"是水稻收割之后,留下较长的稻秆,经曝晒,与杂草一起焚烧,这样既可增加水田的热力,又可用草灰作肥料,这是备耕阶段;"水耨"是在水稻种植后,有杂草长出,便进行除草,并灌水将耨断的杂草沤腐,化作肥料,这是中耕阶段。两个阶段构成了向精耕细作发展的过程。岂能与使用木石工具、放火烧荒、木棒点种的原始农业相

---

① 张正明:《楚文化史》,上海人民出版社1987年,第47页。

提并论？正因为如此，南方的水稻产量较高，粮食有余，才能作为北方饥民就食之地。否则，便很难解释上述史籍中"就食江淮间"的现象。早在春秋时期，楚国的农业就已经越过"火耕水耨"阶段而使用青铜农具和铁农具了，同时还采用陂灌或井灌技术，向精耕细作发展，有过之而无不及。[①]

楚国农业的源头，从考古成果看，可以一直追溯到新石器时代。以江汉地区为例，新中国成立以来，江汉地区考古发现的农业科学技术史资料相当丰富，表明自从"大溪文化""屈家岭文化"等类型的新石器时代文化开始，江汉地区的古代经济即是以农业为主。

湖北省境内的新石器时代遗址，大半集中在汉水中游的南阳、襄阳地区，宜昌及其周围的鄂西地区，鄂城周围的鄂东地区。[②] 这三个地区新石器时代即已发明农业，体现在以下四个方面：

第一，有相当数量的农业生产工具。以石器生产工具的数量最多。石器主要有大型长方形和柱形石斧，近方形和长方形有孔的石铲，凹腰或有肩的石锄、杵、镰，长方形与曲形的石刀等。陶器主要有陶镰等。这些工具大多有使用的痕迹，反映了当时农业生产处于刚刚开始的阶段，主要是用石斧等砍伐树木、以石锄和石铲等粗放耕作，待谷物成熟后又用石刀、石镰割断穗头，而将谷物秆子弃于地里。

第二，有原始人居住的遗址。在京山屈家岭遗址、天门石家河遗址、武昌放鹰台遗址和宜都红花套等遗址的发掘中，都发现了居住遗址。"屈家岭遗址中揭露出的两座房屋残迹，及青龙泉遗址发现的四座房屋基址。这些房屋都为地面建筑，多用红烧土块筑成，有的居住面筑成高出地面的土台子，应是南方多雨防潮的需要。房屋均为长方形……青龙泉二期房屋遗迹，有双间和单间两个类型，一座较大的双

① 黄崇岳、徐兆仁：《春秋时期楚国的经济发展——兼论我国历史上开发南方的第一个高潮》，载河南省考古学会等编《楚文化觅踪》，中州古籍出版社1986年，第231页。
② 苏秉琦、殷玮璋：《关于考古学文化的区系类型问题》，《文物》1981年第5期。

间房子，南北长14米，东西宽5.6米，分南北两室，朝东各开一门，隔墙东段也开有一门以沟通二室，四周有残高约0.48米的红烧土墙壁，厚0.5~0.6米，墙面以细泥抹平……"[①]人们定居下来形成村落，正是江汉地区在新石器时代的经济是以农业为主的表现。

第三，有稻谷壳或碳化的稻谷灰。在京山屈家岭遗址、天门石家河遗址、武昌放鹰台遗址、监利福田遗址和公安王家岗遗址，都发现了稻谷壳和作物茎。屈家岭的泥土中羼稻谷壳和作物相当多，从发掘的二百立方米左右的红烧土中，稻谷壳密结成层。屈家岭、石家河和放鹰台遗址的红烧土中所发现的稻谷壳，经鉴定，属大粒的粳型稻，与现在江汉平原普遍种植的稻种相同[②]，说明当时江汉地区就已经种植粳稻。

第四，有加工稻谷的工具。在京山屈家岭遗址和松滋桂花树遗址发现了一些石杵，在宜都红花套早期遗址中发现了两个保存较好的土臼、木杵和石杵，它们与黄河流域小麦的加工工具为磨棒与磨石不同，在房县七里河等遗址中还发现一些陶研磨器，这在河南龙山文化中是常见的一种器物，现在湖北、湖南还广泛使用与这种器物相类似的瓷磨钵研磨藕粉等，因而这类研磨器在当时的用途也应是研磨块根植物。

考古证明，楚地新石器时代遗址十分密集。以地处长江北岸的孝感地区（辖孝感、云梦、汉川、黄陂、大悟、广水、应城、安陆）为例，发现新石器时代遗址多达150余处，其中，屈家岭文化遗址52处，龙山时期98处，大都散处在河流的沿岸或湖畔，其他地区则较少。经过的河流主要有汉江、涢水、澴水、溾水、大富水等五条水系。如相当屈家岭文化的遗址，以接近京山的安陆、应城、云梦等县发现最多，安陆的夏家寨遗址、晒书台遗址均在涢水边。又如应城的门板湾遗址（相当屈家岭文化时期）则在大富水边，大悟、孝感、黄陂等地

---

① 王劲：《江汉地区新石器时代文化综述》，《江汉考古》1980年第1期。
② 丁颖：《江汉平原新石器时代红烧土的稻谷壳考查》，《考古学报》1959年第4期。

的澧水、溱水干支流上则发现了不少龙山时期的遗址，个别遗址中还发现有仰韶时期的遗物。这么多的新石器时代所体现的农业文明，不能不对以后楚国的农业产生极为深刻的影响，为以后楚国农业的发展奠定极为雄厚的基础。

与北方黄土高原的自然条件不同，长江中下游一带，河湖密布，雨量充足，气候湿润。生活在这里的青莲岗文化氏族部落、屈家岭文化氏族部落和良渚文化氏族部落，开辟了草木丛生的沼泽地带成为水田，普遍栽种水稻。在砍伐林木、开垦土地的时候，他们使用比较厚重的有肩石斧，较晚的还有大型石钺，劳动效率颇高。土地开辟出来了，他们就用扁平的穿孔石铲或长方形穿孔石锄从事耕作。良渚文化的居民还发明了三角形石犁，耕种着更多的田地。禾苗长大了，有些氏族部落还用扁宽的石器耘田除草，进行田间管理。经过人们辛勤的劳动，加上以肥沃的淤泥作底肥和充足的雨量和阳光，一般都有较好的收成。收割作物，都使用长方形或半月形的石刀和石镰。稻谷或稻壳的遗迹已经在湖北京山屈家岭、江苏无锡仙蠡墩、浙江杭州水田畈和吴兴钱山漾等地大量发现了。其中，钱山漾的稻谷经过鉴定，确定有粳稻和籼稻两个品种。水稻的栽种，从此又给人们提供了一种新的生产生活资料，也为后来发展这种作物奠定了基础。①

到了商周时期，楚地农业获得进一步发展。商周时期的遗址和墓葬同样分布广泛。新中国成立以来，在黄陂盘龙城、袁李家湾、江陵张家山、安陆晒书台等商代遗址，蕲春毛家嘴、红安金盆、天门石家河、汉川乌龟山、汉阳纱帽山等西周文化遗址，以及江苏万城、黄陂双凤亭、随州均川熊家湾、京山平坝苏家垄等地的西周墓葬，进行了发掘和试掘工作，发现了不少农业生产工具以及一些粮食加工工具等实物资料。农业生产工具的质料主要有铜和石两种。青铜农具及有关的工具有锸、斨、斧、锯等。在黄陂盘龙城李家嘴二号墓中出土一件

① 郭沫若：《中国史稿》，人民出版社1976年，第94页。

铜锸，器身近方形，一面凸刃，器身中部有一长方缕孔；还有一件铜锸，器身作长方形，两面各有一圆形缕孔，体中空，用以安装木柄，其形制与现在当地挖土或挖泥的包铁锹非常相似，故用途也应大致相同。从黄陂盘龙城、江陵张家山、蕲春毛家嘴等处遗址的发掘中还可看出，商代大量农业生产工具仍是石铲、石斧以及收割用的石刀和石镰等。这一带商周时代农业的继续发展又进一步告诉我们，以后楚地的农业并不是凭空产生的，是当地人民经过漫长的岁月，在继承新石器时代和商周农业生产经济的基础上发展起来的，因此，楚地农业当然具有较坚实的基础。以后，楚国在这一地域能获得长足的发展，能为楚国东征西讨、统治南半个中国提供雄厚的物力和财力，也就完全不是偶然的了。

考古发现表明，在新石器时代江汉平原已经栽培水稻。[①] 早在楚国创立之前，出生在楚地的土著即有稻作农耕文化。公元前740年（楚武王元年）始，随着楚国疆域向江汉平原乃至洞庭湖平原的纵深推进，稻就取代粟而成为楚国的主要粮食作物。西周晚期至春秋初期，在楚国国都丹阳附近秭归的鲢鱼山、庙坪以及当阳磨盘山等遗址[②]，发现有石斧和石锛两种农业工具。另外，西周晚期两湖地区的粳型稻谷遗存相继出土与发现。[③]

从春秋中期开始冶铁、用铁，到春秋战国之交，楚国进入铁器时代。[④] 因此，楚国已处于青铜时代向铁器时代过渡的阶段，楚国农业生产不仅普遍使用青铜工具，而且铁农具也得到相当程度的推广和使用。铁农具的使用和农业技术的发展推动了楚国耕作方式的转变，由刀耕火种完全过渡到火耕水耨。战国时期，楚国农业生产才逐渐把火

---

① 丁颖：《江汉平原新石器时代红烧土中的稻谷壳考查》，《考古学报》1959 年第 4 期。
② 宜昌地区博物馆：《当阳磨盘山西周遗址试掘简报》，《江汉考古》1984 年第 2 期。
③ 陈振裕：《湖北农业考古概述》，《农业考古》1983 年第 1 期。
④ 杨权喜：《试论楚国铁器的使用和发展》，《江汉考古》2004 年第 2 期。

耕、水耨真正地融合在一起，成为稻作农业的主要耕作方式。《汉书·地理志》："楚有江汉川泽山林之饶，江南地广，或火耕水耨。民食鱼稻，以渔猎山伐为业。"《礼记·月令》解释说："是月也，土润溽暑，大雨时行，烧薙行水，利以杀草，如以热汤。可以粪田畴，可以美土疆。"郑玄注："薙，谓迫地芟草也，此谓欲稼莱地先薙其草，草干烧之。至此月，大雨流水潦蓄于其中，则草死不复生，而地美可稼也。"从中我们可以看出楚国这种耕作方式的先进性，并表现出楚国对改良土壤、农田施肥技术的掌握和认识。因为在耕种时烧薙其草，是为了将草灰当作肥料使用。当夏季酷暑之时，利用大雨以杀死杂草，这样就可以达到"粪田畴""美土疆"的目的。

进入铁器时代，楚国农业生产工具以铁农具为主，主要有铁锄、锸、镰、镬、耒耜和斧等。铁制农业生产工具的大量使用，为楚国开垦土地和精耕细作提供了锐利工具，并为大规模的农田水利建设创造了条件，使农业灌溉方式得到空前发展。这一时期楚国的耕作技术主要是火耕水耨与刀耕、耜（锄）耕并存发展，说明楚国农业生产精耕细作技术已经初步形成。

火耕水耨在改良土壤、改善土质肥力上都起到了相同的作用，因为无论是用火烧还是用水淹草，都可以把杂草和禾稼的残秆转化为肥料，达到增强土壤肥力的目的。春秋战国时期，楚国的火耕水耨的耕作方式为楚国发展粮食生产，推动楚国政治、经济、军事和文化的发展发挥了巨大历史作用。①

第四节　土地的开发利用

楚国历代楚王通过灭国和战争，北上东进，开疆拓土，因此疆域广大，荒地甚多。《国语·周语上》："国之大事在农"，"王事唯农是

---

① 贾兵强：《楚国火耕水耨耕作技术探析》，《古今农业》2017 年第 1 期。

务。"历代楚王无不殚精竭虑对土地进行开发和利用，采取各种措施发展农业，以求壮大楚国的国力。

一是开垦荒地。

楚在建国之初，"僻在荆山，筚路蓝缕，以处草莽"（《左传》昭公十二年），楚国当时四处都是没有开垦的草莽之地，随着楚国的不断开疆拓土，拓荒工作常常不能相应跟上，撂荒现象日益普遍。"楚四竟(境)之田，旷芜而不可胜辟"（《墨子·耕柱》），"今万乘之国，虚(墟)数于千，不胜而广，衍数于万，不胜而辟，然则土地者，所有余也"（《墨子·非攻中》）。墨子所指的这种情况，表明楚国在整个春秋时期直至战国初期，土地荒芜的现象大量存在。墨子所言，也是当时中原各国普遍存在的状况。如郑国在西周东周之交时迁到今郑州附近时，是"斩之蓬蒿藜藋而共处之"的，当姜戎被秦所逐而徙居晋国赐给他们"南鄙"（南边地方）时，也是"除翦其荆棘，驱其狐狸豺狼"。在这种情况下，各国经济的发展很大程度取决于开荒垦地。

分析造成楚国荒地的原因大致有：一是统治者崇尚武功，对外征战，拓地速度过快，耕垦未能相应跟上；二是劳动人手过少，得地有余而人力不足；三是垦荒工具落后，垦荒效率不高。

但楚国统治者对于开垦荒地的工作仍是十分重视的，采取过不少措施。一是尽力增加农业人口，对外征战，变拓地为主为掠夺人口为主，并招徕四方流民垦耕；二是频繁移民，将被灭国遗民迁于需要垦耕的地方，尽量使农耕人口分布渐趋均匀；三是尽力采用较为先进的农具，提高垦荒效率；四是极力改变落后的耕作技术，提高农作物产量。

通过上述措施的实施，楚国的荒地陆续得到开垦。那种"楚四竟(境)之田，旷芜而不可胜辟"的情况得到了很大的改变，到战国中期的楚怀王时代，便已变得"接径千里，出若云只""田邑千畛，人阜昌只"（《楚辞·大招》），不少地方呈现出一片兴旺的景象。

二是实行刀耕火种。

楚国早期僻处荆山一隅，"土不过同"。它最初的土地多为山地，因此，楚国的先民给人一个山区开拓者的形象，研究楚国农业对土地的利用，最初只能在山区的范围内。

我国山区地带少数民族的农耕史，都较为普遍地经历过刀耕火种的阶段。先秦时期的楚国，是否也采用过刀耕火种的方法呢？答案是肯定的。《盐铁论·通有》记："荆、扬南有桂林之饶，内有江湖之利……伐木而树谷，燔莱而播粟，火耕而水耨，地广而饶财"，便是明证。唐代大诗人温庭筠在当时的江南道(今长江中下游以南地区)和剑南道(今四川、云南地区)曾经观察到一些山区的老农其时仍在实行刀耕火种的耕作方法，并确认这种方法是从先秦时的楚国一直流传下来的。

> 起来望南山，山火烧山田。微红夕如灭，短焰复相连。差差向岩石，冉冉凌青壁。低随回风尽，远照檐茅赤。邻翁能楚言，倚锸欲潸然。自言楚越俗，烧畬为旱田。……①

在这首诗中，温庭筠借能作"楚言"的邻翁之口，将刀耕火种的耕作方法直接认定为沿用已久的"楚越俗"，这是值得重视的。

楚国的农业，与其他诸侯国一样，也经历过刀耕火种的原始农业时期。对于这种粗放的耕作方式，史书一向缺乏记载，只是在唐、宋的记载才多起来。南宋诗人范成大在《劳畬耕诗序》中曾对畬田的全过程作过叙述：

> 畬田，峡中刀耕火种之地也。春初砍山，众木尽蹶。至当种时，伺有雨候，则前一夕火之，藉其灰以粪。明日雨作，乘热土下种，即苗盛倍收。

---

① 《温庭筠诗集》卷三《烧歌》。

这就是说，畲田可以不用翻耕，不用施肥，只要在下雨前夕烧荒，趁雨后灰肥热气未退时下种，就能"苗盛倍收"。可以说，楚建国之初"筚路蓝缕，以启山林"，正是在各种野生植物茂密的山林之地放火烧荒，并于烧荒之后点种的写照。楚远祖祝融号称"火神"，其职责之一就是观测天象，掌握农时，在春分时节下令放火烧荒。《周礼·司爟》中曾言司爟的职责之一是按时下达焚烧野草的命令，对擅自焚烧野草的要加以刑罚，可见这种刀耕火种的耕作方法在先秦时期普遍性存在。

实行刀耕火种的耕作方法的落后性在于，播种之后不除草，不施肥，农作物纯靠土壤中原有的肥力以及新近燔烧的草木灰肥分生长发育，这样年复一年，土肥耗竭，土质变劣，庄稼的收成自然越来越低。收成少到一定程度，楚人便得另找一片荒地进行耕种，而将原耕作地撂荒。当第二片新垦荒地经过烧草、种植过程又需要撂荒休闲时，再找第三片荒地进行垦种。这样的结果是土地的利用率极低，同时耕作者不得不经常换土移居，频繁迁徙。在楚国历史上，我们常常可以见到楚统治者将被灭国遗民"迁"来"迁"去，如《左传》昭公二十五年"楚子使蒍射城州屈，复茄人焉。城丘皇，迁訾人焉"，昭公九年"楚公子弃疾迁许于夷，实城父，取州来、淮北之田以益之，伍举授许男田，然丹迁城父人于陈，以夷濮西田益之。迁方城外人于许"，等等。造成"迁"的原因很多，其中之一则可能是由于落后的耕作方式，地力耗竭，需要休闲，而不得不换土易居。

三是实行土地轮种的田莱制度。

田莱制是古代劳动人民经过长期实践总结出的一种用地和养地互相补充，按土地肥瘠程度而制定的耕作地亩数与休闲地亩数轮换使用、轮换休闲的制度。以正在耕种之地称田，休闲之地称莱，《周礼·遂人》注：莱谓"休不耕者"。故称田莱制。田莱制的土地利用率是不高的，但以楚国农业发展的情况来分析，楚国一向荒地甚多，"楚四竟(境)之田，旷芜而不可胜辟"，则完全具备实行田莱制的条件。

楚国早期实行的火耕农业，烧去荒草，借其灰为自然肥料，其肥力一般只供三年作物生长之用。第一年收成最好，第二年次之，第三年更次之。三年之后，地力耗尽，长不出庄稼，只能长草，故只有第一年、第二年可用。《尔雅·释地》中说："田一岁曰菑，二岁曰新田，三岁曰畬"，第一年垦荒后形成的菑田为第二、三年的新田、畬田收获量多少的关键。因此，在耕地与休闲地之间就有一个轮换使用、休闲的问题，有必要通过摸索，寻找最佳的轮换使用、休闲的方案，田莱制就是这样产生的。

按照《周礼·遂人》的记载，楚国野地的田莱制度大体内容是：

> 上地夫一廛，田百亩，莱五十亩(即半易之地)，余夫亦如之；中地夫一廛，田百亩，莱百亩(即一易之地)，余夫亦如之；下地夫一廛，莱二百亩，余夫亦如之。

这就是说，在野地实行的田莱制为半易、一易、再易制，三年为期，周而复始。为明晰起见，列表12-4：

表12-4：田莱制土地轮流休闲表

	田地(亩)			第一年		第二年				第三年			
	总共	田	莱	田	莱	原种田	第一年莱变为田	第一年田废弃为莱	第一年存留莱	原种田	第二年莱变为田	第二年田废弃为莱	第一年田废弃为莱
半易之地上地	150	100	50	100	50	50	50	50		50	50	50	
一易之地中地	200	100	100	100	100		100	100			100	100	
再易之地下地	300	100	200	100	200		100	100	100		100	100	100

按照此表所列，可知无论哪一种耕地，每年都是耕种百亩。如有余夫，亦受到同样的分配。其中，若为上地，每夫可占有150亩，年耕三分之二，休闲三分之一；若为中地，每夫可占有200亩，年耕二分之一，休闲二分之一；若为下地，每夫可占有300亩，年耕三分之一，休闲三分之二。由此可见，土地愈差，休闲地占的比重愈大。这种情况表明其时的土地利用率是很低的。但是这种田莱制不同于原始的刀耕火种，只种植一、二年地力耗尽便予放弃，不得不换土易居，而是有意识休闲并定期变莱为田，这无疑又是一种较大的进步。随着耕作技术的进一步改进，特别是铁制农具的广泛使用，"深耕易耨"（《孟子·梁惠王上》），劣地亦被利用，通过施肥增加土壤肥力，"休闲"便越来越没有必要，这种"田莱制"也就逐渐不存在了。

四是对盐碱土地进行改良。

楚地存在一定面积的盐碱土，不过与中原地区比起来，盐碱化的程度相对较低，盐碱化的面积相对较小。这些盐碱地虽然对楚国的农业并不存在多大影响，但是楚国的劳动人民在对待这些盐碱地上，与北方的劳动人民一样，仍然是花费了巨大的气力。

《左传》襄公二十五年所记的"表淳卤"便是楚蒍掩在大面积地"书土田"之时调查全国盐碱地情况的重大行动，表明楚国把治理盐碱地已经提到重要的议事日程。对于盐碱地的形成，《管子·轻重丁》有"带济负河，菹泽之萌也"的话，意思是只能生长水草的低湿盐碱土的形成是由于临近黄河和济水的缘故；《管子·地员》还记载在"斥埴"（咸质黏土）、"黑埴"（黑色黏土）盐碱土地区，地下水有着"其泉咸"和"其水黑而苦"的特点。把这些记载联系起来分析，可知当时人们已经初步认识到盐碱土的形成与地下水质和河流侧渗补给地下水、抬高了地下水位有关。与《管子》对形成盐碱地的认识完全一致。楚国将盐碱地（卤）之前冠以"淳"字，亦是表明楚国的盐碱地与渍水有关。竹添光鸿《左氏会笺》云："淳，渍也。……地渍于水，不可得而耕。"渍水过多，当然伴生出盐碱现象，楚人对盐碱地成因的理解是正确的。

楚国境内向来河流纵横，湖泊星罗棋布，不少地方地下水位过高，故盐碱地在楚国存在。这种盐碱地，现在称之为内陆盐碱土类型。在楚国，"淳卤二者为弃地"。①

"地不生物曰卤"（《尔雅·释名》），因此，对其治理实在是一件十分重要的事情。

楚国把盐碱地标帜出来，这从《左传》襄公二十五年所记的"表淳卤"之"表"的行动中便可看出。"表"，杨伯峻《春秋左传注》解释为"树木为标帜"，竹添光鸿《左氏会笺》说："表，异轻其赋也。"均是一种表示区别于别的土壤之意。将盐碱土的面积掌握准确，这可以理解为楚国积极认真地做治理盐碱地的前期准备工作。楚国在春秋时期治理盐碱地的具体方法，由于未见确指系楚国所施行的记载，难以妄测，但在战国时，史起曾成功地用类似这种方法的淤灌法治理过魏国的盐碱地：

> 魏襄王与群臣饮。酒酣，王为群臣祝，令群臣皆得志。史起兴而对曰："群臣或贤或不肖，贤者得志则可，不肖者得志则不可。"王曰："皆如西门豹之为人臣也。"史起对曰："魏氏之行田也以百亩，邺独二百亩，是田恶也。漳水在其旁而西门豹弗知用，是其愚也；知而弗言，是不忠也。愚与不忠，不可效也。"魏王无以应之。明日，召史起而问焉，曰："漳水犹可以灌邺田乎？"史起对曰："可。"王曰："子何不为寡人为之？"史起曰："臣恐王之不能为也。"王曰："子诚能为寡人为之，寡人尽听子矣。"史起敬诺，言之于王曰："臣为之，民必大怨臣。大者死，其次乃藉臣。臣虽死藉，愿王之使他人遂之也。"王曰："诺。"使之为邺令。史起因往为之。邺民大怨，欲藉史起。史起不敢出而避之。王乃使他

---

① ［日］竹添光鸿：《左氏会笺》，巴蜀书社2008年，第1433页。

人遂为之。水已行，民大得其利，相与歌之曰："邺有圣令，时为史公，决漳水，灌邺旁，终古斥卤，生之稻粱。"①

这条记载较详细地介绍了史起治理漳河一带的来龙去脉。这种淤灌法的作用在于，漳河水含有大量的细颗粒泥沙，有机质肥料十分丰富，引水灌田的结果，既填淤加肥，更使盐碱得到冲洗、稀释。这样一来，以前被视之为"弃地"的盐碱地遂"成为膏腴，则亩收一钟"（王充《论衡·率性》）。治理的方法，在漳水而言，由于漳水含沙量较高，是为淤灌法；在南方的楚国，由于楚地水质较清，则只能称之为灌水洗碱法。以楚国历代统治者十分重视水利建设，特别是从春秋中期的楚令尹孙叔敖大力兴办水利事业，使楚国主要地区的水利建设粗具规模而言，楚国利用已有的水利设施大规模地进行盐碱地的改良工作当是势在必行的。

认定楚国成功地进行了盐碱地的改良工作，还有一个间接的依据。据研究，《吕氏春秋》关于先秦农业的四篇经典的论著《上农》《辨土》《审时》《任地》，很大程度是采撷亡佚之《神农》古书，《汉书·艺文志》农家类首列"《神农》二十篇"并肯定为战国时的农家著作仅《神农》和《野老》。而已佚之《神农》古书，从各方面分析，为楚国的许行所著，据此，《吕氏春秋》关于农业的这四篇论著在很大程度上可以视为楚国农业的体现。其中，《吕氏春秋·任地》中借后稷之名提出了对农田精耕细作的十个要求，有一个要求是："子能使吾土靖而咄浴土乎？""靖"是平整和细耘耕地，而"咄"是耕地里的沟渠，"浴"是洗浴的意思，"以咄浴土"大约是通过沟渠灌水，冲洗碱地，即灌水洗碱。灌水洗碱时，必须辅之以深沟排碱法，当水将土壤中的盐分溶解后，还必须设法把土壤中含盐量高的水分排出，方能起到洗碱的效果。为了排水，就得在田地上挖排水沟，并且排水沟要有一定的深度，

---

① 《吕氏春秋·乐成》。

使地下水位降到临界深度以下，才能有效地制止土壤返碱。

挖排水沟必须深，亢仓子①所著《亢仓子·农道篇》谓"甽欲深以端，亩欲沃以平"，也是讲明这个道理。足证楚国在治理盐碱地的过程中，多使用深沟排水法来达到目的，这是有别于中原的淤灌法的。

治理盐碱地的方法，除上述外，《周礼·地官·草人》还介绍了一种结合施肥的方法："草人，掌土化（改良土壤，使其肥美）之法以物地，相其宜而为之种。凡粪种……咸潟用貆（獾）。"楚国野生动物资源丰富，由楚国人民总结出这种以施肥来改良盐碱地的方法是可能的。

五是将坡地改造成梯田。

梯田是古代劳动人民沿丘陵坡地等高线做成的梯形田地，它保山、保水、保肥，极大地提高了山坡地的利用率。现在我国各地尤其是南方的山区梯田十分普遍，但可能很少有人知道，梯田的历史可以一直上溯到楚国。

战国时期的楚国诗人宋玉有一首有名的《高唐赋》，其中有一句"若丽山之孤亩"的文句。孤亩，山间高起的田亩。至迟在宋玉之时，楚国的梯田已经出现。山上有田，当是楚国人民在常年的实践中摸索出的在山地种植的经验。不过，楚国人民并没有对这种山中田给予一个适当的名称。只是到了宋代，才正式出现"梯田"之名，如范成大在一则笔记中写道："出庙三十里，至仰山，缘山腹乔松之磴，甚危。岭阪之上，皆禾田，层层而上至顶，名梯田。"②元代王祯《农书》对梯田有详尽的记载："梯田，谓梯山为田也。夫山多地少之处，除磊石及峭壁，例同不毛，其余所在土田，下至横麓，上至危巅，一体之间，裁作重磴，即可种艺。如土石相半，则必叠石相次，包土成田。又有山势峻极，不可展足，播殖之际，人皆伛偻蚁沿而上，耨土而种，蹑

① 亢仓子又名庚桑子，又传说为《庄子》中的寓言人物，姓庚桑，名楚，陈国人，为老子的弟子。
② 范成大：《骖鸾录》，载《范成大笔记六种》，孔凡礼点校，中华书局 2002 年，第 79 页。

坎而耘。此山田不等，自下登陟，俱若梯磴，故总曰梯田。上有水源，则可种秔秫，如止陆种，亦宜粟麦。盖田尽而地，地尽而山。"从宋、元时期对梯田的种种记述，我们可以对楚国人民的这种创造给予较高的评价。可以说，梯田的出现是楚国土地利用率大为提高、山地种植趋于成熟的体现。

梯田种植，较之平原种植而言，由于日照不及平原地带充足，故对农作物生长有一定限制。《吕氏春秋·辨土》中说："四序参发，大甽小亩，为青鱼胠，苗直若猎，地窃之也。"便是指田地四面如墙之高地参错交互，遮掩阳光，雨中作物仅于中午前后得阳光，甽既深而亩反小，夹在山中的小片庄稼就像失水搁在沙滩的鱼一样，这种地方生长出来的作物之苗容易长得长短不齐，茎细而高，这便是由于地形不良而产生的"地窃"（垄小沟宽统称为地窃）现象。这一段对于梯田产生"地窃"现象的议论，在一定程度上可视作对楚国梯田种植经验的总结。

六是结合战争需要在征战中实行屯田制度。

《左传》宣公十五年载，楚庄王围宋，九月不克，无计可施，只好准备撤围罢兵。申叔时仆向楚王献策："筑室反耕者，宋必听命。"当时，宋已陷入"易子而食，析骸以爨"的绝境，十分惧怕楚兵"筑室反耕"，长期围困，便以楚后退三十里为条件，缔结屈辱的城下之盟。楚凭借其先进的农业生产技术，在两国交兵之际，仍有迅速开垦土地的能力。

第五节　农业生产工具

农业生产新发展的首要标志，是农具的改进。追寻楚国农业的发展轨迹，也自然首先得探求楚国农业生产工具演进的历程。商周文化遗址和遗物在湖南、湖北地区已有较多的发现，出土了大量的青铜礼器和工具。在春秋时期，楚国的农业就已经越过"火耕水耨"阶段而使用青铜农具和铁农具了，同时还采用陂灌或井灌技术，向精耕细作发展，其生产水平比起中原来有过之而无不及。到了春秋时期，楚国更广泛地使用青铜工具，包括各种青铜农具。例如，湖南长沙浏城桥春秋晚期一号楚墓，出土带木柄的用于砍削的铜斧一件，另有铜削三件，铜环管小刀一件①，1978 年在河南淅川下寺发掘了春秋中晚期楚墓 25 座，出土的铜生产工具有镢、锛、镰、削等 26 件。② 春秋晚期楚国的农业生产工具是青铜农具与铁农具并存，而且处于青铜时代向铁器时代的过渡阶段。考古发现的铜、铁农具的地区已遍及今河南、湖北、湖南和安徽等省，其中青铜农具出土的主要有镢、锛、镰、锸和斧等，以春秋中晚期的农具居多。如在南阳西关墓中，出土春秋晚期铜镢和铜锸各 1 件③，叶县旧县四号墓中，出土春秋时期斧、锛各 1 件。④ 湖南主要在湘乡新坳墓中，出土春秋时期铜铲 1 件⑤，长沙浏城桥一号墓中，出土春秋晚期铜斧 1 件。⑥ 湖北主要在当阳唐家巷三号墓中，发现春秋时期铜镬、铜锛各 1 件⑦，江陵望山一号墓中，出土铜锛 1 件⑧，襄阳山湾 4 座楚墓中，出土春秋晚期的斧、锛、镰等 10 件⑨，江陵雨台山墓中，出土青铜镰 1 件。⑩ 安徽主要在舒城九里墩墓中，

① 湖南省博物馆：《长沙浏城桥一号墓》，《考古学报》1972 年第 1 期。
② 河南省丹江库区文物发掘队：《河南淅川县下寺春秋楚墓》，《文物》1980 年第 10 期。
③ 南阳市文物工作队：《南阳市西关三座春秋楚墓发掘简报》，《中原文物》1992 年第 2 期。
④ 平顶山市文物管理局、叶县文化局：《河南叶县旧县四号春秋墓发掘简报》，《文物》2007 年第 9 期。
⑤ 湖南省博物馆：《湖南韶山灌区湘乡东周墓清理简报》，《文物》1977 年第 3 期。
⑥ 湖南省博物馆：《长沙浏城桥一号墓》，《考古学报》1972 年第 1 期。
⑦ 宜昌市博物馆：《湖北当阳唐家巷三号楚墓》，《文物》1995 年第 10 期。
⑧ 湖北省文化局文物工作队：《湖北江陵三座楚墓出土大批重要文物》，《文物》1966 年第 5 期。
⑨ 湖北省博物馆：《襄阳山湾东周墓葬发掘报告》，《江汉考古》1983 年第 2 期。
⑩ 湖北省荆州地区博物馆：《江陵雨台山楚墓》，文物出版社 1984 年，第 89 页。

出土春秋晚期铜铲3件。①

综合楚国的农业生产工具，按照农业生产进行的顺序，分为翻土农具、碎土农具、中耕除草农具、收获农具四类。

翻土农具——耒耜、臿、镬、锸：

耒耜。我国最早的农具应是木器、骨器和蚌器，然后才是铜器、铁器，楚国农具的发展也未能例外。耜作为一种复合工具，是由耒演变发展而成的。我国在殷周之际，木制的原始起土及翻土工具已代替石制、骨制的工具。②

"耒耜"的横木下有刃，农人以足踏在耒耜的横木上，利用身体的重量把耜刃压入土中。这是古代劳动人民长期以来使用的翻土用具。

春秋以前，楚国与中原诸国一样，翻土的主要农具一直是耒耜。耒耜的制造比较简单，是一种粗糙的原始农具。史载耒耜本身曾经经过改进，将耒与耜结合起来，合并成为一个农具的两个不同部件，故《诗经》中凡言耕都只见耜而不见耒。如《诗经·周颂·载芟》"有略其耜，俶载南亩"，《诗经·周颂·良耜》"畟畟良耜，俶载南亩"，《诗经·豳风·七月》"三之日于耜，四之日举趾"，说明这时耒耜已合而为一，耒变成了耜的木柄，实际刺地起土的仍是耜。正是这种耒和耜的结合物，组成了翻土的得力工具，这种结合无疑是一种进步。在楚都纪南城的考古发掘中，出土过三件这种由耒（柄）和耜组成的耒耜③，与在大冶铜绿山采集到木锨式的耜相比，又有若干进步。

从考古的角度看，保存较好的实用双齿耒耜的发现在全国还是首次，木质器具能经过两千多年保存下来，极为难得，双齿下端与凹字形铁口相接，更是弥足珍贵，为我国探索楚国农业提供了重要的实物资料。

---

①　安徽省文物工作队：《安徽舒城九里墩春秋墓》，《考古学报》1982年第2期。
②　陈文华：《试论我国农具史上的几个问题》，《考古学报》1981年第4期。
③　湖北省博物馆：《楚都纪南城考古资料汇编》，1983年，第91页。

耒耜在楚国的农业中成为农事的代称。楚国统治者经常告诫"民生在勤，勤则不匮"（《左传》宣公十二年）。何为不勤？"耕者释耒而不勤"（《盐铁论·刺权》）。这说明，在楚国，一个劳动者放下耒耜，不事耕作，就是不勤。楚国多水田，这种耒耜在水田操作尤为便利，水泡过的地质较软，易推刺翻耕，双齿中间有空隙，可使水泥通过，减轻阻力，功效高于其他的一些农具，当然在楚地能够得到广泛应用。直到汉初，《淮南子》记楚故地的农作仍然大多是"耕者日以却"，只有使用耒耜的耕者才会向后退却，可见楚国的农业一直是以耒耜耕作为主要农具。从耒耜在楚国农业中所占据的实际上的主导地位来看，我们把楚国的农业称之为"耜耕农业"，也是毫不过分的。

臿。作为翻土工具，仅有耒耜还是不够的，双齿耒耜主要适合于水田，而在旱地上的翻耕及诸如疏沟洫、掘坑穴、起土、起肥等只有臿一类的工具才能承担。

臿，类似于今天的锹，也写成锸。《释名》："锸，插也，插地起土也。"臿本木制，江陵凤凰山八号墓遣策"锸"作"插"[1]，广西贵港市西汉墓出土的木牍上有"钪、锸、钽、铫"等农具名，其中"锸"的偏旁亦为"木"证明臿本木制，只是后来加上铜或铁的套刃，才写成"锸"。湖北大冶铜绿山矿坑中，考古工作者采集到一件木锹，形制与现在的铁锹相近。锹板窄长，削了踩脚的着力坎，板与柄是一整体，全长76厘米，柄长50厘米，锹板宽10厘米。[2] 湖北铜绿山出土的春秋时期木锸这件工具，"应该就是臿"。[3]

江陵凤凰山167号墓竹简十五有"大奴一人持锸"，而随葬正有一持锸男俑，锸以墨绘铁口，形制与大冶铜绿山木锹相同。

锸是一种重要的挖土工具，除翻土外，还多用于开挖沟渠和兴修

① 吉林大学历史系考古专业赴纪南城开门办学小分队：《凤凰山一六七号汉墓遣策考释》，《文物》1976年第10期。

② 湖北省博物馆：《湖北古矿冶遗址调查》，《考古》1974年第4期。

③ 陈文华：《试论我国农具史上的几个问题》，《考古学报》1981年第4期。

水利。《韩非子·五蠹》"身执耒臿，以为民先"，《汉书·沟洫志》形容兴修水利有"举臿为云，决渠为雨"的谚语，颜师古注明，臿，"锹也，所以开渠者也"。《孟子·滕文公上》："盖归反虆梩而掩之。"赵岐注："虆梩笼臿之属，所以取土者也。"《管子·度地》载："笼（土筐）、臿、板、筑各什六，土车什一。"说明臿是兴修水利的配套工具。扬雄《方言》卷五云："臿……宋魏之间谓之铧，或谓之鏵，江淮南楚之间谓之臿，沅湘之间谓之畚，赵魏之间谓之桌，东齐谓之梩。"说明臿是先秦楚地的本来称呼。

臿是从耒耜发展而来的，因此《说文》说"耝，臿也"。战国以来已耒臿并称，如《盐铁论·国疾》说战国时的人"秉耒抱臿，躬耕身织者寡"，此处不再言身秉耒耜，只说是"秉耒抱臿"，反证出耒耜与臿是不同的翻土工具。从已发掘的实物看，臿是商周时期出现的新农具，发展于春秋，盛行于战国、西汉，一直沿用到南北朝以后。楚国出土的臿较完整地经历了木、铜、铁三个阶段，往上是直接继承了在湖北盘龙城出土的商代入土部分全用青铜铸就的铜锸和湖北蕲春王家嘴出土的西周铜锸。这种铜锸耗铜多，十分贵重，不易普及，大量使用的还是木臿。实际操作中不断改进的结果是将广泛使用的木臿最易磨损的尖端之处，套上金属套口。在铁被用来打制农具之前，使用较多的是铜制的套口，这种铜锸在吴越之地出土的较多。铁制锸套口已发现的则仍以湖北、湖南之地为多，如湖北江陵纪南城、雨台山，宜都红花套，宜昌前坪，湖南长沙识字岭等。

臿在使用时是双手推柄，用一脚踏木板的左肩，手、脚同时用力把臿插入土中，再向后扳动，将土翻起。《淮南子·齐俗》有"修胫者使之跖钁"的句子，高诱注："长胫以蹋臿。"铜绿山出土的臿保留有木质臿的全貌，其中右肩较为突出，说明是为便于右腿用力而设计的，如果进一步参看长沙马王堆汉墓三号墓出土的带铁套口的臿，其左肩则比右肩突出而稍低，表明这是为习惯左脚用力者设计的。

臿这种农具不仅用途广泛，还起到一种承前启后的作用，它同耒耜一样，在一定程度上是犁的祖先。

楚国地处江汉流域，战国时国土又扩大至长江下游地区及广东、广西之地。楚国人民进入这些地区后，多借助于耜这种工具进行开发。楚国在春秋中期孙叔敖时期有兴建大型水利工程、开挖多条运渠的壮举，在我们了解了耜应用于楚国的普及程度后，也就不难理解，孙叔敖的所作所为，在当时的条件下是完全做得到的。

镢。镢是向后翻土的一种工具，与耜的起土方向完全相反。其形制与今天的镢头相似。从新石器时代出土的情况看，镢一般多在南方的遗址中发现，其中，广东曲江石峡遗址发现较多，湖南和江西也有少量出土。到春秋战国时期，楚国境内在湖北大冶铜绿山、安徽寿县朱家集和湖南长沙等处有发现。

镢是农业生产中很重要的一种重型开土工具。南方一些地区的土质不少是红色黏土，湿度大时，黏如糕团，干后又坚如顽石，因而用耒耜、耜等"插地入土"十分困难，而用镢来进行挖掘，则难度较小，效率也高，因此镢是弥补耒耜、耜等翻土工具不足、适用于较硬土壤的一种比较理想的翻土工具。王桢《农书》："镢，劚器也。《尔雅》谓之䦆，斫也。……农家开辟土地，用以劚荒，凡田园山野之间用之者，又有阔狭大小之分，然总名镢。"从楚国已出土的镢来看，与其他农具一样，也是由石镢演进为铁镢，表明其在农业生产中一直起着重要的作用。

镢。镢与镢类似，同是掘土的工具。

《辞海》"镐"条：刨土的工具，也叫镢、镢，由镐头及木柄构成，用于挖地垦荒，刨除树根，对付较硬的土壤。

楚国境内只在湖北红安金盆遗址中发现过铜镢，认为是我国所见最早的踏犁。[1] 在湖北江陵纪南城遗址中发现战国时期的铁镢，表明当时湖北地区应用镢这种农具较为普遍，与耜、镢等农具一起，是楚

---

[1]　宋兆麟：《我国古代踏犁考》，《农业考古》1981 年第 1 期。

国人民开垦荒地、翻耕土地的有力工具。

碎土农具——耰、夯锤：

土地经过耒耜、臿、镬、锸或犁耕过之后，需要再经过一番碎土和扒土的工作，才归于平整，并易于保持水分，播种之后，农作物才比较易于发芽生长，这方面的工作，在先秦时期主要是通过耰来完成的。

耰是在一个长木柄上横装一段较硬木材的粗圆柱而成，是一种最简单的碎土工具。当土壤被犁或其他工具翻掘后，总有大小不同的土块存在。在土壤较干时，土块有的相当大，如果不将其打碎，并尽量摊平，是很难播种的，这时，就得用耰来做碎土的工作。

先秦文献明确记载楚国劳动人民使用了耰这种工具：

"长沮、桀溺耦而耕，孔子过之，使子路问津焉……（而人不回答）耰而不辍。"（《论语·微子》）"耰而不辍"即表示二人耦耕时，其中一人翻地，另一人用耰不停地把土打碎摊平。

此外，《国语·齐语》"及耕，深耕而疾耰之，以待时雨"，《管子·轻重乙》"一农之事，必有一耜、一铫、一镰、一镈、一椎、一铚，然后成为农"（椎即耰），《盐铁论·论勇第五十一》"钼、耰、棘、橿，以破冲隆"等记载，都证实了耰的存在。王桢《农书》卷八农器图谱"耒耜门"有耰图，可以了解到楚人所使用的耰的具体形状。

楚农具中有夯锤。夯锤通体作圆柱形，上端或腰部有圆形或方形的孔可以装柄。它既可用以破碎田间土块，也可用来夯筑城垣房基。1957年，山西省长治分水岭墓12号出土过一件夯锤[①]，它与长沙楚墓所出夯锤大同小异。

中耕除草农具——铲、耨和锄：

农作物播种出苗后，必须加以多次的中耕松土除草，使农作物吸

---

① 山西省文物管理委员会：《山西长治市分水岭古墓的清理》，《考古学报》1957年第1期。

收水分，补充养料，改善通风透光条件，起到保墒和减少病虫害的作用，保证农作物正常生长发育，增加产量。中耕的作用是间苗、松土、除草、培土和保证水分不过量蒸发。

《吕氏春秋·辨土》说到间苗的必要："凡禾之患，不俱生而俱死，是以先生者美米，后生者为秕。是故其耨也，长其兄而去其弟。"《左传》隐公元年："姜氏何厌之有？不如早为之所，无使滋蔓。蔓，难图也。"《诗经·小雅·甫田》："或耘或籽，黍稷薿薿。"高亨注："耘，锄草。籽，用土培苗根。"①《庄子·则阳》："深其根而熟耰之，其禾繁以滋。"这些记载，都反映出先秦时期对中耕除草的重视。

中耕锄草是晋人田间管理活动中的一项重要内容，他们已经深刻地认识到中耕对夺取粮食丰收的重要作用。公元前 541 年诸侯会于虢，重申晋、楚、宋之盟的原则。楚人锐意争取先盟，晋人则企图宣示信诚以结诸侯之心。晋卿赵文子(赵武)打了一个有趣的比方说："譬如农夫，是穮是蓘，虽有饥馑，必有丰年。"(《左传》昭公元年)杜预注云："穮，耘也；壅田为蓘。"古人治地有畎亩之别，畎是垄间小沟，取畎土堆成的高垄谓之亩，他们在除草的同时给庄稼根部培土，以达到耐旱涝、抗倒伏的目的。赵武把农夫勤于中耕就会获得好收成，比作善于结信诸侯才能做真正的霸主，生动地反映了晋人在春秋时已经由粗放的耕作方式走向精耕细作了。

铲。主要是运用手腕的力量贴地平铲以除草松土的农具。王桢《农书》卷一〇，农器图谱对铲图说如下："铲柄长二尺，刃广二寸，以划地除草，此古之铲也。今铲与古制不同，柄长数尺，首广五寸许，两手持之，但用前进揎之，铲去垄草，就覆其根，特号敏捷。"耒、耜经过长时间的发展，到殷周之际，由于青铜冶铸技术的提高，原来用木、骨制作的耜头被金属代替，这就是近代地下出土的铲，古人把它叫做"钱"。所以西周时期晋人用来疏松土壤的农具，恐怕已经不再以

---

① 　高亨：《诗经今注》，上海古籍出版社 1980 年，第 328 页。

原始的耒、耜为主了。1961年山西省侯马市上马村东周晋国墓11号出土了一件青铜大铲。此铲长13.2厘米，宽9厘米，上部有中空而延伸到铲面的銎，銎中尚存残木。[1] 1964年山西省文物工作者在收集品中又拣选到一件青铜铲[2]，铲面大小与上一件略同，铲的右下角略残，刃部有使用过的痕迹，它们显然都曾是当时晋人手中的锐利农具。[3]

楚国出土的铲数量不多，辑录见表12-5：

表12-5：楚地出土铲农具表

名称	断代	出土地点	形制特点	尺寸（厘米）	资料来源
铁铲	春秋晚期	湖北江陵纪南城南垣门地层			《楚都纪南城的勘察与发掘》，《考古学报》1982年第2期
铜铲	战国偏早	湖南益阳新桥山10号墓	梯形銎，一侧有小圆孔，用于固柲，双面弧形刃	长6.2，刃宽5	《湖南益阳战国两汉墓》，《考古学报》1981年第4期
铜铲	东周	江苏六合程桥二号墓	器身较宽，刃口平直，上端有长方形銎	长10.4，宽7，长2.7，宽18	《江苏六合程桥二号东周墓》，《考古》1984年第2期
铜铲		江苏昆山盛庄	刃微呈弧形，双肩	高6.8，刃宽6.5，銎2×3.5	《昆山盛庄青铜器熔铸遗址考察》，《苏州文物资料选编》，1980年

---

① 山西省文物管理委员会侯马工作站：《山西侯马上马村东周墓葬》，《考古》1963年第5期。

② 山西文管会：《山西省拣选到珍贵文物——西周铲币》，《文物》1965年第5期。

③ 李孟存、李尚师：《晋国史》，山西古籍出版社1999年，第301页。

名称	断代	出土地点	形制特点	尺寸（厘米）	资料来源
铜铲	春秋晚期	安徽舒城九里墩			楚文化研究会编：《楚文化考古大事记》，文物出版社1984年
铁铲	战国晚期	安徽寿县楚王墓	形长刀宽体薄		《楚文物展览图录》
铜铲	东周	安徽贵池	小巧玲珑，个别器物饰有圈点纹，长方銎，斜肩，狭刀		卢茂村：《安徽贵池发现东周青铜器》，《文物》1980年第8期
铁铲	战国	湖南长沙仰天湖		宽约5	史树青：《长沙仰天湖出土楚简研究》，群联出版社1955年

耨。与铲不同，耨主要是向后用力间苗、除草及松土，在中耕的作用上比铲更为进步。耨是除草器，是锄、镈一类的农具。《吕氏春秋·任地》说，"耨柄尺，此其度也；其耨六寸，所以间稼也"，"人耨必以旱，使地肥而土缓"。

有关耨的文献记载有："垂作耒耨""深耕易耨"（《孟子·梁惠王上》）。"夫卖庸而播耕者，主人费家而美食，调布而求易钱者，非爱庸客也，曰：如是耕者且深，耨者熟耘也。"（《韩非子·外储说上》）

楚国已出土的耨均为铜质，多分布在湖南、安徽、江苏、浙江一带，湖北地区尚未发现。这些耨分别表明楚人在春秋晚期于今湖南、安徽之地广泛使用耨来进行中耕，到了战国时，当沿用吴、越人习用的铜耨进行中耕。

锄。锄在古籍中多写作鉬，是应用更普遍的一种中耕除草工具。和耨一样，也是向后用力。明确记载楚国劳动者使用锄这种工具的是

《论语·微子》。孔子南游楚，"长沮桀溺耦而耕，（孔子）使子路问津焉"。此"长沮"，便是使用长锄者。沮字当是锄字的异形，锄与钼同。沮、钼都从且字得音，古音同属之部，所以沮、钼和且三字在古代文献中常常通用不分，如《史记》记春秋时齐人犁钼，《韩非子》作犁沮；《左传》《汉书》的钼麑（或钼麑），《吕氏春秋》却作沮麑；《战国策·东周策》的冯且，《韩非子》又作冯沮，沮同且、钼确实通用不分。"沮"的功用，《说文·金部》："钼，立薅所也。"段玉裁注："古薅草坐为之，其器曰槈，其柄短。若立为之，则其器曰钼，其柄长。槈之用浅，钼之用可深。故曰所。"由此可见孔子见到的楚长沮者为使用长柄锄的人。

春秋时期，晋人给庄稼进行中耕的主要农具是锄。锄在我国农器史上出现得也很早。春秋以上，锄或谓之"铫"，或谓之"镈"，《易经》又叫"槈"。目前我们还没有在晋国遗址上发现过这种农具，但在古代文献上却见到了以锄命名的人。《左传》宣公二年说晋灵公骄奢暴虐，"宣子（赵盾）骤谏，公患之，使钼麑贼之"。《左传》一书中所记其他国家以锄为名的人，宋有西钼吾[1]，乐朱钼[2]；齐有显钼[3]；卫有雍钼[4]；莒子犁比公，本名又叫做买朱钼。[5] 显而易见，春秋时期列国普遍使用了这种农器。[6]

收获农具——铚、镰：

收获农作物是农业生产中重要的一环。先秦时，劳动人民早已认识到及时收获的重要，如《诗经·豳风·七月》"八月其获""十月获稻""十月纳禾稼"，《诗经·周颂·载芟》"载获济济，有实其积，万

---

① 《左传》襄公九年。
② 《左传》襄公二十六年。
③ 《左传》襄公二十五年。
④ 《左传》襄公二十六年。
⑤ 《左传》襄公三十一年。
⑥ 李孟存、李尚师：《晋国史》，山西古籍出版社1999年，第303页。

亿及秭"，楚国劳动人民当然也懂得这个道理。

收获农作物，按其发展规律，一般是经历先专收禾穗阶段，然后才是连禾穗、秸秆一起收获。楚国的收获农具正是这样。其中，专收禾穗的工具有铚，连禾穗、秸秆一起收获的工具有镰。

铚。《管子·轻重乙》说："一农之事，必有一耜、一铫、一镰、一鎒、一椎、一铚。"《说文》："铚，获禾短镰也。"此"铚"便是专司收获禾穗的工具。

楚地出土的主要是铜铚，发现地在安徽贵池及江苏一带。铚的中间有两个孔，是供手指伸入的套环。刘先洲《中国古代农业机械发明史》介绍使用这种铚时，将右手指伸入套环，用左手捏住禾穗，由右手用铚的刃部将它切断，或单用右手用铚把禾穗切下，再转递左手握住。铚，刃部呈齿状，切断禾穗十分便利。

铁制工具出现后，有材料证明楚国劳动人民也使用铁制的铚。

镰。镰在中国农具发明史上，比铚的发明稍晚一些。镰装有直柄，这是与铚的不同之处。镰的优点是收割时只把作物的根部遗留在土壤中，地面以上最多只留下一小段"茬"（短秸），再耕地时，把这些短秸翻转在土地之内，腐烂后变为肥料，同时割下禾秸还可以作为牲畜的饲料及燃料，再加上以镰收割速度较快，故镰的应用日见广泛。

楚地使用镰，比其他地区早而普遍。铜镰直到西周甚至更晚一些才出现。经发掘出土的西周铜镰目前仅见一例，即1959年江苏仪征破山口墓坑出土的一件，外弧背内弧刃，柄端平齐，前尖残，体窄柄端宽，柄有三孔，镰身纵剖面呈楔形，全长14.2厘米。到春秋时期，铜镰大增，主要是齿刃铜镰。如安徽舒城九里墩一座春秋大墓中即出土九件形制大体相同的齿刃铜镰。[①]

总的来说，楚国农业生产工具达到了很高的水平，这些不同的农具对于楚国这个以农业立国的国家经济起到了决定性的作用，显示出

---

① 云翔：《锯镰辨析》，《文物》1984年第10期。

春秋战国时期的楚国许多重要的经济特征。

楚国农业生产工具的特点，大致体现在如下方面：

一、门类齐全

楚国农业生产工具，从质地看有木、石、铜和铁农具，从类型看有镢、锸、镰、锸、斧等，几乎包含后世农具的所有种类。在上述工具中，镢为破土、起土工具，镰为收割工具，都应用于农业生产。尤其是铜镰的出现，说明农作物产量大大提高。从已出土和虽未出土但有明确文字记载的农具来看，几乎农业生产的每一道程序都基本上有相应的农具。整地及翻土农具方面，有宜于水田操作的耒耜，适合于旱地翻土起土及开挖沟渠的臿，对付较硬土壤的重型开土工具镢、镢及碎土农具耰等。楚国在春秋时很可能已将耜演进为犁，战国时在周围各地影响下，大量使用铁犁。

楚国的农具中，无论耒耜抑或镰刀，其同一类型的农具又有不同形式之分。如臿，有的刃部呈弧形，有的刃部呈三角形，还有的刃部两角外侈，既有器身作凹字形的，也有器身作长方形的。又如锄，有凹字形铁口锄，还有六角梯形锄，马蹄形锄。再如镰，有平刃镰，但更多的是锋利的锯齿镰。这充分说明楚国发达的农业促进同一种类的农具发生不同型式的变化，反映出楚国的农业已向精耕细作方向发展。

特别重要的是，各个方面的迹象反映出楚国在春秋时业已使用牛耕。在中耕除草农具方面，有铲、镈、锄等，在灌溉方面，有桔槔、辘轳等，在收获农具方面有铚、镰等。这样一来，楚国农业发展的全貌便十分清楚地呈现在我们面前，有力地说明先秦时期的楚国有着一套完整的农业体系，楚国之所以雄踞于中国的南方，历代楚王的赫赫武功，都不是凭空而来的，坚实的农业基础，充足的粮食来源，为楚国的东征西讨提供了物质上的保障。

二、分布广泛

楚国各类农具的出土地点分布面很广，不论是楚国的腹心地带湖北，还是以后扩展的湖南、安徽、江苏、浙江等地，均有代表性的农具出土，说明楚国对于新开拓的土地是重视开发和垦殖工作的。从楚武王开始，楚国国力逐渐强大，先后攻邓、郧、绞、罗、随等国家。楚文王灭掉申、息、邓等诸国，占有了南阳盆地，从而扩展了楚国发展农业的良好的生态环境空间。楚成王时期，楚国先后伐郑、围许、征宋、斗晋，同时又灭英、吞蒋、略皖、败徐，其势力范围直抵今安徽、江苏交界处。通过这些大规模的战争，楚国的南疆已扩展到了洞庭湖以南的湘中地区，包括今之长沙、宁乡等地。[①] 楚穆王连续灭江、六、吞舒、宗等国家。楚庄王时代，"并国二十六，开地三千里"（《韩非子·有度》），向东则灭舒蓼、略州来、克萧，拓境至滑汭，其中包括许多与周王朝同宗的姬姓小国，后来，楚共王、康王又先后吞灭巢、舒庸、舒鸠，东进占有棠邑。在春秋中期，楚国已经占有今安徽大部，并且先后征服徐国、吴国等长江下游的诸多蛮夷国家。此后，楚国历经郏敖、灵王、平王、昭王和惠王，尤其是楚惠王在位的57年（公元前488—前432年）间，楚国进入了长达半个世纪的国泰民安时期。从上述楚国的历史来看，楚在历经了春秋时期和战国初期的开疆拓土后，已经成为当时诸侯中的"第一等大国"。[②] 可以说，楚国的武力扩张，不仅没有对其地生产造成毁灭性的破坏，反而促进该地农业的发展，促使各民族间的融合，使这些地区重获繁荣。（**参见图 12-1：楚国出土农具分布示意图**）

三、铁取代铜

出土农具表明，楚国的农具先是单纯铜制，之后相当长的一段时间内是铜、铁并用，到战国中、晚期铁器以不可阻挡之势，取代青铜而占据农具的主导地位。这种现象，恰如文献上记载的战国时楚国的许行"以铁耕"[③]完全一致。这种意义是不同寻常的，表明铁确实"是在

---

① 彭适凡：《"吴头楚尾"辨析——江西地区春秋战国时期归属问题的探讨》，《南方文物》1987 年第 1 期。

② 杨宽：《西周史》，上海人民出版社 1999 年，第 625 页。

③ 《孟子·滕文公上》："许子……以铁耕乎？曰：然。"

历史上起过革命作用的各种原料中最后和最重要的一种原料"①。

在我国，铜器出现后，在一千多年的漫长岁月里，仍然不能取代木、石农具，李文信在《古代的铁农具》一文指出：我国各地出土的战国到汉代的铁农具48件，其中不少是铁口木器。因此，他认为，"先秦时期是以木制农具进行生产的"。②而在楚国，铁工具在它出现的一百多年的光景，便迅速地取代了铜制农具而占据了主导地位，楚国农具史上这铁的事实，昭示着整个中华民族在先秦时期的社会性质随着铁工具的广泛使用而发生深刻的变化。③

四、制作精良

楚国农具的成型和加工工艺技术，不论是铜器还是铁器，都达到了相当高的水平。铜农具以在江西樟树市树槐乡王言垅之地出土的春秋铜锸为代表，这件铜锸，"呈黄绿色，极为光滑透亮，是青铜农具中难得的精品"④。铁制农具的精品更多，不论是锻、铸还是热处理水平都很高。其中，经金相学考察的战国铁农具中，以块炼铁作原料的锻造铁农具，生产工艺比较精细，长沙识字岭314号墓出土的春秋中晚期凹形铁口锄，是目前所见较早的可锻铸铁农具。到战国中晚期，楚国的铁农具已普遍采用由白口铁铸件经控制脱热处理的方法来制造铁农具。用这种方法制造的铁农具"在使用中，表面层磨耗露出中层作为刃口，解决了某些农具要求坚硬锋利耐磨的刃口而又具有韧性的矛盾"⑤。

总之，楚国大量农具的出土，使我们对先秦时期中国南部农业发

---

① 恩格斯：《家庭，私有制和国家的起源》，载《马克思恩格斯选集》第4卷，人民出版社2009年，第159页。
② 李文信：《古代的铁农具》，《文物参考资料》1954年第9期。
③ 彭适凡：《江西先秦农业考古概述》，《农业考古》1985年第2期。
④ 彭适凡：《江西先秦农业考古概述》，《农业考古》1985年第2期。
⑤ 李众：《中国封建社会前期钢铁冶炼技术发展的探讨》，《考古学报》1975年第2期。

展水平有一个概略的了解。不同农具的广泛应用支配着农作物生产的全过程，使开垦、整地、保墒、中耕、除草、收获等提高农作物产量的各个环节都有得以改进和发展的条件，昭示着楚国劳动人民在农业领域已经做到"耕者且深，耨者熟耘"（《韩非子·外储说上》），具有丰富的实践经验。楚国以其众多的出土农具表明，坚实的农业基础是楚国长期称雄的真正原因。

第六节　犁和牛耕

恩格斯指出："社会一旦有技术上的需要，则这种需要就会比十所大学更能把科学推向前进。"[①]在大面积的土地上开沟起垄，原始的耒耜已不能胜任，农业技术的进步推动了犁和牛耕的发展。

楚国的犁，可追溯到出土较多的犁耕早期阶段的木石犁。

楚国在春秋时期便占据了长江下游部分地带，如楚平王时期，楚贵族伍尚（伍子胥之兄）封地在棠，棠地在今江苏镇江附近的六合区。战国时期灭越后，更侵吞了长江下游的全部地域。这一地区，早在新石器时代，浙江、上海地区良渚文化遗址曾出土石犁，体形扁薄，平面呈等腰三角形，刃部在两角，其夹角在40°至50°之间。一般用片页岩制成，背面平直，保留着岩石的自然裂面，未见磨光和摩擦的痕迹。正面微隆起，正中平坦如背面，磨出光亮的刃部，两腰都有磨损的痕迹。中心有一至三个孔不等，有在中线直线排列的，也有作三角形平均分布的。前锋尖锐，后端稍厚。[②]从形体上看，这些石犁，一种形体较小，全长15厘米，两腰各长11厘米，宽20厘米，尖端夹角大约为60°，厚端成弧形突出，厚1.5厘米，中心有钻孔，孔径较大，在浙

---

① 恩格斯：《致瓦·博尔吉乌斯》，载《马克思恩格斯选集》第4卷，人民出版社2009年，第505页。
② 陈文华：《试论我国农具史上的几个问题》，《考古学报》1981年第4期。

江吴兴邱城中层墓中和梅堰遗址有出土。与此相类似的石犁，在上海汤庙和广富林遗址也有发现。

另一种是形体较大的石犁，长 50 厘米，厚约 1.5 厘米，由于全器平面较大，显得格外扁薄。前锋尖夹角 45° 左右，两腰微微弧出，后端平齐或略突出，厚度前后大致相同。中心往往有一个以上的钻孔，孔径小，孔壁粗糙。其他数器在杭州水田畈遗址良渚层中有出土，浙江吴兴钱山漾下层也发现不少残片。

石犁形体介于中间状态者长度在 25 厘米左右，较特别的是后端有一弧形或方形凹缺，使两腰如后掠式双翼。在余姚上湖林、绍兴陶堰、嵊州崇仁和嘉兴等地均有此类采集品。

以上石犁都比较单薄，且厚薄均匀，不能单独翻地，否则极易折断，而且石犁的底部平整，无磨光使用痕迹，说明它是安在犁床上的。犁床尖部由两部分构成，下为垫木，上为木板，石犁夹在两者之间，外露刃部，然后穿以木钉固定。

1958 年 11 月间，中国科学院考古研究所山西工作队在山西芮城礼教村附近进行过一次发掘，在东周文化层中发现了一枚用石片磨制而成的残损犁头。[1] 这枚残石犁通体扁平，残存部分略呈等腰三角形，两腰有刃，中部有从两面凿透的圆孔，犁厚 2.5 厘米，在研磨过的犁面上保留着使用过的刮痕，它无疑是当时晋国农业生产中常用的耕具。类似的石犁，日本学者和岛诚一也曾在山西省万荣县发现过。这种石质犁头并不是春秋时代才创造出来的新型农具，它在新石器时代已被运用于农业生产了。由此可以判断，西周时期，石犁曾经是晋人使用的主要翻土工具之一。

已出土的石犁，其结构特点有：

1. 有犁床，而且犁床较大，它在水田操作中具有一定浮力，宜于

---

[1] 中国科学院考古研究所山西工作队：《山西芮城南礼教村遗址发掘简报》，《考古》1958 年第 6 期。

水田耕作。

2. 有些石犁后端有一弧形凹缺，它的出现有两种可能，一种可能是有犁铧直接顶住犁柱，一种可能是只有犁箭装置，以保护犁铧，增加抗力，并便于控制耕地的深浅。

3. 可能有一根长辕。从民族学的资料看，最初的犁都比较笨重，一人难以操作，加一长辕，可供人力或畜力牵引，便于操作。在当时条件下，这种长辕和犁床之间，以两块木料连接还比较困难，很可能是利用鹤嘴式犁架，即以鹤嘴为犁床，木柄为犁辕，或者以鹤嘴为犁床，木柄为犁柄，前面用人力或畜力以绳索引犁。

石犁沿用了漫长的岁月，从考古学考察，犁耕最早始于我国南方长江下游，在距今五千年左右的浙江良渚文化的吴兴钱山漾遗址，首先发现磨制精细的大型三角形石犁，此类石器在江浙地区有大量的发现。①到了商代的吴城，石犁演变成了铜犁。

有石犁、铜犁和铁犁，正与石器时代、青铜时代和铁器时代相应。说明犁耕在我国的历史是很绵长的。在商代，从铜犁铧出土的分布看，使用犁耕的技术地域已很广泛了。

由石犁到铜犁再到铁犁，其与牛相结合就是牛耕了。

考古证实犁与牛耕有联系。用牛犁田，必须能够驾驭牛，必须能够控制牛的前进方向，这就涉及对牛必须穿鼻。先秦时期，人们把牛鼻环称作"桊"或"牶"，《吕氏春秋·重己》说："使五尺竖子引其桊，而牛恣所以之，顺也。"陈奇猷校释："凌曙曰：桊与牶同。"《说文》："牶，牛鼻上环。"②

春秋时晋国有穿牛鼻的实物出土。1923 年从山西浑源县李峪村出土了一具属春秋晚期的温酒器——鼻穿环牛尊。商承祚有著录。③《中

---

① 牟永杭、宋兆麟：《江浙的石犁和破土器——试论我国犁耕的起源》，《农业考古》1981 年第 2 期。

② 陈奇猷：《吕氏春秋校释》，学林出版社 1984 年，第 34 页。

③ 商承祚：《浑源彝器图》，金陵大学中国文化研究所 1936 年，第 56 页。

国古青铜选·上海博物馆藏青铜器》有著录，现藏上海博物馆。高37.7厘米。牛鼻穿有环。背上有三个圆孔，每个圆孔上安放有镂（锅子），是温酒用的。（**见图12-2：山西浑源县出土的牛尊**）

"春秋后期晋国的牛都已穿有鼻环，说明牛已被牵引来从事劳动。"[1]可见在春秋晚期，牛已被人驯化，能够耕田了。

牛耕的关键是牛与犁的衔接。从出土的汉画像砖来看，它们之间开始还是一种"二牛抬杠"式的连结。这是一种"刚式"的连结，它不仅使转弯半径过大，而且间歇分离困难，使牛在耕田时容易疲劳。牛轭的出现，使犁与牛之间的连接由"刚性"转为"柔性"。可惜牛轭难以保存，今天见不到了。考古工作者从河南辉县和河北易县发现了战国铁犁铧，证实牛耕得以普及。

犁地的牛起初多来自用于祭祀的祭品牛，后来逐渐演变。《国语·晋语》载赵氏家臣对赵简子（赵鞅）说："夫范、中行氏不恤庶难，欲擅晋国。今其子孙将耕于齐，宗庙之牺为畎亩之勤，人之化也，何日之有！"牛原来是用作祭祀的太牢，由于范、中行氏在政治斗争中的失败，丧失了贵族的身份，逃难成为农民，耕于齐的结果，使原本用于牺牲的祭品牛成为从事耕作的耕牛了。另外，《战国策·秦策》："秦以牛田，水通粮。"在这里，"牛田"，即"牛耕田"，是当时的俗语，这是秦国推广牛耕的情况。

牛耕的出现极大地提高了社会生产力，它在古代耕作技术史上是值得大书特书的。[2] 犁在生产中的应用，给春秋时人的意识留下了很深的印象，因此有些晋国贵族便用这些生产工具为子弟命名。《左传》成公十六年："楚子登巢东以望晋军，子重使太宰伯州犁侍于王后。"伯州犁是晋国大夫伯宗的儿子。其实春秋列国都有以犁命名的人，例如宋有乐祁犁、莒有犁比公，《论语·雍也》："犁牛之子骍且角，虽

---

① 杨宽：《战国史》，上海人民出版社1998年，第78页。

② 李孟存、李尚师：《晋国史》，山西古籍出版社1999年，第305页。

欲勿用，山川其舍诸?"这说明耕田用的牛所产之犊，也可以作为祭祀山川的牺牲。人们常以孔子弟子冉耕字伯牛，司马耕字子牛，及晋国大力士牛子耕等例子来说明春秋时中原地区已有牛耕。

张正明否认春秋时期楚国已经出现牛耕："春秋时代的楚国，在水田耕作上大概还没有用犁耕或牛耕。《左传》宣公十一年记楚人申叔时说，'牵牛以蹊人之田'，有些学者猜想，这牛可能是耕牛，然而猜想毕竟不能代替史实。楚康王时有太宰伯州犁，有些学者说这个'犁'字表明当时楚国已实行犁耕，其实伯州犁是晋人晋名，尽管后来他跑到楚国去了，还是不能拿他以州犁为名来推论楚国的农事。楚康王时倒真有个楚人以犁为名，此人即大夫师祁犁，见《左传》襄公二十四年，师祁是姓，犁是名，但我们也不能仅凭这个'犁'字说当时楚国已实行犁耕。上古犁、黎二字通用，楚人的始祖是黎，《左传》昭公二十九年作'犁'，我们当然不能仅凭这个"犁"字就说最早的一位祝融已会犁耕了。到现在为止，考古工作还不曾发现楚国的犁。好在火耕水耨是无需用犁的，只要让牛拉着陆轴在泡了水的田里转上十遍八遍，就可以下种了。"[1]

然而，从晋国贵族范氏和中行氏落难"耕于齐"后以祭品之牛用于耕犁的典型事例，以及山西浑源县李峪村出土的鼻穿环牛尊，可证楚庄王时楚人申叔时的"牵牛以蹊人之田"，正是牵耕牛入田。楚康王时，有太宰伯州犁者，其"犁"字一定程度反映用犁耕的事实。"楚康王和孔子大约是同时代的人，没有理由说明中原地区比楚国更早地使用牛耕技术。"[2]

《越绝书·外传》记载，吴王梦见"两铧倚吾宫堂，见流水汤汤，越吾宫墙"。请公孙胜占梦，公孙胜听后跪伏在地号啕大哭，说："见

---

① 张正明：《楚文化史》，上海人民出版社 1987 年，第 47 页。
② 黄崇岳、徐兆仁：《春秋时期楚国的经济发展——兼论我国历史上开发南方的第一个高潮》，载《楚文化觅踪》，中州古籍出版社 1986 年，第 235 页。

两锸倚吾宫堂者，越人入吴邦，伐宗庙，掘社稷也。"①若吴越当时根本没有铜或铁犁锸，上述对话也就不存在了。证之于考古材料，1973年在浙江绍兴陶堰张家坟出土呈"V"字形的铜犁锸，面上有篦状纹，全长18.2厘米。②春秋中、晚期，无论在经济上还是在军事力量对比上，楚国均优于吴越，三国相邻，接触频繁，经济文化互相交流，既然吴越地区已有铜犁锸，那么，楚国使用铜或铁犁锸的可能性是极大的。另外，在河南辉县围固村魏墓、河北武安午汲赵城遗址、山西侯马北西庄及陕西蓝田、西安赵家堡等地都发现有呈V形的犁锸，并在齐燕所在的山东临淄齐都故城遗址和薛城遗址、河北易县燕下都等地均发现有铁犁锸，尤其是在关中地区首先出现了略呈舌状的大铁锸，从而证明关中和华北地区的犁耕发展水平，这些都说明战国时牛耕已经普遍，可以辅助证明楚国春秋时实行了犁耕。

考古学材料证明，南方水牛饲养的历史可以上溯到约七千年前的新石器时代的河姆渡文化，这个文化遗址中出土了大量的水牛骨骼和稻谷遗迹。在漫长的历史发展过程中，南方将牛用于耕作，是合乎情理的。

楚国虽少有铜犁或铁犁出土，但却不乏关于牛耕的记载。资料表明，楚国至少在春秋中期已使用牛耕。公元前598年，正是楚国国力鼎盛、蒸蒸日上之时，一代雄主楚庄王借平定陈国之乱，灭陈为县，贤臣申叔时劝谏他不要这样，说："牵牛以蹊人之田，而夺之牛。牵牛以蹊者信有罪矣，而夺之牛，罚已重矣。"(《左传》宣公十一年)《史记·楚世家》《史记·陈涉世家》记此事为"牵牛径人田，田主夺之牛"，这是楚人以牛来喻政治，而此时之"牛"与"田"密切相关，很难将它认定为作牺牲用的"牲牛"，只可能是耕田之牛。

楚国的养牛业发达。《左传》昭公七年记载楚国楚臣无宇说，"天

① 袁康、吴平辑录：《越绝书》，上海古籍出版社1985年，第73—74页。
② 沈作霖：《绍兴出土的春秋战国文物》，《考古》1979年第5期。

有十日，人有十等"，十等之外，"马有圉，牛有牧"，杜预注："养马曰圉，养牛曰牧。"这表明楚国养牛业有一定规模，从事饲养耕牛者（"牧"）人数众多，这些人列入"人有十等"之中，地位特别低贱，不可能是国家派出的管牛官吏，从"养牛"与"养马"并提来看，亦不可能全部是饲养用作祭祀牺牲的牛，因为马在当时是车战的主力，不会用于祭祀，牛自亦然。这些都说明养牛之"牧"只会是直接从事农耕的劳动者，所养之牛无疑一部分为耕牛。

春秋末年至战国初年，楚国的铁器逐步广泛使用，铁犁亦得到推广，与此相适应，牛耕当获较大的发展。刘向《新序·刺奢》记以后被灭于楚的邹国普遍实行牛耕：

> 邹穆公有令，食凫雁者必以秕，无得以粟。于是仓无秕而求易于民，二石粟而易一石秕……（邹穆）公曰："夫百姓饱牛而耕，暴背而耘，勤而不敢惰者，岂为鸟兽也哉？粟米，人之上食，奈何其以养鸟？"

贾谊《新书·春秋》"饱牛而耕"作"煦牛而耕"，又《艺文类聚》卷八五"粟"字条引此文，作"饷牛而耕"。这些都说明当时邹国已实行牛耕。

楚国灭掉邹国之后，将其君和不少人口迁到今湖北黄冈，邹国旧地，尽为楚有。即令楚此时仍未实行牛耕，所掳邹国人口也会将牛耕技术带入湖北黄冈。

楚地出土器物中有大量牛形物出现，间接证实楚国确实使用牛耕。舒之梅、刘彬徽在分析曾侯乙墓出土文物时说："曾侯乙墓还出土了五件大小、形制基本一致的盖顶……盖上近沿处有三个等距离站立着的水牛形钮饰。……此种鼎与长沙浏城桥一号楚墓出土之Ⅱ式铜鼎相似，盖上都有三个水牛形钮饰（只是后者作卧式，稍有区别）。这种水牛形钮饰也见于江陵出土的楚鼎。笔者在四川参观，见新都战国墓出土一件铭文为'邵（昭）之食鼎'的楚国铜鼎，盖上水牛形饰与曾侯乙墓的酷似。"①

除上列长沙浏城桥一号楚墓，江陵、四川新都战国墓出土的楚鼎有水牛钮饰外，还有淮阳平粮台四号楚墓出土的铜鼎，也是三个牛卧于鼎盖，造型非常生动。②1958 年 11 月，安徽寿县征集到铜牛一件，铜牛身长 10 厘米，前脊高 5 厘米，后股高 4.5 厘米，作卧状，造型极为生动。牛腹下有铭文"大腐之器"。"大腐"为楚国太府③，就铭文字体风格看，其时代可能与同地所出的鄂君启节相当，即战国中期。④

楚国何以对牛如此厚爱？只能有一个解释，"南方楚地盛产水稻，多以水牛进行耕作，故在铜器装饰注重写实的战国时代以水牛形为鼎盖的钮饰"⑤。

楚国的牛，既可以用于祭祀，又可以用来耕田。用于祭祀之牛一般为"公室"所养，而民间私人养的牛则多与耕田犁地相关。古云梦之地，一直是楚国的腹心地区，据反映战国末期至秦始皇时期历史的云梦《睡虎地秦墓竹简》记载，公元前 278 年，秦将白起拔郢之后，楚人被迫东迁，都于陈城。秦在旧楚地上设置南郡加以统治，但楚人仍然保持原有的传统习俗。例如秦简《语书》指责楚地旧民"私好乡俗之心不变"，而秦的官吏"自从令、丞以下智（知）而弗举论，是即明避主明法殴（也），而养匿邪避（僻）之民"。云梦秦简中有不少仍是楚民保留传统习惯的内容，其中，有不少反映楚地私人拥有耕牛的情况：

---

① 舒之梅、刘彬徽：《从近年出土曾器看楚文化对曾的影响》，载《楚史研究专辑》，湖北省楚史研究会、武汉师范学院学报编印，1982 年，第 108 页。
② 曹桂岑、骆崇礼、张志华：《淮阳平粮台四号楚墓发掘简报》，《中原文物》1980 年第 1 期。
③ 见《文物》1978 年 5 期《安徽凤台发现楚国"郢大腐"铜量》中对"大腐"的解释。
④ 殷涤非：《安徽寿县新发现的铜牛》，《文物》1959 年第 4 期。
⑤ 舒之梅、刘彬徽：《从近年出土曾器看楚文化对曾的影响》，《楚史研究专辑》，湖北省楚史研究会、武汉师范学院学报编印，1982 年，第 108 页。

"百姓有赀赎责（债）……有一马若一牛，而欲居者，许。"（百姓有债务……有一头马或牛，要求用其劳役抵偿，可以允许。）①

　　楚国使用犁翻地，并由人力犁田到以牛为动力，是农业耕作史的重要革命，这为提高耕地效率，开垦荒地和扩大耕地面积准备了条件。土地经过翻耕，可以改进土壤结构，使土壤变得松软，减少虫害，有利于恢复地力，这是提高粮食生产的重要措施。

第七节　防洪灌溉与水利工程修建

　　楚国境内江河纵横，水网密布，地表水丰富，在具备相对高度的情况下，水经过一定的设施（沟、渠等），可以按照耕田者的意愿沿规定的路线从高处自动地流入指定的地点。这种提水、排水及自流灌溉，比起人工起水省力省时，且水量大、持久、自然，在楚国整个排灌体系中占据重要的地位。

　　提水灌溉系统：

　　有排灌沟洫系统，不等于可以灌溉。如果水源较沟渠为低，则必须人工起水。

　　楚国在孙叔敖时期曾兴建一系列水利工程，都是在高地上利用河水或池塘中所蓄积的水对低地进行漫溢灌溉，即利用较高水位的水向较低水位自然流动，经过需要灌溉的土地。当不具备高水位水源条件时，需要利用较低水位的水（河水、塘水、井水）灌溉较高地面的土地，就需要起水灌溉了，这不得不借助于一定的起水工具。

　　桔橰。起水灌溉，最原始者当然是"凿隧而入井，抱瓮而出灌"（《庄子·天地》）。

---

① 《秦律·司空》。

这种方法，"用力甚多，而见功寡"，十分落后，在先秦时则在楚国和其他地方仍不乏使用者。瓮为陶器，在虞舜时已开始制造，用瓮取井水或河、塘之水灌田，为思维中应有的联想。早期较进步的起水灌溉机械，有记载是伊尹作桔槔，宋衷《世本》注云：

> 汤旱，伊尹教民田头凿井以溉田，今之桔槔是也。

桔槔至春秋战国时应用才渐广，明确而较详细地记载其运用情况的是《庄子·天地》：

> 子贡南游于楚，反于晋，过汉阴，见一丈人，方将为圃畦，凿隧而入井，抱瓮而出灌，搰搰然用力甚多而见功寡。子贡曰："有械于此，一日浸百畦，用力甚寡而见功多，夫子不欲乎？"为圃者仰而视之曰："奈何？"曰："凿木为机。后重前轻，挈水若抽，数如泆汤，其名为槔。"为圃者忿然作色而笑曰："吾闻之吾师，有机械者必有机事，有机事者必有机心，机心存于胸中……吾非不知，羞而不为也。"

这个楚国的"汉阴丈人"说他并不是不知道桔槔，而是"羞而不为"，反证出在楚国田间至迟在春秋晚期桔槔是得到普遍应用的。

桔槔的应用，极大地减轻了劳动强度，反映出楚国农业生产的发展对水的需要量加大。人们在长期的生产实践和已有的技术基础上，终于逐步悟出把起水方法加以改变，改为以木架悬横木，一端系上重物，一端系着汲水器，创造出这种机械。

辘轳。最初发明的年代，从先秦文献中难以知晓。从考古材料上看，楚国至迟在战国时期即已使用辘轳提水，这从湖北铜绿山矿冶遗址中出土的辘轳实物得到证实。

铜绿山矿冶遗址战国至西汉的矿井中，曾出土了两件木辘轳轴，轴上凿有榫眼，装上手柄后即能操作转动，轴上的棘轮装置可起制动作用。这种辘轳虽然是在矿冶遗址中作为矿井提升工具，用于矿井提矿物和提水，但当时完全可能推广应用于农田灌溉之中。这个推测得到了证实。在荆州博物馆内，馆内陈列着两件不同形状的滑轮，标牌上注明的年代为"战国"。这与铜绿山的辘轳虽有不同，但提升功能是一样的，都是井中取水起水的工具。

排水系统：

排水是农业生产中的重要环节。在楚国，由于江汉平原和长江中下游平原不少地区地势低洼，每遇暴雨或雨量过多，便致水流不畅，造成渍水，对农作物的生长很是不利。另一方面，楚国以种水稻为主，对水的需求量远远大于旱地作物，稍遇雨水不调，便造成干旱，这就使兼有排水功能的沟洫农业在楚国得到发展。

《说苑·辨物》曾记载春秋中期的楚庄王重视田间"沟"的开挖和疏浚：

> 昔者庄王伐陈，舍于有萧氏，谓路室之人曰："巷其不善乎！何沟之不浚也？"

庄王在此所关心的"沟"，便是《周礼·地官·司徒·稻人》中所记的"以沟荡（疏通）水，以遂（小沟）均水，以列（田岸）舍（留住）水，以浍（大沟）写（泻）水"的渠道系统，专司土壤排水工作。这种排水系统，《周礼·地官·遂人》中又记为：

> 凡治野，夫间有遂，遂上有径；十夫有沟，沟上有畛；百夫有洫，洫上有涂；千夫有浍，浍上有道；万夫有川，川上有路，以达于畿。

沟、洫、浍、川皆为农田间的水道，惟其深广不同。其尺寸还可以参考《周礼·考工记·匠人》的记述：

> 匠人为沟洫，耜广五寸，二耜为耦。一耦之伐，广尺、深尺，谓之畎。田首倍之，广二尺、深二尺，谓之遂。九夫为井，井间广四尺、深四尺，谓之沟。方十里为成，成间广八尺、深八尺，谓之洫。方百里为同，同间广二寻、深二仞，谓之浍。专达于川，各载其名。

《周礼》这些记载中的浍、洫、沟、遂、畎等，都是逐级的渠道系统，和我们今天将渠道分为干渠、支渠、斗渠、农渠、毛渠相类似。其中"沟"的作用便是引水、输水，即所谓"荡"；"遂"的作用是分配灌溉水到田间，即所谓"均"；"列"是停蓄灌溉水的田间垄沟，即所谓"舍"，也就是"施舍""施灌"的意思；"浍"是起排泄余水的作用，无疑是排水沟。而"专达于川"，则是渠道与河道相接，从河中取水或排水入河。《周礼》所记述的这些，实际是一种有灌有排的初级农田排灌系统的原则安排，渠道系统的实际安排，当然还得视具体地形情况而定，楚国正是这样做的。

兴建排水系统，首先要做的是勘测和规划工作，必须查勘水源和进行灌溉的农田所处的相对位置和相对高程，掌握易受渍、涝灾害的面积，然后规划引、排水渠道的行水路线，布置灌区内的各级渠道。我国在西周初期便有了原始的农田水利勘测和规划，《诗经·大雅·公刘》"观其流泉"，郑玄注解说，"流泉浸润所及，皆为利民富国"。可见"流泉"这里指的是给水及引水灌溉。到了春秋时期，农田水利规划的内容已经比较丰富，其中，处于领先地位的当属楚国。《左传》襄公二十五年所记载的楚司马蒍掩"书土田"所进行的九项工作，"度山林、鸠薮泽、辨京陵、表淳卤、数疆潦、规偃猪（潴）、町原防、牧隰皋、井衍沃"，基本上是对楚国兴建系统的排水工程进行全面的勘测和规划工作，是中国水利史上的一件大事。其中，"鸠薮泽""数疆潦"

"牧隰皋"便是直接了解和掌握楚国土地中受到渍、涝影响的面积，以采取相应的排水措施，并因地制宜以牧代荒或退耕还牧。"町原防""井衍沃"（肥美的土地）都明确表明在这两种土质条件较好的地方规划建立沟洫系统，遇旱引水，遇涝排渍。"规偃猪"（偃即堰，猪即潴，指蓄水的陂塘）便是规划利用塘堰进行蓄水，储存足够的水源。而"辨京陵"（山地丘陵）则表明楚国在规划农田水利时，不仅已掌握地物的平面位置，而且还进一步了解地形地物的相对高度，很可能当时已经进行了高程测量，远远早于"战国时期似已经发明了原始的水准测量"①中所说的战国时期。淮河流域的水利工程，有的是孙叔敖出任令尹之前建成，故时间较早。"在整个春秋时期，大型水利工程的兴建，大致最先在楚国的江淮地区出现。"②

防洪系统：

期思陂。孙叔敖建期思陂，是在为相前的楚庄王八年至十四年（公元前 606 至前 600 年）之间。③ 西汉刘安主编的《淮南子·人间训》记载："孙叔敖决期思之水而灌雩娄之野。"据此，东汉崔寔《四民月令》指出："孙叔敖作期思陂。"期思陂因此而得名。期思，地名，在史、灌河下游，本属蒋国，春秋时灭于楚为期思邑（今安徽淮滨东南期思乡）。发源于大别山的史、灌河从南向北流淌。每年春末、夏秋，史、灌河发洪水，期思地势低洼，很容易受到洪水冲击形成内涝。现在的淮滨县城便是靠其南部和东部十几米高的大堤来抵御洪水的。《孟子·告子下》记载："孙叔敖举于海。"孟子把期思之地称之为"海"，可见在期思一带经常是一片汪洋之地。孙叔敖从这里被推举为令尹，应该视为对孙叔敖在期思因势利导、主持修筑防洪大堤直达淮

① 武汉水利电力学院，水利水电科学研究院《中国水利史稿》编写组编《中国水利史稿》，水利电力出版社 1979 年，第 103 页。
② 彭帮炯、谢齐：《战国史话》，中国青年出版社 1982 年，第 29 页。
③ 参见《中国水利史稿》上册第二章第二节，水利电力出版社 1979 年；郑肇经：《中国水利史》第六章第三节，商务印书馆 1939 年。

河的认可。东汉崔寔说"孙叔敖作期思陂"，应该是指孙叔敖在期思一带修的防洪大堤。大堤既抵御了洪水的侵袭，又有利于期思一带的农业生产。由此，期思陂的"陂"应该理解为"堤岸"。东汉许慎《说文解字》："陂，一曰池也。"段玉裁注："陂得训池者，陂言其外之障，池言其中所蓄之水。"《诗经·陈风·泽陂》："彼泽之陂，有蒲与荷。"其中的"陂"也是堤防的意思。1978年，在淮滨文物普查中发现一处古代遗址，该遗址位于淮滨县东南十五公里期思乡期思村，即命名为期思台地遗址。遗址为台地，东临史河，紧靠期思古城西北，当地群众称为"西北城梗"。台地南高北低，东、西、北三面为陡坡，地势高耸。南北长240米，东西平均宽72米，高出地面3～5米，文化层厚约4米。遗址地面遗物较为丰富，近年来已有石斧、石锛、石镰、黑陶杯以及蛋壳黑陶残片等遗物被发现。从遗址排水沟内暴露出的陶片来看，上层多为磨光黑陶，下层则以红陶为主。陶器纹饰多为篮纹、绳纹、弦纹、刻划纹、附加堆纹等。该遗址属新石器时代晚期遗址。从遗址的南北走势判断，它主要是为了抵御上游的洪水。[①]

自流灌溉系统：

楚国的自流灌溉系统，主要以江河水为水源，开渠以引水入田。

迄今为止，已知楚国最早的自流灌溉工程都是和孙叔敖的名字联系在一起的。孙叔敖曾为楚庄王令尹，时在春秋中期。从他一生的经历看，其主要的建树是在水利建设上，他兴办的各种水利工程又主要分布在淮河流域、汉水流域、沮漳水流域等。楚国先后在这一带兴办有自流灌溉工程。兹分述如下：

雩娄灌区。雩娄之野，据史料记载，位于河南省固始县东南地区，是史河和东边的泄河之间的区域，固始县东南的黎集镇、石佛镇、张广庙乡、泉河乡、安徽霍邱县的龙潭等乡镇，它的范围大致相当于今

---

① 淮滨县地方志编纂委员会：《淮滨县志》，河南人民出版社1986年。

梅山水库灌区中干渠所灌地区。① 这一地区属于典型的丘陵地带，地势连绵起伏，从张广庙到黎集12公里，便有"九岗十八洼"。这一地区的土壤呈黄褐色，非常肥沃，只要有灌溉用水，这里的农业生态环境就很好，最适宜种植水稻，后世称这一地区为"百里不求天灌区"。但这一地区的东边是地势低的泅河，西边的史河也较低。如何对这片两边低中间又高低不平的土地进行灌溉，这就需要具有杰出智慧的人。孙叔敖引史河上游的水，沿着起伏的丘陵蜿蜒而下，灌溉几乎所有的农田。当然，为了便于大面积灌溉，有些地方需要因地制宜地开凿小陂塘或修筑小围堰。现在，这些乡镇的小河流都还是沿着丘陵因势利导地对农田进行灌溉，地势高的田块能引水插秧，地势低的秧田也不会形成内涝，说明当年这一片土地的引流灌溉技术确实是个奇迹。灌溉雩娄之野是一项伟大的引水工程，据《固始县志》载，孙相公河遗址位于古雩娄一带黎集镇的史河东岸，河首名"石嘴头"，长5公里，宽1020米，向北穿岗岭而过。②

茹陂。在古雩娄灌区范围内的史灌河中游地区，即今固始县东南四十八里，有一处著名的水利工程"茹陂"。其时代，按照明嘉靖《固始县志》的记载，茹陂"盖肇自楚之孙公（叔敖）"，故有的专著猜测茹陂"很可能即孙叔敖所筑之期思陂"。③ 这种说法，忽略了古期思陂位于白露河与淮河交汇处，地处固始县之西，而茹陂则在固始县东南四十八里，显然，茹陂并不是《淮南子》所记孙叔敖"决期思之水"的地方。

唐李吉甫《元和郡县图志》卷九"固始县"条记有："茹陂，在县东南四十八里。建安中，刘馥为扬州刺史，兴筑以水溉田。孙叔敖祠，

---

① 吴长城、秦华杰、郭风平：《"孙叔敖决期思之水而灌雩娄之野"刍议》，《农业考古》2009 年第 4 期。
② 固始县地方志编纂委员会：《固始县志》，中州古籍出版社 1994 年，第 560 页。
③ 武汉水利电力学院，水利水电科学研究院《中国水利史稿》编写组编《中国水利史稿》，水利电力出版社 1979 年，第 214 页。

在县西北隅七十五里。"这一灌区也延续到近代，但茹陂本身在明代已仅存废址。从茹陂地建有孙叔敖祠来看，它的创建与孙叔敖有联系，只能说明这是孙叔敖创建的与"决期思之水"无关的另一个水利工程，是又一个属于春秋中期的水利工程。"春秋末年的雩娄灌区大约就是东汉末年的茹陂灌区。"①东汉末年，扬州刺史刘馥还曾对茹陂进行过治理。② 至明嘉靖年间，固始茹陂一次放水尚能灌六个时辰。③ 顾祖禹《读史方舆纪要》固始县史河条也曾说到，下至明清之际，这一带还残存有古灌区的遗迹。

清河、湛河灌渠。这是河南省水利局水利史资料组勘测后发现的。具体位置在今固始县东南 25 公里处，亦即茹陂之北，史河的更下游处。与茹陂一样，同属古雩娄灌区范围的渠系工程。"固始县志的记载和群众相传，清康熙年间，在今固始县梅山中灌区范围内所进行的一次灌区修复整理工程，其中清河、湛河两条灌渠就是沿着两千多年来时兴时废的孙叔敖所开灌渠旧迹整理加工出来的灌渠，这是可信的。这一带就在'雩娄之野'的范围以内……两条灌渠，就布设在今固始县中部的史河以东，二县(固始、霍邱)界山以西的这块盆地上，历代旧渠渠首位置大都在今固始县东南 25 公里卧龙集附近的史河上。"④

总的说来，以上所述大体都是孙叔敖为令尹之前在淮河流域南岸兴办的一系列水利工程，无论《淮南子》所记的"灌雩娄之野"和其他文献记载的茹陂及清河、湛河灌渠，都属于古雩娄灌区，是楚国人民利用高水位的史、灌河之水，将各陂塘连起来进行自流灌溉的创举。正如嘉靖《固始县志》卷四"水利志"和卷一〇"艺文志"所记，在古雩

---

① 武汉水利电力学院，水利水电科学研究院《中国水利史稿》编写组编《中国水利史稿》，水利电力出版社 1979 年，第 64 页。

② 《三国志·魏书·刘司马梁张温贾传》。

③ 见嘉靖《固始县志》卷四水利志。

④ 河南省水利局水利史资料组 1975 年整理的《关于"孙叔敖决期思之水，灌雩娄之野"的问题的探讨》。

娄灌区内，无数楚人辛勤劳动，"因石为闸""凿渠灌田""由闸而河，由河而塘而沟，栉比而下"，使发源于大别山麓的史、灌河水向北经过茹陂，再经过清河、湛河灌渠入淮，沿途浇灌了万顷良田，为春秋时楚国的农业发展作出了巨大的贡献。

阳泉陂、大业陂。零娄灌区沿淮南往东，过今河南省与安徽省交界线，便是安徽霍邱县境。根据记载，孙叔敖亦在这一带创建阳泉陂、大业陂灌溉工程。

"阳泉、大业陂并孙叔敖所作"，这是《资治通鉴》卷七四(曹魏正始二年)胡三省注引《华夷对境图》所言。《华夷对境图》之名见《朱子语类》，《宋史·艺文志》作《南北对境图》，著者不详。又，南宋章樵《楚相孙叔敖碑》注引唐《元和郡县图志》亦有"阳泉陂、大业陂并孙叔敖所作"的话。《元和郡县志》的作者李吉甫、《楚相孙叔敖碑》的作者章樵、为《资治通鉴》作注的胡三省，都是名重一时的著名学者，他们共同向后世人揭示了孙叔敖兴建阳泉陂、大业陂这一重要史实。

大业陂的具体地望，据《读史方舆纪要》卷二一"霍邱县"条，在霍邱境内。其中，"大业陂，(霍邱县)东北十五里，周二十余里，人呼为水门塘。"从《读史方舆纪要》同条记有"阳泉水"的位置在霍邱县"西八十里"来看，阳泉陂位于大业陂之西，同为淮南的两个蓄水工程，"阳泉陂及大业陂，旧源都在今霍邱境，似乎指的是城西湖、城东湖等陂塘。"[①]证之以《读史方舆纪要》，看来是有一定依据的。

叶县东、西二陂。楚国叶县的叶公治叶期间，为百姓修建"东、西二陂"等水利工程。《叶县志·水利》："(叶)东、西有二陂，方城山有涌泉北流，蓄水之以为陂，方二里，即西陂也。陂水散流，经叶县东南而北注沣水，沣水又东注叶陂，即东陂也。东陂最大东西十里，

---

① 武汉水利电力学院，水利水电科学研究院《中国水利史稿》编写组编《中国水利史稿》，水利电力出版社 1979 年，第 219 页。

南北七里，引水以溉民田。二陂并叶公诸梁所凿，今遗址尚存，名曰水城。"又郦道元《水经注》："二陂，并沈诸梁所筑也。"《读史方舆纪要》亦载："东陂，在县东。《志》云：春秋时，楚叶尹沈诸梁所凿，东西十里，南北七里。又有西陂，方二里，黄城山之水潴于此。"修建"东、西二陂"，"引水以溉民田"，使得叶县百姓安富。

以上我们所述的雩娄灌区及阳泉陂、大业陂等陂塘，均系孙叔敖创办的淮南灌溉工程。淮南地形十分优越，水源丰富，南高北低，便于引水灌溉。然而，孙叔敖所创的灌溉工程，在淮河流域内，不只淮南，也见于淮北。目前见于记载的孙叔敖在淮北地区兴建的灌溉工程有两处，一处在淮北的汝水流域的汝水之塘，一处在淮北的颍水流域的驿马沟。

豫章陂。豫章陂位于豫鄂间汉水北岸的襄州区东北，春秋时属邓国地，后楚文王灭邓为楚地。豫章陂的形成主要是受这里凹形地理环境所致。陂的东、北、南三面皆为丘地，主要由来自北部和东北部的山洪雨水汇积成湖。这一地区在先秦时期"田土肥良，桑梓遍野"，素有楚国北津重镇之称。① 据《水经注·淯水》记载，豫章陂系汉水北岸的一个大陂。在陂的南部，虽有今滚河自湖北枣阳西流注入淯水，但因陂、河之间也有岗地相隔，河水一般不容易泛滥北岸，因此，灌溉该地区的水稻田和平坡旱田，其主要水源是来自陂水。《水经注·淯水》说："淯水又东南径士林东，戍名也。戍有邸阁，水左有豫章大陂，下灌良畴三千许顷也。"说明豫章陂的灌溉能力甚强。结合这段史料分析，豫章陂周围的灌溉水系，楚人在此经营时间最长，当时豫章陂地区已是粮食充裕的兵家屯军之地。

大型水利工程芍陂。芍陂，位于淮河南岸的安徽寿县南六十里，今日称之为"安丰塘"。芍陂这个水利工程是把周围丘陵山地流下来的水汇集成陂，以及时灌溉周围的农田。因引淠水经过白芍亭东蓄积而

---

① 顾祖禹：《读史方舆纪要》，团结出版社 2022 年，第 3385 页。

958

成，故名为芍陂。

芍陂初建的规模，约有二三百平方公里之大，其范围大约在今寿县的淠河和瓦埠湖之间，南起众兴镇附近的贤姑墩，北至安丰铺和老庙集一带地方。芍陂的水源开始仅来自丘陵地区，以龙穴山水为主，水量不很充足。在其西面，正好有条水量丰富的淠河流过，楚国人民挖了条子午渠，引淠河水入陂内，使芍陂有了丰富的水源，即使在枯水季节也能供应农田灌溉，同时还能调节、滞、蓄淠河的洪水，减少其灾害。

芍陂为我国历史上最早的大型水利工程，比战国时魏国的西门渠、秦国的都江堰和郑国渠分别要早两百多年、三百五十年、三百六十年，打破了春秋时期无水利工程的陈说。[1] 两千五百多年以来，它在发展农业生产、灌溉农田、沟通漕运诸方面发挥过巨大的效益，被誉为淮河流域的"水利之冠"。

清人夏尚忠赞誉芍陂："如兹芍陂，创始孙公（叔敖），水引六安，沺注安丰，大筑埂堤，开设水门，溉田数万余顷，此千古一大兴也。"[2]芍陂是世界最大的人工塘，塘堤周长约25公里，水面达5万多亩，是寿县古城内面积的近10倍，蓄水最多时能达到近1亿立方米，灌溉着约70万亩农田。[3] 芍陂对当地农业还发挥着重要的作用，至新中国成立前夕，灌溉面积仍达8万多亩，新中国成立后经过多次维修扩建，到20世纪90年代有63万亩稻田受益。[4]

运河：

运河是依靠人工开凿的并常常用以沟通或衔接天然河道的人为河道或河段。

---

① 傅筑夫在《中国封建社会史》第一册第224页上说："春秋以前的文献中找不到有人工灌溉的痕迹……至于开河凿渠，大兴水利，以灌溉农田，春秋以前基本上是没有的。"
② 《芍陂纪事》卷上"芍陂论一"。
③ 陈陆：《孙叔敖成就雄楚霸业的一代贤相》，《中国三峡》2008年第10期。
④ 刘和惠：《楚文化的东渐》，湖北教育出版社1995年，第36页。

春秋时期，运河称为沟、渎。如《左传》哀公九年："吴城邗，沟通江、淮。"《管子·立政》："沟渎不遂于隘。""决水潦，通沟渎。"《史记·河渠书》说："荥阳下引河东南为鸿沟，以通宋、郑、陈、蔡、曹、卫，与济、汝、淮、泗会。于楚，西方则通渠汉水、云梦之野，东方则通沟江、淮之间。于吴，则通渠三江、五湖。于齐，则通菑、济之间。于蜀，蜀守冰凿离碓，辟沫水之害，穿二江成都之中。此渠皆可行舟，有余则用溉浸，百姓飨其利。至于所过，往往引其水益用溉田畴之渠，以万亿计，然莫足数也。"此中概述了东周时期有名的楚国东西沟、渠，吴国胥溪（河）、邗沟、黄沟，魏国鸿沟，齐国淄济之渠和蜀国离堆之渠等重要运河情况。

就春秋时代来说，最早开凿运河的是楚国。[①]

楚国的运河有北、南两条，在北方的是淮河流域的运河。《史记·河渠书》载楚国在东部江淮之间开凿了一条运河："于楚，西方则通渠汉水、云梦之野，东方则通沟江、淮之间。"名为"东方之沟"。该运河联结着从安徽寿县到合肥一带的沘水、芍陂、东肥水、施水、巢湖、栅水乃至长江等水域资源，形成了一条贯通江淮之间的水道线。[②]因只有《史记·河渠书》一条孤立的记载，对于这条"东方之沟"，目前暂且无法作深入的论证。

楚国在南方的运河位于江汉流域，沟通了汉江中游楚都为郢（宜城楚皇城遗址）和长江支流睢漳河流域。

第八节　气候

楚国大部分位于我国的秦岭、淮河以南，以江汉流域为中心，属于亚热带季风性气候。楚国的中心是江汉地区，雨量十分充沛，其南

---

① 嵇果煌：《中国三千年运河史》，中国大百科全书出版社2008年，第48页。
② 郑若葵：《中国古代交通图典》，云南人民出版社2007年，第262页。

面为洞庭湖平原，东、西、北三面为高地，是一个呈马蹄形的盆地。

竺可桢在《中国近五千年来气候变迁的初步研究》一文中指出："周朝的气候，虽然最初温暖，但不久就恶化了……周朝早期的寒冷情况没有延长多久，大约只一二个世纪，到了春秋时期(公元前770—前481年)又和暖了……到了战国时代(公元前480—前222年)温暖气候依然持续……在春秋战国时期，长江中游一带的气候与现代相近或比之稍暖和。"[1]从气候变化上讲，"楚地属于亚热带季风气候，季风适时，雨量充沛，气候转换分明"[2]，所以，楚国的气候温暖湿润，主要以湿热为主，并持续了较长一段时期，良好的气候条件更利于楚国的农业生产。历史文献记载和考古材料也可证明楚国的气候条件十分适合楚国的农业生产。

楚国气候温暖，物产丰富。《山海经·中山经》记载："又东南二百里，曰琴鼓之山，其木多穀柞椒柘，其上多白珉，其下多洗石，其兽多豕鹿，多白犀，其鸟多鸩。""东北百里，曰荆山，其阴多铁，其阳多赤金，其中多牦牛，多豹虎，其木多松柏，其草多竹，多橘櫾。漳水出焉，而东南流注于雎，其中多黄金。"《周礼·职方氏》载荆州"其谷宜稻"。《战国策·楚策》中也记楚怀王曰："黄金、珠玑、犀象出于楚，寡人无求于晋国。"《禹贡》记载荆州："厥贡羽毛齿革，惟金三品(金、银、铜)。"《战国策·宋卫策》记载云梦物产丰富的情况："荆之地方五千里，宋方五百里，此犹文轩之与弊舆也。荆有云梦，犀兕麋鹿盈之，江汉鱼鳖鼋鼍为天下饶。"这说明当时楚国气候温和，非常适合亚热带原始森林的生长和动物的繁育。

在宜昌覃家沱西周遗址中，发现各种猪骨、鹿骨和鱼骨、鱼牙等。[3]在汉阳纱帽山西周遗址中，出土了大量的水牛、马、羊、猪、

---

① 竺可桢：《中国近五千年来气候变迁的初步研究》，《考古学报》1972年第1期。
② 蔡靖泉：《楚文学史》，湖北教育出版社1995年，第37页。
③ 宜昌地区博物馆：《宜昌覃家沱两处周代遗址》，《江汉考古》1985年第1期。

鹿、鳖、龟、鱼、蚌和螺等。[1] 除了遗址外，在楚国的一些墓葬中，出土的很多遗物(存)都提供了当时生态环境的信息。在春秋战国时期的楚墓出土物中，镇墓辟邪的镇墓兽是最常见器物之一，兽头上都有2~4支完整的鹿角，反映当时赤鹿和梅花鹿是相当多的。湖北江陵九店的战国中晚期楚墓中出土的镇墓兽角骸经鉴定，表明其为麋鹿角。[2] 湖北宜昌前坪战国两汉墓中，出土了陶马、牛、猪、狗、鹅、鸟等多种动物模型。[3] 包山二号墓中出土了鲫鱼、家鸡、家猪、水牛、山羊等动物的遗骸。[4] 鹿是在热带与亚热带地区生长的动物，麋、鹿、藕、菱是喜在温暖湿润、地势低平、水域沼泽地区生存的动植物。这些发现都可以证明距今3000年左右的江汉平原，气候要比现在更为温暖。

考古发现的钻孔孢粉资料也表明，楚国的气候主要以温暖湿润为主，后期气温下降，气候温凉，但总体而言，楚国的气候仍以暖湿为主，气温略高于今，或与现今差别不大。江汉平原沔城M1钻孔时代为战国初期的孢粉带中，木本花粉含量较大，禾本科花粉量减少，反映的植被类型为温湿气候条件下栎—青冈栎—松—蒿占优势的常绿和落叶阔叶针叶混交林。[5] 徐瑞瑚等对江汉平原全新世环境演变的研究也显示，钻孔距今约2500年处的孢粉中，木本、草本和蕨类含量分别约占44%、30%和26%，植被类型为针叶阔叶混交林植被，由此可知该地气候当时为温暖湿润期，研究者估计这一时期的气温比现今高1~

① 武汉市博物馆：《汉阳东城垸纱帽山遗址调查》，《江汉考古》1987年第3期。
② 湖北省文物考古研究所：《江陵九店东周墓》，文物出版社1995年，第86页。
③ 宜昌地区博物馆、秭归屈原纪念馆：《秭归卜庄河古墓发掘》，载国家文物局三峡工程文物保护领导小组湖北工作站《三峡考古之发现》，湖北科学技术出版社1998年，第356页。
④ 刘华才：《包山二号楚墓动物遗骸的鉴定》，载湖北省荆沙铁路考古队《包山楚墓》，文物出版社1991年，第445—447页。
⑤ 朱育新等：《中晚全新世江汉平原沔城地区古人类活动的湖泊沉积记录》，《湖泊科学》1999年第1期。

3℃①，我们从而可知，战国初年楚国的气候以温暖湿润为主要特征。战国中后期，长江中游地区的气温开始下降。江汉平原 QR8 孔距今 2290—2030 年处剖面的孢粉组合是：木本植物占 30%～35%（以柳、栎、漆、槭、杉科、松为主），草本植物占 20%～30%（以香蒲、莎草科、乔本科、蒿、藜等居多），孢子植物占 40%左右（以水龙骨、凤尾蕨为主）。该带以喜温喜湿植物占优势，反映的是以阔叶树为主的针阔混交林—草甸植被景观，其气候为温和湿润型气候，气温较前有所下降。② 唐领余等根据江汉、洞庭地区钻孔之柳—栎—松的孢粉组合和由此反映的暖温带针阔混交林、稀疏草地的植被景观，以及剖面之孢粉数量和种类都降至最小的事实，认为长江中游地区的气候在战国初期以后逐渐恶化，趋于冷干。③ 由此我们可知，楚国中晚期气候渐凉。

从气候史的角度看，楚国地处温带东亚季风区内，季风盛行，北方的冷气团与来自太平洋、印度洋的两个暖湿气团经常在这里交接，锋面活动非常显著，气旋过往频繁。这势必导致楚地雨量充沛，不但大部分地区年均降雨量在 1000 毫米以上，而且多集中在夏秋两季。楚国境内江河湖泊星罗棋布，不但利于水上交通的发展，而且为农田水利灌溉，尤其是水稻种植，提供了十分优越的自然条件。目前考古发现的楚国文化遗址，都位于江湖之滨，这种情况一方面反映了楚人在选择居住点时考虑到了生活取水的方便，另一方面也反映了楚人考虑到了利用江河湖泊灌溉农田，发展农业生产。总的来说，地处江南的楚国，雨量充沛，气候温湿，不仅为楚国提供了丰富物产，还为楚国农业生产提供了很好的条件。④

---

① 徐瑞瑚等：《江汉平原全新世环境演变与湖群兴衰》，《地域研究与开发》1994 年第 4 期。
② 张晓阳等：《全新世以来洞庭湖的演变》，《湖泊科学》1994 年第 1 期。
③ 张丕远主编《中国历史气候变化》，山东科学技术出版社 1996 年，第 119—120 页。
④ 贾兵强：《楚国农业科技与社会发展研究》，科学出版社 2012 年，第 27 页。

第九节　历法及纪年法

对于一个农业社会来说，历法是指导生产所不可或缺的工具。楚国在天文历法方面，积累了相当丰富的知识，以天文历法指导农事，不误农时，推动了农业科技的发展。

楚国历法源远流长。《史记·天官书》："昔之传天数者：高辛之前，重、黎；于唐、虞，羲、和；有夏，昆吾；殷商，巫咸；周室，史佚、苌弘；于宋，子韦；郑则裨灶；在齐，甘公；楚，唐昧；赵，尹皋；魏，石申。"这可以说明历代"传天数""叙天地而别其分主者"均为祝融重黎之后。[①] 其中，有两人是楚国人，即甘德和唐昧。甘公即甘德，司马迁认为是齐人，裴骃《集解》引徐广曰："或曰甘公名德也，本是鲁人。""在齐甘公"之下，张守节《正义》："《七录》云，楚人，战国时作《天文星占》八卷。"春秋战国时期，楚国是天文学最发达的诸侯国之一。楚国职宫中设太史和卜尹，他们负责观察星象，研究天文。[②]

西周至春秋时期，楚国历法逐步形成，对农业生产起到更大的指导作用。刘信芳根据云梦睡虎地秦简《日书·岁》篇中的"秦楚月名对照表"，并结合楚国月名与夏历月次的对应关系，列出秦楚月名对照表[③]，从表中，我们可以知道，秦、楚月份均以夏正十一月为年首，同用周正历法。同时，在湖北江陵天星观 1 号墓出土的楚简中，也有"刑屄之月""允月"和"献马之月"等词。结合曾宪通的考证，"刑尸""刑屄""荆尸"就是"刑夷"；"夏尸""夏夷"就是"夏屄"，"允月"就是

---

① 蒋南华：《楚历辨正》，《贵州社会科学》2000 年第 1 期。
② 黄德馨：《楚国史话》，华中工学院出版社 1983 年，第 204 页。
③ 刘信芳：《战国楚历谱复原研究》，《考古》1997 年第 11 期。

"爰月"。① 通过对望山楚简和云梦秦简的比较，我们知道，楚国历法已经正式确立，并且已经有相对固定的名字。楚国的历法基本上与现行的历法相吻合，这更利于根据时令进行耕作。"恪守农时"已经成为楚国农业生产活动的一项基本原则，已经被放到了一个至关重要的位置上。②

据《绎史·孙叔敖碑》的记载，楚庄王时，令尹孙叔敖参与修订楚国的历法，"考天象以度，敬授民时，聚藏于山，殖物于薮"③，以指导农业生产，使农民能够做到不误农时。

春秋战国时代有所谓夏历、殷历和周历，其主要区别在于岁首的月建不同，所以又叫作三正。周历通常以冬至所在的建子之月（即夏历十一月）为岁首，夏历以建寅之月（即后世通常所说的阴历正月）为岁首。周历比殷历早一个月，比夏历早两个月。鲁为周的封国，在历法上也用周历。

各国历法的区别主要在于年首不同，历元不同，闰月设置的年份或月份不同。例如，东周王室，鲁国等仍以冬至所在之月为年首，史称"周正"，齐国、晋国等以立春所在之月为年首，史称"夏正"，秦国则以夏正十月为年首。这样，周正历法和夏正历法的正月就会有两个月之差，闰月设置的年份和月份都会因此而异。

鲁人所作的《春秋》《左传》，夏历、周历并用。如《春秋》中的"春王正月"之类，皆为据周正而采取的记年月法，但有的则不然，同一历史事实，在时月上《左传》与《春秋》有一定的出入，甚至同为《左传》所记，时月也不相同。《春秋》隐公六年说"冬，宋人取长葛"，《左传》却记为"秋，宋人取长葛"；"晋侯杀其世子申生"一事，《春秋》在僖公五年春，而《左传》却记于僖公四年十二月。这种差别是因

① 曾宪通：《楚月名初探——兼谈昭固墓竹简的年代问题》，《中山大学学报》（社会科学版）1980 年第 1 期。
② 贾兵强：《楚国农业科技与社会发展研究》，科学出版社 2012 年，第 178 页。
③ 马骕：《绎史·孙叔敖碑》，中华书局 2002 年，第 1353 页。

采用历正不同的缘故。

经过学者们的研究发现，夏商周三代所用历法并不是所谓的建寅的夏正、建丑的殷正与建子的周正，在此，有必要回顾夏、商、春秋时代的历法。

夏代历法。在精细历法产生之前长期处于观象授时时期，《国语·楚语》谓颛顼时代有火正一职，专司对大火星的观测。以黄昏时分大火星正好从东方地平线升起时作为一年的开始。据天文学家逆推，这是公元前二千四百年时的天象，当是观象授时的初态。

《尚书·尧典》所云的"历象日月星辰，敬授人时"，也是使用观象授时的历法。《尧典》对二分二至的确定是以鸟、火、虚、昴四颗星在黄昏时正处在南中天的日子。据有的学者研究，与该天象相符合的时代是公元前两千年左右，相当于夏代①，但有的学者则认为是殷末周初的天象。② 这些问题还有待进一步探讨。且《尧典》所定一年长度为三百六十六日，与实际差四分之三日左右，必须"以闰月定四时成岁"，根据物候、星象等复杂因素随时调整历日，也就是说当时每月与每年的长度都是不固定的，这也可以看出当时历法的粗疏。

陶寺遗址发现的古观象台也可证明这点。该观象台距今约四千年，是由一个观测点和十三根柱子组成，观测者身子直立，立足于观测点核心圆上，透过某个高耸的柱间缝，如果观测早上日切于崇山巅峰时正在缝正中，则表明该日陶寺历法中某一特定日子。本观象台除能观测到冬至日和夏至日外，还能测定另外十八个节气。关于夏代的历法，因为没有同时期的史料作依据，我们所知甚少；有关后世文献的记载古天文学家的解读也不同，比如《夏小正》是否就是夏代历法，学界还没有统一意见，现在看来《夏小正》只能算是物候历，所包含的天文历法知识还极为有限。（**见图 12-3：河南嵩山古观星台**）

---

① 张培瑜等：《中国古代历法》，中国科学技术出版社 2008 年，第 164—166 页。
② 张闻玉：《古代天文历法讲座》，广西师范大学出版社 2008 年，第 87 页。

商代历法。 甲骨文出现以后，学者们试图利用甲骨文来探求殷代历法。早年董作宾认为殷历是推步制定的建丑历，可能这也还是受传统观念影响得出的结论。随着研究的深入，这种说法存在的问题日益凸显。所以上世纪 50 年代以后，学界纷纷提出各种新说，常正光提出夏历四月为殷历一月，即殷正建巳；① 郑慧生则谓"殷正建未"，认为殷历一月该是夏历六月；② 张培瑜、孟世凯却认为殷代岁首没有严格的固定，是建申、建酉，建戌。③ 还有所谓建辰、建午诸说。常玉芝在《殷商历法研究》对这一问题归纳后说："殷商历法问题（包括殷商年代问题，天象记录问题）虽然经过中外学者近七十年的反复研究，发表的各种论作据笔者统计已近两百种……但到目前为止，学者们达成的共识似乎就只有一点：即认为殷商时期行用的是以太阴纪月、太阳纪年的太阴太阳历，即阴阳合历。但对它究竟是一种什么样的阴阳合历却意见不统一。"④ 若要探索殷代历法的实际情况，还需要学者们更深入地研究。但有一点可以肯定，那就是建丑的殷正与殷代历法的实际情况距离恐怕还是较远的，现在只能知道殷代使用的是阴阳合历，这时的年又有平年闰年之分，平年十二个月，闰年十三个月。但从甲骨文中偶有十四月甚至十五月记载来看，说明闰月需要经常性的观测来修正，这也正说明当时历法的粗疏。

春秋时期历法。 到了春秋时期，因为有了《春秋》和《左传》这样的编年体文献，我们对当时历法的了解较夏商时期大为清晰。据张闻玉统计：《春秋经》隐、桓、庄、闵四代共 63 年，其中 49 年建丑，8 年建寅，6 年建子；僖、文、宣、成四代共 87 年，其中 58 年建子，16

① 常正光：《殷历考辨》，载中国古文字研究会，吉林大学古文字研究室编《古文字研究》第 6 辑，中华书局 1981 年，第 93 页。

② 郑慧生：《殷正建未说》，《史学月刊》1984 年第 1 期。

③ 张培瑜：《商代历法的月名、季节和岁首》，载中国先秦史学会秘书处编《先秦史研究》，云南民族出版社 1987 年，第 30 页。

④ 常玉芝：《殷商历法研究》，吉林文史出版社 1983 年，第 6 页。

年建丑，13年建亥。① 从这些统计可以看出，春秋前期鲁国所用历以建丑为主，后期才以建子为主，出现的少数异常，如前期的建子、建寅，后期的建亥、建丑，可能是历法不精确而导致的失闰；但失闰都没超过一月。传统观点认为鲁国尊周最谨，《春秋》开篇即曰"元年春，王正月"，自当奉行周正。现在我们看到，即便鲁国真的奉行周王正朔，那么周正也是春秋后期以后才建子的，传统观点认为周正建子，实际情况恐怕要复杂得多。

春秋战国时期，确实可见不同的文献使用了不同的建正。比如《春秋》成公二年云"二月无冰"。今农历二月天气已暖，无冰很正常，不必特书。故知此事应当发生在严冬。又如《孟子·梁惠王上》："七八月之间旱，则苗槁矣。天油然作云，沛然下雨，则苗浡然兴之矣。"北方地区禾苗最需要雨水的时候是今农历五六月，而农历七八月禾苗已经即将收获，即使无雨也不至于"槁矣"。从以上可以看出，《春秋》《孟子》所言的月份与季节都比今农历晚两个月，而与建子相合，则可知二书所用的是周正。《楚辞·九章·抽思》："望孟夏之短夜兮，何晦明之若岁！"《九歌·湘夫人》"袅袅兮秋风，洞庭波兮木叶下。"与今日自然气象相合，可知其用的是夏正建寅。

楚人具有观测天文的传统，其先祝融为帝喾高辛氏火正，主管观测大火和鹑火两种星象，以定农时；同时，亦主对二星神的祭祀。后世楚人继承发扬这一传统，为我国建立以二十八宿为主要内容的天文学体系作出了重要的贡献。②

楚国位于南方的江汉流域，气候温和，因此楚国的历法与中原诸国不同，有自身的特点。楚国有月名为"荆尸"，《左传》庄公四年："楚武王荆尸，授师孑焉，以伐随。"荆尸，旧解或以为是陈尸于荆地，

---

① 张闻玉：《铜器历日研究》，贵州人民出版社1999年，第18—20页。
② 罗运环主编《荆楚文化》，安徽教育出版社2006年，第459页。

或以为是军阵之名，都依据不足。[①] 以睡虎地秦简中的秦楚月名对照表为依据，考定荆尸为楚历月名，楚历建寅，荆尸为正月。张正明按，《左传》记楚武王荆尸，系于"春，王三月"，恰为楚历正月，足见曾说可信。又，《左传》宣公十二年记楚庄王"荆尸而举"，系于"春"，虽未明言"王三月"，但包括"王三月"即楚历正月在内。晋国的士会说：楚庄王"荆尸而举，商、农、工、贾不败其业，而卒乘辑睦，事不奸矣。"显然，士会把荆尸而举作为因，把商、农、工、贾不败其业和卒乘辑睦作为果，由此可知，荆尸决不可解作陈尸于荆地或军阵之名。要使商、农、工、贾不败其业，必须照顾庶人的生计；要使卒乘辑睦，必须缓和贵族与庶人的矛盾。而要达到这两个目的，就必须规定恰当的兵赋制度和选定恰当的举兵时间。楚国贵族统治集团中的有识之士，确实在选定举兵时间问题上注意了照顾庶人——尤其是农奴和其他依附农民的生计，从而在荆尸之月举兵就被他们视为良法了。[②]

王胜利在《楚文化志》中说，楚历可谓自成一家。在楚文化成熟前后，楚历曾改弦更张。春秋早期以前，楚历用周正，这大概是因为周历比较进步，也可能是因为楚国受周室册封而奉天子正朔。但是楚国也在逐步制历，并不只是照用周室所颁之历，而且楚历有几个独特的月名，可见楚人并不满足于一切都依样画葫芦。春秋中期以后，楚历用亥正，即以冬至节所在月的上一月为正月，这与秦历有同有异，秦历也以冬至节所在月的上一月为年首，但月序仍用夏正。1975 年湖北云梦睡虎地秦墓所出竹简有秦楚月份对照，其中，"刑夷"即《左传》所记的"荆尸"。楚历改用亥正与农业生产无关，可能是出于攀附颛顼以为远祖的心理，因为用亥正的是所谓颛顼历。楚人的特点是在模仿中必定有所变通、有所改作，以示与众不同。历法也这样，虽用

---

① 曾宪通：《楚月名初探》，载饶宗颐、曾宪通：《楚地出土文献三种研究》，中华书局 1993 年，第 343 页。

② 张正明：《楚国社会性质管窥》，载《张正明学术文集》，湖北人民出版社 2007年，第 338 页。

亥正，但非秦历，自成一体。当时的诸侯，晋、齐用夏正，鲁、郑、卫用周正，秦兼采亥正和夏正，独楚专用亥正。

然而，亥正只是楚国官方所用的。民间从农业生产的实际需要出发，通用夏正。屈原遵从民间的习惯，在所作的诗中描写时序物候概从夏历，例如：《九章·怀沙》："滔滔孟夏兮，草木莽莽。"《九章·抽思》："望孟夏之短夜兮，何晦明之若岁。"《九章·礼魂》："春兰兮秋菊。"①

罗运环指出，楚人是使用地地道道的颛顼历。历法本是用以把握大自然规律而制定的，但新的王朝统治者把"改正朔"视为新王朝的起点，表示"受命于天"。故三代历法不同，而有所谓夏正、殷正、周正的区分。楚人很早就宣称"不与中国（中原）之号谥"（《史记·楚世家》），使用楚正，并使用自己的一套月名。《左传》载："（鲁庄公）四年春（周庄王）三月，楚武王荆尸，授师孑（戟）焉，以伐随。"荆尸（楚四月）就是楚历月名，相当于周历三月，夏历的正月。此时楚人还没有用兵避太岁的习惯，且严寒已过，又是农闲之时，对外征伐不误农时和各业，故一般都在此月用兵。如楚庄王时，仍然还是"荆尸而举，商、农、工、贾不败其业"（《左传》宣公十二年）。②

楚国纪年法，顾名思义，就是记录楚国历史年代的方式方法。楚铜器铭文和楚简中关于以事纪年的材料已发现较多，为了解和研究楚国纪年法提供了重要资料。据刘彬徽研究，楚国纪年大致有三种不同的方式，三种不同的记事方法。③

第一种方式是序数纪年法。这是史家使用的传统纪年法。以楚王在位的年次纪年，《史记·楚世家》等史书就是这么记录的，出土文物中也有这样的例子。如楚王酓章钟镈，其铭文首记："唯王五十又六祀……"即指楚惠王五十六年。又如曾姬无卹壶，其铭文首句："唯王

① 张正明主编《楚文化志》，湖北人民出版社 1988 年，第 391 页。
② 罗运环主编《荆楚文化》，安徽教育出版社等 2006 年，第 461 页。
③ 刘彬徽：《楚国纪年法简论》，《江汉考古》1982 年第 2 期。

二十又六年……"，经考证即指楚宣王二十六年。

第二种方式是星岁纪年法。星指岁星，岁指太岁，即根据天象纪年。楚以岁星纪年，考古材料和文献中罕见。屈原《离骚》"摄提贞于孟陬兮"，古今学者据此以推算屈原出生年月日，推算出的具体年代多不相同，原因是人们所依据的资料和采用的推算方法各异，但对"摄提"系指星岁纪年则是可以肯定的。唐宋以来也有学者认为摄提非指纪年。汤炳正《历史文物的新出土与屈原出生年月日的再探讨》一文已有辨析，可信。[①]

第三种方式是以事纪年法。这种纪年法，在楚铜器铭文以及楚简中发现较多。以事纪年即以楚国历史上较重要的事件或特殊事件纪年。有的所记之事能与史书记载相符，可准确地知道其具体年代；有的则需要进行考证，虽难以确知为某年，但可确定一个年代范围；有的则很难考订年代范围。按所记事件的内容与性质，这种纪年法可归纳为三类记事方法。

第一类是以一次战争纪年。如鄂君启节首句铭文："大司马昭阳败晋师于襄陵之岁。"其事与《史记·楚世家》所记相符，已公认其年为公元前323年。在荆门包山二号楚墓出土竹简中也有以事纪年之简文多条，其中以战事纪年的一条简文首记"大司马悼愲救郙之岁"。

第二类记事方法是以别国使者来楚国聘问或其他活动之事予以纪年，楚简记载均称某国之客，如齐客、秦客、宋客、东周之客等。湖南收集的一件铜量有邢客，其纪年格式主要为某客问于栽郢之岁，也有径直写作聘楚之岁的。这类记事最早发现于望山楚简，简首记"齐客张果问王于栽郢之岁"，其年代范围约当楚威王至楚怀王前期。江陵天星观一号楚墓也有此类记事简，简首记"秦客公孙鞅问王于栽郢之岁"，发掘报告据此简纪事推定墓葬年代为"公元前340年（楚宣王

① 汤炳正：《历史文物的新出土与屈原出生年月日的再探讨——〈屈原新探〉之五》，《四川师范学院学报》（社会科学版）1978年第4期。

三十年)"前后。

第三类记事为杂项，即除以上一、二类外，暂归为一类。首先要提到的是湖南常德夕阳坡楚墓出土的两支简，首句为"越涌君麗遷其众以归楚之岁"，整理者认为此事乃楚之封君率领其士众返回楚国之年。① 望山二号楚墓一记事简也当属此类，因缺字，不便分析。

楚国纪年法与周王朝及中原各诸侯国之纪年法有共性。齐、秦、中山等国铜器铭文中都有以序数纪年的例子。《左传》《国语》中可见晋、郑有以岁星纪年之语，有的学者认为利簋铭文中的"岁贞克"三字也是岁星纪年，如此说可信，周初即有岁星纪年了。齐器铭文中有以事纪年，周早期的中方鼎铭有"唯王命南宫伐反虎方之年"②，可知以事纪年之法可远溯至周初。这些都表明楚与周王朝及中原各国的纪年法是相同的。

楚国纪年法有的以事纪年，具有自身的特点。不论是以战争纪年，还是以聘问纪年，都是以楚国的大事纪年。而中原地区则多见以个人大事纪年，如齐之国差蟾铭文曰"国差(佐)立事岁"，乃以个人之事纪年，包山二号楚墓墓主邵佗，官居左尹，也有个人值得荣耀之事，但他并不以个人之事纪年，而以国之大事(如"邵阳败晋师""恩憎救郙"等)纪年。就现有材料而言，楚之以事纪年是楚国一种重要的纪年方式，被广泛运用，而中原各国相对来说不如楚国那样重视。

刘彬徽认为，楚国纪年法有补充、证实楚国历史的重要作用。由于以楚国发生的大事纪年，既提供了年代依据，而纪年本身又是很重要的历史材料，有的可印证史实，有的可补史载之缺，即有证史、补史之作用。对楚史、楚文化研究是难得的第一手材料。如大司马恩憎救郙之岁，恩憎曾任大司马，恩憎救郙均于史无载，可补史书之缺载。③

---

① 杨启乾：《常德德山夕阳坡二号楚墓竹简初探》，载湖南省楚史研究会主编《楚史与楚文化研究》，《求索》杂志社，1987年，第335—348页。

② 薛尚功：《历代钟鼎彝器款识法帖》，浙江古籍出版社2012年，第157页。

③ 刘彬徽：《楚国纪年法简论》，《江汉考古》1982年第2期。

第十节　粮食作物

从考古资料看，我国已发掘和发现的五六千处新石器遗址，证实远在距今四五千年前，我国原始农业中心呈"北粟南稻"的分布。出土粟遗存的遗址分布于河北、陕西、河南、山西、青海、甘肃、辽宁等省，这些省都处于黄河流域及其以北地区；出土稻谷遗存的遗址则分布于浙江、江苏、上海、河南、广东、江西、湖北、安徽、台湾、云南等省市。[①] 但到春秋战国时期，农作物分布的这些基本格局却在很大程度上被打破，农作物的种类亦逐渐增多。

楚人先民早在虞、夏之际就已进入农耕时代。《国语·郑语》记："祝融亦能昭显天地之光明，以生柔嘉材者也。"韦昭注："柔，润也。嘉，善也。嘉材，五谷材木。"楚先祖祝融时已产五谷。五谷是先秦时粮食作物的统称。《楚辞·大招》就有"五谷六仞，设菰梁只"的诗句。五谷这一名称的最早记录，见于《论语·微子》，是孔子一行在楚国遇到荷蓧丈人时，从这位楚人嘴里说出的：

> 子路从而后，遇丈人，以杖荷蓧，子路问曰："子见夫子乎?"丈人曰："四体不勤，五谷不分，孰为夫子?"植其杖而芸。子路拱而立。止子路宿，杀鸡为黍而食之，见其二子焉。

从这段记载里我们至少可以知道，"五谷"这一称呼最早始于楚国民间，在春秋晚期已广泛流行，并且楚国农夫还将"黍"作为招待客人的上等食物之一。战国时期产生的《周礼》里面有"九谷""六谷"之说，

---

① 范楚玉：《我国古代农业生产中的天时、地宜、人力观》，《自然科学史研究》1984 年第 3 期。

如《周礼·天官·大宰》："以九职任万民，一曰三农，生九谷。"郑玄注："九谷：黍、稷、粱、稻、麻、大小豆、大小麦。"《周礼·天官·膳夫》："凡王之馈，食用六谷。"郑司农注："六谷：稌、黍、稷、粱、麦、苽。"而在《诗经》中涉及的农作物种类则远不止"九谷"。对比《诗经》所记，楚国的"五谷"种类显然少得多。万国鼎对此解释说："更古的书如《诗经》等，里面只有说'百谷'的，没有说'五谷'的，从百谷到五谷，是不是粮食作物的种类减少了呢？不是的。当初人民往往把一种作物的几个不同品种一个个起上一个专名，这样列举起来就多了。而且'百'字在这里不过是用来指多的意思，也并不是真有一百种。五谷这一名词的出现，标志着人们已经有了比较清楚的分类概念，同时，反映当时的主要粮食作物有五种。"①按照万国鼎的这种推测，楚国的荷蓧丈人随口说出的"五谷"自然就是指楚国当时的主要粮食作物有五种了。

楚国农作物种类按《亢仓子》所记，是"禾（粟）、黍、稻、麻、菽、麦"六种，与《吕氏春秋·审时》所列的先秦时主要粮食作物的种类及顺序完全相同，亦与《云梦睡虎地秦墓竹简》所列当地主要粮食作物一致。《云梦竹简·仓律》："种：稻、麻亩用二斗大半斗，禾、麦亩一斗，黍、苔亩大半斗，叔（菽）亩料。"与《亢仓子》《吕氏春秋·审时》大体相同。分类说明如下。

粟：

程瑶田《九谷考》："案禾，粟之有稿者也。其实，粟也；其米，粱也。""禾原是谷子的专名，粟原指谷子的籽粒。在我国商代文字甲骨文里，谷子称为禾，像谷子抽穗时的植株形，这也是稷的原始字形。甲骨文的年字，在禾字下面多了一些须根，像谷子连根拔起的形状。连根拔起表示收获，用禾的一次收获表示一年，表明谷子是商代的首

① 万国鼎：《五谷史话》，北京人民出版社2019年，第2页。

要作物。这种作物在楚国栽培的历史，亦可上溯至商代。"①1959 年在湖南宁乡县黄材寨子山曾出土"大禾"人面方鼎。鼎高 38.5 厘米，鼎内壁铸有"大禾"二字铭文，鼎的四面以四个人面作为主要装饰，极为少见，具有地方特色，应为产地所铸造。这一铭文反映了当地在铸鼎的那一年"禾"获得了大丰收，可证楚地粟的栽培既远且多。② 张正明认为：从熊绎受封开始，楚人在丹阳地区进行农业耕作，当时主要是种植粟，"后来，随着楚人向江汉平原纵深的推进，稻就取代粟而成为楚国的主要粮食作物了。"③《战国策·楚策一》苏秦对楚威王说，楚国"地方五千里……粟支十年，此霸王之资也"，《史记·苏秦张仪列传》于此亦有相同的记载。又如《史记·伍子胥列传》："楚国之法，得伍胥者，赐粟五万石。"《淮南子·泰族训》："阖闾伐楚，五战入郢，烧高府之粟……"高府中储粮一定很多。又如《史记·越王句践世家》："复雠、庞、长沙，楚之粟也。"又《左传》成公十六年记楚晋鄢陵大战，楚军"宵遁，晋入楚军，三日谷"，杜预注云："食楚粟三日也。"可见楚军的军粮也是以粟为主。《楚辞·招魂》"挐黄粱些"，亦是以粟为食。除上述史料外，《韩非子·外储说左下》记"孙叔敖相楚，栈车牝马，粝饼菜羹，枯鱼之膳……面有饥色"，粝饼就是以仅舂过一道的粗粟做成的饼。可见孙叔敖所食之"粝饼"以仅舂过一道的粟做成。长沙马王堆汉墓中曾发现一种小米饼，至今陈列于湖南省博物馆，大概就是这种食物了。又《盐铁论·通有》记"昔孙叔敖相楚，妻不衣帛，马不秣粟"，《文选·赭白马赋》注："以粟饭马曰秣。"反证楚国与中原各国一样，粟亦常作马的饲料。再如《左传》成公十六年记楚晋鄢陵大战的间歇时间里，晋军"秣马厉兵"，即也是以粟喂马。此外，《盐铁论·通有》还明确记"荆、扬……伐木而树谷，燔莱而播

---

① 万国鼎：《五谷史话》，北京人民出版社 2019 年，第 18 页。
② 高至喜：《湖南商周农业考古概述》，载《商周青铜器与楚文化研究》，岳麓书社 1999 年，第 62 页。
③ 张正明：《楚文化史》，上海人民出版社 1987 年，第 4 页。

粟"，播种的作物以粟为主，也可证楚国的粮食作物中，粟确实占很大比重。

湖北云梦睡虎地发掘的战国末至秦代的竹简《仓律》，还告诉人们，当年楚地不仅产粟，而且对粟的种类亦有一定的区别：

计禾，别黄、白、青。秫勿以廪人。

这里，"计"即算账。"黄、白、青"即古时对粟种类的区别。《证类本草》卷二五引《名医别录》有黄、白、青粱米，陶弘景注："凡云粱米，皆是粟类，惟其牙头色异为分别尔。"秫，《说文》："稷之粘者。"古时用来作酒和煮糖。这段简文的意思是："算粟的账，要把黄、白、青三种区别开来，粘粟不要发放给人。"从中可见，这时粟的种类已有黄、白、青、粘四种。

粟、粱在文献上经常可以看到。如《左传》僖公十三年载"秦于是乎输粟于晋"，昭公二十五年下又载"赵简子会诸侯之大夫，输王粟"；《诗经·唐风·鸨羽》载"王事靡盬，不能艺稻粱"。粟、粱是一种作物的两个品种，今天通称为谷子。粱较之于粟，穗大芒长，子粒粗大饱满。"粟"字在甲骨文中多见，而"粱"却到周代金文和《诗经》等文献中才开始出现，所以有些学者认为粱是从粟中选育出来的优良品种，很可能是周人在植物栽培中创造的新成果。[①] 古代关于植物栽培的专著中对五谷有种种不同的解释，《本草纲目》卷二十三说："粱即粟也，考之《周礼》九谷、六谷之名，有粱无粟可知矣。今则通称为粟，而粱之名反隐矣。"又说："古者以粟为黍稷粱秫之总称，而今之粟在古但呼为粱，后人乃专以粱之细者名粟。"作者不仅于粱、粟之间未加区别，以为是不同时代的不同名称，且以为粟乃粱之一种；《植物名实图考》也认为粱、粟之分"乃俗间称谓，不可以订古经"；清程

---

① 胡静：《我国古代农业史上的几个问题》，《新建设》1954 年第 12 期。

瑶田《九谷考》："禾，粟之有稿者也。其实，粟也；其米，粱也。"则又认为粟、粱是同一植物的不同器官，即分别为果实和种子的称谓；《国语》韦《注》甚至以为粱就是稷。在先秦文献中，粱可能比粟得到人们更为特殊的重视，如《战国策·齐策四》载鲁仲连谓孟尝君曰："君之厩马百乘，无不被绣衣而食菽粟者，岂有骐麟、騄耳哉？后宫十妃，皆衣缟、纻，食粱、肉，岂有毛嫱、西施哉？"李孟存、李尚师指出粟与粱略有不同，粟为马料而粱为人食，粱之于粟确贵一等。粟、粱有经年收藏不坏的优点，是备虞灾荒的主要食粮。①

黍：

最早记载楚之"五谷"的《论语·微子》中，那位骂孔子四体不勤，五谷不分的楚国老农荷蓧丈人，看见子路态度尚好，听人说话时一直"拱而立"，便改变态度："止子路宿，杀鸡为黍而食之。"这表明，黍在楚国，尚是接待客人的一种较上等的粮食。《韩非子·外储说左下》亦曾记孔子在鲁哀公面前对黍的恭敬态度：

> 孔子御坐于鲁哀公。哀公赐之桃与黍，哀公请用，仲尼先饭黍而后啖桃，左右皆掩口而笑，哀公曰："黍者，非饭之也，以雪桃也。"仲尼对曰："丘知之矣。夫黍者，五谷之长也。祭先王为上盛。果蓏有六，而桃为下，祭先王不得入庙。丘之闻也，君子以贱雪贵，不闻以贵雪贱。今以五谷之长雪果蓏之下，是从上雪下也，丘以为妨义，故不敢以先于宗庙之盛也。

孔子说"黍为五谷之长，祭先王为上盛"，说明黍当时是祭祀祖宗的一种重要的祭品。黍常与稷连称。战国时，官至楚国兰陵令的荀子提到黍的祭祀作用："飨，尚玄尊而用酒醴，先黍稷而饭稻粱。"（《荀

---

① 李孟存、李尚师：《晋国史》，山西古籍出版社1999年，第307页。

子·礼论》)黍、稷也是同类作物的不同品种，因此文献上往往黍稷连称，《诗经·唐风·鸨羽》："王事靡盬，不能蓺稷黍。"黍、稷子粒皆大于粟、粱，散穗，今天仍称作黍子、糜子。黍米以粘性区别于稷，它被人们驯化大约比粟还要早些。

黍在中国种植的历史悠久。"黍原产于我国。1931年，在山西万泉县荆村新石器时代遗址中就发现了黍穗和黍壳，距今已有六七千年，说明黍在我国也是在原始农业时代就已栽培的作物。"①这与楚地早在颛顼时代不久便有食用黍所记载的时间大体相当。《山海经·大荒南经》记"有国曰颛顼，生伯服，食黍"，可知楚自先祖颛顼之时不久，便已开始以黍为食，亦即开始种植黍。黍在甲骨文中出现的次数特别多，商代的统治者饮酒是有名的，酒用黍酿造，可见黍在商代极为重要。楚国种植黍的历史很长，楚地先民进入农耕时代后，便已开始种植黍。黍的种植范围很广，北方和南方皆有种植。"粟粱黍稷都是抗旱能力较强的作物，适宜在晋南盆地及东西丘陵地带生长。"②万国鼎认为"黍的种植偏较北的高寒地区""黄河以南极少"，这与楚国的史实不符。楚国地处黄河以南，气候温润，但仍种植有一定数量的黍。20世纪70年代在湖南长沙附近的马王堆发掘的西汉初年的墓葬中，人们在出土的实物中就发现黍。③ 在比马王堆汉墓稍早的湖北云梦睡虎地发掘的秦墓竹简中，也明文记载当时当地的粮食作物中有黍，其中《仓律》还明文记载一亩地种黍需下种大半斗。④ 这些都证实黄河以南的楚国也种植黍。

与粟相比，黍的单位面积产量较低，作为日常饮食，也不如小米好吃，故其重要性一直不如粟，在楚国，更不能与水稻相比。它的使用价值多在祭祀上得到体现。

①　万国鼎：《五谷史话》，北京人民出版社2019年，第19页。
②　李孟存、李尚师：《晋国史》，山西古籍出版社1999年，第308页。
③　何介钧、张维明：《马王堆汉墓》，文物出版社1982年，第43页。
④　睡虎地秦墓竹简整理小组编《睡虎地秦墓竹简》，文物出版社1978年，第43页。

稻：

稻是楚国普遍种植的粮食作物。《史记·货殖列传》记"楚越之地，地广人希，饭稻羹鱼，或火耕而水耨"，《汉书·地理志》谓"楚有川泽山林之饶，江南地广，或火耕水耨，民食鱼稻"，均是说楚国以稻为主食。《周礼·职方氏》称扬州、荆州二地，"其谷宜稻"，《淮南子·地形》称"汉水重安而宜竹，江水肥仁而宜稻"，这些证实楚境内适合于种植稻谷。

从考古角度看，在楚国境内，在楚国之前的新石器时代，这里便大量发现有栽培稻的遗存。总计在楚灭越之前的地域内，发现有栽培稻遗存的新石器时代遗址多达四处，其中大部分位于湖北，也有在湖南、江西和河南西南部的。[①]

翦伯赞曾经从字形上研究出早在商代末期楚祖鬻熊之时，楚人即与水稻发生密切的关系："至于鬻熊，余以为即祝融一音之转，故鬻熊即祝融。按融字从鬲，鬻字亦从鬲。前者鬲从虫，而后者则鬲从米。前者鬲无耳，而后者则有两耳。但'融'与'鬻'之同为三足器，则无可疑。'融'字转为'鬲'，与鬲之附耳有关，同时亦与稻之种植有关。从字的构成上看来，融为烹食肉食之具，鬻为烹食稻米之器……南迁荆楚的夏族，习而种之，以为主要食品。证之融族中的秃、苏、季（即季连）诸族名，皆从禾字，足证楚族与禾有关，因而'融'字之变而为'鬻'，正可以表示具有鬲器文化的夏族，在其南徙荆楚以后，因生活资料之改变所发生的结果。"[②]

翦伯赞的这段议论，极有见地。以此与楚境内众多的新石器时代的稻谷遗存相对照，可以看出楚人种植水稻，与在此之前的新石器时代的水稻种植有一种直接的继承关系。楚国以后大力发展水稻种植，到春秋中期的楚庄王时期，令尹孙叔敖大力兴办水利事业，将水稻种

---

① 严文明：《中国稻作农业的起源》，《农业考古》1982 年第 1 期。
② 翦伯赞：《中国史论集》，文风书局 1944 年，第 61 页。

植的生产技术水平大大提高，使水稻在整个粮食作物中所占的比重越来越大。

楚地种植水稻的具体情况，由于文献史料的缺乏，今已很难确考。从考古揭示的情况看，楚地的水稻种植业已相当发达。西周晚期江汉地区的粳型稻谷遗存相继出土与发现①，反映了楚地农业生产的水平，说明早期楚地的农业科技在长江中游地区已居领先地位。考古工作者在对楚都纪南城进行全面勘察发掘的过程中，于松柏区30号建筑遗址的陈家台子部第三层堆积中发现五处被火烧过的稻米遗迹，四处在台基西北角，一处在台基南部的水沟填土中："稻米炭化成黑色。有的粒状清楚，杂质很少。最北的一处面积最大，长约3.5米，宽约1.5米，厚约5~8厘米。水沟中炭化米杂质较多，显然是从台基上冲刷下来的。""炭化米的时代，根据北大考古专业碳14实验室测定为距今2410年±100年，即公元前460年±100年。""小结……这里应是一个铸造作坊遗址，台基西部发现炭化米，可能是当时作坊存放粮食的地方，后因火而毁。"②

这个发现足以将江汉平原新石器时代至战国时期稻米遗存的缺环衔接起来，表明楚国的水稻种植较过去又有长足的发展。特别是这些碳化稻米出土于楚都纪南城内的铸造作坊中，证实铸造作坊工人以稻米为主食。而郢都在当时人口众多，街上车水马龙，行人熙熙攘攘，以致车碰车、人挤人，到了"朝衣鲜而暮衣敝"（《新论》）的程度。

楚都纪南城内的炭化稻米尚不是仅有的发现。春秋晚期至战国时期，楚国的版图向鄱阳湖、赣江流域发展，将这一地带经营成了重要的产粮区。1975年在江西新干县界埠袁家村赣江边上发现的两座大型战国粮仓就是有力的证据。③ 每座粮仓平面呈长方形，长61.5米，宽11米，近700平方米，仓内到处堆积有被烧成炭末的米粒，其堆积厚

---

① 陈振裕：《湖北农业考古概述》，《农业考古》1983年第1期。

② 湖北省博物馆：《楚都纪南城的勘察与发掘（下）》，《考古学报》1982年第4期。

③ 陈文华等：《新干县发现战国粮仓遗址》，《文物工作资料》1976年第2期。

度为 0.3~1.2 米，其中有一部分保持较完整的形状，经原江西共大总校鉴定为粳米。[①]

上述出土的稻米实物，有力地证实了楚国种植水稻的数量与分布地域，都是相当可观的。在年代稍晚的长沙马王堆一号墓中，同样出土了稻谷，这些稻谷还可明显地归纳为籼稻、粳稻和粳型糯稻等几种类型，可见西汉初期湖南的水稻品种极为丰富，籼、粳、粘、糯并存，有芒和无芒并存。[②] 在云梦睡虎地秦简中，同样证实楚人对稻的品种分类很细，如《仓律》记载：

稻后禾孰(熟)，计稻后年。已获上数，别粲、穤(糯)秥(黏)稻。

这句简文的意思就是："稻如果在谷子之后成熟，应将籼稻和糯稻分别开来。"简文中"粲"，疑读为籼，《一切经音义》四引《声类》："籼，不粘稻也。"黏，《说文》："粘也。"可知在此之前，云梦一带的楚人种植稻谷时早已对稻谷的品种进行区别。联系到江西新干县界埠楚战国粮仓的稻米遗存为粳稻，可知楚国种植的水稻至少有粳、籼、糯三个不同的品种，与马王堆西汉墓出土的稻谷实物反映出的种类完全一致。

不过需要指出的是，楚国水稻的品质，虽然比起新石器时代的水稻有较大的发展，但比今天还是差得很多。1975 年江陵凤凰山 167 号西汉墓出土过四束完整的稻穗，其穗长 18~19 厘米，千粒重 28~32 克，推测生产期为 150 天，有长芒，经鉴定为中晚粳。这四束稻穗出土于楚国当年的腹地，作为陪葬品，理应是精选出的最佳品，它与现代稻的生长情况相比，虽然许多指标大体相当，但每穗的粒数却仅在

① 彭适凡：《江西先秦农业考古概述》，《农业考古》1985 年第 2 期。
② 何介钧、张维明：《马王堆汉墓》，文物出版社 1982 年，第 32 页。

41~72 粒之间，只占现代水稻的一半。① 显然，当年楚国的水稻种植水平仍然是较为粗放的。

麻：

麻在古代也是人们的粮食。《礼记·月令》：孟秋、仲秋之月"食麻与犬"。《吕氏春秋》中的《孟秋》《季秋》篇亦记"食麻与犬"，《仲秋》篇云"以犬尝麻"，所食的麻当是一种麻所结的果实，即所谓麻子，古时也称之为蒉或苴。而韧皮则供纤维用，这是当时人们将麻列为"五谷"之一的主要原因。《吕氏春秋·本味》"饭之美者……阳山之穄"，不粘者呼穄。而穄为饭之美者，故为祭祀上品，而有"尝麻"之礼。古人对植物纤维的利用最早的是大麻，制成各种衣服。《左传》襄公二十三年，栾盈复入曲沃，率家徒攻绛，范宣子(士匄)"墨缞冒绖，二妇人輂以如公，奉公以如固宫"，穿的就是这种衣服。古代人死后，其近亲要穿麻布做的上衣叫"缞"，麻做的带子叫"绖"，"缞绖"成了孝服的代称。②

楚国对于种麻极为重视，甚至影响到国君的继承问题：

> 王子建出守于城父，与成公乾遇于畴中，问曰："是何也?"成公乾曰："畴也。""畴也者何也?""所以为麻也。""麻者何也?"曰："所以为衣也。"成公乾曰："昔者楚庄王伐陈，舍于有萧氏，谓路室之人曰：'巷其不善乎? 何沟之不浚也。'庄王犹知巷之不善，沟之不浚。今吾子不知畴之为麻，麻之为衣，吾子其不主社稷乎!"王子果不立。③

由于麻兼有食用和织衣的两种功能，故种植的面积相当大，以致

---

① 游修龄：《西汉古稻小析》，《农业考古》1981 年第 2 期。
② 李孟存、李尚师：《晋国史》，山西古籍出版社 1999 年，第 310 页。
③ 《说苑·辨物》。

到了讲到田畴必称"所以为麻"的程度。更有甚者，一个国君，如果不知道开垦田畴必是为了种麻，而种麻的作用在于为衣和食用，那么，他就不配做一个国君。成公乾发出这个预言，这位楚太子果然未被立为楚君，可知麻对于国计民生何等重要！

菽：

菽就是豆。战国以前豆都称为菽。据《吕氏春秋·审时》，菽有大菽、小菽之分，大菽就是大豆，又称为荏菽或戎菽。戎菽之称，表明这是东北少数民族山戎所栽培出来的一个品种，大约是在春秋初期传入中原地区而广泛种植。据《逸周书·王会》，山戎曾向周成王贡献特产戎菽，便是这种大豆。《管子·戒篇》说，齐桓公"北伐山戎，出冬葱与戎叔，布之天下"，戎叔即戎菽，可能也是这种大豆。

先秦时大豆是主要粮食之一。《墨子·尚贤中》说："贤者之治邑也，蚤（早）出而莫（暮）入，耕稼树艺，聚菽粟，是以菽粟多而民足乎食。"《孟子·尽心上》说："圣人治天下，使有菽粟如水火。菽粟如水火，而民焉有不仁者乎？"这两则记载都表明，劳动人民多以大豆为食，一般穷苦农民大约都是以大豆作饭，豆叶作羹，"民之所食，大抵豆饭藿羹"（《战国策·韩策一》）。春秋时人们把贵族与平民分别称为"食肉者""藿食者"，见《说苑·善说》之六："晋献公之时，东郭民有祖朝者，上书献公曰：'草茅臣东郭民祖朝，愿请闻国家之计。'献公使使出告之曰：'肉食者已虑之矣，藿食者尚何与焉？'"《韩诗外传》卷九记载楚北郭先生之妻在决定是否应楚王之聘时权衡说："今如结驷连骑，所安不过容膝，食方丈于前，所甘不过一肉。以容膝之安，一肉之味，而殉楚国之忧，其可乎？""于是（北郭先生）遂不应聘，与妇去之"，继续过他的"食粥毚履，无怵惕之忧"的生活。

大豆之所以成为劳动人民的主食，主要在于大豆在春夏两季都可以播种，在不同气候和不同土壤条件下都可生长，抗旱力强，并可以利用高地山沟和其他空隙地方播种，不费大力即可得到较高的产量。《齐民要术》卷二《大豆》篇引《氾胜之书》说："大豆保岁易为，宜古之所以备凶年也。"故劳动人民乐意种植。

楚国种植大豆的具体情况，限于资料，难以详知。但民间广泛种植菽即大豆，则是可以肯定的。这从有关楚国著名的隐士老莱子自食其力的记载中可以证实：

> 莱子逃世，耕于蒙山之阳。葭墙蓬室，木床蓍席，衣缊食菽，垦山播种……①

老莱子在蒙山之阳垦山耕种，所种的东西就是菽，即大豆，并以大豆为主食。楚国还有一位著名的隐士鹖冠子，隐居于深山，大概与老莱子一样，在自食其力时，也是以种植大豆为主，以至在说明某一个道理时以大豆来作比喻："两叶蔽目不见太山，双豆塞耳不闻雷霆。"(《艺文类聚》)从有关这两人的零星记载中，当时楚国人民种植大豆之广，可以概见。

麦：

麦有小麦、大麦之分，均耐于寒，按播种期的不同，又有春麦和冬麦的区别，但种植较普遍者则为冬麦。《礼记·月令》指出，"麦在仲秋之间种植至孟夏之月收获"。但也有种植春小麦的，如《诗经·豳风·七月》说："九月筑场圃，十月纳禾稼；黍稷重(后熟者)穆(先熟者)，禾麻菽麦。"麦和黍稷等一起在十月收获，可知西周晚期的王畿内种的是春小麦。按史书反映的种植趋势，冬小麦是在春秋时代逐步由北向南发展的。春秋初期周的温(今河南温县西南)已种冬小麦，以致郑国军队入侵，于夏历四月(周历六月)"取温之麦"(《左传》隐公三年)。到春秋中期，位于今山西汾水流域的晋国也已种了冬小麦，于周历六月，"晋侯欲麦，使甸人献麦"(《左传》成公十年)。晋国的麦类作物主要是冬小麦。《诗经·魏风·硕鼠》："硕鼠硕鼠，无食我

----

① 《古列女传·楚老莱妻》。

984

麦。"《左传》成公十八年说晋悼公长兄智力低下，"不能辨菽麦"，这些都是对小麦的统称。晋南自古就是小麦的主要产地之一，晋国劳动人民在长期的生产实践中已经培植出冬小麦。

春秋后期，紧邻楚国的陈国也已种了冬小麦，可能获得了大丰收，储存了很多。这些存麦，引起了楚国的羡慕，在楚国白公之乱平定后，为了得到这些麦子，楚借口陈国在白公之乱时乘机入侵，向陈大举进攻，"帅师取陈麦"，陈人为了护麦进行了顽强的抵抗，遭到失败，楚军乘势将陈国再次灭亡。楚国既然不惜大动干戈以夺取他国之麦，当然也会在本土大力推广种植。事实上，从春秋晚期到战国时期，楚国一直大力种植麦。史载楚野地劳作的野人"持麦饭"，即以麦为食。《吴越春秋》谓渔父视子胥有饥色，"持麦饭，鲍鱼羹"以饷子胥。战国时，由麦做成的饼成了人们的主食之一，《墨子·耕柱》中记载：子墨子谓鲁阳文君曰："今有一人于此，羊牛刍豢，雍人但割而和之，食之不可胜食也。见人之生饼，则还然窃之，曰：'舍余食。'不知甘肥安不足乎？其有窃疾乎？"鲁阳文君，按贾逵《国语注》，为楚平王之孙，司马子期之子，被封为鲁阳公。墨子对楚国贵族谈的这种饼，必然是楚民间常食，价格便宜之物，是麦磨成面粉后用水和面加温制成的。

第十一节　农副产品及水产、林产、畜产

楚国境内有着极其丰富的物产，为其他诸侯国所垂涎。《战国策·楚策三》记楚王对人说："黄金、珠玑、犀、象出于楚，寡人无求于晋国。"楚国有"云梦之饶"，主要是指"犀兕麋鹿满之，江汉之鱼鳖鼋鼍为天下富"（《墨子·公输》）。司马相如在《子虚赋》中详细写道：

其东则有蕙圃衡兰，芷若射干，芎䓖昌蒲，江离麋芜，诸蔗猼且。其南则有平原广泽，登降陁靡，案衍坛曼，缘以大江，限以巫山，其高燥则生葳菥苞荔，薜莎青薠，其卑湿则生藏莨蒹葭，东蔷雕胡，莲藕菰芦，菴闾轩芋，众物居之，不可胜图。其西则有涌泉清池，激水推移，外发芙蓉菱华，内隐巨石白沙。其中则有神龟蛟鼍，玳瑁鳖鼋。其北则有阴林巨树，楩柟豫章，桂椒木兰，檗离朱杨，楂梸梬栗，橘柚芬芳。其上则有赤猿蠼蝚，鹓雏孔鸾，腾远射干。其下则有白虎玄豹，蟃蜒貙犴，兕象野犀，穷奇獌狿。①

云梦有"蕙""衡""兰""芷若""射干""昌蒲""江离"等香草，有"蒹葭""蔷""雕胡""莲藕""菰芦""轩芋"等水生植物，有"龟""蛟鼍""玳瑁""鳖鼋"等水生动物，有"虎""豹""蟃蜒""兕""象""犀"等奇珍异兽，还有"楩""柟""豫章""桂""木兰""朱杨""梬""栗""橘""柚"等树木，由此可见"云梦"中有香草、良木、珍馐、异兽，种类繁多，物产富饶。

文献记载的楚国物产种类很多，大体可分为农副产品、水产、林产、畜产四大类。

农副产品：

楚国优越的农业生态环境为楚国农副业生产提供了很好的自然基础。《史记·夏本纪》所列荆州贡品中有"砺、砥、砮、丹……包匦菁茅"等。《集解》载孔安国说："砥细于砺，皆磨石也。砮，石中矢镞。丹，朱类也。"《吕氏春秋·本味》载："菜之美者……云梦之芹，果之美者……云梦之柚。"《史记·货殖列传》称"江陵千树橘"可以富比封君，说明芹、柚、橘都是楚地特产。《战国策·赵策二》记载，苏秦到赵国游说，对赵王说："大王诚能听臣……楚必致橘柚云梦之地……"

---

① 《史记·司马相如列传》。

可见，各国对于楚地所产橘、柚是很倾慕的。《史记·货殖列传》列江南土特产中有作药材和香料的姜桂。《史记·夏本纪》所列荆州贡品中还有"其筐玄纁，玑组"。玄纁，据《集解》载："此州染玄纁色善，故贡之。"《尔雅》记："三染谓之纁。"纁是浅绛色，玄纁是黑色和绛色的染料。《左传》成公三年记"荀罃之在楚也，郑贾人有将置诸褚中以出。既谋之，未行，而楚人归之"，"褚"是丝絮，是用来铺衣被的，也是楚国的贸易品。另外，河南信阳长台关、湖北江陵望山、雨台山等楚墓中出土的各种植物果实有南瓜子、生姜、板栗、桃、李、杏、樱桃、藕、菱、枣、梨、柿、葱、花椒等。① 从考古发现看，湖南出土的战国时期农副产品实物不多，在长沙楚墓中曾出土了粟饼，临澧九里一号大型楚墓中出土了甜瓜子、板栗、枣和藕等实物。② 湖南慈利石板村战国楚墓中发现有桃核。③ 河南省叶县旧县 1 号战国楚墓中也发现有桃核。④ 湖北江陵秦家咀楚墓中出土了桃核、李核、花椒、莲蓬等植物果核。⑤

楚国的农副产品是楚国农业经济的重要补充，这方面的品种有以下几种：

酒。楚人善酿酒，《九歌·东皇太一》有"奠桂酒兮椒浆"的名句，可见当时楚人善于用各种香花泡名酒。《楚辞·大招》："吴醴白蘖，和楚沥只，"就是将吴人的醴醴和以白面之曲，沥清后做成一种甜美的清酒。楚国贵族大量饮酒，并驱使奴隶（主要是女奴）为其酿酒。《吕氏春秋·精通》载："锺子期夜闻击磬者而悲，使人招而问之曰：'子何击磬之悲也？'答曰：'臣之父不幸而杀人，不得生；臣之母得生，

---

① 林奇：《楚墓中出土的植物果实小议》，《江汉考古》1988 年第 2 期。

② 熊传新：《湖南战国两汉农业考古概述》，《农业考古》1984 年第 1 期。

③ 湖南省文物考古研究所、慈利县文物保护管理研究所：《湖南慈利县石板村战国墓》，《考古学报》1995 年第 2 期。

④ 河南省文物考古研究所等：《河南省叶县旧县 1 号墓的清理》，《华夏考古》1988 年第 3 期。

⑤ 荆沙铁路考古队：《江陵秦家咀楚墓发掘简报》，《江汉考古》1988 年第 2 期。

而为公家为酒，臣之身得生，而为公家击磬。臣不睹臣之母三年矣。昔为舍氏睹臣之母，量所以赎之则无有，而身固公家之财也，是故悲也。"酿酒的方法，《礼记·月令·仲冬之月》记载："乃命大酋，秫稻必齐，麴蘖必时，湛炽必洁，水泉必香，陶器必良，火齐必得。兼用六物，大酋监之，无有差贷。"这是先秦时酿酒技术的写照。在长沙马王堆汉墓中的随葬品中，"仅酒一类就分白酒、米酒、温（酝）酒、肋酒（过滤过的清酒）几种"。[①] 这些势必是当年楚地的传统品种，上推楚国之酒，必是品种丰富。

包茅。如果用楚国的包茅来滤酒，酒便格外香冽，故包茅一向享有盛名，成了周天子祭祀的必需品。在楚国国力尚未强盛之时，大约每年必须向周天子进呈贡品，包茅是主要贡品。到了楚成王的时候，楚国国力强盛，开始不把周天子放在眼里，言行举动不大恭敬的地方逐渐多起来，包茅当然不再进贡了。到了楚成王十六年（公元前656年），东方的齐国，由于管仲辅弼齐桓公，国势如日中天，正处鼎盛时期，与开始向东发展的楚国发生了冲突，齐桓公亲自率大军前来讨伐，当楚成王派屈完前去理直气壮地质问："君处北海，寡人处南海，唯是风马牛不相及也，不虞君之涉吾地也，何故？"齐桓公本来师出无名，一时语塞，管仲急忙声言是代周天子前来讨伐楚国人不进贡包茅给周王室之罪："尔贡包茅不入，王祭不共，无以缩酒，寡人是征。"（《左传》僖公四年）区区包茅，竟成为齐国侵楚的口实！包茅，晋杜预注："包，裹束也。茅，菁茅也，束茅而灌之以酒，为缩酒。"《尚书·禹贡》开列荆州贡品的名单，其中有"包匦菁茅"。汉孔安国《传》："茅有毛刺曰菁茅。"孔颖达疏："菁，蓑菁也，蓑菁处处皆有，而今此州贡者，善，以其唯美也。"在江陵马山一号楚墓出土的竹笥中，器物与竹简之间均塞有成束的茅草或底部垫上茅草，疑即为包

① 何介钧、张维明：《马王堆汉墓》，文物出版社1982年，第87页。

茅。① 这种包茅，大约就是今日湖北山区常见的一种农民叫"芭茅"的野生植物，叶片宽而长，生长密集处可以藏人，其色绿而其味清香，滤酒之后摆在祭台上作装饰物亦十分好看，在先秦时由于祭祀的需要而备受重视。

橘柚。橘柚是楚国的特产。《吕氏春秋·本味》记，"江浦之橘，云梦之柚"；《山海经·中次八经》记"荆山……其草多竹，多橘"；《史记·货殖列传》记"蜀汉江陵千树橘"。屈原在寄托自己的情志之时，亦将当时楚国盛产的橘信手拈来，引以自喻："后皇嘉树，橘来服兮。"楚人种植橘柚之广，从中可见一斑。

此外，战国时纵横家苏秦游说赵王时说："大王诚能听臣……楚必致橘、柚云梦之地。"（《战国策·赵策一》)《史记·苏秦列传》记作"楚必致橘、柚之园"。《考工记》："橘逾淮而北为枳。"《尚书·禹贡》记载扬州"厥包橘、柚"，可见在楚国，橘、柚的种植一直较为发达，享有盛名。在江陵望山一号楚墓中，还曾发现柑橘遗物，是这些文献记载的实物证据。②

果。木本的果实有桃、杏、枣。《诗经·魏风·园有桃》篇"园有桃，其实之殽"，"园有棘，其实之食"。"棘"就是枣，这是毫无疑问的已驯化的园栽植株。古本《竹书纪年》晋幽公十年九月作为灾异记了"桃杏实"，山西侯马牛村古城南遗址的窖穴中也发现了枣、杏的核和甜瓜子③，甜瓜亦是晋人栽培的一年生果实作物。④

桑。在我国，蚕桑的起源可以追溯到传说时代的黄帝。清马骕《绎史》卷五引《黄帝内传》："黄帝斩蚩尤，蚕神献丝，乃称织维之

---

① 湖北省荆州地区博物馆：《江陵马山一号楚墓》，文物出版社1985年，第83页。
② 湖北省文化局文物工作队：《湖北江陵三座楚墓出土大批重要文物》，《文物》1966年第5期。
③ 张守中：《1959年侯马"牛村古城"南东周遗址发掘简报》，《文物》1960年第Z期。
④ 李孟存、李尚师：《晋国史》，山西古籍出版社1999年，第309页。

功。"又说养蚕是黄帝的妻子嫘祖发明并传播的，这当然不可信，但我国蚕桑生长之早则是肯定的。古代希腊、罗马人就称中国为"塞里斯"，意即"丝绸"，罗马的大奴隶主们把从中国运去的丝绸视为无上珍品。① 在长江流域，考古工作者曾在江苏吴江的梅堰发掘到印有蚕纹的黑陶，又在浙江吴兴钱山漾发掘的新石器时代遗址中发现绢片、丝带、丝线等，可证长江流域早在距今三四千年前与黄河流域一样养蚕织绸。在黄陂鲁台山西周墓中出土了一件玉制蚕蛹。② 这至少可以说明西周时期楚国已出现养蚕业。养蚕必定大量种植桑树，以致为争夺桑叶，一度酿成楚吴之间的交战：

> 楚边邑卑梁氏之处女与吴边邑之女争桑。③

> 吴之边邑卑梁与楚边邑钟离小童争桑，两家交怒相攻，灭卑梁人，卑梁大夫怒，发邑兵攻钟离。楚王闻之怒，发国兵灭卑梁。吴王闻之大怒，亦发兵，使公子光因建母家攻楚，遂灭钟离、居巢，楚乃恐而城郢。④

这个记载说明当时淮河以南的楚地，养蚕业已很发达。

楚国物产极为丰富，除上述之外，还有很多其他农副产品，下面以列表的形式加以介绍，见表12-6：

---

① 章楷：《蚕业史话》，载万国鼎等编《古代经济专题史话》，中华书局1983年，第39页。
② 黄陂县文化馆等：《湖北黄陂鲁台山西周遗址与墓葬》，《江汉考古》1982年第2期。
③ 《史记·吴太伯世家》。
④ 《史记·楚世家》。

990

表 12-6：楚地出土和见于典籍农副产品品种表

品名	说明
板栗	见于湖北江陵望山一号、二号墓。
杏	见于湖北江陵望山一号、二号墓。
樱桃	见于湖北江陵望山一号、二号墓，楚都纪南城亦出土。
梅	见于湖北江陵望山一号、二号墓，又见于长沙马王堆一号墓。
生姜	见于湖北江陵望山一号、二号墓，马王堆一号墓亦出土。
小茴香	见于湖北江陵望山一号、二号墓，江陵溪峨山亦出土。
枣	《史记·楚世家》记楚庄王喂马"啖以枣脯"。
粔籹	《楚辞·招魂》"粔籹蜜饵"，王逸注：言蜜和米面熬煎作粔籹，捣黍作饵。
仆促饼	《集韵》谓粊饼，据"遣策"，与糖放在一起，为一种甜饼。
稻蜜糈	用米掺和着蜜制成的块状或糊状食物
稻糗	米粉。
棘糗	枣子和米麦一起熬制。
醢羹	白米磨成的细粉做的羹。
白羹	米屑和肉做成。
巾(堇)羹	米屑和肉做成，或用芜菁叶和肉做成，或用肉掺和苦菜做成。
芹	芹，《尔雅》："芹，楚葵。"郭璞注："水中芹菜也，旱芹生平地。"《吕氏春秋·本味》："菜之美者……云梦之芹。"

说明：表中"见于湖北江陵望山一号、二号墓"者，据湖北省文化局文物工作队：《江陵三座楚墓出土大批重要文物》，《文物》1966 年第 5 期

水产类：

楚国境内，江河纵横，湖泊星罗棋布，故水产资源极为丰富。

鱼。《史记·货殖列传》"楚越之地，地广人希，饭稻羹鱼，或火耕而水耨"；《汉书·地理志》"楚有川林山泽之饶，江南地广，或火耕水耨，民食鱼稻"；《战国策·楚策》称蔡圣(声)侯"食湘波之鱼"。

鱼被列为楚国人民的主要食物。在江汉平原发现有很多新石器时代的陶网坠,证明楚先民早已捕鱼为食。从考古发掘中,长沙马王堆一号墓中属于鱼类的有鲤、鲫、鳡、刺鳊、银鲴、鳜等,而见于屈赋的鱼类名称则有鲮(鲤)、鲭(鲫)。

蚌。《汉书·地理志》:"楚有川泽山林之饶……果蓏蠃蛤,食物常足。"此中"蠃蛤"即为蚌的一种。《湖北通志》卷二三物产二:"《本草拾遗》:蚌生江汉渠渎间,老者含珠,壳堪为粉,非大蛤也。《本草纲目》:蚌类甚繁,处处江湖中有之,惟洞庭汉沔独多,大者长七八寸,状如牡蛎辈,小者长三四寸,如石决明辈,其肉可食,其壳可为粉。"在楚都纪南城南垣木构建筑的发掘中,就发现有蚌。①

龟。龟是楚国的特产。《庄子·逍遥游》记"楚之南有冥灵者,以五百岁为春",《尚书·禹贡》载荆州的贡品有"九江纳锡大龟",汉孔安国《传》:"尺二寸曰大龟,出于九江水中,龟不常用,锡命而纳之。"屈赋中还记有一种叫"蠵"的大龟。《左传》宣公四年记"楚人献鼋于郑灵公",引起郑国内乱,是楚地产龟,常作礼物送人。

萍实。《孔子家语》记:"楚昭王渡江中流,有物大于斗,圆而赤,直触王舟,舟人取之,王大怪,使聘鲁问孔子。孔子曰:'此所谓萍实也,可剖而食之,吉祥也,惟霸者能得焉。'"《说苑》卷一八亦记:"楚昭王渡江,有物大于斗,直触王舟,止于舟中。昭王大怪之,使聘问孔子。孔子曰:'此名萍实。'……孔子归,弟子请问,孔子曰:'异时小儿谣曰:"楚王渡江得萍实,大如拳,赤如日,剖而食之美如蜜。"此楚之应也。'……"足证萍实为楚地所产。现在江西境内有地名"萍乡",地方志记载是楚昭王食萍实之处,故而得名。

菱。《国语·楚语上》记"屈到嗜芰""祭我必以芰"。芰即菱。《荆州府志》:"两角曰菱,三角四角曰芰,郢城菱三角而无刺,楚屈到所嗜即此,其米岁荒可以代粮。"《七国考》卷十四引明《一统志》:"采

---

① 湖北省博物馆:《楚都纪南城考古资料汇编》,湖北省博物馆1980年,第87页。

菱城在桃源县东北二十五里，其湖产菱，肉厚味甘，楚平（王）常采之。"在楚都纪南城南垣水门遗址中发现过菱角，在长沙马王堆一号墓中，亦有菱之实物出土，可证楚地当时产菱，菱为楚人喜食之物。

林产类：

楚国由于有着充足的雨水和适宜的气候，林木的生长条件极为优越，资源非常丰富。《史记·货殖列传》记"江南卑湿，丈夫早夭，多竹木"。楚人亦重视对山林的开采利用，《史记·循吏列传》载孙叔敖"秋冬劝民山采，春夏以水，各得其所，使民皆乐其生"，徐广曰："趁多水时而出材竹。"楚地拥有的林产主要有如下数种：

荆。《说文》："荆，楚木也。"《本草纲目》"牡荆"注："古者刑杖以荆，故字从刑。其生成丛而疏爽，故又谓之楚，荆楚之地因产而名也。"楚国以"楚"为名，正是表明在楚国境内，生长得最多，分布最广的就算是这既名荆又称为楚的树木。其实，这种荆，只能算是一种灌木丛而已。鄂西山区，所见之山地尽为灌木丛，漫山遍野，色彩驳杂，粗细不等，大约都属这种"荆"的范围。

竹。《史记·货殖列传》记楚地多竹木。《山海经·中次八经》："东北百里曰荆山……其草多竹。"《国语·楚语下》："云连徒洲，金、木、竹、箭之所生也。"竹在楚国的应用非常广泛。其中，各种竹编织物精巧绝伦，品种繁，数量多，各地都有大量的竹编织物实物出土。有的学者将出土的竹编织物分为丧葬用具与生活用具两大类。丧葬用具类指棺内发现的以竹席包尸、垫尸的有 32 处；在椁盖板上覆盖有竹席、篾网和苇席的有 26 处；生活用具类的竹编织物主要有竹筒、竹扇、竹篓、竹网篓和竹席等，已发掘的竹筒的类型与数量多达 110件。[①] 竹在楚人经济生活中有重要的实用价值。

松柏。《山海经·中山经》："荆山之首，曰冀望之山……其上多松柏。"《尚书·禹贡》所列荆州的贡品有"杶、干、栝、柏"，《战国

---

① 　陈振裕：《楚国的竹编织物》，《考古》1983 年第 8 期。

策·宋卫策》记："荆有长松。"均表明楚地产松树柏树。

杉。《尔雅》将杉作粘，郭璞注："粘似松，生江南，可以为船及棺材，作柱，埋之不腐。"是楚地产杉之证。今日杉树早已遍及各地，以其速生、树干直而受人喜爱。

杞。《左传》襄公二十六年记："杞、梓、皮革，自楚往也。"是楚地产杞之证。《诗经·郑风·将仲子》："无折我树杞。"陆机疏云："杞，柳属也，生水旁，树如柳叶，粗而白色，理微赤，故今人以为车毂。"先秦时盛行车战，杞木可以用来作车毂，当然受人重视。

梓、楠。《史记·货殖列传》："江南出楠、梓……"《战国策·宋卫策》："荆州有长松、文梓、梗、楠、豫樟。"大者可为棺椁，小者可为弓材。

湖北大冶铜绿山古矿冶遗址陈列馆的橱窗中发现有下列 4 种树木作为部分古矿井井巷的支护树木和树种。

化香树。材质粗松，性喜阳光，对土壤要求不严，耐干旱瘠薄，适应性较强。

青冈栎。为偏阴性树种，喜钙，宜植于石灰岩或酸性土壤。材质坚韧，不易割裂，富弹性。

豆梨。阳性树种，较能抗旱、抗寒、抗虫害。

紫荆。对气候适应性强，无论强酸性或碱性土壤都能适应。

畜产类：

西周时期江汉流域农业的发展也推动了畜牧业的发展。在汉阳纱帽山、宜昌覃家沱等西周遗址中，出土了大量的水牛、马、羊、猪、鹿、鳖、龟等动物骨骸遗存。春秋时期，楚国的畜牧业也有了进一步的发展。

马。马在先秦时作用极大，战时能驰骋疆场，平时可供役使，故特别珍贵。《史记·滑稽列传》载楚庄王爱马："楚庄王之时有所爱马，衣以文绣，置之华屋之下，席以露床，啖以枣脯。马病肥死，使群臣丧之，欲以棺椁大夫之礼葬之。"在楚国，民间常使用马来拖一种很低矮的庫车，"楚民俗好庫车，（楚庄）王以为庫车不便马，欲下令使高之"（《史记·循吏列传》）。《左传》襄公二十五年所记的楚苪掩"书土田"，目的是"赋车籍马"，计算该征多少数量的马匹以供军用，可见楚国军队的马匹也有民间供给的。在楚国，贵族拥有的财富多少常常以马匹的数量来衡量，《国语·楚语下》便记有"斗且廷见令尹子常，子常与之语，问蓄货聚马"，显现出楚令尹子常对于马的一副贪婪的神态。楚国作为一个军事强国，战车千乘，战马自然是不可或缺的。

考古证实，楚国的马大量用于交通和军事，一些车马坑和无数车马饰件的出土就是佐证。南阳西关墓区发现3座车马坑。湖北枣阳发掘了2座战国中期的大型楚墓和同时期的2座车马坑。宜城罗岗车马坑中发现春秋时期楚国的车7辆，驾车的马18匹。尤其是荆州熊家冢车马坑中共挖出43辆车、100多匹马。河南淮阳马鞍冢战国晚期2号车马坑里埋有安车、猎车、辂车共23辆，马20匹。考古工作者便是依据车马坑的规模、下葬的车数和马匹数，推测淮阳马鞍冢楚墓是楚顷襄王墓。[①] 可见马在楚国经济、政治生活中地位之重要。

牛。在楚国，牛除作耕牛外，还被用作祭祀和肉食，牛在家畜中当然地位重要。考古材料证明，在楚国腹地的湖南、湖北，饲养水牛的历史可以上溯到9000—8000年前的新石器时代早期遗存——彭头山文化。这个文化的遗址中出土了完整的水牛头骨和稻作遗存。在距今七八千年前的皂市下层文化也出土了一些水牛的骨骼。同时，在湖南、湖北的楚墓中发现有很多水牛遗骸。在湖北楚都纪南城南垣水门遗址的早期文化层中出土了牛骨，西垣北门早期灰坑中也出土了牛骨，不少水井也发现牛骨。当阳赵家湖楚墓 M4 中也出土了牛骨。随州擂鼓墩二号墓中出土的铜鼎上、鼎盖上都呈"品"字形铸造有三头牛。在湖南长沙浏城桥一号墓中出土的春秋中晚期的铜鼎鼎盖上饰有三个卧式

---

① 张志华、骆崇礼：《淮阳马鞍冢墓主考略》，载河南省考古学会等编《楚文化觅踪》，中州古籍出版社1986年，第93页。

水牛形纽。湖北随州曾侯乙墓中出土5个鼎盖上也饰有三个立式水牛形纽。湖北荆门市包山二号楚墓中出土几件盛物陶罐，其颈部发现钤有三个牛纹印记的封泥，在包山二号墓中还出土水牛的动物遗骸。安徽寿县发现有铜牛。

上述在楚国考古发现的牛饰青铜器，反映了牛在人们心目中地位之高，这种地位取决于牛在农业生产中所发挥的作用，从而反映出楚国农耕文化的悠久和繁荣。

猪。 猪在中原人民生活中历来占有重要的地位，在楚国也是如此。《庄子·德充符》记："仲尼曰：'丘也尝使于楚矣。适见独子（小猪）食于其死母者。'"是说孔子来到楚国的农村，看到一头母猪已死，但小猪还是一个劲儿地咬着母猪的奶头欲吃奶。一幅楚地农家生活图画活脱脱地呈现在人们面前。不难推测，在楚国猪的蓄养极为普遍。楚人重祭祀，猪亦是重要的贡品。《国语·楚语下》记楚的"祭典"有"大夫举以特牲，祀以少牢"，韦昭注："少牢，羊、豕（猪）。特牲，豕（猪）也。"

羊。 楚国对羊的饲养在很大程度上也是为了祭祀。上引《国语·楚语下》所记楚的"祭典"中"大夫……祀以少牢"，韦昭注"少牢，羊、豕"，是将羊列为供品之一。楚人大概十分喜爱吃羊肉，故在楚郢都专设有"屠羊之肆"，并有著名商人屠羊说。屠羊说事见《韩诗外传》卷八："吴人伐楚，昭王去国，国有屠羊说从行，昭王反国，赏从者。及说（屠羊说），说辞曰……遂辞三公之位，而反乎屠羊之肆。"从出土情况来看，在江陵马山一号楚墓中，出土有羊椎骨，说明当时饲养羊已很普遍。

狗。 楚国的贵族大都喜欢养狗，文献记载春秋早期的楚文王便是其中的一位。"荆文王得茹黄之狗，宛路之矰，以畋于云梦。"（《吕氏春秋·正谏》）这个"茹黄之狗"便是楚文王打猎的得力帮手。在江陵马山一号楚墓中曾发现一具完整的狗骨架，"置于边箱的竹笥上，出土时，骨架基本保持原状，毛色纯白，头向东，尾向西，趴伏状，长

25~30 厘米，经鉴定是一只小白狗。可能是主人生前的爱犬。"①六畜中唯一不用作牺牲的是犬。犬在民间主要用来捕猎，在宫廷或贵族之家则成为一种有趣的玩赏动物。

第十二节　度量衡制度的应用

我国度量衡制度有着悠久的历史。"度量衡"一词最早见于《尚书》。《尚书·尧典》载："同律度量衡。"郑玄注："度，丈尺也。"传世和考古发现的度量衡器是度量衡制度研究最主要、最直接的对象。自近代以来，传世的度量衡器不断涌现，特别是新中国成立以来，伴随着重大的考古发现，出土的度量衡器更是逐年增加，这为研究度量衡制度提供了重要的实物资料。

楚国是春秋战国时期重要的诸侯国，手工业发达，冶铜、髹漆和丝织业均很著名。楚国曾在康王十二年(前 548 年)任用司马劳掩进行改革，他"书土田，度山林"，"量入修赋"，精密测算楚国可耕地，促进了楚国经济的快速发展。楚国除大量使用蚁鼻钱外，更以黄金作为"上币"参与流通。发达的手工业和繁荣的商业促使楚国度量衡制度迅速发展。

长度单位的形成：

我国长度单位的形成与大禹治水有着密切的关系。大禹采用因势利导的治水方针，开创了古代水利测量学，也促使了长度单位制度的诞生。禹派遣太章和竖亥以步为单位去测量大地。《淮南子·地形训》载："禹乃使太章步自东极，至于西极，二亿三万三千五百里七十五步；使竖亥步自北极，至于南极，二亿三万三千五百里七十五步。"《十洲记》说"禹经诸五岳，使工刻石，识其里数高下"，《史记·夏本纪》也说禹"行山表木，定高山大川"。禹在治理水患的斗争中，使用

① 湖北省荆州地区博物馆：《江陵马山一号楚墓》，文物出版社 1985 年，第 93 页。

规矩、准绳，在河闸设置水文标杆，山丘上设立水准标杆。

夏时，跬、步、里等单位首次出现。为了对全国的土地进行更好的划分和管理，大禹派员对当时的疆域进行了实际测量，《山海经·海外东经》记载，大禹命助手竖亥"步自东极至于西极，五亿十选(选，万也)九千八百步。竖亥右手把算，左手指青丘北。一曰禹令竖亥，一曰五亿十万九千八百步"。这里的"步"即长度单位。《小尔雅·广度》云："跬，一举足也，倍跬谓之步。"《荀子·劝学》曰："不积跬步，无以至千里。"《周礼·冬官·考工记》载："野度以步。"因此，单脚向前迈一次为跬，双脚各迈一次即为步。跬、步须以尺为基本单位，因此推测当时已经出现了尺等长度单位。夏时尺、寸、分制可能已出现。《韩诗外传》《独断》《律吕精义》《通典》均记载夏禹时以"十寸为尺"。《韩诗外传》："禹十寸为尺。"蔡邕《独断》卷上载："夏以十三月为正，十寸为尺。"《通典·礼》则说："夏后氏……十寸为尺。"明代朱载堉《律吕精义·内篇》记载："历代之法，皆本黄钟而损益不同……有以黄钟之长，均作九寸者，而寸皆九分者，此黄帝命伶伦始造律之尺也……有以黄钟之长，均作十寸，而寸皆十分者，此舜同律度量衡之尺，至夏后氏而未尝改，故名夏尺。《传》曰'夏禹十寸为尺'盖指此尺也。"夏代以十寸为尺，这与商代和后世发现的尺子相合，应比较可信。

从文献记载和实物资料来看，商代已具有了较为成熟的长度单位制度，尺、寸、分制已普遍使用。商代尺、寸间的进位说法不同。据考古实物证实，商代一尺应为十寸，一尺约 16~17 厘米。目前共发现了三把商尺，其中一把为骨质，另两把为牙质。骨尺据传出土于河南安阳殷墟，藏台北故宫博物院。骨尺长 16.95 厘米，尺分十寸。两把牙尺系早年由上海博物馆征集，亦传为安阳殷墟出土。两尺形制、牙质相同，尺面均等分十寸，每寸刻十分，一把表面已剥蚀，长度分别为 15.78 厘米和 15.8 厘米，现分别藏于中国国家博物馆和上海博物馆。① 三把商尺长度在 16~17 厘米之间。《史记·夏本纪》载禹"身为度，称以出"。明代朱载堉解释说："若据身为度之一言，则应长十尺为是，盖十尺为一丈，古称丈夫。"②一尺为 16~17 厘米，则一丈正为160~170 厘米。而身高 160 厘米者，其拇指指尖与食指指尖的距离大约为 16 厘米，一指之宽为 1.6 厘米。③《大戴礼记·主言》载："布指知寸，布手知尺。"一尺为 16 厘米，则一寸正为 1.6 厘米。因此，发现的商尺与文献和人骨实测结果相合。商代晚期发现的甲骨文中已经出现了一到十，以及百、千、万等数字，证明了商代采取的正是十进制的进位方法。

商代还出现了以人体为参照的长度单位"寻"。"寻"即人伸开两臂的长度，约合古代八尺。《淮南子·地形训》："其修五寻。"高诱注："五寻，长三十五尺。"此一寻又当七尺。总之，一寻的长度为人伸开两臂之长度则无异议。

为了实行经济核算，商代统治者依赖矩弓、绳子或蹑步，以"田"为单位对土地进行划分，这些均需以成熟的长度制度作保证。

目前尚未发现西周的长度器具，但西周应继承了商代成熟的尺、寸、分制单位制度并有所发展，长度制度应更趋成熟。版、堵、雉是专门表示城墙高度和宽度的一组单位，应出现于西周。版，即筑墙用的夹板。《左传》隐公元年："都城过百雉，国之害也。"杜预注："方丈曰堵，三堵曰雉，一雉之墙，长三丈，高一丈。"孔颖达疏："一丈为板，板广二尺，五板为堵，一堵之墙长丈、高丈，三堵为雉，一雉之墙长三丈，高一丈。"版、堵、雉三者之间的关系应为"五版为堵，三堵为雉"，即以版向上连续筑五次即得一堵（墙），三堵（墙）一次相接即得一雉。故版应长十尺，宽二尺，堵长十尺，高亦十尺，雉长三

① 国家计量总局等主编《中国古代度量衡图集》，文物出版社 1984 年，第 2 页。
② 朱载堉：《律学新说》，人民音乐出版社 1986 年，第 170 页。
③ 丘光明、邱隆、杨平：《中国科学技术史·度量衡卷》，科学出版社 2003 年，第66 页。

十尺，高十尺。版、堵、雉均有固定的长和宽，故成为专门用来测量和计算城墙的长度单位。[①]

周平王东迁后，周王室对天下的控制日趋减弱。各诸侯国力量日益强盛，一些大国不断争霸称雄，周王室已经失去了"天下共主"的地位。但由于周王室处于天下之中，周王仍是名义上的"天子"，因此，周王室的政治制度等仍对其他诸侯国有着重要影响。度量衡制度亦不例外。

考古发现东周王室铜尺1把。传该铜尺20世纪20年代出土于河南洛阳金村古墓，早年为美国人福开森得到，后转赠金陵大学（今南京大学）。[②] 学者均将其定为东周王室用尺。铜尺正、背两面均无刻度，仅在一侧面刻有10寸格，中间5寸处刻有交午线。尺两端的1寸均合2.31厘米，其中一端的1寸又划分为11小格，其余9寸均未分格，而中间的8寸分度也不甚均匀。另一端有一小孔，应是穿系所用。因此，东周王室使用尺、寸、分制的长度制度，1寸合2.31厘米，1尺合23.1厘米。

容积单位的形成：

春秋时期，诸侯各国形成了独具特色的容量单位，量值也有所差别。然而在一定范围内，容量单位又呈现出一定的趋同性。依据各国当时容量单位的异同，我们可将诸侯国的量制分为几个单位系统：

东周王室的量制。东周王室未见专用的量器，但发现有一批刻容铜器。1928年，河南洛阳金村成周故城古墓出土了10余件刻容记重的东周铜钫，其中9件铭刻容量"四斗"，但仅有2件有实测容积。一件刻铭"四斗……四寽廿三冢"，实测容积为7990毫升，1斗合1997.5毫升，1升约199.8毫升。另一件刻铭"四斗……四寽十一冢"，实测

---

① 赵宗乙：《释"雉"与"百雉"》，《文史知识》1987年第6期。

② 赵宗乙：《释"雉"与"百雉"》，《文史知识》1987年第6期。

容积为 7700 毫升，1 升合 192.5 毫升。[1] 1960 年，陕西临潼出土了 1 件东周铜鼎。器上有两处刻铭："十一年十一月乙巳朔，左自(官)冶大夫杖命冶意铸贞(鼎)，容一斛"和"公朱左自(官)"，实测容 2050 毫升。[2] 因此，铜鼎虽自铭一斛，实则容一斗，1 升约合 205 毫升。3 件器物平均得 1 升为 201.3 毫升，1 升约合 200 毫升。可见，东周王室使用斗、升制的容量单位，1 升约合今 200 毫升。

楚国的量制。楚国地处南方，结合传世和出土文献材料来看，可能形成了不同于北方诸国的量制系统。

多年来，考古发现了一定数量的楚国量器。目前已知年代最早的当属 1978 年河南淅川县下寺 3 号春秋晚期墓出土的 1 件铜量。该铜量大口微敛，鼓腹，腹侧铸一小环钮，下壁内收成小平底。铜量通高 11.5 厘米，口径 16.5 厘米，腹径 18.4 厘米。器表素面无文字。[3] 学者根据铜量线图测算，该铜量约容 2296 毫升。[4]

重量单位的形成：

楚国经济繁荣，商业发达，促使了金属货币的产生。《管子·地数》："楚有汝汉之黄金。"《管子·揆度》："黄金起于汝汉水之右衢。"楚国除使用蚁鼻钱外，还大量使用黄金作为"上币"。由于价值珍贵，黄金在交易时就需要进行非常精细的称量。多年来，在楚国故境已发现了 400 余枚铜环权，还见有衡杆和铜盘出土。大量资料表明，楚国当时已经形成了益(镒)、两、朱(铢)制的重量单位。[5]

① 朱德熙：《洛阳金村出土方壶之校量》，《北京大学学报》(哲学社会科学版)1956 年第 4 期。

② 丁耀祖：《临潼县附近出土秦代铜器》，《文物》1965 年第 7 期。

③ 河南省文物考古研究所：《淅川下寺春秋楚墓》，文物出版社 1991 年，第 235 页。

④ 董珊：《楚简簿记与楚国量制研究》，《考古学报》2010 年第 2 期。

⑤ 赵晓军：《先秦两汉度量衡制度研究》，上海交通大学出版社 2017 年，第 101—103 页。

第十三节　楚亩制与粮食管理

亩制是中国古代田地最主要的计量单位。"亩"作为计量单位，最早出现于黄帝时期。《文献通考》："昔黄帝始经土设井，以塞争端，立步制亩，以防不足。"①《说文解字》对"亩"字的解释为："亩，六尺为步，步百为亩。"可以看出，涉及亩制的因素有尺制和步制。亩积的大小由尺制、步制和亩制三个因素决定。《汉书·食货志》中记载："六尺为步，步百为亩，亩百为夫，夫三为屋，屋三为井，井方一里，是为九夫。"这说明，西周时期的一亩为一步乘一百步的长方形地块，一步为六尺。关于西周"尺"的记载见于《说文》。《说文·尺步》："中妇人手长八寸，谓之咫，周尺也。"《说文·夫部》亦曰："夫，丈夫也。周制八寸为尺，十尺为丈。"但《礼记·王制》中有不同的记载："古者以周尺八尺为步，今以周尺六尺四寸为步。"郑玄注："周尺之数未详闻也，按《礼制》，周犹以十寸为尺。盖六国时多变乱法度，或言周尺八寸，则步更为八八六十四寸。"②根据以上记载可知，周尺有大尺、小尺之分。大尺为十寸，小尺为八寸。吴慧提到，"在周代，尺已有大尺小尺之分，并且有其地区性：以大尺而论，较长的百粒黑黍横排的尺（长24.36厘米）早先起于晋国等夏民族的旧地，其后用于周鲁地区；较短的百粒红黍横排的尺（长23.1厘米）行于中原地区，到战国时这种稍短的红黍尺通行范围更见扩大，黍尺（黑黍尺）终于被后者所取代"③。由此可知，西周大尺的长度约为24.36厘米，小尺的长度约为23.1厘米。

综上，周时大小尺并行，六尺为步，一小步为23.1×6，即约为

---

① 马端临：《文献通考》，中华书局2011年，第325页。
② 阮元校刻：《十三经注疏》，中华书局2009年，第2917页。
③ 吴慧：《春秋战国时期的度量衡》，《中国经济史研究》1991年第4期。

139 厘米，一大步为 24.36×6，即约 146 厘米。西周时期的亩制虽然是固定的，但由于尺制存在大小之分，导致大小亩的并行。一小亩的面积为 13900×139，即 1932100 平方厘米，合 193.21 平方米；一大亩的面积为 14600×146，即 2131600 平方厘米，合 213.16 平方米。这种大小亩制并行容易导致亩积标准不同，在实践中易产生混乱。[1]

面积单位的形成：

夏代的面积记载见于《左传》哀公元年，少康逃奔有虞氏后"有田一成，有众一旅"。杜预注："方十里为成，五百人为旅。"说明夏代存在土地面积单位"成""里"。

西周时期对土地的管理已经较为成熟，地积单位主要有亩、田和里。《韩诗外传》卷四："广一步，长百步为一亩。"因此，一亩就是长一百步、宽一步的土地。《韩诗外传》卷四亦云："广百步，长百步为百亩。"因此，一田即百亩，就是边长为一百步的土地。《穀梁传》宣公十五年："古者三百步为里，名曰井田，井田者，九百亩。"《礼记·王制》："方一里者，为田九百亩。"《韩诗外传》卷四："古者八家而井田，方里为一井，广三百步，长三百步为一里，其田九百亩。"因此，一里为边长三百步的土地，为九百亩，即九田。亩、田、里的关系如下：1 里 = 9 田 = 900 亩。

西周的地积单位还有夫、屋、邑、丘、甸、县、都等。西周庄园中采用各种单位来计量土地的面积。[2]《周礼·地官·司徒》："乃经土地，而井牧其田野，九夫为井，四井为邑，四邑为丘，四丘为甸，四甸为县，四县为都，以任地事而令贡赋，凡税敛之事。"各单位间的换算关系为：1 都 = 4 县 = 16 甸 = 64 丘 = 256 邑 = 1024 井 = 9216 夫（田）。

郑玄注引《司马法》曰："步百为亩，亩百为夫，夫三为屋，屋三为

---

① 秦一鸣、李恒全：《从出土简牍看先秦秦汉时期的亩制》，《江苏科技大学学报》（哲学社会科学版）2021 年第 1 期。
② 汪宁生：《从原始计量到度量衡制度的形成》，《考古学报》1987 年第 3 期。

井，井十为通。"因此：1 通 = 10 井(里) = 30 屋 = 90 夫(田) = 9000 亩。

《周礼·考工记·匠人》："田首倍之。"郑玄注云"田，一夫之所佃，百亩"，可与此相印证。

楚亩制：

楚亩，楚国称之为"畛"。研究楚国的粮食生产水平，就必然需要求得楚国粮食生产的亩产量，要做到这一点，就得先求出楚国每亩土地的面积。

楚国的亩制，没有明确的记载，只有下列史料从侧面给人以一定启示：

> (楚)威王问于莫敖子华曰："自从先君文王以致不穀之身，亦有不为爵劝，不为禄勉，以忧社稷者乎？"……莫敖子华对曰："……昔者叶公子高，身获于表薄，而财于柱国；定白公之祸，宁楚国之事；恢先君以掩方城之外……叶公子高食田六百畛，故彼崇其爵，丰其禄，以忧社稷者，叶公子高是也。"
>
> "昔者吴与楚战于柏举，三战入郢。君王身出，大夫悉属，百姓离散，蒙穀给斗于宫唐之上，舍斗奔郢，曰：'若有孤，楚国社稷其庶几乎？'遂入大宫，负离次之典以浮于江，逃于云梦之中。昭王反郢，五官失法，百姓昏乱，蒙穀献典，五官得法而百姓大治。比蒙穀之功，多与存国相若，封之执圭，田六百畛……"①

这是春秋晚期在楚国发生的两件大事，楚王对有功之臣叶公子高和蒙穀赏赐有明确数量的田亩面积"六百畛"。这两段史料告诉我们，楚国常以"畛"作为面积的计量单位。

---

① 《战国策·楚策·威王问于莫敖子华》。

此"畛"字曾使史学界和考古界感到极大的困惑。仁者见仁，智者见智，各执一说。如果按《战国策》的这两条记载，当为楚国的亩积计算单位无疑。但历来对"畛"的解释五花八门，在未见考古资料之前，人们多将"畛"释为田界或田间道路。如《左传》定公四年有"封畛土略"的记载，杜预注："畛，涂所经也"；《周礼·地官·遂人》记"十夫有沟，沟上有畛"，郑玄注为"沟广深各四尺，畛容大车"；《庄子·齐物论》记"为是而有畛也"，注云："畛谓封域或畛陌也"；又《楚辞·大招》记有"田邑千畛，人阜昌只"，王逸亦注："畛，田上道也"；还有《说文》"畛，井田间百(陌)也"。等等。

以上述这些解释，来证《战国策》所记楚国之"畛"，明显不合。新中国成立以来，我国考古有两处重要文物出土，使人们对"畛"字的理解有了深化。一处是1972年在山东临沂出土的汉简，其中有《孙子兵法》佚篇《吴问》，出现有"畛"字：

> 范，中行是(氏)制田，以八十步为畹，以百六十步为畛……智是(氏)制田，以九十步为畹，以百八十步为畛……韩、魏制田，以百步为畹，以二百步为畛……赵是(氏)制田，以百廿步为畹，以二百卌步为畛……

黄盛璋指出："'畛'字……今作亩。"长沙马王堆帛书《易说·昭力》篇"四海"作"四勿"，可证"勿"声与"每"声可通。根据《吴问》中这两个"畛"字写法一致，而另有亩字作"畞"，同于《说文》"畮"字所收的另一篆文或体"畮，或从十、九"，可知"畮"字都是"畛"，不是"亩"，《吴问》以多少步为畛，实际上是指一畛的面积为多少步。[①] 按照这种理解，"畛"便不再单指田间的道路或田界，而是如同今亩，是指一定的面积单位。

---

① 黄盛璋：《青川新出秦田律木牍及其相关问题》，《文物》1982年第9期。

证实"畛"为一定面积单位的第二个考古发现是出土于四川青川的秦田律木牍，其中也出现有"畛"字。

……更修为田律，田广一步，袤八则为畛。亩二畛，一百（陌）道……

对这段记载，有的学者仍从畛为田界的角度来理解，一直不得要领，如杨宽认为，这里的"畛"是指一亩田两端的小道，所谓"田广一步，袤八则为畛"，是说"畛"宽一步，长八步。"陌道"是一亩田旁边的道路，也就是亩与亩之间的道路，与"畛"垂直相交，使亩成为一块长方形的田。[①] 这样理解，畛为宽一步长八步的亩两边的小道，以此来看《战国策》中楚王赏赐贵族"六百畛"，仅为六百条小道，难以说通。之后，胡平生对青川秦墓木牍中的这段文字提出了新的见解，才使问题得到圆满的解决。胡平生提出[②]，青川秦墓木牍的这段文字应断为"田广一步，袤八则，为畛"，而"则"，在这里是一种度量标准，因为在安徽阜阳出土的西汉简册[③]中正有"卅步为则"的话，这样一来，就弄清了"袤八则"便是指八个三十步，即二百四十步。由此，"畛"便与《孙子兵法·吴问》中所记的古田制"赵是（氏）制田，以二百卅步为畛"完全一致起来，无可辩驳地证实，"畛"实为楚国在春秋晚期楚昭王时的亩积单位，这种以二百四十步为畛的楚亩，与晋国赵氏大亩、秦国的大亩[④]是一样的。

楚一"畛"土地的具体面积，根据考古发现的楚铜尺，是可以推知

---

① 杨宽：《释青川秦牍的田亩制度》，《文物》1982 年第七期。

② 胡平生：《青川秦墓木牍（为田律）所反映的田亩制度》，载中华书局编辑部编《文史》第十九辑，中华书局 1983 年，第 216—221 页。

③ 安徽省文物工作队等：《阜阳双古堆西汉汝阴侯墓发掘简报》，《文物》1978 年第 8 期。

④ 《说文》："秦以二百四十步为亩。"

的。1933年，安徽寿县楚王墓中曾出土一把铜尺，量得长度为22.50厘米，据《安徽省考古学会会刊》第七辑记载，此铜尺现在尚藏于南京大学，陈梦家《战国度量衡略说》和梁方仲《中国历代户口、田地、田赋统计》"古今尺度的比较"第四栏曾作引证，以古时通行的"六尺为步"进行推算楚"畛"(二百四十步)的面积和楚小亩[①]。

表 12-7：楚亩(按每尺 0.225 米)换算今亩表

	宽	长	面积	今市亩	楚亩相当今市亩	扩大 600 相当今市亩
一畛 (240 步)	0.225 米× 6=1.35 米	0.225 米× 6×240 步=324 米	1.35 米× 324 米= 437.4 平方米	666.7 平方米	437.4÷ 666.7 = 0.656 市亩	0.656 市亩× 600=393 市亩
一小亩 (100 步)	0.225 米× 6=1.35 米	0.225 米× 6×100 步=135 米	1.35 米× 135 米= 182.25 平方米		182.25÷ 666.7 = 0.273 市亩	0.27 市亩× 600=162 市亩

说明：以 1933 年寿县出土的长 0.225 米的楚铜尺为据，按每尺 0.225 米计算

从表 12-7 中可以看出，按楚铜尺 0.225 米计算，《战国策》中所记春秋晚期楚昭王欲赏给有功之臣的土地"六百畛"，实际相当今393.6市亩。一"畛"面积为437.4平方米，合今0.656市亩。

目前史学界多以洛阳金村出土的战国铜尺和商鞅量的实数 0.23 米为标准计算先秦亩积，则楚"畛"(二百四十步)和楚小亩(一百步)的面积如表 12-8：

---

① 楚也有"亩"的记载，见于《离骚》"树蕙之百亩"，此亩与畛同时出现于楚辞，当为不同的面积单位，既然"畛"以二百四十步为标准，则亩多以通行的"步百为亩"为标准。

表 12-8：楚亩(按每尺 0.23 米)换算今亩表

	宽	长	面积	今市亩	相当今市亩	扩大 600 相当今市亩
一畛 (240 步)	0.23 米×6=1.38 米	0.23 米×6×240 步=331.2 米	1.38 米×331.2 米=457 平方米	666.7 平方米	457÷666.7=0.6855 市亩	0.6855×600=411.3 市亩
一小亩 (100 步)	0.23 米×6=1.38 米	0.23 米×6×100 步=138 米	1.38 米×138 米=190 平方米		190÷167=0.2856 市亩	0.2856×600=171.36 市亩

说明：以 1933 年寿县出土的长 0.225 米的楚铜尺为据，按每尺 0.23 米计算

从表 12-8 中可以看出，按通行的战国铜尺 0.23 米来计算，《战国策》中所记春秋晚期楚昭王欲赏赐有功之臣的土地"六百畛"，实际相当今 411.3 市亩，一"畛"的面积为 457 平方米，合今 0.6855 市亩。

楚亩的面积计量单位除"畛"外，还有"畹""亩"诸名称，见于《离骚》：

余既滋兰之九畹兮，又树蕙之百亩。

历来对"畹"字的解释，有说为三十亩者，如《说文》"畹，田三十亩也"，《文选·魏都赋》注引班固曰："畹，三十亩也。"有说为十二亩者，如王逸《楚辞集注》："十二亩为畹，或曰田之长为畹也。"其实，这两种理解都不正确。前引临沂汉简《孙子兵法·吴问》篇佚文中，明确记载"畹"正是"畛"的一半，整理之后见表 12-9。

表 12-9：畛、畹面积比较表

	范、中行氏	智氏	韩、魏	赵氏
畛	百六十步	百八十步	二百步	二百卌步
畹	八十步	九十步	百步	百廿步
畹为畛的%	50%	50%	50%	50%

由此可知，屈原"滋兰之九畹"，实为九畛的二分之一，按每尺0.23 米的通行标准，一畛为 0.6855 市亩，表明屈原有约今 3 市亩的花园。而屈原"树蕙之百亩"，按每尺 0.23 米的通行标准，一亩为0.2856 市亩，表明屈原除了 3 市亩的花园外，还有"树蕙"28.56 市亩。

粮食产量测定：

楚国农作物的产量，较明确的记载，只有《荀子·富国》的这样一段话：

> 今是土之生五谷也，人善治之则亩数盆……

这就是说，楚国的亩产量，如果耕作得好，"善治之"的话，可以达到"数盆"之多。荀子其人，后为楚国的兰陵令，晚年著书时居于楚地，所言多为楚地之事，故此处言"亩数盆"是以盆为单位计算谷物的数量。据《考工记·陶人》"陶人为甗，实二鬴……亩实二鬴"，表明一盆相当于二鬴。

《考工记》中有关制作量器的一段文字，实为先秦时各国所通用：

> 栗氏为量，改煎金锡则不耗，不耗然后权之，权之然后准之，准之然后量之。量之以为鬴，深尺，内方尺而圆其外。其实一鬴，其臀一寸，其实一豆，其耳三寸，其实一升。

这段话的意思是，栗氏制造量器，更番煎炼金锡，直至精纯而没有杂质为止，然后称出制造规定重量的金锡，用水测知它的体积是否合乎标准，然后量金汁入模中，所铸成的鬴，深一尺，底为一方尺，口为圆形，它的容量是一鬴。下底深一寸，它的体积容量是一豆，两侧的鬴耳，深三寸，它的体积容量是一升。按照这个量器上、下两层的比例，"深一尺"者为鬴，"深一寸"者为豆，很显然，是 1 鬴 = 10豆。又根据郑玄注"豆当为斗"，可知便是 1 鬴 = 10 斗。鬴相当于石、斛，则一盆相当于二十斗，亦即相当于二石、二斛。与这个结论相一致的是，1972年6月在江苏铜山小龟山西汉崖洞墓中出土楚私官量时，同时还出土了一件铜盆，其上铭刻的容量是："一石九斗八升"[1]，仅差两升即为二石，可能铸造此盆时本以二石为目标，但铸成后发现少两升，故铭文记明。这有力地证实盆的容量正是两石，相当今4万毫升。

将先秦之"石"折算为今天的市斤，唐启宇《中国农史稿》认为每石为135斤，即今石(100公斤)容粟(带壳)135市斤。据梁方仲《中国历代户口、田地、田赋统计》所附《关于后汉以前的量值》表，先秦时一升合今0.2市升，则先秦之石为今石的五分之一，先秦之石容粟(带壳)为135市斤÷5＝27市斤。按《云梦秦简·仓律》"(粟一)石六斗大半斗，舂之为粝米一石"的比例，则出米率为1石÷1.666石＝60%，先秦一石所容27市斤，也就是1石＝16.2市斤粝米。那么"二石"为16.2市斤的两倍，即折合粟(粝米)32.4市斤，再按《云梦秦简·仓律》"(粟一)石六斗大半斗，舂之为粝米一石"的比例推算为粟(带壳)，则32.4市斤×1.66＝54市斤/楚亩，也就是说，楚亩产如果最低为"一盆"的话，则是亩产粟约54市斤。按此处《荀子》言亩来言畛，此亩当系百步为亩的小亩，本书在论证"楚亩——畛"中，已求得楚小亩(以通行的0.23米战国铜尺为据)相当于今市亩的0.2856，则最低的楚亩产一盆约54市斤粟，折算成今市亩的亩产量为54市斤÷0.2856≈189市斤/市亩，以此类推，如果楚亩亩产"数盆"意味着二盆、三盆、四盆……乃至九盆(粟)，折合成今市亩粟产量如表12-10，同时也按每石可容稻谷30市斤的比例[2]，折算出今市亩的稻谷产量：

---

① 南京博物院：《铜山小龟山西汉崖洞墓》，《文物》1973年第4期。
② 张泽咸等：《略论我国封建时代的粮食生产》，《中国史研究》1980年第3期。

表 12-10：《荀子·富国》中"亩数盆"粟、稻谷产量相当今日亩产折算表

产量	相当楚量	容粟（粝米）市斤	折合带壳粟市斤	折合今市亩产粟（带壳）市斤/市亩	容带壳稻谷市斤	折合今市亩产稻谷（带壳）市斤/市亩
一盆	2 石	32.4	54	189 市斤/市亩	60	210 市斤/市亩
二盆	4 石	64.8	108	376.6 市斤/市亩	120	420 市斤/市亩
三盆	6 石	97.2	162	564.9 市斤/市亩	180	630 市斤/市亩
四盆	8 石	129.6	216	753.2 市斤/市亩	240	840 市斤/市亩
五盆	10 石	162	270	941.5 市斤/市亩	300	1050 市斤/市亩
六盆	12 石	194.4	324	1129.8 市斤/市亩	360	1260 市斤/市亩
七盆	14 石	226.8	378	1318 市斤/市亩	420	1470 市斤/市亩
八盆	16 石	259.2	432	1506.4 市斤/市亩	480	1680 市斤/市亩
九盆	18 石	291.6	486	1694.7 市斤/市亩	540	1890 市斤/市亩

注：楚小亩相当今亩 0.2856 亩

按表中所列，"数盆"最高数九盆，相当于今日亩产粟 1694 市斤左右，亩产稻约 1890 市斤，这是绝对不可能的。即使是"三盆"（630市斤/市亩），也难以达到。根据各种情况分析，楚国的粮食亩产量在经营得好、土地肥沃的情况下，一般只会在二盆（420 斤）左右，对此，我们可以从楚国的下种量按一定比例求出亩产量来进一步证实。

由于史籍难稽，楚国农耕者对下种量的掌握需通过其他史料进行推定。下种，首先便遇到按亩或畛的面积该下多少数量种子的问题，少了不够，出苗稀疏，多了浪费，出苗太密，掌握好这个比例显然很不容易，需要在长期的实践中加以摸索。《吕氏春秋·辨土》提出了这个问题，"慎其种，勿使数，亦无使疏，于其施土，无使不足，亦无使有余。"却没有规定具体的比例。目前，较能说明楚人在掌握下种数量方面有丰富经验的史料，要算云梦睡虎地出土的秦简了。这批秦简出土于楚腹心地带，反映的是战国晚期到秦始皇时期，当地被秦人占

领的时间并不长，且"楚俗不改"，故其中所述农业之事，很大程度是当地楚人农耕经验的结晶。《云梦秦简·仓律》中对下种量有一段极为科学的叙述：

> 种：稻、麻亩用二斗大半斗，禾、麦亩一斗，黍、荅亩大半斗，叔（菽）亩半斗。利田畴，其有不尽此数者，可殹（也）。其有本者，称议种之。[①]

这段重要记载，用今天的话来理解是："种子，稻、麻每亩用二又三分之二斗；谷子、麦子每亩一斗；黍子、小豆每亩三分之二斗；大豆每亩半斗。如是良田，用不到这样数量，也是可以的，如田中已有作物，可酌情播种。"这段记载对下种量规定得如此明白具体，确实难得。

这个下种量是否科学，不妨按此比例折算成今亩的下种量，则可知晓。

前文已算出，楚亩"一畹"按楚尺 0.225 米计算等于今 0.656 市亩，以通行的 0.23 米的战国铜尺计算，则相当于今 0.6855 市亩，按楚亩一畹与秦亩均为 240 步，故楚亩实际与秦亩完全相同。楚、秦量制亦大体相同，这样，可以按今天的市斤、市亩测算楚国当年的下种量。若以稻为例，"亩用二斗大半斗"，则楚（秦）亩一亩用二又三分之二斗，即 2.666 斗，仍按每斗可容米 3 市斤的标准，则 2.666 斗×3 市斤＝7.998 市斤，按楚"畹"（亦秦亩）相当今 0.6855 市亩，则 7.998 市斤÷0.6855＝11.67 市斤，也就是说，当年楚人稻种的下种量，相当于今天每市亩下种 11.67 市斤。按云南克木人计算稻谷收获量的标准，"上等地产量为籽种的二十倍，下等地产量为籽种的十倍，一般土地

---

① 睡虎地秦墓竹简整理小组：《睡虎地秦墓竹简》，文物出版社 1978 年，第 43 页。

产量为籽种的十五倍"①，则楚国的稻产量上等地相当今每市亩 332 斤，下等地每市亩仅 116 斤，一般土地产量 250 斤左右。这个数字，少于《荀子·富国》所言二盆 420 市斤，但荀子所言是"善治之"即经营得特别好的情况下的产量，应该高一些。由此，我们可以大致认定，楚国粮食作物产量，在土地肥沃的地方，如果经营得好，亩产量将可达到"二盆"约相当今市亩产稻谷 420 市斤左右的水平。这个产量，可证之以离楚灭亡时代不久楚旧地江陵凤凰山 167 号西汉墓出土的"据推算亩产可达 500 多斤"②的稻穗，此稻穗既下葬，当是特意挑选的特别肥硕者，加之汉代生产力较楚有较大的进步，故楚亩产量只会比此稻穗所反映的亩产量为小，故定在二盆(420 市斤/市亩)是适宜的。

战国初年，魏国亩产粟还只有一石五斗，李悝认为这个产量太低，农民还是很穷，于是提出要"尽地力之教"，要求经过精耕细作和采取其他经济措施，希望能增产一至四倍。经过了一百五十多年的发展，当郑国渠建成以后，由于耕作技术的不断提高和水利灌溉的效益，关中平原的亩产量达到了一钟，即三石四斗，是战国初年的产量的 2.26 倍。③

粮食储存：

粮食储存是衡量一个国家农业生产水平的重要标志。在先秦时期，各国统治者都高度重视粮食储存，把这项工作视为关系到国家生死存亡的大事。储存粮食的目的极为明确：备灾、备战。基于此，当时对粮食拥有的数量，是以全国人口一年所消耗的口粮总额称之为"一年"作为计算单位来进行计算的。各种文献中所反映出的先秦时期通行的储粮标准较为一致：

---

① 颜思久：《克木人的村社和氏族制遗址初探》，《云南社会科学》1983 年第 1 期。
② 林奇：《楚墓中出土的植物果实小议》，《江汉考古》1988 年第 2 期。
③ 曹毓英：《中国牛耕的起源和发展》，《农业考古》1982 年第 2 期。

国无九年之蓄，曰不足；无六年之蓄，曰急；无三年之蓄，曰国非其国也。①

岁藏三分，十年则必有三年之余。②

一人廪食，十人得余；十人廪食，百人得余；百人廪食，千人得余。③

使万室之都必有万钟之藏，藏缯千万；使千室之都必有千钟之藏，藏缯百万。④

夫天地之大计，三年耕而余一年之食，率九年而有三年之蓄，十八年而有六年之积，二十七年而有九年之储。虽涝旱灾害之殃，民莫困穷流亡也。故国无九年之蓄，谓之不足；无六年之积，谓之悯急；无三年之蓄，谓之穷乏。⑤

先秦时期对粮食储存的一般要求是：劳作三年，必须有一年的余粮囤起来。这种要求对农业生产来说当然是有一定难度的。如果农业生产一年收获时得到的粮食仅能维持全部人口全年的食用之需，会被视为不可思议，从这里可见先秦时期的粮食水平就当时的消耗量而言是不低的。齐国农业粮食储存有一个具体目标："一岁耕，五岁食，粟贾五倍；一岁耕，六岁食，粟贾六倍，二年耕而十一年食，夫富能夺，贫能予，乃可以为天下。""上农挟五，中农挟四，下农挟三。上女衣五，中女衣四，下女衣三。"（《管子·揆度》）这是"要求耕种一年能吃五六年，有五六倍的商品粮贮存，富有的可以拿出来补助贫困的，这样才能'为天下'。挟是供给的意思，是说上等的农民一个人耕种要

---

① 《礼记·王制》。
② 《管子·乘马数》。
③ 《管子·国蓄》。
④ 《管子·国蓄》。
⑤ 《淮南子·主术训》。

能供给五个人的粮食、果蔬，上等女人一个人纺织要能供五个人穿衣"。① 勾践发愤图强，"十年不收于国，民俱有三年之食"(《国语·越语上》)，如此努力，也只达到通行的储粮标准。可见先秦时要求的粮食储存量颇高。《战国策·楚策一》记苏秦说楚威王"地方五千里……粟支十年"，按上述通行标准，才算刚合乎要求，如按三年才能积一年粮的通行速度，则需三十年的积累。事实上，"粟支十年"是十分难得的，因为有的诸侯国连一年也未能支撑。

《春秋》庄公二十八年记载鲁国"大无麦、禾(黍、稷等)，臧孙辰告籴于齐"，即鲁国受灾仅一年，由于没有粮食储备，不得不向邻国齐国买粮。这当然违反了当时一般通行的储粮要求，故此，《春秋》记下这件事时只使用了一个"籴"字，《公羊传》庄公二十八年认为这是孔子讥讽鲁国没有粮食储备之事：

> 告籴者何？请籴也。何以不称使？以为臧孙辰之私行也。曷为以臧孙辰之私行？君子之为国也，必有三年之委。一年不熟，告籴，讥也。

《穀梁传》庄公二十八年评论此事时也说：

> 国无三年之蓄，曰国非其国也。一年不升，告籴诸侯，告，请也。籴，籴也。不正。故举臧孙辰，以为私行也。国无九年之蓄，曰不足，无六年之蓄，曰急，无三年之蓄，曰国非其国也。诸侯无粟，诸侯相归粟，正也。臧孙辰告籴于齐，告，然后与之，言内之无外交也。古者税什一，丰年补败，不外求而上下皆足也。虽累凶年，民弗病也。一年不艾而百姓饥，君子非之。

---

① 谢世俊：《中国古代气象史稿》，武汉大学出版社 2016 年，第 305 页。

鲁国遭灾一年便买粮度荒，遭到如此强烈的非议，可见粮食储存确实关系重大，根本原因是当时鲁国的农业生产水平不高，这当然是毫无疑问的。

与鲁国形成鲜明对比，楚国的粮食储存一向颇为雄厚，足以应付各种灾荒和累年的战争，这是楚国农业生产水平达到较高水平的重要体现。

早在春秋中期，楚庄王刚刚即位之时，楚国面临一场内乱，楚国主要军队正在东线与群舒激烈交战之时，郢都内的贵族趁楚庄王幼弱发难，挟持庄王外逃。这场大内乱好不容易平息，楚国却又遇到了特大灾害，同时外患也趁机接踵而至，《左传》文公十六年记这时楚国到了生死存亡的紧急关头：

> 楚大饥，戎伐其西南，至于阜山，师于大林。又伐其东南，至于阳丘，以侵訾枝，庸人帅群蛮以叛楚，麇人率百濮聚于选，将伐楚。于是申、息之北门不启，楚人谋徙于阪高。

这种严峻的局面直接导因于"楚大饥"产生的连锁反应，正如蒍贾所分析的："夫麇与百濮，谓我饥不能师，故伐我也。"这种情况，如果发生在鲁国，即使没有外患，恐怕也得四处告籴买粮，然而在有着丰富粮食储备的楚国，却能够成功地战胜这场灾难，最有力的法宝是"振廪同食"，杜预注："廪，仓也。同食，上下无异馔也。"也就是打开了粮仓，不分官兵都可以饱餐，这样，不仅军队并未"饥不能师"，反而愈战愈猛，最后，在秦军、巴军的配合下，一举灭掉了西北方的劲敌庸国，一场灭国之祸终于化险为夷。在当时，如果楚国仓里无粮，无法"振廪"，那么，楚国军队能否出师应战，便大有疑问，当然更不可能设想一鼓作气灭掉庸国了。可以说，在这场保卫战中，楚国充足的粮食储备起到了决定性的作用。这件事告诉我们，楚国在遇到"大饥"的情况下，不仅能够保证正常的消耗，而且还能够维持较大规模的战争。按照《管子·参患》关于战争期间耗用粮食的标准："一期之师，十年之蓄积殚。"楚国粮仓在楚庄王三年时同时承担起"大饥"和大规模保卫战的巨额支出，其储存量当然是十分惊人的。"楚国发展农业的成就，在很大程度上是因为它实现了楚蛮、扬越、淮夷的农业生产经验与华夏农业生产经验的结合，从而能更好地相土宜，尽地力，兼收南稻北粟之利。"①

楚国储存粮食的仓库，文献记载有"高府"之处。《淮南子·泰族训》记"(吴)阖闾伐楚，五战入郢，烧高府之粟"，可知"高府"是楚郢都内的一个大型粮仓。这个大型粮仓，在春秋末期白公胜之乱时，一度成为事件的中心地点，原因是白公胜作乱时将"高府"作为囚禁楚惠王的地方：

> 白公胜与石乞袭杀楚令尹子西、司马子綦于朝。石乞曰："不杀王，不可。"乃劫王如高府。②

> 白公胜劫惠王，置之高府。③

白公胜将楚惠王藏至高府，高府自然成了惠王保护者们攻击的主要目标，故白公胜的心腹石乞再三劝白公胜烧掉高府中的粮食，连同惠王一并烧死。白公胜不同意。《左传》哀公十六年记载了他们的对话：

> 石乞曰："焚库(高府)、弑王，不然，不济。"白公曰："不可。弑王，不祥；焚库，无聚，将何以守矣?"乞曰："有

---

① 张正明：《楚文化史》，上海人民出版社1987年，第48页。
② 《史记·伍子胥列传》。
③ 《史记·楚世家》。

楚国而治其民，以敬事神，可以得祥；且有聚矣，何患?"

（白公胜）弗从。

这段记载，反映出对高府烧还是不烧，二人意见不一，白公胜担心烧了高府，就没有粮食，"焚库无聚"，无法守下去，表明郢都内的粮食都集中在高府，而石乞的看法是，只要杀了惠王，取得了政权，并得到承认，仍将"有聚"，意即可以从郢都高府之外的粮仓调粮食来，故而没有什么可顾虑的。从石乞的话中可以想见，在楚国除了郢都内的高府为集中存粮之所外，其他地方的粮仓甚多，故即使烧掉了高府也没有关系。

在战国楚宣王时期，楚国境内还曾发生过一起粮仓纵火案，楚令尹昭奚恤①是个断案能手，很快对案情作了判断：

> 昭奚恤之用荆也，有烧仓庱窌者，而不知其人，昭奚恤令吏执贩茅者问之，果烧（者）也。②

这个记载，未说明纵火地点。据文意分析，大约是在楚都之外的某一个小型粮仓。此外，《越绝书》卷二还记载："吴两仓，春申君所造。西仓名曰均输，东仓周一里八步，后烧。"这也是楚都城之外的粮仓。由此可见，楚国的粮仓分布于多处，大小不等。

楚武王、文王到庄王时，楚国的社会经济得到迅速发展，表现在农业生产方面，就是火耕水耨技术融合发展。《史记·伍子胥列传》记载，楚国曾悬赏捉拿出逃的伍子胥，"楚国之法，得伍胥者赐粟五万石，爵执珪"。又据《淮南子·泰族训》记载："阖闾伐楚，五战入郢，烧高府之粟。"吴王阖闾伐楚，发生在公元前506年（楚昭王十年），说

---

① 昭奚恤：昭姓，奚恤名，楚宣王时为令尹。

② 《韩非子·内储说下》。

明"高府"是春秋后期楚国的一个大型粮仓。上述史料说明，昭王时期楚国的粮食储备能力十分强大，农业生产水平可想而知。

楚国凭借丰足的粮食储备才得以争霸诸侯、称雄七国，并且赢得了"五谷六仞""粟支十年""无饥馑之患"等种种赞誉。由此足见，楚国粮产之富，而这丰富的粮食又来源于普及火耕水耨耕作技术。①

《战国策·楚策》记苏秦为赵合纵游说楚威王："楚，天下之强国也……地方五千里，带甲百万，车千乘，骑万匹，粟支十年，此霸王之资也。"此处所谓"粟"不过是粮食的代称。楚国能做到"粟支十年"，说明其粮食储蓄量之大。此虽是纵横家之辞，难免有夸张的成分，但它多少反映了楚国农业生产发展的状况。又据《史记·越王勾践世家》记载：楚威王时，越北伐齐，齐派使者游说越王，劝其伐楚，说辞中讲到"雠、庞、长沙，楚之粟也"，意即此三个地区是楚国重要的粮食产地。看来，至少在战国中期，楚国已将某些农业生产条件优越的地区建为重要的粮食生产基地。江陵纪南城楚郢都内陈家台战国时代铸造作坊遗址西部，发现五处被火烧过的稻米遗迹，最大的一处长约3.5米，宽约1.5米，厚约5~8厘米，这些炭化稻米应是当时手工业作坊工匠存放的粮食的遗物。一个作坊，竟然分五处储存粮食，足以显示楚国粮食之充裕。《楚辞·大招》盛赞楚国乐舞，其中有"五谷六仞"一语，一仞七尺（或曰八尺），六仞为四十二尺，战国一尺合今0.23米，那么六仞就是10.66米了，大有粮食堆积如山的景观。②

保持足够的库存对于国家至关重要。《管子·国蓄》："凡轻重之大利，以重射轻，以贱泄平。万物之满虚随财，准平而不变，衡绝则重见。人君知其然，故守之以准平。使万室之都，必有万钟之藏，藏镪千万；使千室之都必有千钟之藏，藏镪百万。春以奉耕，夏以奉芸。耒耜械器，种穰粮食，毕取赡于君。故大贾蓄家不得豪夺吾民矣。然

① 郭仁成：《楚国经济史新论》，湖南教育出版社1990年，第63页。
② 刘玉堂：《楚国农业的历史考察》，《农业考古》1994年第3期。

则何？君养其本谨也。春赋以敛缯帛，夏贷以收秋实，是故民无废事而国无失利也。"这段话的意思是：凡是控制物价高低的巨额利润，在于用较高的价格买进便宜的货物，再用较低的价格销售光这些平价货物。各种货物的余与缺是随着人们手中货币的多少而变化的，要调节平衡使之正常不变，一旦失衡，物价就会暴涨。国君懂得这个道理，所以用调节平衡的办法来掌握。使万户人口的都城一定拥有万钟粮食的储备，并积蓄有一千万贯的钱币；使千户人口的都城一定拥有千钟粮食的储备，并积蓄有一百万贯的钱币。春天用于耕种，夏天用于耘苗。犁、锄等各种农具，以及种子、粮食，全都向国家领取。这样，富商巨贾就不能向我们的老百姓巧取豪夺了。这样做是为什么？因为国君谨慎地对待发展农业的问题。春天以收购丝绸的方式放款，夏天以预购秋粮的方式贷款，所以，人民不会荒废本业，国家也不会流失财利。

考古工作者在楚文化遗迹中发现有很多楚国的农作物遗存。如湖北纪南城陈家台铸造作坊遗址中出土了大量的炭化稻米。[1] 湖北当阳季家湖楚城遗址中也发掘了一个储藏粮食的窖穴。[2]

楚国拥有大型粮仓，得到考古的证实。江西省博物馆考古队 1975 年 6 月在新干县界埠公社发现一处战国遗址。遗址位于赣江西岸的二级台地上，在南北长约 6 华里、东西宽约 2 华里的范围内，地面和丘陵上散布着大量几何印纹硬陶片和绳纹瓦片，在江边逆口村发现一座同时代的土城。土城的东、北城墙保存较好，可看出夯筑迹象。在城中有两个大土堆，在土城西南角坡地上有成堆的绳纹板瓦和印纹陶片。从土城到江边的四五华里长的丘陵上也发现很多绳纹瓦片的堆积，估计可能是古代居住遗址。在土城南面一里的袁家村山丘上，发现了烧制绳纹瓦的窑址和小型墓葬，并且发掘出两座大型的粮仓遗

---

① 湖北省博物馆：《楚都纪南城的勘察与发掘(下)》，《考古学报》1982 年第 4 期。
② 湖北省博物馆：《当阳季家湖楚城遗址》，《文物》1980 年第 10 期。

址。可以断定，这里是一处包括古城、居住遗址、粮食仓库、陶窑和墓葬的大型战国遗址。①

廪食制度：

楚国有完备的廪食制度。《左传》文公十六年记载，公元前611年（庄王三年）楚遭到严重灾荒，庸国乘机反楚。楚庄王率师伐庸，士兵从郢都携粮出征，"振廪同食"，终于一举灭庸。这是文献关于中国早在春秋中期楚国便存在廪食制度罕见的零星记载，十分珍贵。

战国时在一定范围内保留着的廪食制度，在秦始皇统一全国后仍然保留下来，而且由于秦王朝官奴婢和刑徒的增加，从某些方面来说，这种廪食制度还有所加强。从云梦睡虎地秦墓出土的秦简中就较具体地反映了秦王朝廪食制度的实施情况（沿袭秦统一前的制度法令）。从秦简的《仓律》中可以看出："宦者、都官吏、都宫人"都有廪食供给，工作调动（"有事上为将"）时转移粮食关系，原来的廪食的县"减其廪"，由移居县供给之。临时出差（"有事军及下县者"），"赍（带）食"，不转关系。作为"使者"出去，由所在地"传食"，按标准供给粮食和副食。② 这些，可供了解楚国春秋中期廪食制度作参考。

---

① 陈文华、胡义慈：《新干县发现战国粮仓遗址》，《文物工作资料》1976年第2期。
② 吴慧：《中国历代粮食亩产研究》，中国农业出版社2016年，第61页。

第 十 三 章

春秋中期楚国的手工业及经济管理

第一节　管理经济的职官——工官

先秦文献上称管理百工的职官为司空，周代铭文中则称作"司工"或"司攻"。进入春秋以后，中原诸国多称工正，而楚国则称工尹（或称大工尹）。

春秋战国时期楚国官府手工业十分发达。官府手工业由中央王朝经营，工尹管理百工。先秦文献中的"百工"，主要有以下三种含义：第一，工就是官，百工亦即百官。《尧典》载："允厘百工。"孔安国释为"信治百官"，这种解释并不确切，不是所有的官都叫做工，只有工官才叫作工，亦叫作官。确切地说，百工就是诸官府工场。第二，工指工种，百工就是众工种，号称百工。《周礼·冬官·考工记》只列举了三十种。第三，工就是工匠，百工即众工匠。春秋战国时期楚国工尹（或称大工尹）管理百工，应指上述第一种含义，即诸官府工场。楚国官府工场由中央王朝经营，工尹管理，这是官营手工业的主要成分。此外还有王室、贵族以及地方政府经营的手工业，不属工尹管理，但仍属官营手工业。

农田灌溉官吏设置、灌溉工程与灌溉用水管理等制度是楚国农田灌溉高效运转的保障。关于农田灌溉管理的职官，一些文献中已经有记载。远古时代以水、木、金、火、土五行来设官管理社会各业，"木正曰句芒，火正曰祝融，金正曰蓐收，水正曰玄冥，土正曰后土"（《左传》昭公二十九年）。"火正"是我国古史传说时代的官职名，相当于商周时代的"火师"，其主要职责是管理生活和生产用火。对于刀耕火种的原始农业生产来说，只有先用火烧除了田地里的荒草，才可进行农作物的播种。"水正"就是负责农田水利的职官。《史记·楚世家》："楚之先祖出自帝颛顼高阳……重黎为帝喾高辛居火正，甚有功，能光融天下，帝喾命曰'祝融'。共工氏作乱，帝喾使重黎诛之而不尽。帝乃以庚寅日诛重黎，而以其弟吴回为重黎后，复居火正，为祝融。"从中我们可了解到楚人的祖先"重黎""吴回"曾两任周朝"祝融"之职，负责农业生产，由此可见，楚国农业生产管理历史久远。夏、商均已设官置职管理农业。西周时，一套比较严密的农业管理体系已经建立起来。据《国语·周语上》载，西周的农官有农师、农正、后稷等。《诗经·大雅·绵》追述周的先人为了治理天下，"乃召司空，乃召司徒"。在这里司空掌工程营造和管理，司徒掌籍田和农业生产。《周礼·地官·稻人》有关农田水利的官职稻人"掌稼下地。以潴畜水，以防止水，以沟荡水，以遂均水，以列舍水，以浍写水，以涉扬其芟，作田。凡稼泽，夏以水殄草而芟夷之。泽草所生，种之芒种。旱暵，共其雩敛。丧纪，共其苇事"。

春秋战国时期，为了发展农业生产，各诸侯国都设置了专门管理农业的官吏，农官已成为常设之官。楚国也有农田水利的职官，并初步形成相应的管理体制，从而确保了农田水利事业的持续发展。

在楚国，司马主管军事，战时带兵打仗，平时掌管军赋、军队装备。[①]《左传》襄公二十五年记载楚国司马劳掩"书土田，度山林，鸠薮泽，辨京陵，表淳卤，数疆潦，规偃潴，町原防，牧隰皋，井衍沃"，按土质地形不同分为九等，"量入修赋"。劳掩丈量土地，定赋税，原本是司空的职责，因为楚国没有司空这一官职，所以司马兼有司空的部分管理职能。另外，司徒掌握民工徒役。如《左传》宣公十一年记载："令尹劳艾猎城沂，使封人虑事，以授司徒。"在楚国农田水利工程建设和管理中，楚国的司马和司徒都有部分管理农田水利的职责。由荆门包山楚墓竹简的记载可知，楚国地方官员的名称十分丰富，除县尹、县公外，还有县正、州加公、州佐、里公、守、啬夫、郊尹、边邑长、执事人、厨尹、关吏等[②]，其中，县尹（公）是地方负

① 杨升南：《中国历代官制讲座连载(4)：名称与中原不同的楚国官制》，《文史知识》1984年第2期。
② 顾久幸：《楚制典章》，湖北教育出版社2001年，第64—65页。

责农田水利灌溉的主要官员，对本地区灌溉工程的维护、建设以及用水管理负首要责任。[①] 楚国的重农思想在发展农业科技方面主要表现为：设置农官，督导农业生产，因事制宜；不违农时，因时制宜；发展农田水利，因地制宜；政府救济农资，因人制宜。从而调动了农民生产的积极性，保证了农业生产的顺利进行。

到战国时期，诸侯国家设置了专门掌管农业的官吏，"农官"已为常设之官。《商君书·弱民》："农、商、官三者，国之常官也。"所谓农官，主要是指负责土地的垦殖、分配，农业生产的管理、督促，农业赋税的征收和仓储管理等方面的官吏。如铁农具和生活用具的督造，最高者为"令"，其下乃是司寇，主造者则由仓、廪、舍等职官来管理。仓、廪、舍是粮食生产、储藏和分配的管理机构，同时又兼有主管农具生产的职能。这种农业、粮食和农具制造统由农业部门管理的一条龙管理体制，自战国到明代2000年左右的时间内，除南北朝特殊外，都相沿未变。[②]

楚国的农官历史久远。春秋时期的农官之一司徒，就负责管理民间事务，掌管土地、农业生产以及徒役等。春秋时期鲁、卫、郑、陈、宋、楚等诸侯国均设有"司徒"一职。[③] 另外，楚国中央官职还有"粟客"一职，是职掌粮食的职官。[④] 楚国还有莠尹，即是"治田之官"。《左氏会笺》昭公二十七年《传》笺："莠尹盖治田之官。农重择种，务在耕耨，以去莠为义，故名莠尹耳。"[⑤]楚国农官体系的形成，对宣传国家农业政策、督促农业生产、普及农业科技知识、推广耕作技术、兴建农田水利，起到了一定的作用。[⑥]

---

① 贾兵强：《楚国农业科技与社会发展研究》，科学出版社2012年，第86页。
② 李京华：《河南古代铁农具(续)》，《农业考古》1985年第1期。
③ 王彦飞：《西周春秋农官考》，吉林大学硕士学位论文，2006年，第23页。
④ 谭黎明：《春秋战国时期楚国官制研究》，吉林大学博士学位论文，2006年，第79页。
⑤ 宋公文：《楚史新探》，河南大学出版社1988年，第5页。
⑥ 贾兵强：《楚国农业科技与社会发展研究》，科学出版社2012年，第167页。

工尹。《左传》文公十年载："王使(子西)为工尹。"杜注："掌百工之官。"《左传》成公十六年："郤至三遇楚子之卒,见楚子必下,免胄而趋风。楚子使工尹襄问之以弓。"《左传》昭公十二年："工尹路请曰:'君王命剥圭以为鏚柲,敢请命。'王入视之。析父谓子革:'吾子,楚国之望也。今与王言如响,国其若之何?'"《礼记·檀弓》有"工尹商阳"①。上述史料,说明春秋时期楚国确实设有"工尹"这一职官。战国时期楚国是否有工尹,先秦文献中虽然没有记载,而出土的地下古文字资料可证。如:1957年安徽寿县城东丘家花园出土的鄂君启节,属于战国中期的物件,鄂君启节铭文:"……大工尹脽以王命命集尹……为鄂君启之府赓铸金节……"②《包山简》106:"……陵工尹产……"上述铭文、简文中的"大工尹""工尹",就是《左传》中的"工尹"。由于工尹为楚国百工之长,因此,习惯上又称"大工尹"。

工尹还兼有军事、神事等职责。工尹在战争期间可以帅师出征。《左传》楚工尹帅师出征的记载很多,如《左传》宣公十二年,工尹齐将右拒卒以逐下军,《左传》昭公二十七年记工尹寿帅师至于潜等。③《左传》哀公十八年:"王(楚惠王)曰:寝尹、工尹,勤先王者也。""勤先王"即侍奉先君,工尹兼管神事已从春秋时就开始了。

楚国工尹的属僚主要有蓝尹、连尹、陵尹、玉尹、集尹、裁尹、裁敆(令)、中织室、吏臣、工师、冶师、集酺等。

工师、工大人。李学勤《战国时代的秦国铜器》引楚怀王二十九年所制漆奁铭云:"廿九年,大司□造,吏丞向,右工师为,工大人台。"④工师、工大人皆职掌制造漆奁的技师。

工正。《左传》宣公四年载:"及令尹子文卒,斗般为令尹,子越

① 董说原著,廖文远订补:《七国考订补》,上海古籍出版社1987年,第87页。
② 马承源:《商周青铜器铭文选》,文物出版社1988年,第432页。
③ 工尹的属僚如缄尹、陵尹等也可以帅师出征。详见《左传》定公四年、《左传》昭公十二年。
④ 李学勤:《战国时代的秦国铜器》,《文物参考资料》1957年第8期。

为司马。芳贾为工正。"《左传》庄公二十二年载，陈公子完奔，齐桓公"使为工正"。杜注："掌百工之属。"按：工尹，杜预也说是"掌百工之官"，故其职掌应相似。又据《尔雅·释诂》郭注，正，"谓官长"，即古时一官之长曰正，故从字义上讲工正与工尹也相类。据此可说，工尹与工正或是一官二名，如同《湖北通志》所说："工尹掌百工之官，又有工正亦其类也。"①

铜官。《七国考》引《图书记》云："楚设铜官，铸钱洲上，遂名铜官。"按《一统志》："铜官渚在湖广长沙府城北六十里，有洲，旧传楚铸钱处。"即铜官洲也。② 楚国对疆域内的铜矿资源开发可能建立了一套管理机构，楚国中央最高管理工业的官职为工尹，其职责包含管理铜矿业。设置官职对铜工业实行层级管理，铜矿业的管理机构和官员自上而下不会少于四级。③

陶人。葛陵简甲三244记有"匋人"职官，刘信芳谓读为"陶人"。④《考工记·陶人》："陶人为甒。"乃制陶工官。

新官。包山简4-6、175有"新官"职官。刘信芳按："新官"乃官署名，类似例有"宵倌""劳倌""竽倌""酷倌""游宫坦倌"诸名目，分别另见。诸"官""倌"或为作坊，或为客舍，或为手工业管理机构，未能一一指实。汉代有工官、服官、铜官、盐官、铁官、发弩官、云梦官等（《汉书·地理志》），其实就是根据各地手工业、物产的具体情况所设管理机构。《续汉书·百官志五》："其郡有盐官、铁官、工官、都水官者，随事广狭置令、长及丞，秩次皆如县、道，无分士，给均本吏。本注曰：凡郡县出盐多者置盐官，主盐税。出铁多者置铁官，

① 谭黎明：《春秋战国时期楚国官制研究》，吉林大学博士学位论文，2006年。
② 董说原著，廖文远订补：《七国考订补》，上海古籍出版社1987年，第99页。
③ 陈树祥、连红、王峥：《楚国铜矿冶业历史进程的考古学观察》，载徐少华等：《楚文化与长江中游早期开发国际学术研讨会论文集》，武汉大学出版社2021年，第60页。
④ 刘信芳：《楚系简帛释例》，安徽大学出版社2011年，第47页。

主鼓铸。有工多者置工官，主工税物。有水池及鱼利多者置水官，主平水收渔税。在所诸县均差吏更给之，置吏随事，不具县员。"虽是汉制，亦可作为理解战国诸"官"之参考。[1]

第二节　采矿业和青铜器铸造

采矿业和青铜器铸造是楚国的前身荆蛮的强项。荆蛮有着无与伦比的铜矿开采和青铜器铸造能力。进入春秋时代，同处江汉流域的荆蛮与芈族，经过长时期的磨合和融合，终于实现了合并，成立了楚国。由此，过去由荆蛮开掘并占有的位于长江中下游沿岸的铜绿山铜矿、铜陵铜矿等均为楚国所接收。《史记·货殖列传》："江南出楠梓、姜、桂、金、锡、连、丹沙、犀、玳瑁、珠玑、齿革。"所谓金，既指黄金，也指铜；连则为铅。《汉书·食货志》："铸作钱布皆用铜，淆以连锡。"注："李奇曰：铅、锡璞，名曰连。"即可为证。楚国由此拥有了丰富的矿藏资源，为采矿业的发展以及冶炼青铜合金提供了物质基础。

楚国全面继承了荆蛮善于开掘铜矿及青铜冶炼的能力。在楚武王之前，西周早期，芈族首领"筚路蓝缕"，几乎一无所有，频繁进贡向周王室请求封赐土地，最好的礼物只是"桃弧棘矢"。芈族在周初求赐封国封土时，两手空空，可怜至极。

熊通经过随国转告"请王室尊吾号"，被周王室拒绝后，楚国异乎寻常地展示出青铜器生产的强大实力。楚成王时，赠送郑国大量青铜，《左传》僖公十八年："郑伯始朝于楚。楚子赐之金，既而悔之，与之盟曰：'无以铸兵！'故以铸三钟。"郑伯即郑文公，楚子即楚成王。楚成王送给郑文公的"金"，用来铸钟只能做成三件，可是，如果用来铸戈、矛、剑、戟，数量就可观了，所以楚成王要与郑文公约定"无以

---

[1]　刘信芳：《楚系简帛释例》，安徽大学出版社2011年，第48页。

铸兵"。可见楚国青铜资源之丰富。过了若干年，楚庄王问鼎周郊，与周王使者王孙满对话时，对铸造九鼎所需要的铜不屑一顾，《史记·楚世家》载："庄王曰：'子无阻九鼎！楚国折钩之喙，足以为九鼎。'"楚庄王夸口，用楚军所携带的青铜武器就足够铸造九鼎，这是文献第一次记载楚国拥有丰富的铜资源。很显然，楚庄王的父亲楚穆王此前镇压了"群舒叛楚"，控制了淮河和长江中游地区的铜矿，楚国开发铜矿、冶铸青铜兵器，使军队的武器有了根本的改善，从而有了夸口的本钱。

自春秋早期楚建国时起，楚国就已经开始发展采矿业，其生产技术的进步性表现在以下几个方面：

通过观察自然铜、孔雀石的颜色、光泽来进行目测找矿，并能利用简单的工具，如井下发现的船形木盆（"淘金斗"）等，来淘选和测定矿石品位，决定采掘方向。《管子·地数》云："上有丹砂者，下有黄金；上有慈石者，下有铜金；上有陵石者，下有铅锡赤铜；上有赭者，下有铁。"这应是春秋时目测矿藏的经验总结。

春秋时楚人已完全不用石器，用青铜工具和铁器进行开采，并有效地采取了竖井斜井、斜巷平巷相结合的开掘方式，掘井深度达数十至百余米，并初步解决了通风、排水、提升、照明和支护等一系列复杂的技术问题。

大冶铜绿山古矿井遗址中有春秋时期的炼炉八座，均为竖炉，由炉基、炉缸、炉身三部分组成，并有风口、风沟、金门等设施，基本具备了近代鼓风炉的式样。附近堆积有大量炼渣，估计有40万吨左右。渣的含铜量很低，在0.7%左右，这样的冶炼水平用现代炼铜技术去衡量也是相当不错的。这个指标相当于欧洲19世纪末冶炼同类矿石的水平。[①]

[①] 湖北省博物馆：《湖北省文物考古工作新收获》，载文物编辑委员会编《文物考古工作三十年》，文物出版社1979年，第301页。

湖北大冶的铜绿山，最迟从周初起就是一个产铜基地。以铜绿山为中心，北至英山县，南至通城县，西至江夏区，东至黄梅县、阳新县和江西九江市，已发现数十处古文化遗址，上起新石器时代，下至春秋战国之际。①

春秋早期，从楚武王到楚庄王，楚国南抚扬越，北收弦、黄，东征徐夷，控制了大别山南北的通道，使长江中游的铜矿成为囊中之物。春秋早中期，楚国青铜器已时有所见。如湖北枝江百里洲、当阳赵家湖等地都出土有数量不等的春秋早中期楚国青铜器。湖北境内的江陵、松滋、秭归、随州、襄阳、汉川、鄂州、大冶等地均有发现。

楚国在春秋中期以前的青铜器铸造水平不如随(曾)国。近年来，在湖北随州(旧称随县)、京山、枣阳以及河南新野等地出土了不少曾国的铜器。1978 年在随州市擂鼓墩发掘的 1 号墓出土铜器尤多。此外，还有几件出土地点不明的传世曾国铜器。这些曾国铜器，除擂鼓墩 1、2 号墓所出的年代较晚以外，其余多数是西周晚期和春秋早期的。它们的数量和质量都超过了现已发现年代相当的楚国铜器，它们的形制和纹饰，都属于中原风格。② 直到春秋早期，楚国在青铜冶铸方面还落后于汉阳诸姬中为首的曾国。③ 据《史记·楚世家》记载："成王恽元年(前 671 年)，初即位，布德施惠，结旧好于诸侯。使人献天子，天子赐胙，曰：'镇尔南方夷越之乱，无侵中国。'于是楚地千里。"因此，"镇尔南方夷越之乱"中的"越"，实为周王室授给了楚国对扬越的统治权，楚国名正言顺地控制铜绿山和附近地区。以后，那里出产的红铜就成为楚国所垄断的战略物资了。《左传》僖公二十年记载，楚成王三十二年(前 640 年)，曾国(随国)策动"汉东诸侯"反叛楚国。楚国以令尹子文为主帅，讨伐曾国，"取成而还"。从此，曾国就

① 张正明：《楚文化史》，上海人民出版社 1987 年，第 53 页。
② 周永珍：《曾国与曾国铜器》，《考古》1980 年第 6 期。
③ 张正明：《楚文化史》，上海人民出版社 1987 年，第 51 页。

唯楚国马首是瞻了。从西周晚期到战国早期，曾国在青铜铸造技术方面还领先于楚国。《左传》僖公二十八年记晋国的栾贞子说："汉阳诸姬，楚实尽之。"事在楚成王四十年，这时江淮间的曾国和其他姬姓国都成为楚国的附庸了。

楚国在春秋中期的冶铸业获得突飞猛进的发展。已知年代最早的楚式鼎不是升鼎，而是始见于春秋早期的一种折沿附耳鼎，仅见于赵家湖的楚墓，此类鼎的形制显然取法于西周末、东周初的一种周式鼎，可是进入春秋中期以后，它由不束颈变为束颈，由不折肩变为折肩，足渐高，壁渐直，腹渐圆，有了凸棱子母口，外加圈顶盖，体态由浑朴渐变为精巧，形制由量变达到了质变。

大冶铜绿山古铜矿遗址发现，为认识楚文王以后楚国数百年东进及楚国铜矿冶业发展面貌提供了实例。铜绿山发现一批东周时期矿冶遗址，大概分为采矿、选矿和冶炼三个环节，这些构成了楚国铜矿冶业的生产过程。春秋时期，楚国采矿遗址有铜绿山Ⅳ号矿体和Ⅶ号矿体1、2、5号采矿点及Ⅺ号矿体等部分井巷、Ⅵ号矿体露天采坑。[①] 这一时期井巷安全支护仍继承商周时期铜绿山流行的榫卯框架结构，洗选矿场遗迹有岩阴山脚遗址发现的尾砂矿堆积、废矿石堆积。冶炼场有铜绿山Ⅺ号矿体冶炼遗址揭露的12座残鼓风冶铜竖炉、岩阴山遗址冶炼场、四方塘遗址2处冶炼场。

纵观铜绿山Ⅶ号矿体(俗称"大岩阴山")遗迹，山上采矿场与山下岩阴山脚遗址洗矿废弃尾矿堆积和选矿场、四方塘遗址冶炼场，三者之间既连成一片，又具有各自独立的空间布局、生产规模和技术流程，共同组成了一个较为完整的铜矿冶产业链。

2014年，在四方塘遗址东部山梁上(俗称"对面梁")，发现了矿冶生产者与管理者的墓葬区，发掘墓葬258座。其中，春秋时期墓葬有221座。

---

① 黄石市博物馆：《铜绿山古矿冶遗址》，文物出版社1999年，第18—19页。

四方塘墓地 221 座春秋墓葬的形制和随葬品等特征，还反映了扬越文化和楚文化共存发展的现象，如陶器中以扬越文化典型陶器——陶刻槽足鬲稍多，陶盂等楚文化因素陶器逐渐增加，尤其是陶器组合又以春秋中晚期楚墓中流行的鬲、盂、豆组合偏多，反映了春秋早期楚国对铜绿山一带占领以后，楚文化与扬越文化融合发展的面貌。①

　　楚国青铜冶炼铸造的水平很高，以河南淅川出土的楚国青铜器为典型。1975 年淅川毛坪出土了一批春秋中期至战国时期的青铜器，主要有鼎、盘、簠、匜等，此外还有一部分车马器和兵器。1977 年至 1978 年河南省文物考古研究所、淅川县博物馆等单位在淅川下寺发掘 9 座楚国贵族墓和 15 座小型墓，出土了上千件青铜器，包括大量的青铜礼器、乐器、兵器和车马器，是楚国青铜器最重要的发现之一。其中青铜礼器主要有鼎、鬲、簠、簋、敦、壶、浴缶、尊缶、盘、匜、盂、鉴、盏、盆、豆、斗以及俎、禁、勺等，乐器有甬钟、钮钟、镈钟，车马器包括车軎、车辖、马衔、马镳、带扣、铜泡、节约、铜环等，兵器有剑、戈、矛、钺、镞等；工具有镶、锛、镰、削等。

　　下寺楚墓是一处完整的楚国贵族墓地，出土青铜器形体硕大，铸造精美，代表了春秋中晚期楚国乃至中国青铜器的最高水平。失蜡法铸造的铜禁，设计精巧绝妙，造型瑰丽，纹饰玲珑剔透，是一件完美的艺术珍品。7 件一套的王子午升鼎，鼎身攀缘 6 条装饰复杂的龙，龙口衔鼎口沿，龙尾上翘，龙角由卷曲盘绕的龙纹组成；盖内有铭文 1 行 4 字，腹内有鸟书铭文 14 行 84 字，记载了王子午铸造此鼎的情况。王孙诰甬钟是目前我国出土春秋时期编钟中数量最多、规模最大的一套，音域宽广，从低音到高音，跨越了将近五个八度音程，显示了高超的音乐水平。精美的青铜器以及众多的铜器铭文，不仅为研究楚国的政治、经济、历史、文化以及楚文化与中原文化的关系等问题

---

① 陈树祥、连红、王峥：《楚国铜矿冶业历史进程的考古学观察》，载徐少华等：《楚文化与长江中游早期开发国际学术研讨会论文集》，武汉大学出版社 2021 年，第 56—60 页。

提供了重要资料，而且对于青铜器形制、纹、铸造工艺以及古文字的研究也有重要的价值。

继下寺楚墓之后，1990年河南省文物考古研究所、南阳市文物考古研究所、淅川县博物馆在下寺楚墓之北不远的和尚岭发掘清理了2座楚墓。出土铜礼器有鼎、簠、壶、璋、浴缶、盘、匜、斗、勺，乐器有镈钟、钮钟，另有铜镇墓兽座。其中克黄升鼎、曾太师奠鼎、卷云纹填漆鼎、镶嵌红铜壶、中姬敦、镇墓兽座和有纪年铭文的𫶠子受编钟等，都属于文物精品。尤其是克黄升鼎，造型古朴，是目前发现最早的楚式升鼎，可作为春秋中期楚式升鼎的标型器；铜壶器表饰满铸造时镶嵌上去的七层红铜画像，每层又分数组，既有展翅欲飞的凤鸟，头上有角、双手似翼的仙人，还有凶猛的老虎、奔跑的山羊等，整个画像布局严谨，左右对称，栩栩如生，实属难得的珍品。

1990年至1991年，河南省文物考古研究所、南阳市文物考古研究所、淅川县博物馆在徐家岭又发掘大中型楚墓10座、车马坑1座。[①]虽然大多数墓葬被盗，但仍发现了一大批青铜器，包括礼器、乐器、车马器、兵器和杂器。其中礼器有鼎、鬲、壶、簠、簋、豆、鉴、盘、匜、浴缶、尊缶、斗、匕，乐器有镈钟、钮钟，兵器有剑、戟、戈、矛、镞。尤为重要的是发现了2件铜神兽。在徐家岭楚墓众多的铜器中，以青铜神兽、镶嵌红铜敦和许多带铭文的青铜器最为重要。尤其是铜神兽，龙首，虎身，长颈，龟足，呈侧首站立状。通体镶嵌绿松石，形成龙、凤、虎、云纹、涡纹等纹饰，装饰华美富丽。神兽为分铸，整体插套而成。它风格独特，工艺精湛，设计奇巧，弥漫着神秘的气氛，在铸造工艺、镶嵌技术和造型构思上均达到相当高的水平，充分体现了楚人丰富的想象力，是不可多得的艺术珍品。

2006年至2007年，南阳市文物考古研究所又在徐家岭发掘2座战

---

① 河南省文物考古研究所等：《淅川和尚岭与徐家岭楚墓》，大象出版社2004年，第122页。

国早期楚墓①，发现了一批青铜器，有铜礼器鼎、簠、敦、浴缶、壶、盘、匜等，有乐器小编钟，还有兵器和车马器。其中鼎、浴缶上铸有铭文，铭文中使用了岁星纪年法，这对研究蔿氏家族历史和楚国的纪年等有重要价值。

按青铜的用途，淅川楚国铜器可分为食器、酒器、水器、乐器、兵器和其他，而每类之中又有若干器种。食器有鼎、鬲、簠、簋、盂、盆、盏、敦、豆等，酒器有壶、尊缶、盉、禁、勺等，水器有浴缶、鉴、盘、匜、斗等，乐器有甬钟、钮钟、镈钟、神兽等，兵器有戈、矛、剑、殳、戟等，其他青铜器有炉、箕、座鼓和各种车马器饰件。从西周晚期至战国时期，每类青铜器的形态因年代不同都有所变化。

春秋中期以后，由于周王室的衰弱，地处南方的楚国迅速强大，在发展自身文化的同时，不断吸收周围地区文化的先进因素，其青铜艺术逐渐具有楚民族文化的特征。虽然未完全摆脱周礼制，但随葬青铜器的组合与青铜器器型都明显发生了变化。就淅川楚国铜器群看，从春秋中期或春秋晚期偏早开始，墓葬青铜器组合为鼎、簠、缶(浴缶)、盘、匜。其中缶、盘、匜为水器。水器在组合中占有三个器类，而在中原地区的商周墓中只占两个，表明水器在楚铜器组合中的地位高于中原地区。鼎是楚青铜器中发现最多的器形，其种类很多，可分为折沿鼎、箍口鼎、子口鼎、束腰平底鼎、小口鼎、匜鼎、越式鼎等。箍口鼎的凸棱状子母口不仅在中原同期鼎中很少见，而且不成序列，是楚人对鼎的创新，为一种典型的楚式风格。束腰平底鼎，又称升鼎。此类鼎最具楚国独特的风格，如王子午鼎，形体高大，折沿，立耳外撇，束腰，浅腹，平底，蹄足，腹周攀附六只或四只兽。此类鼎表现出楚人突破了周文化庄严、肃穆的风格，趋向于生动、神奇的手法，是楚国青铜器的艺术杰作。铜尊缶是楚青铜酒器中最具楚特色的器

① 河南省文物管理局南水北调文物保护办公室等：《河南淅川县徐家岭 11 号楚墓》，《文物》2008 年第 5 期。

型，目前仅出土于楚国大贵族的墓葬中。这些都显示出标新立异的楚国风格。

在楚国的青铜器中，淅川出土的青铜器群最具代表性，反映了楚国青铜器文化鼎盛时期的精湛铸造技术。其在铸造技术方面的突出成就主要表现在以下几个方面。①

1. 铸接与焊接技术的普遍使用。

淅川青铜器除少数简单的器形采用浑铸法外，大部分器物采用分铸法分别铸造器身与耳、足及其他附件。按分铸法的先后顺序，可分为先铸附件、后铸器身的先铸法和先铸器身、后铸附件的后铸法，以及器身、耳、足、附件同时进行铸造的并铸法三种。由于分铸法的盛行，青铜器各部位之间的连接普遍采用了铸接和焊接技术。焊接法是用熔化的金属焊料将各铸体连接在一起。淅川下寺 1 号墓出土的铜器采用了两种焊接法，即榫卯焊接法和利用在铸造过程中有意留出来的铸孔焊接附件的方法。同墓出土的 55 号鼎采用焊接与铸合相结合的工艺，即先铸好鼎耳，再用一种特制的构件"耳垫"为媒介将鼎耳与鼎体连接。这种耳垫为实心青铜，本身带三个榫头。

2. 分模制范法的使用，即一模可翻制多块外范和内范。

根据铸件的形制、纹饰将陶模分成若干组，再反复印制在范上，合成整器的陶范。对于那些小的器件，不宜分范的，用完整的实体模，母模的制作大多为手工直接雕刻，也有从器物上复制的。另外，为了固定内外范，除使用各种形状的子母榫外，还能够根据器物不同的形制和大小，在内外范之间的腔型内采用不同的芯撑，以控制并保证器壁的均匀，芯撑在浇铸后就固定在器壁上。

3. 先进的失蜡法工艺。

所谓失蜡法就是将蜡料作成蜡模，继而在蜡模的外表浇淋泥浆并

---

① 胡永庆：《淅川楚国青铜器组合和铸造技术工艺》，载楚文化研究会编《楚文化研究论集》第十一集，上海古籍出版社 2015 年，第 286—287 页。

涂抹砂石粉末的耐火材料，硬化之后便形成比较坚固的外壳，即铸型，然后加热使蜡熔化并从铸型中流出，这样蜡模遂成泥模；最后在泥模内浇注铜液，便可铸成产品。失蜡法的优点在于，用整模而无须分块，铸出的铜器不用打磨加工而器表光滑精致，适合于铸造复杂精美的铜器。在淅川铜器群中，使用失蜡法铸造的器物不少，如铜禁、铜壶盖冠、铜盏附件、铜升鼎附兽等。而最具代表的是淅川下寺二号墓出土的云纹铜禁，这是我国目前发现的最早用失蜡法铸造的铜器。铜禁器身呈长方体，中部有一个平面，平面周围及器身四壁均由镂空的、层层盘绕的云纹组成。底部以12条昂首伸舌、挺胸凹腰的龙形怪兽支撑整个器物。器身四周攀附12条口吐长舌、屈身卷尾的龙形怪兽。铜禁模型由25块蜡模构成，禁面正中的长方形平面系一块蜡模制成，禁面与禁两侧五层铜梗连接支撑的卷曲勾连纹各由12块蜡模构成，附兽与禁体用铝锡合金焊接。此禁整体用失蜡法铸造而成。由此，楚国的青铜器铸造技术达到了当时世界的一流水平。

楚国善于学习外地的青铜器铸造经验。吴地的青铜兵器的锻造技术非常发达，时人有极高的评价："毋脊之厚而锋不入，无脾之薄而刃不断。""肉试则断牛马，金试则截盘匜。"（《战国策·赵策三》）楚国在文化交流的过程中积极地学习吴国的兵器铸造技术。

春秋中晚期的楚墓中出土的青铜兵器，量多而质优，已出土的有戈、剑、矛、戟、钺、匕首、镞等。尤其是戈、矛、戟，长大且锋利，工艺精良，上等贵族使用的还常有铭文。但剑的出土较少，下寺楚墓仅出土两把，江陵雨台山春秋楚墓出土11把，只有一把是春秋中期，其余皆是春秋晚期的。青铜剑的铸造本身的工艺就远比其他兵器复杂，当时中国的剑系有四：巴蜀、滇式、中原、吴越。吴越的铸剑技术是当时最复杂，也是最科学的。一把剑分为剑锋、剑脊、剑身、剑丛、剑刃、剑格、剑茎、剑箍、剑首等部件，《荀子·强国》描写一把宝剑的制作要"刑范正、金锡美、工冶巧、火齐得"。制作工艺和技术要求如此复杂，吴楚关系又极为恶劣，吴国必然会对楚国进行技术封锁，是故楚地青铜剑制作技术长期得不到提升。但是楚人在已有的条件下努力地探索，下寺楚墓出土的两把剑还是巴蜀式柳叶剑，到江陵雨台山出土的 11 把剑中已经有吴越剑的影子了。到了吴国灭亡以后，技术封锁被打破，楚人终于学会了青铜剑制作技术，大量的青铜剑出现在楚国墓葬中。江陵雨台山战国楚墓（主要是战国早中期），出土了青铜剑 161 件，仅天星观 M1 就出土了 32 件青铜剑，创单墓出土青铜剑最高纪录。[①]

楚国的青铜器不仅铸造精湛，而且用途广泛，不仅用于制造兵器，而且用来制造生产工具。

第三节 冶铁业

我国于春秋中晚期进入铁器时代。春秋时期农业生产技术的突出成就是铁制农具的使用，而楚国则成为这方面的先进代表。铁器在农业生产中的广泛使用，为土地开垦和农业的精耕细作提供了条件。[②]在楚国和吴越地区较多地发现春秋中晚期的铁器，而这一时期的铁器在中原地区却相对地较少发现，便是一大佐证。在楚国境内，从北到南千里之地，均有春秋中、晚期的铁器发现，仅长沙一地，就发现铁器二十件之多，其中有四件铁凹字锄（铁臿）。[③]其意义是非常重大的。

目前的考古发现，东周时期的楚国范围是我国古代铁器出土的重要区域，特别是目前见到的我国早期铁器，大部分集中出土于楚国当时统治范围内，因此对楚国铁器的深入研究，显然具有重要意义。

---

① 湖北省荆州地区博物馆：《江陵雨台山楚墓》，文物出版社 1984 年，第 75 页。

② 黄崇岳、徐兆仁：《春秋时期楚国的经济发展——兼论我国历史上开发南方的第一个高潮》，载河南省考古学会等编《楚文化觅踪》，中州古籍出版社 1986 年，第 234 页。

③ 高至喜：《从长沙楚墓看春秋战国时期当地经济文化的发展》，载中国考古学会编《中国考古学会第二次年会论文集》，文物出版社 1982 年，第 59 页。

研究楚国冶铁业、铁器方面的问题，不但考古资料丰富，而且文献资料也相当多，例如《孟子·滕文公》有关于楚国"铁耕"方面的记载；《史记·范雎蔡泽列传》有秦昭王闻"楚之铁剑利而倡优拙"的记载；《荀子·议兵》和《史记·货殖列传》有楚宛地冶铁业情况的记载。这些文献记载，都与楚国铁遗存的考古发现相吻合。

据20世纪70年代的统计，我国出土的早期铁器仅10件左右，并且都集中在楚国；80年代统计，我国早期铁器又增加了4件，其中3件出于楚国。[①] 以上楚国早期铁器都为春秋晚期楚墓出土，时代均偏晚。随着楚文化各种遗址的陆续发掘，不但使楚国早期铁器的数量从10余件增加到40余件，而且使楚国早期铁器的年代上限追溯到了春秋中期，为楚国早期铁器的研究提供了不少新资料。

楚国最早使用铁制工具开矿。湖南麻阳九曲湾发现古矿井五处。这些古矿井由山顶开口，依矿脉走向，采用斜井开采，深度有的达百余米，宽度2至4米。井内支架保存完整，并遗留有木槌、铁凿和铁锤等生产工具和一些残陶器。在斜井的顶部，仍有清晰可见的铁凿的痕迹。古矿井内的木槌年代经碳十四测定为距今2730±90年。[②] 这是我国目前发现的用铁器开采的最早的古铜矿之一，也是春秋早期楚国已使用铁器的一个例证，值得引起我们的重视。[③]

20世纪80年代开展的楚文化渊源追溯工作中，发现楚国早期活动中心区域在沮漳河之西的鄂西地区[④]，其中包括了长江西陵峡一带。出土春秋铁器的遗址，除纪南城出土春秋晚期铁器外，其他出土春秋中晚期铁器的上磨垴、柳林溪、小溪口、茅寨子湾等遗址都集中于楚

---

① 黄展岳：《试论楚国铁器》，《湖南考古辑刊》第2辑，岳麓书社1984年，第146页。

② 高至喜、熊传新：《楚人在湖南的活动遗迹概述》，《文物》1980年第10期。

③ 黄崇岳、徐兆仁：《春秋时期楚国的经济发展——兼论我国历史上开发南方的第一个高潮》，载河南省考古学会等编《楚文化觅踪》，中州古籍出版社1986年，第241—244页。

④ 杨权喜：《早期楚民族文化的探索》，载楚文化研究会编《楚文化研究论集》第三集，湖北人民出版社1994年，第51页。

国早期的长江西陵峡北岸。上磨垴、柳林溪两遗址出土的春秋中期铁器为我国目前发现的时代最早的铁器。[1]

除青铜业外，在湖南发现的铁器铸造和锻制也获得了相当的发展。1954 年在长沙龙洞坡楚墓中出土了铁削。1976 年在长沙杨家山65 号楚墓中发现了一把钢剑。这是我国目前发现的最早的一把钢剑。同时出土的还有铁鼎、铁削等。经鉴定铁鼎为白口铸铁。在长沙火车站新站工地楚墓中发现一件战国早期的铸铁鼎，经分析基体为亚共晶铸铁。[2]

铁凹口锋刃，不但出土数量和形式较多，而且时代上限也较早。1999 年上磨垴周代遗址，不但出土较多的铁凹口锋刃，而且可将铁凹口锋刃时代的上限最迟溯至春秋中期。上磨垴遗址是一处文化堆积单纯的商周遗址。最晚的文化层时代为春秋晚期，整个遗址不见战国和晚于战国的文化遗存。第五层为时代较早的文化层，该层出土的 7 件铁器中有 4 件为凹口锋刃。据此层出土的陶器，如鼎、鬲、甗、盆、豆、盂、长颈罐和鼓肩小底罐、喇叭形器座等，判定第五层年代为西周晚期至春秋中期，而所出凹口锋刃等铁器年代以该层年代下限暂断为春秋中期（也可能更早）。1981 年柳林溪第三层出土的铁凹口锋刃年代，据共存的春秋早中期的陶器鬲、盂、豆、罐，最晚判断为春秋中期也是没有问题的。

以前见到的春秋较早的铁凹口锋刃，可能都为耒的锋刃。耒就是装了凹口锋刃的耒，《淮南子·主术训》有"蹠耒而耕"，耒是楚国，也是我国春秋战国时期稻作农业区的基本农具，铁耒最迟从春秋中期开始使用，它是楚国最早普遍使用的主要铁农具。

另在上磨垴遗址第五层中还出土了一件时代定为春秋中期的直銎

---

① 杨权喜：《试论楚国铁器的使用和发展》，《江汉考古》2004 年第 2 期。
② 楚文化研究会编：《楚文化考古大事记》，文物出版社 1984 年，第 95 页。

铁铲①，形制作风近似春秋铜铲。它比随州旭光砖瓦厂墓中出土春秋早期的长形铜铲短扁，比六合程桥 2 号墓出土的春秋晚期铜铲窄小，它的功用大体与耒相近，也是一种实用的农具。这种铁铲虽出现较早，但在楚文化遗址中仅见，后来并没有在楚国广泛使用。一般认为铁凹口锋刃和铁铲均从战国开始沿用到六朝，而楚国早在春秋中期就开始出现这两种铁农具，这也有力地证明楚国是最早开始使用铁农具凹口锋刃和铲的地区。

春秋战国间，楚国已有了块炼铁和白口生铁，并进而发展到块炼渗碳钢，掌握了韧性铸铁技术。《荀子·议兵》说楚"宛钜铁，惨如蜂虿"，《史记·范雎蔡泽列传》记秦昭王语"吾闻楚之铁剑利"，真实地反映楚国掌握了这种先进的炼铁技术。根据湖北铜绿山六角锄的金相考察，发现当时是采用控制退火的办法，创造了表面为低碳纯铁、中心硬度高的珠光体和莱氏体的复合铸铁器件。② 这种器件在使用中，表面层磨耗露出中间层作为刃口，解决了某些农具中要求有坚硬锋利耐磨的刃口而又具有韧性的矛盾，提高了农具的性能，它是西汉以后"铸铁脱碳钢"的前身。③ 楚国还将展性铸铁技术应用在农具中。所谓展性铸铁，是将白口铁经过退火处理，使其中的碳转变为团絮状石墨，而基体转变为钢的组织。它消除了白口铁的纯性，但又比灰口铁的强度高，且易于铸造，所以在生产上应用较广。如长沙出土的战国铁铲、大冶铜绿山出土的战国中期的六角锄等，都具有展性铸铁组织。④

---

① 杨权喜：《湖北宜昌县上磨垴周代遗址的发掘》，《考古》2000 年第 8 期。称作锛，应更正。

② 李众：《中国封建社会前期钢铁冶炼技术发展的探讨》，《考古学报》1975 年第 2 期。

③ 张文彬、孟凡人：《试以考古材料简论战国、西汉时期冶铁业的发展》，《郑州大学学报》1980 年第 1 期。

④ 李众：《中国封建社会前期钢铁冶炼技术发展的探讨》，《考古学报》1975 年第 2 期。

1976 年黄展岳提出我国"最早冶铁和使用铁器的地区很可能是在楚国"。① 这个观点不断得到楚国境内出土的丰富的铁器资料所支持。2002 年，通过对出土铁器的统计，杨权喜认为楚国铁器由原 10 余件增加到 40 多件，铁器在楚国出现的年代由春秋晚期推进到春秋中期。楚国从春秋中期开始冶铁、用铁，到春秋战国之交，楚国进入铁器时代。②

第四节　丝织业、盐业、养马业及制车业

随着农业的发展，楚国手工业也取得了长足的进步，主要体现在丝织业、盐业、养马业和制车业。

丝织业：

楚国的丝织业到春秋中期有长足的发展。春秋时期，中原的丝织业发展很快。史载"齐纨鲁缟""冠带衣履天下"。从有关资料来看，南方的楚国从春秋中期到战国早期，丝织业至少可与齐鲁并驾齐驱。楚国丝织业经历了一个从原始落后到兴盛发达的发展过程，这个过程大致可以划分为以下阶段。一是草创阶段。《史记·楚世家》记："昔我先王熊绎辟在荆山，筚路蓝缕，以处草莽……"可以想见，楚国初创之时，还不可能有较为发达的丝织业。当时楚人的衣料大概以麻织品为主。终西周之世，楚国即使已有丝织业，也只是处于萌芽阶段。二是兴起阶段。楚国纺织业的兴起是从春秋时代开始的。这时的楚文化正处于茁长期，所展示出来的整个面貌是蓬勃向上。楚国的纺织业也随之应运而兴，开始发达起来。

春秋中期楚国桑蚕丝纺织业已有了一定规模的生产能力。种桑养蚕是当时社会生产的一个重要部类，而且被隆重地反映在礼仪上。

---

①　黄展岳：《关于中国开始冶铁和使用铁器的问题》，《文物》1976 年第 8 期。
②　杨权喜：《试论楚国铁器的使用和发展》，《江汉考古》2004 年第 2 期。

《礼记·祭义》记:"岁既殚矣,世妇卒蚕,奉茧以示于君,遂献茧于夫人……服既成,君服以祀先王先公。"《礼记·月令》:"分茧称丝效功,以共郊庙之服。"《国语·楚语》:"牺牲之物,玉帛之类,采服之仪,彝器之量……"楚桑蚕丝生产情况在出土文物中有所发现。湖南省博物馆馆藏文物中有一件引人注目的春秋铜器——蚕桑纹尊①,就是以饲养蚕桑为主题装饰纹样。纹样以四片几何图案化的桑叶组成,叶上及四周布满蚕,或爬,或蠕,或啃桑叶,或作休眠状,是一幅极好的蚕桑生息图。当时楚国丝织品的应用已经相当普遍。《史记·滑稽列传》记:"楚庄王之时,有所爱马,衣以文绣,置之华屋之下,啖以枣脯。"当时楚国的桑蚕丝和丝织品已被用作贡品和用于出口,《管子·小匡》记有"(齐桓公)伐楚,使贡丝于周"。《尚书·禹贡》记荆州物产有:"包匦菁茅,厥篚、玄纁玑组。"玄纁,是一种经多次染色的赤红色丝织品。《左传》僖公二十三年记:"晋公子重耳及楚,楚子飨之,曰:'公子若反晋国,则何以报不穀?'对曰:'子、女、玉、帛,则君有之。羽、毛、齿、革则君地生焉。其波及晋国者,君之余也。'"这段对话,明确指出楚国物产丰富,包括丝织品在内,不仅能自给,还有剩余产品输出到中原。

盐业:

盐是维持人类生存的必需品。先秦时期每个人每月食盐的量现已明确。《管子·海王》:"十口之家,十人食盐,百口之家,百人食盐。终月,大男食盐五升少半,大女食盐三升少半,吾子食盐二升少半。此其大历也。盐百升而釜。令盐之重升加分强,釜五十也;升加一强,釜百也;升加二强,釜二百也。钟二千,十钟二万,百钟二十万,千钟二百万。万乘之国,人数开口千万也,禺策之,商日二百万,十日二千万,一月六千万。万乘之国,正九百万也。月人三十钱之籍,为钱三千万。今吾非籍之诸君吾子,而有二国之籍者六千万。使君施令

---

① 周世荣:《蚕桑纹尊与武士靴形钺》,《考古》1979 年第 6 期。

曰：吾将籍于诸君吾子，则必器号。今夫给之盐策，则百倍归于上，人无以避此者，数也。"《汉书·赵充国传》中有一条材料常为学者所引用："万二百八十一人，用谷二万七千三百六十三斛，盐三百八斛。"吴慧测算，粮、盐用量比例为89∶1，用盐308斛，平均每人月食盐三升。针对《管子·海王》所说的"终月大男食盐五升少半，大女食盐三升少半，吾子食盐二升少半"，吴慧分析，虽升较小（187.6毫升），但月食盐数总觉得大些（大男月食盐近2市斤）。可能古时副食少，多吃酱和咸菜，再加其他调味品不多，故盐的消耗量特大。后来逐渐减少。汉时月食盐3升（600毫升），合1.19市斤，或595克，日食19.8克。与现时平均每人一天食用盐15~20克概念相合。①

　　楚国在楚成王灭夔之时起拥有了巴盐，从此摆脱了对巴国行销巴盐的依赖，开始大力发展楚国的盐业。楚国的盐业发达的标志之一就是盐器的大量发现。这在考古发掘赵家湖楚墓群中得到证实。

　　楚国有大量盛盐的容器，证实楚国拥有盐业。盐器不难指认——罐就是。熬盐用的"花边日圜底罐"，以之盛粉粒盐或浓缩卤，都很自然而方便，无须另外发明。陶罐在任一处古文化遗址都有出土，除在泉盐产地以之熬盐外，散在各处的自然都成盛盐之器。陶罐一发展为长颈罐，再发展为长颈壶，用于盛水盛酒，那是用途的延伸，其本质为盐器。像罐这样的盐器不可能不升格为神圣的礼器。

　　楚国的盐业，未见史籍记载。但楚成王正与齐桓公同时，齐桓公以管仲为相，在齐国推行了一系列重大改革。这些改革措施中，影响最大、效益最显著的改革莫过于推行"官山海"之策了。所谓"官山海"，即实行盐铁专卖，因为盐和铁都是人们生产、生活中不可或缺的物资，在生产力处于较低水平的春秋早期，盐、铁无疑是特殊的产品，具有战略意义。管仲认为，实行盐铁专卖，国君就可以依靠盐铁之利保证国家机器的正常运转，无须开辟其他税源。管仲的正盐策是

---

① 吴慧：《中国历代粮食亩产研究》，中国农业出版社2016年，第65页。

按照人口数预算耗盐量，将人头税附加到盐价中，不再另征人头税，这样任何人都无法逃避，在不知不觉中缴纳了税收。同时，齐国将用盐作为一种贸易手段，可以增强本国经济实力。《管子·轻重甲》记管仲建议齐桓公"请以令粜之梁、赵、宋、卫、濮阳。彼尽馈食之也。国无盐则肿，守圉之国，用盐独甚。"此举一出，齐国得成金万一千余斤。无盐之国明知齐国故意加价，怎奈国无盐则肿，也不得不源源不断地进口齐盐。齐桓公因盐致富，楚成王势必眼红，在灭掉夔国、获得巴盐以后，定会如法炮制，以盐作为致富的手段，壮大楚国。

养马业：

文献考古资料表明，楚国养马业的发展大体经历了西周、春秋、战国三个阶段。[1] 西周是楚国养马业从无到有的肇端阶段。《左传》宣公十二年记："若敖、蚡冒，筚路蓝缕以启山林。"若敖、蚡冒是两周之际的楚先君，"筚路"是《考工记》所记行山驾牛的"柴车"。楚君驾牛这一事实有力地证明了西周尤其是早、中期楚国少马。西周中期，楚人由荆山迤南的沮漳流域再向南、向东扩展到了今长江沿岸的江陵至鄂城一线。这一带原有的几个商周古国和一些扬越邑聚，势必全被楚人括入囊中。"获马"，应是楚人的重大收获之一。

春秋时期是楚国养马业兴旺发展的阶段。《左传》庄公四年记：楚"令尹斗祁、莫敖屈重除梁溠道，营军临随"。"楚军原为徒兵，到用戟时才有车兵。当初行军过河只要摆渡就行了，到伐随时用了兵车才要'除道梁溠'。这最早的一支车兵是武王组建的。"[2]

值得注意的是，组建车战部队的首要条件就是校人官职的设置和养马业的发展，及至楚文王时，楚国相继灭了申、邓、息等国，拓疆至今河南南阳和淮河上游以北。成群的良马和水草肥美的牧场，显然也是楚人出兵攻战的诱因和收获物，其经济意义并不亚于膏沃的耕地

---

① 张君：《楚国养马初探》，《湖北大学学报》（哲学社会科学版）1988 年第 3 期。

② 张正明：《楚国社会性质管窥》，载《楚史论丛》，湖北人民出版社 1984 年，第 39 页。

和劳动力。就拥有马匹的数量而言，楚国经武、文两世的经营，已足以与当时北方的齐、秦相颉颃，并超过了晋、郑等国。《左传》庄公二十八年记楚令尹子元"以兵车六百乘"伐郑。六百乘折合马二千四百匹。这只是从役军马的数目，并不包括安车的驾马和字马、小驹，楚国实有马数当在三千匹以上。楚庄王时发生的邲地之战，楚国投入战车1060乘。《左传》记下了春秋中期楚庄王争霸中楚军"车驰卒奔"的一幕幕壮观场面。楚共王时，公子成帅申、息两县师救郑，与晋国全师遭遇，晋知庄子等力劝主帅避战。由此可见，仅申、息两县的兵车已接近或达到晋人的七百乘这个数目。如加上王师和其他各县师的兵车，楚国总的兵车数在共王时殆有两千乘左右。楚灵王时楚兵车数又翻了两番。《国语·楚语上》记楚灵王曰："今吾城三国，赋皆千乘，亦当晋矣。"据此，楚灵王时楚军兵车数最高已达到五千至六千乘之间了，折合为现役军马是二万至二万四千匹。此后，楚国内乱与外患交织，养马业的发展又一度滞缓了下来。

战国时期是楚国养马业极盛的阶段。战国策士更称其"车千乘，骑万匹"。《战国策·楚一》记楚人子象称"楚、齐"为"两万乘之国"。《战国策·赵二》"今赵万乘之强国也"，"今秦万乘之国，梁亦万乘之国"。刘向《战国策·书录》："万乘之国七，千乘之国五，敌侔争权，盖为战国。"按此，则楚有车万乘，军马四万匹，绝无疑问。

战国时期，楚国多马，故封君、彻侯一类的大贵族蓄马莫不以千百为计。比较能说明问题的是鄂君启节金铭，据"车行陆程"节文记载，鄂君启有货车"五十乘"，若不用车载而用马驮，则"屯十以当一车"，计为马五百匹。除驮货的马匹之外，据"舟行水程"节文载，鄂君启可以用舟船载运马匹出关贩卖，舟船数限为"五十舿"，如全用于载马，数量当是非常可观。楚亡至西汉建立，虽历经了秦末农民起义和楚汉相争两大战事，但楚故地养马业的景况总的来讲仍呈现出持续回升的趋势。在湖北云梦睡虎地秦墓的一些椁盖板上均放置着完整的马头。^① 虽然墓主是秦国吏卒，陪葬马也可能是关中的秦马，但由于是在楚地畜养，仍宜作为楚地养马业存在的例证。

先秦时期楚国主要通过三种方式向外获取马匹：一是逼索职贡，二是兴师抢夺；三是以物交换或以币购求。其中，以第三种方式最为经常。西周恭王时代的《曶鼎》和《格伯簋》铭文记载表明，马早已是重要的交换物，甚至是除"金""贝"之外的一般等价物。《周礼·地官·司市》："凡治市之货贿六畜珍异，亡者使有，利者使阜。"《夏官·马质》："掌质马。马量三物，一曰戎马，二曰田马，三曰驽马，皆有物贾。"《左传》昭公二十九年记：（鲁）"平子每岁贾马，具从者之衣履，而归之于乾侯。"《战国策·赵策四》记："客见赵王曰：'臣闻王之使人买马也，有之乎？'王曰：'有之。'"这些记载透露出马匹的买卖在春秋战国时期更趋兴旺，尤其是多马的赵国也要买马，最具有说服力。

春秋时期，楚与周边各国和部族的物资交换至为频繁。《左传》僖公二十三年晋重耳说楚货"波及晋国"。《左传》宣公十二年晋随武子又说楚国"商农工贾不败其业"。从楚国的资源和产品结构来看，楚国商贸当以输入马匹为大宗。春秋战国时期，楚国不仅矿物、植物、动物等资源极其丰富，居天下之饶，而且制器之精良也堪称列国之冠，楚国所缺乏的主要就是"北马"。楚的对外贸易带有很明显的货马互市的性质。

先秦时期楚人四向求得的马，严格说来，只能作为观赏马和种马，真正用于骑乘和作战的马，非得是生于楚地，习于楚国水土、路径的马不可。《左传》僖公十五年记晋惠公与秦战："乘小驷，郑入也。庆郑曰：'古者大事，必乘其产，生其水土而知人心，安其教训而服习其道。唯所纳之，无不如志。今乘异产，以从戎事，及惧而变，将与人易。乱气狡愤，阴血周作，张脉偾兴，外强中干，进退不可，周旋

---

① 　陈振裕：《湖北农业考古概述》，《农业考古》1983 年第 1 期。

不能。君必悔之。'"庆郑所言极是。《离骚》："忽临睨夫旧乡。仆夫悲余马怀兮，蜷局顾而不行。"服马眷怀楚地，可证楚人的服马多是用本土培育出的马。

春秋后期至战国，随着楚国养马数量的增多，马的品种、毛色渐臻齐全。以毛色计，楚有"白、黄、骝、骐、驳、骍、骍、骧"和"骍骍""青骊"等，毛色多达上十种。显然，这还远远不是楚国实有马匹毛色的总数。在品种方面，楚国在广泛引进马种的基础上培育、训练出了专供牵挽楼车的大型马。《左传》宣公十五年记楚围宋之役使用了"楼车"。这楼车相当于活动的瞭望台，高度可及城墙的雉堞，下面当有宽大坚厚的底板为其基座，没有八至十六匹挽力强大的马是绝对拉不动的。

楚人还精心培育便于作战、驿传的快马。楚人行军最突出的一个特点就是速度快，《左传》宣公十二年记邲地之战时楚军"遂疾进师，车驰卒奔"。《左传》成公十六年郑子骊评价楚军"其行速"。《荀子·议兵》形容楚军"轻利僄遨，卒如飘风"。《淮南子·兵略》也形容楚军说："疾如锥矢，合如雷电，解如风雨。"又《汉书·艺文志》"兵形势家"录有"《楚兵法》七篇"，注："形势者，雷动风举，后发而先至，离合背乡，变化无常，以轻疾制敌者也。"凡此皆表明，楚人超逸绝尘的行军速度和用兵作风，是先秦乃至西汉时期举世公认的。楚军行动神速，当然主要归功于楚人的马快。《楚辞》中有很多像"朝发轫于苍梧兮，夕余至乎县圃"一类的诗句，现在看来，这类夸张性的描写当是以现实中楚马奔突的迅疾为其摹本的。楚人追求马速，从《左传》宣公十二年的一条记载中也可以看出来："楚子为乘广三十乘，分为左右。右广鸡鸣而驾，日中而说；左则受之，日入而说。"这种做法在春秋诸国中可以说是绝无仅有的。左广之于右广，与一般的贰马不同，它不是在马匹受伤后备替换的马，而是无论右广马伤损与否均按时换挽，以求得最快的速率和最大的马力。这种对速度和力量的追求无疑会深刻地影响到楚人对马的选种和培育。对马匹数量的追求和改良，培育特种马匹的需要，促使楚人的养马经验与日俱增。

制车业：

楚国的制车业是从初级到高级逐步发展起来的。楚国早期的制车业，以"柴车"最为有名。成语"筚路蓝缕"，说的就是楚国早期制造的柴车。

《左传》宣公十二年说"若敖、蚡冒筚路蓝缕以启山林"，意思就是"楚国的君主若敖、蚡冒亲自拉着简陋的车，穿着破烂的衣服，去开辟山林"，形容楚国创业异常艰苦。

蚡冒是楚武王熊通的父亲。楚武王建国以前，楚国只有人力拉的柴车。这种柴车只能拉货物。古文献中的一些记载从侧面表现了楚文化车制趋向成熟过程中的一些片段，楚庄王的"高车令"便是一例。《史记·循吏列传》："楚民俗好庳车，（楚庄）王以为庳车不便马，欲下令使高之。相曰：'……臣请教闾里使高其梱。乘车者皆君子，君子不能数下车。'王许之。居半岁，民悉自高其车。"门槛（梱）升高能使庳车不便逾越，此庳车当指车轮矮小的车。轮小则车轴低、车舆矮，便于乘者上下车，但会使车轴与车辀、马肩之间的夹角增大，使挽马更加吃力，的确"不便马"。楚庄王颁布"高车令"体现了春秋早中期之际楚车制不断调整、变化的过程。已发现的春秋中期至战国晚期楚车的轮径一般在120厘米以上，与中原文化的车轮直径很接近，已无"庳车"的痕迹，这进一步证明楚国车制在春秋中期已臻成熟。[1]

楚国制造的车—车多用。楚国木工技艺的高超和材料来源的丰富，使楚国的辎重车率先成为载重量大、省工、省力、省时、安全、快捷的交通工具，一车多用，成为楚车的上乘之作。经过漫长时间的改进，楚车的种类越来越多：

第一，军事后勤用车。《孙吴兵法》："有巾有盖，谓之武刚车者先驱。"《后汉书·舆服志上》："武刚车者为先驱。又为属车轻车，为后殿焉。"在军中，辎重车是军需物资的得力载体。《左传》宣公十二

---

[1] 冯好：《先秦时期楚文化车制探略》，《江汉考古》2007年第4期。

年："乙卯，王乘左广以逐赵旃……及昏，楚师军于邲。晋之余师不能军……丙辰，楚重至于邲。"杜预注："楚重，辎重车也。"《七国考》："楚辎重尝后正军一日。盖楚军有法，辎重若与正军过远，则有邀击之患。过近，则重兵才乱，正兵亦溃。后世用兵，先击辎重，取胜者多，盖以非太近则太远。以是知楚辎重远大兵一日为宜也。"当时，辎重车也常"自环为营"，起屯守的作用。[1] 诸记载皆说明楚辎重车是随部队而行的，但与之保持一定距离，在为部队提供给养方便的同时，也方便撤退。

第二，民间载货之车。辎重车的基本职能是载货，熊家冢车马坑北侧遗存的零散器械，就是当年辎重车载物的旁证。此外也担负工程和生活物资的运输，属大车之职。《论语·为政》："大车无輗，小车无軏。"看来，辎重车有大小。车舆小的，称为小车；装载物少而体量轻的称轻车。当时民间作运输的牛车也称辎重车，但速度不能与马车相比。马驾的大车称为"辇车"。《说文》："辇，大车驾马也。"朱骏声《说文通训定声》："古者大车多驾牛，其驾马者曰辇。"显然，军需辎重车与民用辎重车有速度上的区别。两种辎重车载重量的大小，在鄂君启节的车节上也有记载可寻。

第三，安车。安车是日常供人乘坐的车子。《礼记·曲礼》："大夫七十而致事……适四方，乘安车。"郑玄注："安车，坐乘，若今小车也。"孔颖达疏："适四方谓远聘异国时乘安车。安车，小车也。亦老人所宜然，此养老之具，在国及出皆得用之。"安车多为驾四马，《汉书·杜周传》："延年以老病乞骸骨，天子优之……赐安车，驷马。"出土文物亦可印证。

楚墓出土的安车车体较大，其形制、绘画和工艺堪称精致，说明先秦时期楚国王室所用的车已经相当豪华。1984年，考古学家在河南

---

[1] 武家璧、贾汉清、丁家元：《横式车阵——熊家冢车马坑研究之一》，载荆州博物馆编《荆楚文物（第2辑）》，科学出版社2015年，第66—76页。

淮阳大吕村(马鞍冢)发掘战国时期车马坑两组，一组为南冢，一组为北冢，北冢为南冢的陪葬墓。南冢的墓主人为楚国上层贵族，在其车马坑中发现安车5辆，就马鞍冢第三号车马坑第十三号车看，其中最大号安车辕长490厘米，车轮外径136厘米，内径116厘米，毂通长40厘米，每轮32辐条孔。车舆分前后室：前室平面呈凸字形，全长273厘米；后室为长方形，长187厘米，宽124厘米，四角各有一个虎头。车箱的平面呈"凸"字形，箱内面积较大，约4.7平方米。箱分前后两室，前室是御者的驾驶室，后室为车主乘座处，面积3.5平方米。估计可乘坐8至12人左右。箱的四周用长方格子的木栏作壁，四周交角处用曲尺形的铁饰件相接。车门朝后，并在前后两室之间界一隔墙，把御者和车主隔开。另在车箱蔽部覆盖以彩绘华丽的圆拱形车盖。这种特殊的车箱结构，是中原地区所少见的。[①]

第四，轺车。轺车也是先秦时期早已出现的一种载人的车。《国语·齐语》："服牛、轺马，以周四方。"《释名》："轺车，轺，遥也；遥，远也，四向远望之车也。"《说文》："轺，小车也。"《汉书·平帝纪》"元始三年立轺并马"，颜师古注引服虔云："轺音遥，立乘小车也。"由此可见，这种车主要是立乘的小车，它以四面敞露为特点。正因要立乘，所以车舆的盖(伞)也就要高。《续汉书·舆服志》刘注引蔡邕曰："立乘曰高车，坐乘曰安车。"《释名》："安车，盖卑，坐乘。"立与坐，(盖)高与矮，这是轺车、安车的主要区别。

轺车较之安车另一个特点是车厢较小，车速较快。《盐铁论·论儒》说："故轺车良马，无以驰之。"这是二者又一区别。在汉代的画像砖(石)与汉代的出土文物中，已见到不少的轺车。如江陵凤凰山西汉墓中，有5座墓出土轺车5辆，与这5座墓遣策所载相合。这些车均为双辕双轮，其中有2辆车各驾2马，有1辆车驾1马。《汉书·高帝纪》：

---

① 裴明相：《谈楚车》，载楚文化研究会编《楚文化研究论集》第一集，荆楚书社1987年，第164页。

"(五年)横惧,乘传诣雒阳。"注:"如淳曰:'律……一马二马为轺传。'师古曰:传者,若今之驿,古者以车,谓之传车。"可见,一马、二马为轺车最常见的形态。作为传车,显然也是轺车的重要作用之一。

最能反映楚国轺车的,莫过于包山2号楚墓漆奁上所绘的《迎聘·出行图》,该图共绘四辆车,皆为立乘,2辆所驾为2马,另2辆所驾为3马。这些显然都是轺车。由这幅图亦可见,远途出行、迎聘,是轺车的另一重要用途。楚国的轺车,在长沙一座楚墓出土的漆奁画上也有反映,这幅画绘的正是贵族乘坐轺车出行的景象。此车似为双辕车,驾车的马也似只有一匹(因是绘的侧视,亦有可能不太好表现多匹马)。1989年,在湖北宜城发现的楚国车马坑,共出土车7辆,马18匹,有4辆车为2马,2辆车为3马,仅1辆车为4马。其中驾2马、3马的,有的可能是轺车。①

第五,驲车,交通用车,简称"驲"。《左转》文公十六年:"楚子(楚庄王)乘驲,会师于临品。"杜注:"驲,传车也。"《周礼正义》疏:"……凡急事速行,乘车曰传曰驲,乘马曰遽曰驿。"驲,显然是驿站的交通车辆,虽不属战车,但它轻便速行,便于传递情报,能直接为作战服务。②

已发现的先秦时期楚国车马遗存的类型,主要包括墓葬内随葬的车马器、车部件,以及墓外车马坑下葬的完整的车与马,这与中原文化基本相同。③已知最早的楚文化车马遗存属春秋中期,为河南淅川下寺楚墓M36出土的车马器与车马坑M8CH的葬车。④远远晚于中原文化。这些楚车的形态结构、部件尺寸与装配方式、车马器的形制与

① 罗小华:《楚简车名选释二则》,载楚文化研究会编《楚文化研究论集》第十一集,上海古籍出版社2015年,第402页。
② 徐俊:《春秋时期的楚军装备》,《华中师院学报》(哲学社会科学版)1985年第2期。
③ 冯好:《先秦时期楚文化车制探略》,《江汉考古》2007年第4期。
④ 河南省文物考古研究所等:《淅川下寺春秋楚墓》,文物出版社1991年,第24—26页,第40—45页。

同时期的中原文化基本相同，东周时期中原文化的车马器器类在楚文化中也基本都能见到。由此可见，楚国车制是与中原车制一脉相承的，楚国的造车技术应从中原地区传入。(**见图 13-1：先秦战车结构图**)

楚国车辆在制作过程中受中原文化的影响，在吸收融合的过程中逐渐形成了自己的特色，有一个发展演变过程，体现在不同时期的轨距尺寸、车轮辐条数、车辕尺寸、车轴尺寸、车厢与车衡相匹配的关系方面的进步。

楚墓出土的车辆实物表明，春秋时期的楚车(淅川下寺)、战国早期的楚车(荆州熊家冢)和战国晚期的楚车(淮阳马鞍冢)，其两轮轨距的尺寸比较接近。淅川下寺出土的车辆轨距与荆州熊家冢出土的车辆轨距基本相同，这说明当时楚国车辆的制作是有着严格的国家规范的，这与当时社会的道路宽度也有密切的联系。此外，春秋时期淅川下寺楚墓车辆的辐条数为 30 根，与战国中期熊家冢楚车辐条完全一致，比战国后期马鞍冢楚车车辐数仅少两根，后者为 32 根。这与《考工记》所载辐条为 30 根的数量是相同的或接近的。在车辕的尺寸方面，据文献记载，殷墟商代遗址与琉璃河西周遗址中出土的车辕，其尺寸均为 290 厘米。春秋时期淅川下寺楚墓出土的车辕比殷墟与琉璃河出土的车辕短 108 厘米。战国早期荆州熊家冢出土楚车车辕比商周(殷墟、琉璃河)的车辕长 78 厘米，而战国晚期的淮阳马鞍冢出土楚车车辕比商周(殷墟、琉璃河)的车辕长 200 厘米。这说明春秋时期楚国的车辆制作水平还比较低，到了战国时期，楚国车辆的制作水平有了很大提高，已经远远超过商周的车辆制作能力。战国早期熊家冢出土的车辕与战国晚期马鞍冢出土的车辕长度相近，马鞍冢出土车辕最长，达到 490 厘米。淅川下寺出土车辕与战国熊家冢、马鞍冢出土的车辕相差较大，淅川下寺的辕要短 100 厘米以上。这说明车辆制作水平随着社会的发展在不断提高。从车轴的尺寸来看，春秋楚墓与战国楚墓也存在着一定的差异。淅川下寺(春秋时期)车辆的车轴长度为 220 厘米，与熊家冢(战国早期)、马鞍冢(战国后期)的车轴相比要短

42—70厘米不等。熊家冢与马鞍冢的车轴长度差异较少，尺寸基本相近，有的车轴长度完全一致。不同时期车轴的直径悬殊加大。同是战国时期的楚墓，熊家冢出土的部分车轴直径与马鞍冢出土车轴直径相差1倍。楚墓出土的车辆在车箱与车衡相匹配的关系方面，楚人处理得相当合理。熊家冢楚墓的车箱与车衡相匹配的尺寸比例基本上与《考工记·舆人》记载相符合。这就是说，先秦时期楚车的辕、衡、轴、箱等部件的设计以及连接、装配的工艺技能已经达到相当高的水平，楚人对于车辆运行结构中的力学知识，也比较丰富。

春秋中期以来，楚国制造的战车突飞猛进，特别是四匹或六匹马拉的各种战车，与中原各国通行的战车毫不逊色，以至在春秋时期楚晋发生的著名的三大战役城濮之战、邲地之战、鄢陵之战，楚国的战车在战场上横冲直撞，气势磅礴，比晋国和中原各国的战车更胜一筹。

先秦时期，楚国君王乘坐的车辆也称为"皇舆"或"王舆"。"皇舆"出自《离骚》"岂余身之殚殃兮，恐皇舆之败绩"。"王舆"在《吕氏春秋·赞能》中也有提及："荆王于是使人以王舆迎叔敖以为令尹，十二年而庄王霸。"由此可知，"王舆""皇舆"是楚国君王所用的车辆。楚国从楚武王起便称王，楚王使用的车辆与周天子同等，为六匹马拉的战车。在湖北荆州熊家冢发现有供楚王使用的六匹马拉的战车。（**见图13-2：楚国六马拉的战车**）

西周建立了一定的与车服制度相应的马政制度。《周礼·夏官》说："校人，掌王马之政"；"趣马，掌赞正良马，而齐其饮食，简其六节"；"巫马，掌养疾马而乘治之，相医而药攻马疾，受财于校人"；"圉师，掌教圉人养马"；"圉人，掌养马刍牧之事，以役圉师。"显然，校人、趣马、巫马、圉师、圉人等都属于专职的马政官。除此之外，《周礼》中还见到其他许多与马政相关的部门和职官，如地官司徒中的乡师、县师、均人、保氏，夏官司马中的马质、齐右、道右、驭夫、庾人等。[1]

---

① 郑若葵：《中国古代交通图典》，云南人民出版社2007年，第221页。

楚国继承西周的马政制度。春秋时楚官即有"连尹"之号。《国语·晋语七》有"连尹襄老"，韦昭解曰："连尹，楚官名。"《左传》襄公十五年："楚公子午为令尹，公子罢戎为右尹，蒍子冯为大司马，公子橐师为右司马，公子成为左司马，屈到为莫敖，公子追舒为箴尹，屈荡为连尹，养由基为宫厩尹，以靖国人。君子谓：'楚于是乎能官人。官人，国之急也。能官人，则民无觎心。'"《左传》连叙某国官职，都按职位的高低顺序排列，职位高的在前，低的在后。这里所引也不例外。所谓令尹、右尹、大司马、右司马、左司马、莫敖、箴尹和宫厩尹，都是楚国朝官，可知连尹也是朝官。楚官以"尹"为名，"尹"前面的字都表示该官的职掌范围，如令尹，令是官长的意思，令尹即长之长，为百官之首，职权仅次于楚王；其副职有右尹、左尹。又如工尹当管织造，宫厩尹管房子，箴尹为谏官。楚国的命官之法，连尹一职应不例外。连字与车有关，《管子·立政·服制》："刑余戮民，不敢服绋，不敢畜连乘车。"畜连即畜辇。又《管子·海王》："行服连辁辇者，必有一斤一锯一锥一凿，若其事立。"连，唐房玄龄注："辇名，所以载任器，人挽者。"此注本郑玄，亦可明连字本义。拉车为连，因此连有连结义，而连结义通行后，乃又造辇字，故楚国将所拉的车叫连。连尹之连既与辇同，为辇古字，则连尹为主车之官无疑。《周礼·春官·巾车》"巾车"，执掌王及百官的车辆，安排各种车子的装备和使用；王以下，各级官员按等级的不同乘用不同的车。与巾车相似，《周礼·春官·典路》又有"典路之官"，专掌王及王后的各类车乘，车要用时即负责驾好，用后负责脱驾等；王有祭祀、军旅或其他大事外出，典路及其从官也要跟着。比较起来，楚连尹正相当于《周礼》春官中的巾车和典路二官，主车政。①

---

①　骆瑞鹤：《楚连尹为主车之官说》，《江汉论坛》1984 年第 6 期。

第五节　货币、市场与商业

春秋时期是楚国社会经济剧烈变动的时代，也是金属铸币广泛流通及货币经济确立的时期。楚在承袭周制、参酌诸国的基础上，结合实际制订了相对完善的货币制度，促进了楚国商业的繁荣和发达。

《史记·平准书》说："农工商交易之路通，而龟贝金钱刀布之币兴焉。"货币的发展经历了一个由实物货币到金属货币的演进过程，与之相适应，楚国的法定的货币形式也先后经历了实物货币和金属货币两个历史阶段。

楚国的早期货币就是天然贝（主要是海贝）。1978年，河南淅川下寺春秋中期前段的2号楚墓出土海贝4432枚。[1] 1990年，河南淅川春秋晚期和尚岭一号墓出土海贝160枚，二号墓出土海贝15枚、蚌贝25枚，徐家岭九号墓出土海贝6枚。[2] 这些考古发现表明楚国曾经使用天然贝。有学者就此指出，海贝已经成为楚国最常用的货币，构成楚国货币经济的基础，发挥着珠玉、丝帛等物品无法比拟的作用。这种格局维持到战国中期或稍早，之后海贝的地位逐渐被替代。[3]

随着生产和商品交换的发展，实物货币的形态逐渐从自然物扩大到生产物。楚国的生产物货币主要有猪、布匹、贱金属块以及加工简单的贱金属工具。其中，又以后两者最具代表意义。[4] 在楚国，谷、粟在一定意义上充当了法定货币的角色，有等同的货币资格。如贵族官员的俸禄是用粮食支付的。《吕氏春秋·异宝》记楚王悬赏"得伍员者，爵执珪，禄万担，金千镒"。《孟子·滕文公上》记载了孟子与许

---

① 河南省文物考古研究所等：《淅川下寺春秋楚墓》，文物出版社1991年，第203页。
② 河南省文物考古研究所等：《淅川和尚岭与徐家岭楚墓》，大象出版社2004年，第355—357页。
③ 魏航空、方勔：《楚国贝币思考》，《中国钱币》1997年第1期。
④ 赵德馨：《楚国的货币》，湖北教育出版社1995年，第9页。

行弟子陈相的一段对话："(孟子)曰：'自织之与?'(陈相)曰：'否。以粟易之。'曰：'许子奚为不自织?'曰：'害于耕。'曰：'许子以釜甑爨，以铁耕乎?'曰：'然。''自为之与?'曰：'否。以粟易之。'"从这段对话中我们可以清楚地看到，粟在整个交易中是作为一种货币在使用的。

自春秋中期起，金属货币开始被楚国广泛铸造和使用。受中原地区先进货币制度的影响，楚国很快就完成了从金属器具(一般商品)蜕变为货币(特殊商品)的过渡。受货币产生规律和当时的社会经济条件所限，楚国是不可能直接跳过从金属器具(一般商品)蜕变为货币(特殊商品)的过渡这一历史阶段的。理由是黄河流域也经历了生产物货币这一阶段，从总体上看，在西周晚期和春秋早期，楚国不仅经济类型与中原各国相同，而且其经济水平最多与之持平，这时的楚国无论是在经济上还是在文化上，应以借鉴和吸收为主。而这正是楚国在诸多方面后来居上的原因之一。[①]

楚国凭借丰富的矿产资源、先进的冶炼技术以及发达的商品经济，铸造和使用金属货币，很快就后来居上。楚国的金属货币，现在已知有金币、银币、铜币三种，这就是所谓的"三钱"。金、银、铜三钱齐备，在先秦诸国中唯楚独有。蚁鼻钱的以个计值和铸刻文字，在当时铜币圜、布、刀、贝四大体系中亦居于领先地位。而金、银铸币在列国中更是仅见的。因此，无论是币形、币材，还是币值、币文，楚国的货币都特色鲜明、别具一格，有异于同时其他各国的货币，从而形成独特的货币系统，成为楚文化在经济领域中最显著的特征。[②]

蚁鼻钱是楚国独有的货币。春秋战国时代的铸币，三晋用布，齐燕用刀，周秦用圜，而楚人独用贝。这种铜铸贝后世习称鬼脸钱或蚁鼻钱，在湖北、湖南、河南、安徽、江苏等地都有大量出土，说明南

① 陈绍辉：《楚国货币制度探微》，载楚文化研究会编《楚文化研究论集》第十一集，上海古籍出版社 2015 年，第 463 页。
② 赵德馨：《楚国的货币》，湖北教育出版社 1995 年，第 324 页。

方楚国的货币自成体系，有着区别于北方的显著特色。刀币导源于工具削，是手工业社会的产物；圜钱、布币由农具钱演变而来，是农业社会的产物；楚国的鬼脸钱（蚁鼻钱）仿自外来的海贝，是商业社会的产物。比较而言，商业社会富有开放性，总是不断打破国家和民族的界限，扩大贸易范围，发展商品经济，从而也就最早发明了货币。当代经济史学家早已公认，我国古代最早的货币是海贝，最早使用海贝的是殷人。现在从楚人独用铜贝的事实，我们完全可以进一步推知：楚人原先确是殷人的贸易伙伴，楚国也是我国早期商品经济和货币的策源地之一。

《竹书纪年》记武丁时殷"舆地东不过江、黄，西不过氐、羌，南不过荆蛮，北不过朔方"。周武王克商，虽然以农立国，却也不能不尊重殷遗民用贝和重商的旧俗，继续与荆楚保持贸易关系："（周）穆王三十五年……荆人来贡。""厉王元年，楚人来献龟贝。"周人就是通过各种途径向南方的楚越诸邦攫取了大量的财货，尤以金珠龟贝齿革为最大宗，《穆天子传》载周穆王出巡一路赏赐的都是楚越的特产。楚越既是周人对外贸易的窗口，也是他们取之不尽的外府。

楚人用贝是贯彻始终的，即使在用铜贝（鬼脸钱、蚁鼻钱）代替天然的货贝之后，他们喜爱用贝的传统也没有改变。《楚辞·九歌·河伯》称"紫贝阙兮珠宫"，这贝是南越产的装饰贝，宋玉《登徒子好色赋》有"齿如含贝"的话，这白贝即是南洋来的货贝。《亢仓子》载："荆君……乃以和璧十朋，为亢仓子寿。"和璧为传世之宝，朋的本义是指货币单位，这"十朋"当指十朋贝，正如《易·损卦》所谓"十朋之龟"中的"十朋"不指龟而指贝一样。就是说，荆君赠送的不但有和氏之璧，还有十朋之贝。铜贝是商代晚期出现的，安阳大司空村有两座商墓出土了这种无字铜仿贝。[①] 当时，它是跟真贝一起流通的，山西

---

① 马得志、周永珍、张云鹏：《一九五三年安阳大司空村发掘报告》，《考古学报》1955 年第 1 期。

保德县林遮峪村殷墓同时出土了铜贝和海贝说明这一点。[1] 用金属铸币逐步代替天然的货贝，这是商品经济进一步发展的结果。经过殷楚商人的长期经营，南北远地贸易日益发达，商品流量越来越大，而价低易损的天然货贝便越来越不能满足贸易的要求。另一方面，商业也刺激手工业的发展，金属铜用途日广，一旦投入市场，很快就被用为巨额贸易的支付手段。但是殷人还没有来得及完成用铸币代替天然贝这个变革，他们和楚人在东南建立的商业区域便被周人居高临下的西北农业国打破了。殷故地在统治权转移到周人手中以后，头一阶段即宣王以前，周人还不能不保留和继承殷人的一些先进经济制度，其中也包括用贝的货币制度，但随着周人及其分封的诸姬、诸姜国力的加强，他们用封闭自足的小农经济去改造开放交流的商品经济的努力也日益见效。到了宣王以后，货贝和仿贝已经完全被周人土生土长由农具演变的钱镈（布）所驱逐，以铜贝取代天然贝的历史任务便只能由楚人来独力完成了。春秋时期，由政府统一铸造的仿铜贝鬼脸（蚁鼻）钱通行楚人控制的南方，自成体系，与北方的刀布分庭抗礼，标志这个区域的商品经济还有强大的生命力。楚人始终抵制来自周人的政治和经济侵略，保持重商的传统。他们长期经营南方，一贯以和平通商为主，无意于北上扩展领土。直到楚武王三十年，他们强大的国力才引起中原诸侯的警惕。南方的楚国在春秋时期主要是跟中原诸侯争霸，而在战国时期则主要是跟秦国争夺统一全国的权力。其实，楚人从来没有统一中国的意向，他们感兴趣的只是建立一个自由贸易的商业区域。[2]

楚国的蚁鼻钱分布广泛。自从新中国成立以来，蚁鼻钱（有文铜贝）大量出土，遍及湖北、河南、安徽、山东、湖南、江苏、浙江以及陕西等省。蚁鼻钱考古发现主要分布于长江中下游地区，其中湖北、

① 吴振录：《保德县新发现的殷代青铜器》，《文物》1972 年第 4 期。
② 郭仁成：《楚国经济史新论》，湖南教育出版社 1990 年，第 19—25 页。

湖南、安徽、江苏、浙江等地区出土较多。通过对蚁鼻钱考古发现和分布地区的发掘报告进行整理，统计楚国境内近些年蚁鼻钱出土数量，其中鬼脸形图案的蚁鼻钱出土较多，占整个蚁鼻钱百分之九十以上。此外，各地也陆续出土了不同面文的蚁鼻钱。铸造蚁鼻钱的地域、文化、宗教信仰、民族心理等存在差异，选作图案的象形符号自然也会有所不同。

楚国的鬼脸（蚁鼻）钱仿自我国最早贝币形状。海贝由装饰品转变为货贝，后来出现了无文铜贝。无文铜贝从装饰品转化成货币的大致时间是西周晚期和春秋初期，它的转化过程也是取代货贝的过程。商品交换关系的不断发展，越来越多的高价物品开始进入市场上流通，原来以普通海贝为主的货贝价值变低，不能很好地适应大宗贸易，只能应付小额贸易。货贝的不断贬值和商品交易规模的不断扩大，仅通过增加拾取自然海贝的数量已经无法使矛盾得以调和，因此，便需要一种价值高的新货币或者是贵金属的币材才能满足其所需。铜在当时产量少、价值高，相对于海贝质地好、耐磨损、不易消耗，并且可以大量生产，因此，铜贝开始仿制货贝的形状进入商品交换和流通领域，逐步地替代海贝。

无文铜贝取代货贝的地位之后，货贝便丧失了其作为价值尺度的职能，成为一般性装饰品。无文铜贝在春秋时期多个国家间有发现。

从无文铜贝到有文铜贝是多种模式的演进，不只是一种单一模式。无文铜贝过渡到蚁鼻钱，在外形上和纹饰上，开始时有面具的特征。[①]

楚国的鬼脸钱最初来源于面具。面具是巫觋活动中普遍使用的法器。人面图像面具在巫觋活动中的作用是有助于巫师作法。巫觋活动中巫所佩戴的面具不仅是作法时的一种法器，也是巫自身的一种象征，是神与人进行有效沟通的媒介体。巫师作法时，依据不同动物的

---

① 赵海洲：《鬼脸钱异议》，载安徽省钱币协会主编《钱币文论特辑（第三辑）》，安徽人民出版社 2006 年，第 27—30 页。

不同功能分别进行召唤和利用。巫师戴上面具，把自己献于上天，与神沟通。叶立青通过对《楚辞》中关于灵巫服饰扮相记载的分析和对考古发掘的漆画的研究，指出楚巫师具有独特的扮相，"喜穿华美的服饰，把自己打扮得或英俊潇洒，或靓丽动人"，并且，法器在巫术中占有重要地位，拥有法器是巫觋身份的重要表现。[①] 而人面图像在此中的作用便是作法的法器。人面图像受巫觋文化的影响，具有象征性，是巫师自身的一种象征。人面图像的面具作为巫师同神灵进行沟通和交流的工具，它的出现代表着献巫之礼，其出现被用于送升天以宾于神的巫师形象。

楚国鬼脸(蚁鼻)钱的人脸外形特征，来自楚国的先民之一——荆蛮。荆蛮是三苗后裔，从湖北石家河城被南下的大禹攻破后，夏商周时期先后被迫辗转迁徙到湖北江汉交汇的盘龙城、江西赣江中游的吴城、湖南宁乡的炭河里，每到一处都创造了光辉灿烂的青铜文化。拥有丰富铜资源和善于开采、冶铸青铜器的荆蛮，商周时期所使用的货币是一种铜铸斧形币。江西新干大洋洲商代遗存中出土了 17 件被发掘者称为"手斧形器"[②]的青铜器，长柄圆弧刃，扁平体，前端呈圆形，素面无纹，其中有一件(标本 401)铸有作为商时期货币基本单位的"朋"字，未磨范口铸缝，亦无使用痕迹，通长 14.1~16.4 厘米，刃宽 6~6.2 厘米，柄宽 2.6~3.2 厘米，平均重 336 克。其中标本 XDM：401 双面有刻划符号，通长 14.1 厘米，刃宽 6 厘米，柄宽 2.6 厘米，重 350 克。此器无内无穿无銎，手持不便，又无装柄的地方，因而不可能是实用器，彭明瀚、邵鸿认为这就是金属货币。[③] 大洋洲商代大墓的发掘者彭适凡后来撰文对当初在简报中把手斧定为生产工具的说

① 叶立青：《楚巫觋考略》，东北师范大学硕士学位论文，2006 年，第 23 页。
② 江西省博物馆等：《新干商代大墓》，文物出版社 1997 年，第 129 页，彩版三六、图版四七均名为"手斧形器"。
③ 彭明瀚：《商代青铜货币蠡测》，《南方文物》1995 年第 2 期；邵鸿：《新干大洋洲所出商代斧币考》，《南方文物》1995 年第 2 期。

法进行了修正，指出这种手斧是货币。① 在距新干大洋洲以西300多公里的湖南宁乡寨子山的一个晚商窖藏中，224件手斧集中地贮藏在一件铸造精美的铜瓿中，再加上湖南省博物馆历年征集的8件，湖南共出土这种商代手斧232件。这类铜斧以宁乡为中心，分布于华容、汨罗、浏阳、双峰和常德等地。它们形制相近，刃部圆弧，两侧稍外侈，长方銎，两面饰线条纹，上部横三条或二条，下部竖四条或三条，均未磨范口铸缝，无使用痕迹。② 湖北大冶金湖街茅陈垴村一处商周时期遗址内也发现有铸成斧形的青铜锭280多块，每件长约18厘米，重400克左右，发掘者认为它就是当时的货币。③

把江西赣江流域、湖南湘江流域、湖北大冶等地出土的斧形铜器推定为斧币，在于商代已有青铜货币。从考古发现来看，除上述江西新干和湖南宁乡、湖北大冶外，商代铜币出土还有4次：第一次是1953年，河南安阳殷墟大司空村第14号墓中出土了1枚仿海贝的青铜，长1.5厘米，宽1.2厘米，第312号墓中出土了2枚，同出一范，长1.7厘米，宽1.3厘米。④ 第二次在1969—1977年，殷墟西区第620号墓出土了青铜币2枚。⑤ 第三次在1971年11月，山西保德县林遮峪的一座商墓中出土了铜贝109枚，海贝112枚。⑥ 第四次在1986年，四川广汉三星堆二号祭祀坑出土了4枚青铜贝，长6.3厘米，宽3.4厘米。⑦ 商代共计出土仿天然海贝的铜贝118枚。由于不认识，发掘

① 彭适凡等：《江西新干商墓出土一批青铜生产工具》，《农业考古》1991年第1期。
② 高至喜：《湖南商周农业考古概述》，《农业考古》1985年第2期。
③ 黄锡全：《先秦货币通论》，紫禁城出版社2001年，第60页。
④ 马得志、周永珍、张云鹏：《一九五三年安阳大司空村发掘报告》，《考古学报》1955年第1期。
⑤ 中国社会科学院考古所安阳工作队：《1969—1977年殷墟西区墓葬发掘报告》，《考古学报》1979年第1期。
⑥ 吴振禄：《保德县新发现的商代青铜器》，《文物》1972年第4期。
⑦ 四川省文物考古研究所：《三星堆祭祀坑》，文物出版社1999年，第310页，图119-1。

者均把它们作为装饰品，唯著名古钱币学家朱活认为殷墟所出青铜贝为货币[1]，湖南宁乡一件瓿中集中地存放224件铜手斧，大冶金湖街茅陈垴村商周遗址集中出土280多件青铜斧币，江西新干再次出土用于宗教场合的斧币，说明斧币在这些地区已广为流通，"这一发现以实物证明古三苗地区青铜斧币从商代一直流通到西周时期"[2]。

荆蛮的斧币在文献中有依据。如《周易》中就有"旅于处，得其资斧""巽在床下，丧其资斧"等记载，表明西周很多地方以斧币作为流通的货币。西周时期有青铜贝还见于金文记载，如《丰卣铭》："大矩锡丰金、贝，用作父辛宝尊彝。"商周时期称铜为金，"金贝"就是青铜贝。

青铜斧币是后世楚国蚁鼻钱的源头。楚国在春秋战国时期大量流通的铜币蚁鼻钱，与青铜斧币一脉相承。"楚国早期曾以铜斧为货币形态的一种而后来却使用蚁鼻钱"[3]"古三苗地区发展斧币"，由铸造仿海贝的青铜贝，至西周发展为"蚁鼻钱"[4]。这种见解，说清楚了荆蛮的斧币与楚国蚁鼻钱的渊源关系。

荆蛮与芈族合并成立楚国后，荆蛮使用的斧币一直在楚国沿用，但又逐渐发生变化，因为频繁祭祀需要使用带面具的法器，最终由斧币演变成为了具有面具形的鬼脸钱。

鬼脸钱与出土的面具相比，有较大相似性。通过对荆蛮时期著名的石家河玉面人像和新干神人兽面玉像、神人兽面铜像、新干铜面具、盘龙城铜面具进行类比，可以发现鬼脸(蚁鼻)钱外在整体呈现出人脸形状，眼窝内陷，眼珠向外突出，其形勇猛拙朴。鬼脸(蚁鼻)钱的穿孔为人脸面具的嘴，而中间类似于文字的"几"是其鼻子，上面的一双小圆则是人脸面具的眼睛。如果以鬼脸(蚁鼻)钱的外在纹饰同荆蛮人

① 朱活：《商币篇——兼谈建国以来出土的商代货币》，《四川文物》1985年第1期。
② 彭明瀚：《吴城文化研究》，文物出版社2005年，第200页。
③ 赵德馨：《楚国的货币》，湖北教育出版社1996年，第21页。
④ 彭明瀚：《吴城文化研究》，文物出版社2005年，第199页。

面形状的面具相比较，二者外在纹饰特征十分地相似，都是颧骨高耸、双眼圆睁、鼻子突出、表情威严、层次丰富、主体分明，属于写实的图像，可见在鬼脸(蚁鼻)钱起源时，楚地先民们已经掌握了对人脸较复杂形体的基本表达方式，已经能够准确把握人面的椭圆形与五官位置、特征的表现，并且以写实的方法来表现出来。楚地先民对人脸形图像的崇拜，表达在楚人所使用的货币之中，由此，可以得出鬼脸(蚁鼻)钱起源于人脸形图像的结论。

通过与出土荆蛮面具文物图片的对比，我们还可以发现，鬼脸(蚁鼻)钱的外在特征与巫觋有许多共性，明显受巫觋文化的影响，荆蛮的人形面具比鬼脸(蚁鼻)钱早，因此，鬼脸(蚁鼻)钱的起源和具有巫风的人面形面具之间有很强的关联性，楚地鬼脸(蚁鼻)钱起源受楚地巫文化的影响，是巫觋文化的重要载体，是楚地人民对巫觋文化的信仰和崇拜在钱币上的一种表达和体现。

在面具基础上发展而来的鬼脸钱，随着使用年代的延续，又逐步演变为有文铜贝——俗称蚁鼻钱。有文铜贝在楚国境内有发现，外形近似椭圆，面隆起呈龟背状，上面有阴铸文字。早期蚁鼻钱的外在形状表现应该不是一种文字，它只是楚地人民对巫觋文化崇拜的一种表现，而后期各地陆续出土了不同文字的蚁鼻钱，是社会进化、文字创造的结果，这时蚁鼻钱上的符号很可能已经成为一种文字。[1]（见图13-3：国家博物馆藏鬼脸钱）

货币的制造与发行是货币经济中关乎利害与治乱关系的最核心问题。至迟在春秋中期，楚国就已将铸币权和发行权收归王室。《史记·循吏列传》记："庄王以为币轻，更以小为大，百姓不便，皆去其业。市令言之相曰：'市乱，民莫安其处，次行不定。'相曰：'如此几何顷乎？'市令曰：'三月顷。'相曰：'罢，吾今令之复矣。'后五日，朝，相言之王曰：'前日更币，以为轻。今市令来言曰"市乱，民莫安

---

① 申素：《论楚国蚁鼻钱与巫觋文化》，《区域金融研究》2017年第11期。

1064

其处，次行不定"。臣请遂令复如故。'王许之，下令三日而市复如故。"究其实质，这是一场由楚庄王亲自主导的货币改革。从文献记载的市场混乱、人民惊慌失措的情况来看，楚庄王的这次货币改革无疑是失败的，但改革的过程恰好说明楚王室不仅牢固地掌握着钱币的铸造和发行权，而且还对货币的流通进行了积极的干预和管理，形成了一套相对完善、成熟的货币管理机制。

楚国的铸币权专属楚王所有。《韩非子·内储说上》说："荆南之地，丽水之中生金，人多窃采金。采金之禁，得而辄辜磔于市，甚众，壅离其水也，而人窃金不止。"私采砂金，居然要碎尸万段。为令行禁止，不惜杀人如麻，以至于尸堵河流，人们依然采金不止。可见，楚国对币材的控制不仅全面、严格，而且近乎野蛮、残忍。既然花费这么大气力来垄断和掌控金属币材，可见楚王室不会轻易将铸币权下放给封君或地方政府。

货币从铸造到发行，从流通到贮藏，环节众多。一般而言，政府要实现管理货币的职能，必须通过一定的管理机构来完成。从现有资料来看，楚国的货币管理机构主要有：

三钱之府。《史记·越王勾践世家》："每王（楚王）且赦，常封三钱之府。"裴骃《集解》引此说："或曰：'钱币至重，虑人或知有赦，盗窃之，所以封钱府，备盗窃也。'"可见，"三钱之府"当是国家专门负责贮存货币的机构。为何称其为"三钱之府"呢？裴骃《集解》引东汉贾逵云："金币三等：或赤，或白，或黄；黄金为上币，铜钱为下币。"金币三等之说也见于《史记·平准书》，但二者皆是从《禹贡》的"金三品"之说发展而来。从考古发现来看，楚国确有金、银、铜三种不同金属成分的货币，可证"三钱之府"即楚国负责贮藏和管理金、银、铜三种货币的机构。① 赵德馨通过一番考证后，亦认为"三钱之府"中的"钱"，是对金属货币的通称。所谓"三钱"是指金、银、铜三

---

① 刘玉堂：《楚国经济史》，湖北教育出版社 1996 年，第 252 页。

钱，"三钱之府"是楚国政府贮存和管理货币的机构。① 综上可见，三钱之府当是楚国最大的贮存和管理货币的机构。

方府。《战国策·楚策四》记庄辛谓楚襄王："(君王)左州侯，右夏侯，辇从鄢陵君与寿陵君，饭封禄之粟，而戴方府之金，与之驰骋乎云梦之中，而不以天下国家为事。"明代董说在《七国考》中写道，楚国因产金之地甚多，把四方所贡之金藏之于方府。由此可见，方府是专门储藏和管理金币的机构。赵德馨认为"方府"是贮存、管理货币的机构，但其归属权却属于楚王室，并根据楚既有"三钱之府"，又有"方府"推断，楚国已将国家财政和王室财政分开。陈绍辉认为，这一看法失之偏颇。理由有二：一、从现有史料来看，方府似乎只专司黄金及其制品的贮藏与管理，没有任何证据表明其还兼管铜、银二钱；二、就当时所处的历史阶段而言，楚国应该没有能力将国家财政与王室财政区别开来。就方府的地位和性质而言，笔者更倾向于其是具有相对独立地位的黄金专营管理机构，类似于现代的国家专业银行。②

爰正府。《古玺汇编》0133 著录有楚《□(爰?)正府玺》一枚，第一字不清，刘玉堂认为疑似"爰"，若以此字释，则爰正府或即楚国专司爰金贮备与旧爰金回收的机构。③

铜官。明董说《七国考》引《图书记》："楚设铜官，铸钱洲上，遂名铜官。"铜官是专门负责货币铸造的管理机构。④ 嘉庆《重修一统志》："铜官渚在(长沙)县西北铜官山下，一作铜官浦，旧传楚铸钱处。"刘玉堂认为长沙是战国时期楚国南部的经济中心，其地恰好位于楚国产铜基地今大冶铜绿山和麻阳九曲湾之间，原材料转运十分便利，且处于战争后方，楚人在此设有大型造币作坊是完全可能的。考

---

① 赵德馨：《楚国的货币》，湖北教育出版社 1996 年，第 373、374 页。
② 陈绍辉：《楚国货币制度探微》，载楚文化研究会编《楚文化研究论集》第十一集，上海古籍出版社 2015 年，第 456 页。
③ 刘玉堂：《楚国经济史》，湖北教育出版社 1996 年，第 252—253 页。
④ 赵德馨：《楚国的货币》，湖北教育出版社 1995 年，第 404 页。

虑到楚国商业的繁荣，货币流通量大，楚国的铸钱作坊当不止此一处。① 若此论成立，则提出了一个尖锐的问题：铜官究竟是管理机构，还是铸造作坊？就现有资料来看，无法判定。陈绍辉推测：铜官很可能既是管理机构，又是生产单位，集生产与管理职能于一身。根据全国多处置有铜官来看，其官阶级别不高，很可能属中央驻地方的机构。此外，还存在着一个全国性的管理机构，来具体管理分散在各地的铜官。这一机构可能是中央政府的独立部门，或隶属于中央政府某个职能部门。②

除上述机构之外，赵德馨认为，在储存、管理金属货币的"三钱之府"之外，楚国可能还有储存、管理布币的机构，以及统管这个机构和"三钱之府"的部门。从楚国置有爰正府，并结合政府职能行使之便利和效率考虑，这一论断应是符合楚国实际情况的。楚国储存、管理布币的机构，刘玉堂认为，很可能由大府来充任。理由有三：一、布币是一种实物货币，流通量不大，当其不参与流通时，更多表现为一种消费物资，即普通的布匹，国家没有必要设专门机构对其进行贮藏和管理。二、作为一种消费物资，布匹通常是国家赋税的主要征收对象。三、大府是楚国中央掌管财政税收和负责物资收藏与调配的最高权力机构。③

为保证货币的正常流通，稳定经济秩序，政府需要对流通领域中的货币硬件和软件进行管理。这些管理主要包括对货币规格、质量方面的规定，以及对流通秩序进行宏观的监控管理及以法律手段加以维护。楚王室不仅垄断了铸币权，而且设置了三钱之府、方府、铜官等管理机构，专门负责货币的铸造、发行、保管、贮藏等。这实际上也就意味着楚国的货币硬件管理是由这些机构负责的。货币进入流通领

① 刘玉堂：《楚国经济史》，湖北教育出版社 1996 年，第 179 页。
② 陈绍辉：《楚国货币制度探微》，载楚文化研究会编《楚文化研究论集》第十一集，上海古籍出版社 2015 年，第 457 页。
③ 刘玉堂：《楚国经济史》，湖北教育出版社 1996 年，第 249—250 页。

域，会经历诸多流通环节。从现有资料看，楚国在每一个流通环节均有相应的法律规定和制度安排。如货币与商品在所有者之间易位而形成商业与市场，就产生了管理这种易位活动的官员。楚庄王的币制改革，充分显示出楚国在货币流通领域已经建立了一套相对完善、成熟的管理机制。所谓完善，主要表现在铸造、发行、流通等环节均有监管，市令、令尹、楚王均参与其中，各司其职；所谓成熟，主要表现在监管过程中，问题的反馈很通畅，问题的处理也很及时。①

楚国逐渐完备的货币体系保证了楚国市场的繁荣。

楚国市场完备。《左传》宣公十四年（楚庄王十九年）："楚子闻之，投袂而起，屦及于窒皇，剑及于寝门之外，车及于蒲胥之市。"《正义》云：阙名窒皇及市名蒲胥，义皆未闻，盖谓郢都之市耳。"不过这蒲胥之市的含义，还是可以从别的记载中揣其一二。《周礼·地官·司市》："以贾民禁伪而除诈。"郑玄注："贾民，胥师、贾师之属，必以贾民为之者，知物之情伪与实诈。"蒲胥之"胥"，似是胥师之谓，则蒲胥之市，应即是蒲席之市了。因为楚地多产蒲席，在郢都辟有专门市场，而以胥师管理之。由此可以窥见楚郢都市场的管理是严密的，不但排列着各种货物的坐肆，如"枯鱼之肆"，而且相同的许多坐肆和货摊又分别集中于一区，既有蒲胥之市，亦当有其他各种大宗货物之市。其管理市场的人员，除胥师、贾师之外，上边还有庄王时代就流传下来的市令的名称，《史记·循吏列传》："庄王以为币轻，更以小为大，百姓不便，皆去其业。市令言之相曰……"这个"市令"当是市场的总管。

楚国的市场繁荣，逐渐形成城市。清华简《楚居》记载历代楚王频繁迁徙的楚都都有着繁荣的市场。除楚都外，楚国的商业城市有许多，《史记·货殖列传》称："南阳西通武关入郧关，东南受汉、江、

---

① 陈绍辉：《楚国货币制度探微》，载楚文化研究会编《楚文化研究论集》第十一集，上海古籍出版社 2015 年，第 462 页。

淮。宛(今河南南阳)亦一都会也，俗杂好事，业多贾。"南阳既是一个著名的冶铁手工业基地，又是一个繁荣的商业城市，晋楚城濮之战前，楚成王为了靠前指挥，曾经临时将南阳定都为"睽郢"。楚郢都还迁到过鄢(今湖北宜城)和陈(今河南淮阳)，这两个城市的商业也很发达，特别是陈，曾经是楚国与中原通商的桥梁之一。[①]

楚国建国晚于齐国，开始时效法齐国的商业。齐国在周初吕尚刚受封时，国境尚小，多濒海之盐碱地，不适于农业生产，于是因地制宜，《史记·齐世家》载齐国"通商工之业，便鱼盐之利"，亦即通过工商业来促进齐国经济的发展，齐国因此而逐渐强大，疆域扩展，人口密集，到齐桓公称霸之时，已有膏壤千里，农业也随之得到发展。齐国在农业得到长足的发展之后，并未因此而不重视工商业，相反，在处理农业与商业的关系时，助齐桓公称霸的管仲提出"薄本肇末"的观点，既重视农业积累财富的作用，也不忽视通过商业活动促进流通，以增加社会财富。《国语·齐语》记管仲设工商之乡六，士乡十五，并将士、农、工、商并列为国之四民。设工商之乡，四民分工并且地位平等是齐的创举，表明工商业在齐国有举足轻重的地位。农工商并重的思路在齐国长久贯彻下去，也同样造成齐国的富强。

齐国的富强，是楚国的榜样。楚国仿效齐国，将商业列四民之首。《左传》宣公十二年(楚庄王十七年，前597年)，晋随武子称赞楚国道："昔岁入陈，今兹入郑，民不罢劳，君无怨讟，政有经矣。荆尸而举，商、农、工、贾不败其业，而卒乘辑睦。"楚人的"商农工贾"，跟中原所谓"四民"，从包含的成分到排列的次第有所不同，更重视商业。《谷梁传》成公元年载："古者有四民，有士民，有商民，有农民，有工民。"《管子·小匡》称："士农工商四民者，国之四民也。"齐国将商人列为"四民"之末，楚人却以商列为四民之首，可见楚人对商业的重视以及商贾在楚国社会经济生活中占有的特殊地位。

---

① 郭仁成：《楚国经济史新论》，湖南教育出版社1990年，第14—15页。

楚国商人的地位很高。《周礼·地官·司市》："以商贾阜货而行布。"郑玄注："通物曰商，居卖物曰贾。"商指批发商人，贾指零售商人。楚人极重商贾，不乏例证，《左传》成公三年："（晋）荀罃之在楚也，郑贾人有将置诸褚中以出。既谋之，未行，而楚人归之。"可见楚国贵族们对郑商优礼有加，亲密无间，不然郑国的商人不可能胆大包天地策划解救囚禁的晋国要犯荀罃。《左传》定公四年，楚昭王十年，吴师入郢，楚昭王奔随，吴军紧跟不舍，最后幸赖随君保护，才脱离险境。随国拒绝吴人的要求，不把楚昭王交出来的原因之一，是当时适有一个亦工亦商的楚国商人炉金在随国做生意，《左传》定公四年："炉金初宦于子期氏，实与随人要言。"大约炉金劝说随国保护了楚昭王，楚昭王既脱险，欲答谢炉金，昭王使其相见，炉金辞曰："不敢以约为利。"可见商人炉金重义，不但在楚国而且在随国都受到国君的重视。第二年，楚昭王重回郢都，论功奖赏随从出走有功的人员，除了赏赐9个有特殊贡献的臣工外，不忘跟随楚昭王逃难的商人屠羊说。屠羊说辞赏，昭王愈加器重，令"司马子期舍车徒求之，五日五夜"，"愿为兄弟，请为三公"。上述各例证反映春秋时代楚人重商，丝毫不见抑商的迹象。

楚国的中小商贾，他们中又可以区分为几种类型。第一种是行商，主要从事农副产品的收购、贩运工作。《韩非子·内储说下》称："（楚）昭奚恤令吏执贩茅者而问之。"这种贩茅者正是农副产品的收购与贩运者。《韩非子·外储说左上》称"楚人有卖其珠于郑者"，又《韩非子·难一》称"楚人有鬻楯与矛者"，这两种行商已超越国界，贩卖的商品也已扩大到珠宝和兵器，他们应是行商中资本最雄厚的。第二种是坐贾，即零售商人，他们主要是从官商手里批发货物，或买上述商贩的农副产品，然后列肆零售。这种坐贾的资本一般少于行商，所以他们的地位也就列在四民之末。《庄子·外物》所谓"枯鱼之肆"，正是指的这类咸鱼零售店。第三种是指工农业小生产者，他们也要出卖自己的产品，以换取所需的生产和生活资料。他们不是商人，但参与了商业活动。《孟子·滕文公上》记载孟子和楚人许行弟子陈相一段对话："曰：'许子以釜甑爨，以铁耕乎？'曰：'然'。'自为之与？'曰：'否，以粟易之。''以粟易械器者，不为厉陶冶；陶冶亦以其械器易粟者，岂为厉农夫哉？'"这里所谓"以粟易械器"是农民的交易活动，而"以械器易粟"则是手工业者的交易活动。《说苑·贵德》："孔子之楚，有渔者献鱼甚强。孔子不受，献鱼者曰：'天暑远市，卖之不售，思欲弃之，不若献之君子。'"这个渔者以卖鱼为业，也是小生产者一类。对于中小商贾和小生产者的商业活动，楚国也采取奖励的政策。《史记·循吏列传》在列举孙叔敖为楚相的业绩时谈道："秋冬则劝民山采，春夏以水(乘多水时而出材竹)，各得其所便，民皆乐其生。"

楚人之所以重商，是由于他们从繁荣的商业中获取了巨大的经济利益。楚国商业的发达得益于楚地盛产的农副产品。这里有得天独厚的自然条件，蕴含着取之不尽的宝藏，吸引着各国商人不顾"关梁之难，盗贼之危"(《墨子·贵义》)，不远千里前来贩运。自春秋以来，在中原各国的市场上，楚国的木材、矿产、水产和鸟兽最负盛名。楚国的货物一是木材，二是矿产，三是水产，四是鸟兽，五是土特产。如果将这五个方面的商品进行一番综合分析便不难看出：第一，这五类货物绝大多数都属于自然生长的土特产，手工业品很少，农副业加工品亦不多。楚国在贸易上的优势在于得天独厚的自然资源，而不在于它的工农业生产水平有什么过于中原各国之处。第二，这些土特产的主要畅销市场在中原。

楚国跨国商业的发展，得益于郑国和陈国这两条通道。

郑国是个商贾之国，与商贾之间世有盟约。《左传》昭公十六年记子产追忆："昔我先君桓公，与商人皆出自周，庸次比耦以艾杀此地，斩之蓬蒿藜藋，而共处之。世有盟誓，以相信也，曰：'尔无我叛，我无强贾，毋或丐夺。尔有利市宝贿，我勿与知。'"所以，郑国经商的人就特别多，他们利用郑处天下之中的优越地理位置，南到楚，北到晋，西到周，东到齐，足迹几乎遍于天下。郑商弦高矫君命以犒秦师，救了郑国；郑商弦施谋救荀䍜，来往于楚晋齐郑数国间。由于郑国当楚国与中原交通要冲，又是商贾云集的地方，所以楚国与中原物资的中转，势必由郑商来担当。当然，郑国之所以重商，也如楚国之重商一样，国家从商人的利润中分享了极大的甜头。这才是郑国公室跟商人世守盟誓的真正原因。春秋时期，由于郑国在商业上具有特殊重要的地位，所以楚晋之间为争夺对郑国的控制权展开了长期的斗争，最后达成协议，双方相互间不得封锁商路。《左传》成公十二年，晋楚盟于宋："凡晋、楚无相加戎……交贽往来，道路无壅。"

陈国是另一个沟通楚与中原的通道。《史记·货殖列传》称："陈在楚夏之交，通鱼盐之货，其民多贾。"由这条通道，楚国人的水产畅销到了黄河流域，而齐鲁滨海的食盐得以源源不断流入楚国。除食盐外，楚人通过商品交换，从中原各国获得自己所需要的各种生活用品，这只要看看楚辞中所涉及的各地珍贵物品就可以见其一斑。在《招魂》《大招》《国殇》等篇中，一则说"秦篝齐缕，郑绵络些"，二则说"郑卫妖玩，来杂陈些"，三则说"晋制犀比，费白日些"，四则说"代秦郑卫，鸣竽张只""讴和扬阿，赵箫倡只"，最后还说"操吴戈兮被犀甲""带长剑兮挟秦弓"。这些精巧的进口物品，在战国时代的楚国贵族中已经是司空见惯了。

楚国还有一条与黄金有关的商路。黄金在楚国的产量并不多，为什么春秋战国之际楚国却有那么多的黄金呢？有的学者因而推测，楚国当年黄金储量的一部分很可能是从云贵高原辗转贩运而来的。[①] 特别有趣的是，琉璃原不产中国，而产于大秦（古罗马）、身毒（古印度）等国，琉璃是从海上与古罗马交换来的。可是，在长沙战国楚墓中，20 世纪 50 年代初却出土过两件琉璃器，方国瑜认为，这是公元前四

---

① 朱俊明：《楚向古云贵开疆史迹钩沉》，载张正明主编《楚史论丛初集》，湖北人民出版社 1984 年，第 195 页。

世纪中叶由楚国商人经由身毒国输入的。[1] 楚人与西南各地的贸易，输出品以丝绸为大宗。楚国丝织业的高水平，从出土的楚墓中获得了有力的物证。特别是长沙楚墓出土的五色花纹织锦、龙凤纹刺绣以及湖北江陵马山楚墓出土的绢、纱、罗、锦、绣等，已经超过了中原的水平。楚国商人就是首先用这种精致的丝绸打开了西南各国和各部落的大门，一直远销到印度。

第六节　城邑建筑与土木工程

楚先民发展与楚国形成的过程中，除芈族自身创造了一定的建筑文化之外，应该说江汉地区"土著"荆蛮建筑文化的影响更大。从现已揭示的考古资料看，江汉地区夏以前的"土著"荆蛮的建筑文化，如同中原地区的建筑文化一样，启蒙的时代较早，发展的速度亦较快，建筑水平已达到一定的高度。荆蛮的前身三苗族，以天门石家河城为都城，城垣的规模可谓是新石器时代中的最大者，面积约有 1 平方公里。其中包括谭家岭、蓄树岭、三房湾、黄金岭、邓家湾等与城同时的大型遗址群。如此之大的城垣修建，象征着江汉地区石家河文化的兴旺。同时，也说明三苗已具备相当高的建筑技术，如测量技术、土方工程的预算技能等都是较为先进的，施工能力也是较为强大的。在地势的选择和建筑方法上，也反映了三苗已具有较丰富的建城知识，如已懂得利用河流和自然高地。

在夏文化南下后，部分三苗遗民逃到江汉交汇处不远的盘龙城。从盘龙城内已发掘的部分宫殿遗迹看，大部分宫室建筑坐落在城内的东北部，未居城中央。宫室未建立前，对于东北的地势则采取了削高填洼的建筑方式，使之形成较平的地块。然后在此基础之上再夯筑起

---

① 方国瑜：《从秦、楚争霸看庄跻开滇》，载《滇史论丛　第一辑》，上海人民出版社 1982 年，第 21 页。

约1米高的巨型夯土台基，作为整个宫室建筑的基础。台基东北角共发现3座宫殿遗址，并呈"中轴线"前后排列，而且与东城垣的南北走向一致。由此可见，城垣与城内的建筑都是经过周密规划与精心施工的。因此总体上才出现规整性的布局。盘龙城大规模的长方形廊式宫室建筑在江汉地区尚属首次发现，在商代都城宫室遗址中也是较为少见的。如果把夯土台基和与其相应的木构架结合起来考察就可以看出：一是建筑规模扩大，二是建筑形式复杂，三是榫卯结构增多。总之，其建筑水平已达到一定高度。为了确保建筑的牢固性，盘龙城采用暗柱础和深埋的建筑方式，至春秋战国时期楚人的宫室建筑中，有的也采用了这一建筑形式，有的宫室则出现了高大的明础，在磉墩之上置柱建筑。设暗础的作法几乎不见。前者多为春秋时的建筑，后者多为战国时的建筑。楚人之所以如此，很关键的一点就在于设计上的更加科学和建造技术的进一步合理。盘龙城1号殿遗址应是我国目前发现最早的而且是较大的一座地方王国的大型寝殿遗址。从该殿的形制与具体的结构看，既反映了江汉地区人们至商代早期土木建筑技术所积累的程度，也完全代表了商代的土木工程水平。对于后来楚国土木工程的兴起也奠定了基础，如楚重檐宫室形体就是明显的表现之一。[①]

城市是人类进入文明社会的重要标志之一。《说文》："城，以盛民也。"楚国自楚武王称王以后，沿长江两岸、汉水流域、洞庭湖诸水系、鄱阳湖诸水系、淮河流域兴建了数十座城邑，若以县以上的行政建置计，则应有百余座城邑。通过这些楚城的分布，我们可以了解楚人的居住环境和楚国的建筑水平。

春秋时期的楚国城邑，应包括"城"与"市"两个概念或两种含义。所发现的楚国都邑，均为楚国政治、经济、文化、军事的中心，楚国城邑随着楚国的建立而开始兴建，逐步发展。由于楚国初年经济实力

---

① 王崇礼：《楚国土木工程研究》，湖北科学技术出版社1995年，第36—38页。

薄弱，不一定开始就筑有规范的城邑。即便有之，也只是防御性的，在规模、作用上不能与楚国发达、兴旺时期所筑的城邑相比拟。

文献中楚国不同等级、不同时代的城邑几乎遍及楚国各地，而且数量较多。就其类别而言，楚国有都城、郡、县、封君城邑四个层次。就其中一部分城址的国属而言，既有楚人自筑的城邑，也有借用所灭诸侯国的城邑，还有对部分诸侯城邑略加改造的城邑。总之，楚国城邑的建筑是较为复杂的。

楚国都城，是指楚国正式为都者，大多数属楚人自己所筑，少数楚都如陈郢只能算作楚人的维修、改造工程。此外，还有楚国别都，因内政和外交上的需要，一度在部分诸侯国的都城中临时为国都。春秋战国时期楚之别都，分别有鄂（鄂王城）、鄢（楚皇城）、析、武城、陈、蔡、不羹（分东不羹和西不羹两城）。[①] 此外，楚之别都还有都、西阳、穰、城阳、项城、巨阳等城邑，在楚国历史的地位仅次于国都。

楚国的其他城邑现合计 262 座。其中又可按建置及归属时间的先后分别为"本部"城邑，计 156 座；楚所灭国的城邑，计 106 座。[②] 这类城邑，虽然不全是楚人所筑，但在楚灭其国之后已列入楚国版图，有可能成为楚国地方政权的所在地，即郡、县城或诸侯之城，其社会地位明显低于前两者。

目前，楚故地已发现的古城遗址从国属上而言，既有楚国城邑，也有诸侯的城邑；从其规格而言，既有楚国都城，也有楚国封君及郡、县治。楚国都城遗址有江陵纪南城、河南陈城、安徽寿春城；楚别都遗址有宜都楚皇城、东不羹城；其他城邑遗址可分楚本部城邑和楚灭国城邑两类。楚本部城邑：淅川龙城、当阳季家湖古城、云梦楚王城、郏城、草王咀古城、采菱城、临澧大城堤、鄀陵、析邑、期思城、寝丘、石门大堤城、定阳城、寺湾城、兴化城、马蹬城、侯文古城、白

① 　马世之：《关于楚之别都》，《江汉考古》1985 年第 2 期。
② 　王崇礼：《楚国土木工程研究》，湖北科学技术出版社 1995 年，第 59 页。

公城、安定城、城阳、鄂君邑；灭国城邑：罗城、曲洧城、上蔡、黄、蓼城、胡城、糜城。楚国的地方城邑一般由寨墙形成。大概只有一种叫作"棘围"和"棘闱"的寨墙和寨门。城市居民住在闾里之中，闾里有门。农村居民则住在棘围之中，以荆棘为寨墙，也有门，"闱"就是"门"。灵王末年发生政变，左右逃遁一空，他独自向郢都走去，累了，匍匐而行。《国语·吴语》记楚灵王"将入于棘，而棘闱不纳"。这"棘闱"就是荆棘环绕的寨子之门。

楚国的城邑建筑具有明确的指导思想。楚人自己所建的城邑是具有代表性、最能反映楚国政治、经济、文化、军事的都邑。楚国的地方性城邑代表了该地政治、经济、文化与军事的状况。据王崇礼研究，楚国城邑土木工程具有以下特点。①

1. 建筑等级的"体性论"原则。由于楚是周分封的诸侯，早期与周的关系十分密切。因此，周人的一套礼制对楚人产生了多方面的重大影响。楚人逐步形成了一套完整的建筑理论，贯穿于具体的城邑建筑之中。其理论俗称为"体性论"，即以人体的各部位为比喻，说明建城等级区分的必要。《国语·楚语上》记载楚大夫范无宇对楚灵王一席著名对话："且夫制城邑若体性焉，有首领股肱，至于手拇、毛脉。大能掉小，故变而不勤。"楚人以人体各部位的依附关系形象地比喻了城建体制的配备关系，可谓妙不可言。从现已发现的楚都、诸侯（封君）城、县治等各级城邑的不同规模看，楚人的"体性论"在城邑建筑规划中贯彻较为彻底，规模上的区别明显。就"首领"级的楚都城与"股肱"或"手拇""毛脉"级的地方城邑相比较，楚都纪南城面积达16平方公里；云梦楚王城，面积只有1.6平方公里；大冶的鄂王城，面积只有1.125平方公里；湖南桃源县的采菱城，面积只约有0.498平方公里。综合统计，地方城邑中的1/3为1平方公里左右，2/3不到1平方公里。两者之间构成了宝塔式的城邑建筑格局。这一总体格局说明楚国

① 王崇礼：《楚国土木工程研究》，湖北科学技术出版社1995年，第86—89页。

建城等级观念严格，是其他诸侯国难以比拟的。

2. "立都必居中土"的思想。"中心"城市的观点是通过"王权"加以体现的，折射出以王权为代表的国家至高无上。春秋战国时的楚国可能更为讲究。每一都邑的建立与迁徙都体现出了楚国一个时期政治、经济、文化、军事的中心所在。楚国多次迁都，都是以这种认识论和思想基础为指导。如《吕氏春秋·慎势》中说："古之王者，择天下之中而立国。"这一理论随着历史的发展而不断加以完善。从楚人建都的实际情况看，"立都必居中土"的思想至春秋时期已树立，从楚国春秋时期迁都的情况看，总是随着自己政治势力的变化，力争把国都建在自己腹心地带。战国时的文献记载也表明了这一点。《战国策·楚策一》："楚地西有黔中、巫郡；东有夏州、海阳；南有洞庭、苍梧；北有汾陉之塞、郇阳；地方五千里。"类似方面的记载也见于《淮南子·兵略训》："南卷沅湘，北绕颍泗，西包巴蜀，东裹郯淮，颍汝以为洫，江汉以为池，垣之以邓林，绵之以方城。"两文中虽未具体说明某一楚都所在地，但按文献中所言的方位以及各个历史时期楚国疆域变化的情况推测，应是以楚都纪南城为中心点进行分叙的。

3. "依山傍水"选址的思想。楚国无论是单体建筑，或是群体性建筑，还是大型的城邑建筑工程，对于其自然环境的选择则成为建筑者们首要考虑的问题，甚至形成了一整套说明该问题的理论。《管子·乘马》总结："凡立国都非于大山之下，必于广川之上，高勿近旱而水用足，下勿近水而沟防省，因天材，就地利。故城郭不必中规矩，道路不必中准绳。"在楚人看来，依山傍水是有度的，必须适中。选择地利，甚至高于城内建筑。从楚人建都选址的情况看，我们认为既注重了"因天材，就地利"的原则，也把都邑建筑的规整性和合理的布局作了充分而周密的考虑，使两者有机地结合，未有偏废。楚国的城邑一般都不是建在大山之下，但都具有"依山"的建筑特点，大多数都邑都建在岗地或丘陵的一侧，城的附近地域均有"山"。如河南淅川下寺龙城，附近有"瘤龙山"，季家湖城周围有青山和半月丘陵。楚都纪南城更为明显，就因城建在"纪山"之南麓得名。早期楚城是如此，晚期楚城也是如此。淮阳陈城有"平粮台"，寿郢"依紫金山以为固"。楚人之依山陵而筑城，从地势上看也具有战略优势；实用性上具有"高勿近旱而水用足"。此外，也便于其他方面建设，如为陵墓区的规划和建筑具有较好的地势。据考古发现，楚城周围的丘陵地带也多为楚国王室贵族的"公墓"和国民的"邦墓"区，反映楚人选址时的综合考虑。就楚城"傍水"而筑的特点而言，也较同时期的诸侯城邑更为合理，具有"必于广川之上""下勿近水而沟防省"之优势。如湖北当阳季家湖即位于沮漳河下游的冲积平原，东临季家湖。纪南城所处的地势表现更为充分，既位于江汉平原，也网络朱河、新桥河、龙桥河三条古道，还东临海子湖、邓家湖。楚都寿春，位于瓦埠湖畔，南面有淮河与淝水。楚国诸城都建筑于湖、河之旁，既可借用湖河之水的自然风光，还为水、陆联运及生产、生活用水提供方便，特别为排除城内的渍水，避免洪灾具备了相应的条件。因此，春秋战国时期的楚都纪南城、陈城、寿郢城和相关的一带区域在我国历史上成为重要的商业城或商业区。

4."方正"建筑形制思想。所谓"方正"，即为端平正直。《管子·明法》："明主者，有法度之别，故群臣者皆出于方正之治。而不敢为奸。"同时期的《韩非子·奸劫弑臣》："必曰：'我不以清廉方正奉法，乃以贪污之心，枉法以取私利，是犹上高陵之颠，堕峻溪之下而求生，必不几矣。'"这就是要求以道德上的"方正"规范城邑的建筑形制。从楚城邑的形制看，无论是楚都、别都还是地方性城邑，平面形制大体上可分三种类型：一为"凸"形，如东不羹城；二是平面较规则，大体上近似长方形，如鄂王城；三是规整的长方形，如上蔡和寿郢、纪南城。其中，以第三种形制最为突出。楚都纪南城的形制在当时的城邑中不仅具有一定的代表性，而且具备了我国古代城市发展的基本模式。从现已发现的诸侯城邑看，楚都城的规整性是任何诸侯都邑都是无法比拟的。楚人的"方正"意识较其他诸侯更为明显，在城邑建筑中表现也更为充分。从现有的考古资料看，楚人除了修筑较规整性的长方形城郭之外，都邑中的宫城与宫室均为长方形，连楚国的边防建筑也以"方城"为名，另外，甚至楚国的大小陵墓也均为长方形。由此可见，楚人在土木工程之中始终不移地以"方正"思想为建筑工程指导的原则。

楚都纪南城有宫殿区。在城内中南部，发现了较密集的夯土台基，分布排列有一定的规律。在这些建筑台基群的东侧，发现了一道宫墙（东墙），在东墙之外，还发现了一条古河道，东墙与古河道平行且相距很近，因此这条古河道实应是东宫墙的护城河。古河道南起凤凰山的西坡脚下，北抵龙桥河故道，走向较直，和东城垣基本平行。全长1850米，上游宽9~13米，下游宽20米，目前，仅发现东宫墙靠北的一段约750米，并且呈直角状向西拐连接北宫墙，北宫墙发现690米，再往西破坏严重已无法探明。两道墙的遗迹绝大部分掩埋在地下，仅残存宽约10米，厚仅0.5厘米的墙基部分。估计东宫墙南延，应与南城垣凸出处相连，这样其总长度有1600多米。建筑台基群的最西侧是新桥河，地势较低，故其最西部低洼地不一定有西宫墙。从东宫墙至新桥河宽约1200~1300米，除去低洼地200~300米，整个宫城区的范围约160万平方米，比起北京故宫紫禁城72万平方米来要大多了。既然已发现宫墙，因此宫城之内的主要建筑台基应该是宫殿建筑的基址。在宫城内经考古勘探出的夯土建筑台基有40座，它们分布比较集中，有的相距仅5米。有的台基规模相当宏大，最大的台基长达130米，宽达100米，周围有很厚的瓦砾层。[①]

《七国考》记楚国的宫殿有细腰宫、假君宫、大宫、渚宫、兰台之宫、寿宫、楚殿、太室、叶庭、朝云馆、高唐馆、高府、方府、平府、

---

① 郭德维：《楚都纪南城复原研究》，文物出版社1999年，第129—130页。

三钱府等。^①其中渚宫见于《左传》文公十年（楚穆王九年）"子西缢而县（悬）绝，王使适至，遂止之。使为商公，沿汉溯江，将入郢，王在渚宫，下见之。"杜预注："小洲曰渚。"渚宫乃是楚穆王建于江中小洲上的水上离宫。楚国宫殿常有地室。《左传》成公十二年记楚共王接待晋使郤至，"为地室而县焉"，即把编钟悬挂在地室里。某些上等的贵族也有地室。如薳子冯装病不就令尹之任，《左传》襄公二十一年记："方暑，阙地，下冰而床焉。"薳子冯的地室，是用以避暑的。

楚国的土木工程在有限的条件下建造了大量的台榭。《说文》："台，观四方而高者也。"而在台上再搭设木结构的楼阁，就称之为"榭"。《楚辞·招魂》："层台累榭，临高山些。"层台累榭是楚人宫廷建筑的重要特征之一。如果选择较高的岗地构筑台榭，人置身其上，有登临高山之感。楚国有明显南方风格的建筑是台榭。台的特点主要是峻高，可以纵目远望；榭的特点主要是空灵，便于游目四顾。《国语·楚语上》说，楚康王以前，"榭不过讲军实，台不过望氛祥。故榭度于大卒之居，台度于临观之高"。《七国考》记载楚国的台、榭建筑有：小曲台、层台、云梦台、阳云台、豫章台、匏居台、放鹰台、附社台、春申台、钓台、乾溪台、中天台、五仞台、九重台、强台、荆台、五乐台、京台、渐台、东面坛、西面坛、楚王池、永巷、龙门、蛇门、茅门、棘门、楚门、脩门。^②

楚庄王时期楚国的高台建筑较多，其中有层台。《说苑·正谏》："楚庄王筑层台，延石千重，延壤百里，士有反三月之粮者。大臣谏者七十二人，皆死矣。"层台是楚庄王早年修筑的一项劳民工程。《史记·楚世家》载庄王即位三年，不出号令，日夜为乐。"左抱郑姬，右抱越女，坐钟鼓之间。"后庄王罢层台，励精图治，一鸣惊人，问鼎中

① 董说著，廖文远订补：《七国考订补》，上海古籍出版社1987年，第342—361页。
② 董说著，廖文远订补：《七国考订补》，上海古籍出版社1987年，第342—361页。

原，终于成就楚国霸业。

楚庄王邲地之战战胜晋国后，曾筑过规模较小的"匏居之台"，主要就是为盟会诸侯而筑。《国语·楚语上》："先君庄王为匏居之台，高不过望国氛，大不过容宴豆，木不妨守备，用不烦官府，民不废时务，官不易朝常。问谁宴焉，则宋公、郑伯。问谁相礼，则华元、驷騑。问谁赞事，则陈侯、蔡侯、许男、顿子，其大夫侍之。先君以是除乱克敌，而无恶于诸侯。"楚庄王筑了一个很简朴的"匏居之台"，就达到了"除乱克敌"，与诸侯交好的目的，这应该是值得称道的。"匏居之台"又被称作"五仞台"，《说苑·权谋》："楚庄王与晋战，胜之。惧诸侯之畏己也，乃筑为五仞之台，台成而觞诸侯。诸侯请约，庄王曰：'我薄德之人也。'诸侯请为觞，乃仰而曰：'将将之台，宵宵其谋，我言而不当，诸侯伐之。'""五仞"合今尺约 7.8 米，如果就高敞处封筑之，则是一个很小的工程。宜乎如伍举所说："用不烦官府，民不废时务。"

楚庄王所筑的匏居台，规模不大。灵王筑章华台，又大、又高、又精。章华台故址在今湖北潜江境，是 1984 年发现的，附近有沟通汉水和长江的扬水。章华台落成之后，要收罗逃亡的奴仆去住在里面，可见其大。登章华台时，"三休，而乃至其上"（贾谊《新书·退让》），可见其高。《国语·楚语上》说，灵王偕伍举登章华台，伍举说此台有"彤镂"之美，可见其精。章华台由层台累榭组成，它是我国古代第一个大型的园林建筑群。现在南方的园林建筑群，或多或少仍有层台累榭的遗意。

春秋晚期楚昭王时有渐台。《列女传》："楚昭王出游，留夫人渐台之上而去。王闻江水大至，使使者迎夫人，忘持其符。使者请夫人，夫人不去，于是使者取符，则江水大至，台崩，夫人流而死。"渐台乃楚昭王的水上离宫，根据枝江至江陵一带地形，渐台很可能建在百里洲或其他江中小洲上。

战国时期楚顷襄王时有云梦之台、阳台。宋玉《高唐赋》："昔者楚襄王与宋玉游于云梦之台……梦见一妇人，曰："妾，巫山之女也，为高唐之客，闻君游高唐，愿荐枕席。"王因幸之。去而辞曰："妾在巫山之阳，高丘之阻，旦为朝云，暮为行雨，朝朝暮暮，阳台之下。"旦朝视之，如言，故为立庙，号曰朝云。"此赋所写，以古代男女相会于社台为其本。①

---

① 　王箐：《楚国物质生活文化研究》，安徽大学博士学位论文，2018 年，第 92 页。

第十四章

春秋中期楚国的
社会风俗与思想文化

"抚有蛮夷""以属诸夏",是楚国思想文化的特色。楚国是由夏商周生活在江汉流域的土著荆蛮和商末周初从中原南下汉江流域的芈族在春秋早期实现合并而成立的。由此,楚国长期奉行混一夷夏的路线。楚国没有对非我族类的文化深闭固拒,亦没有因失去新鲜的刺激而陷于停滞的境地。

楚文化是民族文化交流的产物。假如说,楚文化是北方华夏文化和南方蛮夷文化相结合而形成的,那还不够确切。即使仅就夏和夷两种文化来说,也有主次之分,夏为主,夷为次,这对判别楚文化的性质是至关紧要的。况且,夏和夷两种文化的结合——说得准确一点是化合,靠的是有楚国的集权统治和开放政策做触媒。没有这个触媒,夏自为夏,夷自为夷,或者用夏变夷,或者用夷变夏,也生不出一个楚文化来。[①]

第一节　礼乐文化与荆楚巫音

楚国至迟在楚成王(前671年—前626年)之世,接受周天子赐胙,被授权"镇尔南方",就与华夏民族和中原华夏文化相认同了。他们的贵族熟悉中原的《诗》《书》等文化典籍,并经常援引用以决疑论辩。楚人在后来与中原文化的交流中,也深受中原文化的熏染,说雅言,书夏文,用中原礼法,参与东周中原各国的政治、军事角逐。当然楚文化又有其自身的民族和区域特色,如楚人崇凤尊火,尚赤,尚东,尚左,崇巫,忠君,等等,都自成一体,显示着楚人由夷而至非夷非夏(亦夷亦夏),最后与华夏融为一体的文化特色。

礼乐制度是西周时期统治阶级为了维护自己的政权和利益而建立的。进入东周时期,社会动荡,政治变革,"礼崩乐坏"成为历史潮流的必然。春秋战国时期动荡与变革的本质,在于从建构在西周分封、

---

① 张正明:《楚文化史》,上海人民出版社1987年,第63页。

宗法之上的国家形态，向新的、更为成熟的国家形态的转化。"礼崩乐坏"象征着旧制度、旧秩序的瓦解，然而同时也预示着新制度、新秩序的萌生。在一定程度上，诸侯国是通过僭越周礼来确立其作为独立国家的政治与文化上的合法性的。东周时期楚国所发生的"僭越"依然存在着相对稳定而可循的新规律和新规范，是在同一制度的基本框架之下，对周王室相关内容和规定的一种升级。

楚礼既是对周礼的僭越，也是对周礼的传承与提升。比较两者的异同之处，可以看出楚礼既有继承周礼的一面，又有自立新制的一面。楚系三类铜器组合所反映的等级界限的严格性不亚于周礼，其上层贵族保守周礼的程度也不亚于其他地区。[①] 例如在铜礼器的使用制度上，上层贵族使用的礼器组合，其鼎、簋相配的礼制的等级界限，楚礼与周礼一致。一直到战国末年的楚幽王墓，仍恪守周礼的九鼎八簋之制。楚王在春秋早期就敢于藐视周天子，自尊为王，与周王平起平坐，到楚庄王时问鼎中原，竟至有取代周天子地位的意图。然而楚幽王墓的铜礼器却仍然未敢逾越诸侯国的九鼎八簋之制。

楚保留周制，不仅表现在用器数量与礼相配上，就连器形也是固守的。例如方座簋，楚国的附属国君蔡侯、曾侯墓用器用西周以来的方座簋形态，这两个小国为周之同姓，用周式簋并不奇怪，但楚王室也用。从昭王方座簋到战国末年幽王墓的方座簋，同样为周式簋。而在中原地区上层贵族墓内，方座簋却反而罕见，可见楚是墨守周制成规的。

楚国礼乐意识的萌发与古代先民的乐舞仪式直接相关。楚国是一个好乐的民族。刘向《说苑》中讲有人在楚郢都歌唱《下里》《巴人》的曲子，城中相和者竟达数千人，后来歌唱《阳阿》《薤露》也有数百人相和，等唱到难度极大的《阳春》《白雪》时能相和者还有数十人。宋

---

① 刘彬徽:《楚国青铜礼器初步研究》，湖北省博物馆内部资料，1983 年，第493 页。

玉《对楚王问》也载此事，这说明楚国的礼乐文化具有群众基础。

楚国位于中原的南方，楚国的乐舞在先秦时期是一个极具南方特色的流派。《诗经·小雅·鼓钟》中有："鼓钟钦钦，鼓瑟鼓琴，笙磬同音。以雅以南，以龠不僭。"《礼记·文王世子》也提到"胥鼓南"。这些古文献中所说的"南"，可能就是与雅（夏）音相对的"南音""南声"即楚越等南方民族的乐舞。《左传》成公九年记载，楚国的乐官锺仪成了郑人的俘虏，又献给晋侯，晋侯命他弹琴，一弹便被听出是"南音"，是"土风"，杜预注："南音，楚声。"可见对于楚国流派的乐舞，当时各国都是比较熟悉的。

楚乐南音的特色就是荆楚巫音。楚越一带历来就"信巫鬼，重淫祀"（《汉书·地理志》），"楚人畏鬼"的记载也屡见于历代文献典籍。连楚王立太子也卜之于鬼。《左传》昭公十三年："初，共王无冢适，有宠子五人，无适立焉。乃大有事于群望，而祈曰：'请神择于五人者，使主社稷。'乃遍以璧见于群望曰：'当璧而拜者，神所立也，谁敢违之？'既，乃与巴姬密埋璧于太室之庭。"《晏子春秋》记载，齐景公请楚巫作祀，有人请求驱逐楚巫，有人表示反对，而其反对的理由竟是："楚巫出，诸侯必或受之。"可见楚巫在各地是颇受欢迎的。楚墓中普遍发现的与驱鬼方相有关的镇墓兽，就是楚人"信鬼好祀"风尚的一种反映。[①] 各个时期的楚文化都是以信巫鬼而好卜祀为其特征之一。

楚灵王对美和乐的追求是楚风的折射。灵王有两件事受到非议，一件事是好细腰，一件事是好巫音。《韩非子·二柄》说："楚灵王好细腰，而国中多饿人。"文献所记灵王所好的是男子细腰。如《战国策·楚策》记莫敖子华对威王说："昔者先君灵王好小要。楚士约食，冯而能立，式而能起。食之可欲，忍而不入；死之可恶，然而不避。"

---

① 中国社会科学院考古研究所编《新中国的考古发现和研究》，文物出版社 1984 年，第 306 页。

《墨子·兼爱》说:"昔者楚灵王好士细腰,故灵王之臣皆以一饭为节,胁息然后带,扶墙然后起。比期年,朝有黧黑之色。"同篇又说:"昔荆灵王好小要。当灵王之身,荆国之士饭不逾乎一,固据而后兴,扶垣而后行。"这些为求腰细而节食减肥的"士"或"臣",无疑都是男子。第二件事是楚灵王好巫音。《新论·言体》说:"昔楚灵王骄逸轻下,简贤务鬼,信巫祝之道。斋戒洁鲜,以祀上帝,礼群神。"灵王把村野的巫音引进宫廷去了,这是宫廷乐舞的一次改革。这段记载还讲,当吴国军队来攻时,楚灵王还在"躬执羽绂,起舞坛前"而"鼓舞自若",认为"已乐神明,当蒙福佑",坚信神明会保佑他,结果兵败国破,连太子和后妃都成了阶下囚。

楚国巫觋作法设祀是与歌舞分不开的。伪《古文尚书·伊训》:"敢有恒舞于宫,酣歌于室,时谓巫风。"孔疏谓:"巫以歌舞事神,故歌舞为巫觋之风俗也。"凡有巫祀,必定兴歌作舞,上至王公下至市井,皆好之成俗。楚国宫廷乐舞所更新的内容,主要来源于荆楚民间乐舞,尤其是民间巫舞。楚国不像中原国家那样贬抑巫风,每祀必以歌舞娱鬼神,民间尤信巫鬼,重祠祀。与巫祀结缘的巫歌巫舞亦颇兴盛,直到战国时代,"楚国南郢之邑,沅湘之间,其俗信鬼而好祠。其祠必作歌乐鼓舞,以乐诸神"。屈原流放江南,"出见俗人祭祀之礼,歌舞之乐,其词鄙陋,因为作《九歌》之曲"[①],留下了我国现存最早的一套完整的巫祀歌舞。

巫祀歌舞一般都是以灵巫扮神主舞,众巫女以歌舞娱神,一边奏乐一边歌舞。歌词中描写有不少精彩的歌舞场面。《东皇太一》:"抚长剑兮玉珥,璆锵鸣兮琳琅……扬枹兮拊鼓,疏缓节兮安歌,陈竽瑟兮浩倡。灵偃蹇兮姣服,芳菲菲兮满堂。五音纷兮繁会,君(东君神)欣欣兮乐康。"《云中君》:"灵连蜷兮既留,烂昭昭兮未央……灵皇皇兮既降,猋远举兮云中。"其中"偃蹇""连蜷"都是历代所重视的舞姿。

---

① 王逸:《楚辞章句·九歌序》。

像《诗经》一样,《楚辞》原本也是合乐的。《汉书·王褒传》载:"征能为《楚辞》九江被公,召见诵读。"《隋书·经籍志》说:"隋时,有释道骞善读之,能为楚声,音韵清切。至今传《楚辞》者,皆祖骞公之音。"这自然不是一般的读法,而是有声调节奏的"诵",至少是用打击乐器助音响节奏的。《九歌》《九章》《九辩》等更是可以在《楚辞》中自证其音乐性,《离骚》说:"奏《九歌》而舞《韶》兮,聊假日以偷乐""启《九辩》与《九歌》兮,夏康娱以自纵。"在《楚辞》中,与之相配的乐舞的进展节奏通过"乱""倡""少歌"等来表示,《离骚》《涉江》《哀郢》《抽思》《怀沙》《招魂》中都有"乱",《抽思》中有"少歌"和"倡"。①"《九歌》乃民间娱神自乐之歌剧","然民间之祀,本于俗之好恶,宫廷之祀,又多本之民俗。"②

《九歌》歌词中还有会舞、武舞和传芭代舞的描述。会舞是歌舞达到一定高潮时,乐器齐鸣,节奏紧凑,歌声高昂,舞步加快。《九歌·东君》云:"缅瑟兮交鼓,箫钟兮瑶簴;鸣篪兮吹竽,思灵保兮贤姱。翾飞兮翠曾,展诗兮会舞。应律兮合节,灵之来兮蔽日。"《九歌·国殇》表演将士在战场上与敌人短兵相接殊死拼战、为国捐躯的英雄形象,应属一种新的武舞。《九歌·礼魂》:"成礼兮会鼓,传芭兮代舞,姱女倡兮容与。"一女巫手持鲜花起舞,舞毕将鲜花传递给第二位女巫,轮换表演,类似于后代的击鼓传花轮流表演舞蹈的活动。《九歌》中有关生育之神《少司命》一章:"满堂兮美人,忽独与余兮目成。""悲莫悲兮生别离,乐莫乐兮新相知。""与汝沐兮咸池,晞汝发兮阳之阿。"这些乐舞都充分地体现人神之间相互爱恋之情,生动感人。同时这些巫舞以鼓为主要节奏乐器,以瑟竽为主要旋律乐器,属于荆楚有特色的"鼓舞"之类。东汉王逸在《楚辞章句》中就指出楚国南郢之邑,沅、湘之间,凡祠祀,皆用"歌乐鼓舞以乐诸神",明确提

---

① 丘琼荪:《楚调钩沉》,载中华书局编辑部编《文史》第二十一辑,中华书局 1983 年,第 165—178 页。

② 姜亮夫校注:《重订屈原赋校注》,天津古籍出版社 1987 年,第 163—165 页。

到"鼓舞"，也进一步证实了这一点。①

《吕氏春秋·侈乐》说："宋之衰也，作为千钟；齐之衰也，作为大吕；楚之衰也，作为巫音。"所讲的都是乐舞。"巫音"，即在楚国朝野普遍存在的巫鬼神祀活动中成长起来的巫祀乐舞，就是楚国礼乐文化的特色。

第二节　语言文字及史官

楚语是芈姓楚人的母语与土著"蛮语"的混化语言。荆楚地区古民族较多。自大溪文化时代起，形成了一个较大的文化圈，随着文化圈的扩大而逐渐形成了通用的蛮语。约在商末周初，芈姓楚人从中原河洛地区迁徙到江汉流域，他们本来都操中原音即"夏言"的，但在与荆楚民族长期的融合和扩张过程中，其所操"夏言"与土著蛮语逐渐融合成为一种新的通用语，即楚语。

楚语与夏言的差异主要表现在语音方面。先秦时中原人如果没有楚语基础是不易听懂楚语的。如春秋中期，《左传》庄公二十八年记楚成王初年，令尹子元率兵袭击郑国，以车六百乘伐郑，闯入郑都外城，郑人毫无准备，使用"空城计"，内城城门大开。楚令尹子元长驱而入郑都外郭，见内城的大门还开着，不禁犯疑，恐有埋伏，"楚言而出"。子元和身旁的人用楚言交谈，无疑是不想让郑人听明白他们在谈些什么。由此可知，楚言与夏言是不易相通的。

所谓"楚言"，就是让郑人听不懂的楚语口音。战国中期，楚人许行所创立的农家学派，曾盛极一时，致使儒家学派的门生陈相等人亦背弃儒学而从之，儒学大师孟子因此攻击许行并劝告陈相说："南蛮鴃舌之人，非先王之道。"（《孟子·滕文公上》）不值得学习，鴃即伯劳鸟，孟子以许行为楚人操楚语口音，以伯劳鸟声相比拟，讥讽其语言

---

① 罗运环主编《荆楚文化》，安徽教育出版社等2006年，第281—285页。

难懂。"躲舌""南蛮躲舌"还因此成为旧时讥侮操南方方言者的贬义成语而流传下来。

楚语口音不仅与中原夏音有异，而且也与齐语有明显的区别。孟子曾同宋大夫戴不胜对话，讲到学语言要有语言环境时说，如果有位楚大夫，想让他的儿子很小就学"齐语"，不应请楚人做老师而应请齐人做老师；如果在楚国教齐语，众人都说楚语，即使天天鞭打，其子也学不好齐语；如果让其子到齐都临淄居住数年，即使天天鞭打他，要其学会"楚语"，也是不可能的。[①] 这说明楚语与齐语在语音上是有很大区别的。

同时，楚语同越语也是区别很大的。约楚康王时，鄂君子皙曾泛舟新波之中（即在其新封鄂地的江面上），船夫越人荡桨所唱《越人歌》，这位楚贵族就听不懂，只得"召越译"。按楚歌习惯将歌词翻译后，才听懂，并高兴地与越人交欢尽意而去。[②] 这说明楚语虽为荆楚地区的通用语，但与其域内少数民族语言也有一定的差异。

在词汇方面，楚语具有某些自身特点。《方言》《说文解字》和其他文献数据记录的楚言词汇，总数在五百个上下。如《方言》记："煤，火也，楚转语也。犹齐言'湧，火也。'"这是汉代楚地的方言词汇，很难用来推定春秋时代的楚言究竟是什么样子的。

经传所记春秋时代楚言的词汇，只有"莫敖""荆尸""经皇""梦""穀""於菟""班"等，不足十数。其中："莫敖"为官名，"荆尸"为月名，"经皇"为宫门名，"梦"为有丛林、草泽、丘陵的原野。这些是真正的楚言，若以夏言求解，其义殆不可晓。《左传》宣公四年记："楚人谓乳'穀'，谓虎'於菟'。"楚成王时著名的令尹斗穀於菟。相传他生下不久被抛弃在野外，有人见到一只雌虎在喂他吃奶，所以取了这个怪名。真正的楚言是把虎叫作"班"的，斗谷於菟有子斗班，就语音来

---

① 《孟子·滕文公下》。
② 《说苑·善说》。

说是父子异名，就词义来说是父子同名。此外，职官、月名等都有独特的词汇。至于"书楚语"的屈原楚辞，宋人黄伯思《新校楚辞序》举例有些、只、羌、谇、蹇、纷、侘傺等为楚语之例；郭沫若著《屈原研究》在"兮""些"之外，列举汨、搴、莽、冯、羌、诼、侘傺、阊阖、簹、轪、遭、灵、坛、襫、咍、悼、笈、诧、娃、闲、爽、蔽、瀛、梦等字，后来还不断有人增补。显然，屈原楚辞的特色词汇要多一些。其中《招魂》用于句尾的"些"字，如"东方不可以托些""惟魂是索些"，就是楚地的一种特殊的词汇。据沈括《梦溪笔谈》所载，直到宋代，荆楚"今夔峡湖湘南北江獠人，凡禁咒句尾，皆称'些'。此乃楚人旧俗"。

楚语在语法上基本与夏言语法相同，但也有一些自身特点。《左传》昭公十九年载楚平王时的令尹子瑕之言引谚语曰"室于怒，市于色"，而《战国策·韩策二》载齐臣周冣之言，也引用此谚语则作"怒于室者色于市"，二者意思一样。但楚人的特殊倒装句法则异于"夏言""齐语"。[1]

可以推想，楚言与夏言原是两种不同的民族语言。由于楚人长期与诸夏交往，使用诸夏的文字，诵读诸夏的典籍，有很多楚人就学会了夏言，而楚言也逐渐与夏言靠近了。[2] 先秦时代，"夏言"是中原诸国的通用语，楚国总的战略是向中原发展，在同中原诸国频繁的战争和交往的过程中，显示出讲"夏言"的重要性；另一方面，芈姓楚贵族的母语本来就是"夏言"。凡此种种因素，在楚国，既通行"楚语"，亦流行"夏言"。因此，鬻熊为周文王师期间，答文王问，不见有何语言障碍。楚人受华夏的熏陶已久，他们向华夏学来的首先是语言。

春秋时代，楚人尽管还说着楚言，但懂得夏言的人越来越多了。楚武王和楚文王时代，限于生活天地的狭小，能操夏言的楚人还很少，

---

① 罗运环主编《荆楚文化》，安徽教育出版社等 2006 年，第 155—157 页。

② 张正明：《楚文化史》，上海人民出版社 1987 年，第 99 页。

主要是贵族。经楚成王、楚庄王时代到楚共王、楚康王时代，多数楚人——无论其为贵族、为平民，已经兼通楚言和夏言了。此后的发展趋向是操楚言的日渐减少，操夏言的日渐增多。这是一个进步的趋向。①

在国际交往中，楚国的贵族大抵操夏言，而且通常是相当流利的。再从《左传》《战国策》等古籍来看，无论是一般交往，还是在不可能有译者的紧急情况下，楚人与中原人打交道时也不见有什么语言障碍。显然，在楚国，有相当一部分人，尤其是楚国的统治阶层中的人，多会讲两种语言，即既习惯讲"楚言"，同时也会讲"夏言"。没有任何证据足以说明楚人与诸夏之人交谈必须经过翻译。在战场上，敌我猝然相遇，彼问此答，就必定是双方都能听懂的。《左传》宣公十二年记，邲之战，楚师派出三人单车挑战，许伯为御，乐伯为左，摄叔为右。挑战完毕，正要返回，晋人分三路追来。乐伯左射马，右射人，只剩一支箭了，恰巧有只受惊的麋鹿跑过，便用那支箭射麋鹿，正中其背。摄叔下车，把麋鹿献给追在前头的晋将鲍癸，说："以岁之非时，献禽之未至，敢膳诸从者。"鲍癸让部下不要再追了，说："其左善射，其右有辞，君子也。"显然，晋国的鲍癸听懂了楚国摄叔的话。可见许多楚人兼通楚言和夏言。随着时间的推移，楚言已经成为夏言（雅言）的一种方言，楚言夏化是楚人夏化的重要因素，使楚人的族属变换。张正明幽默地说："吴人跑到郢都去大闹了一场，产生了一个意想不到的效果——夏和楚认同了。从此，楚人不再是非夏非夷、亦夏亦夷的'蝙蝠'，而已厕身于'诸夏'和'上国'之列了。"②

先秦时期，荆楚地区除了楚语以外，鄂西清江流域及三峡地区主要是巴语分布地带。鄂东则主要是越语区，这一带有相当多的当地越人，所唱"越人歌"要通过越人翻译后，楚贵族子晳才能听懂。至于江南湘水流域东周时虽然属于楚语范畴，但亦多蛮语和越语。

---

① 张正明：《楚史》，湖北教育出版社1995年，第190页。
② 张正明：《楚史》，湖北教育出版社1995年，第272页。

至于文字，楚人所用的只有一种，就是夏文。借助于夏文，楚人才得以采撷华夏精神文化的繁花硕果，含英咀华，使之成为自己的文化营养。自从通用了夏文，楚人就日深一日地纳入华夏体系中去了。很多楚人能操夏言，然而平时他们仍操楚言。楚国通用夏文，然而楚人所写的夏文另有一体。

最迟在楚成王之世，楚国的贵族已熟知华夏的某些重要典籍。他们像中原的贵族那样，往往引经据典，借以判是非、明利弊、决疑、定策。被他们援引得最多的是《诗》《书》和《军志》。显而易见，楚国贵族的政治理想、道德规范乃至战略战术等，在许多基本方面是与华夏类同的。

地下出土的楚金文、简牍、帛书都是当时楚人的遗文，是真实可靠的楚人的书面语言，基本与夏言类似。即使是被认为"书楚语"的屈原楚辞，总体考察仍然与夏言没有太大的差异。

现知最早的楚文字是西周晚期的楚国铜器铭文，即楚公豪钟、楚公豪戈和楚公逆镈的铭文。① 楚公豪钟共四件，楚公逆镈仅一件，都是传世之器。铭文虽简短，但前人不无好评。阮元和吴大澂都以"雄""奇"誉之，可谓得其神髓。② 楚公豪戈是 1959 年在湖南采集的，论形制应是巴蜀式戈，有铭文"楚公豪秉戈"五字。

春秋战国时期，各国均设有史官以记述本国历史，楚国亦设史官如下：

左史。依据周制，春秋战国时期楚国设左史一官，王应麟《玉海》载："左史，楚之史官也。"春秋时期，中原诸国均设史官，鲁、齐、郑曰太史，晋同楚曰左史。

楚左史的职权和作用有四。第一，能读古籍。《左传》昭公十二年："左史倚相趋过。王曰：'是良史也，子(指右尹子革)善视之。是

---

① 参考刘彬徽：《楚国有铭铜器编年概述》，载中华书局编辑部等编《古文字研究》第九辑，中华书局 1984 年，第 331—372 页。

② 阮元：《积古斋钟鼎彝器款识》卷三；吴大澂：《愙斋集古录》卷二。

能读《三坟》《五典》《八索》《九丘》。'"这些书据说是记载三皇五帝及九州地理概况的典籍，可见楚人对远古及当时的地理地貌都有较深的研究。第二，能道训典，通鬼神。《国语·楚语下》载："左史倚相，能道训典，以叙百物，以朝夕献善败于寡君，使寡君无忘先君之业；又能上下说于鬼神，顺道其欲恶，使神无有怨痛于楚国。"第三，识天象。《韩非子·说林下》载楚吴对阵："雨十日，夜星。左史倚相谓子期曰：'雨十日，甲辑而兵聚，吴人必至，不如备之。'乃为陈，陈未成也而吴人至，见荆陈而反。"第四，修史书。楚国在史官记载史事的基础上，也曾经修过史书，如《梼杌》等。

春秋时期楚国左史对古代文化有重要贡献，但其社会地位远不如西周时期史官的社会地位高。《左传》哀公十七年载："楚子问帅于大师子榖与叶公诸梁，子榖曰：'右领差车与左史老，皆相令尹、司马以伐陈，其可使也。'子高曰：'率贱，民慢之，惧不用命焉。'"杜注："右领、左史，皆楚贱官。"

大史、右史、正史、敏史、迅敏史。《包山简》138："大史连中。"《包山简》158："罻(毕)得厕为右史於莫嚣之军。"《包山简》102："正史炎。"《包山简》194："迅敏史。"《包山简》161："厩仿史娄佗。"周官有"大史""小史""内史""外史"。上引简文中以史名官的职官"大史""右史""正史""敏史"迅敏史"应与周官相类，应该是战国时期楚国的史官。[①]

第三节　宫廷教育及职官

我国古代学校教育起源很早。大概商代贵族已有学校，到西周时已有比较完备的学校制度。商时重视对贵族子弟的教育，开设各级学

---

① 谭黎明：《春秋战国时期楚国官制研究》，吉林大学博士学位论文，2006 年，第67—68 页。

校，在贵族子弟与上层平民中进行军事教育。商代对贵族子弟、战车甲士进行射、御训练则已经得到甲骨卜辞的证实。卜辞中有大量诸如"学马""教戍"一类的记载①，还常见是否令其人"庠射""庠三百射"的反复占卜。"庠"是古代学校的名称，可见当时射手、御者要经过学校的专门训练，而教练的选择多经反复占卜，显得极其郑重、谨慎。②

西周时期学校军事教育得到进一步加强。当时，在中央设立有"辟雍""学宫""射庐""大池"等学校机构，诸侯国及卿大夫采邑也设置有"泮宫""庠""序""校""塾"等学校，以保证军事教育与军事训练的普遍推行。贵族子弟一般从15岁起学习乐舞（包括"武舞"）和射御课程，每名"学士"都要学好射箭和驾驭兵车的本领，这些本领包括"五射"（五种射箭技法）和"五驭"（五种驾车的技巧），由保氏等专业人员负责传授。周代的射仪，规模十分盛大，据《仪礼》记载，分为大射、宾射、燕射、乡射四种，各有定制，所用的弓、箭、靶和伴奏音乐均不相同，其目的是通过表彰射、御之善者，以提高射、御之术，加强军队的战斗力。其中，大射是在射宫举行"选射之礼"。至今尚存的周代"亚尊"就是此种射仪上使用的饮器。据《静簋》铭文记载，当时有位名叫"静"的王子，曾遵照"王命"和一些贵族少年在"学宫"习射。两个月后，他们又参加了一次在"大池"举行的田猎，进行实际演习，而周王本人也经常在射宫和猎场亲自发矢操练。

除开展射、御技能训练外，当时的学校还从事告庙、献俘、庆赏、饮至等"军礼"的教育。这些和射、御训练一起构成当时贵族子弟的主要学习内容。通过这一途径，增强武备观念，提高军事技能，加强军队的战斗力。③

在春秋战国时代，楚国太子的教育是最具有代表意义的。楚太子是楚王权的继承者，凡被立为太子者即享受特殊的待遇和教育，其居

①　王贵民：《商周制度考信》，台湾明文书局1989年，第241—246页。
②　罗琨、张永山：《夏商西周军事史》，军事科学出版社1998年，第138页。
③　糜振玉主编《中国军事学术史》，解放军出版社2008年，第65—66页。

处称之为"大(太)子宫"或"东宫",并由精悍的"宫甲"护卫。

负责太子教育的师傅一般为一至二人。或以占卜决定人选,或由父王直接委任。凡一人者称师或傅;凡二人者则称师(傅)与少师(傅),教育年幼的太子或楚王者称师保或保,太子继位以后,其师多被尊为太师。王太子的教学目的比一般贵族子弟的更为明确。诚如楚庄王所言,就是要通过师傅的教育,使太子达到"善"的目标,也就是要努力使其成为理想的王位继承人。

培养楚太子的教材,《国语·楚语》有较详细的记述。楚庄王使士亹任太子箴之"傅"。士亹就教育太子事请教有经验的老臣申叔时,申叔时所开列的书目有:《春秋》《世》《诗》《礼》《乐》《令》《语》《故志》《训典》等。三国吴人韦昭,对这9部教材的类别与内容作了简要的说明。他注解道:"以天时纪人事,谓之《春秋》,《世》谓先王之世系也";"《令》,谓先王之官法,时令也";"《诗》,谓若成汤、文、武、周、邵、僖公之属";"《语》,治国之善语";"《故志》,谓所记前世成败之书";"《训典》,五帝之书"。这9种教材中有的是楚人自己写的,有的则是从中原引进的,如《诗》就是后来被儒家奉为经典的《诗经》的早期读本。

阎静归纳申叔时所选教材,主要是"礼和乐""令"和"训典"三类。①

关于"礼和乐":

春秋是历史上突出礼的时代。周礼的本质在于维护上下尊卑有序的等级制度,礼是当时贵族子弟以及一般士人必修的一门功课。申叔时所称"教之礼,使知上下之则",强调太子通过学习"礼"可以懂得不同等级的礼仪法度,并规范自身的言行,达成修身的目的。这里申叔时所讲的"礼",性质当同于儒家传习最早的《仪礼》,或许是楚国史家通过采辑一些礼仪活动整理而成。关于"乐",申叔时指出:"教之

---

① 阎静:《申叔时与中国最早的历史教育论》,《古代文明》2012年第4期。

《乐》，以疏其秽而镇其浮。"韦昭注："乐者，所以移风易俗，荡涤人之邪秽也。"要而言之，学习"乐"的目的是陶冶人的情操。据《礼记·王制》载："乐正崇四术，立四教，顺先王诗书礼乐以造士。春秋教以礼乐，冬夏教以诗书。王大子，王子，群后之大子，卿、大夫、元士之适子，国之俊选，皆造焉。"[1]可以看出，在周王室，诗、礼、乐是各个等级的贵族子弟都要学习的课程。楚国虽被许多诸侯国称为蛮夷之地，但在太子教育方面并不落后。

关于"令"：

《礼记·月令》载，季冬之月，"天子乃与公卿大夫共饬国典，论时令，以待来岁之宜"。清孙希旦指出："时令，随时之政令。""时令无常，故须商度所宜而行。"[2]可以这样认为，时令主要是统治者按季节变换所发布的政令教化，应为百官所遵守。据此，申叔时所讲"令"之类的书，当为百官所应遵循的官法、时令。"令"的教育意义，按申叔时所说："使访物官。"据韦昭注："访，议也。物，事也。使议知百官之事业。"显然，"令"为先王之官法、时令，百官所应遵循的法令法规等，教与太子，一方面使其明晓百官职掌，另一方面可据此考察百官尽职还是失守。可以这样认为，关于"令"的教育，是着眼于太子作为国君继承者的特殊身份。

关于"训典"：

韦昭注"训典"为"五帝之书"。杜预注为"先王之书"，杨伯峻注为"典章制度之书"。[3] 关于"训典"的内容及其教育意义，按申叔时所说："教之《训典》，使知族类，行比义焉。"对此，顾颉刚诠释道："此书所载，有记'族类'如《帝系》，有记'行义'如《周礼》，故可以

---

① 郑玄注、孔颖达疏：《礼记正义》卷十三，《王制》，阮元校刻：《十三经注疏》本，中华书局 1980 年，第 1342 页。

② 孙希旦：《礼记集解》卷一七《月令》，中华书局 1989 年，第 503—504 页。

③ 杨伯峻：《春秋左传注》文公六年条，中华书局 1990 年，第 548 页。

教太子使知治国之纲要，又可以献楚王使知历代列国之成败。"①按顾先生所说，"训典"的内容主要包含两个方面，一是典章制度，即申叔时所说的"行义"，类似于《周礼》，教与太子可使其明晓治国纲要；一是关于历代帝王的世系，即申叔时所说的"族类"，类似于申叔时所讲"教之世"的"世"，其中或许包含着历代帝王兴衰的史实，故而左史倚相可以"朝夕献善败于寡君"，而教与太子同样可以史为鉴。

围绕教学目的，结合所选教材，申叔时在回答士亹的提问时，提出了三套教学方案。

第一套教学方案属于常规教学方案，共有九条：其一，"戒劝其心"，即通过《春秋》的教学使其懂得历来"耸（褒）善而抑恶"的道理，以劝诫其心；其二，"休（嘉）惧其动"，即通过《世》的教学，使其明白有德者能扬名，无德者被废除的道理，用以鼓励和警惧其行动；其三，"耀明其志"，古人有"诗言志"的传统，通过《诗》的教学，使其开阔志向；其四，"使知上下之则（法）"，即通过《礼》的学习，知道上下不同等级的礼仪法度；其五，"疏其秽而镇其浮"，美好的音乐可以陶冶人的情操，通过学习《乐》以洗涤其头脑中的污秽，使其由轻浮变得稳重；其六，"使访物官"，即通过《令》的学习，了解先王的法令，了解百官的职责；其七，知"务用明德于民"，即通过《语》的学习，从名言警句中提高德行的修养，懂得效法先王施德于民；其八，"使知废兴者而（有所）戒惧"，史书能提供历代成败兴衰的规律，通过学习《故志》，从中汲取经验教训并有所戒惧；其九，"使知族类，行比义焉"，即通过《训典》的教学，明白本世族的繁衍发展，让其行为符合本族利益，合乎道义。这九条中，前三条是要解决太子自身内在的心、行、志的问题，是最基本的内容；后六条是治国所应具备的一些具体的知识和修养。

---

① 顾颉刚：《三坟五典》，载张舜徽主编《中国历史文献研究》（一），华中师范大学出版社 1986 年，第 8 页。

当太子不能按照常规教学方案学习下去时，应当实施第二套教学方案。申叔时所设计的第二套教学方案共分三大阶段。当太子不能继续接受常规教育，而且"动（举动错误）而不悛（改正）"，就要实施第一阶段的教学内容，即用文辞喻物以引导其正确的行动，并且求贤良之士前来辅助。如果太子有了进步，却"悛而不摄（稳定）"时，就应实施第二阶段的教学内容，即不让他懈怠，带动他勤勉努力，多多讲解典型以便其接纳，致力于培养其谨慎、敦厚、诚实的作风，使其进步不断得以巩固。如果太子"摄而不彻（通达）"时，就实施第三阶段的教学内容，即使其明白施舍与忠、久长与信、度量与义、等级与礼、恭俭与孝、敬戒与事、慈爱与仁、昭利与文、除害与武、精意与罚、正德与赏、齐肃与临之间的内在关系，加强对忠、信、义、礼、孝、事、仁、文、武、罚、赏、临等内容的学习和领会，以期达到通达的目的。

第二套教学方案采用的是一种应变启发式教学方法，类似后世孔子所说的"循循善诱"的方法。《国语·楚语》记，申叔时认为，如果太子不能接受这套方案的教学，就只好采用第三套教学方案，即"诵诗以辅相之，威仪以先后之，体貌以左右之，明行以宣翼之，制节义以动行之，恭敬以临监之，勤勉以劝之，孝顺以纳之，忠信以发之，德音（美好的音乐）以扬之"。这套教学方案名曰"教备"，采用的是一种全方位的形象教学法，在教学中教师与学生双方处于平等交流关系，类似现代所谓的"模拟教学"。

在教学期间，师、傅对太子的要求一般都很严格。如《吕氏春秋》记载，楚文王年少即位后，"得茹黄之狗、宛路之矰，以畋于云梦，三月不返；得丹之姬，淫，期年不听朝"。保申以"先王卜以臣为保"、"承先王之令"为据，束细荆鞭笞文王，督促文王改过自新。可见，师、保受命于太子的父王，太子有过错务必按章严格管教以期悔改。如果遇到举动错误而不悔改者，有时还得以身作则加以引导，甚至于还要充当"教备"方案（即模拟教学）中角色的扮演者。《国语·楚语》

记，对于模拟教学也不能接受的太子，被视为"非人"。申叔时认为师傅在这种太子面前"践位则退，自退则敬，否则赧"①。申叔时所讲的这一套内容丰富的教育理论，比孔子早大半个世纪。

《通典·职官》载："太子师保二傅，殷周已有。"二傅为太傅、少傅。"保"字，金文象抱子之形，原义为保养幼子。"保氏是以保育人员发展成的教养监护之官，师氏原是从警卫人员中发展成的教养监护之官。"②依据周制，春秋时期楚国设置太子师、保、傅职，作为楚国辅导训育太子的职官。在春秋时期，"师保"可称"傅"和"师"，师保，既可指太子之傅、师，也可指君主之傅、师。如《左传》襄公十三年楚共王自述："少主社稷，生十年而丧先君，未及习师保之教训。"以上"师保"指教育太子的职官。师保职位又有正副、高低之分。春秋时期，师保正职称"傅"或"师"，副职称"少傅"或"少师"。据《左传》昭公十九年记载，楚平王即位，立建为太子，"使伍奢为之师。费无极为少师"。楚国称师保为"师"，而中原诸侯称"傅"。楚国太子即位前，称师保为"傅"或"师"，即位后尊称"太傅""太师"。潘崇为楚太子商臣师，后协助太子弑君篡位。据《左传》文公元年记载："穆王立，以其为大子之室与潘崇，使为大师，且掌环列之尹。"穆王，即太子商臣。商臣即位为楚王，潘崇亦升任楚王"大师"。君主之师保称"大傅""大师"，与太子之"傅""师"相区别。

儒家有"父子不责善"的观念。师保在君主和太子之间，就是担当"责善"的角色：既要替太子向君主谏诤，也要替君主劝诫太子。谏君的风险自不必说，劝谏太子同样也需要勇气。若太子不善，一旦即位，很可能失敬于师保，甚至报往日之怨。因此，明智之士常视师保为畏途。据《国语·楚语上》记载，楚庄王使士亹为太子傅，申叔时诫士亹曰："教备而不从者，非人也。其可兴乎！夫子践位则退，自退则

---

① 罗运环主编《荆楚文化》，安徽教育出版社等 2006 年，第 107—109 页。
② 杨宽：《西周中央政权机构剖析》，《历史研究》1984 年第 1 期。

1100

敬，否则赧。"申叔时认识到教育的局限性，认为强行谏诤不但于事无补，反而招致怨恨、羞辱。楚王很清楚这一点，故常褒奖犯颜直谏的师保。据《说苑·至公》记载："楚庄王之时，太子车立于茅门之内，少师庆逐之。太子怒，入谒王曰：'少师庆逐臣之车。'王曰：'舍之。老君在前而不逾，少君在后而不豫，是国之宝臣也。'"茅门，即雉门，君主宫门。按楚国法令，群臣、诸公子入朝，马蹄不得踏入茅门。少师，师之副手，常陪伴、监督太子。少师庆，《韩非子·外储说》作"廷理"，盖兼掌外朝之法。少师庆为匡正太子的违法行为，不惜直接触怒太子，可谓刚正无私。春秋时期楚国的师保是中国古代文学中最早的"帝王师"形象。他们产生于礼乐文化，对社稷百姓具有强烈的责任感。师保之职，虽为太子教育而设，却承担了社稷天下责，肩负了传承礼乐的重任。[①]

春秋时楚国设置了以下宫廷教育职官：

大师。《通典·职官》载："周以太师、太傅、太保曰三公。"《左传》文公元年："穆王立，以其为大子之室与潘崇，使为大师。""大师"《史记》作"太师"。《史记·楚世家》载："穆王立，以其太子宫予潘崇，使为太师，掌国事。"楚曾设置大师一职，《左传》哀公十七年："楚子问帅于大师子谷与叶公诸梁。"大师为三公之最尊者，简文中有"大师"之官。《包山简》115 简："令尹子士，大师子缔。"可见，"大师"是地位很高的职官。

上述材料说明，潘崇原为太子商臣师，因替太子商臣策划弒其父楚成王有功，因此，太子商臣即位穆王后，尊潘崇为大师，可见，大师是由师演变而来的，地位高于师。叶公诸梁是平定白公之乱的主要人物，而大师子谷排名在其前列，表明大师地位很高。从潘崇"掌国事"看，大师并非虚设而是握有大权的。但关于大师一职的记载只此两人，说明此职不常设。上述资料也说明，大师一职只与楚王有关，

---

① 宋小克：《论春秋时期的师保》，《求是学刊》2015 年第 3 期。

是楚王的老师或顾问。

师和少师。楚还设师和少师。《左传》文公元年："既，又欲立王子职，而黜大子商臣。商臣闻之而未察，告其师潘崇。"《包山简》159简："为告于少币(师)"。《左传》昭公十九年："楚平王时，使伍奢为之(指太子建)师，费无极为少师。"《说苑·至公》载："楚庄王之时，太子车立于茅门之内，少师庆逐之。"资料中的潘崇就是太子商臣之师，费无极是太子建的少师。可见，师与少师都是教育太子之官。

傅、太傅、少傅。《说文诂林·人部》："傅，相也。"段注引贾子曰："傅，傅之德义。"太子的辅导之官为太傅、少傅，或曰傅。《国语》《史记》皆载有傅、太傅、少傅。如《国语·楚语上》载："申公子仪父为师，王子燮为傅。"又载"庄王使士亹傅太子箴"《史记·楚世家》载平王时云："伍奢为太子太傅，无忌为少傅。"上述资料说明，傅、太傅、少傅是教导太子之官。到战国时期，太傅也为楚王师。《史记·十二诸侯年表》："铎椒为楚威王傅，为王不能尽观《春秋》，采取成败，卒四十章，为《铎氏微》。"《汉书·艺文志》："《铎氏微》三篇。楚太傅铎椒也。"

保。《说文》："保，养也。"《汉书·宣帝纪》载："尝有阿保之功。"注引臣瓒曰："阿，倚也；保，养也。"《左传·成公九年》载锺仪对晋侯叙述楚王时云："其为大子也，师、保奉之，以朝于婴齐而夕于侧也。"《左传》襄公十三年载，楚共王临终时告大夫云："不穀不德，少主社稷，生十年而丧先君，未及习师、保之教训……"这里的"未及习师、保之教训"，意即楚共王年幼时没有来得及接受师、傅的训育。上述材料说明，保的职责就是辅导训育太子。

三闾大夫。春秋战国时期楚国宫廷教育中还有辅导贵族子弟的职官三闾大夫。屈原曾做过三闾大夫，职掌对王族中昭、景、屈三姓子弟的教育之事。这三姓是楚国王族中势力最大的，三闾大夫与晋国的公族大夫专掌对卿族子弟教育的职能相同。[1]

　　春秋战国之际，"私学"作为一种新兴的教育形式迅速发展起来。农家学派大师许行，"自楚之滕"，"受一廛而为氓"，"其徒数十人，皆衣褐，捆屦织席以为食"（《孟子·滕文公上》），甚至很有影响的儒家学派的门生陈相等人背弃儒学而从之，其徒多达数十人。春秋晚期，特别是战国早期以降，随着王权的进一步衰落，社会秩序的进一步改变，"私学"的出现，各家学说的不断兴起，对以前的教育体制产生了比较大的冲击：一是教育形式的变化，在以前"官学''"乡校"一统天下的局面下，出现了众多"私学"的新形式，除贵族子弟以外，平民子弟也有了接受教育的机会，孔子的"有教无类"[2]之说，就是在这一背景下提出的；二是教育内容的变化，在传统的《三坟》《五典》及《诗》《书》《礼》《乐》《易》《春秋》（即后来之"六艺""六经"）诸书之外，根据学术传承和个人兴趣，增加了儒、墨、道等"百家"学说的新内容，从而进一步分化，形成学派林立、百家争鸣的新局面。[3]

第四节　服饰

　　服饰是文明进化的标志。春秋时期，楚国衣服形制基本完备，样式很多。

　　衣、裳：

　　锦衣、绣衣与袿裳。楚国贵族的服装。《诗经·秦风·终南》"锦衣狐裘，颜如渥丹"，毛传："锦衣，彩色也。"颜色过于繁缛，过于鲜艳之衣，令人看来未免俗气。但当时楚人的确喜欢颜色鲜艳的多彩之

①　谭黎明：《春秋战国时期楚国官制研究》，吉林大学博士学位论文，2006 年，第70—71 页。

②　参阅《论语》卷一五《卫灵公》。

③　徐少华：《从郭店楚简析春秋战国时期楚国的教育和思想特征》，载《荆楚历史地理与考古探研》，商务印书馆 2010 年，第 109 页。

衣。《周礼·考工记》："五采备谓之绣。"宋玉《神女赋》："其盛饰也，则罗纨绮缋盛文章，极服妙采照万方。振绣衣，被袿裳，襦不短，纤不长。"襦，读为"衣"。所谓"绣衣"即五彩皆备之衣。《吕氏春秋·贵因》："墨子见荆王，锦衣吹笙，因也。"高诱注："墨子好俭非乐，锦与笙非其所服也，而为之，因荆王之所欲也。"墨子是出了名的崇尚节俭的人，去见楚王，只因楚王喜欢锦衣，所以他也不得不穿上这种华贵的丝衣。"袿裳"形如今之燕尾服。《史记·项羽本纪》："富贵不归故乡，如衣绣夜行，谁知之者？""绣"作"锦"。"锦衣"即彩色丝衣。刘熙《释名》说："妇人上服谓之袿。其下垂者，上广下狭，如刀圭也。"《方言》："袿谓之裾。"所谓"裾"指衣后襟。《汉书·江充传》："充衣纱縠襌衣，曲裾后垂交输。"如淳注："交输，割正幅，使一头狭若燕尾，垂之两旁，见于后。"这种燕尾服下襟较长，垂于腰际，古人上为衣，下为裳，而"袿裳"形如裙制，系于腰间，下垂之襟形状如"圭"，故称之为"袿裳"。汉代以后，"衣"与"袿裳"合为一体，裁衣时，将衣之后襟延长如圭形，所以刘熙将"袿"释为"妇人上服"。

留衣与结衣。信阳楚简 2-13："一红介之留衣，帛里。"仰天湖楚简 29："一结衣。"①"介"读如"袷"，音与"袺"通，简文亦作"结"。《诗经·周南·芣苢》："采采芣苢，薄言袺之。"《毛传》："袺，执衽也。"《释文》："袺音结。"所谓"执衽"，即将衣衽结于带上，"留衣"之衽较长，下至膝，将衽之两角挽起而结于衣前成兜状，用以盛物。"留衣"字面义为留物之衣。《释名·释衣服》："留幕，冀州所名大褶，下至膝者也。留，牢也；幕，络也。言牢络在衣表也。"仰天湖楚简所言"结衣"，形制与留衣同。至今江南棉农收摘棉花之时，以一长围裙系于腰间，将围裙之下角挽起成兜状，用以盛棉花。此围裙可谓"留衣"之遗。② 只是古代"结"为长衽之结，与衣为一体，今棉农所用之衣

---

① 史树青：《长沙仰天湖出土楚简研究》，上海群联出版社 1955 年。
② 刘信芳：《楚系简帛释例》，安徽大学出版社 2011 年，第 211—212 页。

兜则与衣分为二。古代一衣多用，以省布帛，今衣兜另制，解下即可保持衣裳洁净，此乃服制进步趋势使然。

禅衣、单衣、绁袢。《方言》卷四："禅衣，江淮南楚之间谓之襜，关之东西谓之禅衣。"《说文》："禅，衣不重。"段注："此与'重衣曰复'为对。从衣单声。"《汉书·江充传》载："初，充召见犬台宫，自请愿以所常被服冠见上。上许之。充衣纱縠禅衣曲裾后垂交输，冠禅缅步摇飞翮之缨。"颜师古注："纱縠，纺丝织之也。轻者为纱，绉者为縠。"单衣又称为绁袢。《诗经·鄘风·君子偕老》："瑳兮瑳兮，其之展也。蒙彼绉絺，是绁袢也。"毛传："礼有展衣者，以丹縠为衣。蒙，覆也。絺之靡者为绉，是当暑袢延之服也。"孔颖达疏："绁袢者，去热之名，故言袢延之服。袢延是热之气也。""绁袢"是夏天穿的白色内衣，以葛为质地，织如绉纱，贴身穿而有间隙，可透气。可见当时禅衣、单衣、绁袢之制，凝聚了古代劳动人民的聪明智慧。

缟衣。《诗经·郑风·出其东门》："缟衣綦巾。"《毛传》："缟衣，白色男服也。"《包山楚简》260："一缟衣，赭肤之纯，乐成之纯，亡里，灵光之绣。"刘信芳解释："一缟衣""亡里"，即一件细缯制的衣，是没有衣里的单衣。马山一号墓曾出土三件单衣，完整的一件是一凤一龙相蟠纹绣紫红绢单衣。据彭浩介绍，该衣上衣共六片，正裁。两袖各两片，宽分别为45厘米、43厘米。两袖展开长274厘米，上边平直，下边微向下垂成弧状。袖口宽40厘米，袖缘用彩条纹绮。正身由两片拼合，衣领位于上身正中，呈三角形。领缘是大菱形纹锦。领缘的下端延伸至外襟的裾的上部。右衽（即外襟向身体右侧开口），直裾。腰围65厘米。下摆平齐，宽80厘米，略大于腰围。裾和下摆都用绣缘。①

袷衣、纺衣、縰衣、挟纩。袷衣：施有衣里的衣称为袷衣，袷亦作"袷"。我们在前面介绍的"留衣"就是一种有衣里的衣。纺衣：仰天

---

① 刘信芳：《楚系简帛释例》，安徽大学出版社 2011 年，第 211 页。

湖简18："一纺衣，绿里。"即一件纺绸制的衣，绿色衣里。《仪礼·聘礼》："贿用束纺。"郑玄注："纺，纺丝为之，今之缚也。"缚即细绢。

緧衣：见望山简二49："其三亡童皆丹緧之衣。"马山一号墓签牌记有"緧衣"。刘信芳认为緧读为"缪"，"緧衣"即麻衣。[①] 挟纩：如果在夹衣的面、里之间絮以丝绵，就成了冬装，古代楚人称这种绵衣为"纩"。《左传》宣公十二年："楚伐萧，申公巫臣曰：'师人多寒。'王巡三军，拊而勉之，三军之士，皆如挟纩。""挟纩"是说将士受到楚王慰问，好比披上了绵衣的意思，有如杜注"说(悦)以忘寒"。丝绵是由蚕茧制成的，故楚人又称绵衣为"茧"。《左传》襄公二十一年，楚康王使薳子冯为令尹，薳子冯装病推辞，正是夏天酷热之时，挖地窖置冰，然后在冰上支床，"重茧，衣裘，鲜食而寝"。杜预注："茧，绵衣。"孔颖达疏："茧是袍之别名。"《礼记·玉藻》："纩为茧，缊为袍。"注："茧、袍，衣有著之异名也。纩谓今之新绵也，缊谓今纩及旧絮也。"大意是说，在夹层中著绵絮的就叫作"袍"。这种"袍"在马山一号楚墓中曾有出土。

绔、裳。信阳楚简2-15："一绤常(裳)，赭肤之纯。"根据竹简记载，是一种绣有绳纹，以帛作缘边的单裳。《说文》："绤，白鲜衣貌。""常"即"裳"之本字。《仪礼·既夕礼》："白狗摄服。"郑玄注："摄犹缘也。"包山楚简259："二瓜(狐)罺。"《说文》："襌，绔也，从衣，罺声。"《诗经·秦风·无衣》："与子同泽。"泽本作"襌"，郑玄笺："襌，亵衣近污垢。"郑玄所释是依上下文意而得，简文罺读为"襌"，应据《说文》释为绔。所谓"绔"谓胫衣，即套裤。用狐皮做的套裤应该是冬装。

羽绒衣与裘衣。楚人冬季御寒多穿丝绵袍，而贵族则多穿羽绒衣与裘衣。《左传》昭公十二年："雨雪，王皮冠，秦复陶，翠被，豹舄，执鞭以出。"杜预解释"秦复陶"说："秦所遗羽衣也。"孔疏解为"羽毛

---

① 刘信芳：《楚系简帛释例》，安徽大学出版社2011年，第212页。

之衣"。《说文》："复，重衣也，从衣复声。一曰褚衣。"褚衣即装绵之衣。《释名·释衣服》："有里曰复，无里曰单。"可见"复陶"乃以羽或毛作衣里之衣。只是这种羽绒衣是什么式样，我们已经没有办法知道了。不过既然是秦国送给楚灵王穿的，一定是很珍贵的御寒之衣。所谓"翠被"是一种饰以翠羽的外氅。宋玉《讽赋》："主人之女，翳承日之华，披翠云之裘。"宋章樵注："辑翠羽为裘。"包山楚简262："一狐青之表，紫里，绣纯，锦纯，素锦绣。"《礼记·玉藻》："表裘不入公门。"郑玄注："表裘，外衣也。"竹简所记的这种"狐青之表"，用紫纱作衬里，用绣花纹锦作外套，是很讲究的冬装。《战国策·越策一》："昔令尹子文衣缁帛之衣以朝，鹿裘以处。"令尹子文上朝见楚王，在鹿裘外面罩上缁帛之衣，而在家的时候，仅仅只穿鹿裘。可见当时丝织品是很珍贵的，连大臣都非常爱惜。《韩非子·外储说左下》："孙叔敖相楚……冬羔裘，夏葛衣，面有饥色，则良大夫也，其俭逼下。"依当时服饰礼仪，服裘须以丝衣覆之，国君之狐白裘以锦衣以裼之，大夫之羔裘以缁衣以裼之。《礼记·玉藻》："裘之裼也，见美也。"孔颖达疏："裘之裼者，谓裘上加裼衣。"《诗经·秦风·终南》："君子至止，锦衣狐裘。"孙叔敖衣羔裘而舍不得衣缁衣以裼，所以韩非子称赞他很节俭。宋玉《九辩》："无衣裘以御冬兮，恐溘死不得见乎阳春。"当时失意的士大夫尚有"无衣裘"之忧，则穿不上绵衣的老百姓恐怕是太多了。

深衣。春秋战国时期出现了新的服装形制，就是上衣下裳相连的深衣。《礼记·玉藻》："朝玄端，夕深衣。深衣三祛，缝齐倍要，衽当旁，袂可以回肘，长、中继掩尺。袼二寸。祛尺二寸，缘广半寸。"《礼记·深衣》："古者深衣，盖有制度，以应规矩，绳权衡。短毋见肤，长毋被土。续衽钩边，要缝半下。袼之高下，可以运肘；袂之长短，反诎之及肘。带下毋厌髀，上毋厌胁，当无骨者。制十有二幅，以应十有二月。袂圜以应规，曲袷如矩以应方，负绳及踝以应直，下齐如权衡以应平。故规者，行举手以为容。负绳抱方者以直其政，方其义也。故《易》曰：'《坤》六二之动，直以方也。'下齐如权衡者，以安志而平心也。五法已施，故圣人服之。故规矩取其无私，绳取其直，权衡取其平，故先王贵之。故可以为文，可以为武，可以摈相，可以治军旅。完且弗费，善衣之次也。具父母、大父母，衣纯以缋。具父母，衣纯以青。如孤子，衣纯以素。"①从这些记载看，深衣之制要符合"规""矩""绳""权""衡"的要求，穿着人群广泛，同时又有缘边及色彩上的区别。深衣的衣襟要加长，来缠裹腰部，而不是具有上下连属形制的都可称为深衣。

文献及出土资料反映，深衣是一种各阶层皆服的服制，它的制作是上衣下裳分别裁制然后缝合一起成为上下连通式。西周以前，我国古代服装形式主要是上衣下裳制，只是上衣长短不一，有及臀、及膝，但一般都不及踝；下身穿裳来遮蔽。西周晚期至春秋之际，出现了深衣形制，样式新颖，穿着舒服，所以很快流行起来，"贵族间渐兴一种宽大的深衣"②，成为此时期最为盛行的一种代表性服饰。从《礼记·深衣》所载可以看出，深衣质料俭省而易制作，故文、武、相、士等都可为之。《礼记·玉藻》："朝玄端，夕深衣。"孔颖达正义："此云'玄端'，与君不同，故知是'大夫、士'也。以视私朝。故服'玄端'，若朝君之时，则朝服也。朝服，其衣与玄端无异，但其裳以素耳。若大夫莫夕盖亦朝服，其士则用玄端，其私朝及在家，大夫、士夕皆深衣也。"又曰："自士以上，深衣为之次，案《玉藻》'诸侯夕深衣，祭牢肉'者，又'大夫、士，朝玄端，夕深衣'，是深衣朝祭之次服也，'庶人吉服深衣'者，深衣是诸侯之下，自深衣以后更无余服，故知是庶人之吉服。"从而可知朝服、玄端及深衣的关系，朝君用朝服，为最尊重，而大夫、士则为玄端，由"夕深衣"可知深衣为次于玄端的服饰，普通人最隆重的吉服只有深衣。

① 李学勤主编《礼记正义》卷五八，北京大学出版社 1999 年，第 1561—1563 页。
② 晁福林：《先秦民俗史》，上海人民出版社 2001 年，第 31 页。

袍服。和深衣形制类似的还有袍服，它和深衣的共同点是衣与裳相连，不同之处则是衣裾的开法。深衣为曲裾，而袍为直裾，即是衣襟不加长，两襟交于一侧而下。穿着深衣时是多层缠绕，紧裹于身，而直裾衣则比较宽松。《中华古今注》载："袍者，自有虞氏即有之。"①但从其他文献记载及考古资料来看，袍的出现应在西周时期，《诗经·秦风·无衣》："岂曰无衣，与子同袍。"《墨子·公孟》："楚庄王鲜冠组缨，绛衣博袍，以治其国。"战国时期，湖北江陵马山楚墓出土的直裾之衣是现今最早的实物资料。马山楚墓出土的直裾服装有绵衣、单衣、夹衣等。

袍最早是指一种纳有絮绵的内衣。《释名·释衣服》："袍，苞也。苞，内衣也。"《礼记·丧大记》："袍必有表，不禅，衣必有裳，谓之一称。"郑玄注："袍，褻衣，必有以表之，乃成称也。"所以袍一般不外穿或作为燕居之私服，《后汉书·舆服志》："袍者，或曰周公抱成王宴居，故施袍。"马山楚墓出土绵袍8件，其中2件穿于主人身上。最外层为E型大菱形纹锦面绵袍，身长约170.5厘米，袖口宽34厘米；内再穿舞凤飞龙纹绣土黄绢面绵袍，身长140厘米，袖口宽20厘米，袖窄衣短；贴身穿的为深黄绢面夹衣。下身穿深褐色绢裙，凤鸟花卉纹绣红棕绢面绵袴。②沈从文认为"为贴身穿的冬服'小衣'或'内衣'"③。另一件穿于尸骨之上，着于外衣之内，应为"中衣"。见证了袍的作用及穿着方法，和史载相吻合。

根据纳于袍的絮绵优劣，袍可分两类：一类是以新绵为絮，称为"茧"；一种则掺入旧絮，或用细碎枲麻充填的称为袍，也叫缊袍。《礼记·玉藻》："纩为茧，缊为袍。"郑玄注："纩谓今新绵也，缊谓今纩及旧絮也。"缊袍是古代贫者的御寒之衣。《庄子·让王》："曾子居卫，缊袍无表，颜色肿哙，手足胼胝。"后袍服流行，不絮绵的直裾之

---

①　马缟：《中华古今注》，中华书局 1956 年，第 24 页。
②　湖北省荆州地区博物馆：《江陵马山一号楚墓》，文物出版社 1985 年，第517页。
③　沈从文：《中国古代服饰研究》，上海书店出版社 1999 年，第 86 页。

衣也称为袍。

通过对袍的对比观察，可以得出以下特征：一是交领、右衽、直裾，上衣与下裳连为一体，在领、袖口部及裾边镶锦边。二是袖有三种形式，一种是两袖斜向外收杀，袖筒最宽处在腋下，小袖口；另一种为两袖平直，宽袖口，短袖筒，第三种为长袖，袖下部有称为"胡"的垂弧。袍的形象资料见于湖南长沙楚墓出土的彩绘木俑，有的衣长曳地，有的长及脚踝，衣边均有缘锦边，衣上纹饰物为雷纹或重菱纹。

春秋时期，等级制度得到加强。《左传》宣公十二年："君子小人，物有服章，贵有常尊，贱有等威，礼不逆矣。"这种差别在服饰形制上的表现就是君子的袖部也开始宽大起来，表现主要体现在深衣、袍服的形制。这两种服装形制均较长，长及地或至小胫。图像表现如长沙子弹库楚墓出土帛画上男子所服：大袖宽袍及地，头戴高冠，佩长剑，为明显的贵族装扮。郭沫若《西江月·题长沙楚墓帛画》："仿佛三闾再世，企翘孤鹤相从。陆离长剑握拳中，切云之冠高耸。上罩天球华盖，下乘湖面苍龙。鲤鱼前导意从容，瞬上九重飞动。"宽衣大袖长衣的出现，表明有闲阶层开始在服装形制分离出来。

服制等级表现最为直接和明显的为河南信阳长台关楚墓出土漆瑟上的图案。[①] 1958 年，河南信阳长台关一号楚墓出土瑟上绘有漆画，内容为狩猎、乐舞及贵族形象。猎人的衣着为上短衣，下身光腿，衣长至臀部。舞人形象残，但遗留有长长的舞袖。身份高的贵族形象为大袖宽衣，独坐榻上，头戴高冠。另外还有社会地位较高的巫师，也表现为大衣博袖，手为鸟爪状，应是正在施行巫术。社会各色人等的身份在服饰形制上一目了然。

通过以上人物分析及对比可知，我国服饰形制的阶级差别从春秋战国之际开始出现分离，战国时期已经成为其阶级的标志，形成了社

---

① 沈从文：《中国古代服饰研究》，上海书店出版社 1999 年，第 46 页。

会各阶层的固定服饰标准模式，表明我国古代社会服饰制度的形成。①

楚服有配套的各种辅助装饰。

腰带：

先秦时期的腰带，按质料分有以下几种：丝带，以织物剪裁而成，主要功能是束衣；革带，主要用以系物，如贵族阶层的蔽膝及佩饰等；绲带，编织而成的带。早期的腰带功能单一，只有实用功能，并不得到人们的重视。进入夏商后，由于纺织业的发展，腰带得到了改进，开始以丝来制作。商周之时出现了大带之制。②《说文》："绅，大带也。"大带结后下垂部分也称为"绅"。春秋时多见于文献记载，如《诗经·曹风·鸤鸠》："淑人君子，其带伊丝。"郑玄注："'其带伊丝'谓大带也。大带用素丝，有杂饰焉。"③由于大带用丝制作而珍贵，又由于腰的居中位置而得到重视，在上面饰以纹饰，因而多为社会上层人士使用，在束腰的同时也起标明仪态和身份的作用。

腰中束带有对自身行为约束之意。周时，大带被正式纳入礼制的范围，规定社会各阶层人等要根据各自身份使用腰带，腰带成为服饰礼仪表现的重要内容。

革带。用皮革制作的腰带，也称"鞶带"。通常以生革制成，以熟皮制作的腰带称为"韦带"，上没有装饰。由于革带质硬易于挂饰物品，贵族阶层束革带以挂物。西周时期，革带上开始使用带钩来系结，使革带易于系结而发生了质的变革。同时革带上更易镶嵌饰物，革带的地位变得重要起来。

绲带。即织组带，也即是后来的"绲带""织成带"，实为大带的一种。贵族阶层大带和革带配合使用。

具有束腰实用功能的腰带是礼的表现形式之一。贵族们必须佩

① 吴爱琴：《先秦服饰制度形成研究》，河南大学博士论文，2010 年，第 151—158 页。
② 高春明：《中国服饰名物考》，上海文化出版社 2001 年，第 634 页。
③ 孔颖达注疏：《毛诗正义》卷七，十三经注疏本，中华书局 1980 年，第 385 页。

带，重要性等同佩玉，是自身修养的表达。

带钩。大带由于丝质柔软易于系结，但革带的扣系一直是个大问题，带钩即由此而产生。"在带钩和带扣出现以前，革带的两端大约多用窄绦带系结。"①具体方法以江陵马山楚墓的木俑腰带束结方式为实证。② 彩绘女木俑穿单衣，无领无袖，披于肩上，下裳里襟掩于左侧，外襟折向身后，系于背后腰间皮带上。皮带长 19.2 厘米、宽 2.3 厘米，两端有穿孔，黄色丝带穿于内，然后再两端相系。说明在带钩出现之后，这种系结方法还一直采用。带钩在革带上的使用是改变其面貌的一件大事。带钩由钩首、钩身、钩纽三部分组成。使用时先将钩纽卡入革带的一端，使之固定，钩首则钩入另一端革带的孔或环中，这样就系住了革带。

古代礼制，男子束衣用皮带，而女子用丝带。《礼记·内则》："男鞶革，女鞶丝。"是说男子大带用革，女子大带用丝。信阳简 2-2："一组带，一革［带］，皆有钩。"又简 2-7："一索（素）绲带，又（有）玉钩，黄金与白金之舄（错），"信阳简所记绲带与玉钩相配，玉钩上有"黄金与白金之错"，该墓出土错金银带钩二件，玉带钩一件，与简文所记略合。③《太平御览》卷七五六引《通俗文》："金银镂饰器谓之错。"《说文》："带，绅也。男子鞶带，妇女带丝。"男子所系革带用带钩联结，有身份男子除革带外，又系以大带。段玉裁说："古有大带，有革带，革带以下系佩韨而后加之以大带，则革带统于大带。"大带垂于腰间，其下垂部分曰绅，《论语·卫灵公》"子张书诸绅"，疏云："以带束腰，垂其余以为饰，谓之绅。"上引信阳简"纽带"列于"绲带"之前，应指大带。

---

① 孙机：《中国古代的带具》，载《中国古舆服论丛》，文物出版社 2001 年，第 253 页。

② 湖北省荆州地区博物馆：《江陵马山一号楚墓》，文物出版社 1985 年，第 80 页。

③ 固始侯古堆一号墓发掘组：《河南固始侯古堆一号墓发掘简报》，《文物》1981 年第 1 期。

楚国的带钩多见于文献记载，被称为"钩"。《史记·齐太公世家》："使管仲别将兵遮莒道，射中小白带钩。"始用"带钩"之名。春秋中后期的中原地区，带钩已经流行起来，此时多有实物出土发现。河南信阳固始侯古堆一号墓出土有玉带钩1件，是中原地区出土年代最早的玉带钩，其使用者为春秋时宋景公之妹。河南淅川下寺楚墓M11出土有铜带钩1枚，钩体透雕四条夔龙卷曲盘绕而组成的兽面状，墓主为高级贵族；湖南湘乡红仑上M10和陈家湾M17也出土有铜带钩；[①] 战国楚简中也常提及带钩。湖北望山2号楚墓编号802简有"一缂带……一玉钩，一环"。河南信阳长台关出土楚简中编号202和207有"一组带，一革皆又钩""……一素缂带又□钩黄金与白金之舃"[②]表明组带也用带钩系结。望山简二49："三革缟（带），一绲缟（带）。""革带"与信阳简"组带"对应。望山简二50："一绲缟（带）。一双璜，一双虎（琥），一玉钩。"该墓出土玉带钩1件。

综合分析春秋战国时期带钩情况可以看出，此时带钩的制作材料广泛，包括大量精美质料，如金、银、铜、玉、玛瑙等。带钩使用居中的视觉位置使其成为人们视觉中的重点，带钩成为表现富贵的一个新标准，于是革带开始摆脱大带的束缚而直接系于外。贵族阶层喜好以精美的带钩炫于世，也促进其铸造技术的提高，当时高超的细金工艺技术也开始运用到此领域，如雕镂、镶嵌、鎏金、金银错等，生产出了不少带钩珍品。战国时期带钩的制作技术达到了前所未有的程度，标志着带钩的使用进入了兴盛期。

在所有质料的带钩中，先秦时期的玉带钩数量还是不多的。据周晓晶统计，玉带钩在所出土带钩中所占比例仅为1%。[③]

从玉带钩出土情况可以看出，只出于士阶层以上贵族墓葬，平民

---

① 　湖南省博物馆：《湖南韶山灌区湘乡东周墓清理简报》，《文物》1977年第3期。

② 　朱德熙、裘锡圭：《信阳楚简考释（五篇）》，《考古学报》1973年第1期。

③ 　周晓晶：《玉带钩的类型学研究》，载杨伯达主编《传世古玉辨伪与鉴考》，紫禁城出版社1998年，第181—199页。

墓中没有玉带钩的发现。贵族高级大墓中出土的带钩制作精美，纹饰复杂，且多采用嵌金银、宝玉、绿松石等工艺手法，带钩制作的精简可看作是身份地位高低的一种象征，考古资料充分显示了这一特点。豪族大墓出土的带钩多华丽无比，且多用铁质带钩。如信阳长台关1号墓出土有5件铁带钩，其中1件带钩上镶嵌有4块方形金质蟠螭纹浮雕，靠近钩端的一块为三角形。在这4块金质浮雕之上镶嵌着3块谷纹方形玉，磨制精细。浮雕外侧饰有错金蚪纹，钩首是错金的龙首；① 江陵望山一号楚墓所出错金铁带钩长度达到46.2厘米，宽6.5厘米②，为现今发现最长的带钩，而一般小型楚墓中出土的带钩多为铜质，器形较小，长度多为3~11.5厘米之间。如江陵雨台山楚墓多为小型的士及平民墓葬，带钩多为铜质小型带钩。③ 可见一件带钩的质地、大小、纹饰都是衡量其价值的标准。具有高价值的东西只有富有者才能拥有，而先秦时期富有者无疑是社会地位高的人。《墨子·辞过》："当今之主……冬则轻暖，夏则轻清，皆已具矣。必厚作敛于百姓，暴夺民衣食之财，以为锦绣文采靡曼之衣，铸金以为钩，珠玉以为佩。"④可见带钩所用质料的珍贵。

鞋：

春秋时期，楚国鞋的形制齐全完备。以质料来分可分为几大类，《世本》载："于则作扉履。"《字书》："草曰扉，麻曰履。"古代履的质料有皮、草、麻等，只是名称有别，称呼较为混乱，战国时则开始以履称之。

楚简中有"缕"，仰天湖25号楚墓竹简文中有："一新智（鞮）缕

① 河南省文物考古研究所：《信阳楚墓》，文物出版社1986年，第63页。
② 湖北省文化局文物工作队：《湖北江陵三座楚墓出土大批重要文物》，《文物》1966年第5期。
③ 湖北省荆州地区博物馆：《江陵雨台山楚墓》，文物出版社1984年，第87—88页。
④ 吴毓江撰，孙启治点校：《墨子校注》卷一，载《新编诸子集成》，中华书局1993年，第46—47页。

(屦)，一忑(旧)智(鞮)缕(屦)，皆又(有)蘆(萱)疋(疏)缕(屦)。"通过考释知："智缕"为"鞮屦"，"忑智缕"即为"旧鞮屦"。意思为："一双新的鞮屦，一双旧的鞮屦，都是有草垫的疏屦。"①信阳长台关2号楚墓出土的编号为02竹简中载有5种屦："一两缘□缕(屦)、一两丝纸缕(屦)、一两□缇屦、一两逗(？)屦、一两□缕(屦)。各种面料的鞋子都以屦来称呼。② 可见屦在先秦时是足衣的总称。

舄。是一种加有木底的浅帮鞋子，用皮革、葛为面，染成各种颜色，底部上层用麻或布，下层用木，故又称为"复舄"。礼服舄屦制作的质料讲究。《左传》昭公十二年载楚灵王穿着"豹舄"，可见其珍贵。

战国时期，上层贵族的服饰多趋华丽，喜欢在屦上饰以金银珠宝。《史记·春申君列传》载："赵平原君使人于春申君，春申君舍之于上舍。赵使欲夸楚，为玳瑁簪，刀剑室以珠玉饰之，请命春申君客。春申君客三千余人，其上客皆蹑珠履以见赵使，赵使大惭。"丝履饰以宝珠，当是贵中之贵。

屦是人们日常生活中的必穿之物，但因为足服被视为不洁而不能入堂穿着。先秦文献中多处记载了人们对这一礼俗的遵守。《左传》宣公十四年："楚子闻之，投袂而起，屦及于窒皇。"春秋时期屦的实物发现较少。湖北当阳赵家湖春秋晚期的楚墓JM9出鞋1双，系用麻布缝合而成，长28厘米，宽9厘米。③

屦也起到了表明身份、规范等级的作用。约定俗成至战国时期，各阶层着屦大致可分为：大夫以上可穿舄、丝屦、麻葛屦等；士则麻葛屦、皮屦、草屦；平民以下则为麻绳屦、草屦。考古资料中屦的实物出现不多，但也部分证实了这种记载。南方楚墓发现的多是麻屦，证实了一般贵族屦的使用质料，虽然有的用麻还混合有丝和皮质，但

① 朱德熙、裘锡圭：《战国文字研究(六种)》，《考古学报》1972年第1期。
② 河南省文物考古研究所：《信阳楚墓》，文物出版社1989年，第128页。
③ 湖北省宜昌地区博物馆，北京大学考古系：《当阳赵家湖楚墓》，文物出版社1992年，第159页。

以麻为主料。楚国的丝织业发达，出土屦的墓葬，墓主都为贵族，其服饰面料多为丝织品，但屦的情况恰恰相反，表明了"不履丝屦"的遵守。

冠：

春秋以来，冠的面貌和以前有很大的不同。长发戴冠或裹巾是中原人的惯常装束，这应与礼制的形成有关。《墨子·公孟》："昔者齐桓公高冠博带，金剑木盾，以治其国，其国治。昔者晋文公大布之衣，牂羊之裘，韦以带剑，以治其国，其国治。昔者楚庄王鲜冠组缨，绛衣博袍，以治其国，其国治。昔者越王勾践剪发文身，以治其国，其国治。此四君者，其服不同，其行犹一也。"

鲜冠、鵕冠。楚国的人物形象多是束发着冠，并且冠也多种多样。《墨子·公孟》："昔者楚庄王鲜冠组缨，绛衣博袍，以治其国，其国治。""鲜冠"自来无确诂，孙诒让《墨子间诂》引《礼记·玉藻》"玄冠朱组缨"以释之，实未及"鲜"之具体涵义。今按："鲜冠"即"鲜卑之冠"。《庄子·天运》："鲜规之兽。"释文云："鲜规，小兽也。"《淮南子·主术》："楚文王好服獬冠，楚国效之。"《御览》卷六八四引作"楚庄王好服鵕冠"。《广韵》"鵕"字下注："楚冠名。"獬、鵕读音相通。《楚辞·大招》中的"鲜卑"为衣带名，以鲜卑族所放养的羊之皮为之，汉人尚知其释义，汉以后已鲜为人知。《墨子·公孟》之"鲜冠"即鲜卑之冠，亦即用鲜卑族之羊皮所作之冠，由于无汉人训解，致使后世长期不得确诂。以后鲜卑之异称迭出，读之令人目眩，究其所以，实因中原、南方之人各因其方言而记"鲜卑"，故文字差异甚大。楚人发明的影响中国服饰制度达一千余年的"鵕冠"，在出土竹简中得到了证实。望山二号墓竹简 62 记有"二鵕冠"，包山简 259："一桂冠，组缨。"

南冠。冕、弁为当时各诸侯国通行服饰。而真正代表楚人服饰特征的是"南冠""高冠"，即后人所称的"楚式冠"。《国语·周语中》："陈灵公与孔宁、仪行父南冠以如夏氏。"韦昭注："南冠，楚冠也。"陈国君臣找女人寻欢作乐，以南冠为饰，应该是很欣赏这种帽子的。《左传》成公九年："晋侯观于军府，见锺仪，问之曰：'南冠而絷者，谁也。'有司对曰：'郑人所献楚囚也。'""南冠"的地方特色鲜明，使人一看即知是楚人之冠。长沙子弹库楚帛画中的男子戴一冠，高耸于头上，有冠缨结于颔下；包山楚墓出土漆奁上的人物其冠亦较高。此二冠可作为"南冠"的代表式样。有人认为"鵔冠"即"南冠"，也不算错。[1]

鸟形冠。见于河南信阳长台关楚墓出土漆瑟人物像，其中身穿大袖袍服，所着冠为一站立鸟状而后有长披。

鹊尾冠。见于河南信阳长台关楚墓出土漆瑟人物像，褒衣博带，冠式为高顶上平而腰细如鹊尾，或前有二角而后垂尾。

"工"形冠。见于河南信阳长台关楚墓出土漆瑟人物像，头戴之冠侧视为"工"字。戴这种冠式的人，似为乐舞人物或习射者。[2]

切云冠。见于湖南长沙子弹库战国墓出土帛画中男子形象。所绘男子头戴高冠，冠带系于颔下，深衣大袖。

獬豸冠。包山楚墓出土漆奁上所绘车马人物图中，主人及侍从头上所戴冠为前低后高状的高冠，后部齐颈，两侧有带系于颔下，其高出部分为上细下粗状，类似于"角"形，有人认为是獬豸冠。[3]《淮南子·主术训》："楚文王好服獬冠，楚国效之。"高诱注："即獬豸之冠。"当时这种冠为楚人所好。《左传》成公九年："晋侯观于军府，见锺仪，问之曰：'南冠而絷者，谁也？'有司对曰：'郑人所献楚囚也'。使税之，召而吊之，再拜稽首。问其族，对曰：'泠人也。'"杜预注："南冠，楚冠。"这种高高的獬豸冠由于楚王的喜好而使楚人爱之，成为楚人的标志性冠式。

---

① 王箐：《楚国物质生活文化研究》，安徽大学博士学位论文，2018年，第20页。
② 沈从文：《中国古代服饰研究》，上海书店出版社2002年，第54页。
③ 彭浩：《楚人的纺织与服饰》，湖北教育出版社1996年，第171页。

鹖冠。见于秦始皇陵兵俑中高级官吏俑。[1] 冠头似方形，为双重的折叠平板式，冠尾为双枝，右侧一枝作螺旋形卷曲一周，呈喇叭口状，左侧一枝作"S"形卷曲，冠尾下面连接长方槽形冠室，两端各有一圆饼形薄片封堵。发髻顶端罩于冠室内，冠上有环形带后攀于脑后发髻，前压于冠头，环带左右两侧各系一条长带，须双颊下引系结颔下，带尾垂胸前。因尾部好像双鹖尾，命名为鹖冠。鹖冠是以鹖羽插冠以为装饰，《汉书·艺文志》："《鹖冠子》一篇，楚人，居深山，以鹖为冠。"颜师古注："以鹖鸟羽为冠。"鹖为善斗之鸟。《山海经·中山经》："辉诸之山，其上多桑，其兽多闾麋，其鸟多鹖。"《玉篇》："鹖，鸟，似雉而大，青色有毛角，斗死而止。"汉代以鹖冠为"武冠"，插鹖羽，取其"斗死而止"的象征意义。《后汉书·舆服志》："武冠，俗谓之大冠，环缨无蕤，以青系为绲，加双鹖尾，竖左右，为鹖冠云。"这种冠多为武人及皇帝近臣所戴。楚人以鸟羽为饰的冠有"鹬冠"。《庄子·天地》："皮弁鹬冠。"古掌天文者冠鹬冠，《说文》："鹬，知天将雨鸟也。从鸟，矞声。《礼记》曰：知天文者冠鹬。"

出土竹简中所记的几种楚冠，也很值得我们重视。除上述"觟冠"等以外，还有厌冠、纱冠、帽、章甫等。

厌冠。古人居丧戴"厌冠"，包山楚简259："一青缤之厌。"[2]青缤是青色的帛，居丧服饰需用素色。《礼记·曲礼下》："苞屦，扱衽，厌冠，不入公门。"郑玄注："此皆凶服也……厌，犹伏也，丧冠厌伏。"孔疏："厌冠者，丧冠也。"

大冠。望山简二49："一大冠。"大冠即上述"武冠""鹖冠"。[3]

纺冠。望山简二61："一小纺冠。"[4]纺谓纺绸，其质薄而轻，今亦

---

① 陕西省考古研究所、始皇陵秦俑坑考古发掘队编著：《秦始皇陵兵马俑坑一号坑发掘报告(1974—1984)上》，文物出版社1988年，第122页。

② 湖北省荆沙铁路考古队：《包山楚简》，文物出版社1991年，第37页。

③ 湖北省文物考古研究所：《江陵望山沙冢楚墓》，文物出版社1996年，第278页。

④ 湖北省文物考古研究所：《江陵望山沙冢楚墓》，文物出版社1996年，第278页。

称素绸。纺冠即用纺绸制的冠。《仪礼·聘礼》："迎大夫贿用束纺。"郑玄注："纺，纺丝为之。今之缚（绢）也。"《周礼·天官·内司服》："素沙。"郑玄注："素沙者，今之白缚（绢）也。"《说文》："缚，白鲜色也。"

縠冠。包山简263："一青縠冠，一芋縠冠，皆绥。"①"縠"是一种轻纱，宋玉《神女赋》："动雾縠以徐步兮。"李善注："縠，今之轻纱。""芋"是一种麻。青縠冠即青纱冠，有如后世乌纱帽；芋縠冠即麻纱冠。"绥"指冠缨。《礼记·内则》："冠緌缨。"郑玄注："緌，缨之饰也。"《说文》："緌，系冠缨也。"冠缨下垂部分可以结成各种式样，称为"绥"。

韦帽、布帽。包山简259："一紫韦之帽。"即一件紫色熟皮制的帽。简277："豹韦之帽。"即用豹皮做的帽。② 仰天湖25号墓楚简8："绖布之帽。"即用绖（一种有绖纹的丝绸）制的帽。《说文》："冃，小儿及蛮夷头衣也。""冃"字像覆盖头部之形，此种头饰，多见于今西南少数民族。③

帻。头巾古代又称"帻"，是最普及最平常的头饰，初民所用，本无关贵贱。《艺文类聚》卷一九载《小言赋》景差曰："经由针孔，出入罗巾。"《吴越春秋·夫差内传》：吴王"遣下吏太宰嚭、王孙骆解冠帻，肉袒徒跣，稽首谢于勾践。"蔡邕《独断》："帻，古者卑贱执事不冠者之所服也。"应劭《汉官仪》："帻者，古覆髻谓之帻。"《方言》卷四："络头，南楚江湘之间曰帞头。"又："覆髻谓之帻，或谓之承露。"《说文》："发有巾曰帻。"《释名·释首饰》："巾，谨也。二十成人，士冠，庶人巾。"④

河南信阳长台关一号楚墓漆瑟上的猎户，头戴圆形帽，项部平齐，

---

① 湖北省荆沙铁路考古队：《包山楚简》，文物出版社1991年，第38页。
② 湖北省荆沙铁路考古队：《包山楚简》，文物出版社1991年，第39页。
③ 王箐：《楚国物质生活文化研究》，安徽大学博士学位论文，2018年，第20页。
④ 王箐：《楚国物质生活文化研究》，安徽大学博士学位论文，2018年，第25页。

无系带，应为帻。始皇陵兵马俑中的军士俑也有戴帻的形象。顶部有发髻的突起，前至发际，后至脑后，把全发都罩于内，并在其后或侧面有开口以便束紧，表明其主要作用为束发。帻的实物也有发现。江陵马山一号楚墓出有一件，报告中称为帽。① 为不规则圆台形，折后为前高后低状。顶部外凸，上有圆孔，帽后正中留有长4.4厘米，宽0.6厘米的缝，中间缝有一小块红棕色绢，把帽分为两个小孔。帽后侧装有二束组带。其具体的戴用一直不太清楚，但对比长沙楚墓漆卮人物头部装束则可知，其应为帻，顶部圆孔可使发髻伸出，后部小孔可用来容发辫。

冠的实物在长沙楚墓中出土有1件②，为黄褐色纱制作，已残，仅见于头顶折叠成一束，且可见折痕有20余处，出土时位于死者头部，应为冠无疑。

皮弁。以皮革制之，上有装饰物。《左传》僖公二十八年："楚子玉自为琼弁玉缨。"杜预注："弁以鹿子皮为之。琼，玉之别名，次之以饰弁及缨。"皮弁的式样近于委貌冠的中高式冠，冠前及顶饰有宝石类饰物。

皮冠。《左传》昭公十二年："楚子次于乾溪，以为之援。雨雪，王皮冠。"包山楚墓竹简中有"紫、韦之帽"。"韦"指熟皮。即为一种皮帽。③

切云冠。《楚辞·涉江》："带长铗之陆离兮，冠切云之崔嵬。"王逸注："戴崔嵬之冠，其高切青云也。"

冠成为礼的代言体现于日常生活中。《左传》昭公十二年："楚子次于乾溪，以为之援。雨雪，王皮冠，秦复陶，翠被，豹舄，执鞭以

① 湖北省荆州地区博物馆：《江陵马山一号楚墓》，文物出版社1985年，第24页。

② 湖南省博物馆、湖南省文物考古研究所等：《长沙楚墓》，文物出版社2000年，第415页。

③ 湖北省荆沙铁路考古队：《包山楚墓》上册，文物出版社1991年，第369、393页。

出，仆析父从。右尹子革夕，王见之，去冠、被、舍鞭。"戴冠与释冠成为礼仪的表现。[1]

楚人于服饰追求奇，追求美，往往别出心裁地自己设计各种帽子。《左传》僖公二十八年："楚子玉自为琼弁玉缨。"杜预注："弁以鹿子皮为之。琼，玉之别名，次之以饰弁及缨。"《诗经·卫风·淇奥》："会弁如星。"郑玄笺："会，谓弁之缝中缀玉为饰，砾砾而处，状似星也。"帽缝中缀玉为饰，闪闪发亮，的确是很讲究的帽子。《周礼·夏官·弁师》："王之皮弁，会五采玉琪。"郑玄注："皮弁之缝中，每贯结五采玉十二以为饰。"楚子玉是领兵打仗的楚国重臣，本应谦虚谨慎，但他心高气傲，终致兵败被杀，《左传》记子玉为琼弁玉缨，对子玉颇有微词。[2]

首饰：

楚国墓地也有梳及簪出土。如长沙楚墓中出土有木簪4件、木梳34件、木篦22件，多置于奁盒内，有的木簪发现于头部。如长沙乙类墓三期六段M185出土的竹笥，里面有木梳、木簪等装饰物。[3] 包山2号楚墓为大夫级墓葬，出有笄4件，骨质，分为有棱和无棱两种。[4] 4号元士级墓葬有骨笄1件，木质冠饰1件，为弧形，截面作假沿状，通体髹漆。

假发也有实物发现。战国江陵马山楚墓中的女主人头部使用有假髻，圆形，用木笄固定于脑后。墓主身份为富有的士级贵族，为士阶层中地位较高者。[5] 长沙楚墓出土有3件髻状假发，制作方法为先把

---

① 吴爱琴：《先秦服饰制度形成研究》，河南大学博士论文，2010年，第159—214页。

② 王箐：《楚国物质生活文化研究》，安徽大学博士学位论文，2018年，第20页。

③ 湖南省博物馆、湖南省文物考古研究所等：《长沙楚墓》下册，图版一四六，文物出版社2000年。

④ 湖北省荆沙铁路考古队：《包山楚墓》上册，文物出版社1991年，第260页。

⑤ 湖北省荆州地区博物馆：《江陵马山一号楚墓》，文物出版社1985年，第17页。

假发分为几股，然后合拢结成圆状髻型。[1]

佩饰：

楚国贵族所用的饰物，与诸夏近似。淅川下寺春秋楚墓出土的玉饰，如璧、璜、瑗、玦、环、笄、簪等，是中原常见的，只有虎形饰和兔形饰比较特别。这些玉饰，质地较粗糙，纹饰较简单。那时楚国也有闻名于世的美玉，即和氏璧、白珩，但如同凤毛麟角。[2]

两周时期，社会阶层分为诸侯国君、大夫、士级贵族及平民。考古材料显示，贵族和平民所佩饰品有很大的区别，平民墓没有或只有少量质劣的饰品，贵族墓中一般都有佩饰品。以战国时期发掘较多的楚国墓为例，大夫级墓葬出土物丰富，虽大多经过盗掘但还遗留有多少不等的佩饰品，用料精美，做工细致，而士级贵族墓葬的出土物就相对简单得多，赵家湖和长沙、望山等地发掘的士级楚墓约有180座，随葬佩饰多为玉、石、玛瑙等质类的环、珠或料珠、骨珠等，平民级墓葬数量多，只有4座随葬有饰品，其中3座随葬石环，1座随葬有双联玉璧1件。楚国是一个重礼仪的国度，以玉为代表的佩饰品多出于士级以上贵族墓中，说明了玉佩饰已具有礼的性质，成为阶层的界标，可能也是"礼不下庶人"的反映。

东周以来，楚贵族集团内部使用佩饰品数量也有十分明显的等级差别。如淅川下寺的九座楚墓墓主均为楚国王室贵族，其墓地共出土有玉器3550余件，是其他地区楚墓无法比拟的。[3]

佩系物的易腐性使得留传至今非常不易。湖北江陵雨台山楚墓出土玉、料珠45件，出土时用丝带串连；玉佩饰2件，其中标本166:15为一透雕饕餮面，上面有4个穿孔，出土时左下方的一个穿孔中穿有麻绳，绳上套有2个小串饰。江陵雨台山M166墓主仅为战国中期楚

① 湖南省博物馆、湖南省考古研究所、长沙市博物馆：《长沙楚墓》，文物出版社2000年，第396—398页。

② 张正明：《楚文化史》，上海人民出版社1987年，第124页。

③ 王从礼：《楚国贵族佩饰形式初探》，《荆州师专学报》1992年第4期。

国的一个中小贵族，二者身份的差异使得他们的系穿物不同。信阳二号楚墓和江陵武昌义地楚墓出土的彩绘木俑形象地绘制有佩戴组玉佩的情况，组佩结构简单，所系佩的组绶为红色或黄色，结合认定他们的身份为舞女及侍臣，地位虽然低下，但为大贵族之亲信或宠爱人员，所用的为最低层贵族士的赤黄组绶，也大致符合礼仪的规定。其他的例证不多，但结合文献记载，组绶的颜色也应是等级差别的表现。

以铗为佩。屈原《九章·涉江》："余幼好此奇服兮，年既老而不衰。带长铗之陆离兮，冠切云之崔嵬。"古人佩长剑于带，紧急时用以防身，而在平时，则多以其为装饰。《楚辞·九歌·东皇太一》："抚长剑兮玉珥，璆锵鸣兮琳琅。"说明长剑、玉串同样都是佩饰。

以香囊为佩。《楚辞·离骚》："解佩纕以结言兮，吾令蹇修以为理。"又："既替余以蕙纕兮，又申之以揽茝。"王逸章句："纕，佩带也。"纕本为香囊，香囊系于衣带，此所以王逸以佩带释"纕"。

楚人又称佩香囊为"佩帏"。帏本为裳之正幅，香囊佩于帏前，故称佩帏。《楚辞·离骚》："苏粪壤以充帏兮，谓申椒其不芳。"又"椒专佞以慢慆兮，樧又欲充夫佩帏。"王逸注："帏，盛香之囊。"包山简259："一帏粉。"即一囊傅面之粉。《仪礼·士婚礼》："父送女……庶母及门内施鞶，申之以父母之命，命之曰：'敬恭听尔父母之言，夙夜无愆，视诸衿鞶。'"郑玄注："鞶，鞶囊也。男鞶革，女鞶丝，所以盛帨巾之属。"古代女性系于腰间丝带之"囊"，相当于现代女性拎在手上的各式精美提包。

玉饰。玉佩饰指结于衣带或身体头、手等部位的装饰品。以玉为佩。《楚辞·九歌·大司命》："玉佩兮陆离。"陆离指佩玉的视觉效果。《楚辞·九章·涉江》："被明月兮佩宝璐。"明月、宝璐都是玉器之名。《左传》定公三年："蔡昭侯为两佩与两裘以如楚，献一佩一裘于昭王，昭王服之。"杜预注："佩，佩玉也。"《楚辞·离骚》："何琼佩之偃蹇兮。"王逸注："言我佩琼玉，怀美德，偃蹇而盛。"琼是美玉之名。《诗经·卫风·木瓜》："投我以木瓜，报之以琼琚。"毛传："琼，玉之美者。"当时楚人比较讲究的玉佩呈两串悬于衣前，称为"交佩。"《楚辞·九章·思美人》："解萹薄与杂菜兮，备以为交佩"，朱熹集注："交佩，左右佩也。"江陵武昌义地六号楚墓出土的木俑于衣前悬挂有交佩。据彭浩介绍，第 21 号俑的一组佩饰从上至下是：二珠、一管、一环、一管、一璜、一珠、一环、一管、二珠、一管、二珠、一环、一璜、一管。第 22 号木俑的一组佩饰从上至下是：一管、一管、三珠、一璜、一管、一环、一管、四珠、一璜、一管。[①] 每一组佩饰的分段处都有花结。这种交佩的视觉效果如同《楚辞·离骚》所说："佩缤纷其繁饰兮，芳菲菲其弥章。"

古人多以所佩之物的审美意义作比况。楚国屈原性好高洁，故其佩饰亦取高雅、洁净之物。《楚辞·离骚》："扈江离与辟芷兮，纫秋兰以为佩。"又："折琼枝以为佩。"洪兴祖引《后汉》注："琼枝玉树，以喻坚贞。"江离、辟芷、秋兰、琼枝皆比喻之辞。屈原用这些佩物来象征自己的高贵品格。[②]

第五节　饮食与饮酒

楚人的饮食与服饰一样，颇有特色。

周王朝的宫廷宴饮极为讲究。《周礼·天官·膳夫》载：

> 膳夫，掌王之食饮膳羞，以养王及后、世子。凡王之馈，食用六谷，膳用六牲，饮用六清，羞用百有二十品，珍用八物，酱用百有二十瓮。王日一举，鼎十有二，物皆有俎。以

---

① 江陵县文物局：《湖北江陵武昌义地楚墓》，《文物》1989 年第 3 期。
② 王箐：《楚国物质生活文化研究》，安徽大学博士学位论文，2018 年，第 25—40 页。

乐侑食，膳夫授祭，品尝食，王乃食。卒食，以乐彻于造。王齐日三举。

　　这里记载的是周天子日常饮食的排场，按照前代注解，所谓"六谷"，指稌、黍、稷、粱、麦、菰；"六牲"，指马、牛、羊、鸡、犬、豕；"六清"指水、浆、醴、凉、医、酏。"羞用百有二十品，珍用八物"，包括淳熬、淳母、炮豚、炮牂、捣珍、渍、熬、肝膋之类的山珍海味。酱指醯、醢之类调味品，用量一百有二十瓮，可见其数量和种类之多。杀牲盛馔谓之举，"王日一举"指每天早上都要为周王杀牲，提供一天的肉食。每次吃饭，都有音乐伴奏，吃完后在音乐的伴奏下撤下食器。而王斋戒期间，一日三餐都要杀牲。

　　围绕天子的饮食，还设有一大批职官、侍人，如膳夫（王、王后、世子膳食的总负责）、庖人（供应和辨别王室食用的六畜、六兽、六禽）、内饔（进行割、烹、煎、和之类的制作）、外饔（为外祭祀、外享宴进行割、烹等制作）、烹人（制作鼎、镬中的肉食）、甸师（供应食物制作时的薪、蒸、萧、茅）、兽人（用网罟等器具为王室捕供野兽）、渔人（四季捕鲜鱼以供应王室）、鳖人（捕鱼、鳖、龟、蜃等物以供醢人制作调味品）、腊人（制作干肉）、食医（为周王的六食、六饮、六膳、百羞、百酱、八珍调和味道）、浆人（供应周王六种饮料）、笾人（负责备办宗庙祭祀四次进献的笾）、醢人（负责备办宗庙祭祀四次进献的豆）、醯人（准备酱、齐、菹）、盐人（供应烹调食盐），等等。如此细致的分工，其人员编制也是相当庞大的。

　　除了饮食之外，王宫中还供养着大量的服务人员，以维持王室的日常生活。如医师（为王室成员治病疗伤）、宫人（负责王室的清洁卫生、提供沐浴、烧炭等杂事）、凌人（为王室取冰、藏冰）、玉府（掌管周王的金玉、玩好、兵器和珍贵物品的收藏保管）、外府（掌管周王、王后和世子的衣服供应）、内司服（掌管王后的六种服装）、缝人（掌管王室服饰的缝补）、追师（掌管王后的首饰）、屦人（掌管王及王后的鞋履之事），等等，这些人照顾周王室主要成员的衣食住行。①

楚国位于南方，楚人的饮食异常丰富。楚国除了祭祀之外，朝会、册封、婚冠等活动，尤其是各类礼仪活动，都离不开宴饮。宴饮起到分辨等级、聚宗收族、联络感情的政治作用。

楚人日常食用以稻米为主的各种农作物食物。

春秋战国时期，楚国农业有很大发展，种植的农作物品种繁多。据文献记载，就有稻、粟、稷、麦、豆、麻、粱、黍、菰米等，这些都是楚人主要饮食原料，而其中稻、粟、菰米更具有特色。江南种植水稻，起源可上溯到六七千年前。至春秋战国，楚国已普遍种植水稻，稻米成为楚人日常生活主食。从文献材料和考古资料上可找到佐证。如《周礼·夏官》载："正南曰荆州……其谷宜稻。"屈原《招魂》称："稻粢穱麦。"《史记·货殖列传》："楚越之地……饭稻羹鱼。"《汉书·地理志下》：江南"民食鱼稻"。明董说《七国考》："归州有玉米田，屈原耕于此，产白米如玉，楚人遂名其田曰'玉米。'"1975 年在江陵纪南城陈家台战国时期的铸造作坊遗址中，发现五处被火烧过的稻米遗迹。这些碳化大米大多成堆出现，其中最大的一处东西长约 3.8 米，南北宽约 1.5 米，厚度为 5~8 厘米。② 它们应是当时该作坊手工业工匠的食粮。一个作坊 5 处存放稻米，一则说明楚稻米产量较高，同时也说明稻米确已成为楚人的日常主食。

粟，主要产于北方。但春秋战国时期，楚地亦种植粟，主要用"火耕"之法种于高地山陵。《史记·越王句践世家》云："雠、庞、长沙，楚之粟也。"这表明，洞庭湖以南长沙至衡阳的广大地区，都是楚国产粟之地。《史记·伍子胥列传》记："楚国之法，得伍胥者，赐粟五万石，爵执珪。"又据《淮南子·泰族训》称："阖闾伐楚，五战及郢，烧高府之粟。"《战国策·楚策三》苏秦说："楚地方五千里，带甲

---

① 杨华、段君峰：《先秦财政史》，湖南人民出版社 2013 年，第 160—162 页。
② 湖北省博物馆：《楚都纪南城的勘察与发掘(下)》，《考古学报》1982 年第 4 期。

百万……粟支十年。"以上所称之粟，当然也可能是粮食之通称，但其中必定包括数量可观的粟在内。因此，粟也是楚人的主要食物之一。

楚地农作物食物还有一种叫做菰米的。菰本作茭，一名蒋，禾本科，多年生草本。生浅水中，春天生新芽，如笋，名茭白、茭瓜、茭笋等，是甜美的菜蔬。秋季便抽穗结实，叫做雕胡、菰米或茭米等。米白而滑腻，做饭芳香可口。古代把菰米列入六谷或九谷之内，如《周礼·天官》郑司农注六谷有菰，郑玄注九谷有菰。楚国之菰米闻名于世，《楚辞·大招》云"五谷六仞，设菰粱只"，即其证。

楚人日常食用以鱼类为主要副食的水产食物。楚地鱼类水产，见于载记者颇多，其中突出的水产就有：

鳖。又名甲鱼、团鱼、脚鱼、水鱼等。它味道鲜美，营养丰富。《战国策·宋卫策》云："江汉鱼鳖鼋鼍为天下饶。"《逸周书·王会解》所列贡品中就有"长沙鳖"，《左传》宣公四年记："楚人献鼋于郑庄公。"鼋，《说文》："大鳖也。"此外，在屈赋《招魂》中有名菜"胹鳖炮羔"。胹鳖即清煮甲鱼。

龟。《史记·夏本纪》说，荆州上贡的特产中就有"大龟"。《竹书纪年》载，周厉王元年，"楚人来献龟贝"。龟的种类很多，常见的有玳瑁、蟕、龟、金龟、水龟、象龟等。《楚辞·招魂》有"露鸡臛蟕"之句，"蟕"是一种大龟。至今洞庭湖产的金龟，仍是食用和药用之珍品。

鲫鱼。亦称鰿、鲋。《吕氏春秋·本味》言及"鱼之美者"，首列"洞庭之鳟"。据松皋圆《毕校补正》云，"鳟即鲋"，且《御览》卷九三七引正亦作"鲋"。屈原赋《大招》有"煎鰿臛雀"的名菜，王逸注："鰿，鲋。"鲋即鲫鱼。这说明头小味美的鲫鱼，早为楚人所赏识。

鳊鱼。亦称鲂，即今日人们津津乐道的"武昌鱼"。鲂鱼在《诗经》中就有记载。据《本草纲目》载："鲂鱼处处有之，汉沔尤多。"楚平王时的司马子鱼，其名曰鲂，名和字相互联系。

据古籍记载，楚地有名的鱼尚有"东海之鲕，醴水之鱼"（《吕氏春秋·本味》）"湘波之鱼"（《战国策·楚策四》）等。

楚康王时令尹屈建（子木）曾明确列述了楚国的祭典，《国语·楚语上》："国君有牛享，大夫有羊馈，士有豚犬之奠，庶人有鱼炙之荐。"庶人祭奠既然可以用"鱼炙之荐"，那么他们平时也必能食用。

司马迁《史记·货殖列传》记载楚地特产有"鲍鱼"。因为鱼类产量丰富，且为日常饮食所需，将其熏制便于储存和随时食用。迄今，两湖仍有喜食熏鱼、烤鱼之习惯。

刘向在《说苑》中记载了一个"孔子之楚受鱼"的故事。他说："孔子之楚，有渔者献鱼甚强，孔子不受，献鱼者曰：'天暑远市，卖之不售，思欲弃之，不如献之君子。'孔子再拜受……"这里有两点值得注意：一是楚地有专门从事捕鱼为生的"渔者"，他们所捕捉的鱼很多，才能出现献鱼者"甚强"，甚至要"弃之"的现象。二是楚地有专门买卖鱼类的"市"，只是这类市场离捕鱼区较远。这就是说，靠近江湖水泊之处的居民，食鱼自给有余，远离产鱼区的百姓亦可在市场上买到鲜鱼以供食用。

另外，在发掘的楚墓中也有鱼骨出土。江陵望山一号楚墓出土的一件长方形竹笥里发现有鱼骨。① 这些都足以说明鱼类水产确为楚人普遍享用的食物。

楚人日常食用以家畜为主包括鸟兽在内的肉类食物。

家畜是楚人重要的饮食来源之一。文献和考古材料都表明，楚人饲养的家畜，马、羊、牛、鸡、犬、豕皆备。江陵望山一号楚墓出土的铜鼎里就有牛、羊、猪、鸡等遗骸。望山二号楚墓中也发现了不少动物遗骸，其中就有家畜。见于屈赋中的食物家禽就有鸡、犬、羊、牛、鹜（鸭）等。楚人的家畜业是相当发达的，家畜丰富了楚人的

---

① 湖北省文化局文物工作队：《湖北江陵三座楚墓出土大批文物》，《文物》1966年第5期。

饮食。

得天独厚的自然条件，使楚国很多地方成为鸟兽出没的天然乐园，因而捕捉鸟兽、获取野味也成了楚人肉食的重要来源之一。班固明言：楚人"以渔猎山伐为业"(《汉书·地理志》)。当时，楚地最常见的禽兽有雉、野兔、兕、犀、象、麋鹿等。楚地多鹿，鹿肉是楚人偶尔得以享用的上品。在屈原《招魂》里，还有醋烹的天鹅，清炖的野鸭("鹄酸臇凫")，熬煎的大雁和鸧鹤("煎鸿鸧些")等佳肴。

楚人好野味，还可以从楚多善射者得到佐证。贵族士大夫之列，以养由基为最。值得注意的是，楚平民中颇不乏善射者。《史记·楚世家》记，楚顷襄王十八年，"楚人有好以弱弓微缴加归雁之上者，顷襄王闻，召而问之。对曰：'小人之好射鶀雁，罗鸗(野鸭)，小矢之发也，何足为大王道也。'"既自称"楚人""小人"，当为平民下层之属。其射术高超，是从捕射野兽中练就出来的。他们非国家战斗之士，射术主要用来捕获鸟兽，丰富自己的饮食生活。楚地有富饶的鸟兽资源，有众多的善射者，鸟兽自然成为楚人餐桌上常见品。

《史记·滑稽列传》："楚庄王之时，有所爱马……马病肥死……优孟曰：'请为大王六畜葬之。以垄灶为椁，铜历为棺，赍以姜枣，荐以木兰，祭以粮稻，衣以火光，葬之于人腹肠。'"楚庄王接受优孟的建议，将死去的爱马"葬之于人腹肠"，即吃掉自己的爱驾。此亦表明春秋时期马并非单被应用于战争之中，其还可以被视作一道美味为贵族所享用。[①]

楚人日常食用蔬菜和果品之类的食料。

蔬菜是人类平时生活中不可或缺的食物之一，周代以农立国，养殖业及畜牧业远不及农业发达，这就直接导致了先秦时期的主要副食是蔬菜，而不是肉食。而典籍中所记载的蔬菜大多是平民的家常便饭，

---

① 肖帅：《试析东周时期饮食结构的演变》，辽宁师范大学硕士学位论文，2019 年，第 23 页。

贵族则将其作为一种主要的佐料列于佳肴之中。赵利杰以《诗经》中出现的各类名目蔬菜为基本出发点，将其划分为栽培蔬菜和野生蔬菜两大类，在前人研究的基础上，对每类的蔬菜名称作了相应的解释。[1]邓裕洹对先秦时期食用蔬菜亦进行了考究。[2] 秦永洲提出，《诗经》中记载的植物食品多达 130 余种，以荇菜、蘋菜、蕨菜、薇菜、荁、菲、苣菜、藿等为主；以蔬菜为原料的佐料主要有韭、葱、薤、姜、桂等。[3] 进入战国时代，姜已被成功驯化。《墨子·天志下》："今有人于此，入人之场园，取人之桃李瓜姜者。"说明姜已被成功培育出来。尤其在荆楚地区，姜的地位被进一步提升。楚人饮食口味偏辛酸，在烹制菜品的过程中，姜对于楚人来说不可或缺。《楚辞·招魂》中载："大苦咸酸，辛甘行些。"王逸注："辛，谓椒、姜也。"在河南信阳长台观一号、二号楚墓中发掘出土有生姜 38 块，江陵望山楚墓中也同样出土了生姜。《吕氏春秋·本味》载："和之美者，阳朴之姜。"调和五味者，姜列其首。战国时期，姜乃重要佐料，其地位已然不同以往。[4]随着人类消费水平的提高，人们不仅要吃饱，而且还要求吃好，以吸收丰富的营养。故蔬菜果品日益受到人们的重视。楚地蔬菜果品既多且美，在当时列国中首屈一指。

《说文》中记载，"菜之美者"，有"云梦之芹"和"云梦之荤菜（蒜）"。果之美者，有"云梦之柚"。其他见于史籍记载和出土的实物则更是品种繁多，有苴莼、瓜、芹菜子、藕、笋干、瓜苴（瓜干）、冬葵子、果类棘、梨子、白菜、石榴、梅子、杨梅、柿子、橘子、枣、甜瓜。长沙马王堆汉墓下葬的时间距楚亡仅五十年左右，墓里出土的

---

① 赵利杰：《〈诗经〉中的蔬菜研究》，郑州大学硕士学位论文，2016 年。
② 邓裕洹编著：《公元前我国食用蔬菜的种类探讨》，农业出版社 1960 年，第 10—33 页。
③ 秦永洲：《中国社会风俗史》，山东人民出版社 2000 年，第 70—71 页。
④ 肖帅：《试析东周时期饮食结构的演变》，辽宁师范大学硕士学位论文，2019 年，第 31 页。

文物虽系汉物，但农副产品的生产有其连续性，故汉墓出土物品在很大程度上反映了楚人生产、生活情况。板栗、樱桃、生姜、柑橘、小茴香等也有。另有芰、荷和橘柚。屈赋《离骚》有名句："制芰荷以为衣兮，集芙蓉以为裳。"芰，即菱角。这种果实鲜嫩时可作水果生吃，又能经烹饪成为鲜美的菜肴或制成淀粉，故深受楚人喜爱。大夫屈到临终时还嘱宗人"祭我必以芰"。荷，亦称芙蓉、芙蕖、莲、菡萏等，它生长浅水中，一身是宝，下有根茎，即藕，上面开花结果实，即莲子。藕和莲子清香甘美，在餐桌上很受人们欢迎，特别是湘莲和莲羹，今天仍是为人喜食的滋补品和佳肴。又有芹。《吕氏春秋·本味》："菜之美者……云梦之芹。"芹，即楚葵，云梦泽地区的水芹菜。[①] 此种菜品十分受楚人青睐，常作普通蔬菜食用；另由于其具有一定的青草香气，故战国楚人也将其当作香料使用。[②] 橘柚是楚地果品中之名产，橘小而味甜，柚大而味酸甜。《战国策·赵策三》："楚必致橘柚云梦之地。"《史记·货殖列传》称："江陵千树橘"，可富埒封君。淮河以南，是产橘之地，故晏子曾说"橘生淮南则为橘，生于淮北则为枳"（《晏子春秋》）。荸荠，又名地栗、马蹄，可生食、炒食、煮食，主要分布于长江流域以南地区。[③] 此种作物在春秋时期考古发现及文献中出现频率极低，但战国时期荆门包山楚墓中出土荸荠百颗以上。荸荠既可作为水果，又可作为蔬菜，味美多汁，深受战国时期楚人的喜爱。[④] 楚墓中的竹笥中发现有荸荠、板栗、梨、柿、杏、葫芦、枣、橘、桃、樱桃、姜、椒、梅等实物，并在竹简和标签上有记载。[⑤]

① 许维通：《吕氏春秋集释》，中华书局2017年，第318页。
② 肖帅：《试析东周时期饮食结构的演变》，辽宁师范大学硕士学位论文，2019年，第32页。
③ 中国农业百科全书编辑部编《中国农业百科全书·蔬菜卷》，农业出版社1990年，第10页。
④ 肖帅：《试析东周时期饮食结构的演变》，辽宁师范大学硕士学位论文，2019年，第34—35页。
⑤ 王箐：《楚国物质生活文化研究》，安徽大学博士学位论文，2018年，第72—75页。

楚人的烹饪技艺可以说达到了青铜文化烹饪技术的最高水平。蛮荒时代的人类熟食是架火烤、裹泥烧，以及用烧烫的石头炙。有了陶器以后，则可以用陶罐来煮食物。有了青铜甗以后，也就有了蒸食的手段，有了青铜匕、盘、炉以后，也就有了煎、炒的手段，人类的熟食条件得到了极大的改善。

蒸煮是楚人最常见的烹调法，主要用于日常主食。蒸饭用甑、釜、锅等，这样蒸熟的饭颗粒不粘，味甘适口。煮粥用鬲，将米和水同放鬲中加火慢煮，米熟则得。饭之质料，或稻粱，或豆麦，或黍稷粟米，以稻米为主。

至于鱼肉等副食，其烹调之法更是多种多样，这在屈赋中有详细反映。《大招》云："煎鰿臛雀。"煎就是放食物于釜锅中，下面生火，使干，至熟即得。臛，《说文》："肉羹也。"王逸注："有菜曰羹，无菜曰臛。"列入祭品的干煎鲫鱼和麻雀肉羹，是难得的佳肴。又云："炙鸹蒸凫。"《说文》："鸹，麋鸹也。"鸹是一种似雁而黑的鸟。炙，烤也。还称："黏鹑陈只。"黏，《说文》："火行也。"洪兴祖补注："黏，沉肉于汤也。"还有："醢豚苦狗。"醢，就是肉酱，先把肉剁碎，拌以佐料制成，今天的肉丸子很可能来源于此。《招魂》云："胹鳖炮羔。"胹，炖煮也，炮，煨也。又云："臑若芳些。"臑，将肉炖煮得烂熟。还说："鸹酸臇凫。"臇，焖也，即用少量的水烹熟。诸如此类记载还有一些。后世的蒸、煮、烧、烤、熬、炒、炖、烹、烩、煨、拌等各种菜肴的烹调法，楚人基本上掌握了。

在烹调过程中，楚人还喜欢加入各种调味品，如糖、蜜、姜、桂皮、椒、小茴香、曲酪等，这样，使得菜肴的味道更加多样化了。

楚人日常所用的主要几种烹饪方法如下。

炮与炙。《楚辞·招魂》："胹鳖炮羔。"洪兴祖补注："炮，合毛炙物也。一曰裹物烧。"《说文》："炙，炙肉也，从肉在火上。"《诗经·小雅·瓠叶》"有兔斯首，燔之炙之"，郑玄笺："凡治兔之宜，鲜者毛炮之，杀者炙之，干者燔之。"孔颖达疏："谓以物贯之而举于火上以炙之……若鲜明而新杀者合毛炮之；若割截而柔者则脔贯而炙之，若今炙肉也；干者谓脯腊，则加之火上炙之。"意思是说，打猎现场，多用炮食。回家后则可将新鲜兔肉割成片，用竹签穿起来炙食。若是存放的干兔肉，可以整个地在火上烤熟即食。《楚辞·大招》记有"炙鸹"，即烤鹤肉。

炊、爨。《战国策·楚策三》：（苏秦）对曰："楚国之食贵于玉，薪贵于桂，谒者难得见如鬼，王难得见如天帝。今令臣食玉炊桂，因鬼见帝。""炊桂"，烧桂做饭。比喻物价昂贵，生活困难。《说文》：炊、爨互训，二字义近。刘向《九叹·忧苦》："潜周鼎于江淮兮，爨土鬵于中宇。"王逸注："爨，炊灶也……言乃藏九鼎于江淮之中，反炊土釜于堂宇之上，犹言弃贤智，近愚顽者也。"埋鬲、釜之类于土灶，用以煮饭煮菜，此炊、爨之本义。

烹。《楚辞·九章·惜往日》："伊尹烹于庖厨。"《庄子·山木》："令竖子杀雁而烹之。""烹"就是煮的意思，春秋战国之时烹多用鼎。《左传》宣公四年："子公之食指动，以示子家曰：'他日我如此，必尝异味。'及入，宰夫将解鼋，相视而笑。公问之，子家以告。及食大夫鼋，召子公而弗与也。子公怒，染指于鼎，尝之而出。公怒，欲杀子公。"为尝鼎烹鼋之异味不惜冒犯君威，成就一段美食典故。

熬。包山楚简 257 记有"熬鱼二筐"，"熬"谓以文火煮食。

胹。《楚辞·招魂》记有"胹鳖"，又记有"肥牛之腱，臑若芳些"。"臑"与"胹"同。王逸注："臑若，熟烂也。言取肥牛之腱，烂熟之，则肥濡膭美也。"可知"胹"是一种将肉类煮烂并加上各种佐料的烹调方法。《礼记·内则》云："濡豚，包苦实蓼；濡鸡，醢酱实蓼；濡鱼，卵酱实蓼；濡鳖，醢酱实蓼。"郑玄注："凡濡谓烹之以汁和也，苦，苦茶也，以包豚杀其气。"鸡、豚、熊掌、鳖等，皆须久煮而后容易消化吸收，故此烹调技术至今仍广泛用之。

脍。"脍"本指细切的肉或鱼，引申之，则以鱼、肉丝杂炒它物亦曰脍。《说文》："脍，细切肉也。"《礼记·内则》："脍，春用葱，秋用芥。"《论语·乡党》:"脍不厌细。"《楚辞·大招》:"醢豚苦狗,脍苴莼只。"姜亮夫《楚辞通故》:"'脍苴莼'则以细切肉烹苴莼矣。今俗尚有此法,以细肉和羹,烹蔬莼之类。"①

蒸。以蒸气熟食。《天问》:"何献蒸肉之膏,而后帝不若?"古人蒸食用甗,相当于现在的蒸锅,器分上下两部分,上部为甑,置食物;下部为鬲,置水。甑与鬲之间有一铜片,今人称为"蒸隔",铜片上有十字孔或直线孔,以通蒸气。

煎。《方言》卷七:"煎,火干也……凡有汁而干谓之煎。"《楚辞·招魂》记有"煎鸿鸧",《楚辞·大招》记有"煎鰿"。

楚人的饮食颇有特色。楚人的饮食口味,屈赋中有具体反映。郭仁成归纳了五大特色,即甜、冷、酸、脆、苦。②

羹。《荀子·礼论》言大羹乃"贵食饮之本也"。《战国策·中山策》中记载了一件由羊羹引起的政治祸乱:中山国君招待各国贵宾,楚国司马期上在餐桌上未得羊羹,怀恨在心,回国后向楚王说了中山君许多坏话,最后楚国派兵灭掉了中山国,中山国君喟然仰叹:"吾以一杯羊羹亡国。"此中"羊羹"绝非中山国覆灭的根本因素,然其乃灭国的起因,正是由于中山君的"照顾不周",才给了楚王伐中山一个借口。此事虽不完全符合历史,但从侧面反映出羹在贵族饮食生活中拥有重要地位。楚人特别喜欢一种叫"羹"的饮食。太史公谓:楚越之地"饭稻羹鱼",屈赋中也屡次提到"羹"。羹,是一种用肉和蔬菜制成的汤菜,楚人制羹,有其特色。《招魂》载:"和酸若苦,陈吴羹些。"在马王堆竹简《遗册饮食》中,羹菜记载不少。如有:牛苦羹一鼎,狗苦羹一鼎,牛首胾羹一鼎,羊豕、豚、狗、雉、鸡胾羹各一鼎。胾羹是一种带酸味的汤菜。还有鹿肉鲍鱼笋白羹一鼎,鹿肉芋白羹一鼎等。从这些记载中我们可以看出,楚人喜欢吃羹,所以不论是家禽、鸟兽、

---

① 姜亮夫:《楚辞通故》第三辑,齐鲁书社 1985 年,第 218 页。
② 郭仁成:《屈赋中所见楚人的经济生活》,《求索》1983 年第 1 期。

鱼类均能够制作成羹，且喜苦、酸味。莼菜羹在西湖一带甚是出名。《楚辞·大招》有"脍苴蓴只"，王逸注曰："苴蓴，襄荷也……切襄荷以为香，备众味也。"楚人还以蓴菹为重要调味品，腌制肉类。①

《礼记·内则》有云："羹食，自诸侯以下至于庶人，无等。"上自天子诸侯，下至黎民百姓，都可食用羹食。可知，羹食是周代所有阶层人群的常食。但贵族所食之"羹"则格外讲究。《先秦两汉食俗四题》对羹作了细致的考究，将羹分为常食之羹和礼食之羹两种。其中礼食之羹又分为大羹和铏羹两种：大羹是指用鲜肉煮成的不和五味白汤汁，不添加任何佐料；铏羹则是用肉和菜加盐巴煮沸而成的羹汤。②《中国饮食史》中对羹叙述的一篇中，强调民食之羹以蔬菜为原料，即菜羹。③ 正如《战国策·韩策》所言："民之所食，大抵豆饭藿羹。"民众日常不可能像贵族一样享受肉羹，故以蔬菜为原料替代牲肉制羹。④

茆。《诗经·鲁颂·泮水》："思乐泮水，薄采其茆。"茆，凫葵，今名莼菜，其区域性极强，盛产于太湖、西湖流域，南方人用其做汤。茆菜是当时最为珍贵的蔬菜之一，富含蛋白质及维生素 C，味道清淡，口感香甜。由于原产地范围极其狭小，且当时技术有限，未能对其进行有效的培育，所以它们的产量十分有限，故记录春秋时期贵族食用茆菜的文献较少。关于茆的吃法，只见《周礼·天官·醢人》中有"茆菹"一类，即腌制茆菜。但是此种嘉美之物在战国时期荆楚贵族的餐桌上却是司空见惯。⑤

楚人还喜制作、食用糕点。《招魂》："粔籹蜜饵，有怅惶些。"粔

① 肖帅：《试析东周时期饮食结构的演变》，辽宁师范大学硕士学位论文，2019 年，第 32 页。

② 王作新：《古代肉食品类谈概》，《中国典籍与文化》1998 年第 1 期。

③ 徐海荣主编《中国饮食史》，杭州出版社 2014 年，第 264—275 页。

④ 肖帅：《试析东周时期饮食结构的演变》，辽宁师范大学硕士学位论文，2019 年，第 7 页。

⑤ 肖帅：《试析东周时期饮食结构的演变》，辽宁师范大学硕士学位论文，2019 年，第 32—33 页。

粔籹，一说是“馓子”，一说是“甜糕”，一说是“角黍”。“餦餭”古作张皇，一说是饧(糖)干饴，一说是饼饵，一说是糊子。无论何说，粔籹和餦餭均属粮食制作的甜糕。此外，在《遣册》中还有糖、密(蜜)䊮，考粝等记载，据专家们考证，这些都是由米麦加工而成的糕点，味主甜。

饮食特色是与地理环境和物质基础密切相关的。楚国地处江南，暑日较长，各种物产又丰富，制作工艺又较高，所以楚人特别注意五味调和，尤喜甜、酸、苦味。①

楚地美味特色食品很多，列举如下。

甲鱼汤与鲜龟汤。楚地盛产甲鱼(即鳖)，用甲鱼烧汤，为当今盛宴之主要菜肴。春秋时，楚地甲鱼已享誉海内。《左传》宣公四年："楚人献鼋于郑灵公，公子朱与子家将见，子公之食指动，以示子家，曰：'他日我如此，必尝异味。'及入，宰夫将解鼋，相视而笑。公问之，子家以告，及食大夫鼋，召子公而弗与也。子公怒，染指于鼎，尝之而出。公怒，欲杀子公。"《说文》："鼋，大鳖也。"为尝甲鱼汤而不惜冒杀身之祸，岂非与“舍命食河豚”相当?《楚辞·大招》："鲜蠵甘鸡，和楚酪只。"王逸注："生洁为鲜。蠵，大龟也……言取鲜洁大龟，烹之作羹，调以饴蜜。"《楚辞·招魂》："露鸡臛蠵，厉而不爽些。"臛即肉羹。楚人烧龟汤以甜味为特征，此俗尚见之于今长江下游一带。又：甲鱼、龟死则不可食，楚人烹甲鱼、龟必取鲜洁，已经明白了这个道理。

脯脩、糗。楚国著名的贤相令尹子文每天忙于公务，有时顾不上吃饭，楚成王为子文特设工作餐。《国语·楚语下》："成王闻子文之朝不及夕也，于是乎每朝设脯一束，糗一筐，以羞子文。""脯一束"即一束干肉。《周礼·天官·膳夫》贾公彦注："加姜桂锻治者谓之脩，

① 赵桦、陈永祥：《试述春秋战国时期楚人的饮食》，《湘潭大学学报》1987年第1期。

不加姜桂以盐干之者谓之脯。"韦昭注:"糗,寒粥也。"糗,汉代称
"寒粥",又称"冷粥"。屈原《九章·惜诵》:"播江离与滋菊兮,愿春
日以为糗芳。"王逸章句:"言己乃种江离,莳香菊,采之为粮,以供
春日之食也。"洪兴祖补注:"江离与菊,以为糗精,取其芳香也。"

熊掌。《左传》文公元年,楚太子商臣以宫甲围成王,"王请食熊
蹯而死,弗听。丁未,王缢",杜预注:"熊掌难熟,欲久将有补救。"
《国语·楚语下》:"成不礼于穆,愿食熊蹯,不获而死。"《孟子·告
子上》:"鱼,我所欲也;熊掌,亦我所欲也。二者不可得兼,舍鱼而
取熊掌者也。"古代野熊威胁人类生存,当然可以捕食。熊乃猛兽,楚
人能吃到熊掌也是很稀罕的。

枯鱼、烤鱼与煎鱼。《韩非子·外储说左下》:"孙叔敖相楚,栈
车牝马,粝饼菜羹,枯鱼之膳,冬羔裘,夏葛衣,面有饥色,则良大
夫也,其俭逼下。"孙叔敖虽贵为楚相,但生活简朴,吃糙米饭、菜
汤、干鱼,并不像某些楚国贵族,列鼎撞钟而食。《国语·楚语下》:
"士食鱼炙,祀以特牲;庶人食菜,祀以鱼。"鱼炙即烤鱼。

芰。古代楚人称菱角为"芰"。芰为菱科,菱属一年生水生植物,
坚果有角,称菱角。生吃清香,微甜,有浓郁的水乡风味,又可烹食。
《国语·楚语上》:"屈到嗜芰,有疾,召其宗老而属之,曰:'祭我必
以芰。'"楚国贵族屈到不仅在世时喜欢吃菱角,而且临死时,还嘱咐
后人以菱角祭奠。菱角在包山楚墓、曾侯乙墓、望山楚墓均有出土,
说明楚人对菱角情有独钟,如屈到者甚众。菱角至今仍为湖北特产,
加工为菱角粉,可冲食。

藕。包山楚简258:"蔂(藕)一笲。"莲藕不仅根茎供食用,而且荷
叶、荷花具有观赏价值。《楚辞·离骚》:"制芰荷以为衣兮,集芙蓉
以为裳。"以荷叶、荷花为美的象征。荷花开花所结之莲子在楚墓中亦
有出土,部分莲子表面虽已炭化,但浸泡后,居然还能生芽。

陈文华高度概括楚人的饮食特征:"饭稻羹鱼,粗细搭配,钟鸣

鼎食，食器相宜，烹调有术，五味调和，食方有道，重味尚美。"①这是符合楚人实际情形的。

楚人的饮酒，颇为有名。楚国擅长谷物酿酒，主要是利用曲蘖之法酿酒。凌纯声对酿酒的四种方法，即咀嚼法、蘖造法、秒饭法、曲造法，作了详实的论述，其中蘖造法的应用较为普遍。② 杨剑在《先秦时期的酒》中指出，商周时期，人们已熟练地运用"曲"和"蘖"进行酿酒，这种方式被称作"曲法酿酒"；还补充了曲蘖二者的含义："曲"是以含淀粉的谷物为原料制作而成，"曲法"之发明是对黄曲霉生长繁殖规律的成功运用，其发明是世界酿酒史上的巨大成就；"蘖"则是指谷芽或麦芽，用来作酿酒的糖化剂。在酒的种类方面，可谓包罗万象。中原地区具有代表性的酒主要有清酒、酌醴、事酒、醪等；南方楚国地区主要包括瑶浆、冻饮、吴醴、桂酒等。对不同种类酒的区分是十分关键的。杨剑对《周礼》中出现的"事酒""苦酒"和"清酒"作了解释："事酒"是没有澄清的酒，即酒中含糟粕；"苦酒"是指存放了一段时间的酒；"清酒"是指经过滤之后的酒。③ 李仰松对酿酒过程历经的"泛齐""醴齐""盎齐""缇齐""沉齐"等五个阶段进行了探讨。④

楚国是一个崇尚豪饮的国度。鄢陵之战中，司马子反为饮酒而丢掉性命。许多典故，如"鲁酒薄而邯郸围""众人皆醉而我独醒"等，皆与楚人有关。楚人独创的桂酒、椒浆等酿造方法，对中国酒类生产影响深远。

史书记载楚国与酒有关的名饮蔚为大观。

桂酒、椒浆。 屈原《九歌·东皇太一》："奠桂酒兮椒浆。"所谓"桂酒"即以桂花浸制酒，王逸注："桂酒，切桂置酒中也。"《汉书·

---

① 陈文华：《论楚国食文化的特征》，载楚文化研究会编《楚文化研究论集》第九集，上海古籍出版社 2011 年，第 194—202 页。

② 凌纯声：《中国酒之起源》，载台湾"中研院"《历史语言研究所集刊》第 29 期，1958 年。

③ 杨剑：《先秦时期的酒》，《农业考古》2000 年第 3 期。

④ 李仰松：《对我国酿酒起源的探讨》，《考古》1962 年第 1 期。

礼乐制》载《郊祀歌》："奠桂酒，宾八乡。"楚人发明的"桂酒"对中国饮食文化有极为深远的影响。梁沈约《郊居赋》："席布骍驹，堂流桂醑。"桂醑即桂酒，又称"桂花醑"。所谓"椒酒"即以椒浸制的酒，"浆"谓尚未过滤的酒。《汉书·礼乐志》载《郊祀歌》："勺椒浆，灵已醉。"汉崔寔《四民月令》："正月之朔，是谓正日……子妇曾孙，各上椒酒于家长，称觞举寿，欣欣如也。"《荆楚岁时记》："正月一日，长幼以次拜贺，进椒酒。"此俗至唐代亦然，乃用盘盛椒，饮酒则取椒置酒中。杜甫《杜位宅守岁》诗："守岁阿戎家，椒盘已颂花。"

瑶浆、蜜勺。《楚辞·招魂》："瑶浆蜜勺，实羽觞些。""瑶"是美玉之名，"瑶浆"谓酒之色泽如玉。宋代宋伯仁《酒小史》录有酒名"瑶池""开封瑶泉"，《酒名记》有"正店瑶光""怀州瑶光""赵州瑶波"等。"蜜勺"是一种用蜂蜜配制的酒。《文选》五臣注："勺，和也。""蜜勺"即蜜酒。

琼浆。《楚辞·招魂》："华酌既陈，有琼浆些。""琼浆"谓酒之色泽、透明度如玉之清纯温润。以琼喻酒，后人习用。杜甫《寄韩谏议》诗："星宫之君醉琼浆。"唐代有酒名"琼苏"，李商隐《隋宫守岁》诗："沉香夹煎为庭燎，玉液琼苏作寿杯。"宋代有"琼波""琼液""琼酥""琼腴"等酒名。

吴醴、白糵、楚沥。《楚辞·大招》："吴醴白糵，和楚沥只。"王逸注："沥，清酒也。言使吴人酿醴，和以白米之曲，以作楚沥，其清酒尤酿美也。""醴"俗称"醪糟""米酒""甜酒"。湖北孝感米酒至今仍为著名饮品。所谓"白糵"，《说文》："糵，牙米也。"引申则五谷之芽皆可称糵。《礼记·月令》："秫稻必齐，曲糵必时。"注："古者获稻而渍米曲，至春而为酒。"按《楚辞·大招》"白糵"应是酒名，以曲名酒，古今习见，如唐代有名酒"曲米春"，杜甫《拨闷》诗："闻道云安曲米春，才倾一盏即醺人。"

糟、冻饮、酎。《楚辞·招魂》："挫糟冻饮，酎清凉些。"王逸注："冻，冰也……言盛夏则为覆蹙干酿，提去其糟，但取清醇，居之冰上，然后饮之。酒寒凉，又长味，好饮也。"所谓"糟"谓"醪糟"，即上述"醴"。所谓"冻饮"指以冰镇酒或饮料。《楚辞·大招》："清馨冻饮，不歠役只。"《庄子·人间世》："(叶公子高曰)今吾朝受命而夕饮冰，我其内热与。"此"冰"亦"冻饮"之类。以冰镇酒及饮料，属古代王公贵族用冰礼制范畴，非寻常百姓所能及。"酎"谓"醇酒"，即高度酒。《左传》襄公二十二年："公孙夏从寡君以朝于君，见于尝酎。"注："酒之新熟，重者为酎。"《礼记·月令》孟夏之月，"天子饮酎，用礼乐"，郑玄注："酎之言醇也，谓重酿之酒也。春酒至此始成，与群臣以礼乐饮之于朝，正尊卑也。"

谷物酒常汁滓相将。汁滓相将即酒糟和酒液相混合。先秦时期，人们虽已知用茅草、竹器或特定器物将酒糟进行过滤，但在饮用时常汁滓同食，如《楚辞·渔父》载："何不餔其糟而歠其醨?"因为酒糟中含有丰富的糖、氨基酸、维生素和微量元素等，适量饮用有助于身心健康，提高免疫力，促进新陈代谢，补血养颜、舒筋活血和延年益寿等。古人不能科学解释其原因，但在日积月累的实践中证明了常饮酒糟可以减少生病的事实。[①]

醨。《楚辞·渔父》："众人皆醉，何不餔其糟而歠其醨?""醨"是一种薄酒，也就是低度酒。《说文》："醨，薄酒也。"

楚地多美酒，楚人多酒仙。楚王"熊"氏，在金文和竹简中都写作"酓"，这应该与楚人尚饮有关，楚人尚饮的程度可见一斑。楚共王十六年，公元前 575 年，晋楚大战于鄢陵，楚军初战不利，楚共王被晋军射中眼睛。在晋、楚双方整顿兵马，准备再战之时，楚共王召司马子反商议对策，司马子反却因喝了手下侍从穀阳竖献的酒，大醉不能起，共王长叹："天败楚也。"连夜撤军败回，司马子反酒醒后只好引咎自杀。

---

① 郭苗苗：《先秦时期五齐三酒为代表的谷物酒述论》，《沈阳农业大学学报》2018年第 5 期。

酒与祭祀结缘甚早，古人认为祭祀乃国之大事，关乎国家存亡、百姓甘苦。在甲骨文中，"祭"字的写法有"酒"有"肉"，说明早期祭祀活动中就有用酒的习惯。周代敬神祭祖之风更烈。周人认为在祭祀时饮酒是出于礼仪的需要，必不能少，《尚书·酒诰》："'祀兹酒'。惟天降命，肇我民，惟元祀。"祭祀活动其实质反映的是一种人类内心最虔诚的期待，祭祀中所用之酒须是精心酿造、品质最佳的酒。《诗经·小雅·信南山》载："祭以清酒，从以骍牡，享于祖考。"此外，不同的祭祀都有相应的用酒规定，《周礼·天官·酒正》载："凡祭祀，以法共五齐三酒，以实八尊。大祭三贰，中祭再贰，小祭壹贰，皆有酌数。"遇有祭祀活动，依照常法供献五齐三酒，装满八个酒樽。大祭祭天地，要添加三次酒；中祭祭宗庙，要添加两次酒；小祭祭五祀，要添加一次酒。总之，祭必有酒，是我国古代历来已久且必严格遵循的礼法。[①]

先秦饮酒一般依礼而行，而楚人饮起酒来多不顾礼仪。《楚辞·招魂》记："娱酒不废，沈日夜些。兰膏明烛，华灯错些。"这种长夜之饮是很误事的。"美人既醉，朱颜酡些。娭光眇视，目曾波些……士女杂坐，乱而不分些。"王逸注："言美女饮啖醉饱，则面着赤色而鲜好也……醉饱酣乐，合尊促席，男女杂坐，比肩齐膝，恣意调戏，乱而不分别也。"这已是酒与性、色混生的场面。后世饮酒狎妓之陋俗，由楚人肇其端矣。屈原说"众人皆醉我独醒"虽是愤激之辞，却也可以看作战国晚期楚国君臣沉湎于酒的真实写照。

楚人日常还有以下饮料类。

柘浆。《楚辞·招魂》："腼鳖炮羔，有柘浆些。"王逸注："柘，藷蔗也……取藷蔗之汁，为浆饮也。"汉代人称甘蔗为"藷蔗"，又作"诸蔗"，司马相如《子虚赋》述楚云梦之物产有"诸柘巴苴"，李善注引张

---

① 郭苗苗：《先秦时期五齐三酒为代表的谷物酒述论》，《沈阳农业大学学报》2018年第5期。

楯曰："诸柘，甘柘也。"《汉书·郊祀志》录《郊祀歌》："百末旨酒布兰生，泰尊柘浆析朝酲。"应劭注："柘浆，取甘柘汁以为饮也。酲，病酒也。析，解也。言柘浆可以解朝酲也。"是古人以甘蔗榨汁，作为解酒饮品。

甘露。古人认为露是洁净之物，故有掇而饮之的习俗。《楚辞·离骚》："老冉冉其将至兮，恐修名之不立。朝饮木兰之坠露兮，夕餐秋菊之落英。"王逸章句："言己旦饮香木之坠露，吸正阳之津液；暮食芳菊之落华，吞正阴之精蕊，动以香净，自润泽也。"《楚辞·九章·悲回风》："吸湛露之浮凉兮，漱凝霜之雾雾。"王逸章句："言己虽升青冥，犹能食霜露之精，以自洁也。"屈原之饮露，是作为修身立名的实用手段，并不仅仅是比喻。农耕社会无大气污染，露水是可以饮用的。

楚国幅员辽阔，资源丰富，除了海产品有所欠缺之外，几乎各类食品皆备。《史记·货殖列传》："楚越之地，地广人希，饭稻羹鱼。或火耕而水耨，果隋蠃蛤，不待贾而足。地势饶食。无饥馑之患。"《汉书·地理志》："楚有江汉川泽山林之饶，江南地广，或火耕水耨，民食鱼稻。以渔猎山伐为业，果蓏蠃蛤，食物常足。"可谓得天独厚。《楚辞·招魂》："稻粢穱麦，挐黄粱些。"所述为楚之主食。楚人的许多特色食品，如烤肉串、露鸡、蒸野鸭、糗等，流传至今。楚人所用的烹调方法，调味品，多为后人承袭。楚人对食品讲究甘酸适度，厚薄相宜，讲究食品搭配的五味俱全，具有很高的文化品位。楚人创造的饮食文化，是丰富多彩的中华饮食文化的重要组成部分。

第六节　社会风俗

楚人有浓郁的巫风习俗。周代的任何民族以至任何部落无不有巫。诸夏之中，虞人、夏人、殷人的遗族巫风较周人为盛。至于楚人则巫风更盛。这只要看巫在各国的地位就可以明白。楚巫，神通有大有小，地位有高有低。他们要有不同于常人的禀赋和教养，观射父对楚昭王说："民之精爽不携贰者，而又能齐肃衷正，其智能上下比义，其圣能光远宣朗，其明能光照之，其聪能听彻之，如是则明神降之，在男曰觋，在女曰巫。"(《国语·楚语下》)楚国的小巫以女性居多，大巫则全是男性。虽有男觋女巫之分，但可统称为巫。①

两周时期，巫职逐渐分化。担任巫术性活动，除巫者之外，亦有祝、史、卜、宗、乐工等，分担为之。② 楚地巫者的巫术活动有九种：交通鬼神、医疗巫术、救灾巫术、生产巫术、求子生育、建筑巫术、丧葬巫术、祝诅放蛊、神明裁判。③

楚国的巫往往也就是医。相传，"巫彭作医，巫咸作筮"(《吕氏春秋·勿躬》)。巫彭和巫咸正是楚人崇奉的两位神巫，可连称为"彭、咸"，见于屈原所作的赋。孔子曾说："南人有言曰：'人而无恒，不可以作巫医。'善夫!"(《论语·子路》)南人，应即楚人。巫与医，一身而二任，所以可合称为巫医，他们必须有恒，无怪乎连身为北人的孔子也要称赞他们了。对楚人来说，巫不仅可以交鬼神，而且可以寄死生，由此，楚国民间的小巫一定是很多的。

诸夏的巫，与楚国的巫相比，地位要低得多，可谓小巫见大巫。有个名叫微的楚巫跑到齐国去，由裔款引见给齐景公，对齐景公说："公，明神主之，帝王之君也。公即位有七年矣，事未大济者，明神未至也。请致五帝，以明君德。"齐景公被他说动了，对他"再拜稽首"。晏子入谏，规劝齐景公不可"弃贤而用巫"，并且建议"东楚巫而拘裔款"。齐景公听从晏子，把楚巫微遣送到齐国的东部去，把裔款

---

① 张正明：《楚文化史》，上海人民出版社1987年，第112页。

② 陈炽彬：《左传中巫术之研究》，台湾政治大学中文所博士论文，1989年，第94—133页。

③ 赵容俊：《殷商甲骨卜辞所见之巫术》，台北文津出版社2003年，第120—161页。

拘禁起来了。楚巫微弄巧成拙的遭遇，表明诸夏不像楚人那样崇巫。[①]

《天问》："何环穿自闾社丘陵，爰出子文？"王逸注："子文之母，郧公之女，旋穿闾社，通于丘陵以淫，而生子文，弃于梦中。"古代祭神于社，男女聚会于此，因而"社"在客观上成了男女交际的合法场所。《墨子·明鬼下》："燕之有祖，当齐之社稷，宋之有桑林，楚之有云梦也，此男女之所属而观也。"

楚巫有巫术道具——神树，可以起到沟通人神的作用。据张华珍、项章研究[②]，2000年2月，湖北荆州博物馆的考古工作者在湖北荆州境内长湖西岸的五山村发掘了一座时代为战国中期、墓主身份属卿大夫或封君级别的大型楚墓——天星观二号墓（天M2）。在众多随葬物品中，有一棵髹漆的自然树——神树，引起了众多学者的关注。神树的原形是一棵成年的自然树，经过了精细的雕琢。神树的主体由两大部分组成，一是神树的主干和枝丫，二是栽插神树的方座。在主干的末梢，树枝梢头以及树杈等部位分别雕刻和安置着鸟、豹、猴、螺等动物28个。神树连同底座通高209.2厘米，外表通体髹黑漆，主干和树枝用红、黑二色间隔装饰，枝头和各类鸟兽动物则均饰红色。

天星观M2出土的漆树是一棵形制独特的神树。它主干修长，枝丫繁密，豹与猴等动物藏隐于枝丫之间，众鸟栖立于梢头。一株本来为原生的自然的树木被赋予无限的灵气和奇妙的神格。

神树是沟通天地人神的中介，这棵楚人的神树的主要作用是沟通天地人神。楚国是一个"信巫鬼，重淫祀"的国家，楚人的精神活动具有自己的特色。楚人的巫术是通过某种仪式、依靠某种法器和助手来完成的。楚国的巫术是楚国宗教祭仪的一种重要表现形式。所谓神树，就是楚人巫术活动中的一种固定的工具，它是楚人神树崇拜的一种至关重要的表现形式。"巫师所用的一些道具和法器，有若干是知道的：

---

① 张正明：《楚文化史》，上海人民出版社1987年，第112页。
② 张华珍、项章：《楚"神树"研究》，《江汉考古》2003年第3期。

山、林、鸟、动物、占卜、仪式与法器，酒（与药物）和饮食舞乐。"①商代如此，楚国巫术多承古制，故亦如此。

楚人有"四木"制度或者叫"木"信仰。20世纪30年代，长沙出土"楚缯书"，时代属战国中期。缯书的四边有许多绘画，每边对称地绘着三位神，四边共12神，并且在缯书的四个角上各绘一棵树木，即"四木"，即缯书中记载的青、朱、黄、黑四木，它"代表春夏秋冬四季"②。"四木也就是四天干。"③"缯书是一幅楚人的《明堂图》。"④"缯书所代表的宇宙世界与宗庙明堂所象征的宇宙世界可能是一回事。缯书四角的四木便是古代宗庙明堂建筑角隅所种植的四木。"⑤众所周知，宗庙明堂是沟通天地的场所，那么，其四角的"四木"也就是沟通天地的神树。

天星观M2所出土的髹漆之树即是楚人心目中的神树，最具体、最主要的作用是沟通天地人神，是沟通天地人神的中介物，或者说是天梯。其功能的发挥主要体现在楚人巫觋祭仪的活动中。在楚人的具有明显"萨满"性质的巫觋祭仪中，楚国巫师通过神树这一天地间的通道来进行降神和陟神的程序。所谓降神，就是巫师通过仪式和手段把明神从天界请下来指导下界祈福灭灾；陟神则是楚国巫师通过神树上达天界，登天求仙或者成神。《楚辞·天问》"启棘宾商，九辩九歌"，说明楚人相信自己是可以上达天界的。有人甚至认为1973年长沙出土的"人物龙帛画"正是楚巫陟天的形象。⑥《离骚》所说的"路漫漫其修远兮，吾将上下而求索"也许正是陟神的写照。天星观M2髹漆神树上

① 张光直：《商代的巫与巫术》，载《中国青铜时代》，生活·读书·新知三联书店2013年，第289—290页。
② 陈梦家：《战国楚帛书考》，《考古学报》1984年第2期。
③ 李零：《长沙子弹库战国楚帛书研究》，中华书局1985年，第29—48页。
④ 俞伟超：《关于楚文化发展的新探索》，《江汉考古》1980年第1期。
⑤ 张光直：《说殷代的"亚形"》，载《中国青铜时代》，生活·读书·新知三联书店2013年，第315—327页。
⑥ 文物出版社编著《长沙楚墓帛画》，文物出版社1973年，第3—4页。

的众鸟等动物就是楚国巫师在进行巫术活动时的重要助手。

为什么要选择鸟和动物作为巫师作法的助手呢？这是因为，第一，由于古代泛灵论的存在，人们认为动物和人的灵魂本质上是相通的；第二，许多动物都具有超人的长处和本领，这种长处和本领则是巫师"灵力"的重要来源。楚人所喜爱的动物主要有龙、蛇、凤、鸟、虎、豹、蛙、鹿等，还有一些创造出来的怪兽。楚国漆器上常见的一种云龙云凤纹样，其画面往往是一组被高度抽象化了的龙或者凤在云气缭绕的天空中遨游，应是人们希望借助龙凤飞升至天界的写照。

楚人的巫风与居住的房屋紧密相连。对居住环境的考究可以追溯到远古时代。当初人们只是单纯地对居住的自然环境进行选择，后来，随着巫术的兴起，便出现了"迷信"与科学混杂一体的相宅术。传说最早的《宅经》为黄帝所作，最早的相宅家是黄帝时的青乌（或作鸟）子。这些大概都是后世相宅家之言，不可尽信。《尚书·召诰》载，商末周初之际，武王克商时欲营建洛邑，"太保朝至于洛，卜宅"，则是最早有明确记载的相宅活动。屈原在占卜处世方式中借用"卜居"的概念，表明战国时相宅术在荆楚已相当流行。江陵所出的战国《九店楚简》相宅简文和云梦秦简《日书》相宅简文，对住宅的环境、地势与居住者关系的宜忌迷信，都有较系统的记述。[①]

楚人的居室有特别之处。从古至今，居室都是人们贫富、等级的标志。平民为兴建居室，往往积聚一生，倾其所有。春秋时代在荆楚地区，人们多聚族而居，即使住在都城县邑的贵族，也大都保持着聚族里（闾）居的习惯。春秋初年，楚贵族子弟斗伯比，在其父若敖死后，随母居䢵国都城，与䢵国国君之女产生爱情，为了避人耳目，曾"环闾（里）穿社"（《天问》），至丘陵而成云雨之欢。楚庄王时，令尹孙叔敖改革车子时"教闾里使高梱（门槛）"（《史记·循吏列传》）。白起拔郢前夕，被流放的屈原再度离开郢都时，依依不舍，以诗抒发对

---

① 罗运环主编《荆楚文化》，安徽教育出版社等 2006 年，第 625—626 页。

"闾"的怀念："发郢都而去闾兮，怊荒忽其焉极?"(《九章·哀郢》)都说明了这一点。楚灵王末年，郢都发生政变，因失去民心，无处可去，灵王在山村中徘徊，三日未食，"乃匍匐将入于棘闱，棘闱不纳"(《国语·吴语》)，芋尹无宇之子申亥"乃求王，遇诸棘闱以归"(《左传》昭公十三年)。三国吴人韦昭作注曰："棘，楚邑，闱，门也。"西晋杜预亦注曰："棘，里名，闱，门也。"闱或作围。徐中舒结合西南少数民族的古代风俗认为："棘围就是以棘为外围而开一小门为闱，故又称棘闱。"①这种村寨是灵王在汉水下游与郢都之间的山林中遇到的，应是一种山寨。用荆棘围绕以为村寨应是楚人当时的一种居住习俗。

战国时期楚人的居所，宋玉的名作《风赋》说："庶人之风，塕(刮风)然起于穷巷之间，堀堁扬尘(风吹起灰尘)，勃郁烦冤(风回旋吹动状)，冲孔袭门，动沙堁(沙堆)，吹死灰，骇溷浊(搅起污垢)，扬腐余(垃圾)，邪薄入瓮牖(窗)，至于室庐。"宋玉对楚都"穷巷"民居的描绘，生动感人，给人留下了极为深刻的印象。

楚人在居室就要兴建之时，一般都要非常慎重地选择方位、布局。破土动工，必挑选吉日，避开凶煞。楚人建筑房屋时，流行相宅。湖北江陵九店出土楚简《日书》②，其中简45—59是说住宅吉凶的，这是现在所能见到的最早的"相宅"书。这些古老的"相宅"记载，不仅涉及居室方位、布局的选择，还涉及楚国民居的基本格局。九店《日书》简45：

> 凡相坦敓邦、作邑之道：盍(盖)西南之遇(宇)，君子凥(居)之，幽悇不出。北方高，三方下，凥(居)之安寿，宜人民，土田聚(骤)得。盍(盖)东(南)之遇(宇)。③

① 徐中舒：《徐中舒历史论文选辑》，中华书局1998年，第1266页。
② 湖北省文物考古研究所，北京大学中文系：《九店楚简》，中华书局2000年，第45页。
③ 陈伟等：《楚地出土战国简册[十四种]》，武汉大学出版社2016年，第402页。

简文"遇"，同"宇"，秦简日书作"宇"。《诗经·豳风·七月》："八月在宇。"《释文》："屋四垂为宇。"《文子》卷下："四方上下谓之宇。"则住屋四边范围之内为"宇"。《楚辞·招魂》："尔何怀乎故宇？"注："宇，居也。"大凡筑墙垣、树邦国，在城邑中盖屋，如果选择在西南角上建住房，那么住在这里，幽僻凝结不去。如果是四合院式的住宅，北方的建筑高，东、南、西三方的建筑低，这样的居住环境使人觉得心安，使人长寿，多子多孙，而且会聚积很多的地产。

中国处于北半球，绝大多数居室都是坐北朝南。如果北方的建筑物高，其他三方的建筑物低，既挡北风，阳光又充足，东南风可以让整个居室暖洋洋的。反之，如果北方的建筑物低，冬季西北风畅通无阻，会让人吃苦头。

《尔雅·释宫》："西南隅谓之奥。"奥是幽深的意思。楚人的居室大门朝东(楚墓的墓道多向东)，楚城亦以东门为正门。《楚辞·哀郢》："孰两东门之可芜。"如果选择城中西南角盖屋，正好在整个城的幽深之处。而居室的西南角则是楚人厨房之所在，例如信阳一号墓的"右后室"(居于椁室西南角)出土有圆盘豆、跪坐俑、漆案、竹篓、陶瓮等，显然是处于厨房的位置。而用作厨房的地方是不适合作居室的。另外，古人或称"祭灶"为"祭奥"，此亦可说明楚人以房屋的西南角作厨房。

睡虎地秦简874反："宇有要，不穷必刑。""要"字读为"标"，意思是说，居室的正前方树有木柱，不是受穷困就是被刑罚。古代在郊外树木柱以祭祀孤神野鬼，门前树有木柱，野鬼聚集，当然不吉利。睡虎地秦简又说："祠木临宇，不吉。"类似说法多见于后世占卜书。除去迷信的成分，在居室的门前树有木柱之类，至少妨碍了交通，是应该回避的。

所谓"西北之宇"，《尔雅·释宫》："西北宇谓之屋漏。""屋漏"读为"屋陋"，如果选择西北角盖居室，西北方向被其他建筑物遮挡(如被城墙、院墙遮挡)，东南之生气有进而无出，故古人认为不吉利。

如果是群体性的建筑物，北南二方高，东西二方低，形成一巷道，为人鬼所进出，所以居室不能选在这种地方。

楚人的起居习俗遵循日出而作、日落而息、朝起夕闭的特点。饮食大多一日三餐，包括"鸡鸣""日中"和"日入"。湖北江陵楚墓的《相宅简》也专门谈到了"朝启夕闭""朝闭夕启"的差异及其对人产生的影响。

在楚人的日常生活中，席地而坐是最为常见的生活行为。楚人的"席"与今天的座椅类似。席的种类有多种，不同的需要使用不同的席。如睡觉用睡席，跪坐用坐席。这在包山二号楚墓的遣册中有记载。除了坐之外，楚人的拜、卧都离不开席。

楚人"坐席"主要是指跪坐。跪坐也称正坐，是我国古代居坐的主要方式，即席地而坐，臀部放于脚踝，上身挺直，目不斜视，双手规矩地放于膝上。楚人坐席是有严格规矩的，等级尊卑之俗十分讲究。民众在交际中有按座次安排的习俗，不管是官宦相见还是民间聚会，都要按尊卑分排座位，如果失礼就会受到尊长的谴责。《礼记·曲礼上》载："为人子者……坐不中席。"意思是说，一张坐席以中间为尊，位卑者即使独坐也只能靠边。《礼记》中还提到："群居五人者，则长者必异席。"说的是一张坐席只能坐四人，如果有五人，则长者就要单独安排到另一张坐席就座，且需坐在席子的正中央。坐席摆放在堂室中，需要摆放端正，即坐席的四边与室内墙壁平行。《论语·乡党》云"席不正，不坐"，说的就是对摆席的要求。楚人坐席还有方位的讲究，坐西朝东为最尊位，接下来依次为坐北朝南、坐南朝北，最卑位为坐东朝西。楚人有"尚左"的起居习俗。《左传》桓公八年载，随国的季梁说"楚人尚左"，大致指的是楚人东向坐的尊卑方位关系。

楚人的居住生活，用品丰富，讲究舒适。楚国家具与民众的起居方式具有密切的关系，"席地而坐"的起居方式促进了楚国低矮型家具的发展。楚式家具是楚国手工艺的主要组成部分，是带有明显楚文化特征的家具形式，随着楚文化的产生、发展而逐渐成熟起来，经历了从陶制家具到铜制家具再到漆木家具的演变过程。先秦楚国出土的漆器中,以漆护木的典型代表是漆制家具,主要有席、床、屏风、几、案、禁等。这些家具在日常生活中使用频繁,在家中担负陈设、收纳和承载的功能。

席。先秦时期,民众习惯于"席地而坐","坐"的姿势是两膝着地,两脚脚背朝下,臀部落在脚踵上。如臀部抬起、上身挺直,就叫跽,又称长跪,是将要站起来的准备姿势,也是对别人尊敬的表示。古代一席坐四人,共坐时,席端为尊者之位。独坐时,则以中为尊,故卑贱者不能居中。为人子(即尚未自立门户者),即使独坐也只能靠边,如果有五人以上相聚,则应把长者安置于另外的席上,称为"异席"。① 楚人的室内活动基本都在席上进行,人体与坐席是直接接触的,因此从室外到室内必须脱鞋,以防弄脏坐席,今天日本、韩国的起居习俗与之有很大的相似之处。《礼记·曲礼上》载:"将上堂,声必扬。户外有二屦,言闻则入,言不闻则不入。"也就是说楚人进入别人房间时也是有严格的礼仪规范的。来访者入室前要大声呼喊,让室内的人有所准备;如果来访者看到室外有鞋,需听到室内人说话声音才能进去;如果室外有鞋,且听不到室内说话的声音,来访者是不能随便进屋的。席是楚人常用的家具,主要用于坐卧铺垫。从楚墓出土竹制品的形制来看,楚人对竹席的制作相当考究。江陵马山一号楚墓出土三床青篾竹席,卷成筒状装在绢囊里,长 162~177 厘米,宽 122~127 厘米,周边用纵横人字纹组成大回字纹,中间为纵横的人字纹。② 楚墓出土的席一般为死者生前所用之实用家具,也有作为葬具的,铺在棺盖板或椁盖板上。

床。漆木床是与现代家具比较接近的生活用品,一般放在室内比

① 余赠振、冯盈之:《中国古代席居文化探析》,《浙江纺织服装职业技术学院学报》2016 年第 4 期。
② 湖北省荆州地区博物馆:《江陵马山一号楚墓》,文物出版社 1985 年,第 84—86 页。

较固定的位置。先秦时期的床分为两种：一种是坐具匡床，专门为坐而设计，体型较小；另一种是卧具寝床，专门为就寝而设计，体型较大。寝床文物比较完整的有两架，一架出土于河南信阳长台关，一架出土于湖北包山楚墓，二者的体量尺寸与现代床相差不大。河南信阳长台关楚墓出土的是一架拆分的彩绘漆木床，床长 218 厘米，床宽139 厘米，床足高 19 厘米，床高 44 厘米。床通体髹漆，四周安装竹制围栏并用丝线缠绕固定，床头摆放着竹枕，床角受力集中处包有金边，上下床的位置设在床的两侧。这是我国最早的彩绘床。湖北包山楚墓出土的一架铰链折叠床，床除去围栏后高度为 23.6 厘米，床体厚 15厘米，全长 220 厘米，床宽 135 厘米，折叠后床架长 137 厘米，是我国古代唯一发现的折叠床。（**见图 14-1：包山楚墓出土的漆木折叠床**）[1]这架折叠床由两个尺寸和结构完全相同的半边床组合而成，每个半边床都含有床身、床栏、床足三个部分，半边床上有床枋、床档、档枋连绞木以及横撑等构件，设计非常巧妙。折叠漆木床是在漆木床的基础上发展起来的，质地坚固，是楚国民众生活方式进一步发展的象征。折叠床相对漆木床而言，主要是在结构上能够折叠。不使用时可以折叠起来，节约空间，类似今天常见的折叠家具。这款折叠床结构复杂且设计精巧，是楚人精湛木工技艺及髹漆工艺的杰出代表，其中蕴含了高超的造物智慧与造器技巧。漆木床的出现在一定程度上提高了民众的生活水平，从席地而坐、席地而睡到就床而坐、就床而睡，为"垂足而坐"的生活方式奠定了基础，从侧面说明了楚国民众的生活方式开始发生变化。人们对楚地潮湿阴冷的地面环境有了较深的认识，通过产品结构创新来改善生存环境，获得高质量的生活方式。楚人的卧也有一定规范。在包山二号楚墓的折叠床上放置了一些跟卧相关的物品，比较具体地反映了楚人的就寝习俗。楚人卧具的铺设方法是先在床上铺竹帘，然后铺草席，再铺竹席，竹席之上铺垫丝绵被，

---

① 湖北省荆沙铁路考古队：《包山楚墓》，文物出版社 1991 年，第 31 页。

然后放置用于盖的丝绵被。① 该折叠床上有竹枕、有棉絮的厚被以及无棉絮的夹被，这说明楚国民众能依据季节变化更换卧具。②

屏风。《说文》："屏，敝也。"屏风即"可以屏障风也"，是建筑物内部挡风用的一种家具。屏风和床、几、案一样，几乎是当时室内陈设不可缺少的家具，在居室内部起到分隔、美化、挡风、协调等作用。湖北江陵望山一号楚墓出土的漆绘小座屏，漆座屏两端着地，中部悬空，座上放置着长方形木框屏风。屏内采用透雕和浮雕工艺，刻画出4只凤鸟、4只鹿、2只蛙、15条小蛇、26条大蟒，组成以双凤争蛇为中心的连续性图案。全器左右对称，均衡美观，设计精巧，色泽艳丽，富有丰富的想象力和装饰性，是那一时期屏风制作工艺的杰出代表。

几。楚墓出土的几数量比较多。几是古人席地而坐时倚靠的器具，也可以当作搁置物品的小桌子使用，其形制可以分为三种，即平面几、弧形几、H 形几。平面几是指几的表面平整，几面呈长方形，由几面、几足、几跗组成。这类几出土数量较多，在江陵雨台山、江陵马山砖瓦厂、鄂城百子畈、长沙子弹库等地楚墓均有出土。几足呈木柱状，上下用直榫与面和跗连接，有的为了使几足更牢固，跗上另加两根木柱斜交于几面底部。弧形几的几面中部向下微凹，形成一弧面。几面由整木雕成，中部宽，两端稍窄。与平面几类似，由几面、几足、几跗组成。几足呈木柱状，上下用直榫与面和跗连接。有的为了使几足更牢固，跗上另加两根木柱斜交于几面底部。H 形几是指正面呈"H"形的几，H 形几一般由三块木板组成。两端各立一块木板代替几足，中部开榫眼，几面两端削出榫头，插在立板的榫眼里，立板上端有的向内卷，有的向外卷。③

---

① 黄凤春、黄婧：《楚器名物研究》，湖北教育出版社 2012 年，第 182 页。
② 张宗登：《先秦时期楚国设计艺术的多元融合研究》，九州出版社 2022 年，第 286—288 页。
③ 李德喜、陈善玉：《楚国家具初探》，《南方文物》1993 年第 1 期。

案。案是几的一种，是长条形的桌子或架起来代替桌子用的长木板。楚墓中案出土的数量较多，完整的有二十余件。楚墓出土的案可以分为高足案和矮足案两种，一般高于 30 厘米的案为高足案，低于 30 厘米的案为矮足案。案的功能有进食（摆放食物）、憩坐与搁置物品。

禁。禁是安放酒具的案形器，可分为长方形与方形，有足与无足几种，是古代承担"禁酒"功能的器具。河南淅川下寺二号楚墓出土有一件长方体铜禁，禁面的四边与禁的四个侧面饰多层透雕云纹。荆门包山二号楚墓出土两件木禁，整板雕成，通体髹黑漆，禁面中部及四周用白粉绘绚纹，周边绘二方连续勾连云纹。

楚国家具的特征是"生活"与"实用"。春秋早期，由于受到中原文化的影响，楚式家具的自身特点并不明显，到春秋中后期，随着周王朝统治的瓦解和楚国的日渐强盛，楚文化的自身特点日益突出，"楚式家具"的风格逐渐形成，在战国时期逐渐形成了自己的特色，为楚人的居住生活提供了便利、舒适的条件。

楚国的家居生活用品丰富多彩。湖北江陵马山一号楚墓曾出土表面附着半透明胶状物的深褐色纱，有学者认为这是楚人尝试在绢纱上髹漆，用来做锦绢的表里衬布，被称为最早的漆衣。[①] 此外，在湖北江陵雨台山楚墓中发现了髹漆麻鞋。缯麻髹漆后的防水性能和牢固度会大大增强，在古代是常见的防雨布。楚国民众利用麻布髹漆的防水特性，制作出防水雨鞋，以便阴雨天气时使用。

1980 年长沙五里牌 3 号墓出土了一件现存唯一最早的漆绘虎子（**见图 14-2：长沙出土的漆制器虎子**），丰富了楚国漆器的品类。[②] 虎子俗称仰天尿壶，属民间器用具，为汉族溺器，流行于全国大部分地区。一般有长形、圆形、椭圆形等形状。有陶制、瓷制、漆木制等，

① 湖北省荆州地区博物馆：《江陵马山一号楚墓》，文物出版社 1985 年，第 33 页。
② 长沙市文物工作队：《长沙市五里牌战国木椁墓》，载《湖南考古辑刊》第 1 集，岳麓书社 1982 年，第 35 页。

上有口，因形如伏虎，故名。《周礼·天官·玉府》："掌王之燕衣服、衽席、床第、凡亵器。"汉郑玄注："亵器，清器，虎子之属。"汉刘歆《西京杂记》："汉朝以玉为虎子以为便器，使侍中执之，行幸以从。"唐时避讳，更名为"马子"。因其类壶状，民间俗称尿壶。又因多夜间使用，故又有夜壶之称。该溺器由一整块木块凿雕而成，呈昂首匍匐状老虎造型，四肢健壮、体态丰满、双目圆瞪，两唇张开而不露内腔。臀部肥圆，尾反卷连接后脑而成把手。整体雕刻线条流畅圆浑。器内外皆髹黑漆，器外通体用黄、褐二色绘云凤纹，眼、耳及臀部以褐线衬托，眼球用褐彩勾勒。形态如生，在威猛中略带温顺之感。由此可见，南楚地区是最早喜欢使用"虎子"的区域之一。[①]

楚人的出行，有颇多讲究。古代出行、归家，各有其吉日及禁忌。《史记·日者列传》："昔先王之定国家，必先龟策日月，而后乃敢代；正时日，乃后入家。产子必先占吉凶，后乃有之。"专业从事推算时日吉凶的术士被称为"日者"，《墨子·贵义》："子墨子北之齐，遇日者，日者曰：'帝以今日杀黑龙于北方，而先生之色黑，不可以北。'"《日书》是记载时日吉凶的专书，已出土多种，其中以江陵九店楚墓出土的楚简《日书》时代最早。[②]

当时各干支纪日由日者依次称为"结日""阳日""交日""害日""阴日""达日""外阳日""外害日""外阴日""绝日""夬光日""秀日"，为十二日值。十二日值有好几套不同的称名，"结阳"为其中一种。各日值有不同的吉凶说辞。例如：交日"行水事吉"，"以祭门行，享之"（九店简 27）；害日"利以解凶，除不祥，利以祭门行"（九店简 29）；达日"利以行师徒，出征"（九店简 30）；外阳日"利以行作，迬（蹠）四方埜（野）外，吉，以田猎（獵），隻（获）"（九店简 31）；外害日"不利以行作，迬（蹠）四方（野）外。必无塝（遇）寇盗，必兵"（九店简 32）。

---

① 高至喜：《湖南楚墓与楚文化》，岳麓书社 2012 年，第 214 页。
② 湖北省文物考古研究所、北京大学中文系：《九店楚简》，中华书局 2000 年，第 45 页。

意思是说外害日不能出行，去任何一个方向的野外都不吉利，会遇到寇盗，即使真的没有被盗被劫，也会受到兵器的伤害。外阴日"以远行，久。是故不利以行"（九店简33）。秦简《日书》739也说，外阴日"不可以之野外"。所谓"以远行，久"，是说外阴日出门，会在外耽搁很久的时间，所以说不利以行。夬光日"居有食，行有得。生子，男必美于人。入货，吉"（九店简35）。[①]

婚俗是民俗中重要的组成部分，如同其他习俗一样，有相对的稳定性和继承性。它是伴随着人类社会而来的社会关系，是社会风俗和伦理关系的重要表现。因而它既受社会制度的制约，又受本民族地理环境、历史背景的影响，同时，还是民族气质特征的表露。由于楚人有着特殊的社会制度、地理环境、历史背景和民族气质，所以，他们的婚俗同中原人也就有所不同。

楚国的婚姻状况从祝融时代就有最初的记载。《大戴礼记·帝系》记："颛顼娶于滕奔氏，滕奔氏之子谓之女禄氏。产老童。老童娶于竭水氏，竭水氏之子谓之高绹氏，产重黎及吴回。吴回氏产陆终。陆终氏娶于鬼方氏，鬼方氏之妹谓之女隤氏，产六子，孕而不粥（育），三年，启其左胁，六人出焉。其一曰樊，是为昆吾。其二曰惠连，是为参胡。其三曰篯，是为彭祖。其四为莱言，是为云（妘）郐人。其五曰安，是为曹姓。其六曰季连，是为芈姓……季连者，楚氏也。"重黎、吴回是祝融的本名，祝融是重黎、吴回因当火正有功所得的称号。这段史料反映楚人先祖婚姻上的两个特征：其一，在祝融之时，楚人已实行部落外婚，祝融之子娶于鬼方氏。鬼方氏在何处，今人有多种说法，有说在东方，有说在西方，也有说是北方部落，或者说他是流徙的部落民族。不管他出自何方，总之，他不是楚先民的一个部落。楚人的先祖已排除族内婚、部落内婚，而走向部落以外的婚姻形态了。

---

① 王箐：《楚国物质生活文化研究》，安徽大学博士学位论文，2018年，第125—126页。

其二，鬼方氏之妹女隤氏产六子，孕而不育三年，从左胁下产下六子。这个神话所反映的是楚先人的部落群婚，部落的首领可以娶另一个部落里众多的姊妹为妻，因而出现三年生六个儿子的现象，当时不是一夫一妻制或对偶婚。

这个时期楚人仍处在母系社会时期，母方部落和父方部落的人可以通婚，楚人的姓氏中尚留有这个痕迹。《大戴礼记》中说到陆终氏第六子为芈姓。在楚国出土的器物中出现过多次以嬭为姓，多为女性之姓。谷城县太平店宋家栅清光绪年间出土春秋铜器上铭文为"曾孟嬭谏作饗盆，其眉寿用之"①，随县鲢鱼嘴出土春秋铜器，上有铭文"佳正月初吉丁亥，楚屈子角縢中(仲)嬭璜食簠，其眉寿无疆，子子孙孙永保用之"②。像这类称"嬭"的铭文还有很多。铭文中这种嬭字是楚国女子嫁到别国后将姓放在名或夫家国名之后，这在楚史中是常见的。嬭字，以女字为偏旁，又放在女子名上，可知为母系氏族的姓氏。《左传》中称楚国女子为"芈"的有多处，如"江芈"、郑文夫人"芈氏""季芈"等。这芈字与嬭该是一字，楚人于祝融时尚处于母系社会时期。③

在祝融之后的很长时间内，楚人的婚姻逐步进入对偶婚阶段。西周初年，整个社会男女之间的关系都比较松散，自由交往，自行结合，自行解除。进入春秋时，楚人的婚俗与诸夏大同小异，婚前男女的自由社交也与诸夏的习惯类似。楚国的女子在春秋时期比较自由，在社会上的地位与男子大致上处于平等状态，贵族妇女甚至可以干预男子所掌管的政治上的大事。如楚武王出征随国，三军出发的路上，突然觉得"心荡"，告诉夫人邓曼，邓曼劝他以国事为重，继续随军行动，结果楚武王死在出征的路上。《左传》对此大加赞扬，显示出女性有一定地位。楚庄王夫人虞姬，也干预楚王的政事，为庄王出谋献计。还有楚共王的妃子巴姬，协助共王处理立太子的大事。楚国的平民妇女，

① 李瑾、曾昭岷：《曾国和曾国铜器综考》，《江汉考古》1980 年第 1 期。
② 程欣人：《随县涢阳出土楚、曾、息青铜器》，《江汉考古》1980 年第 1 期。
③ 顾久幸：《楚国婚姻形态略论》，《湖北社会科学》1988 年第 10 期。

在家庭中就更有地位了。楚狂接舆的妻子可以决定丈夫是否接受楚王任命这样的大事，接舆的妻子不同意接受官职，接舆就听她的意见，两人一起弃官逃奔他乡。嫁出楚国的妇女的地位也很高。《左传》文公元年记："初，楚子将以商臣为太子……既又欲立王子职而黜大子商臣。商臣闻之而未察，告其师潘崇曰：'若之何而察之?'潘崇曰：'享江芈而勿敬也。'从之。江芈怒曰：'呼，役夫！宜君王之欲杀女而立职也。'"江芈是楚成王之妹，嫁于江国，商臣利用江芈来达到自己的目的，可见江芈具有举足轻重的地位。

楚王爱到"梦"中去打猎，可见"梦"是丛林、草泽、丘陵都有的地方，是极好的猎场，对一般的国人来说则是游憩的胜地。最好的"梦"在郧地，郧可简作云。云地之"梦"，便是"云梦"。暮春时节，楚国男女到"梦"中野游，寻偶追欢。《墨子·明鬼下》指出："燕之有祖，当齐之社稷，宋之有桑林，楚之有云梦也。此男女之所属而观也。"云梦这地方是楚人自由恋爱的好场所，《吕氏春秋·直谏》记载："荆文王得茹黄之狗，宛路之矰，以畋于云梦，三月不反；得丹之姬，淫，期年不听朝。"楚文王和丹之姬之间不是夫妻关系，丹之姬也不是文王妾的身份，他们只是同居了一段时间，后来楚文王听从葆申的劝告，为国家计，将丹之姬放回去了，这和后来国君任意娶妻是不同的。在云梦泽还发生一件事情，若敖娶䢵子之女为妻，生下斗伯比。若敖死，斗伯比从其母住在䢵地。斗伯比"淫于䢵子之女，生子文焉，䢵夫人使弃诸梦中"（《左传》宣公四年）。屈原在《天问》中写道："何环闾穿社，以及丘陵，是淫是荡，爰出子文？"实际情况是，斗伯比和他的表妹或表姐相约出游，绕过闾，穿过社，到丘陵幽会。后来生下子文，斗伯比的舅母不胜愠怒，让人把子文扔到当初他父母幽会的场所去了，这件事情载入了正史和诗歌的掌故，足以说明云梦正是一个墨子说的"男女之所属而观"的地方。

楚成王时，楚人对诸夏为男女所设的礼法之防还是不大介意的。泓之战，楚国战胜了宋国，楚成王返程到友邦郑国，郑文公的夫人芈氏和姜氏在柯泽这个地方慰劳，楚成王让她们看了俘馘。《左传》的作者借君子之言批评说："非礼也。妇人送迎不出门，见兄弟不逾阈，戎事不迩女器。"成王入飨于郑都，"飨毕，夜出，文芈送于军，取郑二姬以归。"《左传》僖公二十二年又借叔詹之言指责说："楚王其不没乎！为礼卒于无别！无别不可谓礼，将何以没？"

楚国男女婚恋不重媒妁。楚人在婚姻方面与中原不同的是，虽有媒妁但不重媒妁，男女双方在婚姻上有很大的自主权。在私有制已确立、个体婚制已较稳固的社会里，这就意味着在楚婚俗中存在官方社会以外才有的个人性爱的因素。在中原，男女相配已是"父母之命，媒妁之言"。当时，人们对婚姻的评价产生了一种新的道德标准，男女之间谈情说爱、自由交往的权力被完全剥夺了，取而代之的是"男女授受不亲"的道德观念统治着人们的头脑。《礼记·曲礼》云："男女非有行媒不相知。"这说明相知有赖于行媒。《周礼·地官》云："媒氏掌万民之判。"并对"媒氏"一职为婚政之主管官司作了详尽的说明，其程序倒是与现代的婚姻登记和证婚人颇为相似。《管子·入国》有"凡国都皆有掌媒"的记载。《孟子》谓男女双方若"不待父母之命，媒妁之言，钻穴隙相窥，逾墙相从"，就要受到社会的鄙视和谴责，即所谓"则父母国人皆贱之"。可见，中原地区"父母之命，媒妁之言"的正统思想占据了统治地位，其婚姻非媒妁不可，媒妁地位很重要。而在楚国，媒妁则不掌万民之判。楚婚姻需要媒妁但不重媒妁，男女双方有较大的婚姻自主，可以自遣媒妁。若彼此钟情，甚至可以不要媒妁。这一特点在个体婚制已确立的时代是很令人注意的。①

楚国人民极富浪漫主义情趣，表现在婚姻爱情上，大多感情细腻外露，缠绵多情，与中原人民的重要区别在于男女交往不受礼法限制，自由恋爱的风气比较浓厚。这种自由恋爱在民间普遍存在，在上层社会也不少见。古代男女的恋爱场合往往是与民间的祭祀活动联系在一

---

① 王纪潮：《屈赋中的楚婚俗》，《江汉论坛》1985 年第 3 期。

起的。在祈神仪式中，男女相互戏谑，尽情欢乐，互相馈赠，毫无拘束。《墨子·明鬼下》记载的各种祭祀活动，大多是青年男女的乐土："燕之有祖，当齐之社稷，宋之有桑林，楚之有云梦，此男女之所属而观也。"所谓"祖""社稷""桑林""云梦"都是各国祭祀的集会地点。楚之云梦犹齐之社稷、宋之桑林、卫之濮上，是祷神的场所，祈求生育和丰收，更是楚国青年男女自由寻偶追欢的场所。《吕氏春秋·直谏》载："荆文王得茹黄之狗，宛路之矰，以畋于云梦，三月不反；得丹之姬，淫，期年不听朝。"《左传》定公四年载："楚子涉雎济江，入于云中。"杜注："入云梦泽中。"可见，此中的"云中"实指楚国的云梦泽，是楚人"会男女"之地。闻一多据此指出："云梦即楚的高禖。"高禖，指男女幽会祷子之所。宋玉在《神女赋》中曾描写楚襄王与神女会于云梦的风流韵事的传说，应当也是这种古老习俗的曲折反映。楚国与对男女交往限制严格的中原在婚俗方面的差异十分显著，浪漫气息浓郁，男女交往不受礼法限制。在个体婚的形态中，男女双方有交往的自由，会导致以个人性爱为基础的婚姻，这大概也就是楚婚俗不重媒妁的根本原因。

由于楚国社会直接从原始社会脱胎而来，所以，它比中原地区保留了更多的原始社会的习俗。楚人自由婚恋的风气表现在先私合而后婚配的形式，在文献中屡有记载。《左传》昭公十九年载："楚子之在蔡也，郹阳封人之女奔之，生大子建。"杨伯峻注："娶女不依礼曰奔，犹近代之姘居。"[①]这种男女之防不严格，导致少女不遵守严格的贞操，在楚境中普遍存在。在楚国，流行自由恋爱，《楚辞·招魂》写道："兰膏明烛，华容备些。二八侍宿，射递代些。""士女杂坐，乱而不分些；放陈组缨，班其相纷些；郑卫妖玩，来杂陈些。""离榭修幕，侍君之闲些。"男女婚配，在中原是"父母之命，媒妁之言"；而在楚国却是"及荣华之未落兮，相下女之可诒""和调度以自娱兮，聊浮游而求

① 杨伯峻：《春秋左传注》，中华书局1990年，第1401页。

女""虽信美而无礼兮，来违弃而改求""及少康之未家兮，留有虞之二姚"。(《楚辞·离骚》)屈原的作品中有关男女恋情的文学描写当是对民俗的一种借用，从中可看出在楚国的社会里男女杂坐、乱而不分，男女间还可以行歌走寨，自由寻找情人，情人不合理想可以自由离开等风俗，这与中原礼教实在是有很大的区别。

楚人婚俗的一个特点是通过祭神的宗教仪式把人的恋爱生活寄托在神的身上，通过对神神相恋相爱、人神相恋相爱的描写来反映人们对爱情生活的追求。神是人创造的，则神灵社会的风俗接近当时的民间习俗。《九歌》中对神神相恋相爱、人神相恋相爱的精彩描写就是当时这一民间风俗的充分体现。汉人王逸在《楚辞章句》中说："屈原放逐，窜伏其域，怀忧苦毒，愁思沸郁。出见俗人祭祀之礼，歌舞之乐，其词鄙陋，因为作《九歌》之曲。"后来朱熹《楚辞集注》也说："荆蛮陋俗，词既鄙俚，而其阴阳人鬼之间，又或不能无亵慢淫荒之杂。"其中的"鄙陋""鄙俚"的含义就是指原来的歌辞是以性爱为主要内容，即"亵慢淫荒之杂"。《九歌》中的"山鬼"，王夫之《楚辞通释》说："或谓之魖，读如霄。今楚人有所谓魖者……巫者缘饰多端，盖其相沿久矣。"清道光《宝庆府志》卷末载："楚俗多奉娘娘庙，有天霄、云霄、洞霄诸号，即山魖之伪也……迎神之词秽亵不经，名曰庆娘娘。"而"庆娘娘"的场面则是顾盼传情、打情骂俏、言行浪漫的"人神杂糅"的祭祀场面。以之对照《山鬼》的"既含睇兮又宜笑，子慕予兮善窈窕"的人神相恋情景，是可以还《九歌》之本来面目的。

楚人与中原不同的是，竟用同神恋爱的方式去祈神、媚神、娱神，从而求得与神的协调。在隆重热烈的祭堂之上，神灵竟然情不自禁地给美丽的女巫丢媚眼以表达他的深情，"秋兰兮青青，绿叶兮紫茎，满堂兮美人，忽独与余兮目成"(《九歌·少司命》)。在欢庆盛祭的时刻，他们无不将自己打扮得楚楚动人，充满深情地唱道："悲莫悲兮生别离，乐莫乐兮新相知。""与女沐兮咸池，晞女发兮阳之阿。"人们希望神灵们精神愉快，为大家降福，从而也使自己得到神灵的钟爱。

"人神恋爱"在表现形式上，有女神对男巫和男神对女巫两种。《九歌·少司命》中的女主人公山鬼，孑然独立山中，云雨迷蒙。她在那里等待同情人幽会，但终于没有等到。她思念他、埋怨他，一个人在瑟瑟秋风中伤心落泪。通篇情思沸溢，如泣如诉，表达了美丽的山神对"公子"的思念。

祭神涉及性爱，这是因为楚国地域僻在南方，仍然存留着浓厚的远古时期原始生活的意味。在原始生活中，宗教与性爱是同等庄重的，甚至对生殖崇拜远远超过对神的崇拜。古人相信，举行郊媒仪式，可以祈求神的保佑，使妇女生儿育女。《少司命》："夕宿兮帝郊，君谁须兮云之际？""帝郊"即指祭祀少司命的郊媒之坛。高诱注《吕氏春秋·仲春记》："《周礼·媒氏》以仲春之月合男女于时也，因祭其神于郊，谓之郊媒。"古人在郊媒之坛男女野合，于史有证。楚人祭郊媒神时要"夕宿帝郊"，即傍晚在少司命的郊坛过夜、野合。"君谁须兮云之际"则是扮演少司命的女巫与参加祭神的男女戏谑之语。清代学者王夫之在《楚辞通释》中说："少司命主缘，故以男女离合为说，殆月老之类也。"从《少司命》一文中可以看出"主男女离合""司人子嗣"正是少司命的神职。《诗经·大雅·生民》中的"克禋克祀，以弗无子"，《少司命》中的"夫人自有兮美子，荪何以兮愁苦"都表明了这种神秘思想。从中不难看出，这些托名神灵、讲男女爱情的文学描写其实是当时楚婚俗在屈赋中的反映。这种风俗的根本目的就是男欢女爱，两性合好，繁衍后代。在"民神同位"的上古时代，人与神可以交往相通，当然也可以相互爱恋，因而《九歌》的本来面目便是以性爱为其主要内容，其中涉及神与神、人与神的爱恋之情，是极自然的。

楚人的女子一般都出嫁到男方家庭中，楚国的男子地位一般都会高于女子，至少在形式上是这样的。同时女子的地位也没有降到很低的程度，楚地的婚俗中是直到后世才出现赘婿这一形式。①

---

① 顾久幸：《战国时期楚秦两国风俗之比较》，《华中师范大学学报》(人文社会科学版)2003 年第 4 期。

春秋时期楚国存在一些极为野蛮落后的婚俗。

民俗学家和社会学家承认，至今还残存的"转房"制（兄死妻嫂，甚至子死妻妇），是氏族社会亚群婚的遗迹，也是一夫多妻的变相形式。转房制是从氏族继承制演变下来的，它产生于父系氏族制下的家长制家庭公社阶段。这种群婚制的残余同样表现在春秋中期的楚国社会中。《左传》庄公二十八年载："楚令尹子元欲蛊文夫人，为馆于其宫侧而振万（舞）焉。夫人闻之，泣曰：'先君以是舞也，习戎备也。今令尹不寻诸仇雠，而于未亡人之侧，不亦异乎？'"子元为楚文王的弟弟，哥哥死了就去诱惑嫂子，虽遭拒绝，但转房之事不以为大耻却是显然的。《左传》庄公三十年载："楚公子元归自伐郑，而处王宫。"（杜注：欲蛊文夫人。）在当时的中原诸夏看来，这实在是一件不可思议之事。身为令尹之尊的弟弟，竟明目张胆地对自己的亲嫂子行非礼之事，而且事隔三年之后仍不罢休，并进而从馆于宫侧至处于王宫里。显然，转房在子元看来是天经地义之事。可见，在当时的楚国，这种亚群婚的习俗非但没有受到全社会自上而下的一致唾弃，而且还深深印在人们的脑海里。

楚人在通婚范围方面实行两姓交换婚，这种婚姻也源于原始社会，即母系氏族的男子必须与其他氏族中的女子结合，而他们所生的后代则留在女方族内。如果这两个氏族结成婚姻联盟，必须形成兄弟的子女与母亲氏族内姊妹的子女之间的世代联姻。这种婚俗发端于母系氏族的两合外婚制。"两合外婚"指两个氏族的全体男女互相通婚，这是最古老的氏族外婚制。《左传》僖公二十二年载：郑文公夫人芈氏慰劳楚成王。宴请完毕，夜里出来，文芈送他到军营里。楚成王"取郑二姬以归"（杜注：二姬，文芈女也）。李倩认为，楚成王取郑文公之妻芈氏所生二女以归一事，与楚人保留原始婚姻遗习之观念不无关系。首先，在氏族外婚时，实行的是两合组织和两个氏族之间的对婚。依据这一原则，楚芈姓女嫁于郑后，楚人有充分权利要求郑人所娶的芈氏所生之女儿还嫁自己。其次，楚成王与芈氏女之关系，应是舅甥

1162

关系。此事也反映了舅权之大，而舅权制正是母系氏族制的产物。①

楚国存在子以父妾为妻的"烝"的现象。惜墨如金的清华简《系年》在十五章详细地介绍了连尹襄老之子黑要"烝"夏姬的经过：

连尹嬜(止)于河滩，亓(其)子墨(黑)要也或(又)室少盉(夏姬)。②

《左传》成公二年记载为："襄老死于邲，不获其尸，其子黑要烝焉。""烝"字，在《左传》中多处提到，如《左传》桓公十六年："卫宣公烝于夷姜。"注："上淫曰烝。"《方言》："烝，淫也。"由《左传》中的类似记载，认为"烝"在春秋时代自有其社会基础，是当时被公认的一种家庭制度，并不为当时舆论所贬责，而且是一种在春秋时代各个国家都很普遍的礼俗。③现在《系年》简文作"其子黑要也(又)室少盉"，用中性词"室"，可为此种说法添加一极有力之佐证。晋国上层婚姻关系中的乱伦现象也不乏其例。在古代，父亲死后子纳父妾叫做"烝"。如晋献公即"烝"于其父武公少妾齐姜，并立为夫人，生了太子申生；晋惠公又"烝"于献公夫人贾君，等等。至于晋国上层贵族们妻妾成群的一夫多妻现象，以及诸如叔嫂之间、叔公侄媳之间、主母家臣之间"通室"苟合的种种乱伦行为，更是屡见不鲜，这在当时列国诸侯中也是很典型的。

顾久幸比较了楚秦两国的婚俗，认为楚人在春秋时期婚姻观一直比较开放，自由恋爱成风，但在开放自由的同时，也不断地在吸收中原地区的一些礼仪观念，婚姻中开始逐渐地把习俗与周代的礼仪结合起来。从春秋后期开始，楚国对于女子的贞节重视起来。到战国时期，

① 李倩：《独特的楚人婚俗文化》，《黑龙江民族丛刊》2003 年第 6 期。
② 李松儒：《清华简〈系年〉集释》，中西书局 2015 年，第 212 页。
③ 顾颉刚：《由"烝""报"等婚姻方式看社会制度的变迁》，载《顾颉刚集》，中国社会科学出版社 2001 年，第 343—426 页。

楚人的贞节观逐渐滋生起来，男子对于女子的要求与限制日益加强，同时婚姻中的礼仪之规逐渐地完善。战国时女子为男子守节的事例屡见不鲜。同时自由的婚姻恋爱也受到日益多的限制，这有很多的例证可以证实。但是这种观念还没有形成为一种禁锢，大多是女子自身的一种自觉行为。楚人对女子的要求基本上是注重德的方面，对于女子的作为这方面未见有何要求，这与战国时期秦国对于女子的双重要求有所不同。①

春秋末年，楚人的贞操观念开始出现，男女之间的关系开始有了限制。《左传》定公五年记载："王将嫁季芈，季芈辞曰：'所以为女子，远丈夫也。锺建负我矣。'以妻锺建，以为乐尹。"楚昭王本来和季芈一道逃亡，但却未想到季芈曾被锺建背过，还想着要把她嫁给别人。可见，中原的"男女授受不亲"在楚国也逐渐成为风俗。

战国时期，楚人的婚俗有一定改变，与祭祀相结合，渐重媒妁之言。

进入战国时期，封建伦理观的男女之防，在中原"男不亲求，女不亲许"的婚姻制度严格限制了青年男女的自由恋爱、自由结合。中原地区"父母之命，媒妁之言"的正统思想占据了统治地位，其婚姻非媒妁不可，媒妁地位很重要。这时，楚人的习俗与中原逐渐靠拢。楚人接受中原地区的礼法逐渐增多，其婚姻状况有了许多改变，渐趋重视礼仪和贞节、讲究男女的礼法之防了，说明楚婚俗在这时已起了质的变化，楚人婚姻已经基本上走上周代礼制的正轨，女子出嫁男家成为正常的婚姻形式。

楚人在缔结婚姻之时，有一系列的礼仪程序。楚人的婚姻过程，一是请媒人到女家去提亲，即纳采；二是经过双方的商讨同意缔结婚姻后，男方要到女家去送聘礼；三是到了娶亲的那一天，男家要到女

---

① 顾久幸：《战国时期楚秦两国风俗之比较》，《华中师范大学学报》（人文社会科学版）2003 年第 4 期。

家去亲迎。这几项礼仪尽管与周代所规定的六礼相比要少一些，但基本的礼仪都已经具备，而且与周礼是一致的。

刘向《新序》中载宋玉与友人对话，其中有这么一个比喻："好人因媒而嫁，不因媒而亲。"表明楚国此时并不排斥媒妁的作用。屈原《离骚》中有这样的诗句："吾令丰隆乘云兮，求宓妃之所在。解佩纕以结言兮，吾令蹇修以为理。""望瑶台之偃蹇兮，见有娀之佚女。吾令鸩为媒兮，鸩告余以不好。"这里，鸟儿是作为媒人的，说明楚国的男女婚姻中确实有媒人。楚辞中出现"媒"达十余次，楚媒一定程度主宰婚姻。《离骚》中有三求女三不成的描写，当事者遣媒求宓妃、二姚、有娀之佚女，都因"理弱而媒拙"遭到失败。《九歌·湘君》中说："心不同兮媒劳，恩不甚兮轻绝。"鉴于离不开媒妁，屈原在《离骚》中感慨地说："苟中情其修好兮，又何必用夫行媒。"从这里可以看出，战国时期楚国的婚姻已经离不开媒妁了。①

楚国的自由婚恋，涉及妻妾之别的问题。春秋时严格妻妾名分，措施是根据婚姻方式确定妻妾名分。《礼记·内则》："聘则为妻，奔则为妾。""奔"，或本又作"御"，御是指女子与男子发生性关系后受了孕。《战国策·秦策三》记："去贵妻，卖爱妾。"综合这两条记载可见，妻是经过明媒正聘来的，妾则是私奔、私通和买来的。夫妻不合意，只能将妻归还母家；妾不合意，便可任意宰割或转卖。从文献记载来看，楚人并未很严格地按婚姻方式来确定妻妾名分。如《左传》昭公十九年记载，楚平王为蔡公时，"郹阳封人之女奔之，生太子建"。奔女可以为君夫人，同时也说明自愿婚在楚人婚姻中占有较大的比重。

妻妾名分是宗法制度的一项重要构成内容，在宗法社会中，国家的稳定有赖于宗族家室的稳定。妻妾不分则嫡庶无别，嫡庶无别则宗族子弟将因财产、权力的分配和继承而发生争斗，因此，统治阶级为

---

① 李倩：《独特的楚人婚俗文化》，《黑龙江民族丛刊》2003 年第 6 期。

了维护内部团结和宗法社会秩序，从春秋早期起即意识到严格妻妾名分的重要性。《孟子·告子下》：（齐桓公）"葵丘之会诸侯，束牲、载书而不歃血。初命曰：'诛不孝，无易树子，无以妾为妻。'"类似记载还见于《穀梁传》僖公九年与《公羊传》僖公三年。

以妾为妻的事例在楚国发生过。《国语·楚语上》载："（楚）司马子期欲以妾为内子，访之左史倚相，曰：'吾有妾而愿，欲笄之，其可乎？'"子期访问的意思是，可否扶妾为妻，结果表示不可，子期也就作罢了。由此可见，春秋时期楚国也与中原诸国一样遵守"无以妾为妻"的礼制规定。"无以妾为妻"，是指嫡妻死后，不得将妾扶正，目的是保证嫡长子的继承权和宗法嫡庶关系，这只是严格妻妾名分的一项措施。①

1986 年湖北荆门包山 2 号墓出土一件凤鸟双连杯，时代为战国中期，它别具一格，是中原文化与楚文化相结合的产物。凤鸟双连杯由竹、木结合制成，其造型为一展翅的凤鸟，双翅负双杯，两杯有孔相通，是用于婚姻的合卺礼仪用器。② 两杯连体相通，表达人们对婚姻所寄予的荣辱与共、不离不弃、相近相亲、心心相印的美好意蕴。凤鸟双连杯的主要组成要素为双连杯、凤鸟、凤鸟嘴中的"珠"、雏鸟形足。根据楚凤以及先秦时期"珠"的文化意蕴，则凤鸟双连杯不仅仅是一件祝福婚姻的礼仪用器，还体现出楚人的婚姻观。楚地巫风炽盛，婚姻中的占卜应该是必不可少的。出土凤鸟双连杯的荆门包山 2 号楚墓还出土了卜筮祭祷记录简 54 枚，其内容皆为墓主贞问吉凶祸福及请求鬼神给予赐福保佑的记录。包山楚墓是一处以家庭为核心的血缘家庭成员贵族墓地，出土凤鸟双连杯的 2 号墓与 1 号墓为夫妻异穴合葬墓。凤鸟双连杯作为婚姻的合卺礼仪用器，借凤鸟喻示婚姻的幸福吉祥，也借凤鸟传达婚姻中的天命观。如果说政治上的凤瑞代表着"君

---

① 宋公文、张君：《楚国风俗志》，湖北教育出版社 1995 年，第 173 页。
② 黄文进、黄凤春：《包山 2 号楚墓礼俗二题》，《江汉考古》1991 年第 2 期。

权神授"，那么婚姻中的凤瑞则象征着姻缘天定，同样反映出人们敬天畏神的巫术与宗教情怀。凤鸟双连杯是中原文化与楚地巫风相结合而诞生的婚姻礼仪用器，它不仅代表着楚人对中原婚姻礼俗的承袭，还借楚地巫风作用下的凤鸟所承载的楚族文化心理，体现楚人婚姻中的天命观，体现楚人对婚姻牢固与超越生死的永长及生命繁衍的美好愿望与寄托。后世婚俗中常用"凤凰"作吉祥象征，可见楚人的凤鸟双连杯意义深远。①

楚国的丧葬习俗，受西周的影响很深。西周、春秋时贵族都有公共墓地，这是氏族制阶段沿袭下来的习惯。因为他们认为这是宗族在另一世界的住宅，死人应该和活人一样聚族而居。

据《周礼·春官》记载，族葬的墓有两种：一种叫"公墓"，归冢人掌管，葬的是贵族，"先王之葬居中，以昭穆为左右，凡诸侯居左右以前，卿大夫士居后，各以其族"。一种叫"邦墓"，归墓大夫掌管，"令国民族葬而掌其禁令"。"国民"即是国家公民，亦即"国人"，也是古代的一个统治阶层。从考古发掘的情况来看，西周、春秋间贵族确实有族墓制度。春秋时晋国的"公墓"在九原。春秋时代有些国家没有国君和卿大夫都葬在一起的"公墓"，但是，国君和卿大夫的宗族都各自有其族墓。这种族墓制度是和宗庙制度相辅而行的，目的也在借此巩固贵族的团结，以增强其统治力量。按礼，所有族人都应葬在族墓，只有凶死的人不得入葬，这被看作一种严重的处罚。《周礼·春官·冢人》说："凡死于兵者，不入兆域。"这是从氏族制阶段长期流行下来的习惯。春秋时有不少被杀死的国君，都不得葬入"公墓"的兆域，另葬到他处，文献上都特别加以记载。《左传》昭公元年记楚王麇被杀，葬于郏，称为郏敖。《左传》昭公十三年记楚王比被杀，葬于訾，称为訾敖。"敖"是比王低一等的称呼。

---

① 吴艳荣：《从凤鸟双连杯管窥楚人的婚姻观》，载楚文化研究会编《楚文化研究论集》第十一集，上海古籍出版社 2015 年，第 511—518 页。

西周时的墓地有一个头向问题。头向是个标示墓主族属来源的墓葬因素。《孔子家语·问礼》说："坐者南向，死者北首，皆从其初也。"说的是周人的习尚。在周人的墓葬中所见的尸骨，通例为头北脚南。

楚国的墓地的头向却有两个方向。国民墓头向多朝南，贵族大墓头向往往朝东。墓向问题引起了民族学家的注意。楚墓头向可能与怀念先祖有关。杨权喜笼统分析，楚国贵族墓头向朝东，表示他们来自东方，来自汉水以东。其祖先或许属荆蛮，或许属华夏；楚国民众、百姓的墓地头向多朝南，表示他们祖先在南方，在濮地，他们多是土著。头向朝南古墓占楚墓的绝大多数，证明楚国居民以土著、濮人后裔占绝大多数。[①]

楚国墓葬向东和向南的两个头向大有讲究。楚国是由芈姓楚王族和江汉流域土著荆蛮融合组成[②]，楚国建立后，由于楚王在文化程度较高芈姓族群中产生，芈姓族群逐渐成为楚国的贵族，占楚国人口大多数的荆蛮逐渐成为楚国的平民。这两种不同族属的人，其先祖的属地不同，这些反映在墓葬中就出现了头向不同的现象。

楚国芈姓楚王族的墓葬，头向一般从东。墓向与头向一致，也从东。其中的意蕴，一是作为日神的远裔，应朝向日出的东方，楚人重视农业生产，所以对于日神非常崇敬。二是因为芈族的祖先掌管着火正之官，火正就是与太阳打交道的官员，这就使东边更加成为他们尊崇的理由。楚人作为火神的嫡嗣，同样应朝向最初的火神所居的东方。《礼记·檀弓》记"狐死正丘首"，屈原在《九章·哀郢》中写道："鸟飞返故乡兮，狐死必首丘。"这句诗把楚民族这种根深蒂固的民族心理表达得真切生动。墓向，一般指头向，与族属和信仰有关。查考古资料不难发现，凡楚公族的中高级贵族墓葬，方向皆为东。

楚国贵族崇尚东方。《新序》卷一记楚人接待秦使的场面："昭奚

① 杨权喜：《楚文化与濮文化关系研究》，楚文化研究会编《楚文化研究论集》十一集，上海古籍出版社 2015 年，第 229 页。
② 程涛平：《先楚史》，武汉出版社 2019 年，第 1559 页。

恤发精兵三百人，陈于西门之内。为东面之坛一，为南面之坛四，为西面之坛一。秦使者至，昭奚恤曰：'君，客也，请就上位东面。'令尹子西南面，太宗子敖次之，叶公子高次之，司马子反次之。昭奚恤自居西面之坛。"所谓"上位东面"，就是坐西面东的尊位。楚人以东向坐为最尊，这是由于日出东方，尊者面日而坐。这也就是楚国的贵族墓头向朝东的原因。

纪南城周围的楚高级贵族墓头向均朝东。八岭山已初步判明为王墓的熊家冢，方向为96°，冯家冢的方向为91°，也就是说，王墓的方向皆向东。淅川下寺2号墓，墓主一说为令尹子庚(公子午)，一说为令尹䓕子冯，不管怎样，他们都是楚王的后裔，是楚的公族。2号墓的方向为79°，这里共有25座墓葬，显然是他们的家族墓地。除一座头向不明外，其余墓向皆朝东。[1] 包山墓地，2号墓的墓主为左尹邵佗，方向为93°，这是以他为核心成员的家族墓地，其余墓向，也皆向东。[2]

屈、景、昭是战国时期楚的三大姓。昭是楚昭王的后裔，邵即昭。我们再看另一处邵氏家族墓地。望山M1，方向100°，墓主邵固，生前侍王；望山M2，方向94°，棺上有官方烙印章文"佐王柩正"和"邵吕竹于"，据此墓出土的竹简，赠礼者有"长王孙"和"奉阳公"等贵族，说明墓主是邵氏家族的重要成员。[3] 附近的沙冢M1，墓主可能是一名武将，战死疆场，死后连头颅都没有抢回来，故墓中尸体没有头颅，此墓的规模、规格比望山M1、M2略低，随葬品也较丰富，方向98°。

还有一处虽然不知成员的姓名，却可知是楚公族成员的墓地，即荆门左冢墓地。[4] 在它以南13千米处是有名的包山墓地，左冢比包山

---

① 河南省文物研究所等：《淅川下寺春秋楚墓》，文物出版社1991年，第103页。
② 湖北省荆沙铁路考古队：《包山楚墓》，文物出版社1991年，第45页。
③ 湖北省文物考古研究所：《江陵望山沙冢楚墓》，文物出版社1996年，第5页。
④ 湖北省文物考古研究所等：《荆门左冢楚墓》，文物出版社2006年，第11、144、163页。

2 号墓的规模略小一点，虽然只发掘了 3 座墓，仍可看出是一处重要的墓地。其中 3 号墓出土了"楚王孙渔"矛，因此可知是楚王后裔的墓。墓的方向皆为东：M1 为 93°、M2 为 95°、M3 为 80°。

时代偏晚的楚贵族墓。河南淮阳马鞍冢①，可能是顷襄王夫妇的墓，分南冢与北冢，北冢东边有一条墓道，墓室呈"甲"字形，方向 104°；南冢东西两边都有墓道，墓室呈"中"字形，方向 100°。在两墓室的西边都有车马坑。再有一处是安徽寿县李三孤堆楚幽王墓。此墓 1935 年被军阀李品仙盗掘，幸有当时李景聃事后做了一些调查，抢救回了一些资料。郭德维根据他的调查，以及安徽博物馆保存的一些实物，加上当事人的回忆，对此墓进行了复原②，其中椁室的尺寸等可能会有误差，但此墓的方向是准确的，为正东 90°。

在湖南临澧等地还发现许多楚的大冢或大墓，有的墓主虽叫不出名字，但只要方向朝东者就应是楚公族之墓。

楚国平民崇尚南方。三苗本来就在南方，荆蛮的主体是三苗的遗裔，楚国的多数居民原为荆蛮。荆蛮族群死后入葬时，头向大抵从蛮俗，朝南。

湖北雨台山墓地 558 座墓葬中，头向南者有 369 座，赵家湖楚墓 297 座墓葬中也以向南者居多。九店发现 5 座洞室墓，时代均在公元前 278 年以后，是受秦文化影响而形成的，葬具为木棺、椁，棺椁周围填以青膏泥，葬式为仰身直肢，头向多向南，九店楚墓乙组中 573 座土坑竖穴墓，头向南者 395 座。

湖北襄阳山湾东周楚墓 33 座，墓向朝南的有 31 座，头向与墓向一致。这 31 座墓的规格都不高，只有两座双棺一椁墓，其余都是一棺一椁墓、一棺无椁墓和无棺无椁墓。可以推定，墓主多数是平民，少数是下等贵族。唯独 1 号墓的墓向从西，这是一座小型的丙类墓，其

---

① 河南省文物研究所等：《河南淮阳马鞍冢楚墓发掘简报》，《文物》1984 年第 10 期。

② 郭德维：《关于寿县王墓椁室形制复原问题》，《江汉考古》1982 年第 1 期。

中没有发现任何葬具的痕迹，随葬的只有几件陶器。张正明推断，估计1号墓的墓主原非楚人，可能也是流入楚境的秦人。①

楚国异姓贵族墓墓向则不朝东，最明显的例子是天星观1号墓②，该墓墓主为邸旸君潘赖勍，头向185°。潘氏，在春秋时是大姓，最有名的人物有潘崇、潘子臣、潘党等，潘崇在成王时为太子商臣之师，后与商臣一起谋划杀害了成王，商臣夺得王位，是为穆王，潘崇被尊为太师。《通志·氏族略三》一谓潘崇是楚公族之后；一谓原本是潘国人。潘赖勍是否为春秋时潘氏之后，无法确定，然据几批出土竹简资料可看出天星观1号墓非楚公族，如包山2号墓的祭祀简，祭祀的远祖有老僮、祝融、鬻酓、熊绎、武王等，近祖中，楚昭王列为首位，祭祷的礼遇也最高，先秦时期有以先王号为氏的习惯，楚昭王当是邵氏这一支的始祖。再如，望山M1的竹简记载祭祀的先王有柬大王、圣王、悼王(即楚简王、声王和悼王)等，先君有东宅公、王孙噪等，而天星观1号墓主虽位至邸旸君，但祭祀祖先只有章公和惠公等，没有先王。"由此可见，他并非楚公族，故墓向不朝东。"③

西头向是秦墓的基本特征，早已为学界所公认。据陈洪统计④，秦都周围的8个墓地，即礼县大堡子山(11座)、圆顶山墓地(3座)、凤翔八旗屯(51座)、高庄(46座)、西沟道(27座)、西村墓地(42座)、咸阳黄家沟(48座)、塔儿坡(399座)。春秋时代早期到战国时代早期，头向均集中分布在270°~300°(西向)，完全不存在其他头向。战国中期开始头向格局有了变化，西向虽然依旧是主流头向，然而在10°、100°、180°、350°方向上分别出现了墓葬。这些墓葬以北向为多，占到总数的约五分之一强。到了战国晚期至秦王朝时期，这一倾

① 张正明：《楚文化史》，上海人民出版社1987年，第106页。
② 湖北省荆州地区博物馆：《江陵天星观1号楚墓》，《考古学报》1982年第1期。
③ 郭德维：《楚王陵初论》，载《荆楚文物》第2辑，科学出版社2015年，第3—15页。
④ 陈洪：《秦文化之考古学研究》，科学出版社2016年，第191页。

向更加明显。非主流头向数目大增，约占总数的五分之二，其中北向最多，东向次之，南向最少。而雍城秦公陵园中的墓葬也均为西向或西北向。据《秦物质文化史》，凤翔 13 个秦公陵园中，方向 270°～279°的 1 座，方向 280°～289°的 9 座，方向 290°～299°的 28 座，方向 300°～309°的 4 座，尤以 280°～299°（正西偏北 20°～30°）之间最多，不见其他方向的墓葬。[①] 也就是说，赢秦公族与平民采用了相同的头向。[②] 上面的统计分析结果表明，从春秋早期到战国早期，西向在墓地中一向占绝对的统治地位，这种情况在关中地区延续了数百年。西头向是秦墓的重要特征，是秦人本土的头向。秦国不同时期的葬礼是遵循当时共同的信仰以及风俗习惯举行的，死者的头向以及葬式等细节自然也会受到严格限制，所以头向是一个短时期内不会轻易改变的、比较稳定的墓葬因素。

楚国墓葬的封土堆和墓坑也与秦国不同，有自己的特点。

纪南城周围的楚高级贵族墓上有高大的封土堆，墓坑为长方形竖穴土坑，都带有多级台阶，如天星观 1 号墓有台阶十五级，包山 2 号墓有台阶十四级，望山 1 号墓有台阶五级，望山 2 号墓有台阶三级。以上各墓均带一条墓道，墓道方向基本向东。墓葬填土上为五花土，下部为青膏泥椁室分室，天星观 1 号墓为七室，包山 2 号墓为五室，望山 1、2 号墓均为三室，椁室的多少是衡量墓主人身份高低的标准之一，葬式为仰身直肢。楚国中小型楚墓墓坑为长方形竖穴土坑，战国时期规模较大的墓带一条墓道，有的有壁龛，放置少量随葬品，墓坑方向多为南北向。

楚、秦高级贵族墓墓坑都是长方形竖穴土坑，都有台阶，关中黄土直立性强，台阶少，秦景公的墓只有三级台阶。南方黄土直立性差，

---

① 王学理：《秦物质文化史》"凤翔秦公陵园钻探平面图"，三秦出版社 1994 年，第258 页。

② 陈洪：《从头向和面向看秦人的来源》，载《陕西历史博物馆馆刊》第 22 辑，三秦出版社 2015 年，第 32—36 页。

多雨潮湿，地下水位高，容易崩塌，故台阶多。国君以下的高级贵族墓均带一条墓道。目前发现的淅川下寺春秋中晚期楚国高级贵族墓葬，没有封土，纪南城周围的几座战国中期楚国大墓，有高大的封土堆。秦雍都（公元前677—前383年）秦公大墓均无封土，遵循墓而不坟的原则，秦迁都咸阳以后，王墓上开始流行封土，《汉书·孝成帝纪》载："秦惠文武昭庄襄，皆大其丘垄。"

楚墓椁室分室，有一定规律。秦国大墓发掘尚少，秦景公大墓的椁室分主副椁室，主椁室又分为东西两室。楚墓椁室周围填青膏泥，秦墓则有积炭。楚贵族墓头向朝东，秦贵族墓头向朝西。

中小型楚墓墓坑为长方形竖穴土坑，有的带有壁龛，至公元前278年以后，受秦文化的影响，开始出现了少量的洞室墓。秦墓从春秋早期至战国中期，墓坑亦为长方形竖穴土坑，壁龛较楚墓多见，战国中期开始出现洞室墓，战国晚期盛行洞室墓。中小型楚墓墓坑多南北向，头向以向南为主，葬式为仰身直肢。秦墓多东西向，以头向西为主，葬式以屈肢葬为主。[①]

楚国在人死后，流行"招魂"习俗。招魂的出发点是将逸出体魄之外的游魂召回来。楚人以为人的生命是由魄与魂两部分所组成的，人的死亡是因为"魂魄离散"，魂是永远不死的，魂与魄相分离后便到天上或四方到处游审，如果能将魂灵招引回来，死者就可复生，如果招引无效，就开始为死者洗殓，准备葬仪。据《仪礼》与《礼记》载，招魂的具体程序和方法是：1. 手持死者衣物登上房顶；2. 面向北方，每长声呼唤一阵后，即高喊死者名字（男子喊名，女子喊字），最后附上一声"复"，如此连喊三次。北向招魂，可能是战国后期才定型化的一种招魂程式，早期的招魂并不限于北向。此因先秦时巫降鬼神通常四面下招，《礼记·祭统》："铺筵设同几，为依神也。诏祝于室，而出

---

① 黄尚明：《东周楚、秦葬俗的简略比较》，《华中师范大学学报》（人文社会科学版）2003年第4期。

于祊，此交神明之道也。"郑注："出于祊，谓索祭也。"所谓索祭也就是不固定祭处和方向，先招后祭的一种祭法。《楚辞》中有《招魂》《大招》二篇，是仅存的两篇先秦招魂辞，也是最富有文学性质和巫术色彩的招魂辞。

招魂之后，还要举行丧葬仪式。楚国的丧葬礼仪十分繁琐，死者入葬之前要举行"五祀"仪式。九店楚简《日书·丛辰》记有：

辰、巳、午、未、申、栖（酉）、戌、亥、子、丑、寅、卯、辰，是胃交日，利以串床（户）秀（牖），舀（臽）萊（井），行水事，吉……以祭门、禁（行），向（饗）之。【27】①

所谓祭"门""行"，《礼记·王制》："天子祭天地，诸侯祭社稷，大夫祭五祀。"郑玄注："五祀，谓司命也，中霤也，门也，行也，厉也。"可见"门""行"属于"五祀"。

楚简中有很多对"五祀"神的祭祷记录，除了望山、新蔡、九店等墓所出简文外，最完整的无疑是包山简中标明此五神之名的签牌。包山 M2 中发现五块形状不一的小木牌，分圭形、亚腰形、尖顶弧形、凹弧顶燕尾等，均为长方形的变形，长 6 厘米、宽 1.8 厘米、厚 0.2 厘米，每块书一字，分别是"室、门、户、行、灶"。② 学者通过对这五个神的顺序和名称的列表对比，发现从新蔡简到包山简的战国中期，"五祀"之五个神的先后顺序还没有固定下来，换言之，尚没有形成《礼记·月令》中"户、灶、中霤、门、行"这样的顺序。楚简和秦简材料反映的"五祀"中没有"井"神，《白虎通》中"行"改为祀"井"，说明这种变化至少是西汉以后的事。另外，简文材料还表明，《礼记·祭法》上所谓贵族按照等级祭祷家居之神（王七祀、诸侯五祀、大

---

① 陈伟等：《楚地出土战国简册［十四种］》，武汉大学出版社 2016 年，第 391 页。
② 湖北省荆沙铁路考古队：《包山楚墓》，文物出版社 1991 年，第 156 页。

夫三祀、嫡士二祀、庶人一祀）的说法是错误的，至少大夫以上的贵族应当恒祭"五祀"，并无等级之别，司命神和厉神不应当列入"五祀"之中。[1]

除九店《日书》以外，湖北荆门包山二号战国楚墓竹简记载有墓主病笃时分祷五祀。楚竹书中"礼"类篇章反映丧葬礼俗的有关内容中也出现了"五祀"，如上博竹书《内豊》讲到父母病重时孝子的行为：

孝子，父母有疾，見（冠）不兔（緩），行不容，不卒（卒）立，不庶语。时昧杠（攻）、紫（禜），行祝于五祀，剀必有益？君子以城（成）其孝。【8】[2]

其中讲到父母病重时要"时昧攻、禜、行，祝于五祀"，相应的记载见于《仪礼·既夕礼》："属纊以俟绝气。男子不绝于妇人之手。妇人不绝于男子之手。乃行祷于五祀，乃卒。主人啼，兄弟哭。"同样是讲在病重不治绝气之前，要"行祷于五祀"。学者或以为《内豊》等的记述主题在于阐述儒家孝道，不是着重讲祭祷的文章，因此"五祀"乃宽泛通广之论，以大名带小称，并非真正祷于五祀。[3] 但是家宅"五祀"的"户、灶、中霤、门、行"等是古人日常生活中每天都要面对的神灵。正是由于"五祀"的普遍性和代表性，才使其得以演化成一种"母题"，成为儒家宣扬孝道时引以为据的典型。从这个角度看，"行祷于五祀"具有战国时期深刻的社会生活背景，楚竹书"礼"类文献确实有对楚国社会习俗的提炼与吸收。

初死之后到服丧之前要表示哀思。上博竹书《昔者君老》记述了君

① 杨华：《"五祀"祭祷与楚汉文化的继承》，《江汉论坛》2004年第9期。
② 李朝远：《〈内豊〉释文考释》，载马承源主编《上海博物馆藏战国楚竹书（四）》，上海古籍出版社2004年，第226页。
③ 曲冰：《试论上博四〈内礼〉中的"五祀"与简文的释读》，《古籍整理研究学刊》2009年第2期。

老至离世期间太子的行事：

> 君卒(卒)。大(太)子乃亡(无)䎽(闻)、亡(无)圣(听)，不䎽(闻)、不命(令)，唯悉(哀)悲是思，唯邦之大粤是敬。【4】①

简文"亡闻、亡听，不闻、不命"与"唯而不对……对而不言……言而不议"②等表达出一致的哀思，而"唯邦之大粤是敬"则与"古者天子崩，王世子听于冢宰三年"③的礼仪制度是一致的。通过这种方式，太子寄托对君王的哀思。

第七节　音乐、舞蹈和戏剧

"楚声"是对荆楚音乐的一种传统的称呼。先秦楚乐有宫廷和民间之分，各有特点，交相辉映。

宫廷音乐具有专业性质，是在御用音乐机构主持下进行演唱和演奏的。在楚国，国家音乐机构最高乐官为乐尹。《左传》定公五年载，楚昭王曾以其妹季芈"妻锺建，以(锺建)为乐尹"。尹即长，乐尹为乐官之长。在这个御用音乐机构中，乐师精通音乐艺术，是很重要的职官。楚成王时乐师师缙曾随从出征，负责军队的礼乐。乐师们有时还以音乐作为劝谏君王的手段，楚昭王时，吴师入郢，危及楚国，根源在楚平王信谗枉杀无辜，楚国复国后，乐师扈子借此"乃援琴为楚作《穷劫之曲》，以伤君之迫厄之畅达也"(《吴越春秋·阖闾内传》)。乐师又称泠人，其职务是世袭的。据《左传》成公七年、九年所记，郧

---

① 曹建墩：《战国竹书与先秦礼学研究》，人民出版社 2018 年，第 121 页。
② 《礼记正义》卷六三《丧服四制》，第 3682 页。
③ 《礼记正义》卷九《檀弓下》，第 2826 页。

公锺仪被郑国俘虏后囚献晋国。晋侯问其族属，锺仪回答是泠（伶）人出身。晋侯又问其是否会奏乐，锺仪回答："先人之职官也，敢有二事。"于是持琴，"操南音"。继承先人职官，不敢"有二事"，就是世袭，其为县尹，可能是他任乐师受到楚王信任而出任郧县县尹的。

音乐艺术的世袭造就了不少著名的音乐人才，如上所言的师缙、锺仪、锺建、扈子都是著名的音乐家。此外，还有一对著名的"知音"锺子期和伯牙。据说伯牙擅长琴艺，《荀子·劝学》说"伯牙鼓琴而六马仰秣"，其琴艺已到了出神入化的境界。伯牙鼓琴遇知音锺子期。《吕氏春秋·本味》："伯牙鼓琴，锺子期听之，方鼓琴而志在太山，锺子期曰：'善哉乎鼓琴，巍巍乎若太山。'少选之间，而志在流水，锺子期又曰：'善哉乎鼓琴，汤汤乎若流水。'锺子期死，伯牙破琴绝弦，终身不复鼓琴，以为世无足复为鼓琴者。"今武汉市汉阳区有古琴台纪念建筑，相传是当年伯牙鼓琴遇知音处，二人都有着深厚的家学渊源，成为名贯古今的音乐"知音"。

在楚国，君王及王子不仅喜爱音乐，也有精通乐艺的。据《古琴录》所记："楚王子无亏有瑟曰青翻，后质于秦，不得归，因抚琴歌曰：'洞庭兮木秋，涔阳兮草衰。去千里之家国，作咸阳之布衣。'"[1]表达了其压抑而深沉的情感。同时，其集创作、演奏、演唱于一身，这正是楚国对楚王子"乐教"的作用，也显示了王子无亏的音乐才干。

在楚国，民间也有许多精通乐艺善于声乐者。楚人瓠巴也是一位著名的器乐家。据说"瓠巴鼓瑟而淫鱼出听"（《淮南子·说山》），其精湛的乐艺可谓出神入化。"申喜闻乞之歌而悲，出而视之，其母也。"（《淮南子·缪称》）或云："老母行歌而动申喜，精之至也。"（《淮南子·说山》）这既说明申喜之母擅长行歌，属悲音，也表明申喜本人精通声乐，故能闻歌而悲。

---

① 董说：《七国考·楚音乐》引，见缪文远：《七国考订补》，上海古籍出版社1987年，第471页。

音乐具有多种功能。楚成王时，随从出征的师缙就发挥过音乐在军事上的作用。楚庄王即位之初曾左抱郑姬，右拥越女，"坐钟鼓之间"（《史记·楚世家》），借享乐自静以观朝政。楚国还以"乐"作为太子教学内容之一，"教之以乐，以疏其秽，而镇其浮"（《国语·楚语》）。这是在发挥其教育功能。楚共王时为地室而悬钟磬，晋臣郤至来访问，"金奏作于下"（《左传》成公十二年），郤至被惊吓得掉头就跑，直到最后知是楚人在行"大礼"，才定下心来。这是楚人特有的一种礼乐形式。

礼乐意识在礼乐制度崩溃后的延续，在楚乐器、明器上有所体现，尤以楚钟最为突出。楚国重钟，从传世文献看，《左传》成公十二年载："晋郤至如楚聘，且莅盟，楚子享之，子反相，为地室而县焉。郤至将登，金奏作于下，惊而走出。"楚国钟乐场面之壮观，音量之雄浑，于此可以想见。古时敌国之间干戈相加，胜者入败者国都，往往以"毁其宗庙，迁其重器（宝鼎）"（《孟子·梁惠王下》）作为战胜的标识。《淮南子·泰族训》记"阖闾伐楚，五战入郢，烧高府之粟，破九龙之钟"，不是迁其重器，就是破其钟乐，可见楚尚钟之风是邻国皆知的。吴师入郢时楚昭王奔随。随侯为保护楚昭王，不惜与同姓之强吴反目。如此深情，后世楚王当没齿不忘。在曾侯乙死后，作为楚昭王之子的楚惠王，对曾国的感恩和祭奠的表示，不是赠之以玉帛，而是赠之以镈钟。足见在楚人外交礼仪中，钟是至高无上的礼品。战国时期，铜钟依然用于奏乐，《楚辞·招魂》描绘楚国朝聘宴享时"铿钟摇簴"，直使"宫庭震惊"。

古人每每将钟、鼎并称对举。在周朝，钟是音乐的表率，鼎是王权的象征。在楚国，钟既是音乐的表率，又同鼎一样是王权的象征。尚钟之风，于楚为烈。从出土文物看，楚之王公贵族，以随葬钟乐来显示自己的显赫声势和文化素养。据张正明不完全统计，传世和零星出土之楚钟主要有楚公钟、楚王媵邛仲嬭南和钟、楚公逆钟、楚王领钟、楚惠王钟等。出土成套编钟的墓，主要有楚令尹子庚墓、信阳长台关大墓、临澧一号墓、楚幽王墓等。而最为引人注目的是淅川下寺春秋楚墓出土的四套 60 件编钟。① 在文化已大体同化于楚国的曾国，其曾侯乙墓出土编钟更达 64 件之多，与之毗邻的擂鼓墩二号墓出土编钟数目和规格亦相当可观。作为楚附庸之国的随尚且如此，不难想见，一旦国力鼎盛时期的楚王墓面世，将有更为盛大的钟乐阵容重现。②

从楚乐器的发展历程我们可以看到古代楚人牢固的等级观念和礼乐意识，在目前的材料中可以发现战国楚墓僭越随葬礼乐器的多个例证，但是，各级别楚墓所匹配乐悬的面数又显得较为稳定。从出土数量最多最完整、保存也最为完好的楚钟来看，楚钟数量的变化已表现出较强的规律性。在同一历史时段内，相同级别楚墓随葬编钟的数量或组合基数都具有某些一致性。可见，即使在"礼崩乐坏"的历史潮流中，楚墓随葬编钟依然未随意为之，存在一定的使用规范。从战国时期楚钟不同于其他地域编钟的组合形式和件数来看，此时所形成的楚钟使用的新框框，便可以在一定程度上被认为是"出于'周礼'而又有时代、民族特点的新的楚礼、楚制"③了。

钟鼓齐鸣是楚国礼乐文化的特色。

楚地民间有巫祀钟鼓齐鸣兴歌作舞的描绘，《楚辞》中非常之多，可以说俯拾皆是。比如，在描绘招领亡魂的舞祭仪式中亡魂归来与家人共享的欢乐场面时，《楚辞·招魂》唱道："肴羞未通，女乐罗些。陈钟按鼓，造新歌些。涉江采菱，发扬荷些……二八齐容，起郑舞些。衽若交竿，抚案下些。竽瑟狂会，搷鸣鼓些。宫廷震惊，发激楚些。吴歈蔡讴，奏大吕些……"在钟、鼓、琴、瑟等乐器的伴奏下，一会儿用吴、蔡的调子唱着各种"新歌"，一会儿由郑、卫的舞女款款起舞，高潮之时，歌乐狂作，声震屋瓦，这简直是一场集各地歌舞于一

① 张剑：《从河南淅川春秋楚墓的发掘谈对楚文化的认识》，《文物》1980 年第10期。
② 张正明：《从楚人尚钟看钟氏的由来》，载《张正明学术文集》，湖北人民出版社 2007 年，第 372 页。
③ 郭德维：《楚系墓葬研究》，湖北教育出版社 1995 年，第 29 页。

堂的盛大音乐会。为了吸引亡魂归来，巫歌将人间享受倍加渲染，在描绘人间美好的声色享受时，《楚辞·大招》其歌词云："二八接舞，投诗赋只；叩钟调磬，娱人乱只；四上竞气，极声变只；魂兮归徕，听歌撰只。"可见其用心之良苦。楚俗把巫称作"灵"或"灵保"，王逸注《楚辞》曰："灵，巫也，楚人名巫曰灵。"在祭祀时，灵巫充当神人之间的桥梁，扮作被祭之神来到祭坛，一般祭祀中都有迎神和送神，也就是迎送灵保(这或许有如宗周祭祀中的"尸")。《东皇太一》是《九歌》祭祀歌舞仪式的开场白，群巫用高亢的声调唱道："扬枹兮拊鼓，疏缓节兮安歌，陈竽瑟兮浩倡。灵偃蹇兮姣服，芳菲菲兮满堂。五音纷兮繁会，君欣欣兮乐康。"灵穿着挂满佩饰的法衣，端坐在享位上，神情肃穆，享受着祭祀者们的歆飨供奉和乐奏歌舞。同样，在《楚辞·东君》中，群巫的唱词也离不开对歌舞盛会的描述："缢瑟兮交鼓，箫钟兮瑶簴。鸣篪兮吹竽，思灵保兮贤姱。翾飞兮翠曾，展诗兮会舞。应律兮合节，灵之来兮蔽日。"用器乐和诗舞将扮演太阳的东君之巫出场前的仙境渲染得何等缥缈，何等神秘，实在富于浪漫气息。

从以上一些材料我们不难发现，楚国巫音的伴奏乐器总少不了钟和鼓。钟在中原礼乐制度时期是雅乐的主导乐器，随着礼崩乐坏所带来的雅乐结构的变化，钟乐的地位逐渐下降，在中原各国渐渐被琴瑟竽笙等管弦乐器代替。但是在楚文化中，钟乐却有着特殊的政治、文化意义。楚人尚钟，乐官以钟为姓，国家也以钟为重器，其地位相当于中原国家对鼎的重视。春秋晚期，吴师入郢，"烧高府之粟，破九龙之钟"(《淮南子·泰族训》)，前者从经济上挫败楚国，后者则是从政治上挫败楚国，"九龙之钟"成了楚国王权的象征。楚国有所谓"金奏"之乐，前引《左传》成公十二年所载楚王"为地室而悬"，"金奏作于下"，可以说是创造性地发挥了宗周雅乐的礼制意义，具有楚文化特色的钟乐一直是楚国宫室行礼和民间崇巫都不可或缺的器用。这从楚文化疆域内出土的大量编钟可以得到证明。

青铜钟的铸造和使用毕竟要以一定的物质财富为基础，数量有限。而在民间巫音中运用最普遍的乐器还是鼓。楚墓中共出土七八十面鼓，有建鼓、悬鼓、鼙鼓、手鼓、发鼓和鹿鼓等多种样式，尤其以虎座凤架悬鼓（或称虎座鸟架鼓）最为典型，几乎成为楚文化的一种标志性实物。仅江陵雨台山楚国墓地中就有 15 件此类鼓出土。[①] 在曾侯乙墓中就出土了四种不同形制的鼓，其中铜盘龙座建鼓和铜立鹤架悬鼓尤为罕见。值得注意的是，在纪南城南郊以及其他中小型楚墓中也经常可以看到虎座鸟架鼓的出土。[②] 这充分说明了鼓乐在楚国民间俗文化中使用的普遍性。楚巫文化中的鼓一般都是木质蒙皮，再施以漆绘，这样材料简单，易于制作，节奏明晰而声音沉闷，便于烘托神秘气氛，在楚人巫祀乐队中不可或缺，如《国殇》中就有"援玉枹兮击鸣鼓"，《九歌·礼魂》中有"成礼兮会鼓"，《九歌·东皇太一》中也有"援枹拊鼓"，就是例证。"鼓舞"即鼓奏而舞。[③]

在音乐中，节奏是旋律的骨干，也是乐曲结构的基本因素。屈原楚辞的音乐节奏既丰富又富于变化，可从《九歌》中得到一些了解。《九歌》是祭祀乐神的舞乐词。其中的节奏为"三（兮）三""三（兮）二""二（兮）二"三种。各乐章根据不同的神（鬼）和思想感情，或只用一种节奏，或使用两种节奏，或三种交替使用，或快或慢。如《东君太一》为迎神序乐，用"三（兮）二"的节奏，给人以歌乐舞庄重、慢速而平和的节奏感；《礼魂》作为尾声"二（兮）二""三（兮）二"交替使用，给人以热烈、留念之感；《少司命》，巫神交接，情爱缠绵，悲欢离合，感情复杂，则三种节奏杂用，节奏、速度给人以起伏不定之感，反映出楚音乐的节奏不仅丰富多彩，并且具有地方特色。[④]

---

① 荆州博物馆：《江陵雨台山楚墓发掘简报》，《考古》1980 年第 5 期。

② 郭德维、刘彬徽：《湖北省江陵出土虎座鸟架鼓两座楚墓的清理简报》，《文物》1964 年第 9 期。

③ 杨华：《先秦礼乐文化》，湖北教育出版社 1997 年，第 286—289 页。

④ 杨匡民：《论楚辞的音乐节奏》，载《楚文艺论集》，湖北美术出版社 1991 年，第 471 页。

值得注意的是，在《九歌》中兮字有规律地出现在歌词中，也应当是一种"和声"，而且应是一种断句式穿插法的和声。这对后世和声出现于句中的《竹枝词》，以及后世一般穿插体民歌和断句式穿插体民歌都存在着一定的渊源关系。① 这种穿插唱和，也正是楚歌的一大特点。

楚辞《招魂》《大招》还提到一些有名的歌曲。《招魂》曰："陈钟按鼓，造新歌些。涉江采菱，发扬荷些。""宫庭震惊，发激楚些。"《大招》曰："伏戏驾辩，楚劳商只。讴和扬阿，赵箫倡只。"其中《涉江》《采菱》《激楚》《劳商》都是著名的楚国歌曲和舞曲。伏戏即伏羲氏，为远古传说人物，《驾辩》是否为楚人所创作，已无法考究。其中有一些属于相和歌曲，如《扬阿》就明说是"讴和"之歌。

荆楚音乐可以雅俗共赏。据宋玉《对楚王问》所载："客有歌于郢中者，其曰《下里》《巴人》，国中属而和者数千人。其为《阳阿》《薤露》，国中属而和者数百人。其为《阳春》《白雪》，国中属而和者不过数十人。引商刻羽，杂以流徵，国中属而和者不过数人而已。是其曲弥高，其和弥寡。"其中《下里》《巴人》《阳阿》《薤露》是一种较流行的相和歌，故能获得较多的和者。至于《阳春》《白雪》"引商刻羽，杂以流徵"，则因"曲高"而"和寡"。对于后者，历来音乐史家意见分歧，尚无定论。三国魏人阮瑀《筝赋》："曲高和寡，妙伎难工。"显然是以曲艺高深来理解和引用"曲高和寡"的。而西晋张华《博物志》则有不同的解释，其曰：《白雪》"以其调高，人和遂寡"。从全文文义来看，当以曲艺高深、唱腔难度较大来理解"曲高和寡"为是。

"引商刻羽，杂以流徵"则还涉及荆楚音乐的创作特点。"商""羽"，即是古代五种调式（宫、商、角、徵、羽）中的商调式和羽调式。"流徵"是转调的基本音和支撑点，出现在调式转换之间不用于跳进为主的旋律，而用于级进为主的旋律，用得少而地位重要。"引商

---

① 黄中骏：《湖北民歌曲体结构与〈楚辞〉体式因素》，《文艺研究》1990 年第 4 期。

刻羽，杂以流徵"，就是说商调式的乐句(段)出现后，即刻出现了羽调式的乐句(段)，中间用了流动的短暂的很少的徵音。流徵具有较强的商音性质。流徵的出现，使歌腔不仅商羽难分，而且商徵也有相混的现象，使旋律有多层次调式的朦胧美，曲调则更动听、表现力更强。[①] 这种"曲高和寡"的徵曲，对荆楚音乐的发展产生过深远的影响。[②]

楚国的舞蹈，有宫廷雅舞和民间乐舞。

楚国宫廷雅舞，来源比较复杂。就文献记载来看，夏、商两代均有万舞(包括文舞和武舞)，周朝有六舞(包括文舞与武舞)。大型纪念性祭祀乐舞的创作在古代已经形成了悠久的传统。《吕氏春秋·古乐》就记载了黄帝以至西周初年的8种乐舞，如黄帝《咸池》(又名《大咸》)、颛顼《承云》、帝喾《九招》(又名《九韶》)、帝尧《大章》、大禹《大夏》("夏籥九成")、商汤《大濩》以及周武王《大武乐章》("武乐六成")及《三象》等。这些乐章基本上都是祭祀仪式乐舞。乐舞必有歌唱，除《大武乐章》歌辞如《我将》《武》《赉》《般》《酌》《桓》都保存在《诗经·周颂》之中外，其他如《咸池》之类乐舞都失传了。[③]

《商颂》是祭祀仪式上的颂歌，采用了音乐舞蹈"万舞"，表现商王开疆扩土暴力征伐的场面。王维堤据传世文献《诗经》《左传》等资料考订，万舞在春秋时期齐、楚、鲁、卫等国还在排演，《墨子·非乐》"万舞翼翼，章闻于天"，即此之谓。万舞包括武舞和文舞。武舞执干(盾)与戚(斧钺)，亦名干舞；文武执籥(排箫)与翟(羽毛)，亦有籥舞、羽舞之称。据《诗经·鲁颂·閟宫》"万舞洋洋"、《墨子·非乐》"万舞翼翼"以及《诗经·商颂·那》"万舞有奕"的描述，可知万

---

① 参考张汉卿：《龙船调、竹枝词、流徵曲》，《音乐研究》1988年第3期。
② 罗运环主编《荆楚文化》，安徽教育出版社2006年，第273—277页。
③ 张树国：《宗教伦理与中国上古祭歌形态研究》，人民出版社2007年，第268—297页。

舞的场面是很盛大的。① 从《诗经·邶风·简兮》"简兮简兮，方将万舞"，《毛传》"以干羽为万舞，用之宗庙山川"，可知"万舞"是施用于宗庙祭祀仪式上，在宗庙前广场上模仿战争的舞蹈。《商颂》五篇都是仪式过程中表演万舞乐章时的唱辞，通过这一隆重宗庙祭祖仪式上的武功排演，宣扬武乙(时称武王)"受命于天"，具有统治的合法性以及王朝世系的正统性和神圣性。②

楚国万舞中的武舞，见于《左传》庄公二十八年。楚文王死后，文王之弟子元因拥立楚成王有功，当了令尹，执掌国政。楚成王之母文夫人是一代美人，令尹子元为了诱惑文夫人，"为馆于其宫侧而振万焉"。文夫人闻之，泣曰："先君(文王)以是舞也，习戎备也。今令尹不寻诸仇雠，而于未亡人(寡妇)之侧，不亦异乎?"这里记载的就是规模盛大而壮观的万舞中的武舞。文夫人是指责令尹子元不应该将这种习戎备的武舞变为娱乐挑逗性的舞蹈。

楚国的万舞使用盾牌作为舞具。古代文献中关于万舞记载"武舞"就是用干(盾)戚(板斧)模拟战斗的舞蹈。长沙市五里牌楚墓出土龙凤纹漆革盾，盾近方形，高64.5厘米，上面两角圆弧，下面两角方形，中脊隆起起棱，背面握手已失，上端有错银云纹铜鼻。盾用皮革制成，正背面均施黑漆，甚光亮，黑漆上再用赭石及藤黄两种颜色绘满龙凤花纹，线条流畅生动，光彩夺目。1951年冬，中国科学院考古研究所长沙工作队在长沙进行考古发掘时，在五里牌北的 M406 墓中发现的漆盾残片，与这件龙凤纹漆盾上的纹饰完全一致，说明此盾即出土于五里牌 M406。③ 漆盾制作如此精美，不像是用于作战时的防御武器，而很可能是用于舞蹈的舞器。此革盾除了用作舞具外，也可以用作仪

① 王维堤：《万舞考》，《中华文史论丛》1985 年第 4 期。

② 张树国：《出土文献与上古历史文学研究——以楚史及屈赋为中心》，人民出版社 2018 年，第 326—331 页。

③ 中国科学院考古研究所：《长沙发掘报告》，科学出版社 1957 年，第 57—58 页。

仗或装饰品。①

万舞中的文舞一般用于祭祀。据《左传》隐公五年载，鲁国在庆祝新筑的宗庙新宫即"考仲子之宫"落成时，举行祭祀活动，所跳的万舞就是一种使用"六羽"规格的文舞。《诗经·商颂·那》"万舞有奕"祭祀商汤，《诗经·鲁颂·闷宫》"万舞洋洋"祭祀周公，均是万舞中的文舞。《诗经·邶风·简兮》载卫国宫廷用跳万舞中的文舞，舞者"左手执籥，右手秉翟"，而楚国的文舞则是秉翟执绂。东汉桓谭《新论》言楚灵王祭祀上帝、群神，"躬执羽帔，起舞坛前。吴人来攻，其国人告急，而灵王鼓舞自若"。"躬执羽帔"，"躬"当亲自讲，羽即鸟羽，帔即丝绸长条带，由左右手分执而舞。周人小舞中有分别执帔、执羽的《帔舞》和《羽舞》，而楚灵王在大型舞蹈中帔、羽同执，则大异于中原舞蹈，可能是楚灵王在传统的万舞中的文舞的基础上，汲取了荆楚民间舞蹈的成分，而形成一种新的文舞。

值得注意的是，灵王参加这场舞蹈，没有提到钟磬，而是"鼓舞"连言。这说明灵王参加的这场文舞吸收了民间舞蹈的特点，是先秦宫廷舞中最早见于记载的"鼓舞"。战国早期的曾侯乙墓出土一件鸳鸯漆奁，绘有击鼓起舞图。图中间为一建鼓，右边是半人半兽状的乐师，头戴高冠，持槌击鼓；左边是半人半兽状的舞师，头戴高冠，身佩长剑，举臂扬袖，翩翩起舞。此画面简朴，灵气十足，生动地展示出荆楚乐舞的一种舞姿。这种以鼓声为节奏的舞蹈应是一种"鼓舞"。由此可见，楚灵王跳的是一种用于祭祀的大型的鼓舞。

楚国宫廷舞也有雅俗之分。典雅的乐舞如万舞等，用于祭祀天地、祖先、朝会、宴会，以钟磬为主要旋律乐器。通俗的舞蹈则以丝竹乐器为主要旋律乐器。

春秋战国之际，随着社会变革，"礼崩乐坏"局面的形成，以"郑声"或"郑卫之声"为代表的靡靡之音的"新乐"开始盛行。这种新乐以

---

① 高至喜：《湖南楚墓与楚文化》，岳麓书社2012年，第10页。

丝竹乐器为主要旋律乐器，以鼓钟为节奏乐器。早者庄重严肃，晚者轻松活泼。一些君王开始喜新厌旧。《礼记·乐记》记魏文侯公开向子夏表白："吾端冕而听古乐（雅乐），则唯恐卧（打瞌睡）"，而"听郑卫之音，则不知倦"。后来，齐宣王也向孟子表白："寡人非能好先王之乐，直好世俗之乐耳。"（《孟子·梁惠王下》）楚灵王对文舞的改革也可能出于这种心态。

自楚灵王以后，楚国的宫廷乐舞不仅受到荆楚乐舞，也受到其他国家和地区乐舞的影响。《楚辞·招魂》："肴羞未通，女乐罗些。陈钟按鼓，造新歌些。涉江采菱，发扬荷些。""二八齐容，起郑舞些。衽若交竿，抚案下些。竽瑟狂会，搷鸣鼓些。宫庭震惊，发《激楚》些。吴歈（歌）、蔡讴（歌），奏大吕（声调）些。"《楚辞·大招》："代、秦、郑、卫，鸣竽张只。伏戏驾辩，楚劳商只。讴和扬阿，赵箫倡只。魂乎归来，定空桑只。二八接舞，投诗赋只。叩钟调磬，娱人乱只。四上（谓以上各国歌舞）竞气，极声变只。"其中《涉江》《采菱》《扬荷》当从楚地民间巫祀歌舞中采风而来的新歌乐舞，《驾辩》《劳商》亦当来自楚地民间流传的巫祀歌舞。至于"吴歈、蔡讴"，"代、秦、郑、卫"等各国或地区的歌舞，也是这些国家或地区的"新声"，都是从民间巫祀中采风所得的新的歌舞，即被雅乐派指斥为"淫声"的歌舞。楚人将这些歌舞"杂陈"在一起，从而彻底摆脱了商周宫廷乐舞的影响，使得荆楚乐舞更加丰富多彩。至于《招魂》的"美人既醉，朱颜酡些，娭光眇视，目曾波些"，"士女杂坐，乱而不分些。放陈组缨，班其相纷些。郑卫妖玩，来杂陈些"，更是摆脱了那种严肃的宫廷礼乐制度的束缚。

这个时期的楚国民间乐舞进一步加强了细腰、长袖的运用。楚辞《大招》中就有"小腰秀颈""长袂（袖）拂面"的描写。出土文物所见的舞姿也有所反映。江陵马山1号楚墓所出一种有舞人动物纹样的丝织品，图样中的舞人，双双抛袖，成对而舞，突出长袖应是一种袖舞。河南信阳长台关1号楚墓出土的瑟首音箱壁上所绘的燕乐图，描绘了楚国的歌舞场景，图中两位贵族席地坐在鼎豆前，作饮食和谈论状，身后乐师吹笙弹瑟，击鼓鸣钟，舞者或作抛袖舞状，或握杆联缨牵舞飞龙。其中所抛之袖超长，其意当在突出袖舞的特征。长沙南郊黄土岭战国楚墓出土漆卮所绘舞女图，有5位女子分别坐在两个屋内，另有6位女子分两处练习舞蹈，或摇腰摆袖而舞，或拱腰握物示范，全图11位女子皆挽髻佩饰，长袍束腰，体现出舞女要求细腰、舞姿突出长袖折腰的特点。

楚国的民间舞蹈为俗舞。舞蹈同音乐一样，由于演出场合和性质不同，则有雅俗之别。楚国民间的俗舞盛行踏蛇舞、像人舞、蜡祭舞、傩舞、桃弧舞。[①]

楚国开戏剧表演之滥觞。春秋中期的楚国宫廷中就已出现了滑稽优俳的表演。《史记·滑稽列传》记载了著名的楚国"优孟衣冠"的故事。优孟是楚庄王时的一位乐人，他能揣摩角色，模仿已故的楚令尹孙叔敖"抵掌谈语"，从神、形两方面演活了孙叔敖。他还能歌善舞，"庄王置酒，优孟前为寿"，祝寿必须献舞。接着他又唱了一首针砭时政的讽谏歌。优孟扮演孙叔敖与楚庄王进行的一番巧妙的带有戏谑性的对答，无疑还是我国最早的戏剧科白。

角抵戏。角抵，即现代的中国式摔跤与日本相扑的前身。据《汉武故事》记载，角抵或传为"六国时人所造"，或传为"楚人造"。角抵的产生至迟是在春秋时期。《左传》僖公二十八年载："晋侯梦与楚子（成王）搏，楚子伏己而盬其脑。"又载："子玉使斗勃请战，曰：'请与君（晋文公）之士戏，君冯轼而观之，得臣（子玉）与寓目焉。'"所说的"搏"与"戏"均指的是"角抵"，而且很明显地透露出楚人比晋人更精于角抵。在今湖北云梦地区曾发现了角抵的汉石刻画，画中两男子除腰股缠裈外，几乎一丝不挂，头发向上束起，与今日本相扑士绝无二致。这石刻画可以说就是对楚人角抵之戏的生动描绘。

---

① 宋公文、张君：《楚国风俗志》，湖北教育出版社2020年，第312页。

手技。楚国有弄剑或弄丸手技，所谓"跳丸剑之挥霍"（《西京赋》），就是用双手投、接三四只丸球或短剑，而不使之落地，春秋晚期楚国出了一个"弄丸"圣手熊宜僚，《淮南子·主术》载，郢都"市南（熊）宜僚弄丸，而两家之难无所关其辞"。熊宜僚拒绝白公参与作乱的邀请，洁身自好。

百戏。百戏是包括动物参加的大型综合演出。在由连场歌舞、杂耍组成的"百戏"中，最大、最重要的一个歌舞场面是"总会仙倡"。出现在"总会仙倡"中的角色有优人所扮仙人、女伶、神禽怪兽，也有地地道道的动物演员。汉代张衡《西京赋》记"总会仙倡"：

> 华岳峨峨，冈峦参差，神木灵草，朱实离离。总会仙倡，戏豹舞罴，白虎鼓瑟，苍龙吹篪。女娥坐而长歌，声清畅而蜲蛇；洪涯立而指麾，被毛羽之襳襹。度曲未终，云起雪飞，初若飘飘，后遂霏霏。复陆重阁，转石成雷，礔砺激而增响，磅礚象乎天威。巨兽百寻，是为曼延。神山崔巍，歘从背见。熊虎升而挐攫，猿狖超而高援。怪兽陆梁，大雀踆踆。白象行孕，垂鼻辚囷。海麟变而成龙，状蜿蜿以蝹蝹。含利颬颬，化为仙车。骊驾四鹿，芝盖九葩。蟾蜍与龟，水人弄蛇。奇幻倏忽，易貌分形。吞刀吐火，云雾杳冥。画地成川，流渭通泾。

楚国早已存在类似"总会仙倡"这样的大场面综合性演出，最重要的证据就是传为屈原、实为宋玉所作的《楚辞·远游》。《远游》描述：

> 轩辕不可攀援兮，吾将从王乔而娱戏……仍羽人于丹丘兮，留不死之旧乡……驾八龙之婉婉兮，载云旗之逶蛇……凤凰翼其承旗兮，遇蓐收（西方刑神，其化身为白虎或麒麟）乎西皇……召玄武（化身为龟蛇合体或水人）而奔属……祝融戒而还衡兮，腾告鸾鸟迎宓妃（洛神）。张《咸池》奏《承云》

兮，二女（女英、娥皇）御《九韶》歌。使湘灵（化身为蛟龙）鼓瑟兮，令海若（北海之神）舞冯夷（河伯）。玄螭虫象并出进兮，形蟉虬而逶蛇。雌蜺（神女）便娟以增挠兮，鸾鸟轩翥而翔飞。音乐博衍无终极兮，焉乃逝以徘徊。

《远游》的描写确有文学想象和夸张的成分，但又不是凭空想象、无限夸张，而是以现实的优人、象人和动物演员大型同场演出为摹本和依据的。这与《西京赋》记载的"总会仙倡"如出一辙。从上引描写中，我们可以明显地看出楚国歌舞动作程式的进行顺序，以及场面的调度和演出人员的转换，简言之，也就是带有很明显的演出痕迹。①

第八节　天命观念、占卜及神职

楚先民对自然世界有探索的传统，这是对西周文化的同质延伸与渐进展开，既有对礼乐文化的继承与发展，又有对天命观念的延伸与转变。早期楚人对天命的探索大约经过了由帝命观到天命观，由天命观到天道论再到天之道论的思想转变。帝、天、道三者合而为一，人的整个身心活动无不受其主宰与制约。天命论源于中国古代宗教观念，特别是殷人对"帝"或"天"的信仰，以《诗经》的"天命靡常"为代表。殷周之际"天命靡常"的天命论顺应了周克殷的历史变化。湖北郭店出土楚简《五行》，以"德"为天的总的伦理本性，以仁、义、礼、智、圣为天道运行的五种方式，奠定了道德本体论的理论基础。与上古的天命观或帝命观有一定的继承关联，郭店楚简《缁衣》《五行》《成之闻之》等篇援引《诗》《书》的经典语句，就是明证。《缁衣》第7简引《诗经·大雅·板》云"上帝板板，下民卒瘅"，第36、37简引《尚书·君奭》云"在昔上帝，割申劝文王德，其集大命于厥躬"，《五

---

① 宋公文、张君：《楚国风俗志》，湖北教育出版社2020年，第318—320页。

行》第48简引《诗经·大雅·大明》云"上帝贤(临)女，毋贰尔心"，所有这些话语表明郭店简书的天命观与《诗》《书》时代的帝命观或天命观是一脉相承的，上帝对尘世民众具有绝对至上的主宰权威。从殷周之际的历史情况看，周的天命论有激进的意义，提倡"天命靡常"，而以道德性为天命的标准，因而楚人对天道的探索在此阶段主要表现为人文主义的天命观。

楚人对天命的探索是基于楚人的天帝崇拜所产生的一种宗教观念。殷商时代，冥冥中主宰世人的，还不叫作天而叫作帝。古人认为帝像凡人一样，喜怒无常，恣意任性，谈不上什么固定的行动轨迹，或者叫没有固定的帝道。殷人之所以凡事必卜，就因为他们无法预测帝的意向；而其所以要将应验的结果记录下来，则是希望能通过经验积累，达到可以预测帝的意向。以此可以追究天人之际虚无的因果对应关系。由此，楚国以预测帝的意向为目的的卜筮行为就应运而生。

占卜起初是古人听天命的一种主要方式，在《左传》记载的春秋各诸侯国的占卜活动中，鲁、晋、楚占卜次数最多，鲁国19条，晋国18条，楚国9条，秦、吴、宋等国均只有一次占卜的记录。楚国位列第三，说明了楚人对占卜的重视和依赖程度。楚王在决定王位的继承者、选任官员、选任出征的将领等国家大事上都听信天命。《左传》记载的春秋时期楚人占卜的事例有：楚莫敖卜战、楚昭王卜病，楚惠王卜选令，昭王卜选令尹，楚惠王卜选右司马，等等。这些卜例中，有两例是卜王位继承人，有三例是卜选国家高级官员，有三例是卜战。

春秋时期的楚人只卜不筮。春秋时期凡楚人言卜，均指的是龟卜。《左传》昭公十三年："初，(楚)灵王卜曰：'余尚得天下！'不吉。投龟。"卜不吉而投龟，自然是龟卜。春秋时期，楚人在朝则有"卜尹"视高作龟，在军则有"司马令龟"，龟卜的程序、禁忌和习惯与殷、周龟卜完全相同。《尚书·洪范》："三人占，则从二人之言。"郑玄注："卜筮各三人。"《左传》哀公十七年记："枚卜子良以为令尹。"参加占卜的为楚惠王、叶公子高和沈尹朱三人，与《洪范》"三人占"的人数规定相吻合。《周礼·春官》大卜职："凡国大贞，卜立君，卜大封，则视高作龟。大祭祀，则视高命龟。凡小事，涖卜。国大迁、大师，则贞龟。凡旅，陈龟。凡丧事，命龟。"楚人卜选令尹相当于"卜大封"。按礼，卜尹(大卜)只能做些准备工作，不参与命龟和占兆，而据上引《传》文，枚卜令尹时，涖卜、占兆的三人中果然没有卜尹，这说明楚为卜尹规定的职掌范围也与周制及周人沿袭的商制相同。

春秋时楚人与周人的占卜不同。一是楚人只用龟，不用筮，楚人无所谓龟长筮短。二是楚人的龟卜纯是龟卜，而不包括骨卜。先秦文献和出土简文中没有楚人用骨卜的记载，作为龟文化的崇尚者和传播者的殷人，源于畜牧民族，龟甲多赖南方民族供给，兽骨则所在多是，故用骨卜远甚于龟卜。殷墟"出土的甲骨，正是兽骨占十之七八，龟甲才十之一二而已"。① 楚人只用龟卜，不用骨卜，与长江流域盛产龟类有关。《竹书纪年》载：周厉王"元年戊申，楚人来献龟贝"。《汉志》所录《南龟书》，"南龟"无疑就是楚地之龟。《史记·夏本纪》载，荆州贡品有"大龟"。《国语·楚语下》记龟为楚国的名贵物产。

对于用过了的龟甲的态度，楚人同于周人，而不同于殷人。《史记·龟策列传》记褚少孙语曰："略闻夏殷欲卜者乃取蓍龟，已则弃去之，以为龟藏则不灵，蓍久则不神。至周室之卜官，常宝藏蓍龟。"《礼记·礼器》"诸侯以龟为宝"，《周书·大诰》"宁王遗我大宝龟"，也均说明周人注意宝藏龟甲。楚人同样注意局藏宝龟。《国语·楚语下》记楚王孙圉曰："龟足以宪臧否，则宝之。"另《庄子·秋水》："吾闻楚有神龟，死已三千岁矣，王巾笥而藏之庙堂之上。"亦证楚人有藏龟之俗。

张正明指出，卜、筮二者，楚人重卜轻筮，这与诸夏是相同的。不同的是，卜在楚国的应用范围比诸夏大，楚人对卜的信任程度比诸

---

① 余永梁：《易卦爻辞的时代及其作者》，载顾颉刚编著《古史辨(第三册)》，上海古籍出版社 1982 年，第 143—170 页。

夏深，而且楚人行卜的方式与诸夏不尽一致。为了消解疑难，预测前途，楚人经常行卜。卜尹当然是为社稷大事行卜的，此外，所有的巫都会行卜，甚至并非巫的楚人也能行卜。遇有战事，如果料敌不明，决策未定，那就非行卜不可。平时遇有难题，游移不决，也要行卜。

卜的工具是龟甲，这无疑是向诸夏学来的。楚国的惯例，临战之际，"司马令龟"，即由司马在将卜之时，告巫以所卜之事。选官用枚卜，这是诸夏已罕用或不用而楚人还常用的占卜方式。《尚书·大禹谟》说："枚卜功臣，惟吉之从。"枚卜的枚，意思与枚举的枚一样。枚卜，就是一个人一个人地卜下去，直到得吉兆为止，那个得吉兆的人就被选为官了。如惠王十一年准备出兵打陈国，选择统帅时太师与令尹意见不一致，于是举行枚卜，武城的县公公孙朝得吉兆，就派公孙朝做统帅，果然大捷，把陈国灭掉了。根据当时的历史状况来分析，这是因为楚国兵力强，将才多，选择的出兵时机好，但在楚人看来，却是因为卜的灵验。

楚人有时用异常独特的方式行卜。如《左传》昭公十三年记载：共王有宠子五人，照例应立长，但拿不定主意，想了解神的倾向，就派人拿着一块璧遍祀群望，"曰：'当璧而拜者，神所立也，谁敢违之？'"然后，他同夫人巴姬秘密地把这块璧埋在宗庙的庭院里，让五子按长幼次序一个一个入拜。老大的两只脚跨在璧的两旁，老二的一个肘碰到了璧的一边，老三、老四离璧都远；老五还小，让人抱进来，拜了两次，都正好压在璧的纽上。

《左传》桓公十一年记载：武王时，郧、随、绞、州、蓼诸国相约伐楚国，斗廉建议莫敖屈瑕坐镇郊郢，他自请夜袭郧国。屈瑕要行卜，斗廉说："卜以决疑，不疑何卜？"屈瑕听从斗廉，楚师战胜郧师，其他四国都不敢轻举妄动了。灵王未即位时，就有自立为王的意图，行卜的结果却是不吉，于是"投龟，诟天而呼曰：'是区区者而不余畀，余必自取之'"（《左传》昭公十三年）。平王时，吴师来伐，令尹阳匄和司马子鱼引兵迎敌。阳匄卜战不吉，子鱼以战时司马令龟为借口，要求改卜，改卜的结果得了吉兆。惠王时，枚卜新令尹，卜到子良时得了吉兆，老令尹沈诸梁认为子良作令尹对惠王不利，他日改卜子国做了新令尹。

楚国占卜有卜书。《左传》昭公十三年记楚观从言："臣之先，佐开卜。"按，《周礼·春官·卜师》："掌开龟之四兆。"郑玄注："开，开出其占书也。《书·金縢》：'开籥见书。'"则观从所言的"佐开卜"，即是在灼龟得兆后取阅卜书加以验证。《汉志》所录《南龟书》应是关于"南龟"的卜书，《夏龟书》例应同上，是关于"夏龟"的卜书。说明楚人传习龟卜书。

近年来的出土文献有楚简《日书》，《日书》是楚人的占卜之书。两相对比，可知《日书》是在《周易》的影响下形成的。①

楚国以出行见到白犬为吉兆。涉及见到白犬的占卜简如下：

望山1号墓简28："与祷宫行，一白犬，酉（酒）飤（食）。"②包山2号墓简208："赛于行，一白犬，酉（酒）飤（食）。"又219："赛祷行，一白犬。"又210："与祷宫行，一白犬，酉（酒）飤（食）。"又229："与祷宫行，一白犬，酉（酒）飤（食），思攻叙于宫室。"又233："与祷行，一白犬，酉（酒）飤（食）。"③新蔡甲三56简："豪（就）祷行一犬。"又乙一28简："遭（就）祷行一犬。"④天星观1号墓简38："举祷行一白犬。"⑤上述"犬"与"行"对应出现，就是一种占卜行为。出行遇见白犬，是为吉兆。

春秋时期，由于经常占卜，各国均设置了神职官员。楚国也不例

① 张强：《儒学南渐考》，《江海学刊》2006年第6期。
② 湖北省文物考古研究所、北京大学中文系：《望山楚简》，中华书局1995年，第70页。
③ 湖北省荆沙铁路考古队：《包山楚简》，文物出版社1991年，第33—36页。
④ 河南省文物考古研究所：《新蔡葛陵楚墓》，大象出版社2003年，第190、203页。
⑤ 王明钦：《湖北江陵天星观楚简的初步研究》，北京大学硕士学位论文，1989年，第44页。

外。由于民间巫者众多，为了区别，楚国男巫师叫"觋"，女的叫"巫"。由于楚巫的闻名，各国都特请其至本国行巫术。如齐景公专请楚巫微来祭五帝，景公见到楚巫，叩头于地，令百官供给其斋戒用的物品，送其至住所，非常恭敬。楚国虔信巫术，所以在军队将帅的选定上以枚卜决定。如公元前478年，楚发生白公之乱，陈国乘机攻楚，楚惠王以枚卜决定统帅，公孙朝得吉兆而当选。楚人相信鬼巫的情况也反映在他们的墓葬中。在湖北、湖南、河南等地的楚墓中，都出土了大量的"镇墓兽"，成为楚墓有别于他国墓葬的一个特征。"镇墓兽"的作用是辟邪驱鬼，它的普遍采用是楚人深信鬼神巫术的标志。战国时期楚国巫术仍然盛行。1987年湖北荆门包山楚墓中出土一批占卜竹简，记载墓主临死前3年(公元前318年—前316年)求问病情和祭祷以及禳除的。祭祷神，也祭祀祖宗及亲属，表示禳除的词是"攻解""攻叙(除)""攻夺"，"禳除"的对象都是鬼怪和夭死、战死、淹死的冤魂，具有驱邪的巫术性质。楚国迷信巫术，卜筮盛行，故设置神职官员如下。[①]

卜尹(开卜大夫)。为卜筮之长。关于卜尹的记载主要有：《左传》昭公十三年："(平王)召观从，王曰：'唯尔所欲。'对曰：'臣之先佐开卜。'乃使为卜尹。"《左传》哀公十八年："右司马子国之卜也，观瞻曰：'如志。'"杜注："观瞻，楚开卜大夫，观从之后。"杜预所说的观从，即《左传》昭公十三年中的卜尹观从，可见开卜大夫即卜尹之别称。这二者可以通称，其原因在于卜尹位于大夫之故。《史记·楚世家》集解引贾逵曰："卜尹、卜师，大夫官。"[②]可证。

春秋时期，楚国之外，各国均设卜官，只是名称不同罢了。如，周的卜正，梁的卜招父，秦国的卜徒父，晋国的卜偃、巫皋，郑的开卜、卜人等，均为各国重要的卜筮之长。

---

① 谭黎明：《春秋战国时期楚国官制研究》，吉林大学博士学位论文，2006年，第73—75页。
② 司马迁：《史记·楚世家》，中华书局1975年，第1709页。

龟尹。《上海博物馆藏战国楚竹书（四）》："龟尹速卜。"周官有"龟人""龟尹"与之相类。《周礼·春官》载："掌六龟之属……祭祀先卜。"郑司农注："祭祀先卜者，卜其日与其牲。"郑玄注："先卜，始用卜筮者。"贾公彦疏："后郑不从者，以其此官不主卜事，故不从也。"据"龟尹速卜"可知，"龟尹"主卜筮，是战国时期楚国卜筮之职官，郑司农注应该是正确的。

鼗尹。曾侯乙简165："鼗尹之馱为右騑（服）。"包山简28："有鼗尹。"《上海博物馆藏战国楚竹书（四）》："鼗尹为楚邦之鬼神主，不敢以君王之身变乱鬼神之常故。"鼗尹，曾侯乙简作鼗尹。"据《上海博物馆藏战国楚竹书（四）》可知，鼗尹，是楚王近臣，并且职掌神事，是战国时期楚国卜筮之职官。

寝尹、寝（寝）敄（令）。包山简166："寝敄（令）之州。"包山简171："寝尹之人。""寝尹""寝敄（令）"是管理寝庙的职官。《礼记·月令》："寝庙毕备。"郑玄注："凡庙，前曰庙，后曰寝。"《周礼·夏官·隶仆》："掌五寝之扫除粪洒之事。"郑玄注："五寝，五庙之寝。"《左传》哀公十八年载："王（楚惠王）曰：寝尹、工尹，勤先君者也。"杜预注："柏举之役，寝尹吴由于以背受戈，工尹固执燧象奔吴师，皆为先君勤劳。"寝尹为神职官员，是战国时期楚国卜筮之职官。工尹亦兼领神职，"勤先君"在寝庙里侍奉先君，因此，楚惠王才这样说。

太卜。屈原《卜居》："屈原既放，三年不得复见，竭智尽忠，而蔽彰于谗，心烦虑乱，不知所从。往见太卜郑詹尹曰：'余有所疑，愿因先生决之。'"依据上文，太卜职掌占卜。

第九节　早期宗教思想与道治思想

楚人早期的思想主要是宗教思想，其根源可以追溯到原始社会母系氏族公社时期的宗教传统。据史料记载，楚人源于祝融部落，祝融则源于颛顼。《史记·楚世家》说："楚之先祖出自帝颛顼高阳。高阳者，黄帝之孙，昌意之子也。"在楚人心目中早有认祖归宗之感，视黄帝为自己的祖先，与中华民族的先祖同源，祝融的故墟在今河南新郑一带。夏商时代祝融部落集团先是依附于夏王朝，《国语·周语》上说："昔夏之兴也，融降于崇山。"长沙子弹库楚墓出土楚帛书的文字"炎帝乃命祝融以四神降"，也是祝融部落所属关系的文字佐证。《国语·郑语》记载，祝融后裔有八姓，最小的是芈姓季连一族。《史记·楚世家》记："其后中微，或在中国，或在蛮夷，弗能纪其世。"其中的一支被迫南迁，与江汉地区的土著荆蛮相融合了。

楚祖芈姓季连一族来源于中原民族，从中原地带南迁到江汉流域，其文化渊源应含有中原文化。《世本·居篇》载："楚鬻熊居丹阳，武王徙郢。"鬻熊是芈姓的后裔，也就是楚族的先祖，至周文王时，鬻熊和周文王的关系密切。在商时期，芈姓部落还没有脱离中原。至周初周成王时，被封"土不过同"(《左传·昭公二十三年》)之地。周人灭商，可能得到芈族的大力支持。因此，《史记·周本纪》提到周文王"礼下贤者，日中不暇食以待士，士以此多归之"，"太颠、闳夭、散宜生、鬻子、辛甲大夫之徒皆往归之"。其中的鬻子，便是楚人之祖鬻熊。

鬻熊对道家思想在楚国的传播和改造影响较大，班固在《汉书·艺文志》中说"道者流，盖出史官"，这成为道家源流史官说的重要依据，而事实上楚国具有良好的"官学"背景以及孕育道家智慧的文化底蕴。商末周初，周文王之师乃楚祖鬻熊，鬻熊"子事文王"并享有"自文王以下皆问焉"和"坐策国事"之礼遇。因这一显要职位提供给楚人接触官学典籍的有利条件，使得楚人有机会与周人进行深入的思想沟通与文化交流，有机会接触到周代王室的"王官之学"，并为楚国"官学"的形成提供建构范式。周成王"封熊绎于楚蛮"(《史记·楚世家》)后，楚人与周王室的政治文化交流更加频繁，楚人开始参与周王室的宗教活动，获得学习周代礼乐文化的平台。

《鬻子》一书传为楚人奉祀的先王鬻熊所作。鬻熊生前曾写过一些文章，发表过一些政治见解。[①] 鬻熊是楚人最早的政治家兼思想家，《文心雕龙·诸子》将《鬻子》视为文王咨询"莫先于兹"的"上古遗语"，在《列子》及贾谊《新书》中收录有相当多的鬻子思想，如鬻子在说明治国之道时用柔弱与刚强的辩证关系作比，这种辩证道理用在治术上就是以柔克刚、以静制动的从"无为"到"有为"的统治思想。此乃楚人悟出的宝贵的治国、兴国经验，这种思想的形成和楚人原始性的无拘无束生活及其崇尚自然、追求自由的意识是分不开的。[②]

鬻熊是楚国文化的开拓者，素为楚人崇拜和敬仰。他开道治主义之先河，提出"君子不与人谋之则已矣，若与人谋之，则非道无由也。故君子之谋，能必用道"[③]。关于道的含义，他进一步阐释道，"发教施令而为天下福者谓之道"[④]。他指出，治世之道乃"发教施令"（手段）和"为天下福者"（目的）的统一。道是道家学派的最高范畴，道家学派的"道"与《鬻子》中的"道"表现出一定的继承性。刘勰在《文心雕龙·诸子》中对《鬻子》评价甚高："至鬻熊知道，而文王咨询，余文遗事，录为《鬻子》。子目肇始，莫先于兹。"鬻熊为诸子之先，即以道治国。这便是君王通过"发教施令"这一治国手段，实现"为天下福"的治世目的，而目的与手段的统一便是君王执政理事的"道治"论。[⑤]

宁国良参考了徐文武《楚国思想史》、黄钊《道家思想史纲》、涂又光《楚国哲学史》等部分研究成果，进一步发挥了鬻熊的道治思想，指出，《鬻子》认为，道治取决于有序的社会政治结构的安排，取决于不同等级阶层人士各守其德，各循其"道"的规范要求。

① 徐志啸：《论楚文化的分期、特点与地位》，《中州学刊》1992 年第 2 期。
② 刘亚中：《略论楚文化在汉代的影响》，《淮北煤师院学报（社会科学版）》1998 年第 1 期。
③ 鬻熊撰，张京华笺证：《鬻子笺证》，华东师范大学出版社 2012 年，第 1 页。
④ 鬻熊撰，张京华笺证：《鬻子笺证》，华东师范大学出版社 2012 年，第 56 页。
⑤ 宁国良：《春秋战国时期楚国道家思想研究》，西北大学博士学位论文，2005 年，第 15 页。

周成王曰："敢问治国之道若何?"鬻子曰："唯,疑。请以上世之政诏于君王。政曰:'治国之道,上忠于主,而中敬其士,而下爱其民。'故上忠其主者,非以道义,则无以入忠也。而中敬其士,不以礼节,无以谕敬也。而下爱其民,非以忠信,则无以谕爱也。故忠信行于民,而礼节谕于士,道义入于上,则治国之道也。虽治天下者,由此而已。"周成王曰:"受命矣。"①

君与吏对民的爱通过"忠信"来实现,君对于吏的敬又通过礼节来实现,吏与民对君的忠则通过道义来实现,由此构建完善的道治体系。同时,"道治"的实现需要君、吏、民三者的努力与合作。鬻熊还答周成王说:"圣王在上,则君积于道,而吏积于德,而民积于用力。"②通过各个阶层的共同努力,可以实现"妇为其所衣,丈夫为其所食,则民无冻馁矣"的道治理想。可见,鬻子的道治思想是对"君—吏—民"的相互协作与共同尊重的基础上的治世规律的遵循。即:君必须中敬其士,下爱其民;而士必须上忠于君,下爱其民;民则须上忠于主,中敬其士。这一治理规律的揭示与维护,其本质上是对治国之规律的体认与考察。这种思想在后来楚国道家思想中得以更加深化与发展。

在《鬻子》的道治思想中,还特别强调"敬士爱民、兴贤禁恶"对治理国家的重要意义。贤能之士是治理国家的关键,而贤士的作用发挥必须具有"圣王"的有效识别,"圣人在上,贤士百里而有一人,则犹无有也。王道衰微,贤士千里而有一人,则犹比肩也"③。而识别贤士的标准是以一个人的所作所为的善恶来进行鉴别,强调行善的重要性,"行者善,则谓之贤人矣;行者恶,则谓之不肖矣"(《新书·修政

---

① 鬻熊撰,张京华笺证:《鬻子笺证》,华东师范大学出版社2012年,第106页。
② 鬻熊撰,张京华笺证:《鬻子笺证》,华东师范大学出版社2012年,第107页。
③ 鬻熊撰,张京华笺证:《鬻子笺证》,华东师范大学出版社2012年,第19页。

语下》）。此外对于"敬士爱民、兴贤禁恶"的价值取向的选择，《鬻子》则指出："明主选吏也，必使民与焉。士民与之，明上举之；士民苦之，明上去之。故王者取吏不忘，必使民唱然后和。民者吏之程也。察吏于民然后随。"①

《鬻子》说："故物损于彼者盈于此，成于此者亏于彼。损盈成亏，随生随死，往来相接，间不可省。"所有事物都是损彼则盈此，成此则亏彼的。在这种认识的基础上，鬻子确立了守柔的思想主张。《列子·黄帝》记："粥（鬻）子曰：'欲刚，必以柔守之；欲强，必以弱保之。积于柔必刚，积于弱必强。观其所积，以知祸福之乡。强胜不若己，至于若己者刚；柔胜出于己者，其力不可量。'"可见鬻子主张守柔处弱。之所以柔可守刚，弱可保强，是因为柔弱积蓄起来必定刚强，这是祸福的趋向。积柔弱是一个量变的过程，而刚强这一质变的实现是由柔弱量变的积累，从而蕴涵了由量变引起质变的辩证思想。鬻子的盈亏守柔的辩证法思想成为楚国道家思想的重要基石。

《列子·天瑞》记载："粥（鬻）熊曰：'运转亡已，天地密移，畴觉之哉？'"②鬻熊所说的"天地"是自然化的"天地"，是对宗教神学中神性"天"的怀疑与否认，认为万物运动无（亡）停止（已），天地运动亦不以人的意志为转移，《鬻子》指出："天地辟而万物生，万物生而人为政焉。"体现出宇宙生成与运动的自然性和无限性，并且在这个拟构的天地、万物与人类社会的生成过程中，没有神灵的安排、指示和参与，体现出对身处周初神本时代神学思想的反叛。鬻熊关于宇宙运动的"运转亡已"的无限论被道家很好地继承与发展，如老子亦认为天道是周而复始的宇宙循环运动，庄子认为"天道运而无所积故万物成"。③

---

① 鬻熊撰，张京华笺证：《鬻子笺证》，华东师范大学出版社 2012 年，第 20 页。

② 杨伯峻：《列子集释》，中华书局 1979 年，第 29 页。

③ 宁国良：《春秋战国时楚国道家思想研究》，西北大学博士学位论文，2005 年，第 16 页。

楚祖鬻熊之后有熊绎。《左传》昭公十二年记载楚灵王之时右尹子革之言："昔我先王熊绎，辟在荆山，筚路蓝缕，以处草莽。跋涉山林，以事天子。"楚国的社会历史发展经历了"筚路蓝缕、以处草莽、跋涉山林"的开疆拓土的历史演进过程。熊绎终于在周成王之时被"封以子男之田，姓芈氏，居丹阳"（《史记·楚世家》）。周初，熊绎仅为周成王时的一个子爵，进入春秋，芈族与荆蛮合并时，文化发展比较落后，一直受到中原诸国的歧视，《左传》成公四年鲁国季文子说："非我族类，其心必异。楚虽大，非吾族也。"楚人笃信鬼神，盛行巫风，正是因为楚国与其他诸侯国发展不一致，故楚立国后与周政权"汉阳诸姬"的对立和战争状态长期存在，在思想上的对立也长期存在。直到熊通称王，建立楚国，楚人才正式走上兴邦立国之路。

早期道家国家治理的理想境界是："我无为而民自化，我好静而民自正，我无事而民自富，我无欲而民自朴。"（《道德经·第五十七章》）顺应自然规律，息民自重由此构成治国实践的基本原则。楚国一直在践行着该原则。楚自立国以来，虽频于争战，但"息民之法"却是其亘古不变的祖宗之法。此法规定，楚王必须五年一出师，但也只能五年一出师，"王施舍不倦，息民五年，可谓抚之矣"（《左传》昭公十九年）。可见，楚国一直是在稳定和和谐中致力于自己经济和军事实力的提升。

楚庄王是早期道家推崇的代表，以韬光养晦而著称。从贾谊记楚庄王即位后"自静三年"，可看出楚国君主善于运用道家的"雌雄"之术。就治国战略而言，"以屈求伸、不为人先"则是基本的生存战略。春秋时期，诸侯争霸，楚国一直处于争战的最前沿，但它始终持慎重稳妥的方针，从不轻举妄动，一旦看准时机，"蜚将冲天""鸣将惊人"，大国品质尽显无遗，这些就是道家通常所说的"无为而治"政治理想的体现。

道家对楚国军事的影响很大。"老子之言……未尝有一章不属意

1200

于兵也。"①道家思想的许多论述都蕴含有极高的军事学价值，同样深刻地影响着楚国的军事。早期道家思想对楚国军事战争及其战略权谋的影响突出体现在楚庄王提出"止戈为武"论。楚庄王最早提出"夫文，止戈为武"(《左传·宣公十二年》)。从形式上看，这是一个成熟的道家命题，它与老子的"正言若反""天下万物生于有，有生于无……反者道之动"等哲学命题有异曲同工之妙。从内容上看，"止戈为武"通过辩证法的否定之否定原则，揭示战争的目的在于消灭战争，这与《道德经·第三十章》道家"以道佐人主者，不兵强于天下"的基本理念不谋而合。

道家提倡德治。楚庄王全面推行德政主张，形成了一套较为完整的德治理论。一是举贤任德。楚庄王充分认识到人才对于治国的重要性。"其在中蘬之言也，曰：'诸侯自为得师者王，得友者霸，得疑者存，自为谋而莫己者亡。'今以不穀之不肖，而群臣莫能逮，吾国几于亡乎！"(《荀子·尧问》)楚庄王指出，"世不绝贤，天下有贤"(《新书·先醒》)。举贤的关键在于制定正确的策略。为此，他提出"举不失德，赏不失劳"的用人原则，并特别提及"有德者受吾爵，有功者受吾田宅"(《淮南子·缪称训》)，强调有德者才能参与国家的治理。二是以民为本。楚庄王提出，"无德以及远方，莫如惠恤其民而善用之"(《左传·成公二年》)。并身体力行，先后采取了包括清理户口、免除税收的积欠，救济困乏、赦免罪人等在内的"惠民"之举。三是以德附远。楚庄王所言之"德"既指对内执政的"惠恤"之德，亦指对外征伐上的"柔服"之德。他把战争和道德统一起来，提出"武有七德"：禁暴、戢兵、保大、定功、安民、和众、丰财，并在实践中一以贯之。他先后"复国陈，既赦郑伯，班师华元"(《史记·太史公自序》)，为楚国赢得了极高的赞誉，孔子谓："贤哉楚庄王！轻千乘之国而重一言。"(《史记·陈杞世家》)

---

① 唐尧：《老子兵略概述》，载《哲学研究》编辑部编《中国哲学史文集》，吉林人民出版社 1980 年，第 32 页。

CHUNQIU CHUSHI

春秋楚史

（三）

程涛平／著

武汉出版社／版

WUHAN PUBLISHING HOUSE

（鄂）新登字08号

图书在版编目（CIP）数据

春秋楚史：全四册 / 程涛平著. — 武汉：武汉
出版社，2024. 11. — ISBN 978-7-5582-7255-4

Ⅰ. K231.07

中国国家版本馆 CIP 数据核字第 20247632PD 号

春秋楚史（三）
CHUNQIU CHUSHI

著　　者：程涛平

责任编辑：万洪涛

封面设计：刘福珊

出　　版：武汉出版社

社　　址：武汉市江岸区兴业路 136 号　　　　邮　　编：430014

电　　话：（027）85606403　　85600625

http://www.whcbs.com　　E-mail: whcbszbs@163.com

印　　刷：湖北金港彩印有限公司　　　　经　　销：新华书店

开　　本：787 mm×1092 mm　　1/16

印　　张：37.25　　字　数：500 千字　　插　页：5

版　　次：2024 年 11 月第 1 版

印　　次：2024 年 11 月第 1 次印刷

定　　价：780.00 元（全四册）

第 十 五 章

楚共王与晋国
第一次息兵

第一节　楚共王继续以"为郢"为都
（共王元年）

公元前 590 年，楚共王继位。共王是庄王的长子熊审，在《左传》《国语》中作"熊箴"。清华简《系年》十五章："庄王即世，共王即位。"《国语·楚语上》："庄王使士亹傅太子箴"，韦昭注："箴，恭王名。"①即楚共王，又名审，"箴""审"古音同属侵部，音近相通。太子箴即共王熊审，当为庄王群子之嫡长。

"共王"在清华简《系年》中或作"龙王"（十六章简 85）、"糵王"（简 90）。《史记·楚世家》："二十三年，庄王卒，子共王审立。"《春秋会要》："共王，名审，庄王子。鲁成公元年立，在位三十一年，谥曰'共'。"②

楚共王即位后，自称："不榖不德，少主社稷，生十年而丧先君，未及习师保之教训而应受多福。"（《左传》襄公十三年）可见楚共王继位时才 10 岁，"未及习师保之教训"，表明小时候曾经有一段时间未被立为太子，未能享受到太子应得的教育待遇。

据清华简《楚居》，楚共王至康王及嗣子（郏敖）时期一直居于"为郢"：

> ……至龏（共）王、康王、旻（嗣子）王皆居为郢。至需（灵）王自为郢遷（徙）居秦（乾）溪之上。③

---

① 国家图书馆藏宋刻宋元递修本影印《国语》（第三册），国家图书馆出版社 2017 年，第 107 页。

② 王贵民、杨志清：《春秋会要》，中华书局 2009 年，第 15 页。

③ 清华大学出土文献研究与保护中心编，李学勤主编《清华大学藏战国竹简》（壹），中西书局 2010 年，第 181 页。

从文献所记庄王之后的共王、康王和郏敖，三代楚王长期以"为郢"为居住地，不曾迁徙，时间较为明确。即自公元前590年到公元前541年，三代楚王(楚君)皆居"为郢"，历时50年。这50年中楚国一直在外战，无内乱。故楚王未有迁居，则此时应该就是为郢最兴盛之时。

春秋时期，汉水西岸的宜城一带，是楚国的腹心地区。楚共王之所以继续以此为都，主要原因有三点：一是优越的地理环境。宜城地处开阔的襄宜平原一带，这里地势平坦、土壤肥沃，东、北两面是汉水，西、南临近鄢水(今蛮河)，河流交汇，水源充足。同时在襄宜平原的东、北两侧有大洪山为屏障，西面背靠茫茫荆山，三面环山，一面临水，形成一道天然屏障，可谓易守难攻。二是得天独厚的战略位置。襄宜地区北接南阳盆地，东临淮汝，南抵江汉，西依荆山，位于江、汉、淮三大流域的十字路口，是一处重要的交通枢纽。三是有良好的地缘政治环境。从当时的周边形势来看，楚国灭掉了南阳盆地申和吕两个强国，以及汉水北岸的邓等国，降服了随枣走廊强大的随国，宜城一带再无较大的国家或部族能够与楚国竞争，楚国拥有绝对的优势。蒋秀林认为：选择宜城一带定都，可以充分发挥汉水交通便利的优势，继续扩张。[①]

笪浩波提出：文献中有一事的记载令人费解。据《左传》襄公十四年载："……楚子囊还自伐吴，卒。将死，遗言谓子庚：'必城郢。'"楚令尹子囊死于楚康王元年，若依子囊言，共王在为郢的31年中，为郢都没有城垣。这显然是不可能的，庄王时有没有城垣不得而知，但共王居于为郢长达31年之久，不可能不筑城垣。因为楚国的都城都是有城垣的，如武王时期因为免郢容不下更多的人，才拓展了疆郢。免郢若无城垣就谈不上能装下多少人，故当时应该有了城垣。共王在为郢居31年，也应该修有城垣。若此，为郢有城垣最迟应始于春

---

① 蒋秀林：《春秋战国楚都研究》，陕西师范大学硕士学位论文，2018年，第39页。

秋中晚期。① 笪浩波的疑问是有道理的。为郢在这 50 年中，必然经过历代楚王不断地增修，日趋完善。

第二节　与巴秦友好，及晋齐鞌之战后楚齐结好
（共王二年）

巴人助楚灭庸国，使得巴国开始由汉水上游安康一带向川东嘉陵江流域、长江两岸发展。由于他们在文化上占有优势，取得了对鄂西、重庆、川东等区域族群的统治权，很快就建立起了一个酋邦似的、地域辽阔的巴国。《华阳国志·巴志》载，巴国"东至鱼复，西至僰道，北接汉中，南极黔涪"，即今东到奉节，西到宜宾，北接陕南，南包重庆乌江中下游地区。

从此之后，巴、楚关系十分密切友好，王室还通婚结为亲戚。《华阳国志·巴志》载："楚共王立，纳巴姬，巴亦称王。"此事也见于《左传》昭公十三年的记载："初，共王无冢適，有宠子五人，无適立焉。乃大有事于群望，而祈曰：'请神择于五人者，使主社稷。'乃遍以璧见于群望，曰：'当璧而拜者，神所立也，谁敢违之？'既，乃与巴姬密埋璧于大室之庭，使五人齐，而长入拜。"巴姬的得宠，从一个侧面也反映出楚国对巴国的倚重，也反映出巴楚联盟的牢固性，因为楚国要称霸中原，就必须要交好巴国，保障后方的安全。

楚庄王末年，齐鲁交恶，鲁向楚求援。事不凑巧，逢上楚庄王去世，楚国爱莫能助。鲁求援不成，不得已，求助于晋。楚共王既立，见鲁已背楚从晋，楚乃与齐结好，以期与晋争雄。

晋国后方不稳，一直有赤狄之忧。赤狄是春秋时期一个很强盛的部族，由陕西入晋，再从晋国的西部渐次向东转移，居于今山西东南

---

① 笪浩波：《从楚王事迹看"为"郢之所在》，载楚文化研究会编《楚文化研究论集》（第十一集），上海古籍出版社 2015 年。

部太行山区。到了晋文公时代，晋版图扩展到了南阳之后，赤狄便处于晋的包围之中，与晋的矛盾自然多起来。是时赤狄开始分裂为潞氏（今山西省潞城东北四十里）、甲氏（今山西省长子县）、留吁（今山西长子、屯留附近）、铎辰（今山西长治市一带）、廧咎如（一说在今太原附近，一说在今晋东南），其中潞氏最盛。晋成公时代，楚国势力渐盛，开始北伐晋盟国郑，长期专政的赵盾刚死，晋国为对付楚、秦，无力北顾。赤狄乘机行动，早在公元前603年秋，赤狄伐晋，围怀（今河南省武陟县西南）和邢丘（今河南省温县东）。晋亚卿荀林父说："使疾其民，以盈其贯。将可殪也。"（《左传》宣公六年）其意是使赤狄恶贯满盈后再一举灭之，其实这是晋无力的托辞而已。次年，赤狄乘晋与楚争夺郑、陈之际，再次侵晋，掠走了向阴（今河南省济源南）的庄稼。面对赤狄的威胁，晋人的反应是，先争取追随赤狄的白狄诸部，如鲜虞、肥、鼓之属。公元前598年，新执晋政的郤成子（郤缺）主动与白狄众部议和。这样，在暂缓后方的矛盾后，第二年晋人挥戈南下，与楚争雄，爆发邲地之战。晋国亚卿先縠在邲战中自行其是，招致晋军的失败。在众人的指责声中，不思悔改，反而召赤狄伐晋。在先縠的怂恿下，狄兵竟到了离绛都不远的清源。先縠的行为激起公愤，于是晋景公降罪，杀掉先縠，灭其族，以绝内患。鉴于赤狄屡屡侵袭晋国，对晋人构成严重威胁，晋成公为了集中精力对付秦、楚，采取和戎政策，将自己的长女伯姬嫁给潞氏的首领潞子婴儿为其夫人，当然这只是一种权宜之计。公元前594年，潞氏的执政酆舒，骄横跋扈，他看到楚国新胜晋国，并继续北上，制服了宋、郑、陈等国，便更加猖狂，无视晋国，杀死了伯姬，并伤了伯姬的丈夫潞子婴儿的眼睛。《左传》宣公十五年记，针对此事，晋人进行了廷议，多数人畏惧酆舒，惟大夫伯宗认为："必伐之。狄有五罪，俊才虽多，何补焉？"晋景公采纳了伯宗的意见，命正卿荀林父率大军讨伐赤狄潞氏。六月癸卯（十八日）荀林父在曲梁（今山西省潞城西十里，今名石梁）大败潞氏，一举将其歼灭。酆舒逃往东方卫国，卫尚附晋，执酆舒送给晋人，晋人立即杀之。潞氏是晋国的一大隐患，曲梁之役灭掉潞氏，解除了晋国后方的一大威胁。所以晋景公赏"桓子(荀林父)狄臣千室"，同时赏谏保林父有功的士伯(士贞伯、士渥浊)"瓜衍之县"(今山西省孝义北十里瓜城)。晋景公说："吾获狄土，子之功也。微子，吾丧伯氏(指荀林父，其字伯，故称之'伯氏')矣。"

在晋国全力对付潞氏的时候，西方的秦国趁机伐晋。秦军偷袭晋国河西的辅氏(今陕西省大荔县东不足二十里)重地。是时魏武子(魏举之子，又称魏颗)驻守河西，他率其属下与秦军奋战，是为辅氏之役。此战晋军得到当地乡民支持，"结草以亢(遮)杜回"。秦国著名的"力人"杜回被擒，成了晋国的俘虏。晋景公督率晋军主力西渡黄河，刚到雒邑(今陕西省大荔县之东南)，魏颗已打败了秦军。晋辅氏之役的胜利，有力地抑制了秦人对晋国西线的袭扰。

晋国在除掉潞氏及战胜秦国后，掉转头对付齐国。公元前599年，晋景公继位。经历灵公、成公两朝，晋国的地位已经大大不如晋文公在位时。在晋景公时期，晋国可以说是四面皆敌。西面，由于晋襄公在崤函之地伏击了秦军，导致了秦国自此铁了心与晋国为敌，为此甚至不惜与楚国联盟。这是晋国的西面之敌。晋国的北面是白狄，白狄见于文献记载不多，战国时的中山国就是白狄中的鲜虞氏建立的。不过白狄当时只是侵扰晋地，相对来说危害比较小。东面盘踞的是赤狄。赤狄曾于公元前629年侵入卫国黄河北岸，把卫国打得迁都到黄河南岸的帝丘(今河南省濮阳附近)，占据了卫国的黄河北岸。自此赤狄算是在晋国要地扎了根。南面的敌人就是楚国。虽然晋、楚两国没有接壤，但是中原各诸侯国皆畏惧楚国，中原地区就是两国较量并交战的地方。

在邲之战失利后，晋景公痛定思痛，决定改变争霸策略。公元前594年，晋景公六年，接受士会的建议，晋景公决定先平定赤狄，当年便派遣荀林父灭了赤狄的潞氏。第二年，晋景公又命士会灭赤甲氏、留吁诸族，这些族群均属赤狄，在今山西屯留、黎城一带。由此，卫国被赤狄侵占的黄河北岸皆归于晋国。

内忧既除，晋国便全力应付外患。晋国的外患向来只有楚国。当时只有晋、楚、秦、齐四国为大国。中原诸国经历多次晋、楚争霸，终于明白，自己只能做墙头草，哪边势力大就往哪边倒。

晋、楚两国争霸，齐国并未参与，总是乘机派攻兵打鲁、卫两国，热衷蚕食土地。鲁国是楚国的盟友，若齐国伐鲁，楚国必会救鲁。开始，晋、楚对峙，齐国还能安心侵扰鲁国。但楚国打败晋国之后，齐国怕得罪楚国，不敢继续侵鲁，并积极与楚国结盟。楚国与齐国结盟，鲁国没办法，只能投靠晋国，指望晋国帮助抵挡齐国。

公元前589年，晋景公十一年，齐顷公攻打鲁国，鲁国向晋国求救。此时晋景公已经明白了一个道理——诸国的盟约已经不具有约束力，只有强大的军事实力才能保证同盟国团结于自己周边，不至于背叛自己。晋国伐齐不仅能彰显晋国武力，而且能够打断齐、楚不坚定的联盟。夏，晋国出动兵车800乘救鲁伐齐，晋、齐之战爆发，此次晋师出动的兵车比城濮之战还多100乘。晋国元帅为郤克，郤克是满怀着怨恨去伐齐的，因为在三年以前，郤克作为晋使，和鲁使、卫使一起谒见齐顷公。郤克驼背，鲁使跛脚，卫使独眼，齐顷公做了一个荒唐的安排，派一位驼背的官员接待晋使，跛脚的官员接待鲁使，独眼的官员接待卫使。齐顷公母亲萧同叔子听说这等奇事，偷偷地躲在楼上看稀奇，看到高兴处笑出声来。郤克听见，觉得受辱，大怒，发誓非报复不可。晋救鲁伐齐，郤克认为报复的机会到了。郤克领中军，士燮为上军佐，栾书率下军，韩厥为司马，出兵伐齐以援鲁、卫两国。鲁、卫、曹三国各派军参战，由鲁国作向导。晋军在莘(今山东莘县北)追上齐军，军队到靡笄山(今山东济南千佛山)下，第二天在鞌(今济南西)与齐交锋，双方战斗激烈。齐顷公早有准备，声言打完仗再吃早饭，登上战车冲向晋军。双方箭如雨下，晋主帅郤克为箭所伤，血流到鞋上，但仍擂鼓不断。郤克战车的御者解张神勇异常，在开始接战时，箭就射穿了他的手和肘，他折断箭，继续驾车，左手握着马缰，右手击鼓，马不停蹄地前进。晋军见主帅冲锋在前，就一起跟着主帅的战车冲上去，齐军抵挡不住，大败。晋军一鼓作气追击齐军，绕着华不注山（今山东济南东北）追了三圈。晋将韩厥死死盯住齐顷公，拼命追赶，齐顷公的车左是神射手，连发数箭，将晋将韩厥的车左和车右先后射死，韩厥毫不畏惧，仍追赶不休。齐顷公的车右逢丑父见情况紧急，不顾危险，舍身救主，与齐顷公互换了位子，让齐顷公乘副车逃跑。韩厥追上齐顷公的战车，却只俘获了逢丑父。因逢丑父在关键时刻能够勇敢地保护齐顷公，晋人钦佩，没有杀他。齐顷公逃脱后，从徐关一口气退到国都临淄。晋军乘胜追赶齐军，从丘舆（今山东青州西南）进攻马陉（今青州西北）。齐顷公承认战败，派国佐宾媚人向晋等诸胜国纳贿割地求和。晋人不答应，郤克一定要齐顷公的母亲萧同叔子作人质，并要齐国内的田垄都改为东西走向，方便晋再次攻齐。这些苛刻的要求后在鲁、卫两国求情下没有执行，晋国允许议和，在爰娄（今山东临淄西）晋、齐结盟。晋国应鲁国的要求，逼齐国将原来侵占的鲁地汶阳还给鲁国。鲁成公大喜，在上鄍（今山东阳谷）拜会晋军，送给晋军将士不同等级的车服。晋败齐后，国势重振，晋景公在中原复霸。

是年秋，楚国为了援助齐国，准备讨伐鲁国。出师以前，派申公屈巫到齐国访问，以巩固与齐国的友谊。从此，楚、齐两国交好。

第三节　争夺美妇夏姬，楚巫臣叛楚奔晋
（共王二年）

晋齐鞌之战，齐国大败，被迫将夺得鲁国的汶阳之地还给鲁国，颜面尽失。走投无路之际，面对鲁、晋交好，齐国唯一的办法就是与楚国结好，以抗衡鲁国与晋国的结合。正是在这种局面下，齐国对楚国派出的巫臣使齐，格外欢迎。但谁也没有料到，巫臣代表楚国出使

齐国，却一去不回。巫臣曾为申县县公，故文献习称"申公"。

清华简《系年》十五章："（楚共）王命申公聘于齐，申公窃载少盍以行，自齐遂逃之晋。"

楚巫臣使齐，一反常态，带着亲属和细软同行。原来，他要利用这次出访的机会，到郑国娶到心仪已久的美妇夏姬，彻底背叛楚国，一去不复返了。

夏姬的出身高贵，她是郑国国君郑穆公的女儿。随着夏姬年龄渐长，郑穆公开始张罗起了女儿的婚事。按照《左传》的记载，夏姬初嫁郑国子蛮。子蛮死，嫁陈国大夫夏御叔。大概是御叔食采于夏，以夏为氏，她的母家郑国姓姬，按春秋女子的称谓习惯，在其母家姓（姬）前加上丈夫的姓（夏），故称其为夏姬。成婚不久，夏姬就生下了一个大胖小子，取名夏徵舒。夏御叔染病而亡，夏姬年纪轻轻便守寡，由于长得实在太过漂亮，被陈国大夫孔宁与仪行父看上，二人常去地名为"株林"的夏姬家鬼混，为求安稳，又把陈国国君陈灵公给拉了进来。

《诗经·陈风·株林》绘声绘色地描绘了陈灵公和孔宁、仪行父三人色欲熏心直奔夏姬所住株林鬼混的场景："胡为乎株林？从夏南！匪适株林，从夏南！驾我乘马，说于株野。乘我乘驹，朝食于株！"注家的解释是"《株林》，刺灵公也。淫乎夏姬，驱驰而往，朝夕不休息焉"。

后来，奸情被其子夏徵舒发觉，夏徵舒一怒之下，杀死陈灵公，犯下了弑君之罪。楚庄王借口讨伐弑君之罪，举兵杀进陈国，杀死夏徵舒，随即在如何处理战俘夏姬的问题上，楚庄王与数位楚大臣的意见发生分歧。《左传》成公二年记载了巫臣为争夺夏姬处心积虑、精心谋划，最后叛楚的全过程：

> 楚之讨陈夏氏也，庄王欲纳夏姬。申公巫臣曰："不可。
> 君召诸侯，以讨罪也；今纳夏姬，贪其色也。贪色为淫，淫

为大罚。《周书》曰：'明德慎罚。'文王所以造周也。明德，务崇之之谓也；慎罚，务去之之谓也。若兴诸侯，以取大罚，非慎之也。君其图之！"王乃止。子反欲取之，巫臣曰："是不祥人也。是夭子蛮，杀御叔，弑灵侯，戮夏南，出孔、仪，丧陈国，何不祥如是！人生实难，其有不获死乎？天下多美妇人，何必是？"子反乃止。王以予连尹襄老。襄老死于邲，不获其尸，其子黑要烝焉。巫臣使道焉，曰："归！吾聘女。"……

及共王即位，将为阳桥之役，使屈巫聘于齐，且告师期，巫臣尽室以行。申叔跪从其父，将适郢，遇之，曰："异哉！夫子有三军之惧，而又有《桑中》之喜，宜将窃妻以逃者也。"及郑，使介反币，而以夏姬行。将奔齐，齐师新败，曰："吾不处不胜之国。"遂奔晋，而因郤至，以臣于晋。晋人使为邢大夫。

夏姬是陈国大夫夏徵舒之母。楚伐陈，杀夏徵舒，俘夏姬。庄王要娶她，因屈巫谏庄王不可"贪色"而止。子反也想娶她，因屈巫以其人"不祥"相劝而止。庄王指定夏姬嫁给连尹襄老。襄老在邲之战中战死，夏姬遂被襄老之子黑要"烝"了。由此可见夏姬的战俘身份，完全身不由己。

《左传》只交代夏姬被襄老之子黑要"烝"，便没有下文。按照当时的习惯法，夫死从子，黑要便成为夏姬的新丈夫，故黑要其人对于夏姬而言甚为关键。惜墨如金的清华简《系年》十五章却对黑要有重要交代："黑要也死，司马子反与申公争少盂，申公曰：'是余受妻也。'取以为妻。"

原来黑要也死了，夏姬又一次成了"无主"之妇，由此司马子反与巫臣又展开对夏姬的新一轮的争夺。屈巫不再遮遮掩掩，而是公开宣称娶夏姬，并正式履行婚姻仪式，娶夏姬为妻。《系年》的记载与《左传》明显不同，一是《系年》明确说黑要已死；二是《系年》明确了巫臣与夏姬的夫妻关系，《左传》却是巫臣暧昧地向夏姬许愿："归！吾聘汝。"要夏姬回到娘家郑国后才娶她。《史记·晋世家》则记为"楚申公巫臣盗夏姬以奔晋"。比较之下，《系年》记载较为合理。巫臣只有成为了夏姬的丈夫，才有追讨襄老尸体的责任和义务，才可以堂而皇之地代表楚国通过郑国联系以晋俘知罃还襄老的尸体。《左传》记："申叔跪从其父将适郢，遇之，曰：'异哉！……宜将窃妻以逃者也。'"窃妻之说佐证了《系年》记载巫臣已娶夏姬说法的正确。

在传世典籍有关夏姬的记载中，最令人困惑的是她的年龄。如果夏姬先后嫁给子蛮和御叔后，又生了夏徵舒，而且夏徵舒已经长大成人，任陈国之卿士，那么此时的夏姬应当已经是 30 岁至 40 岁了，这样一个中年女子，竟能让陈、楚等国国君及卿大夫们为之神魂颠倒，确实是不可思议。而申公巫臣费尽心机和她私奔晋国，是在二婚十年之后，此时的夏姬已经接近 50 岁，两人到晋国之后还生了女儿，这些都让人觉得无法理解。对此，刘向《列女传》只好将此归于夏姬本人有媚术："（夏姬）内挟伎术，盖老而复壮者，三为王后，七为夫人，公侯争之，莫不迷惑失意。"这种解释当然是十分牵强的。

清华简《系年》中也有关于申公巫臣和夏姬的记载，与传世文献相比，显然要合理得多。如果把清华简《系年》的有关记载与传世文献相比较，可以看出二者之间有较大的不同，其中最关键的是以下几个方面：第一，夏姬并非御叔之妻，而是夏徵舒之妻。这一历史真相可以说是两千多年来人们从来没有想到的。但是只要稍加思考，就会发现这一解释非常合理。因为郑穆公生于公元前 649 年，他在位的时间是公元前 627 年至公元前 606 年。作为郑穆公的小女儿，夏姬的年龄显然并不会太大，而公元前 599 年夏徵舒不仅能射杀陈灵公，而且还能篡取陈国的君位，自立为君，说明夏徵舒本人已是一个血气方刚的年轻人。从时间上来说，夏姬绝不可能会有夏徵舒这样一个儿子，反而是夏徵舒的年纪要比夏姬更大一些。因此，夏徵舒作为夏姬的丈夫，其身份显然是再合适不过的。如果陈灵公被杀时，夏姬只不过是一个 20 岁左右的少妇，那么后来历史的发展就全部非常合理了。第二，楚庄王伐陈时，申公巫臣曾去联系秦国共同出兵，而这一点在传世文献中并无记载。《左传》成公二年载申公巫臣劝楚庄王不要娶夏姬时，曾说"君召诸侯，以讨罪也"，可见楚庄王伐陈时是召集其他诸侯国共同出兵的，但是当时有什么国家参加了伐陈的军事行动，传世文献中并没有说明。而根据清华简《系年》我们才得以了解，这次伐陈之举，实际上是与秦军共同行动的，这对传世文献是一个很重要的补充。第三，楚庄王杀死夏徵舒之后，曾把夏姬赐给申公巫臣。实际上这一点在《国语·楚语上》也有反映："庄王既以夏氏之室赐申公巫臣。"[①]但是由于《左传》与此记载全然不同，学者们对《国语》的说法多采取怀疑态度。从清华简《系年》中我们才知道，楚庄王本来就已经将夏姬赐给了申公巫臣（楚庄王的这一举动很可能是申公巫臣成功地让秦国出兵而对他的犒赏），只是由于连尹襄老横刀夺爱，才使申公巫臣当时未能如愿。第四，黑要并非被子反、子重所杀。根据清华简《系年》我们可以知道，楚共王即位后不久，黑要就已去世，因此他并非如《左传》所言，是被子反、子重所杀。这一点也很能启发我们，因为按照《左传》所言，夏姬是以去接回连尹襄老的尸首为由回到了郑国，如果黑要当时还活着的话，作为已经霸占了夏姬的黑要竟然不与夏姬一起赶赴郑国，接回自己父亲的尸首，这显然也是不合情理的。

按照《左传》成公二年所记，巫臣千方百计讨要襄老的尸首，并向楚王提出通过郑国向晋以俘虏知罃交换襄老之尸的主意：

> 襄老死于邲，不获其尸，……（巫臣）曰："尸可得也，必来逆之。"……（楚）王问诸屈巫。对曰："其信！知罃之父，

① 徐元诰：《国语集解》，王树民、沈长云点校，中华书局 2002 年，第 492 页。

成公之甥也，而中行伯之季弟也，新佐中军，而善郑皇戌，甚爱此子。其必因郑而归王子与襄老之尸以求之。郑人惧于邲之役而欲求媚于晋，其必许之。"

巫臣的谋划可谓周密，这就有了去夏姬娘家郑国的理由。以后事情的发展皆在巫臣的谋划之中。巫臣先是出使郑国，郑国当然是积极效力，以俘换尸成功。《国语·楚语上》："恭王使巫臣聘于齐，以夏姬行，遂奔晋。"此后巫臣出使齐国，"尽室而行"，在郑国接走夏姬，未去齐国，却投奔晋国，成为晋国邢大夫，叛楚行径暴露。

《左传》成公二年又记："子反请以重币锢之，王曰：'止！其自为谋也则过矣。其为吾先君谋也则忠。忠，社稷之固也，所盖多矣。且彼若能利国家，虽重币，晋将可乎？若无益于晋，晋将弃之，何劳锢焉？'"巫臣的情敌司马子反建议厚赂晋国，以求禁锢屈巫终身，共王不许。共王说：屈巫为自己盘算是错了，他为先君谋划（以俘换尸）却是忠诚的。假如他对晋国有用，晋国是不会遵从我们的意图去禁锢他的；假如他对晋国无用，我们又何必让晋国去禁锢他呢？这时，共王年仅十二，他对屈巫叛楚入晋事件所持的态度，显示了他智慧有余而见识不足的素质，以及宽厚有余而刚猛不足的性格。屈巫在执行公务时公然带着亲属和细软，表明在庄王去世后楚国的老臣骄狂而法纪松弛了。

但是，以后矛盾升级，楚国的王公贵族疯狂报复巫臣，令尹子重和司马子反联合沈尹和王子罢，杀死了屈巫的族人子阎和子荡，以及清尹弗忌，瓜分了他们的田宅和仆妾，大臣如此胡作非为，年幼的共王无可奈何。屈巫在晋国得知，写信给子重和子反，说一定要让他们疲于奔命而死。矛盾的激化，使得巫臣从此死心塌地地效忠晋国，竭尽所能报复楚国，让楚国后来在与吴国的争战中蒙受了巨大的损失。

春秋时期贵族妇女并无后世的贞节观念。夏姬一生，阅历丰富，出嫁以后，经历了陈国的国破家亡，亲人被杀，自己被俘，像畜生一样被楚王赐人，又经历了楚国与晋国之间的残酷战争，贵族之间的互相残杀，如同漂萍，身不由己。好在最后能够随巫臣在晋国相夫教子。她的绝世美貌先后让陈国灭亡，让楚国贵族内讧，促使楚才外流，让晋国受益，让楚国一蹶不振。围绕夏姬所发生的种种事件，改变了陈、楚、晋、吴等国的政治与外交，对于春秋中后期的历史产生了深远的影响。《列女传》称"夏姬好美，灭国破陈，走二大夫，杀子之身，殆误楚庄，败乱巫臣，子反悔惧，申公族分"，《左传》则称由于夏姬的缘故而"杀三夫、一君、一子，而亡一国、两卿"，陈、楚等国的国君、卿大夫们都沉迷于她的美色之中不能自拔，这在春秋历史上是罕有其匹的。

夏姬在随巫臣逃奔到晋国以后，有关她所有的艳闻都戛然而止，她在晋国过得平凡，洗尽铅华，安为人妻，后来还为巫臣生下了一个女儿，此女长大后嫁给了晋国贤臣叔向。史载晋国贤臣叔向青年时代，其母欲为他与其表妹订婚，叔向认为父亲多妾媵而少庶子，故不愿娶之。后来在晋平公的主持下，娶了楚叛臣申公巫臣和夏姬所生之女为妻，后生下儿子曰伯石，因叔向又称杨肸，以杨为氏，故又称杨石，亦称杨食我。[1] 公元前 514 年，杨食我因为参与作乱，整个家族都被晋顷公诛杀，叔向的家族因此灭亡，后人也把这个结局归罪到了夏姬身上。

巫臣还有一个儿子狐庸，曾担任吴国"行人"一职。《左传》成公七年："巫臣请使于吴，晋侯许之。吴子寿梦说之。乃通吴于晋。……置其子狐庸焉，使为行人于吴。"郑昌琳按，使其子狐庸为吴行人，非巫臣为行人也。[2] 可谓幸福满满。夏姬其实是春秋时期贵族妇女的典型。

巫臣身为楚国贵族，为了夏姬苦苦等待多年，其智谋与才华堪称

---

① 李孟存、李尚师：《晋国史》，山西古籍出版社 1999 年，第 258 页。
② 郑昌琳：《楚国史编年辑注》，湖北人民出版社 1999 年，第 208 页。

楚国一流。最后为了夏姬甘愿舍弃宗族、祖国、财产。无法否认巫臣与夏姬之间的感情，真的就是爱情。

第四节　楚鲁蜀之盟及裁判郑许（共王二至五年）

齐国在鞌之战中败于晋国，求助于楚。公元前 589 年，楚共王二年，楚共王起全国之师，联合郑、蔡、许等国攻打晋国的属国卫、鲁，替齐复仇。楚令尹子重对年幼的楚共王说："君弱，群臣不如先大夫"，提出"师众而后可"的策略。于是，"大户、已责、逮鳏、救乏、赦罪"，这些政策的执行调动了国人参战的热情，增加了军队内部的凝聚力，"是行也，晋避楚，畏其众也"。子重是先朝老臣，懂得恤民方能用民，出兵之前，清理户口，免除国人对政府的债务拖欠，施舍至于鳏夫，救济生活困难者，大赦刑徒。然后，连同王卒在内，全军出动，郑、蔡、许三国合兵从征。

楚联军声势浩大，楚国出动连楚王护卫军在内的全部军队。共王因年幼不行，但他的戎车由将军彭名居中执辔，随军而出。蔡景公和许灵公比共王大几岁，都亲历戎行，分别坐在彭名的左右两侧。彭名驾驭战车，蔡景公为车左，许灵公为车右，先进攻卫国，随后在鲁国的蜀邑（今山东泰安西）进攻鲁军。很快攻至鲁国的阳桥（今泰安西北）。晋人见楚师强大，不敢发兵救鲁、卫。鲁、卫见势不妙，无力抵抗，乃向楚乞和。

鲁、卫两国向楚求和，鲁国国卿孟孙带着礼物来到楚军，又以成公子公衡作为人质，请求与楚结盟，楚答应媾和。鲁国献工匠给楚国，执斫（木工）、执针（缝纫工）、织纴（纺织工）各一百人。十一月，楚邀请鲁、蔡、许、秦、宋、陈、卫、郑、齐、曹、邾、薛、鄫等共十四国在蜀邑会盟。这是春秋以来参加国最多的一次盟会。楚国能召开这样大规模的盟会，并在这次行动中使晋军畏惧而避开，证明了楚的国力强大，声势复振。

楚国在鲁地召开的蜀之会是成功的，但是会后有些工作没有跟上。张正明评论：子重安于现状，没有在蜀之会后加固楚国在中原的阵地，扩大楚国在中原的影响，对中原政局的演变趋向缺乏警觉性和洞察力，而且不能及时而适度地作出反应。公元前587年，楚共王四年，鲁成公朝晋景公，鲁大夫季文子说："《史佚之志》有之曰：'非我族类，其心必异。'楚虽大，非吾族也，……"这是叛楚从晋的趋向，起初犹如暗流，但不久就成为明流了。[①]

在楚召集蜀地会盟之后的第二年（前588年），晋邀合鲁、宋、卫、曹等国伐郑，以报复其在邲之战中背晋之事。晋联军驻在郑国西部的伯牛（今址无考），遂东进，不料郑国早有准备，预知晋军将从东边进攻郑国，郑公子偃在东部设伏，晋联军误中了郑人的埋伏，于丘舆（郑地东部）被击败。郑国高高兴兴地派人到楚国去献俘。

为了缓和与楚的矛盾，晋国不得已，按照以前巫臣通过郑国做出的约定，释放了邲之战中的俘虏楚公子穀臣，归还了连尹襄老的尸体，同时要求楚释放邲战俘虏晋将知罃。

楚国放归晋俘知罃时，知罃的态度强硬。《左传》成公三年记楚共王送知罃曰："子其怨我乎？"对曰："二国治戎，臣不才，不胜其任，以为俘馘。执事不以衅鼓，使归即戮，君之惠也。臣实不才，又谁敢怨？"王曰："然则德我乎？"对曰："二国图其社稷，而求纾其民，各惩其忿，以相宥也，两释累囚以成其好。二国有好，臣不与及，其谁敢德？"王曰："子归，何以报我？"对曰："臣不任受怨，君亦不任受德，无怨无德，不知所报。"王曰："虽然，必告不穀。"对曰："以君之灵，累臣得归骨于晋，寡君之以为戮，死且不朽。若从君之惠而免之，以赐君之外臣首；首其请于寡君，而以戮于宗，亦死且不朽。若不获命，而使嗣宗职，次及于事，而帅偏师，以修封疆，虽遇执事，其弗敢违。

---

① 张正明：《楚史》，湖北教育出版社1995年，第163页。

其竭力致死，无有二心，以尽臣礼，所以报也。"楚共王由此感到"晋未可与争"，"重为之礼而归之"。这表明晋、楚双方势均力敌，两国仍有和平的可能。

晋国的背后，始终存在赤狄的隐患。同年秋，晋景公派郤克与卫孙良夫率师讨伐了赤狄的余部廧咎如，廧咎如败溃。赤狄至此尽灭。

晋国灭赤狄余部后，晋景公十二年，公元前588年，又扩编上、中、下和新上、中、下六军。《左传》成公三年"晋作六军"，即在原来的三军基础上又扩充了新三军，将全国军队扩充为六个军。《年表》《齐世家》《晋世家》俱作"六卿"，误。韩厥为新中军将，赵括佐之；巩朔为新上军将，赵穿佐之；荀骓(《晋世家》索引说其谥号"文子")为新下军将，赵旃(《晋世家》误作韩穿)佐之。晋国军队编制达到了顶峰。景公这样做的原因有二：其一，为适应与楚争霸的需要，建立一支强大的军事力量；其二，为了"赏睾战之功"，激励群臣，报效国家。

齐顷公慑服于晋军威，屈尊赴晋朝见晋景公，欲尊晋景公为王，后又嫁齐女于晋。[①]

公元前587年冬，郑国派公孙申领兵去占领许国的土地，被许击败，于是郑悼公就兴师讨伐许国，占领了钼任、冷敦的土地。晋国出兵攻郑救许，攻占了氾、祭二地。楚派兵救郑，郑悼公和许灵公在楚帅子反处争讼，子反不能判断，让他们到楚王处判别。第二年许灵公抢先在楚国告了郑，子重以为许有理而郑无理，未经深思熟虑，便扣留了郑使皇戌和子国，由此，把郑推进了晋的怀抱。郑悼公到楚国没有胜诉，回国后就派遣公子偃去晋求和，郑、晋两国很快在垂棘(今山西潞城北)结盟。晋人在楚人不经意之时，迅速展开了有效的外交活动，这年冬，晋国邀集齐、鲁、宋、卫、郑、曹、邾、杞等国在虫牢(今河南封丘北)会盟，以显示晋的国威。

顾德融、朱顺龙评论："蜀和虫牢之盟，中原诸侯两边都参加，

---

① 李孟存、李尚师：《晋国史》，山西古籍出版社1999年，第168页。

说明他们夹在晋、楚两强之间只能看风使舵，也反映晋、楚处于相持之势，这为以后弭兵的出现提供了可能。"[1]

第五节 晋楚绕角之役(共王六年)

晋、郑垂棘结盟，郑国又积极参加晋国发起的虫牢之会，完全投入到晋国的怀抱，引起楚国的不满。亲晋的郑悼公于当年六月死去之后，楚人借机伐郑。楚共王六年，《左传》成公六年："楚子重伐郑，郑从晋故也。"

郑国赶紧向晋国求救，晋国这次反应很快，晋景公尽使六军出师救郑。栾书将中军，荀首(知庄子)佐之；荀庚(中行宣子)将上军，士燮(范文子)佐之；郤锜(郤克长子，亦称驹伯)将下军，赵同佐之；韩厥(献子)将新中军，赵括佐之；巩朔将新上军，韩穿佐之；荀骓将新下军，赵旃佐之。晋军救郑，在郑地绕角(在今河南省鲁山东南)与楚军相遇，双方虎视眈眈，晋师胆怯，准备撤军，这时从楚国出奔晋国的析公赶紧制止，说，楚师军心不稳，容易受到干扰，如果多加擂鼓助威，白天如此，半夜也如此，楚师一定会逃跑。晋人采纳了析公的建议，果然奏效，楚师经不起骚扰，很快逃跑了。

楚师逃跑之后，晋师乘胜前进，以蔡国长期跟随楚国，便决定顺路进攻蔡国，此时子重率领的中央军已经回国，楚国接到蔡国遭袭的警报，因蔡国地近方城，楚国派出楚公子申、公子成以申、息之师就近救蔡，楚师"御诸桑隧"，严阵以待。(桑隧之地，杜预注："汝南朗陵县东有桑里，在上蔡西南。")

面对楚国的防御，晋师内部发生争执，晋将赵同、赵括欲战，请示于中军主将栾书，栾书准备答应，但荀首、士燮、韩厥反对："不可。吾来救郑，楚师去我，吾遂至于此，是迁戮也。戮而不已，又怒

---

[1] 顾德融、朱顺龙：《春秋史》，上海人民出版社 2001 年，第 124—125 页。

楚师，战必不克。虽克，不令。成师以出，而败楚之二县，何荣之有焉？若不能败，为辱已甚，不如还也。"李孟存、李尚师分析："大概是认为战场离晋太远，在楚人国门口打仗对己不利，栾书采纳了后者的意见而退兵。"①晋未能得手，随即袭击沈国，沈国仓促应战，因实力悬殊，沈国国君在战场上被捉，晋师获胜。

晋师没有与楚国的申、息之师决战，是因为桑隧之地邻近楚国的方城。方城建成以来，成为楚国的屏障，一次又一次瓦解了晋国和其他诸侯国的进攻。公元前585年（楚共王六年）的这一次，晋栾书率大军先救郑，后攻蔡，也是只到方城塞之外的桑隧之地，不得不停步。楚、晋两国，暂时没有爆发大的战争。

在楚晋僵持期间，晋国发生了一件大事，迁都到新田，这是靠近盐都解池的地方，使得晋国国力更加强大。《左传》成公六年："晋人谋去故绛。诸大夫皆曰：'必居郇、瑕氏之地，沃饶而近盐，国利君乐，不可失也。'"杨伯峻注："晋从此后迁都新田，亦称新田为绛，因称故都绛为故绛。郇在解池西北，瑕在解池南。面积甚大，不可能全部划为晋国都城，此云'居郇、瑕之地'，盖择其一部也。盐即盐池，今曰解池。《穆天子传》'至于盐'，《说文》'盐，河东盐池'，均可以为证。"②晋国从此因盐而富，国富兵强，这是晋国对于楚国潜在优势。

楚国见晋师不战而退，心中窃喜，到了第二年秋，楚共王七年，楚又讨伐郑国。冬，晋与齐、鲁、宋、卫、郳、曹、莒、杞合兵救郑。《左传》成公七年："秋，楚子重伐郑，师于汜。"（杨伯峻注③：僖二十四年《传》与此《传》之汜是南汜，在河南襄城南。）

郑国此时为晋的属国。清华简《系年》第十六章简85记录楚国发兵讨伐郑国：

---

① 李孟存、李尚师：《晋国史》，山西古籍出版社1999年，第169页。
② 杨伯峻：《春秋左传注》（修订本），中华书局1990年，第827—828页。
③ 杨伯峻：《春秋左传注》（修订本），中华书局1990年，第833页。

楚龙(共)王立七年，命(令)尹子襄(重)伐奠(郑)，为
沭之㠯(师)。①

相应文献与《系年》的记载一致，《春秋》成公七年："秋，楚公子
婴齐帅师伐郑。"

面对楚国的进攻，晋国立即召集诸侯国商议救郑。《系年》第十六
章简85、86：

晋竞(景)公会者(诸)侯以救(救)郑(郑，郑)人戳(止)
芸(鄅)公义(仪)，献者(诸)竞公(景公，景公)以鼫(归)。②

"诸侯救郑。郑共仲、侯羽军楚师，囚鄅公锺仪，献诸晋。"(《左
传》成公七年)面对楚师的进攻，郑师忍无可忍，主动迎战，袭击楚
师。楚师的注意力在晋国，没料到郑国会出手，措手不及，经过一番
激战，郑国俘获了鄅公锺仪。晋师尚未接战，便获得胜利。这一战是
上一年发生的绕角之役的继续，张正明评论："楚师受小挫，知难而
退。这时，在晋、楚之间，占上风的是晋。"③
晋国利用郑国对楚小胜，大做文章，又召集众诸侯国在卫地马陵
召开盟会，巩固成果。《左传》成公七年："八月，同盟于马陵，寻虫
牢之盟，且莒服故也。晋人以锺仪归，囚诸军府。"马陵盟会是晋国的
又一次胜利。
楚、晋两国之间的争斗愈加激烈，晋国不满足于被动应付，再一
次出击进攻蔡国。楚国还是以申、息之师迎战，战于桑隧，晋师攻势

---

① 清华大学出土文献研究与保护中心编，李学勤主编《清华大学藏战国竹简》
（贰），中西书局2011年，第174页。
② 清华大学出土文献研究与保护中心编，李学勤主编《清华大学藏战国竹简》
（贰），中西书局2011年，第174页。
③ 张正明：《楚史》，湖北教育出版社1995年，第163页。

1222

猛烈，混战中，楚师不支，楚将申骊被俘。楚师被迫退兵。《左传》成公八年：“晋栾书侵蔡，遂侵楚，获申骊。楚师之还也。”

楚共王初期的与晋国争霸，屡次遭挫，损兵折将，“楚才晋用”是重要原因。《左传》襄公二十六年借声子答屈建问，分析得头头是道：“子仪之乱，析公奔晋。晋人置诸戎车之殿，以为谋主。绕角之役，晋将遁矣，析公曰：‘楚师轻窕，易震荡也。若多鼓钧声，以夜军之，楚师必遁。’晋人从之，楚师宵溃。晋遂侵蔡，袭沈，获其君；败申、息之师于桑隧，获申丽（骊）而还。郑于是不敢南面。楚失华夏，则析公之为也。”

不过晋国这种优势是不稳定的，李孟存、李尚师认为，因为它的两个对手楚、秦依然强大如故。接着因晋在其盟体内向鲁讨“汶阳之田”给齐的失误，引起诸侯离散，致使楚人又夺走了郑国，秦人也借机联合白狄侵袭晋国。[①]

第六节　晋遣巫臣使吴，吴始崛起，攻郯巢徐，入州来（共王七年）

十九世吴王寿梦于公元前585年（鲁成公六年）继位后，立刻走出国门：“朝周，适楚，观诸侯礼乐。鲁成公会于钟离，深问周公礼乐，成公悉为陈前王之礼乐，因为歌咏三代之风。”[②]在这种大开眼界的情况下，寿梦无限感慨地说：“孤在夷蛮，徒以椎髻为俗，岂有斯之服哉?”“因叹而去，曰：‘於乎哉！礼也。’”[③]寿梦去了周天子那儿，接着又去楚国访问，寿梦“适楚”时，也“观诸侯礼乐”，但当他到鲁国访问时，却是“深问周公礼乐”。一个“深问”，既体现了他对先祖文化的

① 李孟存、李尚师：《晋国史》，山西古籍出版社1999年，第169页。
② 赵晔：《吴越春秋》，苗麓点校，江苏古籍出版社1986年，第6页。
③ 赵晔：《吴越春秋》，苗麓点校，江苏古籍出版社1986年，第6页。

关注，又体现出这位吴王对身处蛮夷的感慨，有一种文化自卑的心理。《左传》襄公十九年记载鲁襄公曾将一只名为"先吴寿梦之鼎"以及其他物件转赠送给晋国的大臣荀偃。而这只"先吴寿梦之鼎"，显然就是吴王寿梦这次访问时赠送给鲁成公，而后又由鲁襄公转送给晋国的。

楚人的东向发展及对江淮间的控制，无疑阻断了吴国的北向之路，因此，吴人要想实现其北向中原的地缘战略，就必须打通北上的道路，与楚争雄。此时，吴虽是楚的与国，却有了背楚之心。吴恩培指出：随着吴国的崛起和强大，更随着"吴为周后"这一心理，吴王寿梦已不愿吴国再被绑在楚人战车上。因此，奉行独立的外交路线，摆脱楚国的羁绊，是寿梦最为重要的大事。[①]

与此同时，晋景公也在思索借吴而制楚的新策略。恰在此时，原为楚国大臣、后逃楚奔晋的申公巫臣献联吴抗楚之计，请求出使吴国。晋景公立刻意识到申公巫臣的个人复仇心理已与晋国借吴而制楚的战略暗相契合了。遂大力支持，授意巫臣携带着晋国的战车以及中原的军事技战术到吴国，指导吴国迅速掌握战争中最重要的战车技术。《国语·楚语上》记："晋人用之，实通吴、晋。"

公元前584年，吴王寿梦二年，"晋侯使申公巫臣如吴"（《左传》）。

清华简《系年》十五章："（申公）自晋迁（之）吴，焉始通吴晋之路，教吴人反楚。"清华简《系年》二十章又记："晋景公立十又五年，申公屈巫自晋迁（之）吴，焉始通吴晋之路，二邦为好，以至晋悼公。"

屈巫出使吴国，甚得寿梦欢心。吴人同越人一样，本来没有车兵，而且不善于用弓箭。屈巫带着战车三十乘，教吴人驾车、射箭、列阵，煽动寿梦伐楚。

屈巫向晋景公献联吴抗楚之计，被晋人采纳，促进了晋、吴地缘

---

① 吴恩培：《淮上的争夺——春秋后期吴、楚、晋在淮河流域的角逐及吴国与徐淮夷关系的论述》，《苏州市职业大学学报》2006年第3期。

联盟的形成。《左传》成公七年记载：

> 巫臣请使于吴，晋侯许之。吴子寿梦悦之。乃通吴于晋。以两之一卒适吴，舍偏两之一焉。与其射御，教吴乘车，教之战陈，教之叛楚。真其子狐庸焉，使为行人于吴。

巫臣结束训练，将回晋国时，送战车十五乘给吴国，还让其子屈狐庸留在吴国做"行人"。"行人"为主管外交事务的官员，伍子胥到吴国策划吴王阖闾政变成功，即担当过"行人"一职。见《吴越春秋·阖闾内传》："阖闾元年，始任贤使能，施恩行惠；以仁义闻于诸侯。仁未施，恩未行，恐国人不就，诸侯不信，乃举伍子胥为行人，以客礼事之，而与谋国政。"一卒即二偏，共三十乘战车。金大伟指出：申公巫臣带领三十辆战车赴吴教导吴国战阵之法，然后留十五乘即一偏于吴，率领其余返晋，此为"舍偏两之一"。[①]

屈巫出使吴国，助吴王寿梦改革军制及战术，效果显著。在巫臣的指导和训练下，吴国很快掌握了车战的技能，军事实力大增，吴国"是以始大"。李孟存、李尚师指出：巫臣使吴，是春秋时晋与吴国的第一次通使往来。吴国在晋人的帮助下渐渐强大起来，构成了对楚国的严重威胁，从东侧牵制着楚国，迫使楚人两面作战，渐渐无力北伐中原了。[②]

大概为检验用新方法训练的军队的战斗力，在巫臣使吴的同年即鲁成公七年（前584年）春，吴伐郯，征服郯国。《春秋》成公七年："吴伐郯。"《左传》成公七年："七年春，吴伐郯，郯成。"寿梦二年（前584年）吴国北上攻伐鲁之属国——郯国。对吴王寿梦来说，一年前访问鲁国的美好回忆，其时还在头脑里转着，可他现在却针对鲁国的属

---

① 金大伟：《春秋军阵研究》，中国社会科学出版社2016年，第32页。
② 李孟存、李尚师：《晋国史》，山西古籍出版社1999年，第171页。

国动干戈了。

吴伐郯，楚取莒，原因都在于二国位于吴晋交通要道上。吴伐郯，希望打通吴晋之路，而楚取莒恰恰是反其道而行之。吴入州来，吴楚之争拉开序幕。此后吴楚的一系列行动，都是为配合吴楚之争的形势而展开。

郯，西周作册夨令簋写作"炎"，东周时期加邑旁，作"郯"，是淮泗流域的小国之一，处于齐鲁、吴越、宋卫三面环绕的区域。郯城县大埠二村遗址是春秋郯国遗存，春秋时期郯都尚无法确定，战国时期都城已在郯城北关发现。① 郯国军力弱小，向吴国请求讲和，奉寿梦为盟主。

对吴国在这次军事行动，一年前当寿梦来访问时，还给寿梦上过文化课的鲁成公以及鲁国朝野，莫不震惊异常。吴国在政治上所表现出的寡恩少义和反复无常，使他们愤懑至极。以至于鲁季文子惊呼："中国不振旅，蛮夷入伐，而莫之或恤，无吊者也夫！《诗》曰：'不吊昊天，乱靡有定。'其此之谓乎！有上不吊，其谁不受乱？吾亡无日矣！"（《左传》成公七年）赵炳清认为：这是吴入春秋后，中原国家第一次称其为"蛮夷"，并且是作为"中国"（中原国家）对立面的"蛮夷"。郯在今山东郯城，位于中原的东部，吴人能至此，可见力量的强大。②

郯原为晋的属国，被吴夺取，晋国利益受损。鲁成公八年亦即吴王寿梦三年（前583年）秋，晋景公使申公巫臣假道于莒再次入吴，与吴国交涉郯国事宜，交涉无果，同年冬，晋因郯事吴故联合齐、鲁、邾三国伐郯。《春秋》成公八年："晋侯使士燮来聘。""叔孙侨如会晋士燮、齐人、邾人伐郯。"《左传》成公八年："晋侯使申公巫臣如吴，假道于莒。""晋士燮来聘，言伐郯也，以其事吴故。""季孙惧，使宣伯

---

① 侯东泉：《郯文化研究》，山东师范大学硕士学位论文，2014年。
② 赵炳清：《楚国疆域变迁之研究——以地缘政治为研究视角》，复旦大学博士学位论文，2013年，第140页。

帅师会伐郯。"①此次四国伐郯之役的结果如何，文献无载。不过《左传》襄公七年载："七年春，郯子来朝，始朝公也。"《左传》昭公十七年载："秋，郯子来朝，公与之宴。"从郯子两次朝鲁来看，郯国是没有理由不继续臣服于其强邻吴国的。当然，也有可能是晋国基于联吴制楚的战略目的，后来在郯国的问题上主动让步。不管怎样，到吴王夫差时期，郯国还出兵随吴伐齐。《左传》哀公十年："公会吴子、邾子、郯子伐齐南鄙，师于鄎。"这足以证明郯国对吴是一直臣服的。

吴国羽翼丰满，不满足于征服郯国，急于四处扩张，兵锋直指邻近的巢国和徐国。《左传》成公七年还记载：

> 吴始伐楚、伐巢、伐徐。子重奔命。马陵之会，吴入州来。子重自郑奔命。子重、子反于是乎一岁七奔命。蛮夷属于楚者，吴尽取之，是以始大，通吴于上国。

巢，此前为楚属邑。在楚庄王十三年"盟吴越"之前，《春秋》文公十二年（楚穆王十一年）记："夏，楚人围巢。"《左传》文公十二年："群舒叛楚，夏，子孔执舒子平及宗子，遂围巢。"

吴国攻巢，得到舒庸的支持。《左传》成公十七年："舒庸人以楚师之败也，道吴人围巢，伐驾，围釐、虺。"

巢的地望，杜预注《春秋》文公十二年："巢，吴楚间小国。庐江六县东有居巢城。"何浩指出："《汉书·地理志》的汉六安国在汉庐江郡以西。杜预所注晋代'庐江六县东有居巢城'，与《地理志》所述地望正相符合。""汉晋时的六县，在今安徽六安县北。这就是说，春秋时的巢国是在今六安东北，或者说是在'今安徽省寿县以南'。此地在群舒北部。向北，渡过淮河不远就是州来（今安徽凤台）；其南偏东为舒国地（今安徽舒城西南、庐江西）。"对所谓巢在"庐州巢县东北五里"

---

① 杨伯峻：《春秋左传注》（修订本），中华书局1990年，第836、839、840页。

之说，何浩也给予了正确的解释，认为是沿袭《旧唐书·地理志》将汉庐江郡居巢县与庐州唐巢县混而为一之误造成的。① 据何浩所论，"巢"应在今安徽六安市东北、寿县南。与以上所列《春秋》《左传》所载之"巢"相验证，也多相符合。

巢由于位于楚、吴之间，以后多年来成为楚、吴两国反复争夺的焦点。

徐国是在淮河流域颇具影响的国家，在《春秋》《左传》中也多次出现。早在楚成王四年，《春秋》庄公二十六年便记载了徐国遭到鲁国会合宋国、齐国的进攻："秋，公会宋人、齐人，伐徐。"徐国拥有一定实力，曾经占领舒国。《春秋》僖公三年："徐人取舒。"徐国遭受过楚国的入侵。楚成王二十七年，《春秋》僖公十五年："楚人伐徐。"当时中原各诸侯国联合救徐："三月，公会齐侯、宋公、陈侯、卫侯、郑伯、许男、曹伯盟于牡丘，遂次于匡。公孙敖帅师及诸侯之大夫救徐。"《左传》僖公十五年："十五年春，楚人伐徐，徐即诸夏故也。三月，盟于牡丘，寻蔡丘之盟，且救徐也。孟穆伯帅师及诸侯之师救徐，诸侯次于匡以待之。""秋，伐厉，以救徐也。"徐国仗着有众诸侯的援助，对楚国的进攻有恃无恐，楚国军力强大，一鼓作气"楚人败徐于娄林"。②

徐国对外扩张，曾经协从齐国攻打英氏。《左传》僖公十七年："十七年春，齐人为徐伐英氏，以报娄林之役也。"③徐国还攻打过莒国。《左传》文公七年："冬，徐伐莒。"徐国的扩张，遭到吴国的抑制。吴国在晋国的支持下，开始伐徐。《左传》成公七年："吴始伐楚，伐巢、伐徐，子重奔命。"

徐国的地望，据《汉书·地理志》《后汉书·郡国志》，均在汉代

① 何浩：《巢国史迹钩沉——兼论徐戎的南迁》，载《楚灭国研究》，武汉出版社1989年，第184—202页。
② 杨伯峻：《春秋左传注》（修订本），中华书局1990年，第349、351页。
③ 杨伯峻：《春秋左传注》（修订本），中华书局1990年，第372页。

徐县。杜预注《春秋》僖公三年"徐"："徐，国，在下邳僮县东南。"汉晋徐县在僮县东南，地望正合。然自唐代以后，说法不一。经陈伟考证，徐国故城以在今洪泽湖西北岸、江苏泗洪县东南的半城镇一带较为可取。①其说可从。春秋时期的徐国疆域相当大，大致北接钟吾国，东、南与吴国和钟离国相邻，西部与邾、萧、宋、陈、顿、胡等国邻近。

吴国配合晋人的中原地缘战略，对楚东境的江淮东界展开了广泛的攻势，夺取了淮水中下游附属于楚的族群。《左传事纬》卷五："晋、吴既通，吴益致力，楚师未出则扰其傍，出则议其后。"②赵炳清认为："楚人受到吴国的牵制，再也不能如过去那样在江淮间顺利发展，北上争霸中原的战略，也因力量的分散而受到极大的影响。"③

公元前584年，寿梦继位的第二年，吴北伐位于今山东南端的郯国，使原来臣服于鲁、莒的郯国改臣服于吴。这次小试锋芒的胜利增强了吴与中原诸侯交往与争霸的欲望，于是这年秋天，寿梦不仅派兵袭击徐、巢诸国，甚至一度攻入楚国属邑州来。《左传》成公七年："马陵之会，吴入州来。子重自郑奔命。子重、子反于是乎一岁七奔命。"杜注："州来，楚邑，淮南下蔡县是也。"晋淮南下蔡县位于淮河北岸的今安徽凤台县。然从《左传》昭公九年"州来淮北之田"之语来看，州来似乎应该与钟离国一样横跨淮河两岸。更为重要的是，淮北的凤台至今没有发现先秦时期的考古资料，而与之隔淮河相对的寿县却有大量发现。这使我们有理由相信，州来的重心在淮南的寿县，淮北的凤台只是其一部分，州来地跨淮河两岸。

州来是西周中期周势力到达今淮河流域时所封的淮夷小国之一，其立国盖与淮河流域的汝、颍、顿、胡、息、蓼等小国约略同时。州

①　陈伟：《楚"东国"地理研究》，武汉大学出版社1992年，第43—47页。
②　马骕：《左传事纬》，徐连城点校，齐鲁书社1992年，第217页。
③　赵炳清：《楚国疆域变迁之研究——以地缘政治为研究视角》，复旦大学博士学位论文，2013年，第140页。

来国的范围在今安徽凤台、寿县一带，地理位置非常重要。州来，作为一个淮夷古国，虽然受楚国势力影响较大，但并未并入楚之疆邑而为楚邑。杜预注《左传》昭公十三年谓"州来，楚邑"。对于此说，王夫之《春秋稗疏》谓：

> 州来，书"入"，又书"灭"，则其为国无疑，而杜云"楚邑"，当由传言"楚子狩于州来"，谓是其邑耳。如楚子田于孟诸，孟诸岂亦楚邑乎？州来，国小，服役于楚，游猎其地，唯其所为耳。《前汉·地理志》"下蔡，故州来国，在今寿州"，楚之东侵，疆域止于舒蓼。未尝北至寿颍，州来之亡，实亡于吴。若平王曰"州来在吴，犹在楚也"，则言其国已灭，他日己取之为尤易耳，非州来之先已在楚也。若为楚邑，则已失之，何言犹在哉？[1]

王夫之所论甚辨，足可证明州来并非楚邑。作为一个古国，它虽然在春秋中后期的百余年间历为楚、吴所争夺，但并未灭国成邑。王青考证，州来，其正式灭国是在楚灵王十二年，前529年。《春秋》记载此年"吴灭州来"。但此后州来又被楚夺去。此后，吴、楚两国对于州来的争夺更加激烈。[2]

从文献记载来看，此次吴王寿梦对楚初战告捷，收获巨大，占领和控制了淮河中游地区不少原属楚国的领土和属国。《左传》成公七年载："蛮夷属于楚者，吴尽取之，是以始大，通吴于上国。"[3]张正明指出："一年之内，子重和子反七次出兵迎击吴师，果然疲于奔命。"[4]

① 王夫之：《春秋稗疏》，载《清经解续编》（第1册），上海书店出版社1988年，第54页。
② 王青：《春秋后期吴楚争霸的一个焦点——从上博简〈吴命〉看"州来之争"》，《江汉论坛》2011年第2期。
③ 杨伯峻：《春秋左传注》（修订本），中华书局1990年，第835页。
④ 张正明：《楚史》，湖北教育出版社1995年，第164页。

张志鹏分析吴国敌视楚国的原因，认为楚国在淮河中游南北两岸的扩张无疑对吴国造成了威胁，也使吴国西向扩张受阻。再者，楚国在对外扩张及北上争霸的过程中，尽灭"汉阳诸姬"，并多次征伐处于中间地带的郑、蔡、陈等国，因而受到中原诸侯的敌视，并且一直被视为蛮夷异族；而吴为周室之后，且其攻楚也符合以晋国为首的中原诸侯的利益，自然会受到中原诸侯的支持，至少不会遭到反对。这样一来，叛楚投晋后，吴国就可以专心西向扩张而不受来自别国的干扰。[①]（见图 15-1：吴攻郯、巢、徐及侵州来示意图）

第七节　晋释锺仪求和，郑叛晋，楚伐莒
（共王七至十年）

郑国为晋的属国，楚国一直想拉拢郑国，没有成功，不得已讨伐郑国。《系年》第十六章简 85 记录楚共王与晋景公、厉公时，楚国发兵讨伐郑国："楚共王立七年，令尹子重伐郑，为泬之师。"相应文献与《系年》的记载一致。《左传》成公七年："秋，楚子重伐郑，师于氾。"面对楚国的进攻，晋国立即召集诸侯国商议救郑。《系年》第十六章简 85、86："晋景公会诸侯以救郑，郑人止郯公仪，献诸景公，景公以归。一年，景公欲与楚人为好，乃脱郯公，使归求成。"相应文献证实了《系年》的记载，《春秋》成公七年："公会晋侯、齐侯、宋公、卫侯、曹伯、莒子、邾子、杞伯救郑。"

郑国面对楚国的进攻，毫不退缩，出兵迎敌。郑军士气旺盛，居然打败了楚军，俘获了楚军的将领。《左传》成公七年："郑共仲、侯羽军楚师，囚郯公锺仪，献诸晋……晋人以锺仪归，囚诸军府。"郑国为表达对晋国的忠心，急忙向晋国献俘，故这些楚俘被关押在晋国的"军府"中。一天，晋景公在考虑如何救郑时，信步走到军府，看见俘

---

① 张志鹏：《吴越史新探》，河南大学博士学位论文，2012 年，第 124—125 页。

房中有一人头戴楚冠，气质不凡，不由得上前询问。一问，才知道是两年以前被郑人俘获并转送给晋国的楚郧公锺仪。晋景公问到锺仪的出身，锺仪答称是泠人（伶人）。晋景公让随从取一张琴给锺仪，锺仪用这张琴弹奏了楚曲。晋景公问锺仪楚共王如何，锺仪说那不是我所能知道的。晋景公坚持要锺仪说说对楚共王的印象，锺仪不得已，答道：寡君做太子的时候，有师保侍奉，早晨向公子婴齐（子重）求教，黄昏向公子侧（子反）请益，别的我就不知道了。事后，晋景公向士燮（范文子）说起锺仪同他所讲的话，士燮是主张晋、楚和好的，趁机进言，称赞锺仪这位楚囚是君子，不忘本，不忘旧，无私，尊君，可谓仁、信、忠、敏四者俱全。随即建议放锺仪回楚国，让他去促成晋楚两国的和议。晋景公从士燮之言，以厚礼送锺仪回楚国。此事见于文献记载：《左传》成公九年："晋侯观于军府，见锺仪，重为之礼，使归求成。"清华简《系年》十六章也有记载："一年，（晋）景公欲与楚人为好，乃脱①郧公，使归求成。"

楚共王对晋景公投桃报李，积极回应，派锺仪作为楚国的使者回告晋国，同意两国和解。见于清华简《系年》十六章："共王使郧公聘于晋，且许成。景公使籴之茷聘于楚，且修成。"楚国相应友好的行为，在相应文献中得到印证。《左传》成公九年："十二月，楚子使公子辰如晋，报锺仪之使，请修好结成。"

晋国在接待楚国使者之后，又派出使者籴茷回访。《左传》成公十年："十年春，晋侯使籴茷如楚，报大宰子商之使也。"

晋楚两国频繁互动，突然出现意外，晋景公去世。《春秋》成公十年："丙午，晋侯獳卒。"《左传》成公十年："晋侯有疾。五月，晋立大子州蒲以为君……秋，公如晋。晋人止公，使逆葬。于是籴茷未反。"清华简《系年》十六章亦记："……籴之茷……未还，景公卒，厉

---

① 整理者原读作"说"，此从郭理远意见，参见复旦大学出土文献与古文字研究中心读书会《〈清华（贰）〉讨论记录》，复旦大学出土文献与古文字研究中心网站，2011 年 12 月 23 日。

公即位。"

晋景公去世，并未影响两国的和谈。继任的晋厉公依然积极推动，诸侯企盼的和平曙光时隐时现。

郑国本来对于晋国忠心耿耿，但晋人有一个严重的弱点，就是待诸侯太苛，索取无厌，作为盟主，时常得罪诸侯。楚人看准了晋人的这个弱点，以重赂诱郑从楚而背晋。郑国害怕楚国，乐意在晋、楚之间左右逢源。为表示诚意，郑成公先南行朝见楚共王，后北行朝见晋景公。不料这个行为为晋国不容，晋人以为郑成公居心叵测，把他软禁起来，随即兴师伐郑。郑遣使向晋乞和，晋不许，还杀了郑使，实际上把郑推向楚的怀抱。

楚共王大喜，急忙发兵救郑。救郑大军先行侵陈，意在敲山震虎，使晋师分散兵力，拉长战线。陈国骤然面对楚国大军，觉得祸从天降，对楚余悸未消，当即乞和。楚移兵伐莒，意在警告晋的附庸。

莒为晋的附属国，是一个东夷小国。[1]

莒国立国很早。《春秋大事表》载，莒：子爵，己姓，始封兹舆期。[2] 莒部族至迟形成于殷商时期。周灭殷后，己姓莒人为武王所"封"，表明莒人未曾反抗周人的东进，因此得到了周王朝的认可。西周时期，周、齐、鲁均有以莒为地名的地方，周之莒见《韩非子·难二》；齐之莒见《左传》昭公三年、《史记·越王句践世家》；鲁之莒见《春秋》定公十四年。大约是莒人四处流散的体现。

莒国的地望，杜预《世族谱》谓莒国"初都计，后徙莒，今城阳莒县是也"。"计"即计斤，春秋时的莒都介根，位于今山东胶州西南。《春秋》隐公二年载："夏五月，莒人入向。"向亡于莒。向在今山东莒南县东北向城镇，北距莒县七十里。可见，春秋之前莒国中心已由大沽河下游西移至沭水流域了。《春秋大事表》："莒：……旧都介根，

---

① 拙著《先楚史》第十一章第十节"周王朝分封其他族姓诸侯国"有过介绍。程涛平：《先楚史》，武汉出版社 2019 年，第 1081—1084 页。

② 顾栋高：《春秋大事表》，吴树平、李解民点校，中华书局 1993 年，第 570 页。

今山东莱州府胶州西南五里有计斤城。春秋初徙于莒，今山东沂州府莒州。"①郭克煜认为莒在兹舆期受周封以前，国都在今胶州境内，后来由介根迁都于今莒县，疆域东临黄海，西至今沂水县境，南达江苏赣榆，北至昌邑县境，国势曾经相当兴盛。② 这些文献记载，与莒国车马器出土于胶州西庵遗址正可印证。

春秋时期莒国较有实力。《春秋》及《左传》对莒事记述很多，共有五十多处。高士奇在《左传纪事本末·鲁与邾、莒构怨》中，称莒为"蕞尔小国"。从《春秋》隐公二年、隐公四年、成公九年、襄公六年及《左传》昭公元年、五年、十九年的记载看，莒国先后兼并向境，攻占杞地，灭亡鄅国，疆土北抵潍水上游，东北及于介根，西越沂水，南至今江苏赣榆县内。地域不可谓"小"，国势也并不算弱。春秋中期后，莒境日益缩小，向、郓、鄫等地为鲁国占有，旧都介根被齐国侵夺。国内政局长期混乱，国君多以暴虐著称，臣下叛国、国人逐君之类事件层出不穷，直接削弱了国力。到春秋晚期，莒国成为名副其实的小国。

楚伐莒势如破竹，但楚将公子平不慎被莒师俘获。楚师传告莒人，要求不杀公子平，许诺遣返莒人战俘。莒人像十余年前的萧人，出于意气，不顾后患，偏把公子平处死。于是楚师连破莒国三城——连同国都在内，莒人逃散。

第八节　楚晋第一次息兵（共王十至十二年）

春秋时期的晋、楚争霸，使得兵连祸结，民不聊生，长时间的争霸战争，使得各国疲惫不堪。尤其是春秋中期，晋、楚争雄几十年，统治阶级内部出现了许多亟待解决的矛盾；而居于两国之间的宋国、

---

① 顾栋高：《春秋大事表》，吴树平、李解民点校，中华书局 1993 年，第 570 页。
② 郭克煜：《有关莒国史研究的几个问题》，《齐鲁学刊》1984 年第 1 期。

郑国被卷入争霸行列，饱受蹂躏，丧失了独立处理外交事务的能力，只能唯强是从，摇摆于晋楚之间。于是，在各国之间产生了企盼和平的要求和行动。由此先后发生过两次息兵运动，终于使晋、楚两个大国的争霸行动停止下来，社会一度呈现出安定祥和的局面。

按照《左传》等文献所记，晋、楚的第一次息兵行动由晋国发起。晋景公释放锺仪的行动，是晋国希望息兵的信号，楚国也投桃报李，与晋国积极互动。楚共王十一年，楚、晋依然两国对峙，但战火未起。息兵之议时有时无。《左传》成公十六年记晋范文子说："吾先君之亟战也，有故。秦、狄、齐、楚皆强，不尽力，子孙将弱。今三强服矣，敌楚而已。"据童书业研究，《左传》宣公十五年晋灭赤狄潞氏，魏颗败秦师于辅氏。次年，晋士会又灭赤狄甲氏及留吁、铎辰。《左传》成公元年，晋、鲁盟于赤棘。二年，晋郤克会鲁、卫、曹三国之师，大败齐人于鞌，齐人屈服。在"绕角之役"之后，连挫楚军，"是景公后期晋已开始复霸"。① 在晋国局势占优的情况下，楚、晋开始了第一次息兵之会的准备，但尚未达成协议。不料此时晋景公去世。但晋景公的去世并没有影响两国继续酝酿息兵行动。李孟存、李尚师评论：晋国在景公时代为了摆脱霸业危机作出了不小的贡献，他用荀林父击灭赤狄主力潞氏；用士会又扫灭了赤狄残部，消除了晋人后顾之忧；用郤克在前 589 年，大败了东方大国齐，使其俯首听命，会至战随；厉公即位后，在外交上采取文交取得成功赢得诸侯拥护之后，又沉重地打击西方的大国秦。这样晋国在北方的势力已定，东西既服的大好形势下，必然将目光集中到南方的主战场上，积极备战。②

清华简《系年》十六章，简87、88、89、90记载，关键时刻，宋国右师华元出面撮合晋楚两国息兵："王又使宋右师华孙元行晋楚之成。"

① 童书业：《春秋左传研究》，中华书局 2006 年，第 64 页。
② 李孟存、李尚师：《晋国史》，山西古籍出版社 1999 年，第 176 页。

宋国苦于晋楚长期争霸，夹在两个大国之间，迫切希望两国尽早息兵。华元是著名的社会活动家，与晋、楚的上层官员都有不错的私交，撮合两国格外积极。在华元的斡旋下，楚晋两国逐渐靠拢，息兵之议逐渐达成共识。

清华简《系年》十六章："明岁，楚王子罢会晋文子燮父及诸侯之大夫，盟于宋，曰：'尔（弭）天下之甲兵。'"

《系年》的记载与《左传》一致。《左传》成公十二年（楚共王十二年）："宋华元克合晋、楚之成。夏五月，晋士燮会楚公子罢、许偃。癸亥，盟于宋西门之外。曰：'凡晋、楚无相加戎，好恶同之，同恤灾危，备救凶患。若有害楚，则晋伐之。在晋，楚亦如之。交贽往来，道路无壅，谋其不协，而讨不庭。有渝此盟，明神殛之，俾队（坠）其师，无克胙国。'"

这次盟会只有晋、楚两国参加，规模较小。这是因为刚接位的晋厉公正图谋巩固中央集权，以集中全力对付内部卿族的异动，故而限制参与息兵活动的范围。而楚则因吴人侵扰，大量人员在对吴作战，奔命已疲，缺少人手，故两国只有少数人参与楚、晋成和之事。

第一次息兵行动中，楚国接待晋国的使者，一度热情过头。据侯文学、李明丽研究，《左传》成公十二年（前579年），晋国郤至聘楚并参加盟约。楚共王设宴招待，子反相礼，"为地室而县焉。郤至将登，金奏作于下"，郤至以为此乐不合自己身份，于是"惊而走出"，对子反说："君不忘先君之好，施及下臣，贶之以大礼，重之以备乐。如天之福，两君相见，何以代此。下臣不敢。"但因为子反的一再坚持，郤至最终还是顺从了楚国的安排。晋范文子听说此事，断言："无礼必食言，吾死无日矣夫。"[1]这就为后来楚国没有执行息兵协议埋下了伏笔。

---

① 侯文学、李明丽：《清华简〈系年〉与〈左传〉叙事比较研究》，中西书局2015年，第86页。

第一次息兵由宋国的华元撮合而成。当时宋国由右师华元执政，此人与楚令尹子重和晋上卿栾书（栾武子）的私交都不错，听说晋、楚双方正在试探对方的和平诚意，有心玉成其事。于是，华元先访问楚国，后访问晋国，居中斡旋，很快见到成效。

《左传》弭兵之盟不见于《春秋》，故而许多学者提出了质疑。如唐人赵匡认为"此若实事，则无不告诸侯之理，经不应不书"，宋人刘敞也认为"《传》之言未足信也"。当然也有持不同意见者，清人王琰等所撰《春秋传说汇纂》指出："西门之盟，《左氏》备载此事，而不见于《经》。……然若果无此盟，则郤至与公子罢交相往来，何以历历如绘耶？盖晋、楚为成，《春秋》恶之，故圣人削而不书耳。"清代学者刘逢禄、崔适也有质疑。顾栋高总结诸说，认为古人对弭兵之事的怀疑原因在于《春秋经》的地位在古代远高于《左传》，"学者宁信《经》而疑《传》"。① 细读顾氏《春秋大事表》可知，其中录引的赵匡等人的言论，多有对"三传"的批评责难，原因即是与《春秋》记载不合。

现代学者如范文澜在《中国通史简编》中只讲向戌弭兵而不谈华元倡导的弭兵，徐连城认为"所谓鲁成公十二年的第一次'弭兵之盟'根本不曾存在过"。② 杨升南也有类似评论。③

疑古派的代表顾颉刚对第一次息兵曾有探讨：

晋、楚两大国结盟，彼此停止军事行动，是春秋时代缓和紧张局势的极重大的转化，鲁国又是一个重要的二等国，为什么成十二年的一回，他们竟不征召鲁人来会盟？为什么鲁史官又会熟视无睹，竟不在《鲁春秋》上记载这一笔？其实，我们只须把传说变化的规律认识清楚，便可以知道一件

① 以上诸说引自顾栋高《春秋大事表》（第三册），中华书局 1993 年，第 2374 页。
② 徐连城：《春秋时代"弭兵之盟"考》，《山东大学学报》1962 年第 2 期。
③ 杨升南：《春秋时期的第一次"弭兵盟会"考——兼论对"弭兵"盟会的评价》，《史学月刊》1981 年第 6 期。

事很容易扩大成几件事，一个人也会分化成几个人，只是这件故事的主题是不会轻易变化的。《左传》这书，本是集合各国史官记载和当时的口头传说而成，真假参差，我们必须考而后信。当战国时从事编纂春秋史的时候，向戌发动弭兵的史实，在人们的口头已经转化而为传说，在这个传说里，宋人合晋、楚之成的主题是不变的，宋西门之外的结盟地点也是不变的，可是弭兵运动的发起人则向戌已分化而为华元，晋执政的赵武也分化而为士燮，楚令尹子木也分化而为子重了。真实的历史事实是宋向戌合晋、楚之成，口头的传说则是宋华元合晋、楚之成，《左传》的原作者不加别择，文字资料和口头资料一齐收罗，那就弄得真赝杂糅，淆乱了实际的历史。[①]

这是顾颉刚在讨论周初"三监"问题时，为论证史事的"真实与分化"而举的例子，可以看出，他在前人研究的基础上更进了一步，认为所谓华元弭兵的说法实际上是后人将向戌弭兵的事情加以改造而形成的，这一论断与他探讨孟姜女故事的形成颇有相似之处，同时也以此来讨论周初"三监"史事。这种史料辨别方法可看作古史辨派"古史层累说"观点理论模式。

事情是否如此？幸运的是，《系年》第十六章记载了此事，进一步证明"华元弭兵"之不虚：

> 楚共王立七年，令尹子重伐郑，为泺之师。晋景公会诸侯以救郑，郑人止郧公仪，献诸景公，景公以归。一年，景公欲与楚人为好，乃脱郧公，使归求成，共王使郧公聘于晋，

① 顾颉刚：《顾颉刚全集·顾颉刚古史论文集》卷十（下），中华书局 2011 年，第 625—626 页。

且许成。景公使氽之筏聘于楚，且修成，未还，景公卒，厉公即位。共王使王子辰聘于晋，又修成，王又使宋右师华孙元行晋楚之成。明岁，楚王子罢会晋文子燮及诸侯之大夫，盟于宋，曰："尔（弭）天下之甲兵。"明岁，厉公先起兵，率师会诸侯以伐秦，至于泾。共王亦率师围郑，厉公救郑，败楚师于鄢。厉公亦见祸以死，亡（无）后。

《系年》纪事，如李学勤所说"有些像所谓'纪事本末'"，[1] 上述记载就涉及《左传》成公七年至十七年的史事，跨度十多年。可以看出，《系年》作者将该段历史融会贯通，交待了这次弭兵的来龙去脉：晋景公欲与楚人结好，"乃脱郧公"，然后是多次的晋、楚使者往来"为成""修成"，这些记载与《春秋》经、传可相佐证，无疑是真实可靠的。接着《系年》明确道出"楚王子罢会晋文子燮及诸侯之大夫，盟于宋，曰：'尔（弭）天下之甲兵。'"虽然《系年》成书于战国，却不能作为支持顾氏"当战国时从事编纂春秋史的时候……弭兵运动的发起人则向戌已分化而为华元"说法的证据，如学者所论，《系年》有独立的史料来源，不可能"也是"将"文字资料和口头资料一齐收罗"。代生指出：《左传》认为弭兵是华元利用与楚令尹和晋卿的友好关系"主动"撮合晋楚两国的；《系年》在梳理了相关背景后指出楚"共王使王子辰聘于晋，又修成，王又使宋右师华孙元行晋楚之成"，可见弭兵活动是应楚国的要求，华元不过是一个"中介"而已，《系年》没有特别突出华元的功劳，根本谈不上所谓"发起人"，而顾先生为了论证《左传》晚出，强调弭兵"发起人"的分化而导致史实分化的设想是不能成立的。华元弭兵的活动还应是一个真实的历史事件。[2]

息兵是春秋时期的一件大事，体现了各国对一味行使武力的反

① 李学勤：《初识清华简》，中西书局 2013 年，第 161 页。
② 代生：《清华简〈系年〉所见宋国史事初探》，《中国国家博物馆馆刊》2016 年第 7 期。

感。《系年》作者已经隐隐表达出对武力的反思，比如对于两次弭兵之会的记叙。《左传》成公十三年："国之大事，在祀与戎。"对于战事纷繁的春秋时期而言，弭兵是各诸侯国共同属意的军事大事，因此《系年》作者对第一次弭兵之会的记述尤为详细："楚共王立七年，令尹子重伐郑，为泭之师。晋景公会诸侯以救郑，郑人止郧公仪，献诸景公，景公以归。一年，景公欲与楚人为好，乃脱郧公，使归求成，共王使郧公聘于晋，且许成。景公使糅之茷聘于楚，且修成，未还，景公卒，厉公即位。共王使王子辰聘于晋，又修成，王又使宋右师华孙元行晋楚之成。明岁，楚王子罢会晋文子燮及诸侯之大夫，盟于宋，曰：'爾（弭）天下之甲兵。'"（《系年》第十六章）但是此次对力量格局的调整很快以失败告终："明岁，厉公先起兵，率师会诸侯以伐秦，至于泾。共王亦率师围郑，厉公救郑。"（《系年》第十六章）侯文学、李明丽指出：对于这种违背盟约的行为，《系年》作者选择予以双方各打五十大板的态度："败楚师于鄢。厉公亦见祸以死，亡（无）后。"（《系年》第十六章）晋厉公率先违约，向秦国挑起事端，最终受到严厉的惩罚。楚共王救郑看似有理有据，实则亦违反盟约，因此战败。[①] 这种看法，值得深思。

第九节　晋秦麻隧之战，楚得以喘息
（共王十三年）

晋国积极与楚国讨论息兵，有着自己的打算。在晋、楚第一次息兵之前，公元前 580 年（楚共王十一年），秦、晋两国在令狐订立盟约，双方都表示要停战。会盟之际，秦桓公临时变卦，驻留在大荔之戎的故都王城，说什么也不肯渡黄河到令狐去。鉴于晋人多诈，秦桓

---

① 侯文学、李明丽：《清华简〈系年〉与〈左传〉叙事比较研究》，中西书局 2015 年，第 76 页。

公不为过虑。晋人只好改变程序，由秦大夫史颗到河东去与晋厉公会盟，由晋大夫郤犨到河西去与秦桓公会盟，两处都行礼如仪，《史记》的《秦本纪》和《晋世家》都称之为"夹河而盟"。在这次会上，双方各怀鬼胎，互不信任。《左传》成公十一年记晋范文子(士燮)曰："是盟也何益?"会后不久，晋厉公就为攻秦大造舆论，同时进行外交活动，争取楚国的中立。公元前579年(楚共王十二年)，晋、楚召开弭兵之会，订立休战盟约，共同约定：彼此不动刀兵，信使往来，并联合讨伐不听命的第三国。晋国解除了后顾之忧，争取了多数国家支持。晋、楚达成息兵协议后，晋国本该松一口气，不料与秦国的矛盾升级，秦怂恿狄人伐晋。晋人被迫应战，在交刚之地将狄兵击败。晋国知道是秦国唆使，公元前578年(楚共王十三年)，晋国派吕相至秦宣布绝交书，历数晋献公、秦穆公以来秦国的"罪恶"：从晋文公死时秦国不派人参加葬礼，一直到秦、晋两国发生过大小战争，把一切罪责都加到秦国名下，尽其夸张之能事，将晋国形容为被欺负与被损害的角色，这就为伐秦找到了冠冕堂皇的借口。

绝秦之后，晋国迫不及待地联合了鲁、齐、宋、卫、郑、曹、邾、滕，连周王室也派刘康公、成肃公参加，组成10国联军，兵力12万，开始向秦国大兴问罪之师。当年五月，阵容强大的晋军同秦军战于秦国的麻隧(今陕西泾阳北)。晋厉公三年(公元前578年，楚共王十三年)，晋、秦麻隧之战时又将新三军缩编为一军，成为上、中、下、新四军；[①] 晋师兵力是秦军的一倍，从数量上占优势，加之将士协同一致、斗志昂扬，"晋帅乘和"，导致秦军大败。秦将成差及不更女父被俘，晋师渡过泾水，至侯丽(今陕西泾阳境内)而还。晋厉公亲自到新占领的秦地新楚(今陕西大荔、朝邑)迎接凯旋的晋军。这是自秦康公以后晋军第一次大败秦军，并深入秦国的腹地。

麻隧之战后，秦军组织几次反攻，取得一些小胜利，无法扭转战

---

① 《中国军事史》编写组编《中国历代军事制度》，解放军出版社2006年，第53页。

局。至公元前 575 年，秦的军事实力已无法与晋、楚这两个大国相抗衡了。故晋国范文子说："吾先君之亟战也，有故。秦、狄、齐、楚皆强，不尽力，子孙将弱。今三强服矣，敌楚而已。"(《左传》成公十六年)在晋人的心目中，包括秦国在内的三强已服，晋国只有一个强敌，就是楚国。可见，从秦穆公死后至秦献公即位期间，秦国在麻隧之战后，已退出强国之列。

秦、晋麻隧之战，双方大动干戈，楚国处于中立地位，没有参与。这给了楚国喘息的机会。这期间，楚国从与晋国争霸中脱身，开始集中精力对付吴国。

第十节　首次安置许国及晋楚双违息兵之约 (共王十五年)

晋、楚两个大国握手言和，受益的是一些小国。大国之间的矛盾缓解，小国之间的矛盾加剧。《左传》成公十五年(前 576 年)记："许灵公畏逼于郑，请迁于楚。辛丑，楚公子申迁许于叶。"①旧叶城在今河南叶县南，位于许昌西南，与许国旧地相邻，迁徙路途比较近，所以许人的第一次迁移没有费太多的精力。

许国的国力小于郑国，郑国不断威逼许国，许国惹不起躲得起，将国土拱手让给郑国，而迁徙到楚国境内，寻求楚国的保护，以求得安逸。许之迁叶不仅是许国命运的转折点，也是许人外交策略的重大转折，正如杨伯峻所言："许自迁徙以后，其本土为郑所有，郑人称之为'旧许'。此后，许为楚附庸，晋会盟侵伐，许皆不从；楚有事，许则无役不从。"②

然而，当许迁至叶之后，仍然不能摆脱郑人的威胁与骚扰。更有

---

① 洪亮吉：《春秋左传诂》，李解民点校，中华书局 1987 年，第 473 页。
② 杨伯峻：《春秋左传注》，中华书局 1981 年，第 877 页。

甚者，没过几年，遇上晋国召开鸡泽盟会，许国又遭晋国讨伐。《左传》襄公三年(楚共王二十一年)记："六月，公会单顷公及诸侯。己未，同盟于鸡泽。……许灵公事楚，不会于鸡泽。冬，晋知武子帅师伐许。"[1]晋国大军前来讨伐，无异泰山压顶，据金荣权研究，在这种情况下，许灵公无路可走，打算索性脱离楚国，再次回到中原阵营之中，许灵公将这个想法与群臣讨论，遭到了许国诸大夫的强烈反对，只好作罢。[2]

据《左传》记载，许在春秋时期曾多次被迫迁徙，非常凄惨。这是第一次，为鲁成公十五年，亦即楚共王十五年。"许灵公畏逼于郑，请迁于楚。辛丑，楚公子申迁许于叶。"叶，楚叶邑，地处方城之口外，即今河南叶县旧县乡旧县村。许迁于楚境内，成为楚国的附庸，其故地为郑所占，称之"旧许"。

对于许国的第一次迁徙，学者有不少议论。何浩考证，许灵公畏逼于郑，请迁国于楚境之内。楚公子申迁许于叶。[3] 张正明评价："许国为郑国所迫，求迁于楚境。公子申率楚师迁许国于叶邑(在今河南叶县南)，这等于楚国承认自己在中原的影响减弱了。"[4]

许国，姜姓。周初尚是大国。[5]《国语·周语中》记富辰言："齐、许、申、吕，由大姜。"韦昭注云："四国皆姜姓。"许国排在申国、吕国之前。杜预《春秋释例·世族谱》："许，姜姓，与齐同祖，尧四岳伯夷之后也，周武王封其苗裔文叔于许，今颍川许昌是也。"许国的地望，《汉书·地理志》颍川郡"许县"班固自注曰："故国，姜姓，太叔所封，二十四世为楚所灭。"《括地志》载："许故城在许州许昌县南三

① 洪亮吉：《春秋左传诂》，李解民点校，中华书局1987年，第496—497页。
② 金荣权：《许国的世系及五次迁徙论考》，《信阳师范学院学报》(哲学社会科学版) 2010年第6期。
③ 何浩：《楚灭国研究》，武汉出版社1989年，第384页。
④ 张正明：《楚史》，湖北教育出版社1995年，第166页。
⑤ 拙著《先楚史》第十一章第五节"周王朝分封姜姓诸侯国"中有过介绍。程涛平：《先楚史》，武汉出版社2019年，第1000—1004页。

十里，本汉许县，故许国也。"说明唐宋许昌县由故城向北移了 40 里。据《元和郡县图志》卷八许州"许昌县"载：县"西南至州五十五里"，则许昌县在许州东北 55 里。许州，治长社县，即今河南许昌市。故许国故城当在今许昌市东 30 多里处。赵炳清认为：《读史方舆纪要》和《春秋大事表》载许国故城在清代许州以东 30 里，[1] 是可信的。[2]

晋、楚两国的第一次息兵，开始双方都煞有介事，先由晋大夫郤至不远千里到郢都与楚共王会盟，后由楚大夫公子罢不远千里到赤棘与晋厉公会盟。后来的事态证明，两次隆重的修好之盟，晋秦双方和晋楚双方都口是而心非，半途而废。因为双方都没有诚意，都违背了盟约。这样的和平只是暂时的妥协，随时可能因条件的改变而转化为战争。晋、楚两国在中原的影响，此长则彼消，此消则彼长，没有均分势力范围的可能，彼此的矛盾很难调和，因而信任无法压倒猜忌。晋人比楚人行动快，在息兵盟约的第二年就纠合齐、鲁、郑、宋、卫、邾、曹、滕等国伐秦。清华简《系年》十六章记晋国首先背盟：

明岁，厉公先起兵，率师会诸侯以伐秦，至于泾。

《春秋》成公十三年："春，晋侯使郤锜来乞师……夏五月，公自京师，遂会晋侯、齐侯、宋公、卫侯、郑伯、曹伯、邾人、滕人伐秦。……秋七月，公至自伐秦。"

《左传》成公十三年："秦桓公既与晋厉公为令狐之盟，而又召狄与楚，欲道以伐晋，诸侯是以睦于晋……五月丁亥，晋师以诸侯之师及秦师战于麻隧。秦师败绩……师遂济泾，及侯丽而还。"第一次弭兵之会不久，晋厉公迅速背盟出兵于秦，在《左传》成公十三年的记叙

---

① 参见顾祖禹：《读史方舆纪要》卷四七，河南二，许州"许吕城"条；顾栋高：《春秋大事表》卷七之四《列国都邑》"许"。
② 赵炳清：《楚国疆域变迁之研究——以地缘政治为研究视角》，复旦大学博士学位论文，2013 年，第 120 页。

中，是因秦人首先背叛晋国导致的：秦桓公既与晋厉公为令狐之盟，却又召狄与楚，欲道以伐晋，诸侯是以睦于晋，"五月丁亥，晋师以诸侯之师及秦师战于麻隧。秦师败绩，获秦成差及不更女父"。晋国伐秦，师出有名，占尽道义与实力的优势。

楚国动作稍慢，在"华元弭兵"之后，晋、楚修好的第四年，即公元前576年——共王十五年，楚人经过休整后也厉兵秣马，楚司马子反说："敌利则进，何盟之有？"司马子反主张北伐，子囊（共王弟公子贞）以为不可背盟，这时楚共王二十五岁，还未曾亲临战阵，跃跃欲试，便下令起兵，自己随军出征。这次楚师先侵郑，后侵卫，都是稍进即退，充其量只是一次无名而出、无功而返的武装游行。在楚师撤回后，郑国却派兵袭占了楚国的一个边邑，楚国蒙受了损失。晋韩献子认为楚共王这是在自寻灭亡："重其罪，民将叛之。无民，孰战？"公元前576年，宋国内乱，左师、大司寇、少司寇、大宰、少宰共五人俱奔楚避难。他们是华元的政敌，由此，华元与楚国之间也发生了隔阂。张正明说：晋与秦的"夹河而盟"不过两年就毁了。至于晋与楚的千里之盟，也只四年就毁了。[1] 李孟存、李尚师认为："晋、楚间的第一次宋之盟，已成为一张废纸。所以两国间的战云翻卷，战争因素又急剧地增长了起来。"[2]

第十一节　晋楚鄢陵大战（共王十六年）

晋、楚息兵被破坏，开始是晋国忙于对付秦国，楚国忙于侵郑、侵卫，背靠背各自忙碌，将息兵二字抛在九霄云外。但不久，两国的焦点又汇聚到郑国身上。

郑国在第一次息兵之际，是属于晋国阵营的，据《左传》所载，

---

① 张正明：《秦与楚》，华中师范大学出版社2007年，第95页。
② 李孟存、李尚师：《晋国史》，山西古籍出版社1999年，第176页。

盟会刚一结束，郑成公就到晋国接受和约，次年（公元前578年）又参加晋国的伐秦联军。共王十四年（公元前577年），郑子罕（公子喜）又率师攻打楚的盟国许，次年（公元前576年）春又参加了晋国主持的有晋、齐、鲁、宋、卫、郑、曹、邾八国参加的戚（今河南省濮阳北）之会盟，楚人则不能再容忍下去。同年秋，楚共王亲自率军伐郑，兵至暴隧（今河南省原阳县西旧原武县境），再侵晋的另一盟员卫国的首止（今河南省睢县东南）。郑子罕出兵攻取楚的新石（今河南叶县境内）进行报复。《左传》成公十五年："楚子侵郑，及暴隧，遂侵卫，及首止。郑子罕侵楚，取新石。"至此，楚与晋、郑的矛盾又趋尖锐。共王十五年（公元前576年）夏，楚国打算北伐，子囊说："新与晋盟而背之，无乃不可乎？"子反驳斥说："敌利则进，何盟之有？"于是，楚共王率军伐郑、侵卫。晋虽没有即刻报复楚国，但于同年的冬天，率鲁、齐、宋、卫、郑、邾等国代表，在钟离（今安徽凤阳东北）与吴会晤。显然，晋国是想联吴抗楚。

争取郑国，北进中原，已提到了楚国的议事日程。楚人看中了郑国尚有一定实力，于是变武力进攻为施惠拉拢的策略。前575年，楚共王派公子成使郑，屈尊答应以割让汝水以南的大片土地给郑国，求和于郑。郑国盘算可以利用楚地以自广，大喜，郑国的君臣唯利是图，于是叛晋附楚。郑公子骓（子驷）与楚共王盟于武城（今河南省信阳东北）。从此，郑国加入楚国阵营，由此又成为晋、楚交战的焦点。

晋的忠实盟友宋国在前一年刚发生过内乱，楚、郑则选准了宋国作为突破口。同年四月，楚人指使郑国对宋国发动战争，两国战于汋陂，郑军大败。但是由于宋军取胜而丧失警惕，郑军回师二次袭击宋军，宋军无备，被郑军打得大败。郑国既叛晋近楚，又打败了晋国的忠实盟友，于是晋国一面指使卫国出兵伐郑，一面积极做战争准备，郑、宋和卫、郑的战争拉开了晋、楚战争的序幕。晋厉公打算讨伐郑国，大臣范文子不赞成。执政大臣栾武子说："不可以当吾世而失诸侯，必伐郑。"于是，晋厉公便遣使向卫、齐、鲁等盟国"乞师"。戊寅日，出发进攻郑国。

对于鄢陵之战的起因，《左传》与《系年》的介绍是有差异的。

《左传》成公十六年介绍鄢陵之战的前提是楚、晋两国争郑，"楚子自武城使公子成以汝阴之田求成于郑。郑叛晋"，所以晋侯向郑国报复。《左传》介绍，晋国内部对报复郑国有不同意见，与郑国的背叛相比，晋国内部卿族势力的坐大才是堪忧的首要问题："若逞吾愿，诸侯皆叛，晋可以逞。若唯郑叛，晋国之忧，可立俟也。""我伪逃楚，可以纾忧。夫合诸侯，非吾所能也，以遗能者。我若群臣辑睦以事君，多矣。""唯圣人能外内无患，自非圣人，外宁必有内忧。盍释楚以为外惧乎?"在《左传》作者看来，保留外部矛盾无疑是纾解内部矛盾的良方，若集中面对内忧，晋国必定会受到严重影响。果不其然，晋国获胜之后，晋厉公恃军功而愈加"骄侈"，导致晋国君臣愈加不谐，君权与卿权的矛盾激化，最终在成公十八年发生了"晋栾书、中行偃使程滑弑厉公"之事。这与同期其它文献相符:《春秋》成公十六年："六月……晋侯使栾黡来乞师。甲午晦，晋侯及楚子、郑伯战于鄢陵。楚子、郑师败绩。楚杀其大夫公子侧。"《国语·晋语六》："鄢之役，晋伐郑，荆救之。"

而清华简《系年》则完全不提楚以地贿郑、郑叛晋之事，直接是楚围郑，晋救郑。见清华简《系年》第十六章:

(楚)共王亦率师围郑，(晋)厉公救郑，败楚师于鄢。

《系年》叙述得十分简练，起因是楚人围郑，晋厉公救郑，晋、楚有了交锋，"败楚师于鄢"。

比较《左传》与《系年》，应该是《左传》的记载为胜。因为在鄢陵之战中，郑国与楚国并肩作战，而鄢陵之战前，郑国还参加晋国对秦的麻隧之战，又参加晋国主导的戚之盟，属于晋国的铁杆盟友，是楚国的敌人，突然在鄢陵之战中与楚国并肩作战，这个"弯"必须有所交代。《系年》没有交代，造成鄢陵之战双方阵容不清。

鄢陵之战中双方主帅各有特点。

楚国方面，令尹与司马不和。令尹子重谨慎有余而勇猛不足，司马子反恰相反，勇猛有余而谨慎不足。如果和衷共济，他们可以成为很好的搭档。可是子反不尊重子重，共王不喜欢子重，这给楚师的前途投上了一层令人忧虑的阴影。共王命子反将中军为元帅，命子重将左军，命子辛（右尹公子壬父）将右军，共王自己偕王卒随中军行进。这样，让令尹听司马指挥，违背了楚国的传统，颠倒了尊卑的顺序。郑师与楚师为同盟，"东夷"的一些"蛮军"也参加了楚师。

晋国方面，思想不统一。晋国在晋厉公三年清原之蒐建立五军制时的十卿是：先轸、郤溱；狐毛、狐偃；栾枝、胥臣；赵衰、箕郑；胥婴、先都。是年狐毛死，先且居代之为上军将。不久"子犯（狐偃）卒"，"蒲城伯（先且居）请佐"（《晋语四》），赵衰代之而为上军佐，剩下九卿。接着正卿先轸战死于箕之役，先且居代之，十卿剩下八卿，彭衙之战前郤溱死去，赵衰代之而为亚卿，剩下七卿。晋襄公六年（前622年），赵成子（赵衰，谥成季）、栾贞子（栾枝）、霍伯（先且居）、臼季（胥臣）一时皆卒，剩下三卿了，不久胥婴亦亡，所以晋文公末年组建的五军十卿只剩下箕郑、先都二人了。[①] 到晋厉公六年，鄢陵之战前，晋师以执政的上卿栾书将中军为元帅，士燮佐之；郤锜将上军，荀偃佐之；韩厥将下军，其佐荀䓨留守；郤犨将新军，郤至佐之。起师前，派使者到齐、鲁、卫诸国请求出兵相助。晋国的将领对战与和不能同心同德，栾书和郤至主战最力，士燮则以为战不如和。《国语·晋语》记士燮在出兵前说：睦内方能图外。"不睦而图外，必内争。"在出兵后，士燮又说：我们要是战胜了，大王将更加骄恣，朝政将更加混乱，晋国非受祸不可；战败了，晋国反而会得福。《左传》成公十六年记士燮还说：先君多次出征，是因为秦、狄、齐、楚四国

---

① 李孟存、李尚师：《晋国史》，山西古籍出版社1999年，第130页。

都很强，我们若不尽力而为，子孙就会保不住。现在秦、狄、齐三国都顺从我们了，敌手只剩下一个楚国，"外宁必有内忧"，何不留着楚国作为我们的"外惧"呢？他认为国内不睦，与其战胜倒不如战败。他说："吾闻之，为人臣者，能内睦而后图外，不睦而图外，必内争。"（《国语·晋语六》）战争中，其子士匄（范宣子）是主战派，当"甲午晦，楚晨压晋军而陈。军吏患之"时，士匄建议："塞井夷灶，陈（阵）于军中，而疏行首，晋、楚唯天所授，何患焉？"（《左传》成公十六年）士燮大怒，手执长戈追赶士匄道："国之存亡，天也。童子何知焉？"

《左传》对鄢陵之战的战前分析十分细腻。《左传》成公十六年记，晋、楚鄢陵之战前夕，楚国的盟军郑国派大夫姚句耳前往楚师观察，姚句耳回来之后向子驷汇报，分析楚国实力，说道："其行速，过险而不整。速则失志，不整丧列。志失列丧，将何以战？楚惧不可用也。"[1]姚句耳认为楚国军队行进速度过快，经过险要之处而不保持队列的齐整，姚句耳将"列丧"直接作为楚国将会失败的预兆之一。晋国新军主将郤至通过观察楚郑联军的阵形，提出"楚有六间"，其中"郑陈而不整；蛮军而不陈；陈不违晦；在陈而嚣，合而加嚣，各顾其后，莫有斗心。旧不必良，以犯天忌"。郑国虽然已经列好阵式，但是不整齐严肃，随楚国而来的南蛮军队甚至没有阵容，郤至在这里还提到了楚国布阵选在了不宜布阵作战的月终，春秋时期古人认为月终不宜布阵作战，此外，联军的士兵没有纪律、大肆喧哗和吵闹，结论是"我必克之"。[2] 金大伟认为，姚句耳和郤至都是通过观察敌方队形的整齐度来判断敌人的实力，可见在当时的战争实践中，能够保持队列的整齐是获取战斗胜利的条件之一。[3]

非常有意思的是，《左传》专门介绍了鄢陵之战中楚共王对晋军的

---

① 杨伯峻：《春秋左传注》（修订本），中华书局 1990 年，第 881—882 页。

② 可参见杨伯峻：《春秋左传注》中第 883 页注解。

③ 金大伟：《春秋军阵研究》，中国社会科学出版社 2016 年，第 18 页。

战前侦察：共王由伯州犁陪同，登上楚师独有的"巢车"眺望晋营。共王问：晋人的兵车有向左驶去的，有向右驶去的，他们在干些什么？伯州犁答：这是去召集军吏。共王说：不错，那些军吏都聚集到中军中去了。伯州犁应声道：他们要商议战斗计划了。共王说：搭起帐篷来了。伯州犁解释道：要在先君的神主前面占卜了。共王说：帐篷拆掉了。伯州犁预测道：快要发布命令了。共王说：人声喧哗，尘土飞扬（"甚嚣""尘上"），伯州犁解释道：那是在填井、拆灶，以便就地布阵。共王说：都上车了，可是有些车左、车右拿着兵器又下车了。伯州犁解释道：他们正在听主将的号令。共王问：要跟我们开战了吧？伯州犁答：还不一定。共王问：车左、车右上了车，怎么又都下车了？伯州犁答：他们在祈祷。巢车是当时的先进军械，便于己方了解敌方营垒的布局和动向。子反抢先逼近晋营布阵，可能是事先在巢车上经过瞭望作出的正确决策。张正明分析："共王虽是第二次出征，但亲临前线还是第一次，登上巢车看晋营的动静，样样都新鲜。晋人的风俗与楚人的风俗有不少区别，共王难免莫名其妙。伯州犁以晋人言晋事，了如指掌，因而能够解释得一清二楚。"①

鄢陵之战，鉴于各种文献记载都没有介绍具体兵力数量，可以判定双方的兵力大致相当。春秋时期楚国和晋国真正大规模的交战只有三大战役：城濮之战、邲地之战、鄢陵之战，按照常理，楚国的兵力，不会少于邲地之战。本书第六章第十四节中考证邲地之战是晋国的1000乘对楚国的1060乘，楚军实际兵力多于晋军60乘，楚军略占优势。鄢陵之战为公元前575年，邲地之战为公元前597年，鄢陵之战晚22年，双方兵力具体数目不详，估计均有所增加，大体相当，势均力敌。故忽略不计。

鄢陵之战的战争过程实际是谋略之战。清早，楚师抢先逼近晋师布阵，这使尚未布阵的晋师受到空间的约束，不易施展。晋、楚两军

---

① 张正明：《楚史》，湖北教育出版社1995年，第168页。

在鄢陵(今河南鄢陵北)相遇，这一日，五更刚过，天未大明，晋军忽听得寨外喊声大振，守营将士急忙来报，"楚军直逼营门"。晋军主将栾书大惊，说："楚军压在我军营前，我军不能摆成阵势，只得暂时坚守，再设法破敌。"诸将议论纷纷，有的主张选精兵突围；有的则主张移师后退。春秋时期，战前布列军阵，然后双方厮杀对决是一种常态，鄢陵之战晋军是临时成阵，属于例外。楚军没有等晋军布列好阵势即列阵于晋军营前。晋军宿营的状态并非军阵的战斗状态，而是一种战斗准备很差的状态。楚军此举的目的，就是阻止晋国军队进行排兵布阵，所以楚军要进攻的是一支没有排兵布阵的松散军队，所采取的是一种具有特殊效果的战术手段，因此晋国军中"军吏患之"，晋军可能面临被迫后退，在后方较远的地方重新选择一个地点进行军队的部署和编组，而这对楚国而言，将是很有利的。这时，晋军主将士燮的儿子名叫匄，年方16岁，冲入中军，向主帅栾书禀告说："元帅怕没有作战的地方吗？解决这个问题很容易。"栾书急忙问："你有什么计策？"士匄说："下令严守营门，把寨内的砌灶削平，水井填平，并用木板掩盖，不到一个时辰，列阵的地方就有了。列好阵势，再开营门，有了作战场地，楚军又有何办法呢？"栾书说："井灶一日不可少，平灶塞井，怎么做饭呢？人不吃饭，不仅不能作战，时间长了，还会饿死的。"士匄说："先下令各军准备好干粮清水，够吃两三天就行。等待布好阵势，再分派年老体弱的士兵到营后另外打井砌灶，不就行了！"士燮见儿子向主将献计，怒气冲冲地骂道："军队作战的胜与负，关系到天命。你小子懂什么？敢在这里乱发议论？还敢向主帅献计？简直不知天有多高、地有多厚！"举起戈，就要把士匄赶走。众将士拖住士燮，士匄才得走脱。《左传》成公十六年："甲午晦，楚晨压晋军而陈。军吏患之。范匄趋进，曰：'塞井夷灶，陈(阵)于军中，而疏行首。晋、楚唯天所授，何患焉？'文子执戈逐之，曰：'国之存亡，天也。童子何知焉？'栾书曰：'楚师轻窕，固垒而待之，三日必退。退而击之，必获胜焉。'"晋中军主将栾书笑着说："这小家伙的智慧胜过了许多大人物。此计甚好，照此行事。"传令各军多准备干粮清水，然后平灶填井，扩大场地，摆列阵势，准备交战。金大伟认为，面对楚军咄咄逼人"晨压晋军而陈"，"不过晋军并没有后退，而是选择在舍营的驻地编组军队布列军阵，此举虽然是被迫而为，但是也可以起到阻止楚军快速进攻的作用"。[1]

晋军形势严峻，鲁师和卫师尚未赶到，齐师虽已赶到而暂时还不能参战。栾书准备固守三天，待楚师引退时反击。晋厉公丧失信心，一度准备退兵，但为站在晋厉公之侧的谋臣苗贲皇[2]劝止。他对晋厉公说："楚之良，在其中军王族而已。请分良（指晋中军公卒）以击其左右（军），而三（四）军萃于王卒，必大败之。"其意为，楚的精兵为中军王族，若晋军把精锐的中军公卒分开去攻彼之左、右军，然后三（四）军往楚中军王族处聚集，一定能大败楚军。关于苗贲皇的建议，《国语·楚语》记得更为具体：雍子（即苗贲皇）向晋中军帅栾书和晋厉公二人献策，因为当时晋厉公正在中军，其意与此大致相同。雍子（苗贲皇）劝晋军统帅改其中、下军（或仅为中军）严整的军容为萎靡的数组，引诱楚左、右军进攻，在其陷入包围时，再用上、下军（或作新军）配合中军击败之。其后集四军兵力攻楚中军王族。所以，晋军的策略为：以"示弱"引诱部分楚军进攻，选择楚军兵力薄弱环节先行进攻，避实击虚，收到神奇效果。（**见图 15-2：晋楚鄢陵之战战斗阵势图**）

鄢陵之战的战斗过程有点像邲之战，也是只打了一整天，极其惨烈。六月甲午，从天刚亮布阵，到天黑收兵。开战前，双方都有严整的部署。开战后，由于地形的限制和战局的变化，双方都是军自为战乃至车自为战、人自为战，打成了一场混战。晋人和楚人都是出色的将士，打得异常勇猛。晋营前面有一片沼泽，所以晋军发起进攻时，

---

[1] 金大伟：《春秋军阵研究》，中国社会科学出版社 2016 年，第 13 页。
[2] 《左传》襄公二十六年："若敖之乱，伯贲之子贲皇奔晋，晋人与之苗（晋邑），以为谋主。"

大众或左或右避开泥沼而行，战车不得不从两边绕行。中军帅栾书和其佐士燮各率其属，夹公行（国君直属部队）而进。晋厉公的戎车陷入沼泽，随从大惊。栾书将要去救，厉公戎右栾鍼（栾书庶子）大呼曰："书退！国有大任，焉得专之！"他在斥退其父栾书的同时，跳下戎车。栾鍼身强力壮，一鼓劲把这乘戎车掀上了平地，能够正常奔驰，否则，晋军定会陷入混乱，后果不堪设想。晋人以栾、范（士燮）之师松弛的阵容引诱楚左、右军进攻，再出动上、下两军与中军合作将其击败。接着，晋军集中优势的兵力，大概是以中、上、新三军猛攻楚国中军。是时，楚共王以彭名为御，以潘党为右，奋战疆场。楚中军顶住了晋主力的合击，可见楚人打得异常顽强，司马子反的指挥没有发生重大的失误。可是，没有实战经验的楚共王在周边护卫没有跟上的情况下，轻率冒进，晋将吕锜射中了楚共王的一只眼睛。共王大怒，派人把养由基找来，要他为自己报仇。养由基不辱君命，只发一支箭就射中吕锜的头颈，吕锜当即倒毙，拿着剩下的一支箭复命。晋军攻势凌厉，楚军渐渐不支而"薄（迫也）于险"，晋俘获了楚国公子筏（《国语·晋语六》作王子发钩）。经楚名将养由基和叔山冉的拼死抗战，才阻止住了晋军，救回共王。这时，下军将韩厥率其属已击败了郑军。郑成公以石首为御，以唐苟为右，正在后撤时，晋新军佐率其属投入战斗，在下、新两军夹击下，郑军溃不成军，郑成公的御戎石首见形势危急，便扯下车上的帅旗，藏于箭套之内，其戎右唐苟为掩护郑成公，跳下车来抵御晋军而战死，车御石首快马加鞭，保护着郑成公逃走。战争进行了一整天，从清晨直到繁星满天，战争才暂停下来，双方宿营准备再战。其时齐军已至，鲁、卫之师亦开拔出境，直奔鄢陵而来。

（见图15-3：晋楚鄢陵之战示意图）

在晋楚鄢陵之战中，晋军在排兵布阵上采用的是突击两翼，合围中军的战法。晋楚双方同样是以三军对阵三军，这实际上是从商代继承下来的对阵传统。在鄢陵之战中，晋军同样是率先击破楚军两翼，最后集中优势兵力攻击楚军的精锐部队"王族"。在鄢陵之战中，晋军除了展现出高超的进攻阵法外，其在防御阵法上也同样出色。在鄢陵之战正式决战之前，楚军不顾当时会战约定时间的规则，出其不意地于早晨布阵于晋军军营外，对晋军采取压迫态势，而晋军并未惊慌失措，"塞井夷灶，陈（阵）于军中，而疏行首"，即将军营中的水井填平，灶台夷为平地，在平地上直接列阵，同时保持一定的疏散距离，留出通道以便于作战。晋军能够迅速地在军营中形成阵列，可见此时晋国对于步兵的训练是十分严格的。

鄢陵之战的结局具有戏剧性。《韩非子·十过》记："昔者楚共王与晋厉公战于鄢陵，楚师败，而共王伤其目。酣战之时，司马子反渴而求饮，竖榖阳操觞酒而进之。子反曰：'嘻！退，酒也。'榖阳曰：'非酒也。'子反受而饮之。子反之为人也，嗜酒而甘之，弗能绝于口而醉。战既罢。共王欲复战，令人召司马子反，司马子反辞以心疾。共王驾而自往，入其幄中。闻酒臭而还，曰：'今日之战，不榖亲伤，所恃者司马也。而司马又醉如此，是亡楚国之社稷而不恤吾众也。不榖无与复战矣。'于是还师而去。"《淮南子·氾论训》记，撤离鄢陵时，有潘尫、养由基、黄衰微、公孙丙四位大夫簇拥着共王，共王因恐惧而瘫倒在地上。黄衰微急中生智，用脚踢共王。共王见黄衰微如此无礼，变恐惧为震怒，站了起来，四位大夫才乘机把共王抬上了戎车。国君如此，将士的命运就可想而知了。楚司马子反醒来，知楚王已先归，无心再战，尽弃辎重，仓皇而去。败于鄢陵，应由楚共王负主要责任。楚共王受了伤，夜间休战时又听说主帅子反喝醉了酒，以为必败无疑，竟不向将士通报，便径自与亲随跑回方城之内去了。将士以为大王决定撤兵了，一窝蜂似的连夜弃营而去。楚师遗弃在营垒里的军粮，让晋师足足吃了三天。《左传》成公十六年记楚共王慌忙撤走，惊魂甫定，便知道自己闯了大祸，派人对主帅子反说："子无以为过，不榖之罪也。"张正明认为："但就激战一天的结局来看，双方其实不分胜负。子反在开战前所作的部署是正确的，使晋人难于施展手脚。他在休战后所作的部署也是正确的，又给晋人添加了精神压力。假如楚共王不弃军而走，翌日再战，鹿死谁手尚难论定。在这样近乎势均力敌的混战兼恶战中，谁能坚持不懈，谁就有比对方更多的获胜机会。"①

鄢陵之战，晋国能够孤军战胜楚、郑、陈联军。其原因，一是除了景、厉两代创造的有利"国际环境"外，邲战之后，晋军屡败于楚，复仇心切，上下一心；二是晋军将帅个个强悍，能力超群，"四军之帅，旅力方刚"（《国语·周语中》）；注重军事训练，"卒伍治整"；三是善于采取诡诈策略。② 鄢陵之战解除了晋国的霸业危机。此后楚国在吴国的不断进攻下日渐削弱，终于在春秋之世不复能北顾中原。

清人马骕评论晋楚鄢陵之战，晋国未占便宜：

> ……鄢陵之胜，幸胜也。两军相遇，幸而薄楚于险，大战方殷，犹同戏谑，郤子下车以免胄，栾氏摄饮而示瑕，军旅之际，岂宜然乎。一矢偶集，非出成算，而厉公遂曰，吾能胜楚矣。昔城濮胜而晋国霸，邲战败而晋国弱。此一举也，远绍文烈，近洗景耻，是桓、文之业，非厉公所能堪也。献捷称伐，相矜于朝，难且作矣，胜于何有？士燮知之，故益深其危惧，未战则求释楚以为外虞，既胜又进戒以正君心，祝宗祈死，老成云逝。彼宁不欲坐享胜敌之福哉，知祸将伏于此也。夫楚之于晋，初欲求成。其始也郤至操盟，子反不信，其后也贲皇徇师，子反复醉，楚之取败，惟一侧焉。子反伏罪，共王岂甘心下晋者乎？嗣是晋三伐郑，楚救必出，夷氛自若，犹无胜尔。共王惕于一败之畏，更莅其常胜之势，即悼公三驾，未至重困，况区区一厉公也，遗恨以殁，雄心

① 张正明：《楚史》，湖北教育出版社 1995 年，第 171 页。
② 应永深：《论鄢陵之战晋军取胜的原因——兼述法家军事思想产生的历史背景》，《晋阳学刊》1985 年第 6 期。

未已。其人不死，固中国一劲敌哉。①

楚军遭到这场会战失败的原因归结起来有以下几点：第一，战略上一开始即陷入被动地位。当时除郑国外，中原较重要的诸侯国如齐、鲁、宋、卫诸国均已集结在晋国的旗帜之下，形势明显对楚不利。第二，在具体军事决策方面，楚军仓猝兴师，行军太急，"其行速，过险而不整"（《左传》成公十六年），结果造成军队疲劳，队列不整，士气难振，斗志削弱，它一味强调赶在齐、鲁、宋等国军队到达前与晋军会战，过于急躁，使晋国得以在预定的战场上，以逸待劳，而自己却是以劳对逸，处于不利地位。第三，楚军的战场指挥亦存在着重大的欠缺。楚共王虽然能够注意"相敌"，观察到晋军具体活动情况，却未能判明晋军的真实作战意图，并采取相应的对策，基本上是消极防御，当晋军实施灵活打击时，又缺乏权宜机变的能力，以致被动挨打。第四，军纪松弛。楚军主帅子反醉酒误事，致使年轻的楚共王丧失再战的信心。这些因素结合在一起，终于导致了楚军遭到重大失败的结果。

縻振玉分析，晋军的胜利并非偶然。晋军在此战中表现出较高的作战指导能力，出动军队比较及时，先敌预定战场，会战之前，能够认真"相敌"，料敌察机，制定较适宜的作战方案。在会战过程中，既能根据楚军的阵势和地形特点，灵活机动实施指挥，又能当机立断，先发制人。并及时调整部署，加强两翼，对楚实行先弱后强、各个击破的方针，从而一举击败楚、郑联军，达到称霸中原的战略目的。②

公元前575年的鄢陵之战，是晋、楚争霸中第三次，也是最后一次的两国军队主力会战，此后虽仍有湛阪之战等战事，但其规模与影

---

① 马骕：《左传事纬·晋楚鄢陵之战》，徐连城点校，齐鲁书社1992年，第195—196页。

② 縻振玉主编《中国军事学术史》，解放军出版社2008年，第90—91页。

响均不能与城濮、邲、鄢陵诸战相比，故鄢陵之战在历史上具有重要意义。

在鄢陵之战中，晋方谋定而动，先计后战，善察战机，巧妙指挥，击败同自己争霸中原的老对手楚国，进一步巩固了自己在中原地区的优势地位，使其军事势力发展到鼎盛。这场战争后，晋、楚两国都因各自的内外条件变化，而逐渐失去以武力争霸中原的强大势头，中原战场开始相对沉寂下来。从这层意义上说，鄢陵之战也可以称作为当时晋、楚争霸的最后一幕。

第十二节　东灭舒庸及楚晋反复争夺宋地彭城（共王十七至十八年）

鄢陵之战，楚国战败，引发了楚国在东境的一系列危机，其中，加剧了吴国对楚的威胁。晋国极力拉拢、扶持吴国对抗楚国，在晋国的眼光中，吴遂为东方之新兴势力，足为诸侯抗楚之助，因邀其加入中原之联盟。周简王十年，晋厉公五年，楚共王十五年，吴王寿梦十年，公元前576年冬，晋卿士燮召集鲁叔孙侨如、齐高无咎、宋华元、卫孙林父、郑公子鳝、邾人，与吴王会盟于钟离(今安徽省凤阳东北临淮关)，至此晋景公所规划之联吴政策得以完成。在久受楚军蹂躏压迫之东夷诸小国，其对于吴国之兴起，认为是东方民族自立自强之象征，因之亦相率臣服于吴。其中尤以群舒族中之舒庸(都离城，今安徽省桐城西)，受楚军之蹂躏压迫最为严重，故其帮助吴国，亦最为出力。

《左传》成公十七年载："舒庸人以楚师之败也，道吴人围巢，伐驾，围釐、虺。"杜注为楚邑，但未指名地望。据此可知，公元前575年，晋与诸侯之军与楚战于鄢陵，楚军战败，舒庸遂导吴军围攻楚之巢邑(今安徽省巢湖市)，驾邑(今安徽省芜湖西鲁港)，釐邑(今安徽

省无为），⿰虍匕邑（今安徽省繁昌西之荻港）。（**见图 15-4：舒庸导吴侵楚略图**）

楚以新败于晋，不及救援，各邑遂亦为吴军所占领。清人顾栋高谓驾与鳌皆在无为州境，⿰虍匕在庐江县境。[①]

舒庸是楚庄王初年所灭庸国的遗民组成。张良皋认为，这舒庸显然是庸人之在舒（今安徽舒城一带）立国或聚居者。他们在国亡 37 年之后，不忘复仇，趁楚国新败，"勾引"吴人，侵伐楚国，惜乎再度败亡，但可见庸人之抗楚活动未息。[②]

舒庸是舒人和一部分由西而东迁的庸人互相结合而形成的舒庸国。拙著《先楚史》第十章第七节"西周时期淮河流域偃姓部族与方国"中有过介绍。[③]《左传》襄公十三年，楚"战于庸浦，大败吴师"。庸浦当在今无为市南的姚沟一带。舒庸的所在地，《太平寰宇记》卷一二六庐州舒城县："与舒鸠城相似，谓之舒庸城。"《读史方舆纪要》卷二六庐州府舒城县："春秋时舒庸、舒鸠诸国地也。"《中国古今地名大辞典》："舒庸在今安徽舒城、庐江二县境。"[④]《左传》成公十七年记，在晋楚鄢陵之战的第二年，"舒庸人以楚师之败也，道吴人围巢，伐驾，围鳌、⿰虍匕，遂恃吴而不设。楚公子橐师袭舒庸，灭之。"杜预注："巢、驾、鳌、⿰虍匕楚四邑。"吴人因舒庸而进入楚江淮的疆域之内，则舒庸也当在今安徽庐江、无为间。

公元前 574 年，楚共王十七年，楚人对于上年舒庸"道吴人围巢，伐驾，围鳌、⿰虍匕"，引导吴人连续占领楚国的数邑一事，恨之入骨。为雪上年失地之耻，大造舟师，准备讨伐吴国，夺回失去的楚邑。在紧张地进行伐吴的准备过程中，打听到舒庸自恃有吴国为援，轻视楚国，完全没有防御的准备，觉得有机可乘。楚令尹子重命公子橐率师

---

① 顾栋高：《春秋大事表》，吴树平、李解民点校，中华书局 1993 年，第 850—851 页。
② 张良皋主编《巴史别观》，中国建筑工业出版社 2006 年，第 10 页。
③ 程涛平：《先楚史》，武汉出版社 2019 年，第 752 页。
④ 臧励和等编《中国古今地名大辞典》，商务印书馆 1931 年，第 932 页。

袭击舒庸。楚军行动迅速，直奔舒庸老巢，舒庸猝不及防，一触即溃，吴人闻讯，急忙赶往救援，路途遥远，根本来不及。《春秋》成公十七年："十有二月丁巳朔，日有食之……楚人灭舒庸。"楚军一鼓作气，将舒庸灭掉。（**见图 15-5：楚人袭灭舒庸之役略图**）

楚人灭舒庸，干脆利落，清人马骕批评晋国及中原诸国将保护群舒的责任推给吴国，致其完全被楚国所灭：

> 诸夏之衰也，患在不恤小弱，而轻弃远国。庸及群舒，与楚接壤，皆能纠合与国以牵制于楚。舒在楚东，庸在楚西，穆、庄之际，咸与楚构怨，舒方动，则宗巢辅之；庸方动，则麋濮群蛮辅之，亦荆楚多事之会哉。夫舒为偃姓，皋陶之苗裔也。其类繁多，散处江淮之间。《诗》曰："荆舒是惩。"则舒旧党楚矣。庸，西方之远国也。武王伐纣，誓及庸、蜀，则庸旧属周矣。庸与中国之绝，盖起于平王东迁之馀。舒势之分，盖始于徐人取舒之后。中国绝则势孤，必伺隙而后动。庸乘楚饥，申、息不启，而中国若弗闻焉，此则轻弃远国之患也。势分则谋不协，故轻举以取败。群舒叛楚，同归灭亡，而中国若弗闻焉，此则不恤小弱之患也。乃厥貉方会，楚执舒子，芴贾决策，转败为功，秦巴通而西国合，谋吴越盟，而东方效顺，楚由是方洋中夏，尚谁能议其后邪？迨及共、康之世，舒势益微，即当鄢陵新败之馀，舟师无功之日，楚犹能一举而灭舒、庸，再举而灭舒鸠，自是舒无遗种焉。呜呼，中国不能恤舒而借庇于吴，吴人庇舒而亡舒，则焉用彼盟主矣？[①]

在灭舒庸的次年，楚国与宋国的矛盾又尖锐起来。晋、吴钟离盟

---

① 　马骕：《绎史》，刘晓东等点校，齐鲁书社 2000 年，第 1308—1309 页。

会后，楚国以不安的心情看着吴国与晋国等中原国家的接近。宋国位于晋、吴之间，为了破坏晋国与吴国之间的联系，最便捷的办法是控制宋国。

鄢陵之战的前一年，宋国发生内乱，宋臣鱼石、向为人、鳞朱、向带、鱼府等五人出奔楚国。由于宋追随晋国的缘故，公元前573年夏，楚共王及郑成公联军进攻宋国。《左传》成公十八年载：

> 夏六月，郑伯侵宋，及曹门外。遂会楚子伐宋，取朝郏。
> 楚子辛、郑皇辰侵城郜，取幽丘，同伐彭城，纳宋鱼石、向
> 为人、鳞朱、向带、鱼府焉，以三百乘戍之而还。

为了切断晋、吴间的联系，楚国"侵城郜，取幽丘，同伐彭城，纳宋鱼石……"。楚国打下彭城后，将从宋国叛逃来楚的鱼石等人扼守在彭城，"以三百乘戍之而还"，欲以绝吴、晋之道。

彭城，即今江苏徐州市，位于丹水与泗水的交汇处，是一处交通要地，沿泗水北上可通鲁、齐，又沿济水可达曹、卫，而沿丹水可通宋、郑，沿泗水南下则通徐、吴。朝郏，即今河南夏邑；城郜、幽丘当在今安徽萧县，赵炳清指出，楚人联合郑人一再征战这些地方，其目的就是要控制以彭城为中心的这片区域，以截断晋吴之间的联系。而晋国当然不会让楚人的战略意图实现，因此才不惜全力出兵救宋，并联合诸侯以服郑。[①]

彭城已成为楚国的据点，宋人看出了楚人的目的是堵塞晋吴之间的通道，并不害怕。《左传》成公十八年记：宋大夫西鉏吾说："今将崇诸侯之奸而披其地，以塞夷庚。逞奸而携服，毒诸侯而惧吴、晋。吾庸多矣，非吾忧也。且事晋何为？晋必恤之。"杜预注："夷庚，吴、

---

① 赵炳清：《楚国疆域变迁之研究——以地缘政治为研究视角》，复旦大学博士学位论文，2013年，第137—138页。

晋往来之要道。楚封鱼石于彭城，欲以绝吴、晋之道。"

同年秋，宋兵围攻被楚国派驻在彭城的原宋国大夫鱼石等人，鱼石等人依靠三百乘战车拼命抵御。冬十一月，楚令尹子重率军伐宋以救彭城，宋华元赶到晋国告急。

这段时间，晋国国君有重大变化，一度处于无力对外的时期。晋厉公自鄢陵之战后，欲除去专权的诸大夫，而重用胥童等宠臣，以解决"晋政多门"（《左传》成公十六年）的问题。《左传》成公十六年载，晋厉公灭郤氏，栾书、中行偃恐祸及其身，先发制人，幽囚晋厉公，杀其宠臣胥童。次年，又弑晋厉公，拥立晋悼公。楚发动彭城之役，正利用了这个时机。

晋悼公即位后，知人善任，"修旧功，施德惠"，晋国内部矛盾很快缓解。当宋国前来告急时，新任的晋执政大臣韩献子（韩厥）认为救宋是"成霸、安（按）强（指楚）"（《左传》成公十八年）的好机会。为保住晋、吴间的联系通道，晋悼公及宋国开始反击。《左传》成公十八年："七月宋老佐、华喜围彭城。"晋国指使宋国先期派出宋将老佐、华喜包围了彭城。楚国不甘示弱，又开始反包围。"冬十一月，楚子重救彭城。伐宋，宋华元如晋告急。"对此，晋悼公决定率军救宋。"晋侯师于台谷以救宋，遇楚师于靡角之谷。"晋悼公亲自率军驻扎在台谷，救援宋国，在靡角之谷和楚军相遇。从中可以看出，晋国为保住彭城，维系住与吴国的联系通道，不惜动用武力与楚国进行角逐。

靡角之谷两军相遇的结果，《左传》成公十八年笼统称之为"楚师还"，实际情况在《左传》襄公二十六年有追述。蔡国大夫声子对楚令尹子木说："（靡角之谷两军相遇）楚师宵溃，晋降彭城而归诸宋，以鱼石归。楚失东夷。"可见靡角之谷两军相遇，不是简单的"楚师还"，而是战争确实爆发，双方出动兵力，正式较量，不久楚国"宵溃"，战败而逃，晋国的援军会同宋国的老佐、华喜率领的宋军，一举收复了彭城，将其归还给宋国，俘虏了代表楚国驻守彭城的原宋大夫鱼石等五人，按照《左传》襄公元年记载的"彭城降晋，晋人以宋五大夫在彭

1261

城者归，置诸瓠丘"，将五人带回晋国，妥善安置于瓠丘之地（晋地，今山西垣曲东南），使其不再危害宋国。从此，晋国与吴国的通道，保持畅通。可见这一轮楚、晋对彭城的反复争夺，楚国完全失败。

楚争夺彭城的失败，其中有一个重要的原因是楚逃臣雍子帮助晋国。《左传》襄公二十六年记蔡国大夫声子答楚令尹屈建问，头头是道，娓娓动听。"虽楚有材，晋实用之。"楚国施刑太滥，一些大夫被迫逃到别国去做谋主来为害楚国。声子一连举出四个实例，其二便是雍子奔晋，在彭城之役中为晋国出谋划策，直接指挥，使晋师反败为胜。《左传》襄公二十六年记载彭城之役中雍子所起到的作用：

> 雍子之父兄谮雍子，君与大夫不善是也，雍子奔晋，晋人与之鄐（晋邑），以为谋主。彭城之役，晋、楚遇于靡角之谷。晋将遁矣，雍子发命于军曰："归老幼，反孤疾，二人役，归一人，简兵蒐乘，秣马蓐食，师陈焚次，明日将战。"行归者，而逸楚囚。楚师宵溃，晋降彭城而归诸宋，以鱼石归。楚失东夷，子辛死之，则雍子之为也。

原来晋、楚两军相遇于靡角之谷，非但不是楚国避战，"楚师还"，恰恰相反，是"晋将遁矣"，在晋军怯战的情况下，雍子力挽狂澜。"雍子发命于军曰：'归老幼，反孤疾，二人役，归一人，简兵蒐乘，秣马蓐食，师陈焚次，明日将战。'"雍子的这一系列命令，表明他此时不是以谋士的身份，而是被授予全权，直接指挥。可见晋国对待来自楚国逃臣雍子的信任，到了无以复加的程度。

彭城之役失败后，楚共王十九年（公元前572年），《左传》襄公元年记："夏五月，晋韩厥、荀偃帅诸侯之师伐郑，入其郛，败其徒兵于洧上。于是东诸侯之师次于鄫，以待晋师。晋师自郑以鄫之师侵楚焦、夷及陈。晋侯、卫侯次于戚，以为之援。秋，楚子辛救郑，侵宋吕、留。郑子然侵宋，取犬丘。"表明这年夏，晋大臣韩厥、荀偃又率诸侯之师伐郑。在洧水边击败郑国步兵。晋又乘胜侵楚焦、夷二地及陈国。秋，楚共王派子辛伐宋救郑，侵宋吕、留二邑，郑军攻取宋的犬丘。次年春，楚又命郑侵宋，但均未能挽回楚在彭城之争中的失败。

第十三节　郑国新君从晋，楚因腐败失陈
（共王十五年起）

彭城之败，楚的盟国发生了动摇。《左传》襄公二年载，郑成公身染重病，子驷请求顺服晋国以解除对楚国的负担。郑成公没有同意，他说：

> 楚君以郑故，亲集矢于其目，非异人任，寡人也。若背之，是弃力与言，其谁昵我？免寡人，唯二三子！

郑成公对楚忠诚不二。但不久郑成公病逝，郑僖公即位，郑国的局势开始发生变化。《左传》襄公二年："秋七月庚辰，郑伯睔卒。于是子罕当国，子驷为政，子国为司马。晋师侵郑，诸大夫欲从晋。子驷曰：'官命未改。'"晋利用"诸大夫欲从晋"这一时机，于同年冬在卫国的戚邑召集盟会，这次盟会，仅仅只有宋、鲁、卫、曹、邾五国派出大夫前来参会，齐国却没有参加。齐国不参会，还带动滕、薛、倪等小国也不参加，让晋人感到尴尬。盟会进行过程中，鲁国执政卿孟献子建议在郑国的虎牢（今河南荥阳西北汜水镇）筑城，以震慑郑人。虎牢，即"郑伯克段于鄢"故事中的制邑，是郑国的险要关隘。在虎牢筑城，就意味着诸侯大军从此在郑国地盘上有了一块根据地，可以长期驻守在此，时刻都威胁郑国安全。筑城，虽然不是对郑国动武，其效果却胜过动武百倍。晋荀罃听了此建议后，连称大妙，回国后立刻向晋悼公报告。这年冬，晋国再度在戚邑（今河南濮阳北）举行诸侯盟

1263

会，商讨在郑国筑城事宜。声言这次齐国敢再不参加，晋国就准备要伐齐了。在晋人事先警告之下，前次不参会的齐、滕、薛、倪等国都到了戚邑，并参与虎牢筑城的行动。一见诸侯在虎牢大兴土木，准备修建城墙，郑人顿感不妙，马上就主动向晋人请求和解了。面对晋国和国内诸大夫的强大压力，郑国的新君郑僖公害怕了，终于决定与晋媾和。《左传》襄公二年对此记载："冬，复会于戚，齐崔武子及滕、薛、小邾之大夫皆会，知武子之言故也。遂城虎牢。郑人乃成。"

次年，即共王二十一年（公元前 570 年），晋悼公以郑服晋故，且欲修吴好，与周朝大臣单子及鲁、宋、卫、郑、莒、邾、齐等国国君或代表同盟于鸡泽（今河北邯郸东北）。吴人虽没来，但陈成公却派大臣袁侨赴会要求媾和。这年秋天，晋及诸侯与陈结盟；至此，郑、陈皆叛楚亲晋。

陈国叛楚，事出有因，系楚国大臣腐败所致。《左传》襄公二年、三年、五年在陈国叛楚的前后分别有这样三段记述：

> 楚公子申为右司马，多受小国之赂，以逼（夺其权势）子重、子辛，楚人杀之。

> 楚子辛为令尹，侵欲于小国。

> 楚人讨陈叛故，曰："由令尹子辛实侵欲焉。"乃杀之（子辛）。书曰："楚杀其大夫公子壬夫。"贪也。

罗运环认为：这确实反映了楚国大臣中的腐败情况，也是陈国叛楚的一个原因，但不是根本的原因。楚杀公子申和令尹子辛后，郑、陈并没有回头亲楚，郑、陈叛楚的根本原因当系"楚弱于晋"。[①]

① 罗运环：《楚国八百年》，武汉大学出版社 1992 年，第 209 页。

第十四节　楚吴舟师衡山之役克鸠兹及夺回陈国终失郑国(共王二十一至二十九年)

彭城之役战败后，楚国不甘心晋、吴通道被打通，郑国、陈国附晋，楚共王干脆兴师伐吴。《吴越春秋·寿梦传》："十六年，楚共王怨吴，为巫臣伐之也。乃举兵伐吴，至衡山而还。"《史记·十二诸侯年表》寿梦十六年："楚伐我。"

楚、吴衡山之役发生在公元前570年正月，时值楚共王二十一年，晋悼公四年，吴王寿梦十六年。《左传》襄公三年记载：

> 三年春，楚子重伐吴，为简之师，克鸠兹，至于衡山。使邓廖帅组甲三百、被练三千以侵吴。吴人要而击之，获邓廖。其能免者，组甲八十、被练三百而已。
>
> 子重归，既饮至三日，吴人伐楚，取驾。驾，良邑也。邓廖，亦楚之良也。君子谓："子重于是役也，所获不如所亡。"楚人以是咎子重。

战争由楚国挑起，楚令尹子重率精练部队伐吴，攻克鸠兹，至于衡山。子重派遣邓廖率精兵3300人袭击吴国，吴军拦腰截击，楚军大败，邓廖被俘，士兵逃脱者约380人。子重铩羽而归。3天后，吴国人反攻楚国，占领了驾地。驾地，在今安徽无为境，是楚国上等的城邑，邓廖是楚国的良臣。在这次战役中，楚国所得不如所失，楚人因此责备子重。此战竟演变成后来吴军反而攻打楚国并占领楚国的城邑了。可见吴国战斗力之强，已经成为楚国的劲敌。

鸠兹，杜注："吴邑，在丹阳芜湖县东，今皋夷也。衡山，在吴兴乌程县(今浙江湖州市南)南。"杨伯峻注："鸠兹，吴邑，当在今安徽芜湖市东南二十五里。"衡山，亦吴地。高士奇《春秋地名考略》谓为"当涂县东北六十里之横山"。① 顾祖禹《读史方舆纪要》卷二〇："江宁府西南百二十里有横山，周八十里，高二百丈，《左传》卷二九《鲁襄公三年》，楚子重伐吴取鸠兹至于衡山，盖谓此山。"《江宁府志》引此，以山四望之皆横，故曰横望山，亦曰衡山。《左传》注有以浙江吴兴南之衡山视为楚军所至而解之者。张胜琳依据《太平寰宇记》"霍邱，汉松滋县""松兹，古鸠兹地""废松滋县在县东五十里"等记载，认为鸠兹在今安徽霍邱县东，衡山约在今安徽凤阳县境淮关南五十里处的小横山。② 张胜琳的看法是鸠兹远离长江，有所不妥。罗运环简洁注明鸠兹（吴地，今安徽芜湖县东），衡山（吴地，今安徽当涂县之横山）。③ 均紧挨长江，在长江东岸，符合当时楚、吴大约以长江为界的划定，较为合理。亦与台湾三军大学《中国历代战争史》的研究相符。此战吴取楚国本土的驾邑，再次证明了吴国已经控制了淮南群舒之地，兵锋已经抵达楚国本土。

值得注意的是，这次楚、吴交战，是水陆两路作战。清人顾栋高指出："子重之克鸠兹也，为今太平之芜湖，此用水也。""用水"，即水战。从此，春秋争霸战场上的战争形式发生了前所未有的变化，由陆上作战转变为水陆两路作战。我国古代最早的水军，据《左传》记载，当时称为"舟师"，开始出现了。正如顾栋高在《春秋大事表·春秋左传兵谋表卷四十六·叙》中总结的："《传》文所载，初年仍古法用车，最后毁车崇卒，吴、楚、越则用舟师。"

---

① 参见江永：《春秋地理考实》卷二，襄公三年"鸠兹""衡山"条，第289页；杨伯峻：《春秋左传注》（修订本），第925页；高士奇：《春秋地名考略》卷一一吴地"鸠兹""衡山"条，第625页。

② 张胜琳：《吴楚淮域之战若干地名地望略考》，载张正明主编《楚史论丛·初集》，湖北人民出版社1984年，第122—128页。

③ 罗运环：《楚国八百年》，武汉大学出版社1992年，第216页。

楚国编练舟师已历五年。楚令尹子重使邓廖率组甲①三百，被练②三千为先锋，令尹子重率大军继之，沿大江顺流东下以伐吴，克鸠兹，至于衡山。楚军浩浩荡荡，势不可挡，以为由此可长驱直入，进逼吴国。不意吴人毫不畏惧，竟以水陆军并出，进行拒战。以奇兵阻断楚之中军，而邀击楚之先锋，这是楚军没有料到的。楚军猝不及防，顿时溃散，首尾不能相顾，吴军乘势前进，锐不可当，一举而将楚之先锋军击破，俘获楚将邓廖，并夺获楚之组甲及被练，其能得免于被歼灭者，仅组甲八十，被练三百而已。楚令尹子重不得不令大军西退。三天过去，正在楚军收拾残局、举棋不定之际，吴军突然发起反攻，越过吴楚边界，直取楚之驾邑。这是衡山之役楚军的第二次惨败。两次惨败，在楚国国内引发了激烈的批评。参与此战的楚令尹子重因之发病而死。（见图 15-6：吴楚衡山之役略图）

楚、吴衡山战役，争斗的焦点在今安徽无为境一带。此地在楚国东南，与吴境相临，楚人过江进入吴境，取鸠兹而至衡山，吴人反击，进入楚境而取驾，合乎情理。总体来看，吴王寿梦在位时期，吴楚两国在淮河中游地区进行了反复的争夺，其重点为淮南群舒之地。原为楚国控制的淮南群舒之地的大部为吴国掌控，吴国的势力范围已经抵达楚国本土。虽然楚国也进行了反击，但成效不大。《史记·吴太伯世家》："寿梦立而吴始益大，称王。"《吴越春秋·吴太伯传》："齐子寿梦立，而吴益强，称王。"文献所载吴国从吴王寿梦开始，奋发有为、开疆拓土，吴国始强的说法是有根据的。

---

① 组甲，本书第十章第五节"军事装备与战车"中有介绍。另一说为水战特制之甲。惠麓酒民《自卫新知》卷一三有云："水战之具固多，而甲胄之制为要。用细绢为里，瓠板为甲，砌如鱼鳞。先用矾水浸透，晒干用。或以鹅雁翎编叠为甲……长江大河之险不足虑也。"《武经》有以羊皮、水袋、浮罂制甲者，此种甲制法如何已不可考。但就组字言，或为编组以成之者，其数仅三百，亦可见其稀少而珍贵。

② 被练亦甲之一种，但次于组甲，其制法亦见本书第十章第五节"军事装备与战车"的介绍。

楚共王二十一年（前570年）春，令尹子重率军攻吴，折兵损将，丢失驾邑，子重忧病而死。继任者令尹子辛，大肆腐败，对小国"侵欲"无穷，引起陈国敌楚投晋，舆论对楚十分不利。楚共王二十三年，令尹子辛以贪贿被杀，继任者子囊，即公子贞，楚庄王弟，接任令尹，直到楚康王元年去世。子囊接任令尹之时，楚国每况愈下。当时晋悼公正继起称霸，南联吴国以制楚，在彭城之役胜楚，楚处境维艰。

令尹子囊受命于危难之际，上任后力争改变楚国的不利处境。他的具体方针是：服陈争郑，与晋国争夺中原诸中小国家，但同时量力而行，尽量避免与强晋直接交锋。晋国大臣范宣子（士匄）对令尹子囊的务实精神和聪明才干有充分认识，在子囊刚上台时就作出预言："我丧陈矣！楚人讨贰而立子囊，必改行（改变子辛的行为），而疾讨陈。陈近于楚，民朝夕急，能无往（归于楚）乎？有陈，非吾事也，无（放弃）之而后可。"（《左传》襄公五年）意思是我们晋国就要失去陈国了。楚国人讨伐陈国的贰心，而立子囊为令尹，他必定改去令尹子辛的行为而很快进攻陈国。陈国接近楚国，百姓时时恐惧危急，能够不归向楚国吗？保有陈国，不是我们的事；放弃陈国，以后反倒好办。历史的发展证实了范宣子的预料。

据宋公文研究，[①] 楚共王二十三年（公元前568年）冬，令尹子囊率兵伐陈。晋悼公率军与宋、卫、郑、曹、莒、邾、滕、薛、齐之师会合救陈。（《左传》襄公五年）楚共王二十五年（公元前566年），冬十月，令尹子囊再次领兵"围陈"，一直围攻到十二月，陈国告危。晋悼公救援陈国，在鄬地（郑地，今河南鲁山境内）召集商讨救陈的盟会，通知陈哀公也前往参加。陈哀公不敢不去。鄬地盟会议而不决，拖拖拉拉。《左传》襄公七年记载："陈人患楚。庆虎、庆寅谓楚人曰：'吾使公子黄往而执之。'楚人从之。二庆使告陈侯于会，曰：'楚人执公子黄矣！君若不来，群臣不忍社稷宗庙，惧有二图。'陈侯逃归。"陈

---

① 宋公文：《楚两令尹传考》，《郧阳师范高等专科学校学报》1985年第10期。

国执政大臣庆虎、庆寅感到鄵地会盟旷日持久，解决不了陈将亡国的燃眉之急，于是就想出了一条逼君归返、降楚救国的计策。二庆派人密告令尹子囊说："我们派国君的弟弟公子黄出使到贵方去交涉，请将他拘留起来。"令尹子囊依计而行。接着庆虎、庆寅遣使至鄵地，报告陈哀公："楚国人抓住了公子黄，君王如果不回来，下臣们不忍心国家宗庙被楚灭亡，可能不得不另有打算了（意谓改立从楚之君）。"投降楚国倒无关紧要，丢失君位可是件大事。陈哀公权衡了利弊，急忙逃出鄵地，星夜赶回陈国。这样，陈国终于复归于楚。

令尹子囊降服了陈国，下一步就是与晋争夺郑国。

春秋之时，郑地处中原腹心，中原诸中小国均环绕于它。自大国争霸以来，齐、楚争之于前，晋、楚争之于后。鄢陵战后，郑僖公见晋日趋强盛，乃抛弃其父郑襄公长期亲楚的政策，逐渐离楚结晋。仅在楚共王二十一年至二十六年，公元前570年至前565年六年间，郑僖公所参加的晋方会盟即达五次之多。前570年会鸡泽（今河北邯郸市东北），前568年会戚（今河南濮阳北），又会城棣（今河南原阳北），前566年会鄵，前565年会邢丘（今河南温县东二十里之平皋故城）。令尹子囊对此愤懑不已，早就想给它点颜色看看了。不想郑国逆势而为，楚共王二十六年夏四月二十二日，郑大夫子国（公子发）、子耳（公孙辄）率军侵袭蔡国，俘虏了蔡国司马公子燮。蔡国当时服属于楚，侵蔡就等于向楚挑衅。令尹子囊抓住时机，于这年冬天以郑侵蔡为借口，带兵攻伐郑国。《左传》襄公八年记载：

> 冬，楚子囊伐郑，讨其侵蔡也。子驷、子国、子耳欲从楚，子孔、子蟜、子展欲待晋。子驷曰："《周诗》有之曰：'俟河之清，人寿几何？兆云询多，职竞作罗。'谋之多族，民之多违，事滋无成。民急矣，姑从楚以纾吾民。晋师至，吾又从之。敬共币帛，以待来者，小国之道也。牺牲玉帛，待于二竟，以待强者而庇民焉。寇不为害，民不罢病，不亦

可乎?"子展曰:"小所以事大,信也。小国无信,兵乱日至,亡无日矣。五会之信,今将背之,虽楚救我,将安用之? 亲我无成,鄙我是欲,不可从也。不如待晋。晋君方明,四军无阙,八卿和睦,必不弃郑。楚师辽远,粮食将尽,必将速归,何患焉? 舍之闻之:'杖莫如信。'完守以老楚,杖信以待晋,不亦可乎?"子驷曰:"《诗》云:'谋夫孔多,是用不集。发言盈庭,谁敢执其咎? 如匪行迈谋,是用不得于道。'请从楚,騑也受其咎。"

楚军攻势凌厉,很快突入郑境,郑国危在旦夕。郑国在顺境中过了几年,它的执政大夫有点忘乎所以了,居然去袭击楚国的附庸蔡国,俘虏了蔡司马公子燮。公元前565年冬,楚以令尹子囊为帅,伐郑以问罪。这时,郑僖公刚刚被大臣杀死,5岁的郑简公被奉立为国君。因为晋国强行向各诸侯国摊派,引发了郑国执政卿士的高度不满。因此当子囊率兵伐郑之时,郑国内忧外困,大夫商议对策,有主张向楚人求和的,有主张等晋人来救的,莫衷一是。郑国诸大夫间形成了亲楚和亲晋两个派别,执政子驷说:事势危殆,民众已急不可耐,我们姑且顺从楚人吧! 以后晋人打来,我们再顺从晋人就是了。我们以后就放一些玉帛和牛羊在边境上,无论楚人、晋人,谁来打我们,我们都毕恭毕敬地献上玉帛和牛羊。小国事奉大国,只能这样。采取了"牺牲玉帛,待于二竟,以待强者而庇民"的小国之道,对策就这么决定了。郑国一面与楚国议和,一面派使者向晋国说明事出无奈,晋人没有谅解郑人的处境,但这也不出乎郑人的意料。当时晋、楚势均力敌,郑国只能像钟摆那样摇来晃去。从这时起,郑就像一只风信鸡,哪里刮来的风大,它就转向哪里。彼时朝齐暮楚,此时朝晋暮楚。郑国的忧和喜,都从这风向而来。就这样,议论来议论去,郑人举棋不定。在楚共王二十六年,郑人在楚兵临城下之时,火烧眉毛,只顾眼前,决定暂时从楚。

1270

第十五节　虚言声援秦国及楚秦联姻
（共王二十七至三十年）

郑的暂时服楚，楚共王被一时的胜利冲昏了头脑。楚共王二十七年夏天，秦景公派士雁出使楚国，向楚共王请求出兵，以配合秦国攻打晋国。共王答应了。《左传》襄公九年载：

> 秦景公使士雁乞师于楚，将以伐晋，楚子许之。子囊曰："不可。当今吾不能与晋争。晋君类能而使之，举不失选，官不易方。其卿让于善，其大夫不失守，其士竞于教，其庶人力于农穑。商工皂隶，不知迁业。韩厥老矣，知荦禀焉以为政。范匄少于中行偃而上之，使佐中军。韩起少于栾黡，而栾黡、士鲂上之，使佐上军。魏绛多功，以赵武为贤，而为之佐。君明臣忠，上让下竞。当是时也，晋不可敌，事之而后可。君其图之！"王曰："吾既许之矣。虽不及晋，必将出师。"秋，楚子师于武城，以为秦援。秦人侵晋，晋饥，弗能报也。

令尹子囊反对直接与晋交兵。他向共王分析了晋国的情况，说："当今楚国不能与晋国直接交锋。晋国国君能够根据人的能力而使用他们，举拔人员不失其材，任命官吏悉称其职。他把卿的职位让给称职的人，他的大夫不失职守，他的士努力于教育百姓，他的庶人致力于农耕，商工皂隶各安其本业。韩厥已经告老，知荦接替他执政。范匄比中行偃年轻，而中行偃使他在自己之上，让他任中军副将。韩起比栾黡年轻，但栾黡和士鲂推举他，让他做上军副将。魏绛的功劳很多，却认为赵武贤能，甘愿做他的辅佐。晋国国君明察，臣下忠诚，

1271

上面谦让，下面努力。在这个时候，晋国不能抵挡，我们不能去和它争锋。"共王听后，觉得很有道理。但鉴于事先已经允诺出兵，不好食言变卦，便把军队开到楚国北境的武城（今河南南阳市北），摆出一副声援秦军的架势。秦国出兵侵袭晋国，晋国正遭受饥荒，未能回击。宋公文评论："一场可能产生的楚、晋正面厮杀，就这样因子囊的理智和晋国的天灾而化为乌有。"[1]

晋通过第一次息兵，稳住楚国，得以集中力量，率八国之师攻入秦腹地，麻隧之战得胜，使秦13年不敢东进袭晋，晋国方有鄢陵大捷，打败楚、陈、郑联军，晋悼公方得复霸。

到了前564年，楚共王二十七年，秦景公十三年，秦国国力才有所恢复。秦欲报麻隧之战失败其仇，又自知兵力不足，不是晋人的对手，秦景公遂派大夫士雅向楚乞师，以作后援。楚、秦在对晋的战争中往往结为同盟，联合起来，相互支持，发挥了打击晋国的巨大作用。面对秦、楚联军强大的攻势，晋无力招架。

楚与秦在对诸侯国的多边战争中是一个巩固的同盟。两国之间抱成一团，经常互相借兵。楚共王二十九年（公元前562年），楚共王准备攻伐郑国，"楚子囊乞旅于秦，秦右大师詹帅师从楚子，将以伐郑。郑伯逆之。丙子，伐宋"。（《左传》襄公十一年）在楚秦联军的压力下，郑简公投降，楚秦联军转而进攻宋国。对于郑国投降楚国，晋悼公非常气愤，亲自率领诸侯联军讨伐郑国。郑人良霄、石㚟向楚国告急，却被楚人抓起来，当作间谍处理。诸侯联军迅速进抵郑都。十月，郑大夫子展出城，与晋悼公举行会盟。十二月，晋、郑双方再次会盟于萧鱼（今河南许昌），晋悼公派叔肸为使臣，宣告于各国诸侯。《左传》襄公十二年（公元前561年）："冬，楚子囊、秦庶长无地伐宋，师于杨梁，以报晋之取郑也。"冬天，楚令尹子囊、秦庶长无地率军一起进攻宋国，驻扎于杨梁（在今河南商丘）。宋国本为晋国的附庸，因而

---

[1] 宋公文：《楚两令尹传考》，《郧阳师范专科学校学报》1985年第10期。

这次伐宋之战，主要是针对晋国，"以报晋之取郑也"。

秦景公在位40年，秉承联楚抗晋的外交方略，通过联姻与楚王室进一步修好。秦、楚两国不仅国君家族联姻，贵族之间也有联姻。如秦景公的妹妹秦嬴为楚共王的夫人，《左传》襄公十二年载："秦嬴归于楚。楚司马子庚聘于秦，为夫人宁，礼也。"秦嬴，杜预注曰："秦景公之妹，为楚共王夫人。"秦嬴来嫁之后，楚司马子庚为了夫人回娘家省亲，特地到秦国聘问。这是秦嬴曾按周礼规定省亲的记载。

楚、秦联姻，有助于楚国的争霸。春秋的争霸战争主要是晋、楚之间争夺霸权的斗争。楚、秦联姻后，双方之间再无战事。而秦、晋之间却兵连祸结。晋自襄公、灵公、成公、景公、厉公、悼公六世长达70年间，共有15战，晋伐秦者7次，秦伐晋者8次；晋国同时还要保持一定兵力，维持与楚争霸。两面作战的不利境地，极大地牵制了晋国的力量。

晋成为楚、秦发展道路上共同的障碍，而楚、秦中的任何一方单独对付晋国都十分困难。因而秦穆公进行的仇晋策略，首先着眼于联楚。因楚是当时的大国，且为唯一有力量足以抗晋者。对楚而言，与秦联姻，就大大增强了楚国的军力，均衡了楚、晋争霸双方的政治力量与军事力量。

由于楚、秦联姻的长期存在，楚、秦往往联合行动，共同对晋。这种情势迫使晋国和齐国结盟、联姻，以与楚秦相抗衡。吴国兴起后，晋国又和吴国结盟、联姻。春秋中期以后，政治舞台上出现了先是以晋、齐，后是以晋、吴为一方，楚、秦为另一方的两大政治集团的对抗。形成了秦楚、晋吴两大联盟。这两大政治集团的存在，如同国际格局中的两极，维持了春秋时期国际局势的均衡。这一比较稳定的国际环境的存在，相对来说减少了战争，客观上促进了各国社会经济的发展。

第十六节　楚晋争郑及晋"三驾"胜楚

楚共王二十六年(公元前565年)，郑简公继位后，郑国经过群臣讨论，决定从楚，晋国不甘心，《史记·郑世家》："(郑简公)二年，晋伐郑，郑与盟，晋去。冬，又与楚盟。子驷畏诛，故两亲晋、楚。"这样，晋、楚争夺郑国的拉锯战又连年发生，十分频繁。这一年，郑国进袭服楚的蔡，俘虏其司马公子燮。晋悼公再次邀集郑、齐、宋、卫、邾等国在邢丘(今河南温县)会盟。会上晋悼公提出各国朝聘的财礼数字，让诸侯的大夫听从命令。郑简公在会上奉献蔡国俘虏，并亲自听命，以尊晋悼公。这是晋悼公霸业全盛的标志。冬，楚国发兵攻郑，以讨伐其侵蔡之罪。在楚军的压力下，郑国内部发生争论，最后又决定顺从楚。

据《左传》襄公九年所载：公元前564年，楚共王二十七年十月，晋悼公尽起四军会鲁、宋、卫、曹、莒、邾、滕、薛、杞、小邾诸侯及齐世子光之军，讨伐郑国。齐、鲁、宋之军跟从荀罃、士匄中军围郑之东门。卫、曹、邾之军跟从荀偃、韩起之上军，围郑之西门。滕、薛之军跟从栾黡、士鲂之下军围郑之北门。杞、郧之军跟从赵武、魏绛之新军，驻于东氾(今河南省中牟南)，作为总预备队。这也是以后晋国"三分四军"编组的雏形。晋悼公令诸侯"修器备，盛馈粮，归老幼，居疾于虎牢，肆眚(宽释罪罚之人)，围郑"。郑人非常害怕，派人向晋求和。由于诸侯都不想作战，最后决定答应郑的请和要求。于是，诸侯和郑在戏(今河南登封嵩山北)会盟。晋人对郑的盟辞不满意，认为"不得志于郑"。十二月，晋悼公又率诸侯之师攻郑。十余天后，当晋人刚离开郑国，楚共王所率的军队又打到了郑国。郑人与晋结盟的"口血未干"，便又和楚国媾和、结盟。

晋悼公与楚争郑未能成功，回国后与大臣商议让百姓休养生息的

1274

办法。《左传》襄公九年载，魏绛建议"请施舍(施恩惠，舍劳役)，输积聚以贷(散积聚以济民)，自公以下，苟有积者，尽出之"。将国家积聚的财物贷给百姓。晋侯以下所有官员，凡是有积聚的都贡献出来。达到"国无滞积，亦无困(贫)人。公无禁利，亦无贪民"。实施一种社会化的经济政策。又要求国家各方面的用度从俭。实施节约，所谓"祈以币更(不用牲)，宾以特牲(不杀大牲)，器用不作(仍用旧品)，车服从给(够用不浪费)"是也。晋国按照魏绛的意见采取的措施实行了一年，国力大增。次年，楚共王二十八年(公元前563年)，与鲁、宋、卫、曹、莒、邾、滕、薛、杞、小邾及齐世子光吴王寿梦会盟于柤(今江苏省邳州西北)，使吴在楚东方实施牵制。为确保通吴之路，会后(四月九日)，晋与诸侯之军围攻偪阳。偪阳在今山东峄城南，为夷族小国，当时尚附楚，阻碍晋吴两国联络。诸侯之军围攻偪阳一个月，遂灭之，将它送给宋，作为与吴交通的中转站。楚亦于是年六月使令尹子囊与郑子耳伐宋，攻击宋城之桐门。时晋正出兵伐秦，既专注于攻秦，又使卫出兵襄牛(今河南省睢县)以救宋。楚子囊使郑皇耳(皇成子，与子耳为二人)击卫襄牛之军，自与郑子耳进侵鲁之西境，意图打击宋、鲁，逼使其对晋贰心。但郑皇耳很快为卫军所败，被俘于犬丘(今河南省永城西南)。

楚国因鄢陵之败，对晋暂取守势，尽量不进行决战，采取了一种疲敌的战法：晋来则退，晋归则进。晋对楚也改变战法，三分四军，轮番进退，疲劳楚军。为争夺郑国，晋、楚之间由决战逐步演变成拉锯式的战争，由此开启晋国对楚的"三驾胜楚"之战。

公元前563年，楚共王二十八年，当诸侯之军会于牛首(今河南通许西北)时，郑国劳民过度，发生暴动，起义者杀死执政公子騑、公子发、公孙辄，劫持了郑简公。大夫子产(子国之子)与子蟜起兵平定了内乱，由子孔继执郑政。晋悼公发动诸侯军攻郑，并在郑的虎牢和梧(今河南荥阳)、制三地(今河南荥阳汜水镇)，筑城戍守以控制郑国。之后，郑有意攻宋，晋又会合诸侯包围郑，郑人害怕，才答应屈服，遂与晋和。是时，楚令尹子囊亦率军北上，谋以救郑。十一月，晋中军元帅荀罃率上军及诸侯之军绕过郑都，南进至阳陵（失考，似即为汉之阳关聚，在今禹州）。楚师亦北进。荀罃执行三分四军以疲楚的战略，南进原在疲劳楚军，故在楚军北进时欲即还师，当时上军帅栾黡坚持欲战，于是继续前进，与楚师夹颍水（在今许昌南）而阵。这时郑简公以为晋军偏师兵寡，必将后退，遣使夜涉颍水与楚通好。荀罃见疲楚之目的已达，乃率诸侯之军北返，以郑背叛盟约，侵郑北境而还。台三军大学认为：此为晋国疲楚战略之第一次施行，即史书所称晋之"一驾"是也。[1] 晋军既归，楚亦撤军南归。

次年（楚共王二十九年）四月，晋荀罃又率新军及齐、宋、卫之军伐郑。齐宋之军军于郑之东门；卫军侵郑之北鄙；荀罃率新军（赵武为新军帅）军于郑之西郊。旋会齐、鲁、卫之军军于向（今河南洧川西南），而南侵旧许（今河南许昌），诱楚出师，旋右转而还师，驻于琐（今河南新郑北），围郑而观兵于南门。郑复请和。诸侯联军遂西济于济隧（水名）。秋七月诸侯同盟于亳（今河南偃师西之古西亳），盟约规定：凡是同盟国家不要囤积粮食，不要独占山川之利，不要庇护他国罪人，不要收留奸邪之辈，要互相救济，消除祸乱，同仇敌忾，辅佐王室。（《左传》襄公十一年）台湾三军大学认为，此即史书所称晋之"二驾"也。[2]

楚国于晋人与诸侯联军"二驾"伐郑时，郑国诸大夫在一起分析了晋、楚双方的实力，认为"楚弱于晋"，而晋人不愿致死力来争郑。郑打算固定地亲附晋国，于是就导演了一场戏剧性的晋、楚争郑战。楚共王二十九年夏，郑故意派子展领兵进犯晋国的盟友宋国，以引发晋人出兵。晋悼公果然率诸侯之师围攻郑国。郑人向晋求和并与晋结盟，以引发楚人出兵。秋天，郑再次攻打宋国，以激怒晋人。晋悼公亦再

<hr />

① 台湾三军大学：《中国历代战争史》，中信出版社 2012 年，第 269 页。
② 台湾三军大学：《中国历代战争史》，中信出版社 2012 年，第 269 页。

次伐郑，诸侯全部出兵相助，声势浩大。郑人明知楚不敢出兵，"郑人使良霄、大宰石㚟如楚，告将服于晋，曰：'孤以社稷之故，不能怀君。君若能以玉帛绥晋，不然则武震以摄威之，孤之愿也。'"（《左传》襄公十一年）迫使楚人决定：是出兵与晋较量，还是向晋妥协，承认郑对晋的顺服。楚国接报，毫不犹豫，迅速出兵与晋争郑。为有把握起见，楚请来秦兵助战。《左传》襄公十一年："楚子囊乞旅于秦，秦右大夫詹帅师从楚子，将以伐郑。郑伯逆之。丙子，伐宋。"楚秦联军杀向郑国，郑简公及众大臣出迎，殷勤款待，表示服楚，楚、秦之师与晋师交战，晋师败退。《史记·郑世家》："（简公）四年，晋怒郑与楚盟，伐郑，郑与盟。楚共王救郑，败晋兵。简公欲与晋平，楚又囚郑使者。"楚人虽然再一次打败晋国，但得知郑国背地又向晋国求和，无可奈何，楚、秦联军转攻宋国。"冬，楚子囊、秦庶长无地伐宋，师于杨梁，以报晋之取郑也。"（《左传》襄公十二年）楚因禁了郑的使者以泄愤。不过，两年后释放了郑的使者。《左传》襄公十三年记"楚人归之"。台湾三军大学认为，楚不意诸侯之军复能悉出，知不可敌，乃不出兵，并执郑使而归，此即史书所称晋之"三驾"也。[①]

是役，晋悼公禁止侵掠，宽释郑俘以示仁德，于是郑乃诚心归服。是年（楚共王二十九年）冬十二月，晋、鲁、宋、卫、曹、莒、邾、滕、薛、杞、小邾诸侯及齐世子光会盟于萧鱼（今河南许昌附近）。郑人与晋结盟，确定亲附晋国，郑从此不再叛晋者二十余年。楚国就这样失去了郑国。

宋公文指出：楚令尹子囊考虑到楚、晋实力对比的差距，加之楚、吴战事的兴起，未再出兵争郑，以避免可能产生的楚、晋军事摊牌。共王三十年冬天，子囊率楚、秦联军攻伐晋的盟国宋国，驻军于杨梁（今河南商丘东南），以作为对晋国夺取郑国的回敬。[②] 但楚之争郑，

① 台湾三军大学：《中国历代战争史》，中信出版社 2012 年，第 270 页。
② 宋公文：《楚两令尹传考》，《郧阳师范专科学校学报》1985 年第 10 期。

仍继续至次年，楚共王三十一年，楚共王逝世，始暂告一段落。其年冬，秦又遣其左右庶长(官名)鲍与武二人率军伐晋以救郑，至于栎(晋地，今陕西临潼境)开战。晋军因轻视秦军，结果大败。以上事件说明这时楚已无力与晋国和中原诸侯争夺郑、宋。

第十七节　庸浦之役楚胜吴，向之会晋责吴，吴迁都姑苏(共王三十一年)

鲁襄公十二年(公元前561年)九月，楚共王三十年，第十九世吴王寿梦辞世。寿梦在位二十五年，其嫡长子诸樊，成为了"吴子"，即二十世吴王。但《吴越春秋》说他"以適(嫡)长摄行事，当国政"，即只是临时代理执政。一年以后，楚国的国君楚共王也去世。国丧未满的诸樊，却匆匆地"伐楚丧"，自驾邑伐楚。楚将养由基迅速迎敌，司马子庚(公子午)以大军继之。《左传》襄公十三年记载了这一事件："吴侵楚，养由基奔命，子庚以师继之。养叔曰：'吴乘我丧，谓我不能师也，必易我而不戒。子为三覆以待我，我请诱之。'子庚从之。战于庸浦，大败吴师，获公子党。"(**见图15-7：吴楚庸浦之战略图**)

"庸浦"，杜注："庸浦，楚地。"清人认为其地在"无为州南"。高士奇曰："或曰在今无为州南滨江之浦也。"当在今安徽无为县南长江北岸。[1] 清无为州即今安徽无为市。如此，"庸浦"应该即是今安徽无为市南邻江之地。徐少华认为："从以'庸'相称分析，也可能是'舒庸'附近某一滨水之地，亦应在安徽六安、舒城一带。"[2]

吴王诸樊在庸浦之战中，很可能是身先士卒。王文清主编的《江苏史纲》(古代卷)据出土文物论述说："当时，诸樊亲自率领吴军驻

① 杨伯峻：《春秋左传注》(修订本)，中华书局1990年，第1002页。
② 徐少华：《论春秋时期楚人在淮河流域及江淮地区的发展》，载《荆楚历史地理与考古探研》，商务印书馆2010年，第133—134页。

守江北与楚作战。安徽淮南曾发掘春秋时的蔡墓曾出土"姑发聂反剑"……姑发、聂反即诸樊。"可为诸樊亲赴战场的证明。①

吴军乘楚国国丧的机会，仓促用兵，判断失误再加上师出无名，在庸浦之战中不仅损兵折将，一位公子也让楚人俘去了。楚军这次吸取不久前衡山之役失利的教训，老谋深算的名将养由基精心谋划，设伏诱敌，吴军轻敌，果然中计，被打得大败，楚军报了衡山之役失利的一箭之仇。

吴国兵败，向晋国求援。此时，正是晋悼公十四年，公元前560年，晋国因无合适人选任新军主帅，撤销了新军。闻知吴国兵败，晋悼公急忙召集盟国在向地盟会，商量如何帮助吴国。《左传》襄公十四年记载说："十四年春，吴告败于晋。会于向，为吴谋楚故也。"向，地名，《左传全译》注曰："吴国地名，在今安徽怀远县西。"②

向地盟会，参加的诸侯国很多，是晋阵营对楚国声势浩大的声讨。《春秋》襄公十四年记载了向城会盟的出席者名单："季孙宿、叔老会晋士匄、齐人、宋人、卫人、郑公孙虿、曹人、莒人、邾人、滕人、薛人、杞人、小邾人会吴于向。"主持盟会的是晋国的"士匄"，即晋大夫范宣子。盟会原本的议题是"为吴谋楚"，即帮助吴国策划向楚国进攻，以行报复。然而，盟会召开后，却发生重大逆转，晋国严厉斥责吴国乘丧伐楚是不道德的行为："范宣子数吴之不德也，以退吴人。"晋杜预《春秋经传集解》对此释之为："吴伐楚丧，故以为不德，数而遣之，卒不为伐楚。"晋国的斥责，扭转了盟会的风向，本来是要讨论帮助吴国策划向楚国进攻的，因为吴国"伐楚丧"，不道德，所以不帮吴国去攻打楚国人了。这反映了在春秋时期，各国之间的战争，仍讲究"军礼精神"，国君去世，敌国不能伐丧。晋阵营的谴责，拒绝对吴国施以援手，让吴国大失所望。

---

① 王文清主编《江苏史纲》（古代卷），江苏古籍出版社1993年，第63页。
② 《左传全译》，王守谦、金秀珍、王凤春译注，贵州人民出版社1990年，第842页。

晋国斥责吴国，但以吴国牵制楚国的战略方针不变。向地盟会，反楚色彩依然很浓。莒国的一位公子务娄，因为和楚国的使者有来往，竟然被拘捕了起来。这就是《左传》襄公十四年记载的："执莒公子务娄，以其通楚使也。"

向地盟会，使晋国态度发生变化的原因，最终是文化的因素。吴国人因伐楚丧，不得不接受中原文化的道德审判，为此而失道寡助。

军事和外交的双重挫折，使寿梦的继位者吴王诸樊陷入了困境。《左传》襄公十四年记："吴子诸樊既除丧，将立季札。"诸樊要让位给季札，无疑他是以这种方式以示对吴国的军事、外交的双重失败负责。诸樊的弟弟季札再三礼让，拒绝就位，成全了自己在吴国文化史上的独特地位。

鉴于吴伐楚大败，又与北方的晋国关系恶化，丧失外援，诸樊恐惧，这一年将国都迁移到姑苏。张旭晟指出："姑苏位于太湖平原，迁都于此也标志着与越人争夺太湖流域领导权的开始。"[1]

晋国在向之会上谴责吴国，是恨铁不成钢。在此之前，为了加强晋吴之间的沟通，以协同对楚人的作战，数代晋君先后五次召集诸侯与吴人会盟，可谓煞费苦心。赵炳清归纳，第一次为楚共王九年，晋景公十八年，公元前582年，在蒲会盟。蒲，在今河南长垣东，因距吴人太远，故吴人未至。第二次为楚共王十五年，晋厉公五年在钟离会盟。钟离，即今安徽凤阳东北，因近楚，为吴所拒，吴未与盟。第三次为楚共王二十一年，晋悼公四年，在鸡泽会盟。鸡泽，在今河北邯郸东北。由于距吴太远，晋人特派荀会到淮上来迎接吴王，但吴人仍旧不至。第四次为楚共王二十三年，晋悼公六年，吴人向晋解释鸡泽之会不至的缘由，晋人想为吴专门再举行诸侯会盟，就叫鲁、卫先和吴人相会，并约定会盟日期。于是，吴、鲁先相会于善道(在今江苏盱眙北)。九月，晋、吴及中原诸侯会盟于戚(今河南濮阳北)。第

---

① 张旭晟：《春秋吴楚关系研究》，华中师范大学硕士学位论文，2018年，第14页。

五次为楚共王二十八年，晋悼公十一年在柤会盟。柤，即今江苏邳县西北。这五次会盟，都是晋人主动要求与吴会盟，无疑提高了吴国的政治地位。[①] 其中第五次，清华简《系年》二十章有记载："(晋)悼公立十又一年，公会诸侯，以吴王寿梦相见于虢。"与《左传》内容一致，地点有所不同。

第十八节　楚共王议谥

楚共王在位三十一年，因病而逝。《国语·楚语上》：

> 恭王有疾，……王卒，及葬，子囊议谥。大夫曰："王有命矣。"子囊曰："不可。夫事君者，先其善不从其过。赫赫楚国，而君临之，抚征南海，训及诸夏，其宠大矣。有是宠也，而知其过，可不谓'恭'乎？若先君善，则请为'恭'。"大夫从之。

这是有关楚国"议谥"的一段佳话。楚共王因鄢陵之败而终身自责，临终时对诸大夫说："不穀不德，少主社稷，生十年而丧先君，未及习师保之教训而应受多福，是以不德，而亡师于鄢，以辱社稷，为大夫忧，其弘多矣。……请为'灵'若'厉'。大夫择焉！"（《左传》襄公十三年）因鄢陵之战失败，他临终自请恶谥"灵"或"厉"，当大夫们不同意时，他竟然"及五命"，逼着大夫们同意。作为国君，死后冠以恶谥无疑是最大的羞耻，楚共王的自请恶谥是对自己丧师辱国最严厉的处罚。至于那些不是国君的将帅，则往往以自杀谢罪，这种自我惩罚在春秋诸国中是最为严厉的。其秋共王病逝，子囊召集群僚商议谥

① 赵炳清：《楚国疆域变迁之研究——以地缘政治为研究视角》，复旦大学博士学位论文，2013 年，第 141 页。

号。大夫们说："国君已经有过命令了。"子囊从扬善避过，维护王权的大处着眼，欲改定谥号为"恭"。《国语·楚语上》韦注："谥法，既过能改曰'恭'。"此为善谥。遂假托君命说："国君是用'恭'来命令的，怎么能毁掉它呢？"他解释谥"恭"的原因道："声威赫赫的楚国，国君在上边统治，安抚了蛮夷，征服了南海，使它们从属于文明之邦，而国君又知道自己的过错，可以不说是'恭'？请谥作'共'。"此据《左传》襄公十三年，《国语·楚语上》亦载此事，文句与《左传》稍异。大夫们都同意了。[①] 最后确定谥号为"共"，这体现了楚共王高风亮节的一面。但是，楚共王没有安排好继位之人，造成了楚国的大乱。《说苑·建本》载：

> 楚恭王多宠子，而世子之位不定。屈建曰："楚必多乱。夫一兔走于街，万人追之；一人得之，万人不复走。分未定，则一兔走使万人扰；分已定，则虽贪夫知止。今楚多宠子而嫡位无主，乱自是生矣。夫世太子者，国之基也，而百姓之望也。国既无基，又使百姓失望，绝其本矣。本绝则挠乱，犹兔走也。"恭王闻之，立康王为太子，其后，犹有令尹围、公子弃疾之乱也。

第十九节　疆域变迁

楚文王以后楚对南境的开拓，规模较大的有三次。第一次是成王初年。第二次是楚共王时，第三次是楚平王时。[②] 楚共王时曾用兵于江南。《国语·楚语上》载：

---

① 宋公文：《楚两令尹传考》，《郧阳师范专科学校学报》1985 年第 10 期。
② 何浩、殷崇浩：《春秋时楚对江南的开发》，《江汉论坛》1981 年第 10 期。

王卒，及葬，子囊议谥。……"赫赫楚国，而君临之，抚征南海，训及诸夏，其宠大矣。有是宠也，而知其过，可不谓'恭'乎？"

楚共王死后，子囊谈到了共（恭）王所建树的两件大事，即《左传》襄公十三年所记"抚有蛮夷，奄征南海，以属诸夏"。楚共王当政，主要注意力也是在北方，但其北图无甚大功，只是在楚庄王的基础上原地踏步，而且共王十六年有鄢陵之耻，共王临死也不讳此"过"，故臣子们只能言"以属诸夏"或"训及诸夏"，无法作过多的粉饰。

楚共王时期的北境止于楚共王二年的"蜀之盟"。史载鲁成公二年（公元前589年）十一月，楚盟秦、齐、鲁、宋、卫、郑、曹、邾、薛、鄫于蜀。《春秋》成公二年："十有一月，公会楚公子婴齐于蜀。丙申，公及楚人、秦人、宋人、陈人、卫人、郑人、齐人、曹人、邾人、薛人、鄫人盟于蜀。"《左传》成公二年："十一月，公及楚公子婴齐、蔡侯、许男、秦右大夫说、宋华元、陈公孙宁、卫孙良夫、郑公子去疾及齐国之大夫盟于蜀。""是行也，晋辟楚，畏其众也。"①至此，楚国的霸业达到极盛。张志鹏认为：可以说，在吴王寿梦即位之前，楚共王之时，吴、楚两国在淮河中游地区的广大中间地带几乎全被楚国控制。②

"抚征南海"，令尹子囊把它摆在重要的位置，可见它在共王的生平业绩中占有突出的地位。此"南海"之"海"，当是《尔雅·释地》中所说的"九夷、八狄、七戎、六蛮谓之四海"之"海"，成王时楚势力难以到达南海之滨，战国时吴起"南平百越"也未进抵今广东沿海，故"南海"不是地域名称，当然也不是指云梦泽或洞庭湖，古籍上没有这个说法。亦即韦昭所注："南海，群蛮也。"《左传》说的"抚有蛮夷"，

① 杨伯峻：《春秋左传注》（修订本），中华书局1990年，第786、808页。
② 张志鹏：《吴越史新探》，河南大学博士学位论文，2012年，第124—125页。

也是这个意思。何浩、殷崇浩指出："楚共王时期，被楚人称为蛮夷或南蛮人的区域，只可能是我们在前面所推测的成王开拓的湘、资流域中下游地带，也即今湖南中部一带，或者向南略有推进。"①伍新福指出：楚共王时，又曾对湖南用兵，即所谓"奄征南海，以属诸夏"。据韦昭的说法，"南海"即"群蛮"所居的地方，主要应是指湖南地区。大概从此以后，楚国才进一步加强了对洞庭湖东南部和湖南中部一带的控制。②

第二十节　楚共王述评及与同期晋君比较

楚共王被列入清华简《良臣》贤君名单。《良臣》主要行文格式以明君圣主缀联与之对应的贤臣，间以粗黑横线分为二十一段，依次记黄帝、尧、舜、禹、康(汤)、武丁、周文王、周武王、周成王；晋文公、楚成王、楚昭王、齐桓公、吴王光、越王勾践、秦穆公、鲁哀公、郑桓公、郑定公；(郑定公之相)子产之师、子产之辅和楚共王等著名君主的良臣。③

熊审，春秋时楚国君，即楚共王。芈姓，名审(一作"葳")。楚庄王之子。约生于楚庄王十四年，公元前600年。公元前590—前560年在位。继位第二年，楚师远伐与晋结盟的卫、鲁，随即在鲁之蜀地与秦、宋、陈、郑、蔡、许、卫、鲁等国会盟，以伸张楚势，与晋对抗。此后，楚、晋间连年争战不息，诸小国因此而穷于应付。楚共王十二年，在宋国的撮合下，楚、晋在宋国定盟，约定彼此"无相加戎，好恶同之，同恤灾危，备救凶患"。此为春秋时第一次弭兵之会。共王十五年，楚背约，北伐郑、卫。十六年，郑叛晋，与楚和，晋又伐郑。

---

① 何浩、殷崇浩：《春秋时楚对江南的开发》，《江汉论坛》1981年第1期。
② 伍新福：《楚国对湖南的开拓述论》，《求索》1986年第5期。
③ 杨博：《战国楚竹书史学价值探研》，上海古籍出版社2019年，第50页。

共王出兵救郑，在郑师及蛮军的配合下，与晋师战于鄢陵，战斗失利，楚势受挫。十八年至三十年，多次伐宋、陈、吴与郑，又与晋国进行了长达13年的争霸战争。临终前，仍然不忘鄢陵之败，深以有辱社稷而自责，遗嘱谥号为"灵"或"厉"。死后，群臣议谥，以其抚征南蛮、训及诸夏之功，定为"共"。①

共王生长在荣华和安宁之中，有父王训诫，有师保诱导，有臣僚拥戴，一切都是现成的。父王和师保对他的教育，只是耐心地把他培养成为一个仁厚贤明的国君，没有大胆地使他锻炼成为一个英勇果敢的统帅。在鄢陵之战前，他还不曾见过政治上和军事上的大波巨澜。一旦事态危急，他就容易失态。②

楚共王在位三十一年，其中，与晋国的三位国君同时。在晋景公十年时，楚共王即位，晋景公在位十九年，楚共王与之同时有9年。之后，与晋厉公同时7年，与晋悼公同时14年。

楚共王与晋景公势均力敌。"阳桥之役，悉师入援，侵卫及鲁，公衡入质。惟时十三国之君公若而人，卿大夫若而人，悉靡然而从于蜀，虽成之盟薄，穆之厥貉，庄之辰陵，于斯为烈焉。是役也，诸侯畏晋而溃盟，晋亦惧众而避楚，盖以崤胜方新，楚势正锐，两大之形为相当矣。然崤之战，为妇人之笑辱也，其辞则曰，以大国朝夕释憾于鲁、卫，则为鲁、卫动矣，而鲁、卫附晋矣。袁娄之盟，纪甗入晋，汶阳入鲁。齐顷欲尊王于晋，而晋不受，两君且同堂矣，则齐附晋矣。蜀盟从楚，偶压于势，嗣是北方诸侯，实多睦于盟主焉，中惟摄大国而多反覆者，一郑耳。是后两国之兵，故多为争郑也。虫牢、马陵以前，郑在晋，故楚伐之，蒲以后，郑在楚，故晋伐之。郑服而为会，则虫牢称善，救郑而为会，则马陵尤善，此两盟者，《春秋》所许也。至于蒲，乃晋人惧贰而寻盟也，《春秋》乃不许矣。耄年志衰，释楚囚

---

① 石泉主编《楚国历史文化辞典》，武汉大学出版社1996年，第475—476页。
② 张正明：《楚史》，湖北教育出版社1995年，第176页。

以求成，大子监国，命亦不常。楚人乘锐以伐莒，郑人狃侮而围许，晋亦无如之何，惟惴惴于锺仪子商，庶乎大国之息我甲兵尔，晋德其衰乎。共方盛年，景遂忽诸，是以晋之无如楚何也。"①

晋景公与楚共王争霸势均。晋国大败齐国后，前589年冬，楚共王起全国之师，联合郑、蔡、许等国攻打卫、鲁，替齐复仇。鲁、卫两国向楚求和，十一月，楚邀请鲁、蔡、许、秦、宋、陈、卫、郑、齐、曹、邾、薛、鄫等十四国在蜀(今山东泰安东南)会盟。这是春秋以来参加国最多的一次盟会。楚能召开这样大规模的盟会，并在这次行动中使晋军害怕楚军人多而避开，证明了楚的国力强大。晋景公为了缓和与楚的矛盾，释放了邲之战中的俘虏楚公子谷臣，归还了连尹襄老的尸体；要求楚释放晋将知罃。楚放归知罃时，知的态度强硬，楚共王由此感到"晋未可与争"(《左传》成公三年)。这表明晋楚双方势均力敌。蜀和虫牢之盟，中原诸侯两边都参加，说明他们夹在晋、楚两强之间只能看风使舵，也反映晋、楚处于相持之势。②

楚共王与晋厉公各有千秋。晋厉公继位初，便成功地与楚举行了第一次弭兵的宋之盟，使晋国从四面受敌的困境中跳了出来。接着西进，一举大败秦师于麻隧，使秦国近二十年不敢觊觎晋土，从而解除了南下击楚的后顾之忧。继而，晋又大败楚军于鄢陵，于是解除了晋国的霸业危机。晋厉公时期，虽有挫败秦、楚两敌的辉煌，但他却欠缺内治的才能，加之当时国内大夫之间及其与公室之间的矛盾尖锐，虽成功地发动了车辕之役而灭掉三郤，却失算于栾书和中行偃，招致被杀。于是晋国面临大乱之险。③《礼记·谥法解》说："杀戮无辜曰厉。"古代国君的谥号是由下代国君及执政权臣根据其生前功过及历史地位而决定的。……晋君州蒲得谥号"厉公"是不公允的。厉公在位

---

① 马骕：《左传事纬》"晋景楚共狎盟"，徐连城点校，齐鲁书社1992年，第181—182页。
② 顾德融、朱顺龙：《春秋史》，上海人民出版社2001年，第124—126页。
③ 李孟存、李尚师：《晋国史》，山西古籍出版社1999年，第182页。

时，改变了晋国不利的国际环境；通过"夹河之盟"暂缓了与秦的矛盾，第一次宋国弭兵之盟稳住了主要争霸对手楚国，成功地发动了麻隧之战，击败了西秦，挥师南下在鄢陵之战大败了楚军。在国内又有力地抑制了卿族势力，为晋国的强盛作出了一定的贡献。①

楚共王略逊晋悼公。晋悼公名周，又称孙周。晋襄公之庶子曰捷，号为桓叔。姬捷生谈，亦称孙谈，号为惠伯。孙谈的次子为孙周，孙周的长兄是个白痴，菽麦不分，没有做国君的资格。由于晋襄公死后在选择嗣君问题上曾经引起狐、赵两大族的一场火并，孙谈逃往成周避难，做了寓公。孙周在成周时，师事周室卿士单襄公，自幼接受过周礼的熏陶，据单襄公说他是一个兼备着忠、信、仁、义、智、勇、孝、惠、敬、让各种美德的完人，断言他日后必得晋国。……孙周回国时才十四岁，前573年正月(晋历实际在前一年的十二月)，栾书率群臣卿大夫在清原(今山西省闻喜县大马、官张间)迎接了这位出生在国外的亡公子。②

在晋国一百五十年(前632年—前482年)的霸业中，对晋国社会影响至深的仅为晋文公和晋悼公两代国君。晋文公是公认的与齐桓公齐名的春秋五霸之一，他治国堪称雄才，城濮一战而创建晋国霸业，彪炳史册；晋悼公的霸业虽略有逊色，但毕竟是他为晋国恢复了文公的霸业，悼公复霸是在晋景公渡过邲战惨败难关，制服东方大国齐，北灭赤狄潞氏，南扶吴国，迁都新田，结束赵氏专政；晋厉公西挫强秦而有麻隧大胜，南有鄢陵大捷而克强楚，又灭三郤侈卿的基础上实现的。他用韩厥平息宋乱，开始"疲楚服郑"之业，以魏绛之谋而和戎狄，消除北方后顾之忧；使知罃为政，完成了"疲楚服郑"恢复晋国霸权的大业，使郑国"无岁不聘，无役不从"(《左传》襄公二十二年)，使楚国"不能与晋争"(《左传》襄公九年)。悼公逐鹿中原，"八年之

① 李尚师：《试论晋厉公》，《山西师大学报》1992年第4期。又见李孟存、李尚师：《晋国史》，山西古籍出版社1999年，第149页。
② 李孟存、李尚师：《晋国史》，山西古籍出版社1999年，第183页。

中，九合诸侯"（《左传》襄公十一年），成为春秋时期一位颇有影响的国君。[①]

涛平赞曰：

赫赫楚国，共王临之。初生牛犊，即位即为诸夏劲敌。锐意图强，悉师北上，阳桥之役，侵卫及鲁，是役诸侯畏晋而溃盟，晋亦惧众而避楚。蜀之盟，为春秋时参加国最多之盛会，喜得众国从楚，再现乃父楚庄王称霸之荣。吴国兴起，后顾有忧，左右开弓，晋前吴后。晋释楚囚以求成，投桃报李促息兵，难得能瞻前顾后。冲锋在前，奋战鄢陵，不幸中箭，伤及眼睛。虽轻率退兵，功亏一篑，然为王者勇冠三军，真个是国重君轻。与吴争锋，百折不挠，与晋争郑，因势利导。持续进攻，宝刀不老。三十一年楚、晋争斗，与晋景公势均力敌，与晋厉公各有千秋，比晋悼公稍逊一筹，是三代晋君真正对手。惩治贪腐毫不手软，临终贵有自知之明。好谥号，不强求，开疆拓土人共睹。君臣和睦谥曰"共"，楚王楷模耀千秋。

---

① 李孟存、李尚师：《晋国史》，山西古籍出版社 1999 年，第 213 页。

第 十 六 章

楚康王攘外安内及楚晋第二次息兵并平分霸权

第一节　楚康王继位、定都为郢及晋伐秦
（康王元年）

楚康王名招，一作"昭"，《国语·楚语》"康王以湫举为遣之"条下，韦昭注："康王，恭王之子，康王昭也。"①《春秋会要》："康王，名昭，共王子。鲁襄公十四年立，在位十五年。谥曰'康'。"②

楚共王无嫡长子，导致君位继承不顺。《左传》襄公十二年："秦嬴归于楚。……夫人宁。"杜注："秦景公妹，为楚共王夫人。"秦嬴贵为夫人，如果生下儿子则为嫡子，君位继承就毫无悬念。但据"共王无冢适，有宠子五人，无适立焉"（《左传》昭公十三年），《说苑·建本》亦载："楚恭王多宠子而世子之位不定。屈建曰：'……今楚多宠子而嫡位无主，乱自是生矣。'"

秦嬴没有生儿子，导致共王无嫡子。五子虽受宠，然而皆为庶子身份，所以共王不得不采用"当璧而拜"的巫术神意来确定太子人选。最终选择康王，是在嫡长子继承无法执行的情况下，执行"王后无适，则择立长。年钧以德，德钧以卜"（《左传》昭公二十六年）的立长原则的结果。

张正明认为，在立嗣问题上，共王显得优柔寡断。《说苑·建本》说："楚恭王多宠子，而世子之位不定。屈建曰：'楚必多乱。夫一兔走于街，万人追之；一人得之，万人不复走。分未定，则一兔走使万人扰；分已定，则虽贪夫知止。今楚多宠子而嫡位无主，乱自是生矣。夫世太子者，国之基也，而百姓之望也。国既无基，又使百姓失望，绝其本矣，本绝则挠乱，犹兔走也。'恭王闻之，立康王为太子。其

---

① 宋本《国语》（第三册），国家图书馆出版社 2017 年，第 113 页。
② 王贵民、杨志清：《春秋会要》，中华书局 2009 年，第 15 页。

后，犹有令尹围、公子弃疾之乱也。"①

据清华简《楚居》，楚康王及嗣子(郏敖)时期一直居于"为郢"：

> 至……康王、臸(嗣子)王皆居为郢。至霝(灵)王自为郢
> 遷(徙)居秦(乾)溪之上。②

从《楚居》所记楚庄王之后的楚共王、康王和郏敖，三代楚王长期以"为郢"为居地，不曾迁徙。楚康王在位15年，未有迁都。

为郢位于湖北宜城楚皇城遗址，这里地势平坦、土壤肥沃，东、北两面是汉水，西、南临近鄢水(今蛮河)，河流交汇，水源充足。北接南阳盆地，南抵江汉，西依荆山，位于江、汉、淮三大流域的十字路口，是一处重要的交通枢纽。楚康王以为郢为都，精心经营，使为郢日趋繁华。

康王初立，面临晋、秦再起纷争。公元前559年，楚康王元年，晋悼公会集齐、宋、卫、郑、曹、滕、邾、薛、杞、小邾等共同伐秦。这次战役是在秦国泾河岸边进行的，当晋军将士要渡河时，秦军在泾河上游施放毒药，毒死许多晋国将士，但这并没有能够阻止晋军的进攻，鲁人、郑人及吕人奋勇争先，晋方的军队冲过泾河，一直攻到陕西华县附近。晋国这次又深入秦国腹地，是继麻隧之战后晋对秦战争中的第二次重要胜利。

---

① 张正明：《楚史》，湖北人民出版社1995年，第176页。
② 清华大学出土文献研究与保护中心编，李学勤主编《清华大学藏战国竹简》(壹)，中西书局2010年，第181页。

第二节 楚吴皋舟角力及屈氏复兴(康王元年)

晋国在向之盟会上严厉谴责吴国对楚国的"伐丧"行为,"卒不为伐楚",楚国更是对吴国的"伐楚丧"耿耿于怀。庸浦战役之翌年秋,楚康王想重振楚国的兵威,报吴军"伐丧"之仇。即位初年,公元前559年,他就要令尹子囊领兵伐吴。《左传》襄公十四年:"子囊师于棠,以伐吴,吴人不出而还。子囊殿,以吴为不能而弗儆。吴人自皋舟之隘要而击之。"

令尹子囊领命出兵,以棠邑(在今江苏六合西北)为前进基地,向长江北岸今扬州、仪征一带吴人的据点发动攻击,吴人吸取庸浦之战失败的教训,固守不出,楚师失去攻击目标。这次由楚人先动手的战争,重蹈吴人上次的覆辙,同样是判断失误加上麻痹大意,"吴人不出而还。子囊殿,以吴为不能而弗儆。"楚军于大掠之后,未见吴军反应,判断吴军不敢应战,全军由棠邑经六邑(今安徽六安)回返。归途中,子囊殿后,以为吴军胆怯而不加警戒。

据台湾三军大学研究,楚军行抵的皋舟之隘,在今安徽合肥至六安间紫蓬山与龙凤山间之隘道,后军突遭吴军伏兵攻击;楚前军仓促回救,复遭受吴军之堵击。由于地形过于狭窄,楚军无法展开,因此前后相失,遂致大败。公子宜毂被吴师俘获。杜注:"皋舟,吴险阨之道。"[1]但是,黄鸣不同意此说法,认为皋舟之隘在今南京市西侧长江西岸浦口区一带。此处西侧为低山丘陵,东侧为大江,正处于楚军由棠邑折向西南回军必经之地。山与江之间为一狭长沿江平地,宽约3公里,长约10公里,地势险要,即皋舟之隘所在。(**见图16-1:吴楚皋舟之战图**)

---

[1] 台湾三军大学:《中国历代战争史·地图册》(第2册),中信出版社2012年,第2—35页。

黄鸣所列，符合楚康王时楚国与吴国基本隔长江对垒的格局，应以黄鸣的考订为准。

楚令尹子囊领兵回国，以师徒挫败，无颜见国人，精疲力竭，一病不起。临死前，这位领教了吴国实力的楚国重臣，担心吴国今后对楚国可能发动袭击，对司马子庚说："必城郢！"一定要把郢都城修好！《左传》襄公十四年赞扬子囊："楚子囊还自伐吴，卒。将死，遗言谓子庚：'必城郢。'君子谓：'子囊忠。君薨，不忘增其名，将死，不忘卫社稷，可不谓忠乎？'忠，民之望也。《诗》曰：'行归于周，万民所谓。'忠也。"

对于子囊之死，比《左传》稍晚的文献还有一种说法。《说苑·立节》："楚人将与吴人战，楚兵寡而吴兵众。楚将军子囊曰：'我击此，国必败，辱君亏地，忠臣不忍为也。'不复于君，黜兵而退。至于国郊，使人复于君曰：'臣请死。'君曰：'子大夫之遁也，以为利也；而今诚利，子大夫毋死！'子囊曰：'遁者无罪，则后世之为君臣者，皆入不利之名，而效臣遁。若是，则楚国终为天下弱矣。臣请死！'退而伏剑。君曰：'诚如此，请成子大夫之义。'"按照《说苑》的记载，楚令尹子囊是自杀而死，并且楚康王为了成全他的忠义，特意"乃为桐棺三寸，加斧质其上，以徇于国"，作为对后世有类似行为将军的惩戒。

宋公文指出：当时和后世的士人都一致认为子囊有一颗耿耿的忠心。他们说："国君死，他不忘记增其美名（指谥号'恭'），自己命在旦夕，仍挂记着保卫国家，难道能不认为他很忠诚吗？"[1]刘先枚、涂文学根据《左传》的说法，认为子囊是死于"还自伐吴"，据"将死"意，一般为病死，但也不能完全排斥自刑而死。意者楚国报丧，有所隐讳，左丘明据以成书，故发生此歧义。《吕氏春秋·高义》和《淮南子·泰族训》以及刘向《说苑·立节》却另有所据，从而发楚子囊之"潜德幽

---

① 宋公文：《楚两令尹传考》，《郧阳师范专科学校学报》1985 年第 10 期。

光"，使这个不见于《史记·楚世家》，而《汉书·古今人表》列为"中中"的人，还其本来面貌，这是可能的。《左传》引君子对子囊的评价，所举的事实，一为子囊"先其(恭王)善"(《国语·楚语》)，一为"谓子庚：'必城郢'"。子囊最大的忠心，莫过于"以身殉国"，以死维护法律的尊严。①

楚、吴皋舟之战楚令尹子囊的去世引发楚国官场一系列变动。

《左传》襄公十五年："楚公子午为令尹，公子罢戎为右尹，蒍子冯为大司马，公子橐师为右司马，公子成为左司马，屈到为莫敖，公子追舒为箴尹，屈荡为连尹，养由基为宫厩尹，以靖国人。"子囊死后，子庚继为令尹。蒍艾猎之子蒍子冯为大司马。变化最大的是司马一职，楚国的司马最初只有一人，楚成王时增至两人——即左司马和右司马，这时已多达三人——即大司马、左司马和右司马了。楚康王以子囊所率之大军惨败，深受刺激，乃任贤使能，专心于内政之整饬，以培养国力。《左传》一书对此次楚国官员任命情况给予了极高的评价，作者借君子之口赞誉这次官员任命："楚于是乎能官人。官人，国之急也。能官人，则民无觊心。"

值得注意的是，楚康王二年任命的"屈到为莫敖""屈荡为连尹"，昭示屈荡(屈叔沱)一支成功取代了屈巫臣一支原有的地位，成为屈氏家族新的大宗，屈氏家族随即开始重新崛起。在屈荡(屈叔沱)一支升为屈氏大宗之后，其后代开始重新担任莫敖一职，并再次出现世袭莫敖一职的局面，这也标志着在巫臣之祸以后屈氏家族终于重新进入楚国中央政局。十年之后，《左传》襄公二十五年记载的"楚蒍子冯卒，屈建为令尹，屈荡为莫敖"一句，可以看出屈荡在屈到、屈建父子担任莫敖期间，一直任连尹一职，直到屈建升任令尹后，才担任莫敖一职。顾栋高在《春秋列国卿大夫世系表》中认为屈荡为屈申的父亲，②

---

① 刘先枚、涂文学：《楚令尹子囊之死考证》，《武汉师范学院学报》1981年第4期。
② 顾栋高：《春秋大事表》，吴树平、李解民点校，中华书局1993年，第1373页。

姜亮夫采顾说，并指出此处的屈荡为屈荡（屈叔沱）之子。① 赵逵夫则依据"楚芀子冯卒，屈建为令尹，屈荡为莫敖"一文，认为屈荡为屈建之子，车右屈荡（屈叔沱）之孙。②

在整个东周时期屈氏家族担任令尹可考者，仅屈建一人，而能担任莫敖者又只能是屈氏家族的成员。屈氏家族自巫臣之祸后的复兴之路，始于屈到担任莫敖。可惜的是传世文献中没有与屈到政绩相关的直接记载，但《国语·楚语上》一书中记有屈建对屈到的追述之语："夫子承楚国之政，其法刑在民心，而藏在王府，上之可以比先王，下之可以训后世，虽微楚国，诸侯莫不誉。"③由此可以看出，屈到的地位与威望不仅在楚国，乃至中原各国都是很高的。屈到作为引领屈氏家族重新崛起的关键性人物，为屈氏家族在楚国的绵延不绝、在楚国政坛的再次扎根立足，发挥了无可替代的作用，继其莫敖之位的屈建，更是将屈氏家族带到了一个全新的高度。

屈建在襄公二十五年时，因令尹芀子冯去世而由莫敖升任为令尹，同时屈荡由连尹升为莫敖。蒲百瑞认为屈建在此时得以升任令尹一职，除自身的能力之外，当是有楚康王的考虑在内的"任命屈氏为令尹可使其感恩戴德从而俯首听命"。④蒲百瑞的观点是很有道理的，此时期的屈氏家族刚刚复兴不久，家族根基尚不够牢固，在政治上不得不依靠于楚康王，自然更容易为康王所信赖和控制。可以说楚康王在政治改革上的需要，为屈氏家族的重新崛起提供了重要契机。

此后不久，楚康王因舒鸠人叛楚之事命令屈建率军进攻，屈建在大败前来救援的吴国军队后，最终灭掉了舒鸠。⑤ 同一年，在芀掩（芀子冯之子）担任司马一职之后，屈建命其"庀赋，数甲兵。甲午，芀掩

① 姜亮夫：《楚辞学论文集》，上海古籍出版社1984年，第6页。
② 赵逵夫：《屈原与他的时代》，人民文学出版社2002年，第48页。
③ 徐元诰：《国语集解》，中华书局2002年，第488页。
④ 蒲百瑞：《春秋时代楚国政体新探》，《中国史研究》1998年第4期。
⑤ 杨伯峻：《春秋左传注》，中华书局2016年，第1127页。

书土田：度山林，鸠薮泽，辨京陵，表淳卤，数疆潦，规偃猪，町原防，牧隰皋，井衍沃，量入修赋，赋车、籍马，赋车兵、徒兵、甲楯之数。"[1]屈建此举可谓用心良苦，他命令司马蒍掩整顿国家赋税收入，清点全国军队数量，主要是想借机再次振兴楚国。而当楚康王因屈建灭舒鸠之功而赏赐他时，屈建却辞而不受，他认为灭舒鸠应是蒍子冯的功劳，于是将赏赐让给了蒍子冯之子蒍掩。从此记载可以看出，屈建是一位不好大喜功、深明大义、为人谦逊的令尹。屈建的品性正是对屈氏家族族风的优良传承。

第三节　湨梁盟会、争夺许国及晋胜楚于湛阪（康王三年）

楚康王三年，前557年，晋国明君晋悼公去世，晋平公即位。此时，晋国六卿还能保持着表面的团结，维持着其霸业。同年三月，他们让晋平公与宋、鲁、卫、郑、曹、莒、邾、薛、杞、小邾等十国诸侯，于湨梁（今河南济源西）召开了一次大的盟会活动，史称湨梁盟会。《左传》襄公十六年："十六年春，葬晋悼公。平公即位……会于湨梁。"《春秋》襄公十六年："三月，公会晋侯、宋公、卫侯、郑伯、曹伯、莒子、邾子、薛伯、杞伯、小邾子于湨梁。戊寅，大夫盟。"

在湨梁盟会上，发生了两件突出的事情。

第一件事是许国想摆脱楚国的附属国地位，要求从楚国安置的叶县之地迁移到晋国境内。清华简《系年》十七章："晋庄平公即位元年，公会诸侯于湨梁，遂以迁许于叶而不果。"《左传》襄公十六年："许男请迁于晋。诸侯遂迁许，许大夫不可。晋人归诸侯。"湨梁会上，楚的附庸许国之君因忍受不了楚国的欺压而请求晋国帮助迁许，远离楚国而服从于晋。许本来在今河南许昌东，公元前576年，许灵公为

---

① 杨伯峻：《春秋左传注》，中华书局2016年，第1220页。

逃避郑国威胁，请楚帮助迁许于叶(今河南叶县旧城)。从此许便成了楚之附庸。但许国的大夫反对其国君的行动，许国依然从楚，所以晋国会后出兵讨伐许国，郑国因有旧怨亦派兵从晋。

第二件事是齐国的代表高厚公然逃会。《左传》襄公十六年有高厚自溴梁之会逃归的记载。清华简《系年》十七章也记有："齐高厚自师逃归。"东方大国齐灵公不肯至溴梁之会，仅派其大夫高厚参加。会上，晋让各国大夫起舞歌诗，以观察诸侯对晋的态度。齐国大夫高厚因所作诗不相配合，晋执政荀偃(中行献子)怒责说："诸侯有异志矣!"便让大夫们与高厚盟誓，高厚因害怕而逃回国。于是诸侯大夫们共盟，盟辞说"同讨不庭"，表示要共同讨伐不服从的国家，这为讨齐作了舆论准备。《左传》襄公十六年："晋侯与诸侯宴于温，使诸大夫舞，曰：'歌诗必类!'齐高厚之诗不类。荀偃怒，且曰：'诸侯有异志矣!'使诸大夫盟高厚，高厚逃归。"表现了齐国已有叛晋的迹象。邾、莒是小国，唯强是从，当它们发现晋国势力有下滑的征兆，就各派使者，暗通齐、楚，于是晋人执捕了邾宣公、莒犁比公，以问其罪。

溴梁盟会不欢而散，晋国颜面尽失。为了得到许国和报复四年前楚攻宋发动的杨梁之役，晋国决定出兵。

回顾楚康王继位之前的楚共王三十年(公元前561年)冬，楚为了报复晋国得到郑国之故，令尹子囊联合秦国庶长无地出兵攻打宋国，军队一直深入到宋国的杨梁(今河南商丘东南)(《左传》襄公十二年)，以泄楚失郑之恨。面对楚、秦联军的耀武扬威，晋国不敢接战，让各国诸侯返归，但心中憋气，总想在适当时机报复。过了4年，到楚康王三年，《左传》襄公十六年记："夏六月，次于棫林。庚寅，伐许，次于函氏。晋荀偃、栾黡帅师伐楚，以报宋杨梁之役。"荀偃率郑、鲁联军伐许，先侵其棫林(今河南叶县东北)，接着再侵许的函氏(今河南叶县北)。晋为杨梁之役故，又南下伐楚。这时参加溴梁会盟的各国军队已分别归国，荀偃率郑、鲁联军伐许，晋中行偃、栾黡率领晋师前进。

楚人闻晋师来犯，急派其重臣公子格迎击。晋、楚两军相遇于湛阪(今河南平顶山北)，同时晋国一方还有鲁、郑诸侯军队参与。两军大战，结果楚师败绩。《左传》襄公十六年："晋荀偃、栾黡帅师伐楚，以报宋杨梁之役。楚公子格帅师及晋师战于湛阪，楚师败绩。晋师遂侵方城之外，复伐许而还。"晋国此举，以保宋迁许维护霸权为目的，是有计划有组织进行的一次战争。

"晋师遂侵方城之外，复伐许而还。"晋军乘胜再前进到楚之方城之外。由于楚国防御森严，没敢攻打，结果只好讨伐叶邑后撤军。[①]通过湛阪之战，晋军到方城便止步不前，可见从楚成王开始建设的楚方城，[②]再一次发挥了巨大的作用。

第四节　晋伐齐，楚救齐伐郑(康王五年)

溴梁之会后，齐灵公两次起兵伐鲁，包围鲁国的成地。鲁君派人报告晋平公，并疏通晋卿大夫，要求出兵。第二年齐军再次攻鲁，分兵两路，分别包围桃(今山东汶上北)和防(今山东金乡西南)，俘虏了鲁将臧坚后退兵，臧坚自杀。邾人也起兵响应齐，攻打鲁南境。公元前555年，楚康王五年，齐又攻鲁，晋国邀集诸侯军攻齐，在鲁的济水相会。《春秋》襄公十八年："秋，齐师伐我北鄙。冬十月，公会晋侯、宋公、卫侯、郑伯、曹伯、莒子、邾子、滕子、薛伯、杞伯、小邾子同围齐。"齐军在平阴(今山东平阴东北)抵抗，在城南防门外挖了

① 衡云花：《楚长城的修建及功用》，载《楚文化研究论集》(第十一集)，上海古籍出版社2015年。

② 方城，清人姚鼐《左传补注》云："楚所指方城，据地甚远，居淮之南，江、汉之北，西逾桐柏，东越光黄，只是一山，其间通南北道之大者，惟有义阳三关，故定四年《传》之城口。《淮南子》曰：绵之以方城。凡申、息、陈、蔡，东及城父，《传》皆谓之方城之外，然则方城连岭可七八百里矣。"以今地理度之，凡今之桐柏、大别诸山，楚统名之曰方城。见李孟存、李尚师：《晋国史》，山西古籍出版社1999年，第247页。

宽一里的深沟据守。

诸侯军进攻防门，齐军大多战死。齐灵公登巫山（今山东肥城西）远望晋军时，晋人派司马在山林河泽间到处树起旗帜，让战车左边坐上真人，右边放上假人，用大旗前导，车后拖树枝，以广设疑兵的办法威吓齐军。齐灵公看到晋军人众，非常害怕，离军单独先逃，齐军跟着溃逃。诸侯军攻入平阴，追赶齐军，俘虏了殖绰、郭最。晋军要追赶齐逃兵，鲁、卫两军请求进攻险要地方。晋军前后攻下今平阴附近的京兹、邿邑；包围了卢邑（今山东长清西南），没有攻下。诸侯军到达临淄外围秦周，接着包围了齐都临淄，烧了该城雍门和四郭。齐灵公打算逃奔邮棠（今山东平度东南），太子光"抽剑断鞅"劝阻，才未成行。诸侯军东面进入潍水，南至沂水，才班师回军。《左传》襄公十八年："冬十月，会于鲁济，寻溴梁之言，同伐齐。齐侯御诸平阴，堑防门而守之，广里。……十一月丁卯朔，入平阴，遂从齐师。……十二月……己亥，焚雍门及西郭、南郭。……壬寅，焚东郭、北郭。……甲辰，东侵及潍，南及沂。"这事在清华简《系年》中获得证实。清华简《系年》十七章："（晋）平公率师会诸侯，为平阴之师以围齐，焚其四郭，驱车至于东海。"

诸侯军随后在督扬（今山东长清东北）结盟，盟辞说："大毋侵小。"（《左传》襄公十九年）在会上晋人拘留了邾国国君，夺邾国济水以北的田给鲁国，以惩治邾过去帮齐侵鲁之罪。

面对齐国陷入困境，楚国极欲帮齐，却苦于找不到机会。正巧，晋之盟国郑国内部不和，有人私下表示只要楚国出兵攻郑，愿作内应。这应是一个借攻郑而救齐的好机会。

公元前555年，楚康王五年，《左传》襄公十八年记："郑子孔欲去诸大夫，将叛晋而起楚师以去之。使告子庚，子庚不许。楚子闻之，使杨豚尹宜告子庚曰：'国人谓不穀主社稷而不出师，死不从礼。不穀即位，于今五年，师徒不出，人其以不穀为自逸而忘先君之业矣。大夫图之！其若之何？'"郑卿子孔为了排斥异己，派人请求令尹子庚出兵攻郑，自己愿作内应。但子庚考虑到大局和德义，拒绝了他的要求。《楚宝》卷第四引"圣楷曰"："郑子孔欲去诸大夫，故从楚而叛晋。其师出无名，而又不义，子庚弗许，可谓识大。"楚康王得到消息，派豚尹（使者之官）杨宜往告子庚说："楚国臣民人等，认为我主持国家而不事征发，死后便不配按王礼来安葬，更不配享祭于先祖的宗庙。我即位已历五载，人们恐怕认为我只顾个人的安逸而忘了先君的霸业。请令尹考虑一下，现在该如何去办？"子庚闻言叹道："君王大概认为午是贪图安逸吧！我这样做是为了有利于国家啊。"言罢接见使者，叩头并复命说，"诸侯正和晋国和睦，下臣且请试探一下。如果出击顺利，君王就乘胜而进，如果战而受挫，及时退兵可以不受损害，君王亦可免除羞辱。"

子庚虽委屈受责，但执行君命却毫不迁延。这年冬天，"子庚帅师治兵于汾"。杜预注：襄城县东北有汾丘城。子庚先于汾地（今河南许昌西南襄城，颍水南岸）整训大军，接着分兵三路，按不同的路线攻入郑境。子庚亲率左军，从鱼陵（今河南平顶山西北）向西北进逼郑都。右尹公子罢戎率领右军，先在上棘（今河南禹县南）筑城以为进退之地，继而涉渡颍水，驻扎在旃然（即今索水）之滨。司马𦍌子冯和公子格统帅中军精锐，攻打费滑（今河南偃师南缑氏镇）、胥靡（今偃师东）、献于（今河南登封境）、雍梁（今禹州东北），向右绕过梅山（今郑州西南与新郑交界处），直进到郑国东北部的虫牢（今河南封丘北）。[1] 史载楚师伐郑，历尽艰险。《左传》襄公十八年："楚师伐郑，次于鱼陵。右师城上棘，遂涉颍，次于旃然。𦍌子冯、公子格率锐师侵费滑、胥靡、献于、雍梁，右回梅山，侵郑东北，至于虫牢而反。子庚门于纯门，信于城下而还，涉于鱼齿之下。甚雨及之，楚师多冻，役徒几尽。"郑大夫子展、子西早知子孔通楚之谋，令各地巩固守备，入城坚守，故楚军纵横驰骋，往来迂回而战果甚少。子庚以左军攻打

---

[1] 宋公文：《楚两令尹传考》，《郧阳师范专科学校学报》1985 年第 10 期。

1300

郑都纯门（都外郭门），郭内郑军坚不出战。楚军于城下宿营两夜，只好无望而归。当时已进入严冬季节，又碰上大雨骤降，各路楚军于征伐归返途中大多冻坏，军中杂役人员几乎全部丧命。[①] 令尹子庚勉为其难地起兵伐郑，正值郑国主力助晋伐齐，国内兵力空虚，但是郑国留守的大臣们团结一致，拼命固守，楚师不能得手。"子蟜、伯有、子张从郑伯伐齐。子孔、子展、子西守。二子知子孔之谋，完守入保。子孔不敢会楚师。"楚师攻郑都的外城，郑师固守不出。当初密邀楚师的郑卿子孔不敢接应。楚师求战不得，只得退兵。晋臣叔向、师旷等早已料定"楚必无功"，可他们并不非难子庚，而把战争的责任归咎于康王的"德行"。《左传》襄公十八年："晋人闻（郑）有楚师，师旷曰：'……楚必无功。'……叔向曰：'在其君之德也。'"后人也有相同的看法，《楚宝》卷第四"圣楷曰"："楚康王强之子庚以出兵，卒罹冻雨之咎。"攻郑之役为"子庚息师"赢得了舆论（《绎史》卷六九）。在子庚生前及死后的五年内，楚一时偃旗息鼓，处于相对平静之中。

《中国历代战争史》绘出了楚康王五年楚救齐伐郑之战的路线图。（见图16-2：楚救齐伐郑之战经过图）

第五节　杀令尹子南，重用茓氏及茓氏小宗伔氏的始立（康王八年）

公元前552年，楚康王八年，令尹子庚病逝，康王命茓子冯继为令尹。茓子冯见康王主见甚少而宠臣甚多，托病不从命。方值盛暑，茓子冯装病住在地室里，床边放着冰块，身上穿着绵袍和皮裘，少吃、多睡，活像中了暑。康王派一个近臣去查看茓子冯的病情，这个近臣回复康王说：茓子冯瘦了，但气色还不错。康王以为茓子冯果然有病，

---

① 宋公文：《楚两令尹传考》，《郧阳师范专科学校学报》1985年第10期。

另派子南(公子追舒)为令尹。①

子南非王子，在子南任令尹之前，楚国的令尹一直由王子担任，王子任令尹已连续二代五任。王子连任令尹，始自楚共王。共王元年(前590年)，任王叔子重(王子婴齐)为令尹，后继之以王叔子辛(王子壬夫)，再继以王弟子囊(王子贞)。终楚共王之世，积三十年，都是以王子为令尹。王子连任令尹，几成定制。楚康王即位后，或为了稳定政局，继续以王叔子囊为令尹，后继之以王叔子庚(王子午)。历经四任王子为令尹，已形成"国多宠而王弱"(《左传》襄公二十一年)的局面。子庚死后，楚康王八年，楚康王谋以薳子冯为令尹，薳子冯推辞后，子南为令尹。第二年，楚康王旋即"杀子南于朝"(《左传》襄公二十二年)。据文献记载，起因是子南宠观起，但实质恐并非如此简单。为了强化王权，改变"国多宠而王弱"的局面，楚康王必然要削弱甚至铲除势力强大的王叔。不仅要杀子南这位令尹，更要借此拔掉自楚共王继位起积二代五任三十年而形成的王叔势力，而这必然要依靠王族之外的最强大世族。薳氏便是必然之选。王子午任令尹时，薳子冯官居司马。他之前的三代，薳吕臣任令尹、薳贾任司马、薳艾猎任令尹，一门三代二令尹一司马，位势之高，在楚国春秋史上，仅次于若敖氏。若敖氏灭后，薳氏无疑是楚国第一强族。楚康王杀子南后，还铲除了王子午一脉，而支持并直接参与这次政治变动的便是薳氏。

庶人观起受子南宠信，有马数十乘，由此招来杀身之祸。在鲁国，这是被视之为特别严重的事情。此前不久，楚共王二年，公元前589年，卫国新筑大夫仲叔于奚，在一场卫齐之战中救了卫军统帅孙桓子。"既，卫人赏之以邑，辞，请曲县、繁缨以朝，许之。"(《左传》成公二年)曲县，把钟磬等乐器悬挂于东、北、西三面，系诸侯专用乐队之排列形状。繁缨，马头所戴金制冠缨，系诸侯专用之马饰。仲叔于奚宁愿不要采邑，却要求允许他在朝见时使用一次诸侯所用的乐队和

---

① 张正明：《楚史》，湖北教育出版社1995年，第179—180页。

马饰，卫侯同意了。后来，孔子对这件事大发议论："惜也，不如多与之邑。唯器与名，不可以假人，君之所司也。名以出信，信以守器，器以藏礼，礼以行义，义以生利，利以平民，政之大节也。若以假人，与人政也。政亡，则国家从之，弗可止也已。"（《左传》成公二年）问题竟这么严重，诸侯的爵号（名）与车服（器）借给大夫使用一下，便意味着政亡、国亡！鲁国季康子问政于孔子。《论语》中，孔子对曰："政者，正也。子帅以正，孰敢不正？""其身正，不令而行；其身不正，虽令不从。""苟正其身矣，于从政乎何有？不能正其身，如正人何？"孔子希望从天子、诸侯、卿大夫到士，都能自觉地不僭越，各守本分。卫国的这个事例，对于楚康王有很好的警示作用。

子南任令尹不过一年半，观起就被楚康王车裂以示众，子南则被杀于朝中，这在楚国是一场少见的风波。康王又任命薳子冯为令尹，这次薳子冯不敢抗命了。薳子冯有八个受宠的庶人官吏，他们都有不少马匹。有鉴于子南之死，薳子冯当即辞退这些庶人官吏，康王才安心了。[1]

楚国的宗族壮大到一定程度，就会衍生出诸多支系和小宗。薳、佣的分立是薳氏宗族不断发展膨胀的结果，类于《左传》昭公五年记载的晋韩氏、羊舌氏之情形："韩赋七邑，皆成县也。羊舌四族，皆强家也。"在薳子冯的时代，薳氏宗族已形成蔿氏、薳氏、佣氏等数宗并立的局面。淅川下寺M2出土有两件薳子佣尊缶，说明薳氏当时已从大宗分立。作为蔿氏小宗，佣氏始立时间至迟不晚于薳子冯。

淅川和尚岭和徐家岭墓地是佣氏的族墓地。这两处墓地均位于淅川龙城以西、下寺墓地以北的丘陵上。两处墓地出土了大量佣氏铜器，器主有佣子辛、佣子受、佣子孟升嬭、佣子孟青嬭、佣子昃等。除克黄升鼎外，和尚岭M1还出土一件曾太师奠鼎（M1：5），M2出土一件仲姬敦（M2：28）、一套佣子受编钟（M2：37-53）、一件曾仲佣君腥镇

---

① 张正明：《楚史》，湖北教育出版社1995年，第180页。

墓兽座（M2：66）。宋华强将镇墓兽中的"仳"读作"妫"，认为"曾仲妫"是陈国公族女子嫁入曾国者，值得商榷：（1）国族之姓在古文字中一般从"女"旁，而仳字从邑。（2）嫁入曾国的陈国女子之铜器出现在蓮氏家族墓地，难以解释。贾连敏认为"曾仲蓮趌腔"即曾国仲辈女子嫁予蓮氏者，当是。① 曾仲仳趌腔镇墓兽座、仲姬敦同出一墓，证明M2墓主当是嫁入仳氏的姬姓曾国女子，M1墓主则是曾国女子的夫君——仳氏贵族。瑞士玫茵堂收藏一件我国流散海外的铜方豆（《玫茵堂》114，《铭图》06132），豆柄部一周有8字铭文："楚叔之孙克黄之锜。"综合当年和尚岭M1曾经被盗和方豆器主的称谓来看，此器可能出自和尚岭M1。方豆器主自称"楚叔之孙"，这种自报家门式的称谓，与以邓、芴子冯等所铸铭文相同，说明他们有共同的先祖，属于同一宗族。和尚岭铜器铭文中的"克黄"是指蓮氏之克黄，与文献中的斗氏之克黄同名异氏。故和尚岭M1、M2应为克黄夫妇墓，此"克黄"活动于春秋晚期。

徐家岭M3出土有一件仳子辛戈（M3：131），与一件据传从和尚岭M1盗失海外的铜簠器主同名。该簠器铭作"仳子辛之食簠"，李学勤、李零曾相继撰文介绍，李零文章中还附有该簠器形及铭文的图片。② 仳子辛簠及徐家岭M3出土的仳子辛戈，均是仳子辛之器。仳子辛戈形制上与下寺M10出土的I式铜戈（M10：85）接近。③ 仳子辛簠之年代，李零亦推定为春秋晚期。④ 仳子辛簠、戈之年代均在春秋晚期，

① 参见宋华强：《淅川和尚岭"镇墓兽座"铭文小考》，《出土文献》2014年第五辑，第29页；贾连敏：《淅川和尚岭、徐家岭楚墓铜器铭文简释》，载《淅川和尚岭与徐家岭楚墓》附录一，大象出版社2004年，第359页。

② 李零：《仳子瑚与淅川楚墓》，《文物天地》1993年第6期。李学勤：《海外访古续谈（四）》，《文物天地》1993年第2期；收入《四海寻珍》，清华大学出版社1998年，第90—91页。

③ 河南省文物研究所编《淅川下寺春秋楚墓》，文物出版社1991年，第289页及图版一〇四之1。

④ 李零：《仳子瑚与淅川楚墓》，《文物天地》1993年第6期。

与和尚岭 M1 的年代大约同时。田成方认为，铭文中的克黄与伽子辛当是同一人，克黄是伽子辛之字。众所周知，古人行弱冠之礼后因名定字，名、字之间一般存在某种联系，如楚令尹王子午，字子庚，午、庚是相应的天干和地支；太子建，字子木，建即某种树木。《山海经·海内经》："有木，青叶紫茎，玄华黄实，名曰建木。"《广韵·愿韵》："建，木名。""辛"与"克黄"之间也可能存在关联，如《说文·辛部》"辛"条："秋时万物成而孰。金刚，味辛，辛痛即泣出。"天干"辛"对应的五行是金，而土生金，"土"对应的色泽正是黄。《释名·释天》："辛，新也。物初新者皆收成也。"秋天万物长成时，金黄是最具代表的色彩。故以辛为名者，取其关联意象"克黄"作为字，顺理成章。再结合楚叔之孙克黄、伽子辛同属一个家族，活动时间都在春秋晚期，则二者是同一人的可能性较大。[①]

伽子辛之后有伽子孟升嬭、伽子受、伽子孟青嬭等。伽子孟升嬭、伽子孟青嬭的名字中含有楚人之姓"嬭"，颇显特殊。贾连敏认为"从器主称'伽(蓮)子'看，应为男性"，可信，但他认为伽子孟升嬭与伽子孟青嬭是同一人，"升"通"青"，[②] 则不尽然。同一人名之古文写法一般比较固定，如芍子冯之"冯"，古文字均作"佣"；伽子受诸器，名均作"受"。伽子孟升嬭与伽子孟青嬭虽在称谓形式上近似，但名号有别，应是两个人。

徐家岭 M3 出土有兵器，墓主当是男性。《左传》僖公二十二年记"戎事不迩女器"，女性及其随身物参与军事活动不合礼制。在已经发掘的周代贵族墓葬中，随葬兵器者多为男性，反之大多是女性。随葬品有铭者仅存伽子孟升嬭鼎，器主可能即该墓墓主。一般认为，徐家岭 M3 的年代与和尚岭 M2 接近，属于战国早期偏早阶段。[③] 所以，伽

①　田成方：《东周时期楚国宗族研究》，科学出版社 2016 年，第 30 页。
②　贾连敏：《淅川和尚岭、徐家岭楚墓铜器铭文简释》，载《淅川和尚岭与徐家岭楚墓》附录一，大象出版社 2004 年，第 361 页。
③　张昌平：《曾国青铜器研究》，文物出版社 2009 年，第 102—103 页。

子孟升嬭应是倗子辛的子侄辈。

与倗子孟升嬭同时或稍晚者有倗子受。除和尚岭 M2 出土一套倗子受编钟外，徐家岭 M3 还出土两件倗子受戟(M3：80、M3：81)，徐家岭 M9 出土 2 件倗子受升鼎(M9：9、M9：18)和一件倗子受鬲(M9：7)。其中，倗子受编钟铸有"惟十又四年三月月唯戊申"的纪年铭文。弄清其铸造时间，涉及楚历建正问题。发掘报告认为楚人用周历，推算东周时期与楚王在位十四年三月戊申日相合者有庄王十四年(前 600 年)、惠王十四年(前 475 年)、简王十四年(前 418 年)，再结合编钟形制，定其年代在公元前 600 年。[①] 也有学者认为编钟铸造于楚惠王十四年或简王十四年。[②] 刘彬徽主张楚历建丑，定铸器时间在楚昭王十四年。[③] 然目前学界多认为春秋中后期以后楚历行亥正。若以建亥为是，据张培瑜《中国先秦史历表》推算，符合十四年三月戊申日者有昭王(前 500 年)、惠王(前 475 年)、简王(前 418 年)。结合其他器物来看，倗子受升鼎的形制、纹饰与克黄升鼎接近，具有春秋晚期偏晚至战国早期的特点。升鼎、铜鬲是楚国高等级贵族墓葬中常见的随葬器类，出土倗子受升鼎和倗子受鬲的徐家岭 M9，理论上应是倗子受墓。该墓出土的鸟嘴首纹鼎、簠、浴缶、斗等，与和尚岭 M2 出土的同类器在形制、纹饰上近似或稍晚。张昌平认为墓葬年代大概已是战国早期"接近偏晚阶段"，[④] 那么倗子受的活动年代大概在春秋战国之际或战国早期，估计亦是倗子辛的子侄辈。

徐家岭 M1 出土有一件倗子孟青嬭簠(M1：8，盖铭作"倗子孟嬭

① 河南省文物考古研究所等：《淅川和尚岭与徐家岭楚墓》，大象出版社 2004 年，第 118—119 页。

② 求实：《河南淅川和尚岭楚墓年代刍议》，《中国文物报》1992 年 10 月 18 日第 3 版；赵世纲：《郑子受钟与鄂国史迹》，《江汉考古》1995 年第 1 期。

③ 刘彬徽：《楚系金文订补》(之一)，载《古文字研究》(第二十三辑)，安徽大学出版社 2002 年，第 89—90 页；刘彬徽：《楚国历法的建正问题辨证》，载《古文字与古代史》(第一辑)，台北"中研院史语所"2007 年，第 335—362 页。

④ 张昌平：《曾国青铜器研究》，文物出版社 2009 年，第 102—103 页。

青"，与底铭略异），是该墓出土的唯一一件有铭铜器，伽子孟青嫡可能是墓主。徐家岭 M1 随葬的部分器物已出现战国早中之际或战国中期偏早的特征，如 M1 之 3 号鼎的"削足"作风。墓葬年代应以所出最晚的器物来定，故徐家岭 M1 的年代大概在战国早中之际或战国中期偏早。[①] 从称谓形式和活动时间看，墓主伽子孟青嫡可能是伽子孟升嫡的子侄辈。

徐家岭 M10 出土有两件伽子昃鼎（M10：50、M10：55），伽子昃当是墓主。[②] 该墓随葬器物特征，与徐家岭 M1 接近，其年代也在战国中期偏早。[③] 据称谓形式和活动时间，伽子昃应是伽子受的子辈。在M10 南侧 6 米，当地考古部门近年又发掘了徐家岭 11 号墓。[④] M11 出土有岁星纪年的伽夫人嫡小口铜鼎，其年代约在公元前 6 世纪末至公元前 5 世纪初。[⑤] 该墓出土的其他铜礼器，如鼎（M11：14）、簠（M11：123）等与徐家岭 M10 出土的伽子昃鼎、沈耶想簠的风格接近；浴缶（M11：10）在形态上早于 M10 之 70 号、136 号浴缶。综合来看，M11的年代应该在战国早中之际，比 M10 略早。M11 出土有铜戈、矛等兵器和部分车马器，说明墓主很可能是男性。

与伽子辛簠器一起流失海外的，还有一件簠盖，铭文作"伽子大之食簠"。[⑥] 过去多认为二者是盖器相合的一件器物。现在看来，伽子大簠盖和伽子辛簠器应该是两件铜簠的各一半，它们可能是在文物流失

---

① 张昌平：《曾国青铜器研究》，文物出版社 2009 年，第 103 页。

② 河南省文物考古研究所等：《淅川和尚岭与徐家岭楚墓》，大象出版社 2004 年，第 330 页。

③ 张昌平：《曾国青铜器研究》，文物出版社 2009 年，第 103 页。

④ 赫玉建、乔保同、柴中庆：《河南淅川县徐家岭 11 号楚墓》，《考古》2008 年第5 期。

⑤ 王长丰、郝本性：《河南新出"陑夫人嫡鼎"铭文纪年考》，《中原文物》2009 年第3 期。

⑥ 李学勤：《海外访古续记》（四），《文物天地》1993 年第 2 期；李零：《伽子瑚与淅川楚墓》，《文物天地》1993 年第 6 期。

海外的过程中被人为拼合在一起的。

通过以上对淅川和尚岭、徐家岭墓地及出土文物的考察，可以得出三点认识：

（1）这两处墓地都是𬀩氏的族墓地，其中和尚岭 M1、M2 是𬀩子辛（克黄）夫妇墓，与《左传》记载的斗克黄无关。徐家岭 M3 的年代在战国早期偏早，墓主是𬀩子孟升嬭，徐家岭 M9 的年代是战国早期偏晚，墓主是𬀩子受。徐家岭 M1、M10 的年代在战国早中之际或中期偏早，墓主分别是𬀩子孟青嬭、𬀩子昃。其余墓葬，除 M7 被盗掘一空外，M2、M4、M5、M8 被盗亦严重，M6 未出土有铭器物。M2 的年代大概在战国早期偏晚。

（2）这两处墓地至少包括𬀩氏的两个宗系，一是宗子的世系，如𬀩子辛、𬀩子受、𬀩子昃、𬀩子大等，他们可能是前后相继的几代𬀩氏宗族领袖。𬀩子辛、𬀩子受、𬀩子昃的墓葬在规模、等级上都明显高于其他墓葬，是其为宗子的重要证据。二是𬀩氏庶长的世系，如𬀩子孟升嬭、𬀩子孟青嬭。古代嫡长称伯，庶长称孟。《左传》隐公元年载："惠公元妃孟子。"孔颖达疏："孟、仲、叔、季，兄弟姊妹长幼之别字也。孟、伯俱长也。《礼纬》云：'庶长称孟。'然则適妻之子长者称伯，姜子长于妻子则称为孟，所以别適庶也。"①《白虎通义·姓名》："嫡长称伯，伯禽是也。庶长称孟，鲁大夫孟氏是也。"②故𬀩子孟升嬭、𬀩子孟青嬭应是𬀩氏别支，相当于鲁国的孟氏。

（3）从徐家岭墓地空间布局看，M9 位居高地中央，是地位最隆的主墓。大致以该墓为分水岭，其西北面是𬀩氏宗子的墓葬区，东南面是𬀩子孟的墓葬区。周边墓葬大致按照地势由高到低、墓葬年代愈低愈晚的顺序排列。

淅川和尚岭、徐家岭出土的资料，有助于人们了解、认识𬀩氏家

---

① 孔颖达：《春秋左传正义》卷二，载《十三经注疏（附校勘记）》（阮元校刻）下册，中华书局 1989 年，第 1712 页。

② 陈立：《白虎通疏证》卷九《姓名》，吴则虞点校，中华书局 1994 年，第 416 页。

族的历史。芴子冯之后，伔子辛（克黄）是伔氏贵族中目前可考的最早一位。伔子辛（克黄）有可能是芴子冯的子辈或孙辈。从称"子"来看，伔子辛当是伔氏宗主。伔子受是伔子辛（克黄）子侄辈，也是伔氏宗主。自伔子辛（克黄）至战国早中之际的伔子昃，伔氏家族领袖世代为楚大夫。作为楚国的名门望族，伔氏贵族与邻近的姬姓曾国贵族间通婚频仍。和尚岭 M1 出土的曾太师奠鼎，M2 出土的中（仲）姬口之盏、曾仲伔君之坒腤镇墓兽座，徐家岭 M9 出土的曾媴妭朱姬簠（M9：15），妭字厘定，[①] 是楚伔氏与曾国贵族世代联姻的物证。

楚悼王任用吴起实行"废公族疏远者"的政治改革（《史记·孙子吴起列传》），作为"公族疏远者"的伔氏家族难免受到影响。属于战国中期的和尚岭 M6、M8 等几座墓葬，葬制规模及随葬品等级较前代均有大幅下滑，似乎说明伔氏家族的政治处境日益艰难。战国中晚期楚简对伔氏的没落亦有反映，如新蔡简甲三 343－1："伔己之述（遂）刞（匀）于灈、唇（辰）社二豭（瘕），祷二。"[②]宋华强认为新蔡简"述"字之前的"某人"，其身份地位都不算太高，[③] 伔己当非例外。又包山简 98："十月辛丑之日，鄬驪以讼郘易君之人伔公番申以责（债）。"[④]伔公是番申担任的官职，即伔县之县公。颜世铉在包山楚简研究中，提出认定楚县的八条原则，其中一条为："包山楚简某地名之后加称'公''尹''令（命）'成为'某公''某尹''某令（命）'，则此地名应为楚县。"[⑤]郑威在研究楚国封君时，也发现有封君辖县的现象，受其启发，田成方认为此处的伔是伔县，为郘易君管辖，很可能承袭自伔氏的食邑。伔县很可能是郘易君番氏封邑内的治县，故委派同氏族人番申担任长

① 李家浩：《楚简所记楚人祖先"妭（鬻）熊"与"穴熊"为一人说——兼说上长古音幽部与微、文二部音转》，《文史》2010 年第 3 辑。
② 河南省文物考古研究所编《新蔡葛陵楚墓》，大象出版社 2003 年，第 199 页。
③ 宋华强：《新蔡葛陵楚简初探》，武汉大学出版社 2010 年，第 324—333 页。
④ 湖北省荆沙铁路考古队编《包山楚简》，文物出版社 1991 年，第 23 页及图版四三。
⑤ 颜世铉：《包山楚简地名研究》，台湾大学中国文学研究所硕士学位论文，1997 年，第 115 页。

官、进行治理。郫地设县，表明郫作为郫氏之食邑，在此前已遭剥夺。[1]

第六节　接纳晋叛臣栾盈及助陈国平叛
（康王八、九年）

晋国宗室之间的斗争一直残酷而激烈。

晋国范、栾两族的激烈斗争中，范氏阵营包括范、中行、知、赵、韩五族。栾氏在栾书为政初期，赵、郤两族势力颇大，栾氏力薄，为其所迫而事事小心谨慎，生活俭朴，以此取得公室和下属的同情与支持，晋悼公得以即位，亦凭借大权在握的栾书拥立，所以栾书在晋国上下基本取得了人们的尊敬和信赖。正如士鞅在秦所说："武子（栾书）之德在民，如周人之思召公焉。"（《左传》襄公十四年）到了栾黡，恃其父功威，骄傲不羁，"迁延之役"后，幸亏晋悼公思念栾书有拥立自己之功，对栾黡不加治罪。栾氏再传到栾盈时，晋悼公已离开了人世。晋平公即位后，对于栾氏的感激之情已经淡漠，同僚及国人对于栾氏之善德已忘，"（栾）盈之善未能及人，武子（栾书）所施没矣，而黡之怨实章（彰），将于是乎在"。（《左传》襄公十四年）这时栾氏的同党只有其下军佐魏氏及七舆大夫。栾盈（栾怀子）势弱，暗地广蓄死士，积极筹划倒范。

栾、范本是姻亲，却因为一事而相互残杀。范宣子（士匄）的女儿栾祁嫁给栾黡为妻，她就是栾盈的母亲。栾黡死后，栾祁与其家臣州宾通奸，使栾氏臭名远扬。前552年，楚康王八年，栾祁害怕儿子栾盈惩治家中之乱，逃回了母家范氏，将栾盈平日对范氏怨恨之言及图谋倒范的活动尽告范宣子。范宣子得以知道栾盈包藏祸心，于己不利，

---

① 田成方：《东周时期楚国宗族研究》，科学出版社2016年，第27—34页。

栾盈当时做下卿，范宣子就派他到外地筑城，将栾盈诱出曲沃的栾氏邑，于中途驱逐栾盈出境。《左传》襄公二十一年："怀子（栾盈）为下卿，宣子使城著而遂逐之。秋，栾盈出奔楚。宣子杀箕遗、黄渊、嘉父、司空靖、邴豫、董叔、邴师、申书、羊舌虎、叔罴，囚伯华、叔向、籍偃。"紧接着范氏大兴牢狱，捕杀了栾氏党羽箕遗、黄渊、嘉父、司空靖、邴豫、董叔、邴师、申书、羊舌虎、叔罴十人。十人皆晋大夫，栾盈之党。梁履绳《补释》疑箕遗为《左传》文公七年所记箕郑之后，然《左传》昭公二十二年另有一箕遗。《通志·氏族略》谓"邴豫食邑于邴，因以为氏"。据《晋语九》董叔亦范氏之婿，士鞅尝辱之。高士奇《姓名同异考》于羊舌氏不列叔罴，入之杂人中。羊舌虎是叔向的异母弟，因此叔向（羊舌肸）、铜鞮伯华（即羊舌赤，羊舌职之子，叔向兄）[1]、籍偃三人皆被牵连入狱，羊舌氏唯有乐王鲋（以乐为氏，名王鲋，又称乐桓子，叔向弟）因是范氏党羽而幸免于难。

　　叔向等三人被捕入狱后，是时公族大夫祁奚（祁黄羊）告老在家，闻知叔向被牵连入狱，急忙乘坐传车疾速直奔绛都而来，先见范宣子，说："……夫谋而鲜过、惠训不倦者，叔向有焉，社稷之固也。犹将十世宥之，以劝能者。今壹不免其身，以弃社稷，不亦惑乎？鲧殛而禹兴；伊尹放大甲而相之，卒无怨色；管、蔡为戮，周公右王。若之何其以（叔）虎也弃社稷？子为善，谁敢不勉？多杀何为？"（《左传》襄公二十一年）他指出了叔向与叔虎是同亲而必同谋的罪名是不能成立的，并说古代舜帝处鲧为流放之罪，又用其子禹而治水成功；伊尹放太甲而后相之，太甲毫无怨色，这些都是以国家利益为重，不可以叔虎之罪而弃社稷之本。范宣子（士匄）觉得有理，这才将叔向释放出狱。据《国语·晋语八》，伯华、籍偃后来亦出狱复位。栾氏的余党知

---

[1] 《左传》襄公三年："于是羊舌职死矣，晋侯曰：'孰可以代之？'对曰：'赤也可。'于是……羊舌赤佐之。君子谓祁奚：'于是能举善矣。……祁午得位，伯华得官……'"可知，羊舌赤之字曰伯华。杜《注》："各代其义。"意为赤为羊舌职之子。铜鞮为伯华之封邑，故谓铜鞮伯华。

起、中行嘉、州绰、邢蒯四人奔齐。

当时与晋国匹敌的国家为楚、秦、齐三大国，与晋敌视的国家为楚、秦两国。秦国在崤战后与晋是世仇，不久前的麻隧之战又败于晋，故而秦无力与晋抗衡。因而栾盈被逐后，不能投奔秦国，而只能逃奔到楚国。《春秋》襄公二十一年："秋，晋栾盈出奔楚。"不过鄢陵大战之后，楚略弱于晋，不能为栾氏后援，于是栾盈又去楚入齐。《左传》襄公二十二年："秋，栾盈自楚适齐。"清华简《系年》十七章："平公立五年，晋乱，栾盈出奔齐。"

齐国在三年前（前555年，楚康王五年）被晋等国击败于平阴，时刻伺机报复。当栾盈出逃晋国后，晋召集诸侯于商任（一说在今河北任县东南，一说在今河南安阳境）会盟，令各国不得接纳栾盈及其党羽，齐庄公参加了此会，口头答应。会后有栾盈党羽到齐，齐庄公见有隙可乘，便立刻接纳了栾氏党羽知起等晋叛臣。次年（前551年）秋，栾盈自楚入齐，齐庄公为报平阴战败之仇，便欣然接纳了栾盈。晋人大概闻知其讯，于同年冬令齐、鲁、宋、卫等11国诸侯会于沙随（宋地，今河南宁陵西北），再次阐明不准各国接纳栾盈。齐庄公阳奉阴违，暗藏栾盈，伺机而动。前550年，齐国乘晋国要嫁女给吴国，齐庄公光派析归父作媵，前往晋都绛，将栾盈及其从者藏于车内，潜入曲沃。

栾盈暗地潜回曲沃后，黑夜密见镇守曲沃的大夫胥午，说服了胥午。栾盈宴请了曲沃众士，共商政变。四月，栾盈在准备就绪后，又联合了魏氏（魏舒，献子）和七舆大夫，尽发曲沃之甲士，于白天杀奔新田，来攻范氏。当时乐王鲋正陪着范宣子就坐，闻告栾盈叛变起事，范宣子听从王鲋之计，奉晋平公急入"固宫"坚守，并令儿子士鞅直奔魏氏军营，策动魏氏平定栾盈。士鞅急至魏氏军营，见魏舒的军队已排列整齐，兵车有序，将与栾军会合。士鞅大声喊道："栾氏帅贼以入，鞅之父与二三子在君所矣，使鞅逆吾子。鞅请骖乘。"（《左传》襄公二十三年）说着疾速跳上魏舒的战车，右手抚剑，左手援带，飞驰

1312

出列。驾车者问其所往，士鞅急道："驰见国君去!"范宣子见魏舒车至，忙下阶迎接，执其手，许之以栾盈的采邑曲沃。这样范氏便成功地分化了栾氏的力量，使栾盈更加孤立。[①]

齐庄公在栾盈从齐出发后不久，便出动了强大的军队。为了掩饰出兵目的，给晋人以不备，齐庄公先出兵攻卫。卫是晋的东方邻国，败卫即可为伐晋扫清道路，又可保证齐人的退兵之道。齐军接着攻取了晋的东方大邑朝歌(今河南淇县)，以朝歌为基础，齐庄公分兵二路，一路经太行山的隘道孟门(今河南辉县西)翻过太行山西进；另一路稍南，经太行陉(今河南沁阳西北三十里)登上太行山，自河内以瞰晋国腹地，作为栾盈作叛的外援。接着齐国大军西进，袭击了离晋都绛邑不过百里的荧庭(今山西翼城东南七十五里)，晋军无备，此战死伤较多，齐军收晋尸于此而建表木。齐军的另一路攻占了太行山南界的郫邵(今河南济源西百里)，郫邵接郑、卫之地，派兵戍之作为后路。当齐人得知栾盈的政变失败，被围于曲沃的消息，失去了内应，齐军便急忙撤军东归。这时晋国驻守太行山东邯郸的赵胜率东阳(泛指太行山以东的晋国之地，大略指今河北邢台及邯郸一带)之师，截击了齐军，俘获齐将晏氂(晏莱)。晋的盟友鲁国于八月亦派叔孙豹率大军驻扎于雍渝(今河南浚县西南，滑县西北)，与邯郸的晋赵胜军共击齐军之左。[②]《国语·鲁语下》：子服惠伯见韩宣子曰："昔栾氏之乱，齐人间晋之祸，伐取朝歌。我先君襄公不敢宁处，使叔孙豹悉帅敝赋……次于雍渝。与邯郸胜击齐之左，揓止晏莱焉。齐师退而后敢还。"齐师退后，鲁军方归。

晋军在仓促反击齐军之后，集中力量，于同年(前550年)冬，猛攻栾氏曲沃而克之，除栾鲂突围逃奔到宋国外，栾氏合族及其党羽被杀，栾氏的采邑全部收归公室。清华简《系年》十七章："晋人既杀栾

① 李孟存、李尚师:《晋国史》，山西古籍出版社1999年，第250—251页。
② 李孟存、李尚师:《晋国史》，山西古籍出版社1999年，第251—252页。

盈于曲沃。"《左传》襄公二十三年："晋人克栾盈于曲沃，尽杀栾氏之族党。"李孟存、李尚师指出：栾氏，这个公室大枝，唯一能与异姓诸卿大夫抗衡的强族至此被灭掉。[1]

公元前550年，楚康王十年，《左传》襄公二十三年："陈侯如楚，公子黄诉二庆于楚，楚人召之。使庆乐往，杀之。庆氏以陈叛。夏，屈建从陈侯围陈。陈人城，板队而杀人。役人相命，各杀其长，遂杀庆虎、庆寅。"陈哀公亲自来到楚国，其弟公子黄向楚康王痛诉庆虎、庆寅逼迫陈哀公的罪状，要求楚国出兵讨伐陈国。楚康王觉得这是控制陈国的好时机，急命派人召见陈国的执政二庆，二庆深恐被杀，不敢来楚，派族人庆乐到楚，楚康王问清情况，当机立断，杀了庆乐，消息传到陈国，二庆索性公开叛楚。康王大怒，命令莫敖屈建（子木）伐陈。夏，陈哀公引领屈建，率楚师包围陈都，陈国叛臣二庆急忙征集大批役徒加固城墙，在加固城墙的过程中，二庆嫌役徒动作太慢，发怒杀死数人，城中的役徒奋起反抗，杀死暴虐的庆虎、庆寅，打开城门迎接楚师，楚师护送陈哀公入城。《春秋穀梁传》（二十三年）："陈杀其大夫庆虎及庆寅。称国以杀，罪累上也。及庆寅，庆寅累也。陈侯之弟光自楚归于陈。"陈国二庆发起的这场叛乱，就这样被楚康王迅速平息。

张正明评论：伐陈之役，师出有名，师还有功，这使康王受到鼓舞。他不曾亲历战阵，现在却想显示一下自己的武略了。[2]

第七节　楚吴舟师之役，楚尽灭舒鸠
（康王十一年）

由楚攻吴的皋舟之役，楚军失利，时值楚康王继位不久，诸事繁

---

① 李孟存、李尚师：《晋国史》，山西古籍出版社1999年，第252页。
② 张正明：《楚史》，湖北教育出版社1995年，第180页。

杂，无暇反击；吴国也因遭晋国压制，未能出击。楚、吴之间，十余年相安无事。十年之后，晋、吴关系出现改善，《左传》襄公二十三年载："晋将嫁女于吴。"晋国内部虽因豪门家族争斗，极大地损耗了晋国的国力，但为了加强与吴国的联系，同意嫁女于吴。面对着吴、晋间的政治联姻，楚康王坐不住了，在晋女下嫁次年，又筹划攻打吴国。

楚康王十一年(公元前549年)，康王觉得楚国经过休养生息，实力大增，特别是舟船制造突飞猛进，压倒吴国，可以再与吴国决一雌雄。故楚康王一改以往一贯陆地用兵的作战方式，以水战为主。《左传》襄公二十四年记载"楚子为舟师以伐吴"，可见这是正规水军，并已有一定规模。楚国的水军从初创到形成可能还经历了一段时间，因此，舟师的出现还应更早一些。中国后来的水军、水师，都是在楚国舟师基础上发展来的，楚国舟师的开创史，也是中国水军(海军)的开创史。

关于楚舟师的具体情况，目前还难以知其详，只能从吴国当初船舶制造的水平推测。《越绝书·逸文》上记载了吴国水军船只情况，可以参考：

> 伍子胥《水战兵法内经》曰："大翼一艘，广一丈五尺二寸，长十丈。容战士二十六人，棹五十人，舳舻三人，操长钩矛者四、吏仆射长各一人，凡九十一人。当用长钩矛长斧各四，弩各三十二，矢三千三百，甲兜鍪各三十二。中翼一艘，广一丈三尺五寸，长九丈六尺。小翼一艘，广一丈二尺，长九丈。"

> "阖闾见子胥，敢问船军之备何如？对曰：船名大翼、小翼、突冒、楼船、桥船。令船军之教，比陵军之法，乃可用之。大翼者，当陵军之重车；小翼者，当陵军之轻车；突冒者，当陵军之冲车；楼船者，当陵军之行楼车；桥船者，

当陵军之轻足骠骑也。"①

　　郭德维分析，《越绝书》上述内容，尽管是属吴的水军情况，却也同时反映了楚的舟师水平。道理很简单：吴本是一个偏僻落后之国，公元前584年，楚人巫臣入吴，"教吴乘车，教吴战陈（阵），教之叛楚"（《左传》成公七年）。吴"是以始大，通于上国"。吴国的水军是晚于巫臣去吴62年后的楚人伍子胥奔吴以后，帮助组建的。巫臣使楚在楚共王七年，公元前584年。伍子胥奔楚在楚平王七年，公元前522年。吴国船只的规模与编制，显然也是从楚国学来的，此其一。其二，春秋后期，楚国发展舟师，主要是为了对付吴国，楚国的版图、人口与经济实力各个方面，都要大大超过吴国，故楚国的战船绝不会亚于吴，最低也是旗鼓相当或略胜一筹。其三，吴后来被越所灭，越又被楚所灭，故吴、越的造船技术（包括造海船的技术），即使再高超，也悉为楚有，吴越的技术水准，其实也是楚的水平。基于此，以上吴的水军情况，实也反映了春秋后期楚的舟师水平。②

　　公元前549年，楚康王十一年夏，楚国建造了大批战船，以舟师伐吴。楚国的水军，船头高大，阵容齐整，在江上行驶，犹如排山倒海，势不可挡。吴军船小，不能抵挡，干脆闭门不出。楚水军在江上耀武扬威，却一直无人应战。吴警备严密，楚国无隙可乘，无功而返。张正明介绍：这次水战，楚康王志在必得，"康王自将，因不通战略而全无战果。同年冬，康王又两次出征，第一次伐郑，第二次伐舒鸠，都无所获。白忙了三场，康王终于发现自己不是将才"。③

　　为报复楚人发动的"舟师"之役，吴国决定避实击虚，开辟新的战

①　按："桥船"，《书钞》138作"篙船"。战国时一尺相当于23厘米，以此来换算，则大翼广3.5米、长23米；中翼广3.1米、长22米；小翼2.8米、长20.7米。
②　郭德维：《楚国的水上交通运输》，载《楚史·楚文化研究》，湖北人民出版社2013年，第110页。
③　张正明：《楚史》，湖北教育出版社1995年，第180页。

场，驱使舒鸠袭扰楚国。此前，楚庄王十三年，鲁宣公八年，公元前601年，夏天时，"楚为众舒叛，故伐舒蓼，灭之"。而到了52年后的鲁襄公二十四年，楚康王十一年（公元前549年），"吴人为楚舟师之役故，召舒鸠人，舒鸠人叛楚"。

舒鸠国历史不长。在"众舒""舒蓼"被楚灭后，淮夷又成立了一个称为"舒鸠"的邦国（今安徽舒城附近）。① 舒鸠是舒人与鸠人结合而成的小国。

由于历史上的"众舒""舒蓼"对楚国存在着反叛情绪，招致了镇压和灭国，舒鸠也曾被楚灭亡。清人顾栋高："舒鸠，子爵。偃姓。襄二十四年见。二十五年灭于楚。定二年复见《传》，盖楚复之。"②《左传》定公二年，"桐叛楚。吴子使舒鸠氏诱楚人，曰：'以师临我，我伐桐。'"因此，与"众舒""舒蓼"有着渊源关系的"舒鸠"，表面上臣属于楚国，但内心深藏着仇恨。此时，吴国出于地缘政治及军事报复的需要而召来舒鸠人，很容易地煽动起了他们对楚人的反叛情绪。这些舒鸠人即系归附于吴的鸠兹人，故听从吴人的指挥。

舒鸠接到吴国相招的指令，领会意图，立即行动，在"荒浦"之地袭扰楚军。面对舒鸠的反叛，楚康王亲自率兵镇压。《左传》襄公二十四年载"楚子师于荒浦"，楚王把军队开到了舒鸠国的荒浦，③ 使人责问叛离之故。舒鸠子告以未叛，且请为盟。使者还报，楚康王欲再攻打，令尹芳子冯劝谏："不可。彼告不叛，且请受盟，而又伐之，伐无罪也。姑归息民，以待其卒。卒而不贰，吾又何求？若犹叛我，无辞，有庸。"楚康王接受了劝告，再派沈尹寿和师祁犁两个大夫去责问

① 拙著《先楚史》第十章第七节"西周时期淮河流域偃姓部族与方国"中有过介绍。程涛平：《先楚史》，武汉出版社2019年，第753—754页。
② 顾栋高：《春秋大事表》，吴树平、李解民点校，中华书局1993年，第595页。
③ "荒浦"，舒鸠地，今安徽舒城东南十五里的黄陂河。《方舆纪要》谓黄陂河在舒城县东南十五里，周八里许。黄陂即荒浦之音转。见杨伯峻：《春秋左传注》（修订本），中华书局1990年，第1093页。

舒鸠人。《左传》襄公二十四年："楚子师于荒浦，使沈尹寿与师祁犁让之。舒鸠子敬逆二子，而告无之，且请受盟……乃还。"[1]"舒鸠子敬逆二子，而告无之，且请受盟。"长期处于大国欺压下的舒鸠国国君，以其政治经验和政治智慧，恭恭敬敬地迎接楚国的两位大夫，并告诉他们说，没有叛楚这么回事，同时请求接受盟约。楚康王当时还是想要继续攻打舒鸠，终被楚令尹劳子冯劝说后撤军回国。

一年后，当初劝楚王不要对舒鸠继续动武的楚国令尹劳子冯死了，屈建(子木)担任了楚国令尹。楚国与舒鸠之间又有了恶化。《左传》襄公二十五年载："舒鸠人卒叛楚，令尹子木伐之，及离城，吴人救之。"令尹屈建遂率师伐舒鸠，包围了舒鸠的离城。据杜注："离城，舒鸠城。"在今安徽舒城西北三十五里，一名团箕城。吴之救兵赶来相救，两军终于在离城相遇。

《左传》襄公二十五年详细记载交战的经过：

> 舒鸠人卒叛楚，令尹子木伐之，及离城，吴人救之。子木遽以右师先，子彊、息桓、子捷、子骈、子盂帅左师以退。吴人居其间七日……五人以其私卒先击吴师，吴师奔，登山以望，见楚师不继，复逐之，傅诸其军，简师会之。吴师大败。遂围舒鸠，舒鸠溃。八月，楚灭舒鸠。

两军短兵相接，楚军进攻，吴军事先设置的伏兵尽出，楚右师先行，误入吴军之伏阵，而左师为吴据险所阻不能相救。双方僵持，激战七日，楚右师渐渐不支，楚之左师亦受迫不能退。生死存亡之际，楚左师五将子彊、息桓、子捷、子骈、子盂在一起商议：久相持，必为吴擒，不如速战。请以私卒诱敌，由令尹率大军列后相待。如私卒得进，则大军随之；如私卒不胜而奔，犹可诱吴军入伏以击之，是可

---

① 杨伯峻：《春秋左传注》(修订本)，中华书局 1990 年，第 1093 页。

以免罪。不然，必为吴擒！屈建从其计。五将各率私卒誓死以击吴师，吴师被攻而退。关键时刻，吴人登山相望，见楚军兵少而无后继者，判断楚军坚持不久，乃尽起所预伏之兵以行追逐，因而陷入楚军所设之伏阵。楚伏兵尽出，吴军大败。吴恩培研究：楚国新担任令尹职务的屈建(子木)率军攻打，到达舒鸠国的离城时，吴人派了军队前来救援舒鸠。接着楚军左翼进、右翼退，其后两军相接，吴军困在两军之间共有七天。楚军奋力进攻，"吴师大败"。楚军于是"遂围舒鸠，舒鸠溃。八月，楚灭舒鸠"。[①] **（见图 16-3：楚灭舒鸠之战图）**

战后，楚康王为击灭舒鸠而重赏屈建，屈建以为应归功于先大夫芳子冯出谋划策，辞赏不受，康王乃改赏芳子冯子芴掩。

楚国灭舒鸠，对于楚国的铜矿冶炼业的发展起到至关重要的作用。

王峰对包括群舒青铜器、钟离国青铜器、蔡侯墓青铜器等在内的淮河流域青铜器进行了分期和文化因素分析，并论证了其族属。从青铜器群文化构成因素看，淮河中下游地区受周文化的影响要少得多。从春秋晚期开始，各地区均受到楚文化的深刻影响，并最终于战国时期形成统一的楚文化。[②]

张爱冰等撰写的《群舒文化研究》一书，从考古成果出发大量介绍了群舒的铜冶炼及铸造能力，认为楚充分利用群舒故地丰富的铜矿和青铜冶炼能力，从此楚国铜产量大增。

第八节　整治赋税，量入修赋（康王十二年）

楚国在楚康王十二年，在经济上发生了一件大事。《左传》襄公二十五年记：

---

① 吴恩培：《淮上的争夺——春秋后期，吴、楚、晋在淮河流域的角逐及吴国与徐淮夷关系的论述》，《苏州市职业大学学报》2006 年第 3 期。
② 王峰：《淮河流域周代遗存研究》，安徽大学博士学位论文，2011 年。转引自张爱冰等《群舒文化研究》，上海古籍出版社 2018 年，第 18 页。

楚蒍掩为司马，（令尹）子木使庀赋，数甲兵。甲午，蒍掩书土田：度山林，鸠薮泽，辨京陵，表淳卤，数疆潦，规偃猪，町原防，牧隰皋，井衍沃，量入修赋，赋车籍马，赋车兵、徒兵、甲楯之数。既成，以授子木，礼也。

对于这段记载，研究者议论纷纷，多认为蒍掩所治的是兵赋，并不包括贡税，因此所征的只是车、马、车兵、徒兵、甲楯之类。

一种看法楚国"庀赋"是丈量全国的土地，平均负担，是对"井田制"的改革。古今不少学者据《左传》所载，从春秋中叶鲁庄公九年开始，各主要诸侯国先后进行过一系列的土地、赋税制度改革，著名的有：公元前 685 年，齐国管仲采用"相地而衰征"的新税法；公元前 645 年，晋国"作爰田""作州兵"；公元前 594 年，鲁国"初税亩"；公元前 590 年，鲁国"作丘甲"；公元前 548 年，楚国"井衍沃"；公元前 538 年，郑国"作丘赋"；公元前 483 年，鲁国"用田赋"。上述改革在社会变革中的重要性古代学者早已瞩目。古代学者的观点多见于春秋经传的注疏，如杜预、贾逵、服虔、孔晁、李贻德、马宗琏等对"作爰田"的解释，杜预、沈钦韩、惠栋、顾栋高等对"作州兵"的解释，杜预、毛奇龄等对"作丘甲"的解释，王夫之、章炳麟对"用田赋"的解释。大率以文字训诂求解，多臆测之说，存而不论可也。[1] 现代学者也多所论及。其中，关于楚国的"井衍沃"，古代注疏家多认为是以井田制的形式规划或计量土田，[2] 现代学者有主张"井田说"的，即以"井田制"为基础计量土地，作为征发军赋的依据。[3] 对于"蒍掩庀赋"，李学勤认为，这与蒍掩身为大司马之职有关，是大司马的职内之事。当时的军赋征收以井田制为基础，首先辨别土地的种类、土质的肥沃程

---

① 杨伯峻：《春秋左传注》，中华书局 1990 年，第 361—363、783—784 页。
② 杨伯峻：《春秋左传注》（修订本），中华书局 1990 年，第 1107 页。
③ 李学勤：《论蒍掩治赋》，《江汉论坛》1984 年第 3 期。

度，然后按照一定的折算比例，确定土地所有者应缴纳的军赋数量，证明了井田制在楚国的存在；军赋征收的内容包括车马、兵器、徒卒等。此种军赋，与《周礼》《管子》等文献记载原则上相合，由此可见中原井田制对楚国经济社会的影响，楚国的政治经济制度与中原各国也有相似之处。① 也有将"井衍沃"之井释为水井的。②

有学者认为，如果楚国的"庀赋"是在井田制的基础上进行，起到平均耕者负担的作用，就有改革的因素。因为在井田制下，"国人"的政治地位要高于"野人"，其经济负担却大大低于"野人"；有的书中认为"野人"和"国人"的负担相等，都是"十一"之税，如顾德融、朱顺龙主编的《春秋史》中讲道："公田的赋税为'周人百亩而彻，其实皆什一也'（《孟子·滕文公上》），要将收获的十分之一上缴给国家，余下的收藏起来用于祭祀祖先、聚餐、救济等共同的开支。私田的收获归各家所有。"③如此轻的税制是不可能的。这实际上跟清代学者为了弥合"十一"的税制和"请野九一而助"这句话的矛盾而对井田制所做的迂曲解释在本质上是一样的。如焦循《孟子正义·滕文公上》于"所以别野人也"句下疏云："《穀梁传》云：……助法八家皆私百亩，同养公田，则每以二亩半为庐井宅园圃，馀八十亩，八家同养。是八百八十亩税其八十亩，名为九一，实乃什一分之一也。"④而事实上，"野人"的经济负担是比较重的，孟子所说"无野人不养君子"就是这个道理。

在国野分治的基本制度之下，西周时期的"国人"和"野人"相比，由于与贵族在血缘上有着千丝万缕的联系，他们在政治上享有相当的权利，在经济上承担较轻的负担，这一切都使得他们成为政权的维护者，成为西周王朝主要的兵源。从统治者的层面分析，公、卿等各级

---

① 李学勤：《论芍掩治赋》，《江汉论坛》1984 年第 3 期。
② 郭仁成：《楚国农业考辨四题（上）》，《求索》1984 年第 1 期。
③ 顾德融、朱顺龙：《春秋史》，上海人民出版社 2001 年，第 222 页。
④ 焦循：《孟子正义》，沈文倬点校，中华书局 1987 年，第 361 页。

贵族都在王畿的"野"拥有采邑，通过占有"野人"的劳动实现其经济剥削，周王也在"野"拥有大量土田，其剥削所得属于具有私人性质的王室财政收入，而在"郊"以内有"籍田"，这些田依靠"国人"耕种，其所得为具有公的性质的国家财政收入。《礼记·王制》云："天子百里之内以共官，千里之内以为御。"正是周天子的王室财政和国家财政二元化格局的描述。此外，其他各级诸侯和公卿对周天子有义务纳贡，也构成了国家财政收入的一部分。但到了西周晚期，随着土地兼并的进一步加剧，这套建基于国家授田制之上的田税和军赋制度，也变得岌岌可危，一场新的变革已在悄悄孕育。《左传》襄公二十五年所载，"楚蒍掩为司马，子木使庀赋，数甲兵"，就是一次为整顿军赋而进行的土地规划，其核心目的是维护旧有的"井田制"。不只楚国，郑国子产也曾经做过同样的工作，公元前543年，《左传》襄公三十年载："子产使都鄙有章，上下有服，田有封洫，庐井有伍。"而土地买卖和田产之争也不断见于史籍，《左传》成公十七年载，公元前574年，晋"郤锜夺夷阳五田"，"郤犫与长鱼矫争田"。《左传》昭公九年载，公元前533年，"周甘人与晋阎嘉争阎田"。《左传》昭公十四年载，公元前528年，"晋邢侯与雍子争鄐田，久而无成"。这说明，一方面井田制作为基本的土地制度，不断得到来自上层建筑力量的加强，另一方面也不断受到新兴经济行为的侵蚀，这是符合事物本身内在的辩证规律的。所以春秋时期是井田制度不断发展并走向灭亡的时期。

晋国的"作爰田"是一次彻头彻尾的生产关系变革。"作爰田"本义就是把原先的公田全部或部分分给国人，国人不再承担籍田的力役负担，而要缴纳土地税，即由承担力役变为缴纳实物。晋国推行这种变革的目的显然是为了增加国家的收入，加强军备，以抵御来自秦国的侵略。吕甥所谓"甲兵益多"正是指此。从国人方面来看，其利益肯定要受到损失，所以统治阶级在推行这项政策之前是颇费了一些周折的，在国人被感动，"众皆哭"的情况下，趁势推行了这次改革。由于按照西周的制度，以前国人在经济上的负担是："籍田以力"和"什一使自赋"，经过这次改革以后，国人就要在军赋之外再交纳实物作为土地税以代替力役。而野人的经济负担会是一种什么情况呢？史籍中没有明确记载，我们推测应该跟齐国管仲在"伍鄙"中推行的"相地而衰征"近似，也就是不再"九一而助"，而是根据土地的等差缴纳土地税。这样一来，国人的负担反而多于野人，因为国人除了土地税之外，还有从西周起就一直存在的军赋（包括兵役和一次性制备的随身兵器）。因此就有必要增加野人的负担以取得平衡，这就是"作州兵"了。晋国的"作州兵"就是和"作爰田"同时进行的另外一场改革。古代的经学家把"作州兵"仅仅局限在修缮兵甲上，现代学者已经对"作州兵"给出了一个比较合理的解释。蒙文通在《孔子和今文学》中说："作州兵就是取消只限三郊才能当兵的规定，扩大及于三遂。"①

晋国这种先改革国人税制，即"作爰田"，再改革野人军赋之制即"作州兵"的"两步走"模式，在楚国的变革中也能找到蛛丝马迹。楚国也可能进行了类似的改革，《左传》襄公二十五年所载楚国推行的一系列政策应该是前后关联的，由于记载不详，我们只能进行大致的推测。第一步是土地的整改和统计，包括从"书土田"到"井衍沃"的行政行为。这显然是为按面积征收实物税做准备，说明楚国也实行了向"国人"征取实物税的政策。第二步是对军赋的变革，包括"赋车籍马，赋车兵、徒兵、甲楯之数"等，这标志着楚国从此开始在"野"征收军赋。

李忠林总结，以上分析显示，在春秋中期以前，晋国、鲁国、郑国、楚国、齐国等主要的诸侯国都进行了赋税政策的变革，这场变革基本都分"两步走"，先改变国人的税制，再对"野"征发军赋。通过这些变革，各国的经济实力和军事力量都有了大幅度的提高，这是春秋时期各国军队不断扩大的经济基础。这场变革的社会后果是"国人"和"野人"的界线逐步变得模糊。从史料中多次看到两次变革相隔时间极

---

① 蒙文通：《孔子和今文学》，载《经史抉原》，巴蜀书社 1995 年，第 199 页。

短，其中，鲁国的"初税亩"与"作丘甲"相距四年，郑国的第一次土地规划到"作丘赋"相距五年，晋国的"作爰田"与"作州兵"更是在同一年。现有资料表明，楚国的改革也可能是在同一年进行。[①]

另一种看法是楚国的"庀赋"与"井田制"无关，只是按照井田所划的方块进行面积换算。李修松、刘玉堂认为，在鲁国的"初税亩"三十多年之后，公元前 548 年，在楚国也发生了赋税变革，"楚芳掩为司马，子木使庀赋，数甲兵。"根据杜注孔疏，"庀"训为"治"，"庀赋"就是治理赋税之事。从"度山林"到"井衍沃"，是楚国司马芳掩治赋的九项具体措施。"度山林"即度量山林之地，"鸠薮泽"合计薮泽之地的面积，"辨京陵"即辨别区分高岗山地，"表淳卤"即标示盐碱之地，"数疆潦"即计量沙砾之地，"规偃猪"即核算低下积水之地，这六项措施，历来理解基本无异议。关于"町原防""牧隰皋"和"井衍沃"则有不同的理解。杜预解释上述三项措施分别为"堤防间地不得方正如井，别为小顷町"、"水岸下湿为刍牧地"、"《周礼》制以为井田，六尺为步，步百为亩，亩百为夫，九夫为井"。近年有学者指出，杜预对最后三项措施的解释并不妥当，"町""牧""井"当作动词，以与前六项措施意义连贯一致，"町原防""牧隰皋"和"井衍沃"分别是以"町"计量"原防"之地、以"牧"计量"隰皋"之地、以"井"计量"衍沃"之地。"衍沃"即"不易之地"，即"上田"，"隰皋"即"一易之地"，即"中田"，"原防"即"再易之地"，即"下田"。总之，芳掩的九项措施主要目的在于将各种不同的土地按照统一的标准进行折算，登记造册，以之作为征收赋税的依据。[②] 至于折算的标准，还是按照井田制的标准进行的，具体说来，就是"在衍沃之地直接把田按井字划分成小块以便官方计征，在其他各类土地上把不同土地的质的差别通过折算而转化为以'井'为标准单位的量的差别"。刘玉堂归纳，"总之，楚国的井

---

① 李忠林：《春秋时期军赋制度改革辨析》，《南开学报》2019 年第 5 期。

② 李修松：《〈左传〉"芳掩庀赋"一文新解》，《中国经济史研究》1990 年第 3 期；刘玉堂：《楚国的军赋》，《社会科学动态》1996 年第 4 期。

田只是在赋率上同西周的井田相似。"①

杨华、段君峰指出，楚国芣掩此次"厇赋"的动机，在于征敛军赋，扩充军备，以抵御吴国军队的进攻，并攻灭舒鸠，可以说与晋、鲁诸国一样也是战前的临时性的军赋改革措施。单从当时的历史背景来看，芣掩之举算不上什么变革，充其量不过是对中原赋税制度的模仿或执行而已，所以《左传》末了以"礼也"作评，说明它符合中原礼制规定。但从楚国的历史发展进程来看，它仍有划时代的意义，它说明至春秋晚期，赋税制度的改革已较深入，波及此前对中原制度尚不熟悉的南方楚国。②

张正明的解释更为简单明快，认为楚国的"厇赋"是芣掩把一切土田——当然是指有出产的土田，连同山林和草地、湖沼，都登记下来，而不问其为贵族所占有抑或为结成里社的庶人所占有，这说明按芣掩改订的章程，兵赋将普行于一切土田而无所豁免。芣掩想必曾命令臣僚进行广泛的调查和分类统计，但是不曾普遍地丈量。他所承担的任务，既不是制定发展生产的措施，也不是查实土田的数字，而只是改订征赋的章程。所谓"书土田"，只是把土田分类登记，并且制定"量入修赋"的政策，因此能在甲午一天之内毕其功。③

楚国芣掩的厇赋，也有让耕者负担公平的意味。山林无准确面积，所以说"度"，度即估量。薮泽之产，品类不一，所以说"鸠"，"鸠"即聚集，当指汇总折算而言。京陵肥瘠不同，所以说"辨"，"辨"即区别。淳卤多低产，所以说"表"，"表"即注明。疆潦易失收，所以说"数"，"数"即计数，当指另行计数而言。偃猪难定产，所以说"规"。"规"，当如《礼记·王制》孔疏所云，"偃猪之地，九夫为规，四规当一井"，是换算为井的标准单位，作动词用，即按规的标准换算为井。

① 刘玉堂:《楚国经济史》，湖北教育出版社 1995 年，第 24—34 页。
② 杨华、段君峰:《先秦财政史》，湖南人民出版社 2013 年，第 216—218 页。
③ 张正明:《楚国社会性质管窥》，载《张正明学术文集》，湖北人民出版社 2007 年，第 338—339 页。

原防多碎小，所以说"町"。"町"，当为"町疃"之町，作动词用，即按宅旁小块土地对待。隰皋不宜耕而宜牧，所以说"牧"，"牧"即按牧地对待。衍沃最好办，所以说"井"，"井"即按井田对待。芬掩区分九类土田的目的，应如《汉书·食货志》追述周代赋税之时所指出的，"各以肥硗多少为差"。楚国原无井田，自芬掩改订征赋章程起，才参照井田征赋。假如说，井田是楚国原有的，那就用不着规定"井衍沃"了。芬掩书土田，终以"井衍沃"，显然表明其他各类土田都要换算为井。在他改订的章程里，只有井可以作为明确的征赋单位。至于承担兵赋的人，则不待说是力耕的农奴、其他依附农民和平民。所谓量入修赋，即计产征赋，总的说来对农奴和其他依附农民有利，对下层的农奴和其他依附农民尤其有利。它是一项积极的政策，可以调节贵族与农奴和其他依附农民的矛盾，以及农奴和其他依附农民内部不同阶层之间的矛盾。至于施行的效果如何，则限于史料不足，尚难判明。令尹屈建命司马芬掩整顿兵赋，《左传》襄公二十五年称之为"使庀赋，数甲兵"。"庀"即"聚"，"数"即"计"。芬掩乃芬子冯之子，精于理财。他做了些调查研究，决定在整顿中实行改革。十月甲午，芬掩写出章程来，交给了屈建。今人或以为芬掩在楚国丈量了耕地，甚至进行了农田水利基本建设，这个看法只是想象，没有根据。芬掩所承担的任务，既不是查实土地的面积，也不是制定发展农业生产的措施，而只是改订征赋的章程。这个章程的基本原则是"量入修赋"，"入"是得自土田的收入，"赋"则自然就是兵赋。《国语·齐语》记管仲所云"相地而衰征"，以及《汉书·食货志》追述周代赋税所云"各以肥硗多少为差"，其原则与"量入修赋"完全一致。既然到这时才特意指出要实行量入修赋，那么先前楚国征赋的依据就不会是"入"，而只能是"户"或"口"了，由此可知，芬掩所做的工作是一次意义重大的改革，先前以户计征或以口计征，必然是对上等贵族最宽，对下等贵族较宽，对平民较苛，对农奴最苛，久而久之，成为积弊，使兵赋受损，使士气受挫。芬掩所推行的改革基本上纠正了畸轻畸重的偏差，是一种调适行为，对

1326

上等贵族有所损，对平民和农奴有所益，对下等贵族则影响不大，能够保证国家得到较多的兵赋，士卒维持较高的士气，无疑是一种良法，更加公平。

张正明总结，按照蒍掩改订的征赋章程，计"入"的基本单位是"井"。"井"只适用于平坦而肥沃的耕地，其它各类土地必须换算为"井"。蒍掩列举了九类土地，分别对待。从"山林"到"隰皋"计八类，都要换算为"衍沃"的"井"，楚国没有井田制度，蒍掩只是参照井田制度，把"井"作为计"入"的基本单位以便征赋罢了。[①]

第九节　人才流动与楚人才流失危机

诸侯混战，争霸图强，突出了人才问题的重要性。《管子·霸言》："夫争强之国，必先争谋。"《论衡·效力》："六国之时，贤才之臣，入楚楚重，出齐齐轻，为赵赵完，畔魏魏伤。"作为拥有专业知识的人才，士成为王侯公卿竞相招揽的对象。在此大背景下，脱离宗法束缚的新型士阶层不再依附于宗族，获得了较大的人身自由，使士的流动成为可能。由此产生"士无定主"的社会现象。"楚士多才高""能强业勋"，[②] 因此多受到其他诸侯国君的青睐。楚国社会人口流动的一个重要表现，是人才的外流和异族人的流入。蔡声子同楚令尹子木有这样一段谈话："晋卿不如楚，其大夫则贤，皆卿材也。如杞、梓、皮革，自楚往也。虽楚有材，晋实用之。"（《左传》襄公二十六年）

士有外流，自然也有内引。罗运环在《论楚国的客卿制度》一文中指出，春秋战国时期的客卿制度，是一种任官制度而并非等级制度。并且指出，客卿多出身于"士"。外来有才之士在楚国，大多出身卑

---

① 张正明：《楚国社会性质管窥》，载张正明主编《楚史论丛》（初集），湖北人民出版社 1984 年。后收入《张正明学术文集》，湖北人民出版社 2007 年，第 338—339 页。

② 蔡靖泉：《楚、秦的"士"与社会发展》，《华中师范大学学报》2003 年第 4 期。

微，但在楚受到重用，政治地位得到提高。诸如春秋时期的楚俘观丁父、彭仲爽等，在楚受到重用，为楚王献智献勇；晋国中牟县城北余子田基，楚王待以司马；吴起相楚，官居令尹；庄𫜪"越之鄙细人"，战国初期"仕楚，执珪"，当属高级爵位。① 陈轸、荀况、李园等均为战国游士，在楚分别授以高官。老子、老莱子、荀子等这些思想家对于丰富楚国文化与思想，产生了深远影响。邓宏亚认为，作为普通知识分子的士人阶层，在春秋战国大动荡之际，他们凭借自身的文化修养与知识储备，获得统治者的青睐，被委以重任，由贵族或庶人上升到士大夫阶层，甚至成为一国之相。推行改革，成为中国古代著名的政治家、改革家的不乏其人。②

士在不同时期对君王"忠"的标准有所不同。春秋时期君臣关系仅处于事君而尽职的阶段，后世那样"忠臣不事二主"的绝对忠君观念还未出现。《左传》定公五年记载，楚昭王在吴军攻入郢都而出奔随地时，将涉于成臼，"蓝尹亹涉其帑，不与王舟"。蓝氏在危急关头不顾君主的行为，对后世的人们来说是不可思议的"大逆"之罪，但在当时是合情合理的，这说明楚国春秋晚期贵族和士，在与君主之间的关系上还不存在绝对服从的伦理关系。战国时期则有所不同。《孟子·离娄下》："无罪而杀士，则大夫可以去；无罪而戮民，则士可以徙。"《孟子·万章下》："君有过则谏，反覆之而不听，则去。"《礼记·曲礼》："为人臣之礼，不显谏，三谏而不听，则逃之。"这些记载完全没有后世绝对忠君的影子。虽然，春秋时期，贵族也讲"忠君"，但是多指忠于社稷，不是要绝对忠于某位君主。由此可知，春秋时期，忠的观念尚不能完全束缚贵族的行为，当形势对己不利时，出奔逃亡是为人们的道德观念所接受的。

① 罗运环：《论楚国的客卿制度》，《武汉大学学报》（社会科学版）1990 年第 3 期。后收入罗运环：《出土文献与楚史研究》，商务印书馆 2011 年。
② 邓宏亚：《论楚"士"的形成与发展》，《郧阳师范高等专科学校学报》2013 年第 1 期。

春秋时各诸侯国对出奔者实行门户开放政策，广为接纳。谢曼粗略统计，春秋各国接受出奔者次数如下：晋 38 人次，鲁 37 人次，齐 36 人次，楚 33 人次，宋 20 人次，郑 19 人次，卫 18 人次，莒 11 人次，陈 9 人次，吴 5 人次，秦、随、翟（狄）、邾、越各 3 人次，燕、蔡、许各 2 人次，周、魏、虞、鲜虞、钟吾、虢、黄、棠、郊曹、纪各 1 人次。① 赵桦统计，从楚文王十三年起，至楚昭王十年止，楚臣出奔的就有：申侯、子晳、蔡朝吴、囊瓦奔郑；王孙启、析公、贲皇、申公巫臣、雍子、子干（王子比）奔晋；伍员、伯嚭奔吴。前后 170 余年，就发生了 12 起著名人物出奔事件。② 罗运环指出："'奔楚'之事，《春秋》及《左传》有记载的约 26 起，除随从外，计有 50 余人，而明确记载任用为客卿的仅 17 人。"③直到战国时期，还有从鬼谷子学的苏秦、张仪和从荀子学的韩非、李斯均为楚之才士，他们择主而事，尽显才华。

"楚材晋用"，表面上说楚国的皮革等特产流失到晋国去，其实影射的是人才。楚国存在"淫刑"，导致楚国人才大量外流，出现了"楚材晋用"的局面。这些楚国亡臣熟悉楚国国情，逃到楚之敌国后往往被委以重任。在楚之敌国与楚的争斗中，楚国亡臣为楚之敌国出谋划策，往往给楚国带来致命打击。《左传》襄公二十六年所载蔡声子对楚令尹子木所说是对这一问题的最好阐释：

> 今楚多淫刑，其大夫逃死于四方，而为之谋主，以害楚国，不可救疗，所谓不能也。
>
> 子仪之乱，析公奔晋，晋人置诸戎车之殿，以为谋主。
>
> 绕角之役，晋将遁矣，析公曰："楚师轻窕，易震荡也。若

① 谢曼：《春秋出奔现象探因》，《新西部》2008 年第 1 期。
② 赵桦：《试论楚国衰亡的一个原因——摒弃人才》，《湘潭大学学报》（社会科学版）1985 年第 2 期。
③ 罗运环：《论楚国的客卿制度》，《武汉大学学报》（社会科学版）1990 年第 3 期。

多鼓钧声，以夜军之，楚师必遁。"晋人从之，楚师宵溃。晋遂侵蔡，袭沈，获其君，败申、息之师于桑隧，获申丽而还。郑于是不敢南面。楚失华夏，则析公之为也。

雍子之父兄谮雍子，君与大夫不善是也，雍子奔晋，晋人与之鄐，以为谋主。彭城之役，晋、楚遇于靡角之谷。晋将遁矣，雍子发命于军曰："归老幼，反孤疾，二人役，归一人。简兵蒐乘，秣马蓐食，师陈焚次，明日将战。"行归者，而逸楚囚。楚师宵溃，晋降彭城而归诸宋，以鱼石归。楚失东夷，子辛死之，则雍子之为也。

子反与子灵争夏姬，而雍害其事，子灵奔晋，晋人与之邢，以为谋主，扞御北狄，通吴于晋，教吴叛楚，教之乘车、射御、驱侵，使其子狐庸为吴行人焉。吴于是伐巢、取驾、克棘、入州来，楚罢于奔命，至今为患，则子灵之为也。

若敖之乱，伯贲之子贲皇奔晋，晋人与之苗，以为谋主。鄢陵之役，楚晨压晋军而陈。晋将遁矣，苗贲皇曰："楚师之良在其中军王族而已，若塞井夷灶，成陈以当之，栾、范易行以诱之，中行、二郤必克二穆。吾乃四萃于其王族，必大败之。"晋人从之，楚师大败，王夷、师熸，子反死之。郑叛、吴兴，楚失诸侯，则苗贲皇之为也。[1]

可见，楚国淫刑泛滥，赏赐苛刻，异姓贵族不被重用难以获得建功立业的机会，更不要说获得赏赐了，同姓贵族虽然能够获得赏赐，但所得甚微。赵萍指出：与此同时，诸夏各国都以优厚的赏赐吸引着人才，晋国还特别设有赏赐的制度。这些在楚国得不到重视的人才，一有机会，便会出奔他国，这些人才在其他国家不仅受到重用，而且

---

① 杨伯峻：《春秋左传注》（修订本），中华书局 1990 年，第 1121—1123 页。

得到丰厚的赏赐，必然尽心竭力效忠所到之国，长久危害楚国，导致楚国的衰亡。①

《国语·楚语上》也有蔡声子谓楚令尹子木之语，与《左传》所载大致相同：

> 昔令尹子元之难，或谮王孙启于成王，王弗是，王孙启奔晋，晋人用之。及城濮之役，晋将遁矣，王孙启与于军事，谓先轸曰："是师也，唯子玉欲之，与王心违，故唯东宫与西广实来。诸侯之从者，叛者半矣，若敖氏离矣，楚师必败，何故去之！"先轸从之，大败楚师，则王孙启之为也。

> 昔庄王方弱，申公子仪父为师，王子燮为傅，使师崇、子孔帅师以伐舒。燮及仪父施二帅而分其室。师还至，则以王如庐，庐戢黎杀二子而复王。或谮析公臣于王，王弗是，析公奔晋，晋人用之。实谮败楚，使不规东夏，则析公之为也。

> 昔雍子之父兄谮雍子于恭王，王弗是，雍子奔晋，晋人用之。及鄢之役，晋将遁矣，雍子与于军事，谓栾书曰："楚师可料也，在中军王族而已。若易中下，楚必歆之，若合而臽吾中，吾上下必败其左右，则三萃以攻其王族，必大败之。"栾书从之，大败楚师，王亲面伤，则雍子之为也。

> 昔陈公子夏为御叔娶于郑穆公，生子南。子南之母乱陈而亡之，使子南戮于诸侯。庄王既以夏氏之室赐申公巫臣，则又畀之子反，卒于襄老。襄老死于邲，二子争之，未有成，恭王使巫臣聘于齐，以夏姬行，遂奔晋。晋人用之，实通吴、晋。使其子狐庸为行人于吴，而教之射御，导之伐楚，至于

---

① 赵萍：《春秋战国赏赐制度研究》，吉林大学博士学位论文，2011 年，第 117—118 页。

1331

今为患，则申公巫臣之为也。

为更好地理解蔡声子之语，有必要对其涉及的历史人物和事件加以说明：

楚成王即位之初，楚武王子、文王弟子元为令尹，子元因迷恋文王夫人，于鲁庄公三十年(前664年)被申公斗班所杀。有人进谗于楚成王，子元子王孙启被迫奔晋，为晋所用。在鲁僖公二十八年(前632年)的城濮之战中，晋师听从王孙启之计，大败楚师，楚国北进之路因此受阻。

子仪即斗克，为楚申公，楚成王三十七年即鲁僖公二十五年(前635年)秋，秦、晋联合攻郡，申公子仪和息公子边戍守郡商密邑，被秦设计捉拿。楚成王四十五年即鲁僖公三十三年(前627年)，秦在崤之战中败于晋，使子仪归楚求和，秦、楚和而子仪不得志，有怨恨，而楚公子燮求令尹而不得，亦有怨恨。在楚庄王元年即鲁文公十四年(前613年)，乘令尹子孔与潘崇袭群舒之机，子仪与公子燮作乱，后被庐戢梨及叔麋诱杀。有人进谗于楚庄王，析公被迫奔晋，为晋所用。在楚共王六年即鲁成公六年(前585年)的绕角之战中，晋听从析公之计，用鼓钧之声吓退楚师。楚共王八年即鲁成公八年(前583年)，晋侵蔡获申丽，侵沈获沈子揖初。于是，郑不敢南面从楚，楚失郑国。

楚申公巫臣因申、吕之田与子重结怨，又因夏姬与子反结怨，后巫臣奔晋；楚共王时期子重、子反灭巫臣之族，巫臣决心报仇，于楚共王六年即鲁成公六年(前585年)通吴于晋，提供军事和外交援助，教吴叛楚；吴叛楚联晋，伐楚、伐徐、入州来，楚国从此陷入两线作战，疲于奔命，北上争霸更加无望。《春秋》成公七年："吴入州来。"《左传》成公七年："楚围宋之役，师还，子重请取于申、吕以为赏田。王许之。申公巫臣曰：'不可。此申、吕所以邑也，是以为赋，以御北方。若取之，是无申、吕也。晋、郑必至于汉。'王乃止。子重是以怨巫臣。子反欲取夏姬，巫臣止之，遂取以行，子反亦怨之。及共王即位，子重、子反杀巫臣之族子阎、子荡及清尹弗忌及襄老之子黑要，而分其室。子重取子阎之室，使沈尹与王子罢分子荡之室，子反取黑要与清尹之室。巫臣自晋遗二子书，曰：'尔以谗慝贪惏事君，而多杀不辜，余必使尔罢于奔命以死。'巫臣请使于吴，晋侯许之。吴子寿梦说之。乃通吴于晋，以两之一卒适吴，舍偏两之一焉。与其射御，教吴乘车，教之战陈，教之叛楚。寘其子狐庸焉，使为行人于吴。吴始伐楚、伐巢、伐徐，子重奔命。马陵之会，吴入州来，子重自郑奔命。子重、子反于是乎一岁七奔命。蛮夷属于楚者，吴尽取之，是以始大，通吴于上国。"①

楚庄王九年即鲁宣公四年（前605年），若敖氏作乱，楚庄王灭若敖氏；《左传》宣公四年："及令尹子文卒，斗般为令尹，子越为司马。蒍贾为工正，谮子扬而杀之，子越为令尹，己为司马。子越又恶之，乃以若敖氏之族，圉伯嬴于辕阳而杀之，遂处烝野，将攻王。王以三王之子为质焉，弗受。师于漳澨。秋七月戊戌，楚子与若敖氏战于皋浒。伯棼射王，汰辀，及鼓跗，著于丁宁。又射，汰辀，以贯笠毂。师惧，退。王使巡师曰：'吾先君文王克息，获三矢焉，伯棼窃其二，尽于是矣。'鼓而进之，遂灭若敖氏。"②伯贲（子越椒）之子贲皇奔晋，为晋所用。在楚共王十六年即鲁成公十六年（前575年）的鄢陵之战中，晋用贲皇之计，大败楚师，楚共王眼睛中箭，子反自杀，郑叛楚，吴乘机伐楚。

楚共王时期，楚雍子同族父兄进谗陷害雍子，雍子被迫奔晋，为晋所用。在楚庄王十八年即鲁成公十八年（前573年）的彭城之役中，晋、楚遇于靡角之谷，晋行雍子之计，楚师溃，晋降彭城而归诸宋，楚失东夷。

侯文学、李明丽论及楚国的人才外流时，列举《左传》襄公二十

---

① 杨伯峻：《春秋左传注》（修订本），中华书局1990年，第832—835页。
② 杨伯峻：《春秋左传注》（修订本），中华书局1990年，第680—682页。

六年(前547)蔡声子为了阻止椒举出奔，向令尹子木陈辞：先是以人物对比——"晋卿不如楚"定下立论方向，接着以古之善治民者如汤不僭赏、不滥刑而得天福，与楚之多淫刑、大夫四奔而害楚形成古今对比；接着又列举楚大夫出奔前后晋、楚较量变化又形成的形势对比；随后又以劝赏、畏刑、恤民为礼之大者，比楚国的现状，形成礼法与现实的对比。所言足以惊醒楚国当政者，令其反思，并弥补自己在人才任用上的致命错误。①

社会流动性是一个时期社会进步与否的重要标尺。李义芳认为，就楚国而言，如果统治者能够给人才提供升迁机会和活动舞台，国力就强盛，反之国力就衰弱。如楚庄王时期不仅提拔了以孙叔敖为代表的士人，而且重用异姓贵族潘氏家族之潘崇、潘尫、潘党和许偃、彭名、养由基等人，建立了"外姓选于旧"的人才起用制度。春秋时期客卿一旦任职后大多不再改变，如子革（又名然丹、郑丹）为右尹长达28年。②

士的重要，有目共睹。《说苑·尊贤》记载："周威公问于宁子曰：'取士有道乎？'对曰：'有。穷者达之，亡者存之，废者起之，四方之士则四面而至矣。穷者不达，亡者不存，废者不起，四方之士则四面而畔矣。夫城固不能自守，兵利不能自保，得士而失之，必有其间。夫士存则君尊，士亡则君卑。'周威公曰：'士壹至如此乎？'对曰：'君不闻夫楚平王有士，曰楚僖胥、丘负客，王将杀之，出亡之晋，晋人用之，是为城濮之战。又有士曰苗贲皇，王将杀之，出亡走晋，晋人用之，是为鄢陵之战。又有士曰上解于，王将杀之，出亡走晋，晋人用之，是为两堂之战。又有士曰伍子胥，王杀其父兄，出亡走吴，阖闾用之，于是兴师而袭郢。故楚之大得罪于梁、郑、宋、卫之君，犹

---

① 侯文学、李明丽：《清华简〈系年〉与〈左传〉叙事比较研究》，中西书局2015年，第224页。

② 李义芳：《春秋战国时期楚国的社会流动及评价》，《苏州教育学院学报》2011年第5期。

未遽至于此也。此四得罪于其士，三暴其民骨，一亡其国。由是观之，士存则国存，士亡则国亡。子胥怒而亡之，申包胥怒而存之，士胡可无贵乎？'"

不得不说，楚国在安排异国前来投奔的人才，存在私心，自堵接纳人才之路。楚在得到吴王室贵族的投降后，把他们都分封到与吴交界地带(舒在今安徽舒城附近，堂谿在今河南遂平县西北，两地均处对吴前线)。楚如此行为的居心非常险恶，根本不相信吴人，在得到降者的情报、知识和技术后，就将他们分封到前线，用吴人制吴。楚人这般举动让人齿冷，所以除了政治斗争失败的王室外，没有其他的人才愿意赴楚。楚这种对待人才的态度表面上受利颇丰，实际上是在堵塞自己的人才之路。

楚人为何如此？吴、楚交恶时，楚已经是"抚有蛮夷，奄征南海，以属诸夏"①的南方大国，对吴本就轻视，加之吴、楚仇恨已深，楚国公私不分，将仇恨投入于人才身上，方才会如此对待吴国人才。相反，吴国对人才的态度与楚国截然不同，张旭晟指出：吴国深知要发展壮大，打败强大的楚国，必须向华夏、楚国学习和利用好人才，是故赴吴的3个人才都在吴倍受重用，巫臣被待若上宾，其子狐庸被任命为行人，伍子胥被任命为相国，伯嚭被封为大夫。他们也投桃报李，巫臣父子给吴国带来了先进的军事技术和北方国家的支持，伍子胥、伯嚭给吴国带来了成熟的政治制度、耕作、筑城和水利技术。这些知识、技术和制度成为了以后吴国崛起的重要力量。② 这些看法，完全正确。

---

① 杨伯峻：《春秋左传注》，中华书局1981年，第1002页。
② 张旭晟：《春秋吴楚关系研究》，华中师范大学硕士学位论文，2018年，第45—46页。

第十节　吴攻巢邑，吴王诸樊身死及 楚秦侵吴伐郑(康王十二、十三年)

吴国本想以舒鸠叛楚来牵制楚人，没想到把自己卷入了一场局部战争，且又丧师辱国，吴王诸樊难以咽下这口气，到了年底，吴国又开始伐楚。

《左传》襄公二十五年："十二月，吴子诸樊伐楚，以报舟师之役。"吴国气势汹汹地杀向楚国的巢邑。赵炳清指出："就这一阶段的情势来看，吴、楚争夺的地域主要在今安徽的巢湖市区域。吴人挑唆群舒叛楚，使得楚境不得安稳，有时楚人深入吴地，有时吴人又深入楚境，双方是互有胜负。群舒的灭亡，使得吴人的目的没有达到，楚人更加强对江淮间疆域的控制，楚东国疆域的东界也始终维持在今巢湖、无为至大江一线。在这一界限上，巢的战略地位十分重要。"[①]

当吴国军队攻打巢邑时，楚军严阵以待。楚军巢邑守将巢牛臣知道吴王诸樊有勇无谋，喜欢冲锋在前，一味猛打猛冲，决定事先打开巢邑城门，一旦诸樊冲入城门，便乱箭射杀。楚军此谋见于《左传》襄公二十五年的记载："十二月，吴子诸樊伐楚，以报舟师之役。门于巢。巢牛臣曰：'吴王勇而轻，若启之，将亲门。我获射之，必殪。是君也死，疆其少安。'从之。"

战争的发展完全在巢牛臣的预料之中。吴王诸樊不顾身为国君，果然逞一己之勇，甩开后续部队，一马当先，冲进巢邑城门。早有准备的楚军立即万箭齐发，其中，楚将"牛臣隐于短墙以射之"，此箭精准地射中吴王诸樊，吴王当场毙命。还有一种说法，楚将牛臣守巢，以吴王勇而轻敌，乃开城门设伏以待，吴王并未冒失冲锋，而是亲临

---

① 赵炳清：《楚国疆域变迁之研究——以地缘政治为研究视角》，复旦大学博士学位论文，2013 年，第 143 页。

城边视察，牛臣隐身城堞之内，突起射之，吴王中箭，回营而死。不管是哪一种说法，吴王诸樊死于巢邑是确实的。巢，谭其骧认为就是居巢，居为发语词，故《左传》里的巢，《史记》均作居巢。著名的鄂君启节车节铭文"就下蔡，就居郧，就郢"之"居郧"就是居巢，巢约相当于今寿县以南六安东北一带，[1] 民国时寿县三义集曾出土"汉居巢刘君冢石羊刻石"，可证确在今六安东北。[2] 在六安出土的吴王诸樊戈或与吴巢之战有关。六安是春秋时六国所在，和潜、巢都是楚国的与国，乃楚之东境。[3]

吴恩培指出：吴国二十世吴王诸樊被楚军之箭射死在巢邑城下。这是吴、楚相争后第一位死在了淮河流域战场上的吴王。[4]

诸樊在位 13 年。在位期间，正是吴国大力拓展疆域的时期，诸樊剑（淮南）铭中多有反映，如"在行之先，云用云获，莫敢御余。余处江之阳，至于南北西行"。[5] 汤阴新出吴王诸樊剑铭文与此剑基本相同。这句剑铭的大意就是，我在江北，治理长江两岸以此向南北西三个方向拓展疆土，因为其东为大海，故不言东行。这一时期，吴国在晋国及其盟国的支持下，持续和楚国在淮河流域展开了激烈的争夺，最终诸樊被楚将巢牛臣伏击而亡，《史记·吴太伯世家》仅言卒，是隐晦的说法。程义认为："诸樊徙吴，可能是诸樊被伏击而亡，吴人不

---

① 何浩：《楚灭国研究》，武汉出版社 1989 年，第 197 页；陈伟：《楚"东国"地理研究》，武汉大学出版社 1992 年，第 76 页。

② 黄盛璋：《关于鄂君启节交通路线的复原问题》，载中华书局上海编辑所编《中华文史论丛》第五辑，中华书局 1964 年。

③ 程义：《吴国史新证：出土文献视野下的〈吴太伯世家〉》，上海古籍出版社 2022 年，第 48 页。

④ 吴恩培：《淮上的争夺——春秋后期吴、楚、晋在淮河流域的角逐及吴国与徐淮夷关系的论述》，《苏州市职业大学学报》2006 年第 3 期。

⑤ 安徽省文化局文物工作队：《安徽淮南市蔡家冈赵家孤堆战国墓》，《考古》1963 年 4 期。

得不做出的战略性撤退。"①

吴王诸樊被射杀，是春秋晚期的楚吴争战的大事件，使战争的天平向楚倾斜。吴国一时大乱，无力反击，导致江淮间安稳了很长时间。

吴王诸樊死后，馀祭接位。楚因吴国频年侵扰，疲于奔命，乃乞得秦师，将合秦、楚二国之力以伐吴。楚康王十三年(周灵王二十五年，鲁襄公二十六年，吴王馀祭元年)，公元前547年，夏五月，楚、秦侵吴，兵至零娄。杜预注："零娄县，今属安丰郡。"认为"零娄"即晋安丰郡零娄县，在今河南固始县东南的史河西岸。杨伯峻注："零娄在今河南商城县东，安徽金寨县北。"石泉对"零娄"的地望有过详细考察，指出"零娄地似当在今霍邱县以西、固始县以东，古豫章大泽之西南边缘地带"。② 即今安徽省霍邱县西南80里。"零娄"还见于《左传》昭公五年，楚灵王令"薳启彊待命于零娄"以备吴。

零娄是楚、吴争夺的焦点地区。在这一带的东部一线，楚成王二十六年(前646年)灭英(即英氏，今安徽六安与金寨之间)，《史记·楚世家》载，"(楚成王)二十六年，灭英。"楚穆王四年(前622年)秋楚灭六(今安徽六安北)，《春秋》文公五年载："秋，楚人灭六。"《左传》文公五年载："六人叛楚即东夷。秋，楚成大心、仲归帅师灭六。"③楚穆王十一年(前615年)夏，楚灭舒和宗。《左传》文公十二年："群舒叛楚，夏，子孔执舒子平及宗子，遂围巢。"④楚庄王十三年(前601年)夏六月，楚庄王伐灭舒蓼(今安徽六安北、霍邱南)，《春秋》宣公八年："楚人灭舒蓼。"《左传》宣公八年："楚为众舒叛，故

---

① 程义：《吴国史新证：出土文献视野下的〈吴太伯世家〉》，上海古籍出版社2022年，第46页。

② 石泉：《从春秋吴楚边境战争看吴楚之间疆界所在》，载《古代荆楚地理新探·续集》，武汉大学出版社2004年，第307—309页。

③ 杨伯峻：《春秋左传注》(修订本)，中华书局1990年，第538、539页。

④ 杨伯峻：《春秋左传注》(修订本)，中华书局1990年，第588页。

伐舒蓼，灭之。"①楚共王二十一年(前 570 年)楚伐吴，克鸠兹(今安徽霍邱东)。《左传》襄公三年："三年春，楚子重伐吴，为简之师。克鸠兹，至于衡山。"②从楚灵王四年(前 537 年)楚备吴的角度考虑，应从石泉"在今霍邱县以西、固始县以东"之说，与"雩娄"地处吴楚边境相合。(见图 16-4：秦楚侵吴之役略图)

楚、秦联合攻吴，无果而终。《左传》襄公二十六年："楚子、秦人侵吴，及雩娄，闻吴有备而还。"③因请得秦师不易，且秦军回师必须经过郑国，楚国请秦军继续帮忙讨伐郑国。

楚康王十三年、鲁襄公二十六年，楚康王和秦国联兵，侵吴无果后伐郑。

郑国在郑简公时期，死心塌地追随晋国，楚国伐郑，经历了城麇之役。《左传》襄公二十六年："楚子、秦人侵吴，及雩娄，闻吴有备而还。遂侵郑。五月，至于城麇。郑皇颉戍之，出，与楚师战，败。"面对楚、秦联军，郑国毫不惧怕，顽强抵抗。楚秦联军抵达郑国的城麇之邑，镇守城麇之邑的守将皇颉出城与楚师决战，战斗之中，楚、秦联军兵力雄厚，瞬间就将皇颉的郑军包围，皇颉被楚将穿封戌所俘。这时，身为王子的公子围却平白无故地要与穿封戌争夺获俘之功。《左传》襄公二十六年生动形象地记叙了这十分有趣的一幕：

> 穿封戌囚皇颉，公子围与之争之，正于伯州犁。伯州犁曰："请问于囚。"乃立囚。
>
> 伯州犁曰："所争，君子也，其何不知?"上其手，曰："夫子为王子围，寡君之贵介弟也。"下其手，曰："此子为穿封戌，方城外之县尹也。谁获子?"囚曰："颉遇王子，弱

① 杨伯峻：《春秋左传注》(修订本)，中华书局 1990 年，第 694、696 页。
② 杨伯峻：《春秋左传注》(修订本)，中华书局 1990 年，第 925 页。
③ 杨伯峻：《春秋左传注》(修订本)，中华书局 1990 年，第 1114 页。

焉。"戎怒，抽戈逐王子围，弗及。楚人以皇颉归。

分明是穿封戎获郑囚，而身为楚王之"贵介弟"的公子围却敢公然
"与之争之"，并且还煞有介事地请人"正之"。贪生怕死的郑囚通过伯
州犁"上下其手"的暗示，违背事实地承认是"遇王子，弱焉"。这样一
来，方城外之县尹获俘的功劳就轻而易举地转记在堂堂王子的名下
了。这番描写，不仅写出了伯州犁的媚强欺弱、郑皇颉的颠倒是非、
穿封戎的不甘屈辱，更着重描画了王子围依仗权势、蛮横无理的无赖
秉性，真所谓"开卷欲使人知(王子)围之为人也"。[1] 这个插曲充分暴
露了楚国王子与封疆大吏县公之间的矛盾。

楚、秦联军在城麇之役打败郑国，声势大振，随即乘胜前进，郑
国故伎重演，赶紧求和。

第十一节 许灵公求救于楚及楚晋第二次息兵 (康王十三、十四年)

由于受晋、郑的不断征伐，许灵公求晋不成，只好求救于楚人。
公元前547年，楚康王十三年，《左传》襄公二十六年载：

> 许灵公如楚，请伐郑，曰："师不兴，孤不归矣。"八月，
> 卒于楚。楚子曰："不伐郑，何以求诸侯？"冬十月，楚子伐
> 郑。郑人将御之。子产曰："晋、楚将平，诸侯将和，楚王
> 是故昧于一来。不如使逞而归，乃易成也。夫小人之性，衅
> 于勇，啬于祸，以足其性，而求名焉者，非国家之利也，若
> 何从之？"子展说，不御寇。十二月乙酉，入南里，堕其城。
> 涉于乐氏，门于师之梁。县门发，获九人焉。涉于汜而归，

---

[1] 韩席筹：《左传分国集注》(下册)，江苏人民出版社1963年，第670页。

而后葬许灵公。

许国国力弱小，求入晋阵营不得，更是饱受郑国的欺负。楚康王三年亦即鲁襄公十六年，晋国曾经发动众诸侯国伐许，各诸侯国都是派大夫随军，唯独郑国的国君亲自领军，故许灵公对郑国恨之入骨。这次许灵公亲自到楚国，要求楚国出兵伐郑，发誓说："楚国不出兵伐郑，我就死在楚国！"到了八月，许灵公果然死在楚国。这件事刺激了楚康王，楚康王说："不伐郑，何以在诸侯国中树立威信？"两个月后，冬十月，楚国出兵伐郑。

楚国伐郑，郑国恐慌起来，大臣们紧急商量如何抵御。子产分析，楚晋两个大国，势均力敌，此番侵郑，只是贪图在诸侯国中树立威信，十分冒失，不如示弱，满足楚人的虚荣心。根据子产的建议，郑国这次干脆不抵御，任凭楚军先占领郑邑南里，毁坏城门，后占领郑国"乐氏"之津，于氾城下涉汝水南归。楚军在郑国大肆骚扰，耀武扬威一通，没有进攻郑国的国都，便返还楚国，没有对郑国造成大的破坏。楚军回师后，隆重地安葬了许灵公，借以安慰许国，发泄心头的郁闷。

2002 年 4 月，考古工作人员在叶县澧河南岸的悬崖边发掘了一座古墓，出土了大量编钟、青铜鼎、青铜戈等青铜器 280 余件。铜戈铭文有"许公宁之用戈"。从"许公宁"的铭文可知，墓主即《左传》所载许国的国君许灵公，许灵公迁叶，死后葬于此。在出土的青铜器中，最珍贵的是 3 套组合编钟，由 8 枚编镈、9 枚钮钟和 20 枚甬钟组成。这种编钟为我国音乐发展史，提供了极为重要的实物依据。"该墓出土的部分青铜器具有中原风格，如扉棱镈和团龙纹甬钟等；多数为楚文化风格，如升鼎和透空饰件等。"[1]从青铜器的风格，可以看出楚文

---

① 李元芝、张方涛、谭德睿等：《许公宁透空蟠虺纹青铜饰件——先秦失蜡法之一器例》，《中原文物》2007 年第 1 期。

化的细腻、浪漫特色，又有中原文化的粗犷、豪放气势。说明由于许人依附于楚较早，且交流十分频繁，使中原文化和楚文化在许国器物上实现碰撞、融会与互补。这也是淮河流域方国融合南北文化的典型范例之一。

据金荣权研究，许灵公死后，许悼公继位，楚灵王三年（前538年）楚灭赖，赖国在今河南省信阳市的息县境内，灭赖之后，为镇守赖地，"楚子欲迁许于赖"，使斗韦龟和公子弃疾筑赖城。① 由于大水泛滥，不能完成筑城工程，"彭生罢赖之师"。这才使许人免于多一次迁移之苦。② 随后楚、晋两国的注意力全部转移到第二次息兵的商讨上来。

清华简《系年》十八章简96、97记载楚晋第二次弭兵之会：

> 晋戕（庄）坪（平）公立十又二年，楚康王立十又四年，命（令）尹子木会邾（赵）文子武及者（诸）侯之夫（大夫），明（盟）于宋，曰：尔（弭）天下之虢（甲）兵。③

该章开篇同时出现晋、楚的帝王纪年，值得注意。晋庄平公立十又二年即楚康王立十又四年，亦即鲁襄公二十七年，在公元前546年。向戍弭兵，见诸《春秋》经、传襄公二十七年，盟于宋的大夫之会，参见《春秋》昭公元年的记载。"令尹子木"即楚国令尹屈建，"赵文子"即晋国主政者赵武。顾德融、朱顺龙评论："弭兵之盟后晋国实际上已向楚国屈服。"④

① 洪亮吉：《春秋左传诂》，李解民点校，中华书局1987年，第1662页。
② 金荣权：《许国的世系及五次迁徙论考》，《信阳师范学院学报》第30卷第6期，2010年11月。
③ 清华大学出土文献研究与保护中心编，李学勤主编《清华大学藏战国竹简》（贰），中西书局2011年，第87—88、180页。
④ 顾德融、朱顺龙：《春秋史》，上海人民出版社2001年，第144页。

此弭兵之会还见于《春秋》襄公二十七年："夏，叔孙豹会晋赵武、楚屈建、蔡公孙归生、卫石恶、陈孔奂、郑良霄、许人、曹人于宋。……秋七月辛巳，豹及诸侯之大夫盟于宋。"此弭兵之会并见于《左传》襄公二十七年。可见文献记载的"向戌息兵"比"华元息兵"要隆重得多。向戌弭兵标志着晋、楚争霸的结束，两国之间的相对和平持续了40余年。

楚晋第二次息兵之举，是由晋赵武首创。

《左传》襄公二十四年，楚康王十一年，晋国的卿大夫欺压小国，小国不堪忍受。在长期的争霸斗争中，晋的盟国承受着沉重的负担。晋对盟国"政令之无常"。盟国国君不去朝见则"征（召）朝"。"不朝之间，无岁不聘（大夫带着礼物访问），无役不从"，盟国"罢病""不虞荐至，无日不惕"（《左传》襄公二十二年）。且"大夫多贪，求欲无厌"（《左传》襄公三十一年）尤其是范宣子执政以后，"四邻诸侯不闻令德，而闻重币（指贡献品）"，盟国"病（不满）之"（《左传》襄公二十四年）。因此，晋的同盟关系已很脆弱，晋人唯恐"失为盟主"（《左传》襄公二十七年）。《左传》襄公二十四年载，郑国政治家子产写给晋正卿范宣子的信说："子为晋国，四邻诸侯不闻令德，而闻重币，侨也惑之。侨闻君子长国家者，非无贿之患，而无令名之难。夫诸侯之贿聚于公室，则诸侯贰。若吾子赖之，则晋国贰。诸侯贰，则晋国坏；晋国贰，则子之家坏，何没没也！将焉用贿？"范宣子（士匄）听从了他的意见，"乃轻币"。次年，范宣子（士匄）死，赵武为政，为了平息众诸侯国的怨气，再次下令"薄诸侯之币，而重其礼"（《左传》襄公二十五年）。

李孟存、李尚师认为：晋平公即位之后，六卿对大国争霸已经不感兴趣，他们首先所关注的是兼并土地，夺取晋国政权；第二是探索和寻求一种新的统治方式；第三是卿族之间矛盾突起，政出多门，不能再像悼公时那样有一个权力中心，一致对外。因此，他们也普遍要求停止争霸战争。诸侯列国，长期处在大国争霸的夹隙之中，连年疲于奔命，深受其害，负担沉重，怨声载道。①

求得和平的环境已成为晋的当务之急。楚康王十二年，公元前548年，晋执政大臣赵文子(赵武)率先提出弭兵问题。在减轻小国负担后，赵武对鲁大夫穆叔说："自今以往，兵其少弭矣。齐崔(杼)、庆(封)新得政，将求善于诸侯。武也知楚令尹(屈建)。若敬行其礼，道之以文辞，以靖诸侯，兵可以弭。"(《左传》襄公二十五年)由此拉开第二次息兵运动的序幕。赵武在分析当时的形势时指出：齐国的崔氏、庆氏新近当政，"将求善于诸侯"。他赵文子作为晋的执政大臣又和楚令尹子木(屈建)友好，"若敬行其礼，道之以文辞，以靖诸侯，兵可以弭"。因此，他宣称"自今以往，兵其少弭矣"。还命令"薄诸侯之币，而重其礼"，把弭兵作为晋的重要国策。

赵武之所以首倡弭兵运动，其原因除了晋国六卿本身的利益之外，另一个因素是符合了当时的列国盼望和平的大局。第一，晋国盟体比较安宁，例如东方大国齐，虽具有相当实力，但几经斗争，终于失败，只得屈从于晋，成为晋的一个顺从盟员。第二，与晋对抗的秦、楚，形势也发生了变化。秦人与晋，从崤之战到栎林之役，殊死拼杀长达69年之久，已感厌战。前548年，楚康王十二年，秦景公派其弟鍼入晋，言和罢战；第三，南方楚国，因受到日益强大的吴国牵制，已是力不从心。第一次弭兵之后，楚人深为晋悼公疲楚服郑的战略所苦，不能与晋抗争而失去了郑国，接着湛阪一战又为晋人击败，伐郑而无功，郑人反战败了楚的盟友陈国。第四，正在兴起的吴、越，虽对争霸不遗余力，但其地处海隅。其余的中小列国，饱受战争之苦，弭兵更是他们的"国家之利"。② 楚康王十三年前后，整个形势已是"晋、楚将平，诸侯将和"(《左传》襄公二十六年)。弭兵之举势在必行，这便是第二次弭兵成功的基础。

---

① 李孟存、李尚师：《晋国史》，山西古籍出版社1999年，第221页。
② 李孟存、李尚师：《晋国史》，山西古籍出版社1999年，第221—222页。

宋国在晋、楚争霸的过程中经历91次战争，[①] 受害最烈。宋国的左师向戌清楚地看到了这一形势，《左传》襄公二十七年："宋向戌善于赵文子，又善于令尹子木，欲弭诸侯之兵以为名。"向戌与晋上卿赵武(赵文子)和楚令尹屈建都有交情，见晋、楚关系缓解，便倡仪弭兵。晋、楚两国都赞成，齐国和秦国也赞成。然后，向戌遍告诸小国，诸小国俱无异议。楚康王十四年，公元前546年，向戌倡议举行弭兵盟会，他先后至晋、楚，晋、楚分别表示同意。又到齐国、秦国，也都答应了。于是分别通告小国赴会。

公元前546年，楚康王十四年夏，与会者有楚、晋、齐、鲁、卫、陈、蔡、郑、许、曹、邾、滕及东道主宋等13国，晋赵武、楚屈建，以及郑、齐、鲁、陈、蔡、卫、许、曹诸国的执政大夫，齐集宋国。秦国僻处西方，同意弭兵，似没有出席。随行的各国军队均用篱笆作为分界，晋、楚两国的军队分别驻扎在两头。晋、楚两国的大夫先就盟辞达成了协议，于是，宋平公设宴款待晋、楚两国的大夫，然后，向戌与到会各国的大夫会盟于西门之外。邾、滕两国的国君也到会了，但邾是齐的附庸，而滕是宋的附庸，都未能参与会盟。会盟时，楚人袍内有甲，争先歃血。《左传》襄公二十七年记屈建说："事利而已"，"焉用有信"，意即对楚国有利的事就做，管它有信、无信。张正明认为，这个外交方针，与庄王重信轻利的外交方针相比，是明显的退步。赵武采取克制态度，使这次弭兵之盟得以成礼如仪。[②]

第二次息兵之会规定了"晋楚之从交相见"的原则：晋赵武对楚人说："晋、楚、齐、秦，匹也，晋之不能于齐，犹楚之不能于秦也。楚君若能使秦君辱于敝邑，寡君敢不固请于齐?"楚康王自知秦君尚不朝楚，如何能使秦君拜晋呢? 只好说："释齐、秦，他国请相见也。"

① 邓曦泽：《冲突与协调——以春秋战争与会盟为中心》，人民出版社2015年，第219—234页。

② 张正明：《楚史》，湖北教育出版社1995年，第183—184页。

（《左传》襄公二十七年）由此产生"晋、楚之从交相见"的规定。李孟存、李尚师指出，第二次息兵之会，"晋、楚之从交相见"时，齐、秦不在其列。[①]

第二次息兵之会召开后，同年晋派其卿荀盈，楚派其大夫子荡（蘧罢）各自出使对方国莅盟，重固晋、楚之好。晋、楚言和，各自的盟国亦朝拜对方盟国。次年，公元前545年，齐景公、陈哀公、蔡景公、北燕懿公，[②] 及胡子、沈子、白狄入晋，朝拜晋平公。陈、蔡、胡、沈为楚的属国。齐虽未参加宋之盟，却于盟前许之，且三年前又重服于晋，有重丘之盟，故亦来朝晋。同年，鲁、郑派使者入晋，告晋将入楚，于是，十一月，鲁襄公、宋平公、陈哀公、郑简公及许男共五国诸侯入楚，朝见楚康王。适逢康王死，令尹屈建亦死去。除此以外，晋、楚两个原对峙盟体的前沿成员，也开始了互访，如蔡景公访郑，郑子产入陈。当局者与旁观者都不会料到，这竟是一个长效的盟约。此后130余年内，楚、晋果然没有再到战场上去一决雌雄。

这次弭兵之盟给晋、楚两国带来了荫及几代人的和平。李孟存、李尚师指出，第二次息兵大会后中小国不被侵伐者，宋国凡65年，鲁国凡45年，卫国凡47年，曹国凡59年。但小战仍然有之，如鲁率师取郓，晋率师取狄，楚代吴灭赖，且各国内部战争尚不计在内。尽管如此，此次宋之盟，毕竟使各国之间大的战火得以暂时的熄灭，它有利于当时社会生产的恢复、发展和人民生活的安宁。[③] 张正明指出，40年之后，即在公元前506年，楚昭王十年，晋定公与若干诸侯会于召陵，谋伐楚国，但未与楚师交战就散伙了。后来，晋分解为韩、赵、魏三国。公元前413年，楚简王十九年，楚伐魏，楚与晋才重启战端，这时上距公元前546年的第二次息兵大会已达133年。经验使晋、楚双方都认识到：他们争战不已，时而晋胜，时而楚胜，实际是两败俱

---

① 李孟存、李尚师：《晋国史》，山西古籍出版社1999年，第227页。

② 《左传》襄公二十八年记为"北燕伯"。据《史记·燕召公世家》则为北燕懿公。

③ 李孟存、李尚师：《晋国史》，山西古籍出版社1999年，第223页。

伤。晋在北方，楚在南方，各自都还大有用武之地。自从弭兵之盟起，晋、楚双方都专注于自己周围的中小国家了。[1]

第二次息兵大会，还导致了秦、晋言和，及齐国服晋。晋襄公经崤之战尽灭秦三军，秦人失去东进中原称霸之梦，于是两国便开始了近50年的殊死搏杀。为了对付强大的晋国，秦与楚便结成了盟友，相互配合与晋抗衡。晋厉公借各国反战的心理，成功地与楚国缔结了第一次息兵之盟，为晋赢得了四五年的喘息时间。集中力量以八国之师深入秦腹地，麻隧之战使秦13年不敢东进袭晋，晋方在鄢陵之战大败楚、陈、郑联军，晋悼公方得复霸。秦因为它东邻着一个强大的晋霸，使其长期处于偏隅之地，所以秦只能如东方的齐国那样，算是一个二等强国。半个多世纪的残酷战争使秦人感到力不从心，这大概是秦人转变态度的基础。于是晋、秦有了和好的愿望。前549年，楚康王十一年，五月，晋派韩起、秦派伯车(秦景公之弟鍼)交互出使对方进行结盟活动，两年之后(前547年)的春天，秦人反复权衡利弊，秦景公终于再派其弟嬴鍼到晋国，与晋和谈。通过这次和谈，两国仇消谊生，关系恢复了正常。秦人则从未朝楚，二次宋之盟，秦人亦未朝楚暮晋，保持着其独立性。李孟存、李尚师指出，自从晋平公以后至春秋结束，晋、秦战事平息，和平共处。就整个春秋时期而言，楚虽指挥不了秦，但秦仍属于楚的阵营，晋、秦关系是随着晋、楚矛盾的缓和而言归于好，又随着第二次弭兵而巩固。[2]

齐同秦虽共为大国，但晋在鞌之战、平阴之战击败了齐，又在夷仪之会威服了齐人，故齐人长期屈尊从晋。

盟会确立了晋楚两国的霸主地位。规定"晋楚之从交相见"，即凡从晋、从楚的盟国，都必须既向晋也向楚朝贡，皆以晋、楚为共同的霸主。齐、秦与晋、楚的地位对等，邾、滕分别为齐、宋的私属国

① 张正明：《楚史》，湖北教育出版社1995年，第193页。
② 李孟存、李尚师：《晋国史》，山西古籍出版社1999年，第225—228页。

（非独立国家），这四国除外，其他国家都要"交相见"。至此，晋楚平分了霸权。

盟会以后，晋楚两国大规模的争霸战争不复出现，中原地区基本上处于和平状态，究其原因无外乎晋、楚此时力量相当，且从"弭兵"之盟中所获利益大致均等。第一次弭兵之盟失败的重要原因之一，就是晋、楚盟国数量悬殊，利益不均。此次盟会汲取了这一教训，晋的盟国虽远比楚的多，但由于采取"晋、楚之从交相见"的措施，从而调解了这一矛盾。康王十五年（公元前545年）夏，齐、陈、蔡、北燕、杞、胡、沈等国国君及白狄朝晋。同年冬及楚郏敖三年（公元前542年），朝楚见于记载的有鲁、宋、陈、郑、许、卫等国国君（《左传》襄公二十八年及三十一年）。这是"交相见"开始实施的情况。此次盟会楚不仅争得主盟地位，而且与晋享受同样的朝贡待遇，得到了比盟会前更多的实惠。晋国虽在盟会上失去主盟机会，但实际上并没有影响到它的霸权地位。所以总的看来，晋、楚所得利益均等，两国不仅因此和好，还约为婚姻。①

值得注意的是，息兵之会，吴国未能与会，原因是晋未邀吴参加。

公元前548年（鲁襄公二十五年），吴国的二十世吴王诸樊死后，由二十一世吴王馀祭即位。在馀祭执政后的公元前546年，晋国由于内政及边患的缠绕，已无力与楚争夺；而楚国也因吴国的牵制等原因，无力同时打两场战争，在盟会后以后，楚国不再冒险北进，而专力去对付吴国了。对吴国来说，由于晋国曾经执行的"联吴制楚"的战略方针，终使得吴国成为了晋国集团中与楚国正面冲突的一个重要盟国。在春秋国际关系史上的最重大事件之一，同时也是涉及吴国根本利益的弭兵盟会上，晋国让集团内的宋、卫、齐、邾诸国参加，但却未安排吴国与会。

---

① 见于金文《晋公盘》及《左传》昭公五年。罗运环：《楚国八百年》，武汉大学出版社1992年，第214页。

在此以前，晋国为了将吴国拖向与楚国争夺的战场，先后召开了有晋国集团成员参加的蒲地会盟(公元前582年，鲁成公九年，楚共王九年)、鸡泽会盟(公元前570年，鲁襄公三年，楚共王二十一年)、相地会盟(公元前563年，鲁襄公十年，楚共王二十八年)和向城会盟(公元前559年，鲁襄公十四年，楚康王元年)。前三次会盟均在吴王寿梦时期，吴国态度冷淡而未与会。后一次吴王诸樊时期的向城盟会，晋国谴责吴国"伐丧"，最终不帮助吴国伐楚。向城盟会后，吴国独自面对楚国："皋舟"之役重创楚军，楚人继而"舟师以伐吴"，吴国人又发动"舒鸠人叛楚"，终导致吴王诸樊死于巢邑城下。

吴恩培指出：对于不邀请吴国参加弭兵盟会，晋国显然有着多重的考虑。是担心与楚国怨恨日深的吴国，在会上为维护自己的利益，可能最终"搅黄"弭兵，从而使得晋国继续被拖在与楚国死拼的战场上？还是预见到这次盟会弭兵的结果，会演变成楚国腾出手来专事对付吴国，故而不便安排吴国与会？抑或是晋国出于内政的考虑，意欲从纷争的淮河流域抽身，而抛下吴国去独自面对楚国？上述种种推测，不管哪条都意味着晋国外交战略的重大调整。调整的背后，都是晋国为了维护本国利益而不惜损害吴国的利益。对此，晋国当然不便向吴国交底，故而不邀请吴国与会则成为最明智的选择了。[1]

侯文学、李明丽指出，按照清华简《系年》所载，第二次弭兵大会，没能阻止楚、吴的继续争战："灵王先起兵，会诸侯于申，执徐公，遂以伐徐，克赖、朱方，伐吴，为南怀之行，县陈、蔡，杀蔡灵侯。灵王见祸，景平王即位。"晋国亦以国力衰弱，诸侯不服收尾。"晋与吴会为一，以伐楚，门方城。遂盟诸侯于召陵，伐中山。晋师大疫且饥，食人。楚昭王侵伊、洛以复方城之师。晋人且有范氏与中行氏之祸，七岁不解甲。诸侯同盟于咸泉以反晋，至今齐人以不服于

---

① 吴恩培：《淮上的争夺——春秋后期吴、楚、晋在淮河流域的角逐及吴国与徐淮夷关系的论述》，《苏州市职业大学学报》2006年第3期。

晋，晋公以弱。"晋国几番出兵均未讨到好处，不仅没有成功打击到楚国，还搬起石头砸了自己的脚，军队爆发疫情，甚至出现断粮食人的情况。① 因此，第二次息兵大会，楚、吴对峙继续。

根据上述分析，台湾三军大学绘出了第二次息兵大会后晋、楚分霸南北及楚、吴东西继续对峙的形势图。（**见图 16-5：吴楚东西对峙形势图**）

第十二节 楚康王述评

清华简《系年》十八章记："康王即世。"《春秋》襄公二十八年："十有二月……乙（己）未，楚子昭卒。"

楚康王在世时，治楚有方，威名远播，对鲁国影响犹大。其去世时，鲁襄公正在朝拜楚康王的路上，闻听康王已逝，准备返鲁，被同行大臣劝止，遂改为送葬。《说苑·正谏》："鲁襄公朝荆，至淮，闻荆康王卒，公欲还，叔仲昭伯曰：'君之来也，为其威也，今其王死，其威未去，何为还？'大夫皆欲还，子服景伯曰：'子之来也，为国家之利也，故不惮勤劳，不远道涂而听于荆也，畏其威也。夫义人者，固将庆其喜而吊其忧，况畏而聘焉者乎？闻畏而往，闻丧而还，其谁曰非侮也。芈姓是嗣，王太子又长矣，执政未易，事君任政，求说其侮，以定嗣君，而示后人，其仇滋大，以战小国，其谁能止之？若从君而致患，不若违君以避难。且君子计而后行，二三子其计乎，有御楚之术，有守国之备，则可，若未有也，不如行。'乃遂行。"②

"楚康王在位十有五年，而令尹五代其政。子囊，共王之所用也，当先王之世，伐陈侵宋，克有成劳。及康王嗣位，伐吴之役，介胄未

① 侯文学、李明丽：《清华简〈系年〉与〈左传〉叙事比较研究》，中西书局 2015 年，第 76 页。
② 刘向：《说苑疏证·正谏》，赵善诒疏证，华东师范大学出版社 1985 年，第 263 页。

释，忽焉云逝，社稷是图，志弗良终，故君子许其忠焉。子庚嗣政，号为得人，未几而卒。蒍子逊位，及子南罹罪，复用子冯，而子木终继之焉。囊与庚、南，皆庄王子也，蒍冯、屈建，皆公族也，中惟追舒昵宠见杀，馀四子者，克堪卿任。夫楚既多材，公族尤显，其法则亲疏参用，赏罚互行。执政者一干国宪，辄加重典，未若鲁之三桓、晋之六卿，世怙其宠，政柄于是下移也。纯门不竞，子庚息师，舒鸠不叛，蒍子受盟，宁惟是狃安习便，无意于国者乎？伏处观时，动期有济，是文、成以来之良筹也。有子午、子冯秉政于前，有子木继美于后，而又来然丹于郑国，复椒举于晋都，济济充庭，咸称国士，雍雍在列，俱有长才。列国有贤，楚实录之，岂谓楚材晋用哉？夫康王，楚之弱主也，惟能官人，故诸臣咸得其用，究能与中国弭兵，南北合一，两霸并雄，举穆、庄诸王以来数世所难图者，一朝而得之。虽时势不同，若是乎贤者之有益于国也。"①

熊昭，春秋时楚国君。即楚康王。楚共王长子。公元前559—前545年在位。继位初期，楚师接连受挫于吴、晋。公元前555年，熊昭因5年来未曾亲自率师出征，恐有"忘先君之业"之嫌，欲用兵于中原。在其敦促下，令尹子庚奉命伐郑，楚师受损。后鉴于大臣多宠，深恐王位受到威胁，多次调整令尹、司马等职的人选。康王十一年至十三年，连续亲率楚师反复伐吴、伐郑，多无功而还。此时中原诸国久受晋、楚两大国争霸之累，楚、晋双方亦深感难于与对方争衡。于是在宋国的说合下，于公元前546年再次召开弭兵之会，共盟于宋，约定除齐、秦外，各国都要向楚、晋同样朝贡，两国平分霸权。公元前545年冬，熊昭卒。次年四月下葬，鲁襄公、陈哀公、郑简公、许悼公等送葬于郢西门之外。②

平庸的康王追慕杰出的先王，总想重振楚国的兵威，以为只要这

①　马骕:《左传事纬》，徐连城点校，齐鲁书社1992年，第279—280页。
②　石泉主编《楚国历史文化辞典》，武汉大学出版社1996年，第476页。

样他就不至于愧对国人了。公元前549年，康王十一年，夏，楚国建造了大批战船，以舟师伐吴，康王自将，因不通战略而全无战果。同年冬，康王又两次出征，第一次伐郑，第二次伐舒鸠，都无所获。白忙了三场，康王终于发现自己不是将才。康王是平庸而不昏聩的国君，子庚、芎子冯、屈建都是干练而不优秀的令尹。他们大致都完成了时代赋予的使命。在15年中，国力持续增长，民气未受损伤。这样的政绩，使康王和他的臣僚有理由为之自豪。①

涛平赞曰：

楚康王以庶出而承王位，不忘先君伟业，并非碌碌无为。在位十五年，楚国安定。与晋角力，小败而不伤；与吴争锋，互有所长。兴舟师伐吴扬威，灭舒鸠而有铜矿。量入修赋，军力自强。曾谓："不穀即位，于今五年，师徒不出，人其以不穀为自逸而忘先君之业矣。"（《左传》襄公十八年）何等豪迈。通好齐、秦，出兵助陈，谋求息兵，外交有成。开疆不足而守成有余，内乱未生实楚国之幸。

---

① 张正明：《楚史》，湖北教育出版社1995年，第178、184页。

第 十 七 章

楚王郏敖王位不稳

第一节　康王弱子麇争议中继位，公子围勉为令尹（郏敖元年至四年）

郏敖继君位前名"员"，《楚世家》索隐："音云。"《春秋》昭公元年称"楚子麇"，同年《公羊传》《穀梁传》皆作"楚子卷"。今案："员""麇""卷"古音通转，"员"为谆部、喻纽，"麇"为谆部，见纽；"卷"为寒部、见纽；古音谆寒二部相通，喻见二纽发音部位相近。《十二诸侯年表》称"员"为"熊郏敖"，似乎欠严谨。《春秋会要》："郏敖，名麇，康王子。鲁襄公二十九年立，在位四年，为公子围所弑。无谥。"①

楚康王逝世，其子熊麇继位为楚王，这本来是一件非常自然的事情，但对于熊麇而言，却非常勉强。康王逝世时，熊麇已经育有莫及平夏两个儿子，《史记·楚世家》："（郏敖）四年，围使郑，道闻王疾而还。十二月己酉，围入问王疾，绞而弑之，遂杀其子莫及平夏。"说明他继位时早已成年。熊麇身体似乎一直有病，成天精神萎靡不振，打不起精神，毫无男子的阳刚之气，好似未成年的孩子，故有"乳子"或"孺子"的雅号。这个雅号在鲁国的国史《春秋》及《左传》等文献中，未有介绍，但在由楚国人撰写的《系年》中却有披露。

清华简《系年》十八章介绍郏敖继位，颇为简明扼要："康王即殜（世），乳（孺子）王即立（位）。靁（灵）王为命（令）尹。"②他在其中被称为"乳子王"，即"孺子王"。

赵平安解释："在楚王的序列里，郏敖处于父王和几位叔王之间，

---

① 王贵民、杨志清：《春秋会要》，中华书局 2009 年，第 15 页。
② 清华大学出土文献研究与保护中心编，李学勤主编《清华大学藏战国竹简》（贰），中西书局 2011 年，第 180 页。

是诸王的子侄辈，这大概是他被称作孺子王的原因。"①

本书第七章"楚国君位继承制的演进"，其中第四节"商周春秋时楚父死子继与兄终弟及并行"，介绍了楚国的君位继承，排斥有残疾者。《左传》僖公二十六年："夔子不祀祝融与鬻熊，楚人让之。对曰："我先王熊挚有疾，鬼神弗赦，而自窜于夔。吾是以失楚，又何祀焉？'"依据此先例，熊麇长期患病，不可能率兵打仗，开疆拓土，本不应继承王位。在熊麇能否继承王位的问题上，楚国的群臣一定有过激烈的争辩，可惜未见有文献披露，只能通过逻辑推理，求出真相。

《左传》襄公三十年有一段重要记载，间接披露令尹围图谋政变得到过大臣子荡的支持："穆叔告大夫曰：'楚令尹将有大事，子荡将与焉，助之匿其情矣。'"杜预注："子荡，蒍罢。"蒍罢颇受康王重用，在第二次楚、晋息兵的互动中，曾代表楚国出使晋国，受到热情接待，晋国叔向给予很高的评价，事见楚康王十四年，《左传》襄公二十七年："楚蒍罢如晋莅盟，晋侯享之。将出，赋《既醉》。叔向曰：'蒍氏之有后于楚国也，宜哉！承君命，不忘敏。子荡将知政矣。敏以事君，必能养民，政其焉往？'"这说明蒍罢为人正直，地位很高，在确立郏敖能否继位是有发言权的。很奇怪，他没有援引熊挚有疾失位的先例阻止身体羸弱的郏敖继位，反而在郏敖继位后指出公子围政变，说明在决定郏敖继位的关键时刻，另有强力人物反对公子围，拥立郏敖。分析史料，这个人很可能是时任大司马的蒍掩。

康王逝世时，令尹子木去世不久，朝中只有大司马蒍掩最有实权。《左传》襄公二十五年："楚蒍子冯卒，屈建为令尹，屈荡为莫敖。舒鸠人卒叛楚。令尹子木伐之，……八月，楚灭舒鸠。……楚蒍掩为司马，子木使庀赋，数甲兵。甲午，蒍掩书土田：度山林，鸠薮泽，辨京陵，表淳卤，数疆潦，规偃猪，町原防，牧隰皋，井衍沃，量入修

① 赵平安：《释战国文字中的"乳"字》，《中国文字学报》2012 年第 1 期。载《金文释读及文明探索》，上海古籍出版社 2011 年，第 115 页。

赋，赋车籍马，赋车兵、徒兵、甲楯之数。既成，以授子木，礼也。……楚子以灭舒鸠赏子木。辞曰：'先大夫荛子之功也。'以与荛掩。"荛掩在楚国与吴国的军事对垒中，量入为出，成功庀赋，使楚国的军力更加强大，这使他在楚国的朝野中赢得巨大的声望。灭掉舒鸠后，楚康王采纳令尹子木的建议，将舒鸠故土赏赐给荛掩，荛掩就此富可敌国，这是康王的几个弟弟如公子围等可望而不可即的。在决定康王后继人选的问题上，荛掩明知熊麇生性懦弱，不足以担负国君之责，但出于便于控制新君的私心，强烈主张由熊麇继位。荛掩身为大司马，手握军权，一言九鼎，无人敢于反对，公子围亦无可奈何。只是将仇恨埋藏在心中，等待时机。

郏敖继位不久，不能胜任国君之责的诸多问题很快显现。楚国的政务大事一概搁置，国家机器陷于停摆状态，楚国朝野的舆论开始偏向由年富力强的公子围继承楚国的君位。

楚康王本身庶出，父亲楚共王没有嫡长子，庶出的众子中，四兄弟先后继立。这是楚国执行"兄终弟及"继承制最集中的体现。《左传》昭公十三年追述说："初，共王无冢適，有宠子五人，无適立焉。"五位庶出的"宠子"分别为公子招、公子围、子干、子晳、弃疾，皆庶出。楚共王不知将王位传给谁为好，便别出心裁采取"神示"的办法。《左传》昭公十三年：

> （共王）无適立焉。乃大有事于群望，而祈曰："请神择于五人者，使主社稷。"乃遍以璧见于群望，曰："当璧而拜者，神所立也，谁敢违之？"既，乃与巴姬密埋璧于大室之庭，使五人齐，而长入拜。

神选的结果虽是"拜"于最后的弃疾"厌（压）纽"，但最后还是立了长子招，即后来的楚康王。由最初听命于群望，到最后决意择长，反映出共王在选嗣问题上曾长时间举棋不定。康王之后，三位弟弟先后为王，十三年中发生了三起篡弑事件。《左传》昭公元年载，楚令尹子围杀楚君郏敖，成为楚灵王，是为第一起。《左传》昭公十三年载，灵王的三个弟弟杀灵王太子禄及公子罢敌，灵王自缢而死，子干为王，葬于訾，成为訾敖，是为第二起。十多天后，子干为弃疾用计致死，弃疾登位，成为楚平王，是为第三起。可以说，这是楚国历史上王室诸公子兄弟之间争位最频繁、激烈的一个时期。张正明用诙谐的语言总结：共王死，老大嗣立，是为康王；康王死，其子嗣立，是为郏敖，老二杀侄儿郏敖自立，是为灵王；灵王末年，老三、老四和老五串通起来策动政变，纷乱之中，老三、老四自尽，老五即位，是为平王。①这个埋璧卜嗣的故事，充满了神秘化的气氛，贯串着戏剧性的情节。唐代的元稹作《楚歌》十首，其一有句嘲云："当璧便为嗣，贤愚安可分？"值得注意的是，楚共王诸子立王之乱，从公子围弑郏敖而始，由平王诈弑两王自立结束，公子招（康王）——公子围（灵王）——子比（訾敖）子干称王为时极短，故前列世系表中未将其列入，从弃疾（平王）四兄弟继位顺序来看，是按照"长幼次第以及"的常态顺序。这是商代典型的"兄终弟及"式的传统继承思维。

康王嗣位，无可争议，因为康王身体很好，急于振兴楚国，能够担当楚王的重任，但是到康王的儿子熊麇接位就不同了。熊麇的身体状况，按照楚国的君位继承原则，并且有熊挚失位奔夔的先例，根本不适宜接位，康王的第一继承人应当是康王长弟公子围，芌掩强行拥立熊麇，时间一长，自然就成为众矢之的。矛盾将不可避免地爆发。

应该说，公子围夺取应得的王位，是循序渐进的。第一步只是攫取令尹之职。《左传》襄公二十九年："夏四月……楚郏敖即位，王子围为令尹。"《史记·楚世家》："康王宠弟公子围、子比、子皙、弃疾。郏敖三年，以其季父康王弟公子围为令尹，主兵事。"这一步，至为关键。自从公子围成为令尹之后，楚国的一切军政外交大事均能够

---

① 张正明：《楚文化史》，上海人民出版社 1987 年，第 185 页。

正常运行。第二步，公子围借令尹之职，努力工作，获得朝野好感，赢得舆论支持，探听贵族大臣的口气，网罗自己的班底。有两位大臣，蓮罢和伍举，私下表态，认为应该由令尹继承王位，公子围心中有底，遂开始行动。第三步，借令尹之权，杀掉支撑熊麇最力的大司马艻掩。《左传》襄公三十年："楚公子围杀大司马艻掩而取其室。"不仅杀死艻掩，而且还将他获得的舒鸠故地全部没收，成为国有资产，此事立即激起楚国贵族大臣的强烈反应："（芋尹）申无宇曰：'王子必不免。善人，国之主也。王子相楚国，将善是封殖，而虐之，是祸国也。且司马，令尹之偏，而王之四体也。绝民之主，去身之偏，艾王之体，以祸其国，无不祥大焉。何以得免?'"在楚国，大司马一职，仅次于令尹，公子围杀死艻掩，令尹杀死司马，在楚国是极为罕见的，不可能得到国君熊麇的批准，芋尹申无宇公开反对，认为公子围杀害艻掩是"祸国"，但也只是口头抗议而已，没有在楚国的朝野中形成共识，懦弱的熊麇亦毫无反应，公子围令尹照当，依然可以我行我素，这说明，熊麇继位的合法性，并未得到楚国朝野的承认，公子围取代熊麇为楚王，只是时间的问题了。

黎蕖妍认为，艻氏在楚成王时代开始崭露头角，代表人物是艻吕臣，在城濮之战成得臣失败自杀后，被成王任命为令尹，楚王目的很明显，打破斗氏和成氏"垄断"令尹的局面。但终究当时斗氏实力太过强盛，艻吕臣令尹之位只有一年，后斗勃继任。艻吕臣无力抵挡斗氏，艻氏却另有能人，艻贾不仅在年幼之时有对子越"刚而无礼"的评论，更是在灭庸之役中力主出击，受到楚王的重用，在斗越椒越发骄横之时，充当楚王的"枪头"，杀斗般，任工正、司马，都是为削弱斗氏在楚国军政中的影响力。楚王为加强王权而采用制衡之术，重用新兴的家族，打击日渐衰弱的斗氏，成效也逐渐显现。[1]张正明揣测，艻掩在康王和屈建支持下推行的兵赋改革，触犯了一些权贵。康王和屈建

<hr />

① 黎蕖妍：《春秋时期楚国斗氏研究》，苏州大学硕士学位论文，2015 年，第 48 页。

相继去世，艻掩仍为司马，但已孤立无援。公元前543年，郏敖二年，令尹公子围擅自杀死艻掩，并侵吞了艻掩的家产。令尹如此独断专行，对郏敖是不祥之兆，但郏敖可能还浑然不觉。[①]

杀死最大的敌人艻掩，公子围去掉了心头之恨，随后便正常履行令尹之责。《左传》襄公三十年：

> 三十年春王正月，楚子使蒍罢来聘，通嗣君也。穆叔问王子之为政何如。对曰："吾侪小人，食而听事，犹惧不给命，而不免于戾，焉与知政？"固问焉，不告。穆叔告大夫曰："楚令尹将有大事，子荡将与焉助之，匿其情矣。"

蒍罢在出使鲁国通报楚国新君登位的正式外交场合，面对鲁国大臣穆叔关于楚国新君熊麇执政能力的提问，拒不回答，鲁国由此判断楚国一定会发生大事，蒍罢（子荡）只不过是帮助隐匿罢了。这反而暴露了蒍罢暗中倾向于公子围。

大概杀死艻掩十分顺利，未见艻氏家族的反抗，令尹围得意忘形，在履行楚国对外交往的职责时，有意无意地以楚国国君自居。如《左传》昭公元年、七年，在国内外公开使用国君的仪仗服饰。又如《左传》襄公十一年、昭公元年，楚国内外，朝野上下出现了"令尹似君"、"一国两君"等议论。一些大臣也极为不满。公子围田猎时使用王的旌旗，芊尹申无宇一气之下，砍断旌旗的飘带。《左传》昭公七年："楚子之为令尹也，为王旌以田。芊尹无宇断之，曰：'一国两君，其谁堪之？'"何新文、周昌梅评论：楚康王病死，康王之子熊麇继位为郏敖，公子围则以叔父的身份而任令尹辅政。君弱臣强，国内外有识之士都料定这个充满野心的令尹会篡夺君位。如《左传》襄公二十九年中郑行人子羽就说："是谓不宜，必代之昌。松柏之下，其草不殖。"

---

① 张正明：《楚史》，湖北教育出版社1995年，第194页。

鲁穆叔更一语道破："楚令尹将有大事。"事实上，他也根本没有把郏敖放在眼里。楚康王尸骨未寒，他就蠢蠢欲动了。在楚国朝廷内部，他抓紧铲除郏敖的亲信、削弱自己的政敌。[1]

第二节　定都为郢及吴越冲突（郏敖二年）

据清华简《楚居》，楚康王及嗣子（郏敖）时期一直居于为郢：

> 至……康王、旲（嗣子）王皆居为郢。至禷（灵）王自为郢遷（徙）居秦（乾）溪之上。[2]

从《楚居》所记楚庄王之后的楚共王、康王和郏敖，三代楚王长期以为郢为居地，不曾迁徙。郏敖在位5年，未有迁都。

为郢位于湖北宜城楚皇城遗址，东、北两面是汉水，西、南临近鄢水（今蛮河），河流交汇。北接南阳盆地，东临淮汝，南抵江汉，西依荆山，位于江、汉、淮三大流域的十字路口，是一处重要的交通枢纽。

公子围担任令尹，被称为"令尹围"，积极开展夺位行动。他大力重用支持其夺位的宗族大臣蒍罢（字子荡），指定蒍罢负责对外联络。此外，受到令尹围亲近和重用的还有"亡人"，"亡人"即有罪逃亡的士大夫或庶民。《史记·楚世家》说："（楚灵王）七年，就章华台，下令内亡人而实之。"晏昌贵认为，令尹围在宗族政策上弃亲任远，显然偏离了之前任人唯亲的路线，其主要目的是"为了改变王权旁落的事

实"。①

郑敖继位之时，正值吴、越发生冲突。郑敖与吴王馀祭同时，在晋国"联吴制楚"战略的影响下，勾吴国逐渐脱离了楚国的羁绊，成为遏制楚国东进的敌国，而勾吴国南面的越国则仍与楚结盟，成为楚国的属国。在这种新的战略态势中，分属不同政治集团的吴、越两国，冲突必将难免。前544年，楚郑敖元年，吴、越之间终于爆发了战争。《左传》襄公二十九年记，"吴人伐越，获俘焉，以为阍，使守舟。吴子馀祭观舟，阍以刀弑之。""阍"，即守门奴。此战，吴国攻打越国，俘获越国战俘，让他们看守船只。吴国国君馀祭去察看船只时，越国战俘用刀杀他，反映越民对吴军的切齿仇恨。吴恩培认为："显然，与楚国反目成仇的吴国，与仍为楚国属国的越国，因吴王被杀，又结下了新的仇恨。"②

除《左传》外，湖南马王堆汉墓出土之帛书《春秋事语》，也载有吴王馀祭进犯越国之事。吴军把俘获之越民施以残酷刑罚，如断其手足，又逼其看管船只，处境甚于奴隶，故被俘越民"怨以伺问"，想寻找机会进行报复。③

第三节　令尹围赴郑娶妻受辱及
楚晋虢之盟遭讽（郑敖四年）

令尹围大权在握，加之获得部分宗族大臣的支持，在国内有恃无恐，仗着楚国兵强马壮，也不把邻国放在眼里。此时郑国早已脱离楚国阵营，跟随晋国，与楚国为敌，偏偏令尹围看中郑国公孙段氏之女，

---

① 晏昌贵：《春秋楚王权与楚国政治地理结构》，《江汉论坛》1998年第3期。
② 吴恩培：《吴文化概论》，东南大学出版社2006年，第37页。
③ 马王堆汉墓帛书整理小组：《马王堆汉墓出土帛书〈春秋事语〉释文》，《文物》1977年第1期。

还决定亲自到郑国迎娶。这本来是令尹的私人行为，大可不必惊动楚、郑两国官府，可是令尹围为了宣示自己是未来的楚王，让伍举和伯州犁等大臣随行，并派大批武装护送。史载公元前541年，鲁昭公元年，楚郏敖四年，春天，令尹围迎亲的队伍浩浩荡荡，直奔郑国，一时间，一个普通的迎亲活动变成一场武装部队大游行。此时郑国并非楚的属国，见到这个架势，赶紧派人交涉，由此引发了一场激烈外交冲突。《左传》昭公元年记：

> 元年春，楚公子围聘于郑，且娶于公孙段氏。伍举为介。将入馆，郑人恶之，使行人子羽与之言，乃馆于外。既聘，将以众逆。子产患之，使子羽辞，曰："以敝邑褊小，不足以容从者，请垻听命！"令尹命大宰伯州犁对曰："君辱贶寡大夫围，谓围将使丰氏抚有而室。围布几筵，告于庄、共之庙而来。若野赐之，是委君贶于草莽也。是寡大夫不得列于诸卿也。不宁唯是，又使围蒙其先君，将不得为寡君老，其蔑以复矣。唯大夫图之！"子羽曰："小国无罪，恃实其罪。将恃大国之安靖己，而无乃包藏祸心以图之。小国失恃，而惩诸侯，使莫不憾者，距违君命，而有所壅塞不行是惧。不然，敝邑，馆人之属也，其敢爱丰氏之祧？"伍举知其有备也，请垂橐而入。许之。正月乙未，入，逆而出。

令尹围纳郑国公孙段氏女为夫人，亲自去郑国迎娶。随行兵车甲士甚多，将进入郑都的馆驿，举办婚礼，郑国大惊，以为楚国假借婚礼之名进行武装侵略，赶紧派出行人子羽出面制止，严令楚国随行军队在郑国都城之外的馆驿驻扎。楚国前来的迎亲队伍坚持要进入都城。郑国的执政大臣子产感到事态严重，亲自指挥拦截，派人前往交涉。郑国的外交官子羽先是客客气气地声明郑国都城地方狭小，不足以容纳楚国众多的迎亲队伍，特别是众多的武装人员，请随来的甲士们在郊外等候。令尹子围见郑国态度强硬，令太宰伯州犁与郑国辩论。伯州犁能言善辩，向郑国人说了一通令尹围娶亲是得到楚王的允许，正式祷告过先祖楚庄王、楚共王而来，如果被挡在城外，就是蔑视令尹子围，蔑视楚国的先祖。双方唇枪舌剑，互不相让，郑国人被逼急了，一口咬定楚国人坚持随行武装人员入城是以大欺小，包藏祸心，义正辞严地表示，郑国将同仇敌忾，保卫国家，如果矛盾升级，令尹围所迎娶郑女的家族宗庙便不会得到保护。这个强硬态度是令尹围没有想到的。权衡利弊，特别是看到郑国已经作了充分准备，一旦开战，所娶郑女家族必将面临宗庙被毁损失，令尹围不得不后退一步，提出一个折中而顾全体面的请求，所带兵车甲士的箭袋倒悬着进入郑国都城，显示没有携带弓和箭只，不会侵略郑国。这个要求被郑国接受，一场由冒失迎亲引发的交涉终于得到化解。当然，这是郑国给予骄横的令尹围的一个教训。

但令尹围显然没有接受这个教训。在郑国办完婚礼之后，令尹围率众赶到虢邑（在今河南郑州北）参加诸侯落实第二次息兵盟约的盟会。这次盟会，是一次难得的国际盛会，本应开得庄严隆重，但是，盟会的过程中，楚国的令尹围到会，以楚国的国君自居，惹出不少事端。会盟期间，令尹围宴请晋国执政赵文子，又自赋《诗经·大明》之首章，以周文王自比，事后赵文子对叔向说："令尹自以为王矣！"令尹围在盟会上遭到到会诸侯国卿大夫冷嘲热讽，狼狈不堪。《左传》昭公元年有详细记载：

　　楚令尹围请用牲，读旧书加于牲上而已，晋人许之。三月甲辰，盟。楚公子围设服离卫。叔孙穆子曰："楚公子美矣，君哉！"郑子皮曰："二执戈者前矣！"蔡子家曰："蒲宫有前，不亦可乎？"楚伯州犁曰："此行也，辞而假之寡君。"郑行人挥曰："假不反矣！"伯州犁曰："子姑忧子皙之欲背诞也。"子羽曰："当璧犹在，假而不反，子其无忧乎？"齐国子曰："吾代二子愍矣!"陈公子招曰："不忧何成,二子乐矣。"
卫齐子曰："苟或知之,虽忧何害?"宋合左师曰："大国令,
小国共。吾知共而已。"晋乐王鲋曰："《小旻》之卒章善矣,
吾从之。"

在庄严的盟约仪式上,令尹围唯恐晋国先歃血为盟,坚持"请用牲,读旧书加于牲上而已",何新文、周昌梅解释:即一改以往歃血而盟的惯例,而只把当年宋之盟会上"楚人得志于晋"的盟书宣读一下再放在牺牲上了事。① 晋国顾全大局,勉强同意。签约时,在众目睽睽之下,公子围以令尹的身份代表楚国与盟。却"设服离卫",僭用国君的待遇。由两名卫士执戈前导,盛装一如楚国的国君。对此,诸侯的随从卿大夫颇有微辞,奚落楚令尹。

《左传》中这段诸国大臣对令尹围的议论文字,在此结合杜预注及各种注释意译如下:

鲁国叔孙穆子嘲讽地说:"穿得美哉,真像个楚王!"郑国的子皮接口说:"可不是像楚王,还有两个甲士执戈在前保卫他呢!"蔡国的子家替令尹围辩解:"令尹围早就住在野地临时搭成的楚王蒲宫里了,现在使用楚王的仪仗和服装不算过分。"楚太宰伯州犁赶快申明:"这些服装和仪仗等都是向楚王辞行时从楚王那里借来的。"郑国的行人挥(子羽)反唇相讥:"何必说借,过几天令尹围便会是楚王了。"楚太宰伯州犁以教训的口气训斥郑国人:"胡说! 你还是先担心你们郑国的子皙杀害伯有,将会造成国家的灾难吧!"郑国的行人挥(子羽)毫不退让:"公子围不要以为今后能够板上钉钉当上楚王。不要忘了当初楚共王去世时通过拜玉璧确定继承人,五弟公子弃疾拜璧时正好压在玉璧之上,更有资格当楚王。公子围可要当心呀!"《左传》昭公十三年

---

① 何新文、周昌梅:《论楚灵王》,《湖北大学学报》(哲学社会科学版)1998年第
4期。

追记："初，共王无冢適，有宠子五人，无適立焉。乃大有事于群望，而祈曰："请神择于五人者，使主社稷。"乃遍以璧见于群望，曰："当璧而拜者，神所立也，谁敢违之?"既，乃与巴姬密埋璧于大室之庭，使五人齐，而长入拜。康王跨之。灵王肘加焉。子干、子皙皆远之。平王弱，抱而入，再拜，皆厌纽。"可见五弟公子弃疾即后来的楚平王被抱着压在玉璧上，郑国人讥讽令尹围事出有因。齐国的大臣国弱插嘴："说的是! 我为一心想篡位的楚公子围和伯州犁二人感到羞耻。"陈国的公子招俏皮地说："这两个人的脸皮厚，不会以此为耻，反而正在偷着乐哩!"卫国的齐恶打趣："楚国将要出现篡位大事，对大家并没有害处，大家心中有数就行了。"宋国的左师叹了一口气："唉，如今小国只能跟着大国跑，是福是祸谁也不知道。"晋国的王鲋小声地说："小心! 大家还是要按照《诗·小雅·小旻》所说的意思办事，得罪小人是有危险的。"

第四节　令尹围发动血腥政变及
申公保护郏敖 (郏敖四年)

令尹围夺取王位，最忌恨的除大司马苪掩外，还有其二弟宫厩尹子皙(公子黑肱)和太宰伯州犁。这二人都握有兵权，坐镇郢都，不除之难以行动。不过，这二人平时兢兢业业，没有出轨的行为，特别是伯州犁，处处迎合令尹围，令尹围还是认为伯州犁同他貌合神离，总想设法除掉。左思右想，还是觉得先要调虎离山，想办法将二人调出为郢。

《左传》昭公元年(郏敖四年，公元前 541 年)："楚公子围使公子黑肱、伯州犁城犨、栎、郏，郑人惧。"表明公子围为了先除掉子皙、伯州犁，便以在犨、栎、郏筑城为由，有意把他们打发到远离郢都的地方去。将二人排挤出都城，为随后的政变作准备。

杜预注："犨县属南阳。郏县属襄城。栎，今河南阳翟县。三邑本郑地。"楚国派公子黑肱和伯州犁到郑国的属邑筑城，是公然地强行霸占郑国的城邑，理所当然会引起郑国的恐惧与反抗。但是，郑国的执政大臣子产早就看出这是令尹围意欲借此杀害楚臣的阴谋，故说："不害。令尹将行大事，而先除二子也。祸不及郑，何患焉?"后来楚平王将这些城邑归还给郑国，证实子产的判断正确。

公子黑肱和伯州犁离开为郢之后，令尹围便开始行动了。《左传》昭公元年：

> 冬，楚公子围将聘于郑，伍举为介。未出竟，闻王有疾而还。伍举遂聘。十一月己酉，公子围至，入问王疾，缢而弑之，遂杀其二子幕及平夏。右尹子干出奔晋，宫厩尹子皙出奔郑。杀大宰伯犁州于郏。葬王于郏，谓之郏敖。使赴于郑，伍举问应为后之辞焉。对曰："寡大夫围。"伍举更之曰："共王之子围为长。"

郏敖四年(鲁昭公元年)的冬天，令尹围借口到郑国去聘问，命伍举为副使，往郑国而去。谁知未出国境，令尹围获悉熊麇病重，便把使命交伍举代理，自己立即赶回为郢。令尹围假意探视熊麇病情，率兵包围了王宫。熊麇此时身患疟疾，浑身软弱无力，令尹围见时机成熟，拿起冠缨，绞杀了熊麇。想到熊麇还有两个儿子，今后将是隐患，索性将他们一并杀死。《韩非子·奸劫弑臣》记：十二月己酉，子围借入宫问王疾之机，"以其冠缨绞王而杀之"。熊麇死后，令尹围的三弟右尹子干(公子比)奔晋避祸，四弟宫厩尹子皙奔郑避祸，太宰伯州犁被令尹围派人刺杀于郏地。何新文、周昌梅指出：伯州犁，是当年"上下其手"，帮助公子围平白无故强夺穿封戌获囚之功的"有功之臣"，对这种媚强欺弱、颠倒是非的势利小人，公子围深知不能重用之理，故在杀郏敖之后第一个就把他杀掉了。①

郏敖之死，令人唏嘘。新发现楚竹书记载了楚申公有保护郏敖的行为。

据徐少华研究，②《上海博物馆藏战国楚竹书》第六册所公布的十篇楚竹书，③皆不见于传世文献，但其中若干史实可与有关文献记载相互印证、补充发微。

《申公臣灵王》篇共有6支简，117字，主要记载了王子回（即王子围）在篡杀为王前后的有关史实及与申公的一段对话：

> 哉（吾）于析述，繻（申）公子皇啬（首）皇子。[4]王子回敓（夺）之，申公争之。王子回立为王。申公子皇见王，王曰："申公[5]，忘夫析述之下虖（乎）？"申公曰："臣不智（知）君王之牁（将）为君，女（如）臣智（知）君王[6]之为君，臣牁（将）或至（致）安（焉）。"王曰："不毅（榖）以樊（笑）申公，氏（是）言弃之，含（今）日[7]申公事不毅（榖），必以氏（是）心。"申公坐拜，起含（答）："臣为君王臣，君王免之[8]死，不以衾（晨）釤（斧）亘（步），可（何）敢心之又（有）。"[9]④

"析述"，整理者认为即春秋楚之析邑，可备一说。"哉于析述"，即为抵御对方而争战于析述，其背景当与下文保护、争夺"皇子"的史

---

① 何新文、周昌梅：《论楚灵王》，《湖北大学学报》（哲学社会科学版）1998年第4期。

② 徐少华：《楚竹书〈申公臣灵王〉与〈平王与王子木〉两篇补论》，《江汉考古》2009年第4期。

③ 马承源主编《上海博物馆藏战国楚竹书》（六），上海古籍出版社2007年。

④ 关于简文的厘定，在没有特别讨论的情况下，一般从宽处理，直接厘定成现行的通用字。对有关简序的编号，皆采用整理者的原编号，直接在该段文字后加方括号"[ ]"表示。

实有关。

简文"申"字有两种写法：左边皆从"系"，右边或上下两"田"相叠，作"緔"；或上面为"東"、下面为"田"，作"繡"。字形与湖北郧县肖家河所出"叔姜簋"铭"申王之孙"的"申"字相近。繡，整理者释为"申"，是正确的。"申公"，即楚申县之县公，与《左传》庄公三十年所载楚"申公斗班"同例。

"子皇"，应是申公之名，"皇子"即王子、太子。"申公子皇首皇子"，即申公子皇守护王子或太子。至于申公何以守护皇子，应与楚君郏敖被弑杀的宫廷变故有关。

"王子回"，整理者释作王子围，即楚灵王，当是。《史记》卷四〇《楚世家》载"康王宠弟公子围"，裴骃《集解》引徐广曰："《史记》多作'回'"，说明晋宋及以前的文献多作"公子回"，上博竹书的记载与徐广所言古本相合。

"王子回敓（夺）之，申公争之"，当是就王子回和申公为争夺和保护王子或太子而言。《史记·楚世家》："郏敖三年，以其季父康王弟公子围为令尹，主兵事。四年，围使郑，道闻王疾而还。十二月己酉，围入问王疾，绞而弑之，遂杀其子莫及平夏。使使赴于郑。……而围立，是为灵王。"

《左传》所载基本一致。楚郏敖四年为鲁昭公元年，公元前541年，王子回（围）利用其主兵之权，趁楚君郏敖染病之际将其绞杀，随后又杀了王子莫和平夏，从而夺得王位。

《申公臣灵王》这篇竹书，以王子回夺取王位之时和之后为背景，其确切时间当不出公元前541年冬至前540年初。简文中"申公子皇"所守护的"皇子"，可能就是文献所载郏敖之子公子莫和平夏。在郏敖死后，二公子的存亡是王位后嗣的关键，申公作为楚王室的重臣，理应守护并"争之"，而王子回要得到王位，必定要"夺之"、杀之才能成功。从"王子回立为王"的结果来看，当以王子回得胜、申公失败而告终。

"不以宸（晨）釜（斧）屺（步）"一句，"釜"，从金从父，金为形，父为声，与斧之"从斤父声"相同①，按金、斤古音同义近，可以互用，《庄子·逍遥游》"请买其方百金"，"斧步"，指斧杖之类刑具，《庄子·列御寇》曰："为外刑者，金与木也。"郭象注："金谓刀锯斧钺，木谓捶楚桎梏。"斧，即是《庄子》所言"金与木"两类刑具的代表或同类语。"君王免之死，不以宸（晨）釜（斧）屺（步）"，为申公子皇感激楚灵王的言辞，意即君王赦免了臣的死罪，对臣没有动用斧杖之刑，故其最后表示"何敢心之有"，即"哪敢有不善之心"呢！②

徐少华指出：在王子回篡杀夺得王位的过程中，曾出现申公子皇为保护"皇子"而与王子回针锋相对的局面。楚灵王在夺得王位后，并没有处罚申公，反而与申公当面交谈，意在笼络申公为其所用，而申公亦弃前嫌，转而效忠于楚灵王，可谓审时度势。这一史实，为文献记载所阙如，上博所藏楚竹书的出版，正好弥补了文献之不足。③

令尹围政变成功，派人将郏敖的尸体葬于郏地（今河南郏县）。令尹围觉得，熊麇作为楚康王之子，体弱多病，懦弱无能，居然占据王位4年，空耗时光，未立寸功，根本不配做楚王，早就该取而代之了。给予熊麇任何谥号，只能证明他有继承王位的资格，都是不合适的。主意拿定，令尹围不再与众大臣商议，直接颁布命令，不给熊麇谥号，只是以所葬之地"郏"，为熊麇取了一个"郏敖"的名字。刘信芳指出："郏敖"是称号，郏敖未得谥为王，依楚国惯例，不宜冠以熊姓。郏敖在位仅4年，就被公子围"绞而弑之"。《史记·楚世家》载其后，公子围"使赴于郑，伍举问应为后之辞焉。对曰：'寡大夫围。'伍举更之曰：'共王子围为长'"。伍举的辞令包含着一个巧妙的推理：共王5

① 许慎：《说文解字》十四上，"斤"部"斧"条，中华书局1963年，第299页。
② 马承源主编《上海博物馆藏战国楚竹书》（六），上海古籍出版社2007年，第252页。
③ 徐少华：《楚竹书〈申公臣灵王〉与〈平王与王子木〉两篇补论》，《江汉考古》2009年第4期。

子中，康王昭既死，剩下的兄弟4人子围、子比、子皙、弃疾，以子围为长。既如此，子围即可以王长子身份继承君位。子围继位后为灵王，葬"员"于郏，谥为郏敖。很明显，灵王不给熊麇以王谥，是以暴力否定了熊麇的君位继承权，反过来说，如果称熊麇为某王，那么灵王自己的君位是否合法就成了问题。以上大约是熊麇被谥为郏敖的原因。[①]

葬过郏敖，令尹围派出使者到郑国告丧。伍举当时正在郑国，问前来告丧的使者，如郑人问到楚国嗣君为谁，何以应答？楚使说可答以"寡大夫围"，伍举认为不妥，不准确，提出让楚使改答"共王之子围为长"。这样，便可以婉转表明，楚国王位的继承人中，共王的长子才最有资格，楚康王是共王的长子，楚康王去世，其后的长子只有公子围，由公子围接位楚王，才天经地义。伍举可谓用心良苦，经他改动，楚国的令尹子围杀害楚王熊麇继承王位的血腥政变，便披上合法的外衣。

第五节　楚王郏敖述评

《国语·鲁语下》"叔孙穆子知楚公子围有篡国之心"条记载："公子围反，杀郏敖而代之。"韦昭注："楚康王之子麇，麇有疾，围缢而杀之，葬之于郏，谓之郏敖。"[②]《左传》昭公元年："十一月己酉，公子围至，入问王疾，缢而弑之，遂杀其二子幕及平夏……葬王于郏，谓之郏敖。"杜注："郏敖，楚子麇。"[③]

熊麇，春秋时楚国君。即郏敖。芈姓，名麇（通麚），又名员。楚康王子。公元前544—前541年在位。继为楚王后，以其叔王子围为

---

① 刘信芳：《楚国诸敖琐议》，《江汉论坛》1987年第8期。
② 《国语》卷五，上海古籍出版社1988年，第195—196页。
③ 孔颖达：《春秋左传正义》卷四一，载《十三经注疏》（嘉庆本），第4册，中华书局2009年，第4398页上。

令尹，大权旁落。即位仅 4 年，即在病中为王子围绞杀。死后被葬于郏，因号郏敖。[1]

涛平论曰：

悲哉！楚王郏敖。在位四年，无所作为。本为楚康王之子，接位天经地义，奈何身体有疾，百事不济。雅号"孺子"，智愚不能运筹帷幄，体弱更不能疆场驰骋，无能之辈，徒唤叹息。兴楚不容父死子继，争雄难免兄终弟及。公子围杀芍掩谋夺位步步为营，楚令尹无自知之明为天下笑柄。熊麇未得谥号足警世人，楚王称职方才楚运长存。

---

[1] 石泉主编《楚国历史文化辞典》，武汉大学出版社 1996 年，第 479 页。

第 十 八 章

楚灵王力扩及稳定东境

第一节 灵王自立为王，仍居为郢，
卜龟诉天（灵王元年）

楚令尹围在杀死郏敖之后，迫不及待地对外宣布自己继承了楚国的王位。

清华简《系年》第十八章："孺子王即世，灵王即位。"上博简已出九册中有关春秋楚国史事有 14 条，其中《申公臣灵王》（第六册）、《灵王遂申》（第九册）记录了楚灵王夺位及灭蔡之事。《左传》昭公元年：

> 楚灵王即位，蒍罢为令尹，蒍启疆为大宰。郑游吉如楚，葬郏敖，且聘立君。

杜预注："灵王公子围也。即位易名熊虔。"公子围改名熊虔，自立为王，是为楚灵王。楚灵王继位后，因为蒍罢曾经支持其篡位，便决定以蒍罢（子荡）为令尹，以蒍启疆为太宰。随即派出使者分赴各诸侯国，通报楚国国君新立，随后坐等各国遣使前来祝贺。

郑国对公子围毫无好感，尽管有郑游吉参加过楚王郏敖的葬礼，迟迟不派使者到楚国去祝贺新王即位。灵王二年，公元前 539 年，楚多次责问郑国何以如此。《史记·郑世家》："（郑简公）二十七年夏，郑简公朝晋。冬，畏楚灵王之强，又朝楚，子产从。"表明郑国无奈，郑简公专程朝见晋国，向晋国说明原委，得到了晋国的谅解。然后，子产陪同郑简公拜访楚国，祝贺楚灵王即位。

看到郑简公与子产前来朝见，楚灵王分外高兴。《左传》昭公三年："十月，郑伯如楚，子产相。楚子享之，赋《吉日》。既享，子产乃具田备，王以田江南之梦。"时已岁暮，灵王热情地邀郑简公到"江南之梦"去打猎。

楚灵王即位后，与康王、郏敖一样，仍以为郢(今湖北宜城楚皇城)为都。据清华简《楚居》，楚灵王刚开始居于"为郢"，没有几年，便由为郢迁移至行都"秦(乾)溪之上"：

> ……至康王、嗣(嗣子)王皆居为郢。至霝(灵)王自为郢遷(徙)居秦(乾)溪之上。[1]

为郢是自楚庄王以来历代国君处理国事的国都，经历代楚王的经营，日渐繁华，楚灵王自立为王，接受了各国朝贺，自以为统治安稳，便一心想对外扩张，称霸天下。在盛行巫术的楚国，灵王自信上天会支持自己获得天下，便在为郢煞有介事地举办了一次"卜龟"活动。《左传》昭公十三年追记：

> 初，灵王卜曰："余尚得天下。"不吉，投龟，诟天而呼曰："是区区者而不余畀，余必自取之。"民患王之无厌也，故从乱如归。

何新文、周昌梅评论：卜得天下，而龟卜结果不吉，则投龟、骂天，并发誓必自取之。这是何等的自负和勃勃野心！楚灵王正是以这样的贪欲和野心，不择手段地"取天下"为己有，又肆意滥用这"自取"的权力，视此天下之大为"区区者"而玩弄于股掌之间，以满足其"无厌"的"汏侈"。[2]

---

① 清华大学出土文献研究与保护中心编，李学勤主编《清华大学藏战国竹简》(壹)，中西书局 2010 年，第 181 页。

② 何新文、周昌梅：《论楚灵王》，《湖北大学学报》(哲学社会科学版) 1998 年第 4 期。

第二节　削弱世家贵族势力及
忽视外来宗族(灵王元年)

通过政变上台的楚灵王,在担任楚令尹时有意除掉反对力量,培植亲信势力。即位后,灵王变本加厉,采取一系列措施,惩治异己,以巩固自己的统治。《左传》昭公十三年:

> (灵王)及即位,夺薳居田;迁许而质许围。蔡洧有宠于王,王之灭蔡也,其父死焉,王使与于守而行。……故薳氏之族及薳居、许围、蔡洧、蔓成然,皆王所不礼也。

楚灵王是一个有恩必报,有仇必究的人。在当令尹期间,楚国的宗室贵族以劳掩为代表,阻止其篡权,随后有薳居随声附和,除薳罢、薳启彊等少数人暗中相助外,薳氏家族基本上与令尹围为敌。此外,斗氏族人表面袖手旁观,实际上也是暗中相助郏敖,使得令尹围倍感孤立。故楚灵王即位后,首先对薳(劳)氏家族严加打击,收回薳居的封邑,接着又对斗氏开刀,收回斗韦龟以及其子蔓成然的封邑。这些,使得薳氏家族和斗氏家族对楚灵王相当不满,暗中形成与楚灵王对抗的"小圈子"。

不过,灵王时楚国的世家贵族屈氏得到振兴。楚康王时期的令尹屈建去世之后,楚灵王时期的屈申和屈生二人先后继任莫敖一职。屈申见于《左传》昭公四年:"使屈申围朱方,八月甲申,克之,执齐庆封而尽灭其族。"[1]杜《注》:"屈申,屈荡之子。"但是杜预在《春秋释例》中又指出"申为荡之孙"。从屈申围朱方一事,可以看出此时期的屈氏家族除了莫敖屈建,仍有他人可以领兵出征,家族实力已经完全

---

① 杨伯峻:《春秋左传注》,中华书局2016年,第1386页。

恢复。鲁昭公五年，"楚子以屈申为贰于吴，乃杀之。以屈生为莫敖，使与令尹子荡如晋逆女。"①杜《注》："生，屈建子。"楚灵王在杀掉屈申以后即任命屈生为莫敖，可以推测出屈申生前应是担任过莫敖一职。依此推测，那么他很有可能就是屈荡的儿子，在屈荡死后继承了父亲的莫敖一职。综合来看，楚灵王时期屈氏家族实现了全面的复兴。

另外，许多外来贵族也与楚灵王不和。许国的大夫许围，因许国迁徙，作为人质留在楚国；蔡国的蔡洧，长期在楚国为官。这些人因楚灵王玩弄许国、蔡国于股掌之中，都对楚灵王不满，后来都加入反抗灵王的"小圈子"，时刻企图颠覆楚灵王的统治。楚灵王平时忽视这些人，他们都是楚灵王暗中的敌人。

晏昌贵指出：灵王时期的外来贵族，尽管有被誉为"楚国之望"的右尹郑丹(字子革)、敢于纳谏的申无宇，但总体上并没有得到足够尊重，这与灵王频繁迁国移民的政治目的大概一样，都是为了打乱原有的权力格局和政治秩序。②

灵王时期的一味排除异己，对楚国的对外防御及人事任免皆举措失当，直接造成国家的巨大隐患。《左传》昭公十一年，公元前531年，对灵王最为忠心的楚国贤大夫申无宇忧心忡忡地说：

> 臣闻五大不在边，五细不在庭。亲不在外，羁不在内。今弃疾在外，郑丹在内，君其少戒。

类似表述还见于《国语·楚语上》"灵王城陈、蔡、不羹"章。

杜注："五官之长，专盛过节，则不可居边。细弱不胜任，亦不可居朝廷。"言"五大"为"五官之长"，"五细"为"细弱不胜任"，不妥。"五大"当如贾逵所说："五大，谓大子、母弟、贵宠公子、公孙、累

① 杨伯峻：《春秋左传注》，中华书局 2016 年，第 1401 页。
② 晏昌贵：《楚灵王迁国移民考》，《江汉论坛》1990 年第 12 期。

世正卿也。""五细"概指地位低下的羁客，即贱、少、远、新、小者。灵王抑制同姓近亲的政策，导致五大在边、五细在庭，亲在外、羁在内，其结果便是："贱妨贵，少陵长，远间亲，新间旧，小加大也。"[1]这种支强干弱的政治格局，最终引发了"末大必折、尾大不掉"的危机，直接葬送了灵王政权。[2]

楚灵王治国恣意妄为，一意孤行，结怨甚多，当然结局不妙。

第三节　申地盟会执徐君及欲辱晋国
（灵王三、四年）

第二次弭兵会盟确立了晋、楚两国同为霸主的地位，与晋矛盾缓和，楚国便可以集中精力对付吴国。楚灵王篡位后，利用"并霸"的地位，巩固与晋的关系，意图通过借晋国之手组织盟会，联络中原诸侯，调动各方力量伐吴。这个举措无疑是很高明的。

楚灵王首先降低身段，派伍举"如晋求诸侯"，求得晋国的谅解与配合。伍举善于外交辞令，到了晋国，委婉表述到晋国来的目的是"愿假宠以请于诸侯"，希望借助于晋侯的威望，向列国诸侯发出盟会的邀请。

对伍举表面恭维的外交语言，晋侯保持高度的警惕。《左传》昭公四年载："晋侯欲勿许。"晋平公最初不同意，但晋国大臣司马侯却将计就计，劝说晋平公："不可。楚王方侈，天或者欲逞其心，以厚其毒，而降之罚，未可知也。其使能终，亦未可知也。晋、楚唯天所相，不可与争。君其许之，而修德以待其归。"主张晋国放手让楚灵王去逞强争霸，以让他走向自己的反面。因此，晋平公表示同意楚国提议召

① 孔颖达：《春秋左传正义》卷四五，载《十三经注疏（附校勘记）》（阮元校刻）下册，中华书局 2009 年，第 2061 页。
② 田成方：《东周时期楚国宗族研究》，科学出版社 2016 年，第 206—207 页。

开的诸侯会盟。

《左传》昭公四年还记："（晋平公）乃许楚使。使叔向对曰：'寡君有社稷之事，是以不获春秋时见。诸侯，君实有之，何辱命焉？'椒举遂请昏，晋侯许之。"晋平公以国务在身为由委婉地表示不参加这一会盟。楚国外交使臣伍举听到了晋国的意见后，随即为楚灵王向晋国求婚，晋平公也答应了。由此，楚灵王借晋国之手组织在申地盟会的谋略获得成功。此举表明，不管晋国当时主观上是否有从淮上抽身的故意，但无论是当时及其后都客观地表明，晋国自此放弃了在淮河流域的争夺，必将对淮河流域的周边地区产生重大的影响。

楚灵王欲会诸侯于申，得到晋国准许，但楚王仍有疑虑，问于子产。《左传》昭公四年：

> 楚子问于子产曰："晋其许我诸侯乎？"对曰："许君。晋君少安，不在诸侯。其大夫多求，莫厌其君。在宋之盟，又曰如一。若不许君，将焉用之？"王曰："诸侯其来乎？"对曰："必来。从宋之盟，承君之欢，不畏大国，何故不来？不来者，其鲁、卫、曹、邾乎？曹畏宋，邾畏鲁，鲁、卫偪于齐而亲于晋，唯是不来。其馀君之所及也，谁敢不至？"王曰："然则吾所求者，无不可乎？"对曰："求逞于人，不可；与人同欲，尽济。"[1]

子产依据形势，对当时各国外交关系人心向背向楚王作了详细分析，认为晋国会准许楚会诸侯，诸侯中除鲁、卫、曹、邾不来者，都会来会盟，又劝谏楚灵王不可强加私欲于人。吴爱琴指出：事情的发展果如子产所料。[2]

---

① 《十三经注疏》整理委员会整理，李学勤主编《春秋左传正义》，载《十三经注疏标点本》，北京大学出版社1999年，第1194页。
② 吴爱琴：《郑国史》，科学出版社2020年，第158页。

公元前538年，楚灵王三年，在楚国的申地召开了由楚国主导的盟会。《春秋》昭公四年记载了一份与会名单："夏，楚子、蔡侯、陈侯、郑伯、许男、徐子、滕子、顿子、胡子、沈子、小邾子、宋世子佐、淮夷会于申。"慑于楚国的声威，郑、陈、蔡、许、徐、滕、顿、胡、沈、小邾的国君，宋的太子，以及淮夷君长，都到了。虽然晋、齐两个大国未到会，鲁、卫两国的国君称病也未到会，曹、邾两国的国君则以本国有难为借口而逃会，申地盟会依然参加国甚多，声势浩大。李孟存、李尚师指出：这些盟员中多为中小国家，原晋国的盟体中仅有郑、宋参加，鲁、卫与齐为邻，为齐所逼，不得不与晋关系亲密，曹畏宋，邾畏鲁，所以晋盟中这四个属国不肯参加申之盟；齐国作为当时的四大国之一，不肯轻易失尊，且从未居楚人之下，当然不前往参盟。①

盟会期间，大臣伍举叮嘱楚灵王对诸侯要以礼相待，尊重各国，灵王不知如何是好，问宋国的向戌和郑国的子产。向戌介绍了大国国君会见小国国君的礼，计有六仪；子产介绍了小国国君会见大国国君的礼，也有六仪。灵王要伍举跟在他身边，随时指点，以免出错。伍举说自己从来没有见过六仪，实难置喙。无论如何，这是一次空前的盛会，使灵王的虚荣心得到了极大的满足。

吴恩培对比晋国主导的公元前582年蒲地会盟、公元前570年鸡泽会盟、公元前563年相地会盟、公元前559年的向城会盟的参会人员，指出，由于晋国退出淮河流域的角逐，它所产生的影响立刻显现出来——淮河流域原属于晋国集团的诸多国家，如宋、卫、郑、滕、小邾等，至此随着晋国在淮上影响的消失而纷纷改换门庭，投于楚国旗下。淮河流域与吴国曾有着良好关系的"淮夷"此时也倒向了楚国。②

出于东扩的战略考虑，由楚灵王主导的申地盟会，抹上了浓重的

---

① 李孟存、李尚师：《晋国史》，山西古籍出版社1999年，第225页。

② 吴恩培：《淮上的争夺——春秋后期吴、楚、晋在淮河流域的角逐及吴国与徐淮夷关系的论述》，《苏州市职业大学学报》2006年第3期。

反吴色彩。楚灵王抓与会代表徐国国君，为盟会定下了反吴的基调。《系年》十八章："灵王先起兵，会诸侯于申，执徐公，遂以伐徐。"《左传》昭公四年："六月丙午，楚子合诸侯于申，……徐子，吴出也，以为贰焉，故执诸申。"楚灵王在申地的盟会上，公然把徐国的国君抓起来了，抓的原因竟是"徐子，吴出也，以为贰焉，故执诸申"。因为徐国的国君是吴国宗女所生，因此，楚灵王认为他对自己必定是有二心，所以在申地会盟时把他抓起来。楚国的霸气及楚国意图东扩并借此杀鸡给猴看的用心昭然若揭。同时，这段史料也为我们提供了春秋时期吴国女子嫁到别国去的情况，更说明在淮夷中实力较强的徐夷在这以前与吴国的长期友好关系。

六月的盟会刚开完，到了七月，楚国就纠集一帮属国对吴国动手了。"秋七月，楚子以诸侯伐吴。……使屈申围朱方，八月甲申，克之，执齐庆封而尽灭其族。"《春秋》昭公四年记载了此番伐吴的诸侯名单："楚子、蔡侯、陈侯、许男、顿子、胡子、沈子、淮夷。"

暴虐无理、贪而无信、志大言狂、随心所欲是楚灵王性格中的重要特征。因此，像上面这类狂妄愚暴的行为，在楚灵王身上总是一次又一次地反复出现。

楚灵王申地盟会，借助晋国之力，心想事成，因当初请晋国同意并支持楚国召开盟会，有求于晋国，楚灵王主动向晋平公求婚，得到允许，申地盟会之后，双方践约，频繁往来，筹办婚事。

楚灵王四年，公元前537年春，令尹䓣罢与莫敖屈生到晋国去迎亲，受到晋国的热情接待。晋国以韩起（韩宣子）和叔向为送亲使，晋平公亲自送女出境，直到邢丘之地，郑简公和子产专程在邢丘迎送。谁知，这个盛大的迎亲送亲行列到了为郸，楚国官方竟然没有郊迎，场面冷冷清清。晋叔向凭其机智聪敏，他"守之以信，行之以礼；敬始而思终，终无不复。从而不失仪，敬而不失威"，不辱使命，有理、有制、有节地同楚斗智斗勇。原来楚灵王利用晋国召开了申地盟会后，目的达到，随即翻脸，灵王居然对众大夫说：晋人是我们的仇敌，我要派韩起做大阍，派叔向做司宫，让晋人受辱。灵王这一无礼的意图，源自"晋，吾仇敌也。苟得其志，无恤其他"的狭隘民族情绪。众大夫默不作声，唯独太宰薳启彊苦劝楚灵王，讲清若惹怒晋国的严重后果。《左传》昭公五年说这次楚、晋联姻：

> 晋之事君，臣曰可矣：求诸侯而麇（群）至；求昏（婚）而荐女，（晋）君亲送之，上卿及上大夫致之。犹欲耻之，君其亦有备矣。不然，奈何？（晋）韩起之下，……皆强家也。晋人若丧韩起……奋其武怒，以报其大耻。伯华谋之，中行伯、魏舒帅之，其蔑不济矣。君将以亲易怨，实无礼以速寇，而未有其备，使群臣往遗之禽，以逞君心，何不可之有？

薳启彊推心置腹地说，晋国非常对得起楚国，楚国要求在申地盟会，马上各诸侯纷纷到了申地，楚国要求与晋国联姻，晋平公马上推荐自己的女儿，并和晋国的主要官员亲自送女至楚。在这种情况下，如果想要羞辱晋国，那可要做好应付晋国报复的准备，不然，楚国就会国破家亡。晋国的众多强卿，富可敌国，人才济济，猛将如云，得知晋卿韩起送亲至楚受辱，定会"奋其武怒，以报其大耻"，团结一致报复楚国，势不可挡，如此"以亲易怨"，"实无礼以速寇"，楚国最终会落得个国灭族亡的惨痛下场，我们就要做晋人的俘虏了。一席话，说得楚灵王心惊肉跳，马上认错，收回成命："王曰：'不穀之过也，大夫无辱。'"放弃侮辱晋使之心，而以厚礼招待晋韩起、叔向等送亲人员。

何新文、周昌梅评论：楚灵王听了薳启彊的规劝，改弦易辙，立即放弃了当初的念头。这说明楚灵王的任性而行也是有限度的，他是以不损害楚国国家利益为界。[①]

---

① 何新文、周昌梅：《论楚灵王》，《湖北大学学报》（哲学社会科学版）1998 年第 4 期。

第四节 伐吴，克朱方，杀齐庆封及 迁赖，灭不羹(灵王三年)

楚灵王申地盟会是为了动员众诸侯讨伐吴国，盟会结束后，就迫不及待地行动了。楚灵王三年七月，以吴收纳齐国叛臣庆封为由，楚灵王率蔡、陈、许、顿、胡、沈、淮夷七个楚原来的属国，发动了侵伐东邻吴国的战争，从而开始了楚、吴的长期战争。于是晋、楚之"从交"基本结束。[①]

楚灵王发动的对吴战争，第一战是进攻吴国的朱方。《左传》昭公四年：

> 秋七月，楚子以诸侯伐吴。宋大子、郑伯先归。宋华费遂、郑大夫从。使屈申围朱方，八月甲申，克之，执齐庆封而尽灭其族。

朱方，地名。杜注："吴邑，齐庆封所封也。"然未言所在。六朝史学家裴骃及刘昭各自在《史记集解》及《后汉书》志注中，都注明春秋时的朱方就是后来的丹徒，即今江苏镇江地区。《史记集解》引《吴地记》："朱方，秦改曰丹徒。"秦汉丹徒县，即今江苏镇江东南。台湾三军大学《中国历代战争史》亦认为："齐乱臣庆封因不容齐鲁而奔吴，吴人与以朱方之地(今江苏省镇江县东南丹徒镇)，居其族。周景王七年，即公元前538年，时距晋楚弭兵之会已八年，晋、楚两大集团已处于休战状态。是时楚灵王向晋求诸侯而会于申(今河南省南阳县)，会后即以伸张正义讨伐叛臣为名，使屈申率诸侯之军伐吴，围朱方，执庆封，尽灭其族，并诛庆封于会。吴以诸侯军势盛大，不敢

---

① 李孟存、李尚师：《晋国史》，山西古籍出版社1999年，第225页。

迎战，诸侯军亦还。"

不过，对于朱方其地，文献另有说法，《穀梁传》昭公四年载："庆封封乎吴钟离。其不言伐钟离何也？不与吴封也"，显然认为齐庆封被吴封在钟离，朱方即在钟离。① 众多学者持相同看法，认为朱方应在钟离，在今安徽凤阳东北一带。

吴封庆封之朱方，旧注多以为是今镇江丹徒，但楚伐吴，竟然轻而易举得逞，"朱方"不在吴之腹地甚明。故王祺认为应在今凤阳一带，是钟离的一部分。② 清华简《系年》第十八章"遂以伐徐，克赖、朱邡，伐吴"之朱邡，即为封庆封之朱方。以清华简的记载来看，朱方不当在镇江一带，因为吴楚之战的战场主要在淮河流域。张敏认为朱方和姑苏都是勾吴的音译。③ 此说尤为可疑，以清华简的记载看既言"克赖、朱邡"，复言"伐吴"，朱方和吴非一地明矣。张志鹏认为位于州来之西的钟离邑，此钟离邑应该就是《穀梁传》所说之庆封在吴封邑"钟离"。④ 所言有理。

研究楚灵王进攻吴国朱方的路线，多循水路，沿淮东进。联系到楚康王时与吴国发生过舟师之役，楚国已经建立了强大的水师，故可以推测楚将屈申围朱方，是出动的水师。由此，此后吴国、楚国在边界旷日持久的拉锯战，多是水战，或者水陆并用。

吴恩培通过研究，提出一个问题：此番楚兵伐吴，楚将屈申领兵打到苏南地区的镇江，是处距吴国的国都梅里(今无锡梅村)也不过二百里之遥。且是平原地区，无险可据。吴都唾手可得，千里迢迢而来的楚军为何止步不前？《左传》等史籍的记载空白为后世留下了这个谜。根据《左传》昭公五年的记载来看，就在"屈申围朱方"的次年，

---

① 张胜琳：《吴楚淮域之战若干地名地望略考》，载张正明主编《楚史论丛》（初集），湖北人民出版社 1984 年，第 122—128 页。

② 王祺：《春秋吴国"朱方"地望辨正》，《史林》1991 年 1 期。

③ 张敏：《吴越文化比较研究》，南京出版社 2018 年，第 46 页。

④ 张志鹏：《吴越史新探》，河南大学博士学位论文，2012 年，第 78 页。

"楚子以屈申为贰于吴，乃杀之"。然而《左传》中并未记屈申叛逆行为的具体事实。或许，当日屈申打下朱方后，未攻吴都即已构成了"为贰于吴"的资敌、通敌罪，只不过当时未惩罚而已。①

楚灵王在朱方的所作所为，最可笑的莫过于诛齐庆封一事。

庆封原是齐国大夫，因参与崔杼弑齐庄公之乱而逃奔至吴，现在被楚人俘获。楚灵王想在列国军队面前通过公开诛戮庆封来出风头。《左传》昭公四年：

> 将戮庆封，椒举曰："臣闻无瑕者可以戮人。庆封唯逆命，是以在此，其肯从于戮乎？播于诸侯，焉用之？"王弗听，负之斧钺，以徇于诸侯，使言曰："无或如齐庆封弑其君，弱其孤，以盟其大夫。"庆封曰："无或如楚共王之庶子围弑其君——兄之子麇——而代之，以盟诸侯！"王使速杀之。

楚灵王派人把斧钺绑在庆封的背上，拉着庆封到各国的兵营前面去示众，要庆封自己高声喊叫："不要像我庆封那样犯弑君之罪！"庆封横了心，大呼："不要像楚共王的庶子围那样弑君而自立为王！"灵王尴尬至极，急忙下令处死了庆封。何新文、周昌梅评论：本来自己有种种丑行，不知自爱，反而充正人君子揭人之短，欲扬己之威，结果事与愿违，弄巧成拙，把自己的狐狸尾巴也当众暴露在列国诸侯面前了，引得三军将士失笑。恼羞成怒的得胜之君，当然只得"速杀"了这个不与合作的"灾星"收场。读者从楚灵王不听椒举之劝，而"负之斧钺以徇于诸侯"，到"使速杀之"的举止神态中，的确不难想见他当时的滑稽可笑之状和内心的虚弱之情。②

---

① 吴恩培：《淮上的争夺——春秋后期吴、楚、晋在淮河流域的角逐及吴国与徐淮夷关系的论述》，《苏州市职业大学学报》2006年第3期。

② 何新文、周昌梅：《论楚灵王》，《湖北大学学报》（哲学社会科学版）1998年第4期。

史载楚灵王在朱方杀死庆封之后，随即移兵到淮河流域的赖国。《左传》昭公四年："遂以诸侯灭赖。赖子面缚衔璧，士袒，舆榇从之，造于中军。王问诸椒举，对曰：'成王克许，许僖公如是，王亲释其缚，受其璧，焚其榇。'王从之。迁赖于鄢。"另，清华简《系年》十八章亦有记："灵王即位。灵王先起兵，会诸侯于申，执徐公，遂以伐徐，克赖、朱邡，伐吴。"

赖国长期依附晋国，对楚国不大恭顺，楚师讨伐赖国。赖国国小兵微，无力抵抗，只有投降。楚灵王抵达赖国国都，只见赖君赤膊，绑着手，衔着璧，其臣抬着棺材，走向楚中军，向灵王请死。灵王从来没有见过这种阵势，不知该怎么应付，问伍举，这是怎么回事啊？伍举说：先君楚成王讨伐许国，许僖公也是这样做的。楚成王的做法是，亲自为许君松绑，接受他献上的玉璧，烧掉他带来的棺材。楚灵王听后，马上照办，照着楚成王的遗规，受降如仪。他本来是要把赖国灭掉的，因师出无名，不便公然灭人之国，乃下令把赖国的公族迁到为鄢附近的鄢邑。何新文、周昌梅评论：这是楚灵王第一次从谏纳降的善举，在他以暴虐著称的从政生涯中，应是一个具有转折意义的行动。①

赖国之地望，杜注无。清人洪亮吉认为，楚灵王三年，公元前538年，楚灭赖，赖国在今河南省信阳市的息县境内。杨伯峻认为楚灵王灭赖时分为二军，一支屈申为帅，围朱方；一支楚子自帅，灭赖。其实，从灵王将庆封示众诸侯营帐的作为来看，楚人并没有分为二军，灭赖只是楚人从朱方回师为鄢（今湖北宜城楚皇城）的顺手牵羊之举。灵王所灭之赖当是淮北之赖。徐少华对此进行考证，认为淮北之赖（厉）在今河南鹿邑县东十里的古厉乡，春秋晚期（鲁昭公四年，楚灵王三年）为楚所并，其族人迁入楚内地鄢，融入楚人之中。② 如果认为

---

① 何新文、周昌梅：《论楚灵王》，《湖北大学学报》（哲学社会科学版）1998 年第 4 期。

② 徐少华：《周代南土历史地理与文化》，武汉大学出版社 1994 年，第 199 页。

赖国是在息县附近被楚灵王所灭，从楚国东境的拓展来看，楚文王时已灭息而置县，成王、穆王时将这一带地区纳入了楚国疆域之内。赖国若存在于息县附近，当在楚成王、楚穆王时就为楚的附庸，没有灭之的理由。从赖子投降的行为来看，显然是表示愿意成为楚国的附庸，故楚人将其迁到湖北宜城附近的鄢地。赖故地鹿邑便成为楚国新的疆土，可见，灵王所灭之赖应不在今息县一带，而在淮北今鹿邑东。

楚灵王迁赖时，灭掉了不羹国。不羹国在拙著《先楚史》第十章第八节"商周时期淮河流域其他族姓部族及方国"有过介绍。①

吴恩培认为，从楚国此番伐吴、灭赖、灭不羹的连续行动来看，中原弭兵盟会后，随着晋国的影响从淮河流域消隐，楚国东扩的战略方针业已逐步成型。处于长江下游的吴国，为了自身的国家利益，也必将全力阻遏楚国势力的东侵。吴、楚的争夺势将进一步激化，同时，这也进一步促使淮河流域诸国间的力量走向动荡、分化和重新组合。②

第五节　吴侵楚邑及楚筑城防御
（灵王三、四年）

楚国大举进攻吴国，遭至吴国报复。《左传》昭公四年：

> 冬，吴伐楚，入棘、栎、麻，以报朱方之役。

吴国的报复，非常猛烈。楚国进攻吴国，一般只是越过长江，在长江的东岸骚扰，对吴国伤害不大。而吴反攻楚，则是长途奔袭，深入楚国的内地。

① 程涛平：《先楚史》，武汉出版社 2019 年，第 834—836 页。
② 吴恩培：《淮上的争夺——春秋后期吴、楚、晋在淮河流域的角逐及吴国与徐淮夷关系的论述》，《苏州市职业大学学报》2006 年第 3 期。

楚灵王三年，公元前538年，吴反攻楚，先后侵入棘、栎、麻三地，杜预注："棘、栎、麻，皆楚东鄙邑。谯国酂县东北有棘亭，汝阴新蔡县东北有栎亭。"杨伯峻注："棘，今河南永城县南，……栎，今河南新蔡县北二十里。麻，在今安徽砀山县东北二十五里，旧有麻城集。"这三个地方，形成一个"品"字形，纵横数百公里，将楚庄王时"盟吴越"所明确的楚、吴最初边界，向楚国一方大幅度西移，显示出楚国的边防甚为薄弱，不堪一击。（**见图18-1：楚、吴最初疆界图，图18-2：吴攻楚棘栎麻三邑略图**）

按照台湾三军大学《中国历代战争史》的研究，吴人所攻破的楚三邑，棘邑在今河南永城南，栎邑在今河南新蔡北，但麻邑在今安徽六安西南九十里麻埠，不是杨伯峻所指的安徽砀山东北，这个改动，符合当时楚、吴相争的地缘态势。第一，因为如果麻邑在今安徽砀山，即位于今天安徽省的最北部，此地离楚、吴边界过于遥远，系丹水南岸，已经属于宋国的疆域，故认为麻邑在安徽砀山，楚灵王时被吴国攻占，此说无以为据。第二，麻邑定于今安徽六安西南，战线南移，则与楚国随后在附近巢邑筑城进行防御动作相合。第三，麻邑在安徽六安西南，则与当年越国援楚到达的琐地(今安徽霍邱东)不远，可以起到接应的作用。《春秋》昭公五年："冬，楚子、蔡侯、陈侯、许男、顿子、沈子、徐人、越人伐吴。"公元前537年，楚灵王四年，楚与蔡、陈、许、顿、沈、徐、越伐吴，这是越与楚首次配合与吴作战。越大夫常寿过领兵与楚灵王相会于琐。"琐"，杜预注："琐，楚地。"张志鹏指出：江永《春秋地理考实》卷三昭公五年"琐"条、顾栋高《春秋大事表》卷七之四《春秋列国都邑表》楚地"琐"条，均以为其地在清霍邱县(今安徽霍邱)东。[1] 张正明指出：常寿过所带的无疑是舟师，不可能经吴地溯淮水而去，只可能经巢湖东西纤曲的河道而去。[2]

---

[1] 张志鹏：《吴越史新探》，河南大学博士学位论文，2012年，第93—94页。
[2] 张正明：《秦与楚》，华中师范大学出版社2007年，第112页。

吴国攻占楚国的棘、栎、麻三邑，是相当冒险的。吴军从吴国出发，经夏汭（今安徽怀远），西北直取棘地（今河南永城南），再向西南取栎（今河南新蔡北二十里），最后南下，攻占了麻邑（今安徽六安西南九十里麻埠），行程数百公里。这是典型的孤军深入、虎口掏心战术，属于孤注一掷、不计后果的打法。如果楚国有备，在中途伏击，吴军很容易全军覆没，风险极大。偏偏楚国没有防备，让吴国长驱直入，绕个大圈，偷袭成功。这个战例，实际上是后来楚昭王时期吴师入郢之战的预演，吴国此战最南端曾经占领楚国的麻邑，离后来柏举之战的战场不远，吴国借此熟悉了进入楚国东部广大地域的地形，掌握了长途奔袭的诀窍，一有机会，就会故技重施。

吴国攻取棘、栎、麻三邑，此事见载于新发现的两柄徐昩剑，详细记载吴王馀祭在位时期徐昩参加的几场重要战役。苏州博物馆徐昩剑铭文尤其完整，麻字作"䗪"，铭文作"命伐麻，败麻"，即指此事。[1]栎地，据徐少华考证，即《包山楚简》里的"䍀"，具体地望当在淮北，位于正阳羕陵间，距鄝地不远，[2] 但也有不同的看法。[3]

吴国攻下的楚国棘、栎、麻这三邑，如果长期占据，成为吴国的国土，对于楚国是灾难性的。如果以棘、栎、麻三邑为点，形成弧线，则楚穆王时期执舒、宗之君、围灭巢、控制江淮间的铜矿基地，楚庄王时期令尹孙叔敖兴建的大型水利工程芍陂，灭舒蓼、州来、萧等东向开疆拓土的成果，会悉数化为乌有，楚国的腹心被掏空，吴国国土几乎扩张一半，这是楚灵王万万不能接受的。

楚灵王大败之余，痛定思痛，决定倾全力对吴国反击。《左传》昭公四年：

① 程义：《吴国史新证：出土文献视野下的〈吴太伯世家〉》，上海古籍出版社 2022 年，第 73 页。
② 徐少华：《包山楚简释地》，载《荆楚历史地理与考古探研》，商务印书馆 2010 年，第 201—202 页。
③ 陈伟：《楚地出土简册[十四种]》，武汉大学出版社 2016 年，第 64 页。

冬，吴伐楚，入棘、栎、麻，以报朱方之役。楚沈尹射
奔命于夏汭，葴尹宜咎城钟离，薳启彊城巢，然丹城州来。
东国水，不可以城。

楚灵王的反击，除了将棘、栎、麻三邑武力收回外（很可能吴军
短暂占领后随即撤走），就是派沈尹射率军直奔夏汭，正面堵住吴国
再次原路进攻。夏汭，杜注"夏口"，杨伯峻认为不确，今西肥水古称
夏肥水，当在今安徽凤台县西南。① 甚是。随后，楚国重新部署对吴
国的防御战线。采取筑城的办法，在钟离、巢、州来三邑筑城，建立
强固的防御体系。

第一，筑钟离邑。

楚钟离邑由古钟离国而来。古钟离国，拙著《先楚史》第十章第
六节"商周时期淮河流域嬴姓部族与古国"有过介绍。②

钟离在经传里频繁出现，地望似不在一处。张志鹏认为可以确定
"钟离"有三：位于今山东枣庄峄城的钟离城；州来之西的钟离邑；位
于今安徽凤阳、蚌埠一带的钟离国及其后楚以钟离国故地所置的钟离
县。位于今山东枣庄峄城的钟离城距吴国过远，不为吴国所有。而位
于今安徽凤阳和蚌埠市一带的钟离国，早在吴王寿梦之前甚至在公元
前601年楚庄王盟吴越之前就已经成为吴的属国，一直到楚惠王四十
二年（前447年）至楚惠王四十四年（前445年）之间才灭于楚国，成为
楚县。剩余的只有位于州来之西的钟离邑了。③

考古成果证实了文献记载的古钟离国。钟离国的城址已在安徽凤
阳临淮关发现。④ 20世纪80年代以来在安徽省舒城九里墩、凤阳大东

① 杨伯峻：《春秋左传注》（第四册），中华书局1981年，第1255页。
② 程涛平：《先楚史》，武汉出版社2019年，第741—747页。
③ 张志鹏：《吴越史新探》，河南大学博士学位论文，2012年，第78页。
④ 刘和惠：《楚文化的东渐》，湖北教育出版社1995年，第28页。

关与卞庄、蚌埠双墩三个地方先后发现五座钟离国墓葬和一座钟离国都城遗址。

楚国筑钟离邑后，成为抵御吴国西进的尖刀。吴国的卑梁(今安徽天长境内)和楚国的钟离曾因小童争桑，引起两国举兵相伐，足见钟离城邑的重要。

第二，筑巢邑。

楚巢邑的前身是古巢国。拙著《先楚史》第十章第七节"西周时期淮河流域偃姓部族与古国"对古巢国有过介绍。① 巢国为群舒之一。在楚庄王十三年"盟吴越"之前，《春秋》文公十二年(楚穆王十一年)记："夏，楚人围巢。"《左传》文公十二年："群舒叛楚，夏，子孔执舒子平及宗子，遂围巢。"可能灭掉了巢国，引起吴国的觊觎。《左传》成公七年(楚共王七年)记："吴始伐楚、伐巢、伐徐，子重奔命。"吴国羽翼丰满，不满足于征服郊国，急于四处扩张，兵锋直指邻近的巢国和徐国，说明此前巢为楚属邑。吴国攻巢，得到舒庸的支持，《左传》成公十七年："舒庸人以楚师之败也，道吴人围巢，伐驾，围釐、虺。"遭到楚国的抵御。

巢的地望，有六安及巢县两说。六安说出于杜预注《春秋》文公十二年"巢"："巢，吴楚间小国。庐江六县东有居巢城。"巢县说见于宋代《太平寰宇记》淮南道四庐州巢县："古巢伯之国。"②《读史方舆纪要》无为州巢县："居巢城，县治东北五里。古巢伯国。"③《大清一统志》庐州府古迹："居巢故城在巢县西南，……按旧志云，居巢故城在巢县东北五里。据寰宇记，古居巢城陷为巢湖。"④《春秋大事表》卷四

---

① 程涛平：《先楚史》，武汉出版社 2019 年，第 760—762 页。
② 乐史：《太平寰宇记》卷一二六，中华书局 2007 年，第 2494 页。
③ 顾祖禹：《读史方舆纪要》卷二六，第 3 册，贺次君、施和金点校，中华书局 2005 年，第 1286 页。
④ 穆彰阿、潘锡恩等：《大清一统志》卷一二二，第 3 册，上海古籍出版社 2008 年，第 206 页。

《春秋列国疆域表》："巢，伯爵，今江南庐州府巢县东北五里有居巢城。"①道光《巢县志》卷一"沿革"，也认为春秋巢国、汉代居巢在今安徽巢湖市东北。杨伯峻指出："今安徽省巢县东北五里有居巢故城，当即古巢国。"②比较两说，应以巢县说为胜。何浩认为"巢"应在今安徽六安东北、寿县南。③

楚国筑巢邑，应该是在古居巢城的旧址上增筑城墙，加深护城河而成。巢邑由于位于楚、吴之间，以后多年来成为楚、吴两国反复争夺的焦点。

第三，筑州来邑。

楚州来邑由古州来国而来，拙著《先楚史》第十章第八节"商周时期淮河流域其他族姓部族及方国"有过介绍。④

州来国在今安徽寿县，濒临淮水北岸。《汉书·地理志》沛郡"下蔡"下注："故州来国，为楚所灭，后吴取之，至夫差迁（蔡）昭侯于此。"何浩指出，州来国被楚所灭，是楚国东扩的必然的结果："自楚成王以来，至鲁成公七年，楚在淮南先后灭皖、六、蓼、舒、宗、舒蓼，奄有辽阔的东夷、群舒之地；在淮北，楚国控制了沈丘、新蔡以东的颍、沙流域，楚灭萧后更使楚境北抵泗西。州来介于这片地域之间，位于东国中心，背靠繁阳，襟带楚东，据此可以北进徐、泗，南控群舒，东御吴师。从战略位置上考虑，楚人势必在成公七年之前吞并州来，只是史籍中未曾明确记载楚人何时占有该地罢了。"⑤

前584年，寿梦继位的第二年，吴北伐位于今山东南端的郯国，使原来臣服于鲁、莒的郯国改服于吴。这年秋天，寿梦不仅派兵袭击

① 顾栋高：《春秋大事表》，吴树平、李解民点校，中华书局1993年，第590页。
② 杨伯峻：《春秋左传注》，中华书局1981年，第585页。
③ 何浩：《巢国史迹钩沉——兼论徐戎的南迁》，载《楚灭国研究》，武汉出版社1989年，第184—202页。
④ 程涛平：《先楚史》，武汉出版社2019年，第832—834页。
⑤ 何浩：《楚灭国研究》，武汉出版社1989年，第137页。

徐、巢诸国，甚至一度攻入楚国属邑州来。《左传》成公七年："马陵之会，吴入州来。子重自郑奔命。子重、子反于是乎一岁七奔命。"

州来，作为一个淮夷古国，虽然受楚国势力影响较大，但并未并入楚之疆邑而为楚邑。杜预注《左传》昭公十三年谓"州来，楚邑"。对于此说，王夫之《春秋稗疏》中所论证明州来并非楚邑。作为一个古国，它虽然在春秋中后期的百余年间历为楚、吴所争夺，但并未灭国成邑。王夫之引用《汉书·地理志》"下蔡，故州来国，在今寿州"，非常准确。楚、吴对于州来的争夺早在楚灵王继位之初就已经开始。前538年(楚灵王三年)楚灵王率蔡、陈、郑、许等国诸侯伐吴，这年冬天吴复伐楚。双方争夺的焦点就在州来地区。楚派沈尹射率主力"奔命于夏汭"。夏汭就在州来近处。前537年，楚灵王四年，楚灵王命薳射率繁阳地区楚军到州来附近的夏汭，图谋攻吴，仍然在这一地区集结兵力。王青考证，州来，其正式灭国是在前529年，楚灵王十二年。《春秋》记载此年"吴灭州来"，但此后州来又被楚夺去。再后，吴、楚两国对于州来的争夺更加激烈。王青指出：总之，在楚灵王时期，州来多属楚，它是楚灵王最看重的战略要地。[①]

楚筑钟离、巢、州来三邑，当时曾经因为东部地区发生水灾，筑城受阻，《左传》昭公四年"东国水，不可以城"。水灾过后，陆续筑成，楚国分别在此三邑驻扎重兵，其中包括水师，以逸待劳，镇守一方，成为楚国抵御吴国的中流砥柱，在楚、吴长时期的争战中发挥了巨大的作用。当然也成为吴国争夺的重点。赵炳清指出：为了巩固所得的疆土，加强对吴人的防御，楚人在钟离、巢、州来筑城以成守。由此可见，楚、吴争夺的区域从原江淮间的群舒之地转移到了淮水中游的两岸地带。[②]（见图18-3：楚筑钟离、巢、州来三邑与吴对峙示意图）

---

① 王青：《春秋后期吴楚争霸的一个焦点——从上博简〈吴命〉看"州来之争"》，《江汉论坛》2011年第2期。

② 赵炳清：《楚国疆域变迁之研究——以地缘政治为研究视角》，复旦大学博士学位论文，2013年，第144页。

必须强调的是，楚国对吴国贸然长途奔袭棘、栎、麻三邑，没有等闲视之，除筑钟离、巢、州来三邑以防止吴国再度突袭外，又从战略上对防止吴国的进攻作出了一系列重要部署，其中最突出的就是原则上规定楚王必须靠前指挥，在楚、吴争战的前线地带设立行都。楚王离开为郢，长期进驻行都，以利随时处理瞬息万变的军情。这就是从楚灵王开始设立行都"秦（乾）溪之上"，随后楚平王、楚昭王均严格执行。楚昭王晚年更直接驻扎到楚吴交战的第一线"城父"，直至去世。到楚惠王时，楚、吴终战，楚东方的威胁解除，楚惠王始建陪都西阳，即著名的纪南城，楚国的政治经济中心方才落脚长江与睢漳河交汇之处。

第六节　楚攻吴，吴鹊岸袭楚及犒师示好，楚再攻吴，房钟受挫（灵王四、五年）

楚灵王四年，公元前 537 年冬，为报复吴国攻占楚国棘、栎、麻三邑，楚灵王亲率蔡、陈、许、顿、沈、徐及东夷的军队攻打吴国。《左传》昭公五年：

> 冬十月，楚子以诸侯及东夷伐吴，以报棘、栎、麻之役。蓬射以繁扬之师会于夏汭。越大夫常寿过帅师会楚子于琐。闻吴师出，蓬启疆帅师从之，遽不设备，吴人败诸鹊岸。

楚灵王率楚师于冬十月浩浩荡荡，杀向吴国。这一次是楚国和越国联合作战。楚灵王沿吴师攻楚的路线，先在吴师的出发地夏汭与楚臣蓬射率领的繁阳（《左传》昭公五年作"繁扬"）之师会师。繁阳之师，指驻扎在繁阳的楚师。繁阳，杜注："楚地，在汝南鲖阳县南。"即今河南新蔡北，安徽临泉西，为楚经营东国疆域的军事据点之一，驻扎有军队。随后，楚师挥师南下，与越大夫常寿过率领的越军在琐地会合。琐，杜注云"楚地"，然未言所在。张志鹏指出：清代学者均认为在今安徽霍邱县东，如江永《春秋地理考实》、顾栋高《春秋大事表》，[①] 认为其地在清霍邱县(今安徽霍邱)东。[②] 杨伯峻从之。[③] 琐地距不久前被吴国攻击的麻邑(今六安西南九十里麻埠)不远，是楚国重点防御吴国的地点。

从上引文献来看，楚灵王伐吴，兵力雄厚，共有 4 支军队配合作战，第一支是楚灵王亲自率领的伐吴主力，由蔡、陈、许、顿、沈、徐组成的联军，从淮水上游沿淮而下，在夏汭集结，向东扑向吴国。第二支是薳射的繁阳之师，作为偏师，专程从繁阳赶往夏汭，与灵王会合。第三支是薳启彊的驻巢邑之师，临近吴国边界，也是偏师，随时听令，配合王师作战。第四支是越国的军队，为了迎接楚王大军，越大夫常寿过率水师从越国赶往琐地，与楚灵王会合，这是越人第一次与楚联合抗吴。

楚灵王的上述兵力部署及行军路线，由楚灵王统一指挥。表面上数支军队合为一处，显得气势汹汹，势不可挡，实际上漏洞颇多，不堪一击。第一，楚灵王出征，摆足楚王的架子，不是从实战出发，追求机动灵活，而是要求两支楚国的地方军队分别从驻地出发，向王师靠拢，越国的军队也要求先与灵王在琐地会合。这哪里是对吴作战，分明是在作显示楚王权威的演习。第二，夏汭和琐地两个集结地点，一在北，一在南，相距遥远，楚灵王先是在夏汭与薳射会合，随后在琐地与越师会合，可能是水陆并进，运动于两地之间，战线过长，不得不长途行军，造成军队疲惫不堪，彼此难以相顾，极易遭敌袭击。

当楚师及多国联军拖拖拉拉到达琐地，与越国的水师会合时，惊

---

① 参见江永：《春秋地理考实》卷三，昭公五年"琐"条；顾栋高：《春秋大事表》卷四，《春秋列国都邑表》楚地"琐"条，中华书局 1993 年，第 851 页。

② 张志鹏：《吴越史新探》，河南大学博士学位论文，2012 年，第 93—94 页。

③ 杨伯峻：《春秋左传注》，中华书局 1981 年，第 1271 页。

动了吴师，吴水师出动，沿长江北岸运动。这时，离吴师最近的楚国军队，是薳启彊率领的驻扎在巢邑的水师，闻讯急忙赶往江北一带迎战，至鹊岸，两军相遇，随即爆发激战。

鹊岸，杜注曰"庐江舒县有鹊尾渚"，在今安徽舒城境，杨伯峻则认为在今安徽无为县南至铜陵市北沿长江北岸地带。[①] 金家年指出：《左传》昭公五年记载的"吴人败诸鹊岸"句中所指的鹊岸，并非确指某一具体地点，而是泛指今天为西南至对岸铜陵沿江一带较为宽阔的区域。这次战争并不是楚军长途跋涉、乘船渡江去犯吴国，而是发生在吴、楚驻营地不远的结合部。……作为吴楚分界的滑汭是南北流向的，在这一带大河道并不多，可能就是那条源于巢湖在濡须口（即今含山县东关镇境内）出水，于黄洛河折而南流经无为县城东，在泥汊入江的濡须水。……在水道东面有一块面积不算太小的狭长地带，这里显然不属于楚国的版图，而是吴在江北岸的地盘，吴国就是凭借这近百里的江岸线驻扎重兵，既保证江东安全，又可控制江淮局势；这对与之对立的楚来讲，无疑是个不小的威胁，故有除之而后快的行动，并由驻守在巢城担任防卫任务的薳启彊担任主攻。由于楚兵是仓促上阵，"遽不设备"，当大部队还未进入吴的疆土，就遭到吴军的伏击，结果只好败而溃退。[②]

金家年的看法，基本正确。按此说法，薳启强的地方军是在吴国的领土上遭到伏击，不可能"遽不设备"，故此说有误。

台湾三军大学《中国历代战争史》对鹊岸之战的表述是："楚灵王四年，九月下旬，越大夫常寿过率越师自越至长江而渡江北上，楚薳启彊以巢邑守军迎而送之。吴军侦知之，突出兵截击，与薳启彊及越军遇于舒鸠城西之鹊岸（今安徽省舒城县西北桐乡南鹊尾渚），大败楚、越之师。"并附楚、吴鹊岸之战示意图（**见图18-4：楚、吴鹊岸之**

---

① 杨伯峻：《春秋左传注》，中华书局1981年，第1271页。
② 金家年：《吴楚鹊岸之战主战场考》，《安徽史学》1994年第2期。

战示意图），可作参考。

此图将鹊岸的地点从长江北岸无为至铜陵一线西北移至今安徽省舒城县西北桐乡南鹊尾渚，可备一说。按照本书第五章第九节（楚穆王）"执舒、宗之君，围灭巢，始控制江淮间铜矿基地"的介绍，鹊岸属于楚国的地盘，鹊岸之战系吴军再次攻入楚境。薳启彊的地方军从巢邑赶往琐地，急于与楚灵王及越军会合，行军在楚国境内，"遽不设备"，遭到伏击，完全可能。

鹊岸之战，薳启彊军遭吴军伏击战败，是时楚灵王正在琐地。听到薳启彊军败的消息之后，楚灵王放弃了沿淮东进的路线，选择了今河南光山至安徽合肥，合肥至巢湖一线的今铁路线路东进，以避免巢的失守。《左传》昭公五年："楚子以驲至于罗汭。……楚师济于罗汭，沈尹赤会楚子，次于莱山。薳射帅繁扬之师先入南怀，楚师从之。及汝清。吴不可入。楚子遂观兵于坻箕之山。"楚灵王闻讯，急忙乘驲车（邮车）驰赴罗汭（今河南罗山东罗水入淮处），与楚将沈尹赤部会合，命令其马上开拔，赶往莱山，又命令薳射率领繁阳之师赶往南怀。

清华简《系年》中，"南怀"作"南淮"，[1] 但整理者释为"南怀"，也谓在江淮间。董珊认为当为一个区域名称，即淮水之南，不实指。[2] 此时薳射率领的繁阳之师，先是从繁阳赶往夏汭与楚灵王及诸侯联军会合，闻知鹊岸遭袭，薳射会蔡、陈、许、顿、沈、徐六国及东夷（今江苏宝应）之军，迅即自夏汭向南怀（今安徽全椒）前进。楚王率沈尹赤军亦进至汝清（今安徽合肥东百里清水镇）。两路大军齐头并进，均离长江北岸楚国的巢邑不远。灵王见巢邑与长江之间，是一片丘陵地带，其中有一座坻箕山（今安徽巢县南三十七里处），便登临上去。杜预注："南怀、汝青，皆楚界。"坻箕之山的地望，清代以前学者均不明所在，清人顾祖禹谓在巢县。顾祖禹《读史方舆纪要》卷二六"巢

---

① 李学勤主编《清华大学藏战国竹简》（贰），中西书局 2011 年，第 180 页。
② 董珊：《读清华简〈系年〉》，复旦大学出土文献与古文字研究中心网站，2011 年 12 月 26 日。

县七宝山"注坻箕之山。高士奇《春秋地名考略》认为"坻箕之山"在无为州巢县(今安徽巢湖市)南三十里,即跐蹋山。[1] 杨伯峻《春秋左传注》从其说。张志鹏认为,根据《左传》文,吴败楚于鹊岸之后,楚灵王进军吴地至罗汭,济罗汭至莱山、南怀、汝清,见吴军防守严密,遂观兵于坻箕山后而还。据吴军早设备来看,楚军不可能深入吴地,罗汭、莱山、南怀、汝清、坻箕山等地只能处在吴与群舒交界地带。[2]

楚灵王登山向东,隔长江而望吴国,见吴国防备严密,无隙可乘,遂决定在此举行阅兵,炫耀武力。一时间,楚国各路大军汇集蔡、陈、许、顿、沈、徐、越、东夷的军队,在坻箕山下的开阔地举行了盛大的阅兵仪式,军号声声,鼓角齐鸣,旌旗猎猎,声势浩大。在认为达到威慑效果后,楚灵王宣布退军。各诸侯国得令,各回其国。

《左传》昭公五年还记:"是行也,吴早设备,楚无功而还,……楚子惧吴,使沈尹射待命于巢,薳启彊待命于雩娄,礼也。"为防吴军出而追蹑于后,楚灵王留沈尹射待命于巢,留薳启彊待命于雩娄,以策安全。

楚灵王班师回国,号称伐吴,全胜而归。归途中意外见到吴国派来的使者。《左传》昭公五年:

> 楚子以驲至于罗汭。吴子使其弟蹶由犒师,楚人执之,将以衅鼓。王使问焉,曰:"女卜来吉乎?"对曰:"吉。寡君闻君将治兵于敝邑,卜之以守龟,曰,'余亟使人犒师,请行以观王怒之疾徐,而为之备,尚克知之。'龟兆告吉,曰:'克可知也。'君若欢焉,好逆使臣,滋敝邑休怠,而忘其死,亡无日矣。今君奋焉,震电冯怒,虐执使臣,将以衅鼓,则吴知所备矣。敝邑虽贫,若早修完,其可以息师。难易有备,

---

[1] 高士奇:《春秋地名考略》卷九楚(下)"坻箕之山"条,康熙二十七年刊本,第596页。
[2] 张志鹏:《吴越史新探》,河南大学博士学位论文,2012年,第95页。

1398

可谓吉矣。且吴社稷是卜，岂为一人？使臣获衅军鼓，而敝邑知备，以御不虞，其为吉，孰大焉？国之守龟，其何事不卜？一臧一否，其谁能常之？城濮之兆，其报在邲。今此行也，其庸有报志？"乃弗杀。

这段文字，讲灵王问蹶由的来意，彼称前来犒师。灵王拘之，将杀之以衅鼓，即按照春秋时期两军交战的传统，开战前夕杀人，将血涂在鼓上，这样可以鼓舞士气。在杀蹶由之前，灵王问其来时卜否，蹶由从容应对，说卜过，大吉。吴王听说楚国军队将要打进吴国，特地通过卜龟并且派我来判断吉凶，根据楚王的态度而作准备。卜龟的结果是吉，楚王的态度通过对我的处置方式可以知道。如果楚王欢迎我，吴国就会掉以轻心，不做防备，吴国就会灭亡，如果楚王雷霆震怒，杀死我，将我的血涂在鼓上，吴国就会提前防备。我们吴国虽然国力不强，但如果准备充分，可以制服入侵的军队，卜龟告诉我们提前准备的重要，故是非常吉利的。况且以吴国的社稷前途卜龟，不是为某一个人，如果杀了我，让吴国提高了警惕，当然是大吉。卜龟的结果是否吉利，常常要等很长时间，城濮之战，楚国曾经卜龟，显示大吉，结果在数年之后的邲地之战楚国获胜才显现，今天我作为使者，不担心有何后果。楚灵王听蹶由说得头头是道，入情入理，就没有杀蹶由。

《左传》这条记载，因为使者蹶由是吴王之弟，身份高贵，显示了吴国欲对楚示好的态度，极为关键。吴王派其弟蹶由到楚军犒师的具体时间，不甚清晰。可以理解为是在吴鹊岸偷袭之后，楚灵王从琐地乘驲车赶回罗汭搬兵之际，灵王与蹶由二人在罗汭见面，也可以理解为楚灵王在坻箕山阅兵之后，灵王与蹶由二人在坻箕山见面。按照常理，应该在楚灵王坻箕山阅兵之后，两国对峙，近在咫尺，吴派出使者较为近便。但《左传》昭公五年记的是"楚子以驲至于罗汭。吴子使其弟蹶由犒师，楚人执之"，当时楚师刚败，楚灵王忙着乘驲车赶回楚内地罗汭，岂有吴使追着犒师之理？如果是阅兵之际，吴派使者就近犒师示好，方合常理。《左传》昭公五年随后又记"楚子遂观兵于坻箕之山。是行也，吴早设备，楚无功而还，以蹶由归"，明显是指吴使蹶由是在阅兵之后，与楚灵王在坻箕山见面。《左传》昭公五年的这段记载，两边都占，难以判定。幸而近年新发现清华简《系年》十五章，述吴楚结怨始末，带有"纪事本末体"意味。清华《系年》简80云："灵王伐吴，为南怀之行，执吴王子蹶由，吴人焉或（又）服于楚。"清华简《系年》明确记载灵王是在"南怀之行"后执蹶由，显示灵王与蹶由见面是在坻箕山阅兵之时，而且只有阅兵之际，楚灵王才会有"衅鼓"的念头。《系年》随即发表了一句重要的评论："吴人焉或（又）服于楚"，这就十分难得了。

楚灵王发动众诸侯伐吴，却落得个虎头蛇尾的结局，给当时及后世的学者留下了深刻的印象。也造成了之前扣留蹶由一事被掩盖，一直以来没有被深入研究过，直到清华简《系年》的面世，提到蹶由被执，才逐渐被重视起来。张旭晟认为，从《系年》简文来看，灵王扣留了蹶由以后，吴国重新屈服于楚国，这与之前《左传》的记载截然相反。这点差异引人深思，但是由于目前缺乏实际的证据证明简文和文献谁真谁假，无法得出肯定的答案，只能提出一个假设。吴军在鹊岸击败楚联军后，派王弟蹶由赴楚军犒师这段记载是明确无误的，吴军在大破楚军后，主动向楚国示好，并派出了吴王弟这种身份的人出使，可见吴国内部已经生出和好之心，希望通过自己的妥协缓和两国的关系。可是楚国没有接受这个好意，扣留甚至要杀死吴国使者。这种"非礼"的举动具有强烈的侮辱性，伤害了吴国的尊严，使得吴国对楚国的仇恨大大加深，此后吴楚再无和谈之可能。《系年》是楚国史书，行文难免有偏袒楚国之意，可能记载到此处时，认为吴国派蹶由出使是重新屈服楚国的象征，遂记下了"或服于楚"这样的文字。而《左传》是以鲁国为主体的史书，记载吴楚之事相对更加客观，蹶由出使是吴楚关系发展阶段中的重要转折点，这一大好机会被灵王的狂妄自大白白损失，不由让人唏嘘。①

张树国指出，《系年》所谓"南怀之行"，《左传》作"薳射帅繁扬之师先入南怀，楚师从之"。当时吴王派其弟蹶由犒师，被扣押，带回楚国。楚平王夺取王位后，将其放回。②

楚灵王班师回国，念念不忘攻吴、在鹊岸遭袭，想再次攻吴。第二年，楚灵王五年，吴、楚又为争夺徐国而引发房钟之役。《左传》昭公六年：

> 徐仪楚聘于楚，楚子执之，逃归。惧其叛也，使薳洩伐徐。吴人救之。令尹子荡帅师伐吴，师于豫章，而次于乾溪。吴人败其师于房钟，获宫厩尹弃疾。子荡归罪于薳洩而杀之。

徐国在今江苏泗洪东南的半城镇，位于淮水下游。楚灵王三年主持申地之盟时，因徐王的母亲为吴人，楚灵王怀疑徐君通吴，竟然将徐君抓住。徐君设法逃归，躲过一次灾难。徐国夹在楚、吴之间，为求自保，在楚、吴之间作骑墙之态。这一次是徐国的太子仪楚访问楚国，被楚国捉住，仪楚逃归徐国，楚灵王担心徐国叛楚，派楚将薳洩率师讨伐徐国。吴国赶快前往救援，楚灵王马上将战争升级，增派令尹子荡率师讨伐吴国。

令尹子荡率师讨伐吴国，行动迟缓，先是在豫章集结。豫章，《左传》中八次出现，清代学者进行了讨论，认为豫章是一个大的区域，起自今安徽霍邱、六安、霍山诸县之间，西经河南光山、固始，抵信阳市及湖北应山县东北。③ 赵炳清指出：其实，豫章是一个通名，

---

① 张旭晟：《春秋吴楚关系研究》，华中师范大学硕士学位论文，2018 年，第 30 页。
② 张树国：《出土文献与上古历史文学研究——以楚史及屈赋为中心》，人民出版社 2018 年，第 58 页。
③ 参见顾栋高：《春秋大事表》卷四，《春秋列国疆域表》附"春秋时楚豫章论"，第551—554 页；高士奇：《春秋地名考略》卷九，楚(下)，"豫章"条。

"豫"即"大"，凡是有大樟树的地方均可称"豫章"。从此处的"豫章"来看，当在乾溪之北或之西。因此，关于豫章的地望应结合文献具体分析，并非存在一个大的区域。这场战事，吴人在房钟击败楚人，可见吴国势力已达楚东国东境的焦、夷一线。①

令尹子荡随后到达乾溪。乾溪之地，杜注曰："在谯国城父县南，楚东境。"城父即楚夷邑，乾溪在夷邑南，即今安徽亳州东南七十里。这里已经是楚国的边界，沿涡河顺流东下数十里，便到达"房钟"。房钟，杜注曰"吴地"，然未言所在，清人均认为在清代安徽蒙城县境内。② 杨伯峻注："房钟即今安徽蒙城县西南，西淝水北岸之阚疃集。"据杨注，房钟即是今安徽利辛东南阚疃镇。查地形图，今安徽蒙城与阜阳市之间，有水道可通阚疃镇。

重要的是，房钟并非楚国的属邑，而是吴地。杜预注："房钟，吴地。"清人高士奇亦认为房钟属于吴地。③ 依据杜注，便可以知道，令尹子荡率领楚师，包括先前攻徐的薳洩率领的队伍，是从乾溪出发，沿涡河东进，越过楚、吴边界，冒冒失失向吴国的房钟进攻。既然是沿涡河东进，令尹子荡率领的楚师，很有可能是水师，而吴国早已在房钟严阵以待，令尹子荡命令宫厩尹弃疾率师先行进攻，大概房钟城池坚固，防守严密，弃疾求胜心切，猛打猛冲，中了吴国的埋伏，不幸被俘。令尹子荡诿过于薳洩，不由分说，杀死了薳洩。楚灵王的伐吴，再次遭受失败。（**见图 18-5：楚、吴房钟之战略图**）

房钟之战，是楚灵王对吴的伤心战。回顾楚灵王夺位以来，一直以征讨吴国为己任，先是筹划申地会盟，发动众多诸侯国伐吴。第一波攻吴浪潮，进攻吴国的朱方侥幸得手，却遭到吴国的报复，棘、栎、

---

① 赵炳清：《楚国疆域变迁之研究——以地缘政治为研究视角》，复旦大学博士学位论文，2013 年，第 145 页。

② 参见秦蕙田：《五礼通考》卷二一〇"房钟"条；高士奇：《春秋地名考略》卷一一"房钟"条；顾栋高：《春秋大事表》，中华书局 1993 年，第 551、655 页。

③ 高士奇：《春秋地名考略》卷一一，康熙二十七年刊本，吴地"房钟"条。

麻三邑被吴国一度攻占。好不容易掀起第二波攻吴浪潮，不料鹊岸遭袭，铩羽而归。第三波攻吴，却又在房钟受挫，楚将弃疾被俘，碰得头破血流。楚灵王痛定思痛，有些泄气。他把吴国的房钟视为楚国的眼中钉、肉中刺，发誓一定要拔出。距离房钟最近的楚国城邑是乾溪，为此，乾溪即是抗击吴国的前哨基地，为确保抗吴的前线指挥，楚灵王后来索性将乾溪定为行都，身体力行，长期住在乾溪。如此一来，乾溪在楚国的地位日益重要。

第七节　不恤民力筑章华台（灵王六年）

鹊岸和房钟两地接连受挫，使楚灵王重新思考对吴的一味进攻战略。台湾三军大学《中国历代战争史》评论："楚军因历次与吴战失利，遂转取守势不敢出，吴楚两国间因又平静数年。"

楚灵王从抗吴一线回到为郢（湖北宜城楚皇城），没有过几天平静的日子，就又不安分起来。进攻吴国失败的阴影始终伴随着他，挥之不去。这时，忽然听到报告：章华台竣工了。据《晏子春秋·内篇·谏下》，章华台是灵王即位伊始就下令营造的，公元前535年，楚灵王六年，章华台落成，地点在江南之梦。这是一座游宫，规模宏大，殿宇众多，装饰华丽。楚灵王是个喜爱游猎、娱乐的人，得知章华台竣工，喜之不尽，当即带领群臣奔赴章华台。章华台位于为郢东南，直线距离百余公里，舟船顺汉水而下，一日可达。

章华台是个著名建筑。关于章华台的文献记载，有数十种之多。可见章华台确实存在，而且很有名。章华台的地望，汉时人观点较为一致，认为章华台在南郡华容县城内。《史记》："七年，就章华台，下令内亡人实之。"杜预注："南郡华容县有台，在城内。"①唐、宋以

---

① 司马迁：《史记》卷四〇《楚世家》，中华书局1959年，第1705页。

后，说法渐多，杜佑认为在监利县，[①] 李吉甫考订"章华台在县（城父县）南九里"，[②] 而余知古在则认为"灵王与伍举登章华台，台在江陵东百余里，台形三角，高十丈余，亦名三休台是也"。[③] 到了宋代，仅《太平寰宇记》一书就载有商水、城父、江陵、监利和长林五种不同观点。[④] 难怪后来沈括在《梦溪笔谈》中吐槽："天下地名错乖谬率难考信，如楚章华台，亳州城父县，陈州商水县，荆州江陵、长林、监利县皆有之，乾溪亦有数处。"[⑤]1980 年，谭其骧在《云梦与云梦泽》一文中，通过对文献的仔细梳理，推测章华台在潜江县西南。[⑥] 邹衡 1987 年在考察了试掘现场后指出："这是楚国宫殿基址，是我国迄今为止保存最好的一座春秋战国时期的宫殿基址。"[⑦]可见，由于早期历史文献的记载不详，时代愈后，分歧愈多，历史的本来面目也越来越模糊，好在考古工作不断推进，可聊补文献之阙。（**见图 18-6：章华台位置示意图**）

章华台建筑年代，《左传》昭公七年记载："（楚灵王）及即位，为章华之宫，纳亡人以实之。"楚灵王即位之年，为鲁昭公二年，公元前540 年。《左传》同年又记载："楚子（灵王）成章华之台，愿以诸侯落之。"章华台落成是鲁昭公七年，即公元前 535 年，楚灵王六年。西晋杜预注："宫室始成，祭之为落。台在今华容城内。"《史记·楚世家》也说："（楚灵王）七年，就章华台，下令内亡人实之。"明朝学者董说在其所撰的《七国考·楚宫室》"章华台"条下云："楚华容城内，又有

---

① 杜佑：《通典》卷一八三，中华书局 1984 年，第 972 页。
② 李吉甫：《元和郡县图志》卷八，中华书局 1983 年，第 214—215 页。
③ 余知古：《渚宫旧事》卷二，中华书局 1985 年，第 15 页。
④ 乐史：《太平寰宇记》卷一〇"商水县"、卷一二"城父县"、卷一四六"江陵县""监利县""长林县"，中华书局 2007 年，第 190、232、2839、2845、2847 页。
⑤ 沈括：《梦溪笔谈》卷四，上海书店出版社 2009 年，第 27—28 页。
⑥ 谭其骧：《云梦与云梦泽》，《复旦学报》（社会科学版）1980 年增刊第 1 期。
⑦ 王小雨：《从清华简〈楚居〉对章华台的新认识》，载《楚文化研究论集》（第十三集），上海古籍出版社 2018 年，第 569 页。

章华台，盖宫以台名也。"说明后人所说的章华台，实际上已包括章华宫在内，台与宫两者已分不开，而是将二者合而为一了。

章华台的地点众说纷纭。方酉生说："岁月流逝，年复一年，这座距今已有2000多年的章华台的确切位置，在人们的心目中，已经逐渐变得模糊不清了。至今有潜江说、亳县说、商水说、沙市说、监利说五种说法。五种说法当中，以潜江说比较可信。"①

章华台的考古成果丰富。1984年，由荆州地区博物馆和潜江县博物馆组成的文物普查小组，开展对潜江西南进行田野考古调查。潜江市龙湾的东周楚国大型宫殿建筑基址共发现19座，面积达20余万平方米。包括4个台基群，分布在东西长2000米、南北宽2000米的范围内。台基呈南北方向排列。计有放鹰台、荷花台、打鼓台、徐公台、陈马台、无名台、水章台、小黄家台、华家台、郑家台等。（**见图18-7：潜江龙湾章华台宫殿基址分布图**）采集到东周时期楚国的考古实物资料有筒瓦、板瓦、鬲足、豆以及汉代的砖等。文物工作者在湖北潜江龙湾镇以东的章家台、华家台等地进行文物普查时，发现有大量东周和汉代的陶片，而且还有成组的夯土台基。② 1987年，考古工作者对郑家台和放鹰台两处遗址进行了小型试掘，出土了大量春秋中晚期至战国时期的陶扁、盂、豆、罐等生活器具，以及铁斧、铁锛等铁制工具。尤为引人注目的是，在放鹰台遗址一号台基上发现一处规模宏大的宫殿基址。③ 为进一步搞清楚潜江龙湾东周楚国大型宫殿遗址的性质，荆州博物馆于1987年4月至6月，对其中的放鹰台1号基址进

① 方酉生：《试论湖北潜江龙湾发现的东周楚国大型宫殿遗址》，《孝感学院学报》2003年第1期。

② 湖北省潜江博物馆、湖北省荆州博物馆编《潜江龙湾：1987—2001年龙湾遗址发掘报告》，文物出版社2005年，第9页。

③ 陈跃钧、罗仲全、院文清：《湖北潜江龙湾发现楚国大型宫殿基址》，《江汉考古》1987年第3期。

行了考古发掘，并取得了突破性的重大发现。① 以后于 1999 年春，潜
江市博物馆又对龙湾放鹰台第 3 号台基进行了试掘，取得了一些有价
值的考古实物资料。② 随后又于 1988 年、1998 年、1999 年、2000 年
和 2001 年进行了多次发掘，遗址的面貌逐渐清晰和完整起来。其中有
由 22 个夯土台基组成的放鹰台宫殿基址。③

　　放鹰台一号基址的发现，引起学界高度关注。在随即召开的"潜
江龙湾楚宫殿基址学术论证会"上，与会学者大多认为潜江龙湾遗址
极有可能就是章华台。张正明从时代、地点、宫殿、台的规模、建筑
材料、建筑工艺、水道、楚人习俗、地名等多个角度进行论述，认为
放鹰台遗址就是楚灵王修筑的章华台。④ 方酉生也认为"建筑规格之
高，规模气魄之大，可以说非章华台莫属"，⑤ 方酉生断言，放鹰台建
筑当属楚王所有无疑，应该叫章华台。第一，放鹰台的时间为春秋时
期，与楚灵王在位的时间是符合的。第二，从地理位置上来看，根据
《水经注·沔水》："扬水又东入华容县，有灵溪水，西通赤湖……又
有子胥渎……水东入离湖……湖侧有章华台，台高十丈，基广十五
丈。"《荆州府志》载："离湖在江陵城东七十五里，今离湖桥犹存故
名。"又《括地志》载："章华台在荆州安兴县东八十里。"唐代的安兴县
在今江陵东三十里。综上记载，华容县及其城中之章华台，应当在今
江陵以东百里左右，其地今为潜江市的西南境。放鹰台所在的方位及

① 陈跃钧、罗仲全、院文清：《湖北潜江龙湾发现楚国大型宫殿基址》，《江汉考
　古》1987 年第 3 期。
② 潜江市博物馆：《潜江市龙湾遗址群放鹰台第 3 号台试掘简报》，《江汉考古》
　2001 年第 1 期。
③ 湖北省潜江博物馆、湖北省荆州博物馆编《潜江龙湾：1987—2001 年龙湾遗址发
　掘报告》，文物出版社 2005 年，第 2 页。
④ 张正明：《章华台遗址琐议》，载湖北省考古学会编，方酉生主编《楚章华台学术
　讨论会论文集》，武汉大学出版社 1988 年，第 18—26 页。
⑤ 方酉生：《试论章华台遗址在潜江县西南——即今龙湾镇沱口乡马场湖村》，载
　湖北省考古学会编，方酉生主编《楚章华台学术讨论会论文集》，武汉大学出版
　社 1988 年，第 37—48 页。

里数与文献上记载的章华台是相符的。第三，放鹰台位置坐落在群台基的东北边缘，它的东面有楚家湖，有可能是《水经注·沔水》中的离湖。毫无疑问，在这种地方建筑层台累榭的宫殿最为适宜，可以极目远眺，一望无际，风景极佳，与文献上记载的章华台的情况是相符合的。第四，从层台建筑的规模来看，《水经注·沔水》载：章华台"台高十丈，基广十五丈"。当时用的是楚制，折合为米，台高为23米，台基广为34~35米。通过田野考古发掘得知，放鹰台的墙基长约30米，加上两侧廊檐下面的台基，与34~35米出入不大。放鹰台的墙身，每隔4米多就立方柱一根，长宽多约1米，一半嵌入墙内。使用如此粗大的方柱，目的自然是为了承重，可知其台必高，"台高十丈"也是有可能的。第五，在目前潜江龙湾发现的东周楚国大型宫殿建筑遗址的范围之内，还保存有水章台和华家台的名称。特别是住在水章台的居民都姓章，住在华家台上的居民都姓华，这章、华两姓村民的存在，与章华台的名称竟如此的相一致，恐怕不是偶然的巧合，它似乎已经清楚地告诉我们，楚灵王修建的章华台就在这里。① 郭德维认为，退一步来说放鹰台即使不是章华台本身，也应是整个章华宫群体建筑中的重要组成部分。②

《潜江龙湾》报告整理者将放鹰台1号台基早期的年代定为西周晚期至春秋中期，晚期的年代定为春秋晚期至战国中期。但《报告》指出："与1号台晚期建筑同时代的放鹰台3号台……宫殿基址上叠压有战国早中期的地层堆积（第5层），宫殿基址下叠压有春秋中期（第8层）至西周晚期的地层堆积及文化遗迹（Ⅲj1和第9、10层）。"③据此，

① 方酉生：《试论湖北潜江龙湾发现的东周楚国大型宫殿遗址》，《孝感学院学报》2003年第1期。
② 郭德维：《潜江龙湾遗址与楚章华台》，载湖北省考古学会编，方酉生主编《楚章华台学术讨论会论文集》，武汉大学出版社1988年，第49—57页。
③ 湖北省潜江博物馆、湖北省荆州博物馆编《潜江龙湾：1987—2001年龙湾遗址发掘报告》，文物出版社2005年，第287页。

知该基址群的主要建筑和使用年代为春秋晚期。

　　章华台的规模，后人常常将其与阿房宫并称："楚灵王起章华之台而楚人散，秦兴阿房之殿而天下乱。"①阿房宫的规模，《史记·秦始皇本纪》有明确记载："先作前殿阿房，东西五百步，南北五十丈，上可以坐万人，下可以建五丈旗。"而章华台也有"台高十丈，基广十五丈"，可见章华台台高基广，规模宏大。考古发掘情况同样表明，位于龙湾镇以东约 4 公里处的章华台宫殿基址群，东西长 1675 米，南北宽 1563 米，目前已发现夯土台基 22 座，总面积近 30 万平方米。

　　根据夯土台基的分布情况，整个章华台宫殿群大致可分为四个区：放鹰台宫殿区、打鼓台宫殿区、瓦屋场宫殿区和娘娘坟宫殿区。其中放鹰台宫殿区位于整个宫殿群的最东端，规模最大，从夯土台基的数量判断，共有 6 座宫殿。目前只对最东端的 1 号宫殿进行了部分发掘，对 3 号宫殿进行了小规模试掘。虽然多数遗址尚隐没于地下，有些遗址也遭受了严重的破坏，完全恢复章华台的全貌已不可能，但已有的发掘资料，仍为我们了解章华台行宫的布局提供了重要线索。

　　放鹰台 1 号宫殿位于放鹰台宫殿区的最东端，也是现存最高的一个，高出周围地面 3~4 米左右。宫殿三面环河，在其北、东、南三面均发现有古河道，西北与 2 号宫殿相连。1 号宫殿平面呈方形，东西长 130 米，南北宽约 100 米，总面积约 13000 平方米，发掘面积 3608 平方米。② 1 号宫殿以三层夯土台基为基础，宫殿主体建筑（下文简称"主殿"）坐落于中东部的第三层夯土台基上，在其西侧有一配殿，坐落在第二层夯土台基上。整个宫殿以位于第三层夯土台基上的主殿为核心，在其东南西三面铺设有精美的贝壳路，南有庭院，北有天井回廊，西边配有侧室，四周环以游廊亭阁，高低错落、布局精巧、装饰精美、规模宏大，亦不失典雅。（**见图 18-8：潜江龙湾章华台 1 号宫**

---

①　荀悦：《汉纪·武帝纪》卷一〇，中华书局 2002 年，第 160 页。

②　湖北省潜江博物馆、湖北省荆州博物馆编《潜江龙湾：1987—2001 年龙湾遗址发掘报告》，文物出版社 2005 年，第 54 页。

殿平面布局图）

　　主殿位于整个宫殿的中东部，坐落在最高的第三层夯土台基上，高出周围地面 4~5 米，地势高，视野开阔。第三层夯土台基平面呈正方曲尺形，南壁和东壁长 24.9 米，北壁东段、西段均长 12.45 米，西壁北段长 12.25 米，南段长 12.65 米，面积为 467.5 平方米。[1] 整个台基用纯净细腻的灰土夯筑而成，在台基的六面均匀分布着 28 个壁柱洞。柱洞一面与台基齐平，三面嵌入台基内，壁柱洞运用了木结构中的榫卯结构原理，主要有双肩套榫和双翼栓榫结构。[2] 在台基内还暴露出 52 条纵横交错的地沟，其中东西向的横地沟 23 条，南北向的纵地沟 27 条，斜地沟 2 条。这些地沟均是地梁烧毁后留下的痕迹，可知在修筑台基时，先用木柱搭建地梁，然后填筑夯土。同时从地梁和柱洞的位置来看，地梁与台基上的立柱相互连接，形成一个整体，是一种典型的框架结构，既确保了台基的坚固，同时也增强了台基之上宫殿的稳定性。第三层台基不仅修筑得十分稳固，而且装饰也十分华丽。在壁柱洞之间，装饰有肩状壁带，而且在台基的南壁和西壁，还发现有 6 条纵向的壁沟，应是镶嵌木条用的沟槽，用以固定包裹台基的木板。同时在台壁的壁面上，均匀地涂抹了一层红黄色细泥，平整光滑。位于其上的主体建筑平面也呈曲尺形，共发现 134 个柱洞，形状有圆形、方形、半圆形、八边形和三角形五种，由这些柱洞可知主体建筑规模宏大，结构复杂，十分豪华。

　　主殿的西侧，还有一座规模较小配殿。配殿坐落在第二层台基上，台基呈长方形，东西长 9.45 米，南北宽 6.2 米，面积 58.59 平方米。[3]

---

[1]　湖北省潜江博物馆、湖北省荆州博物馆编《潜江龙湾：1987—2001 年龙湾遗址发掘报告》，文物出版社 2005 年，第 263 页。

[2]　湖北省潜江博物馆、湖北省荆州博物馆编《潜江龙湾：1987—2001 年龙湾遗址发掘报告》，文物出版社 2005 年，第 264 页。

[3]　湖北省潜江博物馆、湖北省荆州博物馆编《潜江龙湾：1987—2001 年龙湾遗址发掘报告》，文物出版社 2005 年，第 259 页。

在配殿的北墙，开有两扇门，通往北边的回廊。回廊平面呈"回"字形，东西宽21.8米，南北长23米，中间有天井。回廊的东、南、北三面宽3.2~3.4米，西回廊宽4.2米。回廊的柱洞排列有序，从柱洞的位置来看，南侧回廊紧靠主殿和配殿，只有一排柱洞，推测可能与主殿和配殿连为一体，因而回廊顶部为单坡，雨水流向中间的天井。天井近似方形，南北长16.4米，东西宽14.4米，低于回廊0.3~0.35米，天井内铺满陶瓦片。在回廊的东、北、西三面还建有三处台阶。由于回廊以北尚未发掘，北侧台阶通往何处不得而知。东侧台阶可上达主殿，而沿西侧台阶往下，有一处水坑，尚未全部发掘。现已暴露面积25平方米，水坑深2.8米，坑壁呈阶梯状，推测此处可能是宫殿的水榭部分。另外，水坑北面连接古河道，因此该水坑还可能是一处码头，用来泊舟。

主殿南侧东西各有一处大台阶，可下到一层台基上。在其东、南、西三面，环绕着一条由贝壳铺设的"御道"，宽约1米，总长度超过50米，路面高出两侧地面0.2米左右。贝壳均为白色，口朝下，背朝上，扣合在路基的细土中，排列紧密而整齐，并形成"人"字形纹。同时在"御道"两侧还挖有沟槽，沟槽上镶嵌有木板，类似今天的下水道井盖。台阶和"御道"组成门庭，门庭以南便是开阔的广场。

1号宫殿还有多处游廊。从分布的位置看，可以划分为外曲廊、东内廊和内曲廊。外曲廊位于整个宫殿区的最东侧，环绕第三层台的东南、东、东北三面，总长100多米，宽2~4米，可分为南、中、北三段。三段高低不一，中段较高，向东凸起，南、北两段稍低，基本在一条直线上。外曲廊的拐角基本垂直，从拐角处的柱洞位置来看，似乎还建有亭阁。由于南、北两段尚未全部发掘，北段继续向西、北延伸，南段也有向西转弯的趋势，因而推测完整的外曲廊可能绕整个1号宫殿一周。东内廊位于宫殿东南，与外曲廊南段基本平行，中间有夯土墙隔开，南北走向，长约50米，宽2.5~3米。内曲廊环绕侧室，已暴露长度41米，宽3~4米。

1号宫殿主体建筑的东西两侧各有排水管一处，均埋在一层夯土台内。东侧排水管呈东西走向，西高东低，推测水排进东面的古河道里。西侧排水管由三条并列的陶质排水管构成，每条排水管由十节（二十块）两两扣合、首尾相套的筒瓦组成，呈南北排列，南高北低，南端向东拐弯，连接宫殿，北端连接水坑，可将水排进水坑。

蒋秀林指出：总的来看，1号宫殿平面上呈现出典型的廊院布局，以位于第三层台上的主殿为核心。主殿南侧由台阶和贝壳路组成门庭，门庭之南是开阔的广场。西侧的二层台上建有配殿，往西还有水榭和码头。而北边则是回廊天井，同时整个宫殿四面环以游廊，宫殿内也由连廊连为一体。整个宫殿呈现出以下特点：

一是规模宏大，台高基广。1号宫殿整体坐落在夯土台基上，南北长130米，东西宽100米，面积达1.3万平方米。台基分为三层，一层夯土台高出地面2~3米，二层台高出一层台0.5~0.9米，三层台高出一层台1.2~3.5米，而且这还是破坏后的高度，推测当时各层台基应该会更高。

二是结构复杂，主次分明。1号宫殿不是一座简单的殿堂建筑，而是由主殿、回廊、天井、庭院、水榭等组成的一组宫殿建筑群，结构十分复杂，但主次分明。以第三层高台上的宫殿为主体，周围有贝壳路、檐廊、走廊、回廊、天井等环绕而建，呈众星拱月之势。

三是建筑规格高。古代的宫室建筑多为高台建筑，但一般都是一层高台，而放鹰台1号宫殿建在三层台上，与现存的故宫三大殿类似。而且在主体宫殿周围还铺设贝壳路，类似后来的"御道"。

四是临水而建，层台累榭，建筑风格独特。1号宫殿临水而建，北、东、南三面环水，同时修筑高大的夯土台基，高台与水面交相呼应，可收到艺术上大小、高低、虚实与明暗的对比效果，即所谓的"高堂邃宇，槛层轩些，层台累榭，临高山些"。主体宫殿位于最上层，其他辅助建筑环绕周边，高低错落，同时以外曲廊、东内廊、内曲廊、回廊等多重廊道，将整个宫殿连为一体，又以隔墙、侧门等将之分割成宫殿、广场、天井等不同空间。

五是建筑技术先进。从第三层夯土台基的建设来看，整个台基外侧有壁柱，夯土台基在台基内还暴露出52条纵横交错的地沟，其中东西向的横地沟25条，南北向的纵地沟27条，这些地沟均是地梁烧毁后留下的痕迹，可知在修筑台基时，先用木柱搭建地梁，然后填筑夯土。同时从地梁和柱洞的位置来看，地梁与台基上的立柱相互连接，形成一个整体，是一种典型的框架结构，既确保了台基的坚固，同时也增强了台基之上宫殿的稳定性。[①]（**见图18-9：章华台复原示意图**）

楚灵王时期的章华台，体量宏伟，耗资巨大，在当时就引起很大的争议。《国语·楚语》记灵王与伍举登章华台，脱口赞道："台美夫！"伍举不以为然，对灵王说："夫美也者，上下、内外、小大、远近皆无害焉，故曰美。若于目观则美，缩于财用则匮，是聚民利以自封而瘠民也，胡美之为？"伍举把话说得很重，借题发挥，意在进谏。伍举还说："今君为此台也，国民罢焉，财用尽焉，年谷败焉，百官烦焉。举国留之，数年乃成。"总之，劳民伤财，一无是处。

春秋时期筑城时间，一般来说，最多只需几个月，所涉及的只有附近的边民；而修章华台时间用了数年，弄得全国民不聊生，财库枯竭，废民时务，百官厌烦。《水经注·沔水》还提到"言此渎，灵王立台之日，漕运所由也"。也就是专门开凿运河来漕运建台之物资，由此也可见工程之巨大。《国语·吴语》记申胥（即伍子胥，伍举之孙）曰："昔楚灵王不君，其臣箴谏以不入，乃筑台于章华之上，阙为石郭，陂汉，以象帝舜。"韦昭注云："阙，穿也。陂，壅也。舜葬九疑，其山体水旋其丘，故壅汉水使旋石郭，以象之也。"[②]郑昌琳指出：韦昭的这一段注，对章华台很重要，不但说明章华是地名，还指出楚灵王生前预筑的寿藏，阙石郭为冢圹、并壅塞汉水使之改道。再筑台于

① 蒋秀林：《春秋战国楚都研究》，陕西师范大学硕士学位论文，2018年，第32—39页。
② 左丘明：《国语》卷一九《吴语》，上海古籍出版社1988年，第598页。

章华之上，作为生时的游乐宫，死后的葬身地。但是汉水自钟祥的马良以下进入平原，下游经常改道，后人不易发现历代的旧水道，并且王国维《水经注校》又注云："今《国语》无此石郭象舜语"，[1] 均以为《水经注》是孤证，未引起重视。现查《国语·吴语》内确有此语，郦道元所言有据。沈括《梦溪笔谈》："天下地名错乱乖谬率难考信，如楚章华台，亳州城父县，陈州商水县，荆州江陵、长林、监利县皆有之，乾溪亦有数处，据《左传》楚灵王七年成章华之台，与诸侯落之。杜预注'章华台在华容城中'。华容即今之监利县，非岳州之华容也。至今有章华故台在县郭中，与杜预之说相符。"[2]沈括所指的古华容城址，就在今监利周老咀，位于东荆河南岸。汉水于潜江泽口分流为东荆河，河水自北垂直向南，经潜江县全境，至老新镇直角折向东流。这样的流径，似为人工所致，可能是《国语》上所说的"陂汉，以象帝舜"的地势。[3]

章华台建成后，包括楚王在内的大量人员入住，形成一个由不同阶层的人组成的一个小社会。其中，受到灵王亲近和重用的还有"亡人"，《史记·楚世家》说："（灵王）七年，就章华台，下令内亡人实之。"晏昌贵指出："亡人"即有罪逃亡的士大夫或庶民。灵王在宗族政策上弃亲任远，显然偏离了之前任人唯亲的路线，其主要目的是"为了改变王权旁落的事实"。[4]

楚灵王六年，申无宇的家臣逃进了楚灵王的章台之宫，无宇擅自闯入章华宫去捉逃奴，这在当时是违法的。管理章华宫的官员以"执人于王宫"的罪名逮住无宇去见楚灵王。当灵王还是令尹公子围时，无宇就同他发生过冲突。那是因为公子围出猎时车上插着王旌，被掌管猎场的芋尹无宇碰上，无宇以一国不可有两君为由，割断了公子围

① 王国维：《水经注校》，中华书局 2014 年，第 913 页。
② 沈括：《梦溪笔谈》卷四，上海书店出版社 2009 年，第 27—28 页。
③ 郑昌琳：《楚国史编年辑注》，湖北人民出版社 1999 年，第 314—315 页。
④ 晏昌贵：《春秋楚王权与楚国政治地理结构》，《江汉论坛》1998 年第 3 期。

的王旅。当初的公子围，这时已成为楚王，正要饮酒作乐。《左传》昭公七年记无宇慷慨陈辞："天有十日，人有十等。下所以事上，上所以共神也。"无宇在灵王面前先是据理以争，继而以周文王"有亡荒阅"（有逃亡奴隶即可大举搜捕）和楚文王禁示隐藏盗贼的《仆区》之法为依据，最后直言不讳地要求楚灵王不要学商纣王"为天下逋逃主"，而应当"以二文之法取之"。芋尹指出：按周文王制定的法令，若有仆妾逃亡，就应大肆搜捕。按楚文王制定的法令，窝赃者与盗物者同罪。周武王数殷纣王之罪，说他是招降纳叛的元凶。芋尹问道：大王正在谋求诸侯的拥戴，怎么能学殷纣王呢？无宇措词相当激烈，但出人意外的是灵王没有发火，楚灵王不仅没有处罚这个屡次得罪于己的昔日仇人，反而很大度地赦免了无宇，让他领了逃奴回去。昭公十一年，楚灵王还就使其弟公子弃疾为蔡公等事，主动征求申无宇的意见，表现了对他的尊重。楚灵王不计前嫌的行为，不仅使申无宇本人受到感动，也让其后人铭记于心。五年之后，楚灵王在乾溪之难中孤身逃命之时，申无宇之子申亥就因为其父"再奸王命"而"王弗诛"的恩惠，报答灵王。灵王自缢于申亥氏之家，申亥即以其二女殉而葬之。对于这件事，后来宋人王应麟在《困学纪闻》中大发感慨说："寺人披之斩祛，芋尹无宇之断旌，其仇一也。披请见而晋文让之，无宇执人于宫而楚灵赦之：楚灵之量，优于晋文矣。"

公元前535年，楚灵王六年，章华宫主体建筑章华台竣工，备极壮丽。《新书·退让》记翟王的使者到楚国，楚王在章华台上设宴。"上者三休，而乃至其上。"所谓"三休"，可能是每上一层就休息一下、观赏一回，并非只是站在那里喘息。先秦的"层台累榭"，没有比章华台更高的了。《太平御览》卷三八一、卷七五〇、卷七五八引《说苑》佚文，说晋和齐都有九重之台，这是后世才有的传说，不足为据。楚国的层台累榭，很有特色。在北方，有台未必有榭；在楚国，有台则必有榭。《说苑·建本》记："构室屋以避暑雨，累台榭以避润湿。"所讲的就是楚地的建筑。汉代枚乘《七发》有句云："连廊四注，台城层

1414

构。"所写的就是楚辞所谓"层台累榭"。就其高峻的土筑工程而言则为台，就其空灵的木构工程而言则为榭。上面所讲的放鹰台1号建筑遗址，其实都是榭的遗迹。《国语·楚语》记伍举与灵王同登章华台，说"以土木之崇高、彤镂为美"，所指的是章华台这个建筑个体。假如就章华宫这个建筑群体来看，那么，它有一个突出的特点是讲求建筑与环境的谐合，人工与天工的融通。它在建筑史上的贡献，也许至今还没有为人们所认识。

章华台落成，灵王高兴之余，遍请诸侯来为章华台落成典礼捧场。不想没有诸侯国答应前来。这时，薳启彊自告奋勇请缨到礼仪之邦的鲁国请鲁昭公前来。《左传》昭公七年：

> 楚子成章华之台，愿与诸侯落之。大宰薳启彊曰："臣能得鲁侯。"薳启彊来召公，辞曰："昔先君成公命我先大夫婴齐曰：'吾不忘先君之好，将使衡父照临楚国，镇抚其社稷，以辑宁尔民。'婴齐受命于蜀。奉承以来，弗敢失陨，而致诸宗祧。日我先君共王引领北望，日月以冀。传序相授，于今四王矣。嘉惠未至，唯襄公之辱临我丧。孤与其二三臣悼心失图，社稷之不皇，况能怀思君德？今君若步玉趾，辱见寡君，宠灵楚国，以信蜀之役，致君之嘉惠，是寡君既受贶矣，何蜀之敢望？其先君鬼神实嘉赖之，岂唯寡君？君若不来，使臣请问行期，寡君将承质币而见于蜀，以请先君之贶。"……三月，公如楚，郑伯劳于师之梁。

鲁昭公被逼不过，只得前来，中途经过郑国，还受到郑简公的接待。鲁昭公到了楚国，参观了章华台，"孟僖子为介，不能相仪。及楚，不能答郊劳。"鲁昭公在鲁臣孟僖子（仲孙貜）的陪同下，一路走过，不想孟僖子不学无术，不懂各种仪式及应对之词，出了不少洋相，将以周礼传承者自居的鲁国的脸面全部丢光。

作为中原礼仪之邦的君主鲁昭公登临章华台，受到楚国的盛情接待。《左传》昭公七年："楚子享公于新台，使长鬣者相。好以大屈。既而悔之。蓬启彊闻之，见公。公语之，拜贺。公曰：'何贺?'对曰：'齐与晋、越欲此久矣。寡君无适与也，而传诸君，君其备御三邻，慎守宝矣，敢不贺乎?'公惧，乃反之。"《史记·鲁周公世家》："楚灵王就章华台，召昭公。昭公往贺，赐昭公宝器；已而悔，复诈取之。"楚灵王一时高兴，送给鲁昭公一件楚弓，送过之后却又后悔，想办法要回来，可见楚灵王既要面子又小气，这也算是章华台的一段插曲。

张正明感叹：楚灵王的奢靡诚然不足为训，但章华宫在中国的建筑史和园林史上都有划时代的重要地位。在古代，人类的技术造诣和艺术造诣，往往是在淫威的高压下显示出来的，或已化为灰土，或尚留有残迹。至于像埃及的金字塔那样，人们出于虚幻而真诚的信念，甘愿耗尽一代又一代的才智和气力，迄今仍傲然卓立，使无数后人高山仰止的，实属仅见。①

楚灵王营建章华台，引领春秋时期大型宫室台榭建筑风气。不久，晋国便效仿楚国。公元前534年，楚灵王七年，楚章华台落成的第二年，晋平公在都城新田西南的浍水之阳建造一座离宫，叫做虒祁宫。《水经注·汾水》："汾水西径虒祁宫北，横水有故梁，截汾水中，凡有三十柱，柱径五尺，裁与水平，盖晋平公之故梁也。物在水，故能持久而不败也。"又《水经注·浍水》："又西南过虒祁宫南，其宫也背汾面浍，西则两川之交会也。"故其宫当在今侯马市西南。虒祁宫的修建，前后用了六年，穷极其巧，到晋平公死后方才告竣。诸侯入晋朝见新君昭公，看了虒祁宫，黯然心寒。《左传》昭公十三年云："晋成虒祁，诸侯朝而归者皆有贰心。"在建宫之初，《左传》昭公八年载，叔向就持不同意见，他曾警告说："是宫也成，诸侯必叛。"在六卿的纵容下，晋平公没有采纳叔向之言。晋大夫师旷(子野)也说："今宫室

① 张正明：《秦与楚》，华中师范大学出版社2007年，第109页。

崇侈，民力凋尽，怨蕭并作，莫保其性（生）。"晋国的离宫除了虒祁宫外，还有铜鞮之宫。李孟存、李尚师指出，晋国公室的奢侈生活，除了来源于对本国劳动人民的巧取豪夺之外，另一来源是所属国的贡赋，平公时，生活腐化，离宫铜鞮连绵数里，豪华非凡，规模宏大，诸侯居馆，却如奴隶居舍，盗贼猖獗，办事拖沓，对属国责求无厌，执事无暇，晋国府库充实，送去礼物不敢日晒夜露，礼物潮湿霉烂，还被晋人怪罪，受到惩罚。①

第八节　灭陈蔡为县，弃疾为陈蔡公（灵王七年）

房钟之役以后，楚国向东开拓，严重受挫，不得不暂停进攻吴国，转向经营江汉地区，于是有章华台竣工。但楚灵王一心对外发展，又将重点转向北方的中原。

楚国北进中原，不可避免地涉及陈国。陈国自从楚晋第二次息兵，一直按照"交相见"的原则，小心翼翼地对楚、晋按期进贡，求得苟安，楚灵王想要灭掉陈国，一时没有理由，无从下手。事有凑巧，正在此时，陈国发生了严重内乱，让楚国有了可乘之机。《左传》昭公八年记：

> 陈哀公元妃郑姬生悼大子偃师，二妃生公子留，下妃生公子胜。二妃嬖，留有宠，属诸司徒招与公子过。哀公有废疾。三月甲申，公子招、公子过杀悼大子偃师而立公子留。夏四月辛亥，哀公缢。干徵师赴于楚，且告有立君。公子胜诉之于楚，楚人执而杀之。……陈公子招归罪于公子过而杀之。九月，楚公子弃疾帅师奉孙吴围陈，宋戴恶会之。冬十一月壬午，灭陈。……使穿封戌为陈公。

①　李孟存、李尚师：《晋国史》，山西古籍出版社1999年，第261—262页。

陈哀公有偃师(《史记·陈杞世家》以偃和师为二人)、公子留、公子胜等三子,分别为元妃郑姬、"二妃"、"下妃"所生。偃师原本立为太子,称之"悼大子偃师"。后来,陈哀公宠幸"二妃"而喜爱公子留。楚灵王七年,公元前534年,陈哀公之弟司徒招和公子过趁哀公生病之机,杀悼太子,立庶子留为太子,逼哀公自缢,然后立留为陈国国君。楚灵王见陈乱,遣公子弃疾以立偃师之子太孙吴为由,出兵围陈,宋国也派军相助。于同年冬十一月灭陈为县。灵王任楚臣穿封戌(《史记·陈杞世家》误作"弃疾")为陈公。

陈国被灭,陈国人心不服。有人暗地杀马毁玉厚葬陈哀公,然后逃跑,不愿为楚臣。《左传》昭公八年:"舆嬖袁克杀马毁玉以葬(杜预注:舆,众也。袁克嬖人之贵者,欲以非礼厚葬哀公)。楚人将杀之,请置之。既又请私(杜预注:私尽君臣恩),私于幄,加绖于颡而逃(杜预注:幄,帐也。逃,不欲为楚臣)。"

陈国被灭,楚灵王的下一个目标便是蔡国了。

蔡国位于吴、楚之间而近楚,楚常恨其不服顺。灭陈之后楚灵王召开陈之会,《左传》昭公九年:"九年春,(鲁)叔弓、宋华亥、郑游吉、卫赵黶会楚子于陈。"蔡国拒不参加,楚灵王找到了灭蔡的机会。

楚灵王灭蔡,动了一番脑筋。《左传》昭公十一年:

> 楚子在申,召蔡灵侯。灵侯将往,蔡大夫曰:"王贪而无信,唯蔡于感,今币重而言甘,诱我也,不如无往。"蔡侯不可。三月丙申,楚子伏甲而飨蔡侯于申,醉而执之。夏四月丁巳,杀之,刑其士七十人。公子弃疾帅师围蔡。

楚灵王十年,公元前531年,春,灵王在申地以召见为名,通知蔡灵侯前来,蔡灵侯出发前,蔡大夫有预感,劝蔡灵侯不要去,说楚国遣使以甘言重币请蔡灵侯到申县相会,不会有好事。蔡灵侯畏惧楚国,不听,执意前往。蔡灵侯是在十余年前弑父自立的,不得民心,

1418

阳亲楚，阴附晋。蔡灵侯虽满腹狐疑，但还是带七十名甲士硬着头皮去了。灵王在申县设盛宴款待蔡灵侯，酒酣耳热之际，伏兵齐出，捉住了已经颇有醉意的蔡灵侯。杀死蔡灵侯，并杀其随行人员七十人。又派公子弃疾领兵围攻蔡国。

楚国灭陈，杀蔡灵侯并围蔡，对晋震动颇大。《左传》昭公十一年，晋臣荀吴对执政大臣韩宣子愤怒地指出：

> 不能救陈，又不能救蔡，物以无亲。晋之不能，亦可知也已！为盟主而不恤亡国，将焉用之？

韩宣子接受了荀吴的意见。同年秋，在厥慭与鲁、齐、宋、卫、郑、曹、杞等国大夫会晤，"谋救蔡"。厥慭之会，晋人没有组织联军救蔡，而只是派其大夫狐父请求楚国宽免蔡国。灵王不答应，晋也无能为力。同年冬，灵王亲率主力部队攻蔡，意图一举灭掉蔡国。

面对楚国的入侵，蔡太子有率领蔡国军队坚决抵抗，从四月到十一月，蔡都被围约半年。终因实力不济，蔡都被攻破，蔡太子有被俘。

逮住顽抗楚师的蔡太子有后，《春秋》昭公十一年："冬十有一月丁酉，楚师灭蔡，执蔡世子有以归，用之。"《左传》昭公十一年："冬十一月，楚子灭蔡，用隐大子于冈山。"楚灵王深恨蔡国的抵抗，残忍地打伤蔡太子有，将他的鼻血涂在祭品上，祭祀冈山。春秋时期，对待战俘，若非杀其人以祭，则必取其血以祭。贝塚茂树指出，当年，踌躇满志的宋襄公摆出一副霸主的姿态，和曹、邾举行了会盟，结果他又是扣押滕宣公，又是用鄫君做祭祀供品，特地说明，"此处不是指杀了鄫君做祭品，据说是把鼻子打出血，用的是鼻血。"①查《史记·管蔡世家》，蔡太子友是后来被蔡平侯杀死的。由此可见，灵王"用隐太子于冈山"，可能也是取其鼻血以祭冈山。

---

① 贝塚茂树：《春秋战国》，张蠡译，四川人民出版社2019年，第32页。

楚灵王的暴虐行径，不光在蔡国，而且在楚国大臣中激起巨大的反响。《左传》昭公十一年："申无宇曰：'不祥。五牲不相为用，况用诸侯乎？王必悔之。'"楚臣尚且如此，蔡国的贵族和平民的反应则会更加强烈。

当时晋为盟主，竟不敢救。新出文献《上博简九·灵王遂申》简1—2记载之事与此有关：

> 灵王既立，申、息不懋。王败蔡灵侯于吕，命申人室出
> 而取蔡之器，执事人夹蔡人之军门，命人毋敢徒出。[1]

"懋"为"愿意"之意。灵王初立，欲立威权，以震诸侯，于是就拿蔡国开刀。上博简"王败蔡灵侯于吕"与《左传》记载不同，蔡国当时为楚之附属国，不可能存在两国兴兵斗狠之事，当以《左传》为准。由上博简的记载可见蔡灵侯被执杀及蔡国灭亡之后，其国之重器及物品竟然被疯抢，"毋敢徒出"意为不敢空手而出。

楚灵王在灭蔡时，还一鼓作气，派兵灭了不羹国。不羹有东西之分：西不羹在今河南襄城东南。东不羹在今河南舞阳东北，距县城约25千米。楚国为了北图中原，在楚夏交界处设立了这几个重要的军事据点，屯以重兵。可见陈、蔡、东西不羹"四国"的军事地位之重要。

楚灵王既灭陈、蔡二国和不羹国，必然需要任命县公进行治理。楚灵王考虑再三，先是任命穿封戌为陈公。这又牵扯出夺位之前两人的一段不愉快的往事。《左传》昭公八年："使穿封戌为陈公，曰：'城麇之役，不谄。'侍饮酒于王，王曰：'城麇之役，女知寡人之及此，女其辟寡人乎？'对曰："若知君之及此，臣必致死礼以息楚国。"灵王命穿封戌为陈公，称赞他"不谄"。穿封戌曾与未即王位的公子围

---

① 马承源主编《上海博物馆藏战国楚竹书》（九），上海古籍出版社2012年，第29页，图版第31页。

发生冲突，乃至操戈逐公子围。这时，灵王问穿封戌：假如你当初料到寡人有今天，你会退让吗？穿封戌答道：假如臣当初料到大王有今天，臣将舍生忘死去安定国家。言下之意，是说自己一定要为郑敖去杀公子围的。如此直言，灵王听了，不以为罪，反映出灵王作为楚王，唯才是举，还是有一定肚量的。

有关灵王当初与穿封戌抢功的故事，还可见于《上博简六》，其中有《申公臣灵王》，与《庄王既成》合抄。其文如下：

> 御于枞（棘）述。申公子皇捷皇子，王子围夺之，申公争之。王子围立为王，申公子皇见王。王曰："申公，忘夫枞述之下乎？"申公曰："臣不知君王之将为君，女（如）臣知君王之为君，臣将或至焉。"王曰："不榖以笑申公，厥言弃之。今日申公事不榖，必以厥心。"申公坐拜，起答："臣为君王臣，君王免之死，不以晨（振）斧质，何敢心之有？"①

竹简整理者认为《申公臣灵王》即上文《左传》昭公八年所述穿封戌与灵王之事。"城麇之役"在《左传》襄公二十六年，楚康王十三年，楚军侵郑，"五月，至于城麇。郑皇颉戌之，出，与楚师战，败。穿封戌囚皇颉，公子围与之争之，正于伯州犁。"张树国指出：最后伯州犁将获郑大夫皇颉之功判给了公子围。但没有史料证明"穿封戌"即申公子皇，两者对话语气迥然不同，应是两件事情。史载灵王好大喜功，"汰而愎谏"，类似"抢功"的事应不止一桩。②

---

① 马承源主编《上海博物馆藏战国楚竹书》（六），上海古籍出版社2007年，图版第61页。释文参考叶玉英：《戴字古音考》，载《古文字研究》（第二十八辑），中华书局2012年；徐少华：《上博简〈申公臣灵王〉〈平王与王子木〉两篇疏正》，载《古文字研究》（第二十七辑），中华书局2008年。
② 张树国：《出土文献与上古历史文学研究——以楚史及屈赋为中心》，人民出版社2018年，第45页。

过了一段时间，蔡国被灭设县，灵王考虑到将两县统一管理，决定将陈、蔡二县交给小弟弃疾。穿封戌便没有继续担任陈县的县尹了。不过赵炳清认为，穿封戌与弃疾是先后分别担任县尹："楚灵王七年，即公元前534年，楚人灭陈置县，以穿封戌为县公。十一年，楚人又灭蔡置县，以公子弃疾为县公。"①可备一说。

灵王后来决定由弃疾统领陈、蔡二县。清华简《系年》十八章："（灵王）县陈、蔡。"清华简《系年》十九章："楚灵王立，既县陈、蔡。"《史记·陈杞世家》："使弃疾为陈公。"《史记·楚世家》："十年，召蔡侯，醉而杀之。使弃疾定蔡，因为陈蔡公。"灵王将陈、蔡二县交给弃疾的原因有二：一是弃疾排行老五，是灵王最小的弟弟，在灵王夺位之时，老三、老四都极力反对，事后逃往国外，拒不合作，唯独老五原地不动，一门心思辅佐灵王，深得灵王信任。二是陈、蔡灭国，都是由弃疾领兵攻打，弃疾文武双全，熟悉陈、蔡的国情，很得人心，便于治理。

任命弃疾之后，楚灵王始在陈地、蔡地和不羹大兴土木筑城。②东不羹城内东北部有较高的基址，推测可能是宫殿遗址。③ 城垣内外出土铜镞、带钩、车饰、郢爰、楚式剑等文物。《左传》昭公十一年：楚灵王十年，公元前531年，"楚子城陈、蔡、不羹。使弃疾为蔡公"。

筑城之际，《左传》昭公十二年载楚灵王得意洋洋地说："昔诸侯远我而畏晋，今我大城陈、蔡、不羹，赋皆千乘，子与有劳焉。诸侯其畏我乎？"《国语·楚语上》所载则有同有异："灵王城陈、蔡、不羹，使仆夫子晰问于范无宇，曰：'吾不服诸夏而独事晋何也，唯晋近我远也，今吾城三国，赋皆千乘，亦当晋矣。又加之以楚（楚本

---

① 赵炳清：《楚国疆域变迁之研究——以地缘政治为研究视角》，复旦大学博士学位论文，2013年，第146页。

② 参见杨伯峻：《春秋左传注》："不羹有二，据《清一统志》，在今河南襄城县东南二十里者为西不羹；在今舞阳县北者，为东不羹。"

③ 朱帜：《河南舞阳北舞渡古城调查》，《考古通讯》1958年第2期。

土），诸侯其来乎？'《史记·楚世家》和《新书·大都》也有类似记载。据贾谊《新书·大都》：灵王在陈、蔡、不羹筑城，是想用"以威晋""威诸侯之心"。解决"诸侯远我而畏晋"和"独事晋"的问题，达到诸侯畏楚朝楚之目的。

但是，灵王高度信任小弟弃疾，实际上给自己埋下了巨大的隐患。《左传》昭公十一年：

> 楚子城陈、蔡、不羹。使弃疾为蔡公。王问于申无宇曰："弃疾在蔡，何如？"对曰："择子莫如父，择臣莫如君。郑庄公城栎而置子元焉，使昭公不立。齐桓公城谷而置管仲焉，至于今赖之。臣闻五大不在边，五细不在庭。亲不在外，羁不在内。今弃疾在外，郑丹在内，君其少戒！"王曰："国有大城，何如？"对曰："郑京、栎实杀曼伯，宋萧、亳实杀子游，齐渠丘实杀无知，卫蒲、戚实出献公。若由是观之，则害于国。末大必折，尾大不掉，君所知也。"

楚灵王就任命弃疾为蔡县的县公一事征求申无宇的意见，申无宇直言相告，列举了郑国、宋国、齐国、卫国发生的大量地方政权羽翼丰满后颠覆国君的实例，说明无保留地信任弃疾，给予弃疾以兵权和陈、蔡两县的治理权，将会形成"末大必折、尾大不掉"的局面。这些话数年后全部兑现。只可惜此时灵王陶醉在大城陈、蔡、不羹的喜悦之中，根本听不进申无宇的无私劝诫。

第九节　灭房柏及迁许胡沈申遗民（灵王十年）

楚灵王在灭陈、蔡二国并设县治理之后，头脑膨胀，极欲开疆拓土，又把目标瞄准了淮河流域众多的小国，而房国则首当其冲。

《左传》昭公十三年记载："楚之灭蔡也，灵王迁许、胡、沈、道、房、申于荆焉。"杜注曰："许、胡、沈，小国也；道、房、申，皆故诸侯。楚灭以为邑。"对于杜注，徐少华认为道、房、申与许、胡、沈并列，也应当是小国之属。①

房国，拙著《先楚史》第十章第八节"商周时期淮河流域其他族姓部族及方国"有过介绍。②

房国为帝尧之子丹朱后人所封之国。尧都于平阳，在今天山西临汾一带。作为尧之子，丹朱所封之地最早当在山西境内。尧没有把部落联盟的最高权力交给自己的儿子丹朱，而是传给了舜。丹朱为让位主动到一个叫"房陵"的地方。尧、舜之间发生了权力的血腥争夺，丹朱失败之后，不得不从山西出发，迁移到丹水附近的河南内乡县一带。郑樵《通志》："房氏，祁氏，舜封尧子丹朱于房。"③表明房国本为帝尧之子丹朱之后人所封之国，为祁姓，子爵，因地名为房，故称为房子国。房国在夏商时期与世无争。西周时期与周王室有姻亲关系，西周前期的康王、昭王两代君主都以房国之女为妃，可见房国在西周中期以前，与周王室保持着良好的关系。到了春秋时期，随着诸侯之间的相互征伐，房国随时面临着被楚国灭亡的威胁。

房国在春秋时期的历史，先秦文献所记不详。《左传》中仅见于昭公十三年："楚之灭蔡也，灵王迁许、胡、沈、道、房、申于荆焉。"楚灵王灭蔡而迁房等六国，发生在公元前531年，时在楚灵王十年，房国被南迁至楚国的"荆"地，可见在春秋中后期，房国已与许、沈、道等淮河上游的一些国家一样丧失了独立性，已经被灭国。何光岳指出：房国"约于公元前529年(楚灵王十二年)被楚灵王所灭"。④ 楚昭

① 徐少华：《周代南土历史地理与文化》，武汉大学出版社1994年，第151页。
② 程涛平：《先楚史》，武汉出版社2019年，第806—811页。
③ 郑樵：《通志》，中华书局1995年，第68页。
④ 何光岳：《炎黄源流史·房国的来源和迁徙》，江西教育出版社1992年，第648页。

王于十一年，亦即公元前 505 年封赏给自吴奔楚的夫概。可见，房国在楚灵王时确实为楚所灭。

房国故地在今河南遂平县一带。从汉代至清代，关于周代房国的地望大致范围的记载没有太大的出入，一般都认为在今天河南省遂平县境。其地汉晋时名吴房县，唐宋以降称遂平县。不过对于房国故城具体在遂平县的何处却有不同的说法。

一是县西北说。《水经注》卷三一"潕水"条，《经》曰："潕水出汝南吴房县西北奥山，东过其县，北入于汝。"《注》曰："县西北有棠谿城，故房子国。《春秋》定公五年，吴王阖闾弟夫概奔楚，封之于棠谿，故曰吴房也。"①按《水经注》所言，房国故城当在今遂平县西北部。

二是县城说。《读史方舆纪要》载："吴房城，今县治，故房子国。楚并其地。春秋定公五年(公元前 505 年)，吴王阖闾弟夫概奔楚，封此，故曰吴房。"②清《乾隆遂平县志》载："古房子国城也，周围九里二十步，高二丈三尺，厚一丈，池深七尺。"③《读史方舆纪要》和旧志均认为房国故城即今天遂平县城，也就是汉晋以来的吴房县城。徐少华指出："汉晋吴房县位于潕水南岸，而夫概王所封之堂(棠)谿城在吴房县西北。汉晋吴房县即今河南遂平县，对照今地图，可知潕水当即源于遂平西北、再流径县北之奎王河，则位于故吴房县西北的堂(棠)谿城，亦当在今遂平县西北。只是郦道元说堂(棠)谿城是'故房子国'，则误，房国当在汉晋吴房县治。"④

考古发掘证实第二种看法是正确的。在遂平县城关发现了吴房故城，南临汝河。城址呈东西长方形，周长约 3 公里。该城原有东、西、南、北 4 门。西墙现存长 33 米，北墙尚存 3 段，长 550 米。城墙西北

① 郦道元：《水经注》，岳麓书社 1995 年，第 469 页。
② 顾祖禹：《读史方舆纪要》，中华书局 2005 年，第 2371 页。
③ 周到主编《河南省志·文物志》，河南人民出版社 1993 年，第 122—123 页。
④ 徐少华：《周代南土历史地理与文化》，武汉大学出版社 1994 年，第 154 页。

角保存较好，墙高 2 米左右，最高处 7 米。城墙系夯筑，夯层厚 9~14 厘米。有后代修补痕迹。夯土层内含汉代和明清时代瓦片。[①] 这证实故房子国即汉晋的吴房故城，确实位于今天的遂平县城。

柏国，拙著《先楚史》第十章第八节"商周时期淮河流域其他族姓部族及方国"有过介绍。[②] 柏国是一个历史悠久的古国，在传说时期，有一个柏皇氏，柏国为上古柏皇氏之后裔。传说中上古时代众多的柏氏先祖与黄帝、颛顼、帝喾、尧、舜、禹等都有关系。柏皇氏是中国上古时期的一个原始部族，柏氏部族人才辈出，代有英杰。《庄子·天地》载："尧治天下，伯成子高立为诸侯。"西周初期，周武王注意对上古帝王之后进行分封，作为古老柏皇氏之裔的后代，柏人也被分封为柏国。柏国春秋时期首见于《左传》僖公五年，公元前 655 年："楚斗谷於菟灭弦，弦子奔黄。于是江、黄、道、柏方睦于齐，皆弦姻也。弦子恃之而不事楚，又不设备，故亡。"这也是柏国在先秦史籍中唯一的可靠的记载。徐旭生根据道、柏与江、黄的盟约关系，认为柏可能为东夷集团，[③] 这段记载亦显示柏国在春秋初年随江国、黄国等一起倒向以齐国为首的北方集团，与楚国分庭抗礼。江、黄等国参加齐人主持的北方集团的盟会是在鲁僖公二年(前 658 年)。《春秋》僖公二年："秋九月，齐侯、宋公、江人、黄人盟于贯。"而《穀梁传》说："至尔大国言齐、宋，远国言江、黄，则以其馀为莫敢不至也。"柏国加入齐国阵营也当在鲁僖公二年，时当楚成王十四年，这才有下文的"于是江、黄、道、柏方睦于齐"的记载。柏国之所以加入中原联盟，与江、黄、道等国出于同一目的：迫于楚成王的威胁寻求中原诸侯大国的庇护。次年，江、黄等淮河上游小国再一次与齐、宋等盟于阳谷(今山东阳谷境)，商讨对楚国的进攻。不久，齐、鲁、宋、陈、卫、郑、许、曹等国组成的中原诸侯联军，发动了攻击楚及其盟国蔡国的

① 　周到主编《河南省志·文物志》，河南人民出版社 1993 年，第 122—123 页。
② 　程涛平：《先楚史》，武汉出版社 2019 年，第 811—815 页。
③ 　徐旭生：《中国古史的传说时代》，文物出版社 1985 年，第 182 页。

战役。这次楚国被动迎战，双方实力悬殊，迫于中原诸侯的压力，楚成王不得不低头，与齐国及中原诸侯盟于召陵，承认齐桓公的霸主地位。柏国是否参与了这次战役，《左传》未载，可能没有。召陵之盟被楚国视为奇耻大辱，事后加倍报复这些投靠齐国的淮上小国。三年后，楚成王十七年，"楚人灭弦"；在楚成王二十四年，"楚人灭黄"；公元前623年，楚穆王三年，"楚人灭江"。召陵之盟前协同齐国的淮上小国一一被楚所灭，柏国作为江、黄、弦等国的姻亲之国，同时又是背叛楚人的小国，难逃被灭的命运，因在文献上不见记载，推测其被楚国灭国的时间当在黄、江等被灭前后。何光岳指出："春秋末期，楚灵王不断蚕食淮北诸小国，公元年前529年前，柏国与房国同时被楚所灭。"①

周代柏国故址在今河南西平县，历代文献众口一词。②

楚灵王灭掉房国和柏国，将其遗民与许、胡、沈、申诸国的遗民并在一处，进行大迁徙，迁往楚国的腹地。其中，以许国的迁徙最有特点。

许国早在楚成王十八年成为楚的属国，第一次迁徙是从今河南许昌迁往楚国的叶县。第二次迁徙是在许灵公死后，许悼公继位，楚灵王三年，公元前538年，楚灭赖，赖国在今河南省信阳市的息县境内，灭赖之后，为镇守赖地，"楚子欲迁许于赖"，使斗韦龟和公子弃疾筑赖城。金荣权认为，由于大水泛滥，不能完成筑城工程，"彭生罢赖之师"。这才使许人免于多一次迁移之苦。③

楚第三次迁许为鲁昭公九年，楚灵王八年，"楚公子弃疾迁许于夷，实城父。"夷，杜注曰："夷，一名城父"，即今安徽亳县东南七十里的城父集。夷，原本陈邑，僖公二十三年，楚伐陈，取焦、夷。虽弃疾迁之，实奉灵王之命也。

许国逃过了迁往赖地(今河南息县)之苦，却被迫再迁于夷(城

① 何光岳：《炎黄源流史》，江西教育出版社1992年，第883页。

② 程涛平：《先楚史》，武汉出版社2019年，第813—814页。

③ 金荣权：《许国的世系及五次迁徙论考》，《信阳师范学院学报》2010年第6期。

父)。张正明指出：许国多次遭郑人侵袭，许君希望能迁到离郑国远些的地方去。公元前533年，灵王八年，许大夫围到楚国做人质，楚公子弃疾奉命把许国从叶邑迁到了别称城父的夷邑(在今安徽亳县东南)。同时，把原住夷邑的民户迁到了陈县，把方城外面的一些民户迁到了许县。① 楚灵王八年，"楚公子弃疾迁许于夷，实城父，取州来淮北之田以益之，伍举授许男田。然丹迁城父人于陈，以夷濮西田益之。迁方城外人于许。"② 这是楚国对其边境地区的一次大调整。从河南叶县至安徽亳县，千里迢迢，又远离许人故地，必非许人所愿。对于此次许人远徙的原因，杨伯峻分析说："许初立国于今河南许昌市与鄢陵县之间，离郑较近，可云畏郑。成十五年迁于叶，在今叶县南，则距郑较远矣。此复由叶迁夷，未必畏郑也。"③ 如果不纯属"畏郑"，那么楚人迁许的目的又是何在呢？综合分析，此次楚人迁许，是借保护许人名义而采取的巩固其边防的重大措施。

金荣权分析，楚人在迁许的同时又迁徙了多地的民众，迁原来居于城父的人至陈地，迁方城之外的人至叶地，似乎只不过做了一个调换，实际上则将原土著居民移出而至一个他们完全不熟悉的地方，一是为了打破楚人征服地原居住民家与国的概念，二是将不甚可靠的居民移于内地接受自己的管理与监视，三是让比较信得过的并且有一定实力的人为楚守护遥远的边境。正是在这种背景和战略目的指导下，归附楚国并对楚人言听计从的许人被楚国当成了他们守护其东北边土的一支主力。④

楚第四次迁许为楚灵王十年，鲁昭公十一年。《左传》昭公十三年载："楚之灭蔡也，灵王迁许、胡、沈、道、房、申于荆焉。"赵炳清认为：楚灭蔡，在鲁昭公十一年，而《左传》记灵王迁许等于昭公十

① 张正明：《楚史》，湖北教育出版社1995年，第206页。
② 洪亮吉：《春秋左传诂》，中华书局1987年，第688页。
③ 杨伯峻：《春秋左传注》，中华书局1981年，第1306页。
④ 金荣权：《许国的世系及五次迁徙论考》，《信阳师范学院学报》2010年第6期。

三年，当追述也。灵王灭蔡，迁许等于楚内地，是为加强对淮北汝颍间的直接控制。[①]

面对吴人的压力，楚灵王的这一系列灭国移民的行为，是为了清除这一地区的不稳定因素，以防形势不利而生变，并尽力打乱这一地区旧有血族体系，加快楚化进程。[②] 甚是。赵炳清指出，在此之后，楚人不仅"大城陈、蔡、不羹"，以加强对淮北地区的防御，而且灵王还巡狩州来，围徐以示威，加剧吴人的心理恐惧。[③]

第十节　坐镇淮河前线及在乾溪仿建章华台
（灵王十一、十二年）

在一系列灭国及迁徙移民的举动后，楚灵王自认为应对吴国该做的准备工作大体就绪，就把握十足地来到淮河抗吴前线。灵王这次是打着狩猎的旗号先到淮河流域的楚邑州来。《左传》昭公十二年："楚子狩于州来，次于颍尾。"以前吴国攻入棘、栎、麻三邑后，楚灵王紧急在钟离、巢、州来三邑筑城，形成与吴国全面对峙的架势。州来位于今安徽凤阳，是抵御吴国的前哨阵地。楚灵王为了不惊动吴国，假以狩猎的名义抵达州来，不久便到颍尾。"颍尾"，杜预注："颍水之尾在下蔡。"杨伯峻注："颍水入淮处，亦曰颍口，今安徽正阳关。"张志鹏补充：据杨注，"颍尾"在今安徽寿县正阳关镇一带。[④] 从州来到颍尾，实际上是溯淮水而行，从今天的凤阳到寿县，全程水路。很有可能灵王是乘船而行。

---

① 赵炳清：《楚国疆域变迁之研究——以地缘政治为研究视角》，复旦大学博士学位论文，2013 年，第 121 页。
② 晏昌贵：《楚灵王迁国移民考》，《江汉论坛》1990 年第 12 期。
③ 赵炳清：《楚国疆域变迁之研究——以地缘政治为研究视角》，复旦大学博士学位论文，2013 年，第 146 页。
④ 张志鹏：《吴越史新探》，河南大学博士学位论文，2012 年，第 97 页。

《左传》昭公十二年接着记载，灵王到达颍尾之后，调兵遣将，部署对吴国的进攻："使荡侯、潘子、司马督、嚣尹午、陵尹喜帅师围徐以惧吴。楚子次于乾溪，以为之援。"鲁昭公十二年即吴王夷末十四年、楚灵王十一年（前530年）。楚灵王打着进攻徐国的幌子，命令荡侯、潘子、司马督、嚣尹午、陵尹喜五大夫帅师北上攻打吴国的属国徐，徐国在今江苏泗洪县半城镇一带，① 目的是威吓吴国。灵王自己则坐镇于乾溪，作为后援。乾溪位于今安徽亳州东南的蒙城，系淮河南岸，州来的上游。距离吴国的房钟（今安徽利辛东南阚疃镇）不远，仅数十里之遥。乾溪与房钟，楚国与吴国的两个前哨基地，长期对峙。灵王此番坐镇乾溪，下定决心，与吴国拼个你死我活，不获全胜，决不收兵。故决定以乾溪为行都，长期居住。

清华简《楚居》：

至龏（共）王、康王、嗣（嗣子）王皆居为郢。至霝（灵）王自为郢遷（徙）居秦（乾）溪之上。[11]②

楚国自从楚共王起，国都一直定在为郢（宜城楚皇城），直到楚灵王时，面对吴国日益严重的威胁，楚灵王频繁北上，应付吴国，不胜其扰，决定设立行都，靠前指挥。地点是"秦（乾）溪之上"。就这样，在楚灵王十一年、十二年，灵王在乾溪住了一冬又一春，围攻徐都的楚师仍无进展。灵王不得不长期滞留乾溪。灵王在执政期间多次会盟，大量筑城，除楚灵王一年、五年、四年、九年没有记录外，实际绝大部分时间都是远离郢都，处于战线前沿。

灵王生性活泼好动，爱好广泛，长期居住在乾溪，穷乡僻壤，远离繁华的国都为郢，也远离刚建成不久的章华宫，不免寂寞难耐，只

---

① 陈伟：《楚"东国"地理研究》，武汉大学出版社1992年，第43—47页。
② 清华大学出土文献研究与保护中心编，李学勤主编《清华大学藏战国竹简》（壹），中西书局2010年，第181页。

能与随从人员闲聊打发时光，《左传》昭公十二年：

> 楚子次于乾溪，以为之援。雨雪，王皮冠，秦复陶，翠被，豹舄，执鞭以出，仆析父从。右尹子革夕，王见之，去冠、被，舍鞭。与之语曰："昔我先王熊绎与吕伋、王孙牟、燮父，禽父并事康王，四国皆有分，我独无有。今吾使人于周，求鼎以为分，王其与我乎？"对曰："与君王哉！昔我先王熊绎，辟在荆山，筚路蓝缕，以处草莽。跋涉山林，以事天子。唯是桃弧、棘矢以共御王事。齐，王舅也；晋及鲁、卫，王母弟也。楚是以无分，而彼皆有。今周与四国服事君王，将唯命是从，岂其爱鼎？"王曰："昔我皇祖伯父昆吾，旧许是宅。今郑人贪赖其田，而不我与。我若求之，其与我乎？"对曰："与君王哉！周不爱鼎，郑敢爱田？"王曰："昔诸侯远我而畏晋，今我大城陈、蔡、不羹，赋皆千乘，子与有劳焉。诸侯其畏我乎？"对曰："畏君王哉！是四国者，专足畏也。又加之以楚，敢不畏君王哉？"……王揖而入，馈不食，寝不寐，数日，不能自克，以及于难。仲尼曰："古也有志：'克己复礼，仁也。'信善哉！楚灵王若能如是，岂其辱于乾溪？"

灵王十二年冬，灵王到靠近吴国边境的州来冬猎，并遣师伐徐以惧吴。风雪中的楚灵王，头戴皮帽，身穿秦国雨衣，外披翠羽披肩，足登豹皮靴，手执马鞭，雍容华贵，踌躇满志。这时，他还在同右尹子革讨论如何向周求鼎以分、向郑索旧许之田和使诸侯畏服的国家大事，并告诫子革要善待能读《三坟》《五典》《八索》《九丘》的良史左史倚相。当子革引出祭公谋父以止周穆王贪欲之心的《祈招》之诗委婉相劝时，灵王终于有所醒悟，感到再"欲肆其心"可能没有好结果，因而苦闷得"馈不食，寝不寐，数日，不能自克"。何新文、周昌梅指

1431

出：可以想见，此时的楚灵王已不再是当年那种蛮横无理、为所欲为的王子、暴君了。他被《祈招》之诗的内容和子革讽谏的诚意所打动，引起了强烈的内省。①

灵王在乾溪的这些话题，渺不可求，空泛乏味，纯属无事聊天的内容。楚灵王在乾溪百无聊赖，达到"馈不食，寝不寐，数日，不能自克"的程度，时间一长，必然会滋生事端，无事找事。灵王见乾溪实在荒凉，一天，突发奇想，下令在乾溪仿建一座章华台。由此在军事前沿建立起一座人口充足的重镇。章华台的建立可能不仅仅是楚灵王出于追求奢华、炫耀国力的目的，而是具有一定的政治军事作用，服务于楚灵王在位期间不断对外征战的需要，是建立在战争前线的行宫或要塞。

清华简《楚居》简 11：

至霝(灵)王自为郢遷(徙)居秦(乾)溪之上，以为尻(处)于章□□□。②

这里的"章□□□"即文献中的"章华之台"。秦末、西汉初人陆贾《新语·怀虑》说："楚灵王居千里之地，享百邑之国……作乾溪之台，立百仞之高，欲登浮云，窥天文。"③把乾溪的章华台想象成一座带有军事指挥性质的宫殿。

乾溪在《左传》中多次出现，均指同一地。杜预注《左传》昭公六年"乾溪"云："在谯国城父县南，楚东境。"《五礼统考》卷二〇九"乾溪"条："杜注：在谯国城父县南，楚东境。今江南颍州府亳州东南七

① 何新文、周昌梅：《论楚灵王》，《湖北大学学报》（哲学社会科学版）1998 年第 4 期。
② 清华大学出土文献研究与保护中心编，李学勤主编《清华大学藏战国竹简》（壹），中西书局 2010 年，第 181 页。
③ 王利器：《新语校注》，中华书局 1986 年，第 134 页。

十里有乾溪，与城父村相近，即汉城父县也。"南朝宋范蔚宗《后汉书》卷三〇《郡国志》："城父故属沛，春秋时曰夷，有章华台。"南朝梁萧统《文选》卷三《东京赋》薛综注："《左氏传》曰，楚子成章华之台于乾溪。"

唐李吉甫《元和郡县志》卷八《亳州·城父》："章华台在县南九里。"宋沈括《梦溪笔谈》卷四《辩证》："亳州城父县有乾溪，其侧亦有章华台，故台基下往往得人骨，云楚灵王战死于此；商水县章华之侧亦有乾溪……楚灵王十二年，王狩于州来，使荡侯、潘子、司马督、嚣尹午、陵尹喜帅师围徐以惧吴，王次于乾溪，此则城父之乾溪。灵王八年许迁于夷者，乃此地。"《大清一统志》卷八九《颖州府》："章华台，在亳州东南。"《春秋地名考略》卷九"乾溪"条："楚王起章华之台为乾溪之役在旧城父县南五里；城父旧城在今亳州东南七十里。"《春秋地理考实》卷三"乾溪"条："《汇纂》：今凤阳府亳州东南有乾溪，与城父村相近，即汉之城父县。今按：亳州今属江南颖州府。"清锺泰、宗能徵等《光绪亳州志》卷二《舆地志·古迹》："章华台，在州东南七十二里，乾溪侧。"

杨守敬在《水经注疏》详细考证楚灵王在乾溪仿建了章华台：

灵王之台，或主城父，或主华容，迄无定论。俞正燮《癸巳类稿》：《史记·十二诸侯年表》、《楚世家》俱云灵王七年，就章华台。又言：十一年，次于乾溪。十二年，乐乾溪，不能去也。是章台必在乾溪。昭十二年，《左传》：右尹子革言祭公止周穆王，获没于祇宫。灵王不能自克，以及于难。仲尼曰：克己复礼，仁也。楚灵王能如是，岂其辱于乾溪？与《史记》"乐不能去"合。陆贾《新语》：楚灵王作乾溪之台，高五百仞。贾谊《新书》：翟史之楚，楚享之章华台，三休乃至上。即所谓"高五百仞"者。是西汉人以"章华"为"乾溪台"也。《文选·东京赋》薛综注：《左氏传》楚子成章华之台于乾溪，是三国以前《左传》说，谓章华在乾溪，与《史记》同。俞说甚核，则主"城父"者是也。《左传释例》"台在华容城内"，或曰"在谯国城父"，《传》曰，楚子成章华之台，愿与诸侯落之。如楚道由郑，知不在城父，则主"华容"者亦是也。意者灵王先建此台于华容，及后乐乾溪而筑台，亦仍故号乎？观襄王迁陈立台，犹袭"章台"之名，即其证也。①

杨守敬认为"意者灵王先建此台于华容，及后乐乾溪而筑台，亦仍故号乎？"猜测楚灵王将章华台之名移植于乾溪，极有见地。

王琢玺认为乾溪地在安徽淮河流域。清华简《楚居》载有"乾溪之上"：

至霝（灵）王自为郢遷（徙）居秦（乾）溪之上，以为凥（处）于章［华之台］。竞（景）坪（平）王即立（位），猷居秦（乾）溪之上。至卲（昭）王自秦（乾）溪之上遷（徙）居媺郢（嫩郢，嫩郢）遷（徙）居鄩郢（鄂郢，鄂郢）遷（徙）袭（袭）为郢。盍（阖）虏（庐）内（入）郢，女（焉）遝（复）遷（徙）居秦溪之上（乾溪之上，乾溪之上）遝（复）遷（徙）袭（袭）媺（嫩）郢。②

据《左传》《史记》，楚灵王于十一年（前530年）次于乾溪，十二年（前529年）仍居乾溪。但此时楚都当另有所在，乾溪只是楚王临时居地。楚平王似也不常居乾溪。……实际居于乾溪之上的只有楚灵王，《楚居》记载应有误。秦溪，整理者以为即乾溪，在今安徽亳州市东南

① 杨守敬：《水经注疏》，载谢承仁主编《杨守敬集》（第四册），湖北人民出版社1988年，第1739页。
② 清华大学出土文献研究与保护中心编，李学勤主编《清华大学藏战国竹简》（壹），中西书局2010年，第181页。

七十里，与城父村近。① 陈民镇亦赞同此说，② 今谯城区城父镇有城父故城、章华台遗址。③ 所谓"乾溪"，或即今涡河的支流漳河，"乾溪之上"即漳河沿岸城父故城一带。④

包山楚简提及鄳郢与乾溪台。包山简 165："鄳郢人黄鯛。"简 172："鄳郢少司马陈懋。"简 190："鄳郢黄鯛。"鄳郢为楚之别都，其地在汉晋时的城父鄳县。《说文》："鄳……沛城父有鄳乡"，段注："今安徽颍州府亳州东南七十里有故城父城是也。"

灵王出于军事扩张的目的长期滞留在战争前线，同时为扩张作出积极准备，乾溪章华台就是在这种情况下修筑的具有军事目的的阵前大营。它既显示了灵王扩张的实力和决心，震慑了对峙的敌军，又兼具瞭望、驻兵等军事目的。

王小雨认为：不同地方出现章华台的记载，可能是因为楚王族有随居处迁徙而仍使用原居处地名的习惯，这种"地名迁徙"的现象，常常出现，如楚国国都因多次迁徙而出现多个"郢"——菽郢、鄢郢、陈郢、寿郢等。作为离宫名称的"章华台"，当然也可以随移建而"迁徙名称"。湖北潜江市、荆门市、钟祥市均有楚国建立的宫殿，都保留有"章华台"这一独特名称，可以将其视作宫殿区的概称。⑤

① 清华大学出土文献研究与保护中心编，李学勤主编《清华大学藏战国竹简》（壹），中西书局 2010 年，第 189 页。
② 详见陈民镇：《清华简〈楚居〉集释》，复旦大学出土文献与古文字研究中心网站，2011 年 9 月 23 日。
③ 国家文物局主编《中国文物地图集·安徽分册》（下册），中国地图出版社 2014 年，第 54 页。
④ 王琢玺：《周代江汉地区城邑地理研究》，武汉大学博士学位论文，2019 年，第 96 页。
⑤ 王小雨：《从清华简〈楚居〉对章华台的新认识》，载《楚文化研究论集》（第十三集），上海古籍出版社 2018 年，第 574 页。

第十一节　猜忌杀戮导致积怨甚多
（灵王十一、十二年）

楚灵王在位12年，不仅连连对外发动战争，而且大兴木土。灵王夺位之际就曾下令在棘、栎、麻三地筑城。在位期间又先后在赖、钟离、巢、州来、陈、蔡、不羹等地筑城，这些工程，虽然增强了国防实力，但需要动员众多人力，增加对人民赋税徭役的征敛，故国人苦役。到灵王末年，民患王之无厌，形成大众对灵王的积怨。

除大规模的土木工程外，楚灵王生性猜忌，手段残忍，对不合己意的世家贵族肆意打压，又造成了一系列的积怨。《左传》昭公十三年记：

> 楚子（灵王）之为令尹也，杀大司马芳掩，而取其室。及即位，夺蓬居田；迁许而质许围（以许围为人质）。蔡洧有宠于王，王之灭蔡也，其父死焉，王使（蔡洧）与于守而行。申之会，越大夫戮（受到侮辱）焉。王夺斗韦龟中犫（邑名），又夺成然（斗韦龟子）邑，而使为郊尹。蔓成然（即斗成然）故事蔡公（弃疾），故蓬氏之族及蓬居、许围、蔡洧、蔓成然，皆王所不礼也。

楚灵王夺位之前，还是令尹子围时，因为大司马芳掩阻碍他继承王位，便利用令尹之权，擅自杀死芳掩，并夺封邑，与芳（蓬）氏结下深仇。《左传》襄公三十年："楚公子围杀大司马芳掩而取其室。"及至夺位后，变本加厉迫害蓬氏家族，无端夺走蓬居的封邑。此后，又因房钟战败，杀了蓬洩，《左传》昭公六年记："令尹子荡帅师伐吴，师于豫章，而次于乾溪。吴人败其师于房钟，获宫厩尹弃疾。子荡归罪于蓬洩而杀之。"楚灵王又无端夺走斗氏余脉斗韦龟、斗成然父子的封邑，与斗氏成为敌人。当初，造成斗氏覆灭的若敖氏之乱正发生之时，子文之孙，斗般之子，时任箴尹的斗克黄奉命出使齐国，返回至宋国时听说了叛乱之事，从者劝其逃走，克黄却认为"弃君之命，独谁受之？君，天也，天可逃乎？"（《左传》宣公四年）回国复命，并"自拘于司败"。克黄的举动十分符合当时忠臣、端方君子的评判标准，楚庄王感念令尹子文对于楚国的突出贡献，命其复职，并改名为生。自此，子文这一支得以保留。克黄之子弃疾任宫厩尹，宫厩尹也称中厩尹、监马尹，掌宫内养马，弃疾之子斗韦龟，具体官职不详，楚灵王三年，公元前538年，《左传》昭公四年："楚子欲迁许于赖，使斗韦龟与公子弃疾城之而还。"此时的斗韦龟在楚军中担任要职，楚灵王十二年，公元前529年，楚王夺斗韦龟的封邑中犨，在这之前斗韦龟也任中犨大夫。斗韦龟之子斗成然，有封邑蔓，也在同年被楚王夺邑，后被任命为郊尹，成为治郊境的大夫。灵王十一年，大夫成虎①无辜被杀。成虎是先令尹子玉（成得臣）之孙，成氏和斗氏都源于若敖氏。成虎的仇家对灵王说成虎有异志，灵王便借口成虎是若敖氏乱党的后人，把他处死。另，灵王四年，《左传》昭公五年记，"楚子以屈申为贰于吴，乃杀之。"莫敖屈申被杀，罪名是可能与吴人暗通，并没有真凭实据。这又与屈氏家族作对。由上可知，楚灵王把楚国的几个著名贵族劳氏及蓬氏、屈氏、斗氏并成氏，全部得罪。

除了楚国的世家贵族外，灵王在杀害楚王郏敖不久，便派人刺杀外姓贵族伯州犁。《左传》昭公元年："冬，楚公子围将聘于郑，伍举为介。未出竟，闻王有疾而还。伍举遂聘。十一月己酉，公子围至，入问王疾，缢而弑之，……杀大宰伯犁州于郑。"伯州犁的后代被迫出逃。

不仅与楚国世家贵族结冤，灵王还与许国、蔡国旧贵族结有积怨。

---

① 《春秋》作"成熊"。

迁徙许国，本是应许国远离郑国的要求，却指定许国的贵族许围做人质，许围自然憋气。蔡国被灭，楚置为蔡县，任命弃疾为县尹，蔡国的旧贵族蔡洧不得不投靠弃疾，但是他的父亲在楚灵王灭蔡时被杀，他认为楚灵王有杀父之仇，将仇恨埋藏于心中。

更为严重的是，楚灵王对地方政治体制进行了一系列的操作，激起楚国的天怒人怨。

郑威分析，[①] 灵王对地方政治体制的影响主要有两个方面：其一，灭国、置县、迁民并举。灵王夺位后，意欲兴霸，故在三年(鲁昭公四年，前538年)会诸侯于申，后灭赖(厉)，迁之于鄢，复迁许于赖；灵王七年与十年，分别灭陈、蔡，并县之；后又"迁许、胡、沈、道、房、申于荆焉"。灭国与迁民对诸小国原有的政治与宗族体系破坏最大，一些小国可能因此而无力复国，或复国后也势力大减，少见于史载；相对而言，在短时期内，灭国置县对原有的政治和宗族结构破坏可能略小，复国也更容易些。其二，灵王在确立和巩固自身势力基础的过程中，对信任的近臣多委以重任或授以采邑，见于记载的包括公子弃疾，为陈蔡县公；伍举，食采于椒；斗韦龟，食采于中犫；斗成然，食采于蔓等。他们对灵王政权的支持是灵王扩展王权、进行变革的保障，反之，在斗氏父子采邑被夺、公子弃疾被迫发动叛乱之后，灵王的势力基础被架空，很快失败。所以，从中我们可以看出，灵王的地方政策对王权的影响巨大，陈、蔡诸县县师的保留，原为对外扩张的武器，但由于控制不当，转而成为叛乱的工具；对诸近臣授采邑，本也欲使之成为统治的基础，但在王权尚不稳固的时候贸然夺之，势必树敌过多，不稳定的因素积累到一定时候，叛乱也就成为必然了。

---

① 郑威：《出土文献与楚秦汉历史地理研究》，科学出版社2017年，第15页。

第十二节　政变密谋及为郢政变(灵王十二年)

灵王末年，一直驻守在抗吴前线乾溪。灵王在此，享受章华台的美景，流连忘返，好不得意。万万没有想到，这时，楚国发生了大的动乱。动乱最初是由越国前来援助楚国的大夫常寿过引起的。《左传》昭公十三年记载了动乱的起因：

> 故蓬氏之族及蓬居、许围、蔡洧、蔓成然，皆王所不礼也。因群丧职之族，启(诱导)越大夫常寿过(本是来助楚伐吴的)作乱，围固城，克息舟，城而居之。

此前，楚灵王三年，常寿过代表越国参加在灵王召集的有众多诸侯国国君参加的商量讨伐吴国的"申之会"，会上，"楚子示诸侯侈"(《左传》昭公四年)，受过灵王的侮辱，与灵王有旧怨。《左传》昭公五年："冬十月，楚子以诸侯及东夷伐吴，以报棘、栎、麻之役。蓬射以繁扬之师，会于夏汭。越大夫常寿过帅师会楚子于琐。闻吴师出，蓬启彊帅师从之，遂不设备，吴人败诸鹊岸。"大概是鹊岸败后，常寿过仍然驻扎在琐地(今安徽霍邱东)，手握重兵，在四族贵族的怂恿之下，常寿过以助楚之军围攻楚邑固城，"克息舟，城而居之"。息舟，杜预注："楚邑城之坚固者。"息舟遂成为楚国动乱的据点。此为灵王末年动乱之始。

策动灵王末年的动乱，有一位重要人物，就是观从。观从本为楚人，其父观起，被康王车裂致死时，《左传》襄公二十二年："楚观起有宠于令尹子南，未益禄，而有马数十乘。楚人患之，王将讨焉。……王遂杀子南于朝，轘观起于四竟。"逃居蔡国，事奉蔡大夫朝吴。楚灭蔡为县，弃疾为蔡公，观从随朝吴屈从于弃疾之下。常寿过叛乱之际，观从认为复蔡国报父仇的时机已到，就主动同朝吴商量，打算发动大规模的叛乱。这时，他对蔡朝吴说：蔡人复国的机会来临了，错过这个机会怕就再也不会有蔡国了。经蔡朝吴允许，观从诡称奉蔡公弃疾之命，请子干和子晳到蔡县商议大事。待子干和子晳到了蔡郊，蔡朝吴和观从才向弃疾正式提出结盟政变建议。《左传》昭公十三年记载了此事：

> （观从假）以蔡公之命召子干、子晳，及郊（蔡郊），而告之情，强与之盟，入袭蔡。蔡公（弃疾）将食，见之而逃。观从使子干食，坎（挖坑）、用牲、加书（置盟书于牲上，即伪造三子结盟的假象），而（让二子）速行。己（观从）徇于蔡，曰："蔡公召二子，将纳之（送到楚本土），与之盟而遣之矣，（蔡公）将师（发兵）而从之（助二子）。"蔡人聚，将执之（执观从）。（观从）辞曰："失贼（指二子）成军（反叛之军已组成），而杀余，何益？"乃释之。朝吴曰："二三子若能（为灵王）死亡，则如违之（违蔡公之令），以待所济（成败）。若求安定，则如与之（助蔡公），以济所欲。且违上（违蔡公），何适（适从）而可？"众曰："与之！"乃奉蔡公，召二子而盟于邓，依陈、蔡人以国。

观从利用了楚人对灵王的不满情绪，以及蔡人欲复蔡，弃疾等三子欲篡权的心理，以阴谋的手段促成了大规模的"弃疾之乱"。"邓之盟"是叛乱者的大同盟。盟会还以复国的许诺来鼓动陈人、蔡人反叛。

《左传》昭公十三年紧接着说："楚公子比、公子黑肱、公子弃疾、蔓成然、蔡朝吴帅陈、蔡、不羹、许、叶之师，因四族之徒，以入楚。"弃疾带着犹疑的心理，在邓邑（在今河南漯河东南、上蔡西北）与子干、子晳结盟起事，允许蔡人、陈人复国，召集蔡师、陈师、许师和不羹、叶县等处的戍军，会同蔿氏、斗氏和许围、蔡洧的私卒，疾速前往郢都为郢（宜城楚皇城）。到了郢郊，"蔡公使须务牟与史猈先入，因正仆人杀大子禄及公子罢敌。公子比为王，公子黑肱为令尹，次于鱼陂。公子弃疾为司马，先除王宫。使观从从师于乾溪，而遂告之。且曰：'先归复所，后者劓。'"弃疾、须务牟与史猈先入为郢，依靠太子宫中的"正仆"（仆人之长）杀死太子禄及公子罢敌。随即宣布废除灵王王位，告知大家，已经推举子干为王，子皙为令尹，弃疾为司马。当初，楚共王有宠子五人，即：子招、子围、子比、子皙和弃疾。子招即康王，为老大。子围，即灵王，老二。子比（或称子干），为老三。子皙又称公子黑肱，为老四。在灵王夺位时，老三、老四分别逃往晋国、郑国，老五弃疾则为蔡公，或称"陈蔡公"，主管陈县、蔡县。故这样安排是按长幼顺序排定的，只是老五弃疾为地方官，有所委屈。叛军清除王宫。反叛的军队则驻扎鱼陂（罗运环指出：鱼陂"一说在今湖北天门县西北，一说在今荆门县东南"）[1]一带待命。直到这时，尚在乾溪的灵王和众多官吏、将士都还蒙在鼓里。

弃疾又遣观从暗地到乾溪煽动军队背叛灵王，观从奉命到乾溪去做策反工作，他向驻在乾溪的官吏、将士散布了政变的消息，并且威胁："先归复所（复禄位资财），后者劓（劓刑）。"先回到郢都的可以保留职位和家室，迟迟不回郢都去的要受劓刑。将士们听见，大为惊恐，争先回归。楚灵王这才得知政变消息，惊恐不已。迅速带领人马从乾溪出发，日夜兼程，赶往楚都为郢（湖北宜城楚皇城）。

第十三节　灵王逃难自缢而亡（灵王十二年）

灵王从乾溪（安徽亳州东南）赶到为郢（宜城楚皇城），路途遥远，人心浮动，灵王心惊胆战，强自镇定，拼命催促军队赶快前行。军队从今涡河附近的乾溪出发，南行奔向为郢，可谓山重水复，一路必须

---

① 罗运环：《楚国八百年》，武汉大学出版社 1992 年，第 226 页。

跨过颍水、汝水、淮水，穿过大别山、桐柏山之间著名的义阳三关隘口，再越过溠水、汉水，才能到达位于宜城西南的为郢。谁知此时，灵王的权威失灵，军队人心已散，没有人再听他的命令。《左传》昭公十三年记载了楚灵王从征吴前线乾溪回国讨伐的情形："师及訾梁而溃。"

这则记载非常重要。楚灵王从东北方向的乾溪急冲冲赶回为郢。在快要到达义阳三关时，经过一个地方，名为"訾梁"，罗运环认为訾梁在今河南信阳北，[①] 灵王万万没有想到，军队"师至訾梁而溃"，竟然不听灵王号令，在訾梁一哄而散。灵王顿时成为孤家寡人。

《左传》昭公十三年记此时灵王精神崩溃：

> 王闻群公子之死也，自投于车下，曰："人之爱其子也，亦如余乎？"侍者曰："甚焉，小人老而无子，知挤于沟壑矣。"王曰："余杀人子多矣，能无及此乎？"右尹子革曰："请待于郊，以听国人。"王曰："众怒不可犯也。"曰："若入于大都，而乞师于诸侯。"王曰："皆叛矣。"曰："若亡于诸侯，以听大国之图君也。"王曰："大福不再，只取辱焉。"然丹乃归于楚。王沿夏，将欲入鄢。

这时，突然有人报告，为郢已经被叛乱者占领，灵王在为郢的两个王子被杀害了！灵王在车上听到两位王子的死讯，顿时倒地大哭，叹道：怕是我杀别人的儿子杀得太多了，自己才落到这个下场吧？右尹子革（然丹）劝灵王在为郢郊外等待，看看国人的意见怎样。灵王自度国人会倒向公子干一边，认为"众怒不可犯"。子革又建议暂且进入"大都（县）"，然后向诸侯求救，灵王认为"皆叛矣"，没有采纳。子革还提出：暂且投奔诸侯，听候大国的安排，灵王说"大福不再，只

---

① 罗运环：《楚国八百年》，武汉大学出版社 1992 年，第 226 页。

取辱焉"，也没有同意。

楚灵王临死之前，反省了自己的过去，道出了"余杀人子多矣"的悔恨，明白了"众怒不可犯"和"大福不再"的道理，而不复存在任何苟且偷生之心，决然自缢死去。韩席筹评论，灵王在决意生死之际，已表现出一种爽然自失的情怀和雄主"末路"的无奈。正所谓"刺骨语，断肠声，读之如闻夜雨芭蕉。总之极写汏侈人末路"。[1]

"（灵）王沿夏，将欲入鄢。""鄢郢"在楚国的政治地位很高。楚国的国都，楚郢都之外，还有别都。这以鄢郢为代表。文献中关于鄢的记载，大多数情况下，"鄢"是与"郢"连在一起的。根据惯例，楚文王之后，楚都皆称"郢"，故"鄢郢"即指鄢都。鄢很可能得名于鄢水。《左传》桓公十三年："十三年春，楚屈瑕伐罗，斗伯比送之……及鄢，乱次以济。""鄢"，杜预注："鄢水，在襄阳宜城县，入汉。"《水经注·夷水》："夷水出房陵（今保康、南漳交界处的司空山），其水东南流，历宜城西谓之夷溪，又东南径罗川城，又谓之鄢水。"由此可见，鄢水即夷水即今宜城境内的蛮河。在紧急关头，"（灵）王沿夏，将欲入鄢"。说明至迟楚灵王末年，鄢已经成为楚国重要城邑。这是灵王执意乘船沿夏水（即汉水）顺流而下，到汉水与蛮河交汇处后，进入蛮河，逆流而上，明显是计划抵达鄢郢后，以鄢郢作为根据地，组织力量与为郢对抗。楚灵王是准备从水路到达鄢郢，与今天宜城西南位于汉水支流蛮水流域的地貌相符。

然而，严峻的局势逼迫楚灵王不可能到达鄢郢。一向自负、为所欲为而且颐指气使的灵王，想乘船沿汉水到靠近为郢的鄢郢去，可是没有一个船夫愿意为他效力，这时他全然不知所措，只能放弃到鄢郢。《史记·楚世家》："灵王于是独彷徨山中，野人莫敢入王。王行遇其故锸人，谓曰：'为我求食，我已不食三日矣。'锸人曰：'新王下法，有敢馕王从王者，罪及三族，且又无所得食。'王因枕其股而卧，锸人

① 韩席筹：《左传分国集注》，江苏人民出版社 1963 年，第 690 页引"周氏大璋"语。

又以土自代，逃去。王觉而弗见，遂饥不能起。"灵王见军队散去，孑然一身，不得不放弃到鄠郢的想法。这时，灵王不知自己身在何处，只能独自在山中彷徨，"野人"（此为山村居民）不敢接待。他在山中踽踽而行，农家都拒之门外，以致他三天没有进食，疲惫不堪。一天，灵王忽然遇到一个"铏人"，即以前宫中高级侍从，对他说：新王立了法，敢给大王进食、为大王效力的，罪及三族。灵王饿倒在地。头枕着铏人的大腿，睡着了。醒后，发现自己枕在土块上，铏人已无影无踪。灵王众叛亲离到了极点，陷入绝境。

芋尹申无宇的儿子申亥认为自己的父亲曾两次触犯灵王，灵王没有杀他，有不杀之恩。他欲报此恩，四处寻找灵王，在"棘闱"（《左传》昭公十三年及《国语·吴语》作棘闱，《史记·楚世家》作"厘泽"）找到饿倒的灵王，接回家中。灵王山穷水尽，绝望至极，《左传》昭公十三年记："夏五月癸亥，王缢于芋尹申亥氏。"灵王在申亥家中自缢而死。

灵王之死，文献记载各有不同。《国语·吴语》云王缢，申女负王以归；《新书·大都》云灵王死于乾溪芋尹申亥之井，《淮南子·泰族》云灵王"饿于乾溪，食莽饮水，枕块而死"，《国语·吴语》记"土埋之其室"，《史记·楚世家》"夏五月癸丑，王死申亥家，申亥以二女从死，并葬之"，等等，不一而足。皆系传闻异辞。不过灵王死于荒郊野外，死讯无人得知。

灵王失踪，去向不明，郢都人心不稳。《左传》昭公十三年："国每夜骇曰：'王入矣！'乙卯夜，弃疾使周走而呼曰：'王至矣！'国人大惊。"夜里谣传灵王进了郢都，国人惊扰，这样折腾了多次。叛乱首领、灵王之弟弃疾决定利用这个动荡的时机，借刀杀人。弃疾名义上虽为叛军司马，但势力颇大，是楚王子比（子干）最大的威胁。还在子比由晋返楚时，晋人叔向就指出：子比"无施于民，无援在外，去晋而不送，归楚而不逆"，难以成功，弃疾则"君陈、蔡，城（方城）外属（归属）焉"，且"国民信之"。因此，他预料："有楚国者，其弃疾

1444

乎!"观从也看到了这一点,他对新王子比说:"不杀弃疾,虽得国,犹受祸也。"(《左传》昭公十三年)子比不忍心下手,没有听从,观从恐祸及其身,离子比而去。灵王死后,子干被立为楚王,子皙被立为令尹,成为弃疾欲除去的目标。

五月乙卯之夜,弃疾派人绕城大呼,灵王车驾到了,满城为之骚动。蔓成然奉弃疾之命进宫,故作惊慌,对两位哥哥子干和子皙说:灵王回来了,国人要来杀二位了,司马弃疾也快要进宫来了,二位要早作打算,以免受辱,众怒如同水火,可触犯不得呀!蔓成然刚说罢,又有人受弃疾指使跑进宫来说:外面大队人马就要冲进来了!子干和子皙以为兵临城下,已到穷途末路,便马上自杀。《史记·楚世家》记子干为王、子皙为令尹仅十余日。

这时,灵王的下落还是个谜,弃疾估计他已不在人世,指使亲信秘密杀死了一个与灵王相像的囚徒,给他穿上王袍,抛进汉水,然后,当众把尸体打捞起来,说是找到了灵王的遗体,匆匆下葬,借以安定人心。几天以后,局势平稳了。随后接申亥报告,才起出灵王真正的遗骸,以王礼安葬。

第十四节　疆域变迁

东部:楚灵王在位的十二年,楚、吴相争于淮河中游地区,互有胜负。但吴人多次深入楚境,也暴露出楚人在淮河中游地域防守的薄弱,为了稳定楚淮北疆域,加强楚人的直接控制,灵王实行了灭国移民政策。尽管这一政策可能导致附庸的叛逆,但从维护楚国疆域和加速民族融合来看,其积极因素值得充分肯定。因此,这一时期楚东国疆域是大有拓展。陈、赖灭亡,楚国东部疆域跨越了颍水,达到了中原南部地区,今河南西华、淮阳、鹿邑、安徽亳州、河南永城、江苏砀山一线成为楚东部疆域的北界;其东界也大体维持在焦、夷、州来至巢一线，有时突出至钟离。①

　　南部：春秋中期晚段楚人进入湖南地区的路线，当是由江汉平原顺长江而下，沿今洞庭湖东岸地区深入湘江下游地区。据文献记载，楚灵王时期长江南岸的公安、松滋一带，属于楚王田猎的云梦之地。《左传》昭公三年：楚灵王二年，公元前539年，"十月，郑伯如楚，子产相。楚子享之，赋《吉日》。即享，子产乃具田备，王以田江南之梦"。其中的"江南之梦"，谭其骧认为在长江南岸的公安、松滋一带。② 在公安石子滩一座春秋中期晚段的古墓中，③ 出土有大量典型的楚系青铜器，亦从考古学上证明公安地区已经属楚。公安石子滩以及岳阳筻口楚墓均位于长江南岸，年代相当，说明楚人已经控制了长江中游地区。根据现今的考古发现，春秋中期晚段，楚人已经控制了南阳盆地以及江汉平原。如此，由江汉平原顺江而下到达洞庭湖东岸，十分便捷。④（见图18-10：楚灵王时疆域图）

第十五节　楚灵王述评

　　孔子认为不能"克己复礼"是灵王败亡的根本原因。《左传》昭公十二年："仲尼曰：古也有志：'克己复礼，仁也。'信善哉！楚灵王若能如是，岂其辱于乾溪？'"

　　西汉淮南王刘安认为灵王之所以失败，主要在于"失民"。《淮南子·泰族训》："灵王作章华之台，发乾溪之役，外内搔动，百姓疲敝，弃疾乘民之怨而立公子比，百姓放臂而去之，饿于乾溪，食莽饮

---

① 赵炳清：《楚国疆域变迁之研究——以地缘政治为研究视角》，复旦大学博士学位论文，2013年，第146页。

② 谭其骧：《云梦与云梦泽》，《复旦学报》（社会科学版）1980年第1期。

③ 荆州地区博物馆：《湖北公安石子滩春秋遗址及墓葬》，《文物》1993年第1期。

④ 袁艳玲：《楚人经营湖南地区的考古学观察》，载《楚文化与长江中游早期开发国际学术研讨会论文集》，武汉大学出版社2021年，第74页。

水，枕块而死。……（民于）灵王则倍畔而去之，……失民也。”

西汉司马迁作《史记·楚世家》，最后的评语总共 71 字，其中就有 46 字评灵王："楚灵王方会诸侯于申，诛齐庆封，作章华台，求周九鼎之时，志小天下；及饿死于申亥之家，为天下笑。操行之不得，悲夫！"

清人马骕评楚灵王："楚灵昏王也，而合诸侯，恃其暴也，然晋实不竞，自弭兵之役，委权于楚。……归国之日，弑君自立。会于申以召诸侯，而诸姬景从，淮夷并至，于是伐吴灭赖，悉用列国之师，莫或违也。……灭国为邑，用人以为牲，凭恶恃强，不仁孰甚。乃民已弗堪，而己犹不悟，筑章华之宫，崇于匏居之台，令富都那竖赞于其中，长鬣之士，相于其上，自谓美观，不知远尔之骚违也。四邑之城，形若偶国，虿螫既多，牛尾不掉。谏者之来，则曰：'我左执鬼中，右执殇宫，凡百箴谏，吾尽闻之矣。'直言已塞，祸败随之。方欲兴兵北觎中原，求九鼎于周，求许田于郑，而群怨偕作，四族并起，莫可如何也。郏敖，灵所缢而弑也，而身还自缢。幕及平夏，灵所杀也，而二子还见杀。昔诟天而呼，今投车而泣，匍匐棘闱，藁葬原野，犹欲追踪六王二公之事，奚可得乎？"[1]

清人高士奇极力贬斥灵王。《左传纪事本末》卷四七说："及康王死，而郏敖立。子围为令尹，假王旌以田，则见抑于申无宇，蒲宫有前，则遍讯于列国之大夫。不臣之心，夫路人皆知之，而其君弗戒，松柏之下，厥草不殖，固其宜矣。子围手弑其君，又杀其君之子，此洿潴之所不赦也。当时诸侯坐视其滔天稔恶，而莫敢兴一旅问罪之师，又复援天以自解免，反助之逆，而共相推戴焉。使一时冠带之国，灭者灭，迁者迁，以致欲盈气骄，抵龟诟天，而谓是区区者之不予畀也。吁！楚灵不死，周室其殆哉！乾溪之溃，申亥之缢，天非特以偿郏敖与蔡、陈诸君侯之冤，实所以存周也。"

---

[1] 马骕：《左传事纬》，齐鲁书社 1992 年，第 369—370 页。

近代学者韩席筹认为楚灵王是"言狂志大"的"妄人"，承认："斯人不死，中原未得高枕而卧也。呜呼！楚灵亦春秋末之枭主也哉！"①

熊虔，春秋时楚国君。即楚灵王。芈姓，本名围，即位后改名虔。楚康王弟。公元前540—前529年在位。公元前544年康王子熊麇（郏敖）即位，任其为令尹。郏敖二年，熊虔杀司马蒍掩而取其室，独揽楚国军政大权。郏敖四年，与晋、齐等九国大臣会于虢，重温宋之盟。盟会中排列国君仪仗，受到各国大臣的非议。同年冬，绞死熊麇，杀熊麇二子及太宰伯州犁等人，自立为楚王。随后夺薳居之田，夺斗韦龟及蔓成然食邑，杀屈申、成虎，丧职、被害之族怨声载道。楚灵王三年（前538年），召蔡、陈、郑、许、徐、滕、顿、胡、沈等诸侯会于申，复以诸侯之师伐吴伐赖。同时大量征发徒役，加修州来、钟离与巢邑城郭，以致楚人也认为"楚祸之首将在此矣"。又大兴木土，历时6年筑成章华台。灵王七年，乘陈国内乱，灭陈设县。次年，将城父人迁至陈县，以城父作为许国都城，又以方城外人迁居于许（叶邑）。灵王十年，诱杀蔡灵侯，灭蔡设县。并大修陈、蔡、不羹诸城，又迁许、胡、沈、道、房、申于荆，更使大量民人不得安居。灵王十二年（前529年），原蔡大夫朝吴串通楚诸公子攻入楚郢。熊虔闻讯，急自乾溪回师。因三军叛散于訾梁，自度内失于民，外失于诸侯，自缢。楚人以恶谥称之为楚灵王。②

灵王敢作敢为，他要利用当时莫能与之争胜的财富和甲兵，去追求莫能与之争胜的权威和声誉。他的文才和武略并不出众，但极为自负。群臣的谄谀和诸侯的逢迎使他陶醉，乃至不能察觉危机正在悄悄地向他逼近。但他以为自己是当之无愧的明主，因而并不缺乏容人的雅量和任贤的决断。③

根据清华简《系年》的记述，楚灵王是一位大有作为的君王。简

① 韩席筹：《左传分国集注》（下册），江苏人民出版社1963年，第696页。
② 石泉主编《楚国历史文化辞典》，武汉大学出版社1996年，第477页。
③ 张正明：《楚史》，湖北教育出版社1995年，第205—206页。

文第十五章记述在申公屈巫入晋联吴抗楚的形势下，楚灵王"伐吴，为南怀之行，执吴王子蹶由，吴人焉或（又）服于楚"，使楚国摆脱了险恶的局势。与之不同的是，《左传》却说"是行也，吴早设备，楚无功而返"，且云"楚子惧吴"。《左传》昭公五年："冬十月，楚子以诸侯及东夷伐吴，以报棘、栎、麻之役。……吴子使其弟蹶由犒师，楚人执之，将以衅鼓。……楚师济于罗汭，沈尹赤会楚子，次于莱山。薳射帅繁扬之师先入南怀，楚师从之。……是行也，吴早设备，楚无功而还，以蹶由归。楚子惧吴……"《系年》中则完全看不到这样的记载，简文第十八章更是描述了楚灵王的强盛武功"灵王先起兵，会诸侯于申，执徐公，遂以伐徐，克赖、朱邡，伐吴，为南怀之行，县陈、蔡，杀蔡灵侯"，将灵王时期楚国的赫赫声威宣扬到了极致。与之相反，《左传》的叙事中，楚灵王是一个典型的暴君，他弃礼纵欲，奢侈无度，滥用民力，结果自缢而死。如《左传》所记灭蔡事，楚灵王十二年，重币甘言召见蔡灵侯，灵侯至，则"醉而执之"，又"杀之，刑其士七十人"，复命公子弃疾帅师围蔡。《左传》昭公十一年叔向议论道：

> 蔡侯获罪于其君，而不能其民，天将假手于楚以毙之，何故不克？然肸闻之，不信以幸，不可再也。楚王奉孙吴以讨于陈，曰："将定而国。"陈人听命，而遂县之。今又诱蔡而杀其君，以围其国，虽幸而克，必受其咎，弗能久矣。桀克有缗，以丧其国。纣克东夷，而陨其身。楚小位下，而巫暴于二王，能无咎乎？天之假助不善，非祚之也，厚其凶恶而降之罚也。且譬之如天，其有五材而将用之，力尽而毙之，是以无拯，不可没振。

所谓"天之假助不善，非祚之也，厚其凶恶而降之罚也"，即表明了态度，楚灵王"不善"而胜蔡，"必受其咎，弗能久矣"。《左传》同年载郑子产也表达了同样的看法："秋，会于厥慭，谋救蔡也。郑子皮将行，子产曰：'行不远。不能救蔡也。蔡小而不顺，楚大而不德，天将弃蔡以壅楚，盈而罚之。蔡必亡矣。且丧君而能守者鲜矣。三年，王其有咎乎！美恶周必复，王恶周矣。'"

认为楚灵王"大而不德"，"天将弃蔡以壅楚"。《左传》的编纂者通过叔向、子产的议论表达了对楚灵王的负面评价。

"史"书之外，"语"书中的楚国故事里体现了更多的此类情况，如《申公臣灵王》也在赞扬楚灵王，简文中的楚灵王是一位宽宏大量、心胸广阔的"贤君"。《申公臣灵王》讲述了楚灵王成为楚王前因贪功，与楚国大臣"陈公"争抢俘虏，并产生仇隙，但在即位为楚王之后，不计前嫌，非常大度地接纳曾经操戈逐己之人，可见其是一位胸襟广阔的"贤君"。这样，与上述《系年》中所体现的灵王形象相结合，楚灵王的文治武功均与《左传》中所展现的大相径庭。[1]

楚灵王的形象未必如"语"书中描摹得那般美好，也未必如"史"书中描摹的那般丑恶。《逸周书·谥法》："乱而不损曰灵。"但"灵"之为恶谥的认识也值得人们重新思考。陈逢衡案："《周书》灵谥六条均不甚恶，盖平谥也。"[2]楚灵王生活在春秋后期楚吴争霸的初始阶段。这时，晋国日衰，吴、越待起。楚、晋弭兵而楚实力稍强。这是楚国仍有可能争霸图强的最后时刻。楚灵王正是在这样的历史时刻，以对霸业的跃跃欲试而走上楚国政治舞台的。他不择手段地夺取君位，取得君位后便立即谋求霸权，念念于称雄诸侯的宏图大业。他取代晋侯而始合诸侯于申，使蔡、陈、郑、许、徐、宋等十二国及淮夷与会；又趁势数次率诸侯之师伐吴、灭赖，还先后亡陈、并蔡，使之为楚县，将许国、胡国、沈国及道、房、申等地的人迁到楚国境内，以加强控制。这种种行动，在不少具体细节上或许是违"礼"的，但从国家关系

---

① 杨博：《战国楚竹书史学价值探研》，上海古籍出版社 2019 年，第 184—186 页。

② 黄怀信、张懋镕、田旭东：《逸周书汇校集注·谥法解》，上海古籍出版社 2007 年，第 676 页。

上分析则是有利于楚国的。其中像灭陈亡蔡，还是当年楚庄王想干而没有干成的大事。正是因为这样一些政治和军事上的成功，楚灵王俨然成了一时的霸主，使楚国屡屡以其实力与威势得志于晋、吴诸国，从而成为当时政治、军事舞台上的重要角色。以至后来不少斥责楚灵王为"昏王""妄人"的史评家，也不得不承认他在春秋历史中的实际影响。①

从《左传》作者的倾向看，楚灵王肯定是他笔下否定的人物。但是，在《左传》中，这个人物并没有被简单化、脸谱化。对于人的基本信念、忠于事实的写史态度，使作者力图在哪怕是楚灵王这样的人物身上发现人性的闪光之处，从而令人信服地写出了他的另一面：他汰侈无厌而不乏人性和真诚，刚愎自用却时有容人之量，强暴骄横又终存悔过自责之心，甚至在择人用人方面还颇具眼光，对自己的国家和民族也颇有感情。

楚灵王在世之时，列国卿士大夫如郑国子羽、子皮、子产，卫国北宫文子，鲁国穆叔，晋国赵文子、叔向，宋国向戌等著名人物，即以"汰侈""无厌"之语纷纷议论他；楚灵王死后，自《墨子》《管子》《荀子》《韩非子》《战国策》至《淮南子》《史记》《后汉书》等先秦两汉典籍以及历代的无数诗人骚客，都有关于其昏暴行径的叙写吟咏。灵王"作章华之台，筑乾溪之室，穷木土之技，单珍府之宝"，②"楚王好细腰，宫中多饿人"，③ 这已是人们耳熟能详的灵王故事。

《左传》作者在昭公七年记载晋平公与士文伯论为政。士文伯说："政不可不慎也。务三而已：一曰择人，二曰因民，三曰从时。"择人为政务之首，这是许多从政者都可能接受的道理。但如何"择人"，尤其是如何知人善任，却并不容易做到。楚灵王能任用反对过自己的穿封戌、申无宇，而不用曾谄媚自己的伯州犁，这虽然还不一定就是任

① 杨博：《战国楚竹书史学价值探研》，上海古籍出版社 2019 年，第 186—187 页。
② 边让：《章华赋》，载范晔《后汉书·文苑列传》下。
③ 马廖：《上长乐宫以劝成德政疏》，载《后汉书·马廖传》。

人唯贤，但却做到了不任人唯亲，做到了如当时晋国贤大夫祁奚那样的"外举不弃仇"和"不偏不党"，的确表现了一种较为开阔的胸襟和用人眼光。

正是由于这种特定的时代背景和楚民族文化传统的影响，楚灵王把对"礼"的对抗与否定发挥到一个很独特的境地。他以蛮夷之君原本就有的剽轻和任性，顺应着礼崩乐坏的时代潮流，而不屑于礼的约束，任性而行，尽情地在他所占领的政治舞台上演出着一幕又一幕僭越礼制的活剧。楚灵王的种种非礼行为，除去他自身性格品质上的缺陷外，应该说也是当时的社会环境和楚人文化性格的一种特殊表现形式。楚灵王在某些内政、外交场合僭越等级之礼、混淆贵贱差别的任性而行，与他对穿封戍、申无宇等人凌加于己的非"礼"行为的不予计较，的确包含着追求平等、尊重个性的合理成分。其次，楚灵王虽汰侈无礼、任性而行，但却绝无损害国家、民族利益的主观意识和行动。他在事关楚国前途命运的原则问题上，有比较敏感、清醒的态度和深切的感情。

总之，楚灵王是一个性格和行事都相当丰富、复杂的政治人物，同时也是《左传》描写得相当丰满和成功的形象之一。《左传》作者以他对人的深刻理解和忠于史实的写作态度，通过人物自身言行的叙写、同时代著名人物的评议以及注重人物第一次出场和人物"末路"的刻画等多种手法，既写出了楚灵王性格的基本点，又写出了他性格的次要点和多侧面，展现了人物性格行事的复杂性，充分表现了描写历史人物的艺术才能。楚灵王以一代枭主的权谋和霸略，对当时的楚国和整个春秋社会以很大的影响，又因其丰富复杂的行为品性和实际影响而为历代人们所关注。楚灵王的出现及其个人特点的形成不是偶然的现象，而是春秋时代的特点以及楚国历史和现实特点的反映。①

---

① 何新文、周昌梅：《论楚灵王》，《湖北大学学报》（哲学社会科学版）1998 年第 4 期。

涛平赞曰：

楚有灵王，何其幸哉！楚康王庶子王位无缘，任职令尹有失检点，不择手段夺得君位，继位立即谋求霸权。对霸业跃跃欲试，斗吴国孜孜以求。春秋后期，晋国日衰，楚、晋弭兵，楚势稍强。申之会巧借晋力，始合诸侯齐心伐吴。吴、越初起，楚、吴争霸。攻朱方一时得逞，吴反攻措手不及，棘、栎、麻三邑有失，钟离、巢、州来三城巍然。鹊岸遭袭，房钟受挫，屡败屡战，锲而不舍，铸就抗吴坚固防线，坐镇乾溪能甘寂寞，真英雄也！

惜乎个性张扬，骄奢异常。夺位之前骄横跋扈，即位之后暴戾乖张。迁徙多国，亡陈并蔡，不惜民力筑章华台。残暴杀戮致累加积怨，信任弃疾终酿成政变。呼风唤雨叛臣进攻，山中彷徨踟蹰不前。自知之明从容死，可叹为王十二年。

第 十 九 章

楚平王施新政及
勉力应对吴国

第一节 "诈弑两王而自立"，居为郢及
弃守州来(平王元年)

楚公子弃疾经过一系列的巧思奇谋，以楚康王庶出最小的儿子身份，终于登上王位。弃疾继位，名声不好。《春秋》昭公十三年："夏四月，楚公子比自晋归于楚，弑其君虔(灵王)于乾溪。楚公子弃疾(平王)杀公子比。"《史记·楚世家》："平王以诈弑两王而自立。"《史记·陈杞世家》："楚灵王灭陈五岁，楚公子弃疾弑灵王代立，是为平王。"《史记·管蔡世家》："楚灭蔡三岁，楚公子弃疾弑其君灵王代立，为平王。"《史记·吴太伯世家》："王馀眛二年，楚公子弃疾弑其君灵王代立焉。"都是把弑君的名声加在了弃疾身上。

张正明以幽默诙谐的语气，介绍弃疾登基：

> 平王其人心术不正，……靠着兵权和诈术，他逼死了包括两位国君在内的三位兄长。时有一个传说，可以使平王心安理得。据《左传·昭公十三年》所记：共王有宠子五人，照例应立长，可是共王游移不定，想了解神的意向，便派人拿着一块璧遍祀群望，祷曰："当璧而拜者，神所立也，谁敢违之？"然后，共王同夫人巴姬秘密地把这块璧埋在宗庙的庭院里，让五位王子按长幼顺序一个一个入拜。老大的两只脚跨在璧的两旁；老二的一个肘碰到了璧的一边；老三、老四离璧都远；老五还小，让人抱进来，拜了两次，都正好压在璧的纽上。这样离奇的占卜方式是旷古未有的，或许只有楚人才会这么别出心裁。事有凑巧，"神意"居然都应验了。共王死，老大嗣立，是为康王；康王死，其子嗣立，是为郏敖；老二杀郏敖而自立，是为灵王；灵王末年，老三、老四、

老五发动政变，灵王和老三、老四相继自尽，老五即位，是为平王。这个埋璧卜嗣的故事充满了神秘化的气氛，与之相关的史实则贯串着戏剧性的情节，令后人将信将疑。唐人元稹作《楚歌》十首，其一有句云："当璧便为嗣，贤愚安可分？"①

公元前529年，楚公子弃疾弑楚灵王自立，是为楚平王。弃疾继位，充满了诈术与血腥，终结了灵王时代，开启了平王时代。《左传》昭公十三年："丙辰，弃疾即位，名曰熊居。"《系年》十五章："灵王即世，景平王即位。"《系年》十八章："灵王见祸，景平王即位。"《史记·楚世家》："丙辰，弃疾即位为王，改名熊居，是为平王。"

灵王十二年的虐政，对楚国来说是劫难，对平王来说，却也为他的上台提供了机遇。与灵王相比，平王是一个难露锋芒、韬光养晦的人物，让人难识庐山真面目。当灵王弑君自立时，作为楚公子的弃疾不动声色，没有像子比、子晳那样惊慌失措，各奔晋与郑，因而深得灵王的信任。灵王十年，弃疾受命率师灭陈，又受命率师平定蔡国，并被封为蔡公。弃疾并不赞成灭陈灭蔡，但不进谏，且忠实执行了王命。他在蔡地筑城，拥兵自重，觊觎王位，但当观从劝其与奉召来蔡地的子比、子晳结盟，率师入楚时，却又因不愿落下谋反的恶名而假意推诿。但在到得到了众人拥立的名义后，即趁灵王征徐滞留乾溪，楚国内空虚之机，率陈、蔡、许、叶等及四族之徒迅速入楚。破楚都后，弃疾有意先拥平庸的子比为楚王，子晳为令尹，自己则掌司马之职，军权在握。灵王闻讯西归，弃疾又派人至灵王军中煽惑军心，使兵无斗志，不战自溃，从乱如归。灵王自杀后，拥兵自重的弃疾封锁消息，编造灵王回都平乱的谎言，设计恐吓子比、子晳自杀，从而自立为王，是为平王，这即是司马迁所说的"弃疾以乱立"。《春秋》记此事将逼灵王自杀归罪于子比，而曰"楚公子比自晋归于楚，弑其君

① 张正明：《楚史》，湖北教育出版社1995年，第214页。

虔于乾溪"。弃疾行韬晦之略，不露声色而暗地行事，在《春秋》中没有为自己落下弑君恶名，而将弑君恶名留给了子比。面对恐吓已立为君的子比自杀，《春秋》则记为"楚公子弃疾杀公子比"，曰"杀"而不曰"弑"，这是因公子比虽已为君，但为时太短，尚未列于诸侯。既然只能曰"杀"，就不是谋反了。这说明《春秋》记史重名而不重实，而弃疾则是利用重名的文化风尚，掩盖自己弑君自立之实。但司马迁记录此事，则不拘名的形式，据实直书曰"平王以诈弑两王而自立"。平王正是以"诈"而逼灵王、子比自杀，行弑君之实，却不落弑君之名，其谲于权术，工于心机在诸侯中少见。

不过平王自立，是否应担弑君之名毕竟不是我们评价这个人物的焦点，我们的目的只在说明他暗寓心机，不露声色。从当时楚国内外的舆论看，认为平定楚国动乱者非他莫属。子比自晋归楚时，晋卿叔向在与韩宣子评述楚国政局时，认为拥有楚国的将不是子比，而是弃疾。《左传》昭公十三年载，叔向说："有楚国者，其弃疾乎！君陈、蔡，城外属焉。苟慝不作，盗贼伏隐，私欲不违，民无怨心。先神命之，国民信之。芈姓有乱，必季实立，楚之常也。"以他的地位、才干及治理陈、蔡的政绩而言，他的确曾是楚内外寄予厚望的人物。①

楚平王继位，仍以为郢(宜城楚皇城)为都。

据清华简《楚居》，楚平王刚开始居于为郢，数年后，局势稳定，便由为郢迁移至行都"秦溪之上"：

> ……至……康王、鼳(嗣子)王皆居为郢。至霝(灵)王自为郢遯(徙)居秦(乾)溪之上。[11]……竞(景)坪(平)王即立(位)，猷居秦(乾)溪之上。[12]②

---

① 李德尧:《论楚平王》，《荆州师专学报》(社会科学版)1998年第1期。

② 清华大学出土文献研究与保护中心编，李学勤主编《清华大学藏战国竹简》(壹)，中西书局2010年，第181页。

为郢是自楚庄王以来历代国君处理国事的国都，经历代楚王的经营，日渐繁华。楚平王前任楚灵王大部分时间不在为郢，常年驻守在淮河流域乾溪(今安徽亳州东南)。可见为郢一直是楚都。按照常理，平王继位后，千头万绪，百官都在为郢，平王开始时居住在为郢，处理政务较为方便。

灵王生前命荡侯、潘子、司马督、嚣尹午和陵尹喜伐徐(今江苏泗洪东南)，久攻不克。政变发生之后，灵王身死，这支部队匆忙撤回。《左传》昭公十三年："楚师还自徐，吴人败诸豫章，获其五帅。"楚师撤回途中遭吴师邀击，五位将领都做了吴人的俘虏。

在楚灵王时期，州来(今安徽凤台)多属楚，它是楚灵王最看重的战略要地。直到公元前 529 年(楚灵王十二年)，楚灵王因内乱身死，吴才乘机灭州来而据为己有。

吴攻州来，令尹子期请求伐吴以夺回对州来的控制，刚刚继位的楚平王，忙于稳定国内局势，没有同意。李德尧认为，平王元年，吴灭州来(今安徽凤台)，州来本为楚的属国，按理楚应往救，所以令尹子期请伐吴。但平王鉴于楚国十多年征战不息，已是兵疲民穷，需要与民休息，所以不同意出兵。他说："吾未抚民人，未事鬼神，未修守备，未定国家，而用民力，败不可悔。州来在吴，犹在楚也。子姑待之。"(《左传》昭公十三年)这与灵王的穷兵黩武形成鲜明对照。①

在楚灵王在位时期，州来这一战略要地以臣属楚为主，吴虽然亦染指其间，但终因在总体实力上不及楚，所以在竞争中尚居劣势。关于这一形势，日本学者竹添光鸿《左氏会笺》曾经指出：

> 州来，近楚小国也。吴楚中间要害处。成七年吴入之，今又残毁之，乘楚之乱也。十九年传"楚城州来"，见吴之不能有也。州来在淮水北，翼蔽淮滨。南北朝梁，魏与后周、

---

① 李德尧：《论楚平王》，《荆州师专学报》(社会科学版)1998 年第 1 期。

南唐为苦战之地。[1]

之所以说州来是一个战略要地，是因为它处在控制淮河流域的关键位置，有"翼蔽淮滨"之势。王青认为，吴国军队若溯淮而上，可以顺利到达的军队集散处就在这里。从州来再向上游则比较困难。[2]

吴王馀祭在位时期，鲁襄公二十六年，公元前547年，楚康王十三年，楚联秦伐吴，因吴有备而放弃。吴王馀祭虽与楚无战事，但在江南与越相争，疆土似有拓展。吴王馀昧在位时期，楚灵王主动对吴进攻，鲁昭公四年(前538年)、五年、六年楚、吴间连续进行战争，虽然一度攻占了吴国的朱方，但吴师反攻，侵入楚国的棘、栎、麻三邑。楚国巩固了钟离邑、巢邑和州来邑，遏制了吴国沿淮河西进。楚国在淮南用兵，企图将吴国势力赶出群舒之地，但没有进展。楚、吴两军长期处于对峙状态，灵王刚去世，对峙状态即被打破，派往伐徐的楚师主动撤回，在归途中被吴军打败，全军覆灭，州来邑也被吴夺走。过去楚灵王处心积虑地构筑的抗吴前哨阵地州来，就此弃守。张志鹏认为，灵王去世，吴国乘机进攻。总体来看，吴国的疆域在这段时期有很大的开拓。[3]

第二节　安葬子干，子干评说及命名訾敖
（平王元年）

平王的哥哥王子比，又名子干。公子比，是楚共王庶出的第三个儿子，是典型的悲剧人物。《史记·楚世家》："初，共王有宠子五人，

---

① 竹添光鸿：《左氏会笺》，巴蜀书社2008年，第1867页。
② 王青：《春秋后期吴楚争霸的一个焦点——从上博简〈吴命〉看"州来之争"》，《江汉论坛》2011年第2期。
③ 张志鹏：《吴越史新探》，河南大学博士学位论文，2012年，第97页。

无適立，乃望祭群神，请神决之，使主社稷，而阴与巴姬埋璧于室内，召五公子斋而入。康王跨之，灵王肘加之，子比、子晳皆远之。平王幼，抱其上而拜，压纽。故康王以长立，至其子失之；围为灵王，及身而弑；子比为王十馀日，子晳不得立，又俱诛。四子皆绝无后。唯独弃疾后立，为平王，竟续楚祀，如其神符。"楚共王没有嫡长子，只有五个庶出儿子，先是听凭神意主宰，埋璧卜王，一律平等，都有当王的资格。以后弟兄五个，果然是按排行前赴后继，顺序而来，除老四子晳仅当过短暂令尹外，全部都过了当楚王的瘾，显示楚国在君位继承制上面，从楚康王继位的前559年，到楚平王去世的前516年，共43年的漫长时间内，由"父死子继"彻底转变为"兄终弟及"，王位传弟不传子，这期间所有当王的儿子，一律不得继承。老三公子比被老五弃疾推举为王，当王只有十几天便自杀，未享当王的荣耀，却落得背负"弑君"的罪名。如《春秋》昭公十三年："楚公子比自晋归于楚，弑其君虔于乾溪。"如此看来，子比当了弃疾的替罪羊，着实冤枉。但是，子比因恐惧自杀而亡，又怨不得弃疾。因为子比平庸，完全没有治国能力。

《左传》昭公十三年中有很长的一段话，说晋国叔向在得知子干被拥戴为王时，向晋国执政卿韩宣子发表评论，认为子干没有能力，不可能为楚王：

> 子干归，韩宣子问于叔向曰："子干其济乎?"对曰："难。"宣子曰："同恶相求，如市贾焉，何难?"对曰："无与同好，谁与同恶？取国有五难：有宠而无人，一也；有人而无主，二也；有主而无谋，三也；有谋而无民，四也；有民而无德，五也。子干在晋，十三年矣。晋、楚之从，不闻达者，可谓无人。族尽亲叛，可谓无主。无衅而动，可谓无谋。为羁终世，可谓无民。亡无爱征，可谓无德。王虐而不忌，楚君子干涉五难以弑旧君，谁能济之？……子干之官，则右

尹也。数其贵宠，则庶子也。以神所命，则又远之。其贵亡矣，其宠弃矣，民无怀焉，国无与焉，将何以立？"……"共有宠子，国有奥主。无施于民，无援于外；去晋而不送，归楚而不逆，何以冀国？"

子干在灵王夺位时，曾经逃到晋国，《左传》昭公元年："公子围至，入问王疾，缢而弑之。遂杀其二子幕及平夏。右尹子干出奔晋。"直到灵王死时，前后十三年时间，一直在晋国生活。故晋国对子干非常熟悉。晋国大臣叔向认为，子干"取国"即当楚王，将面临"五难"。可是子干非常不争气，"子干在晋，十三年矣。晋、楚之从，不闻达者，可谓无人。族尽亲叛，可谓无主。无衅而动，可谓无谋。为羁终世，可谓无民。亡无爱征，可谓无德。"叔向认为子干无人、无主、无谋、无民、无德，官职是右尹，身份是庶子，楚拜璧选王时离玉璧尚远，王子的身份丧失，王室的宠幸被废弃，逃到晋国后，楚国的老百姓毫不怀念，楚国的国家大事一概与他无关，他怎么能够成为楚王？叔向认为楚共王还有其他的宠子，如弃疾，能当楚王大任，而子干对楚民没有丝毫帮助，没有外援，从楚国到晋国去，无人相送，从晋国回到楚国，无人迎接，他怎么能够治理好楚国？

不能不说，晋国大臣叔向对子干能力的分析，极其精辟。子干幸亏只当过十几天的楚王，如果长期为王，对楚国的治理将会一团糟。

楚平王继位后，将哥哥子干葬在訾地，命名为訾敖。《左传》昭公十三年："弃疾即位，名曰熊居。葬子干于訾，实訾敖。"张正明指出，子干被葬在訾邑，号为訾敖。訾邑是一个小邑，地望不可考实。若即訾梁，则在今河南信阳市附近；若即訾枝，则在今湖北钟祥市或枝江市境内。①

---

① 张正明：《楚史》，湖北教育出版社 1995 年，第 183 页。

第三节 实施新宗族政策，首行封君制(平王元年)

清华简《系年》十九章载："景平王即位，改邦(封)陈、蔡之君，使各复其邦。"

平王在为郢(宜城楚皇城)当朝理政，百废待兴。有感于灵王肆意杀戮朝臣，积怨甚多，招致自杀而亡，平王决定首先不惜代价收买人心，稳定政局。

楚平王即位之初，楚国的情况已经非常糟糕。"盖闻困仓粟有馀者，国有饿民，后宫多幽女者，下民多旷夫，馀衍之蓄聚于府库者，境内多贫困之民。……故厨庖有肥鱼，厩有肥马，民有饿色。"(《新序》卷二《楚人献鱼楚王》)《国语·楚语下》载："民之羸馁，日已甚矣。四境盈垒，道殣相望，盗贼司目，民无所放。是之不恤，而蓄聚不厌，其速怨于民多矣。积货滋多，蓄怨滋厚。"平王上台后，汲取灵王覆亡的惨痛教训，废除之前重外轻内的宗族政策，力图恢复和重建国内秩序。《左传》昭公十四年：

> 夏，楚子使然丹简上国之兵于宗丘，且抚其民。分贫，振穷；长孤幼，养老疾，收介特，救灾患，宥孤寡，赦罪戾；诘奸慝，举淹滞；礼新，叙旧；禄勋，合亲；任良，物官。使屈罢简东国之兵于召陵，亦如之。好于边疆。息民五年，而后用师，礼也。

平王"抚民"的措施之一是"礼新，叙旧；禄勋，合亲"，杜注："新，羁旅也。勋，功也。亲，九族。"[1]杨伯峻认为"此即赏有功，睦

---

① 孔颖达：《春秋左传正义》卷四七，载《十三经注疏(附校勘记)》(阮元校刻)(下册)，中华书局1980年，第2076页。

宗族",① 释解不够透彻。"礼新，叙旧；禄勋，合亲"，其主要目的是在新、旧、勋、亲之间寻找平衡，通过"任良，物官"调整权力体系中的宗族构成。楚灵王在位期间的长期大规模扩张，使得楚国民贫国乏，楚国的人力物力都受到了巨大消耗，人民负担十分沉重。楚平王即位之后，为了安抚民众、缓和矛盾，采取了息民之政。楚平王命令然丹和屈罢分别安抚救济楚国民众，并与邻国结好，以安定边疆。

在大局稳定之后，楚平王大力封赏功臣。

平王登位，斗成然厥功最伟，受命为令尹。其父斗韦龟知道共王埋璧卜嗣的内情，早就把斗成然托付给公子弃疾了。斗成然字子旗，有封邑蔓，故亦称蔓成然，在灵王十二年被楚灵王夺邑，后被任命为郊尹，成为治郊境的大夫。斗成然是子文子孙中较有成就的一人，认为公子弃疾得王位是神意，甘效死力。斗成然遵父命侍奉楚共王之子弃疾，对楚平王有拥戴之功。公元前529年，楚国群公子之乱，斗成然率斗氏入郢，助弃疾获得王位。在这场王位争夺之中，斗成然参与谋划，与蘧氏、许围、蔡洧三族联合，率四族之徒获得胜利，此时的斗氏实力稍显薄弱。斗成然拥戴楚平王有功，成为令尹，人称令尹子旗。这是斗氏自若敖氏之乱后所获得的最高的官职，对于斗成然和斗氏的未来发展都具有相当大的意义，很有可能成为斗氏复兴的重要契机。

观从也有拥戴殊勋，平王让他自选官职。此人倒还知趣，所求不奢，因先人是佐开卜的大巫，便自荐为卜尹。卜尹类如神职，非有巫学根底者不得预其选，很少有人去竞争。

屈罢受到平王重用。《左传》中并未直接记载屈罢的具体官职和世系，何浩认为屈罢职守与莫敖一职相似，有可能是屈生的弟弟，赵逵夫也有屈罢为莫敖的观点。二位学者的屈罢为莫敖一说推测成分太多，暂存疑。但从现有文献可以看出，屈罢必然是一位楚国的地方行

---

① 杨伯峻：《春秋左传注》（修订本），中华书局1990年，第1365页。

政长官。

楚平王时期，除了屈罢，屈世家族还有屈春见于传世文献记载。屈春不见于《左传》，在早期典籍中只见于《说苑·臣术》："楚令尹死，景公遇成公乾曰：'令尹将焉归?'……成公乾曰：'子资少，屈春资多。……故曰政其归于屈春乎!'"[1]《说苑·辨物》一篇对此事也有相关记载有："王子建出守于城父，与成公乾遇于畴中。"[2]结合《左传》中的相关记载，可以得知太子建成守城父应是在鲁昭公十九年(楚平王六年)，因此《说苑·臣术》中的"楚令尹死"应是指昭公二十三年(楚平王十年)记载的"子瑕卒"。"屈春资多"一句表明此时屈春的年龄、资历都已较长，此时楚平王即位仅十年，因此屈春在楚灵王时应已经有所作为，否则屈春无法被称为"资多"，又平王在位仅十三年，故屈春很有可能经历了灵王、平王、昭王三朝。

平王复政举措之一是提拔了一大批王室贵族和功勋旧族。以吴起变法前的楚令尹、司马为例，担任令尹者先后有阳匄(字子瑕)、囊瓦(字子常)、公子申(字子西)、沈诸梁(叶公子高)、公孙宁(字子国)，担任司马者有公子鲂(字子鱼)、蘧越、公子结(子期)、沈诸梁(叶公子高)、公孙宽。其中阳匄、囊瓦、公子申、公孙宁、公子鲂、公子结、公孙宽均系王室近亲，沈诸梁、蘧越及世为莫敖的屈氏则是功勋旧族。公室贵族和同姓大宗按照血缘亲疏获得相应政治位次，恢复到之前"楚国第"[3]的正常状态。

这一时期，蘧氏、沈尹氏等旧宗大族日益衰落。阳氏及异姓中的

---

① 刘向：《说苑校证》，向宗鲁校证，中华书局 1987 年，第 41 页。
② 刘向：《说苑校证》，向宗鲁校证，中华书局 1987 年，第 475 页。
③ 《左传》哀公十六年令尹子西语。杜注"第"为"用士之次第"，(参见孔颖达：《春秋左传正义》卷六〇，载《十三经注疏(附校勘记)》(阮元校刻)下册，中华书局 1980 年，第 2178 页。)亦有学者将"第"字下读，作"楚国，第我死，令尹、司马，非胜而谁"，认为"第"是假设连词(参见杨伯峻《春秋左传注》第四册，中华书局 1990 年，第 1701 页)。今从杜预之说，将第字上读。

养氏、郤氏、伍氏、伯氏，或遭灭族，或外逃避难。郤氏之亡，[①] 对楚、吴、越之间的关系造成一定程度的影响。同时，新兴的宗族力量亦在孕育壮大。楚平王、楚昭王之后代，即通常说的楚景氏、昭氏，逐渐繁衍成战国时期楚国最为兴盛的两个宗族。[②]

楚平王封赏功臣不久，有的功臣居功自傲，严重威胁王权。平王首先铲除矜功自恃的令尹子旗，为实施新政铺平道路。《左传》昭公十四年：

> 楚令尹子旗有德于王，不知度。与养氏比，而求无厌。王患之。九月甲午，楚子杀斗成然，而灭养氏之族。使斗辛居郧，以无忘旧勋。

令尹子旗即斗成然，自恃襄助平王上台有功，与外姓养氏结党营私。平王杀掉斗成然，为恢复政治秩序铺平了道路。"楚子杀斗成然，而灭养氏之族。"平王元年，杀蔓成然，灭养氏，以不偏不倚之名，收一石两鸟之功，朝野为之震动。事后，平王命蔓成然之子斗辛为郧公，以示不忘斗氏旧勋，这又是一举两得，既可安抚元老，又可收揽人心。从斗成然获令尹之位又很快被诛灭，可以看出，此时的楚国君主专制得到进一步发展，令尹无论是权限还是地位都受到了制约，楚国的世族势力也得到进一步的削弱，再不复世族独占朝堂的局面。

在楚国的养氏后人在楚平王时因与令尹子旗结为朋党而遭灭族。杜预说："养氏，子旗之党，养由基之后。"[③] 徐少华据此认为养国在公元前 512 年之前灭亡："鲁昭公三十年（楚昭王四年，前 512 年），楚

---

① 参见《左传》昭公二十七年（楚昭王元年，前 515 年）："尽灭郤氏之族党，杀阳令终与其弟完及佗，与晋陈及其子弟……九月己未，子常杀费无极与鄢将师，尽灭其族，以说于国。"

② 田成方：《东周时期楚国宗族研究》，科学出版社 2016 年，第 207—208 页。

③ 杜预：《春秋经传集解》，上海古籍出版社 1988 年，第 1396 页。

昭王即将其地作为吴国公子的封邑，说明此前养国已灭，故地入为楚有，其时间当在春秋中期的楚庄王至晚期的楚昭王期间。"①这种结论不妥。养由基的后代因卷入楚国内部政治斗争而被灭族，其封地当然也随之撤去，并于公元前512年分封给了吴公子。楚平王灭养氏之族只是灭掉养由基的后代，而并非是灭掉养国。

令尹子旗死后，楚平王改变策略，大力赏赐封邑。楚国的封邑制度在楚平王手中逐步完善。楚平王使其子斗辛居郧，成为郧县县尹，这也是出于不忘子文的旧德。楚国一直有着大城置县、小城分封的传统，大城申、息，位置显要，县尹申公、息公在朝堂也是有着比较重要的位置。从子文的后代发展来看，中犨、蔓等应都是小城，郧邑因与斗氏先祖斗伯比、子文有着很深的渊源，楚王为标榜不忘子文对楚国的贡献，将其赐予斗辛。

日本学者安倍道子分析平王、昭王、惠王时期的政策，提出蔡公弃疾即位后，陈、蔡复国，迁国者复归旧地，楚国回复到了旧有的宗族秩序之中，他悉心经营的方城外军事力量受到削弱，必然要建构新的势力基础，所以从平王至惠王，楚王曾多次向近亲者赐予封邑，受封于析的公孙宁、鲁阳文子、白公胜皆为平王孙，叶公子高可能是出自庄王的沈氏一员，郧公斗辛出自若敖氏之后大世族斗氏，都是楚王近亲公子或王室世族。结合叶公"老于叶"、斗辛"以无忘旧勋"而居郧等文献记载，她认为，郧公斗辛、叶公子高、白公胜、鲁阳公都有封邑主的性质，不宜看作是县公，而应该称"封邑公"，郧、叶、白、鲁阳等邑是他们各自的封邑。楚国的封君可能发端自"封邑公"，是在"封邑公"的基础之上产生并发展起来的。②

循着这一思路，可以推测楚国封君制，最早起源于楚平王为恢复

---

① 徐少华：《周代南土历史地理与文化》，武汉大学出版社，1994年，第217页。

② 安倍道子：《春秋后期の楚の「公」について——战国封君出现へ向けての一试论》，载《东洋史研究》1986年第2期。转引自郑威：《楚国封君研究》，湖北教育出版社2017年，第42页。

旧有宗族秩序，构建新的势力基础，有计划地向近亲者赐予封邑。以后楚昭王为犒赏抵御吴师侵楚有功者和楚惠王为犒赏平定白公之乱的有功者，也先后大力推行了封君制。

楚平王所封的第一位封君是伍奢的长子伍尚。《左传》昭公二十年（楚平王七年，前522年）有关于楚国"棠君尚"的记载，杜预注："棠君，奢之长子尚也，为棠邑大夫。""棠"为地名，"尚"指的是伍尚，伍奢之子伍员之兄。杜预解释说棠君即棠邑大夫，将棠看作楚县，伍尚曾任县尹。"棠"，也常写作"堂"。东汉应劭《风俗通义》有《姓氏篇》，其中一条佚文是关于"堂氏"的："堂氏：堂，楚邑，大夫五尚为之，其后氏焉。"①五尚即伍尚。应劭认为伍尚为棠（堂）君，其后人以邑为氏。依据应劭的采邑说，棠（堂）君可以理解为食邑于棠的封君。包山简文165、180有"鄝君"，简31、简50有地名"鄝"，一般认为，鄝君为战国后期的楚封君，鄝为楚县。②徐少华认为："堂（棠）、鄝均从'尚'得声，古音一致。"棠君尚所在的棠县和包山简所见的鄝县，鄝君封邑当在一处。③刘信芳也认为鄝邑地望可能在"棠君尚"之棠邑。④这一推测是有一定道理的。郑威认为："伍尚为救父伍奢而被杀，史籍中没有记载他是否有后人。不过伍尚即使有后，也很难再在楚国立足。因此，若伍尚为封君，则在其死后封地应被收回。至战国时期，可能在堂（棠）地新立封君，即包山简所称的'鄝君'。"⑤《左传》昭公二十年有关于楚国"棠君尚"的记载，这是有关楚国史料中首次出现"地名+君"这种称号，对探讨楚国从采邑制向封君制的转化十分重要。

"棠"地望所在，有江苏六合说，河南遂平说，安徽六安说。《包

① 应劭：《风俗通义校注·佚文》，王利器校注，中华书局1981年，第522页。
② 参阅陈伟：《包山楚简初探》，武汉大学出版社1996年，第97、102页；颜世铉《包山楚简地名研究》，台湾大学中国文学研究所硕士学位论文，1997年，第79、180页。
③ 徐少华：《包山楚简释地十则》，《文物》1996年第12期。
④ 刘信芳：《包山楚简解诂》，艺文印书馆2003年，第45页。
⑤ 郑威：《楚国封君研究》，湖北教育出版社2017年，第40页。

山楚简》载有地名"鄝"，郑威认为，诚如徐少华所言，棠、鄝应即一地，然鄝之地望与鄝君封邑所在，应依石泉之说，在今安徽六安北。综而言之，楚灭六、蓼之后，曾在今六安北筑二城，其一名六合城，又名棠，当为军事要塞，子囊曾师于此，并与吴战，"棠君尚"之"棠"、战国时鄝县与鄝君封邑皆在此。后经历代传承，多误以楚之棠在江苏六合，加之吴有堂邑，复又将三者混而论之，以为汉之堂邑侯国亦在一处。郑威推测：第一，若棠君即棠尹，伍尚为棠县县尹，则棠县至少自平王始一直存在，即怀王时期的鄝县，楚子囊曾陈兵此地与吴对峙，军事上有一定的重要性，楚有于此设县的可能；从现有材料来看，县与封邑同名且同处一地者并不鲜见，鄝君封邑与鄝县应同在鄝(棠)；第二，若棠君为伍尚封号，棠为其封邑，则伍尚应是目前可知的楚国最早的封君，伍尚被杀后，封邑收归中央，改设棠(或堂、鄝)县，包山简之鄝君乃后来所封。[①]

楚平王所封的第二位封君是太子建。史籍记载楚平王继位的第二年，即立太子，《史记·楚世家》："平王二年，使费无忌如秦为太子建取妇。……建时年十五矣，其母蔡女也，无宠于王，王稍益疏外建也。"在楚国，太子有一系列特权，不光拥有"宫甲"，还有封邑。此封邑所在，可以从文献记载中找出蛛丝马迹。太子建在平王另娶秦女之后，处境艰难，《史记·伍子胥列传》："建母，蔡女也，无宠于平王。平王稍益疏建，使建守城父，备边兵。"不久，平王捕杀太子建及其老师伍奢，太子建随伍子胥辗转经过宋国、晋国逃难，最终到郑国暂住，因充当晋国间谍被郑国察觉而被杀。《史记·伍子胥列传》："伍胥既至宋，宋有华氏之乱，乃与太子建俱奔于郑。郑人甚善之。太子建又适晋，晋顷公曰：'太子既善郑，郑信太子。太子能为我内应，而我攻其外，灭郑必矣。灭郑而封太子。'太子乃还郑。事未会，会自私欲杀其从者，从者知其谋，乃告之于郑。郑定公与子产诛杀太子建。"其

---

① 郑威：《出土文献与楚秦汉历史地理研究》，科学出版社 2017 年，第 17—24 页。

母在郑国无依无靠，只好逃回楚国。楚平王十年，发生了被抛弃的楚王夫人，即太子建的生母，被吴人劫走的事件。《左传》昭公二十三年："楚大子建之母在郧，召吴人而启之。冬十月甲申，吴大子诸樊入郧，取楚夫人与其宝器以归。楚司马薳越追之，不及。将死，众曰：'请遂伐吴以徼之。'薳越曰：'再败君师，死且有罪。亡君夫人，不可以莫之死也。'乃缢于薳澨。"楚国前国君夫人被劫到吴国，导致楚司马薳越自杀，对于楚平王来说，是一件非常丢脸的事情。太子建之母在楚国的居住之地，有两说，一是《左传》昭公二十三年所记的娘家郧地。二是《史记·楚世家》等所记的居巢。《史记·楚世家》："(楚平王)十年，楚太子建母在居巢，开吴。吴使公子光伐楚，遂败陈、蔡，取太子建母而去。"《史记·吴太伯世家》："(吴王僚)八年，吴使公子光伐楚，败楚师，迎楚故太子建母于居巢以归。"比较两地，太子建之母被吴国劫走的地方，应是处于吴楚边境之地的居巢。太子建之母的娘家郧地，杨伯峻指在今新蔡县，[1] 不在吴楚边境，吴军不可能长途奔袭，深入到楚国内地掳走楚国前君夫人。既然太子建之母系从居巢被劫，那么，居巢之地必然是太子建的封邑，这样，太子建虽死，其母仍可在封邑内居住。联系到32年以后的楚惠王二年，太子建之子白公胜被任命为"巢大夫"，《史记·楚世家》载"惠王二年，子西召故平王太子建之子胜于吴，以为巢大夫，号曰白公"，更可证明居巢之地系楚平王早年赐予太子建的封邑。

楚平王所封的第三位封君是郧公斗辛。郧原为一诸侯小国，据何浩研究，约在楚武王后期至文王前期灭于楚。[2]《左传》成公七年有"郧公锺仪"，杨宽据此将之列为楚县，[3] 应无疑问。《左传》昭公十四年说平王"使斗辛居郧，以无忘旧勋"，没有明确斗辛是否为郧县的县公，让人怀疑楚平王是将郧县的土地赐予斗辛为封邑。这从《国语》

---

① 杨伯峻：《春秋左传注》(修订本)，中华书局1990年，第1447页。

② 何浩：《楚灭国研究》，武汉出版社1989年，第10页。

③ 杨宽：《杨宽古史论文选集》，上海人民出版社2003年，第71—72页。

和《左传》的相关记载中得到证实。《国语·楚语下》："吴人入楚，昭王奔郧，郧公之弟怀将弑王，郧公辛止之。"《左传》定公四年："斗辛与其弟巢以王奔随"，从《国语》《左传》的记述来看，昭王奔郧之时，郧公与其弟斗怀、斗巢均在郧，说明三兄弟同居于郧，郧地无疑是斗辛家族的聚居地。再联系到《左传》昭公十四年说平王"使斗辛居郧，以无忘旧勋"的记载，可以肯定，楚平王继位时，确实赐予斗辛以郧县中的某一块土地，作为斗辛家族的封邑。

再来看郧公。《国语·楚语下》载楚大夫斗且在与令尹子常的谈话中说："故庄王之世灭若敖氏，唯子文之后在，至于今处郧，为楚良臣。"韦昭注曰："其子孙当昭王时为郧公"，所说的正是郧公斗辛，他只在平王至昭王时为郧公，所以韦昭强调"当昭王时"这一时间段。日本学者平势隆郎说："斗辛……因恩惠而成为郧地新公，可见和前任之间无世袭关系。"[1]徐少华认为，"斗氏居郧为郧公，实即斗辛一世。"[2]他们的说法是可信的。斗辛为郧公，始自平王元年(前528年)至昭王十年(前506年)吴师入郧时仍在任，任期至少在22年以上，可见楚国没有明确地规定县公(尹)任期的制度，这与秦汉及其后的县制颇为不同，但史料中未见有斗辛后人接任郧县县尹的记载。郑威认为，可能与叶公类似，斗辛在郧县域内有属于自己家族的食田，斗辛在长期任职于郧的同时，其诸弟及众家眷也长期居于家族食田之内，这也是他们"无忘旧勋"的一个体现。[3]

平王即位之初，不做剪除异己之事，表现了以安定国家大局为重的胸襟。例如观从在拥立子比为王时，曾向子比进言，杀掉弃疾，子比不忍，后反为弃疾所害。弃疾即位后，不计前嫌，仍视观从为有功之臣，封他为卜尹，以明君臣之义，这也是为史家所称道的事。

① 平势隆郎：《楚王和县君》，载刘俊文主编《日本中青年学者论中国史·上古秦汉卷》，徐世虹译，上海古籍出版社1995年，第217页。
② 徐少华：《周代南土历史地理与文化》，武汉大学出版社1994年，第287页。
③ 郑威：《楚国封君研究》，湖北教育出版社2017年，第44页。

以上皆是平王元年之事，是平王因自己立足未稳，为巩固自己的地位而采取的明智措施。正如《史记·楚世家》所说，是"恐国人及诸侯叛之，乃施惠百姓"。李德尧指出：如果平王把这些不只视为巩固自己地位的权宜之计，而视为治乱兴邦的国家大计，那么楚国或许会由此而复兴。岂料在他执政的第二年，就发生了逆转。[①]

第四节 平丘之会晋压齐及晋楚兵力对比
（平王元年）

楚灵王在位时，咄咄逼人，晋国步步退让。齐国看到晋国霸权已衰，欲摆脱晋的束缚。晋亦知诸侯对自己有嫌隙，现在趁楚国发生内乱的有利时机，以巩固自己的盟主地位。所以，晋国于前 529 年楚灵王自杀后，很快便召集原盟国会于平丘（今河南封丘东四十里，长垣南五十里）。因为晋的威信不足，故假周天子之名，请周卿士刘挚出席会盟。政治是以军事为后盾的。晋令诸侯会盟，"齐人不可"。所以，《左传》昭公十三年，叔向说："诸侯有间矣，不可以不示众。"晋为开好此会，又派使臣出使东南盟国吴，商定晋平公与吴王夷末在良（今江苏邳州东南百里）约会，因当时水道难通行，未得成功。晋知其德薄，欲以威服诸侯。于是，晋人出动了"战车四千乘而示威"。这大概是晋国会盟史中出动兵力最多的一次。

台湾三军大学《中国历代战争史》分析，春秋初中期之战争，兵力以兵车之乘数计算。晋楚城濮之战，晋军兵车七百乘；楚军亦有同样之车数。迨后兵力扩大，至晋昭公谋伐楚时，集诸侯之军于邾南，兵车达四千乘，而楚国此时亦有兵车达二千余乘之数。[②]晋国兵力占优。此估计不实。《左传》昭公十二年记楚灵王时自夸"今我大城陈、

① 李德尧：《论楚平王》，《荆州师专学报》（社会科学版）1998 年第 1 期。
② 台湾三军大学：《中国历代战争史》，中信出版社 2012 年，第 120 页。

蔡、不羹，赋皆千乘"，加上申、息之师和楚王的常备军，应该多于四千乘，晋、楚兵力大体平衡。

七月丙寅（二十九日），晋大军云集邾国（今山东邹城东南二十六里）南境，炫耀武力，然后西行，进入卫地。是时，羊舌鲋（乐桓子）代司马之职，他为了向卫人索贿而有意纵容刈草伐薪的士兵侵扰卫国，迫使卫向其纳贿求免，此即晋霸业衰退的表现。八月壬申（五日），晋大规模地进行阅兵示威，诸侯畏之。参加这次平丘之会的除晋平公、周卿士刘挚外，有齐景公、宋元公、鲁昭公、卫灵公、郑定公、曹武公及其莒、邾、滕、薛、杞、小邾之君。这时，邾人、莒人向晋状告鲁人侵其边境，于是晋平公不见鲁君，鲁人不服。《左传》昭公十三年载，为压服鲁人，叔向对鲁人说："寡君有甲车四千乘在，虽以无道行之，必可畏也，况其率道，其何敌之有？牛虽瘠，偾于豚上，其畏不死？"鲁人方认服于晋。癸酉（六日），诸侯朝晋。甲戌（七日），晋与诸侯同盟于平丘，于是"齐服也"。

楚灵王十二年，公元前529年，晋昭公会盟诸侯于平丘，讨论各国的"班贡"问题。子产知此会盟对郑国不利，遂亲自为会盟场所设帐，争取列席参加。盟会上，子产因要郑国承担的贡赋重而据理力争。《左传》昭公十三年：

> 及盟，子产争承，曰："昔天子班贡，轻重以列，列尊贡重，周之制也。卑而贡重者，甸服也。郑伯，男也，而使从公侯之贡，惧弗给也，敢以为请。诸侯靖兵，好以为事。行理之命无月不至，贡之无艺，小国有阙，所以得罪也。诸侯修盟，存小国也。贡献无极，亡可待也。存亡之制，将在今矣。"自日中以争，至于昏，晋人许之。

按周制，位卑而贡赋重的只有天子直属的"甸服"，郑国在京畿之外，爵位又低于公侯，却担负同样的贡赋，这是难以承命的。这场争论从日中直至黄昏，由于子产的坚持，晋国最后同意了郑国的要求。事后，子大叔还心有余悸地说："诸侯若讨，其可渎乎？"子产曰："晋政多门，贰偷之不暇，何暇讨？国不竞亦陵，何国之为？"吴爱琴指出，这表明子产的做法是建立在充分的研究基础上，知己知彼，才能有的放矢。[①] 李孟存、李尚师认为，平丘之会，是晋人在晋、楚共霸初期，为维护其霸权，借楚王室内讧以武力压服齐、鲁等国盟员的一次步履维艰的会盟。[②]

楚平王对晋国采取妥协政策。楚灵王时，晋不敢与楚争诸侯。而楚平王时，晋召开平丘之会，就是公然恢复其在诸侯中的主导地位。对此，楚平王采取默认态度。

第五节　陈、蔡复国，许复迁于叶及继续居秦溪（平王元年）

平王即位后，一反常态，改变了灵王时的基本国策和做法。陈、蔡二国，处齐、鲁、宋、卫、吴之间，在与晋争霸和对吴战争中具有极其重要的战略意义。故楚庄王时想灭陈，只是迫于舆论而放弃。灵王灭陈后，曾不愿参加申之会的鲁、卫二国，皆至陈与楚灵王会晤。灭陈、蔡在一定程度上解决了"诸侯远我而畏晋"的弊端，极有益于楚对江淮地区的经营和打击吴国。楚平王置国家利益而不顾，早在叛乱中就曾许诺复陈、蔡。

清华简《系年》十九章："楚灵王立，既县陈、蔡，景平王即位，改邦（封）陈、蔡之君，使各复其邦。""景平王"即公子弃疾，利用阴谋手段逼杀二哥楚灵王及三哥子干，为取得诸侯国的承认，《左传》昭公十三年载，"平王封陈、蔡，复迁邑"。《史记·管蔡世家》：

① 吴爱琴：《郑国史》，科学出版社 2020 年，第 159 页。
② 李孟存、李尚师：《晋国史》，山西古籍出版社 1999 年，第 231 页。

楚灭蔡三岁，楚公子弃疾弑其君灵王代立，为平王。王乃求蔡景侯少子庐，立之，是为平侯。是年，楚亦复立陈。楚平王初立，欲亲诸侯，故复立陈、蔡后。

死灰复燃的蔡国继立者为景侯之少子平侯庐。《史记·十二诸侯年表》："楚平王复我，立景侯子庐。"是年为公元前529年，《集解》引徐广曰："一本景侯子虚。"①史载"平侯迁新蔡"，②而未载其迁都原因。据《灵王遂申》章可知，蔡国破灭以后，宗庙重器化为乌有，社稷沦为废墟，其迁都亦时势使然。③

楚平王即位的当年便恢复陈、蔡诸侯国的地位，让隐太子之子庐回蔡国做国君(是谓蔡平侯)，悼太子之子吴回陈国做国君(是为陈惠公)，即所谓"封陈蔡"。灵王灭蔡时，把许、胡、沈三个小国和道、房、申三个已灭国的遗民迁到楚国本土。平王复陈、蔡时，又都让这些小国迁回故地。即所谓"复迁邑"。

《系年》十九章的叙事以楚国灵王、平王、昭王时期楚与陈、蔡关系变化为主题。陈、蔡在楚人手中灭亡又复兴，对于楚人这种前后相反的行为，《系年》作者并未作出评价。将这段文字与《左传》对比，更能明了其叙事理念。《左传》昭公十一年叙述这一段历史时，礼是隐含其中的价值判断。灵王的无礼表现为暴虐、汰侈、愎谏，其残忍杀害蔡灵侯、"刑其士七十人"，既而又"灭蔡，用隐大子于冈山"，可谓残暴无礼至极。子产称灵王此举"王恶周矣"，灵王属下申无宇则以为"不祥"："五牲不相为用，况用诸侯乎？王必悔之！"《左传》作者未责

① 司马迁：《史记·十二诸侯年表》(修订本)卷一四，第3册，中华书局2014年，第791页。
② 班固：《汉书》卷二八上，第6册，中华书局1962年，第1561页。
③ 张树国：《出土文献与上古历史文学研究——以楚史及屈赋为中心》，人民出版社2018年，第74—75页。

灵王以"非礼"，乃是因为其悖礼甚矣。楚平王即位以后"封陈、蔡，复迁邑"，《左传》昭公十三年连续三次追加"礼也"，予以赞誉："既封陈、蔡，而皆复之，礼也。隐大子之子庐归于蔡，礼也。悼大子之子吴归于陈，礼也。"《左传》如此评判，是欲说明楚国因礼而得以复兴。侯文学、李明丽指出，《系年》则不受礼的拘牵，展示给我们的是楚国与陈、蔡关系的客观变化线索：究竟小国生存状况如何，大国的国力变化才是重要的影响因素。①

楚平王在尚未登位之前，人称公子弃疾时，便注意在对外事务中树立良好形象，如出使郑国表现谦恭，赢得很好的口碑。公元前536年，灵王五年，夏，幼弟公子弃疾奉命到晋国去报聘。途经郑国，郑简公率众卿出城迎送。公子弃疾表示愧不敢当，经郑国君臣执意相邀，才像朝见楚王那样拜见郑简公。公子弃疾献给郑简公乘马8匹，献给郑上卿乘马6匹，献给郑亚卿乘马4匹，献给郑下卿乘马2匹。下令随行人等不得割草、打柴、伐木、拆房，不得损坏庄稼，不得强求所需。其违纪者，有官免职，无官降等。由晋返楚再次途经郑国时也如此，秋毫无犯。公子弃疾的谦恭与楚灵王的倨傲，成为鲜明的对比。

楚平王登基后，信守诺言，让蔡人和陈人复国。当初灵王灭蔡为县后，把许、胡、沈、道、房、申的公族迁到楚国的腹地去了。平王即位后，让他们各回故地。许、胡、沈三国还算是附庸，道、房、申三国则早就被楚所灭。

许国是楚国的附庸国，鲁昭公十三年，公元前529年，楚灵王十二年，楚国发生内乱，当时作为人质而留在楚国的许国大夫许围参与了蓬居、蔡洧、蔓成然等人发起的兵变，此次兵变，逼死楚灵王，楚平王继位，为了安抚楚的附属国，稳定楚国局势，楚平王下令恢复了以前迁入楚境的诸侯国。所以《左传》昭公十三年载："楚之灭蔡也，

① 侯文学、李明丽：《清华简〈系年〉与〈左传〉叙事比较研究》，中西书局2015年，第75页。

灵王迁许、胡、沈、道、房、申于荆焉。平王即位，既封陈、蔡，而皆复之。"许也是被恢复的诸侯国之一。这是楚第四次迁许，平王即位，为了稳定政局，交好于诸侯，平王一改灵王时期的灭国迁邑政策，让陈、蔡复国，将迁于楚的许等迁回原地。所以晋人杜预《春秋经传集解》于《左传》昭公十八年注："十三年，平王复迁邑，许自夷还居叶。"赵炳清指出：为了争取中原诸侯的支持，平王一改灵王的政策，使陈、蔡复国，让一些已灭国的移民迁回淮域故地。虽其目的是想平息属国与楚之间的矛盾，然其结果却是削弱了楚人对疆土的直接控制，以致疆域的防御门户洞开。[①]

许复迁于叶，是楚平王加强叶城的举措。此前，楚国一直在经营后来成为"方城之外"政治中心的叶城，这是因为叶城控扼着南北交通要道——夏路的咽喉，即楚方城的北门口——方城缺口，较之应国都城应城而言，其位置更为重要；再者，叶城位于沙河以南，即便是中原诸国进攻楚国，楚国还可以将沙河作为其从汝、颍河向南退守的第二道防线。所以楚国在灭亡应国之后，放弃了对位于沙河北岸边原本已经存在的应城的继续经营，而在原应国境内的叶地新修建了叶城。于是，曾经为周王朝阻挡南淮夷北进的应国都城应城，在被占领之后，不得不将"方城之外"正北方地区的军事指挥权让给楚国控制的叶城。楚平王时，楚国虽然恢复了应、吕与陈、蔡等国的国名，可能让他们保持一定的独立性，但实质上并没有太大权力。因为那时作为楚国北部边疆的大本营——叶城已经建设得足够强大，其领导者诸如叶公沈诸梁等楚国大臣，应当掌握着决定"方城之外"军政事务的大权。据文献记载，"方城之外"显然可以视为楚国的一个县，叶城是县政府所在地，叶公是这个县的县公，正如楚国占领申国之后设置申县，其县尹被称为申公一样。但因其地理位置较为特殊，"方城之外"县公的地位

---

① 赵炳清：《楚国疆域变迁之研究——以地缘政治为研究视角》，复旦大学博士学位论文，2013 年，第 146 页。

可能更高一些。王龙正、王宏伟认为："显而易见，楚平王恢复陈、蔡等国的名号，是楚国为控制其北部边疆的安全而采取的一种怀柔政策。"①

第六节　楚臣拒退郑两邑及北界晋灭蛮氏
（平王三年）

楚平王恢复陈、蔡二国，目的是取得这些小国的好感，树立自己在诸侯国中的良好形象。当初，灵王灭陈、蔡为县，把许、胡、沈、道、房、申的公族迁到楚国的腹地。平王即位后，让他们各回故地，其中，许国迁回叶地，成为楚方城的屏障。许国与郑国是世仇，平王唯恐又得罪郑国，为了与郑国结好，一不做二不休，干脆将楚灵王以前强占郑国的两个都邑归还给郑国。

楚灵王三年时，吴国报复楚国攻占朱方，一度侵占楚国的棘、栎、麻三地。楚灵王大举反击，不久全部收回。但是，这三邑中，棘和栎其实是郑国的都邑，楚平王派行人枝如子躬将属于郑国的两个都邑归还郑国。《左传》昭公十三年："平王封陈、蔡，复迁邑，致群赂，施舍、宽民，宥罪、举职。……使枝如子躬聘于郑，且致辇、栎之田。事毕，弗致。郑人请曰：'闻诸道路，将命寡君以辇、栎，敢请命。'对曰：'臣未闻命。'既复，王问辇、栎，降服而对曰：'臣过失命，未之致也。'王执其手曰：'子毋勤。姑归，不穀有事，其告子也。'"

封陈、蔡，复归还两邑，虽然合于周"礼"，却背离了楚国的基本国策，引起了大臣的反感。两邑在楚灵王时，已经是楚国的北方重镇，枝如子躬认为，两邑退还给郑国，楚国对吴的防线便出现两个缺口，对楚国不利，决心以己之力，将两邑保护下来。因此，枝如子躬到了

---

① 王龙正、王宏伟：《后应国时期楚国"方城之外"的政治、军事形势与文化融合》，载《楚文化研究论集》（第九集），上海古籍出版社 2011 年，第 207 页。

郑国，绝口不说还地。郑人先已风闻，带着试探的口气对枝如子躬说：敝国道听途说，贵国要把两邑赐给寡君，就请大夫吩咐吧！枝如子躬断然答道：我不曾听说楚王有这个命令。郑人快快不乐，但是无可奈何。枝如子躬回楚国后，平王问两邑交割的情况，枝如子躬脱掉官袍，表示待罪，答道：臣有违命之过，却没有丢弃国土。平王却高兴了，拉着枝如子躬的手说：你怎么能如此自苦呢？你就回去休息吧！以后不穀还会有要事让你去办的。清人高士奇在《左传纪事本末》中评论，平王"以其小仁曲惠，足以要结陈、蔡之人心耶？复诸亡国，其名似美，而楚亦因之以弱"。

楚国的北界有蛮氏，蛮氏在今河南汝阳一带。楚国疆界跨过外方山，据有了北汝河上游流域。陆浑之戎位于晋、楚之间，是晋与楚的缓冲地带，平时晋、楚都不去过问。这时陆浑之戎的首领是戎蛮子嘉，他背弃了中立的传统，顺于晋而逆于楚。《春秋》昭公十六年："楚子诱戎蛮子杀之。"《左传》昭公十六年："楚子闻蛮氏之乱也与蛮子之无质(信)也，使然丹诱戎蛮子嘉杀之，遂取蛮氏。既而复立其子焉，礼也。"公元前526年，平王三年，楚诱杀戎蛮子嘉而立其子。从此，蛮氏一门心思追随楚国，成为楚国的附庸。

其明年，晋国报复，灭陆浑之戎。《左传》昭公十七年：

> 晋侯使屠蒯如周，请有事于雒与三涂。苌弘谓刘子曰："客容猛，非祭也。其伐戎乎！陆浑氏甚睦于楚，必是故也。君其备之！"乃警戎备。九月丁卯，晋荀吴帅师涉自棘津，使祭史先用牲于雒。陆浑人弗知，师从之。庚午，遂灭陆浑，数之以其贰于楚也。陆浑子奔楚，其众奔甘鹿。周大获。

晋昭公派"膳宰"屠蒯，到周室朝拜，请求在洛水与三涂山(今河南嵩县西南)举办祭祀活动，周室大夫苌弘提醒这是晋国以到周朝祭洛水与三涂山为幌子，准备袭击陆浑戎，应该注意警戒。果然，不久晋派大夫荀吴领兵袭击陆浑之戎。楚新立的陆浑之君奔楚，其众奔甘鹿(今河南伊川西北)，甘鹿属于周王室的地盘，周王室由此获得大量的人口。陆浑戎就此灭亡，而楚不能救。这是楚平王对晋一味忍让的结果。

第七节　楚平王厚颜霸媳(平王三年)

楚平王唯恐像灵王一样在历史上留下恶名，刚登王位，处处小心，行韬晦之略。但时间一长，王位坐稳，终于经不住诱惑，逐渐露出了淫欲残忍的真面目。

《左传》昭公十九年记载了楚平王霸占太子建之妻的事："楚子之在蔡也，郹阳封人之女奔之，生大子建。及即位，使伍奢为之师，费无忌为少师，无宠焉，欲谮诸王，曰：'建可室矣。'王为子聘于秦，无忌与逆，劝王娶之。正月，楚夫人嬴氏至自秦。"平王为太子择妻，这本来是不成其为问题的。太子名建，是平王娶蔡国女子所生。当初楚平王还是公子弃疾时，曾经任职蔡县的县尹，娶蔡女为妻。可能是野合而成，未经正式婚礼。平王即位后，命伍举子连尹伍奢为太子太师，命宠臣费无忌(费无极)为太子少师。太子建尊重伍奢而嫌恶费无忌，费无忌暗自衔恨，总想报复太子建而苦于无从下手。公元前527年，楚平王二年，太子建年十五岁，费无忌对平王说太子建可以成家了，平王为太子建聘秦女嬴氏为夫人，命费无忌到秦国去迎亲。费无忌发现嬴氏貌美，心生一计，挑动平王与太子建的关系。第二年初，嬴氏到郢都，费无忌劝平王自娶。平王本是好色之徒，听到费无忌的建议，拍手叫好，不管儿子作何感想，居然自娶嬴氏为夫人，对费无忌格外宠信。费无忌献媚于楚平王，是为了离间平王与太子建的关系，而平王受不住诱惑，公然娶了太子建之妻，终致留下了乱伦的恶名，对楚国造成了长远的恶果。

《史记·楚世家》也记载了平王霸媳之事："平王二年，使费无忌如秦为太子建取妇。妇好，来，未至，无忌先归，说平王曰：'秦女好，可自娶，为太子更求。'平王听之，卒自娶秦女，生熊珍。更为太子娶。是时伍奢为太子太傅，无忌为少傅。无忌无宠于太子，常谗恶太子建。建时年十五矣，其母蔡女也，无宠于王，王稍益疏外建也。"平王霸占儿媳，造成了一系列恶果。首先是蔡女名分尴尬，难以明确，其次是太子建难以处置，父子关系难处，太子将来继承王位有若干不确定因素。第三是太子建已有师傅伍奢，负责太子的教育，直到继承王位，伍奢便是太子建的保护人，平王若想废掉太子建，伍奢必不答应，君臣发生矛盾，局面难以收拾。这对楚国而言，是非常凶险的。

在此之前，卫宣公也有过纳子媳宣姜为妻的丑事，《诗经·邶风·新台》记他筑高台于淇水之滨，朝夕与宣姜纵乐于台上，人民作歌以讽其事。诗中描写一个弓腰驼背、虾蟆似的老头（闻一多训"鸿"为虾蟆），竟娶了一位绝色美人，这件事在人民看来是如此荒唐可恶，所以要以诗讽喻。这首诗想来当年也会流传楚国，也可借以讽刺平王。

在宗法社会里，君王可凭至高的权力满足他的一切欲望，因此只要是君王，就可以不当道德君子，但宗法的秩序必须体现恪守名分的道德秩序，否则家不成家，国不成国。即使是君王，有悖父子人伦之理，会遭到舆论的谴责，引发一系列政治危机。

卫宣公纳媳，对儿子怀戒备之心，于是杀子而演为宫廷之变。李德尧指出，楚平王也是如此，费无忌诱使他霸媳，不断离间他们父子关系，先是把太子建支使出宫廷，派驻城父（今安徽亳州西南七十里城父集），继则谮太子建将率方城山外的人叛楚。平王信以为真，一个并不乏主见的君王完全落入了费无忌陷害太子建的圈套。于是楚国历史上，就出现了一件由费无忌编造，为平王所轻信的所谓太子建叛楚的冤案，这样楚国刚刚稳定的政局被破坏了。[①]

① 李德尧：《论楚平王》，《荆州师专学报》（社会科学版）1998年第1期。

第八节　吴攻楚，长岸之战楚胜吴
（平王四年至十一年）

楚平王继位之时，面对楚灵王遗留的混乱局面，下定决心，"息民五年"，准备充分后，再向吴国进攻。《左传》昭公十四年记楚平王元年，举行盛大的阅兵仪式，"夏，楚子使然丹简上国之兵于宗丘，……使屈罢简东国之兵于召陵，亦如之。好于边疆，息民五年，而后用师，礼也。"《正义》："谓从此简兵之后，息民不征，既满五年而后用师征伐，是为礼也。即十九年城州来以挑吴是也。案十七年与吴战于长岸，未满五年而云息民五年者，平王之意息民五年，长岸之战吴来伐，楚被伐不可不战，虽战非王本心也。"谁知还没有等到五年，吴国先行进攻楚国，楚平王被迫应战，由此爆发了长岸之战。

《左传》昭公十七年记载：

> 吴伐楚。阳匄为令尹，卜战，不吉。司马子鱼曰："我得上流，何故不吉？且楚故，司马令龟，我请改卜。"令曰："鲂也以其属死之，楚师继之，尚大克之！"吉。战于长岸。子鱼先死，楚师继之，大败吴师，获其乘舟馀皇。使随人及后至者守之，环而堑之，及泉，盈其隧炭，陈以待命。吴公子光请于其众，曰："丧先王之乘舟，岂唯光之罪，众亦有焉。请藉取之以救死。"众许之。使长鬣者三人潜伏于舟侧，曰："我呼馀皇，则对。"师夜从之。三呼，皆迭对。楚人从而杀之，楚师乱。吴人大败之，取馀皇以归。

在楚灵王时期，吴国面对楚灵王的咄咄逼人，吴王馀昧一直采取守势，偶尔出击。在楚灵王死后，楚平王四年，吴国新王王僚，血气方刚，一改守势为主动出击，楚平王不敢怠慢，赶快调兵遣将以应对。

楚平王使令尹阳匄、司马公子鲂率舟师迎战。战场在长江安徽当涂县一带的江面上展开。地名为长岸。杜注曰"楚地"，然未言所在，清代学者认为是指安徽当涂县西南三十里西梁山一带的长江两岸，西梁山与和县南七十里东梁山夹江相对。[①] 台湾三军大学《中国历代战争史》持此说，并在《楚吴长岸之战略图》中标明。[②] 罗运环亦赞同，在"长岸"二字后括弧注明"主要指今安徽当涂县西南的东梁山、西梁山一带地区"。[③] 有学者对此提出了质疑，赵炳清认为从此前几次吴伐楚的方向和路线来看，多是从淮水中下游溯江而上，进攻楚的淮水中上游两岸，其目的是截断楚淮南、淮北之间的联系。此战的结果是两败俱伤。[④] 徐少华认为长岸不可能在今安徽当涂县西南的长江两岸，而应是淮河中下游两岸的某一地点。[⑤] 不妥。长岸之战的战场应该离楚灵王面对吴国举行过阅兵的坻箕之山不远。《左传》昭公五年："蓮射帅繁扬之师先入南怀，楚师从之，及汝清。吴不可入。楚子遂观兵于坻箕之山。"坻箕山应当是楚、吴两国的分界点。坻箕之山的地望，清代以前学者均不明所在，清人顾祖禹谓在巢县。顾祖禹《读史方舆纪要》卷二六"巢县七宝山"注坻箕之山。高士奇《春秋地名考略》卷九楚(下)认为"坻箕之山"在无为州巢县(今安徽巢湖市)南三十里，即跐蹢山。杨伯峻《春秋左传注》从其说。从地图上看，长岸(安徽当涂

---

① 参见《春秋地理考实》卷三，昭公十七年"长岸"条;《春秋地名考略》卷九，楚(下)"豫章"条;《春秋大事表》卷七，《春秋列国都邑表》楚地"长岸"条。

② 台湾三军大学:《中国历代战争史·地图册》第2册，中信出版社2012年，2-37。

③ 罗运环:《楚国八百年》，武汉大学出版社1992年，第239页。

④ 赵炳清:《楚国疆域变迁之研究——以地缘政治为研究视角》，复旦大学博士学位论文，2013年，第147页。

⑤ 徐少华:《论春秋时期楚人在淮河流域及江淮地区的发展》，后收入《荆楚历史地理与考古探研》，商务印书馆2010年。

西南)离坻箕之山(巢湖市南三十里),距离不远,长江左岸,属于楚国地盘,长江江面宽阔,便于舟师作战。

长岸,在上博简《邦人不称》中似有出现,但"长"后一字残缺,也有不同的意见。杨伯峻谓:"长岸,《大事表》七之四谓今安徽当涂县西南三十里有西梁山,与和县南七十里东梁出夹江相对,如门之阙,亦曰天门山。"[1]

长岸之战,楚、吴两军均为水师。楚师位于上游,吴师处于下游,楚国国力雄厚,造船技术优于吴国,故水战楚有优势。战前,楚国按照交战习惯进行占卜,先由令尹阳匄占卜,不想占卜的结果显示不吉利,令尹因而心绪不宁。子鱼依据楚国卜战应由司马命龟的惯例,要求改卜。改卜的结果,化凶为吉。楚师信心大增,奋勇出击,令尹要求司马子鱼率领所部私卒出战,冲锋在前,楚国的大军随后掩杀。司马子鱼同意,急率私卒进攻,自己一马当先,令尹率大军赶到,大败吴师,掳获吴先王夷昧的乘舟馀皇,可是子鱼在激战中奋不顾身,英勇阵亡了。张正明指出,江陵县泗场出土的铜戈一件,有鸟虫书铭文"楚王孙鱼之用"六字,应为子鱼生前所用,是这位忠勇的将领留给后人的光荣遗物。[2]

馀皇,即艅艎。艅艎是吴国当时最好的一艘游艇兼战船,吴人视之如国宝。吴师的首领是公子光,楚人猜测吴公子光会拼死夺舟,便将它移于岸上,环舟挖沟,舟中填炭,派兵严加守护,大军严阵以待。入夜,吴公子光聚其众,大声说:"丧先王之乘舟,岂唯光之罪,众亦有焉。请藉取之以救死。"众允诺。公子光乃使长鬣者三人(吴人以断发文身之故,难以冒充楚人,乃选长鬣者往),潜水往伏艅艎之旁,遂率众乘夜袭攻楚之舟师。楚舟师列阵不动,吴军不敢近,乃环楚舟师所至呼艅艎,而艅艎之船竟有人应之,三呼三应,吴人因知艅艎之

①　杨伯峻:《春秋左传注》(修订本),中华书局1990年,第1392页。
②　张正明:《楚史》,湖北教育出版社1995年,第217—218页。

所在。守馀艎之楚将士因搜求内奸而自相混乱，邻近楚船往助之，一动即遭吴船之袭击，因此遂引起夜战。楚舟师于慌乱中舟不成队，向西败退。馀艎因固定于堑中不能动，吴军于楚舟师败退之后，从容取之，奏凯而还。

楚、吴长岸之战，赖司马子鱼舍生忘死，令尹阳匄密切配合，大获全胜。此战缴获吴王乘舟馀艎，说明楚国的水师对于吴国，有明显的优势。虽然馀艎不久被吴国夺回，但这只是围绕馀艎争夺的小挫，不影响楚舟师在长岸之战的大胜。因两年后，楚平王六年，楚国又"城州来"，《左传》昭公十九年："楚人城州来。"估计此战之后，吴国战线收缩，放弃此前在平王元年乘楚国之乱轻易夺走的州来。

黄鸣《春秋列国地理图志》认真梳理楚、吴长岸之战的史料，研究战场地理，绘制了《吴楚长岸之战图》，将战争的过程交代得十分清楚，值得参考。（见图 19-1：吴楚长岸之战图）

第九节　舟师南下伐濮及拓境南疆（平王六年）

楚国的历代国君，眼睛都盯在北方，一心与晋国争霸。到了楚成王时，楚与周王室关系缓和，《史记·楚世家》："成王恽元年，初即位，布德施惠，结旧好于诸侯。使人献天子，天子赐胙，曰：'镇尔南方夷越之乱，无侵中国。'于是楚地千里。"楚国得到周王的首肯，征讨夷越师出有名，赶紧发兵，向南进发，直奔夷越腹地湘江流域，横扫夷越。由于没有具体记载，不知道楚国的军队与夷越的作战地点，战争规模，很可能在楚成王接到周惠王"镇尔南方夷越之乱，无侵中国"的命令后，一鼓作气，首先占领了以湘江流域为代表的湘西北地区。俞伟超指出："湘西北可能早就是楚国之境，……在今长江以南的长沙、常德、衡阳一带，都发现了春秋中期以后的楚墓，可见楚人是在此沿湘江向南发展的。"①夷越是扬越的一个支派，也是百越之属，原分布在今湖南北部。② 自熊渠拓境江南后，想必楚国对当地夷越役使甚重，以致不堪奴役乃起而造反。这次成王在南方用兵的时间较长，这一方面说明夷越人反抗镇压的激烈程度，一方面也说明楚成王曾以一定的时间趁势南侵，进一步扩大了南疆的地盘。结合湖南省 1949 年以来考古发掘的材料来看，春秋早中期楚师必已跨过洞庭湖东南的汨罗江一线，进至湘水、资水中下游间，囊括洞庭湖地区，到达洞庭之南了。

楚成王之后，楚国的注意力主要在北方。但城濮之战，败于晋国，北上受阻。楚穆王向东发展，执舒、宗之君，围灭巢，控制江淮间铜矿基地。楚庄王时在淮河流域创建芍陂，灭舒蓼、州来，盟吴越，邲地之战打败晋国以后，楚阵营空前壮大，楚庄王没有后顾之忧，才开始考虑往南向发展。楚庄王时楚地是否到达湖南，最有说服力的还是春秋楚墓的发现。高至喜、熊传新认为："春秋时期楚人的墓葬在湖南的发布就更多了，如澧县、常德、益阳、长沙、湘乡、衡阳、郴州，从南到北，都有早期楚墓出土。"③楚共王与楚康王时期忙于与晋平分霸权，郏敖享国短暂，楚灵王全力东伐吴国，顾不上经营南境。

平王继位之初，清除灵王时期的混乱局面，与吴国对峙，无力北图和东进。恰在此时，有人提出南向发展建议，正中平王下怀。《左传》昭公十九年：

> 楚子为舟师以伐濮。费无极言于楚子曰："晋之伯也，迩于诸夏，而楚辟陋，故弗能与争，若大城城父而置大子焉，

① 俞伟超：《关于楚文化发展的新线索》，载《楚文化新探》，湖北人民出版社 1981年，第 10 页。
② 吕荣芳：《楚越同姓析》，《江汉论坛》1980 年第 3 期。
③ 高至喜、熊传新：《楚人在湖南的活动遗迹概述——兼论有关楚文化的几个问题》，《文物》1980 年第 10 期。

以通北方，王收南方，是得天下也。"王说，从之。

费无忌通过建议平王纳媳，深得平王信任，费无忌从挑拨平王与太子建的关系出发，建议平王将太子建派往北方的抗吴前线城父，单独对抗吴国，少派兵力，通过吴国之手除掉太子建，而楚国的主要兵力则转向南方，通过"伐濮"，展开大规模的军事行动，借以向南方开疆拓土。不得不说，费无忌的这个建议，对于太子建而言，非常歹毒，但对于楚国而言，却相当高明，可以甩开吴国，避实击虚，舟师南下，切实可行，具有重大的战略意义。

何浩指出：平王有志于"收南方"以"得天下"，于是用兵于江南，为舟师以伐濮。[①] 濮是我国古代南方一个很大的族系，有"百濮"之称。《史记·楚世家》正义引唐刘伯庄云："濮在楚西南。"清初王鸣盛《尚书后案》指出："湖南辰州实古濮地。"顾栋高在《春秋列国爵姓及存灭表》中也曾说，百濮，"西南夷。在今云南曲靖府境，或曰湖广常德、辰州二府境。"此外，还有汉南之濮，但经庄王沉重一击，已不再见有反抗活动的记载。故楚平王伐濮只能是在江南用兵。

何浩、殷崇浩指出："楚师南下的路线大致有两条，一是从鄂出发，经嘉鱼、汨罗这两个重要据点，再沿湘水流域向南展开。另一条是从郢都出发，经今湖北松滋、湖南澧县和临澧以至常德，进入澧、沅、资流域。"[②]这两条南下路线均是水路。就楚平王在江南用兵的情况看，楚师南下的路线大致有两条：一是东路，从为郢（湖北宜城楚皇城）出发，沿汉水顺流而下，经武汉进入长江，经嘉鱼、汨罗这两个重要据点，再逆湘水向南展开。另一条是西路，从江陵出发，经今湖北松滋、湖南澧县和临澧以至常德，进入澧、沅、资流域。东线的湘水和西线的沅水，通航里程长，都是舟师用武之地。"为舟师以伐濮"，西

① 何浩：《楚灭国研究》，武汉出版社1989年，第386页。
② 何浩、殷崇浩：《春秋时楚对江南的开发》，《江汉论坛》1981年第1期。

路应是自长江进入沅水，水陆并进，席卷百濮散居的澧、沅流域。

　　《左传》昭公二十三年(楚平王十年)，曾说到楚国"今土数圻"，这也应该包括平王六年在江南所开拓的地域在内。何浩、殷崇浩指出，楚平王伐濮是从湘西开始，有一则材料可资佐证。《舆地纪胜》常德府部录梁伍安贫《武陵记》云："其湖产菱，壳薄肉厚，味特甘美，楚平王尝采之，有采菱亭。"可见这位灵王的继任者确曾驻军湘西，并在湖边采菱，以致到南梁时武陵(常德)的采菱亭还很有名气，被伍安贫记录下来。[①]

　　胡平平认为，楚文化南渐过程，第一期第1段只是在澧水流域和岳阳地区可见楚文化影响的迹象，所见基本都属越文化遗存，而未见成组出现的典型楚文化遗存，表明楚人尚未进入洞庭湖水系区。第二期第2段，在一些地区开始见到楚人进入的迹象，但各地区所表现的楚文化形式和产生的影响是不同的。本阶段属于楚文化刚进入洞庭湖区的文化态势，D区和E区可能属于东西两个前哨，楚文化特征较单纯，而进入A区和C区后，楚文化与越文化碰撞后产生一种楚、越文化交融的复杂状况，而总体楚文化仍处于一种弱势的地位。(**见图19-2：楚平王南下进入洞庭湖区图**)[②]

　　胡平平的看法得到考古的印证。本书第六章第十七节"从鄢郢还都为郢及南向发展(庄王二十至二十三年)"中，介绍春秋中期楚庄王时南下，到达岳阳地区，考古揭示汨罗河下游南岸，东南距汨罗市约4公里有罗国故城，史载楚武王灭罗，徙罗于枝江，后文王迁罗于汨，楚庄王时古罗国遗民定居于此。

　　到春秋晚期楚平王时，在罗国故城的周围，又分布有密集的楚遗址与楚墓群。其东，隔李家河与之相望的马头槽至汨罗市百丈口，为一大型东周遗址，文化层堆积清晰可见，曾出土过灰陶绳纹鬲、灰陶

①　何浩、殷崇浩：《春秋时楚对江南的开发》，《江汉论坛》1981年第1期。
② 　胡平平：《楚文化南渐的考古学观察——以洞庭湖水系区东周秦代墓葬为中心》，吉林大学博士学位论文，2019年，第211—213页。

豆与黑衣陶罐；其南，隔护城河与罗城咫尺之遥，便是鸡公滩东周遗址。再往南，顺桃木港水流而下，即为熊家咀东周遗址。两处均采集有楚式陶器残件。上述遗址面积总和有百万平方米之巨。往北，与罗城隔江相望，有一延绵十数里的低矮山冈，名汨罗山（又名罗山、微山、黑鱼岭、烈女岭），东起福禄寺山，西至乌龟山，保存数以千计的古墓葬。1983 年和 1995 年先后两次发掘，多数为典型楚墓，年代自春秋晚期至战国末期。1987 年与 1993 年在罗城东南的滑山坡与高泉山先后发现两个铜礼器墓，前者为春秋晚期，后者为春秋中期后段。如此之多的楚墓葬与楚遗址，集中分布在汨罗江下游两岸罗国城址四周不到 20 平方公里区域之内，年代早自春秋中期晚至战国末期，证实了在这一时空范围楚人已越过洞庭湖，主宰了湘江下游。

岳阳楚墓分布比较集中的地方主要在汨罗市汨罗江下游，平江县泸溪河附近的牛屎岭、牛形山、桔子岭、王家山，岳阳县新墙河支流龙湾河、游港河两岸及罗水东岸的蛇形山与新墙河下游的庙咀头山、后背山、凤形嘴山，华容县的丰家山和杨家山及鲇鱼须镇和万庾镇，临湘市桃林河的贺畈、詹桥、长塘一带，以及长江东岸市郊的七里山、城陵矶、铜鼓山和临湘市鸭栏矶等地。1986 年，在岳阳凤形咀发掘一座青铜礼器墓，为长方形竖穴土坑，一棺一椁，出土铜戈 2 件、鼎 2 件，簠、盏、盘、匜各 1 件。原报告推测该墓年代在春秋中期偏晚或中晚期之交。1987 年，汨罗市黄市乡石堰村滑山坡发现一竖穴土坑墓，出土青铜鼎、敦各 1 件，年代在春秋晚期。1993 年，在汨罗城关镇高泉山清理铜器墓一座，墓为长方形竖穴土坑，出 2 鼎 2 簠 1 盘 1 匜，并伴出铜车马器、料珠、玉圈、骨币与象牙饰件，年代亦在春秋中期后段。据初步研究，凤形咀 M1 与高泉山 M1 的墓主应是楚国贵族，墓葬年代当在春秋中期后段。[1]

———————————

① 郭胜斌：《湘江下游楚文化早期遗存探索》，载《湖南省博物馆四十周年纪念论文集》，湖南教育出版社 1996 年；《岳阳楚墓初论》，载《楚文化研究论集》（第 3 集），湖北人民出版社 1994 年。

楚平王时期南下到达岳阳地区，舟师沿水路而行，浩浩荡荡，濮人哪里见过如此阵容，丢弃土地，抱头鼠窜。为了巩固夺得的土地，平王下令，就地兴建城邑。平王时兴建的城邑，尚存考古遗址是大马古城和安定古城。1986年，岳阳县凤形咀山出土人像动物纹青铜卤、青铜鬲、蟠螭纹青铜盆，随之对周围进行了考古调查，发现新墙河支流游港河与龙湾河一带的筻口、大马、龙湾地区分布有众多的东周遗址和墓葬及古城，由此发现了大马古城。2006年底岳阳市考古所再次对大马古城进行了考古调查。大马古城位于岳阳市东南龙湾河与游港河交汇的三角洲，城址平面略呈方形，城垣轮廓保存较完整。墙基宽30~70米，不尽规则。有的地方依山傍坡，按地势加高筑墙。城垣堆积中绳纹筒瓦与板瓦依稀可识。城内也散见同类瓦片。城内东北部为一高地，堆积中的灰陶豆陶片与板瓦筒瓦可见。城内西部现为村民住地，高台断面厚约0.5~0.7米的文化层清晰可辨。包含物多红陶、灰陶残片与板瓦筒瓦。安定古城西北距平江县城17公里，位于汨水支流泸溪河东岸。城垣为不规则四边形，周长约1000米，大部保存完好，现存城墙最高3.3米，最宽约10米。据调查，西墙南段原有城门，现已辟为水塘。裸露的城垣剖面夯层清晰可辨，城内中部保留一台地，约300平方米，其余已辟为农田，绳纹瓦与残陶片随处可见。绕城东南与北面有凹地沟槽与古渠，西接芦溪河，构成护城河防御体系。①从鬲的形制分析，方唇、平沿、束颈，饰斜绳纹，为常见的楚式大口鬲。这两座古城，发掘者笼统定为"东周楚城"。郭胜斌、黎定、翁熊胜认为，"到春秋晚期，岳阳全境属楚，自此以降，楚墓编年几无缺环。"②楚平王时已属春秋晚期，二城都位于河道岸边，舟师可及，故此二城有可能是楚平王率楚水师南下伐濮时所建。

---

① 李科威：《平江县安定区古城址调查》，载《湖南考古辑刊》（第4集），岳麓书社1987年。

② 郭胜斌、黎定、翁熊胜：《岳阳楚文化考古简说》，载《楚文化研究论集》（第9集），上海古籍出版社2011年。

楚平王时伐濮，西赴常德，进入澧、沅、资流域。东开辟洞庭湖东部通道，取道岳阳，经略江南，兴建城邑大马古城及安定古城。这是楚人南向开疆拓土的重要行动。楚平王坐镇岳阳，进湘水，溯江而上，可入主湘中，直抵岭南。可惜楚平王无此眼光，南下伐濮，只是到达洞庭湖地区而止。

第十节　迁许迁阴，城郏、州来，释吴使蹶由（平王五、六年）

楚平王南下伐濮之后，觉得楚国的边防还需巩固，便将附庸国来一番调整，其中首当其冲的是许国。

许国是楚的属国，国小力微，只能听任楚国摆布。此前被楚国迁徙过四次。

第一次迁许是在楚共王十五年，公元前576年。许国故址在今河南许昌，《左传》僖公六年："秋，楚子围许以救郑，诸侯救许，乃还。冬，蔡穆侯将许僖公以见楚子于武城。许男面缚衔璧，大夫衰绖，士舆榇。楚子问诸逢伯，对曰：'昔武王克殷，微子启如是。武王亲释其缚，受其璧而祓之。焚其榇，礼而命之，使复其所。'楚子从之。"以后许成为楚国的属国。楚共王十五年，《左传》成公十五年，公元前576年记："许灵公畏逼于郑，请迁于楚。辛丑，楚公子申迁许于叶。"旧叶城在今河南叶县南，位于许昌西南，与许国旧地相邻，迁徙路途比较近，所以许人的第一次迁移没有费太多的精力。楚国将许从许昌安置到楚国的叶地，此地在楚方城之外，是为方城的屏障。

第二次迁许是许灵公死后，许悼公继位，因叶地紧邻郑国，许国老受郑国欺负，强烈要求远离郑国，楚灵王三年，公元前538年，楚灭赖，赖国在今河南省信阳市的息县境内，灭赖之后，为镇守赖地，《左传》昭公四年载："楚子欲迁许于赖，使斗韦龟和公子弃疾城之而还。"金荣权认为，由于大水泛滥，不能完成筑城工程，"彭生罢赖之师"。这才使许人免于多一次迁移之苦。①

第三次迁许为楚灵王八年，鲁昭公九年，公元前 533 年。《左传》昭公九年："楚公子弃疾迁许于夷，实城父，取州来淮北之田以益之。"杜注曰："夷，一名城父"，即安徽亳县东南七十里的城父集。这里是楚国抗吴的前线，离吴国的房钟（利辛县东南）不远。夷，原本陈邑，僖公二十三年，楚伐陈，取焦、夷。虽弃疾迁之，实奉灵王之命。许国逃了迁往赖地之苦，却被迫再迁于夷（城父）。楚灵王八年，楚国面对吴势力日益盛强所带来的压力，在汝、颍、淮北一带进行了一系列的灭国迁民行动，其目的在于清除这一地区的不稳定因素，以防形势不利而生变，并尽力打乱这一地区旧有的血族体系，加快楚化进程。迁许于夷城父一带就是其中之一。"楚公子弃疾迁许于夷，实城父，取州来淮北之田以益之，伍举授许男田。然丹迁城父人于陈，以夷濮西田益之。迁方城外人于许。"这是楚国对其边境地区的一次大调整。这里的"州来淮北之田"，即是将州来所属的淮河以北接界城父所属的土地，加于许人。陈立柱指出："州来淮北"正表示此淮北之地属于州来（此时或为楚之一县）。② 据卢茂村考察，原州来国以今寿县为中心，"东西长约一百公里，南北宽约二百公里的方国"，当然包括淮河以北的许多地方，其淮北地区谓之"州来淮北"，正当如此。③ 从河南叶县至安徽亳州，千里迢迢，远离许人故地，必非许人所愿。

第四次迁许是楚平王元年，从城父（亳州东南）迁回叶地。《左传》昭公十三年："楚之灭蔡也，灵王迁许、胡、沈、道、房、申于荆焉。平王即位，既封陈、蔡，而皆复之，礼也。"许迁回叶地，属于"皆复

① 金荣权：《许国的世系及五次迁徙论考》，《信阳师范学院学报》2010 年第 6 期。
② 陈立柱：《楚淮古地丛考（二）》，载《楚文化研究论集》（第 9 集），上海古籍出版社 2011 年，第 96 页。
③ 卢茂村：《关于"蔡迁州来"及"古州来国"地望考辨》，载《楚文化研究论集》（第 5 集），黄山书社 2003 年。

之"之列。

还有第五次迁许。许迁回叶地 5 年之后，楚平王五年，公元前524 年，再次被楚人从叶地迁至析地。析地又名白羽，其地"在今河南西峡县西关外"。① 这次迁移，纯粹是楚人出于防御秦国而牺牲许国的一次行动。《左传》昭公十八年：

> 楚左尹王子胜言于楚子曰："许于郑，仇敌也，而居楚地，以不礼于郑。晋、郑方睦，郑若伐许，而晋助之，楚丧地矣。君盍迁许？许不专于楚，郑方有令政，许曰：'余旧国也。'郑曰：'余俘邑也。'叶在楚国，方城外之蔽也。土不可易，国不可小，许不可俘，仇不可启，君其图之！"楚子说。冬，楚子使王子胜迁许于析，实白羽。

楚臣左尹王子胜告诉平王，叶地较早为楚人所有，是楚国的北部重镇，是方城的屏障，现在为许人所居。许和晋、郑不睦，如果晋、郑联军来攻伐许国，许国弱小，一定会占领叶地，这样就会使楚人丧失叶地。为了不让晋与郑有侵占叶地的借口，那就只有将许人从叶地迁出。因此，"楚子使王子胜迁许于析，实白羽。"析，杜注曰："析，楚邑，一名白羽，今南乡析县。"故城在今河南西峡县东北的莲花寺岗。张正明评论："许国夹在郑、楚两国之间，苦不堪言。郑国总想把许人赶跑，楚国老是让许人搬家。平王即位后，许国迁回叶县去了。可是，到公元前 524 年——平王五年，许国又不得不奉命迁走了。左尹王子胜认为叶县是楚国在方城外的屏障，让许国待在那里不妥。经平王允准，王子胜把许国搬到析邑的白羽去了（在今河南西峡县）。"②赵炳清分析，由于郑、许世仇，郑伐许，实取楚地，而叶为楚方城外

---

① 杨伯峻：《春秋左传注》，中华书局 1981 年，第 1393 页。
② 张正明：《楚史》，湖北教育出版社 1995 年，第 218 页。

之蔽，因此，为了直接控制战略要冲叶，楚将许迁至析。其实，析也当楚、秦交通之要冲，迁许至此，也是让许人替楚把守着另一个进入江汉间的大门。①

许迁到析地的第二年，楚平王六年，昭公十九年，公元前523年，许悼公为其世子所杀。金荣权评论："许悼公做了25年国君，却经历了3次迁都，最后还是为自己的儿子所杀，也是悲剧的一生。"②

迁许的同时，楚平王又想到，两年前，晋派大夫荀吴领兵袭击陆浑之戎，陆浑戎被晋国灭掉。《左传》昭公十七年："九月丁卯，晋荀吴帅师涉自棘津，使祭史先用牲于雒。陆浑人弗知，师从之。庚午，遂灭陆浑，数之以其贰于楚也。陆浑子奔楚，其众奔甘鹿。周大获。"楚新立的陆浑之君奔楚，其众奔甘鹿（今河南伊川县西北），甘鹿属于周王室的地盘，周王室由此获得大量的人口，陆浑戎就此灭亡。自己当时为避免与晋冲突，没有救援，陆浑戎的余部，还有一支，名叫阴地之戎，有待及时安置。《左传》昭公十九年记："十九年春，楚工尹赤迁阴于下阴。"下阴，张正明认为平王命楚臣工尹赤将陆浑之戎的别部阴地之戎搬到了丹水与汉水之间，在今湖北老河口市。③ 顾德融、朱顺龙和罗运环均认为在今湖北光化。④

阴城。包山简51："鄝（阴）佚之正差（佐）敓疽受旮（畿）。"包山简131："鄝（陰）司败某旱告汤公竞（景）军。"包山简132："秦竞（景）夫人之人舒庆坦尻（处）鄝之东鄥（穷）之里。"鄝，读为"阴"。《左传》昭公十九年，楚平王六年"楚工尹赤迁阴于下阴"，杜预注："阴，县，今属南乡郡。"《水经注·沔水》"沔水又东南径阴县故城西，故下阴

① 赵炳清：《楚国疆域变迁之研究——以地缘政治为研究视角》，复旦大学博士学位论文，2013年，第121页。
② 金荣权：《许国的世系及五次迁徙论考》，《信阳师范学院学报》2010年第6期。
③ 张正明：《楚史》，湖北教育出版社1995年，第218页。
④ 顾德融、朱顺龙：《春秋史》，上海人民出版社2001年，第152页；罗运环：《楚国八百年》，武汉大学出版社1992年，第231页。

也"，杨守敬疏："汉县属南阳郡，后汉因，魏属南乡郡，晋属顺阳郡，宋属广平郡，齐梁因。在今光化县西。"《春秋大事表》卷六襄阳府："光化县西，汉水东岸有古阴县城，为楚下阴地。昭十九年楚工尹赤迁阴于下阴，即此，阴即阴地之戎也。"

大量人口的迁徙，使楚国的边防有所巩固。配合人口迁徙，平王还加强了筑城行动。《左传》昭公十九年记："令尹子瑕城郏。"郏地位于今河南郏县，[①]是郏敖的葬地。《左传》昭公元年：楚灵王"葬王于郏，谓之郏敖"。

郏地筑城，未见大的动荡，但平王在边防重地州来筑城，却引起民众的恐慌。《左传》昭公十九年：

> 楚人城州来。沈尹戌曰："楚人必败。昔吴灭州来，子旗请伐之。王曰："吾未抚吾民。"今亦如之，而城州来以挑吴，能无败乎?"侍者曰，"王施舍不倦，息民五年，可谓抚之矣。"戌曰："吾闻抚民者，节用于内，而树德于外，民乐其性，而无寇仇。今宫室无量，民人日骇，劳罢死转，忘寝与食，非抚之也。"

楚人城州来，显示出州来此时已经属楚。罗运环曾问："平王即位之初，吴人灭州来，不知何年楚又取得州来?"[②]王青认为："是此时州来已易主，改吴为楚。"[③]但没有说清情况。实际上是由于楚、吴长岸之战，楚国赖司马子鱼拼死奋战，侥幸获胜，州来重归楚国。州来地理位置重要，遂又成为楚国抵御吴国的前哨，筑州来城动用的人力物力很大，可能是催促日夜施工，"忘寝与食"，一度激起惊恐，楚臣

---

① 罗运环:《楚国八百年》，武汉大学出版社 1992 年，第 219 页。
② 罗运环:《楚国八百年》，武汉大学出版社 1992 年，第 239 页。
③ 王青:《春秋后期吴楚争霸的一个焦点——从上博简〈吴命〉看"州来之争"》，《江汉论坛》2011 年第 2 期。

沈尹戌深为担忧，回顾平王即位不久，以未抚民人的理由，不让令尹子旗讨伐吴国，因而弃守州来，现在筑州来城邑却"民人日骇"，完全背离了初衷，兴师动众筑州来城，激化了与吴国的矛盾，将来会招致失败。可见楚平王所谓"息民"是假的，在土木工程建筑方面，仍然是"宫室无量"，致使"民人日骇，劳罢死转"，并没有真正汲取前任楚灵王"失民"的教训。

《左传》昭公十九年还记：

> 令尹子瑕言蹶由于楚子曰："彼何罪？谚所谓'室于怒，市于色'者，楚之谓矣。舍前之忿可也。"乃归蹶由。

楚灵王四年在抗吴前线坻箕山下的开阔地举行盛大的阅兵仪式，炫耀武力，随即班师回国，归途中意外见到吴国派来的使者蹶由，声称前来"犒师"。《左传》昭公五年："楚子以驲至于罗汭。吴子使其弟蹶由犒师，楚人执之，将以衅鼓。"后来由于蹶由从容应对，回答得体，"乃弗杀"，随即带回楚国，一直关押。到楚平王六年，一晃关了14年。当年吴王派其弟蹶由前往楚国犒师，明显是向楚灵王示好，缓和与楚国的矛盾，但灵王不领情，粗暴对待吴国的使者。楚令尹子瑕提醒楚平王，灵王这样做，将对吴国的怒火发泄到吴王的弟弟蹶由，长期关押，蹶由是无辜的。平王接受了令尹子瑕的建议，释放了蹶由。楚、吴的关系，由此得到一定的缓和。

第十一节　太子建被遣城父及伍奢被杀
（平王七年）

楚平王与太子建是楚国历史上少有的一对父子冤家。太子建成年，需要娶妇，偏偏所娶之妇被其父楚平王霸占。公公霸占媳妇，如果发生在普通的老百姓之家，只是一段丑闻罢了；但是发生在一国之君和太子身上，一系列矛盾由此而生，经久不息，祸害的则是楚国，仇恨延及子孙，无穷无尽。

最先出现的矛盾是如何安置太子建的问题。太子建娶妻被夺，必然怨恨，最好的办法一是杀死，二是赶快支开。楚平王选择了支开的办法。文献记载太子建被安置到了被称为"城父"的地方。《左传》昭公十九年："费无极言于楚子曰：'晋之伯也，迩于诸夏，而楚辟陋，故弗能与争。若大城城父而置大子焉，以通北方，王收南方，是得天下也。'王说，从之。故大子建居于城父。""城父"地望何在，一直有两种说法。

第一种说法是城父在楚国的腹心地带今平顶山市（宝丰县现已并入平顶山市），依据是《左传》昭公二十年："费无极言于楚子曰：'建与伍奢将以方城之外叛。'"可见邻近楚方城。晋代杜预注《左传》昭公十九年："城父，今襄城城父县。"晋代襄城郡城父县即清代河南汝州郏县西四十里的城父城。①《括地志》："城父故城在许州叶县东北四十五里，即杜预云襄城城父县也。"杨伯峻注："此城父则本属楚之邑，在今河南宝丰县东四十里。"张志鹏认为，郏县、宝丰两县东西相邻，杜、杨两说略有差别，基本一致。② 第二种说法是城父在今安徽亳州东南。依据是《史记·楚世家》："（楚平王）六年，使太子建居城父，守边。"《史记·伍子胥列传》："平王稍益疏建，使建守城父，备边兵。"《集解》：服虔曰："城父，楚北境邑。"《传》及《水经注》云"楚大城城父，使太子建居之"，即《十三州志》云太子建所居城父，谓今亳州城父县也。郑昌琳按：今亳州见有城父县，是建所守者也。《地理志》云颖川有父城县，沛郡有城父县，此二名别耳。③

①　参见《五礼通考》卷二〇九"城父"条；《春秋地名考略》卷九"城父"条；《春秋地理考实》卷三"九年夷城父"条。
②　张志鹏：《吴越史新探》，河南大学博士学位论文，2012年，第102页。
③　郑昌琳：《楚国史编年辑注》，湖北人民出版社1999年，第372页。

两个地方，一在南，一在北。各有依据，殊为难辨。放到楚平王当时所处的背景，以城父在亳州东南为宜。

按清华简《楚居》所记，楚平王当时居住在为郢（宜城楚皇城），如果城父在今平顶山市，则相距不远，无从"守城父，备边兵"。如果城父地在亳州东南，则正在楚、吴的边界上。联系到楚灵王长期驻守在乾溪（今安徽亳州东南），就是为了身处前线，抵御吴国从房钟（今安徽阜阳东北）再次出兵偷袭，城父离乾溪不远，"守城父，备边兵"顺理成章。再者《左传》昭公二十年又记太子建受到费无忌诬告谋反后仓惶逃命，"三月，大子建奔宋"。如果城父在今亳州东南，逃到宋国就会非常近便。

城父原本为陈国夷邑。早在楚成王三十五年，公元前637年，《左传》僖公二十三年，楚国就曾伐陈，"取焦、夷"，楚灵王八年，公元前533年，也曾令公子弃疾"迁许于夷，实城父"。《左传》昭公九年："二月庚申，楚公子弃疾迁许于夷，实城父，取州来淮北之田以益之，伍举授许男田。然丹迁城父人于陈，以夷濮西田益之。迁方城外人于许。"在"楚公子弃疾迁许于夷，实城父"下，杜预注曰："此时改城父为夷，故传实之。城父县属谯郡。"①可见，"城父"和"夷"应该为同一地，都在西晋时期的城父县。西晋时期的城父县大致在今亳州东南约三十公里、涡河南岸一带，② 所以《左传》昭公九年的"城父""夷"在亳州东南。到公元前528年，楚平王即位时，为了赢得国内外的支持，"既封陈、蔡，而皆复之"，把许国从夷邑即城父重新迁回叶邑，而把夷邑归还给了陈国。夷邑此时已有"城父"之名。后又被楚平王用于安置太子建。

上述种种理由，皆证明太子建所居之城父，地在今亳州东南。这

---

① 《春秋左传正义》，杜预注、孔颖达正义，载《十三经注疏》（阮元校勘本），中华书局1980年，第2056页。

② 谭其骧主编《中国历史地图集》（第3册），中国地图出版社1982年，第37—38幅。

个结论得到考古成果的证实。城父故城遗址大致在今亳州东南约 35 千米的城父乡城父村，城址位于涡河南岸，年代为春秋时期。城址平面呈近似的方形，边长约 2 千米，面积约 4 平方千米，城墙系夯土筑城，残存最高处约 1.8 米，基宽约 10 米，四边各有一门，城内出土过郢爰和较多的春秋陶片。[①] 因此，春秋时期的"焦"邑大致在今安徽亳州，"夷"邑大致在今亳州东南约三十公里、涡河南岸的城父故城遗址一带。

太子建出生后即为太子，享受优渥的生活，被遣之边远的城父，闹出许多笑话。《说苑·辨物》记载：

> 王子建出守于城父，与成公乾遇于畴中。问曰："是何也？"成公乾曰："畴也。""畴也者，何也？"曰："所以为麻也。""麻也者，何也？"曰："所以为衣也。"成公乾曰："昔者庄王伐陈，舍于有萧氏，谓路室之人曰：'巷其不善乎？何沟之不浚也？'庄王犹知巷之不善，沟之不浚，今吾子不知畴之为麻，麻之为衣，吾子其不主社稷乎？"王子果不立。

这段文献与竹书的内容大同而小异，意在说明王子建何以不能主社稷、嗣王位。不同之处在于对楚庄王相关史实的描述略有差异，但皆以庄王为例作比较，对象和思路都是一样的，当有相同或相近的学术渊源。

上海博物馆收藏的楚竹简《平王与王子木》，也有太子建不辨麻及麻可为衣的记载。该篇竹书由五支完简组成，共 117 字，是为一篇对话体短文。

---

① 国家文物局主编《中国文物地图集（安徽分册）》上册，中国地图出版社 2014 年，第 126—127 幅，"谯城区文物图"；《中国文物地图集（安徽分册）》下册，中国地图出版社 2014 年，亳州市，"城父故城"条，第 54 页。

競(竞)坪(平)王命王子木迻(至)城父，过繻(申)，暑飤(食)于鯹(狧)寞，城公旞(飤)瓜[1]聖(听)于菁(畴)中。王子睹(问)城公："此可(何)？"城公舍(答)曰："菁(畴)。"王子曰："菁(畴)可(何)以为？"[5]曰："以穜(种)麻。"王子曰："可(何)以麻为？"舍(答)曰："以为衣。"城公起(起)曰："臣牂(将)又(有)告，吾先君[2]臧(庄)王迻(至)河灉(雍)之行，暑飤(食)于狧寞，醓(酪)盍不爨，王曰：'醓(酓)不盍(盖)。'先君[3]智(知)醓(酓)不盍(盖)，醓(酪)不爨，王子不智(知)麻，王子不得君楚，邦或(国)不得。"[4]

据徐少华研究，"竞平王"即楚平王，"王子木"即文献所载楚平王太子王子建，整理者已有说明。"城公"即楚城父县的县公，"旞瓜"当是其名。"旞"整理者释为"悍"，可备一说，此字包山楚简数见，均为人名，《战国文字编》释作"觯"，可从。"城公觯瓜"，① 与上述"申公子皇""申公斗班"类似，为楚国县级政权的主要官吏。简文之"城公觯瓜"当即文献所载的成公乾，《说文》"乙"部"乾"条曰："上出也，从乙，……觯声。"则觯、乾音同义通，竹书与文献所载相近。简文之"菁"，当即文献之"畴"，为麻地，《国语·齐语》说"田、畴均"，韦昭注："谷地曰田，麻地曰畴。"则简文"菁"当是"畴"的假借字。"暑食"或即煮食，《释名·释天》"暑，煮也"，似可说明。"狧寞"当是地名，难于确考，从王子木至城父，过申，暑食于狧寞，城公觯瓜听于畴中的史实分析，其地应在申与城父之间，可能更接近城父，或是城父的属地，不然城公觯瓜何得听于畴中。再从下文所言楚庄王争霸中原时亦曾在此驻跸，则该地应是楚人通过南阳盆地、出方城至郑宋之"夏路"所经的重要城邑或据点之一。"暑食于狧寞"，当即在狧寞之地停留(或驻扎)、炊食。"河灉"，整理者原释为"河淮"，后陈伟改释为

① 汤馀惠主编《战国文字编》，福建人民出版社2001年，第463页，"觯"条。

"河雍"，即《淮南子·人间训》所载："昔者楚庄王既胜晋于河雍之间"之"河雍"，[①] 可信。简文和《淮南子》所指为同一件史实，与公元前597年晋楚邲之战有关。[②]

上博简的这篇《平王与王子木》简文，与《说苑·辨物》的记载，大同小异，体现了太子建完全不懂农事，身处险境又如此不懂事物，知识欠缺，必然做事欠考虑，不得善终是早晚的事。

太子建居城父，大约一年光景，平安无事。一年过后，祸从天降。《淮南子·人间训》：

> 费无忌复于荆平王曰："晋之所以霸者，近诸夏也。而荆之所以不能与之争者，以其僻远也。楚王若欲从诸侯，不若大城城父，而令太子建守焉，以来北方，王自收其南，是得天下也。"楚王悦之，因命太子建守城父，命伍子奢傅之。居一年，伍子奢游人于王侧，言太子甚仁且勇，能得民心。王以告费无忌，无忌曰："臣固闻之，太子内抚百姓，外约诸侯；齐晋又辅之，将以害楚，其事已构矣。"王曰："为我太子，又尚何求?"曰："以秦女之事怨王。"王因杀太子建而诛伍子奢，此所谓见誉而为祸者也。

这则记载，披露了平王欲杀害太子建，连及其师伍奢，中间有一个渐进的过程。伍奢忠诚于太子建，总想帮太子建，太子建居城父的一年时间，到底表现如何，是楚平王关心的问题，这说明平王父子的关系尚可，比较正常。伍奢作为太子建的"太傅"，告诉平王，太子建表现很好，"甚仁且勇，能得民心"，这也没错。问题出在伍奢"太傅"之下，还有一个"少傅"费无忌。费无忌是一个典型的佞臣，见太子建

---

① 参阅陈伟：《读〈上博六〉条记》，武汉大学简帛研究中心简帛网，2007年7月9日。
② 徐少华：《楚竹书〈申公臣灵王〉与〈平王与王子木〉两篇补论》，《江汉考古》2009年第4期。

不喜欢自己，就想方设法向平王进谗言陷害太子建，先是建议平王自娶儿媳，离间平王与太子建的关系，这时听说伍奢在平王面前夸奖太子建，便进一步诬陷太子建与伍奢，说什么"太子内抚百姓，外约诸侯；齐晋又辅之，将以害楚，其事已构矣"，平王不信，费无忌更谎称太子建与伍奢外交诸侯，"将以方城之外叛"。因太子建"守城父，备边兵"，手握重兵，这一下，触及平王最敏感的神经，问题严重了。

《左传》昭公二十年："费无极言于楚子曰：'建与伍奢将以方城之外叛，自以为犹宋、郑也，齐、晋又交辅之，将以害楚，其事集矣。'王信之，问伍奢。伍奢对曰：'君一过多矣，何信于谗？'王执伍奢，使城父司马奋扬杀大子。未至，而使遣之。三月，大子建奔宋。王召奋扬，奋扬使城父人执己以至。"平王在费无忌的再三蛊惑下，终于信以为真，质问伍奢，遭到伍奢的反驳，恼羞成怒，遂下令逮捕伍奢，并令城父司马奋扬杀死太子建。

城父司马奋扬知道太子建受诬，有意放太子建，便故意慢行，派人提前通知太子建逃跑。太子建得此凶信，措手不及，仓惶逃向宋国。《史记·伍子胥列传》："平王怒，囚伍奢，而使城父司马奋扬往杀太子。行未至，奋扬使人先告太子：'太子急去，不然将诛。'太子建亡奔宋。"《史记·楚世家》："六年，使太子建居城父……王遂囚伍奢，乃令司马奋扬召太子建，欲诛之。太子闻之，亡奔宋。"太子建从城父出奔，目的是寻求政治避难。当时，郑国因楚平王上台后转与楚主动修好，与楚国维持着正常的邦交关系；而宋国却是晋国的盟友，楚、晋又水火不容。太子建仓惶出逃，以奔宋为上策。谁知太子建逃到宋国后，正赶上华氏之乱，华氏以楚国为外援，太子建感到在宋国很不保险，为谋出路，探听得郑定公正暗中与晋国沟通，不会加害于己，就又从宋国逃到郑国，很快经郑国转奔晋国。《史记·伍子胥列传》："伍胥既至宋，宋有华氏之乱，（《索隐》：《春秋》昭二十年，宋华亥、向宁、华定与君争而出奔是也。）乃与太子建俱奔于郑。郑人甚善之。太子建又适晋。"

城父司马奋扬放跑太子建，平王召见奋扬问责。奋扬机智地命令下属将自己捆绑起来送到平王面前，坦承自己是有意放跑太子建，愿意听凭平王发落。《说苑·立节》较为详细地介绍了奋扬为自己辩护的情况："楚平王使奋扬杀太子建，未至，而遣之。太子奔宋。王召奋扬，使城父人执之以至。王曰：'言出于予口，入于汝耳，谁告建也?'对曰：'臣告之。王初命臣曰：事建如事余。臣不佞，不能贰也。奉初以还，故遣之。已而悔之，亦无及也。'王曰：'而敢来，何也!'对曰：'使而失命，召而不来，是重过也，逃无所入。'王乃赦之。"

城父司马奋扬免于处罚，但伍奢父子却受株连。伍奢之父伍举，是楚庄王的重臣，邲之战力主攻晋，为楚国立下大功。伍奢在灵王时，对灵王之骄横多有劝谏。伍奢秉承父志，忠于楚王室，亦敢于对楚灵王直谏。楚国向来重视对太子的教育与培养，伍奢学富五车，楚平王任命太子建为太子建太傅。从此伍奢寸步不离，倾注心血培养太子建，一心想让太子建成为楚国合格的国君。费无忌诬告太子建将率军叛楚，自然株连伍奢。

《左传》昭公二十年："费无极言于楚子曰：'建与伍奢将以方城之外叛，自以为犹宋、郑也，齐、晋又交辅之，将以害楚，其事集矣。'王信之，问伍奢。伍奢对曰：'君一过多矣，何信于谗?'王执伍奢。"《史记·伍子胥列传》："无忌又日夜言太子短于王曰：'太子以秦女之故，不能无怨望，愿王少自备也。自太子居城父，将兵，外交诸侯，且欲入为乱矣。'平王乃召其太傅伍奢考问之。伍奢知无忌谗太子于平王，因曰：'王独奈何以谗贼小臣疏骨肉之亲乎?'无忌曰：'王今不制，其事成矣。王且见擒。'于是平王怒，囚伍奢。……伍尚至楚，楚并杀奢与尚也。"

灵王欲杀太子建和伍奢，《系年》第十五章简80、81也有类似记载：

霝(灵)王即殜(世)，竞坪(平)王即立(位)，少帀(师)

亡期(无忌)譖(谗)连尹额(奢)而杀之，亓(其)子五(伍)员
与五之鸡逃归吴。①

　　"五(伍)之鸡"不见于其他文献，《系年》首次提到"五(伍)之鸡"
夺取"州来"(今安徽凤台)。简文"鸡父"又见于《春秋》昭公二十三
年："戊辰，吴败顿、胡、沈、蔡、陈、许之师于鸡父。"注："鸡父，
楚地，安丰县南有鸡备亭。"同年《左传》云："吴人伐州来，楚薳越帅
师及诸侯之师奔命救州来。""戊辰晦，战于鸡父。"张树国认为，从简
文来分析，"鸡父"因"五(伍)之鸡"而得名，可见"伍之鸡"当实有其
人，《系年》所述当实有其事。②

　　清华简《良臣》："吴王光有伍之疋(胥)。"清华简《越公其事》第
二章："昔吾先王阖闾所以克入郢邦，唯彼鸡父之远荆，天赐中于吴，
右我先王。荆师走，吾先王逐之走，远夫勇残，吾先王用克入于郢。"

　　平王时代两个突出历史现象不应忽视。一是费无忌嫉贤害能，我
们可称之为费无忌现象；一是伍子胥作为楚国难得的人材受迫害逃亡
而被重用于吴，我们可借用出典于成语"楚材晋用"，而称之为"楚材
吴用"现象。这两种现象春秋列国皆有，而以楚国为甚，费无忌与伍
子胥是突出的例子。李德尧指出：费无忌是楚国旧贵族，因才能平庸
不能成为显贵，但又不甘居他人之下，因而对于一切才能高于己者或
有建树的人，总是怀嫉恨之心，罗织罪名，构陷诬毁，满口忠君忠国，
实则是亡君亡国，诛灭一切栋梁之材，无所不用其极。他蒙骗平王，
诛杀伍奢父子，则是一例。③

　　费无忌心狠手辣，假手楚平王，欲置伍奢及其全家于死地。《左

①　清华大学出土文献研究与保护中心编，李学勤主编《清华大学藏战国竹简》
　　(贰)，中西书局 2011 年，第 79—81 页。
②　张树国：《出土文献与上古历史文学研究——以楚史与屈赋为中心》，人民出版
　　社 2018 年，第 59 页。
③　李德尧：《论楚平王》，《荆州师专学报》(社会科学版) 1998 年第 1 期。

传》昭公二十年：

> 无极曰："奢之子材，若在吴，必忧楚国，盍以免其父召之。彼仁，必来。不然，将为患。"王使召之，曰："来，吾免而父。"棠君尚谓其弟员曰："尔适吴，我将归死。吾知不逮，我能死，尔能报。闻免父之命，不可以莫之奔也；亲戚为戮，不可以莫之报也。奔死免父，孝也；度功而行，仁也；择任而往，知也；知死不辟，勇也。父不可弃，名不可废，尔其勉之，相从为愈。"伍尚归。奢闻员不来，曰："楚君大夫其旰食乎！"楚人皆杀之。

伍奢被杀是楚国历史的大事件，《史记·楚世家》对此有补充记载：

> 无忌曰："伍奢有二子，不杀者为楚国患。盍以免其父召之，必至。"于是王使使谓奢："能致二子得生，不能将死。"奢曰："尚至，胥不至。"王曰："何也?"奢曰："尚之为人，廉，死节，慈孝而仁，闻召而免父，必至，不顾其死。胥之为人，智而好谋，勇而矜功，知来必死，必不来。然为楚国忧者必此子。"于是王使人召之，曰："来，吾免尔父。"伍尚谓伍胥曰："闻父免而莫奔，不孝也；父戮莫报，无谋也；度能任事，知也。子其行矣，我其归死。"伍尚遂归。伍胥弯弓属矢，出见使者，曰："父有罪，何以召其子为?"将射，使者还走，遂出奔吴。伍奢闻之，曰："胥亡，楚国危哉！"

费无忌对平王说：伍奢的两个儿子都是人才，假如逃到吴国去，会给楚国带来忧患的，要杀掉他们才好。平王让伍奢叫两个儿子到郢都来，说：他们来了，你还能活下去；他们不来，你就非死不可。伍

1505

奢说：长子尚会来的，次子员却不会来。平王问道：这是什么缘故？伍奢说：尚孝而好仁，员勇而多谋。以后给楚国带来忧患的，一定是员。平王派使者召伍尚、伍员，伍尚对伍员说：我到郢都去尽孝，你到吴国去设法报仇吧！于是，伍尚奉召而去。伍员则张弓搭箭出见使者，作将射之状，使者惊走，伍员乘机逃脱。对比《左传》和《史记》的记载，可知《史记》所记更为生动、细腻。伍奢父子三人的性格栩栩如生。

伍奢及其长子伍尚被杀，令人唏嘘。伍奢临死前说的"胥亡，楚国危哉！"为此后楚国被吴国几致亡国留下了伏笔。

第十二节　太子建之死及伍子胥奔吴

伍子胥果然逃到吴国去了，但他不是直奔吴国，而是追随太子建，先后经宋、郑、晋、许诸国，才逃往吴国的。

太子建仓促逃往宋国，伍子胥随即也逃往宋国。这里体现了伍子胥履行父亲对太子建的未完职责。太子建的行踪，文献多有记载。《史记·伍子胥列传》："伍胥既至宋，宋有华氏之乱，乃与太子建俱奔于郑。郑人甚善之。"《史记·郑世家》："(定公)八年，楚太子建来奔。"公元前522年，楚平王七年，太子建逃到宋国，本想稍作喘息，不想宋国发生内乱。《史记·宋微子世家》："(元公)十年，元公毋信，诈杀诸公子，大夫华、向氏作乱。楚平王太子建来奔，见诸华氏相攻乱，建去如郑。"宋国大乱，宋元公与华氏由相恶而相攻，宋元公以齐、晋、卫三国为外援，华氏的外援只有一个吴国。华氏不敌，向楚国求援。宋元公不得已，纵令华氏诸大夫及其同党逃到楚国去。太子建与伍员见状，很是无奈。考虑到这时郑国为晋国的属国，不会听命于楚平王，较为安全，便决定逃奔郑国。

在郑国，太子建与伍子胥受到了良好的接待。因郑是小国，太子建与伍子胥还是觉得不够安全，不久转往晋国。没有想到受到晋国的重视，他们的命运发生了转折。《史记·伍子胥列传》：

> 太子建又适晋，晋顷公曰："太子既善郑，郑信太子。太子能为我内应，而我攻其外，灭郑必矣。灭郑而封太子。"太子乃还郑。事未会，会自私欲杀其从者，从者知其谋，乃告之于郑。郑定公与子产诛杀太子建。

晋顷公要太子建再到郑国去做晋国的内应，说是灭掉了郑国就把郑地封给太子建。太子建贪图灭郑后的赏赐，便一口答应，回到郑国，开始行动。太子建对待随从一向刻薄，脾气暴躁，一天，为一件小事大发脾气，杀死了一位随从，其余随从非常不满，他们知道太子建与晋国的密谋，便向郑国告发，郑定公大惊，子产派人暗中观察，确信太子建与晋人有勾结，拿到证据，立即行动，杀死了太子建。

太子建被杀，伍子胥惶惶无主，此时楚国捉拿的通告也到了郑国，伍子胥一度逃往许国。《吕氏春秋·异宝》记载：

> 五(伍)员亡，荆急求之。登太行而望郑，曰："盖是国也，地险而民多知，其主俗主也，不足与举。"去郑而之许。见许公而问所之，许公不应，东南向而唾。五员载拜受赐曰："知所之矣。"因如吴。过于荆，至江上，欲涉，见一丈人刺小船方将渔，从而请焉。丈人度之，绝江，问其名族，则不肯告。解其剑以予丈人，曰："此千金之剑也，愿献之丈人。"丈人不肯受，曰："荆国之法，得五员者，爵执圭，禄万檐，金千镒，昔者子胥过，吾犹不取，今我何以子之千金剑为乎？"五员过于吴，使人求之江上，则不能得(见丈人)也。

伍子胥逃离郑国，途中对郑国加害太子建大为不满。他就近到了许国。许国刚被楚国迁徙到析地不久，析地一名白羽，在今河南西峡县，地处楚秦之间，十分偏僻，如果能够得到许国的收留，伍子胥尚能藏身。谁知许君见到伍子胥，竟然害怕得不敢讲话，只是向东南方向吐唾沫。伍子胥登时明白，这是暗示他赶快逃往吴国，便拜谢许君，往吴国逃去。伍子胥从许国逃往吴国，穿过楚国，一直到楚吴交界的长江边上，遇渔民得以渡江，渔民拒绝了伍子胥的酬谢。

《史记·伍子胥列传》对过江一段记载得更为详细："郑定公与子产诛杀太子建。建有子名胜。伍胥惧，乃与胜俱奔吴。到昭关，昭关欲执之。伍胥遂与胜独身步走，几不得脱。追者在后。至江，江上有一渔父乘船，知伍胥之急，乃渡伍胥。"从这段记载可知，伍子胥曾经被楚国的边关昭关发现，临时被救，过江十分惊险。

楚、吴边境有难以逾越的昭关。《战国策·秦策三》范雎至秦章有载："伍子胥橐载而出昭关，夜行而昼伏，至于蔆水。"昭关是楚地，在今安徽含山西小岘山。蔆水，《史记》作"陵水"，即溧水，源出今安徽芜湖，东流注入江苏太湖。昭关附近有两个古渡口——渔邱渡和乌江渡，可能是伍子胥过江的地方。当时，楚国可以通过控制河流上面的渡口，来封堵伍子胥逃吴。

当时，楚国的势力尽管已经延伸到了昭关，但东部沿海尚未被其控制，春秋时避开昭关行不通。从长江的流向看，芜湖至南京可大致看成南北走向，南京以下则是东西走向，当时南京以下的航段过宽，渔民的小船没法横渡。今天的我们或许很难想象，但在两千年前长江入海处的喇叭口比现在宽得多，甚至直到三国时期，镇江的航道宽度还有四十里。在这种情况下，古人乘船过江十之八九都要选择芜湖至南京段，这也是"江东"的观念何以深入人心的原因。伍子胥受阻于昭关之时肯定思考过各种各样的办法，但遍布长江流域的湿地和沼泽最终使得昭关成为通向渡口的唯一关隘。这也注定了伍子胥命中该有此一劫。

第十三节　鸡父之战吴夺州来及接走楚平王夫人（平王九、十年）

　　楚、吴争夺江淮地区，楚国居于上游，地理位置具有优势。楚国东进的船队，除了可以进入长江，顺江而下直指江东以外，还可以越过大别山与桐柏山之间的信阳通道，控制淮河的上游。借助淮河的水流，楚人亦可以快速将军队和补给运送到淮河两岸，并最终一统江淮平原。春秋晚期，楚平王之时，楚国已经将防线推进到江东平原的西部，基本上与吴国隔江而望，对岸是长江以北地区（江东平原的北部，现江苏北部），为吴国的势力范围。

　　楚国和吴国隔江对峙，势同水火。楚灵王时，以楚国进攻为主，吴取守势。其间，吴国在鹊岸成功袭击楚国，吴王馀眜曾经派出其弟蹶由犒劳楚师，主动示好。这是楚、吴长期交战中难得的一次示好，可惜楚灵王视而不见，反而几乎杀死蹶由，后将蹶由长期关押，虽然楚平王六年释放，但是楚吴之间从此再无缓和，硬战到底，直到吴国被越国灭亡。

　　州来（寿县）位于淮水中游南岸，在淮水的两大支流颍水和沙水（濮水）之间，是楚国的重要门户。楚平王继位之初，一度弃守州来，但不久发生的楚、吴长岸之战，楚司马子鱼拼死胜吴，楚乘势收回州来。

　　在州来下游，淮水南岸原有楚国重镇钟离城，是楚灵王三年，为抵御吴国所筑的钟离、巢、州来三大城邑之一，《左传》昭公四年："冬，吴伐楚，入棘、栎、麻，以报朱方之役。楚沈尹射奔命于夏汭，箴尹宜咎城钟离，薳启彊城巢，然丹城州来。"据《左传》昭公二十三年："吴人伐州来。楚薳越帅师及诸侯之师奔命救州来。吴人御诸钟离。"可知钟离已经属吴，州来失去了下游钟离的支撑，孤悬国境，岌岌可危，州来再次成为楚、吴相争的焦点。楚国深知州来的重要，《左传》记载，前519年（楚平王十年），楚国在州来（今安徽寿县）筑城，以图固守。

此时，吴国局势发生了重要变化，吴王僚继位，一改吴王馀昧对楚退让求全的国策，锐意进取，任用有勇有谋的公子光，整军经武，积极进攻。楚平王面临吴国的强劲攻势，只能被动应付，而无还手之力。

州来对于吴国，可谓眼中钉，肉中刺，吴王僚命令公子光率师主动进攻州来，由此，吴、楚又一次爆发战争。

楚平王十年，即公元前519年，吴伐楚。《左传》昭公二十三年：

> 吴人伐州来，楚薳越帅师及诸侯之师奔命救州来。吴人御诸钟离，子瑕卒，楚师熸。吴公子光曰："诸侯从于楚者众，而皆小国也，畏楚而不获已，是以来。吾闻之曰：'作事威克其爱，虽小，必济。'胡、沈之君幼而狂，陈大夫啮壮而顽，顿与许、蔡疾楚政。楚令尹死，其师熸。帅贱、多宠，政令不壹。七国同役而不同心，帅贱而不能整，无大威命，楚可败也。若分师先以犯胡、沈与陈，必先奔。三国败，诸侯之师乃摇心矣。诸侯乖乱，楚必大奔。请先者去备薄威，后者敦陈整旅。"吴子从之。

楚平王闻吴军进攻州来，遂遣使召集顿（今河南商城南故南顿城）、胡（今安徽阜阳西北二里胡城）、沈（今河南沈丘）、蔡（今河南新蔡）、陈（今河南淮阳）、许（今河南叶县）六国之军，其中胡国、沈国是国君亲自前往，急奔州来。这时楚令尹阳匄（子瑕）正在病中，见军情紧急，不顾一切，抱病驰赴州来，不想途中舟车劳顿，病情加剧，乃令司马薳越代摄帅职，率诸侯之军，浩浩荡荡向州来前进。吴公子光闻楚军及诸侯之军救州来，声势浩大，为避其锋芒，乃撤去州来之围，命吴水师顺淮水而下，集中于钟离（今安徽凤阳东临淮关），抵御楚军。楚令尹阳匄赶到钟离时，支持不住，突然去世，楚军与诸侯之军闻知，无不悲戚，顿时士气低落。吴公子光闻知大喜，分析前来救州来的六国，均是小国，胡国、沈国的国君年纪不大而狂妄，陈国的大夫夏啮年纪稍大却顽钝不化，顿国与许国、蔡国，平时受楚欺压，与楚国并不同心，代帅蓬越又以资望过浅，缺少指挥诸侯之军的威望，统帅已死，士气低落，政令不一，楚国完全可以打败。吴公子光建议，先集中兵力打击胡国、沈国和陈国，这三国被打垮，必然逃跑，其他诸侯必然军心动摇，也赶紧逃跑。这样，冲击到楚国的军队，也不得不随之逃跑。将吴师分为两批出击，第一批军容不整，诱使楚师追击，第二批为主力部队，阵容齐整，全力出击，务求全胜。吴王僚全部采纳公子光的建议。

这场战争发生的时间和地点，《左传》昭公二十三年有明确交代："戊辰晦，战于鸡父。"七月二十九日这一天，称为"戊辰"，按照楚国的习俗，属于晦日，晦日月色无光，自古为用兵作战之大忌，交战不吉利，一般交战双方均闭营，避此不吉之日。

楚师以为吴师不会出动，放心休息，谁知吴公子光特意选择此晦日进攻，攻楚所不意，故战争一开始，楚师便陷于被动。

战争的地点在"鸡父"。这个地点很不知名，古往今来的研究者，几乎众口一词地认定是在今河南固始。西晋杜预指出"安丰县南有鸡备亭"，[①] 后世众多学者支持此说。西晋安丰县鸡备亭在今河南固始县东南，可称此说为固始县东南说。除此主流说法外，清代在杜说基础上衍生出寿县（清代称寿州）西南说。寿县西南说与固始县东南说产生分歧的原因，在于清人误将明洪武年间废弃的寿县安丰古城认为即西晋安丰县。

台湾三军大学《中国历代战争史》认为，"鸡父位于大别山之西北

---

① 杜预：《春秋经传集解》，上海古籍出版社1988年，第1494页。

麓，在今河南省固始县之南境，为当时楚国蓼六军事基地南端之重镇。其地当淮河上游之要冲，州来、六及群舒诸小国环绕其东南；胡、沈、陈、顿、项、蔡、息、江、道诸小国，屏列其西北。楚控有其地以对吴，则进可以战，退可以守；且由此可控制淮颖地区诸小国，而保持其东方之势力范围。吴夺其地以对楚，则不仅可驱逐楚国在淮颖地区之势力而控制其周围诸小国，且可由此以进入大别山区，而为日后破楚入郢之起点。是故鸡父之战，在地理争夺上言，实为吴楚战争胜败之一重大关键，尔后吴军破楚入郢之战，即系由此一地区而入也。"①该书所附地图《楚吴鸡父之战一般经过图》《楚吴鸡父之战战斗经过图》，均将鸡父定在河南固始。谭其骧《中国历史地图集》第二册"春秋·楚吴越"，亦将鸡父定于河南固始。黄鸣《春秋列国地理图志》所绘《鸡父之战图》，②也是将鸡父定在河南固始。看来，鸡父之战的战场在河南固始，几成定论。

但是，石泉通过缜密分析，认为鸡父在钟离西北，即今安徽凤台西北。石泉分析，楚率七国之师为救州来而来，吴人在钟离抵御，则鸡父当在州来与钟离之间。故杜注不确。石泉指出，如果鸡父在固始县境内的鸡备亭，此地位于以楚为首的联军后方，与吴国进攻的州来(今凤台县)距离遥远，于军事地理形势不合。《水经注·淮水》有鸡水，位于今原台县西北不远处。"鸡父之名，当与鸡水有关"，鸡父应在此鸡水附近。③石先生对鸡父的意见早在1944年即已提出，见其本科学习阶段由徐中舒指导的一篇习作，此文2004年始公布于世。④石

① 台湾三军大学：《中国历代战争史》(第2册)，中信出版社2012年，第21页。
② 黄鸣：《春秋列国地理图志》，文物出版社2017年，第204页。
③ 石泉：《关于芍陂(安丰塘)和期思一零娄灌区(期思陂)始建问题的一些看法》，载《古代荆楚地理新探·续集》，武汉大学出版社2004年，第63页，注[一]；石泉主编《楚国历史文化辞典》，武汉大学出版社1996年，第220页。以上石文原载《安徽水利志》编辑室编《芍陂水利史论文集》，1987年内部刊印本。
④ 石泉：《从春秋吴楚边境战争看吴楚之间疆界所在》，载《古代荆楚地理新探·续集》，武汉大学出版社2004年，第296—297页。

泉的这一看法，当时无人认可，但是，随着清华简《系年》公诸于世，石泉的看法得到印证。《系年》第十五章简81、82记载："五鸡将吴人以围州来，为长壑而湮之，以败楚师，是鸡父之湮。"

李守奎、刘光在未注意到石氏观点的情况下，利用《系年》新资料，也推定鸡父位于凤台西北一带。① 魏栋通过缜密分析清华简《系年》，也得出同样结论。②

分析清华简《系年》所蕴含的重要信息。可以确认鸡父的确在今安徽凤台西北。因为要"围州来"，"以败楚师"，可见这场战争，是吴、楚之战，既然要"围州来"，可见战场当离州来不远。

《系年》记载与伍员一同奔吴的"伍之鸡"（省称"伍鸡"），应是传世文献失载的一位楚国伍氏家族重要成员。"伍之鸡"为"氏＋之＋名"结构，这一结构在传世及出土先秦文献中常见，如《左传》中有"宫之奇""烛之武"，清华简《系年》中有"高之渠弥""里之克"等。"之"字在此结构中用作助词，可以省略。清华简《越公其事》记"鸡父之远荆，天赐中于吴"，使得吴王阖闾破楚入郢。③ 这条记载明确说明"鸡父"为一人名。先秦人名中常见"名字＋父"结构，在这一结构中父与甫通假。《说文解字》："甫，男子美称也。"④结合《系年》"伍之鸡"与"鸡父之湮"的记载，可知"鸡父"是对伍之鸡的美称。

伍之鸡此时是吴军将领。"五鸡将吴人以围州来"，表明伍之鸡随伍子胥逃到吴国，经过一系列磨难，终于得到吴国的信任，吴国主将吴公子光让他率军参与围攻州来的战斗，并且独当一面。

伍之鸡开通的是水战工程。《系年》"湮"字凡两见，相当关键。

---

① 李守奎：《清华简中的伍之鸡与历史上的鸡父之战》，《中国高校社会科学》2017年第2期；刘光：《春秋末期吴楚"鸡父之战"考析》，《烟台大学学报》（哲学社会科学版）2017年第1期。

② 魏栋：《清华简〈系年〉鸡父之战战地探赜》，《文史》2021年第1辑。

③ 清华大学出土文献研究与保护中心编，李学勤主编《清华大学藏战国竹简》（柒），中西书局2017年，第119页。

④ 许慎：《说文解字》，中华书局1963年，第70页上。

《系年》整理报告："湨与'氾'字通。《尔雅·释丘》训为'穷渎'，注：'水无所通者。'"①整理报告显然是针对用作名词的"湨"字进行注解的，将这一"湨"字通作"氾"是合适的。不过，将之训作"穷渎"值得商榷。"穷渎"的含义，邢昺解释为"穷困不通"之水渎，②也就是"穷竭不流通的沟渠"。③如果将"湨"解为"穷渎"，"鸡父之湨"就成为一个消极的被动防御设施，难以在攻打州来楚师的行动中发挥主动进攻的功能。《系年》整理报告将简文解释为"挖长沟蓄水，以阻堵楚军"，④显然不通。鸡父地望问题应该通过两个"湨"字入手进行索解。前者为动词，后者为名词。对于前一用作动词的"湨"字，李均明认为："湨，通泛，泛滥。此处指以长沟储水，实施用水进行作战的方法。"⑤李均明在另外一篇文章中又将"湨"字括注属"湮"，⑥从"为长壑而湨之"的语境来看，此"湨"字必然含有主动进攻的意蕴。

鸡父之战的发生地鸡父得名于"鸡父之湨"，而"湨"在《系年》简文中应改训为"水别复入水"，就是从主流分出后又流回主流的河流。《说文·水部》："氾，水别复入水也。一曰：氾，穷渎也。"可见"鸡父之湨"是伍鸡开挖的长沟，这条长沟从某天然河流分出，后又流入该天然河流，伍之鸡率领舟师从此长沟偷袭州来，对攻下州来起到直接的作用。战后，这条长沟保留下来，以修造者"鸡父"之名命名为"鸡

① 清华大学出土文献研究与保护中心编，李学勤主编《清华大学藏战国竹简》（贰），中西书局 2011 年，第 173 页，注二〇。
② 《尔雅注疏》卷七，载《十三经注疏》，中华书局 1980 年，第 2617 页下栏。
③ 胡奇光、方琯海：《尔雅译注》，上海古籍出版社 1999 年，第 266 页。
④ 清华大学出土文献研究与保护中心编，李学勤主编《清华大学藏战国竹简》（贰），中西书局 2011 年，第 173 页，注二〇。
⑤ 李均明：《伍员与柏举之战——从清华战国简〈系年〉谈起》，载罗运环主编《楚简楚文化与先秦历史文化国际学术研讨会论文集》，湖北教育出版社 2013 年，第 82 页。
⑥ 李均明：《伍子胥的军事谋略与运动战理论——从清华简〈系年〉及张家山汉简〈盖庐〉谈起》，载清华大学出土文献研究与保护中心编《出土文献与中国古代文明——李学勤先生八十寿诞纪念论文集》，中西书局 2016 年，第 319 页。

父之湄",成为州来周边后起的一个小地名,被竹简《系年》记录下来。

总之,古人以水代兵进行攻城,在战国时期已经较为普遍。例如,智伯攻赵氏时"引汾水灌其城(即晋阳)"、秦人白起修长渠引夷水灌楚国重地鄢城,等等,①《系年》记载伍鸡"为长壑而湄之",所"湄"的对象就是州来,达到了"以败(在州来的)楚师"之效。伍鸡"为长壑而湄之",给春秋时期以水攻城这种作战方式增添了一个新的战例。

鸡父之战的经过,《左传》昭公二十三年记载得特别生动:

> 吴子以罪人三千,先犯胡、沈与陈,三国争之。吴为三军以系于后:中军从王,光帅右,掩馀帅左。吴之罪人或奔或止,三国乱。吴师击之,三国败,获胡、沈之君及陈大夫。舍胡、沈之囚使奔许与蔡、顿,曰:"吾君死矣!"师噪而从之,三国奔,楚师大奔。书曰:"胡子髡、沈子逞灭,获陈夏啮。"君臣之辞也。不言战,楚未陈也。

吴军进攻,完全依照公子光预定之部署,以刑徒三千人为前阵,直攻胡、沈、陈三国之军。刑徒原无军事训练,服装五花八门,狂呼乱叫,胡击乱打,初一接战,即散乱后退。胡、沈、陈三国之军以为吴军溃败奔逃,遂奋勇争先,向前追赶,直至吴军预伏之地。此时吴公子光率右军,公子掩馀率左军,吴王僚率中军,车驰卒奔,从三方面包围过来,此前奔跑的刑徒,回身反攻,胡、沈、陈三国之军全部被围。吴军以逸待劳,奋勇争先,势不可当,不一会儿,三国之兵抵挡不住,开始溃败,胡、沈二国的国君及陈大夫夏啮均被活捉。吴军不容分说,将胡、沈二君及陈大夫当场杀死,宣示于军中,纵败兵往

---

① 崔向东:《论春秋战国时期的水攻》,《北京大学学报》(哲学社会科学版)2012年第5期。

许、蔡、顿军方向逃命。三国败兵目睹其君、其大夫当场被杀之惨状，大吓，各自狂奔叫喊："吾君死矣！吾大夫死矣！"许、蔡、顿之军见此状况，阵形立即动摇。这时吴军已紧随乱兵之后，进攻许、蔡、顿之军，许、蔡、顿之军未战先溃。楚军是日，为晦日休军，没有列阵，初见胡、沈、陈军战胜吴军，向前追击，方笑吴军无能，忽见乱军漫山遍野狂奔而来，许、蔡、顿军动摇溃退，而后吴国战车掩杀而至，楚军突受此种奇袭，仓猝之间，不及列阵，先受乱军之干扰，继受吴军之冲击，慌乱错杂之中，不得不向后败退。是役吴军以一国而击七国之军，出奇制胜，获得胜利。楚军于鸡父之战大败，州来旋即失守。

赵旭腾分析：吴国军阵能够击败楚军及其所率领的六国军队，除了公子光的谋略这一决定因素以外，吴军本身的战斗力也是很重要的。吴人身处南方，原先以步兵为阵，以一万人为一军，列为纵横均是一百人的方阵，这样的方阵过于规矩，难以发动奇袭，加上没有战车，其北上争霸之路所经又多为平原，因此吴军一直无法与中原诸国一战。直到公元前583年，从楚国叛逃至晋国的申公巫臣被晋国派到吴国，联络吴国在楚国背后与晋国夹击楚国。巫臣到了吴国后，将车战之法传授给吴军，才使得吴军有了与中原诸国一战的资本。①

失去州来就丢失了防止吴进攻的屏障。王青认为：州来的这一次易手，实际上是吴、楚攻守形势的交换。吴在此后处处主动，后来吴国击楚破郢的大胜就肇端于此。②

吴军攻占州来之后，乘胜前进，干了一件让楚国君臣大为丢脸的事情。《左传》昭公二十三年："楚大子建之母在郹，召吴人而启之。冬十月甲申，吴大子诸樊入郹，取楚夫人与其宝器以归。"太子建之母就是楚平王夫人，虽然楚平王娶秦女后，太子建之母非为正室王后，但也是一国之君的夫人，故《左传》以"楚夫人"称之。

---

① 赵旭腾：《中国古兵阵》，人民出版社2022年，第91页。
② 王青：《春秋后期吴楚争霸的一个焦点——从上博简〈吴命〉看"州来之争"》，《江汉论坛》2011年第2期。

这位楚夫人，当年与尚为蔡县县尹的公子弃疾非婚生下太子建。《左传》昭公十九年："楚子之在蔡也，郹阳封人之女奔之，生大子建。"公子弃疾成为楚平王，后娶秦女，她即失宠。按《左传》所记，她被楚平王遣送回娘家郹阳，这有些不合常理。春秋时期，女子嫁人后，如果没有生子，或者儿子未成年，回到娘家是正常的，但如果有子，并且成年，则应当与儿子一起生活，母子相依为命。她有儿子，一度被立为太子，按照楚国的规定，太子是有封邑的。本书第十九章第三节"实施新宗族政策，首行封君制（平王元年）"，介绍了楚平王分封了太子建的封邑。

居巢位于楚国边境，距吴国很近，这位楚君夫人在自己失宠后，儿子被郑国所杀，孙子被伍子胥带到吴国。《史记·伍子胥列传》："郑定公与子产诛杀太子建。建有子名胜。伍胥惧，乃与胜俱奔吴。到昭关，昭关欲执之。伍胥遂与胜独身步走，几不得脱。"百无聊赖的情况下，想到吴国，与孙子一起生活，故与吴人暗通消息，"召吴人而启之"，"开吴"，乘吴师鸡父之战胜楚之机，携其宝器逃亡到吴国，再正常不过。吴国在鸡父之战夺回州来之后，正想扩大战果，居巢地近吴国，顺势而为，焉有不接之理？于是，派兵（或者船）接走这位楚夫人。君夫人珠宝甚多，《吴越春秋·王僚传》："八年，僚遣公子伐楚，大败楚师，因迎故太子建母于郑。郑君送建母珠玉簪珥，欲以解杀建之过。"吴国"取楚夫人与其宝器以归"，极大地羞辱了楚平王。

楚平王夫人被吴国接走，对楚国的震动很大。司马薳越代行令尹之职，鸡父战败，丢失州来，早已惶惶不安，又闻君夫人被吴人接走，领兵急追，没有赶上，自知罪不容赦。《左传》昭公二十三年记薳越自责："亡君夫人，不可以莫之死也。乃缢于薳澨。"罗运环指出，薳澨在今湖北钟祥县南。[①] 张正明认为这是"薳越回到家乡薳澨，即自缢以

---

①　罗运环：《楚国八百年》，武汉大学出版社 1992 年，第 240 页。

谢罪"。①

丢失州来和君夫人被吴国接走，是对楚国的双重打击，对于吴、楚战局影响巨大。清儒顾栋高曾经指出：

> 夫长江之险，吴楚所共而楚居上游，……故吴楚交兵数百战，从水则楚常胜，而从陆则吴常胜。楚以水师临吴而吴常从东北出楚之不意。当其始叛楚也，即伐巢、伐徐、伐州来，……至昭二十三年州来入吴，州来为今之寿春。以淮为固，撤楚之藩篱而据其要害，而入郢之祸兆矣。

顾栋高说从水则楚常胜，从陆则吴常胜，并不全面，应当看到吴亦为习水战之国，虽然申公巫臣教以车战之术，但毕竟不是吴之优势所在，因此，如果完全不利用水师的优势，恐怕也非吴所愿。鸡父之战前，吴攻占沿淮的钟离，灭掉近淮的徐国，就是为了保证淮河通道的畅通，使吴国军队可以顺利到达楚前线重镇的州来，与楚国展开舟师决战。

吴攻占州来以后，将州来作为在吴国很有影响的公子季札的封地。季札是吴王寿梦的小儿子，数次让王位于其兄，在吴国有很高的威信。他曾遍访中原诸侯国，以其远见卓识而闻名遐迩，在诸侯国中有很好的声望。他镇守州来，是吴国稳定内外的一个重要举措。王青指出：此后州来就成为吴国与楚争雄的前沿重镇，而为吴国所牢固控制，吴对于楚的战争，因有州来重镇而处于进可以攻，退可以守的有利形势。吴以州来为中心，带动左右两翼伐楚，战略上取得了很大的主动。②

---

① 张正明：《楚史》，湖北教育出版社 1995 年，第 221 页。
② 王青：《春秋后期吴楚争霸的一个焦点——从上博简〈吴命〉看"州来之争"》，《江汉论坛》2011 年第 2 期。

丢失州来和君夫人被吴国接走，更是对楚国的心理打击巨大。楚灵王时对吴咄咄逼人的攻势转为楚平王步步为营的守势；更严重的是，楚国上下，开始害怕吴国。史载接任令尹之职的囊瓦下令修筑郢都城墙，表明楚人开始惧吴。这又回到楚灵王时不顾民力大肆筑城引起楚国社会剧烈震荡的时代，招来一片反对声。《左传》昭公二十三年：

> 楚囊瓦为令尹，城郢。沈尹戌曰："子常必亡郢。苟不能卫，城无益也。古者，天子守在四夷；天子卑，守在诸侯。诸侯守在四邻。诸侯卑，守在四竟。慎其四竟，结其四援，民狎其野，三务成功，民无内忧，而又无外惧，国焉用城？今吴是惧而城于郢，守已小矣。卑之不获，能无亡乎？……无亦监乎若敖、蚡冒至于武、文？土不过同，慎其四竟，犹不城郢。今土数圻，而郢是城，不亦难乎！"

这段记载，晋杜预在注中评论，囊瓦城郢与子囊遗言城郢性质完全不同："楚用子囊遗言，已筑郢城矣。今畏吴，复增修以自固。"孔颖达《疏》曰："襄十四年子囊将死，遗言谓，子庚必城郢。君子谓子囊忠，将死不忘卫社稷，可不谓忠乎？彼子囊城郢，君子谓之为忠；此囊瓦城郢，沈尹戌谓之必亡。事不同者！国而无城，不可以治，楚自文王都郢，城郭未固，子囊心欲城之，其事未暇，将死而令城郢，故可谓之为忠，今郢既固矣，足以为治，而囊瓦畏吴侵逼，恐其寇入国都，更复增修其城，以求自固，不能远抚边竟，唯欲近守城郭，沈尹谓之必亡。为其事异，故也。"[1]

鸡父之战，楚国损兵折将，失地丢人，窝囊至极，从此惧吴。囊

① 孔颖达：《十三经注疏·春秋左传正义》，阮元校刻，中华书局 1980 年，第 2102 页。

瓦(子常)继为令尹,征集役徒,加固为郢(宜城楚皇城)的城垣。左司马沈尹戍不以为然,沈尹戍认为,筑城只是被动防御,当初若敖、蚡冒以至武王、文王,国土方圆不过数百里,尚且不在郢都筑城,现在国土达方圆数千里,却在郢都筑起城垣来,以为只靠筑城垣固守,便可以求得国土不失,那是很难做到的。这里,涉及对"筑城"内容的理解。

囊瓦的筑城,只是将为郢的城墙增高加厚而已,这是宋公文通过研究得出的结论。[①]《左传》昭公二十三年:"楚囊瓦为令尹,城郢。"杜注:"楚用子囊遗言,已筑郢城矣。今畏吴,复增修以自固。"这是将子囊的遗言理解为始筑城。换句话说,即认为楚在康王元年以前国都未有城垣。而《左传》昭公二十三年孔疏则另有所见,认为,"国而无城,不可以治,楚自文王都郢,城郭未固。"这里点明郢都城垣筑于文王迁郢之时,只是当时还不那么坚固。证之以《左传》所记史实,后说显然比前说更为准确。再如《左传》庄公十八年(楚文王十四年):巴人"门于楚",此指巴军攻打楚都城门。次年,楚文王御巴,"大败于津。还,鬻拳弗纳",此谓文王被阻于郢城之外。既然郢都自始建时即有了城垣,则后世所谓"城郢"者,皆为增修加固之意。《左传》文公十四年:"二子(指申公子仪与公子燮)作乱,城郢",《左传》襄公十四年:子囊"遗言谓,子庚必城郢",《左传》昭公二十三年:囊瓦"城郢",等等,均应作此理解。《皇清经解》:"城者,完旧也。筑者,创始也。"这种见解,不仅道出了《春秋》笔法,同样也符合《左传》作者行文的本意。童书业、刘彬徽援引孔颖达之说,都认为"必城郢"为增修而非始筑。[②]

---

① 宋公文:《楚两令尹传考》,《郧阳师专学报》1985 年第 10 期。
② 童书业:《春秋郢都的筑城时代》,载《中国古代地理考证论文集》,中华书局 1962 年;刘彬徽:《楚郢都建制考》,载《楚文化新探》,湖北人民出版社 1981 年。

第十四节　争桑引发大战及吴占巢邑，
安顿遗民茄人訾人(平王十一年)

楚国州来失守，举国震动。楚、吴边界，不仅两军对垒，就连农田劳作的农民，也是各为其国，怒目相向，互不相让。

楚平王十一年，即公元前 518 年，吴、楚发生边民纠纷，逐步升级，导致两国战争。《史记·吴太伯世家》："初，楚边邑卑梁氏之处女与吴边邑之女争桑，二女家怒相灭。两国边邑长闻之，怒而相攻，灭吴之边邑。"《史记·楚世家》的记载类似："初，吴之边邑卑梁与楚边邑钟离小童争桑，两家交怒相攻，灭卑梁人。卑梁大夫怒，发邑兵攻钟离。"吴国边邑卑梁(今安徽天长西北)与楚国边邑钟离(今安徽凤阳东北)毗连，都种桑育蚕，因争桑树而扭打。两边的家人介入，"交怒相攻"，发生械斗，楚人彪悍，杀死吴女家人。吴国卑梁大夫怒，组织邑兵攻打钟离，事态迅速升级。

边境冲突，震动楚王，楚平王特意安排舟船，进行了一次大规模的边界巡视活动，以震慑吴国。《左传》昭公二十四年：

> 楚子为舟师以略吴疆。……越大夫胥犴劳王师于豫章之汭，越公子仓归王乘舟。仓及寿梦帅师从王，王及圉阳而还。

楚平王到楚、吴边界巡视，一直到圉阳。圉阳，杜注曰"楚地"，然未言所在，清代学者认为在今安徽巢湖市南境。[1] 徐少华提出质疑，

---

① 参见《春秋地名考略》卷九，楚(下)，"圉阳"条，《四库全书》第 176 册，第 600 页；《春秋大事表》卷七，《春秋列国都邑表》楚地"圉阳"条。

认为吴、楚争斗在淮域，圈阳不可能远在巢湖之南。① 甚是。赵炳清认为，将《史记》与《左传》对照来看，圈阳不可能是楚地，而应是吴地卑梁，与楚钟离邻近。这也反映出楚东界尚维持在钟离、巢一线。钟离、巢、州来为楚戍边要地，经常被吴人攻破。②

在吴、楚两国剧烈争斗过程中，越国一直坚定不移地站在楚国一边。其时越是楚之附庸。见楚平王亲自到前线巡视，越大夫胥犴至豫章慰问楚平王，越公子仓还赠楚王以乘舟，并随楚水师攻吴。说明越国船只数量不少，既能装备水军，又能以大型乘舟赠送楚国，显示出楚越两国有着良好的关系。

越国的西南与楚为邻，其疆域可达鄱阳湖东岸。考豫章之汭，③楚、越联盟，归楚王乘舟，应在此地。则越国西境，应跨有皖赣之交，而达于鄱阳湖东岸。故清代顾栋高《春秋大事表》说，越国的疆域全有浙江之绍兴、宁波、金、衢、温、台、处七府之地。其杭、嘉、湖三府与吴分界。由衢历江西广信府至饶之余干县，与楚分界。这大体说出了春秋中期以前越国疆域的情况。④

楚平王乘坐越国送来的豪华乘舟，在越国大夫的陪同下，前呼后拥地巡视楚国边界，心情愉悦，楚国水师浩浩荡荡，一举攻占了吴国的卑梁邑。以为已经震慑了吴国，吴国不会再轻举妄动，平王遂命舟师打道回国。

楚平王兴师动众巡视边界，却没有提防吴国的水师在公子光的指挥下悄悄地尾随在后，随时伺机出击。《左传》昭公二十四年："吴人

---

① 徐少华：《论春秋时期楚人在淮河流域及江淮地区的发展》，载冯天瑜主编《人文论丛》2002 年卷，武汉大学出版社 2003 年。

② 赵炳清：《楚国疆域变迁之研究——以地缘政治为研究视角》，复旦大学博士学位论文，2013 年，第 148 页。

③ 参见陈怀荃著《豫章考》，谓豫章之汭在合肥市南肥河流入巢湖北岸一带，载于《安徽考古学会会刊》第 3 期。转引自杨伯峻：《春秋左传注》（修订本），中华书局 1990 年，第 1453 页。

④ 辛土成：《於越名称居地和越国疆域变迁考》，《浙江学刊》1992 年第 4 期。

踵楚，而边人不备，遂灭巢及钟离而还。"《史记·楚世家》："(楚灭卑梁邑)吴王闻之大怒，亦发兵，使公子光因建母家攻楚，遂灭钟离、居巢。"

钟离(安徽凤阳)、居巢(安徽巢湖南)，连同州来(安徽凤台)，联结淮河中下游和长江中下游，是楚灵王在部署对吴的防御时重点加固的三个城邑，鸡父之战，州来失守，三邑中丢失一邑，这次又连丢钟离邑和巢邑。楚国对吴，防线轰然倒塌，门户洞开，已经到了非常危险的地步了。清人高士奇在《春秋地名考略》(卷十四)中概括了巢地在淮河流域被楚、吴两国反复争夺的历程：

> 成七年，吴始伐楚伐巢；十七年，舒庸以楚师之败道吴人围巢；襄二十五年，吴子遏伐楚，门于巢……昭四年，薳启疆(彊)城巢；五年，楚使沈尹射待命于巢；二十四年，吴灭巢。二十五年，楚使熊相禖郭巢，盖巢已亡，而楚欲据其地也。史记，吴公子光六年大败楚军于豫章，取楚之居巢而还，自是巢入于吴矣。

巢地被楚国和吴国反复争夺，这一次终被吴国所灭，成为吴地。

楚国鸡父之战战败，不仅导致丢失了州来、巢、钟离三邑，而且造成这一带居民尤其是早年被灭国的遗民流离失所。鸡父之战的次年，楚平王十二年，公元前517年，《左传》昭公二十五年记："楚子使薳射城州屈，复茄人焉(杜预注：还复茄人于州屈)。城丘皇，迁訾人焉(杜预注：移訾人于丘皇)。使熊相禖郭巢，季然郭卷(杜预注：使二大夫为巢、卷筑郭也)。"卷城在南阳叶县南。平王因害怕吴国，派薳射在州屈(今安徽凤阳西)、丘皇筑城，分别让"茄人"和"訾人"去居住，又分别派熊相禖和季然为巢、卷二邑筑外城，使这些遗民得到安顿。

巢地成为吴国国土，楚太子建在巢地的封邑自然不复存在，其子只能等待楚王另赐他地。

第十五节　周室王子朝携典籍奔楚
（平王十二、十三年）

周景王十八年，楚平王二年，公元前527年，景王之穆后及太子寿皆死去，按周制，续立王子猛为太子。然而景王的长庶子王子朝及其师宾起善于钻营，渐得景王宠爱，景王欲废王子猛而改立王子朝为太子。王子朝及其师宾起窃喜，暗中谋划，引起朝中大臣不满，导致一系列的矛盾冲突。

据李孟存、李尚师研究，[①] 楚平王九年，公元前520年，四月，周景王欲实施自己立王子朝为太子的计划，特出猎北山（洛北芒山），下令公卿皆从。他知道朝中大臣单、刘二子不欲立王子朝，欲借田猎而杀之。事有凑巧，景王心病发作，死于途中。太子王子猛承嗣，是为悼王。周室中拥有重权的刘献公（刘挚，人称刘司子）、单穆公（单旗，人称单子）深恶王子朝之师宾起为人狡诈，攻杀了宾起。王子朝不甘示弱，图谋反扑。一番谋划后，纠集周王室的灵（王）、景（王）之族众王子，率领周地郊、要、饯三邑的兵甲，发动叛乱。单子闻乱，起迎悼王（王子猛）归于家，据宅固守。乱党攻入宅内，夺走悼王，追杀单子，单子逃奔至平畤（今洛阳附近），收集旧部，卷土重来，与王子朝之党恶战。单子兵力雄厚，混战中当场杀死灵、景之族还、姑、发、弱、鬷、延、定、稠八王子。王子朝兵败，逃至京邑（今洛阳西南，近前城），组织力量反扑。趁刘司子进入王城，立足未稳，乱党一拥而上，战败了悼王派卿士甘、召二士，形势登时逆转。

情急之下，单子告急于晋。晋顷公派籍谈、荀跞（知文子）率九州之戎（陆浑戎）及焦（今河南陕县西郊）、瑕（今山西芮城南）、温（今河南温县西南）、原（今河南济源西北）之师开赴周地平叛。先锋部队纳

① 李孟存、李尚师：《晋国史》，山西古籍出版社1999年，第232—236页。

悼王于王城，单子、刘氻率王师进攻京邑的叛军，但王子朝党势力颇盛，顽强抵抗，悼王之师没有成功。十一月乙酉(十二日)(《春秋》载为十月，误)，突然传来一个惊人的消息，悼王王子猛卒！原来王子猛长在宫中，一直身体屡弱，见两军为王位交战，又惊又吓，寝食难安，宫中之人疏于照料，竟然死去。可怜王子猛尚未正式即位，却无端身死，群臣悲戚，谥曰周悼王。己丑(十六日)，王子猛母弟王子匄被群臣推举，登上王位，是为周敬王。

晋军为了迅速平息这次叛乱，向王子朝的叛军发起了大规模的进攻，攻势极其猛烈，辛丑(二十九日)，晋军攻克了王子朝所在的京邑，并毁其城西南一方。此后按兵未动，等待叛军投降，王子朝负隅顽抗，双方形成僵局。次年(前519年)正月壬寅朔，晋师见久拖未决，围攻近郊之郊邑，癸卯(二日)，经晋军猛攻，驻守在郊邑、郤邑(今巩县西南五十八里)中的王子朝军溃奔。丁未(六日)，晋军驻平阴(即前面之阴邑)，敬王驻泽邑(即狄泉，即今洛阳城内大仓西南池水，时在城外)，对王子朝形成夹击之势。至此，王子朝之乱平息在望。周敬王松了一口气，认为自己足胜叛军残部，故告晋军，王子朝之乱稍平，可以撤退。庚戌(九日)，晋师归。但晋师走后，周敬王军攻打王子朝，又打了败仗。至此，两派势均力敌，王子朝居王城(洛阳城西北)，称西王；敬王居狄泉(王城之东，洛阳城外)，称东王。两派对峙，各霸一方，周王室又呈现出两王并立的局面。

晋国见状，只得再度勤王。前517年夏(楚平王十二年)，晋派赵鞅(简子)与鲁叔诣、宋乐大心、卫北宫喜、郑游吉及曹、邾、滕、薛、小邾之大夫会于黄父(今山西沁水西北，翼城东北)，商议拥立何人为周王。《左传》襄公三十一年："太子死，有母弟，则立之；无，则立长。年均择贤，义均则卜，古之道也。"诸侯们和王室群臣依据周人嗣位的宗法制一致认为：王子朝虽年长，但为庶子，敬王匄则为太子的同母弟，属于嫡出，符合继承要求，所以均主张立王子匄为王，并商定以周敬王为正统。据此，晋执政卿赵鞅令诸侯之大夫准备勤王之卒乘、粮食，确定出征统帅，迅速行动。十月十六日，晋国率领诸侯联军向叛军发起全面进攻，势如破竹，攻克王子朝所居王城，周敬王军及时配合，从滑地起师，二十一日，进驻郊邑，又进驻于尸氏邑。十一月十一日，晋知跞、赵鞅之师，一举攻克王子朝叛军最后的军事重镇巩邑，从此平叛胜券在握。王子朝乱党开始分裂，周室大臣召简公(召伯盈)倒戈，逐王子朝而迎敬王。王子朝见大势已去，自知不免，困兽犹斗，决定率领死心塌地跟随自己的周室大臣召氏之族、毛伯得、尹氏固、南宫嚚等，逃奔到楚国。

王子朝等逃奔于楚，有充分的准备。他们认为，楚国是唯一能够与晋国抗衡的大国，经济繁荣，政治稳定，可以倚靠。如果奉周之典籍奔楚，对于一直想摆脱"蛮夷"名分的楚国来说，无异于送上镇国之宝，可以凭此在楚国依然过上锦衣玉食的生活。为此，他们在盘踞周王城的时候，便有意识地清点王室的府库和典籍，选择有代表性的典籍，捆扎停当，随时奔赴楚国。巩邑失守之后，王子朝再无犹豫，率众毅然决然奔向楚国。

洛邑周王城离楚国的国都为郢(宜城楚皇城)不远，王子朝等受到楚平王及一干楚臣的热烈欢迎。楚平王认为，这批王室典籍，是楚灵王梦寐以求的宝物，楚王族(芈族)商末周初来自中原，芈族的酋长鬻熊当年还曾经为周文王之师，与周王室有亲戚之谊，拙著《先楚史》第七章第六节"北赴聂耳，求妻联周"有过介绍。[①] 在周成王登位不久，著名的周公为避嫌曾经躲到楚王族定居之地丹阳生活一段时间，给予楚王族莫大的帮助，拙著《先楚史》第十二章第三节"周公'奔楚'投奔鬻熊"、第四节"周公实奔鬻熊别邑丹阳"有过介绍。[②] 楚国现行的典章制度，大多可以在周王室的典籍中找到依据，因此，王子朝带到楚国的典籍，是上天赐给楚国的无价之宝。楚平王高兴之余，决定给予王

----

① 程涛平：《先楚史》，武汉出版社 2019 年，第 494—500 页。
② 程涛平：《先楚史》，武汉出版社 2019 年，第 1194—1206 页。

子朝及其随行的周室大臣召氏之族、毛伯得、尹氏固、南宫嚣等，赐予封邑。考虑到王子朝等时刻图谋在周王城复辟，封邑的地点，选定在为郢到周室洛邑之间的申国故地。申国故地在今河南南阳，王子朝等对楚平王的安排十分满意，从此在楚国安居乐业，研习和传播王室典籍。《左传》昭公二十六年记王子朝遣使遍告诸侯，谴责刘公狄和单公旗，自称"兹不毂震荡播越，窜在荆蛮，未有攸底"云云。

一晃十年过去，王子朝在楚国，时刻窥视周王室的动静，其在故申国的封邑，与周敬王所居的洛邑王城声息相通，周敬王如同芒刺在背，日夜不安。公元前 506 年，楚昭王十年，吴国大败楚人于柏举，并占领了楚都为郢，楚几亡国，楚昭王逃难，王子朝失去保护，周敬王瞅此机会，于楚昭王十一年春，暗中派出刺客到楚，杀掉了王子朝。从此，周王朝一段时间的"两王并立"，才告结束。

王子朝被杀，考古揭示，可能葬在了其在南阳的封邑。据报道，考古人员在河南省南阳市卧龙区石桥镇龙窝村夏庄小组东北侧，发掘一处东周时期高等级贵族墓葬群。随着 29 座陪葬墓发掘完毕，乔保同说，"王子朝携周典奔楚"事件初露端倪，或为寻找遗失千年的那批周王室典籍提供了重要线索。夏庄墓地布局规整、等级较高，是南阳目前发现的最重要的东周时期高级贵族墓地之一，时间大约在战国早中期，为王子朝奔楚事件以及南北文化交流等提供了重要的实物资料。已发掘的 29 座墓葬，全部是其南侧大墓"不见冢"的陪葬墓，除 3 座墓道被破坏以外，其余全为甲字形岩坑或土坑竖穴墓，有的带有车马坑，说明这批陪葬墓的墓主人生前都具有较高地位。此种情况表明，"不见冢"墓主人身份十分显赫。有专家认为极有可能是王子朝墓。虽然已发掘的 29 座墓被盗严重，但共出土铜器、陶器、玉石器 300 余件。考虑到文物保护及展示等原因，目前没有对车马坑进行发掘。宋镇豪在考察发掘现场表示，该墓葬群具有浓厚的周王室意味和明显的氏族墓地特征，很有可能是跟随王子朝奔楚的贵族集团成员的墓葬群。蔡运章说，这里应是王子朝奔楚以后的贵族墓地。王子朝奔楚，带来了周王室的典籍和工匠，对以周王室文化为代表的华夏核心文化南迁下行、分散传播起到了积极的推动作用。[1]

春秋晚期发生的"王子朝携典籍奔楚事件"，是先秦时期具有重大影响的转折性历史事件，《左传》《史记》等均有记载，华夏典籍因此事件南播入楚，促进了楚地文化繁荣，对于研究先秦时期南北文化交流和中华文明进程具有重要价值。以周王室文化为代表的华夏核心文化南迁下行，分散传播，直接或间接地促生了其后的诸子百家争鸣。

第十六节　楚平王后裔"以谥为氏"，景氏宗族长盛不衰

楚平王在位十三年而逝。楚平王的无耻与残暴，造成了太子建之难，伍子胥奔吴，有关家族和人物的多舛命运、复杂经历，直接导致了姓氏的分化。由于楚平王霸媳并谋杀太子建酿成恶果，经过楚昭王时期，至楚惠王时发生"白公之乱"。据刘秉忠、李丽研究，楚国经此变故，分化出由平王的太子建派生的建、子建、白、白公等姓氏。《风俗通》："建氏，楚平王太子建之后。"《万姓统谱》："子建氏，楚太子建之后。"《姓解》："白公氏，楚白公胜之后，有为氏者。"还有的以子西、子期、鲁阳、它等为氏。《世本》："楚平王子公子申，字子西，死于白公之难，其后以王父字为氏。"据《史记·楚世家》记载，子西是平王之庶弟，《古今姓氏书辩证》："楚平王子结，字子期，为大司马，死于白公之难，后世以其字为氏。"子期的儿子居鲁阳（今河南鲁山县），称鲁阳公，后代以鲁阳为氏，《世本》：它，"楚平王子孙有田公它成"。[2]

楚平王时景、昭两大家族进入楚国政治核心，昭睢任相国，景快

---

① 新华网 2019 年 8 月 27 日。

② 刘秉忠、李丽：《楚国公族姓氏考略》，《江汉考古》1999 年第 1 期。

任大将。景为褒义词，本义为光亮，引申有仰望之意。周代对有成就的君王和先人，广泛应用此谥号，熟知的就有晋景公、齐景公、秦景公、周景王、赵景子、宋景公、晋景伯等。

在以《春秋》和《战国策》为主的先秦史籍中，景姓的春秋楚人只有景公一人。《说苑·臣过》中有景公欲当令尹，成公乾谓其不如屈春。屈春为楚灵王与平王时人，景公也当为此时人。战国时人有楚宣王时为上蔡令的司马景舍，楚怀王时使者景春、景鲤，大将景缺和景座，柱国景翠，楚顷襄王时大将景阳、文学家景差，考烈王时的柱国景伯。从史籍记载可知，楚最早的景姓见于春秋晚期灵平之世，战国时为楚之显族。①

楚平王后裔最大的一支为景氏。景氏一直被认为是战国中晚期楚国三大族姓（昭、屈、景）之一，《包山楚简》的内容大部分为楚怀王时的司法文书，奇怪的是未见景氏，倒是有以"竟"为氏者数人，且其中不乏居高官者，计有如下 10 人：竟丁（简 81），官为"邑司马"；竟得（简 90），仅知其名；竟快（简 110、118），官为"鄌"地边嚣（敖）；竟坤（简 118），夷阳官员，具体职官未详；竟不割（害）（简 121、122、123），下蔡夷里人；竟军（简 131），称为"汤公"，阴地司败曾向此"汤公"呈报舒庆杀人一案的案情，此案为《包山楚简》中最重要的案例之一，楚怀王曾两次亲自过问，汤公竟军直接向左尹乃至怀王呈报处理过程，事见《包山楚简》131—139，可见竟军是可以面君的高官；竟庆（简 155），鄙地的左司马；竟领（简 163），仅知其为下蔡人；竟贾（简 180），有属官"州加公""疆驭"。楚简之"州"多为私州，即封地，既有私官管理封地，则竟贾的官位、爵位都不会低。

刘信芳指出：按"竟氏"应即文献所记之"景氏"。《释名·释天》："景，竟也，所照处有竟限也。"《释名》一书多音训之例，此亦以读音

---

① 马俊才：《也论楚景昭二姓》，载《楚文化研究论集》（第十一集），上海古籍出版社 2015 年，第 352—353 页。

释"景"，由此可知"景""竟"古读音相通。尤其是楚简有"竟快"，《史记·秦本纪》有"景快"，二名应是同一人。竟快官为连敖，景快被称为将军，而楚国连敖多带兵打仗，此其一；二人所处时代相同，均为楚怀王时人，而景氏之兴起至楚怀王之时为期尚未久，异人同名的可能性不大，此其二。因而可以断言；《包山楚简》之"竟快"就是《史记·秦本纪》所记将军"景快"。①

关于景氏之得"氏"，《潜夫论·志氏姓》《通志·氏族略四》皆谓"楚公族"，景，当为楚平王的另一谥号，即楚"景氏"的源头。据王逸《楚辞章句》："屈原与楚同姓，仕于怀王，为三闾大夫。三闾之职，掌王族三姓，曰昭、屈、景。"②关于楚王族之"三姓"，昭为楚昭王之后，十分明确；屈为楚武王之后，亦有确定之说。王逸曰："（楚）武王求尊爵于周，周不予，遂僭号称王。始都于郢，是时生子瑕，受屈为客卿，因以为氏。"③景氏出自何位楚王，则含混不清，《元和姓纂》卷七"景"条曰："芈姓，楚公族也。"《通志·氏族略》亦曰："景氏，芈姓，楚公族也。"然后又推测说："按，景，谥也，楚未之闻，疑齐景公之后盛繁。此为姜姓之族与。"长期以来，学术界莫衷一是。徐少华指出，地下文献上博简（六）《申公臣灵王》的出土，帮我们解开了这一千年谜底。④

1973年湖北当阳季家湖楚城遗址一号台基出土一枚甬钟（《集成》037），铸有12字铭文："秦王卑命竞坪王之定救秦戎。"⑤黄锡全、刘森淼最早指出铭文中的"竞坪王"即楚平王，⑥ 此后学者进一步认识到

---

① 刘信芳：《〈包山楚简〉中的几支楚公族试析》，《江汉论坛》1995年第1期。
② 洪兴祖：《楚辞补注》，中华书局1983年，第1页。
③ 洪兴祖：《楚辞补注》，中华书局1983年，第3页。
④ 徐少华：《楚竹书〈申公臣灵王〉与〈平王与王子木〉两篇补论》，《江汉考古》2009年第4期。
⑤ 荆州地区博物馆：《湖北枝江出土一件铜钟》，《文物》1974年第6期；杨权喜：《当阳季家湖楚城遗址》，《文物》1980年第10期。
⑥ 黄锡全、刘森淼：《"救秦戎"钟铭文新解》，《江汉考古》1992年第1期。

"競坪"乃双字谥,文献上省作"平"。① 上博简(六)《平王与王子木》《平王问郑寿》两篇,楚平王均写作"競坪王",② 证实"救秦戎"钟铭中的"競坪王"确为楚平王。包山简公布后,刘信芳将简文"競"氏读为景氏,然由于当时理解有限,说"景氏起于何代楚王,由谁得氏,至今还是个谜"。③ 巫雪如在综合"救秦戎"钟铭和包山简研究的基础上,首先明确指出"楚之景氏当即楚景平王之后以谥为氏者"。④ 景氏出自楚景平王,取"景平王"首字谥为氏,应无疑问。董珊说"这是近年楚王族研究的一项重大发现",⑤ 并不为过。⑥

据史书记载,楚平王子孙繁盛,儿子有废太子建(子木)、太子珍(昭王,又名轸、壬)、公子申(子西)、公子结(子期)、公子启(子闾,《楚世家》作公子间),王孙有公孙宽、鲁阳文子、公孙平、公孙宁、公孙朝、王孙胜(白公胜)、王孙燕、田公它、子良等。公孙宽、鲁阳文子或认为是同一人,⑦ 公孙宁又称"景之定",表明至迟在楚平王孙辈,景氏已命氏立族。公孙宁的同辈,典籍一般记作"公(王)孙某",是为惯称。这些人无疑也可称作"景平王之某",表示其为楚平王裔孙。

楚平王之裔析君公孙宁,后代有析君墨肩和析君述。曾侯乙墓出

---

① 李零:《楚景平王与古多字谥——重读"秦王卑命"钟铭文》,《传统文化与现代化》1996 年第 6 期。

② 马承源主编《上海博物馆藏战国楚竹书》(六),上海古籍出版社 2007 年,第 253—272 页。

③ 刘信芳:《〈包山楚简〉中的几支楚公族试析》,《江汉论坛》1995 年第 1 期。

④ 巫雪如:《包山楚简姓氏研究》,台湾大学硕士学位论文,1996 年,第 178 页。

⑤ 董珊:《出土文献所见"以谥为族"的楚王族——附说〈左传〉"诸侯以字为谥因以为族"的读法》,载《出土文献与古文字研究》(第二辑),复旦大学出版社 2008 年,第 114 页。

⑥ 田成方:《东周时期楚国宗族研究》,科学出版社 2016 年,第 114 页。

⑦ 蒲百瑞:《春秋时代楚王宗族世系疏证》,载《石泉先生九十诞辰纪念文集》,湖北人民出版社 2007 年,第 299—302 页。

土有析君墨肩戟（N122.2），① 曾侯乙墓的年代在楚惠王五十六年（前433年）或稍后，故"析君墨肩"的活动年代应在前433年之前。公孙宁最晚见于公元前477年，是年受封于析，其卒年或许更晚。墨肩上距公孙宁二三十年，很可能是继公孙宁为析君者，或即公孙宁之子。此外，《楚国铜器铭文编年汇释》收录一件析君述鼎，形制和纹饰均不详，时间定在春秋中晚期，② 恐不可信。何浩指出，器主析君述的年代，不可能早于析君公孙宁。值得注意的是，析君墨肩、析君述均未冠以氏称，或与封君常以"某君+名"的称呼习惯有关，③ 并不代表景氏在当时不存在。应该说，景氏宗族各支的早期世系，只有公孙宁之后相对明确，余者已不可考。

传世史籍所见景氏，主要集中在战国中期以后。楚宣王时期（前369—前340年）有景监和景舍。前者仕于秦，为秦孝公宠幸。《史记·商君列传》："（卫鞅）乃遂西入秦，因孝公宠臣景监以求见孝公。"司马贞《索隐》："景姓，楚之族。"景舍见于《战国策·楚策一》"邯郸之难"章。该章事件系年，④ 约楚宣王十六年（前354年），魏拔邯郸，楚王与景舍、昭奚恤共商应对之策。此后，景舍亲自领兵救赵。从此事之决策、实施过程看，景舍当是地位极高的卿臣。

楚威王时期（前339—前329年）有景翠。《史记》载：公元前333年，景翠帅楚军北聚鲁、齐、南阳。楚怀王二十二年（前307年），秦拔宜阳，柱国景翠发兵营救，"得城于秦，受宝于韩"。⑤ 楚怀王二十九年（前300年），"齐、秦约攻楚，楚令景翠以六城赂齐，太子为

① 湖北省博物馆编《曾侯乙墓》，文物出版社1989年，第268、278页。
② 李零：《楚国铜器铭文编年汇释》，《古文字研究》第十三辑，第376—377页。
③ 何浩：《文坪夜君的身份与昭氏的世系》，《江汉考古》1992年第3期。
④ 诸祖耿：《战国策集注汇考》，江苏古籍出版社1985年，第714页注［1］。
⑤ 参见诸祖耿：《战国策集注汇考》之《东周》"秦攻宜阳"章，江苏古籍出版社1985年，第12—13页及注［1］。

质"。① 据景翠的活动时间与政治地位判断，他很可能是景舍之子。

楚怀王时期（前328—前299年）有景鲤、景座、景缺。景鲤是战国中晚期著名的纵横家。怀王初年，派遣"景鲤之秦，鲤与于秦、魏之遇，楚王怒景鲤"。② 怀王二十九年，"楚令景鲤入韩"。③ 襄王元年（前298），"遣景鲤车五十乘，西索救于秦"。④ 新见的二十九年弩机（《铭图》18586），铭文作："二十九年，秦攻吾，王以子横质于齐，又使景鲤、苏历（厉）以求平……"所述即楚怀王二十九年，齐、秦相约攻楚，怀王派人斡旋之事。结合《战国策》记载和弩机铭文，可知怀王先是派景翠赂齐以城，将太子横质于齐以瓦解齐国之兵，后又遣景鲤、苏厉赴韩，防患韩国插手，均发生在公元前300年。楚怀王时期还有大将景座、景缺。怀王十七年（前312年），秦人攻楚，"围景座"。⑤ 二十九年（前300年），秦攻楚，杀将军景缺。⑥

楚顷襄王时期（前298—前263年）有景快、景伯。《史记·秦本纪》：顷襄王元年，"免攻楚，取八城，杀其将景快"。或认为景缺、景快为同一人，有误。景缺死于怀王二十九年，景快卒于襄王元年，二者绝非一人。景缺战死后，景快大概接替了他原有的职位。

景伯曾担任柱国。楚顷襄王十二年，《史记·六国年表》："柱国景伯死。"景伯主要活动早于公元前287年。他出任柱国，大概是接替

① 参见诸祖耿：《战国策集注汇考》之《楚二》"齐、秦约攻楚"章，江苏古籍出版社1985年，第780页及注[1]。
② 参见诸祖耿：《战国策集注汇考》之《秦四》"楚使者景鲤在秦"、"楚王使景鲤如秦"章，江苏古籍出版社1985年，第370页及注[1]、371、372页；《韩一》"韩公仲相"章，江苏古籍出版社1985年，第1404页及1405页注[4]。
③ 参见诸祖耿：《战国策集注汇考》之《韩二》"楚令景鲤入韩"章，江苏古籍出版社1985年，第1442页及注[1]。
④ 参见诸祖耿：《战国策集注汇考》之《楚二》"楚襄王为太子之时"章，江苏古籍出版社1985年，第789—791页。
⑤ 《史记》卷一五《六国年表》，中华书局1959年，第733页。
⑥ 《史记》卷一五《六国年表》，中华书局1959年，第736页；卷四〇《楚世家》，中华书局1959年，第1727页。

景翠，两人或许是父子。其后有司马景阳。《战国策·燕策三》"齐、韩、魏共攻燕"章："齐、韩、魏共攻燕，燕使太子请救于楚，楚王使景阳将而救之。暮舍，使左右司马各营壁地……于是遂不救燕而攻魏雍丘，取之，以与宋。"关于景阳救燕的具体年份，争论很大。据当时宋国社稷尚存（公元前286年宋灭于齐）之情形分析，当以顾观光系之周赧王二十九年（前286年）为是。① 景阳统管左、右司马，表明其官职更高，当是柱国。柱国景伯卒于公元前287年，景阳或是以嫡子身份接替父职。《淮南子·汜论训》载"景阳淫酒被发，而御于妇人，威服诸侯"，此处的景阳与柱国景阳不知是否同为一人。

其后有景差，又作景磋。《史记·屈原贾生列传》："屈原既死之后，楚有宋玉、唐勒、景差之徒，皆好辞而以赋见称。"景差以景为氏，应属楚景氏。②

公元前208年秦末动乱时，秦嘉立景驹为"假楚王"。《史记·项羽本纪》裴骃《集解》引文颖语："景驹，楚族，景氏，驹名。"可知景驹是故楚景氏的后裔。景驹之所以被立作"假楚王"，应与景氏在当时仍然为大族有关。

除上述见于传世文献的景氏贵族外，铜器铭文和竹简材料中也有楚景氏的零星记录。

景孙旃也鬲和景孙不服壶。景孙也（字不服），见于景孙旃也鬲（《铭图》03036）、景孙不服壶（《铭图》12381）。2005年5月至2006年6月，河南文物考古研究所在上蔡县郭庄发掘两座东周楚墓及周代遗址，出土了一批重要铜器。郭庄1号墓铜鬲内底铸铭13行40字，壶铭5行21字，两铭对读，可证器主名旃也，字不服，属楚景氏。旃也，疑读为旃它。《说文·从部》："旃，错革画鸟其上，所以进士

① 参见诸祖耿：《战国策集注汇考》之《燕乏》"齐、韩、魏共攻燕"章，江苏古籍出版社1985年，第1635页注[1]。
② 梁玉绳：《人表考》，载《史记汉书诸表订补十种》，中华书局1982年，第810—811页。

众。"《尔雅·释天》："错革鸟曰旟。"《说文·它部》："它,虫也。从虫而长,象冤曲垂尾形。"旟它,合指卷舒之车旗。不服,读作丕服。服,亦可指车旗等器服,如《周礼·春官·都宗人》："正都礼,与其服。"郑玄注："服,谓衣服及宫室车旗。"旟也与不服,名、字互文,均与车旗相关。景孙旟也鬲、景孙不服壶的年代,吴镇烽定在春秋晚期。[①] 器主自称景孙,显系景平王后,然不以王孙或公孙自居,表明其辈次可能在王孙以下,晚于楚平王之孙公孙宁、公孙朝、王孙胜等。景孙旟也活动年代大概在春秋战国之交或战国早期,属于楚平王的曾孙辈。郭庄1号墓为甲字形竖穴土坑墓,墓室长25米,宽17米,重棺,墓向朝东,出土铜鼎12(升鼎5)、方座簠4、鬲5、方壶2、圆壶1、浴缶1等,最大圆鼎重150千克,所出有铭铜器除景孙器外,还有陈宣公之孙有儿簠(《铭图》05166)。楚王孙、曾侯与、许公等有铭铜器,显示出墓主的尊贵身份。综合墓葬规模、随葬品及铜器铭文等材料判断,景孙旟也很可能是郭庄1号墓墓主,年代在春战之际或战国早期前段。

景畏矛。景畏,见于景畏矛(《铭图》17695)。[②] 2006年,湖南张家界市且住岗野猫沟战国墓出土一件窄叶双钮矛,其左叶铸1行12字铭文,该矛年代,吴镇烽定在战国早期。[③] 若此,则矛主景畏大约是战国早期人。

景之贾,见于清华简《系年》第二十三章(简128),约楚简王、声王、悼王时人,稍晚于析君墨肩。据《系年》记载,楚悼王即位后,郑国侵榆关,楚人与之战于桂陵,景之贾阵亡。

景之,见于战国中期的燕客铜量(《集成》10373)、大市量(《近出

① 吴镇烽:《商周青铜器铭文暨图像集成》,上海古籍出版社2012年,第六卷第489页,第二十二卷第289页。
② 陈松长:《湖南张家界新出战国铜矛铭文考略》,《文物》2011年第9期。
③ 吴镇烽:《商周青铜器铭文暨图像集成》(第三十三卷),上海古籍出版社2012年,第131页。

二》0987），^① 相继担任罗工佐(燕客铜量)、丁佐(大市量)，管理罗县(地望约在今湖南湘阴市河市乡)及楚国的手工业。

景之粜鼎，1997年湖北宜城市鄢城办事处跑马堤墓地M43出土。该墓出土同样形制的无铭铜鼎1、敦1、圆壶2、铜盘1、铜匜1等。^②两件景之粜鼎形制相近，均为子母口，隆盖，盖中为铺首环，周有三只侧卧之牛形纽，环耳内收，敛口，扁圆腹有棱，蹄足细高，通体素净。^③ 内腹有2行6字铭文(其中1件盖内亦同铭)："競(景)之粜之少(小)鼎。"景之粜鼎牛形钮、扁圆腹、细高足的作风，与藤店M1出土的2件鼎、寿县楚幽王墓出土同类鼎相似，^④ 比四川新都战国墓出土的5件鼎(其中一件为邵之飤鼎)形态略晚。^⑤ 器主景之粜大概是战国晚期的下层贵族。

襄城公景雎，见于江苏连云港市博物馆征集的向寿戈(《新收》1285)。据有铭铜器的定名习惯，应改称景雎戈。戈铭2行11字(合文1)："向寿之岁，襄城公競(景)雎所造。"据黄盛璋对战国时期襄城地理沿革及归属的考证，^⑥ 景雎担任襄城公当在战国晚期。

包山简记载有九位以景为氏者。简180景贾，领有"州加公"，政治地位较高。包山简131汤公景军，担任汤县县公。包山简155"方鄢左司马競(景)庆"、简81宫司马競(景)丁，分别担任鄢县的左司马、

① 周世荣：《楚邢客铜量铭文试释》，《江汉考古》1987年第2期。

② 宜城市博物馆编《楚风汉韵——宜城地区出土楚汉文物陈列》，文物出版社2011年，第47—50页。

③ 关于该墓葬的发掘时间、两件铭文鼎的耳部、口部形态及铭文位置，承宜城市博物馆詹世清告知，并赠送笔者多张器物照片。特此致谢。

④ 荆州地区博物馆：《湖北江陵藤店一号墓发掘简报》，《文物》1973年第9期；刘节：《寿县所出楚器考释》，载《古史考存》，人民出版社1958年，第126—128页。

⑤ 四川省博物馆、新都县文物管理所：《四川新都战国木椁墓》，《文物》1981年第6期。

⑥ 黄盛璋：《连云港楚墓出土襄城公競尹戈铭文考释及其历史地理问题》，《考古》1998年第3期。

宫司马。简 118 竞(景)劼，为郏昜，即汉晋弋阳县，约在今河南潢川县①地方官员。包山简 110 鄩连嚣景愄(简 118 作"景快")疑即文献所见楚顷襄王时期的将军景快，此时担任鄩县的地方官员。鄩县地望，有河南新蔡、南阳、永城、安徽太和等说法，当以新蔡说为是。② 包山简 163 有下蔡人景履，③ 未言官职，地位较低。包山简 90 有景得，简文说他向当地司法部门诉讼絑丘南里人杀其兄，则其居所应去絑丘南里不远(絑丘在今安徽太和北或河南新蔡北④)。包山简 187 景驼，仅存其名。景训。《古玺汇编》0275 有竞训，《古玺汇编》3130—3132 又有竞训。训通训，或系同一人，时代不详。⑤

李义芳指出，据《战国策·楚策》，景氏有景舍、景翠、景鲤、景差。《包山楚简》所见景氏共计 10 人，其中，竞(景)丁官为"邑司马"，竞(景)快官为边嚣(敖)，"汤公"竞(景)军可以直接向左尹和楚王呈报案情，竞(景)庆为鄩地的左司马，竞(景)贾有属官"州加公"，说明他们的官爵或地位不低。⑥

第十七节　楚平王述评

《史记》称平王初立，"施惠百姓"，"存恤国中"，《传》亦称"简兵""息民"，五年后战。平，懦王也，志存靖国，然而疆场屡警，烽

---

①　徐少华：《包山楚简释地六则》，载《简帛研究二〇〇一》，广西师范大学出版社 2001 年，第 38、39 页。

②　徐少华：《包山楚简释地十则》，《文物》1996 年第 12 期。

③　履字原释作从领从土字，今从刘信芳改，参《包山楚简解诂》，台北，艺文印书馆，2003 年，第 169 页。

④　石泉主编《楚国历史文化辞典》，武汉大学出版社 1996 年，第 497 页；颜世铉：《包山楚简地名研究》，台湾大学硕士学位论文，1996 年，第 201 页。

⑤　田成方：《东周时期楚国宗族研究》，科学出版社 2016 年，第 110—116 页。

⑥　李义芳：《春秋战国时期楚国的社会流动及评价》，《苏州教育学院学报》2011 年第 5 期。

燧时闻，即欲息民，何自而息耶？城郏、城城父、城州来、城郢、城州屈、城丘皇，凡以保兹疆域者，绸缪恐后，虽然乱生于外者可御，乱生于内者难图。平王密迩谗间，丧厥大子，并诛伍奢，而考厥所由，则无异《卫风》之刺《新台》赋《乘舟》也，败性灭伦，视灵王而加秽焉，幸而令终，保无患乎。[1]

"平王，本名弃疾，更名居，共王子，灵王弟。鲁昭公十四年立，在位十三年，谥曰'平'。"[2]

《史记·楚世家》："弃疾以乱立，嬖淫秦女，甚乎哉，几再亡国。"

熊居，春秋时楚国君。即楚平王。芈姓，原名弃疾，即位后改名居。楚共王少子，楚灵王弟。公元前528—前516年在位。灵王灭蔡后，弃疾为蔡公，不久兼领陈县，主掌方城外军政大权。楚灵王十二年，原蔡、陈遗臣亟欲复国，促使弃疾起事。弃疾等趁灵王东驻乾溪之隙，率陈、蔡、不羹、许、叶之师及蔿、许、蔡、蔓等群丧职之族入郢，杀灵王二子，立其兄公子比为王，公子黑肱为令尹，弃疾为司马。灵王自缢于返郢途中。弃疾利用朝野混乱之机，诱使公子比、公子黑肱自杀，夺得君位。即位后，复封陈、蔡，使灵王内徙的诸国迁返故地，以外和于诸侯。同时，奖赏有功之人，举拔丧职之族，赦免原曾跟从灵王的旧臣，稳定内部。次年，命然丹、屈罢检阅、整顿楚师，赈济穷困，收养流民，宽免孤寡者的赋税，并宣布5年不用兵，使民休息。但不到3年，就出兵蛮氏，随后又以舟师伐濮。又将许国西迁于析，迁阴戎于下阴，城郏、巢、卷、州屈、丘皇，民人不安其居。原定太子建与秦女成婚，秦女入楚后却自娶为妻。加之宠信佞臣，偏信谗言，致使太子建出走。又杀太子师伍奢及其长子伍尚，逼使伍奢次子伍员奔吴。此后，因伍员竭力为吴谋划侵楚，楚师东累于吴，

---

① 马骕：《左传事纬》，齐鲁书社1992年，第465页。
② 王贵民、杨志清：《春秋会要》，中华书局2009年，第16页。

几全力奔波于东境。①

平王其人心术不正，但他能保持清醒的头脑，装扮良好的形象。……平王确实比灵王聪明得多。在任何情况下，他都掌握着稳定的多数。他密切地注视着臣僚，对危险的征兆极为敏感，既不能容忍骄横跋扈的权臣，也不能容忍才高望重的贤臣，一旦出现了，就必欲除之而后快。由此，在平王统治下，杰出的人才都湮没绝灭或远走高飞了②。

平王在位期间，贪黩公行成为一种痼疾。贵族都明白，贪黩是无妨的，只要不冒犯平王就万事大吉。平王自己是贪黩的表率，比灵王有过之而无不及。《新语·无为篇》说："楚平王奢侈纵恣。"《左传》昭公十九年记居官清正的沈尹戌说："吾闻抚民者，节用于内而树德于外，民乐其性，而无寇雠。今宫室无量，民人日骇，劳罢死转，忘寝与食，非抚之也。"这时，距平王即位不过六年。但平王对外务相安，不喜轻启边衅，这却与灵王截然相反。对楚国的民众来说，劳苦虽则依旧，和平毕竟还能使他们得到一点安宁。

楚平王即公子弃疾，即位后名熊居（？—公元前516年），与楚灵王皆为共王之子，康王之弟。公元前528年即位，在位13年。楚平王因楚灵王的虐政引起国内动乱而率陈蔡之师破郢，取灵王而代之。平王即位之初，曾施行了一些革弊兴国的政策，但他不久即昏妄，重用佞臣费无忌，娶太子建之妻秦女，轻信费无忌编造的太子建谋权的谗言，株连重臣伍奢父子、逼伍子胥奔吴，使楚内乱以后刚趋稳定的政局又被破坏，埋下了日后吴师破郢、伍子胥鞭平王尸的祸根。楚平王在位13年，楚国政治黑暗的两个重要表现是嫉贤害能的"费无忌现象"及由此而产生的"人材外流"现象，这既是楚为吴所败的原因，也

①　石泉主编《楚国历史文化辞典》，武汉大学出版社1996年，第476页。
②　张正明：《楚史》，湖北教育出版社1995年，第214—217页。

是楚以后终至亡国的重要原因。①

可以发现，《平王问郑寿》中的平王，也是一位重祀典，关心自己邦家未来，而且可能还作出了改革的君主，如简文云"君王所改多多［6］"。②

涛平论曰：

处乱不惊公子弃疾，安心甘为灵王小弟，同为康王庶出之子，排行最末最有心计。任职蔡公纳蔡女，乘乱浑水能摸鱼，谣言致使二兄死，兄终弟及终为主。继位之初施新政，息民数年未含糊。首行封君收人心，陈、蔡复国再迁许。司马子鱼勇争先，长岸之战楚胜吴。舟师南下竟伐濮，拓境南疆增版图。

惜乎喜听谗言，处事荒唐，贪色霸媳，道德沦丧。遣太子戍边妄疑谋反，遭伍奢质问株连伍尚。太子建逃郑多悲愤，伍子胥奔吴实无奈。楚才吴用埋隐患，鸡父之战失州来。巡视边境何必前呼后拥，巢邑、钟离俱失楚门洞开。与吴争战无休止，防不胜防百事衰。

① 李德尧：《论楚平王》，《荆州师专学报》(社会科学版) 1998 年第 1 期。
② 杨博：《战国楚竹书史学价值探研》，上海古籍出版社 2019 年，第 186 页。

第 二 十 章

楚昭王失国及复兴

第一节　争执中楚昭王继位及吴为夺州来向周天子告劳（昭王元年）

楚平王去世，楚国的君位继承成了老大难的问题。

按照楚国的君位继承制度，正常情况下，嫡长子继承，没有嫡长子，从庶出的儿子中按年纪顺序继承。楚康王死后，便是这样做的，楚康王的父亲楚共王没有嫡长子，在五个庶出的儿子中采取"当璧拜钮"的方法，由神意决定，结果还是由长子康王继承王位，以后基本上是兄弟排排坐，老二公子围，是为楚灵王，老三、老四在楚灵王死前的乱局中自杀，老五公子弃疾继位，是为楚平王，待到楚平王去世，这一轮的兄终弟及终于走到了尽头。另外，楚平王生前确立的太子建，后因平王娶秦女，太子建及其母俱失宠，太子建出奔，后被郑人所杀，此后未立太子，故楚国的君位继承，这时到了十字路口。关键时刻，时任令尹掌握立嗣大权。《左传》昭公二十六年：

> 九月，楚平王卒，令尹子常欲立子西，曰："大子壬弱，其母非适也，王子建实聘之。子西长而好善。立长则顺，建善则治。王顺、国治，可不务乎？"子西怒曰："是乱国而恶君王也。国有外援，不可渎也。王有适嗣，不可乱也。败亲、速仇、乱嗣不祥，我受其名。赂吾以天下，吾滋不从也。楚国何为？必杀令尹！"令尹惧，乃立昭王。

令尹子常是在令尹阳匄（子瑕）抱病参加长岸之战去世后被任命的。子常作为令尹，独揽大权，提议立子西为王，理由是平王所娶秦女生下的太子壬，年幼不堪任事，其母秦女，本为太子建所娶，被平王霸占，名分不正，身份不合适，在平王庶出的兄弟中，子西年纪最大，品行最佳，"长而好善"，威信高，能力强，堪当治理楚国的大任。这个理由冠冕堂皇，旁人很难反对。谁知被提名为王的子西执意不从，竟然发怒，坚决主张立秦女所生的太子壬，认为太子壬最适合继承王位，令尹子常的建议是给楚国制造混乱，败坏平王的名声，如果接受，将败坏了自己的名声，决不能答应。这个建议使楚国处于危机关头，必须杀掉令尹子常！子西的愤怒，震慑了楚国的朝堂，令尹子常见子西大义凛然，并不领情，不敢坚持，顺水推舟，同意秦女所生的太子壬继承王位。楚国难产的王位继承就此尘埃落定。至此，楚国实行了多年的兄终弟及制，又恢复到正常的父死子继制了。

楚昭王继位，相应文献均有记载：《国语·楚语下》："昭王问于观射父"，韦昭注："楚平王之子、昭王熊轸。"珍、轸音近相通。《史记·楚世家》："十三年，平王卒……。乃立太子珍，是为昭王。"清华简《系年》十九章："景平王即世，昭［王］即立。"

楚昭王熊珍继位时，年龄幼小。张正明认为不满 10 岁[1]，田成方认为不足 6 岁[2]。楚昭王熊珍年纪虽小，却很有作为，从继位时起，就成功地担负起楚王应有的职责，经历无数的艰难曲折，让楚国浴火重生。

楚昭王熊珍继位之年，楚国的老对手吴国有一个向周王朝"告劳"的惊人举动，让楚国蒙羞。

上博简《吴命》篇的面世，使吴国为夺得楚国的州来重镇而向周天子告劳之事为世人所知。

《吴命》，见于马承源主编《上海博物馆藏战国楚竹书》（七），竹简残损严重，编连和释读有很大难度。曹锦炎进行了最初的整理，在其基础上，迭经专家补充研究，简文大致通顺可读：

---

① 张正明：《楚史》，湖北教育出版社 1995 年，第 223 页。
② 田成方：《东周时期楚国宗族研究》，科学出版社 2016 年，第 133 页。

君之顺之，则君之志也。两君之弗顺，敢不丧道以告？吴请成于楚。昔上天不衷，降祸于我二邑，非疾瘟焉加之，而殄绝我二邑之好。先人有言曰："马将走，或动之，速殃。"州来告曰：……

州来，孤使一介使亲于郊逆，劳其大夫，且请其行。荆为不道，谓余曰：汝周之孽子……

孤居褓褓之中，亦唯君是望。君而或言，若是，此则社稷……

有轩冕之赏，或有斧钺之威。以此前后之，犹不能以牧民，而反至于相悻也，岂不左哉！

敢居我江滨曰：余必亡尔社稷，以广东海之表。天□其中，卑周先王俌……①

残存简文的内容，是说楚国要强行进入州来，其使臣蛮横地说："……君之顺之，则君之志也。两君之弗顺，敢不丧道以告？"意思是说，楚国曾向吴提出某项要求(可能是要求吴国撤出州来)，令吴国顺从，若不顺从，楚国就要"丧道以告"。面对楚的蛮横，吴国采取了先礼后兵的策略，主动要求吴楚双方不要兵戎相见，所以"请成于楚"。简文所述吴向楚"请成"的话就是"昔上天不衷，降祸于我二邑，非疾瘟焉加之，而殄绝我二邑之好"。意思是说过去上天降祸于吴楚两国，使我们两国兵戎相见，并不是因为吴国有了什么过错才"殄绝"了两国的友好关系，言外之意是说吴楚兵戎相见的责任完全是楚国所造成的。下面的话是吴使臣向周天子所说的楚国强悍无礼的表现。吴使臣用"先人之言"形容悍楚。吴使臣谓，楚国当时就像一匹在都城大道上发疯的马匹。这时候，路上的人只能避让，而不要去冲撞它。如果冲

---

① 程义：《吴国史新证：出土文献视野下的〈吴太伯世家〉》，上海古籍出版社2022年，第154页。

1544

撞它，就会招致祸殃（"速殃"）。就是说吴国采取了对楚暂时避让的态度，做到了礼在兵先，不去阻挡楚国进入州来的这匹"疯马"。所以当楚悍然进入州来的时候，吴首先采取礼让的态度，派使臣代表吴王亲自到桃这个地方迎接并慰劳楚大夫。并且多次交涉，让楚离开州来（"且请其行"），以不失两国之好。但是，楚国却悍行无忌（"荆为不道"），并且出言不逊，说吴国本是周之余孽，胆敢居住在我们楚国的长江之岸（"敢居我江完[滨]"），还扬言要灭掉吴国的社稷，以便扩大楚国的地盘到东海之滨。简文"天引（诱）其衷"，就意味着楚已经伏罪，实际上说这次州来之争中，吴国又取得了胜利。细绎简文意蕴，似可有这样的推断：简文所述这次州来之争，应当是州来本在吴国掌控之时候，而楚国又试图夺取它，最终却以失败告终。① 这段简文的后部分应当是吴国使臣向周天子告劳之辞。"告劳"，见于《国语·吴语》。据《吴语》记载，吴王夫差在著名的黄池之会以后，派吴大夫王孙苟"告劳于周"，韦注："劳，功也。"告劳，类似于西周春秋时期的"献捷"。《左传》襄公二十五年载，"郑子产献捷于晋"，杜注："献入陈之功，而不献其俘。""告劳"之礼，应当只是禀报功劳而不献俘献物。主要内容是诉说楚国的无礼，吴国的礼让与据理力争。

简文有两处值得注意，一是有关楚、吴"州来"之争，二是简文告劳周天子之辞中所涉的郊劳礼。

其一，州来是吴楚间地，二国曾在此争夺、拉锯，《系年》对此亦有反映。《汉书·地理志上》沛郡下蔡县下自注云："故州来国，为楚所灭，后吴取之，至夫差迁昭侯于此。后四世侯齐竟为楚所灭。"简文或是说楚伐州来，所以下文接着说"孤使一介使"如何如何，② 如此则简文记述的是楚、吴关于州来之争的过程。

州来一地是春秋吴楚争霸的一个战略要地，日本学者竹添光鸿曾

---

① 曹锦炎：《〈吴命〉释文考释》，载马承源主编《上海博物馆藏战国楚竹书》（七），上海古籍出版社 2008 年，303—325 页。

② 陈伟：《读〈吴命〉札记》，载《新出楚简研读》，武汉大学出版社 2010 年，第 319 页。

指出："州来，近楚小国也。吴楚中间要害处。成七年吴人之，今又残毁之，乘楚之乱也。十九年传'楚城州来'，见吴之不能有也。州来在淮水北，翼蔽淮滨。南北朝梁、魏与后周、南唐为苦战之地。"[1]《左传》昭公十三年杜预注谓"州来，楚邑"，王夫之《春秋稗疏》："州来，书'入'，又书'灭'，则其为国无疑。而杜云'楚邑'，当系传言'楚子狩于州来'，谓是其邑耳。如楚子田于孟诸，孟诸岂亦楚邑乎？州来国小，服役于楚，游猎其地，唯其所为耳。《汉书·地理志》'下蔡，故州来国，在今寿州'，楚之东侵，疆域止于舒、蓼。未尝北至寿、颍，州来之亡，实亡于吴。若平王曰：'州来在吴，犹在楚也'，则言其国已灭，他日己取之为易耳，非州来之先已在楚也。若为楚邑，则已失之，何言'犹在'哉？"[2]王夫之所论甚辨，足可证明州来并非楚邑。因为州来处在控制淮河流域的关键位置，有"翼蔽淮滨"之势。吴国军队若溯淮而上，可以顺利到达的军队集散处就在这里，从州来再往上游则比较困难。

按整理者意见，当楚悍然进入州来的时候，吴首先采取礼让的态度，派使臣代表吴王亲自到桃这个地方迎接并慰劳楚大夫，并且多次交涉，让楚离开州来（"且请其行"），以不失两国之好。但是楚却悍行无忌（"荆为不道"），并且出言不逊，说吴国本是周之余孽。与《左传》对读，简文所说的"州来之争"似应发生在昭公二十四年，其时州来本是吴的附庸，而楚又试图夺取它，最终却以失败而告终，吴国取得了州来之争的决定性胜利。[3]

其二，慰劳来使的礼仪。《左传》中有关郊劳记载的实例有多处，如《左传》僖公三十三年"齐国庄子来聘，自郊劳至于赠贿，礼成而加

① 竹添光鸿：《左氏会笺》，巴蜀书社 2008 年，第 1867 页。
② 王夫之：《船山全书》，岳麓书社 1996 年，第 81—82 页。
③ 王青：《春秋后期吴楚争霸的一个焦点——从上博简〈吴命〉看"州来之争"》，《江汉论坛》2011 年第 2 期；《"命"与"语"：上博简〈吴命〉补释——兼论"命"的文体问题》，《史学集刊》2013 年第 4 期。

之以敏",杜预注曰:"迎来曰郊劳,送去曰赠贿。"孔颖达疏:"正义曰:《聘礼》:'宾至于近郊,君使卿朝服,用束帛劳。'及聘事皆毕,乃去,宾遂行,舍于郊,公使卿赠如觌币。是来有郊劳,去有赠贿也。"①《左传》昭公二年又有"叔弓聘于晋,报宣子也。晋侯使郊劳",杜预注曰:"聘礼,宾至近郊君使卿劳之。"②

将上述记载与《吴命》简文"使亲于郊逆,劳其大夫"合观,可知属于"宾礼"其中一种的"郊劳"礼仪的形式与过程:由所使方派人慰劳来使,其时为使者初至所使国近郊,其地为使者所休憩馆舍内,郊劳乃诸侯觐见天子及侯国邦交礼之前奏。楚竹书《吴命》的这段记载,或即印证了礼书中有关郊劳过程与形式的记录。

杨博归纳,上博竹书《吴命》此段简文的价值似在于:其一提供了吴楚州来之争后,吴人的外交说辞,其二印证了传世文献中有关"郊劳"礼的记载。③

为什么要在昭公二十七年(楚昭王元年),而不是在昭公二十三年(楚平王十年)吴收取州来以后才立即向周天子告劳呢?这是因为楚平王十年这个阶段正逢周王子朝的庶孽之乱。昭公二十六年(楚平王十三年,前516年)冬天,周敬王才在晋的帮助下平定了王子朝之乱,返回成周王城,这年"十二月癸未,王入于庄宫"。吴于此时"告劳",一是展示吴的实力,打败了楚国,把州来夺回。二是表示对于周天子的敬重。"尊王"虽然是春秋前期诸侯争霸的旗号,但在春秋后期吴楚争霸中,吴国依然力争再树"尊王"大旗。吴国此举,颇有楚成王继位之初主动尊周,力图得到周天子承认的意味。

楚昭王继位之年便发生吴国向周天子"告劳"之事,说明楚、吴之争,上升到一个新高度。吴国野心勃勃,妄图依照晋国与楚国争霸,"挟天子以令诸侯",楚、吴争雄,更加难解难分。

---

① 孔颖达:《春秋左传正义》卷一七僖公三十三年,中华书局1980年,第3979页。
② 孔颖达:《春秋左传正义》卷四二昭公二年,中华书局1980年,第4407页。
③ 杨博:《战国楚竹书史学价值探研》,上海古籍出版社2019年,第294—296页。

第二节　徙居媺郢(昭王二年)

清华简《楚居》：

> 至卲(昭)王自秦(乾)溪之上遆(徙)居媺(媺)郢……
> [12]①

这表明楚昭王一度到媺郢居住。

媺郢之地在湖北宜城郭家岗遗址。郭家岗遗址位于宜城蛮河西岸，地势较高，东与宜城楚皇城相距 12 公里。1990 年，武汉大学考古专业发掘了楚皇城以西 12 公里的郭家岗遗址，发现该遗址面积达 120 万平方米，有西周晚期、两周之际，春秋早、中、晚期，战国早、中、晚期的堆积。遗址可分为七期，第一期为西周晚期至两周之际，第二期为春秋早期，第三期为春秋中期，第四期为春秋晚期，第五期为战国早期，第六期为战国中期，第七期为战国晚期。② 发现有房址、灰坑、水井等遗迹。出土有石器、铁器、铜器和陶器。③ 徐少华根据楚皇城以西的南漳县武东乡东安乐堰出土的蔡侯朱之缶、宜城朱市乡出土的蔡大膳夫簠和鼎，认为春秋楚郢都可能就在附近。④ 尹弘兵指出："从年代上看，郭家岗遗址符合作为春秋楚郢都的条件。"⑤据此判

---

① 清华大学出土文献研究与保护中心编，李学勤主编《清华大学藏战国竹简》（壹），中西书局 2010 年，第 181 页。

② 王然、余西云、李福新：《湖北宜城郭家岗遗址发掘》，《考古学报》1997 年第 4 期。

③ 国家文物局主编《中国文物地图集·湖北分册》（下），西安地图出版社 2002 年，第 129 页。

④ 徐少华：《从南漳宜城出土的几批蔡器谈春秋楚郢都地望》，载《楚文化研究论集》（第 6 集），湖北教育出版社 2004 年。

⑤ 尹弘兵：《楚国都城与核心区探索》，湖北人民出版社 2009 年，第 245 页。

断，宜城郭家岗遗址是清华简《楚居》所记楚国的都城之一，是楚昭王来此居住过的行都媺郢。

第三节　吴奔袭楚潜邑，楚四路迎战，郤宛立功
（昭王元年）

楚昭王继位，立足未稳，老对手吴国虎视眈眈，时刻窥视，以求一逞。楚平王逝世，楚国大办丧事。春秋之际，列国有不成文规矩，不能趁国君去世而伐丧，否则便会遭到诸侯的谴责。吴王王僚急于再次打败楚国，不顾道义，执意乘丧伐楚。

吴王僚十二年，楚昭王元年，公元前515年，《左传》昭公二十七年：

> 吴子欲因楚丧而伐之，使公子掩馀、公子烛庸帅师围潜。使延州来季子聘于上国，遂聘于晋，以观诸侯。楚莠尹然、王尹麇帅师救潜，左司马沈尹戌帅都君子与王马之属以济师，与吴师遇于穷，令尹子常以舟师及沙汭而还。左尹郤宛、工尹寿帅师至于潜，吴师不能退。……吴公子光……遂弑王。……吴公子掩馀奔徐，公子烛庸奔钟吾。楚师闻吴乱而还。

吴王僚派出公子掩馀、公子烛庸，率吴国的主力，越过长江长途奔袭，包围了楚国的潜邑。潜，杜注曰：“楚邑，在庐江六县西南。”陈伟指出，汉晋六县在今安徽六安市北，则潜当在六安市与霍山县之间。[1] 潜邑是楚国东方的门户，吴国占领了潜邑，就相当于打开了楚国东方的大门，并踏入门内，在楚国的腹心捅上一刀，对于楚国至关重要。故王僚此举，妄图直击楚国的要害。

---

[1]　陈伟：《楚“东国”地理研究》，武汉大学出版社1992年，第70页。

王僚是借助晋国的扶持得以向楚国频频进攻。晋国内外交困，无力继续同楚国争霸，采纳楚亡臣申公巫臣联吴制楚的建议，主动与吴国缔结战略同盟，让吴国从侧后打击楚国，以牵制楚国势力的北上。吴王寿梦二年，公元前584年，晋景公派遣申公巫臣出使吴国，扶植吴国，借吴制楚。吴国地处南方水网地带，军事上多水战，陆战只有少量的步兵。巫臣给吴国带去兵车，并"教吴乘车，教之战阵"，这样一来，吴国开始拥有自己的车战兵团，兵种配置齐全，能够适应各种复杂的战场情况，从而逐渐抵消了楚国在兵种和战法上的固有优势。日渐强大起来的吴国，欣然接受晋国的主张，摆脱对楚国的盟属关系，积极动用武力，同楚国争夺淮河流域，逐渐成为楚国的强劲对手，吴王阖闾时，开始主动向楚发起袭击，拉开了吴、楚长期争战的帷幕。

吴国自寿梦开始，历经诸樊、馀祭、夷末（即馀昧）、王僚诸王，前后六十余年间，吴、楚两国先后爆发了十次较大规模的战争：州来之战、鸠兹之战、庸浦之战、舒鸠之战、夏汭之战、乾溪之战、长岸之战、鸡父之战、围阳之战、沙汭之战，这些战事大都是吴的进攻和楚的反进攻，以争夺淮河流域至长江北岸地区为重点。上述十次较大规模的战争中，吴军全胜六次，楚军全胜一次，双方互有胜负三次。吴国兵锋咄咄逼人，渐占上风。楚国日渐削弱。

吴王僚十二年奔袭楚国潜邑，实际上是想重现吴馀昧六年向楚灵王全面进攻，一度夺取楚棘、栎、麻三邑的辉煌。吴王僚派出两个公子率吴师奔袭楚国的潜邑，是从巢邑（今安徽巢湖市）出发，多半为舟师，从水路单兵突进，占领潜邑。显而易见，吴王僚这次是抱有侥幸心理，以为楚昭王年幼继位，楚国必然疏于防备，所以敢于再次孤军突进。可能是鉴于麻邑被楚收复后，重新加固，易守难攻，这次吴国两位公子率水师攻楚，将目标稍微调整为麻邑附近的潜邑。

不过，分析吴王僚进攻楚潜邑，调兵遣将上却有玄机。以往吴国进攻楚国，几乎都是派吴公子光打头阵，吴公子光英勇善战，多谋善断，在吴楚争战中，率兵屡建奇功，几乎是攻无不克，战无不胜。这次奔袭潜邑，孤军深入，危险极大，吴王僚却派出另外两个公子：公子掩馀和公子烛庸，是吴王僚的同母弟。这两位公子的临战经验肯定不如公子光，吴王僚却让公子光在吴都赋闲，无所事事。可见，吴王僚与公子光之间，已有嫌隙。

吴王僚老谋深算，派出两公子后，觉得还是需要晋国策应，考虑到季札在中原诸国的威望很高，特意派出此时正在镇守州来的季札，携带礼物，到晋国拜访，一方面观察晋国的态度，最低限度是争取晋国的支持，另一方面是尽力争取鼓动晋国同时攻楚，让楚国处于两面作战的境地。

吴国奔袭楚国的潜邑的前因后果，楚国了然于胸。楚国当然没有忘记楚灵王三年吴国突袭，占领楚国棘、栎、麻三邑的惨痛教训。楚令尹囊瓦经过一番紧张谋划，决定针锋相对，四路迎战。

第一路派出莠尹然、王尹麇，作为先头部队，领兵正面驰援潜邑。这一路从为郢（宜城楚皇城）出发，主要是车兵，沿传统的随枣走廊，穿过今信阳附近的"义阳三关"，翻越大别山，直达潜邑。这一路是援潜主力，声势浩大，吸引了吴师的主要注意力。一旦到达，守住潜邑，赶跑吴师是没有问题的。

第二路由左司马沈尹戌率领"都君子"（都邑亲兵）与"王马之属"（楚王亲兵），补充先头部队。这是令尹囊瓦担心吴国将会故技重施，从北面淮河中游的夏汭（今安徽怀远）向南压下来，重新占领棘地（今河南永城南），再向西南取栎（今河南新蔡北二十里），最后赶到潜邑，与占领潜邑的吴水师会合。令尹囊瓦的估计准确，这支楚师出发不久，便在穷地（今安徽霍邱西南）与南下的吴师相遇，成功阻击了吴军，让进攻潜邑的吴师失望。

第三路由令尹子常亲自率领舟师，赶至沙汭，即古沙水入淮处，在今安徽蒙城一带，挡住吴师屡次攻楚必从夏汭（今安徽怀远）出发的来路，让吴师无隙可乘。

第四路由左尹郤宛、工尹寿领兵，轻装急进，先行赶到潜邑，保卫潜邑，并截断吴军返回巢邑的后路。

不能不说，上述四路迎战，楚国的反应可谓神速，部署周密。这四路中，唯有由左尹郤宛、工尹寿率领的第四路，任务最为艰巨。这支部队必须抢在第一路大军之前，抄近路赶到潜邑，这就必须甩开大家习惯走的老路，不走信阳义阳三关穿过大别山，而是从为郢（宜城楚皇城）出发，由汉水顺流而下，进入长江，过彭蠡泽，绕过大别山脉，在楚国控制的舒鸠旧地一带登陆，水陆并进，直插潜邑。到达潜邑之后，一方面要配合潜邑守军守卫潜邑，抵挡吴国的两公子的进攻，另一方面还要阻挡吴师返回巢邑（今安徽巢湖市），面临两面作战的艰难处境，众寡悬殊，很有可能全军覆没，风险极大。这是一路奇兵，估计由左尹郤宛提出，唯恐令尹囊瓦不准，自告奋勇带私卒前往。囊瓦反复权衡，觉得郤宛有战略眼光，勇气可嘉，遂予批准。为稳妥起见，加派人马，另派工尹寿作为副将同行。

吴、楚争夺潜邑的大战次第展开，吴国公子掩馀、公子烛庸率领吴国的主力，由巢邑出发，深入楚境，因数年前攻占国楚国的麻邑（今安徽六安市），轻车熟路，很快到达潜邑，迅速组织猛攻。潜邑楚守军凭借城池，拼死抵抗，吴师一时难以攻下。潜邑的守军不敢大意，日夜巡守，盼望援军赶快到来。一天，突然从城头看见有楚师从东面杀来，吴师纷纷逃奔。守军大喜过望，很快知道这是由左尹郤宛、工尹寿率领的援军，守志愈坚。

楚国潜邑守军在城头，看到攻城的吴师，很快掉转枪头，转向进攻左尹郤宛、工尹寿率领的援军，一时间，潜邑城外，鼓声隆隆，杀声震天。潜邑守军屏息观战，唯恐吴师乘虚入城，不敢出城相救。到了夜晚，喊杀声渐渐消失。第二天，天色稍亮，潜邑守军在城头，放胆远望。只见郤宛率领的楚师，阵容齐整，犹如有神护体，岿然不动。此时，吴师既攻不下潜邑，又奈何不了郤宛来援的楚师，双方僵持，骑虎难下。

数天过去，正在僵持的时候，吴师突然得知北路援军在穷地（今安徽霍邱西南）被阻的消息，登时像泄了气的皮球，再也无力攻打潜邑。吴国公子掩馀、公子烛庸无心恋战，只想早日返回巢邑休整。谁知刚要溜走，又见郤宛的楚师，忽然变成长蛇阵，不容分说，拦住了去路。就这样，吴国的两公子被楚人断了归路，被阻在潜、穷之间，处于进退两难之中。很快，楚国的第一路援军，由莠尹然、王尹麇率领的援救潜邑先头部队，到达潜邑，与郤宛的楚师，在潜邑城外迅速将吴师团团包围。吴国公子掩馀、公子烛庸，已经陷于绝境之中。

在此千钧一发之际，吴国传来惊人消息，吴公子光发动了政变，杀死了吴王僚，夺取了王位，号为吴王阖闾。吴国公子掩馀、公子烛庸在闻知吴王僚被刺后，六神无主，仓皇逃窜，一直驻扎在潜邑城外的郤宛，挥师截杀，俘获甲兵无数。事后，吴国的这两位公子分别逃难。《左传》昭公二十七年："吴公子掩馀奔徐，公子烛庸奔钟吾，楚师闻吴乱而还。"吴师公子掩馀奔徐，公子烛庸奔钟吾，吴师自溃。潜邑之围遂解。

战后，楚昭王奖励有功人员，诸臣和潜邑的守军一致推举郤宛为首功。昭王特意召见郤宛，勉励有加，郤宛借机告诫昭王，潜邑是楚国东方防务堡垒，潜邑的得失，事关楚国的生死，今后吴国来犯，若从潜邑而来，可以直接穿过大别山，必致楚国于死地，万万不可掉以轻心。昭王连连点头，用心记下。以后凡事咨访，对郤宛十分敬重。不承想楚昭王对郤宛的器重，反而给郤宛招来杀身之祸，《左传》昭公二十七年："郤宛直而和，国人说之。鄢将师为右领，与费无极比而恶之。"费无极过去因嫉妒之心，向楚平王进谗言害死伍奢，逼走伍子胥，这次又生忌心，再次导致楚国自毁英才，几乎葬送楚国。

第四节　令尹囊瓦、费无忌逼死郤宛及
吴越结仇（昭王元年）

年幼的昭王，继位当朝理政。楚国的令尹缺位多时，平王时期令尹阳匄(子瑕)在鸡父之战中抱病出征,开战之前便因病去世,令尹一职空缺。昭王不知囊瓦的名声不好,听从大家推荐,任命囊瓦为令尹。囊瓦不是庸才,如保卫潜邑,指挥有方,但心胸狭隘,私心颇重。《左传》昭公二十七年记"令尹子常(囊瓦)贿而信谗",昭王年幼,大事都由囊瓦做主。在囊瓦的主持下,楚国的朝政黑暗且腐败。

春秋后期,诸侯争霸进行到尾声,楚、晋息兵,楚国需要全力应付吴国的进攻。偏在此时,朝堂之下,佞臣当道,太子少傅费无忌和令尹囊瓦,狼狈为奸,陷害忠良,干了不少祸国殃民的坏事。左尹郤宛(子恶)为人正直而温和,加上率兵救援潜邑,立下大功,深受国人爱戴。右领鄢将师和费无极心生忌恨,欲加害之却无从下手。

昭王元年(公元前515年),费无极施阴谋促使郤宛请子常饮酒,然后制造是非,挑拨离间。《左传》昭公二十七年载:

> 令尹子常(囊瓦)贿而信谗,无极谮郤宛焉,谓子常曰:"子恶欲饮子酒。"又谓子恶:"令尹欲饮酒于子氏。"子恶曰:"我贱人也,不足以辱令尹。令尹将必来辱,为惠已甚。吾无以酬之,若何?"无极曰:"令尹好甲兵,子出之,吾择焉。"取五甲五兵。曰:"置诸门,令尹至,必观之,而从以酬之。"及飨日,帷诸门左。无极谓令尹曰:"吾几祸子。子恶将为子不利,甲在门矣,子必无往。且此役也,吴可以得志,子恶取赂焉而还,又误群帅,使退其师,曰:'乘乱不祥。'吴乘我丧,我乘其乱,不亦可乎?"令尹使视郤氏,则有甲焉。不往,召鄢将师而告之。将师退,遂令攻郤氏,且燕之。子恶闻之,遂自杀也。

费无极(忌)利用令尹囊瓦(子常)喜欢受贿和听信谗言的弱点,两边挑唆。先是促成令尹到郤宛家饮酒,接着假惺惺劝郤宛在大门内放置铠甲和兵器作装饰品,迎接令尹的到来,随即煞有介事地向令尹告发郤宛将借饮酒刺杀令尹。令尹不信，派人暗中观察，果然发现郤宛门内有铠甲，大怒，随即下令攻打郤宛的府宅。郤宛无从辩解，当即自杀。这是费无极竭尽卑鄙之能事，致使郤宛蒙受不白之冤，饮恨自杀。《左传》昭公二十七年："令尹炮之，尽灭郤氏之族党，杀阳令终（中厩尹）与其弟完及佗，与晋陈及其子弟。"郤宛的亲属伯氏之族出逃，其中伯州犁之孙伯嚭逃到吴国，后来做了吴国的太宰。

郤宛自杀，楚国国人愤愤不平，在楚国举行例行的祭祀活动时，"进胙者（群臣）莫不谤令尹"，对令尹囊瓦怨声载道。《左传》昭公二十七年载：左司马沈尹戌当着令尹囊瓦的面指出，"夫无极，楚之谗人也，民莫不知。去朝吴，出蔡侯朱，丧大子建，杀连尹奢，屏王之耳目，使不聪明。"又陷害郤宛等人。"夫鄢将师矫子之命，以灭三族（郤氏、阳氏、晋陈氏）……今子（子常）爱谗以自危也。"沈尹戌痛诉费无忌的种种罪状，囊瓦方醒悟自己中了费无忌的奸计，这才与楚昭王合力，"杀费无极与鄢将师，尽灭其族，以说于国。谤言乃止。"囊瓦得以继续专权。

"郤宛之难"，在楚昭王刚继位之时发生，对年幼的楚昭王是个很好的教育。费无忌蓄意挑拨郤宛与囊瓦之间的关系，借囊瓦之手灭掉了郤氏、阳氏、晋陈氏，虽然伏诛，仍然造成了楚国的内乱，楚昭王痛心不已，无可奈何，却长了见识，遇事更有自己的主意。

郤宛之死，是楚国的巨大损失。楚国的潜邑，是楚国的东方门户，是吴国进攻楚国的捷径，对于楚国的极端重要性，就连颇有韬略的沈尹戌都未看出，这从沈尹戌在抵御吴师入郢时眼睛只盯着方城和汉水一线便可看出，只有郤宛等少数的有识之士，才看出潜邑的得失，事关楚国的生死，故不惜一切捍卫潜邑。设想如果郤宛未死，十年后，吴国无从取道潜邑，穿过大别山长途奔袭楚都为郢，楚国不至于遭受灭顶之灾。

吴国虽然把矛头指向楚国，但是在吴的南面还有一个越国。吴、越两个诸侯国相邻，有千丝万缕的联系。《吕氏春秋·知化》："夫吴之与越也，接土邻境，壤交道属，习俗同，言语通，我得其地能处之，得其民能使之；越于我亦然。"《越绝书》卷七记范蠡说："吴越二邦，同气共俗，地户之位，非吴则越。"吴、越两个诸侯国地域相接，语言相通。他们有许多经济文化的往来，但是为了经济利益和生存空间，又经常发生战争和冲突。吴、越两国都想把对方消灭、吞并，政治经济利益是吴、越矛盾的根本原因。伍子胥说得很精辟："夫吴之与越也，仇雠敌战之国也。三江环之，民无所移。有吴则无越，有越则无吴，将不可改于是矣。员闻之，陆人居陆，水人居水。夫上党之国，我攻而胜之，吾不能居其地，不能乘其车。夫越国，吾攻而胜之，吾能居其地，吾能乘其车。"(《国语·越语上》)可见吴视越为扩张领土的首取之地。

楚昭王继位的第二年，正是吴、越结仇表面化之时。此年吴王阖闾刚篡夺了王位，雄心勃勃，构建吴都时，公然宣称："欲东并大越。越在东南，故立蛇门以制敌国。"(《吴越春秋》卷四)无独有偶，越国君臣也有类似想法，越大夫范蠡说："吴、越二邦，同气共俗，地户之位，非吴则越。"两国民风习俗相同，地理位置又紧密相连，都要向外扩张，必然是势不两立。

越国深知吴国的危害，一直倚靠楚国，甘心作为楚国的属国，为楚国摇旗呐喊。在楚、吴争斗的关键时刻，毫不犹豫地支持楚国。公元前537年，楚灵王四年，楚与蔡、陈、许、顿、沈、徐、越伐吴，越大夫常寿过领兵深入楚国内地，与楚灵王相会于琐(今安徽霍邱东)。这是越与楚首次配合对吴作战。

当吴国有计划地进攻楚国的时候，楚国开始扶持吴国背后的越国，拉拢越国作为同盟，共同对付吴国。楚昭王时，为了扶持越国，派遣文臣武将以援助越国。楚国的贤能之士，或官方所派，或民间自流，源源不断地来到越国。楚大夫文种曾是楚国的宛(今河南南阳)令，当是此时楚国派到越国的贤臣。

范蠡是楚国宛地的布衣，是文种治下的子民。《史记正义》引《会稽典录》："范蠡，字少伯，越之上将军也。本是楚宛三户人，被发佯狂，倡佯负俗。文种为宛令……遣使奉谒。蠡默而不言。吏还曰：
'范蠡本国狂人，生有此病。'种笑曰：'吾闻士有贤俊之姿，必有佯狂
之讥；内怀独见之明，外有不知之毁，此固非二三子所知也。'驾车而
往，蠡避之。后知文种之必来谒，谓兄嫂曰：'今日有客，愿假衣
冠。'有顷，种至，抵掌而谈，旁人观者，耸听之矣。"

　　文种认为范蠡是个难得的人才。当文种来到越国后，他向越王允
常推荐了范蠡。范蠡也因此来到越国。然而允常还不能重用范蠡。
《越绝书》卷七载，当勾践即位之后，文种又向勾践推荐了范蠡，并
说："有高世之才，必有负世之累；有至智之明，必破众庶之议；成
大功者，不拘于俗；论大道者，不合于众，唯大王察之。"范蠡从此成
为越国的重臣。

　　范蠡向越王勾践推荐了楚国的善射者陈音。越王"乃使陈音教士
习射于北郊之外，三月，军士皆能用弓弩之巧"(《吴越春秋·句践阴
谋外传》)。李玉洁指出：楚国有意识地把贤能之士派到越国，教越以
先进的军事技术和作战技巧，扶持越国，其目的自然是为了拉拢越国
对付吴国，但是在客观上对越国的政治、经济、文化、军事力量的发
展起了重要作用。[①]

第五节　伍子胥助阖闾夺位，振兴吴国及
三路轮番袭楚(昭王四年)

　　春秋中期，吴国还是个地处长江下游的小国。与中原的晋和齐等
诸列国相比，无论是政治、经济、文化等方面，都是很落后的。《吴
越春秋·阖闾内传》载，吴王阖闾说："吾国僻远，顾在东南之地，险
阻润湿，又有江海之害。君无守御，民无所依，仓库不设，田畴不

---

①　李玉洁：《春秋楚国与吴越战争的关系探析》，载《楚文化研究论集》(第十二
　　集)，上海古籍出版社2017年，第387—388页。

垦。"《越绝书》："当此之时，上无明天子，下无贤方伯，诸侯力政，强者为君。南夷与北狄交争，中国不绝如线矣。臣弑君，子弑父，天下莫能禁止。"

伍子胥带着太子建的儿子胜，沿途历尽艰险，到了吴国。伍子胥至吴后，时值吴王僚当政。伍子胥通过结交公子光进入吴国上层。《史记·吴太伯世家》《吕氏春秋·首时》均记伍子胥在人引荐下两见公子光。伍员求吴公子光引见吴王僚，吴王僚未予重用。伍员只能耐心等待，靠躬耕为生。

伍子胥知光有谋位之心，便求得勇士专诸引荐给光。即所谓"阴纳贤士，欲以袭王僚"。

吴王僚派出同母弟长途奔袭楚国的潜邑，没有让公子光领兵出征，让公子光感到失落，隐隐觉得自己不被信任，篡夺王位之心更加迫切。"潜之战"，吴王僚派出领军袭潜的两个同母弟能力平庸，在楚国多路夹击下失败而归，吴国笼罩失败的气氛。《吴越春秋·王僚使公子光传》记载了吴公子光与伍子胥、专诸密谋刺杀王僚："十三年春，吴欲因楚葬而伐之，使公子盖馀、烛佣以兵围楚，使季札于晋，以观诸侯之变。楚发兵绝吴后，吴兵不得还，于是公子光心动。伍胥知光之见机也，乃说光曰：'今吴王伐楚，二弟将兵，未知吉凶，专诸之事于斯急矣。时不再来，不可失也。'于是公子见专诸曰：'今二弟伐楚，季子未还，当此之时，不求何获？时不可失，且光真王嗣也。'专诸曰：'僚可杀也，母老，子弱，弟伐楚，楚绝其后，方今吴外困于楚，内无骨鲠之臣，是无如我何也。'"

吴公子光认为"时不可失"，于是，迅速采取谋刺行动。《吴越春秋·王僚使公子光传》记：

> 四月，公子光伏甲士于窟室中，具酒而请王僚，……王僚乃被棠铁之甲三重，使兵卫陈于道，自宫门至于光家之门，阶席左右皆王僚之亲戚，使坐立侍皆操长戟交轵。酒酣，公

子光佯为足疾，入窟室裹足，使专诸置鱼肠剑炙鱼中进之。既至王僚前，专诸乃擘炙鱼，因推匕首，立载交轵，倚专诸胸；胸断臆开，匕首如故，以刺王僚，贯甲达背。王僚既死，左右共杀专诸，众士扰动，公子光伏其甲士，以攻僚众，尽灭之，遂自立，是为吴王阖闾也。

公子光在"窟室（地下室）"埋伏甲士而宴请吴王僚。王僚赴宴，卫队戒备森严。公子光无法下手，便让专诸进全炙鱼，光借故"足疾"避开，入于窟室。专诸置剑于鱼腹中，送到王僚面前，抽剑刺死王僚，王僚左右卫士杀专诸，公子光以窟室甲士攻杀王僚卫队。公子光夺得王位，号为吴王阖闾（或作阖庐）。

阖闾是个较有远见的政治家。他一上台，就想有所作为，伍子胥谋刺成功，功劳很大，便重用伍子胥，让伍子胥参与政事。《吴越春秋·阖闾内传》："阖闾元年，始任贤使能，施恩行惠，以仁义闻于诸侯。仁未施，恩未行，恐国人不就，诸侯不信，乃举伍子胥为行人，以客礼事之，而与谋国政。"《吴越春秋·王僚使公子光传》："（伍子胥）为人少好于文，长习于武。文治邦国，武定天下。执纲守戾，蒙垢受耻，虽宽不争，能成大事。"

不久，伍子胥受命执政，位同上卿，一心辅佐阖闾，振兴吴国。《吕氏春秋·首时》载："王子光代吴王僚为王，任子胥。子胥乃修法制，下贤良，选练士，习战斗。"《吕氏春秋·尊师》载阖闾以子胥为师。《吴越春秋·阖闾内传》："阖闾谓子胥曰：'寡人欲强国霸王，何由而可？'……子胥良久对曰：'臣闻治国之道，安君理民是其上者。'阖闾曰：'安君治民，其术奈何？'子胥曰：'凡欲安君治民，兴霸成王，从近制远者，必先立城郭，设守备，实仓廪，治兵库。斯则其术也。'阖闾曰：'善'。"《新书·耳痹》说，阖庐授伍子胥以吴国之政，"民保命而不失，岁时熟而不凶，五官公而不私，上下调而无尤，天下服而无御，四境静而无虞"。

江陵张家山出土的西汉早期的竹简，有一篇题名《盖庐》，记阖庐与伍子胥的问答之辞。从中可以看出，阖庐礼贤下士，励精图治，而伍子胥对治国、治民、治军都有独到的见解。睡虎地汉简 J106 载："……□曰：卫士卒诸侯执斧椊以下，无敢不听五。"J107 载："……□令而治国，不出三年，尽得吴国之众，吴因兴。"这些不见于《史记·伍子胥列传》，反映出伍子胥治理吴国颇见成效。

伍子胥助吴增强进攻和防御力量，设计建立都城城郭。《吴越春秋·阖闾内传》：阖闾"委计"于子胥，"乃使相土尝水，象天法地，造筑'大城'和'小城'"等。《越绝书·越绝外传记吴地传》记："吴大城，周四十七里二百一十步二尺。陆门八，其二有楼。水门八。……吴郭周六十八里六十步。吴小城，周十二里。其下广二丈七尺，高四丈七尺，门三，皆有楼。"可见其规模是很大的。在城内，尚有阖闾宫、东宫、西宫等宫殿，有仓库、兵库等设施，并有水陆道路通往各地。该书还载："吴古故陆道，出胥门，奏出土山，度灌邑，奏高颈，过犹山，奏太湖。随北顾以西，度阳下溪，过历山阳、龙尾西大决，通安湖。吴古故水道，出平门，上郭池入渎，出巢湖上历地，过梅亭入杨湖，出渔浦入大江奏广陵。"还有"百尺渎奏江，吴以达粮"。这样，吴都四通八达，形成长江下游政治、经济、文化的中心。

伍子胥辅佐阖闾的另一件大事是"相土作城"，即营建吴都，也叫作阖闾大城，姑苏城。传统认为姑苏城就是现在的苏州市，但随着无锡阖闾城和苏州木渎古城的发现，这一观点受到了挑战。无锡阖闾城据发掘人说，他们原本认为是越城，可不论。木渎古城位于苏州城西，发现五峰村北城墙和城壕遗迹、新蜂村南水门遗迹，以及东、西城墙遗迹等，出土遗物有原始瓷器、陶器等。初步推断北城墙修建于春秋晚期，南水门使用时期为春秋晚期。木渎古城应是一座春秋晚期具有都邑性质的城址。[1] 其形状约呈扇形，估计面积在 25 平方千米左右。

---

[1] 苏州古城联合考古队：《江苏苏州市木渎春秋城址》，《考古》2011 年第 7 期；苏州古城联合考古队：《苏州木渎古城 2011—2014 年考古报告》，《考古学报》2016 年第 2 期。

在太湖西北无锡滨湖区胡埭镇和常州武进区雪堰镇交界处有一座春秋时期的城址，经过长期多次勘察，勘察者认为这座古城址为伍子胥造筑的阖闾城。在这座古城址的北部，沿太湖的龙山山脊上分布着一连串石室土墩墓。这些石室土墩墓被一条"宽约 1 米，残高约 0.4~0.7 米"，以"土包石"形式建造的石城叠压。勘察者认为这些石室土墩墓年代为春秋早期至春秋中期；石城和城址同时，在春秋中期之后。①叶文宪认为："这座被称为'阖闾城'的春秋城址应该是'诸樊徙吴'时所建造的吴国都城遗址。"②

关于伍子胥主持建造的阖闾城的位置，学者间一直存在争议。多数学者认为位于太湖西北无锡滨湖区胡埭镇和常州武进区雪堰镇交界处的春秋时期古城址为阖闾城。然而，1989 年钱公麟在综合分析有关阖闾城的文献记载并结合今苏州市区西南郊的地形之后，提出阖闾城在今苏州市区西南郊木渎一带的山间盆地中的主张。③由于没有得到考古发掘证实，这一主张当时未能引起学者的关注。2000 年苏州市博物馆在灵岩山侧发现了总长绵延数千米的长条形土墩和长方形土墩，初步判断其为一处古代大型遗址，2001 年春对其中的 3 处长条形土墩进行了试掘，判断这是一座由小城、大城及郭城三重套叠组成的春秋晚期大型城址，指出其在年代、规模、形制各方面均与有关文献记载的吴大城基本吻合。④叶文宪也认为木渎春秋古城遗址应当就是阖闾

①　无锡市第三次全国文物普查办公室：《阖闾城遗址考古复查获重要成果》，《中国文物报》2008 年 10 月 31 日。
②　叶文宪：《吴越两国的冲突、吴越文化的交融与吴人越人的归宿》，载《东方考古》（第 6 集），科学出版社 2009 年，第 272—288 页。
③　钱公麟：《春秋时代吴大城位置新考》，《东南文化》1989 年第 C1 期。
④　张照根：《苏州春秋大型城址的调查与发掘》，《苏州铁道师范学院学报》（社会科学版）2002 年第 4 期。

时伍子胥所筑的吴国都城。① 张维明更是径称其就是吴王阖闾都城。②

为最终确定这一古城遗址的性质，2009 年秋至 2010 年秋，苏州古城联合考古队在苏州西部山区进行了大规模的考古调查和发掘工作，初步认定苏州西南部山区木渎、胥口一带山间盆地内存在一座具有都邑性质的春秋晚期大型城址。③ 张志鹏指出：现在看来，木渎春秋晚期古城遗址为吴王阖闾时期伍子胥所筑阖闾城是没有问题的。继吴王诸樊迁都到太湖西北无锡滨湖区胡埭镇和常州武进区雪堰镇交界处之后，吴王阖闾"把都城进一步从太湖西北迁到了太湖东北，从而完全控制了太湖北部地区"，接着向太湖南部地区推进，疆域扩展到太湖南岸一线。④

伍子胥兴建阖闾城时建有水门。吴楚多江河湖泊，在兴建城市时，有意利用周围的水资源为城市服务。楚国都城纪南城周长 15506 米，已发现三座水门，是迄今为止已知最早的城市水门设施，应是楚人的发明。⑤ 这些水门不仅有利于城市内的交通和城市防守，还有利于蓄水和泄水，是古人智慧的结晶，而吴国更是在楚国的基础上加以发展。吴都姑苏城就有八座水门，北面寒门、西面阖闾门、东面开明门、南面暑门、东北苍门、西北幽都门、东南阳门、西南白门。⑥

程义指出：目前木渎古城和苏州城的关系依然没有定论，如何处理木渎古城和苏州古城的关系成了一个急需解决的难题。⑦ 钱公麟认

① 叶文宪：《木渎春秋吴城遗址的发现及其意义》，《苏州铁道师范学院学报》(社会科学版) 2002 年第 2 期。
② 张维明：《吴王阖闾都城考——关于苏州木渎春秋古城遗址的讨论》，《苏州科技学院学报》(社会科学版) 2010 年第 3 期。
③ 苏州古城联合考古队：《江苏苏州市木渎春秋城址》，《考古》2011 年第 7 期。
④ 张志鹏：《吴越史新探》，河南大学博士学位论文，2012 年，第 106 页。
⑤ 湖北省博物馆：《楚都纪南城的勘查与发掘》，《考古学报》1982 年第 3 期。
⑥ 姬郁逸：《春秋时期姑苏城营建制度初探》，载江苏省吴文化研究会编《吴文化研究论文集》，中山大学出版社 1988 年。
⑦ 程义：《吴国史新证：出土文献视野下的〈吴太伯世家〉》，上海古籍出版社 2022 年，第 111 页。

为木渎古城即春秋吴大城，苏州城为秦汉会稽郡城。① 吴恩培又提出由"吴都"（吴大城）——苏州古城、春秋时吴国所建"离宫"——"木渎古城"及拱卫吴都的军事城堡——无锡"阖闾城"、昆山"南武城"等组成，由于目前无法确定三座吴大城的性质，因此形成了所谓的"三都并峙"的局面。② 吴恩培通过文献典籍和考古发现，坚持认为现在的苏州古城就是伍子胥所建吴大城，城墙为春秋时建，战国时修。③ 曲英杰从伍子胥来自楚国进一步推论，吴都姑苏和楚都纪南城有很大的相似性，这一视角非常值得注意，④ 因为对于都城这种大型的系统工程，若无一定的蓝本，仅凭想象是无法规划设计的。

伍子胥为了提高吴国军队战斗力，把孙武推荐给阖闾。《吴越春秋·阖闾内传》："（阖闾）召孙子，问以兵法，每陈一篇，王不知口之称善，其意大悦。问曰：'兵法宁可以小试耶？'孙子：'可。可小试于后宫之女。'王曰：'诺。'孙子曰：'得大王宠姬二人，以为军队长，各将一队。'令三百人皆被甲兜鍪、操剑盾而立，告以军法，随鼓进退，左右回旋，使知其禁。乃令曰：'一鼓皆振，二鼓操进，三鼓为战形。'于是宫女皆掩口而笑。""三令五申，其笑如故。"孙武大怒，"两目忽张，声如骇虎，发上冲冠，项旁绝缨，顾谓执法曰：取铁锧。"孙子曰："约束不明，申令不信，将之罪也。既以约束，三令五申，卒不却行，士之过也。"因此乃下令欲斩吴王二爱姬。虽然吴王反对斩其二爱姬，但孙武认为："臣既已受命为将，将法在军，君虽有令，臣不

---

① 钱公麟：《春秋时代吴大城位置新考》，《东南文化》1989 年第 1 期；《春秋时代吴大城位置再考——灵岩古城与苏州城》，《东南文化》2006 年第 5 期。

② 吴恩培：《春秋"吴都""三都并峙"现状与苏州古城历史文化地位的叙述——近三十年来有关苏州古城历史的争议述论兼及纪念苏州古城建城二千五百三十周年》，《苏州教育学院学报》2016 年第 1 期。

③ 吴恩培：《文献典籍、考古材料相互关系下的苏州古城样本——兼及苏州城墙及苏州古城春秋时建、战国时修的考古印证》，《苏州教育学院学报》2013 年第 1 期。

④ 曲英杰：《楚、吴、越三都城综论》，《东南文化》1992 年第 6 期。

受之。"坚决斩吴王宠姬。孙武再度进行训练，这次谁也不敢违令，"当左右进退，回旋规矩，不敢瞬目，二队寂然无敢顾者"。《史记·孙子吴越列传》则说："妇人前后跪起皆中规矩绳墨。"在这样严格的训练下，后宫弱女也可以成为"虽赴水火犹可"的骏士。由于赏罚分明，训练有素，结果"赏罚皆有充实，则民无不用矣"。(《吕氏春秋·用民》)

伍子胥报仇心切，千方百计鼓动阖闾进攻楚国。楚国在春秋之世为强大之国，吴以楚为敌，但是兵力不如楚。《左传》昭公三十年记伍子胥适时献三路轮番袭楚之策，说："楚执政众而乖，莫适任患(无一人能主持大计)。若为三师以肆焉，一师至，彼必皆出。彼出则归，彼归则出，楚必道敝。亟肆以罢之。多方以误之。既罢而后以三军继之，必大克之。""阖庐从之，楚于是乎始病。"(**见图 20-1：吴三路轮番袭楚示意图**)

王青评论：伍子胥使楚军疲于奔命的"三师"袭楚的战略，就是以州来为中心的多个进攻点的轮番使用。它保证了吴在战争中的战略主动地位。公元前 508 年，楚昭王八年，吴采用声东击西之计，把拱卫州来的巢夺回。为两年后的柏举大战完成了最后的战略准备。[1]

第六节　吴灭徐灭钟吾及楚安置徐君和吴二公子
(昭王四年)

吴公子光即位，是为吴王阖闾。消息传出，吴国震动，吴国实行多年的兄终弟及君位继承面临考验。

吴公子光，《史记·吴太伯世家》谓为吴王诸樊子，《世本》谓夷昧子，是寿梦之孙。吴王寿梦有四子，长子诸樊，次子馀祭，三子馀

---

[1]　王青：《春秋后期吴楚争霸的一个焦点——从上博简〈吴命〉看"州来之争"》，《江汉论坛》2011 年第 2 期。

昧，少子季札。寿梦欲传位季札，季札不肯接受。寿梦死后，按兄终弟及制，诸樊、馀祭、馀昧相继为王。馀昧死后王位轮到季札，季札"逃位"，结果馀昧子州于(《史记·吴太伯世家》《吴越春秋·吴寿梦传》谓为馀昧子，《春秋公羊传》襄公二十九年作夷昧庶兄)得到君位，号为吴王僚，时在楚平王三年(公元前 526 年)。吴公子光认为王位早就应该轮到自己了，自己是真"王嗣"，对王僚耿耿于怀。刺杀王僚后，公子光自立为王，潜在的王位竞争者就是季札和王僚的两个弟弟公子掩馀和公子烛庸。这三人的反应当然引人注目。其中，季札对此并不在意，淡然处之，《吴越春秋·王僚使公子光传》："(吴王僚之弟)季札使还，至吴，阖闾以位让，季札曰：'苟前君无废(祀)，社稷以奉，君也。吾谁怨乎？哀死待生，以俟天命，非我所乱。立者从之，是前人之道。'命哭僚墓，复位而待。"季札在吴国最孚人望，王僚的王位可以说是季札让出来的，故季札对阖闾完全没有威胁。但是，对于吴王僚的另外两个同母的弟弟公子掩馀和公子烛庸来说，就不同了。这两位公子素受王僚信任，党羽众多，对阖闾的威胁极大，他们视阖闾为篡位，随时都可以发难，夺回王位，故阖闾知道其中的利害，一定要杀死这两位吴公子，以绝后患。两位公子知道自身难保，赶紧分头逃难。《左传》昭公二十七年记："吴公子掩馀奔徐，公子烛庸奔钟吾。"阖闾不肯善罢甘休，跟踪追击，这一下，吴国的两个邻国徐国和钟吾国，由此遭到灭顶之灾。

因徐和钟吾纵令二公子奔楚，《左传》昭公三十年载，"吴子怒。冬十二月，吴子执钟吾子，遂伐徐，防山以水之。己卯，灭徐。徐子章禹断其发，携其夫人，以逆吴子。吴子唁而送之，使其迻臣从之，遂奔楚。楚沈尹戌帅师救徐，弗及，遂城夷，使徐子处之。"

周敬王八年，楚昭王四年，吴王阖闾三年，公元前 512 年，十二月，吴以其三分之一的兵力，北上伐钟吾，遂灭钟吾国。钟吾国在今江苏新沂南。《水经注·沭水》："其水西南流，径司吾山东，又径司吾县故城西，《春秋左传》：吴执钟吾子以为司吾县，王莽更之曰息吾也。”[①]

吴灭钟吾后，旋移军伐徐。徐国在今江苏泗洪县半城镇一带，[②]徐君章禹敛兵为守，以待楚救。阖闾见徐城坚固，攻打不易，又以楚军必将来救，必须于楚军未到达以前攻下徐城。于是采取水淹徐城之法，掘壕筑堤引水以灌徐城。徐君章禹知不能守，乃断发自刑，表示害怕，携夫人投降吴王。阖闾不再为难，灭掉徐国，让徐君带近臣及族人逃走。徐君章禹旋率其族潜逃奔楚。楚左司马沈尹戌奉命率兵救徐，迟了一步，吴军已灭徐。因而为徐君筑城于夷(今安徽亳州东南)以安顿徐之族人。

《左传》昭公三十年：“吴子使徐人执掩馀，使钟吾人执烛庸。二公子奔楚。楚子大封而定其徙，使监马尹大心逆吴公子，使居养。莠尹然、左司马沈尹戌城之，取于城父与胡田以与之，将以害吴也。”公元前512年，楚昭王四年，阖闾要求徐国引渡公子掩馀，要求钟吾引渡公子烛庸。二公子无奈，向楚国请求避难。楚监马尹大心奉命迎候二公子，把他们安置在养邑(在今河南沈丘)。“养”，杨伯峻注《左传》昭公三十年“养”云：“养当在今河南沈丘县今治南沈丘城之东，临安徽界首县界。”[③]莠尹然和左司马沈尹戌奉命监工，为吴二公子筑城，并从城父和胡邑割田以扩大吴二公子的封邑。可见吴二公子封地的构成，除有城邑外，可能还食有附近之“田”。这些田涉及“城父”与“胡”两个地方。

“城父”，从《左传》文来看，《左传》昭公九年、三十年之“城父”为同一地，即“夷”。“夷”本陈地，后为楚侵占。鲁僖公二十三年(前637年)秋，楚伐陈，遂取焦、夷，城顿而还。鲁襄公元年(前572年)夏五月，《左传》：“晋师自郑以鄫之师侵楚焦、夷及陈，晋侯、卫侯

① 《水经注校证》，郦道元注，陈桥驿校正，中华书局2013年，第616页。

② 陈伟：《楚“东国”地理研究》，武汉大学出版社1992年，第43—47页。

③ 杨伯峻：《春秋左传注》(修订本)，中华书局1990年，第1507页。

次于戚，以为之援。"鲁昭公三十一年(前511年)《左传》："秋，吴人侵楚，伐夷，侵潜、六。"《左传》僖公二十三年杜预注："夷，一名城父，今谯郡城父县。"《左传》昭公九年杜预注："此时改城父为夷，故《传》实之。城父县属谯郡。"两处的地望是一致的。汉晋谯郡城父(父城)即清代亳州东南七十里城父，[①] 在今安徽亳州市东南七十里处的城父镇。徐少华认为城父即夷，在养东北，"在今安徽亳县与涡阳之间"。[②]

"胡"，《春秋》昭公四年杜预注："胡国，汝阴县西北有胡城。"《太平寰宇记》卷一一："胡城在(汝阴)县西北二里，春秋时胡子之国也。"《舆地广记》卷九："汝阴县西北有胡城，故胡国。"《春秋大事表》卷六中"颍州府"条："新设府治阜阳县为春秋时胡国。"胡田在养东南，"即今阜阳市"。[③] 可见，所赐之地以养邑为中心，东北、东南均有加赐。

楚国将"养"地附近的"城父""胡"地的田地赐予来楚避难的吴国二位公子，这些封邑面临楚、吴交界处，楚国这样做的目的，"将以害吴"。即以吴叛臣制吴，有意加剧吴国对楚的仇恨。

令尹子西是个明白人，不同意加剧楚、吴之间的仇恨。《左传》昭公三十年，子西苦口婆心劝谏楚昭王："吴光新得国，而亲其民，视民如子，辛苦同之，将用之也。若好吴边疆，使柔服焉，犹惧其至。吾又强其仇以重怒之，无乃不可乎！吴，周之胄裔也，而弃在海滨，不与姬通。今而始大，比于诸华。光又甚文，将自同于先王。不知天将以为虐乎，使翦丧吴国而封大异姓乎？其抑亦将卒以祚矣乎？其终不远矣。我盍姑亿吾鬼神，而宁吾族姓，以待其归，将焉用自播扬焉？"

楚昭王当时年幼，对于令尹子西的劝谏，不以为然，史载"王弗

① 参见《五礼通考》卷二〇九"城父"条；《春秋地名考略》卷九"城父"条；《春秋地理考实》卷三"九年夷城父"条。
② 徐少华：《兼国铜器及其历史地理探析》，《考古学报》2008年第4期。
③ 杨伯峻：《春秋左传注》(修订本)，中华书局1990年，第1507页。

听"，任凭楚、吴之间的仇恨越结越深。十年以后，吴师入郢，楚国几乎灭亡，楚昭王痛定思痛，才有所感悟，可惜悔之晚矣。

楚封给前来投靠的吴公子掩馀和吴公子烛庸以大片赏田，被吴王阖闾视之为眼中钉、肉中刺，千方百计欲除之。阖闾加大了对楚攻击的力度，时间不长，吴国攻下了楚国的舒邑，顺势攻入二位吴公子的封邑。《史记·吴太伯世家》："三年，吴王阖庐(阖闾)与子胥、伯嚭将兵伐楚，拔舒，杀吴亡将二公子。光谋欲入郢，将军孙武曰：'民劳，未可，待之。'"就在吴灭徐和钟吾的同年，阖闾与伍员、孙武、伯嚭伐楚，奇兵突袭，一举拔舒，俘公子掩馀和公子烛庸，立即杀死。阖闾如愿以偿，心病彻底消除，高兴之余，头脑发热，问诸将可否乘势直捣郢都，孙武认为民众疲劳，不宜远征，尚需假以时日，方能深入楚境。阖闾听了，头脑迅速冷静下来，没有坚持。

第七节　吴楚争夺潜邑弦邑，吴始攻越及豫章胜楚，开胥溪(昭王四、五、六年)

阖闾能征善战，锐意进取，夺位以来，连续攻楚，连连得手。他非常欣赏伍子胥献的三路轮番攻楚之计，拉开架势，向楚国发动一波接一波的进攻。

公元前511年，阖闾四年，楚昭王五年，吴伐楚。《左传》昭公三十一年：

> 秋，吴人侵楚，伐夷，侵潜、六。楚沈尹戌帅师救潜，吴师还。楚师迁潜于南冈而还。吴师围弦。左司马戌、右司马稽帅师救弦，及豫章。吴师还。始用子胥之谋也。

吴国主动向楚国的夷、潜、六发动进攻。楚国严阵以待，分头迎击。吴国的进攻，分北线和南线。北线是夷，即城父，地在淮北。南线地在淮南与长江之间，其中潜（今安徽六安东霍邱北）、六（今安徽六安市）、南冈（今安徽霍山县城一带）①均在大别山之北。楚国迎战，以保卫潜邑为重点。四年前，吴王僚十二年，吴派出二位吴公子攻潜，遭郤宛救潜而断了归路，潜邑成了吴国的伤心之地。面对吴师的进攻，楚沈尹戌迅速率师救潜，不想吴师并不接仗，很快撤退了。沈尹戌找不着作战的对象。正在疑惑，南面又传来吴师进攻弦邑的消息。于是，左司马戌、右司马稽赶紧救弦邑，不料赶到豫章，吴师又不见了。可见，吴人出师，并不直接与楚师交战，而是进行骚扰，让楚疲于奔命。

弦，在今河南光山县仙居店北四十里一带，此时为楚邑。鲁僖公五年（前655年）秋八月，楚灭弦国。《左传》僖公五年："楚斗谷於菟灭弦，弦子奔黄。于是江、黄、道、柏方睦于齐，皆弦姻也。弦子恃之而不事楚，又不设备，故亡。"杜预注："弦国在弋阳轪县东南。"杨伯峻注："其故国当在今河南省潢川县西北，息县南。或云，即今河南光山县西北之仙居镇，汉之轪县也。"②其实，两说所指为同一地。闫孟莲经过综合分析相关文献指出："春秋时古弦国的中心地带应在今光山西部、北部和罗山东部一带，为汉代古轪县、西阳两县所在地，其都城当在今罗山东南部距今天光山仙居店东十里处。其北边是姬姓的息国，西北为嬴姓之江国，东边紧邻嬴姓的黄国。"③其结论大致可信。石泉据当时吴、楚围绕弦邑的用兵形势来看，认为《左传》昭公三十一年所载楚国弦邑并非弦国故地所在，当别有他地。④吴楚大战的一个要地是弦，包山楚简192有"想人武贵墨"，徐少华以为此想字即古弦国之专用字，其地望应在淮河上游南岸，楚期思县以西，不出

---

① 陈伟：《楚东国地理研究》，武汉大学出版社1992年，第69页。

② 杨伯峻：《春秋左传注》（修订本），中华书局1990年，第301、306—307页。

③ 闫孟莲：《弦国历史与地理论考》，《鸡西大学学报》2009年第4期。

④ 石泉：《从春秋吴师入郢之役看古代荆楚地理》，载《古代荆楚地理新探》，武汉大学出版社1988年。

今光山仙居镇近东地带。①

吴王阖闾连续攻楚，在淮北伐夷（城父），在淮南侵潜、六，围弦，但不与楚军正面交锋，目的在于疲楚，为大规模的伐楚战争作准备。赵炳清分析：吴师能深入楚境，到达潜、六，以至于弦，也可见楚东疆的防御已是门户洞开，钟离、州来等要地已经易手。②

吴王阖闾咄咄逼人，战线越拉越长。他发现越国总在帮助楚国，干脆连越国一起打。公元前510年，吴阖闾五年，楚昭王六年，吴国大举进犯越国，吴、越间的矛盾骤然激化。《左传》昭公三十二年载："夏，吴伐越，始用师于越也。"杜预注："自此之前，虽疆事小争，未尝用大兵。"此为吴、越间大规模武装冲突的开始，而其时正值越王允常执政时期。《吴越春秋》载，战争爆发时，允常责吴背信弃义："（阖闾）五年，吴王以越不从伐楚，南伐越。越王允常曰：'吴不信前日之盟，弃贡赐之国，而灭其交亲。'阖闾不然其言，遂伐，破檇李。"张志鹏指出：吴王阖庐此次伐越目的也在于为伐楚战争做准备，希望以武力威慑越国，使越在伐楚战争中不敢乘机袭吴，从而使吴国避免两线作战。③

吴国按照伍子胥的"三分疲楚"之谋，玩弄楚国的军队于股掌之上，让楚师疲于奔命。这样的状况维持了一年多，阖闾七年，楚昭王九年，吴国瞅准机会，又对楚狠狠一击。《左传》定公二年记载：

> 桐叛楚，吴子使舒鸠氏诱楚人，曰："以师临我，我伐桐，为我使之无忌（吴）。"秋，楚囊瓦伐吴，师于豫章。吴人见舟于豫章，而潜师于巢。冬十月，吴军楚师于豫章，败之，

① 徐少华：《荆楚历史地理与考古探研》，商务印书馆2010年，第208页。
② 赵炳清：《楚国疆域变迁之研究——以地缘政治为研究视角》，复旦大学博士学位论文，2013年，第149页。
③ 张志鹏：《吴越史新探》，河南大学博士学位论文，2012年，第102页。

遂围巢，克之，获楚公子繁。①

桐叛楚，引起吴、楚之间的战争。桐，杜注："小国，庐江舒县西南有桐乡。"在今安徽桐城县北，本楚属国，在吴人挑唆下叛楚。桐是一个小国，被楚灭，沦为楚的附庸。桐国北边有舒鸠氏（在今安徽舒城东南），为楚国所灭，也是楚国的属邑，暗中与吴国相通，吴使舒鸠以虚假的情报怂恿楚镇压桐国，与吴商定，假装助楚讨伐桐国，引诱楚人出动，以便吴国一举聚歼。囊瓦不知是计，当即大举讨伐桐国，不料舒鸠中途倒戈，吴国杀入，囊瓦没有防备，蒙受损失。囊瓦急于进攻吴国，赶往豫章，看见水边陈列了一些战船，囊瓦以为吴师的主力就在那里，挥军急进，以求决战，不料扑了个空。楚师不知吴师去向，行军中放松了戒备。此刻，吴师的主力一分为二，一部分埋伏在豫章附近。② 在淮南的舒与巢之间，吴师等待囊瓦经过大别山东麓，突然袭击，击溃楚师。吴师另一部分潜伏在楚巢邑（今安徽巢湖市）附近，在豫章（大别山东）伏击成功，立即进攻取楚国的巢邑，巢邑守将公子繁措手不及，城门未及关闭，吴兵蜂拥而入，楚公子繁被俘。[**见图 20-2：吴破楚军于豫章（大别山东）略图**]

吴师在豫章（大别山东）战役中，按照伍子胥的战略和战术，诱敌、误敌、疲敌、避实击虚，出其不意，挥洒自如，终于取得全面胜利。赵炳清指出：豫章之战，楚人败北，巢也失守，导致楚江淮间故群舒之地尽为吴所取，其东部疆域的东界向西收缩至约今安徽金寨、

---

① 杜预注：繁，守巢大夫。

② 豫章是南方屡见不鲜的地名，谭其骧主编《中国历史地图集》"春秋·楚吴越"图中概指大别山以北、以东的广大地区；《中国历代战争史》的介绍是"豫章山"，注明是"大别山"，见台湾三军大学：《中国历代战争史》（第1册），中信出版社2012年，第34页。

霍邱、涡阳一线。①

豫章(大别山东)战后，吴国已经全面控制了淮河中下游，并继续西进，其兵锋已经进逼楚国本土。喻宗汉认为："至吴师入郢时，吴船能直达蔡境，想必蔡境以东的淮河两岸已尽入吴手。楚东境的期思陂水利工程及农业生产基地，大约也已被吴人所掌握了。"②

吴国破楚师于豫章，楚国东方的防线全面崩塌，阖闾开始踌躇满志，催促伍子胥和孙武早日出兵，长途奔袭楚国的国都为郢。伍子胥与孙武还是认为不能盲动，进攻楚国的为郢条件并不成熟，其中最大的难题是如果倾巢而出，后勤补给陆路运输道路漫长，极易被楚国伏击，他们建议赶快开挖直通吴都到长江的河道，为攻入楚国的为郢(宜城楚皇城)进行充分准备。阖闾觉得他们说得有道理，下令动员吴国的百姓，加紧开挖运粮的水上通道。

由于水路运输比陆路运输快捷、省力，我国古代人民在很早以前就开始开挖运河以解决水路运输问题，过去，人们一般认为我国最早的运河是吴王夫差于公元前486年开凿的邗沟，它是京杭大运河的一段。现在，大量的考证表明，我国最早的运河应该是比邗沟还早20年的胥溪，距今已有两千五百多年。

吴为伐楚运粮专挖运河名叫胥溪。胥溪由苏州出发，通过太湖，经宜兴、高淳，穿过石臼湖，在芜湖注入长江，全长100多公里。这条人工运河的开挖，大大缩短了从苏州至安徽巢湖一带的路程。同时，由于胥溪沿途与太湖、石臼湖相沟通，水量充沛，水流稳定，给航运带来了很大方便。

胥溪是伍子胥受吴王阖闾之命开挖的，清代光绪年间修撰的《高淳县志》记载："胥河，吴王阖闾伐楚，伍员开之，以通粮道。"

---

① 赵炳清：《楚国疆域变迁之研究——以地缘政治为研究视角》，复旦大学博士学位论文，2013年，第147页。

② 喻宗汉：《吴师入郢之战有关问题探讨》，载《楚史论丛》(初集)，湖北人民出版社1984年，第93—121页。

第八节　由媺郢经鄂郢到楚都为郢
（昭王二至八年）

楚昭王继位初年的行踪，《楚居》有记：

> 至卲（昭）王自秦（乾）溪之上遷（徙）居媗郢（媺郢，媺
> 郢）遷（徙）居鄀郢（鄂郢，鄂郢）遷（徙）袠（袭）为郢。①

本章第二节"徙居媺郢"，介绍了年幼的楚昭王继位之初，徙居媺郢。媺郢在宣城郭家岗遗址，昭王居住时间较长，媺地遂被《楚居》记载为"媺郢"。

按照《楚居》所记，楚昭王在媺郢住了数年时间，到楚昭王五年，吴国大举西进，楚豫章（大别山东麓）战败，巢邑（今安徽巢湖市）失守，楚国东部国土大幅沦丧，潜邑（今安徽霍邱北）被反复争夺，楚、吴前线军情紧急，昭王不可能久居媺郢。正在此时，楚国的方城需要楚昭王亲临前线鼓舞士气，楚昭王来到离方城不远的鄂郢（今河南南阳一带）。

清华简《楚居》载楚昭王自媺郢徙居"鄂郢"。"鄂"，整理者释作"鄂"，认为即汉代西鄂县，在今河南南阳北，战国时成为封君之地。这与楚昭王五年吴师大幅度西侵的战局是相符的。有学者认为鄂郢在今湖北鄂州。王琥玺认为，联系到楚昭王北徙都郢的迁徙方向，我们认为鄂郢还是应在南阳北之西鄂为是，在今南阳市西鄂故城

---

① 清华大学出土文献研究与保护中心编，李学勤主编《清华大学藏战国竹简》（壹），中西书局2010年，第181页。

一带。①

　　楚昭王在鄀郢(南阳北)居住一段时间,便按照群臣复归国都的要求,回到为郢(宜城楚皇城)。可以说,楚昭王在继位之后,到回为郢之前,从十岁左右,到十五岁左右,已经从孩童长大为少年,可以处理国家大事了。楚昭王从秦溪之上到媺郢,再到鄀郢,正值孩童时期,都可以视作临时行为,并非长期定居,而离开鄀郢,返回为郢(宜城楚皇城)之时,年齿已长,可以当朝理事,履行楚王的职责了。故楚昭王返回为郢(宜城楚皇城),就是回到国都。

　　为郢(宜城楚皇城)是楚国历史上至关重要的都城。这是因为,导致楚国几乎亡国的吴师入郢之战,就是吴国攻进了为郢。楚昭王这次返回为郢,一直居住到吴师入郢之际,才仓促逃离,故在此必须再次强调,楚昭王战前定居之地在为郢,在宜城楚皇城,为郢就是吴师倾全国之师,长期谋划,精心筹备,千里奔袭,多路进攻的目标所在。将清楚为郢的来龙去脉,才可能理清春秋晚期的柏举之战

　　根据清华简《楚居》的记载,为郢在春秋早期,从楚文王开始,便成为楚国的国都。

　　　　至文王自疆浧遷(徙)居湫=郢=(湫郢,湫郢)遷(徙)居
　　燮=郢=(樊郢,樊郢)遷(徙)居为=郢=……②

　　对于《楚居》中的"为郢",清华简《楚居》整理者指出:"为郢,楚文王始居,此后成为楚之重要都邑,穆王、庄王、共王、康王、郏

---

① 王琢玺:《周代江汉地区城邑地理研究》,武汉大学博士学位论文,2019年,第100页。

② 清华大学出土文献研究与保护中心编,李学勤主编《清华大学藏战国竹简》(壹),中西书局2010年,第181页。

敖、灵王、昭王都曾居此郢。阖庐所破之郢即此。"①清华简《楚居》整理者的意见非常重要，确定为郢的位置，对于弄清楚国的历史，有着至关重要的意义，因为《楚居》所记历代楚王，迁都频繁，却以"为郢"作为都邑的频率最高。请看下表：

表 20-1：《楚居》载楚武王至楚惠王时期楚王所居都邑表

楚王名（在位时间，在位年数）	所居都邑
武王（前 740—前 690，在位 51 年）	宵—宎郢（疆浧）
文王（前 689—前 677，在位 13 年）	宎郢（疆浧）—湫郢—樊郢—为郢—宎郢（福丘）
堵敖艰（前 676—前 672，在位 5 年）	福丘—郜郢
成王（前 671—前 626，在位 46 年）	郜郢—湫郢—睽郢
穆王（前 625—前 614，在位 12 年）	睽郢—为郢
庄王（前 613—前 591，在位 23 年）	樊郢—同宫之北—烝之野—为郢
共王（前 590—前 560，在位 31 年）	为郢
康王（前 559—前 545，在位 15 年）	为郢
郏敖（前 544—前 541，在位 4 年）	为郢
灵王（前 540—前 529，在位 12 年）	为郢—秦溪之上
平王（前 528—前 516，在位 13 年）	秦溪之上
昭王（前 515—前 489，在位 27 年）	秦溪之上—媺郢—鄂郢—为郢—秦溪之上—媺郢
惠王（前 488—前 432，在位 57 年）	媺郢—为郢—湫郢—西漾—鄢郢—司吁

由上表可知，楚国从楚武王至楚昭王这 12 任楚王中，就有 8 任楚王曾居为郢。

---

① 清华大学出土文献研究与保护中心编，李学勤主编《清华大学藏战国竹简》（壹），中西书局 2010 年，第 188 页。

"为郢"作为楚都，从楚文王开始，时间最明确的要数春秋中晚期的楚共王、康王和郏敖三代楚王(楚君)，自公元前590到公元前541年，历时50年。而在此之前，楚文王、穆王和庄王都曾短暂地以此为都，约有20余年。楚共王之后的楚灵王、昭王和惠王，以"为郢"作为都城也有近30年。因此保守估算，"为郢"作为楚都的时间前后共计100年左右。自春秋早期到晚期，先后有9位楚王(楚君)以此为都，时间跨度大，历时久。尤以春秋中晚期的共、康和郏敖三世，长期稳定地定都"为郢"，未曾变动。到春秋晚期，清华简《楚居》记楚昭王自"鄂郢徙袭为郢。阖庐(闾)入郢，焉复徙居秦溪之上"。可以说，"为郢"是春秋中晚期重要的楚都。[**见图20-3：宜城楚皇城遗址平面图和图20-4：为郢(宜城楚皇城遗址)复原图**]

春秋晚期，汉水西岸的宜城一带，是楚国的腹心地区。楚昭王之所以继续以此为都，主要原因有三点：一是优越的地理环境。宜城地处开阔的襄宜平原一带，这里地势平坦、土壤肥沃，东、北两面是汉水，西、南临近鄢水(今蛮河)，河流交汇，水源充足。同时在襄宜平原的东、北两侧有大洪山为屏障，西面背靠茫茫荆山，三面环山，三面临水，形成天然屏障，可谓易守难攻。二是得天独厚的战略位置。襄宜地区北接南阳盆地，东临淮汝，南抵江汉，西依荆山，位于江、汉、淮三大流域的十字路口，是一处重要的交通枢纽。三是有良好的地缘政治环境。从当时的周边形势来看，楚国灭掉了南阳盆地申和吕两个强国，以及汉水北岸的邓等国，降服了随枣走廊强大的随国，宜城一带再无较大的国家或部族能够与楚国竞争，拥有绝对的优势。宜城楚皇城作为楚国的国都，是当之无愧的。

第九节　楚宗族囊氏，令尹囊瓦索贿引发唐蔡之怨(昭王九年)

楚昭王安居为郢(宜城楚皇城)，履行楚王的职责。少年楚昭王不得不完全依赖令尹囊瓦，处理一切政务。囊瓦作为令尹，集楚国的大权于一身，以囊瓦为宗族长的囊氏家族迅速膨胀、坐大。

囊氏是楚庄王之子、公子贞（字子囊）之后，以先祖之字为氏。公子贞在前568—前559年担任楚国令尹10年。时值两次弭兵大会间隙，晋、楚两个超级大国的霸主争夺白热化，令尹子囊先后率兵伐陈、伐郑、侵宋，力图控制这些中原国家。公元前559年，《左传》襄公十四年，子囊帅师伐吴，因轻敌而败于吴，还师后不久便死去。尽管如此，时人对子囊的评价依然相当高："子囊忠。君薨，不忘增其名，将死，不忘卫社稷，可不谓忠乎?"

子囊之子孙，保持了在楚国王室的主导地位。子囊之孙囊瓦，担任楚昭王时令尹，到公元前506年上，达14年之久。然而在处理内政方面，囊瓦不恤于民，《国语·楚语下》有"积货滋多，蓄怨滋厚"之语。对外方面，他贪得无厌，得罪蔡、唐等附庸诸侯，在与吴人的交锋中也多次吃败仗，故《左传》定公四年云："楚自昭王即位，无岁不有吴师。"公元前506年，吴、蔡、唐三国之师联兵伐楚。面对诸侯之师，子常求功心切，不执行沈尹戌前后夹击敌人的策略，抢先渡汉出击，导致兵败柏举，自己则逃亡郑国。"由于囊瓦的出奔，囊氏衰微，不复载于史籍。"①

囊瓦当政，楚国的腐败达到高峰，致使危机一步又一步地向楚国逼近。伍子胥和孙武一直想进攻楚国的郢都，为此窥视楚国的一举一动，急切地盼望找到楚国的突破口。从吴都到楚都，路途遥远，吴师最大的困难在于补给。他们虽有良将劲卒，但兵员比楚师少得多，为了打进楚国，必须出其不意，击其无备，长途奔袭，如果中途没有盟国支持，提供向导，军粮全靠后方输送，长途奔袭就将成为空想。因为囊瓦的贪财，使吴国意外得到蔡国和唐国两个盟国的支持，彻底解决了向导和中途军粮供应问题。《左传》定公三年：

---

① 田成方：《东周时期楚国宗族研究》，科学出版社2016年，第102—103页。

蔡昭侯为两佩与两裘以如楚，献一佩一裘于昭王。昭王服之，以享蔡侯。蔡侯亦服其一。子常（囊瓦）欲之，弗与，三年止之。唐成公如楚，有两肃爽马，子常欲之，弗与，亦三年止之。唐人或相与谋，请代先从者，许之。饮先从者酒，醉之，窃马而献之子常。子常归唐侯。……蔡人闻之，固请而献佩于子常。子常朝，见蔡侯之徒，命有司曰："蔡侯之久也，官不共也。明日礼不毕，将死。"蔡侯归，及汉，执玉而沉，曰："余所有济汉而南者，有若大川。"蔡侯如晋，以其子元与其大夫之子为质焉，而请伐楚。

蔡国和唐国都是楚国的附庸。蔡昭侯带有两件华贵的裘袍和两副精巧的玉佩，到为郢（宜城楚皇城）朝见楚昭王，一裘一佩献给楚昭王，剩下一裘一佩供自己穿戴。囊瓦向蔡昭侯表示对皮裘和玉佩极感兴趣，意在索取。蔡昭侯不给，囊瓦就不让蔡昭侯回国。到公元前507年，楚昭王九年，蔡昭侯已在郢都滞留三年，急不可耐。大致与蔡昭侯同时，唐成公也朝见楚昭王，带着两匹用以驾车的名为肃爽（骕骦）的骏马，囊瓦也向唐成公示意，让唐成公知道他对两匹骏马颇为欣赏。唐成公也不给，因此也不得回国，在郢都待了三年。昭王九年，公元前507年冬，唐人灌醉了唐成公的随从，窃马而献给子常，子常放了唐侯。蔡昭侯见唐成公如此，不得已，也交出一裘一佩，这才也得以脱身归国。过汉水时，蔡昭侯把一块玉璧投进水中，发誓不再南渡汉水再来朝楚。同年，蔡昭公亲自入晋，以儿子元和大夫之子为人质，请晋伐楚。晋、楚第二次弭兵之后，晋已无意与楚争霸，但晋因成功地平息了周室王子朝之乱，其霸主的形象在诸侯中又有了恢复。公元前509年，晋城成周时，又有大国齐及宋、鲁、卫、郑、曹等十国参加。于是，晋人便答应了蔡的请求，决定召集诸侯在召陵（今河南郾城东）会盟，发动多国共商讨伐楚国的大计。

1578

第十节　晋召陵之会及迁许，吴晋攻占不羹及攻入楚方城，晋抽身北伐中山国（昭王十年）

公元前506年，楚昭王十年，三月，晋定公令诸侯会于召陵（今河南郾城东）。到会的有晋定公、周刘文公、宋景公、鲁定公、蔡昭公、卫灵公、陈惠公、郑献公、许男、曹隐公及莒子、邾子、顿子、胡子、滕子、薛伯、杞伯、小邾子。在位已42年的齐景公虽因年老而未能到会，仍派其执政国夏赴盟。此会共17国诸侯，19个国家参加，大概是春秋参加会盟最多的一次。吴国阖闾没有参加，亦未派代表参加。已经深度陷入与楚国的争战之中的吴国，无暇参与，也无须参与。吴国与晋国早已达成默契。这从会后晋、吴迅速联手，攻占楚国的属邑东不羹和西不羹，就可以看出。

第二次楚、晋息兵盟会后，吴国迅速强盛，不遗余力地与楚厮杀。《左传》定公四年：“楚自昭王即位，无岁不有吴师。”楚原来的属国蔡、陈、许、顿、胡等国也转变立场而亲晋，参加了晋国主持的召陵之会。召陵之会的主要内容是“谋伐楚也”。晋应蔡的请求，树起伐楚的旗帜，重显霸主的威风。这次盟会晋国将周王朝推到前台，交由周王室的代表刘文公作召集人。《左传》定公四年：“四年春三月，刘文公合诸侯于召陵，谋伐楚也。”召陵会期间，有一个插曲，《左传》定公四年又记：“晋荀寅求货于蔡侯，弗得。言于范献子曰：‘国家方危，诸侯方贰，将以袭敌，不亦难乎！水潦方降，疾疟方起，中山不服，弃盟取怨，无损于楚，而失中山，不如辞蔡侯。吾自方城以来，楚未可以得志，只取勤焉。’乃辞蔡侯。”晋大臣荀寅借蔡有求于晋，乘机向蔡昭侯索贿。蔡昭侯因未行贿于楚令尹囊瓦受辱而叛楚求晋，现在当然不会向晋卿荀寅行贿，荀寅不满，私下对晋执政卿范献子建议“辞蔡侯”。然而这只能算是召陵之会的一个花絮，可能是晋执政卿范宣子并没有采纳荀寅的建议，晋国仍旧按原定计划做出向楚国出兵的决策，会同吴国，就近攻占楚国的东不羹和西不羹。召陵之会，是晋国作为霸主的最后一次大型诸侯之会。参加国之多，为晋史上空前绝后，从《左传》荀寅索贿未成的记载来看，似乎召陵之会晋国仅与诸侯会晤而后散去，蔡人请晋伐楚的计划彻底破灭。晋人自暴自弃，从此失去诸侯的信任。蔡昭侯失望至极，转而投靠吴国来伐楚。历来的研究者基本上都是这个结论，然而依据《左传》同年的其他记载，对召陵之会的这个负面评价应当改写。

许国的国君许男斯参加了晋国召开的召陵之会，表明许国背楚朝晋，成为晋国阵营的一员，这对于楚国来说是不可容忍的。在楚昭王之前的楚平王时期，累次迁徙的许国第五次被楚平王迁至析邑。楚第五次迁许，是在楚平王五年，许国被楚人从叶地迁至析地，纯粹是楚人出于防御秦国而牺牲许国的一次行动。《左传》昭公十八年："冬，楚子使王子胜迁许于析，实白羽。"析地当楚、秦交通之要冲，迁许至此，是让许人替楚把守着防御秦国进入江汉间的大门。秦国一向与晋国不和，楚、秦之间频繁往来，感情逐步升温，晋国召开讨伐楚国的召陵之会，秦国没有参加，横亘在楚、秦之间的许国，就显得非常不合时宜。许国的处境，《左传》缺载，清华简《系年》十八章透露："许人乱，许公[㐌]出奔晋，晋人罗（罹），城汝阳，居许公[㐌]于容城。"《系年》明言迁许于容城的不是楚人，而是晋人。联系到《春秋》定公四年记晋召陵之会三月召开，"四月……许迁于容城"，可见许人在析地发生动乱，遭到楚人的镇压，许公㐌逃奔晋国，参加伐楚的召陵之盟。晋人在汝水北岸一带筑城，并在六月将许安置在容城。容城，《读史方舆纪要》云："容城，或曰在叶县西。"[①]杨伯峻认为容城在河南鲁山县东南约三十里。[②] 汝阳在今河南商水西北，容城故城在今河

① 参见顾祖禹：《读史方舆纪要》卷一，《历代州域形势一》"许"，中华书局 2005年，第 12 页。
② 杨伯峻：《春秋左传注》（修订本），中华书局 1990 年，第 1555 页。

南鲁山南稍东约三十里。

2003 年 3 月，河南省南阳 M6 出土一件许子妠盏盂，证实许国确实迁往南阳一带。黄锦前指出，结合其铭文字体来看，应以定在春秋晚期前段为宜。从时间上来看，许子妠盏盂的器主许子妠，与清华简《系年》的许公妠应系同人。这一时期许国在位的君主是许男斯（公元前 522 年至公元前 504 年在位），因此，盏盂铭的"许子妠"，清华简《系年》的"许公妠"，应即文献记载的许男斯。"容城"亦见于新郑郑韩故城出土的陶文。鲁山与南阳地隔不远，许子妠盏盂出于南阳，可能与当时许国迁徙至容城有关，也为探讨其时楚与许的关系，提供了重要的新证据。①

晋人"城汝阳，居许公妠于容城"显然是为壮大晋阵营，对抗楚国。清人王夫之在《春秋稗疏》中分析许迁容城的原因："许自城父迁析，依楚北境以自固，而召陵之会，改而从晋，故不敢复居于析，背楚而北迁容城。虽无可考，大要在宛、洛之东，汝、蔡之北。"李守奎认为，晋人城汝阳，把许自析迁容城，是晋对抗楚的战略布局，显然是向楚国的势力范围汝水流域扩张。《系年》简文记晋人迁许在召陵之会的前面。许本是楚的与国，曾被楚迁至析（今河南西峡），成为楚北方的屏障。许公投靠晋以后，晋人将许迁至方城之外的容城，以对抗楚，在晋人迁许之后，"晋与吴会为一，以伐楚"。也就是说，晋人迁许，是晋防备和进攻楚战略中的重要一部分。②

应该说，许国在召陵会后背楚从晋，离开位于楚秦通道上的析地，反而因祸得福，因为柏举之战，楚国赖秦国的救兵打败吴国，秦国对于楚国有救命之恩，柏举之战后，吴国东撤，楚国对秦感激不尽，楚

---

① 黄锦前：《"许子妠"与"许公妠"——兼谈清华简〈系年〉的可靠性》，"中国文字学会第七届学术年会"论文，吉林大学 2013 年。转引自李松儒：《清华简〈系年〉集释》，中西书局 2015 年，第 261 页。

② 李守奎：《清华简〈系年〉所记楚昭王时期吴晋联合伐楚解析》，载《楚简楚文化与先秦历史文化国际学术研讨会论文集》，湖北教育出版社 2013 年，第 94 页。

秦关系升温，许国夹在楚秦之间，会更加难受。许国迁国**见图 20-5：许国屡次迁都图**。

召陵之会的重要成果，是蔡国与吴国建立了紧密的联系。蔡昭侯没有答应晋荀寅的索贿要求，很自然地转而去求正在与楚国打得不可开交的吴国。然而吴国是个大国，吴王阖闾生性傲慢，对于蔡国不屑一顾，蔡昭侯很想为吴国伐楚效力，借吴国之手报复楚国，可惜找不到合适的切入口，召陵会后，机会来了。《左传》定公四年："沈人不会于召陵，晋人使蔡伐之。"因楚国的属国沈国未参加召陵之会，晋国唆使蔡国进攻沈国。蔡昭侯不愿意给荀寅送礼，但愿意攻打沈国，可见蔡昭侯并没有因拒贿荀寅而被晋所辞。蔡国的军力强于沈国，一鼓作气，遂灭沈国。为此，蔡还招致楚国的攻击，《左传》定公四年："楚为沈故，围蔡。"晋国非常满意，改变对蔡的消极态度，支持蔡国的讨伐楚国要求，答应立即出兵，先行进攻楚国的东不羹、西不羹，并积极撮合吴国接纳蔡国，共同进攻楚国。按照晋国的安排，蔡昭侯派另一位公子到吴国做人质，央求吴人讨伐楚国。

吴国伍子胥和孙武，正为长途奔袭楚国的国都缺少向导和军粮运输而发愁。不久前，伍子胥奉使北方诸国，试图组织一个反楚大同盟，没有成功。蔡昭侯找上门来，喜之不尽，一拍即合。楚昭王十年冬，经蔡昭侯牵线，吴、蔡、唐三国组织了一个以吴国为主角的反楚小同盟。这样，吴师长途奔袭楚国的向导和补给问题就可以由蔡国和唐国分担了。伍子胥和孙武得到蔡国和唐国的支持，大喜过望，赶紧补充调整原定计划，决定抓紧筹备，集中全国人马，分北、南二线进攻，北线会同晋国进攻楚国的方城，吸引楚军主力于方城一线，接着南线主力出动，穿过大别山，出其不意突袭楚国的为郢(宜城楚皇城)。

历来研究吴师入郢之战的学者，都是将吴、楚两军的主战场盯在南方的柏举(今湖北麻城龟山)一线，而忽略了入郢之战，最初是在北线的方城之外开打。蔡昭侯求助晋国之后，召陵之会前，晋国便有所行动，与部分吴军组成晋吴联军，先是攻占楚的属国东不羹、西不羹，然后直逼楚方城。

晋、吴联军攻占楚属国不羹是依据青铜器《吴王光编钟铭文》得出的结论。吴王光编钟是春秋晚期吴王阖闾（即位前名公子光）所做青铜重器。该器于1955年在安徽寿县蔡侯申墓出土。吴王光编钟残破严重，出土时只有一件甬钟完整，其他均为残片。这批残片经多位学者缀合复原后，[①] 其上铭文基本可读。起首数句为：

> 舍（余）严天之命，入成不賡。寺（?）[②]旾（春）念（今）岁，吉日初庚，吴王光穆曾（赠）辟金，青吕尃皇，台（以）乍（作）寺吁龢钟。

铭文中的"入成不賡"一句，以往研究者多认为是指公元前506年（楚昭王十年）吴破楚入郢之事，但对句义理解分歧较大。郭若愚将"入成"读为"入城"，指吴王光攻破楚国的郢都。[③] 其他学者也都据此认为"入城不賡"是"入（动词）+城（名词）+不賡（补语）"结构，"不賡"二字是补充说明"入城"的结果，但诸家对"不賡"的具体理解多有不同。郭若愚、曾宪通均训"賡"为"续"。[④] 董楚平认为理解为"入城不

---

① 郭若愚：《从有关蔡侯的若干材料论寿县蔡墓蔡器的年代》，载《上海博物馆集刊》（建馆三十周年特辑），上海古籍出版社1983年，第77页；唐兰：《〈五省出土重要文物展览图录〉序言》，载《唐兰先生金文论集》，紫禁城出版社1995年，第79页；曾宪通：《吴王光编钟铭文的再探讨》，载《华学》（第5辑），中山大学出版社2001年，第117—119页。

② 参见曾宪通：《吴王光编钟铭文的再探讨》，载《华学》（第5辑），中山大学出版社2001年，第120页。目前未有妥善释法，为行文方便，暂写作"寺"。

③ 郭若愚：《从有关蔡侯的若干材料论寿县蔡墓蔡器的年代》，载《上海博物馆集刊》（建馆三十周年特辑），上海古籍出版社1983年，第77页。

④ 郭若愚：《从有关蔡侯的若干材料论寿县蔡墓蔡器的年代》，载《上海博物馆集刊》（建馆三十周年特辑），上海古籍出版社1983年，第77页；曾宪通：《吴王光编钟铭文的再探讨》，载《华学》（第5辑），中山大学出版社2001年，第113页。

续"不成文义，"不赓"应读为"丕更"，指江山易主。① 李学勤读"不赓"为"不抗"，指吴师入郢未遭抵抗。② 陈治军读为"不庸"，指免除赋税。③ 董珊认为"钟铭'舍（余）严天之命，入成（城）不赓'意思是吴王光敬天之命，进入楚郢都而未继续占领"。④

据林焕泽研究，"入成不赓"当读为"入城不羹"，反映的是鲁定公四年（楚昭王十年，前506年）吴与晋会盟合攻方城前的史事。吴王光编钟铭"入城不羹"中的"入城"应分析为"入""城"连谓结构，指进入某地并在此筑城。"不赓"当读为"不羹"，即古书所载春秋时期楚国城邑之名，其字抑或作"不更"。《左传》昭公十一年："楚子城陈、蔡、不羹。"杜注："《汉书·地理志》作更字。"⑤按今本《汉书》作"不羹"，杜预时应有它本作"不更"者。"庚""赓""羹""更"四字上古音同属见纽阳部，⑥ 古书及出土文献中多有相通之例。由此可见，吴王光编钟铭"入成不赓"可读作"入城不羹"，指吴国进入不羹并筑城。⑦

不羹有两处：一处在河南襄城县东南，称为"西不羹"；一处在河南舞阳县章化镇，称为"东不羹"。《史记·楚世家》："今吾大城陈、蔡、不羹。"《集解》引韦昭曰："三国楚别都也，颍川定陵有东不羹，襄城有西不羹。"《正义》："《括地志》云：'不羹故城在许州襄城县东三十里。'《地理志》云：'此乃西不羹也。'"东不羹城遗址正位于今章化镇前、后古城村。⑧ 两地相距极近，且均在陈、蔡两国以西，淮水

---

① 董楚平：《吴越徐舒金文集释》，浙江古籍出版社1992年，第50页。
② 李学勤：《由蔡侯墓青铜器看"初吉"和"吉日"》，《中国社会科学院研究生院学报》1998年第5期。
③ 陈治军：《安徽出土青铜器铭文研究》，黄山书社2012年，第201—209页。
④ 董珊：《吴越题铭研究》，科学出版社2014年，第27页。
⑤ 孔颖达：《春秋左传正义》，载《十三经注疏》整理委员会整理《十三经注疏》，中华书局1980年。
⑥ 唐作藩：《上古音手册》，江苏人民出版社1982年，第50页。
⑦ 林焕泽：《吴王光编钟铭"入成不赓"新考》，《中国史研究》2021年第3期。
⑧ 漯河市地方史志委员会编《漯河市志》，方志出版社1999年，第900页。

以北，汝水上游沿岸处，成为楚国的属邑后，被视为楚方城之外的屏障。

楚昭王九年（前507年）冬，从蔡昭侯因受辱于楚令尹囊瓦，在外交上开始亲吴伐楚起，到吴王阖闾逝世之前，吴伐楚获胜共有三次。第一次战役为公元前506年五月晋与吴"门方城"；第二次战役为公元前506年十一月吴师入郢；第三次战役为公元前504年四月吴败楚获潘子臣。[①] "入城不羹"应该发生在第一次战役。《春秋》定公四年记载："三月，公会刘子、晋侯、宋公、蔡侯、卫侯、陈子、郑伯、许男、曹伯、莒子、邾子、顿子、胡子、滕子、薛伯、杞伯、小邾子、齐国夏于召陵，侵楚。"未言吴国参与召陵会盟，但清华简《系年》十八章记载"晋与吴会（合）为一，以伐楚，閟（门）方城。遂盟诸侯于召陵，伐中山"，则证明吴国应该参与了召陵会盟，并且会后与晋会师伐楚。

会盟地召陵位于汝水沿岸，离不羹不远。吴师到召陵（今河南郾城东）与晋合兵，必然要取道淮水，溯汝水而上。经过召陵，再溯流向西即到东、西不羹。陈、蔡、不羹是方城以北的大城要地，晋吴联军要南下进攻方城，绝不会让方城以北的大城阻绝后路。不羹守军是否抵抗不明，应为晋吴联军攻占或主动投降。《左传》昭公十二年："（楚灵王说）今我大城陈、蔡、不羹，赋皆千乘。"可证楚灵王时"不羹"为楚所有。公元前530—公元前506年期间，并无楚国失去这些领土的记载，大概在晋吴伐楚之前"不羹"尚属楚国。无论如何，攻占楚邑不羹的军事胜利，对于吴王阖闾来说，都是值得纪念的。由此看来，将吴王光编钟铭"入成不赓"读作"入城不羹"，理解为晋、吴的军队进入不羹并筑城，可以成立。

晋吴联军攻占东不羹和西不羹之后，楚国方城外的屏障被扫除，晋、吴遂合兵一处，猛攻楚方城。

① 张志鹏：《吴越史新探》，河南大学博士学位论文，2012年，第104—105页。

清华简《系年》第十八章：

> 晋与吴会为一，以伐楚，闉方城。述（遂）明（盟）者（诸）
> 侯于聖（召）陵，伐中山。晋皀（师）大疫［101］虔（且）饥，飤
> （食）人。楚卲（昭）王戜（侵）尹（伊）、洛以复（复）方城之皀
> （师）。①

《系年》此记载至关重要。晋国这是在楚国前胸杀一刀，且是致命
的一击。历来的研究者均忽略了晋国早在召陵之会前与吴国合军一路
进攻楚国的北大门方城，牵制住了楚军的主力。紧接着《系年》十八
章又记在秦国援军击退吴军后，"楚昭王侵伊、洛以复方城之师"。可
以设想，楚昭王和令尹囊瓦在方城失守之后，极其震怒，必定尽可能
调集全国人马，夺回方城。一时间，楚国的北大门方城周围，大军云
集，楚国能征惯战的精锐部队，基本都聚集到方城，郢都防务空虚，
这就给吴国造成了可乘之机。

清华简《系年》的记载是可信的。《系年》所记内容自武王克商开
始，一直到战国早期三晋与楚大战，楚师大败结束。简文所记有关楚
国的史事，自楚文王至楚悼王之间的世系非常完整。其中，楚昭王时
期发生的事件，都是以吴师入郢之战为中心。吴师入郢，是先秦史中
的大事，《左传》《国语》等书都有所记载，但皆语焉不详，许多细节
都不很清楚。《楚世家》及《吴越春秋》等两汉人的著述叙及此事，大
都本于《左传》，很少新材料补充。《系年》的问世，弥补了文献不足
的缺憾。

《系年》第二十章又进一步证实晋国联合吴国攻楚：

---

① 清华大学出土文献研究与保护中心编，李学勤主编《清华大学藏战国竹简》
（贰），中西书局 2011 年，第 180 页。

1586

晋秉（简）公立五年，与吴王盍（阖）虘（庐）伐［109］楚。①

　　《系年》两处简文证实，吴师入郢，开始便借助了晋国的力量，晋、吴联合伐楚，攻下了楚国的方城。这符合晋国多年支持吴国的做法，可以与《春秋》和《史记·六国年表》所说的晋"侵楚"相印证。《系年》简文第二十章，论述申公巫臣逃楚通吴以来的晋吴关系，进一步明确记载晋定公"与吴王阖庐伐楚"，证实晋国在吴师入郢之初确实没有袖手旁观。

　　《系年》十八章文中晋、吴"门方城"之事，为史籍所缺载。此前李守奎已经发表《清华简〈系年〉与吴人入郢新探》②一文，就此事有所论列，将晋、吴门楚方城看作吴师入郢的一系列动作之一。根据第十八章的记述，晋、吴门方城之后，晋国"遂盟诸侯于召陵"，如果"遂"表示时间先后的关联词，那么晋、吴门方城一事便在召陵之会之前。而在《左传》中，召陵之会在鲁定公四年的春天，吴师入郢在当年的冬天，一在年初，一在年末，召陵之会远早于吴师入郢。据此，应将吴师入郢之战理解为两个阶段，第一阶段是晋、吴联手，攻入方城，第二阶段才是柏举之战吴国单独攻入楚郢都。这样一来，史家所谓"吴师入郢之战"，应改为"由前期晋吴联手攻入方城到后期吴师入郢的战争"。胡凯、陈民镇认为，晋、吴一度攻占方城以及楚国复方城之师，均是前所未见的史事。为史籍所缺载，弥足珍贵。③

　　楚军在与吴军争夺江淮流域的战争中不断失利，逐渐趋于下风，最重要的原因之一是晋国在军事上一直保持对楚国的高压态势，使楚

① 清华大学出土文献研究与□□□□心编，李学勤主编《清华大学藏战国竹简》（贰），中西书局 2011 年□□□□86 页。
② 见于《中国社会科□□□□第 241 期，2011 年 11 月 30 日。
③ 陈民镇：《晋□□□城刍议》，复旦大学出土文献与古文字研究中心网站论坛"学术讨□□□2 年 4 月 24 日。胡凯、陈民镇：《从清华简〈系年〉看晋国的邦交：□□□□晋秦关系为中心》，《邯郸学院学报》2012 年第 2 期。

国军队主力不得不应付来自晋国方面的军事压力，不能尽全力与吴军交战。吴楚之间爆发的春秋晚期规模最大的战争——吴师入郢之战，楚国惨败，几致国灭，便是陷于同时与吴国和晋国两面作战的必然结果。张旭晟认为，简帛记载召陵之会之前，吴和晋联合攻楚，并且攻破了楚国的方城。这是之前所有文献中都没有记载的，如果记载为真，那晋国在北方的攻势牵制了楚国北方主力，就可以解释为之后吴师入郢时北方申、息之师的援军没有赶到，吴军进展如此顺利这些问题了。①

确认晋、吴二国曾经联手攻下方城和楚国反击收复方城，可以颠覆一般研究对吴师入郢之战的认知。吴师入郢之战给人的印象是，吴国仅凭一支孤军，冒险舍舟淮汭，从陆路西进，过义阳三关，越过大别山，在蔡、唐的引导下，大步南下，与楚国在汉水相持，中途诱楚深入，移师东到麻城柏举，与楚决战，楚军一触即溃，主帅临阵脱逃，吴军势如破竹，攻进楚国郢都。在这场大战中，晋国好像一直袖手旁观，坐山观虎斗，令人奇怪。这个疑问，一直在李守奎心头萦绕，百思不得其解。直到清华简《系年》问世，将其与传统文献结合来看，仔细分析，才恍然大悟，原来是有晋国帮忙，是晋、吴两国合力对阵楚国，疑团得以解开。②

更重要的是，确认晋、吴二国联手曾经攻下方城和楚国反击收复方城，可以解释在柏举之战中，楚国何以不堪一击。楚国的兵力基本集中于方城，柏举之战吴国主力从南线奇袭，楚国完全没有防备，无异于吴兵从天而降，楚国只有史皇率领楚王亲兵仓促应战，面对吴军主力，兵力过于悬殊，楚国其实败于寡不敌众。

晋、吴联军攻占方城并召开召陵之会后，才进入第二阶段，吴国会同蔡国、唐国从南线攻入楚国的为郢，第二阶段晋国没有参战。

① 张旭晟：《春秋吴楚关系研究》，华中师范大学硕士学位论文，2018年，第33页。
② 李守奎：《清华简〈系年〉所记楚昭王时期吴晋联合伐楚解析》，载《楚简楚文化与先秦历史文化国际学术研讨会论文集》，湖北教育出版社2013年，第90页。

晋国是怎样退出"吴师入郢之战"的？清华简《系年》十八章：

　　（晋）述（遂）明（盟）者（诸）侯于墅（召）陵，伐中山。晋自（师）大疫［101］虔（且）饥，臥（食）人。①

　　晋、吴联手攻破楚国的北方防线方城之后，因为"晋师大疫且饥，食人"，不得已退出了与楚的正面交锋。不过，《左传》还是从侧面披露了其中的原因，证实《系年》所记不误。《左传》定公四年载，荀寅索贿不成要晋正卿范宣子"辞蔡侯"时，说出了晋国必须退出伐楚的理由："国家方危，诸侯方贰，将以袭敌，不亦难乎！水潦方降，疾疫方起，中山不服，弃盟取怨，无损于楚。"可见当时晋必须忙于应付国内突如其来的严重灾荒，必须应对北方与中山国的交战。杨伯峻注："中山即鲜虞，战国时为中山国。一九七四至一九七七年于河北平山县三汲公社发现中山王墓。当是战国时墓。"②中山为白狄的别种，早期生息于今陕西淳化东南。春秋时，中山已迁至秦的北边，在今陕西绥德、延川一带，与晋国隔河相望。《战国策·中山策》说："中山君飨都士大夫。"狄之君为子爵，都士大夫明显比子爵低得多。中山作为晋国的附庸不显于世，完全是因为名爵不贵，不能见诸经传，简称为狄。前652年，重耳奔中山，逃居中山12年之久，晋文公即位，晋与中山关系密切。后活跃于晋西的白狄渐次取代了中山，中山开始迁徙，路线是先北后东，由今内蒙古越过太行山脉进入河北地区。到晋昭公、顷公、定公时期，相当于楚灵王、楚平王、楚昭王时期，中山国与晋国频繁发生战争，晋国与中山国先后发生了灭肥伐鲜虞之役（晋昭公二年，楚灵王十一年）、荀吴攻鲜虞至中人之役（晋昭公三年、楚灵王十二年）、伐鲜虞围鼓之役（晋昭公五年、楚平王二年）、鲜虞败晋人

①　清华大学出土文献研究与保护中心编，李学勤主编《清华大学藏战国竹简》（贰），中西书局2011年，第180页。
②　杨伯峻：《春秋左传注》（修订本），中华书局1990年，第1534页。

于平中之役(晋定公五年，楚昭王九年)。平中之役发生在晋国应蔡国伐楚的要求召开召陵盟会，会同吴国攻楚方城不久。晋接到战败的报告，《左传》定公三年(楚昭王九年)："秋九月，鲜虞人败晋师于平中，获晋观虎，恃其勇也。"晋国被中山国打败，晋将观虎被俘，无异奇耻大辱，晋国当即决定不顾一切报复，派士鞅迅速出兵讨伐中山国，《左传》定公五年(楚昭王十一年)："晋士鞅围鲜虞(中山)，报观虎之败也。"这才无奈与吴国分手，退出随后发生的柏举之战，迫使吴国下一步不得不单独对楚作战。清人马骕评论："晋定公不能救蔡，而授权于吴，圣人惜焉。"①对于晋国退出吴师入郢之战心知肚明。

第十一节　柏举之战吴蔡唐联军两路夹攻楚都为郢(昭王十年)

　　进入春秋晚期，当时，晋、楚、齐、秦四大强国，都因国内矛盾激化，被迫放慢了对外扩张兼并活动的步伐。宋国倡导列国息兵，获得诸侯国的响应，中原地区出现了相对和平的局面。偏处于东南部的吴国，在晋的支持下，逐渐兴盛起来，数十年间频频对楚攻击，战争的重心也就从黄河流域转移到了长江、淮河流域，从中原诸侯国转移到了楚、吴两国。

　　吴国在春秋中期时，是楚的盟国之一，在外交上尚接受楚国的制约。《左传》宣公八年载，楚庄王在公元前601年伐灭舒蓼后，"盟吴、越而还"。可到了寿梦即位前后，这种格局却再也无法维持下去了。当时晋楚争霸，楚国处于劣势，不得已只好向东发展，把兼并的锋芒指向江淮流域，到楚昭王时，吴国已迅速崛起，与其西边的强国楚国之间产生尖锐的矛盾和冲突，两国之间兵戎相见势不可免。

　　晋、吴联军攻破楚方城，打开了从楚国的北境进入江汉间的通道，

---

① 马骕：《左传事纬》，齐鲁书社1992年，第465页。

证实石泉所论吴师入郢由方城而入完全正确。方城战后，晋国因必须北伐中山和应对国内的疫情、天灾，退出了伐楚之列。史载吴王阖闾在晋退出之后，继续攻楚。《左传》定公四年介绍了吴师单独攻楚的路线(笔者分析及今地以括号注明)：

> 冬，蔡侯、吴子、唐侯伐楚。(北路)舍舟于淮汭，自豫章与楚夹汉。左司马戌谓子常曰："子沿汉而与之上下，我悉方城外以毁其舟，还塞大隧、直辕、冥厄。子济汉而伐之，我自后击之，必大败之。"既谋而行。武城黑谓子常曰："吴用木也，我用革也，不可久也，不如速战。"史皇谓子常："楚人恶子而好司马。若司马毁吴舟于淮，塞城口而入，是独克吴也。子必速战！不然，不免。"乃济汉而陈，自小别至于大别。三战，子常知不可，欲奔。史皇曰："安求其事，难而逃之，将何所入？子必死之，初罪必尽说。"
>
> 十一月庚午，二师(吴国北、东两路大军)陈(阅兵)于柏举(麻城龟山)。阖庐之弟夫槩王晨请于阖庐曰："楚瓦不仁，其臣莫有死志，先伐之，其卒必奔；而后大师继之，必克。"弗许。夫槩王曰："所谓'臣义而行，不待命'者，其此之谓也。今日我死，楚可入也。"以其属五千先击子常之卒。子常之卒奔，楚师乱，吴师大败之。子常奔郑。史皇以其乘广死。
>
> 吴从楚师，及清发，将击之。夫槩王曰："困兽犹斗，况人乎？若知不免而致死，必败我。若使先济者知免，后者慕之，蔑有斗心矣。半济而后可击也。"从之，又败之。楚人为食，吴人及之，奔。食而从之，败诸雍澨。五战，及郢。

《左传》此段是吴师入郢路线的最权威的记载，历来的研究者均是依据此段记载开展研究的。然而仔细推敲，这段记载并不完整，好像缺了若干文字。因为战场面过宽，北涉及淮汭、方城外、大隧、直辕、

1591

冥厄等地名，东涉及柏举、清发、雍澨等地名，很明显应该是北、东两线夹攻的态势。其中的关键文字是"二师陈于柏举"，晋杜预注"二师，吴、楚师"，[①] 实际上应是吴国的北、东两路大军在柏举会师，举行阅兵，以鼓舞士气。

《中国历代战争史》指出吴军是实行"南北两路"夹攻楚郢都的作战构想：

> 吴军此次大举伐楚，其作战构想，将吴军分为南北两路，主力军在南(东)路，由潜(今安徽省霍山县东北)，越过今皖鄂交界之青苔关、松子关，行崇山密林无人之地，经柏子山(今湖北省麻城县东北)、举水(麻城南)向汉水地区前进。此道为齐桓公在周襄王九年，公元前643年，与徐伐英氏时经由之道。北路为一部军，自淮汭(当在今安徽省霍邱县附近)舍舟从陆，先行救蔡，会同蔡国之军，迅速越过无人之地大隧(今河南省信阳县南与湖北省交界之大胜关)，直辕(今武胜关)，冥厄(今平靖关)三隘口，再会唐侯之军向汉水地区前进，在雍澨(今湖北省京山县北)与主力会合，以与楚军在汉水两岸进行决战，然后进入楚之郢都。[②]

吴军"南北(东)两路"进攻郢都的作战构想，特别符合吴国在孙武、伍子胥此前数年对楚作战的一贯风格。两路进军袭取楚都为郢(宜城楚皇城)的计划是伍子胥此前"三路疲楚"之计的故技重施。阖闾上台后，曾向伍子胥、孙武等人请教过破楚大计。《左传》昭公三十年，吴子问伍员："初而言伐楚，余知其可也，而恐其使余往也，又恶人之有余之功也。今余将自有之矣，伐楚何如？"伍子胥来自楚国，

---

① 转引自杨伯峻：《春秋左传注》(修订本)，中华书局1990年，第1544页。
② 台湾三军大学：《中国历代战争史》(第1册)，中信出版社2012年，第41—42页。

对楚国的情况十分了解。他针对当时楚国军队人数众多，但军令不一导致机动性较差的实际情况，在借鉴当年晋国荀罃"三分四军"、轮番击楚的三驾之役经验基础上，创造性地向阖闾提出"疲楚误楚"的策略方针。这一方针的核心要旨是分吴军为三支，轮番出击，骚扰楚军，麻痹敌手，创造战机，制敌于死地。这里，疲敌是手段，集中优势兵力出其不意聚歼敌人才是目的。这显然要比三驾之役中晋军单纯疲惫对手的"三分四军"更为积极和高明。"疲楚误楚"的策略为吴王阖闾所欣然采纳，并在具体军事行动中贯彻落实。6 年时间实行下来，吴军先后袭击了楚国的夷（今安徽涡阳附近）、潜（今安徽霍山东北）、六（今安徽六安东北）以及弦、豫章等重地。《左传》昭公三十一年："秋，吴人侵楚，伐夷，侵潜、六。楚沈尹戌帅师救潜，吴师还。楚师迁潜于南冈而还。吴师围弦。左司马戌、右司马稽帅师救弦，及豫章。吴师还。始用子胥之谋也。"楚军疲于奔命，斗志沮丧。

　　春秋时期的战争特点，双方约定交战时间，摆出堂堂之阵，中军、左军、右军对垒，战车奔驰，箭射戈击，一战定乾坤，战争的目标是争夺霸权，讲究礼仪，鄙视谋略，充满军礼精神。而发生在春秋晚期的吴师入郢之战，却是步军为主，千里奔袭，以占领敌国的都城为目标，讲究出其不意，制敌死地，是典型的谋略之战。

　　公元前 506 年，楚昭王十年，吴王阖闾率吴、蔡、唐三国军队，兵分两路大举伐楚，北路是沿淮河西进，"舍舟于淮汭，自豫章与楚夹汉"，北路"舍舟于淮汭"的主要原因是向蔡国靠拢。淮汭，杜注："吴乘舟从淮来，过蔡而舍之。"[①]据此，则淮汭当在蔡境。石泉指出："汭"字，据前人解释，有"水相入""水曲流""水之内"等义。在蔡国境内与淮水相入之重要河流是汝水（今为洪河下游），这一带的淮水两岸地势平衍，淮水的曲折率也较大，则淮汭当指今河南省新蔡县东南，

---

① 《春秋左传集解》定公四年，杜预集解，上海人民出版社 1977 年，第 1631 页。

洪河入淮之处。①

看到楚国的注意力全部被吸引到方城一线，楚都为郢（宜城楚皇城）防御空虚。吴王阖闾和孙武、伍子胥等人抓住这个难得的战机，迅速行动，派出北路攻楚大军。

吴蔡唐联军的北路伐楚大军，由孙武、伍子胥、白嚭率领。《吴越春秋·阖闾内传》："（阖闾三年）遂使孙武、伍胥、白嚭伐楚。……唐侯使其子乾为质于吴。三国合谋伐楚，舍兵于淮汭。自豫章与楚夹汉为阵。"大军乘舟到达淮汭，弃舟登岸，会合蔡国之军，再会合唐国之军，向汉水地区前进，在蔡国和唐国的引导下，浩浩荡荡地沿汉水南下，直接杀向位于汉水中游南岸今湖北宜城附近楚国的都城为郢。楚国此时兵力集中在方城，面对突然而至汉水中游的吴军，手足无措，楚令尹囊瓦不得不仓猝上阵，赶快就近统兵抵御，于是，楚令尹囊瓦军隔汉水在襄阳附近"自小别至于大别"的漫长战线上与吴国的北路军对峙，形成僵持的局面。

资料表明，吴国北路由孙武、伍子胥、白嚭率领，兵力超过三万。阖闾因吴国国情建立三军，其一军之编制：将军 1 人，副将军 1 人，车 2 乘，下设 10 旃，每旃约 1100 人，旃下设行，每行约 110 人，合计全军约 11200 人。"上述编制之三军，共约三万三千六百人。"②吴国为确保伐楚成功，不至败亡，不得不三军尽出。进入楚国后，因蔡国和唐国的陆续加入，设两国各以 5000 士卒加入，吴蔡唐联军的总兵力有可能达到 4 万之多。

楚令尹囊瓦隔汉水迎战吴军，全部兵力应该只有吴蔡唐联军的一半，仅 2 万余人。这是因为楚军的主力尚集中在方城一带，以随时应对晋国的进攻。楚国的军队，主要由中央军及县师构成，由楚王直接

① 石泉：《从春秋吴师入郢之役看古代荆楚地理》，载《古代荆楚地理新探》，武汉大学出版社 1988 年，第 357 页。

② 台湾三军大学：《中国历代战争史》（第 1 册），中信出版社 2012 年，第 34 页。

指挥的中央军平时只有六百乘,《左传》庄公二十八年:"秋,子元以车六百乘伐郑。"可见楚成王时的中央军一般只有六百乘,历代楚君亦然。按每乘兵员 72 人计,共 43200 人。楚成王时令尹子元就是率领中央常备军六百乘攻打郑国,晋楚城濮之战就是因为楚成王临阵抽走了中央常备军六百乘,直接导致楚令尹子玉的败亡。楚国的防御重点在北方,方城是重中之重。由于《系年》记方城刚被晋吴联军攻破,"晋与吴会为一,以伐楚,门方城",随即楚国展开大规模的报复,"楚昭王侵伊、洛以复方城之师",直接指挥中央军的左司马戌亦在方城,楚国的这六百乘中央常备军便基本上全部部署在方城前线,同原驻军申、息之师一道,扫荡伊洛河流域的晋军,御晋国和吴国于国门之外。这样,楚囊瓦只能靠留在楚昭王身边的"御林军"左广和右广(据《左传》定公四年记"史皇以其乘广死",可知楚王的御林军尚在楚都,由史皇直接指挥)和临时拼凑的兵力抵御来犯之敌。当时,囊瓦能够调动的战斗力较强的军队应是楚国贵族的私卒,然而经过楚庄王平定若敖氏之乱,若敖氏被基本灭族,有名的"若敖氏六卒"被彻底解散,其他贵族为若敖氏的下场所震慑,不敢肆意发展私卒,因此,囊瓦只能临时招募军队来应付。囊瓦所率领的临时招募之军,来源广泛,未经训练,未经战阵,只能算得上是一群战斗力不强的乌合之众。好在有楚王的"御林军"在,在楚将史皇的指挥下,形成中坚力量,方具备一定的战斗力。当时囊瓦军与吴军是隔着汉水对阵,汉水成为天堑,阻挡住了吴军,楚、吴两军隔汉水对峙,一段时间,两军没有交战,形成僵局。这对楚国十分有利。楚国的军事将领左司马戌由此来得及从方城前线赶过来,与令尹子囊商议南北夹攻吴军的计策。石泉指出:方城外是指方城山以东,东面的淮水、汝水的上游地带,[1] 楚左司马戌当时只看到吴国会同蔡国伐楚,按照以往抵御晋国的经验,吴军从蔡国(今河南新蔡)出发,最为便捷的路线是通过大隧、直辕、冥厄三

---

① 石泉:《古代荆楚地理新探》,武汉大学出版社 1988 年,第 376 页。

关穿过桐柏山攻入楚国，并没有料到吴、蔡会合后，还要直奔唐国，与唐国联手攻楚。唐国地在今河南唐河县，吴国、蔡国与唐军会合，将唐国作为中转站，得到向导及粮食，可以很方便地沿唐河（古名比水，亦称蔡水）的河谷地带南下，直奔襄阳方向，进入汉水，顺流而下进攻位于宜城的楚都为郢。石泉认为吴师入郢的行军路线大致为：首先自本国乘船溯淮水西上，在蔡国境内登陆，以蔡国作为远征入楚的第一个中继站。在此会合蔡师共同西进，……越过楚方城隘口就到达唐国境内，以唐国作为远征的第二个中继站。在此会合唐师后，共同转兵西南向，沿唐河（古名比水，亦称蔡水）前进，就到达豫章。自此进至汉水北岸，遂与楚师夹汉水对峙。"①石泉的看法是正确的。蒋秀林支持这一看法，并绘出了吴蔡唐联军北路进攻楚国的路线图。

（见图 20-6：吴北路进攻楚都为郢路线图）

左司马戌判断敌情严重失误，以为大隧、直辕、冥厄是吴军必经的关隘。毁了吴军船只之后，封住其退路，便可以将吴军困死在楚境，结果吴师有蔡国、唐国接应，可以一路南下，封堵后路计划完全落空。雪上加霜的是，楚令尹囊瓦自以为是，自行其是，比沈尹戌错得更远。《左传》定公四年记载武城黑子进谗："吴用木也，我用革也，不可久也，不如速战。"让囊瓦对沈尹戌的方案产生了怀疑，其后史皇的一番进言，更是彻底打动了子常。"楚人恶子而好司马。若司马毁吴舟于淮，塞城口而入，是独克吴也。子必速战！不然，不免。"于是子常想独揽大功，求胜心切，不顾兵力不足，盲目渡过汉水，在今襄阳市东、汉水北岸（或东岸）一带的小别山到大别山，②与吴军先后进行了三场战斗。吴蔡唐联军准备充足，士气旺盛，战斗力很强，接战后，楚军节节败退。实际上，囊瓦迎战吴蔡唐联军是正确的，只是败于兵力过少。但这并不要紧，因为楚国在方城的主力部队距离襄阳不远，尚可

---

① 石泉：《从春秋吴师入郢之役看古代荆楚地理》，载《古代荆楚地理新探》，武汉大学出版社 1988 年，第 375 页。

② 石泉：《古代荆楚地理新探》，武汉大学出版社 1988 年，第 385 页。

以及时回防补救。不想楚令尹囊瓦未经战阵，领教了吴军的厉害，早已吓破了胆，竟想临阵脱逃，被史皇厉声制止。囊瓦未敢擅动，而吴蔡唐联军因等待东路军，暂未行动，汉水战场一度呈现僵持状态。

楚军的战略失误十分明显。世人皆以为沈尹戌之谋为良策，顾栋高在《春秋大事表》①中提出不同的看法，古之善用兵者，必搜索地形，在险要处埋伏静兵。吴国举国之力而来，又有孙武、伍子胥等名将，不可能不知防备后路。故顾栋高推测吴军早已设伏完毕，等沈尹戌来自投罗网。其后楚军渡河，吴军一味向东转移，是为了引楚军进入伏击圈，两面夹攻，全歼楚军，顾栋高的推测虽无证据证明，却符合用兵之道。沈尹戌之策看似有理，其实是导致楚国差点灭亡的祸根。囊瓦和左司马戌都对吴军动向的判断严重失误，两人的注意力全部放在襄阳附近隔汉水对峙的吴蔡唐联军北路军，都万万没有料到，吴国的另一支主力部队，在吴王阖闾的弟弟夫槩的率领下，正从东方的潜邑(今安徽霍山)悄悄通过大别山的关口，越过大别山的崇山峻岭，以不可阻挡之势，杀向郢都!

吴师北线行进的踪迹十分蹊跷。紧要处《左传》定公四年突然笔锋一转："十一月庚午，二师陈于柏举。"晋杜预注："二师，吴、楚师。"在襄阳附近与楚军激战的吴蔡唐联军，三战三胜，却没有乘胜顺流而下直捣位于宜城的楚都为郢，突然转移到距襄阳东方数百里的柏举，战场不可思议地往东"飞"到了离为郢更远的柏举之地。石泉疑惑："吴楚两军在襄阳附近夹汉对峙，又在小别与大别一带打了三仗，楚师不利。这以后，紧跟着就发生了柏举之战。这时正是吴师军锋甚锐之际，怎能骤然东退几百里而与楚师决战于今鄂东麻城县境?"认为"柏举不可能在今麻城县境"。考证"柏举地望也应在今襄樊市东北，

---

① 顾栋高:《春秋大事表·春秋吴楚柏举之战论》，中华书局 1993 年版，第 2080—2082 页。

汉水左(东北)岸的唐白河下游地带"。① 通过将柏举地名也搬至襄阳一带来圆场，这就有些牵强了。

《左传》定公四年的记载上下文意不相衔接。突然发生战场东移的情况，循逻辑推理，只能有一个解释，就是吴国有另一路大军从东面杀来，因此，由吴蔡唐联军组成的北路军马上脱身襄阳附近的汉水战场，迅速东进，与穿过大别山到达柏举的东路军会合。两军会合之际，为鼓舞士气，便在柏举举行了声势浩大的阅兵。这就是《左传》"二师陈于柏举"的含义。

吴师北线和东线"二师陈于柏举"，是在柏举阅兵。通过阅兵，阖闾将自己亲自率领的北路和夫槩王所率领的东路军进行整合，统一指挥，形成合力。《左传》定公四年记"二师陈于柏举"之后，紧接着"阖庐之弟夫槩王晨请于阖庐……"就是北路和东路会师后这两路的统帅在一起商量下一步的行动明证。

吴国在柏举阅兵的行为可能是仿效三十余年前楚灵王曾经在伐吴前线的阅兵。楚灵王四年，公元前537年，楚攻吴，薳启彊军在鹊岸遭吴军伏击而战败，是时楚灵王赶往楚国内地搬兵增援。《左传》昭公五年："楚子以驲至于罗汭。……楚师济于罗汭，沈尹赤会楚子，次于莱山。薳射帅繁扬之师先入南怀，楚师从之，及汝清。吴不可入。楚子遂观兵于坻箕之山。"楚灵王登山向东，隔长江而望吴国，见吴国防备严密，无隙可乘，遂决定在此举行阅兵，炫耀武力。一时间，楚国各路大军汇集蔡、陈、许、顿、沈、徐、越、东夷的军队，在坻箕山下的开阔地举行了盛大的阅兵仪式，在认为达到威慑效果后，楚灵王宣布退军。大概楚灵王当年的阅兵深深刺痛了吴国的自尊心，吴王阖闾借两军会师之际，也下令在柏举就地举行了阅兵。

吴国的东路军是从潜地出发的。潜地在今安徽霍山东北，原为楚

---

① 石泉：《从春秋吴师入郢之役看古代荆楚地理》，载《古代荆楚地理新探》，武汉大学出版社1988年，第389页。

邑，属吴时间仅有五年。《左传》昭公三十一年（楚昭王五年）："吴人侵楚，伐夷，侵潜、六……始用子胥之谋也。"《吴越春秋·阖闾内传》："阖闾三年……吴拔六与潜二邑。"潜邑属吴之前，经松子关、青苔关、长岭关等大别山隘口，与楚国内地沟通，潜邑属吴之后，大别山的这些隘口，民间依然通行无阻。吴师主力东路军从潜出发，走的还是春秋早期齐桓公讨伐英氏的旧路，英氏在今安徽金寨与霍山之间。楚成王二十九年，齐桓公的势力如日中天，齐国讨伐楚国的属国英氏，使楚国的东方感受到了威胁。137 年过去，到楚昭王十年时，这条贯通大别山东麓的通道早已形成，吴国的东路大军从潜地出发，走捷径袭楚，直奔位于汉水西岸的楚都为郢（宜城楚皇城）而来。孙武、伍子胥的这一战略，出楚人意料，非常高明。

吴师东线出动的兵力，不少于二万。依据是，柏举战后 24 年，公元前 482 年，楚惠王七年，吴王夫差十四年，吴国在黄池之会与晋争夺主盟地位，"夫差为带甲三万以势攻"，家中尚留部分兵力由大子友、王子地、王孙弥庸、寿於姚等人防守越国，王孙弥庸见姑蔑之旗曰："吾父之旌也，不可以见雠而弗杀也"，于是率"属徒五千"首先冲入越军。于常青判断：既然王孙弥庸有属徒五千，大子友、王子地等人所属队伍也不会少于此数，那么四人合计所率留守部队约在二万人左右，合计吴国约有士兵五万人。[1] 据此，柏举之战吴国东线出兵最多可达二万人。

吴国东路军可以从潜邑（安徽霍山东北）穿过大别山的隘道关口长岭关和松子关。《中国历史地名大辞典》记载：长岭关即今湖北麻城市东北一百里长岭关，北接安徽金寨县界。《方舆纪要》卷七十六"麻城县"：长岭关在"县北百里。北至河南商城县百二十里。[2] 松子关。古名松滋关。在今安徽金寨县西南境，与湖北罗田县接界。《方舆纪要》

① 于常青：《浅析春秋时期的人口状况》，《河北青年管理干部学院学报》2003 年第 3 期。
② 史为乐主编《中国历史地名大辞典》，中国社会科学出版社 2005 年，第 432 页。

卷五〇商城县"长岭关"条下："又松子关在县东南百二十里，接湖广罗田县界。"①

《中国文物地图集·安徽分册》显示大别山北安徽金寨县境内的关口（见图20-7：**大别山北麓安徽金寨古遗址分布图**）。图中从西往东的关口有"长岭关安卡旧址""松子关信义卡旧址""铜锣关奉义卡""栗子关旧址""青苔关尚义卡旧址""土岭关旧址"。

吴国的东路军，约2万徒兵，从潜邑出发，穿过大别山抵达柏举，有历史形成的便捷通道可用。吴国的东路军是一支奇兵，从楚国的背后杀来，可谓攻楚不备，出楚不意，置楚于死地。

此时楚军主力，因需要防备晋国随时可能发起的进攻，还是摆在方城一线。楚国上下完全没有料到吴国还会有另一支更为强大的军队从东面杀来，左司马沈尹戍与令尹囊瓦商议的夹攻之谋只能对付僵持在汉水东岸的吴北路军这支孤军，而不可能抵御穿过大别山偷袭过来的吴东路军。

由于需要等待与吴东路军的会合，吴北路军在襄阳附近汉水东岸"自小别至于大别"的漫长战线上曾经与楚囊瓦军长时间地僵持。但当吴东路军按照计划穿过了大别山的崇山峻岭，从东面进逼楚都之际，吴北路军继续僵持于汉水战线便没有意义，一定得从汉水战线抽身，最佳的办法就是主动向东方转移，向吴东路军靠拢。众多的研究者均认为吴军是"诱敌"，将楚囊瓦军引到柏举，其实不然。楚囊瓦军是看见对岸吴军突然移师向东，莫名其妙，误以为吴蔡唐联军是因内乱向东逃窜，才随后紧追，一直追到柏举之地。吴师停住，与东路军会师，楚师也停住。《左传》记载过于简略，仅用"二师陈于柏举"寥寥六字，交待吴军在柏举阅兵，随即攻击尾追而至的楚兵，柏举便成为交战的战场。这就是"柏举之战"的由来。

楚军跟踪吴蔡唐联军到柏举附近，蒍射率领增援部队到达。但蒍

---

① 史为乐主编《中国历史地名大辞典》，中国社会科学出版社2005年，第1492页。

射与囊瓦互不统属，互不协作，各自立营扎寨。

柏举之地，在今湖北麻城东（杨伯峻注："柏举，据《汇纂》引《名胜志》，在今湖北麻城县东北"①）。正界于汉水战场的吴北路军与从安徽潜地奔袭而来吴东路军的中间地带，吴国两路大军的总兵力五万以上，十一月庚午（十九日），楚囊瓦军追至，楚囊瓦军约一万临时拼凑之师，与吴蔡唐联军对峙于今湖北麻城东南八十里之龟峰山附近。阖庐之弟夫槩向阖闾请战："楚瓦不仁，其臣莫有死志，先伐之，其卒必奔；而后大军继之，必克。"吴王阖闾担心有失，未许。夫槩千辛万苦，领东路军成功穿越大别山，却一直未与楚军正面交手，早已急不可耐。夫槩勇冠三军，目中无人，在吴国位高权重，人称"夫槩王"，自信胜券在握，大喊："今日我死，楚可入也。"不顾一切率其所属五千人，旋风一般扑向囊瓦军，囊瓦军不能抵敌，部分将士临阵逃亡，楚军阵形因而动摇。阖闾大喜，下令大军随后全面出击。《左传》定公四年记由吴王阖闾之弟夫槩王"以其属五千先击子常（囊瓦）之卒。子常之卒奔，楚师乱，吴师大败之"。尽管楚军在兵力上处于绝对劣势，依然拼死抵抗，死战不退。此前在晋楚邲地之战立下大功的楚王左广和右广"御林军"，非常出色，在史皇的率领下左冲右突，所向披靡，当然也成为吴军攻击的重点。《左传》定公四年："子常奔郑。史皇以其乘广死。"由于没有后继援军，兵力悬殊过大，这支"御林军"最终支持不住，全军覆灭，楚军大败。蒍射被俘，指挥官史皇壮烈战死。

此战最不应该出现的情况是，由于战况过于惨烈，平素骄奢淫逸的楚令尹囊瓦吓破了胆，竟然逃离战场，跑到郑国避难去了。这是楚国历次战争从未出现过的情况，非常严重，顿时楚军群龙无首，各自为战，不能形成有效的抵抗，只能一路溃逃。吴军穷追猛打，《左传》定公四年记"吴从楚师，及清发。……从之，又败之。楚人为食，吴人及之，奔。食而从之，败诸雍澨。"蒍射之子蒍延率楚败军残部沿着

---

① 杨伯峻：《春秋左传注》（修订本），中华书局1990年，第1534页。

清发水(今汉水支流涢水)逃跑。吴军穷追不舍，趁楚军半渡而击，趁楚军吃饭时攻击。一直到雍澨之地，幸亏左司马戌率领的援军赶到，成功地阻击了吴军，遏制住了溃逃的局面。

在楚军一路溃逃的关键时刻，驻守在方城的楚左司马沈尹戌，与令尹囊瓦此前商定的"夹攻"计划，虽然由于唐国加入伐楚行列吴蔡唐联军未走义阳三关而落空，但沈尹戌能够随机应变，看到吴蔡唐联军与囊瓦接战后蹊跷东移，囊瓦军紧跟追击，便感觉情况不妙，同时听闻晋国北上与中山国交战，判断方城一带暂时没有战事，果断从方城撤防，凭借左司马之职赋予的军事指挥权力，很可能留下申息之师，全部调出六百乘中央军，以最快的速度，接应囊瓦军。《左传》定公四年："左司马戌及息而还，败吴师于雍澨，伤。"左司马戌赶到息地时，得知两路吴军在柏举会合并阅兵的消息，遂日夜兼程，接应囊瓦军，但还是慢了半拍，在距离为郢(宜城楚皇城)只有百里的雍澨之地，终于截住吴军，柏举之战中最惨烈的雍澨之战就此展开。

雍澨之地，在湖北京山县境。杨伯峻注："据《汇纂》，今湖北京山县西南有三澨水，春秋之雍澨其一也。洪亮吉云：'今澨水在京山县西南，南流入天门县为汉水。'疑雍澨即入天门河之支流。"[1]雍澨正位于柏举与为郢(宜城楚皇城)之间，距离为郢的直线距离仅有约一百公里，左司马戌明白，雍澨之地，是保卫为郢的最后希望，故竭尽全力鼓动士卒为保卫楚国而战。刚一接战，六百乘楚中央军的车骑，训练有素，挟着一股锐气，在有限的河谷地带，车驰卒奔，射箭挥戈，势不可挡，吴王阖闾猝不及防，吴国的步卒抵挡不住楚国的车骑，很快溃败，四散而逃。这是柏举之战中楚军唯一的一次胜仗。可惜持续时间不长，雍澨"三澨水"周围是一片丘陵地带，沟渠密布，树木茂密，并不利于车战，战车的速度跑不起来，战不多久，楚国的战车接连遇到障碍，战马止步不前，车上的甲士只好下车，与吴军步卒在地

---

① 杨伯峻：《春秋左传注》(修订本)，中华书局 1990 年，第 1544—1545 页。

面进行拼杀，车战的优势瞬间消失，楚、吴两军很快陷于肉搏式混战。激战中，左司马戌身先士卒，奋勇冲杀，杀敌无数，但自己也连续三次身负重伤。吴军毕竟人数多于楚军，短暂失利之后，逐渐稳住阵脚，声势复振，将楚军包围。双方喊杀连天，以短剑搏杀，沦为步卒的楚军，优势不再。吴军被杀者甚多，但仗着人多，依然一波接一波不顾死活地涌上前来，楚军人数越来越少，渐渐不支。《左传》定公四年记述左司马戌因伤重，无力再战，眼看即将被俘，"耻为禽焉"，毅然自杀。饬部属吴句卑（句卑：名卑，原为吴人，因而称为吴句卑，为沈尹戌家臣）割下沈尹戌首级回报楚王。雍滋之战是一场典型的消耗战，双方战死人数大体相当，楚国最精锐的六百乘中央军，就此消耗殆尽，全军覆没。此战之后，楚国的都城为郢（宜城楚皇城）遥遥在望，吴军长驱直入，沿途遇到楚国的零星抵抗，经过大小五次战斗，吴蔡唐联军终于到达为郢（**见图 20-8：吴蔡唐联军北路东路攻入楚都为郢经过图**）。

吴蔡唐联军抵达汉水西岸的楚都为郢（宜城楚皇城）时，为郢已是风声鹤唳，人心动荡。楚昭王主张放弃为郢逃跑，大臣子西、子期坚决反对不战而逃。楚昭王坚持自己的主张，虽然子西、子期在为郢和附近要地部署了守备兵力，积极备战，可是当吴军接近城郊，战斗发生时，昭王依然率领少数家人开门出城，向云中方向逃去。子西、子期正督率军民对敌战斗，听到这个消息，子期以保驾为名，率部分精兵去追赶保护昭王。子西指挥的其余部队，士气消沉，兵无斗志，吴军未经大战，即进占楚都为郢。这是楚国自建国以来，第一次都城沦于敌军之手。

楚昭王提前逃亡，为郢已是一座空城，楚昭王携其妹逃离为郢时，因吴追兵甚急，命铖尹固放出其宫中之群象，以火烧象尾，纵之奔向吴之追兵。《左传》定公四年：（楚昭王十年），"铖尹固与王同舟，王使执燧象以奔吴师"。杜预注："烧火燧系象尾，使赴师，惊却之。"这群庞然大物，尾巴燃着炎炎火苗，负痛向吴兵冲击，吴兵大惊，自然落荒而逃。刘正明评论：这种燧象战术，是孙武始料不及的，楚昭王的燧象战比田单的火牛阵整整早 220 年，可以说他是火攻战术的创造者。①

《孙子兵法》中有句名言，"上兵伐谋"。吴师入郢之战是春秋晚期吴国将兵家谋略运用到极致的一场经典大战。这场战争，吴国聪明地利用了晋对楚的威慑作用，使楚国的主要兵力始终被拖在方城一线，使入郢之战过程中吴军兵力始终处于优势。尤为精彩的是，吴师不是单线突进，而是两路齐发，以东路奇兵取胜，最后实现两路会合，长驱直入攻进楚郢都。战略的运用令人拍案叫绝。

曾侯与编钟铭文中的"西征南伐，乃加于楚"，明白无误地揭示吴国系向西向南两路攻入楚国国都的战略。钟铭第二部分："吴恃有众庶行乱，西征南伐，乃加于楚，荆邦既削，丽天命将虞。有严曾侯，业业厥圣，亲博武功，楚命是靖，复定楚王，曾侯之灵。穆［穆］曾侯，壮武畏忌，恭寅斋盟，伐武之表，怀爕四方。余申固楚成，整复曾疆。"②这一段话显然就是曾国人对吴军入郢后，楚王逃跑到曾国被救，后来楚国复国的描述。而传世文献里这个国家是随，所以曾随一家进一步得到确证。程义顺便提及，曾侯与编钟铭文的语气和《昭王与龚之脽》非常接近，可以反映当时旁观者对吴军入郢这件事的立场和看法。③

石泉分析吴师进攻目标楚郢都的地理位置，指出，吴师乃由北来，南下入郢，楚昭王自郢出奔，先"涉脽"，然后"济江"于成臼，则此脽

① 刘正民：《〈孙子〉火攻与楚国》，《荆州师专学报》1996 年第 1 期。

② 湖北省文物考古研究所、随州市博物馆：《随州文峰塔 M1（曾侯与墓）、M2 发掘简报》，《江汉考古》2014 年 4 期；李学勤：《东周与秦代文明》"第十一章"，上海人民出版社 2007 年，图四十。

③ 程义：《吴国史新证：出土文献视野下的〈吴太伯世家〉》，上海古籍出版社 2022 年，第 125 页。

水（又作沮水）必在成臼西北，汉水以西的宜城平原上，亦即今之蛮河下游。① 古雎水既为今蛮河，郢都则位于雎水与汉水之间，在雎（沮）水北、汉水西的楚郢都就只能也在今宜城县南境的蛮河下游平原上，与县南十五里郑集以东的楚皇城遗址位置正合。② 楚昭王从为郢出逃，本书一直将为郢定于今湖北宜城东之楚皇城，正在蛮河与汉水之间，故楚昭王应是先沿蛮河进入汉水，渡过汉水，往东南逃至郧。郧人无力保护昭王，于是昭王不得不往东北方向逃至随国，即今天随州安居镇一带。石泉质问：如果认为春秋时期楚国的政治中心就到了今江陵一带，就无法解释吴师入郢经淮河而来，何以战场集中于襄樊一带的汉水北岸及南阳盆地东南部的唐河、新野、泌阳县境？何以楚昭王由郢都逃出后要西过沮水，转南过长江，再辗转东北行至今安陆，绕一大圈后莫名其妙自投罗网地往吴军下江陵必经的随地避难？③ 因此，春秋时期的楚郢都，在宜城楚皇城附近可能性较大。

史载吴军进入楚都为郢之后，犯下了一系列严重暴行。《左传》定公四年记载吴师入郢乱象："庚辰，吴入郢，以班处宫。子山处令尹之宫，夫㮣王欲攻之，惧而去之，夫㮣王入之。"十一月庚辰，即柏举决战后十天，吴师攻破郢都。"以班处宫"，是说阖闾、伍子胥等人按班论级，对应进入楚宫，对宫中女子施暴。自吴王而下，按尊卑顺序，分别住进楚王的宫室和令尹、司马等官员的府第。即阖闾妻楚昭王后及宫中女子，伍子胥妻楚相子常家眷。阖庐有子名子山，住进楚令尹囊瓦的府邸，囊瓦府邸豪华仅亚于王宫，在柏举战中立有大功的夫㮣王不服，要去攻打子山，子山闻讯，急忙迁出，将囊瓦府邸让给夫㮣

① 石泉：《齐梁以前古沮（雎）、漳源流新探——附荆山、景山、临沮、漳（章）乡、当阳、麦城，枝江故址考辨》，载《古代荆楚地理新探》，武汉大学出版社1988年。
② 石泉：《从春秋吴师入郢之役看古代荆楚地理》，载《古代荆楚地理新探》，武汉大学出版社1988年。
③ 石泉：《从春秋吴师入郢之役看古代荆楚地理》，载《古代荆楚地理新探》，武汉大学出版社1988年。

王享受。

《穀梁传》对"以班处宫"的描述得更详细："庚辰，吴入楚。日入，易无楚也。易无楚者：坏宗庙、徙陈器、挞平王之墓。……何以谓之吴也？狄之也。何谓狄之也？君居其君之寝，而妻其君之妻；大夫居其大夫之寝，而妻其大夫之妻。盖有欲妻楚王之母者，不正，乘败人之绩，而深为利，居人之国，故反其狄道也。"到了东汉人赵晔这儿，他除了在《吴越春秋·阖闾内传》中加入了"伍子胥鞭尸"情节之外，继续把阖闾君臣的"禽兽行"进行大篇幅的曝光，说"阖闾妻昭王夫人，伍胥、孙武、白喜亦妻子常、司马成之妻，以辱楚之君臣也。"

西汉刘向著《列女传》，把楚平王的夫人伯嬴刻画成坚贞不屈的烈女，说她不堪阖闾凌辱，举刀自裁。故事就是在"吴胜楚，入郢，昭王亡，阖闾尽妻其后宫"的背景中展开的。随着年代的推移，众多史家不断参加进来的累积铺陈，那么，"吴王阖闾和吴子胥君臣在楚王后宫行禽兽事"，似乎就成为了众所周知的历史事实了。

但是，1955年6月，正式考古发掘安徽寿县西门的蔡昭侯墓，出土了一批青铜器，其中有54块甬钟残片。通过对这54块残片进行拼对缀合复原，恢复了吴王光编钟。吴王阖闾即位前名公子光，故此钟为阖闾铸造。通过研究其上的铭文，考古专家惊喜地发现：吴王光编钟铭文中记叙了吴师入郢战争，其中提到："舍严天之命，入成不赓。"[①]

铭文中的"入成不赓"一句，以往研究者多认为是指公元前506年（楚昭王十年）吴破楚入郢之事，但对句义理解分歧较大。林焕泽认为

---

① 郭若愚：《从有关蔡侯的若干材料论寿县蔡墓蔡器的年代》，载《上海博物馆集刊》（建馆三十周年特辑），上海古籍出版社1983年，第77页；唐兰：《〈五省出土重要文物展览图录〉序言》，载《唐兰先生金文论集》，紫禁城出版社1995年，第79页；曾宪通：《吴王光编钟铭文的再探讨》，载《华学》（第5辑），中山大学出版社2001年，第117—119页；马晓稳：《吴越文字资料整理及相关问题研究》，吉林大学博士学位论文，2017年，第66页。

吴王光编钟铭文反映的是鲁定公四年(楚昭王十年，前 506 年)吴与晋在召陵会盟后的史事。吴王光编钟铭"入成不羹"可读作"入城不羹"，指吴国进入不羹并筑城。① 本节前文论证召陵会盟后晋国联合吴国攻占楚国的属国不羹时采纳了这个观点。但"入城不羹"还可以有另一解释，《说文》对"羹"字解为古文"续"字，郭若愚、曾宪通均训"羹"为"续"，认为，"羹"字从"庚"从"贝"，像双手护着宝贝。"入城不羹"就是不抢掠宝物钱财。《吴王光铭文》中"舍严天之命，入城不羹"的意思就是：我是严格遵照上天之命，入城不抢掠宝物钱财。② 由此可见，吴师入郢后"以班处宫"，吴国贵族们在楚国分级别施行"妻后"之禽兽不如的丑事，根本就是史学家们对吴国的诬陷和泼出的污水。这是有道理的。当然，也可能是对于吴师入郢后的军纪败坏，阖闾当时便面临诸多的指责，形成巨大的压力，有意作吴王光钟铭自辩。

伍子胥在吴师入郢之战的作用，《左传》定公四年所记较为模糊。《国语·楚语下》，不提伍子胥。清华简《系年》记载吴师入郢，伍子胥(伍员)起到了核心作用。③ 清华简《系年》十五章：

> 五(伍)员为吴大宰(宰)，是教吴人反楚邦之者(诸)侯，
> 以败楚㠯(师)于白(柏)墨(举)，述(遂)内(入)郢。④

伍子胥在吴师入郢之后向楚王"复仇"，是这场战争的一大特点，但《左传》定公四年在追叙楚昭王逃难中提及的，却是另一种当场就

---

① 林焕泽：《吴王光编钟铭"入成不羹"新考》，《中国史研究》2021 年第 3 期。
② 郭若愚：《从有关蔡侯的若干材料论寿县蔡墓蔡器的年代》，载《上海博物馆集刊》(建馆三十周年特辑)，上海古籍出版社 1983 年，第 77 页；曾宪通：《吴王光编钟铭文的再探讨》，载《华学》(第 5 辑)，中山大学出版社 2001 年，第 113 页。
③ 李均明：《伍员与柏举之战——从清华战国简〈系年〉谈起》，载《楚简楚文化与先秦历史文化国际学术研讨会论文集》，湖北教育出版社 2013 年，第 81 页。
④ 清华大学出土文献研究与保护中心编，李学勤主编《清华大学藏战国竹简》(贰)，中西书局 2011 年，第 170 页。

被制止的复仇。《左传》定公四年：郧公辛之弟怀将弑王，曰："平王杀吾父，我杀其子，不亦可乎？"辛曰："君讨臣，谁敢仇之？君命，天也。若死天命，将谁仇？《诗》曰：'柔亦不茹，刚亦不吐。不侮矜寡，不畏强御。'唯仁者能之。违强陵弱，非勇也；乘人之约，非仁也；灭宗废祀，非孝也；动无令名，非知也。必犯是，余将杀女。"郧公辛说服其弟怀不能因楚平王杀了父亲，就乘乱杀楚昭王以报仇，制止了其弟怀。没有提到伍子胥的复仇。之后的典籍却出现了伍子胥鞭坟的记载。《穀梁传》定公四年："易无楚者，坏宗庙，徙陈器，挞平王之墓。"亦未确指是伍子胥所为。此后的《吕氏春秋·首时》，记载伍子胥"亲射王宫，鞭荆平之坟三百"。《淮南子·泰族训》《新书·耳痹》等亦有类似的记载。此外，睡虎地汉简又增加了楚昭王向伍子胥求和：简108："……王已死其后子曰昭公昭公将率千人以亡"、简130："……□胥胥勇且智君必纳之昭公乃令人告伍子胥曰昔者吾"、简129："……有智今子率众而报我亦甚矣然而寡"、简128："……丘虚宗庙社稷乎吾请与子中分国矣"、简127："……□贵为名名成则昌必入之矣五子胥报于使者"、简109："……之矣杀其父而臣子非是君之臣也父死焉子食焉非"，等等。隐约透出楚昭王逃亡、想以中分楚国为条件召回子胥遭拒等信息。司马迁在《史记·伍子胥列传》中演化成"伍子胥求昭王，既不得，乃掘楚平王墓，出其尸，鞭之三百，然后已"，成为全文的高潮。伍子胥的复仇思想和行为成为很多学者研究的对象，说明春秋晚期，"忠君"思想尚未形成，在伍子胥心目中，"家族"是高于"君"的。①

柏举之战，楚国几近灭国，楚疆一度尽失。《说苑疏证·指武》："吴王阖庐（间）与荆人战于柏举，大胜之，至于郢郊，五败荆人。……遂入郢。南至江，北至方城，方三千里，皆服于吴矣。"②

---

① 任刚：《司马迁笔下的伍子胥》，《光明日报》2016 年 12 月 31 日第 7 版。

② 刘向：《说苑疏证·指武》，赵善诒疏证，华东师范大学出版社 1985 年，第 419 页。

第十二节　昭王逃难奔随、吴军内乱及秦越救楚，吴东撤（昭王十一年）

楚昭王出逃，很有戏剧性。《左传》定公四年、五年记载楚昭王的逃亡经行之地如下：

> 楚子取其妹季芈畀我以出，涉睢。……庚辰，吴入郢。……楚子涉睢，济江，入于云中。王寝，盗攻之，以戈击王。王孙由于以背受之，中肩。王奔郧，钟建负季芈以从，由于徐苏而从。……斗辛与其弟巢以王奔随。

> 王之奔随也，将涉于成臼。蓝尹亹涉其帑，不与王舟……

传统观点认为"睢"即今天的沮水，"江"指长江，"云"是云梦泽。[①] 倘若果真如此，楚昭王沿着沮水入长江，然后渡过长江逃亡至所谓的云梦泽，再往北折返逃到郧和随，中间还需再次渡过长江和汉水，如此折腾，恐与事实不符。石泉考证，"睢"是古睢水，即今天的蛮河，"江"不是长江的专称，而是大致在今天钟祥一带的汉水。云中当为春秋初期邭（又作郧、云）国故地之泛称。大致在汉水以东，今钟祥县境，北至丰乐河下游，南至旧口及天门县北境，东至京山县境。[②] 楚昭王等在云中遇盗脱险后，即奔郧，亦即楚郧公邑。《汉书·地理志》卷二八上江夏郡"竟陵"县原注："郧乡，楚郧公邑。"《续汉书·郡

---

① 杨伯峻：《春秋左传注》（修订本），中华书局 1990 年，第 1545—1546 页。

① 杨伯峻：《春秋左传注》（修订本），中华书局 1990 年，第 1545—1546 页。
② 石泉：《从春秋吴师入郢之役看古代荆楚地理》，载《古代荆楚地理新探》，武汉大学出版社 1988 年，第 393 页。

国志》荆州江夏郡"竟陵"原注亦云,"有郧乡。"汉竟陵县故址当在今钟祥县北、丰乐河(古臼水)东岸,丰乐镇附近,[1] 则楚郧公邑亦必相去不远。楚昭王等"济江"与"涉于成臼"都是渡过汉水,成臼在汉晋六朝的竟陵县西或西南,应是古臼水入汉处的一个渡口。《左传》定公五年杜预注,《水经注》卷二八沔水篇臼水条,都是以臼水入汉处释成臼地望。当时竟陵县址当在今钟祥县丰乐镇附近,则成臼当位过于今丰乐河入汉处。这里历来都是个津渡要口。[2] 与成臼相关联有楚之蓝邑,《左传》定公五年记楚昭王君臣涉于成臼时,遇到蓝尹亹正在带着自己的家属渡汉江而不肯把渡船让给楚王使用的史事,给我们提供了线索。这个楚大夫(亹)所"尹"之蓝邑,必当近成臼,并在其西或西北面的汉水西岸不很远处。楚昭王经过成臼和蓝邑后,由此向东(稍偏北),越过大洪山脉即至位于今随州市西约四十里溠河东岸之安居镇北的随国故城。[3] 张志鹏归纳:吴蔡唐联军攻楚,势如破竹,兵锋直指楚都郢(今湖北宜城县南十五里处郑集镇楚皇城遗址),楚昭王被迫出逃,涉睢(即睢水,今湖北宜城南境的蛮河),济江(汉水),入云中(地望大致在汉水以东、今钟祥市境,北至丰乐河下游,南至旧口及天门市北境,东至京山县境),奔郧(今湖北钟祥市北、丰乐河即古臼水东岸,丰乐镇附近),奔随(今湖北随州市安居镇北)。[4]

《左传》中楚昭王逃难奔随的记载,在清华简《系年》中得到印证。《系年》十五章:"昭王归随,与吴人战于析。"《系年》的记载,表明楚昭王一行是边逃跑边抵抗。楚昭王奔随途中险情不断。《史记·楚世家》:"昭王亡也至云梦。云梦不知其王也,射伤王。王走郧。"可见

① 石泉:《古竟陵城故址新探》,载《古代荆楚地理新探》,武汉大学出版社 1988 年,第 127 页。
② 参阅《方舆纪要》卷七七,湖广三,承天(安陆)府钟祥县"丰乐水"条;同治《钟祥县志》卷三,"丰乐河"条。
③ 石泉:《从春秋吴师入郢之役看古代荆楚地理》,载《古代荆楚地理新探》,武汉大学出版社 1988 年,第 393—395 页。
④ 张志鹏:《吴越史新探》,河南大学博士学位论文,2012 年,第 105 页。

楚昭王逃亡时受了箭伤。《吴越春秋·阖闾内传》："王涉濉，济江，入于云中。暮宿，群盗攻之，以戈击王头。大夫尹固隐王，以背受之，中肩。王惧，奔郧。"可见楚昭王受到过"群盗"的攻击。

陪同楚昭王逃难，斗氏家族与楚昭王加深了感情。《左传》定公四年："斗辛与其弟巢以王奔随。"斗辛是斗氏家族成员，其父斗成然是子文子孙中较有成就的一人，对楚平王有拥戴之功，成为令尹。这是斗氏自若敖氏之乱后所获得的最高的官职。但因斗成然"不知度，与养氏比而求无厌。王患之"（《左传》昭公十四年），楚平王元年，公元前 528 年，被楚平王所杀。斗成然死后，楚平王使其子斗辛居郧，成为郧县县尹。斗辛其人，有不少值得称道的地方，其最为突出的事迹是助楚昭王逃亡。《左传》定公四年载，楚昭王十年，公元前 506 年，吴攻入郢，楚昭王逃至郧，郧公斗辛的弟弟斗怀试图杀楚王以报杀父之仇，斗辛不同意，同弟弟斗巢护送楚王到随。斗辛所秉持的"柔亦不茹，刚亦不吐。不侮矜寡，不畏强御"的信条，恰如其分地表现出一位端方正直的君子形象，与其祖辈子文等信奉的"自毁其家，以纾楚国之难"的信念一脉相承。子文的子孙虽实力日渐单薄，但端方知礼的君子之风依然传承下来。斗氏经九世依然存活在楚国的政坛之上，除了子文的余荫，传承这种守礼知礼之风也是重要原因。子文这一支，虽然在"若敖氏之乱"后得以保留，但实力大不如前，从历代任职来看，每一代只有一人任职，并非血脉单薄，应是只有宗子嫡系才能任官，家族影响力大大减弱；除去斗成然有拥戴之功被委以令尹之位外，其余人的官位并不高，且逐渐远离楚国中央权力的中心，被边缘化。黎叶妍认为，子文这一系的继续延续，很大程度上缘于子文的突出贡献和家族的君子之德，但终究独木难成林，逐渐在楚国政坛上消失。[①]

楚昭王逃难，也增强了王室与屈氏的关系。追记于《战国策·楚

①　黎叶妍：《春秋时期楚国斗氏研究》，苏州大学硕士学位论文，2015 年，第 53 页。

册一》"威王问于莫敖子华"一章中的莫敖大心是楚昭王时期屈氏家族的重要成员，在柏举之战中用自己的生命去保卫楚国。莫敖子华云："昔者吴与楚战于柏举，两御之间夫卒交，莫敖大心抚其御之手，顾而大息曰：'嗟乎！子乎！楚国亡之日至矣！吾将深入吴军，若扑一人，若捽一人，以与大心者也，社稷其庶几乎？'故断脰决腹，壹瞑而万世不视，不知所益，以忧社稷者，莫敖大心是也。"杨炳校认为莫敖大心是"楚穆王时令尹成大心的孙子"，并引《英贤传》证：楚有大心，令尹得臣之子。其孙以王父字为氏"，认为"莫敖大心阙名"①黄崇浩则认为："《英贤传》'孙以王父字为氏'之说不确。按《左传》有四'大心'：萧叔大心、成大心、监马尹大心、乐大心，均是名而非氏。故不可轻信；'莫敖大心阙名'之说亦非。如'莫敖大心'姓屈，则必非成氏出。故莫敖大心必非成大心。"②自屈瑕起，在楚国中央担任莫敖之职的历来都是屈氏成员，由此也可以推断出莫敖大心必是屈氏贵族。宋公文也有类似的观点。③

楚昭王逃难，最后奔随。清华简《系年》也明确说到"昭王归随"：

> 五(伍)员为吴大宰(宰)，是教吴人反楚邦之者(诸)侯，
> 以败楚启(师)于白(柏)盞(举)，述(遂)内(入)郢。邵(昭)
> 王歸(归)〔83〕虁(随)，与吴人戠(战)于析。〔84〕④

据《系年》可知，秦国援兵到达后，秦楚联军与吴晋联军会战于析。析在淅川沿岸，今河南西峡稍北。这正是昭王奔随的主要目的。

① 余知古：《渚宫旧事校释》，杨炳校校释，武汉出版社1992年，第160页。
② 黄崇浩：《屈原父名屈章说——兼考战国时期屈氏与莫敖之关系》，《湖北大学学报》(哲学社会科学版)，2006年第4期。
③ 宋公文：《楚史新探》，河南大学出版社1988年，第330页。
④ 清华大学出土文献研究与保护中心编、李学勤主编《清华大学藏战国竹简》(贰)，中西书局2011年，第170页。

李守奎分析，昭王奔随，有很大的风险，前有反叛的唐(今湖北唐县附近)，后有吴的追兵，如果没有随的保护，将无路可逃。昭王之所以选择这里，有三个原因：一是这里有别都在秦溪之上，这里还没有遭到破坏，还保存着一定的力量；二是随早已是归顺楚的属国，可以依赖，附近的唐国虽然反叛，但力量有限；三是从随枣(枣阳)走廊出来，就来到南阳盆地。在这里，不论是等待秦的援兵到来，还是出去和秦军会合都比较便利。①

昭王奔随，受到随国保护。《左传》定公四年：

> 斗辛与其弟巢以王奔随。吴人从之，谓随人曰："周之子孙在汉川者，楚实尽之。天诱其衷，致罚于楚，而君又窜之，周室何罪？君若顾报周室，施及寡人，以奖天衷，君之惠也。汉阳之田，君实有之。"楚子在公宫之北，吴人在其南。子期似王，逃王，而己为王，曰："以我与之，王必免。"随人卜与之，不吉。乃辞吴曰："以随之辟小而密迩于楚，楚实存之。世有盟誓，至于今未改。若难而弃之，何以事君？执事之患不唯一人。若鸠楚竟，敢不听命？"吴人乃退。

楚昭王奔随，吴军紧紧尾追，很快追到随国。吴国的使臣威逼利诱，软硬兼施，逼随君交出楚昭王。当时楚昭王与吴国的使臣分别在随国宫室的北边和南边，楚昭王危在旦夕。紧要关头，楚臣子期准备冒充昭王，掩护昭王逃走，但随君经过占卜，拒绝交出昭王。

吴国索要楚昭王，曾经与随国谈判。在出土随大司马戈的同一座

---

① 李守奎：《论清华简中的昭王居秦溪之上与昭王归随》，载清华大学出土文献研究与保护中心编《清华简研究(第一辑)》，中西书局 2012 年，第 328 页。

墓中出有一件错金铭文铜戟，铭文为"吴王子光之用"。① 这件戟出现在曾国墓地里，也是这一段历史的见证之一。黄凤春在吴中区博物馆的讲座中曾指出："吴王光和曾孙邵就交出楚昭王之事有过谈判，吴王阖闾并将自己还是公子时铸造的心爱之戟赠与了曾孙邵。曾孙邵对此戟倍感珍惜，将其作为珍宝，并在死后葬到了自己的身边。"

随国保护楚昭王事，《史记·楚世家》亦记："吴王闻昭王往，即进击随，谓随人曰：'周之子孙封于江汉之间者，楚尽灭之。'欲杀昭王。王从臣子綦乃深匿王，自以为王，谓随人曰：'以我予吴。'随人卜予吴，不吉，乃谢吴王曰：'昭王亡，不在随。'吴请入自索之，随不听，吴亦罢去。"司马迁的记载表明随国保护楚昭王，态度坚决，一度与吴国僵持，让吴国无可奈何，不得不放弃。

楚昭王被随国保护，暂时安全，但吴国占领楚国国都和广大疆域，楚国命悬一线。关键时刻，楚臣申包胥力挽狂澜，赴秦求得救兵。秦兵救楚，使楚国从被灭国的边缘中死而复生。《左传》定公四年介绍了申包胥赴秦请兵的经过：

> 初，伍员与申包胥友。其亡也，谓申包胥曰："我必复楚国。"申包胥曰："勉之！子能复之，我必能兴之。"及昭王在随，申包胥如秦乞师，曰："吴为封豕、长蛇，以荐食上国，虐始于楚。寡君失守社稷，越在草莽，使下臣告急，曰："夷德无厌，若邻于君，疆场之患也。逮吴之未定，君其取分焉。若楚之遂亡，君之土也。若以君灵抚之，世以事君。"秦伯使辞焉，曰："寡人闻命矣，子姑就馆，将图而告。"对曰："寡君越在草莽，未获所伏，下臣何敢即安？"立，依于庭墙而哭，日夜不绝声，勺饮不入口七日。秦哀公为之赋

---

① 吴中博物馆编《穆穆曾侯——曾国出土青铜器精品》，江苏凤凰文艺出版社 2021年，第150—153页。

《无衣》，九顿首而坐。秦师乃出。

这段记载的关键，申包胥对秦王自称是"寡君失守社稷，越在草莽，使下臣告急"，可见他不是个人挺身而出，而是受楚昭王委派赴秦的。申包胥用唇亡齿寒的比喻巧妙劝说秦哀公："吴为封豕、长蛇，以荐食上国，虐始于楚。"申包胥说吴国就是大猪、长蛇，一再吞食中原国家。吴国的贪欲是不会满足的，如果楚国灭亡，吴国成为秦的邻国，秦国将成为吴国下一个目标。申包胥代表楚国对秦国开出的条件是"逮吴之未定，君其取分焉。若楚之遂亡，君之土也。若以君灵抚之，世以事君。"意思是在吴国目前尚未完全灭亡楚国时候，秦国可以与吴国共分楚国的土地。如果楚国灭亡，楚国的土地情愿送予秦国，如果秦国出手相救，楚国将世世代代侍奉秦国。这个条件，可谓到了极致。但是，秦国畏惧吴国的实力，还是不敢出手相救，这才发生申包胥立于秦廷而哭七日七夜，感动秦哀公，秦哀公后来答应出兵。仔细分析《左传》的这段文字，讲求实际利益的秦哀公，不可能仅仅被楚臣申包胥的哭所感动而冒险出动五百乘兵车，一定有其他多种原因。有学者分析，秦哀公本来不愿出兵，但是考虑到楚国灭亡对秦国也不利，应伸出援助之手出兵救楚。楚、秦乃姻亲之国，昭王是秦国外甥，这又是秦哀公出兵的一个重要因素。在生死存亡的紧要时刻，楚、秦联姻挽救了楚国。[①] 不过，这只能算是原因之一，秦救楚潜在的原因，还是贪图楚国的土地，只是没有明言罢了。一旦救楚成功，这笔土地交易才会浮出水面。这在后文介绍秦楚争夺商於之地时将作进一步分析。

秦师救楚，文献有详细记载。《左传》定公五年：

申包胥以秦师至，秦子蒲、子虎帅车五百乘以救楚。子

① 宋公文、陈慧君：《试论春秋时期的楚秦联姻》，《襄樊学院学报》2000年第3期。

蒲曰："吾未知吴道。"使楚人先与吴人战，而自稷[丘]会之，大败夫槩王于沂。吴人获薳射于柏举，其子帅奔徒以从子西，败吴师于军祥。秋七月，子期、子蒲灭唐。九月，夫槩王归，自立也。以与王战而败，奔楚，为堂谿氏。吴师败楚师于雍澨，秦师又败吴师。吴师居麇，子期……焚之，而又战，吴师败，又战于公壻之谿。吴师大败，吴子乃归。

石泉考证，秦军援楚的路线当是沿丹江而下，道出武关(约在今鄂豫陕(三省交界的河南淅川县荆紫关西、陕西境内)向东，入南阳盆地。这是当时秦楚之间的主要通道。《战国策·楚册一》记楚莫敖子华对楚威王追忆吴师入郢之役，秦人出兵援楚事云："秦……遂出革车千乘，卒万人，属之子满与子虎，下塞以东，与吴人战于浊水，而大败之。"《淮南子·修务训》亦云，"秦王乃发车千乘，步卒七万，属之子虎，逾塞而东，击吴浊水之上，果大破之。"石泉指出，"下塞"，"逾塞"当指出武关，塞以东就是南阳盆地。子满当即上引《左传》中之子蒲("满"与"蒲"字形近似，当有一误，实为一人)。在南阳盆地中称为"浊水"的河流见于记载的有好几条，[1] 皆在盆地西南部。无论浊水之战是指哪一条浊水，都不出南阳盆地。

这一阶段的战事所涉及的地名，在《左传》中有稷、沂、军祥、唐、雍澨、麇、公壻之谿等。其中前文已经介绍，唐在今河南唐河县、雍澨在今钟祥县西南、麇的地望在今滚河西入唐白河后的唐白河下游东岸地。[2] 稷与沂是秦师入楚后，与楚联合大败吴师的一次主力战中涉及的两个地名。沂之位置，当即上引《战国策·楚册一》及《淮南子·修务训》所记之浊水。两地史事同(只战车数与兵力有出入)，时

① 参阅《水经注》卷三一淯水篇末，"浊水"条。《寰宇记》卷一四二，邓州穰县"湍水"条引《南雍州记》，又，南阳县，废菊潭县，"浊水"条。

② 石泉：《从春秋吴师入郢之役看古代荆楚地理》，载《古代荆楚地理新探》，武汉大学出版社 1988 年，第 388—389 页。

1616

间亦同，又同是水名，当为水滨的一个战场。今唐河县西南，泌阳河与唐河汇流后的下游支流在清代犹有"沂河"。其位置亦大致与秦、楚及吴交战之"沂"相符。河流之含泥沙多者，水混浊，常得"浊水"之名，所在皆有。唐河以西诸水(尤其白河)皆多沙，亦得称为浊水。石泉猜测，沂如果是今唐河县西南之沂河，则稷丘位置亦当近之。秦、楚之师于此役胜后不久，即进兵灭唐。唐即在东面不远，越过今之唐河即是，道途近便，形势全合。顾栋高在《春秋大事表》卷七之四言"军祥，当在湖广德安府随州西南"。石泉按，军祥之战是楚大夫蒍射之子于柏举败后率残部投奔子西于脾泄，于次年夏六月出兵击败吴师的一次战役。其位置则当接近柏举与脾泄，约在今随枣走廊之枣阳西境，或枣阳以北，今唐河县南之湖阳镇一带。参与军祥之战的楚师当为败后重整的另一支楚军，属子西统率，闻秦师已到，而出兵配合作战。公婿之谿是吴师撤出楚境前的最后一次大败之地。杜注仅云楚地，其余诸书(包括清人论著)皆无考。石泉按：这里既是吴人东退归国之前的最后一个战地，则其地望当偏东。地名称"谿"，必为近山之水流上源地带。结合当时的用兵形势看，似当在楚方城的"城口"某一隘道(或即大隧、直辕、冥阨之一)以内，大致应不出南阳盆地东南部，今河南泌阳县东、长城山丘陵地西侧的某一山口内，傍溪之处。[1]

分析秦楚之师联合对吴作战情况，大致可分两阶段。

第一阶段有两条战线：在北路，吴将夫槩王驻军汉北，在南阳盆地南部迎击秦楚之师。最初与秦军联合对吴作战的楚师当是由南阳盆地北部楚国重镇申县(今河南南阳北)一带的驻军组成。这从有关的古记载中未见吴师进入申地的任何信息，以及吴师入郢后前往秦国乞师的楚大夫为申包胥(当是楚申县的统治者)，可以得知。秦楚联军于六月间在稷丘——沂(浊水)首战告捷，大败夫槩王率领的吴军。七月

---

[1] 石泉：《从春秋吴师入郢之役看古代荆楚地理》，载《古代荆楚地理新探》，武汉大学出版社1988年，第396—399页。

间，楚将子期与秦将子蒲乘胜率师东进，灭唐国。秦楚联军灭唐，亦见于清华简《系年》十九章："秦异（《史记·秦始皇本纪》作'毕'）公命子蒲、子虎率师救楚，与楚师会伐唐，县之。"《左传》云秦哀公，《史记·秦本纪》亦云哀公，《史记·秦本纪》云毕公。夫槩王所统吴师残部此时当已撤至唐国以东，正在归国途中。甚至已退到方城外，故秦楚之师灭唐时，未见与吴师再战。另一路为南路，即军祥之战，在柏举之战中被吴军俘获的楚将薳射的儿子收编溃散的楚军，听从楚昭王哥哥子西的指挥，"败吴师于军祥"。子西所统率的楚军，当是由南阳盆地以南的随枣走廊西部，今枣阳一带出击吴师别部，于唐国以南或雍澨以东，也取得了胜利。这一路当时尚未与秦师会合。第一阶段以吴夫槩王所部首先撤回国而结束，两条战线也随之合一。

　　第二阶段从九月间吴楚雍澨之战开始。这时吴王阖闾已得知夫槩王率部归吴自立，于是放弃了楚郢都，撤兵回国平乱。《史记》之《吴太伯世家》《楚世家》《伍子胥列传》都谈到吴至阖闾在听说夫槩王率部归吴自立以后，就从楚国撤兵东归平乱。《左传》定公五年则未明确提到这一点。由郢北撤到雍澨时，与楚师遭遇，在这里，吴师先败楚师，秦师继至，又败吴师，然后吴师退驻于麇，又被楚军在雍澨（今湖北京山）放火焚烧树林，用火攻击败。[①] 刘正明分析，吴军东撤，孙武代摄统帅，一度陈兵雍澨，以逸待劳，打败了反攻的楚军。他入郢时经受了燧象之战，对火攻甚为警惕，见雍澨一带树木甚密，担心楚军焚林，就移兵到雍澨附近树木较少的麇地驻扎，心想麇是楚国司马沈尹戌曾与吴军苦战的主战场，遍地是楚国将士的遗骸，连沈司马戌的遗体也草草掩埋于此，楚军是决不会纵火焚烧自己父兄的骸骨的。孙武不愧知己知彼的军事家。《左传》定公五年："吴师败楚师于雍澨，秦师又败吴师。吴师居麇，子期将焚之，子西曰：'父兄亲暴骨焉，不

① 石泉：《从春秋吴师入郢之役看古代荆楚地理》，载《古代荆楚地理新探》，武汉大学出版社 1988 年，第 399—400 页。

能收，又焚之，不可。'子期曰：'国亡矣！死者若有知也，可以歆旧祀，岂惮焚之?'焚之，而又战，吴师败。"楚军主将子西(后来的令尹)果然不同意副将子期(后来的司马)的火攻之策，子西说："父兄骸骨暴露抛于荒郊，不能收埋、反被焚烧，怎么对得住死者?"子期说："如果楚国灭亡了，即使遗骨犹存，仍是享受不到祭祀的饿鬼，要是胜利了，即使化骨扬灰，后人还会纪念他们。死者地下有知，也会赞成火攻的。"随即决定举行火攻。雍澨顿时烈焰升腾，火光四起，吴军惊乱奔逃，孙武受挫。① 这反映出吴王阖闾亲自率领的主力部队正在回国途中，且战且退。秦楚联军则跟踪追击，最后在公壻之谿又一次大败吴师。从而结束了这次吴师入郢战争的全过程，楚人基本上收复了方城以内的失地。从吴师退兵过程中的战地有雍澨与麇，可知吴师的进军与退兵，大致走的是同一路途。②

吴军东撤途中，又遇到越国趁机掩袭。公元前505年，楚昭王十一年，越王允常经过数年准备之后，决定举兵反击。《春秋》定公五年载："於越入吴。"同年《左传》亦载："越入吴，吴在楚也。"允常选择此时讨伐吴国，因为其时吴军正与楚交战，故《吴越春秋》卷四更为细致地记载说："十年(阖闾十年，即公元前505年)，秦师未出，越王元常(《越绝书》作"允常")恨阖闾破之槜里，兴兵伐吴。吴在楚，越盗掩袭之。"对吴国来说，在伐楚之前当作出了相应的军事安排防备越国。从《左传》定公五年的记载来看，越人并没有对吴国的本土造成实质性的威胁，仅是牵制和骚扰，然而，越人伐吴的消息传到远离本土的吴军那里，它所造成的心理影响不应低估。

吴国发生了夫槩回国称王的内讧事件，促成阖闾提前从楚国东撤。这一历史事件的背后，其实是吴国争夺王位的白热化。十九世吴王寿梦临死前留下成命，要把王位传至四子季札，因此，寿梦殁后，吴国

---

① 刘正民：《〈孙子〉火攻与楚国》，《荆州师专学报》1996年第1期。

② 石泉：《从春秋吴师入郢之役看古代荆楚地理》，载《古代荆楚地理新探》，武汉大学出版社1988年，第396—400页。

王位的继承都是按照"兄终弟及"的这一程序进行。馀昧死后，由于季札不肯接受王位，吴国的王位由馀昧之子吴王僚获取，是为"父死子继"，违反了"兄终弟及"的程序，故诸樊之子公子光理直气壮地伙同伍子胥刺杀王僚夺得王位。公子光继位后号为阖闾。其弟夫槩，作为吴国的一员骁将，伐楚之战中战功累累，无疑希望阖闾以后的王位继承依然遵循"兄终弟及"的传承程序，轮到自己，对阖闾有可能实行"父死子继"充满焦虑。故此，夫槩对阖闾儿子们的任何一点轻慢他的行为都神经过敏。《左传》定公四年的一段记载很值得我们注意："庚辰，吴入郢，以班处宫。子山处令尹之宫，夫槩王欲攻之，惧而去之。夫槩王入之。"十一月二十八日，吴国军队进入郢都，各人按照官阶高低，分别住进楚国的宫室，吴人奸淫楚国妇女也讲究秩序，强调以官职之大小分别享受对方相应级别官员的女人。吴王阖闾的儿子公子山住进了楚国的令尹府。夫槩认为如果"兄终弟及"，自己便是未来的王储，仅次于吴王阖闾，因此，吴王住进了楚王的宫殿，他当然应该住进楚国令尹的府邸。可阖闾的儿子公子山竟然住进楚国"令尹"的府邸，这对于盯着吴国王位的夫槩来说，是不可容忍的，他毫不犹豫地"欲攻之"，捍卫自以为的王储地位。这当然会触怒阖闾。阖闾与夫槩的矛盾不可调和，在吴国，到底是"父死子及"还是"兄终弟及"？阖闾早已倾向于前者。《吴越春秋》卷四记载，当阖闾的儿子太子波死后，阖闾召伍子胥谋立太子。伍子胥说起"父死子代，经之明文"，阖闾的回答得极为爽快："寡人从子。"阖闾"父死子继"的思想或许早在不经意中流露了出来，让夫槩大失所望，遂埋下反叛的种子。当秦楚联军在楚境内的稷地"而即会之，大败夫槩"后，夫槩打了败仗，锐气不再，另谋出路。"夫槩师败，却退。九月，潜归，自立为吴王。"这位浑身充斥着霸气的王弟，一退就退回国内去自立为吴王了。《史记·伍子胥列传》："阖庐（阖闾）闻之，乃释楚而归，击其弟夫槩。"吴王阖闾得知消息，没有片刻的犹豫，立即下令全军东撤回国，平定夫槩的叛乱。而"子胥、孙武、白喜（即伯嚭）留"（《吴越春秋》卷四）。阖闾的大军猛攻夫槩，夫槩不能抵挡，败下阵来，不得已投奔楚国。楚昭王将夫槩安置于楚吴边界，作为棠谿的封君。《水经》："濯水出汝南吴房县西北奥山，东过其县北，入于汝。"《注》："县西北有棠谿城，故房子国。《春秋》定公五年，吴王阖闾弟夫槩奔楚，封之于棠谿，故曰吴房也。"

跟随阖闾回国平叛的吴国军团元气大伤，留守在楚国的吴国军团更像是陷在泥淖中一般，苦苦挣扎。《吴越春秋》卷四："子胥久留楚，求昭王，不去。"头脑充满复仇激情的伍子胥主张长期留在楚国，搜索楚昭王，不肯离开楚国。及至秦军参战以后，整个战场形势已发生很大变化，伍子胥仍视而不见，说什么"彼楚虽败我馀兵，未有所损我者"。孙武的看法却与伍子胥不同，"孙武曰：'吾以吴干戈，西破楚，逐昭王而屠荆平王墓，割戮其尸，亦已足矣。'"这次吴国对楚国的战争，在先胜的情况下，后来几乎是被秦楚联军赶出楚国。但吴国仍然自认为胜利。为了刻意地渲染胜利归来的气氛，"诸将既从还楚，因更名阊门曰破楚门"（《吴越春秋》卷四）。

发生于前506年的吴楚柏举之战是春秋晚期一次规模宏大、战法灵活、影响深远的大战。是役，吴军在阖闾、伍子胥、孙武、夫槩等人的指挥下，先以"亟疑以罢之，多方以误之"方式疲楚误楚，同时剪楚羽翼，伐谋伐交，创造了十分有利的进攻态势。待一切就绪后，即从北线、东线果断进击，灵活机动，因敌用兵，以迂回奔袭，后退疲敌，寻机决战，深远追击等战法，长驱直入，一举战胜多年的敌手楚国，从而在很大程度上改变了春秋晚期的整个战略格局，为吴国的进一步崛起，进而争霸中原奠定了坚实的基础。

黄朴民评价：柏举之战在古代战争发展史上也具有里程碑式的意义。它一改以往战争"约日定期"，一战即见胜负的传统模式，而突出体现了"兵以诈立"、"上兵伐谋"、"避实击虚"、"示形动敌"、"致人而不致于人"、连续作战、运动歼敌、灵活机动、出奇制胜的崭新特点，成为战争史上一次革命性的飞跃。经过这场决定性的战争，吴楚之间80年的战事得到基本平息，历史由此而进入了吴越长期争战的新的阶段。①

　　徐少华对柏举之战楚国的疆域状况进行了研究，**见图20-9：吴师入郢之后楚国北疆概况**。

　　张志鹏回顾吴国开疆拓土的历史。吴国于商末在今江苏南京江宁区横山一带立国后，很快就开始开疆拓土。到吴王寿梦即位之前，吴国的疆域北邻郯国(今山东临沂市、临沭县、郯城县一带)一线；西部与钟吾国(今江苏宿迁市、新沂市一带)、徐国(今洪泽湖西北岸、江苏泗洪县东南的半城镇一带)、钟离国(今安徽凤阳县、蚌埠市一带，今凤阳县有钟离故城遗址)、州来(今安徽凤台、寿县一带)、淮南群舒之地相邻；向南大概在黄山、天目山、太湖一线与越国相邻。吴王寿梦在位时期，原为楚国控制的淮南群舒之地几乎全为吴国掌控，吴国的势力范围已经抵达楚国本土。吴王诸樊、馀祭、馀眜和僚在位时期，在淮河两岸和江淮之间大力经营，夺取州来、巢、钟离等重镇，解除了吴军西进的藩篱。吴王阖庐在位时期，北灭钟吾和徐并占有其地，为日后吴国北上开拓铺平了道路；然后在联晋攻入楚方城之后，继续南下攻楚入郢，几乎灭楚，后虽被迫东归，但楚国也丧失了与吴抗衡的实力，淮河两岸和江淮之间尽入吴国。②

第十三节　昭王返郢，履约赠秦商於之地（昭王十一年）

　　吴国东撤，楚昭王得以返回为郢(宜城楚皇城)。《系年》十五章："吴王子晨将起祸于吴，吴王阖庐乃归，昭王焉复邦。"

---

① 黄朴民：《春秋军事史》，军事科学出版社1998年，第305页。转引自糜振玉主编《中国军事学术史》，解放军出版社2008年，第109—110页。
② 张志鹏：《吴越史新探》，河南大学博士学位论文，2012年，第118页。

楚国遭到社稷几乎倾覆的大难，纯属自取其咎。正像《孟子·离娄上》孟子说的："夫人必自侮，然后人侮之；家必自毁，而后人毁之；国必自伐，而后人伐之。"楚昭王是一个有为的君王，他没有在逆境中沉沦，相反愈挫愈奋，斗志更坚。有一则昭王听《穷劫之曲》后而奋发有为的故事。《吴越春秋·阖闾内传》：

> 吴军去后，昭王反国。乐师扈子非荆王信谗佞，杀伍奢、白州犁，而寇不绝于境，至乃掘平王墓、戮尸奸喜以辱楚君臣，又伤昭王困迫，几为天下大鄙，然已愧矣。乃援琴为楚作《穷劫之曲》，以畅君之迫厄，之畅达也。其词曰："王耶王耶何乖烈，不顾宗庙听谗孽。任用无忌多所杀，诛夷白氏族几灭。二子东奔适吴越，吴王哀痛助忉怛。垂涕举兵将西伐，伍胥、白喜、孙武决。三战破郢王奔发，留兵纵骑虏荆阙。楚荆骸骨遭发掘，鞭辱腐尸耻难雪。几危宗庙社稷灭，严王何罪国几绝。卿士凄怆民恻愰，吴军虽去怖不歇。愿王更隐抚忠节，勿为谗口能谤亵！"昭王垂涕，深知琴曲之情，扈子遂不复鼓矣。

吴国的军队东撤以后，楚昭王返回了国都。面对残破的郢都，楚昭王自然感慨万千。乐师扈子责怪楚王听信能说会道说人坏话的奸臣而杀害伍奢、白州犁，以致使吴国的侵扰在边境上不断发生，甚至于竟然掘开楚平王的坟墓、宰割楚平王的尸体、肆意奸淫楚昭王等的妻子来侮辱楚国的君臣，又伤心昭王困厄窘迫，差一点儿成为天下最鄙陋卑贱的人，就是这样，也已经够惭愧的了。于是便拿过琴来给楚王作了一首《穷劫之曲》，用它来悲歌国君的窘迫困厄。《渚宫旧事》也有类似的记载："昭王反郢，乐师扈子侍坐，引琴而歌曰：'王兮王兮听谗邪，枉杀左右冤伍奢，二胤怀恨东奔吴，创仇构祸破国都，鞭尸戮骸邱墓屠。赖申包胥人获苏。王虽反国忧未徂。'王垂涕不复听，乐师扈子亦终身不操琴。"①

楚昭王痛定思痛，从此以后，采取了一系列振兴楚国的举措，使楚国在短时间内从几乎灭国的绝境中走向了中兴。楚国树大根深，经得起风浪。一场国破家亡的危机终于渡过了，山河依旧，宗庙无恙，民间虽疮痍未复，楚国却仍是一个令诸侯望而生畏的大国。班固说："楚昭王……所谓善败不亡者也。"(《汉书·刑法志》)。张正明评论：事态的发展正像逢滑所预测的，楚国像一个做了成功的肿瘤摘除手术的病人，经过疗养，又康复了。②

昭王返郢后，最重要的有两件事，一是赏赐功臣，二是答谢秦国。

《左传》定公五年详细记载了楚昭王赏赐随从逃难的功臣："楚子入于郢。……王赏斗辛、王孙由于、王孙圉、钟建、斗巢、申包胥、王孙贾、宋木、斗怀……"其中申包胥逃赏。"申包胥曰：'吾为君也，非为身也。君既定矣，又何求？且吾尤子旗，其又为诸？'遂逃赏。"《韩诗外传》卷八记："吴人伐楚，昭王去国，国有屠羊说从行。昭王反国，赏从者及说。"屠羊说辞赏：昭王反国，赏从者及说，说辞曰："君失国，臣所失者屠；君反国，臣亦反其屠。臣之禄既厚，又何赏之？"辞不受命。

对于秦国出兵救楚的大恩，楚国是否报答，未见文献有任何记载，这是不正常的。史载楚昭王之前的楚灵王时期，楚国便有向许国和郑国赠送土地的两个先例：

一是《左传》昭公九年(楚灵王八年)记："二月庚申，楚公子弃疾，迁许于夷，实城父，取州来、淮北之田以益之，伍举授许男田。然丹迁城父人于陈，以夷濮西田益之。"杜预亦言，"以夷田在濮水西者，与城父人。"楚国将属国许国迁徙至夷地，以充实城父一带的实力，觉得许国吃了亏，便以土地作为弥补，将州来在淮水北岸的土地

① 余知古：《渚宫旧事校释》，杨炳校校释，武汉出版社1992年，第106页。
② 张正明：《秦与楚》，华中师范大学出版社2007年，第111页。

赠送给了许国，为此还举行了由大臣伍举亲自向许国的国君赠田的仪式。此外，又将城父的人口迁到陈国，同样将夷地的部分土地赠送给城父人。二是《左传》昭公十三年记："（楚）平王封陈、蔡，复迁邑，致群赂，施舍、宽民，宥罪、举职。……（楚）使枝如子躬聘于郑，且致犫、栎之田。事毕弗致。郑人请曰：'闻诸道路，将命寡君以犫、栎，敢请命。'对曰：'臣未闻命。'既复，王问犫、栎，降服而对，曰：'臣过失命，未之致也。'王执其手，曰：'子毋勤。姑归，不穀有事，其告子也。'犫、栎本郑邑，楚中取之。平王新立，故还以赂郑。楚平王为拉拢郑国，派出使者枝如子躬出使郑国，准备将楚国的犫地和栎地赠送郑国，枝如子躬为了保住楚国的土地，故意装聋作哑，一直到告辞时都不提赠送土地的事情，当郑国点明土地之事时，枝如子躬干脆否认。回国后，楚平王问及赠送土地之事办得如何，枝如子躬这才承认，自己为保住楚邑，有意未办，结果反而得到楚平王的夸奖。此事在本书第二十章第六节"楚臣拒退郑两邑及北界晋灭蛮氏"中有介绍。

这两个事例，说明当时楚国与诸侯国之间，为了一定目的而赠送土地，是常有的事。秦国在吴师入郢时出兵救楚，挽楚国于危亡，这种大恩大德，楚国不可能不报答。这种报答，最好的应该是赠送土地。鉴于文献缺载，推测楚国如果赠送秦国的土地，最有可能是秦楚边界之地。但在讲究"仁义"的春秋时代，秦国救楚，本来非为图报，一定不会接受，故楚国赠送土地之事，只能形成默契，彼此心照不宣，一旦秦楚关系破裂，秦国认为应该占有此地，也就会理直气壮地收回，楚国也只能默认，不作抵抗。

秦楚边界之地，楚国的属邑有多种名称。楚成王时称为商邑，《左传》文公十年记公元前632年晋楚城濮之战后，楚成王任子西为"商公"。故城在今陕西丹凤县西五里。楚穆王时称为商密，在秦国南部秦岭之上。那里是丹水的发源地，鄀国的国都就在这里。鄀国一直是楚国的属国，公元前623年，楚穆王三年，楚灭江。因江与秦同姓，秦穆公为之举哀。一年之后（公元前 622 年），秦攻鄀，入其都，显然是对楚灭江的报复。《左传》文公五年谓"秦人入鄀"，称"入"，表明攻取了鄀都。楚人采取了忍让的态度，将鄀都商密让给秦人，将鄀国的遗民东迁到楚国腹地，今湖北钟祥西北。此后商密之地变成了秦国的领土，但随着秦国与晋国的矛盾日趋激烈，秦国需要拉拢楚国配合，一起对付晋国，主动退出商密之地，楚国逐渐恢复对商密之地的管理。《左传》昭公十八年载，到楚平王五年，公元前 524 年，"楚子使王子胜迁许于析，实白羽"。楚国将许国从夷地迁徙到析地，析地紧邻旧商密之地，表明商密旧地仍由楚国控制。楚吴发生柏举之战前夕，许国背楚，被晋国安置到容城，此地仍由楚国管理，成为楚秦之间的通道，秦国的救兵由此地进入楚国的腹心地带南阳地区，畅行无阻。柏举战后，吴国东撤，楚国以此地赠送秦国，合乎情理。即使秦国没有接受，但楚国不再设置边境防御机构，放弃管理，任由此地成为两不管地区。也可能作为楚县，没有驻军，虚以管理。秦国也就在心理上将此地视之为秦国的领土，心照不宣。这种状态持续了 154 年之久，楚、秦两国习惯将此地称之为"商於之地"。直到公元前 351 年，秦孝公十一年、楚宣王十九年，秦楚之间发生矛盾，秦国在商於之地筑城，《史记·六国年表》称之为"秦城商塞"，楚国未作任何抵抗，听任秦国筑城。再以后秦国索性将此地作为商鞅的封邑。杨宽指出，商鞅受封，以武力夺取商於之地，"秦孝公十一年城商塞。卫鞅围固阳，降之"。[①] 张正明认为：於、商，文献多称之为商、於，原为楚地。秦封卫鞅于商、於，是让卫鞅去侵占楚人的国土作为自己的封地，《史记·楚世家》记其事曰："秦封卫鞅于商，南侵楚。"按：湖北江陵天星观 1 号楚墓出土的竹简，记有"秦客公孙鞅闻（问）王于栽郢之岁"。公孙鞅访楚，必定取道商、於，当时他对商、於的地形以及楚师的防务

① 杨宽：《战国史料编年辑证》，上海人民出版社 2016 年版，第 365 页。

大概已经知其大概了。后来以商、於为封地，可能是他自请的。① 石泉主编的《楚国历史文化辞典》介绍："商於之地：楚地区名。约在怀王前期为秦所取。《史记·楚世家》：'今使使者从仪西取故秦所分楚商於之地方六百里。'即此。其地望主要有三说：（1）《史记·楚世家·集解》、《水经注·丹水》定在丹江下游一带；（2）《史记·张仪列传·索隐》引刘伯庄说，定在今陕西商洛及其以西一带；（3）近有学者认为在丹江中下游以西及汉水上游两岸，今鄂豫陕三省交界地区。"②（见图 20-10：楚秦边境商於之地位置图）

楚昭王在返回为郢（宜城楚皇城）之后，因为为郢残破不堪，昭王还是回到楚灵王和楚平王长期居住的"秦（乾）溪之上"。清华简《楚居》：

> 至需（灵）王自为郢遅（徙）居秦（乾）溪之上，以为尻（处）于章[华之台]。竞（景）坪（平）王即立（位），犹居秦（乾）溪之上。至邵（昭）王自秦（乾）溪之上遅（徙）居娩=郢=（嬔郢，嬔郢）遅（徙）居鄢=郢=（鄂郢，鄂郢）遅（徙）袭（袭）为郢。盍（阖）虏（庐）内（入）郢，女（焉）退（复）遅（徙）居秦=溪=之=上（乾溪之上）。③

秦（乾）溪，《楚居》整理者以为即乾溪，在今安徽亳州市东南七十里，与城父村近。④ 陈民镇亦赞同此说，⑤ 今谯城区城父镇有城父故

---

① 张正明：《秦与楚》，华中师范大学出版社 2007 年，第 144 页。
② 石泉主编《楚国历史文化辞典》，武汉大学出版社 1996 年，第 379 页。
③ 清华大学出土文献研究与保护中心编，李学勤主编《清华大学藏战国竹简》（壹），中西书局 2010 年，第 181 页。
④ 清华大学出土文献研究与保护中心编，李学勤主编《清华大学藏战国竹简》（壹），中西书局 2010 年，第 189 页。
⑤ 陈民镇：《清华简〈楚居〉集释》，复旦大学出土文献与古文字研究中心网站，2011 年 9 月 23 日。

城、章华台遗址。① 所谓"乾溪"，或即今涡河的支流漳河，"乾溪之上"即漳河沿岸城父故城一带。②

第十四节　吴取楚番地，楚迁都于鄀
（昭王十二年）

楚昭王在"秦（乾）溪之上"（今安徽亳州市东南）居住的时间不长，因吴国继续进攻楚国，楚国边境再次告急，文献记载楚昭王不得不作出迁都于鄀的决定。

楚昭王十年，公元前 506 年，吴军占领为郢（宜城楚皇城遗址）；楚昭王十二年公元前 504 年，吴军再次进攻楚国，昭王被迫迁都鄀。可以设想，除了吴国对都城的军事威胁之外，吴、楚两国还围绕为郢进行拉锯战。《左传》定公六年，楚昭王十二年："四月己丑，吴太子终累败楚舟师，获潘子臣、小惟子及大夫七人。楚国大惕，惧亡。子期又以陵师败于繁扬。令尹子西喜曰：'乃今可为矣。'于是乎迁郢于鄀，而改纪其政，以定楚国。"《史记·楚世家》："（楚昭王）十二年，吴复伐楚，取番。楚恐，去郢，北徙都鄀。"《史记·吴太伯世家》："（吴王阖庐）十一年，吴王使太子夫差伐楚，取番。楚恐而去郢徙鄀。"《水经注·沔水》中也有类似记述："（沔水）又径鄀县故城南，古鄀子之国也，秦、楚之间，自商密迁此，为楚附庸，楚灭之以为邑。县南临沔津，津南有石山，上有古烽火台。县北有大城，楚昭王为吴所迫，自纪郢徙都之，所谓鄢、鄀、卢、罗之地也。"

鄀，根据《左传》《史记》等的记载，楚昭王十二年"迁郢于鄀，而

① 国家文物局主编《中国文物地图集·安徽分册》（下册），中国地图出版社，2014年，第 54 页。
② 王琢玺：《周代江汉地区城邑地理研究》，武汉大学博士学位论文，2019 年，第 96 页。

改纪其政，以定楚国"。楚昭王迁都于鄀。其后楚国基本没有发生什么内乱，不见从鄀迁鄢的记载。这一时期，楚国国力大增，灭顿、灭胡、侵蔡，进兵北方，都取得巨大成功。可见，楚昭王曾迁都于鄀，这一点当无可疑。而后，《汉书·地理志》说若(鄀)"楚昭王畏吴自郢徙此，后复还郢"。我们虽然不能确定何时由鄀迁归南郢，但可以肯定楚昭王在鄀时间不长，不久即迁还为郢，中间并无徙都鄢城之事。楚昭王本人因救陈而卒于城父(今安徽亳州东南)，其子惠王，由媵郢(宜城郭家岗遗址)还迁为郢(宜城楚皇城遗址)。到楚惠王晚期，才迁都西阳(江陵纪南城遗址)。

张正明分析：楚昭王十一年(公元前505年)，吴师撤离楚境。十二年，吴国又大举伐楚，兵分两路：水路在淮水中游击败楚国的舟师，夺取了沈县(今河南固始县境)；陆路在淮水支流汝水中游击败楚国的陵师(步兵)，占领了繁扬(今河南新蔡县北)。[①] 楚昭王十二年，《史记·楚世家》记"吴复伐楚，取番。楚恐，去郢，北徙都鄀"。张正明说："番在楚尾吴头。吴人取番后，楚人以为吴人或许已改变战略，要溯长江入郢了，于是在旧郢与新郢之间选中鄀作为临时的国都。鄀依山阻水，有险可恃。"[②]

楚昭王十二年，即吴师入郢之后的第三年，便将都城迁到鄀都。邹时雨认为，楚昭王害怕吴人入郢的故事重演，于是把都城从郢迁到鄀(湖北宜城县东南九十里)。……楚迁都于鄀，主要是逃避吴人的进攻而采取的紧急措施。[③]

众多文献和学者的研究都认为鄀都在汉水之畔。历代地理文献都指在今湖北襄阳宜城或钟祥一段的汉水附近。

唐初成书的《括地志》："楚昭王故城在襄州乐乡县东北三十二里，

---

① 张正明：《楚文化史》，上海人民出版社1987年，第110页。
② 张正明：《楚都辨》，载《张正明学术文集》，湖北人民出版社2007年，第301页。
③ 邹时雨：《熊家冢楚墓墓主新探——与徐文武教授商榷》，《宜宾学院学报》2011年第4期。

在故(都)[鄀]城东五里，即楚(国故)昭王徙都鄀城也。"①《史记·楚世家》张守节《正义》引《括地志》："楚昭王故城在襄州乐乡县东北三十二里，在故都城东五里，即楚国故昭王徙都鄀城也。"

唐后期成书的《元和郡县图志》卷二一，襄州乐乡县："本春秋时鄀国之城，在今县北三十七里鄀国故城是也。"②

宋《太平寰宇记》卷一四五，襄州宜城县："废乐乡县，在(襄)州南二百二十里，旧管四乡，本春秋鄀国之地。"③

宋《通志·氏族二》："楚氏，芈姓，……本国号荆，迁郢始改楚。又迁于鄀，今襄阳宜城西南有鄀亭山。

清《读史方舆纪要》卷七九，湖广五，襄州宜城县"鄀城"："县东南九十里。春秋时鄀国自商密迁于此，为楚附庸，楚灭之而县其地。定六年楚令尹子西迁郢于鄀是也。"④

清《春秋大事表》卷五《春秋列国爵姓及存灭表》："鄀，今湖广襄阳府宜城县东南九十里有鄀县故城。"⑤

清《禹贡锥指》卷一四："又径鄀县故城南，古鄀子国也。秦以为县。其故城在宜城县东南。"⑥

石泉主编《楚国历史文化辞典》："鄀，楚都名。楚昭王十二年(前504年)，因避吴师又在淮上获胜之威胁，曾一度迁郢于鄀。故城约在今湖北钟祥县西北境，即鄀人所迁之地。"⑦

以上文献所记鄀都，一在宜城东南，一在钟祥西北，其实为一地，宜城与钟祥毗邻，都是指在今宜城与钟祥之间蛮河与汉水交汇处。但

① 李泰等：《括地志辑校》，贺次君辑校，中华书局1980年，第188页。
② 李吉甫：《元和郡县图志》，中华书局1983年，第531页。
③ 乐史：《太平寰宇记》，王文楚等点校，中华书局2007年，第2820页。
④ 顾祖禹：《读史方舆纪要》，中华书局2005年，第3712页。
⑤ 顾栋高：《春秋大事表》，中华书局1993年，第589页。
⑥ 胡渭：《禹贡锥指》(卷一四上)，上海古籍出版社2006年，第44—45页。
⑦ 石泉主编《楚国历史文化辞典》，武汉大学出版社1996年，第326页。

是都究竟在汉水之西，还是汉水以东，却仍不明确。

进一步分析《水经注》的记载，可以找到都的具体地望。《水经注·沔水中》记："(沔水)又径都县故城南，古都子之国也。秦楚之间，自商密迁此，为楚附庸，楚灭之以为邑。县南临沔津，津南有石山，上有古烽火台。县北有大城，楚昭王为吴所迫，自纪郢徙都之，即所谓鄢、都、卢、罗之地也。"杨守敬在《水经注图》"南八西二"中，将"都"地定在汉水与丰乐水交汇夹角处，并注明："故都国自商密迁此。"由《水经注》的记载，可以看出，都地在汉水以东。都地不仅是熊仪定居之地，还是后来楚昭王逃难暂羁之地。根据文献与考古资料，可以进一步发现，今湖北省钟祥市丰乐镇和潞市镇之间，汉水东岸，位于丰乐镇邢台村西北一公里的李陈岗遗址，有可能是楚昭王所迁的都都。李陈岗遗址面积约7万平方米，文化层厚1.2~2米。出土西周陶片以泥质灰陶为主，泥质黑陶次之，纹饰有弦纹、方格纹、绳纹、附加堆纹，器形有鬲、豆、罐、盆、缸等。[①] 周边遗址密布。李陈岗遗址为都国遗址，楚昭王十二年所迁徙的都都，实际上就是早年的都国旧址，故仍称之为都。看来，楚昭王十二年所迁的都都，可以与之对应的就是钟祥丰乐镇的李陈岗遗址。

第十五节　吴越携李之战，吴王阖闾伤重身亡
（昭王二十年）

第二次楚晋弭兵之会后，随着晋国的没落，吴国成了楚国的主要敌人，迫使楚人改变了自己的地缘战略，以经营淮域为主要目标。同时，为了改变日益严峻的危局，楚国制定了联越抗吴的策略。楚昭王后期，还派申包胥使越，以"智""仁""勇"说勾践。从短期来看，虽

---

① 国家文物局主编《中国文物地图集·湖北分册》(下)"钟祥市文物单位简介"，西安地图出版社2002年，第396页。

然这一策略没有改变楚国被削弱的命运，但从长期来看，这一策略是成功的。越人在后方牵制吴国，不仅为楚国复兴提供了战略机遇期，也为楚人恢复和扩大东部疆域起了巨大作用。

《史记》记载，越为夏禹之后，少康之庶子封于会稽而建。然而，有学者提出了质疑，认为越为宁绍平原和湖嘉地区的江南水乡的土著。关于越人的来源问题，学术界争议颇大，其中出现最早、影响最大的即是"越为禹后说"。司马迁在《史记·越王句践世家》提出，为历代学者所遵从，如《吴越春秋》《越绝书》等。近代以来，也有学者坚持，如翦伯赞、徐中舒①等。然而此观点遭到了近现代学者的质疑，清人梁玉绳《史记志疑》卷二认为"勾践非禹苗裔"，林惠祥《中国民族史》更指出："《史记》言越王勾践为夏禹之后，此不过越人托古之辞。"②卫聚贤《吴越民族》则说："夏是北方民族，越是南方民族，两不相干。"③近年来，随着越文化考古发现的增多，有学者认为越人为土著，④ 有学者也从考古上对此说进行了批驳，认为"越为禹后"还是值得肯定。⑤

越建国始于无余，经过一千多年漫长的岁月，其间有文献可考的越国君主，尚有无壬、无睪、夫谭、允常诸人，唯一有拓展领土记载的只有允常。越国至越王允常时期，才开始强盛起来。《史记·越王句践世家》"正义"引《舆地志》："越侯传国三十馀叶，……有越侯夫谭，子曰允常，拓土始大，称王。"《吴越春秋·越王无余外传》亦载：

---

① 翦伯赞：《诸夏的分布与鼎鬲文化》，载《中国史论集》，文风书局 1947 年。徐中舒：《夏史初曙》，《中国史研究》1979 年第 3 期。

② 林惠祥：《中国民族史》（上册），商务印书馆，1936 年，第 112 页。

③ 吴越史地研究会编《吴越文化论丛》，江苏研究社 1948 年，第 329 页。

④ 蒋炳钊：《"越为禹后说"质疑》，《民族研究》1981 年第 3 期；朱俊明：《古越族起源及与其他民族的融合》，载《百越民族史论集》，中国社会科学出版社 1982 年；辛土成、严晓晖：《于越族源探索》，《厦门大学学报》（哲学社会科学版）1984 年第 3 期。

⑤ 杜金鹏：《关于"越为禹后说"的考古学探析》，《民族研究》1991 年第 5 期。

"越之兴霸自元（允）常矣。"虽然史籍对允常的记述很少，然而从零星、散见于各类文献中的有关材料，仍可看出允常是越国历史上第一位有作为的君主，是越国霸业活动的开创者、奠基者。

《吴越春秋·越王无余外传》又载："人民山居，虽有鸟田之利，租贡才给宗庙祭祀之费。乃复随陵陆而耕种，或逐禽鹿而给食。无余质朴，不设宫室之饰，从民所居。"越国的经济发展水平，在无余时尚处于半游牧半农耕阶段。至允常时期，农业生产已是越国民众的主要生活来源，作为政治和经济中心的国都，也开始由山区迁往平原。据《越绝书》记载，"无余初封大越，都秦余望南。"《水经注·浙江水》载："山南有嶕岘，岘里有大城，越王无余之旧都也。"无论是"秦余望南"或是"嶕岘"，都在山区。至允常时，出于发展经济和霸业活动的需要，越国都城开始向平原地区转移。《水经注·浙江水》："《吴越春秋》所谓越王都埤中，在诸暨北界。"郦道元虽未注明越王即是允常，但从南朝至清代的各类文献，全都确定埤中为允常之都城。南朝孔灵符在《会稽记》中说："诸暨东北一百七里有古越城，越之中叶在此为都。离宫别馆，遗迹尚存。"另，宋《元和郡县志》、《太平寰宇记》，明万历《绍兴府志》，清乾隆《诸暨县志》、《浙江通志》等都是记载允常都埤中。埤中，在今诸暨店口、阮市一带，此处为环状冲积扇平原，背山面水，地势低洼，境内河道纵横，交通便利，对发展经济和增强兵力，远胜越之旧都。公元前494年吴越夫椒之战，越国战败，埤中亦为吴军所占，破坏严重。《国语·吴语》句践说："吴国为不道，求残我社稷宗庙，以为平原，弗使血食。"在这种情况下，句践不得不迁都他地。《越绝书》："会稽山上城者，勾践与吴战，大败，栖其中。"所谓"会稽山上城"，即绍兴之平阳。[1] 公元前490年，勾践被赦归国。《吴越春秋》载，范蠡说"不处平易之都，据四达之地，将焉立霸王之业"，于是才有绍兴越都城的建筑。

---

[1] 毛奇龄：《重修平阳寺大殿募疏序》，载《西河文集》卷一六。

史籍中关于越国早期疆域的明确记载，首见于《国语·越语下》："句践之地，南至于句无(今浙江诸暨)，北至于御儿(今嘉兴)，东至于鄞(今浙江宁波)，西至于姑蔑(今浙江衢州)，广运百里。"其范围大致在今宁绍平原、杭嘉湖平原和金衢丘陵地一带。从考古发掘看，这一带都有几何印纹陶一类具有明显越文化特征的遗物出土，因而可以肯定，《国语·越语下》中所说的"句践之地"为越国早期疆域。

春秋时期，越国位于太湖之南，与吴国相邻。《越绝书》载："吴、越为邻，同俗并土，西州大江，东绝大海，两邦同城，相亚门户。"故二国常争三江、五湖之利，成为仇敌。《国语·越语上》载："夫吴之与越也，仇雠敌战之国也，三江环之，民无所移。"因此，为了对付吴国的威胁，越积极地投靠楚人，《吴越春秋·勾践伐吴外传》记载勾践对申包胥说："邦国南则距楚，西则薄晋，北则望齐，春秋奉币玉帛以贡献焉，未尝敢绝，求以报矣。"赵炳清指出，楚对越人以大力的支持，一些楚人来到越国，为越国的发展献计出谋，如其重臣范蠡、文种等，都是楚人。楚、越形成了地缘联盟。①

《左传》记越事，始于鲁宣公八年，楚庄王十三年，公元前601年，楚庄王与越结为盟国。此后，越在关键时刻派兵助楚伐吴。公元前505年，楚昭王十一年，阖闾起倾国之兵伐楚入郢，国内空虚，《左传》定公五年："越入吴，吴在楚也。"越王允常乘机攻入吴国，迫使吴师撤兵回援，有力地支援了楚人复国。

就在吴国大军滞留楚国的第二年，越王允常率领越军向北发难，阖闾的大本营岌岌可危。然而令越人始料未及的是，吴军的回防速度异乎寻常的快，这在很大程度上得益于楚国位于吴国上游，顺流而下的时间远比先前逆流进攻的时间短得多。

吴王阖闾在迁都太湖东北牢固控制了太湖北部地区之后，继续向

---

① 赵炳清：《楚国疆域变迁之研究——以地缘政治为研究视角》，复旦大学博士学位论文，2013年，第150页。

太湖南部地区紧逼，于是出现了《史记》所谓"允常之时，与吴王阖庐战而相怨伐"的局面。叶文宪认为，"吴人步步紧逼，迫使越人不得不继续向东南迁徙，退到钱塘江以南的会稽。"①张志鹏指出：允常把越都从安吉迁到会稽（今浙江绍兴），应该在吴破楚入郢、迁都于木渎之后，越迁都大概是害怕吴国乘胜伐越。但是直到越王勾践战败之前，吴、越两国的疆域分界没有变化，双方继续保持以太湖为缓冲地带的对峙局面。②

楚昭王十九年，公元前 497 年，越王允常卒，其子勾践继位。此时上距吴破楚入郢之战已经将近十年，吴国的国力也得到了完全恢复，吴王阖闾决定乘越国君主新旧交替、政局不稳之机伐越。次年，楚昭王二十年，吴王阖闾十九年、越王勾践元年，公元前 496 年，夏五月，吴伐越，很快，吴国的征越大军集结完毕。由于环太湖平原的面积比宁绍平原大得多，即使吴国只占据北半部分，仍旧在战略上处于优势。湖州至嘉兴一线是区分环太湖平原南北两部的界线，不过嘉兴只是近代的称呼，在春秋时期它被叫作"槜李"，又写作醉李、就李，在今浙江嘉兴市西南，是越国北面的重要防守重镇，正是后世普遍认为的吴越两种文化的分界点。公元前 496 年，吴越双方在槜李展开激战。《左传》定公十四年：

> 吴伐越。越子句践御之，陈于槜李。句践患吴之整也，使死士再禽焉，不动。使罪人三行，属剑于颈，而辞曰："二君有治，臣奸旗鼓。不敏于君之行前，不敢逃刑，敢归死。"遂自刭也。师属之目，越子因而伐之，大败之。灵姑浮以戈击阖庐，阖庐伤将指，取其一屦。还，卒于陉，去槜李七里。

---

① 叶文宪：《吴越两国的冲突、吴越文化的交融与吴人越人的归宿》，载山东大学东方考古研究中心编《东方考古》（第 6 期），科学出版社 2009 年，第 272—288 页。
② 张志鹏：《吴越史新探》，河南大学博士学位论文，2012 年，第 180 页。

吴国进攻越国。战争开始,吴军便感到越人的作战方式与先前大有不同。越方阵营中走出的不是全副武装的兵将,相反却是一队队死士。这些死士在吴军阵前立定,站成三排,将剑放在脖子上,一声令下,集体自杀。一队自杀结束,下一队向前,接着自杀。这种做法营造出了极为震撼的战场效果,巨大的视觉冲击瞬间摧垮了吴军的意志。张正明描述:"是年,刚即王位的句践起兵伐吴,吴师在槜李(在今浙江嘉兴市南)与越师相遇。吴师严阵以待,置越师挑战于不顾。句践派刑徒排成三行,走到两阵中间,以剑自刎。吴人从来没有见过此等触目惊心的怪事,一时呆若木鸡。句践乘机麾师进击,吴师因心神不宁而大败。阖庐被越大夫灵姑浮用戈击伤,北行不过十里就死了。"[1]阖庐(闾)临终之际嘱托其子夫差定要报仇雪恨。(**见图 20-11:吴越槜李之战示意图**)

阖闾是吴国杰出的政治家。《左传》昭公三十年说他"亲其民,视民如子,辛苦同之";《左传》哀公元年说他"食不二味,居不重席,室不崇坛,器不彤镂,宫室不观,舟车不饰,衣服财用,择不取费";《国语·楚语下》说他"口不贪嘉味,耳不乐逸声,目不淫于色,身不怀于安,朝夕勤志,恤民之赢,闻一善若惊,得一士若赏。有过必悛,有不善必惧,是故得民以济其志"。这些记述不无溢美之词。越国与吴国、楚国、宋国、鲁国等国接壤,位于吴国的南方。吴、越的争夺区域大体是今浙江嘉兴、湖州、杭州一带。槜李之战后,吴国南疆被越国占领。

槜李战前,楚吴交战,旷日持久,难解难分。楚昭王九年(鲁定公三年,前507年)冬,蔡昭侯因受辱于楚令尹囊瓦,投奔晋国,导吴伐楚,晋国亦暗中支持。从此,吴国与楚国战争不断。到吴王阖闾逝世之前,吴伐楚获胜的战役共有三次。第一次战役为公元前506年四

---

① 张正明:《楚史》,湖北教育出版社 1995 年,第 250 页。

月，楚昭王十年，晋吴联军进攻楚国的方城及属邑不羹；第二次战役为公元前506年十一月，楚昭王十年，吴蔡唐联军兵分北、东两路，攻入位于宜城楚皇城的楚都为郢；第三次战役为公元前504年四月，楚昭王十二年，主要作战地点在番及繁扬，均在淮水沿岸，吴败楚，获楚将潘子臣。此次樵李之战，阖闾既死，其子夫差继位，发誓要报父仇，吴越矛盾上升。《史记·越王句践世家》："吴王夫差日夜勤兵，且以报越。"吴越两国的争斗更为激烈。

吴王夫差继位，持续攻越，楚国冷眼旁观，令尹子西慧眼独具，将夫差与阖闾相比，看出了吴国的败象，不足为楚国之患。《左传》哀公元年记载：

> 吴师在陈，楚大夫皆惧，曰："阖庐惟能用其民，以败我于柏举。今闻其嗣又甚焉，将若之何？"子西曰："二三子恤不相睦，无患吴矣。昔阖庐食不二味，居不重席，室不崇坛，器不彤镂，宫室不观，舟车不饰，衣服财用，择不取费。在国，天有灾疠，亲巡其孤寡而共其乏困。在军，熟食者分而后敢食，其所尝者，卒乘与焉。勤恤其民，而与之劳逸，是以民不罢劳，死知不旷。吾先大夫子常易之，所以败我也。今闻夫差，次有台榭陂池焉，宿有妃嫱嫔御焉。一日之行，所欲必成，玩好必从。珍异是聚，观乐是务，视民如仇，而用之日新。夫先自败也已，安能败我？"

子西之言，可谓是洞若观火。吴国首战失利，阖闾身死，樵李失陷。从军事和道义上讲，越国都是胜利者。《左传》昭公三十二年载晋史官蔡墨说："不及四十年，越其有吴乎！越得岁而吴伐之，必受其凶。"

第十六节　晋阵营没落，楚灭唐顿胡道，围蔡迁蔡，恢复东疆（昭王二十至二十三年）

　　吴师入郢之战，几致楚国灭亡。一些原属楚的附庸国乘机吞并周围的楚邑和属楚小国，扩充地盘。其中，胡国"尽俘楚邑之近胡者"；顿国也背楚附晋；郑国南下灭许，尽取汝北地区；蔡也北上灭沈，尽取周围楚邑。楚国在柏举之战后周边环境相当严峻。吴师入郢，也扫清了吴人北进中原的障碍。因而，中原诸侯面临的不再是楚人的威胁，而是吴人北上争霸的威胁。赵炳清指出：楚国的削弱，也使得吴人不再以楚人为主要对手，楚江汉之间得以安定。因此，中原地缘关系发生了大的改变，晋、吴由盟友变成了敌人，这就给了楚人一个休养生息，医治创伤的时间和空间。①

　　晋国在发起召陵之会后进攻中山，由于此年晋师中发生大疫，晋人无功而返，次年士鞅才又一次率师出征，围攻中山。② 战果不佳，未能征服。杨博指出：召陵会后的两次征伐中山战事，按《系年》记载，晋师大败，在当时六卿擅权的情形下，就是范氏大败。因为征伐中山的主帅是范氏的士鞅与中行氏的荀吴、荀寅。这些战事使范氏、中行氏的实力大大削弱，亦是二卿在随后而来的《系年》所言"晋人且有范氏与中行氏之祸"中败亡的原因之一。③ 晋国的内乱及征讨中山国的失败，无力对外争霸的面目大暴露，晋国一百余年的霸主形象，毁弃于诸侯面前。晋国丧失了凝聚力，晋盟不攻自散。平时畏惧晋国武力的齐、郑两国，为共同对付旧日盟主晋国，迅速结盟。公元前503

---

① 赵炳清：《楚国疆域变迁之研究——以地缘政治为研究视角》，复旦大学博士学位论文，2013年，第150页。

② 程薇：《清华简〈系年〉与晋伐中山》，《深圳大学学报》（人文社会科学版）2012年第2期。

③ 杨博：《战国楚竹书史料价值探研》，上海古籍出版社2019年，第300页。

年，楚昭王十三年，齐景公和郑献公盟于咸（今河南濮阳东南六十里），接着齐、郑又拉拢卫国，卫灵公与齐侯盟于琐（即沙，在今河北大名东）。这样，以齐为核心，有郑、卫参加的小盟体形成，以晋国为盟主的大盟体开始解体。

楚昭王利用吴越相争和晋国影响力下降之机，经过八九年的政治革新和休养生息，国力有了一定程度的恢复，楚国国势得到复兴。从楚昭王二十年起，楚国接连出手，进行复仇，先后灭掉引导吴国攻楚的唐国，灭掉反叛的顿国、胡国、道国，随后派兵伐蔡并迁蔡，以泄心头之恨。

首先被灭掉的是唐国。唐国引导吴军攻楚，不遗余力，最早被灭。《左传》定公五年："秋七月，子期、子蒲灭唐。"《世本》："唐，姬姓之国。"《括地志》卷四《枣阳县》："上唐乡故城在随州枣阳县东南百五十里，古之唐国也。"清华简《系年》十九章："昭［王］即位，陈、蔡、胡反楚，与吴人伐楚。秦异公命子蒲、子虎率师救楚，与楚师会伐唐，县之。"唐国地处南阳，秦国沿丹江河谷东进救楚，唐国首当其冲，故率先被灭。

唐国，楚昭王十一年为楚所灭。唐，一说在今湖北省枣阳县东南唐县镇。湖北郧县五峰肖家河村春秋墓曾出土唐仲濒儿盘匜壶三件铜器。[①] 石泉认为唐国不在枣宜走廊，而在今唐河境内。[②] 二地隔着桐柏山，一南一北。这一矛盾或可以迁移说来弥合。刘信芳认为《包山楚简》里的"汤公"应读为"唐公"，唐为国名，为楚所灭而设县。[③] 较近时间披露了随夫人壶、鼎等，黄凤春以为第一字应释为国名"唐"，铭

---

① 郧县博物馆：《湖北郧县肖家河出土春秋唐国青铜器》，《江汉考古》2003 年第 1 期；黄旭初、黄凤春：《湖北郧县新出唐国铜器铭文考释》，《江汉考古》2003 年第 1 期。
② 石泉：《古代荆楚地理新探》，武汉大学出版社 1988 年，第 365 页。
③ 陈伟：《楚地出土战国简册（十四种）》，武汉大学出版社 2016 年，第 83 页。

文作"唐侯制随夫人壶（鼎）"。①

　　第二个被灭掉的是顿国。顿为淮北颍汝间小国。顿国的族姓，东汉班固说其为"姬姓"。班固《汉书·地理志》汝南郡郡"南顿"县原注。其后《水经注·颍水》《通志·氏族二》均从此说。清顾栋高《春秋大事表》："顿，子爵。姬姓。今河南陈州府商水县即故南顿城。或曰顿国本在今县北三十里，顿子迫于陈而奔楚，自顿南徙，故曰南顿。"② 徐少华考证，南顿故城在今河南项城县西南十余里的南顿乡，顿故城在今河南商水县黄寨乡以北、沙颍河以南地带。③《项城县志》引清康熙二十年《大石桥碑记》："南顿之名久矣。环其地者为谷水，发于台陵岗。上通黄、沙诸河，下达淮、泗入江，为扬、豫往东巨津，而南顿适当要冲。"

　　顿国夹在楚国与陈国之间，日子很不好过。《左传》僖公二十三年（楚成王三十五年）："楚成得臣帅师伐陈，讨其贰于宋也，遂取焦夷，城顿而还。"杜预注："顿，国，今汝阴南顿县。"鲁昭公四年（前538年）夏，顿子及淮域诸国参加楚灵王召集的"申"之会，接着跟随楚师两次伐吴，楚平王十年，鲁昭公二十三年，顿国再次参加楚国领导的诸侯之师伐吴行动，结果大败于鸡父。楚昭王十年，鲁定公四年（前506年），顿开始背楚，参与晋、吴谋楚的召陵之会，这当然招致楚国的不满。④ 楚国很快采取行动，《春秋》定公十四年（楚昭王二十年）："二月辛巳，楚公子结、陈公孙佗人帅师灭顿，以顿子牂归。"《左传》定公十四年："顿子牂欲事晋，背楚而绝陈好。二月，楚灭顿。"顿国介于楚、陈之间，依楚而御陈，勉强生存。至春秋晚期，在吴盛楚衰，

①　黄凤春：《谈"唐侯制随夫人"壶的国别、年代及相关问题》，武汉大学简帛网2018年7月19日。
②　顾栋高：《春秋大事表》，中华书局1993年，第585—586页。
③　徐少华：《周代南土历史地理与文化》，武汉大学出版社1994年，第181页。
④　焦华中：《顿国历史与周边国家关系的考识》，载《楚文化研究论集》（第十一集），上海古籍出版社2015年，第206页。

楚国几乎亡国的情况下，顿转而背楚，依附吴、晋，却不料柏举战后吴师东撤，吴受越牵制，楚昭王迅速复国，顿国遂无所适从。终因"背楚而绝陈好"，在楚、陈夹击下灭亡。

第三个被灭掉的是胡国。《左传》襄公三十一年："立胡女敬归之子子野，次于季氏。"杜注曰："胡，归姓之国。敬归，襄公妾。"归姓东胡国的地望在今安徽省阜阳。胡国长期是楚国的附庸国。胡国见于《左传》，最早在襄公二十八年，作为楚的附庸之国朝晋，其被纳入楚的势力范围当更早，不晚于春秋中期的楚穆王、楚庄王时期。《左传》昭公十一年(前531年)记楚灵王灭蔡后一并将胡等淮域诸小国迁于楚之内地，两年后，楚平王即位，"皆复之"。胡国当又回到淮北故地。《左传》昭公二十三年记胡国参与楚师伐吴，大败于鸡父，胡君被吴所杀，七年后，《左传》昭公三十年又记吴公子掩馀、烛庸奔楚，"楚子大封。……使居养"。并"取于城父与胡田以与之"，即以城父和胡国的部分田地划为居养的吴公子封地，可见此时的胡国已成为楚所任意宰割的对象。东胡国对楚国一直持抵抗态度，导致被楚国所灭。公元前506年(鲁定公四年，楚昭王十年)，胡子参与晋、蔡等联合侵楚的召陵之会，与楚国分道扬镳。胡国地望在淮北不远处的今安徽阜阳境，紧邻蔡国东境。吴师入郢前，最先是在胡境以南溯淮西进，随后在胡国西南会合蔡师。《左传》定公十五年记载，"吴之入楚也，胡子尽俘楚邑之近胡者。楚既定，胡子豹又不事楚，曰：'存亡有命，事楚何为？多取费焉。'二月，楚灭胡。"则胡国不仅于楚昭王十年参与了诸侯讨楚的召陵之会，数年后又于吴蔡唐联军入郢的同时，趁火打劫，占据了一批邻近胡国的楚国土地和聚邑，以致楚在复国后，出兵灭了胡国，时为鲁定公十五年，楚昭王二十一年。

第四个被灭的是道国。周代，道国为淮汝间小国。《左传》桓公九年记，楚武王让道朔带领巴国的使者往聘于邓国，二人在邓国南部遭到鄾人攻击，道朔被杀。道朔为道国人仕于楚者，说明早在春秋前期道国就与楚人来往密切，有较好的外交关系。当楚人势力发展至淮河上游时，道国虽为了自保而盟于齐，却没有实质性参加对楚国的战争。道国能够延续至春秋后期，原因在此。道国在公元前529年(楚灵王十二年)之后已不见记载。楚平王继位之后，结好汉、淮诸侯国，对外息战数年，道国在这几年里应当安然无事。公元前515年楚昭王继位，楚吴战争频发，楚昭王在柏举之战结束、吴国东撤后，大举反击，于公元前505年(楚昭王十一年)灭唐、前496年(楚昭王二十年)灭顿、前495年(楚昭王二十一年)灭胡，几乎灭尽淮河上中游幸存下来的诸侯国。据此推测，道国的灭亡当在灭胡之后，亦即楚昭王二十一年。

第五个被打击的是蔡国。蔡是西周初年分封的姬姓诸侯国。顾栋高《春秋大事表·春秋时楚始终以蔡为门户论》：“楚在春秋，北向以争中夏，首灭吕、灭申、灭息，其未灭而服属于楚者曰蔡……蔡自中叶以后，于楚无役不从，如虎之有伥。而中国欲攘楚，必先有事于蔡……盖蔡居淮、汝之间，在楚之北，为楚屏蔽。”这段话点明了楚蔡的关系和蔡对楚的军事价值。公元前531年和前447年，蔡国先后两度被楚所灭。第一次灭亡三年之后，蔡平侯复国，迁都于吕亭，取名新蔡。《左传》昭公十一年：“冬十一月，楚子灭蔡。”同年，楚灵王扩建上蔡城，史称“国有大城”，韦昭称之为“楚别都”。上蔡故城在河南上蔡县城关一带。上蔡位居汝水中游，地当方城之外，是楚在伏牛山脉以北建立的新的军事基地。从考古发掘及其军事地位来看，上蔡城作为楚国军事性陪都，应无疑问。但与陈城一样，文献记载较少，只有韦昭记载上蔡城为楚国别都，其与主都南郢之间的互动关系也无法判断。[1]

蔡国历经楚国对其“围、降、迁”。“柏举之战”中蔡引导吴人伐楚，占领郢都。战后吴国因秦国救楚和内乱撤军，紧接着吴越争斗，不能保护蔡国，缓过劲来的楚昭王开始疯狂报复蔡国。楚国的报复方

---

① 潘明娟：《先秦多都并存制度研究》，中国社会科学出版社2018年，第217—218页。

式是包围上蔡城，《春秋》哀公元年（楚昭王二十二年）："楚子、陈侯、随侯、许男围蔡。"楚昭王拉上陈国、随国和许国三个附庸国，包围了上蔡城。楚国包围上蔡城，十分残酷，蔡国无法抵挡，很快投降，《左传》哀公元年："元年春，楚子围蔡，报柏举也。里而栽，广丈，高倍。夫屯昼夜九日，如子西之素。蔡人男女以辨，使疆于江、汝之间而还。蔡于是乎请迁于吴。"公元前494年，鲁哀公元年，楚昭王二十二年，楚与陈、随、许合兵伐蔡，围其都。楚令尹子西命役徒在离蔡都一里的地方，以版筑的方法筑起长一丈、高二丈的堡垒，日夜不停，攻打了九天九夜，蔡人抵挡不住，男女列队出城投降。楚人接受投降，让其在江、汝之间选择一块区域居住，便撤兵了。蔡请求迁到吴地，楚国同意。次年，蔡昭侯在吴人的协助下，决定迁往州来。

蔡国即将迁往州来，又发生一个插曲。蔡昭侯一心依靠吴国，与吴国行纳聘之礼，请吴国派军队来帮忙。蔡国有公族不愿迁离，公子驷公开反对，蔡昭侯杀死公子驷，向吴国解释，表明决心，众贵族才不敢再反对，跟随蔡昭侯，边哭边迁移坟墓，告别故土，直奔州来。这见于多篇文献：《春秋》哀公二年："十有一月，蔡迁于州来。蔡杀其大夫公子驷。"《左传》哀公二年："吴洩庸如蔡纳聘，而稍纳师。师毕入，众知之。蔡侯告大夫，杀公子驷以说。哭而迁墓。冬，蔡迁于州来。"《系年》十九章："昭王既复邦，焉克胡、围蔡。……蔡昭侯申惧，自归于吴，吴缦（洩）庸以师逆蔡昭侯，居于州来，是下蔡。楚人焉县蔡。"

《左传》哀公二年："冬，蔡迁于州来。"蔡昭侯时将国都东迁到吴国境内的州来，取名下蔡。《汉志》沛郡："下蔡，故州来国，为楚所灭，后吴取之，至夫差迁昭侯于此。"公元前493年（楚昭王二十三年），蔡国迁至近吴的州来（今安徽凤台）。《中华古国古都》介绍州来：因有别于上蔡、新蔡，史称下蔡。《水经注·淮水》："淮水又北，径下蔡县故城东；本州来之城也……春秋哀公二年，蔡昭侯自新蔡迁于州来，谓之下蔡也。淮之东岸，又有一城，即下蔡新城也。二城对据，翼带淮渍。淮水东径八公山北。"故当时下蔡有二城，淮水南为故城，水北为新城，新城当在今凤台城位置。[①] 蔡昭侯放弃自己祖居之地而东迁至他乡异地的选择是正确的。如果不东迁，蔡国可能早就为楚所灭。

蔡国选择依靠吴国，一个主要原因是蔡吴联姻。蔡吴联姻，见于蔡侯盘铭文："元年正月初吉辛亥，蔡侯申虔大命，上下陟否，撧敬不易，肇佐天子，用作大孟姬媵彝盘，禋享是以，祇盟尝商，佑受毋已，斋瑕整肃，类文王母，穆穆宴竇，聪宪欣扬，威仪优优，灵颂托商，康谐穆好，敬配吴王，不讳考寿，子孙蕃昌，永保用之，千岁无疆。""敬配吴王"是指蔡将其女子嫁于吴王。同墓所出吴王光钟也和吴蔡联姻有关。[②] 应引录吴王光钟铭文。吴王光钟铭文，大致拼缀了全铭，共 80 字。铭文大意为，在吴蔡联军打败楚国，入郢之后，吴王光为了巩固吴蔡关系，将妹妹叔姬嫁给蔡昭侯，并嘱咐叔姬"虔敬命勿忘"。[③]

蔡昭侯迁州来之后，虽然可以依靠吴国的保护，但由于州来正处于吴楚争夺的前沿，蔡国并没有彻底摆脱楚人的威胁。一方面对吴称臣，一方面又不敢过度激怒楚人，完全在惶恐不安中度日。蔡侯申钟铭文："唯正五月，初吉孟庚，蔡侯申曰：余虽小子，余非敢宁忘，有虔不惕，左右楚王，雀崔豫政，天命是遭，定均庶庆，既聪于心，诞中厥德，君子大夫，建我邦国，豫令抵抵，不想不戒，自作歌钟，元鸣无期，子孙鼓之。"从铭文来看，当时蔡侯"既要虔诚'轾（左）右楚王'，又要嫁姊以'敬配吴王'"。[④] 致使蔡国贵族对其充满抱怨。中华人民共和国成立后，在蔡国晚期都城凤台以南的寿县附近曾发现三座

---

① 张轸：《中华古国古都》，湖南科学技术出版社 2007 年，第 297 页。
② 李学勤：《东周与秦代文明》，上海人民出版社 2016 年，第 136—137 页。
③ 董珊：《吴越题铭研究》，科学出版社 2014 年，第 27—28 页。
④ 中国社会科学院考古研究所编《新中国的考古发现与研究》，文物出版社 1984 年，第 303 页。

蔡侯墓：一座在寿县西门内，所出铜器的数量之多，是已知春秋墓葬中罕见的；另两座都在邻近寿县的淮南市蔡家岗。1955年所发现的寿县蔡侯墓为大型竖穴土坑墓，仅铜鼎就有三大类，其中带盖大鼎1件，平底无盖鼎7件，其他铜鼎10件，用于乐器的编钟9件，编镈8件，均有铭文。该墓出土文物总数580余件，其中铜器包括礼器、乐器、兵器、车器等四大类，共486件。[①] 其铜器铭文，屡见作器者"蔡侯申"之名，可以认为这座墓主就是从新蔡东迁州来的蔡昭侯。[②] 蔡昭侯东迁州来，招致了蔡国贵族的反对，但为了暂时离开楚国的威胁而求得国家的生存，蔡昭侯不惜"杀公子驷以说。哭而迁墓"。两年之后，公元前491年(昭王二十五年，鲁哀公四年)，蔡国又发生动乱，蔡昭侯要访问吴国。一些大夫唯恐他又要找吴师来再次迁都，以公孙翩为首，发动政变，射杀了蔡昭侯。公孙翩又为忠于蔡昭侯的大夫所杀，其同党或被杀或被逐。《左传》哀公四年："四年春，蔡昭公将如吴。诸大夫恐其又迁也，承。公孙翩逐而射之，入于家人而卒。以两矢门之，众莫敢进。文之锴后至，曰：'如墙而进，多而杀二人。'锴执弓而先，翩射之，中肘。锴遂杀之。故逐公孙辰而杀公孙姓、公孙盱。"

第十七节　吴王夫差复仇，夫椒之战越惨败求和
(昭王二十三年)

公元前496年，吴、越在檇李(今嘉兴南)大战，阖闾受伤而死于陉(今嘉兴双桥镇一带)。《史记·十二诸侯年表》："(周敬王二十四年，前496年)伐越……伤阖闾指，以死。"《史记·吴太伯世家》："吴王病伤而死。阖庐使立太子夫差。"清华简《系年》二十章："阖庐

---

① 安徽省文物管理委员会：《寿县蔡侯墓出土遗物》，科学出版社1956年。
② 张新斌：《蔡文化初论》，《中华文化论坛》2006年第1期。

(间)即世，夫秦(差)王即位。"吴国在檇李之战中，被越国打败，吴王阖闾身死，其子夫差继位。

檇李之败，对吴国君臣是切肤之痛。吴王夫差即位以后，立志报仇雪恨。《左传》定公十四年记载，夫差为了使勾践杀父之仇永远铭刻在心里，派人每天站立于庭院，当自己进出的时候，此人就立刻提醒："夫差！而忘越王之杀而父乎？"夫差则回答："唯。不敢忘！"《越绝书·计倪》记载，伍子胥看到兵强将广的吴国居然被一个弱小的越国打败，看到兵士死伤惨重，看到吴王阖闾重伤而死，深感檇李之败是自己的耻辱，经常"自责内伤"。夫差即位以后，一方面扩充军队，日夜练兵，以加强军事力量；另一方面努力积蓄钱粮，充实府库，以加强经济实力。伍子胥又致力于动员民众的工作，"发令告民，归如父母。当胥之言，唯恐为后"。全国上下，"师众同心"。吴国积极进行着发动攻打越国战争的一切准备。

公元前 494 年(鲁哀公元年)，正当吴王夫差日夜加紧练兵，准备攻打越国的时候，年少气盛的越王勾践还陶醉在两年前檇李之战的侥幸获胜之中，轻率采取先发制人的策略。他没有冷静地估计敌我双方力量的强弱，一心想拒敌于国门之外。当时，谋臣范蠡认为越国准备还不充分，实力还不充足，目前吴国既无天灾，又无人祸，而越国竟想挑起事端，先去攻伐，这是违背天意、不顺人心的。劝谏勾践，君王如果一意孤行，悍然伐吴，将会有害于国家，也有损于自己。但是，勾践不听。《国语·越语下》载，勾践认为范蠡的话是惑乱视听，说："无！是贰言也。吾已断之矣。"他根本听不进范蠡的进谏，断然发动战争，带领军队冒失出击。

这次战争由勾践首先发动，但对于夫差来说，正中下怀。夫差迅速调集全国十万大军前往抵御，两军大战于夫椒(今江苏苏州西南)。吴王夫差与重要将领伍员、伯嚭等都亲临前线指挥作战，督励将士奋勇拼杀。

由于吴军兵力强大，越军经不起吴军的攻击，将领灵姑浮、胥犴

1646

等战死，将士伤亡严重，遭到歼灭性的打击。

越军败在将领石买无能。勾践命石买为将，部署军队，准备与吴军再进行决战。但是，石买此人刚愎自用，专制独裁。《越绝书·记地传》载，当时许多耆老长者建议勾践更换将领："夫石买，人与为怨，家与为仇，贪而好利，细人也，无长策。王而用之，国必不遂。"但是，勾践不听，仍命石买统兵，在浙江上设防。石买在军中"斩杀无罪，欲专威服军中，动摇将率，独专其权。士众恐惧，人不自聊……士众鱼烂而买不知，尚犹峻法隆刑。"伍子胥率吴军追至浙江，见越军斗志松懈，人心涣散，将士失和，认为这是攻越的机会。于是调整部署，伍子胥变换战术，"变为奇谋，或北或南，夜举火击鼓，昼陈诈兵"，在夜间布置许多"诈兵"，分为两翼，点上火把，击鼓助阵，袭向越军。越军以为吴师大军袭来，纷纷溃散，越将"政令不行"，士兵"背叛乖离"。吴军乘势发动总攻，大败越军。勾践只好收拾残军，仓皇南撤，吴军紧追不舍。"王杀买，谢其师"，勾践杀石买，但为时已晚，吴军已经渡江南下，逼近越国都城会稽。

吴军兵临城下，越国危在旦夕。这时，越王勾践已经没有力量组织都城保卫战了。他把剩下的披甲带盾的士兵撤退到会稽山（今浙江绍兴东南）。吴军乘势攻陷越都，接着又追逐越军到会稽山下，把勾践残军包围起来。《越绝书·记地传》载，吴军包围越军期间，伍子胥在会稽山麓筑北城，在那里驻扎军队，切断越军的逃路。《国语·鲁语》载："吴伐越，堕会稽，获骨焉，节专车。吴子使来好聘，且问之仲尼……客执骨而问曰：'敢问骨何为大？'仲尼曰：'丘闻之，昔禹致群神于会稽之山，防风氏后至，禹杀而戮之，其骨节专车，此为大矣。'"吴国把越国的国都摧毁了，得到一节骨头，有一辆车长。孟文铺认为，"看来吴军毁坏了会稽山中的越国陵墓。"[①]

夫椒之战是春秋时期吴、越两国之间的一次重大战役。关于夫椒

---

① 孟文铺主编《越国史稿》，中国社会科学出版社 2010 年，第 218 页。

的地望，《左传》晋杜预注："夫椒，吴郡吴县西南太湖中椒山。"吴县即今江苏苏州市。北魏郦道元《水经注·沔水》以为太湖中苞山，"春秋时谓之夫椒山"。苞山，今作包山，又名洞庭西山，正在苏州市西南。太湖湖内有两个大型岛屿，今天被称为"西山岛"和"东山岛"，在当时它们并称"夫椒"。夫椒不仅是吴国的水军基地，同时也是翼护阖闾大城的西部门户。如果这两座岛屿落入越人之手，则越国水军不仅能够以之为跳板骚扰湖东，更可以顺胥江直捣吴都。在这种情况下，双方都认识到了夫椒是左右胜负的关键，于是一场围绕夫椒控制权的水上大战就此展开。史书对夫椒之战的记载言简意赅，那就是越军完败。

一般认为夫椒之战发生在太湖流域，夫椒山即今西洞庭山。但是魏嵩山根据《越绝书》记载，认为夫椒在钱塘江南岸，[①] 吴伐越时，越曾建城固守，所建之城即为固陵，后来勾践君臣入吴，也在此祖饯后北上。根据考古发现，学者推定固陵的地望：一说是今萧山城厢镇之越王城，一说今萧山西北之西兴（古称西陵）。[②]

孟文镛认为，杜预注夫椒在太湖是正确的，有三条理由。首先，夫椒之战，根据《国语》《史记》的记载，是越国首先发动的，越"先吴未发往伐之"，"果兴师而伐吴"，因此，越师攻入吴境，吴军起而抵御，两军战于太湖一带之夫椒合情合理；其次，夫椒之战，总的战争进程分三步，即夫椒之战、浙江之战、围困会稽山之战，由吴境向越境推进，所以夫椒首战不可能在浙江之南的"越地"进行；其三，夫椒之战发生地"五湖"，正是"吴境"之太湖。《国语·越语下》："越王勾践……果兴师而伐吴。战于五湖，不胜。""反之五湖，范蠡辞于王曰：'君王勉之！臣不复入越国矣。……遂乘轻舟以浮于五湖，莫知其所终极。"《史记·货殖列传》："夫吴……东有海盐之饶，章山之铜，三

① 魏嵩山：《夫椒今地考》，《文史》1985 年第 24 辑。
② 林华东：《越国固陵城再辨——兼与王炜常商榷》，《浙江学刊》1993 年第 3 期；王炜常：《越国固陵城考辨》，《浙江学刊》1992 年第 4 期。

江、五湖之利。"《史记·仲尼弟子列传》："吴王(夫差)闻之，去晋而归，与越战于五湖。三战不胜，城门不守，越遂围王宫。"诸文献所载"五湖"，显系指太湖无疑，地在"吴境"，不可能在"越地"。[1] 分析一下太湖的地理结构。平心而论，伍子胥入吴之后，除了向吴王提出一系列灭楚方略，在国计民生上最大的贡献就是规划开凿了纵横交错的水利设施，其中最为典型的便是以之命名的"胥江"。吴国以阖闾大城(姑苏的前身)为中心，全境的兵力和物资都可以通过水路运抵国都，而胥江的开挖更是直接把阖闾大城与太湖连接在了一起。阖闾大城之南为吴淞江，是太湖注入东海的主要水道，尽管这条河流在今天已经萎缩为黄浦江的一个支流，但在当年却是阻挡越军北上的重要防线。此时勾践面临着两个选择：要么以步兵为主，跨吴淞江攻击吴国腹地；要么以舟师为主，控制太湖水面并随时威胁湖东沿岸据点。最终越国选择了后者，对太湖水面控制权进行争夺，无奈伍子胥早有准备，显然在当地经营日久的吴人有着越人难以企及的主场优势。通过发达的水利系统，吴人可以迅速将全国的资源集中于阖闾大城，然后沿胥江运抵前线，而远离宁绍平原的越军却很难做到这一点。可见越国的失败不是偶然的。

夫椒之战，越军溃败，先退至浙江(今钱塘江)，复退回会稽，仅以五千甲兵，栖于会稽山上。越自建国以来，就一直以会稽为主要基地，这是越国最后的立足之地。勾践夫椒兵败，退回会稽老家，再也无处可走。

《左传》哀公元年："吴王夫差败越于夫椒，报槜李也。遂入越。越子以甲楯五千，保于会稽，使大夫种因吴大宰嚭以行成……三月，越及吴平。吴入越，不书，吴不告庆，越不告败也。"在国破军残，危在旦夕的紧急关头，越国谋臣文种和范蠡表现出政治家的气魄和胆识。他们清醒地认识到在敌强我弱的形势下，当务之急是议和存越。

---

[1] 孟文镛主编《越国史稿》，中国社会科学出版社 2010 年，第 219 页。

但这一政治谋略的实施，无论在越国或吴国都有极大的障碍。越王勾践开始对前途极为消极悲观。《史记·越王句践世家》记载："句践之困会稽也，喟然叹曰：'吾终于此乎？'"他根本看不到出路，想拔剑自刎。文种以历史的经验说服勾践。他说："汤系夏台，文王囚羑里，晋重耳犇翟，齐小白犇莒，其卒王霸。由是观之，何遽不为福乎？"这番话使勾践认识到复兴越国和报吴雪耻大有希望。同时，根据当时吴越力量悬殊，越国无力再战的情况，文种和范蠡提出了向吴国卑辞厚礼，忍辱求和的方针。《国语·吴语》载，文种建议："夫吴之与越唯天所授，王其无庸战。……王不如设戎，约辞行成，以喜其民，以广侈吴王之心。"《史记·越王句践世家》记载，范蠡也主张："卑辞厚礼以遗之，不许，而身与之市。"勾践见大势已去，接受了文种和范蠡的建议，派文种前往吴国求和，并表示愿意"勾践请为臣，妻为妾"。

清华简《越公其事》对越向吴求和的记述可以用"三段式"来表示①：第一段，开端：越公求成（1—3 章）。越公派大夫种到吴师求成，吴王说服伍子胥同意求成。第二段，经过：越公图强（4—9 章）。越公在三年休养生息之后，依次实施五政，使越国逐渐国富兵强、刑罚严明、民心一致，伐吴时机成熟。第三段，结果：越公灭吴（10—11 章）。越公与吴师决战，大败吴师，拒绝吴王求成，最终灭吴。

勾践求和，不同文献因叙事体例与表达主旨之不同，会各自在叙事细节上有所取舍。杨博归纳，大体有以下内容②：

第一，许成。越战败，勾践退守会稽之山，听从谋臣之计缓兵求成。伍子胥进谏乘胜追击，夫差拒谏许成。这是基本叙事主干，但越请成于吴事，则各有不同。请成之谋，出自何人，除《越语下》记范蠡之谋外，其他均记述为大夫文种。

---

① 清华大学出土文献研究与保护中心编，李学勤主编《清华大学藏战国竹简》（柒），中西书局 2017 年，第 112—151 页；另参见李守奎：《〈越公其事〉与句践灭吴的历史事实及故事流传》，《文物》2017 年第 6 期。
② 杨博：《战国楚竹书史学价值探研》，上海古籍出版社 2019 年，第 128 页。

第二，越残存实力。《国语·越语上》等传世文献均作"有带甲五千人"，《越公其事》则云"以观句践之以此八千人者死也"。学者或认为由于"故事化"的因素，造成"五千""八千"的异文。①

第三，求和之使者。越国至吴请成的使者，一是《国语·吴语》中，曾先后两次至吴求和的诸稽郢；二是《国语·越语》的文种，《左传》哀公元年也以文种为越国使者而入吴。《越公其事》记载文种为越使者而至吴求和，在越国使者的人选上，异于《国语·吴语》，而与《国语·越语》和《左传》相同。

第四，求和之条件。《国语·吴语》中勾践求和的条件是："勾践请盟，一介嫡女，执箕帚以晐姓于王宫；一介嫡男，奉槃匜以随诸御；春秋贡献，不解于王府。"勾践夫妻不得不带着范蠡来到吴国，伺候吴王，从事劳役，整整三年。至《国语·越语上》则转为："请句践女女于王，大夫女女于大夫，士女女于士，越国之宝器毕从。"

第五，请成之结果。《国语·吴语》《越公其事》记夫差本人出于各种原因拒谏伍子胥而同意求和。《国语·越语上》记通过厚赂太宰嚭求和。文种与范蠡商量，以吴太宰伯嚭贪，重赂之，通过他对吴王进行活动。越王采纳了这个建议，选出美女二人和金银珠宝重礼，由文种暗地献于伯嚭。伯嚭接受后，引文种见吴王。文种顿首说："愿大王赦勾践之罪，尽入(收)其宝器。不幸不赦，勾践将尽杀其妻子，燔其宝器，五千人触战，必有当(能当吴兵者)也。"伯嚭也向吴王说："越已服为臣，若将赦之，此国之利也。"在伯嚭的影响下，吴王有意接受越的求和。

卓有远见的伍子胥，坚决反对允和，主张一举灭越。《国语·越语上》载其言曰：

　　夫吴之与越也，仇雠敌战之国也，三江环之，民无所移。

---

① 魏栋：《清华简〈越公其事〉合文"八千"刍议》，《殷都学刊》2017年第3期。

有吴则无越，有越则无吴，将不可改于是矣。员闻之，陆人
居陆，水人居水。夫上党之国，我攻而胜之，吾不能居其地，
不能乘其车。夫越国，吾攻而胜之，吾能居其地，吾能乘其
舟。此其利也，不可失也已，君必灭之！失此利也，虽悔之，
必无及已。

《史记·吴太伯世家》载，伍子胥举夏代一度亡国，后来少康中兴
的故事，劝告吴王夫差说："今吴不如有过之强，而句践大于少康，
今不因此而灭之……后必悔之。"但是，昏庸愚蠢的夫差对此却缺乏深
刻的认识。他轻信敌人的许诺，采纳了太宰伯嚭的意见，允许了越国
的求和。放虎归山，纵敌遗患。在以后的几年中，夫差又被勾践虚伪
的忠诚所迷惑，对越国种种的复仇准备视而不见，放弃警惕，把战略
的重点放在打击北方的齐国与鲁国上。《国语·吴语》载，伍子胥反对
北上，主张先灭越国以安稳后方："越之在吴，犹人之有腹心之疾
也……今王非越是图，而齐、鲁以为忧，夫齐、鲁譬诸疾，疥癣也，
岂能涉江、淮而与我争此地哉？将必越实有吴土。"李薇、杨英杰分
析，夫差再一次拒绝伍子胥的建议，导致后来身死国亡。[①]
　　但是，新发现的清华简《越公其事》揭示了夫差放过勾践的真实
原因：

　　　　第二章：吴王闻越使之柔以刚也，思道路之修险，乃惧，
　　告申胥曰："孤其许之成。"申胥曰："王其勿许！天不仍赐吴
　　于越邦之利。且彼既大北于平备，以溃去其邦，君臣父子其
　　未相得。今越公其胡又带甲八千以敦刃皆死？"吴王曰："大
　　夫其良图此！昔吾先王盍卢所以克入郢邦，唯彼鸡父之远荆，
　　天赐忠于吴，右我先王。荆师走，吾先王逐之走，远夫勇残，

① 李薇、杨英杰：《论春秋时期吴国的霸业》，《学术月刊》1995 年第 2 期。

吾先王用克入于郢。今我道路修险，天命反侧。岂庸可知自得？吾始践越地以至于今，凡吴之善士将中半死矣。今彼新去其邦而笃，勿乃豕斗，吾于胡取八千人以会彼死？"申胥乃惧，许诺。①

《越公其事》的整理揭开了当年吴越之战的真实面目：吴王夫差没有消灭越国是因为实力不足，并不是《史记》等后世文献所云，夫差昏庸或仁慈所致。伍子胥也没有固执己见，而是在夫差解释"吴之善士将中半死"之后，伍子胥也感到害怕，所以君臣达成一致意见，和越国盟誓而还。程义认为：《越公其事》给我们以全新的认识，使夫差刚愎自用的形象得以改观，也使得许多历史的细节得以重现和演绎。②

李守奎认为，清华简的墓主级别应当比较高，有较高的史学价值。清华简《越公其事》记夫差之所以没有乘胜追击剿灭勾践，是因为其自我估量实力不足，没有获胜的把握。李守奎分析，形势对于夫差有三不利：一是远离吴土，道路修远，后备不济；二是吴之将士战死过半，兵力不足；三是越人八千斗志旺盛，困兽犹斗。在此形势下双方决战胜负难测，所以决定许成。其决定许成也没有涉及贪财好色、刚愎自用、拒绝忠良、任用佞臣等。故《越公其事》对夫差许成的原因更像一个历史的分析，夫差对勾践不乘胜追击，是估计自己实力不足，没有制胜的把握。③ 至于夫差为何会留下勾践性命并最终放虎归山一直有很多种解释，当然各种版本都少不了"红颜祸水"（西施）和"奸臣当道"（伯嚭）这种无聊的说法，其实换一种思维，或许我们就能够理

① 清华大学出土文献研究与保护中心编，李学勤主编《清华大学藏战国竹简》（柒），中西书局 2017 年，第 119 页。

② 程义：《吴国史新证：出土文献视野下的〈吴太伯世家〉》，上海古籍出版社 2022 年，第 147 页。

③ 李守奎：《〈越公其事〉与句践灭吴的历史事实及故事流传》，《文物》2017 年第 6 期。

解夫差这样做的合理性了。

夫差放过勾践，还有以下原因。越国居于"百越"之首，一旦失去越国的约束，那些无法无天的山民势必对吴国边境造成无休止的骚扰和掠夺，而留下越国作为"傀儡政权"，则能够最大限度地保证吴国的利益。再者，"灭国不绝祀"是当时社会的普遍风尚，一心融入华夏的吴国没有理由为了杀勾践而让中原诸侯耻笑为"野蛮之邦"。同样的道理，在后来勾践灭吴之后，也曾提出分封一小块地方给夫差养老，只是最终被夫差拒绝。当然，饶命归饶命，并不代表吴人会傻到留给越国足以发动下一场战争的地缘资本。作为战败一方，越国被压缩至宁绍平原与江南丘陵间极为狭小的交界地带，其国土的大部分平原地区被吴国拿走，吴越争霸的第一阶段以吴国的全胜宣告结束。越国全境长期处在吴国的占领之下。杨楠绘制的《江南地区土墩遗存分区图》[①]显示，在越人墓葬(石室土墩墓)集中的太湖——杭州湾区同时分布着大量的吴人墓葬(土墩墓)，这应该是吴军长期占领越地的反映。

越国疆土几乎完全处在吴国的控制之下，越国形同灭亡。《国语·越语下》载，越国以"委管钥，属国家，以身随之，君王制之"的条件才得到吴国的许成。《越绝书·记地传》载："吴王夫差伐越，有其邦，句践服为臣。"勾践囚吴时越国的疆域，其实是吴王夫差在吞并越国疆域以后赐还给越王勾践的封地，其面积不足越国原版图的十分之一。《越绝书·记地传》载："吴王复还封句践于越，东西百里，北乡臣事吴，东为右，西为左。"卷七载勾践自谓败于吴后"上栖会稽山，下守溟海，唯鱼鳖是见"，并对吴王自称"东海役臣孤句践"。这两条均记得较为笼统，但可想见局促之状。《国语·越语上》："句践之地，南至于句无，北至于御儿，东至于鄞，西至于姑蔑，广运百里。"鄞在今浙江奉化东五十里。姑蔑在今浙江龙游北。御儿在今浙江嘉兴西南七十里。应该就是指越国此时的疆域。《吴越春秋》卷八记载："吴封

---

① 杨楠：《江南土墩遗存研究》，民族出版社 1998 年，第 31 页。

地百里于越，东至炭渎，西止周宗，南造于山，北薄于海。"炭渎，在会稽东六十里处，今绍兴上蒋乡一带；周宗，大约在浦阳江沿岸；山，即会稽山；海，即后海，实为钱塘江南岸。方杰照此推断，"这时于越的疆域大约是钱塘江及其上游浦阳江南岸，包括今萧山市、诸暨市的一部分和山阴、会稽两县的境域范围"。[1] 不久，夫差见勾践奉吴甚勤，赦免勾践，又增加越国封地，《吴越春秋》卷八接着载录："东至于勾甬，西止于檇李，南至于姑末，北至于平原，纵横八百余里。比第一次分封扩大了八倍多。勾甬，今鄞县；平原，今海盐县。叶岗认为，这八百余里疆域，与勾践与夫差战争之前的疆域，小有差距。[2]

《吴越春秋》载，勾践尝到疆域不断扩大的甜头，进一步"使大夫种索葛布十万，甘蜜九党，文笋七枚，狐皮五双，晋竹十廋，以复封礼"，吴王夫差"得葛布之献，乃复增越之封，赐羽毛之饰、机杖、诸侯之服"，这样做的结果，成效显著，越国疆域，完全恢复。东汉王充在《论衡·虚书》中记述："吴、越在时，分会稽郡，越治山阴，吴都今吴，余暨以南属越，钱唐以北属吴，钱塘之江，两国界也。"[3]张志鹏指出：吴王夫差的封越及两次增封，使越国的疆域基本上恢复到了原来"夫越本兴国千里"的程度。[4]

勾践对夫差卑躬屈膝，在汉代已经有图像描绘。西汉早期襄阳擂鼓台一号墓出土漆奁已有相关绘画装饰。研究者认为漆奁上以树分隔的七幅图画反映的正是以西施、郑旦为中心的美人计细节。东汉吴王伍子胥铜镜镜背上的图画更进一步将此故事演绎：吴王夫差正中踞坐，伍子胥在一边怒目圆睁欲拔剑击刺，越王和范蠡带着二位越女温

---

① 方杰主编《越国文化》，上海社会科学出版社1998年，第2页。
② 叶岗：《论越文化中心地之疆域和政区》，《社会科学战线》2009年第1期。
③ 王充：《论衡》，上海人民出版社1974年，第59页。
④ 张志鹏：《吴越史新探》，河南大学博士学位论文，2012年，第183页。

顺站立。①

楚国位于吴国的西方，与吴国的疆域犬牙交错，江淮和江西的众多地区处于双方的争夺之中。张旭晟指出，楚、吴双方大体西以昭关为界，北以州来为界，南以严州、上饶为界。②

第十八节　征伐蛮氏，进驻上洛及回归㵞郢（昭王二十五、二十六年）

趁吴国与越国陷于长时期的争斗，楚国又开始向北发展。楚昭王征伐蛮氏，进驻上洛，将西部疆域的北境扩展到丹水上游地区。③

戎蛮子国系曼姓，又称蛮氏。因与戎人杂居融合，叫戎蛮，属子爵，所以又叫戎蛮子。它是东周初年曼国为郑所亡后，其部分遗民南迁至今汝州市西的蛮城所建。《通典》载：蛮中聚即戎蛮子国，今俗谓之麻城。《读史方舆纪要》卷五一汝州："蛮城，在州西南，故蛮子国，亦曰曼艮乡城，亦曰蛮中聚，俗呼麻城，蛮与麻声相近也。"《春秋地理考实》云："《后汉志》，新城有鄤聚，古鄤氏，今名蛮中。《水经注·汝水》：汝水自梁县东径麻解城北，故鄤乡城也。蛮、麻声近，故误耳。章怀太子曰：蛮中聚在梁县东南，今河南南阳府汝州西南有蛮城，是其处也。"这里周围环山，中贯汝河，形势险要。东有霍山、鱼齿山，南有槐树岭、五朵山，西有空峒山、鸣皋山，北有大小熊山、毛岭、紫云山、风穴山、连珠山。易守难攻，丛林密茂，最适于蛮人活动。

---

① 张瀚墨：《襄阳擂鼓台一号墓出土漆奁绘画装饰解读》，《江汉考古》2017 年第 6 期；铜镜藏于上海博物馆、南京博物院、苏州东吴博物馆、浙江博物馆等地，图案基本一致。

② 张旭晟：《春秋吴楚关系研究》，华中师范大学硕士学位论文，2018 年，第 14 页。

③ 赵炳清：《巴与楚》，科学出版社 2016 年，第 192 页。

《左传》成公六年："晋伯宗，夏阳说，卫孙良夫、宁相，郑人，伊洛之戎，陆浑，蛮氏侵宋。"杜预注："蛮氏，戎别种也，河南新城县东南有蛮城。"《后汉书·郡国志》："河南郡新城有鄤聚，古鄤氏国。"新城县即今伊川县，蛮城正在伊川县东南。戎人多为姜、允等姓，小部分为姬姓。蛮氏独为曼姓，自然与周围的扬拒、泉皋、伊洛之戎、九州之戎、陆浑之戎、卢戎、阴戎、戎氏以及大小戎、姜戎、申戎、骊山之戎等群戎相区别。又因是曼国遗民南迁于群戎中，和人数众多的戎人融合，其风俗习惯渐与戎人相近。加之山区自然经济特点，他们过着半农耕半游牧生活，故被看作戎的别种，称为戎蛮子。其国都蛮城，据《兮甲盘》铭文看，这时的蛮人是向周纳贡的。《水经注》："伊水出南阳鲁阳县西蔓渠山。"又合卢氏县之蛮谷流出之蛮水。蔓即曼，亦蛮之同音，这一带的蔓渠水、蛮谷、蛮水，正因蛮人分布区域而得名。

在西周晚期，晋占有伊洛上游的阴地。那里有地名栾川，蛮子多以栾子为药，故以蛮音名之。晋靖侯时（公元前841年），当楚熊勇七年，晋孙栾叔封其地，以邑为氏，传之后人。栾川正在蛮子国西。时楚尚未建国。

进入春秋，戎蛮子是春秋时与晋国、楚国发生关系的诸戎之一。戎蛮子在春秋中期的晋楚争霸中，采取了亲晋的策略。《左传》昭公十六年："楚子闻蛮氏之乱也，与蛮子之无质也，使然丹诱戎蛮子嘉杀之，遂取蛮氏。既而复立其子焉，礼也。"公元前526年，楚平王三年，派大将然丹诱骗戎蛮子嘉而杀之，遂取蛮氏。不久，又立嘉之子为戎蛮子。从此，戎蛮子国一度系楚国的附庸。楚国恢复戎蛮子，是因为蛮人散布山谷森林，须利用旧蛮君管理蛮民。但戎蛮子时服时叛。《左传》哀公四年（楚昭王二十五年）：

　　夏，楚人既克夷虎，乃谋北方。左司马眅、申公寿馀、叶公诸梁致蔡于负函，致方城之外于缯关，曰："吴将泝江入郢，将奔命焉。"为一昔之期，袭梁及霍。单浮馀围蛮氏，蛮氏溃。蛮子赤奔晋阴地。司马起丰、析与狄戎，以临上雒。左师军于菟和，右师军于仓野，使谓阴地之命大夫士蔑曰："晋、楚有盟，好恶同之。若将不废，寡君之愿也。不然，将通于少习以听命。"士蔑请诸赵孟。赵孟曰："晋国未宁，安能恶于楚？必速与之！"士蔑乃致九州之戎，将裂田以与蛮子而城之，且将为之卜。蛮子听卜，遂执之与其五大夫，以畀楚师于三户。司马致邑立宗焉，以诱其遗民，而尽俘以归。

公元前 491 年，楚昭王趁吴与越争战，暂时无力与楚交争之机，继续征服淮水上游的夷虎，夏，楚国人攻下蛮夷叛楚者夷虎以后，就打北方的主意。楚大夫左司马眅、申公寿馀、叶公诸梁在负函(今河南信阳)集合蔡国遗民，在缯关(今河南方城)集合方城山之外的人，说："吴国将要溯江而上进入郢都，大家都要奔走听命。"规定一晚上的期限，偷袭了蛮子国的梁、霍两个最重要城邑。梁，在蛮城之西(今河南汝州西南四十五里古梁伯国地)。霍，在蛮城之东(今河南汝州东南二十五里的霍山下的霍阳聚)。楚将单浮馀领兵包围蛮氏，蛮氏溃散。蛮子赤逃亡到晋国的阴地(今河南卢氏东北)。左司马眅征召楚国丰地(今河南淅川西南)、析地(今河南淅川及内乡西北)人和狄戎入伍，逼近上雒(今陕西商洛)。左师到上洛的菟和山(今名资峪岭，在丹凤县东南十里)，右师到上洛的仓野(今陕西丹凤西)，截断戎蛮子西逃入秦、巴的秦岭、大巴山之路。派人对驻守阴地的晋"命大夫"士蔑说："晋国和楚国有过盟约，喜爱和厌恶彼此相同。如果这个盟约不打算废除，这是寡君的愿望。如果不这样，我们打算打通少习山再来听取你们的命令。"少习山在今陕西商洛东 185 里，山下即武关。楚左司马眅威胁打通少习山，言外之意楚国将西与秦联军，东取阴地，北渡黄河，以逼晋都。士蔑觉得事态严重，赶紧请示晋卿赵孟。晋国当时正发生范氏和中行氏之乱，赵孟说："晋国没有安定，哪里能和楚国搞坏关系？一定要快点把蛮子交给他们！"士蔑遵命，立即召集与蛮氏关系密切的九州之戎，谎称晋国打算分给蛮子土田并在那里筑城，而且打算专门为这事情占卜，以示隆重。九州之戎传话蛮子，蛮子信以为真，前来听取占卜，晋国就抓住蛮子和他的"五大夫"，在三户（今河南淅川西南丹江渡口），交给楚军。左司马眅进一步又以为蛮氏建立城邑立宗庙为名，诱骗蛮人从深山里出来集中，然后全部掳归。一部分留居在今河南镇平西二十里石佛寺赵湾的蛮子山。余众迁至今湖北宜城西南的蛮城。从此，大部分蛮子国人融入华夏族，一部分匿入深山密林中。

楚灭蛮氏，疆域向北扩展。赵炳清说，就这样，公元前491年，即楚昭王二十五年，楚人征伐蛮氏，并派丰、析二邑之师进驻上雒，据有了丹江下游地区，隔少习山与晋为邻。[①]

清华简《楚居》记载楚昭王从"秦溪之上"到了"媺郢"：

> 至卲（昭）王自秦（乾）溪之上遷（徙）居媺（媺）＝郢＝（媺郢，媺郢）遷（徙）居鄢＝郢＝（鄢郢，鄢郢）遷（徙）袞（袭）为郢。盍（阖）虜（庐）内（入）郢，女（焉）返（复）遷（徙）居秦＝溪＝之＝上（乾溪之上）……[②]

在楚国众多称之为"郢"的都城中，"媺郢"上承为郢（宜城楚皇城），下启动楚都纪南城的建设，非常重要。

楚昭王回到媺郢（今宜城郭家岗遗址）后，发生了一件体现尊重民俗，民重君轻的事情。据黄人二研究，楚昭王爱民。楚简有楚人室成，衅以落之的记载，近于实录，十分难得。上海博物馆藏战国楚竹简四

---

①　赵炳清：《楚国疆域变迁之研究——以地缘政治为研究视角》，复旦大学博士学位论文，2013年。

②　清华大学出土文献研究与保护中心编，李学勤主编《清华大学藏战国竹简》（壹），中西书局2010年，第181页。

《昭王毁室》：

> 卲(昭)王为室于死(湋)、沮之滸(浒)，室既成，将落之。王戒。邦夫(大夫)以(与)歙(饮)酉(酒)。既刜条(落)之。荆(王)□(降)之，王内(入)，将落。又(有)一君子丧备(服)曼(蹒，漫)廷(庭)，[①] 将蹠闺。寉人止之……君子曰："仆之母(毋)辱君王，不憗，仆之父之骨才(在)此室之阶下，仆将埮(殓)亡老□□□以仆之不得并仆之父母之骨，私自塼。"……迫命(令)尹为之告。[王]曰："吾不智(知)亓(其)尔墓，尔古须(鬚)既格，安(焉)从事?"王遷(徙)凥(居)于坪澫，卒以(与)夫(大夫)饮酒于坪澫，因命(令)至俑毁室。[②]

该文目前尚有几处字词不知其义，不能通读。大意是，楚昭王为室雎水之泮。室既成，将举行落成仪式，与诸大夫饮酒。落成典礼，以牲血衅祭，昭王来到现场，将亲自主持仪式。有一君子着丧服，径直走向室门。门卫制止，该君子说："在下亡父之尸骨就埋在此室阶沿下。"让命(令)尹将此事报告昭王，昭王说："我不知道这里有你亡父墓葬，你何必要等到房子盖好落成之时才这样做？"于是命令工人拆除该室。楚昭王换了一个地方，到坪澫与诸大夫饮酒。[③] 杨博认为，从新出楚简中，可以发现，"语"书楚国故事中的楚王，均是"明主""贤君"。《昭王毁室》中楚昭王是一位为尊重庶人的祭祀风俗、宁愿毁掉自己新建之室都不去破坏礼俗的君王。《昭王与龚之脽》中的昭

---

① 曼，读为"娩"。廷，读为"径"。参单育辰：《〈昭王毁室〉的再研究》，载罗运环主编《楚简楚文化与先秦历史文化国际学术研讨会论文集》，湖北教育出版社2013年，第421—425页。

② 陈剑：《战国竹书论集》，上海古籍出版社2019年，第134—135页。

③ 黄人二：《上博藏简〈昭王毁室〉试释》，《考古学报》2008年第4期。

王，不惜委屈自己的随从，目的是使人民凝聚力量，团结起来重建家园。① 王箐指出：楚昭王为尊重无名"君子"诉求，尊重亡灵，下令拆除王室建筑，令人肃然起敬。②

第十九节　楚吴争陈，晋斡旋劝吴撤兵
（昭王二十七年）

吴人败越之后，国力臻于鼎盛，傲然有霸主之志。陈本为楚之属国，为楚在中原的倚重，吴国为打击楚国，两次讨伐陈国。

第一次在吴国攻入楚都后，约当公元前 496 年，楚昭王二十年，吴王阖闾曾召陈怀公，然陈不应召，故结怨于吴。《左传》哀公元年：

> 吴之入楚也，使召陈怀公。怀公朝国人而问焉，曰："欲与楚者右，欲与吴者左。"陈人从田，无田从党。逢滑当公而进，曰："臣闻国之兴也以福，其亡也以祸。今吴未有福，楚未有祸。楚未可弃，吴未可从。……楚虽无德，亦不艾杀其民。吴日敝于兵，暴骨如莽，而未见德焉。天其或者正训楚也！祸之适吴，其何日之有？"陈侯从之。及夫差克越，乃修先君之怨。秋八月，吴侵陈，修旧怨也。

吴国在进攻楚国的时候，得到蔡国和唐国的帮助，唯独在两国附近的陈国无动于衷。在攻进楚国的都城之后，吴王阖闾派人召陈怀公，借以威胁陈国，意图裹挟陈国一起反楚。陈怀公为了测试本国贵族对吴国的态度，特意在朝堂上，将陈国众多的"国人"召集在自己面前，

---

① 杨博：《战国楚竹书史学价值探研》，上海古籍出版社 2019 年，第 186 页。
② 王箐：《楚国物质生活文化研究》，安徽大学博士学位论文，2018 年，第 99—100 页。

对大家说，希望与楚国和好的站在右边，希望与吴国和好的站在左边。结果陈国的国人不知该怎么站队，只是按照有无田地来站队，有田地的站在一边，没有田地的按照乡间"党"的隶属关系站在另一边，大家都无所适从。这时，陈国德高望重的贵族逢滑走向陈怀公，认为楚未可弃，吴未可从。楚国虽然战败，但平时对待老百姓较好，而吴国一味迷信暴力，老百姓死伤严重，必将天降大祸。陈怀公采纳了逢滑的意见，决定跟随楚国，拒绝阖闾的召见。吴王阖闾恨透了陈怀公，但因为秦国救楚，吴国仓促东撤，未及与陈国清算，无功而返，只是在心中结怨。吴国的这个怨气，一直憋着，直到七年以后，阖闾的儿子夫差继位，大胜越国之后，才"修旧怨"，再次发兵攻陈。

第二次吴国攻陈发生在七年之后。公元前489年，鲁哀公六年，吴王夫差七年、楚昭王二十七年。这年春，吴克越后，声势复振，为遏制楚国在淮河中游恢复势力，吴王夫差特意派出大军，前往讨伐楚国盟友陈国。《左传》哀公六年：

> 吴伐陈，复修旧怨也。楚子曰："吾先君与陈有盟，不可以不救。"乃救陈，师于城父。……秋七月，楚子在城父，将救陈。卜战，不吉；卜退，不吉。王曰："然则死也！再败楚师，不如死。弃盟，逃仇，亦不如死。死一也，其死仇乎！"命公子申为王，不可；则命公子结，亦不可；则命公子启，五辞而后许。将战，王有疾。庚寅，昭王攻大冥，卒于城父。

吴军伐陈，以报旧怨。吴人再次伐陈，楚昭王震怒，下定决心要救陈国，与吴国再决一死战。楚昭王说，楚国与陈国有盟约，不可以不救，便亲自领兵救陈，大军驻扎于城父(在今安徽亳州东南)。在城父，昭王采取问卜的办法鼓舞士气，谁知问卜的结果不理想，卜战卜退均不吉利，楚昭王决心战胜吴国，早已将生死置之度外，发狠地说，因再败于吴国而死，因救陈战死，反正都是一死，拼死也要战胜吴国。

为防止因自己突然去世造成失败，昭王先后指定兄弟公子申、公子结继承王位，都被拒绝，只有公子启，推辞了五次才勉强答应。可见为了救陈国，楚昭王拼死出战，楚国上下，充满了悲壮的气氛。自春至秋，楚师与吴师相持不下。一直到秋七月二十七庚寅日，楚师攻到陈国位于今河南项城的大冥。杜预注：大冥，陈地，吴师所在。杨伯峻注："大冥，据《汇纂》，在今河南周口地区项城县境。"①楚军暂时占据上风，楚、吴两军在大冥对峙，互不相让。楚、吴双方都没有退路，生死大战一触即发。

楚昭王在进攻大冥期间，七月二十七日"庚寅"这一天突然病逝，容易使人以为，楚军失去统帅，无法作战，只能退兵，楚军半途而废，这让陈国再也无法抵挡吴军，只能向夫差俯首称臣。吴军不战而胜，逼陈国投降，凯旋而归。如赵炳清便认为，是昭王病逝，楚人退军，吴服陈，达到其目的。②

但是，这个结论由于新的竹简问世，却被改写，在楚、吴争陈的关键时刻，吴国的盟友晋国出手斡旋，居然化干戈为玉帛，使吴国主动退兵！其中的秘密，是由上海博物馆藏战国楚竹书《吴命》揭示的。

简文的整理者曹锦炎将其大体分为两个部分：第一部分是吴国出兵北上陈国，晋国派出使者晋臣寿来出面交涉，吴国退兵；第二部分是吴王派臣下告劳于周天子之辞。曹锦炎根据简文的内容和体例，分析其很有可能是《国语·吴语》的佚篇。这里将曹锦炎整理的简文结合学者意见以通行释文罗列如下：

> ……二邑，非疾因焉加之，而慎绝我二邑之好！先人有
> 言曰：马将走，或动之，速仰。灶来告曰：……（第一简）
> 寡君曰：孤居保绔裤之中，亦唯君是望。君而岛或言若

---

① 杨伯峻：《春秋左传注》（修订本），中华书局 1990 年，第 1635 页。
② 赵炳清：《楚国疆域变迁之研究——以地缘政治为研究视角》，复旦大学博士学位论文，2013 年，第 151 页。

是，此则社稷……。（第二简）

……君之顺之，则君之志也。两君之弗顺，敢不枉？道以告吴，请成于楚。昔上天不衷，降祸于我……（第三简）

州来，孤吏一介使，亲于桃逆劳其大夫，且请其行。荆为不道，谓余曰：汝，周之旧氏。……（第四简）

[或]有轩冕之赏，或有斧钺之媚，以此前后之献，不能以牧民，而反志，下之相挤也。岂不佑哉！衍敢居我江岸！曰：余必干丧尔社稷，以广东海之表。天不其衷，俾周先王佾……（第五简）

……赛，在波涛之间，舅甥之邦。聂周子孙，唯余一人所礼。宁心抚忧，亦唯吴伯父。晋……（第六简）

故用使其三臣，毋敢有避速之旗，敢告视日。答曰：三大夫辱命于寡君之仆，寡君一人……（第七简）

……来，先王之福，天子之灵！孤也，何劳力之有焉！孤也，敢至，先王之福，天子之灵。吴人口。……于周。寡君问左右：孰为师徒践履陈地，以陈邦非它也，先王姑每大熙之。（第八简）

以贤移忌，惟三大夫其辱问之。今日唯不敏既莅矣，自望日以往必五六日，皆敝邑之期也。吴走陈。

楚人为不道，不思其先君之臣事先王，废其贡献，不共承王事。我先君阖庐……（第九简）①

《吴命》展现出一篇完整的晋臣使吴与吴王协商退兵问题的外交辞令。从侧面肯定了《左传》《国语》等文献记载相关内容的真实性。虽是晋臣与吴臣之间的交流，但是楚在其中扮演了十分重要的角色，可

---

① 曹锦炎：《释文考释·吴命》，载马承源主编《上海博物馆藏战国楚竹书》（七），上海古籍出版社 2008 年。

以说没有楚国的威胁与仇恨，夫差不可能从陈国撤兵，这点就为春秋吴楚关系提供了新的材料与看法，有利于从更深刻的角度来看待以往的问题。在《吴命》中，晋臣寿来先向夫差表达晋君对夫差的敬重，以满足夫差的虚荣心，在第四简中"荆为不道，谓余曰：'汝，周之旧氏……'"之后阐述晋国自身的问题和楚人的骄纵，以达到同仇敌忾的效果。晋对吴北上与楚争陈地这一举动，无力进行军事干涉，只能派使者进行交涉，这种外交行为本身是很艰难的，而晋臣寿来用吴晋交好的历史和楚国的蛮横和威胁来游说吴王夫差，就能使得夫差退兵，可见夫差是出于对诸夏的亲近和对楚国的厌恶，唯恐楚国控制江淮地区，堵住吴国北上之路，才接受退兵。

　　分析吴国的地理环境，吴国南方是越国的地盘，吴占有太湖平原，就不再南下，筑城防备，因为再往南就是浙东峡谷和闽北山区，扩张较为困难，吴人还无此人力。而东面靠着大海，所以吴国只有向西和向北扩张。西面是楚国的沿江地区，楚位于长江上游，吴位于下游，逆游而攻很难取胜，此观点清人顾栋高在其《春秋大事表》中有明确表述。那吴国最好的发展方向就是北方了，晋巫臣出使给吴国带来了战车及技术，淮河流域多平原，正好有利于吴军战车的奔驰。吴楚两国不约而同地选择了淮河流域这一地区作为扩张的前线，不可避免地发生巨大冲突。这在《吴命》简中也可明确地看出——"衍敢居我江岸！曰：余必干丧尔社稷，以广东海之表。"（第五简）夫差如此暴怒的原因，固有其自身对楚国的厌恶，也与淮河流域的争夺密不可分。夫差即位后，迷恋北上争霸，而淮河地区正是其北上的门户。如果其重新被楚国控制，那么吴国称霸中原就毫无希望。所以晋臣寿来列出此原因，劝夫差不要因小失大，纠缠在陈地靠近南方的大冥（今河南项城）与楚争战而忽略吴国北上门户淮河流域，就打动了夫差，完成了出使吴国、劝吴退兵的使命。《吴命》简七、简八、简九描述了晋大夫向吴臣表达退兵的要求，吴王接受了请求，将军队从陈国撤出。从第九简中"楚人为不道，不思其先君之臣事先王，废其贡献，不共承王事。我先君阖庐……"从王孙骆告周天子之辞，可以看出吴人对当年打败楚国一事是多么自豪，对楚国厌恶之情已经深入骨髓。吴、楚两国对华夏文明和周王室有如此强烈的对立情感，又是邻国，接触频繁，那关系日渐恶劣也就不足为奇。[①] 晋国作为华夏的代表，说清楚了不要因小失大的道理，得到吴国的尊重，吴王夫差出于对晋国的尊重而接受晋臣寿来退兵的建议，也就很自然。

第二十节　招贤孔子及孔子南行，拜访白公

孔子周游列国，是中国春秋史上的大事。孔子辞鲁出游，始于鲁定公十三年，即公元前 497 年，楚昭王十九年，最后返鲁终老，是在鲁哀公十一年，公元前 484 年，楚惠王五年，一共经历了 14 年之久，先后到达卫、曹、宋、郑、陈、蔡诸国，最后一站是楚国。按照已知研究，孔子到楚的内容非常简单，从郑国到楚后，最南只是到过负函（今河南信阳），回答楚臣叶公问政。[②] 其间楚昭王欲聘孔子，不久遭遇"陈蔡之厄"及楚昭王病逝，孔子不得不离开楚国，由卫回鲁，平淡无奇。若深入研究，当年楚昭王不顾楚令尹子西的阻止，礼聘孔子，是真心实意，孔子在与楚昭王深谈之后，知道楚国面临白公的隐患，自告奋勇南下到今湖南慈利县的白公封邑作调解工作，争取能有寸功而受聘。不想白公顽固不化，孔子见话不投机，没有勉强，在向楚昭王复命之际，不料突然得知楚昭王去世，只得伤心地返回鲁国。其过程一波三折，颇具戏剧性。

孔子到楚国之时，在楚昭王二十七年，正是楚国被吴国攻入郢都几乎灭国的 17 年之后。《左传》定公四年："楚自昭王即位，无岁不有

---

① 张旭晟：《论〈吴命〉与春秋吴楚关系》，载《楚文化研究论集》（第十三集），上海古籍出版社 2018 年，第 576—584 页。

② 骆承烈：《孔子历史地图集》，中国地图出版社 2003 年，第 70 页。

吴师。蔡侯因之，以其子乾与其大夫之子质于吴。冬，蔡侯、吴子、唐侯伐楚。……十一月庚午，二师陈于柏举。……楚师乱，吴师大败之。……五战，及郢。"这一年，是公元前506年，楚昭王十年。后来楚国因为申包胥请得了秦兵，帮其打退了吴兵。此后的17年中，楚昭王在令尹子西的辅佐下，大力重整朝纲，励精图治，但是此时的楚国仍只是部分地恢复了国力。处于吴国与楚国间的陈国与蔡国，以及蔡国以南的大别山地区，就成为了吴与楚两国间长期你争我夺的区域。先秦诸多文献记载，在吴师入郢至孔子来楚的这段时期内，楚攻蔡，吴救之，吴攻陈，楚救之，时而发生。故孔子是在楚吴激烈争战的大背景下来到楚国的。

孔子赴楚之时，陈国的都城在今河南淮阳，蔡国的都城在今河南上蔡。两国是楚国的北方邻国。陈、蔡两国是西周初年的封国，地望在"江汝之间"，南北跨今河南上蔡至今湖北麻城间的广大区域。孔子师徒发生受困绝粮等事情，先秦典籍均记为"在陈蔡间"。《史记·孔子世家》："孔子迁于蔡三岁，吴伐陈，楚救陈，军于城父。闻孔子在陈蔡之间，楚使人聘孔子。孔子将往拜礼。"故"陈蔡间"是一个很宽泛的地域。

孔子周游列国以楚国为理想目标。

孔子周游列国，不是为了游山玩水，而是为了实现治国济世的伟大抱负。李学勤指出："不要忘记，孔子在定公朝中已经取得了高贵重要的地位，他如果不走，肯定与朝内外恶势力同流合污，他是不必要走的。再退一步说，孔子若辞官而不去鲁，就在家乡隐居教学，也是要安乐得多。然而他不这样做，他选择的是艰辛苦难的道路，而且确实陷入危难，厄于陈蔡，仍然弦歌不辍。这是为了什么呢？是为了他平生追求的美好的理想、远大的目标，所以孔子和他的门人体现了一种精神、一种境界。"[①]

---

① 李学勤：《在"重走孔子周游列国路"新闻发布会上的致辞》，2011年9月21日。载《夏商周文明研究》，商务印书馆2015年，第342页。

孔子是事业心很强的人，他的理想是到某一诸侯国系统推行自己的儒家治国理念，治世安邦，造福一方。这在《论语》中有完整的表述。《论语·阳货》："吾岂匏瓜也哉，焉能系而不食！"《论语·子路》："苟有用我者，期月而已可也，三年有成。"《论语·卫灵公》："邦有道则仕，邦无道则可卷而怀之。"但是，孔子始终运气不好，《史记·十二诸侯年表》："是以孔子明王道，干七十馀君，莫能用。"孔子对此是不服气的，因为他最后的理想国——楚国，还没有去过。

楚国是孔子最为向往的国家，孔子来到楚国时，看见楚国虽经吴师入郢之祸，但经过楚昭王十几年的治理，已经恢复元气，尤其是楚昭王痛定思痛，卧薪尝胆，以德治国，声名远播，更让孔子仰慕。《新序》记：

> 楚人有献鱼楚王者，曰："今日渔获，食之不尽，卖之不售，弃之又惜，故来献也。"左右曰："鄙哉，辞也。"楚王曰："子不知渔者，仁人也。盖闻囷仓粟有馀者，国有饥民；后宫多幽女者，下民多旷夫；馀衍之蓄聚于府库者，境内多贫困之民。皆失君人之道。故厨庖有肥鱼，厩有肥马，民有饿色，是以亡国之君藏于府库，寡人闻之久矣，未能行也。渔者知之，其以此喻寡人也，且今行之。"于是乃遣使恤鳏寡而存孤独，出仓粟、发币帛而振不足，罢去后宫不御者，出以妻鳏夫。楚民欣欣大悦，邻国归之。故渔者一献馀鱼，而楚国赖之。可谓仁智矣。[①]

孔子对楚昭王由渔民献多余的鱼联想到楚国国库多余粟后宫多幽女，遂决定出仓粟，让宫女嫁人，获得老百姓的拥护，由衷佩服。这

---

① 刘向：《新序·杂事第二》，载扫叶山房一九一九年石印本《百子全书》第一册，浙江人民出版社 1984 年。

更增加了对楚国的向往。

孔子曾经比较到过的卫、曹、宋、郑、陈、蔡诸国，包括未能成行的晋国和自己的母国鲁国，觉得都不能与楚国相比。这些诸侯国中，私家大于公室，王权下移，内乱不断，自己"君君臣臣，父父子子"的那一套治国理论，在这些国家中完全行不通。孔子在五十九岁时（公元前493年，鲁哀公二年），在卫国，看到卫灵公不能用他，决计离卫西去，投奔晋国赵简子。走到大河边，听说赵简子杀害了两个贤人，不由得临河而叹，返回卫国，然后去卫如曹适宋，都不理想。孔子认为，只有楚国，权力完全集中在楚王手中，大臣们听命于楚王，楚令尹若兵败或有其他大的过失，只能自杀或被杀，故楚国上下和睦，举国一致，显示出强大的生命力，是理想的投奔之国。孔子设想，如果能在楚国，获得执政的地位，就能够将自己多年来烂熟于心的儒家治国理论用于治理楚国，借楚国实现自己的政治抱负。

孔子周游列国，到达楚国之前，在蔡国待了三年。《史记·孔子世家》："孔子迁于蔡三岁。"在滞留蔡国的三年中，孔子无所事事。《史记·孔子世家》："冉求既去，明年，孔子自陈迁于蔡。……明年，孔子自蔡如叶。叶公问政。……去叶，反于蔡。长沮、桀溺耦而耕。……他日，子路行，遇荷蓧丈人。"

为了能够引起楚昭王的重视，孔子在滞留蔡国的第二年，进入楚国的北方重镇叶县，专程探访楚国的县尹叶公。孔子让学生子路先拜见叶公，不料叶公见到子路，劈头便问孔子是什么人，子路措手不及，回答不出来，怏怏而归。此事见于《论语·述而》："叶公问孔子于子路，子路不对。"孔子教子路，以后概括介绍老师的形象，应该是："其为人也，发愤忘食，乐以忘忧，不知老之将至。"这也是孔子的自画像。

由于孔子有很大的名气，叶公也是个好学的人，叶县离蔡国不远，很快两人见了面，进行了一次著名的对话。《论语·子路》载：叶公问政。子曰："近者说（高兴），远者来。"意即尽力招徕人口以富国强兵，这是孔子治国的重要主张，这次借回答叶公之问，孔子作了简要阐述。孔子的这一治国理念，在后世文献《说苑·政理》中，有了更深入的表述：

> 子贡曰："叶公问政于夫子，夫子曰：'政在附近而来远。'鲁哀公问政于夫子，夫子曰：'政在于谕臣。'齐景公问政于夫子，夫子曰：'政在于节用。'三君问政于夫子，夫子应之不同，然则政有异乎？"孔子曰："夫荆之地广而都狭，民有离志焉。故曰，政在于附近而来远。"①

此文借子贡之口，将孔子对楚国叶公的回答与对鲁国、齐国国君的回答进行比较，可见孔子的回答，因国而异，都有很强的针对性。

关于孔子与叶公的见面，还有一种说法是不欢而散。王龙正、王宏伟指出：历史上的叶公，是一位道德高尚的政治家与军事家。关于他的事迹，文献不乏记载。沈诸梁在叶驻守期间，修筑水利工程东陂与西陂；黎民百姓安居乐业，天下传为美谈。鉴于叶公的文韬武略，孔子慕名欲前往拜访，以期推行自己的主张，而叶公素闻孔子大名，也正想见识这位声名远扬的大思想家。但在相见之后因政见相左，话不投机，二人最终不欢而散。孔子的学生随后就写了《叶公好龙》这篇文章，记述了孔子前往拜访叶公之时所受到的冷遇。作者把孔子比作真龙，也就是真理的化身，从而批评叶公并非真心向往真理，因为当孔子到来时他却躲了起来，没有与之真诚合作，以推行孔子的主张。②

孔子回答叶公问政，楚昭王很快得知，正中下怀。因为楚昭王一直为振兴楚国而竭尽全力，就是找不到好的途径。孔子根据楚国地广

---

① 刘向：《说苑疏证》，赵善诒疏证，华东师范大学出版社1985年，第182页。
② 王龙正、王宏伟：《后应国时期楚国"方城之外"的政治、军事形势与文化融合》，载《楚文化研究论集》（第九集），上海古籍出版社2011年，第210—211页。

人稀的实际状况，提醒当政者采取各种办法招徕人口，确实是一条妙计，由此当然激发了楚昭王对孔子的仰慕。《史记·孔子世家》："孔子迁于蔡三岁，吴伐陈。楚救陈，军于城父。"楚国的大批军队驻扎在楚国的东界城父，枕戈待旦，严阵以待。《左传》哀公六年："春，吴伐陈。楚子曰：'吾先君与陈有盟，不可以不救。'乃救陈，师于城父。""秋七月，楚子在城父，将救陈。卜战，不吉；卜退，不吉。"楚昭王当时正在楚国的行都城父，城父位于今河南亳州东南，离蔡国不远。得知孔子一行正在蔡国，楚昭王立即传令，要马上见到这位誉满神州的孔夫子，委以重任。令尹子西不敢怠慢，马上派人到蔡国寻找孔子一行。

楚昭王是楚国历史上少有的遇到挫折后能够接受教训，重整旗鼓的国君。在面临吴师入郢的惨祸后，他痛定思痛，想尽一切办法，振兴楚国。一方面，有感于以伍子胥为代表的楚国人才为敌国效劳的教训，楚昭王大力奖励经过劫难考验的楚国功臣，《左传》定公五年记："（楚昭）王赏斗辛、王孙由于、王孙圉、钟建、斗巢、申包胥、王孙贾、宋木、斗怀。"另一方面，有感于父亲楚平王的令尹子常因索贿无度致使蔡国、唐国引吴师入郢，临战时惊慌失措，后擅自逃跑的教训，楚昭王决心物色理想的新令尹。

事有凑巧，当楚国的使者到蔡国边境找到孔子时，正逢孔子一行遇到意外事件，文献称之为"陈蔡之厄"。《史记·孔子世家》：

> 孔子迁于蔡三岁，吴伐陈。楚救陈，军于城父。闻孔子在陈蔡之间，楚使人聘孔子。孔子将往拜礼，陈蔡大夫谋曰："孔子贤者，所刺讥皆中诸侯之疾。今者久留陈蔡之间，诸大夫所设行皆非仲尼之意。今楚，大国也，来聘孔子。孔子用于楚，则陈蔡用事大夫危矣。"于是乃相与发徒役围孔子于野。不得行，绝粮。从者病，莫能兴。孔子讲诵弦歌不衰。子路愠见曰："君子亦有穷乎？"孔子曰："君子固穷，小人穷

斯滥矣。"

孔子一行在遭遇"陈蔡之厄"的过程中，面临的是前所未有的生死考验。但他们临危不乱，仍然保持良好的精神状态，为后人所称颂。

"陈蔡之难"造成的粮食危机到底严重到什么程度，有较翔实的记载。《孔子家语·在厄》记："孔子厄于陈蔡，从者七日不食。子贡以所赍货，窃犯围而出，告籴于野人，得米一石焉。颜回、仲由炊之于壤屋之下，有埃墨堕饭中，颜回取而食之。子贡自井望见之，不悦，以为窃食也。入问孔子曰：'仁人廉士，穷改节乎？'孔子曰：'改节即何称于仁义哉？'子贡曰：'若回也，其不改节乎？'子曰：'然。'子贡以所饭告孔子。子曰：'吾信回之为仁久矣，虽汝有云，弗以疑也，其或者必有故乎？汝止，吾将问之。'召颜回曰：'畴昔予梦见先人，岂或启佑我哉？子炊而进饭，吾将进焉。'对曰：'向有埃墨堕饭中，欲置之则不洁，欲弃之则可惜。回即食之，不可祭也。'孔子曰：'然乎，吾亦食之。'颜回出，孔子顾谓二三子曰：'吾之信回也，非待今日也。'二三子由此乃服之。"

从孔子表扬颜回吃不洁的米饭一事中，可见他们面临的饥荒确实是非常严重。

"陈蔡之厄"的深层原因是蔡国此时已经倒向吴国，故其贵族向未来楚国的掌权者发难。《史记·管蔡世家》记："（蔡昭侯）二十六年，孔子如蔡。楚昭王伐蔡，蔡恐，告急于吴……吴人来救蔡，因迁蔡于州来。……二十八年昭侯将朝于吴，大夫恐其复迁，乃令贼利杀昭侯，已而诛贼利以解过，而立昭侯子朔，是为成侯。"孔子原本只与蔡成侯的父亲蔡昭侯交好，故而能留蔡三年。而蔡昭侯此时不幸被杀，其子蔡成侯为父亲的反对派所拥立，不可能与孔子再保持友谊，故孔子与蔡国通过弑君而掌权的一帮大夫们肯定敌对，所以，孔子在蔡国是再也待不下去了。

经历"陈蔡之厄"的孔子师徒，眼看将活活饿死。绝境之中，他们与外界断绝了一切联系，喊天天不应，叫地地不灵。

"陈蔡之厄"事件的发生。据整理者考释，上博竹书《子道饿》简文即与此事有关。①

> 子道饿而死焉。门人谏曰："虐(吾)子齿年长矣，豪(家)眚甚级(急)，生未有所奠，元(愿)虐(吾)子悫(图)之也。"詹(言)游[1]止也。桉(偃)也修其德行，以受战攻之，食于子，于桉(偃)伪于子，云："于是乎，可旅。"遂行至宋卫之夘(间)……[2]"□将焉逄(往)？"詹(言)游曰："食而弗与为礼，是战攻畜□[3]鲁司寇奇，詹(言)游于逄楚……[4]

简文补充了孔子"厄于陈蔡"事件的新内容。整理者指出"子道饿"也就是历史上所记载的孔子"陈蔡绝粮""厄于陈蔡"事件，记载了言游北上告急的有关事迹。面临绝粮的困境，有弟子提出如此下去将"子道饿而死焉"。言游北上告急，门人劝谏"吾子齿年长，家性甚急，性未有所定"，希望老师改变计划，慎重考虑。言游坚持计划，申明要修其德行，于是继续北上行至宋卫之间，门人动摇不知所措，言游重申受夫子教养，而不崇礼，是战攻蓄不仁之举。②杨博指出，简文主旨虽在反映言游及其门人在势穷力困之际的儒行本色，但仍为我们了解孔子"厄于陈蔡"事补充了新的材料。③

传统文献还记载孔子派出得意门生宰予，随楚国使者见到了楚昭王，受到楚昭王的隆重接待，楚昭王赐给孔子装饰豪华的车辆，为孔子出行提供方便，同时与宰予进行了一场内容深刻的对话：

---

① 廖名春：《上博楚竹书〈鲁司寇奇言游于逄楚〉篇考辨》，《中华文史论丛》2011年第4期。

② 濮茅左：《释文考释·子道饿》，载马承源主编《上海博物馆藏战国楚竹书》(八)，上海古籍出版社2011年，第119—127页。

③ 杨博：《战国楚竹书史学价值探研》，上海古籍出版社2019年，第317—318页。

孔子使宰予使于楚，楚昭王以安车象饰，因宰予以遗孔子焉。宰予曰："夫子无以此为也。"王曰："何故？"对曰："臣以其用，思其所在观之，有以知其然。"王曰："言之。"宰予对曰："自臣侍从夫子以来，窃见其言不离道，动不违仁，贵义尚德，清素好俭，仕而有禄，不以为积。不合则去，退无吝心。妻不服彩，妾不布帛。车器不雕，马不食粟。道行则乐其治，不行则乐其身。此所以为夫子也。若夫观目之丽靡，窈窕之淫音，夫子过之弗之视，遇之弗之听也。故臣知夫子之无用此车也。"王曰："然则夫子何欲而可？"对曰："方今天下道德寝息，其志欲兴而行之。天下诚有欲治之君，能行其道，则夫子则徒步以朝，固犹为之，何必远辱君之重贶乎？"王曰："乃今而后知孔子之德也大矣。"①

《孔丛子》的这段记载，生动地反映出楚昭王对孔子的尊敬，对孔子道德的佩服，求贤若渴，到了无以复加的程度。

按照《孔丛子》的记载，可以合理推测，在听到学生宰予的答复，看到楚昭王送来的"安车象饰"，处于绝境中的孔子，高兴地跳上马车，直奔楚行都城父，拜见楚昭王。楚昭王得知，传令以最隆重的礼仪，迎接孔子。

春秋时期，使节拜访诸侯，有一套繁复的"拜礼"。《左传》记载：

穆叔如晋，报知武子之聘也。晋侯享之，金奏《肆夏》之三，不拜。工歌《文王》之三，又不拜。歌《鹿鸣》之三，三拜。韩献子使行人子员问之，曰："子以君命辱于敝邑，

---

① 《孔丛子·记义》，载扫叶山房一九一九年石印本《百子全书》第一册，浙江人民出版社 1984 年。

先君之礼，藉之以乐，以辱吾子。吾子舍其大，而重拜其细。敢问何礼也？"对曰："《三夏》，天子所以享元侯也，使臣弗敢与闻。《文王》，两君相见之乐也，使臣不敢及。《鹿鸣》，君所以嘉寡君也，敢不拜嘉？《四牡》，君所以劳使臣也，敢不重拜？《皇皇者华》，君教使臣曰：'必咨于周。'臣闻之：'访问于善为咨，咨亲为询，咨礼为度，咨事为诹，咨难为谋。'臣获五善，敢不重拜？"①

这段记载，表明春秋时期诸侯国之间，某国使节拜访他国国君而行"拜礼"，对不属于自己等级的音乐不拜。孔子在"拜礼"中，也会十分注意。

孔子严格遵守"拜礼"的繁文缛节。《史记·楚世家》："于是使子贡至楚。楚昭王兴师迎孔子。"这是指约定子贡先进城通报，楚昭王将举行隆重的入城仪式，楚昭王亲自出城迎接孔子。入城之后，按照"拜礼"程序，楚王照例要宴请孔子。庄子曾设想楚王宴请孔子并讨论问题的宏大场面。《庄子·徐无鬼》：

> 仲尼之楚，楚王觞之。孙叔敖执爵而立，市南宜僚受酒而祭曰："古之人乎，于此言已。"曰："丘也闻不言之言矣，未之尝言，于此乎言之。市南宜僚弄丸而两家之难解，孙叔敖甘寝秉羽而郢人投兵。丘愿有喙三尺？"

庄子所作本属寓言，将楚国百余年前的人物楚庄王的令尹孙叔敖和孔子生拉硬扯在一起，无可厚非，但其描绘的楚王宴请孔子的豪华阵容，中规中矩。

孔子的后裔所著《孔丛子》，载有孔子应楚昭王聘而作的《说苑·

---

① 杨伯峻：《春秋左传注》（修订本），中华书局 1990 年，第 932—934 页。

杂言》直接记："楚昭王召孔子，将使执政。"证明一代圣人和一代明君确实见过面，进行过推心置腹的畅谈。

恭恭敬敬地送走孔子，楚昭王立即召集群臣，廷议聘任孔子之事。昭王告诉群臣，想破格启用没有王族血统的外来客卿，担任令尹，全面执掌楚国的内政外交。昭王说，外来客卿的个人能力优于楚王族子弟，能够避开王族内部多年来形成的盘根错节的贵族势力，对于楚国的振兴，有莫大的好处。没有想到，这一想法，遭到握有楚国实权的令尹子西的坚决反对。《史记·孔子世家》：

> 楚令尹子西曰："王之使使诸侯有如子贡者乎？"曰："无有。""王之辅相有如颜回者乎？"曰："无有。""王之将率有如子路者乎？"曰："无有。""王之官尹有如宰予者乎？"曰："无有。""且楚之祖封于周，号为子男五十里。今孔丘述三五之法，明周召之业，王若用之，则楚安得世世堂堂方数千里乎？夫文王在丰，武王在镐，百里之君卒王天下。今孔丘得据土壤，贤子弟为佐，非楚之福也。"

令尹子西的反对，理由堂堂正正，他步步紧逼，极力渲染孔子一行如果在楚国掌握实权之后，凭借本人和学生们的能力，将会如同周文王、周武王推翻商王朝的统治一样，架空楚王，给楚国带来灭顶之灾。

时任令尹子西，是楚昭王的庶兄，在楚国的地位非同一般。一是曾经让位于昭王，在楚国地位特殊。《左传》昭公二十六年："九月，楚平王卒。令尹子常欲立子西（杜预注：子西，平王之长庶），曰：'大子壬弱，其母非适也，王子建实聘之。子西长而好善。立长则顺，建善则治。王顺、国治，可不务乎？'子西怒曰：'是乱国而恶君王也。国有外援，不可渎也。王有适嗣，不可乱也。败亲、速仇、乱嗣，不祥，我受其名。赂吾以天下，吾滋不从也。楚国何为？必杀令尹！'令尹惧，乃立昭王。"司马迁于《史记·楚世家》中对《左传》的这条记载略有改动，显得更加通俗："十三年，平王卒。将军子常曰：'太子珍少，且其母乃前太子建所当娶也。'欲立令尹子西。子西，平王之庶弟也，有义。子西曰：'国有常法，更立则乱，言之则致诛。'乃立太子珍，是为昭王。"这样，子西有让位昭王的好名声，使昭王不得不有所忌惮。二是共赴国难有大功。在昭王逃难奔随，国内无主，人心惶惶之际，令尹子西在楚邑脾泄，竖起楚王旗帜，穿上楚王的衣服，坐上楚王的马车，宣称楚王尚在，使人心安定，后及时跟随昭王，不离不弃，可谓忠心耿耿，经受了考验。《左传》定公五年："王之在随也，子西为王舆服以保路，国于脾泄。闻王所在，而后从王。"三是有劝谏昭王收回成命的先例。令尹子西在楚国的威信非常高，是楚昭王特别尊重的人，楚国民间流传一个有关楚昭王听从令尹子西劝谏的故事。《说苑·正谏》：

> 楚昭王欲之荆台游，司马子綦进谏曰："荆台之游，左洞庭之波，右彭蠡之水，南望猎山，下临方淮。其乐使人遗老而忘死，人君游者，尽以亡其国。愿大王勿往游焉。"王曰："荆台乃吾地也，有地而游之，子何为绝我游乎？"怒而击之。于是令尹子西驾安车四马，径于殿下，曰："今日荆台之游，不可不观也。"王登车而拊其背曰："荆台之游，与子共乐之矣。"步马十里，引辔而止，曰："臣不敢下车，愿得有道，大王肯听之乎？"王曰："第言之。"令尹子西曰："臣闻之，为人臣而忠其君者，爵禄不足以赏也；为人臣而谀其君者，刑罚不足以诛也。若司马子綦者，忠臣也；若臣者，谀臣也。愿大王杀臣之躯，罚臣之家，而禄司马子綦。"王曰："若我能止听，公子独能禁我游耳。后世游之，无有极时，奈何？"令尹子西曰："欲禁后世易耳，愿大王山陵崩阤，为陵于荆台，未尝有持钟鼓管弦之乐而游于父之墓上者也。"

于是王还车，卒不游荆台，令罢先置。

　　楚昭王想游猎，司马子綦想阻止，几乎丧命。只有令尹子西，委婉地将游猎与亡国联系起来，使昭王打消了念头。令尹子西的辩才，实在高明。楚昭王同兄弟的关系，与其父辈同兄弟的关系迥然异趣，从康王到平王，兄弟五人，勾心斗角，以至于你死我活。昭王同兄弟却是彼此倾诚相爱，竭力相助。议立楚昭王，庶兄子西起到了决定性的作用。子西为人正直，没有私心，并且对于教育楚昭王起到很好作用。昭王若有迷误，子西便设法使之醒悟。《孔子家语·辩政篇》也记昭王为求欢娱，拟作荆台之游，司马子期以为不可，昭王不悦。令尹子西自请陪同昭王前去，昭王大喜。焉知走了不过十里，子西就停下车，向昭王指明纵情逸乐的坏处，还说：子期是忠臣，我是谀臣，愿大王赏忠而诛谀。昭王问道：今王不去，后王也要去，你能劝阻今王，难道还能劝阻后王吗？子西答道：大王万岁之后，在荆台上筑个墓，子孙就谁也不敢去玩了。昭王终于明白过来，于是回车还宫。孔子赞曰："至哉！子西之谏也！入之于十里之上，抑之于百世之后也。"与《说苑·正谏》等所记略同。张正明评论此事，说：有子西、子期两位庶兄，这是昭王的大幸。[①]

　　令尹子西虽声名显赫，却能力平平，尤其心胸狭隘，嫉贤妒能，且家族势力庞大，对王权有一定威胁，昭王并不放心。昭王决心改变楚国多年实施的在楚王族贵族子弟中选拔令尹的旧规矩，仿照先祖楚武王启用观丁父、楚文王启用彭仲爽的旧例，《左传》哀公十七年："观丁父，鄀俘也，武王以为军率，是以克州、蓼，服随、唐，大启群蛮。彭仲爽，申俘也，文王以为令尹，实县申、息，朝陈、蔡，封畛于汝。"启用鲁国的孔子为令尹。楚昭王在廷议中向群臣反复说明，孔子在鲁国时就是国之栋梁，来到楚国，定能发挥大的作用。自己十

─────────────

① 张正明：《楚史》，湖北教育出版社1995年，第249页。

分欣赏孔子的外交才能。《史记·孔子列传》载定公十年，楚昭王十六年，孔子在鲁，由中都宰升司空，由司空升大司寇。夏，齐与鲁媾和，鲁定公与齐景公会于夹谷(今山东莱芜县南)。孔子以大司寇身份为定公相礼，事先作了必要的武事准备。齐欲劫持定公，孔子以礼斥之，正气凛然，齐君敬惧，遂定盟约，并将侵占的郓、汶阳、龟阴等地归还鲁国。是为鲁国外交的大胜利。定公十四年，孔子由鲁大司寇摄相事，法制严明，鲁国大治。昭王认为，孔子的一套儒家理论，如"君使臣以礼，臣事君以忠"(《论语·八佾》)等，对维护楚王权行之有效。他的众多学生，能文能武，全都能为楚所用。楚国王权巩固，不必危言耸听，担心架空楚国。

群臣见楚昭王说得有道理，不再反对。令尹子西见昭王主意拿定，自知反对无益，也就不再坚持。

昭王见大家不再反对，便进一步宣布，封给孔子书社七百里。理由是，楚国贵族普遍占有封地，而且面积均不小。如果对孔子只给令尹职务不给封地，孔子肯定待不长，同时，孔子的学生众多，都需要衣食住行，封地小了，没有衣食来源，不敷使用。

楚昭王将封给孔子书社地七百里。这在文献中有以下记载：《史记·楚世家》："昭王将以书社地七百里封孔子。"《史记·孔子世家》："昭王将以书社七百里封孔子。"《说苑·杂言》："楚昭王召孔子，将使执政，而封以书社七百。"这三条记载中，以《说苑·杂言》的记载最为贴切，就是昭王已经召见孔子，正式宣布将聘任孔子为楚国的执政，亦即成为楚国的令尹，并许诺将给予孔子书社七百里封地。

楚昭王以书社地七百里礼聘孔子的美意，通过各种渠道，传到孔子耳中，孔子当然非常高兴。能够得到楚王的青睐和信任，是孔子梦寐以求的。多年来周游列国，千辛万苦，就是盼望着这一天。孔子觉得，楚昭王对自己有情有义，真心实意，自己也应当以最虔诚的态度，早日赴任，治理楚国，施展才华。

根据诸子众多关于孔子拜访白公的记载，孔子赴任前拜访过白公，拜访的地点，则是在白公的封邑。本书第十九章第三节"实施新宗族政策，首行封君制（平王元年）"，介绍了楚平王分封了白公胜的父亲太子建的封邑。据《史记·楚世家》和《史记·吴太伯世家》所记为居巢。《史记·楚世家》："（楚平王）十年，楚太子建母在居巢，开吴。吴使公子光伐楚，遂败陈、蔡，取太子建母而去。"《史记·吴太伯世家》："（吴王僚）八年，吴使公子光伐楚，败楚师，迎楚故太子建母于居巢以归。"唐张守节在"楚太子建母在居巢"下"正义"："庐州，巢县是也。"指明居巢即唐时的庐州，即今巢湖，位于楚、吴边境。太子建之母从居巢被接走，可见太子建的封邑在居巢。联系到楚惠王二年，太子建之子白公胜被任命为"巢大夫"，更可证明居巢之地系楚平王早年赐予太子建的封邑。由于太子建封邑在居巢，太子建之母便在居巢定居，不久，楚吴鸡父之战，居巢被吴军占领。《史记·楚世家》："十年，楚太子建母在居巢，开吴。吴使公子光伐楚，遂败陈、蔡，取太子建母而去。楚恐，城郢。初，吴之边邑卑梁与楚边邑钟离小童争桑，两家交怒相攻，灭卑梁人。卑梁大夫怒，发邑兵攻钟离。楚王闻之怒，发国兵灭卑梁。吴王闻之大怒，亦发兵，使公子光因建母家攻楚，遂灭钟离、居巢。"太子建在居巢的封邑便没有了。但是，为了让太子建的后代有安身之地，太子建封邑的待遇保留。到了楚昭王在吴师入郢之战后大封有功之臣时，楚国已成功恢复东国疆域，并且南扩至今湖南澧水流域，而吴国的国土，也不断扩展，春秋晚期沿长江西扩，横亘在楚国与越国之间，形成一条很长的呈带状分布的国土，堵住楚国继续向南发展，其最西端已囊括幕阜山，紧挨岳阳，接近今湖南澧水流域，故楚国的澧水流域，又成为楚、吴对峙的新战场，楚国需要有得力贵族长期驻守此地。《左传》哀公十六年："楚大子建……其子曰胜，在吴，（令尹）子西欲召之，……召之，使处吴竟，为白公。"楚昭王念及太子建确有冤屈，其后代应当安置，特意在楚、吴的边境之地，今湖南慈利赐予太子建之子公孙胜新的封邑，有依靠公孙胜抵御吴国西进的意图。

太子建之子胜得到澧水流域的封邑，实至名归。太子建之子，按照楚国王族的习惯称呼，应称公孙胜，在父亲太子建被郑国杀害时，公孙胜尚是小孩，随伍子胥逃奔到吴国，历经千辛万苦，逐渐长大。《史记·刺客列传》："伍胥知公子光之欲杀吴王僚，乃曰：'彼光有内志，未可说以外事，乃进专诸于公子光。"楚惠王二年，令尹子西召回太子建之子胜，曾经任命为白县县公。《史记·伍子胥列传》："（令尹子西）遂召胜，使居楚之边邑鄢，号为白公。"刘向所编《新序·义勇》（卷八）"楚太子建章"："建有子曰胜，在外，子西召胜，使治白，号曰白公。"①《新序》汇集了先秦至汉初的很多资料，这条记录也当有更早的来源，可能与司马迁所择取的材料有所不同。胜治理过白县，从此才有了"白公"之名。郑威指出，"白公是白县县公。不排除白公胜在为县公的同时，兼有自己的食田。"②

考古成果证实，白公胜封邑在湖南澧江流域今慈利白公城遗址。白公城遗址在县城东三里。遗址城址南北长 350 米，东西宽 277 米，城墙残宽 8~10 米，高 4~6 米。在城垣的西、南二侧有护城河遗迹。城址内到处可以集采到绳纹筒瓦、板瓦、罐、钵一类的陶器残片，还曾出土过一批三棱形铜箭镞。据《慈利县志》载："白公城在城东五里，四面有门，相传楚白公所筑。据考证，白公胜是春秋末年战国初年的人物，从城址出土的文物来看，其时代基本吻合。"③白公胜的封邑在楚、吴边境，天高皇帝远，依托封邑，接待宾客，发展自己的势力，非常方便。

孔子下定决心在楚国从政，不负楚昭王重托。经过一番打听，孔子决定马上动身，带着弟子，从蔡地出发，驾车南行，越过汉水、长江，到白公胜封邑（今慈利白公城遗址）拜访白公胜。

孔子一行南行，一路见闻颇多，被随行弟子零星记下。据当地学

---

① 刘向：《新序校释》，石光瑛校释，中华书局 2001 年，第 1035 页。
② 郑威：《楚国封君研究》，湖北教育出版社 2017 年，第 40 页。
③ 张中一、彭青野：《论楚人入湘的年代》，《江汉考古》1884 年第 4 期。

者刘光皖多年研究和实地踏勘，推断孔子一行是沿着楚国的东境，越过大别山，经过河南新县、湖北麻城、新洲一线，跨越沙河、举水、倒水，到达倒水入江处即今武汉市新洲区阳逻一带，进入长江。[1] 随后孔子一行改走水路，溯长江进入洞庭湖，溯澧水到达慈利白公城。

（见图20-12：孔子赴白公城经过新洲问津书院路线图）

刘光皖提供了孔子一行南下经过楚国东境以下三个依据。

一是楚东境沿线有系列烽火台遗迹。今河南省新县到麻城、新洲、黄冈一路恰有当年驻有楚军的烽火台衢路遗址，这是孔子师徒得以脱逃陈蔡大夫追堵的必然路径。

二是楚东境同时又是传统的采金之路。楚国有著名的金币"郢爰"，是春秋时期唯一使用黄金为币材的货币，表明楚国富有金矿。楚国的金矿，部分分布在楚东部地区。《管子·揆度》："黄金起于汝、汉水之右衢。""其在涂（途）者，籍之于衢塞。"《左传》襄公四年："芒芒禹迹，画为九州，经启九道。"这条春秋时吴、楚交界处的楚国军事通道，最早是古九州中荆州、扬州的分界，是"禹迹九道"之一。后来是秦代"之衡山，治驰道"的江淮驰道。在汉代，《史记·货殖列传》载"豫章有黄金"，杜预注言豫章在淮南汉东，与《管子·揆度》所记黄金矿产区分布范围一致。这些都说明自陈蔡跨大别山南下到江汉之津的古道，应即是《管子·揆度》所载"黄金起于汝、汉水之右衢"的黄金矿产地带。刘光皖通过实地踏勘，进一步指出：今湖北省红安县有金沙河，到武汉市新洲区阳逻街有金台岗、淘金山，还有黄冈市团风县淋山河的金台山，形成一条金矿带。《黄安乡土志·氏族录》和《大金山李家岗李氏宗谱》载，因为金沙河一带沙中富含金沙，从楚国直至宋元明清都特设了官办的金矿局。元代李牧林被元成宗铁木耳敕封为英烈将军，监督金厂，镇守金沙河，后其子李兆五又袭职金厂巡

① 刘光皖：《孔子使子路问津考》，《问津文艺》（史迹争鸣增刊），2015年11月，第66—71页。

检。新洲区阳逻街淘金山村至今仍在进行淘金作业。证实历代文献所言不虚。

三是楚东境沿线先秦古遗址密布。麻城境内有：黄土岗、阴山戍城、龙集县古城、什子山废县、麻城古城、吕阳城、万人墩等。在武汉市新洲区境内，这条古道两旁也有着徐古将军山烽火台，旧街烽火山村烽火台及其它一系列古文化遗址，徐古枫宸寨有新石器时代至夏商周时期古文化遗址。

孔子一行在楚南土，沿途遇见了很多楚人，分别操持不同职业，孔子随口发表了很多评论，赖诸子文献记载下来。

一类是隐士。《庄子·杂篇·则阳》："孔子之楚，舍于蚁丘之浆。其邻有夫妻臣妾登极者，子路曰：'是稷稷何为者邪？'仲尼曰：'是圣人仆也。是自埋于民，自藏于畔。其声销，其志无穷，其口虽言，其心未尝言，方且与世违而心不屑与之俱。是陆沈者也，是其市南宜僚邪？'子路请往召之，孔子曰：'已矣！彼知丘之著于己也，知丘之适楚也，以丘为必使楚王之召己也，彼且以丘为佞人也。夫若然者，其于佞人也羞闻其言，而况亲见其身乎！而何以为存？'子路往视之，其室虚矣。"《庄子·内篇·人间世》："孔子适楚，楚狂接舆游其门曰：'凤兮凤兮，何如德之衰也！来世不可待，往世不可追也。天下有道，圣人成焉；天下无道，圣人生焉。方今之时，仅免刑焉。福轻乎羽，莫之知载；祸重乎地，莫之知避。已乎已乎，临人以德！殆乎殆乎，画地而趋！迷阳迷阳，无伤吾行！吾行郤曲，无伤吾足！山木自寇也，膏火自煎也。桂可食，故伐之；漆可用，故割之。人皆知有用之用，而莫知无用之用也。"《庄子·杂篇·外物》："老莱子之弟子出薪，遇仲尼，反以告，曰：'有人于彼，修上而趋下，末偻而后耳，视若营四海，不知其谁氏之子。'老莱子曰：'是丘也。召而来。'仲尼至，曰：'丘！去汝躬矜与汝容知，斯为君子矣。'仲尼揖而退，蹙然改容而问曰：'业可得进乎？'老莱子曰：'夫不忍一世之伤而骜万世之患，抑固窭邪，亡其略弗及邪？惠以欢为骜，终身之丑。中民之行进焉耳。相引以名，相结以隐。与其誉尧而非桀，不如两忘而闭其所誉。反无非伤也，动无非邪也。圣人蹢躅以兴事，以每成功。奈何哉其载焉终矜尔!'"

一类是渔夫。《说苑·贵德》："孔子之楚，有渔者献鱼甚强。孔子不受，献鱼者曰：'天暑远市，买之不售，思欲弃之，不若献之君子。'孔子再拜受，使弟子扫除，将祭之，弟子曰：'夫人将弃之，今吾子将祭之，何也?'孔子曰：'吾闻之，务施而不腐余财者，圣人也。今受圣人之赐，可无祭乎。'"《庄子·外篇·达生》："颜渊问仲尼曰：'吾尝济乎觞深之渊，津人操舟若神。吾问焉，曰："操舟可学邪?"曰："可。善游者数能。若乃夫没人，则未尝见舟而便操之也。"吾问焉而不吾告，敢问何谓也?'仲尼曰：'善游者数能，忘水也。若乃夫没人之未尝见舟而便操之也，彼视渊若陵，视舟之覆犹其车却也。覆却万方陈乎前而不得入其舍，恶往而不暇! 以瓦注者巧，以钩注者惮，以黄金注者殙。其巧一也，而有所矜，则重外也。凡外重者内拙。'"《列子·黄帝》："颜回问乎仲尼曰：'吾尝济乎觞深之渊矣，津人操舟若神。吾问焉，曰："操舟可学邪?"曰："可。能游者可教矣。善游者数能，乃若夫没人，则未尝见舟而谩操之也。"吾问焉，而不告，敢问何谓也?'仲尼曰：'谚! 吾与若玩其文也久矣，而未达其实，而固且道与? 能游者可教也，轻水也；善游者之数能也，忘水也。若乃夫没人之未尝见舟而谩操之也，彼视渊若陵，视舟之覆，犹其车却也。覆却万物，方陈乎前而不得入其舍。恶往而不暇? 以瓦抠者巧，以钩抠者惮，以黄金抠者惛，巧，一也，而有所矜，则重外也。凡重外者拙内。'"

一类是勇士。《吕氏春秋·知分》："荆有次非者，得宝剑于干遂。还反涉江，至于中流，有两蛟夹绕其船。次非谓舟人曰：'子尝见两蛟绕船能两活者乎?'船人曰：'未之见也。'次非攘臂祛衣，拔宝剑，曰："此江中之腐肉朽骨也。弃剑以全己，余奚爱焉!"于是赴江刺蛟，杀之，而复上船。舟中之人皆得活。荆王闻之，仕之执圭。孔子闻之

1684

曰：'夫善哉！不以腐肉朽骨而弃剑者，其次非之谓乎！'"

一类是老农。《列子·黄帝》："仲尼适楚，出于林中，见痀偻者承蜩（蝉），犹掇之也。仲尼曰：'子巧乎！有道邪？'曰：'我有道也。五六月累丸二而不坠，则失者锱铢；累三而不坠，则失者十一；累五而不坠，犹掇之也。吾处身也，若厥株拘；吾执臂，若槁木之枝，虽天地之大，万物之多，而唯蜩翼之知。吾不反不侧，不以万物易蜩之翼，何为而不得？'孔子顾谓弟子曰：'用志不分，乃凝于神。其痀偻丈人之谓乎！'丈人曰：'汝逢衣徒也，亦何知问是乎？修汝所以，而后载言其上。'"《庄子·外篇·达生》："孔子适楚，出于林中，见痀偻者承蜩（蝉），犹掇之也。仲尼曰：'子巧乎！有道邪？'曰：'我有道也，……吾处身也，若厥株拘……'孔子谓弟子曰：'用志不分，乃凝于神，其痀偻丈人之谓也。'"《庄子·德充符》记："仲尼曰，丘也尝使于楚矣。适见豚子（小猪）食于其死母者。"

一类是浣纱妇。《韩诗外传》卷一："孔子南游适楚，至于阿谷之隧。有处子佩璜而浣者。孔子曰：'彼妇人其可与言矣乎？'抽觞以授子贡，曰：'善为之辞，以观其语。'子贡曰：'吾北鄙之人也，将南之楚。逢天之暑，思心潭潭，愿乞一饮，以表我心。'妇人对曰：'阿谷之隧，隐曲之氾，其水载清载浊，流而趋海，欲饮则饮，何问于婢子！'受子贡觞，迎流而挹之，奂然而弃之，从流而挹之，奂然而溢之，坐置之沙上，曰：'礼固不亲授。'子贡以告，孔子曰：'丘知之矣。'抽琴去其轸，以授子贡曰：'善为之辞，以观其语。'子贡曰：'响子之言，穆如清风，不悖我语，和畅我心。于此有琴而无轸，愿借子以调其音。'妇人对曰：'吾野鄙之人也，僻陋而无心，五音不知，安能调琴？'子贡以告，孔子曰：'丘知之矣。'抽绤绖五两以授子贡，曰：'善为之辞，以观其语。'子贡曰：'吾北鄙之人也，将南之楚，于此有绤绖五两，吾不敢以当子身，敢置之水浦。'妇人对曰：'行客之人，嗟然永久，分其资财，弃之野鄙。吾年甚少，何敢受子？子不早去，今窃有狂夫守之者矣。'《诗》曰：'南有乔木，不可休思。汉有游女，不

1685

可求思.' 此之谓也。"

孔子南行，在楚地行走的时间很长，路过的地方很多，领略了楚国的南方风情，见识了人间百态。诸子关于孔子南行的所见所闻，是春秋晚期楚国民风民俗的珍贵记录。

孔子一行，历经千辛万苦，终于到达白公封邑湖南慈利白公城。据《淮南子·人间训》所记，"白公胜卑身下士，不敢骄贤。其家无管籥之信，关楗之固，大斗斛以出，轻斤两以内。"是说白公胜礼贤下士，不敢对贤才有任何骄傲的表示。他的家里没有作为信物的钥匙，门户不加门闩，用大斗卖出去，用小斗收进来。白公胜就是在这里收揽人心，在当地拥有巨大的声望。孔子到达白公城，一路感受到老百姓对白公的赞誉，随即拜访白公，回答白公问政。

孔子回答白公问政一事，主要见于《吕氏春秋·审应览·精谕》《列子·说符》《淮南子·道应训》《墨子·非儒》等诸子记载。诸子这么一致地记载孔子与白公胜见面一事，必定有所依据。但是，按照《史记·楚世家》的记载，晚至"惠王二年，子西召故平王太子建之子胜于吴，以为巢大夫，号曰白公"，这样，白公胜是在楚昭王去世之后的楚惠王时期才来到楚国，而孔子是因楚昭王去世在楚国致仕无望不得已离开楚国，时间错位。清人梁玉绳怀疑："白公作乱在孔子卒后三月，恐未必有问答。此本《列子·说符》，当是寓言，而《淮南·道应》又袭之。"[1]由此，孔子与白公胜见面之事就属于子虚乌有了。宋公文考证：《列子·说符》云，白公胜想举大事于楚国，不知可不可密谋于人，于是问"微言"于孔子，孔子知其想作乱，故拒而"不应"。这一记载，企图借"圣人"的先知来给日后白公胜的发难定性。但只要稍事推敲，即可窥见其明显的破绽。据《史记·孔子世家》，楚昭王晚年曾迎孔子至楚。公元前489年昭王死，孔子"自楚反乎卫"，继而归鲁，从此再未到过南方。白公胜于公元前487年返楚，而决计起事又

---

① 转引自陈奇猷校释《吕氏春秋校释》，学林出版社1984年，第1173页。

在公元前 481 年子西盟郑之后。这就是说，他根本没有同孔子面晤过。① 这是不可不辨的。

清理有关白公胜及其父亲太子建的身世，有以下 9 条史料时间上前后衔接，交代清楚了太子建、白公胜父子在楚国活动的来龙去脉：

1.《左传》昭公十九年(楚平王六年)："楚子之在蔡也，郧阳封人之女奔之，生大子建。及即位，使伍奢为之师。费无极为少师，无宠焉，欲谮诸王，曰：'建可室矣。'王为之聘于秦，无极与逆，劝王取之。正月，楚夫人嬴氏至自秦。"

2.《左传》昭公十九年(楚平王六年)："楚子为舟师以伐濮，费无极言于楚子曰：'晋之伯也，迩于诸夏，而楚辟陋，故弗能与争。若大城城父，而置大子焉，以通北方，王收南方，是得天下也。'王说，从之。故太子建居于城父。"

3.《左传》哀公十六年(楚惠王十年)："楚大子建之遇谗也，自城父奔宋。又辟华氏之乱于郑。郑人甚善之。又适晋，与晋人谋袭郑，乃求复焉。郑人复之如初。晋人使谍于子木(太子建)，请行而期焉。子木(太子建)暴虐于其私邑，邑人诉之，郑人省之，得晋谍焉。遂杀子木(太子建)。"

4.《史记·伍子胥列传》："伍子胥初所与俱亡故楚太子建之子胜者，在于吴。"

5.《左传》昭公二十三年(楚平王十年)："楚大子建之母在郧，召吴人而启之。冬十月甲申，吴大子诸樊入郧，取楚夫人与其宝器以归。楚司马薳越追之，不及。将死，众曰：'请遂伐吴以徼之。'薳越曰：'再败君师，死且有罪。亡君夫人，不可以莫之死也。'乃缢于薳澨。"

6.《史记·楚世家》："惠王二年，子西召故平王太子建

① 宋公文：《楚史新探·白公胜事迹考辨》，河南大学出版社 1988 年，第 256 页。

之子胜于吴，以为巢大夫，号曰白公。"

7.《史记·伍子胥列传》："吴王夫差之时，楚惠王欲召胜归楚。使居楚之边邑鄢，号为白公。"

8.《左传》哀公十六年(楚惠王十年)："(太子建)其子曰胜，在吴，子西欲召之。叶公曰：'吾闻胜也诈而乱，无乃害乎？'子西曰：'吾闻胜也信而勇，不为不利。舍诸边竟，使卫藩焉。'叶公曰：'周仁之谓信，率义之谓勇。吾闻胜也好复言，而求死士，殆有私乎！复言，非信也；期死，非勇也。子必悔之。'弗从。召之，使处吴竟，为白公。……吴人伐慎，白公败之。"

9.《左传》哀公十六年(楚惠王十年)载子西言："胜如卵，余翼而长之。楚国，第我死，令尹、司马非胜而谁？"

上述9条史料，时间从楚平王十年(公元前519年)，经过楚昭王当政的27年，直到楚惠王十年(公元前479年)，前后跨度有40年之久。

1至5条史料介绍太子建的故事，完整而合乎情理。但5至9条史料介绍公孙胜怎样被召回到楚国，成为白公胜，则矛盾颇多，不合情理。按常理，公孙胜在吴国长大，与伍子胥曾经生死相依，关系非同一般，伍子胥在吴国掌权，又几乎灭掉楚国，公孙胜在吴国衣食无忧，甚至养尊处优，只会与伍子胥共始终，死心塌地成为吴国的忠臣，怎么会回到楚国，或者被召回楚国？如果公孙胜晚至楚惠王时期才被召回楚国，在楚国未立寸功，怎么可能短时间担当楚国的封疆大吏，成为权倾一方、独当一面白县的县公呢？此外，既然曾经为"巢大夫"，或"居楚之边邑鄢"，为何概称之为"白公"呢？既然从小在吴国长大，为何对吴斗志坚决，在回击吴国向楚国军事重镇慎邑的进攻中，一马当先，智勇兼备，能够一举打败吴国呢？

这些问题，看似一团乱麻，实际上，只要将白公胜回到楚国的时间，从文献所记的楚惠王二年或十年，前移至楚昭王十年吴师入郢之后，在楚昭王痛定思痛，励精图治，广招人才，振兴楚国之际，毅然归楚，为振兴楚国竭尽全力，终于建功立业，位至县公，便可全部迎刃而解。

可以分析，吴师入郢，楚几遭亡国之祸，安居吴国的公孙胜，耳闻目睹伍子胥及吴国军士对楚国的血腥报复，刚长大成人的青年公孙胜，不能容忍伍子胥对祖父楚平王进行掘墓鞭尸，不能容忍吴国君臣在楚都"以班处宫"，《左传》定公四年："庚辰，吴入郢，以班处宫。子山处令尹之宫。"按地位对等分别闯进楚国贵族的住所肆无忌惮奸淫。他得知楚昭王逃至随国，命悬一线，开始为楚国的命运担忧。以后得知吴王的弟弟夫槩王回国称王，秦国救兵连续打败吴国，越国乘机进攻吴国，吴国终于支撑不住，铩羽东撤。楚昭王归国，励精图治，重赏有功人士，招贤纳士，公孙胜身为太子建的后代，楚国王族子弟的血性势必会被激活。在吴、楚之间互相仇视的氛围下，楚王后裔公孙胜在吴国目标很大，已经无法立足，便下定决心，与伍子胥分道扬镳，潜逃回国。归楚后主要依靠令尹子西的关照，逐步成长。《左传》哀公十六年载子西言："胜如卵，余翼而长之。"应是追述之语，并非晚至鲁哀公十六年即楚惠王十年时所说。楚昭王和令尹子西对于公孙胜的归来，喜出望外，鼓励有加，精心培养。白公胜一改其父太子建的暴躁作风，虚心学习，礼贤下士，不以王孙自居，对秦女所生的楚昭王忠心耿耿，对令尹子西尊敬有加。楚昭王和令尹子西投桃报李，精心培育，先让他担任巢县的县公，觉得称职，再让他接替白公子张，成为白县的县公。由此，公孙胜遂成为白公胜。这些都是楚昭王时期发生的事情。《左传》是纪年体，常用"初"字追述往事，但第3条记太子建之死，第8条记令尹子西招白公胜归楚，虽系倒叙，却都省略了"初"字，因子西在昭王时期和惠王时期都担任令尹，遂使后人不易区分子西到底是昭王时所说还是惠王时所说，累积到汉代，司马迁在写作《史记》时，对于白公胜何时归楚，不甚清楚，记述时间颠倒，也就在所难免，情有可原。

如果以上分析成立，则白公胜是在楚昭王十年柏举之战以后至昭王二十七年逝世之间归楚。至楚昭王二十七年孔子来楚时，白公胜归楚已达 17 年之久。以其显赫的王族血统，由一名热血青年成长为久经沙场的封疆大吏，是完全可能的。白公胜有强烈的复仇心理，不排除叶公向孔子问政在先，影响很大，白公胜有攀比之心，由此，白公胜慕孔子之名要求与孔子见面，当在楚昭王之时，完全可能。

世人只知太子建死后其子在楚白县为县公，号称"白公胜"，名闻天下，不知太子建的后人在今湖南慈利还有封邑。太子建之子胜，在楚昭王时期被令尹子西召回楚国后，埋头经营慈利的封邑，多年后建成当地有名的"白公城"。这也为楚昭王晚期孔子到楚国南方慈利白公城上门游说白公提供了可能。

见面之时，孔子必然会回答白公的若干问题，诸子对"白公问政"的记载是可信的。白公问政的内容，诸子有以下 3 条记载：

1.《列子·说符》：白公问孔子曰："人可与微言乎？"孔子不应。白公问曰："若以石投水，何如？"孔子曰："吴之善没者能取之。"曰："若以水投水何如？"孔子曰："淄渑之合，易牙尝而知之。"白公曰："人故不可与微言乎？"孔子曰："何为不可？唯知言之谓者乎！夫知言之谓者，不以言言也。争鱼者濡，逐兽者趋，非乐之也。故至言去言，至为无为。夫浅知之所争者，末矣。"白公不得已，遂死于浴室。

2.《吕氏春秋·审应览·精谕》：白公问于孔子曰："人可与微言乎？"孔子不应。白公曰："若以石投水奚若？"孔子曰："没人能取之。"白公曰："若以水投水奚若？"孔子曰："淄、渑之合者，易牙尝而知之。"白公曰："然则人不可与微言乎？"孔子曰："胡为不可，唯知言之谓者为可耳。"白公弗得也。

3.《淮南子·道应训》：白公问于孔子曰："人可以微

1690

言?"孔子不应。白公曰:"若以石投水中,何如?"曰:"吴越之善没者,能取之矣。"曰:"若以水投水,何如?"孔子曰:"菑渑之水合,易牙尝而知之。"白公曰:"然则人固不可以微言乎?"孔子曰:"何谓不可?谁(唯)知言之谓者乎!"夫知言之谓者,不以言言也。争鱼者濡,逐兽者趋,非乐之也。故至言去言,至为无为。夫浅知之所争者,末矣。白公不得也。故死于浴室。故老子曰:"言有宗,事有君,夫唯无知,是以不吾知也。"白公之谓也。

这3条史料,内容较为一致,都是白公胜劈头问孔子"人可与微言乎?"微言,杨伯峻《列子集释》:"微言犹密谋也。"对此,孔子没有回答。《墨子·非儒》推测:"孔丘之荆,知白公之谋。"正是因为孔子知道白公胜有谋反的阴谋,所以不回答。《淮南子·道应训》记载的对话内容较详,言语较为晦涩,陈广忠将此段译成白话。白公胜对孔子说:"我们可以谈谈心里话吗?"孔子没答应。白公又说:"如果把石头扔到水里,怎么样?"孔子回答说:"吴国、越国的游泳高手,能够取上来。"白公说:"如果把水倒进水里怎样?"孔子说:"菑、渑二河的流水,易牙品尝就能知道它们味道的不同。"白公说:"那么这样说人不能够谈谈心里话了吗?"孔子说:"怎么不可以?恐怕只有知道说话的旨趣的人才可以吧。"知道说话旨趣的人,不用说话而可以心里知道。在河边争鱼的人难免不沾湿衣裳,追逐野兽的人都要拼命奔走,并不是喜欢这样做。所以最高妙的话就是不说,最有效的行为就是顺应事理。见识短浅的人所要争夺的,只是蝇头小利。白公胜不了解孔子话的真实含意,所以举兵反叛,最后死于浴室(这个地方)。所以《老子》中说:"我的言论是有宗旨的,我讲的事理是有纲领的,因为人们无知,因此不怎么了解我。"白公就是这类的人。①

---

① 刘安:《淮南子译注》,陈广忠译注,吉林文史出版社1990年,第542页。

孔子与白公的对话，可谓话不投机半句多。易牙是齐桓公身边有名的弄臣，以善于调味迎合齐桓公闻名，臭名昭彰。孔子说易牙能够分清菑河与渑河的水，就是讽刺白公胜：你的问题最好去问易牙吧。白公自讨无趣。随后孔子宣传了一番道家应当"无为"的道理，隐晦地劝白公胜放弃作乱的念头。可惜白公胜没有听懂，或者拒说不接受，最后反叛身死。由此看来，孔子与白公胜的对话，是孔子周游列国的政绩之一，帮助楚国消除叛乱因素。可以设想，如果不是楚昭王当年突然身死，孔子见到昭王，定会如实禀告白公胜暴露的思想状况，有可能将白公胜的叛乱隐患提前解决。

孔子的名气很大，中国素有"人过留名，雁过留声"的传统，孔子南下楚国，自不例外。经过千百年流传下来的地名，是反映历史的活化石。孔子周游列国，所过之地，流传下来很多地名，应该说都是事出有因。当地人出于纪念孔子的良好愿望，将这些地名代代相传，无可厚非。

这些纪念孔子的地名，与"问津"有关的居多。张岱年主编的《孔子百科辞典》中记："子路问津处，有六七处说法。如：河南罗山的子路村；河南柘城刘家沟；山东鱼台的桀溺里；河南新蔡的问津村；河南叶县黄城山下的东流；河南郾城的问津寨，以及湖北省武汉一带的传闻等。有的加上一些传说。如河南《郾城县志》记，郾城西四十里有问津寨。传说孔子一行当时在这里被一个锅底（黑土）、铜帮（黄土）的铁犁挡住了路，孔子才派子路去问津，受到讥笑。长沮、桀溺耕地头的十字路口，当地叫问十镇。'寨北有铁犁于此，即子路问津处也。'"《孔子百科辞典》还提及了传说中的问津处有湖北武汉一带，但难以确定下来。[①]

涉及孔子周游列国时挨饿的地名也很多。《孔子百科辞典》又载：陈蔡绝粮处：孔子一行周游列国时，在陈蔡之间绝粮。七日不举火食，

---

① 张岱年主编《孔子百科辞典》，上海辞书出版社 2010 年，第 35—36 页。

弟子面有菜色。弟子多不满,孔子却吟诵自若,体现其"君子固穷"的精神。据地方志记载,陈蔡绝粮处在今河南省淮阳县城外西南隅。明成化六年起,知州戴昕在此建"弦歌台"。地方古籍还记,陈蔡绝粮后曾有"归欤"之叹,河南郾城县东四十里的召岗一带,孔子曾在此"思归",只好吃冷饭。至今仍有"归村"和"冷饭村"。

与河南存在的这些涉孔的地名相似,今湖北黄冈及新洲的系列涉孔地名显示孔子的途经之地。在明、清时代湖北黄冈县(今属武汉市新洲区)有不少涉及孔子的地名。《大明一统志·黄州府》:"孔子山,在府城东一百里,相传孔子自卫适此,尝登此山,有坐石,草木不侵;有石砚,雨下墨水浸出。东有颜子港,北有回车坡。"[1]清《大清一统志·黄州府》:"孔子山,在黄冈县北九十里,相传夫子自卫适楚,尝登此山。东有颜子港,北有回车坡。"[2]清雍正《湖广通志》:"孔子河,在县北九十里孔子山前,昔孔子自陈蔡适楚,至此问津。""黄冈县北九十里孔子河,有石刻'孔子使子路问津处'八大字。"汉末及齐梁人文字中多称孔子河、孔子山。"孔叹桥北十里曰回车埠。桀溺畈小庙,祀溺为土谷神。回车埠又名卧车盘,在书院北十里,石岭崔嵬,不生草木。""孔子河一曰问津河,源出五云山麓,纡回十里许。重岩泻出,下复丛峰双锁。颜子港之水自北来注,合流,流孔子山前。眉湾一曲,带转襟环,绕出山右,汇为墨池,流入鲍湖而去。""孔子山,上有讲经台。孔子山西北为晒书场。当津之中,有石,名坐石。墨池在其右。"[3]

为何河南、湖北新洲现存的地名"问津"居多?原因很简单,孔子一行无论在陈蔡之地还是循楚东地南行,一路上需要不断询问渡口,除在河南信阳古负函地附近曾经"问津"外,在湖北新洲等地,从麻城白果、夫子河到新洲孔子山、孔子河,再往西到汉水中游的楚都都,

① 李贤等:《大明一统志》,三秦出版社1990年,第935页。
② 穆彰阿、潘锡恩等:《大清一统志》(第八册),上海古籍出版社2008年,第133页。
③ 迈柱修,夏力恕、柯煜纂《湖广通志》,崇文书局2018年。

必须渡过沙河、举水、倒水等一系列河流，都须问津，故后世为纪念孔子，在新洲孔子河畔也建有"问津书院"，符合情理。

孔子最终失望地离开楚国，这是时代的悲剧。

因楚昭王突然亲赴前线城父并逝世，孔子无奈离楚。城父位于今安徽省亳州东南，是楚吴边界重镇。楚昭王当初欲礼聘孔子时，并不在城父前线。可能是后来因与吴争夺陈国，不得已，楚昭王才亲自赶到城父，调兵遣将，担当起统帅的职责。《左传》哀公六年：（楚昭王二十七年）"秋七月，楚子在城父"。楚昭王到城父的具体时间是在"秋七月"。

楚昭王二十七年秋七月到的城父，而通过孔子在楚途中遇到过捉蝉老农，可知孔子一行南下是在夏季。倒推楚昭王欲礼聘孔子的时间，是在春季。可怜孔子时运不济，当楚昭王欲礼聘孔子时，孔子尚在陈蔡之地，而陈蔡之地离城父不远。当孔子一行从夏到秋水陆兼程、风尘仆仆地赶到今湖南慈利白公城时，楚昭王却赶到了城父，孔子与昭王失之交臂，只能徒呼奈何。

楚国以武立国，历来的传统是国重君轻。楚武王兵伐随国，三军誓师出发之时武王心脏病发作，夫人邓曼劝他带病出征，结果死于军中。楚文王为巴人所败，不得回都城，迫不得已攻打黄国，得胜归来时死于军中。楚共王鄢陵大战，身先士卒，冲锋陷阵，即使眼睛中箭，当晚依然照常找司马商议明日复战之事。这次楚昭王实际上是抱病来到城父前线，也体现了楚国的这种国重君轻的精神。孔子途中听说楚王带病出征，并拒绝无谓的祭祷，大加赞赏。《说苑·君道》：

> 楚昭王有疾。卜之曰："河为祟。"大夫请用三牲焉。王曰："止。古者先王割地制土，祭不过望。江、汉、雎、漳，楚之望也。祸福之至，不是过也。不榖虽不德，河非所获罪也。"遂不祭焉。仲尼闻之，曰："昭王可谓知天道矣！其不失国也宜哉！"

孔子一行，此时异常关心楚昭王的健康。他们深知，楚国是实行君权制国家，自己在楚国的仕途，全部寄托在楚昭王身上，他们寄希望能够在城父见到昭王，为楚国出力。

就在孔子一行满怀希望赶往城父的途中，传来楚昭王逝世的噩耗。

楚昭王既逝，孔子在楚国，出仕无望。孔子和他的学生们只得赶紧加快脚步，奔往北方的卫国。这一年，孔子63岁。

李学勤评论孔子南行说，在周游列国，确实证明了其道不行之后，孔子回归鲁国，这也不是失败，因为孔子晚年不仅整理了诗书礼乐，而且传承《周易》，笔削《春秋》，完成了六经的大业。这和他十几年周游列国间的提高积累，当然是不可分的。这一点，后世恐怕只有读万卷书、行万里路，又备受折磨的司马迁才真正体认到。他作《孔子世家》，最后说："《诗》有之：'高山仰止，景行行止。'虽不能至，然心向往之。……天下君王至于贤人众矣，当时则荣，没则已焉。孔子布衣，传十馀世，学者宗之。自天子王侯，中国言六艺者折中于夫子，可谓至圣矣。"[1]到今天，孔子已离世两千几百年，我们仍然在这里追寻他的行迹，这难道是偶然的吗？

第二十一节　楚昭王卒于城父(昭王二十七年)

公元前489年，楚昭王二十七年，吴伐陈，楚救陈，昭王进驻城父。自春至秋，楚师与吴师相持不下。楚人卜战，不吉；改卜退，也不吉。由此，迟疑不决。

此时，楚昭王病重，随时有去世的可能，这可是楚国的大事，为了楚国的长治久安，楚国上下关心昭王的身体，采取各种举措，以改

---

①　李学勤：《在"重走孔子周游列国路"新闻发布会上的致辞》，载《夏商周文明研究》，商务印书馆2015年，第342页。

善昭王的健康。其中最重要的做法是进行隆重的祭祀活动。

楚人一向有祭祀的习俗。楚人与鬼神沟通的手段，主要是祭祀。祭祀的对象很多。天子所要祭祀的及于群神万物，诸侯所要祭祀的是星辰、山川和祖先。楚昭王病重，大臣们把希望寄托在祭祀上面。

楚国的祭祀内容，主要是祭祀山川，即所谓望祭或望祀。楚君通常只祭大川，不祭名山。楚晋邲地之战，楚庄王获胜之后，隆重地祭祀了黄河，而不祭河南的名山。《左传》昭公十三年记，楚共王无嫡子，有庶子五人，通过祭祀，请神来从中挑选一个可以"主社稷"的太子。楚人以"淫祀"著称。淫祀之风，盛于民间。到楚灵王时，宫廷里淫祀之风最盛。《新论·言体》载："昔楚灵王骄逸轻下，简贤务鬼，信巫祝之道，斋戒洁鲜，以祀上帝，礼群神，躬执羽绂，起舞坛前。吴人来攻，其国人告急，而灵王鼓舞自若，顾应之曰：'寡人方祭上帝，乐明神，当蒙福佑焉，不敢赴救。'而吴兵遂至，俘获其太子及后姬以下，甚可伤。"如此情节，可谓登峰造极。

楚昭王吸取楚灵王的教训，坚决不搞淫祀。病危时，有人说这是河伯作祟所致，《左传》哀公六年："是岁也，有云如众赤鸟，夹日以飞三日。楚子问诸周大史。周大史曰：'其当王身乎！若禜之，可移于令尹、司马。'王曰：'除腹心之疾，而置诸股肱，何益？不穀不有大过，天其夭诸？有罪受罚，又焉移之？'遂弗禜。"昭王见太阳边上接连三天有红云，觉得奇怪，派使者去问周太史。周太史说这是昭王将受祸之兆，如果举行禳灾之祭，可使病移到令尹、司马身上去。昭王说："令尹、司马是寡人的股肱，怎么能把心腹之患移作股肱之患呢？寡人如因有罪而须受祸，又怎么能转嫁给别人呢？"于是，昭王反对将疾病转移到大臣的身上。拒绝举行禳灾之祭。

楚昭王还反对祭祀河神。《左传》哀公六年："初，昭王有疾。卜曰：'河为祟。'王弗祭。大夫请祭诸郊。王曰：'三代命祀，祭不越望。江、汉、雎、漳，楚之望也。祸福之至，不是过也。不穀虽不德，河非所获罪也。'遂弗祭。"昭王患病，群臣忧虑，便按照楚国的传统，通过占卜察看吉凶。经占卜，卜筮说昭王患病是河神作祟。大夫要祭河神，昭王反对，认为并非河神作祟。这与孔子"不语怪力乱神"非常一致。江、汉、雎、漳是楚国境内的四条河流，"大有事于群望"，群望就是江、汉、雎、漳，它们代表着楚君的社稷。楚昭王临终前反对祭祀楚国的山川，体现了楚昭王不信鬼神，视死如归的精神。由此，孔子称赞说："楚昭王知大道矣！"

楚昭王无私选定继承人。昭王救陈问卜，结果不明，病情发作，唯恐身死耽误对吴战事，提前交代后事。《左传》哀公六年："（楚昭王）命公子申为王，不可；则命公子结，亦不可；则命公子启，五辞而后许。"杜预注：申，子西；结，子期；启，子闾。皆昭王兄。《楚世家》亦载昭王临终让位一事："让其弟公子申为王，不可，又让次弟公子结，亦不可。乃又让次弟公子闾，五让，乃后许为王。"在此，昭王传位于三公子而不传其庶兄令尹子西，那么三公子应当同是嬴氏之子。《楚世家》只言其传弟，而不提及有兄，因此昭王当为伯嬴长子。楚国的王位在昭王兄弟之间相互转让，又一次体现了楚国有"兄终弟及"的传统，昭王完全不考虑自己的儿子，"舍其子而让群臣"，可见昭王传位，完全是以国事为重。

楚昭王在世时不见有立太子之事。从《左传》《楚世家》等记载昭王临终一再让位于其诸弟来看，昭王生时当未立太子，夫人亦意外早亡。《列女传》卷四"楚昭贞姜"条下记载："贞姜者，齐侯之女，楚昭之夫人也，王出游，留夫人渐台之上而去，王闻江水大至，使使者迎夫人，忘持符，使者至，请夫人出，夫人曰：'王与宫人约，令召宫人必以符，今使者不持符，妾不敢从使者行。'使者曰：'今水方大至，还而取符，则恐后矣。'夫人曰：'妾闻之，贞女之义不犯约，勇者不畏死，守一节而已，妾知从使者必生，留必死，然弃约越义而求生，不若留而死耳。于是使者反取符，还则水大至，台崩，夫人流而死。"这说明楚国与齐国曾经联姻。楚国为了拉拢越国，楚昭王还娶了越女为妾。杜预注："越女，昭王妾。"这是一种政治上的联姻，联合越国乃楚之国策。楚昭王在世之时，未能解决继承人问题。但在临死之前，在众兄弟推让王位的情况下，公子闾传达昭王遗嘱，把越女的儿子立为楚王，自己置身事外。《左传》哀公六年记载：楚昭王"卒于城父。子闾退，曰：'君王舍其子而让群臣，敢忘君乎？从君之命，顺也；立君之子，亦顺也。二顺不可失也。'与子西、子期谋，潜师闭涂，逆越女之子章立之，而后还。"昭王之弟公子闾，在被逼答应昭王接受王位后，仍然拒绝接受，而是秘密运作，让越女之子为楚王，并声明这是楚昭王的遗愿，"从君之命顺也"，体现了一种难得的高风亮节。李玉洁对楚昭王遗嘱让越女之子为楚王的评价很高，"由此可见，楚昭王是一个很有政治远见的人，把越女的儿子立为楚国国君，是与越国搞好关系的重要国策"。①

楚昭王卒于城父，子闾与子西、子期"潜师闭涂，逆越女之子章，立之，而后还"。"潜师闭涂"包含对前线和对后方即国内封锁消息两层意思。因为楚昭王既是出师在外的楚军统帅，又是楚国的一国之君。楚昭王卒于城父是一个突发事件，楚国群臣事前没有思想准备，如果不对外封锁消息，吴国就会趁机发动突袭，陷楚军于被动境地；如果不对前线楚军将士封锁消息，楚军将士就会因突然失去统帅而军心不稳；如果不对国内封锁消息，楚朝廷内觊觎王位的各派势力之间就会自相残杀酿成内乱。故在当时形势下，楚国群臣"潜师闭涂"是应急之策，非常必要。

第二十二节 "以谥为氏"的昭氏宗族

楚昭王时发生了著名的吴攻入楚都为郢，几乎导致亡楚的国之大难。昭王逃难，吃尽千辛万苦，依靠从秦国搬来援兵，光复郢都与所

---

① 李玉洁：《春秋楚国与吴越战争的关系探析》，载《楚文化研究论集》（第十二集），上海古籍出版社 2017 年，第387—388 页。

失国土。可以说楚昭王有光复楚国的大功，故谥号为昭。昭作动词时同"照"，有照亮、光亮之义。楚昭王去世后，其后代以"昭"为氏族之姓，成为楚的三大贵姓之一。

汉王符《潜夫论·志氏姓》在楚公族中列有"昭氏"，[1] 未言其所出。宋郑樵《通志》："以谥为氏"中列有昭氏。[2]

宋人邓名世《古今姓氏书辩证》宵韵"昭"条说：

> （昭）出自芈姓。楚昭王熊轸，有复楚之大功，子孙蕃衍，以谥为氏。与旧族屈、景皆为楚大族。《战国策》有昭衍、昭过、昭奚恤，皆楚大臣。[3]

《左传》隐公八年载鲁之众仲议及命氏的来由，概述了以官、以邑、以字为氏的三个方面。实际上，如《风俗通义佚文》所指，"或氏于号，或氏于谥，或氏于爵，或氏于国，或氏于官，或氏于字，或氏于居，或氏于事，或氏于职"，范围相当广泛。楚贵族以邑（居）为氏者居多，但也有以先人之字、谥或官职为氏者。何浩指出：早在春秋时期，楚人就有过以先王谥号为氏的先例，如楚文王之后的文之无畏，庄王之后的庄善等。"邵它"二字属氏、名连称，其祭祀的直系近祖首推昭王。这说明邵氏确以楚王熊轸的谥号为氏。[4]

春秋晚期以后，以"谥"为氏逐渐成为王室后裔命氏的主要方式。楚国景、悼、昭等强宗大族皆以所出之君的谥号为族氏。这种现象与当时爵禄制度、封邑政策的变化有关。春秋中期以前，采邑制是主要的分封形态，各贵族的采邑是世袭的，以初封采邑所在地名作为受封王族或显贵的姓氏是很普遍的，此期楚国的四大贵族斗、成、屈、苪

---

① 王符：《潜夫论笺校正》，汪继培笺，彭铎校正，中华书局 1985 年，第 416 页。

② 郑樵：《通志·氏族略》，中华书局 1995 年，第 23 页。

③ 邓名世：《古今姓氏书辩证》（卷十），江西人民出版社 2006 年，第 151 页。

④ 何浩：《文坪夜君的身份与昭氏的世系》，《江汉考古》1992 年第 3 期。

以采邑为姓氏，为大多数学者公认。楚康、灵、平之世，对外兼并战争频繁，设县和新筑城址的行为很多，县制的发展非常迅速，楚县公的实力与小诸侯已不相上下了。县公是王廷指派，不是世袭的，楚王为便于控制，当然喜欢把以王子王孙为主体形成新的显贵群体分封到各县当县公，镇守一方，故鼓励王族从楚王谥号中取氏。昭王后人以先祖美德为荣光，遂借其谥以为氏。周代君王用昭为谥号的很多，有周昭王、郑昭公、晋昭公、鲁昭公、宋昭公、齐昭公、燕昭公、魏昭王、燕昭王。先秦以谥为氏的宗族中，极少见到以灵、幽、厉、隐等恶谥为氏，据《逸周书·谥法解》，死而志成、乱而不损、极知鬼事、不勤成名、死见鬼能曰灵，不显尸国、隐拂不成曰隐，早孤有位、壅遏不通、动静乱常曰幽，致戮无辜曰厉。[1] 说明情感倾向对命氏行为有相当影响。

纵览春秋时代，公孙之子在世时得氏是诸侯列国的普遍做法，即《左传》隐公八年杜注说的"公孙之子以王父字为氏"，而公子在世时得氏却是比较罕见的。[2] 从昭氏的早期历史来看，楚人在命氏立族的时间上与中原地区有一定区别。

春秋晚期以前，周代有一套比较严格的姓氏制度。受氏者需要经过国君的册封。《左传》隐公八年："胙之土而命之氏。诸侯以字为谥，因以为族。官有世功，则有官族，邑亦如之。"春秋时期，径直以国君谥号为族者甚少，所谓的鲁国三桓，宋国戴族、武族、桓族，郑国穆族，楚国若敖氏，都不是实体性的宗族。以郑国"七穆"为例，包括七族：良氏、游氏、国氏、罕氏、驷氏、印氏、丰氏。之所以称"七穆"，是因为这七族均出自郑穆公，而并非实际存在"穆族"。谢维扬

---

① 黄怀信、张懋镕、田旭东：《逸周书汇校集注·谥法解》，上海古籍出版社 2007年，第 722、723、725、731、732、740 页。

② 谢维扬：《周代家庭形态》，黑龙江人民出版社 2005 年，第 154—158 页；陈絜：《商周姓氏制度研究》，商务印书馆 2007 年，第 274—278 页。

将三桓、七穆、若敖氏等非实体性的宗族称作"近缘氏集团"，① 就是考虑到"七穆"称谓与良氏、游氏等实体宗族的不同。至春秋晚期，以国君血脉远近而建立的严格的姓氏制度有所松弛，以先君谥号为族者逐渐增多，有些还发展成名门望族，如楚国的景氏、昭氏、悼氏、怀氏等。出现这种变化的原因，一是由血缘性社会向地域性社会的过渡。血缘性社会强调"嫡子继位，别子分封"，即《左传》桓公二年所说的"天子建国，诸侯立家，卿置侧室，大夫有贰宗"，所以郑穆公之后能衍生出七大宗族。春秋晚期以后，分封制地位下降，别子分封立氏的现象也在减少，由此导致了景氏、昭氏等"以谥为氏"之大族的诞生。二是禄田制逐渐取代采邑制，即每个族氏享有的世代占有、俨然一小国的采邑正在减少。封君对食邑只有世代承袭权，却丧失了不断分封给别子的权力，这也在一定程度上抑制了新族氏的产生。

据董珊研究与归纳，以楚王谥号为姓称楚王族的共有9族，分别为：武、文、成、庄（臧）、共（龚）、景平（竞坪、竞）、昭（邵）、悼（悼哲）、怀。②

昭氏源自楚昭王，郭沫若据《庄子·庚桑楚》"公族也，昭景也，著戴也，甲氏也，著封也"，进一步指出："昭是楚昭王的支庶，所以说是'著戴'，戴是代的假借。"③姜亮夫也认为："昭为楚昭王之后，受姓于昭，世系相承，不别为宗，故曰著戴，戴者戴其首也。"④所谓"戴其首"。通俗来讲，就是以宗族先祖的名（谥）号为族氏用字。

楚昭王之昭、昭氏之昭在古文字中一般厘定作"邵"。上海博物馆所藏邵王之諻鼎、簋（《集成》02288，03634-03635），邵王即楚昭王。

①　谢维扬：《周代家庭形态》，黑龙江人民出版社2005年，第227—235页。

②　董珊：《出土文献所见以谥为族的楚王族——附说〈左传〉"诸侯以字为谥因以为族"的读法》，载《出土文献与古文字研究》（第二辑），复旦大学出版社2008年。

③　郭沫若：《屈原研究》，载《郭沫若全集·历史编》，人民出版社1982年，第13页。

④　姜亮夫：《史记屈原列传疏证》，载《姜亮夫全集八·楚辞学论文集》，云南人民出版社2002年，第4页。

鄂君启节(《集成》12110–12113)和包山楚简大事纪年(包山简103–115)材料都有"大司马邵阳败晋师于襄陵之岁",徐少华认为"邵阳"即《战国策》《史记》等记载的带兵伐魏之楚军统帅昭阳，[1] 证明文字材料中的邵氏正是典籍中的昭氏。"邵"是本字，典籍通假作"昭"。

楚昭氏既是楚国公族、楚王之后，又以先王谥号为氏，那么昭氏之昭无疑出自楚昭王的谥号，因为楚王中只有昭王以"昭"字为谥。传世古籍及出土资料中所见的昭氏成员，均出现在楚昭王之后，亦反映了昭王、昭氏之间的源流关系。

新蔡葛陵墓出土的一件骨质弓帽的外表两侧线刻有四字，连读为"邵之良之"，"邵之良"即文坪夜君子良，[2] 他是楚昭王之子、坪夜君成之父、昭𧊎的高祖。"邵之良之"弓帽是平夜君成的家传之物，估计子良生前所作，暗示子良在世时已获立氏。子良被称作"邵之良"，一定出现在前489年楚昭王卒殁且被追谥号以后，大概不会晚于前433年，因为子良在为曾侯乙助丧时已被尊称为"坪夜君"。很有可能在子良生前，昭氏已获氏立族了。

包山、葛陵卜筮祭祷简文中，墓主都将昭王作为重点祭祷对象。包山简中，墓主昭𧊎在祭祀直系先辈时，一般以昭王为首，其后依次是文坪夜君、邵公子春、司马子音、蔡公子家及夫人(包山简200、203、214等)。新蔡简中，墓主坪夜君成祭祀先辈时，也以昭王、惠王、文君、文夫人、子西君为次(新蔡甲三213)。其中的文君，是坪夜文君(甲三121)、坪夜文君子良(甲三242)的简称，是昭𧊎的高祖。所以，新蔡葛陵楚墓的墓主坪夜君成，亦出自楚昭王。包山简整理者说："先秦时期有以王号为后代之氏的习惯，昭王应是邵(昭)𧊎这一

---

[1] 徐少华：《包山二号楚墓的年代及有关问题》，《江汉考古》1989年第4期；收入《荆楚历史地理与考古探研》，商务印书馆2010年，第293—304页。

[2] 董珊：《出土文献所见"以谥为族"的楚王族——附说《左传》"诸侯以字为谥因以为族"的读法》，载《出土文献与古文字研究》(第二辑)，复旦大学出版社2008年，第118页。

支的始祖。"这个判断是正确的。白显凤亦指出："包山楚简里的平夜君是昭王之后。"①

战国中晚期，传世史籍所载以昭为氏者，共有10位：昭奚恤、昭鱼、昭阳、昭雎、昭蒻、昭过、昭应、昭鼠、昭盖、昭常。

楚宣王时期（前369—前340）有昭奚恤。昭奚恤又称昭子、工（江）君奚涵。《资治通鉴》记"楚昭奚恤为相"于周显王十六年即楚宣王十七年。昭奚恤与昭𦤔祖父司马子音大约同时，从辈分上讲当是楚昭王的曾孙。昭𦤔不祭昭奚恤，大约因奚恤是"昭子"，而自己却只是坪夜君的旁系。《礼记·曲礼下》："支子不祭，祭必告于宗子。"郑玄注："不敢自专，谓宗子有故，支子当摄而祭者也，五宗皆然。"②宗子与支子在祭祀等级上的差异，大概是昭𦤔不祭昭奚恤的根本原因。昭奚恤封号"江君"，或云他是始封之君。③ 对比坪夜君、盛武君的始封及袭承情形，颇疑昭奚恤亦是继承了先辈的封地。江君地望在故江国，约今河南正阳县东南、淮水北岸。④

楚威王时有昭厘，见于《吕氏春秋》。

楚怀王时有昭鱼、昭阳、昭雎、昭蒻、昭过、昭应、昭鼠。昭鱼又作昭献、赵献。

昭鱼在怀王时期先后两次出任令尹，第一次始于公元前323年之前，下限是前320年，第二次身官令尹上限不过公元前318年（楚怀王十一年），止于公元前301年（楚怀王二十八年）之前，其间担任令尹

① 白显凤：《出土楚文献所见人名研究》第三节"楚王及王族人名用字研究"，吉林大学博士学位论文，2017年。
② 孔颖达：《礼记正义》（卷七），载《十三经注疏（附校勘记）》（阮元校刻）上册，中华书局1980年，第1269页。
③ 郑威：《楚国封君研究》，湖北教育出版社2017年，第112页。
④ 马王堆汉墓帛书整理小组编《战国纵横家书》，文物出版社1976年，第122页；何浩：《战国时期楚封君初探》，《历史研究》1984年第5期。

者有昭阳和张仪。^① 昭鱼的主要事迹，集中在第二任令尹期间，如公元前313年(楚怀王十六年)，他设"买珥"之计为楚怀王立后；公元前310年(楚怀王十九年)田需死后，昭鱼商讨魏相人选；公元前307年(楚怀王二十二年)昭鱼相韩，同年楚围雍氏，他与甘茂在商於谈判。^②昭鱼在活动时间上与昭阳、昭忙大约同时，可能是同辈之人。

昭阳又作昭扬，亦称昭子。先后担任怀王时期的大司马和令尹。昭阳接替昭鱼任令尹在前322—前320年，至迟于公元前310年又被昭鱼取代。^③ 鄂君启节、包山简都有"大司马昭阳败晋师于襄陵之岁"的记载，此即楚怀王六年(前323)昭阳败魏、取八邑之事，见于《战国策》《史记》等典籍。^④ 公元前318年五国合纵攻秦，昭阳听取杜赫之谏，先魏一步与秦人媾和，后又"因令人谒和于魏"，缓和与魏国的矛盾；之后不久，五国约秦兵伐齐，将要攻楚，昭阳建议楚王佯装许诺韩国土地，最终瓦解了诸侯之师的威胁。^⑤ 昭阳与昭鱼活动同时，应是同辈。

昭雎，公元前306年(楚怀王二十三年)，秦术视伐楚，昭雎败秦于重丘。公元前301年(楚怀王二十八年)，秦、燕、赵、魏四国伐楚，怀王下令迎战，昭雎"不欲"，并让桓臧劝说楚王。次年，齐、秦

① 宋公文:《战国时期楚令尹序列考述》，载《楚史新探》，河南大学出版社1988年，第61—65页。

② 上述事件系年从顾观光、诸祖耿二人之说，参诸祖耿:《战国策集注汇考》，江苏古籍出版社1985年，第817页注[1]、1225页注[8]、1373页注[1]、1417页注[1]。

③ 宋公文:《战国时期楚令尹序列考述》，载《楚史新探》，河南大学出版社1988年，第61—63页。

④ 徐少华:《昭阳伐魏及其相关问题辨析》，《江汉论坛》1993年第4期；收入《荆楚历史地理与考古探研》，商务印书馆2010年，第92—101页。

⑤ 上述事件系年，参诸祖耿:《战国策集注汇考》，江苏古籍出版社1985年，第481页注[1]、808页注[1]、709页注[1]。

联兵攻楚,昭雎为景翠设计与两大国和好。① 昭雎主要活动于楚怀王后期,较之昭鱼、昭阳等约晚一代。

昭翦,仅见《战国策·东周策》"昭翦与东周恶"章。昭翦与东周交恶,最初打算设计诬陷东周,但"又恐东周之贼已而以诬西周恶之于楚",后来与东周重归于好。②

昭过是楚怀王时期的贤臣,仅见于《战国策·楚策一》"张仪相秦"章。《汉书·古今人表》载有"昭廷",清人梁玉绳说:"《国策》楚昭氏显著颇多,独未闻廷。疑即怀王之良臣昭过也。"③昭过与昭雎同朝为官,可能是同辈。

昭应载于《战国策·西周策》"雍氏之役"章、《战国策·赵策四》"魏败楚于陉山"章。公元前307年,昭应率师伐韩雍氏,围城五月不拔,无果而终。鲍彪将此事系于周赧王十五年,意指楚第三次围雍氏,顾观光已指其谬。④ 公元前301年(楚怀王二十八年),齐、魏、韩共攻楚方城,杀楚将唐蔑,楚王恐惧,派"昭应奉太子以委和于薛公"。⑤昭应与昭雎同时,可能是同辈。

昭鼠,见于《战国策·楚策二》"术视伐楚"章。公元前306年(楚怀王二十三年),昭雎败秦将术视于重丘时,昭鼠任宛县县尹,镇守南阳盆地。

楚顷襄王时期(前298—前263)有昭盖、昭常。

昭盖仅见《战国策·楚策四》"长沙之难"章。长沙之难后,怀王太子被送到齐国作人质,后来楚人诈称怀王死,迎回太子横。其后,

---

① 昭雎事迹系年,参诸祖耿:《战国策集注汇考》,江苏古籍出版社1985年,第805页注[1]、781页注[1]、783页注[1]、780页注[1]。
② 诸祖耿:《战国策集注汇考》,江苏古籍出版社1985年,第56页注[1]。
③ 梁玉绳:《人表考》,载《史记汉书诸表订补十种》,中华书局1982年,第615页。
④ 诸祖耿:《战国策集注汇考》,江苏古籍出版社1985年,第75页注[1]。
⑤ 诸祖耿:《战国策集注汇考》,江苏古籍出版社1985年,第1118页注[1];杨宽:《战国史》,上海人民出版社1998年,第714页。

齐国联合韩、魏攻打楚东国地。昭盖建议派遣屈署"以东国为和于齐",迫使秦国出兵救楚。此事大约发生在公元前 299 至前 298 年。从活动时间看,昭盖较昭雎、昭蓢等晚约一代。

昭常是楚顷襄王时期的大司马,见于《战国策·楚策二》"楚襄王为太子之时"章。公元前 299 年,齐国向楚索取太子横许诺的"东地五百里",楚顷襄王在上柱国子良献地于齐的同时,任命昭常为大司马,戍守"东地",同时派遣景鲤西向求救于秦。齐王恐惧,楚人"士卒不用,东地复全"。昭常于公元前 299 年出任大司马,终年不详。从活动时间看,昭常较昭雎、昭应等约晚一代,与昭盖大概是同辈。

楚国在对外扩张的过程中,常常将被灭国家的领土置为楚县,由原国的贵族或楚国贵族担任县尹来管理该地区。楚在西南地区的经营也与此有类似之处,对新占领地区往往由原地的贵族来管理,同时派一些楚贵族来该地实行监管,如四川新都木椁墓出土的"昭之飤鼎",①是为楚器,昭乃楚之大姓,说明昭氏之裔,来到了蜀地,或为驻守,或为监管。可以说这是以楚人的理念结合当地的实际情况来治理该地的,这种治理、经营方式可谓开了后来中国几千年治理边疆地区的基本制度——"羁縻制度"的先河,对后世产生了深远影响。②

昭氏是战国时期楚国最具实力、地位最显赫的宗族之一。公元前 278 年白起拔郢之后,楚人先后迁都于陈城和寿春,一直处在流徙动荡的状态。昭氏宗族的主体也一直追随、扶持着楚国王室,其间详情,难以细知。西汉建立初始,昭氏仍是关东大族。《史记·刘敬叔孙通列传》载,刘敬建议将六国旧族充实关中的奏言中就说:"东有六国之族,宗强,一日有变,陛下亦未得高枕而卧也。"六国"宗强"之族,明确提到的就有昭氏。然而随着远徙关中,昭氏亦逐渐淡出了历史视野。

---

① 四川省博物馆:《四川新都战国木椁墓》,《文物》1981 年第 6 期。
② 邹芙都:《论楚国对西南地区的经营》,《云南社会科学》2005 年第 2 期。

第二十三节　疆域变迁

春秋末期，东边的吴国不断壮大，并在江西东北部发展其势力，开始与楚争夺对江西北部的控制权。公元前 508 年（楚昭王八年），吴楚战于豫章，吴取楚邑居巢而还。《左传》定公六年载，公元前 504 年（楚昭王十二年），吴楚又在番地交战，"吴大子终累败楚舟师，获潘（即番）子臣、小惟子及大夫七人。楚人大惕，惧亡。……于是乎迁郢于鄀。"可见在这次交战中，楚国处于下风，不得不迁都以避吴锋。楚与吴是南方地区一对死敌，双方互相争夺，辗转拉锯，异常激烈。春秋末期，吴集中精力攻击楚在赣境的势力，楚国处于劣势，丢疆失土，使原来属于楚控制的赣江中下游地区领土丧失殆尽。钟立飞指出：吴国和后来灭吴而兴的越国，控制了赣江中下游地区达近百年之久。楚国这一时期除了偶尔收复一些失地外，主要只控制江西宜春西部和萍乡等赣境地区，而这些地区自春秋后期以来，一直到楚国灭亡，都由楚控制。①

楚灭唐、顿、胡、道国，逼蔡迁徙，使唐、顿、胡、道、蔡加上灭于蔡的沈共六国的故地成为楚国的疆域。张志鹏认为，楚逼蔡迁到州来后，以蔡国故地置县，清华简《系年》第十九章："楚人焉县蔡。"其它五国的故地大概也都成为楚县。显示了楚国重返淮北的意图。②

赵炳清指出：为了经营北方，楚人将蔡故地之民迁至负函（今河南信阳），将方城口外之民迁至缯关（今河南方城），并袭梁及霍。梁，在今河南汝州临汝西；霍，又在梁的西南，二地皆在今北汝河上游。就这样，楚人又确立了对淮水上游及颍水以南地域的控制，其边界大致以古颍水为界，即今河南汝阳、汝州、襄城、临颍、周口、沈丘，

---

① 钟立飞：《试析江西楚文化》，《江汉考古》1994 年第 2 期。
② 张志鹏：《吴越史新探》，河南大学博士学位论文，2012 年，第 108—109 页。

安徽太和、阜阳，及河南固始、安徽金寨至大别山。[①]（见图20-13：楚昭王后期疆域图）

第二十四节　楚昭王述评

昭王初立，吴僚被弑，楚人欲因吴乱而取之，不知阖庐之发愤为雄，远逾前代，而楚昭信谗宠佞，犹然平王之子也。吴人一举而灭徐，再举而伐越。既而楚瓦贪贿，晋不能伐，阖庐内因胥、豁之怨，外因唐、蔡之仇，用孙武、白喜之师，长驱入郢，君舍君寝，臣居臣室，坏宗庙，徙陈器。伍员掘平王之墓，"鞭尸三百，左足践腹，右手抉目而诮之"，犹曰："报其子不及其身，莫释予怨也。"此一役也，因蔡之请，托义兴师，五战皆胜，昭王出走，较之召陵之盟，城濮之战，功尤加烈，即未常献捷成周，而攘夷之效，高于桓、文矣。柏举书子，嘉其救患，入郢书吴，贬其从狄，然而分灾恤难，中国事也。晋定公不能救蔡，而授权于吴，圣人惜焉。故郢不书灭，所以存楚，阖庐削子所以抑吴。春秋之法，似不止于狄吴也。昭王藉秦反国，休养数年，灭顿灭胡，非不耀武，而终不敢以一矢加吴慰先君于地下。吴之强从可知矣。[②]

熊轸，春秋末楚国君。即楚昭王。芈姓，原名壬，即位后改名轸（一作"珍"）。楚平王子。约生于公元前522年。公元前515—前489年在位。幼年即位以来，几乎无岁不有吴师来伐。令尹子常及其父平王宠臣费无极又弄权渎职，贪婪无度，滥杀无辜，致民怨日甚，国无宁日。昭王四年，不听子西劝谏，封吴二公子居养，更加激怒了吴人。子常勒索蔡、唐，终于促发吴、蔡、唐联军伐楚，五战及郢。昭王仓

---

① 赵炳清：《楚国疆域变迁之研究——以地缘政治为研究视角》，复旦大学博士学位论文，2013年，第151页。

② 马骕：《左传事纬》，齐鲁书社1992年，第465—466页。

皇外逃时，入于云中，受"盗"攻击；行至郧县，几为斗怀所杀；避难于随，赖随人保护才免当俘虏。秦助楚击退吴师后，以子西为令尹，相继灭唐、顿、胡三国，限定蔡国疆界，克夷虎，定蛮氏。楚势渐有起色。昭王二十七年(前489年)，吴师伐陈。为履行楚、陈盟约，昭王抱病救陈。秋七月，卜战，不吉；卜退，仍不吉。昭王安排其庶兄为王后，挥师攻大冥。旋卒于城父。①

《春秋会要》："昭王，名轸，平王子。鲁昭公二十七年立，在位二十七年。谥曰'昭'。"②

昭王是楚国历史上颇具争议、略带悲剧色彩的君主。昭王继位之前，楚、吴之间连年战争，楚国在长岸之役、鸡父之战中先后失利，节节败退。昭王幼年继位，加之母亲是受人鄙视的秦女嬴氏，故昭王初年，令尹子常专国而擅权。公元前506年，吴、蔡、唐三国之师破楚入郢，不及弱冠的昭王仓皇出逃，差点丧命亡国。复国之后，昭王"无忘前败""改纪其政"，③ 逐步收复失地、恢复国力。《左传》哀公六年(前489年)，昭王在救陈伐吴时得了大病，他不愿移祟于令尹、司马等股肱大臣，卒于城父。孔子感叹说："楚昭王知大道矣！其不失国也，宜哉！"由此来看，昭王虽非明君圣主，但时人对他的道德作为，有一定程度的肯定。这种评价，显然也影响到他死后所获之谥号——昭。正缘于此，昭王后人在宗室中的声望非同一般。④

楚昭王还见于清华简《良臣》。《良臣》主要行文格式以明君圣主缀联与之对应的贤臣，间以粗黑横线分为二十一段，依次记黄帝、尧、舜、禹、康(汤)、武丁、周文王、周武王、周成王；晋文公、楚成王、楚昭王、齐桓公、吴王光、越王勾践、秦穆公、鲁哀公、郑桓公、

---

① 石泉主编《楚国历史文化辞典》，武汉大学出版社1996年，第476页。
② 王贵民、杨志清：《春秋会要》，中华书局2009年，第16页。
③ 语见《国语·楚语下》"吴人入楚，昭王出奔"章和《左传》定公六年。
④ 田成方：《东周时期楚国宗族研究》，科学出版社2016年，第133页。

郑定公；（郑定公之相）子产之师、子产之辅和楚共王等著名君主的良臣。[1]

涛平赞曰：

楚昭王，秦女所生，父王孽债，宫廷丑闻。背负莫名羞耻，难得良心未泯。幼年继位，偏遇囊瓦专权，索贿未果，竟然拘留蔡、唐国君，弥天大罪，引来晋、吴联军，继而吴师入郢。郢都沦陷，吴国居然"以班处宫"，犯下滔天罪行。昭王逃难，水陆兼行，惊涛骇浪，一夕数惊，幸得随国保护，秦、越相救，得以挽狂澜于既倒，使楚国死而复生，大悲大喜，何其侥幸！难得劫后振作，君臣同心，痛定思痛，指挥若定。挑起吴越相争，致力灭国拓境，使楚国短期振兴。最难得能够礼贤下士，恭迎孔子，欲委重任，可谓慧眼识人。可叹英年早逝，临终之际，国事为重，身居前线，不信鬼神，不忍有害股肱之臣。呜呼！楚昭王在位二十七年，历经大难，终能复兴，彪炳楚史，堪称一代明君。

---

[1] 杨博：《战国楚竹书史学价值探研》，上海古籍出版社2019年，第50页。

第 二 十 一 章

楚惠王蒙难及
抗吴联越

第一节　幼年继位，还都为郢(惠王元年)

楚昭王死，王弟子闾与子西、子期议决，封锁消息，阻绝路口，秘密派精干的使者回到媱郢(宜城郭家岗遗址)，迎昭王之子熊章，立之为王，是为楚惠王。楚惠王之母为勾践之女，楚国与越国的关系，更加巩固。楚惠王既立，楚师乃从城父班师回国，楚国已经从濒于危亡的大难中得以喘息。此时吴王夫差一心北上，与齐争霸，淮水中游楚国的东土尚称安宁。

楚惠王继承王位，与其母越姬殉情自杀有关。《列女传·节义传·楚昭越姬》记：

> 楚昭越姬者，越王句践之女，楚昭王之姬也。昭王燕游，蔡姬在左，越姬参右。王亲乘驷以驰逐，遂登附社之台，以望云梦之囿，观士大夫逐者。既骧，乃顾谓二姬曰："乐乎?"蔡姬对曰："乐。"王曰："吾愿与子生若此，死又若此。"蔡姬曰："昔敝邑寡君，固以黎民之役，事君王之马足，故以婢子之身为苞苴玩好，今乃比于妃嫔，固愿生俱乐，死同时。"王顾谓史书之："蔡姬许从孤死矣。"乃复谓越姬，越姬对曰："乐则乐矣，然而不可久也。"王曰："吾愿与子生若此，死若此，其不可得乎?"越姬对曰："……妾不敢闻命。"于是王寤敬越姬之言，而犹亲嬖蔡姬也。居二十五年，王救陈，二姬从。王病在军中，有赤云夹日如飞乌。王问周史，周史曰："是害王身，然可以移于将相。"将相闻之，请以身祷于神。王曰："将相之于孤，犹股肱也，今移祸焉，庸为去是身乎?"不听。越姬曰："大哉君王之德! 以是妾愿从王矣。昔日之游淫乐也，是以不敢许及君，王复于礼，国人皆

将为君王死，而况于妾乎？请愿先驱狐狸于地下。"王曰：
"昔之游乐，吾戏耳。若将必死，是彰孤之不德也。"越姬曰：
"昔日妾虽口不言，心既许之矣。妾闻信者不负其心，义者
不虚设其事。妾死王之义，不死王之好也。"遂自杀。王病
甚，让位于三弟，三弟不听。王薨于军中，蔡姬竟不能死。
王弟子闾与子西、子期谋曰："母信者，其子必仁。"乃伏师
闭壁，迎越姬之子熊章立，是为惠王。然后罢兵，归葬
昭王。

楚昭王游猎时，蔡姬为争宠，曾经许愿昭王死时陪葬，越姬没有
许愿。但昭王死后，蔡姬没有践诺，只有越姬自杀殉葬。这说明楚国
还是存在殉葬的习俗，但是以自愿为原则。严格地说，越姬是殉情而
自杀，由此感动楚臣，"母信者，其子必仁。"立越姬之子为王。这是
典型的"子以母贵"。

楚惠王接位之时，可能尚是幼儿，甚或是婴儿。上博楚竹书《吴
命》第2简记吴、晋黄池之会时，有人自称"孤居赟(保)系绔(裤)之
中，亦唯君是望"，从"孤"字可知这是某君主之语，而从"居赟(保)
系绔(裤)之中"一语可知其年龄尚幼。"赟"字通"保"。《说文》："保，
养也。""保系绔(裤)之中"的"保"为保姆之义。《礼记·内则》"国君
世子生……保受乃负之。"郑玄注："保，保母。""绔"为"裤"之古文，
古代裤子系带中可置幼婴。《史记·赵世家》："夫人置儿绔中。"从
《吴命》"孤居赟(保)系绔(裤)之中"的用语来看，可知这位君主年龄
幼小。

吴、晋黄池之会这一年，《左传》记为鲁哀公十三年，时值晋定公
三十年、吴王夫差十四年、楚惠王七年。此年晋定公已即位三十年，
晋定公不可能还是居于"系绔之中"的君主。此年亦是吴王夫差十四
年，夫差即位初年就开始了报复越国的复仇计划，不可能年幼。剩下
只有楚国的惠王，可能年纪尚幼。

楚昭王二十七年，吴国因报旧怨伐陈，楚昭王于其年七月救陈，因突然患病死于城父。死前命其弟公子申、公子结继承王位，皆遭拒绝，其后"则命公子启（子闾），五辞而后许"。但楚昭王死后，公子启并未即位楚王，而是"与子西、子期谋，潜师闭涂，逆越女之子章，立之，而后还"。《国语·楚语下》记"鲁阳文子辞惠王所与梁"条，韦昭注："惠王，昭王子，越女之子章也。"这里称"越女之子章"，不仅是说楚惠王之母并非楚昭王王后，而且称"越女"，似乎年龄不大。其母年龄不大，其子年龄当然更小。王晖认为，《吴命》"孤居賷（保）系绔（裤）之中"一语应是楚惠王之语，这不仅从前后对话的次序看是楚国使臣代表楚王之语，而且从年龄来看，也应是对楚惠王而言。[①]

楚惠王是在媺郢（宜城郭家岗遗址）继位的。其父楚昭王晚年，在楚吴柏举之战后，迁都于都（钟祥李陈岗遗址），因楚吴战争吃紧，临时赶到城父前线，突然病逝于城父（今安徽亳州东南），故楚国的都城依然在都郢（宜城郭家岗遗址）。

楚惠王继位后的第一件大事便是安葬其父楚昭王。鉴于为郢（宜城楚皇城遗址）残破，都郢已是临时楚都，惠王完全可能在都郢附近寻觅适合安葬昭王的墓地。楚惠王建好昭王的王陵后，便迁往为郢。据清华简《楚居》："至献惠王自媺郢徙袭为郢。"因此，楚惠王接位之地，尚在媺郢（宜城郭家岗遗址），随后才到为郢（宜城楚皇城）。

清华简《楚居》还记楚惠王长期居住在为郢，直到发生白公之乱时。

> 至献惠王自娲（媺）郢遟（徙）袭（袭）为郢。白公迟（起）
> 祸，女（焉）遟（徙）袭（袭）湫郢，改为之，女（焉）曰肥遗，以
> 为尻（处）于囷=漹=（囷漹漹，囷漹漹）遟（徙）居郊=郢=（鄢

————————

① 王晖：《楚竹书〈吴命〉主旨与春秋晚期争霸格局研究》，《人文杂志》2012 年第3 期。

郢，鄢郢)遷(徙)居鄀吁。①

蒋秀林推测："白公起祸"发生在公元前479年，所以楚惠王居
"为鄀"应在公元前488年(楚惠王元年)至公元前479年(楚惠王十年)
之间。②

惠王幼年即位，执政大臣仍是昭王留下的令尹子西和司马子期，
两人都对新王忠贞不二，勤谨不怠。

第二节　吴国北上，开邗沟，吴齐艾陵大战，
伍子胥之死(惠王元年)

吴王夫差伐陈，拉开其北进中原的序幕。从吴国此时所处的地缘
关系来看，南面的越国已被征服，被纳入附庸，不足以对吴人构成威
胁；而西边的楚国也刚被打败，余悸尚在，实力也在恢复之中，不足
以直接威胁到吴国。因而，对吴国争霸中原构成障碍的无疑是其北进
路线上中原东部诸侯国宋国、鲁国以及齐国。吴国极力想逐鹿中原。
吴进军中原不外两途：其一循洙水、泗水北上齐、鲁，然后沿黄河，
走传统大道向西进入中原；其二循后来的汴河及其支流西北行，进入
中原。如此一来，齐、鲁和陈、蔡适在这两条线上。因此这两个地区
也成为吴军进攻的主要方向。

公元前488年春(楚惠王元年)，吴王夫差北上到达了鄫地(今山
东枣庄东)，与鲁国会盟。吴王夫差北上，与鲁哀公相会，带重兵随
行，勒索沿途的鲁国、宋国。《左传》哀公七年："夏，公会吴于鄫。
吴来征百牢，子服景伯对曰：'先王未之有也。'吴人曰：'宋百牢我。'

---

① 清华大学出土文献研究与保护中心编，李学勤主编《清华大学藏战国竹简》
(壹)，中西书局2010年，第181—182页。
② 蒋秀林：《春秋战国楚都研究》，陕西师范大学硕士学位论文，2018年，第25页。

鲁不可以后宋.'"夫差居然要求鲁国向夫差进献"百牢"之礼。牢，古代祭祀或宴享时用的牲畜，牛羊豕各一曰太牢，羊豕各一曰少牢。按周礼，进献天子也才不过十二牢，夫差凭什么攀比宋国，索要百牢？按周室的礼制，至多不过十二牢，因为十二是"天之大数"。夫差强求，宋人只得如数奉献。

这次与鲁国结盟，夫差就是为伐齐作准备。可会盟的进展却并不顺利，鲁国慑于吴国实力，诅咒吴国："'吴将亡矣，弃天而背本。不与，必弃疾于我.'乃与之。"不得不献上百牢之礼，心里对夫差不服，对夫差能否作霸主产生了强烈的质疑，由此对与吴国签订的鄫地盟约视同废纸。

鄫地盟会一结束，鲁人就违背盟誓，侵入邾国，《左传》哀公七年："(鲁)伐邾，及范门，犹闻钟声。大夫谏，不听。……师遂入邾，处其公宫。众师昼掠，邾众保于绎。师宵掠，以邾子益来，献于亳社，囚诸负瑕。"将国君邾子益抓回了鲁国。邾国被灭。邾国向吴国求救，"邾茅夷鸿以束帛乘韦自请救于吴"，邾大夫茅夷鸿马上携重礼来到吴国，向吴王夫差求救。对夫差来说，鄫地会盟，原本就是为伐齐作准备。鲁国公然入侵邾国，蔑视盟约，让夫差建立伐齐同盟的计划遭受了重大挫折。

为惩罚鲁人，吴夫差九年，楚惠王二年，公元前487年3月，夫差率兵北上，前往伐鲁。《左传》哀公八年："从武城，……吴师克东阳而进，舍于五梧，明日，舍于蚕室。……战于夷，……舍于庚宗，遂次于泗上。"吴相继克鲁武城、东阳、五梧、蚕室、夷、庚宗、泗上诸邑。武城，春秋战国时期有多个武城，这是鲁国边邑武城，为曾子故里，山东潍县望留公社麓台村出土武城戈应与此地有关，地望在今费县西南。[1] 在吴鲁夷地(今山东泗水附近)之战中，鲁人顽强抵抗，

---

① 张润泽、范文华、黄楠：《赵国武城戈及其地望辨析》，《邯郸学院学报》2018年第1期；《铭图》16518。

鲁大夫"公宾庚、公甲叔子与战于夷",鲁大夫"微虎欲宵攻王舍",让夫差"一夕三迁",极为震惊。在遭遇鲁军的顽强抵抗后,夫差迫不及待地向鲁国提出了和解。在双方盟誓,商讨互派人质时,鲁国提出以吴国的王子姑曹为人质的苛刻要求,与吴国进行不对等的谈判,使谈判不了了之。伐鲁之战虎头蛇尾,足证吴国在实力上的尴尬。吴国攻打鲁国尚且如此,征服齐国更加力不从心。

在与鲁国和解之后,吴王夫差积极准备与齐争霸,雄心勃勃,重新营建国都邗城。《左传》哀公九年,"秋,吴城邗,沟通江、淮。"杜预注:"于邗江筑城穿沟,东北通射阳湖,西北至末口入淮,通粮道也。今广陵韩江是。"①鲁哀公九年即吴王夫差十年,公元前486年,楚惠王三年。杨伯峻注《左传》哀公九年"城邗":"邗音寒,邗城当在今扬州市北,运河西岸。邗江即《水经注》之韩江,吴于邗江旁筑城挖沟,连通长江与淮水,大致自今扬州市南长江北岸起,至今清江市淮水南岸止,今之运河即古邗沟水。"②王晖指出:吴王夫差重建邗城,是因为春秋吴楚交战时期,吴国因楚国占长江上游的水上优势而常常在水战中失利,不得不从紧靠江水北岸的邗都迁向江南苏州一带。③

1956年至1972年间,考古工作者先后对邗城遗址和在扬州境内的邗沟遗迹进行过多次调查,结果发现:"邗城遗址的位置,在今(扬州)市区西北五里蜀冈的南沿。蜀冈山脉由西绵延向东,经六合、仪征进入今邗江县(区)和扬州市境,在扬州境内的一段已成尾闾。""邗城遗址就在蜀冈的尾闾上面,断垣残迹,犹遗地表。邗城遗址的范围,东至象鼻桥,西至观音山,南至梁家楼子,北迄尹家桥头。"在邗沟的南口和北口也发现了文化遗存,如南口江都陆阳湖出土的铜兵器和破山口西冈出土的铜器、北口淮阴(今淮安)地区出土的印纹硬陶。将邗

---

① 孔颖达:《春秋左传正义》,北京大学出版社1999年,第1650页。
② 杨伯峻:《春秋左传注》(修订本),中华书局1990年,第1652页。
③ 王晖:《西周春秋吴都迁徙考》,《历史研究》2000年第5期。

沟流经区域发现的文化遗物和邗城遗址及其附近发现的文化遗存联系起来看，则整个文化遗存之间的脉络更是比较明显的。表现了两者之间的极大的共同性。"①公元前486年（楚惠王二年）秋，吴国在邗地筑城，挖通了淮河与长江之间的水路。这条水路一打通，吴国军队进逼中原就更加方便了。

吴王夫差觊觎齐国疆域。齐景公在位58年，大致对应于楚郏敖、灵王、平王、昭王时期，是春秋齐国强大的时期，夫差继位时，齐国的疆土更扩大了。晏子说当时的齐国是"聊、摄以东，姑、尤以西"。聊，在今山东聊城市西北；摄，在今茌平西；姑，即今山东半岛中部的大姑河；尤，即今小姑河。大体上扩至今山东冠县、临清市以东，大沽河以西。大约在春秋后期，齐灭莱，取得东莱地区，使齐之东土达海。总之，春秋时期，齐国的疆土发展较大，但仍不及西方的晋、南方的楚，甚至也赶不上东南方后起的吴、越。② 就在吴国上下都陶醉于对越夫椒之战胜利的同时，夫差仍然保持着清醒的头脑，对他来说击败越国远远不是终点，唯有北上称霸中原才不辜负父亲临终的嘱托。而环视四周，东为大海，西为荆楚，齐国在北，越国在南，前期经过吴国两代人的血战，楚、越均被打服，如今的齐国显然是夫差眼中又一个障碍。

吴王夫差借口齐国在邀请吴国讨伐鲁国问题上面反复无常，向齐国进攻。鲁哀公八年（前487年，楚惠王二年），齐悼公先曾请吴出兵联合伐鲁。《左传》哀公八年："齐侯使如吴请师，将以伐我。乃归邾子。"不想第二年变卦，齐悼公又突然派人辞退吴师。《左传》哀公九年："九年春，齐侯使公孟绰辞师于吴。"对此，吴王夫差大怒，"吴子曰：'昔岁寡人闻命，今又革之，不知所从，将进受命于君'。"吴国翻

① 陈达祚、朱江：《邗城遗址与邗沟流经区域文化遗存的发现》，《文物》1973年第12期。
② 钱林书：《春秋战国时齐国的疆域及政区》，《复旦学报》（社会科学版）1993年第6期。

脸，进而联鲁伐齐。"冬，吴子使来儆师伐齐。"杜注："前年齐与吴谋伐鲁，齐既与鲁成而止，故吴恨之，反与鲁谋伐齐。"[1]

《左传》哀公十年："公会吴子、邾子、郯子伐齐南鄙，师于鄎。"邗沟开通的当年，公元前485年，即吴王夫差十一年，楚惠王四年，春，夫差借口齐悼公毁约，联合鲁、邾、郯三国共同前往伐齐，四国联军驻扎在齐国的鄎地，来势汹汹。时齐国田氏逐渐篡夺齐国姜姓政权，眼见吴国大军杀来，索性杀死齐悼公，通告诸侯联军。田氏此举，显然是想消除夫差伐齐的借口。然而，夫差既然来了，就不会轻易撤军。《左传》哀公十年："齐人弑悼公，赴于师。吴子三日哭于军门之外。徐承帅舟师将自海入齐，齐人败之，吴师乃还。"《史记·齐太公世家》："(齐悼公)四年，吴、鲁伐齐南方。鲍子弑悼公，赴于吴。吴王夫差哭于军门外三日，将从海入讨齐。齐人败之，吴师乃去。"夫差先在军门外为齐悼公哭丧三天，暗地派出一支军队从海上出发，试图偷袭齐国。据《左传》记载，吴国此战主要目标是齐国的"南鄙"。为攻打齐国南方，吴军兵分两路向齐国进发：一路是吴王夫差亲自率领大军，从陆路会同鲁国、邾国、郯国的军队，很快即到达齐南鄙鄎地；另一路吴军由大夫徐承率领，乘船由海路向齐国南鄙进攻。一支纯粹由南方人组成的水师很快在吴国集结完毕。基于水上民族"以船为马"的特性，舟楫是吴军在历次征战中最为倚重的利器之一，这次伐齐战争，尽管吴人善使舟楫，但多数情况下只是活跃于内河航道。对于波涛汹涌的大海而言，吴人对其驾轻就熟的程度远远不如同时期的越人。吴、齐之间隔着广阔的东部平原，夫差决意北伐齐国，见吴、齐之间不存在南北方向的河流以供利用，急于求成的夫差便把目光投向了蔚蓝色的大海。吴军"伐齐南鄙"中的"海上攻齐"一役并非海战，此役不过是吴国从南海上乘船前去进攻齐国而已。吴王率领的陆师在鄎地驻扎后，拖延时间，没有立即向齐国发起攻击，并且借齐人杀悼公

---

[1]　杨伯峻：《春秋左传注》(修订本)，中华书局1990年，第1654页。

到吴军驻地谢罪为理由，在军门外假惺惺地哭了三日。吴王"哭三日"，表面上看是履行"诸侯相临之礼"，实质上是为了等待和徐承军队形成互相配合作战的机会。徐承与吴王夫差两支部队是正兵与奇兵关系。当历经无数海浪颠簸的吴国水师抵达山东半岛之后，没想到齐国水师早有准备，以逸待劳，吴水师被击败，几近全军覆没。见齐国的防范滴水不漏，夫差没法，只得放弃了攻打齐国的打算，率军撤回吴国。

次年，吴王夫差十二年，公元前484年，楚惠王五年，春，齐国报复鲁国，齐、鲁战事又起。《春秋》哀公十一年："十有一年春，齐国书帅师伐我。"《左传》哀公十一年："十一年春，齐为鄎故，国书、高无丕帅师伐我，及清。……师及齐师战于郊……师入齐军……师获甲首八十，齐人不能师。宵，谍曰：'齐人遁。'"齐为报复鄎之战，故伐鲁，两军战于鲁郊，最终齐师战败夜逃。杜预注："清，齐地。齐北卢县东有清亭。"杨伯峻注："据《水经·济水注》，清在今长清县东，高士奇《地名考略》、江永《考实》皆主此说。沈钦韩《地名考略》引《山东通志》，谓在今东阿县，大清河西。以下文季孙谓冉求语推之，沈说较合理。"[1]

伐齐小胜，夫差并不满足。这时，冷静下来的吴王也逐渐明白自己在海上实难与齐人争锋。如果要赢得稳妥一点，最好还是发挥吴人在内河航道的优势，既然南北方向没有现成的河流，那就人工开凿一条运河。吴人世代居于水网交错的环太湖平原，对于挖运河这种事可谓得心应手，早年间为了对付楚国，伍子胥曾经主持开凿过一条"胥溪"（连接太湖与长江）；后来为了控制越国，吴人又挖通了"胥浦"（连接太湖与钱塘江）。如今要想将兵力从太湖平原投送至山东半岛，首先要利用的就是长江与淮河之间的水路，此前吴国在江北巩固国都邗城（今扬州的前身），以邗城为起点，开凿沟通长江与淮水的运河，

---

① 杨伯峻：《春秋左传注》（修订本），中华书局1990年，第1658页。

名为"邗沟"。当吴军的兵船顺邗沟抵达淮河之后，继续向北就暂时不需要新的运河了，因为淮河的一个支流沂水通过彭城(今徐州)与泗水相连，泗水刚好直通鲁国，而齐、鲁互为死敌。《国语·吴语》："(吴王夫差)阙为深沟，通于商、鲁之间，北属之沂，西属之济，以会晋公午于黄池。"韦昭注："商，宋也。""沂，水名，出泰山，盖南至下邳入泗。""济，宋水。"徐元诰注："沂水出今山东沂水县西北一百七十里之雕崖山(即沂山西峰，沂山即东泰山)，接蒙阴县北境，故《清一统志》云'出蒙阴山北'也，南流经兰山县，至江苏邳县入运河。""济水为四渎之一，字本作'泲'，与直隶赞皇县之济水别源，出河南济源县西王屋山，东南流为潴龙河，入黄河。其故道本过黄河而南，东流经开封县，分南北二支，今唯河北发源处尚存。"①杨伯峻说："如此说确实，则吴夫差又增长邗沟通沂水与济水。"②吴王夫差在宋、鲁境内开挖水道，西至今河南封丘、开封一带，东至邳州。吴国自然掌握着这条航道，靠近航道两边的地区应该也为吴国占据。

慕中岳、武国卿指出：吴军向北扩张，悬军千里，军需物资，不能完全依赖占领地区供应，而需要国内源源接济。吴王为着与晋、齐争霸，于江边建筑邗沟，通过射阳湖西北至末口(末口，今江苏省淮安城东，邗沟水入淮之处)入淮，贯通长江、淮河两大流域，成为尔后军事运输的重要水道。吴军将领徐承率水军由海上对齐作试探性的进攻，受到一定的损失。吴军也就放弃海上运兵的设想，改由新开凿的江淮水路进军。③ 王晖指出："到吴王夫差十年时图谋向北方发展，又重新营建邗城，修成邗沟以沟通江淮。"④

吴军主力部队以舟师为主，因此吴王夫差为了伐齐，延续开挖了邗沟，以进一步沟通江淮。新邗沟的走向大致为南北向，南起广陵邗

① 徐元诰：《国语集解》(修订本)，中华书局 2002 年，第 545 页。
② 杨伯峻：《春秋左传注》(修订本)，中华书局 1990 年，第 1674 页。
③ 慕中岳、武国卿：《中国战争史》，金城出版社 1992 年，第 231 页。
④ 王晖：《西周春秋吴都迁徙考》，《历史研究》2000 年第 5 期。

城，经过一系列天然湖泊河流及人工河，到达今淮安入淮，再由淮入泗。历史地理学者朱偰、[1] 史念海[2]和潘镛[3]复原出了古邗沟的基本走向和所经河湖。程义指出：但通过泗水并不能到达齐国，因此又在商鲁间开凿了黄沟，沟通济水和泗水。黄沟从今定陶县东北的古菏泽引水东流，至今鱼台县东北注入泗水。后来夫差参加黄池之会也走的是这条路线。[4]

邗沟连通江淮后，吴、齐战争继续进行。吴王出师伐齐之前，又不得不考虑越国的存在对他的潜在威胁。《吴越春秋·夫差内传》记，夫差已看出勾践"苦身劳力，夜以接日，内饰其政，外事诸侯，必将有报我之心"。《国语·吴语》载，伍子胥也一再向夫差进谏："越之在吴，犹人之有腹心之疾也。夫越王之不忘败吴，于其心也佊然，服士以伺吾间。今王非越是图，而齐、鲁以为忧。夫齐、鲁譬诸疾，疥癣也，岂能涉江、淮而与我争此地哉？将必越实有吴土。"对于夫差来说，败齐乃是他争霸中原的首要目标，所以伍子胥"夫齐……疥癣也"的话是很不中听的；至于"将必越实有吴土"更是危言耸听。但是伍子胥所说"服士以伺吾间"的看法与夫差"将有报我之心"是一致的。夫差虽然并不惧怕越国的军事力量，但是对于越国乘虚偷袭的惯技不能毫无警惕。越王允常乘吴伐楚而袭吴、越王勾践乘吴不备而败阖闾的事实，构成了夫差一块心病。所以，夫差曾一度打算在出兵伐齐前，先把越国消灭。就在这举棋不定的关键时候，孔子的弟子端木子贡出使吴、越两国，促使形势发生了微妙的变化。

《吴越春秋·夫差内传》记载：当时齐国的重兵屯驻于鲁国的边境，战争有一触即发之势，鲁国为了解救自己的危难，决定利用吴、

---

① 朱偰：《中国运河史料选辑》，中华书局 1962 年，地图一。
② 史念海：《中国的运河》，山东人民出版社 2022 年，第 17—20 页。
③ 潘镛：《吴霸中原与邗黄运河》，《曲靖师专学报》1986 年第 1 期。
④ 程义：《吴国史新证：出土文献视野下的〈吴太伯世家〉》，上海古籍出版社 2022 年，第 159 页。

齐的矛盾，派子贡出使吴国"请之救鲁而伐齐"。子贡游说夫差的理由是：当今诸侯称霸须注意双方实力的消长，"千钧之重加铢而移，今万乘之齐而私千乘之鲁，而与吴争强。臣窃为君恐焉"。而救鲁伐齐则可一举三得："救鲁，显名也；伐齐，大利也；义存亡鲁，害暴齐而威强晋，则王不疑也。"倘若先伐弱小的越国，而不伐强暴的齐国，则"畏小越而恶强齐，不勇也；见小利而忘大害，不智也"。针对夫差对越国的疑虑，子贡表示愿意"东见越王，使出师以从下吏"，即说服勾践出兵随夫差伐齐。这是夫差所求之不得的事。若此，既可解除吴国的后顾之忧，又使越国的兵甲之备为吴国所用。于是子贡又来到越国，向勾践游说助吴伐齐。子贡的理由是：既然"吴王有伐齐、晋之志"，越国应该"无爱重器，以喜其心；无恶卑辞，以尽其礼"，务使吴国释越而伐齐。吴、齐相争，若吴"不胜，君之福也；彼战而胜，必以其兵临晋"，与晋国争夺霸主。到那时，吴国的"骑士锐兵弊乎齐，重宝车骑羽毛尽乎晋"，越国就可以乘虚而入，战而胜之。这其实是教勾践借刀杀人。不久，勾践"奉前王所藏甲二十领、屈卢之矛、步光之剑"等镇国宝器和"悉四方之内士卒三千人"去朝见吴王，并且表示"请躬被坚执锐，以前受矢石……死无所恨"。勾践之所为解除了吴王的疑虑，夫差接受了所献宝器和三千士卒，而辞谢了越王的亲自从征。

公元前484年，楚惠王五年，五月，吴王夫差决定联合鲁国再次伐齐，并接纳越参加伐齐的队伍，成为吴、鲁、越联军。这时，齐国的齐景公刚死，新立的晏孺子幼弱，其大夫陈、鲍两族联合与国、高两族发生战争，国内较乱。面对吴、鲁、越联军的进攻，齐人派出上卿国书、高无丕、宗楼率三军前往迎战。出征前，齐国大夫都抱定了必死的决心。齐相陈僖子顾虑战地统帅国书等将领作战不力，派其弟陈书(子占)往军内督导，希望全军尽力死战戎，并嘱咐说"尔死，我必得志"。陈书到军，宣布"闻鼓而已，不闻金矣"。就是说只许鸣鼓(进军)，不准鸣金(收兵)，有进无退，绝对进攻。陈书的宣告，起了积极的作用，它激励了全军将士的斗志，出现抱定有死无生决心的空前壮烈场面。陈僖子都特意提醒弟弟陈书："你能战死，我必将能得志于齐！"吴军确实是强大，但齐国绝不愿轻易向夫差称臣！齐军决一死战激昂慷慨的气氛，笼罩全军，为春秋以来诸侯征战中，战前极少有的现象。一场大战，已在所难免。

吴王夫差统率吴、鲁、越联军，经过鲁国首邑曲阜，向齐国境内推进。齐国驻汶上部队以敌人势力强大而未加抵抗，即向东方境内撤退。二十五日（壬申），吴、鲁、越联军至于嬴。《左传》哀公十一年："为郊战故，公会吴子伐齐。五月，克博。壬申，至于嬴。"杜预注："博、嬴，齐邑也。二县皆属泰山。"杨伯峻注："博，今泰安县东南三十里旧县村，本张云璈说。"嬴，首见于《春秋》桓公三年，杨伯峻注："嬴故城在今山东省莱芜县西北，据《一统志》，俗名城子县。"吴军跟踪追击，攻克博，进展到嬴。从汶上东退的齐军，得到临淄首邑增援部队的加强，回军西进，与吴军先遣部队相遇于艾陵附近，当即展开紧张激烈的战斗。

艾陵，谭其骧《中国历史地图集》标在莱芜沂源以北山地。新泰周家庄曾经出土了大量吴国兵器，特别是出土有一柄诸樊之子通剑，发掘者据此推测艾陵古战场在今新泰周家庄一带。

艾陵之战，吴王夫差征调了全吴九郡共十万大军，加上其附属国越国的三千越甲，从姑苏城胥门出发，经邗城，过邗沟，逆淮水直达鲁境，与鲁国的二千兵甲会合，总计超过十万大军，沿汶水自西而东进攻，直逼齐都临淄。慕中岳、武国卿估计，齐国迎战，总兵力亦在十万左右。[①] 齐军统帅国书屯兵汶上（泰山的汶河上游），闻吴军大至，遂与田书（字子占，齐国执政田常之弟）的援兵会合一处，沿淄水而上，吴、齐两军主力在艾陵（今山东莱芜市辛庄镇东的艾山丘陵地带）相遇，吴、齐"艾陵之战"爆发。

---

① 慕中岳、武国卿：《中国战争史》，金城出版社1992年，第233页。

《左传》哀公十一年："甲戌，（吴、齐）战于艾陵。"《春秋》哀公十一年杜预注："艾陵，齐地。"杨伯峻注："艾陵，据江永《考实》，在今山东泰安县南六十里；据沈钦韩《地名补注》引《山东通志》，即艾邑，在莱芜县东境，此说较确。"[1]艾，首见于《春秋》隐公六年，杜预注："泰山牟县东南有艾山。"杨伯峻注："艾，疑地在齐、鲁之间，当在今山东省新泰县西北约五十里。"从地理位置上看，艾、艾陵地望一致，应在今山东省莱芜东南、新泰西北约五十里，艾山附近。

吴上军胥门巢指挥的先遣部队到达艾陵，与齐军相遇，齐将公孙挥率军立即迎击，两军展开战斗。齐军内中军斗志最为旺盛，见胜负不明，而跃跃欲试，统帅国书也控制不住，顷刻间鼓声雷鸣，中军全部投入战斗，吴军先遣部队兵力有限，因而支持不住，大败后退。两军初战，齐军获得胜利，轻敌思想更加严重，误认为吴军战斗力有限，整个胜利在望。

吴王夫差则以上军初战失利，有损军威，决定对胥门巢以军法从事。经各将领劝解才免予处分，但仍被免去上军大将职务，改由展如接替，胥门巢被派去指挥越军。吴王夫差以上军初战受到挫折，决定重新调整部署，规定各军作战任务：胥门巢指挥越军担任引诱齐军的任务；第一仗由上军参加；第二仗由下军参加；伯嚭指挥右军为总预备队，吴王则直接掌握中军支援作战。

吴、齐两军于艾陵附近展开战斗，胥门巢指挥越军向齐军挑战，齐公孙挥见又是胥门巢，当即奋勇出击，越军不战而退。齐军紧跟追击，吴上军迎上来接着厮杀。艾陵之战正史记载简略，但散见于《吴越春秋》等一些非正史资料，则较为详尽。据有些资料记载，齐军统帅国书立即饬令公孙夏率部驰往增援，越军又不战而走，公孙夏则遭到吴下军的迎击。齐国书把中军全部投入战场。吴王夫差见吴军逐渐有支持不住之势，乃命令伯嚭率兵驰往增援。齐军见吴军援兵来到，

---

① 杨伯峻：《春秋左传注》（修订本），中华书局1990年，第1657页。

决定抽出正在战斗的部分主力，应付意外。吴王夫差乘齐军抽兵移动的时机，命全部钲铎齐鸣，一时金声四起，齐军以为吴军鸣金收兵，开始松懈，吴王夫差趁机命令从侧面出其不意突然攻击。吴、齐两军的兵力差不多，总体来说，齐军战车多一些，吴军则主要是步兵。但主宰了两军胜负的关键并不在此，而是排兵布阵，齐军是传统的三军布阵，吴军却分为了四军，这样一来，吴军虽每一军的数量都不如齐军，但多出了一支预备军。这就是中国战争史上第一次使用预备军的战例，而此次战役胜负的关键，就在于这个特殊的兵力部署。

吴军三路精兵向齐侧面发动猛烈攻击，原已苦战疲困的齐军，遭到吴军强大兵力潮涌似的夹击，上下惊恐，阵势大乱，失去斗志。虽有部分将领坚持战斗，也无力抵抗吴军急风骤雨般的攻击，终于崩溃而奔散。《左传》哀公十一年记，艾陵之战，吴军大胜，"展如败高子，国子败胥门巢。王卒助之，大败齐师，获国书、公孙夏、闾丘明、陈书、东郭书，革车八百乘，甲首三千，以献于公。"齐国十万大军，除少数脱逃之外，全部被歼于战场。革车、甲盾，损失殆尽。将领公孙挥战死，统帅国书及闾丘明、公孙夏、东郭书和陈书等被俘，后被吴军所杀，只有公孙恢、宗楼、高无丕、田逆四人侥幸逃脱。与吴国前几年对山东半岛的试探性进攻不同，这次夫差精锐尽出，齐国也拿出了自己的全部实力。此战，双方投入兵力超过二十万，一战定胜负，战争规模完全可以和著名的晋楚"城濮之战"及吴楚"柏举之战"相比肩，其惨烈程度甚至超过了上述两场战争，双方都为此付出了惨重的代价。慕中岳、武国卿评论：艾陵战役，吴军战胜齐军，成为春秋以来列国间战争又一次规模最大而又最彻底的歼灭战。[①]（见图21-1：吴齐艾陵之战经过示意图）

在冷兵器还很不发达的古代，十万之众的齐军，几乎被歼殆尽，使艾陵之战成为自春秋以来规模最大的一次歼灭战，写下了先秦战争

---

① 慕中岳、武国卿：《中国战争史》，金城出版社1992年，第237页。

史上惊心动魄的一页。打扫战场时，整个艾陵平原尸横遍野、甲仗堆积如山。最终，吴军缴获战车 800 乘，并斩获甲首 3000。按春秋后期的军制，1 乘兵车编制 3 名甲士、75 名兵卒与 25 名杂役总共 103 人，如果按 3000 甲士来算，则齐军损兵约 13000；如果按战车 800 乘来算，则齐军阵亡约 82000 人。总之，齐国十万余大军几乎可以说是全军覆没。

新泰周家庄曾经出土了大量吴国兵器，特别是出土有一柄诸樊之子通剑，[①] 马培林等指出该剑与其他吴越兵器是艾陵之战中齐军的战利品，器主是王子姑曹。[②] 但任相宏根据文献的记载，认为艾陵之战是一场车战，且吴国取得了绝对胜利，不可能留下如此多的兵器。他认为周家庄东周墓地出土的兵器明显可分为两类，除部分典型的吴越兵器如吴王诸樊之子通剑，其剑格镶嵌宝石和剑首具有同心圆之外，还有一部分并非典型。这部分兵器的数量较大，占铜兵器总数的半数以上。这种现象表明，这里的吴越兵器大部分是在当地制作的，采用的是吴越兵器的制作技术，并非都是直接来自吴越本地。如果是这样，想必伍子胥之子王孙氏奔齐不仅带来了少量的吴国本土兵器，还带来了吴越兵器的制作技术，或是带来了吴国的部分兵器工匠，或是吴被越灭之后吴国兵器工匠及部分吴国遗民投奔伍子胥之子王孙氏，来到了齐国鲍氏之采邑。吴王诸樊之子通剑，可能就是在这一背景之下被带到了新泰。[③]

齐军失败得如此惨重，原因首先是齐国统治阶层间姜姓和田氏的明争暗斗，成为齐军失败的致命因素。其次是齐军统帅只顾奋勇冲杀，

---

① 刘延常、张庆发、徐传善：《山东新泰周家庄东周墓葬出土大量吴国兵器》，《中国文物报》2003 年 11 月 5 日。

② 马培林、穆红梅：《周家庄东周墓出土吴越兵器与艾陵之战》，《孙子研究》2005 年第 1 期。

③ 任相宏、张庆法：《吴王诸樊之子通剑及相关问题探讨》，《中国历史文物》2004 年第 5 期。

不管其他，初战获胜，更进一步产生了骄傲轻敌情绪，终于难逃"骄兵必败"的战争规律。再次是当战况紧张时，统帅国书竟不考虑全局，过早地把中军主力全部投入战斗。等到吴军精锐兵力由侧面迂回攻击时，无力扭转战局，以致陷全军于覆没的境地。吴王夫差很开心，一高兴，竟将这800乘齐国战车送给了鲁哀公，以宣扬其赫赫战功。齐简公只好低下高傲的头颅，向鲁国赔礼道歉，并献上大批金银宝器，向吴王夫差求和。吴、鲁、越联军伐齐，在艾陵大败齐军主力，齐国被迫服吴。更惨的是，此役齐国国内高层将领精英损失殆尽，高、国两大家族的实力更是遭到了毁灭性的打击，从此一蹶不振，而另外鲍、晏两大家族也人才凋零，再也没有了与田氏争雄的实力，从而导致田氏一家独大，最终篡齐而代之。经此一役，齐国损兵将近十万，从此沦为二流国家，经常被三晋欺负，甚至还屡遭鲁、燕的入侵，直到近百年后的齐威王初年，才恢复了元气。

齐国从前672年(齐桓公十四年)陈公子完奔齐到前481年(齐简公四年)陈成子田常弑齐简公，是姜齐政权由盛到衰的过程，也是陈(田)氏夺取齐国政权的过程。张志鹏指出：此时，田氏刚弑齐悼公，又在艾陵之战中败于吴，内忧外患并存，田氏服吴是明智之举。在征服齐国之后，除楚之外，与吴邻近的大小诸侯方国大概都成为了吴的属国或被吴消灭。[①]

艾陵之战，吴王夫差展现了高超的战术技巧与军事指挥艺术，诱敌、埋伏、预备队，创新手段层出不穷，完全突破了前人三军正面作战的陈规，把机动主力的调动运用得出神入化，确实是一位具有战略头脑，指挥果断，调度有方的统帅。吴王夫差在当时已具有预备队思想，这是先秦军事思想难能可贵的发展。他并不在乎上军初战受挫，而是及时地调整力量，在兵力部署方面区分为诱敌、接战和预备力量，自己直接控制强有力的机动部队，显示出高超的军事指挥艺术。在吴

---

① 张志鹏：《吴越史新探》，河南大学博士学位论文，2012年，第114—116页。

军灵活剽悍的步兵面前，长期以"车"为作战单位的齐军很难适应这种新的打法，结果一仗下来，被吴人俘虏了800乘战车，自此全面龟缩于泰沂山脉以东。就这样，吴国控制了中原东部地区。

在吴国攻打齐国之前，吴王曾派伍子胥出使齐国。《史记·伍子胥列传》载，伍子胥因屡次进谏吴王而不听，深感吴离亡国已经不远，临行前对儿子说："吾数谏王，王不用，吾今见吴之亡矣。汝与吴俱亡，无益也。"于是，他就带着儿子一起到齐国，把儿子托付给了齐国的鲍氏。吴王夫差从艾陵回来，听到这件事，心中大怒，伍子胥竟然将儿子安置在齐国，这不是通敌卖国吗？盛怒之下，夫差赐予伍子胥一把属镂剑，逼他自杀。《国语·吴语》："（伍子胥）将死，曰：'以悬吾目于东门，以见越之入，吴国之亡也。'王愠曰：'孤不使大夫得有见也。'乃使取申胥之尸，盛以鸱鴺，而投之于江。"临终前，伍子胥悲愤万分地说："把我的眼睛悬挂在东门，让我看到越国的入侵、吴国的灭亡！"听到伍子胥的临终之言，夫差更加愤怒了："我不会让你有看到的机会！"马上派人将伍子胥尸体装入皮袋中，投入了长江之中。此外，慈利竹书《吴语》也有"□者鸱夷而投者江吴王"，与上引《国语·吴语》相合。属镂之剑，历来诸家解说不一：有以为是独鹿的异写，并进一步解释独鹿即鸱夷，即革囊；也有人以为属镂为剑名，义为驽钝，反义使用，即锋利之义。[1] 但文献里另有扁诸之剑的记载，程义以为扁诸即蒚筑、扁竹之异写，本是一种植物，其叶类剑形，有束腰。伍子胥被逼杀后，装入革囊，抛进江水。[2] 慈利楚简135－136"盛诸鸱夷，而抛诸江"即指此事。[3]

伍子胥对夫差的进谏主要体现在吴越、吴齐问题上。在吴越关系

---

① 霍玉生：《〈荀子·成相篇〉"独鹿"新解》，《古汉语研究》2014年第4期；范崇峰：《也说"银铛"、"独鹿"》，《洛阳师范学院学报》2003年第6期。

② 程义：《吴国史新证：出土文献视野下的〈吴太伯世家〉》，上海古籍出版社2022年，第159页。

③ 张春龙：《慈利简概述》，载《新出简帛研究》，文物出版社2004年，第5—6页。

上，《国语·吴语》《国语·越语上》《左传》哀公元年都详载伍子胥反对夫差答应越国讲和的谏辞。慈利竹书《吴语》有一句伍子胥的谏辞"使淫跃于诸夏之邦"，与《国语·吴语》"使淫乐于诸夏之国"相合。在吴齐关系上，伍子胥指陈利害，劝夫差把力量放在对付心腹之患的越国，而停止北上伐齐。《国语》与《左传》的记载类似。这些谏辞，语气坚定，不容置疑，可想见其为人。

逼死了伍子胥，总算去掉了夫差的一块心病，但吴国的形势，却越来越不妙了。艾陵之战后的次年，吴国发生了大面积饥荒，吴人将稻谷和虾蟹吃得连种都不剩了。可夫差急于参加"黄池盟会"，与晋国争夺霸权，派出大军北征，将邗沟（今江苏扬州西北至淮安之间入淮的运河）再度挖深加长，向北接通了沂水（源出今山东沂源鲁山，南流入苏北），向西连通了济水（古代水名，源出今河南济源西王屋山，大部分河段成为今天黄河水道）。济水连通中原与齐国，沂水连通吴国与齐、鲁。夫差此举，很显然想再找机会讨伐齐国。在饥荒之际大兴土木，吴国民众的负担必然更加沉重。

第三节　楚伐陈，吴救陈，吴主动退兵
（惠王四年）

陈国夹在楚国与吴国之间，是楚、吴两国反复争夺的对象。正是因为争夺陈国，楚昭王抱病赶到抵抗吴军的前线城父，并在城父逝世，楚国才放弃了对陈国的争夺，听任陈国倒向晋国。但是，楚国的一班大臣，心有不甘，总想在新王继位，国力恢复后，重新夺回陈国。

到楚惠王三年，吴王夫差十年（前486年）夏，楚国开始讨伐陈国，但声势不大，无果而终。《春秋》哀公九年："夏，楚人伐陈。"《左传》哀公九年："夏，楚人伐陈，陈即吴故也。"

次年，楚惠王四年，吴王夫差十一年（前485年）冬，楚司马子期亲自出马，领兵伐陈，声势较大。《左传》哀公十年：

> 冬，楚子期伐陈。吴延州来季子救陈，谓子期曰："二君不务德，而力争诸侯，民何罪焉？我请退，以为子名，务德而安民。"乃还。

这一次楚国讨伐陈国，吴国大名士季札，前来劝说楚司马子期退兵。季札是吴王寿梦的小儿子，是寿梦临终前指定的接班人，但寿梦死后，季札坚决不肯接受王位，并且积极考察中原，热衷学习、推广中原礼仪，在吴国和各诸侯国中享有很大的威望。吴国从楚国夺回州来后，交季札长期镇守，季札同时还镇守吴国的延邑，故称"延州来季子"。杜注："季子，吴王寿梦少子也。寿梦以襄十二年卒，至今七十七岁，寿梦卒，季子已能让国，年当十五六，至今盖九十馀。"杨伯峻怀疑："此延州来季子未必即季札本人，以近百岁老翁帅师，恐情理所难，或其子孙，仍受延、州来之封，故仍其称乎。"①季札将自己置身于吴国和楚国之外，以第三者自居，说楚国与吴国争夺陈国，由此引发战争，两国的国君都是不道德的，只会导致两国的老百姓受苦，必须无条件停止战争，做到"务德而安民"。这次吴楚两国围绕陈国发生的军事对抗局势，是以喜剧形式结束的。吴救陈的主帅延州来季子除了以巧妙的外交辞令把两国出兵的责任归之于两国君主，还率先提出了"我请退"的撤军的建议，平息了这场一触即发的战争。近年发现的上海博物馆收藏的楚简《吴命》进一步揭示，这是吴国主动退让的结果。

陈国长期是楚的属国。《左传》哀公元年记载，在鲁定公四年（前506年，楚昭王十年），吴王阖闾伐楚时，曾召唤陈怀公，但陈怀公根据民意，未随从吴国。17年过去，前489年，楚昭王二十七年，秋七

---

① 杨伯峻：《春秋左传注》（修订本），中华书局1990年，第1656页。

月，吴国讨伐陈国，楚昭王亲自率领大军去救援，因突患疾病在城父亡故，楚国因国丧，只能听任陈国倒向吴国。陈国地处中原，位于南方的吴国要想到中原争霸，陈国处于吴国北上的交通要道，具有很重要的战略地位，故吴国急于控制陈国。从吴王夫差二年(鲁哀公元年，前494年)到夫差七年(鲁哀公六年，前489年)，吴国两次派兵侵略陈国。第一次"吴侵陈"，是吴王夫差在夫椒打败越国之后的鲁哀公元年，"及夫差克越，乃修先君之怨。秋八月，吴侵陈，修旧怨也"。第二次"吴伐陈"是在鲁哀公六年，吴王夫差七年。《左传》哀公六年："吴伐陈，复修旧怨也。"楚惠王继位后，陈国一直亲附吴国。这就引起楚国的气愤。楚惠王三年、四年，即鲁哀公九年和十年，楚国连续两年出兵讨伐陈国，楚军伐陈到达陈国境内，而吴国为了保护属国，不得不出兵救援，"吴延州来季子救陈"，也率军到了陈国。战争一触即发。

这次战争，吴国一反常态，主动退兵。但对于吴国主动退兵的具体情况语焉不详。上博简《吴命》则非常详细地介绍了吴国向周王室表功，在与楚争夺陈国时，吴国主将季札(延州来季子)如何主动派出使节，与楚军谈判的过程：

> 君之顺之，则君之志也。两君之弗顺，敢不衷道以告，吴青(请)成于楚。昔上天不衷，降祸于我二邑，非疾瘟焉加之，而殄绝我二邑之好。先人有言曰，"马将走，或动之，速殃。"州来告曰：……
>
> 州来，孤使一介使亲于郊逆，劳其大夫，且请其行。荆为不道，谓余曰：汝周之孽子……
>
> 孤居褓襁之中，亦唯君是望。君而或言，若是，此则社稷……
>
> 有轩冕之赏，或有斧钺之威。以此前后之，犹不能以牧民，而反至于相恓也，岂不左哉！
>
> 敢居我江滨曰：余必亡尔社稷，以广东海之表。天□其

中，卑周先王佾……

赛，在波涛之间。舅甥之邦，摄周子孙，唯余一人所礼。宁心抚忧，亦唯吴伯父。晋……

故用使其三臣，毋敢有迟速之期，敢告叚日。答曰：三大夫辱命于寡君之业。寡君一人……

来先王之福，天子之灵。孤也何劳力之有焉！孤也敢致先王之福，天子之灵。吴人……

于周。寡君昏左右：孰为币(师)徒，践履陈地，以陈非(他)也，先王姑每(母)大妃(姬)之邑……故用使其三臣，毋敢有迟速之期，敢告叚日。答曰：三大夫辱命于寡君之业。寡君一人以贤多期。佳三大夫其辱问之，今日唯不既犯矣。自望日以往，必五六日，皆敝邑之期也。吴走陈。

楚人为不道，不思其先君之臣事先王。废其赆献，不供承王事。我先君阖闾……①

上博楚竹书《吴命》中，向周表白是吴方首先提出和谈的请求："两君之弗顺，敢不丧道以告，吴青(请)成于楚。"吴国首先离开了陈国，"吴走陈"。《左传》哀公十年所记吴国主帅延州来季子说"我请退"，接着吴"乃还"，与上博楚竹书《吴命》的"吴走陈"是十分吻合的，都是说吴国军队是先行撤离的。《吴命》与《左传》用词虽有不同，但所写的结果完全一致。更为重要的是，《吴命》中的"吴走陈"，虽也说明吴方先行离开了，但《吴命》不只是一味的柔顺退让，而是柔中带刚，要求楚军给一个撤退的期限："敢告叚日"。楚方不得不说"自望日以往，必五六日，皆敝邑之期也"。《吴命》记吴方在离开之前，要求楚军必须确定离开的日期，楚军不得不明确地说撤离陈国在

---

① 马承源主编《上海博物馆藏战国楚竹书》(七)，上海古籍出版社 2008 年，第135—144 页。

望日之后的五六天之内。可见吴军的撤离并非《左传》哀公十年所言那样简单地一走了事，而是表现出了吴方主帅的强硬态度。这是《左传》哀公十年所没有的。

值得注意的是，《吴命》第八简："于周。寡君昏左右：'孰为帀（师）徒，践履陈地，以陈非（他）也，先王姑每（母）大配（姬）之邑。'"把这次吴国出师救陈的目的写得很清楚：吴人不是要侵伐陈国，而是为了保卫、救助陈国，避免"为师徒践履陈地"。因为陈国不是其他的国家，而是吴国的"先王姑母大姬之邑"。

从《吴命》中我们还可看出，吴军的撤离，并不是《左传》哀公十年所说是吴军主帅延州来季子的个人行为，而是吴国君臣统一的认识，吴国派军救援陈国以及主动从陈国撤军，都是为吴国争霸的目的服务的。吴国派大军压境，却又以高姿态撤军，限定时日迫使楚军撤离陈国。结果不仅援助了臣服自己的陈国，为日后争霸获得了政治筹码；同时也为集中力量伐齐赢得了时间和精力，而且完成这样的大好事吴国还不需费一兵一卒，实现了所谓"不战而屈人之兵"的战略目标。

《吴命》所记吴方不仅"青（请）成于楚"，主动与楚和解，而且也有"吴走陈"的实际行动。吴军离开陈国用的是"走"字，古汉语中，"走"是"跑"的意思，这就是说，吴军是畏敌如虎，跑着撤离的。这与《左传》哀公十年记吴延州来季子对楚司马子期所说"我请退，以为子名"，完全一致，给足了楚国司马子期的面子。夫差执政下的吴国，其霸业争夺的目标转向北方中原地区。在这种情况下，雄心勃勃而又兵力有限的吴国，在楚国对吴并不构成重大战略威胁的前提下，舍陈安楚，避免与齐、楚两个大国同时交战的不利状况。

季札，程义介绍，季札退让君位后，被封于延陵。季札所封之延陵，历来就有不同意见，以常州、武进之奄城、丹徒三地最流行。[①]

---

① 程义：《吴国史新证：出土文献视野下的〈吴太伯世家〉》，上海古籍出版社2022年，第48页。

江阴申港、丹阳延陵镇九里村均有季札墓，据陆建方考证，①丹徒季札墓，唐代尚有季札碑，延陵季子之延陵应是丹徒之延陵。《史记正义》据《左传》认为又称"延州来季子"，因吴取楚邑州来而封季札。州来即今安徽凤台寿县一带。上博简第七册《吴命》第四简"楚人寿来"之寿来即"州来"。王青指出：上博简第五册《弟子问》载有一段孔子论季札的话，称其为"前陵季子"。前陵季子，即延陵季子。董珊认为，季札称为延州来，是两次分封的缘故，先封延陵，后封州来，合而称之延州来。②

季札救陈的军事活动，最后以外交手段达到了目的，解除了楚伐陈的危机，抑制了楚国向中原的扩张；团结了臣服自己的盟国陈国，提高了在盟国中的地位；尊王攘夷、保卫姻亲之国的行为也得到了周天子的嘉奖——《吴命》第 7 简"宁心捊（抛）忧，亦佳（唯）吴白（伯）父、晋……"，③"晋"紧后的二个缺字应是"叔父"。这句是周敬王说，能够让我心情安宁，解除烦忧，也只有靠吴伯父、晋叔父了。王晖评论：吴国从陈国撤军后，楚国也撤离了陈国。这真可谓"一箭三雕"：吴国通过这一事件，从周天子、从姬姓诸侯国、也从异姓甥舅之国那里获得了拥戴自己为霸主的各种筹码。也就实现了吴国"不战而屈人之兵"的战略计划了。④

第四节　黄池盟会吴王夫差称霸（惠王七年）

艾陵之战的胜利，齐国的臣服，刺激了吴王夫差的称霸野心。吴

① 陆建方：《季札考》，《东南文化》1993 年第 6 期。
② 董珊：《简帛文献考释论丛》，上海古籍出版社 2014 年，第 86 页。
③ 马承源主编《上海博物馆藏战国楚竹书》（七），上海古籍出版社 2008 年，第 135—144 页。
④ 王晖：《楚竹书〈吴命〉主旨与春秋晚期争霸格局研究》，《人文杂志》2012 年第 3 期。

王夫差在回师途中，又强使鲁国、卫国、宋国会盟于郧（今山东莒县南），夫差因卫国国君来得迟了，就派兵包围了卫侯的馆舍。吴国这种在与众小国会盟时凌辱小国国君的做法，使它在诸侯国中极端孤立。

对于夫差而言，打败齐国显然不是目的，并且单就吴国的体量来说，难以消化像齐国这样的大国。吴国要的是霸主之位，既然齐人已经服软，吴军便没有必要与之纠缠，因而很快转头向西，寻求到中原与诸侯会盟。

为了能够顺利争得霸主之位，夫差突发奇想，把自己的战船开到会盟地，毕竟只带少量的步兵很难不被诸侯轻视，若非兵舰如云、军旗猎猎，怎能让对手畏惧？史书记载此次会盟地为济水之滨的黄池，而刚刚打赢齐军的吴国舰队还在泗水上游，因此挖通泗水与济水之间的水路又成了当务之急。吴军在艾陵之战中俘虏了齐军800辆战车，对于以步兵为陆上力量的吴人来说，这些战车并没有太大的实际意义，但对于鲁军来说却大不一样。基于吴鲁联盟的良好关系，夫差将这些战利品全数送给了鲁国，相应的鲁国则要提供劳役，帮助吴军开挖沂水与济水之间的运河。几年眨眼而过，这条名为"深沟"的运河顺利竣工。

鲁哀公十三年，吴王夫差十四年，楚惠王七年，公元前482年，春，吴王夫差亲自率领吴国大军，通过邗沟及新开挖的与济水相接的水道到达黄池（今河南封丘南，济水故道南岸），欲与晋国争夺霸主地位。《吴越春秋·夫差内传》载，出兵前，太子友劝谏说："不知吴悉境内之士，尽府库之财，暴师千里而攻之；夫吴徒知逾境征伐非吾之国，不知越王将选死士，出三江之口，入五湖之中，屠我吴国，灭我吴宫。天下之危，莫过于斯也。"但夫差始终轻视越国，认为中原霸权唾手可得，不应坐失良机。就命太子友和王子地、王孙弥庸、寿于姚等人率老弱军队一万人留守姑苏，自统全国精兵，北上黄池会盟。这样，就给了越国以可乘之隙。

公元前482年，楚惠王七年，夏，夫差在黄池举行盟会，王室大夫单平公、晋定公、鲁哀公都参加了。将王室大夫招来，夫差意图已很明确，就是要让王室正式承认吴国霸主之位。众多文献记载了黄池盟会的盛况：

《春秋》哀公十三年："公会晋侯及吴子于黄池。"

《左传》哀公十三年："夏，公会单平公、晋定公、吴夫差于黄池。""秋七月辛丑，盟，吴、晋争先。吴人曰：'于周室，我为长。'晋人曰：'于姬姓，我为伯。'……乃先晋人。"

《国语·吴语》："吴公先歃，晋侯亚之。"

清华简《系年》二十章："晋简公会诸侯，以与夫秦(差)王相见于黄池。"

黄池，《春秋》哀公十三年杜预注："陈留封丘县南有黄亭，近济水。"《国语·吴语》徐元诰注："黄池，在今河南封丘县西南七里。"[1]杨伯峻注："黄池当在今河南封丘县南，济水故道南岸。"[2]

夫差有意率领吴军在黄池盟会炫耀武力。张旭晟指出："吴国与齐国交战于艾陵，出动了中上下右四军，左军留守国内。黄池之会时，吴出动三万甲士列为方阵，争夺了霸主之位。可见吴国的兵力至少有三万甲士，加上地方防卫部队，总兵力大概在五万以上。"[3]

《国语·吴语》记载吴王夫差率领吴国精锐部队争霸于黄池的阵容：

> 陈士卒百人，以为彻行百行。行头皆官师，拥铎拱稽，建肥胡，奉文犀之渠，十行一嬖大夫，建旌提鼓，挟经秉枹。十旌一将军，载常建鼓，挟经秉袍。万人以为方阵，皆白裳、白旂、素甲、白羽之矰，望之如荼。王亲秉钺，载白旗以中陈而立。左军亦如之，皆赤裳、赤旃、丹甲、朱羽之矰，望

① 徐元诰：《国语集解》（修订本），中华书局2002年，第545页。
② 杨伯峻：《春秋左传注》（修订本），中华书局1990年，第1674页。
③ 张旭晟：《春秋吴楚关系研究》，华中师范大学硕士学位论文，2018年，第15页。

之如火。右军亦如之，皆玄裳、玄旗、黑甲、乌羽之矰，望之如墨。为带甲三万，以势攻，鸡鸣乃定。既陈，去晋军一里。昧明，王乃秉枹，亲就鸣钟鼓、丁宁、錞于振铎，勇怯尽应，三军皆哗扣以振旅，其声动天地。

薛安勤、王连生将上述文字翻译成白话如下：吴国摆开士卒一百人，排成一行，共排了一百行。每行打头的是士，抱着金铎，举着木戟，身旁树着旗子和犀牛皮做的盾牌。每十行有一名下大夫率领，竖起旌旗，带着战鼓。大夫挟着兵书，拿着鼓槌儿。一百行有一位将军率领，树起日月旗，立着战鼓，将军挟着兵书，手拿着鼓槌儿。一万人为一个方阵，都穿着白色的下衣，打着白色的旗帜，披着白色的铠甲，背着白色羽毛尾的箭，望过去像一片茅草花。吴王亲自拿着钺，身旁树着白色大旗在方阵中间站立。左军也这样列阵，都穿着红色下衣，打着红色旗帜，披着红色铠甲，背着红色羽毛尾的箭，望上去像火海。右军也像中军一样列阵，都穿黑色下衣，打着黑色旗帜，披着黑色铠甲，背着黑色羽毛尾的箭，望上去像墨池。披戴铠甲的将士共三万人，凭着声势进攻。鸡叫时就列好了阵，离晋军只一里远。天还没大亮，吴王就操起鼓槌儿，亲自擂鼓，敲响了铜钲、錞于和金铎，全军一起响应，大声欢呼，整军出发，喊声惊天动地。[①]

发生于春秋末期的黄池之会，是一次重要的历史事件。吴王夫差与晋定公会盟于黄池，吴、晋争夺主盟地位，吴国的霸业达到顶峰。

墨子、荀子称春秋五霸为齐桓、晋文、楚庄、吴阖闾、越勾践。李薇、杨英杰认为，"但实际上，吴国之霸阖闾仅是一个先驱，真正的霸主当是阖闾之子夫差。夫差于公元前496年即位，他乘父、祖之威，南服越人，北屈齐、鲁、邾、卫，公元前482年，召集晋定公，

---

① 薛安勤、王连生：《国语译注》，吉林文史出版社1991年，第777—778页。

鲁哀公、单平公等会盟于黄池，以武力威胁，夺得了霸主的地位。"①这个评价是合适的。

夫差对于黄池盟会的盟主，志在必得。《国语·吴语》："吴公先歃，晋侯亚之。"会盟结束时，《国语》所记的"吴公先歃"，就是第一个把牲畜的血抹在自己脸上，夫差算是作了名义上的诸侯霸主。

黄池之会，著名的赵孟庎壶铭文记载了这一重大事件。铭文曰："禺（遇）邘王于黄池，为赵孟庎（介）邘王之惕（赐）金，台（以）为祠器。"诸家均已考定此处的邘王就是夫差，赵孟就是赵简子赵鞅。但个别字句尚无统一，最近刘玉斌有个综述，并通释铭文为：遇邘王（夫差）于黄池，为赵孟（介）邘王之（赐）金，以为祠器。② 太原金胜村赵卿墓，③ 墓主人原报告作者以为"赵明之御戈"之"明"通盟、孟，即器主可能为赵孟赵鞅赵简子。但张崇宁、④ 龙真⑤通过铭文考释、骨龄鉴定等依据，考证出墓主应该是赵襄子无恤，即赵简子之子。路国权对诸家之说进行了整理和归纳，认为将器主"考证为赵襄子的说法，不仅于文字上讲得通，而且也与铜戈形制及共存礼器的年代相吻合"。⑥

晋国将霸主的地位让于吴，甘居于后。夫差梦寐以求的霸主之位，终于到手了。紧接着吴军火速回撤，不过这时候显然已经晚了。《左传》哀公十三年载，夫差率领的吴军主力还在黄池与诸侯会盟，来自国内的信使神色慌张地进入吴军大帐，"吴人告败于王，王恶其闻也，自刭七人于幕下"。果然越人造反了。夫差听到这个消息时，尚未与晋定公、鲁哀公相见。沉思片刻，夫差按下这个消息，令知情者七人

① 李薇、杨英杰：《论春秋时期吴国的霸业》，《学术月刊》1995 年第 5 期。
② 刘玉斌：《赵孟壶新探》，《文物春秋》2017 年第 1 期；《铭图》12365、12366。
③ 山西省考古研究所等：《太原晋国赵卿墓》，文物出版社 1996 年；《铭图》16724。
④ 张崇宁：《太原金胜村 251 号墓主探讨》，《中国历史文物》2005 年第 1 期。
⑤ 龙真：《赵卿墓墓主人试论》，《文物世界》2015 年第 5 期。
⑥ 路国权：《论太原金胜村 1988M251 铜器群的年代及相关问题》，《考古与文物》2016 年第 1 期。

在帐篷里自杀，决心不管怎样，先举行完会盟再说。当时，诸侯之间名为"会盟"，归根结底比拼的还是武力，为了争夺盟主之位，吴国与晋国实际上已经剑拔弩张。如果此刻放出越军占领吴都姑苏的消息，吴军主力撤走，晋军势必追击，自己能否安全返回都是问题。在这种情况下，夫差强忍内心的焦急，装作若无其事的样子，将盟会既定的程序走完。为确保自身安全，夫差听从王孙雒建议，继续在盟会上大张旗鼓地炫耀武力，震慑晋国。

吴国的称霸，除了国内的原因之外，与当时的"国际"环境分不开的，自进入春秋以来，晋、楚、齐、鲁、郑、宋等国，在长期的争霸斗争中，都打得多败皆伤，筋疲力尽。他们互相牵制、互相削弱，使吴国得以乘机发展，坐享渔翁之利。特别是春秋中期以后，各国内部斗争激烈，齐国先是崔、庆二氏专权，继而又有陈、鲍、栾、高四氏的夺权斗争，最后出现了陈氏的逐渐代齐。晋国"六卿"专权，互相残杀兼并。鲁国"三桓"执政，"三分公室"。郑国有"七穆之族"更相掌权，纷争不已。宋国有华、向二卿族的叛乱。楚国遭遇吴国入郢之战，很长时间一蹶不振，无暇外顾。正是这样的"国际"环境，为吴国的崛起，称霸创造了有利的条件。

第五节 越袭吴姑苏之战及吴向越请和
（惠王七年）

当吴国军队在黄池耀武扬威时，巨大的危机向夫差悄然扑来。就在几年前，表现恭顺的勾践被放回了越国，强烈的复仇欲望时刻刺激着这位"偏执报复狂"的神经，他开始不断积蓄力量，伺机出击。先前由于战败，越国的势力被压缩至宁绍平原，失去土地的大量越人甚至不得不重新过起原始的渔猎生活。恰逢吴国由于连年征战，人口大量损失，以至无法筹集足够的人力开发吴淞江以南的越人故地。在这种情况下，勾践所表现出的驯服态度让夫差产生了幻想，既然吴国人少地多，越国人多地少，何不利用越人分担一部分后勤压力呢？于是吴淞江以南，钱塘江以北的广阔平原重又回到勾践手中。

勾践为蓄积更大的力量，采取了联合"外越"的办法。长久以来，越人由生活习性的不同分为两支，其活动范围大致以天台山至仙霞岭为界，其中西北一部称为"内越"，亦即勾践领有的越国；东南沿海一部则是"外越"，这一部分仍旧处于原始的渔猎阶段，比"内越"更加落后和野蛮。然而"外越"的优势在于，其居民长期生活在海边，是天生的水手和战士。勾践采取了种种手段，说服了"外越"那帮同种同源的远房亲戚，共同对付吴国。至此，针对吴国的战争准备基本就绪。

公元前482年，吴王夫差刚率全国精锐部队北上黄池会盟，越王勾践就想出兵伐吴。《吴越春秋·勾践伐吴外传》载，范蠡认为时机未到。他分析说："臣观吴王北会诸侯于黄池，精兵从王，国中空虚，老弱在后，太子留守。兵始出境未远，闻越掩其空虚，兵还不难也，不如来春。"数月之后，估计吴军已到黄池，越王勾践抓住战机，乘虚而入。"发习流二千人，俊士四万，君子六千，诸御千人"，合计49000人，开始伐吴。《左传》哀公十三年：

> 六月丙子，越子伐吴，为二隧。畴无馀、讴阳自南方，先及郊。吴大子友、王子地、王孙弥庸、寿於姚自泓上观之。弥庸见姑蔑之旗，曰："吾父之旗也。不可以见仇而弗杀也。"大子曰："战而不克，将亡国。请待之。"弥庸不可，属徒五千，王子地助之。乙酉，战，弥庸获畴无馀，地获讴阳。越子至，王子地守。丙戌，复战，大败吴师，获大子友、王孙弥庸、寿於姚。丁亥，入吴。

六月十一日(丙子)，勾践伐吴，当时兵分二路：东路军由勾践亲自率领，南路军由大夫畴无馀、讴阳率领，先袭击吴国国都姑苏城城郊。越大夫畴无馀、讴阳率领的南路军先于勾践到达吴都姑苏城郊。泓上之战得名于"吴大子友、王子地、王孙弥庸、寿於姚自泓上观之"。杜注："泓，水名。"按此地为太湖东侧丘陵高地。从此处俯瞰，可以把握整个战场形势，故吴太子一行人在此观战。在今苏州市西南越溪街道西侧的七子山，海拔294.8米。南临今苏东河。此地为控扼苏州西南的唯一高地，越军由南向北进攻吴都，必由此高地东南方向往北进攻，故吴太子友等可于此观战。黄鸣指出：泓水大概约当于今之苏东河。泓上，吴地，在今江苏省苏州市西南越溪街道西侧七子山丘陵地带。此地为控扼苏州西南的唯一高地，越军由南向北进攻吴都，必由此高地东南方向往北进攻，故吴太子友等可于此观战。[①] 吴国太子友、王子地、王孙弥庸和寿於姚在泓水（今江苏苏州近郊）边上观察越军。王孙弥庸望见了越军中姑蔑人的一面旗帜，说：那是我父亲的旗帜啊，碰到仇敌不去杀他是不对的。太子友说："战而不克，将亡国。请待之。"他感到精锐部队已全部北上黄池，实力不足，主张坚守待援。王孙弥庸不听太子友的调遣，擅自带领他的部下五千人出战，王子地也帮助他。六月二十日（乙酉），双方接战。由于越军冒着六月酷暑长途奔袭，士卒疲惫；加以当时勾践所率主力尚未到达，势孤众寡，结果被吴军战败。王孙弥庸获越大夫畴无馀，王子地获越大夫讴阳。当越王勾践率东路军赶到姑苏城郊时，南路军已经战败。吴军在首战告捷以后，次日，六月二十一日（丙戌），吴军仅以王子地守城，太子友、王孙弥庸和寿於姚等倾城而出，迎战勾践。越军沉着应战，士气高涨，大败吴师，活捉了吴太子友、王孙弥庸、寿於姚。六月二十二日（丁亥），越军攻入吴都姑苏城。

《国语·越语下》对此战役有所补充。勾践东路军赶到后，鉴于南路军受挫，情况不明，按兵未动，"吴人闻之，出而挑战，一日五反。（越）王弗忍，欲许之。……弗与战。"《吴越春秋·勾践伐吴外传》载，

---

① 黄鸣：《春秋列国地理图志》，文物出版社2017年，第243页。

勾践乘吴军五次挑战不逞、士气衰落之机，向吴军发起了突然反击，"以乙酉(六月二十日)与吴战，丙戌(六月二十一日)遂虏杀太子。丁亥(六月二十二日)入吴，焚姑苏台。"(**见图21-2：越攻吴泓上之战示意图**)

越国实力，一般认为不如吴强大。哀公元年(公元前494年)，吴入越时，勾践仅"以甲楯五千保于会稽"，实际情况并不如一般人想象那么简单。童书业说："吴、越交兵，吴只一胜，一入越；而越则数胜，三入吴，卒灭吴国。越强于吴，于此可见。"[1]特别是后期，黄池之会时，越实力已和吴国不相上下了。于常青分析，黄池之会时，越实力大体和吴国相当。吴国在黄池之会时，夫差为带甲三万以势攻，家中尚留部分兵力由大子友、王子地、王孙弥庸、寿於姚等人防守越国，王孙弥庸帅"属徒五千"首先冲入越军。既然王孙弥庸有"属徒五千"，大子友、王子地等人所属队伍也不会少于此数，那么四人合计所率留守部队约在二万人左右，合计吴国约有士兵五万人。黄池之会时，越实力和吴国不相上下。《史记·越王句践世家》载：哀公十三年(公元前482年)，勾践乘黄池之会，吴国内空虚之机，"乃发习流二千，教士四万人，君子六千人，诸御千人，伐吴。"共计出动4.9万人。[2]

吴人告败于王，夫差"乃引兵归国"。《史记·吴太伯世家》载，这个时候，吴王夫差考虑"国亡太子，内空，王居外久，士皆罢弊，于是乃使厚币以与越平"。《吴越春秋·越王勾践外传》也说："勾践自度未能灭，乃与吴平。"

---

① 童书业：《春秋左传研究》，上海人民出版社1980年，第328页。
② 于常青：《浅析春秋时期的人口状况》，《河北青年管理干部学院学报》2003年9月第3期。

第六节　楚伐吴至桐汭及白公保卫慎邑，楚县公由世族转向王族(惠王九至十年)

吴楚关系是影响春秋晚期政局最为重大的因素。晋国扶植吴国，使楚受几乎灭国之灾，昭王、惠王深知无力向吴国复仇，致力于休养生息，无意主动对外用兵。吴伐楚之战中，因吴军入郢后激起楚人的反抗及楚人申包胥哭秦庭后秦国军事力量介入引起力量对比的变化，同时由于越国的牵制，吴军内部发生了夫槩回国称王的内讧事件，双方都认识到征服对方的困难，从而不敢轻启兵衅。故战后，吴、楚间相对平静了近十年。因阖闾伐越身死，故吴王夫差上台后，吴国寻仇的方向，依然在越国。为避免两面作战，吴国是时并不想与楚发生战事。特别是吴王夫差痴迷于北上争霸，不愿意对楚消耗国力。但是，在这种情况下，还是爆发了围绕楚国慎邑的战争。

由于越国的突然袭击，吴国元气大伤，再也无力北进中原。楚国抓住时机，主动向吴进攻，也引起吴国的反攻。大的交锋有三次。

第一次在楚惠王七年，楚攻吴。《春秋》哀公十三年："楚公子申帅师伐陈"，与吴争夺陈国。

吴国此时正值黄池盟会与晋争夺盟主地位，随即面临越国攻进都城姑苏，不得不与越讲和，对楚国的举动无可奈何。

第二次两年之后，楚惠王九年，楚再次伐吴。《左传》哀公十五年："夏，楚子西、子期伐吴，及桐汭。"桐汭，杜注曰："宣城广德县西南有桐水，出自石山，西北入丹阳湖。"晋广德县在今安徽广德西南，因而传统说法将桐汭定在今安徽广德、郎溪诸县境的桐水流域。[1]

---

[1]　参见《春秋地理考实》卷三，哀公十五年"桐汭"条，第319页；《春秋地名考略》卷一一，吴"桐汭"条，第627—628页；杨伯峻：《春秋左传注》(修订本)，中华书局1990年，第1690页。

张正明认为，公元前480年(楚惠王九年、吴王夫差十六年)，楚令尹子西、司马子期伐吴，至桐汭而还。桐汭古今同名，是江东的一条河流，源出今安徽广德县，流经今郎溪县、芜湖县，在今芜湖市南汇入长江。没有越人的接应和导引，楚人是不会打到遥远的吴国南疆去的。此役切断了吴人与位于今南陵、铜陵一带的铜矿的联系，使吴人为之震撼。……这时，吴对越与楚已防不胜防了。①

吴恩培指出：此战与夹在吴、楚间的陈国有关。据《春秋》哀公十四年(前481，楚惠王八年)，"陈宗竖奔楚。……冬，陈宗竖自楚复入于陈，陈人杀之"。故本年楚伐吴，显与上年陈国杀宗竖有关。陈国内部的政治纷争，典籍未予记载。但从《春秋》哀公十四年的记载可以看出，其后，陈国又叛楚而倒向吴国，以致让陈国的亲楚人士宗竖在国内待不下去而"奔楚"。宗竖"奔楚"后，在楚国的支持与安排下"自楚复入于陈"，但等待这位楚国政治代理人的却是"陈人杀之"。正是这一让楚国人难以容忍的结果，终又引起了吴、楚之间的战争。②

有学者对桐汭在广德的说法提出质疑，张胜琳认为，杜注可商榷。这是楚乘吴被越削弱之机，伐吴，吴惨败，楚收复失地至桐汭。桐汭应与桐有关，也应在江淮间不在江南。③ 徐少华认为楚势刚刚恢复，初次伐吴不可能远至长江以南邻近太湖的安徽广德一带。④ 赵炳清赞同，指出桐汭当在今安徽桐城县北、舒城县南一带。⑤

① 张正明：《秦与楚》，华中师范大学出版社2007年，第113页。

② 吴恩培：《"吴人伐慎，白公败之"再探——兼及楚平王嫡孙熊胜与"吴人伐慎，白公败之"的动因》，《甘肃社会科学》2011年第6期。

③ 张胜琳：《吴楚淮域之战若干地名地望略考》，载张正明主编《楚史论丛》(初集)，湖北人民出版社1984年，第128页。

④ 徐少华：《论春秋时期楚人在淮河流域及江淮地区的发展》，《人文论丛》2002年第1期。

⑤ 赵炳清：《楚国疆域变迁之研究——以地缘政治为研究视角》，复旦大学博士学位论文，2013年，第152页。

楚惠王九年，公元前 480 年，夏，楚子西、子期伐吴，抵达桐汭（今安徽桐城北、舒城南），楚、吴两军对垒，双方虎视眈眈。正在紧张时节，陈国插进来，突发一件怪事，使楚、吴之间的紧张关系更为加剧。《左传》哀公十五年："夏，楚子西、子期伐吴，及桐汭。陈侯使公孙贞子吊焉，及良而卒，将以尸入。吴子使大宰嚭劳，……吴人内之。"陈闵公派出陈国高望重的老臣公孙贞子赶到吴国，慰问吴军。可能公孙贞子年岁过大，不胜劳累，到了良地（今江苏邳州），突然死亡，随行人员只得将他的尸体运到吴国，吴王夫差闻讯，派伯嚭前往，将陈国使者的尸体按照应有的礼节，妥为安葬。如此看来，楚昭王拼死伐吴救陈，没有成功，陈国一直死心塌地甘当吴的属国。

第三次是楚惠王十年，吴攻楚的慎邑，楚成功保卫慎邑。

吴国虽然受挫于越国，但实力仍在，对于楚国打到今安徽桐城县北、舒城县南一带的吴邑桐汭，并不甘心，伺机反击。楚惠王十年，吴王夫差十七年，吴国在与越国暂时休兵之际，喘息方定，便攻击老对手楚国。这次吴国选取的突破口是吴楚边界的慎邑。

由于与吴争陈的失败，楚国重返淮北的行动遭到遏制。《左传》哀公十六年："吴人伐慎，白公败之。"鲁哀公十六年即吴王夫差十七年，楚惠王十年，公元前 479 年，吴伐楚慎邑，白公败吴。楚慎邑在今安徽颍上县，与蔡国的所在地州来相邻。从地理位置上看，慎邑之前应该是灭于楚的胡国故邑。这说明楚灭胡后确实没有在淮北继续东进。

慎，杜注曰"汝阴慎县也"，汉晋慎县，今安徽颍上县北江口集，即古慎城。杨伯峻注："据《汉书地理志》王先谦《补注》，今安徽颍上县北江口集即古慎城。"[①]张胜琳指出：据《左传》哀公十六年所记吴楚争慎（今安徽淮河北岸颍上县）可知，此时吴楚交战之地尚在淮河两

---

① 杨伯峻：《春秋左传注》（修订本），中华书局 1990 年，第 1702 页。

岸，今淮南市以西地带。① 慎邑在颍水河中游北岸，紧邻楚灵王遭吴国袭击的房钟。楚平王令太子建驻守的城父、楚昭王身死的城父，都在颍水上游。可见慎邑长期以来都位于楚、吴交战的第一线。吴国在楚惠王十年进攻楚国的慎邑，明显是打算将楚灵王、楚平王、楚昭王时期楚吴之间在颍水流域长达六十年的拉锯战继续下去。

但是，值得注意的是，面对吴国进攻慎邑，楚国没有动用中央军队，仅仅派出一位地方官员"白公"，依靠楚国白县的地方武装即县师的力量，便击退了吴国的进攻，而且还缴获甚多，白公甚至提出举行向楚惠王进献战利品的专门仪式。《左传》哀公十六年："吴人伐慎，白公败之。请以战备献。"杜预注："与吴战之所得铠杖兵器皆备而献之。"杨伯峻注："此亦献捷，然不于庙而于朝，则非大捷可知，故作战所用之甲兵亦献之。"②

打了胜仗的白公，是楚平王太子建之子胜，按照楚国的习惯称呼，可以暂且名公孙胜。其父太子建受到楚平王迫害，随父被遣至城父，太子建为免于被杀，仓皇逃亡，公孙胜年幼，一路辗转跟随，后被伍子胥带到吴国。这个经历见于《左传》哀公十六年："楚大子建之遇谗也，自城父奔宋。又辟华氏之乱于郑。郑人甚善之。又适晋，与晋人谋袭郑，乃求复焉。郑人复之如初。晋人使谍于子木（太子建），请行而期焉。子木暴虐于其私邑，邑人诉之，郑人省之，得晋谍焉，遂杀子木。其子曰胜，在吴。"楚惠王二年，楚召回王孙胜，使为白公，驻守在吴楚边境之上。见于《史记·楚世家》："惠王二年，子西召故平王太子建之子胜于吴，以为巢大夫，号曰白公。"公孙胜被召回楚国，很快担任了巢大夫之职，由此掌握了地方武装，能够带兵打仗。可能在担任巢大夫之前短暂地在楚国的白县任职。白，杜注曰："汝阴褒

① 张胜琳：《吴楚淮域之战若干地名地望略考》，载张正明主编《楚史论丛》（初集），湖北人民出版社1984年，第128页。
② 杨伯峻：《春秋左传注》（修订本），中华书局1990年，第1702页。

信县西南有白亭。"褒信县，即今河南息县包信镇，白当在今河南息县东北、包信镇西南一带。故"号曰白公"。本书前文论证，楚国太子按照规定拥有封邑，太子建的封邑在楚国的巢邑，白公继承，故巢邑有白公（公孙胜）的封邑，白公之母亦在巢邑生活，后从巢邑到吴国。后巢邑被吴国占领，白公（公孙胜）在巢邑的封邑不复存在，旋被改封于澧水流域的慈利白公城，孔子一行就是在楚昭王二十七年，不畏艰辛穿过楚国的南土，到达湖南慈利的白公城，与白公会面。白公在自己的封邑慈利白公城接待孔子一行后，继续回到巢邑的任上，履行巢大夫之职。一直到吴国进犯，白公率领地方军队迎头痛击。

白公率"县师"打败了吴国，保卫了慎邑，居功甚伟。白公取胜的原因，可能在于以下几点：一是楚国的老百姓长期受到吴国的骚扰，对吴国进攻慎邑深恶痛绝，故抵御吴军，同仇敌忾，士气高昂，一战而胜。二是吴国在越国占领都城姑苏后，不得不向越求和，暂时苟安，吴军士气低落，已成强弩之末，进攻慎邑时遇到抵抗，便一触即溃。三是白公在吴国长大，熟悉吴国，被接回楚国，感恩图报，潜心研究战略战术，指挥有方，用兵得当。

但是，除以上原因外，吴恩培提出一种假设和推测，认为"吴人伐慎，白公败之"，是一场蹊跷的战争，有可能是吴国故意送给白公胜的胜利，以满足白公胜的政治需要。这场战争的起因、经过，充满着吊诡，吴国主动挑起的"伐慎"之战，是一场极为突兀的对楚战争，战争目的不明，战争原因更是不明，一反常态的背后，必然有着隐情。鉴于在吴国长大的熊胜是时担任楚边境上的地方官，对楚国的上层充满着仇视和野心，种种因素表明吴国与熊胜在演一出政治双簧戏——吴国以发动战争并以自己的失败给熊胜一个发动政变的机会。①

---

① 吴恩培：《"吴人伐慎，白公败之"再探——兼及楚平王嫡孙熊胜与"吴人伐慎，白公败之"的动因》，《甘肃社会科学》2011 年第 6 期。

白公保卫慎邑，是楚、吴百年战争的最后一战，标志着楚、吴关系的终结，此后吴国苟延残喘，无力再攻楚，楚、吴两国的史迹再没有并存于史书之上。

赵炳清认为，白公保卫慎邑的胜利，吴人的失败，使楚东国疆域东界恢复至今安徽颍上、霍邱、六安、舒城、桐城至大江一线。[1]

白公从吴国召回楚国后，先后担任楚国白县和巢邑的县公，并且仅凭地方"县师"的兵力便将吴国进攻慎邑的军队击退。由此可见，到春秋晚期，楚国将县公由世族把持逐渐转到王子、王孙之手。

王准将整个春秋时期的楚县公，按照不同时代进行统计，由此发现一个很有意思的现象：楚国县公之职在春秋早中期多由世族把持，而自楚共王以后，逐渐集中于王子、王孙之手。[2]

具体详情见下表：

---

① 赵炳清：《楚国疆域变迁之研究——以地缘政治为研究视角》，复旦大学博士学位论文，2013 年，第 152 页。

② 王准：《春秋时期晋楚家族比较研究》，湖北人民出版社 2013 年，第 151—155 页。

表 21-1：春秋时期楚国县公表

县名	武王	成王	穆王	庄王	共王	康王	灵王	平王	昭王	惠王
权	斗缗									
那处	阎敖									
申	彭宇①	斗班、斗克（子仪）叔侯		子培、屈巫臣	公子申					
息		屈御寇（子边）	子朱		公子成					
商		斗宜申（子西）								
期思			复遂							
沈				沈尹蒸（茎）		沈尹寿	沈尹射	沈尹赤	沈尹戍	沈尹朱
析				析公臣						
郧					锺仪					
陈							穿封戍			
蔡							公子弃疾			
棠								伍尚		

续表

县名	武王	成王	穆王	庄王	共王	康王	灵王	平王	昭王	惠王
白										白公胜
叶							子张			沈诸梁（子高）
寝										吴由余（王孙由余）
武城									武城黑	公孙朝
郙		上郙公䍉②（春秋中期）								
邓		邓公乘③（春秋中期）								

① 1975年南阳西关出土"申公彭宇簠"（王儒林、崔庆明：《南阳市西关出土一批春秋青铜器》，《中原文物》1982年第1期），器主为楚灭申之后的县公彭宇，刘彬徽将其断代为东周一期末年（刘彬徽：《楚系青铜器研究》，湖北教育出版社1995年，第314页），恰好在成王继位之前。而彭宇也可能就是文王时令尹彭仲爽的族人。

② 1978年河南淅川下寺8号楚墓出土一件春秋中期"上郙公簠"（赵世纲：《楚人在河南的活动遗迹》，载《楚文化研究论文集》，中州书画社1983年），上郙已经被楚所灭，所以这件器物当为郙县县公为其女陪嫁之物。

③ 1972年11月，湖北襄阳山湾楚墓出土"邓公乘鼎"（杨权喜：《襄阳山湾出土的鄀国和邓国铜器》，《江汉考古》1983年第1期），鉴定为春秋中期铜器。邓国在春秋早期被楚所灭，故邓公乘应为楚邓县县公。

1751

根据已有的不完整信息，可以大致勾勒出楚国县公以下的演变特征：

在楚庄王时代之前，楚国县公中有相当大的比例是世族出身。权尹斗缗，申公斗班、斗克，商公斗宜申（子西）都属于若敖氏家族。申公巫臣，息公子边（屈御寇）属于屈氏家族。这些都是楚国历史悠久且很有势力的世族。如此一来，若敖氏与屈氏在庄王以前的县公中占据的比例为43%，已经接近一半。另外，根据现有的材料，其他县公中无法确定有王子、王孙存在。虽然顾栋高认为沈尹蒸是楚庄王的儿子，但是恐怕其想法没有得到证据的支持。《左传》宣公十二年记载晋楚邲之战中，"沈尹将中军"。顾栋高认为："时为沈尹者，庄王之子公子贞也。"[1]这一说法不见经、传、疏，顾栋高也没有给出依据，不可置信。与此相反，楚庄王对于沈尹蒸的态度，很难让人将两人与父子关系联系起来。《吕氏春秋·当染》："荆庄王染于孙叔敖、沈尹蒸，……此五君者所染当，故霸诸侯、功名传于后世。"很难想象，楚庄王是受自己儿子的影响才得以称霸诸侯，或者楚庄王之子的贤明在庄王时代就能与孙叔敖比肩。

楚共王以后，楚王子、王孙在县公中的比例不断提升。共王时已知的三位县公中，公子成与公子申为楚王之子无疑，只有郧公锺仪出身锺氏世家。沈尹戍，《左传》昭公十九年，杜预注："戍，庄王曾孙叶公诸梁父也。"沈尹戍应是楚庄王之孙。白公胜是太子建之子，因而也是楚平王之孙。寝尹在《左传》哀公十八年中所录之名为"吴由于"，杜预说此人就是柏举之邑中代楚王受盗戈之"王孙由于"，《左传》定公四年："王寝，盗攻之，以戈击王。王孙由于以背受之，中肩。"所以也可以肯定其王孙的身份。此外再加上公子弃疾、公孙朝，共王以后的县公中可以确定的王子王孙总共有7人，占总数的41%（上都公与邓公乘时代不明晰，故不参与统计）。至于县公中出身世家大族者，

---

① 顾栋高：《春秋大事表》，中华书局1993年，第847页。

则只剩下锺仪、沈诸梁（沈诸梁虽然是庄王曾孙，但是血缘关系已经疏远，已不能使用公孙的称号，而且已经单独立为沈氏，身份已经属于世族）、伍尚，共 3 人，比例仅占 18%。相比庄王之前世族占到43%的比例，下降非常之多。

整体上来看，在春秋时期，以楚庄王时代为转折点，楚县公群体内部世族族人的比例急剧下降，而王子王孙越来越多。最明显的是庄王与共王时代的对比。庄王时代的县公，没有一人可以确认为王子王孙，而共王时三位县公中就有两位是公子。这种趋势一直持续到惠王时期。同时像屈氏、若敖氏之类的世族，在共王以后的县公群体中，也已经很少出现。这种现象并非是孤立的，而是与楚国在中央政权内任用血缘亲近的王子、王孙担任令尹、司马的趋势保持着高度的一致。

楚庄王九年（前 605 年）若敖氏家族的叛乱事件，对楚国的影响是非常深远的。楚国公室曾经最为倚重的世族若敖氏，在斗越椒的率领下，全族动员进攻楚庄王，楚庄王以文、成、穆三位先王之子孙为质也不能劝其回头，皋浒之战险些让若敖氏以庶夺嫡。这次的危险局面让楚公室清醒地意识到，过度依赖世族，非常容易威胁到君权。楚公室从此修正了执政制度，选择加强中央政权内的血缘纽带，更倾向于将令尹、司马等重要职位交给血缘更加亲近的王子王孙。随后，这种趋势逐渐扩展到县公。

从楚共王开始，楚国县公群体中陡然增加了不少王子王孙。对于地方军事重镇的长官，楚公室也需要提防其突然发难。在楚国最为重要的申、息二县，庄王以前有斗氏与屈氏族人任县公，进入共王时代全都换成了公子。楚王室就是选择了这种方式，尽量避免楚县被卿大夫家族采邑化。

除了若敖氏叛乱对政局的影响外，楚县公在此之前已经存在不小的问题。武王灭权后任命的第一任县尹是斗缗，但是他率领权县叛乱。武王平定权县后不得不将整个县迁徙至那处。《左传》庄公十八年："初，楚武王克权，使斗缗尹之。以叛，围而杀之。迁权于那处。"子西（斗宜申）在城濮之战败后被成王任命为商公，后因畏于谗言而领兵试图攻打郢都。《左传》文公十年："使为商公。沿汉溯江，将入郢。王在渚宫，下，见之。惧而辞曰：'臣免于死，又有谗言，谓臣将逃，臣归死于司败也。'"两个并非偶然的事件暴露出，楚国在设立县制的初期有可能较普遍地存在着楚王对县公控制不足的弊端。同时也显示出楚县已经有采邑化的萌芽，县公治下不仅是个人的家族与私属，更是县中的军事力量，且可将其转为自己的私人军队。斗缗"以叛"，当为"以权（县）叛"，所以武王在事后才会迁徙权县作为对该县的惩处。子西能"沿汉溯江"，兵临郢都城下，在楚国辽阔范围内如入无人之境，论实力绝非子西的家族军队所能做到。子西应当控制着商县的军队。所以，楚共王以后在县公任命中着力加强血缘纽带，也可以看作是楚王对于县公在边远地方拥兵自重的解决方案。

县公是由国君派遣到边境的县并且负责镇守，所以他们常常会带领自己家族中人定居在该地。有的县公及其族人甚至会选择当地作为自己的养老之所。《左传》哀公十六年说叶县县公沈诸梁（子高）在平定白公之乱后"老于叶"。平势隆郎详细辨析了申叔时未曾担任申公的问题。[1] 申叔时以申为氏，应当是被委派到申县担任县公并以申为氏的某位县公的族人。《左传》成公十五年："申叔时老矣，在申。"又《左传》成公十六年："过申，子反入见申叔时……"可见申叔时当在申县养老。斗缗、子西的作乱，只是一般意义上的县公叛乱，除主事者外，参与者仅仅是这些随同居住在当地的族人与私属。斗缗、子西代表的仅仅是作为县公的个人身份。对于若敖氏家族来说，这只是个别的族人的问题，并未根本动摇楚王对该家族的信任，所以若敖氏家族的成大心、成嘉、斗般、斗越椒仍然能接连担任令尹。与此形成对比的是，楚庄王九年的若敖氏叛乱则是由宗主斗越椒（伯棼）亲自统帅、全族参与的一场叛乱，所以楚王才会坚决将若敖氏灭族。此后多

---

[1] 平势隆郎：《楚王与县君》，《史学杂志》1981年第九十编第二号。

年楚王还对若敖氏余恨未消，连累若敖余裔成虎无辜被杀。《左传》昭公十二年："楚子谓成虎若敖之余也，遂杀之。"

虽然在楚庄王九年若敖氏叛乱中未曾见到有县公参与的证据，但是对于楚公室来说，形势仍然严峻。子西如果不是在穆王时期作乱，很可能到庄王时仍然任商公。斗克如果没有被秦人俘虏，也有可能一直担任申公。《左传》文公十四年叙述斗克从秦国归，"成而不得志"。子孔、潘崇伐舒时，斗克守于郢都。在若敖氏叛乱时，事关全族之存亡，他们理应也率领所辖之县加入斗越椒一方，楚国的县就会成为世族的势力范围，与晋国的县无异。但以上假设没有机会发生。共王以后加强王室血缘纽带的改革已经将楚国世族对县的控制扼杀于萌芽阶段。

王准指出，继若敖氏之后，楚国也曾兴起过一些家族，如蒍氏、囊氏，虽有族人担任过令尹，如蒍氏有蒍艾猎（孙叔敖）、蒍罢（子荡）。囊氏有囊瓦（子常）等，但都未能染指于县公之职。沈氏家族虽然有沈诸梁（子高）曾任叶公，但是情况特殊，当属例外。首先，沈诸梁是在叶公任上被委以令尹之职，乃职务之升迁。由于县公在楚官制中地位颇高，由县尹升任司马乃是平常之事，比如申公斗克曾升为大司马，沈尹戌升为左司马。其次，当时事发突然。《左传》哀公十六年载，白公胜作乱杀死令尹子西（公子申）、司马子期（公子结），惠王狼狈出逃，郢都大乱，所以任命勤王有功的叶公沈诸梁暂时兼任二职，不到一年，"国宁，（沈诸梁）乃使（公孙）宁为令尹，使（公孙）宽为司马"。沈诸梁并不恋栈，安定楚国的使命完成后马上向公孙宁（子国）、公孙宽拱手让出令尹、司马职位，而归老于叶。从此沈氏家族与县尹再无瓜葛。[①] 由此，楚国的县公逐步由以世族担任为主，转而向王子、王孙担任，其大趋势越来越明显了。

---

① 王准：《春秋时期晋楚家族比较研究》，湖北人民出版社 2013 年，第 151—155 页。

第七节　白公之乱，楚惠王在太子
配合下辗转避难(惠王十年)

当楚惠王与群臣兴高采烈地庆贺白公击退吴国的侵略，保卫了慎邑之时，郢都发生了意想不到的叛乱。

白公胜击退了来犯的吴师，请求入朝献捷。《左传》哀公十六年："吴人伐慎，白公败之。请以战备献，许之。遂作乱。"事件的起因很简单，白公胜获得保卫慎邑的胜利，向令尹子西提出要求，要将此战所缴获的吴国的武器和战利品献给楚惠王，并举行隆重的仪式，庆贺胜利。这个要求，有点类似诸侯之间作战，战胜的一方，常常喜欢向周天子献捷，借以炫耀武力，称霸天下。令尹子西觉得白公的这个要求并不过分，便答应了。万万没有料到，在举行献捷的仪式上，白公胜利用所献的兵器，指挥士兵当场杀死令尹子西和司马子期于朝，并劫持了楚惠王。

白公作乱的场面相当血腥，失败也迅速。《左传》哀公十六年记载了白公作乱的全过程：

> 吴人伐慎，白公败之。请以战备献，许之。遂作乱。秋七月，杀子西、子期于朝，而劫惠王。子西以袂掩面而死。子期曰："昔者吾以力事君，不可以弗终。"抉豫章以杀人而后死。石乞曰："焚库、弑王。不然，不济。"白公曰："不可。弑王，不祥；焚库，无聚，将何以守矣？"乞曰："有楚国而治其民，以敬事神，可以得祥；且有聚矣，何患？"弗从。……白公欲以子闾为王，子闾不可，遂劫以兵。子闾曰："王孙若安靖楚国，匡正王室，而后庇焉，启之愿也，敢不听从？若将专利以倾王室，不顾楚国，有死不能。"遂杀之，

而以王如高府，石乞尹门。圉公阳穴宫，负王以如昭夫人之
宫。叶公亦至，及北门，……遇箴尹固帅其属，将与白公。
子高曰："微二子者，楚不国矣。弃德从贼，其可保乎？"乃
从叶公。使与国人以攻白公，白公奔山而缢。其徒微（匿）
之。生拘石乞而问白公之死焉，……乃烹石乞。

　　白公作乱的过程并不复杂，在献捷仪式上，白公杀死令尹子西，
子西用袖子挡住脸面而死。司马子期临死前说："过去我用勇力事奉
君王，不能有始无终。"奋起神力拔起一株樟木，打死数人，然后死
去。白公的死党石乞建议："烧掉府库，杀死君王。不这样，事情不
能成功。"白公胜说："不行。杀死君王不吉祥；烧掉府库，没有积蓄，
打算用什么来保有楚国？"石乞说："有了楚国的政权，治理百姓，恭
敬事奉神灵，就能得到吉祥，而且还有积蓄，怕什么？"白公胜不肯听
从。白公胜想要子闾做楚王，子闾不答应，就用武力劫持他。子闾从
容不迫地说："您如果安定楚国，整顿王室，然后对启加以庇护，这
是启的愿望，岂敢不听从？如果打算专谋私利来倾覆王室，置国家于
不顾，那么宁死不从。"白公胜大怒，杀了子闾，将楚惠王关进高府，
由石乞守门。圉公阳在宫墙上挖开一个窟窿，背上惠王到了昭夫人的
宫里。一时举国无主，正在方城之外的叶公沈诸梁（子高）当机立断，
赶回郢都，以求平叛。沈诸梁乃故左司马沈尹戌之子，忠烈一如其父。
国人追随沈诸梁，打开军械库，组成义勇军。在当时的紧急状态中，
叶公沈诸梁受命兼为令尹、司马。白公胜迟疑了多日，终于自立为王。
叶公沈诸梁闻讯，从方城外赶到郢都。进郢都北门后，碰到箴尹固率
领他的部下，打算去帮助白公。叶公诚恳劝说："如果没有令尹子西
和司马子期他们两位，楚国就不成为国家了。你们如果抛弃德行跟从
盗贼，难道能够有保障吗？"一席话说得箴尹固幡然醒悟，跟随了叶
公。叶公马上派他和国内的人们攻打白公胜。白公胜逃到城外的山中
自缢，他的部下石乞把尸体藏了起来。石乞后被处以烹刑。《淮南

子·道应训》载，"叶公入，乃发大府之货以予众，出高库之兵以赋民，因而攻，十有九日而禽白公。"沈诸梁打开大府，用其中的物资周济国人；打开高库，用其中的兵器装备国人。作乱和平乱的双方展开了激烈而持久的巷战，打了十九天之久，乱党终于覆没，

白公之乱发生的原因很多。白公，即太子建之子胜。胜原在吴国，楚惠王二年，令尹子西派人把他迎回楚国，先后为白县和巢邑的县公，故被称为"白公"。白公之乱由白公与郑国的旧怨引起，白公胜为报父被郑国杀害之仇，屡次请求楚国讨伐郑国，均被令尹子西拒绝，一直愤愤不平。数年过去，到楚惠王八年，晋伐郑，郑向楚求援，令尹子西领兵救郑。晋师退走，楚师也撤回了。白公胜误认为令尹子西亲郑，怒不可遏，视子西、子期为不共戴天之仇敌，于是图谋杀害令尹子西和司马子期。

白公胜图谋叛乱。作了周密准备。据《淮南子·人间训》所记，白公胜"大斗斛以出，轻斤两以内"。以此伎俩收揽人心。白公胜在作乱前，谋求有勇力的武士相助。白公胜对有勇力的死党石乞说：对付大王和二卿(子西和子期)，我看只要五百人就够了。石乞问：哪来这五百人呢？白公胜说：市南的熊宜僚很有本事，把他找来，足可当五百人。石乞随白公胜去拜访熊宜僚，熊宜僚正在"弄丸"——即把几颗弹丸上上下下抛着玩，不使落地。石乞代白公胜说明来意，熊宜僚表示不愿为白公胜效力，但可为白公胜保密。石乞拔出剑来搁在他头颈后面，他神色不变，弄丸不辍。白公胜说：他不为利诱所动，不为威逼所屈，不为求媚而出卖别人的秘密，我们就算了吧！此事，又见《淮南子·主术训》。熊宜僚号称"市南宜僚"，大概是一位隐于乡里的异能之士，体格强壮，身手矫健，精通武术和杂技，而且徒众多以数十百计，但无求于功名利禄。因此，《庄子》一书把他说成是"少私"、"寡欲"的道家，多次称引。熊宜僚拒绝与白公胜合作，算是逃过一劫。

司马子期被杀，早有预兆。《左传》哀公十六年："胜自厉剑，子

1758

期之子平见之，曰：'王孙何自厉也?'曰：'……将以杀尔父。'平以告子西。子西曰：'胜如卵，余翼而长之。楚国，第我死，令尹、司马，非胜而谁?'胜闻之，曰：'令尹之狂也! 得死，乃非我。'"子期之子见到白公胜在磨剑，便问："王孙怎么自己动手磨起剑来了?"白公胜答道："要杀你的父亲!"子期之子大惊，走告伯父子西。子西全然不信，说："白公胜像个蛋，是在我的翅膀下成长的。以后我死了，他不是令尹就是司马。"言下之意，是说白公胜犯不着杀他。这话传到白公胜那里去了，白公胜说："令尹怕是发疯了吧? 他如果能善终，我就不是白公胜了。"

白公胜扭曲的性格造成楚国及个人的悲剧。熊胜在吴国长大，历吴王僚、阖闾、夫差三位吴王。由于身份的特殊，熊胜身上纠缠着诸多复杂的关系。吴与楚国已结为世仇的两国关系不能不在他的童年、青年或壮年后的生活中投下阴影。当初把他带到吴国并将他抚养大的人是伍子胥，而伍子胥却又是他的祖父——楚平王的仇敌。他童年时或许与其祖母一同生活过。然而这位祖母，却是其祖父抛弃的怨妇，且以叛离故国的不正常方式来到吴国。身为楚国的王孙，吴王僚、阖闾、夫差时期，吴国与楚国的任何战争，都会使他对自己的身份认同产生困惑。而阖闾时期吴国伐楚、入郢时，伍子胥掘墓鞭尸的对象正是其祖父楚平王。养父兼政治导师加于自己已故祖父的偏激复仇行为，对当时已十六七岁的熊胜来说，其实是进行着一种极为残忍的言传身教，所有这些，使得熊胜是在一个极不正常的政治环境与家庭环境中长大。过多的阴谋、报复、杀戮、仇恨等，都在他身上化作种种不良诱因，从而生成诸如阴冷、偏执、仇恨、冷漠、残忍等种种变异的人格。所有这些，构成了日后这位王孙内乱楚国的性格基础。白公胜杀令尹、司马而囚惠王，起初还不是为了夺权篡位，而只是为了复乃父之仇，泄一己之忿。他在歇斯底里状态中，神志已不大正常了。《韩非子·喻老篇》记白公胜将作乱时，凝神久思，竟倒持手杖，手杖的尖端刺破了他的下巴，血流及地，仍不自知。贾谊《谏封淮南四子疏》：“白公为乱，非欲取国代主也，发愤快志，剚手以冲仇人之匈（胸），固与俱靡而已。”“剚手”，《新书》作“匕首”。

平定白公之乱，叶公居功甚伟。早在白公胜在吴，楚令尹子西“召之使处吴竟（境）”时，《国语·楚语下》记沈诸梁（叶公子高）便曾经劝令尹子西勿纳白公胜。子高曰：“不可。其为人也，展而不信，爱而不仁，诈而不智，毅而不勇，直而不衷，周而不淑。复言而不谋身，展也；爱而不谋长，不仁也；以谋盖人，诈也；强忍犯义，毅也；直而不顾，不衷也；周言弃德，不淑也。是六德者，皆有其华而不实者也，将焉用之？”子西不听，于是“子高以疾闲居于蔡”。白公作乱，“秋七月，杀子西、子期于朝，而劫惠王”。沈诸梁迅速出击，“帅方城之外以入，杀白公而定其室”。田成方指出，白公之乱发生时，县师未能发挥应有的卫戍作用。据《左传》定公四年（前506年）和哀公十六年（前479年）的记载，平息白公之乱者，主要是沈诸梁率领的叶县之师、“箴尹固”的属下和“国人”，未见其他县师的勤王举动。[1]《左传》哀公十六年记叶公子高平乱，“（箴尹固）乃从叶公。使与国人以攻白公，白公奔山而缢。”

白公自杀以后，惠王复位。《战国策·楚策一》“威王问于莫敖子华章”：“昔者叶公子高，身获于表薄，而财于柱国，定白公之祸，宁楚国之事。”“表薄”一词颇难理解，何建章注：“言身体外表看起来单薄微弱，其貌不扬之意。”[2]《荀子·非相》：“叶公子高微小短瘠，行若将不胜其衣。然白公之乱也，令尹子西、司马子期皆死焉，叶公子高入据楚，诛白公，定楚国，如反手尔。”

上博简（九）有《邦人不称》一文，简4、5叙述叶公平定白公之祸：

---

① 田成方：《东周时期楚国宗族研究》，科学出版社2016年，第221页。
② 何建章：《战国策校释》，中华书局1990年，第524页。

就白公之祸，闻令尹、司马既死，将适郢。叶之诸老皆束(谏)曰："不可，必以师。"叶公子高曰："不得王，将必死，何以师为？"乃乘势车五乘，遂踵郢。①

叶公听到叛乱的消息，并没有带领叶县的大批人马平叛，而是不顾劝阻，不畏艰险，不顾身死，为尽快救出楚惠王，仅带领五乘战车，疾驰郢都，发动楚国的民众平定叛乱。

清人马骕《左传事纬》高度评价叶公对平定白公胜之乱的作用："叶公可谓贤矣，先识白公之乱，后能定之。居方城之外而系国中之望，不贤而能之乎？圉公阳负王以出高府，箴尹固反正而从叶公，几几乎君弑国危而后卒宁。殆天之祚楚也，乱之而治，危之而安，呜乎异哉。"②在白公之乱中，屈氏家族的屈庐和屈固二人同样展现出了屈氏成员恪尽职守、忠心为国的一面。《新序·义勇》一文中记载了屈庐事迹：

白公胜将弑楚惠王，王出亡，令尹司马皆死，拔剑而属之于屈庐曰："子与我，将舍子；子不与我，必杀子。"屈庐曰："《诗》有之，曰：'莫莫葛藟，施于条枚。恺悌君子，求福不回。'今子杀子叔父，而求福于庐也，可乎？且吾闻知命之士，见利不动，临死不恐；为人臣者，时生则生，时死则死，是谓人臣之礼。故上知天命，下知臣道，其可有劫乎，子胡不推之。"白公胜乃内其剑。③

面对惠王出逃，令尹子西、司马子期皆死于白公乱党的局面，屈

---

① 马承源主编《上海博物馆藏战国楚竹书》(九)，上海古籍出版社 2007 年，第102—103 页。

② 马骕：《左传事纬》，齐鲁书社 1992 年，第528—529 页。

③ 刘向：《新序校释》，石光瑛校释，陈新整理，中华书局 2001 年，第1040 页。

庐不惧白公胜的威胁，展现出恺悌君子应有的品质，做到了"见利不动，临死不恐"，宁死不为白公胜所用，可谓知天命、守臣道。与他同时期的屈固也展现出了屈氏成员应有的优良品质。

《史记·楚世家》在记载"白公之乱"时提到了屈固："（白公胜）因劫惠王，置之高府，欲弑之。惠王从者屈固负王亡走昭王夫人之宫。"《史记·伍子胥列传》中对此事有相似记载："石乞从者屈固负楚惠王亡走昭夫人之宫。"司马贞在《史记索隐》中引徐广之语，认为屈固应当是惠王从者。《史记》两处记载的"从者"身份虽不同，但可确定负王者均是名为"屈固"者。史书中虽仅在此事中提到了屈固，但他置个人生死于度外，力保楚惠王无虞的行为，对后续楚国政局稳定发挥了巨大作用。惠王正是因为屈固之"负"才得以不死，随后惠王之徒与起兵救王的叶公一起打败了白公胜，使惠王重新复位。正是屈固的舍生忘死保护楚惠王，才有了惠王复位之后再次带领楚国走向强盛的未来。

然而《左传》哀公十六年中记载的此事却与《史记》中出入较大，"圉公阳穴宫，负王以如昭夫人之宫。"杜《注》："公阳，楚大夫。"《左传》中虽然也记载了负楚惠王一事，但是记载的负王者为"圉公阳"，与《史记》两处记载的"从者屈固"相冲突。

关于"圉公阳"与"屈固"是否为同一人，学者们历来看法不一。杨伯峻在《春秋左传注》中指出了这个问题："蒍固，《史记·楚世家》及《伍子胥列传》俱作屈固，不知其故。"①梁玉绳认为："盖'屈'乃'蒍'之讹，蒍固即箴尹固，见哀公十八年《传》。然蒍固、圉公阳是两人，《史》误也，必因《左传》'圉公阳穴宫'与'石乞尹门'连文，而又有叶公遇箴尹固事，遂致斯桀耳。"②何浩认为屈固与圉公阳并非一人，"按圉公阳并非屈氏，而是圉氏"。③吴静安则认为"至屈罢之后则

---

① 杨伯峻：《春秋左传注》，中华书局 2016 年，第 1914 页。
② 梁玉绳：《史记志疑》卷二十七，中华书局 1981 年，第 1204 页。
③ 何浩：《春秋战国时期屈氏世系考述》，《中南民族学院学报》1984 年第 4 期。

有屈庐，亦称屈固或闾公阳"。① 闾公阳既然已经负楚惠王进入了昭王夫人的宫中，出于自身及楚惠王的安全考虑，不应再出宫，自然也就不会再被白公胜所俘获。而屈庐是在"王出亡之后"才为白公胜所俘获的，显然吴静安认为屈庐与屈固为同一人的观点有误。郭子英认为，"屈固"其人当是存在，至于他与"闾公阳"是否为同一人，有待新材料的出现才能做进一步考证。②

楚国在白公之乱中蒙受的最大损失是有三位楚国的精英人物子西、子期、子闾被杀。子西（公子申）为楚平王庶出的长子，有让位的美德。《左传》昭公二十六年载，楚平王死后"令尹子常欲立子西"，子常说出理由，昔日楚平王与秦女所生的太子壬还年幼，太子壬的生母不是楚平王的正妻，而是当初为太子建迎娶的秦女。子西是庶出王子中年长者，有好善的名声。令子常未想到的是，子西对立他为君并不领情，发怒说，这"是乱国而恶君王也"，先王有嫡子继位，庶出者不行，就是用整个天下来收买我，我也不会听从。主张杀掉令尹。于是"令尹惧，乃立昭王"。子期为子西之弟，同样有让位的美德，任楚国司马，勇冠三军，对吴作战，总是一马当先，不避矢石，对惠王忠心耿耿。子闾也曾两次让位，一次是楚昭王临死前，对楚国王位继承人作出安排，"命公子申为王，不可；则命公子结，亦不可；则命公子启，五辞而后许。"尽管公子启（子闾）推辞了五次才答应下来，可楚昭王死后，他便和子西、子期一同商量，拥立楚昭王的儿子熊章为楚王，史称楚惠王，完全不考虑自己。第二次是白公胜作乱时，子闾再次拒绝白公的换君要求，被杀身亡，其高风亮节又一次闪现。子西、子期、子闾，楚国宫廷这三位王室成员，都是白公胜的叔叔，都具有推辞君位的君子之风和高洁品格，均死于残忍的白公胜之手，是楚国

---

① 吴静安：《"帝高阳之苗裔兮，朕皇考曰伯庸"解——屈原先世考》，《南京师范学院学报》1983 年第 1 期。
② 郭子英：《东周时期楚国屈氏家族研究》，苏州大学硕士学位论文，2020 年，第 60—61 页。

的重大损失。

《淮南子·道应训》的记载，揭示了白公胜失败的原因之一，虽然控制了楚都，但却"不能以其府库分人"。这就使他很快地脱离了群众。死党石乞向他建议："不能予人，不若焚之，毋令人害我。"他又不予接受。这一失策之举，后来恰为叶公子高所利用。叶公子高守边于方城之外，是忠于惠王的军事实力派，且一向视白公胜为洪水猛兽。既入国都，他所采取的一个重大行动，就是攻取资财丰盈的府库，"发大府之货予众。出高库之兵以赋民"。这着妙棋，不但强化了自身的军力，而且对纷乱中广大饥困的民众起了笼络作用。一些史籍记述了"国人"对叶公子高的欢迎和不少人前来相投的情景，在某种程度上，这反映了当时国都的民心向背。

白公之乱爆发，楚惠王被囚禁，令尹、司马和王叔子间被杀，郢都被占领，楚国处于巨大的动荡之中。白公之乱持续的时间很长，自始至终，一说为十九天，另说为一月余。楚惠王在被救出后，在群臣的簇拥下，惊慌失措，辗转逃难。《楚居》简13—16明确记载："至献惠王自湫郢徙袭为郢。白公起祸，焉徙袭湫郢，改为之，焉曰肥遗，以为处于酉澫，酉澫徙居鄢郢，鄢郢徙居郍呼。王太子以邦复于湫郢，王自郍呼徙蔡，王太子自湫郢徙居疆郢。王自蔡复鄢。"[1]

可见楚惠王是在为郢（宜城楚皇城）蒙难，被救后，取道湫郢（又名肥遗郢）、酉澫、鄢郢、郍呼、蔡、鄢郢，一路逃跑。

湫郢，本书中对楚文王免郢被淹及徙湫郢、樊郢有介绍。

据清华简《楚居》，楚文王、楚成王都曾居湫郢，楚惠王在白公之乱后袭徙湫郢，改名为"肥遗"。楚惠王为何要将"湫郢"改名为"肥遗"，文献中并无相关记载，但也并非无迹可寻。"肥遗"见于《山海经·西山经》："（英山）有鸟焉，其状如鹑，黄身而赤喙，其名曰肥

---

① 清华大学出土文献研究与保护中心编，李学勤主编《清华大学藏战国竹简》（壹），中西书局2010年，第181—182页。

遗，食之已疠，可以杀虫。"王水香、陈庆元认为：这种"状如鹑""黄身""赤喙"的鸟并非是一种神秘的鸟类，其实就是在长江中游和长江以南地区常见的一种名叫"竹鸡"的鸟。[①] 竹鸡肉可入药，用于治疗多种疾病。明代李时珍《本草纲目》卷四八"禽部"记载，竹鸡肉主治"野鸡病、杀虫，煮炙食之"。[②] 又，明代吴禄辑《食品集》云：竹鸡"味甘平，无毒。主野鸡病，杀虫。煮炙食之"。[③] 文献中关于竹鸡可以煮食用以杀虫的记载，很容易让人联想到楚惠王曾因吞食水蛭(俗称"蚂蟥")而致病的历史故事。汉代贾谊《新书·春秋》、刘向《新序·杂事》、王充《论衡·福虚》上都记载有楚惠王吞蛭的故事，《论衡·福虚》："楚惠王食寒菹而得蛭，因遂吞之，腹有疾而不能食。……是夕也，惠王之后而蛭出，及久患心腹之积皆愈。"他书所记大致一致，大意是说：楚惠王进餐时，在腌渍蔬菜中发现了一条水蛭。他面临着两难的选择：如果依法追究责任，负责君王饮食的庖厨和负责监食的人都要定罪受罚；如果不追究责任的话，又会损害国法的威严。楚惠王出于仁德之心，将这条水蛭吞下肚去，引发了腹疼。当晚，惠王出恭时，水蛭随之排出体外，腹疼好了，甚至久治不愈的腹疾也好了。惠王生吞水蛭引发腹疼后，在大臣的追问下，他说出了实情。在得知病因后，宫廷御医一定会采取措施对症医治。虽然文献中并没有记载御医为惠王医治的过程，无从知晓御医给惠王吃了什么药，但以当时人们所具有的肥遗(竹鸡)"可以杀虫"的医学常识，可以推想御医的首选治疗方案应该是将煮熟的肥遗(竹鸡)让楚惠王吃下，以达到"杀虫(水蛭)"的目的。楚惠王在病愈后，将"杀虫(水蛭)"的主因归之于肥遗(竹鸡)，也是顺理成章的事。徐文武据以上分析，认为楚惠王很可能是在生吞水蛭后，因食肥遗(竹鸡)而治好了腹疾，为纪念此事，他遂

① 王水香、陈庆元：《古典文学与中医学》，中国中医药出版社 2017 年，第 269 页。
② 李时珍：《〈本草纲目〉(金陵本)新校注》(下)，王庆国主校，中国中医药出版社 2013 年，第 1395 页。
③ 吴禄辑《食品集》，中国中医药出版社 2016 年，第 59 页。

将"湫郢"改名为"肥遗"。①

在惠王离开钟祥长寿城遗址"湫"即肥遗，徙居鄢郢及郍吁之后，惠王太子"以邦复于湫郢"，"至悼哲王猷居郍郢。中谢起祸，焉徙袭肥遗。邦大瘠，焉徙居郼郢"。② 楚悼王在"中谢起祸"后，也曾袭徙肥遗，后来在"邦大瘠"的情况下才离开湫郢即肥遗。由此可见，位于钟祥长寿城遗址的湫郢在楚国政治中的地位非同一般。尤其是在"白公之乱"和"中谢起祸"后，楚王都徙居肥遗，似乎暗示肥遗不同于一般的楚王居住地，具有陪都性质。

肥遗郢又见于新蔡葛陵楚简：

王自肥遗郢徙于郼郢之岁，享月。（甲三：240）③

王琢玺认为，肥遗郢之"遗"，原释作"還"，宋华强改释为"遗"，④ 当是。张树国指出，"肥遗"为楚别都。⑤

湫郢或肥遗郢的重要，在于文献记载楚文王死后葬于"湫"。《左传》庄公十九年："十九年春，楚子……遂伐黄，败黄师于踖陵。还，及湫，有疾。夏六月庚申，卒，鬻拳葬诸夕室。"文王伐黄得胜，凯旋归来，就住在湫地，不久生病，死于湫地，鬻拳将他安葬在湫地附近名为"夕室"的地方。湫，杨伯峻指出："湫音剿。清《一统志》谓湫在

① 徐文武：《清华简〈楚居〉"湫郢"考》，《长江大学学报》（社会科学版）2023 年第3 期。
② 清华大学出土文献研究与保护中心编，李学勤主编《清华大学藏战国竹简》（壹），中西书局 2010 年，第 182 页。
③ 贾连敏：《新蔡葛陵楚墓出土竹简释文》，载河南省文物考古研究所编《新蔡葛陵楚墓》附录一，大象出版社 2003 年，第 196 页。又载陈伟主编《楚地出土战国简册合集》（二），文物出版社 2013 年，释文第 14 页，图版第 12 页。
④ 宋华强：《新蔡葛陵楚简初探》，武汉大学出版社，2010 年，第 70、71 页。
⑤ 张树国：《出土文献与上古历史文学研究——以楚史及屈赋为中心》，人民出版社 2018 年，第 61—62 页。

湖北省钟祥县北,《春秋大事表》谓在湖北省宜城县东南,其实一也。湫,楚灵王时为伍举采邑,《国语》有湫举、湫鸣。"①《左传》中的"湫"地,与清华简《楚居》所记的"湫郢",应是同一地名。湫地应当也称之为"湫郢"。上述情况表明,清华简《楚居》所记楚惠王逃难所至的"湫郢",随即改名为"肥遗郢",就是今天的湖北钟祥长寿城遗址。

"以为处于西溾",是指西溾与湫郢亦即肥遗郢相距不远。西溾的地望,子居指出,似即"臼畔",指臼水之畔。② 很有道理。《水经注·沔水》:"沔水又东南与臼水合,水出竟陵县东北聊屈山,一名卢屈山,西流注于沔。鲁定公四年,吴师入郢,昭王奔随,济于成臼,谓是水者也。"成臼,水名,即后世臼水。《左传》定公五年:"王之奔随也,将涉于成臼。"杨伯峻注:"成臼即臼水,亦名臼成河。臼成河源出湖北京山县聊屈山,古时此河西南流入于沔,据《水经·沔水注》,昭王奔随,即于此渡河,窃疑即今钟祥县南之旧口。臼成河今已改道。"③ 石泉认为,《左传》定公五年:"王之奔随也,将济于成臼。"流行说法以为即今湖北钟祥县南境臼成河(旧于旧口镇入汉,今改道入天门河);今有学者改订为钟祥县北丰乐河。④ 从《楚居》所述西溾紧挨湫郢来看,西溾在钟祥县北更为合理。西溾在钟祥县北,与位于钟祥长寿城的湫郢亦即肥遗郢确实不远。

"西溾徙居鄢郢",《楚居》载楚惠王曾两次徙居"鄢郢",整理者认为"鄢郢"即"鄢郢",地在今湖北宜城。⑤ 陈民镇亦持此说,⑥ 鄢郢

① 杨伯峻:《春秋左传注》(修订本),中华书局 1990 年,第 211 页。
② 子居:《清华简〈楚居〉解析》,《学灯》2011 年第十八期。
③ 杨伯峻:《春秋左传注》(修订本),中华书局 1990 年,第 1553 页。
④ 石泉主编《楚国历史文化辞典》,武汉大学出版社 1996 年,第 132 页。
⑤ 清华大学出土文献研究与保护中心编,李学勤主编《清华大学藏战国竹简》(壹),中西书局 2010 年,第 191 页。
⑥ 详见陈民镇:《清华简〈楚居〉集释》,复旦大学出土文献与古文字研究中心网站,2011 年 9 月 23 日。

在楚史中知名度很高，楚灵王欲入鄢，说明至迟楚灵王末年，鄢已经成为楚国重要城邑。楚惠王两次徙居鄢郢，此时鄢郢的陪都地位应已确定。鄢郢位于宜城的武安镇，离为郢（宜城楚皇城）不远。湖北宜城县与钟祥市毗邻，从钟祥市北的丰乐河到武安镇，实际是从蛮河进入汉水后重新逆流而上，到达蛮河中游的嫩郢（今宜城郭家岗遗址），距离不远，可能是楚惠王逃离为郢（宜城楚皇城）后，在附近跑了一小圈，以为白公之乱已经平息，跑到为郢附近的鄢郢，观察动静，准备随时回到楚都为郢。不想白公之乱持续多日，为郢的纷乱一时难以平息，才再下决心北上，"徙居鄩吁"，即远赴鄩吁避难。

《楚居》载楚惠王自鄢郢徙居鄩吁，整理者未指明何地。[①] 鄩吁又见于包山简。包山简 169、175 号有"鄩"，刘信芳认为是"鄩于"的合文，读为"司吾"，即汉代东海郡司吾县，今宿迁县北。[②] 子居亦赞同。[③] 刘信芳和子居的意见可从。鄩于，多次见于包山楚简，如"鄩人軛（範）鬻"（包山简 169）、"鄩于新官宋亡正"（包山简 175）、"鄩于赎尹肵"（包山简 175）。刘信芳指出，《汉书·地理志》东海郡有司吾县，《水经注·沭水》"其水西南流，径司吾山东，又径司吾县故城西。《春秋左传》吴执钟吾子，以为司吾县"，熊会贞参疏："在今宿迁县北六十里。"《左传》昭公三十年："吴子使徐人执掩馀，使钟吾人执烛庸，二公子奔楚。楚子大封而定其徙。"战国时，钟吾已入楚。[④] 这是正确的。

据《史记·楚世家》，楚惠王四十四年，公元前 445 年，"楚东侵，广地至泗上"，楚惠王再次故地重游，或在此时又徙居鄩吁。王琢玺指

① 清华大学出土文献研究与保护中心编，李学勤主编《清华大学藏战国竹简》（壹），中西书局 2010 年，第 191 页。
② 刘信芳：《包山楚简解诂》，艺文印书馆 2003 年，第 195 页。
③ 子居：《清华简〈楚居〉解析》，山东大学简帛研究网，2011 年 3 月 30 日。
④ 刘信芳：《楚系简帛释例》，安徽大学出版社 2011 年，第 91 页。

出，据考古发掘，今安徽省新沂市钟吾村有司吾城城址，^① 当即郯于所在。^②

通过上文对清华简《楚居》所载对楚惠王在白公之乱后辗转逃难所经地点的逐一分析，可大略知道，楚惠王在被救出后，惊魂未定，一度出逃到了今安徽北境的宿迁、新沂市。这确实出乎人们的意料。不过，联系到楚惠王在局势好转后，又"从王自郯吁徙蔡。……王自蔡复鄢"，蔡地在今安徽凤台，正处于从宿迁、新沂市返回湖北宜城的楚都为鄢（宜城楚皇城）的中间地带，故楚惠王逃难远至今宿迁、新沂之地的"郯吁"，还是可以理解的。

值得注意的是，平定白公之乱，《左传》将平定白公之乱的功劳归于叶公子高，《楚居》却将功劳归于太子，即后来的楚简王。《楚居》简13-16有明确记载楚惠王到郯吁之后，"王太子以邦复于湫郢，王自郯吁徙蔡，王太子自湫郢徙居疆郢。王自蔡复鄢。"这就与《左传》的记载不一致。

由《楚居》所记，可知楚惠王逃难之时，太子起到了很大的作用。整理者注释："蔡国于楚昭王时迁至州来（今安徽凤台），楚惠王四十二年灭蔡。此时'王太子以邦复于湫郢'，推测惠王年老，太子执政，率领朝臣，而惠王与之分居两地。"^③在楚国，楚王有难时，太子可以临时执政。楚太子掌握有一定的军力"宫甲"，如楚穆王当太子时，就凭借掌握的"宫甲"占领王宫，逼迫楚成王自杀。《左传》文公元年："冬十月，（太子商臣）以宫甲围成王。王请食熊蹯而死，弗听。丁未，王缢。"当楚惠王从湫郢（钟祥长寿城遗址）北上，逃到郯吁（今江苏宿

① 国家文物局主编《中国文物地图集·安徽分册》（上册），中国地图出版社2014年，第320—321页。
② 王琢玺：《周代江汉地区城邑地理研究》，武汉大学博士学位论文，2019年，第101页。
③ 清华大学出土文献研究与保护中心编，李学勤主编《清华大学藏战国竹简》（壹），中西书局2010年，第191页。

迁北新沂市)后，"太子以邦复于湫郢"，就是说，太子立即行使楚王的权力，率领百官及"宫甲"，迎难而上，填补惠王离开的空缺，坚守湫郢，竭力让湫郢的秩序恢复正常，让楚国的臣民心理安定。当楚惠王从鄩吁迁徙至蔡时，太子认为蔡地不是惠王久留之地，见湫郢局势安定，便率领"宫甲"离开湫郢，到达"疆郢"，为惠王"自蔡复鄩"创造条件。

"疆郢"是楚武王创建的楚国第一个都城免郢，位于蛮河入汉水、今钟祥县西北胡集镇的罗山遗址。[1] 整理者注释："疆郢是武王、文王之旧居，惠王太子徙居其处不言'徙袭'，可能是旧都废弃已久，或者疆郢已经改换了位置的缘故。"[2]疆郢因为地势低洼后被放弃，清华简《楚居》："众不容于免，乃溃疆涅之陂而宇人焉，抵今曰郢。"离为郢(宜城楚皇城)很近，太子在惠王逃难时重返疆郢，应该是就近指挥平定白公之乱，为惠王分忧。

由清华简《楚居》所载楚惠王逃难过程中楚太子的表现看，楚国平定白公之乱，是中央和地方共同努力的结果。楚太子在惠王遭难的关键时刻，挺身而出，临时执政，靠前指挥，从中央层面稳住了阵脚，叶公子高率领叶县的地方武装，直扑楚都为郢，上下结合，互相配合，终于使楚国转危为安。白公兵败身死后，楚惠王从蔡地(今安徽凤台)安然返回陪都鄩郢。楚国重新恢复了秩序。

第八节　推行封君制，叶公子高、子良、子国受封
(惠王十二年)

楚惠王经历白公之乱，被囚而复生，在战乱靖平之后，惠王首先要做的就是重新恢复自昭王后期以来建立的以王族为中心的政治秩序。

① 程涛平：《先楚史》，武汉出版社 2019 年，第 545—550 页。
② 清华大学出土文献研究与保护中心编，李学勤主编《清华大学藏战国竹简》(壹)，中西书局 2010 年，第 191 页。

惠王论功行赏,第一位应当封赏的应该是率领叶县的地方武装进攻郢都的叶公子高。惠王按照旧例,首先将楚国的最高职务给予叶公子高。乱平之后,叶公受命以一身而兼令尹、司马两职,这在楚国是空前而绝后的。惠王即位之后,有子西和子期等老臣一如既往地辅佐,继承和维护着昭王时期的秩序。这一秩序为白公所打乱,子西、子期和子闾都死于这场战乱。对惠王来说,几十年来忠心耿耿的子西、子期家族等近亲王族,仍是他最可信赖的政治力量,他可能对子西、子期的死亡抱有愧疚之心,故而在对叶公子高封赏之后,对子西、子期的后人大加封赏。

第一位封君是叶公子高。

惠王接受靖乱的首功之臣叶公主动引退,将令尹和司马之位让与子西之子公孙宁和子期之子公孙宽,作为弥补,惠王赏赐叶公子高食田六百畛。这一举动意味深长。《战国策·楚策一》"威王问于莫敖子华"章载:

> 昔者叶公子高……定白公之祸,宁楚国之事,恢先君以掩方城之外,四封不侵,名不挫于诸侯……叶公子高食田六百畛。故彼崇其爵,丰其禄,以忧社稷者,叶公子高是也。

莫敖子华说叶公"崇其爵,丰其禄",官职和禄田双丰收。《左传》哀公十六年记叶公"兼二事",即兼任令尹和司马之职,地位非常高,"崇其爵"目的达到后,又迅速引退,让位于公孙宁和公孙宽,自己"老于叶"。史载叶公的辞职及确定继任者,经过"枚卜"的程序,十分慎重。《左传》哀公十七年:"王与叶公枚卜子良,以为令尹。沈尹朱曰:'吉,过于其志。'叶公曰:'王子而相国,过将何为?'他日,改卜子国而使为令尹。"公元前478年,惠王十一年,叶公沈诸梁见局势已安定,求辞令尹、司马二职。惠王与叶公枚卜令尹,惠王弟子良得吉兆,沈尹朱拍马屁说,其兆太好,超过所望。叶公讽刺地说,王弟能够成为令尹，还想超过，就是想要做楚王了，办得到吗？过不多久，惠王和叶公改卜，以子西之子公孙宁（子国）为令尹，以子期之子公孙宽为司马，惠王之弟子良被叶公说中，果然没有任职。沈诸梁卸任，拜别惠王，回叶县去，仍为叶县县公。

叶公"食田六百畛"，是在引退后惠王赐予养老的。说叶公因食田六百畛而"丰其禄"，是很合适的。《楚辞·大招》："田邑千畛，人阜昌只。"王逸注："田，野也。畛，田上道也。邑，都邑也。《诗》云：徂隰徂畛。""阜，盛也。昌，炽也。言楚国田野广大，道路千数，都邑众多，人民炽盛，所有肥饶，乐于他国也。"①"千畛"应非实指，形容田地广大。而叶公的食田多达六百畛，自然也不小。从他"老于叶"的记载也可推测其食田应在叶地。也正因为有食田在叶，叶公才能终老于叶。

关于叶公的这些食田与叶县的关系，可以有四种看法：其一，叶公在引退后仍为叶县县公，在县内兼有食田；其二，叶公引退后不再任叶县县公，但在叶县内有食田，人们仍以"叶公"称呼他。其三，叶公之子又称"叶侯"，为楚简王时期的封君，反映出叶公的食田应该有采邑的性质，可以世袭，叶侯承袭了这些食田，或有所增益，并以之为自己的家族封地。其四，这些食田面积不小，占据了叶县的一部分，但不可能是全部。

第二位封君是子良。

惠王有弟子良，见于《左传》哀公十七年（前478年）。在子西为令尹前，惠王曾欲以子良为令尹，未能如愿。叶公辞职而"枚卜"新令尹，子良在第二次枚卜时落选。包山简记有文坪夜君子良，何浩推测简文和《左传》所说子良乃同一人。②郑威认为，子良作为令尹候选人之一，必然是惠王统治集团的核心成员之一，作为惠王近亲，他的受

---

① 洪兴祖：《楚辞补注》，中华书局1983年，第225页。
② 何浩：《文坪夜君的身份与昭氏的世系》，《江汉考古》1992年第3期。

封应距公孙宁和公孙宽的受封时代不远，也是惠王加强自身统治基础的重要一环。①

子良的封君名称为坪夜君。战国初楚有坪夜君，曾为曾侯乙下葬赠赙和赠助丧车辆。② 曾侯乙下葬的时间比较明确，是在楚惠王五十六年（前433年）或稍后。包山楚简中共出现五次"文坪夜君"，有一次多出二字，记为"文坪夜君子良"，这就为我们探讨此封君的活动时间和原来的身份提供了可靠的线索。

《左传》哀公十七年记子良事与此年代相近：

> （楚惠）王与叶公枚卜子良，以为令尹。……他日，改卜子国而使为令尹。

杜预注："子良，惠王弟。"所谓"惠王弟"，也就是昭王之子，即叶公诸梁所称的"王子"。可见包山楚简中的文坪夜君子良为昭王后裔。惠王幼年在公子申（子西）、公子结（子期）、公子启（子闾）的拥戴下即位，在位长达五十七年。子良为惠王弟，不言而喻，年岁自然要小于其兄。如果说惠王卒时是六十多岁的话，当时子良也只会在六十岁左右。看来，为曾侯乙助丧的坪夜君，正是那位仍然健在的文坪夜君子良，即"王子"子良。

惠王之弟子良在《左传》中只出现过一次，并未提及子良曾被封于坪夜（平舆）。但从前引《左传》哀公十七年的记述中可以看出，楚惠王对子良是异乎寻常地宠爱的。子良年轻，无战功可言，惠王却要破例使其主掌楚国军政大权，就是一个证明。时为令尹兼司马而又欲辞职的叶公诸梁，并不赞同惠王提出的子良为令尹人选，惠王因而只好卜以决疑。枚卜的结果是"吉"，叶公向拍马屁的沈尹朱提出"过将

---

① 郑威：《楚国封君研究》（修订本），湖北教育出版社2017年，第49页。
② 湖北省荆沙铁路考古队编《包山楚简》，文物出版社1991年，第32—37页。

何为"的难题，委婉地表示还是不能同意子良为令尹，惠王只好作罢。最终改卜原令尹子西之子，时为右司马的子国为令尹。这对惠王说，子良未当成令尹，至少是心理上的一个负担。

楚封君制始于楚惠王前期。就在子国担任令尹的第二年，就因子国击败巴师而"封子国于析"。这就是后来所称的"析君"。随后，惠王又封公孙宽（又名文子）予鲁阳，因称为"鲁阳文君"。这样一来，惠王宠爱的弟弟子良，心理落差必然更大。何浩指出：对于惠王来说，最好的处置办法，莫过于封于外邑，使为封君，得封邑，受封号。这也是封君制始兴之际的时尚所在。"子良"，无疑是字。称为"文坪夜君"，表明其名为"文"或"文子"。这一特殊称谓，足以证实子良之封是在惠王前期。其正式封号，只应是坪夜君。因此，出现于曾侯乙遣策中的封号，就已经不是文坪夜君而是坪夜君了。显然，包山楚简所记的是子良始受封一段时间的用法，这正好如实地反映了子良受封之初的时代背景。[①]

第三位封君是子国（析君）。

《左传》哀公十八年（楚惠王十二年，前477年）关于封公孙宁的记载很值得注意："三月，楚公孙宁、吴由于、薳固败巴师于鄾，故封子国于析。"今按，《左传》襄公二十六年，有"子仪之乱，析公奔晋"的记载，《国语·楚语上》亦言："析公奔晋，晋人用之"，所述为文公十四年（楚庄王元年，前613年）之事，此析公为楚县公，析为楚县，在今河南西峡县。鲁昭公十八年（前524年，楚平王五年），平王迁许于析，《左传》昭公十八年："冬，楚子使王子胜迁许于析，实白羽。"鲁定公四年（前506年，楚昭王十年），许又迁于容城。许迁于析后，析地当已非楚县。可见，在惠王"封子国于析"之前，"析"曾为析县、许国的所在地。这说明直到春秋末期，楚国析县的地方政治体制仍然处在经常性的变动之中。

---

① 何浩：《文坪夜君的身份与昭氏的世系》，《江汉考古》1992年第3期。

何浩认为，公孙宁受封于"析"后，应称"析君"。[1] 但传世文献中并没有称公孙宁为"析君"，曾侯乙墓出土的"析君戟"，为惠王晚期所造，距离公孙宁受封已有40年左右，戟主并非公孙宁。郑威指出，直接认为公孙宁为析君还稍显牵强，可能他在受封之初更具有采邑主的性质。[2]

能够证明楚国存在封君的器物很多。张光裕、吴镇烽认为，除楚王熊悆作持的盘、匜外，其余的君器、景之定器都应属封君之器。[3] 董珊认为，"景之定"的称谓，要求既是春战之际的封君，又是楚景平王之后，[4] 李学勤疑"景之定"即《左传》哀公四年的楚左司马眅，是楚平王之子。[5] 符合条件者，只有春秋晚期的析君公孙宁。公孙宁字子国，是楚平王之孙、令尹子西之子，公孙宁，《左传》哀公十六年"乃使宁为令尹"句，杜注："子西之子子国也。"据上博简《司马子有问于白炎》篇，公孙宁又作子有。[6]

公孙宁的事迹见于《左传》哀公十六年、十八年。公元前478年(楚惠王十一年)之前，公孙宁担任楚右司马。白公之乱平定以后，公孙宁接替叶公子高，出任令尹。[7] 鲁哀公十八年，公孙宁帅吴由于、蘧固等"败巴师于鄾"，被封为析君，是文献所见楚国最早的封君。公

① 何浩：《战国时期楚封君初探》，《历史研究》1984年第5期。
② 郑威：《西周至春秋时期楚国的采邑制与地方政治体制》，《江汉考古》2009年第3期。
③ 张光裕：《新见楚式青铜器器铭试释》，《文物》2008年第1期；吴镇烽：《競之定铜器群考》，《江汉考古》2008年第1期。
④ 董珊：《出土文献所见"以谥为族"的楚王族——附说〈左传〉"诸侯以字为谥因以为族"的读法》，载《出土文献与古文字研究》(第二辑)，复旦大学出版社2008年，第110—130页。
⑤ 李学勤：《论"景之定"及有关史事》，《文物》2008年第2期。
⑥ 李零：《简帛古书与学术源流》(修订本)，生活·读书·新知三联书店2008年，第295页。
⑦ 关于公孙宁任职年限的探讨，参阅宋公文：《楚史新探》，河南大学出版社1988年，第54、328页。

孙宁既是楚平王之后，活跃于春秋晚期，且贵为封君，此三项都与季家湖出土铜器铭文"景之定"的身份契合。公孙宁之"宁"与"景之定"的"定"是同源字，① 文献中常有互通之例，如《左传》定公五年："及宁，王欲杀之。"杜注："宁，安、定也。"《周易·屯》："勿用有攸往，利建侯。"王弼注："得主则定。"陆德明《经典释文》："本亦作则宁。"② 公孙宁在铭文中写作"定"，犹如令尹芴子冯之"冯"，铭文作"倗"；考烈王熊元铭文作"前"；幽王熊悍铭文作"龀"，殆是"篆隶递变、简素屡更"，③ 古籍传写过程中产生的变故。④

　　楚析邑应该在今河南西峡县城。据文献记载，楚析邑原名白羽，汉为析县。《后汉书·郡国志》："析，故楚白羽邑。"《括地志》："邓州内乡县城本楚析邑，一名丑，汉置析县，因析水为名也。"析邑、析县，实即内乡。内乡一名出现较晚，北周改为中乡，隋时避讳更名内乡，《旧唐书·地理志》："内乡，汉析县地，属弘农郡，后周改为中乡，隋改为内乡，武德元年置淅州，又分内乡置默水县，后复改为内乡。"唐、宋、金仍之，元初县治迁于今内乡。县治为何迁徙？原县治在何？清康熙《内乡县志》载："内乡旧城，隋时筑于内乡保三渡河东十里许，……历唐至金，以县治去邓州远，始徙于渚阳镇，即今城也。"据《内乡县志》《明嘉靖南阳府志校注》《清史稿》，淅水（鹳河）上游曰汤河，俗名黄沙五渡河，流至西峡口又名三渡河。十当为二之误。又："内乡保，在县西北一直二十里，即内乡旧县治地，今西峡口巡检司在焉。"明嘉靖《南阳府志》内乡："旧县城周回七里许，春秋楚平王迁许于析，实白羽，即此地。"又（淅川）："丹水城。……《括地志》云：'故丹水城在内乡县西南百三十里，南去丹水二百步。'所谓内乡，实今西峡口。"今西峡县城即建县前之西峡口，说明今西峡即是古析

----

① 王力：《同源字典》，商务印书馆1982年，第327页。
② 陆德明：《经典释文》，黄焯断句，中华书局1983年，第19页。
③ 梁玉绳：《史记志疑》，中华书局1981年，第197页。
④ 田成方：《东周时期楚国宗族研究》，科学出版社2016年，第106—107页。

邑、析县治。据考古材料，西峡县城应是楚析邑、汉析县治。据考古调查，西峡县城现存三个古城，一在东北之莲花寺岗上，一在北关，一在老城区。析邑及析县故城在莲花寺岗上。1976年在淅川县城西北鹳河东岸的程凹村出土一件西汉铜鼎上有"析鼎"字样的铭文，此鼎现存淅川县博物馆。此地距西峡约20公里。柴中庆认为，从城址及出土文物说明，西峡在古时为一重镇，此重镇应是楚析邑、汉析县治。[①] 徐少华指出，公孙宁受封之地——析，一般认为在今河南西峡县东北的莲花寺岗故城。[②] 若无特殊情况，封君封邑一般由其子孙世袭。从文字材料载有析君墨肩、析君述来看，公孙宁后代在析地至少传承了三代。

公孙宁受封析君，系"救秦戎"有功而受封。从季家湖遗址出土的有"景之定"铭文的铜器看，公孙宁的身世、地位、活动年代、名号等，无一不与器主"景之定"契合，这些是两者同为一人的重要证据。

省略繁琐的考证，"救秦戎"铭文内容，反映了春秋晚期楚、秦、晋三国在伊洛地区的激烈交锋。春秋中期以降，秦国国势日衰，陷入统治危机。公元前575年(楚共王十六年)左右，其军事实力已不能与晋、楚两国抗衡。《左传》成公十六年(前575年)晋卿范文子云："吾先君之亟战也，有故。秦、狄、齐、楚皆强，不尽力，子孙将弱。今三强服矣，敌楚而已。"公元前506年，楚昭王十年，秦人举兵车500辆救楚，不过是回光返照而已。[③] 而两次息兵之会以后，晋、楚对伊洛汝颍地区的争夺日趋激烈。[④] 铭文所载晋人救戎、楚人救秦就是在这个背景下发生的：原本是秦与洛戎的摩擦，由于晋国的出兵干涉，

① 柴中庆(南阳地区文物队)：《楚析邑地望及有关问题》，载"1983年宜昌楚文化研究会会议论文"(油印本)。
② 徐少华：《〈水经注·丹水篇〉错简考订——兼论古析县、丹水县的地望》，《中国历史地理论丛》1988年第4期。
③ 林剑鸣：《秦史稿》，上海人民出版社1981年，第134、152页。
④ 蒙文通：《古族甄微》，巴蜀书社1993年，第91、92页。

导致战争形势改变，进而出现楚王派遣"景之定"救秦的一幕。

这场涉及晋、秦、楚、洛之戎等四方的战事，失载于传世典籍记载。"救秦戎"事件直接反映了晋、楚两国在伊洛汝颍地区的势力消长。《左传》昭公十七年至二十九年，公元前525年至公元前513年，晋国趁楚平王淫嬖秦女、内政混乱之机，一举灭掉陆浑戎，帅九州之戎（即陆浑戎）①纳王于王城，城汝滨，势力步步南逼，在晋、楚之争中占据攻势。公元前500年（楚昭王十六年）至前490年（楚昭王二十六年），晋国爆发范、中行氏之乱，国事不宁，而楚人刚刚经历吴师入郢之痛，改纪国政，重谋北方，一举攻灭蛮氏。洛戎在洛水流域，蛮氏在汝河之南。即使在公元前491年（楚昭王二十五年）楚灭蛮氏的时候，晋人依然控制着汝水以北的九州之戎，这说明景之定"大有功于洛之戎"，楚人取得在汝水以北的优势，必定在公元前491年（楚昭王二十五年）之后。"救秦戎"事件的下限，大概不晚于鲁哀公十八年（前477年，楚惠王十二年）公孙宁受封为析君。"救秦戎"诸器称"景之定"，而不以"析君"相称，或许是因公孙宁尚未受封的缘故。田成方分析，公孙宁在前478年之前（楚惠王十一年）担任右司马，公元前478年出任令尹。楚国令尹、司马均能领兵打仗，"救秦戎"一事到底发生在公孙宁担任右司马期间，还是出任令尹之后，尚难断定。但救秦戎发生在吴师入郢之后，这场胜利对于重振楚人的雄心无疑有着重要意义。公孙宁之所以晋级封君，或与这次大捷有关。②

析地存在的时间很长。楚悼王任用吴起变法，实行《韩非子·和氏》所言"封君之子孙三世而收爵禄"的政策，不知是否影响到了析君的封地和析邑的行政设置。《史记·越王句践世家》载齐威王使者说越王攻楚曰："商、於、析、郦、宗胡之地，夏路以左，不足以备秦。"

---

① 《左传》昭公二十二年"晋籍谈、荀跞帅九州之戎"句杜注，参见孔颖达《春秋左传正义》卷五〇，《十三经注疏（附校勘记）》（阮元校刻）下册，中华书局1980年，第2100页。

② 田成方：《东周时期楚国宗族研究》，科学出版社2016年，第107—110页。

事在楚威王时期，约公元前333年左右。直到公元前298年（楚顷襄王元年），析邑、析县一直属楚。[①] 田成方指出，析邑被秦人兼并，发生在楚顷襄王元年之后，秦人以丹水中上游地区为前沿阵地，南下侵占楚国的江汉腹地，迫使楚人放弃析邑，东迁陈郢。[②]

从楚惠王十二年起，楚国逐渐改采邑为封君，并让封君仍然兼任国家的管理职能。因战功封令尹子国于析，为封君之开端，以后楚国封君渐多。封君制与采邑制的永久世袭不同，还是有一定的继承期限，并且封君依然承担国家管理的职责。如子国是楚惠王时期担任令尹的公孙宁，被封于析，仍然承担司埶的职责。胡宁认为，司埶与寝尹是同官异名。[③]

与春秋后期县尹（公）权力较大对比鲜明的是，文献中几乎不见有战国时期县尹（公）叛乱的记载。据颜世铉的研究，包山楚简中可见的战国后期的楚县数目有近100个，且多位于江汉、淮水流域等楚国重要地区。[④] 郑威指出，造成这种差异，一方面是因为在白公之乱平定之后，楚惠王为了稳定自己的统治基础，加强了对边地大县的控制，另一方面，封君的增多又分化了县尹（公）在地方上的势力。通过封君，惠王既团结了自己的股肱重臣，维持并巩固了自其父昭王后期以来建立的政治基础和秩序，又削弱了县尹（公）的势力，减少了王室的潜在威胁。惠王中后期楚国内部长期的安定局势可能也得益于此。只是随着封君数量不断增加，负面影响凸显，至悼王时期形成了"封君太众"的局面。[⑤]

---

① 徐少华：《周代南土历史地理与文化》，武汉大学出版社1994年，第330页。

② 田成方：《东周时期楚国宗族研究》，武汉大学博士学位论文，2011年，第107—110页。

③ 胡宁：《香港中文大学馆藏楚简"司埶"考——春秋晚期楚国史探微》，《荆楚学刊》2017年第1期。

④ 颜世铉：《包山楚简地名研究》，台湾大学硕士学位论文，1997年，第234—241页。

⑤ 郑威：《楚国封君研究》（修订本），湖北教育出版社2017年，第52页。

第九节　笠泽之战越胜吴，楚伐陈灭陈及灭蔡，州来入楚(惠王十年、十一年)

早在吴王寿梦时期，吴国疆域的北界就已经抵达郳国。吴王阖闾灭钟吾和徐二国之后，淮河中下游以北地区尽为吴国所有。吴王夫差败服越国之后，就有心北上与齐、晋争霸。《国语·吴语》载吴王夫差告诸大夫语："孤将有大志于齐。"在与楚争夺陈国之后，吴国开始了北上争霸的行动，黄池盟会，越王勾践乘吴国北上，都城兵力空虚，奇袭吴都姑苏，迫使吴王夫差求和。到鲁哀公十三年即吴王夫差十四年，公元前482年，六月，越王勾践伐吴停止。《春秋》哀公十三年："于越入吴。"《左传》哀公十三年："六月丙子，越子伐吴……丁亥，入吴。吴人告败于王，王恶其闻也，自刭七人于幕下。""冬，吴及越平。"越、吴双方暂时休兵。

《史记·越王句践世家》说，夫差向越求和后，由于连年战争，有生力量伤亡严重："士民罢敝，轻锐尽死于齐、晋"，且生产遭到破坏，经济消耗很大，灾荒频繁，国内空虚，感到一时还无力对越进行反击，就一厢情愿地"息民散兵"(《吴越春秋·夫差内传》)、"罢师而不戒"(《国语·吴语》)，企图缓缓恢复力量，待机再举。其实这样做恰恰加速了吴国的彻底灭亡。

黄池会盟后的第二年，楚国见吴国连年征战，民疲兵困，派令尹子西率舟师侵扰吴国。翌年，夫差率军回攻楚国，竟被楚国打败。这表明吴军的整体作战能力已明显下降了。越国文种等大臣鉴于吴国军队疲惫削弱，内外交困，防务松弛，有隙可乘等情况，建议勾践加紧战争准备，以期同吴国进行最后的决战。勾践采纳这些建议，在国内明赏罚，备战具，严军纪，练士卒，做好了充分的临战准备。

公元前478年，吴国发生严重的干旱，仓廪空虚，饥民被迫就食于东海之滨。勾践召集大臣商议伐吴大事。大夫文种指出：伐吴的天时和人事条件已经具备，若立刻发兵攻吴，可一举夺得优势；另一位主要谋臣范蠡也认为伐吴的时机业已成熟，建议勾践立刻动员民众，集结部队，征伐吴国。勾践听取他们的意见，决定动员越国的全部力量，大举进攻吴国。出发时，越国全境出现了父兄昆弟互勉杀敌制胜的壮烈场面。

同年三月，越王勾践亲自统率斗志昂扬、士气饱满的越军主力，迅速北上，直趋吴国腹心，决定吴越两国命运的关键一战——笠泽之战终于爆发了。

笠泽之战非常激烈。《左传》哀公十七年：

> 三月，越子伐吴，吴子御之笠泽，夹水而陈。越子为左、右句卒，使夜或左或右，鼓噪而进。吴师分以御之。越子以三军潜涉，当吴中军而鼓之，吴师大乱，遂败之。

越军伐吴，进展顺利，三月，开进到笠泽(水名，在今江苏苏州南，自太湖东至海)。吴王夫差闻报越军逼近，也被迫统率都城姑苏所有的部队出城迎战越军。是役，越军由越王勾践统帅，将领有文种、范蠡、舌庸、皋如。吴军由吴王夫差统帅，将领有伯嚭、王孙雒、胥门巢、王子姑曹。吴军在江北，越军在江南，两军夹水对峙。

这次战役，《左传》《国语》《吴越春秋》均有记述。《国语·吴语》："于是吴王起师，军于江北，越王军于江南。越王乃中分其师以为左右军，以其私卒君子六千人为中军。明日将舟战于江，及昏，乃令左军衔枚溯江五里以须，亦令右军衔枚逾江五里以须。夜中，乃令左军、右军涉江鸣鼓中水以须。吴师闻之，大骇曰：'越人分为二师，将以夹攻我师。'乃不待旦，亦中分其师，将以御越。越王乃令其中军衔枚潜涉，不鼓不噪以袭攻之，吴师大北。"越王勾践针对渡河作战的具体条件，决定采取"示形诱敌，中路突破"的战术打击吴军。他们在主力的两翼派出部分部队，为"左、右句卒"。黄昏时，勾践命令"左句卒"溯笠泽水上行五里隐蔽待命；又命令"右句卒"顺笠泽水下行五里隐蔽待命。到夜半时分，勾践下令预先秘密潜伏的"左右句卒"同时鸣鼓呐喊，对吴军进行佯攻。夫差误以为越军两路渡江进攻，"将以夹攻我师"，作出错误的作战部署，将吴军一分为二，分别抵御越军上下十里的两路进攻，中了勾践君臣的诱敌分兵之计。

越军主力趁吴军"两拳分开，胸膛露出"之际，利用夜色掩护，不鸣不鼓，迅速渡江，秘密接近吴军大营，出其不意地实现正面突击，兵锋直插吴中军大本营。吴军猝不及防，顿时大乱。吴左、右两军见中军情势危急，急欲向中军靠拢，却为越军"左、右句卒"所阻击，无法会合，陷于分散孤立作战的处境，以至被各个击破。一场血战之后，吴军全线崩溃，越军完全占据了战场上的主动。

清华简《越公其事》对笠泽之战的介绍更为生动：

> 第十章：……吴王起师，军于江北。越王起师，军于江南。越王乃中分其师以为左军右军。以其私卒君子六千为中军，若明日，将舟战于江。及昏，乃命左军溯江五里以须，亦命右军衔枚逾江五里以须。夜中，乃命左军右军涉江，鸣鼓，中水以须。吴师乃大骇，曰：越人分为二师，涉江将以夹攻……翌旦，乃中分其师将以御之。越王勾践乃以其私卒六千窃涉，不鼓不噪以侵攻之，大乱吴师。左军右军乃遂涉，攻之。吴师乃大北，旋战旋北，乃至于吴。越师乃因军吴，吴人昆奴乃内越师，越师乃遂袭吴。

《史记》对越伐吴的记载异常简略，但根据《左传》《越公其事》的记载，我们对这场战争的细节有了明确的认识，越军扰敌偷袭战术以及吴人昆奴作为内应，纳越师，越师得以袭吴，这是我们过去不知道的信息。程义认为，《越公其事》描写的战争细节和《国语·吴语》的记载比较接近，但《史记》无论是《吴太伯世家》，还是《越王句践世家》均未采纳。《越公其事》里的江南江北之"江"显然不会是长江的简称。笠泽，即太湖，颇疑因下游河网类似斗笠而得名。[1]

吴军主力在笠泽覆灭以后，吴王夫差退到没溪（今江苏苏州南），整顿队伍，据溪而守，准备再战。取得决战胜利的越军发扬连续作战的作风，对溃退中的吴军实施追击。在没溪追上，双方再战。此时范蠡率舟师通过太湖横山向吴军侧背包围，展开攻击，吴上军将领胥门巢在战斗中阵亡。吴王夫差见形势不利，只得收兵，向吴都姑苏方向撤退。

吴王夫差最后退到姑苏（今江苏苏州）城郊，集中国都内外全部兵力，三战越军。复经过反复搏斗，吴下军将领王子姑曹战死。吴王夫差乘下军抗击越军之际，才得以把中军撤进城内。吴军"三战三北"，一败涂地，夫差仅率少量残兵逃入姑苏城中，龟缩不出。越军取得了笠泽之战的重大胜利。（**见图21-3：吴越笠泽之战示意图**）

笠泽之战是吴越争霸战争中具有关键意义的战略决战。它使吴国遭受了前所未有的惨重打击，其主力精锐几乎全军覆灭，从此一蹶不振，再也无力抗衡越国的进攻。越国方面则因这次战役的全胜而确立了对吴国的绝对战略优势，其灭吴称霸已仅仅是个时间问题了。

白公胜作乱时，陈师曾侵犯楚境。白公胜败死后，楚人觉得陈国给他们带来的麻烦太多了，决心报复。报复的方式是割取陈国的麦子，充实楚国的粮仓，为此择帅。《左传》哀公十七年："楚白公之乱，陈人恃其聚而侵楚。楚既宁，将取陈麦。"割取陈麦必须有得力的将军，为此楚国认真讨论，选择将领。《左传》哀公十七年：

> 楚子问帅于大师子穀与叶公诸梁，子穀曰："右领差车

---

① 程义：《吴国史新证：出土文献视野下的〈吴太伯世家〉》，上海古籍出版社2022年，第172—173页。

与左史老，皆相令尹、司马以伐陈，其可使也。"子高曰：
"率贼，民慢之，惧不用命焉。"子榖曰："观丁父，鄀俘也，
武王以为军率，是以克州、蓼，服随、唐，大启群蛮。彭仲
爽，申俘也，文王以为令尹，实县申、息，朝陈、蔡，封畛
于汝。唯其任也，何贱之有？"子高曰："天命不谄。令尹有
憾于陈，天若亡之，其必令尹之子是与。何盍舍焉？臣惧右
领与左史有二俘之贱而无其令德也。"王卜之，武城尹吉。使
帅师取陈麦。

楚国这次选择将领，非常有意思。先是楚惠王亲自询问大师子榖
与叶公沈诸梁，谁能够担当伐陈，割取陈麦的重任。子榖推荐了两个
人，说明楚国选帅，有时采用推荐制，楚惠王主政，有民主作风，能
够听取大臣们的意见，不是独断专行。不想被询问的两位楚臣，意见
不一，争执不休，使选帅的事情一时难以决定。这时，惠王采取了一
个简单的办法，占卜。

以占卜选帅，今天看来不可思议，但在当时，以占卜决定重大事
项，确实是楚国盛行管用的好办法。占卜的结果，已去世的令尹子西
之子、武城尹公孙朝得到吉兆，遂披挂上阵，领兵攻打陈国。

公元前478年，楚惠王十一年，公孙朝率楚师，杀向陈国。陈国
早有防备，立即抵御。以往陈国遇到楚国进攻，一边抵御，一边迅速
向吴国求援，但这次不同了，吴国经笠泽一战，被越国打得伤了元气，
根本无力救援。楚国大军进入陈境，先并不忙于交战，而是从容地割
取陈国已经成熟的麦子。麦子割完，楚将公孙朝才下令包围陈国的都
城，今河南淮阳。陈国的军队没有吴国的救援，士气全无，无心抵抗，
没有几天，陈国的都城便被楚军攻破，陈闵公被俘。可怜陈闵公在位
24年，继位之初一改其父陈怀公的亲楚政策，全力跟随吴国，与楚为
敌，招致楚国的仇恨，最后被楚国所灭。楚这次攻灭陈国，没有客
气，废除了陈国的宗庙，以陈国旧地为县。

陈国的地理位置与郑国相像，也在四通八达之地，商业的兴盛仅亚于郑国。《史记·货殖列传》说："陈在楚、夏之交，通鱼、盐之货，其民多贾。"清华简《系年》十九章提及"楚围陈灭陈"。楚国灭掉了陈国，经济实力大为增强。

清人马骕在《左传事纬》"楚惠灭陈"中回顾陈国数度被楚灭国的历史，尽情抒发对楚灭陈的感慨：

昔者，楚灵王灭陈、蔡以为县，平王即位而皆复之，《春秋》以为有礼。陈惠公反国以来，事不见经，惟鸡父之战，陈大夫从楚，而见获，时陈方德楚，虽获无憾也。惠卒怀立，从会召陵，晋定不竞，陈方在丧，羁縻以从事而已，亦未必真能怼楚。及吴入郢，来召怀公，逢滑曰，"楚未可弃，吴未可从。"岂畏祸欤？抑昵楚欤？自是以后，陈、吴结怨，闵公在位，专于从楚，灭顿围蔡，皆敬从之。夫夷德无厌，吴、楚一也。楚灵焄然，陈社几墟，弃疾惩恶，假兴灭以为名耳。怨深于德，其亦何足怀恩，乃蔡能控吴以报旧辱，陈反比楚而虐同仇，蒙羞忘仇，可耻孰甚焉。楚惠既立，陈乃即吴，问陈何以叛楚？则夫差强，间岁伐陈，昭王卒而不能救也。楚人曰："我昭王之卒以救陈也，今日背德不可不问，于是怒而伐陈，既又使大臣伐之，吴札来救，不战而还。夫陈既背楚，楚之出师信有辞矣，然楚不庇陈，陈即吴，夫岂得已哉！为陈者亦难矣，从楚则吴侵，即吴则楚伐，摄乎两大之间弗能自强，虽欲无亡，不可得也。获麟以后，吴、越方争，楚氛日恶，吴救不至，陈国之大夫，非奔则杀，莫与为守，至哀十七年，而楚竟灭陈矣。初，灵王之灭陈也，禅灶曰："五年陈将复封。""岁五及鹑火，而后陈卒亡，楚克有之。"今又五十二年，果天道耶。灵公可亡而不亡，哀公已亡而犹不亡，及乎闵公，陈无可望矣，乃亡于陈而兴于齐。

陈之亡而不亡也，实赖公子完之后。有虞之胄，元女大姬之
所出，社稷可屋而子孙不可绝，舜之明德远矣。亡陈者楚，
亡齐者陈，安在非天道也。①

赵炳清指出：陈本为楚之属国，因吴的压力而背楚附吴，然却不
自量力，错误地估计形势，在白公之乱时而伐楚。失去吴人的保护之
后，陈遭到楚人的报复而灭国。陈曾两次被楚灭国，而后又为楚人所
复，是楚控制中原南部的屏障，也是楚与宋、齐、鲁的缓冲地带。随
着楚国国势的恢复，齐、鲁、宋势力被吴人的削弱，陈国的地缘价值
也就不存在了。陈国的灭亡，表明楚人又跨越了颍水，将疆域恢复到
楚灵王时期的北部界限。②

陈国的被灭，时在楚惠王十一年。兔死狐悲，蔡国感到恐惧。为
求自保，赶紧迁徙，靠拢吴国，迁徙到吴国控制的州来之地。清华简
《系年》第十九章简 105-107 云："昭王即世，献惠王立十有一年，蔡
昭侯申惧，自归于吴。吴缦（洩）庸以师逆蔡昭侯，居于州来，是下
蔡。楚人焉县蔡。"

"献惠王"即楚惠王，其"十有一年"当鲁哀公十七年，公元前478
年，正是楚灭陈国的时间。

楚国既灭陈，矛头马上对准蔡国的所在地州来。上海博物馆所藏
楚简《吴命》，叙写吴蔡使者往来之外交辞令，因残缺较重，不能连
读，其第4简云：

寿来，孤事（使）一介使，亲于桃（郊）逆，劳其大夫，且

---

① 马骕：《左传事纬》，齐鲁书社 1992 年，第 532—533 页。
② 赵炳清：《楚国疆域变迁之研究——以地缘政治为研究视角》，复旦大学博士学
　　位论文，2013 年，第 153 页。

青(请)其行。荆为不道，谓余曰：女(汝)周之孽子⋯⋯①

　　张树国分析，"寿来"，复旦大学读书会解作"州来"，② 可能与迁都州来有关。"孤"当指吴王夫差。蔡迁以后，楚将蔡之故地人民收为己有。《左传》哀公四年："夏⋯⋯左司马眅、申公寿馀、叶公诸梁致蔡于负函。"杜注："三子，楚大夫也。此蔡之故地人民，楚因以为邑。致之者，会其众也。"③ 即《系年》十九章"楚人焉县蔡"。新出楚上博简《邦人不称》第9、10简记载楚白公之祸，叶公子高(即叶公诸梁)入郢救惠王前与"蔡大祝"的对话，④ 此"蔡大祝"当属未迁之蔡人。⑤

　　回顾楚昭王时期，吴破楚入郢大胜之后，楚国虽然凭秦军的支援打败吴军，得以复郢，但并未把州来从吴手中夺回。《左传》哀公元年，楚昭王二十二年："楚子围蔡，报柏举也⋯⋯蔡于是乎请迁于吴。"这是指前493年，楚昭王二十三年，《史记·管蔡世家》所说的，蔡昭侯受楚攻击，求救于吴，"吴为蔡远，约迁以自近，易以相救"。于是吴迁蔡于州来。此后，州来不见诸史载，应当一直为蔡国所在地的缘故。史载蔡国迁至州来，非常凄惨。《春秋》哀公二年，楚昭王二十三年："十有一月，蔡迁于州来。""吴洩庸如蔡纳聘，而稍纳师。师毕入，众知之。蔡侯告大夫，杀公子驷以说。哭而迁墓。冬，蔡迁于州来。"可见前493年(楚昭王二十三年)以后的蔡，即居于州来之蔡。

---

① 马承源主编《上海博物馆藏战国楚竹书》(七)，上海古籍出版社2008年，第12页。

② 复旦大学出土文献与古文字研究中心研究生读书会：《〈上博七·吴命〉校读》，载《出土文献与古文字研究》第3辑，复旦大学出版社2010年，第265页。

③ 《春秋左传正义》卷五七，《十三经注疏》(嘉庆版)，第4册，中华书局2009年版，第4687页。

④ 马承源主编《上海博物馆藏战国楚竹书》(九)，上海古籍出版社2012年，第106页。

⑤ 张树国：《出土文献与上古历史文学研究——以楚史及屈赋为中心》，人民出版社2018年，第77—83页。

蔡国迁到州来不久，蔡昭侯被杀。《春秋》哀公四年："四年春王二月庚戌，盗杀蔡侯申。"

到楚惠王早期，蔡国仰赖吴国的支持，一直苟延残喘，到楚惠王十一年笠泽之战，吴国被越国彻底打败，蔡国再也难以自保。楚惠王十一年陈国被楚灭，蔡国终难存在，亦为楚所灭。此后的州来之地遂并入楚的疆域。蔡国的被灭，说明楚、吴之间长期以来的"州来之争"，画上了句号。

纵观楚、吴的"州来之争"，可以看到楚吴争霸的一些特点。王青指出，吴国争州来，据守州来，利用州来这一战略要地，其策略是比较得当的。而楚国则由于贵族间矛盾复杂，战略决策往往犹豫不定，所以在"州来之争"中处于劣势。"州来之争"反映了吴楚两国政治军事斗争实力的消长变化，是春秋后期霸权迭兴史上一个值得关注的事件。①

从众多出土的蔡国铜器铭文中可见蔡国之艰难处境。蔡国由于处楚、吴大国之间，时刻担心被楚国灭亡的命运。《蔡侯钟》中蔡侯申自述"左右楚王"，当作于蔡昭侯十年之前。朝楚后蒙受屈辱，与晋、吴姬姓结成联盟伐楚，蔡侯尊、盘为媵大孟姬"敬配吴王"之器，《吴王光鉴》为叔姬媵器，"往已叔姬，虔敬乃后，子孙勿亡（忘）"。《史记》记载，蔡昭侯迁州来后，二十八年为贼利所杀。梁玉绳《志疑》："据哀二年《传》，杀昭侯者公孙翩也，《孔子世家》书之。此利字误。"②昭侯申之后，经过成侯朔、声侯产、元侯、侯齐四世，为楚惠王所灭，时间为公元前447年（楚惠王四十二年）。

顾栋高《春秋时楚始终以蔡为门户论》分析蔡国与楚国的关系：

　　盖蔡居淮、汝之间，在楚之北，为楚屏蔽，熟知楚里道，

---

① 王青：《春秋后期吴楚争霸的一个焦点——从上博简〈吴命〉看"州来之争"》，《江汉论坛》2011年第2期。
② 梁玉绳：《史记志疑》，中华书局1981年，第909页。

其俗自古称强悍。故春秋时服楚最早，从楚最坚，受楚之祸最深，故其为楚之祸亦最烈。始以楚为可恃，故甘心服从。逮不堪命而反噬，则楚亦几亡。[①]

蔡国自鲁哀公三年(前492年)迁于州来后延续40余年，其汝宁故地全为楚有。《左传》哀公四年记该年七月，楚灭陈，蔡昭侯死于是年，时值楚昭王二十五年，接替蔡国国君的是昭侯之子蔡成侯。马王堆帛书《战国纵横家书》两次提到"下蔡"，第十三章说客上书齐王，鼓吹齐取楚之"东国、下蔡"，第十七章《谓起贾章》："楚割淮北，以为下蔡启□，得虽近越，实必利郢。"[②]包山楚简屡次提到"下蔡"，如第120简"下蔡寻里人舒猥"、第121简"下蔡山阳里人""下蔡关里人"等。[③] 宋玉《登徒子好色赋》状其"东家之子"容貌之美，"惑阳城，迷下蔡"，王逸注曰："阳城、下蔡，二县名，盖楚之贵介公子所封，故取以喻焉。"[④]张树国指出，这说明下蔡归属楚国后，为楚之淮北门户，战国时仍为通都大邑。蔡国的命运实际上也是春秋时代林林总总小国的命运。[⑤]

春秋晚期楚国以其自身强大的经济实力、鲜明的文化特色不断渗透于江淮地区的各个层面，使得这一时期，江淮地区无论农业、手工业还是商业方面都获得了长足的发展。可以说，至春秋晚期后段，尤其是蔡迁州来后，楚文化已深深扎根于江淮大地。从春秋中期开始，

---

① 顾栋高：《春秋大事表》卷二八，中华书局1993年，第2024页。
② 马王堆汉墓帛书整理小组：《马王堆汉墓帛书·战国纵横家书》(三)，文物出版社1983年，第57页。
③ 李守奎、贾连翔、马楠：《包山楚墓文字全编》，上海古籍出版社2012年，第277页。
④ 日本足利学校藏宋刊明州本六臣注《文选》，人民文学出版社2011年影印出版，第288页。
⑤ 张树国：《出土文献与上古历史文学研究——以楚史及屈赋为中心》，人民出版社2018年，第84—85页。

在一些被楚国征服的邦国墓葬中已能窥见楚文化对江淮地区的影响，如在长丰杨公、寿县、六安发掘出的一批春秋时期楚墓里出土的青铜等器物几乎都表现出楚文化的风格。从上世纪 50 年代起，相继在舒城凤凰嘴、① 河口、五里、怀宁人形河、肥西小八里②等群舒和六国故地，清理发掘了十余座中小型土坑墓，其中出土的一批精美的铜器及少数陶器、青瓷和玉器等，与河南淅川下寺③和湖北当阳赵家湖④同期楚墓中随葬的器物已具有一定的相似性，尤其是在河口出土的罐形鼎（该鼎自铭为"汤鼎"），小口、球腹、三蹄足较高，同典型的楚式器风格完全相同。

春秋晚期，随着楚在江淮地区势力进一步加强，地方土著文化因素在逐渐减弱，代表性的器物牺鼎类青铜器基本不见，相反楚文化的影响却越来越强烈，出土了大批楚式青铜器。高度发达的楚文化与江淮文化已经形成了融合并进一步取而代之之势，这一点可以从寿县蔡侯墓和舒城九里墩等地墓葬发掘材料中清楚地看出来。

蔡侯墓是上世纪 50 年代考古重大发现之一，⑤ 出土各类随葬品 580 余件，其中青铜器 486 件。根据铭文考证，墓主为蔡昭侯申。青铜器的基本组合为鼎、敦、豆、鬲、尊、鉴、缶、盘，还有编钟和车马器等。束腰平底鼎、小口罐形鼎、球形敦、浴缶等一般被视为楚式青铜器代表性的器物，这些典型器物在蔡侯墓中均有出土，且与楚器的风格也完全相同。虽然该墓随葬的器物仍有来自中原文化的影响和土著文化因素，但均已处于次要地位。从某种意义上讲，蔡侯墓出土的具有楚式风格特征的器物，可以代表江淮地区这一时期的楚文化发

① 安徽省文化局文物工作队：《安徽舒城出土的铜器》，《考古》1964 年第 10 期。
② 《文化大革命期间出土文物》第 1 辑，文物出版社 1973 年。
③ 河南省文物研究所等：《淅川下寺春秋楚墓》，文物出版社 1991 年。
④ 湖北宜昌地区博物馆、北京大学考古系编《当阳赵家湖楚墓》，文物出版社 1992 年。
⑤ 安徽省文管会、安徽省博物馆：《寿县蔡侯墓出土遗物》，科学出版社 1956 年。

展水平。①

黄鸣在《春秋列国地理图志》中，将蔡国的历次迁徙绘制成图（见图21-4：蔡国历次迁都图），可以很清楚地看出蔡国在楚、吴之间艰难生存，最后灭亡的轨迹。

第十节 败巴师于鄾，楚巴新分界及在峡江的争夺（惠王十二年）

楚惠王十一年，公元前477年，楚国集中精力接连灭掉陈国和蔡国，楚国在东部和北方的疆土不断扩张。不承想腹心地带却出现意外，发生了一次不大的外敌入侵事件。巴军趁楚国忙于东部吴、越战事之机，围攻楚国鄾邑。《左传》哀公十八年载："巴人伐楚，围鄾。……三月，楚公孙宁、吴由于、薳固败巴师于鄾。"杨伯峻注："鄾，今湖北襄阳旧城东北十二里。"②这个鄾地，在226年前，公元前703年，楚武王三十八年，就发生过楚、巴联手打败邓国，占领邓国之鄾邑的战争。

楚武王时，巴国尚处于陕东南安康盆地一带，由于受地理条件的限制，发展十分有限。北面受秦岭山脉的阻挡，有秦和诸夏的限制，西面是蜀国的势力范围，东面和南面，庸国与麇国，实力都比较弱小，濮人分散聚邑而居，不会成为发展的障碍。故巴国在春秋早期只有向东向南发展，庸国的东面是楚国，巴只有与楚人联合，才有出路。此时，楚武王开拓汉东，很需要盟友，巴国对与楚结成联盟也十分迫切，主动示好。《左传》桓公九年载："巴子使韩服告于楚，请与邓好。"楚国非常欢迎，热情接待："楚子使道朔将巴客以聘于邓。"本来巴、楚两国握手言欢，不涉及他国，谁知在两国的特使一齐在出使邓国的路

---

① 郝梅梅：《楚对江淮地区的开发》，安徽师范大学硕士学位论文，2007年，第8页。
② 杨伯峻：《春秋左传注》（修订本），中华书局1990年，第1713页。

上，路过邓国所属的鄾邑时出了意外："邓南鄙鄾人攻而夺之币，杀道朔及巴行人。"对于这一拦路抢劫并杀人的恶性事件，楚、巴两国都作出了愤怒的反应："楚子使薳章让于邓，邓人弗受。"外交上的交涉没有结果，矛盾迅速升级，爆发战争，楚、巴两国都出动军队，组成联军，进攻邓国的鄾邑："夏，楚使斗廉帅师及巴师围鄾。"面对巴楚联军，邓国不甘示弱，针锋相对，派兵迎战："邓养甥、聃甥帅师救鄾。"结果"邓师大败，鄾人宵溃"。这场战争发生在公元前703年，楚武王三十八年，武王称王的第二年，是见诸文献的巴楚两国第一次联合作战。楚人在巴国的帮助下，取得了鄾地，巴国也在楚人的支持下，报了使者被杀之仇。双方各得其所，开始结成联盟。可以说，这个鄾地，过去凝结了楚、巴两国的友谊，在楚武王时期就成为楚国的国土，早已成为楚国的腹心地带。如今，经历漫长的226年时间，到了楚惠王十一年，巴国居然进攻鄾邑，足见巴国势力强大，野心勃勃，刚经历柏举之战和白公之乱的楚国，实力减弱，虽然打败巴国，但也尚属吃力。

楚惠王时攻打鄾邑的巴人，杨伯峻认为："春秋之世，巴国可能在今湖北省襄樊市附近"，[1] 有学者则认为是活动于清江一带的廪君巴。[2] 赵炳清认为，楚惠王十二年(公元前477年)，廪君巴人能从清江长阳一带攻打到襄樊市一带，则楚国岂不亡国了，因此，赵炳清认为此处巴人只能是汉水上游安康出来的巴人，因为他们在灭庸之后占据了鄂西北地区，围鄾是十分方便的。[3]

巴国突然进攻楚国的鄾邑，这是巴国在占据了鄂西、重庆、川东等区域后为试图争霸江汉间而做的一次努力。楚惠王毫不含糊，是年三月，派出楚令尹公孙宁、寝尹吴由于、箴尹薳固率师迎战。这场战

① 杨伯峻：《春秋左传注》(修订本)，中华书局1990年，第124页。
② 田敏：《廪君巴与汉上巴之关系探略》，《中南民族学院学报》(哲学社会科学版)1995年第2期。
③ 赵炳清：《巴与楚》，科学出版社2016年，第152—155页。

事，以巴国的失败而告终，也标志着巴、楚两国联盟关系的完全破裂。

从《左传》的记载来看，战事的发起者是巴国，然而巴国为什么要这么做呢？从当时的形势来看，在春秋晚期，巴国地域扩大，势力日渐强盛，显示出了要向东发展的趋势。而楚国在昭王时，被吴师破郢，国力大减。惠王时又发生了白公胜之乱。内乱使巴国认为有机可乘，故在白公胜之乱后约两年，就发动了这场战事。巴、楚结盟的性质本在于互相利用对方的力量，来达到本国所要实现的目的。巴国利用楚国得以实现灭亡庸国，向西南发展而占据了鄂西、重庆、川东等地域，往北还包括汉中。蒙文通分析："在春秋鲁桓公的时候巴和楚伐邓南鄙鄾人，又与楚伐申。申、邓都在巴的北境，自然是巴的北境到达汉中，才能伐申伐邓。"①而楚国也利用与巴国形成的合力得志江汉，将疆域从江汉之间扩展到汝淮之间，并北出方城，争霸中原。实现开疆拓土的共同政治目标，使巴、楚变成盟友，而共同政治目标的部分实现，又使巴、楚由盟友变成了敌人。巴、楚一度相攻，在《春秋》经传已有记载：如公元前 677 年，楚文王十三年，巴师与楚联合伐申，巴师突然"受惊"而攻取楚之那处，翌年并败楚师于津，致使楚文王蒙羞并身死。但此后，楚、巴关系基本稳定，公元前 5 世纪初，巴国继续与楚友好，并且互通婚姻，如楚共王的宠姬就是巴族。《左传》昭公十三年："初，共王无冢適，有宠子五人，无適立焉。……既，乃与巴姬密埋璧于大室之庭。"童恩正指出："在春秋中后期，巴国似乎到了最强盛的时候，兵锋所指，江北到达河南邓县，江南到达湖南沅、澧二水流域。"②到公元前 478 年，楚惠王十一年，巴人伐楚攻鄾，意图向东扩张，楚、巴关系骤然紧张。巴国攻楚鄾邑的原因，固然主要是巴国的野心，但是邓等小国的灭亡，使楚、巴矛盾的缓冲地带消失，导致大国的直接对垒，也是冲突的原因之一。因此，当两

---

① 蒙文通：《巴蜀古史论述》，四川人民出版社 1981 年，第 10 页。
② 童恩正：《古代的巴蜀》，四川人民出版社 1979 年，第 24 页。

国利益发生冲突时，联盟的破裂就不可避免，过去的友好关系随之灰飞烟灭。

楚惠王保卫鄾邑之战大胜巴的结果，使得巴人势力彻底退到川东地区，不能再染指江汉之间。这样，楚国的核心区域无疑更加巩固，为楚人东进淮河流域，恢复失地奠定了坚实的基础。童书业指出：楚"败巴师于鄾"，"封子国于析"。封子国于析者，盖使据楚之故封以西拒巴人也。① 在春秋中期楚、巴、秦三国灭庸以后，巴分到了川东的土地，楚分到了湖北西部的上庸之地，秦则得到了庸的北境，并且一直经营，疆域稳定。经过是役后，巴国势力退出了江汉之间。白九江指出："这场战争，使巴国彻底丧失了对峙楚国的底气。巴国为避楚锋芒，放弃了江汉地区的大片领土，将国家重心向西转移，进入今重庆地区。《华阳国志·巴志》说："巴人伐楚败于鄾，是后，楚主夏盟，秦擅西土，巴国分远，故于盟会希与。"②

巴国进攻楚鄾邑的失败，向楚国核心地区扩展的野心成为泡影，不得不调整战略目标，向西收缩战线，很快，巴国与楚国的分界线整体西移。段渝反驳有些学者认为巴因鄾邑战败"这就决定了巴在汉水大巴山之间已无法立足的严峻局势，致使巴国不得不弃土南迁"的说法，不同意"春秋之末，巴从汉水流域消失，南迁鄂西南清江流域"的结论。③ 从文献记载此后巴人的活动区域和一些考古数据来看，赵炳清认为巴人大部南迁、立足川东是实，然其弃土则恐怕未必。1986年在紫阳县白马石村发掘了8座战国中期的巴人墓葬，出土了一批典型的巴人器物，如柳叶剑、虎纹戈等。④ 可见，在战国中期，安康一带

---

① 童书业：《春秋左传研究》，上海人民出版社1980年，第242页。

② 白九江：《巴人寻根：巴人·巴国·巴文化》，重庆出版社2007年，第83页。

③ 段渝：《先秦巴文化与巴楚文化的形成》，《华中师范大学学报》（人文社会科学科学版）2004年第6期。

④ 陕西省安康水电站库区考古队编《陕西紫阳白马石巴蜀墓发掘简报》，《考古与文物》1987年第5期。

仍是巴人的势力范围，说明其故地并没有为巴国所放弃，也没有被楚国所吞并。

楚国灭庸所夺得的只是今鄂西北的竹山、竹溪、房县等地及陕西的旬阳、白河一带，即原庸国、麇国的大部地域。考古工作者在郧西县五斗种遗址发掘出土了一批具有楚文化特点的遗物和陶窑遗迹，从时代来看大约属于春秋晚期至战国中晚期。① 由于这一地域北接秦、晋，西挡巴、蜀，是楚由江汉地区进入南阳盆地的西北屏障，也是巴、秦东向必经的咽喉要地，从《战国策·楚策一》记载的楚"北有……郧阳"之句和陕西旬阳县城北先后发掘出的战国中晚时期的楚墓，② 而安康却没有出现楚墓，从出现的是巴墓、秦墓来看，③ 巴、楚两国在西境北段的界限应当以旬阳为界。④ 蒙文通认为："《水经》湍水出郦县，均水出析县，二水都自北而南，恰好是汉中的东界，也可说是巴国的东界。"⑤春秋早期楚、巴灭庸后，巴国南下占据了奉节，楚国也向西发展到巴东一带。巴、楚两国南部的交界在长江的峡江地区。"峡江地区"是指四川盆地东部即重庆市及湖北省西部沿长江地区与清江流域。近年来的考古发掘，揭示了其丰富的古文化面貌。其中，东周时期巴、楚文化交互影响的因素十分突出，深刻反映了巴、楚两国在此区域的势力消长变化。据考古学者研究，在秭归官庄坪遗址中，其西周晚期的文化遗存中包含两种文化因素，甲组属于江汉文化系统，乙组属于川东地方文化系统，一直到春秋早期，两族文化因素并存的现象仍然明显。⑥ 可见，楚文化因素进入了西陵峡、秭归一带，但并不

① 湖北省文物考古研究所等编《湖北郧西县五斗种遗址发掘简报》，《江汉考古》2005 年第 4 期。

② 参见旬阳县博物馆编《陕西旬阳发现战国楚墓》，《文物》1987 年第 5 期；张沛：《旬阳又发现两座战国楚墓》，《文博》1991 年第 5 期。

③ 李启良：《陕西安康一里坡战国墓清理简报》，《文物》1992 年第 1 期。

④ 赵炳清：《巴与楚》，科学出版社 2016 年，第 152—155 页。

⑤ 蒙文通：《巴蜀古史论述》，四川人民出版社 1981 年，第 9 页。

⑥ 湖北省博物馆：《秭归官庄坪遗址试掘简报》，《江汉考古》1984 年第 4 期。

能取代巴文化，直到春秋中期，楚文化才使秭归的文化面貌彻底转化。

峡江地区全部是高山深谷，楚国向西开拓的步伐明显慢于其向北、向东进取的步伐。在春秋中期，楚人向西进到三峡中的秭归、巴东一带。

峡江地区的巴文化与楚文化发生联系是从楚成王时期熊挚立夔开始的。据《左传》僖公二十六年载："夔子不祀祝融与鬻熊，楚人让之。对曰：'我先王熊挚有疾，鬼神弗赦，而自窜于夔，吾是以失楚，又何祀焉？'秋，楚成得臣、斗宜申帅师灭夔，以夔子归。"熊挚后裔巴化，故不祭祀祝融和鬻熊，楚王以其数典忘祖而灭之。1981年，考古工作者发掘了秭归柳林溪遗址，[①] 根据出土器物认定："柳林溪东周文化遗存属于楚文化范畴，……柳林溪东周文化的陶器时代可早到春秋早、中期，……柳林溪一带在东周时期是楚国的一个重要据点。"1998年又对其进行了大规模的发掘，简报将东周楚文化遗存分为早、中、晚三期，年代从春秋中期至战国早期。[②] 1995年试掘的秭归庙坪遗址[③] M43的墓葬形制及随葬陶罐具有春秋中期楚文化的风格，但随葬的铜矛、剑及镞却是巴式风格。1997年发掘的秭归曲溪口遗址，[④] 虽然其文化内涵以楚文化为主，但其中也有巴蜀风格的陶器，其第一期为春秋早期，第二期为春秋晚期。

楚庄王时期楚国的西疆抵达巴东。巴东的雷家坪、黎家沱遗址出现了春秋中期的楚文化遗存。雷家坪遗址位于巴东县东瀼口镇长江北

① 湖北省博物馆江陵考古工作站：《1981年湖北省秭归县柳林溪遗址的发掘》，《考古与文物》1986年第6期。

② 国家文物局三峡湖北工作站：《柳林溪遗址1998年发掘主要收获》，《江汉考古》2001年第4期。

③ 湖北省文物考古研究所三峡考古队：《湖北秭归县庙坪遗址1995年试掘简报》，载《三峡考古之发现》（二），湖北科学技术出版社2000年。

④ 宜昌市博物馆：《三峡库区秭归曲溪口遗址发掘简报》，载《三峡考古之发现》（二），湖北科学技术出版社2000年。

岸，1997年吉林大学对此进行了发掘。① 从两周时期文化层出土的遗物来看，其文化面貌比较复杂，既有巴蜀文化因素，也有楚文化因素，楚文化占主导地位。黎家沱遗址第四层地层出土楚文化遗存，根据出土器物断定，年代为春秋中期。② 可见，巴、楚两国当时都在竞相向三峡地区发展。

春秋晚期，以巴国进攻楚国鄾邑为标志，巴楚联盟破裂，两国兵戎相见，除北面的鄾而外，南面三峡也是两国激烈争夺的地区。杨伯峻指出："春秋之世，巴国可能在今湖北省襄樊市附近，迁入夔门，则战国时事。"③楚惠王时期在峡江地区，巴、楚两国也进行了争斗。战争的结果是巴国失败，在考古文化上的反映就是楚人势力发展到奉节一带。如1994年考古工作者发掘的奉节新浦遗址，④ 在遗址的上层出土了春秋晚期的楚文化的夹粗砂红褐陶的鬲或鼎、方唇折沿盆、细柄豆等。无独有偶，在1995年的奉节老关庙遗址的第三次发掘中，⑤考古工作者认为遗址上层出土的乙组、丙组陶器，时代与新浦遗址上层出土陶器相当，可视为楚文化遗存，年代为春秋晚期。同时，云阳李家坝的巴文化受到了楚文化的影响，出现了楚文化因素。如在1994—1995年发掘的云阳李家坝遗址中，⑥ Ⅰ区春秋中晚期的Ⅰ式柱状鬲足是东周楚文化的典型器物，同出的手制粗糙板瓦、筒瓦等在湖北江陵纪南城新桥遗址、当阳季家湖楚城及秭归柳林溪和官庄坪遗址

① 吉林大学：《湖北巴东雷家坪遗址发掘简报》，载《三峡考古之发现》（二），湖北科学技术出版社2000年。
② 山东大学考古系：《湖北省巴东县黎家沱遗址发掘报告》，载《三峡考古之发现》（二），湖北科学技术出版社2000年。
③ 杨伯峻：《春秋左传注》（修订本），中华书局1990年，第124—125页。
④ 吉林大学：《四川奉节县新浦遗址发掘报告》，载《三峡考古之发现》（二），湖北科学技术出版社2000年。
⑤ 四川省文物考古研究所：《奉节老关庙遗址第三次发掘》，载《三峡考古之发现》（二），湖北科学技术出版社2000年。
⑥ 四川大学考古系：《1994—1995年四川云阳李家坝遗址的发掘》，载《三峡考古之发现》（二），湖北科学技术出版社2000年。

的东周遗存中都有发现，赵炳清推断其中期约相当于春秋时期至战国初期，晚期可能相当于战国中晚期。Ⅱ区中期墓葬中的陶盂与当阳季家湖楚墓随葬同类器特征相似，本期地层单位中也出土尖底器、长柄豆及小平底器，故其年代大致也为春秋时期至战国初期。[1]

综上所述，追溯楚、巴争战的历史，可以从北方汉水流域的旬阳到南方长江流域的奉节，划一直线，作为楚、巴在楚惠王时期的分界线。(见图21-5：春秋时期巴人立国川东示意图)

---

① 赵炳清：《楚国疆域变迁之研究——以地缘政治为研究视角》，复旦大学博士学位论文，2013年，第113页。